BIBLIORUM SACRORUM

LATINÆ VERSIONES ANTIQUÆ,

SEU

VETUS ITALICA,

ET

Cæteræ quæcunque in Codicibus MSS. & antiquorum libris reperiri potuerunt:

Quæ cum Vulgata Latina, & cum Textu Græco comparantur.

ACCEDUNT

Præfationes, Observationes, ac Notæ, Indexque novus ad VULGATAM è regione editam, idemque locupletissimus.

Operâ & studio D. PETRI SABATIER, *Ordinis Sancti Benedicti, è Congregatione Sancti Mauri.*

TOMUS SECUNDUS.

PARISIIS,

Apud FRANCISCUM DIDOT, ad Ripam Augustinianorum.

ROMÆ, apud JOAN. BOUCHARD.
VENETIIS, apud JOAN. MANFRÉ.
MEDIOLANO, apud REYCEND & COLOMB.
COLONIÆ AGRIPINÆ, apud METTERNICH.
ULISSIPONI, apud FRATRES REYCEND.
MATRITO, apud JACOB. BARTHELEMI.
GADIBUS, apud LUDVIC. BONNARDEL.
ANTVERPIÆ, apud JOAN. BAPT. VERDUSSEN.

Ex Regiâ REGINALDI FLORENTAIN Rhemensis Typographiâ.

M. DCC. LI.

CUM APPROBATIONE, ET PRIVILEGIO REGIS.

MONITUM IN PSALMOS

secundùm Versionem antiquam.

PSALMI secundùm Latinam Versionem antiquam nunc primùm prodeunt integri ex insigni Ms. S. Germani à Pratis, annorum mille & ampliùs, quem olim D. Jacobus Du Breul, eruditus ejusdem Cœnobii Monachus, totum propria manu, & cum diligentia plurima transcribendum judicavit. De hoc autem venerandæ antiquitatis monumento sic præfatur doctus Asceta : « Hoc Psalterium, quo Beatissimus Germanus Parisiorum antistes quondam usus est, cùm inter Sanctorum reliquias diu in Sacrario conservatum fuisset, ad Bibliothecam, studiosorum gratiâ, tandem translatum est. Hujus non modò antiquitatem, sed etiam pretium ipsa membrana purpurâ violaceâ tinctæ, & litteræ argenteæ unciales satis indicant; unde tales habere libros olim ditiorum erat, non eorum quibus res esset angusta domi. Id quippe refert Hieronymus in prima libri Job præfatione : Habeant, *inquit*, qui volunt veteres libros, vel in membranis purpureis auro argentoque descriptos, vel uncialibus, ut vulgò aiunt, litteris, onera magis exarata quàm codices, *&c. Et in epistola ad Eustoch. ait :* Inficiuntur membranæ colore purpureo, aurum liquescit in litteras, gemmis codices vestiuntur, *&c.» Addit Brolius : « Anno Incarnationis* 1269. *erat hujus Monasterii Sacrista pius, Alexander nomine, qui in dinumeratione Reliquiarum sibi commissarum, specialiter Psalterium S. Germani nominat cum quibusdam aliis Reliquiis, quibus modò caremus.»*

Jam verò si hoc Psalterium curiosiùs dispiciatur aut excutiatur, nonnulla notatione & observatione digna reperientur; v. g. commutatio litterarum, quarumdam vocum scribendarum ratio, hoc vocabulum, Diapsalma, *Psalmis intermixtum, convenientia seu cognatio hujus Psalterii cum veteribus aliis, tum iis quæ in Mss. codd. etiamnum exstant, tum Psalmis illis qui in veterum Patrum scriptis, vel in unum coacti, vel dispersi occurrunt. Ad litteras quod attinet, has potissimùm immutatas & conversas passim invenimus; nempe* v *in* b, *&* b *in* v; *item* e *in* i, *&* i *in* e; *rursum* o *in* u, *&* u *in* o. *Exempli gratiâ, legitur :* Quis davit ex Sion, *&c.* oves & vobes universas, *&c.* intellege clamorem meum, *&c.* contritio & infilicitas, *&c.* perfice gressos meos, *&c.* dulces capiebas cibus, *&c.* u *etiam non geminatur in hoc Ms. verbi gratiâ, non scribitur* manuum, equus, iniquum; *sed* manum, equs, iniqum. *Non duplicatur pariter littera* j *in medio dictionum, ne occurrat* j *consonans; exempli gratiâ, non legitur* projicit, *sed* proicit; *non* adjiciet, *sed* adiciet : *item habetur* subecit, *pro* subjecit, *&* deicisti, *pro* dejecisti. *Numero etiam plurali sæpe legitur* fili, *pro* filii; *v. g.* fiant fili ejus orphani; fili excussorum. *Verba quoque composita ità scribuntur :* adstiterunt, adprehendite, adnuntiate, inritavit, inlumina, conlocavit. *Legitur* cornum, *non* cornu; Istrahel *sæpe*, *pro* Israël. *Præterea* susum, *pro* sursum; *v. g.* Deus noster in cœlo susum; advocavit cœlum susum. *De hac autem ultima dictione hæc leguntur apud August. tract.* 8. *in* 1. *Joan.* 4. *col.* 878. *c.* Perversi homines videte quàm præposteri sint : quod faciunt bene, volunt sibi tribuere; si malè faciunt, Deum volunt accusare. Converte hoc distortum nescio quid & præposterum, faciens illud quodam modo capite deorsum : quod susum, faciens jusum; quod deorsum, faciens sursum. Jusum vis facere Deum, & te susum? Præcipitaris, non elevaris : ille enim semper sursum est. *Et infra tract.* 10. *n.* 8. *col.* 899. *c.* Susum me honoras, jusum me calcas. *Ne tamen barbaris hujuscemodi vocibus nimiùm fœdaretur, & oneraretur noster contextus, nonnullas aliquando resecuimus, maximè cùm solæcismi plus æquo sermonem vitiabant; raro tamen & minùs sæpe id contigit nobis, ne hac in re Latinæ locutionis puritati indulgere plus videremur, quàm antiquitati & auctoritati Ms. codicis.*

De Diapsalmate *id accipimus ab Hilario tract. in Ps.* 2. *n.* 3. Septuaginta Interpretes, *inquit*, Psalmos inter cæteros libros transferentes, & in numerum redegerunt, & in ordinem collocaverunt, & Diapsalmis distinxerunt, qui omnes secundùm Hebræos confusi & habebantur, & habentur. *Et prologo in Ps. n.* 23. *col.* 13. *a. ait :* In *Diapsalma*, quod interjectum plurimis Psalmis est, cognoscendum est demutationem aut personæ aut sensûs sub conversione modi musici inchoari : ut sicubi *Diapsalma* intercesserit, aut aliquid aliud dici, aut etiam ab altero dici, aut in altero artis musicæ modulo cantari intelligendum sit. *De hoc etiam vocabulo hæc notat eruditus noster Custantius not.* a. *in hunc Hilarii loc.* « *De hujus vocis significatione non convenit inter Veteres. In Hilarii sententiam post Augustinum* « *in Ps.* 4. *n.* 4. *abit Cassiodorus præfat. in Psalt. c.* 11. *Hieronymi sententia quamvis op-* «

» *posita non ignarus. Hic de eadem voce à Marcella quæsitus epist.* 138. Quidam, *inquit*, » *Diapsalma* commutationem metri esse dixerunt, alii pausam Spiritus Sancti, nonnulli al- » terius sensus exordium; sunt qui rithmi distinctionem, &..... cujusdam musicæ varietatis. » *Ita fere explicat Euthymius, præfat. in Psalt.* Diapsalma, *inquit*, mutationem senten- » tiæ aut cantûs significat, aut pausam, seu interjectionem quamdam pulsationis, vel fulgo- » rem atque illuminationem divini Spiritus, quæ tum canentibus apparebat; scribebantur » enim omnia hæc ab eis diligenter. *Horum sententiam nullam Hieronymus probat : ma-* » *ximè quia hæc vox etiam in Psalmorum fine nonnunquam occurrit, & contrà in aliquot Psal-* » *mis plurimorum versuum penitus non invenitur..... Quare mavult cum Origene*, hoc ver- » bum superiora pariter inferioraque connectere, aut certè docere sempiterna esse quæ dicta » sunt. » *Ita Custantius.*

Psalterium ipsum quod attingit, id maximè deprehendimus, illud nonnunquam dissi- dere ab Augustini Psalterio, plurimùm convenire cum his qui apud Hilarium tractantur Psalmis, sæpe concordare cum aliis similibus ex Ambrosio, Prospero, Cassiodoro, &c. collectis, nec multùm etiam discrepare à veteribus aliis Psalteriis, v. g. à Romano, Corbeiensi, Carnu- tensi, &c. id maximè liquet ex variis eorumdem lectionibus Textui nostro subjectis, ut in re oculis ipsis inspicienda diutius immorari supervacaneum omnino sit, ac inutile.

At verò inter Latinos Patres, è quorum scriptis Psalmos plures expressimus, Hilarius primatum tenet. Is commentarium in Psalmos elucubravit; an Psalmos omnes exposue- rit, incertum : « at multa suppetunt argumenta, si Custantio nostro fides, quibus Psal- » *mos omnes ab eo enarratos esse approbetur.* » *Ad nos usque pervenerunt tantùm tracta-* » *tus in Psalmos septem supra quinquaginta, nempe in Psal.* 1. & 2. *deinde in Ps.* 13. & 14. *tum in Ps.* 51. *necnon decem & octo sequentes, demum in Psal.* 91. & *in Ps.* 118. & 119. *ac reliquos alios; quibus adjungendi sunt tractatus quatuor in totidem Psalmos, scilicet in Ps.* 15. 31. 41. & 149. *recens editi ab Edmundo nostro Martene to.* 9. *Collect. ampliss. Addit novus Editor Hilarii, admonit. præv. in Ps.* « *negari non* » *posse quin Hilarius Latinum codicem exponendum susceperit. Sacri tamen textûs codices* » *Latinos atque Græcos ad faciliorem Psalmorum intelligentiam consequendam sese consu-* » *luisse non semel testificatur.* » In plurimis, *inquit*, (*Prologo in Psalmos num.* 2.) La- tinis & Græcis codicibus sine nominibus simplices tantùm Psalmorum tituli præferuntur. *Et in Ps.* 118. *litt.* 8. *n.* 1. Plures, *inquit*, Psalmorum codices legentes, & nos ita opinabamur, versum qui octavæ litteræ primus est..... in superioribus septimæ litteræ octo versibus contineri; quia ita in Latinis codicibus, atque etiam in nonnullis Græcis scriptum continebatur..... Sed secundùm Hebræos emendatum apud Græcos Psalmorum librum le- gentes, invenimus hunc versum non septimæ litteræ novissimum esse, sed octavæ primum.

Custantius noster sic pergit : « *Latinum sequi solet, usu, uti probabile est, tunc receptum.*
In Ps. 67. n. 21. » *Hunc litteræ paulò tenaciorem esse sæpe admonet*, Interpretesque *illius*, dum collationem » ordinemque verborum demutare ac temperare non audent, minùs dilucidè proprietatem » declarasse dictorum. *Codicis hujus Psalterium aliud ab eo esse quod* Gallicanum *vocant*, » *minimè mirum est; cùm hoc ipsum sit quod Hieronymus postmodum emendavit. Illi au-* » *tem non ita scrupulosè adhæret, ut in una eademque lectione repetenda semper constans* » *sit. Sæpe enim verbis utitur Vulgata nostra, dum versum enarrandum repetit; licet lec-* » *tionem primò proposuerit ab eadem dissonantem. Imo textum aliquando præmittit aliter* » *quàm nunc habemus, sed hunc postea sic explicat, ac si id tantùm legisset, quod modò apud* » *nos obtinet. Videri hinc posset familiaris Hilario fuisse Vulgata nostra. Ignotæ tamen ei* » *fuerunt plures lectiones, quæ modò in illa exstant, quasque spectare licet velut exempla* » *eorum, quæ postea Hieronymus in Itala Versione correxit.*

» *Addit doctissimus Editor : Singulis hisce Hilarii tractatibus in Ps. integri iidem præ-* » *figuntur Psalmi. Hi Editione Parisiensi anni* 1605. *primùm vulgati sunt ex antiquo* » *codice aliàs S. Maximini Miciacensis, postea reginæ Suecorum Christinæ, ac tandem Va-* » *ticanæ bibliothecæ. Psalmos eosdem præ se ferunt Vaticani minoris antiquitatis codices:* » *at in reliquis cùm scriptis, tum editis neutiquam exstant. Alienum opus produnt tex-* » *tus Psalmi* 119. *ante præfationem in Cantica graduum, necnon primum Psalmi* 118. » *Octonarium ante præfationem in totum Psalmum, inconcinno prorsus loco ordinata. Ve-* » *rùm singuli Psalmi ab eo textu, quem in enarrationibus suis sequitur Hilarius, tot locis* » *dissident, ut hos illius esse nemini persuaseris. At cùm à Vulgata non minùs, quàm ab* » *Hilariano Psalterio dissentiat; sic eam versionem, quæ ex Mss. antiquitate auctoritatem ob-* » *tinet, conservandam duximus.* »

Psalterio Hilariano succedit Ambrosianum, id est, Psalmi ex S. Ambrosii commentariis excerpti, ex his autem nonnisi tredecim tractatus supersunt in Psalmos totidem, nempe in Psal. 1. *deinde in Ps.* 35. & *sequentes alios quinque; denique in Psalmos* 43. 45. 47. 48. & 118. *Præterea aliis libris Ambrosium expositiones Psalmorum aliquot inseruisse mo-*

nent novissimi Editores nostri : « *Illos Psalmos, inquiunt, temporibus occasionibusque diversis, partim concionando, partim dictando, explanavit S. Doctor. Ex præfat. enim quæ primo Psalmo præmittitur, intelligimus ipsum in ecclesia sua, & post consuetos Psalmorum cantus sermonem habuisse :* Quantùm laboratur, *inquit*, in ecclesia ut fiat silentium, cùm lectiones leguntur : si unus loquatur, obstrepunt universi ; cùm Psalmus legitur, ipse sibi est effector silentii. *Eandem etiam Ambrosius admisisse videtur versuum distributionem, quæ nunc habetur in Vulgata ; id sanè constat de Psalmo* 118. *explicato enim, v. g. versu* 3. *ultimi Octonarii, ait :* Sequitur versus quartus : Loquetur lingua mea verbum tuum, quoniam omnia mandata tua justitia est. *Subinde sic pergit :* Sequitur versus quintus : Fiat manus tua salvum facere me, quoniam mandata tua elegi. » *Eandem quoque divisionem retinuit Hilarius, cùm dicat Prologo in hunc Ps. col.* 241. *e.* Secundùm Hebræorum litteras in singulis octonis versibus singulæ litteræ præferuntur. Est autem omnis numerus versuum in centum septuaginta sex versibus, *&c. Totum hunc Psalmum sermonibus* 22. *exegit Ambrosius pro totidem elementis Hebraicis.* « *Post explicatum unumquodque elementorum, ad interpretationem textûs accedit. Primò proponit ipsa verba cujusque versus, & si quid occurrat varietatis, sive in Græcis, sive in Latinis exemplaribus, sive etiam in diversis Interpretibus, hoc ille non sine magna eruditione subjicit, & quasi digito indicat fontes istiusmodi discriminis, quod nonnunquam dissidentibus Interpretum opinionibus, sæpius verò antiquariorum Scripturam imperitiâ vel indiligentiâ suâ corrumpentium culpæ adtribuit. Insuper quid de variis Scripturæ versionibus sentiat, candidè in medium profert, docetque tunc temporis in Ecclesia potissimùm valuisse LXX. Senum interpretationem. Nihilominus tamen libentiùs ipsemet utebatur exemplari suo Græco ; quamvis etiam minimè negligeret & alia subinde consulere, & diversas textûs interpretationes, quæ defendi posse aliqua ratione videbantur, proponere.* »

Admonit. præv. nov. Ed.

Ambrosii Psalterium excipit Augustinianum : hoc integrum est, nec ulla sui parte mutilum, editumque jam fuit à Jac. Fabro Stapulensi in quincuplici suo Psalterio, sub titulo Psalterii veteris ; *enim verò, quod etiam observatum est à nostris to.* 4. *nov. Edit. August. nihil ipsum ab Augustiniano dissidere certo certius est.* « *Et jam nulli dubitamus, inquiunt, quin illud totum ex Augustini commentariis exscripserit ejusdem in quincuplici Psalterio editor Jacobus Faber. Id non satis adverterunt ii qui* vetus *istud & Augustinianum in suis ad LXX. Interpretes scholiis & notis, non pro uno eodemque, sed pro duobus habent Psalteriis.* » *Quod verò ad litteram spectat, ut eam integram atque illibatam haberet Augustinus, hæc referunt doctissimi Editores iidem præfat. in hunc tomum :* « *Latinas Editiones inter se componit, exemplaria Græca consulit, colligit varias lectiones, undenam irrepserit diversitas, ex Interpretum vitio, an è textus Græci ambiguitate, investigat ; ejus denique illa sedulitas quâ tot locos tam anxiè discussit, huc eum impulit, ut Psalterium multoties ad idioma Hellenicum recenseret castigaretque. Hoc intelligas licet ex ejusdem epist.* 261. *n.* 5. *ad Audacem, ubi cùm dixisset Psalterium à Beato Hieronymo ex Hebræo sermone conversum non habere se, prosequitur in hunc modum :* Nos autem non interpretati sumus, sed codicum Latinorum nonnullas mendositates ex Græcis exemplaribus emendavimus. Unde fortassis fecerimus aliquid commodius quàm erat, non tamen tale quale esse debebat. Nam etiam nunc, quæ fortè nos tunc præterierunt, si legentes moverint, collatis codicibus emendamus. »

Augustini Psalterio alia duo annectimus, nempe Prosperi & Cassiodori. Prosperi Psalterium majori sui parte diminutum est, cùm non complectatur nisi quinquaginta Psalmos posteriores, qui quidem Psalmi vix dissidere visi sunt ab his qui leguntur apud Augustinum. Cassiodori verò Psalterium optimè concordat cum Psalterio Romano, quale tum à Fabro Stapulensi in quincuplici suo Psalterio anno 1508. *tum à Martianæo nostro editum est tomo primo novæ Edit. operum S. Hieron. p.* 1223. *è regione Psalterii Gallicani. Idem verò Psalterium secundum LXX. Interpretes, secundis curis ab Hieronymo emendatum, jam editum fuerat cum asteriscis & obelis Romæ, studio & opera Joannis Cari Presbyteri. De duplici autem illa emendatione Psalterii ipse Hieronymus in epist. sua ad Paulam & Eustochium ita loquitur :* Psalterium Romæ dudum positus emendaram, & juxta LXX. Interpretes, licet cursim, magna illud ex parte correxeram. Quod quia rursum videtis scriptorum vitio depravatum, plusque antiquum errorem, quàm novam emendationem valere, cogitis ut veluti quodam novali scissum jam arvum exerceam, & obliquis sulcis renascentes spinas eradicem. Unde commoneo tam vos quàm eos qui exemplaria istiusmodi habere voluerint, ut quæ diligenter emendavi, cum cura & diligentia transcribantur.

Addunt Editores nostri præfat. in to. 4. *August. Duplex igitur Psalterii emendatio adhibita ab Hieronymo :* « *Primò* cursim & magna ex parte, *cùm adhuc in urbe versaretur : secundò* diligenter, *jamque in secessu abditus Bethlehemitico. Ultimæ hujus correctionis exemplaria optat ut cum cura & diligentia transcribantur ; necnon eidem addita abs se*

» *notæ appingantur, obeli videlicet, à quibus uſque ad ſequentia duo puncta, quæ legebantur apud LXX. cùm in Hebræo deeſſent, includebantur; & aſteriſci, quibus ſimiliter quæ ad proxima duo puncta ſequebantur, ex Hebræo juxta Theodotionis Editionem LXX. Interpretibus acceſſiſſe notum fieret. Atqui hujuſmodi ſigna etiamnum in veteribus quibuſdam Vulgatæ Mſſ. non autem in alio ullo Pſalteriorum Latinorum invenire eſt. Hæc ipſa in compluribus codicibus ſibi obſervata Jacobus Faber Stapulenſis affirmat: ipſique habemus præ manibus antiquiſſimum tripartitum Pſalterium Abbatiæ S. Petri Carnutenſis, quod in prima columna Pſalterium Hieronymi ex Hebræo continet; in tertia vetus Pſalterium à Romano, atque ab eo quo uſus eſt Auguſtinus, parum diſcrepans; in ſecunda verò Editionem Vulgatam exhibet cum ſupra memoratis Hieronymi obelis & aſteriſcis. Hinc facilè perſuademur Vulgatam eſſe ipſam illam Verſionem ab Hieronymo ſecundis curis emendatam: quæ noſtra ſententia inſuper auctoritate Mſ. Bibliothecæ Colbertinæ ante ſeptingentos annos exarati confirmatur, qui Vulgatam cum iiſdem Hieronymianis notis, & ſub hac inſcriptione comprehendit:* Liber Pſalmorum de translatione Septuaginta Interpretum, emendatus à S. Hieronymo in novo. » *Atque illud eſt Pſalt. quod Vulgatum eſt à Martianæo noſtro to. 1. novæ Edit. S. Hieron. ſub titulo Pſalterii Gallicani. De utroque autem hoc Pſalterio tum Romano tum Gallicano ita loquitur Valafridus Strabo de rebus Eccleſiaſticis cap. 25.* Pſalmos cùm ſecundùm LXX. Interpretes Romani adhuc habeant, Galli & Germanorum aliqui ſecundùm emendationem quam Hieronymus pater de LXX. Editione compoſuit, Pſalterium cantant: quam Gregorius Turonenſis Epiſcopus à partibus Romanis mutuatam, in Galliarum dicitur Eccleſias tranſtuliſſe. *Sed hanc opinionem confutat Mabillonius noſter in diſquiſitione ſua de curſu Gallicano, probatque longè poſt Gregorium Turonenſem allatam fuiſſe in Gallias hanc poſtremam Hieronymianam Pſalterii emendationem.*

« *Hocce Pſalterium, inquiunt Editores præfati, quod, quia illo primi omnium Galli uſi ſunt, Gallicanum vocant, ſenſim in omnes Occidentales Eccleſias fuit receptum. Vir eximiæ eruditionis ac piæ memoriæ Cardinalis Bona de rebus Liturgicis lib. 2. cap. 3. cenſet ejus uſum ante annos abhinc ſexcentos admiſſum in Italia fuiſſe, præterquam in Mediolanenſi Eccleſia, quæ antiquum ſuum Pſalterium hodieque retinet; præterquam etiam in Urbis Eccleſiis, in quibus proprium ſuum obtinuit ad ætatem uſque Pii V. cujus juſſu illæ Vulgatam Editionem amplexæ ſunt, exceptâ unâ Vaticanâ, ubi etiam nunc Romanum canitur Pſalterium.* »

Pſalterii autem hujus Gallicani nullus pene nobis uſus fuit in opere iſto, cùm ipſum à Vulgata vix diſcrepare videatur. At Romani Pſalterii non eadem ratio; quamvis enim plus ad Vulgatam accedat quàm noſtrum S. Germani Pſalterium, tamen ab eadem Vulgata ſæpe & ſæpius diſtare conſtat; unde varietates ejus omnes ſummâ curâ annotavimus, illamque ipſius Editionem uſurpavimus, quam in quincuplici Pſalterio Jacobus Faber Stapulenſis inſtruendam curavit in Pariſienſi noſtro S. Germani Cœnobio anno 1508. nequaquam tamen à nobis prætermiſsâ eâ quæ à Martianæo noſtro vulgata eſt to. 1. oper. S. Hieronymi. Huic Romano Pſalterio vetera quoque alia nonnulla adjunximus, maximè illa quorum variantes lectiones inſignes à noſtris collecta ſunt & impreſſa initio tomi 4. nov. Edit. op. S. Auguſt. His adde alias infinitas cùm ex Breviario Mozarabico Miſſalique Romano, tum à Patrum Latinorum Scriptorumve Eccleſiaſticorum operibus mutuò ſumptas, quas omnes Sangermanenſi Pſalterio ſubnectendas duximus.

ARGUMENTA VARIA LIBRI PSALMORUM,

qualia edita sunt in Bibliis Vulgatæ edit. *fol. Paris. Vitré.* 1662.

PSAL. I. *Pios & probos esse beatos; impios contrà, & peccatores esse miseros.*

PSAL. II. *Frustra homines, præsertim reges & principes, sese Christi regno opponere: nam eum esse universum regem à Deo patre constitutum, cui sit parendum, si salvi esse velimus.*

PSAL. III. *Deum, ut se ab exercitu hostili defendat, uti facere consuevit, precatur. Congruit Christo.*

PSAL. IV. *Hostes hortatur, ut Deum colant, cujus bonis multiplicantur; à Deo autem contra ipsos sibi opem poscit. Congruit Christo.*

PSAL. V. *Deum orat, ut malignos malis, innocentes bonis afficiat.*

PSAL. VI. *Deum orat, ut se & à morbo, & à peccato sanet: exauditus autem, inimicis insultat.*

PSAL. VII. *Pro se contra Saulem orat, ut ipse ob suam innocentiam servetur, ille verò ob pertinaciam pœnas luat.*

PSAL. VIII. *Dei magnitudinem prædicat à miris ejus operibus, præsertim hominis, atque adeo Christi exaltatione. Psalmus est propheticus.*

PSAL. IX. *Gratias agit Deo, quod se, & alios afflictos ab hostium injuria tueatur: orat, ut id perpetuò faciat, impios evertens, & pios inopes defendens. Quare hic Psalmus in duos apud Hebr. secatur.*

PSAL. X. *Se, suique similes, quòd Deo fidant, in tuto esse; impios autem & peccatores, malè perituros.*

PSAL. XI. *Petit ut servetur, quòd impiorum regnum omnia occupet: idem precatur piis cæteris; Dei promissum urgens.*

PSAL. XII. *A Deo petit, ut se ab inimico defendat, ut à morte liberatus, ejus beneficentiam cantet.*

PSAL. XIII. *Quòd impiorum plena sunt omnia, optat Christi adventum, velut bonis salutem allaturum.*

PSAL. XIV. *Pueros & innocuos terrâ sanctâ, vel potiùs cælo, & æterna quiete potituros.*

PSAL. XV. *Christus Deum patrem orat, ut se piorum studiosum, & impiorum osorem conservet: gratias deinde agit, quòd ab eo sit è mortuis excitandus, & perpetua felicitate donandus.*

PSAL. XVI. *Obsecrat ne persecutionibus obruatur. Inimicos quidem in hac vita fortunari, se verò gloriam æternam exspectare.*

PSAL. XVII. *Gratias agit, quòd ex maxima rerum desperatione, quam poeticè describit, victoriam & regnum sit consecutus. Multa hîc soli Christo conveniunt.*

PSAL. XVIII. *Deum, cùm ex cælestium rerum opificio, tum è divina lege cognosci: cognitum precatur, ut sibi omnia per errorem, vel conscientiam commissa remittat.*

PSAL. XIX. *Oratio pro pio rege ad bellum proficiscente, ut Deum habeat propitium.*

PSAL. XX. *Gratias agit, quòd Christum regem multâ gloriâ affecerit, ejusque hostes sit tandem perditurus.*

PSAL. XXI. *Christus Patrem in cruce obsecrat, enumeratis suæ perpessionis appendicibus, ut sibi adsit: sese in vitam revocatum, ejus laudes toto mundo propagaturum. Congruit morbo desperatis.*

PSAL. XXII. *Celebrat beneficia à Domino accepta. Se per eum tutum fuisse, & semper fore.*

PSAL. XXIII. *Deum toti terræ imperare: ejus autem cælestem montem innocentes ingressuros, siquidem Christus triumphans portas aperuerit.*

PSAL. XXIV. *Rogat, ut ex inimicis liberetur; peccatis absolutis, periculis tum ipse, tum populus eripiatur.*

PSAL. XXV. *Petit ne se innocentem in improborum numero habeat.*

PSAL. XXVI. *Se esse tutum adversùs omnem vim, modò in Dei domo, id est Ecclesia, permaneat, & à Deo contra adversariorum injurias defendatur.*

PSAL. XXVII. *Christus à Deo patre poscit, ne se in inferis retineat, peccatorum loco habens; sed illis punitis, se & Dei populum perpetuò servet. Mysterium resurrectionis suæ indicat.*

PSAL. XXVIII. *Pios ad Deum gloriâ afficiendum hortatur, qui tam terrifica voce, sive tonitru suam potentiam ostendat. Verbo Dei competit.*

PSAL. XXIX. *Gratias agit, quòd ex periculis ereptus & exauditus sit Congruit Christo.*

PSAL. XXX. *Precem instituit contra pericula, & hostium studia; tum divinam in pios providentiam extollit, illos ad Deum diligendum invitans, qui pro suis operibus quemque remuneretur. Christo congruit.*

PSAL. XXXI. *Beatos esse, quibus remissa sunt peccata: inde suo & sanctorum omnium exemplo hortatur, ut hanc beatitudinem quisque sibi quærat, & contumaciam belluinam abjiciat: hinc enim manere pœnas, illinc præmia*

PSAL. XXXII. *Justos invitat ad celebrandum Deum ex ipsius physico opificio, erga homines benignitate, & providentia.*

PSAL. XXXIII. *Se & alios adhortatur ad Deum piè colendum, quòd suos ab omnibus malis defendat, impios perdat.*

PSAL. XXXIV. *Christus hostibus, non suis propriè, sed Dei, excidium, sibi salutem precatur. Psalmus est propheticus.* Joann. 15. *Congruit piis.*

PSAL. XXXV. *Miratus in impio nullum Dei esse metum, exclamat Dei patientiam, atque in omnia benignitatem; & ut misericordiâ in se & pios utatur, excisis impiis, supplicat.*

PSAL. XXXVI. *Non esse à pietate discedendum, quòd impii floreant: nam & impios plagas, & pios præmia accepturos.*

PSAL. XXXVII. *Deum obsecrat, ut se graviter ægrotum ob peccata, ab amicis neglectum, ab inimicis exagitatum juvet, sanetque. Multa conveniunt Christo.*

PSAL. XXXVIII. *Ægrotus, abrupto diuturno silentio, Deum orat, ut sibi veniam det; & saltem vitæ brevitatem, quæ homini conceditur, ne deneget.*

PSAL. XXXIX. *Christus gratias agit, quod Deum patrem semper habeat præsentem; & obedientiam (eam ut sacrificio præponenti) offert: sed interim se nunc quoque liberet, ultus adversarios. Psalm. est propheticus.* Hebr. 10.

PSAL. XL. *Orat pro iis, qui afflictis benefaciunt, & pro se, quem in morbo constitutum æmuli exstinctum cupiebant. Christo congruit.*

PSAL. XLI. *Suum exilium consolatur Dei & rerum divinarum meditatione, orans, ut se in patriam restituat; quod & futurum sperat.*

PSAL. XLII. *Orat, ut se Jerosolymam ab exilio, ad frequentandum templum, revocet.*

PSAL. XLIII. *Queruntur pii ſe, contra majorum exempla, impiorum libidini exponi ob religionem: Deumque obſecrant, ut tandem ſubveniat. Congruit apoſtolis, & martyribus.* Rom. 8.

PSAL. XLIV. *Carmen nuptiale, Chriſti & Eccleſiæ notas, virtutes, dotes, gratias, conjunctionem canens.*

PSAL. XLV. *Civitatem Dei, ſive Eccleſiam, Domini præſidio contra omnem vim eſſe tutam.*

PSAL. XLVI. *Omnes gentes invitat ad Deum celebrandum, quòd in ſanctorum Iſraelitarum communionem & eccleſiam cooptandæ ſint. Eccleſiæ congruit.*

PSAL. XLVII. *Deo cariſſimam eſſe Jeroſolymam, ut qui eam ſingularibus victoriis, donis, & beneficiis exornaverit, atque ex eo miſericordiam ſuam in omnes terræ fines derivaverit. Congruit Eccleſiæ.*

PSAL. XLVIII. *Nihil contra mortem & infernum prodeſſe divitias, ſolam juſtitiam ex iis eripere, ſive redimere.*

PSAL. XLIX. *Chriſtum homines in ſuo ultimo judicio ſalvaturum, non ex cæſis victimis, ſed animi pietate, vitæ innocentia, puritate juſtitiæ.*

PSAL. L. *Parricidium in Uriam, adulterium in Bethſabeam expiari, Spiritu ſancto ſibi reddito, obſecrat, non propter Moſis ſacrificia; ſed Chriſtum Eccleſiam ædificaturum, cujus ſacrificium juſtitiæ ſit placiturum.*

PSAL. LI. *Doeg Saulis pecuarium increpat, ei exitium, ſibi ſalutem præſagiens.*

PSAL. LII. *Impiorum infinitum eſſe numerum: quare optat adventum Chriſti, qui ab illis bonos ſervet.*

PSAL. LIII. *Deum contra adverſarios implorat: ſeſe ejus laudes, poſt liberationem, prædicaturum.*

PSAL. LIV. *Deum, ut ſe à falſis ſimulatiſque amicis ſervet, eoſque puniat, obteſtatur. Chriſto congruit.*

PSAL. LV. *A Deo petit, promiſſionibus ejus erectus, ut ſibi contra tot hoſtes ſubveniat: ſeſe eum poſtea celebraturum.*

PSAL. LVI. *Opem implorat contra tam pertinaces æmulos: ſe eum publicè cantaturum. Chriſto etiam convenit.*

PSAL. LVII. *Perituros impios & peſtilentes, pios & juſtos fructum ſuæ virtutis percepturos, ita ut Dei providentia, & judicium appareat.*

PSAL. LVIII. *Opem efflagitat adversùs Saulem, & ejus aulicos: eis punitis, ſe Dei potentiam & gratiam perſonaturum. Chriſto competit.*

PSAL. LIX. *Populus Dei auxilium petit in expeditione contra Idumæos & cæteros vicinos. Apoſtolis congruit.*

PSAL. LX. *Ab exilio poſcit reſtitutionem, longamque vitam, ubi regnum fuerit conſecutus. Chriſto accommodatus eſt.*

PSAL. LXI. *Se in Dei tutela poſitum fruſtra oppugnari: in eo juſtis eſſe ſalutem, qui pro ſuis quemque factis remuneretur.*

PSAL. LXII. *Exul ſe Deo laudibus & gratiarum actione afficiendo conſolatur, hoſtibus interitum, ſibi malorum finem ſperans.*

PSAL. LXIII. *Contra inſidias & calumnias opem implorat, confidens earum auctores magna juſtorum voluptate oppreſſum iri.*

PSAL. LXIV. *Deum eſſe laudandum ob ipſius in Sionem, atque adeo univerſum hominum genus, beneficentiam.*

PSAL. LXV. *Omnes invitat ad Deum celebrandum & adorandum, qui mundum, præcipuè populum ſuum, tot bonis afficit.*

PSAL. LXVI. *Deum obſecrat, ut ſe toto orbe cognoſcendum exhibeat. Eſt propheticus de Eccleſiæ propagatione & collectione.*

PSAL. LXVII. *Canit Eccleſia de hoſtibus victorias, ut in exitu ex Ægypto. Chriſtum Deum in cælum aſcenſurum, indeque apoſtolos de diverſis tribubus miſſurum ad gentes convertendas.*

PSAL. LXVIII. *Chriſtus ſe ob religionis zelum multa pati conqueritur: auxilium à Patre petit, & Judæorum punitionem: ſe illi laudes dicturum.* Joann. 2. & 15. Rom. 10. 11.

PSAL. LXIX. *Sibi, boniſque opem, æmulis ignominiam precatur.*

PSAL. LXX. *Senex contra impios opem implorat, perpetuam gratiarum actionem pollicens.*

PSAL. LXXI. *Chriſti regnum juſtum, pacificum, amplum, felixque fore.*

PSAL. LXXII. *Improbos in hac vita felices eſſe: probos qui inde commoventur, ex fine & exitu, quòd ſua quemque tandem maneant præmia, ſe debere conſolari.*

PSAL. LXXIII. *De populi Domini, & templi calamitate conqueritur: Deum obteſtans, ut ſuccurrat, quemadmodum olim.*

PSAL. LXXIV. *Chriſtus perpetuò hìc de ſe & ſua judiciaria poteſtate loquitur, de quo & agit gratias.*

PSAL. LXXV. *Invitat ad Deum colendum ex perpetua ipſius erga Eccleſiam gratia & auxilio.*

PSAL. LXXVI. *Queritur ſe multis malis premi: Deum nihilominus celebrat, & mulcet à miris operibus.*

PSAL. LXXVII. *Canit ea, quæ acta narrabantur in veteri populo, monens ne majorum ſuorum contumaciam æmulentur, propter quam Deus tribum Ephraim abjecit, Juda autem elegit, Davide in regem evecto.*

PSAL. LXXVIII. *Populus deplorat pollutam urbem & templum, factaſque ſuorum cædes: parem vicem gentibus imprecatur, Deo laudem promittens.*

PSAL. LXXIX. *Populus ab hoſtibus vexatus, iram Dei deprecatur: orat, ut quos ex Ægypto tranſtulit, velit tueri, præcipuè filium dexteræ ſuæ, id eſt Chriſtum, & Chriſti membra.*

PSAL. LXXX. *Celebrat beneficium liberationis ex Ægypto: deinde Deum denunciantem inducit, ſi ſibi non obtemperetur, calamitatem; ſin obtemperatur, felicitatem.*

PSAL. LXXXI. *Injuſtè jura adminiſtrantibus exitium minatur, precans Chriſti adventum, qui id ſeriò præſtet.*

PSAL. LXXXII. *Iſmaeliticis, Saracenis, & cæteris, eorum partes contra Eccleſiam ſequentibus, exitium precatur. Pſalm. eſt propheticus.*

PSAL. LXXXIII. *Suſpirat ex exilio in templum, ut in eo Deum poſſit colere. Beatos eſſe, qui non careant uſu religionis.*

PSAL. LXXXIV. *Orat, ut iis, quos captivitate Babylonica liberavit, ſolidè placetur, Chriſto exhibito.*

PSAL. LXXXV. *Chriſtus Patrem precatur, ut ſe ab hoſtibus defendat: omnes gentes ipſum adoraturas.*

PSAL. LXXXVI. *Sionem, id eſt Eccleſiam, fore glorioſam: civium illius numerum fore infinitum & felicem. Pſalm. eſt propheticus.*

PSAL. LXXXVII. *Chriſtus ab inimicis vexatus, ab amicis deſtitutus, opem Patris implorat. Ægrotis & afflictis congruit.*

PSAL. LXXXVIII. *Canit miſericordias Domini, potentiam, promiſſiones ſibi factas: deinde queritur poſt tot promiſſiones Chriſtum differri, ſuum populum, ſuam domum & familiam externis gentibus exponi, orans ut ſui recordetur.*

PSAL. LXXXIX. *Inanem & fugacem eſſe hominum vitam: proinde Deum orat, ut ſaltem eis recon-*

cilietur, & eorum opera dirigat, atque perficiat.

PSAL. XC. *Ab omnibus periculis & hostibus esse securos, qui sunt in Dei tutela.*

PSAL. XCI. *Deum collaudandum, quòd ejus omnia sint magna, malos perdat, bonos servet.*

PSAL. XCII. *Dei præstantiam & legem extollit.*

PSAL. XCIII. *Precatur, ut superbos & impios puniat; & id sibi, Deique populo promittit.*

PSAL. XCIV. *Hortatur, ut Christum Deum & regem colant, eique pareant, tum ob antiqua creationis beneficia, tum ob ipsius incarnationem; ne, ut patres ex Ægypto egressi, sibi introitum ad requiem præcludant.* Hebr. 3. & 4.

PSAL. XCV. *Omnia incitat ad Christum Dominum extollendum, qui sit homines ex æquo judicaturus.*

PSAL. XCVI. *Homines & angelos invitat ad Christum Dominum adorandum, qui sit extremo suo adventu idololatras pudore affecturus, bonisque lucem allaturus.* Hebr. 1.

PSAL. XCVII. *Invitat ad Deum celebrandum, qui sit Christum omnibus exhibiturus, & per eum orbem judicaturus.*

PSAL. XCVIII. *Christum ut Dominum celebrat, & ad eum invocandum, ejusque vestigia adorandum inducit exemplo Mosis, Aaronis, Samuelis.*

PSAL. XCIX. *Ad Dei laudes & cultum omnes cohortatur.*

PSAL. C. *Proba sua anteacta vitæ rationem Deo proponit, ejus extollens gratiam. Juxta Hebræos, qui hæc exponunt in futuro, se rectè victurum vovet. Congruit Christo.*

PSAL. CI. *Valde mœstus orat Christum, terræ cælique fundatorem, ut Sionis misereatur, ex eaque ædificet Ecclesiam, in quam populi & reges ad Deum colendum conveniant.*

PSAL. CII. *Se, angelos, & omnia excitat ad innumerabilia Dei beneficia prædicandum.*

PSAL. CIII. *Deum ab opificio & providentia celebrat.*

PSAL. CIV. *Ad Deum laudandum vocat, qui Israelitas multis bonis affecerit, conservaverit, & in terram promissam perduxerit.*

PSAL. CV. *Captivi Deo peccata sua, majorumque suorum confitentur, & veniam salutemque poscunt.*

PSAL. CVI. *Deum laudandum, qui ex itinerum errore, carcere, morbo, navigationum discriminibus, denique periculis omnibus se invocantes liberet, & bonis cumulet.*

PSAL. CVII. *Ecclesia precatur Deum sibi prosperum contra Moabitas, Palæstinos, Idumæos, (id est Mahometanos.) Psalmus est propheticus.*

PSAL. CVIII. *Judæ proditori, cæterisque malevolis dignas pœnas, sibi salutem Christus precatur.* Act. 1.

PSAL. CIX. *Christum ad Patris dexteram sessurum, regnum è Judæa auspicaturum, sacerdotio Melchisedech perpetuò functurum, toto orbe victorem dominaturum.*

PSAL. CX. *Dominum laudat, qui tot beneficia in Ecclesiam contulerit.*

PSAL. CXI. *Religiosos & beneficos esse beatos; peccatores perituros.*

PSAL. CXII. *Deum laudandum, qui excelsus ima curet.*

PSAL. CXIII. *Recolit Dei miracula, Israelem de Ægypto educentis: deinde eum precatur ut suam gloriam asserat, quòd cæterarum gentium dii simulacra sint vana; ipse verò sit omnis generis piorum præsidium. Apud Hebræos in duos scinditur.*

PSAL. CXIV. *Orat, simul & gratias agit, quòd fuerit magno è periculo ereptus. Christo congruit.*

PSAL. CXV. *Pergit gratias agere Deo, à quo fuerat liberatus: nam hic Psalmus in Hebræo pars est altera superioris.*

PSAL. CXVI. *Invitat omnes gentes ad Deum collaudandum, ob Christum exhibitum.* Rom. 15.

PSAL. CXVII. *Gratias agit Ecclesia, quòd post tot rerum discrimina, salutem & Christum sit consecuta.* Matth. 21. & 22.

PSAL. CXVIII. *Domini legem, verbum, & præcepta laudat, quorum amantissimum & studiosissimum se conservari optat ac precatur, 22. octonariis.*

PSAL. CXIX. *Petit Ecclesia à maledicis & Cedarenis (id est Mahometanis) à Cedar Ismaelis filio, inter quos versatur, liberari. Canticum est propheticum, ut & sequentia, quæ Graduum inscribuntur.*

PSAL. CXX. *Ecclesiam ubique esse tutam, quòd Dominum habeat custodem.*

PSAL. CXXI. *Ecclesiam laudat à concordia, pietate, justitia, eique bene precatur.*

PSAL. CXXII. *Ecclesia precatur contra impiorum calumnias.*

PSAL. CXXIII. *Ecclesia gratias agit, quòd ab extremo periculo sit erepta.*

PSAL. CXXIV. *Ecclesiam ejusque cives esse tutissimos, impios autem perituros.*

PSAL. CXXV. *Ecclesia orat ut liberetur è captivitate, videlicet per Christum. Congruit martyribus.*

PSAL. CXXVI. *Nec familiam, nec urbem custodiri, nec liberos haberi citra Dei favorem & donum.*

PSAL. CXXVII. *Timore Domini, beatitudinem hujus etiam vitæ, conciliari.*

PSAL. CXXVIII. *Ecclesia gratias agit, quòd Domini ope tuta semper permaneat, precans, ut sui hostes dent pœnas.*

PSAL. CXXIX. *Peccatorum veniam magno ardore deposcit, redemptionem, per Christum videlicet, pollicens.*

PSAL. CXXX. *Humilitatem & modestiam suam Deo offert & proponit, sacrificium longè gratissimum.*

PSAL. CXXXI. *Ecclesia Deum obtestatur, ut memor Davidis ejusque voti, in Sione habitet, Christumque exhibeat, quem ipse magna verborum solemnitate promisit.*

PSAL. CXXXII. *Ecclesia consensionem esse suavissimam, à Deo cumulatè benedictam.*

PSAL. CXXXIII. *Ecclesia Domini cultores ad Dei laudes hortatur.*

PSAL. CXXXIV. *Ad Deum celebrandum invitat, quòd Israel magnis beneficiis cumulaverit, & idola sint inutilia.*

PSAL. CXXXV. *Ad Dei confessionem excitat, propter ipsius in omnia, maximè in populum suum, providentiam atque beneficia.*

PSAL. CXXXVI. *Captivi lacrymantes restitui optant, pœnasque Idumæis & Babyloniis precantur. Congruit Ecclesia inter Mahometanos exulanti.*

PSAL. CXXXVII. *Se Deum ob favorem perpetuò confessurum & adoraturum, optans ut cæteri quoque reges hoc nomine idem faciant.*

PSAL. CXXXVIII. *Deum omnia penitus scire, ubique præsentem esse, ejus providentiam & vim nihil, quantumvis occultum & exile, evadere: quare se eum prædicaturum, & impios odio persecuturum.*

PSAL. CXXXIX. *Ut se ab improbis & maledicis defendat, illosque puniat, deprecatur. Christo congruit.*

PSAL. CXL. *Orat ut sit patiens in afflictionibus, &*

ab adverſariis tutus. Congruit Chriſto.

PSAL. CXLI. *Humana ope deſertus, contra inſectatores auxilium implorat. Eccleſiæ congruit.*

PSAL. CXLII. *Petit ne Deus ad ſuam juſtitiam reſpiciat, ſed ad miſeriam & perſecutionem, à qua ſe ſublevet, punitis hoſtibus. Eccleſiæ congruit.*

PSAL. CXLIII. *Gratias agit, quòd pacato regno fruatur: deinde orat, ut ſe ab externis hoſtibus, alioqui tumentibus, defendat.*

PSAL. CXLIV. *Deum extollit ut regem, ut bonum, miſericordem, omnia gubernantem, conſervantem, hominibus ingentia beneficia conferentem.*

PSAL. CXLV. *Deo fidendum, non hominibus, non principibus.*

PSAL. CXLVI. *Laudandum Deum ex ipſius in populum ſuum providentia, & aliis operibus. Eſt propheticus de Eccleſiæ collectione.*

PSAL. CXLVII. *Pergit Eccleſiam ad Dei laudes hortari, præcipuè quòd in ipſam ſingularis ejus ſit beneficentia: hic enim Pſalmus ſuperiori in Hebræo adnectitur.*

PSAL. CXLVIII. *Angelos, omne hominum genus, cœleſtia, terreſtriaque omnia ad Deum laudibus afficiendum adhortatur. Pſalmus eſt propheticus.*

PSAL. CXLIX. *Regem Chriſtum canendum eſſe, qui ſuos ſit ſalvaturus, eiſque in gentes ultricem poteſtatem daturus. Eſt propheticus de Eccleſiæ victoria.*

PSAL. CL. *Omnem ſpiritum ad Deum omnis muſicæ genere laudandum invitat.*

OBSERVATIO.

IN edendo Pſalmorum libro conſilium primum erat rationem hucuſque à nobis adhibitam ſervare, id eſt, Pſalmos non edere niſi ſecundùm Verſionem antiquam, & illam cujus communis vulgariſque eſt uſus hodie in Eccleſia. Sed cùm deprehendiſſemus utramque illam Verſionem ex uno fonte Græco LXX. Interpretum prodiiſſe, nec unam ab altera diſcrepare, niſi his plurimis quæ Hieronymus ſemel & iterum corrigenda & emendanda judicaverat: (nam hæc ipſa ſola denuo caſtigata in uſum communem admiſſa eſt ab Eccleſia, ſecluſâ poſteriori Interpretatione Hieronymi ex Hebræo, ne ſcilicet, opinor, ſi à recepta conſuetudine nimiùm diſcederetur, vulgus à Pſalmis decantandis aut recitandis avocaretur, indeque perturbatio & confuſio ſequeretur:) hæc, inquam, cùm animo reputaremus, à mente ſuſcepta deſtitimus, utilitatique & commodis omnium, ac potiſſimum doctorum & Litterarum Sacrarum amatorum, ſervituros nos judicavimus, ſi Verſionem Latinam Hieronymi ad Hebraïcum fontem accommodatam, duabus aliis è Græco prognatis adnecteremus; maximè cùm illam ipſam, ut dixi, non diſtrahendam duxerit Eccleſia, niſi ut multitudini, alterâ de Græco aſſuefactæ, mos gereretur. Quominus tamen Pſalterium illud triplex diſtinctis totidem columnis ſimul ederemus, id maximè impedire poterat, quòd Verſio Latina Pſalmorum, ut ſe habet in Vulgata nova, non rarò conveniat cum Veteri: ſed præterquam quòd earum alterutra è medio tolli debuiſſet, nec facilè diſtingui potuiſſet ac decerni eccuinam id ſorte obtigiſſet, rationibus noſtris utramque ſervari maximè conducebat, illarumque neutram excludi, quòd ambæ, licet uno ex fonte prolatæ, multis adhuc, iiſque non levibus, à ſe invicem differre viderentur. Et ſanè cùm Latina Pſalmorum interpretatio, quæ inſerta eſt in Vulgata noſtra, illa ipſa ſit quæ ab Hieronymo ſecundis curis emendata fuit ad Græcum purum Hexaplare LXX. Interpretum; non verò illa ipſiſſima Vetus Latina, quæ proximè derivata eſt à Græco editionis illius, quæ Κοινὴ olim, ſeu *Communis* dicebatur; inde contigit ut diverſitates plurimæ, eæque non contemnendæ, inter utramque etiamnum deprehendantur. Quapropter ſatius duximus utramque illam operi noſtro adjungere, quàm unam ſecluſâ alterâ admittere. Ad Verſionem autem Latinam Hieronymi ex Hebræo quod attinet, ipſa columnâ intermediâ, typiſque diſtinctis excudetur: illaque præferetur à nobis Editio, quæ non multis abhinc annis prodiit in publicum ſtudio & operâ D. noſtri Johannis Martianæi, to. 1. noviſſimæ Editionis operum S. Hieronymi, Pariſiis, anno 1693.

LIBER PSALMORUM.

Vulgata hodierna seu Versio Latina sec. LXX. secundis curis emendata à S. Hieronymo.

Psalmus I.

1. Beatus vir, qui non abiit in consilio impiorum, & in via peccatorum non stetit, & in cathedra pestilentiæ non sedit:

Jos. 1. 8. 2. Sed in lege Domini voluntas ejus, & in lege ejus meditabitur die ac nocte.

Jere. 17. 8. 3. Et erit tanquam lignum, quod plantatum est secus decursus aquarum, quod fructum suum dabit in tempore suo:

Versio Latina S. Hieronymi ex Hebræo.

Psalmus I.

Beatus vir, qui non abiit in consilio impiorum, & in via peccatorum non stetit, & in cathedra derisorum non sedit:

Sed in lege Domini voluntas ejus, & in lege ejus meditabitur die ac nocte.

Et erit tanquam lignum transplantatum juxta rivos aquarum, quod fructum suum dabit in tempore suo:

Versio Latina antiqua sec. LXX. usu recepta ante Hieronymum.

* Psalmus I.

1. Beatus vir, qui non abiit in consilio impiorum, & in via peccatorum non stetit, & in cathedra pestilentiæ non sedit: *Versus tres priores eruuntur ex Aug. comment. in Psal. 1. 4. p. 1. col. 1. seqq.*

2. Sed in lege Domini fuit voluntas ejus, & in lege ejus meditabitur die ac nocte.

3. Et erit tanquam lignum, quod plantatum est secundùm decursus aquarum, quod fructum suum dabit in tempore suo:

Notæ ad Versionem antiquam.

* *Hic Ps. non habet titulum;* ita Cassiod. in Ps. 1. p. 11.

℣. 1. Cùm versus iste, necnon alii duo subsequentes vix legi possint in Psalt. S. Germ. ob fugientes præ vetustate litteras, & lacerum media sui parte folium, iidem suppeditantur è Comment. S. August. in Ps. ut notatum est sup. Ad ℣. igitur primum quod attinet, legitur ut supra tum apud Hilar. in Ps. 1. col. 15. b. 16. f. & in Ps. 118. col. 313. d. tum apud Ambros. l. 2. de Jac. c. 1. col. 459. d. & l. de interpel. Job. & Dav. col. 626. 638. 654. 662. & in Ps. 1. col. 745. e. & l. 2. offic. to. 2. col. 73. a. Suffragantur etiam Optat. l. 2. cont. Donat. p. 31. b. Auctor quæst. V. & N. Test. quæst. 110. col. 109. e. & Cassiod. in Psalmos. Concinunt denique Psalteria Rom. Mediol. Mozarab. &c. quæ deinceps vulgò non citabuntur nisi cùm præferent dissimilitudines & varietates alicujus momenti. Apud Hilarium quoque comment. in Psalmos quosdam, iidem Psalmi toti præmittuntur subjectis quibusque tractatibus; sed cùm non constet hos Psalmos ab Hilario ipso ibidem fuisse præfixos, quinimo verisimile sit (ut optimè probavit D. noster Custantius) eosdem ibi assutos fuisse ex antiquo cod. Miciac. postea Vatic. satis erit variantes eorumdem lectiones Notis inserere. Tertul. l. 4. cont. Marc. p. 735. a. versum hunc 1. refert ut supra, excepta voce *pestium*, loco *pestilentiæ*; in Græco etiam est λοιμῶν: item l. 2. cont. Marc. p. 651. c. idem Tertul. habet *pestilentium*; at l. de pudic. p. 1011. a. legit *pestilentia*: lib. verò de spectac. c. 3. p. 213. b. ita: *Felix qui non abiit in concilium impiorum ..... & in cathedra pestium non sedit:* similiter l. 2. cont. Marc. p. 651. c. habet *in concilium.* August. in Ps. 39. col. 336. a. constanter, *in consilio*, è Gr. ἐν βουλῇ; sed infra leg. *pestilentiarum*, ut & in Ps. 150. col. 1695. c. In Psalt. nostro Germ. legitur, *& in cathedra pestilentia non sedit*, ut sup.

℣. 2. Sic apud Hilar. in hunc Psal. col. 14. ubi etiam sæpe repetitur verbum *fuit*; sic etiam in Ps. 118. col. 313. d. Similiter habent Ambros. in Ps. 1. col. 751. d. Auct. quæst. V. & N. Test. q. 110. col. 110 c. & Cassiod. in eund. Ps. quibus favent Psalt. Rom. Mediol. German. Carnut. & Corb. Apud Cypr. verò l. 3. Testim. p. 329. b. deest verbum *fuit*, sicut apud Auct. op. imp. in Matth. hom. 51. col. 214. c. & apud Optat. l. 2. cont. Donat. p. 31. b. si nonnullos Mss. excipias. Apud Tertul. etiam l. 2. cont. Marc. p. 651. c. non legitur *fuit*, sed bis *in lege Domini*. Græcum cum Vulgata concinit ad verbum.

℣. 3. Accinunt Ambros. in Ps. 1. col. 754. f. & Cassiod. in eund. Ps. nisi quòd ambo legunt *secus*, non *secundùm*. Sic etiam in Psalt. nostro Germ. est. Hilar. in hunc Ps.

VERSIO ANTIQUA.

* Et folium ejus non decidet, & omnia quæcunque fecerit prosperabuntur.

Ex Ms. Sangerm. seu Psalter. S. Germani, ut vocant, egregia notâ ac formâ, annorum circiter 1100.

4. Non sic impii, non sic: sed tanquam pulvis, quem projicit ventus à facie terræ.

5. Ideo non resurgent impii in judicio: neque peccatores in consilio justorum.

6. Quoniam novit Dominus viam justorum, & iter impiorum peribit.

HEBR.

Et folium ejus non defluet, & omne quod fecerit prosperabitur.

Non sic impii: sed tanquam pulvis, quem projicit ventus.

Propterea non resurgent impii in judicio, neque peccatores in congregatione justorum.

Quoniam novit Dominus viam justorum, & via impiorum peribit.

VULGATA HOD.

Et folium ejus non defluet: & omnia quæcunque faciet prosperabuntur.

4. Non sic impii, non sic: sed tanquam pulvis, quem projicit ventus à facie terræ.

5. Ideo non resurgent impii in judicio: neque peccatores in concilio justorum.

6. Quoniam novit Dominus viam justorum: & iter impiorum peribit.

* NOTÆ AD VERSIONEM ANTIQUAM.

habet, *juxta decursus*, &c. ut sup. Psalmus verò ibidem præfixus *secus*: similiter Hilar. ipse ibid. n. 2. at infra n. 9. bis legit *juxta*, cum Auct. quæst. Vet. Test. q. 110. col. 110. d. Apud Tertul. l. 2. cont. Marc. p. 651. c. *juxta exitus*. Græc. παρὰ τὰς διεξόδους, &c. ut sup. Rursus Tertul. l. de pœnit. c. 4. p. 166. c. alludens, dicit: *Arbor exinde fias illa, quæ penes aquas seritur, & in foliis perennat, & tempore suo fructus agit*. Hieron. in Isai. 44. to. 3. col. 328. d. sic: *Et erit sicut lignum, quod plantatum est secus decursus aquarum, quod fructus suos dabit in*, &c. Ambros. in Ps. 1. col. 758. a. hæc notat: *Græcus ita dixit*, ὃ τὸν καρπὸν αὐτοῦ δώσει, *quod potest ad Beatum referri*, Μακάριος καρπὸν δώσει, *Græcè; Latinè autem sic dicitur, ut sit: Quia beatus dabit fructum, in resurrectione scilicet sua..... Potest & sic*: ὃ τὸν καρπὸν αὐτοῦ ὑπὲρ ξύλον, *ut referatur ad lignum, cujus facta omnia prosperabuntur*.

* Ita Cassiod. in hunc Ps. cum Psalt. Rom. excepto uno *faciet*, pro *fecerit*. Similiter habet Tertul. l. 2. cont. Marc. p. 651. c. sed addit *illi*, ad verbum *prosperabuntur*. Ambr. in eund. Ps. col. 754. f. Vulgatæ favet ad verbum. In Psalt. Germ. extrema tantùm leguntur, *fecerit, prosperabuntur*. Item in Corb. *fecerit*, sicut apud Auct. quæst. Vet. Test. q. 110. Apud Hilar. verò in Ps. 1. n. 8. & 13. & prologo, n. 2. necnon in Psalmo ibidem præfixo ex Ms. Vatic. sic: *Et folium ejus non defluet, & omnia quæcunque faciet bene dirigentur*: at infra, col. 23. b. in Mss. *prosperabuntur*. Ambr. ubi sup. col. 758. b. ait Aquilam habere *dirigentur*. Gr. Καὶ πάντα ὅσα ἂν ποιῇ κατευοδωθήσεται. Hieron. in Isai. 44. to. 3. col. 328. d. legit ut sup. *Et folium ejus non decidet*. In Psalt. Germ. ultima tantùm apparet syllaba *fluet*: in Gr. ἀπορρυήσεται, ap. Aquilam verò, ἀπομεσεῖται.

℣. 4. Similiter habent Hilar. in Ps. 1. Ambros. in eund. Ps. col. 758. c. & alibi, to. 1. col. 277. c. 660. a. August. & Cassiod. in eund. Ps. necnon Auct. quæst. ap. Aug. q. 110. In Psalt. Corb. legitur *projiciet*, non *projicit*, quod habetur in aliis; Gr. ἐκρίπτει, &c. ut in Lat. sup.

℣. 5. Sic Auct. quæst. Vet. Test. apud August. quæst. 110. Aug. verò in hunc Ps. legit, *Ideo non resurgunt*, &c. ut sup. Ita quoque Auct. op. imp. in Matth. hom. 41. p. 171. c. cum Cassiod. & Psalt. Corb. Cyprianus l. 3. Testim. p. 315. b. *Propterea non resurgent impii in judicio*, &c. ut sup. Similiter Hilar. in Psal. 1. n. 18. at n. 15. & 19. *Propterea non resurgent impii in judicium*: infra autem in Ps. 118. col. 306. c. *Non resurgunt impii in judicio, neque peccatores in*, &c. Ambr. in Ps. 1. 761. f. 764. b. & in Ps. 118. col. 1032. b. 1229. a. *Quoniam non resurgunt impii in judicio*; at infra in Psal. 118. col. 1254. a. *Non resurgunt impii in judicium*: & in Ps. 1. col. 764. b. addit: *nec peccatores resurgunt in consilio justorum*. Ambrosiast. col. 39. e. *Quia non resurgunt impii in judicio*; sed col. 167. a. *Ideo non resurgent*, &c. Gr. Διὰ τοῦτο οὐκ ἀναστήσονται οἱ ἀσεβεῖς ἐν κρίσει· οὐδὲ ἁμαρτωλοὶ ἐν βουλῇ δικαίων. Aquila ἐν συναγωγῇ, Theodot. ἐν συνόδῳ. Psalt. vet. Fabri, *in concilio*.

℣. 6. Sic Ambros. & Cassiod. in hunc Psal. Sic etiam August. ibid. nisi quòd hab. *iter autem impiorum*. Hilar. in eund. Ps. n. 19. *Quia cognoscit Dominus viam justorum, & via impiorum peribit*: Psalmus ibid. præfixus ex Ms. Vat. *Quoniam scit Dominus*, &c. Similiter Auct. quæst. V. Test. q. 110. Græc. Ὅτι γινώσκει Κύριος ὁδὸν δικαίων, καὶ ὁδὸς, &c. Ambr. ubi sup. n. 58. col. 765. a. hæc addit: *Pulchrè autem ait*: & iter impiorum peribit: *separavit Latinus, ut iter diceret, & tanquam discrevit iter à via: Græcus autem in utroque viam dixit. Non otiose tamen Latinus; quia & Dominus*, Ego sum via, *dixit; non dixit*, Ego sum iter.

VERSIO ANTIQUA.

* In finem, Psalmus ipsi David. II.

Ex Ms. Sangerm. 1. QUare fremuerunt gentes, & populi meditati

HEBR.

Psalmus II.

QUare turbantur gentes, & tribus meditabuntur inania?

VULGATA HOD.

Psalmus II.

1. QUare fremuerunt gentes; & populi meditati sunt Act. 4. 25.

NOTÆ AD VERSIONEM ANTIQUAM.

* Orig. in hunc Psal. hæc hab. teste Montfalconio nostro, Hexapl. to. 1. p. 475. Δυοῖν ἐντυχόντες Ἑβραϊκοῖς ἀντιγράφοις, ἐν μὲν τῷ ἑτέρῳ εὕρομεν ἀρχὴν δευτέρου ψαλμοῦ ταῦτα, ἐν δὲ τῷ ἑτέρῳ συνῆπτο τῷ πρώτῳ· καὶ ἐν ταῖς Πράξεσι δὲ τῶν Ἀποστόλων τὸ, Υἱός μου εἶ σὺ, ἐγὼ σήμερον γεγέννηκά σε, ἐλέγετο εἶναι τοῦ πρώτου ψαλμοῦ· ὡς γὰρ γέγραπται, φησὶν, ἐν πρώτῳ ψαλμῷ, Υἱός μου εἶ σύ. Τὰ Ἑλληνικὰ δὲ ἀντίγραφα δεύτερον εἶναι τοῦτον μηνύει· ἐν μέντοι τῷ Ἑβραϊκῷ οὐδένι τῶν ψαλμῶν ἀριθμὸς παράκειται, πρῶτος εἰ τύχοι, ἢ β΄. ἢ γ΄. id est, *Cùm in exemplaria duo Hebraica incidissemus, in altero quidem secundi Psalmi principium invenimus hoc loco, in altero autem hic primo conjungebatur: & in Actibus Apost. illud*, Filius meus es tu, ego hodie genui te, *dicitur esse ex Psalmo primo*: sicut enim scriptum est, *inquit*, in primo Psalmo, Filius meus es tu. *Græca verò exemplaria hunc secundum esse indicant; in Hebræo siquidem nulli Psalmorum numerus apponitur, sive primus, sive secundus, vel tertius fuerit*. In Vulgata autem hic Ps. numeratur secundus, sicut Actor. 13. 33. ibid. & in Græco: at primus nuncupatur à Justino apolog. 2. & à Tertul. l. cont. Marcion. necnon ab Optato l. 3. cont. Donat. p. 50. b. Hilarius in Ps. de his ita disserit col. 27. c. *Plures nostrûm ambiguos facit Apostolica auctoritas, utrùm Psalmum hunc cohærentem primo, & veluti primi extimum putent esse; an verò subjacentem, & secundum potiùs connumerent: namque in Actis Apostolorum primum hunc haberi atque esse, sub oratione beati Pauli ita decernitur*..... Sicut in Psalmo primo scriptum est, Filius meus es tu..... *Ob hanc ergo Apostolicam auctoritatem errore scribentium fieri creditur, ut in ordine secundus Psalmus iste numeretur, cùm primus esse, ipso Doctore gentium testante, noscatur. Cognoscenda itaque ea ratio est, cur & à nobis secundus esse intelligendus sit, & ab Apostolo esse primus ostensus sit*: tum relatis multis de translatione LXX. Interpretum, subdit p. 29. b. *Hi ergo Psalmos inter cæteros libros transferentes, & in numerum redegerunt, & in ordinem collocaverunt, & Diapsalmis distinxerunt, qui omnes secundùm Hebræos confusi habebantur & habentur*. Et post pauca: *Beatus ergo apostolus Paulus, secundùm professionem suam Hebræus ex Hebræis, etiam secundùm Hebraicam cognitionem & fidem, Psalmum hunc primum esse dixit, Translatorum distinctione non usus..... Tenuit itaque hunc modum, ut Hebræus ipse & Hebræis prædicans, Hebræorum consuetudine uteretur; sed nobis Translatorum utendum auctoritate est*, &c. Nunc etiam in Ms. Cantabrig. perantiquo, Actor. 13. 33. legitur: *Et in Psalmo primo scriptum est*. Item in nonnullis exemplaribus Græcis, τῷ πρώτῳ, in aliis τῷ δευτέρῳ. Legère post Hilarium, τῷ πρώτῳ, vulgatus Hieron. in Psal. Oecumen. in Acta, Beda, &c. At Cypr. l. 1. & 3. Testim. pp. 279. b. & 329. a. legit, *In Psalmo secundo*; cui suffragatur Ambros. to. 1. col. 680. b. Titulus autem nullus præfigitur huic Psalmo cùm in Vulg. tum in Græco: edd. tamen Ald. & Compl. ferunt istum: Ψαλμὸς τῷ Δαυΐδ. Vetus Psalt. Fabri, *Psalmus David*. Carnut. Corb. Gallic. ap. Fabrum, *In finem, Psalmus ipsi David*, ut sup.

℣. 1. Sic hab. Hilar. in Ps. 1. col. 29. f. cum Ambr. in Ps. 45. col. 930. d. Julius verò Firm. l. de err. profan.

VULGATA HOD.	HEBR.	VERSIO ANTIQUA.
inania?		sunt inania? *Ex Ms. Sangerm.*
2. Astiterunt reges terræ, & principes convenerunt in unum, adversùs Dominum, & adversùs Christum ejus.	*Consurgent reges terra, & principes tractabunt pariter adversùs Dominum, & adversùs Christum ejus.*	2. Adstiterunt reges terræ, & principes convenerunt in unum, adversùs Dominum, & adversùs Christum ejus.
3. Dirumpamus vincula eorum: & projiciamus à nobis jugum ipsorum.	*Disrumpamus vincula eorum, & projiciamus à nobis laqueos eorum.*	3. Disrumpamus vincula eorum: & projiciamus à nobis jugum ipsorum.
4. Qui habitat in cœlis irridebit eos: & Dominus subsannabit eos.	*Habitator cœli ridebit: Dominus subsannabit eos.*	4. Qui habitat in cœlis deridebit eos, & Dominus subsannabit eos.
5. Tunc loquetur ad eos in ira sua, & in furore suo conturbabit eos.	*Tunc loquetur ad eos in ira sua, & in furore suo conturbabit eos.*	5. Tunc loquetur ad eos in ira sua, & in furore suo conturbabit eos.
6. Ego autem constitutus sum rex ab eo super Sion montem sanctum ejus, prædicans præceptum ejus.	*Ego autem orditus sum regem meum super Sion montem sanctum meum. Annuntiabo Dei præceptum:*	6. Ego autem constitutus sum rex ab eo super Sion montem sanctum ejus, prædicans præceptum. * DIAPSALMA.
Act. 13. 33. Heb. 1. 5. & 5. 5. 7. Dominus dixit ad me: Filius meus es tu, ego hodie genui te.	*Dominus dixit ad me: Filius meus es tu, ego hodie genui te.*	7. Dominus dixit ad me: Filius meus es tu, ego hodie genui te.
8. Postula à me, & dabo tibi gentes hæreditatem tuam, & posses-	*Postula à me, & dabo tibi gentes hæreditatem tuam, & possessio-*	8. Postula à me, & dabo tibi gentes hæreditatem tuam,

NOTÆ AD VERSIONEM ANTIQUAM.

nar. relig. c. 24. col. 174. a. & August. in Ps. 1. col. 4. c. ita: *Ut quid fremuerunt gentes*, &c. ut sup. Addit Aug. ibid. *Pro eo dictum est*, ut quid, *ac si diceretur, frustra*: at infra in Ps. 7. col. 32. b. legit: *Quare fremuerunt gentes*, &c. Cypr. l. 1. & 3. Testim. p. 279. b. 329. a. *Ad quid tumultuata sunt gentes*, &c. ut sup. Similiter apud Tertul. l. de resurr. carn. p. 573. c. *Tumultuata sunt gentes*, &c. ut sup. sic etiam l. 4. cont. Marc. p. 734. c. præter vocem *nationes*: & l. 1. 626. c. necnon l. 3. p. 679. b. ac l. 5. p. 784. c. *Disrumpamus a nobis vincula eorum..... ex quo tumultuata sunt gentes*: vel *Disrumpamus vincula eorum..... postea certe quàm tumultuata sunt gentes*, &c. Græc. Ἱνα τί ἐφρύαξαν ἔθνη, &c. ut sup. Aquila, Ἱνα τί ἐθορυβήθησαν, &c. al. ἐθορύβησαν. Symm. Εἰς τί ἔθνη κενά.

℣. 2. Sic iterum Hilar. in hunc Ps. col. 29. e. cum Aug. & aliis Psalteriis veteribus. Similiter Ambr. in Luc. 23. col. 1530. b. ad hoc usque, *adversùs Dom.* &c. Tertul. verò l. 1. cont. Marc. 626. c. ita: *Astiterunt reges terræ, & magistratus convenerunt*, &c. ut sup. at l. 3. p. 679. b. legit, *principes congregati sunt in unum*, &c. & l. 4. p. 734. c. *archontes congregati sunt*, &c. similiter l. de resurr. carn. p. 573. c. & cont. Praxeam p. 858. b. item l. 5. advers. Marc. p. 785. c. 786. b. excepto uno *ipsius*, in fine: at sup. p. 784. c. iterum legit, *magistratus congregati sunt*, &c. Cypr. l. 3. Testim. p. 329. a. *Astiterunt reges terræ, & principes congregati sunt*, &c. ut sup. at l. 1. Testim. p. 279. b. *& principes collecti sunt*, &c. Gr. ἄρχοντες συνήχθησαν, &c. ut in Lat. In Ms. Alex. post hoc, *Christum ejus*, ponitur Διάψαλμα. Hilar. etiam in Ps. 2. col. 31. b. ait: *Et quia non ambiguum est ex persona Dei Patris secundùm Apostolicam auctoritatem Psalmum cœptum esse..... idcirco ad intelligendam personæ demutationem ab interpretantibus interjectum* Diapsalma *est, licet in libris Hebræorum non contineretur. Persona ergo quæ demutatur, Apostolorum esse intelligenda est dicentium*, Disrumpamus, &c. Eusebius quoque testatur exstare ibi *Diapsalma* apud LXX. non verò apud Theod. & Symm. Vide Hexapl. to. 1. cum notis Flaminii Nobilii.

℣. 3. Sic est in Gr. Apud Tertul. verò l. 1. cont. Marc. p. 626. c. ita, inversis vocibus: *Disrumpamus vincula à nobis eorum: & abjiciamus eorum jugum à nobis*: at l. 3. p. 679. b. ut sup. *Disrumpamus vincula eorum: & abjiciamus à nobis jugum eorum*: similiter l. 5. p. 785. c. excepto ult. *ipsorum*, uti supra, p. 784. c. sed addit ibid. *à nobis*, post verbum *disrumpamus*. Hilar. & Aug. in hunc Ps. textui favent, nisi quòd loco *projiciamus*, legunt *abjiciamus*. Similiter Ambr. in Ps. 118. col. 1071. a. at in Luc. 13. col. 1459. b. legit *projiciamus*, &c. Cypr. l. 1. Testim. p. 279. b. *Disrumpamus vincula eorum: & abjiciamus à nobis jugum eorum*: sed l. 3. p. 329. a. *Dirumpamus vincula eorum: & projiciamus à nobis jugum eorum.*

℣. 4. Sic apud Hilar. & Aug. in hunc Psal. si excipias verbum *irridebit*, pro *deridebit*: Græcè, ἐκγελάσεται; at in Ms. Alex. ἐγγελάσεται. Item ubique constanter, *subsannabit*, ut & inf. *conturbabit*, non *subsannavit*, & *conturbavit*, quæ habet Ms. Germ. more vet. codicum in quibus nimiùm sæpe mutatur *b*. in *v*. & vice versa.

℣. 5. Concinunt Aug. & Cassiod. in hunc Ps. unà cum Græco. Hilar. in eund. Ps. sic leg. col. 33. c. & 36. c. *Tunc loquetur ad eos in ira sua, & in indignatione sua conturbabit eos*: at inf. col. 37. e. *& in furore suo conturb. eos*. Psalm. ibidem præfixus, *& in furore conturb.* &c. absque *suo*. Gr. καὶ ἐν τῷ θυμῷ αὐτοῦ ταράξει αὐτούς.

℣. 6. Ita Aug. in hunc Ps. addito uno *ipsius*, in fine; quod etiam hab. paulò infra: tract. verò 117. in Joh. 19. to. 3. col. 798. d. hab. cum Cassiodoro, *prædicans præceptum Domini*. Auct. l. ad Novat. hær. p. 499. f. *annuntians imperium ejus*. Itidem Auct. l. cont. Jud. ap. Cypr. p. 497. Hilarius in eund. Ps. col. 37. f. & 40. c. leg. *annuntians præceptum ejus*, cum cæt. ut sup. Vide etiam in Ps. 64. col. 163. a. & in Ps. 144. col. 563. b. Cypr. l. 2. Testim. p. 297. a. *Ego autem constitutus sum rex ab eo sup. Sion mont. s. ejus, annuntians imperium ipsius*. Tichon. reg. 7. p. 64. d. *Ego autem..... annuntians imperia ipsius*. Gr. Διαγγέλλων τὸ πρόσταγμα Κυρίου· cæt. ut in Lat. Apud Optat. l. 3. cont. Donat. p. 50. b. sic: *Quoniam regem constituit me super Sion montem sanctum suum.*

* Hujus Diapsalmatis non fit mentio in aliis Psalt. neque etiam in textu Græco. De *Diapsalmate* autem ita disserit Hieron. epist. ad Marcell. to. 2. p. 707. c. *Sæpe quærens causas cur in quibusdam Psalmis interponatur* Diapsalma, *observavi diligentissime in Hebræo, & cum Græco contuli, invenique quia ubi lingua Hebr.* Sela *habet, Græca verò* Semper, *aut aliquid istiusmodi, ibi LXX. & Theodot. & Symm. transtulerunt* Diapsalma. Hilarius verò prologo in Psalmos, n. 23. p. 13. a. ait: *In* Diapsalma, *quod interjectum plurimis Psalmis est, cognoscendum est demutationem aut personæ aut sensûs sub conversione modi musici inchoari; ut sicubi* Diapsalma *intercesserit, aut aliquid aliud dici, aut etiam ab altero dici, aut in altero artis musicæ modulo cantari intelligendum sit*. Vid. Not. a. ibid. ut & infra Aug. ad ℣. 4. Psalmi IV.

℣. 7. Concinunt PP. Lat. Cypr. l. 2. Testim. p. 288. b. Hilarius in Ps. 2. col. 40. c. & in Ps. 58. col. 130. b. & in Ps. 67. col. 202. a. & in Ps. 144. col. 563. b. Augustinus in Ps. 1. col. 5. d. & Collat. Carthag. col. 393. a. Similiter hab. Tertullianus ab his, *Filius meus es tu*, &c. videlicet l. 4. adv. Marc. p. 716. b. & l. cont. Jud. c. 11. & 14. p. 145. c. 148. c. & adv. Prax. p. 846. b. at inf. p. 848. b. legit, *generavi te*, ut & l. 3. adv. Marc. p. 678. a. Gr. γεγέννηκά σε. Novatianus de Trin. p. 1043. b. hab. *genui te*, necnon Ambrosius in Ps. 40. col. 881. d. & in Luc. 3. & 9. col. 1317. c. & 1409. e. item l. 5. de fide, col. 555. a. & l. 5. de Sacram. col. 379. a. Succinit etiam Tichonius reg. 1. col. 50. h. cum Psalteriis veteribus. Vide infra Not. ad Act. 13. 33.

℣. 8. Ita legunt Irenæus l. 4. c. 21. p. 258. b. Tertul. l. 3. adv. Marc. p. 678. a. & l. 4. p. 710. c. 719. b. at l. 4. & 5. p. 732. c. 799. a. hab. *Postula de me*, &c. & l. cont. Jud. c. 11. & 14. p. 145. c. & 148. c. *Pete à me*, &c. sicut Cassiod. in Ps. 5. p. 24. c. Novatianus de Trin. p. 1036. a. & 1043. b. *Postula à me*, &c. Similiter Cypr. l. 2. Testim. p. 288. b. August. in 1. Ps. col. 5. e. Gaud. Brix. serm. 18. p. 927. b. & Maxim. Taurin. p. 19. e. Hilar. verò in Ps. 2. col. 42. *Posce à me*, &c. item constanter in Ps. 67. col. 197. a. 202. a. & in Ps. 126. & 144. col. 421. a. & 563. b. Similiter hab. Ambr. Hex. 1. col.

Versio antiqua.	Hebr.	Vulgata hod.
Ex Ms. Sangerm. & possessionem tuam terminos terræ.	*nem tuam terminos terræ.*	sionem tuam terminos terræ.
9. Reges eos in virga ferrea: tanquam vas figuli confringes eos.	*Pasces eos in virga ferrea: ut vas figuli conteres eos.*	9. Reges eos in virga ferrea, & tanquam vas figuli confringes eos. *Apoc. 2. 27. & 19. 15.*
10. Et nunc reges intelligite: erudimini qui judicatis terram.	*Nunc ergo reges intelligite: erudimini judices terræ.*	10. Et nunc reges intelligite: erudimini qui judicatis terram.
11. Servite Domino in timore, & exsultate ei cum tremore.	*Servite Domino in timore, & exsultate in tremore.*	11. Servite Domino in timore: & exsultate ei cum tremore.
12. Adprehendite disciplinam, nequando irascatur, & pereatis de via justa.	*Adorate purè, ne fortè irascatur, & pereatis de via.*	12. Apprehendite disciplinam, nequando irascatur Dominus, & pereatis de via justa.
13. Cùm exarserit in brevi ira ejus, beati omnes, qui confidunt in eum.	*Cùm exarserit post paululum furor ejus, beati omnes, qui sperant in eum.*	13. Cùm exarserit in brevi ira ejus, beati omnes, qui confidunt in eo.

Notæ ad Versionem antiquam.

9. f. *Posce à me*, &c. ut sup. Vide etiam in Ps. 1. col. 761. a. August. de unit. Eccl. to. 9. col. 350. c. extremò legit *fines terræ*. At in Collat. Carthag. col. 393. a. *Postula à me ..... terminos terræ*. Sic etiam apud Optat. l. 2. cont. Donat. p. 26. b. c. & Auct. l. de vocat. Gent. c. 9. p. 7. a. Concinunt antiq. Psalteria unà cum Græco. Auctor verò l. de promiss. p. 1. c. 35. col. 116. *Dabo tibi gentes hæreditatem, & poss. tuam fines terræ.*

℣. 9. Sic Hilar. in Ps. 2. col. 45. a. nisi quòd præponit &, voci *tanquam*; subinde hæc addit: *Quod nobiscum est, reges eos, cum illis est, ποιμανεῖς αὐτούς, id est, pastoraliter reges*; & post pauca: *Hac ergo virga ferrea, ut reget, ita confringet & conteret: nam magis hoc secundùm LXX. Translatores græcitatis proprietas enunciat, ita enim scriptum est, ὡς σκεῦος κεραμέως συντρίψεις αὐτούς.* August. in Ps. 2. col. 5. f. legit, *conteres eos*: similiter in Ps. 58. p. 558. b. & l. 2. de cons. Evang. to. 3. col. 30. e. Apud Ambros. de apol. David, col. 731. c. hæc sola leguntur: *Reges eos in virga ferrea*: sicut ap. Hilar. in Ps. 144. col. 563. b. In Græco deest &, post *ferrea*; sed in Ms. Alex. adest καὶ ὡς σκεῦη, in edd. Ald. & Compl. ὡς σκεῦη, in Vatic. ὡς σκεῦος, &c. ut in Lat. sup.

℣. 10. Sic Hilar. in Ps. 2. col. 48. e. Gr. addit πάντες, ad verbum *erudimini*; cæt. ut in Lat. Rectè Aug. in Ps. 2. col. 6. a. & Auct. l. de promiss. p. 3. col. 184. d. *Erudimini omnes*, &c. Cypr. l. 3. Testim. p. 328. b. *Emendamini qui judicatis terram*; cæt. ut sup. Xistus III. epist. 6. Conc. to. 1. col. 1261. c. *Intelligunt, sicut ait David, & eruditi sunt, qui judicant terram.*

℣. 11. Ita Hilar. & Aug. in hunc Psal. Sic etiam apud Cypr. l. 3. Testim. 311. c. excepto hoc ult. *in tremore*, juxta Gr. ἐν τρόμῳ. Hilarius infra, col. 51. a. b. admittit utrumque *in tremore*, & *cum tremore*.

℣. 12. Sic apud Aug. in Ps. 2. col. 6. d. addito uno *Dominus*, post verbum *irascatur*. Succinit Hilar. in eund. Ps. col. 48. c. & 52. b. nisi quòd legit, *ne fortè irascatur*: sic etiam habet Psalmus ibid. præfixus, col. 27. a. at Hilar. infra, col. 52. a. legit *nequando*. Ap. Cypr. epist. 62. p. 102. b. ita: *Continete disciplinam, ne fortè irascatur Dominus, & pereatis à via recta*: similiter l. de hab. virg. p. 173. a. & l. 3. Testim. p. 324. a. Item Auct. l. de promiss. p. 3. col. 184. d. *Continete disciplinam, nequando*, &c. ut in Vulg. In Gr. Δράξασθε παιδείας, μή ποτε ὀργισθῇ Κύριος, καὶ ἀπολεῖσθε ἐξ ὁδοῦ δικαίας. Aug. in Job, to. 3. col. 665. g. habet, *de via recta*.

℣. 13. Similiter hab. Hilar. in eund. Psal. col. 48. e. & 52. e. Sic etiam Aug. ep. 153. to. 2. col. 526. e. at in Ps. 2. col. 6. e. legit *in eo*, in fine. Gr. οἱ πεποιθότες ἐπ' αὐτῷ. Psalt. vetera ferunt *in eum*, ut sup. Apud Cypr. epist. 62. p. 102. b. sic habetur: *Cùm exarserit citò ira ejus super vos*: sic etiam l. de hab. virg. p. 173. a. & l. 3. Testim. p. 324. a. sed ultimo loco addit: *beati omnes, qui confidunt in eo.*

Versio antiqua.	Hebr.	Vulgata hod.
Ex Ms. Sangerm. 1. Psalmus David, cùm fugit à facie Abessalon filii sui. III.	*Psalmus David, cùm fugeret à facie Absalom filii sui. III.*	1. Psalmus David, cùm fugeret à facie Absalom filii sui. (2. *Reg.* 15. 14.) III.
2. Domine quid multiplicati sunt qui tribulant me? multi insurgunt adversùm me.	*Domine, quare multiplicati sunt hostes mei? multi consurgunt adversùm me.*	2. Domine quid multiplicati sunt qui tribulant me? multi insurgunt adversùm me.
3. Multi dicunt animæ meæ: Non est salus ei in Deo ejus. Diapsalma.	*Multi dicunt animæ meæ: Non est salus huic in Deo. Semper.*	3. Multi dicunt animæ meæ: Non est salus ipsi in Deo ejus.
4. Tu autem Domine susceptor meus es, gloria mea, & exaltans caput meum.	*Tu autem Domine, clypeus circa me: gloria mea, & exaltans caput meum.*	4. Tu autem Domine susceptor meus es, gloria meá, & exaltans caput meum.
5. Vocem meam ad Dominum clamavi, & exaudivit me	*Voce mea ad Dominum clamabo, & exaudiet me de monte sancto*	5. Voce mea ad Dominum clamavi: & exaudivit me de monte

Notæ ad Versionem antiquam.

℣. 1. Ita Aug. in hunc Ps. præter unum *fugeret*, pro *fugit*. Gr. ὁπότε ἀπεδίδρασκεν, &c. Brev. Mozarab. habet, *Ipsi David*, è Gr. τῷ Δαυΐδ. Psalt. vet. Fabri simpliciter, *Psalmus David*, absque seqq. In Corb. *Psalmus David*, & sequentia. Cassiod. in hunc Ps. scribit *Abessallom*, è Gr. Ἀβεσσαλώμ. Ambr. de apolog. David, c. 4. col. 680. b. *In tertio Psalmo*, inquit, *Abessalon titulus præmittitur.*

℣. 2. Sic ap. Aug. in Ps. 3. col. 7. f. si excipias ult. *super me*; Gr. ἐπ' ἐμέ; at infra, col. 10. f. & 11. e. Aug. legit *adversùm me*. Tertul. l. cont. Prax. p. 848. b. sic: *Domine quid multiplicati sunt qui comprimunt me?* Græc. οἱ θλίβοντές με.

℣. 3. Aug. & Cassiod. in hunc Ps. habent, *illi in Deo ejus*, sicut Ambr. l. de lapf. virg. p. 319. a. Ita quoque in Græco.

℣. 4. Similiter huic ℣. præponitur *Diapsalma* in Psalt. Carnut. Corb. & in Gr. at neque ab Aug. neque à Cassiod. memoratur: exstat in utroque Psalt. Rom. & Gallic. to. 1. nov. ed. Hieron. In Gallicano Fabri, ejus loco ponitur *Semper*, juxta Quintam edit. in qua hîc & deinceps, Διαπαντός: neutrum admittitur in Vulg. Hoc autem vocabulum *Diapsalma*, in subseq. Psalm. toties pene Mss. codd. exhibent, quoties habetur in Græco edit. Rom. Vide Aug. inf. Not. in Ps. 4. ℣. 4. sicut Hieron. epist. ad Marcellam. Sequens versic. *Tu autem*, &c. idem est ap. Aug. Cassiod. ut & in vet. Psalt. quibus omnibus favet Gr.

℣. 5. Gr. habet φωνῇ μου, &c. ut sup. Tertul. l. 4. adv. Marc. p. 706. c. *Voce mea ad Dominum exclamavi*, &c. Gr. ἐκέκραξα. Aug. & Cassiod. in hunc Ps. *Voce mea ad Dominum clamavi*, ut in aliis Psalteriis vet.

VULGATA HOD.	HEBR.	VERSIO ANTIQUA.	
ſancto ſuo.	*ſuo.* SEMPER.	de monte ſancto ſuo. DIAPSALMA.	Ex Mſ. Sangerm.
6. Ego dormivi, & ſoporatus ſum: & exſurrexi, quia Dominus ſuſcepit me.	*Ego dormivi, & ſoporatus ſum: evigilavi, quia Dominus ſuſtentavit me.*	6. Ego dormivi, & ſoporatus ſum: & exſurrexi, quoniam Dominus ſuſcipit me.	
7. Non timebo millia populi circumdantis me: exſurge Domine, ſalvum me fac Deus meus.	*Non timebo millia populi, quæ circumdederunt me: ſurge Domine, ſalvum me fac Deus meus.*	7. Non timebo millia populi circumdantium me: exſurge Domine, ſalvum me fac Deus meus.	
8. Quoniam tu percuſſiſti omnes adverſantes mihi ſine cauſa: dentes peccatorum contriviſti.	*Quia percuſſiſti omnium inimicorum meorum maxillam; dentes impiorum confregiſti.*	8. Quoniam tu percuſſiſti omnes adverſantes mihi ſine cauſa: dentes peccatorum conteruiſti.	
9. Domini eſt ſalus: & ſuper populum tuum benedictio tua.	*Domini eſt ſalus: ſuper populum tuum benedictio tua.* SEMPER.	9. Domini eſt ſalus: & ſuper populum tuum benedictio tua.	

NOTÆ AD VERSIONEM ANTIQUAM.

℣. 6. Vet. Irenæi Interp. l. 4. c. 31. p. 269. a. ita legit cum Pſalt. Corb. *Ego dormivi, & ſomnum cepi.* Item Cypr. l. 2. Teſtim. p. 295. a. cum Lactantio, l. 4. Inſtitut. c. 19. p. 582. *Ego dormivi, & ſomnum cepi: & reſurrexi, quoniam Dominus auxiliatus eſt mihi.* Hilar. in Pſ. 131. col. 449. f. *Ego dormivi, & ſomnum cepi: & ſurrexi, quon. Dom. ſuſcipiet me.* Ambr. l. de Tob. c. 20. col. 616. a. *Ego dormivi, & quievi: & ſurrexi;* ſimiliter l. de Nab. c. 15. col. 584. b. additque, *quoniam Dominus ſuſcipiet me:* itidem in Pſ. 36. col. 809. d. ſed habet *reſurrexi* · lib. verò de bened. Patriarch c. 4. col. 519. c. & l. de bon. mort. c. 8. col. 404. c. ſic: *Ego dormivi, & requievi: & ſurrexi, quon. Dom. ſuſcepit me:* ſimiliter l. 6. Hex. col. 142. f. niſi quòd legit, *& exſurrexi.* Auguſt. in Pſ. 3. col. 8. f. ita: *Ego dormivi, & ſomnum cepi: & exſurrexi, quon. Dominus ſuſcipiet me;* ſubinde ait: *Nonnulli autem codices habent:* Dormivi, & ſoporatus ſum; *& alii aliter quomodo interpretari potuerunt quod Græcè poſitum eſt,* Ἐγὼ δὲ ἐκοιμήθην, ϗ ὕπνωσα· & inf. col. 9. a. *Hoc magis animadvertendum eſt, quemadmodum in una ſententia & præteriti temporis verbum poſuit & futuri: &* exſurrexi *enim dixit, quod eſt de præterito; &* ſuſcipiet, *quod eſt de futuro.* Similiter iterum legit Aug. in Pſ. 56. col. 535. g. & l. 17. de civit. Dei, c. 18. to. 7. col. 481. a. niſi quòd hoc ult. loco delet *&,* poſt verbum *cepi;* at l. 2. de Gen. to. 1. col. 680. e. hab. *& exſurrexi, quon. Dom. ſuſcepit me.* Vigilius Tapſ. l. cont. Varim. p. 733. h. *Ego dormivi, & ſomnum cepi: & ſurrexi, quon. Dom. ſuſcepit me.* Ita quoque in Pſalt. vet. Fabri, præter hoc, *& exſurrexi.* Apud Cerealem, l. cont. Maximin. c. 6. *Ego dormivi, & ſomnum cepi: & reſurrexi, quia Dominus ſuſcepit me.* In Pſalt. Mediolan. *Ego dorm. & quievi.* In Carnut. *& ſomnum cepi,* cum hoc, *ſuſcepit me.* In Romano to. 1. nov. ed. Hieron. *ſomnum cepi: & reſurrexi, quon. Dom. ſuſcipiet me.* In Breviario Mozarab. & apud Iſidor. Hiſpal. in Gen. c. 3. p. 285. h. *Ego dormivi, & quievi: & reſurrexi, quon. Dom. ſuſcitavit me.* Idem Iſidor. de reſurr. Dom. c. 53. legit *exſurrexi.* A Græco abeſt ϗ, ante ἐξηγέρθην; extremò verò ſic, ἀντιλήψεταί μου; apud Juſtinum, ἀντελάβετό μου; ita quoque eſt in Paraph. Chald. & in Pſalt. Æthiop. & Arab.

℣. 7. Aug. & Caſſiod. in hunc Pſ. legunt *circumdantis me,* unà cum veterib. Pſalt. reliqua ut ſup. in uno tamen Corb. *circumdantes me.* In Gr. ſic: Οὐ φοβηθήσομαι ἀπὸ μυριάδων λαοῦ τῶν κύκλῳ ἐπιτιθεμένων μοι, &c. *Non timebo à decem millibus populi in circuitu imminentibus mihi,* &c. in Mſ. Alex. τῶν κύκλῳ συνεπιτιθεμένων.

℣. 8. Ita Aug. & Caſſiod. in hunc Pſalm. niſi excipias verbum ult. *contriviſti.* Similiter ap. Hilar. in Pſ. 56. *dentes pecc. contriviſti;* in Pſalt. Corb. *conteruiſti,* ut ſup.

℣. 9. Ita Aug. & Caſſiod. in hunc Pſ. cum vet. Pſalt. In Gr. non exprimitur *eſt.*

VULGATA HOD.	HEBR.	VERSIO ANTIQUA.	
1. In finem in carminibus, Pſalmus David. IV.	*Victori in Pſalmis, Canticum David. IV.*	1. In finem, Pſalmus Cantici ipſi David. IV.	Ex Mſ. Sangerm.
2. CUm invocarem, exaudivit me Deus juſtitiæ meæ: in tribulatione dilataſti mihi.	*INvocantem me exaudi me Deus juſtitiæ meæ: in tribulatione dilataſti mihi.*	2. CUm invocarem te, exaudiſti me Deus juſtitiæ meæ: in tribulatione dilataſti me.	
Miſerere mei, & exaudi orationem meam.	*Miſerere mei, & exaudi orationem meam.*	Miſerere mei Deus, & exaudi orationem meam.	
3. Filii hominum uſquequo gravi corde? ut quid diligitis vanitatem, & quæritis mendacium?	*Filii viri, uſquequo inclyti mei ignominiosè diligitis vanitatem, quærentes mendacium?* SEMPER.	3. Fili hominum uſquequo gravis corde? ut quid diligitis vanitatem, & quæris mendacium? DIAPSALMA.	
4. Et ſcitote quoniam mirifica-	*Et cognoſcite quoniam mirabi-*	4. Et ſcitote quoniam ma-	

NOTÆ AD VERSIONEM ANTIQUAM.

℣. 1. Ita in Pſalt. Mozarab. In Corb. *In finem, Pſalm. Cantici David.* Ap. Aug. in hunc Pſ. ſic: *In finem, Pſalm. Canticum David.* Ap. Caſſiod. in eund. *In finem, Pſalmus David Canticum.* Concordat Pſalt. Rom. to. 1. nov. edit. Hieron. at in Rom. & Gallic. Fabri, ſic: *In finem, Pſalmus Cantici David.* In vet. Pſalt. ejuſd. Fabri ſimpliciter, *Pſalmus David.* In Gr. Εἰς τὸ τέλος ἐν ψαλμοῖς, ᾨδὴ τῷ Δαυίδ· in Mſ. Alex. Ψαλμὸς τῷ; in Ald. & Compl. ἐν ὕμνοις, Ψαλμὸς τῷ, &c.

℣. 2. Aug. in hunc Pſ. non differt à Vulg. neque etiam l. 9. confeſſ. to. 1. col. 160. c. d. niſi quòd hîc leg. *Domine,* loco *Deus.* Caſſiod. in eund. Pſ. ſimiliter hab. *Domine,* ſed cum hoc, *exaudiſti me.* Breviar. Mozarab. ita: *Cùm invocarem te, exaudiſti me Deus juſtitiæ meæ: in tribulatione mea dilataſti mihi.* Similiter Pſalt. Rom. Fabri, niſi quòd habet *dilataſti me:* deinde, *Miſerere mihi Domine,* &c. Mediolan. & Carnut. *Cùm invocarem te, exaudiſti me,* &c. Corb. *Cùm invocarem, exaudiſti me ..... in tribulatione dilataſti me. Miſ. mihi Domine, & exaudi,* &c Ap. Ambr. in Pſ. 43. col. 925. c. & in Pſ. 118. col. 1042. a. & 1129. c. hæc pauca: *in tribulatione dilataſti mihi.* In Gr. Ἐν τῷ ἐπικαλεῖσθαί με, εἰσήκουσέ μου ὁ Θεὸς..... ἐν θλίψει ἐπλάτυνάς μοι. Οἰκτείρησόν με, ϗ, &c. Ald. ed. habet, εἰσήκουσάς μου..... ἐπλάτυνάς με.

℣. 3. Aug. in hunc Pſ. legit *graves corde;* cæt. ut in Vulg. item epiſt. 76. to. 2. col. 179. d. lib. verò 9. confeſſ. to. 1. col. 160. c. d. *quouſque graves corde.* Ennodius ap. Sirm. to. 1. p. 1639. b. cum Fulg. epiſt. 7. c. 13. p. 195. *uſquequo graves corde,* &c. Similiter in Breviar. Mozarab. & Pſalt. Rom. Fabri; at in Rom. & Gallic. to. 1. nov. ed. Hieron. *gravi corde,* ut & apud Maxim. Taurin. p. 8. d. & Caſſiodorum. In Gr. Υἱοὶ ..... βαρυκάρδιοι..... ϗ ζητεῖτε, &c.

℣. 4. Aug. in hunc Pſ. conſtanter legit: *Et ſcitote quoniam admirabilem fecit Dom..... dum clamavero,* &c. at l. 9. confeſſ. to. 1. col. 160. d. *quon. Dom. magnificavit ſanct.*

Versio antiqua.	Hebr.	Vulgata hod.
Ex Ms. Sangerm. gnificavit Dominus sanctum suum : Dominus exaudiet me dum clamavero ad eum.	*lem reddidit Dominus sanctum suum : Dominus exaudiet, cùm clamavero ad eum.*	vit Dominus sanctum suum : Dominus exaudiet me cùm clamavero ad eum.
5. Irascemini, & nolite peccare : dicite in cordibus vestris, & in cubilibus vestris compungemini. Diapsalma.	*Irascimini, & nolite peccare : loquimini in cordibus vestris super cubilia vestra, & tacete.* Semper.	5. Irascimini, & nolite peccare : quæ dicitis in cordibus vestris, in cubilibus vestris compungimini. *Ephes. 4. 26.*
6. Sacrificate sacrificium justitiæ, & sperate in Domino : multi dicunt : Quis ostendit nobis bona?	*Sacrificate sacrificium justitia, & fidite in Domino : multi dicunt : Quis ostendit nobis bonum?*	6. Sacrificate sacrificium justitiæ, & sperate in Domino : multi dicunt : Quis ostendit nobis bona?
7. Signatum est super nos lumen vultus tui Domine : dedisti lætitiam in corde meo.	*Leva super nos lucem vultus tui Domine : dedisti lætitiam in corde meo.*	7. Signatum est super nos lumen vultus tui Domine : dedisti lætitiam in corde meo.
8. A tempore frumenti, vini, & olei sui, multiplicati sunt.	*A tempore frumentum & vinum eorum multiplicata sunt.*	8. A fructu frumenti, vini, & olei sui, multiplicati sunt.
9. In pace in idipsum requiescam, & dormiam :	*In pace simul requiescam & dormiam :*	9. In pace in idipsum dormiam, & requiescam :
10. Quoniam tu Domine singulariter in spe constituisti me.	*Quia tu Domine specialiter securum habitare fecisti me.*	10. Quoniam tu Domine singulariter in spe constituisti me.

Notæ ad Versionem antiquam.

Similiter Cassiod. in Ps. 1. p. 22. a. *magnificavit Dominus.* Psalt. Rom. Fabri, *quoniam mirificavit..... dum clamavero;* at Rom. Martian. *magnificavit ..... dum clamavero :* similiter in Psalt. Carnut. & Corb. *magnificavit.* Ennod. apud Sirmond. to. 1. p. 1639. b. *mirificavit.* Gr. ἐθαυμάστωσε, &c. ut in Lat. Non omittendum quod August. observat in hunc versum, col. 13. e. *Interpositum*, inquit, *Diapsalma, vetat istam* [supp. sententiam] *cum superiore conjungi : sive enim Hebræum verbum sit, sicut quidam volunt, quo significatur fiat; sive Græcum, quo significatur intervallum psallendi; ut Psalma sit quod psallitur, Diapsalma verò, interpositum in psallendo silentium; ut quemadmodum Sympsalma dicitur vocum copulatio in cantando, ita Diapsalma disjunctio earum, ubi quædam requies disjunctæ continuationis ostenditur : sive ergo illud, sive hoc, sive aliud aliquid sit, certè illud probabile est non rectè continuari & conjungi sensum, ubi Diapsalma interponitur.* Vide Hilar. & Hieron. sup. ad Ps. 2. ℣. 6. Verùm *Diapsalma* hîc & infra deest in edd. Ald. & Compl. exstat verò in Gr. ed. Rom. necnon in Psalt. Lat. Corb.

℣. 5. Tertullianus l. 2. adv. Marc. p. 651. c. monet *Irasci & non delinquere.* Apud Cyprianum de orat. Dom. p. 205. b. sic : *Dicite in cordibus, & in stratis vestris, & transpungimini.* Ap. Ambr. l. de exhort. virg. to. 2. col. 298. b. omnia ut in Vulg. sic etiam to. 1. col. 394. d. 444. a. 628. c. 690. f. 772. b. 785. d. 1080. d. 1368. f. & to. 2. col. 5. d. 26. f. 1202. b. Concinit Philastr. Brix. l. de hæres. p. 720. a. Chromat. verò Aquil. in Matth. p. 982. b. legit *dicite*, loco *quæ dicitis*, cum Psalt. Carnut. In Corb. *Dicite in cordibus vestris, & in cubil.* &c. Augustinus l. 9. confess. to. 1. col. 161. b. & in Ps. 4. col. 13. g. concordat cum Vulg. & Græco : ad hoc verò, *quæ dicitis*, ait col. 14. b. *subauditur*, dicite, *ut sit plena sententia : Quæ dicitis in cordibus vestris, dicite, id est, nolite*, &c. subinde ad verbum *compungimini*, addit : *Nonnulli autem, non* compungimini, *sed* aperimini *dicunt meliùs legi, quoniam in Græco Psalterio est* κατανύγητε ; sed aperto mendo, pro κατανύγητε, quod etiamnum legitur in Ms. Alex. In ed. tamen Rom. κατανύγητε.

℣. 6. Præmissum *Diapsalma* exstat in Psalt. Corb. & memoratur ab August. in Ps. 4. col. 14. e. reliqua prorsus similia. Sic etiam apud Ambr. l. de apolog. Dav. to. 1. col. 703. b. ut & al. col. 412. c. 1001. f. & to. 2. col. 783. d. 906. a. nec aliter in Gr. si excipias unum aut alterum, ἐπὶ Κύριον, *in Dominum*, & δείξει, *ostendet.*

℣. 7. Tertul. l. 5. adv. Marc. p. 794. a. *Significatum est super nos lumen persona tua Domine.* Hilar. in Ps. 65. col. 178. e. & 186. b. *Designatum est super nos lumen vultus tui Domine :* & in Ps. 121. col. 389. a. *dedisti lætitiam in corde meo.* Ambr. l. de Spir. S. to. 2. col. 616. f. *Signatum est in nobis lumen vultus tui*, &c. ut sup. sic etiam col. 622. a. 630. d. & 906. b. August. in hunc Ps. col. 15. a. c. *Signatum est in nobis lumen vultus tui Dom. ded. lat. in cor meum :* similiter l. 9. confess. to. 1. col. 161. b. & epist. 140. ad Honorat. to. 2. col. 452. e. *Signatum est in nobis*, &c. at in Ps. 105. col. 1194. f. *Signatum est super nos..... dedisti lat. in cor meum.* Similiter Hieron. ep. ad Damas. col. 155. d. & in Jerem. c. 23. to. 3. col. 636. e. Ita quoque in Psalt. vet. Fabri. Item Græcè, Ἐσημειώθη ἐφ' ἡμᾶς..... εἰς τὴν καρδίαν μου.

℣. 8. Ita Aug. & Cassiod. in hunc Ps. quibus favent Psalt. Mozarab. Mediolan. Corb. Carnut. & Rom. Martianæi : Romanum Fabri hab. *A tempore frum. & vini*, &c. Hilarius in Ps. 121. col. 389. a. *A tempore frum. vini, & olei sui, multiplicati sunt in idipsum.* Ambr. in Ps. 36. col. 786. d. *A fructu frum. vini, & olei, multipl. sunt.* Gr. Ἀπὸ καρποῦ σίτου, καὶ οἴνου, &c. ab edd. Ald. & Compl. abest καὶ ; sed ἀπὸ καιροῦ, non ἀπὸ καρποῦ, legendum esse pro certo credit D. noster Bernard. de Montfaucon Hexap. to. 1. not. 7. Origenis auctoritate nixus, qui sic habet apud Danielem Barbarum : *In Hebræo*, à tempore, *habetur : sic quoque LXX. posuere, ut totius dictionis sententia sit :* In tempore, quo frumenti, hordei, & leguminum omnium messis est, multiplicati sunt.

℣. 9. Aug. in hunc Ps. col. 15. g. 16. a. & l. 9. confess. to. 1. col. 161. b. c. *In pace in idipsum obdormiam, & somnum capiam.* Vetus Psalt. Fabri, *dormiam, & somnum capiam.* Rom. ejusdem, *obdormiam, & requiescam.* Gr. κοιμηθήσομαι, καὶ ὑπνώσω.

℣. 10. Sic Ambr. de obitu Theod. to. 2. col. 1213. c. at in Ps. 118. to. 1. col. 982. d. delet vocem *Domine*, sicut l. de obitu Valent. to. 2. col. 1177. b. Aug. in Ps. 4. col. 16. b. sic habet : *Quoniam tu Domine singulariter in spe habitare fecisti me.* Similiter in Psalt. vet. Fabri. In Gr. κατῴκισάς με.

Versio antiqua.	Hebr.	Vulgata hod.
Ex Ms. Sangerm. 1. In finem pro his qui hæreditabunt, Psalmus David. V.	*Victori super hereditatibus, Canticum David.* V.	1. In finem pro ea, quæ hæreditatem consequitur, Psalmus David. V.
2. Verba mea auribus percipe, intellige clamorem meum.	*Verba mea auribus percipe Domine, intellige murmur meum.*	2. Verba mea auribus percipe Domine, intellige clamorem meum.

Notæ ad Versionem antiquam.

℣. 1. Psalt. Corb. *In finem pro hæreditate, Psalmus David.* Iidem in Carnut. & Rom. Martian. In Mozarab. *In finem pro hæreditatem ;* in Rom. Fabri, ut in Vulg. Apud Aug. in hunc Ps. *Titulus Psalmi est : Pro ea, quæ hæreditatem accipit.* Gr. Εἰς τὸ τέλος ὑπὲρ τῆς κληρονομούσης, Ψαλμὸς τῷ Δαυίδ.

℣. 2. Aug. in hunc Ps. *Verba mea exaudi Domine, intellige*, &c. cui favet Psalt. vetus Fabri. Gr. ἐνώτισαι Κύ-

VULGATA HOD.	HEBR.	VERSIO ANTIQUA.
3. Intende voci orationis meæ, rex meus & Deus meus.	*Adverte ad vocem clamoris mei, rex meus & Deus meus,*	3. Intende voci orationis meæ, rex meus & Deus meus. Ex Ms. Sangerm.
4. Quoniam ad te orabo: Domine manè exaudies vocem meam.	*Quia te deprecor: Domine manè audies vocem meam.*	4. Quoniam ad te orabo Domine deluculo, & exaudies vocem meam.
5. Manè astabo tibi & videbo: quoniam non Deus volens iniquitatem tu es.	*Manè praeparabor ad te, & contemplabor: quoniam non Deus volens iniquitatem tu,*	5. Manè adstabo tibi & videbo: quoniam non Deus volens iniquitatem tu es.
6. Neque habitabit juxta te malignus: neque permanebunt injusti ante oculos tuos.	*Nec habitabit juxta te malignus: non stabunt iniqui in conspectu oculorum tuorum.*	6. Non habitabit juxta te malignus: neque permanebunt injusti ante oculos tuos.
7. Odisti omnes, qui operantur iniquitatem: perdes omnes, qui loquuntur mendacium.	*Odisti omnes operantes iniquitatem: perdes loquentes mendacium.*	7. Odisti omnes, qui operantur iniquitatem: perdes eos, qui loquuntur mendacium.
Virum sanguinum & dolosum abominabitur Dominus: 8. ego autem in multitudine misericordiæ tuæ,	*Virum sanguinum & dolosum abominabitur Dominus: ego autem in multitudine misericordiæ tuæ*	Virum sanguinum & dolosum abominabitur Dominus: 8. ego autem in multitudine misericordiæ tuæ,
Introibo in domum tuam: adorabo ad templum sanctum tuum in timore tuo.	*Introibo domum tuam: adorabo in templo sancto tuo in timore tuo.*	Introibo Domine in domum tuam: adorabo templum sanctum tuum in timore tuo.
9. Domine deduc me in justitia tua: propter inimicos meos dirige in conspectu tuo viam meam.	*Domine deduc me in justitia tua propter insidiatores meos: dirige ante faciem meam viam tuam.*	9. Domine dirige in me justitiam tuam: propter inimicos meos dirige in conspectu tuo viam meam.
10. Quoniam non est in ore eorum veritas: cor eorum vanum est.	*Non est enim in ore eorum rectum: interiora eorum insidiæ.*	10. Quoniam non est in ore eorum veritas: cor eorum vanum est.
Inf. 13. 3. Rom. 3. 13. 11. Sepulcrum patens est guttur eorum, linguis suis dolosè agebant, judica illos Deus.	*Sepulcrum patens guttur eorum, linguam suam lenificant: condemna eos Deus.*	11. Sepulcrum patens est guttur eorum, linguis suis dolosè agebant, judica illos Deus.
Decidant à cogitationibus suis, secundùm multitudinem impietatum eorum expelle eos, quoniam irritaverunt te Domine.	*Decidant à consiliis suis, juxta multitudinem scelerum eorum expelle eos, quoniam provocaverunt te.*	Decidant à cogitationibus suis, secundùm multitudinem impietatum eorum expelle eos, quoniam inritaverunt te Domine.

NOTÆ AD VERSIONEM ANTIQUAM.

est, ζῶντος σῆς, &c.

℣. 3. Psalt. vet. Fabri, cum Aug. in hunc Ps. col. 16. g. *Intende voci obsecrationis meæ*, &c. Gr. τῆς δεήσεώς μου.

℣. 4. Aug. in hunc Ps. & vetera Psalt. concordant cum Vulg. nec aliter in Græco est. Sic etiam apud Cypr. l. de orat. Dom. p. 215. b. & l. 2. Testim. p. 297. b. In Psalt. Corb. *Domine manè, & exaudies*, &c.

℣. 5. Sic apud August. in hunc Ps. col. 17. f. g. at in Ps. 36. col. 121. g. ita legit: *Manè adstabo tibi & contemplabor*: similiter in Ps. 58. col. 575. b. & in Ps. 143. col. 1606. b. & tract. 34. in Johan. to. 3. p. 2. col. 536. c. Ap. Cypr. l. 2. Test. p. 297. b. & de orat. Dom. p. 215. b. sic: *Manè assistam tibi, & contemplabor te.* In Gr. καὶ ἐπόψομαι, absque seq. *te*, al. καὶ σκοπήσω, al. ἀποσκοπεύσω· Ms. Alex. ἐπόψῃ με, Ald. & Compl. ἐπόψῃ με. Vide sis Flamin. Nobil. In Breviario Mozarab. ita sequitur: *quoniam tu es Deus qui non vis iniquitatem.* In Psalt. Rom. *quoniam non volens Deus*, &c. ut in textu. In Gr. ὅτι οὐχὶ Θεὸς θέλων, &c.

℣. 6. Similiter habet August. in hunc Ps. *Non habitabit*, &c. Sic etiam Psalt. Rom. & Corb. In Gr. οὐδὲ, &c. at in ed. Compl. οὐ. De hoc versu interrogatus Hieron. à Sunnia & Fretela, ita respondet ep. ad eosdem, to. 2. nov. ed. col. 627. c. *Prima de quinto Psalmo quæstio fuit:* Neque habitabit juxta te malignus: *pro quo habetur in Græco*, Οὔτε παροικήσει σοι πονηρὸς, sive πονηρευόμενος, *ut Vulgata editio continet:* [ita etiam ed. Rom.] *Et miramini, cur* παροικίαν, *id est*, incolatum, *Latinus interpres non verterit, sed pro hoc posuerit*, habitationem, *quæ Græcè dicitur* κατοικία..... *& sciendum quòd si voluerimus dicere*..... Neque incolet juxta te malignus, *perdet* εὐφωνίαν; *& dum interpretationis κακοζηλίαν sequimur, omnem decorem translationis amittemus; & hanc esse regulam boni Interpretis, ut* ἰδιώματα *linguæ alterius, suæ linguæ exprimat proprietate.* In ed. Rom. non additur σοι, ad verbum παροικήσει· cæt. concordant cum Lat.

℣. 7. Græc. addit Κύριε, verbo *odisti*, paulòque post loco *eos*, habet πάντας; cæt. ad verbum ut sup. Concinunt Psalt. Rom. & vetus Fabri, in quibus *Domine*, & *omnes*; at Breviar. Mozarab. servat *eos*, sicut Isidor. Hispal. l. 2. sentent. c. 30. & Cassiod. in hunc Ps. In Psalt. Rom. Martianæi utrumque legitur, & *Domine*, & *eos*. In Corb. similiter, *perdes eos qui*, &c. Ap. Aug. in hunc Ps. omnia ut in Vulg. in ejus tamen edd. additur *Domine*, sed renituntur Mss. Apud Hilar. in Ps. 138. col. 524. e. postrema tantùm exstant: *Virum sanguinum & dolos. abominab. Deus*; Gr. Κύριος.

℣. 8. Græc. concinit ad verbum cum Vulg. in illo scilicet deest *Domine*, additurque πρὸς, verbo *adorabo*. Similiter ap. Aug. in hunc Ps. nisi quòd loco *misericordiæ*, legitur *miserationis*, Gr. ἐλέους. In Rom. Psalt. additur *Domine*, post *introibo*, & legitur *misericordia*. In Corb. *Introibo Domine*..... *adorabo templum*, &c. ut sup.

℣. 9. Gr. Κύριε ὁδήγησόν με ἐν τῇ δικαιοσύνῃ σου, &c. ut in Lat. sup. August. in hunc Ps. *Domine deduc me in tua justitia: propter inimicos meos dirige in consp. tuo iter meum.* Psalt. Rom. *Deduc me Domine in tua justitia*, &c. ut in textu. Psalt. verò Carnut. Colb. & Germ. addunt: *dirige in conspectu meo viam tuam*; cui lectioni favet Aquila in Hexaplis, ubi sic: A. κατεύθυνον εἰς πρόσωπόν μου ὁδόν σου· item Symm. ὁμάλισον ἔμπροσθέν μου τὴν ὁδόν σου· at ibi LXX. & Theod. concordant cum Vulg. nisi quòd hoc additur ibid. Ἀλλ. ἐνώπιόν μου τὴν ὁδόν σου unde Hieron. in epist. ad Sun. & Fretel. to. 2. col. 630. a. ait: *De eodem Psalmo*, Dirige in consp. meo viam tuam: *pro quo habetur in Græco*, Κατεύθυνον ἐνώπιόν σου τὴν ὁδόν μου, *hoc est*, Dirige in conspectu tuo viam meam; *quod nec LXX. habent, nec Aquila, nec Symm. nec Theodotio, sed sola* Κοινὴ *editio. Denique & in Hebræo ita scriptum reperi*, Oser daphanai darchach, *quod omnes voce simili transtulerunt*, Dirige in conspectu meo viam tuam: & l. 3. cont. Pelag. to. 4. col. 538. d. legit: *Rectam fac in conspectu meo viam tuam: sive ut alia exemplaria habent: Rectam fac in consp. tuo viam meam.*

℣. 10. Ita Aug. & Cassiod. in hunc Ps. Græcè non exprimitur ult. *est*.

℣. 11. Ita Aug. in hunc Ps. præter unum *inamaricaverunt*, loco *irritaverunt*. Cassiod. in eund. Ps. cum Psalt. Rom. Mediolan. Carnut. & Corb. *exacerbaverunt*: Gr. παρεπίκρανάν σε; item ibid. pro *à cogitationibus*, est ἀπὸ διαβουλιῶν; Psalt. Mediolan. hab. *à consiliis*; propriè *à consiliis malis*. Ap. Hilar. in Ps. 36. col. 494. c. hæc pauca: *Sepulcrum patens est guttur eorum*. Similiter ap. Ambr. l. de

Versio antiqua.	Hebr.	Vulgata hod.
Ex Mſ. Sangerm. 12. Et lætentur omnes, qui ſperant in te, in æternum exſultabunt: & inhabitabunt eis,	*Et lætentur omnes, qui ſperant in te, in perpetuum laudabunt: & proteges eos,*	12. Et lætentur omnes, qui ſperant in te, in æternum exſultabunt: & habitabis in eis.
Et gloriabuntur in te omnes, qui diligunt nomen tuum: 13. quoniam tu Domine benedicis juſtum.	*Et lætabuntur in te, qui diligunt nomen tuum: quia tu benedices juſto.*	Et gloriabuntur in te omnes, qui diligunt nomen tuum, 13. quoniam tu benedices juſto.
Domine, ut ſcuto bonæ voluntatis tuæ coronaſti nos.	*Domine, ut ſcuto placabilitatis coronabis eum.*	Domine, ut ſcuto bonæ voluntatis tuæ coronaſti nos.

Notæ ad Versionem antiquam.

Noe & Arca, c. 29. to. 1. col. 273. c. ſicut inf. col. 951. c. 1369. b. 1377. a. 1435. c. 1535. b. Sic etiam apud Optat. l. 2. cont. Donat. p. 44. a.

℣. 12. Sic apud Aug. in hunc Pſ. ſi hoc excipiatur ult. *& inhabitabis in eis.* Similiter in Pſalt. Rom. Martian. & Corb. in Rom. verò Fabri, *& habitabis*, &c. Ap. Hilar. in Pſ. 131. col. 449. a. *& inhabitabo in his.* In Gr. *καὶ κατασκηνώσεις ἐν αὐτοῖς·* cæt. ut in Lat. niſi quòd initio additur *ἐπὶ Σοί*, *in te*, ad verbum *lætentur*, nequaquam detracto eo poſt verbum *ſperant*: ita etiam in Pſalt. Arab. & Æthiop. ſed in edd. Ald. & Compl. ſimpliciter, *εὐφρανθήσονται πάντες*, abſque hoc medio *ἐπὶ Σοί*.

℣. 13. Aug. & Caſſiod. in hunc Pſ. habent, *quoniam tu benedices juſtum*, &c. ut ſup. Similiter in Pſalt. Rom. Fabri; at in Rom. Martianæi, & Corb. *quoniam tu Domine benedices juſtum*: in Mediolan. & Carnut. *benedicis juſtum.* In Gr. *ὅτι Σὺ εὐλογήσεις δίκαιον·* at infra detrahitur vox *tua*, poſt hanc, *voluntatis.* Ambr. in Luc. 4. p. 1345. d. hab. *Scuto bonæ voluntatis ſuæ circumdabit te.*

Versio antiqua.	Hebr.	Vulgata hod.
Ex Mſ. Sangerm. 1. In finem pro carminibus, pro die octava, Pſalmus ipſi David. VI.	*Victori in Pſalmis ſuper octava, Canticum David. VI.*	1. In finem in carminibus, Pſalmus David, pro octava. VI.
2. DOmine, ne in ira tua arguas me, neque in furore tuo corripias me.	*DOmine, ne in furore tuo arguas me, neque in ira tua corripias me.*	2. DOmine, ne in furore tuo arguas me, neque in ira tua corripias me.
3. Miſerere mei Domine quoniam infirmus ſum: ſana me Domine quoniam infirmus ſum.	*Miſerere mei Domine, quoniam infirmus ſum ego: ſana me Domine, quoniam conturbata ſunt oſſa mea.*	3. Miſerere mei Domine quoniam infirmus ſum: ſana me Domine quoniam conturbata ſunt oſſa mea.
4. Et anima mea turbata eſt valde: & tu Domine uſquequo?	*Et anima mea conturbata eſt valde: & tu Domine uſquequo?*	4. Et anima mea turbata eſt valde: ſed tu Domine uſquequo?
5. Convertere Domine, & eripe animam meam: ſalva me propter miſericordiam tuam.	*Revertere Domine, erue animam meam: ſalva me propter miſericordiam tuam.*	5. Convertere Domine, & eripe animam meam: ſalvum me fac propter miſericordiam tuam.
6. Quoniam non eſt in morte qui memor ſit tui: in inferno autem quis confitebitur tibi?	*Quoniam non eſt in morte recordatio tui: in inferno quis confitebitur tibi?*	6. Quoniam non eſt in morte qui memor ſit tui: in inferno autem quis confitebitur tibi?
7. Laboravi in gemitu meo, lavabo per ſingulas noctes lec-	*Laboravi in gemitu meo, natare faciam tota nocte lectum meum:*	7. Laboravi in gemitu meo, lavabo per ſingulas noctes lectum

Notæ ad Versionem antiquam.

℣. 1. Pſalt. Rom. Fabri, *In finem in hymnis, Pſalmus David, pro octava.* Aug. in hunc Pſ. col. 22. d. *In finem in hymnis, de octavo, Pſalmus David.* Hilar. prolog. in Pſal. n. 13. *pro octavo*; Caſſiod. in Pſ. p. 27. c. cum Pſalt. Rom. Martian. Corb. & Mozarab. *In finem in hymnis, pro octava, Pſalmus David*: ſic etiam in Gr. cum hoc ult. *τῷ Δαυίδ*, *ipſi David.* Ambr. l. 5. in Luc. to. 1. col. 1367. d. dicit. *Pro octava enim multi ſcribuntur Pſalmi.*

℣. 2. Sic Ambroſius l. de apolog. Dav. col. 712. b. cum Pſalt. Corb. item infra, to. 1. col. 740. b. 1082. c. & to. 2. l. 3. de Spir. S. col. 671. f. Similiter Hieron. ep. ad Cypr. to. 2. col. 702. a. & Auguſt. in Pſ. col. 23. g. Succinunt Caſſiod. in Pſ. p. 28. a. b. & S. Petr. Chryſol. ſer. 4. to. 7. p. 880. f. cum Pſalt. Rom. Mozarab. Mediolan. & Carnut. In Gr. *Μὴ τῷ θυμῷ..... μηδὲ τῇ ὀργῇ*, &c. Nec omittendum quod Auguſt. obſervat ad hunc verſum col. 23. g. & ſeqq. *Quoniam* furor, inquit, *plus videtur eſſe quàm* ira, *poteſt movere cur illud quod eſt mitius*, *id eſt*, correptio, *cum eo poſitum eſt quod eſt durius*, *id eſt*, *cum* furore: *ſed ego puto unam rem duobus verbis ſignificatam; nam in Græco θυμὸς, quod eſt in primo verſu, hoc ſignificat quod ὀργὴ, quod eſt in ſecundo verſu: ſed cùm Latini vellent etiam ipſi duo verba ponere, quæſitum eſt quid eſſet vicinum iræ, & poſitum eſt* furor. *Ideo variè codices habent; nam in aliis prius invenitur* ira, *deinde* furor; *in aliis prius* furor, *deinde* ira; *in aliis pro furore*, indignatio *ponitur*, *aut* bilis: *ſed quidquid illud eſt, motus eſt animi provocans ad pœnam inferendam..... in qua ira non ſolum argui ſe non vult anima, quæ nunc orat; ſed nec corripi, id eſt, emendari, vel erudiri: nam in Græco παιδεύσῃς poſitum eſt, id eſt, erudias.*

℣. 3. Auguſt. in hunc Pſ. loco poſter. *infirmus ſum*, habet cum Vulg. *conturbata ſunt oſſa mea*; Caſſiod. in eundem Pſ. 28. b. *omnia oſſa mea*; Gr. *ἐταράχθη τὰ ὀστᾶ μου.* In Pſalt. Rom. *Miſerere mihi Domine..... quon. conturbata ſunt omnia oſſa mea.* Apud Ambr. l. de apol. Dav. to. 1. col. 712. b. *Miſerere mei Dom. quon. infirmus ſum*: & apud Auct. l. de XLII. manſ. col. 8. b. *Sana me Domine quon. conturb. ſunt omnia oſſa mea.*

℣. 4. Ita Auguſt. & Caſſiod. in hunc Pſ. quibus favent Pſalt. Rom. Corb. Mediolan. Mozarab. Carnut. Colb. & Gr. in quo etiam *καὶ Σύ*, &c. Apud Hilar. in Pſ. 56. col. 119. a. ſic: *Nunc anima mea turbata eſt valde.* Similiter apud Ambr. in Luc. 22. col. 1517. c. at l. de bon. mort. c. 7. col. 401. d. ſimpliciter, *Anima mea turb.* &c.

℣. 5. Aug. in hunc Pſ. habet: *Convertere Domine, & erue anim. meam: ſalvum me fac*, &c. Caſſiod. cum Pſalt. Rom. *Convertere, & eripe*, &c. ut in Vulg. In Gr. *Ἐπίστρεψον Κύριε, ῥῦσαι ... σῶσόν με*, &c. ut ſup.

℣. 6. Ita Auguſt. & Caſſiod. in hunc Pſ. unà cum Gr. Breviar. Mozarab. hab. *in infernum*; at Gr. *ἐν δὲ τῷ ᾅδῃ.* Cypr. l. 3. Teſtim. p. 328. b. *Apud inferos autem quis confit. tibi?* Lucif. Cal. l. de reg. apoſt. p. 220. e. *Apud inferos quis*, &c. Hilar. in Pſ. 51. col. 81. d. *In inferno autem*, &c. Succinunt Leo M. ſer. 34. p. 95. b. 97. e. & Philaſtr. Brix. l. de hæreſ. p. 718. a.

℣. 7. Ita Pſalt. Mozarab. cum Rom. & Corb. abſque *meis*, poſt *lacrymis*; Græc. verò *ἐν δάκρυσί μου*; item ſup. *καθ' ἑκάστην νύκτα*, num. ſingul. Aug. in hunc Pſ. legit: *per ſingulas noctes..... in lacrymis ſtratum*, &c. Item S. Pacian. epiſt. 1. p. 306. f. Hilar. verò in Pſ. 118. col. 286. b. & 347. d. cum Vulg. *Lavabo per ſingulas noctes lectum meum: lacrymis meis*, &c. Ambr. ſimiliter addit *meis*, poſt *lacrymis*, abſque præp. *in*, nempe in Luc. 5. to. 1. col. 1358.

VULGATA HOD.	HEBR.	VERSIO ANTIQUA.	
meum : lacrymis meis ſtratum meum rigabo.	*lacrymis meis ſtratum meum rigabo.*	tum meum : lacrymis ſtratum meum rigabo.	*Ex Mſ. Sangerm.*
8. Turbatus eſt à furore oculus meus : inveteravi inter omnes inimicos meos.	*Caligavit præ amaritudine oculus meus : conſumptus ſum ab univerſis hoſtibus meis.*	8. Turbatus eſt præ ira oculus meus : inveteravi inter omnes inimicos meos.	
Matth. 7. 23. & 25. 41. Luc. 13. 27. 9. Diſcedite à me omnes qui operamini iniquitatem : quoniam exaudivit Dominus vocem fletus mei.	*Recedite à me omnes qui operamini iniquitatem : quia audivit Dominus vocem fletus mei.*	9. Diſcedite à me omnes qui operamini iniquitatem : quoniam exaudivit Dominus vocem fletus mei.	
10. Exaudivit Dominus deprecationem meam, Dominus orationem meam ſuſcepit.	*Audivit Dominus deprecationem meam, Dominus orationem meam ſuſcepit.*	10..... *Vide Not.*	
11. Erubeſcant, & conturbentur vehementer omnes inimici mei : convertantur & erubeſcant valde velociter.	*Confundantur, & conturbentur vehementer omnes inimici mei : revertantur, & confundantur ſubitò.*	11..... convertantur & erubeſcant valde velociter.	

NOTÆ AD VERSIONEM ANTIQUAM.

d. & l. 3. de virg. to. 2. col. 179. d. & l. 1. de pœnit. col. 431. c. at in Pſ. 118. to. 1. col. 1193. e. tollit *meis*, ut & ſup. col. 684. b. Vide etiam col. 1054. b. 1430. e. Chromat. Aquil. in Matth. p. 978. d. & S. Pacian. paræn. ad pœnit. p. 317. concordant cum Vulg.

℣. 8. Auguſt. in hunc Pſ. col. 26. d. f. legit : *Turbatus eſt ab ira oculus meus : inveteravi in omnibus inimicis meis :* at ſer. 1. in Pſ. 36. col. 262. c. *Turbatus præ ira*, &c. & inf. in Pſ. 102. col. 1118. g. & in Job, to. 3. p. 1. col. 633. c. conſtanter, *inveteravi in omnibus inimicis meis.* Apud Caſſiod. in Pſ. p. 29. b. *Turbatus eſt præ ira*, &c. ut in Vulg. Similiter in Pſalt. Rom. Mediolan. Corb. & Carnut. In Gr. Ἐταράχθη ἀπὸ θυμοῦ ..... ἐπαλαιώθην ἐν πᾶσι τοῖς ἐχθροῖς μου.

℣. 9. Ita Auguſt. & Caſſiod. in hunc Pſ. cum Græco. Concinit Ambr. in Pſ. 118. to. 1. col. 1194. f. Lucif. verò Cal. l. de non conven. cum hæret. p. 222. e. delet *omnes*.

℣. 10. Hic verſus abeſt à Mſ. S. Germani, ut & pars media verſûs ſubſeq. ita ſuppletur ex Auguſt. col. 27. d. *Exaudivit Dominus deprecationem meam, Dominus orationem meam adſumpſit.* Similiter in Pſalt. Rom. & ap. Caſſiod. p. 29. c. In Breviar. Mozarab. *ſuſcepit*, pro *adſumpſit ;* in Gr. προσεδέξατο.

℣. 11. Aug. in hunc Pſ. col. 27. e. 28. c. ſic : *Erubeſcant, & conturbentur omnes inimici mei : convertantur & confundantur valde velociter :* at infra 28. e. *convertantur & erubeſcant valde velociter.* In Pſalt. Corb. *Erubeſcant, & revereantur omnes inimici mei : avertantur & erubeſc. valde velociter.* In Rom. Mediolan. & Carnut. *avertantur retrorſùm, & erubeſcant valde velociter.* Similiter ap. Caſſiod. in hunc Pſ. p. 30. a. qui etiam delet ſup. *vehementer*, cum edd. Ald. & Compl. In Breviar. Mozarab. *avertantur & confundantur valde velociter.* Apud Ambr. l. de parad. to. 1. col. 177. b. *confundantur & convertantur omnes valde velociter.* Græcum Vat. cum Vulgata concinit ; at in Mſ. Alex. ſic : ἀποστραφείησαν εἰς τὰ ὀπίσω, καὶ καταισχυνθείησαν, &c. in Vat. ἐπιστραφείησαν καὶ αἰσχυνθείησαν, &c.

VULGATA HOD.	HEBR.	VERSIO ANTIQUA.	
1. Pſalmus David, quem cantavit Domino pro verbis Chuſi filii Jemini. (2. *Reg.* 16.) VII.	*Ignoratio David, quod cecinit Domino ſuper verba Æthiopis filii Jemini. VII.*	1. Pſalmus David, quem cantavit Domino pro verbis Chuſi filii Emini. VII.	*Ex Mſ. Sangerm.*
2. DOmine Deus meus in te ſperavi : ſalvum me fac ex omnibus perſequentibus me, & libera me.	*DOmine Deus meus in te ſperavi : ſalva me ab omnibus perſequentibus me, & libera me.*	2. DOmine Deus meus in te ſperavi : libera me de omnibus perſequentibus me, & eripe me.	
3. Nequando rapiat ut leo animam meam, dum non eſt qui redimat, neque qui ſalvum faciat.	*Ne fortè rapiat ut leo animam meam : laceret, & non ſit qui eruat.*	3. Nequando rapiat ut leo animam meam, dum non eſt qui redimat, neque qui ſalvum faciat.	
4. Domine Deus meus ſi feci iſtud, ſi eſt iniquitas in manibus meis :	*Domine Deus meus ſi feci iſtud, ſi eſt iniquitas in manibus meis :*	4. Domine Deus meus ſi feci iſtud, ſi eſt iniquitas in manibus meis :	
5. Si reddidi retribuentibus mihi mala, decidam meritò ab inimicis meis inanis.	*Si reddidi retribuentibus mihi malum, & dimiſi hoſtes meos vacuos :*	5. Si reddidi retribuentibus mihi mala, decedam meritò ab inimicis meis inanis.	
6. Perſequatur inimicus animam meam, & comprehendat, & conculcet in terra vitam meam, & gloriam meam in pulverem deducat.	*Perſequatur inimicus animam meam, & apprehendat, & conculcet in terra vitam meam, & gloriam meam in pulverem collocet.*	6. Perſequatur inimicus animam meam, & comprehendat, & conculcet in terra vitam meam, & gloriam meam	

NOTÆ AD VERSIONEM ANTIQUAM.

℣. 1. Ita Aug. in hunc Pſ. niſi quòd habet *ipſi David*, è Gr. τῷ Δαυίδ ; & in fine *Gemini*. Pſalt. Rom. delet *ipſi*, & habet *Jemini*. In Breviario Mozarab. ſic : *pro verbis quaſi fili Gemini*, ſed mendosè, pro *Chuſi fili*, in Gr. Χουσὶ υἱοῦ Ἰεμενεί· cætera ut in Latino.

℣. 2. Sic apud Caſſiod. in hunc Pſ. p. 31. b. exceptâ unâ præp. *ab*, pro *de :* ſic etiam in Pſalt. Rom. Auguſt. in eund. Pſ. equidem legit in fine, *eripe me*, ſed habet ſup. *ſalvum me fac ex*, &c. cum Vulg. Auguſtino favet Breviar. Mozarab. In Corb. ſic : *ab omnibus perſeq. me, & eripe me.* In Gr. σῶσόν με ἐκ..... καὶ ῥῦσαί με.

℣. 3. Ita Aug. & Caſſiod. in eund. Pſ. cum Græco. In Pſalt. Corb. *dum non ſit qui redimat.*

℣. 4. Concinunt Aug. & Caſſiod. in hunc Pſ. unà cum Græco. Breviar. Mozarab. loco *iſtud*, habet *hoc ;* Chromat. Aquil. in Matth. p. 985. e. *hac ;* Gr. τοῦτο. Ambr. l. 2. de Jacob, c. 5. to. 1. col. 466. b. ſimiliter habet, *ſi eſt iniquitas*, &c.

℣. 5. Similiter Ambroſ. lib. de Joſ. c. 1. to. 1. col. 484. a. & l. 2. de Jacob, c. 5. col. 466. b. cum verbo *decidam :* vide etiam inf. col. 326. e. 740. c. 1100. d. 1327. e. & l. 3. offic. to. 2. col. 122. f. cui ſuccinit Chromat. Aquil. in Matth. p. 985. e. cum Caſſiodoro. At Auguſt. in hunc Pſ. col. 30. f. pro *merito*, legit *ergo ;* item infra, col. 31. a. & 34. g. Gr. ἄρα, &c. ut ſup. In Pſalt. Corb. ita : *Si retribui retribuentibus.... decedam merito*, &c.

℣. 6. Sic Ambr. l. 2. de Jac. c. 5. col. 466. b. uſque ad verbum *comprehendat*. Similiter Aug. in eund. Pſ. ſed addit, *& conculcet in terram*, &c. ut ſup. Gr. εἰς γῆν. Caſſiod. in eund. Pſ. hab. *& comprehendat eam*, cum Pſalt. Rom.

VERSIO ANTIQUA.	HEBR.	VULGATA NOV.
Ex Mf. Sangerm. in pulverem deducat. DIAPSALMA.	SEMPER.	
7. Exfurge Domine in ira tua : exaltare in finibus inimicorum meorum.	*Surge Domine in furore tuo : elevare indignans super hostes meos,*	7. Exfurge Domine in ira tua : & exaltare in finibus inimicorum meorum.
Exfurge Domine Deus meus in præcepto quod mandasti : 8. & Synagoga populorum circumibit te.	*Et consurge ad me judicio quod mandasti : & congregatio tribuum circumdet te,*	Et exfurge Domine Deus meus in præcepto quod mandasti : 8. & synagoga populorum circumdabit te.
Et propter hanc in altum convertere : 9. Domine judica populos.	*Et pro ea in altum revertere : Dominus judicabit populos.*	Et propter hanc in altum regredere : 9. Dominus judicat populos.
Salvum fac me Domine secundùm justitiam meam, & secundùm innocentiam meam super me.	*Judica me Domine secundùm justitiam meam, & secundùm simplicitatem meam quæ est in me.*	Judica me Domine secundùm justitiam meam, & secundùm innocentiam meam super me.
10. Consummetur verò nequitia peccatorum, & diriges justum ; & scruta corda & renes Deus.	*Consumatur malum impiorum, & confirmetur justus : & probator cordis & renum Deus justus.*	10. Consumetur nequitia peccatorum, & diriges justum, scrutans corda & renes Deus. *1. Par. 28. 9. Jer. 11. 20. 17. 10. & 20. 12.*
Justum 11. adjutorium meum à Domino, qui salvos facit rectos corde.	*Clypeus meus in Deo, qui salvat rectos corde.*	Justum 11. adjutorium meum à Domino, qui salvos facit rectos corde.
12. Deus judex justus, & fortis, & patiens : nunquid irascetur per singulos dies ?	*Deus judex justus, & fortis, & comminans tota die.*	12. Deus judex justus, fortis, & patiens : nunquid irascitur per singulos dies ?
13. Nisi conversi fueritis, gladium suum vibrabit : arcum suum tetendit, & paravit illum.	*Non convertenti gladium suum acuet : arcum suum tetendit, & paravit illum.*	13. Nisi conversi fueritis, gladium suum vibrabit : arcum suum tetendit, & paravit illum.
14. Et in ipso paravit vasa mortis, sagittas suas ardentibus effecit.	*Et in ipso paravit vasa mortis, sagittas suas ad comburendum operatus est.*	14. Et in eo paravit vasa mortis, sagittas suas ardentibus effecit.
15. Ecce parturivit injustitiam : concepit dolorem, & peperit iniquitatem.	*Ecce parturit iniquitatem, & concepto dolore, peperit mendacium.*	15. Ecce parturiit injustitiam : concepit dolorem, & peperit iniquitatem. *Job. 15. 35. Isa. 59. 4.*

NOTÆ AD VERSIONEM ANTIQUAM.

Aug. delet *eum*, cum Græco ; ubi κατασκηνώσαι, pro *deducat*.

℣. 7. *Diapsalma* hìc non præmittitur in edd. Ald. & Compl. neque id memoratur ab August. in consequentibus etiam ipse concordat cum Vulg. Cassiodorus legit *inimicorum tuorum*, cum Psalt. Rom. & Gorb. absque seq. *&*, quod etiam in Gr. deest, ut sup. ante *exaltare* ; at loco *tuorum*, legitur μου ; in edd. Ald. & Compl. σου ; deinde καὶ ἐξεγέρθητι ; in Mf. etiam Alex. præponitur καί. In Psalt. Corb. exstat sup. *Diapsalma*, deestque *&*, ante *exaltare*, ut & post *tuorum* ; sed pro *quod mandasti*, est *quæ mandasti*.

℣. 8. August. in hunc Ps. col. 32. f. *& congregatio populorum circumdabit te. Et propter hanc in altum regredere.* Hieron. in Isai. 56. to. 3. col. 411. f. *congregatio populorum circumdabit te. Propter hanc in excelsum convertere.* Psalt. Rom. & Corb. habent *regredere*. Gr. καὶ συναγωγὴ λαῶν κυκλώσει σε. Καὶ ὑπὲρ ταύτης εἰς ὕψος ἐπίστρεψον.

℣. 9. Aug. in hunc Ps. n. 8. nil differt à Vulg. Cassiod. verò in eund. p. 32. c. habet cum Psalt. Rom. & Corb. *Domine judica populos. Judica me Domine secundùm justitiam meam, & sec. innocentiam manuum mearum super me.* Similiter in Psalt. Mozarab. & Mediolan. *manuum mearum super me.* In Carnut. *Domine judica populos.* In Gr. Κύριος κρινεῖ λαούς. Κρῖνόν με Κύριε κατὰ τὴν δικαιοσύνην μου, καὶ κατὰ τὴν ἀκακίαν μου ἐπ' ἐμοί. Hieronymus epist. ad Sun. & Fretel. to. 2. col. 630. c. ait sic haberi in Græco, κατὰ τὴν δικαιοσύνην σου, *id est*, juxta justitiam tuam : *sed & in hoc male*, inquit ; *in Hebræo enim sedeci hab. quod interpretatur* justitia mea : *sed & omnes Interpretes* justitiam meam *voce simili transtulerunt.*

℣. 10. Aug. in hunc Ps. n. 9. sic habet : *Consummetur autem nequitia*, &c. ut in Vulg. Psalt. Mediolan. *Consummetur verò*, &c. Cassiod. in eund. Ps. p. 32. c. *Consummetur nequit. pecc. & dirige justum, scrutans corda & renes Deus justus.* Similiter in Psalt. Rom. & Corb. excepto ultimo *justus*, quod deest. Hilarius in Ps. 139. p. 527. d. *scrutans corda & renes Deus.* Eidem favet Tertul. l. 5. contra Marc. Ambrof. verò l. 3. de Spir. S. to. 2. col. 695. e. hab. *Deus scrutans corda & renes.* Gaud. Brix. ser. 8. p. 944. a. *scrutans corda & renes Deus.* In Gr. Συντελεσθήτω δὴ πονηρία..... καὶ κατευθυνεῖς δίκαιον, ἐτάζων καρδίας καὶ νεφροὺς ὁ Θεός· ed. Compl. addit δικαίως, *justè*, al. δίκαιος, *justus*.

℣. 11. Aug. in hunc Ps. n. 10. *Justum auxilium meum à*, &c. Gr. Δικαία ἡ βοήθειά μου, &c.

℣. 12. Hilar. in Ps. 2. & 59. col. 35. e. 137. e. ita legit : *Deus judex justus, fortis, & magnanimus : nunquid irascetur per sing. dies ?* at infra, l. 4. de Trin. col. 830. f. habet *fortis, & patiens.* Cassiod. in Ps. 7. p. 33. a. *fortis, & longanimis : nunquid irascetur*, &c. August. in eund. Ps. n. 12. *Deus jud. justus, fortis, & longanimis ; non iram adducens per singulos dies* ; tum addit : *Significantiùs fortasse dicitur* iram adducens, *quàm* irascens ; *& ita in exemplaribus Græcis invenimus.* Apud Tertul. l. de pudic. p. 1005. b. *Deus judex justus*, nec plura. In Psalt. Corb. *Deus judex justus, & fortis, & patiens : nunquid irascetur*, &c. Item in Carnut. *nunquid irascetur* ; at in Mediolan. *non iram adducens.* In Rom. *fortis, & longanimis : nunquid irascitur*, &c. In Mozarab. *fortis, & longanimis, & non iram adducens*, &c. In Gr. Ὁ Θεὸς..... καὶ ἰσχυρὸς, καὶ μακρόθυμος· μὴ ὀργὴν ἐπάγων καθ' ἑκάστην ἡμέραν ; Vide Agellium in hunc loc. Hexapl. to. 1. p. 481. Not. 11.

℣. 13. Similiter hab. Hilar. in Ps. 2. n. 18. col. 35. e. addito uno *&*, post *vibravit* ; quod ult. rursus habet ibid. non *vibrabit*. August. in hunc Ps. n. 13. ita : *Nisi convertimini, gladium suum vibrabit*, &c. Fulg. l. 2. de verit. præd. c. 5. p. 461. & Cassiod. in eund. Ps. p. 33. b. cum Psalt. Mozarab. & Corb. *Nisi convertamini*, &c. ut in Vulg. In Psalt. Rom. *Nisi convertamini, gladium suum vibravit*, &c. Observat Aug. in hunc Ps. n. 13. col. 36. d. *in aliis exemplaribus, pro eo quod est, Gladium suum vibrabit*, ita legi, *frameam suam splendificabit.* In Gr. Ἐὰν μὴ ἐπιστραφῆτε, τὴν ῥομφαίαν αὐτοῦ στιλβώσει, &c. ut in Lat.

℣. 14. Ita Psalt. Rom. cum Corb. & Mozarab. Hilarius in Ps. 2. n. 18. col. 35. e. sic habet : *Et in eo paravit vasa mortis, sagittas suas arsuris operatus est :* similiter in Ps. 59. col. 137. e. & in Ps. 118. col. 373. a. & in Ps. 126. col. 421. f. In Gr. Καὶ ἐν αὐτῷ ἡτοίμασε..... τοῖς καιομένοις ἐξειργάσατο. August. in Ps. 7. n. 14. *Et in ipso paravit..... ardentibus operatus est :* & infra, col. 37. a. addit : *Nam in Græcis exemplaribus ita invenitur*, sagittas suas ardentibus operatus est ; *Latina autem* ardentes *pleraque habent.* Nunc etiam in Psalt. Carnut. ita legitur, *ardentes operatus est.*

℣. 15. Ambrof. l. 3. de interpel. Job, c. 4. col. 658. c. & August. in Ps. 7. n. 16. legunt *laborem*, non *dolorem* ; in Gr. πόνον ; cætera ut in textu.

VULGATA HOD.	HEBR.	VERSIO ANTIQUA.
16. Lacum aperuit, & effodit eum: & incidit in foveam, quam fecit.	*Lacum aperuit, & effodit eum; & incidet in interitum, quem operatus est.*	16. Lacum aperuit, & fodit eum: & incidit in foveam, quam fecit.
17. Convertetur dolor ejus in caput ejus: & in verticem ipsius iniquitas ejus descendet.	*Revertetur dolor suus in caput ejus, & super verticem ejus iniquitas sua descendet.*	17. Convertetur dolor ejus in caput ejus: & in verticem ejus iniquitas ejus descendet.
18. Confitebor Domino secundùm justitiam ejus: & psallam nomini Domini altissimi.	*Confitebor Domino secundùm justitiam ejus, & psallam nomini Domini altissimi.*	18. Confitebor Domino secundùm justitiam ejus: & psallam nomini Domini altissimi.

Ex Ms. Sangerm.

NOTÆ AD VERSIONEM ANTIQUAM.

℣. 16. Concinit Breviar. Mozarab. ad verbum. Psalt. verò Rom. hab. *effodit eum: & incidet*, &c. Ambros. l. de Spir. S. to. 2. col. 634. b. *Lacum aper. & effodit eum: & incidit in foveam, quam operatus est.* August. in hunc Ps. n. 17. *Lacum aperuit, & effodit illum:* & post paulò: *incidet ergo in foveam, quam fecit:* at in Ps. 5. col. 20. b. *incidit in foveam, quam operatus est.* Suffragatur S. Paulin. epist. 1. p. 3. a. dicens: *Incident in foveam, quam operantur.* In Gr. ϰ̀ ἀνέσκαψεν αὐτόν· ϰ̀ ἐμπεσεῖται..... ὃν εἰργάσατο.

℣. 17. Ita legit Cassiod. in hunc Ps. p. 33. b. cum Psalt. Rom. Aug. verò in eund. n. 18. sic: *Convertetur labor ejus in caput ejus: & iniquitas ejus in verticem ejus descendet:* itidem in Ps. 37. col. 298. f. In Gr. Ἐπιστρέψει ὁ πόνος αὐτοῦ, &c. ut sup. In Psalt. Corb. *& super vertice ejus iniquitas ejus descendit.* S. Paulin. epist. 1. p. 3. a. alludens dicit: *In capita eorum iniquitas ipsorum convertetur:* item vit. Ambr. to. 2. p. 4. c. *sed iniquitas ejus in verticem ipsius descendit.*

℣. 18. Ita Aug. & Cassiod. in hunc Ps. In Gr. deest tantùm *&*, ante *psallam*; at in Ms. Alex. est ϰ̀ ψαλῶ.

VULGATA HOD.	HEBR.	VERSIO ANTIQUA.
1. In finem pro torcularibus, Psalmus David. VIII.	*Victori pro torcularibus, Canticum David. VIII.*	1. In finem pro lacis torcularibus, Psalmus ipsi David. VIII.
2. DOmine Dominus noster, quàm admirabile est nomen tuum in universa terra!	*DOmine dominator noster, quàm grande est nomen tuum in universa terra;*	2. DOmine Deus noster, quàm admirabile est regnum tuum in universa terra!
Quoniam elevata est magnificentia tua super cœlos.	*Qui posuisti gloriam tuam super cœlos!*	Quoniam elevata est magnificentia tua super cœlos.
3. Ex ore infantium & lactentium perfecisti laudem propter inimicos tuos, ut destruas inimicum & ultorem.	*Ex ore infantium & lactentium fecisti laudem propter adversarios tuos, ut quiescat inimicus, & ultor.*	3. Ex ore infantium & lactantium perfecisti laudem propter inimicos tuos, ut destruas inimicum & defensorem.
4. Quoniam videbo cœlos tuos, opera digitorum tuorum: lunam & stellas, quæ tu fundasti.	*Videbo enim cœlos tuos, opera digitorum tuorum; lunam & stellas, quæ fundasti.*	4. Quoniam videbo cœlos, opera digitorum tuorum: lunam & stellas, quas tu fundasti.
5. Quid est homo, quòd memor es ejus? aut filius hominis, quoniam visitas eum?	*Quid est homo, quoniam recordaris ejus? vel filius hominis, quoniam visitas eum?*	5. Quid est homo, quòd memor es ejus? aut filius hominis, quoniam visitas eum?

Ex Ms. Sangerm.

NOTÆ AD VERSIONEM ANTIQUAM.

℣. 1. Ita August. in hunc Ps. dempta voce *lacis*, quæ etiam abest à Græco. In Psalt. Rom. non *lacis*, sed *lassis*, absque *torcularibus*, & *ipsi David*. In Mozarab. simpliciter: *In finem, Psalmus David.* In Corb. *In finem pro lacis, Psalmus David.* Ejusdem tituli mentionem facit Hilarius, prologo in Ps. n. 13. col. 8. d. *In Psalmo*, inquit, *qui octavo in numero dispositus est..... pro torcularibus titulus adjectus est:* & inf. *Octavus, & octogesimus, & octogesimus tertius Psalmus hunc habent titulum.* Similiter Ambros. in Ps. to. 1. col. 741. e. & 777. c. Vide etiam August. in Ps. 83. to. 4. col. 878.

℣. 2. Ambros. l. de instit. virg. to. 2. col. 251. e. & l. 6. de Sacram. col. 386. b. c. concordat cum Vulg. sicut August. & Cassiod. in hunc Psal. necnon vetera Psalt. In Græco similiter, Κύριε ὁ Κύριος ἡμῶν, ὡς θαυμαστὸν τὸ ὄνομά σου, &c.

℣. 3. Accinunt magno consensu Psalt. Rom. Mediolan. Corb. Carnut. & Mozarab. ultimòque legunt *defensorem*. Similiter Ambros. in Ps. 37. to. 1. col. 825. f. Vide etiam sup. 575. b. & to. 2. col. 223. c. 251. e. 869. b. 1485. e. Item Sulpic. Sev. vit. S. Mart. p. 351. c. & S. Paulin. ep. 24. p. 165. b. August. verò in Ps. 102. col. 1122. f. legit *inimicum & vindicatorem;* tum addit: *Nonnulli codices* defensorem *habent, sed veriùs* vindicatorem. S. Pacianus ser. de Bapt. p. 318. e. *ut resolvas inimicum & vindicatorem.* Gr. τοῦ καταλῦσαι ἐχθρὸν ϰ̀ ἐκδικητήν. cæt. ut in Lat. sup. PP. Lat. constanter scribunt *lactentium*, non *lactantium*. Apud Tertullianum etiam hoc legitur, lib. de anima, p. 486. f. *Christus ex ore lactentium & parvulorum expediendo laudem, nec pueritiam, nec infantiam hebetes pronunciavit.*

℣. 4. Apud Aug. in hunc Ps. col. 41. e. legitur *cælos tuos*, sed renitentibus 11. Mss. imo infra, col. 41. f. & 42. d. bis omittitur *tuos;* constanter etiam habetur infra *quas*, non *quæ*. Ambrosius, l. de apolog. Dav. to. 1. col. 730. b. & in Ps. 43. col. 914. d. leg. *cælos tuos:* item l. 6. de Sacram. to. 2. col. 386. b. c. & l. 3. de Spir. S. col. 671. b. cum hac voce *quas:* at vocem *tuos* omittunt constanter antiq. Psalteria, Rom. Mediolan. Carnut. Corb. & Moz. In Rom. autem & Corb. legitur *quas*, sicut apud Cassiod. in hunc Ps. p. 35. b. qui etiam retinet *tuos*. Ap. S. Pacianum, ser. de Bapt. p. 318. e. ita: *Quoniam videbo cælos, opus digitorum tuorum.* In Gr..... τοὺς οὐρανούς, ἔργα τῶν..... ϰ̀ ἀστέρας, ἃ σὺ ἐθεμελίωσας. De hoc autem, *cælos tuos*, ita Hieronym. respondet Sun. & Fretel. to. 2. col. 630. c. *Et dicitis*, inquit, *quòd* tuos *in Græco non habeat: verum est; sed in Hebræo legitur* samacha, *quod interpretatur* cœlos tuos, *& de editione Theodotionis in LXX. Interpretibus additum est sub asterisco.* Hunc etiam asteriscum præfert Psalt. Gallic. editum to. 1. nov. edit. Hieron. col. 1229. d.

℣. 5. Sic habet Hilar. in Ps. 143. col. 555. c. Similiter Ambros. in Ps. 118. to. 1. col. 1093. a. ni excipias *quia*, pro *quoniam:* at l. 3. de interpel. Job, c. 6. col. 632. f. & l. 2. de fide, to. 2. col. 482. b. habet, *nisi quia visitas eum?* & lib. de Isaac, c. 2. to. 2. col. 358. a. *nisi quòd*, &c. verùm l. 6. de Sacram. col. 386. b. c. ita: *Quid est homo, quòd meministi ejus? aut filius hom. quoniam visitas eum?* at in Ps. 38. to. 1. col. 850. e. & l. 4. de interpel. Dav. c. 9. col. 670. f. *Quid enim est homo, nisi quia memor es ejus?* Similiter ap. Aug. epist. 186. to. 2. col. 675. f. *Quid est homo, nisi quòd memor es ejus?* sed in Ps. 8. col. 42. e. ita: *Quid est homo, quia memor es... quoniam tu visitas eum?* Junil. Afric. l. 2. de partib. div. leg. c. 22. p. 348. *Quid est homo, nisi quòd memor es ejus? aut filius hom. nisi quia visitasti eum?* Gr. Τί ἐστιν ἄνθρωπος, ὅτι μιμνήσκῃ (al. μνημονεύεις) αὐτοῦ; ἢ υἱὸς ἀνθρώπου,

VERSIO ANTIQUA.	HEBR.	VULGATA HOD.
Ex Mſ. Sangerm. 6. Minuiſti eum paulò minùs ab angelis, gloriam & honorem coronaſti eum : 7. & conſtituiſti eum ſuper opera manuum tuarum.	*Minues eum paulò minùs à Deo, gloria & decore coronabis eum : dabis ei poteſtatem ſuper opera manuum tuarum.*	6. Minuiſti eum paulò minùs ab angelis, gloria & honore coronaſti eum : 7. & conſtituiſti eum ſuper opera manuum tuarum. *Hebr. 2. 7.*
8. Omnia ſubjeciſti ſub pedibus ejus ; oves & boves univerſas, inſuper & pecora campi ;	*Cuncta poſuiſti ſub pedibus ejus, oves & armenta omnia, inſuper & animalia agri ;*	8. Omnia ſubjeciſti ſub pedibus ejus, oves & boves univerſas, inſuper & pecora campi ; *Gen. 1. 28. 1. Cor. 15. 26.*
9. Volucres cœli, & piſces maris, qui perambulant ſemitas maris.	*Aves cœli, & piſces maris, qui pertranſeunt ſemitas marium.*	9. Volucres cœli, & piſces maris, qui perambulant ſemitas maris.
10. Domine Dominus noſter, quàm admirabile eſt nomen tuum in univerſa terra !	*Domine dominator noſter, quàm grande eſt nomen tuum in univerſa terra !*	10. Domine Dominus noſter, quàm admirabile eſt nomen tuum in univerſa terra !

NOTÆ AD VERSIONEM ANTIQUAM.

ὅτι ἐπισκέπτῃ αὐτόν ;

℣. 6. Concinit Pſalt. Corb. ad verbum. Tertul. l. de carne Chr. p. 550. a. legit : *Minuiſti eum modicum quid citra angelos ;* paulò verò poſt, *Minoraſti eum modicò citra angelos :* ſic etiam l. cont. Prax. p. 855. b. ſed l. adv. Gnoſt. p. 847. b. ita : *Minoratus modicum quid citra*, &c. at lib. adv. Jud. c. 14. p. 148. a. deeſt *quid :* & lib. 4. adv. Marc. p. 715. c. legit : *Minoratus modicò citra*, &c. & lib. adv. Jud. c. 14. p. 148. a. *Diminuit illum modicum quid citra angelos, gloria & honore coronavit illum :* ſimiliter l. 3. adv. Marc. p. 671. c. lib. verò 2. p. 654. c. *Diminuens illum modicò citra angelos.* Ambroſ. l. 2. de interpel. Dav. c. 4. to. 1. col. 644. b. & l. 2. de fide, to. 2. col. 482. b. & l. 6. de Sacram. col. 386. b. *Minoraſti eum paulò minùs ab angelis, gloriâ &*, &c. Ambroſio favet Fauſtinus presb. l. cont. Arian. p. 647. b. cum Fulg. de fide orth. ad Donat. p. 203. Auguſt. & Caſſiod. in hunc Pſ. *Minuiſti eum paulò minùs ab*, &c. ut in Vulg. In Pſalt. Mozarab. *Minoraſti*, &c. In Gr. Ἠλάττωσας αὐτὸν βραχύ τι παρ' ἀγγέλους, δόξῃ καὶ, &c.

℣. 7. In Mſ. Germ. mendosè legitur *ſupera*, pro *ſuper opera*, quod correximus e Gr. ἐπὶ τὰ ἔργα. Accinunt Ambr. l. 6. de Sacram. to. 2. col. 386. c. Auguſt. & Caſſiod. in hunc Pſ. Tertul. verò, l. 3. cont. Marc. p. 671. c. & l. contra Jud. c. 14. p. 148. a. hunc verſiculum prætermittere videtur, cùm jungat utroque loco verſum anteced. cum ſubſeq. hoc modo : *Coronavit illum, & ſubjecit omnia ſub*, &c. In Pſalt. Corb. *& conſtituiſti eum ſuper omnia opera man. tuarum.*

℣. 8. Concinunt Auguſt. in hunc Pſ. & Ambroſ. l. de Noe, c. 10. to. 1. col. 239. f. ut & l. de Elia, c. 19. col. 557. c. item to. 2. col. 36. a. 386. c. 546. d. 578. c. Ambroſiaſt. p. 161. a. ſic habet : *Omnia ſubjeciſti ſub pedibus ejus, gloria & honore coron. eum.* Tertull. l. 5. adv. Marc. p. 799. a. *Omnia ſubjeciſti ſub pedibus ejus :* item l. 3. adv. Marc. p. 671. c. & l. cont. Jud. c. 14. p. 148. a. Exinde Gr. hab. πάσας, pro *univerſas*, ſicut ἔτι δὲ, pro *inſuper*. Mſ. Alex. cum edd. Ald. & Compl. ἅπασας, ἔτι δέ. Apud Caſſiodor. p. 36. a. deeſt vox *univerſas*.

℣. 9. Sic Ambroſ. l. de Elia, c. 19. to. 1. col. 557. c. cum Auguſt. & Caſſiod. in hunc Pſ. Gr. hab. in fine, τρίβους θαλασσῶν. In Pſalt. Corb. deeſt *&*, poſt *cœli*.

℣. 10. Ita Auguſt. in hunc Pſ. cum Caſſiod. In Græco, ὡς θαυμαστὸν ὄνομά σου ἐν πάσῃ, &c.

VERSIO ANTIQUA.	HEBR.	VULGATA HOD.
1. In finem propter occulta filii, Pſalmus ipſi David. IX.	*Victori ſuper morte filii, Canticum David. IX.*	1. In finem pro occultis filii, Pſalmus David. IX.
Ex Mſ. Sangerm. 2. Confitebor tibi Domine in toto corde meo : narrabo omnia mirabilia tua.	*Confitebor Domino in toto corde meo : narrabo omnia mirabilia tua.*	2. Confitebor tibi Domine in toto corde meo : narrabo omnia mirabilia tua.
3. Lætabor & exſultabo in te : pſallam nomini tuo Altiſſime,	*Lætabor & gaudebo in te : canam nomini tuo Altiſſime,*	3. Lætabor & exſultabo in te : pſallam nomini tuo Altiſſime,
4. In convertendo inimicum meum retrorsùm : infirmabuntur, & perient à facie tua.	*Cùm ceciderint inimici mei retrorsùm, corruerint, & perierint à facie tua.*	4. In convertendo inimicum meum retrorsùm : infirmabuntur, & peribunt à facie tua.
5. Quoniam feciſti judicium meum & cauſam meam : ſedis ſuper thronum qui judicas æquitatem.	*Feciſti enim judicium meum, & cauſam meam : ſediſti ſuper ſolium judex juſtitiæ.*	5. Quoniam feciſti judicium meum & cauſam meam : ſediſti ſuper thronum qui judicas juſtitiam.
6. Increpaſti gentes, & periit impius : nomen eorum de-	*Increpaſti gentes, periit impius : nomen eorum deleſti in ſempiter-*	6. Increpaſti gentes, & periit impius : nomen eorum deleſti in æter-

NOTÆ AD VERSIONEM ANTIQUAM.

℣. 1. Titulus hujus Pſalmi is eſt apud Hilar. col. 53. *In finem pro occultis, Pſalmus David ;* at infra, n. 1. ſic habet cum Pſalt. Corb. *In finem pro occulta filii, Pſalmus David :* item n. 2. *In finem pro occulta filii ;* paulò verò poſt, *In finem pro occultis :* item ibid. n. 2. bis legit, *In fine.* Hieron. epiſt. ad Princip. to. 2. col. 692. a. ait : *In nono Pſalmo titulus inſcribitur : Pro abſconditis filii :* item in Iſai. 7. to. 3. col. 70. f. dicit : *In titulo Pſalmi noni, ubi in Hebræo poſitum eſt* alamoth, *cæteri Interpretes tranſtulerunt*, pro adoleſcentia, *quod LXX. interpretati ſunt*, pro abſconditis. Apud Auguſt. in hunc Pſ. col. 45. g. *Pſalmi hujus inſcriptio eſt : In finem pro occultis filii, Pſalmus ipſi David.* In Pſalt. Rom. Martian. *In finem propter occulta filii, Pſalmus David.* In Breviar. Mozarab. *In finem pro occultis filiis, Pſalmus David.* In Gr. Εἰς τὸ τέλος ὑπὲρ τῶν κρυφίων τοῦ υἱοῦ, Ψαλμὸς τῷ Δαυίδ.

℣. 2. Ita Auguſt. & Caſſiod. cum Græco.

℣. 3. Sic apud Aug. & Caſſiod. in hunc Pſ. & in Gr.

℣. 4. Pſalt. Mediolan. *Dum avertatur inimicus meus*, &c. ut ſup. Breviar. Mozarab. *In avertendo inimicum meum*, &c. & infra, *cadent*, loco *perient.* Auguſt. in hunc Pſ. col. 48. a. b. *In convertendo..... & peribunt*, &c. Caſſiod. in eund. Pſ. cùm Pſalt. Rom. & Corb. *& perient.* Gr. Ἐν τῷ ἀποστραφῆναι τὸν ἐχθρόν μου εἰς τὰ ὀπίσω..... καὶ ἀπολοῦνται, &c.

℣. 5. Auguſt. in hunc Pſ. ſimiliter habet *æquitatem*, cum Caſſiod. Breviar. Mozarab. Pſalt. Rom. & Corb. at Auguſt. legit *ſediſti ;* Caſſiod. *ſedes*, cum Pſalt. Rom. & Corb. Carnut. *ſedens*. Græc. ἐκάθισας..... ὁ κρίνων δικαιοσύνην.

℣. 6. Ita Caſſiod. in hunc Pſ. cum Pſalt. Rom. & aliis. Auguſt. in eund. Pſ. col. 48. f. loco *in æternum*, legit *in ſæculum, id eſt*, inquit, *quandiu temporale ſæcu-*

VULGATA HOD.	HEBR.	VERSIO ANTIQUA.
num, & in sæculum sæculi.	*num, & jugiter.*	lesti in æternum, & in sæculum sæculi. Ex Ms. Sangerm.
7. Inimici defecerunt frameæ in finem : & civitates eorum destruxisti.	*Inimici completæ sunt solitudines in finem, & civitates subvertisti :*	7. Inimici defecerunt frameæ in finem : & civitates destruxisti.
Periit memoria eorum cum sonitu : 8. & Dominus in æternum permanet.	*Periit memoria eorum cum ipsis. Dominus autem in sempiternum sedebit,*	Periit memoria eorum cum sonitu : 8. & Dominus in æternum permanet.
Paravit in judicio thronum suum : 9. & ipse judicabit orbem terræ in æquitate, judicabit populos in justitia.	*Stabilivit ad judicandum solium suum : & ipse judicabit orbem in justitia, judicabit populos in æquitatibus.*	Paravit in judicio sedem suam : 9. & ipse judicavit orbem terræ in æquitatem, judicavit populos cum justitia.
10. Et factus est Dominus refugium pauperi : adjutor in opportunitatibus, in tribulatione.	*Et erit Dominus elevatio oppresso, elevatio opportuna in angustia.*	10. Et factus est Dominus refugium pauperum : adjutor in opportunitatem, & tribulationem.
11. Et sperent in te qui noverunt nomen tuum : quoniam non dereliquisti quærentes te Domine.	*Et confident in te qui noverunt nomen tuum : quoniam non dereliquisti quærentes te Domine.*	11. Et sperent in te qui cognoverunt nomen tuum : quoniam non dereliquisti inquirentes te.
12. Psallite Domino, qui habitat in Sion : annuntiate inter gentes studia ejus :	*Cantate Domino habitatori Sion : annuntiate in populis cogitationes ejus :*	12. Psallite Domino, qui habitat in Sion : adnuntiate inter gentes voluntates ejus :
13. Quoniam requirens sanguinem eorum recordatus est : non est oblitus clamorem pauperum.	*Quoniam quærens sanguinem eorum recordatus est, nec oblitus est clamoris pauperum.*	13. Quoniam requirens sanguinem eorum moratus est ; non est oblitus orationem pauperum.
14. Miserere mei Domine : vide humilitatem meam de inimicis meis.	*Miserere mei Domine : vide afflictionem meam ex inimicis meis,*	14. Miserere mei Domine, & perspice humilitatem meam de inimicis meis.
15. Qui exaltas me de portis mortis, ut annuntiem omnes laudationes tuas in portis filiæ Sion.	*Qui exaltas me de portis mortis, ut narrem omnes laudes tuas in portis filiæ Sion.*	15. Qui exaltas me de portis mortis, ut adnuntiem omnes laudationes tuas in portis filiæ Sion.
16. Exsultabo in salutari tuo : infixæ sunt gentes in interitu, quem fecerunt.	*Exsultabo in salutari tuo : demersæ sunt gentes in interitu, quem fecerunt :*	16. Exsultabo in salutari tuo : infixæ sunt gentes in interitu, quem fecerunt.
In laqueo isto, quem absconderunt, comprehensus est pes eorum.	*In reti quod absconderunt, captus est pes eorum.*	In laqueo isto, quem absconderunt, comprehensus est pes eorum.

NOTÆ AD VERSIONEM ANTIQUAM.

lum volvitur : at infra, col. 49. b. hæc observat : *In Græcis exemplaribus sic est : εἰς τὸν αἰῶνα, καὶ εἰς τὸν αἰῶνα τοῦ αἰῶνος, quod Latini plerique interpretati sunt, non* in sæculum, & in sæculum sæculi ; *sed* in æternum, & in sæculum sæculi ; *ne in eo quod dictum est* in sæculum sæculi, *illud exponeretur quod dictum est* in æternum. *Nomen ergo impiorum delesti in æternum, quia deinceps nunquam erunt impii : & si in hoc sæculum non tenditur nomen eorum, multò minùs in sæculum sæculi.* Græc. hodiernum quadrat.

℣. 7. Psalt. Mozarab. & Corb. hab. *frameâ*, paulòque post addunt *eorum*, ad *civitates*. August. in hunc Ps. legit *frameæ*, cum Cassiod. sed uterque tollit *eorum* : præterea Aug. ibid. & in Ps. 109. p. 1234. f. pro *sonitu*, hab. cum Psalt. Corb. *strepitu*. Item Ambr. in Ps. 45. to. 1. col. 930. d. *Periit mem. eor. cum strepitu*. Similiter apud Auct. l. de promiss. p. 3. col. 187. b. In Græco, Τοῦ ἐχθροῦ ἐξέλιπον αἱ ῥομφαῖαι..... καὶ πόλεις καθεῖλες..... μετ' ἤχου.

℣. 8. Ita Psalter. Rom. & Corb. cum August. & Cassiod. in hunc Ps. Sic etiam in Breviar. Mozarab. In Gr. εἰς τὸν αἰῶνα μένει. Ἡτοίμασεν ἐν... τὸν θρόνον αὐτοῦ. Idem Aug. in Ps. 109. col. 1234. f. legit : *& Dominus in æternum manet.* Vigilius Tapf. l. contra Varim. p. 746. g. *Præparavit in jud. thronum suum.*

℣. 9. Aug. in hunc Ps. *& ipse judicabit orbem terrarum in æquitate, judicabit populos cum justitia.* Item ap. Cassiod. *cum justitia* ; sicut in Psalt. Rom. Corb. Carnut. & Moz. In Gr. κρινεῖ τὴν οἰκουμένην ἐν δικαιοσύνῃ, κρινεῖ λαοὺς ἐν εὐθύτητι.

℣. 10. Augustinus in hunc Ps. concordat cum Vulg. Cassiod. verò in eund. legit *pauperum*, cum Breviar. Mozarab. & Psalt. Rom. In Corb. *pauperes*. In Gr. τῷ πένητι... ἐν εὐκαιρίαις, ἐν θλίψει. Clemens Alex. Stromat. 6. hab. ἐν εὐκαιρίᾳ, καὶ θλίψει. Aquila, εἰς καιρόν.

℣. 11. August. in hunc Ps. legit : *Et sperent in te qui cognoscunt nomen tuum : quon. non dereliquisti quærentes te Domine.* Cassiod. cum Psalt. Rom. *Et sperent in te omnes qui noverunt..... quon. non derelinquis quærentes te Domine.* Psalt. Carnut. & Mozarab. *non derelinques.* Corb. *non derelinquis.* Gr. Καὶ ἐλπισάτωσαν ἐπὶ σὲ οἱ γινώσκοντες..... ὅτι οὐκ ἐγκατέλιπες τοὺς ἐκζητοῦντάς σε Κύριε. In Ms. Alex. πάντες οἱ γινώσκοντες ; & infra in Compl. τοὺς ζητοῦντας, &c.

℣. 12. Brev. Moz. hab. *qui habitatis in Sion ;* & in fine, non *voluntates*, sed *mirabilia ejus*. Similiter apud August. & Cassiod. in hunc Ps. sicut in Psalt. Rom. Corb. & Carnut. *mirabilia ejus*. In Gr. τῷ κατοικοῦντι ἐν Σιών... ἐν τοῖς ἔθνεσι τὰ ἐπιτηδεύματα αὐτοῦ.

℣. 13. August. in hunc Ps. legit... *memoratus est : non est oblitus clamorem paup.* Cassiod. in eund. Ps..... *memoratus est : non est oblitus orationem paup.* Brev. Moz..... *memoratus est : & non est oblitus orationes paup.* Psalt. Rom..... *memoratus est : & non est oblitus orationis paup.* Carnut. *orationem*. Corb. *Quia requirens... memoratus est : & non est oblitus orationem pauperum.* Græc..... τὰ αἵματα αὐτῶν ἐμνήσθη· οὐκ ἐπελάθετο τῆς δεήσεως τῶν, &c. Ms. Alex. τῆς φωνῆς τῶν ; Ald. & Compl. τῆς κραυγῆς.

℣. 14. Brev. Moz. loco *& perspice*, habet *& vide*. Similiter in Psalt. Rom. ut & *mihi*, loco *mei*. August. in hunc Ps. concordat cum Vulg. nisi quòd habet *ab*, loco *de* : similiter in Psalt. Corb. In Gr. Ἐλέησόν με Κύριε· ἴδε..... ἐκ τῶν, &c.

℣. 15. Sic Ambros. l. de bono mort. c. 12. to. 1. col. 413. a. & l. 4. de fide, to. 2. col. 525. e. Sic etiam ap. Hilar. in Ps. 126. col. 422. e. & Cassiod. in Ps. 9. præter vocem *laudes*, loco *laudationes*. Apud August. in eund. Ps. *universas laudes*. In Psalt. Rom. & Corb. *omnes laudes*. In Gr. ὅπως ἂν ἐξαγγείλω πάσας τὰς αἰνέσεις, &c.

℣. 16. August. in hunc Ps. ita legit : *Exsultabo super salutare tuum : infixæ sunt gentes in corruptione, quam fecerunt. In muscipula ista, quam occultaverunt, comprehensus est*, &c. Apud Cassiod. similiter *occultaverunt*, sicut in Psalt. Corb. & Mozarab. In Psalt. Rom. *occultaverunt mihi*. In Gr. Ἀγαλλιάσομαι ἐπὶ τῷ (Ms. Alex. ἐν τῷ) σωτηρίῳ σου... ἐν διαφθορᾷ, ᾗ ἐποίησαν. Ἐν παγίδι ταύτῃ, ᾗ ἔκρυψαν,

** Mf. Sangerm.*

VERSIO ANTIQUA.	HEBR.	VULGATA HOD.
17. Cognofcitur Dominus judicia faciens : in operibus manuum fuarum comprehenfus eft peccator. CANTICUM DIAPSALMATIS.	*Agnitus eft Dominus judicium faciens : in opere manuum fuarum corruit impius, fonitu. SEMPER.*	17. Cognofcetur Dominus judicia faciens : in operibus manuum fuarum comprehenfus eft peccator.
18. Convertantur peccatores in infernum, omnes gentes quæ oblivifcuntur Deum.	*Convertantur impii in infernum, omnes gentes quæ oblitæ funt Deum.*	18. Convertantur peccatores in infernum, omnes gentes quæ oblivifcuntur Deum.
19. Quia non in finem oblivio erit pauperum : patientia pauperum non peribit in finem.	*Quoniam non in æternum oblivioni erit pauper : exfpectatio pauperum (fupple non) peribit in perpetuum.*	19. Quoniam non in finem oblivio erit pauperis : patientia pauperum non peribit in finem.
20. Exfurge Domine, non confortetur homo : judicentur gentes in confpectu tuo Domine.	*Surge Domine, non confortetur homo : judicentur gentes ante faciem tuam.*	20. Exfurge Domine, non confortetur homo : judicentur gentes in confpectu tuo.
21. Conftitue Domine legislatorem fuper eos : fciant gentes quoniam homines funt. DIAPSALMA.	*Pone Domine terrorem eis : fciant gentes homines effe fe. SEMPER.*	21. Conftitue Domine legislatorem fuper eos : ut fciant gentes quoniam homines funt.
* *Vide Not.*	*Pfalmus X.*	*Pfalm. X. fecundùm Hebræos.*
1. Ut quid Domine receffifti longè, difpicis in opportunitatibus, in tribulatione?	*QUare Domine ftas à longè, defpicis in temporibus anguftiæ?*	1. Ut quid Domine receffifti longè, defpicis in opportunitatibus, in tribulatione?
2. Dum fuperbit impius, incenditur pauper : comprehenduntur in cogitationibus fuis quas cogitant.	*In fuperbia impii ardet pauper : capiantur in fceleribus quæ cogitaverunt.*	2. Dum fuperbit impius, incenditur pauper : comprehenduntur in confiliis quibus cogitant.
3. Quoniam laudatur peccator in defideriis animæ fuæ : & qui iniquè gerit, benedicetur.	*Quia laudabitur impius in defiderio animæ fuæ :*	3. Quoniam laudatur peccator in defideriis animæ fuæ : & iniquus benedicitur.
4. Inritavit Dominum peccator, fecundùm multitudinem iræ fuæ inquiret.	*Et avarus applaudens fibi, blafphemavit Dominum : impius fecundùm altitudinem iræ fuæ non requiret,*	4. Exacerbavit Dominum peccator, fecundùm multitudinem iræ fuæ non quæret.
5. Non eft Deus in confpectu ejus : polluuntur viæ ejus in	*Nec eft Deus in omnibus cogitationibus ejus : parturiunt viæ ejus*	5. Non eft Deus in confpectu ejus : inquinatæ funt viæ illius in

NOTÆ AD VERSIONEM ANTIQUAM.

περιελάμφθη, &c.

℣. 17. Sic apud Aug. in hunc Pf. *cognofcitur*, &c. è Gr. γινώσκεται. Similiter in Pfalt. Mediolan. Corb. & Carnut.

℣. 18. Auguft. in hunc Pf. ait : *Illic interponitur, Canticum diapfalmatis : quafi occulta lætitia..... & fequitur : Convertantur... gentes quæ*, &c. Similiter in Pfalt. Rom. & Carnut. In Corb. *Canticum diapfalma*. Ap. Caffiod. fimpliciter, *Diapfalma*. In Gr. Ὠδὴ διαψάλματος· deinde fic : Ἀποστραφήτωσαν οἱ..... ἔθνη τὰ ἐπιλανθανόμενα τοῦ Θεοῦ. Caffiodor. cum Pfalt. Rom. & Corb. legit *Dominum*, non *Deum*. Tertull. l. 4. contra Marc. p. 707. b. *Avertantur peccat. in inferos, omnes nationes quæ Dei oblivifcuntur*. Gr. εἰς τὸν ᾅδην. Ambr. in Pf. 118. to. 1. col. 1137. b. *Avertantur peccat. in infernum*.

℣. 19. Auguft. in hunc Pf. legit *pauperis* ; & in fine, *non periet in æternum* : quinque tamen Mff. ferunt *peribit* ; alii cum editt. *periet*. Pfalt. Rom. hab. *pauperum* ; item Brev. Moz. *in æternum*. Corb. vero ita : *Quia non in finem oblivifcetur pauperum ; patientia pauperum non periet in æternum*. Gr..... ἐπιλησθήσεται ὁ πτωχός· ἡ ὑπομονὴ τῶν πενήτων οὐκ ἀπολεῖται εἰς τὸν αἰῶνα. Mf. Alex. cum Ald. & Compl. εἰς τέλος. Tertull. l. 4. adv. Marc. p. 707. b. *Quoniam non in finem oblivioni habebitur mendicus : tolerantia pauperum non peribit in finem* : at infra, p. 732. b. *tolerantia juftorum non periit in finem*.

℣. 20. Auguft. & Caffiod. in hunc Pfalm. legunt, *non prævaleat homo*. Similiter in Pfalt. Rom. Corb. Carnut. & Brev. Moz. In Gr. μὴ κραταιούσθω ἄνθρωπος. Chryfoft. Ἀλλὰ, θαρσυνέσθω. Sed alibi non additur *Domine* in fine.

℣. 21. Ita Auguft. in hunc Pf. abfque conjunct. *ut*, ante *fciant*, quæ pariter abeft à Pfalt. Carnut. Corb. & à Græco. Hilarius in Pf. 118. col. 319. b. c. fic habet : *Domine, conftitue legiflat. fuper eos : fciant*, &c. Ambrof. in Pf. 118. col. 1137. a. d. *Conftitue Domine..... fup. eos : fciant*, &c. at infra, 1137. c. *& difcant gentes*. Gr. γνώτωσαν ἔθνη.

* Hic Hebræi incipiunt decimum Pfalmum contra Latinorum & Græcorum diftinctionem ; quo fit ut inter eos numeri Pfalmorum non conveniant ufque ad Pf. 147. quem Hebræi cum præcedenti conjungentes, atque ex utroque unum facientes, fic tandem ad numerum Latinorum redeunt. In Pfalt. etiam Corb. interponitur hic *Diapfalma*.

℣. 1. Auguft. in hunc Pf. habet : *Interpofito Diapfalmate, fubjicit..... Ut quid Domine..... in opportunitatibus, in tribulationibus?* Ambr. in Pf. 118. to. 1. col. 1137. c. *Ut quid Dom. difceffifti longè?* Gr. Ἱνατί Κύριε ἀφέστηκας μακρόθεν..... ἐν θλίψει ; at in edd. Ald. & Compl. ἐν θλίψεσι.

℣. 2. Ita Brev. Moz. hab. & Pfalt. Rom. cum Caffiod. in hunc Pf. p. 40. c. Auguft. verò in eund. Pf. *in cogitat. fuis quibus cogitant*. In Pfalt. Corb. *in cogit. fuis quæ cogitant*. In Gr. ἐν διαβουλίοις οἷς διαλογίζονται.

℣. 3. Ita Caffiod. hab. in hunc Pf. p. 40. b. cum Pfalt. Rom. Martianæi. Similiter ap. Aug. in eund. Pf. & lib. 2. de civitate Dei, c. 14. to. 7. col. 69. e. excepto ult. *benedicitur*. Sic etiam in Pfalterio Corb. eft ut & apud Lucif. Cal. l. de reg. apoft. p. 219. d. ac Auct. epift. ad Demetriad. p. 41. a. & in Pfalt. Rom. Fabri. In Brev. verò Moz. ita : *& qui iniqua agit, benedicetur*. Apud Optat. l. 2. cont. Donat. p. 42. a. *& qui iniqua egerit, benedicetur*. In Gr. καὶ ὁ ἀδικῶν ἐνευλογεῖται· in Ald. & Compl. εὐλογεῖται.

℣. 4. Lucif. Cal. l. de reg. apoft. p. 219. d. hab. *Exacerbavit Dom... non inquiret*. Breviar. Moz. *Inritabit..... non inquiret*. Auguft. in hunc Pf. *Irritavit..... non exquiret*. Caffiod. in eund. cum Pfalt. Rom. *Irritavit... non inquiret*. Similiter hab. *Irritavit*, Pfalt. Mediolan. & Carnut. Corb. verò, *Inritavit..... ira fua inquirit*. Græc. Παρώξυνε..... οὐκ ἐκζητήσει.

℣. 5. Ita Caffiod. in hunc Pfal. p. 40. b. cum Pfalt. Moz. Corb. & Carnut. In Rom. fimiliter *polluuntur* ; fed abfque *omni*, ante *tempore* : fecus in Rom. Fabri. Apud Aug. in eund. Pf. ita : *contaminantur viæ ejus in omni temp...* &

VULGATA HOD.	HEBR.	VERSIO ANTIQUA.
omni tempore.	*in omni tempore.*	omni tempore. Ex Ms. Sangerm.
Auferuntur judicia tua à facie ejus: omnium inimicorum suorum dominabitur.	*Longe sunt judicia tua à facie ejus; omnes inimicos suos despicit.*	Auferuntur judicia tua à facie ejus: omnium inimicorum suorum dominabitur.
6. Dixit enim in corde suo: Non movebor à generatione in generationem, sine malo.	*Loquitur in corde suo: Non movebor: in generatione & generatione ero sine malo.*	6. Dixit enim in corde suo: Non movebor de generatione in generationem, sine malo.
Inf. 13. 3. Rom. 3. 14. 7. Cujus maledictione os plenum est, & amaritudine, & dolo: sub lingua ejus labor & dolor.	*Maledictione os ejus plenum est, & dolis, & avaritia: sub lingua ejus dolor & iniquitas.*	7. Cujus maledictione os plenum est, & amaritudine, & dolo: sub lingua ejus labor & dolor.
8. Sedet in insidiis cum divitibus in occultis, ut interficiat innocentem.	*Sedet insidians juxta vestibula in absconditis: interficit innocentem.*	8. Sedet in insidiis cum divitibus in occultis, ut interficiat, interficiant innocentem.
9. Oculi ejus in pauperem respiciunt: insidiatur in abscondito, quasi leo in spelunca sua.	*Oculi ejus robustos circumspiciunt: insidiatur in abscondito, quasi leo in cubili.*	9. Oculi ejus in pauperem respiciunt: insidiatur in occulto, sicut leo in cubili suo.
Insidiatur ut rapiat pauperem: rapere pauperem dum attrahit eum.	*Insidiatur ut rapiat pauperem: rapiet pauperem, cùm attraxerit eum ad rete suum:*	Insidiatur ut rapiat pauperem: rapere pauperem dum abstrahit illum.
10. In laqueo suo humiliabit eum, inclinabit se, & cadet cùm dominatus fuerit pauperum.	*Et confractum subjiciet, & irruet viribus suis valenter.*	10. In laqueo suo afflictabit illum, inclinavit se, & cadet dum dominabitur pauperum.
11. Dixit enim in corde suo: Oblitus est Deus, avertit faciem suam ne videat in finem.	*Dixit in corde suo: Oblitus est Deus: abscondit faciem suam, non respiciet in perpetuum.*	11. Dixit enim in corde suo: Oblitus est Deus, avertit faciem suam ne videat usque in finem.
12. Exsurge Domine Deus, exaltetur manus tua: ne obliviscaris pauperum.	*Surge Domine Deus, leva manum tuam: noli oblivisci pauperum.*	12. Surge Domine Deus, exaltetur manus tua: ne obliviscaris pauperum in finem.
13. Propter quid irritavit impius Deum? dixit enim in corde suo: Non requiret.	*Quare blasphemat impius Deum, dicens in corde suo, quòd non requiras?*	13. Propter quid irritavit Dominum peccator? dixit enim in corde suo: Non requiret.
14. Vides, quoniam tu laborem & dolorem consideras: ut tradas eos in manus tuas.	*Vides, quia tu laborem & furorem respicis, ut detur in manu tua.*	14. Vides, quoniam tu laborem & dolorem consideras: ut tradas eos in manibus tuis.
Tibi derelictus est pauper: orphano tu eris adjutor.	*Tibi relinquuntur fortes tui: pupillo tu es factus adjutor.*	Tibi derelictus est pauper: pupillo tu eras adjutor.

NOTÆ AD VERSIONEM ANTIQUAM.

omnium inimic. &c. In Psalt. Carnut. exstat pariter *contaminantur.* Apud Lucif. Cal. l. de reg. apost. p. 219. d. *Non est Deus... inquinatæ sunt viæ ejus in omni temp. Auferantur judicia ejus à facie ejus.* In Gr. βεβηλοῦνται αἱ ὁδοὶ αὐτοῦ ἐν παντὶ καιρῷ. Ἀντανταιρεῖται τὰ κρίματά σου ἀπὸ, &c. ut sup.

℣. 6. Ita legunt August. & Cassiod. in hunc Ps. cum Psalt. Rom. In Breviar. Moz. *à generatione & generatione.* In Gr. Οὐ μὴ σαλευθῶ ἀπὸ γενεᾶς εἰς γενεὰν, &c. Lucif. Calar. l. 1. pro S. Athan. p. 191. c. *Dixit in corde suo: Non movebor à sæculo in sæculum, sine malo.*

℣. 7. Ita Aug. in hunc Ps. Cassiod. verò in eund. p. 41. a. cum Brev. Moz. & Psalt. Rom. sic: *Cujus os maledictione, & amaritudine plenum est, & dolo,* &c. Lucif. Calar. l. 1. pro S. Athan. p. 191. c. *Cujus os maledict. plenum est, & amaritud. & dolo,* &c. In Gr. Οὗ ἀρᾶς τὸ στόμα αὐτοῦ γέμει, καὶ πικρίας, καὶ δόλου, &c.

℣. 8. Sic in Ms. nostro cod. geminatur verbum *interficiant*, sed mendosè, ni fallor, cùm alibi non ita reperiatur. Lucif. Calar. ubi sup. concordat cum Vulg. sicut August. in hunc Psal.

℣. 9. August. in hunc Psal. habet: *Insidiatur in occulto, velut leo in cubili suo..... rapere paup. dum adtrahit eum.* Psalt. Corb. *Insidiatur in occulto, sicut leo in cubili suo. Insid. ut rapiat inopem: rapere paup. dum adtrahit illum.* Similiter hab. Cassiod. in eund. Ps. cum Brev. Moz. & Psalt. Rom. *Insidiatur in occulto, sicut leo in cubili,* &c. & in fine, *attrahit eum.* Lucif. Cal. l. 1. pro S. Athan. p. 191. c. *Oculi ejus..... insidiatur in absconso, sicut leo in spelunca sua. Insid. ut rap. paup. rapere paup. donec adducat eum in conversatione sua.* Hieron. in Isai. 64. to. 3. col. 473. f. *Insidiatur in apocrypho, quasi leo in spelunca sua,* &c. S. Paulin. epist. 1. p. 3. a. *Insidiatur in occulto, ut rapiat paup.* Græc. Ἐνεδρεύει ἐν ἀποκρύφῳ, ὡς λέων ἐν τῇ μάνδρᾳ αὐτοῦ..... ἁρπάσαι πτωχὸν ἐν τῷ ἑλκύσαι αὐτόν.

℣. 10. August. in hunc Ps. sic legit: *In muscipula sua humiliabit eum, inclinabitur, & cadet dum dominabitur pauperum.* Similiter hab. Cassiod. in eund. Ps. cum Psalt. Corb. Mediolan. & Carnut. *dum dominabitur pauperum.* In Brev. Mozar. *& cadens cùm dominabitur pauperum.* In Psalt. Rom. Martianæi, *dum dominab. pauperis:* in Rom. Fabri, *dum dominabitur pauperum.* Apud Lucif. Calar. l. 1. pro S. Athan. p. 191. c. *In laqueo suo humiliavit eum, inclinavit se, & cadet dum dominatur pauperum.* In Gr. Ἐν τῇ παγίδι αὐτοῦ ταπεινώσει αὐτὸν, κύψει, καὶ πεσεῖται ἐν τῷ αὐτὸν κατακυριεῦσαι τῶν πενήτων.

℣. 11. Ita Aug. & Cassiod. in hunc Ps. necnon Psalt. Rom. & Corb. cum hoc ult. *usque in finem.* Similiter apud Lucif. Calar. l. 1. pro S. Athan. p. 191. c. nisi quòd deest *enim*, post *dixit.* At in Gr. Εἶπε γὰρ... εἰς τέλος.

℣. 12. Similiter addunt *in finem*, August. & Cassiod. in hunc Ps. cum Psalt. Rom. Mediolan. Carnut. & Moz. præterea Rom. & Moz. habent, *Deus meus*, *& exaltetur*, &c. Corb. *Exsurge Domine Deus meus, exaltetur..... ne oblivisc. pauperem in finem.* Gr. Ἀνάστηθι Κύριε ὁ Θεὸς, ὑψωθήτω... μὴ ἐπιλάθῃ τῶν πενήτων· at in Ms. Alex. ac edd. Ald. & Compl. ὁ Θεός μου; item in Ald. & Compl. πενήτων σου εἰς τέλος.

℣. 13. Aug. & Cassiod. concordant cum Vulg. In Psalt. Rom. sic: *irritavit impius Dominum;* extremòque, *non requiret Deus.* In Corb. *irritavit Dominum peccator....., non requiret Deus.* In Gr. παρώξυνεν ὁ ἀσεβὴς τὸν Θεόν..... οὐ ζητήσει· in Ms. Alex. Ald. & Compl. οὐκ ἐκζητήσει.

℣. 14. August. in hunc Ps. loco *laborem*, legit *iram;* paulòque post, *in manus tuas;* extremòque, *pupillo tu eris adjutor.* Cassiod. in eund. Ps. *Tibi enim derelictus est pauper: pupillo tu eris,* &c. Conc. Rom. 3. to. 4. col. 1697. b. *Tibi enim derel... pupillo tu es adjutor.* Psalt. Rom. & Corb. *in manibus tuis. Tibi enim derelictus est pauper: pupillo tu eris,* &c. Brev. Mozarab. *eum in manibus tuis... pupillo tu eris,* &c. In Gr. Βλέπεις, ὅτι σὺ πόνον καὶ θυμὸν κατανοεῖς, τοῦ παραδοῦναι αὐτοὺς εἰς χεῖράς σου. Σοὶ ἐγκαταλέλειπται... ὀρφανῷ σὺ ἦσθα (al. ἔσῃ) βοηθός. Ms. Alex. non πόνον legit, sed κόπον; sicut Ald. & Compl.

Versio antiqua.	Hebr.	Vulgata hod.
Ex Mſ. Sangerm. 15. Contere brachium peccatoris & maligni : requiretur delictum ejus, nec invenietur.	*Contere brachium impii & maligni : quares impietatem ejus, & non invenies.*	15. Contere brachium peccatoris & maligni : quæretur peccatum illius, & non invenietur.
16. Dominus regnavit in æternum, & in ſæculum ſæculi : peribunt gentes de terra ejus.	*Dominus rex ſaculi, & æternitatis : perierunt gentes de terra ejus.*	16. Dominus regnabit in æternum, & in ſæculum ſæculi : peribitis gentes de terra illius.
17. Deſiderium pauperum exaudivit Deus : deſiderium cordis eorum exaudivit auris tua.	*Deſiderium pauperum audivit Dominus : praparaſti cor eorum, audiat auris tua,*	17. Deſiderium pauperum exaudivit Dominus : præparationem cordis eorum audivit auris tua.
18. Judicavit pupillo & humili, ut non apponat ultra magnificare ſe homo ſuper terram.	*Ut judices pupillum & oppreſſum; & nequaquam ultra ſuperbiet homo de terra.*	18. Judicare pupillo & humili, ut non apponat ultra magnificare ſe homo ſuper terram.

Notæ ad Versionem antiquam.

αὐτόν, non αὐτῆς.

℣. 15. Sic apud Aug. & Caſſiod. in hunc Pſ. ſicut in Pſalt. Corb. & Mozarab. Conſonat etiam Rom. niſi quòd hab. *conteres*, non *contere*. In Gr. Σύντριψον..... ζητηθήσεται ἡ ἁμαρτία αὐτοῦ, καὶ οὐ μὴ, &c. Ap. Symm. ἐκζητηθήσεται.

℣. 16. Auguſt. & Caſſiod. concordant cum Vulg. Pſalt. Corb. hab. *Dom. regnavit..... peribitis*, &c. Gr. Βασιλεύσει Κύριος εἰς τὸν αἰῶνα, καὶ..... ἀπολεῖσθε, &c.

℣. 17. Auguſt. in hunc Pſ. cum Vulgata concinit, niſi quòd bis leg. *exaudivit*, ut ſup. In Brev. Moz. ſic : *Præparationes cordis eorum exaudivit*, &c. In Pſalt. Rom. *Deſideria cordis eorum exaudivit*, &c. In Corb. *Deſiderium cordis eorum exaudivit*, &c. In Carnut. *Deſiderium cordis eorum audivit*, &c. In Mediolan..... *exaudiſti Domine : præparationes cordis eorum audivit*, &c. Apud Caſſiod. in eund. Pſ. p. 42. a..... *exaudivit Dominus : concupiſcentiam cordis eorum exaudivit*, &c. In Gr... εἰσήκουσε Κύριος· τὴν ἑτοιμασίαν τῆς καρδίας αὐτῶν προσέσχε τὸ οὖς σου. Edd. Ald. & Compl. circa initium hab. εἰσήκουσας Κύριε.

℣. 18. In Pſalt. Corb. *Judicabit pupillo*, &c. ut ſup. Ap. Aug. & Caſſiod. & al. conſtanter, *Judicare*, è Gr. Κρῖναι. Hieron. in Ezech. 32. col. 926. f. legit : *ut non magnificetur ultra homo ſuper terram.* In Gr. ἵνα μὴ προσθῇ ἔτι μεγαλαυχεῖν ἄνθρωπος ἐπὶ τῆς γῆς.

Versio antiqua.	Hebr.	Vulgata hod.
Ex Mſ. Sangerm. 1. In finem, Pſalmus ipſi David. X.	*Victori David. XI.*	1. In finem, Pſalmus David. X.
2. IN Domino confido : quomodo dicetis animæ meæ : Tranſmigra in montem ſicut paſſer?	*IN Domino ſperavi, quomodo dicitis animæ meæ : Tranſvola in montem ſicut paſſer?*	2. IN Domino confido : quomodo dicitis animæ meæ : Tranſmigra in montem ſicut paſſer?
3. Quoniam ecce peccatores tetenderunt arcum, paraverunt ſagittas in pharetram, ut ſagittent in obſcuro rectos corde.	*Quia ecce impii tetenderunt arcum, poſuerunt ſagittam ſuam ſuper nervum, ut ſagittent in abſcondito rectos corde:*	3. Quoniam ecce peccatores intenderunt arcum, paraverunt ſagittas ſuas in pharetra, ut ſagittent in obſcuro rectos corde.
4. Quoniam quæ perfeciſti, deſtruxerunt : juſtus autem quid fecit?	*Quia leges diſſipatæ ſunt : juſtus quid operatus eſt?*	4. Quoniam quæ perfeciſti, deſtruxerunt : juſtus autem quid fecit?
5. Dominus in templo ſancto ſuo, in cœlo ſedes ejus : Oculi ejus in pauperem reſpiciunt : palpebræ ejus interrogant filios hominum.	*Dominus in templo ſancto ſuo, Dominus in cœlo thronus ejus : Oculi ejus vident, palpebræ ejus probant filios hominum.*	5. Dominus in templo ſancto ſuo, Dominus in cœlo ſedes ejus : Habac. 2. 20. Oculi ejus in pauperem reſpiciunt : palpebræ ejus interrogant filios hominum.
6. Dominus interrogat juſtum & impium : qui autem diligit iniquitatem, odit animam ſuam.	*Dominus juſtum probat : impium autem & diligentem iniquitatem, odit anima ejus.*	6. Dominus interrogat juſtum & impium : qui autem diligit iniquitatem, odit animam ſuam.

Notæ ad Versionem antiquam.

℣. 1. Ita Auguſt. in hunc Pſ. col. 58. e. cum Græco. In Pſalt. Rom. & Corb. deeſt *ipſi*.

℣. 2. Ita Lucif. Cal. l. 1. pro S. Athan. p. 191. c. necnon Ambroſ. in Luc. 12. to. 1. col. 1437. b. & l. de virgin. to. 2. col. 241. e. item Hieron. l. 3. in epiſt. ad Epheſ. to. 4. col. 404. f. niſi quòd omnes leg. *dicitis*; at in Gr. ἐρεῖτε, *dicetis*, ut ſupra. Aug. in hunc Pſ. bis legit *dicitis*; poſt paulò verò hab. num. plur. *in montes*, è Gr. ἐπὶ τὰ ὄρη. In Pſalt. Corb. *dicetis... in montem.*

℣. 3. Lucif. Cal. ubi ſup. concordat cum Vulg. Aug. in hunc Pſ. habet *in obſcura luna*, non *in obſcuro*; cæt. ut in Vulg. item conſtanter epiſt. 55. ad Januar. to. 2. col. 131. f. Apud Optat. l. 2. cont. Donat. p. 41. b. ita : *Quoniam ecce pecc. intenderunt... ſagittas in pharetra ſua, ad ſagittandos obſcurâ lunâ rectos corde.* S. Paulin. ep. 40. p. 245. b. *Paraverunt ſagittas in pharetra, ut ſagitt. in obſcuro.* Hieron. l. 3. in epiſt. ad Epheſ. to. 4. col. 404. f. legit *in pharetris.* Cæleſtinus I. epiſt. 25. Conc. to. 1. col. 1210. alludens, dicit : *Tetendit arcum ſuum frequenter, ut legimus, & ore ſuo ſpicula venenata jactavit... retorta in ſe tela redierunt, poſtquam ſagittare in obſcuro rectos corde non potuit.* In Pſalt. Corb..... *intenderunt arcum, paraverunt ſagittas in pharetram, ut*, &c. ut in Vulg. Græcè ita : Ὅτι..... ἐνέτειναν..... βέλη εἰς φαρέτραν, τοῦ κατατοξεῦσαι ἐν σκοτομήνῃ τοὺς, &c. Pſalt. Rom. cum Mozarab. hab. *tetenderunt*, ut ſup. in textu.

℣. 4. Ita Aug. in hunc Pſ. col. 62. d. 64. e. In Pſalt. Moz. *Quoniam quem tu perfeciſti, ipſi deſtruxerunt.* Ap. Optat. l. 2. cont. Donat. p. 41. c. *qua tu perfeciſti, ipſi deſtrux.* In Gr. Vat. Ὅτι ἃ κατηρτίσω, καθεῖλον, &c. at in Mſ. Alex. ac edd. Ald. & Compl. σὺ κατηρτίσω, αὐτοὶ καθεῖλον, &c. In Pſalt. Rom. Martianæi legitur *quem perfeciſti*; in Rom. Fabri, *quæ*.

℣. 5. Auguſt. concinit cum Vulg. ad verbum. Sic etiam Lucif. Cal. l. 1. pro S. Athan. col. 191. d. niſi quòd præponit &, voci *palpebra.* In Brev. Moz. ſingulariter, *palpebra ejus interrogat*; cæt. ut in Vulg. Apud Ambr. l. de Spir. S. to. 2. col. 684. a. priora tantùm : *Dominus in templo ſancto ſuo.* In Gr. Κύριος ἐν ναῷ..... Κύριος ἐν οὐρανῷ ὁ θρόνος αὐτοῦ..... τὰ βλέφαρα αὐτοῦ ἐξετάζει τοὺς, &c.

℣. 6. Ita Lucif. Cal. l. 1. pro S. Athan. p. 191. d. & Auguſt. in hunc Pſ. cum Gr. at Aug. in Pſ. 93. col. 999. a. & epiſt. 155. to. 2. col. 541. c. legit *amat*, loco

VULGATA HOD.	HEBR.	VERSIO ANTIQUA. Ex Mſ. Sangerm.
7. Pluet ſuper peccatores laqueos : ignis, & ſulphur, & ſpiritus procellarum, pars calicis eorum.	*Pluet ſuper peccatores laqueos : ignis, & ſulphur, & ſpiritus tempeſtatum, pars calicis eorum.*	7. Pluet ſuper peccatores laqueos : ignis, & ſulphur, & ſpiritus procellarum, pars calicis eorum.
8. Quoniam juſtus Dominus & juſtitias dilexit : æquitatem vidit vultus ejus.	*Quoniam juſtus Dominus juſtitias dilexit : rectum videbunt facies eorum.*	8. Quoniam juſtus Dominus & juſtitias dilexit : æquitatem vidit vultus ejus.

NOTÆ AD VERSIONEM ANTIQUAM.

diligit ; in Gr. ὁ δὲ ἀγαπῶν.

℣. 7. Caſſiod. in hunc Pſ. p. 44. ſcribit *pluit*, cum Pſalt. Rom. Corb. & Mozarab. præterea eadem Pſalteria delent *&*, ante *ſulphur*. Auguſt. in hunc Pſ. leg. *ſpiritus procellæ*, cum Ambr. l. 2. de Spiritu S. to. 2. col. 643. f. cæt. ut in textu. Lucif. Cal. l. 1. pro S. Athan. p. 191. d. *Pluet... laqueos : ignis, & ſulphur, & ſpiritus procellar. & pars cal.* &c. Vigil. Tapſ. cont. Varimad. p. 742. e. *Pluet... laqueos : ignis, & ſpir. procella, pars cal.* &c. In Gr. Ἐπιβρέξει..... παγίδας· πῦρ, καὶ θεῖον, καὶ πνεῦμα καταιγίδος, ἡ μερὶς, &c.

℣. 8. Ita Lucif. Calar. ubi ſup. ad verbum. Ambroſ. in Luc. 7. to. 1. col. 1384. e. legit, *& juſtitiam dilexit.* Pſalt. Rom. *juſtitiam*, abſque præced. *&*. Auguſt. in hunc Pſ. *& juſtitias* ; extremò verò, *vidit facies ejus.* Pſalt. Mozar. *videt*. Gr. καὶ δικαιοσύνας... εἶδε τὸ πρόσωπον αὐτοῦ.

VULGATA HOD.	HEBR.	VERSIO ANTIQUA. Ex Mſ. Sangerm.
1. In finem pro octava, pſalmus David. XI.	*Victori pro octava, Canticum David. XII.*	1. In finem pro octavo die, Pſalmus ipſi David. XI.
2. SAlvum me fac Domine, quoniam defecit ſanctus : quoniam diminutæ ſunt veritates à filiis hominum.	*SAlva Domine, quoniam defecit ſanctus : quoniam imminuti ſunt fideles à filiis hominum.*	2. SAlvum me fac Domine, quoniam defecit ſanctus : quoniam diminutæ ſunt veritates à filiis hominum.
3. Vana locuti ſunt unuſquiſque ad proximum ſuum : labia doloſa, in corde & corde locuti ſunt.	*Fruſtra loquuntur unuſquiſque proximo ſuo : labium doloſum in corde & corde locuti ſunt.*	3. Vana locuti ſunt unuſquiſque ad proximum ſuum : labia doloſa, in corde & corde locuti ſunt mala.
4. Diſperdat Dominus univerſa labia doloſa, & linguam magniloquam.	*Diſperdat Dominus omnia labia doloſa, linguam magniloquam.*	4. Diſperdat Dominus univerſa labia doloſa, & linguam magniloquam.
5. Qui dixerunt : Linguam noſtram magnificabimus, labia noſtra à nobis ſunt, quis noſter Dominus eſt?	*Qui dixerunt : Linguam noſtram roboremus, labia noſtra nobiſcum ſunt, quis Dominus noſter?*	5. Qui dixerunt : Linguam noſtram magnificabimus, labia noſtra à nobis ſunt, quis noſter Dominus eſt?
6. Propter miſeriam inopum, & gemitum pauperum, nunc exſurgam, dicit Dominus.	*Propter vaſtitatem inopum, & gemitum pauperum, nunc conſurgam, dicit Dominus :*	6. Propter miſeriam inopum, & gemitum pauperum, nunc exſurgam, dicit Dominus.
Ponam in ſalutari : fiducialiter agam in eo.	*Ponam in ſalutari auxilium eorum.*	Ponam ſuper ſalutare : fiducialiter agam in eum.
Prov. 30. 5. 7. Eloquia Domini, eloquia caſta : argentum igne examinatum, probatum terræ, purgatum ſeptuplum.	*Eloquia Domini, eloquia munda : argentum probatum, ſeparatum à terra, colatum ſeptuplum.*	7. Eloquia Domini, eloquia caſta : argentum igni probatum terræ, purgatum ſepties.

NOTÆ AD VERSIONEM ANTIQUAM.

℣. 1. Apud Auguſt. in hunc Pſ. *In finem pro octavo, Pſalmus David.* Pſalt. Moz. addit *die*, cum Corb. Rom. habet, *In finem pro octava die, Pſ. David.* In Gr. Εἰς τὸ τέλος ὑπὲρ τῆς ὀγδόης, Ψαλ. τῷ Δαυίδ.

℣. 2. In Mſ. S. Germ. deeſt vox *ſanctus*, quam addidimus ex Auguſt. qui cætera habet quæ ſupra. In Gr. ὅσιος, &c. Apud Ambr. l. de Spir. S. to. 2. col. 680. a. ſimiliter exſtat : *Diminutæ ſunt veritates à filiis hominum.* Auct. verò op. imp. in Matth. hom. 53. p. 218. b. leg. *Diminuti ſunt fideles à filiis hominum.*

℣. 3. Brev. Moz. initio hab. *Vana locutus eſt* ; ultimòque, *in corde & de corde locuti ſunt mala.* Auguſt. ſimiliter in principio habet, *Vana locutus eſt*, & *mala* in fine. Item in Pſalt. Rom. Corb. Mediolan. & Carnut. extremò, *locuti ſunt mala.* In Gr. Μάταια ἐλάλησεν ἕκαστος... ἐν καρδίᾳ καὶ ἐν καρδίᾳ ἐλάλησαν Mſ. Alex. addit κακά.

℣. 4. Auguſt. in hunc Pſ. omittit *&*, ante *linguam* ; abeſt pariter à Pſalt. Corb. & à Gr. ed. Compl.

℣. 5. Apud Auguſt. in hunc Pſ. ſimiliter, *magnificabimus* ; deinde verò ita, *labia noſtra apud nos ſunt*, &c. In Brev. Moz. *nobiſcum ſunt.* In Pſalt. Rom. *à nobis ſunt, quis noſter eſt Dominus?* In Gr. μεγαλυνοῦμεν..... παρ' ἡμῶν (in edd. Ald. & Compl. παρ' ἡμῖν) ἐστι, τίς ἡμῶν Κύριός ἐστι;

℣. 6. Pſalt. Corb. *Propter miſericordiam inopum, & gemit... Ponam ſuper ſalutare meum : fiducial. agam in eo.* Brev. Moz. *Propter miſerias inopum* ; & infra, *Ponam in ſalutari tuo : fiduc.* &c. Similiter hab. Pſalt. Mediolan. *in ſalutari tuo* ; Carnut. *ſuper ſalutare* ; Rom. Martianæi, *ſuper ſalutare meum* ; Rom. Fabri, *in ſalutare meum* ; Caſſiod. in hunc Pſ. p. 46. a. *ſuper ſalutari meo* ; Auguſt. in eund. Pſ. & infra, in Pſ. 93. Vulgatæ ſuffragatur. Græcè ita : Ἀπὸ τῆς ταλαιπωρίας τῶν..... καὶ ἀπὸ τοῦ..... λέγει Κύριος. Θήσομαι ἐν σωτηρίῳ· παῤῥησιάσομαι ἐν αὐτῷ. In edd. Ald. & Compl. deeſt alterum ἀπό. In Mſ. noſtro Sangerm. omittitur *Dominus*, poſt verbum *dicit*, ut & alibi ſæpiùs : cùm enim librarius nomen *Dei*, vel *Domini*, aureis litteris ſibi ſcribendum propoſuerit, non mirum ſi ejus negligentiâ vel oſcitantiâ nonnunquam id nomen prætermiſſum fuerit ; maximè ſi in reliquo opere litteris argenteis deſcripto, varia id genus auro depingenda ſcriptor in aliud tempus diſtulerit, ut & ſatis indicant vacua identidem relicta.

℣. 7. Aug. & Caſſiod. in hunc Pſ. hab. *Argentum igne examinatum terræ, purgatum ſeptuplum.* Similiter in Pſalt. Rom. Corb. Carnut. & Mozarab. Ap. Ambroſ. l. de Tob. c. 18. col. 612. b. ita : *Argentum igne examinatum, probatum terra, purg. ſeptuplo.* Itidem epiſt. 74. col. 1082. e. & l. 2. de fide, col. 473. b. at in Pſ. 118. to. 1. col. 1114. e. *Arg. igne exam. purgatum terra, probatum ſeptuplum* : vide etiam to. 1. col. 381. e. 991. a. & to. 2. col. 5. a. 552. f. Hieronym. epiſt. ad Damaſ. to. 3. col. 524. d. *Arg. igne probatum terra, purgatum ſeptuplum* : ſimiliter in Eccleſ. to. 2. col. 777. a. at in Iſai. 54. to. 3. col. 401. b. *Argentum igne examinatum terræ, purgatum ſeptuplum.* S. Paulin. ep. 20. p. 112. c. & epiſt. 23. p. 125. c. *Argentum igne exam. probat. terræ, purgat. ſeptuplo.* In Gr. Ἀργύριον πεπυρωμένον, δοκίμιον τῇ γῇ, κεκαθαρισμένον ἑπταπλασίως.

Ex Ms. Sangerm.

Versio antiqua.	Hebr.	Vulgata hod.
8. Tu Domine servabis nos : & custodies nos à generatione hac, & in æternum.	*Tu Domine custodies ea : servabis nos à generatione hac in æternum.*	8. Tu Domine servabis nos : & custodies nos à generatione hac in æternum.
9. In circuitu impii ambulant : secundùm altitudinem tuam multiplicasti filios hominum.	*In circuitu impii ambulant, cùm exaltati fuerint vilissimi filiorum hominum.*	9. In circuitu impii ambulant : secundùm altitudinem tuam multiplicasti filios hominum.

Notæ ad Versionem antiquam.

℣. 8. Ita fert Psalt. Mediolan. August. verò cum aliis Psalt. omittit &, ante hoc, *in æternum.* In Gr. φυλάξεις ἡμᾶς, ϗ διατηρήσεις..... ϗ εἰς τὸν αἰῶνα.

℣. 9. Ita August. & Cassiod. in hunc Ps. In Psalt. verò Mozarab. & Corb. *In circuitu impii ambulabunt*, &c. Apud Ambr. in Ps. 43. to. 1. col. 908. e. *In circ. impii ambulant.* In Gr. περιπατοῦσι ; apud Chrysost. Ἄνως, περιπατήσουσι.

Ex Ms. Sangerm.

Versio antiqua.	Hebr.	Vulgata hod.
1. In finem, Psalmus ipsi David. XII.	*Victori Canticum David. XIII.*	1. In finem, Psalmus David. XII.
* Usquequo Domine oblivisceris me in finem ? quousque avertis faciem tuam à me ?	*Usquequo Domine oblivisceris me penitus ? usquequo abscondes faciem tuam à me ?*	Usquequo Domine oblivisceris me in finem ? usquequo avertis faciem tuam à me ?
2. Quandiu ponam consilium in animam meam, dolorem in corde meo per diem ?	*Usquequo ponam consilia in anima mea, dolorem in corde meo per diem ?*	2. Quandiu ponam consilia in anima mea, dolorem in corde meo per diem ?
3. Usquequo exaltabitur inimicus meus super me ? 4. convertere, & exaudi me Domine Deus meus.	*Usquequo exaltabitur inimicus meus super me ? convertere, exaudi me Domine Deus meus.*	3. Usquequo exaltabitur inimicus meus super me ? 4. respice, & exaudi me Domine Deus meus.
Inlumina oculos meos, ne unquam condormiam in mortem : 5. nequando dicat inimicus : Prævalui adversùs eum.	*Illumina oculos meos, ne unquam obdormiam in morte : nequando dicat inimicus meus : Prævalui adversùs eum.*	Illumina oculos meos ne unquam obdormiam in morte : 5. nequando dicat inimicus meus : Prævalui adversùs eum.
Qui tribulant me, exsultabunt si motus fuero : 6. ego autem in misericordia tua spero.	*Hostes mei exsultabunt cùm motus fuero : ego autem in misericordia tua confido.*	Qui tribulant me, exsultabunt si motus fuero : 6. ego autem in misericordia tua speravi.
Exsultavit cor meum in salute tua : cantabo Domino qui bona tribuit mihi, & psallam nomini tuo Altissime.	*Exsultabit cor meum in salutari tuo : cantabo Domino, qui reddidit mihi.*	Exsultabit cor meum in salutari tuo : cantabo Domino qui bona tribuit mihi : & psallam nomini Domini altissimi.

Notæ ad Versionem antiquam.

℣. 1. August. in hunc Ps. delet *ipsi*, cum Psalt. Rom. & Corb. Brev. verò Mozarab. delet *in finem.* Gr. hab. ut sup. in textu.

* Ita Aug. & Cassiod. in hunc Ps. cum Psalt. Rom. Corb. & Moz. In Gr. Ἕως πότε... ἐπιλήσῃ μου... ἕως πότε ἀποστρέψεις, &c. in Ms. Alex. ac edd. Ald. & Compl. ἀποστρέφεις.

℣. 2. Similiter in Psalt. Moz. & Corb. August. etiam & Cassiod. in hunc Ps. habent *consilium*, cum Psalt. Rom. Martianæi ; Rom. verò Fab. *consilia.* Gr. Ἕως τίνος θήσομαι βουλὰς ἐν ψυχῇ μου, ὀδύνας ἐν καρδίᾳ μου ἡμέρας ;

℣. 3. Sic apud Aug. & Cassiod. & al. sicut etiam in Græco.

℣. 4. Psalt. Corb. *Convertere, & exaudi me... Inlumina oculos meos, ne unquam obdormiant in mortem.* S. Paulin. epist. 49. p. 286. c. *Illumina oc. meos Domine, ne unq. obdormiam in mortem.* Similiter habet *in mortem*, Auct. l. de promiss. p. 2. c. 22. col. 148. d. August. verò, & Cassiod. cum veterib. Psalt. concordant cum Vulgata. In Gr. similiter, Ἐπίβλεψον, εἰσάκουσόν μου..... Φώτισον τοὺς..... μή ποτε ὑπνώσω εἰς θάνατον· fortè initio scriptum erat ἐπίστρεψον, non ἐπίβλεψον.

℣. 5. August. & Cassiod. concinunt cum Vulg. Gr. etiam hab. ὁ ἐχθρός μου.

℣. 6. August. in hunc Ps. legit : *Ego autem in tua misericordia speravi*, &c. ut in Vulg. Psalt. verò Rom. habet cum Corb. *Ego autem in tua mis. sperabo.* Item in Mediolan. Moz. & Carnut. *sperabo.* In Carnut. etiam, Corb. & Rom. Fabri extremò, *& psallam nomini tuo Altissime*, ut sup. in textu. In Gr. Ἐγὼ δὲ ἐπὶ τῷ ἐλέει σου ἤλπισα. Ἀγαλλιάσεται... ἐν τῷ σωτηρίῳ σου· ᾄσω..... τῷ εὐεργετήσαντί με, ϗ ψαλῶ τῷ ὀνόματι Κυρίου τοῦ ὑψίστου. Vide Nobil. in hunc versum.

Ex Ms. Sangerm.

Versio antiqua.	Hebr.	Vulgata hod.
1. In finem, Psalmus ipsi David. XIII.	*Victori David. XIV.*	1. In finem, Psalmus David. XIII.
* Dixit insipiens in corde suo : Non est Deus.	*Dixit stultus in corde suo : Non est Deus.*	Dixit insipiens in corde suo : Non est Deus.

Ps. 52. 1.

Notæ ad Versionem antiquam.

℣. 1. Hilar. in hunc Ps. col. 57. b. ait : *Qui lectus est Psalmus*, In finem, *inscribitur* ; paulò verò post habet, *In fine.* Item in Ps. 52 col. 83. c. *Tertius decimus ita inscribitur :* In finem, illius David. Psalmus præfixus ap. Hilar. ex Ms. Vatic. hunc titulum habet : *In finem, filio David ;* sed Hilar. infra suam lectionem firmat, dicens : *Hoc titulo id significatur, Psalmum illum à David prophetatum fuisse ;* & post pauca : *Ubi* illius *inscribitur, ibi eum qui dixerit, significat : ubi verò* illi *est, ibi eum ad quem dicatur, ostendit.* August. in eund. Ps. col. 67. legit ut sup. *In finem, Psalmus ipsi David.* In Psalt. Rom. deest *ipsi.* In Gr. τῷ Δαυίδ.

* Sic Hilar. in hunc Psalm. n. 2. col. 57. c. ut in Ps. ibid. præfixo. Similiter in Psalt. Rom. Mediolan. Carnut. & ap. Cassiod. at infra Hilar. in Ps. 52. col. 84. c. ait : *Tertius decimus Psalmus pro eo quod*, abominabiles facti

VULGATA HOD.	HEBR.	VERSIO ANTIQUA.
Corrupti ſunt, & abominabiles facti ſunt in ſtudiis ſuis: non eſt qui faciat bonum, non eſt uſque ad unum.	*Corrupti ſunt, & abominabiles facti ſunt ſtudioſè: non eſt qui faciat bonum.*	Corrupti ſunt, & abominabiles facti ſunt in voluntatibus ſuis: non eſt qui faciat bonum, non eſt uſque ad unum.
2. Dominus de cœlo proſpexit ſuper filios hominum, ut videat ſi eſt intelligens, aut requirens Deum.	*Dominus de cœlo proſpexit ſuper filios hominum, ut videret ſi eſt intelligens, requirens Deum.*	2. Dominus de cœlo proſpexit ſuper filios hominum, ut videat ſi eſt intelligens, aut requirens * Deum.
3. Omnes declinaverunt, ſimul inutiles facti ſunt: non eſt qui faciat bonum, non eſt uſque ad unum.	*Omnes receſſerunt, ſimul conglutinati ſunt: non eſt qui faciat bonum, non eſt uſque ad unum.*	3. Omnes declinaverunt, ſimul inutiles facti ſunt: non eſt qui faciat bonum, non eſt uſque ad unum.
Sepulcrum patens eſt guttur eorum: linguis ſuis doloſè agebant, venenum aſpidum ſub labiis eorum.		** Sepulcrum patens eſt guttur eorum: linguis ſuis doloſè agebant, venenum aſpidum ſub labiis eorum.
Quorum os maledictione & amaritudine plenum eſt: veloces pedes eorum ad effundendum ſanguinem.		Quorum os maledictione & amaritudine plenum eſt: veloces pedes eorum ad effundendum ſanguinem.
Contritio & infelicitas in viis eorum, & viam pacis non cognoverunt: non eſt timor Dei ante oculos eorum.		Contritio & infelicitas in viis eorum, & viam pacis non cognoverunt: non eſt timor Dei ante oculos eorum.
4. Nonne cognoſcent omnes qui operantur iniquitatem, qui devorant plebem meam ſicut eſcam panis?	*Nonne cognoſcent omnes qui operantur iniquitatem, qui devorant populum meum ut cibum panis?*	4. Nonne cognoſcent hæc omnes qui operantur iniquitatem, qui devorant plebem meam ſicut eſcam panis?

Ex Mſ. Sangerm.

* *Mſ. omitt.* Deum.

NOTÆ AD VERSIONEM ANTIQUAM.

ſunt in iniquitate, (ex Pſ. 52.) *ita ait:* abominabiles facti ſunt in adinventionibus ſuis. Aug. verò in hunc Pſ. habet: *Dixit imprudens in corde ſuo..... abominabiles facti ſunt in affectionibus ſuis: non eſt qui faciat bonitatem, non eſt*, &c. & in Pſ. 88. p. 933. b. *Dicat ſtultus in*, &c. Ambr. in Pſ. 35. p. 775. a. *Inſipiens in corde ſuo dixit, quia non eſt Deus:* item in Pſalm. 1. col. 751. c. & in Luc. 18. p. 1487. d. *Corrupti ſunt, & abom. facti ſunt: non eſt qui faciat bonitatem*, &c. Hieron. in c. 57. Iſai. to. 3. col. 420. b. *Dixit ſtultus in corde ſuo:* Non eſt Deus. Breviar. Mozar. *Dixit inſipiens..... Correpti ſunt..... in voluntatibus ſuis*, &c. ut in textu. Pſalt. Corb. *Corrupti ſunt... in voluptatibus ſuis.* Gr. Εἶπεν ἄφρων ἐν καρδίᾳ αὐτοῦ· Οὐκ..... Διεφθείρησαν (Alex. Ald. & Compl. Διεφθάρησαν.) καὶ ἐβδελύχθησαν ἐν ἐπιτηδεύμασιν· οὐκ ἔστι ποιῶν χρηστότητα, &c.

℣. 2. Ita Auguſt. & Caſſiod. in hunc Pſ. niſi quòd addunt *Deum* in fine, cum omnibus Pſalt. & Græco. Brev. Moz. habet *ut videret*, loco *ut videat*. Ambr. in Luc. 20. to. 1. col. 1508. e. ſic: *Dominus reſpexit ſuper filios hominum, ſi eſt intelligens, aut requirens Deum:* at l. 4. Hexa. col. 78. m. habet, *Dominus de cœlo proſpexit:* & ſupra l. 1. col. 14. f. *Dominus reſpexit ſuper fil. hom. ut videret ſi eſt intell. aut req. Deum.* Verùm hìc editores noſtri BB. monent decem Mſs. cum edd. Am. Per. Eraſ. omittere *ut videret*. In Gr. ſic: Κύριος ἐκ τοῦ οὐρανοῦ διέκυψεν ἐπὶ τοὺς..... τοῦ ἰδεῖν εἰ ἔστι, &c. Apud Iren. l. 1. cont. hæreſ. c. 19. p. 90. d. *Non eſt intelligens, aut requir. Deum.*

℣. 3. Concordant Auguſt. & Caſſiod. in hunc Pſ. unà cum Maximo Taurin. p. 3. h. & vet. Pſalteriis. Similiter ap. Iren. l. 1. c. 19. p. 90. d. & Hieron. ep. ad Damaſ. to. 4. col. 158. d. *Omnes declin. ſimul inutiles facti ſunt.* Ambr. de apol. Dav. to. 1. col. 693. c. loco *ſimul*, hab. *& ;* item ſup. col. 651. a. *Non erat qui faceret bonitatem, non erat uſque ad unum.* Brev. Moz. verbo *facti ſunt*, addit *in voluntatibus ſuis*. In Græco ſic: Πάντες ἐξέκλιναν, ἅμα ἠχρειώθησαν· οὐκ ἔστι ποιῶν χρηστότητα, οὐκ ἔστιν ἕως ἑνός.

** Hi verſiculi omnes ita leguntur ad verbum ap. Auguſt. & Caſſiod. ac in veterib. Pſalt. Lat. necnon in Gr. edit. Rom. in Mſ. verò Alex. ac edd. Ald. & Compl. deſunt: habentur tamen apud Juſtinum, & in Pſalt. Arab. & Æthiop. Ambr. etiam in Pſ. 118. to. 1. col. 1178. c. legit: *Sepulcrum patens eſt guttur eorum.* Optat. l. 2. cont. Donat. p. 37. c. 44. b. 45. b. *Os eorum maledictione & amaritud. plenum eſt: veloces pedes eorum*, &c. ut in textu. Ad hæc Auguſtinus l. 2. de doctrina Chriſt. to. 3. p. 1. col. 26. a. b. *Quidam*, inquit, *codices habent*, acuti pedes eorum ad effundendum ſanguinem; *ὀξὺς enim, &* acutum *apud Græcos, &* velocem *ſignificat. Ille ergo vidit ſententiam qui tranſtulit*, veloces pedes eorum ad effund. ſanguinem. *Ille autem alius, ancipiti ſigno in aliam partem raptus, erravit: & talia quidem non obſcura, ſed falſa ſunt, quorum alia conditio eſt; non enim intelligendos, ſed emendandos tales codices potiùs præcipiendum eſt.* Fauſtin. Presb. libel. prec. p. 660. f. ultima tantùm refert verba, *& viam pacis non cognov.* &c. De his autem ita diſſerit Hieron. præfat. in Iſai. 57. ad Euſtoch. to. 3. col. 415. *Cùm anterioris libri præfatiunculam legeres, in qua aſſerui Apoſtolos & Evangeliſtas ea tantùm de LXX. Interpretibus, vel ſuis, vel eorum verbis ponere teſtimonia, quæ cum Hebraïco conſonarent; ſi qua autem ab aliis addita ſunt, omnino negligere: illico mihi non parvam quæſtiunculam detuliſti, quod ſcilicet octo verſus, qui leguntur in eccleſiis, & in Hebraïco non habentur, tertii decimi Pſalmi, Apoſtolus uſurparit, ſcribens ad Romanos* (c. 3. ℣. 13.) Sepulcrum patens eſt guttur eorum, &c. ut ſup. *Quod cùm audiſſem, quaſi à fortiſſimo pugile percuſſus eſſem, cœpi tacitus æſtuare, & ſtuporem mentis vultûs pallore ſignare: Hebræus, inquam, ex Hebræis, ſecundùm legem Phariſæus, erudituſque ad pedes Gamalielis, aut ignoravit hæc, aut eorum, qui lecturi erant, abuſus eſt ignorantiâ..... Tandem in memet reverſus..... omnem Scripturam mente perluſtrans, animadverti, ſicut omnis penè ad Romanos epiſtola de Veteri ſtructa eſt Inſtrumento, ſic & hoc teſtimonium de Pſalmis, & Iſaia eſſe contextum: nam duo primi verſus:* Sepulcrum patens eſt..... Linguis ſuis, &c. *quinti Pſalmi ſunt: illud autem quod ſequitur:* Venenum aſpidum, &c. *cxxxix. Pſalmi eſt: rurſumque quod dicitur:* Quorum os maledictione, &c. *de nono Pſalmo ſumptum eſt: tres autem verſiculi qui ſequuntur:* Veloces pedes..... Contritio & infelicitas..... Et viam pacis, &c. *in Iſaia propheta reperi..... Ultimus autem verſus, id eſt octavus:* Non eſt timor Dei, &c. *in xxxv. Pſalmi principio eſt. Nec in hoc cuiquam videatur eſſe diverſum, ſi quod in ejus locis numero dicitur ſingulari, ab Apoſtolo pluraliter dicatur, qui ſcribebat ad plurimos, & in unum ſenſum multa cogebat exempla. Arbitror ſolutam quæſtionem tuam, & noſtram regulam ſuper tranſlatione Veteris Inſtrumenti concuſſam magis eſſe, quàm motam; & non tam Apoſtolum de Pſalmo xiii. ſumpſiſſe, quod in Hebraïco non habetur, quàm eos, qui artem contexendarum inter ſe Scripturarum Apoſtoli neſciebant, quæſiſſe aptum locum, ubi aſſumptum ab eo ponerent teſtimonium, quod abſque auctoritate in Scriptura poſitum non putabant. Denique omnes Græciæ tractatores, qui nobis eruditionis ſuæ in Pſalmos commentarios reliquerunt, hos verſiculos veru annotant atque prætereunt, liquidò confitentes in Hebraïco non haberi, nec eſſe in LXX. Interpretibus, ſed in editione Vulgata, quæ Græcè Κοινὴ dicitur, & in toto orbe diverſa eſt.*

℣. 4. Ita Caſſiod. in hunc Pſ. cum vet. Pſalt. Rom. &c. excepto uno *hæc*, quod delent unà cum Gr. Similiter ap. Aug. in hunc Pſ. præter iſta: *qui devorant pop. meum ſicut cibum panis.* Vatic. tamen codex ibid. cum Gallicanis al. 7. Mſs. hab. *populum meum in cibo panis.* Gr. οἱ κατέσθοντες τὸν λαόν μου βρώσει ἄρτου· Mſ. Alexandr. κατεσθίοντες..... ἐν βρώσει ἄρτου· Symmach. ὡς ἄρτον.

VERSIO ANTIQUA.	HEBR.	VULGATA HOD.
Ex Mſ. Sangerm. 5. Dominum non invocaverunt, illic trepidaverunt timore, ubi non erat timor.	*Dominum non invocaverunt, ibi trepidabunt formidine:*	5. Dominum non invocaverunt, illic trepidaverunt timore, ubi non erat timor.
6. Quoniam Dominus in generatione justa eſt, conſilium inopis confudiſti: quoniam Dominus ſpes ejus eſt.	*Quoniam Deus in generatione juſta. Conſilium pauperum confudiſtis: quoniam Dominus ſpes ejus eſt.*	6. Quoniam Dominus in generatione justa eſt, conſilium inopis confudiſtis: quoniam Dominus ſpes ejus eſt.
7. Quis dabit ex Sion ſalutare Iſraël? dum avertit Dominus captivitatem plebis ſuæ, lætetur Jacob, & exſultet Iſraël.	*Quis dabit de Sion ſalutem Iſraël? quando reduxerit Dominus captivitatem populi ſui, exſultabit Jacob, lætabitur Iſraël.*	7. Quis dabit ex Sion ſalutare Iſraël? cùm averterit Dominus captivitatem plebis ſuæ, exſultabit Jacob, & lætabitur Iſraël.

NOTÆ AD VERSIONEM ANTIQUAM.

℣. 5. Ita Aug. & Caſſiod. in hunc Pſ. cum Gr. Item apud Vigil. Tapſ. l. 2. cont. Eutych. p. 21. c.

℣. 6. Brev. Moz. ſimiliter habet, *confudiſti*; dein *quoniam Deus*. In Pſalt. Rom. bis *Deus*, loco *Dominus*. In Gr. ſemel initio, abſque *eſt*, poſt *juſta*; at loco *confudiſti*, ſic, καλῃσχύνατε. Ap. Auguſt. in hunc Pſ. *Quoniam Deus in gener.* &c. ut in Vulg. Similiter apud Hilar. col. 55.

℣. 7. Sic Hilar. in hunc Pſ. n. 2. col. 57. d. uno excepto *dum averterit*: at infra n. 6. col. 59. legit, *dum avertit*. In Pſalt. Rom. Fabri ſimiliter: *dum averterit*..... *lætetur Jacob*, *& exſultet Iſraël*. In Rom. Martian. & Corb. *dum avertet*..... *lætetur Jacob*, *& exſultet Iſraël*. In Brev. Mozar. *dum converterit Dominus* (ſeu) *in avertendo Dominus captivitatem*..... *lætetur Jacob*, *& exſultet Iſraël*. Ap. Caſſiod. in hunc Pſ. p. 50. c. ſimiliter, *lætetur*..... *& exſultet*. Ap. Aug. in eund. *cùm averterit*; & inf. *lætabitur*..... *& exſultabit*. In Gr. ἐν τῷ ἐπιστρέψαι Κύριον..... ἀγαλλιάσθω..... καὶ εὐφρανθήτω, &c. at in Mſ. Alex. ac edd. Ald. & Compl. ἀγαλλιάσεται..... καὶ εὐφρανθήσεται.

VERSIO ANTIQUA.	HEBR.	VULGATA HOD.
Ex Mſ. Sangerm. 1. In finem, Pſalmus ipſi David. XIV.	*Canticum David. XV.*	1. Pſalmus David. XIV.
* DOminus quis habitavit in tabernaculo tuo? aut quis requieſcet in monte ſancto tuo?	*DOmine quis peregrinabitur in tentorio tuo? quis habitabit in monte ſancto tuo?*	DOmine quis habitabit in tabernaculo tuo? aut quis requieſcet in monte ſancto tuo?
2. Qui ingreditur ſine macula, & operatur juſtitiam:	*Qui ingreditur ſine macula, & operatur juſtitiam,*	2. Qui ingreditur ſine macula, & operatur juſtitiam:
3. Qui loquitur veritatem in corde ſuo, qui non egit dolum in lingua ſua:	*Loquiturque veritatem in corde ſuo: qui non eſt facilis in lingua ſua,*	3. Qui loquitur veritatem in corde ſuo, qui non egit dolum in lingua ſua:
Nec fecit proximo ſuo malum, & opprobrium non accepit adversùs proximum ſuum.	*Neque fecit amico ſuo malum, & opprobrium non ſuſtinuit ſuper vicinum ſuum:*	Nec fecit proximo ſuo malum, & opprobrium non accepit adversùs proximos ſuos.
4. Ad nihilum deductus eſt in conſpectu ejus malignus: timentes autem Dominum magnificant:	*Deſpicitur in oculis ejus improbus, timentes autem Dominum glorificabit:*	4. Ad nihilum deductus eſt in conſpectu ejus malignus: timentes autem Dominum glorificat:
Qui jurat proximo ſuo, & non decipit, 5. qui pecuniam ſuam non dedit ad uſuram, & munera ſuper innocentes non accepit.	*Jurat ut ſe affligat, & non mutat: pecuniam ſuam non dedit ad uſuram, & munera adversùs innoxium non accepit.*	Qui jurat proximo ſuo, & non decipit, 5. qui pecuniam ſuam non dedit ad uſuram, & munera ſuper innocentem non accepit.
Qui facit hæc, non movebitur in æternum.	*Qui facit hæc, non movebitur in æternum.*	Qui facit hæc, non movebitur in æternum.

NOTÆ AD VERSIONEM ANTIQUAM.

℣. 1. Sic in Breviar. Mozar. Caſſiod. delet *ipſi*, cum Pſalt. Rom. & Corb. Hilar. in hunc Pſ. n. 1. col. 60. *Pſalmus*, inquit, *qui lectus eſt*, *inſcribitur*, *Pſalmus David*. Apud Aug. col. 69. *Pſalmus ipſi David*, juxta Græc. tum addit: *De hoc titulo nulla quæſtio eſt.*

* Hilar. in hunc Pſ. n. 1. 6. 7. col. 60. &c. leg. cum Vulg. *Domine quis habitabit in tab. tuo? aut quis*, &c. Similiter Ambr. l. 1. de pœnit. to. 2. col. 401. c. & l. de apol. Dav. col. 690. d. Item Leo M. ſerm. 16. p. 66. b. & Caſſiod. in hunc Pſ. cum Pſalt. Rom. Moz. &c. At Aug. in hunc Pſ. ita: *Domine quis peregrinabitur in tabernaculo tuo? & quis*, &c. Gr. Κύριε τίς παροικήσει ἐν τῷ..... καὶ τίς κατασκηνώσει, &c. Mſ. Alex. Ald. & Compl. ἢ τίς, &c. Hieron. epiſt. ad Sun. & Fretel. to. 2. col. 627. c. de verſu 6. Pſalmi 5. *neque habitabit juxta te malig.* differendo, ait: *Miramini cur παροικίαν*, *id eſt*, incolatum, *Latinus interpres non verterit*, *ſed pro hoc poſuerit* habitationem, *quæ Græcè dicitur κατοικία..... & in decimo quarto Pſ. rurſum pro* incolatu, habitationem *poſuit*: Domine quis habitabit in tab. tuo? *Et ſciendum quòd ſi voluerimus dicere*: Domine quis incolet tabernaculum tuum..... *perdet εὐφωνίαν*; *& dum interpretationis κακοζηλίαν ſequimur*, *omnem decorem tranſlationis amittimus.*

℣. 2. Sic hab. Hilar. Auguſt. & Caſſiod. in hunc Pſ. Item Ambroſ. l. 1. de exceſſu Sat. to. 2. col. 1130. d. & Auct. l. de XLII. Manſ. col. 8. d. cum vet. Pſalt. In Gr. Πορευόμενος ἄμωμος, καὶ ἐργαζόμενος δικαιοσύνην.

℣. 3. Ita legit Aug. in hunc Pſ. Hilar. verò in eund. n. 8. col. 64. e. initio hab. *Et loquitur veritatem*; & in fine, *adversùm proximos ſuos*; infra, *adversùs*. Caſſiod. in eund. p. 51. a. cum Pſalt. Rom. *Qui loquitur*..... *& non egit dolum*..... *adversùs proximum ſuum*. Item in Pſalt. Mediolan. *adversùs proximum ſuum*. Ambr. l. 1. de exceſſu Sat. to. 2. col. 1130. d. ait: *Locutus eſt veritatem*, *non decepit proximum*: item l. 3. offic. col. 124. c. *Nec fecit proximo ſuo malum*. In Gr. Λαλῶν ἀλήθειαν..... ὃς οὐκ ἐδόλωσεν ἐν..... ἐπὶ τοὺς ἔγγιστα αὐτοῦ.

℣. 4. Hilar. in hunc Pſ. n. 13. legit *magnificat*, num. ſing. cum Pſalt. Moz. reliqua ut in Vulg. Caſſiod. in eund. Pſ. p. 51. b. habet *magnificant*; ultimóque, *& non decipit eum*. Pſalt. Corb. *magnificat*..... *& non decepit eum*. Rom. *magnificat*..... *& non decepit eum*. Aug. in hunc Pſ. *glorificat*, abſque *eum* in fine. Philaſtr. Brix. de hæreſ. p. 723. c. *glorificavit*. Græc. δοξάζει..... καὶ οὐκ ἀθετῶν.

℣. 5. In Mſ. Sangerm. mendosè ſcriptum eſt, *nononcepit*, pro *non accepit*, quod ita correximus. Hilar. in hunc Pſ. n. 16. col. 67. 68. cum eodem Pſal. in fronte poſito habet ſimiliter, *ſuper innocentes non accepit*, &c. Sic etiam

NOTA AD VERSIONEM ANTIQUAM.

Cassiod. cum Psalt. Corb. Rom. verò, & Mozar. *super innocentem;* ac in fine, *non commovebitur in æternum.* Aug. in hunc Ps. juxta quinque Mss. leg. *super innocentem*, secundùm al. ac editt. *super innocentes;* ex omnibus, *non commovebitur in æternum.* Cypr. l. 3. Testim. p. 318. c. ita: *Qui pecuniam suam non dedit in fœnere, & munera super innocentes non accepit. Qui ista fecerit, non commovebitur in æternum.* Vide etiam Leon. M. serm. 16. p. 66. b. In Gr. Τὸ ἀργύριον αὐτοῦ οὐκ ἔδωκεν ἐπὶ τόκῳ, καὶ δῶρα ἐπ' ἀθῴοις οὐκ ἔλαβεν. Ὁ ποιῶν ταῦτα, οὐ σαλευθήσεται εἰς τὸν αἰῶνα.

VULGATA HOD.	HEBR.	VERSIO ANTIQUA.
1. Tituli inscriptio ipsi David. XV.	*Humilis & simplicis David. XVI.*	1. Tituli inscriptio ipsi David. XV.
CONserva me Domine, quoniam speravi in te. 2. Dixi Domino: Deus meus es tu, quoniam bonorum meorum non eges.	*CUstodi me Deus, quoniam speravi in te. Dixi Domino: Dominus meus es tu, bene mihi non est sine te.*	* CONserva me Domine, quoniam in te speravi. 2. Dixi Domino: Deus meus es tu, quoniam bonorum meorum non eges. *Ex Ms. Sangerm.*
3. Sanctis, qui sunt in terra ejus, mirificavit omnes voluntates meas in eis.	*Sanctis qui in terra sunt, & magnificis, omnis voluntas mea in eis.*	3. Sanctis, qui in terra sunt ejus, mirificavit omnes voluntates meas inter illos.
4. Multiplicatæ sunt infirmitates eorum: postea acceleraverunt.	*Multiplicabuntur idola eorum, post tergum sequentium.*	4. Multiplicatæ sunt enim infirmitates eorum: postea acceleraverunt.
Non congregabo conventicula eorum de sanguinibus: nec memor ero nominum eorum per labia mea.	*Non libabo libamina eorum de sanguine, neque assumam nomina eorum in labiis meis.*	Non congregabo conventicula eorum in sanguinibus: nec memor ero nominum illorum per labia mea.
5. Dominus pars hæreditatis meæ, & calicis mei: tu es, qui restitues hæreditatem meam mihi.	*Dominus pars hæreditatis meæ, & calicis mei: tu possessor sortis meæ.*	5. Dominus pars hæreditatis meæ, calicis mei: tu es, qui restituisti mihi hæreditatem meam.
6. Funes ceciderunt mihi in præclaris: etenim hæreditas mea præclara est mihi.	*Lineæ ceciderunt mihi in pulcherrimis, & hæreditas speciosissima mea est.*	6. Funes ceciderunt mihi in præclaris: etenim hæreditas mea præclara est mihi.
7. Benedicam Dominum, qui tribuit mihi intellectum: insuper & usque ad noctem increpuerunt me renes mei.	*Benedicam Domino, qui dedit consilium mihi: insuper & noctibus erudierunt me renes mei.*	7. Benedicam Dominum, qui mihi tribuit intellectum: insuper & usque ad noctem increpaverunt me renes mei.
Act. 2. 25. 8. Providebam Dominum in	*Proponebam Dominum in cons-*	8. Providebam Domino in

NOTÆ AD VERSIONEM ANTIQUAM.

℣. 1. Ita Psalt. Rom. Fab. cum Aug. & Cassiod. in hunc Ps. Psalt. verò Corb. & Moz. delent *ipsi.* Rom. Martianæi, *In tituli inscriptione ipsi David.* Gr. Στηλογραφία τῷ Δαυίδ.

* Ita Aug. & Cassiod. in hunc Psalm. unà cum Psalt. Rom. Corb. & Moz. Hilar. in hunc Ps. è schedis Marten. *Custodi me Domine, quoniam in te speravi.* In Gr. Φύλαξόν με Κύριε, ὅτι ἐπὶ σοὶ ἤλπισα.

℣. 2. Sic apud Aug. in hunc Ps. & in Psalt. Rom. Fabri. In Rom. verò Martianæi, Corb. & Moz. *non indiges*, sicut ap. Hilar. in hunc Ps. è schedis Marten. Item ap. Ambr. l. de Nab. c. 16. to. 1. p. 585. e. & epist. 29. to. 2. p. 908. e. at l. de Isa. c. 8. p. 382. d. & l. 2. de Jac. c. 4. p. 464. c. *non eges;* cæt. ut in textu. Apud Cassiod. in hunc Ps. p. 52. c. *non indiges.* In Gr. οὐ χρείαν ἔχεις.

℣. 3. Ita Cassiod. in hunc Psalm. cum Psalt. Rom. In Corb. sic: *Sancti, qui in terra sunt ejus, mirificavit mihi omnes voluptates meas inter illos.* Ap. Aug. in eund. Ps. ita: *Sanctis, qui sunt in terra ejus, mirificavit omnes volunt. meas in illis:* editt. Aug. ferunt *mirificavi;* at Mss. omnes, *mirificavit.* Hilar. in hunc Ps. è schedis Edm. Marten. *Sanctis, qui sunt in terra;* & post paulò: *ipsi miras fecerunt voluntates tuas in se.* S. Paulinus, epist. 50. p. 293. c. *Sanctis, qui in terra sunt ejus, mirificavit omnes voluntates suas inter illos:* at inf. p. 294. f. *miras fecit*, &c. unde Aug. epist. 149. ad ipsum, to. 2. col. 505. f. g. ait: *In xv. Psalmo quod scriptum est*, mirificavit, *vel* mirificet omnes voluntates suas inter illos, *nihil prohibet intelligi; imo & convenientius videtur*, non inter illos, *sed* in illis: *sic enim Græci codices habent. Sæpe autem quod habet illa lingua*, in illis, *nostri interpretantur*, inter illos, *ubi videtur sententiæ convenire. Accipiamus ergo:* Sanctis, qui sunt in terra ejus, mirificavit omnes voluntates suas in illis; *quod plerique codices habent; & intelligamus* voluntates ejus, *munera gratiæ, quæ gratis data est:* at infra p. 506. e. f. addit: *Sanè codices emendatiores, & electioris auctoritatis, non habent* voluntates suas, *sed* voluntates meas. In Gr. hod. ἐθαυμάστωσε πάντα τὰ θελήματα αὐτοῦ ἐν αὐτοῖς.

℣. 4. In Brev. Moz. similiter: *Multiplicatæ sunt enim;* & sub finem, *nomina*, loco *nominum.* Item in Psalt. Rom. & Corb. additur *enim.* Aug. & Cassiod. in hunc Ps. Vulgatæ suffragantur cum S. Paulino epist. 50. p. 293. c. & Ambrosio in Ps. 37. p. 830. e. Apud Hilar. in hunc Ps. è schedis Marten. *Multiplic. sunt infir. eor. postea accelerav. Non congregabo synagogas eorum de sanguine meo: nec memorabor nomina eorum per labia mea.* Græcè: Ἐπληθύνθησαν αἱ ἀσθένειαι αὐτῶν· μετὰ ταῦτα..... Οὐ μὴ συναγάγω τὰς συναγωγὰς αὐτῶν ἐξ αἱμάτων· οὐδὲ μὴ μνησθῶ τῶν ὀνομάτων, &c.

℣. 5. Aug. & Cassiod. in hunc Ps. legunt cum Brev. Moz. & Psalt. Rom. Fabri, *tu es, qui restitues mihi hæred. meam.* Corb. & Rom. Martianæi, *tu es, qui restituisti mihi*, &c. ut sup. Ambr. l. 1. offic. to. 2. col. 65. c. & Philastr. Brix. de hæres. p. 712. a. hæc tantùm citant: *Dominus pars hæredit. meæ, & calicis mei.* Hilar. in hunc Ps. è schedis Edm. Marten. *Dominus portio hæredit. meæ, & calicis mei: tu es, qui custodisti hæreditatem meam:* supra verò, *Dominus est portio.* Auct. l. de promiss. p. 2. cap. 16. col. 140. b. *Dominus portio hæredit. meæ..... tu es, qui restitues mihi hæreditatem meam.* Gr. Κύριος μερὶς τῆς..... σὺ εἶ, ὁ ἀποκαθιστῶν τὴν..... μου ἐμοί.

℣. 6. Sic Ambr. in Luc. 19. to. 1. col. 1499. d. & in Ps. 118. col. 1070. d. ac l. 2. de Spir. S. col. 655. e. cui suffragantur Aug. & Cassiod. in hunc Ps. cum vet. Psalt. At Hilar. in eund. Ps. è schedis Edm. Marten. ita legit: *Funiculi ceciderunt mihi in potentissimis: etenim hæreditas mea maxima est mihi:* supra verò sic: *Funes cecid. mihi in ipsis potentissimis: etenim hæreditas mea perquam maxima est mihi.* Auct. l. de promiss. p. 2. c. 16. *nam & hæred. mea præclara est mihi.* In Gr. Σχοινία ἐπέπεσάν μοι ἐν τοῖς κρατίστοις· καὶ γὰρ ἡ κληρονομία μου κρατίστη μοί ἐστιν.

℣. 7. Ita Psalt. Rom. & Corb. cum Brev. Mozar. nisi quòd Corb. hab. *Domino.* Aug. in hunc Ps. *Benedicam Dominum, qui mihi trib. intell. insuper autem & usque ad noctem emendaverunt me renes mei:* at supra in Ps. 7. p. 35. f. legit, *increpaverunt me*, &c. Hilar. in eund. Ps. è schedis Edm. Marten. *Benedicam Dom. qui me intelligere fecit; adhuc autem & sicut in nocte erudierunt me renes mei;* & infra, *adhuc autem & quasi in nocte erudierunt*, &c. Gr. Εὐλογήσω τὸν Κύριον, τὸν συνετίσαντά με· ἔτι δὲ καὶ ἕως νυκτὸς ἐπαίδευσάν με οἱ νεφροί μου.

℣. 8. Ambr. in Ps. 118. to. 1. col. 1170. e. legit, *Providebam Dominum*, &c. ut in textu: vide etiam col. 671. b. d. 1275. e. 1327. f. Similiter apud Aug. in hunc Ps.

VERSIO ANTIQUA.	HEBR.	VULGATA HOD.
Ex Ms. Sangerm. conspectu meo semper : quoniam à dextris est mihi, ne commovear.	*pectu meo semper : quia à dextris meis est, ne commovear.*	conspectu meo semper : quoniam à dextris est mihi, ne commovear.
9. Propter hoc delectatum est cor meum, & exsultavit lingua mea : insuper & caro mea requiescet in spe.	*Propterea lætatum est cor meum, & exsultavit gloria mea : & caro mea habitabit confidenter.*	9. Propter hoc lætatum est cor meum, & exsultavit lingua mea : insuper & caro mea requiescet in spe.
10. Quoniam non derelinques animam meam in infernum : nec dabis sanctum tuum videre corruptionem.	*Non enim derelinques animam meam in inferno : nec dabis sanctum tuum videre corruptionem.*	10. Quoniam non derelinques animam meam in inferno : nec dabis sanctum tuum videre corruptionem. *Act. 2. 31. & 13. 35.*
11. Notas mihi fecisti vias vitæ, adimplebis me lætitia cum vultu tuo : delectationes in dextera tua usque in finem.	*Ostendes mihi semitam vitæ, plenitudinem lætitiarum ante vultum tuum ; decores in dextera tua æternos.*	11. Notas mihi fecisti vias vitæ, adimplebis me lætitia cum vultu tuo : delectationes in dextera tua usque in finem.

NOTÆ AD VERSIONEM ANTIQUAM.

& sup. in Ps. 7. col. 35. f. Item apud Cassiod. & in vet. Psalt. Hilarius in eund. Ps. è schedis Edm. Marten. *Providebam Dominum..... quia à dextris est mihi, ut non commovear.* Fulg. l. 1. ad Trasim. p. 86. *Providebam Dom. coram me semper*, &c. ut in Vulg. Gr. Προωρώμην τὸν Κύριον..... ὅτι ἐκ δεξιῶν μού ἐστιν, ἵνα μὴ σαλευθῶ.

℣. 9. Ita Cassiod. in hunc Ps. cum Psalt. Rom. & Corb. Similiter in Brev. Moz. præter unum *requiescit*. Ap. Aug. in hunc Ps. ut & apud Fulg. l. 1. ad Trasim. p. 86. ita : *Propter hoc jocundatum est cor meum..... requiescet*, &c. Item ap. Hilar. in eund. Ps. è schedis Edm. Marten. *jocundatum est* ; paulò verò post, *insuper & caro mea habitabit in spe.* In Gr. Διὰ τοῦτο ηὐφράνθη ἡ καρδία μου..... ἔτι δὲ καὶ ἡ σάρξ μου κατασκηνώσει ἐπ' ἐλπίδι.

℣. 10. Ambr. constanter legit *in inferno*, cùm l. 1. de interpel. Job. c. 9. col. 636. e. tum inf. col. 931. c. 981. a. 1409. f. 1531. b. & to. 2. col. 571. a. 713. b. hoc ultimo loco hab. *non relinques*. Similiter Hilar. in Ps. 56. 68. & 139. col. 117. d. 222. c. & 530. b. at in Ps. 15. è schedis Edm. Marten. leg. *in infernum*, &c. Cypr. l. 2. Testim. p. 295. a. ita : *Non derelinques anim. meam ap. inferos : neque dabis*, &c. ut sup. Similiter Auct. l. de promiss. p. 2. col. 144. c. & p. 3. col. 180. b. Lactant. l. 4. Institut. c. 19. p. 582. *Non derelinques animam meam apud inferos : nec dabis..... videre interitum.* Itidem S. Pacian. serm. de Bapt. p. 318. f. Victorin. Afer verò, l. 3. adv. Arium, p. 276. a. legit *in inferno*, cum Gaud. Brix. serm. 10. p. 960. c. & infra, *videre corruptionem.* Apud Eucher. q. in Ps. p. 844. f. ita : *Non dabis semen tuum videre corruptionem.* Ap. Aug. ep. 149. p. 506. f. habetur *in inferno*, ut & in hunc Ps. col. 71. sed tres Mss. ferunt ibid. *in infernum* ; mox ita : *neque dabis sanctum tuum videre corruptionem.* In Gr. Ὅτι οὐκ ἐγκαταλείψεις τὴν..... εἰς ᾅδου· οὐδὲ δώσεις τὸν ὅσιόν σου ἰδεῖν διαφθοράν. Ms. Alex. hab. εἰς ᾅδην. Psalt. Carnut. & Corb. *in infernum.*

℣. 11. Sic ap. Aug. in hunc Ps. si excipiatur vox *delectatio*, loco *delectationes*. Hilar. in eund. Ps. è schedis Edm. Marten. sic : *Notas fecisti mihi vias vitæ, implebis me lætitiâ..... delectationes in dextera tua*, &c. Fulgent. l. 1. ad Trasim. p. 86. *Notas mihi fecisti vias vitæ, adimplebis me jocunditate cum facie tua.* Græc. Ἐγνώρισάς μοι ὁδοὺς ζωῆς, πληρώσεις με εὐφροσύνης... τερπνότητες ἐν τῇ δεξιᾷ σου εἰς τέλος. Ms. Alex. hab. τερπνότης, cum ed. Compl. & Theodoreto.

VERSIO ANTIQUA.	HEBR.	VULGATA HOD.
1. In finem, oratio ipsi David. XVI.	*Oratio David. XVII.*	1. Oratio David. XVI.
Ex Ms. Sangerm. * EXaudi Domine justitiam meam : intende deprecationi meæ.	*AUdi Deus justum : intende deprecationem meam.*	EXaudi Domine justitiam meam : intende deprecationem meam.
Auribus percipe orationem meam, non in labiis dolosis.	*Auribus percipe orationem meam, absque labiis mendacibus.*	Auribus percipe orationem meam, non in labiis dolosis.
2. De vultu tuo judicium meum prodeat : oculi mei videant æquitates.	*De vultu tuo judicium meum prodeat : oculi tui videant æquitates.*	2. De vultu tuo judicium meum prodeat : oculi tui videant æquitates.
3. Probasti cor meum, & visitasti nocte : igne me examinasti, & non est inventa in me iniquitas.	*Probasti cor meum, visitasti nocte : conflasti me, & non invenisti.*	3. Probasti cor meum, & visitasti nocte : igne me examinasti, & non est inventa in me iniquitas.
4. Ut non loquatur os meum opera hominum : propter verba labiorum meorum ego custodi vias duras.	*Cogitatio mea utinam non transisset os meum : in opere Adam, in verbo labiorum tuorum ego observavi vias latronis.*	4. Ut non loquatur os meum opera hominum : propter verba labiorum tuorum ego custodivi vias duras.

NOTÆ AD VERSIONEM ANTIQUAM.

℣. 1. Aug. id omittit, *in finem*, cum Brev. Moz. In Psalt. Rom. & Corb. simpliciter, *Oratio David.* Sic etiam apud Cassiod. in hunc Ps. Hieronymus quoque ep. ad Cypr. to. 2. col. 695. b. dicit : *Sextus decimus inscribitur*, Oratio David. In Gr. Προσευχὴ τοῦ Δαυίδ.

* Ita ferunt Psalt. Rom. & Corb. Item Aug. & Cassiod. in hunc Psalm. *Exaudi Deus..... intende deprecationi meæ*, &c. ut sup. In Brev. Moz. similiter, *Exaudi Deus.* In Gr. Εἰσάκουσον Κύριε..... πρόσχες τῇ δεήσει μου, &c. ut sup.

℣. 2. Similiter habent, *oculi mei*, Psalt. Rom. Mediol. Corb. & Brev. Moz. at in fine, *æquitatem.* Item August. in hunc Ps. *A vultu tuo jud..... oculi mei vid. æquitatem.* Hilar. verò in Ps. 65. col. 178. e. *oculi tui videant æquitates.* Cassiod. in Ps. 16. p. 55. *oculi tui videant æquitatem.* Et verò Hieron. epist. ad Sun. & Fretel. to. 2. col. 631. a. ad hæc, *oculi tui videant æquitates*, ait : *In Græco vos legisse dixistis*, οἱ ὀφθαλμοί μου, *id est*, oculi mei ; *sed rectiùs*, oculi tui, *quia & supra dixerat*, De vultu tuo judicium meum prodeat ; *& oculi Dei in Propheta recta operante, non prava, sed recta conspiciant.* Apud Ambr. l. de apol. David, col. 697. e. & epist. 43. col. 974. e. hoc tantùm legitur : *De vultu tuo judicium meum prodeat.* In Gr. Ἐκ προσώπου σου τὸ κρίμα μου ἐξέλθοι· οἱ ὀφθαλμοί μου ἰδέτωσαν εὐθύτητας· nonnulli codd. habent ὀφθαλμοί σου.

℣. 3. Psalt. Rom. cum aliis constanter hab. *visitasti nocte.* Sic etiam Aug. & Cassiod. in hunc Ps. Apud Ambr. l. 1. de Nab. c. 12. col. 579. e. & de apol. Dav. col. 687. b. posteriora tantùm exstant : *igne me examinasti*, &c. ut sup. Græcè : Ἐδοκίμασας τὴν καρδίαν μου, ἐπεσκέψω νυκτός· ἐπύρωσάς με, &c.

℣. 4. Aug. & Cassiod. in hunc Ps. cum veterib. Psalt. & Gr. constanter legunt *labiorum tuorum*, non *meorum* ; cæt. ut supra. Ambr. l. de Incarn. to. 2. col. 710. c. similiter hab. *Ut non loquatur os meum opera hominum.* S.

VULGATA HOD.	HEBR.	VERSIO ANTIQUA.
5. Perfice gressus meos in semitis tuis : ut non moveantur vestigia mea.	*Sustenta gressus meos in callibus tuis, & non labantur vestigia mea.*	5. Perfice gressus meos in semitis tuis : ut non moveantur vestigia mea. *Ex Ms. Sangerm.*
6. Ego clamavi, quoniam exaudisti me Deus : inclina aurem tuam mihi, & exaudi verba mea.	*Ego invocavi te, quia exaudies me Deus : inclina aurem tuam mihi, audi eloquium meum.*	6. Ego clamavi, quoniam exaudisti me Deus : inclina aurem tuam mihi, & exaudi verba mea.
7. Mirifica misericordias tuas, qui salvos facis sperantes in te.	*Mirabiles fac misericordias tuas, salvator sperantium*	7. Mirifica misericordias tuas, qui salvos facis rectos corde
8. A resistentibus dexteræ tuæ custodi me, ut pupillam oculi.	*A resistentibus dexteræ tuæ : custodi me quasi pupillam intus oculi.*	8. A resistentibus dexteræ tuæ : custodi me Domine, ut pupillam oculi.
Sub umbra alarum tuarum protege me : 9. à facie impiorum qui me afflixerunt.	*In umbra alarum tuarum protege me, à facie impiorum vastantium me.*	Sub umbra alarum tuarum protege me, 9. à facie impiorum qui me adflixerunt.
Inimici mei animam meam circumdederunt, 10. adipem suum concluserunt : os eorum locutum est superbiam.	*Inimici mei animam meam circumdederunt, adipe suo concluserunt ; & ore locuti sunt superbè.*	Inimici mei animam meam circumdederunt, 10. adipem suum concluserunt : os eorum locutum est superbiâ.
11. Projicientes me nunc circumdederunt me : oculos suos statuerunt declinare in terram.	*Incedentes adversùm me, nunc circumdederunt me : oculos suos posuerunt declinare in terram.*	11. Projicientes me nunc circumdederunt me : oculos suos statuerunt declinare in terram.
12. Susceperunt me sicut leo paratus ad prædam : & sicut catulus leonis habitans in abditis.	*Similitudo ejus quasi leonis desiderantis prædam, & quasi catuli sedentis in absconditis.*	12. Susceperunt me sicut leo paratus ad prædam, & sicut catulus leonis habitans in abditis.
13. Exsurge Domine, præveni eum, & supplanta eum : eripe animam meam ab impio, frameam tuam 14. ab inimicis manus tuæ.	*Surge Domine, præveni faciem ejus, incurva eum : salva animam meam ab impio, qui est gladius tuus ; à viris manus tua Domine,*	13. Exsurge Domine, præveni eos, & subverte eos : eripe animam meam ab impio, frameam tuam 14. de manu inimicorum.
Domine à paucis de terra divide eos in vita eorum : de absconditis tuis adimpletus est venter eorum.	*Qui mortui sunt in profundo, quorum pars in vita ; & quorum de absconditis tuis replesti ventrem :*	Domine à paucis à terra dispartire eos, & subplanta eos in vita eorum : de absconditis tuis adimpletus est venter eorum.
Saturati sunt filiis : & dimiserunt reliquias suas parvulis suis.	*Qui satiabuntur in filiis, & dimittent reliquias suas parvulis eorum.*	Saturati sunt suillam, & reliquerunt quæ superfuerant parvulis suis.

NOTÆ AD VERSIONEM ANTIQUAM.

Paulin. epist. 32. p. 205. c. *propter mandata labiorum tuorum ego ambulavi vias duras :* at in Gr. διὰ τὺς λόγυς τῶν χειλέων σε ἐγὼ ἐφύλαξα, &c.

℣. 5. Aug. in hunc Ps. legit : *Ad perficiendos gressus meos,* &c. ut sup. alii constanter, *perfice.* Varietas orta est à Gr. καλάρλισαι, vel ita mutato accentu, καλαρλίσαι. Ap. Symm. Συγκρότησον, Theod. τελείωσον, Aquil. ἀντιλαβέσθαι.

℣. 6. Ita August. & Cassiod. & al. unà cum Gr.

℣. 7. August. & Cassiod. cum veterib. Psalt. constanter habent *sperantes in te,* non *rectos corde.* Græc. similiter, ὁ σώζων τὺς ἐλπίζονλας ἐπὶ σέ.

℣. 8. August. & Cassiod. in hunc Ps. jungunt pariter hunc versic. *à resist. dexteræ tuæ,* cum præcedenti, & inf. addunt *Domine ;* sic etiam in Psalt. Rom. In Gr. verò deest *Domine :* unde Hieron. ep. ad Sun. & Fret. to. 2. col. 631. a. *In ipso,* inquit, Custodi me ut pup. oculi, *dicitis in Græco legi,* Custodi me Domine, *quod nec in Hebræo, nec in ullo habetur Interprete :* attamen in edd. Ald. & Compl. additur Κύριε ; & Ambr. l. 6. Hexa. col. 137. e. legit : *Custodi me Domine, ut pupillam oculi,* cum Vigil. Taps. cont. Varim. p. 750. c. & Psalt. Corb. Aug. ubi sup. addit : *In tegmine alarum tuarum protege me ;* editt. *proteges,* renitentibus Mss. Græcè, Ἐν σκέπῃ τῶν πτερύγων σε σκεπάσεις με. Ambr. de apol. Dav. to. 1. col. 683. f. & l. 4. Hex. 73. b. & in Ps. 118. col. 1210. d. legit : *Sub umbra..... protege me :* at in Ps. 118. col. 998. f. *In umbra..... protege.* Vigil. Taps. l. cont. Varim. p. 750. c. & Cassiod. *Sub umbra,* &c.

℣. 9. Ita Aug. & Cassiod. in hunc Ps. cum vet. Psalt. & Græco.

℣. 10. Brev. Moz. habet *adipe suo ;* at Aug. & Cassiod. constanter *adipem,* & *superbiam,* cum Psalt. Rom. & Gr. In Corb. *adipem..... superbiâ,* ut sup. in Sangerm.

℣. 11. Sic apud Aug. & Cassiod. & al. In Gr. Ἐκβαλόνλες με..... ὀφθαλμὺς αὐλῶν ἔθενλο ἐκκλῖναι ἐν τῇ γῇ.

℣. 12. Ita Cassiod. in hunc Ps. cum Psalt. Rom. & al. at August. in eundem, pro *abditis,* legit *occultis.* Gr. ἐν ἀποκρύφοις.

℣. 13. Brev. Moz. *Præveni eos, & supplanta eos : eripe animam meam ab impiis,* &c. Aug. in hunc Ps. *Præveni eos, & subverte eos : erue animam meam ab impiis,* &c. & inf. in Ps. 34. col. 229. f. *erue ab impiis animam meam.* Cassiod. in eund. Ps. *Præveni eos, & supplanta eos..... meam ab impio,* &c. Psalt. Rom. & Corb. *Præveni eos, & subverte eos..... meam ab impio.* Græc. Πρόφθασον αὐλὺς, καὶ ὑποσκέλισον αὐλύς· ῥῦσαι τὴν ψυχήν μυ ἀπὸ ἀσεβῦς, &c. Hieron. epist. ad Sun. & Fret. to. 2. col. 631. b. ait : *In eodem :* Exsurge Domine, præveni eum, & suppl. eum : *pro quo in Græco,* πρόφθασον αὐλὺς, *i. e.* præveni eos, & suppl. eos : *sed meliùs si legatur numero singulari ; siquidem de impio dictum est, de quo statim sequitur.....* eripe animam meam ab impio ; *nulli que dubium quin diabolum significet.* Vid. not. ad ℣. seq.

℣. 14. In Psalt. Rom. & Corb. sic : *frameam inimicorum de manu tua. Domine à paucis à terra dispartire eos, & supplanta eos in vita ipsorum : de absconditis tuis adimpletus est venter eorum. Saturati sunt porcina : & reliquerunt quæ superfuerunt parvulis suis.* Item in Psalt. Carnut. *Domine à paucis à terra dispartire eos, & suppl. eos..... Saturati sunt porcina,* &c. S. Eucher. quæst. in Ps. p. 844. g. similiter hab. *Saturati sunt porcina : & reliquerunt quæ superfuerunt,* &c. Cassiod. in hunc Ps. *frameam tuam ab inimicis manus tuæ. Domine à paucis à terra dispertire eos, & supplanta eos in vita eorum* (inf. *ipsorum :*) *de absconditis..... Saturati sunt porcina : & reliquerunt quæ superfuerunt,* &c. S. Paulinus utramque scripturam videtur admittere, ep. 50. p. 295. c. dicens : *Saturati sunt porcina ; vel sicut in quibusdam Psalteriis scriptum audio : Saturati sunt filiis : & reliquerunt quæ superfuerunt,* &c. Augustinus in Ps. 34. col. 229. f. legit, *frameam tuam ab inimicis manus tuæ :* rursusque in hunc Ps. col. 73. b. & epist. 49. p. 504. 505. ubi addit : *Domine perdens de terra, dispertire eos in vita eorum : & de absconditis... Saturati sunt porcina : & reliquerunt reliquias parvulis suis :*

Ex Mſ. Sangerm.

VERSIO ANTIQUA.	HEBR.	VULGATA HOD.
15. *Ego autem cum juſtitia parebo in conſpectu tuo : ſatiabor dum manifeſtatur gloria tua.	*Ego in juſtitia videbo faciem tuam : implebor, cùm evigilavero, ſimilitudine tua.*	15. Ego autem in juſtitia apparebo conſpectui tuo : ſatiabor cùm apparuerit gloria tua.

NOTÆ AD VERSIONEM ANTIQUAM.

& poſt pauca : *Ubi dictum eſt*, inquit, Saturati ſunt porcina, *nonnulla exemplaria*, Saturati ſunt filiis, *habent : ex ambiguo enim Græco interpretatio duplex evenit ;* ſcilicet cùm in quibuſdam libris eſſet υἱῶν, *filiis*, in aliis ὑείων, *porcinis*. De iiſdem iterum diſſerit Aug. ep. 149. ad Paulin. to. 2. col. 504. d. *Quia ergo tunc, ſicut ſcripſi, non potueram inſpicere codices Græcos propter quædam Pſalmi decimi ſexti, inſpexi poſtea quos inveni : & unus habebat, quod & Latini noſtri*, Domine perdens de terra, diſpertire eos ; *alius, ſicut ipſe poſuiſti*, à paucis de terra : & infra, col. 504. f. 505. a. b. *Quod verò ſequitur*, Saturati ſunt porcina, *jam quid mihi ex hoc videretur, aperui : ſed quod alii codices habent, & veriùs habere perhibentur, quia diligentiora exemplaria per accentûs notam ejuſdem verbi Græci ambiguitatem, Græce ſcribendi more, diſſolvunt, obſcurius eſt quidem, ſed electiori ſententiæ videtur aptiùs convenire..... continuò ſubjunctum eſt*, Saturati ſunt filiis. In Brev. Mozarab. ſic : *Domine à paucis de terra diſpartire eos, & ſupplanta eos in vita ipſorum..... Saturati ſunt deſideriis : & reliquerunt quæ ſuperfuerunt parvulis ſuis.* In Pſalt. Mediolan. *Saturati ſunt filiis eorum.* Symm. Χορτασθήσονται υἱοί. Gr. edit. Rom. ῥομφαίας σου ἀπὸ ἐχθρῶν τῆς χειρός σου. Κύριε ἀπολλύων (Ald. & Compl. ἀπὸ ὀλίγων) ἀπὸ γῆς διαμέρισον αὐτοὺς ἐν τῇ ζωῇ αὐτῶν· καὶ τῶν κεκρυμμένων σου ἐπλήσθη ἡ γαστὴρ αὐτῶν. Ἐχορτάσθησαν ὑείων (Alex. Ald. & Compl. υἱῶν) καὶ ἀφῆκαν τὰ κατάλοιπα τοῖς νηπίοις αὐτῶν.

℣. 15. Itidem in Pſalt. Corb. Mozarab. verò cum Caſſiod. hab. *Ego autem cum juſtitia apparebo in conſpectu tuo : ſatiabor dum manifeſtabitur gloria tua.* Similiter in Miſſ. Rom. fer. 6. poſt Dom. 2. Quadr. ad Introit. Item apud Theodulf. Aurel. de ord. Baptiſ. ap. Sirm. to. 2. p. 968. b. præter hoc, *cùm manifeſtabitur*. Aug. in eund. Pſ. *Ego autem in tua juſtitia appar. in conſp. tuo : ſatiabor dum manifeſtabitur*, &c. at l. 21. de civit. Dei, c. 24. to. 7. col. 644. e. *ſaturabor cùm manifeſtabitur*, &c. Anonymus de Trin. apud Ambr. col. 336. c. *Ego autem cum juſtitia appar. in conſpectu tuo : ſatiabor dum manifeſtabitur mihi gloria tua.* Græc. Ἐγὼ δὲ ἐν δικαιοσύνῃ ὀφθήσομαι τῷ προσώπῳ σου· χορτασθήσομαι ἐν τῷ ὀφθῆναι τὴν δόξαν σου.

Ex Mſ. Sangerm.

VERSIO ANTIQUA.	HEBR.	VULGATA HOD.
1. In finem pro puero Domini David, quæ locutus eſt ad Dominum verba Cantici hujus, in die, qua eripuit eum Dominus de manu omnium inimicorum ejus, & de manu Saul, & dixit : XVII.	*Victori ſervo Domini David, qua locutus eſt Domino verba Cantici hujus, in die, qua liberavit eum Dominus de manu omnium inimicorum ſuorum, & de manu Saul, & ait : XVIII.*	1. In finem puero Domini David, qui locutus eſt Domino verba Cantici hujus, in die, qua eripuit eum Dominus de manu omnium inimicorum ejus, & de manu Saul, & dixit : (2. *Reg.* 22. 1.) XVII.
2. DIligam te Domine virtus mea, 3. firmamentum meum, & refugium, & liberator meus.	*DIligam te Domine fortitudo mea. Dominus petra mea, & robur meum, & ſalvator meus :*	2. DIligam te Domine fortitudo mea : 3. Dominus firmamentum meum, & refugium meum, & liberator meus.
Deus meus adjutor meus, & ſperabo in eum :	*Deus meus, fortis meus, & ſperabo in eo :*	Deus meus adjutor meus, & ſperabo in eum. Hebr. 2. 13.
Protector meus, & cornu ſalutis meæ, adjutor meus.	*Scutum meum, & cornu ſalutis meæ, ſuſceptor meus.*	Protector meus, & cornu ſalutis meæ, & ſuſceptor meus.
4. Laudans invocabo Dominum, & ab inimicis meis ſalvus ero.	*Laudatum invocabo Dominum, & ab inimicis meis ſalvus ero.*	4. Laudans invocabo Dominum : & ab inimicis meis ſalvus ero.
5. Circumdederunt me gemitus mortis, & torrentes iniquitatis conturbaverunt me.	*Circumdederunt me funes mortis, & torrentes diaboli terruerunt me.*	5. Circumdederunt me dolores mortis : & torrentes iniquitatis conturbaverunt me.
6. Dolores inferni circumdederunt me : prævenerunt me laquei mortis.	*Funes inferi circumdederunt me : prævenerunt me laquei mortis.*	6. Dolores inferni circumdederunt me : præoccupaverunt me laquei mortis.
7. Et in tribulatione mea	*In tribulatione mea invocabo*	7. In tribulatione mea invoca-

NOTÆ AD VERSIONEM ANTIQUAM.

℣. 1. Sic eſt in Brev. Mozarab. deletis tamen vocibus ſeqq. *pro*, & *ad Dominum*, & *omnium*. Aug. in hunc Pſ. *In finem puero Domini ipſi David, qua locutus eſt Domino ;* reliqua ut in textu. Caſſiod. Vulgatæ ſuffragatur, niſi quòd legit, *ad Dominum*, pro *Domino*. Pſalt. quoque Rom. Fabri, & Carnut. habent, *quæ locutus eſt ;* Rom. Martianæi, *qui locutus eſt ad Dominum..... qua eripuit eum Dominus de manu Saul, & de manu omnium inimicor. ejus*. Corb. *In finem puero Domini, qua locutus eſt Domino verba Cantici hujus..... de manu inimicorum ejus*, &c. ut ſup. Gr. Εἰς τὸ τέλος τῷ παιδὶ Κυρίου τῷ Δαυὶδ, ἃ ἐλάλησε τῷ Κυρίῳ..... πάντων τῶν ἐχθρῶν αὐτοῦ, καὶ ἐκ χειρὸς Σαοὺλ, &c. ut ſup.

℣. 2. Ita legit Auguſt. in hunc Pſ. & epiſt. 55. to. 2. col. 538. b. cum S. Paulino, epiſt. 23. p. 151. a. necnon Caſſiod. & Anonymo apud S. Paulin. epiſt. ad Marcell. to. 2. p. 4. His accedunt Pſalt. Rom. Corb. & Mozarab. In Gr. ἰσχύς μου. Auguſt. in hunc Pſ. τό *virtus mea*, ita explicat, *per quem fortis ſum*. Similiter Auct. Comment. in Reg. S. Eucherio falsò aſcripti, p. 961. f.

℣. 3. Auguſt. in hunc Pſ. *Domine firmamentum meum, & refug. meum, & lib..... adjutor meus, & ſperabo..... cornu ſalutis meæ, & redemptor meus*. Pſalt. Rom. Fabri, & Corb. ſimiliter habent in principio, *Domine*, ſicut *meum*, poſt *refugium ;* & in fine, *adjutor meus*, abſque præced. &. In Rom. Martianæi : *Dominus firmamentum meum, & refugium meum..... adjutor meus, ſperabo..... cornu ſalutis meæ, adjutor meus*. Item in Pſalt. Carnut. ſicut apud Caſſiod. in hunc Pſ. *adjutor meus* in fine, abſque præced. & ; quæ conjunctio etiam deeſt in Brev. Mozar. ante verbum *ſperabo*. Pſeudo-Eucherius in Reg. p. 961. *Domine firm. meum, & refug..... cornu ſalutis meæ, & liberator meus*. Gr. Κύριος ςερέωμά μου, καὶ καταφυγή μου...... βοηθός μου, ἐλπιῶ..... καὶ ἀντιλήπτωρ μου.

℣. 4. Ita Aug. & Caſſiod. cum veterib. Pſalt. quibus conſonat Græcum, niſi quòd pro *ab*, habet ἐκ.

℣. 5. Ita Hilar. in Pſ. 139. col. 532. a. & Caſſiod. in hunc Pſal. cum Pſalt. Rom. Corb. Mediolan. & Carnut. Auguſt. verò in eund. Pſ. habet, *dolores mortis*, &c. Gr. ὠδῖνες θανάτου ; at in Miſſali Rom. ad Introitum Dominicæ Septuag. *gemitus mortis*.

℣. 6. Concordant Auguſt. & Caſſiod. in hunc Pſ. ut & Pſalt. Mediolan. Carnut. Corb. Mozar. & Rom. Fabri. In Rom. Martianæi, *& prævenerunt me*. In Gr. περιέφθασάν με, abſque præced. &, quod delet etiam Pſeudo-Eucherius in Reg. p. 961. ante *prævenerunt*.

℣. 7. In principio ſimiliter habetur &, ap. Caſſiod, in

VULGATA HOD.	HEBR.	VERSIO ANTIQUA.
vi Dominum, & ad Deum meum clamavi :	*Dominum, & ad Deum meum clamabo :*	invocavi Dominum, & ad Deum meum clamavi :
Et exaudivit de templo ſancto ſuo vocem meam : & clamor meus in conſpectu ejus, introivit in aures ejus.	*Exaudiet de templo ſancto ſuo vocem meam, & clamor meus ante faciem ejus, veniet in aures ejus.*	Et exaudivit de templo ſuo vocem meam : & clamor meus in conſpectu ejus, introivit in aures ejus.
8. Commota eſt, & contremuit terra : fundamenta montium conturbata ſunt, & commota ſunt, quoniam iratus eſt eis.	*Commota eſt, & contremuit terra : & fundamenta montium concuſſa ſunt, & conquaſſata ſunt, quoniam iratus eſt.*	8. Et commota eſt, & contremuit terra : & fundamenta montium conturbata ſunt, & commota ſunt, quoniam iratus eſt eis Dominus.
9. Aſcendit fumus in ira ejus : & ignis à facie ejus exarſit : carbones ſuccenſi ſunt ab eo.	*Aſcendit fumus in furore ejus, & ignis ex ore ejus devorans : carbones accenſi ſunt ab eo.*	9. Aſcendit fumus in ira ejus : & ignis à facie ejus exardeſcit : carbones ſuccenſi ſunt ab eo.
10. Inclinavit cœlos, & deſcendit : & caligo ſub pedibus ejus.	*Inclinavit cælos, & deſcendit : & caligo ſub pedibus ejus.*	10. Et inclinavit cœlum, & deſcendit : & caligo ſub pedibus ejus.
11. Et aſcendit ſuper cherubim, & volavit : volavit ſuper pennas ventorum.	*Et aſcendit ſuper cherub, & volavit : & volavit ſuper pennas venti.*	11. Et aſcendit ſuper cherubin, & volavit : volavit ſuper pennas ventorum.
12. Et poſuit tenebras latibulum ſuum, in circuitu ejus tabernaculum ejus : tenebroſa aqua in nubibus aeris.	*Poſuit tenebras latibulum ſuum, in circuitu ejus tabernaculum ejus : tenebroſas aquas in nubibus aeris.*	12. Et fecit tenebras latibulum ſuum, nubes ipſius tranſcucurrerunt : liberavit me de inimicis potentibus. In circuitum ejus tabernaculum ejus : tenebroſa aqua in nubibus aeris.
13. Præ fulgore in conſpectu ejus nubes tranſierunt, grando, & carbones ignis.	*Præ fulgore in conſpectu ejus nubes tranſierunt, grando, & carbones ignis.*	13. Præ fulgore in conſpectu ejus nubes tranſierunt, grando, & carbones ignis.
14. Et intonuit de cœlo Dominus, & Altiſſimus dedit vocem ſuam : grando & carbones ignis.	*Et intonuit in cælis Dominus, & Altiſſimus dedit vocem ſuam : grandinem & carbones ignis.*	14. Et intonuit è cœlo Dominus, & Altiſſimus dedit vocem ſuam.
15. Et miſit ſagittas ſuas, &	*Et miſit ſagittas ſuas, & diſſi-*	15. Et miſit ſagittas ſuas, &

Ex Mſ. Sangerm.

NOTÆ AD VERSIONEM ANTIQUAM.

hunc Pſ. & in Pſalt. Rom. ac Moz. In Corb. ſic : *Et in preſſura mea invocabo Dom.* &c. Auguſt. in eund. Pſ. legit cum Pſeudo-Eucherio in 2. Reg. p. 961. g. *Et in preſſura mea invocavi*, &c. aliubi autem non tollitur *τὸ ſancto*, poſt *templo*. In Gr. ſic : Καὶ ἐν τῷ θλίβεσθαί με ἐπεκαλεσάμην..... ἐκέκραξα· ἤκουσεν ἐκ ναοῦ ἁγίου αὐτοῦ..... εἰσελεύσεται εἰς τὰ ὦτα αὐτοῦ. Apud Hilar. in Pſ. 143. col. 553 d. *Audivit de templo ſancto ſuo*, &c. ut ſup.

℣. 8. Ita Auguſt. & Caſſiod. in hunc Pſ. cum Pſeudo-Eucherio in Reg. p. 961. h. necnon Pſalt. Rom. Fabri, & Corb. In Brev. Moz. ſimiliter ponitur &, ante *fundamenta*, ut & in fine, *Deus*. Item in Gr. Καὶ ἐσαλεύθη, καὶ ἔντρομος ἐγενήθη ἡ γῆ· καὶ τὰ θεμέλια..... ὅτι ὠργίσθη αὐτοῖς ὁ Θεός. In Pſalt. Rom. Martianæi deeſt &, ante *fundamenta*; cæt. ut ſup. Apud Hilar. in Pſ. 64. col. 166. d. e. *Et commota eſt, & intremuit terra : & fundamen..... quoniam iratus eſt his :* & in Pſ. 143. col. 553. d. *Et commota eſt, & contremuit..... & fundamenta*, &c. Ap. Tichonium reg. 7. col. 64. c. *Fundamenta montium conturb. ſunt, & commota ſunt, quon. iratus eſt Deus.*

℣. 9. Sic eſt in Pſalt. Rom. Mediol. & Mozarab. ſicut ap. Auguſt. in hunc Pſ. at in Pſalt. Carnut. & Corb. *exardeſcet*; quibus duobus ſuffragatur Hilar. in Pſ. 67. col. 191. d. niſi quòd unus Mſ. Reg. hab. ibid. *exardeſcit :* item in Pſ. 143. col. 556. c. *exardeſcit*; at correctum eſt *exardeſcet* ex alio loco, nempe in Pſ. 64. col. 166. d. e. ubi ſic Hilar. habet : *Aſcendit fumus ab ira ejus : & ignis à facie ejus exardeſcet : carbones accenſi ſunt ab eo.* Nec illud obſtat, quòd eodem loco editi ferant *exardeſcit*; etenim malè, cùm infra, col. 167. b. rurſus legatur : *Aſcendit fumus ab ira ejus : & ignis à conſpectu ejus ardeſcet :* & ſup. p. 166. f. ſubnectantur iſta ab eodem Hilario : *In fumo qui aſcendit, præteriti temporis res eſt; in igne autem accendendo, futuri ſignificatio continetur*; quæ manifeſtò arguunt *exardeſcet*, quod ipſe habet in Pſ. 64. ſup. cum Theodor. Attamen Hilar. in Pſ. 143. p. 556. c. legit *exardeſcit*, ut notavi ſupra. Pſeudo-Eucher. verò in 2. Reg. p. 961. g. *exardeſcet*. In Gr. κατεφλόγισεν; at in edd. Ald. & Compl. καταφλογισθήσεται item ſup. conſtanter, ἐν ὀργῇ αὐτοῦ.

℣. 10. Ita Aug. in hunc Pſ. cum Pſalt. Corb. & Moz. Concinit etiam Hilar. in Pſalm. 64. col. 166. d. niſi quòd tollit &, ante *inclinavit :* at in Pſ. 143. col. 556. c. retinet, & *inclinavit*. Pſalt. Rom. habet, & *inclinavit cœlos*; ſicut Ambroſ. de apol. Dav. col. 730. d. & Caſſiod. in hunc Pſal. Pſeudo-Eucherius in Reg. *inclinavit cœlum*. Græc. καὶ ἔκλινεν οὐρανόν· Ald. verò & Compl. οὐρανούς.

℣. 11. Aug. & Caſſiod. Vulgatæ favent, cum veterib. Pſalt. & Gr.

℣. 12. Auguſt. & Caſſiod. in hunc Pſ. rurſus concinunt cum Vulg. & Græco. Ap. Ambr. l. de Iſai. c. 5. col. 367. e. & in Pſal. 35. & 45. col. 772. f. 928. a. prior tantùm legitur verſiculus : *Poſuit tenebras latibulum ſuum*. Unde autem duo ſequentes in textum irrepſerint, me latet : primus enim ad ℣. 13. pertinere videtur, alter ad ℣. 18. qui ult. rurſum inſeritur infra, ℣. 20. Perturbatum quid potiùs hic ſuſpicor in archetypo, à quo deſcriptus eſt Sangerm. codex, quàm ut credam duos illos verſiculos primitus illic additos fuiſſe; maximè cùm ita poſiti, ſenſum interturbent, nec aliubi reperiantur eò loci, neque in Græcis, neque in Latinis. Brev. Moz. habet, *in navibus aeris*, pro *in nubibus*, &c. ſed aperto mendo; nam in Græco conſtanter, ἐν νεφέλαις ἀέρων.

℣. 13. Aug. in hunc Pſ. addit *ipſius*, ad *nubes*. Brev. Moz. loco *tranſierunt*, hab. *tranſcurrerunt*; reliqua ut ſup. In Gr. Ἀπὸ τῆς τηλαυγήσεως ἐνώπιον αὐτοῦ αἱ νεφέλαι διῆλθον, &c. Hilar. in Pſ. 146. col. 579. b. legit : *Præ fulgore ejus in conſpectu ejus nubes tranſierunt.* Caſſiod. verò in eund. Pſ. *Præfulgora in conſpectu ejus*, &c. tum addit : *Præfulgora, una pars orationis eſt, id eſt, nominativus pluralis, & reſpondet ad nubes..... & ſenſus talis eſt : Illæ nubes..... ſicut in hoc aere tenebroſa, hoc eſt, obſcuræ videntur; ita in conſpectu Dei præfulgora ſunt, ubi ſemper veritas patet :* at hæc mera Caſſiodori conjectura, quæ nullius antiquæ Verſionis, quod ſenſerim, aut Mſ. auctoritate nititur.

℣. 14. Ita Aug. & Caſſiod. in hunc Pſ. cum Pſalt. Rom. Mediolan. Corb. Carnut. & Græco; à quibus omnibus abſunt eò loci, *grando & carbones ignis*. De hoc etiam verſiculo Hieron. ep. ad Sun. & Fret. to. 2. col. 631. b. hæc habet : *Et quæritis, cur Græcus iſtum verſum ſecundò non habeat, interpoſitis duobus verſibus : ſed ſciendum, quia de Hebraico, & de Theodotionis editione in LXX. Interpretibus ſub aſteriſco additum ſit.*

℣. 15. Ita Pſalt. Rom. cum Caſſiod. in hunc Pſal. niſi quòd apud utrumque deeſt & initio, ſicut ante *fulgura*. In Corb. ſic : *Et miſit ſagittas ſuas, diſſipavit eos : & fulgura multiplic. & conturbavit eos.* Apud Hilar. in Pſ. 67.

Versio antiqua.	Hebr.	Vulgata hod.
Ex Mf. Sangerm. diffipavit eos: & fulgura multiplicavit, & conturbavit eos.	*pavit eos : fulgura multiplicavit, & conturbavit illos.*	diffipavit eos : fulgura multiplicavit, & conturbavit eos.
16. Et paruerunt fontes aquarum, & revelata funt fundamenta orbis terræ;	*Et apparuerunt effufiones aquarum, & revelata funt fundamenta orbis,*	16. Et apparuerunt fontes aquarum, & revelata funt fundamenta orbis terrarum;
Ab increpatione tua Domine, ab infpiratione fpiritûs iræ tuæ.	*Ab increpatione tua Domine, ab infpiratione fpiritûs furoris tui.*	Ab increpatione tua Domine, ab infpiratione fpiritûs iræ tuæ.
17. Mifit è fummo, & accepit me : adfumpfit me de multitudine aquarum.	*Mifit de alto, & accepit me : extrahet me de aquis multis.*	17. Mifit de fummo, & accepit me : & affumpfit me de aquis multis.
18. Eripuit me de inimicis meis fortiffimis, & ab his qui oderunt me : quia confirmati funt fuper me.	*Liberavit me de inimico meo potentiffimo, & de his qui oderunt me : quoniam robuftiores me erant.*	18. Eripuit me de inimicis meis fortiffimis, & ab his qui oderunt me : quoniam confortati funt fuper me.
19. Prævenerunt me in die adflictationis meæ : & factus eft Dominus protector meus.	*Prævenerunt me in die afflictionis meæ, & factus eft Dominus firmamentum meum.*	19. Prævenerunt me in die afflictionis meæ : & factus eft Dominus protector meus.
20. Et produxit me in latitudinem : falvum me faciet, quoniam voluit me.	*Et eduxit me in latitudinem : liberabit me, quoniam placui ei.*	20. Et eduxit me in latitudinem : falvum me fecit, quoniam voluit me.
Liberavit me de inimicis meis potentiffimis, & ab his qui oderunt me gratis.		
21. Et retribuet mihi Dominus fecundùm juftitiam meam : & fecundùm innocentiam manuum mearum retribuet mihi :	*Retribuit mihi Dominus fecundùm juftitiam meam : fecundùm munditiam manuum mearum reddidit mihi :*	21. Et retribuet mihi Dominus fecundùm juftitiam meam : & fecundùm puritatem manuum mearum retribuet mihi :
22. Quia cuftodivi vias Domini, nec impiè geffi à Deo meo.	*Quia cuftodivi vias Domini, & non egi impiè à Deo meo.*	22. Quia cuftodivi vias Domini, nec impiè geffi à Deo meo.
23. Quoniam omnia judicia ejus in confpectu meo funt : & juftitias ejus non repuli à me.	*Omnia enim judicia ejus in confpectu meo, & præcepta ejus non amovi à me.*	23. Quoniam omnia judicia ejus in confpectu meo : & juftitias ejus non repuli à me.
24. Et ero immaculatus co-	*Et fui immaculatus cum eo, &*	24. Et ero immaculatus cum eo:

Notæ ad Versionem antiquam.

col. 191. d. & in Pf. 126. col. 421. d. *Mifit fagittas fuas, & diffipavit eos : & fulgura multipl. & conturb. eos.* Similiter hab. in Pf. 143. col. 556. c. nifi quòd delet *fuas*, poft *fagittas* : at in Pf. 64. col. 166. e. leg. *Mifit fagittas fuas, & difperfit eos : & fulgura*, &c. Aug. verò in hunc Pf. ita : *Et emifit fagittas fuas, & difperfit eos : & corufcationes multiplicavit, & conturbavit eos.* Pfeudo-Eucherius in 2. Reg. p. 962. c. *Et emifit fagittas, & diffipavit eos : & corufcationes multipl.* &c. ut fup. Græcè : Καὶ ἐξαπέστειλε βέλη, καὶ ἐσκόρπισεν αὐτούς· καὶ ἀστραπὰς ἐπλήθυνε, &c. In Mf. Alex. ac edd. Ald. & Compl. deeft καὶ, ante ἐξαπέστειλε.

℣. 16. Mf. Sangerm. ita fcriptum exhibet, *parunt unt*, mendosè, pro quo pofuimus *paruerunt*. Auguft. in hunc Pf. *Et apparuerunt..... fundamenta orbis terrarum*, &c. ut fup. Similiter in Pfalt. Rom. *apparuerunt*, ut & ap. Caffiod. in eund. Pfalm. fed uterque habet cum Pfalt. Corb. *orbis terræ*. In Gr. Καὶ ὤφθησαν αἱ..... τῆς οἰκουμένης..... Κύριε, ἀπὸ ἐμπνεύσεως, &c. Brev. Moz. *& ab infpiratione*, &c.

℣. 17. Sic habet Pfalt. Corb. Sic etiam Hilar. in Pf. 143. col. 556. c. pofito &, ante *affumpfit*. Itidem in Pfalt. Rom. excepto *de*, pro *è*. Item apud Auguft. & Caffiod. in hunc Pf. & ap. Pfeudo-Eucherium in 2. Reg. p. 962. fublato &, ante *affumpfit*. In Brev. Moz. ita : *Mifit ex alto, & accepit me : affumpfit me de altitudine aquarum.* Græcè, Ἐξαπέστειλεν ἐξ ὕψους, καὶ ἔλαβέ με· προσελάβετό με ἐξ ὑδάτων πολλῶν.

℣. 18. Brev. Moz. hab. *Eripiet me de*, &c. ut fup. Hilar. in Pf. 143. col. 556. c. *Eripuit me de*, &c. Auguft. in hunc Pf. cum Pfeudo-Eucher. in 2. Reg. p. 962. *Eruit me*; & infra, *quoniam confortati funt*, &c. In Gr. Ῥύσεταί με ἐξ ἐχθρῶν μου δυνατῶν, καὶ ἐκ τῶν..... ὅτι ἐστερεώθησαν, &c.

℣. 19. Auguft. in hunc Pf. cum Pfeudo-Eucherio in 2. Reg. p. 962. *Prævenerunt me in die afflictionis meæ : & factus eft Dominus firmamentum meum.* Caffiod. cum vet. Pfalt. Vulgatæ confonat. In Gr. fic : Προέφθασάν με ἐν ἡμέρᾳ κακώσεώς μου· καὶ..... ἀντιστήριγμά μου. Symm. loco κακώσεως, hab. ταλαιπωρίας.

℣. 20. Similiter habet Caffiod. in hunc Pf. *Et produxit me in latitudinem.* Brev. Moz. *in latitudine* ; mox ita. *liberavit me, quoniam voluit me* ; nec ipfum, nec Caffiodorus addunt plura. In Pfalt. Corb. fic : *Et eduxit me in latitudinem : falvum me faciet, quoniam voluit me* : tum fequitur intervallum, lineis duabus fufficiens. Apud Aug. in eund. Pf. fic : *Et eduxit me in latitudinem : eruit me, quoniam voluit me* : tum addit : *Antequam illum ego vellem, eruit me ab inimicis meis potentiffimis, qui mihi invidebant jam volenti eum ; & ab his qui oderunt me, quia volo eum* : quæ fatis indicant fubnexos in Mf. Germ. verficulos duos, pariter exftitiffe in codice Auguftini : & verò etiamnum leguntur in Pfalt. Carnut. nempe fic : *Salvum me faciet, quon. voluit me. Eripuit me de inimicis meis fortiffimis, & ab his qui oderunt me* ; ut fupra ℣. 18. Similiter habet Pfeudo-Eucher. in 2. Reg. p. 962. *Et eduxit me in latitud. eruit me, quon. voluit me. Eruit me de inimicis meis potentiffimis, & ab his qui oderunt me.* At neque in Pfalt. Rom. neque in veteribus aliis, hoc additamentum reperitur. In Græco etiam edit. Rom. nulla alia funt, præter feqq. Καὶ ἐξήγαγέ με εἰς πλατυσμόν· ῥύσεταί με, ὅτι ἠθέλησέ με. Solus Mf. Alex. hæc addit : Ῥύσεταί με ἐξ ἐχθρῶν μου δυνατῶν, καὶ ἐκ τῶν μισούντων με.

℣. 21. Ita Pfalt. Corb. cum Rom. Martianæi. Mozar. habet initio, & in fine, *retribuit* ; fed *innocentiam*, ut fup. Similiter in Pfalt. Rom. Fabri. Apud Auguft. in eund. Pf. *Et retribuet mihi..... fecundùm puritatem manuum*, &c. ut in Vulg. Ap. Caffiod. *fecundùm innocentiam*, &c. Pfeudo-Eucherius in 2. Reg. p. 962. fic habet : *Et retribuet mihi Dom. fecund. juftitiam bonæ voluntatis : & fecund. puritatem manuum*, &c. Græc. Καὶ ἀνταποδώσει μοι..... κατὰ τὴν καθαριότητα τῶν..... ἀνταποδώσει μοι.

℣. 22. Ita Aug. & Caffiod. cum vet. Pfalt. & Græco.

℣. 23. Sic eft in Pfalt. Corb. Brev. verò Moz. addit *femper*, verbo *funt* ; & loco *repuli à me*, habet *repulit me*. Caffiod. in hunc Pf. fimiliter leg. *funt femper*, cum Aug. edd. fed in Mfs. melioris notæ ibid. fimpliciter, *in confpectu meo funt*, &c. ut in Vulg. In Pfalt. Mediolan. ac Rom. Fabri, *funt femper*, ficut ap. Pfeudo-Eucher. in 2. Reg. p. 962. Itidem in Rom. Martianæi, nifi quòd hab. *juftitiam ejus*, non *juftitias*. Græc. Ὅτι πάντα..... ἐνώπιόν μου· καὶ τὰ δικαιώματα αὐτοῦ οὐκ ἀπέστησαν ἀπ' ἐμοῦ· in edit. Compl. ἀπέστησα.

℣. 24. Aug. in hunc Pf. hab. cum Pfalt. Rom. Fabri, & Vulg. *immaculatus cum eo.* Caffiod. verò in eund. Pf.

VULGATA HOD.	HEBR.	VERSIO ANTIQUA.
& observabo me ab iniquitate mea.	*custodivi me ab iniquitate mea.*	ram eo : & observabo ab iniquitate mea. *Ex Ms. Sangerm.*
25. Et retribuet mihi Dominus secundùm justitiam meam, & secundùm puritatem manuum mearum in conspectu oculorum ejus.	*Et restituet mihi Dominus secundùm justitiam meam : secundùm munditiam manuum mearum in conspectu oculorum ejus.*	25. Et retribuet mihi Dominus secundùm justitiam meam: & secundùm innocentiam manuum mearum retribuet mihi in conspectu oculorum ejus.
26. Cum sancto sanctus eris, & cum viro innocente innocens eris :	*Cum sancto sanctus eris : cum viro innocente innocenter ages.*	26. Cum sancto sanctus eris, & cum viro innocente innocens eris :
27. Et cum electo electus eris : & cum perverso pervertêris.	*Cum electo electus eris, & cum perverso subvertêris.*	27. Et cum electo electus eris : & cum perverso subvertêris.
28. Quoniam tu populum humilem salvum facies : & oculos superborum humiliabis.	*Quia tu populum pauperem salvabis, & oculos excelsos humiliabis.*	28. Quoniam tu populum humilem salvum facies : & oculos superborum humiliabis.
29. Quoniam tu illuminas lucernam meam Domine : Deus meus illumina tenebras meas.	*Quia tu illuminabis lucernam meam : Domine Deus meus illustrabis tenebram meam.*	29. Quoniam tu inluminas lucernam meam Domine : Deus meus inlumina tenebras meas.
30. Quoniam in te eripiar à tentatione, & in Deo meo transgrediar murum.	*In te enim curro accinctus, & in Deo meo transiliam murum.*	30. Quoniam à te eripiar à tentatione, & in Deo meo transgrediar murum.
31. Deus meus impolluta via ejus : eloquia Domini igne examinata : protector est omnium sperantium in se.	*Deus immaculata via ejus : eloquium Domini examinatum : scutum est omnium sperantium in se.*	31. Deus meus impolluta via ejus : eloquia Domini igne examinata : protector est omnium sperantium in se.
32. Quoniam quis Deus præter Dominum? aut quis Deus præter Deum nostrum?	*Quoniam quis est Deus præter Dominum? & quis fortis præter Deum nostrum?*	32. Quoniam quis Deus præter Dominum? & quis Deus præter Deum nostrum?
33. Deus qui præcinxit me virtute : & posuit immaculatam viam meam.	*Deus qui accingit me fortitudine, & posuit immaculatam viam meam :*	33. Deus qui præcinxit me virtutem : & posuit immaculatam viam meam.
2. Reg. 22. 34. — 34. Qui perfecit pedes meos tanquam cervorum, & super excelsa statuens me.	*Coæquans pedes meos cervis, & super excelsa mea statuens me :*	34. Qui perficit pedes meos tanquam cervi, & super excelsa statuit me.

NOTÆ AD VERSIONEM ANTIQUAM.

cum Rom. Martianæi, *coram eo*. In omnibus constanter, *observabo me*. In Psalt. Corb. *cum eo..... & observabo ab*, &c. Pseudo-Eucher. in 2. Reg. p. 962. *Et ero immacul. coram eo : & custodiam me ab iniq. mea.* S. Bened. Reg. c. 7. *Tunc ero immaculatus coram eo, si observavero me ab*, &c. Gr. Καὶ ἔσομαι ἄμωμος μετ' αὐτοῦ· καὶ φυλάξομαι ἀπὸ τῆς, &c.

℣. 25. Sic est in Psalt. Corb. ad verbum. Mozarab. in principio habet *retribuit*, cum his, *secundùm innocentiam manuum*, &c. August. in hunc Ps. *Et retribuet..... & secundùm puritatem*, &c. Cassiod. in eund. Ps. cum Psalt. Rom. *Et retribuet..... & secundùm innocentiam*, &c. sed non repetitur hic, *retribuet mihi*, post vocem *mearum*, præterquam in Psalt. Corb. & apud Pseudo-Eucher. in 2. Reg. p. 962. In Ms. Sangerm. scriptum erat ibid. *retribue*, sed aperto mendo, quod sustulimus. In Gr. Καὶ ἀνταποδώσει μοι..... καὶ κατὰ τὴν καθαριότητα τῶν χειρῶν μου ἐνώπιον, &c. sed in Ms. Alex. iterum, ἀνταποδώσει μοι ἐνώπιον, &c. ut in Lat. sup.

℣. 26. In Ms. Germ. ita corruptè legitur, *innocente innocente inn*, cujus loco posuimus, *innocente innocens eris*, uti legunt Aug. & Cassiod. in hunc Ps. cum veterib. Psalt. Similiter hab. Tertull. l. de pudicit. p. 1011. a. *Cum sancto sanctus eris, & cum viro innoc.* &c. at l. de exhort. ad castit. p. 942. c. ita : *Cum sancto sanctificaberis, & cum viro innoc.* &c. Cypr. l. 3. Testimon. p. 326. c. *Cum justo justificaberis, & cum viro innoc.* &c. Hilar. in Ps. 120. col. 381. a. *Cum sancto sanctus eris, & cum perverso perv. &c.* omissis intermediis. Similiter Ambr. l. 1. de Abr. c. 9. to. 1. col. 309. b. & epist. 27. to. 2. col. 899. e. & l. 1. offic. col. 45. c. at l. de bon. mort. c. 9. p. 406. e. versiculos ita perturbatos exhibet : *Cum sancto sanctus eris, & cum electo electus eris : & cum perverso perversus eris, & cum innocente innocens eris.* In Gr. sic : Μετὰ ὁσίου ὁσιωθήσῃ [Ald. & Compl. ὅσιος ἔσῃ,] καὶ μετὰ ἀνδρὸς ἀθῴου ἀθῷος ἔσῃ.

℣. 27. Ita Brev. Moz. hab. cum Psalt. Rom. Corb. & Mediolan. Sic etiam Cassiod. in hunc Ps. ac in Ps. 25. p. 87. c. cum Auct. l. ad virg. devot. ap. Ambr. p. 366. f. & Pseudo-Eucherio in 2. Reg. p. 963. Tertul. verò, l. de pudic. p. 1011. a. & Aug. in hunc Ps. sic : *Et cum electo electus eris : & cum perv. perversus eris.* Idem Tertull. l. 5. adv. Marc. p. 800. b. ita : *Cum justo justus eris : & cum perv. pervertêris* : & l. de exhort. castit. p. 942. c. *Et cum electo electus eris.* Cypr. l. 3. Testim. p. 326. c. *innocens eris : & cum perverso perversus eris.* Similiter apud Ambr. epist. 27. to. 2. col. 899. e. *perversus eris.* Ap. Hilar. in Ps. 120. col. 381. a. *sanctus eris : & cum perv. pervertêris.* In Gr. Καὶ μετὰ ἐκλεκτοῦ ἐκλεκτὸς ἔσῃ· καὶ μετὰ στρεβλοῦ διαστρέψεις.

℣. 28. Accinunt Aug. Cassiod. & al. unà cum Græco.

℣. 29. August. in hunc Ps. bis legit *illuminabis*, loco *inluminas*, & *inlumina*. Vigil. Taps. l. cont. Varim. p. 751. b. initio tantùm hab. *illuminabis* ; Pseudo-Eucher. verò in 2. Reg. p. 963. sub finem, loco *inlumina*. Ambr. l. de bon. mort. c. 9. col. 406. e. *Quoniam tu illuminas*, &c. ut in Vulg. Similiter Cassiod. cum vet. Psalt. unum tamen Corb. habet : *Quoniam tu inluminans*, &c. In Gr. bis, φωτιεῖς.

℣. 30. Ita legit Cassiod. in hunc Ps. cum Brev. Moz. & Psalt. Rom. Fabri. Similiter Pseudo-Eucher. in 2. Reg. p. 963. August. verò in eund. Ps. ita : *Quoniam à te eruar à tentatione*, &c. sic etiam l. 12. de Trin. to. 8. col. 916. c. nisi quòd addit, *sperans transgrediar*, &c. plures tamen Mss. ibid. omittunt verbum *sperans*, quod etiam abest à Græco. Psalt. Rom. Martianæi hab. *Quoniam in te eripiar*, è Gr. Ὅτι ἐν σοὶ ῥυσθήσομαι, &c.

℣. 31. A Ms. Sangerm. ipso initio abest *Deus*, sed aperto mendo. August. in hunc Ps. & Pseudo-Eucher. in 2. Reg. p. 963. legunt : *Deus meus, immaculata est via ejus*, &c. ut supra. Similiter in Brev. Moz. *immaculata via ejus* ; at in fine, *in eum*, pro *in se*. In Græco : Ὁ Θεός μου ἄμωμος ἡ ὁδὸς αὐτοῦ, &c. ultimòque, ἐπ' αὐτόν.

℣. 32. Sic ap. Aug. in hunc Ps. *& quis Deus* ; in Psalt. Rom. & al. *aut quis* ; in Græco, καὶ τίς Θεὸς, &c. ut sup. Pseudo-Eucher. in 2. Reg. p. 963. legit : *& quis Deus præter Dominum nostrum?*

℣. 33. Sic in Psalt. Rom. Martianæi, & Corb. In Rom. verò Fabri, *virtute*, sicut apud Aug. & S. Paulinum, epist. 23. p. 135. b. In Gr. Ὁ Θεὸς ὁ περιζωννύων με δύναμιν, &c.

℣. 34. Sic in Psalt. Rom. Martianæi ad verbum ; ut & in Corb. & apud Cassiod. in hunc Ps. necnon ap. S. Paulinum, epist. 23. p. 135. b. nisi quòd habent omnes per-

VERSIO ANTIQUA.	HEBR.	VULGATA HOD.
* Ex Ms. Sangerm. 35. Qui docet manus meas in prælium : & posuisti ut arcum æreum, brachia mea.	*Docens manus meas ad prælium, & componens quasi arcum æreum brachia mea.*	35. Qui docet manus meas ad prælium : & posuisti ut arcum æreum, brachia mea. 2. Reg. 22. 35.
36. Et dedisti mihi protectionem salutis meæ : & dextera tua suscepit me :	*Dedisti mihi clypeum salutis tuæ, & dextera tua confortavit me :*	36. Et dedisti mihi protectionem salutis tuæ : & dextera tua suscepit me :
Et disciplina tua ipsa docebit me.	*Et mansuetudo tua multiplicavit me.*	Et disciplina tua correxit me in finem, & disciplina tua ipsa me docebit.
37. Dilatasti gressus meos subtus me : & non sunt infirmata vestigia mea.	*Dilatabis gressum meum subtus me, & non deficient tali mei.*	37. Dilatasti gressus meos subtus me : & non sunt infirmata vestigia mea.
38. Persequar inimicos meos, & comprehendam eos : & non convertar donec deficiant.	*Persequar inimicos meos & apprehendam, & non revertar donec consumam eos.*	38. Persequar inimicos meos, & comprehendam illos : & non convertar donec deficiant.
39. Configam illos, nec poterunt stare : cadent sub pedibus meis.	*Cadam eos, & non poterunt surgere : cadent sub pedibus meis.*	39. Confringam illos, nec poterunt stare : cadent subtus pedes meos.
40. Et præcinxisti me virtutem ad bellum : subplantasti insurgentes in me subtus me.	*Et accinxisti me fortitudine ad prælium : incurvabis resistentes mihi sub me.*	40. Et præcinxisti me virtute ad bellum : & supplantasti insurgentes in me subtus me.
41. Et inimicorum meorum dedisti mihi dorsum, & odientes me disperdidisti.	*Inimicorum meorum dedisti mihi dorsum, & odientes me disperdidisti.*	41. Et inimicos meos dedisti mihi dorsum, & odientes me disperdidisti.
42. Clamaverunt, nec erat qui salvos faceret ; ad Dominum, nec exaudivit eos.	*Clamabunt, & non erit qui salvet ; ad Dominum, & non exaudiet eos.*	42. Clamaverunt, nec erat qui salvos faceret ; ad Dominum, nec exaudivit eos.
43. Et comminuam illos, ut pulverem ante faciem venti : ut lutum platearum delebo eos.	*Delebo eos ut pulverem ante faciem venti : ut lutum platearum projiciam eos.*	43. Et comminuam eos, ut pulverem ante faciem venti : ut lutum platearum delebo eos.

NOTÆ AD VERSIONEM ANTIQUAM.

fecit, cum Psalt. Rom. Fabri. Idem verò S. Paulinus, ep. 9. p. 45. a. sic legit : *Perficiet pedes nostros sicut cervi, & super excelsa statuet nos :* at epist. 21. p. 115. c. *Pedes tanquam cervi perfecisti.* August. in hunc Ps. *Qui perficit..... tanq. cervi, & sup..... statuet me.* In Psalt. Mediolan. & Carnut. constanter *cervi ;* & in Mozarab. *statuet me.* Similiter ap. Pseudo-Eucher. in 2. Reg. p. 963. Attamen Hieronymus epist. ad Sun. & Fretel. to. 2. col. 631. b. ad hoc, *cervorum*, dicit : *Scribitis in Græco inveniri*, ὡσεὶ ἐλάφυ, *id est*, tanquam cervi, *singularem numerum pro plurali ; sed in Hebræo pluralis numerus est*, chaialoth ; *& omnes Interpretes pluralem numerum transtulerunt.* In edit. tamen Rom. & alibi constanter : Ὁ καταρτιζόμενος τὺς πόδας μυ ὡσεὶ ἐλάφυ, καὶ ἐπὶ τὰ ὑψηλὰ ἱςῶν με. Solus Ms. Alex. hab. ἐλάφυς, & Aquila, καὶ ἐπὶ τὰ ὑψώματά μυ ςήσεις με.

℣. 35. August. in hunc Ps. leg. *ad prælium ;* duo tamen Mss. ferunt ibid. *in prælium*, alii plerique, *in prælio.* Cassiod. in eund. Ps. hab. *ad prælium ;* deinde, *& posuit ut arcum*, &c. Sic etiam in Brev. Moz. & Psalt. Rom. Martianæi. In Rom. verò Fabri, *& posuit arcum*, &c. Apud Hilar. in Ps. 143. p. 553. d. & in Psalt. Corb. sic : *Qui doces manus meas in prælium : & posuisti ut arcum*, &c. Gr. Διδάσκων..... εἰς πόλεμον· καὶ ἔθυ τόξον, &c. Compl. ἔθετο.

℣. 36. Itidem in Psalt. Corb. & Rom. Fabri, nisi quòd in fine habetur, *me docebit.* In Rom. Martianæi, *salutis tuæ, & me docebit*, ut & ap. Cassiod. in hunc Ps. in singulis autem non leguntur plura, nec etiam in Psalt. Carnut. Secus in Mozarab. in quo sic : *Et disciplina tua ipsa me docebit : & doctrina tua diriget me usque in finem.* Similiter ap. Vigil. Taps. l. cont. Varim. p. 750. f. excepto uno *usque*, quod deest. In Psalt. Mediol. *stabilivit me in finem.* Aug. in eund. Ps. sic hab. *Et dedisti mihi protect. salutis meæ..... suscepit me : & disciplina tua me direxit in finem : & disciplina tua ipsa me docebit.* Notant tamen editores nostri BB. octo Mss. ibid. habere *salutis tuæ*, non *meæ :* unde Hieron. ep. ad Sun. & Fretel. to. 2. col. 631. b. ita scribit : *In Græco vos legisse dixistis*, τῆς σωτηρίας μυ, *id est*, salutis meæ ; *sed in Hebræo*, Iesacha, salutis tuæ *significat, non meæ ; quod & omnes Interpretes transtulerunt.* Pseudo-Eucher. in 2. Reg. p. 963. ita : *Et dedisti mihi protect. salutis tuæ..... & disciplina tua direxit me in finem : & disciplina tua*, &c. ut in Vulg. Edit. Rom. LXX. fert σωτηρίας μυ ; in editt. verò Ald. & Compl. deest μυ ; mox ita in Rom. καὶ ἡ δεξιά συ ἀντελάβετό μυ· καὶ ἡ παιδεία συ ἀνώρθωσέ με εἰς τέλος· καὶ ἡ παιδεία συ αὐτή με διδάξει. Verùm hic ult. versiculus citatur in Ἑξαπλοῖς ex Theodot. ut notatur in cod. Coislin. IX. vel X. sæculi : & verò ita in Schol. τὸ, Καὶ ἡ παιδεία συ αὐτή με διδάξει, Θεοδοτίωνός ἐςιν ἀντὶ τῦ, Καὶ ἡ παιδεία συ ἀνώρθωσέ με εἰς τέλος. In Hexapl. deest εἰς τέλος.

℣. 37. August. in hunc Ps. legit *subter me*, Gr. ὑποκάτω μυ.

℣. 38. Ita August. in hunc Ps. cum vet. Psalt. ni excipias *illos*, pro *eos.* Brev. Moz. hab. *& non revertar donec*, &c. Gr. καὶ ὐκ ἀποςραφήσομαι. Pseudo-Eucher. in 2. Reg. p. 963. *Persequar inimicos meos, & comprimam illos*, &c. ut in Vulg. Gr. καὶ καταλήψομαι, &c.

℣. 39. Psalt. Rom. & Carnut. antiqua manu correctum : *Affligam illos, nec poterunt*, &c. ut in Vulg. Similiter Cassiod. in hunc Ps. cum hoc, *sub pedibus meis.* Aug. in eund. Ps. *Confringam illos, nec poterunt*, &c. ut in Vulg. Brev. Moz. *nec potuerunt.* Psalt. Corb. *Confringam illos, nec poterunt..... cad. sub pedibus meis.* Gr. Ἐκθλίψω αὐτὺς, καὶ ὐ μὴ δύνωνται..... ὑπὸ τὺς πόδας μυ.

℣. 40. Brev. Moz. ipso initio tollit *&*, nec hab. ante *supplantasti ;* addit verò *omnes insurgentes*, &c. Similiter in Psalt. Rom. Fabri, Carnut. & Mediol. *supplantasti omnes*, absque præced. *&*, quod ult. etiam tollunt Aug. & Cassiod. in hunc Ps. cum voce *omnes.* In Psalt. Rom. Martianæi, & Corb. *Et præcinxisti me virtutem ad bellum : suppl. omnes..... subtus me :* August. cum Pseudo-Eucherio in 2. Reg. *subter me.* In Gr. Καὶ περιέζωσάς με δύναμιν εἰς πόλεμον· συνεπόδισας πάντας τὺς..... ὑποκάτω μυ. Hieron. ep. ad Sun. & Fretel. to. 2. col. 631. c. ad hoc, *insurgentes*, ait : *In Græco plus invenisse vos dicitis*, omnes insurgentes ; *sed* omnes, *additum est.*

℣. 41. Ita Brev. Moz. cum Psalt. Rom. & Cassiod. in hunc Ps. at Aug. in eund. cum Pseudo-Eucher. in 2. Reg. *Et inimicos meos dedisti mihi dorsum, & odio habentes me disperdidisti.* In Gr. Καὶ τὺς ἐχθρύς μυ ἔδωκάς μοι νῶτον, καὶ τὺς μισῦντάς με ἐξωλόθρευσας.

℣. 42. Ita leg. Hilarius in Ps. 143. col. 553. e. necnon Aug. & Cassiod. in hunc Ps. cum vet. Psalt. & Gr. Pseudo-Eucherius verò in 2. Reg. p. 963. ita : *Clamabunt, nec erit qui salvum faciat ; ad Dominum, nec exaudiet eos.*

℣. 43. Sic Hilar. in Ps. 1. col. 23. & in Ps. 143. col. 553. e. Item August. in hunc Ps. sed Mss. XI. hab. ibid. *juxta faciem venti.* Ita quoque Pseudo-Eucher. in 2. Reg. p. 963. Cassiodor. verò cum vet. Psalt. *ante faciem*, &c. Ambr. in Ps. 1. to. 1. col. 759. d. *Comminuam eos..... ante faciem venti, & ut lutum*, &c. at inf. in Ps. 35. col. 765. d. *ut lutum.* Item Anon. apud ipsum, to. 2. col. 4. d. Græc. Καὶ λεπτυνῶ αὐτὺς..... κατὰ πρόσωπον ἀνέμυ· ὡς πηλὸν, &c.

VULGATA HOD.

44. Eripies me de contradictionibus populi: constitues me in caput gentium.

45. Populus, quem non cognovi, servivit mihi: in auditu auris obedivit mihi.

46. Filii alieni mentiti sunt mihi, filii alieni inveterati sunt, & claudicaverunt à semitis suis.

47. Vivit Dominus, & benedictus Deus meus, & exaltetur Deus salutis meæ.

48. Deus qui das vindictas mihi, & subdis populos sub me, liberator meus de inimicis meis iracundis.

2. Reg. 22. 49. 49. Et ab insurgentibus in me exaltabis me: à viro iniquo eripies me.

Ibid. 50. Rom. 15. 9. 50. Propterea confitebor tibi in nationibus Domine: & nomini tuo psalmum dicam.

51. Magnificans salutes regis ejus, & faciens misericordiam christo suo David, & semini ejus usque in sæculum.

HEBR.

Salvabis me à contradictionibus populi: ponesme in caput gentium.

Populus, quem ignoravi, serviet mihi: auditione auris obaudiet mihi.

Filii alieni mentientur mihi: filii alieni defluent, & contrahentur in angustiis suis.

Vivit Dominus, & benedictus Deus meus, & exaltabitur Deus salutis meæ.

Deus qui das vindictas mihi, & congregas populos sub me: qui servas me ab inimicis meis,

Et à resistentibus mihi elevas me, à viro iniquo liberabis me.

Propterea confitebor tibi in gentibus Domine, & nomini tuo cantabo:

Magnificanti salutes regis sui, & facienti misericordiam Christo suo, David & semini ejus usque in æternum.

VERSIO ANTIQUA.

44. Eripies me de contradictionibus populi: constitues me in caput gentium. Ex Ms. Sangerm.

45. * Populus, quem non cognovi, servivit mihi: ad auditum auris obaudivit mihi. * Ms. Populum.

46. Filii alieni mentiti sunt mihi: filii alieni inveteraverunt, & claudicaverunt à semitis suis.

47. Vivit Dominus, & benedictus Deus meus, & exaltetur Deus salutis meæ.

48. Deus qui das vindictam mihi, & subdidisti populos sub me, liberator meus Dominus de gentibus iracundis.

49. Ab insurgentibus in me exaltabis me: à viro iniquo eripies me.

50. Propterea confitebor tibi in gentibus Domine: & psalmum dicam nomini tuo.

51. Magnificans salutarem regis ipsius, & faciens misericordiam christo suo David, & semini ejus in sæculum.

NOTÆ AD VERSIONEM ANTIQUAM.

℣. 44. Sic iterum Hilar. in Ps. 143. col. 553. e. & Cassiod. cum vet. Psalt. August. verò in hunc Ps. cum Pseudo-Eucher. in 2. Reg. *Erues me de*, &c. Gr. Ῥῦσαί με ἐξ ἀντιλογιῶν, &c. Symm. Ῥύσῃ με ἀπὸ, &c. August. l. 17. de civitate Dei, c. 16. to. 7. col. 479. d. legit ut sup. *constitues me in caput gentium*; at ibi Mss. habent *in capite*: Cypr. l. 1. Testim. p. 282. a. & Lact. l. 4. Instit. c. 11. p. 575. constanter, *in caput*; è Gr. εἰς κεφαλήν.

℣. 45. Tertul. adv. Jud. c. 3. p. 137. b. *Populus, quem non noveram, servivit mihi: in auditu auris obedivit mihi.* Itidem Cypr. l. 1. Testim. p. 282. a. hoc excepto, *quem non cognovi*. Lactant. l. 4. Instit. c. 11. p. 575. *Populus, quem non cognovi, serviet mihi.* Sic etiam Pseudo-Eucher. in 2. Reg. sed addit: *in obauditu auris obaudivit mihi.* Hilar. in Ps. 1. col. 14. c. & in Ps. 143. col. 553. e. cum Psalt. Corb. *Populus, quem non cognovi, servivit mihi: ad auditum auris obaudivit mihi.* Similiter hab. August. in hunc Ps. exceptis his, *in obauditu auris obedivit mihi*; at l. 17. de civit. Dei, to. 7. col. 479. d. *obaudivit mihi.* Item ap. Cassiod. in eund. Ps. & in Breviar. Moz. nisi quòd apud utrumque deest *in*, ante vocem *obauditu*. In Psalt. Rom. similiter *obauditu*, absque præced. *in*; at legitur *obedivit*. Apud Auct. l. de promiss. p. 3. col. 184. *in obauditu auris obaudivit mihi.* In Græco, Λαὸς, ὃν οὐκ ἔγνων, ἐδούλευσέ μοι· εἰς ἀκοὴν ὠτίου ὑπήκουσέ μοι, Ms. Alex. ἐπήκουσας.

℣. 46. Ita legunt Aug. & Cassiod. in hunc Ps. cum Psalt. Moz. Corb. & Rom. Concinunt pariter Hilar. in Ps. 143. col. 558. d. & Hieron. in Isai. c. 25. & 60. to. 3. col. 214. a. & 445. b. Hieron. priori loco habet, *in semitis suis*. Ap. Iren. l. 4. p. 288. e. priora tantùm exstant: *Filii alieni mentiti sunt mihi.* Similiter ap. Ambros. in Ps. 118. to. 1. col. 1102. f. In Gr. Υἱοὶ ἀλλότριοι... υἱοὶ ἀλλότριοι ἐπαλαιώθησαν, καὶ ἐχώλαναν ἀπὸ τῶν, &c.

℣. 47. Accinunt August. & Cassiod. cum Psalt. Rom. Martianæi: in Rom. Fabri, deest *meus*, post *Deus*; de quo Hieron. epist. ad Sun. & Fretel. to. 2. col. 631. c. ita scribit: *Dicitis in Græco non haberi* meus, *quod non sub asterisco, sed ab ipsis LXX. de Hebraica veritate translatum est; & cuncti Interpretes in hac parte consentiunt.* In ed. etiam Rom. nunc legitur, ὁ Θεός μου; at in edd. Ald. & Compl. deest μου.

℣. 48. Ita fert Psalt. Rom. cum Carnut. Sic etiam in Mediolan. & apud Cassiod. in hunc Ps. detracta tantùm voce *Dominus*; tres. etiam Mss. Cassiod. habent *subdis*, non *subdidisti*. Brev. Moz. ita: *Deus qui das vindictas mihi, & subdidisti populos sub me, liberator meus de gentibus iracundis.* August. in eund. Ps. nil differt à Vulg. In Gr. Ὁ Θεὸς ὁ διδοὺς ἐκδικήσεις ἐμοὶ, καὶ ὑποτάξας λαοὺς ὑπ' ἐμὲ, ὁ ῥύστης μου ἐξ ἐχθρῶν ὀργίλων. De his autem, *liberator meus de gentibus iracundis*, Hieron. ep. ad Sun. & Fretel. to. 2. col. 631. c. ita disserit: *In Græco invenisse vos dicitis*, ab inimicis meis fortibus, *sive* potentibus; *& quia semel veritati studemus, si quid vel transferentis festinatione, vel scribentium vitio depravatum est, simpliciter confiteri & emendare debemus: in Hebræo nihil aliud habet nisi hoc*, liberator meus ab inimicis meis: *LXX. autem* iracundis *addiderunt; & pro* gentibus, *tam in Hebræo, quàm in cunctis Interpretibus*, inimici *positi sunt; & miror quomodo pro* inimicis, gentes *mutata sint.*

℣. 49. Ita Psalt. Corb. August. etiam cum Pseudo-Eucher. in 2. Reg. tollit *&* in principio, una cum Gr. at Aug. legit in fine, *erues me*; Pseudo-Eucher. *eripe me*: Gr. ῥύσῃ με.

℣. 50. Ita Psalt. Corb. Sic etiam in Mozarab. detracto tamen *&*, post *Domine*. Psalt. Rom. hab. *confitebor tibi in populis.* August. in hunc Ps. *tibi in gentibus Domine: & nomini tuo psallam.* Pseudo-Eucherius in 2. Reg. p. 964. *tibi in generationibus Domine: & nom. tuo psallam.* Cassiod. in eund. Ps. *tibi in populis Domine: & psalmum dicam tibi inter gentes.* Gr. Σοὶ ἐν ἔθνεσι Κύριε· καὶ τῷ ὀνόματί σου ψαλῶ.

℣. 51. Brev. Moz. hab. cum Psalt. Corb. *salutem regis ipsius*; Rom. cum Cassiod. *salutare regis ipsius*; Mediolan. *salutaria*; Carnut. *salutem*. Aug. in hunc Ps. cum Pseudo-Eucherio in 2. Reg. *salutes regis ipsius*. Tichon. reg. 1. col. 50. g. legit, *faciens misericordias*, &c. ut in Vulg. Gr. Μεγαλύνων τὰς σωτηρίας τοῦ βασιλέως αὐτοῦ, καὶ ποιῶν ἔλεος τῷ... Δαυὶδ, καὶ τῷ..... ἕως αἰῶνος.

VULGATA HOD.

1. In finem, Psalmus David. XVIII.

2. CŒli enarrant gloriam Dei, & opera manuum ejus an-

HEBR.

Victori Canticum David. XIX.

CŒli enarrant gloriam Dei, & opus manuum ejus annun-

VERSIO ANTIQUA.

1. In finem, Psalmus ipsi David. XVIII. Ex Ms. Sangerm.

2. CŒli enarrant gloriam Dei, & opera manuum

NOTÆ AD VERSIONEM ANTIQUAM.

℣. 1. Ita August. in hunc Ps. Psalt. verò Rom. & Corb. delent *ipsi*, cum Cassiod. In Gr. τῷ Δαυίδ.

℣. 2. Sic Ambros. l. 1. & 2. Hex. to. 1. col. 8. e. 30. a. uno excepto *annuntiat*: item infra, col. 335. f. & to. 2.

VERSIO ANTIQUA.	HEBR.	VULGATA HOD.
Ex Ms. Sangerm. ejus adnuntiant firmamentum.	*tiat firmamentum.*	nuntiat firmamentum.
3. Dies diei eructuat verbum, & nox nocti indicat scientiam.	*Dies diei eructat verbum, & nox nocti indicat scientiam.*	3. Dies diei eructat verbum, & nox nocti indicat scientiam.
4. Non sunt loquelæ, neque sermones, quorum non audiantur voces eorum.	*Non est sermo, & non sunt verba, quibus non audiatur vox eorum.*	4. Non sunt loquelæ, neque sermones, quorum non audiantur voces eorum.
5. In omnem terram exiit sonus eorum: & in finibus orbis terræ verba eorum.	*In universam terram exivit sonus eorum, & in finem orbis verba eorum:*	5. In omnem terram exivit sonus eorum: & in fines orbis terræ verba eorum. Rom. 10. 18.
6. In solem posuit tabernaculum suum: & ipse tanquam sponsus procedit de thalamo suo:	*Soli posuit tabernaculum in eis. Et ipse quasi sponsus procedens de thalamo suo,*	6. In sole posuit tabernaculum suum: & ipse tanquam sponsus procedens de thalamo suo; Luc. 24. 46.
Exsultavit ut gigas ad decurrendam viam, 7. à summo cœlo egressio ejus:	*Exsultavit ut fortis ad currendam viam: à summitate cœli egressus ejus,*	Exsultavit ut gigas ad currendam viam, 7. à summo cœlo egressio ejus:
Et occursus ejus usque ad summum ejus: nec est qui se abscondat à calore ejus.	*Et cursus ejus usque ad summitatem illius: nec est qui se abscondat à calore illius.*	Et occursus ejus usque ad summum ejus: nec est qui se abscondat à calore ejus.
8. Lex Domini inreprehensibilis, convertens animas: testimonium Dei fidele, sapientiam præstans parvulis.	*Lex Domini immaculata, convertens animam: testimonium Domini fidele, sapientiam præstans parvulo.*	8. Lex Domini immaculata, convertens animas: testimonium Domini fidele, sapientiam præstans parvulis.
9. Justitiæ Domini rectæ,	*Præcepta Domini recta, lætifi-*	9. Justitiæ Domini rectæ, læ-

NOTÆ AD VERSIONEM ANTIQUAM.

524. e. 671. a. 1126. b. Similiter Aug. in hunc Ps. & l. 1. de conf. Evang. to. 3. p. 2. col. 20. & Leo M. ser. 18. p. 67. f. & Ambrosiast. p. 32. b. & Cassiod. cum veterib. Psalt. Corb. tamen & Mozarab. hab. *annuntiant*, ut sup. In Gr. ποίησιν δὲ χειρῶν αὐτῦ ἀναγγέλλει τὸ, &c.

℣. 3. Hilar. in Ps. 118. col. 365. d. *eructat.* Similiter Ambr. ep. 22. col. 876. a. c. *eructat;* cæt. ut sup. item l. de Isai. c. 5. to. 1. col. 367. e. & 1054. e. & to. 2. col. 244. b. 279. f. 1209. a. August. in hunc Ps. *eructuat..... annuntiat scientiam:* item l. 1. de conf. Evang. to. 3. p. 2. col. 20. f. excepto verbo *eructat.* Cassiod. cum Psalt. Corb. *eructuat... indicat.* Gr. ἐρεύγεται ῥῆμα..... ἀναγγέλλει γνῶσιν.

℣. 4. Ita Aug. in hunc Ps. & l. 1. de conf. Evang. to. 3. p. 2. col. 20. f. Item Cassiod. in eund. Ps. & Gaud. Brix. ser. 8. p. 955. g. cum Psalt. Rom. In Brev. Moz. *quibus non audiantur;* Græcè, ὧν οὐχὶ ἀκούονται, &c.

℣. 5. August. in hunc Ps. *exiit... & in fines;* at l. 1. de conf. Evang. to. 3. p. 2. col. 20. f. *exivit.* Hilar. in Ps. 65. p. 180. a. *exiit.* Hormisd. ep. 45. Conc. to. 4. p. 1497. b. *exivit... & in fines terræ*, &c. Cassiod. in eund. Ps. & Gaud. Brix. ser. 8. p. 955. g. Vulgatæ consonant cum Psalt. Rom. Similiter Ambros. de parad. to. 1. p. 151. c. & in Ps. 118. to. 1. p. 1160. f. & infra, 1286. d. 1453. e. & to. 2. 654. f. 913. d. Tertull. l. 5. adv. Marc. p. 801. b. *In omnem terram exiit sonus eorum: & in terminos orbis verba eorum:* at l. cont. Jud. c. 7. p. 139. b. *In universa terra exiit sonus eorum: & usque ad terminos terræ verba eorum:* item l. de fuga in pers. p. 971. b. alludens dicit: *Ut in totam terram exiret sonus eorum, & in terminos orbis voces eorum:* & l. 4. adv. Marc. p. 735. c. *In omnem terram..... & in terminos terræ voces eorum.* Gr. Εἰς πᾶσαν τὴν γῆν..... καὶ εἰς τὰ πέρατα τῆς οἰκουμένης τὰ ῥήματα αὐτῶν.

℣. 6. August. & Cassiod. in hunc Ps. Vulgatæ suffragantur, usque ad verbum *exsultavit.* Concinit Ambros. l. de exhort. virg. to. 2. col. 293. a. & l. de instit. virg. col. 251. a. & l. de Incarn. col. 711. e. & in Ps. 43. to. 1. col. 899. f. Item August. l. 1. de conf. Evang. to. 3. p. 2. col. 20. f. & in Ps. 44. col. 381. f. Sic etiam Gaud. Brix. ser. 8. p. 955. g. Maxim. Taurin. p. 5. h. & Philastr. Brix. de hæres. p. 707. g. unà cum Psalt. Rom. Græc. Ἐν τῷ ἡλίῳ... ὡς νυμφίος ἐκπορευόμενος, &c. Tertull. verò l. 4. cont. Marc. p. 705. a. legit: *Ipse tanquam sponsus egrediens de thalamo suo.* Novatian. de Trin. p. 1038. b. *Sicut sponsus egreditur de thalamo suo:* deinde: *Exsultavit ut gigas ad currendam viam.* Cypr. l. 2. Testim. p. 293. a. & Jul. Firmic. l. de erro. prof. relig. c. 20. *Et ipse velut sponsus egrediens de thalamo suo; exsultavit ut gigas viam currere.* Hilar. in Ps. 58. col. 129. d. *Exsultabit ut gigas ad currendam viam:* similiter in Ps. 59. col. 138. bis *exsultabit*, licet habeatur in editt. *exsultavit;* sed emendatum est *exsultabit* ex Ms. Regio, in quo etiam non *gigas*, sed *gigans.* Ambrosius in Ps. 118. col. 1034. f. *Exsultavit tanquam gigas ad currendam viam:* similiter in Ps. 43. col. 895. d. 899 f. 903. e. & to. 2. col. 251. a. 711. e. 1166. b. &c. Aug. in hunc Ps. legit: *Exsultavit sicut gigas ad curr. viam;* at infra, col. 85. b. *ut gigas.* Iidem Cassiod. in eund. Ps. & Philastr. Brix. de hæres. p. 715. a. cum Psalt. Rom. In Mozarab. *gigans.* Apud Hieron. ep. ad Sun. & Fret. to. 2. col. 632. a. sic: *Exsultavit ut gigas ad currendam viam suam;* tum sequitur: *Et dicitis quòd in Græco suam non habeat; sed hoc nos sub veru additum reperimus, & in Hebræo non esse manifestum est.* Scriptores etiam Latini supra citati non habent *suam*, uti nec vet. Psalteria, exceptis tamen Arab. & Æthiop. necnon Vulgatæ Mss. tribus, Carnut. Colb. & Germ. qui addunt *suam.* In Gr. hod. sic: Ἀγαλλιάσεται ὡς γίγας δραμεῖν ὁδὸν αὐτῦ· sed abest αὐτῦ ab edd. Ald. & Compl.

℣. 7. Ita Cassiod. in hunc Ps. cum Psalt. Rom. & Moz. Vet. Irenæi Interp. l. 4. c. 33. p. 274. b. ita legit: *A summo cælo... & occursus ejus usque ad summum cæli: & non est qui se abscondat*, &c. Similiter August. in hunc Ps. & in Ps. 58. col. 563. f. at l. 1. de conf. Evang. to. 3. p. 2. col. 20. g. ita legit: *A summo cæli egressio ejus: & recursus ejus usque ad summum cæli: & non est qui se absc.* &c. Tertull. l. 4. adv. Marc. p. 705. a. *A summo cæli profectio ejus: & deversio* (f. *reversio*) *ejus ad summum usque ejus.* Novatian. l. de Trin. p. 1038. b. *A summo cælo egressio ejus: & usque ad summum regressio ejus.* Cypr. l. 2. Testim. p. 293. a. *A summo cæli egressio ejus: & decursio ejus usque ad summum ejus: & non est qui lateat à calore ejus.* Ita quoque Jul. Firm. l. de errore prof. relig. c. 20. excepta voce una *profectio*, loco *egressio.* Hilar. in Ps. 58. col. 129. d. *A summo cæli egressio ejus*, &c. ut in textu. Ambros. in Ps. 118. to. 1. col. 1034. f. *A summo cælo*, &c. ut sup. similiter in Ps. 43. col. 895. d. at l. de Isai. c. 3. to. 1. col. 360. a. sic: *Egressus ejus à summo cælo*, &c. ut sup. Ambrosiast. col. 241. b. *A summo cælo egressio ejus: & regressus ejus usque ad summum ejus.* Avit. Vien. ap. Sirm. to. 2. p. 164. e. *A summo cæli egressio ejus: & recursus ejus usque ad summum ejus.* Gaud. Brix. serm. 3. p. 948. c. *A summo cæli egressio ejus: & occursus*, &c. ut in Vulg. Græc. Ἀπ' ἄκρου τῦ οὐρανῦ ἡ ἔξοδος αὐτῦ· καὶ τὸ κατάντημα αὐτῦ ἕως ἄκρου τῦ οὐρανῦ· καὶ οὐκ ἔστιν ὃς ἀποκρυβήσεται τὴν θέρμην αὐτῦ. Ald. & Compl. τῆς θέρμης.

℣. 8. Ita Psalt. Rom. nisi quòd habet *testimonium Domini;* Mozarab. *Dei.* Mediol. Corb. & Carnut. *Lex Domini irreprehensibilis.* Similiter in Missali Rom. ad Introit. sabb. post Dom. 2. Quadrag. Succinunt S. Paulinus ep. 38. p. 235. c. & Cassiod. in hunc Ps. Hilarius verò in Ps. 118. p. 242. d. ita: *Lex Domini immaculata, convertens animas: testimonium Domini fidele, erudiens parvulos.* Ambros. in Ps. 1. col. 752. b. & in Ps. 118. col. 1183. c. *Lex Domini inreprehensibilis, convertens animam.* Auct. op. imp. in Matth. hom. 19. p. 101. d. *Lex Dom. irreprehensibilis est, convertens animas.* Tertull. l. de pudic. p. 1002. a. *Lex Domini invituperabilis, convertens animas.* Aug. in hunc Ps. concordat cum Vulg. Gr. Ὁ νόμος τῦ Κυρίου ἄμωμος, ἐπιστρέφων ψυχάς· ἡ μαρτυρία Κυρίου πιστὴ σοφίζουσα νήπια.

℣. 9. Psalt. Rom. & al. constanter habent *lætificantes*, & *illuminans*, cum cæt. ut supra. Similiter Hilar. in Ps.

VULGATA HOD.	HEBR.	VERSIO ANTIQUA.
tificantes corda : præceptum Domini lucidum, illuminans oculos.	*cantia cor : mandatum Domini lucidum, illuminans oculos.*	lætificantis corda : præceptum Domini lucidum, inluminans oculos. *Ex Mſ. Sangerm.*
10. Timor Domini ſanctus, permanens in ſæculum ſæculi : judicia Domini vera, juſtificata in ſemetipſa.	*Timor Domini mundus, perſeverans in ſæcula : judicia Domini vera, juſtificata in ſemetipſis.*	10. Timor Domini ſanctus, permanens in ſæculum ſæculi : judicia Dei vera, juſtificata à ſemetipſa.
11. Deſiderabilia ſuper aurum & lapidem pretioſum multum : & dulciora ſuper mel & favum.	*Deſiderabilia ſuper aurum & lapidem pretioſum multum, & dulciora ſuper mel & favum redundantem.*	11. Deſiderabilia ſuper aurum & lapidem pretioſum multum : & dulciora ſuper mel & favum.
12. Etenim ſervus tuus cuſtodit ea, in cuſtodiendis illis retributio multa.	*Unde & ſervus tuus docebit ea : in cuſtodiendis eis fructus multus.*	12. Nam & ſervus tuus cuſtodit ea, in cuſtodiendo ea retributio multa.
13. Delicta quis intelligit ? ab occultis meis munda me : 14. & ab alienis parce ſervo tuo.	*Errores quis intelligit ? ab occultis munda me : à ſuperbis quoque libera ſervum tuum.*	13. Delictum quis intelligit ? ab occultis meis munda me Domine : 14. & ab alienis parce ſervo tuo.
Si mei non fuerint dominati, tunc immaculatus ero : & emundabor à delicto maximo.	*Si non fuerint dominati mei, tunc immaculatus ero, & mundabor à delicto maximo.*	Si mei non fuerint dominati, tunc immaculatus ero : & mundabor à delicto maximo.
15. Et erunt ut complaceant eloquia oris mei : & meditatio cordis mei in conſpectu tuo ſemper.	*Sint placentes ſermones oris mei, & meditatio cordis mei in conſpectu tuo :*	15. Et erunt ut complaceant eloquia oris mei : & meditatio cordis mei in conſpectu tuo ſemper.
Domine adjutor meus, & redemptor meus.	*Domine fortitudo mea, & redemptor meus.*	Domine adjutor meus, & redemptor meus.

NOTÆ AD VERSIONEM ANTIQUAM.

118. col. 242. d. 246. c. & in Pſ. 120. col. 378. e. at in Pſ. 118. col. 260. b. legit : *Mandatum Dei lucidum*, &c. Ambr. in Pſ. 118. to. 1. col. 1006. b. *Mandatum Domini lucidum*, &c. Similiter Hieron. ep. ad Damaſ. to. 3. col. 524. d. & l. 3. in ep. ad Epheſ. to. 4. col. 385. f. Auguſt. in hunc Pſ. *Juſtitia Dom. recta, lætificantes cor*, &c. ut in Vulg. Similiter hab. Caſſiod. in eund. Pſ. præter vocem *corda*. Ita quoque in Miſſali Rom. ad Offertor. Dom. 9. poſt Pent. Ap. Tertul. verò, l. de pudic. p. 1002. a. ſic : *Jura Domini directa, oblectantia corda : præceptum Domini longè lucens, inluminans oculos.* Græcè : Τὰ δικαιώματα Κυρίου εὐθέα (Mſ. Alex. εὐθεῖα,) εὐφραίνοντα καρδίαν· ἡ ἐντολὴ Κυρίου τηλαυγὴς, φωτίζουσα ὀφθαλμούς.

℣. 10. Sic Hilar. hab. in Pſ. 118. col. 242. d. præter ult. iſta, *Domini vera, juſtificata in ipſum.* Ambr. in Pſ. 118. to. 1. col. 1049. 1272. c. *Domini vera, juſtif. in ſemetipſa.* Hier. in Ezech. 18. to. 3. 820. a. *Domini vera, juſtif. in ſemetipſis.* Cypr. l. 3. Teſtim. p. 313. c. *Timor Domini caſtus, perſeverans in ſæcula ſæculorum.* Aug. in hunc Pſ. & tract. 9. in 1. Johan. to. 3. p. 2. col. 888. g. *Timor Domini caſtus, permanens in ſæculum ſæculi : judicia Dom. vera, juſtif. in idipſum.* Fulg. l. 1. de dupl. præd. c. 23. p. 19. *Judicia Dei vera, juſtificata in ſemetipſis.* Caſſiod. in eund. Pſ. *Judicia Dei vera*, &c. ut in Vulg. In Pſalt. Moz. ac Rom. Martianæi : *Timor Dom. ſanctus, permanet in ſæculum ſæculi : judicia Dei vera, juſtif. in ſemetipſis.* In Rom. Fabri, *in ſemetipſa.* In Mediol. etiam *permanet.* In Gr. Ὁ φόβος Κυρίου ἁγνὸς, διαμένων εἰς αἰῶνα αἰῶνος· τὰ κρίματα Κυρίου ἀληθινὰ, δεδικαιωμένα ἐπὶ τὸ αὐτό.

℣. 11. Ita Lucif. Cal. l. de mor. pro Dei filio, p. 249. vel 251. d. necnon Auguſt. & Caſſiod. in hunc Pſ. cum Fulg. l. 1. de dupl. præd. c. 23. p. 19. & Pſalt. Rom. Ambroſ. verò in Pſ. 118. to. 1. col. 1049. a. delet *multum*. S. Paulinus epiſt. 37. col. 226. b. hab. *pretioſum nimis*, cum Brev. Mozarab. Tertul. l. 4. adv. Marc. p. 711. c. ita : *Eloquia Domini dulciora ſuper mel & favos.* Miſſale Rom. ad. Offert. Dom. 9. poſt Pent. *Judicia ejus dulciora ſuper mel & favum.* Gr. Ἐπιθυμητὰ ὑπὲρ χρυσίον καὶ λίθον τίμιον πολύν· καὶ γλυκύτερα ὑπὲρ μέλι καὶ κηρίον.

℣. 12. Ita in Brev. Moz. & Pſalt. Rom. niſi excipias *illa* pro *ea*. Miſſale Rom. ad Offert. Dom. 9. poſt Pent. *Nam & ſervus tuus cuſtodit ea.* Lucif. Calar. l. de mor. pro Dei fil. p. 249. d. vel 251. d. *Etenim ſervus tuus cuſtodit ea, in cuſtodiendis illis*, &c. Aug. in hunc Pſ. *Etenim..... cuſtodit ea, in cuſtodiendo illa*, &c. Caſſiod. in eund. Pſ. *Nam & ſervus tuus cuſtodiet ea, in cuſtodiendo illa retrib. multa.* Sic etiam in Pſalt. Corb. excepto uno *cuſtodit*. Gr. Καὶ γὰρ ὁ δοῦλός σου φυλάσσει αὐτὰ, ἐν τῷ φυλάσσειν αὐτὰ, &c.

℣. 13. Pſalt. Rom. Corb. & Mozarab. necnon Cypr. l. 3. Teſtim. p. 320. a. cum Aug. & Caſſiod. in hunc Pſ. conſtanter hab. initio *delicta*, extremòque addunt *Domine*, ut ſup. Ambroſ. verò, l. de apol. Dav. to. 1. col. 690. d. ita legit : *Lapſus quis intelligit ?* & in Pſ. 45. col. 927. a. & f. addit : *ab occultis meis munda me Domine.* Similiter Nicetius, Spicil. to. 3. c. 2. p. 2. c. addit *Domine*. In Gr. Παραπτώματα τίς συνήσει; ἐκ τῶν κρυφίων μου καθάρισόν με, καὶ ἀπὸ, &c.

℣. 14. Auguſt. in hunc Pſ. *& ab alienis..... Si mei non fuerint dominata..... & mundabor à delicto magno.* Similiter in Pſalt. Corb. & Moz. *& mundabor*. In Pſalt. Rom. & ap. Caſſiod. *dominati..... & emundabor*. In Gr. Ἐὰν μή μου κατακυριεύσωσι..... καὶ καθαρισθήσομαι ἀπὸ ἁμαρτίας μεγάλης.

℣. 15. Similiter habet Auguſt. in hunc. Pſ. col. 81. c. cum Caſſiod. & vet. Pſalt. At Aug. infra, col. 87. f. legit, *Et per hoc ut complaceant*, &c. In Gr. Καὶ ἔσονται εἰς εὐδοκίαν τὰ λόγια, &c. Ap. Hilar. quoque in Pſ. 51. p. 79. c. *Domine adjutor meus*, &c. ut ſup.

VULGATA HOD.	HEBR.	VERSIO ANTIQUA.
1. In finem, Pſalmus David. XIX.	*Victori Canticum David. XX.*	1. In finem, Pſalmus ipſi David. XIX. *Ex Mſ. Sangerm.*
2. EXaudiat te Dominus in die tribulationis : protegat te nomen Dei Jacob.	*EXaudiat te Dominus in die tribulationis : protegat te nomen Dei Jacob.*	2. EXaudiat te Dominus in die tribulationis : protegat te nomen Dei Jacob.
3. Mittat tibi auxilium de ſancto : & de Sion tueatur te.	*Mittat tibi auxilium de ſancto, & de Sion roboret te.*	3. Mittat tibi auxilium de ſancto : & de Sion tueatur te.

NOTÆ AD VERSIONEM ANTIQUAM.

℣. 1. Itidem in Brev. Moz. & Græco. In Pſalt. Rom. Fabri deeſt *ipſi*, ſicut apud Aug. & Caſſiod. in hunc Pſ. In Rom. Martianæi ſimpliciter, *Pſalmus David.*

℣. 2. Ita Auguſt. & Caſſiod. in hunc Pſ. cum vet. Pſalt. & Gr.

℣. 3. Sic apud Auguſt. & Caſſiod. in hunc Pſ. ſicut in Pſalt. Rom. In Mediolan. verò, Corb. & Carnut, loco *tueatur te*, eſt *ſuſcipiat te*, è Gr. ἀντιλάβοιτό σου.

Versio Antiqua.	Hebr.	Vulgata hod.
Ex Ms. Sangerm. 4. Memor sit omnis sacrificii tui : & holocaustum tuum pingue fiat. Diapsalma.	*Memor sit omnis sacrificii tui, & holocaustum tuum pingue fiat. Semper.*	4. Memor sit omnis sacrificii tui : & holocaustum tuum pingue fiat.
5. Tribuat tibi Dominus secundùm cor tuum : & omne consilium tuum confirmet.	*Det tibi secundùm cor tuum, & omnem voluntatem tuam impleat.*	5. Tribuat tibi secundùm cor tuum : & omne consilium tuum confirmet.
6. Lætabimur in salutario tuo : & in nomine Domini Dei nostri magnificabimur.	*Laudabimus in salutari tuo, & in nomine Dei nostri deducemus.*	6. Lætabimur in salutari tuo : & in nomine Dei nostri magnificabimur.
7. Impleat Dominus omnes petitiones tuas : nunc cognovi quoniam salvum faciet Dominus Christum suum.	*Impleat Dominus omnes petitiones tuas : nunc scio quoniam salvabit Dominus Christum suum :*	7. Impleat Dominus omnes petitiones tuas : nunc cognovi quoniam salvum fecit Dominus Christum suum.
Exaudiet illum de cœlo sancto suo : in potentatibus salus dexteræ ejus.	*Exaudiet eum de cœlo sancto suo, in fortitudinibus salutis dexteræ suæ.*	Exaudiet illum de cœlo sancto suo : in potentatibus salus dexteræ ejus.
8. Hi in curribus, & hi equis : nos verò in nomine Domini Dei nostri magnificabimur.	*Hi in curribus, & hi in equis : nos autem in nomine Domini Dei nostri recordabimur.*	8. Hi in curribus, & hi in equis : nos autem in nomine Domini Dei nostri invocabimus.
9. Ipsi obligati sunt, & ceciderunt : nos verò resurreximus & erecti sumus.	*Ipsi curvati sunt, & ceciderunt : nos verò surreximus, & erecti sumus.*	9. Ipsi obligati sunt, & ceciderunt : nos autem surreximus & erecti sumus.
10. Domine salvum fac regem : & exaudi nos in quacunque die invocaverimus te.	*Domine salva : rex exaudiet nos in die, qua invocaverimus eum.*	10. Domine salvum fac regem : & exaudi nos in die, qua invocaverimus te.

Notæ ad Versionem antiquam.

℣. 4. Ita Aug. & Cassiod. in hunc Ps. Psalt. Rom. hab. *Memor sit Dominus*, &c. ut sup. Item ap. Ambr. l. 2. de Cain, c. 5. p. 214. c. *& holocaustum*, &c. ut sup. Gr. Μνησθείη πάσης..... καὶ τὸ ὁλοκαύτωμά σου πιανάτω, *pingue faciat*. Seq. *Diapsalma* est in Psalt. Rom. & Corb. memoraturque ab August. in hunc Ps. non verò à Cassiod. abest etiam ab edd. Ald. & Compl.

℣. 5. Ita Cassiod. in hunc Ps. cum Psalt. Corb. Rom. Moz. & Mediolan. Similiter Aug. in eund. Ps. addit *Dominus*; sed loco *confirmet*, legit *compleat*. Cypr. epist. 20. p. 29. b. *Det tibi Dominus secundùm cor tuum.* Ambros. l. 2. de Cain, p. 214. c. *Tribuat tibi secundùm cor tuum : & omnes petitiones tuas confirmet.* Gr. Vat. Δώη σοι κατὰ τὴν καρδίαν σου· καὶ πᾶσαν τὴν βουλήν σου πληρώσαι. Ms. Alex. cum edd. Ald. & Compl. Δώη σοι Κύριος, &c. unde Hieron. epist ad Sun. & Fretel. to. 2. col. 634. a. ait : *Et dicitis in Græco vos hoc versiculo additum nomen* Domini *reperisse, quod superfluum est ; quia ex superioribus ἀπὸ κοινοῦ subauditur, unde cœpit & Psalmus :* Exaudiat te Dominus, &c. *ut & hic sub eodem sensu dicatur :* Tribuat tibi secundùm cor tuum.

℣. 6. Ita Psalt. Corb. & Rom. Martianæi, nisi quòd habent *salutari*, non *salutario*. Rom. Fabri delet *&*, cum seq. *Domini*. August. in hunc Ps. legit : *Exsultabimus in salutari tuo : & in nomine Domini Dei nostri magnif.* Cassiod. in eund. Ps. cum Vulgata concinit ad verbum. Gr. Ἀγαλλιασόμεθα ἐν τῷ σωτηρίῳ σου· καὶ ἐν ὀνόματι Θεοῦ, &c. In Ald. & Compl. Κυρίου Θεοῦ.

℣. 7. Itidem in Psalt. Moz. & Carnut. In Rom. pariter, *salvum faciet*, sed præponitur *&*, verbo *exaudiet*. Apud August. & Cassiod. in hunc Ps. *salvum fecit*, absque *&*, juxta Gr. In Psalt. Corb. *salvum facit*.

℣. 8. Tertul. de Corona mil. c. 13. p. 293. b. *Isti in curribus, & isti in equis : nos autem in nomine Domini Dei nostri invocabimus.* Similiter hab. Cypr. ep. ad Fortun. 267. b. excepto ult. *magnificabimus :* item l. de exhort. mart. in editt. est *magnificabimus ;* at in Mss. nonnullis *invocabimus*. Ap. Ambr. l. de Nab. c. 15. to. 1. col. 585. a. ita : *Hi in curribus, & hi in equis : nos autem in nomine Domini magnificabimur :* item in Psalm. 35. col. 778. a. hoc excepto, *in nomine Dei nostri :* at in Ps. 40. col. 880. b. & epist. 22. to. 2. 877. a. *in nomine Dom. Dei nostri magnificabimur.* Similiter hab. Cassiod. in hunc Ps. cum Psalt. Rom. Martianæi. Rom. Fabri delet *Domini*, cum Coisl. utrumque verò habet *magnificabimus*. Sic etiam Auct. l. de promiss. p. 2. c. 17. p. 140. August. verò, *in nomine Domini Dei nostri exsultabimus.* Hieron. in Ose. cap. 10. cum Psalt. Carnut. necnon Arab. & Æthiop. *magnificabimur.* Gr. Vat. Οὗτοι..... καὶ οὗτοι ἐν..... Κυρίου Θεοῦ ἡμῶν μεγαλυνθησόμεθα. A Ms. Alex. abest Κυρίου ; & in edd. Ald. & Compl. est ἐπικαλεσόμεθα.

℣. 9. Ita Brev. Moz. cum Psalt. Rom. Fabri, & Coislin. Rom. verò Martianæi, *nos autem resurreximus*, &c. Cypr. epist. ad Fortun. ut & Ambros. l. de Nab. c. 15. to. 1. col. 585. a. *Ipsi obligati sunt, & cecid. nos autem surreximus*, &c. & in Ps. 35. col. 778. a. cum August. *nos verò surreximus*, &c. Cyprianus de exhort. mart. ita : *Ipsis copulati sunt pedes, & ceciderunt.* Hieron. in Amos 2. to. 3. 1388. b. *Isti impediti sunt, & ceciderunt.* Auct. l. de promiss. c. 17. p. 140. c. *Ipsis obligati sunt pedes, & ceciderunt : nos verò surreximus*, &c. Gr. Αὐτοὶ συνεποδίσθησαν, καὶ..... ἡμεῖς δὲ ἀνέστημεν, &c.

℣. 10. Sic habet Psalt. Mediolan. Rom. verò Fabri cum Coisl. *in die, in qua.* Rom. Martian. cum Aug. & Cassiod. in hunc Ps. *in die, qua.* Gr. ἐν ᾗ ἂν ἡμέρᾳ. Hieron. ep. ad Sun. & Fretel. col. 634. a. ad hoc, *in die, qua*, ait : *Legisse vos dicitis*, in quocunque die ; *sed superius cum Hebraica veritate concordat, ubi scriptum est* biom, *id est*, in die.

Versio Antiqua.	Hebr.	Vulgata hod.
Ex Ms. Sangerm. 1. In finem, Psalmus ipsi David. XX.	*Victori Canticum David. XXI.*	1. In finem, Psalmus David. XX.
2. Domine in virtute tua lætabitur rex : & super salutarem tuum exsultabitur vehementer.	*Domine in fortitudine tua lætabitur rex, & in salutari tuo exsultabit vehementer.*	2. Domine in virtute tua lætabitur rex : & super salutare tuum exsultabit vehementer.
3. Desiderium cordis ejus	*Desiderium cordis ejus dedisti*	3. Desiderium cordis ejus tribuis-

Notæ ad Versionem antiquam.

℣. 1. Ita August. in hunc Ps. cum Græco. Cassiod. verò cum Psalt. Rom. & Coislin. delet *ipsi*.

℣. 2. Sic in Psalt. Corb. est, præter unum *salutare*. Ap. August. in hunc Ps. *& super salutari tuo exsultabit*, &c. Cassiod. cum Psalt. Rom. Vulgatæ favet. Gr. καὶ ἐπὶ τῷ σωτηρίῳ σου ἀγαλλιάσεται σφόδρα.

℣. 3. Brev. Moz. cum Psalt. Rom. & Carnut. *Desiderium animæ ejus*, &c. ut sup. Similiter ap. S. Paulinum, epist. 21. p. 116. b. & Cassiod. in hunc Ps. In Psalt. Corb. ita : *Desiderium animæ ejus tribuisti ei : & voluntatem lab. ejus non fraud.* &c. Apud August. in eund. Ps. *Desiderium animæ ejus dedisti ei : & voluntate labiorum ejus*

VULGATA HOD.	HEBR.	VERSIO ANTIQUA.
ti ei : & voluntate labiorum ejus non fraudaſti eum.	*ei, & voluntate labiorum ejus non fraudaſti.* SEMPER.	tribuiſti ei : & voluntate labiorum ejus non fraudaſti eum. * DIAPSALMA.
4. Quoniam prævenisti eum in benedictionibus dulcedinis : poſuiſti in capite ejus coronam de lapide pretioſo.	*Quoniam prævenies eum benedictionibus bonitatis : pones in capite ejus coronam obrizam.*	4. Quoniam prævenisti eum in benedictione dulcedinis : poſuiſti in capite ejus coronam de lapide pretioſo.
5. Vitam petiit à te : & tribuiſti ei longitudinem dierum in ſæculum, & in ſæculum ſæculi.	*Vitam petivit à te, dediſti ei : longitudinem dierum in ſæculum, & in æternum.*	5. Vitam petiit : & tribuiſti ei longitudinem dierum in ſæculum, & ſæculum ſæculi.
6. Magna eſt gloria ejus in ſalutari tuo : gloriam & magnum decorem impones ſuper eum.	*Magna gloria ejus in ſalutari tuo : gloriam & decorem pones ſuper eum.*	6. Maxima eſt gloria ejus in ſalute tua : gloriam & magnum decorem impones ſuper eum.
7. Quoniam dabis eum in benedictionem in ſæculum ſæculi : lætificabis eum in gaudio cum vultu tuo.	*Pones enim eum benedictiones in ſempiternum : exhilarabis eum lætitiâ apud vultum tuum.*	7. Quoniam dabis eum benedictionem in ſæculum ſæculi : lætificabis eum cum gaudio vultus tui.
8. Quoniam rex ſperat in Domino : & in miſericordia Altiſſimi non commovebitur.	*Quia rex confidet in Domino, & in miſericordia Excelſi non decipietur.*	8. Quoniam rex ſperavit in Domino : & in miſericordia Altiſſimi non commovebitur.
9. Inveniatur manus tua omnibus inimicis tuis : dextera tua inveniat omnes, qui te oderunt.	*Inveniet manus tua omnes inimicos tuos : dextera tua inveniet odientes te.*	9. Inveniatur manus tua omnibus inimicis tuis : dextera tua inveniat omnes, qui te oderunt.
10. Pones eos ut clibanum ignis in tempore vultus tui : Dominus in ira ſua conturbabit eos, & devorabit eos ignis.	*Pones eos ut clibanum ignis in tempore vultus tui : Dominus in furore ſuo præcipitabit eos, & devorabit eos ignis.*	10. Pones eum ut clibanum ignis; in tempore vultus tui conſummabis eos : Dominus in ira ſua conturbabit eos, & devoravit eos ignis.
11. Fructum eorum de terra perdes : & ſemen eorum à filiis hominum.	*Fructum eorum de terra perdes, & ſemen eorum de filiis hominum.*	11. Fructum eorum de terra perdis : & ſemen eorum à filiis hominum.
12. Quoniam declinaverunt in te mala; cogitaverunt conſilia, quæ non potuerunt ſtabilire.	*Quoniam inclinaverunt ſuper te malum : cogitaverunt ſcelus, quod non potuerunt.*	12. Quoniam declinaverunt in te mala; cogitaverunt conſilium, quod non potuerunt ſtabilire.
13. Quoniam pones eos dorſum : in reliquiis tuis præparabis vultum eorum.	*Quoniam pones eos humerum : funes tuos firmabis contra facies eorum.*	13. Quoniam pones eos dorſum : in reliquiis tuis præparabis vultum illorum.
14. Exaltare Domine in virtu-	*Exaltare Domine in fortitudi-*	14. Exaltare Domine in vir-

Ex Mſ. Sangerm.

NOTÆ AD VERSIONEM ANTIQUAM.

non privaſti eum; (editt. *fraudaſti*, renitentibus Mſſ.) Gr. Τὴν ἐπιθυμίαν τῆς ψυχῆς (Ald & Compl. καρδίας) αὐτοῦ ἔδωκας αὐτῷ· καὶ τὴν δέησιν (al. θέλησιν) τῶν χειλέων αὐτοῦ οὐκ ἐστέρησας αὐτόν.

* Similiter hic habetur *Diapſalma* in Pſalt. Rom. Martianæi; at in Corb. & Rom. Fabri deeſt, ut & in edd. Ald. & Compl. nec etiam à Caſſiodoro memoratur. Apud Auguſt. in eund. Pſ. transfertur in ℣. ſeq. poſt vocem *dulcedinis*.

℣. 4. Sic in Brev. Moz. eſt, & Pſalt. Corb. ac Rom. Fabri. Rom. verò Martianæi, cum Aug. in hunc Pſ. hab. *in benedictionibus*. Caſſiod. in eund. Pſ. *in benedictione*. S. Paulinus, epiſt. 21. ut & 40. & 42. p. 116. b. 243. b. 256. a. *Quoniam prævenisti nos in benedictione dulced.* Gr. Ὅτι προέφθασας αὐτὸν ἐν εὐλογίαις χρηστότητος· ἔθηκας ἐπὶ τὴν κεφαλὴν, &c. Apud Ambroſ. de ob. Theod. to. 2. col. 1212. a. *poſuiſti in capite*, &c.

℣. 5. Ita in Pſalt. Corb. repetito *in*, ante 2. *ſæculum*. Mozarab. verò hab. *Vitam petiit : & dediſti ei longitudinem dierum in æternum, & in ſæculum ſæculi.* Similiter in Pſalt. Coiſlin. deeſt *à te*, poſt *petiit*. Vet. Iren. Interp. l. 2. c. 34. p. 269. c. legit : *Vitam petiit à te : & tribuiſti ei longit. dier. in ſæculum ſæculi;* (deeſt tamen *à te*, in Mſſ. Clarom. Arund. & Voſſ.) In Pſalt. Rom. Fabri habetur *à te*, & *tribuiſti*, ſicut in fine ſimpliciter, *in ſæculum ſæculi*. In Rom. Martian. deeſt &, poſt *à te;* reliqua ut ſup. apud Fabrum. Auguſt. in hunc Pſ. legit : *Vitam petiit : & dediſti ei longit. dier. in ſæculum ſæculi.* Caſſiod. in eund. Pſ. *Vitam petiit : & tribuiſti ei longitud. dierum in ſæculum ſæculi.* Auct. l. de promiſſ. p. 2. c. 27. col. 154. a. *Vitam petiit : & dediſti ei.* Gr. Ζωὴν ᾐτήσατό σε· καὶ ἔδωκας... ἡμερῶν εἰς αἰῶνα αἰῶνος.

℣. 6. Sic eſt in Pſalt. Corb. ad verbum. Item in Moz. & Coiſlin. *maxima eſt;* ſicut in Carnut. & ap. Aug. in hunc Pſ. *in ſalute tua*. Caſſiod. in eund. Pſ. cum Pſalt. Rom. Vulgatæ favet. In Gr. ſic : Μεγάλη ἡ δόξα αὐτοῦ ἐν τῷ σωτηρίῳ σου, &c. Pſalt. Coiſlin. leg. inf. *impones;* at in Gr. ἐπιθήσεις.

℣. 7. Auguſt. in hunc Pſ. cum Brev. Moz. *Quoniam dabis ei benedictionem;* reliqua ut in Vulg. Caſſiod. in eund. Pſ. cum Pſalt. Rom. Fabri : *Quoniam dabis eum in benedictione.* Corb. *Quoniam dabis eum benedictionem*, &c. ut in Vulg. Gr. Ὅτι δώσεις αὐτῷ εὐλογίαν εἰς αἰῶνα..... ἐν χαρᾷ μετὰ τοῦ προσώπου σου.

℣. 8. Similiter hab. Caſſiod. in hunc Pſ. cum Pſalt. Rom. *Quoniam rex ſperavit in Domino*, &c. Auguſt. in eund. Pſ..... *ſperat in Domino : & in Altiſſimi miſericord. non commovebitur.* Pſalt. Coiſlin. & Corb. *non conturbabitur.* Gr... ἐλπίζει ἐπὶ Κύριον· καὶ ἐν τῷ ἐλέει τοῦ Ὑψίστου οὐ μὴ σαλευθῇ.

℣. 9. Ita Auguſt. & Caſſiod. in hunc Pſ. cum Pſalt. Rom. Fabri, & Græco : in Rom. Martianæi, & *dextera tua*, &c.

℣. 10. Aug. & Caſſiod. in hunc Pſ. cum Pſalt. Rom. Vulgatæ ſuffragantur. In Gr. Θήσεις αὐτοὺς... εἰς καιρὸν τοῦ προσώπου σου· Κύριος ἐν ὀργῇ... καὶ καταφάγεται αὐτοὺς πῦρ.

℣. 11. Auguſt. in hunc Pſ. *Fructum illorum de terra perdes*, &c. ut ſup. Gr. ἀπολεῖς.

℣. 12. Ita Auguſt. in hunc Pſ. cum Pſalt. Rom. & Corb. In Gr. Vat... βουλὴν ἣν οὐ μὴ δύνωνται στῆσαι. In Alex. Ald. & Compl. βουλὰς ἅς.

℣. 13. Ita Auguſt. & Caſſiod. in hunc Pſ. cum Pſalt. Rom. Fabri. In Rom. Martianæi, *præparare vultum illorum.* In Coiſliniano, *in reliquis tuis, præparabis vultum illorum.* In Mozarab... *in reliquiis tuis, & præparabis vult. illorum.* Similiter ap. Ambroſ. l. de Joſ. c. 3. to. 1. col. 486. c. *pones eos dorſum.* In Gr. Ὅτι θήσεις αὐτοὺς νῶτον· ἐν τοῖς περιλοίποις σου ἑτοιμάσεις, &c.

℣. 14. Ita Pſalt. Coiſlin. hab. Alia verò cum Aug. &

	VERSIO ANTIQUA.	HEBR.	VULGATA HOD.
Ex Mſ. Sangerm.	tute tua : cantabimus & pſallimus virtutes tuas.	*ne tua : cantabimus & pſallemus fortitudinem tuam.*	te tua : cantabimus & pſallemus virtutes tuas.

NOTA AD VERSIONEM ANTIQUAM.

Caſſiod. conſtanter *pſallemus*, &c. In Gr. ψαλῶμεν τὰς δυναστείας σου· Mſ. Coiſlin. ψάλλωμεν.

	VERSIO ANTIQUA.	HEBR.	VULGATA HOD.	
Ex Mſ. Sangerm.	1. In finem pro ſuſceptione matutina, Pſalmus ipſi David. XXI.	*Victori pro cervo matutino, Canticum David. XXII.*	1. In finem pro ſuſceptione matutina, Pſalmus David. XXI.	
	2. DEus Deus meus reſpice me : quare me dereliquiſti? longè à ſalute mea verba labiorum meorum.	*DEus meus, Deus meus quare dereliquiſti me? longè à ſalute mea verba rugitus mei.*	2. DEus Deus meus reſpice in me : quare me dereliquiſti? longè à ſalute mea verba delictorum meorum.	Matth. 27. 46. Marc. 15. 34.
	3. Deus meus clamabo per diem, nec exaudies : & nocte, & non ad inſipientiam mihi.	*Deus meus clamabo per diem, & non exaudies : & nocte, nec eſt ſilentium mihi.*	3. Deus meus clamabo per diem, & non exaudies : & nocte, & non ad inſipientiam mihi.	
	4. Tu autem in ſancto habitas, laus Iſraël.	*Et tu ſancte : habitator, laus Iſraël.*	4. Tu autem in ſancto habitas, laus Iſraël.	
	5. In te ſperaverunt patres noſtri : ſperaverunt, & liberaſti eos.	*In te confiſi ſunt patres noſtri : confiſi ſunt, & ſalvaſti eos.*	5. In te ſperaverunt patres noſtri : ſperaverunt, & liberaſti eos.	
	6. Ad te clamaverunt, & ſalvi facti ſunt : in te ſperaverunt, & non ſunt confuſi.	*Ad te clamaverunt, & ſalvati ſunt : in te confiſi ſunt, & non ſunt confuſi.*	6. Ad te clamaverunt, & ſalvi facti ſunt : in te ſperaverunt, & non ſunt confuſi.	
	7. Ego autem ſum vermis, & non homo : obprobrium hominum, & abjectio plebis.	*Ego autem ſum vermis, & non homo : opprobrium hominum, & deſpectio plebis.*	7. Ego autem ſum vermis, & non homo : opprobrium hominum, & abjectio plebis.	
	8. Omnes qui videbant me, ſubſannabant me : & locuti ſunt labiis, & moverunt caput.	*Omnes videntes me, ſubſannant me : dimittunt labium, movent caput.*	8. Omnes videntes me, deriſerunt me : locuti ſunt labiis, & moverunt caput.	Matth. 27. 39. Marc. 15. 29.

NOTÆ AD VERSIONEM ANTIQUAM.

℣. 1. Ita Maxim. Taurin. in homil. p. 17. d. at Aug. & Caſſiod. in hunc Pſ. cum Pſalt. Coiſl. Corb. & Rom. Fabri, delent *ipſi*. In Rom. Martianæi ſic : *pro aſſumptione matutina*, abſque ſeq. *ipſi*. Similiter apud Hieron. epiſt. ad Cypr. to. 2. col. 703. b. *Inſcribitur*, inquit, *pro aſſumptione matutina ;* & in Oſe. to. 3. col. 1274. e. *Vigeſimi Pſalmi titulus eſt*, pro aſſumptione matutina, *licet in Hebræo ſcriptum ſit*, pro cervo matutino. Gr. Εἰς τὸ τέλος, ὑπὲρ τῆς ἀντιλήψεως τῆς ἑωθινῆς, Ψαλμὸς τῷ Δαυίδ.

℣. 2. Ambroſ. l. de Incarn. to. 2. 712. b. *Deus Deus meus reſpice in me*, &c. ut in Vulg. Similiter in Pſ. 39. col. 863. b. c. & in Pſ. 118. col. 980. f. & to. 2. col. 462. d. at in Pſ. 43. to. 1. col. 900. b. *Deus Deus meus reſpice me : quare me derel.* & l. 2. de fide, to. 2. col. 480. f. *Deus Deus meus, quare me derel.* abſque hoc med. *reſpice me.* Hilar. in Pſ. 141. col. 544. e. *Deus meus, quare me dereliquiſti ?* forſitan ex Matth. 27. ℣. 46. aut Marci 15. ℣. 34. ubi ſic : *Eloi Eloi...* id eſt, *Deus meus*, &c. Auguſtinus in hunc Pſ. col. 90. f. *Deus Deus meus reſpice me : quare me dereliquiſti longè à ſalute mea ? verba delictorum meorum :* at infra, col. 94. g. 95. b. c. *Deus meus, Deus meus reſpice me : quare me dereliquiſti ? longè à*, &c. at in Pſ. 37. col. 297. c. & in Pſ. 53. col. 496. d. *Deus meus, Deus meus, ut quid me dereliquiſti ? longè à ſalute mea verba delictorum meorum :* & in Pſ. 58. col. 558. e. *Deus meus, Deus meus reſpice in me : quare me derel.* Similiter in Pſ. 43. col. 371. f. pauló verò poſt : *Deus meus, Deus meus, ut quid me dereliquiſti ? longè à ſalute..... delictorum meorum :* verùm epiſt. ad Honorat. to. 2. col. 428. a. ait : *In iſto Pſalmo, cùm dixiſſet*, Deus meus, Deus meus reſpice in me : quare me dereliquiſti ? *continuò ſubjungit*, longè à ſalute mea verba delict. &c..... *Quanquam etiam ſic diſtingui poteſt :* Deus meus, Deus meus reſpice in me : quare me dereliquiſti longè à ſalute mea ?.... *ut alius ſenſus ſit*, verba delictorum meorum. In Gr. Ὁ Θεὸς ὁ Θεός μου πρόσχες μοι· ἵνατί ἐγκατέλιπές με ; μακρὰν ἀπὸ τῆς..... οἱ λόγοι τῶν παραπτωμάτων μου. Symmach. τῶν ὀδυρμῶν μου· Quinta edit. τῆς βοήσεώς μου. Hieron. in Iſai. 49. to. 3. col. 351. f. *longè à ſalute mea verba lamentationum meorum.* Euſebius hoc notat : Τὸ, πρόσχες μοι, ὡς μὴ κείμενον ἐν τῷ Ἑβρ· καὶ ὁ Σωτὴρ παραλέλοιπε· id eſt, *Illud*, reſpice in me, *tanquam quod in Hebraïco non ſit, ſed apud ſolos LXX. Salvator etiam omiſit ;* videlicet Matth. 27. 46. aut Marc. 15. 34. Et verò Hieron. l. de opt. gen. interpret. to. 4. col. 254. f. ait *Septuaginta Tranſlatores interpoſuiſſe*, reſpice me : *ita enim*, inquit, *verterunt*, Deus Deus meus reſpice me : quare me dereliquiſti ? Caſſiod. Vulgatæ congruit, ut & Pſalt. Rom. Sic etiam in Tractu miſſæ Dom. Palm. at in Pſalt. Corb. *reſpice me.*

℣. 3. Ita Caſſiod. in hunc Pſ. cum Pſalt. Coiſlin. Corb. Moz. & Rom. Fabri. In Rom. Martianæi, *nec exaudies : in nocte*, &c. ſic etiam in Tractu miſſæ Domin. Palm. Apud Auguſt. in hunc. Pſ. col. 90. f. *Deus meus clamabo ad te per diem, nec exaudies : & nocte*, &c. Itidem infra, col. 95. d. hoc excepto, *& non exaudies :* at in Pſ. 53. col. 496. d. ita : *Clamavi ad te per diem, nec exaudiſti : & nocte*, &c. Epiſt. etiam ad Honorat. to. 2. col. 428. f. ait : *Sequitur Pſalmus, & dicit : Clamavi ad te per diem, nec exaudies : & nocte, & non ad inſipientiam mihi.* Tertul. verò l. 4. adv. Marc. p. 706. c. legit : *Deus meus clamabo per diem, & exaudies : & nocte, non in vanitatem mihi.* Gr. Ὁ Θεός μου κεκράξομαι ἡμέρας πρός σε, καὶ οὐκ εἰσακούσῃ· καὶ νυκτὸς, καὶ οὐκ εἰς ἄνοιαν ἐμοί. In edd. Ald. & Compl. deeſt πρός σε.

℣. 4. Succinunt Auguſt. & Caſſiod. in hunc Pſ. cum vet. Pſalt. & Gr. Ita etiam in Tractu miſſæ Dom. Palm.

℣. 5. Sic in Pſalt. Rom. eſt, & Tractu miſſæ Domin. Palm. necnon ap. Caſſiod. in hunc Pſ. Auguſt. verò in eund. Pſ. col. 91. b. & 96. c. ac epiſt. ad Honorat. to. 2. col. 429. b. e. & 430. f. legit : *ſperaverunt, & eruiſti eos.* In Gr. καὶ ἐρρύσω αὐτούς. Mſ. Alex. ἐρύσω.

℣. 6. Sic habet Aug. in hunc Pſ. ac epiſt. ad Honorat. col. 429. 430. f. Item Caſſiod. cum vet. Pſalt. & Græco.

℣. 7. Concinit Ambroſ. l. de apol. Dav. to. 1. col. 678. f. & in Pſ. 118. col. 1226. e. ac to. 2. col. 482. a. 985. e. Item Aug. & Caſſiod. in hunc Pſ. cum Gaud. Brix. in ſer. p. 975. a. necnon vet. Pſalt. & Græco. Similiter etiam in Tractu Dom. Palm. Ap. Cypr. verò, l. 2. Teſtim. p. 290. a. ita : *Ego autem ſum vermis, & non homo : maledictum hominis, & abjectio populi.* Apud Tertul. l. 3. cont. Marc. p. 676. b. *vermis, & non homo : ignominia hominis, & nullificamen populi :* ſic etiam ſup. conſtanter, p. 671. b. & infra, l. 4. p. 715. c. Item l. adv. Jud. c. 14. p. 148. a. ait : *Vermem ſe pronunciat, & non hominem ; ignominiam hominis, & abjectionem populi :* vide etiam l. de carne Chr. p. 550. b. In Gr..... ὄνειδος ἀνθρώπων, καὶ ἐξουθένημα λαοῦ. Mſ. Alex. ἀνθρώπου.

℣. 8. Sic in Brev. Moz. eſt, detracto uno *&*, ante *locuti ſunt.* Pſalt. verò Rom. cum Tractu miſſæ Domin. Palm. & Caſſiod. hab. *Omnes qui videbant me, aſpernabantur me : locuti ſunt*, &c. Similiter in Pſalt. Corb. & Coiſlin. præpoſito *&*, verbo *locuti ſunt.* Tertul. l. 4. adv.

Vulgata hod.	Hebr.	Versio antiqua.
Matth. 27. 43. 9. Speravit in Domino, eripiat eum: salvum faciat eum, quoniam vult eum.	*Confugit ad Dominum, salvet eum: liberet eum, quoniam vult eum.*	9. Speravit in Domino, eripiat eum: salvum faciat eum, quoniam vult eum. Ex Ms. Sangerm.
10. Quoniam tu es, qui extraxisti me de ventre: spes mea ab uberibus matris meæ.	*Tu autem propugnator meus ex utero: fiducia mea ab uberibus matris mea.*	10. Quoniam tu es, qui abstraxisti me de ventre: spes mea ab uberibus matris meæ.
11. In te projectus sum ex utero: de ventre matris meæ Deus meus es tu, 12. ne discesseris à me:	*In te projectus sum ex vulva: de ventre matris mea Deus meus es tu. Ne longè fias à me,*	11. Ad te projectus sum ex utero: de ventre matris meæ Deus meus es tu, 12. ne discesseris à me:
Quoniam tribulatio proxima est: quoniam non est qui adjuvet.	*Quoniam tribulatio proxima: quoniam non est adjutor.*	Quoniam tribulatio proxima est: quoniam non est qui adjuvet.
13. Circumdederunt me vituli multi: tauri pingues obsederunt me.	*Circumdederunt me vituli multi: tauri pingues vallaverunt me.*	13. Circumdederunt me vituli multi: tauri pingues obsederunt me.
14. Aperuerunt super me os suum, sicut leo rapiens & rugiens.	*Aperuerunt super me os suum: leo capiens & rugiens.*	14. Aperuerunt in me os suum, sicut leo rapiens & rugiens.
15. Sicut aqua effusus sum: & dispersa sunt omnia ossa mea.	*Sicut aqua effusus sum, & separata sunt omnia ossa mea.*	15. Sicut aqua effusa sunt, & disparsa sunt omnia ossa mea.
Factum est cor meum tanquam cera liquescens in medio ventris mei.	*Factum est cor meum sicut cera liquefacta in medio ventris mei.*	Factum est cor meum tanquam cera liquescens in medio ventris mei.
16. Aruit tanquam testa virtus mea, & lingua mea adhæsit faucibus meis: & in pulverem mortis deduxisti me.	*Aruit velut testa fortitudo mea, & lingua mea adhæsit faucibus meis, & in pulverem mortis detraxisti me.*	16. Exaruit sicut testum virtus mea, & lingua mea adhæsit faucibus meis: & in pulverem mortis deduxerunt me.

Notæ ad Versionem antiquam.

Marc. p. 734. c. sic: *Omnes qui spectabant me, naso irridebant me: locuti sunt labiis, & capita moverunt.* Cypr. l. 2. Testim. p. 290. a. *Omnes qui me videbant, despiciebant me: & locuti sunt in labiis, & moverunt caput.* Ambros. in Ps. 118. to. 1. col. 1160. a. *Omnes qui conspiciebant me, aspernabantur me: & locuti sunt labiis, & moverunt caput:* itidem in Ps. 61. col. 961. c. hoc excepto, *qui videbant me.* August. epist. 140. ad Honorat. to. 2. col. 430. f. *Omnes qui conspiciebant me, subsannabant me: & locuti sunt labiis, & moverunt caput:* similiter in Ps. 21. col. 91. d. sed infra, col. 97. a. *Omnes qui videbant me, subsannabant me,* absque seq. *&:* vide etiam epist. 102. col. 286. f. In Gr. Πάντες οἱ θεωροῦντές με, ἐξεμυκτήρισάν με· ἐλάλησαν ἐν χείλεσιν, ἐκίνησαν κεφαλήν. Psalt. Coislin. καὶ ἐλάλησαν, &c.

℣. 9. Sic in Psalt. Rom. & aliis vet. necnon in Tractu missæ Domin. Palm. Concinunt Cypr. l. 2. Testim. p. 290. a. Ambros. in Ps. 118. to. 1. col. 1160. a. & l. de exhort. virg. to. 2. col. 297. f. & Cassiod. in hunc Ps. p. 73. b. Tertul. verò, l. 4. adv. Marc. p. 734. c. legit: *Speravit in Deum, liberet eum.* Item Ambros. in Ps. 61. col. 960. f. *liberet nunc eum, quoniam vult eum;* sed alludit ad verba Judæorum, Matth. 27. ℣. 43. Augustinus in hunc Ps. col. 91. d. 97. a. *Speravit in Dominum, eruat eum: salvum faciat eum, quoniam vult eum:* itidem ep. 140. & 102. to. 2. col. 286. f. 430. f. præter *Deum*, loco *Dominum*. Græcè: Ἤλπισεν ἐπὶ Κύριον, ῥυσάσθω αὐτόν· σωσάτω αὐτὸν, ὅτι θέλει αὐτόν.

℣. 10. Ita Cassiod. in hunc Ps. cum Psalt. Rom. & Corb. In Coislin. verò, & Moz. sic: *Quoniam tu es, qui eduxisti me de ventre,* &c. Apud August. in hunc Ps. col. 91. c. & 97. a. *Quoniam tu es, qui extraxisti me,* &c. ut in Vulg. paulò verò post: *Quoniam tu extraxisti me de ventre: Deus meus ab uberibus matris meæ:* & epist. 140. ad Honorat. to. 2. col. 433. d. *Quoniam extraxisti me de ventre: spes mea ab uberibus,* &c. & infra: *Tu extraxisti me de ventre matris meæ.* Apud Tertul. l. de carne Chr. p. 552. b. ita: *Quia tu es, qui avulsisti me ex utero matris meæ: & spes mea ab uberibus,* &c. Gr. Ὅτι σὺ εἶ, ὁ ἐκσπάσας με ἐκ γαστρός· ἡ ἐλπίς μου ἀπὸ μαστῶν τῆς μητρός μου.

℣. 11. Psalt. Rom. Corb. Carnut. & Coislinian. *In te jactatus sum ex utero,* &c. ut sup. Tertul. l. de carne Chr. p. 552. b. *Super te sum projectus ex vulva: & ab utero matris meæ Deus meus es tu.* Ambros. l. 1. de fide, to. 2. col. 462. d. & l. 2. de interpel. Dav. c. 6. to. 1. col. 646. e. *In te projectus sum ex utero,* &c. ut in Vulg. & post paulò, col. 647. a. addit: *Potest & sic legi:* In te projectus sum ex utero, de ventre matris meæ: *ut sequatur:* Deus meus es tu, ne discedas à me. *Potest & sic:* de ventre matris meæ Deus meus es tu. Hieron. l. 1. in epist. ad Gal. to. 4. col. 232. f. *In te projectus sum ex vulva: ex utero matris meæ Deus,* &c. Aug. in hunc Ps. col. 91. f. *In te confirmatus sum ex utero: de ventre,* &c. at infra, col. 97. c. & epist. 140. to. 2. col. 433. d. *In te jactatus sum ex utero: de ventre,* &c. Itidem apud Cassiod. in eund. Ps. Gr. Ἐπὶ σὲ ἐπεῤῥίφην ἐκ μήτρας· ἐκ κοιλίας μητρός μου Θεός μου εἶ σύ.

℣. 12. Brev. Moz. *ne discedas à me: quon. tribulatio proxima est: & non est qui adjuvet.* Similiter in Psalt. Coislin. & Corb. *ne discedas à me.* In Rom. *ne discesseris... & non est qui,* &c. Itidem apud Cassiod. in hunc Ps. Aug. verò in eund. col. 91. g. & 97. c. ac ep. 140. to. 2. 434. e. 435. c. legit: *ne discedas à me... quoniam non est qui,* &c. Gr. μὴ ἀποστῇς ἀπ' ἐμοῦ· ὅτι θλίψις ἐγγύς· ὅτι οὐκ ἔστιν ὁ βοηθῶν.

℣. 13. Concinit Lucif. Calar. l. de non parc. in De. del. p. 241. d. vel 243. d. ut & Hilar. in Ps. 67. col. 209. f. Similiter Ambros. in Ps. 43. col. 908. c. & l. de Jos. c. 7. col. 497. f. ac l. 1. de fide, to. 2. col. 463. d. Sic etiam August. in hunc Ps. ac epist. 140. ad Honorat. col. 435. e. & Cassiod. unà cum Psalt. Rom. & Gr.

℣. 14. Ita Brev. Moz. cum Psalt. Rom. Corb. & Coislin. Consentit Lucif. Calar. l. de non parc. in De. del. p. 241. d. Item Aug. in eund. Ps. p. 92. a. cum Cassiod. at infra, col. 97. c. legit Aug. *Aperuerunt super me,* &c. epist. verò 140. ad Honorat. col. 435. e. *Aperuerunt in me..... quasi leo rapiens,* &c. In Gr. Ἤνοιξαν ἐπ' ἐμὲ... ὡς λέων, &c.

℣. 15. Ita Cassiod. in hunc Ps. Sic etiam in Psalt. Rom. posito uno *&*, ante *factum est*. Item in Mediolan. Corb. & ap. Ambros. *effusa sunt*. Apud Hilar. in Ps. 57. col. 124. d. *Effusus sum tanquam aqua: & dispersa sunt ossa mea. Factum est cor meum tanquam cera liquefiens,* &c. item in Ps. 140. col. 540. c. *dispersa sunt omnia ossa mea.* In Psalt. Moz. *liquefiens;* in Corb. *liquens*. Apud August. in hunc Ps. col. 92. a. *Sicut aqua effusus sum: & dispersa sunt... Factum est... sicut cera liquescens,* &c. itidem infra, col. 97. e. hoc excepto, *tanquam cera*, sicut epist. 140. ad Honorat. col. 435. f. In Gr. Ὡσεὶ ὕδωρ ἐξεχύθην· καὶ διεσκορπίσθη πάντα, &c. In edd. Ald. & Compl. ἐξεχύθη. In cod. Reg. antiquissimo hæc additur nota, Montfalconio nostro teste, Hexapl. to. 1. Ἐξεχύθην, μετὰ τοῦ ν, κεῖται ἐν τῷ Ἑξαπλῷ παρὰ πᾶσιν· οὕτω δὲ καὶ Ἀπολινάριος καὶ Εὐσέβιος γράφει. i. e. *Effusus sum, cum* ν, *jacet in Hexaplo apud omnes: similiterque scribunt Apolinarius & Eusebius.*

℣. 16. Sic in Psalt. Corb. excepto uno *velut*, pro *sicut*. In Rom. Fabri, *Exaruit velut testa virtus mea*, & in fine, *deduxerunt me.* Rom. Martianæi hab. *Exaruit velut testa... deduxisti me.* Brev. Moz. *Aruit tanquam testa.* Psalt. Coislinian. *Aruit velut testa... & in pulverem mortis deduxerunt me.* Carnut. *& in limum mortis deduxerunt me.* Cypr. l. 2. Testim. p. 290. a. *Aruit velut testa virtus mea, &*

	VERSIO ANTIQUA.	HEBR.	VULGATA HOD.	
Ex Mſ. Sangerm.	17. Quoniam circumdederunt me canes multi : concilium malignantium obſedit me.	*Quoniam circumdederunt me venatores, conſilium peſſimorum vallavit.*	17. Quoniam circumdederunt me canes multi : concilium malignantium obſedit me.	
	Foderunt manus meas & pedes meos : 18. dinumeraverunt omnia oſſa mea.	*Fixerunt manus meas & pedes meos : numeravi omnia oſſa mea:*	Foderunt manus meas & pedes meos : 18. dinumeraverunt omnia oſſa mea.	
	Ipſi verò conſideraverunt, & conſpexerunt me : 19. diviſerunt ſibi veſtimenta mea, & ſuper veſtimentum meum miſerunt ſortem.	*Qua ipſi reſpicientes viderunt in me. Diviſerunt veſtimenta mea ſibi : & ſuper veſtimentum meum miſerunt ſortem.*	Ipſi verò conſideraverunt & inſpexerunt me : 19. diviſerunt ſibi veſtimenta mea, & ſuper veſtem meam miſerunt ſortem.	Matth. 27. 35. Joan. 19. 23. 24.
* Mſ. vitiosè, ut videtur, memor eris.	20. Tu autem * ne moreris Domine auxilium tuum : in defenſione mea aſpice.	*Tu autem Domine ne longè fias: fortitudo mea in auxilium meum feſtina.*	20. Tu autem Domine ne elongaveris auxilium tuum à me : ad defenſionem meam conſpice.	
	21. Eripe à framea animam: & de manu canis unicam meam.	*Erue à gladio animam meam, & de manu canis ſolitariam meam.*	21. Erue à framea Deus animam meam : & de manu canis unicam meam.	
	22. Libera me de ore leonis : & à cornibus unicornuorum humilitatem meam.	*Salva me ex ore leonis, & de cornibus unicornium exaudi me.*	22. Salva me ex ore leonis : & à cornibus unicornium humilitatem meam.	

NOTÆ AD VERSIONEM ANTIQUAM.

lingua mea adglutinata eſt faucibus meis. S. Paulin. epiſt. 15. p. 87. c. 88. a. *Exaruit ſicut teſta guttur meum, & lingua mea adhæſit faucibus meis.* Ambroſ. l. de lapſ. virg. to. 2. col. 318. c. & in Pſ. 118. to. 1. col. 1253. d. *Adhæſit lingua mea faucibus meis : & in pulv. mortis deduxiſti me.* Similiter Hilarius in Pſ. 118. col. 265. d. & 303. b. *& in pulv. mortis deduxiſti me.* (Mſs. Reg. & Albin. priori loco hab. *deduxit me.*) Auguſt. in hunc Pſal. col. 92. c. 97. f. & epiſt. 140. to. 2. col. 436. b. c. cum Fulg. ſer. 9. p. 571. c. *Exaruit velut teſta virtus mea... & in pulv. mortis deduxiſti me.* Similiter ap. Caſſiod. in eund. Pſ. ſi excipias ult. *deduxerunt me.* In Gr. Ἐξηράνθη ὡσεὶ ὄστρακον ἡ ἰσχύς μου, καὶ ἡ γλῶσσά μου κεκόλληται τῷ λάρυγγί μου· καὶ εἰς χοῦν θανάτου κατήγαγές με.

℣. 17. Ita Pſalt. Rom. cum veteribus aliis, quibus favent Lucif. Calar. l. de non parc. in De. del. p. 241. vel 243. d. & Auguſt. epiſt. 140. col. 436. g. ſed in Pſ. 21. col. 92. c. & 97. g. Aug. legit : *concilium malignantium circumdedit me*, &c. Hieron. in Matth. 27. to. 4. col. 135. f. *& congregatio malign. obſedit me.* Leo M. ſer. 53. p. 123. d. cum Caſſiod. in hunc Pſ. textui conſonat, & Vulgatæ. Tertul. verò l. 4. adv. Marc. p. 734. c. legit : *Circumdederunt me canes : ſynagoga malefîcorum circumvallavit me. Foderunt manus meas & pedes meos :* at l. cont. Jud. c. 8. 10. 13. pp. 141. 143. 144. ita : *Exterminaverunt manus meas & pedes :* & p. 144. b. *Foderunt manus meas & pedes :* ſicut l. 3. adv. Marc. p. 677. c. unde l. de reſurr. carn. p. 574. a. ſic alludit : *Perfoſſus manus & pedes.* Novatianus l. de Trin. p. 1050. b. *Effoderunt manus meas & pedes.* Cypr. l. 2. Teſtim. p. 294. a. cum Lactant. l. 4. Inſt. c. 18. p. 581. *Effoderunt manus meas & pedes meos.* Auguſt. epiſt. 76. 102. & 105. col. 179. f. 287. a. 302. f. conſtanter *foderunt*, &c. ſed delet *meos*, poſt *pedes*, uti ſup. in Pſ. 21. col. 92. c. ſecus inf. col. 97. g. 98. a. & tract. 35. in Johan. to. 3. p. 2. col. 542. b. Gr. Ὅτι ἐκύκλωσάν με... ϲυναγωγὴ πονηρευομένων περιέσχον με. Ὤρυξαν χεῖράς μου καὶ πόδας. Mſ. Alex. cum edd. Ald. & Compl. addit μου. Latinius ad hoc Tertulliani verbum ſup. *exterminaverunt*, putat ſcriptum fortè in quibuſd. exemplar. ἐξώλεσαν; in aliis, ὤρυξαν.

℣. 18. Ita Auguſt. tract. 35. in Joh. to. 3. p. 2. col. 542. b. item in hunc Pſ. col. 92. d. 98. b. & epiſt. 76. 102. & 140. to. 2. col. 179. f. 287. a. 436. g. at epiſt. 105. col. 302. b. *& adſpexerunt me.* Fulg. cont. Faſtid. p. 348. & Caſſiod. in eund. Pſ. cum Pſalt. Moz. & Corb. & Tract. miſſæ Domin. Palm. *conſpexerunt me.* Similiter in Pſalt. Rom. cum hoc in principio, *& dinumeraverunt.* Item ap. Novatian. de Trin. p. 1050. b. ſicut in Pſalt. Coiſlin. *& dinumeraverunt.* Tertul. l. adv. Jud. c. 13. p. 144. cum Cypr. l. 2. Teſtim. p. 294. a. & Lact. l. 4. Inſtit. c. 18. p. 581. *dinumeraverunt omnia oſſa mea. Ipſi autem contemplati ſunt, & viderunt me.* Gr. ἐξηρίθμησαν πάντα..... Αὐτοὶ δὲ κατενόησαν, καὶ ἐπεῖδόν με.

℣. 19. Sic apud Aug. in hunc Pſ. col. 98. b. & epiſt. 76. 105. to. 2. col. 179. f. 302. b. item l. 1. de ſerm. Dom. in monte, to. 3. p. 2. col. 196. g. & tract. 35. in Joh. col. 542. b. at in Pſ. 21. col. 92. d. legit, *ſuper veſtem meam ;* ſicut epiſt. 102. col. 287. a. & epiſt. 140. col. 437. a. Itidem in Tractu miſſæ Domin. Palm. necnon in Pſalt. Rom. Martianæi, & aliis ; in Rom. Fabri, *& ſuper veſte mea.* Tertul. verò l. 4. adv. Marc. p. 734. c. legit : *Diſpertiti ſibi ſunt veſtimenta mea, & in veſtitum meum ſortem miſerunt ;* at l. adv. Jud. c. 10. p. 143. c. cum Novatiano de Trin. p. 1050. b. ſic : *ſuper veſtem meam miſerunt ſortem :* lib. etiam de reſurr. carn. p. 574. a. ait : *ſortem paſſus in veſtimento.* Cypr. l. 2. Teſtim. p. 294. a. *Et diviſerunt veſtimenta mea ſibi, & ſuper veſtem meam ſortem miſerunt.* Lact. l. 4. Inſtit. c. 18. p. 581. *Diviſerunt ſibi... & ſuper veſtem meam ſortem miſerunt.* Hilar. in Pſ. 62. col. 153. a. *Diſciderunt veſtem*, & in Pſ. 138. col. 510. b. *& ſuper veſtim. meum miſerunt ſortem :* ſed in Pſ. 1. col. 14. *Diviſerunt ſibi veſtim. mea, & ſuper veſtem meam*, &c. Similiter Ambr. l. de Tob. c. 20. to. 1. 616. a. & l. 1. de fide, to. 2. col. 463. d. unà cum Caſſiod. in hunc Pſ. Maxim. verò Taurin. in homil. p. 17. h. cum Pſalt. Corb. *Diviſerunt..... & ſuper veſtimentum meum*, &c. Fulg. cont. ſerm. Faſtid. p. 348. *& in veſtimentum meum miſ. ſortem.* Fredeg. Schol. chronic. p. 600. b. *& ſuper veſtimenta mea poſuerunt ſortem.* In Gr. Διεμερίσαντο τὰ ἱμάτιά μου ἑαυτοῖς, καὶ ἐπὶ τὸν ἱματισμόν μου ἔβαλον κλῆρον.

℣. 20. Pſalt. Rom. & Coiſlin. cum Caſſiod. in hunc Pſ. *Tu autem Domine ne longè facias auxilium tuum à me, ad def. meam aſpice ;* Coiſl. *reſpice ;* Corb. *aſpice.* Cypr. l. 2. Teſtim. p. 294. a. *Tu autem Domine ne elongaveris auxilium tuum à me, in auxilium meum attende.* Auguſt. in hunc Pſ. col. 92. d. *Tu autem Domine ne longe feceris auxilium tuum à me, in defenſionem meam aſpice :* itidem infra, col. 98. d. detracto uno *à me :* ſic denique epiſt. 140. to. 2. col. 437. b. præter hoc, *ne longè facias.* A Pſalt. etiam Carnut. & Colb. abeſt *à me.* In Gr. Σὺ δὲ Κύριε μὴ μακρύνῃς τὴν βοήθειάν μου, εἰς τὴν ἀντίληψίν μου πρόσχες. In edd. Ald. & Compl. βοήθειάν σου ἀπ' ἐμοῦ. Hieronymus etiam epiſt. ad Sun. & Fretel. to. 2. col. 634. b. ad hoc, *Tu autem Domine ne elongaveris aux. tuum à me*, ait : *Et dicitis inveniſſe vos meum, quod & verum eſt, & ita corrigendum. Brevi enim, ſi quid ſcriptorum errore mutatum eſt, ſtultâ credimus contentione defendere.*

℣. 21. Ita Pſalt. Mozarab. & Corb. niſi quòd hab. *animam meam.* Cypr. verò l. 2. Teſtim. p. 294. a. *Libera à gladio animam meam : & de manu canis*, &c. Aug. in hunc Pſ. & ep. 140. to. 2. 437. c. cum Pſalt. Rom. *Erue à framea animam meam*, &c. ut ſup. Caſſiod. in eund. Pſ. *Eripe à framea Deus animam meam ;* ſed vox *Deus* abeſt à vet. Pſalt. Rom. Mediolan. Carnut. & Colb. In Gr. Ῥῦσαι ἀπὸ ῥομφαίας τὴν ψυχήν μου, &c.

℣. 22. Ita Pſalt. Rom. hab. cum Caſſiod. in hunc Pſ. In Pſalt. Moz. ſimiliter : *Libera me de ore leonis ;* ſicut in Corb. & Tractu miſſæ Domin. Palm. at utrobique *unicornium ;* in Pſalt. Coiſlin. *unicornuorum*, ut ſupra. Apud Tertull. l. cont. Jud. c. 10. p. 144. b. *Salvum me fac ex ore leonis, & de cornibus unicornuorum humilit. meam :* ſic etiam l. 3. adv. Marc. p. 677. c. niſi quòd hab. *Salvum fac me*, & *unicorniorum*, deletque *meam* in fine. Cypr. l. 2. Teſtim. p. 294. a. Vulgatæ congruit. Auguſt. verò in hunc Pſ. col. 92. e. legit : *Salvum me fac de ore leonis, & à cornibus unicornuorum*, &c. item infra, col. 98. e. & epiſt. 140. to. 2. col. 437. f. excepto uno *unicornium.* Ap. Hilar. conſtanter tum in Pſ. 56. col. 119. b. tum in Pſ. 58. col. 131. b. tum etiam in Pſ. 120. col. 382. b. *Libera me de ore leonis, & de manu canis unicam meam.* In Gr. Σῶσόν με ἐκ... καὶ ἀπὸ κεράτων μονοκερώτων τὴν ταπείνωσίν μου.

VULGATA HOD.	HEBR.	VERSIO ANTIQUA.
Hebr. 2. 12. 23. Narrabo nomen tuum fratribus meis : in medio ecclesiæ laudabo te.	*Narrabo nomen tuum fratribus meis : in medio ecclesia laudabo te.*	23. Narrabo nomen tuum fratribus meis : in media ecclesia laudabo te. Ex Ms. Sangerm.
24. Qui timetis Dominum, laudate eum : universum semen Jacob glorificate eum :	*Timentes Dominum laudate eum : omne semen Jacob glorificate eum,*	24. Qui timetis Dominum laudate eum : universum semen Jacob magnificate eum :
25. Timeat eum omne semen Israël : quoniam non sprevit, neque despexit deprecationem pauperis :	*Et metuite eum universum semen Israël : quoniam non despexit, neque contempsit modestiam pauperis,*	25. Timeat eum omne semen Israël : quoniam non sprevit, neque despexit precem pauperum :
Nec avertit faciem suam à me : & cùm clamarem ad eum, exaudivit me.	*Et non abscondit faciem suam ab eo : & cùm clamaret ad eum, exaudivit.*	Neque avertit faciem suam à me : & cùm clamarem ad eum, exaudivit me.
26. Apud te laus mea in ecclesia magna : vota mea reddam in conspectu timentium eum.	*Apud te laus mea in ecclesia multa : vota mea reddam in conspectu timentium eum.*	26. Apud te laus mihi in ecclesia magna : vota mea reddam coram timentibus eum.
27. Edent pauperes, & saturabuntur : & laudabunt Dominum qui requirunt eum : vivent corda eorum in sæculum sæculi.	*Comedent mites, & saturabuntur : laudabunt Dominum quærentes eum : vivet cor vestrum in sempiternum.*	27. Edent pauperes, & saturabuntur : & laudabunt Dominum qui requirunt eum : vivet cor eorum in sæculum sæculi.
28. Reminiscentur, & convertentur ad Dominum universi fines terræ :	*Recordabuntur, & convertentur ad Dominum universi fines terræ,*	28. Reminiscentur, & convertentur ad Dominum universi fines terræ :
Et adorabunt in conspectu ejus universæ familiæ gentium.	*Et adorabunt coram te universæ cognationes gentium :*	Et adorabunt in conspectu tuo omnes patriæ gentium.
29. Quoniam Domini est regnum : & ipse dominabitur gentium.	*Quia Domini regnum, & dominabitur gentibus.*	29. Quoniam Dominus est regnum : & ipse dominabitur gentium.
30. Manducaverunt, & adora-	*Comederunt, & adoraverunt*	30. Manducaverunt, & ado-

NOTÆ AD VERSIONEM ANTIQUAM.

℣. 23. Sic in Psalt. Coislin. est. Hilarius in Ps. 51. n. 3. p. 70. c. similiter hab. *in media ecclesia*; initio verò, *Annuntiabo nomen tuum.* Psalt. Rom. *Narrabo..... in medio ecclesiæ laudabo te.* Corb. *in medea ecclesia cantabo tibi*, Tertul. verò l. 3. adv. Marc. p. 679. b. *Enarrabo nomen..... in medio ecclesiæ hymnum tibi dicam.* Cypr. l. 2. Testim. p. 294. a. *Enarrabo nomen... in medio ecclesiæ laudabo te.* Ambr. l. de bened. Patr. c. 11. to. 1. 528. d. *Narrabo..... in medio ecclesiæ cantabo tibi* : at l. de Tob. c. 15. col. 608. e. & l. de instit. virg. to. 2. col. 259. f. *Narrabo..... in medio ecclesiæ laudabo te* : item constanter hab. *Narrabo*, to. 1. col. 518. d. 894. a. 913. d. 949. d. 1227. d. Aug. in hunc Ps. & epist. 140. to. 2. col. 438. b. *Narrabo..... in medio ecclesiæ cantabo te.* Similiter Hieron. l. 1. in epist. ad Galat. to. 4. col. 236. d. Apud Cassiod. in hunc Ps. *laudabo te.* In Græco : Διηγήσομαι τὸ... ἐν μέσῳ ἐκκλησίας ὑμνήσω σε.

℣. 24. Concordant Psalt. Rom. Corb. Coislinian. & Tractus missæ Domin. Palm. Sic etiam apud August. bis in hunc Ps. ac epist. 140. to. 2. col. 439. c. necnon ap. Cassiod. in eund. Ps. Hieron. quoque, ep. ad Sun. & Fretel. to. 2. col. 634. b. scribit, *magnificate eum* ; tum addit : *pro quo in Græco scriptum... δοξάσατε αὐτὸν, id est*, glorificate eum : *sed sciendum*, inquit, *quòd ubicunque in Græco scriptum est* glorificate, *Latinus interpres* magnificate *transtulerit, secundùm illud quod in Exodo dicitur*, 15. 1. quod vide.

℣. 25. Psalt. Rom. cum Moz. & Coislin. *neque despexit preces pauperum, neque*, &c. ut sup. August. in hunc Ps. col. 92. g. 100. d. cum Psalt. Corb. *neque despexit precem pauperis, neque*, &c. at Aug. ibid. 99. c. *pauperum* : epist. verò 140. to. 2. col. 443. f. g. seq. constanter, *precem pauperis, neque*, &c. subinde, *& cùm clamarem*, &c. ut sup. Cassiod. in eund. Psalm. *precem pauperum, neque..... & cùm clamarem*, &c. Psalt. Rom. *& dum clamarem.* Græc. ἐξουδένωσεν αὐτὸν ἄπαν τὸ..... οὐδὲ προσώχθισε τῇ δεήσει τοῦ πτωχοῦ, οὐδὲ..... καὶ ἐν τῷ κεκραγέναι με, &c.

℣. 26. Ita Brev. Moz. hab. cum Psalt. Corb. Sic etiam in Rom. nisi quòd additur *Domino*, post *vota mea.* Coislin. hab. ut sup. *vota mea reddam coram timentibus eum.* August. in hunc Ps. constanter : *Apud te laus mea, in ecclesia magna confitebor tibi : vota mea reddam coram timentibus eum* : itidem ep. 140. to. 2. col. 444. b. c. Psalt. Mediolan. *Apud te laus mihi*, (Ambros. *A te laus mea*,) *in ecclesia magna confitebor tibi : vota mea*, &c. Ap. Tertul. l. 3. cont. Marc. p. 679. b. *A te laus mihi in ecclesia magna.* Ap. Cassiod. in eund. Ps. *Apud te laus mea in ecclesia magna : vota mea Domino reddam coram timentibus eum.* In Gr. Παρὰ σοῦ ὁ ἔπαινός μου ἐν ἐκκλησίᾳ μεγάλῃ· τὰς εὐχάς μου ἀποδώσω ἐνώπιον τῶν φοβουμένων αὐτόν. In edd. Ald. & Compl. ἐν ἐκκλησίᾳ μεγάλῃ ἐξομολογήσομαί σοι τὰς, &c.

℣. 27. Sic in Psalt. Rom. & Corb. ad verbum. In Mozarab. & apud Cassiod. in hunc Ps. *vivet cor eorum.* Apud Aug. in eund. Ps. & epist. 140. col. 444. e. *vivent corda eorum.* Apud Chromat. Aquil. in Matth. p. 978. b. *& vivet cor eorum.* In Gr. ζήσονται αἱ καρδίαι αὐτῶν. Ambr. quoque in Ps. 118. to. 1. col. 1120. c. initio hab. *Edent paup. & saturabuntur*, ut & Chromat. sup.

℣. 28. Ita in Psalt. Corb. & Moz. verbum è verbo. Similiter in Rom. Coislin. & apud Cassiod. in hunc Ps. præter unum *ejus*, pro *tuo.* Apud Cypr. l. 2. Testim. p. 297. a. *Commemorabuntur, & convertentur ad Dominum omnes termini terræ : & adorabunt in conspectu tuo omnes patriæ gentium.* Apud Fulg. l. de Trin. c. 1. p. 329. sicut apud August. constanter, cùm in hunc Ps. tum epist. 51. 76. &c. to. 2. col. 118. d. 180. a. 287. b. 302. b. 446. f. ut & tract. 13. ac 35. in Joh. to. 3. p. 2. col. 398. a. 542. b. & tract. 2. in 1. Johan. ibid. 837. a. *Commemorabuntur, & convertentur ad Dom. universi fines terræ : & adorab. in consp. ejus universæ patriæ gentium* : ita rursum l. 1. cont. ep. Parmen. to. 9. col. 18. c. cum eod. Fulg. l. cont. Arian. p. 66. excepto verbo *reminiscentur*, pro *commemorabuntur.* Hieron. in Isai. 52. to. 3. col. 377. f. 380. c. *Recordabuntur, & redibunt* (col. 380. c. *convertentur*) *ad Dom. omnes fines terræ : & adorabunt in conspectu ejus omnes familiæ gentium* : at l. 2. in epist. ad Ephes. to. 4. col. 356. a. *omnes patriæ gentium.* Item in Psalt. Mediolan. & Carnut. *omnes patriæ gentium.* Apud Philastr. Brix. de hæres. p. 702. b. *Recordabuntur, & convertentur ad Dominum Christum omnes fines orbis terrarum.* In Gr. Μνησθήσονται, καὶ ἐπιστραφήσονται... πάντα τὰ πέρατα..... καὶ προσκυνήσουσιν ἐνώπιον αὐτοῦ πᾶσαι αἱ πατριαὶ τῶν ἐθνῶν· Aq. & Symm. συγγένειαι.

℣. 29. Gr. Ὅτι τοῦ Κυρίου ἡ βασιλεία, &c. ut sup. Cypr. l. 2. Testim. p. 297. a. *Quoniam Domini est regnum : & ipse dominab. omnium gentium.* Hieron. in Isai. 52. to. 3. col. 377. f. 380. c. *Quoniam Domini regnum est*, &c. ut in textu. Aug. epist. 76. to. 2. col. 180. a. & l. 1. cont. ep. Parmen. to. 9. col. 18. e. *Quoniam ipsius est regnum : & ipse dominabitur gentium* : at epist. 102. &c. col. 287. b. 302. b. 446. f. *Quoniam Domini est regnum*, &c. Itidem tract. 35. in Joh. to. 3. p. 2. col. 542. b. & in hunc Ps. col. 93. c. 102. c. sicut apud Fulg. l. de Trin. c. 1. p. 329. Cassiod. in eund. Ps. & in Psalt. Rom. & al.

℣. 30. Psalt. vetera Rom. Corb. Mediolan. Carnut. Coislin. & Moz. constanter hab. *divites terræ*, non *devi*, quod fortè mendum est scribæ. In iisd. quoque Psalt. ita : *In conspectu ejus procident universi qui descendunt*, &c. Solum Coislin. hab. *procedunt omnes qui descendunt*, &c. August.

Versio antiqua.	Hebr.	Vulgata hod.
Ex Mſ. Sangerm. taverunt omnes divi terræ : in conſpectu ejus decident univerſi qui deſcendent in terram.	*omnes pingues terra : ante faciem ejus curvabunt* (ſupp. *genu*) *omnes qui deſcendunt in pulverem,*	verunt omnes pingues terræ : in conſpectu ejus cadent omnes qui deſcendunt in terram.
31. Et anima mea ipſi vivet : & ſemen meum ſerviet illi.	*Et anima ejus non vivet. Semen ſerviet ei :*	31. Et anima mea illi vivet : & ſemen meum ſerviet ipſi.
32. Adnuntiabitur Domino generatio ventura : adnuntiabunt juſtitiam ejus populo qui naſcetur, quem fecit.	*Narrabitur Domino in generatione : venient, & annuntiabunt juſtitiam ejus populo qui naſcetur, quam fecit.*	32. Annuntiabitur Domino generatio ventura : & annuntiabunt cœli juſtitiam ejus populo qui naſcetur, quem fecit Dominus.

NOTÆ AD VERSIONEM ANTIQUAM.

& Caſſiod. in hunc Pſ. rurſuſque Aug. epiſt. 140. to. 2. col. 446. g. 447. d. ut ſupra..... *divites terræ..... procedent univerſi qui deſcendunt*, &c. In Gr. οἱ πίονες τῆς γῆς..... προσκυνήσουσι πάντες οἱ καταβαίνοντες εἰς τὴν γῆν.

℣. 31. Sic habent Auguſt. & Caſſiod. in hunc Pſ. rurſuſque Auguſt. epiſt. 140. to. 2. col. 448. cum Pſalt. Rom. Coiſlin. & Corb. ſic etiam in Mozarab. præter unum *ſemen ejus*. Vet. Iren. Interp. l. 5. c. 7. p. 300. legit *illi vivet*. Græc. αὐτῷ ζῇ· καὶ τὸ σπέρμα μου δουλεύσει αὐτῷ.

℣. 32. Pſalt. Coiſlin. *Annuntiabitur Domino generations ventura : & annuntiabunt juſtitiam ejus populo... quem fecit Dominus*. Ap. Auguſt. verò & Caſſiod. in hunc Pſ. & in Pſalt. Rom. & Tractu miſſæ Palmar. omnia ut in Vulg. Similiter in Pſalt. Corb. præter hoc, *& adnuntiabitur Domino*. In Pſalt. Carnut. deeſt vox *cœli*, poſt *annuntiabunt*. Apud Ambroſ. ſic : *annuntiabit juſtitiam ejus*, &c. In Gr. Ἀναγγελήσεται τῷ Κυρίῳ γενεὰ ἡ ἐρχομένη· καὶ ἀναγγελοῦσι τὴν δικαιοσύνην... ὃν ἐποίησεν ὁ Κύριος. Aquila & Theodot. ὅτι ἐποίησεν, abſque voce Κύριος.

Versio antiqua.	Hebr.	Vulgata hod.
Ex Mſ. Sangerm. 1. Pſalmus David. XXII.	*Canticum David. XXIII.*	1. Pſalmus David. XXII.
* DOminus reget me, & nihil mihi deerit : 2. in loco paſcuæ ibi me conlocavit.	*DOminus paſcit me, nihil mihi deerit. In paſcuis herbarum accubavit me :*	DOminus regit me, & nihil mihi deerit : 2. in loco paſcuæ ibi me collocavit. Iſa. 40. 11. Jere. 23. 4. Ezec. 34. 11. 23. 1. Pet. 2. 25. & 5. 4.
Super aquam refectionis educavit me : 3. animam meam convertit.	*Super aquas refectionis enutrivit me : animam meam refecit.*	Super aquam refectionis educavit me : 3. animam meam convertit.
Deduxit me ſuper ſemitas juſtitiæ, propter nomen tuum.	*Duxit me per ſemitas juſtitiæ, propter nomen ſuum.*	Deduxit me ſuper ſemitas juſtitiæ, propter nomen ſuum.
4. Nam, & ſi ambulem in medio umbræ mortis, non timebo mala : quoniam tu mecum es.	*Sed, & ſi ambulavero in valle umbræ mortis, non timebo malum : quoniam tu mecum.*	4. Nam, & ſi ambulavero in medio umbræ mortis, non timebo mala : quoniam tu mecum es.
Virga tua, & baculum tuum, * ipſa me conſolata ſunt. (* Mſ. vitiosè, ipſe me conſolatæ ſunt.)	*Virga tua, & baculus tuus, ipſa conſolabuntur me.*	Virga tua, & baculus tuus, ipſa me conſolata ſunt.
5. Paraſti in conſpectu meo menſam, adversùs eos, qui tribulant me.	*Pones coram me menſam, ex adverſo hoſtium meorum.*	5. Paraſti in conſpectu meo menſam, adversùs eos, qui tribulant me.

NOTÆ AD VERSIONEM ANTIQUAM.

℣. 1. Ita Caſſiod. in hunc Pſ. cum Pſalt. Rom. Martianæi, & Coiſlin. Rom. verò Fabri, *In finem, Pſalmus David*. Aug. in eund. unà cum Gr. *Pſalmus ipſi David*; editt. tamen ibi præponunt, *In finem*, ſed repugnant codd. Mſs. omnes.

* Ambroſ. lib. de Joſ. c. 7. to. 1. col. 498. f. & lib. de myſt. to. 2. col. 336. d. & l. 5. de ſacram. 375. e. *Dominus paſcit me*, &c. item l. de apol. Dav. to. 1. col. 696. e. & in Pſ. 36. p. 805. c. & in Luc. 2. p. 1296. c. Concinunt Auguſt. in hunc Pſ. & Hieron. in Iſai. 5. 14. & 49. to. 3. col. 53. a. 165. e. 354. b. item in Ezech. 34. & 45. col. 945. b. 1042. b. ſed Caſſiod. in eund. Pſ. leg. *Dominus regit me*, cum Pſalt. Rom. Coiſlin. & al. Gr. Κύριος ποιμαίνει με, &c. Alex. ποιμανεῖ.

℣. 2. Sic Ambroſ. in Pſ. 43. & 118. to 1. col. 894. c. 1140. d. & l. de myſt. to. 2. col. 336. d. & l. 5. de ſacram. col. 375. f. at l. de apol. Dav. to. 1. col. 696. e. & in Pſ. 36. col. 805. c. habet : *In loco viridi ibi me collocavit*, &c. Similiter in Pſalt. Moz. In Coiſliniano, *conlocavit*, ut ſup. Hilar. in Pſ. 54. col. 111. b. *Super aquam refectionis enutrivit me*. Ambroſ. in Pſ. 43. to. 1. col. 894. c. *Super aquam refect. conſtituit me ;* aliis locis, *educavit*. Hieron. in Iſai. 49. to. 3. col. 354. b. *Super aquas refectionis educ.* &c. Auguſt. & Caſſiod. in hunc Pſ. textui Sangerm. favent cum Pſalt. Rom. & aliis. In Gr. Εἰς τόπον χλόης ἐκεῖ με κατεσκήνωσεν. Ἐπὶ ὕδατος ἀναπαύσεως ἐξέθρεψέ με. Symm. ἀνεκτήσατό με.

℣. 3. Similiter hab. Ambroſ. l. de bono mort. c. 6. to. 1. col. 400. d. & l. 5. de ſacram. to. 2. col. 375. f. præter ult. *nomen ſuum*. Pſalt. Moz. hab. *Animam meam ibi convertit ;* pauloque poſt in Rom. *ſuper ſemitam*. Apud Aug. in hunc Pſ. *in ſemites ;* ubique, *nomen ſuum*. Gr. Τὴν ψυχήν μου ἐπέστρεψεν. Ὡδήγησέ με ἐπὶ τρίβους..... ἕνεκεν τοῦ ὀνόματος αὐτοῦ.

℣. 4. Ambroſ. l. de myſt. to. 2. col. 336. f. & l. 5. de ſacram. col. 375. f. *Nam, & ſi ambulem... & baculus tuus ipſa me conſolata ſunt*. Similiter Auguſt. & Caſſiod. in hunc Pſ. cum Pſalt. Rom. & Moz. In Corb. *Nam, & ſi ambulem... virga tua, & baculum tuum, ipſa me conſolata ſunt*. In Coiſliniano : *& baculus tuus, ipſa me conſolata ſunt*. In Gr. Ἐὰν γὰρ καὶ πορευθῶ... ἡ ῥάβδος σου, καὶ ἡ βακτηρία σου, αὐταί (Alex. αὐτά) με παρεκάλεσαν. Vide ſis Iren. l. 5. c. 31. p. 331. b. & Ambr. in Luc. 17. to. 1. col. 1477. b.

℣. 5. Ita ferunt Pſalt. Rom. Fabri, Mediol. Carnut. & Moz. Corb. vitiosè, *& poculum tuum inebrians quàm præclarus eſt !* Rom. Martianæi, & Sorb. *poculum meum*. Ambr. l. 2. de interpel. David, c. 8. col. 650. f. legit : *Paraſti... adversùs eos, qui conterunt me :* at l. de myſter. to. 2. col. 336. f. *Paraſti... adversùs eos, qui tribulant me..... & poculum tuum inebrians quàm præclarum eſt !* Obſervant etiam hic noſtri BB. editt. omnes cum nonnullis Mſs. habere, *& poculum meum ;* Mſs. verò multò plures ac antiquiores, *& poculum tuum :* attamen l. 5. de ſacram. col. 376. a. legitur *poculum meum*, nullo repugnante Mſ. Verum l. de Joſeph, c. 11. to. 1. col. 504. e. ita, *& poculum tuum ;* item infra, col. 545. a. c. 696. e. 754. a. 1239. d. & to. 2. col. 1030. c. ſed l. de Noe, c. 29. col. 272. e. ſimpliciter, *& poculum inebrians*, &c. ſicut inf. col. 869. d. & in Pſ. 118. col. 1138. c. ſimiliter in Pſ. 35. col. 773. e. f. *poculum inebrians quàm præclarum !* Ambroſ. addit, *vel quàm validum !* κράτιστον *enim dixit Græcus, vel potens, vel forte, vel validum*. Cypr. epiſt. 63. p. 107. b. c. bis, *calix tuus inebrians perquam optimus*. Auguſt. & Caſſiod. in hunc Pſ. *& poculum tuum inebrians quàm præclarum eſt !* At Auguſt. infra in

VULGATA HOD.	HEBR.	VERSIO ANTIQUA.
Impinguasti in oleo caput meum: & calix meus inebrians quàm præclarus est!	*Impinguasti in oleo caput meum: calix meus inebrians.*	Impinguasti in oleo caput meum: & poculum tuum inebrians quàm præclarum est! *Ex Ms. Sangerm.*
6. Et misericordia tua subsequetur me omnibus diebus vitæ meæ:	*Sed & benignitas & misericordia subsequentur me, omnibus diebus vitæ meæ:*	6. Et misericordia tua subsequetur me omnibus diebus vitæ meæ:
Et ut inhabitem in domo Domini, in longitudinem dierum.	*Et habitabo in domo Domini, in longitudine dierum.*	Et ut inhabitem in domo Domini, in longitudine dierum.

NOTÆ AD VERSIONEM ANTIQUAM.

Ps. 35. col. 254. d. *calix tuus inebrians quàm præclarus est!* ut in Psalt. Coislin. Gaud. Brix. serm. 19. p. 975. h. sic: *& calix meus inebrians*, &c. cum Psalt. Æthiopico. Unde Hieron. epist. ad Sun. & Fretel. to. 2. col. 634. b. ait: *In Græco legisse vos dicitis*, calix tuus, *sed hoc in* Κοινῇ *error obtinuit. Cæterùm & LXX. & Hebraïcum, & omnes Interpretes*, calix meus, *habent, quod Hebraïce dicitur* chosi; *alioquin si* calix tuus *esset, diceretur* chosach. In edit. tamen Rom. καὶ τὸ ποτήριόν σου μεθύσκον ὡς κράτιστον. Theod. ποτήριόν μου. Symm. ποτήριόν μου μεθύσκον πάνυ ἀγαθόν. Quinta editio, καὶ ποτήριόν μου.

℣. 6. Psalt. Rom. Fabri, cum Coislin. *Et miseric. tua subsequitur me omnib. dieb. vitæ meæ: ut inhabitem... in longitudine dierum.* Rom. Martianæi, cum Mediolan. & Moz. *subsequatur me... in longitudinem dierum.* Corb. *subsequitur me*, &c. ut in Vulg. Apud Aug. in hunc Ps. *subsequetur me*, absque &, ante *ut inhabitem*; reliqua ut in Vulg. Fulg. l. 1. ad Monim. p. 9. sic legit: *Misericordia tua subsequitur me per omnes dies vitæ meæ.* Gr. Καὶ τὸ ἔλεός σου καταδιώξεταί με πάσας τὰς..... καὶ τὸ κατοικεῖν με..... εἰς μακρότητα ἡμερῶν.

VULGATA HOD.	HEBR.	VERSIO ANTIQUA.
1. Prima sabbati, Psalmus David. XXIII.	*Canticum David. XXIV.*	1. Psalmus David, prima die sabbati. XXIII. *Ex Ms. Sangerm.*
Ps. 49. 12. 1. Cor. 10. 26. Domini est terra, & plenitudo ejus: orbis terrarum, & universi qui habitant in eo.	*Domini est terra, & plenitudo ejus: orbis, & habitatores ejus:*	* Domini est terra, & plenitudo ejus: orbis terrarum, & universi qui habitant in eam.
2. Quia ipse super maria fundavit eum: & super flumina præparavit eum.	*Quia ipse super maria fundavit eam, & super flumina stabilivit eam.*	2. Ipse supra maria fundavit eam: & super flumina præparavit eam.
3. Quis ascendet in montem Domini? aut quis stabit in loco sancto ejus?	*Quis ascendet in montem Domini, & quis stabit in loco sancto ejus?*	3. Quis ascendit in montem Domini? aut quis stabit in loco ejus?
4. Innocens manibus & mundo corde, qui non accepit in vano animam suam, nec juravit in dolo proximo suo.	*Innocens manibus, & mundo corde: qui non exaltavit frustra animam suam, & non juravit dolosè.*	4. Innocens manibus & mundo corde, qui non accepit in vano animam suam, nec juravit in dolo proximo suo.
5. Hic accipiet benedictionem à Domino: & misericordiam à Deo salutari suo.	*Accipiet benedictionem à Domino, & justitiam à Deo salutari suo.*	5. Hic accipiet benedictionem, & misericordiam à Domino salutare suo.

NOTÆ AD VERSIONEM ANTIQUAM.

℣. 1. Brev. Moz. delet vocem *die*, cum Psalt. Rom. Corb. & Cassiodoro. Apud Aug. in hunc Ps. sic: *Psalmus ipsi David, primâ sabbati*, è Græco, Ψαλμὸς τῷ Δαυίδ, τῆς μιᾶς σαββάτων. Auct. quæst. Vet. Test. apud Aug. to. 3. q. 111. p. 111. a. *Huic David, primâ sabbati.*

* Augustinus, & Cassiod. in fine legunt *in ea*, cum Psalt. Rom. & Corb. cæt. ut sup. Gr. Τοῦ Κυρίου ἡ γῆ, καὶ... οἰκουμένη, καὶ πάντες.... ἐν αὐτῇ. Vet. Irenæi Interp. l. 4. c. 36. p. 280. c. *Domini est terra, & plenit... terrarum, & omnes..... in ea.* Tertul. l. cont. Hermog. p. 419. a. *Domini est terra: plenitudo ejus, orbis terræ, & omnes qui habitant in illa.* Ambros. in Psalm. 48. to. 1. col. 945. f. 946. a. *orbis terrarum, & qui habitant in eo;* tum addit: *Græci* οἰκουμένην *dicunt, eò quòd inhabitetur à Christo:* at in Luc. 2. col. 1294. a. legit, *& universi qui hab. in eo:* vide etiam col. 1077. & 1500. & to. 2. col. 617. b. Concinunt Ambrosiaster, p. 238. c. & Auct. quæst. apud Aug. q. 111. hic tamen paulò supra legit, *omnes qui habit.*

℣. 2. Sic est in Brev. Mozarab. In Rom. Fabri: *Ipse super maria fundavit ea: & super flumina præp. illa.* Rom. Martianæi, & Corb. *Ipse... fundavit eam... præparavit illam.* Corb. *illa.* Apud Tertull. cont. Hermog. p. 419. a. *Ipse... fundavit eam... præpar. eam.* Similiter Ambros. epist. 3. & 58. to. 2. col. 755. a. & 1017. a. item l. 5. Hexa. to. 1. col. 86. b. & in Ps. 118. col. 1077. d. si excipias ult. *illam:* at in Ps. 48. col. 945. f. *Ipse... fundavit eum... præp. eum.* Hilar. in Ps. 2. n. 32. col. 43. & Auct. quæst. apud Aug. to. 3. q. 111. *Ipse... fund. eam... præp. illam.* Similiter August. & Cassiod. in hunc Ps. bis legunt *eam.* Hieron. in Isai. 34. to. 3. col. 278. a. *Ipse... fund. eum: & super flum. collocavit illum:* nec uspiam initio habetur *Quia*, quod etiam abest à Psalt. Mediolan. & Carnut. Item in Gr. Αὐτὸς ἐπὶ... ἐθεμελίωσεν αὐτὴν... ἡτοίμασεν αὐτήν.

℣. 3. Cypr. l. 2. & 3. Testim. p. 292. c. 325. b. cum Vulg. *Quis ascendet in montem Dom..... in loco sancto ejus?* Concinunt Ambros. in Ps. 39. to. 1. col. 863. d. & l. 1. de pœnit. to. 2. col. 401. c. necnon August. & Cassiod. in hunc Ps. Sic etiam hab. Auct. quæst. ap. Aug. to. 3. q. 111. & Chromat. Aquil. in Matth. p. 979. a. cum Psalt. Rom. Hilarius in Ps. 14. n. 5. col. 63. b. legit: *Quis ascendet montem*, &c. ut in Vulg. Psalt. Moz. cum Corb. *Quis ascendit*, &c. Gr. Τίς ἀναβήσεται..... ἐν τόπῳ ἁγίῳ αὐτοῦ;

℣. 4. Ita Cassiod. cum Psalt. Rom. Tertul. verò, l. 2. adv. Marc. p. 651. c. legit: *Innocens autem & purus corde, qui non accepit in vanum nomen Dei, & non juravit ad proximum suum in dolo.* Cypr. l. 2. Testim. p. 292. c. 325. b. *Innocens manib. & mundo corde, qui non accepit in vano animam suam, & non juravit subdolè proximo sibi.* Ambr. l. 1. de excessu Satyri, to. 2. col. 1130. d. *Innocens manib. & mundo corde, qui non acc. in vanum anim. suam, nec fecit proximo suo dolum:* item l. de bono mort. c. 7. col. 401. f. *in vanum:* at l. 1. de. pœnit. to. 2. col. 401. c. *in vano;* ut & Chromat. Aquil. in Matth. p. 979. a. August. in hunc Ps. ita: *Innocens manibus & mundus corde, qui non accepit in vano anim. suam, & non juravit proximo suo in dolo.* Tichon. similiter, reg. 3. p. 55. f. *qui non juravit proximo suo in dolo.* Auct. verò quæst. ap. Aug. to. 3. q. 111. col. 111. f. legit cum Chromat. Aquil. in Matth. p. 984. e. *nec juravit proximo suo in dolum.* Græc. Ἀθῷος χερσὶ καὶ καθαρὸς τῇ καρδίᾳ, ὃς οὐκ ἔλαβεν ἐπὶ ματαίῳ... καὶ οὐκ ὤμοσεν ἐπὶ δόλῳ τῷ, &c.

℣. 5. Tertul. l. 2. cont. Marc. p. 651. c. *Iste accipiet benedict. à Domino: & misericordiam à Deo salutificare suo.* Cypr. l. 2. Testim. p. 292. c. *Iste accipiet benedict. à Dom. & mis. à Deo salutari suo.* Item apud Tichonium, reg. 3. p. 55. f. *Iste accipiet*, &c. Apud August. & Cassiod. in hunc Ps. & in Psalt. Rom. *Hic accipiet*, &c. ut in Vulg.

Ex Mſ. Sangerm.

VERSIO ANTIQUA.	HEBR.	VULGATA HOD.
6. Hæc eſt generatio requirentium eum, quærentium faciem Jacob. * DIAPSALMA.	*Hæc generatio quærentium eum, quærentium faciem tuam Jacob. SEMPER.*	6. Hæc eſt generatio quærentium eum, quærentium faciem Dei Jacob.
7. Tollite portas principes veſtri, & elevamini portas æternales: & introibit rex gloriæ.	*Levate portæ capita veſtra, & elevamini januæ ſempiternæ: & ingrediatur rex gloriæ.*	7. Attollite portas principes veſtras, & elevamini portæ æternales: & introibit rex gloriæ.
8. Quis eſt iſte rex gloriæ? Dominus fortis & potens: Dominus potens in prælio.	*Quis eſt iſte rex gloriæ? Dominus fortis & potens: Dominus fortis in prælio.*	8. Quis eſt iſte rex gloriæ? Dominus fortis & potens: Dominus potens in prælio.
9. Tollite portas principes veſtri, & elevamini portas æternales: & introibit rex gloriæ.	*Levate portæ capita veſtra, & erigite januæ ſempiternæ: & ingrediatur rex gloriæ.*	9. Attollite portas principes veſtras, & elevamini portæ æternales: & introibit rex gloriæ.
10. Quis eſt iſte rex gloriæ? Dominus virtutum ipſe eſt rex gloriæ.	*Quis eſt iſte rex gloriæ? Dominus exercituum: ipſe eſt rex gloriæ. SEMPER.*	10. Quis eſt iſte rex gloriæ? Dominus virtutum ipſe eſt rex gloriæ.

NOTÆ AD VERSIONEM ANTIQUAM.

Sic habet etiam Auct. quæſt. apud Aug. to. 3. q. 111. In Gr. Οὗτος λήψεται... παρὰ Κυρίου καὶ ἐλεημοσύνην παρὰ Θεοῦ σωτῆρος αὐτοῦ.

℣. 6. Sic in Pſalt. Corb. eſt, addito nomine *Dei*, ad *faciem*. Cypr. l. 2. Teſtim. p. 292. c. legit: *Iſta nativitas eorum qui eum quærunt, qui quærunt faciem Dei Jacob.* Ambr. l. 1. de exceſſu Satyri, to. 2. col. 1130. d. *Hæc eſt generatio requirentium Deum.* Auguſt. in hunc Pſ. cum Auct. quæſt. ap. ipſum, to. 3. q. 111. & Brev. Moz. *Hæc eſt generatio quærentium Dominum..... Dei Jacob.* Caſſiod. in eund. Pſ. cum Pſalt. Rom. *Hæc eſt generatio quærentium Dominum, requirentium faciem Dei Jacob.* In Gr. Αὕτη ἡ γενεὰ ζητούντων αὐτὸν, (edd. Ald. & Compl. τὸν Κύριον,) ζητούντων τὸ πρόσωπον τοῦ Θεοῦ Ἰακώβ. Schol. Aquila, Symm. LXX. V. editio, & VI. πρόσωπόν σου Ἰακώβ· hoc tamen ult. alubi non reperitur, teſte Nobilio.

* Hoc *Diapſalma* habetur in Pſalt. Corb. Rom. & in Gr. Memoratur etiam ab Auguſt. in hunc Pſ. col. 105. a.

℣. 7. Pſalt. Rom. & Moz. ut & Grad. miſſæ fer. 4. IV. temp. Advent. *Tollite portas principes veſtras*, &c. ut in Vulg. Similiter Ambr. in Pſ. 37. to. 1. col. 830. f. nonnulli tamen Mſs. ferunt ibid. *Tollite portas principes veſtri*; ſicut Hilar. hab. infra, ℣. 9. cum Ambroſ. & Ambroſiaſt. Meliùs Ambroſ. l. 4. de fide, to. 2. col. 523. d. cum Pſalt. Corb. *Tollite portas principes veſtri*, &c. ut in Vulg. at in Pſ. 118. to. 1. col. 1118. c. *Tollite portas principes veſtras*, &c. item l. de inſtit. virg. to. 2. col. 259. a. & 263. a. niſi quòd unus Mſ. Vatic. habet ibid. *principes veſtri*. Sic etiam Auguſt. in hunc Pſ. & epiſt. 237. n. 8. Auct. verò quæſt. apud ipſum, to. 3. q. 111. & Caſſiod. in eund. Pſ. *Tollite portas principes veſtras*, &c. Tertull. adv. Gnoſt. p. 830. b. *Auferte portas principes veſtras, & ſublevamtur portæ æternæ: & intrabit rex gloriæ.* Cypr. l. 2. Teſtim. p. 297. a. *Auferte portas principes veſtras, & extollimini portæ æternales: & introibit rex claritatis.* Julius Firm. l. de errore prof. relig. c. 25. p. 174. d. *Tollite portas principes veſtras, & extollite portæ æternales: & introibit rex gloriæ.* Hieron. in Iſai. 63. to. 3. col. 464. d. *Levate portas principes veſtras*: ſic etiam LXX. tranſtuliſſe teſtatur, comment. in Jerem. 2. col. 535. d. & ipſe epiſt. ad Damaſ. to. 2. col. 565. b. legit: *Elevate portas principes veſtras: & introibit rex gloriæ.* Capreol. Carthag. ap. Sirm. to. 1. p. 368. d. *Auferte portas princip. veſtras*, &c. ut in Vulg. In Gr. Ἄρατε πύλας οἱ ἄρχοντες ὑμῶν, καὶ ἐπάρθητε πύλαι αἰώνιοι· καὶ εἰσελεύσεται ὁ βασιλεὺς τῆς δόξης.

℣. 8. Ita Julius Firm. l. de errore prof. relig. c. 25. necnon Auguſt. & Caſſiod. in hunc Pſ. cum Pſalt. Rom. Item ap. Ambr. l. de Myſt. to. 2. col. 334. b. & l. 4. de fide, col. 523. d. e. at l. de inſtit. virg. col. 259. a. poſt hoc, *potens in prælio*, addit, *ipſe eſt rex gloriæ*; dein *tollite*, &c. Cypr. l. 2. Teſtim. p. 297. a. *Quis eſt iſte rex claritatis? Dominus fortis & potens: Dominus fortis in prælio.* Similiter Hieron. in Dan. 8. to. 3. col. 1106. f. excepta voce *gloriæ*, loco *claritatis*. Apud Tertull. l. 4. adv. Marc. p. 714. a. ſic: *Dominus validus, Dominus potens in bello.* In Gr... Κύριος κραταιὸς καὶ δυνατός· Κύριος δυνατὸς ἐν πολέμῳ.

℣. 9. Cypr. l. 2. Teſtim. p. 297. a. conſtanter: *Auferte portas principes veſtras, & extollimini portæ æternales: & introibit rex claritatis.* Capreol. ep. Conc. Hiſp. to. 2. p. 199. & S. Fulg. l. pro fide cath. p. 541. *Auferte portas principes veſtras, & elevamini*, &c. ut in Vulg. Julius Firm. l. de errore prof. relig. c. 25. p. 174. e. *Tollite portas qui præeſtis illis, & extollite vos portæ æternæ: & introibit rex gloriæ.* Hilar. in Pſ. 67. col. 207. c. *Tollite portas principis veſtri*, &c. ut in Vulg. (Miciac. cod. hab. ibid. *principes veſtras*.) Similiter Ambroſ. l. de Myſter. to. 2. col. 334. b. *Tollite portas principis veſtri*, &c. in Mſs. tamen nonnullis, *principes veſtras*; in quibuſdam, *principes veſtri*; in aliis pluribus, *principis veſtri*. Rurſus Ambroſ. l. 4. de fide, col. 523. d. e. *Tollite portas principes veſtri*, &c. & infra, col. 525. a. *& elevamini portæ æt. & introibit*, &c. Mſs. quidam ibid. cum editt. hab. *ut introeat in te rex gloriæ.* Ambroſiaſt. p. 238. c. *Tollite portas principis veſtri*, &c. ut in Vulg. Mſs. nonnulli, *principes veſtras*. Sic etiam leg. Hieron. epiſt. ad Damaſ. to. 3. col. 519. a. cum Pſalt. Rom. & Caſſiod. Apud Auguſt. in hunc Pſ. ſic: *Tollite portas principes veſtri*, &c. ut in Vulg. Ita etiam in Pſalt. Corb. Auctor quæſt. apud Aug. to. 3. q. 111. *Tollite portas princ. veſtras*, &c. In Gr. ut ſup. ℣. 7.

℣. 10. Concinunt Tertull. l. 5. adv. Marc. p. 799. a. Hilar. in Pſ. 67. col. 207. c. Ambroſ. l. 4. de fide, to. 2. col. 523. f. & Ambroſiaſt. p. 238. c. Item Hieron. epiſt. ad Damaſ. to. 3. col. 519. a. Aug. & Caſſiod. in hunc Pſ. cum Pſalt. Rom. &c. necnon Fulg. l. pro fide cath. p. 541. At Cyprianus l. 2. Teſtim. p. 297. a. conſtanter legit: *Quis eſt iſte rex claritatis? Dominus virtutum ipſe eſt rex claritatis.* In Gr. Τίς ἐστιν..... τῆς δόξης; Κύριος τῶν δυνάμεων, αὐτός ἐστιν οὗτος ὁ βασιλεὺς τῆς δόξης. Apud Juſtin. αὐτὸς οὗτός ἐστιν· at in Mſ. Alex. Ald. & Compl. αὐτός ἐστιν ὁ βασιλεύς. Hieron. in Iſai. 1. to. 3. col. 13. e. hæc hab. *Quis eſt iſte rex gloriæ? Dominus ſabaoth, id eſt, Dominus virtutum, ipſe eſt rex gloriæ*: & ſupra, ep. ad Damaſ. ait *Ubicunque LXX. Interpretes* Dominum virtutum, & Dominum omnipotentem *expreſſerint, in Hebræo eſſe poſitum, Dominus ſabaoth.* Item Ambroſ. l. 4. de fide, col. 525. a. legit: *Et introibit rex gloriæ, Dominus ſabaoth*: & ſupra, col. 524. a. *Dominum*, inquit, *ſabaoth patrem, Dominum ſabaoth filium legimus: nam & hic ſic poſitum plerique codices habent, quòd Dominus ſabaoth ipſe ſit rex gloriæ.*

VULGATA HOD.	HEBR.	VERSIO ANTIQUA.
1. In finem, Psalmus David. XXIV.	*David. XXV.*	1. In finem, Psalmus ipsi David. XXIV. *Ex Ms. Sangerm.*
AD te Domine levavi animam meam: 2. Deus meus in te confido, non erubescam:	*AD te Domine animam meam levo: Deus meus in te fisus sum, ne confundar.*	* AD te Domine levavi animam meam: 2. Deus meus in te confido, non erubescam:
3. Neque irrideant me inimici mei: etenim universi, qui sustinent te, non confundentur.	*Ne lætentur inimici mei: sed & universi, qui sperant in te, non confundantur.*	3. Neque inrideant me inimici mei: etenim universi, qui te exspectant, non confundentur.
4. Confundantur omnes iniqua agentes supervacuè. Vias tuas Domine demonstra mihi: & semitas tuas edoce me.	*Confundantur qui iniqua gerunt frustra. Vias tuas Domine ostende mihi: semitas tuas doce me.*	4. Confundantur iniqua facientes supervacuè. Vias tuas Domine notas fac mihi: & semitas tuas edoce me.
5. Dirige me in veritate tua, & doce me: quia tu es Deus salvator meus, & te sustinui tota die.	*Deduc me in veritate tua, & doce me: quia tu Deus salvator meus, te exspectavi tota die.*	5. Dirige me in veritate tua, & doce me: quia tu es salutaris meus, & te sustinui tota die.
6. Reminiscere miserationum tuarum Domine, & misericordiarum tuarum, quæ à sæculo sunt.	*Recordare miserationum tuarum Domine, & misericordiarum tuarum, quia à sæculo sunt.*	6. Reminiscere miserationum tuarum, & quia misericordiæ tuæ à sæculo sunt.
7. Delicta juventutis meæ, & ignorantias meas ne memineris.	*Peccatorum adolescentiæ meæ, & scelerum meorum ne memineris.*	7. Delicta juventutis meæ, & ignorantiæ meæ ne memineris.
Secundùm misericordiam tuam memento mei tu: propter bonitatem tuam Domine.	*Secundùm misericordiam tuam recordare mei tu, propter bonitatem tuam Domine.*	Secundùm misericordiam tuam memor esto mei: propter bonitatem tuam Domine.
8. Dulcis & rectus Dominus: propter hoc legem dabit delinquentibus in via.	*Bonus & rectus Dominus: propterea docebit peccatores in via.*	8. Dulcis & rectus Dominus: propter hoc legem statuit delinquentibus in via.
9. Diriget mansuetos in judicio: docebit mites vias suas.	*Deducet mansuetos in judicio, & docebit modestos viam suam.*	9. Dirigit mites in judicio: docebit mansuetos vias suas.

NOTÆ AD VERSIONEM ANTIQUAM.

℣. 1. Ita Aug. in hunc Ps. cum Brev. Moz. Ap. Cassiod. sicut in Psalt. Corb. & Rom. deest *ipsi*. In Gallic. & Carnut. simpliciter, *Psalmus David*. In Coislin. *Diapsalma David*. In Gr. Vatic. Ψαλμὸς τῷ Δαυίδ. Hic verò Psalmus apud Cassiod. dividitur secundùm litteras Hebraïcas: *Psalmus iste*, inquit, *Hebræorum primus alphabeto descriptus est*: & infra: *Nunc autem noverimus hunc sextam & decimam nonam litteras non habere; reliquas vero in textu Psalterii minio pingendas esse judicavi, ne qua legentibus confusa nasceretur obscuritas.*

* Ita August. & Cassiod. in hunc Ps. cum vet. Psalt. & Græco.

℣. 2. Sic Ambros. in Ps. 118. to. 1. col. 1165. f. detracto isto, *Deus meus*. Aug. verò & Cassiod. in hunc Ps. cum vet. Psalt. textui consentiunt ad verbum. Gr. Ὁ Θεός μου ἐπὶ σοὶ πέποιθα, μὴ καταισχυνθείην.

℣. 3. Ita August. in hunc Ps. cum Psalt. Coislin. Carnut. Corb. Mediol. & Rom. Martianæi. Sic etiam in Missali Rom. ad Introit. missæ Domin. 1. Advent. In Psalt. Rom. Fabri, & Moz. *qui te exspectant, non confundantur*. Apud Ambros. in Ps. 118. to. 1. col. 1225. e. *etenim qui sperant in te, non confundentur*. Cassiod. Vulgatæ favet. In Gr...... καὶ γὰρ πάντες οἱ ὑπομένοντές σε, οὐ μὴ καταισχυνθῶσι.

℣. 4. Brev. Moz. cum Psalt. Corb. Rom. Fab. & Cassiod. *Confundantur iniqui facientes vana. Vias tuas Dom. notas fac mihi*, &c. Psalt. Rom. Martianæi, *Confundantur iniqua facientes vanè. Vias tuas Dom. notas fac mihi*, &c. Carnut. *Confundantur iniqui facientes vana*. Mediolan. *Confund. iniqua gerentes supervacuè*. Coislin. *Confundantur iniqua facientes supervacuè*. Apud. August. in hunc Ps. *Confund. iniquè facientes vana... notas fac mihi*, &c. Hieron. epist. ad Sun. & Fretel. to. 2. col. 634. b. ad hæc, *Confundantur omnes iniqua agentes*, addit: *Et dicitis quòd omnes in Græco non habeat, & benè; nam nec in Hebræo habet, sed in LXX. sub veru additum est*. In ed. Rom. Αἰσχυνθήτωσαν οἱ (Ms. Alex. πάντες οἱ) ἀνομοῦντες διακενῆς. Τὰς ὁδούς σου Κύριε γνώρισόν μοι, &c. Cypr. l. 2. Testim. p. 288. a. legit: *Vias tuas Domine ostende mihi: & semit. tuas edoce me*. Ambros. l. 3. de fide, to. 2. col. 506. c. cum Arnob. de Deo trino, p. 212. c. *Vias tuas Domine notas fac mihi*: & in Luc. 2. to. 1. 1309. c. *Vias tuas edoce me*. Aug. retract. 1. to. 1. col. 7. d. *Vias tuas Dom. notas fac mihi: & semit. tuas doce me*. Gr. δίδαξόν με.

℣. 5. Sic in Psalt. Rom. Coislin. Corb. & Moz. sicut apud August. & Cassiod. in hunc Ps. nisi quòd apud omnes habetur *Deus salutaris*, & apud August. *quoniam*, pro *quia*. In uno Mozarab. deest *meus*, post *salutaris*. Cypr. verò l. 2. Testim. p. 288. a. legit: *Et deduc me ad veritatem tuam, & doce me: quoniam tu es Deus salvator meus*. Fulgent. l. 1. ad Trasim. *Tu es Deus salvator meus, & te exspectavi tota die*. Gr. Ὁδήγησόν με ἐπὶ τὴν ἀλήθειάν σου..., ὅτι σὺ εἶ ὁ Θεὸς ὁ σωτήρ μου, καὶ σὲ ὑπέμεινα, &c.

℣. 6. Ita Aug. in hunc Ps. addito uno *Domine*, ad vocem *tuarum*. In Psalt. Rom. & Moz... *tuarum Domine, & misericordia tua, quæ à sæculo sunt*. Sic etiam habetur ad Introit. Dom. 2. Quadr. sicut in Psalt. Corb. dempto *Domine*. Cassiod. Vulgatæ congruit. In Græco: Μνήσθητι... Κύριε, καὶ τὰ ἐλέη σου, ὅτι ἀπὸ τοῦ αἰῶνός εἰσι.

℣. 7. Ita Brev. Mozarab. habet, deleta voce *meæ*, post hanc, *juventutis*. August. in hunc Ps. leg. *juventutis meæ*; & post paulò, *memor esto mei Deus*; reliq. ut supra. Cassiod. cum Psalt. Rom. *Delicta juventutis, & ignorantiæ meæ ne memineris. Secundùm magnam misericord. tuam memor esto mei Deus: propter*, &c. Coislin. *Delicta juventutis, & ignorantias meas ne memin. Deus. Secundùm magnam miseric. tuam memor esto mei Deus: propter bonit. tuam*; deest *Domine*. Psalt. Corb. *Delicta juventutis meæ, ignorantiæ ne memineris. Secundùm miseric. tuam memor esto: propter bonit. tuam Domine*. Hilar. in Ps. 118. col. 252. b. *Delicta juventutis meæ Domine ne memineris*. Ambros. l. 1. de interpel. Job, c. 7. to. 1. col. 633. f. *Delictum juventutis meæ, & ignorantiæ ne memineris Domine*: at in Ps. 38. col. 843. e. & in Ps. 118. col. 982. b. necnon de ob. Valent. to. 2. col. 1178. c. *Delicta juventutis meæ, & ignorantiæ meæ ne memineris*. Similiter hab. Fulg. l. 1. de remis. pecc. c. 13. p. 370. cum Auct. l. de promiss. p. 2. c. 5. p. 129. c. deleto uno *meæ*, post *juventutis*. In Gr. Ἁμαρτίας νεότητός μου, καὶ ἀγνοίας μου μὴ μνησθῇς. Κατὰ τὸ ἔλεός σου μνήσθητί μου (Ald. & Compl. add. σύ) ἕνεκεν τῆς χρηστότητός σου Κύριε.

℣. 8. Ita Aug. & Cassiod. in hunc Ps. cum Psalt. Rom. Corb. Carnut. & Coislin. In Mediolan. *legem statuet*. In Mozarab. *Bonus & rectus Dominus: propter hoc legem statuit*, &c. In Græco: Χρηστὸς καὶ εὐθὺς ὁ Κύριος· διὰ τοῦτο νομοθετήσει, &c.

℣. 9. Concinit Brev. Mozarab. Sic etiam in Psalt. Rom. & Coislin. ut & apud Aug. & Cassiod. in hunc Ps. excepto

VERSIO ANTIQUA.	HEBR.	VULGATA HOD.
Ex Mſ. Sangerm. 10. Univerſæ viæ Domini, miſericordia & veritas, requirentibus teſtamentum ejus, & teſtimonia ejus.	*Omnes ſemitæ Domini, miſericordia & veritas, his qui cuſtodiunt pactum ejus, & teſtificationes ejus.*	10. Univerſæ viæ Domini, miſericordia & veritas, requirentibus teſtamentum ejus & teſtimonia ejus.
11. Propter nomen tuum Domine & propitiaberis peccato meo: copioſum eſt enim.	*Propter nomen tuum Domine propitiare iniquitati meæ: quoniam grandis eſt.*	11. Propter nomen tuum Domine propitiaberis peccato meo: multum eſt enim.
12. Quis eſt homo qui timeat Dominum? legem ſtatuit ei in via, quam elegit.	*Quis eſt iſte vir timens Dominum, quem docebit in via quam elegerit?*	12. Quis eſt homo qui timet Dominum? legem ſtatuit ei in via, quam elegit.
13. Anima ejus in bonis demorabitur: & ſemen ejus hæreditate poſſidebit terram.	*Anima ejus in bono commorabitur: & ſemen ejus hæreditabit terram.*	13. Anima ejus in bonis demorabitur: & ſemen ejus hæreditabit terram.
14. Firmamentum eſt Dominus timentibus eum: & teſtamentum ipſius ut manifeſtetur illis.	*Secretum Domini timentibus eum: & pactum ſuum oſtendit eis.*	14. Firmamentum eſt Dominus timentibus eum: & teſtamentum ipſius ut manifeſtetur illis.
15. Oculi mei ſemper ad Dominum: quoniam ipſe evellit de laqueo pedes meos.	*Oculi mei ſemper ad Dominum: quia ipſe educet de reti pedes meos.*	15. Oculi mei ſemper ad Dominum: quoniam ipſe evellet de laqueo pedes meos.
16. Reſpice in me, & miſerere mei: quoniam unicus & pauper ſum ego.	*Reſpice in me, & miſerere mei: quoniam ſolus & pauper ego.*	16. Reſpice in me, & miſerere mei: quia unicus & pauper ſum ego.
17. Tribulationes cordis mei dilatatæ ſunt: de neceſſitatibus meis eripe me.	*Tribulationes cordis mei amplificatæ ſunt: de anguſtiis meis educ me.*	17. Tribulationes cordis mei multiplicatæ ſunt: de neceſſitatibus meis erue me.
18. Vide humilitatem meam, & laborem meum: & remitte omnia peccata mea.	*Vide afflictionem meam & laborem meum, & porta omnia peccata mea.*	18. Vide humilitatem meam, & laborem meum: & dimitte univerſa delicta mea.
19. Reſpice inimicos meos quoniam multiplicati ſunt, & odio iniquo oderunt me.	*Vide inimicos meos, quoniam multiplicati ſunt, & odio iniquo oderunt me.*	19. Reſpice inimicos meos quoniam multiplicati ſunt, & odio iniquo oderunt me. *Joan. 15. 25.*
20. Cuſtodi animam meam, & eripe me: non confundar, quoniam invocavi te.	*Cuſtodi animam meam, & libera me: non confundar, quoniam ſperavi in te.*	20. Cuſtodi animam meam, & erue me: non erubeſcam, quoniam ſperavi in te.
21. Innocentes & recti adhæſerunt mihi: quoniam cuſtodivi te.	*Simplicitas & æquitas ſervabunt me: quia exſpectavi te.*	21. Innocentes & recti adhæſerunt mihi: quia ſuſtinui te.
22. Redime me Deus Iſraël, ab omnibus anguſtiis meis.	*Redime Deus Iſraël, ex omnibus anguſtiis ſuis.*	22. Libera Deus Iſraël, ex omnibus tribulationibus ſuis.

NOTÆ AD VERSIONEM ANTIQUAM.

ttno *diriget*, pro *dirigit*. In Pſalt. Corb. *Dirigit manſuetos in judicio: docebit manſuetos vias ſuas*. In Græco: Ὁδηγήσει πραεῖς... διδάξει πραεῖς, &c.

℣. 10. Conſentiunt Auguſt. & Caſſiod. in hunc Pſ. unà cum Pſalt. Rom. Corb. & Gr. In Brev. Moz. & *teſtimonia ipſius*; Gr. αὐτοῦ.

℣. 11. Similiter in Pſalt. Rom. Mozarab. Corb. & Coisliniano, *copioſum eſt enim*; ſicut apud Caſſiod. in hunc Pſ. Apud Aug. *multum eſt*, &c. at ſup. nuſquam præponitur &, verbo *propitiaberis*, præterquam in Pſalt. Corb. In Gr. etiam, καὶ ἱλάσῃ..... πολλὴ γάρ ἐστι.

℣. 12. Concinunt Auguſt. & Caſſiod. in hunc Pſ. unà cum Pſalt. Rom. Moz. & Coiſlin. Apud Auguſt. ſimiliter *timeat*; paulò verò poſt, *legem ſtatuet*, cum Pſalt. Mediolan. In Corb. *qui timeat..... leg. ſtatuit ei in viam*, &c. In Gr. ὁ φοβούμενος... νομοθετήσει αὐτῷ ἐν ὁδῷ, &c.

℣. 13. Ita Aug. & Caſſiod. in hunc Pſ. cum Pſalt. Moz. & Rom. Fabri. In Rom. Martianæi, Corb. & Coiſlin. *hæreditatem poſſidebit*, &c. Apud Ambr. l. de bono mort. c. 9. to. 1. col. 405. f. *hæreditabit terram*. In Gr. κληρονομήσει γῆν.

℣. 14. Auguſt. in hunc Pſ. *Firmam. eſt Dominus timentium eum*; Caſſiod. cum vet. Pſalt. *timentibus*; Moz. *ut manifeſtetur illi*. Gr. τῶν φοβουμένων αὐτόν... τοῦ δηλῶσαι αὐτοῖς.

℣. 15. Prima verſiculi pars ſic habetur apud Ambr. l. de Joſeph, c. 3. col. 486. c. & inf. 684. c. 700. c. deinde ap. Auguſt. in hunc Pſ. *quia ipſe evellet*, &c. ut ſup. Sic etiam in Pſalt. Coiſlin. & Græco.

℣. 16. Pſalt. Coiſlin. hab. *quoniam unicus & pauper ego ſum*. Rom. & al. ut in Vulg. quibus etiam ſuffragantur Auguſt. & Caſſiod. in hunc Pſ. Gr. ὅτι μονογενὴς καὶ πτωχός εἰμι ἐγώ.

℣. 17. Sic in Pſalt. Rom. Coiſlin. & apud Caſſiod. in hunc Pſ. Apud Auguſt. verò in eund. *Tribulationes cordis mei multiplicatæ ſunt: de neceſſitat. meis educ me*. In Brev. Mozar. *dilatata ſunt... libera me*. In Pſalt. Corb. *Cogitationes cordis mei dilatatæ ſunt: de neceſſ. eripe me*. In Grad. miſſæ Domin. 2. Quadr. *Tribul. cordis mei dilatatæ ſunt: de neceſſitat. meis eripe me Domine*. In Gr. ἐπλατύνθησαν· ἐκ τῶν... ἐξάγαγέ με.

℣. 18. Sic Ambroſ. l. de lapſ. virg. to. 2. col. 319. b. & Aug. in hunc Pſ. In Pſalt. Rom. Corb. & apud Caſſiod. & *dimitte omnia peccata mea*; ſicut in Grad. Domin. 2. Quadr. In Pſalt. Moz. ita: & *dimitte mihi omnia pecc. mea*. In Coiſlin. & *dimitte mea omnia peccata mea*. In Gr. καὶ ἄφες πάσας τὰς ἁμαρτίας μου.

℣. 19. Concordant Auguſt. & Caſſiod. unà cum vet. Pſalt. In Gr. Ἴδε τοὺς ἐχθρούς μου, &c. ut ſup.

℣. 20. Ita Pſalt. Moz. & Corb. cum Caſſiod. in hunc Pſ. Similiter in Pſalt. Rom. niſi quòd poſt *eripe me*, additur *Domine*; quod verbum apud Fabrum jungitur cum præced. *eripe me*; apud Martianæum verò cum ſeq. *non confundar*. Auguſt. in hunc Pſ. ſic legit: *Cuſtodi..... & erue me: non confundar, quon. ſperavi in te*. Pſalt. Coiſlin. ut ſup. *non confundar, quia invocavi te*. Gr. Φύλαξον... καὶ ῥῦσαί με· μὴ καταισχυνθείην, ὅτι ἤλπισα ἐπὶ σέ. In Pſalt. Coiſlin. ὅτι μοὶ ἐπεκαλεσάμην σε.

℣. 21. Pſalt. Rom. Fabri hab. *quoniam ſuſtinui te*; Rom. verò Martian. cum Corb. *ſuſtinui te Domine*. Similiter ap. Auguſt. & Caſſiod. in hunc Pſ. In Pſalt. Sorbonico deeſt *Domine*, quamvis in adverſa columna, ubi Græcus contextus latinis litteris deſcriptus eſt, legatur hoc modo, *ypemina ſe Kre*. In Pſalt. etiam Mozarab. & Coiſlin. *quia ſuſtinui te Domine*. Item in Gr. conſtanter, ὅτι ὑπέμεινά σε Κύριε· unde Hieron. epiſt. ad Sun. & Fretel. to. 2. col. 634. b. *Et dicitis*, inquit, *in Græco vos repeririſſe*, Domine, *quod ſuperfluum eſt*.

℣. 22. Ita Caſſiod. in hunc Pſ. cum Pſalt. Rom. Coiſlin. Carnut. Corb. & Moz. ſi excipias unum *ex*, pro *ab*. Apud Auguſt. in eund. Pſ. *Redime Deus Iſraël, ex omnibus tribulationibus ejus*. In Pſalt. Mediolan. *anguſtiis ejus*. In Gr. Λύτρωσαι ὁ Θεὸς τὸν Ἰσραὴλ, ἐκ πασῶν τῶν θλίψεων αὐτοῦ.

Vulgata hod.

1. In finem, Pſalmus David. XXV.

JUdica me Domine, quoniam ego in innocentia mea ingreſſus ſum: & in Domino ſperans non infirmabor.

2. Proba me Domine, & tenta me: ure renes meos & cor meum.

3. Quoniam miſericordia tua ante oculos meos eſt: & complacui in veritate tua.

4. Non ſedi cum concilio vanitatis: & cum iniqua gerentibus non introibo.

5. Odivi eccleſiam malignantium: & cum impiis non ſedebo.

6. Lavabo inter innocentes manus meas: & circumdabo altare tuum Domine:

7. Ut audiam vocem laudis, & enarrem univerſa mirabilia tua.

8. Domine dilexi decorem domus tuæ, & locum habitationis gloriæ tuæ.

9. Ne perdas cum impiis Deus animam meam, & cum viris ſanguinum vitam meam:

10. In quorum manibus iniqui-

Hebr.

David. XXVI.

JUdica me Domine, quia ego in ſimplicitate mea ambulavi: & in Domino confidens non deficiam.

Proba me Domine, & tenta me: ure renes meos & cor meum.

Quia miſericordia tua in conſpectu oculorum meorum, & ambulabo in veritate tua.

Non ſedi cum viris vanitatis, & cum ſuperbis non ingrediar.

Odivi eccleſiam peſſimorum, & cum iniquis non ſedebo.

Lavabo in innocentia manus meas, & circuibo altare tuum Domine:

Ut clara voce prædicem laudem, & narrem omnia mirabilia tua.

Domine dilexi habitaculum domus tuæ, & locum tabernaculi gloriæ tuæ.

Ne auferas cum peccatoribus animam meam, & cum viris ſanguinum vitam meam:

In quorum manibus ſcelus, &

Versio antiqua.

1. Pſalmus David. XXV. *Ex Mſ. Sangerm.*

* JUdica me Domine, quoniam ego in innocentiam meam ingreſſus ſum: & in Domino confidens non erubeſcam.

2. Proba me Domine, & tempta me: ure renes meos & cor meum.

3. Quoniam miſericordia tua ante oculos meos eſt: & complacui in veritate tua.

4. Non ſedi in concilio vanitatis: & cum iniqua gerentibus non introibo.

5. Odivi congregationem malignantium: & cum impiis non ſedebo.

6. Lavabo inter innocentes manus meas: & circumibo altare tuum:

7. Ut audiam vocem laudis, & enarrem univerſa mirabilia tua.

8. Domine dilexi decorem domus tuæ, & locum habitationis gloriæ tuæ.

9. Ne perdas cum impiis animam meam, & cum viris ſanguinum vitam meam:

10. In quorum manibus

Notæ ad Versionem antiquam.

℣. 1. Sic in Pſalt. Rom. Coislin. Moz. & ap. Caſſiod. in hunc Pſ. Apud Aug. ſimpliciter, *Ipſi David*. In Pſalt. Corb. *David*, tantùm. In Gr. Τῷ Δαυίδ. In edd. Ald. & Compl. Ψαλμὸς τῷ Δαυίδ.

* Pſalt. Mozar. & Coislin. habent ſimiliter *in innocentiam meam*; Rom. verò cum Caſſiod. *in innocentia mea*; cæt. ut in Vulg. Apud Auguſt. col. 108. b... *in innocentia mea ambulavi: & in Domino ſperans non movebor*; ſeptem tamen Mſs. ferunt ibid. *non infirmabor*; at infra col. 112. b. conſtanter, *non movebor*. In Gr... ἐν ἀκακίᾳ μου ἐπορεύθην... ἐλπίζων οὐ μὴ σαλευθῶ. Mſ. Alex. cum Ald. & Compl. οὐ μὴ ἀσθενήσω.

℣. 2. Sic Ambroſ. habet l. de apol. Dav. to. 1. col. 687. a. ut & inf. col. 893. f. 1063. c. 1146. d. Ita quoque Auguſt. & Caſſiod. in hunc Pſ. cum Chromat. Aquil. in Matth. p. 987. e. necnon vet. Pſalt. & Gr. Ambroſ. l. 1. de Abr. c. 8. col. 304. b. legit, *Proba me Deus*.

℣. 3. Concinit Lucif. Calar. l. de non conv. cum hæret. p. 222. e. ſicut Auguſt. & Caſſiod. in hunc Pſ. & Gr. In Pſalt. Corb. ſic: *ante oculos meos eſt ſemper*, &c.

℣. 4. Ita legunt Lucif. Calar. l. de non conv. cum hæret. p. 222. e. Ambroſ. epiſt. 63. to. 2. col. 1032. f. & Caſſiod. in hunc Pſ. cum Pſalt. Coisl. Moz. & Rom. Fabri. Rom. Martianæi ſcribit *in conſilio*. Gelaſ. 1. ep. 13. Conc. to. 4. col. 1206. e. *in concilio*. Aug. in eund. Pſ. p. 108. d. & 112. f. *cum concilio*. Tertull. verò l. de pudic. p. 1011. a. *cum conceſſu vanitatis: & cum iniquè agentibus*, &c. Parmen. ap. Auguſt. to. 9. p. 2. col. 71. c. 73. d. *cum concilio vanit. & cum facinoroſis*, &c. Ambroſ. in Pſ. 1. to. 1. col. 751. c. *in concilio malignantium: & cum iniqua gerentibus*, &c. Gr. μετὰ συνεδρίου ματαιότητος· καὶ μετὰ παρανομούντων, &c.

℣. 5. Ita Pſalt. Rom. & Carnut. cum Caſſiod. in hunc Pſ. Pſalt. verò Moz. & Coislin. *Odivi congregationes malignorum*, &c. Lucifer Calarit. l. de non conven. cum hæret. p. 222. e. legit: *Odivi eccleſiam malignantium*, &c. ut in Vulg. Hilar. in Pſ. 57. col. 126. a. *Odio habui congregationem malignorum*, &c. Similiter hab. Auguſt. in hunc Pſ. col. 108. d. & 113. a. Item Ambroſ. epiſt. 63. to. 2. col. 1033. a. at infra col. 1042. e. legit *malignantium*. Gild. Sap. caſtig. in eccl. ord. p. 719. e. cum Cæleſtino I. epiſt. 22. to. 1. p. 1197. a. *Odivi congregationem malignorum*. Sic etiam in Pſalt. Corb. In Conc. verò pro fund. Agaun. monaſt. to. 4. 1558. e. *Odivi congregationem malignam*. Similiter hab. Gelaſ. I. ep. 13. ibid. p. 1206. e. Parmen. ap. Aug. to. 9. p. 2. col. 73. d. *Odio habui curiam nequiſſimorum*; mox ita, *Lavabo*, &c. omiſſis intermediis. Tertul. verò l. de pudic. p. 1011. a. poſt hoc, *non introibo*, ſubdit: *& cum impiis non ſedebo*, omiſſis his quæ proximè antecedunt. Gr. Ἐμίσησα ἐκκλησίαν πονηρευομένων, &c. ut in textu.

℣. 6. Pſalt. Rom. cum Moz. *Lavabo inter innocentes... & circuibo altare tuum Domine.* Caſſiod. in hunc Pſ. *& circumibo*, ut ſup. addito *Domine*. Tertull. l. de pudic. p. 1011. a. *Lavabo cum innocentibus man. meas: & altare tuum circumdabo Domine.* Hilar. in Pſ. 57. col. 126. a. *Lavabo inter innocentes.* Auguſt. in hunc Pſ. col. 108. e. 114. b. *Lavabo in innocentibus... & circumdabo altare tuum Domine*: at infra, col. 113. b. *& circumdabo altare Domini.* Parmen. apud Auguſt. to. 9. col. 73. d. *Lavabo cum innocentibus... & circumdabo altare Domini.* Græc. Νίψομαι ἐν ἀθῴοις... καὶ κυκλώσω τὸ θυσιαστήριόν σου Κύριε.

℣. 7. Pſalt. Rom. Coislin. Mediolan. Corb. Carnut. & Moz. habent *vocem laudis tuæ*. Similiter Caſſiod. in hunc Pſ. cum Auguſt. in eund. col. 108. e. & 114. b. at ſup. col. 113. c. deeſt *tuæ*. Parmen. apud ipſum, to. 9. col. 73. d. *voces laudis*, & inf. *omnia mirabilia tua*. In Gr. φωνῆς αἰνέσεως, καὶ, &c. edd. Ald. & Compl. αἰνέσεώς σου, καὶ, &c.

℣. 8. Ita Auguſt. & Caſſiod. in hunc Pſ. cum Pſalt. Moz. & Coislin. Similiter hab. Hilar. in Pſ. 121. p. 385. d. niſi quòd omittit vocem *Domine*. Pſalt. Rom. loco *habitationis*, ponit *tabernaculi*; ſicut etiam Hilar. loco cit. ex Mſs. Turon. & Regio. Parmen. ap. Auguſt. l. 3. to. 9. col. 73. d. ſic: *Dilexi ſpeciem domus tuæ, & locum tabernaculi claritatis tuæ.* Ruric. epiſt. 14. p. 568. h. *Domine dilexi decorem habitationis tuæ*, &c. ut in Vulg. Gr. Κύριε ἠγάπησα εὐπρέπειαν... καὶ τόπον σκηνώματος δόξης σου.

℣. 9. Ita Pſalt. Rom. cum Moz. Corb. & Coislin. omiſſa voce *Deus*. Similiter hab. Hilar. in Pſ. 57. col. 126. a. ut & Auguſt. in hunc Pſ. col. 108. f. at infra col. 115. a. & in Pſ. 47. col. 422. c. *Ne comperdas cum impiis animam*, &c. Parmen. apud ipſum, to. 9. p. 2. col. 73. d. *Ne ſimul perdideris cum peccatoribus animam meam*, &c. Ambr. in Pſ. 1. to. 1. col. 746. d. *Ne perdas cum impiis Deus animam, & cum viris*, &c. Caſſiod. in hunc Pſ. *Ne ſimul perdas cum impiis animam meam*, &c. Gr. Μὴ συναπολέσῃς μετὰ ἀσεβῶν τὴν ψυχήν μου, καὶ, &c.

℣. 10. Sic apud Auguſt. & Caſſiod. ac in vet. Pſalt. Parmen. verò ap. Auguſt. l. 3. to. 9. p. 2. col. 73. d.

VERSIO ANTIQUA.	HEBR.	VULGATA HOD.
Ex Ms. Sangerm. iniquitates sunt : dextera eorum repleta est muneribus.	*dextera eorum repleta est muneribus.*	tates sunt : dextera eorum repleta est muneribus.
11. Ego autem in innocentiam meam ingressus sum : redime me, & miserere mei.	*Ego autem in simplicitate mea gradiar : redime me, & miserere mei.*	11. Ego autem in innocentia mea ingressus sum : redime me, & miserere mei.
12. Pes enim meus stetit in via recta : in ecclesiis benedicam Dominum.	*Pes meus stetit in recto : in ecclesiis benedicam Domino.*	12. Pes meus stetit in directo : in ecclesiis benedicam te Domine.

NOTÆ AD VERSIONEM ANTIQUAM.

legit : *In quorum manibus delicta sunt : dextera eorum impleta est muneribus.* Gr. Ὧν ἐν χερσὶν ἀνομίαι· ἡ δεξιὰ αὐτῶν ἐπλήσθη δώρων.

℣. 11. August. in hunc Ps. col. 109. a. & 116. a. *Ego autem in innocentia mea ambulavi*, &c. ut sup. Cassiod. cum vet. Psalt. Vulgatæ congruit. Græc. Ἐγὼ δὲ ἐν ἀκακίᾳ μου ἐπορεύθην· λύτρωσαί με, καὶ, &c. Introit. missæ fer. 2. post Domin. 2. Quadrag. *redime me Domine, & miserere mei.* Ms. Alex. λύτρωσαί με Κύριε, καὶ. In Psalt. Corb. *Ego autem in innocentiam meam ingr. sum : libera me, &*, &c.

℣. 12. Sic habetur ad Introit. missæ fer. 2. post Dom. 2. Quadrag. Sic etiam in Psalt. Rom. & ap. Cassiod. In Psalt. Coislin. ita : *Pes enim meus stetit in viam rectam : in ecclesiis benedicam Domino.* In Moz. Carnut. & Mediolan. *Pes enim meus stetit in via recta*, &c. ut in Vulg. In Corb. *Pes meus stetit in via recta : in ecclesiis benedicam Domine.* Apud August. in hunc Ps. col. 109. b. & 116. b. *Pes meus stetit in rectitudine : in ecclesiis benedicam te Domine.* In Gr. Ὁ πούς μου (Alex. Ὁ γὰρ πούς μου) ἔστη ἐν εὐθύτητι· ἐν ἐκκλησίαις εὐλογήσω σε Κύριε.

VERSIO ANTIQUA.	HEBR.	VULGATA HOD.
Ex Ms. Sangerm. 1. Psalmus David priusquam ungueretur. XXVI.	*David. XXVII.*	1. Psalmus David priusquam liniretur. XXVI.
* DOminus inluminatio mea, & salus mea, quem timebo?	*DOminus lux mea, & salutare meum, quem timebo?*	DOminus illuminatio mea, & salus mea, quem timebo?
Dominus defensor vitæ meæ, à quo trepidabo?	*Dominus fortitudo vitæ meæ, quem formidabo?*	Dominus protector vitæ meæ, à quo trepidabo?
2. Dum adpropinquant super me nocentes, ut edant carnes meas :	*Cùm appropinquarent mihi maligni, ut comederent carnem meam :*	2. Dum appropiant super me nocentes, ut edant carnes meas :
Qui tribulant me inimici mei, ipsi infirmati sunt & ceciderunt.	*Hostes mei & inimici mei, ipsi impegerunt & ceciderunt.*	Qui tribulant me inimici mei, ipsi infirmati sunt & ceciderunt.
3. Si consistant adversùs me castra, non timebit cor meum.	*Si steterint adversùm me castra, non timebit cor meum :*	3. Si consistant adversùm me castra, non timebit cor meum.
Si exsurgat in me prælium, in hoc ego sperabo.	*Si surrexerit contra me bellum, in hoc ego confidam.*	Si exsurgat adversùm me prælium, in hoc ego sperabo.
4. Unam petii à Domino, hanc requiram, ut inhabitem in domo Domini omnibus diebus vitæ meæ :	*Unum petii à Domino, hoc requiram, ut habitem in domo Domini omnibus diebus vitæ meæ.*	4. Unam petii à Domino, hanc requiram, ut inhabitem in domo Domini omnibus diebus vitæ meæ :
Ut videam voluntatem Domini, & protegi templum sanctum ejus.	*Ut videam pulchritudinem Domini, & attendam in templum ejus.*	Ut videam voluptatem Domini, & visitem templum ejus.

NOTÆ AD VERSIONEM ANTIQUAM.

℣. 1. Ita Psalt. Moz. cum Rom. Martianæi. In Rom. Fabri, & Corb. *priusquam liniretur*, sicut apud Cassiod. in hunc Ps. Apud Aug. in eund. col. 116. *Ipsi David priusquam liniretur :* at inf. 118. g. *Hoc habet*, inquit, *titulus Psalmi :* Psalmus David priusquam liniretur, *hoc est, priusquam ungueretur.* In Psalt. Coislin. *David priusquam leniretur.* In Gr. Τοῦ Δαυὶδ πρὸ τοῦ χρισθῆναι. Ms. Alex. Τῷ Δαυίδ. Ald. & Compl. Ψαλμὸς τῷ Δαυίδ, &c.

* Sic in Psalt. Coislin. Rom. Corb. & Moz. Sic etiam ap. Lucif. Calar. l. de mor. pro Dei filio, p. 245. e. vel 247. e. necnon Ambros. de Incarn. to. 2. col. 719. d. Leonem M. serm. 25. p. 80. f. & Cassiod. in hunc Ps. Aug. verò in eund. sic legit : *Dominus illum. mea, & salutaris meus... Dominus protector*, &c. Hieron. in Isai. 52. & 57. to. 3. col. 371. a. 421. a. *Dominus illum. mea, & salvator meus, quem timebo?* Ap. S. Paulin. epist. 20. p. 113. a. *Dominus illuminatio nostra, & salus nostra, quem timebimus?* Græcè : Κύριος φωτισμός μου, καὶ σωτήρ μου, τίνα..... Κύριος ὑπερασπιστὴς τῆς, &c.

℣. 2. Ita Ambr. l. 1. de pœnit. to. 2. col. 410. d. cum Aug. in hunc Ps. In Psalt. Rom. *Dum appropiant*, &c. ut sup. Similiter ap. Lucif. Cal. l. de mor. pro Dei fil. p. 245. vel 247. e. & apud Cassiod. Hieron. verò in Isai. 50. to. 3. 358. f. legit : *Cùm appropinquarent mihi qui affligebant, ut comederent carnes meas :* & in Ezech. 5. col. 728. a. *Cùm appropinquarent adversùm me qui affligunt me, ut comederent carnes meas.* In Gr. Ἐν τῷ ἐγγίζειν ἐπ᾽ ἐμὲ κακοῦντας, τοῦ φαγεῖν... οἱ θλίβοντές με καὶ οἱ ἐχθροί μου, αὐτοὶ, &c. ut sup.

℣. 3. Psalt. Rom. Fabri : *Si consistant adversùs me castra... Si surgat in me prælium, in hoc*, &c. Rom. Martianæi cum Coislin. *Si insurgat in me præl. in hoc*, &c. Lucif. Calar. l. de mor. pro Dei fil. p. 245. vel 247. e. *Si exsurgat adversùs me præl. in hoc*, &c. August. in eund. Ps. col. 117. a. *Si insurgat in me bellum, in hac ego*, &c. & infra 120. b. c. *Si exsurgat in me bellum, in hac*, &c. Psalt. Corb. *Si exsurgat in me prælium, in hac*, &c. Similiter hab. Carnut. *in hac ego*, &c. Ambros. in Luc. 20. to. 1. col. 1506. f. Vulgatæ succinit ad verbum. Cypr. verò epist. ad Fortunat. p. 267. e. sic legit : *Si directa fuerint in me castra... Si exsurrexerit super me bellum, in illud ego sperabo.* Auct. l. de promiss. p. 2. c. 17. col. 141. a. *Si exsurgat in me bellum, in illud ego sperabo.* In Gr. Ἐὰν παρατάξηται ἐπ᾽ ἐμὲ παρεμβολή... Ἐὰν ἐπαναστῇ ἐπ᾽ ἐμὲ πόλεμος, ἐν ταύτῃ ἐγὼ ἐλπίζω.

℣. 4. Itidem in Psalt. Corb. Rom. verò cum Cassiod. hab. *Unam petii... ut videam voluntatem Domini, & protegar à templo sancto ejus.* Similiter in Moz. & Coislin. excepto uno *in templo.* In Carnut. *Ut videam voluntatem Domini, & protegi templum ejus.* Grad. missæ fer. 6. Cinerum, *voluptatem Domini, & protegar à templo sancto ejus.* Hilar. in Ps. 121. p. 385. d. *Unam petii... ut inhab... omnes dies... Ut videam delectationes Domini, & visitem templum ejus.* (Ms. Reg. ibid. 1. manu, *voluntatem Domini*, secundâ *dilectiones.*) Ambros. l. de Isa. c. 8. to. 1. col. 382. d. & l. de Jac. c. 7. p. 454. f. *Unam petii... ut inhab... omnes dies vitæ meæ : & videam delectationem Domini, & considerem templum ejus :* similiter l. 2. de interpel. Dav. c. 2. col. 641. d. & in Ps. 118. col. 1002.

VULGATA HOD.	HEBR.	VERSIO ANTIQUA.
5. Quoniam abscondit me in tabernaculo suo: in die malorum protexit me in abscondito tabernaculi sui.	*Abscondet enim me in umbra sua in die pessima : abscondet me in secreto tabernaculi sui ;*	5. Quoniam abscondit me in tabernaculo in die malorum : protexit me in abscondito tabernaculi sui.
6. In petra exaltavit me : & nunc exaltavit caput meum super inimicos meos.	*In petra exaltabit me. Nunc quoque exaltavit caput meum super inimicos meos, qui sunt in circuitu meo ;*	6. In petra exaltavit me : nunc autem exaltavit caput meum super inimicos meos.
Circuivi, & immolavi in tabernaculo ejus hostiam vociferationis : cantabo, & psalmum dicam Domino.	*Et immolabo in tabernaculo ejus hostias jubili : cantabo & psallam Domino.*	Circuivi, & immolavi in tabernaculo ejus hostias jubilationis : cantabo, & psalmum dicam Domino.
7. Exaudi Domine vocem meam, qua clamavi ad te : miserere mei, & exaudi me.	*Audi Domine vocem meam invocantis, & miserere mei, & exaudi me.*	7. Exaudi Domine vocem meam, quam clamavi ad te : miserere mei, & exaudi me.
8. Tibi dixit cor meum, exquisivit te facies mea : faciem tuam Domine requiram.	*Tibi dixit cor meum, quæsivit vultus meus : faciem tuam Domine requiram.*	8. Tibi dixit cor meum, quæsivi faciem tuam : vultum tuum Domine requiram.
9. Ne avertas faciem tuam à me : ne declines in ira à servo tuo.	*Ne abscondas faciem tuam à me : ne declines in furore à servo tuo.*	9. Ne avertas faciem tuam à me : nec declines in ira * à servo tuo.
Adjutor meus esto : ne derelinquas me, neque despicias me Deus salutaris meus.	*Auxilium meum fuisti : ne derelinquas me, & ne dimittas me Deus salvator meus.*	Adjutor meus esto : ne derelinquas me, neque despicias me Deus salutaris meus.
10. Quoniam pater meus, & mater mea, dereliquerunt me : Dominus autem assumpsit me.	*Pater enim meus & mater mea dereliquerunt me : Dominus autem collegit me.*	10. Quoniam pater meus, & mater mea dereliquerunt me : Dominus autem adsumpsit me.
11. Legem pone mihi Domine in via tua : & dirige me in semitam rectam propter inimicos meos.	*Ostende mihi Domine viam tuam, & deduc me in semita recta propter insidiatores meos.*	11. Legem mihi statue Domine in via tua : & dirige me in semita recta propter inimicos meos.
12. Ne tradideris me in animas	*Ne tradas me anima tribulan-*	12. Ne tradideris me in

Ex Ms. Sangerm.

* In hoc Ms. deest à, sed solo.

NOTÆ AD VERSIONEM ANTIQUAM.

c. nisi quòd habet, & *ut videam* : at epist. 29. to. 2. col. 905. d. e. *Unam petivi à... omnes dies... & videam delectationes Domini, & considerem templum ejus* : & l. de fide Resurrect. col. 1170. d. *Unam petivi... omnes dies... & videam voluptatem Domini* : & l. 5. de fide, col. 566. c. *Ut videam voluptatem Domini* ; non pauci tamen Mss. ibid. *voluntatem*. Hieron. in Isai. 2. & 54. to. 3. col. 21. f. 392. b. *Unum petivi à Domino, hoc requiram... omnes dies vitæ meæ* : similiter in Ezech. 42. col. 1003. d. sed addit : *Ut videam jucunditatem Domini, & visitem templum sanctum ejus* : & in Ecclesiast. c. 7. to. 2. col. 757. c. ait : *Quod nos solemus absolutè & neutraliter appellare... Hebræi feminino genere pronunciant : sicut in Ps.* Unam petii à Domino, hanc req. *pro eo quod est*, unum. Græcè : Μίαν ᾐτησάμην... ταύτην ἐκζητήσω, &c. Aug. in hunc Ps. col. 117. b. 122. f. *Unam petii... omnes dies vitæ meæ : Ut contempler delectationem Domini, & protegar templum ejus* : at ep. 130. to. 2. col. 387. g. *ut habitem in domo Domini omnes dies... Ut contempler delectationem Dei, & visitem templum ejus* : & tract. 3. in Johan. to. 3. p. 2. col. 312. e. *ut inhabitem... per omnes dies... Ut contempler delectationem Domini* : item serm. 37. to. 5. col. 193. g. *per omnes dies*, &c. Apud Lucif. Calar. l. de morien. pro Dei filio, p. 245. e. *ut inhab. in domo Dei per omnes dies vitæ meæ.* Apud Cypr. epist. ad Fortun. p. 267. c. *in domo Domini per omnes dies*, &c. In Gr... τοῦ κατοικεῖν με ἐν οἴκῳ Κυρίου πάσας τὰς ἡμέρας... Τοῦ θεωρεῖν με τὴν τερπνότητα Κυρίου, καὶ ἐπισκέπτεσθαι τὸν ναὸν αὐτοῦ. Ms. Alex. cum edd. Ald. & Compl. τὸν ναὸν τὸν ἅγιον αὐτοῦ.

℣. 5. Psalt. Rom. & al. vet. unà cum Cassiod. Vulgatæ favent. August. verò in hunc Ps. col. 117. b. 122. g. 123. a. b. d. e. *Quoniam absc. me in tabernaculo suo in die malorum meorum : protexit me in absc.* &c. Similiter in Psalt. Mediolan. *malorum meorum*. Item Græcè : Ὅτι... ἐν σκηνῇ αὐτοῦ ἐν ἡμέρᾳ κακῶν μου· ἐσκέπασέ με ἐν, &c.

℣. 6. Psalt. Moz. *In petra exaltabit me : & nunc ecce exaltabit... Circuibo, & immolabo in tab. ejus hostiam jubilationis*, &c. Rom. *nunc autem exaltavit... Circuibo, & immolabo..... hostiam jubilationis*, &c. Coislin. & Mediolan. *& nunc ecce exaltavit... & immolavi hostiam jubilationis*, &c. Similiter in Corb. & Carnut. *hostiam jubilationis*. Hilar. in Ps. 133. col. 465. e. *In petra exaltasti me* : & in Ps. 65. col. 174. e. *Circuivi, & immolavi... hostiam jubilationis.* August. in hunc Ps. col. 117. c. *In petra exaltavit me : & nunc ecce exaltavit... Circuivi, & immolavi... hostiam jubilationis : cantabo & psallam Domino* : at infra col. 123. f. 124. g. *& nunc exaltavit... circuivi*, &c. Et verò Hieron. epist. ad Sun. & Fretel. to. 2. col. 634. b. ad hoc, *& nunc ecce*, ait : *sed ecce superfluum est.* Cassiod. in eund. Ps. *nunc autem exaltavit... Circumibo, & immolabo... hostiam jubilationis*, &c. ut in textu. In Græco : Ἐν πέτρᾳ ὕψωσέ με· καὶ νῦν ἰδοὺ ὕψωσε τὴν κεφαλήν μου... Ἐκύκλωσα, καὶ ἔθυσα... θυσίαν ἀλαλαγμοῦ· ᾄσομαι, καὶ ψαλῶ, &c. Aquila, ὑψωθήσεται ἡ κεφαλή μου· edd. Ald. & Compl. θυσίαν αἰνέσεως καὶ ἀλαλαγμοῦ.

℣. 7. Concordant Aug. & Cassiod. ut & vet. Psalt. In Corb. *miserere mihi*. A Gr. abest *ad te*, præterquam à Ms. Alex.

℣. 8. Ita Brev. Moz. habet. Psalt. verò Corb. Carnut. Rom. & Coislin. cum Miss. Rom. ad Introit. missæ fer. 3. post Dom. 2. Quadrag. *Tibi dixit... quæsivi vultum tuum : vultum tuum Domine requiram.* Itidem August. in hunc Ps. col. 117. e. 125. d. Apud Cassiod. in eund. Ps. *Exquisivi vultum tuum, vultum tuum Dom.* &c. Psalt. Mediolan. *Dominum requiram : exquisivit te vultus meus.* Ambros. verò l. de apol. Dav. to. 1. col. 699. c. *Vultum tuum Domine requiram.* Hieron. epist. ad Sun. & Fretel. to. 2. col. 634. c. *exquisivit te facies mea* : tum addit : *Pro quo in Græco positum*, quæsivit te facies mea ; *sed melius superius.* In Gr. tamen hod. ἐξεζήτησα τὸ πρόσωπόν σου· τὸ πρόσωπόν σου Κύριε ζητήσω. Sic etiam in Psalt. Æthiop. & Arab. Apud Symm. σὲ ἐζήτει τὸ πρόσωπόν μου. In edd. Ald. & Compl. Κύριον ζητήσω· ἐξεζήτησέ σε τὸ πρόσωπόν μου.

℣. 9. In Psalt. Moz. & Rom. *& ne declines*, &c. exinde in Mozarab. *Adjutor meus es tu Domine : ne der.* &c. In Coislin. *Nec declines..... Adjutor meus es tu : ne der.* &c. Similiter apud Ambros. epist. 36. col. 929. c. *Adjutor meus es tu : ne*, &c. ut sup. Apud Cassiod. in hunc Ps. *Neque declines... Adjutor meus esto.* Apud August in eund. Ps. col. 117. f. *Ne avertas vultum tuum à me : ne declines... Adjut. meus esto*, &c. at inf. col. 125. d. seq. *Ne avertas faciem tuam à me*, &c. ut in Vulg. Innoc. I. epist. 30. Conc. to. 1. p. 897. c. *Adjutor meus esto*, &c. In Gr. Μὴ ἀποστρέψῃς τὸ πρόσωπόν σου ἀπ' ἐμοῦ· μὴ (Ald. & Compl. καὶ μὴ) ἐκκλίνῃς... Βοηθός μου γενοῦ· μὴ... ὁ Θεὸς ὁ σωτήρ μου.

℣. 10. Sic in Gr. ut & apud Aug. & Cassiod. in hunc Ps.

℣. 11. August. & Cassiod. in hunc Ps. cum Psalt. Moz. Corb. & Coislin. *Legem mihi constitue... in semita recta*, &c. Rom. pariter hab. *constitue* ; paulò verò post, *in semitam rectam*. Carnut. *in semita recta* : sic etiam hab. Vulg. ipsa in Mss. Colb. Carnut. Germ. & Gal. Græc. Νομοθέτησόν με Κύριε... ἐν τρίβῳ εὐθείᾳ, &c. al. deest Κύριε.

℣. 12. Psalt. Carnut. *Ne tradid. in manibus.* Mozarab.

Versio antiqua.

Ex Ms. Sangerm. manus persequentium me : quoniam insurrexerunt in me testes iniqui, & mentita est iniquitas sibi.

13. Credo videre me bona Domini in terra viventium.

14. Exspecta Dominum, viriliter age : & confortetur cor tuum, & exspecta Dominum.

Hebr.

tium me : quoniam surrexerunt contra me testes falsi, & apertum mendacium.

Ego autem credo quòd videam bona Domini in terra viventium.

Exspecta Dominum, confortare : & roboretur cor tuum, & sustine Dominum.

Vulgata hod.

tribulantium me : quoniam insurrexerunt in me testes iniqui, & mentita est iniquitas sibi.

13. Credo videre bona Domini in terra viventium.

14. Exspecta Dominum, viriliter age : & confortetur cor tuum, & sustine Dominum.

Notæ ad Versionem antiquam.

Ne tradas me in animas persequentium me, &c. ut sup. Coislin. & Rom. cum Cassiod. in hunc Ps. *Ne tradideris me in animas persequentium me*, &c. Corb. *Ne tradideris me in animabus persequentium me*, &c. August. in eund. Ps. col. 118. b. *Ne tradideris me in animas tribulantium me : quoniam insurrexerunt mihi*, &c. at infra col. 128. c. *Noli me tradere in animas tribul. me : quon. insurrexerunt in me :* & post paulò : *exsurrexerunt mihi testes*, &c. Græc. Μὴ παραδῷς με εἰς ψυχὰς θλιβόντων με· ὅτι ἐπανέστησάν μοι, &c. Apud Ambr. in Ps. 35. col. 769. f. *& mentita est iniquitas sibi*, ut sup.

℣. 13. Sic Ambr. l. de bono mort. c. 12. to. 1. col. 412. c. ut & al. inf. 432. a. 786. e. 891. d. & to. 2. col. 905. e. Similiter Hieron. epist. ad Damas. to. 4. col. 152. c. at l. 3. in ep. ad Ephes. to. 4. col. 369. a. habet *in regione viventium*. S. Paulin. epist. 13. p. 82. a. *in lumine viventium*. Gr. ἐν γῇ ζώντων.

℣. 14. Psalt. Rom. *Et viriliter age : & confort... & sustine Dominum*. Coislinian. *Viriliter age : confortetur cor tuum, & exspecta Dominum*. Item in Corb. & Mozarab. extremò, *& exspecta Dominum*. Apud August. in hunc Ps. col. 118. c. & 129. b. c. *Sustine Dominum, viriliter age : & confort... & sustine Dominum*. In Gr. Ὑπόμεινον τὸν Κύριον, ἀνδρίζου... καὶ ὑπόμεινον τὸν Κύριον.

Versio antiqua.

* Ipsi David. XXVII.

Ex Ms. Sangerm. 1. AD te Domine clamavi, Deus meus ne sileas à me : & ero similis descendentibus in lacco.

2. Exaudi vocem deprecationis meæ dum oro ad te : dum extollo manus meas ad templum sanctum tuum.

3. Ne simul trahas me cum peccatoribus : & cum operantibus iniquitatem ne perdideris me :

Cum his qui loquuntur pacem cum proximo suo, mala autem sunt in cordibus eorum.

4. Da illis secundùm opera ipsorum, & secundùm nequitiam studiorum ipsorum.

Secundùm operationem manuum illorum retribue illis : redde retributionem ipsorum illis.

Hebr.

David. XXVIII.

AD te Domine clamabo fortis meus, ne obsurdescas mihi : ne fortè tacente te mihi, comparer his qui descendunt in lacum.

Audi vocem deprecationum mearum, cùm clamavero ad te : cùm levavero manus meas ad oraculum sanctum tuum.

Ne trahas me cum impiis, & cum operantibus iniquitatem ;

Qui loquuntur pacem cum amicis suis, & est malum in corde eorum.

Da eis secundùm opus suum, & secundùm malum adinventionum suarum :

Juxta opus manuum suarum da eis : redde retributionem suam illis.

Vulgata hod.

Psalmus ipsi David. XXVII.

1. AD te Domine clamabo, Deus meus ne sileas à me : ne quando taceas à me, & assimilabor descendentibus in lacum.

2. Exaudi Domine vocem deprecationis meæ dum oro ad te : dum extollo manus meas ad templum sanctum tuum.

3. Ne simul trahas me cum peccatoribus : & cum operantibus iniquitatem ne perdas me :

Qui loquuntur pacem cum proximo suo, mala autem in cordibus eorum.

4. Da illis secundùm opera eorum, & secundùm nequitiam adinventionum ipsorum.

Secundùm opera manuum eorum tribue illis : redde retributionem eorum ipsis.

Notæ ad Versionem antiquam.

* Psalt. Corb. *Psalmus David*. Rom. Fabri, *Ipsi David*. Rom. Martianæi, *Huic David Psalmus*. Carnut. & Gallic. Fabri, *Huic David*. Coislinian. *Hunc David*. Aug. in hunc Ps. *Ipsius David*. Cassiod. ut in Vulg. Græc. Τῷ Δαυίδ. Edd. Ald. & Compl. Ψαλμὸς τῷ Δαυίδ.

℣. 1. Sic in Psalt. Corb. & Moz. est, ut & ap. Cassiod. si excipias unum *lacum*, pro *lacco* ; omittitur quippe ibi versiculus medius, *nequando taceas à me*, qui pariter deest in Psalt. Carnut. & Rom. utroque Martianæi & Fabri ; sed apud Fabrum legitur *clamabo*, apud Martian. *clamavi* ; apud utrumque, ut & in Coislin. *& ero similis descend. in lacum*. Apud August. in hunc Ps. *Ad te Domine clamavi... ne sileas à me : nequando sileas à me, & ero similis descend. in lacum*. Legitur etiam *clamavi* in Psalt. Carnut. sicut in Æthiop. & Arab. In Gr. Vat. pariter ἐκέκραξα ; in Alex. verò, ac edd. Ald. & Compl. κεκράξομαι ; mox in Vat. ὁ Θεός μου μὴ παρασιωπήσῃς ἀπ' ἐμοί· μή ποτε παρασιωπήσῃς ἀπ' ἐμοί, καὶ ὁμοιωθήσομαι τοῖς..... εἰς λάκκον. In Ms. Alex. ac edd. Ald. & Compl. ἀπ' ἐμοῦ, loco ἀπ' ἐμοί ; abest autem ab ed. Ald. versic. iste, μή ποτε παρασιωπ. ἀπ' ἐμοί· qui habetur in Psalt. Æthiop. & Arab.

℣. 2. Sic est in Brev. Mozarab. absque *Domine*. Item in Psalt. Rom. & Corb. si excipias hoc, *& dum extollo* ; in Corb. *cùm extollo*. Lucif. Cal. l. de non conven. cum hæret. p. 222. g. leg. *Exaudi Domine vocem depr. mea cùm oro ad te : cùm extollo*, &c. Sic etiam ap. August. & Cassiod. in hunc Ps. *Exaudi Domine*, &c. ut sup. sed Hieron. epist. ad Sun. & Fretel. to. 2. col. 634. c. ait *& hoc Domine additum esse*. In Gr. Εἰσάκουσον (Ald. & Compl. add. Κύριε) τῆς φωνῆς τῆς δεήσεώς μου, &c. Psalt. Coislin. similiter hab. *vocem orationis meæ*. Gr. ultimò, εἰς ναὸν ἅγιόν σου. Alex. Ald. & Compl. πρὸς ναόν.

℣. 3. In Psalt. Rom. Mediolan. Corb. Carnut. & Mozarab. *Ne simul tradas me cum*, &c. exinde in Corb. Rom. & Moz. *cum his qui loquuntur... mala autem sunt*, &c. ut sup. Item in Coisliniano, *mala autem sunt*. Apud Lucif. Calar. l. de non conven. cum hæret. p. 222. g. h. *Ne simul trahas cum peccatoribus animam meam : & cum oper... ne perdas me : cum his qui loquuntur... mala autem sunt in cordibus eorum*, (al. *in corde*.) Similiter ap. August. in hunc Ps. præter hæc ult. *mala autem in cordibus suis* ; editt. tamen Aug. initio ferunt *ne simul tradas*, sed Mss. nonnulli, *trahas*. Apud Cassiod. in eund. Ps. *Ne simul tradas cum pecc. animam meam... cum his qui loq. pacem... mala autem sunt in cordibus eorum*. S. Paulin. epist. 42. p. 257. b. dicit : *Ut non confundamur, neque simul trahamur cum iis qui loquuntur... mala autem sunt in cordibus eorum*. In Gr. Μὴ συνελκύσῃς μετὰ... τὴν ψυχήν μου· καὶ... μὴ συναπολέσῃς με· τῶν λαλούντων εἰρήνην... κακὰ δὲ ἐν ταῖς καρδίαις αὐτῶν.

℣. 4. Itidem in Brev. Moz. exceptis his duobus, *opera eorum*, & in fine *ipsorum ipsis*. Sic etiam in Psalt. Corb. præter seqq. *opera illorum... opera manuum... ipsorum illis*. In Rom. & Coislin. ita, nonnullis omissis circa med. *Da illis Domine secundùm opera eorum, & sec. nequitiam* (al. *nequitias*) *studiorum ipsorum retribue illis : redde retributionem eorum ipsis* (Coislin. *ipsorum illis*.) Cyprianus l. 1. Testim. c. 3. p. 227. b. & Lact. l. 4. Instit. c. 13. p. 577.

VULGATA HOD.

5. Quoniam non intellexerunt opera Domini, & in opera manuum ejus, deſtrues illos, & non ædificabis eos.

6. Benedictus Dominus: quoniam exaudivit vocem deprecationis meæ.

7. Dominus adjutor meus, & protector meus: in ipſo ſperavit cor meum, & adjutus ſum.

Et refloruit caro mea: & ex voluntate mea confitebor ei.

8. Dominus fortitudo plebis ſuæ: & protector ſalvationum chriſti ſui eſt.

9. Salvum fac populum tuum Domine, & benedic hæreditati tuæ: & rege eos, & extolle illos uſque in æternum.

HEBR.

Quoniam non intelligunt in opera Domini, & opus manuum ejus, deſtrues eos, & non ædificabis.

Benedictus Dominus: quia audivit vocem deprecationis meæ.

Dominus fortitudo mea, & ſcutum meum: in ipſo confiſum eſt cor meum, & habui adjutorium:

Gaviſum eſt cor meum, & in cantico meo confitebor illi.

Dominus fortitudo eorum, & robur ſalutarium chriſti ſui eſt.

Salva populum tuum, & benedic hæreditati tuæ: & paſce eos, & ſubleva eos uſque in ſempiternum.

VERSIO ANTIQUA. Ex Mſ. Sangerm.

5. Quoniam non intellexerunt in operam Domini, & in operam manuum ejus non conſideraverunt, deſtrue illos, & ne ædifices eos.

6. Benedictus Dominus: quoniam exaudiit vocem deprecationis meæ.

7. Dominus adjutor meus, & protector meus: in ipſo ſperavit cor meum, & adjutus ſum.

Et refloruit caro mea: & ex voluntate mea confitebor illi.

8. Dominus fortitudo plebis ſuæ: & protector ſalutarium chriſti ſui eſt.

9. Salvum fac populum tuum, & benedic hæreditatem tuam: & rege illos, & extolle illos uſque in ſæculum.

NOTÆ AD VERSIONEM ANTIQUAM.

ſimpliciter hab. *redde eis* (Lact. *illis*) *retributionem eorum.* Lucif. Cal. l. de non conv. cum hæret. p. 222. g. *Da illis ſecundùm opera illorum, & ſecundùm nequitiam ſtudiorum ipſorum. Secundùm operationem manuum ipſorum tribue illis: redde retribut. eorum ipſis.* Similiter ap. Caſſiod. in hunc Pſ. præter hæc pauca: *opera eorum..... manuum eorum retribue illis.* Ap. Auguſt. verò in eund. Pſ. ſic: *Da illis ſecund. opera ipſorum, & ſecundùm malignitatem affectionum ipſorum. Secundùm opera manuum eorum da eis: redde retribut. eorum ipſis.* In Pſalt. Mediol. & Carnut. conſtanter ut ſup. *ſecundùm nequitiam ſtudiorum ipſorum.* Gr. Δὸς αὐτοῖς (Ald. & Compl. addunt Κύριε) κατὰ τὰ ἔργα αὐτῶν, ϗ κατὰ τὴν πονηρίαν τῶν ἐπιτηδευμάτων αὐτῶν. Κατὰ τὰ ἔργα τῶν χειρῶν αὐτῶν δὸς αὐτοῖς· ἀπόδος τὸ..... αὐτῶν αὐτοῖς.

℣. 5. Sic eſt in Pſalt. Rom. Fabri, præter hoc, *in opera,* pro duplici *in operam;* & in fine, *nec ædificabis eos.* Similiter in Rom. Martianæi, detracto uno *in*, ante 1. *opera.* Carnut. ſimiliter habet: *in opera Domini, & in opera manuum ejus non conſideraverunt*, &c. Coiſlin. *in opera Domini, & in opera... non conſiderant, deſtrues illos, nec ædificabis eos.* Corb. *opera Dom. & in opera... non conſideraverunt, deſtrue illos, ne ædificabis eos.* Mozarab. *opera Domini, & in operibus manuum ejus, deſtrue illos, & non ædificabis eos.* Lactant. l. 4. Inſtitut. c. 13. p. 577. *Quoniam non intellexerunt opera Domini.* Cypr. l. 1. Teſtim. p. 277. b. *Quon. non intellex. in operibus Domini.* Aug. in hunc Pſ..... *in opera Domini*, &c. ut in Vulg. Caſſiod. verò in eund. *opera Domini, & in opera man. ejus non conſideraverunt, deſtrues illos, nec ædificabis*, &c. In Gr..... εἰς τὰ ἔργα Κυρίου, ϗ εἰς τὰ ἔργα τῶν χειρῶν αὐτοῦ, καθελεῖς αὐτοὺς, ϗ οὐ μὴ οἰκοδομήσεις αὐτούς.

℣. 6. Ita Auguſt. & Caſſiod. cum vet. Pſalt. & Gr.

℣. 7. Ita Auguſt. in hunc Pſ. ſicut etiam Caſſiod. cum Pſalt. Rom. & Coiſlin. poſito uno *&*, ante hoc, *in ipſo ſperavit.* In Mozarab. *Dominus adjutor meus, & redemptor meus: in ipſo ſperavit*, &c. In Mediolan. *& adjutum eſt, & refloruit.* In Corb. *adjuvatus ſum, & refloruit.* In Gr. Κύριος βοηθός μου, ϗ ὑπερασπιστής μου· ἐπ' αὐτῷ... ϗ ἐβοηθήθην, &c. ut ſup.

℣. 8. Conſentiunt Auguſt. & Caſſiod. in hunc Pſ. unà cum Pſalt. Rom. Moz. Coiſlin. Mediolan. Corb. & Carnut. In Gr. Κύριος κραταίωμα... ϗ ὑπερασπιστὴς τῶν σωτηρίων, &c. ut ſup.

℣. 9. Ita Auguſt. in hunc Pſ. cum Pſalt. Corb. abſque *Domine.* Rom. verò addit τὸ *Domine*, deinde *& benedic hæreditatem tuam: & rege eos*, &c. ut ſup. Coiſlinian. ita: *Salvam* (ſupp. *fac*) *plebem tuam, & benedic hæreditati tuæ: & rege illos, &..... uſque in ſæcula.* Caſſiod. in eund. Pſ. cum Brev. Moz. *Salvum fac populum tuum Domine, & benedic hæreditatem tuam*, &c. ut in Vulg. Gr. Σῶσον τὸν λαόν σου, ϗ εὐλόγησον τὴν κληρονομίαν σου· ϗ ποίμανον αὐτοὺς..... ἕως τοῦ αἰῶνος.

VULGATA HOD.

Pſalmus David,

1. In conſummatione tabernaculi.

XXVIII.

AFferte Domino filii Dei: afferte Domino filios arietum.

2. Afferte Domino gloriam & honorem, afferte Domino gloriam nomini ejus: adorate Dominum in atrio ſancto ejus.

3. Vox Domini ſuper aquas, Deus majeſtatis intonuit: Dominus ſuper aquas multas.

HEBR.

Canticum David. XXIX.

AFferte Domino filios arietum:

Afferte Domino gloriam & imperium, afferte Domino gloriam nomini ejus: adorate Dominum in decore ſancto.

Vox Domini ſuper aquas, Deus gloriæ intonuit: Dominus ſuper aquas multas.

VERSIO ANTIQUA. Ex Mſ. Sangerm.

Pſalmus David,

1. Conſummatio tabernaculi.

XXVIII.

* ADferte Domino filii Dei: adferte Domino filios arietum.

2. Adferte Domino gloriam & honorem, adferte Domino gloriam nomini ejus: adorate Dominum in aula ſancta ejus.

3. Vox Domini ſuper aquas, Deus majeſtatis intonuit: Dominus ſuper aquas multas.

NOTÆ AD VERSIONEM ANTIQUAM.

℣. 1. Pſalt. Rom. Martianæi, cum Corb. *Pſalmus David, In exitu tabernaculi.* Coiſl. ſimpliciter, *Pſalmus David.* Rom. Fabri addit, *In conſummatione tabernaculi*, cum Caſſiod. Apud Aug. in hunc Pſ. *Pſalmus ipſi David conſummationis tabernaculi.* Græcè: Ψαλμὸς τῷ Δαυὶδ, ἐξοδίου σκηνῆς. Schol. Ἐν τῷ Ἑξαπλῷ οὐχ εὕρηται, ἐξοδίου σκηνῆς, ἡ ἐπιγραφή. *In Hexaplo non eſt inventa inſcriptio iſta*, exodii tabernaculi.

* Ita Auguſt. & Caſſiod. cum vet. Pſalt. & Gr. Apud Ambroſ. l. de Incarn. to. 2. col. 704. a. poſterior tantùm verſiculus memoratur: *Afferte Domino filios arietum.* Et verò in Ἑξαπλοῖς, primus obelo confoditur. Euſebius idem obſervat, dicens: Κατὰ τὴν Ἑβραίων ἀνάγνωσιν οὐκ ἐκφέρεται τὸ, Ἐνέγκατε τῷ Κυρίῳ υἱοὶ Θεοῦ· διὸ ϗ ὠβέλισται παρὰ τοῖς Ο. ὡς μὴ κείμενον μήτε ἐν τῷ Ἑβραϊκῷ, μήτε παρὰ τοῖς λοιποῖς Ἑρμηνευταῖς· id eſt, *Juxta Hebræorum traditionem non effertur illud*, Afferte Domino filii Dei: *quare & apud LXX. obelo notatum eſt, tanquam quod neque in Hebraico habeatur, neque apud cæteros Interpretes.*

℣. 2. Ita Aug. & Caſſiod. in hunc Pſ. cum Pſalt. Rom. & Carnut. In Corb. *adorate Domino in aula ſancta ejus.* Ap. Auct. op. imp. in Matth. hom. 13. p. 74. c. *Adorate Dominum in regia ſancta ejus.* In Gr. ἐν αὐλῇ ἁγίᾳ αὐτοῦ.

℣. 3. Vox *Deus* omittitur in Pſalt. Sangerm. ſed incuriâ librarii, ut ſuſpicor, cùm apud Ambroſ. l. de apol.

Ex Mſ. Sangerm.

VERSIO ANTIQUA.	HEBR.	VULGATA HOD.
4. Vox Domini in virtute: vox Domini in magnificentia.	*Vox Domini in fortitudine : vox Domini in decore.*	4. Vox Domini in virtute : vox Domini in magnificentia.
5. Vox Domini confringentis cedros : confringet Dominus cedros Libani :	*Vox Domini confringentis cedros : & confringet Dominus cedros Libani.*	5. Vox Domini confringentis cedros : & confringet Dominus cedros Libani.
6. Et comminuet eos tanquam vitulum Libani : & dilectus ſicut filius unicornuorum.	*Et diſperget eas quaſi vitulum : Libanum & Sarion quaſi filium rhinocerotum.*	6. Et comminuet eas tanquam vitulum Libani : & dilectus quemadmodum filius unicornium.
7. Vox Domini intercidentis flammam ignis : 8. Vox Domini concutientis ſolitudinem : & commovebit Dominus deſertum Cades.	*Vox Domini dividens flammas ignis : Vox Domini parturire faciens deſertum : parturire faciet Dominus deſertum Cades.*	7. Vox Domini intercidentis flammam ignis : 8. Vox Domini concutientis deſertum : & commovebit Dominus deſertum Cades.
9. Vox Domini præparantis cedros, & revelavit condenſa : & in templo ejus omnes dicent gloriam.	*Vox Domini obſtetricans cervas, & revelans ſaltus : & in templo ejus omnis loquitur gloriam.*	9. Vox Domini præparantis cervos, & revelabit condenſa : & in templo ejus omnes dicent gloriam.
10. Dominus diluvium inhabitat : & ſedebit Dominus rex in æternum.	*Dominus diluvium inhabitat : & ſedebit Dominus rex in æternum.*	10. Dominus diluvium inhabitare facit : & ſedebit Dominus rex in æternum.
11. Dominus virtutem populo ſuo dabit : & benedicit populum ſuum in pace.	*Dominus fortitudinem populo ſuo dabit : Dominus benedicet populo ſuo in pace.*	11. Dominus virtutem populo ſuo dabit : Dominus benedicet populo ſuo in pace.

NOTÆ AD VERSIONEM ANTIQUAM.

Dav. to. 1. col. 696. e. & l. de myſt. to. 2. col. 331. f. reperiatur cum reliquis. Item apud Auguſt. & Caſſiod. ac in vet. Pſalt. legitur. Apud Tertull. l. 4. adv. Marc. p. 714. a. hæc ſola : *Dominus ſuper aquas multas.* In Gr. ὁ Θεὸς τῆς δόξης ἐβρόντησε, &c. ut ſup.

℣. 4. Similiter hab. Auguſt. & Caſſiod. cum vet. Pſalt. & Gr.

℣. 5. Pſalt. Rom. cum Caſſiod. in hunc Pſ. & *confringet* : Coiſlin. & *confringit.* Auguſt. in eund. Pſ. *Vox Domini conterens cedros : conteret Dominus cedros Libani.* Gr. Συντρίβοντος κέδρους· συντρίψει, &c. Ald. & Compl. καὶ συντρίψει, &c. Item Ambroſ. ep. 66. to. 2. col. 1055. c. & *confringet*, &c.

℣. 6. Sic eſt in Brev. Moz. Sic etiam in Pſalt. Corb. & Rom. præter hoc, & *commin. eas.* In Coiſlin. & *comminuit eas..... ſicut filius unicornium.* Ap. Ambroſ. epiſt. 66. to. 2. col. 1055. c. & *comminuet eas*, &c. item l. de bened. Patriarch. c. 11. to. 1. col. 529. e. & *dilectus tanquam filius unicornuorum.* Ap. Auguſt. in hunc Pſ. & *comminuet eas..... ſicut filius unicornium.* Caſſiod. in eund. Pſ. & *comminuet eas..... & dilectum ſicut filios unicornuorum.* In Gr. καὶ λεπτυνεῖ αὐτὰς ὡς τὸν μόσχον τὸν Λίβανον· καὶ ὁ ἠγαπημένος ὡς υἱὸς μονοκερώτων. Ed. Compl. hab. τοῦ Λιβάνου. Baſil. τὸν Λίβανον, ut ſup.

℣. 7. Ita Pſalt. Rom. hab. cum Caſſiod. in hunc Pſ. Apud Aug. in eund. *Vox Domini præcidentis*, &c. In Gr. διακόπτοντος.

℣. 8. Sic in Pſalt. Rom. Moz. Corb. & Coiſl. necnon ap. Hieron. in Iſai. 35. to. 3. col. 280. c. & Caſſiod. in hunc Pſ. Apud Aug. verò in eund. *Vox Domini commoventis ſolitudinem : & commovebit*, &c. In Gr. συσσείοντος ἔρημον· συσσείσει, &c. Ald. & Compl. καὶ συσσείσει. Auct. l. de XLII. manſ. apud Ambroſ. p. 16. e. & *commovebit*, &c. ut ſup.

℣. 9. Ita Pſalt. Corb. habet adverbum. Sic etiam in Rom. eſt, ſi excipias unum *cervos*, pro *cedros*, quod ult. ſuſpicor malè irrepſiſſe in codd. Germ. & Corb. cùm in aliis omnibus legatur *cervos*, non *cedros.* In Coiſlin. deeſt & ante hoc, *in templo.* In Mozarab. verò ita : *Vox Domini perficientis cervos, & revelavit condenſa : & in templo ſancto ejus omnes dicunt gloriam.* In Mediol. quoque id legitur, *perficientes cervos.* Apud Ambroſium in Pſalm. 118. to. 1. col. 1089. d. *præparantis cervos.* Apud Auguſt. autem in hunc Pſalm. *Vox Domini perficientis cervos, & revelabit ſilvas : & in templo ejus unuſquiſque dicit gloriam.* Similiter ap. Hieron. in Iſai. 35. to. 3. col. 279. f. *Vox Domini perficientis cervos :* at infra, col. 280. c. *præparantis cervos*, ſtatimque, & *revelabit condenſa ſilvarum :* rurſum in Ezech. 34. col. 946. d. & *revelabit condenſa ſilvarum :* deinde, & *in templo ejus omnes dicent gloriam :* ſed epiſt. ad Sun. & Fretel. to. 2. col. 634. c. leg. *omnis dicet gloriam :* additque : *pro quo in Græco* πᾶς τις, *quod ſi transferre voluerimus ad verbum*, omnis quis, *in* κακοζηλίαν *interpretationis incurrimus, & fit abſurda translatio.* Caſſiod. in hunc Pſ. concordat cum Vulg. Græcè ita : Φωνὴ Κυρίου καταρτιζομένου ἐλάφους, καὶ ἀποκαλύψει δρυμούς· καὶ ἐν τῷ ναῷ αὐτοῦ πᾶς τις λέγει δόξαν.

℣. 10. Concordant Pſalt. Rom. Mediol. Carnut. Corb. & Coiſlinian. Mozarab. verò hab. *inhabitet.* Auguſt. & Caſſiod. in hunc Pſalm. *inhabitat ;* rurſumque Auguſt. epiſt. 187. to. 2. col. 691. a. b. Græc. Vat. κατοικιεῖ ; al. κατοικεῖ. Hieron. epiſt. ad Sun. & Fretel. to. 2. col. 634. c. ad hoc, *inhabitare facit*, ait : *pro quo legiſſe vos dicitis.....* inhabitat ; *quorum prius ad gratiam pertinet in credentibus, ſecundum ad ejus, in quo credunt, habitaculum. Sed quia* jaſab *verbum ambiguum eſt, & poteſt utrumque ſonare (nam* & ſeſſio, & habitatio *dicitur) & in ipſo Pſalmo de gratia baptiſmatis docebatur :* Vox Domini ſuper aquas, Dominus ſuper aquas multas : & : Vox præparantis cervos, & revelabit condenſa : & in templo ejus omnis dicet gloriam : *de ipſis ſentire voluimus, qui glorificant Dominum, & interpretati ſumus :* Dominus diluvium inhabitare facit.

℣. 11. Pſalt. Rom. & *benedicet populum ſuum*, &c. Moz. & *benedicet plebem ſuam*, &c. Corb. *Dominus virtutum populo ſuo dabit : & benedicit populum ſuum in pace.* Auguſt. & Caſſiod. in hunc Pſ. unà cum Gr. *Dominus benedicet populum ſuum*, &c.

Ex Mſ. Sangerm.

VERSIO ANTIQUA.	HEBR.	VULGATA HOD.
In finem, Pſalmus Cantici 1. Dedicationis domus David. XXIX.	*Pſalmus Cantici Pro dedicatione domus David.* XXX.	Pſalmus Cantici 1. In dedicatione domus David. XXIX.
2. EXaltabo te Domine quoniam ſuſcepiſti me : nec delectaſti inimicos meos ſuper me.	*EXaltabo te Domine, quoniam ſalvaſti me, & non delectaſti inimicos meos ſuper me.*	2. EXaltabo te Domine quoniam ſuſcepiſti me : nec delectaſti inimicos meos ſuper me.

NOTÆ AD VERSIONEM ANTIQUAM.

℣. 1. Ita Pſalt. Corb. hab. Rom. verò cum Caſſiod. Vulgatæ conſonat. In Coiſl. ſimpliciter : *Pſalmus Cantici dedicationis*, &c. ut ſup. Ap. Aug. verò in hunc Pſ. col. 132. & 136. f. *In finem, Pſalmus Cantici dedicationis domûs ipſi David.* Similiter in Pſalt. Carnut. *In finem Pſalmus Cantici :* ut & in Moz. *ipſi David.* In Gr. Εἰς τὸ τέλος, Ψαλμὸς ᾨδῆς τοῦ ἐγκαινισμοῦ τοῦ οἴκου τοῦ Δαυίδ· Mſ. Alex. hab. τῷ Δαυίδ, ſed initio omittit, εἰς τὸ τέλος, cum edd. Ald. & Compl.

℣. 2. Ita Caſſiod. cum Pſalt. Rom. Ambroſius etiam l. de Iſaac, c. 7. col. 375. a. primum verſiculum hab. ut ſup.

VULGATA HOD.	HEBR.	VERSIO ANTIQUA.
3. Domine Deus meus clamavi ad te, & ſanaſti me.	*Domine Deus meus clamavi ad te, & ſanaſti me.*	3. Domine Deus meus clamavi ad te, & ſanaſti me.
4. Domine eduxiſti ab inferno animam meam: ſalvaſti me à deſcendentibus in lacum.	*Domine eduxiſti de inferno animam meam: vivificaſti me, ne deſcenderem in lacum.*	4. Domine eduxiſti ab inferis animam meam: ſalvaſti me à deſcendentibus in lacum.
5. Pſallite Domino ſancti ejus: & confitemini memoriæ ſanctitatis ejus.	*Cantate Domino ſancti ejus, & confitemini memoriæ ſanctitatis ejus.*	5. Pſallite Domino ſancti ejus: & confitemini memoriæ ſanctitatis ejus.
6. Quoniam ira in indignatione ejus: & vita in voluntate ejus.	*Quoniam ad momentum eſt ira ejus, vita in repropitiatione ejus:*	6. Quoniam ira in indignatione ejus: & vita in voluntate ejus.
Ad veſperum demorabitur fletus; & ad matutinum lætitia.	*Ad veſperum commorabitur fletus, & in matutino laus.*	Ad veſperum demorabitur fletus; & ad matutinum lætitia.
7. Ego autem dixi in abundantia mea: Non movebor in æternum.	*Ego autem dixi in abundantia mea: Non commovebor in ſempiternum.*	7. Ego autem dixi in abundantia mea: Non movebor in æternum.
8. Domine in voluntate tua, præſtitiſti decori meo virtutem.	*Domine in voluntate tua ſtatuiſti monti meo fortitudinem:*	8. Domine in voluntate tua, præſtitiſti decori meo virtutem.
Avertiſti faciem tuam à me, & factus ſum conturbatus.	*Abſcondiſti faciem tuam, & factus ſum conturbatus.*	Avertiſti faciem tuam à me, & factus ſum conturbatus.
9. Ad te Domine clamabo: & ad Deum meum deprecabor.	*Ad te Domine clamabo, & ad Dominum deprecabor.*	9. Ad te Domine clamabo: & ad Deum meum deprecabor.
10. Quæ utilitas in ſanguine meo, dum deſcendo in corruptionem?	*Quæ eſt utilitas in ſanguine meo, cùm deſcendero in corruptionem?*	10. Quæ utilitas in ſanguine meo, dum deſcendo in corruptionem?
Nunquid confitebitur tibi pulvis, aut annuntiabit veritatem tuam?	*Nunquid confitebitur tibi pulvis, aut annuntiabit veritatem tuam?*	Nunquid confitebitur tibi pulvis, aut adnuntiabit veritatem tuam?
11. Audivit Dominus, & miſertus eſt mei: Dominus factus eſt adjutor meus.	*Audi Domine, & miſerere mei: Domine eſto adjutor mihi.*	11. Audivit Dominus, & miſertus eſt mihi: Dominus factus eſt adjutor meus.
12. Convertiſti planctum meum in gaudium mihi: conſcidiſti ſaccum meum, & circumdediſti me lætitiâ:	*Convertiſti planctum meum in chorum mihi: ſolviſti ſaccum meum, & accinxiſti me lætitiâ:*	12. Convertiſti planctum meum in gaudium mihi: conſcidiſti ſaccum meum, & præcinxiſti me lætitiâ:
13. Ut cantet tibi gloria mea,	*Ut laudet te gloria, & non ta-*	13. Ut cantet tibi gloria

Ex Mſ. Sangerm.

NOTÆ AD VERSIONEM ANTIQUAM.

Aug. in hunc Pſ. col. 132. b. 133. e. 136. b. c. d. 138. c. addit: *nec jocundaſti inimicos meos ſuper me.* Gr. ϗ ὐκ εὔφρανας, &c. Aug. ibid. 140. b. *& non jocundaſti*, &c.

℣. 3. Ita Auguſt. & Caſſiod. cum Pſalt. vet. & Gr.

℣. 4. In Mſ. Sanger. mendum ſubeſt, nempe *menſeris*, quod abſtulimus ſcribendo *ab inferis*, ut etiam legitur in Pſalt. Moz. & al. In Rom. & Corb. ſic: *Domine abſtraxiſti ab inferis*, &c. ut ſup. Itidem in Carnut. & ap. Caſſiod. in hunc Pſ. In Mediolan. *Domine abſtraxiſti ab inferno*, &c. Apud Cypr. l. 2. Teſtim. p. 295. a. *Domine reduxiſti ab inferno*, &c. Apud Hilar. in Pſalm. 142. col. 549. c. *Tu Domine abſtraxiſti ab inferno..... ſervaſti me à deſcendentibus*, &c. Mſs. *ſalvaſti me.* Apud Auguſt. in hunc Pſ. col. 132. c. 140. d. *Domine reduxiſti ab inferis..... ſalvum feciſti me à deſcendentib.* &c. Auct. op. imp. in Matth. hom. 54. p. 227. d. *Domine revocaſti ab inferis animam meam.* Gr. Κύριε ἀνήγαγες ἐξ ᾅδου..... ἔσωσάς με, &c.

℣. 5. Concinunt Auguſt. & Caſſiod. in hunc Pſ. unà cum vet. Pſalt. & Gr.

℣. 6. Ita Leo M. ſer. 11. p. 60. a. & Caſſiod. in hunc Pſ. Similiter in Pſalt. Rom. ſi id excipias, *in voluntate ipſius.* Ap. Aug. in eund. Pſ. col. 132. d. & 141. b. *voluntate ejus;* mox ita: *Veſpere demorab. fletus; & in matutinum exſultatio:* & in Pſ. 58. col. 575. b. *in matutino exſultatio.* Hilar. verò in Pſ. 142. col. 549. e. & Ambroſ. l. de virginit. to. 2. col. 224. d. legunt: *Ad veſperum demorab. fletus; & ad matutinum lætitia*, ut ſupra. In Pſalt. Corb. *& vitam in voluntatem ejus..... & ad matutinum lætitiæ.* Græcè, Τὸ ἑσπέρας αὐλισθήσεται..... ϗ εἰς τὸ πρωὶ ἀγαλλίασις.

℣. 7. Ambroſ. l. de apol. Dav. to. 1. col. 687. b. & in Luc. 3. & 22. col. 1327. e. 1523. e. conſtanter legit, *in mea abundantia;* ſicut etiam Caſſiod. in hunc Pſ. cum Pſalt. Rom. & Moz. Auguſt. verò in eund. Pſ. col. 132. e. *in abundantia mea:* at infra col. 141. c. *in mea abundantia.* Gr. ἐν τῇ εὐθηνίᾳ μου.

℣. 8. Concinunt Auguſt. & Caſſiod. in hunc Pſ. In Pſalt. verò Rom. ſic: *Domine in bona voluntate tua præſtitiſti*, &c. Apud Ambroſ. in Luc. 3. & 22. to. 1. col. 1327. e. 1523. e. poſtrema tantùm: *Avertiſti faciem tuam à me*, &c. ut ſup. Hilar. in Pſ. 65. col. 178. e. omittit *à me.* In Gr. Κύριε ἐν τῷ θελήματί σου παρέσχου τῷ..... Ἀπέστρεψας δὲ τὸ πρόσωπόν σου, ϗ, &c.

℣. 9. Similiter hab. Auguſt. & Caſſiod. cum vet. Pſalt. & Gr.

℣. 10. Ita Aug. & Caſſiod. in hunc Pſ. cum Pſalt. Rom. In Mozarab. *dum deſcendero.* Apud Hilar. in Pſ. 118. col. 263. d. *dum deſcendo*, &c. Similiter apud Ambroſ. l. de virginit. to. 2. col. 245. a. & de lapſu virg. col. 318. f. vide etiam ſup. col. 76. d. & to. 1. col. 453. d. at l. de fide, to. 2. col. 492. f. *Quæ utilitas in ſang. meo, quia deſcendi in*, &c. In Gr. Τίς ὠφέλεια..... ἐν τῷ καταβῆναί με..... Μὴ ἐξομολογήσεταί σοι χοῦς, &c. Apud Cypr. l. 3. Teſtim. p. 328. c. & Lucif. Cal. l. de Regib. apoſt. p. 220. e. *Nunquid exomologeſin faciet tibi pulvis?*

℣. 11. Sic in Pſalt. Rom. Corb. & Moz. Item apud Auguſt. in hunc Pſal. col. 133. a. at infra, col. 142. b. legit *miſertus eſt mei*, cum Caſſiod. in eund. Pſ. & Vulg. in Gr. ἠλέησέ με.

℣. 12. Ita Caſſiod. in hunc Pſ. cum Pſalt. Rom. Moz. & Mediolan. Ambroſ. verò epiſt. 20. to. 2. col. 858. a. ſic: *Tu Domine ſalvum feciſti populum tuum: conſcidiſti ſaccum meum, & præcinxiſti me lætitiâ:* at lib. de Joſeph, c. 9. to. 1. col. 502. b. *& induiſti me lætitiâ*, ſicut in Pſalt. Carnut. & Corb. Apud Auguſt. in 1. Joh. to. 3. p. 2. col. 888. e. *Convertiſti luctum meum in gaudium mihi: conſcidiſti..... & cinxiſti me lætitiâ:* itidem in Pſ. 107. col. 1214. f. ſed in Pſ. 29. col. 133. b. *Convertiſti planctum meum..... & præcinxiſti me lætitiâ;* at inf. col. 142. b. *accinxiſti me;* paulòque poſt, *cinxiſti me.* Ruric. epiſt. 20. p. 571. d. *præcinxiſti me lætitiâ.* Chromat. Aquil. in Matth. p. 978. e. *Convertiſti planctum meum..... diſrupiſti ſaccum meum, & præcinxiſti me lætitiâ.* In Gr. Ἔστρεψας τὸν κοπετόν μου..... διέῤῥηξας..... ϗ περιέζωσάς με εὐφροσύνην.

℣. 13. Accinunt Auguſt. & Caſſiod. cum vet. Pſalt. In Gr. Ὅπως ἂν ψάλῃ..... ϗ οὐ μὴ κατανυγῶ, &c. ut in Lat.

Ex Mſ. Sangerm.

VERSIO ANTIQUA.

mea, & non compungar: Domine Deus meus in æternum confitebor tibi.

HEBR.

ceat: Domine Deus meus in ſempiternum confitebor tibi.

VULGATA HOD.

& non compungar Domine Deus meus in æternum confitebor tibi.

Ex Mſ. Sangerm.

VERSIO ANTIQUA.

1. In finem, Pſalmus ipſi David. XXX.

2. IN te Domine ſperavi, non confundar in æternum: in tua æquitate eripe me.

3. Inclina ad me aurem tuam, accelera ut eripias me. Eſto mihi in Deum protectorem, & in domum refugii tui, ut ſalvum me facias.

4. Quia fortitudo mea, & refugium meum es tu: & propter nomen tuum dux mihi eris, & enutries me.

5. Educes me de laqueo, quem occultaverunt mihi: quoniam tu es protector meus.

6. In manibus tuis commendo Domine ſpiritum meum: redemiſti me Domine Deus veritatis.

7. Odiſti omnes obſervantes vanitatem, ſupervacuè. Ego autem in Domino ſperavi: 8. exſultabo, & lætabor in tua miſericordia. Quia reſpexiſti humilitatem meam, ſalvam feciſti de neceſſitatibus animam meam.

9. Nec concluſiſti me in manibus inimici: ſtatuiſti in ſpatioſo loco pedes meos.

10. Miſerere mihi Domine

HEBR.

Victori Canticum David. XXXI.

IN te Domine ſperavi, non confundar in æternum: in juſtitia tua ſalva me.

Inclina ad me aurem tuam, velociter libera me:

Eſto mihi in lapidem fortiſſimum, in domum munitam, ut ſalves me.

Quia petra mea, & munitio mea tu: & propter nomen tuum deduces me, & enutries me.

Educes me de reti, quod abſconderunt mihi: quia tu fortitudo mea.

In manu tua commendabo ſpiritum meum: redemiſti me Domine Deus veritatis.

Odivi cuſtodientes vanitates fruſtra.

Ego autem in Domino confiſus ſum: exſultabo, & lætabor in miſericordia tua.

Quia vidiſti afflictionem meam, cognoviſti tribulationes animæ meæ;

Et non concluſiſti me in manu inimici, ſtatuiſti in latitudine pedes meos.

Miſerere mei Domine, quoniam

VULGATA HOD.

1. In finem, Pſalmus David, pro extaſi. XXX.

2. IN te Domine ſperavi, non confundar in æternum: in juſtitia tua libera me.

3. Inclina ad me aurem tuam, accelera ut eruas me. Eſto mihi in Deum protectorem, & in domum refugii, ut ſalvum me facias.

4. Quoniam fortitudo mea, & refugium meum es tu: & propter nomen tuum deduces me, & enutries me.

5. Educes me de laqueo hoc, quem abſconderunt mihi: quoniam tu es protector meus.

6. In manus tuas commendo ſpiritum meum: redemiſti me Domine Deus veritatis. Luc. 23. 46.

7. Odiſti obſervantes vanitates, ſupervacuè. Ego autem in Domino ſperavi: 8. exſultabo, & lætabor in miſericordia tua. Quoniam reſpexiſti humilitatem meam, ſalvaſti de neceſſitatibus animam meam.

9. Nec concluſiſti me in manibus inimici: ſtatuiſti in loco ſpatioſo pedes meos.

10. Miſerere mei Domine quo-

NOTÆ AD VERSIONEM ANTIQUAM.

℣. 1. Sic in Pſalt. Rom. Corb. Moz. & Coislin. deleta voce *ipſi*. Sic etiam apud Caſſiod. in hunc Pſ. Apud Aug. verò in eund. col. 142. g. 145. f. ita: *In finem, Pſ. ipſi David, exſtaſis.* In Gr. hod. Εἰς τὸ τέλος, Ψαλμὸς τῷ Δαυὶδ, ἐκστάσεως· vox autem iſta, ἐκστάσεως, in aliquibus tantum exemplaribus invenitur, teſte Theodoreto. Vide Nobilii Notas hac de re.

℣. 2. Caſſiod. in hunc Pſ. cum Pſalt. Rom. & Mediol. *in tua juſtitia libera me, & eripe me.* In Coislin. *& in tua juſtitia lib. me, & eripe me.* In Corb. *in tua juſtitia eripe me.* Ap. Aug. in eund. Pſ. col. 143. b. *in juſtitia tua erue me, & exime me:* & inf. col. 148. f. *& in tua juſtitia erue me*, &c. In Gr..... μὴ καταισχυνθείην εἰς τὸν αἰῶνα· ἐν τῇ δικαιοσύνῃ σου ῥῦσαί με, καὶ ἐξελοῦ με.

℣. 3. Pſalt. Coislin. *& accelera ut eripias me*, &c. Rom. *accelera ut eripias me;* paulòque poſt, *& in locum refugii, ut ſalvum me*, &c. In Moz. *accelera ut eripias me.... & in locum munitum, ut*, &c. Ad Introit. miſſæ Quinquag. *& in locum refugii, ut*, &c. Ap. Ambr. l. 3. de fide, to. 2. col. 504. b. *& in domum refugii*, &c. Apud Aug. in hunc Pſ. *accelera ut eximas me..... & in domum refugii, ut*, &c. Caſſiod. cum Pſalt. Corb. *accelera ut eripias me... & in domum refugii, ut*, &c. Gr. τάχυνον τοῦ ἐξελέσθαι με... καὶ εἰς οἶκον καταφυγῆς, &c.

℣. 4. Ita Auguſt. in hunc Pſ. cum Pſalt. Corb. In Rom. ſic: *Quoniam firmamentum meum, & refugium..... dux mihi eris, & enutries me.* Similiter in Coislin. Moz. & ad Introit. miſſæ Quinquageſ. ſicut apud Caſſiod. in eund. Pſ. Item in Carnut. *dux mihi eris;* & in Mediolan. *educabis me.* In Gr. Ὅτι κραταίωμά μου (Mſ. Alex. κραταίωσίς μου,) καὶ καταφυγή... ὁδηγήσεις με, καὶ διαθρέψεις με. Symm. καὶ τημελήσεις με.

℣. 5. Brev. Moz. hab. *de laqueo iſto;* cæt. ut ſupra. Pſalt. Corb. cum Rom. *Et educes me de laqueo iſto, quem occultaverunt mihi: quoniam tu es protector meus Domine.* Similiter in Coislin. & apud Caſſiod. in hunc Pſ. dempto uno *&*, ante *educes*, quod etiam abeſt à Pſalt. Corb. Auguſt. in eund. Pſ. col. 143. d. & 152. a. ita leg. *Educes me de muſcipula iſta, quam occultaverunt mihi*, &c. abſque ult. voce *Domine;* de qua Hieronymus epiſt. ad Sun. & Fretel. to. 2. col. 635. a. ita ſcribit: *Rurſum in hoc loco nomen* Domini *additum eſt: & ne eadem ſemper inculcem, obſervare debetis nomen* Domini *&* Dei *ſæpiſſime additum; & id vos debere ſequi, quod de Hebraïco, & de LXX. Interpretibus emendavimus.* In edit. Rom. Ἐξάξεις με ἐκ παγίδος ταύτης, ἧς ἔκρυψάν μοι· ὅτι σὺ..... μου Κύριε· at in Scholio ita legitur: Τὸ Κύριε, οὔτε παρὰ τοῖς Ο. οὔτε παρὰ τοῖς ἄλλοις κεῖται· i. e. *Illud* Κύριος, *neque apud LXX. neque apud alios ponitur.* In multis tamen exemplaribus Græcis eſt Κύριε, teſte Nobilio.

℣. 6. Ambroſ. epiſt. 46. to. 2. col. 987. b. *In manus tuas commendo ſpiritum meum*, &c. ut in Vulg. Similiter in Pſalt. Rom. ſicut apud Auguſt. & Caſſiod. necnon Vigil. Tapſ. l. contra Varimad. p. 751. b. In Gr. Εἰς χεῖράς σου παραθήσομαι τὸ πνεῦμα, &c.

℣. 7. Ita Pſalt. Moz. cum Corb. Rom. verò delet *omnes*, & hab. *vanitates.* Similiter ap. Auguſt. in hunc Pſ. Apud Caſſiod. verò in eund. *Odiſti omnes obſ. vanitatem..... in Domino ſperabo.* In Gr. Ἐμίσησας τοὺς διαφυλάσσοντας ματαιότητας, διακενῆς. Ἐγὼ δὲ ἐπὶ τῷ..... ἤλπισα.

℣. 8. Ita Caſſiod. in hunc Pſ. cum Pſalt. Rom. Corb. Coislin. & Moz. ſi unum excipias *exſultabo.* Apud Aug. in eund. Pſ. *exſultabo, & jocundabor in tua miſ. Quia..... ſalvam feciſti*, &c. In Gr. ἀγαλλιάσομαι, καὶ εὐφρανθήσομαι ἐπὶ τῷ ἐλέει σου. Ὅτι ἐπεῖδες..... ἔσωσας, &c.

℣. 9. Aug. & Caſſiod. in hunc Pſ. cum Pſalt. Moz. Coisl. Corb. & Rom. Martianæi hab. *in manus inimici;* Rom. Fabri, *in manu;* at ſolum Moz. *in ſpatioſo loco*, ut ſupra. Aug. ibid. 143. f. 154. c. *ſtatuiſti in loco ſpatioſo*, &c. at col. 153. g. ter, *poſuiſti in ſpatioſo pedes meos:* tum ibid. & col. 154. d. *ſtatuiſti in ſpatioſo pedes*, &c. Ambr. l. 5. de fide, to. 2. 570. e. & epiſt. 46. col. 987. b. *in loco ſpatioſo*, &c. Gr. Καὶ οὐ συνέκλεισάς με εἰς χεῖρας..... ἔστησας ἐν εὐρυχώρῳ, &c.

℣. 10. Sic eſt in Pſalt. Rom. ad verbum. Item in Corb. & Moz. *Miſerere mihi:* paulò verò poſt, *conturbatus eſt*

VULGATA HOD.	HEBR.	VERSIO ANTIQUA.
niam tribulor : conturbatus est in ira oculus meus, anima mea, & venter meus:	*tribulor : caligavit in furore oculus meus, anima mea, & venter meus:*	quoniam tribulor : conturbatus est in ira oculus meus, anima mea, & venter meus :
11. Quoniam defecit in dolore vita mea, & anni mei in gemitibus.	*Quia consumpta sunt in mœrore vita mea, & anni mei in gemitu.*	11. Quoniam defecit in dolore vita mea, & anni mei in gemitibus.
Infirmata est in paupertate virtus mea : & ossa mea conturbata sunt.	*Infirmata est in iniquitate mea fortitudo mea, & ossa mea contabuerunt.*	Infirmatus est in paupertate vigor meus : & ossa mea conturbata sunt.
12. Super omnes inimicos meos factus sum opprobrium & vicinis meis valde, & timor notis meis.	*Apud omnes hostes meos factus sum opprobrium & vicinis meis nimis, & timor notis meis :*	12. Super omnes inimicos meos factus sum obprobrium & vicinis meis vehementer, & timor notis.
Qui videbant me, foras fugerunt à me : 13. oblivioni datus sum, tanquam mortuus à corde.	*Qui videbant me in plateis, fugiebant à me : oblivioni traditus sum, quasi mortuus à corde.*	Qui viderunt me, foris fugerunt à me : 13. excidi, tanquam mortuus à corde.
Factus sum tanquam vas perditum : 14. quoniam audivi vituperationem multorum commorantium in circuitu.	*Factus sum sicut vas perditum : audivi enim opprobrium multorum, congregationem in circuitu,*	Factus sum sicut vas perditum : 14. quia audivi vituperationem multorum circumhabitantium :
In eo dum convenirent simul adversùm me, accipere animam meam consiliati sunt.	*Cùm inirent consilium adversùm me : & ut auferrent animam meam cogitaverunt.*	Dum congregantur omnes simul adversùm me, ut acciperent à me animam meam consiliati sunt.
15. Ego autem in te speravi Domine : dixi : Deus meus es tu : 16. in manibus tuis sortes meæ.	*Ego autem in te speravi Domine : dixi : Deus meus es tu : in manu tua tempora mea.*	15. Ego autem in te speravi Domine : dixi : Tu es Deus meus : 16. in manibus tuis tempora mea, libera me.
Eripe me de manu inimicorum meorum, & à persequentibus me.	*Libera me de manu inimicorum meorum, & persequentium me.*	Eripe me de manibus inimicorum meorum, & à persequentibus me.
17. Illustra faciem tuam super servum tuum, salvum me fac in misericordia tua : 18. Domine non confundar, quoniam invocavi te.	*Illumina faciem tuam super servum tuum, salva me in misericordia tua : Domine non confundar, quia invocavi te.*	17. Inlumina faciem tuam super servum tuum, salvum me fac in tua misericordia : 18. Domine non confundar, quoniam invocavi te.
Erubescant impii, & deducantur in infernum : 19. muta fiant labia dolosa.	*Confundantur impii, taceant in inferno : muta fiant labia mendacii :*	Erubescant inimici mei, & deducantur in infernum : 19. muta efficiantur labia iniqua.
Quæ loquuntur adversùs justum	*Quæ loquuntur contra justum*	Quæ loquuntur adversùs

Ex Ms. Sangerm.

NOTÆ AD VERSIONEM ANTIQUAM.

præ ira. Apud August. in hunc Ps. col. 143. f. 154. a. f. 155. d. *Miserere mei..... conturbatus est in ira ;* at col. 156. b. *turbatus est præ ira.* S. Paulinus epist. 15. p. 88. a. *defecit anima mea, & venter meus.* Cassiodorus Vulgatæ suffragatur. Græc. Ἐλέησόν με..... ἐταράχθη ἐν θυμῷ, &c. ut in textu Lat.

℣. 11. Ita Brev. Moz. hab. cum Psalt. Coislin. August. verò in hunc Ps. col. 144. a. & 156. f. *Infirmatus est in egestate vigor meus,* &c. Cassiodor. Vulgatæ favet cum Psalt. Rom. Græcè, Ἠσθένησεν ἐν πτωχείᾳ ἡ ἰσχύς μου, &c.

℣. 12. Psalt. Mediolan. *Præ omnibus inimicis meis factus sum opprob.* &c. Ambros. l. 5. de fide, to. 2. col. 570. e. *Super omnes inimicos meos,* &c. Sic etiam in Psalt. Coislin. Corb. & Moz. subinde in his tribus, *& vicinis meis nimiùm ;* paulòque post : *Qui videbant me, foris fugiebant à me.* Similiter in Rom. dempto uno *&,* ante *vicinis :* in Rom. tamen Martianæi legitur *foras,* non *foris ;* at ubique ponitur *notis meis.* In Corb. *fugierunt à me.* Apud August. in hunc Ps. col. 144. b. c. *Super omnes inimicos meos..... & vicinis meis nimiùm, & timor notis meis. Qui videbant me, foras fugiebant à me :* at infra col. 158. 159. d. *foras fugerunt à me.* Cassiod. in eundem Ps. *foras fugiebant ;* cæt. ut apud Aug. In Gr. Παρὰ πάντας τοὺς ἐχθρούς μου..... καὶ τοῖς γείτοσί μου σφόδρα..... γνωστοῖς μου. Οἱ θεωροῦντές με, ἔξω ἔφυγον ἀπ' ἐμοῦ.

℣. 13. Ita Cassiod. in hunc Ps. cum Psalt. Corb. Similiter in Rom. Coislin. & Moz. posito uno *&* ante *factus sum,* quod tamen abest à Gr. Item in Psalt. Carnut. *excidi ;* in Mediolan. *exivi.* Apud August. in eund. Ps. col. 144. c. & 159. e. *Oblitus sum tanquam..... factus sum tanquam,* &c. In Gr. Ἐπελήσθην ὡσεὶ, &c.

℣. 14. Ita Psalt. Corb. habet, dempto uno *à me,* post *acciperent.* Cassiod. verò cum Psalt. Rom. *Quoniam audivi..... circumhabitantium : in eo dum congregarentur omnes simul..... ut acciperent animam,* &c. Brev. Moz. *Quoniam audivi vituperationes..... circumhabitantium : in eo dum congregarentur simul in unum adversùm me, ut acciperent animam,* &c. Psalt. Coislin. *vitup. rationem multor. circumhabitantium : dum congregarentur omnes simul..... concensiliati sunt.* Apud August. in eund. Ps. col. 144. d. & 159. f. g. *Quoniam audivi vituperationem multorum accolentium in circuitu : dum congregarentur ipsi simul adversùm me, ut acciperent animam meam consil.* &c. In Gr. Ὅτι ἤκουσα ψόγον πολλῶν παροικούντων κυκλόθεν· ἐν τῷ συναχθῆναι αὐτοὺς ἅμα ἐπ' ἐμὲ, τοῦ λαβεῖν τὴν, &c.

℣. 15. Itidem in Psalt. Corb. ut & ap. August. in Ps. col. 144. e. 160. d. necnon ap. Cassiod. Similiter in Psalt. Rom. & Moz. nisi excipias unum *verò,* pro *autem.* In Coislin. *Ego autem in te Domine speravi,* &c. Sic etiam ap. August. post locum sup. cit. at infra, *dixi Domino : Deus meus es tu.* In Gr. Ἐγὼ δὲ ἐπὶ σοὶ ἤλπισα Κύριε (Alex. Ald. & Compl. Κύριε ἤλπισα) εἶπα· Σὺ εἶ ὁ, &c.

℣. 16. Sic apud Cassiod. est, & in Psalt. Coislin. Corb. ac Rom. addito uno *&,* post *libera me.* In Mozar. deest *libera me ;* cæt. verò ut in textu. Apud Aug. in Ps. col. 144. e. 160. e. 162. b. *In manibus tuis sortes meæ. Et ne me de manibus,* &c. In Psalt. Carnut. *tempora mea,* non *sortes.* Græc. verò hab. Ἐν ταῖς χερσί σου οἱ κλῆροί μου. Ῥῦσαί με ἐκ χειρὸς ἐχθρῶν μου, καὶ ἐκ τῶν, &c. In Psalt. Arab. Æthiop. & Apollinar. similiter κλῆροι, *sortes :* Interpr. quidam legunt οἱ καιροί μου ; Theodoretus, καιροὺς, vel κλήρους, vocat ipsas rerum mutationes, divitias & paupertatem, bellum & pacem, &c. hujusmodi.

℣. 17. Ita Cassiod. in hunc Ps. cum Psalt. Corb. Similiter in Rom. Coislin. & Moz. posito *&,* ante *salvum.* Ap. Ambros. l. 5. de fide, to. 2. col. 570. e. & epist. 46. col. 987. b. necnon ap. Aug. in eund. Ps. *Illustra faciem tuam,* &c. ut in textu. In Gr. Ἐπίφανον..... σῶσόν με ἐν τῷ ἐλέει σου.

℣. 18. August. & Cassiod. in hunc Ps. Vulgatæ suffragantur cum vet. Psalt. & Græco.

℣. 19. Sic in Psalt. Corb. Moz. & Coislin. At in Rom. *muta efficiantur labia dolosa : quæ loq. adv. justum iniquitatem, in sup. & contemptu.* Succinunt August. & Cassiod,

Versio antiqua.	Hebr.	Vulgata hod.
Ex Mſ. Sangerm. juſtum ſcelus, in ſuperbia, & contemptu.	*vetera, in ſuperbia & deſpectione.*	iniquitatem, in ſuperbia, & in abuſione.
20. Quàm magna multitudo dulcedinis tuæ, quam abſcondiſti timentibus te!	*Quàm multa eſt bonitas tua, quam abſcondiſti timentibus te!*	20. Quàm magna multitudo dulcedinis tuæ Domine, quam abſcondiſti timentibus te!
Perfeciſti ſperantibus in te, in conſpectu filiorum hominum.	*Operatus es ſperantibus in te, in conſpectu filiorum hominum.*	Perfeciſti eis, qui ſperant in te, in conſpectu filiorum hominum.
21. Abſconde eos in abſcondito vultus tui à conturbatione hominum.	*Abſcondes eos in protectione vultus tui à duritia virì:*	21. Abſcondes eos in abſcondito faciei tuæ à conturbatione hominum.
Proteges eos in tabernaculo tuo à contradictione linguarum.	*Abſcondes eos in umbra à contradictione linguarum.*	Proteges eos in tabernaculo tuo à contradictione linguarum.
22. Benedictus Dominus: quoniam mirificavit miſericordiam ſuam in civitatem circumſtantiæ.	*Benedictus Dominus, qui mirabilem fecit miſericordiam ſuam mihi in civitate munita.*	22. Benedictus Dominus: quoniam mirificavit miſericordiam ſuam mihi in civitate munita.
23. Ego dixi in pavore meo: Projectus ſum à vultu oculorum tuorum.	*Ego autem dixi in ſtupore meo: Projectus ſum de conſpectu oculorum tuorum:*	23. Ego autem dixi in exceſſu mentis meæ: Projectus ſum à facie oculorum tuorum.
Ideo exaudiſti Domine vocem orationis meæ, dum clamarem ad te.	*Ergone audiſti vocem deprecationis meæ, cùm clamarem ad te?*	Ideo exaudiſti vocem orationis meæ, dum clamarem ad te.
24. Diligite Dominum omnes ſancti ejus: quoniam veritatem requirit Dominus, & retribuet his qui abundanter faciunt ſuperbias.	*Diligite Dominum omnes ſancti ejus: fideles ſervat Dominus, & tribuit his qui ſatis operantur ſuperbiam.*	24. Diligite Dominum omnes ſancti ejus: quoniam veritatem requiret Dominus, & retribuet abundanter facientibus ſuperbiam.
25. Viriliter agite, & confortetur cor veſtrum, omnes qui ſperatis in Domino.	*Confortamini, & roboretur cor veſtrum, omnes qui exſpectatis Dominum.*	25. Viriliter agite, & confortetur cor veſtrum, omnes qui ſperatis in Domino.

Notæ ad Versionem antiquam.

in hunc Pſ. Pſalt. quoque Mediolan. & Carnut. hab. & *contemptu*. Græc. ἄλαλα γενηθήτω τὰ χείλη τὰ δόλια· τὰ λαλοῦντα..... ἀνομίαν, ἐν ὑπερηφανίᾳ, καὶ ἐξουδενώσει.

℣. 20. Ita Pſalt. Coiſlin. cum Moz. niſi quòd utrumque hab. *dulcedinis tuæ Domine..... Et perfeciſti ſperantib.* &c. Rom. quoque addit τὸ *Domine*, paulò verò poſt, *Et perfeciſti eam ſperantib.* &c. Itidem Caſſiod. in Pſ. 16. p. 57. c. at in Pſ. 30. tollit *eam*. Sic etiam ap. Auguſt. in eund. Pſ. col. 145. a. & in Pſalt. Corb. Aug. verò inf. col. 165. b. c. leg. *Quàm multa multitudo*, & inf. *Perfeciſti autem ſperantibus*, &c. Hieron. in Iſai. 66. to. 3. col. 514. f. ita: *Quàm grandis multitudo bonitatis tuæ Domine, quam abſcond. timentibus te!* & l. 2. in epiſt. ad Epheſ. to. 4. col. 352. a. *Quàm infinita multitudo bonitatis tuæ, quam abſc.* &c. Gr. Ὡς πολὺ τὸ πλῆθος τῆς χρηστότητός σου Κύριε... Ἐξειργάσω τοῖς ἐλπίζουσιν, &c. Apud Symmach. Τί πολὺ τὸ ἀγαθόν σου, &c.

℣. 21. Auguſt. in hunc Pſ. & l. 2. de ſerm. Dom. in monte, to. 3. p. 2. col. 215. c. cum Caſſiod. & Pſalt. Rom. Fabri: *Abſcondes eos in abſcondito vultus tui*, &c. ut ſupra. Rom. Martianæi, *in abdito vultus tui*. Moz. *Abſcondes eos in abditum vultus tui*. Coiſlinian. *Abſcondis eos in abdito vultus tui*, &c. Corb. *Abſcondes eos in abditu vultus tui*. Græc. Καταχρύψεις αὐτοὺς ἐν ἀποκρύφῳ τοῦ προσώπου σου, &c.

℣. 22. Ita Brev. Moz. cum Pſalt. Coiſlin. Similiter in Rom. Corb. Mediolan. & Carnut. ſicut apud Auguſt. & Caſſiod. in hunc Pſ. niſi quòd habent conſtanter, *in civitate*. Gr. τὸ ἔλεος αὐτοῦ ἐν πόλει περιοχῆς.

℣. 23. Sic. in Pſalt. Coiſlin. eſt, addito uno *autem*, poſt *ego*. Similiter in Brev. Moz. exceptis his, *exaudiſti vocem deprecationis meæ, dum orarem ad te*. Pſalt. Rom. hab. initio, *Ego autem*; deinde ut in textu, præter iſta, *exaudiſti vocem deprec. meæ*. Apud Caſſiod. in hunc Pſ. *exaudiſti vocem orationis meæ*; cæt. ut in Rom. Apud Aug. in Pſ. col. 145. d. & 167. b. c. *Ego dixi in extaſi mea: Projectus ſum à facie*, &c. ut in textu; excipiendum tamen *cùm*, pro *dum*. In Pſalt. Corb. *Ego autem dixi in pavore meo: Projectus ſum à conſpectu oculorum tuorum. Ideo exaudiſti Domine vocem orationis meæ, dum*, &c. Similiter in Pſalt. Mediol. & Carnut. *in pavore meo*. In Gr. Ἐγὼ δὲ εἶπα ἐν τῇ ἐκστάσει μου· Ἀπέῤῥιμμαι ἀπὸ προσώπου..... Διὰ τοῦτο εἰσήκουσας Κύριε τῆς φωνῆς τῆς δεήσεώς μου, ἐν τῷ κεκραγέναι με πρός σε. Ad hoc autem, *in exceſſu mentis meæ*, Hieronym. epiſt. ad Sun. & Fretel. to. 2. col. 635. a. ſcribit: *In Latinis codicibus legebatur* in pavore meo; *& nos juxta Græcum tranſtulimus* ἐν τῇ ἐκστάσει μου, *id eſt*, in exceſſu mentis meæ: *aliter enim Latinus ſermo* ἔκστασιν *exprimere non poteſt, niſi mentis exceſſum.*

℣. 24. Sic apud Auguſt. & Caſſiod. in hunc Pſ. necnon in Pſalt. Rom. Coiſlin. Mediol. Carnut. & Mozarab. exceptis his duobus, *requiret*, & *ſuperbiam*. Coiſlin. tamen hab. *retribuit*, & *ſuperbias*. Lucif. Calar. l. 1. pro S. Athan. p. 191. e. ſic: *Veritatem requirit Dominus, & retribuet facientibus abundanter ſuperbiam.* Gr..... ὅτι ἀληθείας ἐκζητεῖ Κύριος, καὶ ἀνταποδίδωσι τοῖς περισσῶς ποιοῦσιν ὑπερηφανίαν.

℣. 25. Itidem ap. Auguſt. & Caſſiod. in hunc Pſ. & in vet. Pſalt. In Gr. Ἀνδρίζεσθε..... πάντες οἱ ἐλπίζοντες ἐπὶ Κύριον. Auguſt. quoque epiſt. 153. to. 2. 526. g. legit cum Pſalt. Corb. *qui ſperatis in Dominum.*

Versio antiqua.	Hebr.	Vulgata hod.
Ex Mſ. Sangerm. * Intellectus ipſi David. XXXI.	*David erudito. XXXII.*	Ipſi David intellectus. XXXI.
1. Beati, quorum remiſſæ ſunt iniquitates: & quo-	*Beatus, cui dimiſſa eſt iniquitas, abſconditum eſt pecca-*	1. Beati, quorum remiſſæ ſunt iniquitates: & quorum tecta *Rom. 4. 7.*

Notæ ad Versionem antiquam.

* Pſalt. Rom. Fabri, *Intellectus David*. Rom. Martianæi, ut in Vulg. Coiſlinian. cum Gallic. *Huic David intellectus*. Corb. *Huic in finem Pſalmus David*. Auguſt. in hunc Pſ. *Ipſi David intelligentia*. Caſſiod. in eund. *David intellectus*. Gr. Συνέσεως τῷ Δαυΐδ. Mſ. Alex. Ψαλμὸς τῷ Δαυΐδ. Ald. & Compl. Ψαλμὸς τῷ Δαυΐδ συνέσεως.

℣. 1. Concinit Ambroſ. l. de eleem. & jejun. c. 4. to. 1. col. 538. f. item 274. f. 430. e. 692. b. 851. e. 906.

VULGATA HOD.	HEBR.	VERSIO ANTIQUA.
sunt peccata.	*tum.*	rum tecta sunt peccata. Ex Ms. Sangerm.
2. Beatus vir, cui non imputavit Dominus peccatum, nec est in spiritu ejus dolus.	*Beatus homo, cui non imputabit Dominus iniquitatem, nec est in spiritu ejus dolus.*	2. Beatus vir, cui non imputavit Dominus peccatum, nec est in ore ejus dolus.
3. Quoniam tacui, inveteraverunt ossa mea, dum clamarem tota die.	*Quia tacui, attrita sunt ossa mea: in rugitu meo tota die.*	3. Quoniam tacui, inveteraverunt omnia ossa mea, dum clamarem tota die.
4. Quoniam die ac nocte gravata est super me manus tua: conversus sum in ærumna mea, dum configitur spina.	*Die enim & nocte gravatur super me manus tua: versatus sum in miseria mea, cùm exardesceret messis.* JUGITER.	4. Quoniam die ac nocte gravata est super me manus tua: conversus sum in ærumna, dum confringitur spina. DIAPSALMA.
5. Delictum meum cognitum tibi feci: & injustitiam meam non abscondi.	*Peccatum meum notum facio tibi, & iniquitatem meam non abscondi.*	5. Delictum meum tibi cognitum feci: & injustitiam meam non abscondi.
Isa. 65. 24. Dixi: Confitebor adversùm me injustitiam meam Domino: & tu remisisti impietatem peccati mei.	*Dixi: Confitebor scelera mea Domino: & tu dimisisti iniquitatem peccati mei.* SEMPER.	Dixi: Eloquar adversùm me injustitiam meam Domino: & tu remisisti iniquitatem cordis mei. DIAPSALMA.

NOTÆ AD VERSIONEM ANTIQUAM.

a. 1176. f. & to. 2. col. 424. d. 1068. a. at l. 3. de fide, col. 500. c. legit: *Beati, quibus remissa sunt iniq.* Ambrosiast. col. 48. e. & Victor Tun. apud Ambr. col. 594. e. *Beati, quorum,* &c. ut sup. Similiter Iren. l. 5. c. 17. p. 314. c. Hilar. in Ps. 129. col. 440. c. August. & Cassiod. in hunc Ps. cum Gaud. Brix. ser. 2. p. 946. e. & Psalt. Rom. Tertul. verò cont. Gnost. p. 828. a. ita: *Beati, quorum dimissa sunt delicta: & quorum opertæ sunt iniquitates.* S. Pacianus ser. de Bapt. p. 319. d. *Felices sunt, quorum remissa sunt facinora: & quorum tecta sunt peccata.* Græc. Μακάριοι, ὧν ἀφέθησαν αἱ ἀνομίαι· καὶ ὧν ἐπεκαλύφθησαν αἱ ἁμαρτίαι.

℣. 2. Ita August. & Cassiod. in hunc Ps. cum Psalt. Rom. Corb. Mediolan. Carnut. & Moz. in Carnut. tamen & Coislin. *imputabit.* Tertul. adv. Gnost. p. 828. a. *Beatus vir, cui non reputaverit Deus delictum.* Iren. l. 5. c. 17. p. 314. c. & Ambr. l. 2. de pœnit. to. 2. col. 424. d. *cui non imputavit Dom. peccatum.* Gr. ᾧ ὁ μὴ λογίσηται Κύριος ἁμαρτίαν. Hilarius in hunc Ps. è schedis Marten. add. *neque inventus fuerit in ore ejus dolus.* Gr. οὐδέ ἐστιν ἐν τῷ στόματι αὐτοῦ δόλος. Scholion, Ἄλλως, ἐν τῷ πνεύματι αὐτοῦ. Unde Hieron. epist. ad Sun. & Fretel. to. 2. col. 635. b. scribit, *nec est in spiritu ejus dolus;* tum addit: *Pro quo in Græco vos legisse dicitis, ἐν τῷ στόματι αὐτοῦ δόλος, id est,* in ore ejus dolus, *quod solus Symmachus posuit: alioquin & LXX. Interpretes, & Theodotio, & Quinta, & Sexta editio, & Aquila, & ipsum Hebraicum* in spiritu ejus *habet, quod Hebraicè dicitur* brucho; *sin autem esset* in ore ejus, *scriberetur* baffio.

℣. 3. Sic in Psalt. Rom. & Corb. & ap. Cassiod. In Coislin. *omnia ossa mea, in eo dum clamarem,* &c. Apud Hilar. in hunc Ps. è schedis Marten. *omnia ossa mea, cùm clamassem tota die.* Apud August. in eund. Ps. *inveteraverunt ossa mea, à clamando me tota die.* In Gr. ..... ἐπαλαιώθη τὰ ὀστᾶ μου, ἀπὸ τοῦ κράζειν με ὅλην τὴν ἡμέραν.

℣. 4. Psalt. Rom. Martian. hab. *in ærumna, dum configitur spina.* Rom. Fabri, *in ærumnam, dum confringitur spina.* Mediolan. & Carnut. similiter *in ærumna,* absque seq. *mea:* deinde in Coislin. *dum configitur mihi spina.* Itidem in Corb. absque *mea,* post *ærumna.* In Mozarab. *dum confringeretur spina,* omissâ pariter præced. voce *mea.* Apud Hilar. in hunc Ps. è schedis Marten. sic habetur: *Cùm clamassem tota die ac nocte, gravata est in me manus tua: conversus sum in miseriam, dum infixa est mihi spina:* at in Ps. 57. col. 125. c. ita: *in ærumnam incidi, dum configitur spina,* al. *confringitur.* Apud Hieron. in Isai. 29. to. 3. col. 246. e. *versatus sum in infirmitate, dum configitur mihi spina:* & in Isai. 66. col. 514. b. necnon l. 2. cont. Pelag. to. 4. p. 2. col. 528. d. *versatus sum in miseria, dum infigitur mihi spina:* at in Ezech. 3. col. 717. d. *conversus sum in ærumna mea, dum mihi infigitur spina.* In Gr. ἐστράφην εἰς ταλαιπωρίαν, ἐν τῷ ἐμπαγῆναι ἄκανθαν. Ms. Alex. cum edd. Ald. & Compl. μοι ἄκανθαν; Psalt. quoque Mediolan. hab. *mihi spina.* Hieron. epist. ad Sun. & Fret. to. 2. col. 635. c. ad hoc, *in ærumna mea,* ait: *In Græco* mea *non esse suggeritis; quod ex Hebraïco, & de translatione Theodotionis sub asterisco additum est.* Ap. August. in eund. Ps. col. 169. d. legitur quidem, *conversus sum in ærumna mea, dum configeretur spina:* sed ibid. Mss. plerique tollunt vocem *mea,* constanterque ferunt *in ærumnam;* infra tamen, col. 179. d. legitur *in ærumna mea;* sicut etiam quæst. in Exod. to. 3. col. 469. c. Apud Cassiod. in hunc Ps. deest vox *mea,* subnectiturque, *dum confringitur mihi spina.* Ad seq. *Diapsalma* quod attinet, hic pariter habetur in Psalt. Corb. & Rom. Martianæi. Item ap. August. in hunc Ps. sicut in Gr. Vatic. Abest autem ab editt. Ald. & Compl. ut & à Psalt. Rom. Fabri.

℣. 5. Psalt. Rom. *Delictum meum cognitum tibi feci: & injustitias meas non operui. Dixi: Pronunciabo adversùs me injustitias meas Domino: & tu remisisti impietatem cordis mei.* Similiter in Psalt. Moz. præter duo; *peccatum,* pro *delictum,* & *impietates,* loco *impietatem.* In Coislin. *Delictum meum ego agnosco: & injustitias meas non operui. Dixi: Pronunciabo adversùm me injustitias meas Domino: & tu remisisti impietatem peccati mei.* In Corb. *Delictum meum ego cognosco: & injustitiam meam non operui. Dixi: Pronunciabo adversùm me injust. meam Domino: & tu remisisti impietatem cordis mei.* Carnut. etiam hab. *ego cognosco;* extremoque *impietatem cordis mei,* unà cum Mediolan. Hilarius in Ps. 129. col. 440. c. *Iniquitatem meam ego agnovi: & peccatum meum non abscondi:* & in Ps. 118. col. 266. c. *Pronunciabo adversùm me injustitias meas Domino.* Idem in Ps. 31. è schedis Marten. *Peccatum meum cognitum mihi fac, quia iniquitas ignota esse minimè potest;* subinde: *Ego renuntiabo adversùm me iniquitatem meam, Domine:* & infra: *Dixi: Pronunciabo adversùm me iniquit. meam Domino: & tu remisisti impietatem cordis mei.* Ambros. l. de apol. Dav. to. 1. col. 688. a. *Delictum meum agnosco: & injustitiam meam non operui. Dixi: Pronunciabo adversùm me injustitiam meam Domino: & tu dimisisti impietatem cordis mei:* item epist. 37. to. 2. col. 941. b. *Dixi: Pronunciabo,* &c. ut sup. si unum excipias *remisisti:* at in Ps. 118. to. 1. col. 1012. d. sic: *Annuntiabo adversùm me iniquitatem meam Domino:* & l. 1. de Jacob, c. 6. col. 451. e. alludens dicit: *Cœpi delictum meum cognoscere, & injustitiam meam non operire. Cœpi pronunciare adversùs me injustitiam meam Domino: & tu remisisti impietates cordis mei.* Vict. Tun. apud Ambros. col. 593. f. 594. a. rursusque 594. e. & 595. a. *Peccatum meum ego scivi: & iniquitatem meam non cooperui. Dixi: Confitebor adversùm me injustitiam meam Domino: & tu remisisti iniquitatem peccati mei:* at inf. 595. e. *Dixi: Confitebor..... iniquitatem meam Domino: & tu remisisti impietatem peccati mei.* Hieronymus in Isai. 64. to. 3. col. 475. f. *Peccatum meum notum feci tibi: & iniquitatem meam non operui. Dixi: Pronunciabo adversùm me iniquitatem meam Domino: & tu dimisisti impietatem cordis mei.* Gelas. I. Conc. to. 4. p. 1241. c. *Dixi: Pronunciabo adversùm me injustitiam meam Domino: & tu remis. impietatem peccati cordis mei.* August. in Ps. col. 169. d. 179. f. *Peccatum meum cognovi: & injustitiam non operui. Dixi: Pronunciabo adversùm me injustitiam (inf. iniquitatem) meam Domino: & tu remisisti (inf. dimisisti) impietatem cordis mei:* at quæst. 154. in Exod. to. 3. col. 469. d. *Peccatum meum cognovi: & facinus meum non operui. Dixi: Pronunciabo adversùm me delictum meum Domino: & tu remisisti impiet. cordis mei.* S. Pacian. epist. 1. p. 306. f. *Peccatum meum ego agnosco: & facinus meum non texi. Dixi: Confitebor adversùm me delictum meum Domino: & tu remisisti impietatem cordis.* Ruricius epist. 14. p. 569. a. *Delictum meum ego cognosco: & injustitias meas non operui. Dixi: Pronunciabo adversùs me injustitias meas Domino: & tu remisisti impietatem cordis mei.* Cassiod. in hunc Ps. *Delictum meum cognitum tibi feci: & injust.*

VERSIO ANTIQUA.	HEBR.	VULGATA HOD.
Ex Mſ. Sangerm. 6. Pro hac oravit ad te omnis ſanctus, in tempore opportuno.	*Pro hac orat omnis ſanctus ad te: ad tempus invenient,*	6. Pro hac orabit ad te omnis ſanctus, in tempore opportuno.
Veruntamen in diluvium multarum aquarum, ad eum non proximabunt.	*Ut cùm inundaverint aquæ multæ, ad illum non accedant.*	Veruntamen in diluvio aquarum multarum, ad eum non approximabunt.
7. Tu mihi es refugium à tribulatione, quæ circumdedit me: exſultatio mea redimet me à circumdantibus me. DIAPSALMA.	*Tu protectio mea, ab hoſte cuſtodies me, laus mea ſalvans: circumdabis me.* SEMPER.	7. Tu es refugium meum à tribulatione, quæ circumdedit me: exſultatio mea erue me à circumdantibus me.
8. Intellectum dabo tibi, & inſtruam te in via hac, in quam ingredieris: firmabo ſuper te oculos meos.	*Erudiam te, & illuminabo tibi viam per quam ambules: cogitabo de te oculo meo.*	8. Intellectum tibi dabo, & inſtruam te in via hac, qua gradieris: firmabo ſuper te oculos meos.
9. Nolite fieri ſicut equus & mulus, quibus non eſt intellectus.	*Nolite fieri ſicut equus & mulus, quibus non eſt intelligentia:*	9. Nolite fieri ſicut equus & mulus, quibus non eſt intellectus.
In freno & camo maxillas eorum conſtringe, qui non proximant ad te.	*In camo & freno maxillas ejus conſtringis, ut non appropinquet ad te.*	In camo & freno maxillas eorum conſtringe, qui non approximant ad te.
10. Multa flagella peccatorum, operantes autem in Domino miſericordia circumdabit.	*Multi dolores impii: confidentem autem in Domino miſericordia circumdabit.*	10. Multa flagella peccatoris, ſperantem autem in Domino miſericordia circumdabit.
11. Lætamini in Domino & exſultate juſti, & gloriamini omnes recti corde.	*Lætamini in Domino & exſultate juſti, & laudate omnes recti corde.*	11. Lætamini in Domino & exſultate juſti, & gloriamini omnes recti corde.

NOTÆ AD VERSIONEM ANTIQUAM.

meam non operui. Dixi: Pronunciabo adverſum me injuſtitias meas Domino: & tu remiſiſti impietatem cordis mei. Similiter in reg. S. Ben. c. 7. præter hoc, *injuſtitias meas non operui.* Græc. Τὴν ἁμαρτίαν μου ἐγνώρισα· καὶ τὴν ἀνομίαν μου οὐκ ἐκάλυψα. Εἶπα· Ἐξαγορεύσω κατ᾽ ἐμοῦ τὴν ἀνομίαν μου τῷ Κυρίῳ· καὶ σὺ ἀφῆκας τὴν ἀσέβειαν τῆς καρδίας μου. Mſ. Alex. cum edd. Ald. & Compl. Τὴν ἀνομίαν μου ἐγνώρισα· καὶ τὴν ἁμαρτίαν, &c. Subinde Aquila, καὶ σὺ ἦρας ἀνομίαν ἁμαρτίας μου. Sequens *Diapſalma* non memoratur ab Aug. ſed exſtat in Pſalt. Rom. & Corb. ſicut in ed. Rom. LXX. non verò in edd. Ald. & Compl.

℣. 6. Manifeſta corruptio eſt in Pſalt. Sangerm. ubi ita legitur, *ante omnes ſanctos*, loco *ad te omnis ſanctus*, quod ult. ſubſtituendum duximus è Pſalt. Corb. in quo ſimiliter: *Pro hac oravit ad te omnes ſancti ..... ad illum non proximabunt.* Pſalt. Rom. cum Auguſt. & Caſſiod. in hunc Pſalm. Vulgatæ conſonat, niſi quod Auguſtinus extremò legit, *ad eum non appropinquabunt.* Brev. Mozarab. vitioſe *ad Deum*, non *ad eum.* Hilarius in eund. Pſ. è ſchedis Marten. *Pro hoc deprecabitur humilis & juſtus ad te in tempore recte. Verùm in diluvium multarum aquarum ad illum non appropinquabunt.* In Gr..... προσεύξεται πρὸς σὲ πᾶς ὅσιος, ἐν καιρῷ εὐθέτῳ. Πλὴν ἐν κατακλυσμῷ ὑδάτων πολλῶν, πρὸς αὐτὸν οὐκ ἐγγιοῦσι.

℣. 7. Pſalt. Rom. *Tu es mihi refugium à preſſura ..... redime me à circumd.* &c. Coiſlin. Corb. & Mozarab. *Tu mihi es refug.* &c. ut in Rom. Sic etiam apud Aug. & Caſſiod. in hunc Pſ. Apud Hilar. verò in eund. Pſ. è ſchedis Marten. *Tu es refugium meum à tribulatione circumdanti me: exſultatio mea libera me à*, &c. ut ſup. In Gr. Σύ μου εἶ καταφυγὴ ἀπὸ θλίψεως ..... λύτρωσαί με ἀπὸ, &c. *Diapſalma* proximè ſequens ſimiliter habetur apud Aug. ut & in Pſalt. Rom. Corb. ac ed. Rom. LXX. deeſt vero in Mſ. Alex. ac edd. Ald. & Compl. de more.

℣. 8. Pſalt. Rom. Fabri, & Corb. cum Caſſiod. *Intellectum dabo tibi ..... in via hac, qua ingredieris*, &c. Rom. Martianæi, *hac, qua gradieris.* Moz. *in via, qua egredieris.* Hilarius ubi ſup. *Intelligam, & conjungar tibi in via hac, qua ambulabis: firmabo in te oculos meos;* infra, *confirmabo in te.* Auguſt. in Pſ. [illegible] 169. g. 183. a. juxta Mſs. codd. *Intellectum dabo tibi, & ſtatuam te in via hac, qua ingredieris: obfirmabo ſuper te*, &c. Hieron. ad Algaſiam quæſt. 8. to. 4. col. 202. f. *Intelligere te faciam, & docebo te in via hac, qua ambulabis: confirmabo ſuper te oculos meos.* Gr. Συνετιῶ σε, καὶ συμβιβῶ σε ἐν ὁδῷ ταύτῃ, ᾗ πορεύσῃ· ἐπιστηριῶ ἐπὶ σὲ, &c.

℣. 9. Iidem in Pſalt. Corb. & ap. Caſſiod. Sic etiam in Rom. Pſalt. exceptis his duobus, *conſtringes*, & *approximant.* Moz. habet, *in quibus non eſt intellectus;* ſtatimque cum Coiſlin. *In freno & camo.* Hilarius ubi ſup. *In freno & camo maxillas eorum deduc, qui non approximant ad te.* Apud Ambroſ. in Pſ. 118. to. 1. col. 1090. b. ut in textu Sang. præter ſeqq. *equus aut mulus ..... In camo & freno ..... qui ad te non appropinquant.* at epiſt. 37. to. 2. col. 940. a. *equus & mulus ..... in freno & camo ..... qui non appropinquant tibi.* Vide etiam l. 6 Hexa. to. 1. col. 117. c. & to. 2. col. 1212. d. Apud Auguſt. in eund. Pſ. col. 169. g. *Nolite eſſe ſicut equus*, &c. *In freno & camo ..... qui non propinquant ad te*: inf. 183. e. *appropinquant.* Hieronym. in Iſai. 14. to. 3. col. 163. d. *Nolite fieri ſicut equus & mulus, in quibus non eſt intelligentia:* ſed in Ezech. 27. col. 884. f. *in quibus non eſt intellectus*. & in Ezech. 8. col. 749. a. add. *In camo & freno ..... qui non appropinquant ad te.* Gr. Μὴ γίνεσθε ὡς ἵππος καὶ .... οἷς οὐκ ἔστι σύνεσις. Ἐν χαλινῷ καὶ κημῷ ..... ἄγξαι τῶν μὴ ἐγγιζόντων πρὸς σέ.

℣. 10. Vox una *Domino*, prætermittitur in Mſ. Sangerm. addita à nobis eſt ex Aug. & Græco. In Pſalt. Rom. Coiſlin. Moz. & apud Caſſiod. ſimiliter exſtat cum iſta *peccatorum*, num. plurali; at loco *operantes*, conſtanter legitur *ſperantes*, ut in Vulg. unde ſuſpicor mendum eſſe in Mſ. noſtro, quod facilè irrepere potuit ob vicinitatem utriuſque verbi, *operantes* enim & *ſperantes*, unâ tantùm litterâ differunt inter ſe. lapſu ſimili ſcriptum eſt infra *miſericordiam*, pro *miſericordia*, quod ult. ſubſtituimus. Hilarius quoque in hunc Pſ. è ſchedis Marten. leg. *ſperantem autem in Dominum miſericordia circumdabit.* S. Paulin. ep. 17. p. 97. a. *Multa flagella peccatoris, ſperantes in Dominum miſericordia circumdabit.* Ap. Auguſt. in hunc Pſ. omnia ut in Vulg. nec aliter in Græco, præter unum ἐπὶ Κύριον, *in Dominum.*

℣. 11. Iidem in vet. Pſalt. ut & ap. Auguſt. & Caſſiod. in Pſ. Brev. Moz. hab. *Lætamini Domino*, &c. Hilar. ubi ſup. *Jocundamini in Domino & exſultate juſti, & gaudete omnes recti corde.* Græc. Εὐφράνθητε ἐπὶ Κύριον ..... καὶ καυχᾶσθε πάντες, &c.

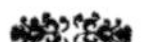

VULGATA HOD. Pſalmus David. XXXII.	HEBR. *XXXIII.*	VERSIO ANTIQUA. * In finem, Pſalmus ipſi David. XXXII. Ex Mſ. Sangerm.
1. EXſultate juſti in Domino: rectos decet collaudatio.	*LAudate juſti Dominum: rectos decet laudatio.*	1. GAudete juſti in Domino: rectos decet conlaudatio.
2. Confitemini Domino in cithara: in pſalterio decem chordarum pſallite illi.	*Confitemini Domino in cithara: in pſalterio decachordo pſallite ei.*	2. Confitemini Domino in cithara: in pſalterio decem chordarum pſallite ei.
3. Cantate ei canticum novum: bene pſallite ei in vociferatione.	*Cantate ei canticum novum: bene pſallite in jubilo.*	3. Cantate ei canticum novum: benedicite in jubilationem.
4. Quia rectum eſt verbum Domini, & omnia opera ejus in fide.	*Quia rectum eſt verbum Domini, & omne opus ejus in fide.*	4. Quoniam rectus eſt ſermo Domini, & omnia opera ejus in fidem.
5. Diligit miſericordiam & judicium: miſericordiâ Domini plena eſt terra.	*Diligit juſtitiam & judicium: miſericordiâ Domini plena eſt terra.*	5. Diligit miſericordiam & judicium: miſericordiâ Domini plena eſt terra.
6. Verbo Domini cœli firmati ſunt: & ſpiritu oris ejus omnis virtus eorum.	*In verbo Domini cœli facti ſunt, & ſpiritu oris ejus omnis ornatus eorum.*	6. Verbo Domini cœli firmati ſunt: & ſpiritu oris ejus omnis virtus eorum.
7. Congregans ſicut in utre aquas maris: ponens in theſauris abyſſos.	*Congregans quaſi in utre aquas maris: ponens in theſauris abyſſos.*	7. Congregans ſicut in utrem aquas maris: pones in theſauris abyſſos.
8. Timeat Dominum omnis terra: ab eo autem commoveantur omnes inhabitantes orbem.	*Timeat Dominum omnis terra: ipſum formident univerſi habitatores orbis.*	8. Timeat Dominum omnis terra: ab ipſo autem commoveantur univerſa, & omnes qui inhabitant orbem.
Judith 16. 17. 9. Quoniam ipſe dixit, & facta ſunt: ipſe mandavit, & creata ſunt.	*Quia ipſe dixit, & factus eſt: ipſo præcipiente, ſtetit.*	9. Quoniam ipſe dixit, & facta ſunt: ipſe mandavit, & creata ſunt.
10. Dominus diſſipat conſilia gentium: reprobat autem cogitationes populorum, & reprobat conſilia principum.	*Dominus ſolvit conſilium gentium: irritas fecit cogitationes populorum.*	10. Dominus diſſipavit conſilia gentium: reprobat autem cogitationes populorum, & reprobat conſilia principum.

NOTÆ AD VERSIONEM ANTIQUAM.

* Ita fert Pſalt. Rom. Fabri cum Gallic. deleto uno *ipſi*. In Rom. & Gallic. Martianæi ſimpliciter, *Pſalmus David*, ſicut in Coiſl. Corb. & ap. Caſſiod. Aug. verò in hunc Pſ. col. 188. a. ait: *Inſcribitur*, *Ipſi David*; & verò in Gr. ſimpliciter, Τῷ Δαυίδ. In Mſ. Alex. ac edd. Ald. & Compl. Ψαλμὸς τῷ Δαυίδ.

℣. 1. Sic in Pſalt. Rom. Carnut. Corb. Coiſl. Moz. & ap. Caſſiod. Apud Auguſt. verò in eund. Pſ. *Exſultate juſti*, & in fine, *laudatio*. Item in Pſalt. Carnut. Colb. & Gallic. Fabri, *laudatio*. In Gr. αἴνεσις, ap. Aquil. ὕμνησις.

℣. 2. Ita Caſſiod. in hunc Pſ. cum Pſalt. Rom. Aug. autem in eund. Pſ. col. 186. c. leg. *in pſalterio decachordo*; at infra col. 190. c. 193. b. *decem chordarum*. Gr. δεκαχόρδῳ.

℣. 3. Pſalt. Rom. ſub fin. *bene pſallite ei in jubilatione*. Itidem in Moz. Mediolan. Carnut. & apud Caſſiod. In Pſalt. Coiſlin. *bene canite ei in jubilatione*. In Corb. *bene canite ei in jubilationem*. Apud Auguſt. in hunc Pſ. *bene cantate ei in jubilatione*. In Gr. καλῶς ψάλατε ἐν ἀλαλαγμῷ· in Ald. & Compl. αὐτῷ ἐν ἀλαλαγμῷ.

℣. 4. Sic in Pſalt. Rom. Coiſlin. Corb. & Moz. ſi ult. excipias, *in fide*. Similiter apud Ambr. l. 1. de fide, to. 2. col. 459. e. necnon Auguſt. & Caſſiod. in hunc Pſ. ac in Græco. Nota additum à nobis eſſe nomen *Domini*, quod oſcitantiâ librarii omiſſum eſt in Pſalt. Sangerm. ut & alibi ſæpiùs. Vid. Not. ſup. in Pſ. 11. ℣. 6.

℣. 5. Concordant Auguſt. & Caſſiod. in hunc Pſ. unà cum Pſalt. Rom. & Gr. Vat. Apud Lucif. Calar. l. 1. pro S. Athan. p. 191. e. additur *Dominus*, ad verbum *diligit*, ſicut &, poſt *judicium*. In Pſalt. Coiſlin. ita, & *judicium Dominus*, &c. Item in Mſ. Alex. ac edd. Ald. & Compl. καὶ κρίσιν ὁ Κύριος, &c.

℣. 6. Sic in Pſalt. Rom. eſt, & ap. Ambroſ. l. 1. Hex. to. 1. col. 16. f. item infra col. 251. f. 730. a. 914. d. 1078. b. 1091. d. 1278. f. 1350. b. 1432. d. 1470. c. & to. 2. col. 327. d. 529. d. 610. f. 640. f. 653. a. 682. b. 730. a. Concordant Iren. l. 3. c. 8. p. 183. b. Hilarius l. 12. de Trin. col. 1132. a. Auguſt. ſerm. 1. in hunc Pſ. & Caſſiod. cum Philaſtr. Brix. de hæreſ. p. 708. h. 715. b. e. & Fauſt. Presb. cont. Arian. p. 650. h. Auguſt. tamen ſerm. 3. in eund. Pſ. col. 197. d. ita legit: *Sermone Domini cœli ſolidati ſunt*, &c. & infra: *Verbo Domini cœli ſolidati ſunt*, &c. Tertul. verò l. cont. Hermog. p. 423. a. *Sermone ejus cœli confirmati ſunt: & ſpiritu ipſius univerſa virtutes eorum*: item adv. Marc. p. 852. c. *Sermone cœli confirmati ſunt*: & lib. contra Praxeam p. 846. b. addit: *& ſpiritu ejus omnes vires eorum*: & infra p. 852. c. *Sermone ejus cœli firmati ſunt: & ſpiritu ejus omnes virtutes eorum.* Cyprian. l. 2. Teſtim. p. 285. b. *Sermone Dei cœli ſolidati ſunt*, &c. ut in textu. Lactant. l. 4. Inſtit. c. 8. p. 574. *Verbo Dei cœli ſolidati ſunt: & in ſpiritu oris ejus omnis virtus eorum*; Mſ. 1. *& ſpiritu*. Gr. Τῷ λόγῳ τοῦ Κυρίου οἱ οὐρανοὶ ἐστερεώθησαν· καὶ τῷ πνεύματι τοῦ στόματος αὐτοῦ πᾶσα ἡ δύναμις αὐτῶν.

℣. 7. Pſalt. Carnut. cum Rom. Martianæi ſimiliter habet *in utrem*, Rom. Fabri, *in utre*; utrumque Rom. *ponens*; Coiſlin. *pones*, prima manu; Mozarab. *ponens in theſauros*. Apud Ambroſ. l. 3. Hexa. to. 1. col. 36. d. ita: *Quomodo tanquam in utrem congregaverit aquas maris.* Aug. quoque & Caſſiod. in hunc Pſ. legunt *in utrem*, at conſtanter *ponens*, non *pones*. In Gr. Συνάγων ὡσεὶ ἀσκὸν..... τιθεὶς ἐν θησαυροῖς, &c. Ap. Symm. ὡς ἐν ἀσκῷ.

℣. 8. Pſalt. Rom. Fabri..... *ab ipſo autem commoveantur univerſi, & qui habitant orbem.* Rom. Martianæi, *univerſi, & omnes qui habit.* &c. Coiſlinian. cum Caſſiod. *univerſa, & omnes qui habitant*, &c. Corb. & Moz. *ab ipſo autem commoveantur omnes qui habitant* (Moz. *inhabitant*) *orbem.* Mozarabico favet Auguſt. in hunc Pſ. col. 186. f. at infra col. 200. d. e. addit *orbem terræ.* In Gr. ἀπ' αὐτοῦ δὲ σαλευθήτωσαν πάντες οἱ κατοικοῦντες τὴν οἰκουμένην. Ap. Tichon. reg. 7. p. 64. d. ita: *Timeat à facie Domini omnis terra, quoniam exſurgit de nubibus ſanctis.*

℣. 9. Ita Auguſt. & Caſſiod. in hunc Pſ. cum Pſalt. Rom. In Mozarab. *Quia ipſe dixit*, &c. ſicut ap. Ambroſ. in Pſ. 36. to. 1. col. 777. b. Iren. verò l. 3. c. 8. p. 183. b. ita legit: *Quoniam ipſe præcepit, & creata ſunt: ipſe dixit, & facta ſunt.* Gr. Ὅτι αὐτὸς εἶπε, καὶ ἐγενήθησαν· αὐτὸς ἐνετείλατο, καὶ ἐκτίσθησαν.

℣. 10. Itidem in Pſalt. Corb. Moz. quoque hab. *Dominus diſſipavit*; at in fine ita, *ſpernit conſilia principum.* Lucif. Calar. l. de non conven. cum hæret. p. 223. a. Vulgatæ ſuffragatur, ſicut etiam Auguſt. & Caſſiod. in

VERSIO ANTIQUA.

Ex Ms. Sangerm.

11. Consilium verò Domini manet in æternum : cogitationes cordis ejus in sæculum & sæculum.

12. Beata gens, cujus est Dominus, Deus eorum ; populum, quem elegit Dominus in hæreditatem sibi.

13. De cœlo respexit Dominus : & vidit omnes filios hominum.

14. De præparato habitaculo suo respexit super omnes, qui inhabitant terram.

15. Qui finxit singillatim corda eorum : qui intelligit omnia opera eorum.

16. Non fit salvus rex per multitudinem virtutis suæ : non gigans salvus erit in multitudinem virtutis suæ.

17. Falsus equus in salutem : in abundantia autem virtutis suæ non erit salvus.

18. Ecce oculi Domini super timentes eum ; sperantes in misericordia ejus :

19. Ut eripiat à morte animas eorum : & alat eos in fame.

20. Anima nostra patiens est in Domino : quoniam adjutor & protector noster est.

21. Et in ipso lætabitur cor nostrum : & in nomine sancto ejus speravimus.

HEBR.

Consilium Domini in æternum stabit : cogitationes cordis ejus in generatione & generatione.

Beata gens, cujus Dominus Deus ejus ; populus, quem elegit in hæreditatem sibi.

De cælo prospexit Dominus : vidit omnes filios Adam.

De firmissima sede sua prospexit ad universos habitatores terræ.

Fingens pariter cor eorum : intelligens omnia opera eorum.

Non salvabitur rex in multitudine exercitûs : nec fortis liberabitur in multiplicatione virtutis.

Fallax equus ad salutem : & in multitudine roboris sui non salvabit.

Ecce oculus Domini super timentes eum ; ad exspectantes misericordiam ejus :

Ut eruat de morte animas eorum, & vivificet eos in fame.

Anima nostra exspectavit Dominum : auxilium nostrum, & clypeus noster est.

In ipso enim lætabitur cor nostrum : quia in nomine sancto ejus speravimus.

VULGATA HOD.

11. Consilium autem Domini in æternum manet : cogitationes cordis ejus in generatione & generationem.

12. Beata gens, cujus est Dominus, Deus ejus ; populus, quem elegit in hæreditatem sibi.

13. De cœlo respexit Dominus : vidit omnes filios hominum.

14. De præparato habitaculo suo respexit super omnes, qui habitant terram.

15. Qui finxit sigillatim corda eorum : qui intelligit omnia opera eorum.

16. Non salvatur rex per multam virtutem : & gigas non salvabitur in multitudine virtutis suæ.

17. Fallax equus ad salutem : in abundantia autem virtutis suæ non salvabitur.

18. Ecce oculi Domini super metuentes eum : & in eis, qui sperant super misericordia ejus.

19. Ut eruat à morte animas eorum : & alat eos in fame.

20. Anima nostra sustinet Dominum : quoniam adjutor & protector noster est.

21. Quia in eo lætabitur cor nostrum : & in nomine sancto ejus speravimus.

NOTÆ AD VERSIONEM ANTIQUAM.

hunc Ps. cum Psalt. Rom. In Gr. Κύριος διασκεδάζει..... ἀθετεῖ δὲ..... καὶ ἀθετεῖ βουλὰς ἀρχόντων.

℣. 11. Ita Cassiod. in hunc Ps. cum Psalt. Rom. Corb. Carnut. Coisl. & Moz. si excipias ult. *in sæculum sæculi* ; Mediolan. hab. *à generatione & progenie* ; Aug. *in sæcula sæculorum* ; cæt. ut in textu. Græc. Vatic. Ἡ δὲ βουλὴ τοῦ Κυρίου εἰς τὸν αἰῶνα μένει· λογισμοὶ..... ἀπὸ γενεῶν εἰς γενεάς. Ms. Alex. cum Ald. & Compl. εἰς γενεὰν καὶ γενεάν.

℣. 12. Sic est in Psalt. Corb. Item in Missali Rom. ad Grad. Dom. 17. post Pent. ut & in Psalt. *Dominus, Deus eorum.* In Moz. *Dominus, Deus ejus ; populus*, &c. ut in Vulg. In Coislin. *populum, quem elegit in hæredit.* &c. Aug. in hunc Ps. concordat cum Psalt. Rom. Item Cassiod. in eund. Psalm. sed delet vocem *Dominus*, post *elegit*. In Gr..... Κύριος, ὁ Θεὸς αὐτοῦ· λαὸς, ὃν ἐξελέξατο εἰς κληρονομίαν ἑαυτῷ.

℣. 13. Cassiod. in hunc Ps. cum Psalt. Rom. *De cælo prospexit..... & vidit*, &c. Coislinian. *E cælo respexit..... & vidit*, &c. Corb. *De cælo resp. Dominus, videre omnes*, &c. August. in eund. Ps. concordat cum Vulg. Græc. Ἐξ οὐρανοῦ ἐπέβλεψεν ὁ Κύριος, εἶδε, &c.

℣. 14. Ita August. in Ps. col. 187. b. at infra col. 204. g. 205. a. leg. *qui habitant terram.* Cassiod. in eund. Ps. cum Psalt. Rom. *qui habitant orbem.* Mozarab. *De præparato habitac. sancto suo..... qui inhabitant terram.*. Græc. Ἐξ ἑτοίμου κατοικητηρίου αὐτοῦ ἐπέβλεψεν ἐπὶ πάντας τοὺς κατοικοῦντας τὴν γῆν.

℣. 15. Ita August. in hunc Ps. cum Psalt. Rom. Fabri. Moz. hab. *qui finxit.* Rom. Martianæi sub finem cum Cassiod. *qui intelligit in omnia opera eorum.* Græc. Ὁ πλάσας κατὰ μόνας..... ὁ συνιεὶς πάντα τὰ, &c.

℣. 16. Ita Psalt. Corb. habet, præter hoc ult. *fortitudinis suæ*, loco *virtutis suæ.* Sic etiam in Moz. exceptis his, *nec gigans salvus erit in abundantia fortitud. suæ.* In Coislin. *Non fit salvus rex in multitudine virtutis suæ : nec gigas salvus erit in multitudine fortitudinis suæ.* Ap. August. in hunc Ps. col. 187. c. *Non salvus fiet rex in multitudine virtutis : nec gigans salvus erit in multitudine virtutis suæ :* at infra 205. e. *per multitudinem virtutis suæ..... in multitudine fortitudinis suæ.* Cassiod. verò cum Psalt. Rom. sic hab. *Non salvabitur rex per multam virtutem* (Rom. add. *suam :*) *nec gigas salvus erit in multitudine fortitudinis suæ.* Mss. 2. Cassiod. utrobique *salvabitur.* In Gr. Οὐ σώζεται βασιλεὺς διὰ πολλὴν δύναμιν· καὶ γίγας οὐ σωθήσεται ἐν πλήθει ἰσχύος αὐτοῦ. Symmach. διὰ γὰρ πλῆθος.

℣. 17. Itidem in Psalt. Rom. & ap. Cassiod. excepto uno *ad salutem.* Concinit pariter Corb. nisi quòd hab. initio *fallax..... ad salutem*, non *falsus.* Ambros. l. de Nab. c. 15. to. 1. col. 585. a. & ep. 63. col. 1044. f. *Mendax equus ad salutem.* Sic etiam ap. Aug. in hunc Ps. cum aliis quæ leguntur sup. in textu. In Gr. Ψευδὴς ἵππος εἰς..... οὐ σωθήσεται.

℣. 18. Ita Cassiod. in hunc Ps. Sic etiam in Psalt. Rom. & Coisl. nisi quòd verbo *sperantes*, additur *autem.* In Moz. sic : *super timentes eum : & in eos, qui sperant in misericordia ejus.* In Corb. *super timentes eum ; sperantes super misericordia ejus.* Apud August. in eund. Ps. col. 187. d. *super metuentes eum ; sperantes super misericordiam ejus :* at infra col. 206. c. legit *timentes eum ;* extremòque *in misericordia ejus.* Tertul. l. 2. adv. Marc. p. 651. c. *Oculi enim Domini super timentes eum ; sperantes in misericordiam ipsius.* Græc. Ἰδοὺ οἱ..... ἐπὶ τοὺς φοβουμένους αὐτόν· τοὺς ἐλπίζοντας ἐπὶ τὸ ἔλεος αὐτοῦ.

℣. 19. Sic est in Psalt. Rom. Corb. Coislin. Moz. & ap. Cassiod. in hunc Ps. Apud August. in eund. Ps. *Ut eruat*, &c. ut sup. Auct. l. de promiss. c. 29. col. 112. a. *Ut eruat..... & pascat eos in fame.* Tertul. verò l. 2. adv. Marc. p. 651. c. ita : *Ad deliberandas animas eorum de morte : & nutricandos eos in fame.* Gr. Ῥύσασθαι ἐκ..... καὶ διαθρέψαι, &c.

℣. 20. Itidem in Psalt. Corb. In Coislin. verò, & Moz. *Anima autem nostra patiens est Domino*, &c. in Carnut. *patiens est in Domino.* In Rom. & ap. Cassiod. *Anima autem nostra sustinet Dominum*, &c. Ap. August. in eund. Ps. *Anima nostra patiens erit Domino.* Gr. Ἡ ψυχὴ ἡμῶν ὑπομένει τῷ Κυρίῳ, &c. Edd. Ald. & Compl. Ἡ δὲ ψυχὴ... ὑπομενεῖ, &c. Psalt. Coislin. delet *est* in fine, repugnante Græco.

℣. 21. Ita Psalt. Moz. hab. si excipias ult. *sperabimus.* Sic etiam in Rom. Fabri, & ap. Cassiod. In Rom. Martianæi *speravimus.* Coislin. etiam & Corb. initio ferunt, *Et in ipso lætabitur.* August. verò in hunc Ps. *Quoniam in ipso lætabitur*, &c. ultimòque *speravimus ;* editt. *sperabimus.* Gr. Ὅτι ἐν αὐτῷ εὐφρανθήσεται..... ἠλπίσαμεν.

VULGATA HOD.	HEBR.	VERSIO ANTIQUA.
22. Fiat miſericordia tua Domine ſuper nos : quemadmodum ſperavimus in te.	*Sit miſericordia tua Domine ſuper nos ; ſicut exſpectavimus te.*	22. Fiat miſericordia tua Dominus ſuper nos : ſicut ſperavimus in te. Ex Mſ. Sangerm.

NOTA AD VERSIONEM ANTIQUAM.

℣. 22. Pſalt. Rom. Coislin. & Moz. cum Caſſiod. *Fiat Domine miſericordia tua ſuper nos : ſicut ſperavimus in te.* Corb. cum Auguſt. *Fiat miſeric. tua Domine..... ſicut*, &c. Gr. Γένοιτο τὸ ἔλεός σου Κύριε.... καθάπερ, &c. Mſ. Alex. cum edd. Ald. & Compl. Κύριε τὸ ἔλεος.

VULGATA HOD.	HEBR.	VERSIO ANTIQUA.
1. Davidi, cùm immutavit vultum ſuum coram Achimelech, & dimiſit eum & abiit. (1. *Reg.* 21.) XXXIII.	*David quando commutavit os ſuum coram Abimelech, & ejecit eum, & abiit. XXXIV.*	1. Pſalmus David, cùm inmutavit vultum ſuum coram Amelech, & dimiſit eum, & abiit. XXXIII. Ex Mſ. Sangerm.
2. Benedicam Dominum in omni tempore : ſemper laus ejus in ore meo.	*Benedicam Dominum in omni tempore : ſemper laus ejus in ore meo.*	2. Benedicam Dominum in omni tempore : ſemper laus ejus in ore meo.
3. In Domino laudabitur anima mea : audiant manſueti, & lætentur.	*In Domino laudabitur anima mea : audiant mites, & lætentur.*	3. In Domino laudabitur anima mea : audiant manſueti, & lætentur.
4. Magnificate Dominum mecum : & exaltemus nomen ejus in idipſum.	*Magnificate Dominum mecum, & exaltemus nomen ejus pariter.*	4. Magnificate Dominum mecum : & exaltemus nomen ejus in invicem.
5. Exquiſivi Dominum, & exaudivit me : & ex omnibus tribulationibus meis eripuit me.	*Quæſivi Dominum, & exaudivit me, & ex omnibus anguſtiis meis liberavit me.*	5. Inquiſivi Dominum, & exaudivit me : & ex omnibus tribulationibus meis eripuit me.
6. Accedite ad eum, & illuminamini : & facies veſtræ non confundentur.	*Reſpicite ad eum, & confluite, & vultus veſtri non confundentur.*	6. Accedite ad eum, & inluminamini : & vultus veſtri non erubeſcent.
7. Iſte pauper clamavit, & Dominus exaudivit eum : & de omnibus tribulationibus ejus ſalvavit eum.	*Hic pauper clamavit, & Dominus exaudivit, & de omnibus tribulationibus ejus ſalvavit eum.*	7. Iſte pauper clamavit, & Dominus exaudivit eum : & ex omnibus tribulationibus ejus liberavit eum.
8. Immittet angelus Domini in circuitu timentium eum : & eripiet eos.	*Circumdabit angelus Domini in gyro timentes eum, & eruet eos.*	8. Immittet angelus Domini in circuitu timentium eum : & eruet eos.
9. Guſtate, & videte quoniam ſuavis eſt Dominus : beatus vir, qui ſperat in eo.	*Guſtate, & videte quoniam bonus Dominus : beatus vir, qui ſperat in eo.*	9. Guſtate, & videte quoniam ſuavis eſt Dominus : beatus vir, qui ſperat in eum.

NOTÆ AD VERSIONEM ANTIQUAM.

℣. 1. Auguſt. & Caſſiod. in hunc Pſal. cum Pſalt. Corb. *In finem, Pſalmus David*, &c. ut in textu. Rom. Fabri, *Pſalmus David, cùm mutavit..... coram Abimelech*, &c. ut ſupra. Rom. Martian. *cùm commutavit*, &c. Coislin. *David, cùm inmutavit... coram Abimelech*, &c. Moz. verò ita : *Pſalmus David, cùm immutavit... coram Abimelech, & dimiſit eum, & abiit, & fuga iniit, & dixit.* Gr. Τῷ Δαυὶδ, (Ald. & Compl. Ψαλμὸς τῷ,) ὁπότε ἠλλοίωσε... ἐναντίον, Ἀβιμέλεχ, καὶ ἀπέλυσεν αὐτὸν, καὶ ἀπῆλθε. Caſſiod. ubi ſup. *Per totum Pſalmum*, inquit, *verba Prophetæ ſunt alphabeti Hebræi litteræ, exceptâ ſextâ, in capitibus verſuum per ordinem ponentis.*

℣. 2. Concordant Cypr. l. 3. Teſtim. p. 309. b. Ambroſ. in Pſ. 43. to. 1. col. 897 e. Auguſt. & Caſſiod. in hunc Pſ. Gaud. Brix. ſer. 2. p. 944. c. unà cum vet. Pſalt. & Gr. Ap. Tertul. de orat. c. 3. p. 180. c. ſic : *Benedici Deum omni loco ac tempore*, &c. In Pſalt. Coisl. *Benedicam Domino.*

℣. 3. Ita Aug. & Caſſiod. in hunc Pſ. cum Pſalt. Rom. In Moz. ſic : *Audient manſueti, & lætentur.* Ap. Aug. verò l. 2. de ſerm. Dom. in monte, to. 3. p. 2. col. 201. b. 215. e. *Audiant mites, & jocundentur.* Gr. Ἀκουσάτωσαν πραεῖς, καὶ εὐφρανθήτωσαν.

℣. 4. Ita Pſalt. Rom. Corb. Mediolan. & Coislin. cum Auguſt. & Caſſiod. in hunc Pſ. necnon Leone M. ſerm. 1. p. 50. a. Brev. Mozarab. extremò habet, *nomen ejus in unum.* Et verò Auguſt. loco cit. col. 218. d. ait : *Quid eſt*, exaltemus nomen ejus in idipſum? *hoc eſt*, in unum, *nam multi codices ſic habent :* & poſt pauca : *Sive* in idipſum *dicatur, ſive* in unum, *hoc idem dicitur.* Greg. Turon. vit. Patr. p. 1216. c. *Magnificate Dom..... & exaltemus nomen ejus in commune.* Gr. ἐπὶ τὸ αὐτό. Aquila, ὁμοθυμαδόν.

℣. 5. Ita Caſſiod. in hunc Pſ. cum Pſalt. Coislin. & Rom. In Corb. & Moz. *Inquiſivi Dom..... & ex omnibus anguſtiis meis eripuit me.* Ap. Aug. in eund. Pſ. *eruit me ;* cæt. ut in textu. In Gr. Ἐξεζήτησα τὸν..... καὶ ἐκ πασῶν τῶν παροικιῶν μου ἐρρύσατό με. Mſ. Alex. τῶν θλίψεών μου, al. θλίψεων.

℣. 6. Similiter in Conc. to. 4. pro fundat. Agaun. monaſt. col. 1558. b. Ita quoque leg. Ambr. in Pſ. 118. to. 1. col. 1031. d. 1392. e. 1512. d. 1562. a. Item Aug. in hunc Pſ. col. 221. a. & tract. 1. in 1. Johan. to. 3. p. 2. col. 829. a. necnon Leo M. ſerm. 26. p. 82. b. & Caſſiod. in eund. Pſ. cum Pſalt. Rom. Corb. & Moz. Coislin. verò initio hab. *Accedite ad Dominum ;* reliqua ut in textu. Aug. tamen l. 22. de civit. Dei, to. 7. col. 698. e. leg. *facies veſtræ*, loco *vultus veſtri.* In Gr. Προσέλθατε πρὸς αὐτὸν..... καὶ τὰ πρόσωπα ὑμῶν οὐ μὴ καταισχυνθῇ.

℣. 7. Sic in Pſalt. Rom. Corb. & ap. Caſſiod. Ambroſius priorem ℣. partem ſimiliter habet tum l. de apol. Dav. to. 1. col. 728. c. & l. de exhort. virg. to. 2. col. 288. c. tum epiſt. 63. col. 1043. f. & de ob. Valent. col. 1183. d. Aug. verò in eund. Pſ. ſic : *Iſte inops clamavit..... & ex omnibus tribul. ejus ſalvum fecit eum.* Arnob. de Deo trino, p. 215. d. *& ex omnibus anguſtiis eripiet eum.* Gr. Οὗτος ὁ πτωχὸς ἐκέκραξε, &c. ut in Vulg.

℣. 8. Pſalt. Coislin. *Emittet angelus*, &c. Moz. *Immittit*, ultimòque *eripuit eos.* Rom. Vulgatæ favet. Ambroſ. verò in Luc. 2. to. 1. col. 1309. d. legit : *Immittit angelos Dominus in circuitu timentium eum : & eripiet eos.* Item Caſſiod. in hunc Pſ. *Immittet angelum Dominus..... & eripiet eos.* Arnob. etiam de Deo trino, p. 215. d. *Miſit angelum Dominus*, &c. At Auguſt. in eund. Pſ. conſtanter : *Immittet angelus Domini..... & eruet eos :* tum addit : *Sic ſcriptum eſt, fratres, non quomodo habent aliqui mendoſi codices : Immittet angelum Dominus*, &c. Hilarius quoque in Pſ. 137. col. 499. a. hab. *angelus Domini*, &c. Gr. Παρεμβαλεῖ ἄγγελος Κυρίου..... καὶ ῥύσεται αὐτούς.

℣. 9. Ita Auguſt. in hunc Pſ. cum Brev. Moz. Pſalt. verò Rom. hab. *in eo*, in fine. Similiter Ambroſ. l. de virginit. to. 2. col. 237. e. & l. de myſter. col. 341. a. vide etiam in Pſ. 118. to. 1. col. 1023. c. 1032. a. Itidem ap. Caſſiod. in hunc Pſ. Cypr. verò l. 1. Teſtim. p. 282. c. legit : *Guſtate, & videte quoniam dulcis eſt Dominus : felix eſt vir, qui ſperat in eum.* Item Jul. Firmic. l. de errore profan. relig. *quoniam dulcis eſt Dominus.* Auguſt. in Pſ. 99. col. 1075. f. *Guſtate, & videte quàm dulcis eſt Domi-*

Ex Mf. Sangerm.	VERSIO ANTIQUA.	HEBR.	VULGATA HOD.	
	10. Timete Dominum omnes ſancti ejus : quoniam nihil deeſt timentibus eum.	*Timete Dominum ſancti ejus : quoniam non eſt inopia timentibus eum.*	10. Timete Dominum omnes ſancti ejus : quoniam non eſt inopia timentibus eum.	
	11. Divites eguerunt & eſurierunt : inquirentes autem Dominum non deficient omni bono. DIAPSALMA.	*Leones indiguerunt & eſurierunt : quærentibus autem Dominum non deerit omne bonum.*	11. Divites eguerunt & eſurierunt : inquirentes autem Dominum non minuentur omni bono.	Luc. 1. 53.
	12. Venite filii, audite me : timorem Domini docebo vos.	*Venite filii, audite me : timorem Domini docebo vos.*	12. Venite filii, audite me : timorem Domini docebo vos.	
	13. Quis eſt homo qui vult vitam, & cupit videre dies bonos?	*Quis eſt vir qui velit vitam, diligens dies videre bonos?*	13. Quis eſt homo qui vult vitam : diligit dies videre bonos?	1. Pet. 3. 10.
	14. Cohibe linguam tuam à malo : & labia tua ne loquantur dolum.	*Cuſtodi linguam tuam à malo : & labia tua ne loquantur dolum.*	14. Prohibe linguam tuam à malo : & labia tua ne loquantur dolum.	
	15. Deverte à malo, & fac bonum : inquire pacem, & ſequere eam.	*Recede à malo, & fac bonum : quære pacem, & perſequere eam.*	15. Diverte à malo, & fac bonum : inquire pacem, & perſequere eam.	
	16. Oculi Domini ſuper juſtos : & aures ejus ad preces eorum.	*Oculi Domini ad juſtos, & aures ejus ad clamores eorum.*	16. Oculi Domini ſuper juſtos : & aures ejus in preces eorum.	Eccli. 15. 20. Hebr. 4.
	17. Vultus Domini ſuper facientes mala : ut perdat de terra memoriam eorum.	*Vultus Domini ſuper facientes malum : ut perdat de terra memoriam eorum.*	17. Vultus autem Domini ſuper facientes mala : ut perdat de terra memoriam eorum.	
	18. Clamaverunt juſti, & Dominus exaudivit eos : & ex omnibus tribulationibus eorum liberavit eos.	*Clamaverunt, & Dominus exaudivit, & ex omnibus tribulationibus eorum liberavit eos.*	18. Clamaverunt juſti, & Dominus exaudivit eos : & ex omnibus tribulationibus eorum liberavit eos.	
	19. Juxta eſt Dominus his,	*Juxta eſt Dominus contritis cor-*	19. Juxta eſt Dominus iis, qui	

NOTÆ AD VERSIONEM ANTIQUAM.

nus. Fulg. l. 1. ad Monim. p. 19. a. *quàm ſuavis eſt Dominus.* Gaud. Brix. ſerm. 2. p. 947. g. *quoniam ſuavis eſt.* Philaſtr. Brix. de hæreſ. p. 720. h. *quia ſuavis eſt.* Gr. ὅτι χρηστὸς ὁ Κύριος· μακάριος ἀνὴρ, ὃς ἐλπίζει ἐπ᾽ αὐτόν.

℣. 10. Sic apud Auguſt. & Caſſiod. in hunc Pſ. ut etiam in Pſalt. Rom. Corb. & Coiſlin. In Mozarab. deeſt tantùm *omnes.* Apud Ambroſ. in Pſ. 118. to. 1. col. 1076. f. *Timete Dominum omnes ſancti ejus :* at infra col. 1240. d. deeſt *omnes.* Apud Cypr. verò l. 1. Teſtim. p. 282. c. ſic : *Timete Dominum Deum omnes ſancti ejus : quoniam non eſt inopia eis, qui eum metuunt :* ſimiliter l. 3. p. 313. c. omiſſo uno *Deum.* Ita quoque habet Jul. Firmic. l. de errore prof. relig. c. 19. In Gr. Φοβήθητε τὸν Κύριον πάντες..... ὅτι οὐκ ἔστιν ὑστέρημα τοῖς φοβουμένοις αὐτόν.

℣. 11. Ita Caſſiod. in hunc Pſ. cum Pſalt. Rom. Corb. & Coiſlin. Item ad Grad. miſſæ feſti omnium SS. Apud Ambroſ. l. de apol. Dav. to. 1. col. 728. c. *Inquirentes enim Dominum non deficient*, &c. S. Paulin. ep. 1. p. 5. a. *non deficientur*, &c. Hilar. in Pſ. 131. col. 458. d. & Aug. in hunc Pſ. *non minuentur*, &c. Julius Firm. l. de errore prof. relig. c. 19. & Cypr. l. 1. Teſtim. p. 282. c. *qui autem inquirunt Dominum, non indigebunt omni bono.* Auct. op. imp. in Matth. hom. 40. p. 165. d. *non deficient omni bono.* Brev. Moz. *non deficient ab omni bono.* Gr. οἱ δὲ ἐκζητοῦντες τὸν Κύριον οὐκ ἐλαττωθήσονται παντὸς ἀγαθοῦ. Vide ſis Ambroſ. to. 1. p. 797. c. 948. e. 1120. c. 1186. d. & to. 2. p. 943. c. Subnexum pariter *Diapſalma* eſt in Pſalt. Corb. non memoratur tamen ab Auguſt. nec habetur in edd. Ald. & Compl. at in Gr. Vatic. exſtat ut ſup.

℣. 12. Concinunt Hilar. in Pſ. 127. col. 424. b. & Ambroſ. l. 1. de Jac. c. 3. to. 1. col. 447. b. & l. 1. offic. to. 2. col. 1. b. necnon Auguſt. & Caſſiod. in hunc Pſ. cum vet. Pſalt. & Gr.

℣. 13. Sic eſt in Pſalt. Rom. Coiſlin. Corb. & Moz. ſicut apud Caſſiod. in hunc Pſ. & Anonym. ap. S. Paulin. epiſt. ad Celanc. to. 2. p. 10. a. Vet. Irenæi Interpres l. 4. c. 17. p. 249. c. leg. *& amat videre dies bonos.* Huic ſuffragantur Lucifer Cal. l. 1. pro S. Athan. p. 191. f. & Cypr. l. 3. Teſtim. p. 308. c. at l. de unit. Eccl. p. 202. c. hab. *& amat videre dies optimos.* Hieron. l. 3. in epiſt. ad Galat. to. 4. p. 312. b. *cupit videre dies bonos.* Aug. in hunc Pſ. *& diligit dies videre bonos :* item ſerm. 16. to. 5. col. 91. g. at infra col. 92. g. *& cupit dies videre bonos.* Gr. Τίς..... ὁ θέλων ζωὴν, ἀγαπῶν ἡμέρας ἰδεῖν ἀγαθάς;

℣. 14. Ita Pſalt. Coiſlin. Corb. Moz. & Rom. Martianæi ad verbum. Accinunt Irenæus l. 4. c. 36. p. 278. c. & Ambroſ. l. 1. offic. to. 2. p. 26. a. & l. de exhort. virg. p. 300. c. Item Auct. op. imp. in Matth. hom. 9. p. 57. d. ut & Severus Presb. to. 1. Miſcellan. p. 345. cum Caſſiod. in hunc Pſ. & Hieron. in Iſai. 58. to. 3. col. 436. b. ſed in Iſai. 11. col. 101. d. legit : *Compeſce linguam tuam*, &c. Sic etiam Tertul. l. 2. adv. Marc. p. 651. c. Lucifer verò Calar. l. 1. pro S. Athan. p. 191. f. & Anonym. ap. S. Paulinum, epiſt. ad Celanc. to. 2. p. 10. a. *Prohibe linguam tuam*, &c. itidem in Pſalt. Rom. Fabri. Apud Cypr. l. de unit. Eccleſ. p. 202. c. & epiſt. 42. p. 56. c. *Contine linguam..... & labia tua ne loquantur inſidiosè ;* l. verò 3. Teſtim. p. 308. c. *ne loquantur dolum.* Apud Ambroſ. de bono mort. c. 9. to. 1. col. 406. b. *lingua tua non loquatur perverſa.* Apud Auguſt. in hunc Pſ. ſimiliter, *Contine linguam tuam*, &c. ut in textu ; at ſerm. 16. to. 5. col. 92. a. *Cohibe linguam*, &c. In Gr. Παῦσον τὴν γλῶσσάν σου..... μὴ λαλῆσαι δόλον.

℣. 15. Ita vetus Iren. Interpres l. 4. c. 36. p. 278. c. & Caſſiod. in hunc Pſ. cum Pſalt. Rom. & Corb. In Moz. verò, *Declina à malo..... inquire pacem, & ſequere eam.* Itidem Ambroſius l. de fuga ſæc. c. 5. to. 1. col. 428. e. & l. 1. offic. to. 2. col. 26. a. cum Anonymo apud S. Paulin. to. 2. p. 10. a. Sic etiam apud Cypr. l. de unit. Eccl. p. 202. c. & Auguſt. in hunc Pſ. ſi excipias unum *quære.* Similiter ap. Tertul. l. 2. & 5. adv. Marc. p. 651. c. 797. a. excepto præterea verbo *ſectare*, pro *ſequere.* Lucifer Cal. l. 1. pro S. Athan. p. 191. f. leg. *Averte à malo, & fac bonum.* Ambr. l. 1. Hexa. col. 17. d. & de obitu Valent. to. 2. col. 1176. f. *Deſine à malo*, &c. Optat. l. 2. 3. & 4. contra Donat. p. 31. c. 60. a. 61. b. 71. a. *quære pacem, & conſequeris eam ;* ſed lib. 2. p. 31. b. Vulgatæ congruit. In Gr. Ἔκκλινον ἀπὸ κακοῦ..... ζήτησον εἰρήνην, καὶ δίωξον αὐτήν.

℣. 16. Ita Auguſt. in hunc Pſ. cum Pſalt. Rom. Coiſlin. & Moz. Hilarius verò in Pſ. 65. col. 178. e. legit *in preces*, cum Caſſiod. in Pſ. 33. Hieron. in Iſai. 52. to. 3. col. 379. b. *in precem.* Greg. Turon. de mirac. mart. p. 847. a. *ad preces*, al. *in precem*, Gr. εἰς δέησιν. Vide ſis Novatian. de Trin. p. 1034. a. Hilar. l. 12. de Trin. col. 1117. b. & Ambr. to. 1. p. 397. c. 787. a. 1038. d. 1246. d. 1299. d. & to. 2. p. 20. e.

℣. 17. Sic in Pſalt. Corb. Auguſt. verò & Caſſiod. Vulgatæ favent, cum Pſalt. Rom. Similiter ap. Iren. l. 4. c. 28. p. 265. e. excepto ult. *ipſorum.* Hilar. verò in Pſ. 118. col. 346. f. legit : *Vultus Domini eſt ſuper facientes mala : ut expugnet de terra memoriam eorum :* & in Pſ. 138. col. 514. b. *Vultus Dei ſuper fac. mala.* Ambroſ. in Pſ. 118. to. 1. col. 1054. a. *Vultus Domini*, &c. at in Pſ. 37. col. 826. b. *Oculi Domini ſuper facientes mala.* Hieron. in Ezech. 4. & 13. to. 3. col. 719. d. 775. b. *Facies Domini ſuper facientes mala : ut diſperdat*, &c. Gr. Πρόσωπον δὲ Κυρίου ἐπὶ..... τοῦ ἐξολοθρεῦσαι, &c.

℣. 18. Sic in Pſalt. Rom. eſt. In Moz. verò, *Clamaverunt juſti ad Dominum · & exaudivit eos.* Apud Aug. in hunc Pſ. ut in textu, præter ult. *eruit eos.* Apud Caſſiod. *liberavit.* In Gr. Ἐκέκραξαν οἱ δίκαιοι, καὶ ὁ Κύριος..... ἐρρύσατο αὐτούς.

℣. 19. Accinit Caſſiod. in hunc Pſ. cum Pſalt. Rom.

VULGATA HOD.	HEBR.	VERSIO ANTIQUA.	
tribulato ſunt corde : & humiles ſpiritu ſalvabit.	*de, & confractos ſpiritu ſalvabit.*	qui tribulato ſunt corde : & humiles ſpiritu ſalvabit.	*Ex Mſ. Sangerm.*
20. Multæ tribulationes juſtorum : & de omnibus his liberabit eos Dominus.	*Multa tribulationes juſto : & ex omnibus illis liberabit eum Dominus.*	20. Multæ tribulationes juſtorum : & de omnibus his liberavit eos.	
21. Cuſtodit Dominus omnia oſſa eorum : unum ex his non conteretur.	*Cuſtodit omnia oſſa ejus : unum ex eis non confringetur.*	21. Dominus cuſtodit omnia oſſa eorum : unum ex his non conteretur.	
22. Mors peccatorum peſſima : & qui oderunt juſtum delinquent.	*Interficiet impium malitia, & odientes juſtum culpabuntur.*	22. Mors peccatorum peſſima : & qui oderunt juſtum delinquent.	
23. Redimet Dominus animas ſervorum ſuorum : & non delinquent omnes qui ſperant in eo.	*Redimet Dominus animas ſervorum ſuorum, & non peccabunt omnes ſperantes in eo.*	23. Redimet Dominus animas ſervorum ſuorum : & non derelinquet omnes qui ſperant in eum.	

NOTÆ AD VERSIONEM ANTIQUAM.

Fabri. In Rom. Martianæi extremò legitur *ſalvavit*. Apud Ambroſ. in Pſ. 118. to. 1. col. 1223. b. & l. 2. offic. p. 92. b. *ſalvabit*. Hilar. verò in Pſ. 118. col. 359. e. dicit *Juxta Dominum eſſe his, qui recto ſunt corde* : at in Pſ. 137. col. 502. c. *Deus prope eſt his, qui tribulato ſunt corde*. Cypr. l. 3. Teſtim. p. 306. a. *Proximus eſt Dominus contritis corde : & humiles ſpiritu ſalvabit*. Victor Tun. de pœnit. apud Ambr. col. 599. b. *Proximus eſt Deus tribulatis corde : & humiles ſpiritu ſalvos faciet*. Auguſtinus l. 2. de ſerm. Dom. in monte, to. 3. p. 2. col. 207. c. *Prope eſt Dominus obtritis corde* : & in Pſ. 7. to. 4. col. 27. c. *Prope eſt Dom. adtritis corde* : at in Pſ. 31. col. 177. f. *Prope eſt Dom. his, qui obtriverunt cor* : & in Pſ. 33. col. 226. d. *Juxta eſt Dom. his, qui obtriverunt cor ; & humiles ſpiritu ſalvos faciet*. Gr. Ἐγγὺς Κύριος τοῖς συντετριμμένοις τὴν καρδίαν· καὶ τοὺς..... σώσει.

℣. 20. Pſalt. Rom. Fabri, *Multa tribulat..... & de iis omnibus liberabit eos Dominus*. Rom. Martianæi cum Coiſl. Corb. Moz. & Caſſiod. in hunc Pſ. *& de his omnibus liberavit eos Dominus*. Tertul. l. 2. adv. Marc. p. 651. c. *Multæ enim preſſuræ juſtorum : & ex omnibus liberabit eos Dom.* Cypr. l. 3. Teſtim. p. 306. a. *Multa preſſura juſtorum : ſed ex omnibus illis liberabit eos Dom.* Ambr. in Luc. 4. to. 1. col. 1344. d. *Multæ tribulationes juſtorum*. Similiter Auguſt. in hunc Pſ. ſed addit : *& de omnibus his eruet eos Dominus*. Gr. Πολλαὶ αἱ θλίψεις..... καὶ ἐκ πασῶν αὐτῶν ῥύσεται αὐτοὺς ὁ Κύριος.

℣. 21. Concordant Pſalt. Rom. Corb. & Moz. unà cum Caſſiod. In Coiſl. ſic : *Dominus cuſtodit..... & unum ex his*, &c. Tertul. l. 2. adv. Marc. p. 651. c. leg. *Dominus cuſtodit omnia oſſa eorum : unum ex ipſis non comminuetur*. Hilar. in Pſ. 52. p. 91. b. *Cuſtodit Dom. omnia oſſa juſtorum : unum*, &c. ut in textu. Aug. in hunc Pſ. col. 226. g. Vulgatæ favet : at poſt paulò habet, *Dominus cuſtodit*, &c. ut in textu. Gr. Φυλάσσει πάντα..... αὐτῶν· ἓν ἐξ αὐτῶν οὐ συντριβήσεται.

℣. 22. Ita Auguſt. & Caſſiod. in hunc Pſ. cum Gaud. Brix. ſer. 2. p. 944. e. & Pſalt. Rom. Martianæi. In Rom. Fabri, *delinquunt*. In Gr. Θάνατος ἁμαρτωλῶν πονηρός· καὶ οἱ..... πλημμελήσουσι. Apud Ambr. l. de bono mort. c. 7. p. 404. b. & infra 664. f. conſtanter *peſſima*. Auct. l. ad Novatian. hæret. apud Cypr. p. 440. *Mors peccatorum mala*.

℣. 23. Ita Caſſiod. in hunc Pſ. cum Brev. Moz. Similiter in Pſalt. Coiſlin. *derelinquet* ; at in fine exſtat *in eo*. Auguſt. in hunc Pſ. cum Pſalt. Corb. *& non delinquent omnes..... in eum*. Pſalt. Rom. Vulgatæ conſonat. In Gr. καὶ οὐ μὴ πλημμελήσουσι πάντες οἱ.... ἐπ' αὐτόν. Theodot. & Symm. ἐπ' αὐτῷ. Apud Tertull. l. 2. adv. Marc. p. 651. c. prior tantùm verſiculus legitur ut ſup.

VULGATA HOD.	HEBR.	VERSIO ANTIQUA.	
1. Ipſi David. XXXIV.	*David. XXXV.*	1. Pſalmus ipſi David. XXXIV.	*Ex Mſ. Sangerm.*
JUdica Domine nocentes me, expugna impugnantes me.	*JUdica Domine adverſarios meos : pugna contra impugnantes me.*	* JUdica Domine nocentes me, expugna expugnantes me.	
2. Apprehende arma & ſcutum : & exſurge in adjutorium mihi.	*Apprehende ſcutum & haſtam, & ſurge in auxilium meum.*	2. Adprehende arma & ſcutum : & exſurge in adjutorium mihi.	
3. Effunde frameam, & conclude adversùs eos, qui perſequuntur me : dic animæ meæ : Salus tua ego ſum.	*Evagina gladium, & preoccupa ex adverſo perſequentes me : dic animæ meæ : Salus tua ego.*	3. Effunde frameam, & conclude adversùs eos, qui me perſequuntur : dic animæ meæ : Salus tua ego ſum.	
4. Confundantur & revereantur, quærentes animam meam.	*Confundantur & revereantur, qui quærunt animam meam :*	4. Confundantur & revereantur, omnes requirentes animam meam.	
Avertantur retrorsùm, & confundantur cogitantes mihi mala.	*Convertantur retrorsùm & confundantur, qui cogitant malum mihi.*	Avertantur retrorsùm, & confundantur qui cogitant mihi mala.	
5. Fiant tanquam pulvis ante faciem venti : & angelus Domini coarctans eos.	*Fiant ſicut pulvis ante faciem venti, & angelus Domini impellat.*	5. Fiant tanquam pulvis ante faciem venti : & angelus Domini adfligens eos.	

NOTÆ AD VERSIONEM ANTIQUAM.

℣. 1. Pſalt. Moz. & Rom. Martian. ſimpliciter hab. *Huic David*. Coiſlin. & Corb. *Pſalmus David*. Auguſtinus, & Caſſiod. in hunc Pſalm. cum Pſalt. Rom. Fabri, & Vulg. *Ipſi David*. Gr. Vat. Τῷ Δαυίδ. Mſ. Alex. ac edd. Ald. & Compl. Ψαλμὸς τῷ Δαυίδ.

* Brev. Mozar. *& expugna*. Auguſt. & Caſſiod. in hunc Pſ. Vulgatæ favent, cum Pſalt. Rom. Gr. Δίκασον Κύριε τοὺς ἀδικοῦντάς με, πολέμησον τοὺς πολεμοῦντάς με.

℣. 2. Concinunt Auguſt. & Caſſiod. unà cum vet. Pſalt. & Græco.

℣. 3. Ita Auguſt. in hunc Pſ. cum Pſalt. Coiſlin. & Rom. In Mozarab. & Corb. legitur *framea*. Apud Hieron. in Ezech. 9. to. 3. col. 755. d. *Effunde frameam, & conclude ex adverſo eorum, qui perſeq. me*. Gr. Ἔκχεον ῥομφαίαν, καὶ σύγκλεισον ἐξ ἐναντίας τῶν καταδιωκόντων με, &c. ut in Lat.

℣. 4. Sic apud Auguſt. in hunc Pſ. præter unum *omnes*, quod deeſt. Apud Caſſiod. in eund. Pſ. *Confundantur & rever. inquirentes animam meam. Avertantur retrorsùm, & erubeſcant, qui cogitant mihi mala*. In Pſalt. Moz. ſimiliter, *qui cogitant mihi mala*. In Corb. *Conf. & revereantur omnes, qui quærunt anim. meam. Avertantur retrorsùm, & conf. qui cogitant mihi mala*. In Rom. *Confundantur & rever. inimici mei, qui quærunt animam meam. Avert. retror. & erubeſcant, qui cogit. mihi mala*. Similiter in Coiſlin. excepto verbo *confundantur*, pro *erubeſcant*. In Gr. Αἰσχυνθείησαν καὶ ἐντραπείησαν, οἱ ζητοῦντες..... καὶ καταισχυνθείησαν οἱ λογιζόμενοί μοι κακά.

℣. 5. Sic in Pſalt. Rom. Mediolan. Coiſlin. Moz. & ap.

VERSIO ANTIQUA.	HEBR.	VULGATA HOD.
Ex Ms. Sangerm. 6. Fiat via eorum tenebræ & lubricum : & angelus Domini persequens eos.	*Sit via eorum tenebra & lubricum, & angelus Domini persequatur eos.*	6. Fiat via illorum tenebræ & lubricum : & angelus Domini persequens eos.
7. Quoniam gratis absconderunt mihi interitum laquei sui : vanè exprobraverunt animam meam.	*Quia frustra absconderunt mihi insidias retis sui : sine causa foderunt animæ meæ.*	7. Quoniam gratis absconderunt mihi interitum laquei sui : supervacuè exprobraverunt animam meam.
8. Veniat illis laqueus, quem ignorant : & captio, quam ignoraverunt, adprehendat eos : & in laqueum incident in ipsum.	*Veniat ei calamitas quam ignorat, & rete suum quod abscondit comprehendat eum, & cadat in laqueum.*	8. Veniat illi laqueus, quem ignorat : & captio, quam abscondit, apprehendat eum : & in laqueum cadat in ipsum.
9. Anima autem mea exsultavit in Domino : delectabitur super salutare ejus.	*Anima autem mea exsultabit in Domino, lætabitur in salute sua.*	9. Anima autem mea exsultabit in Domino : & delectabitur super salutari suo.
10. Omnia ossa mea dicent : Domine, quis similis tibi ?	*Omnia ossa mea dicent : Domine quis similis tui?*	10. Omnia ossa mea dicent : Domine, quis similis tibi ?
Eripiens inopem de manu fortioris ejus : & egenum & pauperem à rapientibus eum.	*Eruens inopem à validiore, & pauperem ac mendicum à violento.*	Eripiens inopem de manu fortiorum ejus : egenum & pauperem à diripientibus eum.
11. Exsurgentes testes iniqui, quæ ignorabant interrogabant me.	*Surgentes testes iniqui, quæ nesciebam interrogabant me.*	11. Surgentes testes iniqui, quæ ignorabam interrogabant me.
12. Retribuebant mihi mala pro bonis : & sterilitatem animæ meæ.	*Reddebant mihi mala pro bono : sterilitatem animæ meæ.*	12. Retribuebant mihi mala pro bonis : sterilitatem animæ meæ.
13. Ego autem cùm mihi molesti essent, induebam me cilicium.	*Ego autem cùm infirmarentur, induebar cilicio :*	13. Ego autem cùm mihi molesti essent, induebar cilicio.
Et humiliabam in jejunio animam meam : & oratio mea in sinu meo convertetur.	*Humiliabam in jejunio animam meam, & oratio mea in sinum meum revertetur.*	Humiliabam in jejunio animam meam : & oratio mea in sinu meo convertetur.

NOTÆ AD VERSIONEM ANTIQUAM.

Cassiod. in hunc Ps. Psalt. Carnut. & Corb. extremò hab. *confligens eos.* August. in eund. Ps. *tribulans eos.* Græc. Ἐκθλίβων αὐτούς.

℣. 6. Accinunt August. & Cassiod. in hunc Ps. Psalt. verò Rom. Coislin. Corb. & Moz. hab. *Fiant via eorum*, &c. Gr. Γενηθήτω ἡ ὁδὸς αὐτῶν, &c.

℣. 7. Ita Cassiod. in hunc Ps. cum Psalt. Rom. Corb. & Coislin. In Moz. similiter *vane;* at supra, *in interitum.* Apud August. in hunc Ps. *Quoniam gratis absconderunt mihi muscipulæ suæ corruptionem : vanè exprobraverunt*, &c. In Gr. Ὅτι δωρεὰν ἔκρυψάν μοι διαφθορὰν παγίδος αὐτῶν· μάτην ὠνείδισαν, &c.

℣. 8. Cassiod. in hunc Ps. cum Psalt. Rom. & Corb. *Veniat illis laqueus, quem ignorant : & captio, quam occultaverunt, apprehendat eos : & in laqueum incidant in idipsum*, Corb. *in ipso.* Moz. & Coislin. Romano favent, nisi quod hab. Moz. *in laqueo;* Coislin. *in laqueo incedant in ipsum.* August. in eund. Ps. ita : *Veniat illis muscipula, quam ignorant : & captio, quam occultaverunt, comprehendat illos : & in muscipula incidant in ipsa.* In Psalt. Mediol. & Carnut. ut sup. *Veniat illis laqueus, quem ignorant.* In Gr. Ἐλθέτω αὐτοῖς (Ald. & Compl. αὐτῷ) παγὶς, ἣν οὐ γινώσκουσι· καὶ ἡ θήρα, ἣν ἔκρυψαν (Ald. & Compl. ἔκρυψε,) συλλαβέτω αὐτούς, (Alex. Ald. & Compl. αὐτόν·) καὶ ἐν τῇ παγίδι πεσοῦνται ἐν αὐτῇ. Alex. Ald. & Compl. πεσεῖται.

℣. 9. Ita Psalt. Corb. hab. & Coislin. In Rom. & apud Cassiod. *exsultabit in Domino : & delectabitur super salutare ejus.* Sic etiam in Brev. Moz. ut & ap. Aug. in eund. Ps. deleto *&*, ante *delectabitur.* Vet. Iren. Interpres l. 4. c. 31. p. 240. a. ita : *Anima mea exsultabit in Dño : jucundabitur in salutari ejus.* Psalt. Mediolan. constanter, *super salutare ejus.* Gr. Ἡ δὲ ψυχή μου ἀγαλλιάσεται ἐπὶ τῷ Κυρίῳ· τερφθήσεται ἐπὶ τῷ σωτηρίῳ αὐτοῦ.

℣. 10. Ita in Psalt. Corb. & Coislin. Item in Rom. & apud Cassiod. dempto uno *&* ante *egenum.* In Breviar. Moz. *Eripiens inop. de manu fortioris ejus : & egen. & paup. ab insipientibus eum;* vitiosè, pro *diripientibus.* Apud August. in eund. Ps. *Eruens inopem de manu fortiorum ejus : egenum & paup. à diripientibus eum.* Victor Tun. l. de pœnit. apud Ambr. p. 599. a. priora tantum verba citat, *Omnia ossa*, &c. ut sup. Vide etiam Ambros. l. de apol. Dav. to. 1. col. 697. b. Ap. S. Paulin. epist. 15. p. 85. c. hæc leguntur : *Liberasti pauperem de potente, & humilem de manu fortioris ejus.* In Gr. Ῥυόμενος πτωχὸν ἐκ χειρὸς στερεωτέρων αὐτοῦ· καὶ πτωχὸν καὶ πένητα ἀπὸ τῶν διαρπαζόντων αὐτόν. Ad hæc autem verba, *ossa mea dicent : Domine*, Hieron. epist. ad Sun. & Fretel. to. 2. col. 635. b. ait : *In Græco bis* Domine *invenisse vos dicitis : sed sciendum quod multa sunt exemplaria apud Hebræos, quæ ne semel quidem* Dominum *habeant.* In Gr. Vat. semel tantùm exstat Κύριε; at in Ms. Alex. ac edd. Ald. & Compl. geminatur, Κύριε Κύριε, τίς, &c.

℣. 11. Sic habet Psalt. Corb. Cassiod. etiam in hunc Ps. cum Psalt. Rom. & Coislin. legit *exsurgentes.* August. in eund. Ps. *insurgentes*, &c. at ubique constanter, *quæ ignorabam*, non *ignorabant.* In Gr. Ἀναστάντες .. ἃ οὐκ ἐγίνωσκον, &c. sed hoc ult. οὐκ ἐγίνωσκον, horum alterutro æquè reddi potest, vel *ignorabam*, vel *ignorabant*, cùm utrique personæ, & primæ num. sing. & tertiæ num. plur. Gr. ἐγίνωσκον peræque conveniat. Hebr. cum al. sup. singulariter *nesciebam*, ut hoc suspicari liceat mendum irrepsisse in Ms. Sangerm. legendumque potiùs *ignorabam*, quam *ignorabant.*

℣. 12. Psalt. Rom. *Et retribuebant..... & sterilitatem*, &c. Moz. & Corb. posteriorem tantum *&* conjunct. admittunt cum August. in hunc Ps. Coislin. vero priorem solam, Cassiod. in eund. Ps. neutram : sic etiam Tertul. adv. Jud. c. 10. p. 143. & Ambros. in Ps. 40. to. 1. col. 880. e. & in Luc. 4. col. 1349. c. Gr. Ἀνταπεδίδοσάν .... καὶ ἀτεκνίαν, &c.

℣. 13. Sic in Psalt. Moz. est, si ultimum excipias verbum *convertebatur.* In Corb. *Ego autem..... induebam me cilicium. Et humil..... in sinu meo convertetur.* In Rom. Fabri : *Ego autem dum mihi molesti essent, induebam me cilicium. Et..... in sinum meum convertebatur.* Rom. Martianæi hab. *cilicio*, & *in sinu meo.* Coislin. similiter præponit *&*, verbo *humiliabam*, & habet *convertebatur.* Ambros. in Ps. 38. to. 1. col. 845. b. ita : *Ego autem cum in aliquo mihi molesti essent, induebam me cilicio. Et humiliabam..... in sinu meo convertetur :* tum addit : *Quid est*, in aliquo? Idem in Ps. 40. col. 884. e. legit, *in sinum meum convertetur*, cum Psalt. Mediolan. Sic etiam Hieron. in Isai. 65. to. 3. col. 483. f. August. quoque in hunc Ps. leg. *Ego autem cùm..... induebam me cilicio. Et humil..... in sinum meum convertetur.* Similiter apud Cassiod. in eund. Ps. exceptis his, *in sinu meo convertebatur.* Auct. l. 1. de promiss. p. 1. c. 35. p. 116. c. hab. *in sinum meum convertebatur.* S. Paulin. ep. 38. p. 234. c. *induebam me cilicium, & humiliabam*, ut sup. Gr. Ἐγὼ δὲ ἐν τῷ αὐτοὺς παρενοχλεῖν μοι, ἐνεδυόμην σάκκον. Καὶ ἐταπείνουν ἐν..... εἰς κόλπον μου ἀποστραφήσεται. Ms. Alex. ἀποστρεφέτω.

VULGATA HOD.	HEBR.	VERSIO ANTIQUA.
14. Quaſi proximum, & quaſi fratrem noſtrum, ſic complacebam: quaſi lugens & contriſtatus ſic humiliabar.	*Quaſi ad amicum, quaſi ad fratrem meum, ſic ambulabam: quaſi lugens mater triſtis incurvabar.*	14. Sicut proximum, ſicut fratrem noſtrum, ita complacebam: tanquam lugens & contriſtatus ita humiliabar. Ex Mſ. Sangerm.
15. Et adversùm me lætati ſunt, & convenerunt: congregata ſunt ſuper me flagella, & ignoravi.	*Et in infirmitate mea lætabantur, & congregabantur: collecti ſunt adversùs me percutientes, & neſciebam;*	15. Et adversùs me lætati ſunt, & convenerunt: congregata ſunt in me flagella, & ignoraverunt.
16. Diſſipati ſunt, nec compuncti, tentaverunt me, ſubſannaverunt me ſubſannatione: frenduerunt ſuper me dentibus ſuis.	*Scindentes, & non tacentes: in ſimulatione verborum fictorum frendebant contra me dentibus ſuis.*	16. Diſſoluti ſunt, & compuncti ſunt, tentaverunt me, & deriſerunt me deriſum: ſtriderunt ſuper me dentibus ſuis.
17. Domine quando reſpicies? reſtitue animam meam à malignitate eorum, à leonibus unicam meam.	*Domine quanta videbis? converte animam meam à calamitatibus eorum, à leonibus ſolitariam meam.*	17. Domine quando reſpicies? reſtitue animam meam à malefactis eorum, à leonibus unicam meam.
18. Confitebor tibi in eccleſia magna, in populo gravi laudabo te.	*Confitebot tibi in eccleſia grandi: in populo forti laudabo te.*	18. Confitebor tibi Domine in eccleſia magna, in populo gravi laudabo te.
19. Non ſupergaudeant mihi qui adverſantur mihi iniquè: qui oderunt me gratis & annuunt oculis. (Joan. 15. 25.)	*Non lætentur ſuper me inimici mei mendaces, odientes me fruſtra, conniventes oculo.*	19. Non inſultent in me qui adverſantur mihi iniquè: qui oderunt me gratis & adnuerunt oculis.
20. Quoniam mihi quidem pacificè loquebantur: & in iracundia terræ loquentes, dolos cogitabant.	*Non enim pacem loquuntur: ſed in rapina terra verba fraudulenta concinnant.*	20. Quoniam mihi quidem pacificè loquebantur: & ſuper iram doloſè agebant.
21. Et dilataverunt ſuper me os ſuum: dixerunt: Euge, euge, viderunt oculi noſtri.	*Et dilataverunt ſuper me os ſuum: dixerunt: Vah, vah, vidit oculus noſter.*	21. Et dilataverunt in me os ſuum: dixerunt: Euge, euge, viderunt oculi noſtri.
22. Vidiſti Domine, ne ſileas: Domine ne diſcedas à me.	*Vidiſti Domine, ne taceas: Domine ne elongeris à me.*	22. Vidiſti Domine, ne ſileas: Domine ne diſcedas à me.
23. Exſurge & intende judicio meo; Deus meus, & Dominus meus	*Conſurge & vigila in judicium meum; Deus meus, & Domine*	23. Exſurge Domine, & intende judicium meum; Deus

NOTÆ AD VERSIONEM ANTIQUAM.

℣. 14. Ita Pſalt. Corb. hab. ad verbum. Similiter Aug. l. 1. de doctr. Chr. to. 3. p. 1. col. 15. e. & in hunc Pſ. col. 241. d. paulò verò poſt leg. *ut lugens..... ſic humiliabar.* In Pſalt. Rom. Coiſlin. & Moz. omnia ut in textu, niſi quòd poſt *proximum*, additur *&*. Caſſiod. in eund. Pſ. tollit *&*, & in fine legit *ſic humiliabar;* cætera ut ſupra. In Gr. Ὡς πλησίον, ὡς ἀδελφὸν ἡμέτερον, οὕτως εὐηρέστουν· ὡς..... οὕτως ἐταπεινούμην.

℣. 15. Pſalt. Corb. *Et adversùm lætati ſunt, & convenerunt: congregati ſunt in me, & ignoraverunt.* Rom. *Adversùs me lætati ſunt, & convenerunt: & congregaverunt in me flagella, & ignoraverunt.* Coiſlinian. *congregata ſunt in me flagella, & ignoravi.* Carnut. *congregati ſunt in me flagella, & ignoraverunt.* Mozarab. *Et adversùm me locuti ſunt, & convenerunt: congregata ſunt in me flag. & ignoraverunt.* Apud Auguſt. in hunc Pſ. omnia ut in textu Sangerm. Apud Caſſiod. in eund. ut in Vulg. præter hoc ult. *& ignoraverunt.* Item apud Lact. l. 4. Inſtitut. c. 18. p. 581. *congregata ſunt in me flag. & ignoraverunt.* In Gr. Καὶ κατ' ἐμοῦ εὐφράνθησαν, καὶ συνήχθησαν· συνήχθησαν ἐπ' ἐμὲ μάστιγες, καὶ οὐκ ἔγνων.

℣. 16. Pſalt. Rom. cum Lactant. l. 4. Inſtit. c. 18. p. 581. *Diſſoluti ſunt, nec compuncti ſunt, tentaverunt me, & deriſerunt deriſu: ſtriderunt in me dentibus ſuis;* Lact. *& ſtriderunt ſuper me.* Romano Pſalt. favet Mozar. ſi excipias unum *ſtridebant.* Item in Coiſlin. *Diſſoluti ſunt, nec comp. ſunt..... & deriſerunt deriſu.* In Mediolan. etiam & Carnut. *diſſoluti ſunt.* In Corb. *Diſſoluti ſunt, & compuncti ſunt, tentaverunt me, & deriſerunt deriſum: ſtriderunt in me dentibus ſuis.* Apud Auguſt. tract. 10. in Joh. to. 3. p. 2. col. 371. b. *Diſciſſi ſunt, nec compuncti ſunt:* item in Pſ. 57. to. 4. col. 555. a. at in Pſ. 34. col. 242. d. omiſſa priori parte hujus verſiculi 16. ita incipit: *Tentaverunt me, & ſubſannaverunt me ſubſannatione: ſtriderunt in me dentibus ſuis.* In Gr. Διεσχίσθησαν, καὶ οὐ κατενύγησαν, ἐπείρασάν με, ἐξεμυκτήρισάν με μυκτηρισμόν· ἔβρυξαν ἐπ' ἐμὲ τοὺς ὀδόντας αὐτῶν.

℣. 17. Ita Pſalt. Corb. & Moz. cum Rom. Martianæi, niſi quòd hab. *& à leonibus.* Similiter in Rom. Fabri, & Coiſlin. ſed legitur *reſtitues*, non *reſtitue.* Item in Mediolan. Carnut. & ap. Caſſiod. *à malefactis.* Apud Ambroſ. l. de lapſu virg. to. 2. col. 319. b. ita: *Quando reſpiciens reſtitues animam meam?* Apud Auguſt. in hunc Pſ. *Dne quando reſpicies? reſtitue animam meam ab aſtutiis eorum, à leonibus*, &c. In Gr. Κύριε πότε ἐπόψῃ; ἀποκατάστησον..... ἀπὸ τῆς κακουργίας αὐτῶν, ἀπὸ λεόντων, &c.

℣. 18. Sic in Pſalt. Rom. Coiſlin. Corb. Moz. ut & apud Ambroſ. in Pſ. 39. to. 1. col. 867. b. necnon Caſſiod. in hunc Pſ. Apud Auguſt. in eund. ſic: *Confitebor tibi Domine in eccleſia multa, in populo gravi*, &c. Item ap. Hilar. in Pſ. 121. col. 389. c. *in populo gravi*, &c. S. Pacian. epiſt. 3. p. 315. a. leg. *Pſallam nomini tuo in eccleſia multa*, &c. ut ſup. Gr. Ἐξομολογήσομαί σοι καὶ ἐν ἐκκλησίᾳ πολλῇ, &c. ut in Lat.

℣. 19. Pſalt. Rom. initio hab. *Ut non inſultent in me;* & in fine, *annuebant oculis.* Similiter in Moz. demptâ 1. voculâ *ut.* In Coiſlin. & Corb. *Non inſultent in me qui adverſantur mihi inique: qui oderunt..... & adnuentes oculis;* Corb. *& adnuerunt.* In Mediolan. etiam & Carnut. *Non inſultent in me.* Item apud Caſſiod. in hunc Pſ. cum hoc, *annuentes oculis.* Apud Aug. in eund. Pſ. *Non inſultent mihi..... & annuentes oculis.* In Pſalt. Mediolan. *& annuebant.* In Carnut. *& annuerunt.* In Gr. Vat. Μὴ ἐπιχαρείησάν μοι οἱ ἐχθραίνοντές μοι ματαίως· οἱ..... καὶ διανεύοντες ὀφθαλμοῖς. Mſ. Alex. cum editt. Ald. & Compl. loco ματαίως, hab. ἀδίκως.

℣. 20. Ita Pſalt. Moz. habet. Rom. verò, Mediolan. Carnut. cum Auguſt. & Caſſiod. in hunc Pſ. *& ſuper iram doloſè cogitabant.* In Coiſlin. ſic: *pacifica loquebantur: & intra doloſè cogitabant.* Ad Graduale miſſæ fer. 6. poſt Dominic. Paſſion. ſic habetur: *Pacificè loquebantur mihi inimici mei: & in ira moleſti erant mihi:* ſed hæc ult. verba pertinent ad Pſ. 54. ℣. 4. Apud Auguſt. juxta Mſs. quoſdam legitur *pacifica.* In Pſalt. etiam Corb. *pacifica loqueb. & ſuper iram doloſè cogitabant.* In Gr. εἰρηνικά..... καὶ ἐπ' ὀργῇ δόλους διελογίζοντο. Mſ. Alex. cum Ald. & Compl. ἐπ' ὀργήν.

℣. 21. Ita Auguſtinus in hunc Pſ. cum Pſalt. Corb. Sic etiam in Rom. Coiſlin. Moz. & apud Caſſiod. dempto uno *&*, ante *dilataverunt.* Gr. Καὶ ἐπλάτυναν ἐπ' ἐμὲ, &c. ut ſup.

℣. 22. Sic in Pſalt. Rom. ut & apud Auguſt. & Caſſiod. in hunc Pſ. Auguſt. paulò inf. loco *ne ſileas*, legit *ne tacueris.* Ambroſ. in Pſ. 38. to. 1. col. 845. f. *Tu autem ne taceas Domine; ne diſcedas à me.* Gr. Εἶδες Κύριε, μὴ παρασιωπήσῃς· Symm. μὴ ἡσυχάσῃς.

℣. 23. Ita Pſalt. Rom. Martianæi: Rom. verò Fabri delet *&*, ante *intende.* In Coiſlin. pariter, *Exſurge Domine, intende judicium meum;* ultimò verò *in cauſa mea.* In Corb. *Exſurge Domine, & intende judicio meo..... in cauſa mea.* In Moz. etiam, *Exſurge Domine;* ſicut ap. Aug. & Caſſiod.

Ex Mſ. Sangerm.

VERSIO ANTIQUA.	HEBR.	VULGATA HOD.
meus, & Dominus meus in cauſam meam.	*in cauſam meam.*	in cauſam meam.
24. Judica me ſecundùm miſericordiam tuam Domine Deus meus : non inſultent in me inimici mei.	*Judica me ſecundùm juſtitiam tuam Domine Deus meus, & ne inſultent mihi.*	24. Judica me ſecundùm juſtitiam tuam Domine Deus meus, & non ſupergaudeant mihi.
25. Non dicant in corde ſuo : Euge, euge, animæ noſtræ : nec dicant : Abſorbimus eum.	*Nec dicant in corde ſuo : Vah, anima noſtra : & ne dicant : Abſorbuimus eum.*	25. Non dicant in cordibus ſuis : Euge, euge, animæ noſtræ : nec dicant : Devoravimus eum.
26. Erubeſcant & turbentur ſimul, qui gratulantur malis meis.	*Confundantur & revereantur pariter, qui lætantur in afflictione mea :*	26. Erubeſcant & revereantur ſimul, qui gratulantur malis meis.
Induantur confuſionem & reverentiam qui magna loquuntur adversùm me.	*Induantur confuſione & verecundia, qui magnificantur ſuper me.*	Induantur confuſione & reverentia qui magna loquuntur ſuper me.
27. Exſultent & lætentur qui volunt juſtitiam meam : & dicant ſemper : Magnificetur Dominus, qui volunt pacem ſervi ejus.	*Laudent & lætentur qui volunt juſtitiam meam, & dicant ſemper : Magnificetur Dominus, qui vult pacem ſervi ſui.*	27. Exſultent & lætentur qui volunt juſtitiam meam : & dicant ſemper : Magnificetur Dominus, qui volunt pacem ſervi ejus.
28. Et lingua mea meditabitur juſtitiam tuam, tota die laudem tuam.	*Et lingua mea meditabitur juſtitiam tuam, tota die laudem tuam.*	28. Et lingua mea meditabitur juſtitiam tuam, tota die laudem tuam.

NOTÆ AD VERSIONEM ANTIQUAM.

in hunc Pſ. cæt. ut in Vulg. In Gr. Ἐξεγέρθητι Κύριε, καὶ πρόσχες τῇ κρίσει μου..... εἰς τὴν δίκην μου.

℣. 24. Sic in Pſalt. Coisliniano, addito uno *Domine*, poſt *judica me*. Item apud Caſſiod. in hunc Pſ. niſi quòd tollitur *Domine*, poſt *tuam*, additurque &, poſt *meus*. In Pſalt. Corb. *Judica me Domine ſecundùm miſericordiam tuam, Domine Deus meus, & non inſultent in me inimici mei.* In Rom. *Judica me ſecundùm magnam miſericordiam tuam Domine Deus meus, ut non inſultent in me inimici mei.* In Moz. *Judica me ſecundùm juſtitiam meam Domine Deus meus : non inſultent*, &c. ut ſup. In Carnut. *ſecundùm miſericordiam tuam.* Apud Auguſt. in eund. Pſ. *Judica me Domine ſec. juſtitiam meam, Domine Deus meus, & non inſultent in me inimici mei.* In Gr. Κρῖνόν με Κύριε κατὰ τὴν δικαιοσύνην σου, Κύριε ὁ Θεός μου, καὶ μὴ ἐπιχαρείησάν μοι.

℣. 25. Sic in Pſalt. Corb. ad verbum. Item in Mozarab. hoc excepto, *Nec dicant in ;* & in fine, *Devorabimus eum.* In Rom. ac Coiſlin. *Nec dicant in cordibus ſuis... Obſorbuimus eum ;* Coiſlin. *Abſorbuimus*, cum Caſſiod. Auguſt. in hunc Pſ. *Non dicant in corde ſuo..... non* (al. *nec*) *dicant : Abſorbuimus eum.* In Gr. Μὴ εἴποισαν ἐν καρδίαις αὐτῶν..... μηδὲ εἴποισαν· Κατεπίομεν αὐτόν.

℣. 26. Pſalt. Rom. *Erubeſcant & revereantur ſimul..... Induantur pudore & rever. qui magna loquuntur adversùs me.* Mozarab. *Confundantur & revereantur ſimul..... Induantur confuſione & verecundia qui magna loq. adversùm me.* Corb. *Erub. & revereantur ſimul, qui.... Induantur pudore & reverentia qui maligna loquuntur adversùm me.* Item in Coiſlin. & Carnut. *qui maligna loquuntur ;* ſic etiam hab. Vulg. in Mſs. Colb. Carn. & Sangerm. Item Aug. in hunc Pſ. *Erubeſcant & rever..... Induantur confuſione & verecundia qui maligna loquuntur adversùm me.* Apud. Caſſiod. *Induantur pudore & reverentia qui maligna loq. adversùm me.* In Græc. Αἰσχυνθείησαν καὶ ἐντραπείησαν ἅμα..... Ἐνδυσάσθωσαν αἰσχύνην καὶ ἐντροπὴν οἱ μεγαλοῤῥημονοῦντες ἐπ' ἐμέ.

℣. 27. Concordant Auguſt. & Caſſiod. in hunc Pſ. unà cum Pſalt. Rom. & Gr. ſolum Mozarab. addit *in te*, poſt *lætentur*, ut & Mſ. Alex. ἐπὶ σοί.

℣. 28. Ita Auguſt. & Caſſiod. in hunc Pſ. In Pſalt. Rom. & Moz. ſic : *Sed & lingua mea*, &c. In Gr. Καὶ ἡ γλῶσσά μου, &c.

Ex Mſ. Sangerm.

VERSIO ANTIQUA.	HEBR.	VULGATA HOD.
1. In finem, pro ſervo Domini, Pſalmus ipſi David. XXXV.	*Victori ſervo Domini David. XXXVI.*	1. In finem, ſervo Domini ipſi David. XXXV.
2. DIxit injuſtus ut delinquat ſibi : non eſt timor Dei ante oculos ejus.	*DIxit ſcelus impii in medio cordis ejus : non eſt timor Dei ante oculos ejus.*	2. DIxit injuſtus ut delinquat in ſemetipſo : non eſt timor Dei ante oculos ejus.
3. Quoniam dolosè egit in conſpectu ejus : ut inveniret iniquitatem ſuam, & odium.	*Quia dolosè egit adversùs eum in oculis ſuis, ut inveniret iniquitatem ejus ad odiendum.*	3. Quoniam dolosè egit in conſpectu ejus : ut inveniatur iniquitas ejus ad odium. Sup. 13. 3.
4. Verba oris ejus iniquitas, & dolus : noluit intelli-	*Verba oris ejus iniquitas, & dolus : ceſſavit cogitare ut benefa-*	4. Verba oris ejus iniquitas, & dolus : noluit intelligere ut bene

NOTÆ AD VERSIONEM ANTIQUAM.

℣. 1. Pſalt. Rom. Martian. *In finem, ſervo Domini David Pſalmus.* In Rom. Fabri, & Corb. deeſt *Pſalmus.* In Mozarab. & apud Caſſiod. ita : *In finem, ſervo Domini, Pſalmus David.* In Coiſl. *In finem, puero David.* Ap. Aug. non legitur inſcriptio. Ambroſ. verò in hunc Pſ. to. 1. col. 765. f. ait : *Titulum conſideremus :* In finem, ſervo Domini, Pſalmus David. *In toto Pſalterii corpore ſolus hic titulus eſt, quo Pſalmum* ſervo Domini *ſe ſcripſiſſe teſtetur.* Græcè : Εἰς τὸ τέλος, τῷ δούλῳ Κυρίου τῷ Δαυίδ· in Mſ. Alex. τῷ Δαυὶδ Ψαλμός· in Ald. & Compl. παιδὶ, pro δούλῳ. Euſebius ſcribit : *Neque* ψαλμὸς, *neque* ᾠδὴ, *neque quidquam hujuſmodi inſcriptum eſt*, teſte Nobilio.

℣. 2. Ita Pſalt. Corb. hab. Moz. verò ita : *Dixit injuſtus ut derelinquat ſibi*, &c. ſed mendosè, nam in Gr. conſtanter, τοῦ ἁμαρτάνειν. Rom. cum Auguſt. Caſſiod. & Vulg. *ut delinquat in ſemetipſo.* Lucif. Cal. l. 1. pro S. Athan. p. 191. f. *ut delinquat in ſemetipſum*, &c. Ambroſ. in eund. Pſ. to. 1. col. 768. b. & ſeqq. cum Pſalt. Mediol. & Carnut. *ut delinquat ſibi*, &c. ut ſup. idem Ambr. infra col. 775. e. ait : *Primò injuſtum expoſuit qui vel in corde ſuo, vel in ſermone dicit*, ut ſibi delinquat, *vel* in ſe delinquat ; *habet enim Græcus codex* ἐν ἑαυτῷ, *id eſt*, in ſeipſo, *ſed non omnes.* Gr. hod. pariter ἐν ἑαυτῷ.

℣. 3. Sic Ambroſ. in hunc Pſ. col. 770. e. cum Caſſiod. in eund. necnon Pſalt. Moz. Rom. & Coiſlin. Apud Lucif. verò Cal. l. 1. pro S. Athan. p. 191. f. ita : *ut inveniatur iniquitas ejus, & odium ;* ſic etiam in Pſalt. Corb. Apud Auguſt. in eund. Pſ. *ut inveniret iniquitatem ſuam, & odiſſet :* Pſalt. Mediol. & Carnut. hab. *& odium.* Gr. τοῦ εὑρεῖν τὴν ἀνομίαν αὐτοῦ, καὶ μισῆσαι.

℣. 4. Concinit Lucif. Calar. l. 1. pro S. Athan. p. 191. f. Sic etiam Ambroſ. Auguſt. & Caſſiod. in hunc Pſ. cum

Vulgata hod.	Hebr.	Versio antiqua.
ageret.	*ceret.*	gere ut bene ageret.
5. Iniquitatem meditatus eſt in cubili ſuo : aſtitit omni viæ non bonæ, malitiam autem non odivit.	*Iniquitatem cogitat in cubili ſuo : ſtabit in via non bona, malum non abjiciet.*	5. Iniquitatem meditatus eſt in cubili ſuo : adſiſtit omni viæ non bonæ, malitiam autem non odiit.
6. Domine in cœlo miſericordia tua : & veritas tua uſque ad nubes.	*Domine in cœlo miſericordia tua : fides tua uſque ad nubes.*	6. Dominus in cœlo miſericordia tua : & veritas tua uſque ad nubes.
7. Juſtitia tua ſicut montes Dei : judicia tua abyſſus multa.	*Juſtitia tua quaſi montes, Deus : judicium tuum abyſſus multa.*	7. Juſtitia tua ſicut montes Dei : judicia tua ſicut abyſſus multa.
Homines & jumenta ſalvabis Domine : 8. quemadmodum multiplicaſti miſericordiam tuam Deus.	*Homines & jumenta ſalvos facies Domine : quàm pretioſa miſericordia tua Deus !*	Homines & jumenta ſalvos facies Domine : 8. multiplicaſti miſericordiam tuam Deus.
Filii autem hominum, in tegmine alarum tuarum ſperabunt.	*Et filii Adam in umbra alarum tuarum ſperabunt :*	Filii autem hominum, in protectione alarum tuarum ſperant.
9. Inebriabuntur ab ubertate domus tuæ : & torrente voluptatis tuæ potabis eos.	*Inebriabuntur de pinguedine domus tuæ, & torrente deliciarum tuarum potabis eos.*	9. Inebriabuntur ubertate domus tuæ : & torrentem voluntatis tuæ potum dabis illis.
10. Quoniam apud te eſt fons vitæ : & in lumine tuo videbimus lumen.	*Quoniam tecum eſt fons vitæ : in lumine tuo videbimus lumen.*	10. Quoniam apud te fons vitæ eſt : in lumine tuo videbimus lumen.
11. Prætende miſericordiam tuam ſcientibus te, & juſtitiam tuam his, qui recto ſunt corde.	*Attrahe miſericordiam tuam ſcientibus te, & juſtitiam tuam rectis corde.*	11. Prætendit miſericordia tua ſcientibus te, & juſtitiam tuam his, qui recto ſunt corde.
12. Non veniat mihi pes ſuperbiæ : & manus peccatoris non moveat me.	*Ne veniat mihi pes ſuperbiæ : & manus impiorum non me commoveat.*	12. Non veniat mihi pes ſuperbiæ : & manus peccatorum non moveat me.
13. Ibi ceciderunt qui operantur iniquitatem : expulſi ſunt, nec potuerunt ſtare.	*Ibi ceciderunt operantes iniquitatem : expulſi ſunt, & non potuerunt ſurgere.*	13. Ibi ceciderunt omnes operantes iniquitatem : expulſi ſunt, nec poterunt ſtare.

Ex Mſ. Sangerm.

Notæ ad Versionem antiquam.

vet. Pſalt. & Gr.

℣. 5. Sic iterum Lucif. Cal. l. 1. pro S. Athan. p. 191. f. niſi quòd ſcribit *odivit*. Item Ambroſ. in hunc Pſ. col. 772. a. b. ſed habet *adſtitit*, & in fine, *odio non habuit*. Itidem Auguſt. in eund. Pſ. Caſſiod. verò & Pſalt. Rom. ut in Vulgata. Gr. παρέστη..... τῇ δὲ κακίᾳ οὐ προσώχθισε.

℣. 6. Sic apud Ambroſ. Aug. & Caſſiod. in hunc Pſ. ac in vet. Pſalt. excepto uno *Domine*. In Gr. Κύριε, &c.

℣. 7. Sic iterum Ambroſ. in hunc Pſ. col. 772. e. ſeqq. item to. 1. col. 644. e. 766. b. 991. f. 1006. b. 1461. e. Sic etiam Auguſt. in eund. Pſ. & in Pſ. 9. col. 43. b. & epiſt. 140. to. 2. col. 449. d. f. & tract. in Johan. to. 3. p. 2. col. 534. f. Item Hieron. in Jer. 32. to. 3. col. 697. b. in Ezech. 45. col. 1041. b. & l. 2. in ep. ad Epheſ. to. 4. col. 365. b. Apud Hilar. quoque in Pſ. 118. col. 254. a. 301. e. *ſicut abyſſus multa*. Caſſiod. in hunc Pſ. legit : *Juſtitia tua ſicut montes Domine : judicia tua abyſſus multa..... ſalvos facies Domine :* tum addit : *Quamvis uſus habeat*, ſicut montes Dei ; *multò tamen abſolutior eſt Hieronymi fida translatio, qua* Domine, *magis quàm* Dei, *poſuit*. In Pſalt. Corb. Coislin. & Moz. conſtanter, *montes Dei*, & *ſalvos facies Domine*. Sic etiam in Rom. cum hoc inſuper, & *judicia tua*. Auct. quæſt. apud Aug. to. 3. par. 2. q. 7. col. 158. d. habet pariter, *Homines & jumenta ſalvos facies*. Gr..... ὡς ὄρη Θεοῦ· τὰ κρίματά σου ὡσεὶ ἄβυσσος..... σώσεις Κύριε. In Mſ. Alex. ac edd. Ald. & Compl. deeſt ὡσεὶ, ante ἄβυσσος. In Pſalt. Carnut. & Corb. eſt, *tanquam abyſſus multa*.

℣. 8. Ita Pſalt. Corb. hab. præpoſito uno *quemadmodum*. Rom. verò & Moz. cum Caſſiod. ita : *quemadmodum multipl. miſericordias tuas Deus. Filii..... in protectione..... ſperabunt*. Coislin. *quàm* (f. pro *quoniam*) *multiplicaſti miſericordiam tuam Deus..... in protectione*, &c. ut in Rom. Ambroſ. in hunc Pſ. to. 1. col. 773. d. *ſicut multiplicaſti miſericordiam tuam..... in protectione..... ſperabunt*. Auguſt. in eund. Pſ. *ſicut multiplicata eſt miſericordia tua Deus. Filii..... ſub tegmine*, &c. ut ſupra : ſimiliter in Pſ. 9. col. 43. b. c. & epiſt. 40. to. 2. col. 449. f. & tract. 34. in Joh. to. 3. p. 2. col. 535. a. In Gr. ὡς ἐπλήθυνας τὸ ἔλεός σου..... ἐν σκέπῃ..... ἐλπιοῦσι.

℣. 9. Pſalt. Roman. Vulgatæ conſonat ; ſicut etiam Ambroſ. Auguſt. & Caſſiod. in hunc Pſ. Ambroſ. tamen lib. de parad. to. 1. col. 146. c. habet : *ex torrente voluptatis tuæ potabis eos :* & in Pſ. 35. col. 774. c. *Conſideremus*, inquit, *cur torrentem voluptatis dixerit potabis eos ?* Succinit Hieron. in Eccleſ. to. 2. col. 726. c. at in Ezech. 47. to. 3. col. 1055. e. ſic habet : & *torrente deliciarum tuarum potabis eos*. Similiter Auguſt. in Pſ. 9. col. 43. b. c. cum Brev. Moz. Pſalt. verò Coislin. & *torrente voluntatis tuæ potum dabis eis*, ut ſup. in textu. Corb. *in torrente voluntate potabis eos*. Gr. Μεθυσθήσονται ἀπὸ..... καὶ τὸν χειμάῤῥουν τῆς τρυφῆς σου ποτιεῖς αὐτούς· codd. nonnulli ferunt τῶν χειμάῤῥων, num. plurali.

℣. 10. Pſalt. Moz. *Quoniam apud te eſt Domine fons vitæ*. Coislin. *Quoniam apud te fons vitæ*. Similiter apud Aug. in hunc Pſ. juxta Mſs. codd. qui etiam tollunt &, ante ſeq. *in lumine :* at ſup. in Pſ. 9. col. 43. b. c. concordat Aug. cum Vulg. Sic etiam Ambroſ. & Caſſiod. in hunc Pſ. cum Victorino Afro l. 2. adv. Arium, p. 274. h. 295. h. & Fauſtino Presb. cont. Arian. p. 639. h. necnon Auct. lib. de fide orthod. ap. Ambr. p. 352. c. ac Pſalt. Rom. Item rurſum Ambroſ. to. 1. col. 310. f. 438. e. 640. f. 833. c. & to. 2. col. 293. a. 453. c. 629. c. at inf. col. 631. b. legit *apud te fons vitæ*, abſque verbo *eſt*. Itidem S. Paulinus epiſt. 20. p. 113. b. Græcè pariter, Ὅτι παρὰ σοὶ πηγὴ ζωῆς· ἐν τῷ, &c.

℣. 11. Lucif. Cal. l. 1. pro S. Athan. p. 191. g. cum Pſalt. Moz. *Oſtende miſeric. tuam ſcientibus te*, &c. Similiter in Coislin. addita conjunct. &, poſt *tuam*. Sed Ambr. Auguſt. & Caſſiod. in hunc Pſ. Vulgatæ ſuffragantur cum Pſalt. Rom. In Gr. Παράτεινον τὸ ἔλεός σου τοῖς..... τοῖς εὐθέσι τῇ καρδίᾳ.

℣. 12. Similiter hab. Ambr. l. 4. de interpel. Dav. c. 3. col. 664. c. cum Pſalt. Rom. at in hunc Pſ. col. 774. d. & 776. c. leg. ipſe, *manus peccatorum non moveant me*, cum Pſalt. Coisl. & Corb. Lucifer Cal. l. 1. pro S. Athan. p. 191. g. ſicut Auguſt. & Caſſiod. in eund. Pſ. Vulgatæ congruunt. Gr. καὶ χεὶρ ἁμαρτωλῶν μὴ σαλεύσαι με· Mſ. Alex. Ald. & Compl. ἁμαρτωλοῦ.

℣. 13. Lucif. Calar. l. 1. pro S. Athan. p. 191. g. *Ibi ceciderunt omnes qui operantur*, &c. ut in Vulg. Similiter Ambroſ. in Pſ. 118. to. 1. col. 1136. d. cum Pſalt. Rom. Corb. & Moz. at in Pſ. 35. col. 775. c. & ſeq. leg. *Ibi cecid. operantes iniquitatem..... nec potuerunt*, &c. & infra, 776. e. *Ibi cecid. qui operantur iniquit.* Itidem Aug. in hunc Pſ. col. 256. e. at paulò ſupra habet, *omnes qui operantur*, &c. cum Caſſiod. in eund. Pſ. In Gr. Ἐκεῖ ἔπεσον πάντες οἱ ἐργαζόμενοι..... καὶ οὐ μὴ δύνωνται στῆναι.

VERSIO ANTIQUA.	HEBR.	VULGATA HOD.
Ex Mſ. Sangerm. 1. In finem, Pſalmus ipſi David. XXXVI.	*David. XXXVII.*	1. Pſalmus ipſi David. XXXVI.
* NOli æmulari inter malignantes : neque æmulatus fueris facientes iniquitatem.	*NOli contendere cum malignis : neque æmuleris facientes iniquitatem.*	NOli æmulari in malignantibus : neque zelaveris facientes iniquitatem.
2. Quoniam tanquam fœnum citò areſcent : & ſicut olera herbarum citò decident.	*Quoniam ſicut herba velociter conterentur, & ſicut olus viride marceſcent.*	2. Quoniam tanquam fœnum velociter areſcent : & quemadmodum olera herbarum citò decident.
3. Spera in Domino, & fac bonum : & inhabita terram, & paſcêris in divitiis ejus.	*Spera in Domino, & fac bonum : peregrinare in terra, & paſcere fide :*	3. Spera in Domino, & fac bonitatem : & inhabita terram, & paſcêris in divitiis ejus.
4. Delectare in Domino : & dabit tibi petitiones cordis tui.	*Et delectare in Domino, & dabit tibi petitiones cordis tui.*	4. Delectare in Domino : & dabit tibi petitiones cordis tui.
5. Revela ad Dominum viam tuam, & ſperate in eum : & ipſe faciet.	*Volve ſuper Dominum viam tuam, & confide in eo, & ipſe faciet.*	5. Revela Domino viam tuam, & ſpera in eo : & ipſe faciet.
6. Et educet juſtitiam tuam tanquam lumen, & judicium tuum ſicut medium diem : 7. ſubditus eſto Domino, & obſecra eum.	*Et educet ſicut lumen juſtitiam tuam, & judicia tua ſicut meridiem : tace Domino, & exſpecta eum.*	6. Et educet quaſi lumen juſtitiam tuam, & judicium tuum tanquam meridiem : 7. ſubditus eſto Domino, & ora eum.
Ne æmulatus fueris eum, qui proſperatur in via ſua ; in homine faciente iniquitates.	*Noli contendere adversùs eum, qui proſicit in via ſua : adversùs virum, qui facit quæ cogitat.*	Noli æmulari in eo, qui proſperatur in via ſua ; in homine faciente injuſtitias.
8. Deſine ab ira, & dere-	*Dimitte iram, & derelinque*	8. Deſine ab ira, & derelinque

NOTÆ AD VERSIONEM ANTIQUAM.

℣. 1. Pſalt. Rom. Fabri ſimpliciter, *Ipſi David*. Rom. Martianæi, & Corb. *Huic David*. Coiſlin. *Pſalmus David*. Græc. Vat. Τῷ Δαυίδ. Mſ. verò Alex. Εἰς τὸ τέλος, Ψαλμὸς τῷ Δαυίδ. Edd. Ald. & Compl. delent Εἰς τὸ τέλος. Titulus apud Auguſt. non legitur. Apud Caſſiod. ut in Vulg. nec prætereundum puto totum hunc Pſalmum in Pſalt. Rom. Martianæi, & apud Caſſiodorum dividi ſecundum litteras Hebraïcas : nempe ad ℣. 1. ponitur *Aleph*, ad ℣. 3. *Beth*, ad ℣. 5. *Gimel*, & ſic de cæteris. Unde Caſſiod. ait : *Eſt etiam alphabeti Hebræi ordine digeſtus, minùs habens litteram ſextam decimam* ; & paulò infra : *Memento quod iſtorum alphabetorum jam tertius Pſalmus eſt, quoniam & ipſi ad ſeptenarium numerum tendunt.*

* Ita Pſalt. Corb. Rom. & Moz. cum Caſſiod. in hunc Pſ. Similiter ap. Lucif. Calar. l. 1. pro S. Athan. p. 192. a. uno excepto, *zelaveris*, pro *æmulatus fueris*. Ambroſ. in hunc Pſ. to. 1. col. 778. d. & ep. 63. to. 2. col. 1033. b. legit : *Noli malignari inter malignantes : neque æmulatus fueris facientes*, &c. & infra, col. 1042. e. *Noli malignus eſſe inter malignantes*. Hieron. in Iſai. 51. to. 3. col. 373. c. *Ne zeleris in malignantibus : neque æmuleris facientes iniquitatem*. Aug. in hunc Pſ. *Noli æmulari in malignantibus : neque æmuleris*, &c. Pſalt. Coiſl. *neque æmulatus fueris*, &c. Ennod. ep. 19. apud Sirm. to. 1. p. 1419. a. *Noli æmulari inter malignantes*. Ambroſ. quoque in hunc Pſ. p. 779. a. dicit : Παραζηλώσω (Rom. 11. 14.) *Gr. habet ; & hic :* Μὴ παραζήλου ἐν πονηρευομένοις habet ; μηδὲ ζήλου τοὺς ποιοῦντας τὴν ἀνομίαν· hoc eſt, *Noli malignos in æmulationem excitare, quoniam illi non de bono, ſed de malo certant* : & infra, col. 781. d. *Noli eſſe æmulus & obliquus ; noli eſſe contentioſus & decertator in zelo : unde & Aquila dixit* : Noli concertare in *malignantibus : Symmachus* : Noli contendere.

℣. 2. Pſalt. Rom. *Quoniam tanq. fœnum velociter areſcent : & ſicut olera herb. citò cadent.* Similiter in Moz. excepto uno *citò*, pro *velociter*. In Coiſlin. *Quoniam ſicut fœnum citò areſcent*, &c. ut in Rom. In Corb. *Quon. tanq. fœnum velociter areſcit : ſicut olera herbarum citò cadent.* Ap. Lucif. Calar. l. 1. pro S. Athan. p. 192. a. & Caſſiod. in hunc Pſ. omnia ut in Pſalt. Rom. præter ult. *decident*. Item apud Hieron. in Iſai. 51. to. 3. col. 373. c. ni excipias *ſicut*, pro *tanquam*. Apud Auguſt. in hunc Pſ. *Quoniam tanquam fœn. citò areſcent : & ſicut olera prati citò cadent.* Apud S. Paulin. epiſt. 40. p. 243. b. *Sicut fœnum velociter areſcit : & ſicut flos agri citò decidit.* Ambr. in hunc Pſ. col. 781. d. ſic alludit. *Quid enim prodeſt, cùm ipſæ divitiæ, & omnis gloria ſæcularis tanquam fœnum citò areſcat, & tanquam olera herbarum in ipſa ſpecie ſui flores intercidant ?* In Gr. Ὅτι ὡσεὶ χόρτος ταχὺ..... καὶ ὡσεὶ λάχανα χλόης ταχὺ ἀποπεσοῦνται.

℣. 3. Ambroſ. & Caſſiod. in hunc Pſ. Vulgatæ accinunt cum Pſalt. Rom. Apud Auguſt. in eund. Pſ. *Spera in Dominum, & fac bonitatem*, &c. Græcè : Ἔλπισον ἐπὶ Κύριον, καὶ ποίει χρηστότητα, &c.

℣. 4. Concordant Ambroſ. Auguſt. & Caſſiod. in hunc Pſ. unà cum vet. Pſalt. Item apud Hieron. in Jer. 31. to. 3. col. 681. a. *Delectare in Domino*, &c. *pro quo*, inquit, *in Græco & in Hebræo habetur*, *Deliciis afflue*. Ambroſ. l. 1. offic. to. 2. col. 43. d. conſtanter, *Delectare in Domino*. Gr. Κατατρύφησον τοῦ Κυρίου, &c.

℣. 5. Ita legit Ambroſ. in hunc Pſ. col. 782. e. & in Pſ. 118. col. 1075. a. & l. de Iſaac, c. 4. col. 361. d. & de Joſeph, c. 10. col. 502. c. Sic etiam Auguſt. in eund. Pſ. necnon Fulgent. ep. 3. p. 175. cum Pſalt. Moz. & Corb. ſi excipias unum *ſpera*. Ambroſ. quoque in Pſ. 36. col. 783. e. hab. *Revela Domino..... ſpera in eum.* Caſſiod. Vulgatæ congruit, cum Pſalt. Rom. Græcè : Ἀποκάλυψον πρὸς Κύριον..... καὶ ἔλπισον ἐπ' αὐτόν, &c.

℣. 6. Pſalt. Rom. & Moz. cum Caſſiod. *Et educet tanquam lumen juſtitiam tuam, & judicium tuum ſicut meridiem.* Similiter in Corb. præter ult. *medium diem*. Ambroſ. in hunc Pſ. col. 782. e. 792. b. & in Pſ. 118. col. 1075. a. legit : *Et educet ſicut lumen..... ſicut meridiem :* item l. de Iſaac, c. 4. col. 361. d. ſi excipias ult. *tanquam meridiem :* at lib. de Joſeph, c. 10. col. 502. e. *tanquam lumen..... ſicut meridiem :* & in Pſ. 118. col. 985. e. *Deducet eorum juſtitiam tanquam lumen, & judicium eorum tanquam meridiem :* & l. 4. Hexa. to. 1. col. 65. f. *Et educet quaſi lucem juſtitiam tuam, & jud. tuum quaſi meridiem.* Aug. in hunc Pſ. *Et educet ſicut lumen..... ſicut merid.* paulò poſt, *velut lumen*. Græc. Καὶ ἐξοίσει ὡς φῶς τὴν δικαιοσύνην..... ὡς μεσημβρίαν.

℣. 7. Sic in Pſalt. Rom. & Coiſl. præter hoc, *& in homine faciente iniquitatem*. Rom. Martianæi tollit *&*, ante hoc, *in homine*. Moz. habet : *Subditus eſto Deo, & obſecra eum. Ne æmuleris eum..... & in homine fac. iniquitatem.* Corb. *Subditus eſto..... & obſecra eum. Ne æmulatus fueris eum, qui..... ſuâ in hominem facientem iniquitatem.* Cypr. l. de zelo & liv. p. 258. a. *Noli zelare bene ambulantem in via ſua.* Ambroſ. in hunc Pſ. col. 783. e. *Subditus eſto Domino, & obſecra eum. Ne æmulatus fueris eum, qui proſperè dirigitur in via ſua, faciens iniquitatem.* Auguſt. in eund. Pſ. *Subditus eſto Domino, & obſecra eum. Ne ſubæmuleris eum, qui proſp..... ſuâ ; in homine faciente iniquitatem.* Itidem apud Caſſiod. hoc excepto, *ne æmulatus fueris*. In Gr. Ὑποτάγηθι τῷ Κυρίῳ, καὶ ἱκέτευσον αὐτόν. Μὴ παραζήλου ἐν τῷ κατευοδουμένῳ ἐν τῇ ὁδῷ αὐτοῦ· ἐν ἀνθρώπῳ ποιοῦντι παρανομίας, Mſ. Alex. cum editt. Ald. & Compl. παρανομίαν.

℣. 8. Ita Pſalt. Coiſlin. & Corb. Similiter in Rom. Mediol. Carnut. & Moz. præter unum *furorem*, loco *indignationem*. Apud Ambroſ. in hunc Pſ. *Relinque indignationem*, &c. ut in textu. Lucif. Cal. l. 1. pro S. Athan. p.

Vulgata hod.	Hebr.	Versio antiqua.
furorem : noli æmulari ut maligneris.	*furorem : noli contendere ut malefacias.*	linque indignationem : ne æmuleris ut nequiter facias. Ex Ms. Sangerm.
9. Quoniam qui malignantur, exterminabuntur : sustinentes autem Dominum, ipsi hæreditabunt terram.	*Quoniam qui malefaciunt, interibunt : exspectantes autem Dominum, ipsi hæreditabunt terram.*	9. Quoniam qui iniquè agunt, exterminabuntur : & qui exspectant Dominum, ipsi hæreditatem possidebunt terram.
10. Et adhuc pusillum, & non erit peccator : & quæres locum ejus, & non invenies.	*Adhuc enim modicum, & non erit impius : & cogitabis de loco ejus, & non subsistet.*	10. Pusillum adhuc, & non erit peccator : & quæres locum ejus, nec invenies.
Matth. 5. 4. 11. Mansueti autem hæreditabunt terram, & delectabuntur in multitudine pacis.	*Mites autem hæreditabunt terram, & delectabuntur in multitudine pacis.*	11. Mansueti autem possidebunt terram, & delectabuntur in multitudine pacis.
12. Observabit peccator justum : & stridebit super eum dentibus suis.	*Cogitat impius de justo, & frendet adversùs eum dentibus suis.*	12. Observabit peccator justum : & fremebit super eum dentibus suis.
13. Dominus autem irridebit eum : quoniam prospicit quòd veniet dies ejus.	*Dominus deridebit eum : quia vidit quoniam venit dies ejus.*	13. Dominus autem irridebit eum : quoniam prospicit eò quòd veniat dies ejus.
14. Gladium evaginaverunt peccatores : intenderunt arcum suum,	*Gladium evaginaverunt impii : tetenderunt arcum suum,*	14. Gladium evaginaverunt peccatores : & tetenderunt arcum suum,
Ut dejiciant pauperem & inopem : ut trucident rectos corde.	*Ut percutiant egenum & pauperem, & interficiant rectos in via.*	Ut dejiciant inopem & pauperem : ut trucident justos corde.
15. Gladius eorum intret in corda ipsorum : & arcus eorum confringatur.	*Gladius eorum ingrediatur in cor eorum, & arcus eorum confringantur.*	15. Framea eorum intret in cor ipsorum : & arcus eorum confringatur.
16. Melius est modicum justo, super divitias peccatorum multas.	*Melius est parum justo, quàm divitiæ impiorum multæ.*	16. Melius est modicum justo, super divitias peccatorum multas.
17. Quoniam brachia peccatorum conterentur : confirmat autem justos Dominus.	*Quia brachia impiorum confringentur : sublevat autem justos Dominus.*	17. Quoniam brachia peccatorum conterentur : suffulcit autem justos Dominus.
18. Novit Dominus dies immaculatorum : & hæreditas eorum in æternum erit.	*Novit Dominus dies immaculatorum, & hæreditas eorum æterna erit.*	18. Novit Dominus dies immaculatorum : & hæreditas eorum in æternum manet.

Notæ ad Versionem antiquam.

191. g. Vulgatæ suffragatur. Hieron. verò l. 3. in ep. ad Eph. to. 4. col. 377. f. legit : *Quiesce ab ira, & dimitte furorem.* Chromat. Aquil. in Matth. p. 982. e. *Desine ab ira, & derelinque indignationem*, ut sup. Aug. in eund. Ps. *Desine ab ira, & derel. furorem :* sed Mss. nonnulli ibi ferunt *indignationem*, sicut infra constanter cum editt. deinde sic : *ne subæmuleris ut maligne facias.* In Gr. Παῦσαι ἀπὸ ὀργῆς, καὶ ἐγκατάλιπε θυμόν· μὴ παραζήλου ὥστε πονηρεύεσθαι.

℣. 9. Psalt. Rom. cum Cassiod. *Quoniam qui nequiter agunt, extermin. qui vero exspectant Dominum, ipsi hæreditate possideb. terram.* Similiter in Moz. excepto uno *autem*, pro *vero*. In Coislin. *nam qui exspectant Dom. ipsi hæreditatem*, &c. in Corb. *Quoniam qui nequiter agunt, extermin. nam qui*, &c. ut in Coislin. Item in Mediol. & Carnut. *qui nequiter agunt.* Apud Lucif. Cal. l. 1. pro S. Athan. p. 191. g. *qui malignantur.* Apud Ambros. in hunc Ps. col. 786. e. *Quoniam qui nequiter agunt, exterminab. sustinentes enim Dominum, possidebunt terram :* paulò verò post, *sustinentes autem Dom. hæreditate possidebunt terram.* Apud Aug. in eund. Ps. *Quoniam qui malignè agunt, exterminab. sustinentes autem Dom. ipsi hæreditate possid.* &c. In Conc. Paris. 5. Conc. to. 5. col. 925. a. *Quoniam qui nequiter agunt, exterminab. qui vero exspectant Dom. ipsi hæreditabunt terram.* In Gr. Ὅτι οἱ πονηρευόμενοι..... οἱ δὲ ὑπομένοντες τὸν Κύριον, αὐτοὶ κληρονομήσουσι τὴν γῆν.

℣. 10. Sic in Psalt. Coislin. Rom. & apud Cassiod. In Mozarab. *Et pusillum adhuc.* In Corb. *Et adhuc pusillum, & non erit pecc. quærens locum ejus, & non invenies.* Apud Ambros. & August. in hunc Ps. *Et adhuc pusillum*, &c. ut in Vulg. In Gr. Καὶ ἔτι ὀλίγον..... καὶ οὐ μὴ εὕρῃς.

℣. 11. Ita Ambros. & Cassiod. in hunc Ps. cum Chromat. Aquil. in Matth. p. 978. f. necnon Psalt. Rom. Coislin. Corb. & Mozar. Apud August. in eund. Ps. *hæreditate possidebunt terram*, &c. ut sup. Ap. S. Paulin. epist. 45. p. 274. a. *delectab. in abundantia pacis.* In Gr. Οἱ δὲ πραεῖς κληρονομήσουσι γῆν, καὶ κατατρυφήσουσιν ἐπὶ πλήθει εἰρήνης.

℣. 12. Psalt. Rom. Corb. & Moz. cum Ambros. & Cassiod. in hunc Ps. *& fremet ;* Coislin. *& fremet.* Cypr. de zelo & liv. p. 258. a. *& stridebit ad eum.* Lucif. Cal. l. 1. pro S. Athan. p. 191. h. *& stridebit super eum*, &c. Aug. in eund. Ps. *& stridet.* Græc. καὶ βρύξει ἐπ' αὐτὸν τοὺς ὀδόντας αὐτοῦ.

℣. 13. Cypr. de zelo & liv. p. 258. a. *Deus autem irridebit eum : quoniam providet quia veniet dies ejus.* Lucif. Cal. l. 1. pro S. Athan. p. 191. h. *Dominus autem deridebit eum : quoniam prospicit quia veniet*, &c. Ambros. in hunc Ps. *quoniam prospicit quod veniat dies ejus.* Psalt. Coislin. *quod veniens dies ejus.* August. & Cassiod. in eund. Ps. *quod veniet*, &c. Gr. ὅτι προβλέπει ὅτι ἥξει ἡ ἡμέρα αὐτοῦ.

℣. 14. Ita in Psalt. Corb. excepto hoc ult. *rectos corde.* Sic etiam in Rom. deleto *&*, ante *tetenderunt.* In Mozar. *Ut dejicerent inopem & pauperem, & trucident rectos corde.* Lucif. Cal. l. 1. pro S. Athan. p. 191. h. legit : *Gladium evagin. pecc. intenderunt..... ut dejiciant inopem & paup. & trucid.* &c. Ambros. in hunc Ps. *Ecce gladium evaginaverunt pecc. extenderunt..... ut dejiciant paup. & inopem :* nec plura addit. Apud August. in eund. Ps. sic : *Gladium eduxerunt peccatores : intenderunt..... ut dejiciant inopem & paup.* &c. ut in Vulg. Apud Cassiod. *Gladium evaginaverunt pecc. tetenderunt*, &c. ut in Vulg. In Gr. Ῥομφαίαν ἐσπάσαντο οἱ ἁμαρτωλοί· ἐνέτειναν..... τοῦ καταβαλεῖν πτωχὸν καὶ..... τοῦ (Compl. καὶ τοῦ) σφάξαι τοὺς εὐθεῖς τῇ καρδίᾳ.

℣. 15. Sic in Brev. Moz. est, excepto seq. *in cor eorum*, cum hoc ult. *conteretur.* In Psalt. Rom. *Gladius eorum intret in cor ipsorum : & arcus eorum conteratur.* Similiter apud Augustinum in hunc Psalm. præter vocem *framea*, pro *gladius.* Apud Ambros. in hunc Ps. *Framea peccatorum intret in corda ipsorum : & arcus eorum confringatur.* Lucif. Cal. l. 1. pro S. Athan. p. 191. h. & Cassiod. nil omnino differunt à Vulg. Græcè : Ἡ ῥομφαία αὐτῶν εἰσέλθοι εἰς τὴν καρδίαν αὐτῶν· καὶ τὰ τόξα αὐτῶν συντριβείη.

℣. 16. Ita August. & Cassiod. cum Psalt. Rom. Apud Lucif. Cal. l. 1. pro S. Athan. p. 191. h. *Melius modicum justo*, &c. Apud Ambros. in hunc Ps. *Melius est parum justo*, &c. In Gr. Κρεῖσσον ὀλίγον τῷ, &c.

℣. 17. Ambr. l. 6. Hexa. & in hunc Ps. cum Aug. Cassiod. & Psalt. Rom. *confirmat autem*, ut in Vulg. In Gr. ὑποστηρίζει δέ. Symm. ἀντιλαμβάνεται.

℣. 18. Psalt. Rom. cum Moz. Mediolan. Carnut. & Corb. hab. *vias immaculatorum*, &c. ut in Vulg. Similiter

Versio antiqua.	Hebr.	Vulgata hod.
Ex Mſ. Sangerm. 19. Non confundentur in tempore malo, & in diebus famis ſaturabuntur : 20. quoniam peccatores peribunt.	*Non confundentur in tempore malo, & in diebus famis ſaturabuntur : quia impii peribunt,*	19. Non confundentur in tempore malo, & in diebus famis ſaturabuntur : 20. quia peccatores peribunt.
Inimici autem Domini ſtatim honorabuntur & exaltabuntur : deficientes, ut fumus deficient.	*Et inimici Domini gloriantes ut monocerotes, conſumentur, ſicut fumus conſumitur.*	Inimici verò Domini mox ut honorificati fuerint & exaltati : deficientes, quemadmodum fumus deficient.
21. Mutuatur peccator, & non ſolvet : juſtus autem miſeretur & commodat.	*Fœnus accipit impius, & non reddet : juſtus autem donat & tribuit.*	21. Mutuabitur peccator, & non ſolvet : juſtus autem miſeretur & tribuet.
22. Quoniam benedicentes eum poſſidebunt terram : maledicentes autem illum diſperient.	*Quia qui benedicti fuerint ab eo, hæreditabunt terram : & qui maledicti, interibunt.*	22. Quia benedicentes ei hæreditabunt terram : maledicentes autem ei diſperibunt.
23. Apud Dominum greſſus ejus dirigentur : & viam ejus capient.	*A Domino greſſus viri firmantur, & viam ejus volet.*	23. Apud Dominum greſſus hominis dirigentur : & viam ejus volet.
24. Cùm ceciderit juſtus, non conturbabitur : quia Dominus firmat manum ejus.	*Cùm ceciderit, non allidetur : quia Dominus ſuſtentat manum ejus.*	24. Cùm ceciderit, non collidetur : quia Dominus ſupponit manum ſuam.
25. Juvenior fui, & ſenui : & non vidi juſtum derelictum, neque ſemen ejus egentem panem.	*Puer fui, ſiquidem & ſenui ; & non vidi juſtum derelictum, neque ſemen ejus quærens panem.*	25. Junior fui, etenim ſenui : & non vidi juſtum derelictum, nec ſemen ejus quærens panem.
26. Tota die miſeretur & fœnerat : & ſemen ejus in benedictione erit.	*Tota die donat & commodat : & ſemen ejus in benedictione.*	26. Tota die miſeretur & commodat : & ſemen illius in benedictione erit.

Notæ ad Versionem antiquam.

Ambroſ. in Luc. 1. col. 1272. c. & in hunc Pſ. col. 791. e. tum addit : *& hæreditas eorum immaculata erit ;* pauló verò poſt, *in æternum erit :* item infra, col. 792. a. ait : *Græcum habet : Novit Dom. dies immaculatorum.* Auguſt. & Caſſiod. in eund. Pſ. *vias immaculatorum*, &c. ut in Vulg. Hieron. in Iſai. 65. to. 3. col. 488. e. *Cognoſcit Dñus vias immacul. & hæreditas eorum erit in ſempiternum.* In Gr. Γινώσκει Κύριος τὰς ὁδὺς..... εἰς τὸν αἰῶνα ἔςαι.

℣. 19. Succinunt Ambroſ. Auguſt. & Caſſiod. in hunc Pſ. cum Pſalt. Rom. & Gr. Ambroſ. tamen in eund. Pſ. col. 793. a. alludendo fortè dicit : *Et non habebunt de quo erubeſcant in tempore malo*, &c. Hieron. in Iſai. 65. to. 3. col. 488. e. *Non confundentur in tempore peſſimo*, &c.

℣. 20. Ita in Brev. Moz. excepto uno *mox*, pro *ſtatim*. Item in Rom. præter ſeqq. *mox honorati & exaltati fuerint.* In Corb. *Inimici autem Domini ut honorabuntur & exaltabuntur : deficientes, ſicut fumus deficient.* Lucif. Cal. l. 1. pro S. Athan. p. 191. h. legit : *Inimici Domini mox ut honorabuntur & exaltabuntur : deficientes, ut*, &c. Ambroſ. in hunc Pſ. *deficientes, ſicut fumus deficient*, additque : *Græcum habet* ἐξέλιπον, *hoc eſt, defecerunt.* Auguſt. in eund. Pſ. *Inimici autem Dom. ſtatim ut gloriabuntur & exaltabuntur : defic. ſicut*, &c. Itidem ap. Caſſiod. in eund. Pſ. exceptis his, *mox honorificati fuerint & exaltati.* In Gr. ἅμα τῷ δοξαϑῆναι αὐτὺς ϗ ὑψωϑῆναι· ἐκλείποντες..... ἐξέλιπον.

℣. 21. Ita Caſſiod. in hunc Pſ. cum Pſalt. Moz. & Carnut. Similiter in Rom. præter unum *ſolvit.* Ambroſ. l. de Tob. c. 18. to. 1. col. 611. d. 614. b. cum Vulg. *Mutuabitur pecc. & non ſolvet..... & tribuet :* at in Pſ. 36. col. 796. d. f. & l. 3. offic. to. 2. col. 112. f. leg. *& tribuit ;* lib. verò 2. offic. col. 80. f. *& fœnerat :* l. de Tob. c. 2. col. 593. b. *& commodat*, ut in Pſalt. Corb. Aug. in hunc Pſ. *Fœneratur peccator, & non ſolvet : juſtus autem miſeretur & commodat.* Gr. Δανείζεται..... ϗ ὐκ ἀποτίσει..... οἰκτείρει ϗ διδοῖ. Compl. ἀποτίζει..... δίδωσι.

℣. 22. Sic in Pſalt. Rom. Corb. Moz. & ap. Caſſiod. in hunc Pſ. Similiter ap. Ambroſ. in eund. præter ult. *diſperibunt.* Ap. Auguſt. in eund. Pſ. ita, *hæreditate poſſidebunt terram ;* extremóque, *diſperient.* In Gr. κληρονομήσυσι..... ἐξολοϑρευϑήσονται.

℣. 23. Pſalt. Rom. *A Domino greſſus hominis diriguntur : & viam ejus cupit nimis.* Mozarab. *A Domino greſſus hom. dirigentur..... cupiet nimis.* Mediolan. *cupiet valde.* Corb. *& viam ejus cupient.* Apud Ambroſ. in hunc Pſ. col. 798. a. *A Domino greſſus viri corrigentur ;* mox ita : *Græcus* διαβήματα *dixit, hoc eſt, tranſitus.* Auguſt. in hunc Pſ. cum Auct. lib. de voc. gent. l. 1. c. 24. p. 15. b. *A Domino greſſus hominis dirigentur..... volet.* Ita rurſum ap. Aug. epiſt. 217. to. 2. col. 800. b. præter unum *diriguntur.* Itidem ap. S. Paulin. epiſt. 29. p. 181. b. Hieron. verò in Jerem. 20. to. 3. p. 581. c. legit : *A Domino..... dirigentur..... volet nimis :* unde epiſt. ad Sun. & Fretel. to. 2. col. 635. b. ait : *In Græco* volet nimis *vos legiſſe dicitis ; quod additum eſt, nec apud quemquam habetur Interpretum.* In Gr. Vat. Παρὰ Κυρίυ τὰ διαβήματα ἀνϑρώπυ κατευϑύνεται· ϗ τὴν ὁδὸν αὐτῦ ϑελήσει. Mſ. Alex. Ald. & Compl. addunt σφόδρα. Apud Symm. ϗ ἡ ὁδὸς αὐτῦ εὐδοκεῖται.

℣. 24. Ita Pſalt. Rom. & Mediolan. cum Caſſiod. in hunc Pſ. In Corb. etiam & Carnut. *non conturbabitur ;* at in fine, *confirmat manum ejus.* Itidem apud Ambroſ. in hunc Pſ. col. 799. d. detracto verbo *juſtus :* at infra, col. 800. a. leg. *non turbabitur.* In Brev. Mozarab. *Cùm cecid. juſtus, non commovebitur : quoniam Dominus confirmat manum ejus :* in Pſalt. Corb. *manu ejus.* Ap. Aug. in hunc Pſ. deeſt *juſtus ;* deinde ſic : *non conturbabitur : quon. Dom. confirmat manum ejus.* Ap. Greg. Turon. de glor. Conf. p. 912. d. *Cùm ceciderit juſtus, non conlidetur : quia Dom. firmat manum ejus.* Fulg. l. de Incarn. p. 427. *Dum ceciderit juſtus, non conturbabitur : quon. Dom. confirmat manum ejus.* In Gr. Ὅταν πέσῃ, ὐ καταρραχϑήσεται· ὅτι Κύριος αντιςηρίζει χεῖρα αὐτῦ.

℣. 25. Ita Brev. Mozarab. hab. præter vocem 1. *immemor*, loco *juvenior :* at hic mendum ſuſpicor, nam in Pſalt. Rom. Fabri, & Corb. conſtanter, *Junior fui, & ſenui :* ſubinde, *nec ſemen ejus egens pane.* Corb. *quærentem panem :* ſic etiam leg. Cypr. l. de op. & eleem. p. 243. c. at l. de orat. Dom. p. 210. c. *neque ſemen ejus quærens panem :* & l. 3. Teſtim. p. 303. a. *Junior fui, etenim ſenui..... nec ſemen ejus quærens panem.* Ambroſ. de Tob. c. 18. to. 1. col. 611. d. & in Luc. 6. p. 1369. c. & l. 1. offic. to. 2. col. 49. c. *Juvenis fui, & ſenui..... nec ſemen ejus quærens panem :* item in Pſ. 36. to. 1. col. 802. e. ait : *Aliqui autem juxta Græcos habent : Juvenis fui, etenim ſenui*, &c. ut ſup. inf. etiam col. 804. b. c. e. legit ipſe, *etenim ſenui.* Hieron. in Iſai. 5. to. 3. col. 51. f. *Juvenis fui, & ſenui*, &c. ut in Vulg. S. Paulinus epiſt. 23. p. 127. a. *Junior fui, & ſenui :* Mſ. tamen Reg. cum edit. Grav. hab. *Juvenior.* Auguſt. in hunc Pſ. col. 283. d. *Juvenis fui, & ecce ſenui ; & non vidi ;* reliqua ut in Vulg. & infra, col. 285. a. *Junior fui, & ecce ſenui : & nunquam vidi..... quærens panem.* Caſſiod. in eund. Pſ. cum Pſalt. Rom. Martianæi : *Juvenior fui, & ſenui : & non vidi..... egens pane.* Auct. quæſt. ap. Aug. to. 3. q. 119. *Puſillus fui, etenim ſenui ; & nunquam vidi*, &c. Gr. Νεώτερος ἐγενόμην, ϗ γὰρ ἐγήρασα· ϗ ὐκ εἶδον..... ὐδὲ τὸ σπέρμα αὐτῦ ζητῦν ἄρτυς.

℣. 26. Sic Ambroſ. in hunc Pſ. col. 805. d. 806. a. & Hieron. in Iſai. 65. col. 488. c. Ita etiam Cypr. l. de op. & eleem. p. 243. c. & l. 3. Teſtim. p. 303. a. excepto ult. *eſt*, pro *erit.* Caſſiod. in hunc Pſ. Vulgatæ congruit cum Pſalt. Rom. Aug. in eund. Pſ. leg. *miſeretur & fœneratur*, &c. ut in textu : tum addit : *Fœneratur quidem Latinè dicitur, & qui dat mutuum, & qui accipit : planiùs hoc autem dicitur, &*

Vulgata hod.	Hebr.	Versio antiqua.
27. Declina à malo, & fac bonum: & inhabita in fæculum fæculi.	*Recede à malo, & fac bonum, & habita in fempiternum.*	27. Declina à malo, & fac bonum: & inhabita in fæcula fæculorum. Ex Mf. Sangerm.
28. Quia Dominus amat judicium, & non derelinquet fanctos fuos: in æternum confervabuntur.	*Quia Dominus diligit judicium, & non derelinquet fanctos fuos: in æternum cuftoditi funt,*	28. Quoniam Dominus amat judicium, & non derelinquet fanctos fuos: in æternum confervabuntur.
Injufti punientur: & femen impiorum peribit.	*Et femen impiorum peribit.*	Injufti punientur: & femen impiorum peribit.
29. Jufti autem hæreditabunt terram: & inhabitabunt in fæculum fæculi fuper eam.	*Jufti hæreditabunt terram, & inhabitabunt in fæculum fuper eam.*	29. Jufti in hæreditate poffidebunt terram: & habitabunt in fæcula & fæcula fæculorum fuper eam.
Prov. 31. 26. 30. Os jufti meditabitur fapientiam, & lingua ejus loquetur judicium.	*Os jufti meditabitur fapientiam, & lingua ejus loquetur judicium.*	30. Os jufti edifcit fapientiam, & lingua ejus loquetur judicium.
Ifa. 51. 7. 31. Lex Dei ejus in corde ipfius: & non fupplantabuntur greffus ejus.	*Lex Dei ejus in corde ejus: non deficient greffus ejus.*	31. Lex Dei ejus in corde ipfius: & non fubplantabuntur greffus ejus.
32. Confiderat peccator juftum: & quærit mortificare eum.	*Confiderat impius juftum, & quærit ut occidat eum.*	32. Confiderat peccator juftum: & quærit perdere eum.
33. Dominus autem non derelinquet eum in manibus ejus: nec damnabit eum cùm judicabitur illi.	*Dominus non derelinquet eum in manu ejus, & non condemnabit eum, cùm judicabitur.*	33. Dominus non relinquet eum in manibus ejus: nec damnabit eum cùm judicabitur illi.
34. Exfpecta Dominum, & cuftodi viam ejus: & exaltabit te ut hæreditate capias terram: cùm perierint peccatores, videbis.	*Exfpecta Dominum, & cuftodi viam ejus, & exaltabit te ut poffideas terram: cùm interibunt impii, videbis.*	34. Exfpecta Dominum, & cuftodi viam ejus: & exaltabit te ut inhabites terram: cùm pereunt peccatores, videbis.
35. Vidi impium fuperexaltatum, & elevatum ficut cedros Libani.	*Vidi impium robuftum, & fortiffimum ficut indigenam virentem.*	35. Vidi impium fuperexaltatum, & elevatum ficut cedros Libani.
36. Et tranfivi, & ecce non erat: & quæfivi eum, & non eft inventus locus ejus.	*Et tranfivi, & ecce non erat: & quæfivi eum, & non eft inventus.*	36. Et tranfivi, & ecce non erat: & quæfivi eum, & non eft inventus locus ejus.
37. Cuftodi innocentiam, &	*Cuftodi fimplicitatem, & vide*	37. Cuftodi veritatem, &

Notæ ad Verfionem antiquam.

dicamus fœnerat. *Quid ad nos quid Grammatici velint? meliùs in barbarifmo noftro vos intelligitis, quàm in noftra difertitudine vos deferti eritis. Ergo juftus ifte tota die miferetur & fænerat;* & fic deinceps. In Gr. ἐλεεῖ ϗ δανείζει..... εἰς εὐλογίαν ἔϛαι.

ỳ. 27. Concinit Ambrof. in hunc Pf. col. 806. b. ut & Auguft. in eund. col. 287. c. cum Pfalt. Corb. Caffiodorus verò Vulgatæ congruit cum Pfalt. Rom. Gr. habet in fine, εἰς αἰῶνα αἰῶνος

ỳ. 28. Ita rurfum Ambrof. in hunc Pf. col. 806. b. necnon Auguft. & Caffiod. in eund. cum Pfalt. Rom. Corb. & Moz. addito uno *autem*, poft *injufti*. In Gr. ἄμωμοι ἐκδικηθήσονται. Mf. Alex. ἄνομοι δέ. Ald. & Compl. ἄμωμοι δὲ ἐκδιωχθήσονται· al. libb. οἱ δὲ ἄνομοι ἐκδιωχθήσονται.

ỳ. 29. Pfalt. Rom. & Moz. *Jufti verò hæreditate poffidebunt terram: & inhabitabunt in fæculum fæculi*, &c. Similiter in Corb. fi hoc excipias, *in fæcula fæculorum*. Itidem apud Ambrofium in hunc Pf. col. 806. b. necnon apud Auguft. & Caffiod. in eund. detractâ voculâ *verò*, poft *jufti*. In Gr. Δίκαιοι δὲ κληρονομήσουσι γῆν ϗ κατασκηνώσουσιν εἰς αἰῶνα αἰῶνος, &c.

ỳ. 30. Ambrof. in hunc Pf. col. 806. f. & in Pf. 118. col. 1100. a. legit cum Auguft. Caffiod. & Pfalt. Rom. *Os jufti meditabitur fapientiam*, &c. ut fupra. Corb. hab. *Os jufti meditabitur juftitiam*, &c. Gr. verò, μελετήσει σοφίαν. Ambrof. in eund. Pf. p. 807. d. *Propheta* meditabitur *dixit, licet unus è pluribus* meditatur *fcripferit; nec abhorret à fenfu.*

ỳ. 31. Accinunt Ambrof. Aug. & Caffiod. in hunc Pf. unà cum Pfalt. Rom. & Gr.

ỳ. 32. Ita Ambrof. in hunc Pf. col. 810. f. & Caffiod. in eund. cum Pfalt. Rom. Corb. & Carnut. In Moz. fic: *& quæret perdere eum.* In Mediolan. *occidere eum.* Apud Lucif. Cal. l. 1. pro S. Athan. p. 191. h. *Confpicit peccator juftum: & quærit mortificare eum.* Item apud Auguft. in eund. Pf. *mortificare eum.* Gr. Καλανοεῖ..... ϗ ζητεῖ τοῦ θανατῶσαι αὐτόν.

ỳ. 33. Lucif. Cal. l. 1. pro S. Athan. p. 191. h. necnon Ambr. in hunc Pf. col. 806. f. 810. f. cum Aug. & Caffiod. in eund. & Pfalt. Rom. Vulgatæ congruunt. In Mozarab. deeft ult. *illi*. Ambrof. loco citato notat Aquilam dixiffe, *nec damnabit eum in judicando eo;* Symmach. *nec damnabit cùm judicabitur juftus: fed LXX. Viri*, inquit, *fic pofuerunt, Cum judicabitur illi.* Præterea Auguft. ubi fup. col. 290. b. ait in quibufdam exemplaribus legi, *& cùm judicabit eum, judicabitur illi.* In Pfalt. Corb. fic: *Dominus autem non tradat eum in manus ejus: nec damnabit eum cùm judicab.* In Gr. Vat. Ὁ δὲ Κύριος οὐ μὴ ἐγκαταλίπῃ αὐτὸν εἰς τὰς χεῖρας αὐτοῦ· οὐδὲ μὴ καταδικάσαι αὐτὸν ὅταν κρίνηται αὐτῷ. Alex. Ald. & Compl. καταδικάσηται, dein Alex. αὐτὸν, κρίνεται αὐτῷ.

ỳ. 34. Ita Pfalt. Corb. habet. Sic etiam in Moz. præter hoc, *vias ejus*. Itidem in Rom. hoc infuper excepto, *peribunt*, pro *pereunt*. Apud Ambrof. in hunc Pf. col. 807. a. 812. a. *cuftodi viam ejus: & exaltabit te, ut hæreditate poffideas terram: cùm perierint pecc.* &c. at infra, col. 811. f. leg. *vias ejus*. Item Auguft. in eund. Pf. *vias ejus..... ut hæreditate poffideas terram: cùm pereunt pecc.* &c. unus tamen aut alter Mf. hab. *cùm perient.* Caffiod. in eund. Pf. *viam ejus..... ut inhabites terram: cùm perierint*, &c. In Gr. τὴν ὁδὸν αὐτοῦ..... τοῦ κατακληρονομῆσαι τὴν γῆν· ἐν τῷ ἐξολοθρεύεσθαι, &c.

ỳ. 35. Ita Hilar. in Pf. 128. col. 435. c. & Ambrof. in Pf. 1. to. 1. col. 759. a. & de obitu Theod. to. 2. col. 1209. a. In Pfalt. Rom. Mediol. Moz. & apud Caffiod. *fuper cedros Libani.* Similiter apud Lucif. Cal. l. 1. pro S. Athan. p. 191. h. necnon Ambrof. l. 1. de Cain & Ab. c. 5. to. 1. col. 191. f. 192. a. ut & infra, col. 669. c. 798. b. 812. c. at l. de fuga fæc. c. 5. col. 428. c. & in Pf. 36. col. 814. a. & l. 1. de pœnit. to. 2. col. 409. f. *ultra cedros Libani*; item in Pf. 118. to. 1. col. 1159. b. *exaltatum ultra cedros Libani*. Cypr. verò epift. 55. p. 80. c. legit: *Vidi impium exaltatum, & extolli fuper cedros Libani.* Auguft. in hunc Pf. *Vidi impium fuperexaltari, & elevari fuper cedros Libani.* Gr. Εἶδον τὸν ἀσεβῆ ὑπερυψούμενον, ϗ ἐπαιρόμενον ὡς τὰς κέδρους, &c.

ỳ. 36. Ita Lucif. Cal. l. 1. pro S. Athan. p. 191. h. & Ambrof. l. 4. de interpel. Dav. c. 8. to. 1. col. 669. c. & in hunc Pf. col. 814. a. Item Auguft. & Caffiod. in eund. cum Gr. In Pfalt. Rom. & Moz. deeft &, ante verba *tranfivi*, & *quæfivi*. Apud Cypr. epift. 55. p. 80. c. 81. a. fic: *Et tranfivi, & ecce non fuit: & quæfivi*, &c. In Gr. Καὶ παρῆλθον, ϗ ἰδοὺ οὐκ ἦν· ϗ ἐζήτησα, &c.

ỳ. 37. Ita Caffiod. in hunc Pf. cum Pfalt. Rom. Corb. & Carnut. Ambrof. verò in eund. Pf. col. 814. c. legit:

Versio antiqua.

Ex Mf. Sangerm. vide æquitatem : quoniam funt reliquiæ homini pacifico.

38. Injuſti autem diſperibunt fimul : reliquiæ impiorum peribunt.

39. Salus juſtorum à Domino : & protector eorum eſt in tempore tribulationis.

40. Et adjuvabit eos Dominus, & liberabit eos : & eripiet eos à peccatoribus, & falvos faciet eos : quoniam fperaverunt in eum.

Hebr.

rectum : quia erit in extremum viro pax.

Prævaricatores autem interibunt pariter, & noviſſimum impiorum peribit.

Salus autem juſtorum à Domino : fortitudo eorum in tempore tribulationis.

Et auxiliabitur eis Dominus, & falvabit eos : eripiet eos ab impiis, & falvabit eos : quia fperaverunt in eo.

Vulgata hod.

vide æquitatem : quoniam funt reliquiæ homini pacifico.

38. Injuſti autem difperibunt fimul : reliquiæ impiorum interibunt.

39. Salus autem juſtorum à Domino : & protector eorum in tempore tribulationis.

40. Et adjuvabit eos Dominus, & liberabit eos : & eruet eos à peccatoribus, & falvabit eos : quia fperaverunt in eo.

Notæ ad Versionem antiquam.

Cuſtodi innocentiam, & vide æquitatem, &c. paulò verò poſt, ait : *Alii poſuerunt : Cuſtodi perfectionem.* Auguſt. in eund. Pf. col. 264. f. 291. b. *Cuſtodi innocentiam, & vide directionem*, &c. Gr. Φύλασσε ἀκακίαν, καὶ ἴδε εὐθύτητα· ὅτι ἐστὶν ἐγκατάλειμμα, &c.

℣. 38. Ita Caſſiod. in hunc Pf. Similiter in Pfalt. Rom. & Moz. præter hoc, *diſperient ſimul :* vox autem *ſimul*, jungitur cum ſeq. *reliquiæ*, ſaltem in Rom. In Carnut. & Corb. *punientur ſimul ;* ſubinde in Corb. *reliq. impior. peribunt.* Ap. Aug. in eund. Pf. *diſperient in idipſum : reliq. imp. interibunt.* Ambr. in hunc Pf. col. 814. e. concordat cum Vulg. In Gr. ἐξολοθρευθήσονται ἐπὶ τὸ αὐτό..... ἐξολοθρευθήσονται.

℣. 39. Pfalt. Rom. *Salus autem juſtorum à Domino eſt : & protector eorum eſt*, &c. Itidem in Pfalt. Corb. & Gr. necnon apud Ambroſ. Auguſt. & Caſſiod. in hunc Pf. deleto primo *eſt.* Brev. Moz. delet *eorum.*

℣. 40. Ita Caſſiod. in hunc Pf. cum Brev. Moz. Item in Pfalt. Corb. & Rom. niſi quòd in fine fcrib. *in eo.* Auguſt. in eund. Pf. *Et adjuvabit eos Dominus, & eruet eos : & eximet eos à peccatoribus ;* nec addit plura. In Gr. Καὶ βοηθήσει αὐτοῖς..... καὶ ῥύσεται αὐτούς· καὶ ἐξελεῖται αὐτοὺς ἐξ..... καὶ σώσει αὐτούς· ὅτι..... ἐπ' αὐτόν.

Versio antiqua.

Ex Mf. Sangerm. 1. Pfalmus David, in commemoratione fabbati. XXXVII.

2. Domine ne in ira tua arguas me, neque in furore tuo corripias me.

3. Quoniam fagittæ tuæ infixæ funt mihi : & confirmaſti ſuper me manum tuam.

4. Nec eſt fanitas in carne mea à vultu iræ tuæ : non eſt pax oſſibus meis à facie peccatorum meorum.

5. Quoniam iniquitates

* Mf. vitiosè meas. * meæ ſuperpoſuerunt caput

meum : ſicut onus grave gravatæ funt ſuper me.

6. Computuerunt & deterioraverunt cicatrices meæ, à facie inſipientiæ meæ.

Hebr.

Canticum David in commemoratione. XXXVIII.

Domine ne in ira tua arguas me, neque in furore tuo corripias me.

Quia fagittæ tuæ infixæ funt mihi, & tetigit me manus tua.

Non eſt fanitas in carne mea à facie indignationis tuæ : non eſt pax oſſibus meis à facie peccati mei.

Quia iniquitates meæ tranſierunt caput meum. quaſi onus grave aggravatæ funt ſuper me.

Computruerunt & tabuerunt cicatrices meæ, à facie inſipientiæ meæ.

Vulgata hod.

1. Pfalmus David, in rememorationem de fabbato. XXXVII.

2. Domine ne in furore tuo arguas me, neque in ira tua corripias me. Pfal. 6. 2.

3. Quoniam fagittæ tuæ infixæ funt mihi : & confirmaſti ſuper me manum tuam.

4. Non eſt fanitas in carne mea à facie iræ tuæ : non eſt pax oſſibus meis à facie peccatorum meorum.

5. Quoniam iniquitates meæ fupergreſſæ funt caput meum : & ſicut onus grave gravatæ funt ſuper me.

6. Putruerunt & corruptæ funt cicatrices meæ, à facie inſipientiæ meæ.

Notæ ad Versionem antiquam.

℣. 1. Ita Pfalt. Moz. hab. cum Corb. & Rom. Fabri. Rom. verò Martianæi, *in rememoratione fabbati.* Similiter apud Hilar. in Pf. 69. col. 232. a. *in rememoratione.* Apud Ambroſ. in hunc Pf. col. 815. e. *In commemorationem diei ſabbati, Pſalmus David ;* & infra : *aut ſicut alius habet, ſabbatorum.* Item Hieron. Algaſ. quæſt. 8. col. 202. f. *Titulus eſt*, inquit, *In commemorationem.* Auguſt. in eund. Pf. *Titulus ejus eſt : Pſalmus ipſi David, in recordationem ſabbati.* Apud Caſſiod. ſimpliciter : *Pſalmus David, in commemoratione.* In Gr. Ψαλμὸς τῷ Δαυίδ, εἰς ἀνάμνησιν περὶ σαββάτου.

℣. 2. Concinit Ambroſ. in hunc Pf. col. 820. b. & l. de lapſu virg. to. 2. col. 318. d. Item Caſſiod. in eund. Pf. cum Pfalt. Rom. Corb. & Moz. Apud Auguſt. verò in eund. Pfalm. ita. *Domine ne in indignatione tua arguas me, neque in ira tua emendes me.* In Gr. Κύριε μὴ τῷ θυμῷ σου ἐλέγξῃς με, μηδὲ τῇ ὀργῇ σου παιδεύσῃς με.

℣. 3. Sic Ambroſ. in Pf. 36. col. 791. c. & in hunc Pf. 37. col. 821. d. & l. de lapſu virg. to. 2. 318. d. Item Auguſt. & Caſſiod. in eund. Pf. cum vet. Pfalt. & Gr.

℣. 4. Sic Ambroſ. l. de lapſu virg. to. 2. col. 318. d. cum Caſſiod. in hunc Pf. Sic iterum apud Ambroſ. in eund. Pf. col. 826. b. excepto uno *non*, pro *nec.* In Pfalt. Moz. *Et non eſt ſanitas..... à vultu..... & non eſt pax*, &c. Similiter in Rom. & Corb. præter hoc, *Nec eſt ſanitas.* Apud Auguſt. in eund. Pf. *Non eſt ſanitas.... à vultu..... non eſt pax*, &c. nec abſimile Græcum eſt.

℣. 5. Itidem in Pfalt. Rom. Corb. Mediol. & Carnut. cum voce *meæ*, loco *meas* Mf. codicis. Iiſdem favet Ambr. in hunc Pf. p. 827. b. & in Pf. 35. & 48. p. 769. f. 948. a. item l. de lapſu virg. to. 2. p. 318. d. niſi quòd hic habet *& ſicut onus.* Similiter apud S. Paulin. epiſt. 12. p. 65. a. *Superpoſuerunt iniquitates meæ caput meum : & ſicut onus*, &c. item epiſt. 23. p. 135. e. abſque *& :* at epiſt. 40. p. 244. c. loco *ſicut onus*, &c. leg. *& multiplicatæ ſunt ſuper capillos capitis noſtri ;* quæ pertinent ad Pf. 39. ℣. 13. Hieron. verò Algaſ. quæſt. 8. p. 202. f. *Quoniam iniquit. meæ elevatæ ſunt ſuper caput meum : quaſi onus*, &c. item l. 3. in ep. ad Galat. to. 4. p. 292. c. 309. f. at in Iſai. 1. to. 3. p. 11. a. *Elevatæ ſunt iniquit. meæ ſuper cap. meum : quaſi onus grave ingravatæ ſunt*, &c. & in Iſai. 58. p. 435. c. *Iniquitates meæ elevatæ ſunt ſupra..... quaſi onus grave aggravatæ ſunt*, &c. Aug. in hunc Pf. *Quoniam iniquitates meæ ſuſtulerunt caput meum : ſicut faſcis gravis gravatæ ſunt*, &c. Auct. op. imp. in Matt. hom. 29. p. 121. b. cum Petro Chryſol. ſ. 44. p. 880. c. & Caſſiod. in hunc Pf. *Quoniam iniquit. meæ ſuperpoſuerunt*, &c. ut in textu. Id Ambr. in hunc Pf. ita explicat : *Supertranſierunt caput meum, & ſupereminent mihi ut ſenſus meos deprimant.* In Gr. Ὅτι αἱ ἀνομίαι μου ὑπερῆραν τὴν κεφαλήν μου· ὡσεὶ φορτίον βαρὺ ἐβαρύνθησαν, &c.

℣. 6. Ita Ambr. l. de lapſu virg. to. 2. p. 318. d. necnon S. Paulin. epiſt. 40. p. 244. c. & Caſſiod. in hunc Pf. cum Pfalt. Rom. Corb. & Moz. niſi quòd ſcribunt *computruerunt.* Ambroſius in Pf. 37. p. 828. a. alludens dicit, *corruptas eſſe & computruiſſe cicatrices*, &c. Pfalt. verò Mediolan. & Carn. hab. *deterioraverunt*, ut ſup. Aug. in eund. Pf. *Computruerunt & putuerunt livores mei, à facie*, &c. Item in Pfalt. Mediol. *livores mei.* Ap. Fulg. ep. 4. ad Prob. p. 178. *Computruerunt & deterioratæ ſunt cicatr. meæ*, &c. ut in Vulg.

Vulgata hod.

7. Miſer factus ſum & curvatus ſum uſque in finem : tota die contriſtatus ingrediebar.

8. Quoniam lumbi mei impleti ſunt illuſionibus : & non eſt ſanitas in carne mea.

9. Afflictus ſum, & humiliatus ſum nimis : rugiebam à gemitu cordis mei.

10. Domine, ante te omne deſiderium meum : & gemitus meus à te non eſt abſconditus.

11. Cor meum conturbatum eſt, dereliquit me virtus mea : & lumen oculorum meorum, & ipſum non eſt mecum.

12. Amici mei, & proximi mei adversùm me appropinquaverunt, & ſteterunt.

Et qui juxta me erant, de longè ſteterunt : 13. & vim faciebant qui quærebant animam meam.

Et qui inquirebant mala mihi, locuti ſunt vanitates : & dolos tota die meditabantur.

14. Ego autem tanquam ſurdus non audiebam : & ſicut mutus non aperiens os ſuum.

15. Et factus ſum ſicut homo non audiens : & non habens in ore ſuo redargutiones.

16. Quoniam in te Domine ſperavi : tu exaudies me Domine Deus meus.

Hebr.

Afflictus ſum & incurvatus ſum nimis : tota die mœrens ambulabam.

Quia lumbi mei repleti ſunt ignominiâ, & non eſt ſanitas in carne mea.

Evigilavi, & afflictus ſum nimis : rugiebam à gemitu cordis mei.

Domine in conſpectu tuo omne deſiderium meum : & gemitus meus à te non eſt abſconditus.

**Cor meum fluctuabat, dereliquit me fortitudo mea : & lux oculorum meorum etiam ipſa non eſt mecum.*

Cari mei, & amici mei contra lepram meam ſteterunt,

Et vicini mei longè ſteterunt : & irruebant quærentes animam meam :

Et inveſtigantes mala mihi, loquebantur inſidias, & dolos tota die meditabantur.

Ego autem quaſi ſurdus non audiebam, & quaſi mutus qui non aperit os ſuum.

Et eram quaſi homo non audiens, nec habens in ore ſuo redargutiones.

Te enim Domine exſpectabam : tu exaudies Domine Deus meus.

Versio antiqua.

7. Miſeriis adflictus ſum & turbatus uſque ad finem : tota die contriſtatus ingrediebar. Ex Mſ. Sangerm.

8. Quoniam anima mea completa eſt inluſionibus : & non eſt ſanitas in carne mea.

9. Incurvatus ſum, & humiliatus ſum nimis : rugibam à gemitu cordis mei.

10. Et ante te omne deſiderium meum : & gemitus meus non eſt abſconditus à te.

11. Cor meum conturbatum eſt, & deſeruit me fortitudo mea : & lumen oculorum meorum non eſt mecum.

12. Amici mei, & proximi mei adversùm me adpropiaverunt, & ſteterunt.

Et proximi mei à longè ſteterunt : 13. & vim faciebant qui quærebant animam meam.

Et qui inquirebant mala mea, locuti ſunt vanitatem : & dolum tota die meditabantur.

14. Ego autem velut ſurdus non audiebam : & ſicut mutus qui non aperit os ſuum.

15. Et factus ſum ut homo non audiens : & non habens in ore ſuo increpationes.

16. Quoniam in te Domine ſperavi : & exaudies me Domine Deus meus.

Notæ ad Versionem antiquam.

In Gr. Προσώζεσαν ϗ ἐσάπησαν οἱ μώλωπές μου, ἀπὸ, &c.

℣. 7. Sic in Pſalt. Corb. ad verbum. Item in Rom. Fabri, addito *ſum*, ad *turbatus*, ſicut *in*, poſt *uſque*. In Rom. Martianæi, *& curvatus ſum*, ut in Vulg. Similiter apud Hieron. Algaſ. quæſt. 8. col. 202. f. Item apud Ambroſium in hunc Pſ. p. 828. f. & l. de lapſu virg. to. 2. p. 318. d. *Miſeriis affl... is ſum & curvatus ſum uſque in finem*, &c. Sic etiam legunt Auguſt. & Caſſiod. in hunc Pſ. niſi quòd Auguſt. loco *ingrediebar*, ponit *ambulabam*. Hieron. in Iſai. 58. to. 3. p. 428. f. *Afflictus ſum & incurvatus ſum uſque ad*, &c. In Gr. Ἐταλαιπώρησα ϗ κατεκάμφθην ἕως τέλους..... ἐπορευόμην. Suſpicor mendum in Mſ. Sangerm. ubi ſcriptum *turbatus*, pro *curvatus* : ſæpe enim in hoc codice littera *v* mutatur in *b*, & vice verſa ; prima etiam littera *t* facilè potuit ſcribi pro *c* : attamen in Pſalt. Corb. & Rom. Fabri etiam legitur *turbatus*, quod Græco textui repugnat, ut & PP. Lat. Item in Mſ. Sangerm. ſcriptum eſt, *Miſertus adflictus ſum*, ſed aperto mendo, pro *miſeriis*.

℣. 8. Ita legit Ambroſ. in hunc Pſ. p. 829. d. paulòque poſt monet *Symmachum* dixiſſe *lumbos* ; & infra p. 830. a. *Bene*, inquit, *LXX. Viri* animæ illuſiones *dixerunt* : quam lectionem admittunt Auguſt. & Caſſiod. in eund. Pſ. cum Pſalt. Rom. Corb. Mediol. & Carnut. Sic etiam habet ℟. ad lect. 7. Domin. Paſſionis, cum Pſalt. Arab. & Æthiop. In Moz. ſic : *Anima mea completa eſt invidionibus*, ſed errore manifeſto, pro *inluſionibus*. In Gr. ed. Rom. Ὅτι ἡ ψυχή μου ἐπλήσθη ἐμπαιγμῶν, &c. Mſ. verò Alex. cum edd. Ald. Compl. & Symm. hab. Αἱ ψύαι μου ἐπλήσθησαν ἐμπαιγμάτων, &c.

℣. 9. Concinit Ambroſ. in hunc Pſ. col. 829. d. & in Luc. 19. col. 1497. b. niſi quòd hoc ult. loco delet *ſum*, poſt *incurvatus*, & conſtanter ſcribit *rugiebam* : at l. 5. de fide, to. 2. col. 570. f. legit : *Afflictus ſum, & humiliatus ſum nimis* : & l. de lapſu virg. col. 318. d. *rugio à gemitu*, &c. Auguſt. in hunc Pſ. *Infirmatus ſum, & humiliatus ſum uſque nimis : rugiebam*, &c. Caſſiod. in eund. Pſ. cum Pſalt. Rom. Corb. & Moz. *Incurvatus ſum, & humiliatus ſum uſquequaque*, &c. Item in Mediol. & Carnut. *Incurvatus ſum*. In Gr. Ἐκακώθην, ϗ ἐταπεινώθην ἕως σφόδρα· ὠρυόμην, &c.

℣. 10. Sic Ambroſ. in hunc Pſ. p. 829. d. 832. b. & inf. p. 930. a. Itidem in Pſalt. Moz. præter unum *&*, quod initio ipſo deeſt. In Rom. ſic : *Et ante te eſt omne deſiderium..... à te non eſt abſconditus*. Similiter apud Aug. in eund. Pſ. præter hoc, *non eſt abſconditus à te*. Ap. Caſſiod. & in Pſalt. Corb. *Et ante te omne deſiderium..... non eſt à te abſconditus*. In Gr. Vat. Καὶ ἐναντίον σου πᾶσα..... οὐκ ἀπεκρύβη ἀπό σου. Mſ. Alex. cum edd. Ald. & Compl. Κύριε, ἐναντίον σου..... ἀπό σου οὐκ ἀπεκρύβη.

℣. 11. Ita legunt Ambr. & Aug. in hunc Pſ. Similiter in Pſalt. Rom. & ap. Caſſiod. hoc addito, *in me*, poſt *conturbatum eſt*. Item in Moz. dempto *&*, poſt *in me*. Sed Ambr. l. de lapſu virg. to. 2. p. 318. e. legit : *Cor meum turbatum eſt intra me, dereliquit me virtus mea*, &c. ut ſupra. In Pſalt. Corb. *Cor meum conturbat. eſt, deſeruit me virtus mea : & lumen oculorum meor. non eſt mecum*. In Gr. Vat. Ἡ καρδία μου ἐταράχθη, ἐγκατέλιπέ με ἡ ἰσχύς μου· ϗ τὸ φῶς τῶν ὀφθαλμῶν μου οὐκ ἔστι, &c. Alex. verò cum edd. Ald. & Compl. hab. μου ϗ αὐτὸ οὐκ ἔστιν, &c.

℣. 12. Ita ferunt Pſalt. Rom. & Moz. ad verbum. Similiter Corb. cum Ambr. Aug. & Caſſiod. excepto uno *appropinquaverunt*. Item ap. S. Paulin. ep. 11. p. 50. a. *proximi mei à longè*, &c. ſicut in Pſalt. Mediol. & Carnut. Auguſt. verò loco cit. delet utrumque *mei*, ſed infra addit. In Gr. ϗ οἱ ἔγγιστά μου μακρόθεν, &c. Mſ. Alex. cum Ald. & Compl. ἀπὸ μακρόθεν.

℣. 13. Sic in Pſalt. Corb. & Moz. eſt. Rom. verò Vulgatæ congruit ; ſicut etiam Ambroſ. & Caſſiod. in hunc Pſ. niſi quòd hab. *vanitatem* ut ſup. item apud Ambr. *& dolum*. Ap. Auguſt. in eund. Pſ. ſimiliter : *qui quærebant mala mea, locuti ſunt vanitatem : & dolum*, &c. In Gr..... ϗ οἱ ζητοῦντες τὰ κακά μοι, ἐλάλησαν ματαιότητας· ϗ δολιότητας..... ἐμελέτησαν.

℣. 14. Sic Ambroſ. in hunc Pſ. cum Pſalt. Rom. & Corb. In Moz. & apud Caſſiod. *velut ſurdus..... qui non aperuit*, &c. Apud Auguſt. in eund. Pſ. *velut ſurdus..... non aperiens*, &c. In Gr. ὡσεὶ κωφὸς..... οὐκ ἀνοίγων, &c.

℣. 15. Similiter in Pſalt. Rom. Corb. & ap. Caſſiod. in hunc Pſ. Moz. etiam, Mediolan. & Carnut. ferunt *increpationes* ; ſicut Ambr. in hunc Pſ. p. 833. f. Rufin. in Symb. p. 182. a. & Hieron. in Jerem. 28. to. 3. p. 662. f. Auguſt. verò in eund. Pſ. leg. *redargutiones*. Gr. ἐλεγμούς, & ſupra ὡσεὶ, pro *ut*, Ambroſ. & alii *ſicut*. Hieron. *quaſi*.

℣. 16. Pſalt. Corb. *Quoniam in te Dom. ſperavi : tu exaudies Deus meus*. Rom. Fabri : *ſperavi : dixi : Tu exaudies Domine Deus meus*. Rom. Martianæi : *dixi : Tu exaudies me Domine*, &c. Mozarab. *ſperavi Domine : tu exaudies De-*

VERSIO ANTIQUA.	HEBR.	VULGATA HOD.
Ex Mſ. Sangerm. 17. Quia dixi : Ne aliquando inſultent in me inimici mei : & dum commoventur pedes mei, in me magna locuti ſunt.	*Quia dixi : Ne fortè inſultent mihi, & cùm vacillaverit pes meus, ſuper me magnificentur.*	17. Quia dixi : Nequando ſupergaudeant mihi inimici mei : & dum commoventur pedes mei, ſuper me magna locuti ſunt.
18. Quoniam ego in flagella paratus ſum : & dolor meus ante me eſt ſemper.	*Quia ego ad plagam paratus ſum, & dolor meus contra me ſemper.*	18. Quoniam ego in flagella paratus ſum : & dolor meus in conſpectu meo ſemper.
19. Quoniam iniquitatem meam ego pronuncio : & cogitabo pro peccato meo.	*Quia iniquitatem meam annuntio, & contriſtabor pro peccato meo.*	19. Quoniam iniquitatem meam annuntiabo : & cogitabo pro peccato meo.
20. Inimici autem mei vivunt, & confirmati ſunt ſuper me : & multiplicati ſunt qui me oderunt iniquè.	*Inimici autem mei viventes confortati ſunt, & multiplicati ſunt odientes me mendaciter.*	20. Inimici autem mei vivunt, & confirmati ſunt ſuper me : & multiplicati ſunt qui oderunt me iniquè.
21. Qui retribuunt mala pro bonis, detrahebant mihi : quoniam ſubſecutus ſum juſtitiam.	*Et qui reddunt malum pro bono, adverſabantur mihi : quia ſequebar bonum.*	21. Qui retribuunt mala pro bonis, detrahebant mihi : quoniam ſequebar bonitatem.
22. Ne derelinquas me Domine Deus meus : ne diſceſſeris à me.	*Ne derelinquas me Domine : Deus meus ne elongeris à me.*	22. Ne derelinquas me Domine Deus meus : ne diſceſſeris à me.
23. Intende in adjutorium meum, Domine Deus ſalutis meæ.	*Feſtina in auxilium meum, Domine ſalutis mea.*	23. Intende in adjutorium meum, Domine Deus ſalutis meæ.

NOTÆ AD VERSIONEM ANTIQUAM.

mine Deus meus. Ambroſ. *Domine ſperavi : tu exaudies me Domine*, &c. Itidem ap. Auguſt. & Caſſiod. in eund. Pſ. dempto uno *me*. In Gr..... Κύριε ἤλπισα· Σὺ εἰσακούσῃ Κύριε, &c.

℣. 17. Sic in Pſalt. Rom. uno excepto *commoverentur*. Item in Mozarab. *commoverentur..... in me :* ut ſupra, *Ne unquam inſultent in me*, &c. Apud Ambroſ. in hunc Pſ. p. 837. a. d. *Ne aliquando exſultent in me..... & dum commoventur...... in me.* Similiter ap. Aug. & Caſſiod. in eund. præter hoc, *Nequando inſultent*. Item in Pſalt. Corb. *Nequando inſultent inimici mei : & dum commov. ped. mei, in me magna loc. ſunt.* In Gr. Μή ποτε ἐπιχαρῶσί μοι..... καὶ ἐν τῷ σαλευθῆναι..... ἐπ' ἐμὲ, &c.

℣. 18. Ita Auguſt. & Caſſiod. in hunc Pſ. cum Pſalt. Rom. Fabri. In Corb. deeſt tantùm *ſum*, poſt *paratus*. In Rom. Martianæi, & Moz. ſic, *ad flagella paratus ſum :* præterea in Moz. *contra me eſt ſemper*. Apud Ambroſ. in eund. Pſ. *in flagella paratus eſt*. In Gr. Ὅτι ἐγὼ εἰς μάστιγας ἕτοιμος· καὶ ἡ ἀλγηδών μου ἐνώπιόν μου διαπαντός· Alex. Ald. & Compl. ἐστὶν διαπαντός.

℣. 19. A Pſalt. Sangerm. hæc abſunt tria, *meam ego pronuncio*, ſed calami lapſu aperto ; totidem verba ſuffecimus ex Pſalt. Rom. Carnut. Corb. & Moz. Apud Caſſiod. in hunc Pſ. *Quon. iniquit. meam pronunciabo : & cogitabo*, &c. ut ſup. Ap. Aug. verò in eund. Pſ. *ego pronuncio : & curam geram pro peccato meo.* Ambr. in hunc Pſ. dicit : *Iniquitatem ſuam David pronunciabat*, &c. Ruric. l. 2. epiſt. ep. 14. p. 569. d. *Quoniam iniquitates meas ego pronuncio*, &c. Gr. Ὅτι τὴν ἀνομίαν μου ἀναγγελῶ (Alex. Ald. & Compl. ἐγὼ ἀναγγελῶ·) καὶ μεριμνήσω ὑπὲρ τῆς, &c.

℣. 20. Ita Aug. in hunc Pſ. In Pſalt. Moz. & Rom. Fabri : *Inimici autem mei vivent, & confortati ſunt ſuper me.* In Corb. *vivent, & confirmati ſunt.* In Rom. Martianæi, & ap. Caſſiod. *Inimici mei autem vivunt, & confortati ſunt*, &c. Apud Ambroſ. in eund. Pſ. 838. f. *Inimici mei vivunt, & confirmati ſunt*, &c. ut in Vulg. In Gr. Οἱ δὲ ἐχθροί μου ζῶσι, καὶ κεκραταίωνται ὑπὲρ ἐμέ..... μισοῦντές με, &c.

℣. 21. Sic Ambroſ. in hunc Pſ. p. 838. f. cum Pſalt. Corb. In Rom. ſic : *Qui retribuebant mihi mala pro bonis*, &c. quæ in textu. Itidem in Moz. & ap. Caſſiod. dempto uno *mihi*, poſt *retribuebant*. Apud Auguſt. in eund. Pſ. ita : *Detrahebant mihi, qui retribuunt mala pro bonis ; quoniam perſecutus ſum juſtitiam.* In Pſalt. Carnut. & apud S. Paulin. epiſt. 38. p. 233. b. *ſubſecutus ſum juſtitiam ;* in Mediolan. *ſubſequebar juſtitiam.* In Gr. Οἱ ἀνταποδιδόντες κακὰ (Alex. Ald. & Compl. μοι κακὰ) ἀντὶ ἀγαθῶν, ἐνδιέβαλλόν με· ἐπεὶ κατεδίωκον δικαιοσύνην in aliis libb. ἀγαθωσύνην, ut in Vulg.

℣. 22. Concordant Ambroſ. Auguſt. & Caſſiod. in hunc Pſ. unà cum vet. Pſalt. & Gr. In Brev. verò Moz. præmittuntur iſta : *Et projecerunt me dilectum tanquam mortuum abominatum ;* tum ſequitur *Ne derelinquas me*, &c. Ambroſ. quoque ſub finem expoſitionis hujus Pſalmi, p. 841. a. ait : *Complevimus Pſalmum etiam cum ejus interpretatione verſiculi, quem Græci nonnulli codices, ſed non omnes habent Latini. Nam ante reſponſorium proximum verſiculus eſt :* Et projecerunt me ſicut mortuum abominatum. Sed tu ne derelinquas me Domine : ne diſceſſeris à me ; *hoc enim ſequitur, id eſt : Tu ne derelinquas, qui mortuum fœtentem curare conſueſti.* Verſiculum autem illum vix alibi etiamnum reperias, præterquam in Verſione Arabica, Æthiopica, & apud Theodoretum. Prima nempe ſic habet : *Reſpuerunt me dilectum quaſi mortuum abominandum, & clavis confixerunt corpus meum :* Æthiop. *Et repulerunt fratres ſuos tanquam cadaver immundum. Ne derelinquas*, &c. Theodoretus denique : Καὶ ἀπέῤῥιψάν με τὸν ἀγαπητὸν ὡς νεκρὸν ἐβδελυγμένον.

℣. 23. Ita Caſſiod. in hunc Pſ. cum Pſalt. Rom. Apud Auguſt. in eund. Pſ. deeſt vox *Deus*, ſicut in Gr. Apud Ambroſ. verò in hunc Pſ. p. 840. f. ita : *Tu autem Domine, curas...... adjuvas..... quia Deus ſalutis meæ es.*

VERSIO ANTIQUA.	HEBR.	VULGATA HOD.
Ex Mſ. Sangerm. 1. In finem, Edithun, Canticum David. XXXVIII.	*Victori Idithun Canticum David. XXXIX.*	1. In finem, ipſi Idithun, Canticum David. XXXVIII.
2. DIxi : Cuſtodiam vias meas : ut non delinquam in lingua mea.	*DIxi : Cuſtodiam vias meas, ne peccem in lingua mea :*	2. DIxi : Cuſtodiam vias meas : ut non delinquam in lingua mea.

NOTÆ AD VERSIONEM ANTIQUAM.

℣. 1. De hoc titulo ita diſſerit Ambroſ. præfat. in hunc Pſ. p. 842. *Hunc Pſalmum David ſcripſit, & Idithum, viro diſciplinis Leviticis & Sacerdotalibus erudito, canendum dedit, qui ante arcam Domini Pſalmorum ſeriem pangendi ſolertiſſimus præcinebat. Ergo quia non Idithum ſcripſit hunc Pſalmum, ſed propheta David, & Idithum viro canendi perito pſallendum dedit, ideo ſic inſcriptus eſt titulus :* In finem, pro Idithum, Canticum ipſi David. Eadem repetit l. 1. offic. to. 2. p. 8. b. In Brev. Mozar. ſic titulus exſtat : *In finem, pro Idithum, Pſalmus David.* In Pſalt. Rom. Fabri, *In finem, Idithum, Canticum David.* In Rom. Martianæi, & ap. Caſſiod. *pro Idithun*, &c. Apud Aug. in eund. Pſ. *In finem, pro Idithun, Canticum ipſi David.* Sic etiam in Pſalt. Carnut. dempto uno *ipſi*. In Gr. Εἰς τὸ τέλος, τῷ Ἰδιθοὺν, ᾠδὴ τῷ Δαυίδ· in Alex. Ald. & Compl. τῷ Ἰδιθούμ.

℣. 2. Ita legunt Ambroſ. & Caſſiod. in hunc Pſ. cum Pſalt. Rom. & Corb. Sic etiam in Moz. excepto uno *derelinquam ;* ſed Ambroſ. in Pſ. 118. p. 983. a. & l. 1. offic. to. 2. p. 3. e. habet cum Chromat. Aquil. in Matth.

VULGATA HOD.	HEBR.	VERSIO ANTIQUA.
Poſui ori meo cuſtodiam, cùm conſiſteret peccator adversùm me.	*Cuſtodiam os meum ſilentio, donec eſt impius contra me.*	Poſui ori meo cuſtodiam, dum conſiſtit peccator adversùm me.
3. Obmutui, & humiliatus ſum, & ſilui à bonis: & dolor meus renovatus eſt.	*Obmutui ſilentio, tacui de bono: & dolor meus conturbatus eſt.*	3. Obmutui, & humiliatus ſum, & ſilui à bonis: & dolor meus renovatus eſt.
4. Concaluit cor meum intra me: & in meditatione mea exardeſcet ignis.	*Incaluit cor meum in medio mei: in meditatione mea incenſus ſum igne.*	4. Concaluit cor meum intra me: & in meditatione mea exardeſcit ignis.
5. Locutus ſum in lingua mea: Notum fac mihi Domine finem meum,	*Locutus ſum in lingua mea: Oſtende mihi Domine finem meum,*	5. Locutus ſum in lingua mea: Notum fac mihi Domine finem meum,
Et numerum dierum meorum quis eſt: ut ſciam quid deſit mihi.	*Et menſuram dierum meorum quæ ſit: ſciam quid mihi deſit.*	Et numerum dierum meorum quis eſt: ut ſciam quid deſit mihi.
6. Ecce menſurabiles poſuiſti dies meos: & ſubſtantia mea tanquam nihilum ante te.	*Ecce breves poſuiſti dies meos, & vita mea quaſi non ſit in conſpectu tuo:*	6. Ecce veteres poſuiſti dies meos: & habitatio mea tanquam nihil ante te.
Veruntamen univerſa vanitas, omnis homo vivens.	*Omnia enim vanitas, omnis homo ſubſiſtens.* SEMPER.	Veruntamen univerſa vanitas, omnis homo vivens. DIAPSALMA.
7. Veruntamen in imagine pertranſit homo: ſed & fruſtra conturbatur.	*Tantùm in imagine ambulat homo, tantùm fruſtra conturbatur:*	7. Quanquam in imaginem ambulet homo: tamen vanè conturbatur.
Theſaurizat: & ignorat cui congregabit ea.	*Congregat, & ignorat cui dimittat ea.*	Theſaurizat: & ignorat cui congregavit ea.
8. Et nunc quæ eſt exſpectatio mea? nonne Dominus? & ſubſtantia mea apud te eſt.	*Nunc ergo quid exſpecto Domine? preſtolatio mea tu es.*	8. Et nunc quæ eſt exſpectatio mea? nonne Dominus? & ſubſtantia mea ante te eſt.
9. Ab omnibus iniquitatibus	*Ab omnibus iniquitatibus meis*	9. Ab omnibus iniquitati-

Ex Mſ. Sangerm.

NOTÆ AD VERSIONEM ANTIQUAM.

p. 982. d. & vet. Pſalt. *delinquam.* Similiter ap. Aug. in eund. Pſ. extremòque, *dum conſiſtit adversùm me peccator.* Itidem Ambroſ. l. de exhort. virg. to. 2. p. 300. e. Hieron. verò in Iſai. 37. to. 3. col. 287. e. *cùm conſiſteret adversùm me peccator.* Græc. ἐν τῷ συςῆναι τὸν ἁμαρτωλὸν ἐναντίον μου.

℣. 3. Succinit Ambroſ. in hunc Pſ. p. 847. c. e. & l. 1. offic. to. 2. p. 7. & de lapſu virg. p. 317. c. Item Caſſiod. in hunc Pſ. cum Pſalt. Rom. Apud Auguſt. in eund. Pſ. ſic: *Obſurdui, & humiliatus ſum, & ſilui à bonis,* &c. Apud Hieron. in Iſai. 37. to. 3. col. 287. e. *Obmutui, & humiliatus ſum, & tacui de bonis.* In Gr. Ἐκωφώθην, καὶ ἐταπεινώθην, καὶ ἐσίγησα ἐξ ἀγαθῶν, &c. ut ſup.

℣. 4. Ita Caſſiod. in hunc Pſ. cum Pſalt. Moz. & Rom. Apud Ambroſ. in hunc Pſ. p. 848. c. & l. de lapſu virg. to. 2. p. 317. c. *exardeſcet.* Item apud Aug. in eund. Pſ. ſed ſilentio præterit iſta: *Concaluit..... intra me.* S. Paulinus verò epiſt. 23. p. 121. c. habet: *Concaluit..... & in meditatione ignis exarſit.* Gr. Ἐθερμάνθη..... καὶ ἐν τῇ μελέτῃ μου ἐκκαυθήσεται πῦρ.

℣. 5. Similiter ap. Ambroſ. & Auguſt. in hunc Pſ. ſi excipias unum *qui eſt.* In Pſalt. Moz. *quid eſt;* ſed Ambr. l. 4. de interpel. Dav. c. 7. to. 1. p. 668. e. & l. 1. offic. to. 2. p. 62. f. legit *quis eſt,* cum Caſſiod. & Vulg. Vide etiam Ambroſ. l. 2. de fide Reſur. p. 1142. e. Similiter in Pſalt. Rom. niſi quòd hab. *Notum mihi fac.* In Gr. Γνώρισόν μοι..... τίς ἐςιν, &c.

℣. 6. Pſalt. Rom. & Moz. cum Caſſiod. *Ecce veteres poſ. dies meos: & ſubſtantia mea tanquam nihil ante te eſt. Veruntamen,* &c. Similiter hab. Aug. in eund. Pſ. dempto uno *eſt.* Ambroſ. l. de fide Reſurr. to. 2. p. 1142. f. cum Pſalt. Corb. *Ecce veteres..... & habitudo mea tanquam nihil ante te,* &c. at in Pſ. 38. to. 1. p. 850. e. legit *ſubſtantia mea,* Pſalt. Carnut. *habitudo.* Phœbad. Agin. contra Arian. p. 301. d. *Subſtantia mea tanquam nihilum ante te.* Ambroſiaſt. p. 75. a. *Veruntamen vanitas, omnis homo vivens.* Pſalt. Moz. *& omnis homo vivens.* Ambroſ. to. 1. p. 661. d. & epiſt. 34. to. 2. p. 923. a. conſtanter, *univerſa vanitas, omnis,* &c. ſed tract. in hunc Pſ. col. 850. e. initio leg. *Ecce noviſti dies meos;* paulò verò ſup. 849. f. *Ecce veteres poſuiſti,* &c. tum addit: *Alius habet:* Palæſtas poſuiſti dies meos, mox ita: *Si ſecundùm LXX. Viros,* veteres *accipimus dies, hoc eſt ſecundùm veterem hominem intelligimus exactos..... Quòd ſi* palæſtas *accipimus dies, ex nomine intelligimus plenos certaminis & laboris; quoniam* palæſtæ *luctatores in agone dicuntur.* In Gr. hod. Ἰδοὺ παλαιὰς ἔθου..... καὶ ὑπόςασίς μου ὡσεὶ οὐθὲν ἐνώπιόν σου, &c. Mſ. Alex. Ἰδοὺ παλαιςὰς, &c. edd. Ald. & Compl. Ἰδοὺ παλαιςάς. Ita quoque legunt Chryſoſt. & Greg. Naz. orat. in Cæſar. fratrem. Vide Flamin. Nobil. in hunc locum. Ad ſeq. *Diapſalma* quod attinet, de ipſo meminit Ambroſ. in hunc Pſ. p. 851. f. *Et poſt Diapſalma,* inquit, *reſumpto ſpiritu, ait: Quanquam in imagine,* &c. Habetur pariter ibid. in Pſalt. Corb. & Rom. Martianæi; at in Rom. Fabri, & Gallic. præponitur huic verſiculo, *Veruntamen univerſa vanitas,* &c. In Gr. verò Vat. poſtponitur ut ſupra. In edd. Ald. & Compl. deeſt; nec memoratur ab Auguſt. in eund. Pſ.

℣. 7. Ambr. & Caſſiod. in hunc Pſ. ita legunt: *Quanquam in imagine Dei ambulet homo: tamen vanè conturbatur. Theſaurizat..... cui congregat ea.* Caſſiod. hab. *conturbabitur.* Ambroſ. ubi ſup. p. 852. c. ait: *Græcus tamen non habet* in imagine Dei, *ſed tantummodo* in imagine: verùm l. 4. de interpel. Dav. c. 1. to. 1. p. 661. leg. *in imaginem Dei,* ut & inf. *conturbabitur:* lib. verò de Nabut. c. 4. col. 569. e. ſic addit: *Theſauros condit: & ignorat cui congregat eos.* Anonym. de Trin. ap. Ambr. to. 2. p. 332. f. *Quanquam in imagine Dei perambulet homo: tamen vanè conturbabitur.* Hieron. in Eccleſ. to. 2. p. 761. c. *In imagine enim perambulat homo:* at in Ezech. 8. & 16. to. 3. p. 748. f. 794. e. & l. 2. cont. Pelag. to. 4. p. 511. f. *Veruntamen in imagine perambulat homo: veruntamen fruſtra conturbatur.* Apud Aug. in hunc Pſ. ſic: *Quanquam in imagine ambulat homo: tamen vanè conturbatur. Theſaurizat: & non cognoſcit cui congregabit ea:* & in Pſ. 48. p. 443. d. *ambulet homo..... & neſcit cui,* &c. In Pſalt. Moz. *Quanquam in imaginem ambulet homo: tamen vanè conturbabitur. Theſaurizat: & neſcit cui congreget ea.* Similiter in Rom. Fabri, præter hæc, *in imagine Dei..... & ignorat.* Item in Carnut. *in imagine Dei ambulet.* A Rom. Martianæi abeſt ſeq. *tamen.* In Corb. *Quanquam in imaginem Dei ambulat homo: tamen vanè conturbatur. Theſaurizat: & ignorat cui congregabit ea.* In Gr. Μέντοιγε ἐν εἰκόνι διαπορεύεται ἄνθρωπος· πλὴν μάτην ταράσσεται. Θησαυρίζει· καὶ οὐ γινώσκει τίνι συνάξει αὐτά· Mſ. Alex. συνάγει.

℣. 8. Similiter Ambroſ. & Caſſiod. in hunc Pſ. cum Pſalt. Corb. & Carnut. Apud Auguſt. in eund. Pſ. ita, *& ſubſt. mea ante te eſt ſemper.* Sic etiam hab. Phœbad. Agin. cont. Arian. p. 301. d. ſed abſque &. In Pſalt. Rom. & Mozarab. *tanquam nihil ante te eſt.* In Gr. καὶ ἡ ὑπόςασίς μου παρὰ σοί ἐςι. Ed. Rom. hîc addit Διάψαλμα, cujus nulla fit mentio in Mſ. Alex. ac edd. Ald. & Compl. nec etiam apud Ambr. Aug. nec in vet. Pſalt.

℣. 9. Sic Ambroſ. & Caſſiod. in hunc Pſ. cum Pſalt. Rom. & Corb. Apud Auguſt. in eund. Pſ. *erue me,* &c. In Brev. Moz. *eripe me:* ſtatimque, *opprobrium inſi-*

Ex Mſ. Sangerm.

VERSIO ANTIQUA.	HEBR.	VULGATA HOD.
bus meis eripe me : opprobrium inſipienti dediſti me.	*libera me : opprobrium ſtulto ne ponas me.*	meis erue me : opprobrium inſipienti dediſti me.
10. Obmutui, & non aperui os meum, quoniam tu feciſti me : 11. amove à me plagas meas.	*Obmutui, non aperui os meum, quia tu feciſti : tolle à me plagas tuas.*	10. Obmutui, & non aperui os meum, quoniam tu feciſti : 11. amove à me plagas tuas.
12. A fortitudine manus tuæ ego defeci in increpationibus : propter iniquitatem erudiſti hominem.	*A contentione manus tuæ ego conſumptus ſum : in increpationibus pro iniquitate corripuiſti virum,*	12. A fortitudine manus tuæ ego defeci in increpationibus : propter iniquitatem corripuiſti hominem.
Et tabeſcere feciſti ſicut aranea animam ejus : veruntamen vanè conturbatur omnis homo vivens. DIAPSALMA.	*Et poſuiſti quaſi tineam deſiderabilia ejus : veruntamen vanitas omnis homo.* SEMPER.	Et tabeſcere feciſti ſicut araneam animam ejus : veruntamen vanè conturbatur omnis homo.
13. Exaudi orationem meam, & deprecationem meam : auribus percipe lacrymas meas.	*Audi orationem meam Domine, & clamorem meum exaudi ; ad lacrymam meam ne obſurdeſcas :*	13. Exaudi orationem meam Domine, & deprecationem meam : auribus percipe lacrymas meas.
Ne ſileas à me : quòd incola ego ſim apud te in terram, & peregrinus, ſicut omnes patres mei.	*Quia advena ego ſum apud te : peregrinus, ſicut omnes patres mei.*	Ne ſileas : quoniam advena ego ſum apud te, & peregrinus, ſicut omnes patres mei.
14. Remitte mihi, ut refrigerer priuſquam abeam, & ampliùs jam non ero.	*Parce mihi, ut rideam antequam vadam, & non ſubſiſtam.*	14. Remitte mihi, ut refrigerer priuſquam abeam, & ampliùs non ero.

NOTÆ AD VERSIONEM ANTIQUAM.

pientium dediſti me. Ambroſius ubi ſup. col. 854. c. ait *alios habere codices : Opprobrium inſipienti ne tradas me ;* ſed alteram lectionem præferre videtur. In Gr..... ῥῦσαί με· ὄνειδος ἄφρονι ἔδωκάς με. Quinta editio, μὴ δῷς με.

℣. 10. Accinunt Ambroſ. & Caſſiod. in hunc Pſ. unà cum Pſalt. Rom. Corb. & Carnut. Apud Aug. in eund. Pſ. ſic : *Obſurdui, & non aperui..... quoniam tu es qui feciſti me.* In Gr. Ἐκωφώθην, καὶ οὐκ..... ὅτι σὺ εἶ ὁ ποιήσας με.

℣. 11. Ita Pſalt. Moz. hab. cum Corb. Rom. verò *plagas tuas*, cum Ambroſ. & Caſſiod. in hunc Pſ. Aug. in eund. ita : *amove à me flagella tua.* Gr. τὰς μάστιγάς σου.

℣. 12. Itidem in Pſalt. Corb. præter duo ſeqq. *ſuper iniquitatem*, & *ſicut araneam.* In Rom. ſic : *A fortitudine enim manus tuæ... propter iniquit. corripuiſti hominem... ſicut araneam animam ejus : veruntamen univerſa vanitas, omnis homo vivens.* In Mediol. & Carnut. *erudiſti hominem.* In Moz. *velut arenam animam ejus : veruntamen vanè conturbabitur omnis homo vivens.* In Carnut. etiam additur *vivens.* Ambroſ. in hunc Pſ. p. 855. f. legit : *A fortitudine manus tuæ ego defeci ;* ſubinde : *& addidit*, inquit, In increpationibus ſuper iniquitatem erudiſti hominem..... ſicut araneam animam ejus. *Græcus* ὑπὲρ ἀνομίας *dixit, hoc eſt, pro iniquitate ; & integrum verſum,* Ἐν ἐλεγμοῖς ὑπὲρ ἀνομίας ἐπαίδευσας ἄνθρωπον, *poſuit ; quod eſt : In increpationibus pro iniquitate erudiſti hominem :* item inf. de aranea loquens, ait : *Sed vanum eſt omne quod fecerit ; ſic homo omnis eſt..... vanè..... & ipſe turbatur,* &c. at l. de lapſu virg. to. 2. p. 319. b. legit : *propter iniquitatem corripuiſti..... ſicut araneam,* &c. Caſſiod. in eund. Pſ. *A fortitudine enim..... ego defeci ;* deinde : *in increpationibus propter iniquitatem corripuiſti hominem..... ſicut araneam... vanè conturb. omnis homo vivens.* Auguſt. verò in eund. Pſ. ita : *A fortitudine manus tuæ ego defeci in argutionibus : pro iniquitate erudiſti hominem. Et contabeſcere feciſti ſicut araneam animam meam ; veruntamen vanè conturb. omnis homo vivens ;* infra legit *tabeſcere.* In Gr. Ἀπὸ τῆς (Alex. Ald. & Compl. Ἀπὸ γὰρ τῆς) ἰσχύος τῆς χειρός σου ἐγὼ ἐξέλιπον· ἐν ἐλεγμοῖς ὑπὲρ ἀνομίας (Symm. δι' ἀδικίαν) ἐπαίδευσας ἄνθρωπον. Καὶ ἐξέτηξας ὡς ἀράχνην τὴν ψυχὴν αὐτοῦ· πλὴν μάτην ταράσσεται πᾶς ἄνθρωπος· à Mſ. Alex. & ab edd. Ald. & Compl. abeſt verbum ταράσσεται. Hieron. etiam ad hoc, *vane conturbatur*, ita ſcribit ad Sun. & Fretel. to. 2. p. 635. *Et dicitis vos in Græco non inveniſſe* conturbatur ; *ſed & hoc in LXX. ſub veru additum eſt : & hinc apud vos, & apud pleroſque error exoritur, quòd ſcriptorum negligentiâ, virgulis & aſteriſcis ſubtractis, diſtinctio univerſa confunditur.* Ad ſubjectum *Diapſalma* quod ſpectat, ita pariter ſubnectitur cum in Pſalt. Rom. tum in Gr. ed. Rom. Sed nulla ejus fit mentio apud Auguſt. deeſtque in Pſalt. Corb. ſicut in editt. Ald. & Compl.

℣. 13. Pſalt. Rom. & Corb. *Exaudi Deus orationem meam..... ne ſileas à me : quoniam incola ego ſum apud te in terra, & peregrinus,* &c. Mozarab. *Exaudi orat. meam Domine..... ne ſileas à me : quia incola ego ſum apud te, & peregrinus,* &c. Ambroſ. in hunc Pſ. p. 858. f. & in Pſ. 48. p. 951. d. *Exaudi Domine orat..... ne ſileas à me : quoniam advena ego ſum apud te in terra, & peregrinus,* &c. ſic etiam l. de bono mort. c. 2. to. 1. p. 391. c. at l. 2. de Abrah. c. 9. p. 340. b. *advena ego ſum in hac terra, & peregr.* &c. Similiter Auct. op. imp. in Matt. hom. 54. p. 227. c. *quoniam advena ſum ego apud te in terra, & peregr.* &c. Auguſt. in hunc Pſ. *ne ſileas à me ;* tum videtur addere, *ne obſurdeſcam in æternum ;* deinde ſic : *quoniam inquilinus ego ſum apud te, & peregr.* &c. item quæſt. 156. in Gen. to. 3. p. 417. a. *inquilinus ego ſum in terra, & peregrinus,* &c. Auct. etiam l. de promiſſ. p. 1. c. 12. leg. *inquilinus ſum, & peregrinus,* &c. Hieron. verò in Iſai. 14. to. 3. p. 166. b. *accola ſum, & peregrinus, ſicut,* &c. Caſſiod. in eund. Pſ. *Exaudi Deus orat..... ne ſileas à me : quoniam ego incola ſum apud te in terra, & peregr.* &c. Pſalt. Mediolan. ſic interpungit : *Exaudi..... & deprec. meam auribus percipe. Lacrymis meis ne ſileas : quoniam,* &c. Gr. Εἰσάκουσον τῆς προσευχῆς μου Κύριε, καὶ..... ἐνώτισαι τῶν δακρύων μου· μὴ παρασιωπήσῃς· ὅτι πάροικος ἐγώ εἰμι ἐν τῇ γῇ, καὶ, &c. Alex. Ald. & Compl. ἐν τῇ γῇ παρά σοι, καὶ, &c. De his autem Lat. *incola, advena, accola,* ita differit Ambroſ. in hunc Pſ. p. 857. b. *Alius eſt incola,* inquit, *alius advena, alius accola. Incola, qui de loco eſt ; advena, qui aliunde venit ; accola, qui ad tempus colit, & mutatur annorum vicibus.*

℣. 14. Pſalt. Rom. *priuſquam eam, & ampliùs non ero.* Similiter hab. Ambroſ. in hunc Pſ. p. 858. a. at l. de bono mort. c. 2. p. 391. d. & de lapſu virg. to. 2. p. 320. a. *priuſquam abeam.* Caſſiod. in eund. Pſ. cum Fulg. l. 2. de remiſſ. pecc. c. 20. *priuſquam eam,* &c. ut in Rom. In Corb. vitiosè, *priuſquam habeam,* &c. Moz. *priuſquam eam, & ampliùs jam non ero.* Itidem ap. Aug. in eund. Pſ. Apud Hieron. verò epiſt. ad Cypr. to. 2. p. 703. a. *priuſquam abeam, & non ſubſiſtam.* Ap. Philaſtr. Brix. de hæreſ. p. 718. c. *priuſquam vadam, & jam non ero ampliùs.* In Gr. πρὸ τοῦ με ἀπελθεῖν, καὶ οὐκέτι μὴ ὑπάρξω· Symm. καὶ μὴ ὑπάρχω.

VULGATA HOD.	HEBR.	VERSIO ANTIQUA. *Ex Mſ. Sangerm.*
1. In finem, Pſalmus ipſi David. XXXIX.	*Victori David Canticum. XL.*	1. In finem, Pſalmus ipſi David. XXXIX.
2. EXſpectans exſpectavi Dominum, & intendit mihi.	*EXſpectans exſpectavi Dominum, & inclinatus eſt ad me.*	2. EXſpectans exſpectavi Dominum, & reſpexit me.
3. Et exaudivit preces meas: & eduxit me de lacu miſeriæ, & de luto fecis.	*Et audivit clamorem meum, & eduxit me de lacu ſonitûs, de luto cœni.*	3. Et exaudivit deprecationem meam: & eduxit me de lacu miſeriæ, & de luto fecis.
Et ſtatuit ſuper petram pedes meos: & direxit greſſus meos.	*Et ſtatuit ſuper petram pedes meos, ſtabilivit greſſus meos.*	Et ſtatuit ſuper petram pedes meos: & direxit greſſus meos.
4. Et immiſit in os meum canticum novum, carmen Deo noſtro.	*Et dedit in ore meo canticum novum, laudem Deo noſtro.*	4. Et inmiſit in os meum canticum novum, hymnum Deo noſtro.
Videbunt multi & timebunt: & ſperabunt in Domino.	*Videbunt multi & timebunt, & ſperabunt in Domino.*	Videbunt multi & timebunt: & ſperabunt in Domino.
5. Beatus vir, cujus eſt nomen Domini ſpes ejus: & non reſpexit in vanitates & inſanias falſas.	*Beatus vir, qui poſuit Dominum confidentiam ſuam, & non eſt averſus ad ſuperbias, pompaſque mendacii.*	5. Beatus vir, cujus eſt nomen Domini ſpes ipſius: & non reſpexit in vanitates & in inſanias falſas.
6. Multa feciſti tu Domine Deus meus mirabilia tua: & cogitationibus tuis non eſt qui ſimilis ſit tibi.	*Multa feciſti tu Domine Deus meus mirabilia tua, & cogitationes tuas pro nobis: non invenio ordinem coram te.*	6. Multa feciſti tu Domine Deus meus mirabilia tua: & cogitationibus tuis non eſt quis ſimilis ſit tibi.
Annuntiavi & locutus ſum: multiplicati ſunt ſuper numerum.	*Si narrare voluero & numerare, plura ſunt quàm ut narrari queant.*	Adnuntiavi & locutus ſum: multiplicati ſunt ſuper numerum.
Hebr. 10. 5. 7. Sacrificium & oblationem noluiſti: aures autem perfeciſti mihi.	*Victimâ & oblatione non indiges: aures fodiſti mihi.*	7. Sacrificium & oblationem noluiſti: aures autem perfeciſti mihi.
Holocauſtum & pro peccato non poſtulaſti: 8. tunc dixi: Ecce venio.	*Holocauſtum & pro peccato non petiſti: tunc dixi: Ecce venio.*	Holocauſta etiam pro delicto non poſtulaſti: 8. tunc dixi: Ecce venio.
In capite libri ſcriptum eſt de me 9. ut facerem voluntatem tuam: Deus meus volui, & legem tuam in medio cordis mei.	*In volumine libri ſcriptum eſt de me ut facerem placitum tibi: Deus meus volui, & legem tuam in medio ventris mei.*	In capite libri ſcriptum eſt de me 9. ut faciam voluntatem tuam: Deus meus volui, & legem tuam in medio cordis mei.

NOTÆ AD VERSIONEM ANTIQUAM.

℣. 1. Caſſiod. cum Pſalt. Rom. Corb. & Moz. delet *ipſi*. Gr. Εἰς τὸ τέλος, τῷ Δαυὶδ Ψαλμός. Mſ. Alex. Ψαλμὸς τῷ Δαυίδ.

℣. 2. Ita Pſalt. Rom. Corb. & Moz. cum Caſſiod. Similiter hab. Ambroſ. in Pſ. 36. 38. 39. & 45. col. 787. a. 854. b. 859. b. 932. d. item epiſt. 35. to. 2. p. 928. d. at in Pſ. 118. to. 1. p. 979. a. *Exſpectans exſpect. Dom. & exaudivit me;* & infra p. 1060. c. *ſuſtinui Dominum, & reſpexit me.* Aug. in hunc Pſ. col. 327. c. *Suſtinens ſuſtinui Dominum, & adtendit mihi.* In Græco: Ὑπομένων ὑπέμεινα..... καὶ προσέσχέ μοι.

℣. 3. Sic in Pſalt. Rom. Corb. Moz. & ap. Caſſiod. Corb. tamen hab. *ſupra petra.* Hilar. in Pſ. 133. p. 465. e. *ſtatuit ſuper petram pedes meos.* Apud Auguſt. in hunc Pſ. omnia ut in textu, exceptis his, *limi*, loco *fecis*, & *ſupra*, pro *ſuper.* Ap. Ambr. in eund. Pſ. p. 859. c. *eduxit nos de lacu miſeriæ, & de luto fecis:* & in Pſ. 118. p. 979. b. *Et ſtatuit pedes meos in petra: & direxit greſſus meos.* In Gr. Καὶ εἰσήκουσε τῆς δεήσεώς μου· καὶ ἀνήγαγέ με ἐκ λάκκου ταλαιπωρίας, καὶ ἀπὸ πηλοῦ ἰλύος. Καὶ ἔστησεν ἐπὶ πέτραν, &c. ut in Lat.

℣. 4. Itidem Caſſiod. in hunc Pſ. unà cum Pſalt. Rom. Corb. & Moz. Similiter hab. Ambr. in eund. Pſ. p. 859. e. *Immiſiſti in os meum canticum novum;* ſed non addit plura. Ap. Auguſt. verò in eund. Pſ. *Et immiſit..... hymnum Deo noſtro. Videbunt juſti & tim. & ſperabunt in Dominum.* Græc. Καὶ ἐνέβαλεν..... ὕμνον τῷ Θεῷ ἡμῶν. Ὄψονται πολλοὶ..... καὶ ἐλπιοῦσιν ἐπὶ Κύριον.

℣. 5. Ita Maxim. Taurin. in hom. p. 8. b. deleto *in*, ante *inſanias.* Similiter Ambroſ. in hunc Pſ. p. 860. b. & Caſſiod. in eund. excepto *ejus*, loco *ipſius;* at in Pſ. 118. p. 1028. d. Ambroſ. habet: *Beatus vir, cui nomen Domini ſpes ejus,* &c. Auguſt. in hunc Pſ. & epiſt. 155. to. 2. p. 538. b. *Beatus vir, cujus eſt..... ſpes ejus..... in vanitates & inſanias mendaces.* Pſalt. Rom. *in vanitatem & inſanias falſas;* Mozarab. *nec inſanias falſas.* Corb. *ſpes ipſius; & non reſp. in vanitates, inſanias falſas.* In Græco: Μακάριος ἀνὴρ, οὗ ἐστι..... ἐλπὶς αὐτοῦ..... εἰς ματαιότητας καὶ μανίας ψευδεῖς.

℣. 6. Ita Pſalt. Rom. & Corb. cum Caſſiod. deleto uno *ſit*, poſt *ſimilis.* Itidem in Mozarab. hoc excepto, & *in cogitationibus.* Apud Aug. in eund. Pſ. *non eſt qui ſimilis ſit*, &c. ut in Vulg. Apud Ambroſ. in Pſ. 118. p. 992. a. *cogitationibus tuis quis ſimilis erit?* & in Pſ. 39. p. 861. c. *Annuntiavi & locutus ſum*, &c. ut ſup. In Gr. καὶ τοῖς διαλογισμοῖς σου οὐκ ἔστι τις ὁμοιωθήσεταί σοι, &c.

℣. 7. Ita vet. Irenæi Interpres, l. 4. c. 17. p. 248. a. Sic etiam in Pſalt. Rom. & Moz. niſi quòd in his habetur *corpus*, pro *aures*, ſicut in Pſalt. Mediolan. Item apud Auguſt. & Caſſiod. in hunc Pſ. cum ſeqq. *Holocauſta etiam pro delicto non poſtulaſti;* Aug. *non petiſti.* Hilar. in Pſ. 53. p. 101. a. legit: *Hoſtiam & oblationem noluiſti: perfeciſti autem mihi corpus.* Ambroſ. in hunc Pſ. p. 861. c. *Sacrificium & oblat. nol. corpus autem perfeciſti mihi:* at inf. 868. b. *ecce corpus præparaſti mihi:* & l. de apolog. Dav. to. 1. p. 702. b. addit: *Holocauſta & pro peccato non poſtulaſti.* Pſalt. Corb. *Holocauſta etiam pro dilecto* (l. *delicto*) *non poſtulaſti.* Gr. Θυσίαν καὶ προσφορὰν οὐκ ἠθέλησας· σῶμα δὲ κατηρτίσω μοι. Ὁλοκαύτωμα (Mſ. Alex. Ὁλοκαυτώματα) καὶ περὶ ἁμαρτίας οὐκ ᾔτησας. In uno codice, teſte Nobilio, & commentariis Græcorum eſt: ὠτία δέ μοι κατηρτίσω. Paulus apoſt. Hebr. 10. 5. *Hoſtiam & oblationem noluiſti: corpus autem aptaſti mihi.*

℣. 8. Concinunt Ambroſ. Auguſt. & Caſſiod. in hunc Pſ. cum vet. Pſalt. Hieronymus verò, quæſt. Hebr. to. 2. col. 508. legit: *In capitulo libri ſcriptum eſt de me:* ſimiliter in Eccleſ. col. 787. b. & in Iſai. 29. ac Ezech. 2. to. 3. col. 246. f. 712. e. Gr. Ἐν κεφαλίδι βιβλίου, &c.

℣. 9. Concinunt Ambroſ. Auguſt. & Caſſiod. in hunc Pſ. unà cum Pſalt. Corb. Rom. Martianæi, & Moz. In Rom. Fabri, ac Mediolan. exſtat *ventris mei*, loco *cordis mei.* Sic etiam habuiſſe alios codices monet Ambroſius ubi ſup. p. 866. b. Hieronymus quoque epiſt. ad Sun. &

VERSIO ANTIQUA.	HEBR.	VULGATA HOD.
Ex Mſ. Sangerm. 10. Bene nunciavi juſtitiam tuam in eccleſia magna, ecce labia mea non prohibebo: Domine tu cognoviſti	*Annuntiavi juſtitiam in eccleſia multa, ecce labia mea non prohibebo: Domine tu noſti.*	10. Annuntiavi juſtitiam tuam in eccleſia magna, ecce labia mea non prohibebo: Domine tu ſciſti.
11. Juſtitiam meam. Non abſcondi in corde meo veritatem tuam, & ſalutarem tuum dixi.	*Juſtitiam tuam non abſcondi in medio cordis mei: fidem tuam & ſalutare tuum dixi.*	11. Juſtitiam tuam non abſcondi in corde meo: veritatem tuam & ſalutare tuum dixi.
Non celavi miſericordiam tuam, & veritatem tuam ſynagogæ multæ.	*Non abſcondi miſericordiam tuam, & veritatem tuam in eccleſia multa.*	Non abſcondi miſericordiam tuam, & veritatem tuam, à concilio multo.
12. Tu autem Domine ne longè facias miſericordias tuas à me: miſericordia tua, & veritas tua ſemper ſuſcepit me.	*Tu Domine non prohibeas miſericordias tuas à me: miſericordia tua & veritas tua jugiter ſervabunt me.*	12. Tu autem Domine ne longè facias miſerationes tuas à me: miſericordia tua & veritas tua ſemper ſuſceperunt me.
13. Quoniam circuierunt me mala, quorum non eſt numerus: comprehenderunt me iniquitates meæ, & non potui ut viderem.	*Circumdederunt enim me mala, quorum non eſt numerus: comprehenderunt me iniquitates meæ, & non potui videre.*	13. Quoniam circumdederunt me mala, quorum non eſt numerus: comprehenderunt me iniquitates meæ, & non potui ut viderem.
Multiplicatæ ſunt ſuper capillos capitis mei: & cor meum dereliquit me.	*Plures factæ ſunt quàm capilli capitis mei, & cor meum dereliquit me.*	Multiplicatæ ſunt ſuper capillos capitis mei: & cor meum dereliquit me.
14. Complacuit Domino eripere me: Domine, in auxilium meum reſpice.	*Placeat tibi Domine ut liberes me: Domine ad adjuvandum me feſtina.*	14. Complaceat tibi Domine ut eruas me: Domine, ad adjuvandum me reſpice. *Inf. 69. 2.*
15. Confundantur & revereantur ſimul, qui quærunt animam meam, ut auferant eam.	*Confundantur & revereantur ſimul quærentes animam meam, ut auferant eam:*	15. Confundantur & revereantur ſimul, qui quærunt animam meam, ut auferant eam. *Sup. 34. 4.*
Convertantur retro, & revereantur qui volunt mihi mala.	*Convertantur retrorsùm, & confundantur qui volunt mala mihi.*	Convertantur retrorsùm, & revereantur qui volunt mihi mala.
16. Ferant confeſtim confuſionem ſuam, qui dicunt mihi: Euge, euge.	*Pereant poſt confuſionem ſuam, qui dicunt mihi: Vah, vah.*	16. Ferant confeſtim confuſionem ſuam, qui dicunt mihi: Euge, euge.
17. Exſultentur & lætentur	*Gaudeant & lætentur in te om-*	17. Exſultent & lætentur ſuper

NOTÆ AD VERSIONEM ANTIQUAM.

Fretel. to. 2. p. 635. c. ad hoc, *in medio cordis mei*, ita ſcribit: *In Græco reperiſſe vos dicitis*, in medio ventris mei, *quod & in Hebræo ſic ſcriptum eſt..... ſed propter euphoniam apud Latinos* in corde *translatum eſt; & tamen non debemus ſubtrahere quod verum eſt.* Græc. Vat. habet: τῦ ποιῆσαι..... ὁ Θεός μυ ἠβυλήθην..... ἐν μέσῳ τῆς καρδίας μυ. Alex. verò, Ald. & Compl. τῆς κοιλίας μυ.

℣. 10. Sic eſt in Pſalt. Corb. Rom. & Moz. Ita quoque legit Ambroſ. in hunc Pſ. p. 866. b. c. cum Auguſt. & Caſſiod. in eund. Auguſtinus tamen ibid. habet *annuntiavi*; at ſupra, *bene nunciavi*, ut in Pſalt. Mediolan. & Carnut. In Gr. εὐηγγελισάμην.

℣. 11. In Pſalt. Sangerm. verbum ult. verſûs præced. *cognoviſti*, jungitur cum ſubſeq. *juſtitiam meam*; ut & iſtud, *non abſcondi*, cum ſeq. *veritatem tuam*; nec malè: nam in Gr. ed. Rom. ſic eſt: Κύριε σὺ ἔγνως τὴν δικαιοσύνην μυ, ὐκ ἔκρυψα..... τὴν ἀλήθειάν συ, καὶ τὸ σωτήριόν συ εἶπα. Similis admittitur interpunctio in Pſalt. Arab. ac Æthiop. & apud Apollinarium: in aliis autem libris Græcis, & legitur, & interpungitur hoc modo: Κύριε σὺ ἔγνως· τὴν δικαιοσύνην συ ὐκ ἔκρυψα ἐν τῇ καρδίᾳ μυ· τὴν ἀλήθειάν συ καὶ τὸ..... εἶπα. Sic eſt etiam in Pſalt. Rom. nec aliter interpungere videntur Patres Lat. licet *juſtitiam meam* habeant, non *tuam*. Et verò Ambroſ. in Pſ. 39. p. 868. a. ita diſſerit: *Ad Patrem dicit: Juſtitiam meam non abſcondi in corde meo: veritat. & ſalut. tuum dixi:* deinde ſic: *Totus ex perſona Chriſti Pſalmus iſte eſt, ideo* juſtitiam meam *dicit:* tamen ſupra p. 866. c. habet: *Juſtitiam tuam non abſcondi in corde meo;* ut legitur in Pſalt. Rom. & apud Caſſiod. in hunc Pſ. At Auguſt. in eund. Pſ. legit: *Juſtitiam meam non abſcondi*, &c. cum Pſalt. Corb. & infra idem Aug. *Non celavi..... veritat. tuam à congregatione multa.* Caſſiod. *in ſynagoga multa;* Pſalt. Rom. *à ſynagoga multa;* Corb. *ſynagoga multa;* Mozarab. *à ſynagoga multorum;* ubique *non celavi.* Gr. ὐκ ἔκρυψα... ἀπὸ συναγωγῆς πολλῆς. Symm. ἐν πλήθει. Aq. & Theod. ἐν ἐκκλησίᾳ μεγάλῃ.

℣. 12. Sic apud Caſſiod. in hunc Pſ. ut in Pſalt. Rom. Corb. & Moz. uno excepto *ſuſceperunt me;* Corb. *ſuſcipit me;* Mediolan. *ſuſcipiant me.* Apud Aug. in eund. Pſ. *ne elonginquaveris miſericordias tuas à me..... ſuſceperunt me.* In Gr. μὴ μακρύνῃς τὺς οἰκτιρμύς συ..... ἀντιλάβοντό μυ. Symm. περιφρασάτω με.

℣. 13. Ita Auguſt. in hunc Pſ. cum Pſalt. Rom. Martianæi, ſi excipias unum *circumdederunt*, pro *circuierunt.* Caſſiod. præterea legit *multiplicati ſunt*, cum Pſalt. Moz. & Rom. Fabri. S. Paulin. epiſt. 12. p. 65. b. *Multiplicatæ ſunt iniquitates noſtræ ſuper capillos capitis noſtri.* Ap. Ambroſ. l. de fuga ſæc. c. 5. p. 428. f. hæc pauca: *comprehenderunt me..... ut viderem.* In Gr. Ὅτι περιέσχον με κακὰ, &c. ut in Lat. ſup.

℣. 14. Ita Pſalt. Corb. habet. Moz. verò: *Placeat tibi Domine eripere me: Domine, in auxilium meum reſpice.* Rom. *Complaceat tibi Domine ut eripias me*, &c. ut in textu. Ita quoque legit Caſſiod. in hunc Pſ. Auguſt. verò in eund. ſic: *Placeat tibi Domine eruere me:* & infra: *Placeat tibi eruere me: Domine, in adjuvandum mihi reſpice.* In Gr. Εὐδόκησον Κύριε τῦ ῥύσασθαί με· Κύριε, εἰς τὸ βοηθῆσαί μοι πρόσχες· Alex. σπεῦσον. Hieron. epiſt. ad Sun. & Fretel. to. 2. p. 635. c. ad hæc, *Domine, in adjutorium meum reſpice*, ita ſcribit: *In Græco reperiſſe vos dicitis* σπεῦσον, *id eſt*, feſtina; *ſed apud LXX.* πρόσχες, *id eſt* reſpice, *ſcriptum eſt.* In Mſs. tamen Hieron. Reg. & Florent. ſi Martianæo fides, loco πρόσχες, legitur ἐπίβλεψε, cum duplici accentu.

℣. 15. Pſalt. Rom. Martianæi: *Confundantur & revereantur inimici mei, qui quærunt..... Avertantur retrorsùm, & erubeſcant qui cogitant mihi mala.* Itidem in Rom. Fabri, & apud Caſſiod. hoc excepto, *ſimul*, loco *inimici mei.* In Moz. *Confund. & rever. ſimul..... Avertantur retrorsùm, & confundantur qui volunt mala mihi.* In Coislin. *retrorsùm, & erubeſcant.* Auguſt. in hunc Pſ. nil differt à Vulg. Ambroſ. in eund. p. 868. c. hæc tantùm citat: *Confund. & rever. ſimul, qui..... ut auferant eam.* Similiter in Gr. deinde ſic: Ἀποστραφείησαν εἰς τὰ ὀπίσω, καὶ ἐντραπείησαν (Alex. καταισχυνθείησαν) οἱ θέλοντές μοι κακά.

℣. 16. Conſentiunt Aug. & Caſſiod. unà cum vet. Pſalt. In Gr. Κομισάσθωσαν παραχρῆμα, &c.

℣. 17. Pſalt. Rom. & Coislin. cum Caſſiod. *Exſultent & lætentur qui quærunt te Domine*, &c. ut in Vulg. Similiter in Moz. niſi quòd add. *in te omnes*, ad verbum *lætentur.* In Corb. ſic: *Exſultent & lætentur omnes qui ſperant in*

VULGATA HOD.

te omnes quærentes te : & dicant semper : Magnificetur Dominus : qui diligunt salutare tuum.

18. Ego autem mendicus sum, & pauper : Dominus sollicitus est mei.

Adjutor meus, & protector meus tu es : Deus meus ne tardaveris.

HEBR.

nes, qui quærunt te : dicant jugiter : Magnificetur Dominus, qui diligunt salutare tuum.

Ego autem sum egenus, & pauper : Dominus sollicitus erit pro me.

Auxilium meum, & salutare meum tu : Deus meus ne moreris.

VERSIO ANTIQUA.

in te omnes, qui quærunt te Domine : & dicant semper : Magnificetur : qui diligunt salutarem tuum. Ex Ms. Sangerm.

18. Ego autem egenus, & pauper sum : * Dominus curam habet mei. * Ms. vitiosè Domine.

Adjutor meus, & protector meus tu es : Deus meus ne tardaveris.

NOTÆ AD VERSIONEM ANTIQUAM.

te, & quærunt te Domine : & dicant..... salutarem tuum. Apud Aug. in eund. Ps. *Exsultent & jocundentur omnes qui te quærunt Domine*, &c. ut in Vulg. In Gr. Ἀγαλλιάσαιντο καὶ εὐφρανθείησαν ἐπὶ σοὶ πάντες οἱ ζητοῦντές σε Κύριε..... Μεγαλυνθήτω ὁ Κύριος· οἱ, &c. Ald. & Compl. εὐφρανθήτωσαν.

℣. 18. Psalt. Rom. cum Cassiod. cùm in hunc Ps. tum in Ps. 69. p. 234. b. *Ego verò egenus, & pauper sum : Dominus curam habet mei. Adjutor meus, & liberator meus es tu : Domine ne tardaveris.* Similiter in Coislin. præter seqq. *adjutor & liberator meus esto : Domine Deus meus ne*, &c. In Corb. *Ego autem egenus, & paup. sum : Dominus curam habet mihi*, &c. ut in Vulg. In Moz. *Ego verò egens, & pauper : Dominus curam habet mei. Adjutor & liberator meus es tu : Domine ne tardaveris.* Apud August. in eund. Ps. *Ego autem egenus, & pauper sum : Dominus curam habebit mei* (inf. *habet.*) *Adjutor meus*, &c. ut in textu Sangerm. Hieron. epist. ad Hebidiam, to. 4. p. 169. d. *Ego autem mendicus sum, & pauper : & Dominus sollicitus est pro me.* Gr. Ἐγὼ δὲ πτωχός, καὶ πένης εἰμί· Κύριος φροντιεῖ μου. Βοηθός μου, καὶ ὑπερασπιστής μου εἶ σύ· ὁ Θεός μου μὴ χρονίσῃς.

VULGATA HOD.

1. In finem, Psalmus ipsi David. XL.

2. Beatus qui intelligit super egenum, & pauperem : in die mala liberabit eum Dominus.

3. Dominus conservet eum, & vivificet eum, & beatum faciat eum in terra : & non tradat eum in animam inimicorum ejus.

4. Dominus opem ferat illi super lectum doloris ejus : universum stratum ejus versasti in infirmitate ejus.

5. Ego dixi : Domine miserere mei : sana animam meam, quia peccavi tibi.

6. Inimici mei dixerunt mala mihi : Quando morietur, & peribit nomen ejus?

7. Et si ingrediebatur ut videret, vana loquebatur, cor ejus congregavit iniquitatem sibi.

HEBR.

Victori Canticum David. XLI.

Beatus qui cogitat de paupere : in die malo liberabit eum Dominus.

Dominus custodiet eum, & vivificabit eum, & beatus erit in terra : & non tradet eum animæ inimicorum suorum.

Dominus confortabit eum in lecto infirmitatis : totum stratum ejus vertisti in ægrotatione sua.

Ego dixi : Domine miserere mei : sana animam meam, quoniam peccavi tibi.

Inimici mei loquentur malum mihi : Quando morietur, & peribit nomen ejus?

Et si venerit ut videat, vana loquetur : cor ejus congregabit iniquitatem sibi ;

VERSIO ANTIQUA.

1. In finem, Psalmus ipsi David. XL. Ex Ms. Sangerm.

2. Beatus qui intelligit super egenum, & pauperem : Dominus in die mala liberavit eum.

3. Dominus conservet eum, & vivificet eum, & beatum faciat eum : & emundet de terra animam ejus ; & * tradat eum in manus inimici ejus. * Supp. non.

4. Dominus opem ferat illi supra lectum doloris ejus : universum stratum ejus versasti in infirmitatem ejus.

5. Ego dixi : Dominus miserere mei : sana animam meam, quoniam peccavi tibi.

6. Inimici mei dixerunt mihi mala : Quando morietur, & periet nomen ejus?

7. Et ingrediebantur ut viderent ; vanè locurum est cor eorum, congregaverunt iniquitatem sibi.

NOTÆ AD VERSIONEM ANTIQUAM.

℣. 1. Cassiod. delet *ipsi*, cum Psalt. Rom. Corb. & Coislin. Retinet Ambr. tract. in hunc Psal. p. 867. d.

℣. 2. Sic est *liberavit*, in Psalt. Moz. Corb. & Coislin. sed Ambros. August. & Cassiod. in hunc Ps. Vulgatæ suffragantur ad verbum, unà cum Psalt. Rom. & Gr. Itidem Cypr. l. de oper. & elee. ut & S. Paulin. epist. 34. p. 220. c. rursusque Ambros. to. 1. col. 576. c. 744. c. 792. c. 821. c. 1128. d. Cypr. verò lib. 3. Testim. p. 303. a. hab. *in die malo liberabit illum Deus.* Auct. op. imp. in Matt. hom. 9. p. 56. a. *Beatus qui intelligit super mendicum, & pauperem.*

℣. 3. Ita Ambros. & Cassiod. in hunc Ps. cum Psalt. Rom. Corb. & Coislin. nisi quòd habent *emundet in terra*, ut & inf. *non tradat* : præterea Ambros. loco *animam*, legit *vitam* ; Cassiodorique Mss. tres *animam*, pro *manus*. In Psalt. Carnut. *& beatum faciat eum in terra : & emundet in terra animam ejus* ; deinde cum Moz. *& non tradat eum in manus inimici ejus.* Hunc ult. versiculum similiter habet Aug. in eund. Ps. sed in aliis concordat cum Vulg. prætermittitque medium, *& emundet*, &c. Psalt. Mediolan. hab. *in manibus inimicorum ejus.* Observat Ambros. loco cit. alios habere Græcos, *& non tradat eum in animas inimicorum ejus.* Gr. edit. Rom. Κύριος φυλάξαι (Alex. cum Ald. & Compl. διαφυλάξαι) αὐτὸν, καὶ ζήσαι αὐτὸν, (Aquil. ζωώσαι,) καὶ μακαρίσαι αὐτὸν ἐν τῇ γῇ· καὶ μὴ παραδῷ αὐτὸν εἰς χεῖρας ἐχθροῦ αὐτοῦ· Alex. Ald. & Compl. ἐχθρῶν αὐτοῦ; Aquila, ἐν ψυχῇ ἐχθροῦ; Theod. εἰς ψυχήν; Symm. ψυχαῖς. Sed ex his omnibus Gr. ne unus quidem hab. versiculum med. *& emundet de terra*, &c.

℣. 4. Sic habent Ambros. & Cassiod. in hunc Ps. cum Psalt. Rom. excepto isto, *in infirmitate* : item Ambros. rursum to. 1. p. 664. f. 799. f. 1482. a. & to. 2. p. 179. f. Hilarius in Ps. 131. p. 449. d. *universum stratum suum versasti.* Aug. in Ps. 40. *totum stratum ejus vertisti in infirmitate ejus* : at infra : *universum stratum ejus*, &c. Ambros. in eund. Ps. p. 871. b. notat Symmachum vertisse *lectum miseria ; Aquil. grabatum miseria* : deinde : *expressiùs*, inquit, *LXX. Viri* lectum doloris *putaverunt esse dicendum.* In ed. Rom. Κύριος βοηθήσαι αὐτῷ ἐπὶ κλίνης ὀδύνης αὐτοῦ· ὅλην τὴν κοίτην αὐτοῦ ἔστρεψας ἐν τῇ ἀῤῥωστίᾳ αὐτοῦ.

℣. 5. Sic in Gr. est, ut apud Ambros. Aug. & Cassiod. in hunc Ps. ac in vet. Psalt. præter unum *Domine*.

℣. 6. Similiter in Psalt. Coislin. Corb. Rom. Moz. & apud Cassiod. *& periet.* Apud Ambros. & Aug. in eund. Ps. *& peribit.* In Gr. καὶ ἀπολεῖται, &c.

℣. 7. Sic apud August. & Cassiod. in hunc Ps. necnon in Psalt. Rom. Carnut. Coislin. & Mozarab. præter vocem *vana*, pro *vanè* ; item ponunt *&*, ante *egrediebantur*, quod tamen omittit Aug. præterea Coislin. scribit *foris*, non *foras*. At verò quæ August. hîc refert num. plurali, eadem citat l. de civit. Dei, to 7. p. 481. b. num. singulari. *Et ingrediebatur ut videret ; vana locutum est cor*

VERSIO ANTIQUA.	HEBR.	VULGATA HOD.
Ex Mſ. Sangerm. Egrediebantur foras, & loquebantur 8. ſimul in unum.	*Egrediens foras detrahet.*	Egrediebatur foras, & loquebatur 8. in idipſum.
Suſurrabant omnes inimici mei adversùm me: cogitabant mala mihi.	*Simul adversùm me murmurabant omnes odientes me: contra me cogitabant malum mihi.*	Adversùm me ſuſurrabant omnes inimici mei: adversùm me cogitabant mala mihi.
9. Verbum iniquum mandaverunt adversùm me: Nunquid qui dormit non adjiciet ut reſurgat?	*Verbum diaboli infundebant ſibi: Qui dormivit non addet ut reſurgat.*	9. Verbum iniquum conſtituerunt adversùm me: Nunquid qui dormit non adjiciet ut reſurgat?
10. Etenim homo pacis meæ, in quem ſperavi: qui edebat panes meos, ampliavit adversùm me ſubplantationem.	*Sed & homo pacificus meus, in quo habui fiduciam; qui manducabat panem meum, levavit contra me plantam.*	10. Etenim homo pacis meæ, in quo ſperavi: qui edebat panes meos, magnificavit ſuper me ſupplantationem. *Act. 1. 16.*
11. Tu autem Domine miſerere mihi, & reſuſcita me: & retribuam illis.	*Tu autem Domine miſerere mei: & leva me, & reddam eis.*	11. Tu autem Domine miſerere mei, & reſuſcita me: & retribuam eis.
12. In hoc cognovi quoniam voluiſti me: quoniam non gaudebit inimicus meus ſuper me.	*In hoc cognovi quòd velis me: quia non inſultabit inimicus meus mihi.*	12. In hoc cognovi quoniam voluiſti me: quoniam non gaudebit inimicus meus ſuper me.
13. Propter innocentiam autem meam ſuſcepiſti me: & confirmaſti me in conſpectu tuo in æternum.	*Ego autem in ſimplicitate mea adjutus ſum à te, & ſtatues me ante faciem tuam in perpetuum.*	13. Me autem propter innocentiam ſuſcepiſti: & confirmaſti me in conſpectu tuo in æternum.
14. Benedictus Dominus Deus Iſraël à ſæculo, & in ſæculum: fiat, fiat.	*Benedictus Dominus Deus Iſraël à ſaeculo, & uſque in ſaeculum: amen, & amen.*	14. Benedictus Dominus Deus Iſraël à ſæculo, & uſque in ſæculum: fiat, fiat.

NOTÆ AD VERSIONEM ANTIQUAM.

ejus, congregavit iniquit. ſibi. Egrediebatur foras, & loquebatur ſimul in unum. Similiter apud Ambr. in eund. Pſ. p. 873. a. *De Juda proditore*, inquit, *evidens prophetia ſubtexitur in his verſiculis, qui ſequuntur: Et egrediebatur ut videret, vana locutus; cor ejus congregavit iniquitatem ſibi. Egrediebatur foras, & loquebatur.* Tum addit: *Sic diſtinctum Græcis in codicibus invenimus: Ingrediebatur ergo Judas, quærens prodere Salvatorem, ut videret quid ageret*: & poſt paulò: *Volebat intrare, ſed penetrare non poterat*; ſubinde: *Ingredi moliebatur, & non ingrediebatur*; & infra: *Et egrediebatur foras, & loquebatur..... foras exibat, & cum perfidis ſuſurrabat.* In Pſalt. Corb. ſic: *Et ingrediebatur ut viderit; vanè locutum eſt cor eorum, congregaverunt iniquitatem ſibi. Egrediebatur foras, & loquebantur.* Auct. l. de promiſſ. p. 3. col. 177. b. *Egrediebatur foras, & loquebatur in eodem.* De hoc autem 1. verſiculo, *Et ſi ingrediebatur ut videret*, Hieron. ita diſſerit in epiſt. ad Sun. & Fretel. to. 2. p. 635. c. *Et dicitis quòd in Græco non ſit poſitum, cùm manifeſtiſſimè & in Hebræo, & in cunctis Interpretibus ſcriptum ſit, & LXX. tranſtulerint*, Καὶ εἰσεπορεύετο τοῦ ἰδεῖν. In ed. Rom. Καὶ εἰ εἰσεπορεύετο τοῦ ἰδεῖν, μάτην ἐλάλει ἡ καρδία αὐτοῦ.... Ἐξεπορεύετο ἔξω, καὶ ἐλάλει ἐπὶ τὸ αὐτό.

℣. 8. Voces tres *ſimul in unum*, conjunctæ exhibentur in Pſalt. Sangerm. cum præced. *loquebantur*; ſequentes verò duæ *adversùm me*, cum his, *inimici mei*. At in Pſalt. Rom. Martianæi, & Coislin. ſic: *Simul in unum ſuſurrabant: omnes inimici mei adversùm me cogitabant mala mihi.* In Rom. verò Fabri, & Carnut. *loquebantur ſimul*; deinde, *in unum ſuſurrabant*, &c. In Mozar. *Simul in unum adversùs me ſuſurrabant.* In Corb. *Simul in unum ſuſurrabant adversùs me omnes inimici mei: cogitabant mihi mala.* Apud Auguſt. in hunc Pſ. *In idipſum adversùm me ſuſurrabant*: paulòque poſt: *Quid eſt adversùm me in idipſum?* ſubinde: *In idipſum adversùs me ſuſurrabant omnes..... adversùm me cogit.* &c. Apud Caſſiod. in eund. Pſ. *Simul in unum ſuſurrabant omnes inim. mei: adversùm me cogit.* &c. in Gr. καὶ ἐλάλει ἐπὶ τὸ αὐτό, ut poſuimus ſupra; deinde ſic: Κατ' ἐμοῦ ἐψιθύριζον πάντες οἱ ἐχθροί μου κατ' ἐμοῦ ἐλογίζοντο κακά μοι.

℣. 9. Sic in Pſalt. Rom. eſt, & Coislin. In Moz. verò ita: *Verbum iniq. cogitabant adversùs me.* Ap. Ambroſ. in hunc Pſ. *propoſuerunt adversùm me.* Apud Aug. in eund. *diſpoſuerunt adversùs me.* Ap. Caſſiod. *conſtituerunt*, &c. ut in Vulg. In Gr..... κατέθεντο κατ' ἐμοῦ· deinde, Μὴ ὁ κοιμώμενος οὐχὶ προσθήσει, &c. Aquila, ἐὰν κοιμηθῇ οὐ προσθήσει, &c.

℣. 10. Ita Ambroſ. in hunc Pſ. cum Pſalt. Corb. uno excepto *ſuper me*, pro *adversùm me*: tum ait: *Ampliavit, Græcus ἐμεγάλυνεν dixit, hoc eſt, magnificavit*: & infra: *Hoc eſt quod ait*: magnificavit ſuper me ſupplantationem; *quo verbo inſultantis jactantiam declaravit*: in conſequentibus verò, *ampliavit ſuper me ſupplant.* Pſalt. Moz. & Coislin. hab. *ampliavit adversùm me ſupplant.* Mediolan. *adampliavit adversùs me ſupplant.* Sic etiam legit Maxim. Taurin. in homil. p. 22. h. Pſalt. Rom. cum Caſſiod. *Etenim homo..... in quo ſperabam: qui edebat*, &c. ut in textu Sang. Tertullianus verò, l. 4. adv. Marc. p. 733. b. *qui mecum panem edit, levabit in me plantam.* Auguſt. in hunc Pſ. *in quem ſperavi: qui edebat panes meos, ampliavit ſuper me calcaneum.* Item Auct. l. de promiſſ. p. 3. col. 177. b. *amplificavit ſuper me calcaneum.* Rufinus verò in Symbol. p. 180. c. *qui manducavit panes meos, ampliavit adversùm me ſupplantationem.* Græc..... ἐφ' ὃν ἤλπισα· ὁ ἐσθίων ἄρτους μου, ἐμεγάλυνεν ἐπ' ἐμὲ πτερνισμόν.

℣. 11. Ita Pſalt. Corb. hab. ad verbum; cui accinunt Ambroſ. & Caſſiod. in hunc Pſ. unà cum Pſalt. Rom. & Coislin. niſi quòd ſcrib. *mei*, non *mihi*. Aug. etiam in eund. Pſ. hab. *mei, & reſuſcita me: & reddam illis*; & inf. *ſuſcita me: & reddam*, &c. & tract. 11. in Joh. to. 3. p. 2. col. 373. e. *excita me: & reddam.* In Gr. ἐλέησόν με, καὶ ἀνάστησόν με· καὶ ἀνταποδώσω αὐτοῖς.

℣. 12. Similiter in Pſalt. Rom. ut apud Ambroſ. Aug. & Caſſiod. in hunc Pſ. ac in Gr.

℣. 13. Sic habent Ambroſ. & Caſſiod. in hunc Pſ. cum Pſalt. Rom. Moz. & Coislin. Apud Aug. in eund. Pſ. ſic: *Me autem propter innoc. meam ſuſcepiſti*: at infra: *Propter innoc. meam ſuſcepiſti me*, &c. Ita etiam in Pſalt. Corb. In Gr. Ἐμοῦ δὲ διὰ τὴν ἀκακίαν ἀντελάβου· καὶ ἐβεβαίωσάς με... εἰς τὸν αἰῶνα.

℣. 14. Ita legit Ambroſ. in hunc Pſ. p. 881. b. c. & 884. e. cum Pſalt. Corb. & Græco. Ambr. ibid. p. 882. a. ait: *In Hebræo habetur* amen, amen, *ut adſeruerunt qui librum legerunt in Hebraïcis litteris ſcriptum: Græcus hoc loco, γένοιτο, γένοιτο dixit, quod eſt, fiat, fiat.* Apud Aug. in eund. Pſ. *Benedictus Dominus Deus Iſrael à ſæc. & in ſæc. & dicet omnis populus: Fiat, fiat*; quæ Ambroſ. loc ſup. cit. dicit pertinere ad Pſal. 105. Caſſiod. cum Pſalt. Rom. Vulgatæ favet.

VULGATA HOD.

In finem,
1. Intellectus filiis Core. XLI.

2. QUemadmodum deſiderat cervus ad fontes aquarum: ita deſiderat anima mea ad te Deus.

3. Sitivit anima mea ad Deum fortem vivum: quando veniam & apparebo ante faciem Dei?

4. Fuerunt mihi lacrymæ meæ panes die ac nocte: dum dicitur mihi quotidie: Ubi eſt Deus tuus?

5. Hæc recordatus ſum, & effudi in me animam meam: quoniam tranſibo in locum tabernaculi admirabilis, uſque ad domum Dei:

In voce exſultationis, & confeſſionis: ſonus epulantis.

6. Quare triſtis es anima mea? & quare conturbas me?

Spera in Deo, quoniam adhuc confitebor illi: ſalutare vultus mei, 7. & Deus meus.

Ad me ipſum anima mea conturbata eſt: propterea memor ero tui de terra Jordanis, & Hermoniim à monte modico.

HEBR.

Victori doctiſſimo filiorum Core. XLII.

SIcut areola præparata ad irrigationes aquarum: ſic anima mea præparata ad te Deus.

Sitivit anima ad Deum fortem viventem: quando veniam, & parebo ante faciem Dei?

Fuerunt mihi lacrymæ meæ panes per diem ac noctem: cùm diceretur mihi tota die: Ubi eſt Deus tuus?

Horum recordatus ſum, & effudi in me animam meam: quia veniam ad umbraculum, tacebo uſque ad domum Dei,

In voce laudis & confeſſionis, multitudinis feſta celebrantis.

Quare incurvaris anima mea, & conturbas me?

Exſpecta Deum, quia adhuc confitebor ei, ſalutaribus vultûs ejus.

Deus meus in me ipſo anima mea incurvatur: propterea recordabor tui de terra Jordanis, & Hermonim de monte minimo.

VERSIO ANTIQUA.

Ex Mſ. Sangerm.

In finem,
1. Intellectus filiis Coræ. XLI.

2. SIcut cervus deſiderat ad fontes aquarum: ita deſiderat anima mea ad te.

3. Sitiit anima mea ad Deum vivum: quando veniam, & parebo ante faciem Dei?

4. Fuerunt mihi lacrymæ meæ panes die ac nocte: dum dicitur mihi quotidie: Ubi eſt Deus tuus?

5. Hæc memoratus ſum, & effudi in me animam meam: quoniam ingrediebar in locum tabernaculi admirationis, uſque ad domum Dei:

In voce exſultationis, & confeſſionis: ſonus epulantis.

6. Quare triſtis es anima mea? & quare conturbas me?

Spera in Domino, quoniam confitebor ei: ſalutare vultus mei, 7. & Deus meus.

Ad me ipſum anima mea conturbata eſt: propterea memor ero tui Domine, de terra Jordanis, & Hermoniim à monte modico.

NOTÆ AD VERSIONEM ANTIQUAM.

℣. 1. Itidem in Pſalt. Corb. In Coiſlin. verò ad Cora, additur *Pſalmus*. Apud Caſſiod. *Pſalmus David*. Apud Aug. in hunc Pſ. *In finem, in intellectum filiis Core, Pſalmus*. In Gr. Εἰς τὸ τέλος, εἰς σύνεσιν τοῖς υἱοῖς Κορέ. Mſ. Alex. Κορὲ, Ψαλμὸς τῷ Δαυίδ.

℣. 2. Sic Ambroſ. l. 2. de interpel. Dav. c. 2. p. 640. c. & in Pſ. 37. & 40. col. 831. f. 882. e. necnon Caſſiod. in Pſ. 41. cum Pſalt. Rom. Coiſlin. Corb. & Moz. addita voce *Deus*, in fine. Auguſtinus in hunc Pſ. cum Gr. *Quemadmodum deſiderat..... ſic deſiderat*, &c. ut in Vulg. Hilarius in eund. è ſchedis Marten. *Sicut cervus deſid..... ſic deſiderat anima mea ad Deum vivum*; quæ ultima pertinent ad ℣. ſeq.

℣. 3. Sic Hilar. ubi ſup. & in Pſ. 62. p. 152. e. niſi quòd primo loco omittit verbum *ſitivit*, poſteriori verò loco *Dei*, legit *tuam*. Ambroſ. l. de Iſaac, c. 1. p. 356. c. *Sitivit anima mea ad Deum vivum*. Similiter Aug. & Caſſiod. in hunc Pſ. cum Pſalt. Rom. Mediol. Carnut. & Moz. In Coiſlin. *ſitit*, &c. ut ſup. In Corb. *Sitivit anima mea in Deum vivum: quando ven. & parebo ante*, &c. Rurſum Ambroſ. in Pſ. 61. p. 963. f. ſic hab. *Sitivit anima mea ad te Deus*, & in Pſ. 118. p. 1176. e. *Sitivit in te anima mea*: & in Luc. 12. to. 1. p. 1447. f. *Sitivit anima mea ad Dominum vivum: quando veniam, & apparebo*, &c. item *apparebo*, l. 1. de interpel. Job, c. 5. p. 626. b. ſicut in Pſalt. Rom. Martianæi, & ap. Aug. & Caſſiod. Ambr. verò l. 2. de interpel. Dav. c. 2. p. 640. d. legit, *ad Deum fontem vivum: quando veniam, & parebo*, &c. iterum *parebo*, l. de fuga ſæc. c. 9. p. 438. e. cum Pſalt. Rom. Fabri, & Coiſlin. Gaud. Brix. ſer. 2. p. 946. c. legit: *Sitivit..... ad Dominum vivum: quando..... & apparebo ante ſac. Domini?* Græc. Ἐδίψησεν..... πρὸς τὸν Θεὸν τὸν ζῶντα· (Alex. Ald. & Compl. τὸν ἰσχυρὸν τὸν ζῶντα·) πότε ἥξω, καὶ ὀφθήσομαι τῷ προσώπῳ τοῦ Θεοῦ;

℣. 4. In Pſalt. Mediol. Coiſlin. Carnut. Corb. & Moz. legitur *panis*, ſicut in Gr. Sic etiam Hilar. habet in Pſ. 61. p. 149. b. & Ambroſ. l. de apol. Dav. c. 6. to. 1. p. 684. b. necnon Aug. in hunc Pſ. ſed Hilarius in eund. è ſched. Marten. ſcribit *panes*. Itidem Ambroſius l. 2. de interpel. Dav. c. 2. to. 1. p. 641. a. & inf. 819. f. 1193. e. 1388. c. cum Caſſiod. & Chromat. Aquil. in Matt. p. 978. d. Præterea Hilar. ap. Marten. hab. *facta ſunt*, loco *fuerunt*; ſubinde Aug. *cùm dicitur mihi per ſingulos dies*; poſt paulò verò, *quotidie*. Gr. καθ' ἑκάστην ἡμέραν. In Pſalt. denique Moz. *Ubi es*, non *Ubi eſt*; in Gr. Ποῦ ἐστιν.

℣. 5. Ita in Pſalt. Coiſlin. ſi excipiatur vox *admirabilis*, loco *admirationis*. Item in Rom. Moz. & ap. Caſſiod. *ingrediebar in loc. tab. admirabilis*. In Corb. *Hæc memoratus ſum, & effudi..... quoniam ingrediar*, &c. ut in Vulg. Hilar. verò in hunc Pſ. è ſchedis Marten. legit: *Hæc memini, & effudi in me..... quia tranſibo in loc. tab. admirabilis*, &c. at in Pſ. 61. col. 149. b. *Hæc recordatus ſum, & effudi in me*, &c. Sic etiam Auct. l. de XLII. manſ. ap. Ambroſ. p. 16. a. Ambroſ. ipſe in Pſ. 36. col. 809. e. *Hæc recordatus ſum, & effudi ſuper me..... quoniam ingrediar in loc. tab. admirabilis*, &c. ut in Vulg. at l. 2. de interpel. Dav. c. 2. p. 641. b. ſic: *Horum memor, effudi ſuper me anim. meam*: & poſt paulò, *quoniam ingrediar*, &c. ultimòque, *ſonitus epulantis*: ſed epiſt. 30. to. 2. p. 912. c. conſtanter legit *ſonus epulantis*; ſicut l. de fide Reſurr. p. 1164. f. hic tamen hab. *quoniam tranſibo*. Hieron. in Iſai. 54. to. 3. p. 392. a. *pertranſibo*: at epiſt. ad Princip. to. 2. p. 692. f. *tranſibo*; & in fine, *ſonitus feſta celebrantium*. Sic etiam habetur in Pſalt. Æthiop. & Arabico. Ap. Auguſt. in hunc Pſ. ita: *Hæc meditatus ſum, & effudi ſuper me..... quoniam ingrediar in locum tab. admirab..... & confeſſionis: ſoni feſtivitatem celebrantis*. In Gr. Ταῦτα ἐμνήσθην, καὶ ἐξέχεα ἐπ' ἐμὲ..... ὅτι διελεύσομαι ἐν τόπῳ σκηνῆς θαυμαστῆς..... Ἐν φωνῇ..... καὶ ἐξομολογήσεως· ἤχου ἑορτάζοντων. Alex. ἦχος ἑορτάζοντος; quæ ult. vox ἑορτάζοντος, exſtat pariter in edd. Ald. & Compl.

℣. 6. Ita Caſſiod. hab. cum Pſalt. Coiſlin. & Corb. niſi hoc excipias, *confitebor illi*. Itidem in Rom. præter unum *in Deo*. Mediolan. etiam & Carnut. carent voce *adhuc*, ante *confitebor*. Aug. in hunc Pſ. cum Pſalt. Moz. leg. *Spera in Deum, quia confitebor illi*; cæt. ut ſupra. Sic etiam Ambroſ. l. 2. de interpel. Dav. c. 3. p. 642. c. dempto &, poſt *anima mea*. Hilar. verò in Pſ. 41. è ſchedis Marten. *Ut quid anima triſtis es? & ut quid conturbas me? Spera in Deum, quoniam confiteb. illi*. Auguſt. in Job, to. 3. col. 676. d. *Ut quid triſtis es anima mea? & quare*, &c. Gr. Ἱνατί περίλυπος εἶ..... καὶ ἱνατί..... Ἔλπισον ἐπὶ τὸν Θεὸν, ὅτι ἐξομολογήσομαι αὐτῷ, &c.

℣. 7. Sic in Pſalt. Corb. eſt. In Rom. verò Martian. *A me ipſo anima mea turbata eſt*. In Rom. Fabri: *Ad me ipſum..... turbata eſt*; reliqua ut in textu, excepto uno *Hermonis*. In Moz. & Coiſlin. *Apud me ipſum..... turbata eſt..... ero tui Domine, de..... & Hermonis*, &c. Coiſlin. ſcribit *Hermons*; Corb. *Hermonti*. Ambroſ. l. 2. de interpel. Dav. c. 3. p. 642. d. *Ad me ipſum..... turbata eſt..... tui Domine, de..... & Hermoniim*. Hilar. in hunc Pſ. è ſched. Marten. *Turbata eſt in me anima mea*; at infra bis, *perturbata eſt..... tui Domine, de..... & Hermonis*; paulò inferiùs abeſt *Domine*. In Pſalt. verò Car-

Versio antiqua.	Hebr.	Vulgata hod.
Ex Mſ. Sangerm. 8. Abyſſus abyſſum invocat, in voce cataractarum tuarum.	*Abyſſus abyſſum invocat, in vocem cataractarum tuarum:*	8. Abyſſus abyſſum invocat, in voce cataractarum tuarum.
Omnia excelſa tua, & fluctus tui ſuper me ingreſſi ſunt.	*Omnes gurgites tui, & fluctus tui ſuper me tranſierunt.*	Omnia excelſa tua, & fluctus tui ſuper me tranſierunt.
9. In die mandavit Dominus miſericordiam ſuam, & nocte declaravit.	*Per diem mandavit Dominus miſericordiam ſuam: & in nocte canticum ejus mecum,*	9. In die mandavit Dominus miſericordiam ſuam, & nocte canticum ejus.
Apud me oratio Deo vitæ meæ, 10. dicam Domino: Suſceptor meus es,	*Oratio Deo vitæ meæ. Dicam Deo: Petra mea,*	Apud me oratio Deo vitæ meæ, 10. dicam Deo: Suſceptor meus es,
Quare me oblitus es? quare me repuliſti, & contriſtatus incedo, dum adfligit me inimicus?	*Quare oblitus es mei? quare triſtis incedo, affligente inimico?*	Quare oblitus es mei? & quare contriſtatus incedo, dum affligit me inimicus?
11. Dum confringit me omnia oſſa mea, exprobraverunt mihi qui tribulant me:	*Cùm me interficerent in oſſibus meis, exprobraverunt mihi hoſtes mei:*	11. Dum confringuntur oſſa mea, exprobraverunt mihi qui tribulant me inimici mei:
Dum dicitur mihi quotidie: Ubi eſt Deus tuus? 12. quare triſtis es anima? & quare conturbas me?	*Dicentes ad me tota die: Ubi eſt Deus tuus? Quare incurvaris anima mea, & conturbas me?*	Dum dicunt mihi per ſingulos dies: Ubi eſt Deus tuus? 12. quare triſtis es anima mea? & quare conturbas me?
* Spera in Deum, quoniam confitebor ei: ſalutare vultus mei, & Deus meus.	*Exſpecta Deum, quoniam adhuc confitebor ei: ſalutaribus vultus mei, & Deo meo.*	Spera in Deo, quoniam adhuc confitebor illi: ſalutare vultus mei, & Deus meus.

Notæ ad Versionem antiquam.

nut. deeſt &, initio, ante *Deus meus.* Unde Hieron. ſcribens ad Sun. & Fretel. to. 2. p. 638. a. ait: *Inveniſſe vos dicitis*, & Deus meus: *ſed ſciendum hoc in Pſalmo bis inveniri, & in primo poſitum eſſe*, ſalutare vultus mei, Deus meus: *in ſecundo autem, id eſt, in fine ipſius Pſalmi:* ſalutare vultus mei, & Deus meus; *ita duntaxat ut & conjunctio de Hebræo, & Theodotione ſub aſteriſco addita ſit.* Apud Aug. & Caſſiod. in hunc Pſ. ſimiliter ibid. deeſt &: exinde Auguſt. leg. *Ad me ipſum..... turbata eſt: propterea memoratus ſum* (inſ. *commemoratus ſum*) *tui Domine, de..... & Hermoniim à monte parvo.* Caſſiod. verò: *A me ipſo..... turbata eſt..... memor ero tui Domine*, &c. ut in Vulg. In Gr. ὁ Θεός (Alex. καὶ ὁ Θεός) μου. Πρὸς ἐμαυτὸν..... ἐταράχθη· διὰ τοῦτο μνησθήσομαί σου (Alex. add. Κύριε) ἐκ γῆς..... καὶ Ἑρμωνιεὶμ ἀπὸ ὄρους μικροῦ.

℣. 8. Ita Pſalt. Corb. hab. ad verbum. Rom. verò & al. cum Caſſiod. in fine, *ſuper me tranſierunt.* Similiter ap. Hilar. in hunc Pſ. è ſchedis Marten. exceptis his, *Omnes altitudines tuæ;* in Pſ. verò 68. *Omnia excelſa tua*, cum hoc ult. *tranſierunt.* Apud Ambroſ. l. 2. de interpel. Dav. c. 4. p. 644. c. & in Pſ. 35. p. 773. c. priora tantùm verba exſtant ut ſupra. Item apud Auguſt. in Pſalm. 41. ſed additur: *Omnes ſuſpenſiones* (in explanatione *ſuſpenſura*) *tuæ, & fluctus tui ſuper me ingreſſi ſunt.* Similiter in Pſalm. 87. col. 929. f. g. Ad verbum autem *ingreſſi ſunt*, add. ibid. *vel ſicut quidam meliùs tranſtulerunt*, ſuper me tranſierunt; *διῆλθον enim eſt in Græco, non εἰσῆλθον: ubi ergo utrumque poſitum eſt, & ſuſpenſiones, & fluctus, non ibi potuerunt poni pro ſuſpenſionibus, fluctus..... ſed illic dictum eſt:* Omnes ſuper me tranſierunt, &c. Vide plura inf. ad Pſ. 87. 8. Græcè, εἰς φωνὴν, pro *in voce;* ſubinde, πάντες οἱ μετεωρισμοί σου, καὶ τὰ..... ἐπ᾽ ἐμὲ διῆλθον.

℣. 9. Itidem in Pſalt. Rom. Corb. Carnut. & ap. Caſſiod. In Moz. ſic: *& in nocte declaravit. Apud me & oratio Deo*, &c. In Coiſlin. *& nocte declaravit. Apud me oratio mea, Deus vitæ meæ.* Apud Hilar. verò in eund. Pſ. è ſchedis Marten. ita: *Inter diem mandavit Dominus miſ. ſuam, & nocte manifeſtavit. Apud me oratio mea Deo*, &c. Apud Ambr. l. 2. de interpel. Dav. c. 5. col. 645. a. *Apud me oratio Deo vitæ*, &c. Apud Auguſt. in eund. Pſ. *& nocte declarabit. Apud me oratio Deo*, &c. In Gr. Ἡμέρας ἐντελεῖται..... καὶ νυκτὸς δηλώσει. Παρ᾽ ἐμοὶ προσευχὴ τῷ Θεῷ, &c. Mſ. Alex. cum ed. Compl. καὶ νυκτὸς ᾠδὴ αὐτοῦ, &c. Ald. ᾠδὴ αὐτῷ.

℣. 10. Pſalt. Rom. cum Ambroſ. l. de interpel. Dav. c. 5. 6. & 7. col. 645. a., 646. b. 647. c. *dicam Deo: Suſceptor meus es, Quare me oblitus es? & quare me repuliſti? & quare triſtis incedo, dum*, &c. Similiter in Coiſlin. præter hoc, *oblitus es mei.* Moz. initio hab. *dicam Deo meo*, &c. ut in Rom. Hilar. in hunc Pſ. è ſched. Marten. *dicam Deo: Suſc. meus es, Quare oblitus es?* & infra: *dicam: Suſceptor meus es, Quare me dereliquiſti? quare triſtis incedo, dum*, &c. Auguſt. in eund. Pſ. *dicam Deo: Suſc..... Quare mei oblitus es? ut quid me repuliſti? & ut quid contriſtatus* (inſ. *triſtis*) *incedo, dum*, &c. Caſſiod. in eund. Pſ. *Quare me oblitus es? quare me repuliſti? & quare contriſtatus*, &c. Sic etiam in Pſalt. Corb. dempto ult. *quare.* Gr. ἐρῶ τῷ Θεῷ..... Διατί μου ἐπελάθου; ἱνατί (Alex. Ald. & Compl. καὶ ἱνατί) σκυθρωπάζων πορεύομαι, ἐν τῷ, &c.

℣. 11. Poſt verbum *confringit*, additur in Mſ. Sangerm. litterula o, ita videlicet, *confringi To*, quæ quidem litterula videtur in Mſ. præ ſe ferre figuram puncti, potiùs quàm litteræ; vel fortè nota quædam eſt, quæ ſignificat legendum *confringit omnia*, abſque voce media *me*, quæ etiam ſupereſt; vel potiùs huc revocandus totus ille verſus qui legitur infra in eodem Mſ. nempe poſt ℣. 2. Pſalmi XLII. quò etiam malè & oſcitanter tranſvectum fuiſſe credimus, cùm ibid. apertè ſuperfluat; en verba: *In eo dum confringunt omnia oſſa mea, exprobaverunt* (l. *exprobrav.*) *mihi inimici mei.* Hilarius tamen in hunc Pſ. è ſchedis Marten. non leg. *confringunt*, ſed *confringit*, ut ſup. & poſt paulò: *Dum confringit oſſa mea, improperabant tribulantes me: cùm dicerent quotidie: Ubi eſt Deus tuus?* Similiter hab. Ambroſ. l. 2. de interpel. Dav. c. 7. p. 647. c. *confringit oſſa mea*, &c. ut in textu. Item Auguſt. in hunc Pſ. *Dum confringit oſſa mea, exprobraverunt mihi qui tribulant me: dum dicunt mihi per ſingulos dies: Ubi eſt*, &c. Itidem in Pſalt. Corb. addita voce *omnia*, ad *oſſa.* In Rom. verò ſic: *Dum confringuntur omnia oſſa mea, exprobraverunt me qui tribul. me: dum dicitur mihi per ſingulos dies*, &c. In Mozarab. *In eo dum confringuntur oſſa mea, exprobr. mihi qui trib. me: dum dicitur mihi per ſing. dies: Ubi es Deus tuus?* In Coiſlin. *Dum confriguntur omnia..... qui tribulant me: dum dicitur*, &c. Carnut. hab. *dum confringit;* tollit etiam inf. id, *inimici mei;* Mediolan. verò admittit *inimici mei*, ſed antecedentibus caret *qui tribulant me.* Hieron. quoque epiſt. ad Sun. & Fretel. to. 2. p. 638. ad hæc, *exprobraverunt mihi qui tribulant me*, ait: *pro quo vos inveniſſe dixiſtis*, ὠνείδιζόν με οἱ ἐχθροί μου, *id eſt*, exprobraverunt mihi inimici mei, *cùm & apud LXX. ſcriptum ſit*, οἱ θλίβοντές με. Caſſiod. in eund. Pſ. habet *omnia oſſa mea*, abſque hoc inf. *inimici mei;* in aliis concordat cum Vulg. In Græco Vat. ſic: Ἐν τῷ καταθλᾶσθαι τὰ ὀστᾶ μου (Mſ. Alex. καταθλᾶσαι,) ὠνείδισάν με (Alex. ὠνείδιζόν με) οἱ θλίβοντές με, (Mſ. Alex. οἱ ἐχθροί μου.) Aquila initio hab. ἐν τῷ φονεῦσαί με ἐν ὀστέοις μου. Hieron. *Dum me interficerent in oſſibus meis.*

℣. 12. Ita Aug. & Caſſiod. in hunc Pſ. cum vet. Pſalt. addita voce *mea*, ad hanc *anima.* Hilar. in eund. Pſ. è ſchedis Marten. ſic: *Ut quid triſtis es anima mea? ut quid conturbas me?* Gr. Ἱνατί περίλυπος εἶ ἡ ψυχή μου; καὶ ἱνατί, &c.

* Ita Pſalt. Corb. hab. dempto uno &, poſt *mei.* Rom. Martianæi, *Spera in Deo, quoniam confiteb. illi: ſalutare*, &c. Rom. Fabri: *Spera in Deum*, &c. Coiſlin. *Spera in Domino, quon. confit. illi*, &c. Moz. *Spera in Deum, quia*, &c. Mediolan. etiam & Carnut. carent adverbio *adhuc.* Unde Hieron. ſcribens ad Sun. & Fretel. to. 2. p. 638. b. ait: *Et dicitis* adhuc *in Græco non inveniri, quod*

NOTA AD VERSIONEM ANTIQUAM.

ſub aſteriſco additum eſt ; ita enim & in Hebræo ſcriptum reperimus chi od, *quod ſignif.* ὅτι ἔτι, *Latinèque dicitur*, quoniam adhuc. *Hoc ipſum etiam in xlii. intelligendum eſt.* Et verò Auguſt. in eund. Pſ. legit : *Spera in Deum, quoniam adhuc confitebor illi : ſalus vultus mei, &*, &c. At Hilarius in eund. Pſ. è ſchedis Marten. tollit *adhuc*, & legit : *Spera in Deum, quia*, &c. Caſſiod. verò : *Spera in Domino, quoniam adhuc..... ſalutare*, &c. In pleriſque Mſs. Auguſt. loco *ſalus*, habetur *ſalutare ;* & in quibuſdam ſeq. & prætermittitur ; deeſt quoque ſup. ℣. 7. in multis libris Græcis, & Latinis. Edit. Rom. hab. Ἔλπισον ἐπὶ τὸν Θεὸν, ὅτι ἐξομολογήσομαι αὐτῷ· ἡ σωτηρία, &c. Mſ. Alex. cum Ald. & Compl. σωτήριον.

VULGATA HOD.	HEBR.	VERSIO ANTIQUA.
1. Pſalmus David, XLII.	*XLIII.*	1. Pſalmus David. XLII. *Ex Mſ. Sangerm.*
JUdica me Deus, & diſcerne cauſam meam de gente non ſancta : ab homine iniquo & doloſo erue me.	*JUdica me Deus, & diſcerne cauſam meam de gente non ſancta : à viro doloſo & iniquo ſalva me.*	* JUdica me Deus, & diſcerne juſtitiam meam de gente non ſancta : ab homine iniquo & doloſo eripe me.
2. Quia tu es Deus fortitudo mea : quare me repuliſti ? & quare triſtis incedo, dum affligit me inimicus ?	*Tu enim es Deus fortitudo mea : quare projeciſti me ? quare triſtis incedo, affligente inimico ?*	2. Quia tu es Deus meus, & fortitudo mea : quare me repuliſti ? quare triſtis incedo, dum adfliget me inimicus ?
		** In eo dum confringunt omnia oſſa mea, exprobraverunt mihi inimici mei.
3. Emitte lucem tuam & veritatem tuam : ipſa me deduxerunt, & adduxerunt in montem ſanctum tuum, & in tabernacula tua.	*Mitte lucem tuam & veritatem tuam, ipſa ducent me : introducent me ad montem ſanctum tuum, & ad tabernacula tua.*	3. Emitte lucem tuam & veritatem tuam : ipſa me deduxerunt, & adduxerunt in montem ſanctum tuum, & in tabernacula tua.
4. Et introibo ad altare Dei : ad Deum, qui lætificat juventutem meam.	*Et introibo ad altare Dei ; ad Deum lætitiæ, exſultationis meæ :*	4. Et introibo ad altare : ad Deum, qui lætificat juventutem meam.
Confitebor tibi in cithara Deus Deus meus : 5. quare triſtis es anima mea ? & quare conturbas me ?	*Et confitebor tibi in cithara Deus Deus meus. Quare incurvaris anima mea, & quare conturbas me ?*	Confitebor tibi in cithara Deus meus : 5. quare triſtis es anima ? & quare conturbas me ?
Spera in Deo, quoniam adhuc confitebor illi : ſalutare vultus mei, & Deus meus.	*Exſpecta Deum, quoniam adhuc confitebor ei : ſalutaribus vultus mei, & Deo meo.*	Spera in Deo, quoniam confitebor illi : ſalutare vultus mei, & Deus meus.

NOTÆ AD VERSIONEM ANTIQUAM.

℣. 1. Sic in Pſalt. Rom. eſt : Mozar. verò hab. *Ipſi David.* Coislin. *In finem, Pſalmus David.* Corb. *Pſalmus David*, ut ſupra. Gr. Ψαλμὸς τῷ Δαυίδ. Mſ. Alex. ita : Εἰς τὸ τέλος, ϛυνέσεως τοῖς υἱοῖς Κορὲ ψαλμός.

* Concinit Pſalt. Corb. ad verbum. Rom. quoque & Coislin. extremò hab. *eripe me*, cum Caſſiod. Mozar. verò, *libera me ;* Auguſt. *erue me ;* item ſup. *cauſam*, non *juſtitiam*, ut & al. Pſalt. præter Corb. Gr. τὴν δίκην, ultimóque, ῥῦσαί με.

℣. 2. In Pſalt. Rom. Coislin. Corb. & Moz. ſimiliter, *Deus meus, & fortitudo mea.* Sic etiam ap. Caſſiod. in hunc Pſ. Apud Auguſt. verò in eund. *Deus meus, fortitudo mea ;* deinde, *ut quid me repuliſti ? & ut quid triſtis incedo, dum affligit me inimicus ?* Græcè : Ὅτι ϛὺ εἶ ὁ Θεὸς κραταίωμά μου· ἱνατί ἀπώσω με ; καὶ ἱνατί σκυθρωπάζων πορεύομαι, ἐν τῷ ἐκθλίβειν τὸν ἐχθρόν μου ; Ald. & Compl. delent μου.

** ℣. iſte totus hîc redundare videtur ; imo ſeriem & connexionem ſententiarum abrumpit, ut alia ex alia non bene nectatur. Huc procul dubio ineptè translatus eſt ab oſcitante librario, videlicet è Pſalmo XLI. proximè antecedenti, ubi ℣. 11. totidem pene verbis exprimitur. Et ſanè nec in alio veteri Pſalterio, nec apud Auguſt. & Caſſiod. nec etiam in textu Græco hîc verſiculus inſertus eſt eò loci. Vide ſup. Not. ad ℣. 11. Pſalmi XLI.

℣. 3. Sic Ambroſ. ad verbum l. 3. de Spir. S. to. 2. col. 695. f. unà cum Pſalt. Rom. Corb. & Vulg. Sic etiam ap. Auguſt. in hunc Pſ. præter hoc, *deduxerunt, & perduxerunt.* Itidem in Moz. Pſalt. *& perduxerunt ;* extremò verò, *& in tabernaculum tuum.* Coislin. ſic hab. *& adduxerunt in monte ſancto tuo, & in tabernaculo tuo.* Caſſiod. in eund. Pſ. *in montem..... & in tabernaculum tuum.* Gr. καὶ ἤγαγόν με εἰς ὄρος ἅγιόν ϛου, καὶ εἰς τὰ σκηνώματά ϛου.

℣. 4. Pſalt. Rom. & Corb. Vulgatæ conſonant, niſi quòd tollunt *&*, ante verbum 1. *introibo.* Coislin. & Moz. habent : *Et introibo ad altare Dei mei ;* præterea Moz. *ad Dominum, qui lætificat*, &c. Similiter Ambr. l. 2. de interpel. Dav. c. 8. col. 650. f. 651. c. 652. b. *Et introibo ad alt. Dei mei : ad Deum*, &c. item l. 4. de Sacram. to. 2. 366. c. at l. 2. de virg. p. 166. e. hab. *Dei mei, & ad Deum, qui*, &c. & l. de Myſter. col. 336. c. *ad altare Dei : ad Deum*, &c. tum l. 2. de interpel. Dav. c. 10. p. 652. d. addit : *Confitebor tibi in cithara Deus meus*, ut ſupra. Auguſt. & Caſſiod. in hunc Pſ. cum Vulgata concinunt ad verbum ; nec aliter in Græco : in Mſ. tamen Alex. ſemel tantùm ὁ Θεός, poſt *cithara*, ut in Lat. ſup.

℣. 5. Et hîc tertiò tollitur *adhuc*, ante *confitebor*, cùm in Pſalt. Rom. Coislin. Mediolan. Moz. & Carnut. tum apud Aug. & Caſſiod. in hunc Pſ. ac in Græco. Similiter in Pſalt. Corb. deeſt *adhuc ;* ac præterea vox *mea*, poſt hanc, *anima.* Aug. ibid. leg. *Spera in Dominum ;* Caſſiod. *in Deum*, cum Pſalt. Moz. & Rom. Coislinianum, *in Domino.* Gr. ἐπὶ τὸν Θεόν..... σωτήριον τοῦ προσώπου μου, ὁ Θεός μου· Alex. καὶ ὁ Θεός μου. Aug. *vultus mei, Deus meus ;* alii, *& Deus meus.*

VERSIO ANTIQUA.	HEBR.	VULGATA HOD.
Ex Mſ. Sangerm. 1. In finem, pro filiis Coræ Pſalmus in intellectum. XLIII.	*Victori filiorum Core eruditio. XLIV.*	1. In finem, filiis Core ad intellectum. XLIII.
2. DEus auribus noſtris audivimus, patres noſtri adnuntiaverunt nobis	*DEus auribus noſtris audivimus, patres noſtri narraverunt nobis*	2. DEus auribus noſtris audivimus, patres noſtri annuntiaverunt nobis,
Opus, quod operatus es in diebus eorum, in diebus antiquis.	*Opus, quod operatus es in diebus eorum, in diebus antiquis.*	Opus, quod operatus es in diebus eorum, & in diebus antiquis.
3. Manus tua gentes diſperdidit, & plantaſti eos: adflixiſti populos, & expuliſti eos:	*Tu manu tua gentes deleſti, & plantaſti eos: afflixiſti populos, & emiſiſti eos:*	3. Manus tua gentes diſperdidit, & plantaſti eos: afflixiſti populos, & expuliſti eos:
4. Non enim in gladio ſuo poſſederunt terram, & brachium ipſorum non liberavit eos:	*Non enim in gladio ſuo poſſederunt terram, neque brachium eorum ſalvavit eos:*	4. Nec enim in gladio ſuo poſſederunt terram, & brachium eorum non ſalvavit eos:
Sed dextera tua, & brachium tuum, & inluminatio vultus tui: quoniam complacuit tibi in illis.	*Sed dextera tua, & brachium tuum, & lux vultus tui: quia complacuiſti in eis.*	Sed dextera tua, & brachium tuum, & illuminatio vultus tui: quoniam complacuiſti in eis.
5. Tu es ipſe rex meus & Deus meus: qui mandas ſalutem Jacob.	*Tu es ipſe rex meus, Deus: præcipe ſalutibus Jacob.*	5. Tu es ipſe rex meus & Deus meus: qui mandas ſalutes Jacob.
6. In te inimicos noſtros ventilabimus, & in nomine tuo ſpernimus inſurgentes in nos.	*In te hoſtes noſtros ventilabimus: in nomine tuo conculcabimus adverſarios noſtros.*	6. In te inimicos noſtros ventilabimus cornu, & in nomine tuo ſpernemus inſurgentes in nobis.
7. Non enim in arcu meo ſpetabo: & gladius meus me non faciet ſalvum.	*Non enim in arcu meo confidam: neque gladius meus ſalvabit me.*	7. Non enim in arcu meo ſperabo: & gladius meus non ſalvabit me.
8. Liberaſti enim nos ex adfligentibus nos: & eos qui oderunt nos confudiſti.	*Quia ſalvaſti nos de hoſtibus noſtris, & eos qui oderant nos confudiſti.*	8. Salvaſti enim nos de affligentibus nos: & odientes nos confudiſti.
9. In Deo laudabimur tota die: & in nomine tuo confitebimur in ſæcula. DIAPSALMA.	*In Deo laudabimus tota die, & nomini tuo in æternum confitebimur. SEMPER.*	9. In Deo laudabimur tota die: & in nomine tuo confitebimur in ſæculum.
10. Nunc autem repuliſti &	*Verùm tu projeciſti, & confu-*	10. Nunc autem repuliſti &

NOTÆ AD VERSIONEM ANTIQUAM.

℣. 1. Pſalt. Rom. cum Vulg. *In finem, filiis Core ad intellectum.* Coiſlin. *In finem, Pſalmus David.* Mozarab. *In finem, intellectus filiis Core, Pſalmus David.* Ambroſ. in hunc Pſ. col. 885. a. cum Pſalt. Corb. *Pſalmi titulus eſt: In finem, filiis Core intellectus:* & infra p. 887. a. addit: *ut ab ipſis canatur, qui pſallendi munus receperant:* & ſupra: *Aquila Pſalmum diſciplina poſuit.* Auguſt. in eund. Pſ. *Titulus non habet tantùm* filiis Core; *ſed*, in intellectum filiis Core. Caſſiod. *In finem, pro filiis Core ad intellectum, Pſalmus David.* Græc. Εἰς τὸ τέλος, τοῖς υἱοῖς Κορὲ εἰς σύνεσιν ψαλμός. In edd. Ald. & Compl. ψαλμός deeſt.

℣. 2. Sic in Pſalt. Corb. Ita quoque in Rom. præter iſta: *& patres..... & in diebus.* Coiſlin. neutrum admittit *&*; nec etiam habentur in Gr. nec ap. Caſſiod. Pſalt. Moz. unum tantùm ponit ante *patres*, cum edd. Ald. & Compl. Similiter Ambroſ. in hunc Pſ. p. 887. a. ſed hoc omittit, *in diebus eorum:* & ſupra ad hoc, *Deus auribus noſtris*, addit: *ſic Symmachus: Theodotion*, in auribus noſtris *dixit; ſicut & Septuaginta Viri.* Et verò in edit. Rom. ſic: Ὁ Θεὸς ἐν τοῖς ὠσὶν ἡμῶν, &c. ut ſupra. Auguſt. concinit cum Vulg.

℣. 3. Sic Ambroſ. in hunc Pſ. col. 889. b. Pſalt. verò Coiſlin. habet *diſperdet*; Mozarab. *diſperſit*, rurſumque *gentes*, loco *populos*. Auguſt. in eund. Pſ. ita: *infirmaſti populos, & expuliſti eos;* Caſſiod. *& repuliſti eos.* Græc. ἐκάκωσας λαοὺς, καὶ ἐξέβαλες αὐτούς.

℣. 4. Sic in Pſalt. Coiſlin. excepto uno *liberabit*. Item in Moz. & Corb. præter iſta, *poſſidebunt terram, & brachium eorum non liberavit.* Ambroſ. in hunc Pſ. p. 891. d. ſic habet: *Quoniam non in gladio ſuo poſſederunt terram, & brachium ſuum non liberavit eos: ſed*, &c. ut ſupra. Auguſt. in eund. Pſ. *Non enim in gladio ſuo hæreditate poſſederunt terram, & brachium ipſorum non ſalvos fecit eos: ſed... quoniam complacuiſti in eis.* Caſſiod. in eund. Pſ. *complacuit tibi in illis;* cætera ut in Vulg. In Gr. Οὐ γὰρ ἐν..... ἐκληρονόμησαν,..... αὐτῶν οὐκ ἔσωσεν αὐτοὺς, ἀλλὰ... ὅτι εὐδόκησας ἐν αὐτοῖς.

℣. 5. Ita Aug. & Caſſiod. in hunc Pſ. cum Pſalt. Rom. Corb. & Moz. Coiſlin. hab. *ſalute*, non *ſalutem*; Ambroſ. in eund. Pſ. p. 892. f. *ſalutes;* Gr. τὰς σωτηρίας.

℣. 6. Sic apud Aug. & Caſſiod. in hunc Pſ. excepto uno *ſpernemus*. Similiter in Pſalt. Rom. Corb. & Moz. In Coiſlin. verò additur *cornu*, poſt *ventilabimus*, ſicut apud Ambroſ. l. de bened. Patr. c. 11. p. 529. f. & in Pſ. 43. p. 893. c. ſed hic Ambr. pro *tuo*, legit *ejus*, ultimóque conſtanter *in nos*, cum Pſalt. Coiſlin. ubique *ſpernemus*. In Gr. Ἐν σοὶ τοὺς ἐχθροὺς ἡμῶν κερατιοῦμεν, καὶ ἐν τῷ ὀνόματί σου ἐξουδενώσομεν τοὺς ἐπανισταμένους ἡμῖν.

℣. 7. Sic eſt in Brev. Mozarab. Item ap. Auguſt. in hunc Pſ. *non ſalvum faciet me.* Apud Ambroſ. & Caſſiod. in eund. *non ſalvabit me*, ut in Pſalt. Rom. & Vulg. In Gr. οὐ σώσει με.

℣. 8. Sic Ambroſ. & Caſſiod. in hunc Pſalm. cum Pſalt. Corb. & Moz. Itidem ad Grad. miſſæ Dom. 3. poſt Epiph. niſi quòd initio eſt, *Liberaſti nos Domine ex*, &c. In Pſalt. Rom. *Liberaſti enim nos de..... & eos qui nos oderunt*, &c. In Coiſlin. *Liberaſti enim nos ex afflig. nos: & odientes nos diſperdidiſti.* Apud Aug. in eund. Pſ. *Salvos enim feciſti nos ex afflig.* &c. ut in textu. In Gr. Ἔσωσας γὰρ ἡμᾶς ἐκ τῶν θλιβόντων ἡμᾶς· καὶ τοὺς μισοῦντας ἡμᾶς κατῄσχυνας.

℣. 9. Concinunt Ambroſ. Aug. & Caſſiod. in hunc Pſ. unà cum Pſalt. Rom. Coiſlin. & Moz. Sic etiam in Corb. ſi excipias τὸ primum *in Domino*. Ambroſ. loco cit. p. 897. d. addit: *Aquila tamen poſuit:* In Domino gloriabimur tota die. *Symmachus ait:* Deo hymnum dicemus per omnem diem. LXX. in fine hab. εἰς τὸν αἰῶνα, *in ſæculum*. De ſubſequenti Diapſalmate non meminit Aug. nec etiam Caſſiod. Abeſt quoque à Pſalt. Corb. ut & à Gr. Alex. ac edd. Ald. & Compl. exſtat verò in ed. Rom. LXX. & in Pſalt. Rom.

℣. 10. Itidem in Pſalt. Carnut. In Corb.... *repuliſti nos & confudiſti nos: & non progredieris Deus in*, &c. In Coiſlin. *non egredieris Deus è virtutib.* Apud Ambroſ. in

VULGATA HOD.	HEBR.	VERSIO ANTIQUA.	
confudisti nos : & non egredieris Deus in virtutibus nostris.	*disti nos : & non egredieris in exercitibus nostris.*	confudisti nos : & non progredieris in virtutibus nostris.	*Ex Ms. Sangerm.*
11. Avertisti nos retrorsùm post inimicos nostros : & qui oderunt nos, diripiebant sibi.	*Vertisti terga nostra hosti : & qui oderunt nos, diripuerunt sibi.*	11. Avertisti nos retrorsùm præ inimicis nostris : & qui nos oderant, diripiebant sibi.	
12. Dedisti nos tanquam oves escarum : & in gentibus dispersisti nos.	*Dedisti nos tanquam gregem ad vorandum, & in gentibus dispersisti nos.*	12. Dedisti nos tanquam oves escarum : & in nationes disparsisti nos.	
13. Vendidisti populum tuum sine pretio : & non fuit multitudo in commutationibus eorum.	*Vendidisti populum tuum sine pretio : nec grandis fuit commutatio eorum.*	13. Vendidisti populum tuum sine pretio : & non fuit multitudo in commutationibus eorum.	
14. Posuisti nos opprobrium vicinis nostris, subsannationem & derisum his, qui sunt in circuitu nostro.	*Posuisti nos opprobrium vicinis nostris : subsannationem & irrisum his, qui erant in circuitu nostro.*	14. Posuisti nos opprobrium vicinis nostris, inlusionem & derisum his, qui sunt in circuitu nostro.	
15. Posuisti nos in similitudinem gentibus ; commotionem capitis in populis.	*Posuisti nos similitudinem in gentibus, commotionem capitis in tribubus.*	15. Posuisti nos in similitudinem gentibus ; commotionem capitis plebibus.	
16. Tota die verecundia mea contra me est, & confusio faciei meæ cooperuit me,	*Tota die confusio mea contra me, & ignominia faciei meæ cooperuit me :*	16. Tota die verecundia mea ante me est, & confusio vultus mei operuit me.	
17. A voce exprobrantis & obloquentis, à facie inimici & persequentis.	*A voce exprobrantis & blasphemantis, à facie inimici & ultoris.*	17. A voce exsultationis, & obloquentis, à facie inimici & persequentis.	
18. Hæc omnia venerunt super nos, nec obliti sumus te : & iniquè non egimus in testamento tuo.	*Omnia hæc venerunt super nos, & non sumus obliti tui : nec mentiti sumus in pacto tuo.*	18. Hæc omnia venerunt super me, & obliti non sumus te : & iniquè non egimus in testamentum tuum.	
19. Et non recessit retro cor nostrum : & declinasti semitas nostras à via tua.	*Non est conversum retro cor nostrum : nec declinaverunt gressus nostri à semita tua.*	19. Et non recessit retro cor nostrum : & declinasti semitas nostras de via tua.	
20. Quoniam humiliasti nos in	*Quoniam dejecisti nos in loco*	20. Quoniam humiliasti nos	

NOTÆ AD VERSIONEM ANTIQUAM.

hunc Ps. p. 897. e. 898. f. & *non progredieris Deus in*, &c. ut sup. at l. de Spir. S. to. 2. p. 650. c. *non egredieris in virtutibus nobiscum.* August. & Cassiod. in eund. Ps. Vulgatæ favent cum Psalt. Rom. At Hieron. scribens ad Sun. & Fretel. legentes in Græco, & *non egredieris Deus*, ait to. 2. p. 638. b. hanc vocem *Deus*, superfluere : abest etiam ab ed. Rom. LXX. ubi sic : καὶ οὐκ ἐξελεύσῃ ἐν ταῖς, &c. Ms. tamen Alex. cum edd. Ald. & Compl. add. ὁ Θεός ; Symmach. καὶ οὐ προσέρχῃ ἐν ταῖς, &c.

℣. 11. Ita legunt Ambros. & Cassiod. in hunc Ps. cum Psalt. Corb. & Moz. Similiter in Rom. & Coislin. præter unum *oderunt*. Itidem ap. August. in eund. Ps. nisi quòd hab. initio, *Avertisti autem nos*. Gr. Ἀπέστρεψας ἡμᾶς εἰς τὰ ὀπίσω παρὰ τοὺς ἐχθροὺς ἡμῶν· καὶ οἱ μισοῦντες ἡμᾶς, &c. Ambros. loco cit. p. 900. f. addit : *Theodotion habet quomodo Septuaginta Viri ; hoc est quomodo iste versus expositus est. Aquila habet :* Avertisti nos retro ab affligente. *Symmachus :* Ordinasti nos novissimos ab omni adversario : & infra p. 901. f. *Theodotion dixit :* & qui oderant nos, exsultabant super nos.

℣. 12. Psalt. Coislin. & Corb. & *in nationibus dispersisti nos*. Rom. & *in gentibus*. Ambros. in Ps. 118. p. 1160. d. & in hunc Ps. p. 901. d. & *in nationes dispersisti nos ;* at infra, & *inter gentes dispersisti nos :* tum addit : *Similiter Theodotion dixit : Aquila autem, & Symmachus :* in gentibus, *aut* inter gentes ventilasti nos. August. in hunc Ps. & *in nationibus dispersisti nos*. Cassiod. in eund. Ps. *Dedisti nos tanquam oves ad escam : & in gentib. dispers. nos*. Ambr. loco cit. p. 902. c. Greges escarum, *Aquila dixit :* greges in escas, *Theodotion :* pascua edentium, *Symmachus*. In ed. Rom. ὡς πρόβατα βρώσεως· καὶ ἐν τοῖς ἔθνεσι, &c.

℣. 13. Concinunt Ambros. & Cassiod. in hunc Ps. unà cum Psalt. Rom. Aug. in eund. Ps. ita : & *non fuit multit. in jubilationibus eorum*. Ambros. loco cit. p. 905. c. ait : *Aquila dixit :* Tradidisti populum tuum ut non esset. *Symm.* Tradidisti pop. tuum sine substantia. LXX. ed. Rom. Ἀπέδου τὸν λαόν σου ἄνευ τιμῆς· καὶ οὐκ ἦν πλῆθος ἐν τοῖς ἀλαλάγμασιν αὐτῶν.

℣. 14. Sic ap. Ambros. in hunc Ps. præter hoc, *in opprobrium*. Psalt. Rom. cum Cassiod. similiter hab. *in opprobrium ;* subinde *derisum & contemptum iis, qui in circ. nostro sunt*. Mozarab. pariter *derisum & contemptum his*, &c. Coislin. *in opprobrium,.... in lusione & derisu his, qui in circ. nostro sunt*. Similiter in Corb. si excipias, *inlusionem & derisum*. Apud August. in eund. Ps. *in opprobrium..... subsannationem & derisum his, qui in circ. nostro sunt*. Gr. Ἔθου ἡμᾶς ὄνειδος (Alex. εἰς ὄνειδος)..... μυκτηρισμὸν καὶ καταγέλωτα τοῖς, &c. Ambros. loco cit. col. 909. a. ait sic habere Aquilam : *Spretionem & pompam posuisti nos iis, qui in circ.* &c.

℣. 15. Sic in Psalt. Corb. Ita etiam in Rom. Coislin. & ap. Cassiod. præter hoc ult. *in plebibus*. In Mozarab. utrobique *in gentibus*, & *in plebibus*. Ambros. in hunc Ps. col. 908. b. Vulgatæ congruit : at in Ps. 118. col. 1159. f. & 1160. d. legit : *Posuisti nos in parabolam gentibus ; commot. cap. in populis :* & epist. 31. to. 2. 916. a. *in parabolam in gentibus*, &c. August. in eund. Ps. *in similitudinem in nationibus ; commot. cap. in populis*. Hieron. epist. ad Sun. & Fretel. to. 2. p. 638. b. *in similitudinem gentibus ;* tum addit : *Sed si dictum fuisset in Latino*, in similitudinem in gentibus, κακόφωνον *esset ; & propterea absque damno sensûs, interpretationis elegantia conservata est*. In Gr. Ἔθου ἡμᾶς εἰς παραβολὴν ἐν τοῖς ἔθνεσι· κίνησιν..... ἐν τοῖς λαοῖς.

℣. 16. Sic est in Psalt. Rom. Coislin. Corb. & Moz. præter unum *contra me*, pro *ante me*. Sic etiam legunt Ambros. August. & Cassiod. in hunc Ps. Ambros. infra 915. e. ait Symmachum habere : *Tota die confusio mea contra me est ;* & paulò supra, verecundiam dici ἐντροπήν : Ἐντροπή *autem est*, inquit, *quando verecundiam quis vult incutere alicui, ut inflectat propositum suum*. In ed. Rom. sic : Ὅλην τὴν ἡμέραν ἡ ἐντροπή μου κατεναντίον μού ἐστι, καὶ ἡ αἰσχύνη τοῦ προσώπου μου ἐκάλυψέ με.

℣. 17. Ambros. Aug. & Cassiod. in hunc Ps. cum Psalt. Rom. & Coislin. Vulgatæ suffragantur. Gr. similiter hab. Ἀπὸ φωνῆς ὀνειδίζοντος, &c. nusquam *exsultationis*. In Psalt. Corb. *A voce exprobrantes & obloquentes, à facie..... & persequentis*.

℣. 18. Sic Ambros. Aug. & Cassiod. in hunc Ps. cum Psalt. Rom. Corb. Coislin. & Moz. nisi quòd habent *super nos*, & in fine, *testamento tuo ;* Corb. *testamentum tuum*. Gr. ἐφ' ἡμᾶς, καὶ οὐκ..... ἐν διαθήκῃ σου.

℣. 19. Ita legunt Ambros. & Aug. in hunc Ps. Sic etiam in Psalt. Corb. dempto uno &, ante *declinasti*. Gr. hab. in fine, ἀπὸ τῆς ὁδοῦ σου.

℣. 20. August. in hunc Ps. hab. *in loco infirmitatis*, & *operuit*, &c. Psalt. Coislin. *in locum adflictionis*, & *operuit*. Rom. & Moz. *in loco afflictionis*, & *operuit*, &c. Gr. ἐν τόπῳ κακώσεως, καὶ ἐπεκάλυψεν. Ambros. in hunc Ps. col.

Versio antiqua.	Hebr.	Vulgata hod.
Ex Ms. Sangerm. in loco adflictationis, & operuit nos umbra mortis.	*draconum, & operuisti nos umbrâ mortis.*	loco afflictionis, & cooperuit nos umbra mortis.
21. Si obliti sumus nomen Dei nostri, & si expandimus manus nostras ad deum alienum:	*Si obliti sumus nominis Dei nostri, & expandimus manus nostras ad deum alienum:*	21. Si obliti sumus nomen Dei nostri, & si expandimus manus nostras ad deum alienum:
22. Nonne Deus requiret ista? ipse enim novit occulta cordis.	*Nunquid non Deus investigabit istud? ipse enim novit cogitationes cordis.*	22. Nonne Deus requiret ista? ipse enim novit abscondita cordis.
Quoniam propter te morte adficimur tota die: æstimati sumus ut oves occisionis.	*Quoniam propter te mortificati sumus tota die: reputati sumus ut grex occisionis.*	Quoniam propter te mortificamur tota die: æstimati sumus sicut oves occisionis. Rom. 8. 36.
23. Exsurge, quare obdormis Domine? exsurge, & ne repellas usque in finem.	*Consurge, quare dormitas Domine? vigila, quare projicis nos in sempiternum?*	23. Exsurge, quare obdormis Domine? exsurge, & ne repellas in finem.
24. Quare faciem tuam avertis, oblivisceris inopiam & tribulationem nostram?	*Quare faciem tuam abscondis? oblivisceris afflictionis nostræ & inopiæ nostræ?*	24. Quare faciem tuam avertis, oblivisceris inopiæ nostræ & tribulationis nostræ?
25. Quoniam humiliata est in pulvere anima nostra: hæsit in terra venter noster.	*Quoniam incurvata est in pulvere anima nostra: adhæsit in terra venter noster.*	25. Quoniam humiliata est in pulvere anima nostra: conglutinatus est in terra venter noster.
26. Exsurge Domine, fers opem nobis: & libera nos propter nomen tuum.	*Surge, auxiliare nobis, & redime nos propter misericordiam tuam.*	26. Exsurge Domine, adjuva nos: & redime nos propter nomen tuum.

Notæ ad Versionem antiquam.

917. f. ait: *Pulchrè autem & Aquila interpretatio, quemadmodum intelligere debeamus*, locum afflictationis, *expressit dicendo:* Quoniam humiliasti nos in loco sirenarum: & post pauca: *Et Septuaginta Virorum videtur cum his sententia convenire, cùm dicunt, quia scriptum est*, Quoniam humiliasti nos: & infra 919. f. *Symm. ait:* afflixisti nos in loco deserto.

℣. 21. Concinit Lucif. Calar. l. de mor. pro Dei fil. p. 247. vel 249. d. necnon August. & Cassiod. in hunc Ps. unà cum Psalt. Rom. & aliis. Ambros. in eund. Ps. legit, *ad deos alienos.* Gr. πρὸς θεὸν ἀλλότριον.

℣. 22. Itidem Ambros. in hunc Ps. p. 920. b. unà cum Psalt. Rom. Corb. & Coislin. In Moz. pariter *occulta cordis*; paulò verò post, *mortificati sumus tota die..... ut oves*, &c. Apud Lucif. Cal. l. de mor. pro Dei fil. p. 247. vel 249. d. *Nonne Deus requirit ista?.... novit abscondita cordis..... mortificamur tota die..... ut oves*, &c. Apud Hieron. epist. ad Algas. to. 4. p. 203. f. *reputati sumus ut oves*, &c. Ambros. autem to. 2. p. 1203. d. constanter legit: *æstimatus sum sicut ovis occisionis.* Aug. in hunc Ps. ita: *novit occulta cordis..... propter te mortificamur tota die: deputati sumus velut oves occis.* & in Ps. 9. col. 51. e. *propter te occidimur:* at l. 1. Retract. to. 1. col. 9. b. hæc habet: *In eo* (lib.) *qui est de moribus Ecclesiæ cath. ubi posui testimonium, in quo legitur:* propter te afficimur tota die: æstimati sumus ut oves occisionis: *mendositas nostri codicis me fefellit, minùs memorem Scripturarum, in quibus nondum assuetus eram. Nam ejusdem Interpretationis alii codices non habent*, propter te afficimur, *sed*, propter te morte afficimur; *quod uno verbo alii dixerunt*, mortificamur. *Hoc esse verius Græci libri indicant, ex qua lingua in Latinam secundùm LXX. Interpretes, veterum divinarum Scripturarum est facta translatio.* In Collat. Carthag. p. 489. a. ita ex parte Donatistarum: *Nonne Deus inquiret ista? ipse enim scit latentia cordis.* S. Paulinus ep. 43. p. 262. b. leg. *novit occulta cordis.* Sic etiam ap. Cassiod. in hunc Ps. constanter cum verbo *mortificamur.* In Psalt. Mediolan. *morte affligimur.* In Reg. S. Bened. c. 7. *morte tota die afficimur.* Item ap. Auct. l. de promiss. p. 3. col. 183. b. *propter te morte afficimur tota die: deputati sumus ut oves occisionis.* Gr. ἕνεκά σου θανατούμεθα..... ἐλογίσθημεν ὡς, &c. Vide sis lectiones Aquilæ & Symm. apud Ambr. ubi sup. 920. b. c.

℣. 23. Ita legunt Ambros. in hunc Ps. col. 921. f. & August. ibid. cum Psalt. Corb. Similiter in Coislin. dempto uno &, post 2. *exsurge*, addito verò *nos*, ad *repellas.* In Mozarab. sic: *quare & obdormis..... & ne repellas nos in finem.* Itidem ap. Cassiod. in eund. Ps. sed absque &, ante *obdormis.* Apud Jul. Firmic. l. de errore fals. relig. c. 25. ita: *exsurge, & ne disperdas usque in finem.* Græc. Vulgatæ consonat, ut & Missale Rom. ad Introit. M. Dom. Sexag.

℣. 24. Accinunt Ambros. August. & Cassiod. in hunc Ps. unà cum Psalt. Rom. & Corb. nisi quòd add. *nostram*, ad *inopiam.* Coislin. hab. *inopia & tribul. nostra.* Avitus Vien. ap. Sirm. to. 2. homil. de Rogat. p. 140. b. sic: *Exsurge, quare obdor. Domine, oblitus inopia & trib. nostra?* Gr. ἐπιλανθάνῃ τῆς πτωχείας ἡμῶν καὶ τῆς θλίψεως ἡμῶν; Ambros. supra 926. c. monet Aquilam legere: *Quare faciem tuam abscondis?* Symmachum verò pro *tribulatione*, posuisse, *afflictationem.* Apud Jul. Firm. l. de errore fals. relig... *oblivisceris inopiam nostram & tribulationem.* In Missali ad Introit. M. Dom. Sexages. *oblivisceris tribulationem nostram.*

℣. 25. Ita legunt Jul. Firmic. l. de erro. fals. relig. c. 25. & August. in hunc Ps. Auct. etiam l. de promiss. p. 1. c. 3. p. 93. d. hab. *hæsit in terra venter noster.* Cassiod. in hunc Ps. *adhæsit in terra*, &c. cum Psalt. Rom. Coislin. Corb. Moz. & Missali ad Introitum Dom. Sexages. Concinunt Hilar. in Ps. 118. col. 265. d. & Ambr. l. de Parad. to. 1. 180. a. & in Ps. 118. col. 1009. e. nisi quòd hab. *anima mea*, & *venter meus*; à Mss. tamen 2. Hilar. abest vox *mea.* In Gr. ἡ ψυχὴ ἡμῶν· deinde, ἐκολλήθη εἰς γῆν ἡ γαστὴρ ἡμῶν.

℣. 26. Itidem in Psalt. Corb. Sic etiam *libera nos*, in Psalt. Rom. Coislin. Moz. & ad Introit. M. Dom. Sexag. necnon ap. Cassiod. in hunc Ps. Apud August. verò, *redime nos*, ut in Vulg. Gr. λύτρωσαι. Hieron. epist. ad Sun. & Fretel. to. 2. p. 638. b. ait, post *exsurge*, *more solito, in Græco nomen Domini additum esse.* Jul. Firmicus l. de errore fals. relig. c. 25. similiter hab. *Exsurge Domine, opem fer nobis: & libera nos propt.* &c. Auct. l. de promiss. p. 1. c. 3. p. 93. d. *Exsurge Domine, auxiliare nobis: & redime nos*, &c.

VULGATA HOD.	HEBR.	VERSIO ANTIQUA.
1. In finem, pro iis qui commutabuntur, filiis Core, ad intellectum, Canticum pro dilecto. XLIV.	*Victori pro liliis filiorum Core, eruditionis Canticum amantissimi. XLV.*	1. In finem, pro his quæ commutabuntur, filiis Coræ, intellectum, Canticum pro * dilecto. XLIV. Ex Mf. Sangerm. * Mf. delicto.
2. Eructavit cor meum verbum bonum : dico ego opera mea regi.	*Eructavit cor meum verbum bonum : dico ego opera mea regi :*	2. Eructuavit cor meum verbum bonum : dico ego opera mea regi.
Lingua mea calamus fcribæ, velociter fcribentis.	*Lingua mea ftylus fcribæ velocis.*	Lingua mea calamo fcribæ, velociter fcribentis.
3. Speciofus formâ præ filiis hominum, diffufa eft gratia in labiis tuis : propterea benedixit te Deus in æternum.	*Decore pulchrior es filiis hominum, effufa eft gratia in labiis tuis : propterea benedixit tibi Deus in æternum.*	3. Speciofus formâ præ filiis hominum, diffufa eft gratia in labiis tuis : propterea benedixit te Deus in æternum.
4. Accingere gladio tuo fuper femur tuum, potentiffime,	*Accingere gladio tuo fuper femur, fortiffime,*	4. Accingere gladium tuum circa femur, potentiffime,
5. Specie tua & pulchritudine tua intende, profperè procede, & regna,	*Gloria tua & decore tuo : decore tuo profperè afcende,*	5. Specie & pulchritudine tua, & intende, & profperè procede, & regna,
Propter veritatem, & manfuetudinem, & juftitiam : & deducet te mirabiliter dextera tua.	*Propter veritatem & manfuetudinem juftitiæ : & docebit te terribilia dextera tua.*	Propter veritatem, & manfuetudinem, & juftitiam : & deducet te mirabiliter dextera tua.
6. Sagittæ tuæ acutæ, populi	*Sagittæ tuæ acutæ, populi fub*	6. Sagittæ tuæ acutæ, po-

NOTÆ AD VERSIONEM ANTIQUAM.

℣. 1. Sic in Pfalt. Corb. præter ult. *intellectus*, *Canticum pro dilecto*. Rom. verò hab. *In finem, pro iis qui commutab..... ad intellectum, Canticum pro dilecto*. Mozar. *His qui immutab. filii Core, intellectum, Cantic. pro dilecto, Pfalmus David*. Coislin. *In finem, Pfalmus pro his qui commutab. filii Core, intellectum, Cantic. pro delicto*. Carnut. verò, *pro his quæ commutabuntur*. Item ap. Auguft. in hunc Pf. *Titulus dicitur :* Filiis Core, pro his quæ commutabuntur : & poft paulò : *Ergo cantetur nobis :* Pro his quæ commutabuntur ; & *fic incipiat defcribi, per quem commutata funt : fequitur enim :* Pro his quæ commutabuntur, filiis Core, in intellectum, Canticum pro dilecto. Hilar. in Pf. 68. p. 215. b. ait : *In quadrag. quarto*, Pro dilecto *Canticum prænotatur*. Ambrof. præf. in Pf. 1. to. 1. 741. e. *Lego Canticum pro dilecto*. Hieron. ep. ad Princip. to. 2. p. 682. b. *Quadragefimum quartum Pfalmum legens, in titulo reperi :* In finem, pro his qui commutabuntur, filiorum Core intelligentia, Canticum pro dilecto : & infra : *Sofannim, vel pro his qui commutandi funt, vel in lilia transfertur & flores*, &c. Græcè, Εἰς τὸ τέλος, ὑπὲρ τῶν ἀλλοιωθησομένων, τοῖς υἱοῖς Κορὲ, εἰς σύνεσιν, Ὠδὴ ὑπὲρ τοῦ ἀγαπητοῦ.

℣. 2. Sic eft in Pfalt. Coislin. & Corb. *eructuavit* ; reliqua ut in Vulg. Apud Tertul. l. 2. & 4. cont. Marcion. p. 644. c. 707. b. fic : *Eructavit cor meum fermonem optimum :* itidem l. cont. Prax. p. 846. b. 848. a. Cypr. l. 2. Teftim. p. 297. a. & 285. b. *Eructavit cor meum fermonem bonum : dico ego op. m. regi. Lingua mea calamus fcriptoris, acutè fcribentis*. Novatianus p. 1038. b. 1046. c. Vulgatæ fuffragatur, ficut Lactant. l. 4. Inftit. c. 8. p. 574. Hilarius in Pf. 51. p. 73. a. & in Pf. 118. p. 365. d. Ambrof. l. de bened. Patr. c. 11. to. 1. p. 527. e. & infra 702. a. 763. b. 783. b. 1380. f. 1532. f. & to. 2. p. 989. a. 1048. d. Item Hieron. epift. ad Damaf. to. 4. p. 155. necnon Auguft. & Caffiod. in hunc Pf. Auguft. tamen l. 9. conf. c. 9. n. 21. fcribit *eructuare*. Gr. Ἐξηρεύξατο..... λόγον ἀγαθόν..... κάλαμος γραμματέως ὀξυγράφου.

℣. 3. Vet. Iren. Interp. l. 4. c. 33. p. 273. d. fimiliter hab. *Speciofus formâ præ filiis hominum*. Tertul. verò l. cont. Judæos, c. 9. p. 142. b. *Tempeftivus decore fuper filios hominum, diffufa eft gratia in lab. tuis :* & infra c. 14. p. 148. a. *Tempeftivus decore citra filios hom. effufa eft gratia in lab. tuis : propt. benedixit te Deus in fæcula*. Similiter l. 3. adv. Marc. p. 671. c. præter hoc ult. *in ævum :* at inf. p. 675. a. leg. *præter filios hominum, effufa eft*, &c. & p. 676. b. *fupra filios hominum ;* fed ubique conftanter, *tempeftivus*. Cyprianus l. 2. Teftim. p. 297. a. *Decorus fpecie fuper filios hom. effufa eft gratia in lab. tuis : propterea bened. te Deus in fæcula*. Ambrof. l. 1. de Abrah. c. 8. to. 1. p. 307. d. *Speciofus formâ præ filiis hom.* item p. 529. b. 1454. f. & to. 2. p. 155. e. 986. c. Hieron. in Ifai. 63. to. 3. p. 465. a. *Formofus decore præ filiis hom.* & epift. ad Princip. to. 2. p. 685. a. *effufa eft gratia in labiis tuis : propt. bened. te Deus in æt.* tum addit : *In editione Vulgata pro* benedixit, unxit *legimus ; fed fciendum quòd error Scriptorum Septuaginta Translatoribus non debeat imputari, qui hoc loco cum Hebraïca veritate concordant*. Aug. & Caffiod. cum Pfalt. Rom. & aliis textui noftro congruunt, ut & Vulgatæ. Jul. Firm. l. de err. falf. relig. c. 24. hab. *propterea benedixit tibi in æternum*. Gr. Ὡραῖος κάλλει παρὰ τοὺς υἱοὺς..... ἐξεχύθη..... εἰς τὸν αἰῶνα.

℣. 4. Sic eft in Pfalt. Coislin. & Moz. Item in Rom. hoc excepto, *gladio tuo*. In Corb. *Accingere gladium tuum circa femur tuum, potentiffime*. Vet. Iren. Interp. l. 4. c. 33. p. 273. d. fic : *Accingere gladium tuum, potentiffime, circa femur tuum*. Ita quoque Jul. Firm. hab. l. de erro. falfar. relig. c. 24. poftpofito verbo *potentiffime*. Tertullian. adverf. Jud. c. 9. p. 142. b. *Accingere enfem fupra femur :* & c. 14. p. 148. a. *Accingere enfem tuum circa femur tuum, potens :* item l. 3. adv. Marc. p. 675. a. *Accingere enfem fuper femur :* & l. 5. p. 800. b. *Succinctus gladio fuper femur*. Cypr. l. 2. Teftim. p. 297. a. *Accingere enfe tuo ad femur, potentiffime*. Ambrof. in Pf. 118. col. 1189. d. *Accingere gladium tuum circum femur, potentiffime*. Aug. in hunc Pf. *Accingere gladium tuum circa femur, potentiffime :* item l. 17. de civit. Dei, to. 7. 478. c. *circa femur ;* at in Job, to. 3. p. 661. e. *fuper femur :* & to. 8. p. 31. c. *juxta femur*. Caffiod. in Pf. 44. *circa femur tuum*. Gr. Περίζωσαι τὴν ῥομφαίαν σου ἐπὶ τὸν μηρόν σου, δυνατέ.

℣. 5. Concinit Pfalt. Mozarab. nifi quòd hab. *intende, profpera, procede*. Rom. Fabri, & *profperè proc.* abfque &, poft *juftitiam*. Vet. Iren. Interp. l. 4. c. 33. p. 273. d. cum Pfalt. Corb. *Specie tua & pulchr. tua, & intende, & profperè procede, & regna, propter..... & juftitiam*. Tertul. adv. Judæos, c. 14. p. 148. a. *Tempeftivitate & pulchritudine tua :* & l. 3. adv. Marc. p. 675. a. *& extende, & profperare, & regna, propter veritatem, & lenitatem, & juftitiam : & deducet te mirificè dextera tua :* at l. contra Jud. c. 9. p. 142. b. c. *extende, & profperare, propera, & regna, propter lenitatem & juftitiam tuam : & deducet te magnitudo dexteræ tuæ*. Cypr. l. 2. Teftim. p. 297. a. *Decori & fpeciei tuæ & intende, & dirige, & regna, propter veritatem, & manfuet. & juftitiam*. Hieron. epift. ad Dardan. to. 2. p. 6. b. c. *Specie tua & decore tuo intende, & profperare, & regna, propter manfuet. & juftitiam, & veritatem : & deducet te mirab. dext. tua :* & epift. ad Princip. ibid. p. 686. b. *& intende, profperè procede*, &c. & paulò fupra : *In Hebræo*, inquit, *Gloriâ tuâ & decore tuo profperè afcende :* & in Ifai. 53. to. 3. p. 383. b. *Pulchritudine & decore tuo*. Auguft. in hunc Pf. *Specie tua & pulchr..... & intende, & profperè procede*, &c. ut in Vulg. Item apud Caffiod. in eund. Pf. *& profperè procede*. Julius Firmic. l. de erro. falf. relig. c. 24. Vulgatæ favet. In Gr. Τῇ ὡραιότητί σου καὶ τῷ κάλλει σου, καὶ ἔντεινον, καὶ κατευοδοῦ, καὶ βασίλευε, &c. ut in Vulg.

℣. 6. Sic in Pfalt. Coislin. eft ad verbum. In Rom. verò, Corb. & Moz. fic : *Sagittæ..... potentiffime, populi fub te cadent, in corde inimicorum regis*. Item in Mediolan. & Carnut. additur *potentiffime*. At Hieron. fcribens ad Sun.

VERSIO ANTIQUA.

Ex Ms. Sangerm. tentissime, populi infra te cadent, viscera inimicorum regis.
7. Sedis tua Deus in sæculum
sæculi : virga recta est virga
regni tui.
8. Dilexisti justitiam, &
odisti iniquitatem : propterea
unxit te Deus tuus oleum lætitiæ à consortibus tuis.
9. Murra, & gutta, & cas-
sia à vestimentis tuis, à gravibus eburneis : ex quibus te
delectaverunt 10. filiæ regum
in honore tuo.
Adsistit regina à dextris tuis
in vestitu deaurato : circumamicta varietatem.
11. Audi filia, & vide,

HEBR.

te cadent, in corde inimicorum regis.

Thronus tuus Deus in sæculum, & in æternum : sceptrum æquitatis, sceptrum regni tui.

Dilexisti justitiam, & odisti iniquitatem : propterea unxit te Deus Deus tuus oleo exsultationis præ participibus tuis.

Myrrha, & stacte, & cassia in cunctis vestimentis tuis, de domibus eburneis, quibus lætificaverunt te filiæ regum in honore tuo.

Stetit conjux in dextera tua, in diademate aureo.

Audi filia, & vide, & incli-

VULGATA HOD.

sub te cadent, in corda inimicorum
regis.
7. Sedes tua Deus in sæculum *Hebr. 1. 8.*
sæculi : virga directionis virga regni tui.
8. Dilexisti justitiam, & odisti
iniquitatem : propterea unxit te
Deus Deus tuus oleo lætitiæ præ
consortibus tuis.
9. Myrrha, & gutta, & casia
à vestimentis tuis, à domibus eburneis : ex quibus delectaverunt te
10. filiæ regum in honore tuo.
Astitit regina à dextris tuis in
vestitu deaurato : circumdata varietate.
11. Audi filia, & vide, & in-

NOTÆ AD VERSIONEM ANTIQUAM.

& Fretel. to. 2. p. 638. b. ait : *In Græco legisse vos dicitis*, acutæ, potentissime; *sed hoc malè, & de superiori versu additum est, in quo legitur : Accingere glad. tuo sup. femur tuum, potentissime :* & epist. ad Princip. ibid. p. 686. c. *In Hebraïco*, inquit, *absque* potentissime; *reliqua similiter :* in Isai. tamen 49. to. 3. p. 351. b. legit ipse : *Sagitta tua acuta potentissimæ, populi sub te cadent.* Similiter Aug. & Cassiod. in hunc Ps. cum his, *in corde inimicor. regis.* Ita rursum Aug. l. 12. de Trin. to. 8. 916. c. d. Editt. tamen ferunt ibid. *potentissime*, sed melioris notæ Mss. hab. *potentissima ;* quin etiam ita legerit Augustinus, vix dubium esse potest, cùm proximè ista sequantur, *acuta, potentissima, & transfigentes, & efficientes ;* & post pauca : *ô sagittam acutam potentissimam*, &c. Item Cassiod. p. 151. c. *Acuta*, inquit, *pertinent ad transforationis celeritatem ;* potentissimæ, *quia nulla illis materia, quamvis durissima, probatur obsistere.* Jul. quoque Firmic. l. de errore fals. relig. c. 24. ita leg. *Sagitta acutæ potentissima, populi intra te decident, in corde inimicor. regis.* At Græcè constanter : Τὰ βέλη σου ἠκονημένα, δυνατὲ, λαοὶ ὑποκάτω σου πεσοῦνται, ἐν καρδίᾳ, &c.

℣. 7. Ita ferunt Psalt. Rom. Coislin. Corb. Mediolan. & Carnut. cum Julio Firm. l. de errore fals. relig. c. 24. necnon Ambrosio in Luc. 19. & 20. to. 1. col. 1499. c. 1504. f. & to. 2. 448. d. & Cassiodoro in hunc Ps. Irenæus verò l. 3. c. 6. p. 180. e. sic : *Sedes tua Deus in æternum : virga directionis virga*, &c. Tertul. adv. Prax. p. 849. b. *Thronus tuus Deus in ævum, virga regni tui.* Lactant. l. 4. Institut. c. 13. p. 576. *Thronus tuus Deus in sæcula sæculorum : virga æquitatis virga*, &c. Concinit Cyprianus l. 2. Testim. p. 287. a. Sic etiam apud Marten. Anecdot. to. 5. p. 5. a. Hilarius verò l. 4. de Trin. p. 847. f. legit : *Sedes tua Deus in sæculum sæculi : virga directionis tua, virga*, &c. at in Ps. 2. p. 46. *virga directionis virga*, &c. & in Ps. 144. p. 563. a. *virga æquitatis virga*, ut in Breviar. Mozarab. Augustinus denique in hunc Ps. sic : *Sedes tua Deus in sæcula sæculorum ; virga directionis*, &c. at l. contra Judæos, to. 8. p. 31. c. *Thronus tuus Deus in sæculum sæculi : virga æquitatis virga*, &c. Itidem Vigil. Taps. l. 1. cont. Arium, Sabell. &c. Hieron. verò epist. ad Princip. p. 687. a. *Sedes tua Deus*, &c. ut in Vulg. tum ait in Hebraïco legi : *Thronus tuus Deus in sæc. sæculi : sceptrum æquitatis sceptrum*, &c. Auctor l. de XLII. mans. ap. Ambros. to. 2. p. 12. e. *virga æquitatis virga*, &c. Gr. Ὁ θρόνος σου ὁ Θεὸς εἰς αἰῶνα αἰῶνος· ῥάβδος εὐθύτητος ἡ ῥάβδος, &c.

℣. 8. Vet. Iren. Interp. l. 4. c. 33. p. 273. d. *unxit te Deus Deus tuus oleo læt. præ consf. tuis.* Tertull. contra Prax. p. 849. b. & l. de Trin. p. 1051. c. *Dilexisti..... Deus Deus tuus oleo læt. à consf. tuis.* Lactant. l. 4. Instit. c. 13. p. 576. *Dilexisti..... & odio habuisti iniquitatem... Deus Deus tuus oleo exsultationis.* Cypr. l. 2. Testim. p. 287. a. *Dilexisti..... & odisti..... Deus Deus tuus oleo exsultationis super participes tuos.* Similiter Hilar. l. 11. de Trin. p. 1094. c. excepto ult. *præ consortibus tuis :* paulò verò supra ait : *Qui præ participibus ungitur, posterior in tempore est, dum unctis participibus antefertur :* & p. 1093. c. *unxit te Deus Deus tuus oleo exsultationis præ participibus tuis.* Notant ibid. nostri BB. Mss. codices magno consensu habere *præ participes tuos*, & sic deinceps in ipsis præpositionem *præ* conjungi cum accusativo. Item observant apud Hilar. non legi *ungo*, sed *ungueo ;* ut patet ex hoc loco, ubi vetust. Mss. pro *ungitur*, scribunt *unguetur, ungueatur*. Demum Hilar. in Ps. 118. p. 292. e. sic leg. *unxit te Deus Deus tuus oleo lætitiæ præ consortibus tuis :* Mss. verò constanter *præ consortes tuos.* Vide rursum eundem col. 393. e. 462. a. 847. e. 1088. f. Ambrosius in Luc. 20. to. 1. col. 1504. f. 1075. e. & to. 2. p. 448. d. 621. f. 937. b. nil differt à Vulg. at epist. 81. p. 1098. d. habet : *unctus est oleo justitiæ præ consortibus tuis.* Hieron. in Ecclesiast. to. 2. p. 766. c. & in Ezech. 44. to. 3. p. 1034. f. *propterea unxit te Deus Deus tuus oleo exsultationis præ participibus tuis.* Similiter l. 3. in epist. ad Ephes. to. 4. p. 383. a. hoc excepto, *propter quod unxit :* at in Isai. 60. col. 455. d. legit, *præ consortibus tuis :* & in epist. ad Princip. to. 2. p. 686. concinit cum Vulg. Julius Firmic. l. de erro. fals. relig. c. 24. *Dilexisti justitiam, odisti iniq. propt. unxit te Deus tuus oleo læt. præ consort.* &c. August. in hunc Ps. *Dilexisti just. & odisti... Deus Deus tuus oleo exsultationis præ participibus suis :* at in Ps. 104. p. 1183. b. hab. *tuis :* & l. 17. de civit. Dei, to. 7. p. 478. d. 479. a. *odio habuisti iniquitatem.* Optat. l. 4. p. 75. a. *Unget te Dominus Deus tuus oleo exsultationis aliter à consortibus tuis.* Apud Marten. Anecdot. to. 5. p. 5. a. *propterea benedixit te Deus tuus oleo lætitiæ præ participibus tuis.* Auct. l. de promiss. p. 3. col. 175. a. *unxit te Deus..... oleo lætitiæ præ participibus tuis.* Faustin. presb. contra Arian. p. 648. d. & Cassiod. in hunc Ps. concordant cum Vulg. In Gr. Ἠγάπησας..... καὶ ἐμίσησας..... διὰ τοῦτο... ὁ Θεὸς ὁ Θεός σου ἔλαιον ἀγαλλιάσεως παρὰ τοὺς μετόχους σου· al. ἐν ἐλαίῳ. Psalt. Corb. *oleum.*

℣. 9. Ita in Psalt. Carnut. & Corb. at in Mediolan. & Rom. Martianæi sic : *à gradibus eburn..... te delectaverunt*, &c. In Rom. Fabri, Coislin. & Moz. *à domibus eburneis*, &c. Similiter habet Hieronymus epist. ad Princip. to. 2. p. 688. b. cum August. & Cassiod. in hunc Ps. Hujus autem diversitatis rationem optimè reddit Hieron. in ead. epist. p. 689. b. dicens : *Pro eo quod nos transtulimus*, domibus eburneis, *quia in Græco scriptum est*, ἀπὸ βάρεων ἐλεφαντίνων ; *quidam Latinorum ob verbi ambiguitatem*, à gravibus *interpretati sunt, cùm* βαρὶς *verbum sit* ἐπιχώριον *Palæstinæ*, (Mss. plures πιχώριον, i. e. patrium) *& usque hodie domus ex omni parte conclusæ, & in modum ædificatæ turrium, ac mœnium publicorum*, βαρεῖς *appellentur.* Item in Ose. 8. to. 3. p. 1291. c. ait : βαρεῖς, *id est, magnas, & in modum turrium ædificatas domos*, seu ut in Jerem. 17. p. 614. *turritas domos.* Hoc similiter explicat Ambros. in Ps. 47. ℣. 14. p. 944. d. & l. de Joseph, c. 9. to. 1. p. 500. f. Apud Jul. Firm. l. de erro. fals. relig. c. 24. sic : *Myrrha, & gutta, & casia à vestim. tuis, de ædificiis eburneis : ex quibus te jucunditate affecerunt.* Apud Junil. Afric. l. 2. de partib. div. leg. c. 23. p. 348. h. *ex gradibus eburneis, ex quibus te delectaverunt.*

℣. 10. Cypr. l. 2. Testim. p. 297. b. *Astetit regina ad dexteram tuam in veste inaurata : amicta est varietate.* S. Pacianus epist. 1. & 3. p. 306. d. 309. f. *Astitit regina in veste aurata & variegata.* S. Paulin. ep. 24. p. 152. c. *Stet regina à dextris ejus in fimbriis aureis, circumamicta varietate :* sed hæc ultima pertinent ad ℣. 14. Ambros. l. 1. de virg. to. 2. p. 155. e. *Astitit reg. à dextris tuis in vestitu deaurato, varietate circumamicta.* Item ap. August. & Cassiod. in hunc Ps. sicut in Psalt. Rom. Mediol. Carnut. Corb. Coislin. & Mozar. *circumamicta varietate.* Ap. Hieron. epist. ad Princip. to. 2. p. 689. b. *circumdata varietate ;* quæ verba, inquit, *excepta editione Vulgata, nullus Interpretum transtulit :* in Græco nunc, περιβεβλημένη, πεποικιλμένη.

℣. 11. Vulgatæ favent Hilar. in Ps. 59. p. 136. a. &

VULGATA HOD.	HEBR.	VERSIO ANTIQUA.
clina aurem tuam : & obliviſcere populum tuum, & domum patris tui.	*na aurem tuam : & obliviſcere populi tui, & domûs patris tui.*	inclina aurem tuam : & obliviſcere populum tuum, & domum patris tui. Ex Mſ. Sangerm.
12. Et concupiſcet rex decorem tuum : quoniam ipſe eſt Dominus Deus tuus, & adorabunt eum.	*Et concupiſcet rex decorem tuum : quia ipſe eſt Dominus tuus, & adora eum.*	12. Quoniam concupivit rex ſpeciem tuam : quia ipſe eſt Deus tuus, & adorabunt eum.
13. Et filiæ Tyri in muneribus vultum tuum deprecabuntur, omnes divites plebis.	*Et ô filia fortiſſimi, in muneribus faciem tuam deprecabuntur divites populi.*	13. Et filiæ Tyrii in muneribus vultum tuum deprecabuntur, divites plebis.
14. Omnis gloria ejus filiæ regis ab intus, in fimbriis aureis 15. circumamicta varietatibus.	*Omnis gloria filia regis intrinſecus : faſciis aureis veſtita eſt.*	14. Omnis gloria ejus filiæ regis ab intus, in fimbriis aureis 15. amicta varietatem.
Adducentur regi virgines poſt eam : proximæ ejus afferentur tibi.	*In ſcutulatis ducetur ad regem, virgines ſequuntur eam : amicæ ejus ducentur tibi.*	Adferentur regi virgines poſt eam : proximæ ejus adferentur ibi.
16. Afferentur in lætitia & exſultatione : adducentur in templum regis.	*Ducentur in lætitiis & exſultatione : ingredientur thalamum regis.*	16. In lætitia & exſultatione : adducentur in templum regis.
17. Pro patribus tuis nati ſunt tibi filii : conſtitues eos principes ſuper omnem terram.	*Pro patribus tuis erunt filii tibi : pones eos principes in univerſa terra.*	17. Pro patribus tuis nati ſunt tibi filii : conſtitues eos principes ſuper omnem terram.
18. Memores erunt nominis tui in omni generatione & generationem.	*Recordabor nominis tui in omni generatione & generatione :*	18. Memores erunt nominis tui in omni gente & progenie.
Propterea populi confitebuntur	*Propterea populi confitebuntur*	Propterea populi confite-

NOTÆ AD VERSIONEM ANTIQUAM.

Ambroſ. cùm l. 1. de virg. to. 2. p. 155. e. & inf. 309. d. 1191. e. tum in Luc. 2. & 9. to. 1. p. 1310. 1419. c. Accinunt Auguſt. & Caſſiod. in hunc Pſ. cum Pſalt. Rom. &c. Apud Cypr. l. 2. Teſtim. p. 297. b. ſic : *Audi filia,.... & obliviſcere populi tui, & domûs patris tui.* Ita etiam Firmilian. habet apud ipſum, epiſt. 75. p. 147. b. abſque his, *& domûs patris tui.* Philaſtr. Brix. de hæreſ. pag. 724. d. *obliviſcere domûs patris tui.* Hieron. in Iſai. 23. to. 3. p. 206. b. *obliviſcere populi tui, & domum patris tui.* Gr. ἐπιλάθυ τῦ λαῦ σȣ, ϗ τῦ οἴκȣ, &c.

℣. 12. Sic Ambroſ. l. 1. de virg. to. 2. p. 155. e. at l. de lapſu virg. p. 309. d. Vulgatæ congruit. Auguſt. autem & Caſſiod. in hunc Pſ. cum Pſalt. Rom. Corb. & Coiſlin. ita legunt : *Quoniam concupivit rex ſpeciem tuam : quia ipſe eſt Dominus Deus tuus*, &c. Mozarab. *Quia concupivit rex ſpec. tuam, & ipſe eſt Dominus Deus*, &c. Item in Mediolan. & Carnut. *Quoniam concupivit.* Apud Cypr. l. 2. Teſtim. p. 297. b. *Quoniam deſideravit rex ſpeciem tuam : quia ipſe eſt Dominus Deus tuus.* Similiter hab. Firmilian. epiſt. 75. ad ipſum, p. 147. b. Hilarius verò in Pſ. 59. p. 136. a. *Quoniam concupivit rex ſpeciem tuam.* Philaſtr. Brix. de hæreſ. p. 724. d. *Et concupiſcet rex ſpeciem tuam.* Rurſum Auguſt. contra Jud. to. 8. p. 31. f. *quoniam ipſe eſt Dominus Deus tuus*; at vox *Dominus*, non in omnibus codd. reperitur. Junil. Afric. l. 2. de partib. div. leg. c. 23. p. 348. h. *quia ipſe eſt Dominus Deus tuus, adorabis eum.* In Gr. Ὅτι ἐπεθύμησεν (Alex. Ald. & Compl. Καὶ ἐπιθυμήσει) ὁ βασιλεὺς τῦ κάλλȣς σȣ· ὅτι αὐτός ἐστιν ὁ Κύριός σȣ. Ap. Hieron. ep. ad Princip. to. 2. p. 689. ut in Vulg.

℣. 13. In Pſalt. Rom. jungitur verbum *adorabunt*, cum voce *filia*, detracto intermedio &, ut in Pſalt. Moz. Corb. & Coiſlin. at in ipſis conſtanter *Tyri*, vel *Thiri*, non *Tyris*; præterea vox *omnes* abeſt à Mediolan. Corb. & Carnut. & in Mozarab. ac Coiſlin. legitur *terra*, loco *plebis*. Apud Auguſt. in hunc Pſ. deeſt & initio, ſicut inf. *omnes*, ante *divites*; apud Caſſiod. ſolum &. Hieron. epiſt. ad Princip. to. 2. p. 691. a. leg. *Filia Tyri in muneribus, vultum tuum deprecabuntur divites plebis* : at in Iſai. 23. to. 3. p. 206. b. *Filia Tyri..... faciem tuam precabuntur divites plebis* : & in ſupradicta epiſt. p. 690. c. ait : *Septuaginta Interpretes non dixerunt, & adorabis eum, ſed, adorabunt eum.* Græcè nunc : Καὶ προσκυνήσȣσιν αὐτῷ θυγατέρες Τύρȣ ἐν δώροις, τὸ πρόσωπόν σȣ λιτανεύσȣσιν οἱ πλούσιοι τῦ λαῦ τῆς γῆς. Pſalt. Æthiop. habet, *adorabit eum filia Tyri.* Ald. & Compl. ϗ προσκυνήσεις αὐτῷ, ϗ θυγάτηρ· ſubinde Apollin. habet, οἱ πλούσιοι τῆς γῆς; Mſ. verò Alex. cum Ald. & Compl. οἱ πλούσιοι τῦ λαῦ; edit. Rom. οἱ πλούσιοι τῦ λαῦ τῆς γῆς.

℣. 14. Sic in Pſalt. Rom. eſt, & ap. Caſſiod. in hunc Pſ. præter hoc, *filia regum.* Apud Auguſt. in eund. Pſ. *Omnis gloria ejus filia regis intrinſecus*; at epiſt. 36. to. 2. p. 77. b. & l. 1. de ſerm. Dom. in mon. to. 3. p. 2. col. 170. d. *Omnis pulchritudo filia regis intrinſecus.* Hieron. in Iſai. 23. to. 3. p. 206. b. cum Fulgent. ep. 2. ad Gall. p. 157. *Omnis gloria filia regis intrinſecus* : item Hieron. epiſt. ad Princip. to. 2. p. 691. c. ait, *Pro eo quod in LXX. ſcriptum eſt* ἔσωθεν, ſe *vel ab intus, vel intrinſecus* interpretatum eſſe; tum addit : *In quibuſdam exemplaribus invenitur Eſebon, quod cogitationes ſonat* : & in Dan. 10. to. 3. p. 1120. b. legit : *Omnis gloria ejus filia regum ab intus*, &c. In ed. Rom. ſic : Πᾶσα ἡ δόξα αὐτῆς (Alex. Ald. & Compl. τῆς) θυγατρὸς τῦ βασιλέως Ἐσεβὼν, ἐν κροσσωτοῖς χρυσοῖς· in Mſ. autem Alex. ac edd. Ald. & Compl. ἔσωθεν, non Ἐσεβών.

℣. 15. Pſalt. Rom. *circumamicta varietate. Adducentur regi*, &c. ut in Vulg. Mozarab. *circumamicta varietate. Adferentur regi virg. poſt eam : proxima ejus adducentur tibi.* Ita quoque in Corb. præter hoc, *poſtea*, & in fine, *adferentur tibi.* In Coiſlin. *circumamicta varietate. Adducentur regi virg. poſtea : proxima ejus adducentur tibi.* Miſſale Rom. ad Offert. Miſſæ S. Luciæ virg. *Afferentur regi virg. poſt eam : proxima ejus afferentur tibi.* Itidem Ambroſ. l. de inſtit. virg. to. 2. 250. a. & Auguſt. in hunc Pſalm. S. Pacian. epiſt. 1. p. 306. d. *Adducentur regi virgines*, &c. Similiter ap. Caſſiod. cum voce *varietate*; Hieron. verò epiſt. ad Princip. to. 2. 691. c. leg. *varietatibus.* In Gr. περιβεβλημένη, πεποικιλμένη. Ἀπενεχθήσονται τῷ βασιλεῖ παρθένοι ὀπίσω αὐτῆς (Alex. αὐτῦ·) αἱ πλησίον αὐτῆς ἀπενεχθήσονταί σοι.

℣. 16. Ita Pſalt. Rom. hab. cum Corb. Similiter Coiſlin. cum Miſſali Rom. ubi ſup. niſi quòd Coiſlin. hab. *inducentur in templo*, Miſſale verò, *adducentur in templum regi Domino.* Mozarabic. *Adducentur in lætitia & exſultatione : adducentur*, &c. Ambroſ. l. de inſtitut. virg. to. 2. 250. a. cum Aug. in hunc Pſ. *Adferentur in lætitia & exſult. adducentur*, &c. Similiter Hieron. epiſt. ad Princip. p. 692. b. atque : *Juxta LXX. prior verſiculus adhuc de filia canitur ornatu, ſequens ad ipſum ſponſum regemque dirigitur.* Junil. Afric. l. 2. de part. div. leg. c. 23. p. 348. h. *Adducentur cum gaudio & exſultatione.* Caſſiod. in eund. Pſ. delet initio, *adferentur*, cum Pſalt. Rom. In Gr. Ἀπενεχθήσονται ἐν..... ἀχθήσονται εἰς ναὸν βασιλέως.

℣. 17. Accinunt Hilar. in Pſ. 59. p. 136. a. Auguſt. & Caſſiod. in hunc Pſ. unà cum Pſalt. Rom. In Mſ. tamen Reg. Hilar. legitur *facti ſunt*, non *nati*, teſte Cuſtantio noſtro, ſicque vertit Symm. inquit, cujus lectionem probat Euſebius. Similiter vet. Irenæi Interpr. l. 4. c. 5. p. 232. c. *Pro patribus tuis facti ſunt tibi filii tui* : at l. 3. c. 22. p. 220. a. *Pro patribus nati ſunt tibi filii* : priori etiam loco quidam ſcribunt *nati*. In Gr. ἐγεννήθησάν σοι υἱοί.

℣. 18. Sic in Pſalt. Rom. eſt, exceptis his, *tui Domine, in omni generatione & progenie.* In Mozarab. *tui Deus, in omni progenie & generatione.* In Corb. *in omni progenie & generationem.* Apud Auguſt. in hunc Pſ. *tui in omni ge-*

Versio antiqua.	Hebr.	Vulgata hod.
Ex Mſ. Sangerm. buntur tibi in æternum, & in ſæculum ſæculi.	*tibi in ſæculum, & in æternum.*	tibi in æternum, & in ſæculum ſæculi.

Nota ad Versionem antiquam.

neratione & generatione; cæt. ut in Vulg. Apud Caſſiod. *generatione & progenie*. Ambroſ. vero in Pſ. 40. to. 1. 872. e. ita legit: *Memor ero nominis tui in omni generatione & generationem.* Similiter Hieron. epiſt. ad Princip. to. 2. 693. c. & 694. a. excepto ult. & *generatione*. Hormiſdas PP. epiſt. 44. Conc. to. 4. 1496. d. *Memores erunt nom. tui Domine, in omni progenie & generatione.* Gr. Μνησθήσονται τοῦ ὀνόματός σου ἐν πάσῃ γενεᾷ καὶ γενεᾷ, &c. at in edd. Ald. & Compl. μνησθήσομαι, ut in Pſalt. Carnut. Germ. & Gallic. Fabri.

Versio antiqua.	Hebr.	Vulgata hod.
Ex Mſ. Sangerm. In finem, 1. Pro filiis Coræ pro arcanis, Pſalmus. XLV.	*Victori filiorum Core pro juventutibus Canticum. XLVI.*	In finem, 1. Filiis Core pro arcanis, Pſalmus. XLV.
2. Deus noſter refugium, & virtus; adjutor in tribulationibus, quæ invenerunt nos vehementer.	*Deus noſtra ſpes & fortitudo: auxilium in tribulationibus inventus es validum.*	2. Deus noſter refugium, & virtus; adjutor in tribulationibus, quæ invenerunt nos nimis.
3. Propterea non timebimus cùm turbabitur terra, & transferentur montes in cor maris.	*Ideo non timebimus cùm fuerit tranſlata terra, & concuſſi montes in corde maris:*	3. Propterea non timebimus dum turbabitur terra, & transferentur montes in cor maris.
4. Sonaverunt, & turbatæ ſunt aquæ ejus: conturbati ſunt montes in fortitudine ejus. Diapsalma.	*Sonantibus & tumentibus gurgitibus ejus, agitatis in montibus in potentia ejus.* Semper.	4. Sonuerunt, & turbatæ ſunt aquæ eorum: conturbati ſunt montes in fortitudine ejus.
5. Fluminis impetus lætificat civitatem: ſanctificavit tabernaculum ſuum Altiſſimus.	*Fluminis diviſiones ejus lætificant civitatem Dei ſancti, tabernacula Altiſſimi.*	5. Fluminis impetus lætificat civitatem Dei: ſanctificavit tabernaculum ſuum Altiſſimus.
6. Deus, in medio ejus, non commovebitur: adjuvabit eam Deus de vultu.	*Deus in medio ejus non commovebitur: auxiliabitur ei Deus in ortu matutino.*	6. Deus, in medio ejus, non commovebitur: adjuvabit eam Deus manè diluculo.
7. Conturbatæ ſunt gentes, inclinata ſunt regna: dedit vocem ſuam Excelſus, & commota eſt terra.	*Conturbatæ ſunt gentes, concuſſa ſunt regna: dedit vocem ſuam, proſtrata eſt terra.*	7. Conturbatæ ſunt gentes, & inclinata ſunt regna: dedit vocem ſuam, mota eſt terra.
8. Dominus virtutum nobiſcum: ſuſceptor noſter Deus Jacob. Diapsalma.	*Dominus exercituum nobiſcum: protector noſter Deus Jacob.* Semper.	8. Dominus virtutum nobiſcum: ſuſceptor noſter Deus Jacob.
9. Venite, videte operam Domini, quæ poſuit prodigia ſuper terram: 10. aufe-	*Venite, & videte opera Domini, quantas poſuerit ſolitudines in terra: compeſcit bella uſque ad ex-*	9. Venite, & videte opera Domini, quæ poſuit prodigia ſuper terram: 10. auferens bella uſque

Notæ ad Versionem antiquam.

℣. 1. Sic in Pſalt. Corb. & Coislin. Item in Rom. dempto uno *pro*, ante *filiis*. Apud Ambroſ. to. 1. 925. d. *Titulus Pſalmi hujus ita inſcribitur*, inquit, *In finem, pro filiis Core pro occultis, Pſalmus ipſi David.* Similiter apud Auguſt. ſed abſque hoc, *ipſi David*. In Mozarab. *pro occultis, Pſalmus David.* In Gr. Εἰς τὸ τέλος, ὑπὲρ τῶν υἱῶν Κορὲ ὑπὲρ τῶν κρυφίων, Ψαλμός. Mſ. Alex. τῷ Δαυὶδ Ψαλμός.

℣. 2. Pſalt. Moz. *Deus noſtrum refugium*, &c. ut in Vulg. Ambroſ. Auguſt. & Caſſiod. in hunc Pſ. cum vet. Pſalt. nil omnino differunt ab eadem Vulg. Græc. initio hab. Ὁ Θεὸς ἡμῶν, & in fine, σφόδρα, *valde*.

℣. 3. Pſalt. Corb. & Coislin. habent cum Aug. in hunc Pſ. *cùm conturbabitur*. Rom. & Moz. *dum conturbabitur;* præterea Moz. extremò hab. *in corde maris;* ſicut etiam Tichon. reg. 7. p. 64. c. Hieron. verò in Ezech. 27. to. 3. p. 880. a. ita: *Propterea non timebimus cùm conturbata fuerit terra, & tranſlati montes in cor maris.* Ambroſ. in hunc Pſ. col. 929. f. ait: *Sunt etiam qui ita diſtinguunt:* & transferentur montes, *ut ſequatur*: In cordibus maris ſonuerunt, & turb. &c. at ipſe paulò ſup. alludens dicit: *Quo fit ut non timeamus cùm terra noſtra turbatur, & transferuntur montes..... in cor maris.* In Gr. Διὰ τοῦτο οὐ φοβηθησόμεθα ἐν τῷ ταράσσεσθαι τὴν γῆν, καὶ μετατίθεσθαι ὄρη ἐν καρδίαις θαλασσῶν.

℣. 4. Sic in Pſalt. Coislin. Corb. & Moz. Item in Rom. Carnut. & ap. Ambroſ. in hunc Pſ. excepto verbo *ſonuerunt*. Apud Hieron. in Ezech. 27. col. 880. a. *Sonuerunt, & turb... aquæ eorum.* Apud Aug. in hunc Pſ. *Sonuerunt... aquæ ejus.* Ap. Caſſiod. in eund. Pſ. *Sonaverunt... aquæ eorum*, &c. In Gr. Ἤχησαν..... τὰ ὕδατα αὐτῶν, &c. *Diapſalma* pariter ibidem ſubſeq. ſicut in Pſalt. Rom. & Corb. deeſt tamen in edd. Ald. & Compl. nec memoratur ab Aug.

℣. 5. Auguſt. in hunc Pſ. legit pluraliter, *lætificant civit. Dei*, &c. ſed Hilar. in Pſ. 64. col. 169. e. *lætificat*, ſicut Ambroſ. l. de parad. to. 1. 147. a. & infra col. 754. b. 774. d. 866. f. & to. 2. 632. a. Item Caſſiod. cum Pſalt. Rom. In Gr. Sic: Τοῦ ποταμοῦ τὰ ὁρμήματα εὐφραίνουσι, &c. ut in Vulg.

℣. 6. Pſalt. Rom. Corb. Carnut. & Coislin. cum Caſſiod. *adjuvabit eam Deus vultu ſuo.* Mozarab. *eum Deus vultu ſuo.* Mediolan. *eam Deus à matutino in matutinum.* Ambroſ. in hunc Pſ. p. 931. e. *Deus diluculo:* at infra p. 932. b. *In aliis quoque codicibus invenitur*, inquit, *adjuvabit eam Deus vultu ſuo.* Apud Aug. in eund. Pſ. *Deus, in medio ejus, & non commovebitur: adjuv. eam Deus vultu ſuo.* In Gr. Vat. οὐ σαλευθήσεται (Ald. & Compl. καὶ οὐ σαλ.) βοηθήσει αὐτῇ ὁ Θεὸς τῷ προσώπῳ. Alex. Ald. & Compl. τὸ πρὸς πρωΐ.

℣. 7. Auguſt. & Caſſiod. in hunc Pſ. cum Pſalt. Rom. & Corb. *Conturb... gentes, & inclinata ſunt regna: dedit vocem ſuam Altiſſimus, & mota eſt terra.* Coislin. *ſuam Excelſus, & mota eſt*, &c. Mozarab. *Conturbati ſunt montes, & inclinata ſunt regna: dedit voc. ſuam Altiſſimus, & commota eſt*, &c. Ambroſ. in Pſ. 45. p. 932. d. tollit &, poſt *gentes;* & l. 3. de fide, to. 2. p. 498. e. addit *Altiſſimus*, ut ſup. In Gr..... ἔθνη, ἔκλιναν βασιλεῖαι· ἔδωκε φωνὴν αὐτοῦ, ἐσαλεύθη ἡ γῆ· ſed in Mſ. Alex. ac edd. Ald. & Compl. eſt ὁ Ὕψιστος ἐσαλεύθη.

℣. 8. Succinunt Aug. & Caſſiod. in hunc Pſ. cum Pſalt. Rom. & Gr. Apud Ambroſ. in eund. Pſ. 933. f. *Deus virtutum*, &c. Apud Ennod. pro Synodo, Sirm. to. 1. p. 1629. b. *Dominus virtut..... adjutor noſter Deus*, &c. Subnectitur etiam *Diapſalma* in Pſalt. Rom. Corb. & Græco; deeſt verò in edd. Ald. & Compl. nec recitatur ab Auguſt.

℣. 9. Ambroſ. Aug. & Caſſiod. in hunc Pſ. Vulgatæ ſuffragantur unà cum Pſalt. Rom. In Gr. pariter, τὰ ἔργα τοῦ Κυρίου, ἃ, &c.

℣. 10. Sic Ambr. & Aug. in hunc Pſ. cum Pſalt. Rom.

VULGATA HOD.	HEBR.	VERSIO ANTIQUA.
ad finem terræ.	*tremum terræ.*	rens bella uſque ad fines terræ. *Ex Mſ. Sangerm.*
Arcum conteret, & confringet arma · & ſcuta comburet igni.	*Arcum confringet, & concidet haſtam: plauſtra comburet igni.*	Arcum conteret, & confringet arma: & ſcuta comburet igni.
11. Vacate, & videte quoniam ego ſum Deus: exaltabor in gentibus, & exaltabor in terra.	*Ceſſate, & cognoſcite quoniam ego ſum Deus: exaltabor in gentibus, exaltabor in terra.*	11. Vacate, & videte quoniam ego ſum Deus: exaltabor inter gentes, & exaltabor in terra.
12. Dominus virtutum nobiſcum: ſuſceptor noſter Deus Jacob.	*Dominus exercituum nobiſcum: fortitudo noſtra Deus Jacob.* SEMPER.	12. Dominus virtutum nobiſcum: ſuſceptor noſter Deus Jacob.

NOTÆ AD VERSIONEM ANTIQUAM.

Corb. Coiſlin. Mediolan. & Carnut. Item in Mozarab. *fines;* at in fine hab. *& ſcutum comburet igni.* S. Paulinus epiſt. 24. p. 166. a. *Dominus conterens bella.* Græc. Ἀνταναιρῶν πολέμους μέχρι τῶν περάτων..... καὶ θυρεοὺς κατακαύσει ἐν πυρί. Caſſiod. nil differt à Vulg.

℣. 11. Pſalt. Coiſlin. *ego ſum Dominus: exaltabor inter gentes, & exaltabor in regna.* Mozarab. *ego ſum Dominus: exſultabor in gentibus, & exſultabor in terra.* Cypr. l. 2. Teſtim. p. 287. a. *Vacate, & cognoſcite quoniam ego ſum Deus: exaltabor in gent.* &c. ut in Vulg. Ambroſ. in hunc Pſ. 935. a. c. cum Pſalt. Corb. *quia ego ſum Dominus: exaltabor inter gentes* (Corb. *in gentes*,) *& exaltabor in terra.* Gr. Σχολάσατε, καὶ γνῶτε ὅτι ἐγώ εἰμι ὁ Θεός· ὑψωθήσομαι ἐν τοῖς ἔθνεσιν, ὑψωθήσομαι ἐν τῇ γῇ.

℣. 12. Ambroſ. in hunc Pſ. *Deus virtutum*, &c. Auguſt. & Caſſiod. *Dominus virtutum*, &c. cum Pſalt. Rom. & Gr.

VULGATA HOD.	HEBR.	VERSIO ANTIQUA.
1. In finem, pro filiis Core Pſalmus. XLVI.	*Victori filiorum Core Canticum. XLVII.*	1. In finem, pro filiis Coræ Pſalmus. XLVI. *Ex Mſ. Sangerm.*
2. OMnes gentes plaudite manibus: jubilate Deo in voce exſultationis.	*OMnes populi plaudite manibus: jubilate Deo in voce laudis.*	2. OMnes gentes plaudite manibus: jubilate Deo in voce exſultationis.
3. Quoniam Dominus excelſus, terribilis: Rex magnus ſuper omnem terram.	*Quoniam Dominus altiſſimus, terribilis: Rex magnus ſuper omnem terram.*	3. Quoniam Deus excelſus, terribilis: Rex magnus ſuper omnem terram.
4. Subjecit populos nobis, & gentes ſub pedibus noſtris.	*Congregavit populos ſubter nos, & tribus ſub pedibus noſtris.*	4. Subjecit populos nobis, & gentes ſub pedibus noſtris.
5. Elegit nobis hæreditatem ſuam, ſpeciem Jacob, quam dilexit.	*Elegit nobis hæreditatem noſtram: gloriam Jacob, quam dilexit.* SEMPER.	5. Elegit nobis hæreditatem ſuam, ſpeciem Jacob, quam dilexit. DIAPSALMA.
2. Reg. 6. 15. — 6. Aſcendit Deus in jubilo, & Dominus in voce tubæ.	*Aſcendit Deus in jubilo: Dominus in voce buccinæ.*	6. Aſcendit Deus in ſtrepitu, Dominus in voce tubæ.
7. Pſallite Deo noſtro, pſallite: pſallite Regi noſtro, pſallite.	*Canite Deo, canite: canite Regi noſtro, canite.*	7. Pſallite Deo noſtro, pſallite: pſallite Regi noſtro, pſallite.
8. Quoniam rex omnis terræ Deus: pſallite ſapienter.	*Quia rex univerſæ terræ Deus: canite eruditè.*	8. Quoniam rex omnis terræ: pſallite ſapienter.
9. Regnabit Deus ſuper gentes: Deus ſedet ſuper ſedem ſanctam ſuam.	*Regnavit Deus ſuper gentes: Deus ſedet ſuper thronum ſanctum ſuum.*	9. Regnavit Deus ſuper omnes gentes: Deus ſedet ſuper ſedem ſanctam ſuam.
10. Principes populorum congregati ſunt cum Deo Abraham	*Principes populorum congregati ſunt, populus Dei Abraham: quo-*	10. Principes populorum convenerunt cum Deo Abra-

NOTÆ AD VERSIONEM ANTIQUAM.

℣. 1. Ita ferunt Pſalt. Rom. Corb. Coiſlin. & Carnut. cum Gr. At Auguſt. huic titulo addit, *ipſi David.* In Mſ. Alex. ſic: Εἰς τὸ τέλος, Ψαλμὸς τῷ Δαυίδ.

℣. 2. Concordant Hilar. in Pſ. 65. p. 174. a. & Ambroſ. in Luc. 2. to. 1. 1294. b. & epiſt. 58. to. 2. 1014. a. necnon Auguſt. & Caſſiod. in hunc Pſ. unà cum vet. Pſalt. & Gr.

℣. 3. Pſalt. Rom. *Quoniam Deus ſummus, terribilis; & Rex magnus ſuper omnes deos.* Coiſlinian. *Quoniam Deus ſummus, terrib. & Rex mag. ſuper omnem terram.* Sic etiam in Corb. & Moz. detracto medio &. Succinit Ambroſ. in Luc. 2. to. 1. 1294. b. cum Caſſiod. in hunc Pſ. at Auguſt. Vulgatæ favet. In Gr. Ὅτι Κύριος ὕψιστος, φοβερός· Βασιλεὺς, &c.

℣. 4. Aug. in hunc Pſ. *Subjecit plebes nobis*, &c. Caſſiod. cum Pſalt. Rom. *populos*, Gr. λαούς.

℣. 5. Pſalt. Mozarab. *Elegit nos hæreditatem ſibi.* Rom. *nos in hæreditatem ſibi.* Coiſlinian. *nos in hæreditatem ſuam.* Aug. & Caſſiod. in hunc Pſ. *nobis hæreditatem ſuam.* Similiter hab. Hieron. in Iſai. 57. to. 3. 418. a. ſed addit *pulchritudinem Jacob, quam dilexit.* Aug. *ſpeciem;* in commentar. verò *pulchritudinem.* Gr. Ἐξελέξατο ἡμῖν τὴν κληρονομίαν αὐτοῦ, τὴν καλλονὴν, &c. In Pſalt. etiam Rom. & Corb. ſequitur *Diapſalma;* ſiletur autem ap. Aug. deeſtque in Mſ. Alex. ac edd. Ald. & Compl. non verò in ed. Rom.

℣. 6. Sic in Pſalt. Corb. eſt, hoc excepto, *in vocem.* In Rom. verò, & Coiſlin. ita: *Aſcendit Deus in jubilatione, & Dominus in voce tubæ.* Itidem in Mozarab. ut & ap. Auguſt. & Caſſiod. detracto medio &. Pſalt. Carnut. hab. *in ſtrepitu*, quemadmodum Auct. op. imp. in Matth. hom. 44. p. 225. Ambroſ. verò in Pſ. 36. to. 1. 813 c. *in jubilatione.* Gr. ἐν ἀλαλαγμῷ, Κύριος, &c.

℣. 7. Sic Ambroſ. in Pſ. 36. to. 1. 813. d. & Caſſiod. in hunc Pſ. cum vet. Pſalt. & Gr. At Auguſt. in eund. Pſ. omittit poſteriorem verſic. *pſallite Regi noſtro*, &c.

℣. 8. Ita Nicetius Spicil. to. 3. p. 11. & Caſſiod. cum Pſalt. Rom. adjuncta voce *Deus*, è Gr. Similiter addit Auguſt. in hunc Pſ. ſed loco *ſapienter*, legit *intelligenter;* Gr. Συνετῶς.

℣. 9. Pſalt. Corb. *Regnavit Deus ſuper omnes. Deus*, &c. Coiſlin. cum Mediol. Carnut. & Rom. Martianæi: *Regnavit Dominus ſuper omnes gentes.* Rom. Fabri: *Regnavit Dominus in æternum ſuper omnes gentes.* Mozarab. *Regnabit Dominus ſuper omnes gentes.* Similiter Aug. & Caſſiod. in hunc Pſ. ſed infra Aug. legit *Deus.* Ambroſ. in Pſ. 36. to. 1. 813. c. *Regnavit Dominus ſuper omnem terram.* Pſalt. Coiſlin. ſubdit, *Deus ſedit*, &c. al. conſtanter *ſedet.* Gr. Ἐβασίλευσεν ὁ Θεὸς ἐπὶ τὰ ἔθνη· ὁ Θεὸς κάθηται ἐπὶ θρόνου, &c. Mſ. Alex. ἐπὶ πάντα τὰ ἔθνη.

℣. 10. Itidem in Pſalt. Moz. & ap. Caſſiod. excepto uno *dei fortes.* Sic etiam in Rom. hoc præterea excepto, *populi*, loco *populorum.* Succinunt Coiſlin. & Corb. niſi quòd 1. ſcribit *fortis*, veterum more, pro *fortes;* alt *Deo fortes:* Cyrillus quoque, ſi Nobilio fides, ait illos, qui ſunt

	VERSIO ANTIQUA.	HEBR.	VULGATA HOD.
Ex Mſ. Sangerm.	ham : quoniam * Deo fortes	*niam dii ſcuta terræ, vehementer*	quoniam dii fortes terræ, vehemen-
* Mſ. Dō fortis.	terræ, nimiùm elevati ſunt.	*elevata ſunt.*	ter elevati ſunt.

NOTA AD VERSIONEM ANTIQUAM.

fortes divinâ gratiâ, valde elevatos eſſe à terra. Aug. in hunc Pſ. legit : *Principes populorum convenerunt cum.... dii fortes terræ, valde elevati ſunt.* Similiter Auct. l. de promiſſ. p. 3. col. 175. c. uſque ad vocem *dii.* S. Paulin. ep. 44. p. 271. b. add. *dii fortes terræ, nimiùm elevati ſunt.* Gr. Ἄρχοντες λαῶν συνήχθησαν..... ὅτι τῷ Θεῷ οἱ κραταιοὶ τῆς γῆς, σφόδρα ἐπήρθησαν.

	VERSIO ANTIQUA.	HEBR.	VULGATA HOD.
Ex Mſ. Sangerm.	1. In finem, Pſalmus Cantici filiis Coræ .ſecundâ ſabbati. XLVII.	*Canticum Pſalmi filiorum Core. XLVIII.*	1. Pſalmus Cantici filiis Core ſecundâ ſabbati. XLVII.
	2. MAgnus Dominus, & laudabilis nimis in civitate Dei noſtri, in monte ſancto ejus.	*MAgnus Dominus, & laudabilis nimis : in civitate Dei noſtri, in monte ſancto ſuo.*	2. MAgnus Dominus, & laudabilis nimis in civitate Dei noſtri, in monte ſancto ejus.
	3. Dilatans exſultationem univerſæ terræ, montes Sion in latera aquilonis, civitas Regis magni.	*Specioſo germini, gaudio univerſæ terræ. monti Sion, lateribus aquilonis, civitatulæ Regis magni.*	3. Fundatur exſultatione univerſæ terræ mons Sion, latera aquilonis, civitas Regis magni.
* Mſ. grabibus.	4. In * gravibus ejus dinoſcitur, cùm ſuſcipiet eam.	*Deus in domibus ejus : agnitus eſt in auxiliando.*	4. Deus in domibus ejus cognoſcetur, cùm ſuſcipiet eam.
	5. Quoniam ecce reges terræ congregati ſunt, & convenerunt in unum.	*Quia ecce reges congregati ſunt : venerunt ſimul.*	5. Quoniam ecce reges terræ congregati ſunt : convenerunt in unum.
	6. Ipſi videntes tunc admirati ſunt, conturbati, & commoti ſunt : 7. & tremor adprehendit illos.	*Ipſi videntes ſic obſtupuerunt, conturbati ſunt, admirati ſunt : horror poſſedit eos ibi,*	6. Ipſi videntes ſic admirati ſunt, conturbati ſunt, commoti ſunt : 7. tremor apprehendit eos.
	Ibi dolores ſicut parturientis, 8. in ſpiritu vehementi conteres naves Tharſis.	*Dolor quaſi parturientis : in vento urentis confringes naves Tharſis.*	Ibi dolores ut parturientis, 8. in ſpiritu vehementi conteres naves Tharſis.
	9. Sicut audivimus, ita vidimus in civitate Domini vir-	*Sicut audivimus, ita vidimus in civitate Domini exercituum, in*	9. Sicut audivimus, ſic vidimus in civitate Domini virtutum, in ci-

NOTÆ AD VERSIONEM ANTIQUAM.

℣. 1. Sic Ambroſ. in hunc Pſ. p. 935. d. cum Pſalt. Rom. & Coiſlin. ſed abſque hoc, *In finem.* Delet pariter *In finem.* Auguſt. in eund. Pſ. ſed habet *Laus Cantici.* Caſſiodor. *Pſalmus Cantici*, &c. ut ſup. Gr. Ψαλμὸς ᾠδῆς τοῖς, &c. ut ſup. Mſ. verò Alex. ita : Εἰς τὸ τέλος, Ψαλμὸς τῷ Δαυίδ.

℣. 2. Similiter in Pſalt. Rom. & ap. Caſſiod. excepto uno *in civitate.* In Corb. ſic : *Magnus Dom. noſter, & laudab. nimis in civitate..... in monte ſancto ſuo.* Auguſt. in hunc Pſ. cum Pſalt. Coiſlin. leg. *& laudabilis valde.* Ambroſ. in eund. col. 937. c. *& laudabilis nimis..... in loco ſancto ejus.* Gr. αἰνετὸς σφόδρα ἐν πόλει..... ἐν ὄρει ἁγίῳ αὐτοῦ.

℣. 3. Pſalt. Rom. & Coiſlin. cum Caſſiod. *Dilatans exſultationes univerſæ terræ mons Sion, latera aquil.* &c. Itidem in Carnut. Corb. & Moz. præter hoc, *montes Sion*; in Moz. *montem Sion.* Ambr. in hunc Pſ. col. 937. e. legit : *Dilatans exſultationem univ. terræ mons Sion, latera*, &c. ſubinde ait : *In vetuſtis exemplaribus aliquibus reperimus.* Εὐρίζω ἀγαλλιάματι πάσης τῆς γῆς, *quod Latinè ſignificat. Bona radice exſultatione univerſæ terræ.* Vide etiam in Pſ. 118. col. 1121. c. Apud Aug. in eund. Pſ. *Dilatans exſultationes..... montes Sion, latera*, &c. In ed. Rom. Εὐρίζων ἀγαλλιάματι πάσης τῆς γῆς, ὄρη Σιὼν, τὰ πλευρὰ, &c. at in edd. Ald. & Compl. εὐρίζω ἀγαλλιάματι, ut ſup. ap. Ambroſ. Vide plura apud Flamin. Nobil. & Lamb. Boz.

℣. 4. Sic in Pſalt. Corb. eſt, præmiſſa voce *Deus.* In Rom. Fabri : *Deus in gravibus ejus dignoſcetur, dum*, &c. Carnut. etiam habet *in gravibus*; Rom. verò Martianæi cum Mediolan. *in gradibus*, Coiſlin. *in domibus.* Ambroſ. & Caſſiod. in hunc Pſ. leg. *Deus in gradibus ejus dignoſcetur, cùm*, &c. Caſſiod. *dum.* Aug. in eund. Pſ. *Deus in domibus ejus cognoſcetur, cum*, &c. infra, *dum*; in vet. cod. Corb. & Pſalt. Carnut. *cognoſcitur*; in Moz. *dinoſcitur, cùm ſuſcipiet ea.* In Gr. Ὁ Θεὸς ἐν ταῖς βάρεσιν αὐτῆς γινώσκεται, ὅταν ἀντιλαμβάνηται αὐτῆς· Mſ. Alex. ἀντιλαμβάνεται. De ſenſu autem vocis βάρεσιν, vide quæ notavimus ſup. ad ℣. 9. Pſ. 44. & inf. ad ℣. 14. hujus Pſ. 47.

℣. 5. Ita Caſſiod. in hunc Pſ. cum Pſalt. Rom. Corb. & Coiſlin. In Mozarab. deeſt &. Apud Ambroſ. in eund. Pſ. p. 939. b. *Reges terræ congreg. ſunt, & tranſierunt in unum*; in explanatione, *convenerunt.* Apud Aug. *Quoniam ecce reges terræ collecti ſunt, & convenerunt in unum.* Similiter habet Auct. l. de promiſſ. p. 3. col. 187. c. Hieron. epiſt. ad Sun. & Fretel. to. 2. p. 638. c. *Quoniam ecce reges congregati ſunt* : tum ſubjungit : *In Græco legiſſe vos dicitis* : Quoniam ecce reges ejus congregati ſunt. *quod ſuperfluum eſſe ipſe lectionis textus oſtendit ; & in veteribus codicibus Latinorum ſcriptum erat*, reges terræ, *quod nos tulimus, quia nec in Hebræo, nec in LXX. reperitur* : nunc etiam abeſt vox *terræ* à Vulgatæ Mſs. Colb. & Sangerm. In ed. Rom.... οἱ βασιλεῖς τῆς γῆς συνήχθησαν· ἤλθοσαν ἐπὶ τὸ αὐτό· al. διῆλθοσαν.

℣. 6. Ita Caſſiod. in hunc Pſ. cum Pſalt. Corb. & Rom. addito uno *ſunt*, poſt *conturbati.* In Moz. ſimiliter additur *ſunt*, ut & in Coiſlin. ſed in hoc poſtremo deeſt &. Apud Ambr. in eund. Pſ. *tunc admirati ſunt.* Apud Aug. *ita admirati ſunt, conturbati ſunt, commoti ſunt.* Sic etiam legit Auct. l. de promiſſ. p. 3. col. 187. c. Gr. οὕτως ἐθαύμασαν, ἐταράχθησαν, ἐσαλεύθησαν.

℣. 7. Sic in Pſalt. Rom. & Corb. dempto uno &. In Mozarab. *timor*, non *tremor* in Coiſlin. *tremor adprehendet eos*, &c. Apud Ambr. Aug. & Caſſiod. in hunc Pſ. ut in Vulg. ni excipias vocem *ſicut.* Vide etiam Ambr. in Pſ. col. 631. c. f. 776. e. In Græco, τρόμος ἐπελάβετο αὐτῶν..... ὡς, &c.

℣. 8. Ita Ambroſ. in hunc Pſ. p. 941. b. & l. 1. de interpel. Job, c. 5. 631. c. cum Caſſiod. & Pſalt. Rom. Hieronymus epiſt. ad Marcel. to. 2. 622. b. & in Ezech. 1. to. 3. 700. f. ſic : *In ſpiritu violento conteres*, &c. & in Iſai. 2. col. 28. f. *In ſpir. violento confringes*, &c. Auguſt. in eund. Pſ. *In ſpiritu violento conteres*, &c. Vigil. Tapſ. l. contra Varim. p. 742. e. *In ſpir. violento conterens*, ut etiam plerique Mſs. Auguſt. Similiter hab. Brev. Moz. *conterens.* S. Paulin. verò, epiſt. 23. p. 141. a. *conteres et ſpiritu vehementi naves*, &c. Gr. Ἐν πνεύματι βιαίῳ συντρίψεις, &c.

℣. 9. In Pſalt. Rom. Corb. & Coiſlin. *Sicut audivimus, ita & vidimus*; reliqua ut in Vulg. Similiter apud Ambr. Aug. & Caſſiod. in hunc Pſ. Item in Breviar. Moz. præter hæc ult. *Deus fundavit eam in ſæcula.* Ambroſ. l. de ob. Theod. to. 2. p. 1197. b. *quam Deus fundavit in æternum* ; & ſupra conſtanter, *ita & vidimus* : ſimiliter l. 1. de interpel. Job, c. 5. to. 1. 631. f. at epiſt. 15. to.

VULGATA HOD.

vitate Dei noſtri : Deus fundavit eam in æternum.

10. Suſcepimus Deus miſericordiam tuam, in medio templi tui.

11. Secundùm nomen tuum Deus, ſic & laus tua in fines terræ : juſtitiâ plena eſt dextera tua.

12. Lætetur mons Sion, & exſultent filiæ Judæ, propter judicia tua Domine.

13. Circumdate Sion, & complectimini eam : narrate in turribus ejus.

14. Ponite corda veſtra in virtute ejus : & diſtribuite domos ejus, ut enarretis in progenie altera.

15. Quoniam hic eſt Deus, Deus noſter in æternum, & in ſæculum ſæculi : ipſe reget nos in ſæcula.

HEBR.

civitate Dei noſtri : Deus fundavit eam uſque in æternum. SEMPER.

Æſtimavimus Deus miſericordiam tuam, in medio templi tui.

Secundùm nomen tuum Deus, ſic laus tua uſque in extremum terræ : juſtitiâ repleta eſt dextera tua.

Lætetur mons Sion, exſultent filiæ Judæ, propter judicia tua.

Circumdate Sion, & circuite eam : numerate turres ejus.

Ponite cor veſtrum in mœnibus : ſeparate palatia ejus, ut enarretis in generatione noviſſima :

Quia iſte Deus, Deus noſter in ſæculum, & in perpetuum : ipſe erit dux noſter in mortem.

VERSIO ANTIQUA.

tutum, in civitate Dei noſtri : Deus fundavit in æternum. DIAPSALMA.

Ex Mſ. Sangerm.

10. Suſcepimus Deus miſericordiam tuam, in medio plebis tuæ.

11. Secundùm nomen tuum Deus, ita & laus tua in fines terræ : juſtitiâ plena eſt dextera tua.

12. Lætetur mons Sion, & exſultent filiæ Judæ, propter tua judicia Domine.

13. Circumdate Sion, & complectimini eam : narrate in turribus ejus.

14. Ponite corda veſtra in virtute ejus : & diſtribuite turrem ejus, ut enarretis in progeniem alteram.

15. Quoniam hic eſt Deus noſter in æternum, & in ſæculum ſæculi : ipſe reget nos in ſæcula.

NOTÆ AD VERSIONEM ANTIQUAM.

2. 820. a. *ita & videmus.* Chromat. Aquil. in Matth. p. 979. b. *ita & vidimus.* Hieron. epiſt. ad Sun. & Fretel. p. 638. c. tollit &, monetque id eſſe ſuperfluum, licet in Græco reperiatur. In ed. Rom. *Καθάπερ ἠκούσαμεν, οὕτως καὶ εἴδομεν..... ὁ Θεὸς ἐθεμελίωσεν αὐτὴν εἰς τὸν αἰῶνα.* Mſ. Alex. *οὕτως ἴδαμεν.* Subnexum *Diapſalma* ita reperitur in Pſalt. Rom. & Corb. ac in ed. Rom. LXX. in Mſ. verò Alex. ac edd. Ald. & Compl. deeſt ; nec ulla fit ejus mentio apud Auguſt.

℣. 10. Ita Pſalt. Mediolan. habet. Auguſt. in hunc Pſ. *in medio populi tui.* Ambroſ. verò & Caſſiod. in eund. Pſ. cum Pſalt. Rom. *in medio templi tui.* Pſalt. Carnut. & Corb. *in templo ſancto tuo.* Varietatem induxit ſimilitudo utriuſque vocis *ναοῦ*, & *λαοῦ* : unde Hieron. epiſt. ad Sun. & Fretel. to. 2. p. 638. c. ait : *Pro eo quod nos de Hebraico & de LXX. Interpretibus vertimus*, templi tui, *in Græco vos legiſſe dicitis*, populi tui, *quod ſuperfluum eſt : in Hebraico ſcriptum eſt*, echalach, *id eſt*, *τοῦ ναοῦ σου.* In ed. Rom. LXX. *λαοῦ σου.*

℣. 11. Concinunt Pſalt. Rom. Corb. & Coislin. necnon Ambroſ. Auguſt. & Caſſiod. in hunc Pſ. unà cum Græco.

℣. 12. Sic Ambroſ. in hunc Pſ. & in Pſ. 118. to. 1. 943. c. & 1098. b. alludendo tamen : Aug. verò & Caſſiod. cum Pſalt. Rom. ad verbum concinunt. In Corb. ſic : *Lætetur mons Sion, exſultent filiæ Judææ, propt.* &c. In ed. Rom. LXX. deeſt &, ante *exſultent ;* at in Mſ. Alex. ut & in edd. Ald. & Compl. exſtat *καὶ ἀγαλλιάσθωσαν.*

℣. 13. Similiter Ambroſ. Aug. & Caſſiod. in hunc Pſ. ut & Gelaſ. I. epiſt. 9. Conc. to. 4. 1190. d. cum Pſalt. Rom. infra tamen Auguſt. habet *annuntiate*, pro *narrate ;* Gr. *διηγήσασθε.*

℣. 14. Pſalt. Corb. & *diſtribuite gradus ejus, ut narretis in progeniem alteram.* Gelaſ. I. epiſt. 9. Conc. to. 4. 1190. d. & *diſtribuite gradus ejus, ut enarretis in progenies alteras.* Item Nicetius epiſt. 2. Conc. to. 5. 834. d. *diſtribuite gradus ejus, ut enarr. in progenie altera.* Accinunt Ambroſ. in hunc Pſ. p. 944. a. & Caſſiod. cum Pſalt. Rom. Mediol. & Carnut. Aug. verò in eund. Pſ. legit, *diſtribuite domos ejus*, cum Vulg. Similiter hab. Facund. Hermian. l. 12. Sirm. to. 2. p. 795. d. ſed addit : *vel ſicut alii codices habent, Diſtribuite domus gradus ejus ;* & poſt paulò, *diſtribuite gradus ejus.* Ambroſius etiam ubi ſup. col. 944. d. ait : *Βάρεις dixit Græcus, hoc eſt, excelſas & turritas domos ;* & poſt pauca : *Diſtribuite gradus ejus, hoc eſt, manſiones ejus altas atque ſublimes in cœleſtibus.* Ita etiam reddit Hieron. in Jerem. 17. col. 614. b. & in Oſe. 8. to. 3. 1291. c. Vide ſup. Not. in Pſ. 44. 9. In Gr. *Θέσθε..... εἰς τὴν δύναμιν αὐτῆς· καὶ καταδιέλεσθε τὰς βάρεις αὐτῆς, ὅπως ἂν διηγήσησθε εἰς γενεὰν ἑτέραν.*

℣. 15. Itidem in Pſalt. Corb. Sic etiam in Rom. addito uno &, poſt vocem *ſæculi.* Similiter addit Pſalt. Moz. cum Coislin. ſed hoc poſtremum ſcribit *reget nos :* præterea Mozarab. initio habet, *Dominus Deus noſter.* Ambr. Auguſt. & Caſſiod. in hunc Pſ. *Deus Deus noſter*, abſque ſeq. & ; Auguſt. tamen infra tollit 1. *Deus*, & addit &. In Græco ſemel *ὁ Θεὸς*, abſque &. Gelaſius I. epiſt. 9. Conc. to. 4. p. 1190. e. ſic habet : *Quon. hic eſt Deus, Deus noſter in æternum : & ipſe reget nos in ſæcula.*

VULGATA HOD.

1. In finem, filiis Core Pſalmus. XLVIII.

2. AUdite hæc omnes gentes : auribus percipite omnes, qui habitatis orbem :

3. Quique terrigenæ, & filii hominum : ſimul in unum dives & pauper.

4. Os meum loquetur ſapientiam : & meditatio cordis mei prudentiam.

HEBR.

Victori filiorum Core Canticum. XLIX.

AUdite hoc omnes populi : auribus percipite univerſi habitatores occidentis :

Tam filii Adam, quàm filii ſingulorum : ſimul dives & pauper.

Os meum loquetur ſapientias, & meditatio cordis mei prudentias.

VERSIO ANTIQUA.

1. In finem, filiis Coræ Pſalmus. XLVIII.

Ex Mſ. Sangerm.

2. AUdite hæc omnes gentes : auribus percipite omnes, qui habitatis orbem :

3. Quique terrenigenæ, & filii hominum : ſimul in unum dives & pauper.

4. Os meum loquetur ſapientiam : & meditatio cordis mei prudentiam.

NOTÆ AD VERSIONEM ANTIQUAM.

℣. 1. Ita Caſſiod. cum Pſalt. Rom. Coislin. & Græco. Ambroſ. in eund. Pſ. p. 945. a. addit nomen *David* in fine. In Mſ. Alex. ſimpliciter, *Ψαλμὸς τῷ Δαυΐδ*, abſque his quæ antecedunt.

℣. 2. Ita legunt Auguſt. & Caſſiod. in hunc Pſ. Sic etiam apud Ambroſ. in eund. addita voce *terra* in fine. Pſalt. Rom. Coislin. & Moz. delent *omnes*, poſt verbum *percipite ;* ſed in Gr. eſt, *πάντες οἱ κατοικοῦντες τὴν οἰκουμένην.* Ap. Aug. inf. *qui inhabitatis orbem ;* paulò verò poſt, *habitatores orbis.*

℣. 3. Ambroſ. Aug. & Caſſiod. ſcribunt conſtanter *terrigenæ*, cum Pſalt. Rom. & Vulg. ſimiliter Coislin. ſed delet ſeq. &. In Gr. *Οἵ τε γηγενεῖς καὶ οἱ*, &c.

℣. 4. Concordant Ambroſ. & Caſſiod. in hunc Pſ. unà cum Pſalt. Rom. Aug. verò in eund. Pſ. hab. *meditatio cordis mei intelligentiam ;* Gr. *σύνεσιν.*

VERSIO ANTIQUA.	HEBR.	VULGATA HOD.
Ex Mſ. Sangerm. 5. Inclinabo in parabolam aurem meam : aperiam in pſalterio propoſitionem meam.	*Inclinabo ad parabolam aurem meam : aperiam in cithara ænigma meum.*	5. Inclinabo in parabolam aurem meam : aperiam in pſalterio propoſitionem meam. P. 77. 2. Matth. 13. 35.
6. Ut quid timebo in die mala? iniquitas calcanei mei circumdabit me.	*Quare timebo in diebus mali? iniquitas calcanei mei circumdabit me.*	6. Cur timebo in die mala? iniquitas calcanei mei circumdabit me.
7. Qui confidunt in virtute ſua : quique in abundantia divitiarum ſuarum gloriantur.	*Qui fiduciam habent in fortitudine ſua, & in multitudine divitiarum ſuarum ſuperbiunt.*	7. Qui confidunt in virtute ſua : & in multitudine divitiarum ſuarum gloriantur.
8. Frater non redimit, redimit homo : non dabit Deo propitiationem ſuam,	*Fratrem rediment non redimet vir : nec dabit Deo propitiationem pro eo,*	8. Frater non redimit, redimet homo : non dabit Deo placationem ſuam.
9. Et pretium redemptionis animæ ſuæ : & laboravit in æternum, 10. & vivet in finem :	*Et pretium redemptionis animæ eorum : ſed quieſcet in ſæculo, & vivet ultra in ſempiternum :*	9. Et pretium redemptionis animæ ſuæ : & laborabit in æternum, 10. & vivet adhuc in finem.
11. Quoniam non videbit interitum, cùm viderit ſapientes morientes : ſimul inſipiens & ſtultus peribunt.	*Et non videbit interitum, cùm viderit ſapientes morientes : ſimul inſipiens & indoctus peribunt,*	11. Non videbit interitum, cùm viderit ſapientes morientes : ſimul inſipiens & ſtultus peribunt.
Relinquent alienis divitias ſuas : 12. & ſepulcra eorum domus eorum in æternum.	*Et relinquent alienis divitias ſuas : interiora ſua, domos ſuas in ſæculo :*	Et relinquent alienis divitias ſuas : 12. & ſepulcra eorum domus illorum in æternum.
Tabernacula eorum in progeniem, & generationem : invocavit nomina eorum in terris ipſorum.	*Tabernacula ſua in generatione & generatione : vocaverunt nominibus ſuis terras.*	Tabernacula eorum in progenie, & progenie : vocaverunt nomina ſua in terris ſuis.
13. Et homo, cùm eſſet in honore, non intellexit : comparatus eſt jumentis inſipientibus, & ſimilis factus eſt illis.	*Et homo in honore non commorabitur : aſſimilatus jumentis, & exæquatus eſt.*	13. Et homo, cùm in honore eſſet, non intellexit : comparatus eſt jumentis inſipientibus, & ſimilis factus eſt illis.
14. Hæc via eorum ſcandalum ipſis : & poſtea in ore ſuo benedicent. DIAPSALMA.	*Hæc eſt via inſipientiæ eorum, & poſt eos juxta os eorum current. SEMPER.*	14. Hæc via illorum ſcandalum ipſis : & poſtea in ore ſuo complacebunt.

NOTÆ AD VERSIONEM ANTIQUAM.

℣. 5. Pſalt. Coiſlin. *Inclinabo in parabolis*, &c. Rom. Corb. & Moz. *Inclinabo ad ſimilitudinem*, &c. Ambroſ. in hunc Pſ. *Inclinabo ad parabolam ;* Auguſt. *in parabolam ;* Caſſiod. *in ſimilitudinem.* Gr. εἰς παραβολὴν..... τὸ πρόβλημά μου.

℣. 6. Similiter habent Ambroſ. Auguſt. & Caſſiod. cum Pſalt. Corb. Sic etiam in Rom. Coiſlin. & Moz. hoc ultimo excepto, *circumdedit me.* Græcè, Ἱνατί φοβῦμαι..... κυκλώσει με.

℣. 7. Sic Ambroſ. & Caſſiod. in hunc Pſ. cum Pſalt. Rom. & Coiſlin. In Corb. *& qui in abundantia*, &c. In Mozarab. *& in abundantia.* Huic ſuffragatur Auguſt. in eund. Pſ. In Gr. ϗ ἐπὶ τῷ πλήθει, &c.

℣. 8. Pſalt. Rom. Fabri : *Frater non redimet, redimet homo*, &c. ut in Vulg. Rom. Martianæi, *non redimit, redimet*, &c. Coiſlin. *Frater non redimet* (1. manu, ſed *redimit* ſecundâ,) *redimit homo : non dabit Deo depropitiationem ſuam.* Mozarab. *Frater non redimet : homo non dabit Deo propitiationem ſuam.* Ambroſ. in hunc Pſ. 948. f. & in Luc. 3. col. 1319. c. *Frater non redimit, redimet homo : nec dabit Deo propitiationem ſuam :* Auguſt. in eund. Pſ. *depropitiationem ſuam.* Caſſiod. ut in Vulg. Gr. Ἀδελφὸς ȣ̓ λυτρῦται (Alex. λυτρῶται,) dein interrogativè, λυτρώσεται ἄνθρωπος ; ȣ̓..... ἐξίλασμα ἑαυτῦ.

℣. 9. Ita Aug. in hunc Pſ. Caſſiod. verò initio hab. *Nec pretium ;* paulòque poſt, *& laborabit.* Similiter Auguſt. paulò inf. *nec pretium ;* conſtanter autem, *& laboravit*, cum Pſalt. Carnut. Coiſlin. & Moz. In Rom. *nec pretium...... laborabit*, abſque præced. *&*. Ambroſ. *& pretium.* In Gr. Καὶ τὴν τιμὴν..... ϗ ἐκοπίασεν εἰς τὸν αἰῶνα.

℣. 10. Sic apud Auguſt. & Caſſiod. in hunc Pſ. ſicut in vet. Pſalt. & Græco.

℣. 11. Ita Caſſiod. cum Pſalt. Rom. & Corb. præpoſito uno *&*, verbo *relinquent.* In Moz. *Et relinquet*, &c. Apud Ambroſ. in hunc Pſ. col. 951. b. *ſimul inſip. & ſtultus perib. Et alienis relinquent*, &c. Apud Auguſt. in eund. Pſ. *ſimul imprudens & inſipiens peribunt. Et relinquent*, &c. In Pſalt. Coiſlin. *Quoniam non videbit interitum, cùm videbit ſapientem mori*, &c. ut in Vulg. In Gr. Ὅτι ȣ̓κ ὄψεται καταφθορὰν, ὅταν ἴδῃ....... ἐπιτοαυτὸ ἄφρων ϗ ἄνȣς ἀπολῦνται. Καὶ καταλείψουσιν, &c. In edd. Ald. & Compl. initio deeſt ὅτι.

℣. 12. Sic eſt in Pſalt. Corb. præter unum *invocabit.* Item in Rom. præter iſta, *in omni generatione, & progenie : invocabunt.* Mozarab. ipſo initio tollit *& ;* ſubinde ſic hab. *in omni progenie, & generatione : invocabunt*, &c. ut in textu. Similiter in Coiſlin. exceptis his, *in progenie, & genus : invocabunt.* Item in Mediolan. *invocabunt ;* in Carnut. *invocavit ;* utrobique, *nomina eorum in terris ipſorum*, ut ſupra. Apud Ambr. in hunc Pſ. p. 951. b. ſic : *& ſepulcra eor. domus illorum in ſæculum. Tabernacula eorum in progenie, & generatione : invocaverunt nomina eorum in terris ipſorum.* Apud Aug. in eund. Pſ. *& ſepulcra..... eorum in ætern. Tab. eorum in generationem, & generationem : invocabunt*, &c. ut in textu. Sic etiam apud Caſſiod. exceptis his, *in generatione, & progenie.* In Gr. καὶ οἱ τάφοι..... εἰς τὸν αἰῶνα. Σκηνώματα αὐτῶν εἰς γενεὰν, ϗ γενεὰν· ἐπεκαλέσαντο..... ἐπὶ τῶν γαιῶν αὐτῶν.

℣. 13. Sic Irenæus l. 4. c. 4. p. 232. a. niſi quòd ipſo initio tollit *&*, & poſt paulò hab. *cùm in honore eſſet.* Ambr. in hunc Pſ. *Homo, cùm in honore eſſet..... comparatus eſt jumentis quæ ſine ſenſu ſunt, & ſimilis*, &c. Tertull. l. de anima, p. 493. b. *adſimilatus eſt homo irrationabilibus jumentis.* Auguſt. in hunc Pſ. *Et homo, cùm in..... comp. eſt jumentis inſenſatis, & ſimilis*, &c. at l. 6. de Gen. ad lit. to. 3. p. 205. b. & 215. g. *Homo, in honore poſitus, non intel. comparatus eſt pecoribus inſenſatis, & ſimilis fact. eſt eis.* Philaſtr. Brix. de hæreſ. p. 702. f. *Homo, in honore conſtitutus..... comparatus eſt pecudibus inſenſatis, & ſimilis eis factus eſt :* & infra p. 720. f. *Homo, in honore cùm eſſet..... comparatus eſt pecudibus inſipientibus.* Gaud. Brix. ſerm. 9. p. 957. c. *Homo, in honore conſtitutus, non intellexit*, &c. ut in Vulg. Caſſiod. ab ea nil differt, nec etiam Cæleſtin. I. epiſt. 25. to. 1. Conc. 1216. a. Hieron. quoque epiſt. ad Sun. & Fretel. p. 638. c. ait conjunctionem *&* ipſo initio hîc eſſe ponendam ; vide infra ℣. 21. In Pſalt. Rom. & al. ſimiliter exſtat. Item Græcè : Καὶ ἄνθρωπος, ἐν τιμῇ ὢν, ȣ̓ συνῆκε· παρασυνεβλήθη τοῖς κτήνεσι τοῖς ἀνοήτοις, ϗ ὡμοιώθη αὐτοῖς.

℣. 14. Ita Pſalt. Rom. Coiſlin. Corb. & Carnut. cum Caſſiodoro. Mozarab. habet, *in ſcandalum ipſis*, ultimòque *benedicent*, ut ſup. Mediolan. *bene proſperabuntur.* Ambr. in hunc Pſ. ita : *Hæc via eorum in offendiculum ipſis : & poſtea in ore ſuo complacebunt.* Aug. *Hæc via ipſorum ſcandalum ipſis, & poſtea in ore ſuo benedicent.* Ambroſ. quoque loco cit. 952. c. ait quoſdam habere *in codicibus ſuis ita*

VULGATA HOD.	HEBR.	VERSIO ANTIQUA.
15. Sicut oves in inferno poſiti ſunt : mors depaſcet eos. Et dominabuntur eorum juſti in matutino : & auxilium eorum veteraſcet in inferno à gloria eorum.	*Quaſi grex in inferno poſiti ſunt : mors paſcet eos. Et ſubjicient eos recti in matutino, & figura eorum conteretur in inferno poſt habitaculum ſuum.*	15. Sicut oves in inferno poſuit : mors depaſcit eos. Et obtinebunt eos juſti in matutinis : & auxilium eorum vetereſcet in inferno à gloria eorum, & à gloria ſua expulſi ſunt.
16. Veruntamen Deus redimet animam meam de manu inferi, cùm acceperit me.	*Veruntamen Deus redimet animam meam de manu inferni, cùm aſſumpſerit me.* SEMPER.	16. Veruntamen Deus liberavit animam meam de manu inferni, cùm acceperit me.
17. Ne timueris cùm dives factus fuerit homo : & cùm multiplicata fuerit gloria domûs ejus.	*Noli timere cùm ditatus fuerit vir : cùm multiplicata fuerit gloria domûs ejus.*	17. Ne timueris cùm dives factus fuerit homo : & cùm multiplicata fuerit gloria domûs ejus.
18. Quoniam cùm interierit, non ſumet omnia : neque deſcendet cum eo gloria ejus.	*Neque enim moriens tollet omnia : nec deſcendet poſt eum gloria ejus :*	18. Quoniam non, cùm morietur, accipiet omnia : neque ſimul cum eo deſcendet gloria domûs ejus.
19. Quia anima ejus in vita ipſius benedicetur : confitebitur tibi cùm benefeceris ei.	*Quia anima ſua in vita ſua benedicet : laudabunt te cùm bene fuerit tibi.*	19. Quia anima ejus in vita ipſius benedicetur : confitebitur tibi cùm benefeceris ei.
20. Introibit uſque in progenies patrum ſuorum : & uſque in æternum non videbit lumen.	*Intrabit uſque ad generationem patrum ſuorum : uſque ad finem non videbunt lucem.*	20. Introibit uſque in progeniem patris ejus : & uſque in æternum non videbit lumen.
21. Homo, cùm in honore eſſet, non intellexit : comparatus eſt jumentis inſipientibus, & ſimilis factus eſt illis.	*Homo, cùm in honore eſſet, non intellexit : comparavit ſe jumentis, & ſilebitur.*	21. Homo, cùm in honore eſſet, non intellexit : comparatus eſt jumentis inſipientibus, & ſimilis factus eſt illis.

Ex Mſ. Sangerm.

NOTÆ AD VERSIONEM ANTIQUAM.

ſcriptum : Et poſtea in ore ſuo benedicent. Similiter in Gr. Αὕτη ἡ ὁδὸς αὐτῶν σκάνδαλον αὐτοῖς· & in fine, εὐλογήσουσι in Mſ. verò Alex. ac edd. Ald. & Compl. εὐδοκήσουσι. *Diapſalma* ſeq. habetur in Pſalt. Rom. Corb. & Gr. deeſt verò in edd. Ald. & Compl. nec legitur ap. Auguſt.

℣. 15. Pſalt. Corb. *Sicut oves in inferno poſuit eos : mors depaſcet eos. Et obtinebunt eos juſti in matutinum : & auxilium eorum vetereſcet in inferno gloriâ eorum, & de gloria ſua expulſi ſunt.* Rom. cum Caſſiod. *Sicut oves in inferno poſiti ſunt : & mors depaſcet eos. Et obtinebunt eos juſti in matutino : & auxilium eorum veteraſcet inferno, & à gloria ſua expulſi ſunt.* Coiſlin. *Sicut oves in inferno poſiti ſunt : & mors depaſcit eos. Et obtinebunt eos juſti in matutinum : auxilium eorum vetereſcit in inferno à gloria eorum, & à gloria ſua expulſi ſunt.* Mozar. *Sicut oves in infernum poſitæ ſunt, mors paſcet eos. Et dominabuntur eis juſti in matutino : & auxilium eorum vetereſcit in inferno à gloria eorum ;* nec addit alia. Pſalt. verò Mediolan. habet, *& à gloria ſua expulſi ſunt*, dempto præced. *à gloria eorum.* Apud Ambroſ. in hunc Pſ. ita : *Sicut oves in infernum deducentur : mors depaſcet eos. Et dominabuntur eorum juſti in matutinum : & auxilium eorum veteraſcet in inferno à gloria eorum ;* nec plura. Similiter apud Auguſt. in eund. Pſ. præter ſeqq. *Sicut oves in inferno poſita, mors paſtor eſt eis* (infra *illis.*) *Et dominabuntur eis recti mane.* Hieron. epiſt. ad Sun. & Fretel. to. 2. p. 638. c. 639. a. ad hæc, *Et dominabuntur eorum juſti*, addit : *Pro* juſtis, εὐθεῖς, *id eſt*, rectos, *in Græco vos legiſſe dicitis ; ſed propter* εὐφωνίαν, *ita in Latinum verſum eſt. Alioquin & in eo loco, ubi ſcriptum legimus*, In libro εὐθῶν, Juſtorum *intelligimus* librum ; *& non debemus ſic verbum de verbo exprimere, ut dum ſyllabas ſequimur, perdamus intelligentiam.* In ed. Rom. Ὡς πρόβατα ἐν ᾅδῃ ἔθεντο, θάνατος ποιμανεῖ αὐτούς. Καὶ κατακυριεύσουσιν αὐτῶν οἱ εὐθεῖς τὸ πρωΐ· καὶ ἡ βοήθεια αὐτῶν παλαιωθήσεται ἐν τῷ ᾅδῃ ἐκ τῆς δόξης αὐτῶν· Mſ. Alex. cum edd. Ald. & Compl. addit ἐξώσθησαν, *expulſi ſunt.*

℣. 16. Sic in Pſalt. Coiſlin. eſt. Ita etiam in Mozarab. præter ult. *acceperint me.* In Rom. *Veruntamen Deus liberabit animam ſuam de manu inferi, dum acceperit me.* In Corb. *liberavit anim. meam de manu inferi, cùm acceperit me.* Hieron. epiſt. ad Sun. & Fretel. to. 2. p. 639. a. *de manu inferni, cùm liberaverit me ;* tum addit : *In Græco legiſſe vos dicitis*, cùm acceperit me ; *quod quidem & nos ita de LXX. vertimus, & miror à quo in veſtro codice depravatum ſit.* Apud Ambroſ. in hunc Pſalm. p. 952. f. *Veruntamen Deus liberabit anim. meam de ma. inferni, cùm acceperit eam.* Ap. Auguſt. in eund. Pſ. *Verunt. Deus redimet anim. meam de manu inferni, cùm acceperit me.* Item apud Caſſiod. exceptis his, *liberabit*, & *inferi.* In Gr. Πλὴν ὁ Θεὸς λυτρώσεται τὴν ψυχήν μου..... ὅταν λαμβάνῃ με.

℣. 17. Sic Ambr. Aug. & Caſſiod. in hunc Pſ. cum Pſalt. Rom. In Corb. præponitur *Diapſalma.* Ap. Tertul. l. 4. adv. Marc. p. 709. b. *Ne timueris cùm divet..... & cùm abundabit gloria ejus.* In Gr. καὶ ὅταν πληθυνθῇ ἡ δόξα τοῦ οἴκου αὐτοῦ.

℣. 18. Sic Ambroſ. & Auguſt. in hunc Pſ. cum Pſalt. Corb. & Moz. niſi quòd habent, *deſcendet cum eo.* Ita rurſum Ambr. l. 1. de interpel. Job, c. 3. to. 1. 628. d. Sic etiam in Pſalt. Coiſlin. præter hoc, *deſcendit.* In Rom. *Quoniam non, cùm morietur, accipiet hæc omnia : neque ſimul deſcendet cum eo*, &c. In Mediol. *non, dum morietur, recipiet omnia.* In Carnut. *non, cùm morietur, accipiet omnia.* Apud Tertull. l. 4. adv. Marc. p. 709. b. *Quoniam cùm morietur, non tollet omnia : nec deſcendet cum illo gloria ſua.* Apud Ruric. l. 2. epiſt. 47. p. 577. a. *Quia non, cùm morietur, recipiet omnia : neque ſimul deſcendet cum eo gloria domûs ejus.* Apud Caſſiod. in eund. Pſ. *Quoniam cùm morietur, non accipiet hæc omnia : neque ſimul deſcendet cum eo gloria domûs ejus.* S. Leo ſerm. 16. p. 65. c. *Quoniam cùm interierit, non accipiet omnia : neque deſc. cum eo gloria ejus.* Pſalt. Mediol. & Carnut. *gloria domûs ejus*, ut ſup. In Gr. Ὅτι οὐκ, ἐν τῷ ἀποθνήσκειν αὐτὸν, λήψεται τὰ πάντα· οὐδὲ συγκαταβήσεται αὐτῷ ἡ δόξα αὐτοῦ.

℣. 19. Concordant Pſalt. Moz. & Caſſiod. in hunc Pſ. In Coiſlin. Corb. & Rom. *Quoniam anima ejus*, &c. præterea in Rom. *& confitebitur*, &c. Ap. Ambr. in hunc Pſ. *Quoniam anima ejus..... benedicetur : confiteb. tibi cùm benef. ipſi.* Apud Auguſt. in eund. Pſ. *Quoniam anima illius in..... benedicetur : confitebitur*, &c. Similiter in Gr.

℣. 20. In Pſalt. Rom. & Coiſlin. *Et introibit uſque in progenies patrum ſuorum, & uſque in*, &c. Similiter apud Auguſt. in hunc Pſ. dempto duplici &. Item apud Caſſiod. ſed cum hoc, *in progeniem.* Apud Ambroſ. in eund. Pſal. *Introibit uſque in progeniem patrum ejus : uſque in ſæculum non videbit lumen.* Itidem in Pſalt. Corb. præter hoc, *in æternum.* In Gr. Εἰσελεύσεται ἕως γενεᾶς πατέρων αὐτοῦ· ἕως αἰῶνος οὐκ, &c.

℣. 21. Concinunt Pſalt. Rom. Coiſlin. & Moz. unà cum Caſſiod. in hunc Pſ. niſi quòd habent, *Et homo, cùm*, &c. Irenæus lib. 4. c. 41. p. 288. b. *Homo, in honore poſitus, aſſimilatus eſt jumentis :* at inf. l. 5. c. 8. p. 301. d. *Homo, cùm in honore eſſet, aſſimilatus eſt jumentis.* Tertull. de reſurr. carn. p. 588. c. *adſimilatus eſt homo irrationabilibus jumentis.* Ambroſ. in eund. Pſ. *Homo, cùm in hon..... comparatus eſt jumentis, quæ ſenſum non habent, & ſimilis*, &c. Similiter ap. Auguſt. in eund. Pſ. hoc excepto, *jumentis inſenſatis :* at l. 13. de civit. Dei, c. 4. to. 7. p. 327. d. leg. *pecoribus non intelligentibus ;* cæt. ut in textu : epiſt. verò 23. to. 2. p. 31. b. c. *Homo, in honore poſitus, non..... comparatus eſt jumentis inſenſatis, & ſimilis*, &c. Philaſtr. Brix. de hæreſ. p. 713. c. *Homo, in honore cùm eſſet, non..... comp. eſt pecudibus inſenſatis, & ſimilis*, &c. Auct. l. de promiſſ. p. 2. c. 12. col. 136. c. *comparatus eſt jumentis inſenſatis.* Hieronymus epiſt. ad Sun. & Fretel. to. 2. p. 638. c. *Homo, cùm in honore eſſet ;* tum ait : *Pro quo in*

NOTA AD VERSIONEM ANTIQUAM.

Græco inveniſſe vos dicitis : Et homo, in honore cùm eſſet : *ſed ſciendum quòd iſte verſiculus bis in hoc Pſalmo ſit ; & in priori additam habeat & conjunctionem, in fine non habeat.* In ed. Rom. Ἄνθρωπος (Alex. Ald. & Compl. Καὶ ἄνθρωπος,) ἐν τιμῇ ὢν, οὐ συνῆκε· παρασυνεβλήθη τοῖς κτήνεσι τοῖς ἀνοήτοις, καὶ ὡμοιώθη αὐτοῖς.

Ex Mſ. Sangerm.

VERSIO ANTIQUA.	HEBR.	VULGATA HOD.
1. Pſalmus Aſaph. XLIX.	*Canticum Aſaph. L.*	1. Pſalmus Aſaph. XLIX.
* DEus deorum Dominus locutus eſt : & vocavit terram,	*FOrtis Deus Dominus locutus eſt, & vocavit terram,*	DEus deorum Dominus locutus eſt : & vocavit terram,
A ſolis ortu uſque ad occaſum : 2. ex Sion ſpecies decoris ejus.	*Ab ortu ſolis uſque ad occaſum ejus : de Sion perfectâ decore Deus apparuit.*	A ſolis ortu uſque ad occaſum : 2. ex Sion ſpecies decoris ejus.
3. Deus manifeſtè veniet : Deus noſter non ſilebitur.	*Veniet Deus noſter, & non tacebit :*	3. Deus manifeſtè veniet : Deus noſter & non ſilebit.
Ignis in conſpectu ejus ardebit : & in circuitu ejus tempeſtas valida.	*Ignis coram eo vorabit, & in circuitu ejus tempeſtas valida.*	Ignis in conſpectu ejus exardeſcet : & in circuitu ejus tempeſtas valida.
4. Advocavit cœlum ſurſum, & terra diſcernere populum ſuum.	*Vocavit cœlum deſurſum, & terram ut judicet populum ſuum.*	4. Advocabit cœlum deſurſum, & terram diſcernere populum ſuum.
5. Congregate illi filios ejus : qui ordinant teſtamentum ejus ſicut ſacrificia.	*Congregate mihi ſanctos meos : qui feriunt pactum meum in ſacrificio.*	5. Congregate illi ſanctos ejus : qui ordinant teſtamentum ejus ſuper ſacrificia.
6. Et adnuntiabunt cœli juſtitiam ejus : quoniam Deus judex eſt. DIAPSALMA.	*Et annuntiabunt cœli juſtitiam ejus : quia Deus judex eſt ipſe. SEMPER.*	6. Et annuntiabunt cœli juſtitiam ejus : quoniam Deus judex eſt.
7. Audi populus meus, & loquar ; Iſraël teſtificabor tibi, quoniam Deus Deus tuus ſum ego.	*Audi populus meus, & loquar ; Iſrael, & conteſtabor te : Deus Deus tuus ego ſum.*	7. Audi populus meus, & loquar ; Iſraël, & teſtificabor tibi : Deus Deus tuus ego ſum.
8. Non ſupra ſacrificia tua arguam te : holocauſta autem tua in conſpectu meo ſunt ſemper.	*Non propter victimas tuas arguam te : & holocautomata tua coram me ſunt ſemper.*	8. Non in ſacrificiis tuis arguam te : holocauſta autem tua in conſpectu meo ſunt ſemper.

NOTÆ AD VERSIONEM ANTIQUAM.

℣. 1. Sic in Pſalt. Rom. eſt. In Coislin. verò, *Pſalmus David.* In Mozarab. *In finem, Pſalmus ipſi David.* Itidem in Gr. Alex. In Vat. verò, Ψαλμὸς τῷ Ἀσάφ.

* Sic Iren. l. 3. c. 6. p. 180. c. ad hoc uſque, *à ſolis.* Itidem Cypr. cum ſeqq. l. 2. Teſtim. p. 296. b. ut & Aug. & Caſſiod. in hunc Pſ. cum Collat. Carthag. p. 393. b. In Pſalt. Coislin. *à ſolis ortu & occaſu.* Ap. Optat. Milev. l. 2. contra Donat. p. 27. a. & S. Pacian. epiſt. 3. p. 315. a. legitur, *ab ortu ſolis uſque ad occaſum.* Ap. S. Pacian. initio deeſt vox *Dominus ;* ſubinde in Pſalt. Rom. *& vocabit terram.* In Gr. καὶ ἐκάλεσε τὴν γῆν, ἀπὸ ἀνατολῶν ἡλίου μέχρι δυσμῶν.

℣. 2. Conſentit Cyprianus l. 2. Teſtim. p. 296. b. unà cum Auguſt. & Caſſiod. in hunc Pſ. necnon Collat. Carthag. p. 393. b. Sic etiam in Pſalt. Rom. & Græco.

℣. 3. Iren. l. 3. c. 6. p. 180. c. *Deus manifeſte veniet : Deus noſter & non ſilebit ;* Mſ. Clarom. ibid. *non ſilebitur :* at infra l. 5. c. 18. p. 316. a. *Deus noſter manif. veniet, & non tacebit. Ignis in conſp. ejus ardebit : & in circuitu ejus temp. valida.* Cypr. l. de oper. & eleem. p. 254. c. *Deus manifeſtus veniet : Deus noſter & non ſilebit. Ignis ante eum ardebit : & in circuitu ejus procella nimia :* ſic etiam l. 2. Teſtim. p. 296. b. uno excepto *manifeſtè.* Auguſt. tract. 4. in Joh. to. 3. p. 2. col. 313. b. & c. *Deus manifeſtus veniet : Deus noſter & non ſilebit. Ignis ante eum præibit : & in circ. ejus temp. valida :* ſimiliter in hunc Pſ. cum Pſalt. Rom. exceptis his, *Ignis in conſpectu ejus ardebit.* Ita quoque leg. Ambroſ. l. de Spiritu S. to. 2. 630. d. Breviar. verò Moz. *ante eum ardebit.* Hieron. in Iſai. 66. to. 3. col. 505. a. *Deus manifeſte veniet : Deus noſter & non tacebit. Ignis ante eum ardebit,* &c. ut in textu. Gaud. Brix. ſer. 2. p. 951. f. *Deus palam veniet : & Deus noſter, & non ſilebit.* Auct. op. imp. in Mat. hom. 44. p. 225. c. & Caſſiod. in hunc Pſ. Vulgatæ favent, cum Pſalt. Corb. niſi quòd habent *ardebit.* Auct. l. de promiſſ. col. 200. c. *Deus manifeſtus veniet..... Ignis ante eum ardebit,* &c. Græc. Ὁ Θεὸς ἐμφανῶς ἥξει..... καὶ οὐ παρασιωπήσεται. Πῦρ ἐναντίον (Ald. & Compl. ἐνώπιον) αὐτοῦ καυθήσεται· καὶ κύκλῳ αὐτοῦ καταιγὶς σφόδρα.

℣. 4. Pſalt. Rom. *Advocavit cœlum ſurſum, & terram, ut diſcerneret populum ſuum.* Coislin. *Advocavit cœlum ſurſum, & terra diſcernere populo ſuo.* Mozarab. *Advocavit cœlos ſurſum, & terram diſcernere,* &c. Iren. l. 5. c. 18. p. 316. a. *Advocabit cœlum,* &c. ut in Vulg. editt. quidam l. ferunt *advocavit.* Cypr. l. de oper. & eleem. p. 254. c. *Advocabit cœlum ſurſum, & terram deorſum, ut ſeparet populum ſuum :* & l. 2. Teſtim. p. 296. b. *Vocavit cœlum ſurſum, & terram, ut ſeparet populum ſuum.* Auguſt. in hunc Pſ. cum Pſalt. Corb. *Advocabit cœlum ſurſum, & terram diſcernere pop. ſuum.* Caſſiod. in eund. Pſ. *Advocabit cœlum ſurſum, & terram, ut diſcerneret pop. ſuum.* Gr. Προσκαλέσεται τὸν οὐρανὸν ἄνω, καὶ τὴν γῆν διακρῖναι, &c. Alex. τοῦ διακρῖναι.

℣. 5. Sic in Pſalt. Corb. excepto uno *ſuper,* pro *ſicut.* In Rom. *Congregate illi ſanctos ejus : qui ordinaverunt teſtamentum ejus ſuper ſacrificia.* In Mozarab. *qui ordinent teſtam. ejus,* &c. Cypr. l. de oper. & eleem. p. 254. c. ut & l. 2. Teſtim. p. 296. b. *Colligite illi juſtos ejus : eos qui diſponunt teſtamentum ejus in ſacrificiis.* Auguſt. in hunc Pſ. *Congregate illi juſtos ejus : qui diſponunt teſtam. ejus ſuper ſacrificia.* Caſſiod. Vulgatæ congruit. In Gr. ſic : Συναγάγετε αὐτῷ τοὺς ὁσίους αὐτοῦ· τοὺς διατιθεμένους τὴν..... ἐπὶ θυσίαις· Compl. θυσίας.

℣. 6. Pſalt. Rom. *Annuntiaverunt cœli.* Mozarab. *Et annuntiaverunt,* &c. Cyprianus l. de oper. & eleem. p. 254. c. & l. 2. Teſtim. p. 296. b. *Et annuntiabunt,* &c. ut ſup. Similiter Aug. & Caſſiod. in hunc Pſ. Gr. Καὶ ἀναγγελοῦσι. Subjicitur *Diapſalma* in Pſalt. Corb. & Rom. necnon in ed. Rom. LXX. deeſt verò in Mſ. Alex. ac edd. Ald. & Compl. nec memoratur ab Auguſt. & aliis, præterquam ab Optato l. 4. contra Donat. p. 70. c.

℣. 7. Similiter in Pſalt. Rom. Corb. & Coislin. *quoniam Deus Deus tuus ego ſum :* in Mozarab. *ſum ego,* ut ſupra. Apud Aug. in hunc Pſ. & tract. contra Jud. to. 8. p. 34. b. *Audi populus meus, & loquar tibi ; Iſraël, & teſtificabor tibi : Deus Deus tuus ego ſum.* Gaud. Brix. ubi ſup. ℣. 3. *Audi pop. meus, & loquar ; Iſrael, & teſtif. tibi, quòd Dominus Deus tuus ego ſum.* Caſſiod. in eund. Pſ. *Audi pop. meus, & loquar ; Iſraël, & teſtif. tibi : Deus,* &c. Similiter Ambroſ. in Pſ. 118. to. 1. p. 1158. a. *Audi pop. meus, & loquar.* In Gr. Ἄκουσον λαός μου, καὶ λαλήσω σοι Ἰσραήλ, καὶ διαμαρτύρομαί σοι· ὁ Θεὸς ὁ Θεός σου εἰμὶ ἐγώ.

℣. 8. Ita Pſalt. Corb. habet. Rom. Coislin. & Moz. *Non ſuper ſacrificia tua arguam te,* &c. Suffragantur Aug. & Caſſiod. in hunc Pſ. Item Aug. contra Jud. to. 8. p. 34. b. niſi quòd delet *ſunt* ſub finem. In Gr. ſic : Οὐκ ἐπὶ ταῖς θυσίαις σου ἐλέγξω σε, &c.

VULGATA HOD.	HEBR.	VERSIO ANTIQUA.
9. Non accipiam de domo tua vitulos, neque de gregibus tuis hircos.	*Non accipiam de domo tua vitulum, neque de gregibus tuis hircos.*	9. Non accipiam de domo tua vitulos, neque de gregibus tuis hircos.
10. Quoniam meæ sunt omnes feræ silvarum, jumenta in montibus & boves.	*Mea sunt enim omnia animalia silvarum, pecudes in montibus millium.*	10. Quoniam meæ sunt omnes feræ silvarum, jumenta in montibus & boves.
11. Cognovi omnia volatilia cœli: & pulchritudo agri mecum est.	*Scio omnes aves montium, & universitas agri mei mecum est.*	11. Cognovi omnia volatilia cœli: & species agri mecum est.
12. Si esuriero, non dicam tibi: meus est enim orbis terræ, & plenitudo ejus.	*Si esuriero, non dicam tibi: meus est enim orbis, & plenitudo ejus.*	12. Si esuriero, non dicam tibi: meus est enim orbis terræ, & plenitudo ejus.
13. Nunquid manducabo carnes taurorum? aut sanguinem hircorum potabo?	*Nunquid comedam carnem taurorum: aut sanguinem hircorum bibam?*	13. Nunquid manducabo carnes taurorum? aut sanguinem hircorum potabo?
14. Immola Deo sacrificium laudis: & redde Altissimo vota tua.	*Immola Deo laudem, & redde Altissimo vota tua.*	14. Immola Deo sacrificium laudis: & redde Altissimo vota tua.
15. Et invoca me in die tribulationis: eruam te, & honorificabis me.	*Et invoca me in die tribulationis: liberabo te, & glorificabis me.*	15. Invoca me in die tribulationis tuæ: & eripiam te, & magnificabis me. DIAPSALMA.
16. Peccatori autem dixit Deus: Quare tu enarras justitias meas, & assumis testamentum meum per os tuum?	*Impio autem dixit Deus: Quid tibi est cum narratione præceptorum meorum, & ut assumas pactum meum in ore tuo:*	16. Peccatori autem dixit Deus: Quare tu enarras justitias meas, & sumes testamentum meum per os tuum?
17. Tu verò odisti disciplinam:	*Qui odisti disciplinam, & pro-*	17. Tu verò odisti discipli-

Ex Ms. Sangerm.

NOTÆ AD VERSIONEM ANTIQUAM.

℣. 9. Accinunt magno consensu Iren. l. 4. c. 17. p. 248. b. Hilar. in Ps. 65. p. 182. a. Ambros. l. de Nab. c. 16. p. 586. a. Aug. & Cassiod. in hunc Ps. cum Psalt. Rom. &c. August. tamen epist. 138. to. 2. p. 413. b. habet: *Non accipiam de manu tua vitulos*, &c. at l. cont. Jud. to. 8. p. 34. b. *de domo tua*. In Gr. Οὐ δέξομαι ἐκ τοῦ οἴκου σου μόσχυς, &c.

℣. 10. Iren. l. 4. c. 17. p. 248. b. *Quoniam mea sunt omnes bestiæ terræ, jumenta in mont.* &c. Ambros. l. de Nab. c. 16. to. 1. p. 586. a. *Quoniam meæ sunt omnes feræ silvarum.* August. in hunc Ps. & l. contra Jud. to. 8. p. 34. b. *Quoniam mea sunt omnes bestiæ silvæ, pecora in montibus & boves.* Similiter habet Vigil. Taps. contra Varim. p. 734. d. Cassiod. verò Vulgatæ suffragatur cum Psalt. Rom. & al. In Gr. Ὅτι ἐμά ἐστι πάντα τὰ θηρία τοῦ δρυμοῦ (Alex. Ald. & Compl. ἀγροῦ,) κτήνη, &c.

℣. 11. Concordant Irenæus l. 4. c. 17. p. 248. b. Ambros. l. 3. Hexa. to. 1. p. 46. f. & l. 2. de Jacob, c. 1. p. 460. a. August. & Cassiod. in hunc Ps. unà cum Psalt. Rom. Coislin. Corb. & Moz. rursum Aug. l. cont. Jud. to. 8. p. 34. b. necnon Vigil. Taps. cont. Varim. p. 734. d. nisi quòd delet &, ante vocem *species*. In Gr. καὶ ὡραιότης ἀγροῦ.

℣. 12. Ita legunt Irenæus, August. Cassiod. & Vigil. Taps. locis citatis sup. cum Psalt. vet. & Gr.

℣. 13. Concinunt Irenæus l. 4. c. 17. Hilarius in Ps. 65. col. 182. a. August. & Cassiod. unà cum Psalt. Rom. &c. Apud Cypr. l. 1. Testim. p. 280. a. sic: *Non edam carnes taurorum, aut sang. hircorum bibam.* Tertul. similiter l. 2. cont. Marc. p. 652. b. *Non enim bibam sang. taurorum.* In Gr. Μὴ φάγομαι κρέα ταύρων; ἢ αἷμα τράγων πίομαι;

℣. 14. Sic Irenæus l. 4. c. 17. Hilar. in Ps. 62. p. 154. c. Ambros. l. 1. de Cain, c. 9. to. 1. p. 199. f. & l. de Nab. c. 16. p. 586. b. cum Cassiod. in hunc Ps. necnon Psalt. Rom. &c. Tertul. l. contra Jud. c. 5. p. 138. c. cum Cypriano l. 1. & 3. Testim. p. 280. a. 315. b. leg. *Sacrifica Deo sacrific. laudis: & redde Altissimo vota tua.* Cypr. semel *mea*. August. in hunc Ps. *Immola Deo..... & redde Altissimo preces tuas:* similiter l. contra Jud. to. 8. p. 34. b. at in Ps. 102. col. 1113. e. habet *vota mea*. In Gr. τὰς εὐχάς σου. S. Paulin. epist. 19. p. 106. b. *Immolemus Deo hostias laudis.* Hieron. ep. ad Sun. & Fretel. p. 662. notat vocem εὐχὴν, *pro locorum qualitate, & orationem, & votum* significare, *secundùm illud*, Redde Domino vota tua, *id est*, τὰς εὐχάς σου.

℣. 15. Sic in Psalt. Corb. Coislin. & Rom. Martianæi. In Rom. verò Fabri deest &, ante *eripiam*; & in Corb. ponitur ante *invoca*. In Mozarab. sic, *& eripiam te, & glorificabis me.* Similiter hab. Iren. l. 4. c. 17. p. 248. b. posito uno &, ante *invoca me*. Cypr. l. 1. Testim. p. 280. a. *Invoca me in die pressuræ: & eruam te, & clarificabis me:* item l. 3. p. 315. b. excepto uno *eximam*, pro *eruam*. In Actis Mart. SS. Montani, &c. p. 232. *Invoca me in die pressuræ: & eximam te, & glorificabis me.* Aug. in hunc Ps. leg. *Et invoca me in die tribul. tuæ: & eximam te, & glorificabis me:* similiter l. 10. de civit. Dei, to. 7. 242. b. at l. cont. Jud. to. 8. 34. b. omittit vocem *tuæ*, legitque *eruam*, pro *eximam*. Cassiod. in eund. Ps. cum Greg. Tur. l. 10. hist. Franc. 482. c. *Et invoca me in die tribul. tuæ: & eripiam te, & magnificabis me.* Gr. Καὶ ἐπικάλεσαί με ἐν ἡμέρᾳ θλίψεως· καὶ ἐξελοῦμαί σε, καὶ δοξάσεις με. Ms. Alex. sup. θλίψεώς σου· al. θλίψεώς σου. *Diapsalma* similiter habetur in Psalt. Corb. ac edit. Rom. LXX. Item apud Optat. l. 4. cont. Donat. p. 70. c. *Legimus*, inquit, *in alio. Psalmo sub secundo Diapsalmate Spiritum S. dixisse:* Peccatori autem dixit Deus, &c.

℣. 16. Sic in Psalt. Coislin. & Moz. præter hoc, *& assumes*. Tertul. l. de pudic. p. 1011. b. legit: *Peccatori autem dicit Dominus: Ut quid tu exponis justificationes meas, & assumis testam. meum per os tuum?* Cypr. l. de hab. virg. p. 173. a. *Peccatori autem dixit Deus: Ad quid exponis justific. meas, & assumis testam.* &c. similiter epist. 63. p. 110. a. & l. 3. Testim. p. 324. a. excepto uno *dicit*, pro *dixit*. Hilar. in Ps. 118. p. 280. e. 307. e. *Peccatori enim dixit Deus: Quare tu enarras*, &c. ut in Vulg. Sic etiam Ambr. in Ps. 118. to. 1. col. 975. e. 1253. e. Item sup. 701. f. 757. c. 792. b. 836. f. & infra 989. f. 1041. a. 1110. c. 1408. c. & to. 2. col. 868. b. præter unum *autem*, pro *enim*. Augustinus in hunc Ps. *Peccatori enim dicit Deus: Ut quid tu enarras justitias*, &c. ut in Vulg. & in Job, to. 3. p. 1. col. 660. a. *Peccatori dicit Deus: Quid tu enarras*, &c. & in Ps. 100. col. 1083. b. c. *Ut quid tu enarras justificationes meas?* &c. & l. 2. cont. epist. Parmen. to. 9. col. 35. f. *Ad quid exponis justificationes meas, & assumis testam.* &c. ut in Vulg. Hieronymus l. 1. in epist. ad Galat. to. 4. col. 231. a. *Peccatori dixit Deus: Quare tu enarras justitias meas, & assumis in labiis tuis testam. meum?* Optat. l. 4. cont. Donat. p. 70. c. 71. a. *Peccatori autem dixit Deus: Ad quid exponis justitias meas..... per os tuum?* Cassiod. nil omnino differt à Vulg. In Gr. Τῷ δὲ ἁμαρτωλῷ εἶπεν ὁ Θεός· Ἱνατί σὺ διηγῇ (Alex. Ald. & Compl. ἐκδιηγῇ) τὰ δικαιώματά μου, καὶ ἀναλαμβάνεις τὴν..... διὰ στόματός σου;

℣. 17. Sic Ambros. in Ps. 118. to. 1. 1139. b. & in Luc. 16. col. 1474. b. Sic etiam Cassiod. in hunc Ps. cum Psalt. Rom. Coislin. Corb. & Moz. Idem Ambros. in Ps. 118. col. 1052. b. leg. *abjecisti*, cum Corb. Cyprianus quoque epist. 63. p. 110. a. *Tu autem odisti disciplinam: & abjecisti sermones meos retro:* similiter epist. 68. p. 120. & l. de hab. virg. p. 173. a. & l. 3. Testim. p. 324. a. cum Fac. Hermian. Sirmond. to. 2. p. 854. e. Hilarius in Ps. 118. p. 307. e. *Tu autem rejecisti sermones meos retro.* Hieron. l. 1. in epist. ad Gal. to. 4. p. 231. a. *Tu autem odisti discipl. & projecisti verba mea post te.* August. in hunc Ps. col. 458. a. & in Ps. 100. col. 1083. b. *Tu vero odisti eruditionem: & projecisti serm. meos post te:* item in Job, to. 3. p. 1. col. 660. a. hab. *eruditionem*; at l. 2. cont. Crescon.

Versio antiqua.	Hebr.	Vulgata hod.
Ex Mſ. Sangerm. nam : & projeciſti ſermones meos poſt te.	*jeciſti verba mea poſt te?*	& projeciſti ſermones meos retrorſùm.
18. Si videbas furem, ſimul currebas cum eo : & cum adulteris portionem tuam ponebas.	*Si videbas furem, conſentiebas ei : & cum adulteris pars tua.*	18. Si videbas furem, currebas cum eo : & cum adulteris portionem tuam ponebas.
19. Os tuum abundavit nequitiâ : & lingua tua concinnabat dolum.	*Os tuum miſiſti ad malitiam, & lingua tua concinnabit dolum.*	19. Os tuum abundavit malitiâ : & lingua tua concinnabat dolos.
20. Sedens adversùs fratrem tuum detrahebas, & adversùs filium matris tuæ ponebas ſcandalum : 21. hæc feciſti, & tacui.	*Sedens adversùs fratrem tuum loquebaris, in filium matris tuæ fabricabaris opprobrium : hæc feciſti, & tacui.*	20. Sedens adversùs fratrem tuum loquebaris, & adversùs filium matris tuæ ponebas ſcandalum : 21. hæc feciſti, & tacui.
Exiſtimaſti iniquitatem, quòd ero tibi ſimilis : arguam te, & ſtatuam illa contra faciem tuam.	*Exiſtimaſti futurum me ſimilem tui : arguam te, & proponam ante oculos tuos.*	Exiſtimaſti iniquè quòd ero tui ſimilis : arguam te, & ſtatuam contra faciem tuam.
22. Intelligite hæc qui obliviſcimini Dominum : nequando rapiat ut leo, & non ſit qui eripiat.	*Intelligite hoc qui obliviſcimini Deum : ne fortè rapiam, & non ſit qui liberet.*	22. Intelligite hæc qui obliviſcimini Deum : nequando rapiat, & non ſit qui eripiat.
23. Sacrificium laudis honorificavit me : & illic iter eſt, quod oſtendam illis, ſalutarem Dei.	*Qui immolat confeſſionem, glorificat me : & qui ordinat viam, oſtendam ei ſalutare Dei.*	23. Sacrificium laudis honorificabit me : & illic iter, quo oſtendam illi ſalutare Dei.

Notæ ad Versionem antiquam.

to. 9. p. 428. g. legit *diſciplinam :* ſic etiam l. 2. contra ep. Parmen. to. 9. 35. f. ſed addit, *& projec. ſerm. meos retro.* Optat. l. 4. contra Donat. p. 71. a. *Tu autem contempſiſti diſciplinam : & abjeciſti ſerm. meos retro.* Gr. Σὺ δὲ ἐμίσησας παιδείαν, καὶ ἐξέβαλες τοὺς λόγους μου εἰς τὰ ὀπίσω.

℣. 18. Ita leg. Cypr. l. 3. Teſtim. p. 324. b. cum Pſalt. Rom. Corb. Coislin. & Moz. Sic etiam Ambroſ. in Pſ. 118. to. 1. col. 1139. b. cum Caſſiodoro. Tertul. verò l. de ſpectac. c. 16. p. 217. a. *Si furem videbas, concurrebas cum eo :* & l. de pudic. p. 1011. b. *Si videbas furem, currebas cum eo : & cum adulteris portionem tuam ponebas.* Rurſum Cypr. epiſt. 63. p. 110. a. *Si videbas furem, concurrebas ei : & inter mœchos particulam tuam ponebas :* ſimiliter ep. 68. p. 120. exceptis his, *& cum adulteris portionem tuam ponebas.* Succinit Auguſt. in hunc Pſ. ut & in Pſ. 100. col. 1083. b. c. niſi quòd hoc ult. loco leg. *& cum mœchis :* at l. 2. cont. ep. Parmen. to. 9. col. 35. f. ita : *Si videbas furem, concurrebas cum eo : & cum mœchis particulam tuam ponebas :* & epiſt. 108. to. 2. 308. f. *Videbas furem, & concurrebas cum eo.* Itidem Auct. quæſt. ex utroque T. apud Auguſt. to. 3. 98. b. cum Optato l. 4. cont. Donat. p. 73. b. item inf. 74. a. b. ſubnexis etiam his, *& cum mœchis particulam tuam ponebas :* at ſup. p. 71. a. ſic : *Videbas furem, & currebas cum eo : & cum adulteris portionem,* &c. Similiter habet Siricius PP. ep. 5. to. 1. Concil. col. 652. c. niſi quòd ponit *furem,* ante *videbas :* & epiſt. 1. col. 633. a. legit quidem, *Videbas furem,* at poſteriora ſic invertit, *& ponebas tuam cum adulteris portionem.* Concinit Cæleſtin. epiſt. 25. ibid. 1213. niſi quòd hab. *cum adultero.* Ennodius Ticin. apol. pro IV. ſyn. Conc. to. 4. col. 1342. d. *Furem videbas,* &c. ut in Vulg. Similiter ap. S. Pacian. epiſt. 3. p. 313. d. præter hoc, *& concurrebas.* Gr. Εἰ ἐθεώρεις κλέπτην, συνέτρεχες αὐτῷ καὶ μετὰ μοιχῶν τὴν μερίδα σου ἐτίθεις· Ald. & Compl. μετὰ μοιχοῦ.

℣. 19. Ita Caſſiod. cum Pſalt. Rom. niſi quòd hab. *concinnavit dolum.* Similiter in Mediolan. Carnut. & Moz. In Corb. *concinnabit.* In Coislin. *abundavit nequitiam..... concinnavit dolum.* Cypr. verò epiſt. 42. p. 57. a. leg. *Os tuum abundavit malitiâ : & lingua tua complectebatur inſidias.* Ambroſ. in Pſ. 118. col. 1110. d. *abundavit nequitiâ..... concinnavit dolum :* at infra, 1139. b. *concinnabat dolos.* Auguſt. in hunc Pſ. *Os tuum abundavit malitiâ : & lingua tua amplexa eſt doloſitatem.* Gr. Τὸ στόμα σου ἐπλεόνασε κακίαν..... περιέπλεκε δολιότητα· Ald. & Compl. δολιότητας.

℣. 20. Accinunt Cypr. ep. 42. p. 57. a. Ambr. ep. 63. col. 1032. f. & in Pſ. 118. col. 1139. b. Aug. & Caſſiod. in hunc Pſ. cum Mſ. Floriac. Sic etiam in Pſalt. Rom. Corb. & Moz. In Coisl. *Sedens adversùm... detrahebas, & adversùm filium,* &c. Similiter apud Optat. l. 4. cont. Donat. p. 71. a. 72. b. infra leg. *ſcandala ;* Gr. σκάνδαλον. Hieronymus epiſt. ad Sun. & Fretel. to. 2. p. 639. b. *Sedens adversùs fratr. tuum loquebaris ;* tum addit : *Pro quo in Græco reperiſſe vos dicitis,* κατὰ τοῦ ἀδελφοῦ σου καταλαλεῖς· *& putatis non bene verſum, quia diximus,* adversùs fratrem tuum loquebaris ; *& debuiſſe nos dicere,* adversùs fratrem tuum detrahebas ; *quod vitioſum eſſe, & in noſtra lingua non ſtare etiam ſtultis patet. Nec ignoramus quòd* καταλαλία *dicitur* detractio ; *quam ſi voluerimus ponere, non poſſumus dicere,* adversùs fratrem tuum detrahebas, *ſed,* de fratre tuo detrahebas : *quod ſi fecerimus, rurſus contentioſus verborum calumniator inquiret, quare non dixerimus,* κατὰ τοῦ ἀδελφοῦ σου, *hoc eſt,* adversus fratrem tuum. *Hæc ſuperflua ſunt, & non debemus impolitâ nos verborum interpretatione torquere, cùm damnum non ſit in ſenſibus : quia unaquæque lingua, ut jam dixi, ſuis proprietatibus loquitur.*

℣. 21. Sic in Pſalt. Corb. eſt ad verbum. Item in Rom. præter *illam,* pro *illa.* Similiter in Moz. hoc excepto, *ſtatuam te.* In Coislin. *ſtatuam illa,* cum hoc, *ero tibi ſimilis.* In Mediolan. *Exiſtimaſti iniquitatem..... & ſtatuam contra faciem tuam peccata tua.* In Carnut. *ſtatuam illa,* ut ſup. Hilarius in Pſ. 149. p. 593. e. *arguam te, & ſtatuam hæc contra fac. tuam.* Ambroſ. l. 3. de Spir. S. to 2. 671. f. *arguam te, & ſtatuam ante faciem tuam peccata tua.* Auct. op. imp. in Matth. hom. 4. & 41. pp. 40. a. & 170. c. *arguam te, & ſtatuam contra faciem tuam peccata tua.* Auguſt. in hunc Pſ. & in Pſ. 52. col. 490. d. *Hæc feciſti, & tacui. Suſpicatus es iniquitatem, quòd ero tibi* (al. *tui*) *ſimilis : arguam te, conſtituam te ante faciem tuam ;* infra, *& ſtatuam te.* Vigil. Tapſ. l. 12. de Trin. *& ſtatuam peccata tua ante faciem tuam.* Caſſiod. concinit cum Pſalt. Rom. In Gr. Ὑπέλαβες ἀνομίαν, ὅτι ἔσομαί σοι ὅμοιος· ἐλέγξω σε, καὶ παραστήσω κατὰ πρόσωπόν σου· Ald. & Compl. addunt τὰς ἁμαρτίας σου. Vide Cotel. Not. in epiſt. Clement. ad c. 35. p. 108. c.

℣. 22. Ita in Pſalt. Corb. ad verbum. Sic etiam in Rom. Fabri, & Coisl. & ap. Caſſiod. dempto uno *ut leo.* In Moz. *Intelligite nunc hæc,* &c. ut in Rom. Fabri. In Rom. verò Marianæi : *Intelligite hæc omnes qui,* &c. nec additur *ut leo.* Ap. Auguſt. in hunc Pſ. *Intelligite hæc qui obliviſc. Deum. nequando rapiat ſicut leo, & non ſit qui eruat.* Ap. Hieron. epiſt. ad Sun. & Fretel. to. 2. p. 639. b. *nequando rapias, & ſit qui eripiat ;* ſed addit : *Et in Græco reperiſſe vos dicitis,* & non ſit qui eripiat, *quod & à nobis verſum eſt, & in noſtris codicibus ſic habetur : & miror quomodo vitium librarii dormitantis ad culpam referatis Interpretis ; niſi fortè fuerit hoc,* nequando rapiat, nec ſit qui eripiat. Græcè nunc : Σύνετε δὴ ταῦτα οἱ ἐπιλανθανόμενοι τοῦ Θεοῦ· μήποτε ἁρπάσῃ, καὶ μὴ ἦ ὁ ῥυόμενος· Ald. & Compl. καὶ οὐ μὴ ἦ ὁ, &c.

℣. 23. Similiter in Pſalt. Corb. ſi hæc excipias, *quo oſtendam illis ſalutare.* In Rom. & ap. Caſſiod. *Sacrificium laudis honorificabit me : & illic iter eſt, in quo oſtendam illi ſalutare Dei.* Sic etiam in Coislin. præter verbum *honorificavit.* In Mozarab. *honorificabit me : & illic eſt iter, quod oſtendam illis, ſalutare meum.* Apud Cyprian. l. 1. Teſtim. p. 280. a. *Sacrificium laudis clarificabit me : illic via eſt, in qua oſtendam illi ſalutare Dei.* Hilarius in Pſ. 62. & 68. col. 154. c. 228. f. nil differt à Vulg. niſi quòd hab. *illic*

NOTA AD VERSIONEM ANTIQUAM.

ter, in qua. Hieron. in Isai. 56. to. 3. p. 411. b. ita: *Hostia laudis glorificavit me.* August. epist. 140. to. 2. p. 439. c. *Sacrif. laudis glorificabit me: & illic via est, qua ostendam illi salutare meum:* & in Ps. 49. *glorificabit me: & ibi via est, qua..... salutare Dei:* similiter l. contra Jud. to. 8. p. 34. c. excepto uno *ubi*, pro *qua.* Auct. l. de promiss. p. 1. c. 21. p. 106. b. *Sacrificium enim laudis glorificabit me.* Ad hoc autem, *honorificabit me*, observat Hieronymus epist. ad Sun. & Fretel. p. 639. b. in Græco scribi δοξάσει με, id est, *glorificabit me;* tum addit: *In Evangelio, in eo loco, ubi in Græco legimus:* Πάτερ, δόξασόν με τῇ δόξῃ, &c. *in Latino legitur:* Pater, clarifica me. *Noluimus ergo immutare quod ab antiquis legebatur, quia idem sensus erat.* In ed. Rom. similiter, δοξάσει με· deinde, καὶ ἐκεῖ ὁδὸς, ᾗ δείξω αὐτῷ τὸ σωτήριον Θεοῦ· in Ald. & Compl. σωτήριόν μου.

VULGATA HOD.	HEBR.	VERSIO ANTIQUA.
1. In finem, Psalmus David,	*Victori Canticum David,*	1. In finem, intellectus ipsi David, *Ex Ms. Sangerm.*
2. Cùm venit ad eum Nathan propheta, quando intravit ad Bethsabee. (2. *Reg.* 12.) L.	*Cùm venisset ad eum Nathan propheta, quando ingressus est ad Bethsabee. LI.*	2. Cùm venit ad eum Natham propheta, cùm intravit ad Bersabee. L.
3. Miserere mei Deus, secundùm magnam misericordiam tuam:	*Miserere mei Deus secundùm misericordiam tuam:*	3. Miserere mihi Deus, secundùm magnam misericordiam tuam:
Et secundùm multitudinem miserationum tuarum, dele iniquitatem meam.	*Juxta multitudinem miserationum tuarum dele iniquitates meas.*	Et secundùm multitudinem miserationum tuarum, dele iniquitatem meam.
4. Ampliùs lava me ab iniquitate mea: & à peccato meo munda me.	*Multùm lava me ab iniquitate mea, & à peccato meo munda me.*	4. Usquequaque lava me ab injustitia mea: & à delicto meo munda me.
5. Quoniam iniquitatem meam ego cognosco: & peccatum meum contra me est semper.	*Quoniam iniquitates meas ego cognovi, & peccatum meum contra me est semper.*	5. Quoniam iniquitatem meam ego agnosco: & delictum meum contra me est semper.
6. Tibi soli peccavi, & malum coram te feci: ut justificeris in sermonibus tuis, & vincas cùm judicaris. *Rom. 3. 4.*	*Tibi soli peccavi, & malum coram te feci: ut justificeris in sermonibus tuis, & vincas cùm judicaveris.*	6. Tibi soli peccavi, & malum coram te feci: ut justificeris in sermonibus tuis, & vincas cùm judicaris.
7. Ecce enim in iniquitatibus conceptus sum: & in peccatis concepit me mater mea.	*Ecce in iniquitate conceptus sum, & in peccato peperit me mater mea.*	7. Ecce enim in iniquitatibus conceptus sum: & in delictis concepit me mater mea.

NOTÆ AD VERSIONEM ANTIQUAM.

℣. 1. Sic habet Psalt. Coislin. Rom. verò, *In finem, Psalmus David.* Ambr. l. de apolog. Dav. to. 1. p. 713. c. ait: *Titulus Psalmi: David intellectus:* & infra p. 727. c. *Sic enim est titulus: Psalmus David intellectus.* Apud Aug. *Psalmus ipsi David.* Ap. Cassiod. ut in Vulg. Sic etiam in Psalt. Corb. in Gr. Εἰς τὸ τέλος, Ψαλμὸς τῷ Δαυὶδ.

℣. 2. August. & Cassiod. in hunc Ps. cum Psalt. Rom. *Cùm venit ad eum Nathan..... quando intravit ad Bersabee.* Cassiod. cum Corb. *cùm intravit;* Mozar. *quando introivit.* Coislin. *Cùm venit ad eum Nathan propheta;* nec addit plura. Similiter Ambr. l. de apol. Dav. to. 1. p. 713. c. sed addit, *cùm intravit ad Bethsabee:* & infra 727. c. *Cùm venisset ad eum Nathan,..... cùm intrasset ad Bethsabee.* Gr. Ἐν τῷ ἐλθεῖν πρὸς αὐτὸν Νάθαν τὸν προφήτην, ἡνίκα εἰσῆλθε πρὸς Βηρσαβεέ.

℣. 3. Ita Aug. & Cassiod. in hunc Ps. cum Auct. quæst. ap. Aug. to. 3. q. 112. & Psalt. Rom. nisi quòd habent *mei*, pro *mihi.* Ambr. l. de apol. Dav. 689. a. & 729. d. 730. f. *Miserere mei Domine*, &c. ut sup. Psalt. Corb. *Miserere mihi Domine*, &c. Coislin. & Moz. *dele iniquitates meas.* Græc. Ἐλέησόν με ὁ Θεὸς..... ἐξάλειψον τὸ ἀνόμημά μου.

℣. 4. Sic apud Cassiod. & in Psalt. Corb. Item in Psalt. Coislin. excepto *peccato*, pro *delicto.* Similiter hab. Auct. quæst. ex utroque Test. apud Aug. to. 3. q. 112. Sic etiam in Brev. Moz. addito uno *Domine*, ad *lava me.* In Psalt. Rom. *Ampliùs lava me ab injustitia mea: & à delicto*, &c. Ambros. l. de apol. Dav. to. 1. col. 689. a. & e. f. leg. *In multum lava me ab injustitia mea: & à delicto*, &c. at in Luc. 3. col. 1328. c. *In plurimum lava me ab injust.* &c. vide etiam l. 1. de pœnit. to. 2. 390. b. Aug. in hunc Ps. cum Fulg. l. 1. de rem. pecc. p. 369. *Magis magisque lava me ab injust. mea. & à delicto*, &c. Optat. l. 5. contra Donat. p. 83. c. *Deus lava me ab injust. mea: & à delicto*, &c. Gr. Ἐπιπλεῖον πλῦνόν με ἀπὸ τῆς ἀνομίας μου· καὶ ἀπὸ τῆς ἁμαρτίας, &c.

℣. 5. Sic est in Psalt. Corb. Sic etiam ap. Ambros. l. de apol. Dav. to. 1. 688. a. 689. a. b. 731. e. 732. a. item in Ps. 35. p. 769. b. Similiter ap. Aug. in hunc Ps. & in Psalt. Rom. si excipias unum *coram me*, pro *contra me.* Aug. ibid. 466. d. ac ser. 19. to. 5. p. 101. c. *& peccatum meum ante me*, &c. at in Ps. 44. p. 390. g. *Facinus meum ego agnosco: & peccatum meum ante me*, &c. itidem serm. 19. to. 5. p. 101. d. e. sed tract. 9. in Joh. to. 3. p. 2. col. 890. d. *Quoniam iniquit. meam ego agnosco: & peccatum meum coram me*, &c. Sic etiam Fulg. l. 1. de rem. pecc. p. 369. Auct. verò quæst. ap. Aug. to. 3. q. 112. *& delictum meum coram me est semper.* In Psalt. Coislin. & Moz. *Quoniam iniquitates meas ego agnosco: & delictum meum contra me*, &c. Ap. Hilar. in Ps. 58. p. 128. f. *Ecce iniquitatem meam ego agnosco: & peccatum meum contra me*, &c. Hieron. in Ezech. 16. to. 3. p. 783. a. concordat cum Vulg. Similiter apud Cassiod. in hunc Ps. excepto uno *agnosco.* Vict. Tun. apud Ambr. to. 2. p. 594. a. & e. *Quia iniquitatem meam ego scio: & peccatum meum coram me*, &c. In Gr. Ὅτι τὴν ἀνομίαν μου ἐγὼ γινώσκω· καὶ ἡ ἁμαρτία μου ἐνώπιόν μου, &c.

℣. 6. Suffragatur Ambr. l. de apol. Dav. to. 1. 689. b. & infra col. 732. c. 811. a. 1166. e. 1179. d. 1204. a. 1384. f. & to. 2. 420. a. Item Ambrosiast. p. 43. c. & Cassiod. in hunc Ps. cum Psalt. Rom. Apud Aug. in eund. Ps. & quæst. 55. in Deut. juxta Mss. *Tibi soli peccavi, & malignum coram te feci*, &c. Tichon. reg. 3. p. 53. h. *Tibi soli deliqui.* Similiter Auct. l. ad Novat. hær. ap. Cypr. p. 440. f. *Tibi soli deliqui, & nequissimum in conspectu tuo feci.* Hieron. in Isai. 3. to. 3. col. 39. c. *ut justif. in serm..... & vincas cùm fueris judicatus:* itidem in Isai. 43. & 66. col. 327. a. 505. d. S. Pacianus serm. de Bapt. p. 318. f. cum Gaud. Brix. serm. 12. p. 963. b. *& vincas cùm judicaris.* Brev. Moz. *dum judicaris.* In Gr. Σοὶ μόνῳ ἥμαρτον, καὶ τὸ πονηρὸν..... ὅπως ἂν δικαιωθῇς ἐν..... καὶ νικήσῃς ἐν τῷ κρίνεσθαί σε.

℣. 7. Sic Auct. quæst. ap. Aug. to. 3. q. 112. cum Psalt. Corb. Ita quoque Cypr. l. 3. Testim. p. 319. c. sed absque conjunct. *enim.* Psalt. Rom. & Moz. ita: *Ecce enim iniquitatibus conceptus sum: & in delictis peperit me mater mea.* Similiter in Coislin. & Mediol. addita præp. *in*, post *enim.* Suffragatur Hilarius in Ps. 58. & 118. col. 128. f. & 366. e. Item Ambros. l. de Noe, 277. d. & l. de apol. Dav. to. 1. 689. b. seqq. 694. d. & l. 1. de pœnit. to. 2. necnon Cassiod. in hunc Psalm. & in Ps. 17. Apud Hieron. epist. ad Damas. to 4. 157. a. & l. 1. in ep. ad Gal. 232. f. ut supra in textu. Apud Aug. in eund. Ps. *Ecce enim in iniquitatibus..... & in peccatis mater mea me in utero aluit:* similiter l. 6. de Gen. ad lit. to. 3. 202. g. 203. a. & quæst. 40. in Levit. 509. d. & tract. 4. in Joh. 316. f. nisi quòd hab. *Ego in iniquitatibus*, vel *ego enim*, aut *ego in iniquitate.* Auct. l. de promiss. p. 1. c. 4. col. 93. e. *In iniquitatibus conceptus sum: & in peccatis in utero me aluit mater mea.* Fulg.

VERSIO ANTIQUA.	HEBR.	VULGATA HOD.
Ex Mſ. Sangerm. 8. Ecce enim veritatem dilexiſti : incerta & occulta cordis manifeſtaſti mihi.	*Ecce enim veritatem diligis : abſconditum & arcanum ſapientiæ manifeſtaſti mihi.*	8. Ecce enim veritatem dilexiſti : incerta & occulta ſapientiæ tuæ manifeſtaſti mihi.
9. Aſperges me hyſſopo, & mundabor : lavabis me, & ſuper nivem dealbabor.	*Aſperges me hyſſopo, & mundabor : lavabis me, & ſuper nivem dealbabor.*	9. Aſperges me hyſſopo, & mundabor : lavabis me, & ſuper nivem dealbabor. *Lev. 14. Num. 19.*
10. Auditui meo dabis gaudium & lætitiam : & exſultabunt oſſa humiliata.	*Auditum mihi facies gaudium & lætitiam : exſultent oſſa quæ confregiſti.*	10. Auditui meo dabis gaudium & lætitiam : & exſultabunt oſſa humiliata.
11. Averte faciem tuam à peccatis meis : & omnes iniquitates meas dele.	*Abſconde faciem tuam à peccatis meis, & omnes iniquitates meas dele.*	11. Averte faciem tuam à peccatis meis : & omnes iniquitates meas dele.
12. Cor mundum crea in me Deus : & ſpiritum rectum innova in viſceribus meis.	*Cor mundum crea mihi Deus, & ſpiritum ſtabilem renova in viſceribus meis.*	12. Cor mundum crea in me Deus : & ſpiritum rectum innova in viſceribus meis.
13. Ne projicias me à facie tua : & ſpiritum ſanctum tuum ne auferas à me.	*Ne projicias me à facie tua, & ſpiritum ſanctum tuum ne auferas à me.*	13. Ne projicias me à facie tua : & ſpiritum ſanctum tuum ne auferas à me.
14. Redde mihi lætitiam ſalutaris tui : & ſpiritu principali confirma me.	*Redde mihi lætitiam ſalutaris tui, & ſpiritu potenti confirma me.*	14. Redde mihi lætitiam ſalutaris tui : & ſpiritu principali confirma me.
15. Doceam iniquos vias tuas : & impii ad te convertentur.	*Docebo iniquos vias tuas, & peccatores ad te revertentur.*	15. Docebo iniquos vias tuas : & impii ad te convertentur.
16. Libera me de ſanguinibus Deus, Deus ſalutis meæ : exſultavit lingua mea juſtitiam tuam.	*Libera me de ſanguinibus Deus, Deus ſalutis meæ : laudabit lingua mea juſtitiam tuam.*	16. Libera me de ſanguinibus Deus, Deus ſalutis meæ : & exſultabit lingua mea juſtitiam tuam.
17. Domine, labia mea aperiens : & os meum adnuntiavit laudem tuam.	*Domine labia mea aperies, & os meum annuntiabit laudem tuam.*	17. Domine, labia mea aperies : & os meum annuntiabit laudem tuam.
18. Quoniam ſi voluiſſes ſacrificium, dediſſem utique : holocauſtis non delectaberis.	*Non enim vis ut victimam feram : nec holocauſtum tibi placet.*	18. Quoniam ſi voluiſſes ſacrificium, dediſſem utique : holocauſtis non delectaberis.

NOTÆ AD VERSIONEM ANTIQUAM.

l. 1. de verit. præd. p. 439. *Ecce enim in iniquitatibus conceptus ſum : & in delictis mater mea in utero me aluit :* at l. de Incarn. ad Petr. Diac. p. 290. & l. de fide ad Petr. p. 507. *Ecce enim in iniquitatibus conceptus ſum : & in delictis peperit me mater mea.* Similiter habet Gelaſ. I. ep. 7. Conc. to. 4. col. 1177. c. cum Petro Chryſol. ſer. 44. p. 880. b. Philaſtr. Brix. l. de hæreſ. p. 717. a. *In iniquitate conceptus ſum : & in peccato peperit me mater mea.* In Gr. Ἰδοὺ γὰρ ἐν ἀνομίαις συνελήφθην· καὶ ἐν ἁμαρτίαις ἐκίσσησέ με, &c.

℣. 8. Sic Auct. quæſt. Vet. Teſt. ap. Aug. to. 3. q. 112. Sic etiam Ambr. l. 2. de Abr. c. 8. to. 1. 332. f. lib. verò 6. Hex. 139. f. & l. 1. de interpel. Job, c. 9. 636. d. 653. b. & de apol. Dav. 696. b. & in Pſ. 45. col. 925. d. habet, *incerta & occulta ſapientiæ tuæ*, &c. Iidem Aug. & Caſſiod. in hunc Pſ. cum Pſalt. Rom. Coiſlin. & al. Hilar. in Pſ. 118. p. 326. a. *inviſibilia & occulta ſapientiæ tuæ*, &c. Gr. τὰ ἄδηλα καὶ τὰ κρύφια τῆς σοφίας σου, &c.

℣. 9. Accinunt magno conſenſu Hilarius in Pſ. 53. p. 95. a. Ambroſius l. de Myſt. to. 2. 333. d. & l. 4. de Sacram. 366. b. & to. 1. 652. c. Auct. l. de XLII. manſ. apud ipſum col. 12. b. Auguſt. & Caſſiod. in hunc Pſ. rurſus Aug. l. 2. de doctr. chr. to. 3. p. 44. b. Optat. l. 5. contra Donat. p. 83. c. & Philaſtr. Brix. de hæreſ. p. 717. c. Item in Actis Mart. p. 392. ac in Pſalt. Rom. &c. In Corb. *aſpargis.* In Mozarab. *Aſperges me Domine..... ſupra nivem*, &c. Gr. Ῥαντιεῖς με ὑσσώπῳ, καὶ, &c.

℣. 10. Sic in Pſalt. Corb. cui favent Ambroſ. l. de apol. Dav. to. 1. 697. a. & Caſſiod. in hunc Pſ. cum Pſalt. Rom. &c. addito *&*, poſt *lætitiam.* Auguſt. in eund. Pſ. & ep. 266. to. 2. 899. g. 900. c. & l. 2. de doctr. chr. to. 3. 44. b. *Auditui meo dabis exſultationem & lætitiam.* Gr. Ἀκουτιεῖς με ἀγαλλίασιν καὶ εὐφροσύνην· ἀγαλλιάσονται, &c.

℣. 11. Concinunt Hilarius in Pſ. 65. col. 178. d. Ambroſ. l. de apol. Dav. to. 1. 694. e. 697. d. Auguſt. & Caſſiod. in hunc Pſ. cum Pſalt. Rom. & Gr.

℣. 12. Similiter Ambroſ. l. de apol. Dav. to. 1. 698. d. & inf. 719. e. 1101. f. 1165. b. necnon Aug. & Caſſiod. in hunc Pſ. & Chromat. Aquil. in Matth. p. 979. a. cum Pſalt. Rom. & al. Apud Tertul. l. de anima, p. 483. b. *Cor mundum conde in me Deus.* Gr. κτίσον ἐν ἐμοὶ, &c. Auctor verò quæſt. Vet. Teſt. apud Aug. to. 3. q. 112. *Cor mundum crea in me Deus : & ſpiritum juſtum dedica in viſceribus meis.* Gr. καὶ πνεῦμα εὐθὲς ἐγκαίνισον ἐν, &c.

℣. 13. Sic Ambroſ. de apol. Dav. 694. e. 699. a. necnon Auguſt. & Caſſiod. in hunc Pſ. cum Philaſtr. Brix. & Pſalt. Rom. & Gr.

℣. 14. Concinunt Iren. l. 3. c. 17. p. 208. c. Ambroſ. l. de apol. Dav. to. 1. 700. a. & Caſſiod. in hunc Pſ. unà cum Pſalt. Rom. In Coiſl. deeſt med. *&*. Ap. Aug. in eund. Pſ. *Redde mihi exſultationem ſalutaris tui : &*, &c. ut ſup. In Gr. Ἀπόδος μοι τὴν ἀγαλλίασιν τοῦ σωτηρίου σου· καὶ πνεύματι ἡγεμονικῷ στήριξόν με.

℣. 15. Ita Aug. & Caſſiod. in hunc Pſ. cum Auct. quæſt. ap. Aug. to. 3. q. 112. necnon Pſalt. Rom. Corb. Carnut. & Moz. Apud Ambroſ. l. de apol. Dav. to. 1. 700. e. *Docebo iniquos*, &c. In Gr. Διδάξω, &c.

℣. 16. Ita legit Ambr. l. de apol. Dav. to. 1. 694. e. 701. c. e. necnon Auct. quæſt. ap. Aug. to. 3. q. 112. cum Pſalt. Corb. ſi excipias verbum *exſultabit.* Rom. Fabri hab. *& exaltabit.* Coiſlin. *exſultavit ling. mea juſtitias tuas.* Moz. *& exſultabit..... juſtitias tuas.* Caſſiod. nil differt à Vulg. Aug. verò in hunc Pſ. initio leg. *Erue me*, at inf. *Libera me*, &c. ut in Vulg. de hac autem voce *ſanguinibus*, ita differit ibid. col. 472. d. *Expreſſit Latinus Interpres verbo minùs Latino, proprietatem tamen ex Græco. Nam omnes novimus Latinè non dici* ſanguines, *nec* ſanguina ; *tamen quia ita Græcus poſuit plurali numero, non ſine cauſa, niſi quia hoc invenit in prima lingua Hebræa, maluit pius Interpres minùs Latinè aliquid dicere, quàm minùs propriè.* Græcè Ῥῦσαί με ἐξ αἱμάτων..... μου· ἀγαλλιάσεται, &c.

℣. 17. Pſalt. Sangerm. jungit vocem *Domine*, cum ℣. præced. ſed malè ; nam in Pſalt. Rom. & apud Ambroſ. l. de apol. Dav. to. 1. 701. f. necnon Auguſt. & Caſſiod. in hunc Pſ. omnia exſtant ut in Vulg. Auctor tamen quæſt. apud Aug. to. 3. q. 112. textui favet : & Ambroſius epiſt. 41. to. 2. 960. a. habet ; *Os meum aperies ; & annuntiabit laudem tuam.*

℣. 18. Sic Iren. l. 4. c. 17. p. 248. a. Hilar. in Pſ. 62. & 65. p. 154. c. 182. b. Ambroſ. l. de apol. Dav. to. 1. col. 702. c. & Aug. in hunc Pſ. In Pſalt. Rom. Fabri ſic interpungitur : *ſacrificium dediſſem : utique holoc.* &c. In Rom. Martian. *ſi voluiſſes ſacrificium, dediſſem utique : holoc. non*, &c. In Moz. *holocauſtis verò non*, &c. In Coiſlin. & apud Caſſiod. in eund. Pſ. *holocauſtis autem non*, &c. Auct. quæſt. apud Aug. to. 3. q. 103. *ſi voluiſſes ſacrificia, dediſſem : utique holoc.* &c. at infra q. 112. Vulgatæ favet. In Gr. Ὅτι εἰ ἠθέλησας θυσίαν, ἔδωκα ἄν· ὁλοκαυτώματα οὐκ, &c.

VULGATA HOD.	HEBR.	VERSIO ANTIQUA.	
19. Sacrificium Deo spiritus contribulatus : cor contritum & humiliatum Deus non despicies.	*Sacrificium Dei spiritus contribulatus : cor contritum & humiliatum Deus non despicies.*	19. Sacrificium Deo spiritus contribulatus : cor contribulatum & humiliatum Deus non spernet.	*Ex Ms. Sangerm.*
20. Benignè fac Domine in bona voluntate tua Sion : ut ædificentur muri Jerusalem.	*Benefac in voluntate tua Sion : ædificentur muri Jerusalem.*	20. Benignè fac Domine in bona voluntate tua Sion : ut ædificentur muri tui Jerusalem.	
21. Tunc acceptabis sacrificium justitiæ, oblationes, & holocausta : tunc imponent super altare tuum vitulos.	*Tunc suscipies sacrificium justitiæ, oblationes, & holocausta : tunc imponent super altare tuum vitulos.*	21. Tunc acceptabis sacrificium justitiæ, oblationes, & holocausta : tunc imponent super altare tuum vitulos.	

NOTÆ AD VERSIONEM ANTIQUAM.

℣. 19. Sic habet Iren. l. 4. c. 17. p. 248. a. præter vocem *Dominus*, loco *Deus* ; Ms. tamen Clarom. hab. in fine *non spernit*, cum Psalt. Rom. Coislin. Mediolan. Carnut. & Moz. Tertul. cont. Jud. c. 5. p. 138. c. ait : *Cor contribulatum hostia est Dei.* Cypr. epist. 77. & 81. p. 159. c. 164. a. *Sacrificium Deo..... cor contritum & humil. Deus non despicit* : item lib. de mortal. p. 232. a. at l. 3. Testim. p. 306. a. leg. *non despiciet.* Hilar. in Ps. 125. & 130. p. 412. c. 442. f. *Optimum Deo sacrificium cor contribulatum* : & in Ps. 122. p. 396. e. *Optimum sacrif. Deo est cor contribulatum* : & in Ps. 2. ac 137. p. 46. & 502. b. *cor contribulatum & humiliatum Deus non spernet* : demum in Ps. 118. p. 262. e. *cor enim humiliatum Deus non spernit : & sacrificium optimum cor contribulatum.* Ambr. l. 1. de Cain, & Ab. c. 9. to. 1. 199. e. *cor contritum..... Deus non spernit* · item infra 631. e. 1207. a. & to. 2. 317. b. Similiter Hieron. in Isai. 1. to. 3. 15. c. & in Jerem. 23. 636. a. item in Naum 1. 1563. a. at infra 1590. d. hab. *non despicit*, sicut in Dan. 3. 1085. d. S. Paulin. epist. 40. & 49. p. 244. b. 291. a. *cor contribulatum & humil. Deus non spernit* : August. in hunc Ps. *cor contritum..... non spernit* : at l. 10. de civit. Dei, to. 7. 241. f. *non spernet.* Itidem in Conc. Rom. 3. to. 4. Conc. 1691. e. Auct. verò quæst. apud Aug. to. 3. q. 112. cum Cassiod. in hunc Ps. & in Ps. 39. p. 136. c. hab. *non spernit* ; ut & Chromat. Aquil. in Matth. p. 978. c. Apud Philastr. Brix. de hæres. p. 715. e. *Sacrificium Deo cor contribulatum.* In Psalt. Corb. *cor contribulatum & humiliatum Deus non despicit.* Similiter hab. *non despicit*, Auct. op. imp. in Matth. p. 79. d. Ruric. l. 2. ep. 20. *non spernit.* Gr. Θυσία τῷ Θεῷ... καρδίαν συντετριμμένην..... ὁ Θεὸς οὐκ ἐξουδενώσει.

℣. 20. Ita in Psalt. Rom. & Corb. sed absque *tui*, post *muri*. In Coislin. *& ædificentur.* Sic etiam ap. Hilar. in Ps. 54. p. 108. d. necnon August. in hunc Ps. Apud Ambros. de apol. Dav. to. 1. 702. f. *Benefac Domine..... & ædificentur*, &c. Auct. verò quæst. ap. Aug. to. 3. q. 112. leg. *& ædificabuntur muri Jerusalem.* Cassiod. ut in Vulg. In Gr. Ἀγάθυνον Κύριε..... καὶ οἰκοδομηθήτω τὰ τείχη Ἱερουσαλήμ.

℣. 21. Concinunt Ambros. l. de apol. Dav. p. 703. a. & Cassiod. in hunc Ps. cum vet. Psalt. August. in eund. Ps. leg. *oblationes, & holocaustomata*, &c. Tertul. cont. Jud. c. 5. p. 138. f. ait : *Cor contribulatum acceptabile sacrificium Deo.* Græcè, Τότε εὐδοκήσεις..... ἀναφορὰν, καὶ ὁλοκαυτώματα· τότε ἀνοίσουσιν, &c.

VULGATA HOD.	HEBR.	VERSIO ANTIQUA.	
1. In finem, Intellectus David,	*Victori eruditio David,*	1. In finem intellectûs David,	*Ex Ms. Sangerm.*
2. Cùm venit Doeg Idumæus, & nunciavit Sauli : Venit David in domum Achimelech. (1. *Reg.* 22. 9.) LI.	*Cùm venisset Doeg Idumæus, & annuntiasset Sauli, dicens ei : Venit David in domum Abimelech. LII.*	2. Cùm venit ad eum Doec Idumæus, & adnuntiavit Saul, & dixit ei : Venit David in domum Abimelech. LI.	
3. QUid gloriaris in malitia, qui potens es in iniquitate ?	*QUid gloriaris in malitia potens ? misericordia Dei totâ est die.*	3. QUid gloriaris in malitia, qui potens es in iniquitate ?	
4. Tota die injustitiam cogitavit lingua tua : sicut novacula acuta fecisti dolum.	*Insidias cogitat lingua tua, quasi novacula acuta faciens dolum.*	4. Tota die injustitiam cogitavit lingua tua : sicut novacula acuta fecisti dolum.	

NOTÆ AD VERSIONEM ANTIQUAM.

℣. 1. Accinunt August. & Cassiod. unà cum Psalt. Rom. Corb. & Vatic. ap. Hilar. In Moz. & Coislin. sic : *In finem intellectûs ipsi David.* Apud Hilar. in hunc Ps. p. 69. *In finem intellectûs illi David.* Gr..... Συνέσεως τῷ Δαυίδ.

℣. 2. Itidem in Psalt. Coislin. hoc omisso, *ad eum.* In Rom. Fabri, & Corb. sic : *Cùm venit Doec Idumæus, & annuntiavit Saul, & dixit : Venit David in domo Abimelech.* Corb. hab. *dixit ei.* Mozar. *Cùm venisset Nathan propheta, cùm ingressus est ad Bersabee.* Hilar. in hunc Ps. col. 69. e. *Cum venit Doec, & annuntiavit Saul, & dixit : Quia venit David in locum Abimelech.* Psalm. ibid. in fronte descriptus ex Ms. Vatic. *Cùm venit ad eum Doec Idumæus, & nunciavit Sauli : Venit David ad domum Achimelech.* August. *Cùm venit Doech Idumæus, & nunciavit Saul : Venit David in domum Abimelech* : hìc plerique Mss. habent : *Psalmi titulus : Nunciatum esse Sauli de David, quòd venerit David in domum Abimelech.* Apud Cassiod. sic : *Cùm venit Doeg Idumæus, & annunt. Sauli, & dixit illi : Ecce venit David in domum Abimelech.* Similiter in Psalt. Rom. Martianæi, excepta voce *illis*, pro *illi*. Apud Ambros. de apol. Dav. c. 8. to. 1. 688. d. *De proditione Doech Syri, cujus est titulus in Psalmo quinquagesimo primo.* In Gr. Ἐν τῷ ἐλθεῖν Δωὴκ τὸν Ἰδουμαῖον, καὶ ἀναγγεῖλαι τῷ Σαοὺλ, καὶ εἰπεῖν αὐτῷ· Ἦλθε Δαυὶδ εἰς τὸν οἶκον Ἀβιμέλεχ· Theod. & Symm. Ἀχιμέλεχ.

℣. 3. Sic Ambros. epist. 9. to. 2. 794. e. cum Psalt. Rom. Martianæi. In Rom. Fabri deest *in*, ante vocem *iniquitate.* Hilar. quoque in hunc Ps. col. 71. a. & 74. d. ait : *Quid gloriatur in malitia, potens iniquitate tota die ?* tum addit : *Querela Prophetæ est, gloriari eum in iniquitate tota die, qui in malitia potens sit* : sed notat editor noster Bened. *in* abesse constanter à Ms. Reg. Hoc autem seq. *tota die*, referendum esse ad *potens iniquitate*, constat ex Hilario ipso ibid. n. 6. cùm dicat : *Nunquid tota die in iniquitate gloriatur ?* & infra : *Toto vita sua die in iniquitate glorians, cùm potens esset, potens tamen in malitia esse permansit.* Apud August. in eund. Ps. sic : *Quid gloriatur in malitia, qui potens est ?* deinde, *In iniquitate tota die injustitiam*, &c. mox ita : *In iniquitate tota die, id est, toto tempore..... sine intervallo.* Item ap. Cassiod. *Quid gloriaris..... in iniquitate tota die ?* In Gr. Τί ἐγκαυχᾷ ἐν κακίᾳ, ὁ δυνατὸς ἀνομίαν ; Ὅλην τὴν ἡμέραν ἀδικίαν, &c. Ex ambiguo autem verbo ἐγκαυχᾷ, orta est diversitas personæ : id enim utramque referre potest, vel tertiam, si ab activo ἐγκαυχάω ; vel secundam, si à medio ἐγκαυχάομαι sumatur. Porro Hilar. & August. legerunt, ἐγκαυχάει ἐγκαυχᾷ, alii, ἐγκαυχάῃ ἐγκαυχᾷ.

℣. 4. Sic in Psalt. Rom. & apud Ambros. l. 3. offic. to. 2. 126. d. Item apud Hilar. August. & Cassiod. in hunc Ps. mutatâ interpunctione, ut notatur ℣. præced. In Psalt. Coislin. *sicut rasorium acutum fecisti dolum.* Similiter in Psalmo ex cod. Vatic. ap. Hilar. in quo præterea *cogitabit*, non *cogitavit* ; dein, *sicut rasorium*, &c. In Gr. ἀδικίαν ἐλογίσατο..... ὡσεὶ ξυρὸν ἠκονημένον, &c.

	Versio antiqua.	Hebr.	Vulgata hod.
Ex Ms. Sangerm.	5. Dilexisti malitiam super benignitatem ; iniquitatem magis quàm loqui æquitatem. Diapsalma.	*Dilexisti malum magis quàm bonum : mendacium magis quàm loqui justitiam.* Semper.	5. Dilexisti malitiam super benignitatem ; iniquitatem magis quàm loqui æquitatem.
	6. Dilexisti omnia verba præcipitationis, linguam dolosam.	*Dilexisti omnia verba ad devorandum, lingua dolosa.*	6. Dilexisti omnia verba præcipitationis, lingua dolosa.
	7. Propterea Deus destruet te in finem : evellat te, & emigret te de tabernaculo suo ; & radicem tuam de terra viventium. Diapsalma.	*Sed Deus destruet te, in sempiternum terrebit, & evellet te de tabernaculo ; & eradicabit te de terra viventium.* Semper.	7. Propterea Deus destruet te in finem : evellet te, & emigrabit te de tabernaculo tuo ; & radicem tuam de terra viventium.
	8. Et videbunt justi, & timebunt, & super eum ridebunt, & dicent : 9. Ecce homo, qui non posuit Deum adjutorem sibi :	*Videbunt justi, & timebunt, & super eum ridebunt : Ecce vir, qui non posuit Deum fortitudinem suam :*	8. Videbunt justi, & timebunt, & super eum ridebunt, & dicent : 9. Ecce homo, qui non posuit Deum adjutorem suum :
	Sed speravit in multitudine divitiarum suarum : & prævaluit in vanitate sua.	*Sed speravit in multitudine divitiarum suarum : confortatus est in insidiis suis.*	Sed speravit in multitudine divitiarum suarum : & prævaluit in vanitate sua.
	10. Ego autem, sicut oliva fructifera in domo Dei, speravi in misericordiam Dei in æternum, & in sæculum sæculi.	*Ego autem sicut oliva virens in domo Dei : speravi in misericordia Dei in sæculum sempiternum.*	10. Ego autem, sicut oliva fructifera in domo Dei, speravi in misericordia Dei in æternum, & in sæculum sæculi.
* Ms. quem.	11. Confitebor tibi Domine in sæculum * quoniam fecisti : & exspectabo nomen tuum, quoniam bonum est ante conspectum angelorum tuorum.	*Confitebor tibi in sæculum, quoniam fecisti : & exspectabo nomen tuum, quoniam bonum in conspectu sanctorum tuorum.*	11. Confitebor tibi in sæculum quia fecisti : & exspectabo nomen tuum, quoniam bonum est in conspectu sanctorum tuorum.

Notæ ad Versionem antiquam.

℣. 5. Concinunt Aug. & Cassiod. in hunc Ps. unà cum Psalt. Rom. & Psalmo ex cod. Vatic. ap. Hilarium, sed Hilarius ipse sic legit n. 9. *Dilexisti malitiam super benignit. iniquitatem super quàm loqui justitiam :* & n. 10. ac infra, *injustitiam super quàm loqui justitiam.* In Psalt. Corb. *iniquitatem loqui magis quàm æquit.* In Gr. Ἠγάπησας κακίαν ὑπὲρ ἀγαθωσύνην· ἀδικίαν ὑπὲρ τὸ λαλῆσαι δικαιοσύνην. *Diapsalma* pariter sequitur in Psalt. Rom. Corb. & al. Item in ed. Rom. LXX. non verò in edd. Ald. & Compl. nec etiam apud August. & alios.

℣. 6. Ita Psalt. Coislin. cum Psalmo ex cod. Vatic. ap. Hilar. Psalt. verò Rom. & Moz. hab. *in lingua dolosa ;* Carnut. & Corb. *in linguam dolosam.* Hilarius ipse in hunc Ps. n. 12. bis, *linguam dolosam :* Ms. tamen Reg. utroque loco hab. *lingua dolosa ;* ut & Cassiod. in hunc Ps. August. in eund. *Dilexisti omnia verba submersionis, linguam dolosam.* Hilarius loco cit. constanter, *præcipitationis,* sed notat *verbi virtutem Latinum sermonem non tenuisse. Quæ enim,* inquit, *nobiscum* verba præcipitationis *sunt, ea à Græcis* ῥήματα καταποντισμοῦ *commemorata sunt ; quo dicto significatur id, quod nobiscum præcipitatio est, cum illis esse, demersio in profundum maris.*

℣. 7. Sic Hilar. in hunc Ps. n. 12. nisi quòd delet *te,* post *evellat,* & legit *tuo,* non *suo.* At Psalm. Vatic. apud ipsum Vulgatæ consonat cum August. in eund. Ps. & Psalt. Rom. Similiter in Moz. & Coislin. præter hoc, *& evellet.* In Corb. *Propt. destruet te Deus..... evellet te, & emigret te de tabernac. suo ; & rad.* &c. Apud Cassiod. *Propt. destr. te Deus in finem : evellet te, & emigrabit te de tab. suo,* &c. In Gr. Διὰ τοῦτο ὁ Θεὸς καθελεῖ σε εἰς τέλος· ἐκτίλαι σε, καὶ μεταναστεύσαι σε ἀπὸ σκηνώματος (Ald. & Compl. add. σου,) καὶ, &c. *Diapsalma* pariter exstat in Psalt. Rom. Corb. & Vatic. ap. Hilar. sicut in ed. Rom. LXX. deest verò in edd. Ald. & Compl. nec ejus mentionem faciunt August. & alii.

℣. 8. Ita August. in hunc Ps. cum Psalt. Corb. At Hilar. & Cassiod. in eund. delent *&* in principio, cum Psalt. Rom. &c. Hilarius tantùm postponit *super eum,* verbo *videbunt.* In Gr. Καὶ ὄψονται..... καὶ ἐπ' αὐτὸν γελάσονται, &c.

℣. 9. Ita Cassiod. in hunc Ps. cum Psalt. Rom. At Hilarius, & August. in eund. constanter legunt *adjutorem suum,* cum Vulg. Mozarab. *adjutorium suum.* Coislin. *adjutorem suum : sed speravit in multitudinem divit.* &c. Gr. βοηθὸν αὐτοῦ· ἀλλ'..... ἐπὶ τὸ πλῆθος, &c. Ald. & Compl. τῷ πλήθει. Anon. apud S. Paulin. epist. ad Marcell. to. 2. p. 5. *Confidunt,* inquit, *in multitudine divit. non ponunt Deum adjutorem suum.* Innocent. I. epist. 30. Conc. to. 1. col. 897. a. *Ecce homines, qui non posuerunt Deum adjutorem sibi.*

℣. 10. Sic in Psalt. Corb. In Rom. verò & Coislin. *Ego autem, sicut..... in domo Domini, speravi in misericordia Dei mei,* &c. Similiter in Mozarab. uno excepto *sperabo.* Apud Hilar. August. & Cassiod. in hunc Ps. omnia ut in Vulg. Ambrosius in Luc. 2. & 19. col. 1303. c. & 1495. b. leg. *in domo Domini.* Gr. τοῦ Θεοῦ· deinde, ἤλπισα ἐπὶ τὸ ἔλεος τοῦ Θεοῦ εἰς τὸν, &c.

℣. 11. Psalt. Corb. *Confitebor tibi Domine in sæculum quia fecisti..... ante conspectum sanctorum tuorum.* Rom. *Confitebor tibi Domine in sæculo quia fecisti,* &c. ut in Corb. In Coislin. *Confit. tibi Domine in sæculum quia..... quoniam bonus ante conspectum omnium sanctorum tuorum.* Hilarius in hunc Ps. n. 22. *Confitebor tibi Domine in sæculo quia tu fecisti..... quoniam bonum ante conspectum sanct. tuorum :* & infra n. 24. *quoniam bonum est in conspectu sanctorum tuorum.* Legendum autem esse simpliciter *in sæculo,* ita probare nititur : *Spes in misericordia Dei, in sæculum & in sæculum sæculi est..... sed confessio tantùm in sæculo, non etiam in sæculum sæculi :* idem reperit infra col. 81. d. Apud August. in hunc Ps. *Confitebor tibi in sæculum quoniam fecisti..... quia jocundum est in conspectu sanctorum tuorum.* Apud Cassiod. *Confit. tibi Domine in sæculum quia..... quoniam bonum est ante conspectum sanct. tuorum.* In Brev. Moz. *ante consp. omnium sanct. tuorum.* In Gr. Ἐξομολογήσομαί σοι εἰς τὸν αἰῶνα ὅτι..... ὅτι χρηστὸν ἐναντίον τῶν ὁσίων σου.

VULGATA HOD.	HEBR.	VERSIO ANTIQUA.
In finem, ¹. Pro Maeleth intelligentiæ David. LII.	*Victori Per chorum eruditio David. LIII.*	In finem, 1. Pro Abimelech intellectûs David. LII. Ex Mf. Sangerm.
Pf. 13. 2. DIxit infipiens in corde fuo: Non eft Deus.	*DIxit ftultus in corde fuo: Non eft Deus.*	* DIxit infipiens in corde fuo: Non eft Deus.
2. Corrupti funt, & abominabiles facti funt in iniquitatibus: non eft qui faciat bonum.	*Corrupti funt, & abominabiles facti funt in iniquitate: non eft qui faciat bonum.*	2. Corrupti funt, & abominabiles facti funt in voluntatibus fuis: non eft qui faciat bonum, non eft ufque ad unum.
3. Deus de cœlo profpexit fuper filios hominum: ut videat fi eft intelligens, aut requirens Deum.	*Deus de cælo profpexit fuper filios hominum, ut videret fi eft intelligens, requirens Deum.*	3. Dominus de cœlo profpexit fuper filios hominum: ut videret fi eft intelligens, aut requirens Deum.
Rom. 3. 12. 4. Omnes declinaverunt, fimul inutiles facti funt: non eft qui faciat bonum, non eft ufque ad unum.	*Omnes averfi funt, pariter adhæferunt: non eft qui faciat bonum, non eft ufque ad unum.*	4. Omnes declinaverunt, fimul inutiles facti funt: non eft qui faciat bonum, non eft ufque ad unum.
5. Nonne fcient omnes qui operantur iniquitatem, qui devorant plebem meam ut cibum panis?	*Nunquid non cognoverunt qui operantur iniquitatem, qui comedunt populum meum ut cibum panis?*	5. Nonne fcient omnes qui operantur iniquitatem, qui devorant plebem meam ficut efcam panis?
6. Deum non invocaverunt: illic trepidaverunt timore, ubi non erat timor.	*Deum non invocaverunt: ibi timuerunt timore, ubi non erat timor.*	6. Deum non invocaverunt: illic trepidaverunt timore, ubi non erat timor.
Quoniam Deus diffipavit offa eorum qui hominibus placent: confufi funt, quoniam Deus fprevit eos.	*Quoniam Deus difperfit offa circumdantium te: confunderis, quia Deus projecit eos.*	Quoniam Deus diffipavit confilia hominum fibi placentium: confufi funt, quoniam Deus fprevit eos.

NOTÆ AD VERSIONEM ANTIQUAM.

℣. 1. Caffiod. cum Pfalt. Moz. & Rom. Fabri: *In finem, pro Amalech intellectûs David.* Rom. Martianæi, *In finem, pro Meleth*, &c. Coislin. *In finem, pro Maelth intelligentia David.* Corb. *In finem, pro Masleth intellectûs David.* Pfalm. Vatic. apud Hilar. *David in finem, pro Abimelech intellectûs David.* Hilarius ipfe in hunc Pf. p. 83. c. *Infcribitur*, inquit, *In finem, pro Maeleth intellectûs illi David.* « Editt. » tamen cum Mf. Reg. *Abimelech.* Vatic. cod. *Amalech*, quod » bis legitur apud Hieron. in expofitione tituli, quamvis ipfe » Pfalmus, *Mabalath*, apud eund. infcribatur, quomodo » legitur in editione Ruffini, cùm in Mf. exftet *Melech*; in cod. » Miciacenfi, *Meleth*: repofitum *Maeleth*, auctoritate Theo- » doreti, & LXX. » Ita Hilarii editor novus ibid. not. b. Similiter ap. Aug. *In finem, pro Maeleth intellectûs ipfi David.* In Gr. Εἰς τὸ τέλος, ὑπὲρ Μαελὲθ ϛυνέσεως τῷ Δαυίδ.

* Sic in Pfalt. Rom. eft, & al. vet. Pfalteriis. Accinunt pariter Hilar. & Caffiod. in hunc Pf. cum Ambrof. l. 2. de fide, to. 2. col. 492. b. Auguft. verò in eund. Pf. leg. *Dixit imprudens*, &c. Pfalm. è Mf. Vatic. ap. Hilar. *Dixit ftultus*, &c. Gr. Εἶπεν ἄφρων, &c.

℣. 2. Itidem in Pfalt. Rom. & apud Caffiod. Coislin. verò, & Corb. hab. *Corrupti, & abominabiles facti funt in voluptatibus fuis*; Mozar. & Carnut. *in voluntatibus fuis.* Corb. etiam in fine add. *non eft ufque ad unum.* Pfalm. è Mf. Vat. ap. Hilar. *Corrupti funt, & abom. facti funt in iniquitatibus fuis: non eft..... non eft ufque ad unum.* Hilar. ipfe in eund. Pf. col. 83. e. 84. a. leg. *in iniquitatibus fuis*; inf. *in iniquitate*; deinde, *non eft qui faciat bonitatem*: tum addit: *Verfum hunc, quia inferiùs (℣. 4.) etiam cum acceffione fubjectus eft, fuo loco tractabimus.* Auguft. in eund. Pf. Vulgatæ congruit, nifi quòd add. *fuis*, ad vocem *iniquitatibus.* Gr. Διεφθάρησαν, καὶ ἐβδελύχθησαν ἐν ἀνομίαις· οὐκ ἔϛι ποιῶν ἀγαθόν· Ald. & Compl. cum Symm. Διεφθάρησαν.

℣. 3. In Mf. Sang. fcriptum, *aut requirens Deus*, fed errore librarii manifefto, ut opinor; tamen in Brev. Moz. pariter legitur *Deus*, feu ita, *deuz.* Pfalt. Corb. hab. *Deum*, abfque præced. *aut.* Pfalt. Rom. *Dominus de cælo..... ut videat fi... aut requirens Deum.* Similiter in Coislin. necnon ap. Hilar. & Auguft. in hunc Pf. præter hoc, *ut videret.* Ap. Ambrof. l. 5. de fide, to. 2. 590. b. ita: *Dominus refpexit fuper filios hominum, fi eft intelligens, aut req. Deum.* In editt. Hilar. pariter deerat τὸ *ut videret*, fed exftat in cod. Vatic. & infra 84. e. conftanter legitur: *Ad filios hom. profpexit: ut videret fi quis effet intelligens, & requirens Deum*: & poft paulò, *Profpicere dignatur*, inquit, *ut videat*; fubinde, *Profpicit è cælo, ut videat an fit quifquam hominum intelligenter exquirat.* In Pfalmo Vatic. apud ipfum, *Deus de cælo profp. ut videret*, &c. Apud Caffiod. *Dominus..... profp. ut videat*, &c. In Gr. Ὁ Θεὸς ἐκ τῦ..... διέκυψεν..... τῦ ἰδεῖν εἰ ἔϛι..... ἐκζητῶν τὸν Θεόν.

℣. 4. Concinunt Hilarius, Auguft. & Caffiod. in hunc Pf. unà cum Pfalt. Rom. Coislin. &c. Hilarius tamen infra, p. 88. b. legit *bonitatem*, non *bonum*, Gr. ἀγαθόν. Breviar. Moz. verbo *facti funt*, addit *in voluntatibus fuis*, quod aliubi non invenitur.

℣. 5. Sic in Pfalt. Corb. præter hoc ult. *ficut cibum panis.* In Rom. *Nonne cognofcent omnes*, &c. ut in textu. Coislin. *Nonne cognofcent hæc omnes*, &c. ultimóque, *ficut cibum panis.* Hilarius in eund. Pf. cum Pfalmo ibid. præfixo: *Nonne fcient omnes qui operantur iniquit. qui comedunt populum meum ut cibum panis?* at in Pf. 56. col. 119. d. *qui devorant plebem meam ut cibum panis?* Auguft. in hunc Pf. *Nonne fcient omnes..... qui devorant populum meum in cibo panis?* Caffiod. *plebem meam ficut cibum panis?* Gr. Οὐχὶ γνώσονται πάντες..... οἱ κατεσθίοντες τὸν λαόν μου βρώσει ἄρτου; Ald. & Compl. ἐν βρώσει.

℣. 6. Sic in Pfalt. Rom. & Coislin. exceptis his: *Quoniam Deus diffipat offa hominum fibi placentium.* Itidem in Moz. & Mediol. fi excipias *diffipavit.* Præterea Coislin. hab. *Dominum non invocaverunt.* Corb. *Deum non invocaverunt: illic trepid. timore..... Quoniam Deus diffipavit offa hominum ibi placentium: confufi funt*, &c. Pf. è Mf. Vatic. apud Hilar. *Deum non invocaverunt: ibi timuerunt, ubi non erat timor. Quoniam Deus diffipavit offa hominibus placentium: confufi funt*, &c. Hilarius ipfe ibid. col. 85. c. *Deum non invocav. ibi timuerunt, ubi non fuit timor. Quoniam Deus diffipavit offa hominibus placentium: confufi funt, quon. Dominus fprevit illos*: at infra 89. c. 90. a. *ibi trepidaverunt, ubi non erat timor*: Mf. Reg. habet ibid. *hominum placentium*, non *hominibus placentium*; fed hæc lectio fubnexæ expofitioni non congruit. Cypr. l. de hab. virg. p. 174. b. & l. 3. Teftim. p. 319. c. leg. *Qui hominibus placent, confufi funt, quia Deus nihil fecit illos.* Similiter apud Aug. l. 1. de ferm. Dom. in monte, to. 3. p. 2. col. 172. e. excepto uno *nihili*, pro *nihil*; tum fequitur: *Deus confregit offa hominibus placentium*: at epift. 22. to. 2. col. 29. e. *Deus confringet offa hominum placere volentium*: item in Pfalm. 52. col. 490. f. *Deum non invocaverunt: ibi timuerunt timore, ubi non erat timor. Quoniam Deus diffipavit offa hominibus placentium: confufi funt, quon. Deus fprevit illos.* Optat. l. 3. cont. Donat. p. 48. b. *trepidaverunt ubi non erat timor.* Mf. Ger. *ibi timuerunt timore.* S. Paulinus epift. 50. p. 294. b. *Diffipavit Dominus offa hominum..... confufi funt, quia fprevit illos.* Caffiod. *diffipabit offa hominum fibi placentium: confufi funt*, &c. ut in Vulgata. Item Cæleftin. I. epift. 22. to. 1. Conc. 1197. b. fi excipias *diffipavit.* In

VERSIO ANTIQUA.	HEBR.	VULGATA HOD.
Ex Mſ. Sangerm. 7. Quis dabit ex Sion ſalutarem Iſraël? dum avertet Dominus captivitatem populi ſui, exſultet Jacob, & lætetur Iſraël.	*Quis dabit ex Sion ſalutare Iſraël? cùm reduxerit Deus captivitatem populi ſui, exſultabit Jacob, lætabitur Iſraël.*	7. Quis dabit ex Sion ſalutare Iſraël? cùm converterit Deus captivitatem plebis ſuæ, exſultabit Jacob, & lætabitur Iſraël.

NOTÆ AD VERSIONEM ANTIQUAM.

Gr. Τὸν Θεὸν (Ald. & Compl. Τὸν Κύριον) ὐκ ἐπεκαλέσαντο· ἐκεῖ ἐφοβήθησαν φόβον..... Ὅτι ὁ Θεὸς διεσκόρπισεν ὀςᾶ ἀνθρωπαρέσκων· κατῃσχύνθησαν, ὅτι ὁ Θεὸς ἐξυδένωσεν αὐτύς. Aquila pro *timuerunt*, habet ἐκπλοήθησαν, *exterriti ſunt*, Theodot. ἐθαμβήθησαν, *ſtupuerunt*.

℣. 7. Pſalt. Rom. Vulgatæ conſonat, ſi excipias iſtud, *dum avertet Dominus*. Coiſlin. hab. *cùm convertit Deus*; Carnut. *in avertendo*; Mediol. *in convertendo*. Mſ. uterque, *exſultet Jacob, & lætetur*, &c. Mozarab. *ſalutare Iſr. dum converterint? in avertendo Dominus captivitatem plebis ſuæ, lætetur Jacob, & exſultet Iſraël*. Similiter in Corb. detracto uno *dum converterint*. Hilarius in hunc Pſ. col. 91. e. & inſ. 131. d. *Quis dabit..... ſalutare Iſraël? dum avertit Dominus captivitatem plebis ſuæ, exſultabit Jacob, & lætabitur Iſraël*. Pſalmus autem ibid. præfixus: *in avertendo Dominus captivit. populi ſui, exſultabit*, &c. Similiter apud Auguſt. excepto uno *Deus*, pro *Dominus*. Apud Caſſiod. ut in Vulg. præter hoc, *dum converterit Dominus*. In Gr. ἐν τῷ ἀποςρέψαι Κύριον (Ald. & Compl. Θεὸν) τὴν..... ἀγαλλιάσεται Ἰακὼβ, καὶ εὐφρανθήσεται Ἰσραήλ.

VERSIO ANTIQUA.	HEBR.	VULGATA HOD.
Ex Mſ. Sangerm. In finem,	*Victori*	In finem,
1. Carminibus intellectûs David,	*In pſalmis eruditio David, quando venerunt Ziphæi, & dixerunt Saul: Nonne David abſconditus eſt apud nos? LIV.*	1. In carminibus intellectus David,
2. Cùm venerunt Ziphæi, & dixerunt ad Saul: Nonne ecce David abſconſus eſt apud nos? LIII.		2. Cùm veniſſent Ziphæi, & dixiſſent ad Saul: Nonne David abſconditus eſt apud nos? (1. *Reg.* 23. 19. & 26. 1.) LIII.
3. DEus in nomine tuo ſalvum me fac: & in virtute tua libera me.	*DEus in nomine tuo ſalva me, & in fortitudine tua ulciſcere me.*	3. DEus in nomine tuo ſalvum me fac: & in virtute tua judica me.
4. Deus exaudi orationem meam: auribus percipe verba oris mei.	*Deus exaudi orationem meam: auribus percipe verba oris mei.*	4. Deus exaudi orationem meam: auribus percipe verba oris mei.
5. Quoniam alieni inſurrexerunt ſuper me, & fortes quæſierunt animam meam: non propoſuerunt Deum in conſpectu ſuo. DIAPSALMA.	*Quia alieni inſurrexerunt adverſum me, & fortes quæſierunt animam meam: non poſuerunt Deum in conſpectu ſuo.* SEMPER.	5. Quoniam alieni inſurrexerunt adversùm me, & fortes quæſierunt animam meam: & non propoſuerunt Deum ante conſpectum ſuum.
6. Ecce enim Deus adjuvat me: & Dominus ſuſceptor eſt animæ meæ:	*Ecce Deus auxiliator mihi: Dominus ſuſtentans animam meam.*	6. Ecce enim Deus adjuvat me: & Dominus ſuſceptor eſt animæ meæ.
7. Avertit mala inimicis meis: in veritate tua diſperde eos.	*Reddet malum inſidiatoribus meis: in veritate tua diſperde eos.*	7. Averte mala inimicis meis: & in veritate tua diſperde illos.
8. Voluntariè ſacrificabo tibi: confitebor nomini tuo Domine, quoniam bonum eſt.	*Voluntariè ſacrificabo tibi: confitebor nomini tuo Domine, quoniam bonum.*	8. Voluntariè ſacrificabo tibi, & confitebor nomini tuo Domine: quoniam bonum eſt.
9. Quoniam ex omni tribulatione eripuiſti me: & inimicos meos reſpexit oculus tuus.	*Quoniam ex omni tribulatione liberavit me, & inimicos meos vidit oculus meus.*	9. Quoniam ex omni tribulatione eripuiſti me: & ſuper inimicos meos deſpexit oculus meus.

NOTÆ AD VERSIONEM ANTIQUAM.

℣. 1. Ita Pſalt. Moz. & Corb. quibus conſonat Rom. poſito *in*, ante vocem *carminibus*. Pſalm. è Mſ. Vatic. ap. Hilar. *In finem, In hymnis intellectûs David*. Hilarius ipſe ibid. 94. d. *In finem intellectûs illi David*. Auguſt. *In finem, In hymnis intellectûs ipſi David*. Caſſiod. *In finem, In carminibus intellectûs David*. Gr. Εἰς τὸ τέλος, Ἐν ὕμνοις συνέσεως τῷ Δαυίδ.

℣. 2. Similiter habent Auguſt. & Caſſiod. in hunc Pſ. cum Pſalt. Mozarab. Corb. & Vatic. ap. Hilar. niſi excipias verbum *abſconditus eſt*. Mozar. tamen delet *Nonne*. In Rom. ſic: *Cùm veniſſent Ziphæi, & dixiſſent ad Saul: Nonne ecce David abſconditus eſt apud nos?* Hilarius in eund. Pſ. *Cùm venerunt..... & dixerunt Saul: Nonne..... abſconſus eſt nobiſcum?* Græc. Ἐν τῷ ἐλθεῖν τὺς Ζιφαίυς, καὶ εἰπεῖν τῷ Σαὺλ· Οὐκ ἰδὺ Δαυὶδ κέκρυπται παρ' ἡμῖν; Vide Ambroſ. de apol. Dav. c. 8. to. 1. 688. d.

℣. 3. Ita Pſalt. Rom. Mediolan. Carnut. & Mozarab. ſed Vatic. apud Hilar. ac Hilarius ipſe cum Auguſt. in hunc Pſ. leg. in fine, *judica me*, ut in Vulg. Caſſiod. conſtanter *libera me*. Præterea Hilarius, loco *ſalvum me fac*, quod habet ſup. legit paulò inferiùs, ut & col. 101. b. *ſalvifica me*. Gr. σῶσόν με..... κρινόν με.

℣. 4. Ita Auguſt. & Caſſiod. cum Pſalt. Rom. Sic etiam Hilarius col. 95. d. at infra 96. d. f. leg. *inaurire verba oris mei*. Gr. ἐνώτισαι τὰ ῥήματα, &c.

℣. 5. Pſalt. Rom. & Corb. *inſurrexerunt in me*. Pſ. Vatic. apud Hilar. *inſurrexerunt ſuper me*. Hilarius ipſe, p. 97. b. *inſurrexerunt adversùs me*; at infra, *ſuper me*; reliqua ut in Vulg. Aug. in eund. Pſ. *adversùm me*; deinde, *& potentes quæſierunt anim. meam: non propoſ. Deum ante conſp. ſuum*. Caſſiod. ſimiliter delet *&*, poſt *meam*; cætera Vulgatæ conſonant. In Gr. Ὅτι..... ἐπανέςησαν ἐπ' ἐμὲ, καὶ κραταιοὶ..... τὴν ψυχήν μυ· ὐ προέθεντο τὸν Θεὸν ἐνώπιον αὐτῶν. Ald. & Compl. καὶ ὐ προέθεντο. *Diapſalma* quoque ſubjicitur in Pſalt. Rom. Corb. & Vatic. apud Hilar. necnon in ed. Rom. LXX. In edd. verò Ald. & Compl. deeſt.

℣. 6. Accinunt Hilar. Aug. & Caſſiod. in hunc Pſ. unà cum Pſalt. Rom. & Græco.

℣. 7. Sic in Pſalt. Corb. In Moz. verò, *Convertens mala*, &c. In Coiſlin. *Converte mala*. Hilarius in hunc Pſ. *Convertit mala*, abſque *&*, poſt *meis*. Auguſt. in eund. Pſ. delet quidem *&*, ſed legit *averte*, cum Caſſiod. ac Pſalt. Rom. In Gr. Ἀποςρέψει..... ἐχθροῖς μυ· ἐν τῇ, &c.

℣. 8. Sic Hilar. in hunc Pſ. col. 100. d. cum Pſalt. Corb. & Gr. At Auguſt. & Caſſiod. in eund. Pſ. hab. *& confitebor*, cum Pſalt. Rom. & Vatic. apud Hilar. In Coiſlin. *confitebor nomini tuo Domine, quoniam bonus*: at in Gr. ὅτι ἀγαθὸν, abſque ſeq. *eſt*, ut in Pſalt. Corb. Apud Ambroſ. in Pſ. 39. to. 1. 862. e. prior tantùm verſiculus legitur ut ſup. ſic etiam l. 2. de fide, p. 479. d.

℣. 9. Auguſt. in hunc Pſ. cum Pſalt. Rom. Mox. & Vatic. apud Hilar. *& ſuper inimicos meos reſpexit oculus meus*;

NOTA AD VERSIONEM ANTIQUAM.

cætera ut in Vulg. Similiter hab. Hilarius ipſe col. 101. b. conſentientibus omnibus Mſs. quibus favent ſeqq. Hilarii verba, *Inimicos ſuos immortali oculo deſpicit* : & ſub finem, *Auctores mortis ſuæ ſublimis ipſe deſpectat*. In Pſalt. Mediol. & Carnut. conſtanter *reſpexit*. Item apud Ambroſ. in Pſ. 37. to. 1. col. 826. c. *Quoniam ex omnibus tribulationibus eripuiſti me : & ſuper inimicos meos reſpexit oculus meus*. Caſſiod. in Pſalm. 53. *Quoniam ex omni tribulatione..... & ſuper inimic. meos reſpexit oculus tuus* ; Mſ. 1. *meus*. In Pſalt. Coislin. *& inimicis meis deſpexit oculus tuus*. In Corb. *& ſuper inimicos meos reſpexit oculus tuus*. In Gr. Ὅτι ἐκ πάσης θλίψεως ἐῤῥύσω με· καὶ ἐν τοῖς ἐχθροῖς μου ἐπεῖδεν ὁ ὀφθαλμός μου.

VULGATA HOD.	HEBR.	VERSIO ANTIQUA.
1. In finem, In carminibus intellectus David. LIV.	*Victori in pſalmis eruditio David. LV.*	1. In finem, In hymnis ſapientiæ David. LIV. *Ex Mſ. Sangerm.*
2. EXaudi Deus orationem meam, & ne deſpexeris deprecationem meam : 3. intende mihi, & exaudi me.	*EXaudi Deus orationem meam, & ne deſpicias deprecationem meam : attende mihi, & exaudi me.*	2. EXaudi Deus orationem meam, & ne diſpexeris deprecationem meam : 3. intende in me, & exaudi me.
Contriſtatus ſum in exercitatione mea : & conturbatus ſum 4. à voce inimici, & à tribulatione peccatoris.	*Humiliatus ſum in meditatione mea, & conturbatus à voce inimici, à facie perſequentis impii.*	Contriſtatus ſum in exercitatione mea : & conturbatus ſum 4. à voce inimici, & à tribulatione peccatoris.
Quoniam declinaverunt in me iniquitates : & in ira moleſti erant mihi.	*Quoniam projecerunt ſuper me iniquitatem, & in furore adverſabantur mihi.*	Quoniam declinaverunt in me iniquitatem : & in iram moleſti erant mihi.
5. Cor meum conturbatum eſt in me : & formido mortis cecidit ſuper me.	*Cor meum doluit in vitalibus meis, & terrores mortis ceciderunt ſuper me.*	5. Cor meum conturbatum eſt in me : & formido mortis cecidit ſuper me.
6. Timor & tremor venerunt ſuper me : & contexerunt me tenebræ :	*Timor, & tremor venit ſuper me : & operuit me caligo.*	6. Timor, & tremor venit ſuper me : & contexerunt me tenebræ.
7. Et dixi : Quis dabit mihi pennas ſicut columbæ, & volabo, & requieſcam ?	*Et dixi : Quis dabit mihi pennas columbæ, ut volem, & requieſcam ?*	7. Et dixi : Quis dabit mihi pennas ut columbæ, & volabo, & requieſcam ?
8. Ecce elongavi fugiens : & manſi in ſolitudine.	*Ut procul abeam, & commorer in deſerto ?* SEMPER.	8. Ecce elongavit fugiens : & manſit in ſolitudine. DIAPSALMA.
9. Exſpectabam eum, qui ſalvum me fecit à puſillanimitate ſpiritus, & tempeſtate.	*Feſtinabo, ut ſalver à ſpiritu tempeſtatis & turbinis.*	9. Exſpectabam eum, qui ſalvum me fecit à puſillo animo, & tempeſtate.

NOTÆ AD VERSIONEM ANTIQUAM.

℣. 1. Pſalt. Rom. Coislin. & Corb. *In finem, In carminibus intellectûs David*. Hilarius in Pſ. p. 103. c. *Superſcriptio Pſalmi*, inquit, *ſine hiſtoria eſt ; tantùm, In finem, In hymnis intellectûs, eſt* : mox addit : *Hymnos aliqui Tranſlatores noſtri carmina nuncupaverunt ; plerique autem hymnos ex ipſa Græcitatis uſurpatione poſuerunt : de nomine nihil differt, dummodo res una eſſe, quæ vel in hymnis, vel in carminibus ſignificabitur, intelligatur*. In Breviar. Mozar. neutrum reperitur, ſed tantùm : *In finem intellectûs ipſi David*. Apud Aug. *In finem, In hymnis intellectûs ipſi David*. Ap. Caſſiod. *In finem, In carminibus intellectûs David*. Vide ſis Ambroſ. l. de fuga ſæc. c. 5. to. 1. col. 429. f. In Gr. Εἰς τὸ τέλος, Ἐν ὕμνοις συνέσεως τῷ Δαυίδ.

℣. 2. Ita Caſſiod. cum Pſalt. Rom. At Hilarius in hunc Pſ. col. 104. a. *Inaurere Deus orationem*, &c. ut ſup. Ap. Auguſt. in eund. Pſ. *Exaudi Deus deprecationem meam, & ne deſpexeris precem meam*. Gr. Ἐνώτισαι ὁ Θεὸς τὴν προσευχήν μου, καὶ μὴ ὑπερίδῃς τὴν δέησίν μου.

℣. 3. Itidem Caſſiod. cum Pſalt. Rom. Corb. & Moz. Hilarius verò, & Auguſt. in hunc Pſ. cum Vulg. *intende mihi*, &c. Similiter hab. Pſalmus è Mſ. Vatic. apud Hilar. niſi quòd tollit *&*, ante *conturbatus ſum*. In Gr. πρόσχες μοι..... καὶ ἐταράχθην, &c.

℣. 4. Sic Hilarius, & Caſſiod. in hunc Pſ. cum Pſalt. Carnut. Corb. & Coislin. hoc excepto, *in ira*, pro *in iram*. Sic etiam hab. Ambroſ. l. 1. offic. to. 2. col. 26. f. Item Auguſt. in eund. Pſalm. *iniquitatem* ; ſed addit : *& in ira adumbrabant me*. Pſalt. Rom. *iniquitates*, cum edd. ipſius Hilarii & Aug. ſed reclamantibus Mſs. In Gr..... ἀνομίαν· καὶ ἐν ὀργῇ ἐνεκότουν μοι· legit Auguſt. ἐπεσκότουν.

℣. 5. Accinunt Hilar. & Caſſiod. in hunc Pſ. cum Pſalt. Rom. & al. Similiter hab. Aug. in eund. Pſ. excepta voce *metus*, loco *formido* ; Gr. δειλία.

℣. 6. Hilar. in hunc Pſ. col. 104. b. *Timor, & tremor venit ſuper me : & contexit me tenebra*. Pſalm. autem è Mſ. Vatic. apud ipſum : *venerunt ſuper me : & contexerunt me tenebræ*, ut in Vulg. Similiter Ambroſ. l. de lapſ. virg. to. 2. 317. c. necnon Auguſt. & Caſſiod. in hunc Pſ. cum Pſalt. Rom. Corb. &c. In Gr..... ἦλθεν ἐπ' ἐμέ· καὶ ἐκάλυψέ με σκότος.

℣. 7. Concinunt Hilar. Aug. & Caſſiod. in hunc Pſ. unà cum vet. Pſalt. rurſum Hilarius in Pſalm. 118. col. 328. b. & Ambroſ. l. de fuga ſæc. c. 5. to. 1. 429. c. item infra 640. d. 1154. b. 1312. f. & to. 2. 26. f. 1206. b. omnes tamen leg. *ſicut columba*, ſi excipias Pſalt. Coislin. in quo *ut col*. In Mozar. *& volabo, ut requieſcam ?* In Gr..... ὡσεὶ περιστερᾶς, καὶ πετασθήσομαι, καὶ καταπαύσω ;

℣. 8. Hilar. & Caſſiod. in hunc Pſ. cum Pſalt. Corb. & Rom. *Ecce elongavi fug. & manſi in ſolitudine*. Similiter Ambroſ. l. de fuga ſæc. c. 5. to. 1. 430. b. & in Pſ. 118. col. 1154. a. 1217. b. S. Paulinus epiſt. 26. p. 170. b. ſic : *Ecce volavi fugiens : & manſi*, &c. Auguſt. in hunc Pſ. & epiſt. 95. to. 2. 258. d. *Ecce elongavi..... & manſi in deſerto*. Similiter habet *in deſerto* Hilarius inf. col. 106. d. quam lectionem æquè ac alteram ibidem probat his verbis : *Et quod deſertum hoc, vel quæ ſolitudo ſit ? nam eodem verbo utrumque Græcitas elocuta eſt*. Auct. l. de promiſſ. p. 1. c. 34. p. 115. c. *Ecce elongavi fug. & manſi in eremo*. Gr. Ἰδοὺ ἐμάκρυνα..... καὶ ηὐλίσθην ἐν τῇ ἐρήμῳ. *Diapſalma* quoque ſubſequitur tam in Pſalt. Rom. & Corb. quàm in ed. Rom. LXX. Hilarius etiam col. 107. d. ait : *Intercedens Diapſalma demutavit ſenſum*. Nulla mentio ejus apud Aug. deeſtque in edd. Ald. & Compl.

℣. 9. Ita Pſalt. Coisl. & Corb. niſi quòd Corb. habet *me facit*. Moz. ita : *Exſpectabam Dominum, qui ſalvum me fecit à puſillo animo*, &c. Rom. *Exſpectabam eum, qui me ſalvum faceret à puſillo animo*, &c. Carnut. *qui me ſalvum faciat*. Hilar. in hunc Pſ. col. 107. d. *Exſpectabam ſalvificantem me à puſillanimitate, & tempeſtate*. Auguſt. in eund. Pſalm. bis : *Exſpectabam eum, qui me ſalvum faceret à puſillanimitate, & temp*. Sunia & Fretela dicebant inveniſſe ſe in Gr. *Exſpectabam Deum* : at Hieron. epiſt. ad ipſos, to. 2. col. 639. b. ait, hoc eſſe *additum*. Rurſum ita : *Et in Græco inveniſſe vos dicitis* ἀπὸ ὀλιγοψυχίας, *quod propriè* puſillanimitas *dicitur ; ſed ſciendum quòd* ὀλιγοψυχία *Aquila, & Symmachus, & Theodotion, & Quinta editio interpretati ſunt* ἀπὸ πνεύματος, *id eſt*, à ſpiritu. Apud S. Paulinum legitur : *Potens eſt ſalvos facere vos à puſillo animo, & tempeſtate*. In ed. Rom. Προσεδεχόμην τὸν σώζοντά με ἀπὸ ὀλιγοψυχίας, καὶ καταιγίδος· ed. Compl. τὸν Θεὸν τὸν σώζοντα

Ex Ms. Sangerm.

VERSIO ANTIQUA.	HEBR.	VULGATA HOD.
10. Præcipita Domine, & divide linguas eorum: quia vidi iniquitatem, & contradictionem in civitate.	*Præcipita Domine, divide linguas eorum: quoniam vidi iniquitatem, & contradictionem in civitate.*	10. Præcipita Domine, divide linguas eorum: quoniam vidi iniquitatem, & contradictionem in civitate.
11. Die & nocte circumdabit eam supra muros ejus: iniquitas & labor in medio ejus, 12. & injustitia.	*Die & nocte circumeuntes muros ejus: scelus & dolor in medio ejus, insidiæ in vitalibus ejus:*	11. Die ac nocte circumdabit eam super muros ejus iniquitas: & labor in medio ejus, 12. & injustitia.
Et non defecit de plateis ejus usura, & dolus.	*Et non recedit de plateis ejus damnum, & fraudulentia.*	Et non defecit de plateis ejus usura, & dolus.
13. Quoniam si inimicus maledixisset mihi, subportassem.	*Non enim inimicus exprobravit mihi, ut sustineam:*	13. Quoniam si inimicus meus maledixisset mihi, sustinuissem utique.
Et si is, qui oderat me, super me magna locutus fuisset: absconderem me utique ab eo.	*Neque is qui me oderat, super me magnificatus est, ut absconderer ab eo:*	Et si is, qui oderat me, super me magna locutus fuisset: abscondissem me forsitan ab eo.
14. Tu verò homo unianimæ, dux meus, & notus meus:	*Sed tu homo unanimis meus, dux meus, & notus meus:*	14. Tu verò homo unanimis, dux meus, & notus meus:
15. Qui simul mecum dulces capiebas cibos: in domo Dei ambulavimus cum consensu.	*Qui simul habuimus dulce secretum, in domo Dei ambulavimus cum terrore.*	15. Qui simul mecum dulces capiebas cibos: in domo Dei ambulavimus cum consensu.
16. Posuit mortem super illos: descendant in infernum viventes:	*Veniat mors super eos, descendant in infernum viventes:*	16. Veniat mors super illos: & descendant in infernum viventes:
Quoniam nequitia in hospitiis eorum, in medio eorum.	*Quia nequitia in congregatione eorum, in medio eorum.*	Quoniam nequitiæ in habitaculis eorum, in medio eorum.
17. Ego ad Deum clamavi: & exaudivit me.	*Ego ad Deum clamabo, & Dominus salvabit me.*	17. Ego autem ad Deum clamavi: & Dominus salvabit me.
18. Vespere, & manè, & meridie narrabo, renuntiabo: & exaudiet vocem meam.	*Vespere, & manè, & meridie loquar & resonabo, & exaudiet vocem meam.*	18. Vespere, & manè, & meridie narrabo & annuntiabo: & exaudiet vocem meam.

NOTÆ AD VERSIONEM ANTIQUAM.

℣. 10. Concordant Psalt. Rom. Coislin. & Moz. necnon Hilarius, & Cassiod. in hunc Ps. Apud August. in eund. Ps. ita: *Submerge Domine*, & *divide..... quoniam*, &c. Hilar. etiam col. 107. f. ad vocem *præcipita*, ait: *Proprietatem verbi, sive Hebraici, sive Græci, Latinitas, uti in multis, non elocuta est. Nam id quod* præcipita *dicitur, cum illis* καταποντισον *enunciatum est; quo sermone, non ut præcipitentur, sed ut in profundum demergantur, oratur: demergi ergo eos, linguasque eorum dividi rogat.* Apud Ambros. l. de Tob. c. 4. 594. e. sic: *vidi iniquit.* & *contradict. in civitate:* at in Ps. 118. col. 1154. a. *vidi laqueos iniquitatis*, & *contradictionis in civitate.*

℣. 11. Hilar. in hunc Ps. p. 108. b. *Die ac nocte circumdab. eam super muros ejus:* & *iniquitas*, & *labor in medio ejus:* Ms. Reg. ibid. *supra muros:* & *iniquitas*, & *dolor.* August. & Cassiod. in hunc Ps. Vulgatæ consonant. In Gr. ἐπὶ τὰ τείχη αὐτῆς· ἀνομία καὶ πόνος ἐν μέσῳ αὐτῆς. Ald. & Compl. καὶ ἀνομία, καὶ κόπος.

℣. 12. Ita Cassiod. cum Psalt. Rom. Apud Hilarium p. 108. b. deest hoc, & *injustitia*; cætera quadrant: Reg. tamen Ms. habet ibid. & *non deficiet.* Ambros. l. de Tob. c. 4. to. 1. 594. c. & *non defecit*, &c. ut sup. August. in hunc Ps. id retinet, & *injustitia*; sed tollit &, ante *non defecit.* In Gr. καὶ ἀδικία. Καὶ οὐκ ἐξέλιπεν ἐκ τῶν, &c. August. semel p. 509. a. *in plateis ejus.*

℣. 13. Ita Cassiod. cum Psalt. Coislin. Rom. Moz. & Corb. nisi quòd habent constanter, *inimicus meus*, & *supportassem utique*: præterea Moz. loco *super me*, legit *adversùm me.* Ps. è Ms. Vat. ap. Hilar. veteribus aliis consonat, nisi quòd leg. *abscondissem*, pro *absconderem.* Hilarius verò col. 108. c. ita: *Quoniam si inim. meus improperasset mihi, supportassem utique. Et si odiens me super me mag..... absconderem me utique.* Ambros. l. 3. offic. to. 2. 141. b. *Nam si inimic. meus maledixisset mihi, sustinuissem utique.* Aug. in hunc Ps. *Quoniam si inimicus exprobrasset mihi, sustinuissem utique. Et si is, qui oderat..... absconderem me utique ab eo*; quæ ultima *absconderem me*, &c. rursus hab. in Ps. 99. col. 1075. f. cum Psalt. Mediol. & Carnut. Hieron. ep. ad Sun. & Fret. to. 2. 639. c. *Quon. si inimicus maledixisset*; cum addit *in Græco* poni ὠνείδισεν, *hoc est, exprobrasset*, ut apud August. supra. Auct. l. de promiss. p. 3. col. 177. b. *Si inimicus maledixisset..... Et si is, qui oderat me, super me magnum verbum dixisset: absconderem me utique ab eo.* In ed. Rom. Ὅτι εἰ ἐχθρὸς ὠνείδισέ με, ὑπήνεγκα ἄν. Καὶ εἰ ὁ μισῶν (Ald. & Compl. add. με,) ἐπ᾽ ἐμὲ ἐμεγαλοῤῥημόνησεν· ἐκρύβην ἂν ἀπ᾽ αὐτοῦ.

℣. 14. Sic in Psalt. Rom. præter hoc, *unianime.* Apud Ambros. in Ps. 40. & 61. col. 874. a. 964. a. necnon ap. Hilar. Aug. & Cassiod. in hunc Ps. ac in Psalt. Rom. & al. constanter *unanimis*; in Corb. *unianimis.* Hilarius etiam initio ipso leg. *Tu autem.* August. in Ps. 99. p. 1075. f. *Tu verò unianimis.* Gr. Σὺ δὲ ἄνθρωπε ἰσόψυχε, &c.

℣. 15. Concordant August. & Cassiod. in hunc Ps. Similiter in Psalt. Rom. excepto verbo *Domini*, loco *Dei.* Moz. hab. *in domo Domini ambulabimus*: item *ambulabimus* in Coislin. Hilarius in hunc Psalm. *Qui simul mecum..... in domo Dei ingressi sumus cum concordia.* Ambrosius in Psalm. 40. to. 1. 874. a. 876. c. & l. 3. offic. to. 2. 141. b. *Qui semper mecum dulces..... in domo Domini ambulavimus cum consensu*: at in Ps. 61. col. 964. a. *Qui simul mecum*, &c. In Gr. Ὃς ἐπὶ τὸ αὐτὸ ἐγλύκανας ἐδέσματα· ἐν τῷ οἴκῳ τοῦ Θεοῦ ἐπορεύθημεν ἐν ὁμονοίᾳ.

℣. 16. Sic in Psalt. Rom. Moz. & apud Cassiod. præter hæc initio, *Veniat mors super illos:* & *descendant*; ac in fine, *in medio ipsorum.* A Coislin. abest &, ante *descendant.* In Corb. *Veniat mors super eos: descendant..... Quon. nequitia in hospitiis eorum*, &c. ut in Vulg. Ap. Hilar. in hunc Ps. *Veniat mors super eos:* & *descendant..... quon. nequitia in hospitiis eorum*, &c. Similiter in Psalt. Mediol. & Carnut. Ambr. etiam in Luc. 9. to. 1. 1412. a. leg. *Veniat mors super eos:* & *descendant in inf. viventes:* itidem sup. col. 164. d. 879. f. 953. e. Eadem refert Aug. in hunc Ps. excepto uno *ad infernum*; mox ut sup. *Quon. nequitia in hospitiis eorum, in medio eorum.* In Gr. Ἐλθέτω θάνατος..... καὶ καταβήτωσαν εἰς ᾅδου..... Ὅτι πονηρία ἐν ταῖς παροικίαις, &c.

℣. 17. Psalt. Rom. & Corb. *Ego autem ad Dominum clamavi:* & *Dominus exaudivit me.* Mozar. *Et ego ad Deum clamavi:* & *Dominus exaudivit me.* Itidem Hilar. in hunc Ps. col. 109. e. detracto 1. &. Cassiod. etiam cum Psalt. Mediol. & Carnut. extremò hab. *exaudivit me.* August. in eund. Ps. *Ego ad Dominum exclamavi:* & *Dom. exaudivit me.* Missale Rom. ad Grad. fer. 3. post Dom. 2. Quadr. *Dum clamarem ad Dominum, exaudivit vocem meam.* Græc. Ἐγὼ πρὸς τὸν Θεὸν ἐκέκραξα· καὶ ὁ Κύριος εἰσήκουσέ μου.

℣. 18. Ita in Psalt. Corb. est, excepto verbo *annuntiabo.* Cassiod. Vulgatæ favet, cum Psalt. Romano; Moz. verò delet primum &, legitque pariter *annuntiabo.* Hilarius in hunc Ps. & *renuntiabo*; cæt. ut in Vulg. August. in eund. Ps. *enarrabo* & *annuntiabo*; cæt. ut supra. Gr. Ἑσπέρας, καὶ πρωΐ, καὶ..... διηγήσομαι καὶ ἀπαγγελῶ, &c.

VULGATA HOD.	HEBR.	VERSIO ANTIQUA.
19. Redimet in pace animam meam ab his, qui appropinquant mihi: quoniam inter multos erant mecum.	*Redemit in pace animam meam ab appropinquantibus mihi: multi enim fuerunt adversùm me.*	19. Liberavit in pace animam meam ab his, qui adpropiant mihi: quoniam inter multos erant mecum. *Ex Ms. Sangerm.*
20. Exaudiet Deus, & humiliabit illos, qui est ante sæcula.	*Exaudiet Deus, & humiliabit eos, qui judex est ab initio.* SEMPER.	20. Et exaudiet Deus, & humiliavit eos, qui est ante sæcula. DIAPSALMA.
Non enim est illis commutatio, & non timuerunt Deum: 21. extendit manum suam in retribuendo.	*Non enim mutantur, neque timent Deum: extendit manus suas ad pacifica sua:*	Non est enim illis commutatio, & non timuerunt: 21. & extendit manus suas in retribuendo.
Contaminaverunt testamentum ejus, 22. divisi sunt ab ira vultûs ejus: & appropinquavit cor illius.	*Contaminavit pactum suum: nitidius butyro os ejus, pugnat autem cor illius.*	Contaminaverunt testamentum ejus, 22. divisi sunt ab ira vultûs ejus: & adpropiavit cor ejus.
Molliti sunt sermones ejus super oleum: & ipsi sunt jacula.	*Molliores sermones ejus ab oleo, cùm sint lanceæ.*	Mollierunt sermones ejus super oleum: & ipsi sunt jacula.
Matth. 6. 25. Luc. 12. 22. 1. Pet. 5. 7. — 23. Jacta super Dominum curam tuam, & ipse te enutriet: non dabit in æternum fluctuationem justo.	*Projice super Dominum caritatem tuam, & ipse te enutriet: non dabit in æternum fluctuationem justo.*	23. Jacta in Domino cogitatum tuum, & ipse te nutriet: non dabit in æternum fluctuationem justo.
24. Tu verò Deus deduces eos in puteum interitûs.	*Tu autem Deus deduces eos in puteum interitûs.*	24. Tu verò Deus deduces illos in puteum interitûs.
Viri sanguinum, & dolosi non dimidiabunt dies suos: ego autem sperabo in te Domine.	*Viri sanguinum & dolosi non dimidiabunt dies suos: ego autem fiduciam habeo tui.*	Viri sanguinum, & dolosi non exdimidiabuntur dies suos: ego autem sperabo in te Domine.

NOTÆ AD VERSIONEM ANTIQUAM.

℣. 19. Sic in Psalt. Corb. est. Cassiod. etiam cum Moz. & Rom. Fabri hab. *Liberavit in pace..... ab iis, qui appropinquant mihi*, &c. ut supra. Rom. Martianæi, *Liberabit in pace..... ab his, qui appropiant mihi*, &c. Iidem Hilarius in hunc Ps. August. verò in eund. *Redimet in pace..... ab his, qui appropinquant mihi: quoniam in multis erant mecum.* Item in Psalt. Mediol. *quoniam in multis.* In Gr. Λυτρώσεται ἐν εἰρήνῃ..... ἀπὸ τῶν ἐγγιζόντων μοι· ὅτι ἐν πολλοῖς, &c.

℣. 20. Ita Psalt. Moz. habet, sed absque *Diapsalmate.* Corb. verò: *Et exaudiet Deus, & humiliabit eos*, &c. ut in textu. Rom. *Exaudiet Deus, & humiliabit eos, qui est ante sæcula, & manet in æternum.* Diapsalma. *Non est enim illis*, &c. ut in Vulg. Hilarius in hunc Ps. *Et exaudiet me Deus, & humiliabit eos, qui est ante sæcula.* Diapsalma. *Non enim est*, &c. ut in Rom. Ambros. in Ps. 43. p. 905. e. *Non enim est illis commutatio, quia non timuerunt Deum.* August. in eund. Ps. *Exaudiet me Deus, & humiliabit illos*, &c. ut in Vulg. Cassiod. nihil differt ab ipsa. Gr. Εἰσακούσεται ὁ Θεὸς, καὶ ταπεινώσει αὐτοὺς, ὁ ὑπάρχων πρὸ τῶν αἰώνων. Διάψαλμα. Οὐ γάρ..... καὶ οὐκ, &c. Ald. & Compl. ὅτι οὐκ.

℣. 21. Psalt. Rom. & Corb. *Extendit manum suam in retribuendo illis*, &c. ut sup. Similiter ap. Hilar. & Cassiod. in hunc Ps. dempta voce *illis.* Sic etiam apud August. in eund. Ps. excepto verbo *polluerunt*, pro *contaminav.* Tichon. reg. 7. col. 65. b. *Extendit manum suam ei in retribuendo.* Gr. Ἐξέτεινε τὴν χεῖρα αὐτοῦ ἐν τῷ ἀποδιδόναι. Ἐβεβήλωσαν, &c.

℣. 22. Sic Hilarius in hunc Ps. cum Psalt. Corb. Sic etiam in Rom. si excipias *sermones suos*, loco *ejus.* Apud August. in eund. Ps. ut in Vulg. præter unum *præ ira.* Apud Cassiod. in hunc Ps. & in Ps. 49. p. 168. a. *Mollierunt sermones suos*; cæt. ut in Vulg. Iidem in Psalt. Mediol. & Mozarab. in Carnut. verò, *Mollierunt sermones ejus*: præterea Mozarab. hab. *appropiabit.* Græc. Διεμερίσθησαν ἀπὸ ὀργῆς τοῦ προσώπου αὐτοῦ· καὶ ἤγγισεν... Ἡπαλύνθησαν οἱ λόγοι αὐτοῦ, &c.

℣. 23. Ita in Psalt. Mozarab. excepto uno *enutriet.* Roman. & Corb. cum Ambros. in Luc. 12. to. 1. 1441. d. & Cassiod. in hunc Ps. *Jacta in Deum cogitatum tuum*, &c. ut in Vulg. Item *cogitatum tuum* habent Mediolan. & Carnut. Hilarius verò in eund. Ps. p. 111. a. *Jacta in Dominum cogitationem tuam*, &c. ut in Vulg. Fulg. epist. 2. ad Gal. p. 162. & S. Leo, serm. 42. p. 107. a. *Jacta in Deum cogitationem tuam*, &c. al. *cogitatum.* Aug. in eund. Ps. *Jacta in Dominum curam tuam, & ipse te enutriet*, &c. at l. cont. Adim. to. 8. 116. a. *Abjice in Dominum sollicitudinem tuam, & ipse te pascet.* Missale Rom. ad Grad. fer. 5. Cinerum, & fer. 3. post Dom. 2. Quadr. *Jacta cogitatum tuum in Domino*, &c. Similiter pro fundat. Agaun. mon. Conc. to. 4. col. 1558. b. Græc. Ἐπίῤῥιψον ἐπὶ Κύριον τὴν μέριμνάν σου, καὶ αὐτός σε διαθρέψει· οὐ δώσει, &c.

℣. 24. Sic in Psalt. Rom. est, præter ista: *deduces eos... non dimidiabunt..... ego verò in te sperabo Domine.* In Moz. *ego verò in te speravi Domine.* Apud Hilar. in hunc Ps. *Tu verò Deus ded. illos..... Viri sang. & dolositatis non dimidiabunt dies*, &c. ut in textu. Ms. Reg. fert ibid. *non dimidiaverunt*: rursus ipse in Ps. 68. col. 222. e. *Tu vero Domine deduces eos in puteum interitûs.* August. in Ps. 54. *Tu verò Deus ded. eos in puteum corruptionis. Viri sang. & dolositatis non dimidiabunt dies suos: ego autem in te sperabo Domine.* Similiter apud Cassiod. *ego autem in te sperabo Domine*; cæt. ut in Vulg. In Gr. Σὺ δὲ ὁ Θεὸς κατάξεις αὐτοὺς εἰς φρέαρ διαφθορᾶς. Ἄνδρες αἱμάτων, καὶ δολιότητος οὐ μὴ ἡμισεύσωσι..... ἐγὼ δὲ ἐλπιῶ ἐπὶ σὲ Κύριε. Ald. & Compl. Κύριε ἐλπιῶ ἐπὶ σέ.

Versio antiqua.

Ex Ms. Sangerm.

In finem,
1. Pro populo, qui à Sanctis
longè factus est, David in
tituli inscriptione, cùm tenuerunt eum Allophyli in
Geth. LV.

2. Miserere mihi Domine,
quoniam conculcavit
me homo: tota die bellans
tribulavit me.
3. Conculcaverunt me ini-
mici mei tota die, ab altitudine diei.
4. Quia multi, qui debel-
lant me, timebunt: ego verò
in te sperabo.
5. In Deo laudabo sermo-
nes meos, tota die in Deo
sperabo: non timebo quid faciat mihi caro.
6. Tota die verba mea exse-
crabantur: adversùm me omnia consilia eorum, in malum.
7. Inhabitabunt & abscon-
dent: ipsi calcaneum meum
observabunt.
Sicut exspectavit anima
mea, 8. pro nihilo salvos facies illos: in ira populos confringes.
Deus, 9. vita mea nuncia-
bit tibi: posiui lacrymas meas
in conspectu tuo,

Hebr.

Victori
Pro columba muta, eò quòd
procul abierit David humilis
& simplex, quando tenuerunt
eum Palæstini in Geth. LVI.

Miserere mei Deus, quoniam
conculcavit me homo: tota
die pugnans tribulavit me.

Conculcaverunt me insidiatores
mei tota die: multi enim qui pu-
gnant contra me Altissime.
Quacunque die territus fuero,
ego in te confidam.

In Deo laudabo verbum ejus,
in Deo speravi: non timebo quid
faciat mihi caro.

Tota die sermonibus me affige-
bant: contra me omnes cogitationes
eorum in malum.
Congregabuntur absconditè: ipsi
plantas meas observabunt,

Exspectantes animam meam:
quia nullus est salvus in eis, in
furore populos detrahe Deus.

Secretiora mea numerasti: pone
lacrymam meam in conspectu tuo,

Vulgata hod.

In finem,
1. Pro populo, qui à Sanctis longè
factus est, David in tituli inscriptionem, cùm tenuerunt eum
Allophyli in Geth. (1. *Reg.*
21. 12.) LV.

2. Miserere mei Deus, quoniam conculcavit me ho-
mo: tota die impugnans tribulavit
me.
3. Conculcaverunt me inimici
mei tota die: quoniam multi bellantes adversùm me.
4. Ab altitudine diei timebo:
ego verò in te sperabo.

5. In Deo laudabo sermones
meos, in Deo speravi: non timebo
quid faciat mihi caro.

6. Tota die verba mea exsecra-
bantur: adversùm me omnes cogitationes eorum, in malum.
7. Inhabitabunt & abscondent:
ipsi calcaneum meum observabunt.

Sicut sustinuerunt animam
meam, 8. pro nihilo salvos facies
illos: in ira populos confringes.

Deus, 9. vitam meam annuntiavi tibi: posuisti lacrymas meas in
conspectu tuo,

Notæ ad Versionem antiquam.

℣. 1. Concinit August. in hunc Ps. unà cum Psalt. Rom. Moz. Corb. &c. nisi quòd August. habet, *ipsi David in tituli inscriptionem*; Mozarab. *tituli inscriptio ipsi David.* Hilarius in commentario hujus Ps. titulum non præfert, nisi per partes, ita nempe: *Pro populo, qui à Sanctis longè est*; subinde, *tituli inscriptio*; post paulò, *in fine*; statimque, *quod cùm fugeret, ab Allophylis in Geth David teneretur.* Rursum infra, *Tituli inscriptio*, tum, *Populo qui longè sit factus à Sanctis*, deinde, *In finem.* Ap. Cassiod. ut in Vulg. exceptis his, *in tituli inscriptione, quando tenuerunt*, &c. In Gr. τῷ Δαυὶδ εἰς στηλογραφίαν, ὁπότε, &c. ut sup.

℣. 2. Consonant Psalt. Corb. Rom. & Mozarab. Apud Hilar. sic: *Miserere mei Domine..... tota die pugnans tribulavit me.* August. & Cassiod. in eund. Ps. *Miserere mei Domine..... tota die bellans*, &c. Gr. Ἐλέησόν με ὁ Θεός..... ὅλην τὴν ἡμέραν πολεμῶν, &c.

℣. 3. Ita ferunt Aug. & Cassiod. in hunc Ps. cum Psalt. Rom. Corb. & Moz. Sic etiam in Psalt. Carnut. hoc detracto, *ab altitudine diei.* Mediolan. verò cum Ps. Vatic. ap. Hilar. add. *ab altitudine diei non timebo*; deinde ut inf. ℣. 4. *quoniam multi*, &c. Similiter Hilar. in eund. Ps. col. 113. f. excepto uno *dierum*, loco *diei.* Auct. l. de XLII. Mans. ap. Ambr. to. 2. 15. d. simpliciter: *Miserere mei Deus, quoniam multi bellantes adversùm me.* In Gr. Κατεπάτησάν με οἱ ἐχθροί μου ὅλην τὴν ἡμέραν, ἀπὸ ὕψους ἡμέρας· quæ verba textum Lat. referunt ad verbum: sequitur pariter, ὅτι πολλοὶ, &c. ut inf. ℣. 4. At in edd. Ald. & Compl..... ὅλην τὴν ἡμέραν· ὅτι πολλοὶ οἱ πολεμοῦντές με, &c. ut in Vulg.

℣. 4. Sic Hilar. ad verbum, cum Psalt. Corb. Sic etiam August. & Cassiod. in eund. Ps. cum Rom. & Moz. addito uno *Domine*, post *sperabo*; Moz. *speravi.* Mediol. similiter hab. *Quoniam multi, qui debellant me*: dein verò sic pergit: *Ab altitudine Dei non timebo, quia ego in te sperabo.* Psalm. è Ms. Vat. ap. Hilar. *Quoniam multi, qui debellabant me, timebunt: ego vero in te sperabo.* Hieron. ep. ad Sun. & Fret. to. 2. col. 639. c. de hoc Vulg. *Ab altitudine diei timebo*, ita scribit: *Et dicitis in Græco vos invenisse*, non timebo, *quod additum est; & est ordo*: Quoniam multi dimicant adversùm me, idcirco ego ab altitudine diei timebo: *hoc est, non bellantes adversùm me, sed tuum excelsum timebo lumen.* Græc. ut in textu Lat. Ὅτι πολλοὶ οἱ πολεμοῦντές με φοβηθήσονται· ἐγὼ δὲ ἐλπιῶ ἐπὶ σοί. In edd. verò Ald. & Compl. ut in Vulg. Ἀπὸ ὕψους ἡμέρας οὐ φοβηθήσομαι· ἐγὼ δὲ, &c.

℣. 5. Sic in Psalt. Rom. Corb. & ap. Cassiod. si excipiatur vox ult. *homo.* Ap. Hilar. in eund. Ps. legitur *caro*, ut sup. initio verò, *In Domino laudabo*, &c. Ambr. l. de exhort. virg. to. 2. 295. f. 296. a. cum Fulg. l. 1. ad Trasim. c. 17. p. 84. *In Deo sperabo: non timebo quid faciat mihi caro.* Brev. Moz. *quid mihi faciet homo.* Vide rursum Ambr. to. 1. col. 886. e. 1406. d. & to. 2. p. 252. c. 719. d. August. omittit sup. *tota die*, legitque *speravi*, &c. ut in Vulg. at Mss. plures, *sperabo.* Gr. Ἐν τῷ Θεῷ ἐπαινέσω τοὺς λόγους μου, ὅλην τὴν ἡμέραν ἐν τῷ Θεῷ ἤλπισα· οὐ..... τί ποιήσει μοι σάρξ. Ab edd. Ald. & Compl. abest hoc, ὅλην τὴν ἡμέραν.

℣. 6. Concinunt Psalt. Rom. Moz. & Corb. necnon Hilarius, & Cassiod. in hunc Ps. Similiter ap. Aug. si excipias verbum *abominabantur.* In Gr. ἐβδελύσσοντο· deinde, κατ' ἐμοῦ πάντες οἱ διαλογισμοὶ αὐτῶν, εἰς κακόν.

℣. 7. Eadem refert Cassiod. in hunc Ps. cum Psalt. Rom. Corb. & Carnut. In Moz. & Mediolan. *Sicut exspectaverunt animam meam.* Similiter hab. Hilarius in hunc Ps. si excipias 1. *habitabunt.* August. in eund. Ps. *Incolent & abscondent..... Sicut sustinuit anima mea*: rursus *incolent*, quæst. 156. in Gen. to. 3. 417. b. Gr. Παροικήσουσι καὶ κατακρύψουσιν αὐτοί· τὴν πτέρναν μου φυλάξουσι. Καθάπερ ὑπέμεινα τῇ ψυχῇ μου, Ald. & Compl. ὑπέμειναν τὴν ψυχήν μου.

℣. 8. Ita fert Psalt. Rom. cum Psalmo Vatic. apud Hilar. imo Hilarius ipse, & Augustinus in hunc Psalm. si excipias ultimum *deduces.* Ita etiam in Psalt. Corb. Hieron. in Ezech. 43. to. 3. 1018. f. leg. *pro nihilo salvos facies eos*: & l. 2. in epist. ad Tit. to. 4. col. 431. a. *pro nihilo salvabis eos.* Gr. σώσεις. Ad hoc autem ult. *in ira populos confringes*, ait epist. ad Sun. & Fretel. to. 2. 642. a. *In Græco legitur*: ἐν ὀργῇ λαοὺς κατάξεις, *id est*, confringes; *& apud Latinos, pro eo quod est* dejicies, *id est*, καταβαλεῖς, *malè error obtinuit* κατάξεις.

℣. 9. Psalt. Rom. & Corb. *Deus, vitam meam nunciavi tibi: posui lacrymas..... sicut in repromiss. tua*: Corb. *in promissione.* Similiter hab. Hilar. in hunc Ps. cum Ps. è Ms. Vatic. apud ipsum, excepto verbo *posuisti.* Ambros. in Ps. 37. to. 1. 831. f. *Deus, vitam meam nunciabo tibi: posuisti lacr.* &c. August. in eund. Ps. *Deus, vitam meam enunciavi tibi: posuisti lacr..... sicut in repromissione tua.* Caf-

Vulgata hod.

Sicut & in promissione tua : 10. tunc convertentur inimici mei retrorsùm :

In quacunque die invocavero te : ecce cognovi quoniam Deus meus es.

11. In Deo laudabo verbum, in Domino laudabo sermonem : in Deo speravi, non timebo quid faciat mihi homo.

12. In me sunt Deus vota tua, quæ reddam, laudationes tibi.

13. Quoniam eripuisti animam meam de morte, & pedes meos de lapsu : ut placeam coram Deo in lumine viventium.

Hebr.

Sed non in narratione tua : tunc convertentur inimici mei retrorsùm.

In quacunque die invocavero : hoc scio quia Deus meus es.

In Deo laudabo verbum, in Domino prædicabo sermonem : in Deo speravi, non timebo quid faciat mihi homo.

In me sunt Deus vota tua : reddam gratiarum actiones tibi.

Quia liberasti animam meam de morte, & pedes meos de lapsu : ut ambulem coram Deo in luce viventium.

Versio antiqua.

Ex Ms. Sangerm.

Sicut in promissione tua : 10. convertentur inimici mei retrorsùm :

In quacunque die invocavero te : ecce agnovi quia Deus meus es.

11. In Deo laudabo verbum, & in Domino laudabo sermonem : in Domino sperabo, non timebo quid faciat mihi homo.

12. In me sunt Deus vota, quæ reddam, laudationis tibi.

13. Quoniam eripuisti animam meam à morte, & pedes meos de lapsu : ut placeam coram Deo in lumine viventium.

Notæ ad Versionem antiquam.

siod. legit *posui lacrymas*, &c. ut in textu. Græc. Ὁ Θεὸς, τὴν ζωήν μου ἐξήγγειλά σοι· ἔθου τὰ δάκρυά μου..... ὡς καὶ ἐν τῇ ἐπαγγελίᾳ σου.

℣. 10. Psalt. Rom. *Convertantur inimici..... ecce agnovi quoniam Deus meus es tu.* Similiter hab. Corb. cum Ps. è Ms. Vat. ap. Hilar. hoc excepto, *ecce agnovi quia* : sic etiam Hilarius ipse, & Cassiod. in eund. Ps. nisi quòd hab. *convertentur* ; quidam tamen Mss. Hilar. *convertantur*, detracto constanter adverb. 1. *tunc*, quod pariter abest à Psalt. Carnut. Apud August. etiam : *convertantur inimici...... ecce scivi quoniam Deus meus es tu*. In Brev. Moz. *ecce agnovi*, absque ult. *tu*. In Gr. ἐπιστρέψουσι (Aquil. Symm. Theod. & V. ed. τότε ἐπιστρέψουσι) οἱ ἐχθροί..... ἰδοὺ ἔγνων ὅτι Θεός μου εἶ σύ.

℣. 11. Consonant Psalt. Rom. & Moz. nisi quòd hab. *in Deo sperabo*. Moz. tamen delet *&*, post hoc, *laudabo verbum*. Corb. subdit, *& in Deo laudabo sermonem*. Hilarius in eund. Ps. legit : *Et in Deo laudabo verbum, in Domino laud. sermonem : in Domino sperabo*, &c. à Psalmo Vatic. apud Hilar. abest, *Et in Deo laudabo verbum* ; cætera quadrant. Apud Ambros. l. 3. de fide, to. 2. 500. a. sic : *In Deo laudabo verbum* ; sed inf. 648. c. *In Domino laudabo verbum*. Ap. Cypr. l. 3. Testim. p. 306. c. *in Domino speravi, non timebo*, &c. In Missali Rom. ad Introit. fer. 2. Dom. 3. Quadr. *In Deo laudabo verbum..... in Deo sperabo, non timebo*, &c. August. Vulgatæ congruit ; quidam tamen Mss. hab. *in Deo sperabo*. Cassiod. *In Deo laudabo verbum, & in Domino prædicabo sermonem : in Deo sperabo, non timebo*, &c. In Gr. Ἐπὶ τῷ Θεῷ αἰνέσω ῥῆμα, ἐπὶ τῷ Κυρίῳ αἰνέσω λόγον· ἐπὶ τῷ Θεῷ ἤλπισα, οὐ, &c.

℣. 12. Ita fert Psalt. Moz. cum Rom. sicut etiam Hilarius in hunc Ps. Item Psalt. Corb. nisi quòd hab. *vota Deus*. Psalm. verò è Ms. Vat. ap. Hilar. Vulgatæ favet cum Cassiod. Apud August. in eund. Ps. sic : *In me sunt Deus vota tua, quæ reddam, laudis tibi* : similiter epist. 188. to. 2. 695. a. In Psalt. Mediol. & Carnut. constanter, *laudationis tibi*. Hilarius etiam in comment. p. 116. a. ait : *Non extra se sunt ista quæ sperat, nec laudationis vota quæ reddet*. In Gr. Ἐν ἐμοὶ ὁ Θεὸς αἱ εὐχαὶ, ἃς ἀποδώσω, αἰνέσεώς σου.

℣. 13. Sic est apud Hilar. in hunc Ps. præter unum *eruisti*. At in Psalt. Rom. Corb. & Mozar. ita : *Quoniam* (Moz. *Quia*) *eripuisti animam meam de morte, oculos meos à lacrymis*, (Corb. Moz. *&*) *pedes meos à lapsu : ut placeam coram Domino in lumine viventium* (Corb. *in regione vivorum.*) August. & Cassiod. in hunc Ps. similiter addunt *oculos meos à lacrymis*, cum Psalt. Carnut. at Aug. initio habet *quia eruisti*. Cassiod. ut in Vulg. Græc. Ὅτι ἐῤῥύσω τὴν ψυχήν μου ἐκ θανάτου, (Ald. & Compl. add. τοὺς ὀφθαλμούς μου ἀπὸ δακρύων) καὶ τοὺς πόδας μου ἐξ..... τοῦ εὐαρεστῆσαι ἐνώπιον τοῦ Θεοῦ (Ald. & Compl. Κυρίου) ἐν φωτὶ ζώντων.

Vulgata hod.

In finem,

1. Ne disperdas, David in tituli inscriptionem, cùm fugeret à facie Saul in speluncam. (*1. Reg.* 22. 1. & 24. 4.) LVI.

2. Miserere mei Deus, miserere mei : quoniam in te confidit anima mea.

Et in umbra alarum tuarum sperabo, donec transeat iniquitas.

3. Clamabo ad Deum altissi-

Hebr.

Victori

Ut non disperdas David humilem & simplicem, quando fugit à facie Saul in speluncam. LVII.

Miserere mei Deus, miserere mei : quoniam in te speravit anima mea.

Et in umbra alarum tuarum sperabo, donec transeant insidiæ.

Invocabo Deum altissimum :

Versio antiqua.

Ex Ms. Sangerm.

In finem,

1. Ne disperdas, David in tituli inscriptionem, cùm fugerunt à facie Saul in speluncam.

2. Miserere mei Deus, miserere mei : quoniam in te confidet anima mea.

Et in umbra alarum tuarum spero, donec transeat iniquitas.

3. Clamabo ad Deum altis-

Notæ ad Versionem antiquam.

℣. 1. Sic in Psalt. Rom. & Corb. exceptis his, *in tituli inscriptione, cùm fugeret à... in spelunca* ; Rom. Martian. *in speluncam*. Brev. Mozarab. *In finem, Ne corrumpas, David in tituli inscriptionem, cùm fugeret à..... in spelunca*. Ps. è Ms. Vat. ap. Hilar. *In finem, Ne disperdas, David in tituli inscriptionem, cùm fugeret David à..... in speluncam*. Hilarius ipse ibid. *De superioris Psalmi superscriptione*, inquit, *id tantùm demutatum in consequenti est, quod ubi* Pro populo longe a Sanctis facto *ænigmatum est, nunc*, Ne corrumpas, *vel* disperdas *præscribitur, quod uno verbo* τὸ Μὴ διαφθείρῃς, *utrumque Græcus sermo complexus est*. In consequentibus autem præferre videtur id, *Ne corrumpas* ; subinde ait : *Ideo autem* In finem, *tituli inscriptio est, quia*, &c. & post pauca : *Id autem quòd* in spelunca *clausus hæc loquitur, tempus est prophetiæ*, &c. Apud August. in hunc Ps. sic : *In finem, Ne corrumpas, ipsi David in tituli inscriptionem, cùm fugeret à..... in speluncam* : itidem inf. in Ps. 107. col. 1215. a. vide etiam tract. 117. in Joh. 19. to. 3. 798. Cassiod. Vulgatæ congruit, nisi quòd hab. *inscriptione*. Græc..... τῷ Δαυὶδ εἰς στηλογραφίαν, ἐν τῷ αὐτὸν ἀποδιδράσκειν ἀπὸ..... εἰς τὸ σπήλαιον.

℣. 2. Sic in Psalt. Corb. ad verbum. Item in Rom. excepto uno *confidit* ; Gr. πέποιθεν. Hilarius in hunc Ps. Vulgatæ consonat, sicut August. & Cassiod. in eund. Ps. Apud Ambros. l. de apol. Dav. to. 1. 683. f. *Et in umbra alarum tuarum speravi, donec*, &c. at l. de virginit. to. 2. 241. e. *sperabo* ; Gr. ἐλπιῶ.

℣. 3. Sic Hilarius, August. & Cassiod. in hunc Ps. unà cum Græco. In Psalt. Moz. sic : *Clamabo ad Deum altissimum : ad Dominum qui benefecit mihi*. In Rom. *& ad Dominum qui*, &c. exinde deest *Diapsalma*, sicut apud Hilar. nec etiam memoratur ab August. at exstat in Psalt. Corb. & Gr.

Ex Mſ. Sangerm.

VERSIO ANTIQUA.	HEBR.	VULGATA HOD.
ſimum : Deum qui benefecit mihi. DIAPSALMA.	*Deum ultorem meum.*	mum : Deum qui benefecit mihi.
4. Miſit è cœlo, & liberavit me : dedit in opprobrium conculcantes me. DIAPSALMA.	*Mittet de cælo, & ſalvabit me : exprobrabit conculcantibus me. SEMPER.*	4. Miſit de cœlo, & liberavit me : dedit in opprobrium conculcantes me.
Miſit Deus miſericordiam ſuam, & veritatem ſuam, 5. animam meam eripuit de medio catulorum leonum : dormivi conturbatus.	*Mittet Deus miſericordiam ſuam, & veritatem ſuam : anima mea in medio leonum dormivit ferocientium.*	Miſit Deus miſericordiam ſuam, & veritatem ſuam, 5. & eripuit animam meam de medio catulorum leonum : dormivi conturbatus.
Filii hominum dentes eorum arma & ſagittæ : & lingua eorum machæra acuta.	*Filii hominum dentes eorum lancea & ſagitta, & lingua eorum gladius acutus.*	Filii hominum dentes eorum arma & ſagittæ : & lingua eorum gladius acutus.
6. Exaltare ſupra cœlos Deus : & in omni terra gloria tua.	*Exaltare ſuper cælos Deus : in omni terra gloria tua.*	6. Exaltare ſuper cœlos Deus : & in omnem terram gloria tua.
7. Laqueos paraverunt pedibus meis : & incurvaverunt animam meam.	*Rete paraverunt greſſibus meis, ad incurvandam animam meam :*	7. Laqueum paraverunt pedibus meis : & incurvaverunt animam meam.
Foderunt ante faciem meam foveam : & ipſi inciderunt in eam. DIAPSALMA.	*Foderunt ante me foveam, ceciderunt in medio ejus. SEMPER.*	Foderunt ante faciem meam foveam : & inciderunt in eam.
8. Paratum cor meum Deus, paratum cor meum : cantabo, & pſalmum dicam.	*Paratum cor meum Deus, paratum cor meum : cantabo, & pſallam.*	8. Paratum cor meum Deus, paratum cor meum : cantabo, & pſalmum dicam.
9. Exſurge gloria mea, exſurge pſalterium & cithara : exſurgam diluculo.	*Surge gloria mea, ſurge pſalterium, & cithara : ſurgam manè.*	9. Exſurge gloria mea, exſurge pſalterium & cithara : exſurgam diluculo.
10. Et confitebor tibi in populis Domine : pſalmum tibi dicam inter gentes :	*Confitebor tibi in populis Domine : cantabo tibi in gentibus :*	10. Confitebor tibi in populis Domine : & pſalmum dicam tibi in gentibus :
11. Quoniam magnificata eſt uſque ad cœlos miſericordia tua, & uſque ad nubes veritas tua.	*Quia magna uſque ad cœlos miſericordia tua, & uſque ad nubes veritas tua.*	11. Quoniam magnificata eſt uſque ad cœlos miſericordia tua, & uſque ad nubes veritas tua.
12. Exaltare ſupra cœlos Deus ; & ſuper omnem terram gloria tua.	*Exaltare ſuper cælos Deus : in omni terra gloria tua.*	12. Exaltare ſuper cœlos Deus ; & ſuper omnem terram gloria tua.

NOTÆ AD VERSIONEM ANTIQUAM.

℣. 4. Concordant Pſalt. Rom. & Corb. Item Hilar. in hunc Pſ. niſi quòd rejicit *Diapſalma* in ℣. ſequentem : Pſ. è Mſ. Vatic. ap. ipſum prorſus delet, habetque in principio, *Miſit me è cælo, & liberav.* &c. ut ſup. Auguſt. in eund. Pſalm. *Miſit de cælo, & ſalvum fecit me : dedit in oppr..... Miſit de cælo miſeric. ſuam, & verit. ſuam*, abſque med. *Diapſalmate*. Ap. Caſſiod. ut in Vulg. In Gr. pro *liberavit*, ἔσωσε, *ſalvavit*. Auct. l. de promiſſ. p. 1. c. 35. col. 163. c. *liberavit*.

℣. 5. Sic eſt in Pſalt. Rom. Corb. & Moz. Sic etiam ap. Hilar. in hunc Pſ. niſi quòd habet initio, *eripuit animam meam ;* & poſt *conturbatus*, ponit *Diapſalma :* item ſupra in Pſ. 54. p. 111. a. ait : *Sunt etiam in verbis jacula, ſicuti dentes ſcutum & ſagitta ſunt, & lingua machæra acuta eſt.* Auguſt. in Pſ. 56. *& eruit animam meam..... & lingua eorum gladius acutus ;* paulò verò inf. *machæra acuta*, ut & tract. 42. in Job. to. 3. p. 2. col. 580. g. Caſſiod. *eripuit animam meam*, &c. ut in Vulg. Similiter hab. Optat. l. 2. cont. Donat. p. 43. a. Gr. ϗ ἐρρύσατο, &c. Additum eſt à me ſup. verbum *eripuit*, quod deerat in Pſalt. Sangerm. ſed mendo aperto.

℣. 6. Pſalt. Rom. cum Corb. *& ſuper omnem terram gloria tua.* Sic etiam ap. Hilar. Auguſt. & Caſſiod. in hunc Pſ. In Gr. ϗ ἐπὶ πᾶσαν τὴν γῆν, &c.

℣. 7. Sic habent Pſalt. Rom. & Moz. cum Caſſiod. Sic etiam Hilar. in eund. Pſ. cum Pſalt. Corb. niſi quòd delent *ipſi*, ante *inciderunt*. Ap. Aug. ita : *Muſcipulam paraverunt pedibus meis : & incurvaverunt* (inf. *curvaverunt*) ..... *& ipſi inciderunt in eam.* Apud Ambroſ. in Luc. 4. to. 1. 1337. e. *Laqueos paraverunt pedibus meis : & ipſi inciderunt in eos.* Gr. Παγίδας ἡτοίμασαν..... ϗ ἐνέπεσαν, &c. Ald. & Compl. παγίδα. *Diapſalma* pariter ſubſequitur cùm in Pſalt. Rom. Corb. & Gr. tum ap. Hilar. deeſt verò in Pſ. è Mſ. Vat. ap. ipſum ; nec memoratur ab Auguſt.

℣. 8. Ita Caſſiod. cum Pſalt. Rom. addito uno *Domino*, in fine. Apud Hilar. in hunc Pſ. ſic : *Deus, paratum cor meum : cantabo, & pſalmum dicam tibi.* Apud Aug. in eund. Pſ. & in Pſ. 107. col. 1214. d. *cantabo, & pſallam tibi*. In Gr. ᾄσομαι, ϗ ψαλῶ· cætera ut in textu.

℣. 9. Ita Hilarius, Auguſt. & Caſſiod. in hunc Pſ. cum Pſalt. Rom. & Gr. Pſ. è Mſ. Vat. ap. Hilar. ſic : *exſurge pſalterium in cithara.*

℣. 10. Pſalt. Rom. delet *&* in principio, ſed reponit poſt *Domine ;* ſicut *tibi*, poſt *dicam*. In Mozarab. *pſallam tibi inter gentes*. In Corb. *Confitebor tibi... Domine : pſalm. dicam tibi in gentes*. Pſ. è Mſ. Vat. ap. Hilar. *Et confitebor..... Domine : pſallam tibi in gentibus*. Hilarius ipſe, *pſalmum dicam tibi in gentibus ;* paulò inf. *inter gentes*. Auguſt. *& pſallam tibi in gentibus*. Caſſiod. *pſalmum dicam tibi inter gentes*. Gregor. Tur. l. 2. hiſt. Franc. p. 89. a. *pſalmum dicam nomini tuo inter gentes*. Auct. quæſt. apud Aug. to. 3. q. 44. *confitebor tibi in gentibus*. Gr. Ἐξομολογήσομαί σοι..... Κύριε· ψαλῶ σοι ἐν ἔθνεσι.

℣. 11. Conſonat Pſalt. Rom. unà cum Gr. nec differt Hilar. niſi quòd hab. *Quia magnificata eſt..... & veritas tua uſque ad nubes :* at in Pſ. 146. col. 579. b. de more, *& uſque ad nubes veritas tua*. Similiter Auguſt. & Caſſiod. in Pſ. 56. rurſumque Aug. in Pſ. 107. col. 1214. e. *Quoniam magnificata eſt*, &c. ſed addit : *vel ſicut alii interpretati ſunt, elevata eſt*. Gr. conſtanter, ἐμεγαλύνθη.

℣. 12. Aug. & Caſſiod. in hunc Pſ. *Exaltare ſuper cælos Deus*, cum Pſalt. Rom. Hilarius in eund. Pſ. *Exaltare cælis Deus*, &c. Gr. Ὑψώθητι ἐπὶ τοὺς οὐρανούς, &c.

VULGATA HOD.	HEBR.	VERSIO ANTIQUA.
In finem,	*Victori*	In finem,
1. Ne diſperdas, David in tituli inſcriptionem. LVII.	*Ut non diſperdas David humilem ac ſimplicem. LVIII.*	1. Ne diſperdas, David in tituli inſcriptione. LVII.
2. SI verè utique juſtitiam loquimini: recta judicate filii hominum.	*SI verè utique juſtitiam loquimini: recta judicate filii hominum.*	2. SI verè utique juſtitiam loquimini: juſta judicate filii hominum.
3. Etenim in corde iniquitates operamini: in terra injuſtitias manus veſtræ concinnant.	*Etenim in corde iniquitates operamini: in terra iniquitates manuum veſtrarum appendite.*	3. Etenim in corde iniquitates operamini: in terra iniquitatem manus veſtræ concinnant.
4. Alienati ſunt peccatores à vulva, erraverunt ab utero: locuti ſunt falſa.	*Alienati ſunt peccatores à vulva: erraverunt ab utero, loquentes mendacium.*	4. Abalienati ſunt peccatores ab utero, erraverunt à ventre: locuti ſunt falſa.
5. Furor illis ſecundùm ſimilitudinem ſerpentis: ſicut aſpidis ſurdæ, & obturantis aures ſuas,	*Furor eorum ſicut ſimilitudo furoris ſerpentis: ſicut reguli ſurdi, obturantis aurem ſuam,*	5. Ira illis ſecundùm ſimilitudinem ſerpentium: ſicut aſpides ſurdæ, & obturantes aures ſuas,
6. Quæ non exaudiet vocem incantantium, & venefici incantantis ſapienter.	*Ut non audiat vocem murmurantium, nec incantatoris incantationes callidas.*	6. Quæ non exaudivit vocem incantantium, & venefici qui incantantur à ſapiente.
7. Deus conteret dentes eorum in ore ipſorum: molas leonum confringet Dominus.	*Deus excute dentes eorum ex ore eorum: molares leonum confringe Domine.*	7. Deus conteret dentes eorum in ore ipſorum: molas leonum confregit Dominus.
8. Ad nihilum devenient tanquam aqua decurrens: intendit ar-	*Diſſolvantur quaſi aqua quæ defluunt: intendet arcum ſuum donec*	8. Ad nihilum devenient velut aqua decurrens: intendens

Ex Mſ. Sangerm.

NOTÆ AD VERSIONEM ANTIQUAM.

℣. 1. Sic in Pſalt. Rom. Corb. & apud Caſſiod. deeſt verò *David* in Mozarab. In Coiſlin. ut in textu, excepta voce *ſcriptione*. Hilarius ſic habet: *In finem, Ne diſperdas, tituli inſcriptio;* ſubditque, *ſola deeſt hîc ſignificatio alequa geſtorum.* Auguſt. in hunc Pſ. ait: *Titulus Pſalmi hujus: In finem, Ne corrumpas, ipſi David in tituli inſcriptionem.* Gr. Εἰς τὸ τέλος, μὴ διαφθείρῃς, τῷ Δαυὶδ εἰς στηλογραφίαν.

℣. 2. Conſentit Caſſiod. unà cum Pſalt. Rom. Corb. Coiſl. & Vatic. apud Hilarium. Mozar. *rectè judicate.* Lucif. Calar. l. 1. pro S. Athan. p. 192. a. *Si verè utique..... juſtè judicate*, &c. Hilar. in hunc Pſ. *Si verè utique..... directa judicate*, &c. Auguſt. in eund. Pſ. col. 540. e. ut in Vulg. at infra, *Si verè ergo juſtitiam..... recta*, &c. Capitul. reg. Baluz. to. 1. p. 234. b. *juſtè judicate.* Gr. Εἰ ἀληθῶς ἄρα... εὐθεῖα κρίνετε, &c.

℣. 3. Itidem in Pſalt. Rom. & Coiſlin. Mozarab. utrobique hab. *iniquitates*, cum Rom. Martianæi; præterea idem Moz. leg. *& operamini.* Corb. add. *in terram;* deinde, *injuſtitiam manus veſtræ concinnant.* Lucif. Cal. l. 1. pro S. Athan. p. 192. a. cum Caſſiod. *iniquitatem manus veſtræ concinnant.* Hilar. in hunc Pſ. *in terra iniquitatem complectuntur manus veſtræ.* Auguſt. in eund. Pſ. *in terra: iniquitates manus veſtræ concellunt.* In Gr. ἐν τῇ γῇ ἀδικίαν αἱ χεῖρες ὑμῶν συμπλέκουσι.

℣. 4. Ita Lucif. Cal. l. 1. pro S. Athan. p. 192. a. excepto verbo *alienati ſunt.* Suffragatur Iren. l. 3. c. 10. p. 185. c. & l. 4. c. 41. p. 288. a. Item Hilar. in hunc Pſ. necnon Ambr. l. de fuga ſæc. c. 7. to. 1. p. 434. c. & Caſſiod. in eund. Pſ. cum Pſalt. Rom. Corb. & Coiſlin. In Moz. *Alienati ſunt peccatores ab utero, erraverunt à ventre, loquentes falſa.* Hieron. in Eccleſ. to. 2. 761. b. & Aug. in eund. Pſ. *Alienati ſunt pecc. à vulva, errav. à ventre: locuti ſunt*, &c. Ambroſ. ep. 33. to. 2. 920. f. *erraverunt pecc. ab utero.* Iren. loco ſup. cit. omittit τὸ *locuti ſunt falſa.* In Gr. Ἀπηλλοτριώθησαν οἱ..... ἀπὸ μήτρας, ἐπλανήθησαν ἀπὸ γαστρός· ἐλάλησαν ψευδῆ· Symm. οἱ λαλοῦντες ψευδῆ.

℣. 5. Lucif. Cal. l. 1. pro S. Athan. p. 192. a. cum Caſſiod. & Pſalt. Rom. *Ira illis ſecundùm ſimilitud. ſerpentis*, &c. ut in Vulg. Coiſlin. *Ira illis ſec. ſimilitud. ſerpentis: ſicut aſpides ſurdæ, obturantes aures ſuas.* Mozar. *Ira illis ſec. ſimilitud. ſerpentis: ſicut aſpide ſurdæ, & obdurantes aures ſuas.* Corb. *Indignatio illis ſec. ſimilit..... ſicut aſpidis ſurdæ, & obturantes*, &c. Iren. l. 4. c. 41. p. 288. a. *Ira eis ſec. ſimil. ſerpentis.* Hilar. in hunc Pſ. nil differt à Vulg. nec etiam Pſ. è Mſ. Vatic. apud ipſum, niſi quòd loco *furor illis*, hab. *indignatio illis.* Similiter Auguſt. in eund. Pſ. Ambroſ. verò l. de fuga ſæc. c. 7. to. 1. 434. c. *Furor illis..... ſerpentis: ſicut aſpidis ſurdæ, & obſtruentis aures ſuas.* S. Paulin. ep. 15. p. 88. a. ait: *Sicut ſurdus non audiebat; & ſicut aſpides ſurdæ obturabat nobis aures ſuas.* Gr. Θυμὸς αὐτοῖς..... τοῦ ὄφεως· ὡσεὶ ἀσπίδος κωφῆς, καὶ βυούσης, &c.

℣. 6. Pſalt. Rom. Fabri: *Quæ non exaudiet vocem incantantium, & venefici; quæ incantatur à ſapiente.* Rom. Martian. cum Caſſiod. *& veneficia, quæ incantantur à ſapiente.* Coiſlin. & Corb. *Quæ non exaudiunt vocem incantantium, & venefici qui incantura ſapiente;* ſed vitiosè, pro *incantatur à*, quod habet Corb. in Carnut. & Mediol. *incantantur.* In Mediol. etiam deeſt *&*, ante *venefici.* In Mozar. *Quæ non exaudient vocem incant. & venefici quod incantatur à ſapiente.* Lucif. Calar. l. 1. pro S. Athan. p. 192. a. *Quæ non exaudivit vocem incantantium, incantatoris; quæ incantatur à ſapiente.* Ambroſ. l. de fuga ſæc. c. 7. p. 434. c. *Quæ non exaudiet vocem incant. & venefici, cùm incantatur à ſapiente.* Pſalm. è Mſ. Vatic. ap. Hilar. *& venefici quod medetur à ſapiente.* Hilar. ipſe in comment. *Quæ non exaudiet voc. incantantium, medicamenti medicati à ſapiente:* & infra col. 123. e. 124. a. memorat *medicata medicamina à ſapiente.* Obſervant BB. Not. e. ad hunc locum, Bad. & Er. habere poſt Reg. Mſ. *medicamentis medicati;* Lipſ. verò & Par. *medicamentis medicatis.* Editt. Hincmari ap. quem hic locus citatur, nempe l. de præd. c. 25. ferunt, *medicamentis medicata;* Mſ. Vatic. *medicamenti meditati.* Aug. cum Hilario ſup. *Quæ non exaudiet vocem incant. & medicamenti medicati à ſapiente.* Hieron. in Iſai. 3. to. 3. p. 35. f. *& venefici medicantis ſapienter.* Gr. Vat. Ἥτις οὐκ εἰσακούσεται φωνὴν ἐπᾳδόντων, φαρμακου τε φαρμακευομένου παρὰ σοφοῦ. Verſionum Latinar. diſſimilitudo orta eſt ex voce φαρμακου, quæ in cod. Vat. habetur ſine accentu, teſte Nobilio: ſi enim ita ſcribitur, φαρμάκου, id reſpondet Hilario & Auguſt. ſi verò hoc modo, φαρμακοῦ, reſpondet Vulgatæ. In al. lib. eſt φαρμακοῦ τε φαρμακευομένου, ut in Rom. Fabri. ſed lectio vet. mutata eſt poſtea in φαρμακοῦται; & ſic legitur ap. Theodoret. φαρμακοῦται φαρμακευομένη, *medicatur medicata:* Theod. ap. Corder. in Catena legiſſe videtur φαρμάκου τε, à φάρμακον, non φαρμακοῦ τε, à φαρμακός; *Hic enim*, inquit, *ſenſus eſt: Similes ſunt aſpidi, quæ neque attendit voci incantantium, neque medicamento quod ab ipſis medicatum eſt. Medicamentum vocat ipſam incantationem; atque hoc Symmachus declarat manifeſtiùs, dicens, Carmen incantantium.* Vide ſis Nobil. not.

℣. 7. In Pſalt. Sangerm. mendosè ſcriptum *conterur*, fortè pro *conterantur;* poſuimus tamen *conteret*, ex Rom. quod etiam in reliquis Vulgatæ congruit. In Coiſlin. ſic: *Deus conterit dentes eorum in ora ipſorum.* Corb. *Deus contervit..... in ore..... confringit Dominus.* Lucif. Cal. l. 1. pro S. Athan. p. 192. a. leg. *Deus conterat dentes eorum in ore ipſorum..... confringet*, &c. Hilarius cum Auguſt. in hunc Pſ. *Deus contrivit dentes eorum in ore ipſor..... confregit Dominus.* Caſſiod. ut in Vulg. Gr. Ὁ Θεὸς συνέτριψε..... ἐν τῷ στόματι..... συνέθλασεν ὁ Κύριος.

℣. 8. Sic in Pſalt. Rom. Coiſlin. Moz. & apud Caſſiod. præter unum *intendit;* in Vatic. apud Hilar. *intendet.* In Corb. *Ad nihilum devenerunt velut aqua decurrens: intendet arcum ſuum*, &c. Lucif. Calar. lib. 1. pro S. Athan. p. 192. a. *Ad nihilum venientes, ut aqua decurrent: intendit arcum*, &c. ut ſup. Hilarius in hunc Pſ. *Spernentur velut*

Ex Ms. Sangerm.

VERSIO ANTIQUA.	HEBR.	VULGATA HOD.
arcum suum donec infirmentur.	*conterantur.*	cum suum donec infirmentur.
9. Sicut cera liquefacta auferentur : supercecidit ignis, & non viderunt solem.	*Quasi vermis tabefactus pertranseant : quasi abortivum mulieris, quod non vidit solem.*	9. Sicut cera, quæ fluit, auferentur : supercecidit ignis, & non viderunt solem.
10. Priusquam producant spinas vestras : rivus sicut viventis, sicut in ira absorbet eos.	*Antequam crescant spinæ vestra in rhamnum : quasi viventes, quasi in ira tempestas rapiet eos.*	10. Priusquam intelligerent spinæ vestræ rhamnum : sicut viventes, sic in ira absorbet eos.
11. Lætabitur justus cùm viderit vindictam impiorum : manus suas lavabit in sanguinem peccatorum.	*Lætabitur justus cùm viderit ultionem : pedes suos lavabit in sanguine impii.*	11. Lætabitur justus cùm viderit vindictam : manus suas lavabit in sanguine peccatoris.
12. Et dicet homo : Si utique erit fructus justo : & verè est Deus judicans eos in terram.	*Et dicet homo : Verè est fructus justo : verè est Deus judicans in terra.*	12. Et dicet homo : Si utique est fructus justo : utique est Deus judicans eos in terra.

NOTÆ AD VERSIONEM ANTIQUAM.

aqua decurrens : intendet arcum, &c. at in Ps. 143. col. 558. d. *Perierunt sicut aqua præterfluens*. Aug. in eund. Ps. *Spernentur tanquam aqua decurrens : intendet arcum*, &c. Gr. Ἐξουδενωθήσονται ὡς ὕδωρ διαπορευόμενον· ἐντενεῖ τὸ τόξον, &c.

℣. 9. Sic Hilarius cum August. in hunc Ps. Accinunt Psalt. Rom. Coisl. Corb. & Carnut. nisi quòd Rom. habet, *super eos cecidit ignis*, & Coislin. *supercecidit ignes super eos*. Mozarab. *Sicut cera liquefacta auferetur*, &c. ut sup. Lucif. Cal. l. 1. pro S. Athan. p. 192. a. *Sicut cera liquefacta auferantur : super eos cecidit ignis*, &c. Similiter hab. Cassiod. in eund. Ps. excepto uno *auferentur*. In Gr. Ὡσεὶ κηρὸς ὁ τακεὶς ἀνταναιρεθήσονται· ἔπεσε πῦρ, καὶ, &c. Ald. & Compl. addunt ἐπ' αὐτοὺς, καὶ, &c.

℣. 10. Psalt. Rom. *Priusquam producat spinas vester rhamnus : sicut viventes, sic in ira absorbet eos*. Mozarab. & Mediolan. *Priusquam producant spinæ vestræ rhamnum*, &c. ut in Rom. Carnut. *Priusquam producat spina vestra rhamnum*, &c. Hilarius in hunc Ps. cum Ps. Vatic. *Priusquam producat spinas vestras rhamnus : sicut viventes, sic in ira absorbet vos*. Sic etiam in Psalt. Corb. præter hæc, *sicut in ira absorbet eos*. In Vatic. apud Hilar. *absorbebit eos*. August. in eund. Ps. *Priusquam producat spinas vestras rhamnus : tanquam viventes, tanquam in ira combibet eos*. Cassiod. *Priusquam producant spinæ vestræ rhamnes : sicut viventes, sicut in ira absorbet eos*. In Gr. Πρὸ τοῦ συνιέναι τὰς ἀκάνθας ὑμῶν τὴν ῥάμνον· ὡσεὶ ζῶντας, ὡσεὶ ἐν ὀργῇ καταπίεται ὑμᾶς. Ald. & Compl. αὐτούς. Symm. Πρὶν ἢ αὐξηθῶσιν αἱ ἄκανθαι ὑμῶν, ὥστε γενέσθαι ῥάμνον· ἔτι ζῶντα, &c.

℣. 11. Consonat Psalt. Mozarab. Sic etiam in Rom. si excipias unum *in sanguine*. Hilarius cum Ps. Vatic. nil differt à Vulg. neque August. in eund. Ps. sed Ambr. in Ps. 36. & 118. to. 1. col. 792. e. 1051. f. necnon Hieron. cont. Rufin. & Cassiod. in Ps. 57. habent *vindictam impiorum*, cum Psalt. Carnut. & Corb. Gr. pariter ἐκδίκησιν ἀσεβῶν, &c. Ald. verò & Compl. delent ἀσεβῶν.

℣. 12. Psalt. Moz. hab. in fine, *super terram*. Rom. cum Cassiod. à Vulgata non dissidet; neque etiam Hilarius in hunc Psalm. si excipias prima verba : *Et dicet : Si utique erit*, vel ut infra col. 126. b. *Dicet homo : An fructus erit justo?* August. in eund. Ps. *Et dicet homo : Si ergo est fructus justo : ergo est Deus judicans eos in terra*. Ps. è Ms. Vatic. ap. Hilar. *Et dicet : Si utique erit..... utique est, Deus judicat eos in terra*. Corb. *Et dicet homo : Si utique erit fructus justus : utique est Deus judicans eos in terra*. Gr. Καὶ ἐρεῖ ἄνθρωπος· Εἰ ἄρα ἐστὶ καρπὸς τῷ δικαίῳ· ἄρα ἐστὶν ὁ Θεὸς κρίνων αὐτοὺς ἐν τῇ γῇ.

Ex Ms. Sangerm.

VERSIO ANTIQUA.	HEBR.	VULGATA HOD.
In finem, 1. Ne disperdas, David in tituli inscriptionem, quando misit Saul, & custodivit domum ejus, ut morte illum afficeret. LVIII.	*Victori* *Ut non disperdas David humilem & simplicem, quando misit Saul, & custodierunt domum ut occiderent eum. LIX.*	In finem, 1. Ne disperdas, David in tituli inscriptionem, quando misit Saul, & custodivit domum ejus, ut eum interficeret. (1. *Reg.* 19. 11.) LVIII.
2. ERipe me de inimicis meis Deus meus : & ab insurgentibus in me libera me.	*ERue me de inimicis meis Deus meus, & à resistentibus mihi protege me.*	2. ERipe me de inimicis meis Deus meus : & ab insurgentibus in me libera me.
3. Eripe me de operantibus iniquitatem : & de viris sanguinum libera me.	*Libera me ab operariis iniquitatis, & à viris sanguinum salva me.*	3. Eripe me de operantibus iniquitatem : & de viris sanguinum salva me.
4. Quia ecce occupaverunt animam meam : inruerunt in me fortes.	*Quia ecce insidiati sunt animæ meæ : congregantur adversùm me fortissimi,*	4. Quia ecce ceperunt animam meam : irruerunt in me fortes.

NOTÆ AD VERSIONEM ANTIQUAM.

℣. 1. Psalt. Rom. voce una differt à Vulg. nempe *inscriptione*. Sic etiam Ps. è Ms. Vatic. apud Hilar. cum Cassiodoro. Moz. initio hab. *In fine*; exinde, *in titulis inscriptionem*; cæt. ut in Vulg. Corb. *In finem, Ne disperdas, David in tit. inscriptione, quando..... ut eum interficerent*. Hilarius in eund. Ps. col. 127. e. f. sic : *In finem, Ne disperdas, vel corrumpas, in tituli inscriptione* : tum addit : *Superscriptio Psalmi à superiore non differt; sed Psalmus eo differt, quòd quædam ex his quæ in David ipsum gesta sunt, præferuntur, cùm Saul misit, & custodivit, ad interficiendum eum, domum ejus. Verùm si ob id dirigenda ad Deum esset oratio, superiora illa, id est*, In finem, Ne disperdas, &c. *non necesse fuerat anteferri*. Apud August. ita : *In finem, Ne corrumpas, ipsi David in tituli inscriptionem*, &c. ut in Vulg. neque absimile Græcum est. Auct. l. de promiss. p. 1. c. 9. p. 98. d. hab. *tituli inscriptionem, ne corrumpas*.

℣. 2. Ita ferunt Psalt. Rom. & Moz. cum Cassiod. in hunc Ps. Similiter ap. Hilar. in eund. Ps. nisi quòd deest vox *meus*. A Ps. Vat. ap. ipsum utraque abest, *Deus meus*. Apud August. sic : *Erue me de inimicis meis Deus meus : & ab insurg. super me redime me*. In Gr. Ἐξελοῦ με ἐκ τῶν ἐχθρῶν μου ὁ Θεός· καὶ ἐκ τῶν..... ἐπ' ἐμὲ λύτρωσαί με.

℣. 3. Sic Hilar. & Cassiod. in hunc Ps. cum Psalt. Moz. Coisl. Corb. & Vatic. ap. Hilar. Ap. Aug. in eund. Ps. ita : *Erue me de operant. iniquitatem : & à..... salvum me fac*. Gr. Ῥῦσαί με ἐκ τῶν..... καὶ ἐξ..... σῶσόν με.

℣. 4. Sic in Psalt. Rom. Fabri, & ap. Cassiod. at in Rom. Martian. *aucupaverunt*; in Carnut. *occupaverunt*; in Mediolan. *captaverunt*. In Corb. *occupaverunt*; ultimòque, *irruerunt super me fortes*. In Coislin. *occupaverunt..... & inruerunt in me*, &c. In Vatic. apud Hilar. *Quia ecce captaverunt..... & inruerunt*, &c. Hilarius ipse col. 128. d. *Quia captaverunt anim. meam : irruerunt*, &c. ut supra. August. in eund. Ps. *Quia ecce vexati sunt anim. meam*;

VULGATA HOD.	HEBR.	VERSIO ANTIQUA.
5. Neque iniquitas mea, neque peccatum meum Domine: ſine iniquitate cucurri, & direxi.	*Abſque iniquitate mea, & abſque peccato meo Domine: non egi iniquè, & illi currunt, & preparantur.*	5. Neque iniquitas, neque peccatum meum Domine: ſine peccatum cucurri, & direxi. Ex Mſ. Sangerm.
6. Exſurge in occurſum meum, & vide: & tu Domine Deus virtutum, Deus Iſraël,	*Surge ex adverſo pro me, & reſpice: & tu Domine Deus exercituum, Deus Iſrael,*	6. Exſurge in occurſum mihi, & vide: & tu Domine Deus virtutum, Deus Iſraël,
Intende ad viſitandas omnes gentes: non miſerearis omnibus, qui operantur iniquitatem.	*Evigila ut viſites omnes gentes: non miſerearis univerſis, qui operantur iniquitatem.* SEMPER.	Intende ad viſitandas omnes gentes: non miſerearis omnibus, qui operantur iniquitatem. DIAPSALMA.
7. Convertentur ad veſperam: & famem patientur ut canes, & circuibunt civitatem.	*Revertantur ad veſperam, latrent ut canis, & circumeant civitatem.*	7. * Convertentur ad veſperam: & famem patientur ut canes, & circuibunt civitatem. * Mſ. convertetur.
8. Ecce loquentur in ore ſuo, & gladius in labiis eorum: quoniam quis audivit?	*Ecce loquentur in ore ſuo, gladii in labiis eorum: quaſi nemo audiat.*	8. Ecce ipſi eloquentur in ore ſuo, & gladius in labiis eorum: quoniam quis audivit?
9. Et tu Domine deridebis eos: ad nihilum deduces omnes gentes.	*Tu autem Domine deridebis eos: ſubſannabis omnes gentes.*	9. Et tu Domine deridebis eos: pro nihilo habebis omnes gentes.
10. Fortitudinem meam ad te cuſtodiam, quia Deus ſuſceptor meus es:	*Fortitudinem meam ad te ſervabo: quoniam tu Deus elevator meus.*	10. Fortitudinem meam ad te cuſtodiam: quia Deus ſuſceptor meus eſt,
11. Deus meus, miſericordia ejus præveniet me.	*Deus miſericordia mea præveniet me:*	11. Deus meus, miſericordia ejus præveniet me.
12. Deus oſtendet mihi ſuper inimicos meos, ne occidas eos: nequando obliviſcantur populi mei.	*Deus oſtendet mihi in inſidiatoribus meis: ne occidas eos, ne fortè obliviſcantur populi mei.*	12. Deus oſtendit mihi inter inimicos meos, ne occideris eos: nequando obliviſcantur legis tuæ.
Diſperge illos in virtute tua: & depone eos protector meus Domine:	*Diſperge eos in fortitudine tua, & deſtrue eos protector noſter Domine.*	Diſperge illos in virtute tua: & deſtrue eos protector meus Domine:
13. Delictum oris eorum, ſer-	*Peccato oris ſui, ſermone labio-*	13. Delicta oris eorum,

NOTÆ AD VERSIONEM ANTIQUAM.

irruerunt ſuper me fortes. Gr. Ὅτι ἰδοὺ ἐθήρευσαν τὴν ψυχήν μου· ἐπέθεντο ἐπ' ἐμὲ κραταιοί.

℣. 5. Pſalt. Coislin. *Neque iniquitas, neque peccatum meum: ſine inſquitatem cucurri, & direxi.* Corb. Vulgatæ conſonat, niſi quòd hab. in fine, *& dirigebam.* Hilarius in hunc Pſ. ab eadem Vulg. nil omnino differt; Auguſt. & Caſſiod. in eund. Pſ. cum Pſalt. Rom. hoc ult. uno, *& dirigebar:* Mſs. tamen plerique Auguſt. ferunt ibid. *& dirigebam*, cum Pſalt. Carnut. & Corb. iidem etiam Mſs. legunt inf. *dirigebat*, loco *dirigebatur;* & poſt paulò, *dirigo*, non *dirigor.* Gr. ἄνευ ἀνομίας ἔδραμον, καὶ κατεύθυνα.

℣. 6. Concurdant Pſalt. Rom. Moz. Coisl. Corb. unà cum Caſſiod. Similiter hab. Hilar. in hunc Pſ. niſi quòd delet *&*, poſt *vide*, & legit, *ne miſerearis.* Lucif. Cal. l. 1. pro S. Athan. p. 192. b. *non miſerearis*, &c. ut ſupra. Auguſt. in eund. Pſ. *Exſurge in occurſum mihi, & vide: & tu Domine..... Intende ad viſitandum omnes gentes: non miſerearis omnium qui*, &c. Græc. Ἐξεγέρθητι εἰς συνάντησίν μου, καὶ ἴδε· καὶ σὺ Κύριε... μὴ οἰκτειρήσῃς πάντας, &c. *Diapſalma* quoque ibid. ſequitur, ſicut apud Hilarium ſupra. Item in Pſalt. Coislin. Corb. & Rom. Martian. à Rom. verò Fabri abeſt, ſicut ab edd. Ald. & Compl. Non memoratur etiam ab Auguſt. & Caſſiod.

℣. 7. Pſalt. Rom. *Convertentur ad veſperum*, &c. ut in Vulg. Mozar. *Convertantur ad veſperum: & famem patiuntur ut canes*, &c. Corb. *ut canes.* Hilar. *Convertentur ad veſperam: & fam. patientur ut canes, & circumibunt civit.* Similiter Ambroſ. l. de Joſeph, c. 7. to. 1. 498. e. cum Gaud. Brix. ſerm. 9. p. 957. b. uſque ad *canes.* Auguſt. in eund. Pſ. *Convertantur ad veſperam: & famem patiantur ut canes, & circumibunt*, &c. Gr. Ἐπιστρέψουσιν εἰς ἑσπέραν καὶ λιμώξουσιν..... καὶ κυκλώσουσι, &c.

℣. 8. Pſalt. Rom. *Ecce ipſi loquentur..... & gladius eſt in lab.* &c. Item in Coislin. *Ecce ipſi loquentur.* In Corb. *Ecce ipſi loquuntur.* In Vatic. apud Hilar. *Ecce loquentur..... & gladius in ore eorum*, &c. Hilarius in comment. non diſcedit à Vulg. nec etiam Auguſt. & Caſſiod. in hunc Pſ. nec S. Paulin. ep. 50. p. 296. a. niſi quòd hab. omnes, *Ecce ipſi.* Gr. Ἰδοὺ ἀποφθέγξονται (Ald. & Compl. Ἰδοὺ αὐτοὶ, &c.)... καὶ ῥομφαία ἐν τοῖς χείλεσιν, &c.

℣. 9. Sic Hilar. Aug. & Caſſiod. in hunc Pſ. cum Pſalt. Mediol. Corb. & Moz. Sic etiam Rom. niſi quòd hab. *& pro nihilo;* Coisl. *pro nihilum habebis*, &c. Gr. ἐξουδενώσεις, &c.

℣. 10. In Pſalt. Rom. Coislin. Mediol. & Moz. *tu Deus ſuſceptor meus es.* In Pſ. è Mſ. Vatic. ap. Hilar. deſunt *tu*, & *es;* ſicut ap. Hilar. ipſum in comment. necnon Auguſt. & Caſſiod. in hunc Pſ. Itidem ap. Auct. l. de voc. gent. l. 1. c. 24. p. 15. c. ut & ap. Hieron. ep. ad Sun. & Fret. to. 2. col. 642. a. Obſervat tamen ibid. S. Doctor *in Græco poſitum eſſe* ſuſceptor meus es tu: *ſed ſciendum*, inquit, *in Hebræo nec es ſcriptum, nec* tu, *& apud LXX. ſolos inveniri.*

℣. 11. Concinunt Hilar. Aug. & Caſſiod. in hunc Pſ. unà cum Pſalt. Rom. Martian. A Rom. Fabri abeſt *Deus meus.* Auct. verò l. de voc. gent. ubi ſup. leg. *Deus meus, voluntas ejus præveniet me.* Similiter Hieron. ep. ad Sun. & Fret. col. 642. a. *Pro quo*, inquit, *in Græco ſcriptum eſt* τὸ ἔλεος αὐτοῦ, *id eſt*, miſericordia ejus, *quod & verſus eſt: ſed in Hebræo ſcriptum eſt*, miſericordia mea præveniet me.

℣. 12. Ita Pſ. è Mſ. Vatic. ap. Hilar. imo Hilarius ipſe, niſi quòd initio hab. *Deus meus.* Itidem in Corb. excepto verbo *oſtendet.* In Rom. *Deus meus, oſtende mihi bona inter inimicos meos*, &c. ut in textu. In Coislin. *Deus meus oſtendes mihi inter inimicos meos*, &c. ut ſup. In Mozarab. *Deus oſtendit mihi inter inimicos meos, ne occideris eos: nequando obliviſcatur legis tuæ. Diſperge illos*, &c. ut in Vulg. In Mediolan. *Deus meus, oſtende me inter inimicos meos: nequando obliviſcantur legis tuæ..... & deſtrue eos prot.* &c. Similiter in Carnut. *nequando obliviſcantur legis tuæ.* Apud Auguſt. in hunc Pſ. *Deus meus demonſtravit mihi in inimicis meis, ne occideris eos: nequando obliviſcantur legis tuæ. Diſperge eos in virt. tua: & deduc eos prot. meus Domine:* at l. 18. de civit. Dei, c. 46. to. 7. 529. f. hab. *legem tuam:* ep. verò 149. to. 2. 506. g. conſtanter, *ne occideris eos: nequando obliviſcantur legis tuæ.* Similiter hab. S. Paulin. ep. 50. p. 296. a. additque: *Diſperge illos in virt. tua: & deſtrue eos Domine.* Apud Tertul. l. cont. Jud. c. 13. p. 147. c. & l. 3. adv. Marc. p. 680. a. hæc pauca: *Diſperge illos in virtute tua.* Apud Caſſiod. in eund. Pſ. *Deus meus, oſtende mihi inter inimicos meos*, &c. ut in textu Sang. Hieron. epiſt. ad Sun. & Fret. to. 2. 642. b. legit: *Deus oſtendet mihi inter inim. meos: pro quo*, inquit, *in Græco poſitum eſt* Deus meus, *ſed* meus *additum eſt;* mox ita: *ne occidas eos, nequando obliviſcantur populi tui: pro quo in Græco ſcriptum eſt* legis tuæ; *ſed in LXX. & in Hebræo non habet* populi tui, *ſed* populi mei; *& à nobis ita verſum eſt.* In ed. Rom. Ὁ Θεός μου δείξει μοι ἐν τοῖς ἐχθροῖς μου, μὴ ἀποκτείνῃς αὐτούς· μήποτε ἐπιλάθωνται τοῦ νόμου σου. Διασκόρπισον αὐτούς..... καὶ κατάγαγε αὐτούς, &c.

℣. 13. Ita Pſalt. Coislin. cui favet Corb. ſi excipias fin-

VERSIO ANTIQUA.	HEBR.	VULGATA HOD.
Ex Ms. Sangerm. sermones labiorum ipsorum : & comprehendantur in superbia sua.	*rum suorum, & capiantur in superbia sua,*	monem labiorum ipsorum : & comprehendantur in superbia sua.
Et de exsecratione & mendacio convellentur : 14. consumantur in ira consummationis, & non erunt.	*Maledictionem & mendacium narrantes : consume in furore, consume ut non subsistant :*	Et de exsecratione & mendacio annuntiabuntur 14. in consummatione : in ira consummationis, & non erunt.
Et scient quia Dominus dominatur Jacob, & finium terræ. DIAPSALMA.	*Et sciant quoniam Deus dominatur Jacob in finibus terræ. SEMPER.*	Et scient quia Deus dominabitur Jacob, & finium terræ.
15. Et convertentur ad vesperam, & famem patientur ut canes : & circuibunt civitatem.	*Et convertantur ad vesperam, latrent ut canis, & circumeant civitatem.*	15. Convertentur ad vesperam, & famem patientur ut canes : & circuibunt civitatem.
16. Ipsi dispergentur ad manducandum : si verò non saturentur, & murmurabunt.	*Ipsi vagabuntur ut comedant : & cùm saturati non fuerint, murmurabunt.*	16. Ipsi dispergentur ad manducandum : si verò non fuerint saturati, & murmurabunt.
17. Ego autem cantabo virtutem tuam : exsultabo manè misericordiam tuam.	*Ego autem cantabo imperium tuum, & laudabo manè misericordiam tuam :*	17. Ego autem cantabo fortitudinem tuam : & exsultabo manè misericordiam tuam.
Quia factus es susceptor meus Domine, & refugium meum, in die tribulationis meæ.	*Quoniam factus es fortitudo mea, & refugium in die tribulationis mea.*	Quia factus es susceptor meus, & refugium meum, in die tribulationis meæ.
18. Adjutor meus tibi psallam, quia Deus susceptor meus est : Deus meus misericordia mea.	*Virtutem meam tibi cantabo : quoniam Deus adjutor meus, Deus misericordia mea.*	18. Adjutor meus tibi psallam, quia Deus susceptor meus es : Deus meus misericordia mea.

NOTÆ AD VERSIONEM ANTIQUAM.

gul. *sermonem*. In Rom. Fabri : *Delicta oris eorum, sermo lab. ipsor. & comprehendantur..... & mendacio compellantur :* item in Rom. Martianæi, præter accusat. *sermonem*. In Mozarab. *Delicta oris eorum, sermones lab. ipsorum : comprehendantur..... & mendacio convellantur ;* in Mediolan. *compellentur*. Psalm. Vatic. ap. Hilar. *Delicta oris eorum, sermonem labiorum ipsorum : & comprehendantur..... convellantur*. Hilar. ipse in comment. p. 132. e. *Delicta oris eorum, & sermonem lab. ipsor. & comprehendentur..... & mendacio convellentur in consummatione ;* Ms. Reg. cum antiq. editt. *comprehendantur*. August. in eund. Ps. *Delicta oris eorum, sermonem lab. eorum : & comprehendantur..... Et ex maledicto & mendacio annuntiabuntur*. Cassiod. denique : *Delicta oris eorum, sermo lab. ipsor. & comprehendantur..... Et de exsecr. & mendacio evellentur*. In Græc. Ἁμαρτίαν (Ald. & Compl. Ἁμαρτία) στόματος αὐτῶν, λόγον (Ald. & Compl. λόγος) χειλέων αὐτῶν· καὶ συλληφθήτωσαν..... Καὶ ἐξ ἀρᾶς καὶ ψεύδους διαγγελήσονται.

℣. 14. In Psalt. Rom. deest verbum *consumantur*, habeturque infra, *Deus dominabitur*. In Mozarab. sic : *consummabuntur in ira consummat..... Et scient quia Deus Jacob dominabitur, finium terræ*. In Mediolan. *in consummatione : in ira consummat.* &c. In Coislin. *consummatio in ira consummat..... Et scient quia Deus Jacob dominabitur, finium terræ*. In Corb. *convertantur in consummatione : in ira consummationis, & non erunt. Et scient*, &c. ut in Vulg. In Vatic. ap. Hilar. *consummatione : in ira consumm..... Et scient quoniam Deus dominabitur Jacob, & finium terræ*. Hilarius ipse in comm. p. 132. e. post hoc, *in consummatione*, subdit : *consummatio in ira consummationis, & non erunt. Et scient quoniam Deus Jacob dominatur, finium terræ ;* editt. *dominabitur*. August. in eund. Ps. *consummationes : in ira consummationis, & non erunt*, &c. ut in Vulg. Cassiod. delet *consummationes*, vel quid simile ; reliqua ut in Vulg. Hieron. epist. ad Sun. & Fretel. to. 2. p. 642. b. *Et scient quia Deus dominabitur Jacob, finium terræ : pro quo*, inquit, *in Græco scriptum est*, & finium terræ ; *sed & conjunctio addita est*. In Gr. Συντέλειαι (Ald. & Compl. ἐν συντελείᾳ) ἐν ὀργῇ συντελείας, καὶ οὐ μὴ ὑπάρξωσι. Καὶ γνώσονται ὅτι ὁ Θεὸς τοῦ Ἰακὼβ δεσπόζει, τῶν περάτων τῆς γῆς. Ald. & Compl. δεσπόζει τοῦ Ἰακὼβ, καὶ τῶν, &c. *Diapsalma* similiter subjicitur cùm in Gr. tum in Psalt. Rom. Martianæi, Corb. & ap. Hilar. at deest in Rom. Fabri, nec apud August. & Cassiod. legitur.

℣. 15. Ambros. in Luc. 16. to. 1. col. 1473. f. scribit *ad vesperum*, cum Psalt. Rom. delet verò &, ante *convertentur ;* reliqua ut sup. Mozarab. *Convertantur ad vesperum, & famem patiuntur ut canes*, &c. Ps. è Ms. Vatic. ap. Hilar. *Et convertentur in vesperam, & famem patientur..... & circuibunt :* nec dissentit Hilarius ipse in comment. nisi quòd hab. *in vesperum*, & inf. *circumibunt*. Psalt. Corb. *Et convertantur ad vesperam, & famem patientur ut canis : & circuibunt*, &c. Apud August. in hunc Psalm. hæc pauca : *Convertentur ad vesperam, & circumibunt civitatem*, omissis intermediis. Cassiod. à Vulg. non differt. In Gr. Ἐπιστρέψουσιν εἰς ἑσπέραν, καὶ λιμώξουσιν ὡς κύων· καὶ κυκλώσουσι πόλιν.

℣. 16. Itidem in Psalt. Corb. Rom. verò hab. *Ecce ipsi dispergentur..... si vero non fuerint saturati, &*, &c. Moz. *si vero non saturabuntur, murmurabunt*. Coislin. *Ipsi autem disperg..... si verò non saturabuntur, & murmurabunt*. Hilarius in hunc Ps. cum Ps. è Ms. Vatic. ibid. *Ipsi dispergentur ad..... si autem* (Vatic. *si verò*) *non saturabuntur, & murmurab*. August. in eund. Ps. *Dispergentur ut edant : si autem non satiabuntur, & murmurabunt*. Cassiod. ut in Vulg. Gr. Αὐτοὶ διασκορπισθήσονται τοῦ φαγεῖν· ἐὰν δὲ μὴ χορτασθῶσι, καὶ γογγύσουσι.

℣. 17. Sic in Psalt. Rom. & Moz. exceptis his, *& exaltabo..... Quia factus es*, absque seq. *Domine*. Corb. similiter hab. *virtutem tuam : & exsultabo..... Quia factus es susc. meus, & refug.* &c. Rom. Martianæi scribit etiam, *& exsultabo*. Hilarius in hunc Ps. cum Ps. Vatic. *Ego autem cantabo virtuti tuæ : exsultabo* (Vatic. *exaltabo*) *manè misericord. tuam. Quia factus es*, &c. ut in Vulg. August. in eund. Ps. *Ego autem cantabo potentiam tuam : & exsultabo manè misericordiâ tuâ. Quia factus es*, &c. ut in Vulg. Faustin. presb. cont. Arian. p. 649. h. *Ego autem cantabo virtutem tuam : exaltabo manè miseric. tuam. Quia*, &c. ut in Rom. Cassiod. cum Vulg. consentit. Gr. Ἐγὼ δὲ ᾄσομαι τῇ δυνάμει σου· καὶ ἀγαλλιάσομαι τὸ πρωῒ τὸ ἔλεός σου. Ὅτι ἐγενήθης, &c.

℣. 18. Psalt. Rom. Vulgatæ congruit. Coislin. hab. *quia tu Deus suscept. meus es*. Corb. *quia tu es Deus susc. meus*. Hilarius in hunc Ps. cum Ps. Vat. ibid. tollit *tu*, & *es*. Similiter Aug. in eund. Ps. Cassiod. verò cum Vulg. concinit. In Gr. Βοηθός μου, σοὶ ψαλῶ· ὁ Θεός μου ἀντιλήπτωρ μου εἶ, ὁ Θεός μου, τὸ ἔλεός μου. Ald. & Compl. Βοηθός μου εἶ, σοὶ ψαλῶ, ὅτι σὺ ὁ Θεὸς ἀντιλήπτωρ, &c.

VULGATA HOD.	HEBR.	VERSIO ANTIQUA.
In finem,	*Victori*	In finem,
1. Pro his qui immutabuntur, in tituli inſcriptionem ipſi David in doctrinam, 2. cùm ſuccendit Meſopotamiam Syriæ, & Sobal, & convertit Joab, & percuſſit Idumæam in valle Salinarum duodecim millia. (2. *Reg.* 8. 1. & 10. 7. & 1. *Par.* 18. 1.) LIX.	*Pro liliis teſtimonium humilis & ſimplicis David ad docendum, quando pugnavit adversùs Syriam Meſopotamiæ, & adversùs Syriam Soba, & reverſus eſt Joab, & percuſſit Edom in valle Salinarum duodecim millia.* LX.	1. His qui immutabuntur, in tituli inſcriptionem David in doctrinam, 2. cùm ſuccendit Meſopotamiam, & Syriam Subal, & convertit Joab, & percuſſit vallem Salinarum XII. millia. LIX.
3. Deus repuliſti nos, & deſtruxiſti nos : iratus es, & miſertus es nobis.	*Deus projeciſti nos, ſcidiſti : iratus convertiſti nos.*	3. Deus repuliſti nos, & deſtruxiſti nos : iratus es nobis, & miſertus es nobis.
4. Commoviſti terram, & conturbaſti eam : ſana contritiones ejus, quia commota eſt.	*Commoviſti terram, & diſrupiſti eam : ſana contritiones ejus, quoniam commota eſt.*	4. Commoviſti terram, & conturbaſti eam : ſana contritiones ejus, quia mota eſt.
5. Oſtendiſti populo tuo dura : potaſti nos vino compunctionis.	*Oſtendiſti populo tuo duritiam : potaſti nos vino conſopiente.*	5. Oſtendiſti populo tuo dura : potaſti nos vino compunctionis.
6. Dediſti metuentibus te ſignificationem : ut fugiant à facie arcûs :	*Dediſti metuentibus te ſignum, ut fugerent à facie arcûs :* SEMPER.	6. Dediſti metuentibus te ſignificationem : ut fugiant à facie arcûs : DIAPSALMA.
Ut liberentur dilecti tui : 7. ſalvum fac dexterâ tuâ, & exaudi me.	*Ut liberentur amici tui : ſalva dexterâ tuâ, & exaudi me.*	Ut liberentur dilecti tui : 7. ſalvum me fac dexterâ tuâ, & exaudi me.
8. Deus locutus eſt in ſancto ſuo : Lætabor, & partibor Sichimam : & convallem tabernaculorum metibor.	*Deus locutus eſt in ſanctuario ſuo : Lætabor, dividam Sicimam, & vallem Soccoth dimetiar.*	8. Deus locutus eſt in ſancto ſuo : Lætabor, & dividam Sicimam : & convallem tabernaculorum ejus metibor.
9. Meus eſt Galaad, & meus eſt Manaſſes : & Ephraim fortitudo capitis mei.	*Meus eſt Galaad, & meus eſt Manaſſe, & Ephraim fortitudo capitis mei.*	9. Meus eſt Galaad, & meus eſt Manaſſe : & Ephrem fortitudo capitis mei.
Juda rex meus : 10. Moab olla	*Juda legifer meus : Moab olla*	Juda rex meus : 10. Moab

Ex Mſ. Sangerm.

NOTÆ AD VERSIONEM ANTIQUAM.

℣. 1. Conſonat Pſalt. Moz. unà cum Coiſlin. Similiter hab. Rom. Fabri cum Corb. & Pſ. Vat. ap. Hilar. ſi excipias hæc : *Pro iis qui immutab. in tit. inſcriptione* ; præterea Corb. hab. *in doctrina.* In Rom. Martianæi ſic : *Pro his qui commutabuntur in tituli inſcriptione* ; Apud Hilar. in comment. p. 135. b. *In* (inf. *Ad*) *finem*, *Pro his qui demutabuntur*, *tituli inſcriptio in doctrinam David* : ſubinde ſic : *Tituli inſcriptio*, *Pro his qui demutabuntur ad doctrinam* ; poſt paulò, *immutabuntur* : item inf. ait : *Pro his in fine commutandis*, & *ſub teſtimonio*, *ac tituli inſcriptione ad David edocendis*, *Pſalmus hic ſcribitur.* Rurſum ibid. *Intelligendus ergo Pſalmus pro his eſt*, *qui immutabuntur in David æternum regem edocendis*, & *qui pro amiſſis patribus erunt ex commutatione jam filii.* Aug. in hunc Pſ. non differt à Vulg. Caſſiod. ablativo tantùm, *inſcriptione.* Vide Hieron. ep. ad Princip. to. 2. col. 682. b. In Gr. Εἰς τὸ τέλος, Τοῖς ἀλλοιωθησομένοις ἔτι, εἰς στηλογραφίαν τῷ Δαυὶδ εἰς διδαχήν.

℣. 2. Concinit Pſalt. Coiſl. niſi quòd habet, *ſuccendit Syriam*, & *Syriam Sobal.* In Corb. unum tantùm variat *Sobul.* In Rom. Fabri ſic : *cùm ſuccendit Syriam Meſopotamiæ*, & *Syriam Sobal*, & *convertit Joab*, & *percuſſit Edom in valle Salinarum xii. millia.* In Rom. Martianæi, & *percuſſit vallem*, &c. In Moz. *cùm ſuccendit Syriam*, *Meſopotamiam*, & *Syriam Sobal*, & *convertit Joab*, & *percuſſit vallem Salin. xii. millia hominum.* Similiter in Mediolan. & Carnut. & *Syriam Sobal.* Pſal. è Mſ. Vatic. ap. Hilar. *cùm ſuccendit Meſopotamiam*, & *Syriam Sobal*, & *convertit Joab*, & *percuſſit in valle Salin. xii. millia.* Suffragatur Hilarius infra in comment. dempto uno *cùm*, in principio : *deinde*, inquit, *id quod* in Salinarum valle..... *ſecundùm Aquilam*, cùm percuſſit valles : & poſt plura : *In valle Salsum* (Mſ. Reg. *Sallium* ;) *id enim magis quàm* Salinarum, *Græcus ſermo declarat.* Ap. Auguſt. & Caſſiod. in hunc Pſ. *cùm ſuccendit Meſopotamiam Syriæ*, & *Syriam Sobal*, & *convertit Joab*, & *percuſſit Edom in valle Salin. xii. millia* : at Aug. in Pſ. 107. col. 1215. b. leg. *cùm ſuccendit Meſopotamiam*, *Syriam*, & *Syriam Sobal*, & *percuſſit in valle*, &c. Pſalt. Carnut. cum Reg. Mſ. Hilar. & *percuſſit vallem.* In Gr. ὁπότε ἐνεπύρισε τὴν Μεσοποταμίαν Συρίας, καὶ τὴν Συρίαν Σοβὰλ, καὶ ἐπέστρεψεν Ἰωὰβ, καὶ ἐπάταξε τὴν φάραγγα τῶν ἁλῶν δώδεκα χιλιάδας. Ald. & Compl. τὸν Ἐδὼμ ἐν τῇ φάραγγι.

℣. 3. Sic in Pſalt. Corb. & ap. Hilar. in hunc Pſ. ex cod. Reg. In Rom. verò Pſalt. & ap. Caſſiod. ut in Vulg. In Coiſlin. & ap. Aug. *iratus es*, & *miſertus es noſtri.* In Mozarab. *iratus fuiſti*, & *miſertus es nobis.* Apud Ambroſ. de lapſu virg. to. 2. 318. e. *Deus repuliſti me*, & *deſtruxiſti me.* In Gr. ut in Pſalt. Rom. & Vulg.

℣. 4. Concordant Pſalt. Coiſlin. Rom. & Vatic. apud Hilar. at Hilarius in comment. legit, *quia commota eſt.* Auguſt. & Caſſiod. in hunc Pſ. *quoniam* (Caſſiod. *quia*) *mota eſt.* Gr. ὅτι ἐσαλεύθη. Pſalt. Corb. *Commov*..... & *turbaſti eam* : *ſana contritiones*, *quia commota eſt.* Vide Ambroſ. l. 1. de interpel. Job, c. 5. to. 1. 631. e.

℣. 5. Accinit Ambr. in Pſ. 1. col. 753. d. & l. de lapſ. virg. to. 2. 318. e. unà cum Hilar. & Caſſiod. in hunc Pſ. necnon Pſalt. Rom. At Aug. in eund. Pſ. legit : *Oſtendiſti plebi tuæ dura* : *potaſti nos vino ſtimulationis.* Gr. οἶνον κατανύξεως.

℣. 6. Concinunt Hilar. & Caſſiod. in hunc Pſ. unà cum Pſalt. Moz. Coiſlin. Corb. & Vatic. ap. Hilar. In Rom. ſic : *Ut liberentur electi tui.* Apud Aug. in eund. Pſ. *Ut eruantur dilecti tui.* In Gr. Ὅπως ἂν ῥυσθῶσιν οἱ ἀγαπητοί σου. *Diapſalma* etiam ibid. inſeritur, ſicut in Pſalt. Rom. Martianæi, Corb. & ap. Hilar. deeſt autem in Rom. Fabri, nec legitur apud Auguſt. & Caſſiod.

℣. 7. Sic hab. Auguſt. & Caſſiod. cum Pſalt. Moz. Rom. Coiſlin. & Vatic. apud Hilar. Hilarius verò in comment. *ſalva dexterâ tuâ*, &c. Græc. σῶσον τῇ, &c.

℣. 8. Ita Pſalt. Rom. Corb. Coiſlin. & Moz. dempto uno *ejus*, ante *metibor* ; Moz. hab. *dimetiar* ; Pſ. è Mſ. Vat. ap. Hilar. *dimetibor* ; Hilarius ipſe, *dimetiar* ; & ambo ſup. *partibor Sichimam*, abſque ſeq. *ejus.* Ambroſ. l. 2. de interpel. Dav. c. 4. col. 643. d. *dividam Sicimam.* Similiter Auguſt. in hunc Pſ. & in Pſ. 107. at in fine legit *dimetiar.* Caſſiod. in eund. Pſ. *dividam Sicimam*..... *metibor.* Gr. διαμεριῶ Σίκιμα..... τῶν σκηνῶν διαμετρήσω.

℣. 9. Sic eſt in Pſalt. Rom. & Coiſlin. quibus accinunt Hilar. Auguſt. & Caſſiod. in hunc Pſ. ni excipias nomen *Manaſſes.* Hilar. tamen in eod. comment. habet, *Ephram aſſumptio capitis ejus* ; quod & infra bis repetit. Sed Aug. in Pſ. 107. col. 1214. f. ait, hoc differre Pſ. 59. & Pſ. 107. quòd ille habeat, & *Ephram fortitudo cap.* hic verò, & *Ephram ſuſceptio*, &c. Gr. Ἐφραὶμ κραταίωσις τῆς, &c.

℣. 10. Concordat Pſalt. Coiſlin. Sic etiam in Rom. necnon apud Hilar. Aug. & Caſſiod. in hunc Pſ. præter vocem *olla.* Ambroſ. l. de inſtit. virg. to 2. 266. f. ait : *Moab*

Versio antiqua.

Ex Mſ. Sangerm. aula ſpei meæ.

In Idumæam extendam calciamentum meum : mihi allophyli ſubditi ſunt.

11. Quis deducet in civitatem circumſtantiæ ? quis deducet me uſque in Idumæam ?

12. Nonne tu Deus, qui repuliſti nos : & non egredieris Deus in virtutibus noſtris ?

13. Da nobis auxilium de tribulatione : & vana ſalus hominis.

14. In Deo faciemus virtutem : & ipſe ad nihilum deducet tribulantes nos.

Hebr.

lavacri mei.

Super Idumæam incedam calciamento meo : mihi Palæſtina fœderata eſt.

Quis deducet me ad civitatem munitam ? quis deducet me uſque ad Idumæam ?

Nonne tu Deus, qui projeciſti nos, & non egredieris Deus in exercitibus noſtris ?

Da nobis auxilium de tribulatione : vana eſt enim ſalus ab homine.

In Deo faciemus virtutem, & ipſe conculcabit tribulantes nos.

Vulgata hod.

ſpei meæ.

In Idumæam extendam calceamentum meum : mihi alienigenæ ſubditi ſunt.

11. Quis deducet me in civitatem munitam ? quis deducet me uſque in Idumæam ?

12. Nonne tu Deus, qui repuliſti nos : & non egredieris Deus in virtutibus noſtris ?

13. Da nobis auxilium de tribulatione : quia vana ſalus hominis.

14. In Deo faciemus virtutem : & ipſe ad nihilum deducet tribulantes nos.

Notæ ad Versionem antiquam.

aula ſpei, vel olla ſpei meæ ; utrumque enim diverſis in codicibus invenitur. In Brev. Mozarab. *olla ;* exinde ſic : *In Idumæa extendam..... mihi alsophili ſubditi ſunt.* Hieron. in Iſai. 11. to. 3. 104. c. *mihi alienigenæ ſervient.* Auguſt. infra bis legit, *uſque in Idumæam.* In Pſalt. Corb. *Moab aula*, &c. ut in Vulg. In Gr. Μωὰβ λέβης..... Ἐπὶ τὴν Ἰδουμαίαν..... ἐμοὶ ἀλλόφυλοι ὑπετάγησαν.

℣. 11. Accinunt Hilar. & Auguſt. in hunc Pſ. Similiter in Brev. Mozarab. ſi hoc medium excipias, *aut quis deducit me.* Item in Coislin. præter verbum *deducet*, pro *deducit.* In Corb. *Quis deducet me in civitate circumſtantiæ ? & quis*, &c. In Rom. verò, & apud Caſſiod. ut in Vulg. excepto medio *aut quis ;* ſed Hieron. ep. ad Sun. & Fretel. to. 2. 642. b. dicit iſtam conjunctionem *aut*, in Græco quidem exſtare, ſed eſſe omnino ſuperfluam. Pſalt. Carnut. habet *civitatem circumſtantiæ*, ut ſupra. Symmach. πόλιν περιτετειχισμένην. Ed. Rom. LXX. πόλιν περιοχῆς ; τίς, &c. Ald. & Compl. ἢ τίς.

℣. 12. Suffragantur Auguſt. & Caſſiod. in hunc Pſ. cum Pſalt. Rom. & Moz. Hilarius in comment. delet vocem *Deus*, poſt verbum *egredieris.* Pſalt. Coislin. delet ſeq. *in.* Ambroſ. in Pſ. 43. to. 1. p. 899. f. legit : *& non progredieris Deus in virt.* &c. In Gr. καὶ οὐκ ἐξελεύσῃ ὁ Θεὸς ἐν ταῖς, &c.

℣. 13. Sic Hilar. Auguſt. & Caſſiod. in hunc Pſ. cum Pſalt. Rom. Mediolan. Corb. & Carnut. Coislin. verò hab. *auxilium in tribulatione : & vana ſalus*, &c. Gr. ἐκ θλίψεως· καὶ ματαία σωτηρία, &c.

℣. 14. Concinunt Hilar. & Caſſiod. in hunc Pſ. unà cum Pſalt. Rom. & Moz. Apud Auguſt. in eund. Pſ. bis, *ad nihilum deducet inimicos noſtros ;* at Mſs. nonnulli ferunt ibid. *tribulantes nos*, nec malè ; hoc enim intereſt, teſte Auguſt. ipſo inf. col. 1214. g. Pſalmum 59. inter & Pſalmum 107. quòd ille habeat *tribulantes nos ;* iſte verò *inimicos noſtros.* Græc. conſtanter, τοὺς θλίβοντας ἡμᾶς. Vide Ambroſ. in Pſ. 36. to. 1. col. 794. f. & to. 2. 648. e.

Versio antiqua.

In finem,

Ex Mſ. Sangerm. 1. In hymnis ipſi David. LX.

2. Exaudi Deus deprecationem meam : intende orationi meæ.

3. A finibus terræ ad te clamavi : dum anxiaretur cor meum, in petra exaltaſti me.

Deduxiſti me, 4. quia factus es ſpes mea : turris fortitudinis à facie inimici.

5. Inhabitabo in tabernaculo tuo in ſæculum : protegar in velamento alarum tuarum. Diapsalma.

6. Quoniam tu Deus exaudiſti orationem meam : dediſti hæreditatem timentibus nomen tuum.

Hebr.

Victori

In pſalmis David. LXI.

Exaudi Deus laudationem meam : intende orationi meæ.

De noviſſimo terræ ad te clamabo, cùm triſte fuerit cor meum : cùm fortis elevabitur adversùm me,

Tu eris ductor meus : quoniam fuiſti ſpes mea, turris munitiſſima à facie inimici.

Habitabo in tabernaculo tuo jugiter : ſperabo in protectione alarum tuarum. Semper.

Tu enim Deus exaudiſti orationem meam : dediſti hæreditatem timentibus nomen tuum.

Vulgata hod.

In finem,

1. In hymnis David. LX.

2. Exaudi Deus deprecationem meam : intende orationi meæ.

3. A finibus terræ ad te clamavi : dum anxiaretur cor meum, in petra exaltaſti me.

Deduxiſti me, 4. quia factus es ſpes mea : turris fortitudinis à facie inimici.

5. Inhabitabo in tabernaculo tuo in ſæcula : protegar in velamento alarum tuarum.

6. Quoniam tu Deus meus exaudiſti orationem meam : dediſti hæreditatem timentibus nomen tuum.

Notæ ad Versionem antiquam.

℣. 1. Itidem ap. Auguſt. in hunc Pſ. & in Gr. In Pſalt. Rom. & Coislin. deeſt *ipſi.* In Moz. ſic : *In finem, Pſalmus ipſi David in hymnis.* Pſ. è Mſ. Vat. ap. Hilar. *In finem, hymnus David.* Hilarius ipſe in comment. *Hymnus in finem.*

℣. 2. Ita legunt Aug. & Caſſiod. unà cum Pſalt. Rom. &c. Pſ. verò è Mſ. Vatic. ap. Hilar. ſic : *Exaudi Domine deprecationem meam : intende orationem meam.* Mozarab. *intende voci orationis meæ.* Hilar. in comment. *Exaudi Deus orationem meam : intende precationi meæ :* at infra ait : *Exaudiri precationem ſuam ſanctus hic poſtulat, cujus & ea fiducia eſt, ut in orationem ſuam velit intendi.* In Gr. Εἰσάκουσον ὁ Θεὸς τῆς δεήσεώς μου· πρόσχες τῇ προσευχῇ μου.

℣. 3. Sic Hilar. & Caſſiod. in hunc Pſ. cum Pſalt. Rom. Vatic. &c. Hilarius tamen in fine leg. *eduxiſti me*, cum Pſalt. Coislin. ſed in comment. utitur voce *deduxiſti*, non *eduxiſti.* Mozarab. ipſo initio delet *à ;* & pro *cor meum*, hab. *anima mea ;* reliqua ut in Vulg. Similiter apud Aug. præter ſeq. *dum angeretur cor meum.* In Græc. Ἀπὸ τῶν περάτων..... ἐν τῷ ἀκηδιάσαι τὴν καρδίαν μου..... ὡδήγησάς με.

℣. 4. Itidem Hilar. Aug. & Caſſiod. in hunc Pſ. cum Pſalt. Rom. &c. & Gr.

℣. 5. Ita rurſum Caſſiod. in hunc Pſ. cum Pſalt. Rom. Hilarius in comment. legit *Habitabo*, &c. ut in Vulg. Aug. verò in eund. Pſ. *Inquilinus ero in tabernac. tuo uſque in ſæcula : cooperiar in velamento*, &c. Gr. Παροικήσω ἐν τῷ..... εἰς τοὺς αἰῶνας· σκεπασθήσομαι ἐν σκέπῃ, &c. ſubdit etiam ibid. Διάψαλμα, cum Pſalt. Rom. & Corb. Hilarius ponit illud ante verbum *protegar :* deeſt verò in edd. Ald. & Compl. nec memoratur ab Aug. & Caſſiod.

℣. 6. Sic Hilarius, Auguſt. & Caſſiod. in hunc Pſ. cum Pſalt. Rom. Coisl. & Corb. At Hieronymus ep. ad Sun. & Fret. to. 2. 642. b. ſic legit : *Quon. tu Deus meus exaud. orat. meam : Pro quo*, inquit, *legitur in Gr.* Quia tu Deus exaudiſti me, *quod non hab. in Hebræo, nec in LXX. Interpretibus, & in Latino additum eſt.* In ed. Rom. Ὅτι σὺ ὁ Θεὸς εἰσήκουσας τῶν προσευχῶν μου, &c.

VULGATA HOD.	HEBR.	VERSIO ANTIQUA.
7. Dies fuper dies regis adjicies: annos ejus ufque in diem generationis & generationis.	*Dies fuper dies regis adjicies: annos ejus donec eft generatio & generatio.*	7. Dies fuper dies regis adjicies : annos ejus ufque in diem fæculi & fæcula.
8. Permanet in æternum in confpectu Dei : mifericordiam & veritatem ejus quis requiret ?	*Sedebit femper ante faciem Dei: mifericordia & veritas fervabunt eum.*	8. Permanebit in æternum in confpectu Dei : mifericordiam & veritatem qui requiret eum ?
9. Sic pfalmum dicam nomini tuo in fæculum fæculi : ut reddam vota mea de die in diem.	*Sic canam nomini tuo jugiter: reddens vota mea per fingulos dies.*	9. Sic pfallam nomini tuo Deus in fæculum fæculi : & reddam vota mea de die in die.

Ex Mf. Sangerm.

NOTÆ AD VERSIONEM ANTIQUAM.

℣. 7. Ita Caffiod. in hunc Pf. cum Pfalt. Corb. Carnut. Coislin. & Rom. Martianæi. Rom. Fabri hab. *in diem fæculi & in fæcula.* Pf. è Mf. Vat. ap. Hilar. *in dies generationis & generationum.* Hilarius in comment. *in dies generationis & generationis.* Auguft. *in diem generationis & generationis.* Gr. ἕως ἡμέρας γενεᾶς καὶ γενεᾶς. Apud Ambrof. in Pf. 40. to. 1. p. 874. f. prior tantùm verficulus legitur ut fupra.

℣. 8. Ita Pfalt. Rom. & Coislin. cum Mozar. nifi quòd priora duo hab. *quis requiret eorum?* Mozar. & Corb. *quis requiret ejus?* Hilar. in hunc Pf. *Permanet in æt..... & veritatem ejus quis requiret eorum?* at infra habet, *In confpectu Dei manebit.* Auguft. & Caffiod. in eund. Pf. *Permanebit in æt..... & veritatem ejus quis requiret ei?* Caffiod. *eorum?* Gr. Διαμενεῖ εἰς τὸν..... καὶ ἀλήθειαν αὐτοῦ τίς ἐκζητήσει αὐτῶν; Ald. & Compl. delent αὐτῶν.

℣. 9. Accinunt Aug. & Caffiod. in hunc Pf. cum Pfalt. Rom. Coislin. & Vatic. apud Hilar. fi excipias ult. *ut reddam..... de die in diem.* Corb. *de die in die.* Moz. habet fup. *Deus in fæcula.* Hilarius in comment. *Sic pfallam nom. tuo in fæculum fæculi: ut redd.* &c. ut in Vulg. Hieron. ep. ad Sun. & Fret. to. 2. 642. b. *Pfallam nomini tuo in fæculum fæculi;* pro quo ait Græcè legi *in fæculum.* In ed. Rom. Οὕτως ψαλῶ..... εἰς τὸν αἰῶνα τοῦ αἰῶνος· τοῦ ἀποδοῦναί με τὰς εὐχάς μου ἡμέραν ἐξ ἡμέρας.

VULGATA HOD.	HEBR.	VERSIO ANTIQUA.
In finem, 1. Pro Idithun, Pfalmus David. LXI.	*Victori Per Idithun Canticum David. LXII.*	In finem, 1. Pro Idithum, Pfalmus David. LXI.
2. NOnne Deo fubjecta erit anima mea? ab ipfo enim falutare meum.	*ATtamen apud Deum filebit anima mea: ex eo falus mea.*	2. NOnne Deo fubdita erit anima mea? quoniam ab ipfo eft falutare meum.
3. Nam & ipfe Deus meus, & falutaris meus: fufceptor meus, non movebor ampliùs.	*Attamen ipfe eft fcutum meum, & falus mea: fortitudo mea, non commovebor ampliùs.*	3. Quia ipfe eft Deus meus, & falutaris meus : adjutor meus, non movebor ampliùs.
4. Quoufque irruitis in hominem? interficitis univerfi vos : tanquam parieti inclinato & maceriæ depulfæ?	*Ufquequo infidiamini contra virum: interficitis omnes, ficut murus inclinatus & maceria corruens?*	4. Quoufque inruitis in hominem? & interficere univerfos : tanquam parieti inclinato & maceriæ impulfæ?
5. Veruntamen pretium meum cogitaverunt repellere, cucurri in fiti : ore fuo benedicebant, & corde fuo maledicebant.	*Partem enim ejus cogitaverunt expellere, placuerunt fibi in mendacio: ore fuo benedicunt, & corde fuo maledicunt. SEMPER.*	5. Veruntamen honorem meum cogitaverunt repellere, cucurri in fitim : ore fuo benedicebant, & corde fuo maledicebant. DIAPSALMA.

Ex Mf. Sangerm.

NOTÆ AD VERSIONEM ANTIQUAM.

℣. 1. Ita Pfalt. Rom. Coislin. & Corb. Similiter Ambr. in hunc Pf. to. 1. 955. a. & Auguft. in eund. nifi quòd hab. *ipfi David.* Caffiod. ut in textu; Hilarius in comment. *Pro Idithum.* Brev. Moz. *Per Idithum.* Gr. Εἰς τὸ τέλος, Ὑπὲρ Ἰδιθοὺν..... τῷ Δαυίδ.

℣. 2. Similiter habet *fubdita*, Pfalt. Rom. cum Hilario in hunc Pf. reliqua ut in Vulg. Itidem Coislin. fed addit, *ab ipfo enim eft falus.* &c. In Mozarab. fic : *Nonne Deo fubdita eft anima mea? ab ipfo eft enim patientia mea.* In Carnut. etiam eft *patientia mea.* Apud Ambrof. in eund. Pf. col. 955. e. 957. a. b. *Nonne Deo fubdita erit anima mea?* & in Pf. 36. col. 784. a. *Nonne Deo fubdita eft*, &c. ut in Vulg. lib. verò de bono mort. c. 6. col. 400. d. *Nonne Deo fubjecta eft*, &c. & l. 5. de fide, to. 2. 584. e. *Nonne Deo fubjecta erit*, &c. Auguft. in hunc Pf. *Nonne Deo fubjicietur anima mea?* paulò verò poft : *Nonne Deo fubjecta erit;* reliqua ut in Vulg. Caffiod. *Nonne Deo fubdita erit*, &c. Fauftin. presb. contra Arian. p. 648. b. *Nonne Deo fubdita eft*, &c. Gr. Οὐχὶ τῷ Θεῷ ὑποταγήσεται..... παρ' αὐτοῦ γὰρ τὸ, &c.

℣. 3. Ita Pfalt. Rom. Coislin. Corb. & Moz. cum Caffiod. nifi quòd hab. initio, *Etenim ipfe eft.* Item Pf. Vatic. ap. Hilar. dempto uno *eft.* Hilarius ipfe in comment. *Et ipfe Deus meus, & falutaris meus : fufceptor meus, non,* &c. at infra : *Etenim ipfe Deus meus eft, falvator meus : fufceptor meus*, &c. Ambrof. in eund. Pf. col. 958. e. 961. d. *Etenim ipfe eft Deus meus, adjutor meus : defenfor meus, non movebor ampliùs.* Auguft. *Etenim ipfe eft*, &c. ut in Vulg. Gr. Καὶ γὰρ αὐτὸς Θεός μου, καὶ σωτήρ μου· ἀντιλήπτωρ μου, οὐ μὴ, &c.

℣. 4. Pfalt. Rom. cum Caffiod. *Quoufque irruitis in homines? interficitis univerfos : tanq..... impulfæ?* Coislin. *Quoufque irruitis in hominem? interficientes univerfi : tanquam..... impulfæ?* Mozarab. *Quoufque irruitis in hominem? interficitis innocentem : tanquam..... impulfæ?* Mediolan. *interficitis omnes vos.* Lucif. Cal. l. 1. pro S. Athan. *Quoufque irruitis in hominem? interficitis univerfos?* Ita quoque in Pfalt. Carnut. Item in Corb. præter unum *irruitis.* Hilar. in hunc Pf. *Quoufque irruitis in hominem? interficitis univerfi : tanq..... impulfæ?* Ambrof. in eund. Pf. col. 959. a. 962. e. *Quoufque irruitis in hominem? interficientes univerfos..... impulfæ?* at l. 5. de fide, to. 2. 584. e. *Ufquequo adjicietis fuper hominem?* Aug. in Pf. 61. *Quoufque apponitis fuper hominem? interficite omnes : tanquam parieti inclinato & mac. impulfæ;* infra col. 596. c. *depulfæ.* Gr. Ἕως πότε ἐπιτίθεσθε ἐπ' ἄνθρωπον; φονεύετε πάντες· ὡς τοίχῳ, &c. Ald. & Compl. πάντες ὑμεῖς· ὡς, &c.

℣. 5. Sic in Pfalt. Moz. eft, dempto uno *fuo*, ante *maledicebant.* In Rom. *Verunt. honorem meum cogit..... cucurri in fiti : ore fuo..... & in corde fuo maledi.* Similiter habent *honorem*, Coislin. Corb. Mediolan. & Carnut. Item Hilarius in hunc Pf. cum Auguft. & Caffiod. *Veruntamen honorem meum cogitaverunt*, &c. ut in Vulg. Ambrof. verò in eund. Pf. col. 960. b. 963. d. *Veruntamen pretium meum cogit..... cucurri in fiti*, &c. at l. 5. de fide, to. 2. 584. e. fic : *Verunt. pretium meum voluerunt repellere, cucurrerunt in fiti : ore fuo benedicebant, & corde*, &c. & in Pf. 61. col. 960. c. utrumque legendi modum probat, *cucurri*, & *cucurrerunt : nam in Græco*, inquit, *medie pofitum eft; quia ἔδραμον, & fingularem & pluralem numerum fignificat :* idem repetit infra col. 963. e. In Gr. hod. Πλὴν τὴν τιμήν μου ἐβουλεύσαντο ἀπώσασθαι, ἔδραμον ἐν δίψει..... καὶ τῇ καρδίᾳ αὐτῶν, &c. Subjicitur etiam ibid. *Diapfalma;* ficut in Pfalt. Rom. Corb. & apud Hilar.

VERSIO ANTIQUA.	HEBR.	VULGATA HOD.
Ex Mſ. Sangerm. 6. Veruntamen Deo ſubjecta eſt anima mea : quoniam ab ipſo eſt patientia mea.	*Veruntamen Deo tace anima mea : ab ipſo enim præſtolatio mea.*	6. Veruntamen Deo ſubjecta eſto anima mea : quoniam ab ipſo patientia mea.
7. Quia ipſe Deus meus, & ſalutaris meus : adjutor meus, non emigrabo.	*Ipſe enim fortitudo mea, & ſalus mea : ſuſceptor meus, non timebo.*	7. Quia ipſe Deus meus, & ſalvator meus : adjutor meus, non emigrabo.
8. In Deo ſalutare meum, & gloria mea : Deus auxilii mei, ſpes mea in Deo eſt.	*In Deo ſalutare meum, & gloria mea : robur fortitudinis meæ, & ſalus mea in Deo.*	8. In Deo ſalutare meum, & gloria mea : Deus auxilii mei, & ſpes mea in Deo eſt.
9. Sperate in eum omnis conventus plebis meæ, effundite coram illo corda veſtra : quia Deus adjutor noſter eſt.	*Sperate in eo omni tempore populi, effundite coram eo cor veſtrum. Deus ſpes noſtra.* SEMPER.	9. Sperate in eo omnis congregatio populi, effundite coram illo corda veſtra : Deus adjutor noſter in æternum.
10. Veruntamen vani filii hominum, mendaces filii hominum in ſtateris : ut decipiant ipſi de vanitate in idipſum.	*Veruntamen vanitas filii Adam, mendacium filii viri in ſtateris dolοſis : fraudulenter agunt ſimul.*	10. Veruntamen vani filii hominum, mendaces filii hominum in ſtateris : ut decipiant ipſi de vanitate in idipſum.
11. Nolite ſperare in iniquitatem, & in rapinam nolite concupiſcere : divitiæ ſi fluant, nolite cor adponere.	*Nolite confidere in calumnia, & in rapina ne fruſtremini : divitiæ ſi affluxerint, ne apponatis cor.*	11. Nolite ſperare in iniquitate, & rapinas nolite concupiſcere : divitiæ ſi affluant, nolite cor apponere.
12. Semel locutus eſt Deus, duo hæc audivi, quoniam poteſtas Dei eſt, 13. & tibi Domine miſericordia : quia tu reddis ſingulis ſecundùm opera eorum.	*Unum locutus eſt Deus, duo hæc audivi : quia imperium Dei eſt, & tibi Domine miſericordia : quia tu reddes unicuique ſecundùm opus ſuum.*	12. Semel locutus eſt Deus, duo hæc audivi, quia poteſtas Dei eſt, 13. & tibi Domine miſericordia : quia tu reddes unicuique juxta opera ſua. *Matth. 16. 27. Rom. 2. 6. 1. Cor. 3. 8. Gal. 6. 5.*

NOTÆ AD VERSIONEM ANTIQUAM.

℣. 6. Sic Hilar. & Ambroſ. in hunc Pſ. cum Pſalt. Coislin. Sic etiam in Rom. & apud Caſſiod. ſi excipias unum *ſubdita erit.* In Mozarab..... *ſubdita eſt anima mea : quia ab ipſo eſt enim patientia mea.* In Corb. *ſubdita eſt anima mea : quoniam ab ipſo eſt pat. mea.* Apud Cypr. l. 3. Teſtim. p. 306. c. *Nonniſi ſoli Deo ſubjecta eſt anima mea.* Apud Auguſt. in eund. Pſ. *Veruntamen Deo ſubjicietur anima mea : quoniam ab ipſo eſt pat. mea.* Græc. Vulgatæ conſonat.

℣. 7. Ita Pſalm. Vatic. apud Hilarium. Pſalt. verò Rom. Coislin. & Moz. cum Caſſiod. *Etenim ipſe eſt Deus meus, & ſalutaris meus : adjutor meus, &c.* Itidem Corb. niſi quod initio hab. *Quia ipſe eſt.* Hilarius in hunc Pſ. ita : *Quia ipſe eſt Deus, & ſalvator meus : adjutor meus, &c.* & poſt paulo : *Deus ſuus eſt, atque ſalvator ; ipſe etiam adjutor.* Ambroſ. & Auguſt. in eund. Pſ. *Quia ipſe eſt Deus meus, & ſalutaris meus : ſuſceptor meus, &c.* Gr. Ὅτι αὐτὸς Θεός μου, καὶ σωτήρ μου· ἀντιλήπτωρ μου, οὐ μὴ μεταναστεύσω. Brev. Moz. *non emigrabor.*

℣. 8. Itidem in Pſalt. Rom. Fabri. In Rom. Martian. *& ſpes mea.* Coislin. habet : *In Deo ſalutari meo & gloria mea : Deus aux. mei, ſpes mea in Deo eſt.* Pſ. è Mſ. Vat. ap. Hilar. *In Deo ſalutare meum eſt, & gloria mea : Deus auxilium meum, ſpes mea in Deo eſt.* Item Corb. *Deus auxilium meum, & ſpes, &c.* Hilar. Auguſt. & Caſſiod. in hunc Pſ. Vulgatæ congruunt, niſi quòd Hilar. hab. in fine, *& ſpes mea in Deo meo ;* Aug. verò ſimpliciter cum Brev. Moz. & Gr. *& ſpes mea in Deo.*

℣. 9. Sic in Pſalt. Moz. detractâ voculâ *meæ*, poſt *plebis.* In Corb. *Sperate in eum omnis conventio plebis meæ, effundite, &c.* ut in textu vet. Similiter in Rom. exceptis his, *Sperate in eo omnis conventus plebis, & effundite.* In Coislin. *Sperate in Deo omnis conventus plebis, effund. . quia Deus adjutor noſter eſt in æternum.* Hilarius in hunc Pſ. legit : *Sperate in eum omnis cœtus plebis, & effund..... quia Deus adjut. noſter eſt.* Ambroſ. in eund. Pſ. *Sperate in eum omnes conventus plebis meæ, effundite, &c.* Auguſt. in eund. Pſ. *Sperate in eum omne concilium plebis, effundite..... veſtra : Deus adjut. noſter eſt.* Similiter apud Caſſiod. ſi id excipiatur, *omnis conventus.* Hieronymus epiſt. ad Sun. & Fret. to. 2. 642. b. *quia Deus adjutor noſter in æternum ;* tum addit : *Pro quo in Græco eſt,* Deus adjutor noſter : *ergo* in æternum *obelus eſt.* In ed. Rom. Ἐλπίσατε ἐπ' αὐτὸν πᾶσα συναγωγὴ λαοῦ, ἐκχέετε..... ὅτι ὁ Θεὸς βοηθὸς ἡμῶν. Διάψαλμα. Subjicitur etiam *Diapſalma* in Pſalt. Rom. Coislin. Corb. & apud Hilarium, non verò apud Ambroſ. Auguſt. &c.

℣. 10. Sic Hilar. Ambroſ. & Caſſiod. in hunc Pſ. cum Pſalt. Corb. & Coislin. Rom. verò habet, *de vanitate ſua in idipſum.* Auguſt. in eund. Pſ. *de vanitate in unum.* Gr. ἐκ ματαιότητος ἐπὶ τὸ αὐτό.

℣. 11. Sic in Pſalt. Corb. ad verbum. Coislin. pariter habet *in iniquitatem ;* Rom. *in iniquitate, & in rapinis ;* ambo *ſi affluant.* Pſ. è Mſ. Vatic. ap. Hilar. *Nolite ſper. in iniquitate, & in rapinas .... ſi affluant, &c.* Eadem repetit Hilarius ipſe, excepto uno *ſi fluant ;* quæ vox infra redit in commentar. Tertull. l. 4. adv. Marc. p. 709. b. ait : *Ne depdeſaveritis divitias : & ſi relucent, ne adjeceritis cor.* Ambroſ. in hunc Pſ. *Nolite ſper. in iniquitate, & rapinam nol. conc. divit. ſi affluant, &c.* item l. de Nab. c. 6. to. 1. col. 572. d. Auguſt. verò in eund. Pſ. *Nolite ſperare ſuper iniquitatem, & in rapinam ne concupiſcatis : divitiæ ſi fluant, ne apponatis cor.* Apud Caſſiod. ut in Vulg. excepto uno *in rapinis ;* Mſ. tamen 1. hab. *rapinas.* Similiter Chromat. Aquil. in Matth. p. 988. f. Fulg. verò ep. 7. p. 195. *& in rapina, &c* ut in Vulg. Gr. Μὴ ἐλπίζετε ἐπ' ἀδικίαν, καὶ ἐπὶ ἁρπάγματα μὴ ἐπιποθεῖτε· πλοῦτος ἐὰν ῥέῃ, μὴ προστίθεσθε καρδίαν.

℣. 12. Accinunt Hilar. Ambr. Aug. & Caſſiod. in hunc Pſ. unà cum Pſalt. Rom. &c. Gr. extremò hab. ὅτι τὸ κράτος τοῦ Θεοῦ.

℣. 13. Pſalt. Rom. Corb. & Vatic. ap. Hilar. ita ferunt cum Caſſiod. *quia tu reddes ſingulis ſecundùm opera eorum.* Coislin. & Moz. *ſecundum opera ſua.* Hilar. & Auguſt. in hunc Pſ. *quia tu reddes unicuique ſecundùm opera ejus ;* Aug. ſup. *ſua.* Ambroſ. in eund. Pſ. alludens ait : *Ipſe reddet unicuique ſecundùm opera.* Gr. ὅτι σὺ ἀποδώσεις ἑκάστῳ κατὰ τὰ ἔργα αὐτοῦ.

Ex Mſ. Sangerm.

Vulgata hod.	Hebr.	Versio antiqua.
Pſalmus David, 1. Cùm eſſet in deſerto Idumææ. (1. *Reg.* 22. 5.) LXII.	*Canticum David, • Cùm eſſet in deſerto Juda. LXIII.*	Pſalmus David, 1. Cùm eſſet in deſerto Idumææ. LXII.
2. DEus Deus meus ad te de luce vigilo.	*DEus fortitudo mea tu es: de luce conſurgam ad te.*	2. DEus Deus meus ad te de luce vigilo.
Sitivit in te anima mea, quàm multipliciter tibi caro mea.	*Sitivit te anima mea, deſideravit te caro mea*	Sitiit in te anima mea, quàm multipliciter caro mea
3. In terra deſerta, & invia, & inaquoſa: ſic in ſancto apparui tibi, ut viderem virtutem tuam, & gloriam tuam.	*In terra invia & conſitiente, ac ſine aqua: ſic in ſancto apparui tibi, ut videam fortitudinem tuam, & gloriam tuam.*	3. In deſerto, & in invio, & inaquoſo: ſic in ſancto apparui tibi, ut viderem virtutem tuam, & gloriam tuam.
4. Quoniam melior eſt miſericordia tua ſuper vitas: labia mea laudabunt te.	*Melior eſt enim miſericordia tua quàm vita: labia mea laudabunt te.*	4. Quia melior eſt miſericordia tua ſupra vitam: labia mea laudabunt te.
5. Sic benedicam te in vita mea: & in nomine tuo levabo manus meas.	*Sic benedicam te in vita mea: in nomine tuo levabo manus meas.*	5. Sic benedicam te in vita mea: & in nomine tuo levabo manus meas.
6. Sicut adipe & pinguedine repleatur anima mea: & labiis exſultationis laudabit os meum.	*Quaſi adipe & pinguedine implebitur anima mea, & labiis laudantibus canet os meum.*	6. Sicut adipe & pinguedine repleatur anima mea: & labia exſultationis laudabunt nomen tuum.
7. Si memor fui tui ſuper ſtratum meum, in matutinis meditabor in te: 8. quia fuiſti adjutor meus.	*Recordans tui in cubili meo, per ſingulas vigilias meditabor tibi: quia fuiſti auxilium meum,*	7. Sic memor fui tui ſupra ſtratum meum, in matutinis meditabor in te: 8. quia factus es adjutor meus.
Et in velamento alarum tuarum exſultabo, 9. adhæſit anima mea poſt te. me ſuſcepit dextera tua.	*Et in umbra alarum tuarum laudabo: adhæſit anima mea poſt te, me ſuſcepit dextera tua.*	Et in velamento alarum tuarum exſultabo, 9. adhæſit anima mea poſt te: me ſuſcepit dextera tua.

Notæ ad Versionem antiquam.

℣. 1. Concinunt Pſalt. Rom. Corb. & Coislin. unà cum Caſſiod. Pſ. verò è Mſ. Vatic. ap. Hilar. habet: *Pſalmus David, Cum iſſet in deſertum Idumaa.* Mozarab. *In finem, Pſalmus ipſi David, Cùm eſſet in deſertum Idumaa.* Hilarius in comment. p. 151. c. dicit: *David in deſerto habitaſſe, libro Regnorum continetur.* Auguſt. in eund. Pſ. *Titulum habet iſte Pſalmus: Ipſi David, Cùm eſſet in deſerto Idumaa.* Gr. Ψαλμὸς τῷ Δαυὶδ, ἐν τῷ εἶναι αὐτὸν ἐν τῇ, &c.

℣. 2. Ita in Pſalt. Corb. Rom. verò Fabri hab. *Sitivit in te..... quàm multipliciter & caro mea.* Rom. Martian. *Sitivit in te..... quàm multipliciter tibi & caro mea.* Coislin. *Sitivit tibi anima mea, quàm multipl. & caro mea.* Pſ. è Mſ. Vat. ap. Hilar. *Deus Deus meus ad te diluculo video. Sitivit in te an. mea, quàm ſimpliciter caro mea.* Hilarius in expoſit. *Deus Deus meus ad te de luce* (Mſ. Miciac. *diluculo*) *video. Sitivit tibi anima mea, quàm ſimpliciter caro mea.* Ambroſ. in Pſ. 118. to. 1. 1104. c. *Sitivit in te anima mea;* & infra 1236. e. *quàm diſtabuit caro mea.* Auguſt. in hunc Pſ. *Sitivit tibi anima mea, quàm multiplicitèr tibi & caro mea:* itidem epiſt. 130. to. 2. 384. f. ſed abſque ſecundo *tibi.* Hieron. in Ezech. 16. to. 3. 797. f. *Sitivit anima mea ad te Deus, quàm multipl. tibi caro mea:* tum addit: *ſive ut quadam habent exemplaria,* quomodo conſumpta eſt caro mea: & infra in c. 44. col. 1026. a. *quomodo contabuit caro mea:* rurſus epiſt. ad Sun. & Fretel. to. 2. 642. c. habet: *Sitivit tibi anima mea;* monetque in Græco legi, *Sitivit in te;* at inquit, *in Hebræo non* attha, *quod ſignificat* te, *ſed* lach, *quod oſtenditur* tibi; *quod & omnes Interpretes tranſtulerunt: ergo ſecundùm linguæ proprietatem verſum eſt in Latinum.* Apud Caſſiod. ut in Vulg. In Gr. Ὁ Θεὸς ὁ Θεός μου πρὸς σὲ ὀρθρίζω. Ἐδίψησέ σοι (Ald. & Compl. σε) ἡ ψυχή μου, ποσαπλῶς σοι ἡ σάρξ μου: de hac voce ποσαπλῶς, vide Nobil. not. b. Theodot. legit ποσαχῶς.

℣. 3. Concordant Pſalt. Corb. Coislin. & Rom. Martian. Rom. verò Fabri hab. *& in inaquoſo.* Vatic. ap. Hilar. *In deſerto, & invio, & inaquoſo,* &c. Hilar. in enarrat. col. 151. e. *In terra deſerta, & in invia, & inaquoſa,* &c. at infra 152. d. cum Caſſiod. *In deſerto, & in invio, & inaquoſo.* Ambroſ. in Pſ. 118. to. 1. 1236. e. *In terra deſerta, in invia, & ſine aqua.* Hieron. in Ezech. 44. to. 3. col. 1026. a. *In terra deſerta, invia,* &c. Auguſt. in hunc Pſ. & epiſt. 130. to. 2. 384. f. *In terra deſerta, & ſine via, & ſine aqua: ſic in..... ut viderem potentiam tuam, & virt. tuam.* Gr. Ἐν γῇ ἐρήμῳ, καὶ ἀβάτῳ, καὶ ἀνύδρῳ οὕτως..... ὤφθην σοι, τοῦ ἰδεῖν τὴν δύναμιν, &c.

℣. 4. Sic in Pſalt. Moz. & apud Caſſiod, cum hoc, *ſuper vitam;* in Rom. & Coislin. *ſuper vitas;* in Corb. *ſuper vita.* Hilarius in Pſ. 51. col. 81. a. & in Pſ. 59. col. 141. e. legit *ſuper vitam:* itidem in Pſ. 62. col. 152. f. ſed addit *Domine* in fine, cum Pſalt. Coislin. in expoſit. autem hujus Pſ. col. 153. c. 154. a. b. 155. d. utramque lectionem uſurpat, *ſuper vitam,* & *ſupra vitas.* Aug. & Græc. non differunt à Vulg.

℣. 5. Ita legit Ambroſ. in Pſ. 38. to. 1. 846. f. ſicut Hilar. Aug. & Caſſiod. in hunc Pſ. Similiter habet Pſalt. Rom. Pſalmus Vatic. ap. Hilar. delet & circa medium unà cum Gr. Hilarius in enarratione, col. 154. a. adhibet voces *elevabit, elevatio manuum;* Gr. ἀρῶ.

℣. 6. Mirè concinunt Hilarius, Auguſt. & Caſſiod. in hunc Pſ. una cum Pſalt. Rom. Mediolan. Carnut. Vatic. Corb. Moz. & Græco. Coislin. verò ita: *in labia exſultationis laudabo nomen tuum.* Ambroſ. in Pſ. 38. to. 1. 846. f. & epiſt. 29. col. 905. a. *Tanquam adipe & ping. repleatur anima mea:* at l. 2. de Cain & Ab. c. 5. col. 214. c. legit, *Sicut adipe & ping. replebitur,* &c. Auguſt. loco cit. *Tanquam..... repleatur.*

℣. 7. Sic Ambroſ. l. de virginit. to. 2. 235. b. cum Pſalt. Moz. & Rom. Fabri, excepto uno *ſuper,* pro *ſupra.* Sic etiam Nicetius, Spicil. to. 3. p. 2. c. niſi quòd addit *Domine* in fine. Hilarius in hunc Pſ. leg. *Si memoratus ſum tui ſupra ſtratum meum, in matutinis meditabar in te:* & ſic deinceps de meditatione diſſerit, ut de re præterita, non autem futura. Pſalm. tamen è Mſ. Vat. ap. ipſum hab. *Si memor fui tui ſupra ſtrat..... meditabor.* At Auguſt. in eund. Pſ. conſtanter: *Si memoratus ſum tui ſuper ſtratum meum, in diluculis meditabar in te:* inf. col. 615. a. *Si memor fui in ſtrato meo.* Caſſiod. cum Pſalt. Rom. Martianæi, nil differt à Vulg. In Coislin. ita: *Sic memor ero tui ſupra ſtratum meum, in matut. meditabor in te.* In Gr. Εἰ ἐμνημόνευόν σου ἐπὶ τῆς..... ἐμελέτων εἰς σέ.

℣. 8. Pſalt. Coislin. cum Rom. Fabri, *quia factus es,* &c. ut ſupra. Sic etiam legit Nicetius, Spicil. to. 3. p. 2. c. cum Caſſiod. Item Auguſt. in hunc Pſ. ſed addit, *Et in velamento pennarum tuarum exſultabo.* Hilarius in eund. Pſ. *quia fuiſti adjutor meus. Et in velam. alar. tuar. ſperabo.* Pſ. è Mſ. Vatic. ap. ipſum, *exſultabo.* In Gr. ὅτι ἐγενήθης..... ἀγαλλιάσομαι.

℣. 9. Ita legit Hilar. cum Pſalt. Rom. Ita quoque Ambroſ. l. de Iſaac, c. 3. col. 358. d. & in Pſ. 118. col. 1104. c. Ita etiam Caſſiod. & Gaud. Brix. ſerm. 1. p. 946. c. In Pſalt. Coislin. ſic: *me autem ſuſcepit dext. tua.* Apud Auguſt. in hunc Pſ. & l. de unit. Eccl. to. 9. col. 343. g. *Agglutinata eſt anima mea poſt te: me ſuſcepit,* &c. Gr. Ἐκολλήθη ἡ ψυχή μου ὀπίσω σου· ἐμοῦ ἀντελάβετο, &c. Ald.

VERSIO ANTIQUA.

Ex Mſ. Sangerm. 10. Ipſi autem in vanum quæſierunt animam meam, introibunt in inferiora terræ: 11. tradentur in manus gladii, partes vulpium erunt.

12. Rex verò lætabitur in Domino, in Deo laudabitur omnis qui jurat in ipſo: quoniam obtuſum eſt os loquentium iniqua.

HEBR.

Ipſi verò interficere quærunt animam meam, ingredientur in extrema terræ: congregentur in manus gladii, pars vulpium erunt.

Rex autem lætabitur in Deo, laudabitur omnis qui jurat in eo: quia obſtruetur os loquentium mendacium.

VULGATA HOD.

10. Ipſi verò in vanum quæſierunt animam meam, introibunt in inferiora terræ: 11. tradentur in manus gladii, partes vulpium erunt.

12. Rex verò lætabitur in Deo, laudabuntur omnes qui jurant in eo: quia obſtructum eſt os loquentium iniqua.

NOTÆ AD VERSIONEM ANTIQUAM.

& Compl. ἐμῦ δὲ, &c.

℣. 10. Accinunt Hilar. Aug. & Caſſiod. in hunc Pſ. una cum Pſalt. Rom. &c. Hieron. in Iſai. 24. to. 3. 207. e. *ingredientur ad extrema terræ.* Gr. εἰσελεύσονται εἰς τὰ κατώτατα τῆς γῆς.

℣. 11. Sic eſt in Pſalt. Rom. Coislin. & in Gr. Sic etiam apud Hilar. Aug. & Caſſiod. in hunc Pſ. Ita quoque legit Hieron. in Iſai. 24. to 3. 207. e. at epiſt. ad Damaſ. to. 3. 524. e. *cadent in manu gladii.*

℣. 12. Pſalt. Rom. non differt à Vulg. niſi uno *Domino*, pro *Deo.* Ita quoque Coislin. hab. cum Caſſiodoro. Mozarab. & Corb. ſic: *Rex verò lætab. in Domino, laudabitur omnis qui jurat in eo: quia obſtructum eſt os*, &c. Hilarius in hunc Pſ. *Rex autem lætabitur in Deo, & laudabitur omnis qui jurat in eo: quoniam obſtructum eſt os*, &c. Auguſt. in eund. Pſ. *Rex vero lætab. in Deo, laudabitur omnis qui jurat in ipſo: quoniam oppilatum eſt os loquent. iniqua.* Auctor l. 2. de voc. Gent. c. 1. p. 19. f. *ut obſtruatur os loquentium iniqua.* Cæleſtin. I. epiſt. 22. to. 1. Conc. col. 1196. a. *obſtructum* dicit *os loq. iniqua.* Gr. Ὁ δὲ βασιλεὺς..... ἐπὶ τῷ Θεῷ, ἐπαινεθήσεται πᾶς ὁ ὀμνύων ἐν αὐτῷ· ὅτι ἐνεφράγη στόμα, &c.

VERSIO ANTIQUA.

Ex Mſ. Sangerm. In finem,
1. Pſalmus ipſi David. LXIII.

2. Exaudi Deus orationem meam dum tribulor: à timore inimici mei erue animam meam.

3. Protege me à conventu malignantium, à multitudine operantium iniquitatem.

4. Quia exacuerunt tanquam gladium linguas ſuas: intenderunt arcum rem amaram, 5. ut ſagittent in obſcuro immaculatum.

6. Derepente ſagittabunt eum, & non timebunt: firmaverunt ſibi verbum malum.

Diſputaverunt ut abſconderent laqueos: dixerunt: Quis videbit eos?

7. Perſcrutaverunt iniquitates: defecerunt ſcrutantes ſcrutinio.

HEBR.

Victori
Canticum David. LXIV.

Audi Deus vocem meam loquentis: à timore inimici ſerva vitam meam.

Abſconde me à conſilio malignorum, à tumultu operantium iniquitatem.

Quia exacuerunt quaſi gladium linguam ſuam: tetenderunt ſagittam ſuam verbum amariſſimum, ut ſagittarent in abſconditis ſimplicem.

Subitò ſagittabunt eum, & non timebunt: confortaverunt ſibi ſermonem peſſimum.

Narraverunt ut abſconderent laqueos: dixerunt: Quis videbit eos?

Scrutati ſunt iniquitates: defecerunt ſcrutantes ſcrutinio,

VULGATA HOD.

In finem,
1. Pſalmus David. LXIII.

2. Exaudi Deus orationem meam cùm deprecor: à timore inimici eripe animam meam.

3. Protexiſti me à conventu malignantium, à multitudine operantium iniquitatem.

4. Quia exacuerunt ut gladium linguas ſuas: intenderunt arcum rem amaram, 5. ut ſagittent in occultis immaculatum.

6. Subitò ſagittabunt eum, & non timebunt: firmaverunt ſibi ſermonem nequam.

Narraverunt ut abſconderent laqueos: dixerunt: Quis videbit eos?

7. Scrutati ſunt iniquitates: defecerunt ſcrutantes ſcrutinio.

NOTÆ AD VERSIONEM ANTIQUAM.

℣. 1. Pſalt. Rom. & Corb. delent *ipſi*, cum Caſſiod. Nil legitur apud Auguſt. Hilarius in expoſit. p. 156. f. ait: *Pſalmi ſuperſcriptio hiſtoriam non continet; ſimplex eſt... tantùm per id quod* In finem *præſcribitur.* In Gr. Εἰς τὸ τέλος, Ψαλμὸς τῷ Δαυίδ.

℣. 2. Ita legitur, *dum tribulor*, in Pſalt. Moz. & Carnut. Apud Hilar. & Caſſiod. in hunc Pſ. *cùm tribulor*, ut in Pſalt. Coislin. Corb. & Rom. Fabri; in Rom. Martian. *cùm deprecor.* In Vatic. apud Hilar. *cùm deprecor ad te*, &c. ut in Vulg. Apud. Aug. *dum tribulor: à timore inimici erue anim. meam.* In Gr..... ἐν τῷ δέεσθαί με πρός σε· ἀπὸ φόβου ἐχθροῦ ἐξελοῦ τὴν, &c.

℣. 3. Hilar. Aug. & Caſſiod. in hunc Pſ. legunt, *Protexiſti me à conventu*, cum Pſalt. Rom. &c. in Mediolan. *à converſatione.* In Gr. Ἐσκέπασάς με ἀπὸ συστροφῆς, &c. Ald. & Compl. Σκέπασόν με. Brev. Moz. præponit *&*, huic, *à multitudine*; at in Gr. deeſt.

℣. 4. Pſalt. Moz. hab. *arcum ſuum.* Rom. Vulgatæ conſonat cum Coislin. Corb. & Caſſiodoro. Pſ. Vatic. apud Hilar. legit: *Qui exacuerunt ut glad. linguam ſuam*, &c. ut in Vulg. Hilarius in comment. *Qui exacuerunt ut glad. linguas ſuas*, &c. Auguſt. in eund. Pſ. *Quia exacuerunt tanquam gladium linguas*, &c. Gr. Οἵτινες ἠκόνησαν ὡς ῥομφαίαν τὰς, &c.

℣. 5. Sic Hilar. in hunc Pſ. cum Pſalt. Corb. Auguſt. verò in eund. *ut ſagittarent in abſcondito immaculatum.* Pſalt. Moz. Rom. Coislin. &c. Vulgatæ congruunt cum Caſſiod. Græc. τοῦ κατατοξεῦσαι ἐν ἀποκρύφοις ἄμωμον.

℣. 6. Ita legit Hilar. in hunc Pſ. præter unum *ſubitò*, loco *derepente.* Itidem in Pſalt. Rom. Coislin. Carnut. & Mozarab. Mediolan. verò hab. infra, *Diſpoſuerunt ut abſconderent*, &c. Sic etiam Caſſiod. cum hoc ult. *Quis videbit nos?* Similiter in Pſalt. Corb. *Quis videbit nos?* ſed habet ſup. *diſputaverunt*, non *diſpoſuerunt.* Auguſt. in eund. Pſ. ita: *Repente ſagittabunt eum, & non timebunt: obfirmaverunt ſibi ſermonem malignum. Narraverunt ut abſconderent muſcipulas: dixerunt: Quis videbit eas?* S. Paulinus epiſt. 12. p. 61. c. *Diſputaverunt enim ut abſcond. laqueos*, &c. Gr. Ἐξάπινα κατατοξεύσουσιν..... ἐκραταίωσαν ἑαυτοῖς λόγον πονηρόν. Διηγήσαντο τοῦ κρύψαι παγίδας· εἶπαν· Τίς ὄψεται αὐτούς;

℣. 7. Pſalt. Corb. *Scrutati ſunt iniquitates: & defecerunt ſcrutantes ſcrutinio. Accedet homo, & cor altum.* Rom. *Scrutati ſunt iniquitatem: defec. ſcrut. ſcrutinium. Accedet homo ad cor altum.* Coislin. *Perſcrutati ſunt iniquitatem.... Accedit homo, & cor altum.* Sic etiam in Moz. *Perſcrutati ſunt*; ſed habet *ſcrutinium*, cum Mediolan. & Caſſiod. Hilarius in hunc. Pſ. legit: *Perſcrutati ſunt iniquitates* (cod. Reg. *iniquitatem*:) *defec.... ſcrutinio. Accedet homo, & cor altum.* Auguſt. in eund. Pſ. *Perſcrutati ſunt iniquitatem: defecerunt ſcrutantes ſcrutationes. Accedet homo, & cor altum.* Similiter in Pſalt. Carnut. *& cor altum.* In Gr. Ἐξηρεύνησαν ἀνομίαν· ἐξέλιπον ἐξερευνῶντες ἐξερευνήσει (Ald. & Compl. ἐξερευνήσεις.) Προσελεύσεται ἄνθρωπος, καὶ καρδία βαθεῖα.

VULGATA HOD.	HEBR.	VERSIO ANTIQUA.	
Accedet homo ad cor altum : 8. & exaltabitur Deus.	*Et cogitationibus ſingulorum, & corde profundo.*	Accedet homo, & cor altum : 8. & exaltabitur Deus.	Ex Mſ. Sangerm.
Sagittæ parvulorum factæ ſunt plagæ eorum : 9. & infirmatæ ſunt contra eos linguæ eorum.	*Sagittabit ergo eos Deus jaculo repentino : inferentur plagæ eorum, & corruent in ſemetipſos plagis ſuis.*	Sagittæ infantium factæ ſunt plagæ eorum : 9. & pro nihilo habuerunt eum, & infirmatæ ſunt ipſos linguæ eorum.	
Conturbati ſunt omnes qui videbant eos : 10. & timuit omnis homo.	*Fugient omnes qui viderint eos, & timebunt omnes homines :*	Conturbati ſunt omnes qui videbant eos : 10. & timuit omnis homo.	
Et annuntiaverunt opera Dei : & facta ejus intellexerunt.	*Et annuntiabunt opus Dei, & opera ejus intelligent.*	Et adnuntiaverunt opera Dei : & facta ejus non intellexerunt.	
11. Lætabitur juſtus in Domino, & ſperabit in eo, & laudabuntur omnes recti corde.	*Lætabitur juſtus in Domino, & ſperabit in eo : & exſultabunt omnes recti corde.*	11. Lætabitur juſtus in Domino, & ſperavit in eo, & laudabuntur omnes, qui recto ſunt corde.	

NOTÆ AD VERSIONEM ANTIQUAM.

℣. 8. Sic Ambroſ. l. 1. de Jac. c. 8. to. 1. 457. a. & to. 2. 873. e. item Auguſt. in hunc Pſ. & in Pſ. 56. n. 13. At Hilar. in eund. Pſ. legit, *Sagittæ parvulorum*, cum S. Paulino, epiſt. 37. p. 228. c. rurſuſque Hilar. in Pſ. 118. & 143. pp. 373. c. 557. f. Similiter Hieron. epiſt. ad Sun. & Fretel. to. 2. 642. c. notatque in Græco legi *Sagitta parvulorum : ſed ſi ſic dicamus*, inquit, *non reſonat in Latino : Sagitta parvulorum factæ ſunt plagæ eorum.* In ed. Rom. Βέλος νηπίων ἐγενήθησαν αἱ, &c.

℣. 9. Pſalt. Corb. *& pro nihilo habuerunt contra ipſos lingua eorum. Conturbati ſunt*, &c. ſed abraſa videtur ibid. litterula una poſt *lingua*, quaſi ſcriptum fuiſſet primitus *linguæ*, vel *linguas*. Rom. & Carnut. *& pro nihilo habuerunt contra eos lingua ipſorum. Conturbati ſunt omnes*, &c. Coiſlin. *& pro nihilum habuerunt eum contra ipſa ipſos* (l. *ipſos ipſa*) *lingua eorum.* Hilar. in hunc Pſ. *& nihil habuerunt contra ipſos linguæ eorum. Conturbati ſunt omnes*, &c. Auguſt. verò & Caſſiod. in eund. Pſ. legunt : *& infirmatæ ſunt ſuper eos linguæ eorum*, &c. ut in Vulg. omiſſis his quæ antecedunt. Similiter in Brev. Moz. *& infirmatæ ſunt ſuper eos.* Apud S. Paulin. ep. 37. p. 228. c. *ita infirmati ſunt ictus* (Mſ. Vat. *jactus*) *eorum.* In Gr. καὶ ἐξουθένησαν αὐτὸν αἱ γλῶσσαι αὐτῶν. Ἐταράχθησαν πάντες, &c. al. ἐξηθένησαν ἐπ' αὐτούς.

℣. 10. Hilar. Aug. & Caſſiod. in hunc Pſ. concordant cum Vulg. Sic etiam in Pſalt. Rom. Corb. &c. & Gr. nec alibi reperitur negatio ante *intellexerunt*, præterquam in Pſalt. Sangerm.

℣. 11. Auguſt. in hunc Pſ. *Lætabitur..... & ſperabit in eum, & laudabuntur omnes qui recti ſunt corde ;* infra, *omnes recti corde :* at ſerm. 21. to. 5. 110. b. ſic : *Jocundabitur juſtus in Domino, & ſperabit in eo, & gloriabuntur omnes recti corde.* Hilarius, & Caſſiod. in eund. Pſ. cum Vulgata concinunt. Gr. Εὐφρανθήσεται δίκαιος ἐν τῷ Κυρίῳ, καὶ ἐλπιεῖ ἐπ' αὐτὸν, καὶ ἐπαινεθήσονται πάντες οἱ εὐθεῖς τῇ καρδίᾳ.

VULGATA HOD.	HEBR.	VERSIO ANTIQUA.	
In finem, Pſalmus David, 1. Canticum Jeremiæ & Ezechielis populo tranſmigrationis, cùm inciperent exire. LXIV.	*Victori Carmen David Cantici. LXV.*	In finem, 1. Pſalmus Jeremiæ & Ezechiel profectionis. LXIV.	Ex Mſ. Sangerm.
2. Te decet hymnus Deus in Sion : & tibi reddetur votum in Jeruſalem.	*Tibi ſilet laus Deus in Sion, & tibi reddetur votum.*	2. Te decet hymnum Deus in Sion : & tibi reddentur vota in Jeruſalem.	
3. Exaudi orationem meam : ad te omnis caro veniet.	*Exaudi orationem, donec ad te omnis caro veniat.*	3. Exaudi orationem meam : ad te omnis caro veniet.	
4. Verba iniquorum prævaluerunt ſuper nos : & impietatibus noſtris tu propitiaberis.	*Verba iniquitatum prævaluerunt adverſùm me : ſceleribus noſtris tu propitiaberis.*	4. Verba iniquorum prævaluerunt ſuper nos : & impietatibus noſtris tu propitiaberis.	

NOTÆ AD VERSIONEM ANTIQUAM.

℣. 1. Hilar. in hunc Pſ. col. 162. f. hab. *In finem ;* exinde col. 173. a. *Pſalmus Cantici.* Brev. Moz. *In finem, Canticum, Pſalmus David.* Pſalt. Rom. Fabri, cum Pſ. è Mſ. Vat. ap. Hilar. *In finem, Pſalmus David.* Rom. Martian. addit : *Canticum Jeremiæ & Aggæi de verbo peregrinationis, quando incipiebant proficiſci.* Coiſlin. *In finem, Pſ. David, Canticum Jeremiæ, & Ezechiel, & populi peregrinationis.* Corb. *In finem, Pſalmus David, Canticum Jeremiæ & Ezechiel de verbo peregrinationis, quando proficiſci cœperunt.* Carnut. *Jeremiæ & Ezechiel de verbo peregrinationis, quando incipiebant proficiſci.* Auguſt. in hunc Pſ. *In finem, Pſ. David, Cant. Jerem. & Ezech. ex populo tranſmigrationis, cùm inciperent exire.* Itidem apud Caſſiod. ſi excipias ſeqq. *de populo..... cùm inciperent proficiſci.* In ed. Rom. ſimpliciter : Εἰς τὸ τέλος, Ψαλμὸς τῷ Δαυίδ, Ὠδή. At in edd. Ald. & Compl. Εἰς τὸ τέλος, Ψαλμὸς ᾠδῆς... Ὠδὴ Ἱερεμίου καὶ Ἰεζεκιὴλ τοῦ λαοῦ τῆς παροικίας, ὅτε ἔμελλον ἐκπορεύεσθαι.

℣. 2. Hilarius in hunc Pſ. *Tibi decet hymnus Deus*, &c. ut in Vulg. Pſ. verò è Mſ. Vat. ap. ipſum, cum Pſalt. Rom. *Te decet*, &c. Coiſlin. *Te decet hymnum Domine Deus in Sion*, &c. ut in Vulg. Corb. *Te decet hymnum Deus..... & tibi redditur votum in Jeruſ.* ſcriptum erat *hymnus*, at ſic emendatum eſt, *hymnū*, eadem manu. Ambroſ. in Pſ. 47. to. 1. 937. d. ait : *In Sion hymnus Deum decet ; & votum ei ſolvitur in Jeruſalem :* & l. 1. offic. to. 2. 10. a. *Te decet hymnus Deus in Sion ; vel Græcè*, inquit, Σοὶ πρέπει ὕμνος ὁ Θεὸς ἐν Σιών· uti nunc habetur in ed. Rom. Auguſt. & Caſſiod. Vulgatæ congruunt ; quidam tamen Mſs. Auguſt. ferunt, *& ibi reddetur*, non *tibi ;* nec improbabile eſt, conſiderata interpretandi ratione, ita legiſſe Auguſtinum. In Gr. conſtanter καὶ σοὶ, ſed omittitur vox *Jeruſalem*, ſaltem in ed. Rom. nam edd. Ald. & Compl. habent εὐχὴ ἐν Ἱερουσαλήμ.

℣. 3. Suffragantur Aug. & Caſſiod. in hunc Pſ. cum Pſalt. Rom. &c. Hilar. verò cum Pſ. Vatic. legit : *Exaudi orationem : ad te*, &c. tum addit : *non enim ſubſequitur* meam, *ut dicentis perſona poſſit intelligi : licet enim multi tanquam hoc deeſſet addiderint, non tamen in authenticis exſtat : Propheta enim non ſuo ſenſu, ſed inſpiratus loquitur :* tollit quoque *meam* ſupra in Pſ. 59. col. 140. e. 141. a. Apud Ambroſ. l. de fide reſur. to. 2. col. 1170. a. ut ſup. *ad te enim omnis caro veniet.* Victorin. Afr. l. 3. adv. Arium, p. 276. a. delet *enim ;* delet pariter Gr. ſed habet ſup. προσευχῆς μου.

℣. 4. Succinit Pſalt. Rom. cum Pſ. Vat. apud Hilar. & Caſſiodoro. At Hilarius in enarrat. legit : *Verba iniquorum invaluerunt ſuper nos : & impietates noſtras tu propitiabis.* Auguſt. in eund. Pſ. *Sermones iniquorum præval. ſuper nos : & impietates noſtras tu propitiaberis :* omnes libri hic habent *propitiaberis*, ſed infra plerique, *propitiabis.* Brev. Moz. *Verba iniq. præval. adverſùs nos*, &c. Gr. Λόγοι ἀνόμων ὑπερεδυνάμωσαν ἡμᾶς· καὶ τὰς ἀσεβείας ἡμῶν σὺ ἱλάσῃ.

	VERSIO ANTIQUA.	HEBR.	VULGATA HOD.
Ex Mſ. Sangerm.	5. Beatus, quem elegiſti, & adſumpſiſti : inhabitabit in tabernaculis tuis ;	*Beatus, quem elegeris, & ſuſceperis : habitabit enim in atriis tuis.*	5. Beatus, quem elegiſti, & aſſumpſiſti : inhabitabit in atriis tuis.
	Replebitur in bonis domus tuæ : ſanctum eſt templum tuum, 6. mirabile in æquitate.	*Replebimur bonis domus tuæ : ſanctificatione templi tui. Terribilis in juſtitia*	Replebimur in bonis domus tuæ : ſanctum eſt templum tuum, 6. mirabile in æquitate.
	Exaudi nos Deus ſalutaris noſter, ſpes omnium finium terræ, & in mari longè.	*Exaudi nos, Deus ſalvator noſter, confidentia omnium finium terræ, & maris longinqui.*	Exaudi nos Deus ſalutaris noſter, ſpes omnium finium terræ, & in mari longè.
* Mſ. adcinctos.	7. Præparans montes in virtute tua, * adcinctus in potentia : 8. qui conturbas fundum maris, ſonum fluctuum ejus quis ſuſtinebit?	*Præparans montes in virtute ſua, accinctus fortitudine : compeſcens ſonitum maris, fremitum fluctuum ejus,*	7. Præparans montes in virtute tua, accinctus potentiâ : 8. qui conturbas profundum maris, ſonum fluctuum ejus.
	Turbabuntur gentes, 9. & timebunt omnes qui habitant fines terræ à ſignis tuis : exitus matutini & veſpere delectaberis.	*Et multitudinem gentium. Et timebunt qui habitant in extremis à ſignis tuis : egreſſus matutinos & veſperi laudantes facies.*	Turbabuntur gentes, 9. & timebunt qui habitant terminos à ſignis tuis : exitus matutini & veſpere delectabis.
	10. Viſitaſti terram & inebriaſti eam : multiplicaſti locupletare eam.	*Viſitaſti terram & irrigaſti eam : ubertate dita eam.*	10. Viſitaſti terram & inebriaſti eam : multiplicaſti locupletare eam.
	Flumen Dei repletum eſt aquâ, paraſti cibum eorum : quoniam ſic eſt præparatio tua.	*Rivus Dei plenus aquâ : præparabis frumentum eorum, quia ſic fundaſti eam.*	Flumen Dei repletum eſt aquis, paraſti cibum illorum : quoniam ita eſt præparatio ejus.
	11. Rivos ejus inebriaſti, multiplica Domine generationes ejus : in ſtillicidiis ejus lætabitur, dum exorietur.	*Sulcos ejus inebria, multiplica fruges ejus : pluviis irriga eam, germini ejus benedic.*	11. Rivos ejus inebria, multiplica genimina ejus : in ſtillicidiis ejus lætabitur germinans.

NOTÆ AD VERSIONEM ANTIQUAM.

℣. 5. Pſalt. Rom. Coiſlin. Moz. Corb. & Vat. ap. Hilar. conſtanter hab. *inhabitabit in tabernaculis tuis. Replebimur*, &c. ut ſup. Sic etiam Caſſiod. in hunc Pſ. Item Ambroſ. l. de bono mort. c. 12. to. 1. 412. c. & l. 1. de Jac. c. 8. col. 458. d. & epiſt. 29. col. 905. e. *Replebimur in bonis domus tuæ.* At Hilarius in Pſ. 138. col. 521. f. *Replebimur ab ubertate domus tuæ :* & in Pſ. 126. col. 417. b. *ſanctum templum tuum, mirab.* &c. ſupra verò in hunc Pſ. 64. ſic : *Beatus, quem eleg. & aſſump. ut inhabitet* (paulò poſt, *inhabitabit*) *in tabernaculis tuis. Replebimur in bonis..... ſanctum eſt templ.* &c. Aug. in eund. Pſ. *inhabitabit in atriis tuis. Replebimur..... ſanctum, templum tuum.* Gr. κατασκηνώσει ἐν ταῖς αὐλαῖς σου. Πλησθησόμεθα ἐν..... ἅγιος ὁ ναός σου.

℣. 6. Sic hab. Hilar. & Caſſiod. in hunc Pſ. cum Pſalt. Rom. &c. Auguſt. verò in eund. Pſ. ſic : *mirabile* (inf. *admirabile*) *in juſtitia. Exaudi nos Deus ſalvator noſter*, &c. ut ſupra : & quæſt. 35. in Levit. to. 3. 506. a. *Exaudi nos Deus ſanitatum noſtrarum.* Gr. θαυμαστὸς ἐν δικαιοσύνῃ. Ἐπάκουσον ἡμῶν ὁ Θεὸς ὁ σωτὴρ ἡμῶν, &c.

℣. 7. Hilarius in hunc Pſ. & in Pſ. 143. col. 557. c. Vulgatæ congruit. Sic etiam Caſſiod. cum Pſalt. Rom. &c. At Aug. in eund. Pſ. leg. *Præparans montes in fortitudine ſua, circumcinctus in potentatu.* Gr. Ἑτοιμάζων ὄρη ἐν τῇ ἰσχύϊ σου, περιεζωσμένος ἐν δυναστείᾳ. Ald. & Compl. hab. ἰσχύϊ αὐτοῦ.

℣. 8. Sic eſt in Pſalt. Mediol. & Carnut. Sic etiam in Rom. & Moz. addito uno *autem*, ad *ſonum*. Corb. hab. *qui conturbas profundum maris*, &c. ut in textu Sang. Pſalmus è Mſ. Vat. ap. Hilar. non differt à Vulg. neque Hilar. ipſe in expoſit. niſi quòd habet *fundum*, ut ſupra. Aug. in eund. Pſ. *qui conturbas fundum maris, ſonum fluctuum ejus quis ſufferet?* Hieron. ep. ad Sun. & Fret. to. 2. col. 642. c. ait : *In Græco additum ſcribitis*, quis ſuſtinebit? *quod ſuperfluum eſt : ſubauditur enim : Qui conturbas profundum maris, & conturbas ſonum fluctuum ejus.* Auct. op. imp. in Matth. hom. 22. p. 104. b. *qui conturbas fundum maris, ſonum autem fluctuum ejus tu mitigas.* Itidem in Pſalt. Coiſlin. detracto uno *autem*. Græc. ὁ συνταράσσων τὸ κύτος τῆς θαλάσσης, ἤχους κυμάτων αὐτῆς. Ταραχθήσονται, &c. Ald. verò & Compl. poſt αὐτῆς, ſubdunt τίς ὑποστήσεται; dein Ταραχ. &c.

℣. 9. Ita legit Caſſiod. in hunc Pſ. cum Pſalt. Rom. Fabri. Sic etiam in Rom. Martian. ſi excipias vocem *veſperi*. In Coiſlin. ſimiliter & Corb. præter duo, *inhabitant*, & *veſpere*. In Mozarab. *& timeb. omnes qui inhabitant fines terræ à..... veſperi delectabis.* Item in Mediolan. & Carnut. *fines terræ ;* Pſ. autem è Mſ. Vat. ap. Hilar. hab. *& timebunt omnes qui habitant fines à ſignis tuis..... & veſpere delectationis.* Hilarius ipſe in enarrat. col. 168. b. *& timebunt qui inhabitant fines à ſignis tuis..... & veſpera delectationes :* tum addit : *Non ſubjecit Scriptura, ut aſſolet*, fines terræ ; *non enim hîc de terræ finibus loquebatur. Dehinc ergo ſermonis ratio non patitur ut id adjectum exiſtimemus.* At Auguſt. in eund. Pſ. retinet vocem *terræ*, legitque : *& timebunt omnes qui inhabitant fines terræ à ſignis tuis : exitus manè & veſpere delectabis.* Ambroſ. in Pſ. 118. to. 1. 1218. a. *exitus matutinos & veſpere delectabis :* epiſt. verò 63. to. 2. 1042. a. *exitu matutino & veſpere delectabis.* Gr. καὶ φοβηθήσονται οἱ κατοικοῦντες τὰ πέρατα ἀπὸ τῶν.... ἐξόδους πρωΐας καὶ ἑσπέρας τέρψεις.

℣. 10. Sic Hilarius cum Pſalt. Coiſlin. & Rom. niſi quòd hab. in fine, *quia ita eſt præp. tua.* Sic etiam in Mozarab. ſupra verò ita : *Fluvius Dei repletus eſt aquâ.* In Corb. *Flumen.... eſt aquam.... quoniam ita eſt præparatio ejus.* Pſ. è Mſ. Vatic. apud Hilar. hab. *Flumen Dei repletum eſt aquis..... quoniam ita eſt præparatio ejus.* Similiter ap. Ambroſ. in Pſ. 118. to. 1. 1138. d. & epiſt. 63. to. 2. 1042. a. Auguſt. verò in hunc Pſ. & q. 144. in Gen. to. 3. 413. c. legit : *Viſitaſti terram..... multiplicaſti ditare eam. Fluvius Dei repletus eſt aquâ, paraſti cibum illorum : quia ita eſt præparatio tua.* Sic etiam ap. Auct. op. imp. in Matth. hom. 48. p. 199. c. *multiplicaſti ditare eam.* Apud Hieron. epiſt. ad Dardan. to. 2. 607. b. *multiplic. locupletare eam. Fluvius Dei repletus eſt aquis... quoniam ſic eſt præparatio tua :* item in Iſai. 30. to. 3. 260. a. *Fluvius Dei repletus eſt aquis :* & in Ezech. 47. col. 1057. a. *Flumen Dei repletum eſt aquis, præparaſti cibum eorum : quia ſic eſt præparatio tua :* epiſt. verò ad Sun. & Fret. to. 2. 642. c. *paraſti cibum illorum : quon. ita eſt præparatio ejus ;* tum addit : *Et dicitis quòd in Græco non ſit* ejus, *cùm in Hebræo* thechina *manifeſtè* præparationem ejus *ſignificet.* Vigil. Tapſ. p. 747. b. *Fluvius Dei repletus eſt aquâ.* Caſſiod. in hunc Pſ. *Flumen Dei repletum eſt aquis..... ita eſt præp. tua :* vox etiam *tua* habetur in Pſalt. Mediolan. In Gr..... ἐπληρώθη ὑδάτων, ἡτοίμασας τὴν τροφὴν αὐτῶν· ὅτι οὕτως ἡ ἑτοιμασία.

℣. 11. Pſalt. Corb. *Rivos ejus inebria, multiplica generationes ejus : in ſtillicidiis ſuis lætabitur, cùm exorietur.* Rom. *Rivos ejus inebrians, multiplicans generationes ejus : in ſtillicidiis ſuis lætabitur, dum exorietur.* Coiſlin. *Sulcos ejus inebrians, multiplicas genemina ejus : in ſtillicidiis ejus lætabitur, cùm exorietur.* Pſ. è Mſ. Vatic. ap. Hilar. *Rivos ejus inebria, multiplica generationes ejus : in ſtillicidiis ejus lætabitur exoriens.* Similiter ap. Hilar. ipſum & Caſſiod. in eund. Pſ. hoc excepto, *cùm exorietur.* Item ap. Ambroſ. in Pſ. 118. p. 1138. c. & S. Paulinum epiſt. 44. p. 264. a. *Rivos ejus inebria, multiplica generationes tuas ;* Ambr. *ejus.* Auguſt. in hunc Pſ. *Sulcos ejus inebria, multiplica*

VULGATA HOD.	HEBR.	VERSIO ANTIQUA.	
12. Benedices coronæ anni benignitatis tuæ : & campi tui replebuntur ubertate.	*Volvetur annus in bonitate tua, & vestigia tua rorabunt pinguedine.*	12. Benedicens coronam anni benignitatis tuæ, & campi tui replebuntur ubertatem.	*Ex Ms. Sangerm.*
13. Pinguescent speciosa deserti : & exsultatione colles accingentur.	*Pinguescent pascua deserti, & exsultatione colles accingentur.*	13. Pinguescent fines deserti : & exsultatione colles accingentur.	
14. Induti sunt arietes ovium, & valles abundabunt frumento : clamabunt, etenim hymnum dicent.	*Vestientur agnis greges : & valles plenæ erunt frumento, coaquabuntur, & canent.*	14. Induti sunt arietes ovium, & convalles abundabunt frumento : etenim clamabunt, & hymnum dicent.	

NOTÆ AD VERSIONEM ANTIQUAM.

generationes ejus : in stillicid. suis lætab. cùm exorietur. Psalt. etiam Mediolan. & Carnut. hab. *in stillicidiis suis..... cùm exorietur.* Itidem in Mozarab. cum hoc, *generationes ejus.* In Gr. Τὺς αὔλακας ἀυτῆς μέθυσον, πλήθυνον τὰ γεννήματα ἀυτῆς· ἐν ταῖς σταγόσιν ἀυτῆς εὐφρανθήσεται ἀνατέλλυσα.

℣. 12. Sic hab. Psalt. Rom. Fabri. Rom. verò Martianæi cum Moz. *Benedices coronam*, &c. ut sup. Sic etiam Tichon. reg. 5. p. 61. g. & Ambros. l. de instit. virg. col. 269. f. Item Hilar. August. & Cassiod. in hunc Ps. cum Gaud. Brix. serm. 3. pag. 949. b. In Psalt. Coislin. *Benedicens corona*, &c. in Corb. *Benedicens coronam.* In Gr. Εὐλογήσεις τὸν στέφανον, &c.

℣. 13. Accinunt magno consensu Hilarius, Augustinus, & Cassiod. in hunc Ps. necnon Ambros. l. de instit. virg. to. 2. 269. f. 270. a. & S. Paulinus, ep. 44. p. 269. a. cum Psalt. Rom. Coislin. Corb. Mediol. Carnut. & Moz. In Gr. Πιανθήσεται τὰ ὄρη τῆς ἐρήμυ, &c. Ald. & Compl. cum Symm. τὰ ὡραῖα.

℣. 14. Ita legunt Hilar. & Cassiod. in hunc Ps. cum Psalt. Rom. Corb. & Moz. Sic etiam Ambros. l. de instit. virg. to. 2. 270. a. excepto verbo *abundant*; sed paulò supra *abundabunt.* Itidem August. in eund. Ps. *& convalles abundabunt*; subinde, *clamabunt, etenim hymn. dicent.* Psalt. vet. *& convalles abundant frumenta : etenim clamabunt, & hymnum dicent.* Gr. καὶ αἱ κοιλάδες πληθυνῦσι σῖτον· κεκράξονται, καὶ γὰρ ὑμνήσυσι.

VULGATA HOD.	HEBR.	VERSIO ANTIQUA.	
In finem, 1. Canticum Psalmi resurrectionis. LXV.	*Victori Canticum Psalmi. LXVI.*	In finem, 1. Canticum, Psalmus resurrectionis ipsi David. LXV.	*Ex Ms. Sangerm.*
JUbilate Deo omnis terra, 2. psalmum dicite nomini ejus : date gloriam laudi ejus.	*JUbilate Deo omnis terra, cantate gloriam nomini ejus : date gloriam laudi ejus.*	* JUbilate Deo omnis terra, 2. psalmum dicite nomini ejus :	
3. Dicite Deo : Quàm terribilia sunt opera tua Domine! in multitudine virtutis tuæ mentientur tibi inimici tui.	*Dicite Deo : Quàm terribile opus tuum! in multitudine fortitudinis tuæ mentientur tibi inimici tui.*	3. Dicite Deo : Quàm terribilia sunt opera tua! in multitudinem virtutis tuæ mentientur tibi inimici tui.	
4. Omnis terra adoret te, & psallat tibi : psalmum dicat nomini tuo.	*Omnis terra adoret te, & cantet tibi : cantet nomini tuo. SEMPER.*	4. Omnis terra adorent tibi, & psallant tibi : psalmum dicant nomini tuo, Altissime. DIAPSALMA.	
5. Venite, & videte opera Dei : terribilis in consiliis super filios hominum.	*Venite, & videte opera Dei : terribilia consilia super filios hominum.*	5. Venite, & videte opera Dei : quàm terribilis in consiliis super filios hominum.	
6. Qui convertit mare in aridam, in flumine pertransibunt pede : ibi lætabimur in ipso.	*Convertit mare in aridam, in flumine pertransibunt pede : ibi lætabimur in eo.*	6. Qui convertit mare in aridam, & flumina pertransiet pede : ibi lætabimur in ipso.	

NOTÆ AD VERSIONEM ANTIQUAM.

℣. 1. Psalt. Rom. Fabri : *In finem, Psalmus David.* Rom. Martianæi addit, *Canticum resurrectionis.* Mozarab. *In finem, Psalmus Cantici David.* Coislin. *In finem, Canticum Psalmi resurrectionis.* Corb. *In finem, Canticum Psalmi David resurrectionis.* Ps. è Ms. Vatic. ap. Hilar. *In finem, Canticum Psalmi.* Hilarius ipse initio expositionis ait : *Superscriptio Psalmi à superiore eo distat, quòd in se habet* Canticum Psalmi, *cùm in anteriore* Psalmus Cantici *editus sit : cæterùm æqualiter præscribuntur,* In finem. August. in eund. Ps. cum Vulg. *In finem, Canticum Psalmi resurrectionis.* Cassiod. *In finem, Psalmus David, Canticum resurrectionis.* Gr. Εἰς τὸ τέλος, Ὠδὴ ψαλμῦ ἀναστάσεως. Vide Ambros. in Ps. 36. to. 1. 777. c.

* ℣. 2. Sic Hilar. cum Psalt. Rom. at Rom. addit cum Vulg. *date gloriam laudi ejus* ; Hilar. autem cum Ps. è Ms. Vatic. *date glor. laudationi ejus* ; Gr. αἰνέσει ἀυτῦ. Mozarab. *Jubilate Domino omnis terra, psalmum dicite nomen ejus.* August. in hunc Ps. cum Gr. *Jubilate Deo omnis terra, psallite autem nomini ejus : date glor. laudi ejus.* Cassiod. Vulgatæ favet. Observat Hilarius ubi sup. col. 173. f. 174. a. *in Latinis codicibus legi* : Jubilate Deo omnis terra..... *In Græcis verò libris*, inquit, *qui ex Hebræo proximi sunt, non eadem significantia scribitur, namque ita se habent* : Ἀλαλάξατε τῷ Θεῷ πᾶσα ἡ γῆ· *& cum illis* ἀλαλαγμὸς, *quem Latinè* jubilum *ponunt, significat vocem exercitus prœliantis, aut in concursu proterentis hostem, aut successum victoriæ exsultationis voce testantis.*

℣. 3. Sic in Brev. Mozarab. est. Ita etiam ap. Hilar. & Cassiod. in hunc Ps. sicut in Psalt. Coislin. Corb. & Rom. hoc excepto, *in multitudine.* Ps. è Ms. Vatic. ap. Hilar. addit *Domine*, ad *opera tua*, cum Vulg. deest verò in Gr. August. in eund. Ps. legit : *Dicite Deo : Quàm timenda sunt* (inf. *metuenda sunt*) *opera tua! in multitudine potentiæ tuæ mentientur tibi inimici tui.*

℣. 4. Sic in Psalt. Corb. præter hoc, *adorent te.* Hilar. & Cassiod. in hunc Ps. cum Psalt. Rom. Mediolan. Carnut. & Coislin. addunt etiam *Altissime* in fine ; cætera ut in Vulg. Similiter in Mozarab. nisi quòd hab. *psalmum dicant.* Ps. è Ms. Vatic. ap. Hilar. sic : *Omnes terræ adorent te, & psallant tibi : psalmum dicant nomini tuo*, absque seq. *Altissime.* August. in hunc Ps. *Omnis terra adoret te, & psallat tibi : psallat nomini tuo, Altissime* : at Locut. 37. de Exodo, to. 3. col. 342. f. *Omnis terra adorent te* ; tum addit : *Omnis terra dictum est, pro hominibus qui sunt in terra.* In Gr. Πᾶσα ἡ γῆ προσκυνησάτωσάν σοι, καὶ ψαλάτωσάν σοι· ψαλάτωσαν τῷ ὀνόματί σου. Ald. & Compl. addunt, Ὕψιστε. Item sequitur illic Διάψαλμα, sicut in Psalt. Rom. Corb. & apud Hilarium.

℣. 5. Sic in Psalt. Corb. est ; sicut etiam in Rom. & ap. Cassiod. si excipias *opera Domini.* Vox pariter *Domini* est in Coislin. & Moz. necnon ap. Hilar. & August. in hunc Ps. sed absque conjunct. *quam*, quæ pariter omittitur ab Ambros. l. de instit. virg. to. 2. 254. d. legitur tamen ap. Hilarium inf. col. 177. a. 179. c. Gr. Vulgatæ consonat ; editt. verò Ald. & Compl. hab. ὡς φοβερὸς.

℣. 6. Psalt. Coislin. hab. *& flumen pertransivit pede* ;

VERSIO ANTIQUA.	HEBR.	VULGATA HOD.
Ex Mſ. Sangerm. 7. Qui dominatur in virtute ſua in æternum, oculi ejus ſuper gentes reſpiciunt : qui exacerbant te non exaltentur in ſe. DIAPSALMA.	*Qui dominatur in fortitudine ſua à ſæculo, oculi ejus gentes aſpiciunt : qui increduli ſunt, non exaltentur in ſemetipſis.* SEMPER.	7. Qui dominatur in virtute ſua in æternum, oculi ejus ſuper gentes reſpiciunt : qui exaſperant non exaltentur in ſemetipſis.
8. Benedicite gentes Deum noſtrum : & obaudite vocem laudis ejus :	*Benedicite populi Deo noſtro, & auditam facite vocem laudis ejus :*	8. Benedicite gentes Deum noſtrum : & auditam facite vocem laudis ejus,
9. Qui poſuit animam meam ad vitam : & non dedit in commotione pedes meos.	*Qui poſuit animam noſtram in vitam, & non dedit in commotionem pedes noſtros.*	9. Qui poſuit animam meam ad vitam : & non dedit in commotionem pedes meos.
10. Quoniam probaſti nos Deus : igne nos examinaſti, ſicut in igne examinatur argentum.	*Probaſti enim nos Deus : igne nos conflaſti, ſicut conflatur argentum.*	10. Quoniam probaſti nos Deus : igne nos examinaſti, ſicut examinatur argentum.
11. Induxiſti nos in laqueum, poſuiſti tribulationes in dorſo noſtro : 12. ſuperpoſuiſti homines ſuper capita noſtra.	*Introduxiſti nos in obſidionem, poſuiſti ſtridorem in dorſo noſtro : impoſuiſti homines ſuper caput noſtrum.*	11. Induxiſti nos in laqueum, poſuiſti tribulationes in dorſo noſtro : 12. impoſuiſti homines ſuper capita noſtra.
*Mſ. Tranſibimus. * Tranſivimus per ignem & aquam : & induxiſti nos in refrigerium.	*Tranſivimus per ignem & aquam : & eduxiſti nos in refrigerium.*	Tranſivimus per ignem & aquam : & eduxiſti nos in refrigerium.
13. Et introibo in domum tuam in holocauſtis : reddam tibi vota mea, 14. quæ dixerunt labia mea,	*Ingrediar domum tuam in holocauſtis : reddam tibi vota mea, quæ promiſerunt labia mea,*	13. Introibo in domum tuam in holocauſtis : reddam tibi vota mea, 14. quæ diſtinxerunt labia mea.
Et locutum eſt os meum, in tribulatione mea.	*Et locutum eſt os meum, cùm tribularer.*	Et locutum eſt os meum, in tribulatione mea.
15. Holocauſta medullata offeram tibi cum incenſo & arietibus : offeram tibi boves cum hircis. DIAPSALMA.	*Holocauſta medullata offeram tibi cum incenſo arietum : faciam boves cum hircis.* SEMPER.	15. Holocauſta medullata offeram tibi cum incenſo arietum : offeram tibi boves cum hircis.

NOTÆ AD VERSIONEM ANTIQUAM.

reliqua ut in Vulg. Carnut. & *flumina pertranſit pede.* Corb. & *flumina pertranſiit pede.* Pſ. è Mſ. Vatic. ap. Hilar. *in flumine perambulabunt pede.* Rom. & Mediolan. & *flumina pertranſibunt pede :* præterea Rom. addit, *ibi lætabimur in idipſum.* Caſſiod. Romano conſonat : Hilarius Vulgatæ ; paulò poſt tamen legit, *tranſibunt pede.* Auguſt. in eund. Pſ. *pertranſibunt pede : ibi jocundabimur in ipſo.* Gr. ἐν ποταμῷ διελεύσονται ποδί· ἐκεῖ εὐφρανθησόμεθα ἐπ' αὐτῷ.

℣. 7. Sic in Pſalt. Rom. Fabri, Corb. & ap. Caſſiod. præter ult. iſta, *qui in ira provocant non exaltentur in ſemetipſis.* Sic etiam in Coislin. ſi excipias ult. *in ſe*, vel *in ſeſe*, ut videtur ſcriptum. In Rom. Martian. Mediolan. & Carnut. *qui in iram provocant non exalt.* &c. Itidem in Pſ. è Mſ. Vatic. ap. Hilar. ſed cum ult. *in ſe.* Auguſt. in hunc Pſ. leg. *qui amaricant non exaltentur in ſemetipſis ;* inf. *in ſe ipſis.* Gr. οἱ παραπικραίνοντες μὴ..... ἐν ἑαυτοῖς. Hilarius verò in eund. Pſ. col. 177. d. ita : *Qui dominabitur in potentia ſua in æternum, oculi ejus..... qui in iram provocant non exaltentur in ſe :* & poſt pauca, col. 178. a. ait : *Sed ut in pluribus, nunc quoque Latinitas noſtra non ſatis propriè ſignificationem dicti Græci elocuta eſt : quod enim nobiſcum ſcribitur :* Qui dominabitur in virtute ſua in æternum, *in Græcis ita legitur :* Τῷ δεσπόζοντι ἐν δυναστείᾳ αὐτοῦ τοῦ αἰῶνος· *quod nobiſcum* in æternum, *id ſimplex, & in omne tempus, ſine definitionis alicujus proprietate, commune eſt : quod cum illis* τοῦ αἰῶνος, *id certi & deſignati* ſæculi *ſignificationem habet. Diapſalma* autem pariter ſubſequitur cùm in Pſalt. Rom. Martian. Coislin. & Corb. tum in Gr. & apud Hilar. deeſt autem in Rom. Fabri ; nec legitur apud Aug. & Caſſiod.

℣. 8. Ita legit Hilar. cum Pſalt. Moz. Corb. & Rom. Martianæi. Rom. verò Fabri : & *obaudite voci laudis ejus.* Miſſale Rom. ad Offert. Dom. 5. poſt Paſcha : *Benedicite gentes Dominum Deum noſtrum : & obaudite vocem*, &c. Ambroſ. in Pſ. 36. to. 1. 813. c. cum Gr. *Benedicite gentes Deum noſtrum.* Similiter Aug. & Caſſiod. in hunc Pſ. ſed addunt : & *audite vocem laudis ejus.* Pſalt. Coislin. *Benedicite gentes Deo noſtro : & obedite voci laudi ejus.* Obſervat Hilar. ſup. col. 179. d. *à Græcis ita dictum*, καὶ ἀκουτίσατε τὴν φωνὴν τῆς αἰνέσεως αὐτοῦ. Sic etiam hodie legitur in ed. Rom. LXX. Apud Symm. ἀκουστὴν ποιεῖτε, ut in Vulg.

℣. 9. Hilar. in hunc Pſ. & *non dedit commoveri pedes meos.* Sic etiam in Miſſ. Rom. ad Offert. Dom. 5. poſt Paſcha. Concinit Ambr. in Pſ. 61. to. 1. 962. c. necnon Caſſiod. in hunc Pſ. cum Pſalt. Coislin. Corb. Moz. & Rom. Martian. In Rom. Fabri, & *non dedit in commoveri ped.* &c. Apud Auguſt. in eund. Pſ. *Qui poſ. anim. meam in vitam* (Mſs. conſtanter *in vita* :) & *non dedit in motum pedes meos.* Gr. Τοῦ θεμένου τὴν ψυχήν μου εἰς ζωήν· καὶ μὴ δόντος εἰς σάλον τοὺς, &c.

℣. 10. Sic eſt in Pſalt. Rom. & Corb. detracta præpoſitione *in*, ante vocem *igne.* Sic etiam in Coislin. necnon ap. Ambroſ. l. 2. de Jac. c. 11. col. 477. b. & ap. Caſſiod. in hunc Pſ. Pſalm. autem è Mſ. Vatic. ap. Hilar. delet *in igne*, ſicut Hilar. ipſe, col. 181. a. infra tamen addit *in igne.* Apud Auguſt. in eund. Pſ. ita : *igniſti nos, ſicut ignitur argentum.* Gr. ἐπύρωσας ἡμᾶς, ὡς πυροῦται, &c.

℣. 11. Sic hab. Pſalt. Rom. cum Caſſiod. At Auguſt. in hunc Pſ. *Induxiſti nos in muſcipulam*, &c. ut ſup. Hilar. *in laqueum ;* paulòque poſt, *in dorſum noſtrum.* Pſalt. Coislin. *in dorſa noſtra ;* Carnut. & Corb. *in conſpectu noſtro ;* præterea Corb. præponit &, verbo *induxiſti.* Gr. hab. εἰς τὴν παγίδα..... ἐπὶ τὸν νῶτον ἡμῶν.

℣. 12. Pſalt. Rom. & Corb. *impoſuiſti hominem ſuper capita noſtra. Tranſivimus per..... & induxiſti nos*, &c. Sic etiam in Coislin. *impoſuiſti hominem.* In Mozarab. *poſuiſti homines..... & induxiſti nos*, &c. Pſ. è Mſ. Vat. ap. Hilar. *impoſuiſti homines..... & induxiſti nos*, &c. Hilarius verò in comment. & *eduxiſti.* Ambroſius in Pſ. 118. to. 1. 997. e. 998. c. & inf. 1097. c. 1225. d. & *induxiſti nos*, &c. item ſupra, col. 477. b. 756. d. 789. e. *tranſivimus*, &c. Auguſt. & Caſſiod. in hunc Pſ. concordant cum Vulg. In Gr. ἐπεβίβασας ἀνθρώπους..... διήλθομεν..... καὶ ἐξήγαγες ἡμᾶς, &c.

℣. 13. Ita Pſ. Vatic. ap. Hilarium. Rom. tollit 1. &. Similiter Mozarab. ſed habet inf. *cum holocauſtis.* Coislin. *cum holocauſtis : ut reddam*, &c. Corb. *in holocauſtis : ut reddam*, &c. Hilar. Auguſt. & Caſſiod. in hunc Pſ. Vulgatæ ſuffragantur cum Ambroſ. l. de Spir. S. to. 2. 650. b. & Gr.

℣. 14. Hilar. Aug. & Caſſiod. in hunc Pſ. conſtanter legunt, *quæ diſtinxerunt*, &c. ut ſup. Sic etiam Pſalt. Rom. Corb. &c. Gr. ἃς διέστειλε, &c. ut in Lat.

℣. 15. Accinunt Hilar. Auguſt. & Caſſiod. cum Pſalt. Rom. Mediol. Carnut. & Coislin. Moz. autem ſcribit, *cum incenſu & arietibus.* Corb. *cum incenſo, arietibus*, &c. Pſ. è Mſ. Vat. ap. Hilar. *cum incenſu arietum*, benè ; Hieronymus enim epiſt. ad Sun. & Fret. to. 2. 643. a. ait : *Invenisse vos dicitis :* cum incenſo & arietibus, *ſed malè ; in Hebræo enim* arietum. Auct. op. imp. in Matth. hom. 41. p.

Vulgata hod.	Hebr.	Versio antiqua.
16. Venite, audite, & narrabo, omnes qui timetis Deum, quanta fecit animæ meæ.	*Venite, audite, & narrabo, omnes qui timetis Deum, quanta fecerit animæ meæ.*	16. Venite, & audite, & narrabo omnibus, qui timetis Deum, quanta fecit animæ meæ.
17. Ad ipſum ore meo clamavi, & exaltavi ſub lingua mea.	*Ipſum ore meo invocavi, & exaltavi in lingua mea.*	17. Ad ipſum ore meo clamavi, & exſultavi ſub lingua mea.
18. Iniquitatem ſi aſpexi in corde meo, non exaudiet Dominus.	*Iniquitatem ſi vidi in corde meo, non exaudiat Dominus.*	18. Iniquitatem ſi conſpexi in corde meo, non exaudiat.
19. Propterea exaudivit Deus, & attendit voci deprecationis meæ.	*Ideo exaudivit Deus, & attendit vocem deprecationis meæ.*	19. Propterea exaudivit me Deus, intendit voci orationis meæ.
20. Benedictus Deus, qui non amovit orationem meam, & miſericordiam ſuam à me.	*Benedictus Deus, qui non abſtulit orationem meam, & miſericordiam ſuam à me.*	20. Benedictus Deus meus, qui non amovit deprecationem meam, & miſericordiam ſuam à me: & inluminet vultum ſuum ſuper nos.

Ex Mſ. Sangerm.

Notæ ad Versionem antiquam.

273. c. cum *incenſo & arietibus*. In ed. Rom. μετὰ θυμιάματος καὶ κριῶν· deinde ſic: ποιήσω σοι βόας μετὰ χιμάρων· editt. verò Ald. & Compl. ferunt ἀνοίσω σοι. Hilar. etiam loco cit. col. 182. f. ait: *Virtutem verbi ex Hebræo in Græcum demutati Latinus ſermo non tenuit: nam quod nobiſcum eſt*, offeram tibi boves cum hircis, *cum illis ita habetur*, ἀνοίσω σοι βόας μετὰ χειμάῤῥων· χείμαῤῥοι *cum Græcis, non proprium, ſed appellativum nomen hircorum eſt, & eorum maximè qui in ipſo hiemis tempore editi ſunt: & Scriptura hoc in loco tantùm* χειμάῤῥυς *nuncupavit; cæteris autem locis* τράγυς, *quos nos hircos dicimus, poſuit.* Vide plura ap. Hilar. *Diapſalma* ſubſequens ſimiliter habetur in Pſalt. Rom. Corb. Gr. & apud Hilar. non memoratur autem ab Aug. & Caſſiod.

℣. 16. Pſalt. Rom. cum Moz. *Venite, & audite, & narrabo vobis, omnes qui timetis Deum*, &c. Mozarab. *Dominum;* cui favet Coislin. cum Caſſiod. Sic etiam ap. Hilar. in comment. exceptis his, *& enarrabo..... qui tim. Deum.* Corb. hab. *Venite, audite, & narrabo vobis, omnes*, &c. Pſ. è Mſ. Vatic. ap. Hilar. *Venite, & audite, & narrabo vobis, omnes qui timent Deum*, &c. Gr. πάντες οἱ φοβύμενοι τὸν Θεόν. Auguſt. in hunc Pſ. concinit cum Vulg. & Gr. Auct. verò l. de promiſſ. p. 2. c. 27. p. 153. c. leg. *Venite, & audite, & narrabo vobis, omnibus qui timetis Dominum*, &c.

℣. 17. Conſonant Pſalt. Mozar. & Rom. Fabri. Rom. verò Martian. hab. *& exaltavi*, &c. Coislin. *Ab ipſo ore meo clamavi, & exſultavi*, &c. Hilarius in hunc Pſ. *Ad ipſum clamavi ore meo, & exaltavi*, &c. Aug. & Caſſiod. in eund. Pſ. Vulgatæ favent. Græc. Πρὸς αὐτὸν τῷ ςόματί μυ ἐκέκραξα, καὶ ὕψωσα ὑπὸ τὴν γλῶσσάν μυ.

℣. 18. Sic in Pſalt. Rom. Moz. & Vatic. ap. Hilar. hoc excepto, *non exaudiet Deus*, Coisl. hab. *non exaudiat Deus;* Carnut. *non exaudiat Dominus.* Corb. *Iniquit. ſi conſpexi in..... non audiat Deus.* Hilarius in hunc Pſ. *Injuſtitiam ſi conſpexi... non exaudiat Deus;* inf. *Iniquitatem ſi*, &c. Auct. op. imp. in Matth. hom. 1. p. 12. c. *Iniquitatem ſi conſpexi..... non exaudiet Deus.* Auguſt. in eund. Pſ. *Iniquitatem ſi conſpexi* (inf. *aſpexi*) ..... *non exaudiat Dominus.* Caſſiod. *conſpexi... non exaudiat Deus.* Chromat. Aquil. in Matth. p. 982. f. *Si iniquit. conſpexi..... non exaudiat Dominus.* Gr. Ἀδικίαν εἰ ἐθεώρυν..... μὴ εἰσακυσάτω Κύριος.

℣. 19. Ita in Pſalt. Corb. addito uno &, poſt *Deus.* Rom. Fabri delet *me*, legitque, *& intendit voci deprecat. meæ.* Rom. Martian. hab. *me.* Pſ. è Mſ. Vatic. ap. Hilar. *Propt. exaudivit Deus, & intendit voci orat. meæ.* Itidem Hilarius, Auguſt. & Caſſiod. in hunc Pſ. ſed addunt *me*, cum Brev. Mozarab. At Hieron. epiſt. ad Sun. & Fretel. to. 2. 643. a. τὸ *me* ſuperfluum eſſe dicit, tametſi legatur in Græco: ibid. etiam τῆς προσευχῆς μυ. in Ald. & Compl. δεήσεως.

℣. 20. Ita legit Auguſt. in hunc Pſ. cum Pſalt. Corb. uſque ad verſic. *& inluminet*, &c. Ita etiam Caſſiod. hab. cum Pſalt. Rom. Coislin. & Moz. excepto uno *Dominus*, loco *Deus meus.* Hilarius cum Gr. *Benedictus Deus, qui*, &c. ut in textu. Itidem in Miſſali Rom. ad Offert. Dom. 5. poſt Paſcha ad hæc uſque, *& inluminet*, &c. quæ ultima verba non ſubnectuntur niſi in Mſ. Sangerm. quò fortè advecta ſunt ab oſcitante librario è ℣. 2. Pſalmi ſeq.

Vulgata hod.	Hebr.	Versio antiqua.
In finem, 1. In hymnis, Pſalmus Cantici David. LXVI.	*Victori In Pſalmis Canticum Carminis. LXVII.*	In finem, 1. In hymnis, Pſalmus. LXVI.
2. Deus miſereatur noſtri, & benedicat nobis: illuminet vultum ſuum ſuper nos, & miſereatur noſtri.	*Deus miſereatur noſtri, & benedicat nos: illuſtret faciem ſuam ſuper nos. Semper.*	2. Deus miſereatur nobis, & benedicat nos: inluminet vultum ſuum ſuper nos, & miſereatur nobis. Diapsalma.
3. Ut cognoſcamus in terra viam tuam, in omnibus gentibus ſalutare tuum.	*Ut nota fiat in terra via tua: in univerſis gentibus ſalus tua.*	3. Ut cognoſcamus in terram viam tuam, & in omnibus gentibus ſalutare tuum.
4. Confiteantur tibi populi Deus: confiteantur tibi populi omnes.	*Confiteantur tibi populi Deus: confiteantur tibi populi omnes.*	4. Confiteantur tibi populi Deus: confiteantur tibi populi omnes.

Ex Mſ. Sangerm.

Notæ ad Versionem antiquam.

℣. 1. Pſalt. Rom. addit *Cantici David*, cum Vulg. & Caſſiod. In Coislin. ſic: *In finem, In hymnis Cantici David.* Pſ. è Mſ. Vat. ap. Hilar. *In finem, Hymnus, Pſalmus Cantici David.* Hilarius ipſe in enarrat. *In finem, Pſalmus Cantici.* Apud Auguſt. nil habetur. In Gr. Εἰς τὸ τέλος, Ἐν ὕμνοις, Ψαλμὸς τῷ Δαυίδ. Ald. & Compl. Ψαλμὸς Ὠδῆς.

℣. 2. Ita Hilar. habet cum Pſalt. Corb. & Rom. Coislin. verò Vulgatæ congruit. Mozarab. delet hoc, *& miſereatur nobis*, cum Auguſt. apud quem initio, *Deus miſ. noſtri, & benedicat nos*, &c. Similiter apud Caſſiod. ſed in fine additur, *& miſereatur nobis*, quod abeſt à Gr. Subjicitur autem ibid. *Diapſalma*, ſicut in Pſalt. Rom. Fabri, Corb. Coislin. & apud Hilar. at deeſt in edd. Ald. & Compl. nec legitur in Pſalt. Rom. Martian. nec ap. Auguſt. nec ap. Caſſiod.

℣. 3. Hilar. Aug. & Caſſiod. in hunc Pſ. Vulgatæ accinunt, cum Pſalt. Rom. & Gr. Similiter hab. Coislin. niſi quòd addit &, poſt *tuam.* Obſervat Hilarius ubi ſup. col. 186. d. *in Græcis ita eſſe:* Τῦ γνῶναι ἐν τῇ γῇ τὴν ὁδόν σε. *Inter* γνῶναι autem, inquit, & cognoſcamus, *id differt, quod ſine perſona diffinitione eſt* γνῶναι.

℣. 4. Itidem Hilar. Aug. & Caſſiod. in hunc Pſ. cum

VERSIO ANTIQUA.	HEBR.	VULGATA HOD.
Ex Mſ. Sangerm. 5. Lætentur & exſultent gentes : quoniam judicavit populos in æquitate, & gentes in terram diriget. DIAPSALMA.	*Lætentur & laudent gentes : quoniam judicas populos in æquitate, & gentium quæ in terra ſunt ductor es. SEMPER.*	5. Lætentur & exſultent gentes : quoniam judicas populos in æquitate, & gentes in terra dirigis.
6. Confiteantur tibi populi Deus : confiteantur tibi populi omnes : 7. terra dedit fructum ſuum.	*Confiteantur tibi populi Deus, confiteantur tibi populi omnes : terra dedit germen ſuum.*	6. Confiteantur tibi populi Deus : confiteantur tibi populi omnes : 7. terra dedit fructum ſuum.
Benedicat nos Deus noſter, 8. benedicat nos : & timeat eum omnis finis terræ.	*Benedicat nobis Deus, Deus noſter, benedicat nobis Deus : & timeant eum omnes fines terræ.*	Benedicat nos Deus, Deus noſter, 8. benedicat nos Deus : & metuant eum omnes fines terræ.

NOTÆ AD VERSIONEM ANTIQUAM.

vet. Pſalt. & Gr.

℣. 5. Vulgatæ ſuffragantur Auguſt. & Caſſiod. cum Pſalt. Rom. Pſ. verò è Mſ. Vatic. ap. Hilar. hab. *& gentes in terra deduces;* Corb. *diriges.* Hilarius in comment. *quon. judicabis* (Mſ. Reg. *judicas*) *populos in æquitate, & gentes in terra diriges :* & poſt pauca ait : *Cùm lætantur & exſultant gentes, quoniam judicabit populos in æquit. & gentes in terram diriget, cauſa lætitiæ prædicatur :* Mſs. ferunt conſtanter *in terra.* Gr. ὅτι κρινεῖς λαοὺς..... ἐν τῇ γῇ ὁδηγήσεις. Item *diriges*, apud Aug. juxta pleroſque Mſs. nec aliter in Pſalt. Coiſlin. *Diapſalma* pariter ſequitur in Pſalt. Rom. Martian. Corb. apud Hilar. & in Gr. abeſt autem à Rom. Fabri, Coiſlin. ac edd. Ald. & Compl.

℣. 6. Concordant Hilar. Aug. & Caſſiod. unà cum vet. Pſalt. & Gr.

℣. 7. Sic eſt in Pſalt. Corb. & Vatic. ap. Hilar. Item in Coiſlin. præter hoc, *Benedicat nobis Deus noſter.* Hilarius verò in comment. Vulgatæ accinit cum Pſalt. Rom. Sic etiam Aug. & Caſſiod. unà cum Græco. Apud Tertul. l. cont. Jud. c. 13. p. 146. c. *terra dedit benedictiones ſuas.*

℣. 8. Pſalt. Coiſlin. *Benedicat nobis Deus : & timent,* &c. Hilar. Aug. & Caſſiod. nil differunt à Vulg. nec etiam Pſalt. Rom. neque Gr.

VERSIO ANTIQUA.	HEBR.	VULGATA HOD.
Ex Mſ. Sangerm. In finem, 1. Pſalmus Cantici ipſi David. LXVII.	*Victori David Pſalmus Cantici. LXVIII.*	In finem, 1. Pſalmus Cantici ipſi David. LXVII.
2. EXſurgat Deus, & diſſipentur inimici ejus : & fugiant qui oderunt eum, à facie ejus.	*EXſurgat Deus, & diſſipentur inimici ejus : & fugiant qui oderunt eum, à facie ejus.*	2. EXſurgat Deus, & diſſipentur inimici ejus : & fugiant qui oderunt eum, à facie ejus.
3. Sicut deficit fumus, ita deficiant : ſicut fluit cera à facie ignis, ſic pereant peccatores à facie Dei.	*Sicut deficit fumus, deficiant : ſicut tabeſcit cera à facie ignis, ſic pereant impii à facie Dei.*	3. Sicut deficit fumus, deficiant : ſicut fluit cera à facie ignis, ſic pereant peccatores à facie Dei.
4. Et juſti epulentur, DIAPSALMA. exſultent in conſpectu Dei : delectentur in lætitiam. DIAPSALMA.	*Juſti autem lætentur, & exſultent in conſpectu Dei, & gaudeant in lætitia.*	4. Et juſti epulentur, & exſultent in conſpectu Dei : & delectentur in lætitia.
5. Cantate Domino, pſalmum dicite nomini ejus : iter facite ei, qui aſcendit ſuper cœlos cœlorum : Dominus nomen eſt ei.	*Cantate Deo, pſallite nomini ejus : præparate viam aſcendenti per deſerta : in Domino nomen ejus :*	5. Cantate Deo, pſalmum dicite nomini ejus : iter facite ei, qui aſcendit ſuper occaſum : Dominus nomen illi.
Et exſultent in conſpectu	*Et exſultate coram eo ; patri*	Exſultate in conſpectu ejus, tur-

NOTÆ AD VERSIONEM ANTIQUAM.

℣. 1. Caſſiod. in hunc Pſ. delet *ipſi*, cum Pſalt. Rom. & Moz. Coiſlin. verò hab. *In finem, David Pſalmus Cantici.* Corb. *In finem, ipſi David Pſalmus Cantici.* Ita quoque legit Auguſt. in eund. Pſ. cum Græco. Hilar. in comment. ita : *Illi David in finem, Pſalmus Cantici.*

℣. 2. Ita legit Auguſt. in hunc Pſ. cum Gaud. Brix. ſerm. 2. p. 946. d. Cypr. autem l. 2. Teſtim. p. 296. b. ſic : *Exſurgat Deus,..... & fugiant a facie ejus, qui oderunt eum.* Ita etiam Caſſiod. cum Pſalt. Rom. Hilarius verò in eund. Pſ. cum Gr. *& fugiant odientes eum, à facie ejus :* Mſs. nonnulli Auguſt. ferunt *diſpergantur*, loco *diſſipentur.* Gr. διασκορπισθήτωσαν, ſubinde edd. Ald. & Compl. ἀπὸ προσώπου αὐτοῦ, οἱ μισοῦντες αὐτόν.

℣. 3. Pſalt. Rom. Corb. & Coiſlin. cum Vulgata conſentiunt. Accinunt etiam Aug. & Caſſiod. in hunc Pſ. ſicut Hilarius ibid. niſi quod hab. *liqueſit*, pro *fluit ;* infra, *liqueſcit*, cum Gaud. Brix. ſerm. 2. p. 946. d. Brev. Moz. *liqueſcit ;* Cypr. l. 2. Teſtim. p. 296. b. *tabeſcit ;* Hieron. in Iſai. 64. to. 3. 473. c. *conſumitur ;* Gr. τήκεται. Supplevimus autem vocem ult. *Dei*, quæ aberat à Mſ. Sangerm. quæque ubique reperitur.

℣. 4. Pſalt. Corb. Vulgatæ conſonat, ſi tollatur &, poſt *epulentur.* Rom. hab. *Et juſti epulentur, exſultent in conſp. Dei : & delect. in lætitia.* Cyprianus l. 2. Teſtim. p. 296. b. *Et juſti jucundentur, & exſultent in conſp. Dei : & lætentur in jucunditate.* Hilar. in hunc Pſ. *Et juſti lætentur lætitiâ, exſultent in conſp. Dei : epulentur in lætitia ;* poſt paulò, *in lætitia lætentur.* Aug. in eund. Pſ. *Et juſti jocundentur, & exſultent in conſp. Dei : delectentur in lætitia.* Ap. Caſſiod. ut in Vulg. Gr. Καὶ οἱ δίκαιοι εὐφρανθήτωσαν, ἀγαλλιάσθωσαν ἐνώπιον τοῦ Θεοῦ· τερφθήτωσαν ἐν εὐφροσύνῃ. Nuſpiam autem reperias utrumque *Diapſalma* hîc adjunctum è Mſ. Sangerm. Nomen Dei rurſum ſupplevimus ibidem prætermiſſum ut ſup.

℣. 5. Pſalt. Rom. *Cantate Deo..... qui aſcendit ſuper occaſum : Dominus nomen eſt ei. Gaudete in conſp. ejus, turbab.* &c. Corb. *Cantate Domino..... iter facite ei, qui aſcendit ſuper occaſum : Dominus nomen eſt illi. Et lætamini in conſpectu ejus, turbab.* &c. Brev. Moz. *Cantate Deo, pſallite nomini ejus : iter facite, qui aſcend. ſup. occaſum : Dom. nomen eſt ei. Gaudete in conſp. ejus, turbab.* &c. Cypr. l. 2. Teſtim. p. 287. a. *Cantate Deo, pſallite nomini ejus : viam facite ei, qui aſcendit in occaſum : Deus nomen illi :* itidem inf. p. 296. b. ſi excipias unum *iter*, loco *viam ;* ſed addit, *turbab. à facie ejus*, omiſſis intermediis *& exſultent in conſp. ejus.* Hilar. in hunc Pſ. *Cantate Deo, pſallite nomini ejus : iter facite ei, qui aſc. ſuper occaſum : Dominus nom. eſt illi. Et exſultate in conſp. ejus, turbab.* &c. Auguſt. in hunc Pſ. *Cantate Deo, pſallite nom..... iter facite ei, qui aſc. ſuper occaſ. Dominus enim nomen eſt ei. Exſultate,* &c. Item ap. Caſſiod. *Dominus nom. eſt ei ;* reliqua ut in Vulg. De hoc autem, *exſultate*, ita Hieron. ſcribit ad Sun. & Fret. to. 2. 643. a. *In Græco inveniſſe vos dicitis,* Et exſultate...... *quod ita verſum eſt & à nobis ; ſed à quo in codice veſtro corruptum ſit, ſcire non poſſum.* In ed. Rom. Ἄσατε τῷ Θεῷ, ψάλατε τῷ..... ὁδοποιήσατε τῷ ἐπιβεβ.

VULGATA HOD.	HEBR.	VERSIO ANTIQUA.
babuntur à facie ejus, 6. patris orphanorum, & judicis viduarum.	*pupillorum, & defensori viduarum.*	ejus, turbabuntur à facie ejus, 6. qui est pater orphanorum, & judex viduarum.
Deus in loco sancto suo: 7. Deus qui inhabitare facit unius moris in domo:	*Deus in habitaculo sancto suo: Deus habitare facit solitarios in domo.*	Deus in loco sancto suo: 7. Deus qui inhabitare facit unanimes in domo:
Qui educit vinctos in fortitudine, similiter eos qui exasperant, qui habitant in sepulcris.	*Educet vinctos in fortitudine: increduli autem habitaverunt in siccitatibus.*	Qui educet vinctos in fortitudine, similiter eos qui exacerbant in ira eos, qui inhabitant in sepulcris.
8. Deus cùm egredereris in conspectu populi tui, cùm pertransires in deserto:	*Deus cùm egredereris ante populum tuum, & ambulares per desertum: SEMPER.*	8. Deus cùm egredieris coram populo tuo, dum transgredieris in deserto: DIAPSALMA.
9. Terra mota est, etenim cœli distillaverunt à facie Dei Sinai, à facie Dei Israël.	*Terra commota est, & cœli stillaverunt à facie Dei, hoc est Sinai: à facie Dei Israël.*	9. Terra mota est, etenim cœli distillaverunt à facie Dei nostri, mons Sina à facie Dei Israël.
10. Pluviam voluntariam segregabis Deus hæreditati tuæ: & infirmata est, tu verò perfecisti eam.	*Pluviam voluntariam elevasti Deus: hæreditatem tuam laborantem tu confortasti.*	10. Pluviam voluntariam segrega Deus hæreditatis tuæ: & infirmata est, tu autem perfecisti eam.
11. Animalia tua habitabunt in ea: parasti in dulcedine tua pauperi, Deus.	*Animalia tua habitaverunt in ea: præparasti in bonitate tua pauperi, Deus.*	11. Animalia habitabunt in ea: parasti in dulcedine tua pauperi, Deus.
12. Dominus dabit verbum evangelizantibus, virtute multa.	*Domine dabis sermonem annuntiatricibus fortitudinis plurimæ.*	12. Dominus dabit verbum evangelizantibus, virtutibus multis.
13. Rex virtutum dilecti dilecti: & speciei domûs dividere spolia.	*Reges exercituum fœderabuntur: fœderabuntur, & pulchritudo domus dividet spolia.*	13. Rex virtutum dilecti: & specie domûs dividere spolia.

Ex Ms. Sangerm.

NOTÆ AD VERSIONEM ANTIQUAM.

σκότει ἐπὶ δυσμῶν. Κύριος ὄνομα αὐτῷ. Καὶ ἀγαλλιᾶσθε, &c.

℣. 6. In Psalt. Corb. similiter, *pater orphanorum, & judex viduarum*, &c. In Coislin. verò, & Moz. *patres orphanorum, & judices viduarum*, &c. Apud Ambros. epist. 24. to. 2. 889. c. *judices viduarum, & patres orphanor.* at l. de virginit. col. 217. a. *patris..... & judices*, ut in Vulg. Accinunt Cypr. l. 2. Testim. p. 296. b. Hilar. August. & Cassiod. in hunc Ps. unà cum Psalt. Rom. & Gr.

℣. 7. Psalt. Rom. & Corb. *Deus qui habitare facit unanimes in domo. Qui educit vinctos..... similiter & eos qui in iram provocant, qui habitant in sepulcris.* Sic etiam in Brev. Moz. si id excipias, *in ira*, demasque præced. *&*, quod etiam deest in Corb. In Coislin. sic: *Deus qui inhabitare facis unianimes in domo..... similiter & eos qui in ira provocant, qui hab.* &c. Carnut. scribit *unanimes*, sicut legitur ad Introit. missæ Dom. 11. post Pent. Ps. è Ms. Vatic. ap. Hilar. hab. *Deus inhabit. facit unimores in domo: Educens vinctos in fortitud. similiter eos qui exacerbant, qui inhabitant in sepulcris.* Itidem Hilarius ipse in exposit. excepto uno *exacerbabant*; sed Ms. Reg. fert ibid. *exacerbant*: Hilar. tamen inf. col. 194. d. ait eduxisse eos *qui ante exacerbabant*. Apud Cyprian. l. 2. & 3. Testim. p. 296. b. 326. a. ita: *Deus qui inhab. facit unanimes in domo: Producens vinctos in virtute, similiter eos qui in iram provocant, qui inhabitant in monumentis*: vide etiam epist. 7. & 76. p. 14. a. 153. b. ut & l. de unit. Eccl. p. 196. c. & de orat. Dom. p. 206. b. Ap. S. Paulinum, epist. 26. p. 171. a. *qui facit unius moris habitare in domo.* Ap. Cassiod. in hunc Ps. ut in Vulg. præter hoc, *in iram provocant.* Apud August. verò in eund. Ps. sic: *Deus qui inhab. facit unius modi in domo: Qui educit* (inf. *educens*) *compeditos in fortitudine, similiter amaricantes, qui habitant in sepulcris.* His autem, *habitare facit unius modi*, subnectit, *vel unius moris in domo: qui enim τρόποι Græcè dicuntur, & modi, & mores Latinè interpretari possunt; nec habet Græcus*, qui inhabitare facit, *sed tantùm, habitare facit.* Gr. ὁ Θεὸς κατοικίζει μονοτρόπους ἐν οἴκῳ· Ἐξάγων πεπεδημένους ἐν ἀνδρείᾳ, ὁμοίως τοὺς παραπικραίνοντας, τοὺς κατοικοῦντας ἐν τάφοις.

℣. 8. Itidem in Psalt. Corb. Rom. verò legit: *Deus dum egredereris coram populo tuo, & dum transgredereris per desertum.* Mozarab. *Deus cùm egredieris coram pop. tuo, dum transieris per desertum.* Coislin. *Deus dum egrederis coram populo tuo, dum transgrederis per deserto.* Cyprianus autem l. 2. Testim. p. 296. b. ita: *Deus dum prodires in conspectu populi tui, in transeundo in eremum.* Hilarius in hunc Ps. *Deus dum egredereris coram pop. tuo, dum transgredereris in desertum*; sed in Bad. Er. & Ms. Reg. *egredieris..... transgredieris.* August. in eund. Ps. *Deus cùm egredereris coram pop. tuo, cùm transires in deserto.* Cassiod. *dum transgredereris in deserto.* Gr. Ὁ Θεὸς ἐν τῷ ἐκπορεύεσθαί σε ἐνώπιον τοῦ..... ἐν τῷ διαβαίνειν σε τὴν ἔρημον. Διάψαλμα. Ald. & Compl. ἐν τῇ ἐρήμῳ, absque seq. *Diapsalmate*; habetur autem in Psalt. Corb. Rom. & Coislin. sed abest à Ps. Vatic. ap. Hilar. nec additur ab ipso in comment. nec ab Aug.

℣. 9. Sic Hilar. August. & Cassiod. in hunc Ps. cum Psalt. Carnut. Corb. Coislin. & Rom. dempta tamen voce *nostri*. In Mozarab. loco *nostri*, ponitur *Israël*; reliqua desunt. In Mediolan. *à facie Dei qui est in Sina.* Observat August. loco cit. col. 670. e. f. quosdam codices, & Latinos & Græcos, non habere *mons Sina*, sed *à facie Dei Sina, à facie Dei Israel*: & verò in ed. Rom. sic: ἀπὸ προσώπου τοῦ Θεοῦ τοῦ Σινᾶ, ἀπὸ προσώπου τοῦ Θεοῦ Ἰσραήλ.

℣. 10. Psalt. Rom. cum Cassiod. *Pluviam voluntar. segregans Deus hæreditati tuæ: etenim infirm. est, tu verò perf. eam.* Itidem in Mozarab. præter unum *segrega*; in Mediolan. *segregans*; in Coislin. *segregabis..... etenim infirmata est*; in Corb. *segregas Deus hæreditatis tuæ*, &c. Apud Hilar. & Aug. in eund. Ps. *segregabis..... & infirmata est.* Apud Ambros. l. de Spir. S. to. 2. 604. a. *Pluviam voluntar. segregans Deus hæreditati suæ.* In Gr. ἀφοριεῖς ὁ Θεὸς τῇ..... καὶ ἠσθένησε, &c.

℣. 11. Psalt. Moz. *Animalia tua inhabitabunt in ea*, &c. ut in Vulg. Similiter in Rom. & Coislin. nisi quòd in Coislin. legitur *pauperis*, in Rom. *pauperes.* Ps. è Ms. Vatic. ap. Hilar. *Animal. tua habit..... in dulcedinem tuam pauperi, Deus.* Hilar. ipse, col. 196. d. *in dulcedine tua pauperi*, absque verbo *Deus*; quod tamen versui subseq. jungitur, ut in Gr. August. in eund. Ps. legit *inhabitabunt*; subinde, *parasti in tua suavitate egenti, Deus.* Ap. Cassiod. ut in Vulg. excepto verbo *inhabitabunt.* In Gr. Τὰ ζῶά σου κατοικοῦσιν ἐν αὐτῇ· ἡτοίμασας ἐν τῇ χρηστότητί σου τῷ πτωχῷ· deinde, Ὁ Θεὸς Κύριος, &c. de ℣. seq.

℣. 12. Ita Psalt. Corb. habet. Rom. verò Fabri cum Cassiod. *Dominus dabit..... virtutes multas*; Rom. Martian. *virtute multa.* Sic etiam Ambros. in Ps. 118. to. 1. 1107. d. cum August. in hunc Ps. At Hilar. in eund. Ps. *Deus Dominus dabit... virtutibus multis.* Gr. Ὁ Θεὸς Κύριος δώσει ῥῆμα τοῖς..... δυνάμει πολλῇ. Addit Hilar. sup. *Quamvis Deus, & Dominus, & rex dabit verbum; virtutes tamen istæ dilecti sunt, id est, ejus qui regi, & Domino, & Deo sit dilectus.*

℣. 13. Ita semel *dilecti*, ap. August. & Cassiod. sicut in Psalt. Mediolan. Carnut. & Coislin. Sic etiam apud Hieron. in Isai. 50. & 53. to. 3. col. 358. c. & 388. f. at omnes hab. *speciei.* Hilarius in eund. Ps. sic: *Rex virt. dilecti: & pulchritudini domûs dividere spolia*; (Ms. Reg.

Ex Ms. Sangerm.

VERSIO ANTIQUA.	HEBR.	VULGATA HOD.
14. Si dormiatis in medio fortium, pennæ columbæ deargentatæ, & posteriora ejus in specie auri. DIAPSALMA.	*Si dormieritis inter medios terminos, penna columba deargentata, & posteriora ejus in virore auri.*	14. Si dormiatis inter medios cleros, pennæ columbæ deargentatæ, & posteriora dorsi ejus in pallore auri.
15. Dum discernit cœlestis reges super terram, nive dealbabuntur in Selon: 16. montem Dei, montem uberum;	*Cùm divideret robustissimus reges in ea, nive dealbata est in Selmon: mons Dei, mons pinguis;*	15. Dum discernit cœlestis reges super eam, nive dealbabuntur in Selmon: 16. mons Dei, mons pinguis.
Montem caseatum, montem uberem: 17. ut quid suscipitis montes uberes,	*Mons excelsus, mons pinguis: quare contenditis montes excelsi*	Mons coagulatus, mons pinguis: 17. ut quid suspicamini montes coagulatos?
Montem, in quo beneplacitum est Deo inhabitare in eo? etenim Dominus inhabitavit in æternum. DIAPSALMA.	*Adversùs montem, quem dilexit Deus ut habitaret in eo? siquidem Dominus habitabit in sempiternum.*	Mons, in quo beneplacitum est Deo habitare in eo: etenim Dominus habitabit in finem.
18. Currus Dei decem millium multiplex, millia lætantium: Dominus in eis in Sina in sancto.	*Currus Dei innumerabilis millia abundantium: Dominus in eis, Sinai in sancto.*	18. Currus Dei decem millibus multiplex, millia lætantium: Dominus in eis in Sina in sancto.
19. Ascendit in altum, cepit captivitatem: accepit dona in hominem:	*Ascendisti in excelsum, captivam duxisti captivitatem, accepisti dona in hominibus:*	19. Ascendisti in altum, cepisti captivitatem: accepisti dona in hominibus:

NOTÆ AD VERSIONEM ANTIQUAM.

& Vatic. ibid. *pulchritudine.*) Psalt. Corb. & Rom. Fabri: *Rex virt. dilecti: & species domûs*, &c. Rom. Martian. *& species*, &c. Gr. Ὁ βασιλεὺς τῶν δυνάμεων τοῦ ἀγαπητοῦ τοῦ ἀγαπητοῦ· καὶ ὡραιότητι τοῦ οἴκου, &c. in edd. Ald. & Compl. deest 1. τοῦ ἀγαπητοῦ. Hilarius ubi sup. col. 197. d. ait: *Laboriosius id & obscurius, dum collocationes verborum non demutat, Translatio Latina declarat. Cæterùm absolutius totum hoc sermo è Græco enunciatus eloquitur, hunc scilicet Deum & Dominum regem earum, quæ dilecti sunt, esse virtutum:* & inf. 203. d. *Ad Ecclesiæ decus detracta diabolo spolia dividuntur, atque etiam ex his spoliis domûs pulchritudo perficitur.*

℣. 14. Psalt. Rom. Coislin. Corb. & Moz. habent, *inter medios cleros;* extremòque, *poster. dorsi ejus in specie auri;* Coislin. *dorsi ejus, species auri.* Hilar. in hunc Ps. *in viriditate auri;* cæt. ut in Rom. subinde ait: *Viriditate vigor æternus ostenditur;* item, *Posteriora dorsi, quæ interscaplia, magis Græcus sermo significat.* Ambros. l. de Parad. to. 1. col. 150. f. nil differt à Psalt. Rom. & al. similiter l. de fuga sæc. c. 5. col. 429. a. & infra 617. a. 722. f. & l. de laps. virg. to. 2. 306. f. at l. 2. de Abr. c. 5. to. 1. 322. f. delet vocem *dorsi:* lib. verò de Tob. c. 5. p. 596. d. hab. *Si dorm. inter medias fortes:* item epist. 76. to. 2. 1086. e. sed in Ps. 118. to. 1. 1154. c. ita refert: *Si dorm. inter cleros medii, pennæ..... dorsi ejus in specie auri:* & epist. 81. to. 2. 1099. f. alludendo dicit: *Is qui inter cleros duos medius requiescit.* S. Paulinus, epist 24. p. 153. a. *inter medios cleros, id est, fortes.* Eucher. in Ps. p. 845. f. cum Cassiod. *inter medios cleros..... in specie auri.* Hieron. in Isai. 60. to. 3. 451. b. *& posteriora ejus in fulgore auri:* & in Ose. col. 1283. b. *in virore auri.* August. in hunc Ps. *Si dorm. inter medios cleros, penna..... & inter scapulas ejus in viriditate auri:* item post plura, col. 674. e. ait: *Optime factum est ut hoc loco Psalmi hujus Interpretes nostri non dicerent* inter cleros, *quod Latinæ locutionis usitatum est, sed* inter medios cleros, *tanquam* inter medium clerorum, *quod potius in Græco legitur:* & supra col. 673. f. *Inter scapulas*, inquit, *pars est utique corporis, pars est circa regionem cordis, a posterioribus tamen, id est à dorso... & Latine quidem* inter scapulas *fortasse aliquo modo ex utraque parte possit intelligi, & ante & post..... & in Hebræo sit fortassis ambiguum, quod possit & hoc modo intelligi; sed quod in Græco est* μετάφρενα, *nonnisi à posterioribus significat, quod est* inter scapulas. In ed. Rom...... ἀναμέσον τῶν κλήρων..... καὶ τὰ μετάφρενα αὐτῆς ἐν χλωρότητι χρυσίου. *Diapsalma* autem ibidem non subsequitur; reperitur tamen in Psalt. Corb. & Rom. Martianæi, sed abest ab aliis, ut a Gr.

℣. 15. Psalt. Coislin. similiter hab. *super terram*, ut & Cassiod. in hunc Ps. Mozarab. verò, *cœlestis reges super eam*, &c. August. *supercœlestis reges super eam*, &c. Hilar. & Ambros. l. 2. de interpel. David, c. 4. col. 643. b. ut in Vulg. Gr. Ἐν τῷ διαστέλλειν τὸν ἐπουράνιον βασιλεῖς ἐπ' αὐτῆς..... ἐν Σελμών.

℣. 16. Psalt. Rom. hab. *montem Dei, montem uberem. Mons coagulatus, mons pinguis.* Sic etiam in Carnut. Mediol. & ap. Cassiod. Itidem in Coislin. & Corb. præter unum *uber*, loco *pinguis;* Corb. *uberis.* In Mozar. *montem Dei, montem uberum. Mons coagulatus, mons uber.* Ap. Auct. op. imp. in Matth. hom. 9. p. 56. b. *mons Dei, mons uber.* Ap. S. Paulin. ep. 23. p. 149. b. *montes Dei, montes uberes.* Apud Hilar. p. 198. d. *mons Dei, mons uber; Mons consecratus, mons pinguis.* Ap. Aug. in eund. Ps. *montem Dei, montem uberem, Montem incaseatum, vel montem pinguem;* tum addit: *Ambiguus est autem in Græco casus, utrùm sit nominativus, an accusativus; quoniam in ea lingua* mons *neutri generis est, non masculini; ideo nonnulli Latini non interpretati sunt* montem Dei, *sed* mons Dei: *puto autem melius esse* in Selmon, montem Dei, *hoc est, in montem Dei, qui vocatur Selmon.* In ed. Rom. ὄρος τοῦ Θεοῦ, ὄρος πῖον. Ὄρος τετυρωμένον, ὄρος πῖον.

℣. 17. Psalt. Rom. Fabri: *ut quid suspicatis montes uberes? Mons, in quo..... habitare in eo: etenim Dom. habitabit usque in finem.* Rom. Martian. scribit singulariter *montem uberem.* Coislin. *ut quid suscepistis montes uberes? Mons... inhabitare in eo..... habitabit usque in finem.* Mediolan. *ut quid suspicitis*, &c. Mozarab. *ut quid suspicamini montes coagulatis montem, in quo placuit Deo habitare in eo? etenim Dom. habitavit usque in finem.* Ps. è Ms. Vatic. ap. Hilar. *ut quid suscipitis;* Hilarius ipse col. 200. c. *ut quid suscepistis montes caseatos? Mons, in quo..... habitare: in eo etenim Dominus habitabit usque in finem:* & post paulò meminit *caseatorum, coagulatorumque montium:* & in Ps. 143. col. 556. d. legit, *ut quid suscepistis montes coagulatos?* Aug. in hunc Ps. *ut quid suspicamini montes incaseatos? Montem, in quo placuit Deo inhabitare* (inf. *habitare*) *in eo? etenim Dom. inhabitabit usque in finem.* Cassiod. in eund. Ps. *ut quid suscepisti montes uberes? Mons, in quo..... habitare in eo..... habitabit usque in finem.* Vigil. Tapl. p. 750. h. *Montem, in quo placuit Deo habitare: in eo etenim Dominus habitabit usque in finem.* Psalt. verò Corb. hab. *ut quid æstimaris montes uberes? Mons, in quo..... habitabit usque in finem.* In Carnut. *ut quid æstimatis?* In Gr. Ἱνατί ὑπολαμβάνετε ὄρη τετυρωμένα, Τὸ ὄρος, ὃ εὐδόκησεν ὁ Θεὸς κατοικεῖν ἐν αὐτῷ· καὶ γὰρ ὁ Κύριος κατασκηνώσει εἰς τέλος. Sequens *Diapsalma* aliubi non reperitur.

℣. 18. Concordant Psalt. Rom. Coislin. Corb. & Moz. necnon Hilar. & Cassiod. in hunc Ps. nisi quòd hab. *in illis in Sina.* Apud August. in eund. Ps. sic: *Currus Dei decem millium multiplex, vel denum millium multiplex, vel decies millies multiplex, millia, &c. unum verbum enim Græcum, sicut quisque potuit Latinorum Interpretum, transtulit quod ibi dictum est* μυριοπλάσιον: *Latinè autem satis exprimi non potuit, quoniam mille apud Græcos* χίλια *dicuntur,* μυριάδες *autem plura dena millia;* μυριὰς *quippe una, decem millia sunt.* Apud Novat. l. de Trin. p. 1035. c. *Currus Dei decies millies multiplicatus.*

℣. 19. Psalt. Rom. *Ascendens in altum, captivam duxit captivit. dedit dona hominibus: etenim qui non credunt inhabitare;* à Rom. Martianæi abest *qui.* Coislin. *Ascendens in altum, cepit captivitatem: dedit dona in hominibus. etenim qui non credunt inhabitare.* Mozar. *Ascendit in altum, cepit captivit. dedit dona hominibus: etenim qui non credunt Deum inhabitare.* Corb. *Ascendit in altum, captivam duxit captivitatem: dedit dona hominibus: etenim non credunt inhabitare.* Similiter in Carnut. *captivam duxit captivit. dedit dona hominibus.* In Mediolan. *accepit dona in homines.* Ps. e Ms. Vatic. ap. Hilar. hab. *Ascendit in al-*

VULGATA HOD.	HEBR.	VERSIO ANTIQUA.
Etenim non credentes, inhabitare Dominum Deum.	*Inſuper & non credentes inhabitare Dominum Deum.*	Etenim non credunt inhabitare. *Ex Mſ. Sangerm.*
20. Benedictus Dominus die quotidie: proſperum iter faciet nobis Deus ſalutarium noſtrorum.	*Benedictus Dominus per ſingulos dies: portabit nos Deus ſalutis noſtræ.* SEMPER.	20. Dominus Deus benedictus eſt die quotidiano: proſperum iter faciet nobis Deus ſalutarium noſtrorum. DIAPSALMA.
21. Deus noſter, Deus ſalvos faciendi: & Domini Domini exitus mortis.	*Deus noſter Deus ſalutis, & Domini Dei: mortis egreſſus.*	21. Deus noſter, Deus ſalvificandi: & Domini exitus, Domini mortis.
22. Veruntamen Deus confringet capita inimicorum ſuorum: verticem capilli perambulantium in delictis ſuis.	*Veruntamen Deus confringet capita inimicorum ſuorum: verticem crinis ambulantis in delictis ſuis.*	22. Veruntamen Deus conquaſſavit capita inimicorum ſuorum: verticem capilli perambulantium in delictis ſuis.
23. Dixit Dominus: Ex Baſan convertam, convertam in profundum maris:	*Dixit Dominus: De Baſan convertam: convertam de profundis maris:*	23. Dixit Dominus: Ex Baſan convertar, convertar in profundum maris:
24. Ut intingatur pes tuus in ſanguine: lingua canum tuorum ex inimicis, ab ipſo.	*Ut calcet pes tuus in ſanguine, lingua canum tuorum, ex inimicis à temetipſo.*	24. Ut intinguatur pes tuus in ſanguinem: lingua canum tuorum ex inimicis, ab ipſo.
25. Viderunt ingreſſus tuos Deus, ingreſſus Dei mei; regis mei qui eſt in ſancto.	*Viderunt itinera tua Deus: itinera Dei mei, regis mei in ſancto.*	25. Viſa ſunt itinera tua Deus, itinera Dei mei; regis qui eſt in ſancto in eis.

NOTÆ AD VERSIONEM ANTIQUAM.

tum, cepit captivit. dedit dona in hominibus: etenim non credentes inhabitare Dominum Deum. Itidem Hilarius ipſe, niſi quòd loco *Dominum Deum*, habet ut ſupra, *Dominus Deus*, quam vocem duplicem rejicit in ℣. ſeq. à Mſ. autem Reg. & antiq. editt. abeſt *in*, poſt *dona*. Auguſt. l. 15. de Trinit. to. 8. col. 991. b. legit: *Aſcendiſti in altum, captivaſti captivitatem: accepiſti dona in hominibus: ſic enim*, inquit, *plures codices habent, & maximè Græci.* Eadem rurſus habet in Pſ. 67. & addit: *etenim qui non credunt inhabitare; vel quod nonnulli codices habent, etenim non credentes inhabitare:* ſtatim, *Dominus Deus*, &c. Hieron. in Matth. 1. col. 8. c. *Aſcendens in excelſum, captivam duxit captivitatem: accepit dona hominibus:* ſimiliter l. 2. in epiſt. ad Epheſ. to 4. col. 363. d. *accepit dona hominibus:* & epiſt. ad Sun. & Fretel. to. 2. 643. b. addit: *etenim non credunt inhabitare Dominum; pro quo*, inquit, *in Græco legiſſe vos dicitis*, καὶ γὰρ ἀπειθοῦντες τοῦ κατασκηνῶσαι, *quod utrumque falſum eſt; nos enim tranſtulimus:* etenim non credentes inhabitare Dominum Deum. Caſſiod. in eund. Pſ. *Aſcendit in altum, captivam duxit captivit. dedit dona hominibus: etenim qui non credunt inhabitare. Dominus Deus*, &c. In ed. Rom. Ἀναβὰς εἰς ὕψος, ᾐχμαλώτευσας αἰχμαλωσίαν· ἔλαβες δόματα ἐν ἀνθρώπῳ, &c. ut ſup.

℣. 20. Pſalt. Rom. cum Mediolan. & Moz. *Dominus Deus benedictus, benedictus Dominus de die in diem: proſperum iter faciet nobis Deus ſalutaris noſter.* Similiter habent Coiſlin. & Carnut. *Dominus Deus benedictus, benedictus Dominus de die in diem.* Corb. *Dominus Deus benedictus eſt, benedictus Dominus de die in die*, &c. ut in Vulg. Hilarius in hunc Pſ. ſimpliciter: *Dominus Deus benedictus de die in diem*, &c. ut in Vulg. Hieronymus. ep. ad Sun. & Fretel. to. 2. 643. b. ſic: *Deus benedictus Dominus die quotidie:* tum addit: *In Græco inveniſſe vos dicitis:* Dominus benedictus Deus, benedictus Dominus die quotidie, *ſed melius & verius quod ſupra.* Apud Caſſiod. in hunc Pſ. poſt *inhabitare*, ponitur *Dominus Deus:* ſubinde, *Benedictus Dominus de die in diem: proſp. iter fac. nobis Deus ſalutaris noſter.* Apud Auguſt. verò in eund. Pſ. conſtanter: *Dominus Deus benedictus, benedictus Dominus Deus de die in diem: proſperum iter faciet nobis Deus ſanitatum noſtrarum;* aliqui Mſs. *ſalutarium*, alii *ſanitantium*, plerique *ſanitatium*. Idem etiam Aug. obſervat nonnullos codices habere *die quotidie; quia ſic habent Græci*, ἡμέραν καθ' ἡμέραν, *quod veriùs exprimeretur, die quotidie.* In ed. Rom. Κύριος ὁ Θεὸς εὐλογητὸς, εὐλογητὸς Κύριος ἡμέραν καθ' ἡμέραν· καὶ κατευοδώσει ἡμῖν ὁ Θεὸς τῶν σωτηρίων ἡμῶν· deinde ſubjicitur Διάψαλμα; habetur etiam in Pſalt. Rom. & Corb. deeſt autem in Coiſlin. nec legitur ap. Hilar. Auguſt. nec in edd. Ald. & Compl.

℣. 21. Hilar. Auguſt. & Caſſiod. in hunc Pſ. ita legunt: *Deus noſter, Deus ſalvos faciendi: & Domini exitus mortis.* Sic etiam Pſalt. Rom. & Carnut. Coiſlin. verò hab. *Deus noſter, Deus ſalvus faciendi: Domini mortis, & Domini exitus.* Corb. *Deus noſter, Deus ſalvos faciendi: & Dominus mortis, Dominus exitus.* Mozarab. *Deus ſalvos faciet nos: & Domini Dei exitus mortis.* Gr. Ὁ Θεὸς ἡμῶν, ὁ Θεὸς τοῦ σώζειν· καὶ τοῦ Κυρίου αἱ διέξοδοι τοῦ θανάτου.

℣. 22. Sic eſt in Pſalt. Rom. Coiſlin. & Corb. Sic etiam apud Auguſt. & Caſſiod. in hunc Pſ. necnon ap. S. Paulin. ep. 50. p. 296. c. & Anaſtaſ. II. epiſt. 1. Conc. to. 4. col. 1281. d. ſi excipias unum *conquaſſabit*. Item in Mozarab. *conquaſſabit;* at pro *delictis*, hab. *deliciis*. Pſ. è Mſ. Vat. ap. Hilar. ſic: *Veruntamen conquaſſabit cap..... verticem capilli deambulantium in delictis ſuis.* Hilarius in comment. *Verunt. conquaſſabit cap..... verticem capilli deambulantium in delictis ſuis:* cod. Reg. ibid. *conquaſſavit;* cui lectioni favent ſubjuncta inf. ab Hilario. Ambroſ. l. 2. de interpel. David, c. 7. col. 648. f. ait: *Ut conquaſſes capita inimicorum, verticem capilli perambulantium.* Item S. Paulinus loco cit. *Non dixit verticem capitis, ſed capilli, qui ſine ſenſu eſt.* In Gr. Πλὴν ὁ Θεὸς ςυνθλάσει..... διαπορευομένων ἐν πλημμελείαις αὐτῶν.

℣. 23. Ita legit Hilar. in hunc Pſ. cum Pſalt. Carnut. Corb. & Rom. Sic etiam in Mozarab. excepto uno *in*, pro *ex*. In Pſ. Varic. apud Hilar. deeſt unum *convertar*. Apud Hieron. in Ezech. 27. to. 3. p. 881. b. ſic: *Dixit Dominus: De Baſan convertam, convertam de profundo maris.* Apud Auguſt. in hunc Pſ. *Ex Baſan convertar, vel ut nonnulli codices habent, Ex Baſan convertam, convertam in prof. maris.* Apud Caſſiod. in eund. Pſalm. *convertam de profundis maris.* In Gr. Ἐκ Βασὰν ἐπιςρέψω, ἐπιςρέψω ἐν βυθοῖς θαλάσσης.

℣. 24. Pſalt. Rom. *Donec intingatur pes tuus in ſanguine*, &c. Mozarab. *Donec tingatur.* Hilar. cum Corb. & Coiſlin. *Ut intinguatur..... in ſanguine*, &c. Ambroſ. in Luc. 7. to. 1. 1380. f. *Ut tingatur*, &c. Auguſt. in hunc Pſ. *Ut tinguatur*, &c. Caſſiod. *Ut intinguatur*, &c. Græc. Ὅπως ἂν βαφῇ, &c.

℣. 25. Pſalt. Rom. cum Caſſiod. *Viſi ſunt greſſus tui Deus, ingreſſus Dei mei; regis qui eſt in ſancto ipſius.* Similiter in Coiſlin. niſi quòd bis legitur *ingreſſus*. Ap. Auguſt. ut in Pſalt. Mediol. & Moz. bis *greſſus*, ſed abſque ult. *in eis*, vel *ipſius;* cætera ut ſupra. Hilarius delet pariter *in eis;* legit autem initio, *Viſa ſunt itinera*, &c. ut in textu. In Pſalt. Corb. ſic: *Viderunt ingreſſus tui Deus, ingreſſus Dei mei; regis qui eſt in ſancto.* Hieron. ep. ad Sun. & Fret. to. 2. p. 643. b. *Viderunt ingreſſus tui Deus; pro quo*, inquit, *in Græco ſcriptum:* Viſi ſunt ingreſſus tui Deus. *In Hebræo ita:* Rau alichotach, *quod Aquila, & Symm. & Theodot. interpretati ſunt:* Viderunt itinera tua Deus; *& quod ſequitur:* itinera Dei mei; regis qui eſt in ſancto. *Ergo à nobis ita legendum eſt:* Viderunt greſſus tuos Deus: *& ſcriptoris vitium relinquendum, qui nominativum poſuit pro accuſativo; licet & in LXX. & in* Ἑξαπλοῖς *ita reperirem:* Ἐθεώρησαν τὰς πορείας σου ὁ Θεός· *& pro eo quod eſt* ἐθεώρησαν, *hoc eſt*, viderunt, *in multis codicibus habet* ἐθεωρήθησαν, *quod & obtinuit conſuetudo. In eodem*, ingreſſus Dei mei; regis mei qui eſt in ſancto, *ſubauditur*, viderunt ingreſſus Dei mei, & regis mei. *Quod autem dicitis* mei, *in rege non appoſitum, apertiſſimi mendacii eſt; ſecundò enim ponitur*, & Dei mei, & regis mei, *blandientis affectu.* in ed. Rom. Ἐθεωρήθησαν αἱ πορεῖαι..... αἱ πορεῖαι τοῦ Θεοῦ μου, τοῦ βασιλέως τοῦ ἐν τῷ ἁγίῳ.

	VERSIO ANTIQUA.	HEBR.	VULGATA HOD.
Ex Mſ. Sangerm.	26. Prævenerunt principes conjuncti pſallentibus, in medio virginum tympaniſtriarum. DIAPSALMA.	*Præceſſerunt cantatores eos, qui poſt tergum pſallebant in medio puellarum tympaniſtriarum.*	26. Prævenerunt principes conjuncti pſallentibus, in medio juvencularum tympaniſtriarum.
	27. In eccleſiis benedicite Dominum, Dominum de fontibus Iſraël.	*In eccleſiis benedicite Deo, Domino de fonte Iſraël.*	27. In eccleſiis benedicite Deo Domino, de fontibus Iſraël.
	28. Ibi Benjamin de adoleſcentia in pavore.	*Ibi Benjamin parvulus continens eos:*	28. Ibi Benjamin adoleſcentulus, in mentis exceſſu.
	Principes Juda, duces eorum: principes Zabulon, principes Nepthalim.	*Principes Juda in purpura ſua: principes Zabulon, principes Nephthali.*	Principes Juda, duces eorum: principes Zabulon, principes Nephthali.
	29. Manda Deus virtutem tuam: confirma hoc Deus, quod operatus es in nobis.	*Præcepit Deus tuus fortitudine tua: conforta Deus hoc, quod operatus es in nobis.*	29. Manda Deus virtuti tuæ: confirma hoc Deus, quod operatus es in nobis.
	30. A templo tuo in Jeruſalem, tibi adferent reges munera.	*De templo tuo, quod eſt in Jeruſalem, tibi offerent reges munera.*	30. A templo tuo in Jeruſalem, tibi offerent reges munera.
	31. Increpa beſtias ſilvæ, concilium taurorum inter vaccas populorum: ut non excludantur hi, qui probati ſunt argento.	*Increpa beſtiam calami, congregatio fortium in vitulis populorum calcitrantium contra rotas argenteas:*	31. Increpa feras arundinis, congregatio taurorum in vaccis populorum: ut excludant eos, qui probati ſunt argento.
* Mſ. Æthiopiæ.	Diſparge gentes, quæ volunt bellum: 32. venient legati ex Ægypto: *Æthiopia præveniet manus ejus.	*Diſperge populos, qui bella volunt. Offerant velociter ex Ægypto: Æthiopia feſtinet manus Deo.*	Diſſipa gentes, quæ bella volunt: 32. venient legati ex Ægypto: Æthiopia præveniet manus ejus Deo.
* Mſ. Deus.	33. * Deo regna terræ, can-	*Regna terræ cantate Deo, pſal-*	33. Regna terræ, cantate Deo,

NOTÆ AD VERSIONEM ANTIQUAM.

℣. 26. Sic in Pſalt. Rom. Corb. & Coislin. præter vocem *juvenum*, loco *virginum*: ſic etiam apud Hilar. & Caſſiod. in hunc Pſ. cum voce *juvenum*. Apud Auguſt. verò in eund. Pſ. & ap. Auct. l. de promiſſ. p. 207. b. *in medio adoleſcentularum*, &c. In Gr. νεανίδων. *Diapſalma* quoque ſubjicitur in Pſalt. Corb. & Rom. Martianæi; deeſt verò in aliis, ut in Gr. nec de eo meminit Hilarius, nec etiam Auguſt.

℣. 27. Sic habent Pſalt. Moz. & Corb. Coislin. verò, *benedicite Domino Deo*, &c. Rom. *benedicite Dominum Deum*, &c. Huic ult. ſuffragatur Tertul. l. 3. adv. Marc. p. 679. b. ſicut Hilar. & Auguſt. in hunc Pſ. Apud Ambroſ. in Pſ. 118. to. 1. 1176. f. ita. *In eccleſiis benedicamus Dominum Deum*, &c. ap. Hieron. in Iſai. 9. to. 3. 83. b. *benedicite Dominum de font.* &c. Ap. Caſſiod. *In eccleſiis benedicite Deum Dominum*, &c. In Gr. Ἐν ἐκκλησίαις εὐλογεῖτε τὸν Θεὸν τὸν Κύριον, &c.

℣. 28. Pſalt. Rom. cum Mediol. Carnut. & Corb. *Ibi Benjamin adoleſcentior in pavore*, &c. ut ſupra. Mozarab. *adoleſcentulus in pavore*, &c. Coislin. *adoleſcentior in pavore..... & principes Neptalim.* Hilar. in hunc Pſ. *junior in pavore*, &c. ut in textu. Hieron. in Iſai. 9. to. 3. p. 83. b. *adoleſcentior*. Auguſt. in hunc Pſ. *adoleſcentior in ecſtaſi*, &c. Caſſiod. *adoleſcentior in pavore*. Ambroſius, l. de bened. Patr. c. 5. col. 521. e. *In his eccleſiis*, inquit, *ſunt principes Zabulon, & principes Nephtalim.* In Gr. Ἐκεῖ Βενιαμὶν νεώτερος ἐν ἐκστάσει..... ἄρχοντες Νεφθαλί. Compl. Νεφθαλίμ.

℣. 29. Ita Auguſt. in hunc Pſ. cum Pſalt. Rom. Coislin. Corb. Mediol. Carnut. & Moz. At Hilar. in eund. Pſ. legit *virtuti tuæ*, abſque *hoc*, poſt *confirma*. Caſſiod. ut in Vulg. S. Paulinus epiſt. 27. p. 174. c. ait: *Confirmet hoc Dominus, quod operatus eſt in nobis.* In Gr. Ἔντειλαι ὁ Θεὸς τῇ δυνάμει σου· δυνάμωσον ὁ Θεὸς τοῦτο, ὃ, &c.

℣. 30. Sic Hilarius in hunc Pſ. cum Pſalt. Corb. In Romano verò ſic: *A templo ſancto tuo, quod eſt in Jeruſalem, tibi offerent*, &c. In Mozarab. & ap. Caſſiod. *A templo tuo, quod eſt in Jeruſ. tibi offerunt*, &c. Item in Coislin. *tibi offerunt*. In Pſ. Vat. ap. Hilar. *tibi offerent*. Similiter hab. Ambroſ. l. 2. de Abr. to. 1. 347. e. & l. de Nab. c. 16. p. 585. f. necnon Auguſt. in hunc Pſ. cum Vulg. & Græco.

℣. 31. Pſalt. Mozarab. *Increpa feras ſilvæ, concilia taurorum inter vaccas populorum: ut excludantur ii, qui probati ſunt argento. Diſſipa gentes, quæ bella volunt.* Corb. & Rom. *Increpa feras ſilvarum, concilium taurorum inter vaccas populorum: ut excludantur ii, qui.... Diſſipa gentes, quæ bella volunt.* Similiter hab. Caſſiod. in hunc Pſ. exceptis his, *ut non excludantur*, & *Diſperge gentes*. Hilar. cum Pſalt. Coislin. *Increpa feras ſilvæ, concilium taurorum inter vaccas populorum: ut non excludantur hi, qui*, &c. Pſ. è Mſ. Vat. ap. Hilar. tollit negationem ante *excludantur*, cum Pſalt. Mediolan. in quo etiam legitur, *feras ſilvæ... inter vaccas*; ſicut apud Ambroſ. l. de Spir. S. to. 2. col. 654. f. In Carnut. *feras ſilvarum..... inter vaccas popular. ut non excludantur hi, qui prob. ſunt argento. Diſſipa gentes, qui bella volunt.* Apud Hilar. ubi ſup. *Diſſipa gentes, bellum quæ volunt*: at infra, n. 32. & 33. *bella*, & *bellum*. Auguſt. in eund. Pſ. ſic legit: *Increpa feras calami, congregatio taurorum inter vaccas populorum: ut excludantur ii, qui probati..... Diſperge gentes, quæ bella volunt.* Græc. Ἐπιτίμησον τοῖς θηρίοις τοῦ καλάμου, ἡ συναγωγὴ τῶν ταύρων ἐν ταῖς δαμάλεσι τῶν λαῶν· τοῦ μὴ ἀποκλεισθῆναι τοὺς δεδοκιμασμένους..... Διασκόρπισον ἔθνη τὰ τοὺς πολέμους θέλοντα. Edit. Ald. fert, τοῦ ἐγκλεισθῆναι, Compl. τοῦ ἐκκλεισθῆναι.

℣. 32. Vulgatæ conſonant Pſalt. Rom. & Coislin. necnon Hilarius, & Auguſt. in eund. Pſ. niſi quòd ultimam vocem *Deo*, adnectunt ad verſum ſeq. Pſalt. Carnut. hanc penitus tollit. Ambroſ. verò l. de Spir. S. to. 2. 655. d. ita legit: *Æthiopia prælevabit manus ſuas Deo*; Mſs. nonnulli ibid. *prævaluit*; unus *prælibabit*. Caſſiod. in hunc Pſ. *offerunt velociter ex Ægypto: Æthiopia feſtinet manus dare Deo.* Brev. Mozarab. *Æthiopia præveniat manus ejus*; Mediolan. *manus ſuas*. Gr. ἥξουσι πρέσβεις ἐξ Αἰγύπτου· Αἰθιοπία προφθάσει χεῖρα αὐτῆς τῷ Θεῷ. Auguſt. loco cit. n. 41. hæc habet: *Plures codices Latini, & maximè Græci, ita diſtinctos verſus habent, ut non ſit in eis unus verſiculus*, Deo regna terræ; *ſed* Deo *in fine ſit verſûs ſuperioris, atque ita dicatur*, Æthiopia præveniet manus ejus Deo, *ac deinde ſequatur in alio verſu*, Regna terræ, &c. *quæ diſtinctione, multorum codicum & auctoritate digniorum conſonantiâ, ſine dubio præferendâ, fides commendari mihi videtur, quæ opera præcedit*; & poſt pauca: *Præveniet manus ejus*, inquit, *id eſt, opera ejus: cujus, niſi ipſius Æthiopiæ? quia hoc in Græco non eſt ambiguum*: ejus *quippe ibi feminino genere apertiſſimè poſitum eſt; ac per hoc nihil aliud dictum eſt, quàm* Æthiopia præveniet manus ſuas Deo..... *plures ſanè codices non habent* manus, *ſed* manum, *quod tantumdem valet. Mallem autem Latini Interpretes ſic tranſtuliſſent*: Æthiopia præveniet manus ſuas, *vel* manum ſuam Deo; *quoniam planius hoc eſſet, quàm quod nunc dictum eſt* ejus; *& ſalva veritate fieri poſſet, quia in Græca lingua id pronomen, non ſolùm* ejus, *ſed etiam* ſuam, *vel* ſuas, *poteſt intelligi*: ſuam *ergo, ſi* manum; ſuas *autem, ſi* manus. *Nam quod eſt in Græco*, χεῖρα αὐτῆς, *quod plures codices habent, &* manum ejus, *&* manum ſuam, *poteſt intelligi. Quod verò rarum eſt in codicibus Græcis*, χεῖρας αὐτῆς, *&* manus ejus, *&* manus ſuas, *Latinè poteſt dici.*

℣. 33. Pſalt. Rom. Corb. & Coislin. non differunt à Vulg. In Corb. tamen ponitur *Diapſalma* ubi ſupra. Pſ. è Mſ. Vat. ap. Hilar. habet: *Regna terræ, cantate Domino, & pſallite Domino: pſallite Deo noſtro.* Hilarius ipſe in comment. *Deo regna terræ, cantate Deo, pſallite Domino: pſallite Deo.* Ambroſ. in Pſ. 118. to. 1. 987. b. *Regna terræ, cantate Deo.* Auguſt. & Caſſiod. ut in Vulg. cui etiam Gr. conſonat, niſi quòd hab. Διάψαλμα, ut ſupra. In edd.

VULGATA HOD.	HEBR.	VERSIO ANTIQUA.
pfallite Domino : pfallite Deo, 34. qui afcendit fuper cœlum cœli, ad Orientem.	*lite Domino: SEMPER. qui afcendit fuper cœlum cœli ab Oriente,*	tate Deo, & pfallite Domino: DIAPSALMA. pfallite Deo, 34. qui afcendit fuper cœlum cœlorum, ad Orientem. Ex Mf. Sangerm.
Ecce dabit voci fuæ vocem virtutis, 35. date gloriam Deo fuper Ifraël, magnificentia ejus, & virtus ejus in nubibus.	*Ecce dabit vocem fuam vocem fortitudinis : date gloriam Deo: fuper Ifraël magnificentia ejus, & fortitudo ejus in cœlis.*	Ecce dabit vocem fuam vocem virtutis, audiam vocem ejus vocem virtutis : 35. date honorem Deo fuper Ifraël, magnificentia ejus, & virtus ejus in nubibus.
36. Mirabilis Deus in fanctis fuis, Deus Ifraël ipfe dabit virtutem & fortitudinem plebi fuæ : benedictus Deus.	*Terribilis Deus de fanctuariis fuis : Deus Ifraël ipfe dabit fortitudinem & robur populo : benedictus Deus.*	36. Mirabilis Deus in fanctis fuis, Deus Ifraël ipfe dabit virtutem & fortitudinem plebis fuæ : benedictus Deus.

NOTÆ AD VERSIONEM ANTIQUAM.

Ald. & Compl. non repetitur ψάλατε τῷ Κυρίῳ. Hieron. epift. ad Sun. & Fret. to. 2. p. 643. c. ad hæc : *Regna terræ, cantate Deo, pfallite Domino*, hæc habet : *Et dicitis hoc in ifto verficulo non effe fcriptum*, pfallite Domino, *quoniam ftatim fequatur* Diapfalma : pfallite Deo, qui afcendit, &c. *cùm ifte verficulus magis habere debeat juxta Hebraïcam veritatem*, cantate Deo, pfallite Dño; *& illud quod fequitur in principio verfus alterius*, pfallite Deo, *non fit in libris authenticis, fed obelo prænotatum. Ergo & vos legite magis quæ vera funt; ne, dum additum fufcipitis, quod à Propheta fcriptum eft relinquatis.*

℣. 34. Mf. Sangerm. fcribit *ab Orientem*, fed correximus *ad Orientem*; Brev. tamen Moz. hab. *qui afcendit fuper cœlos cœlorum, ab Oriente. Ecce dabit vocem fuam vocem virtutis*; nec addit plura. Sic etiam legit Caffiod. nifi quòd addit *fua*, ad vocem *virtutis*. Rom. fic : *qui afc. fuper cœlos cœlor. ad Orientem. Ecce dabit vocem fuam vocem virtutis fuæ.* In Coislin. *fuper cœlos cœlorum ad Orientem*, &c. ut in Vulg. Similiter apud Hilarium, præter hoc, *cœlum cœli.* In Corb. *qui afcendit fuper cœlum cœlorum, ad Orientem. Ecce dabit vocem fuam vocem virtutis.* Itidem Fulg. fragm. 34. cont. Fab. p. 645. at fup. p. 644. legit *fuper cœlos cœlor.* Auguft. in eund. Pf. *fuper cœlum cœlorum, ad Orientem; vel*, inquit, *ficut nonnulli codices habent... fuper cœlum cœli*, &c. fubinde, *Ecce dabit vocem fuam vocem virtutis.* Similiter hab. Pfalt. Carnut. *vocem fuam*, &c. omiffis pariter feqq. *audiam vocem*, &c. quæ etiam fuperfluere videntur in Mf. Sangerm. In Gr. τῷ ἐπιβεβηκότι ἐπὶ τὸν οὐρανὸν τοῦ οὐρανοῦ, κατὰ ἀνατολάς. Ἰδοὺ δώσει ἐν τῇ φωνῇ αὐτοῦ φωνὴν δυνάμεως· nec plura. In edd. Ald. & Compl. deeft ἐν, poft δώσει.

℣. 35. Accinunt Hilar. & Caffiod. in hunc Pf. cum Pfalt. Rom. Corb. Coislin. & Moz. At Auguft. in eund. Pf. legit cum Gr. *date gloriam Deo, fuper Ifraël magnif. ejus*, &c.

℣. 36. Subnexuimus vocem ultimam *Deus*, quæ aberat à Mf. Sangerm. In Mozarab. *benedictus Dominus.* Apud Hilar. *benedictus Deus eft*, vel ut in cod. Reg. *plebi ejus : benedictus es Deus.* In Pfalt. Corb. omnia ut in textu. In Rom. ut in Vulg. cui accinunt Auguft. & Caffiod. & Gr.

VULGATA HOD.	HEBR.	VERSIO ANTIQUA.
1. In finem, pro iis qui commutabuntur, David. LXVIII.	*Victori pro liliis David. LXIX.*	1. In finem, pro his quæ *commutabuntur, Pfalmus David. LXVIII. Ex Mf. Sangerm. * Mf. commutabitur.
2. SAlvum me fac Deus : quoniam intraverunt aquæ ufque ad animam meam.	*SAlva me Deus : quoniam venerunt aquæ ufque ad animam.*	2. SAlvum me fac Deus : quoniam intraverunt aquæ ufque ad animam meam.
3. Infixus fum in limo profundi : & non eft fubftantia.	*Infixus fum in limo profundi, & non poffum confiftere.*	3. Infixus fum in limum profundi : & non eft fubftantia.
Veni in altitudinem maris : & tempeftas demerfit me.	*Veni in profundum aquarum, & flumen operuit me.*	Deveni in altitudinem maris : & tempeftas dimerfit me.
4. Laboravi clamans, raucæ factæ funt fauces meæ : defecerunt oculi mei, dum fpero in Deum meum.	*Laboravi clamans, exafperatum eft guttur meum : defecerunt oculi mei, exfpectantes Deum meum.*	4. Laboravi clamans, raucæ factæ funt fauces meæ : defecerunt oculi mei, dum fpero in Deum meum.
5. Multiplicati funt fuper capillos capitis mei, qui oderunt me gratis.	*Multiplicati funt fuper capillos capitis mei, qui oderunt me gratis.*	5. Multiplicati funt fuper capillos capitis mei, qui oderunt me gratis.

NOTÆ AD VERSIONEM ANTIQUAM.

℣. 1. Pfalt. Rom. cum Caffiod. Vulgatæ congruit. Coislin. verò cum Auguft. hab. *In finem, pro his qui commutabuntur, ipfi David.* Corb. & Moz. *In finem, pro iis qui commutabuntur, Pfalmus David.* Pf. è Mf. Vatic. apud Hilar. *In finem, pro his qui vel immutabuntur, Pfalmus ipfi David.* Hilarius ipfe in expofit. *Pro his qui immutabuntur, illi David Pfalmus, in finem*; Mfs. *in fine*: fubinde ait : *In illum potiùs David... convenire intelligenda prophetia eft; per id enim non ab illo, fed in illum Pfalmus docetur effe cantatus*: & poft plura, videlicet col. 231. a. *In finem, pro his qui immutabuntur, eft Pfalmus.* Gr. Εἰς τὸ τέλος, ὑπὲρ τῶν ἀλλοιωθησομένων, τῷ Δαυίδ. Ald. & Compl. Ψαλμὸς τῷ Δαυίδ. Vide fis Hieron. epift. ad Princip. to. 2. col. 682. b.

℣. 2. Ita Caffiod. cum Pfalt. Rom. Martianæi. In Rom. Fabri, Moz. & apud Auguft. *introierunt*; cætera ut fupra. In Corb. *Salvum me fac Domine*, &c. Ap. Hilar. in Pf. 54. 67. 68. col. 107. e. 206. b. 215. f. *Salva me Deus : quoniam intraverunt*, &c. In Gr. Σῶσόν με, &c.

℣. 3. Sic in Pfalt. Corb. eft ad verbum. Item apud Hilar. & Caffiod. in hunc Pf. excepto verbo *veni*; rurfumque ap. Hilar. in Pf. 67. col. 206. b. & in Pf. 51. & 64. col. 75. d. 167. d. at in Pf. 54. col. 107. e. leg. *in limo*, &c. & in Pf. 129. col. 437. d. *Veni in profundum maris*, &c. fimiliter in Pf. 68. bis *in limum*, femel *in limo*, rurfumque *in profundum maris.* Itidem Hieron. in Ifai. 16. to. 3. 172. a. *Veni in profundum maris*; additque, *& tempeftas abforbuit me.* At Aug. in eund. Pf. cum Phœbad. Agin. cont. Arian. p. 301. d. necnon Pfalt. Rom. & Mozar. Vulgatæ congruit. In Pfalt. Coislin. eft : *Deveni in altitud. maris : & temp. dimerfit me.* In Gr. Ἐνεπάγην εἰς ἰλὺν βυθοῦ... Ἦλθον εἰς τὰ βάθη..... κατεπόντισέ με.

℣. 4. Sic Hilar. & Caffiod. in hunc Pf. Sic etiam Ambr. in Pf. 48. to. 1. 950. b. & epift. 81. to. 2. 1098. b. cum Pfalt. Rom. & Mozarab. Solum Coislin. hab. *dum fpero in Deo meo.* Aug. in eund. Pf. *ab fperando in Deum meum.* Auct. l. de promiff. p. 2. c. 22. 148. d. *oculi mei defecerunt fperando in Deum meum.* Gr. ἀπὸ τοῦ ἐλπίζειν με ἐπὶ τὸν Θεόν μου.

℣. 5. Pfalt. Rom. *Multiplicati funt..... Confortati funt fuper me qui me perfequuntur inimici*, &c. Similiter in Coislin. dempto uno *fuper me.* Mozarab. *Confortati funt inimici mei qui me perfequebantur injuftè*, &c. Corb. *Confortati funt qui perfequuntur me inim. mei injuftè : quæ non rapui, tunc exfolvam.* Hilar. in hunc Pf. *Multiplicati funt..... Convaluerunt qui perfequuntur me inimici mei injufte : quæ non*

VERSIO ANTIQUA.	HEBR.	VULGATA HOD.
Ex Mſ. Sangerm. Confortati ſunt qui perſecuti ſunt me inimici mei injuſtè : quæ non rapui, tunc exſolvebam.	*Confortati ſunt qui perſequebantur me inimici mei injuſte : quæ non rapueram, tunc reddebam.*	Confortati ſunt qui perſecuti ſunt me inimici mei injuſtè : quæ non rapui, tunc exſolvebam.
6. Deus tu ſcis inſipientiam meam : & delicta mea à te non ſunt abſconſa.	*Deus tu ſcis ſtultitiam meam, & peccata mea à te non ſunt abſconſa.*	6. Deus tu ſcis inſipientiam meam : & delicta mea à te non ſunt abſcondita.
7. Non confundantur in me qui exſpectant te Domine, Deus virtutum.	*Non confundantur in me, exſpectantes te Domine Deus exercituum :*	7. Non erubeſcant in me qui exſpectant te Domine, Domine virtutum.
Non erubeſcant in me qui requirunt te, Deus Iſraël.	*Non confundantur in me, qui quærunt te Deus Iſraël.*	Non confundantur ſuper me qui quærunt te, Deus Iſraël.
8. Quoniam propter te ſuſtinui improperium : & operuit faciem meam reverentia mea.	*Quia propter te portavi opprobrium : operuit confuſio faciem meam.*	8. Quoniam propter te ſuſtinui opprobrium : operuit confuſio faciem meam.
9. Exter factus ſum fratribus meis, & hoſpes filiis matris meæ.	*Alienus factus ſum fratribus meis, & peregrinus filiis matris meæ.*	9. Extraneus factus ſum fratribus meis, & peregrinus filiis matris meæ.
10. Quoniam zelus domus tuæ comedit me : & opprobria exprobrantium te, ceciderunt ſuper me.	*Quia zelus domus tuæ comedit me, & opprobrium exprobrantium tibi, cecidit ſuper me.*	10. Quoniam zelus domus tuæ comedit me : & opprobria exprobrantium tibi, ceciderunt ſuper me. *Joan. 2. 17. Rom. 15. 3.*
11. Et operui in jejunio animam meam : & factum eſt mihi in opprobrium.	*Et flevi in jejunio animam meam, & factum eſt in opprobrium mihi.*	11. Et operui in jejunio animam meam : & factum eſt in opprobrium mihi.
12. Et poſui veſtimentum meum cilicium : & factus ſum illis in parabolam.	*Et poſui veſtimentum meum ſaccum, & factus ſum eis in parabolam.*	12. Et poſui veſtimentum meum cilicium : & factus ſum illis in parabolam.
13. Adversùm me detrahebant qui ſedebant in portam : & in me pſallebant qui bibebant vinum.	*Contra me loquebantur qui ſedebant in porta, & cantabant bibentes vinum.*	13. Adversùm me loquebantur qui ſedebant in porta : & in me pſallebant qui bibebant vinum.
14. Ego autem orationem meam ad te Domine : tempus beneplacitum Deus.	*Mea autem oratio ad te Domine, tempus reconciliationis eſt.*	14. Ego verò orationem meam ad te Domine : tempus beneplaciti Deus.
In multitudine miſericordiæ tuæ exaudi me Domine, in veritate ſalutis meæ.	*Deus in multitudine miſericordia tua, exaudi me in veritate ſalutis tua.*	In multitudine miſericordiæ tuæ exaudi me, in veritate ſalutis tuæ.

NOTÆ AD VERSIONEM ANTIQUAM.

rapui, tunc exſolvere repetebar. Ambroſ. in Pſ. 37. to. 1. col. 839. c. & l. de Tob. c. 9. col. 601. c. ut in Vulg. Auguſt. & Caſſiod. in hunc Pſ. *Multiplicati ſunt..... Confortati ſunt inimici mei qui perſequuntur me injuſtè : quæ non rapui*, &c. Tertul. adv. Jud. c. 10. p. 143. c. *quæ non rapueram, tunc exſolvebam.* In Gr...... Ἐκραταιώθησαν οἱ ἐχθροί μου οἱ ἐκδιώκοντές με ἀδίκως· ἃ οὐχ ἥρπασα, τότε ἀπετίννυον.

℣. 6. Ita Pſ. è Mſ. Vat. ap. Hilar. at Hilarius ipſe in explic. utrumque uſurpat, & *abſcondita*, & *abſconſa*. Auguſt. in eund. Pſ. ita legit : *Deus tu ſciſti imprudentiam meam : & delicta*, &c. ut in Vulg. item q. 20. in Levit. to. 3. 497. d. *Quoniam tu ſciſti imprudentiam meam.* Caſſiod. Vulgatæ conſonat, ſicut Pſalt. Rom. Coislin. &c. Gr. Ὁ Θεὸς σὺ ἔγνως τὴν ἀφροσύνην μου, &c.

℣. 7. Pſalt. Rom. cum Coislin. *Non erubeſcant in me qui te exſpectant Domine, Deus virtutum. Non revereantur ſuper me qui requirunt te, Deus Iſrael.* Similiter in Mozarab. uſque ad vocem *virtutum* incl. reliq. ut in Vulg. In Corb. *Non erubeſcant in me qui exſpectant te Domine, Domine Deus virtutum. Non revereantur ſuper me qui requirunt te, Deus Iſrael.* Apud Hilar. in hunc Pſ. *Non confundantur in me qui exſpectant te, Domine virtutum. Non revereantur ſuper me qui quærunt te, Deus Iſrael.* Ap. Auguſt. in eund. Pſ. ut in Vulg. Similiter ap. Caſſiod. ſi excipias poſtrema, *Non revereantur ſuper me qui requirunt te.* In Gr. Μὴ αἰσχυνθείησαν ἐπ' ἐμὲ οἱ ὑπομένοντές σε, Κύριε τῶν δυνάμεων. Μὴ ἐντραπείησαν ἐπ' ἐμὲ οἱ ζητοῦντές σε, &c. Ald. & Compl. Κύριε Κύριε· Theod. Κύριε ὁ Θεός.

℣. 8. Pſalt. Corb. cum Rom. *Quoniam propter te ſupportavi improperium : operuit irreverentia faciem meam.* Rom. Martian. hab. *reverentia*, cum Mediol. & Carnut. In Coisl. ſimiliter, *ſupportavi improp. & operuit reverentia faciem*, abſque ſeq. *meam*. In Mozarab. *operui confuſione faciem meam.* Apud Hilar. in hunc Pſ. *Quoniam propter te ſuſtinui improperium : operuit reverentia fac. meam.* Ap. Auguſt. in eund. Pſ. *Quoniam..... ſuſtinui exprobrationem : operuit irreverentia faciem meam.* Caſſiod. *ſupportavi improperium : operuit reverentia*, &c. Gr. Ὅτι..... ὑπήνεγκα ὀνειδισμόν· ἐκάλυψεν ἐντροπὴ τὸ, &c. Symm. ἀσχημοσύνη.

℣. 9. Sic eſt in Pſalt. Rom. Mediol. Carnut. Corb. & Coislin. Sic etiam in Mozarab. dempto uno &. Textui pariter accinit Hilar. in hunc Pſ. cum Pſ. ibid. è Mſ. Vatic. pauló verò poſt in expoſit. leg. *alienus à fratribus*, cui accedit Auguſt. in eund. Pſ. hoc modo : *Alienatus factus ſum fratribus meis, & hoſpes filiis*, &c. S. Paulinus epiſt. 11. p. 50. a. *Exter fratribus meis, & peregrinus filiis*, &c. Caſſiod. *Extraneus factus ſum..... & hoſpes*, &c. Gr. Ἀπηλλοτριωμένος ἐγενήθην..... καὶ ξένος, &c.

℣. 10. Sic Hilar. in hunc Pſ. & in Pſ. 118. col. 349. b. cum Pſalt. Corb. & Gr. Ambroſ. l. de apol. Dav. to. 1. 678. f. & l. 1. de fide, to. 2. 446. c. legit, *exprobrantium tibi*, &c. ut ſupra ; at l. 2. offic. to. 2. 108. a. *exquiſivit me zelus domus tuæ.* Ambroſiaſt. p. 104. e. *detractiones exprobrantium te, cecid. ſuper me.* Aug. & Caſſiod. in eund. Pſ. cum Vulg. concinunt. Auct. l. de promiſſ. p. 3. col. 176. e. *comedit me zelus domus tuæ.*

℣. 11. Ita legit Hilar. cum Pſalt. Rom. Corb. & Coislin. In Mozarab. *Et humiliavi in jejunio*, &c. ut in textu. Auguſt. in hunc Pſ. *Et cooperui in jejunio..... mihi in opprobrium.* Similiter hab. Ambroſ. epiſt. 42. col. 968. e. *Et cooperui ;* at l. de Elia, c. 4. col. 538. b. *operui*. Apud Caſſiod. ut in Vulg. In Gr. Καὶ συνέκαμψα ἐν νηστείᾳ..... εἰς ὀνειδισμὸς ἐμοί. In Pſalt. Arab. ἐταπείνωσα. In edd. Ald. & Compl. συνεκάλυψα.

℣. 12. Succinit Caſſiod. in hunc Pſ. cum Pſalt. Rom. & Coislin. At Hilarius, & Auguſt. in eund. Pſ. leg. cum Gr. *Et poſui veſtim. meum ſaccum*, &c. ut ſupra. Apud Ambroſ. quoque in Pſ. 43. to. 1. 910. b. *& factus ſum illis in parabolam.*

℣. 13. Concinit Hilar. niſi quòd hab. *in porta*. Ambr. in Pſ. 43. to. 1. 910. b. & Caſſiod. in Pſ. 68. legunt : *Adversùm me exercebantur qui ſedebant in porta*, &c. Sic etiam in Pſalt. Rom. Coislin. Mediolan. & Moz. Apud Auguſt. verò in eund. Pſ. ita : *Adversùs me inſultabant qui ſedebant in porta*, &c. In Gr. Κατ' ἐμοῦ ἠδολέσχουν οἱ καθήμενοι ἐν πύλῃ, &c.

℣. 14. Pſalt. Moz. *Ego verò oratio mea ad te Domine*, &c. ut in Vulg. Auguſt. in hunc Pſ. *Ego autem oratione mea*

VULGATA HOD.	HEBR.	VERSIO ANTIQUA.
15. Eripe me de luto, ut non infigar: libera me ab iis qui oderunt me, & de profundis aquarum.	*Erue me de luto, ut non infigar: libera me ab his qui oderunt me, & de profundis aquarum.*	15. Erue me de luto, ut non intereaml: ut liberer ab odientibus me, & de profundo aquarum. Ex Mſ. Sangerm.
16. Non me demergat tempeſtas aquæ, neque abſorbeat me profundum: neque urgeat ſuper me puteus os ſuum.	*Ne operiat me fluctus aquæ, ne abſorbeat me profundum: & non coronet ſuper me puteus os ſuum.*	16. Non me demergat tempeſtas aquæ, neque abſorbeat me profundum: neque contineat ſuper me puteus os ſuum.
17. Exaudi me Domine, quoniam benigna eſt miſericordia tua: ſecundùm multitudinem miſerationum tuarum reſpice in me.	*Exaudi me Domine, quoniam bona eſt miſericordia tua: ſecundùm multitudinem miſerationum tuarum reſpice ad me.*	17. Exaudi me Domine, quoniam benigna eſt miſericordia tua: ſecundùm multitudinem miſerationum tuarum conſpice in me.
18. Et ne avertas faciem tuam à puero tuo: quoniam tribulor, velociter exaudi me.	*Et ne abſcondas faciem tuam à ſervo tuo: quoniam tribulor, citò exaudi me.*	18. Ne avertas faciem tuam à puero tuo: quoniam tribulor, velociter exaudi me.
19. Intende animæ meæ, & libera eam: propter inimicos meos eripe me.	*Accede ad animam meam, redime eam: propter inimicos meos libera me.*	19. Intende animæ meæ, & libera eam: propter inimicos meos erue me.
20. Tu ſcis improperium meum, & confuſionem meam, & reverentiam meam.	*Tu ſcis opprobrium meum, & confuſionem meam, & ignominiam meam.*	20. Tu enim ſcis improperium meum, & confuſionem meam, & reverentiam meam.
21. In conſpectu tuo ſunt omnes qui tribulant me: improperium exſpectavit cor meum, & miſeriam.	*Coram te ſunt omnes hoſtes mei: opprobrio contritum eſt cor meum, & deſperatus ſum.*	21. In conſpectu tuo ſunt omnes tribulantes me: improperium exſpectavit cor meum, & miſeriam.
Et ſuſtinui qui ſimul contriſtaretur, & non fuit: & qui conſolaretur, & non inveni.	*Et exſpectavi qui contriſtaretur, & non fuit: & qui conſolaretur, & non inveni.*	Et ſuſtinui qui ſimul mecum contriſtaretur, & non fuit: & conſolantes me non inveni.
Matth. 27. 48. 22. Et dederunt in eſcam meam fel: & in ſiti mea potaverunt me aceto.	*Et dederunt in eſcam meam fel, & in ſiti mea potaverunt me aceto.*	22. Et dederunt in eſcam meam fel: & in ſiti mea potaverunt me acetum.

NOTÆ AD VERSIONEM ANTIQUAM.

ad te Domine, &c. editt. *oratio mea.* Hilar. & Caſſiod. in eund. Pſ. concordant cum Vulg. ſicut Pſalt. Rom. & al. Corb. tamen hab. *in veritate ſalutis meæ*, ut ſup. Gr. Ἐγὼ δὲ τῇ προσευχῇ μου πρὸς σὲ Κύριε· καιρὸς εὐδοκίας, &c. Ap. Ambr. ep. 51. col. 1000. *tempus beneplaciti.*

℣. 15. Pſalt. Rom. cum Caſſiod. *Eripe me de luto, ut non inhæream: libera me ex odientibus me, & de profundo aquarum.* Sic etiam in Brev. Moz. ſi excipias verbum *inhæream.* Item in Pſalt. Coiſlin. præter hoc, *& non hæream.* In Vatic. ap. Hilar. *ut non hæream;* reliqua ut in Rom. Similiter apud Hilar. ipſum, ſed hoc omittitur, *libera me ex odientibus me;* quod tamen ab ipſo lectum fuiſſe liquet ex num. 15. Auct. l. de promiſſ. p. 1. c. 3. col. 93. d. hab. *Salva me de luto, ut non inhæream.* Aug. in hunc Pſ. *Salvum me fac de luto, ut non inhæream: eruar ex iis qui oderunt me, & de profundo aquarum.* Item in Pſalt. Mediol. *ut non inhæream.* In Corb. *Eripe me de luto, ut non infigar: libera me ex odientibus me, & de profundis aquarum.* In Gr. Σῶσόν με ἀπὸ πηλοῦ, ἵνα μὴ ἐμπαγῶ· ῥυσθείην ἐκ τῶν μισούντων με, καὶ ἐκ τοῦ βάθους, &c. Ald. & Compl. τῶν βαθέων.

℣. 16. Hieron. in Ezech. 47. to. 3. 1054. a. *Non me præcipitet tempeſtas aquæ.* Hilarius in Pſ. 54. & 141. col. 111. d. 545. a. *Non me demergat... neque contineat ſuper me puteus*, &c. & in Pſ. 68. *neque contineat puteus ſuper me*, &c. In Brev. Moz. *neque operiat ſuper me puteus*, &c. In Carnut. & Corb. *neque aperiat.* Apud Auguſt. in eund. Pſ. *neque coarctet ſuper me puteus*, &c. Caſſiod. cum Pſalt. Rom. ut in Vulg. Gr. Μή με καταποντισάτω..... μηδὲ συσχέτω ἐπ' ἐμὲ φρέαρ, &c.

℣. 17. Hilar. in hunc Pſ. *Exaudi me Domine, quoniam ſuavis eſt mihi miſericordia tua: ſecundùm multitudinem miſericordiæ tuæ conſpice in me;* Pſalt. Carnut. Corb. & Coiſlin. *convertere in me;* Rom. cum Aug. & Caſſiod. in eund. Pſalm. *reſpice in me;* cæt. ut in Vulg. niſi quòd Auguſt. hab. ſup. *ſuavis eſt miſeric.* Gr..... ὅτι χρηστὸν τὸ ἔλεός σου· κατὰ τὸ πλῆθος τῶν οἰκτιρμῶν σου ἐπίβλεψον ἐπ' ἐμέ.

℣. 18. Sic Hilar. Aug. & Caſſiod. in hunc Pſ. cum Pſalt. Rom. Coiſlin. Corb. & Moz. Sic etiam Ambroſ. in Pſ. 35. & 36. to. 1. 766. c. 800. d. Gr. Καὶ μὴ ἀποστρέψῃς, &c. ab edd. Ald. & Compl. abeſt Καί.

℣. 19. Vulgatæ accinunt Hilar. & Caſſiod. in hunc Pſ. cum Pſalt. Rom. Coiſlin. &c. Apud Aug. ita: *Intende animæ meæ, & redime eam: propter inim. meos erue me.* In Gr. Πρόσχες..... καὶ λύτρωσαι αὐτήν..... ῥῦσαί με.

℣. 20. Pſalt. Rom. cum Caſſiod. *Tu enim ſcis improperium meum, confuſionem, & verecundiam meam.* Sic etiam in Coiſlin. præter hoc ult. *& reverentiam meam.* In Corb. *Tu enim ſcis improper. meum, & confuſionem, & verecundiam meam.* In Moz. *Tu enim ſcis opprobrium meum, confuſ. meam, & verecundiam meam.* Apud Hilar. *Tu enim ſcis improperium, & confuſionem, & verecundiam meam.* Apud Ambroſ. in Pſ. 118. to. 1. 1031. b. *Scis opprobrium meum.* Ap. Auguſt. in Pſ. 68. col. 702. g. *Tu cognoſcis opprobrium meum, & confuſ.* &c. ut in Vulg. In Gr. Σὺ γὰρ γινώσκεις τὸν ὀνειδισμόν μου, καὶ τὴν αἰσχύνην μου, καὶ τὴν ἐντροπήν μου.

℣. 21. Pſalt. Rom. *In conſpectu tuo ſunt omnes tribulantes me..... & miſeriam. Suſtinui qui ſimul mecum contriſtaretur, & non fuit: conſolantem me quæſivi, & non inveni.* Corb. *In conſp. tuo omnes tribulantes me: improperium ſuſtinuit cor meum..... Et ſuſtinui qui ſimul contriſtaretur, & non fuit: & conſolantes me, & non inveni.* Moz. *In conſpectu tuo omnes tribulantes me..... Et ſuſtinui qui ſimul mecum contriſtaretur, & qui conſolaretur; & non fuit.* Hilar. in hunc Pſ. *In conſpectu tuo ſunt omnes tribulantes me..... Et ſuſtinui commœrentem, & non fuit; & conſolantem, & non inveni.* Aug. in eund. Pſ. *In conſpectu tuo ſunt omnes tribulantes me: opprobrium exſpectavit..... Et ſuſtinui qui ſimul contriſt. & non fuit: & conſolantes, & non inveni.* Ruric. l. 2. ep. 14. p. 569. f. *Quæſivi qui ſimul mecum contriſtaretur, & non fuit: & conſolantes me, & non inveni.* Apud Caſſiod. ut in Vulg. præter ſeqq. *tribulantes me..... & conſolantem me, & non inveni.* Similiter hab. Pſalt. Coiſlin. *& conſolantem me*, &c. Carnut. etiam *ſuſtinuit*, pro *exſpectavit.* Gr. Ἐναντίον σου πάντες οἱ θλίβοντές με· ὀνειδισμὸν προσεδόκησεν ἡ ψυχή μου, καὶ ταλαιπωρίαν. Καὶ ὑπέμεινα συλλυπούμενον, καὶ οὐχ ὑπῆρξε· καὶ παρακαλοῦντα, καὶ οὐχ εὗρον. Ald. & Compl. παρακαλοῦντας.

℣. 22. Sic Hilar. Auguſt. & Caſſiod. in hunc Pſ. cum Pſalt. Rom. &c. excepto uno *aceto.* Sic etiam apud Novat. lib. de Trin. p. 1050. b. & Ambroſ. in Luc. 23. to. 1. 1530. e. & S. Leonem, ſer. 53. p. 123. d. Tertul. verò l. cont. Jud. c. 10. p. 143. c. 146. b. legit: *Miſerunt in potum meum fel: & in ſiti mea potaverunt me aceto.* Lactant. l. 4. Inſtit. p. 581. *Et dederunt in eſcam meam fel: & in ſiti mea potum mihi dederunt acetum.* Similiter Auguſt. l. 17. de civit. Dei, c. 19. to. 7. 482. e. Hilar. autem in Pſ. 62. col. 153. a. *cum aceto potaverunt.* Pſalt. Corb. *Et dederunt in eſca mea fel*, &c. ut in Vulg. Gr. Καὶ ἔδωκαν εἰς τὸ

	VERSIO ANTIQUA.	HEBR.	VULGATA HOD.	
Ex Mf. Sangerm.	23. Fiat menfa eorum in laqueum coram ipfis, & in retributionem eorum, & in fcandalum.	*Sit menfa eorum coram eis in laqueum, & in retributiones ad corruendum.*	23. Fiat menfa eorum coram ipfis in laqueum, & in retributiones, & in fcandalum.	Rom. 11. 9.
	24. Obfcurentur oculi eorum ne videant: & dorfum eorum femper incurva.	*Contenebrentur oculi eorum ne videant, & dorfum eorum femper incurva.*	24. Obfcurentur oculi eorum ne videant: & dorfum eorum femper incurva.	
	25. Effunde fuper eos iram tuam: & furor iræ tuæ comprehendat eos.	*Effunde fuper eos indignationem tuam, & ira furoris tui comprehendat eos.*	25. Effunde fuper eos iram tuam: & furor iræ tuæ comprehendat eos.	
	26. Fiat habitatio eorum deferta: & in tabernaculis eorum non fit qui inhabitet.	*Fiat commoratio eorum deferta: in tabernaculis eorum non fit qui habitet.*	26. Fiat habitatio eorum deferta: & in tabernaculis eorum non fit qui inhabitet.	Act. 1. 20.
	27. Quoniam quem tu percuffifti, ipfi perfecuti funt: & fuper dolorem vulnerum meorum addiderunt.	*Quoniam quem tu percuffifti, perfecuti funt: & ut affligerent vulneratos tuos narrabant.*	27. Quoniam quem tu percuffifti, perfecuti funt: & fuper dolorem vulnerum meorum addiderunt.	
	28. Adpone iniquitatem fuper iniquitates eorum: & non introeant in juftitiam tuam.	*Da iniquitatem fuper iniquitatem eorum, & non veniant in juftitia tua.*	28. Appone iniquitatem fuper iniquitatem eorum: & non intrent in juftitiam tuam.	
	29. Deleantur de libro viventium: & cum juftis non fcribantur.	*Deleantur de libro viventium, & cum juftis non fcribantur.*	29. Deleantur de libro viventium: & cum juftis non fcribantur.	
	30. Pauper & dolens fum ego: & falus vultus tui Deus fufcepit me.	*Ego autem pauper & dolens: falus tua Deus fufcepit me.*	30. Ego fum pauper & dolens: falus tua Deus fufcepit me.	
	31. Laudabo nomen Dei cum cantico: magnificabo eum in laude:	*Laudabo nomen Dei in cantico, & magnificabo eum in confeffione:*	31. Laudabo nomen Dei cum cantico: & magnificabo eum in laude:	
	32. Et placebit Deo fuper vitulum novellum, cornua producentem & ungulas.	*Et placebit Domino fuper vitulum novellum, cornua efferentem & ungulas.*	32. Et placebit Deo fuper vitulum novellum, cornua producentem & ungulas.	
	33. Videant pauperes & lætentur: quærite Deum, & vivit anima veftra:	*Videntes manfueti lætabuntur: qui quæritis Deum, vivet anima veftra:*	33. Videant pauperes & lætentur: quærite Deum, & vivet anima veftra:	
	34. Quoniam exaudivit pauperem Dominus: & vinctos fuos non fpernit.	*Quoniam exaudivit pauperes Dominus, & vinctos fuos non defpexit.*	34. Quoniam exaudivit pauperes Dominus: & vinctos fuos non defpexit.	
	35. Laudent eum cœli &	*Laudent eum cæli & terra: ma-*	35. Laudent illum cœli & terra,	

NOTÆ AD VERSIONEM ANTIQUAM.

βρῶμά μου χολὴν ϗ εἰς τὴν δίψαν μου ἐπότισάν με ὄξος.

℣. 23. Vulgatæ favet Caffiod. cum Pfalt. Rom. fi hoc excipias, & *in retributionem*. Apud Hilar. in hunc Pf. & infra, in Pf. 127. col. 428. c. fic: *Fiat menfa eorum coram ipfis in laqueum, & in captionem, & in retributionem, & in fcandalum.* Apud Auguft. in eund. Pf. & l. 17. de civit. Dei fup. *Fiat menfa eorum coram ipfis in mufcipulam, & in retributionem, & in fcand.* at inf. l. 18. c. 46. col. 529. e. legit *laqueum*, non *mufcipulam*. Pfalt. Corb..... *& in retributiones eorum, & in fcand.* Gr. *εἰς παγίδα, ϗ εἰς ἀνταπόδοσιν, ϗ εἰς σκάνδαλον.*

℣. 24. Accinunt Auguft. & Caffiod. in hunc Pf. unà cum Pfalt. Rom. Suffragatur etiam Hilar. nifi quòd habet, *perpetuò incurva*. Ambr. l. 2. de interpel. Dav. p. 664. f. *femper incurva*. Aug. cont. Jud. to. 8. 32. d. *Excæcentur oculi eorum*, &c. In Gr. *Σκοτισθήτωσαν οἱ ὀφθαλμοὶ... διαπαντὸς σύγκαμψον.*

℣. 25. Pfalt. Rom. cum Caffiod. *& indignatio iræ tuæ apprehendat eos*. Corb. & Mozarab. cum Auguft. *& indignatio iræ tuæ comprehendat eos*. Hilar. in eund. Pf. *& animatio iræ tuæ comprehendat eos*. Gr. *ϗ ὁ θυμὸς τῆς ὀργῆς σου καταλάβοι αὐτούς.* Pfalt. Sangerm. fcribit *iram fuam*, fed mendo aperto, quod correximus; al. conftanter *tuam*.

℣. 26. Succinunt Hilar. Auguft. & Caffiod. in hunc Pf. cum Pfalt. Rom. & Gr.

℣. 27. Itidem in Pfalt. Corb. & Moz. necnon ap. Aug. in hunc Pf. Hilarius autem & Caffiod. in eund. Pf. delent *ipfi*. Pfalt. Rom. habet: *ipfi perfecuti funt me*, &c. ut fupra. Vet. Iren. Interp. l. 3. c. 22. p. 219. a. *& fuper dolorem vuln. meorum appofuerunt*. Gr. *αὐτοὶ κατεδίωξαν ϗ ἐπὶ τὸ ἄλγος τῶν..... προσέθηκαν.*

℣. 28. Hilar. & Caffiod. in hunc Pf. cum Pfalt. Rom. Fabri: *Appone..... fuper iniquitatem ipforum: & non intrent in tuam juftitiam.* Rom. Martian. *fuper iniquitates ipforum.* Auguft. cum Pfalt. Carnut. Moz. & Gr. *fuper iniquitatem ipforum: & non intrent in juftitia tua.* Corb. & Moz. *in tua juftitia.*

℣. 29. Concordat Hilar. in hunc Pf. & in Pf. 138. col. 521. d. unà cum Caffiod. & Pfalt. Rom. Sic etiam ap. Aug. in eund. Pf. & Philaftr. Brix. l. de hæref. p. 724. a. poft paulò tamen Aug. hab. *de libro vitæ*; Gr. *ἐκ βίβλου ζώντων.*

℣. 30. Ita legit Hilar. in hunc Pf. Item Auguft. & Caffiod. in eund. nifi quòd hab. *Pauper & dolens ego fum*; fic etiam Ambrof. in Pf. 35. & 40. to. 1. 766. c. 869. e. Pfalt. Moz. *Pauper fum ego & dolens*, &c. ut fupra. Corb. *Pauper ego & dolens.* Gr. *Πτωχὸς ϗ ἀλγῶν εἰμι ἐγώ· ϗ ἡ σωτηρία τοῦ προσώπου σου*, &c. Item in Pfalt. Corb. & Carnut. *& falus vultus tui Deus*, &c.

℣. 31. Sic eft in Pfalt. Moz. addito uno *mei*, ad nomen *Dei*: additur pariter in Rom. ficut *&*, poft *cantico*; utrumque delet Auguft. in hunc Pf. deeft etiam *mei* ap. Caffiod. At Hilar. in eund. Pf. legit: *Laudabo nomen tuum cum cantico: magnificabo*, &c. Nicetius ep. Spicil. to. 3. p. 9. c. *Laudabo nomen Domini cum cantico: & magnif.* &c. Hieron. epift. ad Sun. & Fretel. to. 2. 643. c. *Laudabo nomen Dei*, &c. tum addit voculam *mei* effe fuperfluam. Pfalm. è Mf. Vatic. apud Hilar. *Laudabo nomen Dei in cantico: & magnif.* &c. Pfalt. Corb. *Laudabo nomen Dei cum cantico: magnificabo eum cum laude.* Gr. *Αἰνέσω τὸ ὄνομα τοῦ Θεοῦ μου μετ᾽ ᾠδῆς· μεγαλυνῶ αὐτὸν ἐν αἰνέσει.*

℣. 32. Similiter habent Hilar. Aug. & Caffiod. in hunc Pf. unà cum Pfalt. Rom. & Gr. Corb. vitiosè, *cornua producent te & ungulas.*

℣. 33. Auguft. in hunc Pf. cum Pfalt. Rom. & Mozar. *quærite Dominum, & vivet*, &c. Coislin. *Dominum, & vivit.* Hilar. & Caffiod. in eund. Pf. ut in Vulg. Gr. *ἐκζητήσατε τὸν Θεὸν, ϗ ζήσεσθε, & vivetis*: edd. verò Ald. & Compl. *ϗ ζήσεται ἡ ψυχὴ ὑμῶν.*

℣. 34. Sic Hilar. in hunc Pf. & in Pf. 35. cum Pfalt. Coislin. excepto verbo ult. *fprevit*. Item *fprevit* in Pfalt. Rom. Moz. & ap. Caffiod. fupra verò, *pauperes*. In Corb. *pauperem: & vinctos fuos non fprevit.* Apud Aug. in eund. Pf. *pauperes Dominus: & compeditos fuos non fprevit.* In Gr. *Ὅτι εἰσήκουσε τῶν πενήτων ὁ Κύριος· ϗ τοὺς πεπεδημένους αὐτοῦ οὐκ ἐξουδένωσε.*

℣. 35. Accinit Caffiod. in hunc Pf. unà cum Pfalt. Rom. Carnut. Mediolan. & Moz. Hilarius autem in eund. Pf. cum

VULGATA HOD.	HEBR.	VERSIO ANTIQUA.
mare, & omnia reptilia in eis.	*ria, & omne quod movetur in eis.*	terra, mare, & omnia quæ in eis ſunt. *Ex Mſ. Sangerm.*
36. Quoniam Deus ſalvam faciet Sion : & ædificabuntur civitates Juda.	*Quia Deus ſalvabit Sion, & ædificabit civitates Juda :*	36. Quoniam Deus ſalvam faciet Sion : & ædificabuntur civitates Judææ.
Et inhabitabunt ibi, & hæreditate acquirent eam.	*Et habitabunt ibi, & poſſidebunt eam.*	Et inhabitabunt ibi, & inhabitabunt ea.
37. Et ſemen ſervorum ejus poſſidebit eam ; & qui diligunt nomen ejus, habitabunt in ea.	*Et ſemen ſervorum ejus poſſidebit eam ; & qui diligunt nomen ejus, habitabunt in ea.*	37. Semen ſervorum ejus poſſidebunt eam ; & qui diligunt nomen ejus, inhabitabunt in eam.

NOTÆ AD VERSIONEM ANTIQUAM.

Pſalt. Coislin. & Corb. extremò leg. *mare, & omnia repentia in eo ;* Aug. *repentia in eis.* Gr. θάλασσα, ϗ πάντα τὰ ἕρποντα ἐν αὐτοῖς.

℣. 36. Pſalt. Rom. Mediol. & Carnut. legunt cum Caſſiod. *civitates Judæ ;* cæt. ut in Vulg. Item in Moz. Coislin. & Corb. *Judæ ;* priora autem duo ita ferunt in fine : *hæreditate acquirunt eam ;* Corb. *hæreditabunt eam.* Hilar. in hunc Pſ. ſic : *Quoniam Dominus ſalvificabit Sion : & ædific. civit. Judæ. Et inhabitabunt in ea, & hæreditabunt terram :* at inf. in explic. bis ponit *Judææ.* Auguſt. in eund. Pſ. *Quoniam Deus ſalvam faciet,* &c. ſubinde ſcribit *Juda ;* reliqua ſilet : ſed l. cont. Jud. to. 8. 32. f. addit : *& inhabitabunt eam.* In Gr. conſtanter τῆς Ἰουδαίας ; extremòque, ϗ κληρονομήσουσιν αὐτήν. Apud Hieron. tamen in Ezech. 16. to. 3. p. 808. f. legitur : *ædificabuntur civitates Judæ. Et habitabunt, & commorabuntur ibi. Et ſemen eorum in æternum dirigetur.* Vide etiam in Iſai. 65. col. 492. f. ubi iterum *civitates Judæ.*

℣. 37. Sic eſt in Pſalt. Corb. & apud Hilar. præter hoc primum, *& ſemen :* Hilar. quoque extremò hab. *inhabitabunt eam.* Pſalt. Rom. *Et ſemen..... poſſidebit eam..... inhabitabunt in ea.* Item in Mozarab. & Coislin. *inhabit. in ea ;* ſicut ap. Caſſiod. in hunc Pſ. Ap. Auguſt. in eund. *Et ſemen ſervorum ejus obtinebunt eam ; & qui... inhabitabunt in ea :* at l. cont. Jud. to. 8. col. 32. f. *poſſidebunt eam ; & qui dilig.* &c. ut ſupra. Gr. Καὶ τὸ σπέρμα..... καθέξουσιν αὐτήν..... κατασκηνώσουσιν ἐν αὐτῇ.

VULGATA HOD.	HEBR.	VERSIO ANTIQUA.
In finem, Pſalmus David, 1. In rememorationem, quòd ſalvum fecerit eum Dominus. LXIX.	*Victori David Ad recordandum. LXX.*	* In finem, Pſalmus David, 1. In rememorationem, quòd ſalvum fecerit eum Deus. LXIX. *Ex Mſ. Sangerm.*
2. DEus in adjutorium meum intende : Domine ad adjuvandum me feſtina.	*DEus ut liberes me, Domine ut auxilieris mihi feſtina.*	2. DOmine Deus in adjutorium meum intende.
3. Confundantur, & revereantur, qui quærunt animam meam :	*Confundantur, & erubeſcant, qui quærunt animam meam :*	3. Confundantur, & revereantur inimici mei :
4. Avertantur retrorſùm, & erubeſcant, qui volunt mihi mala :	*Convertantur retrorſùm, & erubeſcant, qui volunt malum mihi :*	4. Avertantur retrorſùm, & confundantur, qui cogitant mihi mala :
Avertantur ſtatim erubeſcentes, qui dicunt mihi : Euge, euge.	*Revertantur ad veſtigium confuſionis ſuæ, qui dicunt : Vah, vah.*	Avertantur ſtatim erubeſcentes, qui dicunt mihi : Euge, euge.
5. Exſultent & lætentur in te omnes qui quærunt te, & dicant ſemper : Magnificetur Dominus : qui diligunt ſalutare tuum.	*Gaudeant & lætentur in te omnes qui quærunt te : & dicant ſemper : Magnificetur Deus : qui diligunt ſalutare tuum.*	5. Exſultent & lætentur in te omnes qui quærunt te, & dicant ſemper : Magnificetur Dominus : qui diligunt ſalutarem tuum.
6. Ego verò egenus, & pauper ſum : Deus adjuva me.	*Ego autem egenus, & pauper : Deus feſtina pro me.*	6. Ego verò egenus, & pauper ſum : Deus adjuva me.
Adjutor meus, & liberator meus es tu : Domine ne moreris.	*Auxilium meum, & ſalvator meus tu : Domine ne moreris.*	Adjutor meus, & liberator meus es tu : Domine ne tardaveris Deus.

NOTÆ AD VERSIONEM ANTIQUAM.

* ℣. 1. Pſalt. Corb. & Rom. Fabri : *In finem, David, In rememoratione, quod* (Corb. *eò quòd*) *ſalvum me fecit Dominus.* Rom. Martian. *In rememorationem, eò quòd ſalvum,* &c. Similiter Pſ. è Mſ. Vatic. ap. Hilar. niſi quòd habet, *In finem, Pſalmus David.* Mozar. *In finem, Pſ. David, In rememoratione, eò quòd ſalvum me fecit Deus.* Coislin. *In finem, David, In rememorationem,* abſque ſeqq. Hilarius in comment. *In rememoratione ;* & infra, *In illum David Pſalmus, in finem.* Auguſt. hunc titulum prætermittit. Caſſiod. ſic habet cum Gr. *In finem, David, In rememorationem, quòd ſalvum me fecit Dominus.* Similiter in Pſalt. Carnut. *quòd ſalvum me fecit Dominus.*

℣. 2. Concinunt Hilar. & Aug. in hunc Pſ. nec addunt plura ; imo Aug. initio ipſo delet vocem *Domine.* Ita quoque in Gr. ad verbum. Pſalt. Rom. Martian. hab. *Domine Deus ;* reliqua ut in Vulg. Rom. Fabri tollit 1. *Domine.* Carnut. & Corb. ferunt : *Domine Deus meus,* &c. abſque his de Vulg. *Domine ad adjuvand.* &c. Editt. tamen Ald. & Compl. ſubdunt : Κύριε εἰς τὸ βοηθῆσαί μοι σπεῦσον.

℣. 3. Pſalt. Rom. extremò addit cum Vulg. *qui quærunt animam meam.* Ita etiam Caſſiod. cum Pſalt. Coislin. A Vatic. autem ap. Hilar. abſunt iſta duo, *inimici mei ;* nec ipſa refert Hilar. infra in comment. ſed tantùm ſeqq. *qui quærunt,* &c. Similiter ap. Auguſt. in hunc Pſ. ſicut etiam in Gr. In Pſalt. Corb. *Confundantur, & revereantur omnes inimici mei, qui,* &c.

℣. 4. Sic eſt in Pſalt. Mozarab. Item in Rom. & Coislin. præter unum *erubeſcant,* loco *confundantur.* Sic etiam ap. Hilarium, Auguſt. & Caſſiod. in hunc Pſalm. necnon in Miſſali Rom. ad Introit. Dom. XII. poſt. Pent. Pſalmus verò è Mſ. Vat. ap. Hilar. hab. *& erubeſcant, qui volunt mihi mala.* Itidem in Pſalt. Corb. ſubnexis his : *Avertantur ſtatim, & erubeſcant, qui dicunt,* &c. Gr. Ἀποστραφείησαν εἰς τὰ ὀπίσω, ϗ καταισχυνθείησαν οἱ βουλόμενοί μοι κακά, &c. ut ſupra.

℣. 5. A Pſalt. Rom. & Coislin. abeſt hoc, *in te omnes.* At in Moz. & apud Caſſiod. exſtat : *in te omnes qui quærunt te Domine,* &c. In Rom. ſimiliter additur *Domine.* Apud Hilar. in hunc Pſ. omnia ut in Vulg. Ap. Aug. verò in eund. ſic : *Exſultent & jocundentur in te omnes qui quærunt te, & dicant,* &c. ubique *ſalutare,* non *ſalutarem.* In Gr. Ἀγαλλιάσθωσαν ϗ εὐφρανθήτωσαν ἐπὶ σοὶ πάντες οἱ ζητοῦντές σε, ϗ λεγέτωσαν..... ὁ Θεός· οἱ ἀγαπῶντες τὸ, &c.

℣. 6. Sic in Pſalt. Rom. eſt, ſed abſque ultima voce *Deus.* Pſalm. è Mſ. Vatic. apud Hilar. *Adjutor meus, & liberator meus eſto : Domine ne tardaveris.* Pſalt. Coislin,

NOTA AD VERSIONEM ANTIQUAM.

Adjutor, & liberator meus eſto: Domine Deus meus ne tardaveris. Mozarab. *Ego verò egenus* (inſ. *egens*,) *& pauper ſum: Dominus curam habet mei. Adjutor, & liberator meus es tu: Domine ne tardaveris.* Corb. *Ego verò egenus, & pauper: Deus adjuva me. Adjutor meus, & liber. meus eſto: Domine ne tardaveris Deus.* Apud Hilar. in hunc Pſ. *Ego autem egenus, &..... Deus adjuva me. Adjutor meus, & lib. meus tu: Domine ne tardaveris;* Mſ. Reg. ibid. cum editt. antiq. *adjuvat me.* Apud Auguſt. in eund. Pſ. *Ego verò egenus, & pauper:* (inſ. add. *ſum:*) *Deus adjuva me. Adjutor, & erutor meus es tu: Domine ne tardaveris;* infra deeſt hoc, *& erutor.* Apud Caſſiod. ut in Vulg. præter iſta: *Deus adjuvat me..... Domine ne tardaveris.* In Gr. Ἐγὼ δὲ πτωχὸς (Ald. & Compl. πτωχός εἰμι,) καὶ πένης· ὁ Θεὸς βοήθησόν μοι. Βοηθός μου, καὶ ῥύστης μου εἶ σύ· Κύριε μὴ χρονίσῃς.

VERSIO ANTIQUA.	HEBR.	VULGATA HOD.
Ex Mſ. Sangerm. * In finem, Pſalmus ipſi David,	*LXXI.*	Pſalmus David,
1. Filiorum Jonadab, & priorum captivorum. LXX.		1. Filiorum Jonadab, & priorum captivorum. LXX.
** DOmine Deus in te ſperavi, non confundar in æternum: 2. in tua juſtitia libera me, & eripe me.	*IN te Domine ſperavi, non confundar in æternum: in juſtitia tua erue me, & libera me.*	IN te Domine ſperavi, non confundar in æternum: 2. in juſtitia tua libera me, & eripe me.
Inclina ad me aurem tuam, & libera me.	*Inclina ad me aurem tuam, & ſalva me:*	Inclina ad me aurem tuam, & ſalva me.
3. Eſto mihi in Deum protectorem, & in locum munitum: ut ſalvum me facias:	*Eſto mihi robuſtum habitaculum, ut ingrediar jugiter: præcepiſti ut ſalvares me:*	3. Eſto mihi in Deum protectorem, & in locum munitum: ut ſalvum me facias:
Quoniam firmamentum meum, & refugium meum es tu.	*Quia petra mea, & fortitudo mea es tu.*	Quoniam firmamentum meum, & refugium meum es tu.
4. Deus meus erue me de manu peccatoris, & de manu iniqui, & contra legem agentis:	*Deus meus ſalva me de manu impii: de manu iniqui & nocentis:*	4. Deus meus eripe me de manu peccatoris, & de manu contra legem agentis & iniqui:
5. Quoniam tu es patientia mea Domine: ſpes mea à juventute mea.	*Quia tu es exſpectatio mea: Domine Deus fiducia mea ab adoleſcentia mea.*	5. Quoniam tu es patientia mea Domine: Domine ſpes mea à juventute mea.
6. In te confirmatus ſum de ventre: de utero matris meæ quoniam tu es protector meus.	*A te ſuſtentatus ſum ex utero: de ventre matris meæ tu es protector meus.*	6. In te confirmatus ſum ex utero: de ventre matris meæ tu es protector meus.
In te decantatio mea ſemper: 7. tanquam prodigium factus ſum multis: & tu adjutor firmus.	*In te laus mea jugiter: quaſi portentum factus ſum multis, & tu ſpes mea Fortiſſime.*	In te cantatio mea ſemper: 7. tanquam prodigium factus ſum multis: & tu adjutor fortis.
8. Repleatur os meum laudem tuam, ut benedicam gloriam tuam; tota die magnificentiam tuam.	*Impleatur os meum laude tua; tota die magnitudine tua.*	8. Repleatur os meum laude, ut cantem gloriam tuam; tota die magnitudinem tuam.
9. Ne projicias me in tempore ſenectutis: cùm deficit	*Ne projicias me in tempore ſenectutis: cùm defecerit fortitudo*	9. Ne projicias me in tempore ſenectutis: cùm defecerit virtus

NOTÆ AD VERSIONEM ANTIQUAM.

* ℣. 1. Pſalt. Rom. delet hoc, *In finem*, cum voce *ipſi*: reliqua ut ſupra. In Corb. deeſt tantum *ipſi*. Coislin. habet cum Caſſiod. *David Pſalmus, Filiorum Jonadab*, &c. ut ſup. Mozarab. *In finem, Pſalmus David, Filiorum Aminadab, qui fuerunt in captivitate.* Auguſt. *Ipſi David, Filiorum Jonadab, & eorum qui primi captivi ducti ſunt.* Caſſiod. ut in Vulg. Gr. Τῷ Δαυὶδ, Υἱῶν Ἰωναδὰβ, καὶ τῶν πρώτων αἰχμαλωτισθέντων. Ald. & Compl. Τῷ Δαυὶδ Ψαλμὸς, τῶν, &c.

** Pſalt. Rom. Corb. Carnut. Coislin. Mediol. & Moz. *Deus in te ſperavi Domine, non conf.* &c. Similiter apud Auguſt. & Caſſiod. in hunc Pſ. ab uno tamen Mſ. Aug. abeſt *Deus*; Aug.que infra bis hanc vocem omittit. In Gr. Ἐπὶ σοὶ Κύριε ἤλπισα, μὴ, &c.

℣. 2. Sic eſt in Pſalt. Rom. & Moz. Sic etiam in Coislin. ſi hoc primum excipias, *& in tua juſtitia.* Ap. Aug. in hunc Pſ. *in tua juſtitia erue me, & exime me. Inclina ad me..... & ſalvum me fac.* Caſſiod. in eund. Pſ. *in tua juſt. lib. me, & eripe me. Inclina aurem tuam ad me, & libera me.* Gr. ἐν τῇ δικαιοσύνῃ σου ῥῦσαί με, καὶ ἐξελοῦ με. Κλῖνον πρός με..... καὶ σῶσόν με.

℣. 3. Ita legunt Aug. & Caſſiod. in hunc Pſ. cum vet. Pſalt. & Gr. unus Aug. hab. *ſalvum facias me.* Pſalt. Corb. tollit *&*, poſt *protectorem.*

℣. 4. Auguſt. in hunc Pſ. *Deus meus erue me de manu peccatoris, de manu legem prætereuntis & iniqui;* & infra, *libera me de manu.* Caſſiod. in eund. Pſ. Vulgatæ ſuffragatur cum Pſalt. Rom. &c. Itidem Corb. niſi quòd tollit *&*, poſt vocem *peccatoris.* In Gr. ἐκ χειρὸς παρανομοῦντος καὶ ἀδικοῦντος.

℣. 5. Ita Pſalt. Rom. cum Moz. & Corb. Ita quoque Auguſt. & Caſſiod. in hunc Pſ. In Gr. vox Κύριε geminatur.

℣. 6. Pſalt. Rom. cum Coislin. *In te confirm. ſum ex utero: de ventre matris meæ tu es meus protector. In te decantatio mea ſemper.* Corb. *In te confirm. ſum de ventre: ex utero matris meæ tu es protector meus. In te decantatio mea ſemper.* Ambroſ. l. 2. de interpel. Dav. c. 6. to. 1. col. 646. e. *In te confirmatus ſum ex utero: de ventre matris meæ tu es prot. meus:* & l. 2. de Spir. S. c. 8. col. 648. e. *In te commemoratio mea ſemper.* Breviar. Moz. *In te eſt decantatio mea ſemper.* Apud Auguſt. & Caſſiod. in hunc Pſ. ut in Vulg. In Gr..... ἀπὸ γαστρός· ἐκ κοιλίας μητρός μου σύ μου εἶ σκεπαστής. Ἐν σοὶ ἡ ὕμνησίς μου διαπαντός.

℣. 7. Sic in Pſalt. Corb. ad verbum. In aliis autem ut in Vulg. Similiter apud Caſſiod. in hunc Pſ. & in Græco. Ap. Auguſt. in eund. Pſ. id unum variat, *ſed tu adjutor fortis.*

℣. 8. Pſalt. Corb. *Repleatur os meum laudem tuam, ut poſſim cantare gloriam tuam: tota die magnificentia tua.* Rom. *Repleatur os meum laude tua, ut poſſim cantare gloriam tuam; tota die magnificentiam tuam.* Sic etiam in Coislin. ad verbum, ut & ap. Caſſiod. Item in Mozarab. præter hoc ult. *magnificentias tuas.* Apud Ambr. epiſt. 41. to. 2. col. 960. b. *Repleatur os meum laude tua, & cantem gloriam tuam:* at in Pſ. 118. to. 1. 1251. e. ſic, *laude, ut cantem.* Ap. Aug. in eund. Pſ. *Repleatur os meum laude, ut hymno dicam gloriam tuam; tota die magnificentiam tuam.* In Pſalt. Mediol. & Carnut. ut ſupra, *laude tua, ut poſſim cantare.* In Gr..... αἰνέσεως, ὅπως ὑμνήσω τὴν..... μεγαλοπρέπειάν σου.

℣. 9. Pſalt. Coislin. *Non projicias me;* Rom. *Ne projicias..... dum defecerit virtus mea, Deus ne,* &c. Mozarab. *& cùm defecerit.* Aug. in hunc Pſ. cum Pſalt. Corb. *cùm*

VULGATA HOD.	HEBR.	VERSIO ANTIQUA.
mea, ne derelinquas me.	*mea, ne derelinquas me.*	virtus mea, ne derelinquas me. *Ex Mſ. Sangerm.*
10. Quia dixerunt inimici mei mihi : & qui custodiebant animam meam, consilium fecerunt in unum,	*Quia dixerunt inimici mei mihi : & qui observabant animam meam, inierunt consilium pariter,*	10. Quia dixerunt inimici mei mihi : & qui custodiebant animam meam, consilium sunt in unum,
11. Dicentes : Deus dereliquit eum, persequimini, & comprehendite eum : quia non est qui eripiat.	*Dicentes : Deus dereliquit eum, persequimini, & comprehendite eum : quia non est qui eruat.*	11. Dicentes : Deus dereliquit eum, persequemini, & comprehendite eum : quia non est qui eripiat eum.
12. Deus ne elongeris à me : Deus meus in auxilium meum respice.	*Deus ne elongeris à me : Deus meus ad auxilium meum festina.*	12. Ne elonges à me : Deus meus in adjutorium meum respice.
13. Confundantur, & deficiant detrahentes animæ meæ : operiantur confusione & pudore qui quærunt mala mihi.	*Confundantur, consumantur adversarii animæ meæ : operiantur opprobrio & confusione, qui quærunt malum mihi.*	13. Confundantur, & deficiant detrahentes animæ meæ : operiantur confusionem & pudorem qui quærunt mala mihi.
14. Ego autem semper sperabo : & adjiciam super omnem laudem tuam.	*Ego autem jugiter exspectabo, & adjiciam super omnem laudem tuam.*	14. Ego autem semper sperabo : & adjiciam super omnem laudem tuam.
15. Os meum annuntiabit justitiam tuam ; tota die salutare tuum.	*Os meum narrabit justitiam tuam, tota die salutare tuum :*	15. Os meum pronunciavit justitiam tuam Domine ; tota die salutarem tuum.
Quoniam non cognovi litteraturam, 16. introibo in potentias Domini : Domine memorabor justitiæ tuæ solius.	*Quia non cognovi litteraturas : ingrediar in fortitudines Domini Dei : recordabor justitiæ tuæ solius.*	Quia non cognovi negotiationes, 16. intrabo in potentia tua Domine : Domine memorabor justitiæ tuæ solius.
17. Deus docuisti me à juventute mea : & usque nunc pronunciabo mirabilia tua :	*Deus docuisti me ab adolescentia mea, & usque nunc annuntiabo mirabilia tua.*	17. Deus docuisti me ex juventute mea : & usque nunc pronunciabo mirabilia tua.
18. Et usque in senectam & senium : Deus ne derelinquas me,	*Insuper & usque ad senectutem & canos Deus ne derelinquas me,*	18. Et usque in senecta mea & senium Deus ne derelinquas me,
Donec annuntiem brachium tuum generationi omni, quæ ventura est ;	*Donec annuntiem brachium tuum generationi, cunctisque qui venturi sunt ;*	Donec adnuntiem brachium tuum omni generationi superventuræ ;

NOTÆ AD VERSIONEM ANTIQUAM.

deficiet. Cassiod. ut in Vulgata. Græc. Μὴ ἀπορρίψῃς με εἰς καιρὸν γήρως· ἐν τῷ ἐκλείπειν τὴν, &c.

℣. 10. Mendum fortasse librarii est *consilium sunt ;* legendum fortè *consiliati sunt*. Apud August. & Cassiod. *consilium fecerunt*, ut in Vulg. Itidem in Psalt. Rom. supra tamen legitur, *inimici mei mala mihi*. In Gr. ἐβουλεύσαντο, absque voce *mala*, post *inimici mei*.

℣. 11. Sic habet Cassiod. in hunc Ps. cum Psalt. Rom. Corb. Coislin. & Moz. si excipias unum *persequimini*. Ap. August. in eund. Ps. *quia non est qui eruat eum*. In Gr. καταδιώξατε..... ὅτι οὐκ ἔστιν ὁ ῥυόμενος.

℣. 12. Sic in Psalt. Corb. præfixo nomine *Deus*. In Rom. & Coislin. *Deus meus ne elonges à me ;* reliqua ut in Vulg. Sic etiam in Mozar. cum hoc, *in adjutorium meum*, ut supra. Apud Hieron. epist. ad Sun. & Fret. to. 2. 643. f. *Deus ne elongeris à me ;* statimque : *Quod dicitis in Gr. positum*, Deus meus, *superfluum est*. Apud. Aug. in hunc Ps. *Domine Deus meus ne elonges à me : Deus meus in adjutorium meum*, &c. Ap. Cassiod. *Deus ne elongeris..... in adjutorium*, &c. In Gr. ed. Rom. Ὁ Θεὸς μὴ μακρύνῃς..... εἰς τὴν βοήθειάν μου πρόσχες· in Ald. & Compl. initio, Ὁ Θεός μου μὴ, &c.

℣. 13. Ita in Psalt. Rom. & ap. Cassiod. exceptis his, *confusione & pudore ;* in Mozarab. *confusione & reverentia*. In Corb. *Confund. & deficiant inimici mei, detrahentes animæ meæ*, &c. ut in Vulg. Apud August. in hunc Ps. *Confund. & deficiant committentes animam meam : induantur confusionem & verecundiam qui cogitant mihi mala*. In Gr..... οἱ ἐνδιαβάλλοντες τὴν ψυχήν μου· περιβαλέσθωσαν αἰσχύνην καὶ ἐντροπὴν οἱ ζητοῦντες τὰ κακά μοι.

℣. 14. Psalt. Rom. *Ego autem in te sperabo Domine : & adjiciam*, &c. Similiter in Mozar. Mediolan. & Carnut. sed absque *Domine*. In Coislin. *Ego autem semper in te sperabo : &*, &c. In Corb. *Ego autem semper sperabo in te*, &c. Ita quoque apud August. & Cassiod. in hunc Ps. In Gr. Ἐγὼ δὲ διαπαντὸς ἐλπιῶ· καὶ, &c. in Ald. & Compl. ἐλπιῶ ἐπὶ σοί· καὶ, &c.

℣. 15. Psalt. Rom. & Corb. hab. *pronunciabit*, absque seq. *Domine ;* subinde *salutare tuum. Quia non cognovi negotiationes*. Item Mozar. scribit *pronunciabit*, tollitque *Domine ;* sed addit, *tota die laudem tuam*, cæt. ut in textu. Coislin. *Os meum pronunciavit just. tuam ; tota die salutem tuam*. Deinde in Mediolan. & Carnut. *Quia non cognovi negotiationem*. Apud August. in hunc Ps. *Os meum enunciabit just. tuam ; tota die salutem tuam. Quoniam non cog. negotiationes*. Apud Cassiod. in eund. Ps. *Os meum pronunciavit..... tota die salutare tuum. Quia non cogn. negotiationes*. In Gr. Τὸ στόμα μου ἐξαγγελεῖ... τὴν σωτηρίαν σου. Ὅτι οὐκ ἔγνων πραγματείας· in Ald. & Compl. γραμματείας· & sanè August. observat loco cit. col. 730. g. *in quibusdam exemplaribus* legi, *Quoniam non cognovi litteraturam. Ubi*, inquit, *alii codices habent* negotiationem, *ibi alii* litteraturam. Auct. l. de promiss. p. 3. col. 177. leg. *non cognovi negotiationem*. Auct. op. imp. in Matth. hom. 38. *non cognovi negotiationes*.

℣. 16. Aug. & Cassiod. in hunc Ps. legunt cum Psalt. Corb. *Introibo in potentiam Domini*, &c. ut in Vulg. Rom. *in potentias ;* Auct. l. de promiss. p. 3. col. 177. *in potentiam ;* Gr. ἐν δυναστείᾳ Κυρίου, &c.

℣. 17. Sic in Psalt. Corb. est. Ita quoque ap. Aug. in hunc Ps. si excipias verbum *annuntiabo*. Psalt. Mozarab. cum Coislin. hab. *Docuisti me Deus à..... pronunciabo*, &c. Cassiod. cum Rom. ut in Vulg. Græc. Ἐδίδαξάς με ὁ Θεὸς ἐκ... ἀπαγγελῶ, &c. edd. verò Ald. & Compl. Ὁ Θεός μου ὃ ἐδίδαξάς με ἐκ, &c. Hieron. ep. ad Sun. & Fret. to. 2. 646. a. constanter legit : *Deus docuisti me ex*, &c. *Quod autem*, inquit, *apud Græcos invenisse vos dicitis*, Deus meus, *superfluum est* meus. Auct. op. imp. in Matth. hom. 38. p. 139. a. *Domine, quàm docuisti me ex juventute mea!*

℣. 18. Psalt. Corb. *Et usque in senecta & senium Deus ne derelinquas me, donec annunt..... generationi omnium, quæ ventura est*, &c. Moz. *Et usque ad senectam & senium*, &c. ut in Vulg. Rom. cum Cassiod. eidem Vulgatæ congruit ad verbum. Tertul. verò l. cont. Prax. p. 848. b. leg. *Ne dereliqueris me, donec annuntiem brach. tuum nativitati universæ venturæ*. August. in hunc Ps. *Et usque in senectam ;* post paulò autem : *Ad senectam Domine ne derelinquas me, donec annunt... generationi omni superventuræ*, &c. Gr. Καὶ ἕως γήρους... ὁ Θεὸς μὴ ἐγκαταλίπῃς με, ἕως ἂν... τὸν βραχίονά σου πάσῃ τῇ γενεᾷ τῇ ἐρχομένῃ. Hieron. ep. ad Sun. & Fret. to. 2. 646. a. ad hæc verba, *donec annunt. brachium tuum*, addit : *Et dicitis vos in Græco reperisse*, mirabilia tua, *quod de superiori versiculo est*, & usque nunc pronunciabo miracula tua : *bene ergo hic habet* brachium.

Versio antiqua.	Hebr.	Vulgata hod.
Ex Mſ. Sangerm. Potentiam tuam, 19. & juſtitiam tuam uſque in altiſſimis, quæ feciſti magnalia: Deus quis ſimilis tibi?	*Fortitudinem tuam, & juſtitiam tuam Deus uſque in excelſum: quanta feciſti magnalia: Deus quis ſimilis tibi?*	Potentiam tuam, 19. & juſtitiam tuam Deus uſque in altiſſima, quæ feciſti magnalia: Deus quis ſimilis tibi?
20. Quantas oſtendiſti mihi tribulationes multas, & malas? & converſus vivificaſti me, & de abyſſis terræ iterum reduxiſti me.	*Quia oſtendiſti nobis tribulationes plurimas & malas, & converſus vivificabis nos, & de abyſſis terræ rurſum educes nos.*	20. Quantas oſtendiſti mihi tribulationes multas, & malas: & converſus vivificaſti me, & de abyſſis terræ iterum reduxiſti me:
21. Multiplicaſti juſtitiam tuam: & converſus conſolatus es me, & à profundis iterum reduxiſti me.	*Multiplicabis magnitudinem meam, & converſus conſolaberis me.*	21. Multiplicaſti magnificentiam tuam: & converſus conſolatus es me.
22. Et ego confitebor tibi in populis Domine, in vaſis pſalmorum veritatem tuam: & pſallam tibi Deus in cithara, ſanctus Iſraël.	*Ego autem confitebor tibi in vaſis pſalterii veritatem tuam, Deus meus: cantabo tibi in cithara, ſancte Iſraël.*	22. Nam & ego confitebor tibi in vaſis pſalmi veritatem tuam: Deus pſallam tibi in cithara, ſanctus Iſraël.
23. Exſultabunt labia mea cùm cantavero tibi; & anima mea, quam redemiſti.	*Laudabunt labia mea cùm cantavero tibi; & anima mea, quam redemiſti.*	23. Exſultabunt labia mea cùm cantavero tibi; & anima mea, quam redemiſti.
24. Inſuper & lingua mea meditabitur tota die juſtitiam tuam: cùm confuſi & reveriti fuerunt qui quærunt animam meam.	*Inſuper & lingua mea tota die meditabitur juſtitiam tuam: quia confuſi ſunt & dehoneſtati, quærentes malum mihi.*	24. Sed & lingua mea tota die meditabitur juſtitiam tuam: cùm confuſi & reveriti fuerint qui quærunt mala mihi.

Notæ ad Versionem antiquam.

℣. 19. Ita in Pſalt. Corb. addita voce *Deus*, ad *juſt. tuam*. In Mozarab. ſic: *& juſtitiam tuam Deus uſque in altiſſimum*, &c. Apud Auguſt. in hunc Pſ. *& juſt. tuam uſque in altiſſima*, &c. Sic etiam ap. Caſſiod. & in Pſalt. Rom. cum hoc, *juſtitiam tuam Deus*. Auguſt. infra leg. *Domine quis ſimilis tibi?* Græc. ϗ τὴν δικαιοσύνην σου ὁ Θεὸς ἕως ὑψίστων..... ὁ Θεὸς τίς, &c.

℣. 20. Ita Aug. & Caſſiod. in hunc Pſ. cum Pſalt. Rom. In Mozarab. & Corb. ſic: *Quia oſtendiſti mihi*, &c. Rurſum in Corb. ut in Coiſlin. *& de abyſſo terræ*, &c. In Gr. Ὅσας ἔδειξάς μοι..... ϗ ἐκ τῶν ἀβύσσων, &c.

℣. 21. In Pſalt. Rom. & Coiſlin. necnon ap. Caſſiod. *Multiplicaſti juſtitiam tuam: & converſus exhortatus es me:* ſubnexa deſunt: abſunt pariter à Mozar. ubi ſic: *Multiplicaſti ſuper me magnificentiam*, &c. ut in Vulg. In Mediol. verò: *Multiplicaſti juſtitiam tuam ſuper me: & converſus exhortatus es me, & de abyſſis terræ iterum reduxiſti me.* Itidem in Carnut. & Corb. dempto uno *ſuper me*. Corb. tamen hab. inf. *& ab inferis*, loco *de abyſſis terræ*. Auguſt. in hunc Pſ. concinit cum Carnut. niſi quòd leg. *conſolatus*, pro *exhortatus*. Exinde ait: *Ecce alterum iterum: ſi hoc iterum ſolvere laboramus ſemel poſitum, quis poterit ſolvere geminatum?* vide etiam inf. col. 741. f. g. Græc. Auguſtino conſonat ad verbum.

℣. 22. Pſalt. Rom. cum Coiſlin. *Et ego confitebor tibi in vaſis pſalmorum veritatem tuam: pſallam tibi in cithara Deus, ſanctus Iſraël.* Mozarab. *Et ego confit. tibi in vaſis pſalmorum verit. tuam: Deus pſallam tibi in cith. ſancte Iſraël.* Similiter in Corb. præter iſta: *pſallam tibi Deus in cithara, ſanctus Iſraël.* Ambr. quoque in Pſ. 1. & 40. col. 742. d. 883. c. hab. *in vaſis pſalmorum.* Item in Luc. 7. col. 1386. c. *pſallam tibi in cithara, ſanctus Iſraël:* & in Pſ. 38. col. 858. f. *Deus, ſanctus Iſraël:* at in Pſ. 40. & 118. col. 884. b. 1053. c. *pſallam tibi Deus in cith. ſanctus Iſrael:* & l. 1. de fide, to. 2. 470. b. *pſallam tibi in cith. Deus Iſraël.* Ap. Auguſt. in hunc Pſ. *Etenim ego confitebor*, &c. ut in Vulg. omiſſa voce *Deus*. Apud Caſſiod. in eund. Pſ. & in Pſ. 2. *Ego autem confit. tibi in vaſis pſalmorum verit. tuam: pſallam tibi Deus in cith.* &c. In Gr. Καὶ γὰρ ἐγὼ..... σοι ἐν σκεύει ψαλμοῦ, &c. ut in Vulg. Ald. & Compl. ἐν σκεύεσι.

℣. 23. Pſalt. Corb. *Gaudebunt labia mea cùm cantavero tibi*, &c. Rom. cum Coiſlin. & Moz. *Gaudebunt labia mea dum cantavero tibi*, &c. Concinit Ambr. in Pſ. 1. col. 742. d. & in Pſ. 38. col. 858. f. & in Pſ. 40. col. 884. b. & in Pſ. 118. col. 1053. c. & in Luc. 7. col. 1386. c. & l. 1. de fide, to. 2. 470. b. niſi quòd plerumque habet *cùm*, ſemel tantùm *dum*. Auguſt. in Pſ. 70. *Exſultabunt labia mea cùm pſallam tibi*, &c. Caſſiod. in eund. Pſ. *Gaudebunt labia mea dum*, &c. Græc. Ἀγαλλιάσονται τὰ χείλη μου ὅταν ψάλω σοι, &c.

℣. 24. A Pſalt. Rom. hoc abeſt, *tota die;* ſubinde legitur, *dum confuſi;* cæt. ut in Vulg. ſimiliter in Mozarab. & Coiſlin. hoc tamen poſterius hab. *cùm confuſi*. Carnut. & Corb. *animam meam*, ut ſup. loco *mala mihi*. Caſſiod. in hunc Pſ. Vulgatæ ſuffragatur ad verbum. Apud Aug. verò ſic: *Adhuc autem & lingua mea tota die meditab. juſt. tuam: cùm confuſi fuerint & erubuerint qui quærunt mala mihi;* inf. *mihi mala*. In Gr. Ἔτι δὲ ϗ ἡ γλῶσσά μου ὅλην τὴν ἡμέραν..... ὅταν αἰσχυνθῶσι ϗ ἐντραπῶσιν οἱ ζητοῦντες τὰ κακά μοι.

Versio antiqua.	Hebr.	Vulgata hod.
Ex Mſ. Sangerm. 1. In Solomonem Pſalmus. LXXI.	*Salomoni. LXXII.*	Pſalmus, 1. In Salomonem. LXXI.
2. Deus judicium tuum regi da: & juſtitiam tuam filio regis:	*Deus judicium tuum regi da, & juſtitiam tuam filio regis:*	2. Deus judicium tuum regi da: & juſtitiam tuam filio regis:
Judicare populos in tua juſtitia, & pauperes tuos in judicio.	*Judicabit populum tuum in juſtitia, & pauperes tuos in judicio.*	Judicare populum tuum in juſtitia, & pauperes tuos in judicio.
3. Suſcipiant montes pacem	*Aſſument montes pacem populo,*	3. Suſcipiant montes pacem po-

Notæ ad Versionem antiquam.

℣. 1. Sic Ambroſ. de apol. Dav. to. 1. 713. d. & Auguſt. in hunc Pſ. cum Pſalt. Corb. Rom. verò cum Caſſiod. hab. *Pſalmus In Salomonem.* Mozar. *Salomonis Pſalmus*, Coiſlin. *In finem, Pſalmus In Salomone.* Gr. ſimpliciter, Εἰς Σαλωμών. Ald. & Compl. Σαλωμὼν Ψαλμὸς τοῦ Δαυίδ.

℣. 2. Sic hab. Tertul. l. 5. adv. Marc. p. 791. b. & Novat. de Trin. p. 1036. a. uſque ad *Judicare*. Pſalt. Rom. addit *populum in tua juſtitia*, &c. Mozarab. *populum tuum cum juſtitia.* Coiſlin. cum Caſſiod. *populum tuum in tua juſtitia*, &c. Cypr. l. 2. Teſtim. p. 297. b. & l. 3. p. 316. b. Vulgatæ congruit; ſicut etiam Aug. & Gr.

℣. 3. Similiter hab. Pſalt. Moz. *populo tuo;* addit verò, *& colles juſtitiam tuam.* Itidem in Rom. Mediol. & Carnut. & apud Caſſiod. ſed abſque ult. voce *tuam*. In Coiſlin. *Suſ-*

VULGATA HOD.	HEBR.	VERSIO ANTIQUA.
pulo, & colles juſtitiam.	*& colles juſtitiam.*	populo tuo, & colles in juſtitia. Ex Mſ. Sangerm.
4. Judicabit pauperes populi, & ſalvos faciet filios pauperum: & humiliabit calumniatorem.	*Judicabit pauperes populi, ſalvabit filios pauperis: & confringet calumniatorem.*	4. Judicavit pauperes plebis ſuæ, & ſalvabit filios pauperum: & humiliavit calumniatorem.
5. Et permanebit cum ſole, & ante lunam, in generatione & generationem.	*Et timebunt te quandiu erit ſol, & ultra lunam, in generatione generationum.*	5. Et permanebit cum ſole, & ante lunam, in ſæculum ſæculi.
6. Deſcendet ſicut pluvia in vellus: & ſicut ſtillicidia ſtillantia ſuper terram.	*Deſcendet ut pluvia ſuper vellus: ut ſtilla irrorantes terram.*	6. Et deſcendet ſicut pluvia in vellere: & ſicut ſtillicidia ſtillantia ſuper terram.
7. Orietur in diebus ejus juſtitia, & abundantia pacis: donec auferatur luna.	*Germinabit in diebus ejus juſtitia, & multitudo pacis: donec non ſit luna.*	7. Orietur in diebus ejus juſtitia, & multitudo *pacis: donec extollatur luna.
8. Et dominabitur à mari uſque ad mare; & à flumine uſque ad terminos orbis terrarum.	*Et dominabitur à mari uſque ad mare; & à flumine uſque ad terminos terræ.*	8. Et dominabitur à mari uſque ad mare; & à flumine uſque ad terminos orbis terræ.
9. Coram illo procident Æthiopes: & inimici ejus terram lingent.	*Ante eum procident Æthiopes, & inimici ejus pulverem lingent.*	9. In conſpectu ejus procedent Æthiopes: & inimici ejus terram lingent.
10. Reges Tharſis, & inſulæ munera offerent: reges Arabum & Saba dona adducent:	*Reges Tharſis, & inſulæ munera offerent: reges Arabiæ & Saba tributum conferent:*	10. Reges Tharſis, & inſulæ munera adferent: reges Arabum & Saba dona adducent:
11. Et adorabunt eum omnes reges terræ: omnes gentes ſervient ei:	*Et adorabunt eum omnes reges: univerſæ nationes ſervient ei:*	11. Et adorabunt eum omnes reges terræ: omnes gentes ſervient ei:
12. Quia liberabit pauperem à	*Quia eruet pauperem à potente;*	12. Quia eruit egenum à

NOTÆ AD VERSIONEM ANTIQUAM.

cipiant montes pacem populi ſui; in Corb. *populo tuo: & colles juſtitiam:* deinde, *In ſua juſtitia*, &c. ut inf. ℣. 4. Apud Optat. l. 2. cont. Donat. ſicut ap. Aug. in hunc Pſ. *Suſcip. montes pacem populo, & colles juſtitiam.* Obſervat tamen Auguſt. ibid. alios codices habere: *Suſcipiant montes pacem populo, & colles;* atque *in his codicibus illud* ſequi: *In juſtitia judicabit paup. populi:* at inquit, *Illi magis codices approbantur, qui habent quod ſupra expoſuimus:* Suſcipiant... & colles juſtitiam: *aliqui autem habent* populo tuo; *aliqui non habent* tuo, *ſed tantummodo* populo. Gr. Ἀναλαβέτω τὰ ὄρη... τῷ λαῷ σου, καὶ οἱ βουνοί· deinde, Ἐν δικαιοσύνῃ κρινεῖ, &c.

℣. 4. Pſalt. Rom. Corb. & Coiſlin. *In ſua juſtitia judicabit pauperes hujus populi, & ſalvos faciet*, &c. ut in Vulg. ſic etiam in Moz. & Carnut. & apud Caſſiod. ſi demas voculam *hujus*. Apud Tertul. l. 4. adv. Marc. p. 707. b. ſic: *Juſtitiâ judicabit mendicos populi, & faciet ſalvos filios pauperum.* Apud Auguſt. necnon Chromat. Aquil. in Matth. p. 978. b. ut in Vulg. In Gr. Ἐν δικαιοσύνῃ κρινεῖ τοὺς πτωχοὺς τοῦ λαοῦ, καὶ σώσει, &c.

℣. 5. Sic eſt in Pſalt. Rom. & Moz. necnon apud Caſſiod. At in Coiſlin. ſic: *cum ſole, & ante luna, in ſæcula ſæculorum.* Apud Hilar. l. 12. de Trin. col. 1129. d. *& ante lunam, generationes generationum.* Similiter hab. Auguſt. in hunc Pſ. col. 747. a. Ambr. verò de apol. Dav. to. 1. 713. d. *cum ſole, & ante lunam, in ſæcula ſæculorum.* Sic etiam in Pſalt. Corb. Auguſt. loco cit. ita refert: *Et permanebit ſoli, vel permanebit cum ſole:* tum addit: *ſic enim meliùs interpretandum quidam noſtri putaverunt, quod in Græco eſt* Συμπαραμενεῖ· *quod ſi Latinè uno verbo dici poſſet*, compermanebit *dicendum eſſet: ideo quia Latinè verbum non poteſt dici, ut ſaltem ſententia exprimeretur, dictum eſt* permanebit cum ſole; *nihil eſt enim aliud* compermanebit ſoli, *quàm* permanebit cum ſole: & infra: *Quod eſt in Græco* γενεὰς γενεῶν, *nonnulli interpretati ſunt, non* generationes, *ſed* generationis generationum, *quia* γενεᾶς *ambiguus eſt caſus in Græco.* In edit. Rom. ſimiliter: Καὶ συμπαραμενεῖ τῷ ἡλίῳ, καὶ πρὸ τῆς σελήνης, γενεὰς γενεῶν.

℣. 6. Pſalt. Rom. & Coiſlin. cum Hilar. in Pſ. 67. col. 196. c. *Et deſcendet ſicut pluvia in vellus*, &c. ut ſupra. Ita etiam Ambroſ. l. de vid. to. 2. 190. f. ſed abſque *&*, ante *deſcendet:* at l. de Spir. S. 601. e. legit *deſcendit*, &c. Lactant. l. 4. Inſtit. c. 16. p. 579. *Deſcendet ſicut pluv. in vellus: & orietur in*, &c. omiſſo verſiculo intermedio. Tertul. verò l. 5. adv. Marc. p. 791. b. *Deſcendit tanquam imber ſuper vellus: & velut ſtillæ deſtillantes in terram.* Auguſt. in hunc Pſ. *Et deſcendet ſicut pluvia in vellus: & ſicut guttæ ſtillantes ſuper terram.* Caſſiod. ut in Vulg. hoc excepto, *Et deſcendet.* In Pſalt. Corb. *Deſcendit..... in vellere: & ſicut ſtillicidia..... ſuper terra.* In Gr. Καταβήσεται..... ἐπὶ πόκον· καὶ ὡσεὶ σταγόνες στάζουσαι ἐπὶ τὴν γῆν.

℣. 7. In Pſalt. Rom. & ap. Caſſiod. *abundantia pacis: donec extollatur luna.* Itidem in Coiſl. Mediol. Carnut. Corb. & Moz. Sic etiam apud Lact. l. 4. Inſtit. c. 16. p. 579. Item ap. Ambr. l. 4. Hex. to. 1. 77. f. & in Pſ. 43. col. 887. f. at in Pſ. 36. col. 788. a. ut in textu, *& multitudo pacis: donec extollatur luna.* Apud Hieron. in Iſai. 52. to. 3. 378. e. *& multitudo pacis: donec auferatur luna.* Apud Auguſt. epiſt. 55. ad Januar. to. 2. 131. f. *& abundantia pacis: donec interficiatur luna:* at in hunc Pſ. col. 748. c. *donec tollatur luna;* deinde ſic: *Id quod dictum eſt* tollatur, *alii interpretati ſunt* auferatur, *alii verò* extollatur, *unum verbum Græcum, ſicut unicuique viſum eſt, transferentes, quod ibi poſitum eſt* ἀνταναιρεθῇ.

℣. 8. Ita legit Auguſt. epiſt. 199. to. 2. 758. c. & in hunc Pſ. ſicut Caſſiod. in eund. Pſ. cum Pſalt. Rom. & Coiſlin. Sic etiam in Corb. præter vocem *fines*, pro *terminos.* Apud Tertul. l. 5. adv. Marc. p. 791. b. *Dominabitur à mari ad mare; & à flumine uſque ad terminos terræ.* Apud Ambroſ. de apol. Dav. col. 713. d. *Dominabitur à mari uſque ad mare.* Similiter hab. Optat. l. 2. cont. Donat. p. 26. c. ſed addit: *& à fluminibus uſque ad terminos orbis terræ.* Collat. Carthag. p. 393. b. *& à flumine uſque ad terminos finis terræ.* In Gr. καὶ ἀπὸ ποταμοῦ (Ald. & Compl. ποταμῶν) ἕως περάτων τῆς οἰκουμένης.

℣. 9. Tertul. l. 5. adv. Marc. p. 791. c. *inimici ejus pulverem lingent.* Hilar. l. 4. de Trin. 850. b. *In conſpectu ejus procident Æthiopes: & inimici ejus limum lingent.* Auguſt. in hunc Pſ. cum Collat. Carthag. p. 393. b. *Coram illo decident Æthiopes*, &c. ut in textu. Auguſt. inf. *procident.* Caſſiod. in eund. Pſ. cum Pſalt. Rom. & Coiſlin. ut in Vulg. Gr. Ἐνώπιον αὐτοῦ προπεσοῦνται..... χοῦν λείξουσι.

℣. 10. Pſalt. Moz. ſcribit *offerunt*, Rom. *offerent*, &c. ut in Vulg. Tertul. l. cont. Jud. c. 9. p. 142. a. *reges Arabum & Saba munera afferent illi:* ſimiliter l. 3. adv. Marc. p. 674. c. Hilar. l. 4. de Trin. 850. c. *Reges Tharſis munera offerent: reges Arabum & Sabain munera adducent.* Ambroſ. de apol. Dav. 713. d. *reges Arabum & Saba dona adducent.* Hieronymus quæſt. Hebr. to. 2. 516. a. *reges Arabum & Saba munera offerent.* Auguſt. & Caſſiod. in hunc Pſ. cum Collat. Carthag. Vulgatæ congruunt, & Græco.

℣. 11. Sic habet Ambroſ. l. de apol. Dav. to. 1. 713. f. & in Pſ. 1. col. 761. a. Ita etiam Auguſt. & Caſſiod. in hunc Pſ. cum Pſalt. Rom. Mozarab. & Collat. Carthag. p. 393. b. Tertul. verò l. 5. adv. Marc. 791. b. *Adorabunt illum omnes reges: & ſervient ei omnes nationes:* & l. 4. p. 707. b. *omnes nationes ſervient ei.* Hilar. in Pſ. 144. col. 563. a. *Et adorabunt eum omnes reges: & omnes gentes ſervient ei.* Similiter Auguſt. l. de unit. Eccl. to. 9. col. 351. c. delet vocem *terræ;* quam etiam Hieron. ep. ad Sun. & Fretel. to. 2. 646. a. ſuperfluam eſſe declarat: abeſt quoque à Gr. ed. Rom. ſed in edd. Ald. & Compl. legitur βασιλεῖς τῆς γῆς.

℣. 12. In Pſalt. Coiſlin. & Moz. *Quia liberavit pau-*

VERSIO ANTIQUA.	HEBR.	VULGATA HOD.
Ex Mſ. Sangerm. potente ; & pauperem, cui non erat adjutor.	*& inopem, cui non eſt adjutor.*	potente ; & pauperem, cui non erat adjutor.
13. Parcet parcet pauperi : & animas pauperum ſalvabit.	*Parcet inopi & pauperi, & animas pauperum ſalvabit.*	13. Parcet pauperi & inopi : & animas pauperum ſalvas faciet.
14. Et ex uſuris & iniquitate liberavit animas eorum : & præclarum nomen eorum coram ipſo.	*Ab uſura & iniquitate redimet animas eorum, & pretioſus erit ſanguis eorum coram oculis ejus.*	14. Ex uſuris & iniquitate redimet animas eorum : & honorabile nomen eorum coram illo.
15. Et vivet, & dabitur ei de auro Arabiæ, & adorabunt pro eo ſemper : tota die benedicent eum.	*Et vivet, & dabitur ei de auro Saba, & orabunt de eo jugiter : tota die benedicent ei.*	15. Et vivet, & dabitur ei de auro Arabiæ, & adorabunt de ipſo ſemper : tota die benedicent ei.
16. Et erit firmamentum in cacumine montium, & exaltabitur ſuper Libanum fructus ejus : & floriet de civitate ſicut fœnum terræ.	*Erit memorabile triticum in terra, in capite montium elevabitur ſicut Libani fructus ejus : & florebunt de civitate ſicut fœnum terræ.*	16. Et erit firmamentum in terra in ſummis montium, ſuperextolletur ſuper Libanum fructus ejus : & florebunt de civitate ſicut fœnum terræ.
17. Sit nomen ejus benedictum in ſæcula : ante ſolem permanebit nomen ejus in ſæcula, & ante lunam ſedes ejus.	*Erit nomen ejus in æternum : ultra ſolem perſeverabit nomen ejus,*	17. Sit nomen ejus benedictum in ſæcula : ante ſolem permanet nomen ejus.
Et benedicentur in eum omnes terræ : omnes gentes magnificabunt eum.	*Et benedicentur in eo : omnes gentes beatificabunt eum.*	Et benedicentur in ipſo omnes tribus terræ : omnes gentes magnificabunt eum.
18. Benedictus Dominus Deus Iſraël, qui facit mirabilia ſolus :	*Benedictus Dominus Deus, Deus Iſraël : qui facit mirabilia ſolus :*	18. Benedictus Dominus Deus Iſraël, qui facit mirabilia ſolus :
19. Et benedictum nomen gloriæ ejus in ſæculum, & in ſæculum ſæculi : & replebitur omnis terra gloriâ ejus : fiat, fiat.	*Et benedictum nomen gloriæ ejus in ſempiternum : & implebitur gloriâ ejus univerſa terra : amen, & amen.*	19. Et benedictum nomen majeſtatis ejus in æternum : & replebitur majeſtate ejus omnis terra : fiat, fiat.
	Completa ſunt orationes David filii Iſai.	20. Defecerunt laudes David filii Jeſſe.

NOTÆ AD VERSIONEM ANTIQUAM.

perem à potente ; & egenum, cui, &c. Itidem in Rom. Corb. & ap. Caſſiod. ſi ponas *inopem*, loco *egenum*. Apud Aug. in hunc Pſ. *Quia liberavit egenum à potente ; & pauperem, cui*, &c. S. Paulin. epiſt. 23. p. 132. b. hab. *Liberavit pauperem ab potente*. Tertul. verò l. 4. adv. Marc. p. 707. b. *Quòd liberavit à dynaſta mendicum*. Gr. Ὅτι ἐῤῥύσατο πτωχὸν ἐκ δυνάστου καὶ πένητα, &c.

℣. 13. Tertul. l. 4. adv. Marc. p. 707. b. *Parcet mendico & pauperi : & animas pauperum ſalvas faciet*. Auguſt. in hunc Pſ. *Parcet inopi & pauperi : & anim..... ſalvas faciet*. Caſſiod. cum Pſalt. Rom. ut in Vulg. In Coislin. *Parce pauperi*, &c. In Gr. Φείσεται πτωχοῦ καὶ πένητος· καὶ..... σώσει.

℣. 14. Sic eſt in Pſalt. Moz. & apud Caſſiod. ſublata prima conjunct. &. Itidem in Corb. & Rom. ſed cum fut. *liberabit*. In Coislin. *Ex uſuris & iniquitatibus liberavit animas eorum : & præclarum nomen eorum coram ipſo*. In Mediolan. *& præclarum nomen ejus coram ipſis*. Apud Tertul. l. 4. adv. Marc. p. 707. b. *Ex uſura & injuſtitia redimet eorum animas : & honoratum nomen eorum coram ipſo*. Ap. Ambroſ. l. de Tob. c. 4. col. 595. d. *Ex uſuris & iniquitate liberavit eos*. Apud Auguſt. in hunc Pſ. *Ex uſuris & iniq. redimet anim. eorum : & honorabile nomen ejus coram ipſis ; vel quod habent*, inquit, *codices aliqui :* & honorabile nomen eorum coram ipſo. In Gr. Ἐκ τόκου καὶ ἐξ ἀδικίας λυτρώσεται τὰς ψυχὰς αὐτῶν· καὶ ἔντιμον τὸ ὄνομα αὐτῶν ἐνώπιον αὐτοῦ. Ed. Compl. αὐτοῦ ἐνώπιον αὐτῶν.

℣. 15. Pſalt. Corb. cum Rom. Martian. *& adorabunt de ipſo ſemper : tota die bened. eum*. Rom. Fabri, & Carnut. *& orabunt de ipſo*, &c. Mediol. *& orabunt prò ipſo*. Ita etiam in Pſalt. Corb. *orabunt*, ſed abraſæ videntur duæ primæ litteræ *ad*. Tertul. adv. Jud. c. 9. p. 142. a. & l. 3. cont. Marc. p. 674. c. *& dabitur illi de auro Arabiæ*. Sic etiam ap. Hilar. l. 4. de Trin. 850. b. Ap. Aug. in hunc Pſ. *& orabunt de ipſo ſemper ;* cæt. ut in Vulg. *Quod* autem, inquit, *habet Græcus*, περὶ αὐτοῦ, *aliqui interpretati ſunt* de ipſo, *aliqui* pro ipſo, *vel* pro eo. Ap. Caſſiod. & in Pſalt. Moz. omnia ut in Vulg. excepto uno *benedicent eum*, è Gr. εὐλογήσουσιν αὐτόν.

℣. 16. Pſalt. Rom. & Coislin. cum Auguſt. & Caſſiod. Vulgatæ conſonant. In Mozarab. ſic : *ſuperextolletur fructus ejus ſuper Libanum : & florebunt de civitate ejus ſicut*, &c. In Corb. *Et erit firm. in terra in ſummis montibus, ſuperextollitur fructus ſuper Libanum : & florient de civit.* &c. In Carnut. *& florent de*, &c. In Gr. Ἔσται στήριγμα, &c. ut in Vulg.

℣. 17. Pſalt. Rom. & Corb. *Et erit* (Corb. del. &) *nomen ejus benedictum in ſæcula : ante ſolem permanebit nomen ejus, & ante lunam ſedes ejus. Et benedicentur in eo* (Corb. *in ipſo*) *omnes tribus terræ*, &c. ut ſupra. Sic etiam in Coislin. exceptis his, *ante ſole...... ante luna..... in ipſo omnis tribus*. In Mediolan. *& ante lunam in ſæcula ſæculorum ſedes ejus ;* ultimòque, *omnes gentes beatificabunt eum*. Apud Tertul. l. 5. adv. Marc. p. 791. b. *Sit nomen ejus in ævum : ante ſolem manebit nomen ejus. Et benedicentur in illo univerſæ gentes*. Hilar. in Pſ. 144. col. 563. a. Vulgatæ accedit, cum Pſalt. Mozarab. niſi quòd initio hab. *Erit nomen ejus ;* & infra, *benedicentur in eo :* vide etiam l. 12. de Trin. 1129. d. Auct. l. de promiſſ. p. 1. c. 18. col. 104. b. legit : *Benedicentur in eo omnes tribus terræ : omnes gentes beatum dicent eum*. Gr. Ἔστω τὸ ὄνομα αὐτοῦ (Ald. & Compl. ἔσται) exinde, διαμενεῖ τὸ ὄνομα αὐτοῦ. Καὶ εὐλογηθήσονται. extremò, μακαριοῦσιν αὐτόν.

℣. 18. Itidem Auguſt. in hunc Pſ. & epiſt. 93. to. 2. 239. e. Tertul. quoque l. 5. adv. Marc. p. 791. c. ita legit, niſi excipias nomen *Iſraëlis*. S. Paulinus epiſt. 15. p. 87. c. ſic : *Benedictus Dominus, qui facit mirabilia*. Caſſiod. cum Pſalt. Rom. *qui facit mirabilia magna ſolus*. Hieron. ep. ad Sun. & Fretel. to. 2. col. 646. a. *Benedictus Dominus Deus, Deus Iſraël ;* tum addit : *Dicitis in Græco bis Deus non haberi, cùm in Hebræo ſit, & apud LXX*. In ed. Rom. ſemel, ſicut in edd. Ald. & Compl.

℣. 19. Pſalt. Rom. & Corb. *Et benedictum nom. majeſtatis ejus in æternum*, (Corb. *in ſæculum*) *& in ſæculum ſæculi ;* reliqua ut in Vulg. Sic etiam habet Caſſiod. in hunc Pſ. cum Pſalt. Coislin. Mediolan. Carnut. & Mozarabico. Tertul. verò l. 5. adv. Marc. p. 791. c. legit ſimpliciter : *Benedictum nomen gloriæ ejus : & replebitur univerſa terra gloriâ ejus*. Ambroſ. in Pſ. 40. to. 1. 883. a. *& replebitur majeſtate ejus omnis terra*, &c. Auguſt. in Pſ. 71. cum Gr. *Et benedictum nomen gloriæ ejus in æternum, & in ſæculum ſæculi : & replebitur gloriâ ejus omnis terra : fiat, fiat :* ita rurſum epiſt. 93. to. 2. 239. e. at Hieron. ep. ad Sun. & Fret. to. 2. 646. a. ſcribit : *Hoc ergo quod in Græco vos inveniſſe dicitis*, in æternum, & in ſæculum ſæculi, *ſuperfluè à Græcis ſciatis appoſitum, quod nec Hebræus habet, nec LXX. Interpretes*. Auguſt. verò in eund. Pſ. col. 753. d. dicit : *Quid aliud Latini Interpretes dicerent, qui non poſſent dicere* in æternum, & in æternum æterni? *quaſi enim aliud dictum ſit* in æternum, *& aliud* in ſæculum, *ita ſonat : ſed Græcus habet*, εἰς τὸν αἰῶνα, καὶ εἰς τὸν αἰῶνα τοῦ αἰῶνος, *quod fortè commodiùs diceretur* in ſæculum, & in ſæculum ſæculi.

VULGATA HOD.	HEBR.	VERSIO ANTIQUA.
		* (20.) Defecerunt laudes David filii Jeſſæ,
1. Pſalmus Aſaph. LXXII.	*Canticum Aſaph. LXXIII.*	1. Pſalmus A. LXXII.
QUàm bonus Iſraël Deus his, qui recto ſunt corde!	*ATtamen bonus eſt Iſraël Deus his, qui mundo ſunt corde.*	QUàm bonus Iſraël his, qui recto ſunt corde!
2. Mei autem pene moti ſunt pedes: pene effuſi ſunt greſſus mei.	*Mei autem pene vacillaverunt pedes: pene effuſi ſunt greſſus mei.*	2. Mei autem paulò minùs moti ſunt pedes: pene effuſi ſunt greſſus mei.
3. Quia zelavi ſuper iniquos, pacem peccatorum videns.	*Quia æmulatus ſum contra iniquos, pacem impiorum videns:*	3. Quia æmulatus ſum ſuper injuſtos, pacem peccatorum videns.
4. Quia non eſt reſpectus morti eorum; & firmamentum in plaga eorum.	*Quòd non recogitaverint de morte ſua; & firma ſint veſtibula eorum.*	4. Quia non eſt requies morti eorum; & firmamentum in pœna eorum.
5. In labore hominum non ſunt, & cum hominibus non flagellabuntur:	*In labore hominum non ſunt, & cum hominibus non flagellabuntur:*	5. In laboribus hominum non ſunt, & cum hominibus non verberabuntur:
6. Ideo tenuit eos ſuperbia, operti ſunt iniquitate & impietate ſua.	*Ideo nutriti ſunt ad ſuperbiam: circumdederunt iniquitatem ſibi.*	6. Propterea obtinuit eos ſuperbia eorum, circumdederunt iniquitatem & impietatem ſuam.
7. Prodiit quaſi ex adipe iniquitas eorum: tranſierunt in affectum cordis.	*Proceſſerunt à pinguedine oculi eorum: tranſierunt cogitationes cordis.*	7. Exiet ſicut ex adipe injuſtitia eorum: tranſierunt in diſpoſitione cordis.

Ex Mſ. Sangerm.

NOTÆ AD VERSIONEM ANTIQUAM.

* (20.) Hic Pſalmus LXXII. ita inſcribitur in Pſalt. Sangerm. diſtinctis nimirum & majuſculis litteris. Is tamen verſiculus pertinere videtur ad Pſalmum præced. ſaltem ita exhibetur in Vulg. in qua vigeſimus & ultimus ejuſdem Pſalmi verſus eſt. Schol. etiam hæc habet, teſte Nobilio: *Sciendum eſt eos, qui non intelligunt ſubtilem atque exquiſitam rationem lectionis, non accepiſſe illud,* Ἐξέλιπον οἱ ὕμνοι Δαυΐδ, *tanquam partem totius Pſalmi. Manifeſtè autem & vox ipſa Hebraïca demonſtrat iſta etiam verba partem eſſe totius Pſalmi.* Sanctes quoque Pagninus ea cum Pſalmo antecedenti conjungit. Verùm Ambroſius, Auguſt. & Caſſiod. arbitrantur eadem verba Pſalmo ſeq. LXXII. loco tituli & inſcriptionis fuiſſe præfixa, quibus etiam favent Pſalt. Rom. Coiſlinianum, Mozarab. & Sangerm. noſtrum. Ambroſius quippe lib. 4 de interpel. Dav. to. 1. 661. e. & 662. c. de his ita diſſerit: *Pſalmus, non quaſi ſancti Aſaph, ſed quaſi ſancto Aſaph, ut docet titulus, ſuperſcribitur: quod ex Græco Pſalterio apertiùs manifeſtatur, ut videatur David etiam hunc Aſaph ſicut & aliis canendum, quem ſcripſerat ipſe, Pſalmum dediſſe: ſed quia ſcriptum eſt in ipſo titulo defeciſſe Pſalmos David; quomodo autem defecerunt, cùm decurſis bis decem Pſalmis, poſtea Pſalmus David titulorum inſcriptionem comprehendat uſque in ultimum finem?* Similiter Auguſtinus in eund. Pſ. col. 753. f. ait: *Pſalmus iſte inſcriptionem habet, id eſt titulum:* Defecerunt hymni David filii Jeſſe. Pſalmus ipſi Aſaph: mox ita: *Tot habemus Pſalmos, in quorum titulis ſcriptum eſt nomen David, nuſquam eſt additum*, filii Jeſſe, *niſi in hoc ſolo:* & poſt plura: col. 755. f. *Periculoſum locum*, inquit, *tituli Pſalmi præſentis, ſicut Dominus voluit, prætervecti ſumus. Quid eſt* autem *Aſaph? ſicut invenimus in interpretationibus ex lingua Hebræa in Græcam, & ex Græca nobis in Latinam translatis, Aſaph ſynagoga interpretatur.* Vide etiam Caſſiod. p. 244. At Hieron. epiſt. ad Marcell. to. 4. p. 2. col. 51. e. dicit docuiſſe ſe *tituli Pſalmi lxxii. partem ad finem ſecundi libri, partem ad principium tertii libri pertinere: quod ſcilicet*, Defecerunt hymni David filii Jeſſe, *finis eſſet prioris;* Pſalmus verò Aſaph, *principium ſequentis.* In ed. Rom. ſic: Ἐξέλιπον οἱ ὕμνοι Δαυΐδ τοῦ υἱοῦ Ἰεσσαί. Ψαλμὸς τῷ Ἀσάφ. In Pſalt. Mozarab. *Defecerunt hymni David filii Jeſſem. Pſalmus Aſaph.* In Rom. Corb. & Coiſlin. ut in textu.

℣. 1. Pſalt. Rom. *Quàm bonus Deus Iſraël iis, qui recto,* &c. Moz. Corb. & Coiſl. *Quàm bonus Iſraël Deus rectis corde!* Similiter ap. Ambr. in Pſ. 118. to. 1. 1081. f. item l. 4. de interpel. Dav. c. 2. col. 662. e. 663. d. & in Luc. 18. col. 1488. c. præter hoc, *Deus Iſrael.* Sic etiam apud Hieron. l. 2. in ep. ad Eph. to. 4. 354. c. Et inf. l. 3. 393. f. ait: *Juxta Græcos exordium ſonat:* Ὡς ἀγαθὸς ὁ Θεὸς τοῦ Ἰσραὴλ τοῖς εὐθέσι καρδίᾳ; *quod à noſtris translatum eſt:* Quàm bonus Deus Iſraël rectis corde! *alioquin juxta Græcos*, ὡς, *id eſt*, ſicut, *ſimilitudinem magis videtur, quàm firmitatem ſignificare dictorum.* Ita quoque legit Auguſt. in hunc Pſ. Caſſiod. verò ut in Vulg.

℣. 2. Sic Hilar. in Pſ. 120. col. 380. b. Ambroſ. verò l. 4. de interp. David, c. 3. to. 1. 664. b. & in Pſ. 36. & 118. col. 798. d. & 1187. f. *Mei autem pene moti ſunt pedes: paulò minùs effuſi ſunt*, &c. S. Leo ſerm. 42. p. 107. f. Vulgatæ congruit cum Pſalt. Rom. Ita quoque Hieron. l. 2. in ep. ad Eph. to. 4. p. 354. c. & Caſſiod. in hunc Pſ. Apud Auguſt. in eund. Pſ. ita: *Mei autem pene commoti ſunt pedes: paulò minùs effuſi ſunt*, &c. itidem l. annot. in Job, to. 3. 678. g. Gr. Ἐμοῦ δὲ παρὰ μικρὸν ἐσαλεύθησαν... παρ' ὀλίγον, &c.

℣. 3. Pſalt. Rom. Coiſlin. Corb. & Moz. ferunt: *Quia zelavi in peccatoribus, pacem*, &c. Sic etiam in Miſſali Rom. ad Grad. Dom. Palm. Similiter hab. Ambr. l. 4. de interpel. Dav. c. 3. 664. b. & in Pſ. 118. col. 1187. f. 1199. e. Ita quoque S. Leo ſerm. 42. p. 107. f. cum Caſſiod. in hunc Pſ. Item Hieron. in Jer. 12. to. 3. 587. a. at in Iſai. 26. col. 219. f. legit: *Quoniam zelatus ſum ſuper iniquos*, &c. & l. 2. in ep. ad Epheſ. to. 4. 354. c. *Quoniam æmulatus ſum ſuper iniquis*, &c. Auguſt. in hunc Pſ. *Quia zelavi in peccatoribus, pacem peccatorum intuens:* ſimiliter l. annot. in Job, to. 3. p. 1. col. 678. g. Gr. Ὅτι ἐζήλωσα ἐπὶ τοῖς ἀνόμοις... θεωρῶν.

℣. 4. In Pſalt. Rom. & Coiſlin. *Quia non eſt declinatio mortis eorum; nec firmamentum in plaga eorum.* Itidem in Corb. præter conjunct. &, pro *nec*. Item in Mediol. & Carnut. *declinatio morti*, &c. ſicut apud Caſſiod. in hunc Pſ. In Mozar. *declinatio mortis eorum; nec firmam. in plaga ipſorum.* Apud Ambroſ. l. 4. de interpel. Dav. c. 3. to. 1. 664. e. *Non eſt reclinatio morti eorum:* tum addit: *Non* declinatio, *ut plerique codices Latini ſcripti ſunt, ſed* reclinatio; quam vocem conſtanter retinet infra in comment. at l. de parad. to. 1. 178. a. legit: *Non eſt declinatio mortis eorum:* loco etiam præcedenti Mſſ. 3. habent *declinatio*. Similiter apud Auguſt. in hunc Pſ. *Quia non eſt declinatio mortis eorum; & firmam. in flagello eorum;* Mſſ. nonnulli ferunt *morti*, non *mortis*. Gr. Ὅτι οὐκ ἔστιν ἀνάνευσις ἐν τῷ θανάτῳ αὐτῶν· καὶ στερέωμα ἐν τῇ μάστιγι αὐτῶν.

℣. 5. Hoc plurale, *In laboribus hominum*, ſimiliter habetur ap. Ambroſ. l. 4. de interpel. Dav. c. 5. to. 1. 665. d. & in Pſ. 118. col. 1081. f. & l. 5. de fide, to. 2. 585. d. ſed ultimò conſtanter, *flagellabuntur*. Itidem apud Aug. & Caſſiod. in hunc Pſ. ſicut in Pſalt. Rom. Coiſlin. & Mozar. In Gr. pariter: Ἐν κόποις ἀνθρώπων..... οὐ μαστιγωθήσονται.

℣. 6. Pſalt. Rom. Corb. & Coiſlin. cum Caſſiod. *Ideo tenuit eos ſuperbia eorum;* reliqua ut in Vulg. Mozarab. *Ideo obtinuit eos ſuperbia eorum*, &c. Mediolan. *ſuperbia eorum in finem.* Ambroſ. l. 4. de interpel. Dav. c. 4. p. 665. e. *Ideo obtinuit eos ſuperbia eorum, cooperti ſunt iniquitate*, &c. itidem l. 5. de fide, to. 2. 585. d. Aug. verò in hunc Pſ. *Ideo obtinuit eos ſuperbia, circumamicti ſunt iniquitate & imp.* &c. In Gr. Διὰ τοῦτο ἐκράτησεν αὐτοὺς ἡ ὑπερηφανία, περιεβάλοντο ἀδικίαν καὶ ἀσέβειαν αὐτῶν· Ald. & Compl. ὑπερηφανία αὐτῶν εἰς τέλος, περιεβάλοντο, &c.

℣. 7. Ambroſ. l. 4. de interpel. Dav. c. 4. 666. a. legit cum Pſalt. Rom. & Coiſlin. *Prodiit quaſi ex adipe iniquitas eorum: tranſ. in diſpoſitionem cordis:* & l. 5. de fide, to.

Ex Mſ. Sangerm.

VERSIO ANTIQUA.	HEBR.	VULGATA HOD.
8. Cogitaverunt, & locuti ſunt nequitiam : iniquitatem in excelſum locuti ſunt.	*Irriſerunt, & locuti ſunt in malitia calumniam, de excelſo loquentes.*	8. Cogitaverunt, & locuti ſunt nequitiam : iniquitatem in excelſo locuti ſunt.
9. Poſuerunt in cœlum os ſuum : & lingua eorum pertranſiit ſuper terram.	*Poſuerunt in cælum os ſuum, & lingua eorum deambulavit in terra.*	9. Poſuerunt in cœlum os ſuum : & lingua eorum tranſivit in terra.
10. Ideo revertetur huc populus meus : & dies pleni invenientur in illis.	*Propterea convertetur populus ejus hic : & quis plenus invenietur in eis?*	10. Ideo convertetur populus meus hic : & dies pleni invenientur in eis.
11. Et dixerunt : Quomodo ſcivit Deus, & ſi eſt ſcientia in altiſſimo?	*Et dixerunt : Quomodo novit Deus, & ſi eſt ſcientia in excelſo?*	11. Et dixerunt : Quomodo ſcit Deus, & ſi eſt ſcientia in excelſo?
12. Ecce hi peccatores, & abundantes in ſæculum, divitias poſſederunt.	*Ecce iſti impii, & abundantes in ſæculo, multiplicaverunt divitias.*	12. Ecce ipſi peccatores, & abundantes in ſæculo, obtinuerunt divitias.
13. Et dixi : Forſitan in vano juſtificavi cor meum, & lavi inter innocentes manus meas :	*Ergone fruſtra mundavi cor meum, & lavi in innocentia manus meas?*	13. Et dixi : Ergo ſine cauſa juſtificavi cor meum, & lavi inter innocentes manus meas :
14. Et fui verberatus tota die, & caſtigatio mea in matutinis.	*Et fui flagellatus tota die, & increpatio mea in matutinis?*	14. Et fui flagellatus tota die, & caſtigatio mea in matutinis.
15. Si dicebam : Narrabo ſic : ecce progenies filiorum tuorum, cui diſpoſui.	*Et dixi : Si narravero ſic : ecce generationem filiorum tuorum reliqui.*	15. Si dicebam : Narrabo ſic : ecce nationem filiorum tuorum reprobavi.
16. Et exiſtimabam cognoſcere, hoc labor eſt coram me :	*Et cogitavi ut intelligerem iſtud : labor eſt in oculis meis :*	16. Exiſtimabam ut cognoſcerem hoc, labor eſt ante me :

NOTÆ AD VERSIONEM ANTIQUAM.

2. 585. e. *pertranſierunt in diſpoſitionem cordis.* Hieron. ep. ad Sun. & Fret. to. 2. 646. b. ad verbum 1. Vulg. *prodiit*, ait : *Dicitis vos apud Græcos inveniſſe* ἐξελεύσεται, *id eſt*, prodiet, *quod falſum eſt ; nam & apud LXX. Interp. ita ſcriptum eſt :* Ἐξῆλθεν ὡς ἐκ στέατος ἡ ἀδικία αὐτῶν. Hodie tamen ita legimus, ἐξελεύσεται : & ipſe Auguſt. in hunc Pſ. *Prodiit quaſi ex adipe iniquitas eorum : tranſierunt in diſpoſitionem cordis.* Caſſiod. *& tranſierunt in diſpoſitionem cordis.* Pſalt. Moz. *Prodiit quaſi ex adipe iniquitatis eorum : tranſierunt in diſpoſitionem cordis.* Carnut. & Corb. *in diſpoſitione cordis.* Gr. διῆλθον εἰς διάθεσιν καρδίας.

℣. 8. Sic eſt in Pſalt. Rom. & ap. Ambroſ. l. 5. de fide, to. 2. 585. f. In Pſalt. Carnut. *locuti ſunt nequitiâ.* Apud Auguſt. in hunc Pſ. ſic : *Cogitaverunt, & locuti ſunt malignitatem : iniquitatem in altum locuti ſunt.* Apud Caſſiod. ut in Vulg. Gr. Διενοήθησαν, καὶ ἐλάλησαν ἐν πονηρίᾳ· ἀδικίαν εἰς τὸ ὕψος ἐλάλησαν.

℣. 9. Ita Ambroſ. l. 4. de interpel. Dav. c. 5. to. 1. 666. c. niſi quòd ſcribit *tranſivit.* Sic etiam Auguſt. in hunc Pſ. cum Pſalt. Rom. Mediol. Carnut. & Mozar. Caſſiod. autem cum Coiſl. hab. *Poſuerunt in cælo os ſuum... tranſiit ſuper terram ;* Corb. *tranſivit ſuper terram.* Gr. Ἔθεντο εἰς οὐρανὸν..... διῆλθεν ἐπὶ τῆς γῆς.

℣. 10. Ita Pſalt. Rom. habet. Caſſiod. autem cum Moz. *Ideo revertetur pop. meus hic*, &c. Coiſlin. *Ideo convertitur populus meus huc*, &c. Mediol. Corb. & Carnut. *Ideo revertetur huc populus meus.* Itidem Ambroſ. l. 4. de interpel. Dav. c. 5. 666. f. ſed addit, *& implebit dies vitæ ſuæ.* Auguſt. in hunc Pſalm. *Ideo revertetur huc pop. meus : cùm dies pleni invenientur in eis :* paulò verò poſt : *populus meus huc : & dies pleni*, &c. Similiter ap. Hilar. in Pſ. 54. col. 111. c. *& dies pleni*, &c. In Gr. Διὰ τοῦτο ἐπιστρέψει ὁ λαός μου ἐνταῦθα· καὶ ἡμέραι πλήρεις, &c.

℣. 11. Ita legit Auguſt. in hunc Pſ. & l. annot. in Job, to. 3. p. 1. col. 678. g. Pſalt. Rom. *Quomodo ſcivit..... in excelſo?* Itidem in Carnut. & Moz. & apud Caſſiod. Ambr. autem l. 4. de interpel. Dav. c. 5. 666. f. leg. *Quomodo ſcivit Deus, & ſi eſt ſcientia omnis in altiſſimo?* ſic etiam l. 5. de fide, to. 2. 586. a. Hieron. ep. ad Sun. & Fret. to. 2. col. 646. b. ſcribit : *Quomodo ſcit Deus?* tum ait : *In Græco dicitis non eſſe* Deum, *cùm apud LXX. ſcriptum ſit :* Πῶς ἔγνω ὁ Θεός ; nunc etiam ita legimus in ed. Rom.

℣. 12. Pſalt. Sangerm. ſcribit vitiosè *poſſideunt*, cujus loco poſuimus *poſſederunt ;* legendum fortè *poſſidebunt.* Sed Ambr. l. 4. de interpel. Dav. c. 5. 666. f. leg. *obtinuerunt*, &c. ut in Vulg. ſimiliter in Pſ. 36. ac 118. to 1. 784. e. 1047. c. & lib. 2. de fide reſurrect. to. 2. 1141. b. Ita quoque Auguſt. & Caſſiod. in hunc Pſ. rurſumque Auguſt. l. annot. in Job, to. 3. p. 1. col. 678. g. 679. a. cum Pſalt. Rom. & Gr. Pſalt. Corb. *& obtinuerunt.* Auct. op. imp. in Matth. hom. 31. p. 130. c. *obtinuerunt ſibi divitias.*

℣. 13. Vulgatæ ſuffragatur Ambr. l. 4. de interpel. Dav. c. 6. to. 1. 667. c. & in Pſ. 36. & 118. col. 784. e. 1047. c. item l. 2. de fide reſur. to. 2. 1141. b. cum Caſſiod. & Pſalt. Rom. Apud Hieron. l. 2. in ep. ad Epheſ. to. 4. 354. c. ſic : *Ego autem dixi*, &c. ut in Vulg. Apud Auguſt. in hunc Pſ. *Et dixi : Ergo ſine cauſa..... & lavi in innocentibus manus meas :* paulo verò infra idem Auguſt. legit : *Ergo in vanum juſtificavi..... & lavi inter innocentes*, &c. & l. annot. in Job, col. 678. g. 679. a. *Numquid vanè juſtificavi..... & lavi in innocentibus*, &c. omiſſo primo *Et dixi.* Omittit pariter Ambr. l. 2. de fide ; at in Gr. Καὶ εἶπα· Ἄρα ματαίως..... ἐν ἀθώοις, &c.

℣. 14. Pſalt. Rom. *Et fui flagellatus tota die, & judex meus in matutino.* Item Ambr. in Pſ. 36. & 118. to. 1. 784. e. 1047. c. 1081. d. *Et fui flagellatus tota die :* & l. 4. de interpel. Dav. c. 6. 667. e. *vindex meus in matutinis :* at l. 2. de fide reſurr. to. 2. 1141. b. *& index meus in matutinum ;* quidam Mſs. ibid. *& vindex meus*, alii, *& judex meus*, cum Pſalt. Mediolan. unus Remig. *caſtigatio mea.* Brev. Mozarab. *& increpatio mea.* Auguſt. in hunc Pſ. *& argutio mea in matutinum :* & l. annot. in Job, col. 679. a. *& argutio mea in matutinum.* Caſſiod. in eund. Pſ. *& index meus in matutino :* Mſſ. 2. ibid. *caſtigatio mea.* Apud Hieron. l. 2. in ep. ad Epheſ. to. 4. 354. c. *Et factus ſum flagellatus tota die.* In Gr. Καὶ ἐγενόμην [illegible]..... καὶ ὁ ἔλεγχός μου εἰς τὰς πρωΐας.

℣. 15. Pſalt. Rom. *Si dicebam..... ecce natio filiorum tuorum, quibus diſpoſui ;* Mediol. & Carnut. *cui diſpoſui.* Mozarab. *ecce generationes filiorum tuorum reliqui.* Corb. *Si dicebam : Narrabo ſic : ecce nationi filior. tuorum, cui diſpoſui.* Ambroſ. l. 4. de interpel. Dav. c. 6. 668. a. *Si narrabo ſic ;* ſubinde, *ecce generationi filiorum tuorum, cui diſpoſui ;* editt. Eraſ. ac Gill. ibid. *ecce generatio.* Hieron. epiſt. ad Marcell. to. 4. p. 2. col. 51. d. 55. a. leg. *Dicebam : Si narrabo ſic : ecce generationem filiorum tuorum prævaricatus ſum :* ſed notat *in Latinis codicibus non ita* haberi *expreſſum.* Aug. in hunc Pſ. *Si dicebam : Narrabo ſic : ecce generationem filiorum tuorum reprobavi ;* ſubinde addit : *Quædam habent exemplaria :* ecce generationi filiorum tuorum, cui concinui..... *id eſt, cui congrui, cui accommodatus ſum :* Mſs. quidam ibid. *ecce generatio ;* editt. *generationem.* Ap. Caſſiod. in eund. Pſ. *ecce natio filiorum tuorum, cui diſpoſui.* In Gr. Εἰ ἔλεγον· Διηγήσομαι οὕτως· ἰδοὺ τῇ γενεᾷ τῶν υἱῶν σου ἠσυνθέτηκα.

℣. 16. In Pſalt. Corb. *Et exiſtimabam cognoſcere, hoc labor eſt ante me.* Item in Mozar. *hoc labor eſt ante me ;* ſicut in Rom. Fabri : ſed in Rom. Martian. *hoc* jungitur cum verbo *cognoſcere.* Secus apud Ambroſ. in Pſ. 118. to. 1. 1047. d. ubi ſic : *Et æſtimabam me ſcire, hoc labor eſt ante me :* at l. 4. de interpel. Dav. c. 6. col. 668. b. alludens dicit : *Et exiſtimabam, & videbar mihi cognoſcere hoc eſſe verum..... me autem fruſtra in iis turbatum eſſe :* ſed inf. leg. *hoc labor eſt ante me.* Item Aug. in hunc Pſ. *Et ſuſcepi co-*

VULGATA HOD.	HEBR.	VERSIO ANTIQUA.
17. Donec intrem in sanctuarium Dei: & intelligam in novissimis eorum.	*Donec veniam ad sanctuaria Dei: intelligam in novissimo eorum.*	17. Donec intrem in sanctuarium: & intelligam in novissima.
18. Veruntamen propter dolos posuisti eis: dejecisti eos dum allevarentur.	*Veruntamen in lubrico posuisti eos: dejecisti eos ad interitum.*	18. Veruntamen propter dolositatem posuisti illis: dejecisti eos dum allevarentur.
19. Quomodo facti sunt in desolationem, subitò defecerunt: perierunt propter iniquitatem suam.	*Quomodo vastati sunt subitò? defecerunt, consumpti sunt quasi non sint.*	19. Quomodo facti sunt in desolationem repente? subitò defecerunt, & perierunt propter injustitiam suam.
20. Velut somnium surgentium Domine, in civitate tua imaginem ipsorum ad nihilum rediges.	*Quasi somnium evigilantis, Domine in civitate imaginem eorum ad nihilum rediges.*	20. Velut à somnio exsurgentes Domine, in civitatem tuam imaginem eorum ad nihilum deduces.
21. Quia inflammatum est cor meum, & renes mei commutati sunt: 22. & ego ad nihilum redactus sum, & nescivi.	*Quia contractum est cor meum, & lumbi mei velut ignis fumigans: & ego insipiens, & nescius,*	21. Quia lætatum est cor meum, & renes mei alienati sunt: 22. & ego spretus sum, & ignoravi.
23. Ut jumentum factus sum apud te: & ego semper tecum.	*Quasi jumentum factus sum apud te: & ego semper tecum,*	23. Velut pecus factus sum apud te: & ego semper tecum.
24. Tenuisti manum dexteram meam: & in voluntate tua deduxisti me, & cum gloria suscepisti me.	*Et tenebas manum dexteram meam: in consilium tuum deduces me, & postea in gloria suscipies me.*	24. Tenuisti manum dexterâ meâ: in voluntate tua deduxisti me, & cum gloria adsumpsisti me.
25. Quid enim mihi est in cœlo? & à te quid volui super terram?	*Quid mihi est in cœlo, & tecum nolui in terra?*	25. Quid enim mihi superest in cœlo? & à te quid volui super terram?

Ex Ms. Sangerm.

NOTÆ AD VERSIONEM ANTIQUAM.

gnoscere, hoc labor ante me. Cassiod. *Existimabam ut cognoscerem, hoc labor*, &c. Hieron. l. 1. cont. Pelag. to. 4. p. 2. col. 493. c. *Existimabam cognoscere, hoc labor est in conspectu meo*: itidem in Ezech. 41. to. 3. 997. b. *hoc labor est in consp. meo.* Gr. Καὶ ὑπέλαβον τοῦ γνῶναι, τοῦτο κόπος ἐστὶν ἐναντίον μου.

℣. 17. Psalt. Rom. & Corb. add. *Dei*, ad *sanctuarium*, habentque *in novissima eorum*, cum Carnut. Moz. verò, *in novissima*, absque seq. *eorum*. Ambr. in Ps. 118. to. 1. 1047. d. legit: *Donec ingrediar in sanctuarium Dei: & intelligam in novissimis*: at l. 4. de interpel. Dav. c. 7. 668. c. *Donec introeam in sanctuar. Dei: & intelligam in novissima.* August. in hunc Ps. *Donec introeam..... Dei: & intell. in novissima*: Cassiod. *in novissima eorum*. Hieron. epist. ad Sun. & Fret. to. 2. 646. b. *intelligam in novissimis eorum*; tum addit: *pro quo in Græco legisse vos dicitis*, & intelligam; *sed hic & conjunctio superflua est.* Veruntamen in Ezech 41. to. 3. p. 997. b. leg. *Donec ingrediar..... & intelligam in novissimis eorum*: & l. 1. cont. Pelag. to. 4. p. 2. col. 493. c. *Donec introeam*, &c. ut supra. Gr. Ἕως εἰσέλθω εἰς τὸ... τοῦ Θεοῦ· συνῶ εἰς τὰ ἔσχατα· Ald. & Compl. ἔσχατα αὐτῶν.

℣. 18. Psalt. Rom. *Verunt. propter dolos disposuisti eis mala: dejecisti eos*, &c. ut sup. Carnut. & Mediol. *posuisti illis mala.* Mediol. *dum extollerentur*; Mozarab. *dum elevarentur.* Corb. *Propter dolositatem posuisti illis mala: dejecisti eos dum adlevarentur.* Ambros. l. 4. de interpel. Dav. c. 7. to. 1. 668. f. *Propter eorum tergiversationes posuisti eis.* Aug. in hunc Ps. *Verunt. propter dolositatem posuisti eis: dejecisti eos dum extollerentur.* Gregor. Tur. l. 5. hist. Franc. p. 218. d. *Verunt. propter dolositatem posuisti eis mala: dejecisti eos dum allevarentur.* Cassiod. in eund. Ps. *Propter dolos posuisti eis mala: dejecisti*, &c. Fulg. l. 1. de dupl. præd. p. 15. *dejecisti eos cùm extollerentur.* Gr. Πλὴν διὰ τὰς δολιότητας ἔθου αὐτοῖς· κατέβαλες αὐτοὺς ἐν τῷ ἐπαρθῆναι. Ald. & Compl. αὐτοῖς κακά· κατέβαλες, &c.

℣. 19. Adv. *repente* abest a Psalt. Rom. extremò verò sic: *& perierunt propt. iniquitates suas.* Sic etiam apud Greg. Turon. l. 5. hist. Franc. p. 218. d. Ap. Ambr. in Ps. 118. to. 1. 1047. e. ita: *Quomodo facti sunt in desolationem? subitò defecerunt, & exterminati sunt propter iniquitatem suam*: at l. 4. de interpel. Dav. c. 7. 668. c. *defecerunt, & perierunt*, &c. August. in hunc Ps. *Quomodo..... in desolationem? subito defecerunt, perierunt*, &c. ut in Vulg. Brev. Moz. *in desolatione? subitò defec. & perierunt*, &c. Gr. Πῶς..... εἰς ἐρήμωσιν; ἐξάπινα ἐξέλιπον· ἀπώλοντο διὰ τὴν ἀνομίαν αὐτῶν.

℣. 20. In Psalt. Rom. Corb. & Moz. *Velut somnium exsurgentis*; subinde in Rom. *imagines eorum*, &c. ut in Vulg. in Moz. *imaginem eorum*, &c. Itidem *exsurgentis* in Mediol. & Carnut. Apud Ambros. in Ps. 118. to. 1. 1047. e. *Sicut somnium exsurgentis*; & l. 6. Hexa. col. 129. b. *Domine, in civit. tua imaginem eorum ad nihilum rediges*: similiter l. 4. de interpel. Dav. c. 7. 669. e. 670. b. exceptis his, *velut*, pro *sicut*; & *ipsorum*, loco *eorum*: at l. 1. offic. to. 2. 65. a. sic: *ad nihilum deduces imagines eorum.* Anonym. de Trin. apud Ambr. col. 333. a. *imagines eorum ad nihilum rediges.* Hieron. in Eccles. to. 2. col. 775. a. *Domine, in civit. tua imaginem ipsorum dissipabis*: similiter in Ezech. 8. 14. & 16. to. 3. 748. f. 778. b. 794. d. semel tamen hab. *eorum.* Aug. in hunc Ps. *Veluti somnium exsurgentes Domine, in civit. tua imaginem illorum ad nih. rediges.* Cassiod. *Velut somnium exsurgentis*, &c. ut in Vulg. Gr. Ὡσεὶ ἐνύπνιον ἐξεγειρομένου... τὴν εἰκόνα αὐτῶν ἐξουδενώσεις.

℣. 21. Ambros. l. 4. de interpel. Dav. c. 9. p. 670. d. legit: *Quia delectatum est cor meum, & resoluti sunt renes mei.* Sic etiam habet Cassiod. cum Psalt. Corb. Rom. & Carnut. nisi quòd præponunt *renes mei* verbo *resoluti sunt.* Ita quoque apud Ambr. in Ps. 37. to. 1. 830. a. at l. 4. de interpel. Dav. c. 9. p. 670. d. leg. *requieverunt renes mei.* August. in eund. Ps. *Quia delectatum est cor meum, & renes mei mutati sunt.* Brev. Moz. *Quia exaruit cor meum, & renes mei resoluti sunt.* Gr. Ὅτι ηὐφράνθη ἡ..... καὶ οἱ νεφροί μου ἠλλοιώθησαν. Ald. & Compl. Καὶ ἐξεκαύθη ἡ, &c.

℣. 22. Vulgatæ favent Ambr. l. 4. de interpel. Dav. c. 9. 670. d. & Cassiod. cum Psalt. Rom. Apud Aug. in eund. Ps. sic: *& ego ad nihilum redactus sum, & non cognovi.* In Gr. κἀγὼ ἐξουδενωμένος, καὶ οὐκ ἔγνων.

℣. 23. Psalt. Corb. *Velut jumentum*, &c. ut sup. Ambr. l. 4. de interp. Dav. c. 9. 636. d. *Et velut jumentum*, &c. ut sup. item ep. 43. to. 2. 973. f. *Propheta ait*. Κτηνώδης ἐγενήθην παρὰ σοί, id est, *Jumentum æstimatus sum apud te.* Aug. in hunc Ps. & l. 2. quæst. in Luc. to. 3. p. 2. col. 261. f. *Quasi pecus factus sum ad te: & ego*, &c. Cassiod. cum Psalt. Rom. Vulgatæ congruit. Ed. Rom. hab. Κτηνώδης ἐγενόμην παρὰ σοί, &c. Ald. & Compl. ἐγενήθην.

℣. 24. Ambr. l. 4. de interp. Dav. c. 9. 670. d. *Tenuisti manum dexteram meam: & in volunt..... & cum gloria assumpsisti me*: & infra col. 671. b. ait: *Sic accepimus, & secundum Græcum sic convenit: dixit enim Græcus*: Ἐκράτησας τῆς χειρός, *id est, Tenuisti manum*, τῆς δεξιᾶς μου, *dexteram meam*: item l. de instit. virg. to. 2. 274. e. addit: *& in gloria assumpsisti me.* August. in hunc Ps. cum Psalt. Mediolan. *Tenuisti manum dextera mea*, &c. extremò Aug. *& cum gloria assumpsisti me.* Fulg. l. de verit. præd. p. 465. *Tenuisti manum dextera mea, & in volunt. tua deduxisti me.* Aug. ubi sup. tollit med. &. Cassiod. in eund. Ps. cum Psalt. Rom. & Moz. *Tenuisti manum dexteram meam: & in volunt..... & cum gloria assumpsisti me.* Sic etiam Prædestin. l. 3. ap. Sirm. to. 1. p. 544. d. sed omittit &, post *meam*. Itidem in Psalt. Corb. & in Missali Rom. ad Grad. Dom. Palm. In Gr. ἐν τῇ (Ald. & Compl. καὶ ἐν τῇ) βουλῇ σου..... καὶ μετὰ δόξης προσελάβου με.

℣. 25. Ambros. l. 4. de interpel. Dav. 671. f. *Quid enim mihi restat in cœlo? & à te*, &c. Itidem Cassiod. in hunc Ps. cum Psalt. Rom. Corb. & Mediol. Mozarab. verò hab. *Quid enim mihi est in cœlum?* August. in eund. Ps. *Quid*

Versio antiqua.	Hebr.	Vulgata hod.
Ex Mſ. Sangerm. 26. Defecit cor meum, & caro mea: Deus cordis mei, & pars mea tu es Deus meus in æternum.	*Conſumpta eſt caro mea, & cor meum: robur cordis mei, & pars mea Deus in æternum.*	26. Defecit caro mea, & cor meum: Deus cordis mei, & pars mea Deus in æternum.
27. Quoniam ecce, qui elongant ſe à te, perient: diſperdidiſti omnem fornicationem abs te.	*Quia ecce qui elongant ſe à te, peribunt: perdidiſti omnem fornicantem à te.*	27. Quia ecce, qui elongant ſe à te, peribunt: perdidiſti omnes, qui fornicantur abs te.
28. Mihi autem adhærere Deo bonum eſt: ponere ſpem meam in Domino Deo ſalutis meæ:	*Mihi autem propinquare Deo bonum eſt: poſui in Domino Deo ſpem meam:*	28. Mihi autem adhærere Deo bonum eſt: ponere in Domino Deo ſpem meam:
Ut enarrem omnes laudationes tuas, in portis filiæ Sion.	*Ut narrem omnes annuntiationes tuas.*	Ut annuntiem omnes prædicationes tuas, in portis filiæ Sion.

Notæ ad Versionem antiquam.

enim mihi eſt in cælo? Vigil. Tapſ. l. cont. Varimad. p. 729. c. *Quid enim mihi deeſt in cælo?* Gr. Τί γάρ μοι ὑπάρχει ἐν τῷ, &c.

℣. 26. Ambroſ. l. 4. de interpel. Dav. 672. c. ſimiliter hab. cum Pſalt. Corb. *Defecit cor meum, & caro mea: Deus cordis mei.* Itidem in Rom. ſubnexis his, *& pars mea Deus in ſæcula;* in Mozar. & Corb. *& pars mea tu Deus in ſæcula.* S. Paulin. ep. 30. p. 192. a. leg. *Defecit cor meum, & caro mea: Deus cordis mei, & pars mea Deus in ſæcula.* Aug. in hunc Pſ. *Defecit cor meum, & caro..... & pars mea Deus meus in ſæcula;* infra deeſt *meus.* Caſſiod. in eund. Pſ. *Defecit caro mea, & cor meum... & pars mea Deus in ſæcula.* Eadem vocum ſeries ab Hieron. ſervatur in ep. ad Sun. & Fret. to. 2. p. 646. b. *pro quo*, inquit, *malè perverſum ordinem quidam tenent:* Defecit cor meum, & caro mea. In Gr. tamen hod. Ἐξέλιπεν ἡ καρδία μου, καὶ ἡ σάρξ μου..... καὶ ἡ μερίς μου ὁ Θεὸς εἰς τὸν αἰῶνα.

℣. 27. Pſalt. Rom. & Corb. *Quia ecce, qui elongant ſe à te, peribunt:* Rom. ſubdit, *perdes omnes, qui fornicantur abs te:* Corb. verò, *perdidiſti omnem, qui fornicatur à te.* Cypr. epiſt. 75. p. 143. c. *Ecce enim, qui longinquant ſe abs te, peribunt.* Ambr. l. 4. de interpel. Dav. 672. f. & Caſſiod. in hunc Pſ. Vulgatæ accinunt. Ita rurſum Ambroſ. in Pſ. 43. col. 898. d. & in Pſ. 118. col. 1167. 1220. f. ſupra verò col. 1203. b. leg. *omnes, qui elongant ſe abs te, peribunt.* Auguſt. in hunc Pſ. *Ecce, qui longè ſe faciunt à te, peribunt: perdidiſti omnem, qui fornicatur abs te.* Similiter hab. Prædeſt. l. 3. ap. Sirmond. to. 1. p. 544. d. *Quoniam qui ſe longè faciunt à te, peribunt.* Ennod. pro Synodo ibid. to. 1. p. 1639. e. *maledicti omnes, qui fornicantur abs te.* Gr. Ὅτι ἰδοὺ, οἱ μακρύνοντες ἑαυτοὺς ἀπὸ σοῦ, ἀπολοῦνται· ἐξωλόθρευσας πάντα τὸν πορνεύοντα ἀπὸ σοῦ.

℣. 28. In Pſalt. Carnut. & Mediolan. deeſt vox *Domino* circa med. loco verò *laudationes*, exſtat *laudes;* cæt. ut in Vulg. Corb. hab..... *ponere in Deo ſpem meam: Ut enarrem omnes laudationes tuas in*, &c. Rom. *Ut annuntiem omnes laudes tuas*, &c. Mozar. *Ut enarrem omnia promiſſa tua*, &c. Hieron. epiſt. ad Sun. & Fret. to. 2. p. 646. b. *Ut annuntiem omnes prædicationes tuas:* tum addit: *pro quo vos in Græco legiſſe dixiſtis* τὰς αἰνέσεις σου, *id eſt*, laudes tuas..... *Septuaginta*, τὰς ἐπαγγελίας σου, *id eſt*, prædicationes tuas, *vel* promiſſa. Ambroſ. l. 4. de interpel. Dav. 672. f. & l. 1. de Cain, c. 2. col. 185. c. ut ſup. *Mihi autem adhærere Deo bonum eſt.* Auguſt. cont. epiſt. Manich. to. 8. 178. f. *Mihi autem inhærere Deo bonum eſt;* at in hunc Pſ. col. 767. d. legit *adhærere.* Auct. l. de promiſſ. dimid. temp. c. 7. p. 195. a. *Mihi autem adjungi Deo bonum eſt.* Auguſt. ubi ſup. in Pſ. add. *ponere in Deo ſpem meam: Ut annuntiem omnes laudes tuas, in atriis filiæ Sion.* Caſſiod. in eund. Pſ. *omnes laudes tuas, in portis*, &c. Gr..... τίθεσθαι ἐν τῷ Κυρίῳ τὴν ἐλπίδα μου· τοῦ ἐξαγγεῖλαι πάσας τὰς αἰνέσεις σου ἐν ταῖς πύλαις, &c.

Versio antiqua.	Hebr.	Vulgata hod.
Ex Mſ. Sangerm. 1. Intellectûs Aſaph Pſalmus. LXXIII.	*Eruditio Aſaph. LXXIV.*	1. Intellectus Aſaph. LXXIII.
*Quare repuliſti Deus in finem: iratus eſt furor tuus in oves paſcuæ tuæ?	*Ut quid Deus repuliſti in finem: fumabit furor tuus in gregem paſcuæ tuæ?*	Ut quid Deus repuliſti in finem: iratus eſt furor tuus ſuper oves paſcuæ tuæ?
2. Memorare congregationis tuæ, quam adquiſiſti ab initio.	*Recordare congregationis tuæ, quam poſſediſti ab initio.*	2. Memor eſto congregationis tuæ, quam poſſediſti ab initio.
Liberaſti virgam hæreditatis tuæ: montem Sion *hunc, in quo commoratus es in eo. (* *Mſ. vitioſè hoc.*)	*Redemiſti virgam hæreditatis tuæ: montem Sion, in quo habitaſti.*	Redemiſti virgam hæreditatis tuæ: mons Sion, in quo habitaſti in eo.
3. Eleva manus tuas in ſuperbias eorum in finem: quan-	*Sublimitas pedum tuorum diſſipata eſt uſque ad finem: omnia*	3. Leva manus tuas in ſuperbias eorum in finem: quanta malignatus

Notæ ad Versionem antiquam.

℣. 1. Ita in Pſalt. Mozar. eſt. Apud Aug. verò, & Caſſiod. deeſt vox *Pſalmus*, ſicut in Pſalt. Rom. Corb. & Gr.

* Pſalt. Rom. *Ut quid repuliſti nos Deus in finem: iratus eſt furor tuus ſuper oves gregis tui?* Sic etiam ap. Aug. in hunc Pſ. ut in Pſalt. Corb. & Moz. ſi legatur *animus*, non *furor*. Item in Mediolan. & Carnut. *animus tuus.* Ambr. quoque l. 2. de interpel. Dav. c. 7. 647. f. legit: *Ut quid repuliſti nos Deus in finem?* At Hieron. epiſt. ad Sun. & Fretel. to. 2. 646. c. ſcribit: *Ut quid Deus repuliſti in finem? pro quo*, inquit, *malè apud Græcos legitur ordine commutato, Ut quid repuliſti Deus?* Amalar. Analect. to. 2. p. 131. *Ut quid Deus repuliſti in finem: elatus eſt furor tuus ſuper oves paſcuæ tuæ?* Caſſiod. cum Pſalt. Rom. *iratus eſt furor tuus ſuper oves gregis tui?* In Pſalt. Sangerm. ſcriptum eſt *in nobis*, pro *in oves*, ſed manifeſto errore; familiare quippe librariis eſt litteram ultimam vocis præcedentis adnectere ſubſequenti, ſicut *in no*, pro *in o;* præterea ſcriptores antiqui litteram *v*, cum *b*, & *e* cum *i* ſæpe commutant, unde *obis*, pro *oves*. In Gr. Ἱνατί ἀπώσω ὁ Θεὸς εἰς τέλος· ὠργίσθη ὁ θυμός σου ἐπὶ πρόβατα νομῆς σου;

℣. 2. Pſalt. Corb. & Rom. Fabri: *Memento congregationis tuæ, quam creaſti ab initio. Liberaſti virgam..... mons Sion, in quo habitaſti in idipſo;* Corb. *in eo;* Rom. Martian. *in quo habitas in idipſum.* Mozarab. *Memento congregat. tuæ Domine, quam creaſti ab initio. Liberaſti virgam..... montem Sion, in quo habitaſti.* Aug. in hunc Pſ. *Memento congregat. tuæ, quam poſſediſti ab initio. Redemiſti virgam..... montem Sion iſtum, quem inhabitaſti in ipſo.* Caſſiod. in eund. Pſ. *Memento congr. tuæ, quam creaſti ab initio. Liberaſti virgam..... montis Sion, in quo habitaſti.* In Pſalt. etiam Mediol. & Carnut. eſt, *quam creaſti ab initio.* In Gr. Μνήσθητι τῆς..... ἧς ἐκτήσω..... Ἐλυτρώσω ῥάβδον..... ὄρος Σιὼν τοῦτο, ὃ κατεσκήνωσας ἐν αὐτῷ.

℣. 3. Pſalt. Rom. cum Caſſiod. *Eleva manum tuam in ſuperbiam eorum in finem: quanta malig..... in ſanctis tuis!* Mozarab. *Eleva manum tuam in ſuperbia eorum..... quanta malig..... in ſanctuariis tuis!* Corb. *Eleva manus tuas in ſuperbia eorum..... in ſanctis ſuis!* Mediolan. & Carnut. *in ſanctis tuis!* Ambroſ. in Pſ. 37. to. 1. p. 830. b. *quanta malignè operatus eſt inimicus in ſanctis tuis!* Hieron. verò ep. ad Sun. & Fret. to. 2. 646. c. *quanta malignatus eſt inim. in ſancto!* ſubditque: *Miror quis in codice veſtro*

	VULGATA HOD.	HEBR.	VERSIO ANTIQUA.	
	eſt inimicus in ſancto!	*mala egit inimicus in ſanctuario.*	ta malignatus eſt inimicus in ſanctis tuis!	*Ex Mſ. Sangerm.*
	4. Et gloriati ſunt qui oderunt te, in medio ſolemnitatis tuæ.	*Fremuerunt hoſtes tui in medio pacti tui:*	4. Et gloriati ſunt odientes te, in medio atrio tuo.	
	Poſuerunt ſigna ſua ſigna: 5. & non cognoverunt ſicut in exitu ſuper ſummum.	*Poſuerunt ſigna ſua in tropheum, manifeſta in introitu deſuper:*	Poſuerunt ſigna ſua: 5. & non cognoverunt ſicut in introitum eorum deſuper.	
	Quaſi in ſilva lignorum ſecuribus 6. exciderunt januas ejus in idipſum: in ſecuri, & aſciâ dejecerunt eam.	*In ſaltu lignorum ſecures: & nunc ſculpturas ejus pariter bipenne & dolatoriis deraſerunt.*	Sicut in * ſilva lignorum ſecuribus 6. exciderunt januas ejus in idipſum: in * bipenni, & aſciâ dejecerunt ea.	* *Mſ. mendosè* ſi-gna. * *Mſ.* bipinne, *vet. more.*
4. Reg. 25. 9.	7. Incenderunt igni ſanctuarium tuum: in terra polluerunt tabernaculum nominis tui.	*Miſerunt ignem in ſanctuarium tuum: in terram contaminaverunt tabernaculum nominis tui.*	7. Succenderunt igni ſanctuarium tuum: contaminaverunt in terra tabernaculum nominis tui.	
	8. Dixerunt in corde ſuo cognatio eorum ſimul: Quieſcere faciamus omnes dies feſtos Dei à terra.	*Dixerunt in cordibus ſuis poſteri eorum ſimul: incenderunt omnes ſolennitates Dei in terra.*	8. Dixerunt in corde ſuo cogitantes inter ſe: Venite, comprimamus omnes dies ſolemnitatis Domini de terra.	
	9. Signa noſtra non vidimus, jam non eſt propheta: & nos non cognoſcet ampliùs.	*Signa noſtra non vidimus, non eſt ultra propheta: & non eſt nobiſcum qui ſciat uſquequo.*	9. Signa noſtra non vidimus, non eſt adhuc propheta: & nos neſciet adhuc.	
	10. Uſquequo Deus improperabit inimicus: irritat adverſarius nomen tuum in finem?	*Uſquequo Deus exprobrabit adverſarius: blaſphemabit inimicus nomen tuum in finem?*	10. Uſquequo Deus improperat inimicus: inritat adverſarius nomen tuum in finem?	
	11. Ut quid avertis manum tuam, & dexteram tuam, de medio ſinu tuo in finem?	*Quare convertis manum tuam & dexteram tuam? à medio ſinu tuo conſume.*	11. Quare avertis faciem tuam à nobis, & dextera tua de medio ſinu tuo in finem?	
Luc. 1. 68.	12. Deus autem rex noſter ante ſæcula, operatus eſt ſalutem in medio terræ.	*Deus autem rex meus ab initio: operatur ſalutes in medio terra.*	12. Deus autem rex noſter ante ſæcula: operatus eſt ſalutem in medio terræ.	

NOTÆ AD VERSIONEM ANTIQUAM.

emendando perverterit, ut pro ſancto, ſanctis *poſuerit; cùm & in noſtro codice* in ſancto *inveniatur.* Auguſt. tamen in eund. Pſ. habet ut ſup. *Eleva manum tuam in ſuperbiam... quanta malignè operatus eſt inim. in ſanctis tuis!* Gr. Ἔπαρον τὰς χεῖράς σου ἐπὶ τὰς ὑπερηφανίας..... ὅσα ἐπονηρεύσατο ὁ..... ἐν τοῖς ἁγίοις σου; Ald. & Compl. ἐν τῷ ἁγίῳ σου;

℣. 4. Pſalt. Corb. *Et gloriati ſunt qui te oderunt, in medio atrio tuo. Poſuerunt ſigna ſua: & non,* &c. Moz. *Et gloriati ſunt omnes qui te oderunt, in medio atrii tui,* &c. ut in Vulg. Rom. & Carnut. cum Caſſiod. *Et gloriati ſunt qui te oderunt, in medio atrio tuo,* &c. Ambroſ. in Pſ. 37. col. 830. b. c. *Et gloriati ſunt qui oderunt te, in medio feſti tui,* &c. ut in Vulg. ita etiam l. 2. de interpel. Dav. c. 7. 647. f. ſi excipias unum *oderunt.* Auguſt. in hunc Pſ. *Et gloriati ſunt omnes qui..... in medio ſolemnitatis tuæ,* &c. ut in Vulg. Gr. Καὶ ἐνεκαυχήσαντο οἱ μισοῦντές σε, ἐν μέσῳ τῆς ἑορτῆς σου, &c. ut in Vulg.

℣. 5. Ambroſ. in Pſ. 37. col. 830. b. c. ita legit: *& non cognovi ſicut in via ſupra ſummum,* &c. ut in Vulg. ſic etiam l. 2. de interpel. Dav. c. 7. 647. f. 648. b. & c. d. niſi quòd hab. *ſuper.* S. Eucher. q. in Pſ. p. 845. g. *& non cognoverunt ſicut in via ſupra ſummum.* Similiter in Pſalt. Rom. In Mozarab. verò, *& non cognoverunt ſicut ingreſſus deſuper;* in Mediolan. *ſicut in exitu deinſuper.* Auguſt. in hunc Pſ. *& non cognoverunt ſicut in egreſſum deſuper,* &c. ut in Vulg. Caſſiod. in eund. Pſ. cum Pſalt. Corb. *& non cognoverunt ſicut in via ſuper ſummum,* &c. In Gr. καὶ οὐκ ἔγνωσαν ὡς εἰς τὴν εἴσοδον ὑπεράνω, &c. ut in Vulg.

℣. 6. Ambroſ. in Pſ. 37. to. 1. 830. b. c. & l. 2. de interpel. Dav. c. 7. 648. d. legit: *conciderunt januas ejus in idipſum: bipenni, & aſciâ dejecerunt illud.* Victor. Vit. l. 1. perſ. Afric. p. 3. b. *conſciderunt januas ejus in idipſum.* Pſalt. Moz. *bipine, & aſciâ dejecerunt,* abſque ſeq. vocula. Rom. *bipenni, & aſciâ dejecer. ea,* al. *eas.* Corb. cum Caſſiod. *bipenni, & aſciâ dejec. eam.* Auguſt. in hunc Pſ. *conciderunt januas ejus in idipſum: in dolabro, & fractorio dejecerunt eam.* Græc. ἐξέκοψαν τὰς..... ἐπιτοαυτὸ ἐν πελέκει, καὶ λαξευτηρίῳ κατέῤῥαξαν αὐτήν.

℣. 7. Pſalt. Corb. *Incenderunt igni ſanctuarium tuum Domine: in terra polluerunt,* &c. ut in Vulg. Rom. ſic interpungit: *Incenderunt igni ſanctuar. tuum in terra: polluerunt tabernac.* &c. Auguſt. verò in hunc Pſ. *polluerunt in terra tabernac.* &c. ut ſup. Caſſiod. ut in Vulg. Gr. Ἐνεπύρισαν ἐν πυρὶ τὸ ἁγιαστήριόν σου εἰς τὴν γῆν· ἐβεβήλωσαν, &c.

℣. 8. Pſalt. Rom. & Corb. *Dixerunt in corde ſuo cognatio eorum inter ſe: Venite, comprimamus omnes dies feſtos Domini à terra.* Item in Pſalt. Mediol. & Carnut. *Venite, comprimamus.* In Mozar. *Venite, auferamus omnes dies feſtos Domini de terra.* Auguſt. in hunc Pſ. *Dixerunt in corde ſuo cognatio eorum in unum: Venite, comprimamus omnes ſolemnitates Domini de terra* (inf. *à terra.*) Similiter ap. Caſſiod. in eund. Pſ. præt. hoc, *cognatio eorum inter ſe.* Hieron. ep. ad Sun. & Fret. to. 2. col. 646. c. 647. a. legit: *Incendamus omnes dies feſtos Dei à terra;* tum addit: *pro quo in Græco ſcriptum eſt* καταπαύσωμεν; *& nos ita tranſtulimus:* Quieſcere faciamus omnes dies feſtos Dei à terra. *Et miror quomodo è latere adnotationem noſtram neſcio quis temerarius ſcribendam in corpore putaverit, quam nos pro eruditione legentis ſcripſimus hoc modo:* Non habet καταπαύσωμεν, *ut quidam putant, ſed* κατακαύσωμεν, *id eſt,* incendamus: *& quia retulit mihi S. presbyter Firmus, qui hujus operis exactor fuit, inter plurimos hinc habitam quæſtionem, plenius de hoc diſputandum videtur. In Hebræo ſcriptum eſt,* Sarphu chol moedau el baares, *quod Aquila & Symmachus verterunt,* Ἐνεπύρισαν πάσας τὰς συναγωγὰς τοῦ Θεοῦ, *id eſt,* Incenderunt omnes ſolemnitates Dei in terra: *Quinta* κατέκαυσαν, *id eſt,* combuſſerunt; *Sexta* κατακαύσωμεν, *id eſt,* comburamus; *quod & LXX. juxta Hexaplorum veritatem tranſtuliſſe perſpicuum eſt. Theodot. quoque* ἐμπυρίσωμεν *vertit, id eſt,* ſuccendamus: *ex quo perſpicuum eſt ſic pſallendum, ut nos interpretati ſumus. Et tamen ſciendum quid Hebraica veritas habeat. Hoc enim quod LXX. tranſtulerunt, propter vetuſtatem in eccleſiis decantandum eſt; & illud ab eruditis ſciendum propter notitiam Scripturarum. Unde ſi quid pro ſtudio è latere additum eſt, non debet poni in corpore; ne priorem translationem pro ſcribentium voluntate conturbet.* In edit. Rom. ſic: Εἶπαν ἐν τῇ καρδίᾳ αὐτῶν ἡ συγγένεια αὐτῶν ἐπιτοαυτό· Δεῦτε, καταπαύσωμεν τὰς ἑορτὰς Κυρίου ἀπὸ, &c.

℣. 9. Pſalt. Rom. Fabri: *Signa noſtra non videmus,* &c. ut in Vulg. Rom. Martian. *non videmus.* Moz. *& nos non agnoſcet ampliùs;* Aug. in hunc Pſ. *& nos non cognoſcet adhuc.* Caſſiod. ut in Vulg. Gr. Τὰ σημεῖα ἡμῶν οὐκ εἴδομεν, οὐκ ἔστιν ἔτι προφήτης· καὶ ἡμᾶς οὐ γνώσεται ἔτι.

℣. 10. Brev. Mozar. *Uſquequo Domine improperavit inimicus,* &c. Auguſt. in hunc Pſ. *Uſquequo Deus exprobrabit inimicus?* &c. Caſſiod. cum Pſalt. Rom. ut in Vulg. Gr. Ἕως πότε ὁ Θεὸς ὀνειδιεῖ ὁ ἐχθρός; παροξυνεῖ, &c.

℣. 11. Pſalt. Rom. *Ut quid avertis faciem tuam, & dexteram tuam, de medio,* &c. Similiter hab. Hilarius in Pſ. 65. p. 178. d. præter unum *quare,* pro *ut quid.* Auguſt. & Caſſiod. in hunc Pſ. cum Vulgata concinunt, & Græco.

℣. 12. Ita Auguſt. & Caſſiod. in hunc Pſ. cum Pſalt. Rom. Cypr. l. 2. Teſtim. p. 297. b. leg. cum Corb. *Deus autem rex noſter ante ſæculum,* &c. ut ſup. Hilar. in Pſ. 134. col. 476. b. *Dominus Deus autem rex noſter, rex ante*

Ex Mſ. Sangerm.

VERSIO ANTIQUA.	HEBR.	VULGATA HOD.
13. Tu confirmaſti virtute tua mare, motum autem fluctuum ejus tu mitigas: conteruiſti capita draconum ſuper aquam.	*Tu diſſipaſti in fortitudine tua mare: contriviſti capita draconum in aquis.*	13. Tu confirmaſti in virtute tua mare: contribulaſti capita draconum in aquis.
14. Tu conquaſſaſti caput draconis: dediſti eum in eſcam populo Æthiopum.	*Tu confregiſti capita Leviathan: dediſti eum eſcam populo Æthiopum.*	14. Tu confregiſti capita draconis: dediſti eum eſcam populis Æthiopum.
15. Tu diſrupiſti fontes & torrentes.	*Tu dirupiſti fontem & torrentem: tu exſiccaſti flumina fortia.*	15. Tu dirupiſti fontes & torrentes: tu ſiccaſti fluvios Ethan.
16. Tuus eſt dies, & tua eſt nox: tu perfeciſti ſolem & lunam.	*Tua eſt dies, & tua eſt nox: tu ordinaſti luminare & ſolem.*	16. Tuus eſt dies, & tua eſt nox: tu fabricatus es auroram & ſolem.
17. Tu feciſti omnes terminos terræ: æſtatem & ver tu feciſti.	*Tu ſtatuiſti omnes terminos terræ: æſtatem & hyemem tu plaſmaſti.*	17. Tu feciſti omnes terminos terræ: æſtatem & ver tu plaſmaſti ea.
18. Memorare hujus creaturæ tuæ, inimicus improperavit Dominum: & populus inſipiens exacerbavit nomen tuum.	*Memento hujus: inimicus exprobravit Domino, & populus inſipiens blaſphemavit nomen tuum.*	18. Memor eſto hujus, inimicus improperavit Domino: & populus inſipiens incitavit nomen tuum.
19. Ne tradideris beſtiis animam confitentem tibi: animas pauperum tuorum ne obliviſcaris in finem.	*Ne tradas beſtiis animam eruditam lege tua: vita pauperum tuorum ne obliviſcaris in perpetuum.*	19. Ne tradas beſtiis animas confitentes tibi, & animas pauperum tuorum ne obliviſcaris in finem.
20. Reſpice in teſtamentum tuum: quoniam repleti ſunt obſcuritate terræ domûs iniquitatum.	*Reſpice ad pactum: quia repleta ſunt tenebris terræ, habitationes iniquæ.*	20. Reſpice in teſtamentum tuum: quia repleti ſunt, qui obſcurati ſunt terræ domibus iniquitatum.
21. Ne avertatur humiliatus & confuſus: egenus & pauper laudabunt nomen tuum.	*Ne revertatur confractus confuſus: egenus & pauper laudabunt nomen tuum.*	21. Ne avertatur humilis factus confuſus: pauper & inops laudabunt nomen tuum.
22. Exſurge Domine, judica judicium tuum: memorare improperiorum tuorum, quæ ſunt ab inſipiente tota die.	*Surge Deus, judica cauſam tuam: memento opprobrii tui ab inſipiente tota die.*	22. Exſurge Deus, judica cauſam tuam: memor eſto improperiorum tuorum, eorum quæ ab inſipiente ſunt tota die.

NOTÆ AD VERSIONEM ANTIQUAM.

ſæcula: operatus eſt ſalutem in medio orbis terræ. Gr. Ὁ δὲ Θεὸς βασιλεὺς ἡμῶν πρὸ αἰῶνος, &c. ut in Vulg.

℣. 13. Medius verſiculus, *motum autem*, &c. petitur ex Pſ. 88. ℣. 10. nec videtur eſſe dubium quin ab oſcitante librario huc advectus fuerit, cùm alìubi non reperiatur eò loci. In Pſalt. Rom. ſic: *Tu confirmaſti in virtute tua mare: tu contriviſti capita draconum ſuper aquas.* Mediol. etiam hab. *ſuper aquas;* Mozarab. *in aquis.* Auguſt. & Caſſiod. in hunc Pſ. *Tu confirm. in virt. tua mare: contriviſti capita draconum in aqua;* Caſſiod. *ſuper aquas.* Auct. l. de promiſſ. dimid. temp. c. 4. col. 191. a. *tu contriviſti capita draconum ſuper aquas. Tu confregiſti*, &c. Hieron. verò epiſt. ad Sun. & Fret. to 2. 647. a. *contribulaſti capita drac. in aquis;* deinde, *Tu confregiſti*, &c. tum addit: *Sic lectionis ordo ſequitur ut in priori verſu* tu *non habeat*, (nempe ante *contribulaſti*,) *ſed in ſecundo; & aqua plurali numero ſcribantur, non ſingulari.* In Pſalt. Corb. *tu contribulaſti.* In Gr. Σὺ ἐκραταίωσας ἐν τῇ δυνάμει..... σὺ συνέτριψας τὰς..... ἐπὶ τοῦ ὕδατος. Σὺ συνέθλασας, &c.

℣. 14. Pſalt. Rom. cum Moz. *Tu confregiſti caput draconis magni: & dediſti eum in eſcam populo Æthiopum.* Corb. *Tu confr. capita draconis magni: dediſti eum in eſcam populo Æthiopum.* Mediol. hab. *caput draconis;* Carnut. *caput draconis magni.* Ita quoque ap. Hieron. epiſt. ad Damaſ. to. 4. 158. b. reliqua verò ut in Vulg. Ambroſ. de parad. to. 1. 171. f. hab. *in eſcam populis*, &c. Auguſt. in hunc. Pſ. *Tu confregiſti caput draconis: dediſti eum in eſcam populis Æthiopibus.* Auct. l. de promiſſ. dimid. temp. c. 4. col. 191. a. *Tu confregiſti caput draconis magni: & dediſti eum in eſcam populis Æthiopibus.* Caſſiod..... *caput draconis: dediſti eum in eſcam populo Æthiopum.* Gr..... τὰς κεφαλὰς τοῦ δράκοντος· ἔδωκας αὐτὸν βρῶμα λαοῖς τοῖς Αἰθίοψι.

℣. 15. Pſalt. Rom. ſubdit cum Vulg. *tu exſiccaſti fluvios Ethan.* Mozarab. *tu exſiccaſti flumina Ethan.* Anon. apud Ambroſ. to. 2. p. 5. c. *tu ſiccaſti fluvios Ethan.* Ita quoque leg. Auguſt. niſi quòd ſcribit *Etham*, ut & ſup. *diſrupiſti.* Pſalt. Corb. *Tu irrupiſti fontes..... tu ſiccaſti flumina Æthan.* Apud Caſſiod. ut in Vulg. Gr. Σὺ διέῤῥηξας..... σὺ ἐξήρανας ποταμοὺς Ἠθάμ.

℣. 16. Ita Aug. in hunc Pſ. Caſſiod. verò cum Pſalt. Rom. Moz. Corb. & Carnut. *tu feciſti ſolem & lunam.* Mediol. *tu præparaſti lunam & ſolem.* Græc. σὺ κατηρτίσω ἥλιον καὶ σελήνην· Ald. & Compl. φαῦσιν καὶ ἥλιον.

℣. 17. Aug. & Caſſiod. in hunc Pſ. cum Pſalt. Rom. *æſtatem & ver tu feciſti ea;* Corb. & Moz. *tu feciſti eam.* Gr. θέρος καὶ ἔαρ σὺ ἐποίησας· Ald. & Compl. ἔπλασας αὐτά.

℣. 18. Sic in Pſalt. Corb. Rom. Moz. & ap. Caſſiod. præter ſeqq. *memor eſto*, loco *memorare;* & *Domino*, loco *Dominum:* Corb. hab. *Dominum;* præterea Mozar. *quia inimicus*, &c. Mediol. & Carnut. ſimiliter addunt *creaturæ tuæ*, ſcribuntque *exacerbavit nomen tuum.* Auguſt. in hunc Pſ. leg. *Memor eſto hujus creaturæ tuæ, inimicus exprobravit Domino: & populus imprudens exacerbavit nomen tuum.* Gr. Μνήσθητι ταύτης τῆς κτίσεώς σου, ἐχθρὸς ὠνείδισε τὸν Κύριον· καὶ λαὸς ἄφρων παρώξυνε τὸ ὄνομά σου. Ab Ald. & Compl. hoc abeſt, τῆς κτίσεώς σου.

℣. 19. Sic hab. Auguſt. in hunc Pſ. & l. 7. de Gen. ad lit. to. 3. p. 1. col. 215. g. Vulgatæ verò conſonat Pſalt. Rom. Itidem Caſſiod. in eund. Pſ. cum Brev. Mozarab. niſi quòd delent &, ante *animas.* In Corb. ſic: *Ne tradas beſtiis animam confitentis tibi: animas paup. tuorum ne obliviſcaris in ſempiternum.* Auct. l. de promiſſ. p. 2. c. 35. p. 164. c. leg. *Ne tradideris beſtiis animam confitentem tibi.* Item in Gr. Μὴ παραδῷς τοῖς θηρίοις ψυχὴν ἐξομολογουμένην σοι· τῶν ψυχῶν, &c.

℣. 20. Pſalt. Rom. Fabri: *Reſpice in teſtamento tuo: quia repleti ſunt, qui obſcurati ſunt terræ domorum iniquitatum.* Rom. Martian. *Reſpice in teſtamentum tuum*, &c. Aug. in hunc Pſ. *quoniam repleti ſunt, qui obſcurati ſunt terræ domorum iniquarum;* Caſſiod. cum Pſalt. Mediol. Corb. & Moz. *domorum iniquitatum.* Gr. Ἐπίβλεψον εἰς τὴν διαθήκην σου· ὅτι ἐπληρώθησαν οἱ ἐσκοτισμένοι τῆς γῆς οἴκων ἀνομιῶν.

℣. 21. Auguſt. in hunc Pſ. *Ne avertatur humilis confuſus: egenus & inops*, &c. Item in Pſalt. Moz. *humilis confuſus.* In Rom. & ap. Caſſiod. omnia ut in Vulg. In Gr... τεταπεινωμένος καὶ κατῃσχυμμένος· πτωχὸς καὶ πένης, &c.

℣. 22. Vulgatæ favet Caſſiod. cum Pſalt. Rom. In Mozarab. ſic: *Exſurge Domine, judica cauſam tuam: memor eſto opprobrium ſervorum tuorum, eorum qui inſipientes ſunt tota die.* Apud Auguſt. in hunc Pſ. *Exſurge Domine, judica cauſam meam: memento opprobriorum tuorum, eorum quæ ab imprudente ſunt tota die.* In Gr. Ἀνάστα ὁ Θεὸς, δίκασον τὴν δίκην σου· μνήσθητι τῶν ὀνειδισμῶν σου, τῶν ὑπὸ ἄφρονος ὅλην τὴν ἡμέραν.

VULGATA HOD.

23. Ne obliviſcaris voces inimicorum tuorum : ſuperbia eorum, qui te oderunt, aſcendit ſemper.

HEBR.

Ne obliviſcaris voces hoſtium tuorum : ſonitus adverſariorum tuorum aſcendit jugiter.

VERSIO ANTIQUA.

23. Ne obliviſcaris vocem deprecantium te : ſuperbia odientium te aſcendit in æternum.

Ex Mſ. Sangerm.

NOTÆ AD VERSIONEM ANTIQUAM.

℣. 23. Pſalt. Rom. *Ne obliviſcaris voces quærentium te : ſuperbia eorum, qui te oderunt, aſcendit ſemper ad te.* Corb. & Mozar. *Ne obliv. vocem quærentium te : ſuperb. eor. qui te oderunt, aſcendat in ſempiternum ;* Corb. *aſcendit.* Mediolan. *Ne obliv. vocem ſupplicum tuorum : ſuperbia eorum..... aſcendat ſemper ad te.* Carnut. hab. *vocem quærentium te... aſcendit in ſempiternum.* Auguſt. in hunc Pſ. *Ne obliv. vocem deprecantium te : ſuperb. eorum, qui..... aſcendat ſemper ad te.* Caſſiod. *voces quærentium te..... aſcendat ſemper ad te.* Hieron. epiſt. ad Sun. & Fret. to. 2. 647. b. legit : *Ne obliv. voces inimicorum tuorum ;* additque : *pro quo in Gr.* τῶν ἱκετῶν σου, *id eſt,* deprecantium te, *ſcriptum dicitis : in Hebræo autem* ſorarach *legitur, quod Aquila,* hoſtium tuorum ; *Symm.* bellantium contra te, *Septuaginta, & Sexta editio,* inimicor. tuorum *interpretati ſunt.* In ed. Rom. Μὴ ἐπιλάθῃ τῆς φωνῆς τῶν ἱκετῶν (Ald. & Compl. οἰκετῶν) σου· ἡ ὑπερηφανία τῶν μισούντων σε ἀνέβη διαπαντὸς πρὸς σέ· Ald. & Compl. ἀνέβη, abſque ult. πρὸς σέ.

VULGATA HOD.

1. In finem, Ne corrumpas, Pſalmus Cantici Aſaph. LXXIV.

2. Confitebimur tibi Deus : confitebimur, & invocabimus nomen tuum.

Narrabimus mirabilia tua : 3.
cùm accepero tempus, ego juſtitias judicabo.

4. Liquefacta eſt terra, & omnes qui habitant in ea : ego confirmavi columnas ejus.

5. Dixi iniquis : Nolite iniquè agere : & delinquentibus : Nolite exaltare cornu.

6. Nolite extollere in altum cornu veſtrum : nolite loqui adversùs Deum iniquitatem.

7. Quia neque ab oriente, neque ab occidente, neque à deſertis montibus : 8. quoniam Deus judex eſt.

Hunc humiliat, & hunc exaltat :
9. quia calix in manu Domini vini meri plenus miſto.

Et inclinavit ex hoc in hoc : veruntamen fæx ejus non eſt exinanita : bibent omnes peccatores terræ.

HEBR.

Victori, Non diſperdas, Pſalmus Aſaph Cantici. LXXV.

Confitebimur tibi Deus, confitebimur ; & juxta nomen tuum

Narrabunt mirabilia tua : cùm accepero tempus, ego recta judicabo.

Diſſolvetur terra cum omnibus habitatoribus ſuis : ego appendi columnas ejus. SEMPER.

Dixi iniquè agentibus : Nolite iniquè agere : & impiis : Nolite exaltare cornu.

Nolite exaltare in excelſum cornu veſtrum, loquentes in cervice veteri.

Quia neque ab oriente, neque ab occidente, neque à ſolitudine montium : ſed Deus judex.

Hunc humiliabit, & hunc exaltabit : quia calix in manu Domini, & vino meraco ad plenum miſtus,

Et propinabit ex eo : veruntamen fæces ejus potabunt bibentes omnes impii terræ.

VERSIO ANTIQUA.

1. In finem, Ne corrumpas, Pſalmus Aſaph Canticum. LXXIV.

Ex Mſ. Sangerm.

2. Confitebimur tibi Deus : confitebimur, & invocabimus nomen tuum.

Narrabo omnia mirabilia
tua : 3. cùm accepero tempus, ego juſtitias judicabo.

4. Defluxit terra, & omnes inhabitantes in ea : ego autem ſolidavi columnas ejus. DIAPSALMA.

5. Dixi iniquis : Nolite iniqua agere : & peccatoribus : Ne exaltetis cornum.

6. Nolite extollere in altum cornum veſtrum : nolite loqui adversùs Deum iniquitatem.

7. Quoniam neque ab oriente, neque ab occidente, neque à deſertis montium : 8. quoniam Deus judex eſt.

Hunc humiliat, & hunc
exaltat : 9. quoniam calix in manu Domini vini meri plenus eſt miſto.

Et inclinavit ex hoc in illud : veruntamen fæx ejus non eſt exinanitus : bibent omnes peccatores terræ.

NOTÆ AD VERSIONEM ANTIQUAM.

℣. 1. Sic in Pſalt. Corb. eſt. Rom. verò hab. *In finem, Ne corr. Pſalmus Aſaph Cantici.* Mozarab. delet *Canticum.* Auguſt. in hunc Pſ. leg. *In finem, Ne corrumpas ;* nec ſubdit alia. Apud Caſſiod. ut in Vulg. In Gr. Εἰς τὸ τέλος, Μὴ..... Ψαλμὸς Ὠδῆς τῷ Ἀσάφ.

℣. 2. Itidem in Pſalt. Corb. Sic etiam in Rom. repetito *tibi*, poſt alterum *confitebimur.* Addit pariter *tibi* ibid. Caſſiod. cum Mozar. legitque *narrabo*, cum Mediolan. & Carnut. At Hieron. ep. ad Sun. & Fret. to. 2. 647. b. leg. *Narrabimus omnia mirab.* &c. aitque *malè apud Græcos* legi *narrabo.* Apud Auguſt. in hunc Pſ. *Confitebimur tibi Deus : confit. tibi..... Enarrabo omnia mirab. tua.* Gr..... ἐξομολογησόμεθα (Ald. & Compl. add. σοι,) καὶ ἐπικαλεσόμεθα τὸ..... Διηγήσομαι πάντα τὰ, &c.

℣. 3. Concordant Auguſt. & Caſſiod. ad verbum. Pſalt. Rom. hab. *Dum accepero temp. ego juſtitiam judicabo ;* Mozar. pariter *juſtitiam.* Gr. Ὅταν λάβω..... ἐγὼ εὐθύτητας κρινῶ· Ald. εὐθύτητα.

℣. 4. Pſalt. Rom. & Corb. *Liquefacta eſt terra, & omnes inhabitantes in ea ;* Corb. *in eam*, &c. ut in Vulg. Moz. cum Caſſiod. *habitantes in ea.* Auguſt. in hunc Pſ. *Defluxit terra, & omnes inhabitantes in ea : ego confirmavi,* &c. ſic etiam *confirmavi*, ap. Ambr. l. 1. de interpel. Job, c. 5. to. 1. 630. c. & in Pſ. 118. col. 1030. c. & l. 1. Hexa. col. 11. e. in Brev. Moz. *firmavi.* In Gr. Ἐτάκη ἡ γῆ, καὶ πάντες οἱ κατοικοῦντες αὐτήν, (Ald. & Compl. ἐν αὐτῇ·) ἐγὼ ἐστερέωσα, &c. Sequitur pariter *Diapſalma* tum in Pſalt. Rom. & Corb. tum in ed. Rom. LXX. at in edd. Ald. & Compl. ponitur ante ἐγὼ ἐστερέωσα. Hieron. tamen ep. ad Marcell. to. 2. 707. c. ait poſt Orig. *In lxxiv. Pſalmo, cujus principium eſt,* Confitebimur, *&c..... poſt illud,* ego confirmavi columnas ejus, *apud LXX. & Theodot. & Symmach. eſſe* Diapſalma.

℣. 5. Auguſt. in hunc Pſ. *Dixi iniquis : Nolite iniquè facere : & delinquentibus : Nolite exalt. cornu veſtrum ;* vox tamen ult. *veſtrum*, hîc & infra deeſt in pleriſque Mſs. Caſſiod. Vulgatæ congruit, ſicut Pſalt. Rom. & Gr.

℣. 6. Concinit Caſſiod. in hunc Pſ. unà cum Pſalt. Rom. & al. niſi quòd Pſalt. iſtud hab. *& nolite loqui ;* Mozar. *adversùs Dominum ;* ſing. *cornu*, non *cornum.* Aug. in eund. Pſ. *Nolite ergo efferri : ne loquamini adversùs Deum iniquitatem ;* inf. *nolite loqui :* crediderim lubens hunc ℣. quaſi exponendo retuliſſe Auguſtinum. Vide ſis ibid. col. 787. g. 788. e. Gr. Μὴ ἐπαίρετε εἰς ὕψος τὸ κέρας ὑμῶν· μὴ λαλεῖτε, &c. Ald. & Compl. καὶ μή.

℣. 7. Itidem Auguſt. in hunc Pſ. Caſſiod. autem cum Vulgata concinit, ſicut Pſalt. Rom. In Gr. Ὅτι οὔτε ἀπὸ ἐξόδων..... οὔτε ἀπὸ ἐρήμων ὀρέων.

℣. 8. Accinunt Auguſt. & Caſſiod. in hunc Pſ. unà cum Pſalt. Rom. & Gr.

℣. 9. Eadem refert Gaud. Brix. ſerm. 19. p. 975. e. & f. præter unum *exinanita.* Ita etiam ap. Auguſt. in hunc Pſ. his inſuper exceptis, *quia calix*, & *ex hoc in hunc.* In Pſalt. Rom. pariter, & apud Caſſiod. *quia calix..... plenus eſt miſto*, & *exinanita ;* ſed habetur ſup. *ex hoc in hoc ;* & inf. *bibent ex eo omnes*, &c. In Corb. & apud Ambroſ. in Pſ. 37. & 118. to. 1. col. 822. b. 1233. b. *Quia calix in ma. Domini vini meri plenus eſt miſto. Et inclin. ex hoc in hoc : verum..... exinanita.* In Brev. Moz. *plenum eſt*

VERSIO ANTIQUA.	HEBR.	VULGATA HOD.
Ex Mſ. Sangerm. 10. Ego autem in Domino gaudebo : pſalmum dicam Deo Jacob.	*Ego autem annuntiabo in ſempiternum : cantabo Deo Jacob.*	10. Ego autem annuntiabo in ſæculum : cantabo Deo Jacob.
11. Et omnia cornua peccatorum confringam : & exaltabuntur cornua juſti.	*Et omnia cornua impiorum confringam : exaltabuntur cornua juſti.*	11. Et omnia cornua peccatorum confringam : & exaltabuntur cornua juſti.

NOTÆ AD VERSIONEM ANTIQUAM.

miſto. Et inclinavit ex hoc in illud. Apud Hieron., in cap. 2. Oſe. to. 3. *Et inclinavit ex hoc in illum.* In Gr..... οἴνυ ἀκράτυ πλῆρες κεράσματος. Καὶ ἔκλινεν ἐκ τύτυ εἰς τῦτο· πλὴν..... ὑκ ἐξεκενώθη· πίονται πάντες, &c.

℣. 10. Pſalt. Rom. Corb. Mediol. & Moz. cum Caſſiod. *Ego autem in ſæcula gaudebo : cantabo Deo Jacob.* Auguſt. in hunc Pſ. *Ego autem in ſæculum gaudebo : pſallam Deo Jacob.* Gr. Ἐγὼ δὲ ἀγαλλιάσομαι εἰς τὸν αἰῶνα· ψαλῶ, &c. V. edit. Ἐγὼ δὲ ἀπαγγελῶ, &c.

℣. 11. Conſentiunt Auguſt. & Caſſiod. unà cum Pſalt. Rom. & Gr.

VERSIO ANTIQUA.	HEBR.	VULGATA HOD.
Ex Mſ. Sangerm. 1. In finem, in Hymnis, Pſalmus Aſaph, Canticum pro Aſſyrio. LXXV.	*Victori in Pſalteriis Pſalmus Aſaph Cantici. LXXVI.*	1. In finem, in Laudibus, Pſalmus Aſaph, Canticum ad Aſſyrios. LXXV.
2. Notus in Judæa Deus : in Iſraël magnum nomen ejus.	*Cognoſcitur in Judæa Deus : in Iſraël magnum nomen ejus.*	2. Notus in Judæa Deus : in Iſraël magnum nomen ejus.
3. Et factus in pace locus ejus : & habitatio ejus in Sion.	*Et erit in Salem tabernaculum ejus, & habitatio ejus in Sion.*	3. Et factus eſt in pace locus ejus : & habitatio ejus in Sion.
4. Illic contribit cornua arcuum, ſcutum, & frameam, & bellum. DIAPSALMA.	*Ibi confregit volatilia arcûs, ſcutum, & gladium, & bellum. SEMPER.*	4. Ibi confregit potentias arcuum, ſcutum, gladium, & bellum.
5. Illuminans tu mirificè à montibus æternis : 6. conturbati ſunt omnes inſipientes corde.	*Lumen tu es magnificè à montibus captivitatis : ſpoliati ſunt ſuperbi corde :*	5. Illuminans tu mirabiliter à montibus æternis : 6. turbati ſunt omnes inſipientes corde.
Dormierunt ſomnum ſuum : nec invenerunt quicquam omnes viri divitiarum in manibus ſuis.	*Dormitaverunt ſomnum ſuum : & non invenerunt omnes viri exercitûs manus ſuas.*	Dormierunt ſomnum ſuum : & nihil invenerunt omnes viri divitiarum in manibus ſuis.
7. Ab increpatione tua Deus Jacob, dormierunt qui aſcendebant equos.	*Ab increpatione tua Deus Jacob, conſopitus eſt currus, & equus.*	7. Ab increpatione tua Deus Jacob, dormitaverunt qui aſcenderunt equos.
8. Tu terribilis es, & quis reſiſtet tibi tunc ab ira tua?	*Tu terribilis es, & quis ſtabit adversùm te? ex tunc ira tua.*	8. Tu terribilis es, & quis reſiſtet tibi? ex tunc ira tua.

NOTÆ AD VERSIONEM ANTIQUAM.

℣. 1. Itidem in Pſalt. Corb. excepta voce *Laudibus*, pro *Hymnis*. Rom. hab. *In finem, in Laudibus, Aſaph Canticum.* Mozarab. *In finem, in Laudem, Pſalmus Aſaph.* Ambroſ. l. de Nab. c. 14. to. 1. 583. a. ait *David in Pſalmo lxxv. hymnum Deo* concinuiſſe *ad Aſſyrium ſcriptum* : & in Luc. 12. col. 1447. c. *Pro Aſſyrio Pſalmus inſcribitur ſeptuageſimus quintus.* Apud Aug. in Pſ. titulus non legitur. Ap. Caſſiod. ut in Vulg. In Gr. ut in textu, niſi excipiantur iſta, τῷ Ἀσάφ, Ὠδὴ πρὸς τὸν Ἀσσύριον· at hoc ult. πρὸς τὸν Ἀσσύριον, abeſt à Pſalteriis Lat. idque Theodoretus ſe non inveniſſe teſtatur in Hexapl. ſed in quibuſdam tantùm exemplaribus.

℣. 2. Sic hab. Ambroſ. l. de Nab. c. 14. to. 1. 583. b. addito uno *&*, poſt *Deus* : at infra delet. Vide to. 1. col. 1119. e. 1479. d. 1507. e. & to. 2. col. 191. a. 280. d. 620. e. 698. c. Accinunt Iren. l. 3. & 4. p. 184. a. 273. a. Aug. & Caſſiod. in hunc Pſ. cum Pſalt. Rom. & Gr.

℣. 3. Concinit Hilar. in Pſ. 67. 127. & 147. col. 198. a. 429. d. & 582. d. Item Ambroſ. l. de Nab. c. 14. col. 583. c. & in Pſ. 118. col. 1163. e. & epiſt. 20. col. 857. e. addito uno *eſt*, ad verbum *factus*. Sic etiam apud Auguſt. & Caſſiod. in hunc Pſ. & ap. Chromat. Aquil. in Matth. p. 979. d. necnon Optat. l. 2. cont. Donat. p. 31. b. Apud Irenæum ubi ſup. ſic : *Et factus eſt in pace..... & habitaculum ejus in Sion* : in Gr. τὸ κατοικητήριον. Ap. Hieron. in Jer. 17. & 25. to. 3. 613. b. 652. f. *Factus eſt in pace, ſive in Salem, locus ejus : & habitatio*, &c.

℣. 4. Ambroſ. epiſt. 20. to. 2. 857. e. *Ibi confregit cornua arcuum, ſcutum, glad. & bellum.* Sic etiam Caſſiod. in hunc Pſ. cum Pſalt. Corb. Carnut. & Rom. Martian. In Rom. Fabri, & Moz. *cornua, arcum, ſcutum*, &c. in Mediolan. *poteſtates, arcum, ſcutum*, &c. Apud Auguſt. in eund. Pſ. *Ibi confregit fortitudines arcuum, & ſcutum, & gladium, & bellum.* In Gr. Ἐκεῖ συνέτριψε τὰ κράτη τῶν τόξων, ὅπλον, καὶ ῥομφαίαν, καὶ πόλεμον. *Diapſalma* quoque ſubjungitur in Pſalt. Corb. Rom. ac ed. Rom. LXX. Abeſt autem ab Ald. & Compl. nec legitur ap. Auguſt. & Caſſiod. At Hieron. epiſt. ad Marcell. to. 2. 708. b. ait ex Orig. *Rurſum in Pſ. lxxv..... invenimus apud LXX. & Theodot. poſt ſcutum, frameam, & bellum, Diapſalma.*

℣. 5. Hilar. in Pſ. 118. col. 290. b. *Illuminans tu mirabiliter de montibus ſanctis.* Ambroſ. in Pſ. 118. to. 1. 1036. a. cum Vulg. *Illuminans tu mirabiliter à montib. æternis.* Ita quoque leg. Caſſiod. in hunc Pſ. cum Pſalt. Rom. In Moz. verò ſic : *Illuminans tu mirabilis*, &c. In Corb. *Inluminas tu mirabiles à montibus æt.* Ap. Auguſt. in eund. Pſ. *Illuminans tu admirabiliter à mont. æternis.* S. Paulinus epiſt. 12. p. 60. c. ait : *Qui nos illuminas à mont. æternis.* Gr. Φωτίζεις σὺ θαυμαστῶς ἀπὸ ὀρέων αἰωνίων.

℣. 6. Pſalt. Rom. nil differt a Vulgata ; nec etiam Ambroſ. l. de bened. Patr. c. 7. to. 1. 523. d. niſi quòd hab. *obdormierunt* : at l. de Nab. c. 6. p. 572. e. leg. *dormierunt*, &c. vide etiam infra col. 583. f. 669. f. Auguſt. in hunc Pſ. legit *conturbati ſunt*, &c. ut in Vulg. Nicetius ep. Spicil. to. 3. p. 4. a. *Dormierunt ſomnum : & nihil invenerunt.* Pſalt. Corb. *Dormierunt ſomnium ſuum*, &c. Hieron. ep. ad Sun. & Fret. to. 2. 647. b. ad hæc, *omnes viri divitiarum manibus ſuis*, addit, *& non ut vos neſcio à quo depravatum legitis*, in manibus ſuis. In Gr. Ἐταράχθησαν..... ὕπνωσαν ὕπνον αὐτῶν· καὶ οὐχ εὗρον οὐδὲν πάντες οἱ ἄνδρες τοῦ πλούτου ταῖς χερσὶν αὐτῶν.

℣. 7. Ambroſ. l. de bened. Patr. c. 7. 523. d. leg. cum Vulg. *dormitaverunt qui aſcenderunt equos* : ſimiliter l. de Elia & jejun. c. 5. col. 539. c. & in Pſ. 118. col. 1017. e. cum Pſalt. Rom. Auguſt. in hunc Pſ. *dormitaverunt omnes qui aſcenderunt equos* : at infra delet *omnes*, cum Caſſiod. in eund. Pſ. & Gr.

℣. 8. Ita legunt Auguſt. & Caſſiod. in hunc Pſ. cum Pſalt. Carnut. Corb. & Moz. in Corb. tamen *qui*, pro *quis*. In Mediolan. *quis reſiſtet tibi contra faciem tuam?* Rom. Martian. add. *ex tunc ab ira tua.* Gr. τίς ἀντιστήσεταί σοι ἀπὸ τῆς ὀργῆς σου; Ald. & Compl. ἀπὸ τότε ἡ ὀργή σου.

VULGATA HOD.	HEBR.	VERSIO ANTIQUA.
9. De cœlo auditum fecisti judicium : terra tremuit & quievit.	*De cælo annuntiabis judicium : terra timens & tacebit.*	9. De cœlo jactasti judicium : terra timuit & requievit. *Ex Ms. Sangerm.*
10. Cùm exsurgeret in judicium Deus, ut salvos faceret omnes mansuetos terræ.	*Cùm surrexerit ad judicium Deus, ut salvos faciat omnes mites terræ.* SEMPER.	10. Dum exsurget in judicio Deus, ut salvet omnes mansuetos terræ.
11. Quoniam cogitatio hominis confitebitur tibi : & reliquiæ cogitationis diem festum agent tibi.	*Quia ira hominis confitebitur tibi : reliquiis irarum accingêris.*	11. Quoniam cogitatus hominis confitebitur tibi : reliquum cogitatûs diem festum frequentabunt tibi.
12. Vovete, & reddite Domino Deo vestro, omnes qui in circuitu ejus affertis munera,	*Vovete, & reddite Domino Deo vestro : omnes qui in circuitu ejus sunt, offerent dona*	12. Vovete, & reddite Domino Deo vestro : omnes qui in circuitu ejus, adferent munera
Terribili 13. & ei qui aufert spiritum principum, terribili apud reges terræ.	*Terribili, auferenti spiritum ducum ; terribili regibus terræ.*	Terribili 13. & ei auferenti spiritum principum, terribilis præ reges terræ.

NOTÆ AD VERSIONEM ANTIQUAM.

℣. 9. Psalt. Rom. *De cælo judicium jaculatum est : terra tremuit & quievit.* Carnut. & Corb. *jaculatus es ;* Mozarab. *jaculasti.* Ambros. in Ps. 43. to. 1. p. 896. f. *De cælo jaculatus es judicium : terra tremuit & quievit :* sic etiam l. 1. Hexa. col. 14. f. & l. de Nab. c. 15. to. 1. 585. b. nisi quòd 1. loco hab. *jaculatus est.* August. in hunc Ps. *jaculatus es jud.* &c. Cassiod. *judicium jaculatus est*, &c. Ms. 2. *jaculatum.* Gr. Ἐκ τοῦ οὐρανοῦ ἠκόντισας κρίσιν· γῆ ἐφοβήθη καὶ ἡσύχασεν· al. Mss. ἠκόντισας κρίσιν· Symmach. ἀκουστὴν ποιήσεις.

℣. 10. Psalt. Rom. *Dum exsurgeret in judicio Deus, ut salvos faceret omnes quietos terræ.* Sic etiam in Mozarab. & apud Cassiod. excepto uno *cùm*, pro *dum.* Mediol. etiam Corb. & Carnut. extremò hab. *quietos terræ.* August. verò in hunc Ps. *mites corde ;* cæt. ut in Vulg. Gr. Ἐν τῷ ἀναστῆναι εἰς κρίσιν..... τοῦ σῶσαι πάντας τοὺς πραεῖς τῇ καρδίᾳ· (Ald. & Compl. πραεῖς τῆς γῆς·) tum sequitur Διάψαλμα, sicut in Psalt. Rom. & Corb. Et verò Hieron. ep. ad Marcell. to. 2. 708. b. testatur post Origenem, hoc in *Psalmo post illum locum, Ut salvos faciat mites terræ*, esse *Diapsalma.*

℣. 11. Psalt. Rom. cum Cassiod. *Quia cogitatio hominis..... & reliquiæ cogitationum diem fest. agent tibi.* Aug. in hunc Ps. *Quoniam cogitatio hominis..... & reliquiæ cogitationis solemnia celebrabunt tibi.* Gr. Ὅτι ἐνθύμιον ἀνθρώπου..... καὶ ἐγκατάλειμμα ἐνθυμίου ἑορτάσει σοι.

℣. 12. Sic in Psalt. Rom. & ap. Cassiod. excepto uno *offertis*, pro *adferent.* In Mediolan. & ap. Aug. in eund. Ps. *omnes qui in circ. ejus sunt, afferent ;* in Carnut. & Corb. *offerunt.* In Mozarab. *omnes qui in circ. ejus sunt, offerunt dona terribili.* Apud Ambros. l. de Nab. c. 16. to. 1. 585. d. & 586. c. *Orate, & reddite Dom. Deo vestro, omnes qui in circuitu ejus adfertis munera :* at. l. de exhort. virg. to. 2. 291. d. *Vovete, & reddite*, &c. In Gr. Εὔξασθε, καὶ ἀπόδοτε Κυρίῳ τῷ Θεῷ ἡμῶν (Compl. ὑμῶν·) πάντες οἱ κύκλῳ αὐτοῦ, οἴσουσι δῶρα τῷ φοβερῷ.

℣. 13. Vulgatæ suffragatur Ambros. l. de Nab. c. 16. to. 1. 586. d. sicut etiam August. & Cassiod. in hunc Ps. cum Psalt. Rom. In Mozarab. verò sic : *qui aufert spiritum principum, terribilis & metuendo regibus terræ.* In Corb. *& qui auferet spiritum*, &c. ut in Vulg. Apud Hieron. epist. ad Sun. & Fret. to. 2. col. 647. b. *& ei qui aufert spiritum principum ;* tum sequitur : *Dicitis quòd ei non sit scriptum in Græco : verum est : sed nisi apposuerimus ei, Latinus sermo non resonat : neque enim possumus dicere :* Terribili & qui aufert spiritum, &c. In ed. Rom. καὶ ἀφαιρουμένῳ πνεύματα ἀρχόντων, φοβερῷ παρὰ τοῖς, &c. nonnulli Mss. August. uno tantùm loco hab. sup. *spiritus principum*, ut in Gr.

VULGATA HOD.	HEBR.	VERSIO ANTIQUA.
1. In finem, pro Idithun, Psalmus Asaph. LXXVI.	*Victori super Idithun Psalmus Asaph. LXXVII.*	1. In finem, pro Idithum, huic Asaph Psalmus. LXXVI. *Ex Ms. Sangerm.*
2. Voce mea ad Dominum clamavi : voce mea ad Deum, & intendit mihi.	*Voce mea ad Deum, & clamavi : voce mea ad Deum, & exaudivit me.*	2. Voce mea ad Dominum clamavi : & vox mea ad Dominum, & intendit mihi.
3. In die tribulationis meæ Deum exquisivi, manibus meis nocte contra eum : & non sum deceptus.	*In die tribulationis meæ Dominum requisivi : manus mea nocte extenditur, & non quiescit.*	3. In die tribulationis meæ Deum exquisivi, manibus meis nocte contra te : & non sum deceptus.
Renuit consolari anima mea, 4. memor fui Dei, & delectatus sum, & exercitatus sum : & defecit spiritus meus.	*Noluit consolari anima mea : recordans Dei conturbabar, loquebar in memetipso : & deficiebat spiritus meus.* SEMPER.	Recusabit consolari anima mea, 4. memoratus sum Dei, & lætatus sum : alienatus sum, & defecit spiritus meus. DIAPSALMA.

NOTÆ AD VERSIONEM ANTIQUAM.

℣. 1. Itidem in Psalt. Corb. deleto uno *huic.* Ap. August. ita : *In finem, pro Idithun, Psalmus ipsi Asaph.* Sic etiam in Græco. Cassiod. cum Psalt. Rom. & Moz. delet *ipsi.*

℣. 2. Ambros. in Ps. 40. to. 1. 884. c. cum Psalt. Rom. & Corb. *Voce mea ad Dom. clamavi : & vox mea ad Deum, & intendit mihi :* at in Ps. 43. col. 886. e. *& vox mea ad Deum, & respexit me.* Similiter in Psalt. Carnut. *& vox mea ad Deum.* In Mediolan. & apud Cassiod. *vox mea*, absque præced. *&.* August. in hunc Ps. legit : *Voce mea ad Dominum* (aliq. Mss. *ad Deum*) *clamavi : & vox mea ad Deum* (inf. *ad Dominum*,) *& adtendit mihi.* Gr. Φωνῇ μου πρὸς Κύριον (Symm. cum ed. v. & vi. τὸν Θεὸν) ἐκέκραξα· καὶ ἡ φωνή μου (Ald. & Compl. φωνῇ) πρὸς τὸν Θεὸν, καὶ προσέσχε μοι.

℣. 3. Sic in Psalt. Rom. est, præter seqq. *coram eo*, pro *contra te ;* & in fine, *Negavi consolari animam meam.* Similiter apud Cassiod. in hunc Ps. August. verò cum Psalt. Mediolan. & Moz. leg. *nocte coram eo* (al. *ipso*)...... *Negavit consolari anima mea.* Corb..... *Dominum exquisivi, manib. meis contra eum semper*..... *Negavit consolari anima mea.* Carnut. *nocte contra eum semper*..... *Negavi consolari animam meam.* Nicetius Spicil. to. 3. p. 4. b. *nocte coram eo ;* August. epist. 130. to. 2. 391. e. necnon Ambros. l. de fuga sæc. c. 8. col. 435. e. *ad te confugi, & non sum deceptus.* Gr..... νυκτὸς ἐναντίον αὐτοῦ· καὶ οὐκ ἠπατήθην. Ἀπηνήνατο παρακληθῆναι ἡ ψυχή μου.

℣. 4. Aug. in hunc Ps. *memor fui Dei, & delect. sum : garrivi, & defecit spir. meus.* Cassiod. cum Psalt. Rom. *memor fui Dei, & delectatus sum : exercitatus sum, & defecit paulisper spir. meus.* Item in Mediolan. Corb. & Carnut. *defecit paulisper.* In Gr. ἐμνήσθην τοῦ Θεοῦ, καὶ εὐφράν-

Ex Ms. Sangerm.

VERSIO ANTIQUA.	HEBR.	VULGATA HOD.
5. Præoccupaverunt custodias omnes inimici mei: conturbatus sum, & non sum locutus.	*Prohibebam suspectum oculorum meorum: stupebam, & non loquebar.*	5. Anticipaverunt vigilias oculi mei: turbatus sum, & non sum locutus.
6. Recordatus sum dies antiquos: & annos æternos memoratus sum.	*Recogitabam dies antiquos; annos sæculorum.*	6. Cogitavi dies antiquos: & annos æternos in mente habui.
7. Et meditatus sum nocte cum corde meo: cogitabam, & ventilabam spiritum meum.	*Recordabar psalmorum meorum in nocte: cum corde meo loquebar, & scrutabar spiritum meum.*	7. Et meditatus sum nocte cum corde meo, & exercitabar, & scopebam spiritum meum.
8. Et dixi: Nunquid in æternum repellit Deus: & non apponet benefacere adhuc?	*Ergone in æternum projiciet Dominus, & non repropitiabitur ultra?*	8. Nunquid in æternum projiciet Deus: aut non apponet ut complacitior sit adhuc?
9. Aut in finem misericordiam suam amputavit, à sæculo & generatione usque in sæculum?	*Ergone complevit usque in finem misericordiam suam: consummabitur verbum de generatione & generatione?*	9. Aut in finem misericordiam suam abscindet, à generatione in generationem?
10. Nunquid obliviscetur misereri Deus? aut continebit in ira sua misericordias suas? DIAPSALMA.	*Nunquid oblitus est misereri Deus: aut complebit in furore misericordias suas?* SEMPER.	10. Aut obliviscetur misereri Deus? aut continebit in ira sua misericordias suas?
11. Et dixi: Nunc cœpi: hæc immutatio dexteræ Altissimi.	*Et dixi: Imbecillitas mea est: hæc commutatio dexteræ Excelsi.*	11. Et dixi: Nunc cœpi: hæc mutatio dexteræ Excelsi.
12. Memoratus sum operum Domini: quia memor ero à principio mirabilium tuorum.	*Recordabor cogitationum Domini, reminiscens antiqua mirabilia tua.*	12. Memor fui operum Domini: quia memor ero ab initio mirabilium tuorum.
13. Et meditabor in omnibus operibus tuis: & in obsecrationibus tuis exercebor.	*Et meditabor in omni opere tuo, & adinventiones tuas loquar.*	13. Et meditabor in omnibus operibus tuis: & in adinventionibus tuis exercebor.
14. Deus in sancto via tua: quis Deus magnus præter Deum nostrum? 15. tu es Deus qui facis mirabilia solus.	*Deus in sancto via tua: quis Deus magnus ut Deus? tu es Deus faciens mirabilia,*	14. Deus in sancto via tua: quis Deus magnus sicut Deus noster? 15. tu es Deus qui facis mirabilia.

NOTÆ AD VERSIONEM ANTIQUAM.

θην ἠδολέσχησα, καὶ ὠλιγοψύχησε τὸ, &c. *Diapsalma* quoque ibidem subnectitur sicut in Psalt. Rom. & Corb.

℣. 5. August. in hunc Ps. *Anticipaverunt vigilias omnes inimici mei: conturbatus sum*, &c. ut sup. Cassiod. cum Psalt. Rom. Vulgatæ congruit. Mozarab. hab. *Præoccupaverunt vigilias omnes inimici mei.* Itidem in Carnut. & Corb. præter verbum *anticipaverunt.* In Gr. Προκατελάβοντο φυλακὰς πάντες οἱ ἐχθροί μου· ἐταράχθην, &c. Ald. & Compl. loco πάντες οἱ ἐχθροί, ferunt, οἱ ὀφθαλμοί, &c.

℣. 6. Vulgatæ suffragatur Cassiod. in hunc Ps. cum Psalt. Rom. Hieron. verò l. 2. in epist. ad Gal. to. 4. 271. a. leg. *Memoratus sum dies antiquos: & ... in mente habui.* August. in hunc Ps. *Cogitavi dies antiquos: & annorum æternorum memor fui.* Græc. Διελογισάμην ἡμέρας ἀρχαίας· καὶ ἔτη αἰώνια ἐμνήσθην.

℣. 7. Similiter in Psalt. Carn. & Moz. excepto uno *exercitabar*, pro *cogitabam.* Sic etiam in Rom. & ap. Cassiod. præter hoc, *ventilabam in me.* In Corb. & Mediol. *ventilabam spir.* &c. ut sup. Ap. August. in hunc Ps. *garriebam, & scrutabar spir.* &c. inf. *perscrutabar.* Ap. Vigil. Taps. l. cont. Varim. p. 742. h. *exercitabam, & perscrutabar*, &c. Hieron. ep. ad Sun. & Fret. to. 2. p. 647. c. leg. *& exercitabar, & scopebam*, &c. tum addit: *Pro exercitatione*, ἀδολεσχίαν, *id est*, decantationem *quandam & meditationem LXX. transtulerunt: & pro eo quod nos diximus* scopebam, *illi posuerunt* ἔσκαλλον, *quod Symmachus transtulit* ἀνηρεύνων, *id est*, perscrutabam, *sive* quærebam... *propriè autem* σκαλισμός *in agricultura dicitur in sarriendo, id est, sarculando..... & sciendum quod* ἔσκαλλον *non semel, sed frequenter significat.*

℣. 8. Psalt. Rom. & Carnut. *Et dixi: Nunquid* (Carnut. *Non in*) &c. ut in Vulg. Corb. *Et dixi: Non in æternum projiciet Deus: & non adponit ut beneplacitum sit adhuc.* Mozarab. *Et dixit: Nunquid in æt. repellet Deus: aut non apponet benefacere adhuc?* Mediolan. *ut non beneplacitum sit adhuc?* Ambros. l. de pœnit. to. 2. 395. e. sic: *Non in æternum projiciet Deus.* August. in hunc Ps. omittit pariter cum Gr. *Et dixi;* sed addit: *Non in æternum repellet Deus: & non apponet ultra ut beneplaceat ei adhuc.* Cassiod. autem in eund. Ps. *Et dixi: Nunquid in æternum projiciet Deus: aut non app. ut beneplacitum sit ei adhuc?* In Gr. Μὴ εἰς τοὺς αἰῶνας ἀπώσεται Κύριος· καὶ οὐ προσθήσει τοῦ εὐδοκῆσαι ἔτι;

℣. 9. Psalt. Rom. Fabri cum Moz. *Aut in finem misericordiam suam abscidet, à sæculo & in generatione?* Carnut. Corb. & Rom. Martian. cum Cassiod. *abscidet, à sæculo & generatione?* Mediolan. *abscindet, & complebit verbum à generatione in generationem?* Ambr. l. 1. de pœnit. 395. c. *Nec in finem mis. suam abscidet, à generatione in generationem.* Similiter Hieron. epist. ad Sun. & Fret. to. 2. 647. c. *à generatione in generationem;* deinde ait: *Hoc quod in Græco sequens invenisse vos dicitis*, consummavit verbum, *rectè non habet in Latino; quia & in nullo habetur Interpretum.* August. in hunc Ps. *Aut in finem misericordiam abscidet*, &c. ut in Vulg. In ed. quoque Rom. Ἢ εἰς τέλος ἀποκόψει τὸ ἔλεος, ἀπὸ γενεᾶς καὶ γενεᾶς; Ald. & Compl. ἔλεος αὐτοῦ ἀποκόψει.

℣. 10. Ambros. l. de pœnit. p. 395. e. *Aut obliviscetur misereri Deus?* Similiter Aug. in hunc Ps. sed addit: *aut continebit in ira miserationes suas?* Cassiod. in eund. Psalm. cum Psalt. Rom. *Nunquid obliviscetur miser. Deus? aut continebit in ira misericordiam suam?* Psalt. Moz. pariter hab. *in ira*, absque *sua.* Corb. verò: *Nunquid oblevisc... in iram suam misericordias suas?* Gr. Ἢ ἐπιλήσεται τοῦ οἰκτειρῆσαι ὁ Θεός; ἢ συνέξει ἐν τῇ ὀργῇ αὐτοῦ τοὺς οἰκτιρμοὺς αὐτοῦ; sequitur ibid. Διάψαλμα, sicut in Psalt. Rom. & Corb.

℣. 11. Aug. in hunc Ps. cum Psalt. Rom. *hæc est immutatio dext. Excelsi.* Cassiod. ut in Vulg. Psalt. Corb. hab. *nunc cœpit*, &c. Auct. op. imp. in Matth. hom. 1. p. 11. b. *hæc commutatio, dextera Excelsi.* Gr. αὕτη ἡ ἀλλοίωσις τῆς..... Ὑψίστου.

℣. 12. Psalt. Moz. similiter hab. *à principio:* Rom. verò concordat cum Vulg. & Gr. sicut Aug. & Cassiod. in hunc Ps.

℣. 13. Psalt. Moz. Mediol. Corb. & Carnut. cum Cassiod. *Et meditabor..... & in observationibus tuis exercebor.* Rom. *Et meditatus sum..... & in observationibus exercebor.* In Corb. prima manu scriptum videtur *obsecrationibus*, aliâ verò paulò recentiori correctum *observationibus.* August. in eund. Ps. legit: *Et meditabor..... & in affectionibus tuis garriam.* Gr. Καὶ μελετήσω..... καὶ ἐν τοῖς ἐπιτηδεύμασί σου ἀδολεσχήσω.

℣. 14. August. & Cassiod. in hunc Ps. non differunt à Vulg. nec etiam Rom. Psalt. neque Gr. In Psalt. Corb. *quis Deus est magnus*, &c.

℣. 15. Sic in Psalt. Corb. ad verbum. In Rom. pariter additur *solus*, ut in Mozarab. & Mediolan. deest verò inf. *tuis.* Similiter apud Aug. & Cassiod. in hunc Ps. A Gr. abest utraque vox *solus* & *tuis.*

VULGATA HOD.	HEBR.	VERSIO ANTIQUA.
Notam fecisti in populis virtutem tuam: 16. redemisti in brachio tuo populum tuum, filios Jacob, & Joseph.	*Ostendens in populis potentiam tuam: redemisti in brachio populum tuum, filios Jacob, & Joseph. SEMPER.*	Notam fecisti in populis tuis virtutem tuam: 16. liberasti in brachio tuo populum tuum, filios Israël, & Joseph. (Ex Ms. Sangerm.)
17. Viderunt te aquæ Deus, viderunt te aquæ: & timuerunt, & turbatæ sunt abyssi.	*Videntes te aqua Deus, videntes te aqua parturierunt: & commota sunt abyssi.*	17. Viderunt te aquæ Deus, viderunt te aquæ: & timuerunt, & conturbati sunt abyssi.
18. Multitudo sonitus aquarum: vocem dederunt nubes.	*Excusserunt aquas nubila: vocem dederunt nubes:*	18. Multitudo sonitus aquarum: vocem dederunt nubes.
Etenim sagittæ tuæ transeunt: 19. vox tonitrui tui in rota.	*Et sagitta tua discurrebant: vox tonitrui tui in rota.*	Etenim sagittæ tuæ pertransierunt: 19. vox tonitrui in rota.
Illuxerunt coruscationes tuæ orbi terræ: commota est & contremuit terra.	*Apparuerunt fulgura tua orbi: concussa & commota est terra.*	Inluxerunt fulgura tua orbi terræ: commota est & tremefacta est terra.
20. In mari via tua, & semitæ tuæ in aquis multis: & vestigia tua non cognoscentur.	*In mari via tua, & semita tua in aquis multis: & vestigia tua non sunt agnita.*	20. In mari via tua, & semitæ tuæ in aquis multis: & vestigia tua non agnoscentur.
(Exod. 14. 29.) 21. Deduxisti sicut oves populum tuum, in manu Moysi & Aaron.	*Deduxisti quasi gregem populum tuum, in manu Mosi & Aaron.*	21. Deduxisti sicut oves populum tuum, in manu Moysi & Aaron sacerdotum tuorum.

NOTÆ AD VERSIONEM ANTIQUAM.

℣. 16. Sic est in Psalt. Moz. & Rom. ut etiam apud Cassiod. in hunc Ps. In Psalt. Corb. *liberasti..... filios Jacob, & Joseph.* Apud August. *redemisti..... filios Israel, & Joseph.* In Gr. ἐλυτρώσω..... τὺς υἱὺς Ἰακὼβ, καὶ Ἰωσήφ. Hic autem additur Διάψαλμα, sicut in Psalt. Rom. & Corb. abest autem ab edd. Ald. & Compl.

℣. 17. Ita legit August. in hunc Ps. cum Cassiod. Ita etiam Ambros. in Ps. 45. to. 1. 930. b. at in Psalm. 36. col. 787. d. hab. *turbata sunt*, absque præced. *&*, quod etiam abest ab edd. Ald. & Compl. August. paulò infra constanter legit, *& turbata sunt.* Vide etiam Ambr. l. 3. Hexa. col. 33. c. & l. de virginit. to. 2. 243. f. Hilarius in Ps. 123. col. 399. e. *Viderunt te aquæ Deus, viderunt, & timuerunt.* Psalt. Rom. Vulgatæ consonat & Gr. Concinit pariter Corb. nisi quòd delet 2. *aqua.* In Mozarab. sic: *Viderunt te aquæ Deus, Deus viderunt te aquæ: & timuerunt, turbati sunt abyssi.*

℣. 18. Ita ferunt Psalt. Rom. Carnut. & Moz. quibus accedunt August. & Cassiod. in hunc Ps. Apud Ambr. in Ps. 36. & 45. col. 787. d. 930. b. prior tantùm versic. est: *Multitudo sonitus aquarum.* Psalt. verò Mediolan. initio hab.. *A multitudine sonitus*, &c. & in fine, *transierunt*; Corb. *pertransierunt.* Gr. Πλῆθος ἤχυς, &c. extremòque διαπορεύονται.

℣. 19. Ambros. l. de instit. virg. to. 2. p. 252. d. *fiat vox tonitrui tui in rota.* August. in hunc Ps. *vox tonitrui tui in rota. Apparuerunt fulgura tua orbi terrarum: commota est & contremebunda facta est terra.* Apud Cassiod. ut in Vulg. Ita quoque in Psalt. Rom. præter hæc ultima, *vidit, & commota est terra.* In Mozarab. *Inluxerunt fulgura tua orbi terræ: vidit, & commota est terra.* In Gr..... Ἔφαναν αἱ ἀστραπαί σου τῇ οἰκουμένῃ· ἐσαλεύθη καὶ ἔντρομος ἐγενήθη ἡ γῆ.

℣. 20. Psalt. Moz. *Domine, in mare via tua*, &c. ut in Vulg. August. & Auct. l. de promiss. p. 3. col. 176. *In mari est via tua*, &c. Cassiod. *In mari via tua*, &c. Gr. Ἐν τῇ θαλάσσῃ ἡ ὁδός σου· Ald. & Compl. αἱ ὁδοί.

℣. 21. Apud August. in hunc Ps. *Deduxisti sicut oves plebem tuam*, &c. ut in Vulg. Ap. Cassiod. & in Psalt. Rom. *populum tuum*: nuspiam additur, *sacerdotum tuorum.*

VULGATA HOD.	HEBR.	VERSIO ANTIQUA.
1. Intellectus Asaph. LXXVII.	*Eruditionis Asaph. LXXVIII.*	1. Intellectûs Asaph. LXXVII. (Ex Ms. Sangerm.)
ATtendite popule meus legem meam: inclinate aurem vestram in verba oris mei.	*AUscultа populus meus legem meam: inclinate aurem vestram ad verba oris mei.*	* INtende popule meus in legem meam: inclinate aures vestras in verba oris mei.
2. Aperiam in parabolis os meum: loquar propositiones ab initio.	*Aperiam in parabola os meum: loquar ænigmata antiqua:*	2. Aperiam in parabolis os meum: & loquar propositionem meam ab initio sæculi.
3. Quanta audivimus & cognovimus ea: & patres nostri narraverunt nobis.	*Quæ audivimus & cognovimus, & patres nostri narraverunt nobis.*	3. Quanta audivimus & cognovimus ea: & patres nostri narraverunt nobis.
4. Non sunt occultata à filiis eorum, in generatione altera.	*Non sunt abscondita à filiis eorum: à generatione sequenti.*	4. Non est absconsum à filiis eorum, in generationem

NOTÆ AD VERSIONEM ANTIQUAM.

℣. 1. Idem titulus habetur in Psalt. Rom. & Corb. necnon apud August. & Cassiod. in hunc Ps. In Gr. Συνέσεως τῷ Ἀσάφ.

* Psalt. Mozarab. *Attende populus meus in legem meam*, &c. ut in Vulg. Rom. & Corb. cum August. in hunc Ps. *Attendite populus meus legem*, &c. solus Corb. hab. in fine, *aurem vestram ad verba*, &c. Hilar. in Ps. 1. n. 3. col. 15. c. *Attendite popule meus in legem meam: inclinate aures vestras in*, &c. at in Ps. 136. col. 490. e. leg. *Attendite populus meus in legem meam: inclinate aurem vestram in*, &c. Cassiod. ut in Vulg. Græc. Προσέχετε λαός μου τὸν νόμον, &c. ut in Vulg.

℣. 2. Vulgatæ consonat Psalt. Rom. nisi quòd add. in fine, *sæculi*: additur pariter in Psalt. Carnut. & Corb. sed in Corb. exstat sup. *in parabola.* Tertul. l. 4. adv. Marc. 705. b. leg. *Aperiam in parabolam os meum*; & post pauca: *eloquar problemata.* Hilar. in Ps. 1. n. 3. col. 15. c. *Aperiam in parabolis os meum*: itidem in Ps. 118. col. 326. b. sed addit: *eructabo absconsa à constitutione mundi.* in Ps. autem 136. col. 490. e. *loquar propositiones ab initio.* Similiter Ambros. in Ps. 118. to. 1. 1150. b. & epist. 4. to. 2. 764. b. addita voce *sæculi*, in fine. Apud August. in hunc Ps. ut in Vulg. præter unum *eloquar.* Ap. Eucher. Lugdun. formul. præf. p. 824. c. *Aperiam in parabolis..... loquar in ænigmate antiqua.* In Gr. Ἀνοίξω ἐν..... φθέγξομαι προβλήματα ἀπ' ἀρχῆς.

℣. 3. Concinit Ambros. in Ps. 118. to. 1. 1158. a. sicut Aug. & Cassiod. in hunc Ps. unà cum Gr.

℣. 4. Psalt. Carnut. & Corb. similiter habent *in generationem alteram.* In Rom. verò omnia ut in Vulg. sicut apud Cassiod. Augustinus in eund. Ps. legit: *Non sunt abscondita à filiis eorum, in generat. altera. Annuntiantes laudes Domini, & potentias ejus, & mirabilia*, &c. Gr. Οὐκ ἐκρύβη..... εἰς γενεὰν ἑτέραν. Ἀπαγγέλλοντες τὰς..... καὶ τὰς δυνά-

Versio antiqua.	Hebr.	Vulgata hod.
In Ms. Sangerm. alteram.		
Narrantes laudes Domini, & virtutes illius, & mirabilia ejus quæ fecit.	*Narrantes laudes Domini, & potentiam ejus: & mirabilia ejus quæ fecit.*	Narrantes laudes Domini, & virtutes ejus, & mirabilia ejus quæ fecit.
5. Et suscitavit testimonium in Jacob: & legem posuit in Israël:	*Statuit contestationem in Jacob, & legem posuit in Israel:*	5. Et suscitavit testimonium in Jacob: & legem posuit in Israël.
Quam mandavit patribus nostris notam facere filiis eorum: 6. ut cognoscat progenies altera.	*Quæ mandavit patribus nostris, ut docerent filios suos: ut cognosceret generatio subsequens.*	Quanta mandavit patribus nostris nota facere ea filiis suis: 6. ut cognoscat generatio altera.
Filii qui nascentur, & exsurgent, & narrabunt filiis suis,	*Filii nascituri surgent, & narrabunt filiis suis:*	Filii qui nascentur, & exsurgent, & narrabunt filiis suis,
7. Ut ponant in Deo spem suam, & non obliviscantur operum Dei sui: & mandata ejus exquirant.	*Ut ponant in Deo spem suam: & non obliviscantur cogitationum Dei, & mandata ejus custodiant:*	7. Ut ponant in Deo spem suam, & non obliviscantur operum Dei: & mandata ejus exquirant.
8. Ne fiant sicut patres eorum, natio prava & exacerbans:	*Et non sint sicut patres eorum, generatio declinans & provocans:*	8. Ne fiant sicut patres eorum, generatio prava & exasperans:
Genus, quod non * direxit cor suum: & non est creditus cum Deo spiritus ejus. (* *Ms. corrupte dilexit.*)	*Generatio, quæ non præparavit cor suum, & non credidit Deo spiritus ejus.*	Generatio, quæ non direxit cor suum: & non est creditus cum Deo spiritus ejus.
9. Filii Ephrem intendentes arcum, & mittentes sagittas: aversi sunt in die belli.	*Filii Ephraim intendentes, emittentes arcum: terga verterunt in die belli.*	9. Filii Ephrem intendentes & mittentes arcum: conversi sunt in die belli.
10. Non servaverunt testamentum Dei: & in legem ejus noluerunt ambulare.	*Non custodierunt pactum Dei, & in lege ejus noluerunt ingredi.*	10. Non custodierunt testamentum Dei: & in lege ejus noluerunt ambulare.
11. Et obliti sunt beneficiorum ejus, & mirabilium ejus quæ ostendit eis.	*Et obliti sunt cogitationum ejus, & mirabilium ejus quæ ostendit eis.*	11. Et obliti sunt benefactorum ejus, & mirabilium ejus quæ ostendit eis.
12. In conspectum patrum eorum fecit mirabilia in terra Ægypti, & in campo Taneos.	*Coram patribus eorum fecit mirabilia: in terra Ægypti, in regione Taneos.*	12. Coram patribus eorum fecit mirabilia in terra Ægypti, in campo Taneos.
13. Disrupit mare, & trajecit eos: statuit aquas sicut in utrem.	*Divisit mare, & transduxit eos: & stare fecit aquas quasi acervum.*	13. Interrupit mare, & perduxit eos: & statuit aquas quasi in utre. (*Exod. 14. 21. 22.*)
14. Et deduxit eos in nube	*Et duxit eos in nube per diem,*	14. Et deduxit eos in nube diei:

Notæ ad Versionem antiquam.

ναςείας, &c. ut sup.

℣. 5. August. & Cassiod. in hunc Ps. cum Vulgata concinunt. Similiter Iren. l. 3. c. 16. p. 205. e. cum vet. Psalt. usque ad vocem *Israel* incl. Psalt. Rom. addit: *Quam mandavit patr. nostris, ut notam facerent eam filiis suis.* Corb. & Carnut. *Quam mandavit patribus nostris notam facere eam filiis eorum*, Carnut. *suis*. Mozar. *Et mandavit patr. nostris, ut notam faceret ea filiis suis.* Gr. Ὅσα ἐνετείλατο..... γνωρίσαι αὐτὰ τοῖς υἱοῖς αὐτῶν· Ald. & Compl. τοῦ γνωρίσαι αὐτά.

℣. 6. August. in hunc Ps. extremò hab. *& narrent filiis*; cæt. ut in Vulg. Cassiod. *& narrabunt*, &c. Itidem Hieron. ep. ad Sun. & Fret. to. 2. 650. a. *pro quo*, inquit, *in Græco est* ἀπαγγελοῦσι, *quod est* annuntiabunt. In Psalt. Rom. Fabri: *Filii qui nascuntur, exsurgent, & narrabunt eam filiis suis*; Rom. Martian. *nascentur*. Brev. Moz. delet *&*, ante *exsurgent*, habetque, *& narrabunt ea*. Ap. Iren. l. 3. c. 16. p. 205. e. sic: *ut cogn. gen. altera. Filii qui nascentur ex his, & ipsi exsurgentes, enarrabunt filiis suis.* In Gr. Υἱοὶ οἱ τεχθησόμενοι, καὶ ἀναστήσονται, καὶ ἀπαγγελοῦσιν αὐτά, &c.

℣. 7. Sic in Psalt. Rom. ad verbum. August. & Cassiod. in eund. Ps. delent *sui*, post *Dei*, cum Gr. Apud Iren. l. 3. c. 16. p. 205. e. ita: *Ut ponant in Deum spem suam, & præcepta ejus exquirant.* Gr. Ἵνα θῶνται ἐπὶ τὸν Θεὸν, &c.

℣. 8. Psalt. Rom. & Corb. cum Cassiod. *Ne fiant sicut..... genus pravum & peramarum: Genus, quod non direxit cor suum*, &c. sic etiam in Mediolan. & Carnut. In Moz. verò: *Ne fiant sicut & patres eorum: genus pravum & perversum: Genus, quod non dexerit (l. direxit) cor suum.* Apud August. in eund. Ps. col. 815. g. & 820. e. *Ne fiant..... generatio prava & amaricans: Generatio, quæ cor non direxit suum*, &c. In Gr. Ἵνα μὴ γένωνται..... γενεὰ σκολιὰ καὶ παραπικραίνουσα· Γενεὰ, ἥτις οὐ κατεύθυνεν ἐν τῇ καρδίᾳ αὐτῆς· καὶ οὐκ, &c.

℣. 9. Psalt. Rom. Fabri: *Filii Ephrem intendentes arcum, emittentes sagittas suas: conversi sunt in*, &c. Rom. Martian. *& mittentes*. Mozar. initio hab. *Filii Effraim*: subinde, *& conversi sunt*; cæt. ut in Vulgata. Corb. *Filii Ephraim intendentes & mittentes sagittas suas: conversi sunt*, &c. Carnut. *intendentes & mittentes sagittas*. Hieron. in Ezech. 22. to. 3. 855. a. *Filii Ephraim intend. & mittentes arcum: conversi sunt retrorsùm in die belli.* August. in hunc Ps. *Filii Ephram intend. & mittentes arcus: conversi sunt in*, &c. tum ait subaudiri *sagittas*: & post paulò col. 822. a. *Nonnulli*, inquit, *codices Græci habere dicuntur*, tendentes & mittentes arcubus, *ut sine dubitatione subaudiamus* sagittas. Cassiod. *Filii Ephraim intend. arcum, & mittentes sagittas: conversi sunt*, &c. Edit. Rom. Υἱοὶ Ἐφραὶμ ἐντείνοντες καὶ βάλλοντες τόξον (Ald. ed. τόξοις·) ἐστράφησαν, &c.

℣. 10. Psalt. Rom. *Non custodierunt test. Dei sui: & in lege ejus*, &c. Sic etiam ap. August. & Cassiod. in hunc Ps. sed absque vocula *sui*: idem Aug. inf. col. 823. a. leg. *Non observaverunt testam. Dei.* Gr. Οὐκ ἐφύλαξαν τὴν... τοῦ Θεοῦ, καὶ, &c.

℣. 11. Aug. in hunc Ps. cum Brev. Moz. similiter hab. *beneficiorum ejus*, deinde Moz. *& mirabilia ejus*, &c. Psalt. Rom. & Cassiod. *benefactorum ejus*, &c. ut in Vulg. Gr. τῶν εὐεργεσιῶν αὐτοῦ, καὶ τῶν, &c.

℣. 12. August. in hunc Ps. *Coram patribus eorum quæ fecit mirab.* &c. Cassiod. cum Psalt. Rom. ut in Vulg. Græc. Ἐναντίον τῶν..... ἃ ἐποίησε· nuspiam legitur *&*, post *Ægypti*.

℣. 13. Ita legit August. in hunc Ps. excepto ult. *quasi in utres*. Cassiod. cum Psalt. Rom. Corb. & Carnut. *quasi in utrem*; cæt. ut in Vulg. Corb. tamen delet *&*, ante *statuit*. Mozarab. *Interrupit mare, & transduxit eos: statuit aquas quasi in utrem.* Gr. Διέῤῥηξε..... καὶ διήγαγεν αὐτούς· ἔστησεν ὕδατα ὡσεὶ ἀσκόν.

℣. 14. Psalt. Rom. cum Cassiod. *Et eduxit eos*, &c. ut in Vulg. August. *deduxit*, absque præced. *&*. Psalt. Moz. *Et eduxit eos in nubem diei: & tota nocte in illuminatione ign*

	VULGATA HOD.	HEBR.	VERSIO ANTIQUA.	
	& tota nocte in illuminatione ignis.	*& tota nocte in lumine ignis.*	per diem : & nocte inluminatione luminis.	*Ex Mſ. Sangerm.*
Exod. 17. 6. Pſ. 104. 41.	15. Interrupit petram in eremo : & adaquavit eos velut in abyſſo multa.	*Scidit petram in deſerto, & potum dedit quaſi de abyſſis magnis.*	15. Diſrupit in deſerto petram : & potavit eos ſicut in abyſſo multa.	
	16. Et eduxit aquam de petra : & deduxit tanquam flumina aquas.	*Et eduxit rivos de petra, & elicuit quaſi flumina aquas.*	16. Et produxit aquam de petra : & eduxit ſicut flumina aquas.	
	17. Et appoſuerunt adhuc peccare ei : in iram excitaverunt Excelſum in inaquoſo.	*Et addiderunt ultra peccare ei, ut provocarent Excelſum in invio.*	17. Et adpoſuerunt adhuc peccare ei : & exacerbaverunt Altiſſimum in ſiccitate.	
	18. Et tentaverunt Deum in cordibus ſuis : ut peterent eſcas animabus ſuis.	*Et tentaverunt Deum in cordibus ſuis, petentes cibum animæ ſuæ :*	18. Et tentaverunt Deum in cordibus ſuis : ut peterent eſcas animis ſuis.	
	19. Et malè locuti ſunt de Deo : dixerunt : Nunquid poterit Deus parare menſam in deſerto ?	*Et loquentes contra Deum, dicebant : Nunquid poterit Deus parare menſam in ſolitudine ?*	19. Et detraxerunt de Deo : & dixerunt : Nunquid poteſt Deus præparare menſam in deſerto ?	
	20. Quoniam percuſſit petram, & fluxerunt aquæ, & torrentes inundaverunt.	*Ecce percuſſit petram, & fluxerunt aquæ, & torrentes inundaverunt :*	20. Quoniam percuſſit petram, & fluxerunt aquæ, & torrentes inundaverunt.	
	Nunquid & panem poterit dare, aut parare menſam populo ſuo ?	*Nunquid & panem poterit dare, aut parare carnem populo ſuo ?*	Aut nunquid & panem poterit dare, aut parare menſam populo ſuo ?	
Num. 11. 1.	21. Ideo audivit Dominus, & diſtulit : & ignis accenſus eſt in Jacob, & ira aſcendit in Iſraël :	*Ideo audivit Dominus, & non diſtulit : & ignis accenſus eſt in Jacob, & furor aſcendit in Iſraël :*	21. Propterea audivit Dominus, & diſtulit, & ſuperpoſuit : & ignis accenſus eſt in Jacob, & ira aſcendit in Iſraël :	
	22. Quia non crediderunt in Deo, nec ſperaverunt in ſalutari ejus.	*Quia non crediderunt in Deo, nec habuerunt fiduciam in ſalutari ejus.*	22. Quoniam non crediderunt in Deum ſuum, neque ſperaverunt in ſalutare ejus.	
	23. Et mandavit nubibus deſuper, & januas cœli aperuit.	*Et præcepit nubibus deſuper, & portas cœli aperuit.*	23. Et præcepit nubibus deſuper, & portas cœli aperuit.	
Exod. 16. 4. Num. 11. 7.	24. Et pluit illis manna ad manducandum, & panem cœli dedit eis.	*Et pluit ſuper eos manna ut comederent, & triticum cœli dedit eis.*	24. Et pluit illis mannam manducare, & panem cœli dedit illis.	
Joan. 6. 31. 1. Cor. 10. 3.	25. Panem angelorum manducavit homo : cibaria miſit eis in abundantia.	*Panem fortium comêdit vir : cibaria miſit illis in ſaturitatem.*	25. Panem angelorum manducavit homo : eſcas miſit eis in ſatietate.	
Num. 11. 31.	26. Tranſtulit Auſtrum de cœlo : & induxit in virtute ſua Africum.	*Abſtulit Eurum de cœlo, & induxit in fortitudine ſua Africum.*	26. Excitavit Auſtrum de cœlo : & ſuperduxit in potentia ſua Africum.	
	27. Et pluit ſuper eos ſicut pul-	*Et pluit ſuper eos quaſi pulverem*	27. Et pluit ſuper eum ſicut	

NOTÆ AD VERSIONEM ANTIQUAM.

minis. Corb. & *nocte in inluminatione luminis.* Gr. Καὶ ὡδήγησεν αὐτοὺς ἐν νεφέλῃ ἡμέρας· καὶ ὅλην τὴν νύκτα ἐν φωτισμῷ πυρός.

℣. 15. Pſalt. Rom. *Interrupit in eremo petram,* &c. ut in Vulg. Mozarab. *Diſrupit in eremo petram.* Corb. *Interrupit in eremo petram : & adaquavit eos velut abyſſus multa.* Auguſt. in hunc Pſ. cum Auct. l. de promiſſ. p. 121. a. *Diſrupit in deſerto petram : & adaquavit* (Auct. *potavit*) *eos ſicut in abyſſo multa.* Caſſiod. ut in Vulg. Gr. Διέῤῥηξε πέτραν ἐν ἐρήμῳ· καὶ ἐπότισεν..... ὡς ἐν ἀβύσσῳ πολλῇ.

℣. 16. Pſalt. Rom. initio & inf. hab. & *eduxit*, ſicut etiam Mozarab. Auguſt. verò & Caſſiod. concordant cum Vulg. In Gr. Καὶ ἐξήγαγεν..... καὶ κατήγαγεν, &c.

℣. 17. Sic habet Auguſt. in hunc Pſ. ſed abſque primo &. Ambroſ. pariter l. 3. de Spir. S. to. 2. col. 674. c. & *exacerbaverunt Altiſſimum in ſiccitate.* Caſſiod. cum Pſalt. Rom. *in iram concitaverunt Excelſum in ſiccitate.* Similiter in Mozarab. præter hoc, *in ira.* Mediolan. hab. & *exacerbaverunt Excelſum in ſiccitate ;* item Carnut. & Corb. *in ſiccitate.* Auguſt. verò loco cit. col. 825. f. dicit alios codices habere, *in inaquoſo, quod de Græco eſt expreſſius :* en verba : παρεπίκραναν τὸν Ὕψιστον ἐν ἀνύδρῳ.

℣. 18. Sic eſt in Pſalt. Corb. Rom. verò cum Auguſt. & Caſſiod. leg. *eſcas animabus ſuis ;* Mozar. *eſcam.* Gr. βρώματα ταῖς ψυχαῖς, &c.

℣. 19. Pſalt. Rom. & Moz. Vulgatæ conſonant, niſi quòd præponunt &, verbo *dixerunt.* Caſſiod. hanc conjunct. delet. Auguſt. in hunc Pſ. legit : *Et detraxerunt de Deo, & dixerunt : Nunquid poterit Deus parare,* &c. Gr. Καὶ κατελάλησαν τοῦ Θεοῦ, καὶ εἶπαν· Μὴ δυνήσεται ὁ..... ἑτοιμάσαι, &c.

℣. 20. Pſalt. Rom. tollit *aut*, ante *nunquid*, ſicut Auguſt. & Caſſiod. in hunc Pſalm. cæt. ut ſupra. Similiter ap. Ambroſ. l. 3. Hexa. col. 36. e. uſque ad verbum *inundav.* In Pſalt. Corb. *Nunquid & panem poteſt dare,* &c. In Gr. Μὴ καὶ ἄρτον δυνήσεται, &c. Ald. & Compl. δύναται.

℣. 21. Caſſiod. ſimiliter addit, & *ſuperpoſuit*, cum Pſalt. Rom. Corb. & Carnut. In Mozarab. eſt inf. *ira Dei*, &c. Apud Auguſt. in hunc Pſ. *Propter hoc audivit Domin. & diſtulit : & ignis,* &c. ut in Vulg. Sic etiam in Græco.

℣. 22. Sic eſt in Pſalt. Rom. ni excipias iſta : *Quia... nec.* In Mozarab. *in Deum, nec ſperav. in ſalutare ejus.* In Corb. *in Deo ſuo, nec ſperaverunt in ſalutare ejus.* Caſſiod. quoque hab. *in Deo ſuo, nec,* &c. ut in Vulg. Gr. ἐν τῷ Θεῷ, οὐδὲ ἤλπισαν ἐπὶ τὸ σωτήριον αὐτοῦ.

℣. 23. Vulgatæ reſpondent Aug. & Caſſiod. cum Pſalt. Rom. & Gr. Mozarab. hab. & *portas*, ut ſupra.

℣. 24. Sic eſt in Pſalt. Corb. Item in Rom. *manna manducare*, ſed abſque ſeq. &. Similiter ap. Caſſiod. in hunc Pſ. apud Auguſt. verò ut in Vulg. In Gr. μάννα φαγεῖν, καὶ ἄρτον, &c.

℣. 25. Tertul. l. de carne Chr. p. 546. c. *Panem ang. edit homo.* Ambroſ. in Pſ. 36. to. 1. 805. c. *manducavit homo ;* ſic etiam l. de parad. col. 163. e. & l. de Myſt. to. 2. 337. e. Succinit Auguſt. in hunc Pſ. cum Caſſiod. & vet. Pſalt. Caſſiod. verò addit : *frumentationem miſit eis in abundantia.* Iidem S. Paulinus epiſt. 23. p. 127. a. cum Pſalt. Rom. Mediol. Corb. Carnut. & Moz. In Rom. Fabri, *miſit ei.* Apud Aug. ut in Vulg. In Gr. ἐπισιτισμὸν ἀπέστειλεν αὐτοῖς εἰς πλησμονήν.

℣. 26. Pſalt. Rom. ac Mediol. hab. *Et excitavit ;* reliqua ut in Vulg. Mozar. Corb. & Carnut. *Excitavit*, abſque præced. &. Aug. & Caſſiod. *Tranſtulit*, &c. ut in Vulg. Gr. Ἀπῆρε, &c. Mozarab. ſolum ſcribit in fine *Africam ;* Gr. Λίβα.

℣. 27. Pſalt. Moz. *Et pluit illis ſicut*, &c. Auguſt. &

VERSIO ANTIQUA.	HEBR.	VULGATA HOD.
Ex Mf. Sangerm. pulverem carnes : & ficut arenam maris volatilia pennata.	*carnem , & quafi arenam maris volatilia pennata.*	verem carnes : & ficut arenam maris volatilia pennata.
28. Et ceciderunt in medio caftrorum eorum , circa tabernacula ipforum.	*Et ceciderunt in medio caftrorum eorum : in circuitu tabernaculorum eorum.*	28. Et ceciderunt in medio caftrorum eorum , circa tabernacula eorum.
29. Et manducaverunt & fatiati funt nimis , & concupifcentia eorum adtulit eis : 30. non funt fraudati à concupifcentia fua.	*Et comederunt , & faturati funt nimis : & defiderium eorum attulit eis : non indiguerunt de cupiditate fua ,*	29. Et manducaverunt & faturati funt nimis , & defiderium eorum attulit eis : 30. non funt fraudati à defiderio fuo.
Adhuc cùm effet efca in ore eorum : 31. & ira afcendit fuper eos.	*Cùm adhuc cibus effet in ore eorum. Furor ergo Dei afcendit fuper eos :*	Adhuc efcæ eorum erant in ore ipforum : 31. & ira Dei afcendit fuper eos. Num. 11. 33.
Et occidit plurimos eorum , & electos Ifraël impedivit.	*Et occidit pingues eorum , & electos Ifraël incurvavit.*	Et occidit pingues eorum , & electos Ifraël impedivit.
32. In omnibus his peccaverunt adhuc : & non crediderunt in mirabilibus ejus.	*In omnibus his peccaverunt ultra , & non crediderunt in mirabilibus ejus.*	32. In omnibus his peccaverunt adhuc : & non crediderunt in mirabilibus ejus.
33. Et defecerunt in vanitate dies eorum , & anni eorum cum feftinantia.	*Et confumpfit in vanitate dies eorum , & annos eorum velociter.*	33. Et defecerunt in vanitate dies eorum , & anni eorum cum feftinatione.
34. Cùm interficeret eos , tunc exquirebant eum : & convertebantur , & vigilabant diluculo ad eum.	*Si occidebat eos , tunc quærebant eum : & convertebantur , & diluculo confurgebant ad Deum.*	34. Cùm occideret eos ; quærebant eum : & revertebantur , & diluculo veniebant ad eum.
35. Et rememorati funt quoniam Deus adjutor eorum eft : & Dominus excelfus liberator eorum eft.	*Et recordabantur quia Deus fortitudo eorum , & Deus excelfus redemptor eorum eft.*	35. Et rememorati funt quia Deus adjutor eft eorum : & Deus excelfus redemptor eorum eft.
36. Et dixerunt eum in ore fuo , & linguâ fuâ mentiti funt illi :	*Et lactaverunt eum in ore fuo , & linguâ fuâ mentiti funt ei :*	36. Et dilexerunt eum in ore fuo , & linguâ fuâ mentiti funt ei :
37. Cor autem eorum non eft rectum cum eo : neque crediderunt in teftamentum ejus.	*Cor autem eorum non erat firmum cum eo : nec permanferunt in pacto ejus.*	37. Cor autem eorum non erat rectum cum eo : nec fideles habiti funt in teftamento ejus.
38. Ipfe autem eft mifericors , & propitius fiet peccatis eorum : & non difperdet eos.	*Ipfe verò mifericors propitiabitur iniquitati , & non difperdet :*	38. Ipfe autem eft mifericors , & propitius fiet peccatis eorum : & non difperdet eos.

NOTÆ AD VERSIONEM ANTIQUAM.

Caffiod. cum Rom. *fuper eos* , &c. Gr. ἐπ' αὐτούς.

℣. 28. Itidem in Pfalt. Mozarab. In Rom. *tabern. eorum* , ficut apud Aug. & Caffiod.

℣. 29. Vulgatæ fuffragantur Aug. & Caffiod. cum vet. Pfalt. In Gr. Καὶ..... καὶ ἐνεπλήσθησαν σφόδρα, καὶ τὴν ἐπιθυμίαν αὐτῶν ἤνεγκεν αὐτοῖς.

℣. 30. Auguft. in hunc Pf. *non funt* (inf. *nec funt*) *privati à defiderio fuo. Adhuc efca erat in ore ipforum.* Caffiod. Vulgatæ congruit. Pfalt. Rom. hab. *& non funt fraudati à defid. fuo. Adhuc efca eorum erat in* , &c. Mozarab. *Adhuc efca erat in* , &c. Gr. οὐκ ἐστερήθησαν ἀπὸ τῆς ἐπιθυμίας αὐτῶν. Ἔτι τῆς βρώσεως αὐτῶν οὔσης ἐν τῷ , &c. Ald. & Compl. delent αὐτῶν.

℣. 31. Sic in Pfalt. Rom. eft , præter unum *ira Dei* ; in Corb. etiam *ira Dei*. In Mozar. deeft *Dei* ; addit verò cum Corb. *afcendit in eos. Et occidit plurimos* , &c. Item *plurimos* habet Mediol. cum Caffiod. Auguft. ita : *& ira Dei afcendit fuper eos* (inf. *in eos.*) *Et occidit in plurimis eorum , & electos Ifraël impedivit.* Subdit Auguft. *Nonnulli codices habent* pingues eorum , *quod quidem* , inquit , *in Græcis , quos habuimus , non invenimus.* At Hieron. epift. ad Sun. & Fretel. to. 2. 650. a. affirmat *pingues* in Hebr. legi ; item apud LXX. & Theodot. ἐν τοῖς πίοσιν αὐτῶν , *quod quidam* , inquit , *non intelligentes , pro* πίοσιν , *putaverunt fcriptum* πλείοσιν. Rurfum Auguft. loco cit. col. 827. g. ait : *In Græcis codicibus , non* ἐνεπόδισε , *quod eft* impedivit , fed συνεπόδισε *legimus , quod eft potiùs* compedivit. In ed. Rom. exftat ἐν τοῖς πίοσιν , at in Ald. & Compl. πλείοσιν ; conftanter verò initio , ὀργὴ τοῦ Θεοῦ.

℣. 32. Ita Auguft. & Caffiod. cum vet. Pfalt. & Vulg. In Gr. deeft *in* , ante *mirabilibus* ; deeft pariter in Pfalt. Corb.

℣. 33. Concinit Caffiod. in hunc Pf. unà cum Pfalt. Rom. & Corb. In Mozarab. *Et defec. in natrvitate dies... cum feftinantia.* Apud Auguft. ut in Vulg. In Gr. Καὶ ἐξέλιπον ἐν ματαιότητι..... μετὰ σπουδῆς.

℣. 34. Caffiod. cum Pfalt. Rom. Fabri : *Cùm occideret eos , tunc inquirebant eum : & convertebantur ante lucem , & veniebant ad eum.* Itidem in Mediol. & Carnut. *& convergebantur ante lucem.* In Mozarab. *Cùm occideret eos , tunc quærebant eum : & revertebantur ante lucem , & venieb. ad eum.* In Corb. *Cùm occiderent eos , quærebant eum : & convertebantur ante lucem , & veniebant ad eum.* In Rom. Martian. *& convertebantur , & ante lucem veniebant ad Deum.* Apud Auguft. in hunc Pf. ut in Vulg. præter hoc ultim. *ad Deum.* Apud Hieron. l. 2. in ep. ad Ephef. to. 4. 371. b. *Cùm interficeret illos , tunc quærebant eum.* In Gr. Ὅταν ἀπέκτεινεν αὐτοὺς , ἐζήτουν (Ald. & Compl. τότε ἐξεζήτουν) αὐτόν· καὶ ἐπέστρεφον , καὶ ὤρθριζον πρὸς τὸν Θεόν.

℣. 35. Caffiod. habet cum Pfalt. Rom. *Et memorati funt quia Deus adjutor eorum eft : & Deus excelfus liberator eorum eft.* Sic etiam apud Vigil. Tapf. l. cont. Varimad. excepto verbo *rememorati funt.* Item *liberator* eft in Pfalt. Corb. & Moz. Apud Auguft. ut in Vulg. præter hoc , *adjutor eorum eft.* In Gr. Καὶ ἐμνήσθησαν ὅτι ὁ Θεὸς βοηθὸς αὐτῶν ἐστι· καὶ ὁ Θεὸς ὁ ὕψιστος λυτρωτὴς , &c.

℣. 36. Quod legitur in Pfalt. Sangerm. *dixerunt* , vitiosè fcriptum videtur pro *dilexerunt* : ita fanè leguat Auguft. & Caffiod. cum vet. Pfalt. In Græco etiam conftanter ἠγάπησαν. Brev. Mozar. hab. *& in lingua fua mentiti funt ei.* Hieron. epift. ad Sun. & Fret. to. 2. 650. a. teftatur *omnes voce fimili* tranftuliffe , ἐψεύσαντο αὐτῷ , *id eft* , mentiti funt ei. *Quis autem* , inquit , *voluerit pro* ei , *ponere* eum , *& vitiare exemplaria , non eft mei judicii.*

℣. 37. Pfalt. Mozarab. *Cor autem ipforum non eft* , &c. ut in Vulg. Rom. verò cum Mediolan. & Corb. *Cor autem eorum non erat..... nec fides habita eft illis in teftamento ejus.* Similiter apud Caffiod. uno excepto *eft* , pro *erat* : unus tamen Mf. hab. ibid. *nec fideles habiti funt.* Apud Aug. ut in Vulg. præter vocem *ipforum* , loco *eorum*. In Gr..... οὐδὲ ἐπιστώθησαν ἐν τῇ , &c. abfque præced. *eft* , vel *erat*.

℣. 38. Auguft. in hunc Pf. fimiliter hab. *& propitius fiet..... & non difperdet eos* ; at infra , *& propitius erit..... & non perdet eos* : deinde : *Et abundabit ut avertat iram fuam : & non accendet omnem iram fuam.* Pfalt. Corb. *& propitius*

	VULGATA HOD.	HEBR.	VERSIO ANTIQUA.
	Et abundavit ut averteret iram ſuam : & non accendit omnem iram ſuam :	*Multùm que avertit iram ſuam, & non ſuſcitavit totum furorem ſuum :*	Multiplicavit ut averteret iram ſuam : & ut non incenderet omnem iram ſuam ſuper eos : *Ex Mſ. Sangerm.*
	39. Et recordatus eſt quia caro ſunt : ſpiritus vadens, & non rediens.	*Et recordatus eſt quia caro eſſent : ſpiritus vadens, & non revertens.*	39. Et memoratus eſt quoniam caro ſunt : ſpiritus vadens, & non revertens.
	40. Quoties exacerbaverunt eum in deſerto, in iram concitaverunt eum in inaquoſo ?	*Quoties provocaverunt eum in deſerto, afflixerunt eum in ſolitudine ?*	40. Quotiens exacerbaverunt eum in deſerto, in iram concitaverunt eum in terram ſine aqua ?
	41. Et converſi ſunt, & tentaverunt Deum : & ſanctum Iſraël exacerbaverunt.	*Et converſi ſunt, & tentaverunt Deum, & ſanctum Iſraël concitaverunt.*	41. Et converſi ſunt, & tentaverunt Deum : & ſanctum Iſraël exacerbaverunt.
	42. Non ſunt recordati manus ejus, die qua redemit eos de manu tribulantis :	*Non ſunt recordati manûs ejus, die qua redemit eos de tribulante.*	42. Non ſunt rememorati manus ejus, qua liberavit eos de manu tribulantis :
	43. Sicut poſuit in Ægypto ſigna ſua, & prodigia ſua in campo Taneos.	*Qui fecit in Ægypto ſigna ſua, & oſtenta ſua in regione Taneos.*	43. Quemadmodum poſuit in Ægypto ſigna ſua, & prodigia ſua in campo Taneos.
Exod. 7. 20.	44. Et convertit in ſanguinem flumina eorum, & imbres eorum, ne biberent.	*Qui convertit in ſanguinem fluvios eorum, & rivos eorum, ut non biberent.*	44. Et convertit in ſanguinem aquas eorum, & pluviales aquas eorum, ne biberent.
Exod. 8. 6. 24.	45. Miſit in eos cœnomyiam, & comêdit eos : & ranam, & diſperdidit eos.	*Qui immiſit in eos omne genus muſcarum, ut comederent eos : & ranas, ut diſperderent eos.*	45. Et miſit in eos cynomia, & comêdit eos : & ranam, & corrupit eos.
Exod. 10. 15.	46. Et dedit ærugini fructus eorum, & labores eorum locuſtæ.	*Qui dedit brucho germen eorum, & laborem eorum locuſtæ.*	46. Et dedit caniculæ fructum eorum, & labores eorum locuſtæ.
Exod. 9. 25.	47. Et occidit in grandine vineas eorum, & moros eorum in pruina.	*Qui occidit in grandine vineas eorum, & ſycomoros eorum in frigore.*	47. Occîdit in grandine vineas eorum, & moros eorum in gelicidia.
	48. Et tradidit grandini jumenta eorum, & poſſeſſionem eorum igni.	*Qui tradidit grandini paſcua eorum, & jumenta eorum volucribus.*	48. Et tradidit grandini pecora eorum, & ſubſtantiam eorum igni.

NOTÆ AD VERSIONEM ANTIQUAM.

factus eſt peccatis eorum : & non diſperdidit eos. Et abundavit ut averiat iram ſuam ab eis : & non accendit, &c. ut in Vulg. Rom. *Et multiplicavit ut averteret iram ſuam ab eis : & non accendit*, &c. Mozarab. *& propitius fit... ut non diſperderet eos. Et multiplicavit ut avert. iram ſuam : & non accendit omnem indignationem ſuam.* Apud Caſſiod. ſimiliter, *& propitius fit*, hoc addito, *ab eis*, poſt *iram ſuam*, ut in Rom. cæt. ut in Vulg. In Gr. ϗ ἱλάσεται ταῖς ἁμαρτίαις αὐτῶν· ϗ ἐ διαφθερεῖ. Καὶ πληθυνεῖ τȣ͂ ἀποςρέψαι τὸν θυμὸν αὐτȣ͂· ϗ ὐχὶ ἐκκαύσει πᾶσαν τὴν ὀργὴν αὐτȣ͂. Ad hoc autem, *& non diſperdet eos*, Hieron. ep. ad Sun. & Fret. to. 2. p. 650. b. ſcribit : *Dicitis quòd eos in Græco non habeat, quod & verum eſt ; ſed nos, ne ſententia pendeat, Latinum ſermonem ſua proprietate complevimus.*

℣. 39. Similiter hab. Caſſiod. *Et memoratus eſt*, cum Pſalt. Rom. Corb. & Moz. reliqua ut in Vulg. Auguſt. in hunc Pſ. *Et recordatus eſt*, &c. ſubinde ut ſup. *ſpiritus vadens, & non revertens :* at l. 10. de Geneſ. ad lit. to. 3. p. 1. col. 262. d. *ſpiritus ambulans, & non revertens :* itidem quæſt. 55. in Deut. col. 578. d. & quæſt. 24. in Joſ. 591. g. & l. annot. in Job, 680. b. S. Leo ſerm. 51. p. 120. f. *ſpiritus vadens, & non revertens.* Gr. πνεῦμα πορευόμενον, ϗ ὐκ ἐπιςρέφον.

℣. 40. Sic eſt in Pſalt. Rom. & apud Caſſiod. ſi hoc ult. excipias, *in terra ſine aqua*. Itidem in Corb. & Moz. ac præterea *in ira*, pro *in iram :* apud Auguſt. in hunc Pſ. *& in iram ;* cæt. ut in Vulg. In Gr. παρώργισαν αὐτὸν ἐν γῇ ἀνύδρῳ ;

℣. 41. Ita Auguſt. & Caſſiod. cum vet. Pſalt. & Gr.

℣. 42. Sic hab. Caſſiod. cum Pſalt. Mozarab. hoc excepto, *die qua liberavit*. In Rom. *qua die liberavit*. Item in Mediol. & Carnut. *qua die*. In Corb. *Non ſunt memorati manuum ejus, quo die liberavit eos*, &c. Apud Aug. ut in Vulg. In Gr. ἡμέρας ἧς ἐλυτρώσατο, &c.

℣. 43. Pſalt. Rom. cum Caſſiod. *Sicut poſuit*, &c. ut ſup. Auguſt. omittit *ſicut*. In Gr. Ὡς ἔθετο, &c.

℣. 44. Sic eſt in Pſalt. Moz. excepto uno *in ſanguine*, quod ult. etiam eſt in Corb. Idem verò Corb. & Rom. delent *&*, ante *convertit ;* amboque ferunt *pluviales aquas*, ut ſup. Itidem Mediolan. cum Caſſiod. *& pluviales aquas ;* Carnut. *& fluviales aquas*. Aug. in eund. Pſ. cum Vulg. *& imbres eorum ;* ſed addit : *vel potiùs*, manationes aquarum, *ſicut nonnulli meliùs intelligunt quod Græcè ſcriptum eſt*, τὰ ὀμβρήματα, *quas Latinè* ſcaturigines *dicimus, ab imo aquas ebullientes.*

℣. 45. Pſalt. Rom. cum Corb. Mediolan. & Mozarab. *Immiſit* (al. *miſit*) *in eos* (Moz. *in eis*) *muſcam caninam, & comedit eos : ranam* (Corb. *& ranam*,) *& exterminavit eos.* Sic etiam ap. Caſſiod. in hunc Pſ. At Auguſt. cum Vulgata concinit, aitque in enarrat. col. 831. g. *cynomyiam caninos eſſe mores.* Pſalt. Carnut. conſtanter hab. *muſcam caninam*. Gr. Ἐξαπέςειλεν εἰς αὐτȣ̀ς κυνόμυιαν... ϗ διέφθειρεν αὐτȣ́ς. Hieron. epiſt. ad Sun. & Fret. 663. c. ſcribendum eſſe affirmat κοινόμυιαν. Κοινόμυια, inquit, *non, ut Latini interpretati ſunt* muſca canina, *dicitur per* γ *græcam litteram ; ſed juxta Hebraicam intelligentiam, per* δίφθογγον *debet ſcribi* οι, *ut ſit* κοινόμυια, *id eſt, omne muſcarum genus. Aquila* πάμμικτον, *id eſt, omnimodam muſcam, interpretatus eſt.* Et ſupra 650. c. *Si quis putat* διαφθερεῖ *non perditionem ſonare, ſed corruptionem, recordetur illius tituli, in quo ſcribitur*, Εἰς τὸ τέλος, μὴ διαφθείρῃς, *hoc eſt*, In finem, ne diſperdas, *& non ut plerique* κακοζήλως *interpretantur*, ne corrumpas.

℣. 46. Pſalt. Mozarab. *Et dedit caniculæ fructus eorum.* Corb. *Et dedit ærugini fructum eorum*, &c. Rom. cum Caſſiod. *Et dedit ærugini fructus*, &c. Auguſt. in eund. Pſ. *Et dedit rubigini fructum eorum*, al. *fructus :* item ibid. n. 27. *Rubiginem*, inquit, *æruginem nonnulli interpretati ſunt ; alii, caniculam*, ſeu cum Mſſ. nonnullis *caniculum*. In Gr. τῇ ἐρυσίβῃ τὸν καρπὸν αὐτῶν, &c.

℣. 47. Aug. & Caſſiod. in hunc Pſ. Vulgatæ accinunt cum Pſalt. Rom. Aug. tamen l. 1. de civit. Dei, c. 20. to. 7. col. 20. e. leg. *Occîdit vites eorum in grandine ;* Pſalt.que Rom. tollit *&*, ante *occîdit*. In Corb. ſic : *Occîdit in grandinem vineas eorum, & murus eorum in pruina.* In Gr. Ἀπέκτεινεν ἐν χαλάζῃ τὴν ἄμπελον, ultimòque ἐν τῇ πάχνῃ.

℣. 48. Pſalt. Mozarab. *Et tradidit in grandine pecora eorum, & poſſeſſiones eorum in igne.* Corb. ſimiliter hab. *in igne*. Rom. delet *&*, ante *tradidit*, habetque inf. *poſſeſſiones ;* cæt. ut in Vulg. Itidem Caſſiod. in hunc Pſalm. niſi quòd ſervat 1. *&*. Auguſt. in eund. Pſalm. nil prorſus differt à Vulg. Gr. Καὶ παρέδωκεν ἐν χαλάζῃ τὰ κτήνη αὐτῶν, ϗ τὴν ὕπαρξιν αὐτῶν τῷ πυρί· Ald. & Compl. εἰς χάλαζαν ; Compl. ultimo loco, ἐν τῷ πυρί.

VERSIO ANTIQUA.

Ex Mſ. Sangerm. 49. Immiſit in eos iram furoris ſui : furorem, & iram, & tribulationem : immiſſionem per angelos malos.

50. Viam fecit ſemitæ iræ ſuæ, & non pepercit à morte animabus eorum : & pecora eorum in morte concluſit.

51. Et percuſſit omnem primogenitum Ægypti : primitias laborum ipſorum in tabernaculis Cham.

52. Et promovit velut oves populum ſuum : & deduxit eos velut oves in deſerto.

53. Et reduxit eos in ſpem, & non trepidaverunt : & inimicos eorum operuit mare.

54. Et induxit eos in montem ſanctificationis ſuæ ; montem iſtum, quem adquiſivit dextera ejus.

Et ejecit à facie eorum gentes : & ſorte dedit eis terram funiculum hæreditatis.

55. Et habitavit in tabernaculis eorum in tribus Iſraël.

56. Et tentaverunt, & exacerbaverunt Deum altiſſimum : & teſtimonia ejus non cuſtodierunt.

57. Et averterunt ſe, & repulerunt ſicut patres eorum : & converſi ſunt in arcum perverſum.

58. Et in ira incitaverunt eum in collibus ſuis : & in ſculptilibus in zelum miſerunt eum.

59. Audivit Dominus Deus,

HEBR.

Qui miſit in eos iram furoris ſui : indignationem, & comminationem, & anguſtiam : immiſſionem angelorum malorum.

Munivit ſemitam furori ſuo, non pepercit à morte animæ eorum : & animantia eorum peſti tradidit.

Et percuſſit omne primogenitum in Ægypto : principium partûs in tabernaculis Cham.

Et tulit velut oves populum ſuum, & minavit eos ſicut gregem in deſerto.

Et eduxit eos cum fiducia, & abſque timore : inimicos autem eorum operuit mare.

Et adduxit eos ad terminum ſanctificatum ſuum : montem iſtum, quem poſſedit dextera ejus.

Et ejecit à facie eorum gentes, & poſſidere eos fecit in funiculo hæreditatem :

Et collocavit in tabernaculis eorum tribus Iſraël.

Et tentaverunt, & provocaverunt Deum excelſum : & teſtimonia ejus non cuſtodierunt.

Et averſi ſunt, & prævaricati ſunt ut patres eorum : incurvati ſunt quaſi arcus inutilis.

Et provocaverunt eum in excelſis ſuis, & in ſculptilibus ſuis ad æmulandum eum concitaverunt.

Audivit Deus, & non diſtulit :

VULGATA HOD.

49. Miſit in eos iram indignationis ſuæ : indignationem, & iram, & tribulationem : immiſſiones per angelos malos.

50. Viam fecit ſemitæ iræ ſuæ, non pepercit à morte animabus eorum : & jumenta eorum in morte concluſit.

51. Et percuſſit omne primogenitum in terra Ægypti : primitias omnis laboris eorum in tabernaculis Cham. *Exod. 12. 29.*

52. Et abſtulit ſicut oves populum ſuum : & perduxit eos tanquam gregem in deſerto.

53. Et deduxit eos in ſpe, & non timuerunt : & inimicos eorum operuit mare. *Exod. 14. 27.*

54. Et induxit eos in montem ſanctificationis ſuæ ; montem, quem acquiſivit dextera ejus.

Et ejecit à facie eorum gentes : & ſorte diviſit eis terram in funiculo diſtributionis. *Jos. 13. 7.*

55. Et habitare fecit in tabernaculis eorum tribus Iſraël.

56. Et tentaverunt, & exacerbaverunt Deum excelſum : & teſtimonia ejus non cuſtodierunt.

57. Et averterunt ſe, & non ſervaverunt pactum : quemadmodum patres eorum, converſi ſunt in arcum pravum.

58. In iram concitaverunt eum in collibus ſuis : & in ſculptilibus ſuis ad æmulationem eum provocaverunt.

59. Audivit Deus, & ſprevit :

NOTÆ AD VERSIONEM ANTIQUAM.

℣. 49. Pſalt. Rom. concordat cum Vulg. Ita etiam Mozar. niſi quòd hab. *Miſit in eis.* Corb. *Immiſit in eos iram... immiſſionem per ang. malos.* Ambroſ. in Pſ. 37. to. 1. 823. b. *Miſit in eos iram per angelos malos.* Hieron. in Iſai. 13. to. 3. 148. f. *Miſit in eos furorem iræ ſuæ : furorem, & iram, & tribulationem ; immiſſionem per angelos peſſimos :* & in Ezech. 21. col. 845. f. *Miſit furorem, & iram, & anguſtiam. immiſſionem per ang. peſſimos :* & ſup. col. 757. d. ac in Matth. 22. to. 4. 103. f. *immiſſiones per ang. peſſimos.* Auguſt. ut in Vulg. niſi quòd hab. *immiſſionem :* at in Joſue, to. 3. col. 592. e. leg. *per angelos malignos.* S. Paulinus, ep. 23. p. 139. c. ait : *Mala per angelos malos mittis.* Gr. Ἐξαπέστειλεν εἰς αὐτοὺς ὀργὴν θυμοῦ αὐτοῦ· θυμὸν, καὶ ὀργὴν, καὶ θλῖψιν· ἀποστολὴν δι' ἀγγέλων πονηρῶν· Symm. κακώτων.

℣. 50. Pſalt. Rom. & Moz. ſimiliter hab. cum Caſſiod. *& non pepercit ;* cæt. ut in Vulg. Apud Auguſt. in eund. Pſ. *& non pepercit à morte animarum eorum : & jumenta,* &c. In Gr. Ὡδοποίησε τρίβον τῇ ὀργῇ αὐτοῦ, οὐκ ἐφείσατο ἀπὸ θανάτου τῶν ψυχῶν αὐτῶν· καὶ τὰ κτήνη αὐτῶν εἰς θάνατον συνέκλεισε.

℣. 51. Vulgatæ conſonat Pſalt. Rom. cum Caſſiod. Caſſiod. tamen delet vocem *omnis*, ante *laboris.* In Pſalt. Corb. ſic : *Et percuſſit omnem primum genitum in Ægypto : primitias laborum ipſorum in tab.* &c. Apud Auguſt. in eund. Pſ. *Et percuſſit omne primitivum in terra Ægypti : primitias laborum eorum in tab. Cham.* In Gr..... πᾶν πρωτότοκον ἐν γῇ Αἰγύπτῳ· ἀπαρχὴν πόνων αὐτῶν, &c. Ald. & Compl. παντὸς πόνου.

℣. 52. Auguſt. & Caſſiod. cum Pſalt. Rom. non differunt à Vulg. neque etiam Gr. niſi quòd delet *&*, ante *deduxit*, pro quo ἤγαγεν ; Ald. & Compl. καὶ ἀνήγαγε.

℣. 53. Vulgatæ favent Aug. & Caſſiod. cum vet. Pſalt. & Gr.

℣. 54. Pſalt. Moz. habet *montem hunc, quem*, &c. cum Rom. & Corb. cæt. ut in Vulg. Itidem Caſſiod. cum Mediol. & Carnut. Auguſt. verò nil omnino diſcrepat à Vulgata. At Hieron. epiſt. ad Sun. & Fretel. to. 2. 650. b. ait ita legi *apud LXX.* ὄρος τοῦτο ἐκτήσατο ἡ δεξιὰ αὐτοῦ· *& non ut vos putatis*, inquit, ὃ ἐκτήσατο, *hoc eſt*, quem acquiſivit. *Meliùs ergo ſecundùm Hebraïcam proprietatem interpretatus eſt Symmachus*, montem, quem acquiſivit dextera ejus. In ed. Rom. ὄρος τοῦτο, ὃ ἐκτήσατο. Apud Vigil. Tapſ. l. cont. Varimad. p. 735. b. ultima tantùm : *& ſorte diſtribuit illis terram in funiculo hæreditatis.* Gr. καὶ ἐκληροδότησεν αὐτοὺς ἐν σχοινίῳ κληροδοσίας.

℣. 55. Sic in Pſalt. Corb. eſt ad verbum. Item in Carnut. & Moz. *Et habitavit*, ſed abſque præpoſ. *in*, ante *tribus.* Auguſt. & Caſſiod. Vulgatæ accinunt, cum Pſalt. Rom. In Gr. Καὶ κατεσκήνωσεν..... αὐτῶν τὰς φυλὰς, &c.

℣. 56. Auguſt. & Caſſiod. cum Pſalt. Rom. Vulgatæ reſpondent.

℣. 57. Pſalt. Rom. Martian. *Et averterunt ſe, & non obſervaverunt pactum : quemadmodum*, &c. ut in Vulg. Sic etiam in Mozarab. niſi quòd hab. *ſicut & patres eorum : & converſi ſunt*, &c. Corb. *Et averterunt ſe, & non obſervaverunt, quemadmodum & patres eorum. & converſi ſunt in arcum perverſum.* Rom. Fabri delet etiam *pactum* cum Carnut. Unde Hieron. ep. ad Sun. & Fret. to. 2. p. 650. b. ait : *Scio quòd* pactum *non habeat in Hebræo ; ſed quando omnes voce ſimili tranſtulerunt* ἠσυνθέτησαν, *& apud Græcos* συνθήκη pactum *dicitur, ex uno verbo ſignificatur*, non ſervaverunt pactum, *licet LXX.* ἠθέτησαν *poſuerint.* In ed. Rom. ἠσυνθέτησαν ; in ed. Ald. & Compl. ἠθέτησαν. Vulgatæ congruit Aug. in hunc Pſ. Ita quoque leg. Caſſiod. uno excepto, *in arcum perverſum*, ut ſup. quam etiam lectionem Auguſt. notat alios codices habere. In Gr. στρεβλόν ; additur etiam καὶ, poſt *ſicut*, non verò poſt *eorum.*

℣. 58. Pſalt. Rom. Fabri cum Mozarab. *In ira concitaverunt eum..... & in ſculptil. ſuis æmulati ſunt eum.* Rom. Martian. hab. *in iram ;* Corb. *& in iram ;* reliqua ut in Mozarab. Itidem apud Caſſiod. præter hoc, *& in ira.* Ap. Auguſt. *& in iram*, cum reliquis è Vulg. Gr. Καὶ παρώργισαν αὐτὸν..... παρεζήλωσαν αὐτόν.

℣. 59. Abeſt *Deus* à Pſalt. Rom. ultimò verò ſic, *re-*

Vulgata hod.	Hebr.	Versio antiqua.
& ad nihilum redegit valde Israël.	*& projecit vehementer Israël.*	& sprevit : ad nihilum valde redegit Israël. Ex Ms. Sangerm.
1. Reg. 4. 4. Jerem. 7. 12. 14. & 26. 6. 60. Et repulit tabernaculum Silo, tabernaculum suum, ubi habitavit in hominibus.	*Et reliquit tabernaculum Silo : tentorium, quod collocavit inter homines.*	60. Et repulit tabernaculum Selon, tabernaculum suum, in quo habitavit inter homines.
61. Et tradidit in captivitatem virtutem eorum : & pulchritudinem eorum in manus inimici.	*Et tradidit in captivitatem virtutem suam, & decorem suum in manu hostis.*	61. Et tradidit in captivitate virtutem ipsorum : & pulchritudinem eorum in manus inimici.
62. Et conclusit in gladio populum suum : & hæreditatem suam sprevit.	*Et conclusit in gladio populum suum, & in hæreditatem suam non distulit.*	62. Et conclusit in gladio populum suum : & hæreditatem suam sprevit.
63. Juvenes eorum comêdit ignis : & virgines eorum non sunt lamentatæ.	*Juvenes ejus devoravit ignis, & virgines ejus nemo luxit.*	63. Juvenes eorum non sunt lamentatæ.
64. Sacerdotes eorum in gladio ceciderunt : & viduæ eorum non plorabantur.	*Sacerdotes ejus in gladio ceciderunt, & viduæ ejus non sunt fletæ.*	64. Sacerdotes eorum in gladio ceciderunt : & viduæ eorum non plorabuntur.
65. Et excitatus est tanquam dormiens Dominus, tanquam potens crapulatus à vino.	*Et evigilavit quasi dormiens Dominus : quasi fortis post crapulam vini.*	65. Et excitatus est tanquam dormiens Dominus, tanquam potens crapulatus à vino.
66. Et percussit inimicos suos in posteriora : opprobrium sempiternum dedit illis.	*Et percussit hostes suos retrorsum : opprobrium sempiternum dedit eis.*	66. Et percussit omnes inimicos meos retro : opprobrium sempiternum dedit illis.
67. Et repulit tabernaculum Joseph : & tribum Ephraim non elegit.	*Et projecit tabernaculum Joseph, & tribum Ephraim non elegit.*	67. Et repulit tabernaculum Joseph : & tribum Ephrem non elegit.
68. Sed elegit tribum Juda, montem Sion quem dilexit.	*Sed elegit tribum Juda : montem Sion quem dilexit.*	68. Et elegit tribum Juda, montem Sion quem dilexit.
69. Et ædificavit sicut unicornium sanctificium suum in terra, quam fundavit in sæcula.	*Et ædificavit in similitudine monocerotis sanctuarium suum : quasi terram fundavit illud in sæculum.*	69. Et ædificavit sicut unicornuorum sanctificationem : & in terra fundavit eam in æternum.
70. Et elegit David servum suum, & sustulit eum de gregibus ovium : de post fetantes accepit eum,	*Et elegit David servum suum, & tulit eum de gregibus ovium : sequentem fœtas adduxit eum,*	70. Elegit David servum suum, & sustulit eum de gregibus ovium : à retro * insedientium accepit eum, * f. insidentium ; ab insido, vel insideo.
71. Pascere Jacob servum suum, & Israël hæreditatem suam.	*Ut pasceret in Jacob populum ejus, & in Israel hæreditatem ejus.*	71. Pascere Jacob servum suum, & Israël hæreditatem suam.
72. Et pavit eos in innocentia cordis sui : & in intellectibus manuum suarum deduxit eos.	*Qui pavit eos in simplicitate cordis sui, & in prudentia manuum suarum dux eorum fuit.*	72. Et pavit eos sine malitia cordis sui : & in sensum manuum suarum eduxit eos.

Notæ ad Versionem antiquam.

degit nimis Israël. In Mozarab. & *ad nihilum rediit nimis Israël.* In Corb. & *ad nihilum redegit nimis Israël.* Item apud August. & Cassiod. *redegit nimis*, &c. In Gr. Ἤκουσεν ὁ Θεὸς, καὶ..... ἐξουδένωσε σφόδρα, &c.

℣. 60. Ita legit Cassiod. cum Psalt. Rom. Corb. & Mozarab. uno excepto *Silo*. In Corb. & Gr. & apud August. in eund. Ps. *Selom*; cætera ut in Vulg. Auct. l. de promiss. p. 2. c. 24. col. 150. a. *Repulit Deus tabernaculum suum, in quo habitabat in hominibus.*

℣. 61. Sic in Psalt. Corb. Rom. verò cum Moz. habet : *Et tradidit in captivitate* (Rom. *captivitatem*) *virtutes eorum : & pulchritudines*, &c. Aug. & Cassiod. ut in Vulg. cui consonat Gr. nisi quòd hab. sub finem, εἰς χεῖρα, sed Ald. & Compl. εἰς χεῖρας.

℣. 62. Sic est in veterib. Psalt. ut & ap. Aug. & Cassiod. Gr. hab. εἰς ῥομφαίαν; Ald. verò & Compl. ἐν ῥομφαίᾳ.

℣. 63. Media pars versûs hujus deest in Psalt. Sangerm. sed incuriâ procul dubio librarii : in vet. enim aliis Psalt. sicut in Gr. necnon apud Aug. & Cassiod. exstat : *Juvenes eorum comêdit ignis : & virgines*, &c. ut sup.

℣. 64. Sic est in Psalt. Mozar. & Corb. In Rom. *non ploraverunt.* Apud Aug. & Cassiod. ut in Vulg. In Gr. οὐ κλαυθήσονται.

℣. 65. Concordat Lucif. Calar. l. 1. pro S. Athan. p. 194. a. unà cum Aug. & Cassiod. In Psalt. Rom. *quasi potens*, &c. In Mozarab. & *tanquam potens*, &c. In Gr. ὡς δυνατὸς, &c. Apud Auct. l. de promiss. p. 3. col. 180. e. *Exsurrexit tanquam dormiens Dominus, quasi potens*, &c.

℣. 66. Lucif. Calar. l. 1. pro S. Athan. p. 194. a. *Et percussit omnes inim. suos in posteriora*, &c. ut in Vulg. Ita quoque Psalt. Corb. habet. August. verò & Cassiod. delent *omnes*, cum Psalt. Rom. & Gr. Auct. l. de promiss. p. 2. col. 150. c. *Percussit inimicos suos retrorsum : opprobrium*, &c.

℣. 67. Ita legunt August. & Cassiod. in hunc Ps. cum Psalt. Corb. Sic etiam in Rom. detracto &, ante *tribum*. In Gr. καὶ τὴν φυλὴν Ἐφραὶμ, &c.

℣. 68. August. similiter hab. *Et elegit*, &c. cum Gr. Cassiod. verò cum Psalt. Rom. & Vulg. *Sed elegit*, &c. Corb. *Et elegit*..... & *montem*, &c.

℣. 69. Psalt. Rom. Fab. *Et ædificavit sicut unicornuorum sanctification. suam in terra : fundavit eam in sæcula.* Rom. Martian. punctum figit post *suam*. Sunnia quoque & Fret. legebant, *in terra fundavit eam in sæcula*, teste Hieronymo, epist. ad ipsos, to. 2. 650. c. Breviar. Mozar. hab. *Et ædificavit sicut unicornuum sanctificationem suam*; reliqua ut in Vulg. Sic etiam ap. Cassiod. si excipias *unicornium*. August. in eund. Ps. leg. *sicut unicornuorum sanctificationem suam* (*vel sicut quidam Interpretes verbum novum fecerunt, sanctificium suum*) *in terra, quam fundavit in æternum.* In Psalt. Corb. *Et ædificavit sicut unicornuorum sanctificium suum in terra, quam fundavit eam in sæcula.* In Gr..... ὡς μονοκερώτων τὸ ἁγίασμα αὐτοῦ· ἐν τῇ γῇ ἐθεμελίωσεν αὐτὴν εἰς τὸν αἰῶνα. August. addit : *Quod habent Græci codices, εἰς τὸν αἰῶνα, utrùm in æternum, an in sæculum dicatur à nobis, in Latinorum Interpretum potestate est, quoniam utrumque significat; & ideo hoc in Latinis codicibus, illud in aliis invenitur. Habent aliqui etiam pluraliter, id est,* in sæcula, *quod in Græcis quos habuimus, non invenimus.*

℣. 70. Nil differunt Aug. & Cassiod. à Vulgata, nec etiam vet. Psalt. neque Gr. In Psalt. tamen Corb. sic : *à retro fetantium accepit eum*, è Gr. ἐξόπισθεν τῶν λοχευομένων.

℣. 71. Cassiod. cum Psalt. Rom. & Corb. *pascere Jacob populum suum*, &c. August. ut in Vulg. In Gr. τὸν δοῦλον.

℣. 72. Ita ferunt Psalt. Rom. Corb. & Mozarab. cum Cassiod. si hæc excipias, & *in sensu*..... *deduxit*; Corb. &

NOTÆ AD VERSIONEM ANTIQUAM.

in sensum, ut supra; Mediolan. & Carnut. *& in sensu*. August. in eund. Ps. *Et pavit eos in innocentia..... & in intellectu man. suar. deduxit eos*; vel, inquit, *sicut aliqui codices habent*, in intellectibus manuum suarum, &c. Et sanè Hieron. ep. ad Sun. & Fret. scribens, ait, col. 650. c. *Non habetur* ἐν τῇ συνέσει, *ut scribitis, numero singulari, sed* ἐν ταῖς συνέσεσι, *quod* intelligentias *sonat*. Ed. Rom. fert: Καὶ ἐποίμανεν αὐτοὺς ἐν τῇ ἀκακίᾳ..... καὶ ἐν τῇ συνέσει, &c. Ald. verò & Compl. ἐν ταῖς συνέσεσι.

VERSIO ANTIQUA.	HEBR.	VULGATA HOD.
Ex Ms. Sangerm. 1. Psalmus Asaph. LXXVIII.	*Canticum Asaph. LXXIX.*	1. Psalmus Asaph. LXXVIII.
* DEus venerunt gentes in hæreditatem tuam, coinquinaverunt templum sanctum tuum: posuerunt Jerusalem sicut casam pomarii.	*DEus venerunt gentes in hæreditatem tuam, polluerunt templum sanctum tuum: posuerunt Jerusalem in acervos lapidum.*	DEus venerunt gentes in hæreditatem tuam, polluerunt templum sanctum tuum: posuerunt Jerusalem in pomorum custodiam.
2. Posuerunt mortalia servorum tuorum, escam volatilibus cœli; carnes sanctorum tuorum, bestiis terræ.	*Dederunt cadavera servorum tuorum, escam volatilibus cœli: carnes sanctorum tuorum, bestiis terræ.*	2. Posuerunt morticina servorum tuorum, escas volatilibus cœli: carnes sanctorum tuorum, bestiis terræ.
3. Effuderunt sanguinem eorum sicut aquam in circuitu Jerusalem: & non erat qui sepeliret.	*Effuderunt sanguinem eorum quasi aquam in circuitu Jerusalem, & non erat qui sepeliret.*	3. Effuderunt sanguinem eorum tanquam aquam in circuitu Jerusalem: & non erat qui sepeliret.
4. Facti sumus in opprobrium vicinis nostris: subsannatio & derisio his, qui circum nos sunt.	*Facti sumus opprobrium vicinis nostris: subsannatio & derisio his, qui in circuitu nostro sunt.*	4. Facti sumus opprobrium vicinis nostris: subsannatio & illusio his, qui in circuitu nostro sunt.
5. Usquequo Domine irasceris in finem: exardescit velut ignis zelus tuus?	*Usquequo Domine irasceris in finem: ardebit quasi ignis zelus tuus?*	5. Usquequo Domine irasceris in finem: accendetur velut ignis zelus tuus?
6. Effunde iram tuam in gentibus, quæ te non noverunt; & in regna, quæ non invocant nomen tuum:	*Effunde furorem tuum super gentes, quæ non cognoverunt te: & super regna, quæ nomen tuum non invocaverunt:*	6. Effunde iram tuam in gentes, quæ te non noverunt; & in regna, quæ nomen tuum non invocaverunt: Jeremiæ 10. 25.
7. Quia comederunt Jacob: & locum ejus desolaverunt.	*Quia comederunt Jacob, & decorem ejus desolaverunt.*	7. Quia comederunt Jacob: & locum ejus desolaverunt.
8. Ne memineris iniquitatum nostrarum antiquarum, citò anticipet nos misericordia tua: quia pauperes facti sumus valde.	*Ne recorderis iniquitatum nostrarum veterum: citò occupent nos misericordiæ tuæ, quia attenuati sumus nimis.*	8. Ne memineris iniquitatum nostrarum antiquarum, citò anticipent nos misericordiæ tuæ: quia pauperes facti sumus nimis. Isa. 64. 9.
9. Adjuva nos Deus salutaris noster: propter honorem nominis tui Domine libera nos: & propitius esto pecca-	*Auxiliare nobis Deus Jesus noster, propter gloriam nominis tui libera nos: & propitiare peccatis nostris propter nomen tuum.*	9. Adjuva nos Deus salutaris noster: & propter gloriam nominis tui Domine libera nos: & propitius esto peccatis nostris, propter

NOTÆ AD VERSIONEM ANTIQUAM.

℣. 1. Gr. Ψαλμὸς τῷ Ἀσάφ.

* Vox, 1. *Deus*, abest in Ms. Sangerm. sed incogitantiâ scribæ id contigisse puto; nam locus ibid. sicut & alibi sæpius, relictus est vacuus: cùm enim hujusmodi voces *Dei*, vel *Domini*, in hoc Ms. auro pictæ exhibeantur, non mirum si nonnullæ longis intervallis interruptæ, prætermissæ fuerint. Hilarius in Ps. 136. col. 490. c. ita legit: *Deus venerunt gentes in hæredit. tuam, polluerunt templ..... posuerunt Jerus. velut pomorum custodiam*. Ita quoque habet Psalt. Moz. imo & Rom. si excipias verbum *coinquinaverunt*. Similiter ap. Cassiod. *coinquinaverunt*; at in fine sic, *velut pomorum custodiarium*. Iidem in Psalt. Corb. ac in Mss. Hilarianis. August. cum Vulgata concinit, sicut Hieron. qui ait epist. ad Sun. & Fret. to. 2. 650. c. *Græcè* ὡς ὀπωροφυλάκιον dici: porro, inquit, *nec aliter potest verti, quàm à nobis translatum est*. In ed. Rom. sic: εἰς ὀπωροφυλάκιον at in Ald. & Compl. ὡς, &c. Ambr. epist. 20. to. 2. 857. c. priora tantùm verba refert, ut sup. *Deus venerunt gentes in hæredit. tuam.*

℣. 2. Sic est in Missali Rom. ad diem 12. Junii; ut & apud August. l. 1. de civit. Dei, c. 14. to. 7. 13. c. præter vocem plural. *escas*. Ita quoque in Psalt. Rom. Mediolan. Carnut. Corb. Moz. & apud Cassiod. in hunc Ps. At August. in eund. legit *morticina*, additque: *Melius sanè interpretati sunt, qui* morticina *posuerunt, quàm, sicut quidam*, mortalia: Græcè, θνησιμαῖα; & infra, βρώματα, &c.

℣. 3. Sic habet Psalt. Rom. Corb. verò, *sanguinem ipsorum tanquam aquam*, &c. Mozarab. *velut aquam*. Aug. l. 1. de civit. Dei, c. 14. to. 7. 13. c. *sicut aquam in circuitu Jerusalem*: at in hunc Ps. col. 843. *sicut aquam in circuitu*, &c. Ita etiam Cassiod. in eund. Ps. Gr. ὡς ὕδωρ κύκλῳ Ἱερουσ. Ald. & Compl. ὡσεί.

℣. 4. Psalt. Rom. cum Cassiod. *Facti sumus in opprobrium* (Cassiod. del. *in*) *vicinis nostris: derisui & contemptui iis, qui in circuitu nostro sunt*. Mozarab. *Facti sumus in opprobr. vicin. nostris: derisum & contemptum his, qui sunt in circuitu nostro*. Corb. *Facti sumus in opprobr..... derisus & contemptio his, qui in circuitu*, &c. August. in hunc Ps. *subsannatio & irrisio*, vel, *ut quidam interpretati sunt, illusio eis, qui in circ.* &c. Gr. Ἐγενήθημεν εἰς ὄνειδος... μυκτηρισμὸς καὶ χλευασμὸς τοῖς κύκλῳ ἡμῶν.

℣. 5. Sic apud August. in hunc Ps. excepto uno *exardescet*. In Brev. Mozar. *exardescit velut ignis ira tua?* Gr. ἐκκαυθήσεται ὡς πῦρ ὁ ζῆλός σου; In Psalt. Corb. *Usquequo Domine irasceris in finem: aut in finem accenditur velut ignis zelus tuus?* In Rom. verò & ap. Cassiod. ut in Vulg.

℣. 6. August. leg. cum Psalt. Rom. *in gentes*; & in fine, *quæ non invocaverunt nomen tuum*. Corb. *quæ te non cognoverunt; & in regna, quæ non invocarunt nomen tuum*. Similiter ap. Cassiod. *quæ te non cognoverunt*. Gr. ἐπὶ ἔθνη τὰ μὴ ἐπεγνωκότα σε (Ald. & Compl. γινώσκοντα) καὶ..... τὸ ὄνομά σου οὐκ ἐπεκαλέσαντο.

℣. 7. Ita August. & Cassiod. cum vet. Psalt. & Gr.

℣. 8. Psalt. Rom. & Corb. cum Cassiod. *Ne memin. iniquitates nostras antiquas, citò nos anticipet mis. tua: quia... nimis*. Sic etiam in Mozarab. excepto uno *præveniat*, loco *anticipat*. August. cum Gr. Vulgatæ congruit. Gr. hab. in fine, σφόδρα.

℣. 9. Ita Cassiod. ad verbum, cum Psalt. Corb. Sic etiam in Rom. & Moz. addito uno *&*, post *noster*. August. delet *&*, sed hab. *gloriam*, cum Vulg. Iidem in Græco.

VULGATA HOD.

nomen tuum :

10. Ne fortè dicant in gentibus : Ubi eſt Deus eorum ? & innoteſcat in nationibus coram oculis noſtris,

Ultio ſanguinis ſervorum tuorum, qui effuſus eſt : 11. introeat in conſpectu tuo gemitus compeditorum.

Secundùm magnitudinem brachii tui, poſſide filios mortificatorum.

12. Et redde vicinis noſtris ſeptuplum in ſinu eorum : improperium ipſorum, quod exprobraverunt tibi Domine.

13. Nos autem populus tuus, & oves paſcuæ tuæ, confitebimur tibi in ſæculum :

In generationem & generationem annuntiabimus laudem tuam.

HEBR.

Quare dicent gentes : Ubi eſt Deus eorum ? nota fiat in gentibus ante oculos noſtros

Ultio ſanguinis ſervorum tuorum, qui effuſus eſt : ingrediatur coram te gemitus vinctorum

In magnitudine brachii tui : relinque filios interitûs.

Et redde vicinis noſtris ſeptuplum in ſinu eorum : opprobrium ſuum, quod exprobraverunt tibi Domine.

Nos enim populus tuus, & oves paſcua tua, confitebimur tibi in ſæculum :

In generatione & generatione narrabimus laudem tuam.

VERSIO ANTIQUA.

tis noſtris, propter nomen tuum : *Ex Mſ. Sangerm.*

10. Nequando dicant gentes : Ubi eſt Deus eorum ? & innoteſcant in gentibus coram oculis noſtris.

Vindica ſanguinem ſervorum tuorum qui effuſus eſt : 11. intret ante conſpectum tuum gemitus compeditorum.

Secundùm magnitudinem brachii tui, poſſide filios in adoptione morte punitorum.

12. Redde vicinis noſtris ſeptuplum in ſinus eorum : opprobrium ipſorum, quod exprobraverunt tibi Domine.

13. Nos autem plebs tua, & oves paſcuæ tuæ, confitebimur tibi in æternum :

In ſæculum & ſæculum narrabimus laudem tuam.

NOTÆ AD VERSIONEM ANTIQUAM.

℣. 10. Sic eſt in Pſalt. Corb. & Rom. excepta voce *nationibus*, pro *gentibus*. Similiter in Mozarab. & ap. Caſſiod. *Nequando dicant gentes* ; at infra ſic in Moz. *vindicta ſanguinis ſervorum*, &c. Ap. Caſſiod. verò, & in Mediol. & Carnut. *vindica ſanguinem*, ut ſup. Auguſt. in eund. Pſ. legit : *Nequando dicant in gentibus..... vindicta ſanguinis ſervor.* &c. Gr. Μήποτε εἴπωσιν ἐν τοῖς ἔθνεσι..... καὶ γνωσθήτω ἐν τοῖς..... ἡ ἐκδίκησις τοῦ αἵματος τῶν, &c.

℣. 11. Pſalt. Rom. & Corb. cum Caſſiod. *Intret in conſpectu tuo* ; reliqua ut in textu, detracto tamen hoc, *in adoptione*. Mozarab. ſimiliter hab. *Intret in conſpectu tuo* ; cæt. verò ut in Vulg. Mediolan. & Carnut. cum Miſſali Rom. ad diem XIX. Junii, *filios morte punitorum*. Apud Auguſt. in hunc Pſ. hæc leguntur : *Intret ante* (al. *in*) *conſpectum tuum ; vel ſicut alii codices habent, In conſpectu tuo, gemitus compeditorum. Secundùm magnitud. brachii tui, recipe in adoptionem filios mortificatorum ; vel ſicut in aliis codicibus legitur, Poſſide filios morte punitorum* ; Mſs. *mortificatorum*. In Græco : Εἰσελθέτω ἐνώπιόν σου..... περιποίησαι τοὺς υἱοὺς τῶν τεθανατωμένων.

℣. 12. Pſalt. Rom. & Moz. cum Caſſiod. delent pariter *&*, ante *redde* ; reliqua verò ut in Vulg. Corb. hab. *Redde..... in ſinus eorum : improperium ipſorum, quod improperaverunt tibi Domine*. Aug. *Redde vicin. noſtris ſepties tantùm in ſinus eorum : opprobrium eorum, quod exprobr.* &c. Gr. Ἀπόδος..... ἑπταπλάσια εἰς τὸν κόλπον αὐτῶν· τὸν ὀνειδισμὸν αὐτῶν, ὃν ὠνείδισάν σε Κύριε.

℣. 13. Pſalt. Rom. cum Moz. Corb. Mediol. & Carnut. *Nos autem populus tuus, & oves gregis tui, confiteb. tibi* Rom. *in ſæcula : & in ſæculum ſæculi narrabimus laudem tuam* ; Moz. *in ſæculum : & in generatione & generatione narravimus laudem tuam* ; Corb. *in ſæcula : in ſæculum & ſæculum narrabimus laudem tuam*. Rom. Martianæi, *confiteb. tibi Deus in ſæcula : & in ſæculum ſæculi*, &c. Caſſiod. in hunc Pſ. *confitebimur tibi in ſæculum : & in ſæculum ſæculi narrabimus*, &c. Ap. Auguſt. in eund. Pſ. ut in Vulg. præter hoc, *oves gregis tui*. Caſſiod. leg. pariter *oves gregis tui*. Addit Aug. *Alii autem codices habent* : confitebimur tibi in æternum. *Ex ambiguo Græco facta eſt iſta diverſitas : quod enim habet Græcus* εἰς τὸν αἰῶνα, *&* in æternum, *&* in ſæculum *interpretari poteſt..... Senſus hujus loci magis mihi videtur oſtendere*, in ſæculum *dici oportere, id eſt, uſque in finem ſæculi*. Ed. Rom. Ἡμεῖς γὰρ (Compl. δὲ)..... καὶ πρόβατα νομῆς σου, ἀνθομολογησόμεθά σοι εἰς τὸν αἰῶνα· εἰς γενεὰν καὶ γενεὰν, &c. ut in Vulg.

VULGATA HOD.

1. In finem, Pro iis qui commutabuntur, teſtimonium Aſaph, Pſalmus. LXXIX.

2. Qui regis Iſraël, intende : qui deducis velut ovem Joſeph.

Qui ſedes ſuper cherubim, manifeſtare 3. coram Ephraim, Benjamin, & Manaſſe.

HEBR.

Victori pro liliis teſtimonium Aſaph, Canticum. LXXX.

Qui paſcis Iſraël, auſculta : qui ducis quaſi gregem Joſeph.

Qui ſedes ſuper cherubim, oſtendere : ante Ephraim, & Benjamin, & Manaſſe

VERSIO ANTIQUA.

1. In finem, Pro his qui immutabuntur, in teſtimonium Aſaph pro Aſſyrio. LXXIX. *Ex Mſ. Sangerm.*

2. Qui regis Iſraël, intende : qui deducis velut oves Joſeph.

Qui ſedes ſuper cherubin, appare 3. coram Ephrem, & Benjamin, & Manaſſe.

NOTÆ AD VERSIONEM ANTIQUAM.

℣. 1. Pſalt. Corb. *In finem, Pro his qui commutabuntur, teſtimonium Aſaph, Canticum pro Aſſyriam*. Mozarab. *In finem..... qui commutab. teſtim. Pſalmus Aſaph*. Rom. Vulgatæ conſonat. Carnut. addit *pro Aſſyrio*, ut ſupra. Ap. Auguſt. in hunc Pſ. ſic : *In finem, Pro his qui immutab. teſtim. ipſi Aſaph* : & infra : *Concludit autem titulus Pſalmi, Pro Aſſyriis* : item lib. cont. Judæos, to. 8. col. 33. a. leg. *pro his quæ immutabuntur*. Similiter ap. Caſſiod. *immutabuntur* ; reliqua ut in Vulgata. In Gr. Εἰς τὸ τέλος, Ὑπὲρ τῶν ἀλλοιωθησομένων, μαρτύριον τῷ Ἀσὰφ, Ψαλμὸς ὑπὲρ τοῦ Ἀσσυρίου. Hoc ult. ὑπὲρ τοῦ, &c. deeſt in ed. Compl.

℣. 2. Itidem in Pſalt. Carnut. Corb. & apud Caſſiod. Sic etiam in Rom. Mediolan. & Moz. præter hoc, *velut ovem*. Apud Iren. l. 3. c. 11. p. 190. c. *Qui ſedes ſup. cherubim, appare*. Ita etiam in epiſt. Orient. ad Symm. Conc. to. 4. col. 1307. a. & ap. Auct. op. imp. in Matth. hom. 5. p. 47. e. Item apud Ambroſ. l. 5. de fide, to. 2. 566. a. nec aliter in Miſſali Rom. ad Grad. ſabbati IV. Temp. Adv. Apud Auguſt. verò : *Qui paſcis Iſraël, intende..... velut oves Joſeph...... ſup. cherubim, appare*. Similiter habet Fulg. fragm. 29. cont. Fab. p. 626. Hieron. etiam ad hæc Iſaiæ 6. 2. *Seraphim ſtabant*, &c. to. 3. col. 60. b. ait : *Seraphim autem, præter hunc locum, in Scripturis canonicis alibi legiſſe me neſcio, qui ſtare dicuntur ſuper templum, vel in circuitu Domini. Ergo errant qui ſolent in precibus dicere* : Qui ſedes ſuper cherubim, & ſeraphim, *quod Scriptura non docuit*. Gr. Ὁ ποιμαίνων τὸν Ἰσραὴλ..... ὁ ὁδηγῶν ὡσεὶ πρόβατα (Ald. & Compl. πρόβατον)..... ἐπὶ τῶν χερουβὶμ, ἐμφάνηθι.

℣. 3. Ita legunt Auguſt. & Caſſiod. in hunc Pſ. cum Gaud. Brix. ſer. 2. p. 955. f. Similiter in Pſalt. Rom. *coram Ephrem*, ſed abſque ſeq. *&*. In Mozarab. *coram Effraim, & Benjamin*, &c. In Corb. *coram Ephrem, & Benjeamin, & Manaſſes*, &c. Apud Fulg. fragm. 29. cont. Fab. p. 626. *coram Efrem, & Benj. & Manaſſe. Excita pot. tuam, & veni, ut liberes nos*. Item in epiſt. Orient. ad Symm,

VERSIO ANTIQUA.	HEBR.	VULGATA HOD.
Ex Mſ. Sangerm. Excita potentiam tuam, & veni, ut ſalvos facias nos.	*Suſcita fortitudinem tuam, & veni, ut ſalvos facias nos.*	Excita potentiam tuam, & veni, ut ſalvos facias nos.
4. Deus virtutum convertens: & oſtende faciem tuam, & ſalvi erimus.	*Deus converte nos: & oſtende faciem tuam, & ſalvi erimus.*	4. Deus converte nos: & oſtende faciem tuam, & ſalvi erimus.
5. Domine Deus virtutum, quouſque iraſcêris in oratione ſervi tui?	*Domine Deus exercituum, uſquequo fumabis ad orationem populi tui?*	5. Domine Deus virtutum, quouſque iraſcêris ſuper orationem ſervi tui?
6. Et dabis eis panem lacrymarum: & potum dabis eis in lacrymis in menſura?	*Cibaſti eos pane flebili, & potaſti eos in lacrymis tripliciter.*	6. Cibabis nos pane lacrymarum: & potum dabis nobis in lacrymis in menſura?
7. Poſuiſti nos in contradictionem vicinis noſtris: & inimici noſtri deriſerunt nos.	*Poſuiſti nos contentionem vicinis noſtris, & inimici noſtri ſubſannaverunt nos.*	7. Poſuiſti nos in contradictionem vicinis noſtris: & inimici noſtri ſubſannaverunt nos.
8. Domine Deus virtutum converte nos: & oſtende faciem tuam: & ſalvi erimus. DIAPSALMA.	*Deus exercituum converte nos: & oſtende faciem tuam, & ſalvi erimus.*	8. Deus virtutum converte nos: & oſtende faciem tuam: & ſalvi erimus.
9. Vineam ex Ægypto tranſtuliſti: ejeciſti gentes, & plantaſti eam.	*Vineam de Ægypto tuliſti: ejeciſti gentes, & plantaſti eam.*	9. Vineam de Ægypto tranſtuliſti: ejeciſti gentes, & plantaſti eam.
10. Viam feciſti in conſpectu ejus: & plantaſti radices ejus, & repleſti terminos terræ.	*Præparaſti ante faciem ejus, & ſtabiliſti radices ejus, & implevit terram.*	10. Dux itineris fuiſti in conſpectu ejus: plantaſti radices ejus, & implevit terram.
11. Operuit montes umbra ejus: & arbuſta ejus cedros.	*Operti ſunt montes umbrâ ejus, & rami illius cedri Dei.*	11. Operuit montes umbra ejus: & arbuſta ejus cedros Dei.
12. Extendit palmites ſuos uſque ad mare: & uſque ad flumen propagines ejus.	*Expandit comas ſuas uſque ad mare, & uſque ad flumen germina ſua.*	12. Extendit palmites ſuos uſque ad mare: & uſque ad flumen propagines ejus.
13. Ut quid deſtruxiſti maceriam ejus: & vindemiant eam omnes, qui tranſeunt viam?	*Quare diſſipaſti maceriam ejus, & vindemiaverunt eam omnes, qui tranſeunt per viam?*	13. Ut quid deſtruxiſti maceriam ejus: & vindemiant eam omnes, qui prætergrediuntur viam?
14. Exterminavit eam aper de ſilva: & ſingularis ferus depaſtus eſt eam.	*Vaſtavit eam aper de ſilva, & omnes beſtiæ agri depaſtæ ſunt eam.*	14. Exterminavit eam aper de ſilva: & ſingularis ferus depaſtus eſt eam.
15. Deus virtutum convertens nos, reſpice de cœlo, &	*Deus exercituum revertere, obſecro: reſpice de cœlo, & vide, &*	15. Deus virtutum convertere: reſpice de cœlo, & vide, & viſita

NOTÆ AD VERSIONEM ANTIQUAM.

Conc. to. 4. 1307. a. *ut liberes nos.*

℣. 4. Vitioſus procul dubio textus eſt in Pſalt. Sangerm. ubi legitur *convertens*; quippe vel unâ litterulâ *e* additâ, fit *converte nos*, ut inf. ℣. 8. quod etiam ubique habetur. Auguſt. in hunc Pſ. legit: *Deus converte nos: & illumina faciem tuam, & ſal.* &c. Ambroſ. in Pſ. 45. to. 1. 932. c. & Caſſiod. in Pſ. 79. ut in Vulg. In Pſalt. Rom. *Domine Deus virtutum converte nos: & oſtende fac.* &c. In Corb. *Deus virtutum converte nos*, &c. Gr. Ὁ Θεὸς ἐπίστρεψον ἡμᾶς· καὶ ἐπίφανον, &c.

℣. 5. Ita in Pſalt. Moz. eſt. In Rom. verò, Corb. & apud Caſſiod. *in orationem*, &c. Itidem apud Auguſt. in eund. Pſ. niſi quòd hab. *uſquequo*, & infra *quamdiu*. In Gr. Ἕως πότε..... ἐπὶ τὴν προσευχήν, &c.

℣. 6. Hilarius in Pſ. 126. col. 419. c. ſic habet: *Cibabis nos pane lacr. & potum dabis nobis lacrymarum in menſura?* Ambr. in Pſ. 1. to. 1. 753. d. *& potum dabis nobis in lacrymis*, &c. at in Pſ. 118. col. 1233. b. & l. 1. de pœnit. to. 2. p. 406. c. *& potum dabis illis in lacrymis.* Auguſt. in hunc Pſ. *Cibabis nos pane..... & potabis nos in lacrymis*, &c. Caſſiod. cum Pſalt. Rom. Vulgatæ favet, ſicut Chromat. Aquil. in Matth. p. 978. d. In Pſalt. Corb. ſic: *Cibabis nos panem lacrymar. & potum dabis eis lacrymis in menſuram?* In Mozarab. *& potum dabis nob. in lacr. in menſuram?* In Gr. Ψωμιεῖς ἡμᾶς ἄρτον..... καὶ ποτιεῖς ἡμᾶς ἐν δάκρυσιν ἐν μέτρῳ;

℣. 7. Concinunt Pſalt. Rom. Corb. & Moz. unà cum Caſſiod. in hunc Pſ. Auguſt. verò in eund. Pſ. Vulgatæ favet ad verbum. In Gr. ſub fine, ἐμυκτήρισαν ἡμᾶς.

℣. 8. Ita legunt Auguſt. & Caſſiod. in hunc Pſ. cum Pſalt. Rom. Corb. & Gr. Subjicitur pariter *Diapſalma* in Pſalt. Corb. & Rom. Martian. necnon in ed. Rom. LXX. ſecus in Rom. Fabri, ac edd. Ald. & Compl.

℣. 9. Concordant Pſalt. Rom. & Moz. Sic etiam ap. Ambroſ. l. 3. Hexa. to. 1. 52. c. & in Pſ. 118. col. 985. a. & l. 5. de Sacram. to. 2. 376. c. Item ap. Auguſt. & Caſſiod. in hunc Pſ. & in Gr.

℣. 10. Pſalt. Rom. cum Caſſiod. *Viam feciſti in conſp. ejus: & plantaſti..... & repleta eſt terra.* Itidem in Carnut. & Moz. In Corb. verò: *Viam feciſti..... & plantaſti..... & repleſti terram.* Similiter ap. Ambr. l. 3. Hexa. to. 1. 52. c. *& plantaſti radices ejus, & repleſti terram.* Auguſt. cum Pſalt. Mediolan. leg. *Viam feciſti in conſp. ejus: & plantaſti*, &c. ut in Vulg. Gr. Ὡδοποίησας ἔμπροσθεν αὐτῆς· καὶ κατεφύτευσας..... καὶ ἐπλήσθη ἡ γῆ· Ald. & Compl. ἐπλήρωσε τὴν γῆν. Hieron. epiſt. ad Sun. & Fret. to. 2. 651. a. *& plantaſti radices ejus hinc*; tum addit: *Et dicitis quòd in Græco hinc non habeat? & bene: nam & in noſtris codicibus non habetur: & miror quis imperitorum veſtros libros falſaverit.*

℣. 11. Sic Ambroſ. l. 3. Hexa. to. 1. 52. c. necnon Auguſt. & Caſſiod. in hunc Pſ. cum vet. Pſalt. & Gr. addito nomine *Dei*, ad *cedros*, quod incogitanti ſcribæ procul dubio excidit ſup. Vide Not. ad Pſ. 78. ℣. 1.

℣. 12. Ambroſ. l. 3. Hexa. 52. c. leg. *Extendiſti palmites ejus uſque ad*, &c. ut in Vulg. Ita quoque Auguſt. & Caſſiod. in hunc Pſ. cum Pſalt. Rom. & Moz. In Corb. *Extendiſti palmit. ejus..... & uſque ad flumina propag. ejus.* In Gr. Ἐξέτεινε τὰ κλήματα αὐτῆς..... καὶ ἕως ποταμῶν, &c.

℣. 13. Ita Pſalt. Corb. habet. Mozarab. verò: *Ut quid depoſuiſti maceriam ejus: & vindem. eam omnes tranſeuntes viam?* Item in Rom. & ap. Caſſiod. *depoſuiſti*; extremò verò ut ſup. *omnes, qui tranſeunt viam.* Apud Ambroſ. in Pſ. 43. & 118. to. 1. col. 911. c. & 1159. b. *omnes tranſeuntes viam.* Similiter apud Aug. cum verbo *deſtruxiſti.* In Pſalt. Mediolan. *depoſuiſti.* In Gr. Ἵνα τί καθεῖλες τὸν..... πάντες οἱ παραπορευόμενοι τὴν ὁδόν;

℣. 14. Itidem Caſſiod. cum Pſalt. Rom. Hilar. verò in Pſ. 67. & 131. col. 209. f. 452. d. leg. *Devaſtavit eam aper*, &c. Similiter Ambroſ. in Pſ. 43. to. 1. 911. c. Hieron. in Iſai. 27. to. 3. 230. e. *Vaſtabit eam*, &c. Aug. in Pſ. 79. *Devaſtavit eam aper*; inf. *vaſtavit.* Gr. Ἐλυμήνατο αὐτὴν σῦς, &c.

℣. 15. Pſalt. Rom. Fabri: *Domine Deus virtutum convertere: nunc reſpice de cælo*, &c. Rom. Martian. cum Mediolan. *converte nunc: reſpice*, &c. Corb. *Deus virtutum converte nos: reſpice*, &c. Auguſt. in hunc Pſ. *Deus virt. convertere verò: reſpice*, &c. Caſſiod. cum Tichonio reg.

VULGATA HOD.	HEBR.	VERSIO ANTIQUA.
vineam istam.	*visita vineam hanc :*	vide, & visita vineam istam. *Ex Ms. Sangerm.*
16. Et perfice eam, quam plantavit dextera tua : & super filium hominis, quem confirmasti tibi.	*Et radicem quam plantavit dextera tua, & filium quem confirmasti tibi :*	16. Et dirige eam, quam plantavit dextera tua :
17. Incensa igni, & suffossa ab increpatione vultus tui peribunt.	*Succensam igni, dirutam : ab increpatione faciei tuæ pereant.*	17. Incensam igni, & effusa manu : ab increpatione vultus tui peribunt.
18. Fiat manus tua super virum dexteræ tuæ : & super filium hominis, quem confirmasti tibi.	*Fiat manus tua super virum dexteræ tuæ, & super filium hominis, quem confirmasti tibi.*	18. Fiat manus tua super virum dexteræ tuæ : & super filium hominis, quem confirmasti tibi.
19. Et non discedimus à te, vivificabis nos : & nomen tuum invocabimus.	*Et non recedemus à te : vivificabis nos, & in nomine tuo vocabimur.*	19. Et non discedimus à te, vivificabis nos : & nomen tuum invocabimus.
20. Domine Deus virtutum converte nos : & ostende faciem tuam, & salvi erimus.	*Domine Deus exercituum converte nos : ostende faciem tuam, & salvi erimus.*	20. Domine Deus virtutum converte nos : & ostende faciem tuam super nos, & salvi erimus.

NOTÆ AD VERSIONEM ANTIQUAM.

1. p. 50. g. Vulgatæ congruit. Græc. Ὁ Θεὸς τῶν δυνάμ. ἐπίστρεψον δὴ, &c.

℣. 16. Itidem in Psalt. Rom. Mediol. Corb. & Carnut. *Et dirige eam ;* reliqua ut in Vulg. Unde vix dubium mihi est, quin ab oscitante librario prætermissus fuerit sequens versiculus, *& super filium hominis, quem confirmasti tibi :* qui nimirum exstat in vet. al. Psalt. Similiter apud August. & Cassiod. in hunc Ps. necnon apud Tichon. reg. 1. p. 50. g. cum hoc primo, *Et perfice eam.* In Gr. Καὶ κατάρτισαι αὐτὴν, &c. ut in Vulg.

℣. 17. Breviar. Mozarab. habet : *Incensa igni, & effossa manu ab increp.* &c. Itidem Cassiod. cum Psalt. Rom. Mediol. & Carnut. Psalt. vetus apud Nobil. *Succensam igni, & effossam ;* Corb. *Incensam igni, & effossa manu,* &c. August. in eund. Ps. *Succensa igni, & effossa ab increp.* &c. Gr. Ἐμπεπυρισμένη πυρὶ, καὶ ἀνεσκαμμένη ἀπὸ, &c.

℣℣. 18. 19. Ita legunt August. & Cassiod. cum vet. Psalt. & Gr.

℣. 20. Apud Aug. & Cassiod. deest τὸ *super nos ;* sicut in Psalt. Rom. & Gr. cæt. ut in Vulg.

VULGATA HOD.	HEBR.	VERSIO ANTIQUA.
In finem, 1. Pro torcularibus, Psalmus ipsi Asaph. LXXX.	*Victori In torcularibus Asaph. LXXXI.*	In finem, 1. Pro torcularibus Domini, ipsi Asaph Psalmus, quintâ sabbati. LXXX. *Ex Ms. Sangerm.*
2. EXsultate Deo adjutori nostro : jubilate Deo Jacob.	*LAudate Deum fortitudinem nostram : jubilate Deo Jacob.*	2. EXsultate Deo adjutori nostro : jubilate Deo Jacob.
3. Sumite psalmum, & date tympanum : psalterium jucundum cum cithara.	*Assumite carmen, & date tympanum : citharam decoram cum psalterio.*	3. Sumite psalmum, & date tympanum ; psalterium jucundum.
4. Buccinate in Neomenia tubâ, in insigni die solemnitatis vestræ :	*Clangite in Neomenia, buccinâ : & in medio mensis, die solemnitatis nostræ :*	4. Canite Deo initio mensis in tuba, in diem insignis solemnitatis nostræ :
5. Quia præceptum in Israël est : & judicium Deo Jacob.	*Quia legitimum Israël est : judicium Deo Jacob.*	5. Quia præceptum est ad Israël : & judicium Deo Jacob.
Gen. 41. 29. 6. Testimonium in Joseph posuit illud, cùm exiret de terra Ægypti : linguam, quam non noverat, audivit.	*Testimonium in Joseph posuit, cùm egrederetur de terra Ægypti : labium, quod nesciebam, audivi.*	6. Testimonium in Joseph posuit eum, cùm exiret de terra Ægypti : linguam, quam non noverat, audivit.
7. Divertit ab oneribus dorsum ejus : manus ejus in cophino servierunt.	*Amovi ab onere humerum ejus : manus ejus à cophino recesserunt.*	7. Divertit ab operibus eorum dorsum suum : manus ejus in cophino servierunt.

NOTÆ AD VERSIONEM ANTIQUAM.

℣. 1. Vox *Domini* abest à Psalt. Rom. tum sequitur, *Psalmus Asaph, quintâ sabbati.* In Mozarab. sic : *In finem, Pro torcul. Psalmus Asaph.* In Corb. *In finem, Pro torcularibus Domini, Psalmus Asaph, quintâ sabbati.* Ap. Aug. *In finem, Pro torcul. quintâ sabbati, Psalmus ipsi Asaph.* Apud Cassiod. *In finem, Pro torcul. Asaph, quintâ sabbati.* In Gr. Εἰς τὸ τέλος, Ὑπὲρ τῶν ληνῶν, Ψαλμὸς τῷ Ἀσάφ.

℣. 2. Sic Ambr. in Luc. 7. to. 1. 1386. c. necnon August. & Cassiod. in Ps. 80. cum vet. Psalt. & Gr.

℣. 3. Ambros. in Luc. 7. to. 1. 1386. c. extremò addit *cum cithara.* Itidem Cassiod. in hunc Ps. cum vet. Psalt. & Gr. Sic etiam August. in eund. Ps. sed pro *sumite*, legit *accipite ;* Gr. λάβετε. Missale Rom. sic hab. ad Introit. fer. 4. IV. Temp. post Pent. *Sumite psalmum jucundum cum cithara.*

℣. 4. Psalt. Rom. & Moz. *Canite in initio mensis tubâ, in die insignis solemnitatis vestræ.* Mediolan. quoque hab. *Canite in initio mensis tubâ*, cum Missali Rom. ad Introit. fer. 4. IV. Temp. Pent. Sic etiam Ambros. in Ps. 43. to. 1. 895. f. & l. de fide resur. to. 2. 1162. b. item l. de Elia & jej. c. 1. to. 1. 535. b. sed addit, *in die frequenti solemnitatis vestræ.* Apud Aug. in hunc Ps. sic : *Tubâ canite in initio mensis tuba ;* nec habentur plura. Apud Cassiod. *Canite initio mensis tubâ, in die insigni solemnitatis vestræ.* In Psalt. Corb. *Cantate initio mensis tuba, in die insigni solemnitatis nostræ.* In Gr. Σαλπίσατε ἐν νεομηνίᾳ σάλπιγγι, ἐν εὐσήμῳ ἡμέρᾳ ἑορτῆς ὑμῶν· Alex. ἡμέρας ἑορτῆς ἡμῶν.

℣. 5. Psalt. Rom. & Cassiod. cum Vulgata concinunt, Mozar. hab. *Quia præceptum Israel est*, &c. August. *Quia præceptum ipsi Israel est*, &c. Græc. Ὅτι πρόσταγμα τῷ Ἰσραὴλ ἐστι, &c.

℣. 6. Sic est in Psalt. Rom. Martian. excepto uno *dum*, pro *cùm.* Item in Corb. Mediol. & Carnut. *posuit eum :* præterea in Corb. *lingua quam*, &c. In Rom. Fabri, *posuit illud, dum*, &c. Similiter apud August. in hunc Ps. Apud Cassiod. verò ut in Vulg. In Gr. ἔθετο αὐτὸν, ἐν τῷ ἐξελθεῖν αὐτὸν, &c.

℣. 7. Vulgatæ consonat Psalt. Rom. cum Cassiod. Ap. August. in eund. Ps. sic : *Avertit ab oneribus dorsum ejus*, &c. Apud Ambros. in Luc. 9. col. 1405. f. & ep. 37. col. 936. b. posteriora tantùm, *manus ejus in coph.* &c. In Gr. Ἀπέστησεν ἀπὸ ἄρσεων τὸν νῶτον αὐτοῦ, &c. Alex. αὐτῶν.

	VERSIO ANTIQUA.	HEBR.	VULGATA HOD.	
Ex Mſ. Sangerm.	8. In tribulatione invocaſti me, & liberavi te, & exaudivi te in abſcondito tempeſtatis: probavi te in aquæ contradictione. DIAPSALMA.	*In tribulatione invocaſti, & erui te: exaudivi te in abſcondito tonitrui: probavi te ſuper aquam contradictionis. SEMPER.*	8. In tribulatione invocaſti me, & liberavi te: exaudivi te in abſcondito tempeſtatis: probavi te apud aquam contradictionis.	Exod. 17. 5.
	9. Audi populus meus, & loquar: Iſraël ſi audias me, 10. non erit tibi deus alienus, neque adorabis deo alieno.	*Audi populus meus, & conteſtabor te: Iſraël ſi audieris me. Non ſit in te deus alienus, & non adores deum peregrinum.*	9. Audi populus meus, & conteſtabor te: Iſraël ſi audieris me, 10. non erit in te deus recens, neque adorabis deum alienum.	
	11. Ego enim ſum Dominus Deus tuus, qui eduxi te de terra Ægypti: dilata os tuum, ego adimplebo illud.	*Ego ſum Dominus Deus tuus, qui eduxi te de terra Ægypti: dilata os tuum, & implebo illud.*	11. Ego enim ſum Dominus Deus tuus, qui eduxi te de terra Ægypti: dilata os tuum, & implebo illud.	Exod. 20. 2.
	12. Et non audivit populus meus vocem meam: & Iſraël non intendit mihi.	*Et non audivit populus meus vocem meam: & Iſraël non credidit mihi.*	12. Et non audivit populus meus vocem meam: & Iſraël non intendit mihi.	
* Mſ. vitiosè dimiſit.	13. Et * dimiſi eos ſecundùm deſideria cordis eorum, & ambulabunt in voluntatibus ſuis.	*Et dimiſi eum in pravitate cordis ſui: ambulabunt in conſiliis ſuis.*	13. Et dimiſi eos ſecundùm deſideria cordis eorum, ibunt in adinventionibus ſuis.	Act. 14. 15.
	14. Si populus meus audiſſet me: Iſraël ſi vias meas ambulaſſet:	*Utinam populus meus audiſſet me: Iſraël in viis meis ambulaſſet.*	14. Si populus meus audiſſet me: Iſraël ſi in viis meis ambulaſſet:	Bar. 3. 13.
	15. Ad nihilo inimicos eorum humiliaſſem: & ſuper tribulantes eos immiſiſſem manum meam.	*Quaſi nihilum inimicos ejus humiliaſſem, & ſuper hoſtes eorum vertiſſem manum meam.*	15. Pro nihilo forſitan inimicos eorum humiliaſſem: & ſuper tribulantes eos miſiſſem manum meam.	
	16. Inimici Domini mentiti ſunt ei: & erit tempus eorum in æternum.	*Qui oderunt Dominum, negabunt eum: & erit tempus eorum in ſæculum.*	16. Inimici Domini mentiti ſunt ei: & erit tempus eorum in ſæcula.	
	17. Et cibabit illos ex adipe frumenti: & de petra, melle ſaturavit eos.	*Et cibavit eos ex adipe frumenti: & de petra, melle ſaturavit eos.*	17. Et cibavit eos ex adipe frumenti: & de petra, melle ſaturavit eos.	

NOTÆ AD VERSIONEM ANTIQUAM.

℣. 8. Ita Pſalt. Rom. habet cum Moz. præter ult. *ad aquas contradictionis;* Corb. *in aquam contrad.* Ambroſ. in Pſ. 45. to. 1. 927. c. *in aqua contradictionis;* cæt. ut in textu. Caſſiod. *ad aquam contradict.* Aug. in hunc Pſ. *In tribul. invoc. me, & erui te: exaudivi te..... probavi te in aqua contradict.* Gr. Ἐν θλίψει ἐπεκαλέσω με, καὶ ἐῤῥυσάμην σε..... ἐδοκίμασά σε ἐπὶ ὕδατος ἀντιλογίας. Edd. Ald. & Compl. ponunt Διάψαλμα, ante ἐδοκίμασα; ed. verò Rom. ut in textu. Sic etiam in Pſalt. Rom. Corb. & ap. Auguſt.

℣. 9. Pſalt. Rom. cum Caſſiod. *Audi populus meus, & loquar; Iſrael, & teſtificabor tibi: Iſrael ſi me audieris.* Itidem in Mozarab. deleto iſto, *& loquar Iſraël.* In Corb. *Audi..... & loquar; Iſraël, & teſtificab. tibi: ſi audieris me.* Apud Aug. in hunc Pſ. *Audi pop. meus, & loquar; & teſtificabor tibi: Iſraël ſi me audieris.* In Gr. Ἄκουσον λαός μου, καὶ λαλήσω σοι· Ἰσραὴλ, καὶ διαμαρτύρομαί σοι· ἐὰν ἀκούσῃς μου· in Mſ. Alex. ac edd. Ald. & Compl. deeſt, καὶ λαλήσω σοι Ἰσραήλ· mox ita in Alex. καὶ διαμαρτυροῦμαί σοι Ἰσραήλ. Ap. Ambroſ. l. 1. de fide reſurr. to. 2. 457. d. hæc pauca: *Iſrael ſi me audieris.*

℣. 10. Ambroſ. ubi ſup. concordat cum Vulgata. Sic etiam Auguſt. & Caſſiod. in hunc Pſ. cum Pſalt. Rom. Gr. οὐκ ἔσται ἐν σοὶ θεὸς πρόσφατος, &c. ut in textu.

℣. 11. Hilar. in Pſ. 118. col. 344. f. cum Pſalt. Corb. *dilata os tuum, & adimplebo illud.* Itidem Auguſt. in Pſ. 80. & quæſt. 9. in Exod. to. 3. col. 424. a. Item Ambr. in Pſ. 118. col. 1186. e. & l. 3. de Spir. S. col. 690. f. at in Pſ. 36. col. 808. a. leg. *aperi os tuum, & adimplebo illud.* Caſſiod. ut in Vulg. Pſalt. Rom. *& ego adimplebo illud.* Gr. πλάτυνον τὸ στόμα σου, καὶ πληρώσω αὐτό.

℣. 12. Ita Caſſiod. cum Pſalt. Rom. Aug. verò in hunc Pſ. *Et non obaudivit populus meus,* &c. Mſ. Floriac. *Et non obaudivit populus vocem,* &c. Pſalt. Corb. *Et non audivit populus verbum meum,* &c. Gr. Καὶ οὐκ ἤκουσεν, &c. ut in textu.

℣. 13. Auguſt. in hunc Pſ. *Et dimiſi eos ſecundùm affectiones cordis eorum, ibunt in affectionibus ſuis.* Caſſiod. in eund. Pſ. *Et dimiſi eos ſecundùm deſiderium cordis eorum, & ibunt in voluntatibus ſuis.* Pſalt. Corb. & Moz. *& ibunt in voluptatibus ſuis.* Rom. Mediol. & Carnut. *& ibunt in voluntatibus ſuis.* Gr. Καὶ ἐξαπέστειλα αὐτοὺς κατὰ τὰ ἐπιτηδεύματα τῶν καρδιῶν αὐτῶν, πορεύσονται ἐν τοῖς ἐπιτηδεύμασιν αὐτῶν.

℣. 14. Ita in Pſalt. Corb. Sic etiam in Rom. niſi quòd habetur *plebs mea.* Item in Mozar. & Mſ. Floriac. *plebs mea;* ſicut ap. Auguſt. & Caſſiod. in hunc Pſ. at infra conſtanter, *ſi in viis meis,* &c. In Gr. Εἰ ὁ λαός μου ἤκουσέ μου· Ἰσραὴλ ταῖς ὁδοῖς μου εἰ ἐπορεύθη.

℣. 15. Pſalt. Moz. cum Rom. Mediol. Corb. & Carnut. *Ad nihilum inimicos eorum hum.* &c. ut in Vulg. Mſ. Floriac. *Ad nihilum inimicos ejus humil.* &c. Aug. in hunc Pſ. *In nihilum omnes inimicos eorum,* &c. infra delet *omnes.* Caſſiod. *Pro nihilo inimicos eorum,* &c. In Gr. Ἐν τῷ μηδενὶ ἂν τοὺς ἐχθροὺς αὐτῶν ἐταπείνωσα, &c.

℣. 16. Sic eſt in Pſalt. Rom. Corb. & Moz. ſicut apud Auguſt. & Caſſiod. in hunc Pſ. In Gr. εἰς τὸν αἰῶνα.

℣. 17. Pſalt. Corb. ſimiliter hab. *Et cibabit,* vet. codd. more; Rom. *Cibavit eos,* &c. abſque præced. &. Similiter apud Ambroſ. l. de inſtit. virg. to. 2. p. 269. c. at in Luc. 2. to. 1. p. 1304. e. legit, *& de petra mellis ſaturavit eos.* Apud Auguſt. & Caſſiod. ut in Vulg. In Gr. Καὶ ἐψώμισεν, &c. ut in Lat.

	VERSIO ANTIQUA.	HEBR.	VULGATA HOD.
Ex Mſ. Sangerm.	1. Pſalmus ipſi Aſaph. LXXXI.	*Canticum Aſaph. LXXXII.*	1. Pſalmus Aſaph. LXXXI.
	* DEus ſtetit in ſynagoga deorum: in medio autem deos diſcernit.	*DEus ſtetit in cœtu Dei: in medio deos judicat.*	DEus ſtetit in ſynagoga deorum: in medio autem deos dijudicat.

NOTÆ AD VERSIONEM ANTIQUAM.

℣. 1. Ita Aug. in hunc Pſ. Ap. Caſſiod. deeſt *ipſi*, ſicut in Pſalt. Rom. Corb. & Mozar. In Gr. Ψαλμὸς τῷ Ἀσάφ.

* Ita legit Irenæus l. 3. c. 6. p. 180. c. cum Pſalt. Rom. Mediolan. Carnut. & Moz. Ita etiam Hieron. quæſt. Hebr. to. 2. 513. b. & Caſſiod. in hunc Pſ. Tertul. verò l. 1. adv. Marc. p. 621. b. ſic: *Deus deorum ſtetit in ec-*

Vulgata hod.	Hebr.	Versio antiqua.	
2. Usquequo judicatis iniquitatem : & facies peccatorum sumitis ?	*Usquequo judicatis iniquitatem, & facies impiorum suscipitis ? Semper.*	2. Quousque judicatis iniquitatem : & faciem peccantium sumitis ? Diapsalma.	Ex Ms. Sangerm.
3. Judicate egeno, & pupillo : humilem, & pauperem justificate.	*Judicate pauperi, & pupillo : egeno, & inopi juste facite.*	3. Judicate pupillo, & egeno : humilem, & pauperem justificate.	
Prov. 24. 11. 4. Eripite pauperem : & egenum de manu peccatoris liberate.	*Salvate inopem, & pauperem : de manu impiorum liberate.*	4. Eripite pauperem : & egenum de manu peccatoris liberate.	
5. Nescierunt, neque intellexerunt, in tenebris ambulant : movebuntur omnia fundamenta terræ.	*Non cognoscunt, nec intelligunt, in tenebris ambulant : movebuntur omnia fundamenta terræ.*	5. Nescierunt enim quæ intellexerunt, in tenebris ambulant : movebuntur omnia fundamenta terræ.	
Joan. 10. 34. 6. Ego dixi : Dii estis, & filii Excelsi omnes.	*Ego dixi : Dii estis vos, & filii Excelsi omnes vos.*	6. Ego dixi : Dii estis, & filii Excelsi omnes.	
7. Vos autem sicut homines moriemini : & sicut unus de principibus cadetis.	*Ergo quasi Adam moriemini, & quasi unus de principibus cadetis.*	7. Vos autem sicut homines moriemini : & sicut unus de principibus caditis.	
8. Surge Deus, judica terram : quoniam tu hæreditabis in omnibus gentibus.	*Surge Deus, judica terram : quoniam tu hæreditabis in omnes gentes.*	8. Surge Deus, judica terram : quoniam tu disperdis in omnibus gentibus.	

Notæ ad Versionem antiquam.

clesia deorum : in medio autem deos dijudicavit : & l. cont. Hermog. ac Prax. p. 412. b. 849. b. *Stetit Deus in ecclesia deorum.* Novatian. de Trin. p. 1039. c. *Stetit Deus in synagoga deorum : in medio autem Deus deos discernit.* Hoc ult. *discernit*, pariter hab. Rufinus, l. 10. hist. Eccl. c. 2. Cyprian. l. 2. Testim. p. 287. b. *Deus stetit in synagoga deorum : in med. autem deos discernens.* Hilarius in Ps. 134. col. 471. e. *Deus stetit in congregatione deorum : in med. autem deos discernit* : at in Ps. 135. col. 484. e. legit, *in synagoga deorum.* Ambros. epist. 63. to. 2. col. 1024. a. *Deus stetit in congregatione deorum..... deos dijudicat.* Aug. in hunc Ps. *Deus stetit in synag. deorum : in med. aut. deos discernere.* In Psalt. Corb. *Deus discernit.* In Gr. Ὁ Θεὸς ἔστη ἐν..... θεοὺς διακρινεῖ.

℣. 2. Sic habent August. & Cassiod. in hunc Ps. cum Psalt. Rom. Corb. & Moz. præter unum *& facies* ; solus Corb. *& faciem* ; Mediol. *& personas* ; August. etiam legit *usquequo.* Lucif. Cal. l. 1. pro S. Athan. p. 194. a. *Quousque judicastis iniquitatem : & faciem peccantium sumitis ?* Gr. Ἕως πότε κρίνετε ἀδικίαν, καὶ πρόσωπα ἁμαρτωλῶν λαμβάνετε ; Διάψαλμα quoque ibid. sequitur, sicut in Psalt. Corb. & Rom. deest tamen in edd. Ald. & Compl.

℣. 3. Ita leg. August. cum Psalt. Rom. Tertul. verò l. 4. adv. Marc. p. 707. b. *Judicate pupillo, & mendico : & humilem, & pauperem justè tractate.* Lucif. Calar. l. 1. pro S. Athan. p. 194. a. *Judicate pupillum, & egenum : humilem, & paup. justificate.* Sic etiam in Psalt. Corb. & Mozarab. Apud Cassiod. in hunc Ps. ut in Vulg. In Gr. Κρίνατε ὀρφανὸν, καὶ πτωχὸν, &c. Ald. & Compl. ὀρφανῷ, καὶ πτωχῷ.

℣. 4. Ita ferunt Psalt. Rom. & Moz. quibus suffragantur Lucif. Cal. l. 1. pro S. Athan. p. 194. a. Ambros. l. 1. offic. to. 2. 18. d. & Cassiod. in hunc Ps. Tertul. verò l. 4. adv. Marc. p. 707. b. ita legit : *Liberate pauperem : & mendicum de manu peccatoris eruite.* August. *Auferte inopem : & pauperem de manu peccatoris eruite.* Brev. Mozar. *& egenum de manu peccatoris liberate eum.* Græc. Ἐξέλεσθε πένητα καὶ πτωχὸν ἐκ χειρὸς ἁμαρτωλῶν ῥύσασθε. Ald. & Compl. ῥύσασθε αὐτόν. Ms. Alex. ῥύσασθαι αὐτούς.

℣. 5. Mendum fortè in Ms. Sangerm. τὸ *enim quæ*, pro *neque.* Apud Cypr. enim l. 1. & 2. Testim. p. 277. b. & 287. a. sic : *Non cognoverunt, neque intellexerunt, in tenebra deambulabunt.* Apud Lucif. Cal. l. 1. pro S. Athan. p. 194. a. *Nescierunt, neque intellexerunt, in tenebris ambulant.* Sic etiam apud Ambros. in Ps. 1. to. 1. p. 764. d. Apud August. in Ps. 81. *Nescierunt, & non intellexerunt, in tenebris amb.* &c. ut in Vulg. In Psalt. Mozarab. *neque intellexerunt, qui in tenebris ambulant*, &c. In Rom. & apud Cassiod. ut in Vulgata. In Gr. Οὐκ ἔγνωσαν, οὐδὲ συνῆκαν, ἐν σκότει διαπορεύονται, &c.

℣. 6. Vet. Iren. Interp. l. 3. c. 6. & 19. p. 180. d. 212. b. *Ego dixi : Dii estis, & filii Altissimi omnes* : at l. 4. c. 38. p. 285. b. *filii Excelsi.* Cypr. l. 2. Testim. p. 287. b. *filii Altissimi omnes.* Sic etiam Hilar. l. 6. de Trin. col. 890. d. Tertul. verò l. cont. Hermog. p. 412. b. & l. 1. cont. Marc. p. 621. b. *Ego dixi : Vos dei estis* ; itidem cont. Prax. p. 849. b. sed addit, *& filii Altissimi.* Ambros. l. 2. de fide, to. 2. 492. c. 554. f. *& filii Excelsi omnes.* Similiter hab. Faustin. presb. cont. Arian. p. 650. e. Phœbad. autem Agin. cont. Arian. p. 300. g. *Ego dixi : Vos dii estis.* August. in hunc Ps. & in Job, to. 3. col. 666. d. add. *& filii Altissimi*, &c. Itidem Optat. l. 4. cont. Donat. p. 70. a. Gr. Ἐγὼ εἶπα· Θεοί ἐστε, καὶ υἱοὶ Ὑψίστου πάντες.

℣. 7. Phœbad. Agin. cont. Arian. p. 650. e. & Cassiod. in hunc Ps. Vulgatæ accinunt cum Psalt. Rom. Apud Aug. similiter, nisi hoc excipias, *ex principibus.* In Gr..... ἀποθνήσκετε· καὶ ὡς εἷς τῶν ἀρχόντων πίπτετε.

℣. 8. Sic in Psalt. Corb. præter vocem *Domine*, loco *Deus.* Apud Cypr. l. 2. Testim. p. 296. c. *Exsurge Deus, judica terram : quoniam tu exterminabis in omnibus gentibus.* Aug. in hunc Ps. cum Psalt. Carnut. *Surge Deus..... quoniam tu disperdes in omnib.* &c. Addit August. *Nec prætereundum quod nonnulli codices habent* : quoniam tu hereditabis in omnib. &c. Psalt. Mozarab. *quoniam tu dominaris in omnib.* &c. Rom. cum Cassiod. *quoniam tu hereditabis*, &c. Item Græcè, ὅτι σὺ κατακληρονομήσεις ἐν πᾶσι, &c.

Vulgata hod.	Hebr.	Versio antiqua.	
1. Canticum Psalmi Asaph. LXXXII.	*Canticum Psalmi Asaph.* LXXXIII.	1. Canticum, Psalmus ipsi David. LXXXII.	Ex Ms. Sangerm.
2. Deus, quis similis erit tibi ? ne taceas, neque compescaris Deus :	*Deus ne taceas tibi : ne sileas, & non quiescas Deus :*	2. Deus, quis similis est tibi ? ne taceas, neque compescas Deus :	
3. Quoniam ecce inimici tui so-	*Quia ecce inimici tui tumul-*	3. Quoniam ecce inimici	

Notæ ad Versionem antiquam.

℣. 1. Psalt. Rom. Corb. & Mozar. *Canticum, Psalmus Asaph.* August. & Cassiod. concinunt cum Vulg. Græc. Ὠδὴ ψαλμοῦ τῷ Ἀσάφ.

℣. 2. Ambros. l. 1. de pœnit. to. 2. 401. e. cum Psalt. Moz. *Deus, quis similis tibi ?* Aug. & Cassiod. cum Rom. Vulgatæ congruunt. August. tamen post pauca addit : *Sic quidam interpretati sunt quod hic positum est*, neque compescaris Deus, *ut dicerent*, neque mitescas Deus. In Psalt. Corb. *neque compescas*, ut sup. In Gr. Ὁ Θεὸς, τίς ὁμοιωθήσεταί σοι ; μὴ σιγήσῃς, μηδὲ καταπραΰνῃς ὁ Θεός.

℣. 3. Psalt. Rom. similiter hab. *sonuerunt* ; deinde, *& qui te oderunt, extul. caput.* Mozarab. cum Græco : *& odientes te, levaverunt caput.* Corb. *& qui oder. te, elevaverunt caput.* Aug. & Cassiod. ut in Vulg.

VERSIO ANTIQUA.	HEBR.	VULGATA HOD.
Ex Mſ. Sangerm. tui ſonaverunt : & odientes te, elevaverunt caput ſuum.	*tuati ſunt, & qui oderunt te, levaverunt caput.*	nuerunt : & qui oderunt te, extulerunt caput.
4. Adversùs plebem tuam, & adversùs te cogitaverunt conſilium : & cogitaverunt adversùs ſanctos tuos.	*Contra populum tuum nequiter tractaverunt, & inierunt conſilium adversùs arcanum tuum.*	4. Super populum tuum malignaverunt conſilium : & cogitaverunt adversùs ſanctos tuos.
5. Dixerunt : Venite, diſperdamus eos ex gente : & non erit * in memoria nomen ejus amplius. (* Mſ. inmemor, aperto mendo; corr. in memoria.)	*Dixerunt : Venite, & conteramus eos de gente : & non ſit memoria nominis Iſrael ultra.*	5. Dixerunt : Venite, & diſperdamus eos de gente : & non memoretur nomen Iſraël ultra.
6. Quoniam cogitaverunt conſilium in unum : adversùs te teſtamentum tuum diſpoſuerunt, 7. tabernacula Idumæorum & Iſmaelitum :	*Quoniam tractaverunt corde pariter : contra te fœdus pepigerunt tabernacula Idumæa & Iſmaelitarum :*	6. Quoniam cogitaverunt unanimiter, ſimul adversùm te teſtamentum diſpoſuerunt, 7. tabernacula Idumæorum & Iſmahelitæ :
Moab, & Aggareni, 8. Geban, & Ammon, & Amalech : & alienigenæ cum habitantibus Tyro.	*Moab, & Agareni, Gebal, & Ammon, & Amalec : Palæſtina, cum habitatoribus Tyri.*	Moab, & Agareni, 8. Gebal, & Ammon, & Amalec : alienigenæ cum habitantibus Tyrum.
9. Etenim Aſſyrius venit ſimul cum eis : facti ſunt in ſuſceptionem filiis Lot.	*Sed & Aſſur venit cum eis : facti ſunt brachium filiorum Lot. SEMPER.*	9. Etenim Aſſur venit cum illis : facti ſunt in adjutorium filiis Lot.
10. Fac illis ſicut Madian, & Saſira ; & ſicut Jabin in torrente Ciſon.	*Fac illis ſicut Madian, ſicut Siſaræ ; ſicut Jabin in torrente Ciſon.*	10. Fac illis ſicut Madian, & Siſaræ ; ſicut Jabin in torrente Ciſſon. Judic. 4. 15. 24. & 7. 22.
11. Diſperierunt in Ermon : facti ſunt ut ſtercus terræ.	*Contriti ſunt in En-Dor : fuerunt quaſi ſterquilinium terræ.*	11. Diſperierunt in Endor : facti ſunt ut ſtercus terræ.
12. Poſuiſti principes eorum ſicut Oreb, & Zebee, & Salmana :	*Pone duces eorum ſicut Oreb, & Zeb ; ſicut Zebee, & Salmana,*	12. Pone principes eorum ſicut Oreb, & Zeb, & Zebee, & Salmana : Judic. 7. 25. & 8. 21.
Omnes principes eorum, 13. qui dixerunt : Hæreditatem poſſideamus nobis ſanctuarium Dei.	*Omnes principes eorum, qui dixerunt : Poſſideamus nobis pulchritudinem Dei.*	Omnes principes eorum, 13. qui dixerunt : Hæreditate poſſideamus ſanctuarium Dei.
14. Deus meus pone illos ut rotam : ſicut ſtipulam ante faciem venti.	*Deus meus pone eos ut rotam : quaſi ſtipulam ante faciem venti.*	14. Deus meus pone illos ut rotam : & ſicut ſtipulam ante faciem venti.
15. Sicut ignem, qui comburit ſaltum : velut flamma ignis comburat montes :	*Quomodo ignis comburit ſilvam, & ſicut flamma devorat montes :*	15. Sicut ignis, qui comburit ſilvam : & ſicut flamma comburens montes :
16. Ita perſequêris illos in tempeſtate tua : & in ira tua	*Sic perſequêris eos in tempeſtate tua, & in turbine tuo conturbabis*	16. Ita perſequêris illos in tempeſtate tua : & in ira tua turbabis

NOTÆ AD VERSIONEM ANTIQUAM.

℣. 4. Pſalt. Rom. cum Caſſiod. *In plebem tuam aſtutè cogitaverunt conſilium : & cogitaverunt*, &c. Mediol. *dolosè cogitav. conſilium*, &c. Corb. & Moz. *In plebem tuam versùs te cogitaverunt conſilium*, &c. Corb. *adversùs te*. Auguſt. in eund. Pſ. *Super populum tuum malignaverunt conſilium (vel ſicut alii codices habent) aſtutè cogitaverunt conſilium : & cogitav.* &c. Gr. Ἐπὶ τὸν λαόν σου κατεπανουργεύσαντο γνώμην· καὶ ἐβουλεύσαντο, &c.

℣. 5. Pſalt. Rom. cum Moz. & Corb. *Dixerunt : Venite, diſperdamus eos ex gente : & non memorabitur nomen Iſrael ampliùs*. Aug. in hunc Pſ. *& non memoretur nominis Iſrael ultra*. Caſſiod. *nomen Iſr. ampliùs*. Aug. addit : *Hoc alii planiùs dixerunt* : & non ſit memoria nominis Iſrael adhuc : *quia* memoretur nominis, *in Latina lingua inuſitata locutio eſt : potiùs enim dici ſolet*, memoretur nomen ; *ſed eadem ſententia eſt*. In Gr. καὶ οὐ μὴ μνησθῇ τὸ ὄνομα Ἰσραὴλ ἔτι.

℣. 6. Concinit Pſalt. Moz. niſi quòd tollit *tuum*, poſt *teſtamentum*. In Rom. ſic : *Quoniam cogitaverunt conſenſum in unum : adversùs te teſtam. diſpoſuerunt*. In Corb. *Quoniam cogitav. conſenſum in unum : adversùs teſtamentum tuum diſpoſuerunt*. Itidem in Mediol. & Carnut. *cogitaverunt conſenſum in unum*, ſicut apud Caſſiod. Apud Aug. verò ut in Vulg. In Græco : Ὅτι ἐβουλεύσαντο ἐν ὁμονοίᾳ ἐπὶ τὸ αὐτό· κατὰ σοῦ διαθήκην διέθεντο.

℣. 7. Ita Pſalt. Rom. hab. & Corb. cum Caſſiod. Moz. ſcribit, *& Iſmaelitarum*. Auguſt. ut in Vulg. Gr. καὶ οἱ Ἰσμαηλῖται, ut inf. καὶ οἱ Ἀγαρηνοί.

℣. 8. Ita legunt Auguſt. & Caſſiod. in hunc Pſ. cum Pſalt. Rom. Corb. & Moz. ſi hæc excipias, *Gebal*, & *Tyrum*. Ita etiam in Græco.

℣. 9. Caſſiod. cum Pſalt. Rom. & Moz. *Etenim Aſſur ſimul venit cum illis : facti ſunt in ſuſceptionem*, &c. *Suſceptionem* quoque hab. Mediolan. & Carnut. Corb. *in ſuſceptione*. Apud Auguſt. omnia ut in Vulg. In Gr. Καὶ γὰρ καὶ Ἀσσοὺρ συμπαρεγένετο μετ' αὐτῶν· ἐγενήθησαν εἰς ἀντίληψιν, &c. Hic ſubjicitur *Diapſalma*, apud LXX. ſicut in Pſalt. Rom. & Corb.

℣. 10. Pſalt. Rom. Vulgatæ conſonat cum Caſſiod. niſi quòd addit &, poſt *Siſaræ*, quod Caſſiod. delet. In Corb. & Moz. ſic : *& ſicut Jabin in torrentem Cyſon* ; Corb. *Chiſon* ; Auguſt. leg. *in torrente Ciſon*, abſque præced. &. In Gr. ὡς τῷ Ἰαβὶν ἐν τῷ χειμάῤῥῳ Κισσῶν. Alex. Κισσών.

℣. 11. Sic in Pſalt. Corb. eſt. In Rom. verò & Moz. ut in Vulg. ſicut apud Auguſt. & Caſſiod. In Gr. Ἐξωλοθρεύθησαν ἐν Ἀενδώρ· ἐγενήθησαν ὡσεὶ, &c. Caſſiod. cum Rom. & Moz. *ſicut ſtercus*.

℣. 12. Pſalt. Rom. *Pone principes eorum ſicut Oreb, Zeb, Zebee, & Salmana*, &c. Corb. *Salma*. Aug. & Caſſiod. ut in Vulg. nec aliter Græcè.

℣. 13. Ita in Pſalt. Corb. & Mozar. In Rom. & apud Caſſiod. legitur *hæreditate*, additurque *nobis*. Hieron. verò epiſt. ad Sun. & Fret. to. 2. p. 651. a. de hoc ult. ita ſcribit : *Et dicitis quòd in Græco ſit ſcriptum*, poſſideamus nobis, *quæ ſuperflua quæſtio eſt, quando enim dicitur* poſſideamus, *intelligitur &* nobis. Apud Auguſt. ut in Vulg. In Græco : Κληρονομήσωμεν ἑαυτοῖς τὸ θυσιαστήριον, &c. Alex. Ald. & Compl. ἁγιαστήριον.

℣. 14. Ita Aug. in hunc Pſ. cum Græco. Ap. Caſſiod. *& ſicut ſtipulam*, &c. ſic etiam in Pſalt. Rom. & Vulg.

℣. 15. Pſalt. Rom. *Sicut ignis, qui comburit ſilvas : velut ſi flamma incendat montes*. Mozarab. *Sicut ignis, qui comburet ſilvam : velut flamma comburens*, &c. Corb. *Sicut ignem, qui comburit ſilvam : velut flamma comburit montes*. Auguſt. & Caſſiod. cum Vulgata concinunt, niſi quòd ille tollit &, poſt *ſilvam* ; hic verò legit *ſilvas*. In Gr. Ὡσεὶ πῦρ, ὃ διαφλέξει δρυμόν· ὡσεὶ φλὸξ κατακαύσαι ὄρη· Ald. & Compl. ἣ κατακαύσει.

℣. 16. Ita Auguſt. & Caſſiod. in hunc Pſ. cum Pſalt. Rom. Corb. & Moz. In Gr. ταράξεις αὐτούς.

VULGATA HOD.	HEBR.	VERSIO ANTIQUA.
eos.	*eos.*	conturbabis eos. *Ex Mſ. Sangerm.*
17. Imple facies eorum ignominiâ: & quærent nomen tuum, Domine.	*Imple facies eorum ignominiâ, & quærent nomen tuum Domine.*	17. Imple faciem illorum ignominiâ: & quærent nomen tuum, Domine.
18. Erubeſcant, & conturbentur in ſæculum ſæculi: & confundantur, & pereant.	*Confundantur, & conturbentur uſque in ſæculum: & erubeſcant, & pereant.*	18. Confundantur, & conturbentur in ſæcula ſæculorum: & revereantur, & pereant in æternum.
19. Et cognoſcant quia nomen tibi Dominus: tu ſolus Altiſſimus in omni terra.	*Et ſciant quia nomen tuum eſt Dominus: ſolus tu Excelſus ſuper omnem terram.*	19. Et cognoſcant quoniam Dominus nomen eſt tibi: tu ſolus Altiſſimus in omni terra.

NOTÆ AD VERSIONEM ANTIQUAM.

℣. 17. Pſalt. Rom. *Imple facies..... ut quærant nom.* &c. Hieron. epiſt. de ſeraph. to. 3. 515. d. *Imple Domine facies eorum*, &c. Aug. & Caſſiod. ut in Vulg. cui etiam Gr. favet.

℣. 18. Pſalt. Rom. & Mozarab. *Confundantur, & conturbentur in ſæculum ſæculi: & revereantur, & pereant.* Similiter in Corb. præter hoc, *in æternum*, loco *in ſæc. ſæculi.* Ap. Aug. ut in Vulg. In Gr. Αἰσχυνθήτωσαν, καὶ ταραχθήτωσαν εἰς τὸν αἰῶνα τοῦ αἰῶνος· καὶ ἐντραπήτωσαν, καὶ ἀπολέσθωσαν.

℣. 19. Ita legit Ambroſ. l. 3. de fide, to. 2. 498. f. inverſis tamen his, *quoniam nomen tibi Dominus.* Similiter in Pſalt. Rom. & Græco. Item in Mozar. præter hoc, *& cognoſcant gentes.* Auguſt. & Caſſiod. Vulgatæ accinunt. Auguſt. tamen ad hæc, *in omni terra*, addit, *vel ſicut alii codices habent*, ſuper omnem terram. Fulg. l. pro fide cath. p. 537. *Sciant gentes quoniam nomen tibi Dominus: tu ſolus Altiſſimus ſuper omnem terram.*

VULGATA HOD.	HEBR.	VERSIO ANTIQUA.
In finem, 1. Pro torcularibus filiis Core, Pſalmus. LXXXIII.	*Victori Pro torcularibus, filiorum Core Canticum. LXXXIV.*	In finem, 1. Pro torcularibus filiis Core, Pſalmus. LXXXIII. *Ex Mſ. Sangerm.*
2. QUàm dilecta tabernacula tua Domine virtutum! 3. concupiſcit, & deficit anima mea in atria Domini.	*QUàm dilecta tabernacula tua Domine exercituum! deſiderat, & deficit anima mea in atria Domini.*	2. QUàm amabilia ſunt tabernacula tua Deus virtutum! 3. concupiſcit, & deficit anima mea in aulas Domini.
Cor meum, & caro mea, exſultaverunt in Deum vivum.	*Cor meum & caro mea laudabunt Deum, Deum viventem.*	Cor meum, & caro mea, exſultaverunt in Deum vivum.
4. Etenim paſſer invenit ſibi domum: & turtur nidum ſibi, ubi ponat pullos ſuos.	*Siquidem paſſer invenit domum, & avis nidum ſibi, ubi ponat pullos ſuos:*	4. Etenim paſſer invenit ſibi domum: & turtur nidum ſibi, ubi reponat pullos ſuos.
Altaria tua Domine virtutum: rex meus, & Deus meus.	*Altaria tua Domine exercituum, rex meus, & Deus meus.*	Altaria tua Domine virtutum: rex meus, & Deus meus.
5. Beati, qui habitant in domo tua Domine: in ſæcula ſæculorum laudabunt te.	*Beati, qui habitant in domo tua: adhuc laudabunt te. SEMPER.*	5. Beati, qui habitant in domu tua: in ſæcula ſæculorum conlaudabunt te. DIAPSALMA.
6. Beatus vir, cujus eſt auxilium abs te: aſcenſiones in corde	*Beatus homo, cujus fortitudo eſt in te: ſemita in corde ejus.*	6. Beatus vir, cui eſt auxilium à te, Domine: aſcenſus in cor-

NOTÆ AD VERSIONEM ANTIQUAM.

℣. 1. Sic in Pſalt. Rom. Corb. & Gr. Sic etiam apud Hilar. in Pſ. n. 13. col. 8. d. necnon ap. Aug. & Caſſiod. in hunc Pſ.

℣. 2. Ita legit Hilar. in Pſ. 14. col. 62. a. Item S. Paulinus, ep. 25. p. 169. a. necnon Caſſiod. cum Pſalt. Rom. Corb. & Moz. excepto uno *Domine*, pro *Deus*. Uranius presb. epiſt. ad Pacat. apud S. Paulin. to. 2. p. 145. a. *Quàm amabilia ſunt..... Domine Deus virt.* Cypr. l. de Mortal. p. 235. c. & l. 3. Teſtim. p. 320. c. *Quàm dilectiſſimæ habitationes tuæ Deus virtutum!* Auguſt. in hunc Pſ. *Quàm dilectiſſima ſunt tabernac. tua Dom.* &c. Hieron. in Ezech. 42. to. 3. 1003. e. *Quàm dilecta*, &c. ut in Vulg. Pſalt. Mediol. & Carnut. ut ſup. *Quàm amabilia*, &c. Gr. Ὡς ἀγαπητὰ τὰ σκηνώματά σου Κύριε, &c.

℣. 3. Cypr. l. de mortal. p. 235. c. & l. 3. Teſtim. p. 320. c. *deſiderat, & properat anima mea ad atria Dei.* Hilar. in Pſ. 14. & 64. col. 62. a. 164. e. Vulgatæ accinit. Item S. Paulinus, ep. 25. p. 169. a. & Caſſiod. in hunc Pſ. ſicut etiam Ambroſ. in Pſ. 118. col. 1104. d. & 1150. c. at in Pſ. 37. col. 832. b. leg. *concupivit, & deficit... in atria Domini.* Itidem in Pſalt. Rom. & Moz. In Corb. *concupiſcit, & deficit..... in atria*, &c. Hieronymus in Ezech. 42. to. 3. 1003. e. *concupiſcit, & deficit..... in atriis Domini.* Uranius presb. ep. ad Pacat. apud S. Paulin. to. 2. p. 145. a. *in atriis tuis.* Auguſt. in hunc Pſ. *concupiſcit, & deficit*, &c. ut in Vulg. at infra, *deſiderat, & deficit.* Maxim. Taurin. in homil. p. 40. d. *Cor meum, & caro mea, exſultaverunt in Deo vivo.* Hieron. ep. ad Sun. & Fret. to. 2. p. 651. b. *exſultavit in Deum vivum;* tum addit: *In Græco ſcriptum dicitis* exſultaverunt: *in hoc nulla contentio eſt*: & poſt pauca: *Quaſo vos ut hujuſmodi ineptias, & ſuperfluas contentiones, ubi nulla eſt ſenſûs immutatio, declinetis.* In ed. Rom. ἐπιποθεῖ, καὶ ἐκλείπει..... εἰς τὰς αὐλὰς τοῦ Κυρίου. Ἡ καρδία μου, καὶ ἡ..... ἠγαλλιάσαντο ἐπὶ Θεὸν, &c.

℣. 4. Sic habet Ambroſ. l. 2. de Abr. c. 8. col. 338. f. at l. de Noe & arca, c. 6. col. 233. f. delet *ſibi*, poſt *nidum*, cum Pſalt. Rom. & Mozar. ſed ibid. conſtanter, *reponat*, præterquam in Mozarab. In Corb. *nidum ſibi, ubi reponat*, &c. Apud Auguſt. in hunc Pſ. *Nam & paſſer*, &c. ut in Vulg. Apud S. Paulin. epiſt. 44. p. 264. c. *Invenit paſſer domum ſibi.* Gr. Vulgatæ conſonat, niſi quòd hab. οὗ θήσει, *ubi ponet.*

℣. 5. Itidem in Pſalt. Mozarab. At in Rom. & apud Caſſiod. *in domo tua Domine: in ſæculum ſæculi laudabunt te.* Similiter in Miſſali Rom. ad Commun. Dom. 3. Quadr. In Pſalt. Corb. *Beati omnes, qui habitant in domum tuam: in ſæcula ſæculorum laudab. te.* S. Paulin. epiſt. 45. p. 273. a. delet *Domine*, legitque *in ſæcula ſæculorum laud.* &c. unà cum Auguſt. in hunc Pſ. & in Pſ. 110. col. 1243. f. & Gr. Sequens *Diapſalma* deeſt in Gr. Alex. exſtat verò in ed. Rom. ſicut in Pſalt. Rom. & Corb.

℣. 6. Sic habent Ambroſ. l. de fuga ſæc. c. 1. col. 417. d. & Caſſiod. in hunc Pſ. cum Pſalt. Rom. hoc excepto, *cujus eſt auxil. abs te.* Ambroſ. tamen omittit verbum *diſpoſuit*, cum Pſalt. Carnut. In hoc ult. eſt *in corde ejus*, ſicut in Mediolan. In Corb. *cui eſt auxil. abs te, Domine: aſcenſus in corde ejus diſpoſuit.* In Mozar. *cujus eſt auxil. abs te, Domine: aſcenſus in corde ſuo diſpoſuit.* Item apud Greg. Turon. p. 1201. *aſcenſus in corde ſuo diſpoſuit.* Ap. Aug. verò in hunc Pſ. ſic: *Beatus vir, cujus eſt ſuſceptio ejus*

VERSIO ANTIQUA.

Ex Ms. Sangerm. de ejus diſpoſuit, 7. in convalle plorationis, in locum quem diſpoſuit eis.

8. Etenim benedictionem dabit qui legem dedit, ambulabunt de virtute in virtutem: videbitur Deus deorum in Sion.

9. Domine Deus virtutum exaudi precem meam: auribus percipe Deus Jacob. DIAPSALMA.

10. Protector noſter aſpice: & reſpice in faciem Chriſti tui.

11. Quia melior eſt dies una in atriis tuis ſuper millia:

Elegi abjectus eſſe in domo Dei, magis quàm habitare in tabernaculis peccatorum.

12. Quia miſericordiam, & veritatem diligit Dominus Deus: gratiam, & gloriam dabit Deus.

13. Dominus non privabit bonis in innocentia: Domine Deus virtutum, beatus homo, qui ſperat in te.

HEBR.

Tranſeuntes in valle fletûs, fontem ponent eam.

Benedictionem quoque amicietur doctor: ibunt de fortitudine in fortitudinem: parebunt apud Deum in Sion.

Domine Deus exercituum exaudi orationem meam: auſculta Deus Jacob. SEMPER.

Clypeus noſter vide Deus, & attende faciem Chriſti tui.

Quoniam melior eſt dies in atriis tuis ſuper millia:

Elegi abjectus eſſe in domo Dei mei, magis quàm habitare in tabernaculis impietatis.

Quia ſol & ſcutum Dominus Deus: gratiam & gloriam dabit Dominus:

Nec prohibebit bonum ab his, qui ambulant in perfectione: Domine exercituum, beatus homo, qui confidit in te.

VULGATA HOD.

ſuo diſpoſuit, 7. in valle lacrymarum, in loco quem poſuit.

8. Etenim benedictionem dabit legiſlator, ibunt de virtute in virtutem: videbitur Deus deorum in Sion.

9. Domine Deus virtutum exaudi orationem meam: auribus percipe Deus Jacob.

10. Protector noſter aſpice Deus: & reſpice in faciem Chriſti tui.

11. Quia melior eſt dies una in atriis tuis ſuper millia:

Elegi abjectus eſſe in domo Dei mei, magis quàm habitare in tabernaculis peccatorum.

12. Quia miſericordiam, & veritatem diligit Deus: gratiam, & gloriam dabit Dominus.

13. Non privabit bonis eos, qui ambulant in innocentia: Domine virtutum, beatus homo, qui ſperat in te.

NOTÆ AD VERSIONEM ANTIQUAM.

abs te, Domine: aſcenſus in corde ejus diſpoſuit; inf. *aſcenſiones.* Ad hoc autem, *cujus eſt*, Hieronymus ad Sun. & Fret. to. 2. p. 651. a. ſcribens, ait: *In Græco inveniſſe vos dicitis*, cui eſt auxilium, *quod quia nos in Latina interpretatione vitavimus, ut dicitis, reprehendimur.* In ed. Rom. ὃ ἐστιν (Ald. & Compl. ᾧ) ἡ ἀντίληψις αὐτοῦ παρὰ σοῦ, Κύριε· ἀναβάσεις ἐν τῇ καρδίᾳ αὐτοῦ διέθετο. Hilar. in Pſ. 59. col. 139. b. *depoſuerunt in valle*, &c.

℣. 7. Itidem in Pſalt. Corb. Sic etiam ap. Auguſt. in hunc Pſ. detracto ult. *eis.* Pſalt. verò Rom. hab. *in convalle lacrymarum, in locum quem diſpoſuiſti eis;* Rom. Martian. *diſpoſuiſti ei.* Mozar. *in convallem lacrymarum, in locum quem diſpoſuit.* Similiter ap. Caſſiod. excepto uno *in convalle.* Hilar. in Pſ. 59. col. 139. b. leg. *in valle plorationis;* & Pſalt. Carnut. *in locum quem diſpoſuit eis.* De voce autem *lacrymarum*, Hieron. epiſt. ad Sun. & Fret. to. 2. col. 651. b. ita ſcribit: *Dicitis in Græco ſcriptum eſſe* κλαυθμῶνος, *id eſt, plorationis: ſed ſive ploratum, ſive planctum, ſive fletum, ſive lacrymas dixerimus, unus eſt ſenſus: & nos hoc ſequimur, ut ubi nulla eſt de ſenſu mutatio, Latini ſermonis elegantiam conſervemus.* In ed. Rom. εἰς τὴν κοιλάδα τοῦ κλαυθμῶνος, εἰς τὸν τόπον ὃν ἔθετο.

℣. 8. Ita legit Caſſiod. in hunc Pſ. Sic etiam Chromat. Aquil. in Matth. p. 977. g. & Vigil. Tapſ. l. cont. Varim. p. 747. h. cum Pſalt. Rom. & Corb. Concinit pariter Mozar. niſi quòd hab. *& videbitur.* Auguſt. in eund. Pſ. ita: *Nam & benedictionem dabit qui legem dedit, ambulabunt* (inf. *ibunt*) *à virtutibus in virtutem: apparebit Deus deorum in Sion.* Gr. Καὶ γὰρ εὐλογίας δώσει ὁ νομοθετῶν, πορεύσονται ἐκ δυνάμεως, &c. ut in Vulg.

℣. 9. Sic eſt in Pſalt. Corb. ac Rom. ut & ap. Auguſt. & Caſſiod. in hunc Pſ. In Gr. εἰσάκουσον τῆς προσευχῆς μου, &c. Subſequitur pariter ibid. Διάψαλμα, ſicut in Pſalt. Rom. & Corb. deeſt verò in Gr. Alex.

℣. 10. Vulgatæ reſpondent Aug. & Caſſiod. in hunc Pſ. cum Pſalt. Rom. & Gr. Ap. Vigil. Tapſ. l. cont. Varim. p. 750. c. ſic: *Protector nunc aſpice in faciem Chriſti tui.*

℣. 11. Ita Caſſiod. in hunc Pſ. cum Gr. Sic etiam Ambroſ. in Pſ. 118. to. 1. 1150. b. cum Pſalt. Rom. & Moz. niſi quòd ſcribunt *Domini*, loco *Dei;* Corb. *Dei*, abſque ſeq. *magis.* Ap. Auguſt. in hunc Pſ. *Elegi abjici in domo Domini, magis quam*, &c. Gr. παραῤῥιπτεῖσθαι. S. Paulinus, ep. 23. p. 145. c. id melius eſſe dicit, *unum diem in atriis Domini vivere, quàm millia in tabernaculis peccantium.*

℣. 12. In Pſalt. Rom. deeſt 1. *Deus;* cæt. ut in textu. In Corb. *Dominus Deus..... dabit Dominus.* Apud Aug. deeſt 1. *Dominus*, ut & ult. *Deus.* Caſſiod. cum Vulgata conſentit. Gr. Ὅτι ἔλεον, καὶ ἀλήθειαν ἀγαπᾷ Κύριος ὁ Θεὸς χάριν, καὶ δόξαν δώσει.

℣. 13. Auguſt. cum Pſalt. Rom. *Dominus non privabit bonis ambulantes in innocentia: Domine Deus virtutum*, &c. Sic etiam in Corb. & Mozar. præter hoc, *in innocentiam.* Præterea in Corb. *beatus vir.* Apud Caſſiod. deeſt 1. *Dominus;* reliqua ut in Pſalt. Rom. Anonymus ap. S. Paulin. epiſt. ad Celanc. to. 2. p. 10. b. *Non fraudavit eos Deus bonis, qui ambulant in innocentia.* In Gr. Κύριος οὐχ ὑστερήσει τὰ ἀγαθὰ τοῖς πορευομένοις ἐν ἀκακίᾳ· Κύριε τῶν δυνάμεων, &c. Mſ. Alex. τοὺς πορευομένους· ſubinde Ald. & Compl. Κύριε ὁ Θεός.

VERSIO ANTIQUA.

Ex Mſ. Sangerm. 1. In finem, filiis Choræ, Pſalmus. LXXXIV.

2. BEnedixiſti Domine terram tuam: avertiſti captivitatem Jacob.

3. Remiſiſti iniquitates ple-

HEBR.

Victori filiorum Core Canticum. LXXXV.

PLacatus es Domine terra tua: reduxiſti captivitatem Jacob.

Dimiſiſti iniquitatem populo tuo:

VULGATA HOD.

1. In finem, filiis Core, Pſalmus. LXXXIV.

2. BEnedixiſti Domine terram tuam: avertiſti captivitatem Jacob.

3. Remiſiſti iniquitatem plebis

NOTÆ AD VERSIONEM ANTIQUAM.

℣. 1. Ita Aug. & Caſſiod. cum Pſalt. Rom. Corb. & Gr.

℣. 2. Similiter apud Auguſt. & Caſſiod. &c. In Gr. εὐδόκησας; de quo Hieron. ep. ad Sun. & Fret. to. 2. 651. c. ita ſcribit: *Pro eo quod eſt* benedixiſti, *in Græco ſcriptum dicitis* εὐδόκησας; *& quæritis quomodo hoc verbum exprimi debeat in Latinum. Si contentioſè verba ſcrutamur, & ſyllabas, poſſumus dicere:* Beneplacuit Domine terra tua: *& dum verba ſequimur, ſenſûs ordinem perdimus: aut certè addendum eſt aliquid, ut eloqui ordo ſervetur, & dicendum:* Complacuit tibi, Domine, terra tua. *Quod ſi fecerimus, rurſum à nobis quæritur quare addiderimus* tibi, *cùm nec in Græco ſit, nec in Hebræo. Eadem igitur interpretandi ſequenda eſt regula, quam ſæpe diximus, ut ubi non ſit damnum in ſenſu, linguæ, in quam transferimus, εὐφωνία, & proprietas conſervetur.*

℣. 3. Ita in Pſalt. Corb. Aug. verò & Caſſiod. cum Pſalt. Rom. leg. *iniquitatem.* In Gr. Ἀφῆκας τὰς ἀνομίας τοῦ λαοῦ σου, &c. Sequitur pariter Διάψαλμα ibid. ſicut in Pſalt.

VULGATA HOD.	HEBR.	VERSIO ANTIQUA.
tuæ : operuiſti omnia peccata eorum.	*operuiſti omnes iniquitates eorum.* SEMPER.	bis tuæ : operuiſti omnia peccata eorum. DIAPSALMA. Ex Mſ. Sangerm.
4. Mitigaſti omnem iram tuam : avertiſti ab ira indignationis tuæ.	*Continuiſti omnem indignationem tuam : converſus es ab ira furoris tui.*	4. Mitigaſti omnem iram tuam in finem : avertiſti ab ira indignationis tuæ.
5. Converte nos Deus ſalutaris noſter : & averte iram tuam à nobis.	*Converte nos Deus Jeſus noſter, & ſolve iram tuam adverſum nos.*	5. Converte nos Deus ſalutarium noſtrorum : & averte iracundiam tuam à nobis.
6. Nunquid in æternum iraſcêris nobis ? aut extendes iram tuam à generatione in generationem ?	*Noli in æternum iraſci nobis : extendens iram tuam in generationem & generationem.*	6. Non in æternum iraſcaris nobis : vel extendas iram tuam à progenie in progeniem.
7. Deus tu converſus vivificabis nos : & plebs tua lætabitur in te.	*Nonne tu revertens vivificabis nos, & populus tuus lætabitur in te ?*	7. Deus tu convertens vivificabis nos : & plebs tua lætabitur in te.
8. Oſtende nobis Domine miſericordiam tuam : & ſalutare tuum da nobis.	*Oſtende nobis Domine miſericordiam tuam, & ſalutare tuum da nobis.*	8. Oſtende nobis Domine miſericordiam tuam : & ſalutare tuum da nobis.
9. Audiam quid loquatur in me Dominus Deus : quoniam loquetur pacem in plebem ſuam ;	*Audiam quid loquatur Deus Dominus : loquetur enim pacem ad populum ſuum ;*	9. Audiam quid loquetur in me Dominus Deus : quoniam loquetur pacem in plebem ſuam ;
Et ſuper ſanctos ſuos, & in eos qui convertuntur ad cor.	*Et ad ſanctos ſuos, ut non convertantur ad ſtultitiam.*	Et ſuper ſanctos ſuos, & in eos qui convertuntur ad ipſum ex corde ſuo.
10. Veruntamen prope timentes eum ſalutare ipſius : ut inhabitet gloria in terra noſtra.	*Veruntamen prope eſt his qui timent eum ſalutare ejus, ut habitet gloria in terra noſtra.*	10. Veruntamen circa timentes eum ſalutare ipſius : ut habitet gloria in terra noſtra.
11. Miſericordia & veritas obviaverunt ſibi : juſtitia & pax oſculatæ ſunt.	*Miſericordia & veritas occurrerunt : juſtitia & pax deoſculatæ ſunt.*	11. Miſericordia & veritas obviaverunt : juſtitia & pax complexæ ſunt ſe.
12. Veritas de terra orta eſt : & juſtitia de cœlo proſpexit.	*Veritas de terra orta eſt, & juſtitia de cœlo proſpexit.*	12. Veritas de terra orta eſt : & juſtitia de cœlo proſpexit.
13. Etenim Dominus dabit benignitatem : & terra noſtra dabit fructum ſuum.	*Sed & Dominus dabit bonum, & terra noſtra dabit germen ſuum.*	13. Etenim Dominus dabit benignitatem : & terra noſtra dabit fructum ſuum.

NOTÆ AD VERSIONEM ANTIQUAM.

Rom. & Corb. abeſt autem in editt. Ald. & Compl.

℣. 4. Ita ferunt Pſalt. Rom. Corb. & Carnut. ad verbum. Mozarab. verò hab. *averſus es*, pro *avertiſti*. Auguſt. in hunc Pſ. *Sedaſti omnem iram tuam : avertiſti ab ira*, &c. Caſſiod. ut in Vulg. Gr. Κατέπαυσας πᾶσαν τὴν ὀργήν σου· ἀπέστρεψας ἀπὸ, &c.

℣. 5. Auguſt. in hunc Pſ. *Converte nos Domine ſanitatum noſtrarum : & averte iracundiam tuam à nobis.* Caſſiod. cum Pſalt. Rom. Vulgatæ accinit. Sic etiam Corb. niſi quòd hab. *iracundiam tuam*, ut ſup. Græc. Ἐπίστρεψον ἡμᾶς ὁ Θεὸς τῶν σωτηρίων ἡμῶν καὶ ἀπόστρεψον τὸν θυμόν σου, &c.

℣. 6. Similiter hab. Pſalt. Corb. cum Caſſiod. hoc excepto, *nec*, vel *neque extendas*. Rom. *Ut non in æternum iraſcaris nobis : neque extendas..... à progenie in progenies.* Sic etiam in Moz. præter duo, *ne*, pro *ut non* ; & *progeniem*, loco *progenies*. In Mediol. & ap. Auguſt. *Non in æternum iraſcaris nobis : vel extendas..... à generatione in generationem.* In Gr. Μὴ εἰς τὸν αἰῶνα ὀργισθῇς ἡμῖν ; ἢ διατενεῖς..... ἀπὸ γενεᾶς εἰς γενεάν ;

℣. 7. Ita legit Ambr. in Pſ. 118. to. 1. 1033. c. cum Pſalt. Rom. Mediol. Carnut. Corb. & Moz. Ita quoque Aug. & Caſſiod. in hunc Pſ. cum Miſſali Rom. ad Offert. fer. 6. IV. Temp. Adv. In Gr. Ὁ Θεὸς σὺ ἐπιστρέψας, &c.

℣. 8. Concordant Hilar. in Pſ. 13. col. 59. a. Ambr. in Pſ. 118. to. 1. 1033. c. & l. 3. de fide, to. 2. 507. d. necnon Auguſt. & Caſſiod. in hunc Pſ. una cum vet. Pſalt. & Gr. Corb. hab. *ſalutarem tuum.*

℣. 9. Additum à nobis eſt τὸ *Dominus Deus*, haud dubiè negligentiâ librarii prætermiſſum, ut vel ipſe indicat locus vacuus ibid. in Mſ. codice. In Pſalt. Rom. ſic : *Audiam quid loquatur in me Dom..... & in eos qui convertuntur* (al. *convertentur*) *ad ipſum* ; nec plura. In Mozarab. deeſt &, ante hæc verba, *ſuper ſanctos ſuos* ; ſequitur verò, *& in eos qui convertunt cor ad ipſum.* In Mediolan. *qui convertuntur coram ipſo.* Ap. Ambroſ. in Pſ. 118. to. 1. 1033. c. *qui convertunt ad ipſum cor ſuum* ; cæt. ut in Vulg. Vide etiam to. 1. col. 808. a. 1150. b. 1158. a. at l. 3. offic. to. 2. 108. a. hab. *Audiam quid loquatur in me Dominus meus* ; & epiſt. 58. col. 1015. d. *in me Deus.* Auguſt. in hunc Pſ. *Audiam quid loquetur in me Dom..... & in eos qui convertunt cor ad ipſum* : ſed in Pſ. 38. col. 321. b. *Audiam quid loquatur in me..... quoniam loquetur pacem populo ſuo.* Optat. l. 2. cont. Donat. p. 31. b. *Videamus quid loquatur Dominus : quon. loq. pac. in plebem ſuam.* Apud Chromat. Aquil. in Matth. p. 979. c. & Caſſiod. in hunc Pſ. ut in Vulg. præter ult. *convertuntur ad ipſum.* In Gr. Ἀκούσομαι τί λαλήσει ἐν ἐμοὶ Κύριος ὁ Θεὸς..... ἐπὶ τὸν λαὸν αὐτοῦ, καὶ... καὶ ἐπὶ τοὺς ἐπιστρέφοντας πρὸς αὐτὸν καρδίαν· Ald. & Compl. καρδίαν ἐπ' αὐτόν.

℣. 10. Pſalt. Rom. Fab. *Veruntamen prope timentibus eum ſalutare ipſius : ut inhab.* &c. Rom. Martian. *prope eſt timentib.* Mozarab. *& ut inhabitet*, &c. Apud Ambroſ. in Pſ. 118. to. 1. 1033. c. ut in Vulg. ſicut apud Auguſt. & Caſſiod. in hunc Pſ. In Gr. Πλὴν ἐγγὺς τῶν..... τοῦ κατασκηνῶσαι δόξαν, &c.

℣. 11. Ita legit Caſſiod. cum Pſalt. Rom. Mediol. Carnut. Corb. & Moz. addito uno *ſibi*, ad verbum *obviaverunt*. Auguſt. in eund. Pſ. *occurrerunt ſibi* ; ultimòque, *oſculata ſunt ſe.* Itidem apud Eucher. q. in Pſal. p. 846. c. *oſculata ſunt ſe.* In Gr. Συνήντησαν... κατεφίλησαν. Ap. Hilar. in Pſ. 56. col. 119. b. *Miſeric. & veritas obviaverunt.* Conc. Tolet. VIII. Conc. Hiſp. to. 2. p. 542. a. *juſtitia & pax ſe complexa ſunt.* Auct. quæſt. ap. Aug. to. 3. q. 109. *complexa ſunt ſe.* Hieron. in Oſe. 2. to. 3. col. 1253. b. *obviaverunt ſibi : & juſtitia & pax deoſculata ſunt ſe* : item in Iſai. 28. col. 240. a. dempto uno &, poſt *ſibi* : epiſt. verò ad Sun. & Fret. to. 2. col. 651. c. ait : *Dicitis quod in Græco* ſibi *non habeat : nec in Hebr. habet ; & apud LXX. obelo prænotatum eſt : quæ ſigna, dum per ſcriptorum negligentiam à pleriſque quaſi ſuperflua relinquuntur, magnus in legendo error exoritur.*

℣. 12. Conſentiunt Auguſt. & Caſſiod. unà cum vet. Pſalt. & Gr. Item Lactant. l. 4. Inſtit. c. 12. p. 576. Ambroſiaſt. p. 27. f. & Leo M. ſerm. 23. p. 76. a.

℣. 13. Auguſt. in hunc Pſ. *Etenim Dominus dabit ſuavitatem.* Pſalt. Carnut. Corb. & Moz. *dabit benedictionem*, &c. Caſſiod. cum Pſalt. Rom. ut in textu. Auguſt. in Pſ.

VERSIO ANTIQUA.	HEBR.	VULGATA HOD.
Ex Mf. Sangerm. 14. Justitia ante eum ambulavit : & ponit in via gressus suos.	*Justitia ante eum ibit, & ponet in via gressus suos.*	14. Justitia ante eum ambulabit : & ponet in via gressus suos.

NOTÆ AD VERSIONEM ANTIQUAM.

105. col. 1194. d. ad hoc, *Dñus dabit suavitatem*, addit, *quam & aliqui interpretati sunt* bonitatem, *aliqui* benignitatem. Gr. δώσει χρηστότητα. Ambrof. epist. 2. to. 2. 756. d. leg. *terra dedit fructus suos.* Gr. δώσει τὸν καρπὸν αὐτῆς.

℣. 14. Brev. Mozarab. *Justitia ante eum præibit : & ponit in via*, &c. Similiter apud August. excepto uno *& ponet.* Cassiod. cum Psalt. Rom. Vulgatæ congruit. Gr. Δικαιοσύνη ἐναντίον αὐτοῦ προπορεύσεται· καὶ θήσει εἰς ὁδὸν, &c.

VERSIO ANTIQUA.	HEBR.	VULGATA HOD.
Ex Mf. Sangerm. * Oratio ipsi David. LXXXV.	*Oratio David. LXXXVI.*	Oratio ipsi David. LXXXV.
1. INclina Domine aurem tuam, & exaudi me : quoniam egens, & pauper sum ego.	*INclina Domine aurem tuam, exaudi me : quia egenus & pauper ego.*	1. INclina Domine aurem tuam, & exaudi me : quoniam inops, & pauper sum ego.
2. Custodi animam meam, quoniam sanctus sum : salvum fac servum tuum, Domine Deus meus, sperantem in te.	*Custodi animam meam, quia sanctus ego : salva servum tuum, tu Deus meus, qui confidit in te.*	2. Custodi animam meam, quoniam sanctus sum : salvum fac servum tuum, Deus meus, sperantem in te.
3. Miserere mihi Domine, quoniam ad te clamabo tota die : 4. lætifica animam servi tui, quoniam ad te Domine animam meam levavi.	*Miserere mei Domine, quoniam ad te clamabo tota die : lætifica animam servi tui, quia ad te Domine animam meam levo.*	3. Miserere mei Domine, quoniam ad te clamavi tota die : 4. lætifica animam servi tui, quoniam ad te Domine animam meam levavi.
5. Quoniam tu Domine suavis, ac mitis es ; & copiosus misericordiâ omnibus invocantibus te.	*Tu enim es Domine bonus, & propitiabilis ; & multus misericordiâ omnibus qui invocant te.*	5. Quoniam tu Domine suavis, & mitis, & multæ misericordiæ omnibus invocantibus te. *Joel. 2. 13.*
6. Auribus percipe Domine orationem meam : & intende voci orationis meæ.	*Exaudi Domine orationem meam, & ausculta vocem deprecationum mearum.*	6. Auribus percipe Domine orationem meam : & intende voci deprecationis meæ.
7. In die tribulationis meæ clamavi ad te : quia exaudisti me.	*In die tribulationis meæ invocabo te : quia exaudies me.*	7. In die tribulationis meæ clamavi ad te : quia exaudisti me.
8. Non est similis tibi in diis Domine : & non est secundùm operam tuam.	*Non est similis tui in diis Domine, & non est juxta opera tua.*	8. Non est similis tui in diis Domine : & non est secundùm opera tua.
9. Omnes gentes quascunque fecisti, venient, & adorabunt coram te Domine : & honorificabunt nomen tuum.	*Omnes gentes quas fecisti, venient, & adorabunt coram te Domine, & glorificabunt nomen tuum.*	9. Omnes gentes quascunque fecisti, venient, & adorabunt coram te Domine : & glorificabunt nomen tuum.
10. Quoniam magnus es tu, & facies mirabilia : tu es Deus solus magnus.	*Quia magnus es tu, & faciens mirabilia : tu Deus solus.*	10. Quoniam magnus es tu, & faciens mirabilia : tu es Deus solus.
11. Deduc me Domine in via tua, & ingrediar in veri-	*Doce me Domine viam tuam, ambulem in veritate tua : unicum*	11. Deduc me Domine in via tua, & ingrediar in veritate tua :

NOTÆ AD VERSIONEM ANTIQUAM.

* August. delet *ipsi*, cum Psalt. Rom. Corb. & Moz. Græcè, τῷ Δαυίδ.

℣. 1. Aug. in hunc Ps. leg. *quoniam egenus, & inops ego sum ;* cæt. ut supra. Cassiod. in eund. Ps. cum Psalt. Rom. *Inclina Domine aurem tuam ad me, & exaudi me : quon. egenus, & pauper sum ego.* Itidem in Corb. præter hoc, *egens*, loco *egenus*. Gr. ut in Vulg.

℣. 2. August. & Cassiod. Vulgatæ accinunt cum Psalt. Rom. In Corb. sic : *Salvum me fac servum tuum, Deus meus*, &c. In ed. Rom. LXX. deest *meus ;* at in edd. Ald. & Compl. legitur ὁ Θεός μου. Ap. Ambrof. l. 5. de fide, to. 2. 571. a. *Custodi..... quon. ego sanctus sum :* at epist. 46. col. 987. b. deest *ego*. In Psalt. Mediol. *quoniam sanctus es.*

℣. 3. Sic in Psalt. Rom. est, excepto uno *clamavi*. Itidem in Missali Rom. ad Introit. Dom. 16. post Pent. In Psalt. Corb. *Miserere mihi Dom. quon. ad te clamabo :* item *clamabo*, in Carnut. Apud August. & Cassiod. ut in Vulg. In Gr. Ἐλέησόν με Κύριε, ὅτι..... κεκράξομαι ὅλην τὴν ἡμέραν.

℣. 4. Ita ferunt Psalt. Rom. Corb. & Moz. cum Cassiod. nisi quòd postponunt *animam meam* verbo *levavi*. Ita etiam in Græco. Aug. in hunc Ps. legit : *jocunda animam servi tui*, &c. ut in Rom. Græc. εὔφρανον τὴν ψυχὴν, &c.

℣. 5. Itidem in Psalt. & Missali Rom. ad Introit. Dom. 16. post Pent. necnon ap. Cassiod. hoc excepto, *in misericordia*. In Psalt. Corb. & Moz. *multùm misericors*, non *copiosus in misericordia*. Item ap. August. in hunc Ps. *Quia tu Domine suavis es, ac mitis ; & multùm misericors es omnibus*, &c. inf. deest utrumque *es*. In Gr. Ὅτι..... χρηστὸς, καὶ ἐπιεικὴς· καὶ πολυέλεος πᾶσι, &c.

℣. 6. Sic habet Psalt. Corb. Moz. tollit tantùm med. &. Rom. cum Cassiod. Vulgatæ consonat. August. in eund. Ps. ita legit : *Auribus infige Domine orat. meam*, &c. ut sup. Gr. Ἐνώτισαι, &c.

℣. 7. In Mf. Sangerm. deest hoc medium, *clamavi ad te*, quod restituimus ex August. & Cassiod. necnon ex vet. aliis Psalt. & Gr. Corb. addit præterea *Domine*, in fine.

℣. 8. Ita *similis tibi* in Psalt. Rom. Corb. & Mozar. necnon apud August. in hunc Ps. reliq. ut in Vulg. Sic etiam in Gr. & ap. Cassiod.

℣. 9. Ita legit Cassiod. cum Psalt. Rom. & Corb. Sic etiam in Mozarab. præter hoc mendum, *quacunque fecisti.* Ap. August. in eund. Ps. *quotquot fecisti...glorificabunt nom. tuum.* Leo M. serm. 32. p. 91. c. Vulgatæ favet. Græcè : Πάντα τὰ ἔθνη ὅσα ἐποίησας, ἥξουσι..... καὶ δοξάσουσι τὸ, &c.

℣. 10. Sic in Psalt. Mozarab. est, deleta voce *magnus* in fine. Rom. Vulgatæ congruit cum Cassiod. Similiter apud August. in hunc Ps. sed cum ult. voce *magnus*, quæ etiam subditur in Gr. Edd. tamen Ald. & Compl. eam delent.

℣. 11. Psalt. Rom. Fabri cum Corb. *& ambulabo in veritate tua : lætetur cor meum ut timeam*, &c. Rom. Martian. Carnut. & Moz. cum Cassiod. *& ambulabo..... ut ti-*

VULGATA HOD.	HEBR.	VERSIO ANTIQUA.
lætetur cor meum ut timeat nomen tuum.	*fac cor meum , ut timeat nomen tuum.*	tate tua : lætetur cor meum ut timeam nomen tuum.
12. Confitebor tibi Domine Deus meus in toto corde meo, & glorificabo nomen tuum in æternum :	*Confitebor tibi Domine Deus meus in toto corde meo , & glorificabo nomen tuum in ſempiternum :*	12. Confitebor tibi Domine Deus meus in toto corde meo, & honorificabo nômen tuum in æternum :
13. Quia miſericordia tua magna eſt ſuper me : & eruiſti animam meam ex inferno inferiori.	*Quia miſericordia tua magna ſuper me , & eruiſti animam meam de inferno extremo.*	13. Quia miſericordia tua magna ſuper me : & eripuiſti animam meam ex inferno inferiori.
14. Deus, iniqui inſurrexerunt ſuper me, & ſynagoga potentium quæſierunt animam meam : & non propoſuerunt te in conſpectu ſuo.	*Deus , ſuperbi ſurrexerunt adverſùm me , & cœtus robuſtorum quæſierunt animam meam , & non poſuerunt te in conſpectu ſuo.*	14. Deus, injuſti inſurrexerunt adversùs me, & ſynagoga potentium inquiſierunt animam meam : & non propoſuerunt te in conſpectu ſuo.
15. Et tu Domine Deus miſerator & miſericors, patiens, & multæ miſericordiæ, & verax.	*Tu autem Domine Deus , miſericors & clemens : patiens , & multa miſericordia , & verus.*	15. Et tu Domine Deus miſerator & miſericors, patiens, & multùm miſericors, & verax.
16. Reſpice in me, & miſerere mei, da imperium tuum puero tuo : & ſalvum fac filium ancillæ tuæ.	*Reſpice ad me , & miſerere mei : da fortitudinem tuam ſervo tuo , & ſalva filium ancillæ tuæ.*	16. Reſpice in me, & miſerere mei, da poteſtatem puero tuo : & ſalvum fac filium ancillæ tuæ.
17. Fac mecum ſignum in bonum, ut videant qui oderunt me, & confundantur : quoniam tu Domine adjuviſti me, & conſolatus es me.	*Fac mecum ſignum in bonitate , & videant qui oderunt me , & confundantur : quia tu Domine auxiliatus es mihi , & conſolatus es me.*	17. Fac mecum ſignum in bono, ut videant qui oderunt me, & confundantur : quoniam tu Domine adjuvaſti me, & conſolatus es me.

Ex Mſ. Sangerm.

NOTÆ AD VERSIONEM ANTIQUAM.

meat, &c. Auguſt. *& ambulabo in verit. tua : jocundetur cor meum ut timeat*, &c. & Gr..... καὶ πορεύσομαι..... εὐφρανθήτω..... τοῦ φοβεῖσθαι τὸ ὄνομά σου.

℣. 12. Ita Caſſiod. cum Pſalt. Rom. Corb. & Mozar. Auguſt. verò legit, *& glorificabo*. Gr. καὶ δοξάσω, &c.

℣. 13. Accinunt Pſalt. Rom. Corb. & Moz. niſi quòd Rom. hab. *Quoniam miſ. tua magna eſt ;* Mozar. *Quoniam magna eſt miſ. tua.* Irenæus quoque l. 5. c. 31. p. 331. a. leg. cum Caſſiod. *& eripuiſti animam*, &c. Aug. *& eruiſti*, &c. ut in Vulg. Græc. Ὅτι τὸ ἔλεός σου μέγα ἐπ' ἐμέ· καὶ ἐρρύσω, &c.

℣. 14. Auguſt. in hunc Pſ. *Deus, prætereuntes legem inſurrexerunt ſuper me ;* reliqua ut in textu. Caſſiod. *Deus, injuſti inſurrex. ſuper me, & ſynag. pot. inquiſierunt anim. meam : & non propoſ. te ante conſpectum ſuum.* Pſalt. Rom. *Deus, injuſti inſurrex. in me..... quæſierunt anim. meam : & non propoſ. te ante conſpectum ſuum.* Mozarab. *Deus, injuſti inſurrex. ſuper me..... & non propoſ. te ante ſe.* Hieron. epiſt. ad Sun. & Fret. to. 2. 651. c. ita ſcribit : *Et dicitis quòd in veſtro codice* te *non habeat : addite* te, *& emendato errore librarii, veſtrum quoque errorem emendabitis.* In Gr. Ὁ Θεὸς, *παράνομοι ἐπανέστησαν ἐπ' ἐμέ..... ἐζήτησαν τὴν..... καὶ προέθεντό σε ἐνώπιον αὐτῶν.*

℣. 15. Ita Caſſiod. in hunc Pſ. cum Pſalt. Corb. Aug. verò in eund. ſic : *Et tu Domine Deus miſ. & miſericors, longanimis, & multùm miſericors, & verax.* Pſalt. Rom. *Et tu Domine Deus meus..... patiens, & multùm miſericors*, &c. Sed Hieron. ep. ad Sun. & Fret. to. 2. 651. c. ait : *In Græco inveniſſe vos dicitis :* Et tu Domine Deus meus, *quod ſuperfluum eſt ;* meus *enim nec in Hebræo habetur, nec in LXX.* In ed. Rom. Καὶ σὺ Κύριε ὁ Θεὸς οἰκτίρμων καὶ ἐλεήμων, μακρόθυμος, καὶ πολυέλεος, &c. Ald. & Compl. habent ὁ Θεός μου.

℣. 16. Ita legit Ambroſ. ep. 46. to. 2. 987. b. Ita etiam Aug. & Caſſiod. in hunc Pſ. cum Pſalt. Rom. Moz. & Mediolan. Corb. verò & Carnut. hab. *da poteſtatem tuam.* Ambroſ. l. 5. de fide, to. 2. 571. a. *da poteſtatem puero tuo, & filio ancillæ tuæ.* Gr. Δὸς τὸ κράτος σου τῷ, &c. ut in Vulgata.

℣. 17. Sic hab. Auguſt. in hunc Pſ. cum Brev. Mozarab. Caſſiod. verò cum Pſalt. Rom. *Fac mecum Domine ſignum in bono, videant qui me oderunt*, &c. Item Carnut. hab. *in bono ;* ultimò verò, *exhortatus es me.* Corb. *Fac mecum ſignum in bono, & videant qui oderunt me..... adjuvaſti me, & exhortatus es me.* Gr..... εἰς ἀγαθὸν, καὶ..... παρεκάλεσάς με.

VULGATA HOD.	HEBR.	VERSIO ANTIQUA.
1. Filiis Core, Pſalmus Cantici. LXXXVI.	*Filiorum Core Pſalmus Cantici. LXXXVII.*	1. Filiis Coræ, Pſalmus Cantici. LXXXVI.
FUndamenta ejus in montibus ſanctis : 2. diligit Dominus portas Sion ſuper omnia tabernacula Jacob.	*FUndamenta ejus in montibus ſanctuarii : diligit Dominus portas Sion ſuper omnia tabernacula Jacob.*	* FUndamenta ejus in montibus ſanctis : 2. diligit Dominus portas Sion ſuper omnia tabernacula Jacob.
3. Glorioſa dicta ſunt de te, civitas Dei.	*Glorioſa dicta ſunt in te , civitas Dei.* SEMPER.	3. Glorioſa dicta ſunt de te, civitas Dei. DIAPSALMA.
4. Memor ero Rahab & Babylonis ſcientium me.	*Commemorabo ſuperbiæ & Babylonis ſcientibus me.*	4. Memor ero Raab & Babylonis ſcientibus me.

Ex Mſ. Sangerm.

NOTÆ AD VERSIONEM ANTIQUAM.

℣. 1. Ita Caſſiod. cum Pſalt. Rom. & Gr. In Moz. *Filiis Coreph.* In Corb. *Filii Core*, &c.

* Sic Ambroſ. in Luc. to. 1. 1258. d. 1479. f. necnon Auguſt. & Caſſiod. in hunc Pſ. Item Optat. l. 3. cont. Donat. p. 50. b. cum vet. Pſalt. & Græco.

℣. 2. Concinunt Aug. & Caſſiod. unà cum Pſalt. vet. & Græco.

℣. 3. Ita rurſum Auguſt. & Caſſiod. in hunc Pſ. cum vet. Pſalt. & Gr. Itidem Chrom. Aquil. in Matth. p. 980. f. iterumque Aug. l. 10. de civit. Dei, 244. a. niſi quòd juxta potiores Mſs. leg. *glorioſiſſima ;* ſic etiam loco ſup. cit. ſemel, col. 923. e. In Gr. conſtanter δεδοξασμένα. In Pſalt. Corb. deeſt nomen *Dei. Diapſalma* quoque habetur in Pſalt. Rom. Corb. & apud LXX. præterquam in edd. Ald. & Compl.

℣. 4. Ambroſ. in Pſ. 35. to. 1. 775. a. 776. f. & Aug. in hunc Pſ. ita legunt : *Memor ero..... ſcientibus me. Etenim alienig. & Tyrus, & populus Æthiop. hi fuerunt ibi.* Pſalt. Rom. *hi fuerunt in ea ;* at ſup. *ſcientium me*, cum Ambroſ. ipſo, l. 5. de fide, to. 2. 574. b. Caſſiod. *ſcientibus me..... hi fuerunt in ea.* Pſalt. Mozar. *ſcientibus me. Ecce enim alie-*

Ex Mſ. Sangerm.

VERSIO ANTIQUA.	HEBR.	VULGATA HOD.
Et ecce alienigenæ, & populus Æthiopum, hi fuerunt ibi.	*Ecce Palæſtina, & Tyrus cum Æthiopia: iſte natus eſt ibi.*	Ecce alienigenæ, & Tyrus, & populus Æthiopum, hi fuerunt illic.
5. Mater Sion dicit: Homo, & homo factus in ea: & ipſe fundavit eam Altiſſimus.	*Ad Sion autem dicetur: Vir, & vir natus eſt in ea, & ipſe fundavit eam Excelſus.*	5. Nunquid Sion dicet: Homo, & homo natus eſt in ea: & ipſe fundavit eam Altiſſimus?
6. Dominus enarravit in ſcripturis plebium, & principum: horum, qui fuerunt in ea. DIAPSALMA.	*Dominus numeravit ſcribens populos: iſte natus eſt ibi.* SEMPER.	6. Dominus narrabit in ſcripturis populorum, & principum: horum, qui fuerunt in ea.
7. Sicut lætantibus nobis omnibus commoratio eſt in te.	*Et cantores quaſi in choris: omnes fontes mei in te.*	7. Sicut lætantium omnium habitatio eſt in te.

NOTÆ AD VERSIONEM ANTIQUAM.

nig. & Tyrus, & pop. Æthiopus, qui fuerunt illic. Item in Corb. *ſcientibus me.* Apud Tertul. l. 4. cont. Marc. p. 707. b. *Et ecce Allophyli, & Tyrus, & pop. Æthiopum, iſti fuerunt illic.* In Gr. Μνησθήσομαι Ῥαὰβ..... τοῖς γινώσκουσί με. Καὶ ἰδοὺ ἀλλόφυλοι, καὶ Τύρος, καὶ λαὸς Αἰθιόπων, οὗτοι ἐγενήθησαν ἐκεῖ.

℣. 5. Ambr. ſimiliter l. 3. de fide, to. 2. 498. c. & l. 1. de exceſſu Satyri, col. 1116. e. f. *Mater Sion dicet: Homo, & homo factus eſt in ea, & ipſe fund.* &c. Sic etiam Auguſt. in hunc Pſ. & l. de civit. Dei, to. 7. 479. e. cum Caſſiod. in eund. Pſ. Fulg. l. 1. ad Traſim. c. 16. p. 83. Vigil. Tapſ. cont. Varimad. p. 729. g. Auctor l. de promiſſ. p. 2. c. 20. col. 144. b. & Eucher. q. in Pſ. p. 846. c. Itidem in Pſalt. Rom. Mediol. Carnut. Corb. & Moz. quibus favet Tertul. cont. Prax. p. 857. b. c. In Gr. Μήτηρ Σιὼν ἐρεῖ..... ἐγενήθη ἐν αὐτῇ, &c. Hieron. affirmat LXX. Μήτι Σιὼν tranſtuliſſe, Nobilio teſte.

℣. 6. Pſalt. Rom. & Corb. *Dominus narravit in ſcripturis populorum ſuorum, & princip. eorum* (Corb. *horum*,) *qui fuerunt in ea.* Mozar. *Dominus narravit ſcripturas populorum, & princip. eorum*, &c. Item in Carnut. *narravit.* Ap. Aug. in hunc Pſ. *Dom. narrabit in ſcriptura populorum, & princip. horum, qui facti ſunt in ea.* Ap. Caſſiod. *Dom. narravit ſcripturas populorum*, &c. ut in Vulg. In Gr. Κύριος διηγήσεται ἐν γραφῇ λαῶν, καὶ ἀρχόντων τούτων, τῶν γεγενημένων ἐν αὐτῇ. Subſequitur pariter ibid. Διάψαλμα, ſicut in Pſalt. Rom. & Corb. deeſt autem in edd. Ald. & Compl. de more.

℣. 7. Auguſt. in hunc Pſ. *Tanquam jocundatorum omnium habitatio in te.* Caſſiod. cum Pſalt. Rom. & Corb. *Sicut lætantium omnium noſtrum habitatio eſt in te.* In Mozarab. *Sicut lætantium hominum commoratio eſt in te.* In Mediolan. *Sicut lætantibus omnibus nobis*, &c. ut ſup. In Gr. Ὡς εὐφραινομένων πάντων ἡ κατοικία ἐν σοί.

Ex Mſ. Sangerm.

VERSIO ANTIQUA.	HEBR.	VULGATA HOD.
Pſalmus Cantici, 1. Filiis Coræ, in finem, pro Maleleth ad reſpondendum, intellectûs Æmat Iſtrahelitæ. LXXXVII.	*Canticum Carminis Filiorum Core victori per chorum ad præcinendum, eruditionis Eman Ezraitæ. LXXXVIII.*	Canticum Pſalmi, 1. Filiis Core, in finem, pro Maheleth ad reſpondendum, intellectus Eman Ezrahitæ. LXXXVII.
2. DOmine Deus ſalutis meæ, in die clamavi, & nocte coram te.	*DOmine Deus ſalutis meæ, per diem clamavi, & nocte coram te.*	2. DOmine Deus ſalutis meæ, in die clamavi, & nocte coram te.
3. Intret oratio mea in conſpectu tuo: inclina aurem tuam ad precem meam, Domine:	*Ingrediatur ante te oratio mea: inclina aurem tuam ad laudationem meam:*	3. Intret in conſpectu tuo oratio mea: inclina aurem tuam ad precem meam:
4. Quia repleta eſt à malis anima mea: & vita mea in inferno adpropiavit.	*Quia repleta eſt malis anima mea, & vita mea ad infernum deſcendit.*	4. Quia repleta eſt malis anima mea: & vita mea inferno appropinquavit.
5. Æſtimatus ſum cum deſcendentibus in lacum: factus ſum ſicut homo ſine adjutorio, 6. inter mortuos liber:	*Reputatus ſum cum deſcendentibus in lacum: factus ſum quaſi homo invalidus, inter mortuos liber:*	5. Æſtimatus ſum cum deſcendentibus in lacum: factus ſum ſicut homo ſine adjutorio, 6. inter mortuos liber:
Sicut vulnerati dormientes	*Sicut interfecti & dormientes*	Sicut vulnerati dormientes in ſe-

NOTÆ AD VERSIONEM ANTIQUAM.

℣. 1. In Pſalt. Rom. ſic: *Canticum Pſalmus* (al. *Pſalmi*,) *Pro filiis Core, in finem, pro Maeleth ad reſpondendum, intellectûs Eman Iſraelita.* In Corb. *Canticum Pſalmi, Filiis Coræ, in finem, pro Amaleel ad reſpondendum, intellectûs Æman Ezraitæ.* In Moz. *Canticum Pſalmus, Filiis Chore, in finem, per chorum ad præcinendum, intellectûs Heman Eſrahelites.* Apud Caſſiod. ut in Vulg. præter hoc ult. *Eman Iſraëlitæ.* In Gr. Ὠδὴ ψαλμοῦ, Τοῖς υἱοῖς Κορὲ, εἰς τὸ τέλος, ὑπὲρ Μαελὲθ τοῦ ἀποκριθῆναι, Συνέσεως Αἰμὰν τῷ Ἰσραηλίτῃ. Aug. de hujus Pſalmi titulo ita diſſerit: *Nuſquam aliorum Pſalmorum poſitum eſt quod hic legitur*, pro Melech ad reſpondendum; *nam de Pſalmo Cantici, & Cantico Pſalmi, aliàs jam quid nobis videretur, diximus*, (nempe in Pſ. 67.) *Et filiis* Core, *uſitatum in titulis Pſalmorum, ſæpiſſiméque tractatum eſt, & quid ſit* in finem. *ſed quod ſequitur*, pro Melech ad reſpondendum, *hoc inuſitatum habet iſte titulus.* Pro Melech *autem*, *Latinè* pro choro *dici poteſt; Melech enim verbo Hebræo*, chorus *ſignificatur.* Item infra: *Et hic eſt*, intellectûs Æman Iſraëlitæ, *quod in tituli hujus ultimo poſitum eſt.*

℣. 2. Accinunt Auguſt. & Caſſiod. in hunc Pſ. unà cum Nicetio, Spicil. to 3. p. 3. c. Græc. hab. ἡμέρας... καὶ ἐν νυκτὶ, &c. Pſalt. Moz. delet *in*, ante vocem *die.*

℣. 3. Ita Caſſiod. in hunc Pſ. cum Pſalt. Rom. & Corb. Ita quoque Ambroſ. l. de Joſ. c. 3. to. 1. 486. f. uſque ad verbum *inclina.* Aug. tollit vocem ult. *Domine*, quam tamen Græc. retinet. Abeſt in edd. Ald. & Compl.

℣. 4. Sic habet Caſſiod. cum Pſalt. Rom. & Mozar. detractâ unâ præp. *à*, ante vocem *malis.* Rom. Martian. tollit etiam *in*, ante *inferno.* Ambroſ. l. 3. de fide, to. 2. 501. f. Vulgatæ ſuccinit ad verbum, & Græco. Similiter Aug. in hunc Pſ. niſi quòd leg. *quoniam*, & addit *in*, poſt 2. *mea.*

℣. 5. Vulgatæ accedit Ambroſ. in Luc. to. 1. 1410. f. 1533. a. & l. 3. de fide, to. 2. 501. f. & l. de fide reſur. col. 1161. c. & epiſt. 63. col. 1048. e. Item Caſſiod. cum Pſalt. Rom. Auguſt. verò in hunc Pſ. legit: *Deputatus ſum cum deſcendentibus in lacum*, &c. ut ſup. Hieron. in Iſai. 14. to. 3. 159. c. *Aſſimilatus ſum cum deſcendentibus in lacum.* Gr. Προσελογίσθην μετὰ τῶν καταβαινόντων, &c.

℣. 6. Ambr. in Pſ. 118. to. 1. 989. b. *Sicut vulnerati dormientes projecti in monumentis, quorum non meminiſti ampliùs: & quidem ipſi de..... repulſi ſunt.* Ita quoque hab.

VULGATA HOD.	HEBR.	VERSIO ANTIQUA.
pulcris, quorum non es memor ampliùs: & ipsi de manu tua repulsi sunt.	*in sepulcro, quorum non recordaris ampliùs: & qui à manu tua abscisi sunt.*	projecti in monumento, quorum non es memor ampliùs: & quidem ipsi de manu tua expulsi sunt. Ex Ms. Sangerm.
7. Posuerunt me in lacu inferiori: in tenebrosis, & in umbra mortis.	*Posuisti me in lacu novissimo: in tenebris, in profundis.*	7. Posuerunt me in lacu inferiori: in tenebrosis, & in umbra mortis.
8. Super me confirmatus est furor tuus: & omnes fluctus tuos induxisti super me.	*Super me confirmatus est furor tuus, & cunctis fluctibus tuis afflixisti me.* SEMPER.	8. In me confirmatus est furor tuus: & omnes elationes tuas super me induxisti. DIAPSALMA.
9. Longè fecisti notos meos à me: posuerunt me abominationem sibi.	*Longè fecisti notos meos à me: posuisti me abominationem eis:*	9. Longè fecisti notos meos à me: posuerunt me abominationem sibi.
Traditus sum, & non egrediebar: 10. oculi mei languerunt præ inopia.	*Clausum, & non prodeuntem: oculus meus infirmatus est ab afflictione.*	Traditus sum, & non egrediebar: 10. oculi mei languerunt præ inopia.
Clamavi ad te Domine tota die: expandi ad te manus meas.	*Vocavi te Domine tota die: expandi ad te palmas meas.*	Clamavi ad te Domine Deus meus tota die: extendi manus meas ad te.
11. Nunquid mortuis facies mirabilia: aut medici suscitabunt, & confitebuntur tibi?	*Nunquid mortuis facies mirabilia: aut gigantes surgent, & confitebuntur tibi?* SEMPER.	11. Nunquid mortuis facies mirabilia: aut medici exsuscitabunt, & confitebuntur tibi?
12. Nunquid narrabit aliquis in sepulcro misericordiam tuam, & veritatem tuam in perditione?	*Nunquid narrabitur in sepulcro misericordia tua: veritas tua in perditione?*	12. Nunquid enarravit aliquis in sepulcro misericordiam tuam, & veritatem tuam in perditionem?
13. Nunquid cognoscentur in tenebris mirabilia tua, & justitia tua in terra oblivionis?	*Nunquid noscentur in tenebris mirabilia tua, & justitia tua in terra quæ oblivioni tradita est?*	13. Nunquid cognoscentur in tenebris mirabilia tua, & justitia tua in terra?
14. Et ego ad te Domine clamavi: & manè oratio mea præveniet te.	*Ego autem ad te Domine clamavi, & manè oratio mea præveniet te.*	14. Et ego clamabo ad te Domine: & manè oratio mea præveniet te.
15. Ut quid Domine repellis orationem meam: avertis faciem tuam à me?	*Quare Domine abjicis animam meam: abscondis faciem tuam à me?*	15. Ut quid Domine repulisti animam meam: avertisti faciem tuam à me?
16. Pauper sum ego, & in la-	*Pauper ego, & ærumnosus ab*	16. Inops sum ego, & in

NOTÆ AD VERSIONEM ANTIQUAM.

Cassiod. cum Psalt. Rom. excepto ult. *expulsi sunt*. In Corb. sic: *Sicut vulnerati dorm. projecti in sepulcro, quorum non meministi ampliùs: & quidem ipsi de manu*, &c. August. in hunc Ps. *Tanquam* (inf. *Velut*) *vulnerati dorm. in sepulcro, quorum non meministi adhuc: & ipsi expulsi sunt de manu tua.* Brev. Moz. *Et sicut vulnerati dormientes in monumentis, quorum non meministi ampliùs: & ipsi de manu tua expulsi sunt.* Auct. l. de promiss. p. 3. col. 180. b. *In mortuis liber, & sicut vulnerati dormientes projecti in monumentis.* Gr. Ὡσεὶ τραυματίαι ἐρριμμένοι καθεύδοντες ἐν τάφῳ, ὧν οὐκ ἐμνήσθης ἔτι· καὶ αὐτοὶ..... ἀπώσθησαν.

℣. 7. Psalt. Rom. cum Moz. hab. *tenebris*, non *tenebrosis*. Similiter Ambros. l. de Jos. c. 3. to. 1. 489. a. & Cassiod. in hunc Ps. cæt. ut in Vulg. Apud August. in eund. Ps. *Posuerunt me in lacu inferiore, vel potiùs*, in lacu infimo; *sic enim est in Græco: dein, in tenebrosis*, &c. Hieron. in Isai. 14. to. 3. p. 159. c. *Posuerunt me in lacum novissimum.* Gr. ἐν λάκκῳ κατωτάτῳ· ἐν σκοτεινοῖς, καὶ, &c.

℣. 8. Psalt. Rom. & Corb. cum Cassiod. *In me confirmata est ira tua: & omnes elationes tuas super me induxisti.* Ita etiam in Mozarab. præter vocem *fluctus*, loco *elationes tuas*; in Carnut. *elevationes tuas*; in Mediol. *elationes tuas.* Ap. Aug. in hunc Ps. col. 929. c. d. f. *In me confirmata est indignatio tua; vel*, inquit, *sicut alii codices habent*, ira tua; *vel sicut alii*, furor tuus. *Quod enim Græcè positum est* θυμὸς, *diversè interpretati sunt nostri: nam ubi Græci codices habent* ὀργὴ, *ibi* iram *Latinè dicere nullus ferè dubitavit Interpres; ubi autem* θυμὸς *positum est, plerique non putaverunt* iram *esse dicendam, cùm magni auctores Latinæ eloquentiæ de Philosophorum Græcorum libris etiam hoc* iræ *nomine verterint in Latinum: neque de hac re diutiùs disputandum est; cui tamen si & nos aliud nomen adhibere debemus, tolerabiliùs* indignationem *dixerim, quàm* furorem. Tum addit: *& omnes suspensiones tuas; vel sicut quidam sunt interpretati*, omnes fluctus tuos; *aut sicut alii*, omnes elationes tuas super me induxisti. Græc. Ἐπ' ἐμὲ ἐπεστηρίχθη ὁ θυμός σου· καὶ πάντας τοὺς μετεωρισμούς σου ἐπήγαγες ἐπ' ἐμέ. Exinde sequitur Διάψαλμα, quod etiam habetur in Psalt. Rom. & Corb.

℣. 9. Sic est in Psalt. Rom. & Gr. Sic etiam apud August. & Cassiod. in hunc Ps. sicut apud Ambros. in Psal. to. 1. 646. f. 863. b. 931. c. 965. d.

℣. 10. Psalt. Rom. cum Moz. *Oculi mei infirmati sunt præ inopia. Clamavi ad te Domine tota die: expandi manus meas ad te.* Itidem in Corb. præter unum *extendi*, pro *expandi*. Item in Mediolan. & Carnut. *infirmati sunt*; sicut apud Cassiod. Apud August. *Oculi mei infirmati sunt ab inopia. Et clamavi ad te Domine tota die: expandi manus meas ad te;* Mss. plerique *extendi*. Apud Cyprian. l. 2. Testim. p. 294. a. *Exclamavi ad te Domine tota die: extendi ad te manus meas.* In Gr. Οἱ ὀφθαλμοί μου ἠσθένησαν ἀπὸ πτωχείας. Καὶ ἐκέκραξα πρὸς σὲ Κύριε ὅλην τὴν..... διεπέτασα πρὸς σὲ τὰς, &c.

℣. 11. Sic in Psalt. Corb. Moz. & ap. August. in hunc Ps. In Rom. & ap. Cassiod. *resuscitabunt*. Apud Ambros. l. de lapsu virg. to. 2. 318. f. *suscitabunt*. In Gr. ἀναστήσουσι. In Psalt. Corb. hic ponitur *Diapsalma*.

℣. 12. Psalt. Rom. Vulgatæ congruit, nisi quòd hab. *Nunquid enarrabit*, cum Cassiodoro. Mozar. *Nunquid narrabit quis in monumento miseric. tuam, & verit. tuam in perditionem?* Corb. *Nunquid enarrabit aliquis in monumento miseric. tuam, aut veritatem tuam in perditione?* August. in eund. Ps. *Nunquid enarrabit quis*, &c. ut in Vulg. Gr. Μὴ διηγήσεταί τις ἐν τάφῳ..... καὶ τὴν..... ἐν τῇ ἀπωλείᾳ;

℣. 13. Psalt. Mozarab. *aut justitia tua in terra oblita?* Rom. cum Cassiod. *aut justitia tua in terra oblivionis?* Carnut. & Corb. cum August. *in terra oblita?* Mediolan. *in terra oblitterata?* Gr. καὶ ἡ δικαιοσύνη σου ἐν γῇ ἐπιλελησμένῃ;

℣. 14. August. & Cassiod. Vulgatæ suffragantur cum Psalt. Rom. & Gr.

℣. 15. Psalt. Mediolan. similiter hab. *Ut quid Dom. repulisti animam meam?* August. verò in hunc Ps. *Ut quid Domine repulisti orationem meam: avertis faciem*, &c. Cassiod. cum Psalt. Rom. Vulgatæ congruit. Gr. Ἱνατί Κύριε ἀπωθεῖς τὴν προσευχήν μου· ἀποστρέφεις, &c. Ms. autem Alex. cum edd. Ald. & Compl. τὴν ψυχήν μου.

℣. 16. Sic est in Psalt. Rom. & ap. Cassiod. præter unum *egens*, pro *inops*. Item in Mozar. *egens*; extremò verò, *exaltatus autem, & humiliatus sum.* In Corb. *Egens sum ego, & in laboribus..... exaltatus sum autem, humiliatus sum & confusus.* Apud August. in eund. Ps. *Inops sum ego*,

Ex Mſ. Sangerm.

VERSIO ANTIQUA.	HEBR.	VULGATA HOD.
laboribus à juventute mea : exaltatus autem, humiliatus ſum & confuſus.	*adoleſcentia: portavi furorem tuum, conturbatus ſum.*	boribus à juventute mea : exaltatus autem, humiliatus ſum & conturbatus.
17. Super me pertranſierunt iræ tuæ : & terrores tui conturbaverunt me.	*Super me tranſierunt iræ tuæ : terrores tui oppreſſerunt me.*	17. In me tranſierunt iræ tuæ : & terrores tui conturbaverunt me.
18. Et circumierunt me ſicut aqua tota die : circumdederunt me ſimul.	*Circumdederunt me quaſi aqua tota die : vallaverunt me pariter.*	18. Circumdederunt me ſicut aqua tota die : circumdederunt me ſimul.
19. Elongaſti à me amicum, & notos meos à miſeria.	*Longè feciſti à me amicum & ſodalem : notos meos abſtuliſti.*	19. Elongaſti à me amicum, & proximum, & notos meos à miſeria.

NOTÆ AD VERSIONEM ANTIQUAM.

& *in laborib..... humiliatus ſum & conturbatus* ; melioris notæ Mſs. & *confuſus* : attamen infra, priori lectioni favent Auguſtini iſta : *nec exaltati, humiliabimur & conturbabimur*. In Gr. Πτωχός εἰμι ἐγώ..... ὑψωθεὶς δὲ, ἐταπεινώθην καὶ ἐξηπορήθην.

℣. 17. Pſalt. Rom. Corb. & Mozar. cum Caſſiod. *In me pertranſierunt*, &c. ut in textu. Apud Auguſt. ut in Vulg. In Gr. Ἐπ' ἐμὲ διῆλθον, &c.

℣. 18. Pſalt. Mozarab. *Circuierunt me ſicut aqua*, &c. Corb. *Circumierunt me ſicut aquam*, &c. Caſſiod. *Circumierunt me ſicut aqua*, &c. Auguſt. *Circumdederunt*, &c. In Gr. Ἐκύκλωσάν με, &c.

℣. 19. Pſalt. Rom. addit & *proximum*, cum Caſſiod. Aug. verò leg. *Longè feciſti à me amicum*, & *notos meos*, &c. editt. adnectunt ibid. & *proximum* ; ſed hoc abeſt à Mſs. ſicut à Gr. LXX. Aldin. tamen & Compl. retinent καὶ πλησίον, καὶ τούς..... ἀπὸ ταλαιπωρίας. In Brev. Mozarab. *præ miſeria*.

Ex Mſ. Sangerm.

VERSIO ANTIQUA.	HEBR.	VULGATA HOD.
1. Intellectûs Teman Iſtrahelitæ. LXXXVIII.	*Eruditio Ethan Ezraitæ. LXXXIX.*	1. Intellectus Ethan Ezrahitæ. LXXXVIII.
2. MIſericordias tuas Domine in æternum cantabo.	*MIſericordias Domini in æternum cantabo :*	2. MIſericordias Domini in æternum cantabo.
In generationem & progeniem & pronunciabo veritatem tuam in ore meo.	*In generatione & generationem annuntiabo veritatem tuam in ore meo.*	In generationem & generationem annuntiabo veritatem tuam in ore meo.
3. Quoniam dixi : In æternum miſericordia tibi ædificabitur in cœlis : præparabitur veritas tua.	*Quia dixi : Sempiterna miſericordia ædificabitur : cœlos fundabis, & veritas tua in eis.*	3. Quoniam dixiſti : In æternum miſericordia ædificabitur in cœlis : præparabitur veritas tua in eis.
4. Diſpoſui teſtamentum meum electis meis, juravi David ſervo meo : 5. uſque in æternum præparabo ſemen tuum.	*Percuſſi fœdus cum electo meo, juravi David ſervo meo : uſque in æternum ſtabiliam ſemen tuum,*	4. Diſpoſui teſtamentum electis meis, juravi David ſervo meo : 2. Reg. 5. uſque in æternum præparabo 7. 12. ſemen tuum.
Et ædificabo in generatione & progeniem ſedem tuam. DIAPSALMA.	*Et ædificabo in generatione & generatione thronum tuum. SEMPER.*	Et ædificabo in generationem & generationem ſedem tuam.
6. Confitebuntur cœli mirabilia tua Domine, & veritatem tuam in eccleſia ſanctorum.	*Et confitebuntur cœli mirabilia tua Domine, & veritatem tuam in eccleſia ſanctorum.*	6. Confitebuntur cœli mirabilia tua Domine : etenim veritatem tuam in eccleſia ſanctorum.
7. Quoniam quis in nubibus æquabitur dominus : aut quis ſimilis erit Domino inter filios Dei ?	*Quis enim in nube æquabitur Domino : aſſimilabitur Domino in filiis Dei ?*	7. Quoniam quis in nubibus æquabitur Domino : ſimilis erit Deo in filiis Dei ?
8. Deus, honorificandus in	*Deus, inclytus in arcano ſancto-*	8. Deus, qui glorificatur in con-

NOTÆ AD VERSIONEM ANTIQUAM.

℣. 1. Auguſt. & Caſſiod. in hunc Pſ. *Intellectûs Æthan Iſraëlitæ*. Idem Auguſt. l. de civit. Dei, to. 7. 472. c. *ipſi Æthan*. Pſalt. Rom. *Intellectûs Etham Iſraëlitæ*. Mozarab. *Intellectûs Etham Ezraitæ* ; Corb. *Æthan Ezraitæ*. Gr. Συνέσεως Αἰθὰμ τῷ Ἰσραηλίτῃ.

℣. 2. Sic in Pſalt. Rom. Moz. & apud Caſſiod. præter ſeqq. *In generatione & progenie pronunciabo*. In Corb. *Miſeric. tuas Domine in æt. cantabo tibi. In generationem & progeniem pronunciabo verit.* &c. Apud Auguſt. ſimiliter : *Miſeric. tuas Domine* ; reliq. ut in Vulg. Ita quoque in Pſalt. Mediolan. & Carnut. & Gr. Apud Ambroſ. in Pſ. 118. to. 1. 1120. a. hæc pauca : *In generationem & generationem annuntiabunt veritatem tuam*.

℣. 3. Pſalt. Rom. & Mozar. Vulgatæ congruunt, niſi quòd ambo tollunt ult. *in eis*, ut ſup. Deeſt pariter in Mediolan. Carnut. & Gr. nec legitur apud Auguſt. & Caſſiod. in hunc Pſ. At ubique conſtanter punctum figitur poſt verbum *ædificabitur*, præterquam in Pſalt. Rom. Fabri. Ubique etiam, *quoniam dixiſti*, abſque ſeq. *tibi*. In Corb. tamen ſic eſt : *tibi ædificabitur : in cœlis præparabitur veritas tua*.

℣. 4. Aug. & Caſſiod. delent *meum*, cum Pſalt. Rom. & Gr. reliqua ut ſupra.

℣. 5. Pſalt. Rom. & Moz. cum Caſſiod. *Et ædificabo in ſæculum ſæculi ſedem tuam* ; Corb. *in ſæculum & ſæculum*. Apud Auguſt. ut in Vulg. nec aliter in Gr. Subjicitur pariter ibid. Διάψαλμα, ſicut in Pſalt. Rom. & Corb. deeſt tamen in Gr. Alex. ac edd. Ald. & Compl. de more.

℣. 6. Sic habet Pſalt. Rom. cum Corb. & Moz. Ita etiam Auguſt. & Caſſiod. in hunc Pſ. cum Gr. In Mſ. tamen Alex. καὶ γὰρ τὴν ἀλήθειαν, &c. ut in Vulg.

℣. 7. Ita legunt Ambroſ. l. 4. de fide, to. 2. 549. f. & Caſſiod. in hunc Pſ. cum Pſalt. Rom. ac Moz. uno excepto aut altero, *æquabitur Domino*, paulòque poſt, *Deo*, pro *Domino*. Apud Auguſt. in eund. Pſ. ſic : & *quis ſimilis erit Domino in filiis Dei ?* inf. *aut quis ſimilis erit Dño inter filios Dei*. Sic etiam in Pſalt. Corb. In ed. Rom..... τῷ Κυρίῳ· καὶ τίς ὁμοιωθήσεται τῷ Κυρίῳ ἐν υἱοῖς Θεοῦ ; In Mſ. Alex. deeſt καὶ τίς, ſicut in edd. Ald. & Compl.

℣. 8. Auguſt. in hunc Pſ. *Deus, glorificandus in conſilio juſtorum : magnus & terribilis in omnes qui in circ.* &c. Caſſiod. cum Pſalt. Rom. *Deus, qui glorificatur in conſilio* (Rom. *concilio*) *ſanctorum : magnus & metuendus ſuper omnes*, &c. Brev. Mozarab. *magnus & metuendus in omnibus*

	VULGATA HOD.	HEBR.	VERSIO ANTIQUA.	
	filio sanctorum : magnus & terribilis super omnes qui in circuitu ejus sunt.	*rum nimio, & terribilis in cunctis qui circa eum sunt.*	consilio sanctorum : magnus & terribilis super omnes qui in circuitu ejus sunt.	*Ex Ms. Sangerm.*
	9. Domine Deus virtutum quis similis tibi? potens es Domine, & veritas tua in circuitu tuo.	*Domine Deus exercituum, quis similis tibi? fortissime Domine, & veritas tua in circuitu tuo.*	9. Dominus Deus virtutum quis similis tibi? potens es Domine, & veritas tua in circuitu tuo.	
	10. Tu dominaris potestati maris : motum autem fluctuum ejus tu mitigas.	*Tu dominaris superbia maris, & elationes gurgitum ejus tu comprimis.*	10. Tu dominaberis potestatis maris : motum autem fluctuum ejus tu mitigas.	
	11. Tu humiliasti sicut vulneratum, superbum : in brachio virtutis tuæ dispersisti inimicos tuos.	*Tu confregisti quasi vulneratum, superbum : in brachio fortitudinis tua dispersisti inimicos tuos.*	11. Tu humiliasti sicut vulneratum, superbum : & in virtute brachii tui disparsisti inimicos tuos.	
Gen. 2. 1.	12. Tui sunt cœli, & tua est terra, orbem terræ & plenitudinem ejus tu fundasti : 13. aquilonem & mare tu creasti.	*Tui sunt cœli, & tua est terra; orbem & plenitudinem ejus tu fundasti ea : aquilonem & dexteram tu creasti.*	12. Tui sunt cœli, & tua est terra, orbem terræ & plenitudinem ejus tu fundasti : 13. * aquilonem & mare tu creasti.	* *Ms.* aquilone.
	Thabor & Hermon in nomine tuo exsultabunt : 14. tuum brachium cum potentia.	*Thabor & Hermon nomen tuum laudabunt : tuum brachium cum fortitudine.*	Thabor & Hermon in nomine tuo exsultabunt : 14. tuum brachium cum potentia.	
	Firmetur manus tua, & exaltetur dextera tua : 15. justitia & judicium præparatio sedis tuæ.	*Roboretur manus tua, & exaltetur dextera tua : justitia & judicium firmamentum throni tui.*	Firmetur manus tua, & exaltetur dextera tua : 15. justitia & judicium præparatio sedis tuæ.	
	Misericordia & veritas præcedent faciem tuam : 16. beatus populus, qui scit jubilationem.	*Misericordia & veritas præcedent faciem tuam : beatus populus, qui noluit jubilum.*	Misericordia & veritas præeunt ante faciem tuam : 16. beatus populus, qui scit jubilationem.	
	Domine, in lumine vultus tui ambulabunt, 17. & in nomine tuo exsultabunt tota die : & in justitia tua exaltabuntur.	*Domine, in lumine vultus tui ambulabunt : in nomine tuo exsultabunt tota die, & in justitia tua exaltabuntur :*	Domine, in lumine vultus tui ambulabunt, 17. & in nomine tuo exsultabunt tota die : & in tua justitia exaltabuntur.	
	18. Quoniam gloria virtutis eorum tu es : & in beneplacito tuo exaltabitur cornu nostrum.	*Quia gloria fortitudinis eorum tu es, & in voluntate tua elevabis cornu nostrum :*	18. Quoniam gloria virtutis eorum tu es : & in bona voluntate tua exaltabitur cornu nostrum.	
	19. Quia Domini est assumptio nostra, & sancti Israël regis nostri.	*Quia à Domino est protectio nostra, & à sancto Israël rege nostro.*	19. Quoniam Domini est adsumptio, & sancti Israël regis nostri.	
	20. Tunc locutus es in visione sanctis tuis, & dixisti : Posui adjutorium in potente : & exaltavi electum de plebe mea.	*Tunc locutus es per visionem sanctis tuis, & dixisti : Posui adjutorium super robustum : exaltavi electum de populo.*	20. Tunc locutus es in aspectu filiis tuis, & dixisti : Posui adjutorium super potentem : exaltavi electum de plebe mea.	

NOTÆ AD VERSIONEM ANTIQUAM.

qui, &c. Hieron. epist. ad Sun. & Fret. to. 2. 651. c. *magnus & horrendus* : tum addit : *In Græco invenisse vos dicitis*, φοβερός, *quod significat*, terribilis, timendus, formidandus. *ego puto id ipsum significare &* horrendum. Gr. hod. Ὁ Θεὸς ἐνδοξαζόμενος ἐν βουλῇ ἁγίων· μέγας καὶ φοβερὸς ἐπὶ πάντας, &c.

℣. 9. August. & Cassiod. unà cum Psalt. Rom. legunt : *Domine Deus*, &c. ut in Vulg. Ita quoque in Græco.

℣. 10. Psalt. Mozar. *Tu dominaris potestatem maris*, &c. Hieron. in Isai. 52. to. 3. col. 371. b. *Tu dominaris fortitudinis maris : & commotionem fluctuum ejus tu mitigas*. Aug. & Cassiod. cum Psalt. Rom. Vulgatæ accinunt. Gr. Σὺ δεσπόζεις τοῦ κράτους τῆς θαλάσσης· τὸν δὲ σάλον, &c.

℣. 11. Concordant Psalt. Rom. Mediol. Carnut. Corb. & Moz. quibus favet Cassiod. in hunc Ps. Apud August. verò sic : *& in brachio virtutis tua* ; ut etiam in Græco.

℣. 12. Sic habet Ambros. l. 3. Hexa. to. 1. 38. e. cum Psalt. Rom. & Moz. præter unum *orbem terrarum*. Itidem August. & Cassiod. in hunc Ps. cum Vigil. Tapf. l. cont. Varimad. p. 734. d. Gr. τὴν οἰκουμένην.

℣. 13. Ambros. l. 3. Hexa. col. 38. e. *aquilonem & mare tu creasti*. August. in hunc Ps. *aquilonem & maria tu creasti. Thabor & Hermon*, &c. Mss. nonnulli *Hermonim* ; al. quidam, *Hermoniim*. Cassiod. *aquilonem & mare tu fundasti*, &c. Gr. τὸν βορρᾶν καὶ θάλασσαν σὺ ἔκτισας, &c.

℣. 14. Ita Cassiod. cum Psalt. Rom. August. verò in eund. Ps. *Confirmetur manus tua*, &c. Gr. Κραταιωθήτω ἡ χείρ σου, &c.

℣. 15. Ita August. in hunc Ps. cum Psalt. Corb. In Rom. & Moz. *Miseric. & veritas præibunt ante faciem tuam*. Ap. Cassiod. *præibunt faciem tuam*. Gr. προπορεύσονται πρὸ προσώπου σου.

℣. 16. Sic Hilar. in Ps. 65. col. 174. e. cum Psalt. Rom. August. verò in hunc Ps. *Beatus populus sciens jubilationem*, &c. Cassiod. in eund. Ps. & præf. in Psal. pag. 2. a. *Beatus populus, qui intelligit jubilationem*. Græc. ὁ γινώσκων ἀλαλαγμόν.

℣. 17. Sic in Psalt. Rom. & Moz. ut & apud August. in hunc Ps. In Corb. *& in tua justitia lætabuntur*. Cassiod. Vulgatæ consonat, & Græco. Ambros. l. 2. de Spir. S. c. 8. to. 2. col. 648. e. leg. *in nomine tuo exsultabimus*.

℣. 18. Aug. & Cassiod. in hunc Ps. Vulgatæ accedunt cum Psalt. Rom. In Mediol. sic : *& in tua justitia exaltabitur cornu nostrum*. In Carnut. & Corb. *& in nomine tuo exaltabitur*, &c. In Græco : καὶ ἐν τῇ εὐδοκίᾳ σου ὑψωθήσεται τὸ, &c.

℣. 19. Sic est in Psalt. Rom. & ap. Cassiod. In Moz. verò, *Quoniam Domini est protectio, & sancti*, &c. In Corb. *Quia Domini est adsumptio, sancti Israël regis nostri*. Apud August. in eund. Ps. *Quon. Domini est susceptio, & sancti*, &c. Apud Auct. l. de promiss. p. 3. col. 181. e. *Domini est assumptio, & sancti Israel regis nostri*. In Gr. Ὅτι τοῦ Κυρίου ἡ ἀντίληψις, καὶ, &c. ut in Vulg.

℣. 20. Ita Cassiod. cum Psalt. Rom. Mediolan. Carnut. Corb. & Moz. posito uno &, ante verbum *exaltavi*. Sic etiam Hilar. in Ps. 69. col. 232. e. ab his, *Posui adjut.* &c. sed in Luc. col. 1330. f. legit, *& exaltavi electum de populo meo* ; in Ps. verò 1. col. 14. *de plebe mea* : item in Psalmum 131. col. 455. c. *Posui adjutorium meum super potentem : & exaltavi electum de plebe mea* : similiter in Ps. 143. col. 560. d. sed absque voce *meum*, post *adjutorium* : vide etiam l. 2. & 3. de fide, to. 2. col. 477. d. 502. a.

	VERSIO ANTIQUA.	HEBR.	VULGATA HOD.	
Ex Ms. Sangerm.	21. Et inveni David servum meum : & in oleo sancto meo unxi eum.	*Inveni David servum meum : oleo sancto meo unxi eum.*	21. Inveni David servum meum : oleo sancto meo unxi eum.	1. Reg. 16. 1. 12. Act. 13. 22.
	22. Manus enim mea auxiliabitur ei : & brachium meum confortabit eum.	*Cum quo manus mea firma erit, & brachium meum roborabit eum.*	22. Manus enim mea auxiliabitur ei : & brachium meum confortabit eum.	
	23. Nihil proficiet inimicus in eo, & filius iniquitatis non nocebit eum.	*Non decipiet inimicus eum, & filius iniquitatis non affliget eum.*	23. Nihil proficiet inimicus in eo, & filius iniquitatis non apponet nocere ei.	
	24. Et mactabo inimicos ejus à facie ejus : & odientes eos in fuga vertam.	*Sed concidam ante faciem ejus hostes illius, & qui eum oderunt percutiam.*	24. Et concidam à facie ipsius inimicos ejus : & odientes eum in fugam convertam.	
	25. Et veritas mea, & misericordia mea cum ipso : & in nomine meo exaltabitur cornu ejus.	*Veritas autem mea, & misericordia mea cum eo : & in nomine meo exaltabitur cornu ejus.*	25. Et veritas mea, & misericordia mea cum ipso : & in nomine meo exaltabitur cornu ejus.	
	26. Et ponam in mari manum ejus, & in fluminibus dexteram ejus.	*Et ponam in mari manum ejus, & in fluminibus dexteram ejus.*	26. Et ponam in mari manum ejus, & in fluminibus dexteram ejus.	
	27. Ipse invocavit me : Pater meus es tu : Deus meus, & susceptor salutis meæ :	*Ipse invocabit me : Pater meus es tu : Deus meus, & fortitudo salutis meæ.*	27. Ipse invocabit me : Pater meus es tu : Deus meus, & susceptor salutis meæ :	
	28. Et ego primogenitum ponam illum excelsum apud reges terræ.	*Ego autem primogenitum ponam eum excelsum regibus terræ.*	28. Et ego primogenitum ponam illum excelsum præ regibus terræ.	
	29. In æternum servabo ei misericordiam meam : & testamentum meum fidele ipsi.	*In æternum custodiam ei misericordiam meam, & pactum meum fidele ei.*	29. In æternum servabo illi misericordiam meam : & testamentum meum fidele ipsi.	
	30. Et ponam in sæculum sæculi semen ejus, & sedem ejus sicut dies sæculi.	*Et ponam perpetuum semen ejus, & thronum ejus sicut dies cœli.*	30. Et ponam in sæculum sæculi semen ejus, & thronum ejus sicut dies cœli.	
	31. Si dereliquerint filii ejus legem meam : & in judiciis meis non ambulaverint :	*Si dereliquerint filii ejus legem meam, & in judiciis meis non ambulaverint :*	31. Si autem dereliquerint filii ejus legem meam : & in judiciis meis non ambulaverint :	

NOTÆ AD VERSIONEM ANTIQUAM.

August. in hunc Ps. *Tunc locutus es in aspectu filiis tuis, & dixisti : Posui adjut. super potentem : exaltavi electum de populo meo.* Sic etiam hab. Auct. op. imp. in Matth. hom. 2. p. 18. e. *Tunc locutus es in aspectu filiis tuis, & dixisti.* Vigil. Taps. l. 5. cont. Eutych. p. 68. a. *exaltavi elect. de populo meo.* De hoc autem, *sanctis tuis*, Hieron. epist. ad Sun. & Fret. to. 2. 654. a. ita scribit : *In Græco*, filiis tuis, *invenisse vos dicitis... sed in Κοινῇ tantum pro* sanctis, filios *reperi.* In ed. Rom. Τότε ἐλάλησας ἐν ὁράσει τοῖς υἱοῖς σου..... Ἐθέμην βοήθειαν ἐπὶ δυνατόν· ὕψωσα, &c.

℣. 21. Sic Hilar. in Ps. 1. col. 14. & in Ps. 69. col. 232. e. & in Ps. 138. col. 511. e. detracto duplici & ; præterea in Ps. 143. col. 560. d. tollit *in*, ante vocem *oleo* ; & in Ps. 131. col. 455. c. hab. *linivi eum.* Sic etiam Ambros. in Luc. 3. to. 1. 1328. b. 1330. e. & epist. 46. to. 2. 987. a. cum Brev. Mozarab. Accinunt August. & Cassiod. in hunc Ps. cum Gr. In Psalt. Rom. deest *in*, sicut apud Ambros. l. de apol. Dav. to. 1. 721. a. Apud Hieron. in Isai. 55. to. 3. 403. a. *in misericordia sancta unxi eum.* In Psalt. Corb. *& in oleo sancto linivi eum.*

℣. 22. Ita legit Hilar. in Ps. 131. 138. 139. & 143. col. 455. d. 511. e. 530. d. 558. c. 560. e. Ita etiam August. & Cassiod. cum Psalt. Rom. & Gr. In Mozarab. & Corb. *confortavit.*

℣. 23. Ita Cassiod. cum Psalt. Corb. & Moz. Rom. verò hab. *non nocebit ei* : similiter in Missali Rom. ad Grad. 1. Mart. Pont. Apud Hilar. in Ps. 131. & 138. col. 455. d. 511. e. sic : *non adjiciet nocere eum* : & in Ps. 139. col. 530. d. *non adjiciet nocere ei.* Hieron. in Isai. 57. to. 3. 415. f. leg. *non apponet ut affligat eum.* August. in hunc Ps. *Non proficiet* ; ultimóque, *non apponet nocere ei.* In Græco : Οὐκ ὠφελήσει..... ὁ προσθήσει τοῦ κακῶσαι αὐτόν.

℣. 24. Psalt. Rom. cum Corb. & Moz. *Et concidam inimicos ejus à facie ipsius* (Corb. *ejus* ;) reliqua ut in Vulg. Sic etiam Hilarius in Ps. 131. col. 455. d. & Cassiod. in hunc Ps. At August. in eund. *Et concidam inim. ejus à facie illius : & eos, qui oderunt eum, fugabo.* In Gr. Καὶ συγκόψω ἀπὸ προσώπου αὐτοῦ τοὺς..... καὶ τοὺς μισοῦντας αὐτὸν τροπώσομαι.

℣. 25. Similiter hab. Hilar. in Ps. 131. col. 455. d. & Cassiod. in hunc Ps. cum Psalt. Rom. & Gr. August. in eund. Ps. leg. *cum ipso est* : at l. 17. de civit. Dei, to. 7. col. 472. d. delet *est.*

℣. 26. Sic Hilar. in Ps. 131. col. 455. d. Ambros. in Luc. 3. to. 1. 1330. b. necnon August. & Cassiod. in hunc Ps. quibus accedunt Psalt. Rom. & Gr.

℣. 27. Itidem in Psalt. Corb. Sic etiam in Rom. excepto verbo *invocabit.* In Gr. ἐπικαλέσεταί. Similiter habent August. & Cassiod. in hunc Ps. Item Hilar. in Ps. 131. col. 455. d. rursus infra in Ps. 143. col. 560. e. sed delet *me*, sicut &, ante *susceptor* : in Psalm. verò 1. n. 14. tollit hoc, *Deus meus.* Ambros. epist. 46. to. 2. 987. a. *Ipse vocabit me : Pater meus es tu : Deus salutis meæ* : at in Luc. 3. to. 1. 1330. b. *Ipse invocabit me.*

℣. 28. Sic hab. August. in hunc Ps. cum Psalt. Carnut. & Corb. Ita quoque in Mozarab. nisi quòd ponitur &, ante *excelsum.* Rom. Vulgatæ congruit, cum Cassiodoro. Cypr. verò l. 2. Testim. p. 284. c. legit, *altissimum apud reges terræ.* Hilar. in Ps. 69. & 131. col. 232. e. 455. d. *excelsum super reges terræ* : & in Ps. 143. col. 560. e. *super omnes reges terræ.* Gr. ὑψηλὸν παρὰ τοῖς βασιλεῦσι τῆς γῆς. Aquila, ὕψιστον τοῖς, &c.

℣. 29. Ita legit Cypr. l. 2. Testim. p. 284. c. nisi quòd hab. in fine *illi*, non *ipsi* ; Gr. αὐτῷ. Aug. & Cassiod. in hunc Ps. nil differunt à textu vet. nec etiam Psalt. Rom. Apud Hilar. in Ps. 131. & 143. col. 455. e. 560. e. id unum variat, *illi*, pro *ei.*

℣. 30. Psalt. Rom. hab. *sedem ejus, & thronum ejus sicut dies cæli.* Corb. *semen ejus, & semen ejus sicut*, &c. Mozarab. *sedem ejus, & thronus ejus*, &c. Similiter Ambros. de apol. Dav. to. 1. 713. c. *thronus ejus sicut dies cæli* : at in Luc. 3. col. 1330. b. Vulgatæ suffragatur cum August. & Cassiod. Apud Cypr. l. 2. Testim. p. 284. c. deest posterior iste versiculus ; cæt. ut sup. Apud Hilar. in Ps. 131. col. 455. d. *semen ejus, & thronum ejus sicut dies cæli.* Ita quoque in Græco.

℣. 31. Accinunt magno consensu Cyprian. l. 2. Testim. p. 284. c. Hilar. in Ps. 131. p. 455. e. Hieron. ep. ad Dam. to. 4. p. 157. e. necnon Aug. & Cassiod. in hunc Ps. unà cum Psalt. Rom. Corb. & Moz. Cypr. tamen ep. 7. p. 13. c. & l. de laps. p. 183. b. delet hoc, *filii ejus* : & Aug. epist. 29. to. 2. col. 51. b. legit : *Si reliquerint filii ejus..... & in præceptis meis non ambul.* Auct. l. ad Novat. hæret. p. 437. f. *Si dereliquerint filii ejus legem meam : & in mandatis meis non ambulaverint.* Gr. Ἐὰν ἐγκαταλίπωσιν οἱ υἱοὶ... καὶ τοῖς κρίμασί μου μὴ πορευθῶσι.

Vulgata hod.	Hebr.	Versio antiqua.
32. Si juſtitias meas profanaverint : & mandata mea non cuſtodierint :	*Si cæremonias meas profanaverint, & præcepta mea non cuſtodierint :*	32. Si juſtitias meas profanarint : & mandata mea non cuſtodierint : *Ex Mſ. Sangerm.*
33. Viſitabo in virga iniquitates eorum : & in verberibus peccata eorum.	*Viſitabo in virga ſcelera eorum, & in plagis iniquitates eorum.*	33. Viſitabo in virga iniquitates eorum : & in verberibus peccata eorum.
34. Miſericordiam autem meam non diſpergam ab eo : neque nocebo in veritate mea :	*Miſericordiam autem meam non auferam ab eo, nec mentiar in veritate mea :*	34. Miſericordiam verò meam non auferam ab eo : neque decipiam in veritate mea :
35. Neque profanabo teſtamentum meum : & quæ procedunt de labiis meis non faciam irrita.	*Non violabo pactum meum, & quod egreſſum eſt de labiis meis non mutabo.*	35. Neque profanabo teſtamentum meum : & quæ proficiſcuntur per labia mea non ſpernam ; & quæ procedunt de labiis meis non faciam inrita.
36. Semel juravi in ſancto meo, ſi David mentiar : 37. ſemen ejus in æternum manebit.	*Semel juravi in ſancto meo, ne David mentiar : ſemen ejus in æternum erit.*	36. Semel juravi in ſancto meo, ſi David mentiar : 37. ſemen ejus in æternum manebit.
2. Reg. 7. 16. — 38. Et thronus ejus ſicut ſol in conſpectu meo, & ſicut luna perfecta in æternum : & teſtis in cœlo fidelis.	*Et thronus ejus ſicut ſol in conſpectu meo : ſicut luna ſtabilietur in æternum, & teſtis in cœlo fidelis.* SEMPER.	38. Et ſedes ejus ſicut ſol in conſpectu meo, & ſicut luna perfecta in æternum : & teſtis in cœlo fidelis. DIAPSALMA.
39. Tu verò repuliſti & deſpexiſti : diſtuliſti Chriſtum tuum.	*Tu autem repuliſti & projeciſti : iratus es adversùs Chriſtum tuum.*	39. Tu verò repuliſti, & pro nihilo duxiſti, & neglexiſti nos : & diſtuliſti Chriſtum tuum.
40. Evertiſti teſtamentum ſervi tui : profanaſti in terra ſanctuarium ejus.	*Attenuaſti pactum ſervi tui : profanaſti in terra diadema ejus.*	40. Evertiſti teſtamentum ſervi tui : profanaſti in terram ſanctitatem ejus.
41. Deſtruxiſti omnes ſepes ejus:	*Diſſipaſti omnes macerias ejus :*	41. Deſtruxiſti omnes

NOTÆ AD VERSIONEM ANTIQUAM.

℣. 32. In Pſalt. Sangerm. ponitur negatio ante *profanaverint*, ſed aperto mendo, quod abſtulimus. In Pſalt. enim Rom. Corb. & Mozar. conſtanter : *Si juſtificationes meas profanaverint : & mand. mea non cuſtod.* Similiter ap. Hilar. in Pſ. 131. col. 455. d. & Auguſt. in hunc Pſ. ac ep. 29. to. 2. col. 51. b. Ambroſ. verò l. de pœnit. to. 2. 405. f. Vulgatæ congruit cum Caſſiod. imo Hilarius ipſe juxta Mſs. plures. Apud Cypr. l. 2. Teſtim. p. 284. c. ſic : *Si juſtificationes meas profanaverint : & præcepta mea non obſervaverint :* itidem epiſt. 7. p. 13. c. & l. de lapſ. p. 183. b. Sic etiam hab. Auct. l. ad Novat. p. 437. f. excepto ult. *cuſtodierint*, pro *obſerv.* In Gr. Ἐὰν τὰ δικαιώματά μου βεβηλώσωσι· καὶ τὰς ἐντολάς μου μὴ φυλάξωσι.

℣. 33. Sic in Pſalt. Rom. eſt, & ap. Caſſiod. Cyprianus verò l. 2. & 3. Teſtim. p. 284. 320. b. c. cum Auct. l. ad Novat. p. 437. f. ita legit : *Viſitabo in virga facinora eorum : & in flagellis delicta eorum :* ita rurſum Cypr. epiſt. 7. & 52. p. 13. c. & 73. a. & l. de lapſ. p. 183. b. Item Auguſt. ep. 29. to. 2. 51. b. at in hunc Pſ. ſcribit *iniquitates*, non *facinora*. Similiter Ambroſ. in Luc. 10. to. 1. 1425. b. ſicut epiſt. 70. to. 2. 1064. c. & l. 1. de pœnit. col. 405. f. Hilar. autem in Pſ. 131. col. 455. e. *Viſitabo in virga injuſtitias eorum : & in verberibus peccata eorum.* Auct. etiam op. imp. in Matth. hom. 19. p. 90. e. leg. *Viſitabo in virga injuſtitias eorum.* Hieron. quæſt. Hebr. to. 2. 513. b. *Viſitabo in virga iniquitates eorum : & in flagellis peccata eorum :* ſimiliter in Iſai. 13. to. 3. 151. f. & in Ezech. 9. col. 752. c. at epiſt. ad Damaſ. to. 4. 157. e. *& in flagellis injuſtitias eorum.* In Pſalt. Corb. & Moz. *& in flagellis peccata ipſorum.* In Gr..... τὰς ἀνομίας αὐτῶν· καὶ ἐν μάστιξι τὰς ἁμαρτίας αὐτῶν, Mſ. Alex. cum Ald. & Compl. ἀδικίας.

℣. 34. Ita legit Hilar. in Pſ. 131. col. 455. f. uno excepto *diſpergam*, pro *auferam*. Cypr. l. 2. & 3. Teſtim. p. 284. c. & 320. b. necnon ep. 7. & 52. p. 13. c. 73. a. *Miſericordiam autem meam non diſpergam ab eis.* Ambroſ. l. 1. de pœnit. to. 2. 405. f. *non diſperdam ab eis.* Hieron. in Iſai. 13. & 63. to. 3. col. 151. f. 471. d. & in Ezech. 9. col. 752. c. *non auferam ab eis :* itidem epiſt. ad Damaſ. to. 4. 157. e. at quæſt. Hebr. to. 2. 513. b. ſic : *Veruntamen miſeric. meam non auferam ab eis.* Auct. quæſt. ap. Auguſt. to. 3. q. 112. col. 114. g. *non movebo ab eis.* Auguſt. ipſe in hunc Pſ. *Miſericordiam verò meam non diſpergam ab eo*, &c. ut in Vulg. paulò inf. *ab eis ;* ſed addit : *Et quidem hoc nonnulli codices habent, ſed emendatiores non habent.* Unde ipſe in explic. priorem lectionem præfert, *ab eo :* & in epiſt. 29. to. 2. 51. b. legit, *non auferam*, cum Pſalt. Moz. quod etiam add. *ab eo ;* Mediolan. & Carnut. *ab eis :* ſtatim Mediolan. *neque nocebo eis ;* Carnut. *neque decipiam.* Corb. *Miſeric. verò meam non diſpergam ab eis : neque decipiam*, &c. Rom. ut in Vulgata. Græc. Τὸ δὲ ἔλεός μου οὐ μὴ διασκεδάσω ἀπ᾽ αὐτοῦ· οὐδὲ μὴ ἀδικήσω, &c.

℣. 35. Verſiculus intermedius alibi non legitur, neque in Pſalt. Rom. neque in Gr. nec apud Hilar. in Pſ. 131. col. 455. f. qui Vulgatæ congruit, unà cum Caſſiod. in hunc Pſ. Aug. tantùm, loco *non faciam inrita*, legit, *non reprobabo.* Similiter Auct. l. de promiſſ. p. 2. c. 20. col. 144. c. *non reprobabo.*

℣℣. 36. 37. Concinunt Hilar. in Pſ. 131. col. 455. f. Ambroſ. in Luc. 3. to. 1. 1316. e. 1330. b. necnon Auguſt. & Caſſiod. in hunc Pſ. & Gr.

℣. 38. Ita legit Auguſt. in hunc Pſ. cum Pſalt. Rom. & Corb. Succinit Hilar. in Pſ. 69. col. 232. f. niſi quòd hab. *& ſicut luna perfecta manet in æternum :* itidem in Pſ. 131. col. 455. f. at in Pſ. 143. col. 560. e. tollit verbum *manet.* Ambr. epiſt. 23. to. 2. col. 882. a. leg. *in æternum manebit*, cum Brev. Moz. Ap. Caſſiod. ut in Vulg. & Gr. Sequitur pariter *Diapſalma* in Pſalt. Rom. Corb. & in eodem Græco.

℣. 39. Pſalt Rom. & Moz. cum Caſſiod. *Tu verò repuliſti, & ſpreviſti : & diſtuliſti Chriſt. tuum.* Corb. *repuliſti, & ſpreviſti : diſtuliſti*, &c. Auguſt. in eund. Pſ. *Tu verò repuliſti, & ad nihilum deduxiſti : diſtuliſti Chriſt.* &c. ita rurſum l. 17. de civit. Dei, to. 7. col. 473. c. niſi quòd hab. *deduxiſti Domine.* Ambroſ. triplici loco trifariam variat : videlicet l. 3. de fide, to. 2. col. 511. d. legit : *Tu autem repuliſti, & ad nihilum redegiſti : diſtuliſti Chr. tuum :* inf. col. 518. a. *Tu verò repuliſti Domine, & pro nihilo habuiſti : diſtuliſti Chr.* &c. demum in Pſ. 43. to. 1. col. 923. b. ſic : *Tu verò repuliſti pro nihilo Domine : diſtuliſti Chr. tuum.* Auct. op. imp. in Matth. hom. 2. p. 18. e. *Tu verò repuliſti, & pro nihilo deduxiſti : & diſtuliſti Chriſtum tuum.* Hieron. epiſt. ad Sun. & Fret. to. 2. 654. a. ita ſcribit : *In Græco* ἐξουδένωσας *inveniſſe vos dicitis : unius litteræ mutatio quantum vobis fecit errorem ! non enim reſpexiſti, ſed* deſpexiſti, & pro nihilo duxiſti, *interpretati ſumus.* In ed. Rom. Σὺ δὲ ἀπώσω, καὶ ἐξουδένωσας· ἀνεβάλου τὸν, &c.

℣. 40. Sic Ambroſ. in Pſ. 43. to. 1. 923. b. & l. 3. de fide, to. 2. 518. a. excepto uno *in terra.* Item Auguſt. in hunc Pſ. & l. 17. de civit. Dei, to. 7. col. 473. f. cum Pſalt. Corb. Ita etiam Caſſiod. cum Pſalt. Rom. Mediol. Carnut. & Moz. excepto verbo *everiſti*, quod etiam ferunt Mſs. quidam Auguſt. In Gr. Κατέστρεψας..... ἐβεβήλωσας εἰς τὴν γῆν τὸ ἁγίασμα αὐτοῦ. Similiter hab. Mozar. *in terram.*

℣. 41. *Spes* haud dubiè, pro *ſepes*, lapſu calami, legitur in autographo Sangerm. In Pſalt. quippe Rom. Corb. &

Ex Mſ. Sangerm. — * *Mſ. ſpes.*

Versio antiqua.	Hebr.	Vulgata hod.
* ſepes ejus : poſuiſti munitiones ejus in formidinem.	*poſuiſti munitiones ejus paverem.*	poſuiſti firmamentum ejus formidinem.
42. Diripuerunt illum omnes tranſeuntes viam : factus eſt in opprobrium vicinis ſuis.	*Diripuerunt eum omnes qui tranſeunt per viam : factus eſt opprobrium vicinis ſuis.*	42. Diripuerunt eum omnes tranſeuntes viam : factus eſt opprobrium vicinis ſuis.
43. Exaltaſti dexteram inimicorum ejus : ſuperlætificaſti omnes inimicos ejus.	*Elevaſti dexteram hoſtium ejus : lætificaſti omnes inimicos illius.*	43. Exaltaſti dexteram deprimentium eum : lætificaſti omnes inimicos ejus.
44. Averriſti adjutorium gladii ejus : & non es auxiliatus ei in bello.	*Nam & avertiſti robur gladii ejus, & non ſublevaſti eum in prælio.*	44. Avertiſti adjutorium gladii ejus : & non es auxiliatus ei in bello.
45. Diſſolviſti à deſtructione illum : & ſedem ejus in terram eliſiſti.	*Quieſcere feciſti munditiam ejus, & thronum illius in terra detraxiſti.*	45. Deſtruxiſti eum ab emundatione : & ſedem ejus in terram colliſiſti.
46. Minoraſti dies ſedis ejus : perfudiſti eum confuſione. Diapsalma.	*Abbreviaſti dies adoleſcentiæ ejus : operuiſti eum ignominiâ.* Semper.	46. Minoraſti dies temporis ejus : perfudiſti eum confuſione.
47. Uſquequo Domine avertes te in finem : exardeſcit ſicut ignis ira tua ?	*Uſquequo Domine abſconderis in finem : ſuccendetur quaſi ignis indignatio tua ?*	47. Uſquequo Domine avertis in finem : exardeſcet ſicut ignis ira tua ?
48. Memorare quæ mea ſubſtantia : non enim vanè conſtituiſti omnes filios hominum.	*Memento mei de profundo : alioquin quare fruſtra creaſti filios hominum ?*	48. Memorare quæ mea ſubſtantia : nunquid enim vanè conſtituiſti omnes filios hominum ?
49. Quis eſt homo, qui vivet, & non videbit mortem ? aut quis eruit animam ſuam de manibus inferi ? Diapsalma.	*Quis eſt vir qui vivat, & non videat mortem : ſalvans animam ſuam de manu inferi ?* Semper.	49. Quis eſt homo, qui vivet, & non videbit mortem : eruet animam ſuam de manu inferi ?
50. Ubi ſunt miſericordiæ tuæ antiquæ, ſicut juraſti David in veritate tua ?	*Ubi ſunt miſericordiæ tuæ antiquæ Domine, quas juraſti David in veritate tua ?*	50. Ubi ſunt miſericordiæ tuæ antiquæ Domine, ſicut juraſti David in veritate tua ? 2. Reg. 7. 11.
51. Memor eſto Domine opprobrii ſervorum tuorum (quod continui in ſinu meo) multarum gentium.	*Recordare Domine opprobrii ſervorum tuorum : portavi in ſinu meo omnes iniquitates populorum.*	51. Memor eſto Domine opprobrii ſervorum tuorum (quod continui in ſinu meo) multarum gentium.
52. Quod exprobraverunt inimici tui Domine, quod exprobraverunt commutationem Chriſti tui.	*Quibus exprobraverunt inimici tui Domine : quibus exprobraverunt veſtigia Chriſti tui.*	52. Quod exprobraverunt inimici tui Domine, quod exprobraverunt commutationem Chriſti tui.

Notæ ad Versionem antiquam.

Moz. ſic : *Deſtruxiſti omnes macerias ejus : poſuiſti munitiones ejus formidinem.* Similiter hab. Auguſt. in hunc Pſ. & l. 17. de civit. Dei, to. 7. col. 473. f. niſi quòd hoc ult. loco legit *in formidinem*, cum Caſſiod. & Pſalt. Corb. In Mediol. etiam & Carnut. *munitiones ejus.* Item Græcè : Καθεῖλες πάντας τοὺς φραγμοὺς αὐτοῦ· ἔθου τὰ ὀχυρώματα αὐτοῦ δειλίαν.

℣. 42. Ambroſius l. 3. de fide, to. 2. col. 511. d. & *factus eſt in opprobrium vicinis ſuis.* Ita quoque ap. Caſſiod. ſicut in Pſalt. Rom. & Corb. ſed abſque præced. &. Moz. hab. *vicinis noſtris.* Auguſt. ut in Vulg. cui etiam Græc. conſonat.

℣. 43. Ita ferunt Pſalt. Rom. Corb. Mediol. & Carnut. cum Caſſiod. excepto uno *lætificaſti.* Auguſt. pariter leg. *inimicorum ejus ;* dein verò, *jocundaſti omnes inimicos ejus ;* Brev. Mozarab. *adverſarios ejus.* Græc..... τῶν ἐχθρῶν αὐτοῦ (Alex. Ald. & Compl. τῶν θλιβόντων αὐτοῦ·) εὔφρανας πάντας τοὺς ἐχθροὺς αὐτοῦ.

℣. 44. Sic in Pſalt. Rom. & apud Caſſiod. Auguſt. verò in eund. Pſ. leg. & *non es opitulatus ei in bello.* Brev. Moz. vitioſè, & *non eſt auxiliatus.* Gr. καὶ οὐκ ἀντελάβου αὐτοῦ, &c.

℣. 45. Pſalt. Mediol. & Carnut. cum Caſſiod. *Diſſolviſti eum ab emundatione*, &c. ut in Vulg. Similiter hab. Aug. in eund. Pſ. niſi quòd delet &, ante *ſedem.* Pſalt. Rom. cum Mozarab. *Diſſolviſti eum..... & ſedem ejus in terra colliſiſti.* Corb. *Diſſolviſti eum ab inmundatione : & ſemen ejus in terra conliſiſti.* Græc. Κατέλυσας ἀπὸ καθαρισμοῦ αὐτόν· τὸν θρόνον αὐτοῦ εἰς τὴν γῆν κατέῤῥαξας.

℣. 46. Ita Pſalt. Carnut. & Corb. Aug. verò in hunc Pſ. *Minuiſti dies ſedis ejus*, &c. Caſſiod. cum Pſalt. Rom. *Minoraſti dies temporum ejus.* Ed. Rom. Ἐσμίκρυνας τὰς ἡμέρας τοῦ θρόνου αὐτοῦ· Mſ. autem Alex. cum edd. Ald. & Compl. τοῦ χρόνου. In his duabus editt. deeſt *Diapſalma ;* ſequitur verò in ed. Rom. ſicut in Pſalt. Rom. & Corb.

℣. 47. Pſalt. Corb. *Uſquequo Dom. avertis te in finem : exardeſcit ſicut*, &c. Rom. cum Moz. *Uſquequo Domine iraſceris in finem : exardeſcet velut ignis*, &c. Rom. *ſicut ignis.* Auguſt. in hunc Pſ. *Quouſque Domine averteris in finem : exardeſcet*, &c. Similiter in Pſalt. Mediolan. *averteris ;* in Carnut. *avertis te.* Apud Caſſiod. ut in Vulg. In Gr. Ἕως πότε Κύριε ἀποστρέφῃ εἰς τέλος· ἐκκαυθήσεται ὡς πῦρ, &c.

℣. 48. Pſalt. Rom. *Memorare Domine quæ mea ſubſt.* &c. ut in Vulg. niſi quòd delet inf. *omnes ;* tollit pariter Mozarab. *omnes*, cum Corb. ſed Moz. initio habet : *Memorare quæ ſit mea ſubſt.* Corb. *Memorare quæ eſt*, &c. Ambroſ. l. 3. de fide, to. 2. 518. a. *Memento Domine quæ eſt ſubſt. mea.* Similiter apud Auguſt. in hunc Pſ. detracto uno *Domine ;* exinde, *non enim vanè*, &c. ut in textu. Apud Caſſiod. *Memorare Domine*, &c. ut in Vulg. In Gr. Μνήσθητι τίς ἡ ὑπόστασίς μου· μὴ γάρ..... πάντας τοὺς, &c.

℣. 49. Accinunt Ambr. in Luc. 9. to. 1. 1411. f. & S. Paulinus epiſt. 40. p. 243. b. ad hoc uſque, *aut quis.* Similiter hab. Auguſt. in hunc Pſ. ſed addit, *eruet animam ſuam de manibus inferni*, minimè repetito eo, *aut quis.* Caſſiod. cum Pſalt. Rom. *Quis eſt homo, qui vivit..... aut quis eruet... de manu inferi ?* Corb. *aut quis eruet anim. ſuam de manibus inferni ?* Gr. Vulgatæ congruit. *Diapſalma* quoque ibidem ſubſequitur, ſicut in Pſalt. Rom. & Corb.

℣. 50. Ita Caſſiod. in hunc Pſ. cum Pſalt. Rom. addito uno *Domine*, ad vocem *antiquæ.* Sic etiam hab. Auguſt. in eund. Pſ. cum Mozarab. uno excepto *quas juraſti :* ita rurſum Auguſt. l. 17. de civit. Dei, c. 11. col. 474. f. niſi quòd leg. *Ubi ſunt miſerationes tuæ*, &c. Ap. Hilar. in Pſ. 143. col. 560. e. *ſicut juraſti*, &c. In Gr. Ποῦ ἐστι τὰ ἐλέη σου τὰ ἀρχαῖα Κύριε, ἃ ὤμοσας, &c.

℣. 51. Hilarius in Pſ. 143. col. 560. e. *Memor eſto Domine opprobrii ſervi tui*, &c. Pſalt. Rom. & Moz. cum Caſſiod. *Memor eſto opprobrii ſervorum tuorum*, &c. Aug. *Memento Domine opprobrii ſervor.* &c. Gr. Μνήσθητι Κύριε..... τῶν, &c.

℣. 52. Concordant Hilar. in Pſ. 143. col. 560. e. necnon Auguſt. & Caſſiod. in hunc Pſ. cum vet. Pſalt. & Græco.

VULGATA HOD.	HEBR.	VERSIO ANTIQUA.	
53. Benedictus Dominus in æternum : fiat, fiat.	*Benedictus Dominus in sempiternum : amen, & amen.*	53. Benedictus Dominus in æternum : fiat, fiat.	*Ex Ms. Sangerm.*

NOTÆ AD VERSIONEM ANTIQUAM.

℣. 53. Sic habet Ambrof. in Pf. 40, to. 1. 883. a. Item Caffiod. cum Pfalt. Rom. Auguft. verò in eund. Pf. *Benedictio Domini in æternum*, &c. Græc. Εὐλογητὸς Κύριος εἰς, &c.

VULGATA HOD.	HEBR.	VERSIO ANTIQUA.	
1. Oratio Moysi hominis Dei. LXXXIX.	*Oratio Mosi viri Dei. XC.*	1. Oratio Moysi hominis Dei. LXXXIX.	*Ex Ms. Sangerm.*
DOmine, refugium factus es nobis, à generatione in generationem.	*DOmine, habitaculum factus es nobis, in generatione & generatione.*	* DOmine, refugium factus es nobis, in fæculum & fæculum.	
2. Priufquam montes fierent, aut formaretur terra, & orbis; à fæculo & ufque in fæculum tu es Deus.	*Antequam montes nafcerentur, & parturiretur terra, & orbis : à fæculo & ufque in fæculum tu es Deus.*	2. Priufquam montes fierent, & firmaretur terra, & orbis terrarum; à fæculo ufque in fæculum tu es.	
3. Ne avertas hominem in humilitatem : & dixifti : Convertimini filii hominum.	*Convertes hominem ufque ad contritionem, & dices : Revertimini filii Adam.*	3. Ne avertas hominem in humilitatem : & dixifti : Convertimini filii hominum.	
4. Quoniam mille anni ante oculos tuos, tanquam dies hefterna, quæ præteriit,	*Quia mille anni in oculis tuis, ficut dies hefterna quæ pertranfiit,*	4. Quoniam mille anni ante oculos tuos Domine, ficut dies unus; ficut * hefterna dies, quæ præteriit,	* *Ms. externa.*
Et cuftodia in nocte, 5. quæ pro nihilo habentur, eorum anni erunt.	*Et vigilia nocturna. Percutiente te eos, fomnium erunt :*	Et ficut cuftodia in nocte, 5. quæ pro nihilo habentur, anni eorum erunt.	
6. Manè ficut herba tranfeat, manè floreat, & tranfeat : vefpere decidat, induret, & arefcat.	*Manè quafi herba pertranfiens : manè floruit, & abiit; ad vefperam conteretur, atque ficcabitur.*	6. Manè ficut herba tranfeat, manè floreat, & tranfeat : vefpere decidat, induret, & arefcat.	

NOTÆ AD VERSIONEM ANTIQUAM.

℣. 1. Hieron. epift. ad Cypr. ait : *Sciendum quòd Pfalmi iftius juxta Hebr. titulus fit*, Oratio Moyfi viri Dei : *juxta LXX.* Oratio Moyfi hominis Dei. Idem legitur tit. ap. Aug. & Caffiod. necnon in Pfalt. Rom. & Corb. Veruntamen Aug. hujus Pf. auctorem effe Moyfen non concedit, cui magis placet ut totum Pfalt. Davidi tribuatur. Contrà Hieron. in ep. ad Cypr. to. 2. col. 695. a. non folùm hujus Pf. fed & fubfequentium nonnullorum auctorem fcribit Moyfen : *Moyfes*, inquit, *non folùm nobis reliquit quinque libros Genefi. Exod. Levit. Num. & Deut. fed undecim quoque Pfalmos ab octogefimo nono, cujus principium eft*, Domine, refugium factus es nobis, *ufque ad nonagefimum nonum, qui infcribitur*, Pfalmus in confeffione. Hæc nota eft nov. editoris oper. S. Hilarii p. 2. Vide ibid. S. Hilarii fententiam de auctore Pfalmorum. In Græco : Προσευχὴ τῷ Μωυσῇ ἀνθρώπῳ τοῦ Θεοῦ· al. Μωϋσέως ἀνθρώπου· al. τῷ Μωυσῇ ἀνθρώπῳ, &c.

* Hieron. epift. ad Cyprian. to. 2. col. 696. totum hunc Pfalmum refert, & fecundùm Hebraïcum, & fecundùm LXX. Ita verò LXX. Interpretes habere dicit : *Domine, refug. factus es nobis, in omni generatione & generatione* : & in ep. ad Ephef. l. 1. to. 4. 325. f. *in generatione & generationem*; Auguft. *in generatione & generatione*. Caffiod. cum Pfalt. Rom. *à generatione & progenie*. Sic etiam in Miffali Rom. ad Grad. Dom. 6. poft Pent. & Sabbati IV. Temp. Quadrag. In Pfalt. Corb. *in progeniem & generationem*. Gr. ἐν γενεᾷ καὶ γενεᾷ· Sym. ἐν ἑκάστῃ γενεᾷ. Ap. Ambrof. prior tantùm verficuli pars legitur, tum in Pf. 45. to. 1. 928. f. tum l. 3. de fide, to. 2. 503. b.

℣. 2. Ambr. l. 3. de fide, to. 2. 508. e. fic habet cum Caffiod. *Priufquam montes fierent, & formaretur orbis terræ; à fæculo & ufque in fæculum tu es.* Ita etiam in Pfalt. Corb. detracto uno *ufque*. Aug. in eund. Pf. *& formaretur terra, & orbis terræ; & à fæculo ufque in fæculum tu es* : tum addit : *Alii codices habent quod de uno verbo Græco expreffum eft*, fingeretur terra : fubinde fic : *Convenientiùs diceretur*, ab æterno in æternum : *non enim à* fæculo *Deus, qui eft ante fæcula; aut* ufque in fæculum, *cujus eft finis, cùm fit ille fine fine : fed ex ambiguo verbo Græco fit plerumque in Scripturis, ut vel* fæculum *pro* æterno, *vel* æternum *pro* fæculo, *ponat Latinus Interpres*. Hieron. in epift. ad Ephef. l. 1. to. 4. 325. f. legit : *Antequam montes firmarentur, & fieret terra, & orbis terrarum* : epift. verò ad Cypr. to. 2. 696. b. ita refert ex LXX. *Antequàm montes firmarentur, & fingeretur terra, & orbis; à fæculo*, &c. ut in Vulgata. Tum addit : *Hunc locum quidam prava diftinctione fubvertunt, maximè hi qui volunt ante fuiffe animas, quàm homo in fexti diei numero conderetur. Ita enim legunt atque diftinguunt* : Domine, refug. fact. es nobis, à generatione in generationem, priufquam montes firmarentur, & fingeretur terra, & orbis : *ut fcilicet poftea confequatur* : à fæculo & ufque in fæculum tu es Deus..... *Nos autem, ut propofuimus, lectionem ità debemus diftinguere* : Antequam montes firmarentur, & fingeretur terra, & orbis terrarum; à fæculo & ufque in fæculum tu es Deus. Subinde : *Pro eo quod Latinus Interpres pofuit*, à fæculo ufque in fæculum..... *rectiùs interpretabimur*, à fempiterno ufque ad fempiternum : & epift. ad Sun. & Fret. col. 654. b. ait : *Et dicitis quòd in Græco non fit* Deus, *quod apud eos deeffe manifeftum eft; nam & Hebraïcum habet, & omnes alii Interpretes; & LXX. fimiliter tranftulerunt*, ἀπὸ τοῦ αἰῶνος καὶ ἕως τοῦ αἰῶνος σὺ εἶ ὁ Θεός. In ed. tamen Rom. fic : Πρὸ τοῦ ὄρη γενηθῆναι, καὶ πλασθῆναι τὴν γῆν, καὶ τὴν οἰκουμένην· καὶ ἀπὸ τοῦ αἰῶνος ἕως τοῦ αἰῶνος σὺ εἶ· Alex. Ald. & Compl. καὶ ἕως. Abeft pariter *Deus* à Pfalt. Mediol. Rom. & Moz. In pofterioribus etiam duobus eft *orbis terræ*; in Rom. *aut formaretur*; in Moz. *& formaretur*, abfque conjunct. *&*, poft *fæculo*.

℣. 3. Ita Auguft. & Caffiod. cum Pfalt. Rom. & Gr. Mozarab. verò hab. *in humilitate*. Hieron. epift. ad Cyprian. ut fup. in textu.

℣. 4. Pfalt. Rom. *Quon. mille anni ante oculos tuos*, *ficut dies hefterna, quæ præteriit, & ficut cuftodia in nocte*. Item in Mediol. Carnut. & ap. Caffiod. *& ficut cuftodia in nocte*; in Moz. *& ficut vigilia in nocte*. In Corb. *ficut dies hefterna, quæ præteriet, ficut cuftod.* &c. Apud Aug. in hunc Pf. *Quoniam mille... tuos, tanquam dies heft. quæ præteriit*; fubinde, *dies hefternus eft, qui præteriit* : & infra, *dies unus, qui prat. ficut vigilia in nocte*. Ambr. in Luc. 15. to. 1. 1464. d. *Quia mille anni in oculis Domini, ficut dies hefterna, quæ præt. & hora in nocte* : & in Luc. 9. col. 1412. f. ait : *Mille enim anni in confpectu Dei, tanquam dies una*. Caffiod. in Pf. 6. p. 27. b. *Ante confpectum ejus mille anni ficut dies unus*. Gaud. Brix. ferm. 10. p. 960. d. *Quoniam mille anni ante oc. tuos, ficut dies unus*. Gr. Ὅτι χίλια ἔτη ἐν ὀφθαλμοῖς σου (Alex. Ald. & Compl. add. Κύριε,) ὡς ἡ ἡμέρα ἡ ἐχθὲς, ἥτις διῆλθε, καὶ φυλακὴ ἐν νυκτί.

℣. 5. Sic in Pfalt. Corb. eft. In Rom. verò deeft *erunt*. In Moz. fic, *erunt anni eorum*. Apud. Aug. & Caffiod. in hunc Pf. *anni erunt eorum*. Ap. Hieron. epift. ad Cypr. ut in Vulg. In Gr. αὐτῶν ἔτη ἔσονται.

℣. 6. Ita refert Hieron. ex LXX. nempe epift. ad Cypr. to. 2. 698. c. Similiter Auguft. & Caffiod. cum Pfalt. Mo-

Versio antiqua.	Hebr.	Vulgata hod.
Ex Ms. Sangerm. 7. Quia defecimus in ira tua, & in furore tuo turbati sumus.	*Consumpti enim sumus in furore tuo, & in indignatione tua conturbati sumus.*	7. Quia defecimus in ira tua, & in furore tuo turbati sumus.
8. Posuisti iniquitates nostras in conspectu tuo: sæculum nostrum in luminatione vultus tui.	*Posuisti iniquitates nostras coram te: negligentias nostras in luce vultus tui.*	8. Posuisti iniquitates nostras in conspectu tuo: sæculum nostrum in illuminatione vultus tui.
9. Quoniam omnes dies nostri defecerunt: & in ira tua defecimus.	*Omnes enim dies nostri transierunt in furore tuo.*	9. Quoniam omnes dies nostri defecerunt: & in ira tua defecimus.
Anni nostri sicut aranea meditabuntur: 10. dies annorum nostrorum in ipsis septuaginta annis.	*Consumpsimus annos nostros quasi sermonem loquens: dies annorum nostrorum in ipsis, septuaginta anni.*	Anni nostri sicut aranea meditabuntur: 10. dies annorum nostrorum in ipsis, septuaginta anni. *Eccli. 18. 8.*
Si autem in potentatibus, octoginta anni: & plurimum eorum, labor & dolor.	*Si autem multum, octoginta anni: & quod amplius, labor & dolor:*	Si autem in potentatibus, octoginta anni: & amplius eorum, labor & dolor.
Quoniam supervenit mansuetudo super nos, & erudiemur.	*Quoniam transivimus citò, & avolavimus.*	Quoniam supervenit mansuetudo, & corripiemur.
11. Quis novit potestatem iræ ejus, & præ timore iram tuam 12. dinumerare?	*Quis novit fortitudinem iræ tuæ, & secundùm timorem tuum indignationem tuam?*	11. Quis novit potestatem iræ tuæ, & præ timore tuo iram tuam 12. dinumerare?
Dexteram tuam notam fac nobis, & eruditos corde in sapientia.	*Ut numerentur dies nostri sic ostende, & veniemus corde sapienti.*	Dexteram tuam sic notam fac, & eruditos corde in sapientia.
13. Convertere Domine aliquantulùm, & deprecare super servos tuos.	*Revertere Domine: usquequo? & exorabilis esto super servos tuos.*	13. Convertere Domine usquequo? & deprecabilis esto super servos tuos.
14. Satiati sumus manè misericordiam tuam: & exsultavimus, & delectati sumus in omnibus diebus nostris.	*Imple nos matutinâ misericordiâ tuâ, & laudabimus, & lætabimur in cunctis diebus nostris.*	14. Repleti sumus manè misericordiâ tuâ: & exsultavimus, & delectati sumus omnibus diebus nostris.
15. Delectati sumus pro die-	*Lætifica nos pro diebus, quibus*	15. Lætati sumus pro diebus,

Notæ ad Versionem antiquam.

zarab. præter hæc, *floreat*, & *prætereat*; Rom. Psalt. & *pertranseat*. Præterea Aug. hab. *durescat*, & *arescat*; Mozarab. *indurescat*, &c. Corb. *Manè sicut herba transeat: vespere decidant, indurent, & arescant.* Græc. παρέλθοι..... ἀποπέσοι, σκληρυνθείη, καὶ ξηρανθείη.

℣. 7. Hieron. epist. ad Cypr. col. 699. b. Vulgatæ congruit. August. verò in hunc Ps. legit: *Quoniam defecimus in ira tua, & in indignatione tua conturbati sumus.* Ita quoque ap. Cassiod. & in Psalt. Rom. Corb. & Moz. hoc excepto, *in furore tuo*. In Gr. Ὅτι ἐξελίπομεν..... καὶ ἐν τῷ θυμῷ σου ἐταράχθημεν.

℣. 8. Ita Hieron. ep. ad Cypr. necnon August. & Cassiod. in hunc Ps. cum vet. Psalt. præter hoc, *in illuminatione*; Gr. εἰς φωτισμόν.

℣. 9. Sic est in Psalt. Rom. & Moz. præter hoc, & *nos in ira tua*. Ap. Hieron. ep. ad Cypr. to. 2. 700. a. *Quoniam dies nostri defec. & in ira tua..... sicut aranea meditati sunt.* Ambros. verò in Ps. 38. to. 1. 850. c. ut sup. *sicut aranea meditabuntur*. August. & Cassiod. in Ps. 89. *sicut aranea meditabantur*. Gr. Ὅτι πᾶσαι αἱ..... ὡς ἀράχνην ἐμελέτων.

℣. 10. Similiter in Psalt. Rom. exceptis his ult. *super nos mansuetudo*, & *corripiemur*. Item in Mozarab. hoc insuper excepto, *septuag. anni*. Apud Ambros. etiam in Ps. 38. to. 1. 850. c. *septuag. anni..... & plurimum eorum, labor & dolor*. In Psalt. Corb..... *octoginta anni: & plurimum eorum, labor & dolor. Quon. superveniet mans. super nos, & corripiemur.* Hieron. verò epist. ad Paul. to. 4. p. 2. col. 16. c. legit: *dies vitæ nostræ septuaginta anni. Si autem multùm, octoginta: quidquid reliquum est, labor & dolor*: & in Ezech. 26. to. 3. 879. a. *dies annorum..... octoginta anni: quidquid supra, labor & dolor est*: at in ep. ad Cypr. ubi citat secundùm LXX. Vulgatæ congruit, nisi quòd hab. *supervenit mansuet. super nos*; inf. *superveniet*: ad verbum autem ult. *corripiemur*, ait: *In Græco scriptum est* παιδευθησόμεθα, *quod verbum ambiguum est, & tam correptionem, quàm eruditionem, doctrinamque significat*: & in epist. ad Sun. & Fret. to. 2. 654. b. dicit: *Quod in Græco invenisse vos dicitis*, mansuetudo super nos, *sed & hoc superfluum est.* Attamen August. in hunc Ps. leg. *supervenit super nos*; cæt. ut in Vulg. Similiter ap. Cassiod. præter seqq. & *plurimum eorum, labor & dolor. Quon. superveniet super nos*, &c. Aug. quoque ubi sup. observat quosdam codices non habere *corripiemur*, sed *erudiemur*.

℣. 11. Cassiod. cum Psalt. Rom. & Moz. leg. *ira tua, aut præ timore iram tuam*. Hieron. verò epist. ad Cypr. necnon August. in hunc Ps. cum Vulg. consentiunt. In Gr. τῆς ὀργῆς σου, καὶ ἀπὸ τοῦ φόβου τοῦ θυμοῦ σου.

℣. 12. Psalt. Rom. cum Cassiod..... *Dext. tuam Domine notam fac nobis, & eruditos corde*, &c. Sic etiam in Mozarab. præter hoc ult. & *compeditos corde*. In Corb. *Dext. tuam notam fac nobis, & eruditos corde in sapientia.* Auct. op. imp. in Matth. hom. 46. p. 194. c. *Dexteram tuam sic notam fac mihi*, &c. Aug. in hunc Ps. *Dexteram tuam sic notam fac*; tum addit: *hoc enim magis habent codices Græci, non, sicut quidam Latini*, notam fac mihi: item post hæc, & *compeditos corde in sapientia*, subdit: *Alii codices non habent* compeditos, *sed* eruditos: *verbum enim Græcum ita in utraque significatione similiter sonat, ut una syllaba paululùm differat.* Idem observat Hieron. ep. ad Cypr. to. 2. col. 703. *Ubi nos*, inquit, *interpretati sumus*, eruditos corde in sap. *alii transtulerunt* compeditos, *verbi ambiguitate decepti: si enim dicas* πεπαιδημένους, compeditos *significat*. Ed. Rom. hab. Τὴν δεξιάν σου οὕτως γνώρισον, καὶ τοὺς πεπαιδευμένους τῇ καρδίᾳ ἐν σοφίᾳ. Alex. verò cum edd. Ald. & Compl. γνώρισόν μοι, καὶ τοὺς πεπεδημένους.

℣. 13. Itidem in Psalt. Rom. & Corb. sicut etiam in Missali Rom. ad Grad. sabbati IV. Temp. Quadrag. & Dom. 6. post Pent. Item *aliquantulùm*, in Psalt. Mediolan. ut & ap. Cassiod. tum in Mozarab. & *exorabilis esto super*, &c. Apud Hieron. epist. ad Cypr. ita ex LXX. *Revertere Domine: usquequo? & exorabilis esto super*, &c. Apud August. in eund. Ps. *Convertere Domine: quousque? & deprecabilis esto*, &c. mox ita: *Alii verbum è verbo*, deprecare, *interpretati sunt: sed qui ait*, deprecabilis esto, *vitavit ambiguum, quia* deprecari *commune verbum est*. In Gr. Ἐπίστρεψον Κύριε· ἕως πότε; καὶ παρακλήθητι ἐπὶ τοῖς, &c.

℣. 14. Sic in Psalt. Moz. est, & Corb. In Rom. verò ut in Vulg. præter hoc, *in omnibus dieb.* Similiter apud Hieron. epist. ad Cypr. p. 703. b. & Cassiod. in hunc Ps. Apud Aug. in eund. Ps. ita: *Repleti sumus..... (& sicut alii dixerunt Interpretes) Satiati sumus manè miseric. tuâ: & exsultavimus, & jocundati sumus in omnibus diebus nostris*: item epist. 130. to. 2. 385. b. *Satiati sumus manè..... & jocundati sumus in*, &c. Gr. Ἐνεπλήσθημεν τοπρωῒ τοῦ ἐλέους σου· καὶ ἠγαλλιασάμεθα, καὶ εὐφράνθημεν ἐν πάσαις, &c.

℣. 15. Ita ferunt Psalt. Rom. Corb. & Moz. Hieron. verò epist. ad Cypr. Vulgatæ suffragatur, sicut August. in hunc Ps. at epist. 130. to. 2. 385. b. legit: *Jocundati*

Vulgata hod.

quibus nos humiliaſti ; annis, quibus vidimus mala.

16. Reſpice in ſervos tuos, & in opera tua : & dirige filios eorum.

17. Et ſit ſplendor Domini Dei noſtri ſuper nos, & opera manuum noſtrarum dirige ſuper nos : & opus manuum noſtrarum dirige.

Hebr.

afflixiſti nos : & annis, in quibus vidimus mala.

Appareat apud ſervos tuos opus tuum, & gloria tua ſuper filios eorum.

Et ſit decor Domini Dei noſtri ſuper nos, & opus manuum noſtrarum fac ſtabile ſuper nos : & opus manuum noſtrarum confirma.

Versio antiqua.

Ex Mſ. Sangerm.

bus, quibus nos humiliaſti ; annis, quibus vidimus mala.

16. Et reſpice ſervos tuos, & in opera tua : & dirige filios eorum.

17. Et ſit ſplendor Domini Dei noſtri ſuper nos : & opera manuum tuarum dirige ſuper nos.

Notæ ad Versionem antiquam.

ſumus pro diebus, &c. ut ſup. Caſſiod. in eund. Pſ. *Delectati ſumus pro diebus..... annis, in quibus vidimus mala.* Gr. Εὐφράνθημεν ἀνθ' ὧν ἡμερῶν..... ἐτῶν, ὧν, &c.

℣. 16. Pſalt. Rom. & Corb. cum Caſſiod. *Reſpice in ſervos tuos, & in op. tua Domine*, &c. Auguſt. in hunc Pſ. *Et reſpice in ſervos*, &c. ut in Vulg. Gr. Καὶ ἴδε ἐπὶ τοὺς δούλους, &c. nec addit *Domine*.

℣. 17. Sic in Pſalt. Mozarab. & Corb. ad verbum, nec plura. Sic etiam in Rom. & apud Caſſiod. uno excepto *noſtrarum*, loco *tuarum*. Abeſt pariter à Carnut. ult. verſic. de Vulg. *& opus man. noſtrarum dirige.* Auguſt. in hunc Pſ. omnia refert quæ in Vulg. ſed poſt alterum *ſuper nos*, hæc addit : *Huc uſque Pſalmum iſtum multi codices habent ; ſed in nonnullis legitur alius ultimus verſus*, & opus manuum noſtrarum dirige ; *cui verſui diligentes & docti prænotant ſtellam, quos aſteriſcos vocant, quibus ſignificant ea, quæ in Hebræo, vel aliis Interpretibus Græcis reperiuntur, in LXX. verò Interpretatione non ſunt.* In ed. Rom. hic ult. verſic. non legitur ; ſed exſtat in Mſ. Alex. ac edd. Ald. & Compl. Hunc etiam profert Hieron. velut ex LXX. videlicet in epiſt. ad Cypr. to. 2. 704. b.

Vulgata hod.

Laus Cantici David. XC.

1. Qui habitat in adjutorio Altiſſimi, in protectione Dei cœli commorabitur.

2. Dicet Domino : Suſceptor meus es tu, & refugium meum : Deus meus ſperabo in eum.

3. Quoniam ipſe liberavit me de laqueo venantium, & à verbo aſpero.

4. Scapulis ſuis obumbrabit tibi : & ſub pennis ejus ſperabis.

5. Scuto circumdabit te veritas ejus : non timebis à timore nocturno :

6. A ſagitta volante in die, à negotio perambulante in tenebris : ab incurſu, & dæmonio meridiano.

7. Cadent à latere tuo mille, & decem millia à dextris tuis : ad te autem non appropinquabit.

Hebr.

XCI.

Qui habitat in abſcondito Excelſi, in umbraculo Domini commorabitur :

Dicens Domino : Spes mea, & fortitudo mea : Deus meus, confidam in eo.

Quia ipſe liberabit te de laqueo venantium, de morte inſidiarum.

In ſcapulis ſuis obumbrabit tibi, & ſub alis ejus ſperabis.

Scutum & protectio veritas ejus : non timebis à timore nocturno :

A ſagitta volante per diem, à peſte in tenebris ambulante : à morſu inſidiantis meridie.

Cadent à latere tuo mille, & decem millia à dextris tuis : ad te autem non appropinquabit.

Versio antiqua.

Ex Mſ. Sangerm.

* Laus Cantici ipſi David. XC.

1. Qui habitat in adjutorio Altiſſimi, in protectione Dei cœli commorabitur.

2. Dicit Domino : Suſceptor meus es tu, & refugium meum : Deus meus, & ſperabo in te.

3. Quoniam ipſe liberavit me de laqueo venantium, & à verbo aſpero.

4. In ſcapulis ſuis obumbravit tibi : & ſub pennis ejus ſperabis.

5. Scuto circumdabit te veritas ejus : non timebis à timore nocturno :

6. A ſagitta volante per diem, à negotio perambulante in tenebris : à ruina, & dæmonio meridiano.

7. Cadent à latere tuo mille, & dena millia à dextris tuis : tibi autem non adpropiabit.

Notæ ad Versionem antiquam.

* Caſſiod. cum Pſalt. Rom. & Corb. *Laus Cantici David.* Gr. Αἶνος ᾨδῆς τῷ Δαυίδ.

℣. 1. Sic in Pſalt. & Miſſali Rom. ad Tract. Dom. 1. Quadrag. ut & in Gr. & ap. Caſſiod. Auguſt. verò in eund. Pſ. addit *&*, poſt vocem *Altiſſimi*. Apud Ambroſ. deeſt poſterior verſiculus. Pſalt. Corb. hab. *Qui habitat in adjutorium Altiſſimi*, &c.

℣. 2. Ita pariter, *dicit Domino*, in Pſalt. Moz. In Rom. deeſt *tu*, poſt τὸ *meus es*, ſicut in Gr. reliqua ut in Vulg. Eidem Vulg. ſuffragatur Ambroſ. l. 2. de interpel. Dav. c. 5. col. 645. f. ſicut Auguſt. & Caſſiod. in hunc Pſ. cum Miſſali Rom. In edd. Ald. & Compl. καὶ ἐλπιῶ, *& ſperabo*, ut ſup. Ad hæc verò, *ſuſceptor meus es tu*, Hieron. ep. ad Sun. & Fret. to. 2. col. 654. b. ita ſcribit : *Et dicitis quòd in Græco es non habeat : ego vobis ampliùs dicam, quod apud Hebræos, nec es habeat, nec* tu ; *ſed apud LXX. & apud Latinos pro* εὐφωνίᾳ, *& verborum conſequentiâ poſitum ſit.* Hodie in Græcorum nullo deeſt εἶ, ſed tantùm σύ.

℣. 3. Sic eſt in Pſalt. & Miſſali Rom. In Mediolan. *liberabit.* Ambroſ. in Pſ. 118. to. 1. 1154. e. hæc habet : *Liberate vos ex laqueo venatorum, & à verbo conturbationis.* Itidem ap. Hilarium in eund. Pſ. 118. col. 328. a. Attamen Ambroſ. l. 1. offic. to. 2. 6. a. ait : *Audiſti hodie legi : Quia ipſe liberavit me de laq. venantium, & à verbo aſpero ;* ſimiliter apud Caſſiod. Apud Auguſt. verò in eund. Pſ. *Quoniam ipſe eruet me de muſcipula venantium, & à verbo aſpero.* In Gr. Ὅτι αὐτὸς ῥύσεταί σε (Alex. με) ἐκ παγίδος θηρευτῶν, καὶ ἀπὸ λόγου ταραχώδους.

℣. 4. Pſalt. Moz. cum Carnut. & Corb. *In ſcapulis ſuis obumbrabit*, &c. Rom. cum Miſſali, ut in Vulg. Sic etiam habet Caſſiod. in hunc Pſ. Auguſt. verò in eund. ita : *Inter ſcapulas ſuas obumbrabit tibi : & ſub alis ejus ſperabis.* Gr. Ἐν τοῖς μεταφρένοις αὐτοῦ ἐπισκιάσει σοι· καὶ ὑπὸ τὰς πτέρυγας, &c.

℣. 5. Ita leg. Ambr. in Pſ. 36. col. 809. f. necnon Auguſt. & Caſſiod. in Pſ. 90. cum vet. Pſalt. & Gr. Favet etiam S. Paulinus epiſt. 40. p. 250. c.

℣. 6. Accinunt Auguſt. & Caſſiod. in hunc Pſ. unà cum Pſalt. Corb. Rom. & Moz. necnon Miſſali Rom. ad Tract. Dom. 1. Quadr. Item in Mediolan. & Carnut. *à ruina.* Apud Ambroſ. in Pſ. 36. to. 1. 809. f. *Et à ſagitta volante per diem, à negot. peramb. in tenebris : ab occurſu, & dæm. merid.* Apud Hieron. ep. 18. ad Euſtoch. to. 4. p. 2. col. 28. e. *A ſagitta volante per diem..... ab incurſu.* S. Paulinus epiſt. 28. & 40. p. 175. a. 250. c. leg. *Et à jaculo volante per diem.* Græc. Ἀπὸ βέλους πετομένου ἡμέρας... ἀπὸ συμπτώματος, καὶ, &c.

℣. 7. Ambroſ. in Pſ. 36. to. 1. 809. f. Vulgatæ accinit cum Caſſiod. Eidem etiam favet S. Paulinus ep. 40. & 44. p. 250. c. 267. b. Similiter ap. Auguſt. in eund. Pſ. præter hoc ; *& dena millia ;* quod etiam hab. S. Paulinus ep. 24. & 37. p. 160. c. 228. b. Hieron. ep. ad Euſtoch. to. 4. p. 2. col. 28. e. *& decem millia..... ad te autem non appropinquabunt.* Pſalt. Rom. cum Auct. l. de promiſſ. p. 2.

Ex Mſ. Sangerm.

VERSIO ANTIQUA.	HEBR.	VULGATA HOD.
8. Verùm autem oculis tuis conſiderabis : & retributionem peccatorum videbis.	*Veruntamen oculis tuis videbis, & ultionem impiorum cernes.*	8. Veruntamen oculis tuis conſiderabis : & retributionem peccatorum videbis.
9. Quoniam tu es Domine ſpes mea : altiſſime poſuiſti refugium tuum.	*Tu enim es Domine ſpes mea : Excelſum poſuiſti habitaculum tuum.*	9. Quoniam tu es Domine ſpes mea : Altiſſimum poſuiſti refugium tuum.
10. Non accedent ad te mala : & flagellum non adpropiabit tabernaculo.	*Non accedet ad te malum, & lepra non appropinquabit tabernaculo tuo.*	10. Non accedet ad te malum : & flagellum non appropinquabit tabernaculo tuo.
11. Quoniam angelis ſuis mandavit de te : ut cuſtodiant te in omnibus viis tuis.	*Quia angelis ſuis mandavit de te, ut cuſtodiant te in omnibus viis tuis.*	11. Quoniam angelis ſuis mandavit de te : ut cuſtodiant te in omnibus viis tuis. *Matth. 4. 6. Luc. 4. 10.*
12. In manibus portabunt te : nequando offendas ad lapidem pedem tuum.	*In manibus portabunt te : ne fortè offendat ad lapidem pes tuus.*	12. In manibus portabunt te : ne fortè offendas ad lapidem pedem tuum.
13. Super aſpidem, & baſiliſcum ambulabis : & conculcabis leonem & draconem.	*Super aſpidem & baſiliſcum calcabis : conculcabis leonem & draconem.*	13. Super aſpidem & baſiliſcum ambulabis : & conculcabis leonem & draconem.
14. Quoniam in me ſperavit, & liberabo eum : protegam eum, quia cognovit nomen meum.	*Quoniam mihi adhæſit, & liberabo eum : exaltabo eum, quoniam cognovit nomen meum.*	14. Quoniam in me ſperavit, liberabo eum : protegam eum, quoniam cognovit nomen meum.
15. Invocavit me, & ego exaudiam eum : cum ipſo ſum in tribulatione : eripiam eum, & glorificabo eum.	*Invocabit me, & exaudiam eum, cum ipſo ero in tribulatione : eruam eum, & glorificabo eum.*	15. Clamabit ad me, & ego exaudiam eum : cum ipſo ſum in tribulatione : eripiam eum & glorificabo eum.
16. Longitudinem dierum implebo eum : & oſtendam illi ſalutarem meum.	*Longitudine dierum implebo eum, & oſtendam illi ſalutare meum.*	16. Longitudine dierum replebo eum : & oſtendam illi ſalutare meum.

NOTÆ AD VERSIONEM ANTIQUAM.

c. 22. p. 146. *tibi autem non appropinquabunt ;* Corb. *ad te autem non adpropiabit ;* Miſſale Rom. *tibi autem non appropinquabit.* Gr. ϰ̀ μάϛιξ ἐκ..... πρὸς σὲ δὲ ὐκ ἐγγιεῖ.

℣. 8. Vulgatæ ſuffragatur Ambroſ. in Pſ. 36. col. 809. f. ſicut Aug. & Caſſiod. in Pſ. 90. cum vet. Pſalt. Miſſali Rom. & Græco.

℣. 9. Auguſt. & Caſſiod. in hunc Pſ. legunt *Altiſſimum*, cum vet. Pſalt. & Miſſali Rom. In Gr. Ὅτι σὺ Κύριε ἡ..... τὸν Ὕψιϛον, &c.

℣. 10. Itidem in Pſalt. Moz. Corb. & Rom. excepto uno *tabernac. tuo.* In Rom. *non appropinquabit.* Mediolan. quoque & Carnut. hab. *Non accedent ad te mala ;* ſicut Auguſt. & Caſſiod. in hunc Pſ. reliqua ut in Vulg. Gr. Οὐ προσελεύσεται πρὸς σὲ κακά.

℣. 11. Similiter habet Tichonius, reg. 1. p. 50. b. ut & Auguſt. & Caſſiod. in hunc Pſ. cum vet. Pſalt. & Gr. Auguſt. tamen in 1. Joh. to. 3. p. 2. col. 842. f. legit, *ut ſuſcipiant te in omnibus*, &c.

℣. 12. Sic in Pſalt. Corb. eſt. In Mozar. verò, *ne nunquam offendas*, &c. In Pſalt. & Miſſali Rom. *ne unquam*, &c. In Mediolan. & Carnut. *nequando*, &c. Tichonius reg. 1. p. 50. b. legit : *In manibus ferent te : ne offendas ad*, &c. S. Paulinus epiſt. 28. p. 175. a. *ne uſquam offendas*, &c. Auguſt. in hunc Pſ. *In manibus tollent te : nequando offendas*, &c. Caſſiod. *portabunt te : ne unquam offendas*, &c. Gr. Ἐπὶ χειρῶν ἀρῦσί σε· μήποτε, &c.

℣. 13. Accinunt Iren. l. 3. c. 23. p. 222. b. Ambroſ. Hexa. 6. to. 1. 126. f. & inf. col. 639. c. 756. d. Item Hilar. in Matth. col. 619. c. niſi quòd utitur verbo *calcare.* Ap. Tichon. Auguſt. & Caſſiod. ut ſup. in textu. Sic etiam in vet. Pſalt. necnon Miſſali Rom. & Gr. Apud Tertul. l. 4. adv. Marc. p. 718. c. *Super aſpidem, & baſiliſc. incedes : & conculc.* &c.

℣. 14. Ita in Pſalt. Corb. excepto uno *ſperabit.* Tichonius reg. 1. p. 50. b. leg. *Quoniam in me ſperavit, eripiam eum : protegam eum, quoniam*, &c. Auguſt. in hunc Pſ. *Quoniam in me ſper. eruam eum*, &c. Caſſiod. ut in Vulg. cui etiam favent Pſalt. & Miſſale Rom. Gr. ϰ̀ ῥύσομαι αὐτόν, &c.

℣. 15. Sic eſt in Pſalt. Rom. ad verbum. Ita quoque leg. Tichon. reg. 1. p. 50. b. excepto *ero*, pro *ipſo.* Brev. Moz. *Invocavit me, & ego..... cum ipſo ero in tribulat. & eripiam eum*, &c. Hilar. in Pſ. 138. & 139. col. 516. c. 530. d. *cum ipſo ſum in tribul.* Caſſiod. cum Miſſali Rom. *Invocabit me, & ego*, &c. ut in textu. Pſalt. Corb. *Invocavit me, & ego exaudiam : cum ipſo ſum*, &c. Auguſt. in eund. Pſ. *Invocabit me, & ego exaudiam eum : cum ipſo ſum..... & eximam eum, & glorificabo eum.* Gr. Ἐπικαλέσεταί με, ϰ̀..... μετ' αὐτῦ εἰμι..... ϰ̀ ἐξελῦμαι αὐτὸν, ϰ̀, &c. In edd. Ald. & Compl. deeſt ϰ̀, ante ἐξελῦμαι.

℣. 16. Ita legit Pſalt. Corb. Tichonius verò reg. 1. p. 50. b. *Longitudine dierum adimplebo eum*, &c. ut in Vulg. Itidem Caſſiod. cum Brev. Moz. necnon Pſalt. & Miſſali Rom. Ap. Aug. ut in Vulg. In Gr. Μακρότητι..... ἐμπλήσω αὐτὸν, &c.

Ex Mſ. Sangerm.

VERSIO ANTIQUA.	HEBR.	VULGATA HOD.
Pſalmus Cantici, 1. In die ſabbati. XCI.	*Pſalmus Cantici In die ſabbathi. XCII.*	Pſalmus Cantici, 1. In die ſabbati. XCI.
2. BOnum eſt confiteri Domino, & pſallere nomini tuo Altiſſime :	*BOnum eſt confiteri Domino, & pſallere nomini tuo Altiſſime :*	2. BOnum eſt confiteri Domino, & pſallere nomini tuo Altiſſime :
3. Ad prædicandam manè miſericordiam tuam, & veritatem tuam per noctem ;	*Ad annuntiandum manè miſericordiam tuam, & fidem tuam in nocte ;*	3. Ad annuntiandum manè miſericordiam tuam, & veritatem tuam per noctem ;

NOTÆ AD VERSIONEM ANTIQUAM.

℣. 1. Sic Hilar. in hunc Pſ. col. 235. e. cum Caſſiod. Pſalt. Rom. & Corb. Apud Auguſt. *Pſalmus Cantici, In diem ſabbati ;* ſic etiam in Gr. In Breviar. Mozarab. *Pſalmus Cantici David, Primâ ſabbati.*

℣. 2. Eodem modo legunt Hilarius, Auguſt. & Caſſiod. in hunc Pſ. cum vet. Pſalt. Item Nicetius c. 3. Spicil. to. 3. pag. 4. b. S. Pacianus verò epiſt. 3. p. 313. b. *Bonum eſt exomologeſim facere Deo.* Græc. Ἀγαθὸν τὸ ἐξομολογεῖσθαι τῷ Κυρίῳ, &c.

℣. 3. Vulgatæ reſpondent Auguſt. & Caſſiod. in hunc Pſ. cum vet. Pſalt. In Gr. Τῦ ἀναγγέλλειν τὸ πρωῒ, &c. ut in Lat.

VULGATA HOD.	HEBR.	VERSIO ANTIQUA.
4. In decachordo, pſalterio; cum cantico, in cithara.	*In decachordo, & in pſalterio; in cantico, in cithara.*	4. In decachordo, & pſalterio; cum cantico, & cithara.
5. Quia delectaſti me Domine in factura tua: & in operibus manuum tuarum exſultabo.	*Quoniam lætificaſti me Domine in opere tuo: in facturis manuum tuarum laudabo.*	5. Quia delectaſti me Domine in factura tua: & in operibus manuum tuarum exſultabo.
6. Quàm magnificata ſunt opera tua Domine! nimis profundæ factæ ſunt cogitationes tuæ.	*Quàm magnificata ſunt opera tua Domine! ſatis profunda facta ſunt cogitationes tua.*	6. Quàm magnificata ſunt opera tua Domine! nimis profundæ factæ ſunt cogitationes tuæ.
7. Vir inſipiens non cognoſcet: & ſtultus non intelliget hæc.	*Vir inſipiens non cognoſcet, & ſtultus non intelliget iſtud.*	7. Vir inſipiens non cognoſcet: & inſenſatus non intelliget ea.
8. Cùm exorti fuerint peccatores ſicut fœnum: & apparuerint omnes, qui operantur iniquitatem:	*Germinaverunt impii quaſi fœnum, & floruerunt omnes qui operantur iniquitatem,*	8. Dum exuruntur peccatores ſicut fœnum: & proſcultati ſunt eum, qui operantur iniquitatem:
Ut intereant in ſæculum ſæculi: 9. tu autem Altiſſimus in æternum Domine.	*Ut conterantur uſque in ſempiternum: tu autem Excelſus in æternum Domine.*	Ut intereant in æternum, & in ſæculum ſæculi: 9. tu autem Altiſſimus in æternum Domine.
10. Quoniam ecce inimici tui Domine, quoniam ecce inimici tui peribunt: & diſpergentur omnes, qui operantur iniquitatem.	*Ecce inimici tui Domine, ecce inimici tui peribunt: & diſſipabuntur omnes, qui operantur iniquitatem.*	10. Quoniam ecce inimici tui à te peribunt: & inſpargentur omnes, qui operantur injuſtitiam.
11. Et exaltabitur ſicut unicornis cornu meum: & ſenectus mea in miſericordia uberi.	*Et exaltabitur quaſi monocerotis cornu meum, & ſenectus mea in oleo ubere.*	11. Et exaltabitur ſicut unicornix cornu meum: & ſenectus mea in miſericordia pingui.
12. Et deſpexit oculus meus inimicos meos: & in inſurgentibus in me malignantibus audiet auris mea.	*Et reſpiciet oculus meus inſidiantes mihi: de his, qui conſurgunt adversùm me, malignantibus audiet auris mea.*	12. Et reſpexit oculus tuus inimicos meos: & inter inſurgentes in me malignantes audient aures tuæ.
13. Juſtus ut palma florebit: ſicut cedrus Libani multiplicabitur.	*Juſtus ut palma florebit: ut cedrus in Libano multiplicabitur.*	13. Juſtus ſicut palma floriet: & ſicut cedrus, quæ in Libano eſt, multiplicabitur.
14. Plantati in domo Domini, in atriis domus Dei noſtri florebunt.	*Tranſplantati in domo Domini, in atriis Dei noſtri germinabunt.*	14. Plantati in domo Domini, in atriis domus Dei noſtri florebunt.

Ex Mſ. Sangerm.

NOTÆ AD VERSIONEM ANTIQUAM.

℣. 4. Ita in Pſalt. Corb. eſt. Sic etiam in Rom. & ap. Caſſiod. detracto uno &, poſt *decachordo*. Ambroſ. in Pſ. 40. col. 883. Vulgatæ favet, cum Auguſt. & Gr. In Brev. Mozarab. ſic: *In decem chordarum pſalterio; cum cant. & cithara.*

℣. 5. Ambroſ. l. de Spir. S. to. 2. 671. c. *Quoniam delectaſti me Dom..... & in operib. man. tuarum delectabor.* Auguſt. in hunc Pſ. *Quia jocundaſti me Dom.* &c. ut in Vulg. Caſſiod. cum Pſalt. Rom. eidem Vulgatæ congruit ad verbum. Gr. Ὅτι εὔφρανάς με..... ἀγαλλιάσομαι.

℣. 6. Sic habent Auguſt. & Caſſiod. in hunc Pſ. cum vet. Pſalt. In Corb. ſolo, *Quàm multiplicata ſunt opera*, &c. In Gr. Ὡς ἐμεγαλύνθη..... σφόδρα ἐβαθύνθησαν οἱ διαλογισμοί σου.

℣. 7. Pſalt. Rom. cum Corb. *Vir inſipiens non cognoſcit* (Corb. *cognoſcet*:) *& ſtultus non intelligit ea.* Ambroſ. in Pſ. 39. to. 1. 863. d. *Vir inſipiens non cognoſcit ea: & ſtultus non intelligit hæc.* Auguſt. in hunc Pſ. *Vir imprudens non cognoſcet: & ſtultus non intelliget ea.* Sic etiam apud Caſſiod. *non intelliget ea.* Apud Auct. op. imp. in Matth. hom. 31. p. 130. e. *Vir inſipiens non cognoſcit: & ſtultus non intelligit.* In Gr. Ἀνὴρ ἄφρων οὐ γνώσεται· καὶ ἀσύνετος οὐ συνήσει ταῦτα.

℣. 8. Pſalt. Corb. *Dum exurentur peccatores ſicut fœnum: & proſcultati ſunt omnes, qui operantur iniquit. ut inter. in ſæculum ſæculi, & ultra.* Similiter hab. Auct. op. imp. in Matth. hom. 31. p. 130. e. *Cùm exurentur peccatores ſicut fœnum.* Pſalt. verò Rom. cum Caſſiod. *Cùm exorientur peccatores..... & apparuerint omnes*, &c. ut in Vulg. Auguſt. in eund. Pſ. *Cùm exoriuntur peccatores ſicut..... & proſpexerint omnes, qui*, &c. ut in Vulg. Pſalt. quoque Mediolan. & Moz. hab. *& proſpexerint omnes;* Carnut. *& proſcultata ſunt omnes.* Gr. Ἐν τῷ ἀνατεῖλαι τοὺς..... καὶ διέκυψαν πάντες, &c. ut in Vulg.

℣. 9. Ita Caſſiod. cum Pſalt. Rom. Apud Auguſt. in eund. Pſ. *in æternum es Domine.* In Græco, εἰς τὸν αἰῶνα Κύριε.

℣. 10. Mendum redolet vox iſta, *inſpargentur*; legendum fortè *diſpargentur*, ut habetur in Pſalt. Corb. & Moz. In utroque etiam ſicut in Rom. & Carnut. non repetitur iſtud, *quoniam ecce inimici tui*; nec additur *à te*, cujus loco Rom. ponit *Domine*. Huic Pſalt. favet Caſſiod. in hunc Pſ. Aug. quoque legit cum Gr. *Quoniam ecce inimici tui peribunt; & diſpergentur omnes, qui oper. iniquitatem.* Cæleſtinus I. epiſt. 25. to. 1. Conc. col. 1216. d. alludens dicit: *Jam dudum quippe inimici Dei diſperguntur: & pereunt qui operantur iniquitatem.*

℣. 11. Pſalt. Rom. Vulgatæ conſonat cum Caſſiodoro. Mozar. ſcribit *unicornium*. Auguſt. *unicornis*; ultimóque *in miſeric. pingui*. Item *pingui* ap. S. Paulinum, ep. 23. p. 127. a. at infra epiſt. 24. *uberi*. In Gr. μονοκέρωτος..... ἐν ἐλέῳ (al. ἐλαίῳ) πίονι.

℣. 12. Pſalt. Corb. *Et reſpexit oculus tuus inimicos meos: & inſurgentes in me malignantes audiet auris mea.* Rom. verò cum Caſſiod.. *Et reſpexit oculus meus inimicos meos: & inſurgentes in me malignantes audivit auris mea;* Rom. Fabri, *auris tua.* Item in Mediolan. & Carnut. *Et reſpexit;* in Moz. *Et reſpiciet oculus meus inim. meos: & inſurgentibus*, &c. ut in Vulg. Apud Auguſt. in eund. Pſ. *Et reſpexit oculus meus in inimicis meis: & in eis, qui inſurgunt in me, malignantibus audiet auris mea.* In Gr. Καὶ ἐπεῖδεν ὁ ὀφθαλμός μου ἐν τοῖς ἐχθροῖς μου· καὶ ἐν τοῖς ἐπανιστανομένοις ἐπ' ἐμὲ πονηρευομένοις ἀκούσεται τὸ οὖς μου. In Mſ. Alex. ἐφεῖδεν, loco ἐπεῖδεν; in Ald. & Compl. ἀπεῖδεν.

℣. 13. Pſalt. Corb. *Juſtus autem ut palma floriet: ut cedrus, quæ in Libano eſt, multiplicabitur.* Mozarab. *& ſicut cedrus, quæ in Libano eſt.* Auguſt. in hunc Pſalm. *Juſtus ut palma florebit: velut cedrus in Libano multiplicabitur.* Ambr. l. de Spir. S. to. 2. p. 654. f. *& velut cedrus, quæ in Libano eſt*, &c. Apud Tertul. de reſurr. carn. p. 571. a. hæc leguntur: *Et florebit velut Phœnix, id eſt, de morte, de funere.* Græc. Δίκαιος ὡς φοῖνιξ ἀνθήσει· ὡς ἡ κέδρος, ἡ ἐν τῷ Λιβάνῳ, &c. Ald. & Compl. ὡσεὶ κέδρος.

℣. 14. Ita legunt Auguſt. & Caſſiod. in hunc Pſ. cum Pſalt. Rom. Hilarius verò in Pſ. 133. col. 466. a. cum Gr. *in atriis Dei noſtri florient.* Pſalt. Corb. *in atriis Dei noſtri*

VERSIO ANTIQUA.	HEBR.	VULGATA HOD.
Ex Ms. Sangerm. 15. Super multiplicabuntur in senecta uberi : & bene patientes erunt, 16. ut adnuntient :	*Adhuc fructificabunt in senectute : pingues & frondentes erunt, annuntiantes*	15. Adhuc multiplicabuntur in senecta uberi : & bene patientes erunt, 16. ut annuntient :
Quoniam justus Dominus noster : & non est iniquitas in eo.	*Quia rectus Dominus : fortitudo mea, & non est iniquitas in eo.*	Quoniam rectus Dominus Deus noster : & non est iniquitas in eo.

NOTÆ AD VERSIONEM ANTIQUAM.

florebunt.

℣. 15. Psalt. Mozarab. *Adhuc multiplicabuntur in senectute uberi*, &c. Rom. cum Cassiod. ut in Vulg. Apud August. in eund. Ps. *Adhuc multiplicab. in senecta uberi : & tranquille erunt* : in Ps. verò 36. col. 285. a. *in senecta pingui*. In Gr. Τότε πληθυνθήσονται ἐν γήρει πίονι· καὶ εὐπαθοῦντες ἔσονται.

℣. 16. Psalt. Rom. *ut annuntient : Quoniam justus est Dominus Deus noster*, &c. Mozarab. cum Cassiod. *Quoniam justus Dominus Deus noster*, &c. August. in eund. Ps. *Quoniam rectus Dom. Deus : & non est*, &c. Gr. τοῦ ἀναγγεῖλαι· Ὅτι εὐθὺς Κύριος ὁ Θεός μου· καὶ, &c. Alex. Ald. & Compl. ὁ Θεὸς ἡμῶν.

VERSIO ANTIQUA.	HEBR.	VULGATA HOD.
Ex Ms. Sangerm. * Laus Cantici ipsi David in die sabbati, quando inhabitata est terra. XCII.	*XCIII.*	Laus Cantici ipsi David in die ante sabbatum, quando fundata est terra. XCII.
1. DOminus regnavit, decorem induit : induit Dominus fortitudinem, & præcinxit se virtutem.	*DOminus regnavit, gloriâ indutus est : indutus est Dominus fortitudine, & accinctus est :*	1. DOminus regnavit, decorem indutus est : indutus est Dominus fortitudinem, & præcinxit se.
Etenim firmavit orbem terræ, quæ non commovebitur.	*Insuper appendit orbem, qui non commovebitur.*	Etenim firmavit orbem terræ, qui non commovebitur.
2. Parata sedes tua Domine ex tunc : à sæculo tu es.	*Firmum solium tuum ex tunc : à sæculo tu es.*	2. Parata sedes tua ex tunc : à sæculo tu es.
3. Elevaverunt flumina Domine : elevaverunt flumina vocem suam, 4. à voce aquarum multarum.	*Levaverunt flumina Domine, levaverunt flumina vocem suam : Levaverunt flumina gurgites suos, à vocibus aquarum multarum.*	3. Elevaverunt flumina Domine: elevaverunt flumina vocem suam. Elevaverunt flumina fluctus suos, 4. à vocibus aquarum multarum.
Altitudinis jucunditas maris, mirabilis in ecclesiis Dominus.	*Grandes fluctus maris : grandis in excelso Dominus.*	Mirabiles elationes maris, mirabilis in altis Dominus.
5. Testimonia tua credibilia facta sunt nimis : domui tuæ condecent sancta Domine, & ut inhabitem in domo Domini in longitudine dierum.	*Testimonia tua fidelia facta sunt nimis : domum tuam decet sanctitas Domine in longitudine dierum.*	5. Testimonia tua credibilia facta sunt nimis : domum tuam decet sanctitudo Domine in longitudinem dierum.

NOTÆ AD VERSIONEM ANTIQUAM.

* Psalt. Corb. *Laus Cantici David in die sabbato, quando inhabitata est terra.* Rom. quoque Martian. & Carnut. hab. *quando inhabitata est terra*; Moz. *quando fundata est*, absque præced. *ipsi*. August. *ipsi David in diem*, &c. ut in Vulg. In Gr. sic : Εἰς τὴν ἡμέραν τοῦ προσαββάτου (Alex. σαββάτου,) ὅτε κατῴκισται ἡ γῆ, αἶνος ᾠδῆς τῷ Δαυΐδ.

℣. 1. Sic est in Psalt. Mozarab. præter vocem mediam, *virtutem*, quæ deest. Rom. Fabri hab. *præcinxit se virtute..... qui non commovebitur*. Rom. Martian. *virtutem..... qui non commoveb.* cæt. ut in textu. Item in Mediolan. & Carnut. *præcinxit se virtutem*. In Corb. *decore induit : induit Dom. fortitudine, & præcinxit se virtute*, &c. Apud Ambros. l. de Isaac, c. 7. to. 1. 376. b. priora tantùm, *Dominus regnavit, decorem induit* : itidem infra, col. 948. e. & to. 2. col. 59. a. lib. verò de bened. Patr. c. 10. col. 526. b. *Dominus regnabit*. Apud August. in hunc Ps. *Dom. regnavit, dec. induit : induit Dom. fortitudinem, & præcinctus est. Etenim confirmavit orbem terræ, qui non commovebitur* : infra, *orbem terrarum*. Apud Cassiod. ut in Vulg. excepto duplici *induit*. Auctor l. de promiss. p. 2. c. 3. col. 127. c. similiter hab. *induit Dominus fortitudinem, & præcinctus est*. Græc..... εὐπρέπειαν ἐνεδύσατο· ἐνεδύσατο Κύριος δύναμιν, καὶ περιεζώσατο. Καὶ γὰρ ἐστερέωσε τὴν οἰκουμένην, ἥτις οὐ, &c.

℣. 2. Sic in Psalt. Corb. Item in Rom. Moz. & apud Cassiod. præter vocem *Deus*, loco *Domine*; neutra adest in Gr. cæt. verò ut supra. Apud Aug. in eund. Ps. sic : *Parata est sedes tua Deus ex illo*; vel ut in plerisque Mss. *Parata est sedes tua ex illo, sedes tua Deus ex illo* : addit inf. August. *ex illo, id est, ex tunc* : item post pauca : *Parata est sedes tua Deus : sed quis Deus ? a sæculo, ab æterno dixit* ἀπὸ αἰῶνος· *sic habet Græcus : aiών aliquando* sæculum *ponitur, aliquando* æternum *ponitur* : mox infert : *Ergo ô tu qui ex illo videris natus, ex æterno es.*

℣. 3. Sic Ambros. l. 3. Hexa. to. 1. 34. f. ad verbum; at infra, col. 946. c. & to. 2. col. 755. b. priorem versiculi partem omittit. August. in hunc Ps. legit : *Elevaverunt flum. voces suas : elevav. flum. vocem suam, à vocib.* &c. Cassiod. *Elevaverunt flum. Domine : elevav. flum. voces suas, à vocibus*, &c. Similiter in Psalt. Rom. & Gr. omisso eo quod interseritur in Vulg. *elevaverunt flumina fluctus suos*. Idem pariter omittunt Mediol. Carnut. & Corb. sed Moz. ejus loco habet, *tollant flumina altitudines suas*. Item Ambr. in Ps. 39. to. 1. 867. a. legit : *Elevav. flum. Dom. elevav. flum. vocem suam. Elevabunt flumina fluctus suos* : at l. 3. Hexa. cit. sup. hoc ult. delet : deest pariter in Gr. ed. Rom. sed in Ms. Alex. ac edd. Ald. & Compl. additur, Ἀροῦσιν οἱ ποταμοὶ ἐπιτρίψεις αὐτῶν.

℣. 4. Psalt. Rom. & Mozarab. concordant cum Vulg. nisi quòd hab. *in excelsis*, pro *in altis*. Ita quoque apud Cassiod. in hunc Ps. Ap. August. verò sic : *à vocibus aquarum multarum. Mirabiles suspensuræ maris, mirabilis in excelsis Dominus.* Ap. Ambros. l. 3. Hexa. to. 1. 34. f. & in Ps. 39. col. 867. a. *à voce aquarum multarum. Mirab. elationes maris, mirabilis in excelsis Dominus.* In Psalt. Corb. *à voce aquarum multarum. Mirabiles elationes maris, mirabiles in excelsis Domine.* In Gr. ἀπὸ φωνῶν ὑδάτων πολλῶν. Θαυμαστοὶ οἱ μετεωρισμοὶ..... θαυμαστὸς ἐν ὑψηλοῖς ὁ Κύριος.

℣. 5. Eadem leguntur in Psalt. Corb. exceptis his duobus, *decent*, pro *condecent*; ultimòque, *longitudinem dierum*. Rom. addit *Domine*, ad *testimonia tua*, cum Mozar. subinde sic in Rom. *domum tuam decent sancta Domine in longitudinem dierum.* In Mozarab. & apud Cassiod. *domum tuam decet sanctificatio Domine in longit. dierum.* Similiter habet August. in eund. Ps. ac præterea legit, *credita facta sunt nimis* : & l. 4. de doctr. Chr. to. 3. col. 89. a. *credita facta sunt valde.* In Gr. Τὰ μαρτύριά σου ἐπιστώθησαν σφόδρα· τῷ οἴκῳ σου πρέπει ἁγίασμα Κύριε εἰς μακρότητα ἡμερῶν.

VULGATA HOD.	HEBR.	VERSIO ANTIQUA.
Pſalmus ipſi David, Quartâ ſabbati. XCIII.	*XCIV.*	* Pſalmus ipſi David, Quartâ ſabbati. XCIII.
1. DEus ultionum Dominus: Deus ultionum liberè egit.	*DEus ultionum Domine, Deus ultionum oſtendere.*	1. DEus ultionis Dominus: Deus defenſionis liberè egit.
2. Exaltare qui judicas terram: redde retributionem ſuperbis.	*Elevare judex terræ: redde viciſſitudinem ſuperbis.*	2. Exaltare qui judicas terram: redde retributionem ſuperbis.
3. Uſquequo peccatores Domine, uſquequo peccatores gloriabuntur:	*Uſquequo impii Domine, uſquequo impii exſultabunt?*	3. Uſquequo peccatores Domine, uſquequo peccatores gloriabuntur:
4. Effabuntur, & loquentur iniquitatem: loquentur omnes, qui operantur injuſtitiam?	*Fluent loquentes antiquum: garrient omnes, qui operantur iniquitatem?*	4. Pronunciabunt, & loquentur iniquitatem: loquentur omnes, qui operantur injuſtitiam?
5. Populum tuum Domine humiliaverunt: & hæreditatem tuam vexaverunt.	*Populum tuum Domine contererent, & hæreditatem tuam affligent?*	5. Populum tuum Domine humiliaverunt: & hæreditatem tuam vexaverunt.
6. Viduam & advenam interfecerunt: & pupillos occiderunt.	*Viduam & advenam interficient, & pupillos occident?*	6. Viduam & advenam interfecerunt: & pupillos trucidaverunt.
7. Et dixerunt: Non videbit Dominus, nec intelliget Deus Jacob.	*Et dixerunt: Non videbit Dominus, & non intelliget Deus Jacob.*	7. Et dixerunt: Non videbit Dominus, nec intelliget hæc Deus Jacob.
8. Intelligite inſipientes in populo: & ſtulti aliquando ſapite.	*Intelligite ſtulti in populo, & inſipientes aliquando diſcite.*	8. Intelligite nunc inſipientes in populo: & ſtulti aliquando ſapite.
9. Qui plantavit aurem, non audiet? aut qui finxit oculum, non conſiderat?	*Qui plantavit aurem, non audiet? aut qui finxit oculum, non videbit?*	9. Qui plantavit aurem, non audit? aut qui finxit oculum, non conſiderat?
10. Qui corripit gentes, non arguet: qui docet hominem ſcientiam?	*Qui erudit gentes, non arguet: qui docet hominem ſcientiam?*	10. Qui erudit gentes, non arguet: qui docet hominem ſcientiam?
11. Dominus ſcit cogitationes hominum, quoniam vanæ ſunt.	*Dominus novit cogitationes hominum, quia vana ſunt.*	11. Dominus ſcit cogitationes hominum, quoniam vanæ ſunt.
12. Beatus homo, quem tu erudieris Domine, & de lege tua docueris eum:	*Beatus vir, quem tu erudieris Domine, & de lege tua docueris eum:*	12. Beatus homo, quem erudieris Domine, & de lege tua docueris eum:

Ex Mſ. Sangerm.

NOTÆ AD VERSIONEM ANTIQUAM.

* In Pſalt. Rom. deeſt *ipſi*. In Corb. *Pſalmus David ipſi, Quartâ ſabbati.* Ambroſ. l. 2. de Abr. c. 9. 342. b. ait: *xciii. Pſalmus ſcribitur, Quartâ ſabbati.* Apud Auguſt. *Pſalmus ipſi David, Quartâ ſabbatorum;* paulòque poſt, *In quarta ſabbati.* Apud Caſſiod. ut in textu: nec aliter in Græco.

℣. 1. Caſſiod. Vulgatæ accinit, cum Pſalt. Rom. Similiter apud Auguſt. in eund. Pſ. excepto ult. *fidenter egit;* in Gr. ἐπαῤῥησιάσατο. In Pſalt. Corb. *Deus ultionis Dominus: Deus ultionis liberè egit.*

℣. 2. Ita Auguſt. & Caſſiod. in hunc Pſ. cum vet. Pſalt. & Gr.

℣. 3. Sic Ambr. l. 4. de interpel. Dav. c. 1. to. 1. col. 661. d. item l. de apolog. Dav. col. 707. d. & l. 1. offic. to. 2. 15. d. Ita quoque Auguſt. & Caſſiod. cum vet. Pſalt. & Gr.

℣. 4. Itidem in Pſalt. Rom. Mediol. Carnut. Moz. & ap. Caſſiod. in hunc Pſ. Apud Auguſt. verò: *Reſpondent, & loquentur iniquitatem,* &c. In Gr. Φθέγξονται, καὶ λαλήσουσιν, &c. Pſalt. Corb. *Pronunciabunt, & loq..... qui operantur in juſtitia?* vitiosè: Gr. conſtanter, τὴν ἀνομίαν.

℣. 5. Conſentiunt Auguſt. & Caſſiod. in hunc Pſ. Sic etiam in vet. Pſalt. & Gr. Corb. tamen hab. *Plebem tuam Domine humiliaverunt,* &c.

℣. 6. Auguſt. in hunc Pſ. *Viduam & pupillos interfecerunt: & proſelytum occiderunt.* Caſſiod. Vulgatæ reſpondet cum Pſalt. Rom. niſi quòd hab. *ceciderunt,* loco *occiderunt;* Corb. *ſucciderunt.* Gr. Χήραν καὶ ὀρφανὸν ἀπέκτειναν· καὶ προσήλυτον ἐφόνευσαν. Theodot. Χήραν καὶ ὀρφανὺς ἐφόνευσαν· καὶ προσήλυτον ἐκάκωσαν.

℣. 7. Concinit Ambroſ. l. 1. offic. to. 2. 15. d. necnon Auguſt. & Caſſiod. in hunc Pſ. cum vet. Pſalt. & Græco: ſed in horum nullo additur *hæc.*

℣. 8. Ita legit Ambroſ. l. 1. offic. to. 2. 15. d. at l. de apol. Dav. to. 1. 707. d. ſic: *Intelligite inſipientes, & ſtulti aliq. ſapite.* Pſalt. Rom. cum Moz. & Corb. *Intelligite nunc qui inſipientes eſtis in populo;* Corb. *in plebe &* cæt. ut ſup. Similiter Auguſt. & Caſſiod. in hunc Pſ. cum hoc, *in populo;* iterumque Aug. epiſt. 214. to. 2. col. 793. a. niſi quòd hîc hab. *ergo,* pro *nunc.* Gr. Σύνετε δὴ ἄφρονες ἐν..... καὶ μωροί, &c.

℣. 9. In Pſalt. Rom. & Corb. *non audiet?* abſque ſeq. *aut.* Similiter apud Ambroſ. l. 5. de fide, to. 2. 587. e. at l. de apol. Dav. to. 1. 707. d. 708. a. eſt, *non audiet? aut qui finxit,* &c. l. autem 1. offic. to. 2. 15. c. *Qui plantavit aurem, non audit? qui finxit oculum, non videt, non conſiderat?* & poſt paulò, *non audit? & qui finxit oculum, non conſiderat?* vide etiam l. de Incarn. col. 719. b. Auguſt. & Caſſiod. in hunc Pſ. concordant cum Vulg. & Græco.

℣. 10. Itidem Auguſt. in hunc Pſ. cum Brev. Mozar. hoc tamen Brev. habet in fine, *omnem ſcientiam,* non *hominem.* Ambroſ. l. de apol. Dav. to. 1. 708. a. necnon Caſſiod. cum Pſalt. Rom. leg. *Qui corripit gentes, non arguet,* &c. ut in Vulg. at l. 1. offic. to. 2. 15. d. Ambroſ. hab. *arguit;* & in Pſ. 118. to. 1. 1078. d. *hominum ſcientiam;* inf. tamen col. 1082. *hominem.* Gr. Ὁ παιδεύων ἔθνη, οὐχὶ ἐλέγξει· ὁ διδάσκων ἄνθρωπον γνῶσιν;

℣. 11. Sic Ambroſ. l. 1. offic. col. 15. a. necnon Aug. in hunc Pſ. cum Brev. Moz. Tertul. verò l. 5. adv. Marc. p. 788. b. *Dominus ſcit cogitat. ſapientium, quòd ſint ſupervacuæ.* Cypr. de bono patient. *Cognovit cogitat. ſapientium, quoniam ſtulta ſunt.* Auct. epiſt. ad Demetriad. p. 40. e. *Dom. novit cogitationes ſapientium,* &c. ut in Vulg. Caſſiod. cum Pſalt. Rom. *Dom. novit cogitat. hominum,* &c. Græc. Κύριος γινώσκει τοὺς διαλογισμοὺς τῶν ἀνθρώπων, ὅτι εἰσὶ μάταιοι.

℣. 12. Vulgatæ ſuffragatur Ambr. in Pſ. 37. & 118. to. 1. col. 822. f. 1056. c. 1100. a. 1134. d. & l. de exhort. virginit. to. 2. 300. a. Item Caſſiod. in hunc Pſ. Auguſt. verò in eund. leg. *Beatus vir, quem tu erud..... & ex lege tua,* &c. In Pſalt. Moz. ſimiliter, *Beatus vir, quem tu &*

VERSIO ANTIQUA.	HEBR.	VULGATA HOD.
Ex Ms. Sangerm. 13. Ut mitiges ei à diebus malis : donec fodiatur peccatori fovea.	*Ut quiescat à diebus afflictionis, donec fodiatur impio interitus.*	13. Ut mitiges ei à diebus malis : donec fodiatur peccatori fovea.
14. Quia non repellet Dominus plebem suam : & hæreditatem suam non derelinquet.	*Non enim derelinquet Dominus populum suum, & hareditatem suam non deseret.*	14. Quia non repellet Dominus plebem suam : & hæreditatem suam non derelinquet.
15. Quousque justitia convertatur in judicio : & qui tenent eam, omnes recto sunt corde. DIAPSALMA.	*Quoniam ad justitiam revertetur judicium, & sequentur illud omnes recti corde.*	15. Quoadusque justitia convertatur in judicium : & qui juxta illam omnes qui recto sunt corde.
16. Quis exsurget mihi adversùs malignantes ? aut quis stabit mecum adversùs operantes iniquitatem ?	*Quis stabit pro me adversùs malos ? quis stabit pro me adversùs operarios iniquitatis ?*	16. Quis consurget mihi adversùs malignantes ? aut quis stabit mecum adversùs operantes iniquitatem ?
17. Nisi quia Dominus adjuvavit me : paulò minùs habitaverat in inferno anima mea.	*Nisi quia Dominus auxiliator meus, paulò minùs habitasset in inferno anima mea.*	17. Nisi quia Dominus adjuvit me : paulò minùs habitasset in inferno anima mea.
18. Si dicebam : Motus est pes meus : misericordia tua Domine adjuvabit me.	*Si dicebam : Motus est pes meus : misericordia tua Domine sustentabit me.*	18. Si dicebam : Motus est pes meus : misericordia tua Domine adjuvabat me.
19. Domine, secundùm multitudinem dolorum meorum in corde meo, exhortationes tuæ delectaverunt animam meam.	*In multitudine cogitationum mearum, quæ sunt in me intrinsecùs, consolationes tuæ delectabunt animam meam.*	19. Secundùm multitudinem dolorum meorum in corde meo, consolationes tuæ lætificaverunt animam meam.
20. Nunquid aderit tibi sedes iniquitatis, qui fingis dolorem in præcepto ?	*Nunquid particeps erit tui thronus insidiarum, fingens dolorem in præcepto ?*	20. Nunquid adhæret tibi sedes iniquitatis, qui fingis laborem in præcepto ?
21. Captabunt in animam justi : & sanguinem innocentem condemnabunt.	*Copulabuntur adversùs animam justi, & sanguinem innocentem condemnabunt :*	21. Captabunt in animam justi : & sanguinem innocentem condemnabunt.
22. Et factus est mihi Dominus in refugium, & Deus meus in auxilium spei meæ.	*Erit autem Dominus mihi in refugium, & Deus meus quasi petra spei meæ.*	22. Et factus est mihi Dominus in refugium, & Deus meus in adjutorium spei meæ.
23. Et reddet illis iniquitatem ipsorum, & malitiam eorum : & disperdet eos Dominus Deus noster.	*Et restituet super eos iniquitatem suam, & in malitia sua perdet eos : perdet eos Dominus Deus noster.*	23. Et reddet illis iniquitatem ipsorum : & in malitia eorum disperdet eos : disperdet illos Dominus Deus noster.

NOTÆ AD VERSIONEM ANTIQUAM.

sed à Rom. abest *tu*. Et verò Hieron. epist. ad Sun. & Fret. to. 2. 654. c. ait : *Dicitis in Græco non esse* tu, *& verum est ; sed apud Latinos propter εὐφωνίαν positum.* Valentin. ep. ad August. apud eund. 216. to. 2. col. 798. b. hæc hab. *Emenda nos Domine, & de lege tua erudi nos : ut mitiges*, &c. Item Auct. op. imp. in Matth. hom. 3. p. 39. c. *Beatus homo, quem Dominus arguerit super terram.* Græc. Μακάριος ὁ ἄνθρωπος, ὃν ἂν σὺ παιδεύσῃς Κύριε, καὶ ἐκ τοῦ, &c.

℣. 13. August. in hunc Ps. *Ut mitiges eum à diebus malignis : donec*, &c. Cassiod. cum Psalt. Rom. & Corb. *Ut mitiges eum à dieb. malis : donec*, &c. Gr. Τοῦ πραΰναι αὐτῷ (Ald. & Compl. αὐτὸν) ἀφ' ἡμερῶν πονηρῶν· ἕως οὗ ὀρυγῇ τῷ, &c.

℣. 14. Accinunt Ambr. in Ps. 43. col. 897. f. necnon August. & Cassiod. in hunc Ps. cum vet. Psalt. & Græco. In Corb. tamen, *Quia non repellet Dominus plebem suam in finem*, &c.

℣. 15. Sic in Psalt. Moz. exceptis his, *Quoadusque justitiâ convertatur judicium.* In Rom. Fabri, *Quoadusque justitia conv. in judicium : & qui tenent eum, omnes qui recto sunt corde.* In Rom. Martian. & Carnut. *& qui tenent eam ;* in Mediolan. *& continent eam.* In Corb. *Quoadusque justitiam convertat in judicium : & qui tenent eam, omnes qui recto*, &c. Apud August. in hunc Ps. *Quousque justitia convertatur in judic. & qui habent eam, omnes recto sunt corde ;* infra, *recti sunt corde.* Apud Cassiod. *Quoadusque... & qui tenent eam, omnes qui recto sunt corde.* In Gr. Ἕως οὗ δικαιοσύνη ἐπιστρέψῃ εἰς κρίσιν· καὶ οἱ ἐχόμενοι αὐτῆς, πάντες οἱ εὐθεῖς τῇ καρδίᾳ. Ibidem etiam sequitur Διάψαλμα, sicut in Psalt. Rom. & Corb. Lat.

℣. 16. Ita Cassiod. cum Psalt. Rom. Apud Aug. verò in eund. Ps. sic : *Quis exsurget mihi..... aut quis consistet mihi adversùs op.* &c. In Psalt. Corb. *Quis exsurget mihi adversùs malignantes me ? aut quis stabit mecum*, &c. In Gr. Τίς ἀναστήσεταί μοι..... ἢ τίς συμπαραστήσεταί μοι, &c.

℣. 17. Psalt. Rom. *Nisi quia Dominus adjuvasset me : paulò minùs habitaverat in inf.* &c. Corb. *Nisi quòd Dominus adjuvat me : paulò minùs inhabitaverat in inferno*, &c. Mozarab. *Nisi Dominus adjuvisset me : paulò minùs habitaverat*, &c. August. & Cassiod. in hunc Ps. *Nisi quia Dom. adjuvit me : paulò minùs habitaverat*, &c. In Gr. Εἰ μὴ ὅτι Κύριος ἐβοήθησέ μοι· παραβραχὺ παρῴκησε τῷ ᾅδῃ, &c.

℣. 18. Psalt. Rom. *adjuvabat me.* Itidem August. & Cassiod. in hunc Ps. Brev. verò Mozarab. *sustentabat me a* Gr. ἐβοήθει μοι.

℣. 19. Ita legit August. in hunc Ps. & epist. 55. ad Januar. to. 2. 138. c. uno excepto *jocundaverunt*, pro *delectaverunt :* rursum *jocundaverunt*, epist. 248. col. 877. b. Cassiod. verò Vulgatæ favet, cum Psalt. Rom. In Mediolan. *exhortationes tuæ*, ut supra. Item in Corb. hoc addito, *delectabant animam meam.* In Gr. Κύριε, κατὰ τὸ πλῆθος..... αἱ παρακλήσεις σου ἠγάπησαν τὴν ψυχήν μου· MS. Alex. ηὔφραναν ; Ald. & Compl. εὔφραναν.

℣. 20. Sic in Psalt. Corb. excepto uno *adhærebit*, pro *aderit.* In Mozarab. *Nunquid adhæsit tibi sedes..... qui fingis dolorem*, &c. In Rom. Mediolan. & Carnut. *Nunquid adhæret..... qui fingis dolorem*, &c. Sic etiam apud Aug. & Cassiod. in hunc Ps. In Gr. Μὴ συμπροσέσται σοι θρόνος..... ὁ πλάσσων κόπον, &c. Alex. Ald. & Compl. Μὴ συμπροσέσω.

℣. 21. Concinit Lactant. l. 4. Instit. c. 18. p. 581. sicut Aug. & Cassiod. in hunc Ps. una cum vet. Psalt. & Gr. Mozarab. tamen & Corb. delent *in*, ante *animam.*

℣. 22. Ita Psalt. Rom. Moz. & Corb. quibus accedunt August. & Cassiod. in hunc Ps. Gr. ultimò hab. εἰς βοηθὸν ἐλπίδος μου.

℣. 23. Psalt. Corb. *Et reddet illis iniquitatem ipsorum : & in malitiam eorum disperdet eos Deus Deus noster.* Rom. *Et reddet illis Dominus iniquitates ipsorum : & in malitia eorum disperdet illos Dominus Deus noster.* In Mediol. etiam, Carnut. & Mozar. non geminatur *disperdet illos ;* nec ap. Cassiod. in hunc Ps. Ap. August. verò in eund. Ps. sic : *Et reddet illis Dominus secundùm opera eorum : & secundùm malitiam eorum disperdet illos Dominus Deus noster.* In Gr.

NOTÆ AD VERSIONEM ANTIQUAM.

Καὶ ἀποδώσει αὐτοῖς τὴν (Alex. Mſ. Κύριος κατὰ τὴν, Ald. & Compl. Κύριος τὴν) ἀνομίαν αὐτῶν, καὶ τὴν (Alex. Ald. & Compl. κατὰ τὴν) πονηρίαν αὐτῶν ἀφανιεῖ αὐτοὺς Κύριος ὁ Θεὸς ἡμῶν. Hieron. epiſt. ad Sun. & Fret. to. 2. 654. c. ut in Vulg. *& in malitia eorum diſperdet eos :* tum addit : *In Græco dicitis non eſſe præpoſitionem* in, *ſed legi* malitiam diſperdet. *Sciendum autem quòd & in Hebræo, & in cunctis Interpretibus poſitum ſit*, in malitia eorum diſperdet eos. *Si autem voluerimus legere*, malitiam eorum diſperdet, *id quod in LXX. ſequitur in fine verſiculi*, eos, *& ſuperfluum erit, & vitioſum.*

VULGATA HOD.	*HEBR.*	VERSIO ANTIQUA.
Laus Cantici ipſi David. XCIV.	*XCV.*	* Laus Cantici ipſi David. XCIV. *Ex Mſ. Sangerm.*
1. VEnite, exſultemus Domino : jubilemus Deo ſalutari noſtro.	*VEnite, laudemus Dominum : jubilemus petræ Jeſu noſtro.*	1. VEnite, exſultemus in Domino : jubilemus Deo ſalutari noſtro.
2. Præoccupemus faciem ejus in confeſſione : & in pſalmis jubilemus ei.	*Praoccupemus vultum ejus in actione gratiarum : in canticis jubilemus ei.*	2. Præveniamus vultum ejus in confeſſionem : & in pſalmis jubilemus ei.
3. Quoniam Deus magnus Dominus : & rex magnus ſuper omnes deos.	*Quoniam fortis & magnus Dominus, & rex magnus ſuper omnes deos.*	3. Quia Deus magnus eſt, & rex magnus ſuper omnes deos : quia non repellet Dominus populum ſuum.
4. Quia in manu ejus ſunt omnes fines terræ : & altitudines montium ipſius ſunt.	*In cujus manu fundamenta terræ, & excelſa montium ipſius ſunt.*	4. Quia in manu ejus omnes fines terræ : & altitudines montium ipſius ſunt.
5. Quoniam ipſius eſt mare, & ipſe fecit illud : & ſiccam manus ejus formaverunt.	*Cujus eſt mare, ipſe enim fecit illud : & ſiccam manus ejus plaſmaverunt.*	5. Quoniam ipſius eſt mare, & ipſe fecit illud : & aridam manus ejus fundaverunt.
6. Venite, adoremus, & procidamus : & ploremus ante Dominum, qui fecit nos.	*Venite, adoremus, & curvemur : flectamus genua ante faciem Domini factoris noſtri :*	6. Venite, adoremus, & procidamus ante eum : & ploremus contra Dominum, qui fecit nos.
7. Quia ipſe eſt Dominus Deus noſter : & nos populus paſcuæ ejus, & oves manus ejus.	*Quia ipſe Deus noſter, & nos populus paſcua ejus, & grex manus ejus.*	7. Quia ipſe eſt Deus noſter : & nos plebs paſcuæ ejus, & oves manus ejus.
Heb. 3. 7. 8. Hodie ſi vocem ejus audieritis, nolite obdurare corda veſtra ;	*Hodie ſi vocem ejus audieritis, nolite obdurare corda veſtra :*	8. Hodie ſi vocem ejus audieritis, nolite obdurare corda veſtra
9. Sicut in irritatione ſecundùm diem tentationis in deſerto : ubi ten-	*Sicut in contradictione, ſicut in die tentationis in deſerto : ubi ten-*	9. In exacerbatione, ſecundùm diem tentationis in de-

NOTÆ AD VERSIONEM ANTIQUAM.

* Eundem titulum referunt Aug. & Caſſiod. cum Pſalt. Rom. & Gr. In Corb. & Mozarab. deeſt *ipſi*. Hic autem Pſalmus, quemadmodum legitur in Vulgata, pluribus variat ab eo qui uſurpatur in Breviariis, vulgòque canitur in Eccleſia.

℣. 1. Ita Pſalt. Moz. habet ad verbum. In Rom. deeſt *in*, ante *Domino*, ſicut apud Auguſt. & Caſſiod. in hunc Pſ. Sic etiam in Gr.

℣. 2. Auguſt. ſerm. 176. to. 5. 839. e. *Præveniamus faciem ejus in confeſſione*, &c. item in hunc Pſ. col. 1024. f. 1025. a. at ſupra legit, *Præoccupemus faciem*, &c. cum Caſſiod. & Pſalt. Rom. In Mediol. Corb. Carnut. & ap. Greg. Turon. p. 481. *Præveniamus*. In Mozarab. *Præoccupemus faciem Dei in*, &c. In Gr. Προφθάσωμεν τὸ πρόσωπον αὐτοῦ ἐν ἐξομολογήσει, &c.

℣. 3. Pſalt. Rom. *Quoniam Deus mag. Dom. & rex..... quon. non repellet Dom. plebem ſuam.* Similiter in Carnut. Mozarab. & Breviariis. In Corb. verò, & apud Auguſt. *Quoniam Deus magnus eſt Dominus, & rex..... quon. non repellet Dom. plebem ſuam.* Caſſiod. *quoniam non repellit Dom. pleb. ſuam.* Gr. Ὅτι Θεὸς μέγας Κύριος, καὶ..... ὅτι οὐκ ἀπώσεται Κύριος τὸν λαὸν αὐτοῦ.

℣. 4. Ita Caſſiod. in hunc Pſ. Sic etiam in Breviar. Mozarab. addito verbo *ſunt*, ad *ejus*. Iren. l. 3. c. 10. p. 187. a. legit : *In manu ejus fines terræ : & altitudines montium ipſius ſunt.* Ita quoque in Græco, & apud Auguſt. in eund. Pſ. præfixo adverbio *quoniam*. In Pſalt. Rom. & Breviariis : *Quia in manu ejus ſunt omnes fines terræ : & altitudines montium ipſe conſpicit.* Itidem in Corb. dempto verbo *ſunt*.

℣. 5. Ita legit Iren. l. 3. c. 10. p. 187. a. Ita quoque Ambroſ. l. 3. Hexa. col. 40. a. & Caſſiod. in hunc Pſ. cum Pſalt. Moz. In Rom. & Mediol. ac Breviar. *& aridam fundaverunt manus ejus.* In Corb. *Quoniam ipſius mare, & ipſe fecit illud : & aridam manus ejus fundaver.* Apud Auguſt. l. 6. de Gen. ad lit. to. 3. 205. a. *& aridam manus ejus finxerunt :* in hunc autem Pſ. *& aridam terram manus ejus finxerunt.* In Græco, καὶ τὴν ξηρὰν αἱ χεῖρες αὐτοῦ ἔπλασαν.

℣. 6. Pſalt. Corb. *Venite..... & procidamus ante eum : & ploremus ante Dominum, qui*, &c. Rom. cum Moz. & al. Breviar. *& procidamus ante Deum : ploremus* (Moz. *& plor.*) *coram Domino, qui*, &c. Iren. l. 3. c. 10. p. 187. a. *Venite, ador. & procidamus ante eum : & ploremus in conſpectu Domini, qui fecit nos.* Ambroſ. in Luc. 7. to. 1. 1387. f. *& procid. ante Deum : & ploremus ante Dominum noſtrum, qui fecit nos :* ita rurſum l. 2. de pœnit. to. 2. 438. a. & l. 3. de Spir. S. 683. c. & epiſt. 51. col. 999. a. præter *eum*, loco *Deum*. S. Paulinus epiſt. 23. p. 147. a. *Venite, adoremus, & ploremus ante Dominum, qui*, &c. Auguſt. in hunc Pſ. *Venite, ador. & procidamus ei : & ploremus ante Dominum, qui*, &c. at ſerm. 26. to. 5. col. 136. d. ſeq. *Venite, adoremus eum, & proſternamur illi : & fleamus ante Dominum, qui nos fecit ;* poſt paulò, 137. a. e. *& ploremus coram Domino ;* ſerm. autem 176. p. 839. e. *& proſternamur ei ; & fleamus coram Domino, qui*, &c. Caſſiod. in hunc Pſ. *& procidamus ante eum : ploremus ante Dominum, qui*, &c. Vict. Tun. l. de pœnit. ap. Ambroſ. col. 603. d. *adoremus, & procidamus : & ploremus ante Dominum, qui*, &c. Gr. καὶ προσπέσωμεν αὐτῷ· καὶ κλαύσωμεν ἐναντίον Κυρίου, &c.

℣. 7. Sic in Pſalt. Corb. præter unum *populus*, loco *plebs*. In Rom. & Breviar. *Quia ipſe eſt Dominus Deus noſter : nos autem populus ejus, & oves paſcuæ ejus.* Mozarab. *& nos populus paſcuæ ejus, & oves gregis ejus.* Auguſt. in hunc Pſ. *Quoniam ipſe eſt Dom. De. noſter : nos autem populus paſcuæ ejus, & oves manuum ejus.* Caſſiod. *& nos populus ejus, & oves paſcuæ ejus.* Gr. Ὅτι αὐτός ἐστιν ὁ Θεὸς ἡμῶν· καὶ ἡμεῖς λαὸς νομῆς αὐτοῦ, καὶ πρόβατα χειρὸς αὐτοῦ.

℣. 8. Sic in Pſalt. Rom. Moz. & Gr. necnon ap. Auguſt. & Caſſiod. in hunc Pſ.

℣. 9. Ita in Pſalt. Corb. præter hoc, *ſicut in exacerbatione.* Item in Mozarab. & Rom. & Breviar. addito uno *me*, ad verbum *tentaverunt*. Mediolan. etiam, & Carnut. hab. *in exacerbatione*. Auguſt. verò in hunc Pſ. ſic : *Quemadmodum in illa amaricatione* (inf. *ſicut in amaricatione*) *ſecundùm diem tent. in deſ. ubi tentaver. me patres veſtri, probaverunt, & vid. op. mea.* Caſſiod. in eund. Pſ. *Sicut in*

VERSIO ANTIQUA.

Ex Mſ. Sangerm. ſerto : ubi tentaverunt patres veſtri, probaverunt, & viderunt opera mea.

10. Quadraginta annis odio fui in gentibus, & converſatus ſum generationi ipſi, & dixi : Semper errant corde.

11. Et ipſi non cognoverunt vias meas : donec juravi in ira mea : Si introierint in requiem meam.

HEBR.

taverunt me patres veſtri, probaverunt me, & viderunt opus meum.

Quadraginta annis diſplicuit mihi generatio : & dixi : Populus errans corde eſt,

Et non cognoſcens vias meas : & juravi in furore meo, ut non introirent in requiem meam.

VULGATA HOD.

taverunt me patres veſtri, probaverunt me, & viderunt opera mea.

10. Quadraginta annis offenſus fui generationi illi, & dixi : Semper hi errant corde. Num. 14. 34.

11. Et iſti non cognoverunt vias meas : ut juravi in ira mea : Si introibunt in requiem meam. Heb. 4. 3.

NOTÆ AD VERSIONEM ANTIQUAM.

exacerbatione.... ubi tentav. me..... probaverunt me, &, &c. Plerique Mſs. Auguſt. ſup. ita ferunt : *& viderunt opera mea quadraginta annis, & exacerbaverunt me.* Gr. Ὡς ἐν τῷ παραπικρασμῷ κατὰ τὴν ἡμέραν τοῦ πειρασμοῦ (Alex. Ald. & Compl. πειρασμοῦ) ἐν τῇ ἐρήμῳ· οὗ ἐπείρασάν με (Alex. del. με) οἱ..... ἐδοκίμασαν (Alex. Ald. & Compl. add. με,) καὶ εἶδον τὰ ἔργα μου.

℣. 10. Auguſt. & Caſſiod. cum Pſalt. Mozarab. *Quadraginta annis proximus fui generationi huic, & dixi : Semper iſti errant corde.* Sic etiam in Rom. ac Breviar. præter hoc, *hi errant.* Item in Mediolan. *proximus fui;* in Carnut. *adhæſi :* huic autem, *hi errant corde*, ſubjicitur ibid. *propter quod odio habui hanc generationem ;* tum ſequitur, *Et ipſi non cognoverunt*, &c. Similiter in Corb. *Quadraginta annis adhæſi generationi huic, & dixi : Semper errant corde : propter quod odio habui hanc generationem. Et ipſi*, &c. In Gr. Τεσσαράκοντα ἔτη προσώχθισα τῇ γενεᾷ ἐκείνῃ, καὶ εἶπα· Ἀεὶ πλανῶνται τῇ καρδίᾳ. Καὶ αὐτοὶ, &c.

℣. 11. Auguſt. in hunc Pſ. *Et iſti non cognoverunt vias meas : quibus juravi in ira mea : Si introibunt in requiem meam.* Similiter ap. Caſſiod. ſicut in Pſalt. Corb. & Moz. excepto primo, *Et ipſi.* In Rom. & Breviar. *Ipſi verò non cognoverunt..... quibus juravi in ira mea : Si introibunt*, &c. In Corb. *Si intrabunt*, &c. Item in Mediolan. & Carnut. *quibus juravi.* Apud Hilar. in Pſ. 91. col. 236. b. *ſicut juravi in ira mea : Si intrabunt in req. meam :* vide etiam in Pſ. 54. col. 107. b. Apud Ambroſ. de ob. Theod. to. 2. col. 1206. a. *ſicut juravi in..... Si introibunt in*, &c. In Gr. Καὶ αὐτοὶ οὐκ (Alex. Ald. & Compl. Αὐτοὶ δὲ οὐκ) ἔγνωσαν... ὡς ὤμοσα ἐν τῇ... Εἰ εἰσελεύσονται εἰς τὴν, &c.

VERSIO ANTIQUA.

Ex Mſ. Sangerm. 1. Cùm quando ædificata eſt domus * poſt captivitatem, Canticum ipſi David.

* In Mſ. deeſt poſt.

XCV.

* CAntate Domino canticum novum : cantate Domino omnis terra.

2. Cantate Domino, benedicite nomen ejus : bene nunciate diem de die ſalutare ejus.

3. Adnuntiate inter gentes gloriam ejus, in omnibus populis mirabilia ejus.

4. Quoniam magnus Dominus, & laudabilis valde : terribilis eſt ſuper omnes deos.

5. Quoniam omnes dii gentium dæmonia : Dominus autem cœlos fecit.

6. Confeſſio & pulchritudo in conſpectu ejus : ſancti-

HEBR.

XCVI.

CAntate Domino canticum novum : cantate Domino omnis terra.

Canite Domino, benedicite nomini ejus : annuntiate de die in diem ſalutare ejus.

Narrate in gentibus gloriam ejus, in univerſis populis mirabilia ejus.

Quia magnus Dominus, & laudabilis nimis : terribilis eſt ſuper omnes deos.

Omnes enim dii populorum ſculptilia : Dominus autem cœlos fecit.

Gloria & decor ante vultum ejus : fortitudo & exſultatio in ſanctua-

VULGATA HOD.

Canticum ipſi David,

1. Quando domus ædificabatur poſt captivitatem. (1. *Par.* 15.)

XCV.

CAntate Domino canticum novum : cantate Domino omnis terra.

2. Cantate Domino, & benedicite nomini ejus : annuntiate de die in diem ſalutare ejus.

3. Annuntiate inter gentes gloriam ejus, in omnibus populis mirabilia ejus.

4. Quoniam magnus Dominus, & laudabilis nimis : terribilis eſt ſuper omnes deos.

5. Quoniam omnes dii gentium dæmonia : Dominus autem cœlos fecit.

6. Confeſſio & pulchritudo in conſpectu ejus : ſanctimonia & ma-

NOTÆ AD VERSIONEM ANTIQUAM.

℣. 1. Ita in Gr. edit. Rom. al. Ὠδὴ τῷ Δαυίδ, Ὅτε, &c. Apud Aug. in hunc Pſ. & l. 8. de civit. Dei, to. 7. 213. d. *Inſcribitur titulus Pſalmi : Quando domus ædificabatur poſt captivitatem.* Apud Caſſiod. ſicut in Pſalt. Rom. & Moz. *Canticum David, Quando domus ædificabatur poſt captivit.* In Corb. *Canticum David, Quando ædificata eſt domus poſt captivitatem.* Verſic. autem iſte, *Cùm quando... poſt captivit.* Pſalmum anteced. claudit in Autographo Sangerm. ſed errore librarii manifeſto.

* Sic Irenæus l. 4. c. 9. p. 237. d. Hilar. in Pſ. 134. col. 559. a. Ambroſ. l. de Elia, c. 20. col. 558. e. Optat. l. 2. cont. Donat. p. 27. b. necnon Auguſt. & Caſſiod. in hunc Pſ. cum Pſalt. Rom. & Gr.

℣. 2. Ita in Gr. verbum è verbo ; ſicut etiam in Pſalt. Corb. Lat. Similiter hab. Auguſt. in hunc Pſ. cum Brev. Mozarabico, ſi hoc excipias, *de die in diem.* Similiter in Pſalt. & Miſſ. Rom. & apud Caſſiod. cum hoc, *& benedicite.* In Mediolan. quoque & Carnut. paulò inf. *bene nunciate.* Mſs. quidem Auguſt. ferunt *diem ex die*, ſed ſemel tantùm ; aliis in locis, *de die in diem :* & epiſt. 142. to. 2. 462. d. *bene nunciate de die ex die*, &c. Quæſt. autem 98. in Exod. to. 3. 453. c. *bene nunciate diem ex die*, &c. Hieron. in Iſai. 5. to. 3. 45. e. *annuntiate diem ex die ſalut.* &c. Fulg. reſp. cont. Arian. p. 61. *evangelizate de die in diem ſalutare ejus :* at ſer. 2. de dupl. nat. p. 553. *bene nunciate diem de die ſalut. ejus.*

℣. 3. Succinit Caſſiod. cum Pſalt. Rom. &c. Hilarius verò in Pſ. 13. n. 5. col. 59. a. legit : *Annuntiate in gentibus gloriam ejus, & in omnibus populis ſalutare ejus :* at in Pſ. 134. col. 559. a. *Annuntiate inter gentes gloriam ejus, in omni populo mirabilia ejus.* Hieron. in Iſai. 5. to. 3. 45. e. *Annunt. in gentibus glor. illius, in omnibus populis mirab. ejus.* Similiter habet Auguſt. epiſt. 142. to. 2. 462. d. e. & in hunc Pſ. col. 1033. c. poſt paulò tamen legit : *bene nunciate in gentibus*, &c. Optat. l. 2. cont. Donat. p. 27. b. *Pronunciate in gentibus glor. ipſius, in omnib. pop. mirab. ejus.* In Gr. Ἀναγγείλατε ἐν τοῖς ἔθνεσι, &c.

℣. 4. Ita Pſalt. Corb. hab. cum Gr. Sic etiam in Brev. Moz. deleto uno *eſt*, poſt *terribilis*. Pſalt. Rom. Vulgatæ favet, cum Auguſt. & Caſſiod. in hunc Pſ.

℣. 5. Ita legunt Cypr. l. 3. Teſtim. p. 321. b. & Ambroſ. l. 2. Hexa. to. 1. 24. f. ac epiſt. 17. to. 2. 824. c. Item Auguſt. & Caſſiod. in hunc Pſ. cum vet. Pſalt. & Gr. Ap. Iren. l. 3. c. 6. p. 181. a. *Dii gentium, idola dæmoniorum.* Apud Tertul. l. de idol. c. 20. p. 246. a. *Dei autem nationum dæmonia.*

℣. 6. Auguſt. in hunc Pſ. cum Pſalt. Rom. & Mozar. *Conf. & pulchritudo..... ſanctitas & magnificentia in ſanctificatione ejus.* Caſſiod. cum Pſalt. Corb. *Confeſſio & ſpecies in conſp. ejus : ſanctitas & magnific. in ſanctific. ejus :* Corb. *in ſanctimonia ejus.* Gr. Ἐξομολόγησις καὶ ὡραιότης..... ἁγιωσύνη καὶ μεγαλοπρέπεια ἐν τῷ ἁγιάσματι αὐτοῦ.

VULGATA HOD.	HEBR.	VERSIO ANTIQUA.
gnificentia in ſanctificatione ejus.	*rio ejus.*	monia, & magnificentia ſanctitatis ejus. *Ex Mſ. Sangerm.*
7. Afferte Domino patriæ gentium, afferte Domino gloriam & honorem: 8. afferte Domino gloriam nomini ejus.	*Afferte Domino familiæ populorum, afferte Domino gloriam & fortitudinem, afferte Domino gloriam nomini ejus.*	7. Adferte Domino patriæ gentium, adferte Domino gloriam & honorem: 8. adferte Domino gloriam nomini ejus.
Tollite hoſtias, & introite in atria ejus: 9. adorate Dominum in atrio ſancto ejus.	*Levate munera, & introite in atria ejus: adorate Dominum in decore ſanctuarii.*	Tollite hoſtias, & introite in atria ejus: 9. adorate Dominum in atrio ſancto ejus.
Commoveatur à facie ejus univerſa terra: 10. dicite in gentibus quia Dominus regnavit.	*Paveat à facie ejus omnis terra: dicite in gentibus: Dominus regnavit.*	Commoveatur à facie ejus omnis terra: 10. dicite in gentibus: Dominus regnavit à ligno.
Etenim correxit orbem terræ qui non commovebitur: judicabit populos in æquitate.	*Siquidem appendet orbem immobilem: judicabit populos in æquitatibus.*	Etenim correxit orbem, quæ non commovebitur: judicavit populos in æquitate, & gentes in ira ſua.
11. Lætentur cœli, & exſultet terra, commoveatur mare, & plenitudo ejus: 12. gaudebunt campi, & omnia quæ in eis ſunt.	*Lætamini cœli, & exſultet terra: tonet mare, & plenitudo ejus: gaudeat ager meus, & omnia quæ in eo ſunt.*	11. Lætentur cœli, & exſultet terra, commoveatur mare, & plenitudo ejus: 12. gaudebunt campi, & omnia quæ in eis.
Tunc exſultabunt omnia ligna ſilvarum 13. à facie Domini, quia venit: quoniam venit judicare terram.	*Tunc laudabunt univerſa ligna ſaltûs ante faciem Domini, quoniam venit: quoniam venit judicare terram.*	Tunc exſultabunt omnia ligna ſilvarum 13. ante faciem Domini, quoniam venit: quoniam venit judicare terram.
Judicabit orbem terræ in æquitate, & populos in veritate ſua.	*Judicabit orbem in juſtitia, & populos in fide ſua.*	Judicavit orbem terræ in æquitate, & populos in veritate ſua.

NOTÆ AD VERSIONEM ANTIQUAM.

℣. 7. Concinunt Auguſt. & Caſſiod. in hunc Pſ. unà cum vet. Pſalt. & Gr. Tertul. adv. Jud. c. 5. p. 138. c. legit: *Afferte Deo patriæ gentium, afferte Deo claritatem & honorem.*

℣. 8. Tertul. adv. Jud. c. 5. p. 138. c. *afferte Deo ſacrificia nominis ejus. Tollite hoſtias*, &c. ut ſup. Auguſt. & Caſſiod. ut in Vulg. Similiter in vet. Pſalt. & Gr.

℣. 9. Vulgatæ reſpondent Auguſt. & Caſſiod. in hunc Pſ. Pſalt. verò Rom. hab. cum Gr. *adorate Dominum in aula ſancta ejus. Commov. à facie ejus univerſa terra.* Mozar. ſimiliter hab. *in aula ſancta ejus;* ut & S. Paulinus epiſt. 20. p. 111. b. Apud Hilar. in Pſ. 134. col. 559. a. *Commoveatur à fac. ejus omnis terra*, ut ſup.

℣. 10. Tertul. l. 3. adv. Marc. p. 677. b. ſimiliter hab. *Dominus regnavit à ligno:* item l. adv. Jud. c. 10. p. 144. b. 146. b. Succinunt Auct. quæſt. ap. Aug. to. 3. part. 2. q. 8. col. 145. b. Ambroſiaſter, p. 160. f. & Leo M. ſer. 53. p. 123. e. Apud Auguſt. pariter in hunc Pſ. *dicite in nationibus: Dominus regnavit à ligno. Etenim*, &c. ut in Vulg. Sic etiam hab. Vigil. Tapſ. cont. Varimad. p. 745. h. Item Auct. l. ad Novat. hær. p. 499. f. *annuntiate regnum Dei in gentibus, quia Dominus regnavit à ligno.* Verùm Hilar. in Pſ. 134. col. 559. a. legit ſimpliciter: *dicite in nationibus: Dominus regnabit;* nec ſubdit ibid. *à ligno*, nec etiam in Pſ. 149. col. 592. a. b. ubi ſic: *in gentibus Dominus eſſe regnaturus oſtenditur.* Apud Caſſiod. autem ut ſup. *dicite in nationibus: Dominus regnavit à ligno. Etenim correxit orb. terræ, qui..... judicabit populos in æquitate, & gentes in ira ſua.* Caſſiodoro accinunt Pſalt. Rom. Corb. & Carnut. niſi quod Rom. addit *quia*, poſt vocem *nationibus.* Mozarab. *dicite in nationib. Dom. regnavit à ligno. Etenim firmavit orbem terræ, qua*, &c. ut in Vulg. Hymnus quoque *Vexilla regis*, ſic hab. circa medium, *Dicens in nationibus: Regnavit à ligno Deus.* In Gr. deeſt *à ligno*, & *quia:* in edd. tamen Ald. & Compl. eſt, ὅτι Κύριος; reliqua ut in Vulg.

℣. 11. Auguſt. in hunc Pſ. *Jocundentur cœli, & exſultet terra, commoveatur mare*, &c. Caſſiod. cum Pſalt. Rom. & Moz. *Lætentur cœli..... moveatur mare*, &c. Gr. Εὐφρανθήτωσαν..... σαλευθήτω, &c.

℣. 12. Sic etiam in Pſalt. Rom. cui favet Ambr. l. de parad. to. 1. col. 146. c. Item Aug. & Caſſiod. in hunc Pſ. addito verbo *ſunt*, poſt *eis*, ut in Pſalt. Rom. Deeſt in Gr. extremò verò legitur τοῦ δρυμοῦ, *ſilvæ.*

℣. 13. Itidem in Pſalt. Corb. Rom. verò hab. *ante faciem Domini, quoniam venit: quoniam venit judicare terram. Judicabit orbem terræ*, &c. Rom. Martian. *quoniam venit.* Item in Moz. & apud Caſſiod. *ante faciem Domini, quoniam venit*, &c. ut in Vulg. Sic etiam ap. Auguſt. in eund. Pſ. ſi excipias unum *orbem terrarum.* In Græco: πρὸ προσώπου τοῦ Κυρίου, ὅτι ἔρχεται· ὅτι ἔρχεται κρῖναι τὴν γῆν. Κρινεῖ τὴν οἰκουμένην ἐν δικαιοσύνῃ, &c.

VULGATA HOD.	HEBR.	VERSIO ANTIQUA.
1. Huic David, Quando terra ejus reſtituta eſt. XCVI.	*XCVII.*	1. Pſalmus ipſi David, Cùm terra ejus reſtituta eſt. XCVI. *Ex Mſ. Sangerm.*
DOminus regnavit, exſultet terra: lætentur inſulæ multæ.	*DOminus regnavit, exſultet terra: lætabuntur inſulæ multæ.*	* DOminus regnavit, exſultet terra: lætentur inſulæ multæ.
2. Nubes, & caligo in circuitu ejus: juſtitia, & judicium correctio	*Nubes & caligo in circuitu ejus: juſtitia & judicium firmamentum*	2. Nubes, & caligo in circuitu ejus: juſtitia, & judi-

NOTÆ AD VERSIONEM ANTIQUAM.

℣. 1. Pſalt. Rom. Fab. cum Caſſiod. *Pſalmus ipſi David, Cùm terra ejus reſtaurata eſt.* Item in Carnut. *reſtaurata eſt.* In Corb. *Pſalmus David, Quando terra ejus reſtaurata eſt.* In Rom. Martian. *Pſalmus David, Quando terra ejus reſtituta eſt.* In Mozarab. ſimpliciter, *Pſalmus David.* Ap. Hilar. in hunc Pſ. *Pſalmus David, quem cecinit Domino, quando victis adverſariis ſuis, reddidit terræ ſuæ Judææ pacem.* Ambroſ. in Pſ. 36. col. 777. d. textui reſpondet. Auguſt. ait: *Inſcribitur Pſalmus: Ipſi David, Cùm terra ejus reſtituta eſt;* inf. *reſtitueretur.* In Gr. Τῷ Δαυὶδ, Ὅτε ἡ γῆ αὐτοῦ καθίσταται. In edd. Ald. & Compl. Ψαλμὸς τῷ Δαυὶδ, &c.

* Prior verſiculus ſimiliter exſtat apud Tertullian. l. de reſurr. carn. p. 576. b. Item apud Cypr. l. 2. Teſtim. p. 297. b. hoc ſubnexo, *jucundentur inſulæ multæ.* Similiter hab. Aug. in hunc Pſ. Caſſiod. verò cum vet. Pſalt. ut in Vulg. In Gr. εὐφρανθήτωσαν, &c.

℣. 2. Sic eſt in Pſalt. Rom. Martian. & apud Caſſiod. In Rom. Fabri, *correctio ſedis tuæ;* in Carnut. & Corb. *correptio.* Apud Auguſt. *directio ſedis ejus.* Tichonius reg. 7.

	Versio antiqua.	Hebr.	Vulgata hod.	
Ex Ms. Sangerm.	cium correctio sedis ejus.	*solii ejus.*	sedis ejus.	
	3. Ignis ante ipsum procedit, & inflammavit in circuitu inimicos suos.	*Ignis ante faciem ejus ibit, & exuret per circuitum hostes ejus.*	3. Ignis ante ipsum præcedet, & inflammabit in circuitu inimicos ejus.	
	4. Adparuerunt fulgura ejus orbi terræ: respexit, & commota est terra.	*Apparuerunt fulgura ejus orbi: vidit, & contremuit terra.*	4. Illuxerunt fulgura ejus orbi terræ: vidit, & commota est terra.	
	5. Montes liquefacti sunt sicut cera, & fluxerunt à facie Domini; à facie Domini omnis terra.	*Montes sicut cera tabefacti sunt à facie Domini: à facie dominatoris omnis terræ.*	5. Montes sicut cera fluxerunt à facie Domini; à facie Domini omnis terra.	
	6. Adnuntiaverunt cœli justitiam ejus: & viderunt omnes populi gloriam ejus.	*Annuntiaverunt cœli justitiam ejus, & viderunt omnes populi gloriam ejus.*	6. Annuntiaverunt cœli justitiam ejus: & viderunt omnes populi gloriam ejus.	
	7. Confundantur omnes, qui adorant sculptilia: qui gloriantur in simulachris suis.	*Confundantur universi, qui serviunt sculptili, qui gloriantur in idolis:*	7. Confundantur omnes, qui adorant sculptilia, & qui gloriantur in simulachris suis.	*Exod.* 20. 4. *Lev.* 26. 1. *Deut.* 5. 8.
	Adorate eum omnes angeli ejus: 8. audivit, & lætata est Sion.	*Adorate eum omnes dii. Audivit, & lætata est Sion:*	Adorate eum omnes angeli ejus: 8. audivit, & lætata est Sion.	*Heb.* 1. 6.
	Et exsultaverunt filiæ Judææ, propter judicia tua Domine:	*Et exsultaverunt filiæ Judæ, propter judicia tua Domine.*	Et exsultaverunt filiæ Judæ, propter judicia tua Domine:	
	9. Quoniam tu es Dominus excelsus super omnem terram: vehementer exaltatus es super omnes deos.	*Tu enim Dominus excelsus super omnem terram: vehementer elevatus es super omnes deos.*	9. Quoniam tu Dominus altissimus super omnem terram: nimis exaltatus es super omnes deos.	
	10. Qui diligitis Dominum, odite nequitiam: custodit animas servorum suorum, de manu peccatoris liberavit eos.	*Qui diligitis Dominum, odite malum: custodit animas sanctorum suorum, de manu impiorum eruet eos.*	10. Qui diligitis Dominum, odite malum: custodit Dominus animas sanctorum suorum, de manu peccatoris liberabit eos.	*Amos* 5. 15. *Rom.* 12. 9.
	11. Lumen orietur justo, & rectis corde lætitia.	*Lux orta est justo, & rectis corde lætitia.*	11. Lux orta est justo, & rectis corde lætitia.	
	12. Lætamini justi in Domino: & confitemini memoriæ sanctitatis ejus.	*Lætamini justi in Domino, & confitemini memoriæ sanctæ ejus.*	12. Lætamini justi in Domino: & confitemini memoriæ sanctificationis ejus.	

Notæ ad Versionem antiquam.

p. 64. d. initio sic habet: *Nimbus, & nubes in circuitu ejus.* Gr. Νεφέλη, καὶ γνόφος κύκλῳ αὐτοῦ..... κατόρθωσις τοῦ θρόνου αὐτοῦ.

℣. 3. Tertul. l. 4. adv. Marc. p. 724. a. *Ignis ante ipsum procedet, & cremabit inimicos ejus:* & l. de pudic. p. 1000. b. *Ignis enim procedet ante faciem ipsius, & exuret inimicos ejus.* Ambros. in Luc. 12. to. 1. 1442. a. cum Psalt. Moz. *Ignis ante eum ardebit.* Ita quoque Auct. l. de promiss. p. 2. c. 31. p. 158. d. August. verò cum Psalt. Rom. *Ignis ante eum præibit*, &c. ut in Vulg. Cassiod. *ante ipsum præibit.* Gr. Πῦρ ἐναντίον (Ald. & Compl. ἐνώπιον) αὐτοῦ προπορεύσεται, καὶ φλογιεῖ, &c.

℣. 4. Ita August. in hunc Ps. præter unum *vidit, & commota est.* Tertullian. l. de resurr. carn. p. 576. b. *vidit, & concussa est.* Cassiod. cum Psalt. Rom. Vulgatæ favet. Mozarab. hab. *Illuxerunt fulg. ejus orbis terræ*, &c. Auct. op. imp. in Matth. hom. 49. p. 209. c. *Alluxerunt fulgura ejus orbi terræ.* Græc. Ἔφαναν αἱ ἀστραπαὶ αὐτοῦ τῇ οἰκουμένῃ· εἶδε, καὶ ἐσαλεύθη, &c.

℣. 5. Tertul. l. de resurr. carn. p. 576. b. *Montes sicut cera liquefacti sunt à facie Domini:* & l. cont. Hermog. p. 420. b. *Montes verò tanquam cera liquescent à conspectu Domini:* & cont. Prax. p. 851. c. *A cujus conspectu montes liquescunt ut cera.* Hieron. in Isai. 64. to. 3. 473. b. *Montes liquefacti sunt sicut cera à facie Domini; à facie Dei universa terra.* August. in hunc Ps. *Montes fluxerunt sicut* (al. *velut*) *cera à facie Domini; à facie Domini omnis terra.* Cassiod. *à facie Domini tremuit omnis terra.* Ita etiam in Psalt. Carnut. Corb. & Rom. Martian. In Rom. Fabri deest *tremuit.* In Græco: Τὰ ὄρη ὡσεὶ κηρὸς ἐτάκησαν ἀπὸ προσώπου Κυρίου· ἀπὸ προσώπου Κυρίου πάσης τῆς γῆς. In Ms. Alex. ἐτάκησαν ὡσεὶ κηρός.

℣. 6. Concordant Aug. & Cassiod. unà cum vet. Psalt. & Græco.

℣. 7. Ita legit August. ad verbum. Sic etiam in Psalt. Moz. excepto uno *adorate Dominum.* In Corb. *qui adorant sculptilibus: qui glor..... adorate eum*, &c. In Rom. ut in Vulg. Apud Cassiod. *Confund. omnes, qui adorant idola: qui gloriantur*, &c. In Gr. Αἰσχυνθήτωσαν πάντες οἱ προσκυνοῦντες τοῖς γλυπτοῖς· οἱ ἐγκαυχώμενοι ἐν τοῖς εἰδώλοις αὐτῶν, &c. ut in Vulg.

℣. 8. Sic in Psalt. Corb. August. verò in hunc Ps. leg. *audivit, & jocundata est Sion. Et exsultaverunt filiæ Judææ*, &c. Hieronymus in Dan. 3. to. 3. 1085. a. *Exsultaverunt, & lætatæ sunt filiæ Judæ, in omnibus judiciis tuis Domine.* Cassiod. cum vet. Psalt. ut in Vulg. Gr. ἤκουσε, καὶ εὐφράνθη Σιών. Καὶ ἠγαλλιάσαντο αἱ θυγατέρες τῆς Ἰουδαίας, ἕνεκεν, &c. Observant editores novissimi op. Aug. in Editt. legi *filiæ Juda;* in Mss. verò pluribus *Judææ:* sic etiam ferunt melioris notæ codices sup. in Ps. 47. ℣. 12.

℣. 9. Aug. & Cassiod. Vulgatæ respondent, cum Psalt. Rom. & Moz. nisi quòd hab. *quoniam tu es.* Sic etiam in Gr. In Ms. Alex. ac edd. Ald. & Compl. deest verbum *es.* In Psalt. Corb. *Quoniam tu es Dominus altissimus super..... nimis superexaltatus es super omnes Deus.*

℣. 10. Lucif. Cal. l. 1. pro S. Athan. p. 194. b. *Qui diligitis Dom. odite malum.* August. in hunc Ps. *Qui dilig. Dom. odite malignum: custodit Dominus animas servorum suorum, de manu peccatoris eruet eas.* Apud Cassiod. ut in Vulg. excepto uno plurali *peccatorum.* In Psalt. Rom. *custodit Dom. animas servorum suorum, & de manu peccatorum liberabit eos.* Item in Mediol. & Moz. *animas servorum suorum:* præterea in Moz. & Corb. *liberavit eos.* In Gr. Οἱ ἀγαπῶντες τὸν Κύριον, μισεῖτε πονηρόν· φυλάσσει Κύριος τὰς..... τῶν ὁσίων αὐτοῦ, ἐκ χειρὸς ἁμαρτωλῶν (Alex. Ald. & Compl. ἁμαρτωλοῦ) ῥύσεται αὐτούς.

℣. 11. Psalt. Rom. cum Cassiod. Vulgatæ congruit. Mozarab. hab. *Lux orta est justis.* August. in eund Ps. *Lux orta est justo, & rectis corde jocunditas.* Gr. Φῶς ἀνέτειλε τῷ δικαίῳ, καὶ τοῖς εὐθέσι τῇ..... εὐφροσύνη.

℣. 12. Ita Cassiod. cum Psalt. Rom. & Moz. Apud August. in eund. Ps. *Jocundamini justi in Domino: & confit. mem. sanctitatis ejus.* In Gr. Εὐφράνθητε..... καὶ ἐξομολογεῖσθε τῇ μνήμῃ τῆς ἁγιωσύνης αὐτοῦ.

VULGATA HOD.	HEBR.	VERSIO ANTIQUA.
1. Pſalmus ipſi David. XCVII.	*Canticum. XCVIII.*	1. Pſalmus ipſi David. XCVII. *Ex Mſ. Sangerm.*
CAntate Domino canticum novum: quia mirabilia fecit.	*CAntate Domino canticum novum: quia mirabilia fecit.*	* CAntate Domino canticum novum: quia mirabilia fecit Dominus.
Salvavit ſibi dextera ejus, & brachium ſanctum ejus.	*Salvavit ſibi dextera ejus, & brachium ſanctum ejus.*	Et liberavit eum dextera ejus, & brachium ſanctum ejus.
Iſa. 52. 10. Luc. 3. 6. 2. Notum fecit Dominus ſalutare ſuum: in conſpectu gentium revelavit juſtitiam ſuam.	*Notum fecit Dominus ſalutare ſuum: in conſpectu gentium revelavit juſtitiam ſuam.*	2. Notum fecit Dominus ſalutarem ſuum: ante conſpectum gentium revelavit juſtitiam ſuam.
3. Recordatus eſt miſericordiæ ſuæ, & veritatis ſuæ domui Iſraël.	*Recordatus eſt miſericordiæ ſuæ, & veritatis ſuæ domui Iſraël:*	3. Memor fuit miſericordiæ ſuæ Jacob, & veritatis ſuæ domus Iſraël.
Viderunt omnes termini terræ ſalutare Dei noſtri.	*Viderunt omnes fines terræ ſalutare Dei noſtri.*	Viderunt omnes fines terræ ſalutarem Dei noſtri.
4. Jubilate Deo omnis terra: cantate, & exſultate, & pſallite.	*Jubilate Domino omnis terra: vociferamini, & laudate, & canite.*	4. Jubilate Domino omnis terra: cantate, & exaltate, & pſallite.
5. Pſallite Domino in cithara, in cithara & voce pſalmi: 6. in tubis ductilibus, & voce tubæ corneæ.	*Canite Domino in cithara; in cithara, & voce carminis: in tubis, & clangore buccinæ.*	5. Pſallite Domino noſtro in cithara, & voce pſalmi: 6. in tubis abietum, & voce tubæ corneæ.
Jubilate in conſpectu regis Domini: 7. moveatur mare, & plenitudo ejus; orbis terrarum, & qui habitant in eo.	*Jubilate coram rege Domino: tonet mare, & plenitudo ejus; orbis, & habitatores ejus.*	Jubilate in conſpectu regis Domino: 7. moveatur mare, & plenitudo ejus; orbis terræ, & omnes qui habitant in eam.
8. Flumina plaudent manu, ſimul montes exſultabunt 9. à conſpectu Domini: quoniam venit judicare terram.	*Flumina plaudent manu, ſimul montes laudabunt ante Dominum: quia venit judicare terram.*	8. Flumina plaudent manibus ſuis, montes exſultabunt: 9. quia venit judicare terram.
Judicabit orbem terrarum in juſtitia, & populos in æquitate.	*Judicabit orbem in juſtitia, & populos in æquitatibus.*	Judicavit orbem terræ in juſtitia, & populos in æquitate.

NOTÆ AD VERSIONEM ANTIQUAM.

℣. 1. Sic in Pſalt. Rom. & apud Caſſiod. & in Gr. In Pſalt. Corb. deeſt *ipſi*.

* Sic Hilarius in Pſ. 194. col. 559. d. dempto uno &, ante *liberavit*. Ambr. in Pſ. 13. col. 59. a. tollit vocem *Dominus*. Caſſiod. hanc retinet, cum Pſalt. Rom. ſubditque cum ipſo, *ſalvavit eum dextera ejus*, &c. Mozarab. poſt hoc, *& brachium ſanctum ejus*, addit: *liberet nos Domine dextera tua, & brachium ſanctum tuum*. Auguſt. in eund. Pſ. legit: *Cantate..... quoniam mirabilia fecit Dominus. Sanavit ei dextera ejus, & brach. ſanctum ejus.* Pſalt. Mediol. *Salvavit eum;* Carnut. *Liberavit eum*. Gr..... Κύριος. Ἔσωσεν αὐτῷ, &c. ut in textu.

℣. 2. Iren. l. 3. c. 10. p. 186. e. *Notum fecit Deus ſalutare ſuum in conſpectu gentium*. Hilar. in Pſ. 13. col. 59. a. *Oſtendit Dominus ſalutare ſuum: in conſpectu gent.* &c. ut ſup. at in Pſ. 134. col. 559. d. *Notum fecit Dom. ſalutare ſuum ante conſpectum gentium*. Similiter hab. Auguſt. & Caſſiod. in hunc Pſ. cum Leone M. ſerm. 32. p. 91. & Brev. Mozarab. Sic etiam in Pſalt. Corb. necnon in Pſalt. & Miſſali Rom. ad Grad. tertiæ Miſſæ Nativitatis Dom. In Gr. Ἐγνώρισε Κύριος..... ἐναντίον τῶν, &c.

℣. 3. Ita legunt Auguſt. & Caſſiod. in hunc Pſ. cum Pſalt. Rom. Corb. & Gr. ſi excipias vocem *domui*, pro *domus*. Sic etiam in Mozarab. præter ſeqq. *& veritati ſuæ domus Iſr*. Item in Mediolan. *miſeric. ſuæ Jacob*. At Hieron. epiſt. ad Sun. & Fret. col. 654. c. ait *Jacob nomen ſuperfluum eſſe*. Scribunt omnes conſtanter, *ſalutare*, non *ſalutarem*.

℣. 4. Auguſt. in hunc Pſ. *Jubilate Deo univerſa terra: cantate, & exſultate*, &c. Sic etiam in Pſalt. Corb. excepto *Domino*, pro *Deo*. Caſſiod. cum Pſalt. Rom. & Gr. Vulgatæ congruit.

℣. 5. Pſalt. Rom. Martian. *Pſallite Deo noſtro in cithara, & cithara, &*, &c. Rom. Fabri cum Moz. *Deo noſtro in cithara, in cithara, &*, &c. Corb. *Pſallite Domino noſtro in cith. in cith.* &c. Auguſt. in hunc Pſ. *Pſallite Domino Deo noſtro in cithara, in cith.* &c. Caſſiod. ut in Vulg. cui etiam Gr. favet.

℣. 6. Sic eſt in Pſalt. Mozarab. Mediolan. quoque hab. *in tubis abietum*. Rom. *in tubis ductilibus..... in conſpectu regis Domini*. Corb. *in tuba ictum, & vocem tubæ corneæ*, &c. Caſſiod. & Auguſt. ut in Vulg. Mſs. tamen pleraque Auguſt. ferunt: *Jubilate Domino in conſpectu regis Domini;* nonnulli, *Jubilate Deo in conſp. regis Domino*. Gr. ἐν σάλπιγξιν ἐλαταῖς, καὶ φωνῇ..... Ἀλαλάξατε ἐνώπιον τοῦ βασιλέως Κυρίῳ· Alex. Ald. & Compl. Κυρίου. Apud Ambroſ. l. de bened. Patr. col. 530. a. & in Pſ. 43. col. 895. f. memoratur *tuba cornea*.

℣. 7. Pſalt. Moz. cum Rom. Corb. & Caſſiod. *commoveatur* (Rom. & Corb. *moveatur*) *mare, &..... orbis terrarum, & univerſi* (Corb. *omnes*) *qui habitant in eo;* Caſſiod. *in ea*. Auguſt. in hunc Pſ. *commoveatur mare, &..... orbis terræ, & omnes habitantes in ea*. Græc. Σαλευθήτω ἡ..... ἡ οἰκουμένη, καὶ οἱ κατοικοῦντες αὐτήν. Mſ. Alex. cum edd. Ald. & Compl. πάντες οἱ κατοικοῦντες ἐν αὐτῇ.

℣. 8. Pſalt. Rom. cum Moz. *Flumina plaudent manibus in idipſum, montes exſultaverunt*, Mozarab. *exſultabunt*. Similiter in Mediolan. & Carnut. necnon apud Auguſt. & Caſſiod. in hunc Pſ. In Corb. *Flumina plaudent manus in idipſum, montes exſultabunt*. Ap. Hilar. in hunc Pſ. *Flumina plaudant manu*. In Gr. Ποταμοὶ κροτήσουσι χειρὶ ἐπὶ τὸ αὐτὸ, τὰ ὄρη ἀγαλλιάσονται.

℣. 9. Auguſt. in hunc Pſ. legit · *à facie Domini, quoniam venit: quoniam venit judicare terram. Judicabit orbem terræ*, &c. ſubdit verò: *Quare veniet, & quomodo veniet?* Caſſiod. in eund. Pſ. ſic. *ante faciem Domini: quoniam venit judicare terram. Judicabit orbem terræ*, &c. Pſalt. Rom. Fabri: *ante faciem Domini, quoniam venit: quoniam veniet judicare terram. Judicabit orbem terræ*, &c. Itidem in Rom. Martian. & Moz. excepto uno *venit*, pro *veniet*. In Mediolan. etiam bis *venit*. In Corb. *à facie Domini: quia venit judicare terram. Judicabit orbem terræ in juſt.* &c. Gr. ed. Rom. delet τὸ *ante faciem*, vel *à facie Domini;* nec geminat *quoniam venit*. Secus in Mſ. Alex. ac edd. Ald. & Compl. ubi ſic: ἀπὸ προσώπου Κυρίου, ὅτι ἔρχεται· ὅτι ἥκει, &c. in edit. Rom. ſimpliciter, ὅτι ἥκει κρῖναι..... κρινεῖ τὴν, &c.

VERSIO ANTIQUA.	HEBR.	VULGATA HOD.
Ex Ms. Sangerm. 1. Psalmus ipsi David. XCVIII.	*XCIX.*	1. Psalmus ipsi David. XCVIII.
* DOminus regnavit, irascuntur populi; qui sedet super cherubim, moveatur terra.	*DOminus regnavit, commoveantur populi; sessor cherubim, concutiatur terra.*	DOminus regnavit, irascantur populi; qui sedet super cherubim, moveatur terra.
2. Dominus in Sion magnus: & excelsus est super omnes populos.	*Dominus in Sion magnus, & excelsus est super omnes populos.*	2. Dominus in Sion magnus: & excelsus super omnes populos.
3. Confiteantur nomini tuo magno: quia terribile, & sanctum est: 4. & honor regis judicium diligit.	*Confiteantur nomini tuo magno, & terribili, sanctoque: & imperium regis judicium diligit.*	3. Confiteantur nomini tuo magno: quoniam terribile, & sanctum est. 4. & honor regis judicium diligit.
Tu præparasti æquitates: judicium & justitiam in Jacob tu fecisti.	*Tu fundasti æquitates: judicium & justitiam in Jacob tu fecisti.*	Tu parasti directiones: judicium & justitiam in Jacob tu fecisti.
5. Exaltate Dominum Deum nostrum, & adorate scabellum pedum ejus: quoniam sanctum est.	*Exaltate Dominum Deum nostrum, & adorate scabellum pedum ejus: quia sanctus est.*	5. Exaltate Dominum Deum nostrum, & adorate scabellum pedum ejus: quoniam sanctum est.
6. Moyses & Aaron in sacerdotibus ejus: & Samuel inter eos, qui invocant nomen ejus.	*Moses & Aaron in sacerdotibus ejus, & Samuel in his qui invocant nomen ejus.*	6. Moyses & Aaron in sacerdotibus ejus: & Samuel inter eos, qui invocant nomen ejus.
Invocabant Dominum, & ipse exaudivit eos: 7. in columna nubis loquebatur ad eos.	*Invocabant Dominum, & ipse exaudivit eos: in columna nubis loquebatur ad eos.*	Invocabant Dominum, & ipse exaudiebat eos: 7. in columna nubis loquebatur ad eos.
Custodibant testimonia ejus, & præcepta ejus quæ dedit illis.	*Custodierunt testimonia ejus, & præceptum quod dedit eis.*	Custodiebant testimonia ejus, & præceptum quod dedit illis.
8. Domine Deus noster tu exaudisti eos: Deus tu propitius factus es illis, & vindicans in omnia studia eorum.	*Domine Deus noster tu exaudisti eos: Domine propitius fuisti eis, & ultor super commutationibus eorum.*	8. Domine Deus noster tu exaudiebas eos: Deus tu propitius fuisti eis, & ulciscens in omnes adinventiones eorum.
9. Exaltate Dominum Deum	*Exaltate Dominum Deum nos-*	9. Exaltate Dominum Deum nos-

NOTÆ AD VERSIONEM ANTIQUAM.

℣. 1. Psalt. Rom. delet *ipsi*, cum Moz. & Corb. In Gr. Ψαλμὸς τῷ Δαυίδ. Hunc Ps. Moysi adscribit Hilarius prolog. in Ps. n. 4. sicut Hieron. epist. ad Cypr. to. 2. 695. a. *Moyses*, inquit, *non solùm nobis quinque reliquit libros*, *Genesim*, *Exod.* &c..... *sed undecim quoque Psalmos*, *ab octogesimo nono..... usque ad nonagesimum nonum*: & infra: *Quòd autem in plerisque codicibus nonagesimus octavus habet titulum*, Psalmus David, *in Hebræico non habetur; hanc habente Scriptura Sancta consuetudinem*, *ut omnes Psalmi*, *qui cujus sint titulos non habent*, *his deputentur*, *quorum in prioribus Psalmis nomina continentur.* Idem docet præf. in Malach. sicut Hilarius ipse præf. in Ps. n. 5. col. 3. b. c. In hoc tamen Psalmo mentio fit Samuelis, qui pluribus post Moysen sæculis vixit: difficultatem solvit Hilarius ubi sup. dicens: *Quòd si fortè aliquis per id intelligentiæ huic fidem detrahet*, *quòd in his Psalmis*, *qui eum Psalmum*, *cui Moyses auctor prælatus est*, *subsequuntur*, *scriptum sit*, *id est*, *in nonagesimo octavo*: Moyses & Aaron..... & Samuel, &c. *non posse à Moyse eum prophetatum videri*, *cùm Samuel nomen*, *qui tantò posteaquam Moyses natus est*, *exstat in Psalmo*: *meminerit nulli mirum aut difficile videri oportere*, *ut tantus propheta tanti propheta*, *postea licet futuri*, *nomen ediderit*, *cùm in Regnorum libris Josiæ regis nomen sit*, *antequam nascatur*, *prophetatum*, &c. Vide sis plura ibid.

* In Psalt. Rom. & Mozarab. est *irascantur*; & inf. *qui sedes super*, &c. ut sup. Item *sedes*, in Mediolan. & Carnut. & apud Cassiod. Apud Iren. l. 4. c. 33. p. 274. b. & August. in hunc Ps. *qui sedes sup. cherub. commoveatur terra.* Apud Ambros. in Ps. 43. to. 1. 913. e. *qui sedes..... moveatur*, &c. In Gr. ὀργιζέσθωσαν λαοί· ὁ καθήμενος..... σαλευθήτω, &c.

℣. 2. Ita legit August. in hunc Ps. Cassiod. verò cum vet. Psalt. ut in Vulg. In Gr. ὑψηλός ἐστιν, &c.

℣. 3. Cassiod. cum Psalt. Rom. Corb. & Carnut. *Confiteantur nomini tuo magno*, & *terribili*: *quon. sanctum est.* Mozarab. *Confiteantur omnes nom. tuo magno*: *quia terribile*, &c. Apud August. ut in Vulg. cui etiam Gr. favet.

℣. 4. In Psalt. Corb. Carnut. & Moz. *Tu parasti æquitates*; in Rom. & Mediol. *æquitatem*. Similiter ap. Aug. & Cassiod. in hunc Ps. In Gr. Σὺ ἡτοίμασας εὐθύτητας, &c.

℣. 5. Vox ista, *sanctum*, deest in Psalt. nostro Sang. hanc supplevimus ex Psalt. Rom. & Vulg. In Moz. Corb. & Carnut. legitur, *quoniam sanctus est*; sicut apud Aug. in hunc Ps. juxta melioris not. Mss. Apud Ambros. verò l. 2. de Abrah. c. 11. to. 1. 351. f. & l. 3. de Spir. S. to. 2. 680. d. e. & *adorate scab..... quon. sanctum est*; sic etiam apud Cassiod. In Gr. καὶ προσκυνεῖτε τῷ ὑποποδίῳ..... ὅτι ἅγιός ἐστι· Ms. Alex. ἅγιον. August. loco cit. col. 1065. a. observat *quod dicunt Græci*, ὑποπόδιον, dixisse Latinos *scabellum*, alios *suppedaneum*.

℣. 6. Psalt. Rom. cum Cassiod. Vulgatæ congruit. Mozarab. delet *ejus*, post vocem *sacerdotibus*. August. in hunc Ps. legit *in his*, pro *inter eos*; cæt. ut in Vulg. Hilar. verò prolog. in Ps. n. 4. col. 3. d. sic: *Moyses & Aaron in sacerdotes ejus*: & *Samuel inter eos invocantes nom. ejus.* Ambros. epist. 63. to. 2. 1034. d. *Moyses..... in sacerdotibus ejus*: & *Sam. inter invocantes nom. ejus.* Hieron. ep. ad Cypr. to. 2. 695. c. *Samuel in eis*, *qui invocant nom. illius.* Psalt. Corb. add. *Invocabant Deum*, & *ipse exaudivit eos.* Gr. Μωυσῆς..... ἐν τοῖς ἱερεῦσιν αὐτοῦ· καὶ Σαμουὴλ ἐν τοῖς ἐπικαλουμένοις τὸ..... καὶ αὐτὸς εἰσήκουεν· Alex. cum Ald. & Compl. εἰσήκουσεν αὐτῶν.

℣. 7. Ita legit August. in hunc Ps. cum Psalt. Corb. Sic etiam Cassiod. nisi quòd hab. *quia custodiebant.* Psalt. Rom. addit, & *præcepta ejus*, *quæ dederat illis.* Mozarab. cum Gr. & *præcepta quæ dedit eis.* Ms. Alex. cum edd. Ald. & Compl. add. αὐτοῦ, ad προστάγματα. Apud Hilar. in Ps. 134. col. 474. c. primus tantùm legitur versic. *in columna nubis loqueb. ad eos.* Similiter apud Ambros. in Luc. 20. to. 1. 1512. e.

℣. 8. Itidem in Psalt. Mozarab. excepto uno *fuisti*, pro *factus es.* Sic etiam in Corb. dempto præced. *tu.* In Rom. pariter, & *vindicans in omnia studia eorum*; sicut in Mediol. & Carnut. Ita quoque apud Cassiod. in hunc Ps. cæt. ut in Vulg. Apud August. in eund. Ps. *Domine..... tu exaudisti eos*: *Deus tu propit. fuisti illis*, & *vindicans in omnes affectiones eorum.* In Gr... Σὺ ἐπήκουες αὐτῶν· ὁ Θεὸς εὐίλατος ἐγίνου αὐτοῖς, καὶ ἐκδικῶν ἐπὶ πάντα τὰ ἐπιτηδεύματα αὐτῶν.

℣. 9. Succinit August. in hunc Ps. unà cum Gr. Cassiod. verò cum Psalt. Rom. extremò hab. *quoniam sanctus est Dominus*, &c.

VULGATA HOD.

trum, & adorate in monte sancto ejus: quoniam sanctus Dominus Deus noster.

HEBR.

trum, & adorate in monte sancto ejus: quia sanctus Dominus Deus noster.

VERSIO ANTIQUA.

nostrum, & adorate in monte sancto ejus: quoniam sanctus Dominus Deus noster. *Ex Ms. Sangerm.*

VULGATA HOD.

1. Psalmus in confessione. XCIX.

2. JUbilate Deo omnis terra: servite Domino in lætitia.

Introite in conspectu ejus, in exsultatione.

3. Scitote quoniam Dominus ipse est Deus: ipse fecit nos, & non ipsi nos:

Populus ejus, & oves pascuæ ejus: 4. introite portas ejus in confessione, atria ejus in hymnis: confitemini illi.

Laudate nomen ejus: 5. quoniam suavis est Dominus, in æternum misericordia ejus, & usque in generationem & generationem veritas ejus.

HEBR.

Canticum in gratiarum actione. C.

JUbilate Deo omnis terra: servite Domino in lætitia:

Ingredimini coram eo in laude.

Scitote quoniam Dominus ipse est Deus: ipse fecit nos, & ipsius sumus:

Populus ejus, & grex pascuæ ejus. Ingredimini portas ejus in gratiarum actione, atria ejus in laude: confitemini ei,

Benedicite nomini ejus: quia bonus Dominus, in sempiternum misericordia ejus: & usque ad generationem & generationem fides ejus.

VERSIO ANTIQUA.

1. Psalmus in confessionem. XCIX.

2. JUbilate Deo omnis terra: servite Domino in lætitia.

Intrate in conspectu ejus, in exsultatione.

3. Scitote quia Dominus ipse est: quoniam ipse fecit nos, & non ipsi nos:

Plebs ejus, & oves pascuæ ejus: 4. intrate portas ejus in confessionem, atria ejus in hymnis confessionis.

Laudate nomen ejus: 5. quia suavis Dominus, in æternum misericordia ejus, & usque in sæculum & sæculum veritas ejus.

NOTÆ AD VERSIONEM ANTIQUAM.

℣. 1. Hieron. ep. ad Cypr. to. 2. 695. a. legit cum Cassiod. & Psalt. Corb. *Psalmus in confessione.* Ita quoque August. præmissis his: *Sic inscribitur, hic est titulus ejus.* Concinit Psalt. Rom. Fabri. Rom. verò Martian. hab. *Psalmus David in confessione;* Mozarab. *in confessione David.* Græc. Ψαλμὸς εἰς ἐξομολόγησιν. Ald. & Compl. Ψαλμὸς τῷ Δαυίδ.

℣. 2. Sic hab. Cassiod. cum Psalt. Corb. & Rom. Martian. In Rom. Fabri, & Gr. bis *Domino.* In Mozarab. *Jubilate Domino..... servite Deo..... Intrate in,* &c. Sic etiam in edd. Ald. & Compl. Apud August. in eund. Ps. *Jubilate Domino universa terra;* post paulò verò, *Deo omnis terra;* & post plura, *Domino omnis terra;* statimque: *servite Domino in jocunditate. Intrate,* &c. ut sup.

℣. 3. Ambros. in Luc. 20. to. 1. col. 1505. b. *Scitote quia Dominus ipse est Deus noster:* & l. 1. de fide, to. 2. 448. f. 449. a. *Scitote quoniam Dominus ipse est Deus: ipse fecit nos, & non ipsi nos.* Similiter August. in hunc Ps. nisi quòd hab. *& non nos,* absque medio *ipsi;* deinde sic: *Nos autem populus ejus, & oves pasc.* &c. Cassiod. cum Psalt. Rom. & Corb. *Scitote quod Dominus ipse est Deus: nos autem pop.* &c. ut in Vulg. nuspiam geminatur *quoniam.* In Gr. Γνῶτε ὅτι Κύριος αὐτός ἐστι ὁ Θεός (Alex. Ald. & Compl. ὁ Θεὸς ἡμῶν) αὐτὸς ἐποίησεν ἡμᾶς, καὶ οὐχ ἡμεῖς· λαὸς αὐτοῦ, καὶ, &c. Alex. Ald. & Compl. Ἡμεῖς δὲ λαὸς αὐτοῦ, &c.

℣. 4. Itidem apud Cassiod. præter vocem *confessionum,* loco *confessionis.* In Psalt. Rom. & Moz. *intrate..... in confessione, atria ejus in hym. confessionum.* Sic etiam in Corb. excepta voce ult. *confessionis.* Apud August. in eund. Ps. *intrate in portas ejus in confessione, in atria ejus in hymnis: confitemini ei. Laudate nomen ejus:* ita sanè ferunt ibid. plerique & mel. notæ Mss. edd. verò Am. Er. & Mss. 2. *in hymnis confessionum confitemini ei;* Lovan. *in hymnis confessionem confitemini ei.* Gr. εἰσέλθατε εἰς τὰς πύλας αὐτοῦ ἐν ἐξομολογήσει, τὰς (Ms. Alex. cum Ald. & Compl. εἰς τὰς) αὐλὰς αὐτοῦ ἐν ὕμνοις. Ἐξομολογεῖσθε αὐτῷ, αἰνεῖτε, &c.

℣. 5. Psalt. Rom. Corb. & Mozar. cum Cassiod. *quoniam suavis est Dom..... & usque in sæculum sæculi veritas ejus.* August. in eund. Ps. cum Vulgata concinit. Item & Gr. nisi quòd initio hab. ὅτι χρηστός, absque seq. *est,* ut sup. in textu.

VULGATA HOD.

1. Psalmus ipsi David. C.

MIsericordiam, & judicium cantabo tibi Domine:

Psallam, 2. & intelligam in via immaculata, quando venies ad me.

Perambulabam in innocentia cordis mei, in medio domus meæ.

3. Non proponebam ante oculos meos rem injustam: facientes prævaricationes odivi.

HEBR.

David Canticum. CI.

MIsericordiam, & judicium cantabo: tibi Domine psallam.

Erudiar in via perfecta, quando venies ad me:

Ambulabo in simplicitate cordis mei in medio domus meæ.

Non ponam coram oculis meis verbum Belial: facientem declinationes odivi,

VERSIO ANTIQUA.

1. Psalmus David. C. *Ex Ms. Sangerm.*

* MIsericordiam, & judicium cantabo tibi Domine:

Psallam, 2. & intelligam in via irreprehensibili, quando venies ad me.

Perambulavi in innocentia cordis mei, in media domu tua.

3. Non proponebam ante oculos meos rem malam: facientes prævaricationes odivi.

NOTÆ AD VERSIONEM ANTIQUAM.

℣. 1. Psalt. Rom. cum Cassiod. *Psalmus ipsi David.* Corb. *David Psalmus.* Mozarab. *Psalmus Cantici David.* Apud August. tit. deest. In Gr. Ψαλμὸς τῷ Δαυίδ.

* Sic Ambros. l. de Noe, c. 3. to. 1. 230. a. & in Ps. 118. col. 1032. d. Sic etiam August. S. Prosper, & Cassiod. in hunc Ps. cum vet. Psalt. & Gr.

℣. 2. Sic in Psalt. Corb. exceptis his: *Perambulabam..... in medio domu tua:* superadditur tamen ibid. litterula *s*, voci *domu.* Cassiod. Vulgatæ respondet, cum Psalt. Rom. Fabri, & Gr. Apud August. & Prosp. similia exstant, præter verbum *deambulabam.* Apud Lucif. Cal. l. de non conven. cum hæret. p. 223. c. *Deambulabam in innoc. cordis mei, in medio domus tuæ.* Sic etiam apud Ambros. l. 3. de Spir. S. to. 2. 690. f. Mss. tamen ferunt ibid. *domus meæ;* sed pauci: & in explicat. Ambr. retinet vocem *tuæ;* ita enim subdit: *Habemus in nobis domum Dei.* Gr. constanter hab. ἐν μέσῳ τοῦ οἴκου μου· Psalt. Carnut. & Rom. Martian. *domus tuæ.* Item Carnut. *in via irreprehensibili.*

℣. 3. Ita Cassiod. cum Psalt. Moz. Corb. & Rom. excepto hoc ult. *Et adhæsit;* Rom. hab. *Et non adhæsit;* Corb. *Non adhæsit.* Ambros. in Ps. 37. to. 1. 830. c. ita legit: *Non cognovi verbum nequam.* August. cum Prosp. in hunc Ps. *Non proponebam ante oculos meos rem malam: facientes prævaricationem odio habui. Non adhæsit,* &c. S. Prosp. *prævaricationes,* ut in editt. Aug. Lucif. Cal. l. de non conv. cum hæret. p. 223. c. ita videtur interpungere:

VERSIO ANTIQUA.	HEBR.	VULGATA HOD.
Ex Ms. Sangerm. Non hæsit mihi 4. cor pravum : declinante à me maligno, non agnoscebam.	*Nec adhæsit mihi : cor pravum recedet à me : malum nesciam.*	Non adhæsit mihi 4. cor pravum : declinantem à me malignum non cognoscebam.
5. Detrahentem adversùs proximum suum occulte, hunc persequebantur.	*Loquentem in abscondito contra proximum suum, hunc interficiam :*	5. Detrahentem secretò proximo suo, hunc persequebar.
Superbo oculo, & insatiabili corde, cum hoc simul non edebam.	*Superbum oculis, & altum corde : cum hoc esse non poteram.*	Superbo oculo, & insatiabili corde, cum hoc non edebam.
6. Oculi mei super fideles terræ ut sedeant hi simul mecum : ambulans in via irreprehensibili, iste mihi serviebat.	*Oculi mei ad fideles terræ, ut habitent mecum : ambulans in via simpliciter, hic ministrabit mihi.*	6. Oculi mei ad fideles terræ ut sedeant mecum : ambulans in via immaculata, hic mihi ministrabat.
7. Non inhabitabat in medio domus meæ qui facit superbiam : qui loquebatur iniqua, non direxit in conspectu oculorum meorum.	*Non habitabit in medio domus meæ faciens dolum : loquens mendacium non placebit in conspectu oculorum meorum.*	7. Non habitabit in medio domus meæ qui facit superbiam : qui loquitur iniqua, non direxit in conspectu oculorum meorum.
8. In matutinis interficiebam omnes peccatores terræ : ut disperderem eos de civitate Domini, omnes operantes iniqua.	*Manè perdam omnes impios terræ, ut interficiam de civitate Domini universos qui operantur iniquitatem.*	8. In matutino interficiebam omnes peccatores terræ : ut disperderem de civitate Domini omnes operantes iniquitatem.

NOTÆ AD VERSIONEM ANTIQUAM.

Non proponebam ante oculos meos rem malam facientes : prævaricationes odivi. Non adhæsit, &c. In Græco verò sic..... πρᾶγμα παράνομον· ποιῦντας παραβάσεις ἐμίσησα. Οὐκ ἐκολλήθη μοι, &c.

℣. 4. Auguft. in hunc Pſ. *cùm declinaret à me malignus, non cognoſcebam.* Lucif. verò Cal. l. de non conv. cum hæret. p. 223. c. *declinantes à me malignos non cognoſcebam.* Itidem Ambroſ. in Pſ. 37. to. 1. 830. c. lib. verò 2. de interpel. Dav. c. 7. col. 648. d. *declinantes autem malignos à me non agnoſcebam.* Caſſiod. in hunc Pſ. cum Pſalt. Rom. & Corb. *declinantes à me malignos non agnoſcebam.* S. Proſp. in eund. Pſ. cum Brev. Moz. *declinantem à me malignum non agnoſcebam.* Gr. ἐκκλίνοντος ἀπ' ἐμοῦ τοῦ πονηροῦ, οὐκ ἐγίνωσκον.

℣. 5. Sic in Pſalt. Moz. ad verbum, uno excepto *eo*, pro *hoc*. Textui pariter conſonant Corb. & Rom. cum Caſſiodoro, niſi quòd legunt circa med. *perſequebar ;* & Corb. in fine, *ſedebam*, pro *edebam*. Lucif. Cal. l. de non conv. cum hæret. p. 223. c. *Detrahentem adv. proximos ſuos occultè, eum perſequebar*, &c. ut in Vulg. Apud Aug. & Proſp. in hunc Pſ. ſic : *Detrahentem proximo ſuo occultè, hunc perſequebar. Superbo oculo, & inſatiabili corde, huic non convescebar ;* S. Proſp. *cum hoc ſimul non edebam.* Ambroſ. in Pſ. 118. to. 1. 1046. f. delet *ſimul*. S. Paulin. in vita Ambr. to. 2. p. XIV. b. *Sedentem adversùs fratrem ſuum, & detrahentem occultè, perſequebar.* Gr. Τὸν καταλαλοῦντα λάθρᾳ τοῦ πλησίον αὐτοῦ, τοῦτον ἐξεδίωκον..... τούτῳ οὐ συνήσθιον.

℣. 6. Ambroſ. l. de Spir. S. to. 2. 654. c. *Oculi enim Domini ſuper fideles terræ.* Hieron. epiſt. ad Sun. & Fret. to. 2. 654. c. *Oculi mei ad fideles terræ ut ſederent mecum :* mox ita : *Pro quo in Græco inveniſſe vos dicitis*, τοῦ συγκαθῆσθαι αὐτοὺς μετ' ἐμοῦ· deinde : *Quis non talem fugiat interpretationem, ut verbum ad verbum exprimens, dicat :* ut conſederent ipſi mecum. Attamen hanc admittit Auguſt. in hunc Pſ. cum Proſpero : *Oculi mei ſuper fideles terræ ut conſidèrent hi mecum*, &c. ut in Vulg. imo S. Proſp. *ut ſimul conſidèrent hi mecum.* Caſſiod. cum Pſalt. Rom. *ſuper fideles..... ut ſedeant hi mecum ;* reliqua ut in Vulg. Item in Corb. *ſuper fideles terræ ;* deinde tam in ipſo, quàm in Mozarab. *ut ſedeant hi mecum : ambulans in via irreprehenſibili, hic mihi deſerviebat.* In Gr. ἐπὶ τοὺς πιστοὺς..... τοῦ συγκαθῆσθαι αὐτοὺς μετ' ἐμοῦ· πορευόμενος ἐν ὁδῷ ἀμώμῳ, οὗτός μοι ἐλειτούργει.

℣. 7. Lucif. Calar. l. 1. pro S. Athan. p. 194. c. legit : *Non habitat in medio domus meæ qui facit ſup. qui loquitur iniqua*, &c. ut ſup. Cæleſtinus I. ep. 25. Conc. to. 1. 1215. c. *Non habitat in medio domus meæ faciens ſuperbiam.* Aug. in hunc Pſ. cum S. Proſp. *Non habitavit in medio domus meæ faciens ſuperbiam : loquens iniqua non direxit*, &c. Ita quoque in Brev. Moz. præter unum *habitabit ;* in Corb. *non habitabat.* Apud Caſſiod. & in Pſalt. Rom. omnia ut in Vulg. In Gr. Οὐ κατῴκει..... ποιῶν ὑπερηφανίαν· λαλῶν..... ἐναντίον τῶν, &c. Alex. Ald. & Compl. ἐνώπιον τῶν, &c.

℣. 8. Pſalt. Corb. *In matutinis interficiebam..... ut diſperdam eos de civit. Dom. omnes qui operantur iniquitatem.* Similiter in Rom. Moz. & ap. Caſſiod. præter voculam *eos*, quæ deeſt. Item ap. Auguſt. in eund. Pſ. *ut diſperdam de civitate ;* cæt. verò ut in Vulg. In Gr. Εἰς τὰς πρωΐας ἀπέκτεινον..... τοῦ ἐξολοθρεῦσαι..... πάντας τοὺς ἐργαζομένους τὴν, &c. Apud Ambr. in Pſ. 118. to. 1. 1168. b. priora tantùm exſtant, ut in Vulg.

VERSIO ANTIQUA.	HEBR.	VULGATA HOD.
Ex Ms. Sangerm. 1. Oratio pauperis, Cùm acediaretur, & in conſpectu Domini effunderet orationem ſuam. CI.	*Oratio pauperis, Quando ſollicitus fuerit, & coram Domino fuderit eloquium ſuum.* CII.	1. Oratio pauperis, Cùm anxius fuerit, & in conſpectu Domini effuderit precem ſuam. CI.
2. EXaudi Domine orationem meam : & clamor meus ad te perveniat.	*DOmine audi orationem meam, & clamor meus ad te veniat.*	2. DOmine exaudi orationem meam : & clamor meus ad te veniat.
3. Ne avertas faciem tuam à me : in quacunque die tribu-	*Ne abſcondas faciem tuam à me : in die tribulationis meæ inclina ad*	3. Non avertas faciem tuam à me : in quacunque die tribulor, in-

NOTÆ AD VERSIONEM ANTIQUAM.

℣. 1. Hieron. epiſt. ad Cypr. to. 2. 695. b. titulum præfert Vulgatæ ſimilem. Auguſt. verò cum S. Proſp. ſic : *Oratio inopis, Cùm angeretur, & in conſpectu Domini effudit precem ſuam ;* Proſp. *effundit.* Caſſiod. cum Pſalt. Rom. Fab. *Oratio pauperis, Cùm anxius fuerit, & coram Domino effuderit precem ſuam.* Rom. Martian. *Cùm anxiatus fuerit, & coram Deo effuderit*, &c. Mozar. *Cùm anxiatus fuerit, & in conſpectu Domini effuderit*, &c. Corb. *Oratio pauperis, Cùm anxius erit, & conſpectu Domini effundit orationem ſuam.* Gr. Προσευχὴ τῷ πτωχῷ, Ὅταν ἀκηδιάσῃ, καὶ ἐναντίον Κυρίου ἐκχέῃ τὴν, &c.

℣. 2. Ita legit Aug. cum Proſp. in hunc Pſ. Ita quoque Caſſiod. in eund. Pſ. cum Pſalt. Rom. & Moz. poſito *Domine*, ante *exaudi*. Similiter habet Miſſale Rom. ad Grad. Dominic. 17. poſt Pent. In Gr. Κύριε εἰσάκουσον..... πρὸς σὲ ἐλθέτω. Mſ. Alex. ἐλθάτω, &c.

℣. 3. Auguſt. in hunc Pſ. *Ne avertas..... inclina aurem tuam ad me : in quacunque die..... citò exaudi me.* Simi-

VULGATA HOD.	HEBR.	VERSIO ANTIQUA.
clina ad me aurem tuam.	*me aurem tuam.*	lor, inclina aurem tuam ad me Domine. *Ex Ms. Sangerm.*
In quacunque die invocavero te, velociter exaudi me.	*In quacunque die invocavero, velociter exaudi me.*	In quacunque die invocavero te, velociter exaudi me Domine.
4. Quia defecerunt sicut fumus dies mei: & ossa mea sicut cremium aruerunt.	*Quoniam consumpti sunt sicut fumus dies mei, & ossa mea quasi frixa contabuerunt.*	4. Quia defecerunt sicut fumus dies mei: & ossa mea sicut in frictorium confricta sunt.
5. Percussus sum ut fœnum, & aruit cor meum: quia oblitus sum comedere panem meum.	*Percussum est quasi fœnum, & arefactum est cor meum: quia oblitus sum comedere panem meum.*	5. Percussum est sicut fœnum, & aruit cor meum: quoniam oblitus sum manducare panem meum.
6. A voce gemitus mei adhæsit os meum carni meæ.	*A voce gemitus mei adhæsit os meum carni meæ.*	6. A voce gemitus mei adhæserunt ossa mea carni meæ.
7. Similis factus sum pellicano solitudinis: factus sum sicut nycticorax in domicilio.	*Assimilatus sum pellicano deserti: factus sum quasi bubo solitudinum.*	7. Similis factus sum pelicano in solitudine: factus sum sicut nycticorax in domicilio.
8. Vigilavi, & factus sum sicut passer solitarius in tecto.	*Vigilavi, & fui sicut avis solitaria super tectum.*	8. Vigilavi, & factus sum sicut passer singularis in ædificio.
9. Tota die exprobrabant mihi inimici mei: & qui laudabant me adversùm me jurabant.	*Tota die exprobrabant mihi inimici mei: exsultantes per me jurabant.*	9. Tota die exprobrabant me inimici mei: & qui laudabant me adversùm me jurabant.
10. Quia cinerem tanquam panem manducabam, & potum meum cum fletu miscebam,	*Quia cinerem sicut panem comedi, & potum meum cum fletu miscui,*	10. Quia cinerem sicut panem manducabam, & potum meum cum felle miscebam,
11. A facie iræ & indignationis tuæ: quia elevans allisisti me.	*A facie indignationis tuæ, & iræ tuæ: quia levasti me, & allisisti me.*	11. A facie iræ tuæ, & indignationis tuæ: quia extollens elisisti me.
12. Dies mei sicut umbra declinaverunt: & ego sicut fœnum arui.	*Dies mei quasi umbra inclinati sunt, & ego quasi fœnum arui.*	12. Dies mei sicut umbra declinaverunt: & ego velut fœnum arui.

NOTÆ AD VERSIONEM ANTIQUAM.

liter hab. Cassiod. cum Psalt. & Miss. Rom. ad Tract. fer. IV. maj. hebd. *Ne avertas;* cæt. verò ut in Vulg. Sic etiam in Græco.

℣. 4. August. & Cassiod. in hunc Ps. *& ossa mea sicut in frixorio confrixa sunt.* Sic etiam in Brev. Moz. necnon in Psalt. & Missali Rom. ad Tract. fer. IV. maj. hebd. In Psalt. Mediolan. *sicut frixorio confrixa sunt.* In Carnut. *sicut frixorium confrixa sunt.* In Corb. *sicut frictorium confricta sunt.* Apud Prosp. in eund. Ps. *sicut in frictoriolo confrixa sunt.* In Gr. ὡσεὶ φρύγιον συνεφρύγησαν.

℣. 5. Ita legunt Aug. & Prosp. in hunc Ps. cum Psalt. Corb. & Carnut. Cassiod. verò cum Psalt. & Missali Rom. ad Tract. fer. IV. maj. hebd. *Percussus sum sicut fœnum..... quia oblitus sum manducare,* &c. Gr. Ἐπλήγη ὡσεὶ χόρτος, καὶ ἐξηράνθη, &c. ut sup.

℣. 6. Sic est in Psalt. Rom. Carnut. Corb. & Moz. Sic etiam apud August. Prosp. & Cassiod. in hunc Ps. In Gr. Ἀπὸ φωνῆς τοῦ στεναγμοῦ μου ἐκολλήθη τὸ ὀστοῦν μου τῇ, &c. Ap. S. Paulin. epist. 15. p. 88. a. *A fame & siti adhæserunt ossa mea carni meæ.*

℣. 7. Concinunt Psalt. Rom. & Corb. August. verò in hunc Ps. ita legit: *Similis factus sum pelicano, qui habitat in solitudine: factus sum sicut nycticorax in parietinis.* Itidem ap. Prosp. *in parietinis.* S. Paulinus ep. 49. p. 286. b. legit: *Factus sum similis pellicano solitudinis: sicut nycticorax in domicilio.* Ambros. pariter, l. de fuga sæc. c. 5. to. 1. 430. b. *sicut nycticorax in domicilio.* Unde Hieron. ep. ad Sun. & Fret. to. 2. col. 655. b. ait: *Quod similiter habetur in Græco* (νυκτικόραξ,) *apud nostros & Græcos legitur.* Apud Cassiod. ut in Vulg. dempto verbo *sum*, ante *pelicano.* Græcè, Ὡμοιώθην πελεκᾶνι ἐρημικῷ· ἐγενήθην ὡσεὶ νυκτικόραξ ἐν οἰκοπέδῳ. Ms. Corb. August. scribit *pelicani* & loco *pelicanus*, semper *pelicanis.*

℣. 8. August. legit cum Prospero, *sicut passer singularis in tecto.* Cassiod. cum Psalt. Rom. Carnut. Corb. & Moz. *sicut passer unicus in ædificio.* Mediolan. ut sup. *sicut passer singularis in ædificio.* Ambr. l. de fuga sæc. c. 5. to. 1. 430. b. *sicut passer singularis in domo:* at in Luc. 12. col. 1437. b. *ego autem sicut passer singularis in ædificio.* S. Paulin. epist. 40. p. 246. c. *Vigilavi, & factus sum sicut passer singularis super tectum:* & infra, 248. c. 249. b. 250 b. *sicut passer unicus super tectum.* Gr. καὶ ἐγενήθην (Alex. Ald. & Compl. ἐγενόμην) ὡσεὶ στρουθίον μονάζον ἐπὶ δώματι· Alex. μονάζων; Ald. & Compl. ἐπὶ δώματος. Hieron. epist. ad Sun. & Fret. to. 2. 655. a. ait: *Dicitis vos in Græco invenisse, ἐπὶ δώματι, quod antiqui codices Latinorum interpretati sunt* in ædificio. Δῶμα *in Orientalibus provinciis ipsum dicitur, quod apud nos* tectum: *in Palæstina enim & Ægypto, ubi vel scripti sunt Divini Libri, vel interpretati, non habent in tectis culmina, sed* δώματα.

℣. 9. Psalt. Rom. Martian. cum Mozar. *exprobrabant me..... & qui me laudabant,* &c. Rom. Fabri, *exprobrabant mihi..... & qui me laudabant,* &c. Corb. *exprobrabant me..... & qui laudabant me adversùs me jurabant.* Cassiod. *exprobraverunt me inimici,* &c. ut in Vulg. Aug. verò ab ipsa nil differt, ni excipias *adversùs*, pro *adversùm.* In Gr. ὠνείδιζόν με οἱ..... καὶ οἱ ἐπαινοῦντές με, &c.

℣. 10. Tertul. adv. Psychic. p. 985. c. hæc habet: *Cinerem edens velut panem, potum verò fletu miscens.* Ambr. de apolog. Dav. to. 1. 684. b. *Qui cinerem tanquam panem manducabat, & potum suum cum fletu miscebat:* at in Ps. 37. col. 819. f. *& potum meum fletu temperabam:* in Ps. verò 118. col. 1193. e. *& potum meum cum fletu miscebam.* Hieron. epist. 18. ad Eustoch. to. 4. p. 2. col. 35. a. *Quia cinerem..... manducabam, & potionem meam cum fletu miscebam.* August. in hunc Ps. cum Brev. Mozarab. *Quoniam cinerem sicut panem manducavi, & potum meum cum fletu miscebam.* S. Prosper in eund. Ps. *sicut panem manducabam, & potum meum cum lacrymis miscebam.* S. Pacianus epist. 3. p. 312. d. *Quoniam cinerem sicut panem edebam, & pot. meum cum fletu miscebam.* Chromat. Aquil. in Matth. p. 978. d. *Quia cinerem sicut panem manducabam, & pot. meum cum fletu temperabam.* Itidem in Psalt. Rom. Corb. & ap. Cassiod. cùm in hunc Ps. tum in Ps. 6. p. 29. b. In Gr. καὶ τὸ πόμα μου μετὰ κλαυθμοῦ ἐκίρνων.

℣. 11. Psalt. Rom. Fab. *A facie iræ indignationis tuæ: quia elevans elisisti me.* Rom. Martian. *iræ & indignationis.* August. in hunc Ps. *A facie iræ tuæ, & indignat. tuæ: quoniam levasti, elisisti me.* Cassiod. *A facie iræ & indignat. tuæ: quia elevans elisisti me;* Mss. 2. *allisisti.* Psalt. Moz. & Corb. hab. *iræ tuæ, & indignat..... quia levasti, & elisisti me.* Verùm Hieron. epist. ad Sun. & Fret. col. 655. b. ait, pro *à facie iræ tuæ*, quod in Græco invenisse se dixerant, in Hebræo, & ap. LXX. manifestè legi, Ἀπὸ προσώπου τῆς ὀργῆς καὶ τοῦ θυμοῦ σου. Attamen in edit. Rom. & aliis nunc exstat, τῆς ὀργῆς σου, καὶ τοῦ θυμοῦ σου· deinde, ὅτι ἐπάρας κατέῤῥαξάς με.

℣. 12. Ita leg. Aug. in hunc Ps. post paulò verò, *sicut fœnum.* Hieron. in Ecclesiast. to. 2. 761. c. *Dies mei sicut umbra inclinati sunt: & ego sicut fœnum arui.* Cassiod. Vulgatæ congruit cum Psalt. Rom. In Mozarab. *Dies mei sicut umbra transierunt,* &c. Gr. ὡσεὶ σκιὰ ἐκλίθησαν, &c.

Ex Ms. Sangerm.

VERSIO ANTIQUA.	HEBR.	VULGATA HOD.
13. Tu autem Domine in æternum permanes : & memoriale tuum in sæculum & sæculum.	*Tu autem Domine in æternum permanes, & memoriale tuum in generatione & generatione.*	13. Tu autem Domine in æternum permanes : & memoriale tuum in generationem & generationem.
14. Tu exsurgens misereberis Sion : quoniam venit tempus miserendi ejus.	*Tu suscitans misereberis Sion : quia tempus ut miserearis ejus, quoniam venit tempus :*	14. Tu exsurgens misereberis Sion : quia tempus miserendi ejus, quia venit tempus.
15. Quoniam bene senserunt servi tui lapidis ejus : & pulveri ejus miserebuntur.	*Quoniam placitos fecerunt servi tui lapides ejus, & pulverem ejus miserabilem.*	15. Quoniam placuerunt servis tuis lapides ejus : & terræ ejus miserebuntur.
16. Et timebunt gentes nomen Domini, & omnes reges terræ gloriam ejus.	*Et timebunt gentes nomen Domini, & universi reges terræ gloriam tuam.*	16. Et timebunt gentes nomen tuum Domine, & omnes reges terræ gloriam tuam.
17. Quoniam ædificavit Dominus Sion : & videbitur in majestate sua.	*Quia ædificavit Dominus Sion : apparuit in gloria sua.*	17. Quia ædificavit Dominus Sion : & videbitur in gloria sua.
18. Respexit in oratione pauperum : & non sprevit preces eorum.	*Respexit ad orationem vacui, & non despexit orationem eorum.*	18. Respexit in orationem humilium : & non sprevit precem eorum.
19. Scribantur hæc in progeniem alteram : & populus, qui creabitur, laudabunt :	*Scribatur hoc in generatione novissima, & populus qui creabitur laudabit Dominum.*	19. Scribantur hæc in generatione altera : & populus, qui creabitur, laudabit Dominum.
20. Quia prospexit de excelso sancto suo : Dominus de cœlo in terra prospexit :	*Quoniam prospexit de excelso sanctuario suo : Dominus de cælo terram contemplatus est :*	20. Quia prospexit de excelso sancto suo : Dominus de cœlo in terram aspexit :
21. Ut audiret gemitum vinculatorum : ut solvat filios interemptorum :	*Ut audiret gemitum vincti, ut solveret filios mortis :*	21. Ut audiret gemitus compeditorum : ut solveret filios interemptorum :
22. Ut adnuntietur in Sion nomen Domini : & laus ejus in Jerusalem.	*Ut narretur in Sion nomen Domini, & laudatio ejus in Jerusalem :*	22. Ut annuntient in Sion nomen Domini : & laudem ejus in Jerusalem.
23. In conveniendo populos in unum, & regna ut serviant Domino.	*Cùm congregati fuerint populi simul, & regna ut serviant Domino.*	23. In conveniendo populos in unum, & reges ut serviant Domino.
24. Respondit ei in via virtutis ejus : Paucitatem dierum meorum enuncia mihi.	*Afflixit in via fortitudinem meam : abbreviavit dies meos.*	24. Respondit ei in via virtutis suæ : Paucitatem dierum meorum nuncia mihi.

NOTÆ AD VERSIONEM ANTIQUAM.

℣. 13. August. in hunc Ps. *Tu verò Domine in æternum manes : & memor. tuum in generationem & generationem.* S. Prosper in eund. Ps. *in generatione & generationem.* Cassiod. cum Psalt. Rom. Corb. & Moz. *Tu autem..... permanes : & mem. tuum in sæculum sæculi.* Gr. εἰς τὸν αἰῶνα μένεις· καὶ τὸ μνημόσυνόν σου εἰς γενεὰν καὶ γενεάν.

℣. 14. Ita ferunt Psalt. Rom. Corb. & Moz. Sic etiam in Missali Rom. ad Tract. fer. IV. maj. hebd. sicut apud Cassiod. addito uno *Domine*, ad verbum *exsurgens.* August. verò in hunc Ps. ita legit : *Tu exsurgens mis..... quoniam tempus ut miserearis ejus, quoniam venit tempus.* Item ap. Prosp. in eund. Ps. *quia tempus ut miserearis ejus ;* sed non plura. Apud Aug. tract. 7. in Joh. to. 3. p. 2. col. 343. g. *quoniam venit tempus ut miserearis ejus.* In Gr. ὅτι καιρὸς τοῦ οἰκτειρῆσαι αὐτὴν, ὅτι ἥκει καιρός.

℣. 15. Psalt. Mor. hab. cum Cassiod. *Quia* (Cassiod. *Quoniam*) *beneplacitos habuerunt servi tui lapides ejus : & terræ ejus miserebuntur.* Itidem in Rom. & Carnut. præter unum *beneplacitum.* Mediol. cum Prosp. *Quon. beneplacitum habuerunt servi tui lapides ejus : & pulveris ejus misereb.* Ita quoque Aug. tract. 7. in Joh. to. 3. p. 2. col. 343. g. sed in hunc Ps. legit, *in lapides ejus.* Item in Psalt. Corb. *Quoniam beneplacitum habuerunt servi tui in lapides ejus : & terræ ejus misereb.* Hieron. ep. ad Sun. & Fret. col. 655. b. ait : *Pro* terra, *in Hebræo* afar..... *quod omnes χοῦν transtulerunt.* In ed. Rom. & al. Ὅτι εὐδόκησαν οἱ δοῦλοί σου τοὺς λίθους αὐτῆς· καὶ τὸν χοῦν αὐτῆς οἰκτειρήσουσι.

℣. 16. Vulgatæ suffragantur Aug. Prosp. & Cassiod. in hunc Ps. cum vet. Psalt. Similiter in Gr..... τὸ ὄνομά σου Κύριε, καὶ πάντες οἱ βασιλεῖς τὴν δόξαν σου· sed in edd. Ald. & Compl. τὸ ὄνομα Κυρίου, καὶ πάντες οἱ βασιλεῖς τῆς γῆς τὴν, &c. item in Ms. Alex. τῆς γῆς.

℣. 17. Ita legit Cassiod. cum Psalt. Rom. Corb. & Moz. necnon Missali Rom. ad Grad. Dom. 3. post Epiph. August. verò in eund. Ps. *Quoniam ædificabit..... in gloria sua.* S. Prosper, *ædificavit.* In Gr. Ὅτι οἰκοδομήσει..... ἐν τῇ δόξῃ αὐτοῦ.

℣. 18. Sic in Psalt. Corb. ad verbum ; cui accinunt Rom. & Mozar. cum Cassiod. in hunc Ps. nisi quòd Rom. hab. *Et respexit in orationes ;* Moz. *in orationes*, absque præced. & : Cassiod. *in orationem.* Hilarius verò in Ps. 118. col. 345. d. legit : *Respexit super filios pauperum : & non sprevit deprecationem eorum.* Ambr. in Ps. 118. col. 1187. e. *Quia respexit super filios pauperum : & non despexit preces eorum.* August. in hunc Ps. *Respexit in orationem humilium : & non despexit precem eorum.* S. Prosper in eund. Ps. addit *Dominus*, ad vocem *humilium.* In Gr. Ἐπέβλεψεν ἐπὶ τὴν προσευχὴν τῶν ταπεινῶν· καὶ οὐκ ἐξουδένωσε τὴν δέησιν αὐτῶν.

℣. 19. S. Prosper in hunc Ps. Vulgatæ accinit cum Cassiod. & Psalt. Rom. In Corb. sic : *Scribantur hæc in sæculum alterum*, &c. ut in Vulg. Ap. Aug. in eund. Ps. *Scribantur hæc in generationem alteram*, &c. ut in Vulg. In Gr. Γραφήτω αὕτη εἰς γενεὰν ἑτέραν· καὶ λαὸς ὁ κτιζόμενος αἰνέσει τὸν Κύριον.

℣. 20. Sic est in Psalt. Mozar. Ita etiam in Rom. Corb. & ap. Cassiod. præter hoc, *in terram.* Apud August. in hunc Ps. *Quoniam prospexit ex alto sancto suo : Dominus de cælo in terram prospexit.* Apud Hilar. in Ps. 118. col. 345. d. *Dominus de cælo respexit in terram.* In Gr. Ὅτι ἐξέκυψεν ἐξ ὕψους ἁγίου αὐτοῦ· Κύριος ἐξ οὐρανοῦ ἐπὶ τὴν γῆν ἐπέβλεψε.

℣. 21. Eadem prorsus leguntur in Psalt. Corb. & apud Cassiod. in hunc Ps. Ita etiam in Rom. & ap. Hilar. in Ps. 118. col. 345. d. nisi quòd Rom. hab. *et solvat ;* Hilar. *& solveret.* Psalt. Mozar. *Ut audiret gemitus vinculatorum : & solvat filios interemptorum ;* Mediolan. *filios morte afflictorum.* Apud. August. in hunc Ps. sic : *Ut audiret gemitum compeditorum : ut solvat filios mortificatorum.* Apud Prosp. in eund. Ps. *Ut videret gemitus compeditorum : ut solveret filios mortificatorum.* Gr. Τοῦ ἀκοῦσαι τοῦ στεναγμοῦ τῶν πεπεδημένων· τοῦ λῦσαι τοὺς υἱοὺς τῶν τεθανατωμένων.

℣. 22. Ita ferunt Psalt. Rom. Corb. & Moz. quibus accinunt August. Prosp. & Cassiod. in eund. Ps. In Gr. Τοῦ ἀναγγεῖλαι ἐν Σιὼν τὸ ὄνομα Κυρίου καὶ τὴν αἴνεσιν, &c.

℣. 23. Sic habent August. Prosp. & Cassiod. in hunc Ps. cum Psalt. Moz. Corb. & Rom. In Gr. Ἐν τῷ συναχθῆναι λαοὺς..... καὶ βασιλεῖς, &c. Duo etiam Mss. Cassiod. exhibent *reges*, non *regna.*

℣. 24. Ita fert Psalt. Mozar. Ita quoque in Rom. & ap. Cassiod. excepto uno *virtutis suæ.* In Corb. verò vitiosè, *Respondite & in via virtutes suæ..... enuncia mihi.* Apud August. & Prosp. in hunc Ps. *Respondit ei in via fortitudinis suæ : Exiguitatem dierum meorum annuntia mihi.* In

VULGATA HOD.	HEBR.	VERSIO ANTIQUA.
25. Ne revoces me in dimidio dierum meorum : in generationem & generationem anni tui.	*Dicam : Deus meus ne rapias me in medio dierum meorum : in generatione generationum anni tui.*	25. Ne revoces me in dimidio dierum meorum : generationem & generationem anni tui.
26. Initio tu Domine terram fundasti : & opera manuum tuarum sunt cœli.	*A principio terram fundasti, & opus manuum tuarum cœli.*	26. Initio terram tu fundasti Domine : & opera manuum tuarum sunt cœli.
27. Ipsi peribunt, tu autem permanes : & omnes sicut vestimentum veterascent.	*Ipsi peribunt, tu autem stabis, & omnes quasi vestimentum atterentur.*	27. Ipsi peribunt, tu autem manes in æternum : & omnes sicut vestimentum veterescent.
Et sicut opertorium mutabis eos, & mutabuntur : 28. tu autem idem ipse es, & anni tui non deficient.	*Quasi pallium mutabis eos, & mutabuntur : tu autem ipse es, & anni tui non deficient.*	Tanquam opertorium mutabis ea, & mutabuntur : 28. tu autem idem ipse es, & anni tui non deficient.
29. Filii servorum tuorum habitabunt : & semen eorum in sæculum dirigetur.	*Filii servorum tuorum habitabunt, & semen eorum ante faciem tuam perseverabit.*	29. Filii servorum tuorum inhabitabunt tibi : & semen eorum in æternum dirigatur.

Ex Ms. Sangerm.

NOTÆ AD VERSIONEM ANTIQUAM.

Græc. Ἀπεκρίθη αὐτῷ ἐν ὁδῷ ἰσχύος αὐτοῦ· Τὴν ὀλιγότητα τῶν..... ἀνάγγειλόν μοι.

℣. 25. Psalt. Rom. & Moz. cum Cassiod. *Ne revoces me in dimidio dier. meor. in sæculum sæculi anni tui.* August. in hunc Ps. cum Prospero : *Ne revoces me in dimidium dier. meor. in generatione generationum* (Prosp. *generationem*) *anni tui.* Ambros. in Ps. 43. to. 1. 888. b. *Ne deducas me in dimidium dierum meorum.* Hieron. epist. ad Cypr. to. 2. 703. a. *Ne auferas me in dimidio dier. meorum.* Gr. Μὴ ἀναγάγῃς με ἐν ἡμίσει ἡμερῶν μου· ἐν γενεᾷ γενεῶν τὰ ἔτη σου.

℣. 26. Accinunt Iren. l. 4. c. 3. p. 230. c. & Cassiod. in hunc Ps. cum Psalt. Rom. Corb. & Moz. Item Ambr. l. 1. de interpel. Job, c. 7. to. 1. 634. d. & l. 3. de Spir. S. to. 2. 671. b. & epist. 43. col. 972. b. at l. 1. Hexa. to. 1. 13. b. legit : *Principio terram tu fund. Domine*, &c. August. in hunc Ps. *In principio terram tu fund. Dom.* &c. Hieron. in Isai. 51. & 65. to. 3. col. 367. b. 490. f. *A principio terram tu fund. Dom.* &c. vel *tu Dom. terram fund.* &c. S. Prosp. in eund. Ps. *Principio Domine terram fund.* Vigil. Taps. cont. Varimad. p. 730. d. *Tu Domine in principio fundasti terram*, &c. Faustinus presb. l. cont. Arian. p. 645. h. *In initio tu Domine terram fund.* &c. Ap. Hilar. l. 12. de Trin. 1118. c. posteriora tantùm : *opera man. tuar. sunt cœli.* Tertul. l. cont. Hermog. p. 420. b. & 423. a. delet *sunt.* In Gr. Κατ' ἀρχὰς τὴν γῆν σὺ Κύριε ἐθεμελίωσας· καὶ ἔργα τῶν..... εἰσὶν οἱ οὐρανοί.

℣. 27. Irenæus l. 4. c. 3. p. 230. c. sic habet : *Ipsi peribunt, tu autem perseverabit : & omnes sicut vestim. veterascent. Et sicut coopermentum mutabis eos, & mutab.* Tertul. cont. Hermog. p. 420. b. *Et ipsi peribunt, nam & si mutabit illos velut opertorium, & mutabuntur.* Ambros. l. 1. Hexa. to. 1. 13. b. *Ipsi peribunt, tu autem permanes : & omnia sicut vestim. veterascent. Et tanquam amictum mutabis ea, & mutab.* at l. 1. de interpel. Job, c. 7. col. 634. d. *& omnes sicut vestim. veterasc. Et sicut opertorium mutabis eos*, &c. & l. de bened. Patr. c. 4. p. 520. d. *sicut amictum mutabis eos.* Item Auct. l. de fide orthod. ap. Ambr. to. 2. 354. f. hab. *mutabis eos.* Auct. op. imp. in Matth. hom. 48. p. 198. *Ipsi peribunt, tu autem permanes in æternum.* Arnob. de Deo trino, p. 231. a. *Ipsi peribunt, tu autem in æternum manes.* Auct. l. de promiss. p. 202. d. *omnia sicut vestimentum veterascent. Et sicut opertorium mutabis ea, & mutab.* Hieron. in Isai. 51. to. 3. 367. b. *Et sicut pallium involves eos, & mutabuntur :* & inf. in c. 65. col. 490. f. *Et quasi amictum involves eos.* Philastr. Brix. l. de hæres. p. 710. c. *Ipsi peribunt, tu autem ipse es in æternum.* Faustin. presb. cont. Arian. p. 645. h. *Ipsi peribunt, tu autem permanebis : & omnes*, &c. ut in Vulg. Cassiod. in hunc Ps. cum Psalt. Rom. *Ipsi perib. tu autem permanes : & omnia sicut vestim. veterascent. Et sicut opertor. mutab. ea, & mutab.* Mozarab. *veterescunt.* Corb. *Ipsi peribunt, tu autem in æternum permanes : & omnia sicut vestimentum veterescit. Et sicut opert. mutabis ea, & mutab.* August. & Prosp. in eund. Ps. cum Vulgata concinunt. In Gr..... Σὺ δὲ διαμένεις· καὶ πάντες..... Καὶ ὡσεὶ περιβόλαιον ἑλίξεις αὐτοὺς, καὶ ἀλλαγήσονται.

℣. 28. Sic Iren. l. 4. p. 230. c. cum Cassiod. in hunc Ps. Sic etiam Auctor l. de fide orthod. ap. Ambr. to. 2. 354. f. cui favet Vigil. Taps. cont. Varimad. p. 730. e. cum vet. Psalt. Apud Ambros. l. 1. Hexa. to. 1. col. 13. b. *tu verò ipse es, & anni tui non defic.* Apud August. in hunc Ps. *tu verò* (inf. *autem*) *idem ipse es*, &c. sed vox *ipse*, abest à præcipuis Mss. Apud Prosp. *tu idem ipse es*, &c. Apud Faustin. presb. cont. Arian. p. 645. h. *tu autem idem es*, &c. Ap. Auct. l. de promiss. p. 202. d. *tu autem ipse idem es.* Psalt. Corb. add. *& anni tui non deficiunt.* In Gr. Σὺ δὲ ὁ αὐτὸς εἶ, καὶ, &c. ut in Vulg.

℣. 29. Iren. l. 4. c. 3. p. 230. c. *Filii servorum tuorum inhabitabunt* (al. *habitabunt* :) *& semen eorum in æternum* (al. *in sæculum*) *dirigetur.* August. in hunc Ps. *Filii..... inhabitabunt : & semen eorum in sæculum dirigetur.* Similiter habet Cassiod. cum Psalt. Rom. Corb. & Moz. præter hoc, *in sæculum sæculi* : præterea Rom. scribit *habitabunt* ; Corb. *habitab. ibi* ; Cassiod. *inhabitab. ibi.* Gr. κατασκηνώσουσι· καὶ τὸ σπέρμα αὐτῶν εἰς τὸν αἰῶνα κατευθυνθήσεται.

VULGATA HOD.	HEBR.	VERSIO ANTIQUA.
1. Ipsi David. CII.	*David. CIII.*	1. Psalmus ipsi David. CII.
BEnedic anima mea Domino : & omnia, quæ intra me sunt, nomini sancto ejus.	*BEnedic anima mea Domino, & omnia viscera mea nomini sancto ejus.*	* BEnedic anima mea Dominum : & omnia ossa mea, nomen sanctum ejus.
2. Benedic anima mea Domino : & noli oblivisci omnes retributiones ejus.	*Benedic anima mea Domino, & noli oblivisci omnium retributionum ejus.*	2. Benedic anima Dominum : & noli oblivisci omnes retributiones ejus.

Ex Ms. Sangerm.

NOTÆ AD VERSIONEM ANTIQUAM.

℣. 1. Similiter ap. Cassiod. in hunc Ps. In Psalt. Corb. simpliciter, *Psalmus David.* A Rom. & Gr. abest *Psalmus* : in edd. tamen Ald. & Compl. legitur, Ψαλμὸς τῷ, &c. August. hunc titulum silet.

* Ambrosius lib. de Isaac, c. 3. col. 360. a. similiter hab. *Benedic anima mea Dominum :* item l. de apol. Dav. col. 698. f. sed addit : *& omnia interiora mea, nomen sanctum ejus.* Ita etiam legunt August. Prosp. & Cassiod. in hunc Ps. cum Fulg. ep. 7. c. 3. p. 191. necnon Psalt. Rom. & Corb. Similiter apud Hieron. in Isai. 16. 26. & 55. to. 3. col. 127. f. 222. a. 402. e. necnon in Dan. 10. col. 1120. a. & in Breviar. Mozarab. excepta voce *Domino.* S. Paulinus epist. 23. p. 123. b. habet : *Benedixit anima mea Dominum : & omnia interiora mea, nomen sanctum ejus :* & epist. 27. p. 174. a. *Benedixerunt omnia interiora nostra Dominum.* In Gr. Εὐλόγει ἡ..... τὸν Κύριον· καὶ πάντα τὰ ἐντός μου, τὸ ὄνομα τὸ, &c.

℣. 2. Accinunt magno consensu August. S. Prosp. & Cassiod. in hunc Ps. cum Fulg. ep. 7. c. 3. p. 191. necnon Psalt. Corb. Rom. & Moz. nisi quòd hab. *anima mea.* In Gr. pariter, ἡ ψυχή μου τὸν Κύριον· καὶ μὴ ἐπιλανθάνου πάσας τὰς αἰνέσεις αὐτοῦ· Ms. verò Alex. cum edd. Ald. & Compl. hab. ἀνταποδόσεις ; item S. Paulin. epist. 27. p. 172. c. *retributiones.*

Versio Antiqua.	Hebr.	Vulgata hod.
Ex Mſ. Sangerm. 3. Qui propitius ſit omnibus iniquitatibus tuis : qui ſanat omnes languores tuos.	*Qui propitiatur cunctis iniquitatibus tuis : qui ſanat omnes infirmitates tuas.*	3. Qui propitiatur omnibus iniquitatibus tuis : qui ſanat omnes infirmitates tuas.
4. Qui redimet de interitu vitam meam : qui coronat te in miſericordia & miſeratione.	*Qui redimit de corruptione vitam tuam : qui coronat te in miſericordia & miſerationibus.*	4. Qui redimit de interitu vitam tuam : qui coronat te in miſericordia & miſerationibus.
5. Qui ſatiat in bonis deſiderium tuum : renovabitur ſicut aquila juventus tua.	*Qui replet bonis ornamentum tuum : innovabitur ſicut aquilæ juventus tua.*	5. Qui replet in bonis deſiderium tuum : renovabitur ut aquilæ juventus tua.
6. Facies miſericordias Domini, & judicium omnibus injuriam patientibus.	*Faciens juſtitias Dominus, & judicia cunctis qui calumniam ſuſtinent.*	6. Faciens miſericordias Dominus, & judicium omnibus injuriam patientibus.
7. Notas fecit vias ſuas Moyſi, filiis Iſraël voluntates ſuas.	*Notas fecit vias ſuas Moſi, filiis Iſraël cogitationes ſuas.*	7. Notas fecit vias ſuas Moyſi, filiis Iſraël voluntates ſuas.
8. Miſericors, & miſerator Dominus : patiens, & multæ miſericordiæ.	*Miſericors, & clemens Dominus : patiens, & multæ miſerationis.*	8. Miſerator, & miſericors Dominus : longanimis, & multùm miſericors. * Num. 14. 18.
9. Non in finem iraſcetur : nec in æternum indignabitur.	*Non in ſempiternum judicabit : neque in æternum iraſcetur.*	9. Non in perpetuum iraſcetur : neque in æternum comminabitur.
10. Non ſecundùm peccata noſtra fecit nobis : neque ſecundùm iniquitates noſtras retribuet nobis.	*Non ſecundùm peccata noſtra fecit nobis : neque ſecundùm iniquitates noſtras retribuit nobis.*	10. Non ſecundùm peccata noſtra fecit nobis : neque ſecundùm iniquitates noſtras retribuit nobis.
11. Quia ſecundùm altitudinem cœli à terra, confirmavit miſericordiam ſuam ſuper timentes eum.	*Quantùm enim excelſius eſt cœlum terrâ : tantùm confortata eſt miſericordia ejus ſuper timentes eum.*	11. Quoniam ſecundùm altitudinem cœli à terra, corroboravit miſericordiam ſuam ſuper timentes ſe.
12. Quantùm diſtat ab ortu ad occaſum, elongavit à nobis iniquitates noſtras.	*Quantùm longè eſt oriens ab occidente : tantùm longè fecit à nobis ſcelera noſtra.*	12. Quantùm diſtat ortus ab occidente, longè fecit à nobis iniquitates noſtras.
13. Sicut miſeretur pater	*Sicut miſeretur pater filiorum,*	13. Quomodo miſeretur pater

Notæ ad Versionem Antiquam.

℣. 3. Mirè concinunt Auguſt. S. Proſper, & Caſſiod. in hunc Pſ. necnon Fulg. ep. 7. p. 191. & Cæleſtinus I. epiſt. 21. Conc. to. 1. col. 1195. a. cum Pſalt. Rom. Corb. & Mozarab. Auguſt. tamen l. 2. cont. ep. Parmen. to. 9. col. 47. a. legit *propitiatur*, loco *propitius ſit* ; at in fine conſtanter, *languores tuos* : quæſt. verò 53. in Levit. to. 3. col. 513. *propitius ſit.* In Gr. Τὸν εὐιλατεύοντα πάσαις..... τὸν ἰώμενον πάσας τὰς νόσους σου.

℣℣. 4. 5. Ordo verſiculorum ſic invertitur in Pſalt. Rom. & ap. Caſſiod. *Qui redemit* (al. *redimit*) *de interitu vitam tuam : qui ſatiat in bonis deſiderium tuum. Qui coronat te in miſeratione & miſericordia : renovabitur ſicut aquilæ juventus tua.* Eadem leguntur in Pſalt. Corb. eodemque ordine, præter *animam*, pro *vitam*. Item in Mozarab. *Qui redimet de interitu vitam tuam : qui ſatiat in bonis deſid. tuum. Qui coronat te in miſeratione & miſericordia : renovabit ſicut aquila juventus tua.* Itidem ap. Fulg. ep. 7. p. 191. exceptis his, *renovabitur ſicut aquilæ*, al. *aquila*. Ap. Aug. & Proſp. in eund. Pſ. *Qui redimet* (Proſp. *redimet*) *de corruptione vitam tuam : qui coronat te in miſeratione & miſericordia. Qui ſatiat in bonis deſider. tuum : renovabitur ſicut aquilæ*, &c. Ambroſ. in Luc. 18. to. 1. 1488. b. leg. *Qui ſatiat in bonis animam tuam :* & in Luc. 17. col. 1484. d. *renovabitur ſicut aquilæ juventus tua* : ſimiliter to. 1. col. 142. b. 360. a. 396. f. 652. b. 804. b. & to. 2. col. 176. b. 241. d. 296. b. 366. c. 418. a. 945. f. Tichon. regulâ 3. p. 54. a. *Qui te coronat in miſeratione & miſericordia.* Hieron. in Iſai. 55. to. 3. 402. c. *Qui implet in bonis deſid. tuum.* Gr. Τὸν λυτρούμενον ἐκ φθορᾶς τὴν ζωήν σου· τὸν στεφανοῦντά σε ἐν ἐλέει καὶ οἰκτιρμοῖς (Theod. οἰκτιρμῷ.) Τὸν ἐμπιπλῶντα ἐν..... ὡς ἀετοῦ ἡ νεότης σου.

℣. 6. Vulgatæ reſpondent Pſalt. Rom. & Moz. cum Caſſiod. Sic etiam apud Lucif. Cal. l. 1. pro S. Athan. p. 194. d. præter ſing. *miſericordiam*. Apud Auguſt. & Proſp. in hunc Pſ. *Faciens miſericordias Dominus, & judicium eis qui injuriam accipiunt* : at inf. 1123. c. Aug. leg. *omnibus injuriam accipientibus.* Gr. Ποιῶν ἐλεημοσύνας ὁ Κύριος, καὶ κρίμα πᾶσι τοῖς ἀδικουμένοις.

℣. 7. Concordant Auguſt. Proſp. & Caſſiod. unà cum Pſalt. Rom. & Gr. In Mozarab. vitiosè *filis*.

℣. 8. Sic in Pſalt. Rom. Corb. & Moz. præter ult. *patiens, & multùm miſericors* ; quibus favet Caſſiod. in hunc Pſ. Apud Aug. in eund. ſic : *Miſerator, & miſericors Dom. longanimis, & multùm miſericordiæ* : at infra : *Miſericors, & miſerator Dom. longanimus, & multùm miſericors.* Apud Proſp. & Fulg. l. 1. ad Monim. p. 17. *longanimis, & multa miſericordia.* In Gr. Οἰκτίρμων, καὶ ἐλεήμων ὁ Κύριος, μακρόθυμος, καὶ πολυέλεος.

℣. 9. Sic ad verbum legunt Auguſt. Proſp. & Caſſiod. in hunc Pſ. necnon Fulg. l. 1. ad Monim. p. 17. cum Pſalt. Rom. Mediolan. Carnut. & Moz. Sic etiam in Corb. præter unum *iraſcitur*. In Gr. ſimiliter : Οὐκ εἰς τέλος ὀργισθήσεται· οὐδὲ εἰς τὸν αἰῶνα μηνιεῖ· & verò pro *in perpetuum*, Hieron. epiſt. ad Sun. & Fret. 655. b. ait ipſos *in Græco inveniſſe* in finem.

℣. 10. Auguſt. in hunc Pſ. leg. *retribuit*, non *retribuet* ; cæt. ut in textu. Sic etiam S. Proſp. & Caſſiod. necnon Fulg. l. 1. ad Monim. p. 17. & l. 2. de rem. pecc. p. 393. cum Pſalt. Rom. & Moz. Hilarius in Pſ. 118. p. 256. d. *neque ſecundùm injuſtitias noſtras reddidit nobis.* Ambroſ. in Pſ. 118. col. 994. a. alludens, ait : *Non ſecund. pecc. noſtra reddas nobis : neque ſecund. iniquitates noſtras retribuas nobis.* S. Paulinus epiſt. 19. p. 106. c. *Qui non ſecundùm pecc. noſtra retribuit nobis* ; & epiſt. 27. p. 172. c. *tribuit nobis.* In Gr. Οὐ κατὰ τὰς ἁμαρτίας ἡμῶν ἐποίησεν ἡμῖν· οὐδὲ κατὰ τὰς ἀνομίας ἡμῶν ἀνταπέδωκεν ἡμῖν· Ald. & Compl. κατὰ τὰς ἀνομίας..... κατὰ τὰς ἁμαρτίας, &c.

℣. 11. Sic habet Pſalt. Rom. cum Moz. addita voce *Dominus*, ad verbum *confirmavit*. Sic etiam legunt Aug. & Caſſiod. in hunc Pſ. cum Proſp. & Fulg. l. 2. de rem. pecc. p. 393. niſi quòd Proſp. ponit *ſe* in fine, loco *eum*. Hilar. in Pſ. 118. col. 256. d. omittit poſteriorem verſiculum cum ſequenti. In Pſalt. Corb. ſic : *Quia ſecundùm multitudinem cœli à terra, confirmavit Dominus miſ. ſuam ſup. tim. eum.* In Gr. ἐκραταίωσε Κύριος... ἐπὶ τοὺς φοβουμένους αὐτόν.

℣. 12. Sic in Pſalt. Corb. præter hoc, *ortus ab occaſu.* Ambr. l. 4. Hexa. to. 1. 74. f. leg. *Quantùm diſtat oriens ab occidente.* Hilar. in Pſ. 118. col. 256. d. *Quia ſecundùm altitudinem cœli à terra* ; tum proximè, *longavit* (Mſ. 2. *prolongavit*) *iniquitates noſtras à nobis.* Item Fulg. l. 1. ad Monim. p. 17. *Quia ſecundùm altitudinem cœli à terra, elongavit iniquitates noſtras à nobis* : at l. 2. de rem. pecc. p. 393. leg. *Quoniam ſicut diſtat ortus ab occaſu, elongavit iniquitates noſtras à nobis.* Auguſt. in hunc Pſ. cum Proſp. *Quantùm diſtat oriens ab occidente, longè fecit à nobis peccata noſtra.* Caſſiod. cum Pſalt. Rom. & Moz. *Quantùm diſtat oriens ab occaſu, elongavit à nobis iniquitates noſtras.* In Gr. Καθόσον ἀπέχουσιν ἀνατολαὶ ἀπὸ δυσμῶν, ἐμάκρυνεν ἀφ' ἡμῶν τὰς, &c.

℣. 13. Auguſt. in hunc Pſ. *Sicut miſeratur pater filios, ſic miſeratus eſt Dominus timentes eum.* S. Paulinus verò ep.

VULGATA HOD.

filiorum, miſertus eſt Dominus timentibus ſe: 14. quoniam ipſe cognovit figmentum noſtrum.

Recordatus eſt quoniam pulvis ſumus: 15. homo, ſicut fœnum dies ejus, tanquam flos agri ſic efflorebit.

16. Quoniam ſpiritus pertranſibit in illo, & non ſubſiſtet: & non cognoſcet ampliùs locum ſuum.

17. Miſericordia autem Domini ab æterno, & uſque in æternum ſuper timentes eum.

Et juſtitia illius in filios filiorum, 18. his qui ſervant teſtamentum ejus:

Et memores ſunt mandatorum ipſius, ad faciendum ea.

19. Dominus in cœlo paravit ſedem ſuam: & regnum ipſius omnibus dominabitur.

20. Benedicite Domino omnes angeli ejus: potentes virtute, facientes verbum illius, ad audiendam vocem ſermonum ejus.

21. Benedicite Domino omnes virtutes ejus: miniſtri ejus, qui facitis voluntatem ejus.

22. Benedicite Domino omnia opera ejus: in omni loco dominationis ejus, benedic anima mea Domino.

HEBR.

miſertus eſt Dominus timentibus ſe: ipſe enim novit plaſmationem noſtram;

Recordatus eſt quia pulvis ſumus. Homo, quaſi herba dies ejus: ſicut flos agri ſic florebit.

Quia ſpiritus pertranſiit eum, & non ſubſiſtet, & non cognoſcet eum ultra locus ejus.

Miſericordia autem Domini ab æterno, & uſque in æternum ſuper timentes eum:

Et juſtitia ejus in filios filiorum, his qui cuſtodiunt pactum ejus,

Et recordantur præceptorum ejus, ad faciendum ea.

Dominus in cœlo ſtabilivit thronum ſuum, & regnum illius omnium dominatur.

Benedicite Domino angeli ejus: fortes robore, facientes verbum ejus, obedientes voci ſermonis ejus.

Benedicite Domino omnes exercitus ejus: miniſtri ejus, qui facitis placitum illius.

Benedicite Domino univerſa opera ejus in omnibus locis poteſtatis ejus: benedic anima mea Domino.

VERSIO ANTIQUA.

filiis ſuis, miſertus eſt Dominus timentibus eum: 14. quia ipſe ſcivit figmentum noſtrum. *Ex Mſ. Sangerm.*

Memento Domine eo quòd terra ſimus: 15. homo, ſicut fœnum dies ejus, ſicut flos agri ita floriet.

16. Quia ſpiritus pertranſiet eum, & non erit: & non cognoſcet ampliùs locum ſuum.

17. Miſericordia autem Domini à ſæculo eſt, & uſque in ſæculum ſuper timentes eum.

Et juſtitia ejus ſuper filios filiorum, 18. cuſtodientibus teſtamentum ejus;

Et memoriâ tenentibus mandata ipſius, ut faciant.

19. Dominus in cœlo paravit ſedem ſuam: & regnum ejus omnium dominatur.

20. Benedicite Domino omnes angeli ejus, potentes virtutes, qui facient verbum ejus, audire vocem ſermonum ejus.

21. Benedicite Dominum omnes virtutes ejus: miniſtri ejus, qui facitis voluntates ejus.

22. Benedicite Dominum omnia opera ejus: in omni loco dominationis ejus benedic anima mea.

NOTÆ AD VERSIONEM ANTIQUAM.

19. p. 106. c. *Sicut miſeretur pater filii ſui, ita miſeratur timentes nomen ſuum.* S. Proſp. in eund. Pſ. *Sicut miſeretur pater filiorum, miſertus eſt Dominus timentium ſe.* Fulgent. l. 1. ad Monim. cum Caſſiod. & Pſalt. Rom. *Sicut miſeretur pater filiis, ita miſertus eſt Dominus timentibus ſe;* Fulgent. *eum.* In Pſalt. Corb. *Et ſicut miſeretur pater filius, miſertus eſt Dominus timentibus eum.* In Mozar. *Sicut pater miſeretur filiis, ita miſertus eſt Deus timentibus eum.* In Gr. Καθὼς οἰκτείρει πατὴρ υἱοὺς, ᾠκτείρησε Κύριος τοὺς, &c.

℣. 14. Pſalt. Corb. & Mozar. *quia ipſe ſcivit* (Mozar. *ſcit*) *figmentum noſtrum. Memento Dom. quòd terra ſumus.* Hilar. in Pſ. 118. col. 256. d. *quia ipſe cognovit figurationem noſtram* (Mſs. 2. *figmentum noſtrum.*) Auct. l. de promiſſ. p. 1. c. 3. p. 93. d. addit: *Memento Dom. quoniam terra ſumus.* Pſalt. Rom. cum Caſſiod. *quia ipſe ſcit figmentum noſtrum. Memento Dom. quod pulvis ſumus.* Auguſt. & Proſp. in hunc Pſ. *quoniam ipſe cognovit figmentum noſtrum.* Deinde cum Ambroſ. in Pſ. 118. to. 1. 1139. f. & l. 2. de fide reſurr. to. 2. 1141. f. *Memento quia* (Proſp. *quod*) *pulvis ſumus.* Pſalt. Carnut. *Memento Dom. quia pulvis ſumus.* Græc. ὅτι αὐτὸς ἔγνω τὸ πλάσμα ἡμῶν. Μνήσθητι ὅτι χοῦς ἐσμεν.

℣. 15. Sic in Pſalt. Corb. ad verbum. Item in Rom. & ap. Caſſiod. exceptis his, *& ſicut flos agri efflorebit*, Caſſiod. *floriet.* In Mozar. *& ſicut flos fœni ita florebit.* Apud Ambroſ. in Pſ. 118. col. 1139. f. & l. 2. de fide reſ. col. 1141. f. *homo, tanquam fœnum dies ejus.* Similiter apud Auguſt. in hunc Pſ. ſubnexis his, *ſicut flos agri ita efflorebit.* S. Proſp. huic ult. verſûs anteced. *pulvis ſumus*, ſubdit, *& ſicut agri flos ita florebit*, prætermiſſis mediis. In Gr. verò ut ſup. apud Auguſt.

℣. 16. Ita in Pſalt. Corb. hoc excepto, *in eo*, loco *eum.* In Mozarab. *Quia ſpiritus pertranſiit eum, & non erit: & non agnoſcet ampliùs*, &c. In Rom. *Quia ſpiritus pertranſibit ab eo, & non erit: & non cognoſcet*, &c. Ap. Aug. & Caſſiod. in hunc Pſ. *Quoniam ſpiritus pertranſibit in eo, & non erit*, &c. Auguſt. poſt paulò, *pertranſiet.* In Gr. Ὅτι πνεῦμα διῆλθεν ἐν αὐτῷ, καὶ οὐχ ὑπάρξει, &c.

℣. 17. Itidem in Pſalt. Corb. Sic etiam in Moz. detracto uno *eſt*, poſt *ſæculo.* Rom. retinet *eſt*, ſubditque, *& uſque in ſæculum ſæculi ſuper*, &c. Similiter habet Caſſiod. in hunc Pſ. Auguſt. autem ſic, cum Proſp. *Miſericordia verò Domini in* (Proſp. *à*) *ſæculo, & in ſæculum ſuper*, &c. Græc. Proſpero favet.

℣. 18. Sic eſt in Pſalt. Moz. præter ult. *mandata ejus, ut faciant eam.* In Rom. & Corb. *cuſtodientibus teſtamentum ejus: & memoriâ retinentibus* (Corb. *tenentibus*) *mandata ejus, ut faciant ea.* Sic etiam apud Auguſt. Proſp. & Caſſiod. in hunc Pſ. ſicut in Gr. Ap. Proſp. tamen deeſt *ejus*, poſt *teſtamentum.*

℣. 19. Ita Caſſiod. cum Pſalt. Rom. Corb. & Mozar. niſi quòd hab. in fine, *dominabitur;* Græc. δεσπόζει. Ap. Auguſt. & Proſp. in eund. Pſ. *Dominus paravit in cœlo thronum ſuum: & regnum ejus omnium dominabitur.*

℣. 20. Pſalt. Moz. *Benedicite Dominum..... potentes virtute, qui facitis verbum ejus, audire vocem*, &c. Itidem in Rom. Corb. & apud Caſſiod. præter hoc, *ad audiendam vocem.* Auguſt. verò in eund. Pſ. ita cum Gr. *Benedicite Dominum..... potentes fortitudine, facientes verbum ejus, ad audiendam vocem*, &c. Sic etiam apud Proſp. ſi excipias *potentes virtutes*, ut in textu ſup.

℣. 21. Ita ferunt Pſalt. Rom. Corb. & Moz. præter ſing. *voluntatem.* Ita etiam Caſſiod. in hunc Pſ. cum S. Proſp. Auguſt. verò in eund. Pſ. leg. *Benedicite Dominum omnes virtutes ejus: miniſtri ejus, facientes voluntatem ipſius.* Concinit Gr. *niſi quòd habet* τὰ θελήματα· at Mſ. Alex. cum edd. Ald. & Compl. τὸ θέλημα.

℣. 22. Ita legunt Auguſt. Proſp. & Caſſiod. in hunc Pſ. ſed addunt *Dominum*, in fine. Accinunt Pſalt. Rom. Corb. & Moz. niſi quòd poſtrema duo hab. *dominationes ejus;* Gr. τῆς δυναστείας, Mſ. Alex. τῆς δεσποτείας.

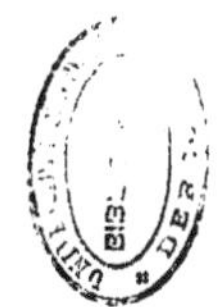

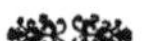

Ex Ms. Sangerm.

VERSIO ANTIQUA.	HEBR.	VULGATA HOD.
1. Ipsi David. CIII.	*CIV.*	1. Ipsi David. CIII.
* Benedic anima mea Dominum: Dominus Deus meus magnificatus es valde.	*Benedic anima mea Domino: Domine Deus meus magnificatus es nimis.*	Benedic anima mea Domino: Domine Deus meus magnificatus es vehementer.
Confessionem, & decorem induisti: 2. amiciens te lumine sicut vestimentum:	*Gloria & decore indutus es: amictus luce quasi vestimento:*	Confessionem, & decorem induisti: 2. amictus lumine sicut vestimento:
Extendens cœlum sicut pellem: 3. qui tegit in aquis superiora sua.	*Extendens cœlos ut pellem: qui tegis aquis cœnacula ejus.*	Extendens cœlum sicut pellem: 3. qui tegis aquis superiora ejus.
Qui ponit nubes ascensiones suas: qui ambulat super pinnas ventorum.	*Qui ponis nubes currum tuum: qui ambulas super pennas venti.*	Qui ponis nubem ascensum tuum: qui ambulas super pennas ventorum.
4. Qui facit angelos suos, spiritus; & ministros suos, ignem urentem.	*Qui facis angelos tuos spiritus: ministros tuos ignem urentem.*	4. Qui facis angelos tuos, spiritus; & ministros tuos, ignem urentem. Heb. 1. 7.
5. Fundavit terram super stabilitatem ejus: non inclinabitur in sæculum sæculi.	*Qui fundasti terram super bases suas: non commovebitur in sæculum & in sæculum.*	5. Qui fundasti terram super stabilitatem suam: non inclinabitur in sæculum sæculi.
6. Abyssum, sicut pallium, amictus ejus: super montes stabunt aquæ.	*Abysso, quasi vestimento, operuisti eam: super montes stabunt aquæ.*	6. Abyssus, sicut vestimentum, amictus ejus: super montes stabunt aquæ.
7. Ab increpatione tua fugient: à voce tonitrui tui formidabunt.	*Ab increpatione tua fugient: à voce tonitrui tui formidabunt.*	7. Ab increpatione tua fugient: à voce tonitrui tui formidabunt.
8. Ascendunt montes, & descendunt campi in locum, quem fundasti eis.	*Ascendent montes, & descendent campi ad locum, quem fundasti eis.*	8. Ascendunt montes, & descendunt campi in locum, quem fundasti eis.
9. Terminum posuisti eis, quem non transgrediuntur: neque avertentur operire terram.	*Terminum posuisti, quem non pertransibunt: nec revertentur ut operiant terram.*	9. Terminum posuisti, quem non transgredientur: neque convertentur operire terram.
10. Qui emittit fontes in	*Qui emittis fontes in convalli-*	10. Qui emittis fontes in con-

NOTÆ AD VERSIONEM ANTIQUAM.

℣. 1. Ita Cassiod. cum Psalt. Rom. In Moz. *Psalmus David.* In Corb. *Psalmus ipsi David.* In ed. Rom. Τῷ Δαυίδ. In Ms. Alex. Τῦ Δαυίδ. In edd. verò Ald. & Compl. Ψαλμὸς τῷ Δαυὶδ, ὑπὲρ τῆς τῦ κόσμυ συςάσεως.

* Vulgatæ respondent S. Prosper & Cassiod. cum Psalt. Rom. & Moz. nisi quòd legunt *Dominum*, cum Gr. Similiter habet August. *Dominum*; ac præterea *nimis*, pro *vehementer*: cæt. ut in Vulg. Gr. σφόδρα. Apud Ambros. l. de Isaac, c. 7. to. 1. 376. b. *Confessionem & speciem induisti.*

℣. 2. Ms. Sangerm. ipso initio hab. *amitens te*, quod ibi nullam significationem habet: substituendum duximus *amiciens te*; magis placeret *amictus es*, vel potiùs *amictus* simpliciter, ut in Psalt. Rom. & Vulg. Corb. hab. *amictus lumen sicut vestimentum: extendens cælum*, &c. Mozar. *amictus lumen sicut vestimento: extendens cælos*, &c. Ambros. l. de Elia, c. 4. to. 1. 539. b. *circumdatus luce sicut vestimento*: & l. 1. de interpel. Job, c. 5. 631. b. ait: *Dominus qui cælum solus extendit.* August. in hunc Ps. *circumamictus lucem sicut* (inf. *velut*) *vestimentum: extendit* (inf. *extendens*) *cælum sicut pellem.* S. Prosp. *circumamictus lumine sicut vestimentum: extendens cælum*, &c. Gr. ἀναβαλλόμενος φῶς ὡς ἱμάτιον· ἐκτείνων, &c.

℣. 3. August. in hunc Ps. *qui protegit in aquis superiora ejus. Qui ponit nubes ascensum ejus: qui ambulat* (inf. *ascendit*) *super pennas ventorum.* S. Prosper in eund. Ps. *qui protegit in aquis..... Qui ponit nubes ascensum ejus: qui ambulat super*, &c. Cassiod. cum Psalt. Rom. & Moz. *qui tegit in aquis..... Qui ponit nubem ascensum suum: qui ambulat*, &c. Corb. *qui tegit in aquis superiora ejus. Qui ponet nubes ascensum suum: qui ambulat*, &c. Item in Mediolan. & Carnut. *qui tegit in aquis..... ponit..... ambulat*, &c. Apud Hilar. in Ps. 146. col. 579. b. *Posuit nubem ascensum suum.* In Gr. ὁ ςεγάζων ἐν ὕδασι τὰ..... Ὁ τιθεὶς νέφη τὴν..... ὁ περιπατῶν, &c.

℣. 4. Sic est in Psalt. Rom. Corb. Mediol. Carnut. Moz. & ap. Cassiod. Similiter habet Hilarius l. 5. de Trin. col. 860. a. at in Ps. 134. col. 475. b. leg. *Faciens ang. suos, spiritus.* Ambros. l. de Spir. S. to. 2. 613. a. *Qui facit angelos suos, spiritus.* Tertul. verò l. 2. adv. Marc. p. 647. c. *Qui facis angelos, spiritus*; & paulò sup. *Qui facis spiritus, angelos*; *& apparitores, flammam ignis*: & l. 3. adv. Marc. p. 673. a. *Facit angelos, spiritus*; *& apparitores suos, ignem flagrantem*: & l. adv. Jud. c. 9. p. 143. a. alludens, dicit: *Nec novum est Spiritui S. angelos appellare eos, quos ministros sua virtutis Deus præfecit.* Aug. in hunc Ps. *Qui facit angelos suos, spiritus; & ministros suos, ignem flagrantem*: & l. 15. de civit. Dei, c. 23. col. 406. f. *ignem ardentem*; S. Prosp. *urentem*; Vigil. Tapſ. l. 3. de Trin. *flammantem.* Anonymus apud Cypr. de rebapt. p. 366. a. *Qui facit ang. suos, spir. & min. suos, ignem ardentem.* Hieron. epist. ad Sun. & Fret. to. 2. 655. c. *Qui facit angelos suos, spiritus*; tum addit: *Pro quo in Græco invenisse vos dicitis*, Ὁ ποιῶν τὺς ἀγγέλυς αὐτῦ, *id est, Qui facit angelos suos.* Itidem in ed. Rom. sicut in fine, πῦρ φλέγον; Ms. Alex. hab. πυρὸς φλέγα; Ald. & Compl. πυρὸς φλόγα.

℣. 5. Ita Cassiod. cum Psalt. Rom. & Moz. posito uno *qui*, ante verbum *fundavit*; præterea Rom. addit *&* post vocem *ejus*. Mediol. quoque & Carn. hab. *Fundavit terram.* Corb. *Fundabit terram sup. stabilit. ejus*, &c. Ambros. l. 1. Hexa. col. 11. d. *Fundavit terram super firmamentum ejus: non inclinab. in sæc. sæculi*; Mss. nonnulli ferunt *firmitatem ejus.* Similiter August. in hunc Ps. nisi quòd primò legit *super firmitatem ejus*, & post plura, col. 1145. b. *super firmamentum ejus.* S. Prosp. *Fundavit terram super firmitatem ejus: non*, &c. Gr. Ὁ θεμελιῶν τὴν γῆν ἐπὶ τὴν ἀσφάλειαν αὐτῆς· ὐ, &c.

℣. 6. Psalt. Corb. *Abyssus, sicut palleos, amictus ejus*, &c. Rom. cum Moz. *Abyssus, sicut pallium*, &c. ut in textu. Itidem apud Cassiod. & Eucher. q. in Ps. p. 846. e. Ap. August. in eund. Ps. *Abyssus, sicut vestimentum, amictus ipsius*, &c. In Gr. Ἄβυσσος, ὡς ἱμάτιον, τὸ περιβόλαιον αὐτῦ, &c. Apud Ambros. l. 3. Hexa. to. 1. 36. e. posteriora tantùm: *super montes stabunt aquæ*, ut sup.

℣. 7. Ita Cassiod. cum vet. Psalt. & Gr. Apud Aug. & Prosp. legitur, *tonitrûs tui.* In Psalt. Corb. *tonitros tui.* Hieron. ep. ad Sun. & Fret. to. 2. 655. c. dicit. *In Hebræo habetur, tonitrui tui*; sed addit: *& miror quomodo apud Latinos scriptorum errore subtractum sit.*

℣. 8. Concinunt August. Prosp. & Cassiod. unà cum vet. Psalt. & Gr.

℣. 9. August. in hunc Ps. cum Gr. *Terminum posuisti, quem non transgredientur: neque revertentur tegere terram.* Hieron. in Jerem. 31. to. 3. 685. d. *Terminum posuisti, quem non transibunt*, &c. ut in Vulg. Cassiod. cum Psalt. Rom. *Terminum posuisti eis, quem non transgredientur*, &c. ut in Vulg. In Corb. *Terminum posuisti eis, quem non transgredientur: & non transibunt, neque convertentur operire terram.* In Mozar. *neque revertentur*, Gr. ὐδὲ ἐπιςρέψυσι.

℣. 10. Psalt. Rom. & Corb. cum Prosp. & Cassiod. *Qui emittit fontes in convallib. inter med. montium pertransib.*

VULGATA HOD.	HEBR.	VERSIO ANTIQUA.
vallibus : inter medium montium pertransibunt aquæ.	*bus, ut inter medios montes ambulent :*	convallibus : inter medium montium pertransibunt. Ex Ms. Sangerm.
11. Potabunt omnes bestiæ agri : exspectabunt onagri in siti sua.	*Ut bibant omnia animalia regionum, & reficiant onagri sitim suam.*	11. Potionabunt omnes bestias silvæ : exspectabunt onagri sitim suam.
12. Super ea volucres cœli habitabunt : de medio petrarum dabunt voces.	*Super ea volucres cœli morabuntur : de medio nemorum dabunt vocem.*	12. Super ea volucres cœli habitabunt : de medio petrarum dabunt vocem suam.
13. Rigans montes de superioribus suis : de fructu operum tuorum satiabitur terra :	*Qui irrigas montes de cœnaculis tuis : de fructu operum tuorum implebitur terra ;*	13. Rigas montes de superioribus suis : de fructu operum tuorum saturabitur terra.
14. Producens fœnum jumentis, & herbam servituti hominum :	*Germinans herbam jumentis, & fœnum servituti hominum :*	14. Produces fœnum jumentis, & herbam servituti hominum :
Ut educas panem de terra : 15. & vinum lætificet cor hominis :	*Ut educat panem de terra, & vinum lætificet cor hominis :*	Ut educat panem de terra : 15. & vinum lætificat cor hominis :
Ut exhilaret faciem in oleo : & panis cor hominis confirmet.	*Ad exhilarandam faciem in oleo : panis autem cor hominis roborat.*	Ut exhilaret faciem in oleo : & panis cor hominis confirmat.
16. Saturabuntur ligna campi, & cedri Libani, quas plantavit : 17. illic passeres nidificabunt.	*Saturabuntur ligna Domini, cedri Libani quas plantavit : ibi aves nidificabunt.*	16. Saturabuntur ligna silvarum, & cedri Libani, quas plantasti : 17. illic passeres nidificabunt.
Herodii domus dux est eorum : 18. montes excelsi cervis : petra refugium herinaciis.	*Milvo abies domus ejus, montes excelsi cervis : petra refugium hericiis.*	Fulicæ domus dux est eorum : 18. montes excelsi cervis : petra refugium irinacis.
19. Fecit lunam in tempora : sol cognovit occasum suum.	*Fecit lunam per tempora : sol cognovit cubitum suum.*	19. Fecit lunam in tempora : sol cognovit occasum suum.
20. Posuisti tenebras, & facta est nox : in ipsa pertransibunt omnes bestiæ silvæ.	*Posuisti tenebras, & facta est nox : in ipsa moventur omnes bestiæ silvæ.*	20. Posuit tenebras, & facta est nox : in ea pertransibunt omnes bestiæ silvarum.
21. Catuli leonum rugientes, ut	*Leones rugientes ad prædam, &*	21. Sicut catuli leonum ru-

NOTÆ AD VERSIONEM ANTIQUAM.

(Corb. *transibunt*) *aquæ*. Brev. Moz. *Qui emittit..... per medium montium*, &c. August. in eund. Ps. *Qui emittis*, &c. ut in Vulg. Ambros. in Ps. 45. to. 1. col. 930. a. add. *inter medios montes pertransibunt aquæ*. Græc. Ὁ ἐξαποστέλλων..... ἀναμέσον τῶν ὀρέων διελεύσονται ὕδατα.

℣. 11. Ambros. in Ps. 45. col. 930. a. *Et potabunt omnes bestiæ agri : suscipient onagri in sitim suam*. Sic etiam ap. August. in hunc Ps. sed absque &, ante *potabunt*. Concinit S. Prosper in eund. Ps. nisi quòd hab. *silvæ* ; tollitque *in*, ante *sitim*. Aug. quoque inf. col. 1149. f. 1151. e. legit *silvæ*. Cassiod. sic : *Potabunt ea omnes bestiæ silvarum : exspectabunt onagri sitim suam* ; Mss. 3. *in sitim suam*. Psalt. Rom. *Potabunt eas omnes bestiæ silvarum : exspectabunt onagri in siti sua*. Mozarab. *Potabunt omnes bestiæ silvæ : reficient onagri in siti sua*. Corb. *Et potabunt omnes bestiæ silvæ : exspectabunt onagri in sitim suam*. Gr. Ποτιοῦσι πάντα τὰ θηρία τοῦ ἀγροῦ· προσδέξονται ὄναγροι εἰς δίψαν αὐτῶν.

℣. 12. Ita Cassiod. in hunc Ps. cum Psalt. Corb. Mozarab. verò scribit *inhabitabunt*, nec addit *suam*, ad vocem. Rom. hab. *voces suas* ; cæt. ut in textu. Apud Aug. in eund. Ps. sic : *Super illos volatilia cæli inhabitabunt : de medio petrarum dabunt vocem suam*. In Gr. Ἐπ' αὐτὰ τὰ πετεινὰ τοῦ οὐρανοῦ κατασκηνώσει· ἐκ μέσου τῶν πετρῶν δώσουσι φωνήν.

℣. 13. August. & Cassiod. cum Prosp. Vulgatæ suffragantur. Sic etiam in Psalt. Rom. & Gr. Moz. verò delet voculam *suis*.

℣. 14. Sic est in Psalt. Rom. & apud Aug. Prosp. & Cassiod. excepto verbo 1. *Producens*. In Mozar. *Producens fœnum pecudibus..... Ut educat*, &c. Item in Mediol. Corb. & Carnut. *Ut educat* ; Mss. tamen plures Aug. & Cassiod. ferunt, *educas*. Hieron. quoque ep. ad Sun. & Fret. to. 2. 658. a. *Ut educas, pro quo*, inquit, *invenisse vos dicitis*, Ut educat. In Gr. Ὁ ἐξανατέλλων χόρτον τοῖς κτήνεσι..... τοῦ ἐξαγαγεῖν, &c.

℣. 15. Ita Aug. in hunc Ps. cum Psalt. Mediol. Corb. & Carnut. Cassiod. verò cum Rom. *lætificet..... confirmet*. In Mozarab. *lætificat..... confirmet*. Apud Ambros. l. 1. de virg. to. 2. 156. b. *vinum lætificat cor hominis* : & in Luc. 9. to. 1. 1401. b. necnon l. 3. de fide, to. 2. 519. b. *panis confirmat cor hominis*. Apud Prosp. in eund. Ps. *& vinum lætificet cor hominis : ut exhilaretur facies in oleo : & panis..... confirmat*. In Gr. καὶ οἶνος εὐφραίνει..... τοῦ ἱλαρῦναι πρόσωπον ἐν ἐλαίῳ· καὶ ἄρτος..... στηρίζει.

℣. 16. Itidem in Psalt. Corb. & ap. Cassiod. In Rom. sic : *Satiabuntur omnia ligna silvarum, & cedri Libani, quas plantasti*. In Mozarab. *& cedros Lib. quas plantavit*. Apud Aug. in eund. Ps. *Satiabuntur ligna campi*, &c. ut in Vulg. Apud Prosp. *Saturabuntur*. In Gr. Χορτασθήσονται τὰ ξύλα τοῦ πεδίου, αἱ κέδροι τοῦ Λιβάνου, ἃς ἐφύτευσεν· Alex. Ald. & Compl. ἐφύτευσας.

℣. 17. Ita legunt August. Prosp. & Cassiod. in hunc Ps. cum Psalt. Rom. Carnut. & Moz. Itidem in Corb. dempto verbo *est*. In Mediolan. sic : *Sturni domus ducatum eis præbet*. In Gr. Τοῦ ἐρωδιοῦ ἡ οἰκία ἡγεῖται αὐτῶν. Ap. Hieron. epist. ad Sun. & Fret. col. 658. a. *Herodii domus dux est eorum* ; statimque : *Nos ita vertimus in Latinum*, nempe ex Hebræo : *ibi aves nidificabunt. Milvi abies domus est*.

℣. 18. Hieron. in Isai. 2. to. 3. col. 26. c. *petra refugium leporibus* : at in epist. ad Sun. & Fret. col. 658. b. *herinaciis, pro quo*, inquit, *in Hebræo positum est* sphannim, *& omnes* χοιρογρυλλίους, *voce simili transtulerunt, exceptis LXX. qui* lepores *interpretati sunt*. August. in hunc Ps. cum Prosp. *montes altissimi cervis : petra refugium hericiis, & leporibus*. S. Prosp. delet ult. *& leporibus*. Auct. verò l. de promiss. p. 3. col. 175. c. & infra 206. d. addit, *& leporibus*. Cassiod. cum Psalt. Rom. Vulgatæ congruit. In ed. Rom. ὄρη τὰ ὑψηλὰ..... πέτρα..... τοῖς χοιρογρυλλίοις· Ms. Alex. cum editt. Ald. & Compl. λαγωοῖς.

℣. 19. Sic Ambros. l. 4. Hexa. to. 1. 65. a. & Cassiod. cum Psalt. Rom. In Mozarab. & apud August. *sol agnovit occasum suum*. Ambros. verò epist. 34. col. 923. c. legit : *luna novit occasus suos*. S. Prosp. in eund. Ps. *Fecit lunam in tempore : sol cognovit*, &c. Cassiodori etiam Ms. 1. cum editt. fert *in tempore*. Psalt. Corb. *Fecit lumen in tempore : sol cognovit*, &c. Gr. εἰς καιρούς· ὁ ἥλιος ἔγνω τὴν δύσιν αὐτοῦ.

℣. 20. Psalt. Rom. Vulgatæ consonat. Similiter & Mozarab. nisi quòd initio hab. *posuit*. Hieron. in Amos 3. to. 3. 1390. b. cum Cassiod. *Posuisti tenebras..... in ipsa pertransib. omnes bestiæ silvarum*. At Hieron. l. 3. in ep. ad Gal. to. 4. 313. f. legit *silvæ*. August. in hunc Ps. cum Prosp. *Posuisti tenebras..... ibi pertransibunt omnes bestiæ silvæ* : August. infra, *illic pertransibunt*. Gr. Ἔθου σκότος..... ἐν αὐτῇ διελεύσονται πάντα..... τοῦ δρυμοῦ.

℣. 21. Similiter apud Cassiod. & in Psalt. Rom. sed absque adverb. 1. *sicut*. August. in eund. Ps. legit : *Catuli leonum rug. ut rapiant, quærentes à Deo escam sibi* :

Versio antiqua.	Hebr.	Vulgata hod.
Ex Mſ. Sangerm. gientes, ut rapiant, & quærant à Deo eſcam ſibi.	*quærentes à Deo eſcam ſibi.*	rapiant, & quærant à Deo eſcam ſibi.
22. Ortus eſt ſol, & congregati ſunt: & in cubilibus ſuis ſe collocabunt.	*Oriente ſole recedent, & in ſpeluncis ſuis cubabunt.*	22. Ortus eſt ſol, & congregati ſunt: & in cubilibus ſuis collocabuntur.
23. Exivit homo ad opus ſuum: & operationem ſuam uſque ad veſperam.	*Egredietur homo ad opus ſuum, & ad ſervitutem ſuam uſque ad veſperum.*	23. Exibit homo ad opus ſuum: & ad operationem ſuam uſque ad veſperum.
24. Quàm magnificata ſunt opera tua Domine! omnia in ſapientia feciſti: impleta eſt terra creaturâ tuâ.	*Quàm multa ſunt opera tua Domine! omnia in ſapientia feciſti: impleta eſt terra poſſeſſione tua.*	24. Quàm magnificata ſunt opera tua Domine! omnia in ſapientia feciſti: impleta eſt terra poſſeſſione tua.
25. Hoc mare magnum, & ſpatioſum: ibi repentia, quorum non eſt numerus.	*Hoc mare magnum, & latum manibus: ibi reptilia innumerabilia,*	25. Hoc mare magnum, & ſpatioſum manibus: illic reptilia, quorum non eſt numerus.
Animalia puſilla cum majoribus: 26. illic naves pertranſeunt.	*Animalia parva cum grandibus: ibi naves pertranſeunt:*	Animalia puſilla cum magnis: 26. illic naves pertranſibunt.
Draco iſte, quem formaſti ad inludendum: 27. omnia à te exſpectant ut des illis eſcam tempore.	*Leviathan iſtum plaſmaſti, ut illuderet ei. Omnia in te ſperant, ut des cibum eis in tempore ſuo.*	Draco iſte, quem formaſti ad illudendum ei: 27. omnia à te exſpectant ut des illis eſcam in tempore.
* *In Mſ. deeſt te.* 28. Dante * te illis, colligent: aperiente te manum, univerſa implebuntur bonitate.	*Dante te illis, colligent: aperiente te manum tuam, replebuntur bono.*	28. Dante te illis, colligent: aperiente te manum tuam, omnia implebuntur bonitate.
29. Avertente te autem faciem, turbabuntur: auferes ſpiritum ipſorum, & deficiunt, & in terram ſuam revertentur.	*Abſcondes vultum tuum, turbabuntur: auferes ſpiritum eorum, deficient, & in pulverem ſuum revertentur.*	29. Avertente autem te faciem, turbabuntur: auferes ſpiritum eorum, & deficient, & in pulverem ſuum revertentur.

Notæ ad Versionem antiquam.

at infra, *& ut quærant à Deo*, &c. S. Proſp. *quærentes à Domino*, &c. Pſalt. Corb. *Catuli leon. rugientes, ut rapiant, & quærant à Deo*, &c. Ed. Rom. Σκύμνοι ὠρυόμενοι, ἁρπάσαι, καὶ ζητῆσαι παρὰ τοῦ Θεοῦ, &c. Mſ. Alex. cum Ald. & Compl. τοῦ ἁρπάσαι; Ald.que & Compl. παρὰ τῷ Θεῷ.

℣. 22. Sic eſt in Pſalt. Rom. Corb. & Moz. ut & ap. Caſſiod. in hunc Pſ. Apud Auguſt. verò, *& in cubilib. ſuis cubabunt.* Apud Hieron. l. 3. in ep. ad Gal. to. 4. 313. f. *Ortus eſt ſol, & congregata ſunt: & in cubilib. ſuis dormierunt.* In ed. Rom..... καὶ συναχθήσονται· καὶ ἐν ταῖς..... κοιτασθήσονται. Alex. Ald. & Compl. ſup. συνήχθησαν.

℣. 23. Auguſt. cum Pſalt. Rom. Corb. & Moz. *Exiet homo...... & ad operationem*, &c. Hieron. l. 3. in ep. ad Gal. to. 4. 313. f. *Egredietur homo*, &c. ut ſup. Caſſiod. in eund. Pſ. *Exiet homo;* at in Mſs. 3. *exiit.* Nicetius ep. Spicil. to. 3. p. 1. *Homo exiturus ad opus ſuum: & ad operat. ſuam uſque ad veſperam.* Gr. Ἐξελεύσεται..... καὶ ἐπὶ τὴν ἐργασίαν, &c.

℣. 24. Ita legunt Auguſt. Proſp. & Caſſiod. in hunc Pſ. ſi id excipias, *repleta eſt terra.* Ita quoque hab. Pſalt. Rom. cum Mozarab. Item in Mediolan. Corb. & Carnut. *creaturâ tuâ;* in Gr. κτίσεώς σου, non κτήσεως, quod Vulgatæ reſpondet. Pſalt. Sangerm. ſcribit, *Quàm magnificata ſunt opera tua!* ſed vitioſè; vel ergo legendum *magnificata ſunt*, vel ſcribendum *opera tua:* hoc ultimum prætulimus, cùm ita legant Aug. & al. imo Ambroſ. l. 1. & 6. Hexa. to. 1. col. 9. b. 120. d. vide etiam col. 4. f. 90. b. 268. e. 730. c. 1230. e. & to. 2. col. 533. d. & 682. a. Item apud Novatian. de Trin. p. 1032. b. *omnia in ſap. feciſti.*

℣. 25. Hilarius in Pſ. 51. col. 75. d. ita legit: *Hoc mare magnum, & ſpatioſum: illic ſerpentes, quorum non eſt numerus. Animalia puſilla, & magna:* at in Pſ. 64. col. 167. d. *Mare hoc magnum, & latum.* Ambroſ. l. 5. Hexa. col. 80. d. *Hoc mare mag. & ſpatioſum: illic reptilia, quorum non eſt numerus.* S. Paulinus epiſt. 24. p. 164. a. *& illic repentia, quorum*, &c. Auguſt. in hunc Pſ. cum Proſp. *Hoc mare magnum, & ſpatioſum: ibi* (Proſp. *illic*) *repentia, quorum..... puſilla, & magna.* Caſſiod. in eund. Pſ. *Hoc mare mag. & ſpatioſ. manibus: illic reptilia, quorum.....: puſilla, & magna.* Sic etiam in Pſalt. Corb. ſed abſque *manibus*. Apud. Hieron. in Naum 1. to. 3. 1561. b. *Hoc mare mag. & ſpatioſum: ibi reptilia..... animalia parva cum magnis:* item in epiſt. ad Sun. & Fret. to. 2. 657. c. ait: *Dicitis in Græco* manibus *non haberi, & ego novi; ſed ex Hebræo, & Theodotione in LXX. additum eſt ſub aſteriſco.* Abeſt ſanè à Pſalt. Mediol. Carnut. Rom. & Moz. duoque poſtrema legunt in fine, *puſilla, & magna*, ut ſup. Græc. Αὕτη ἡ θάλασσα ἡ μεγάλη, καὶ εὐρύχωρος· ἐκεῖ..... Ζῶα μικρὰ μετὰ μεγάλων.

℣. 26. Vulgatæ ſuffragatur Hilarius in Pſ. 51. col. 75. d. cum Caſſiod. & Pſalt. Rom. ſed Hilar. in Pſ. 64. col. 167. d. ita legit, alludendo certè: *Ibi requieſcet draco, quem figuraſti ad illudendum ipſum.* Hieron. in Naum 1. to. 3. col. 1561. b. *ibi naves perambulant*, &c. ut in Vulg. & in Iſai. 11. col. 104. e. ſic: *Draco iſte, quem plaſmaſti ut illuderet ei.* Auguſt. in eund. Pſ. *illic naves commeabunt. Draco hic, quem finxiſti ad illudendum ei.* Item ap. Proſp. *commeabunt;* cæt. ut in Vulg. In Brev. Moz. *Draco iſte, quem confirmaſti ad illudendum eis.* Auct. l. de promiſſ. p. 2. c. 11. col. 136. a. 191. a. *Draconem, quem finxiſti ad illudendum ei.* Gr. ἐκεῖ πλοῖα διαπορεύονται. Δράκων οὗτος, ὃν ἔπλασας ἐμπαίζειν αὐτῷ.

℣. 27. Pſalt. Rom. *omnia à te exſpectant Domine, ut..... in tempore.* Mozarab. *omnia à te exſpectant ut des eſcam illis in tempore opportuno.* Corb. *omnes à te exſpectant ut..... in tempore;* Mediol. addit *opportuno.* Ambroſ. l. 4. Hexa. to. 1. 64. f. *omnia à te exſpectant ut des illis cibum in tempore:* ſimiliter l. de Noe, c. 16. col. 251. f. & in Pſ. 43. col. 924. b. hoc tamen poſter. loco leg. *ut tu des.* Auguſt. in Pſ. 103. cum Proſp. *omnia à te exſpectant Domine, ut des illis cibum in tempore opportuno.* Caſſiod. in eund. Pſ. Vulgatæ accinit, niſi quòd in fine add. *opportuno.* Gr. πάντα πρὸς σὲ προσδοκῶσι δοῦναι τὴν τροφὴν αὐτοῖς εὔκαιρον· Mſ. Alex. αὐτῶν εἰς καιρόν· Ald. & Compl. αὐτῶν εἰς εὔκαιρον.

℣. 28. Ambroſ. l. 4. Hexa. to. 1. col. 64. f. *Dante te illis, colligent ſibi: aperiente te manum, univerſa implebuntur bonitate:* at in Pſ. 43. p. 924. b. *Dante te his, colligent: aperiente manum tuam, univerſa*, &c. & l. de Noe, c. 16. col. 251. f. *aperiente te manum tuam, omnia impleb. bonitate:* & l. de fuga ſæc. c. 6. col. 432. d. *aperiente te manum, implebuntur omnia bonitate.* Auguſt. in hunc Pſ. *Cùm dederis eis, colligent: aperiente autem te manum tuam, univerſa impleb. bonitate.* S. Proſp. in eund. Pſ. *Dante te, illi colligent: aperiente te manum tuam, univerſa replebuntur bonitate.* Caſſiod. *Dante te illis, colligent: aperiente te manum tuam, univerſa replebuntur ubertate.* Itidem in Pſalt. Rom. præter *omnia*, pro *univerſa*. In Corb. *aperiente te manum tuam, univerſa impleb. bonitate.* In Mozarab. *aperiente autem te manum, omnia replebuntur ubertate.* In Gr. Δόντος σου αὐτοῖς, συλλέξουσιν· ἀνοίξαντος δέ σου τὴν χεῖρα, τὰ σύμπαντα πλησθήσονται χρηστότητος. Alex. χρηστότητος.

℣. 29. Ambroſ. in Pſ. 43. col. 924. b. cum Vulgata concinit, niſi quòd extremò hab. *convertentur:* ita etiam l. de Noe, c. 16. col. 251. f. at l. 2. de Spir. S. to. 2. col. 640. c. *revertentur*. Aug. in hunc Pſ. addit *tuam*, ad *faciem*, &c.

VULGATA HOD.	HEBR.	VERSIO ANTIQUA.
30. Emittes ſpiritum tuum, & creabuntur : & renovabis faciem terræ.	*Emittes ſpiritum tuum, & creabuntur, & inſtaurabis faciem terræ.*	30. Emitte ſpiritum tuum, & creabuntur : & renovabis faciem terræ. *Ex Mſ. Sangerm.*
31. Sit gloria Domini in ſæculum : lætabitur Dominus in operibus ſuis :	*Sit gloria Domini in ſempiternum : lætabitur Dominus in operibus ſuis.*	31. Sit gloria Domini in ſæculum ſæculi : lætabitur Dominus in operibus ſuis :
32. Qui reſpicit terram, & facit eam tremere : qui tangit montes, & fumigant.	*Qui reſpicit terram, & tremet : tangit montes, & fumabunt.*	32. Qui reſpicit terram, & facit eam tremere : qui tangit montes, & fumigabuntur.
Inf. 145. 2. 33. Cantabo Domino in vita mea. pſallam Deo meo quandiu ſum.	*Cantabo Domino in vita mea : pſallam Deo meo quandiu ſum.*	33. Cantabo Domino meo in vita mea : pſallam Domino meo quandiu ſum.
34. Jucundum ſit ei eloquium meum : ego verò delectabor in Domino.	*Placeat ei eloquium meum : ego lætabor in Domino.*	34. Suavis ſit ei laudatio mea : ego autem delectabor in Domino.
35. Deficiant peccatores à terra, & iniqui ita ut non ſint : benedic anima mea Domino.	*Deficiant peccatores de terra, & impii ultra non ſint : benedic anima mea Domino. Alleluia.*	35. Deficiant peccatores à terra, & iniqui ita ut non ſint : benedic anima mea Dominum.

NOTÆ AD VERSIONEM ANTIQUAM.

legit *convertentur ;* cæt. ut in Vulg. Itidem Caſſiod. cum Pſalt. Rom. ſed hab. *revertentur.* S. Proſper nil differt à Vulg. In Pſalt. Corb. *Avertente autem faciem tuam, turbabuntur : auferes ſpir. eorum, & deficient, & in terram ſuam revertentur.* In Mozarab. *auferſ ſpiritus eorum, & deficient.* In Gr. ἀντανελεῖς τὸ πνεῦμα..... καὶ εἰς τὸν χοῦν αὐτῶν ἐπιστρέψουσι.

℣. 30. Ambroſ. l. de Noe, c. 16. to. 1. 251. f. & in Pſ. 43. col. 924. b. legit, *Emittes*, &c. ut in Vulg. item l. 2. de Spir. S. to. 2. 640. c. niſi quòd hab. *& innovabis omnem faciem terræ :* at l. 1. & 4. Hexa. col. 17. a. 64. f. legit initio, *Emitte*, cum Pſalt. Corb. ſimiliter l. de apol. Dav. col. 730. b. & in Luc. 1. col. 1263. b. Conſentiunt Hieron. quæſt. Hebr. to. 2. 508. & S. Proſp. in hunc Pſ. Aug. autem in eund. hab. *Emittes ſpir. tuum..... & innovabis fac. terræ.* Caſſiod. ut in Vulg. Apud Irenæum l. 5. c. 32. p. 333. c. hæc pauca : *Qui renovavit faciem terræ.* In Gr. Ἐξαποστελεῖς..... καὶ ἀνακαινιεῖς τὸ, &c.

℣. 31. Ita Caſſiod. cum Pſalt. Rom. & Corb. In Moz. verò ſic : *Sit gloria Domino in ſæculum ſæculi*, &c. Apud Auguſt. & Proſp. in hunc Pſ. *Sit gloria Domini in æternum : lætab.* &c. In Gr. Ἤτω ἡ δόξα Κυρίου εἰς τὸν αἰῶνα, &c. Alex. Ald. & Compl. τοὺς αἰῶνας.

℣. 32. Ita in Pſalt. Corb. excepto uno *tremente*, fortè *trementem*, pro *tremere.* Novatian. de Trin. p. 1032. b. leg. *Qui aſpicit terram, & facit eam tremere.* Similiter Ambr. l. 1. Hexa. col. 11. f. at in Pſ. 118. col. 1187. d. *Aſpicit ſuper terram, & facit*, &c. Hilar. in eund. Pſ. col. 345. b. *Aſpiciet in terram, & faciet eam tremere.* Auguſt. in hunc Pſ. *Qui aſpicit terram, & facit..... qui tangit montes, & fumigabunt.* Item S. Proſper in eund. Pſ. *Qui aſpicit terram.* Caſſiod. in eund. *Qui reſpicit terram..... qui tangit montes, & fumabunt ;* Pſalt. Rom. cum Moz. *& fumigabunt.* Philaſtr. Brix. de hæreſ. p. 713. g. *Qui conſpicis terram, & eam commoves terræ motu.* In Gr. Ὁ ἐπιβλέπων ἐπὶ τὴν γῆν, καὶ ποιῶν αὐτὴν τρέμειν· ὁ ἁπτόμενος..... καὶ καπνίζονται.

℣. 33. Pſalt. Rom. cum Moz. *Cantabo Domino in..... pſallam Deo meo quandiu ero.* Sic etiam apud Caſſiod. in hunc Pſ. Auguſt. autem & S. Proſp. cum Vulgata concinunt, & Græco.

℣. 34. Sic eſt in Pſalt. Rom. Carnut. & ap. Caſſiod. Sic etiam in Mozarab. dempto uno *ei.* In Corb. *Suavis ſit ei & laudatio mea : ego verò delect.* &c. In Mediolan. *Suavis ſit ei diſputatio mea.* Apud Hilar. in Pſ. 64. col. 169. b. *Suavis ei ſit laudatio mea.* Apud Auguſt. & Proſp. in hunc Pſ. *Suavis ſit ei diſputatio mea : ego autem jocundabor in Domino.* In Gr. Ἡδυνθείη αὐτῷ ἡ διαλογή μου· ἐγὼ δὲ εὐφρανθήσομαι, &c.

℣. 35. Ita Aug. & Proſp. in hunc Pſ. cum Pſalt. Corb. Ap. Caſſiod. verò eſt τὸ *injuſti*, loco *iniqui.* Apud Gelaſ. PP. Conc. to. 4. 1228. d. *Pereant peccatores à terra, ita ut non ſint.* Brev. Moz. ipſo initio hab. *Deficient ;* & in fine *Dominum*, ut ſup. Gr. Ἐκλείποισαν (Ald. & Compl. Ἐκλείποιεν)..... καὶ ἄνομοι..... εὐλόγει ἡ..... τὸν Κύριον.

VULGATA HOD.	HEBR.	VERSIO ANTIQUA.
Alleluia. (1. *Par.* 16. 8.) CIV.	*CV.*	* Alleluia. CIV. *Ex Mſ. Sangerm.*
1. Par. 16. 8. Iſa. 12. 4. 1. CONfitemini Domino, & invocate nomen ejus : annuntiate inter gentes opera ejus.	*COnfitemini Domino, invocate nomen ejus : notas facite populis cogitationes ejus.*	1. COnfitemini Domino, & invocate nomen ejus : adnuntiate inter gentes opera ejus.
2. Cantate ei, & pſallite ei : narrate omnia mirabilia ejus.	*Cantate ei, & pſallite illi : loquimini in univerſis mirabilibus ejus.*	2. Cantate, & pſallite ei : narrate omnia mirabilia ejus.
3. Laudamini in nomine ſancto ejus : lætetur cor quærentium Dominum.	*Exſultate in nomine ſancto ejus : lætetur cor quærentium Dominum.*	3. Laudamini in nomine ſancto ejus : lætetur cor quærentium Dominum.
4. Quærite Dominum, & confirmamini : quærite faciem ejus ſemper.	*Quærite Dominum, & virtutem ejus : quærite faciem ejus jugiter.*	4. Quærite Dominum, & confirmamini : quærite faciem ejus ſemper.

NOTÆ AD VERSIONEM ANTIQUAM.

* Auguſt. in hunc Pſ. *Pſalmus centeſimus quartus, primus eſt in eis, quibus prænotatur* Halleluia ; *cujus verbi, vel potiùs duorum verborum, interpretatio eſt*, Laudate Deum. *Hallelnia* quoque legitur ap. Proſp. & Caſſiod. ac in Pſalt. Rom. In Gr. Ἀλληλούϊα.

℣. 1. Concinunt Aug. & Caſſiod. in hunc Pſ. unà cum vet. Pſalt. In Corb. tamen ſic : *annuntiate inter gentes mirabilia ejus.* Ap. Proſp. *annuntiate in gentibus opera ejus ;* quam lectionem laudat Auguſt. ubi ſup. col. 1178. g. *Sequitur*, inquit, annuntiate inter gentes, &c. *vel potiùs, ut de Græco ad verbum exprimatur, quod & alii Latini codices habent*, evangelizate (Mſs. omnes *annuntiate*) in gentibus opera ejus. *Quibus hoc dicitur, niſi Evangeliſtis in prophetia ?* Græc. ἀπαγγείλατε ἐν τοῖς ἔθνεσι τὰ ἔργα αὐτοῦ.

℣. 2. Auguſt. Proſp. & Caſſiod. cum Gr. *Cantate ei, & pſallite ei*, &c. ut ſup. In Pſalt. Moz. *Cantate illi, & pſallite ei*, &c. In Corb. *Cantate, & pſallite nomini ejus : narrate*, &c.

℣. 3. Mſ. Sangerm. omittit ult. vocem *Dominum*, quam ſupplendam duximus è vet. aliis Pſalt. & Gr. Legitur etiam apud Aug. Proſp. & Caſſiod. cum cæt. quæ habentur ſup.

℣. 4. Accinunt S. Proſp. & Caſſiod. unà cum Pſalt.

Versio antiqua.	Hebr.	Vulgata hod.
* Ex Ms. Sangerm. 5. Memento mirabilium ejus, quæ fecit: prodigia ejus, & judicia oris ejus.	*Recordamini mirabilium ejus quæ fecit: signorum, & judiciorum oris ejus,*	5. Mementote mirabilium ejus, quæ fecit: prodigia ejus, & judicia oris ejus.
6. Semen Abraham, servi ejus: filii Jacob, electi ejus.	*Semen Abraham, servi ejus: filii Jacob, electi ejus.*	6. Semen Abraham, servi ejus: filii Jacob electi ejus.
7. Ipse Dominus Deus noster: in universa terra judicia ejus.	*Ipse Dominus Deus noster: in universa terra judicia ejus.*	7. Ipse Dominus Deus noster: in universa terra judicia ejus.
8 Memor fuit in sæculum testamenti sui: verbi, quod mandavit in mille generationes:	*Recordatus est in æternum pacti sui: verbi quod præcepit in mille generationes:*	8. Memor fuit in sæculum testamenti sui: verbi, quod mandavit in mille generationes:
9. Quæ disposuit ad Abraham: & juramenti sui ad Isaac:	*Quod pepigit cum Abraham, & juramenti sui cum Isaac.*	9. Quod disposuit ad Abraham: & juramenti sui ad Isaac: Gen. 22. 16.
10. Et statuit illud Jacob in præceptum: & Israël in testamentum æternum:	*Et firmavit illud Jacob in lege: Israël in pactum sempiternum:*	10. Et statuit illud Jacob in præceptum: & Israël in testamentum æternum:
11. Dicens: Tibi dabo terram Chanaam, funiculum hæreditatis vestræ.	*Dicens: Tibi dabo terram Chanaan, funiculum hereditatis vestræ.*	11. Dicens: Tibi dabo terram Chanaan, funiculum hæreditatis vestræ.
12. Cùm essent numero breves, paucissimi & incolæ in ea:	*Cùm essent viri pauci, modici, & advenæ in ea:*	12. Cùm essent numero brevi, paucissimi & incolæ ejus:
13. Et pertransierunt de gente in gentem, de regno ad populum alterum.	*Et transierunt de gente in gentem, & de regno ad populum alterum.*	13. Et pertransierunt de gente in gentem, & de regno ad populum alterum.
14. Non derelinquet hominem nocere eos: & corripuit pro eis reges.	*Non dimisit hominem ut noceret eis, & corripuit pro eis reges.*	14. Non reliquit hominem nocere eis: & corripuit pro eis reges.
15. Nolite tangere christos meos: & in prophetas meos nolite malignari.	*Nolite tangere christos meos, & prophetas meos nolite affligere.*	15. Nolite tangere christos meos: & in prophetis meis nolite malignari. 2. Reg. 1. 14. 1. Par. 16. 22.
16. Et vocavit famem super eos: omne firmamentum panis contribulavit.	*Et vocavit famem super terram: omnem virgam panis contrivit.*	16. Et vocavit famem super terram: & omne firmamentum panis contrivit.

Notæ ad Versionem antiquam.

Rom. & Corb. In Mozarab. sic: *Quærite Dom. & confortamini*, &c. quam lectionem admittit August. in hunc Ps. *Hoc enim*, inquit, *de Græco expressiùs interpretatum est, quamvis verbum minùs Latinum videatur; unde & alii codices habent* confirmamini, *alii* corroboramini. Gr. κραταιώθητε.

℣. 5. Ita in autographo Sangerm. *Memento*. Vulgatæ autem respondent August. Prosp. & Cassiod. in hunc Ps. A Rom. Psalt. abest 1. *ejus*; at ibid. constanter, *Mementote*. In Gr. Μνήσθητε, &c. ut in Vulg.

℣. 6. Concordant August. Prosp. & Cassiod. unà cum vet. Psalt. & Gr.

℣. 7. Sic in Psalt. Rom. & ap. Cassiod. Apud August. & Prosp. *in omni terra judicia ejus*. In Gr. ἐν πάσῃ τῇ γῇ, &c.

℣. 8. Ita Cassiod. cum Psalt. Rom. Mozarab. verò hab. *Memor fuit in æternum*; August. cum Prosp. *in sæculum*: observat tamen August. alios codices habere *in æternum*; *quod*, inquit, *ex ambiguo Græco factum est*, nempe τὸν αἰῶνα.

℣. 9. Vulgatæ suffragantur Aug. Prosp. & Cassiod. cum vet. Psalt. Mozar. tamen & Corb. delent *ad*, ante *Isaac*; præterea Corb. scribit *Abraba*. Gr. Ὃν διέθετο τῷ Ἀβραὰμ... τῷ Ἰσαάκ.

℣. 10. Ita August. Prosp. & Cassiod. cum vet. Psalt. infra tamen August. 1189. e. legit: *Et statuit illud ipsi Jacob.... & ipsi Israel*, &c. è Græco videlicet, τῷ Ἰακὼβ..... τῷ Ἰσραὴλ· sequitur ibid. εἰς διαθήκην αἰώνιον· *ubi nullus est ambiguitatis locus*, inquit Aug. sup. 1181. a. *αἰώνιον quippe..... nusquam nostri nisi* in æternum *interpretati sunt: vix autem aliqui alicubi αἰώνιον*, æternale *dixerunt: nisi fortè, quia αἰῶνα familiariùs interpretantur* sæculum, *αἰώνιον*, *non* æternum, *sed* sæculare *interpretari velint, quod neminem ausum fuisse commemini*.

℣. 11. Aug. Prosp. & Cassiod. consentiunt. Sic etiam in vet. Psalt. & Gr. ni excipiatur vox *Chanaan*, è Gr. Χαναάν.

℣. 12. In autographo nostro *brevis*, procul dubio pro *breves*, quod ita correximus. In Psalt. Rom. *Cùm essent in numero brevi..... & incolæ in ea*. In Corb. *Cùm esset numero breves* (l. *brevis*) *paucis*s. *& incola in ea*. Mozarab. pariter hab. *in ea*, cum Cassiod. Item August. & Prosp. in eund. Ps. *Cùm essent numero brevi, paucissimi & incolæ in ea*: subinde August. col. 1182. e. *Cùm essent numero breves, vel numero brevi, paucissimi & incolæ in ea*: & post plura, col. 1189. g. *Cùm essent ipsi numero brevi*; supra verò 1182. d. ait: *Nonnulli codices habent, non* paucissimi & incolæ, *sed* paucissimos & incolas. *Ubi apparet eos, qui ista ita interpretati sunt, Græcam fuisse locutionem secutos, quæ transferri non potest in Latinum, nisi cum ea absurditate, quæ ferri omnino non possit. Si enim totam ipsam locutionem transferre conemur, dicturi sumus* In eo esse illos numero brevi, paucissimos & incolas in ea. *Quod autem ait Græcus* In eo esse illos, *hoc est Latinè*, Cùm essent, *quod verbum non potest casus accusativos sequi, sed nominativos; quis enim dicat*, Cùm essent paucissimos? *sed*, Cùm essent paucissimi. In ed. Rom. Ἐν τῷ εἶναι αὐτοὺς ἀριθμῷ βραχεῖς, ὀλιγοστοὺς καὶ παροίκους ἐν αὐτῇ.

℣. 13. Ita Cassiod. cum Psalt. Rom. additâ conjunct. *&*, post *gentem*. In Corb. *de gente in gente, de regno ad*, &c. Apud August. & Prosp. *Transierunt de gente in gentem, & de regno in pop. alterum*: infra tamen 1189. g. August. hab. *Et pertransierunt*. Gr. Καὶ διῆλθον..... εἰς λαὸν ἕτερον.

℣. 14. Psalt. Rom. cum Moz. *Non permisit hominem nocere eis: corripuit*, &c. Moz. *sed corripuit*, &c. Corb. *Non permisit hominem nocere eos: & corripuit*, &c. Similiter in Mediol. & Carnut. *non permisit*; sicut ap. Cassiod. qui etiam hab. inf. *& corripuit*. Apud August. in eund. Ps. col. 1189. g. *Non reliquit*; at supra col. 1182. f. *Non dimisit hominem nocere eis, id est*, non permisit: *Græca autem locutio est*, nocere illos; *Latina vero*, nocere illis: statim, *& corripuit*; infra, *& arguit pro eis reges*. In Gr. Οὐκ ἀφῆκεν ἄνθρωπον ἀδικῆσαι αὐτούς· καὶ ἤλεγξεν, &c.

℣. 15. Sic habet Lucif. Cal. l. 1. pro S. Athan. p. 194. d. cum Psalt. Corb. Aug. verò & Cassiod. in hunc Ps. Vulgatæ favent cum Psalt. Rom. Item S. Prosp. in eund. Ps. nisi quòd legit, *nolite malignare*. Apud Ambros. to. 2. 1189. e. prima tantùm exstant: *Nolite tangere christos meos*. Ap. Aug. l. 17. de civit. Dei, c. 9. to. 7. col. 472. f. *Ne tetigeritis christos meos*. Apud Optat. l. 2. cont. Donat. p. 42. b. & 45. a. *Ne tetigeritis unctos meos: neque in prophetas meos manum miseritis*: similiter l. 4. p. 71. b. sed hab. *christos*: & l. 2. p. 44. c. sic: *& in prophetas meos manum ne miseritis*. In Gr. Μὴ ἅψησθε (Ms. Alex. ἅπτεσθαι, Ald. & Compl. ἅπτεσθε) τῶν χριστῶν μου· καὶ ἐν τοῖς προφήταις μου μὴ πονηρεύεσθε.

℣. 16. Ap. August. & in Gr. omnia ut in Vulg. nisi

	VULGATA HOD.	HEBR.	VERSIO ANTIQUA.	
Gen. 37. 36.	17. Miſit ante eos virum : in ſervum venundatus eſt Joſeph.	*Miſit ante faciem eorum virum : in ſervum venundatus eſt Joſeph.*	17. Miſit ante eos virum : in ſervum venundatus eſt Joſeph.	*Ex Mſ. Sangerm.*
Gen. 39. 20.	18. Humiliaverunt in compedibus pedes ejus, ferrum pertranſiit animam ejus, 19. donec veniret verbum ejus.	*Affixerunt in compede pedes ejus, in ferrum venit anima ejus : uſque ad tempus donec veniret ſermo ejus.*	18. Humiliaverunt in compedibus pedes ejus, ferrum pertranſiit anima ejus ; 19. donec veniret verbum ejus.	
Gen. 41. 14.	Eloquium Domini inflammavit eum : 20. miſit rex, & ſolvit eum ; princeps populorum, & dimiſit eum.	*Eloquium Domini probavit eum : miſit rex, & ſolvit eum : princeps populorum, & dimiſit illum.*	Eloquium Domini uſſit eum : 20. miſit rex, & ſolvit eum ; princeps populorum, & dimiſit eum.	
	21. Conſtituit eum dominum domus ſuæ, & principem omnis poſſeſſionis ſuæ.	*Poſuit eum dominum domus ſuæ, & principem in omni poſſeſſione ſua :*	21. Conſtituit eum dominum domus ſuæ, & principem omnis poſſeſſionis ſuæ.	
	22. Ut erudiret principes ejus ſicut ſemetipſum : & ſenes ejus prudentiam doceret.	*Ut erudiret principes ejus ſecundùm voluntatem ſuam, & ſenes ejus ſapientiam doceret.*	22. Ut erudiret principes ſuos ſicut ſe ipſum : & ſeniores ejus prudentiam doceret.	
Gen. 46. 6.	23. Et intravit Iſraël in Ægyptum : & Jacob accola fuit in terra Cham.	*Et ingreſſus eſt Iſraël Ægyptum, & Jacob advena fuit in terra Cham.*	23. Et introivit Iſraël in Ægyptum : & Jacob habitavit in terram Cham.	
Exod. 1. 7. Act. 7. 17.	24. Et auxit populum ſuum vehementer : & firmavit eum ſuper inimicos ejus.	*Et creſcere fecit populum ſuum nimis, & roboravit eum ſuper hoſtes ejus.*	24. Et auxit populum ejus nimis : & firmavit eum ſuper inimicos ejus.	
	25. Convertit cor eorum ut odirent populum ejus, & dolum facerent in ſervos ejus.	*Convertit cor eorum ut odio haberent populum ejus : ut doloſè agerent contra ſervos illius.*	25. Et convertit cor eorum ut odirent populum ejus, & dolum facerent in ſervos ejus.	
Exod. 3. 10. & 4. 29.	26. Miſit Moyſen ſervum ſuum ; Aaron, quem elegit ipſum.	*Miſit Moſen ſervum ſuum : Aaron quem elegit ſibi.*	26. Miſit Moyſen famulum ſuum ; & Aaron, quem elegit ipſum ſibi.	
Exod. 7. 10.	27. Poſuit in eis verba ſignorum ſuorum, & prodigiorum in terra Cham.	*Poſuit in eis verba ſignorum ſuorum, & portentorum in terra Cham.*	27. Poſuit in eis verba ſignorum ſuorum, & prodigiorum in terra Cham.	
Exod. 10. 21.	28. Miſit tenebras, & obſcuravit : & non exacerbavit ſermones ſuos.	*Miſit tenebras & contenebravit, & non fuerunt increduli verbis ejus.*	28. Miſit tenebras, & obſcuravit : & exacerbaverunt ſermones ejus.	

NOTÆ AD VERSIONEM ANTIQUAM.

quòd utrobique abeſt *&*, ante *omne*, ut ſup. S. Proſper & Caſſiod. nil omnino differunt à Vulgata ; nec etiam Pſalt. Rom.

℣. 17. Ita Auguſt. Proſp. & Caſſiod. cum Pſalt. Rom. In Mozarab. *Miſit ante eos hominem*, &c. Apud Ambroſ. in Pſ. 43. to. 1. 905. a. *in ſervum venditus eſt Joſeph* ; at epiſt. 37. to. 2. 932. c. *venundatus eſt*. Gr. Ἀπέστειλεν ἔμπροσθεν αὐτῶν ἄνθρωπον, &c.

℣. 18. Sic Ambroſ. habet epiſt. 37. to. 2. 932. c. quam lectionem in ſeq. interpretatione tuetur. Itidem Caſſiod. cum Pſalt. Corb. Carnut. Moz. & Gr. Auguſt. verò Vulgatæ reſpondet cum Proſpero, & Pſalt. Rom. Apud Symm. εἰς σίδηρον ἦλθεν ἡ ψυχὴ αὐτοῦ.

℣. 19. Ita legit Ambroſ. cùm l. 2. de Cain, c. 6. to. 2. 215. d. tum epiſt. 37. to. 2. 933. a. S. Proſp. verò & Caſſiod. *inflammavit eum*, cum Vulg. & Pſalt. Rom. Sic etiam Auguſt. in eund. Pſ. ſed addit : *vel, quod magis de Græco expreſſum alii codices habent, Eloquium Domini ignivit eum* : ita quoque legit inf. col. 1190. a. necnon ep. 149. to. 2. 516. b. S. Paulin. epiſt. 50. p. 302. c. *Sermo Domini ignivit illum*. Gr. Τὸ λόγιον τοῦ..... ἐπύρωσεν αὐτόν.

℣. 20. Concordant Auguſt. Proſp. & Caſſiod. unà cum vet. Pſalt. & Gr.

℣. 21. Caſſiod. cum Pſalt. Rom. ac Moz. *Et conſtituit eum*, &c. ut in textu. Auguſt. verò delet *Et*, cum Vulg. & Gr.

℣. 22. Sic eſt in Pſalt. Mozarab. Item in Rom. & ap. Caſſiod. præter *ſuos*, loco *ejus*, poſt *ſeniores*. In Corb. *Ut erud. principes ſuos ſicut ſemetipſum : & ſeniores ſuos prudentia doceret*. Apud Proſp. etiam *ſeniores*. Apud Auguſt. omnia ut in Vulg. ſequitur verò : *Græcus habet* : & ſeniores ejus ſapientiam doceret ; *quod omni modo ad verbum ita dici poſſet* : Erudiret principes ejus ſicut ſemetipſum : & ſeniores ejus ſapientes faceret : πρεσβυτέρους *enim habet, quos dicere ſolemus* ſeniores, *non* γέροντας, *id eſt*, ſenes : σοφίσαι *autem, quod uno verbo Latinè dici non poteſt, à ſapientia dictum eſt, quæ* σοφία *Græcè dicitur ; non à prudentia, quæ* φρόνησις *appellatur*.

℣. 23. Pſalt. Rom. & Corb. *Et intravit Iſraël in Ægyptum : & Jacob habitavit in terra Chanaam*. Mozarab. *Et intravit Iſrael in Ægypto : & Jacob advena fuit in terra Cham*. Auguſt. cum Proſp. Vulgatæ ſuccinit : Caſſiod. Pſalterio Rom. niſi hoc excipias, *Et introivit*, ut ſupra. In Gr. Καὶ εἰσῆλθεν Ἰσραὴλ εἰς Αἴγυπτον· καὶ Ἰακὼβ παρῴκησεν ἐν γῇ Χάμ.

℣. 24. Pſalt. Rom. & Corb. cum Caſſiod. *Et auxit pop. ſuum nimis : & confirmavit eum ſuper*, &c. Mozarab. *nimis : & firmavit*, &c. Auguſt. cum Proſp. Vulgatæ favet. In Gr. σφόδρα· καὶ ἐκραταίωσε.

℣. 25. Ita legit Auguſt. in hunc Pſ. Sic etiam Caſſiod. cum Pſalt. Rom. ſed abſque *&*, ante *convertit*. In Moz. & Corb. eſt : *&* (Corb. *ut*) *dolo circumvenirent ſervos ejus*. Apud Auguſt. quæſt. 2. in Deut. to. 3. 555. e. ſic : *Convertit..... ut odiſſent populum ejus* : itidem l. de Gra. & lib. arb. to. 10. col. 742. a. cum ſeqq. *ut dolum facerent in*, &c. Apud Proſp. in hunc Pſ. *Et confirmavit cor eorum ut odiſſent populum ſuum : ut dolum facerent*, &c. In Gr. Καὶ μετέστρεψε..... τοῦ μισῆσαι τὸν λαὸν αὐτοῦ· τοῦ δολιοῦσθαι ἐν τοῖς δούλοις αὐτοῦ. Alex. Ald. & Compl. delent Καί.

℣. 26. Aug. cum Vulgata concinit. Item Caſſiod. cum Pſalt. Rom. Corb. & Moz. niſi quòd hab. *& Aaron*, ut ſup. S. Proſp. *& Aaron, & quem elegit ipſum*. Gr. Ἐξαπέστειλε Μωυσῆν τὸν δοῦλον αὐτοῦ· Ἀαρὼν, ὃν ἐξελέξατο αὐτόν· Alex. Ald. & Compl. ἑαυτῷ.

℣. 27. Sic habet Auguſt. in hunc Pſ. cum Proſp. & Gr. Caſſiod. verò cum Pſalt. Corb. *in terra Chanaan*. Itidem in Rom. ac præterea reperitur *ſuorum*, poſt vocem *prodigiorum*, ſicut in Mſ. Alex. ac edd. Ald. & Compl. αὐτοῦ.

℣. 28. Pſalt. Rom. cum Caſſiod. *Miſit tenebras, & obſcuravit eos : quia exacerbaverunt ſermones ejus*. Item in Mediolan. *quia exacerbaverunt ſermones ejus*. In Mozarab. *& exacerbaverunt verbum ejus*. In Carnut. *& non præteriit ſermones ſuos*. In Corb. *Emiſit tenebras, & obſcuravit eis : & non præterivit ſermones ſuos*. Apud Auguſt. in eund. Pſ. *Miſit tenebras, & obſcuravit* ; mox ita : *Quod autem ſequitur, in diverſis codicibus variè legitur : alii namque habent*, & exacerbaverunt ſermones ejus ; *alii verò*, & non exacerbaverunt ſermones ejus. *Sed quod prius dixi, in pluribus invenimus ; ubi autem addita eſt negativa particula, vix duos codices potuimus reperire ; ſed ne fortè mendoſitas propter ſenſum faciliorem abundaverit : quid enim faciliùs intelligitur, quàm id quod dictum eſt*, & exacerbaverunt, &c. Similiter ap. Proſp. *& exacerbaverunt ſermones ejus*. In Gr. Ἐξαπέστειλε σκότος, καὶ ἐσκότασε· καὶ παρεπίκραναν τοὺς λόγους αὐτοῦ. Alex. Ald. & Compl. ὅτι παρεπίκραναν· Ald. καὶ οὐ προσώχθισαν· Theod. cum V. edit. καὶ οὐ παρεπίκραναν.

Ex Mſ. Sangerm.

VERSIO ANTIQUA.	HEBR.	VULGATA HOD.	
29. Et convertit aquas eorum in ſanguinem : & occidit piſces eorum.	*Commutavit aquas eorum in ſanguinem, & occidit piſces eorum.*	29. Convertit aquas eorum in ſanguinem : & occidit piſces eorum.	*Exod.* 7. 20.
30. Et dedit terra eorum ranas, & in penetralibus regum ipſorum.	*Ebullivit terra eorum ranas in cubilibus regum eorum.*	30. Edidit terra eorum ranas in penetralibus regum ipſorum.	*Exod.* 8. 6.
31. Dixit, & venit cynomyia : & vermes in omnes, finibus eorum.	*Dixit, & venit muſca omnimoda : ſciniſes in univerſis terminis eorum.*	31. Dixit, & venit cœnomyia : & ciniſes in omnibus finibus eorum.	*Exod.* 8. 16.
32. Poſuit pluvias eorum in grandinem : ignem urentem in terra ipſorum.	*Dedit pluvias eorum grandinem : ignem flammantem in terra eorum.*	32. Poſuit pluvias eorum grandinem : ignem comburentem in terra ipſorum.	*Exod.* 8. 24.
33. Et percuſſit vineas eorum, & ficulneas eorum : & conteruit omnem lignum finibus eorum.	*Et percuſſit vineam eorum, & ficum eorum : & confregit lignum finium eorum.*	33. Et percuſſit vineas eorum, & ficulneas eorum : & contrivit lignum finium eorum.	
34. Dixit, & venit lucuſta, & bruchus, cujus non erat numerus :	*Dixit, & venit locuſta, & bruchus cujus non erat numerus :*	34. Dixit, & venit locuſta, & bruchus, cujus non erat numerus :	*Exod.* 10. 12.
35. Et manducavit omne fœnum in terra eorum : & comedit fructum terræ eorum.	*Et comedit omne fœnum terræ eorum, & devoravit fructum terræ eorum.*	35. Et comedit omne fœnum in terra eorum : & comedit omnem fructum terræ eorum.	
36. Et percuſſit omnem primogenitum in terra ipſorum : primitias omnis laboris eorum.	*Et percuſſit omne primogenitum in terra eorum : primitias univerſi partûs eorum.*	36. Et percuſſit omne primogenitum in terra eorum : primitias omnis laboris eorum.	*Exod.* 12. 29.
37. Et eduxit eos in argento & auro : & non erat in tribubus eorum infirmus.	*Et eduxit eos cum argento & auro, & non erat in tribubus eorum infirmus.*	37. Et eduxit eos cum argento & auro : & non erat in tribubus eorum infirmus.	*Exod.* 12. 35.
38. Et lætata eſt Ægyptus in profectione eorum : quia incubuit timor eorum ſuper illos.	*Lætata eſt Ægyptus cùm egrederentur : quoniam irruerat terror eorum ſuper eos.*	38. Lætata eſt Ægyptus in profectione eorum : quia incubuit timor eorum ſuper eos.	
39. Expandit nubem in protectionem eorum, & ignem ut luceat eis per noctem.	*Expandit nubem in tentorium, & ignem ut luceret nocte.*	39. Expandit nubem in protectionem eorum, & ignem ut luceret eis per noctem.	*Exod.* 13. 21. *Pſ.* 77. 14.
40. Petierunt, & venit coturnix : & panem cœli ſaturavit eos.	*Petierunt, & adduxit ortygometram, & pane cœleſti ſaturavit eos.*	40. Petierunt, & venit coturnix : & pane cœli ſaturavit eos.	1. *Cor.* 10. 1. *Exod.* 16. 13.
41. Diſrupit petram, & fluxerunt aquæ : abierunt in ſicco flumina :	*Aperuit petram, & fluxerunt aquæ : cucurrerunt in aridis flumina :*	41. Dirupit petram, & fluxerunt aquæ : abierunt in ſicco flumina :	*Num.* 20. 11.

NOTÆ AD VERSIONEM ANTIQUAM.

℣. 29. Ita Auguſt. & Caſſiod. cum Proſp. necnon vet. Pſalt. & Gr. dempto tantùm 1. &.

℣. 30. Pſalt. Rom. Fabri : *Miſit in terra eorum ranas, & in cubilibus regum ipſorum.* Rom. Martian. *Miſit terra eorum ranas in cubilibus*, &c. Mozarab. *Miſit terra eorum ranas, & in cubilibus*, &c. Corb. *Et miſit terræ eorum ranas, in cubilibus*, &c. Mediolan. *Miſit terra :* Carnut. *Et miſit terra.* Hieron. epiſt. ad Sun. & Fret. to. 2. 658. b. *Dedit terra eorum ranas : pro quo*, inquit, *in Gr.* ἐξῆρψεν *vos legiſſe dicitis, quod poteſt ita interpretari : Ebullivit terra eorum ranas.* Aug. in hunc Pſ. *Dedit terram eorum ranas, in penetralibus*, &c. & infra col. 1190. c. ait : *Tanquam diceret, Terram eorum convertit in ranas.* Caſſiod. in eund. Pſ. *Miſit in terram eorum ranas, & in cubilibus*, &c. Gr. Ἐξῆρψεν ἡ γῆ αὐτῶν βατράχους ἐν τοῖς ταμείοις, &c.

℣. 31. Apud Auguſt. in hunc Pſ. *cynomyia : & ſciniphes in omnibus*, &c. Caſſiod. cum Pſalt. Rom. Vulgatæ congruit. In Mediolan. *& venit muſca canina.* In Mozarab. *cynomyia : & ſciniſex in omnibus*, &c. In Gr. κυνόμυια· καὶ σκνῖπες (Alex. σκνίφες) ἐν πᾶσι, &c. nuſpiam *omnes*, quod erratum puto.

℣. 32. Auguſt. in hunc Pſ. concordat cum Vulg. & Gr. Caſſiod. habet *in grandinem*, cum Pſalt. Corb. Rom. verò addit, *& ignem combur.* Mozarab. *in grandinem, & ignem urentem in terra*, &c.

℣. 33. Auguſt. & Caſſiod. cum Pſalt. Rom. & Corb. *& contrivit omne lignum finium eorum.* Mozarab. *omnem lignum finium*, &c. Gr. πᾶν ξύλον ὁρίου αὐτῶν. Ita quoque Hierón. epiſt. ad Sun. & Fretel. p. 658. b. ipſos inveniſſe dicit : *ſed & hoc*, inquit, omne lignum, *additum eſt, & ſuperfluum.*

℣. 34. Vulgatæ accinunt Aug. Proſp. & Caſſiod. cum Pſalt. Rom. & Gr.

℣. 35. Similiter in Pſalt. Corb. ult. excepto verſic. *& comedit omnem fructum in terra illorum.* Mozarab. hab. *Et comedit omne fœnum terræ eorum : & devoravit omnem fructum terræ ipſorum.* Rom. Martian. Vulgatæ congruit, niſi quòd leg. *fœnum terræ eorum :* à Rom. verò Fabri abeſt poſterior verſiculus. Apud Auguſt. & Proſp. omnia ut in Vulg. Ap. Caſſiod. *Et comedit omne fœnum terræ eorum : & omnem fructum terræ ipſorum.* In Gr. Καὶ κατέφαγε πάντα τὸν χόρτον ἐν τῇ γῇ αὐτῶν· καὶ κατέφαγε τὸν καρπὸν (Alex. Ald. & Compl. πάντα τὸν καρπὸν) τῆς γῆς αὐτῶν.

℣. 36. S. Proſp. ſcribit pariter *omnem primogenitum.* Caſſiod. verò cum Pſalt. Rom. *omne primogenitum in terra Ægypti.* Aug. ut in Vulg. Gr. πᾶν..... ἐκ τῆς γῆς αὐτῶν Alex. Ald. & Compl. ἐν τῇ γῇ· Theodoret. ἐν τῇ γῇ Αἰγύπτῳ.

℣. 37. Ita legit Ambroſ. l. de Spir. S. to. 2. 650. b. cum Auguſt. & Caſſiod. in hunc Pſ. & Gr. *Et iſta locutio Scripturarum eſt*, inquit Auguſt. *pro eo quippe dictum eſt*, in argento & auro, *ac ſi diceretur*, cum argento & auro. Ita quoque exſtat in Pſalt. Rom. & Corb. Item in Moz. *Et deduxit eos in argento & auro.* Apud Proſp. *& non eſt in tribubus*, &c.

℣. 38. Prima conjunct. & abeſt à Pſalt. Rom. & Moz. utrobique verò exſtat, *quia cecidit timor*, &c. ſicut in Mediol. Corb. Carnut. & ap. Caſſiod. Apud Auguſt. ut in Vulg. In Gr. ὅτι ἐπέπεσεν ὁ φόβος.

℣. 39. Auguſt. Proſp. & Caſſiod. cum Pſalt. Rom. legunt ut in Vulgata. Mozarab. hab. *in protectione eorum.* Maxim. Taurin. verò in homil. p. 30. b. *ad protegendum eos.* Gr. εἰς σκέπην αὐτοῖς.

℣. 40. Sic eſt in Gr. Caſſiod. verò hab. cum Pſalt. Rom. *Petierunt carnes, & venit coturnix : & pane*, &c. Corb. & Carnut. *Petierunt carnem, & venit coturn. & panem*, &c. Carnut. *pane.* Auguſt. & Proſp. ut in Vulg.

℣. 41. Ita legunt Auguſt. Proſp. & Caſſiod. cum Pſalt. Rom. Mediolan. verò & Carnut. hab. *in ſiccis flumina ;* Corb. *in ſiccitatibus flumina ;* Gr. ἐν ἀνύδροις ποταμοί.

	VULGATA HOD.	HEBR.	VERSIO ANTIQUA.	
Gen. 17. 7.	42. Quoniam memor fuit verbi sancti sui, quod habuit ad Abraham puerum suum.	*Quia recordatus est verbi sancti sui cum Abraham servo suo.*	42. Quia memor fuit verbi sancti sui, quod ad Abraham puerum suum.	Ex Ms. Sangerm.
	43. Et eduxit populum suum in exsultatione, & electos suos in lætitia.	*Et eduxit populum suum in lætitia: in laude electos suos.*	43. Et eduxit populum suum in exsultatione, & electos suos in lætitia.	
	44. Et dedit illis regiones gentium: & labores populorum possederunt:	*Et dedit eis terras gentium, & laborem tribuum possederunt:*	44. Et dedit illis regiones gentium: & labores populorum possederunt:	
	45. Ut custodiant justificationes ejus, & legem ejus requirant.	*Ut custodirent caremonias ejus, & leges ejus servarent. Alleluia.*	45. Ut custodiant justificationes ejus, & legem ejus requirant.	

NOTÆ AD VERSIONEM ANTIQUAM.

℣. 42. Vulgatæ respondet Aug. in hunc Ps. cum Prosp. Cassiod. verò cum Psalt. Rom. Corb. & Mozar. leg. *quod locutus est ad Abraham*, &c. Hieron. ep. ad Sun. & Fret. to. 2. 658. c. ait: *In Græco legisse vos dicitis*, ὃν διέθετο, *id est*, quod disposuit; *ita enim & in Hebræo, & apud LXX. habetur Interpr.* ἐμνήσθη τοῦ λόγου τοῦ ἁγίου αὐτοῦ, τοῦ πρὸς Ἀβραὰμ τὸν δοῦλον αὐτοῦ. *Ergo quod in Græco dicitur*, ὃν διέθετο, *in hoc loco & superfluum est, & radendum.* In Gr. hod. τοῦ ἁγίου αὐτοῦ, τοῦ πρὸς Ἀβρ.

℣℣. 43. 44. 45. Ita legunt Aug. Prosp. & Cassiod. Sic etiam in Psalt. Rom. & Moz. præter verbum ult. *exquirant*; Gr. ἐκζητήσωσι. Loco verò, *& labores populorum posseder.* Psalt. Carnut. hab. cum Corb. *& civitates populorum possed.* Græc. constanter, καὶ πόνους λαῶν ἐκληρονόμησαν. Cassiod. habet *Alleluja* in fine, cum ed. Compl. Vide Not. seq.

	VULGATA HOD.	HEBR.	VERSIO ANTIQUA.	
	Alleluia. (*Judith* 13. 21.) CV.	*Alleluia. CVI.*	* Alleluia. CV.	Ex Ms. Sangerm.
Judith 13. 21.	1. Confitemini Domino quoniam bonus: quoniam in sæculum misericordia ejus.	*Confitemini Domino quoniam bonus: quoniam in æternum misericordia ejus.*	1. Confitemini Domino quoniam bonus: quoniam in sæculum misericordia ejus.	
Eccli. 43. 35.	2. Quis loquetur potentias Domini: auditas faciet omnes laudes ejus?	*Quis loquetur fortitudines Domini: auditas faciet omnes laudes ejus?*	2. Quis loquetur potentias Domini: auditas faciet omnes laudes ejus?	
	3. Beati, qui custodiunt judicium, & faciunt justitiam in omni tempore.	*Beati, qui custodiunt judicium: faciunt justitiam in omni tempore.*	3. Beati, qui custodiunt judicium, & faciunt justitiam in omni tempore.	
	4. Memento nostri Domine in beneplacito populi tui: visita nos in salutari tuo:	*Recordare mei Domine in repropitiatione populi tui: visita me in salutari tuo:*	4. Memento nostri Domine in beneplacito populi tui: visita nos in salute tua:	
	5. Ad videndum in bonitate electorum tuorum, ad lætandum in lætitia gentis tuæ: ut lauderis cum hæreditate tua.	*Ut videam bona electorum tuorum, & læter in lætitia gentis tuæ; & exsultem cum hæreditate tua.*	5. Ad videndum in bonitate electorum tuorum, ad lætandum in lætitia gentis tuæ: ut lauderis cum hæreditate tua.	

NOTÆ AD VERSIONEM ANTIQUAM.

* August. commentar. in hunc Ps. ait: *Psalmus centesimus quintus etiam ipse prænotatur* Halleluia; *& hoc dupliciter: sed quidam dicunt unum* Halleluia *pertinere ad finem Psalmi superioris, alterum ad hujus principium. Et hoc asserunt, quòd omnes Halleluiatici Psalmi habeant in fine* Halleluia, *non omnes in capite: unde quicunque Psalmus non habet in fine* Halleluia, *nec in capite volunt eum habere; quod autem in ejus capite videtur esse, ad finem superiores pertinere. Sed nos, quousque nobis aliquibus certis documentis id verum esse persuadeant, multorum consuetudinem sequimur, qui, ubicunque legunt* Halleluia, *eidem Psalmo attribuunt, in cujus hoc capite inveniunt. Paucissimi enim codices sunt, (quod quidem in nullo Græcorum reperi, quos inspicere potui,) qui habeant* Halleluia *in fine centesimi & quinquagesimi Psalmi..... Sed neque hoc posset præscribere consuetudini, etiamsi omnes codices id haberent: fieri enim potuit ut aliqua ratione laudationis Dei totus Psalmorum liber..... post omnia quæ cantata sunt, ultimo* Halleluia *clauderetur: nec propter finem centesimi & quinquagesimi Psalmi necesse esse video, ut omnes Halleluiatici Psalmi in fine habeant* Halleluia. Psalt. Rom. Fabri hîc præfert duo, *Halleluia, Halleluia*; Rom. Martian. unum tantùm cum Cassiod. & Gr.

℣. 1. Similiter apud August. Prosp. Cassiod. & in veterib. Psalt. Hieron. autem ep. ad Sun. & Fret. p. 658. c. ait: *In Græco legisse vos dicitis* quoniam χρηστός, *id est*, suavis..... *In Hebræo ita scriptum est*, chi tob, *quod omnes voce simili transtulerunt* quia bonus. August. ubi sup. col. 1192. d. e. *Quod habent*, inquit, *alii codices*, quoniam bonus, *alii habent* quoniam suavis. *Ita unum verbum Græcum, quod dicitur* χρηστός, *diversa interpretatio secuta est. Item quod dictum est*, quoniam in sæculum misericordia ejus, *Græcus habet*, εἰς τὸν αἰῶνα, *quod potest etiam* in æternum *interpretari*. Ita legit Vict. Tun. apud Ambros. to. 2. col. 602. f.

℣. 2. Hormisd. PP. epist. 40. Conc. to. 4. 1491. f. *Quis loquetur..... aut auditas faciet omnes laudes ejus in omni tempore?* Aug. verò, Prosp. & Cassiod. ut sup. unà cum vet. Psalt. & Gr.

℣. 3. Ita legit Lucif. Cal. l. 1. pro S. Athan. p. 194. d. cum August. Prosp. & Cassiod. In Psalt. verò Rom. & Moz. sic, *& faciunt justitias*, &c. In Gr. καὶ ποιοῦντες δικαιοσύνην, &c.

℣. 4. Psalt. Rom. *& visita nos in salutari tuo*. Aug. Prosp. & Cassiod. ut in Vulg. cui etiam Gr. favet.

℣. 5. Sic in Psalt. Rom. cui favent Prosp. & Cassiod. Similiter habet August. in eund. Ps. sed addit: *Quod hîc positum est*, in bonitate, *alii codices habent* in suavitate; *sicut illud*, quoniam bonus, *alii habent* quoniam suavis: subinde, ad videndum, *id est*, *ut videamus*, &c. ad lætandum, *id est*, *ut lætemur*, &c. & post pauca, ad hoc, *ut lauderis*, &c. ait: *Miror istum versum sic interpretatum in multis esse codicibus, cùm sit una atque eadem in tribus his versibus Græca locutio; ut si hoc rectè dictum est quod legitur*, ut lauderis, &c. *posset rectè dici*, ut videas in bonitate..... & læteris in lætitia, &c. *toto ipso sensu ita contexta:* Visita nos in salutari tuo, ut videas in bonitate electorum tuorum, ut læteris in lætitia gentis tuæ, & lauderis cum hæreditate tua. *Secundùm hoc autem quod diximus:* Visita nos ut videamus..... & lætemur in lætitia, *consequenter & hîc dici debuit*, ut laudemur, &c. *Porro autem quoniam hæc ambigua videtur locutio, si verus est iste sensus, quo maluerunt interpretes dicere*, ut lauderis; *etiam duo versus superiores ita intelligendi sunt, quia, ut dixi, una est in his tribus versibus Græca locutio; ut hoc totum ita dictum accipiamus:* Visita nos...... ut videas..... ut læteris..... ut lauderis, &c. Gr. Τοῦ ἰδεῖν ἐν τῇ χρηστότητι..... τοῦ εὐφρανθῆναι..... τοῦ ἐπαινεῖσθαι, &c.

VERSIO ANTIQUA.	HEBR.	VULGATA HOD.
Ex Ms. Sangerm. 6. Peccavimus cum patribus nostris : injustè egimus, iniquitatem fecimus.	*Peccavimus cum patribus nostris : iniquè fecimus, impiè egimus.*	6. Peccavimus cum patribus nostris : injustè egimus, iniquitatem fecimus. *Judith* 7. 19.
7. Patres nostri in Ægypto non intellexerunt mirabilia tua : & non fuerunt memores multitudinis misericordiæ ejus.	*Patres nostri in Ægypto non intellexerunt mirabilia tua : non sunt recordati multitudinis misericordiæ tuæ :*	7. Patres nostri in Ægypto non intellexerunt mirabilia tua : non fuerunt memores multitudinis misericordiæ tuæ.
Et irritaverunt ascendentes in rubrum mare.	*Et ad iracundiam provocaverunt super mare, in mari rubro.*	Et irritaverunt ascendentes in mare, mare rubrum.
8. Liberavit, & salvos fecit eos propter nomen suum : ut notam faceret potentiam suam.	*Salvavit autem eos propter nomen suum, ut ostenderet fortitudinem suam.*	8. Et salvavit eos propter nomen suum : ut notam faceret potentiam suam.
9. Et increpavit rubrum mare, & siccavit : & deduxit eos in aquis multis sicut in deserto.	*Et comminatus est mari rubro, & aruit : & transduxit eos per abyssos quasi in deserto.*	9. Et increpuit mare rubrum, & exsiccatum est : & deduxit eos in abyssis sicut in deserto. *Exod.* 14. 21.
10. Et liberavit eos de manu odientium : & redemit eos de manu inimicorum.	*Et salvavit eos de manu odientis, & redemit eos de manu inimici.*	10. Et salvavit eos de manu odientium : & redemit eos de manu inimici.
11. Et operuit aqua tribulantes eos : unus ex eis non remansit.	*Et operuerunt aquæ hostes eorum : unus de ipsis non superfuit.*	11. Et operuit aqua tribulantes eos : unus ex eis non remansit. *Exod.* 14. 27.
12. Et crediderunt in verbis ejus : & laudaverunt laudem ejus.	*Et crediderunt verbis ejus, cecineruntque laudem ejus.*	12. Et crediderunt verbis ejus : & laudaverunt laudem ejus.
13. Festinaverunt, & obliti sunt operum ejus : non sustinuerunt consilium ejus.	*Citò obliti sunt operum illius, nec exspectaverunt voluntatem ejus.*	13. Citò fecerunt, obliti sunt operum ejus : & non sustinuerunt consilium ejus.
14. Et concupierunt concupiscentiam in deserto : & tentaverunt Dominum in siccitatem.	*Et desideraverunt desiderium in deserto, & tentaverunt Deum in solitudine.*	14. Et concupierunt concupiscentiam in deserto : & tentaverunt Deum in inaquoso. *Exod.* 17. 2.
15. Et dedit eis petitionem ipsorum : & misit saturitatem in animas eorum.	*Dedit ergo eis petitionem ipsorum, & misit tenuitatem in animam eorum.*	15. Et dedit eis petitionem ipsorum : & misit saturitatem in animas eorum. *Num.* 11. 31.
16. Et inritaverunt Moysen	*Et zelati sunt Mosen in castris :*	16. Et irritaverunt Moysen in

NOTÆ AD VERSIONEM ANTIQUAM.

℣. 6. Similiter habent August. Prosp. & Cassiod. cum vet. Psalt. & Gr.

℣. 7. Ita legit Cassiod. cum Psalt. Rom. excepto uno *misericordiæ tuæ*, loco *ejus*. Itidem in Mozarab. & Corb. præter hoc, *in rubro mari*. In Mediolan. & Carnut. & apud Prosper. *in mare rubrum*, nequaquam repetito *mare*, ut sup. Præterea Carnut. & Corb. hab. *Et exacerbaverunt ascendentes*, &c. August. in eund. Ps. *Et irritaverunt ascendentes in mari, mare rubrum*; cæt. ut in Vulg. tum addit : *Codex, quem intuebar, sic habebat; & his quidem duobus verbis ultimis, quod dictum est* mare rubrum, *stella fuerat prænotata, qua significantur quæ in Hebræo sunt, & in Interpretatione LXX. non sunt. Plures autem codices, quos inspicere potui, & Græci, & Latini, sic habent :* Et irritaverunt, *vel quod expressius de Græco est*, Et amaricaverunt ascendentes in rubro mari. Ita etiam arbitrabantur Sunnia & Fretela *παραπικραίνω verbum è verbo debere transferri* amaricaverunt, Hieronymo teste in epist. ad ipsos to. 2. 658. c. Item dicebant invenisse se in Græco, *& non fuerunt memores*; sed ait Hieron. conjunctionem &, esse superfluam : nec illam etiam retinet August. supra. Græc. etiam hod. hab. Καὶ παρεπίκραναν ἀναβαίνοντες ἐν τῇ ἐρυθρᾷ θαλάσσῃ.

℣. 8. Psalt. Rom. & Moz. cum Cassiod. *Et liberavit eos propter nomen suum, ut*, &c. Corb. *Et liberavit eos propt. nom. suum sanctum*. August. verò cum Prosp. *Et salvavit eos*, &c. ut in Vulg. & Gr. Apud Vigil. Tapf. l. cont. Varim. p. 749. a. *ut notam faciat potentiam suam.*

℣. 9. Psalt. Rom. *Et increpavit mare rubrum, & siccatum est : & eduxit eos in aquis multis sicut in deserto.* Sic etiam in Moz. & ap. Prosp. ad hoc usque, *& eduxit*. Mediolan. addit, *& eduxit eos in aquis multis*, &c. Corb. *Et increpavit rubro mari, & siccatum est : & deduxit eos in aquis multis sicut*, &c. Vigil. Tapf. ubi sup. 749. a. similiter : *Increpavit rubro mari, & siccatum est*. August. verò in hunc Ps. *Et increpavit mare rub. & exsiccatum est : & eduxit eos in abyssis sicut in deserto* : sed addit : *Abyssos dixit multitudinem aquarum : nam quidam volentes istum versiculum totum interpretari, dixerunt* : & eduxit eos in aquis multis. Cassiod. quoque hab. *Et increpavit mare..... & deduxit eos in aquis multis sicut*, &c. Græc. Καὶ ἐπετίμησε τῇ ἐρυθρᾷ θαλάσσῃ, καὶ ἐξηράνθη· καὶ ὡδήγησεν αὐτοὺς ἐν ἀβύσσῳ ὡς ἐν ἐρήμῳ.

℣. 10. Sic est in Psalt. Rom. Corb. Moz. & ap. Cassiod. August. verò ita leg. cum Gr. *Et salvavit eos de manu odientium*, &c. ut in Vulg. tum addit : *Hunc versum per circuitum quidam interpretati sunt, verba minus Latina vitantes :* Et salvos fecit eos de manu eorum qui oderant eos.

℣. 11. Sic habent August. Prosp. & Cassiod. cum Psalt. Rom. In Mozarab. deest 1. &, sicut in Gr.

℣. 12. Psalt. Rom. & Moz. cum Cassiod. *Et crediderunt in verbis ejus : & cantaverunt laudes ejus.* Corb. verò cum August. ut in textu. Addit August. *Minùs Latina videtur locutio, quia non ait* verbis ejus, *vel* in verba ejus, *sed* in verbis ejus; *tamen in Scripturis usitatissima*. Gr. Καὶ ἐπίστευσαν τοῖς λόγοις αὐτοῦ· καὶ ᾖσαν τὴν αἴνεσιν αὐτοῦ. Ms. Alex. hab. ἐν τοῖς λόγοις.

℣. 13. Ita Cassiod. hab. cum Psalt. Moz. excepto uno *citò fecerunt*, pro *festinaverunt*. In Carn. & Corb. *Citò obliti sunt operum ejus : non*, &c. Ap. Aug. & Prosp. omnia ut in Vulg. sed Aug. ait : *Alii codices intelligibiliùs habent :* Festinaverunt, obliti sunt operum ejus : non sustinuerunt consilium ejus. In Gr. Ἐτάχυναν, ἐπελάθοντο τῶν..... οὐχ ὑπέμειναν τὴν, &c.

℣. 14. August. cum Gr. Vulgatæ congruit. Cassiod. autem cum Psalt. Rom. Corb. & Moz. legit : *Et concupierunt concupiscentias in deserto : & tentaverunt Deum in siccitate.* S. Prosper similiter hab. *concupiscentias*; extremò verò, *Dominum in inaquoso*; Auct. l. cont. Jud. apud Cypr. p. 499. *in loco inaquoso.*

℣. 15. Ita legit August. cum Prospero. Cassiod. hab. *petitiones ipsorum*; sed Mss. 2. *petitionem*. Psalt. Rom. cum Moz. *petitiones eorum : & misit*, &c. Moz. *& immisit*. Gr. τὸ αἴτημα αὐτῶν· καὶ ἐξαπέστειλε..... εἰς τὴν ψυχὴν, &c. Alex. Ald. & Compl. ψυχάς.

℣. 16. Ita Prosp. & Cassiod. cum Psalt. Rom. Corb. & Gr. Augustinus verò delet &, ante *Aaron*, cum Ms. Alex. & Vulg.

	VULGATA HOD.	HEBR.	VERSIO ANTIQUA.	
	caftris : Aaron fanctum Domini.	*Aaron fanctum Domini.*	in caftris ; & Aaron fanctum Domini.	*Ex Mf. Sangerm.*
Num. 16. 32.	17. Aperta eft terra, & deglutivit Dathan : & operuit fuper congregationem Abiron.	*Aperta eft terra, & devoravit Dathan, & operuit fynagogam Abyram.*	17. Aperuit terra, & glutiit Datham : & operuit fuper collectionem Abiron.	
	18. Et exarfit ignis in fynagoga eorum : flamma combuffit peccatores.	*Et fuccenfus eft ignis in fynagoga eorum : flamma exuffit impios.*	18. Et exarfit ignis in fynagoga eorum : flamma combuffit peccatores.	
Exod. 32. 4.	19. Et fecerunt vitulum in Horeb : & adoraverunt fculptile.	*Fecerunt vitulum in Horeb, & adoraverunt conflatile.*	19. Et fecerunt vitulum in Coreb : & adoraverunt fculptile.	
	20. Et mutaverunt gloriam fuam in fimilitudinem vituli comedentis fœnum.	*Et mutaverunt gloriam fuam in fimilitudinem bovis comedentis fœnum.*	20. Et mutaverunt gloriam fuam in fimilitudinem vituli manducantis fœnum.	
	21. Obliti funt Deum, qui falvavit eos, qui fecit magnalia in Ægypto, 22. mirabilia in terra Cham : terribilia in mari rubro.	*Obliti funt Dei falvatoris fui, qui fecit magnalia in Ægypto : mirabilia in terra Cham, terribilia fuper mare rubrum.*	21. Obliti funt Deum, qui liberavit eos, qui fecit magnalia in Ægypto, 22. mirabilla in terra Chanaam ; & terribilia in mari rubro.	
Exod. 32. 10.	23. Et dixit ut difperderet eos : fi non Moyfes electus ejus fteti ffet in confractione in confpectu ejus :	*Dixit ergo ut contereret eos : nifi Mofes electus ejus fteti ffet medius contra faciem illius,*	23. Et dixit ut difperderet eos : fi non Moyfes fervus ejus fteti ffet in confractionem in confpectu ejus :	
	Ut averteret iram ejus ne difperderet eos : 24. & pro nihilo habuerunt terram defiderabilem :	*Ut converteret indignationem ejus, & non interficeret. Et defpexerunt terram defiderabilem,*	Ut averteret iram ejus ne difperderet eos : 24. & pro nihilo habuerunt terram defiderabilem :	
	Non crediderunt verbo ejus, 25. & murmuraverunt in tabernaculis fuis : non exaudierunt vocem Domini.	*Nec crediderunt fermoni ejus : & murmuraverunt in tabernaculis fuis : non audierunt vocem Domini.*	Et non crediderunt verbo ejus, 25. & murmuraverunt in tabernaculis fuis : & non audierunt vocem Domini.	
Num. 14. 32.	26. Et elevavit manum fuam fuper eos : ut profterneret eos in deferto :	*Et elevavit manum fuam fuper eos, ut dejiceret eos in deferto :*	26. Et elevavit manum fuam illis : ut dejiceret eos in deferto :	
	27. Et ut dejiceret femen eorum in nationibus : & difpergeret eos in regionibus.	*Et ut dejiceret femen eorum in gentibus, & difpergeret eos in terris.*	27. Et ut dejiceret femen eorum in nationes : & difpargeret illos in gentibus.	
	28. Et initiati funt Beelphegor : & comederunt facrificia mortuorum.	*Et confecrati funt Beel-Pheor, & comederunt victimas mortuorum.*	28. Et confummati funt vehementer : & manducaverunt facrificia mortuorum.	
	29. Et irritaverunt eum in ad-	*Et concitaverunt in ftudiis fuis,*	29. Et irritaverunt eum in	

NOTÆ AD VERSIONEM ANTIQUAM.

℣. 17. Auguft. in hunc Pf. cum Profp. *Aperta eft terra, & deglutivit Dathan : & fuperoperuit fuper congregationem Abiron.* Caffiod. cum Vulg. concordat. Pfalt. verò Rom. hab. *& operuit fuper fynagogam Abiron.* Mozarab. *& operuit fynagoga Abiron.* Corb. *& operuit tabernaculum Abiron.* Similiter in Carnut. fed abfque hoc med. *& operuit fuper.* In Gr. Ἠνοίχθη ἡ γῆ, ϗ κατέπιε Δαθὰν· ϗ ἐκάλυψεν ἐπὶ τὴν συναγωγὴν Ἀβειρών. S. Hieron. l. 2. in ep. ad Ephef. to. 4. 364. a. legit, *devoravit Dathan ;* cæt. ut in Vulg.

℣. 18. Sic habet Auguft. cum Profpero. Caffiod. *Et exarfit ignis..... & flamma,* &c. Pfalt. Rom. cum Moz. & Corb. ponit etiam *&*, ante *flamma*, fed tollit ante *exarfit.* Præterea Mozarab. habet *comedit*, pro *combuffit.* Gr. Καὶ ἐξεκαύθη..... ϗ φλὸξ κατέφλεξεν, &c.

℣. 19. Accinunt Auguft. Profp. & Caffiod. in hunc Pf. unà cum vet. Pfalt. & Gr. In Pfalt. Corb. *in Choreb : & adoraver. fculptilia.*

℣. 20. Sic in Pfalt. Rom. Corb. & apud Caffiod. Sic etiam in Brev. Moz. excepto uno *in fimilitudine.* Ita etiam ap. Aug. præter verbum penult. *comedentis.* Aug. addit : *Non ait* in fimilitudinem, *fed* in fimilitudine : *talis eft locutio, qualis illa, ubi ait :* & crediderunt in verbis ejus. S. Paulinus epift. 23. p. 124. a. *Immutaverunt gloriam fuam in fimilitudinem vit. manducantis fœnum.* Gr. Καὶ ἠλλάξαντο τὴν..... ἐν ὁμοιώματι..... ἔσθοντος, &c.

℣. 21. Itidem ap. Profp. ficut in Pfalt. Rom. Corb. & Moz. Ap. Auguft. verò & Caffiod. *qui falvavit.* In Gr. τοῦ σώζοντος αὐτοὺς, τοῦ ποιήσαντος μεγάλα, &c. Alex. μεγαλεῖα.

℣. 22. Sic in Pfalt. Corb. Itidem in Rom. dempto *&*, poft *Chanaam.* Apud Auguft. Caffiod. & Profp. ut in Vulg. In Gr. θαυμαστὰ ἐν γῇ Χάμ· ϗ φοβερὰ ἐπὶ θαλάσσης, &c. Ald. & Compl. θαυμάσια..... Χάμ· φοβερά. Mf. 1. Caffiod. hab. *Chanaam*, ut fup.

℣. 23. Pfalt. Rom. Vulgatæ confonat. Ita etiam Aug. cum Caffiod. in hunc Pf. Profper verò cum Brev. Moz. hab. *Et dixit difperdere eos : fi non Moyfes electus ejus*, &c. fubinde Mozarab. *Ut averteret iram fuam ne*, &c. Corb. *Et dixit difperdere eos : fi non Moyfes fervus ejus*, &c. ut in Vulg. Græcè, Καὶ εἶπε τοῦ ἐξολοθρεῦσαι αὐτούς· εἰ μὴ Μωσῆς ὁ ἐκλεκτὸς αὐτοῦ ἔστη ἐν τῇ θραύσει..... Τοῦ ἀποστρέψαι ἀπὸ θυμοῦ ὀργῆς αὐτοῦ τοῦ μὴ ἐξολοθρεῦσαι. Alex. Ald. & Compl. Τοῦ ἀποστρέψαι τὸν θυμὸν αὐτοῦ, &c. ultimoque Alex. addit αὐτούς.

℣. 24. Auguft. extremò hab. *Nec crediderunt in verbis ejus.* Caffiod. *Non credid. in verbo ejus.* Pfalt. Rom. *Et non credid. in verbis ejus.* Mozarab. *Et non credid. verbo ejus.* Sic etiam in Gr. fed Ald. ed. & Compl. delent *&*, cum Mf. Alex.

℣. 25. Ap. Auguft. Profp. & Caffiod. ut in Vulg. & Gr. In Pfalt. Rom. *nec exaudierunt ;* in Mozar. *& non exaudierunt.*

℣. 26. Sic in Pfalt. Corb. demptâ unâ præpof. *in.* Vulgatæ patrocinantur Auguft. Profp. & Caffiod. in hunc Pf. cum Pfalt. Rom. In Mozarab. fic : *Et elevavit man. fuam in illis, citò profterneret eos in deferto.* In Gr. Καὶ ἐπῆρε..... ἐπ' αὐτοὺς, τοῦ καταβαλεῖν αὐτοὺς, &c.

℣. 27. Aug. Profp. & Caffiod. concordant cum Vulg. & Gr. Itidem in Pfalt. Rom. In Mozar. deeft tantùm 1. *Et ;* cæt. ut in ead. Vulg. In Pfalt. Corb. *Et ut dejiceret femen eorum in gentibus : & difpargeret eos in nationibus.*

℣. 28. Pfalt. Rom. Corb. & Mozarab. cum Caffiod. *Et confecrati funt Beelphegor : & manducaverunt facrificia mort.* Sic etiam in Mediol. Carnut. & ap. Profp. *Et confecrati funt Beelphegor.* Auguft. cum Vulg. legit : *Et initiati funt Beelphegor ;* fed addit, *id eft, idolo gentium confecrati :* ftatimque, *& manducaverunt facrificia*, &c. antiquiores Mff. ibid. *facrificium.* In Gr. Καὶ ἐτελέσθησαν τῷ Βεελφεγώρ· ϗ ἔφαγον θυσίας, &c.

℣. 29. Ita Caffiod. cum Pfalt. Rom. Corb. & Carnut. Mozarab. verò & Mediolan. hab. *in obfervationibus fuis*, Aug. cum Vulg. *in adinventionibus fuis.* Gr. ἐν τοῖς ἐπιτηδεύμασιν αὐτῶν.

Versio antiqua.	Hebr.	Vulgata hod.	
Ex Ms. Sangerm. studiis suis : & multiplicata est in eis ruina.	*& percussit eos plagâ.*	inventionibus suis : & multiplicata est in eis ruina.	
30. Et stetit Finees, & exoravit : & cessavit quassatio.	*Stetit autem Phinees, & dijudicavit : & est retenta percussio.*	30. Et stetit Phinees, & placavit : & cessavit quassatio.	Num. 25. 7.
31. Et reputatum est eis ad justitiam in generatione & generationem, usque in sæculum & sæculum sæculi.	*Et reputatum est ei in justitiam, in generatione & generationem usque in æternum.*	31. Et reputatum est ei in justitiam, in generationem & generationem usque in sempiternum.	
32. Et irritaverunt eum ad aquam contradictionis : & vexatus est Moyses propter eos : 33. quia exacerbaverunt spiritum ejus,	*Et provocaverunt super aquam contradictionis, & afflictus est Moyses propter eos : quia provocaverunt spiritum ejus,*	32. Et irritaverunt eum ad aquas contradictionis : & vexatus est Moyses propter eos : 33. quia exacerbaverunt spiritum ejus.	Num. 20. 10.
* Ms. tuis. Et distinxit in labiis * suis : 34. non disperdiderunt gentes, quas dixit Dominus illis.	*Et præcepit in labiis suis : non exterminaverunt populos, quos dixit Dominus eis.*	Et distinxit in labiis suis : 34. non disperdiderunt gentes, quas dixit Dominus illis.	
35. Et commixti sunt inter gentes, & didicerunt opera eorum : 36. & servierunt sculptilibus eorum : & factum est illis in scandalum.	*Et commixti sunt gentibus, & didicerunt opera eorum : & servierunt sculptilibus eorum, & factum est eis in scandalum.*	35. Et commisti sunt inter gentes, & didicerunt opera eorum : 36. & servierunt sculptilibus eorum : & factum est illis in scandalum.	
37. Et immolaverunt filios suos, & filias suas dæmoniis.	*Et immolaverunt filios suos, & filias suas dæmonibus.*	37. Et immolaverunt filios suos, & filias suas dæmoniis.	
38. Et effuderunt sanguinem innocentem : sanguinem filiorum suorum & filiarum, quos sacrificaverunt sculptilibus Chanaan.	*Et effuderunt sanguinem innocentem : sanguinem filiorum suorum & filiarum suarum, quos immolaverunt sculptilibus Chanaan :*	38. Et effuderunt sanguinem innocentem : sanguinem filiorum suorum & filiarum suarum, quas sacrificaverunt sculptilibus Chanaan.	
Et interfecta est terra sanguinibus, 39. & contaminata est in operibus eorum : & fornicati sunt ab inventionibus suis.	*Et polluta est terra sanguinibus : & coinquinati sunt in operibus suis, & fornicati sunt in studiis suis.*	Et infecta est terra in sanguinibus, 39. & contaminata est in operibus eorum : & fornicati sunt in adinventionibus suis.	
40. Et iratus est animo Dominus in populum suum : & abominatus est hæreditatem suam.	*Iratus est itaque furor Domini in populum suum, & abominatus est hæreditatem suam.*	40. Et iratus est furore Dominus in populum suum : & abominatus est hæreditatem suam.	
41. Et tradidit eos in manus nationum : & dominati sunt in eos qui oderant eos.	*Et dedit eos in manu gentium, & dominati sunt eorum qui oderunt eos.*	41. Et tradidit eos in manus gentium : & dominati sunt eorum qui oderunt eos.	

Notæ ad Versionem antiquam.

℣. 30. Sic est in Psalt. Rom. Corb. Mozarab. & apud Cassiod. excepto primo &, quod deest. Item in Carnut. & Mediolan. & *exoravit*. Apud August. verò & Prosp. ut in Vulg. *Qua autem hic posita est* quassatio, inquit Aug. *hac superius* confractio ; *nam in Græco unum verbum est*, nempe, ἡ θραῦσις.

℣. 31. S. August. concinit cum Vulg. S. Prosp. verò in eund. Ps. hab. *Et reputatum est ei ad justitiam in generatione*, &c. ut in Vulg. Cassiod. ibid. *Et reput. est illi ad just. in generationem & generationem usque ad sæculum* ; nec addit plura. Psalt. Rom. Et *reput. est illi ad justit. à generatione in generationem usque in sæculum.* Similiter in Mozarab. excepto hoc med. *in generatione & generationem.* In Corb. *Et reputat. est ei à justitia, in generationem & generationem usque in sæculum.* In Gr. Καὶ ἐλογίσθη αὐτῷ εἰς δικαιοσύνην, εἰς γενεὰν καὶ γενεὰν ἕως τοῦ αἰῶνος.

℣. 32. Ita legunt August. & Prosp. in hunc Ps. cum Psalt. Corb. & Gr. Cassiod. verò cum Psalt. Rom. &c. *ad aquas.*

℣. 33. Quod habet Ms. Sangerm. *in labiis tuis*, erratum est, ni fallor, scribæ, quod emendari debet, ex August. Prosp. & Cassiod. qui omnes ferunt *suis*, cum vet. Psalt. & Gr. Ap. Hilar. in Ps. 65. col. 179. a. ut sup. *exacerbaverunt spiritum ejus.*

℣. 34. Cassiod. cum Psalt. Rom. *non disperdiderunt gentes, quas dixerat Dominus illis* ; Mss. 2. Cassiod. *dixit*, cum August. & Gr. In Breviar. Moz. sic : *& non disperdiderunt gentes, quas dixerat ei Dominus.*

℣℣. 35. 36. 37. Ita legunt August. & Cassiod. in hunc Ps. cum Psalt. Rom. Similiter ap. Prosp. hoc excepto (℣. 35.) *commixti sunt cum gentibus.* Apud Hieron. in Isai. 57. to. 3. 417. b. *Commixti sunt gentibus* ; ultimòque, *& filias suas dæmonibus* : item in Ezech. 16. col. 795. e. scribit *dæmonibus* ; Brev. Mozar. *dæmoni.* In Gr. Καὶ ἐμίγησαν ἐν τοῖς ἔθνεσι..... τοῖς δαιμονίοις.

℣. 38. Ita legit Cassiod. in hunc Ps. cum Psalt. Corb. præpositâ voculâ *in*, voci *sanguinibus.* Sic etiam in Psalt. Rom. præter hoc, *infecta est terra*, absque præced. &. In Mediolan. & Carnut. *Et interfecta est terra* ; idem etiam ferunt Vulgatæ Mss. 2. Germ. & Carnut. Psalt. Rom. Martian. scribit *quas*, non *quos*. Mozarab. tollit &, ante *effuderunt*, nec addit *suarum*, post *filiarum* ; mox ita : *quas immolaverunt sculptil. Chan. & facta est terra in sanguine.* Apud Hieron. in Isai. 57. to. 3. 417. b. *Et effud. sanguinem innoc. vel innoxium : sang. filiorum & filiarum suarum, & immolaverunt sculpt. Chan. & infecta est terra sanguinibus* : at in Ezech. 16. col. 795. e. *filior. suor. & filiarum suarum, quas immolaverunt sculpt.* &c. Ap. August. in hunc Ps. *quas sacrificaverunt..... & interfecta est terra in sanguinibus* : deinde sic : *Putaremus scriptoris errorem, eumque diceremus, pro eo quod est* infecta, *fecisse* interfecta ; *nisi haberemus beneficium Dei, qui Scripturas suas in multis linguis esse voluit ; atque ita esse scriptum*, interfecta est terra in sanguinibus, *inspectis codicibus Græcis, videremus.* Nunc etiam ita legimus Græcè, καὶ ἐφονοκτονήθη ἡ γῆ ἐν τοῖς, &c.

℣. 39. Hieron. in Isai. 57. to. 3. 417. b. legit : *& polluta est in operibus suis.* Cassiod. in hunc Ps. cum Psalt. Rom. & Moz. *& contaminata est in operibus eorum* (Moz. *ipsorum* :) *& fornic. sunt in observationibus suis* ; Mediolan. *in studiis suis* ; August. cum Prosp. *in adinventionibus suis.* Addit August. *Has dicit* adinventiones, *quas Græci* ἐπιτηδεύματα *appellant ; nam hoc verbum est in codicibus Græcis, & hoc loco, & superius.* (℣. 29.) ἐν τοῖς ἐπιτηδεύμασι.

℣. 40. Itidem in Psalt. Romano. Apud Cassiod. sic : *Et iratus est animo Dom. in populo suo*, &c. Apud August. *Et iratus est furore Dom. in pop. suum*, &c. tum addit : *Noluerunt quidam Interpretes nostri iram ponere in eo quod Græcus habet* θυμός : *sed quidam posuerunt ; quidam verò* indignationem ; *quidam* animum *interpretati sunt.* In Psalt. Corb. simpliciter, *Et iratus est Dom. in pop. suum.*

℣. 41. Vulgatæ suffragantur S. Prosp. & Cassiod. cum Psalt. Rom. Item August. nisi quòd hab. *qui oderant eos.*

VULGATA HOD.	HEBR.	VERSIO ANTIQUA.
42. Et tribulaverunt eos inimici eorum, & humiliati ſunt ſub manibus eorum: 43. ſæpè liberavit eos.	*Et afflixerunt eos inimici ſui, & humiliati ſunt ſub manu eorum. Multis vicibus liberavit eos:*	42. Et contribulaverunt eos inimici eorum, & humiliati ſunt ſub manibus eorum: 43. & ſæpe liberavit eos. Ex Mſ. Sangerm.
Ipſi autem exacerbaverunt eum in conſilio ſuo: & humiliati ſunt in iniquitatibus ſuis.	*Ipſi verò provocabant in conſiliis ſuis, & humiliati ſunt propter iniquitatem ſuam.*	Ipſi autem exacerbaverunt eum in conſilio ſuo: & humiliati ſunt in iniquitatibus ſuis.
44. Et vidit cùm tribularentur: & audivit orationem eorum.	*Et vidit tribulationem eorum, cùm audiret eos rogantes.*	44. Et reſpexit eos cùm tribularentur: in eo cùm exaudiret orationem eorum.
Deut. 30. 1. 45. Et memor fuit teſtamenti ſui: & pœnituit eum ſecundùm multitudinem miſericordiæ ſuæ.	*Et recordatus eſt pacti ſui cum eis, & pœnituit eum ſecundùm multitudinem miſericordiæ ſuæ.*	45. Et memor fuit illis teſtamenti ſui: & pœnituit eum ſecundùm multitudinem miſericordiæ ſuæ.
46. Et dedit eos in miſericordias in conſpectu omnium qui ceperant eos.	*Et dedit eos miſerabiles coram omnibus qui ceperant eos.*	46. Et dedit eos in ſervitute in conſpectu omnium qui ceperant eos.
47. Salvos nos fac Domine Deus noſter: & congrega nos de nationibus:	*Salva nos Domine Deus noſter, & congrega nos de gentibus:*	47. Salvos fac nos Domine Deus noſter: & congrega nos de gentibus:
Ut confiteamur nomini ſancto tuo: & gloriemur in laude tua.	*Ut confiteamur nomini ſancto tuo, & canamus laudantes te.*	Ut confiteamur nomini tuo ſancto: & gloriemur in laude tua.
48. Benedictus Dominus Deus Iſraël à ſæculo & uſque in ſæculum: & dicet omnis populus: Fiat, fiat.	*Benedictus Dominus Deus Iſraël ab æterno, & uſque in æternum: & dicet omnis populus: Amen. Alleluia.*	48. Benedictus Dominus Deus Iſraël à ſæculo uſque in ſæculum: & dicit omnis populus: Fiat, fiat.

NOTÆ AD VERSIONEM ANTIQUAM.

In Pſalt. Moz. ſic: *Et tradidit eos in manus nationum: & dominati ſunt eis qui oderunt eos.* In Corb. *& dominati ſunt in eos qui oderunt eos.* In Gr. Καὶ παρέδωκεν αὐτοὺς εἰς χεῖρας ἐχθρῶν· καὶ ἐκυρίευσαν αὐτῶν οἱ μισοῦντες αὐτούς.

℣. 42. Auguſt. Proſp. & Caſſiod. cum vet. Pſalt. *Et tribulaverunt*, &c. ut ſup. Gr. Καὶ ἔθλιψαν, &c. Pſalt. Corb. *Et tribul..... & humiliaverunt eos ſub manibus ſuis.*

℣. 43. Auguſt. Proſp. & Caſſiod. in hunc Pſ. cum Vulgata concinunt & Gr. Pſalt. Moz. delet *eum*, poſt *exacerbaverunt*. Corb. habet, *exacerbaverunt eum in conſiliis ſuis.* Hilar. in Pſ. 65. p. 179. a. ita: *frequenter liberavi eos. Ipſi verò me exacerbaverunt.*

℣. 44. Pſalt. Rom. Corb. & Moz. cum Caſſiod. *Et reſpexit eos cùm tribularentur: cùm exaudiret orationes eorum:* Caſſiod. cum Corb. *orationem*. Item in Mediol. & Carnut. *cùm exaudiret*. Ap. Auguſt. *Et vidit cùm tribul. cùm audiret orationem eorum.* Hieron. verò epiſt. ad Sun. & Fret. col. 659. a. his, *Et vidit..... & audivit orationem eorum*, ſubdit: *Quidquid extra hoc in Græco inveniſſe vos dicitis, ſuperfluum eſt.* Ita nempe ibid. Καὶ εἶδε Κύριος ἐν τῷ θλίβεσθαι αὐτοὺς, ἐν τῷ αὐτὸν εἰσακοῦσαι τῆς δεήσεως αὐτῶν.

℣. 45. Ita Auguſt. Proſp. & Caſſiod. in hunc Pſ. detractâ voculâ *illis*; quæ etiam abeſt à Pſalt. Rom. & Græco.

℣. 46. Vulgatæ patrocinantur Auguſt. Proſp. & Caſſiod. ubi ſup. Pſalt. Moz. hab. *Et dedit eos in miſericordias*, &c. Græc. Καὶ ἔδωκεν αὐτοὺς εἰς οἰκτιρμούς..... τῶν αἰχμαλωτευσάντων αὐτούς.

℣. 47. S. Proſp. & Caſſiod. cum vet. Pſalt. Vulgatæ conſentiunt & Græco. Similiter hab. Auguſt. *& congrega nos de nationibus:* ſed addit, *vel ſicut alii codices habent*, de gentibus: ſic etiam ipſe leg. inf. col. 1203. d. g. reliq. ut ſup. S. Paulinus epiſt. 40. 251. a. ait: *Confiteamur Domino miſericordias ejus, & gloriemur in laude ejus.* In Pſalt. Corb. *Salvos fac nos Dom..... & congrega nos ex gentibus, ut confit. nom. tuo ſancto, & glori. in laudem tuam.*

℣. 48. Vulgatæ reſpondet Ambroſ. in Pſ. 40. to. 1. 883. a. Item Aug. Proſp. & Caſſiod. in hunc Pſ. cum vet. Pſalt. & Gr. Hieron. ep. ad Cypr. to. 2. 695. c. ait: *In fine duplex* Amen *poſitum eſt, quod LXX. tranſtulerunt* Fiat, fiat. Auguſt. in eund. Pſ. col. 1191. d. *Totus Pſalmorum liber libris quinque conſtanter perhibetur; & ubi ſcriptum eſt* Fiat, fiat, *ibi fines librorum eſſe dicunt.*

VULGATA HOD.	HEBR.	VERSIO ANTIQUA.
Alleluia. (*Judith* 13. 21.) CVI.	*CVII.*	* Alleluia. CVI. Ex Mſ. Sangerm.
1. Confitemini Domino quoniam bonus: quoniam in ſæculum miſericordia ejus.	*Confitemini Domino quoniam bonus: quoniam in æternum miſericordia ejus.*	1. Confitemini Domino quoniam bonus: quoniam in ſæculum miſericordia ejus.
2. Dicant qui redempti ſunt à Domino, quos redemit de manu inimici: & de regionibus congregavit eos.	*Dicant redempti à Domino, quos redemit de manu hoſtis: & de terris congregavit eos,*	2. Dicant qui redimuntur à Domino, quos liberavit de manu inimici: de regionibus congregavit eos;

NOTÆ AD VERSIONEM ANTIQUAM.

* Hujus Pſalmi titulus eſt, teſte Aug. *Halleluia, & bis Halleluia: quod nobis*, inquit, *cantare certo tempore ſolemniter moris eſt, ſecundùm Eccleſiæ antiquam traditionem:* & poſt paulò: *Quod autem non ſemel, ſed bis habet Halleluia titulus iſte, non hujus Pſalmi proprium eſt, ſed & alius ſuperior ſic habet.* In Gr. tamen ſemel Ἀλληλούϊα, ſicut in Pſalt. Rom. & ap. Caſſiod.

℣. 1. Ita Caſſiod. cum vet. Pſalt. & Gr. Apud Auguſt. verò & Proſp. *Confitemini Domino quoniam ſuavis eſt: quoniam in ſæculum*, &c. Subdit Aug. inf. *In ſæculum, id eſt, in æternum: hic enim ita poſitum eſt* in ſæculum, *quia & in nonnullis Scripturæ locis* in ſæculum, *id eſt, quod Græcè* εἰς αἰῶνα *dicitur*, in æternum *intelligitur.* Vide ſup. Not. ad Pſ. 105. ℣. 1.

℣. 2. Auguſt. cum Proſp. *Dicant qui redempti ſunt à Dom. quos redemit de manu inimicorum: de*, &c. Caſſiod. *Dicant nunc qui redempti ſunt..... quos redemit de manu inimici: de*, &c. Gaud. Brix. ſer. 2. p. 946. e. *Nunc dicant omnes qui redimuntur à Domino, quos redemit de manu inimicorum: & de*, &c. Pſalt. Rom. Vulgatæ reſpondet & Gr. addito uno *nunc*, ad *dicant*, quod tamen abeſt à Gr. Mſ. etiam Alex. tollit καὶ, poſt vocem *inimici*: deeſt pariter & in Pſalt. Moz. In Corb. ſic: *Dicant qui redimuntur à Domino, quos redemit de manu inimicorum: de regionib.* &c.

Ex Ms. Sangerm.

Versio Antiqua.	Hebr.	Vulgata hod.
3. A solis ortu, & occasu; ab aquilone, & mare.	*Ab oriente, & occidente: ab aquilone, & mari.*	3. A solis ortu, & occasu: ab aquilone, & mari.
4. Erraverunt in solitudine in siccitate: viam autem civitatis habitationis non invenerunt.	*Erraverunt in solitudine in deserta via: civitatem quæ habitaretur, non repererunt.*	4. Erraverunt in solitudine in inaquoso: viam civitatis habitaculi non invenerunt.
5. Esurientes, & sitientes: & anima eorum in ipsis defecit.	*Esurientes & sitientes: anima eorum in ipsis deficiebat.*	5. Esurientes, & sitientes: anima eorum in ipsis defecit.
6. Et exclamaverunt ad Dominum cùm tribularentur: & de necessitatibus eorum eripuit eos.	*Et clamaverunt ad Dominum in tribulatione sua: de afflictione eorum eripuit eos.*	6. Et clamaverunt ad Dominum cùm tribularentur: & de necessitatibus eorum eripuit eos.
7. Et deduxit eos in viam rectam: ut irent in civitatem habitationis.	*Et duxit illos per viam rectam, ut venirent in civitatem habitabilem.*	7. Et deduxit eos in viam rectam: ut irent in civitatem habitationis.
8. Confiteantur Domino misericordias ejus: & mirabilia ejus filiis hominum.	*Confiteantur Domino misericordiam ejus, & mirabilia ejus in filios hominum.*	8. Confiteantur Domino misericordiæ ejus: & mirabilia ejus filiis hominum.
9. Quia saturavit animam inanem: & animam esurientem satiavit bonis.	*Quia saturavit animam vacuam, & animam esurientem implevit bonis.*	9. Quia satiavit animam inanem: & animam esurientem satiavit bonis.
10. Sedentes in tenebris, & in umbra mortis: vinculis ligatos in mendicitate, & in ferro.	*Habitantes in tenebris, & umbra mortis: alligatos inopiâ & ferro.*	10. Sedentes in tenebris, & umbra mortis: vinctos in mendicitate, & ferro.
11. Quia exacerbaverunt eloquia Dei: & consilium Altissimi inritaverunt.	*Quia provocaverunt sermones Dei, & consilium Excelsi blasphemaverunt.*	11. Quia exacerbaverunt eloquia Dei: & consilium Altissimi irritaverunt.
12. Et humiliatum est in laboribus cor eorum: & infirmati sunt, nec fuit quis liberaret eos.	*Et humiliavit in labore cor eorum: corruerunt, & non erat qui adjuvaret.*	12. Et humiliatum est in laboribus cor eorum: infirmati sunt, nec fuit qui adjuvaret.
13. Et clamaverunt ad Dominum cùm tribularentur: & de necessitatibus eorum liberavit eos.	*Et clamaverunt ad Dominum in tribulatione sua: de angustiis eorum salvavit eos.*	13. Et clamaverunt ad Dominum cùm tribularentur: & de necessitatibus eorum liberavit eos.
14. Et eduxit eos de tenebris, & umbra mortis: & vincula eorum disrupit.	*Et eduxit eos de tenebris, & umbra mortis, & vincula eorum disrupit.*	14. Et eduxit eos de tenebris, & umbra mortis: & vincula eorum disrupit.
15. Confiteantur Domino misericordiæ ejus: & mirabilia ejus filiis hominum.	*Confiteantur Domino misericordiam ejus, & mirabilia ejus in filios hominum.*	15. Confiteantur Domino misericordiæ ejus: & mirabilia ejus filiis hominum.
16. Quia contrivit portas æreas: & vectes ferreos confregit.	*Quia contrivit portas æreas, & vectes ferreos confregit.*	16. Quia contrivit portas æreas: & vectes ferreos confregit.
17. Suscepit eos de via iniquitatis ipsorum: propter in-	*Stultos propter viam sceleris eorum, & propter iniquitates afflic-*	17. Suscepit eos de via iniquitatis eorum: propter injustitias enim

Notæ ad Versionem antiquam.

℣. 3. August. cum Prosp. *Ab oriente, & occasu*, &c. Cassiod. & Gaud. Brix. ser. 2. p. 946. e. cum Psalt. Rom. ut in Vulg. In Gr. Ἀπὸ ἀνατολῶν, καὶ δυσμῶν καὶ βοῤῥᾶ, καὶ θαλάσσης.

℣. 4. Ita in Psalt. Rom. Corb. & Moz. detracto uno *autem*. Similiter ap. August. Prosp. & Cassiod. in hunc Ps. Prosp. tamen addit *&*, post vocem *solitudine*. Hieron. in Eccles. to. 2. 775. b. legit: *Erraverunt in deserto & in inaquoso: viam civitatis & habitationis ejus non invenerunt.* Græc. Vulgatæ consonat.

℣. 5. August. Prosp. & Cassiod. Vulgatæ respondent ad verbum, cum Psalt. Rom. & Gr. In Moz. sic: *Esur. & sitientes erant*, &c.

℣. 6. Psalt. Rom. Corb. & Moz. in principio hab. cum Cassiod. *Et clamaverunt*; extremòque, *liberavit eos.* Aug. verò cum Prosp. ut in Vulg. Gr. ἐῤῥύσατο αὐτούς.

℣. 7. Ita August. cum Psalt. Moz. Cassiod. verò cum Rom. & Corb. *Et eduxit*; Græc. Καὶ ὡδήγησεν, &c.

℣. 8. Sic est in Psalt. Corb. Moz. & fortè in Carnut. In Rom. *misericordia ejus*, &c. Apud August. *miserationes ejus.* Apud Prosp. *misericordiam ejus*, &c. Apud Cassiod. ut in Vulg. In Gr. τὰ ἐλέη αὐτοῦ, &c. S. Paulinus epist. 19. p. 106. b. ita refert: *Confiteamur Domino misericordias ejus: & immolemus ei hostiam laudis.*

℣. 9. Itidem in Psalt. Moz. In Rom. bis *satiavit*, sicut apud Cassiod. In Corb. *Qui saturavit anim.*..... *satiabit bonis.* Apud August. & Prosp. *Quoniam satiavit*,..... *implevit bonis.* Apud S. Paulin. epist. 19. p. 106. b. & epist. 23. p. 127. a. *Quia saturavit animam inanem.* Auct. l. de promiss. p. 3. col. 176. c. *Satiavit animam inanem: & animam esurientem bonis replevit.* Gr. Ὅτι ἐχόρτασε ψυχὴν κενὴν, καὶ πεινῶσαν ἐνέπλησεν ἀγαθῶν. Alex. cum Ald. & Compl. καὶ ψυχὴν πεινῶσαν, &c.

℣. 10. Ita legit August. cum Prosp. si excipias ista, *compeditos in mendicitate, & ferro.* Cassiod. hab. *vinculis ligatos in mendicit. & ferro.* Sic etiam in Psalt. Rom. Corb. & Moz. Græcum Vulgatæ favet.

℣. 11. Cassiod. legit cum Psalt. Rom. *eloquia Domini*; cæt. ut supra. Mozarab. *eloquium Domini.* August. verò in eund. Ps. *Quoniam inamaricaverunt eloquia Domini: & consilium Altissimi exacerbaverunt.* Gr. Ὅτι παρεπίκραναν τὰ λόγια τοῦ Θεοῦ καὶ τὴν..... παρώξυναν.

℣. 12. Vulgatæ succinit Cassiod. cum Psalt. Rom. Moz. & Gr. Itidem apud August. & Prosp. hoc excepto ult. *qui adjuvaret eos.*

℣. 13. Accinit Cassiod. cum Psalt. Rom. & Mozarab. August. verò legit: *Et clamaverunt..... & de necessitatibus eorum salvos fecit eos.* Prosp. *salvavit eos.* Gr. ἔσωσεν αὐτούς.

℣. 14. Sic habent August. Prosp. & Cassiod. in hunc Ps. cum Psalt. Rom. & Gr. In Mozar. *Et duxit eos*, &c.

℣. 15. Ita legit Cassiod. cum Psalt. Rom. August. verò: *Confiteantur Domino miserationes ejus.* S. Prosp. *misericordias ejus*, ut sup. ℣. 8. Gr. τὰ ἐλέη αὐτοῦ.

℣℣. 16. 17. 18. Sic ad verbum leguntur in Psalt. Mozarab. Item in Rom. & Corb. præter unum *iniquitatis*.

VULGATA HOD.	HEBR.	VERSIO ANTIQUA.
suas humiliati sunt.	*tos.*	justitias enim suas humiliati sunt. *Ex Ms. Sangerm.*
18. Omnem escam abominata est anima eorum : & appropinquaverunt usque ad portas mortis.	*Omnem cibum abominata est anima eorum, & accesserunt ad portas mortis.*	18. Omnem escam abominata est anima eorum : & adpropiaverunt usque ad portas mortis.
19. Et clamaverunt ad Dominum cùm tribularentur : & de necessitatibus eorum liberavit eos.	*Et clamaverunt ad Dominum in tribulatione sua : de angustiis eorum salvavit eos.*	19. *Vide notas.*
20. Misit verbum suum, & sanavit eos : & eripuit eos de interitionibus eorum.	*Misit verbum suum, & sanavit eos, & salvavit de interitu eorum.*	20. Misit verbum suum, & liberavit eos : & eripuit eos de corruptela eorum.
21. Confiteantur Domino misericordiæ ejus : & mirabilia ejus filiis hominum :	*Confiteantur Domino misericordiam ejus, & mirabilia ejus in filios hominum :*	21. Confiteantur Domino misericordias ejus : & mirabilia ejus filiis hominum :
22. Et sacrificent sacrificium laudis : & annuntient opera ejus in exsultatione.	*Et immolent hostias gratiarum, & narrent opera ejus in laude.*	22. Et sacrificent sacrificium laudis : & pronuncient opera ejus in exsultatione.
23. Qui descendunt mare in navibus, facientes operationem in aquis multis.	*Qui descendunt mare in navibus, facientes opus in aquis multis.*	23. Qui descendunt in mare in navibus, facientes operationem in aquis multis.
24. Ipsi viderunt opera Domini, & mirabilia ejus in profundo.	*Ipsi viderunt opera Domini, & mirabilia ejus in profundo.*	24. Ipsi viderunt opera Domini, & mirabilia ejus in profundo.
25. Dixit, & stetit spiritus procellæ : & exaltati sunt fluctus ejus.	*Et dixit, & surrexit ventus tempestatis, & elevavit gurgites ejus.*	25. Dixit Dominus, & stetit spiritus procellæ : & exaltati sunt fluctus ejus.
26. Ascendunt usque ad cœlos, & descendunt usque ad abyssos : anima eorum in malis tabescebat.	*Ascendunt in cælum, & descendunt in abyssos : anima eorum in afflictione consumitur.*	26. Et ascendunt usque ad cœlos, & descendunt usque ad abyssos : animalia eorum in malis tabescebant.
27. Turbati sunt, & moti sunt sicut ebrius : & omnis sapientia eorum devorata est.	*Obstupuerunt, & intremuerunt quasi ebrius, & universa sapientia eorum absorpta est.*	27. Turbati sunt, & commoti sunt sicut ebrius : & omnis sapientia eorum deglutita est.
28. Et clamaverunt ad Dominum cùm tribularentur : & de necessitatibus eorum eduxit eos.	*Clamaverunt autem ad Dominum in tribulatione sua, & de angustiis eorum eduxit eos.*	28. Et clamaverunt ad Dominum cùm tribularentur : & de necessitatibus eorum eduxit eos.
29. Et statuit procellam ejus in auram : & siluerunt fluctus ejus.	*Statuet turbinem in tranquillitatem, & silebunt fluctus ejus.*	29. Et imperavit procellæ, & stetit in auram : & siluerunt fluctus ejus.
30. Et lætati sunt quia siluerunt : & deduxit eos in portum vo-	*Lætabuntur quoniam quieverunt, & deducet eos ad portum*	30. Et lætati sunt quoniam siluerunt : & deduxit eos aditus

NOTÆ AD VERSIONEM ANTIQUAM.

eorum, loco *ipsorum*. Apud August. Prosp. & Cassiod. ut in Vulg. Similiter apud S. Paulin. epist. 40. p. 252. c. & in Gr. Psalt. Corb. scrib. *conteruit*, non *contrivit*.

℣. 19. Hic versus omittitur in autogr. Sangerm. Exstat verò in Psalt. Rom. & Moz. sicut ap. Prosp. & Cassiod. nempe ut in Vulg. Apud August. *Et exclamaverunt*, &c. In Gr. Καὶ ἐκέκραξαν..... ἔσωσεν αὐτούς.

℣. 20. Cypr. l. 2. Testim. p. 285. b. *Misit sermonem suum, & curavit illos.* Ambros. in Ps. 118. col. 1001. c. *Misit verbum suum, & sanavit eos : & ex omnibus infirmitatibus suis liberavit eos :* vide etiam in Ps. 37. & 43. col. 823. c. 890. d. Psalt. Corb. omisso primo versic. simpliciter hab. *& eripuit eos de corruptibilibus eorum.* Mediolan. cum Hieron. in Ezech. 34. col. 944. c. *de corruptionibus eorum.* Rom. & Moz. *de interitu eorum.* August. cum Prosp. & S. Petro Chrysol. ser. 102. p. 926. e. *de corruptela eorum*, ut sup. Cassiod. in eund. Ps. cum Vulg. *de interitionibus eorum.* Gr. ἐκ τῶν διαφθορῶν αὐτῶν.

℣. 21. Sic est in Psalt. Moz. cui plerumque favet Carnut. In Rom. verò & apud Cassiod. ut in Vulg. Apud August. & Prosp. *Confiteantur Dom. miserationes ejus.* In Gr. τὰ ἐλέη αὐτοῦ.

℣. 22. Ita Cassiod. cum Psalt. Moz. In Corb. *& pronuntient.* Apud August. *& enuncient.* In Gr. καὶ ἐξαγγειλάτωσαν.

℣. 23. Sic Ambros. in Ps. 47. to. 1. 941. d. at l. 1. de interpel. Job, c. 5. 631. c. legit, *Qui descendunt mare*, &c. cum August. Cassiod. & vet. Psalt. S. Prosp. *Qui descendunt in mari in*, &c. Gr. Οἱ καταβαίνοντες εἰς θάλασσαν, &c.

℣. 24. In autographo Sang. oscitanter omissa est vox *Domini*, quam supplevimus ex August. Prosp. & Cassiod. qui omnes Vulgatæ consentiunt, cum vet. Psalt. & Gr.

℣. 25. Apud Aug. Prosp. & Cassiod. deest vox *Dominus*, sicut in vet. Psalt. & Gr. reliqua similia. Apud Vigil. Taps. l. cont. Varim. p. 742. c. vitiosè, *& statuit spiritus procella.*

℣. 26. August. in hunc Ps. *Ascendunt usque ad cælos*, (inf. *in cælos*,) *descendunt usque in abyssos :* subinde, *anima eorum*, &c. ut in Vulg. cui etiam Prosp. & Cassiod. accinunt ad verbum. In Gr. pariter ἡ ψυχὴ, *anima*, non *animalia.*

℣. 27. Sic est in Psalt. Moz. & Corb. Item in Rom. præter unum *moti sunt*. Ap. August. etiam *moti sunt ;* at in fine, *absorpta est.* Ap. Prosp. *exorta est*, f. pro *exorpta est.* Ap. Cassiod. *commoti sunt..... devorata est.* In Gr. Ἐταράχθησαν, ἐσαλεύθησαν..... κατεπόθη.

℣. 28. Psalt. Rom. extremò hab. cum Moz. & Cassiod. *liberavit eos ;* Corb. *liberabit eos.* August. verò leg. *Et exclamaverunt..... eduxit eos.* Græc. Καὶ ἐκέκραξαν..... ἐξήγαγεν αὐτούς.

℣. 29. Ita legit August. ad verbum cum Prosp. Cassiod. verò cum Vulg. concordat. Item Psalt. Rom. Corb. & Moz. detracto uno *ejus*, post *procellam*. Mediol. hab. *Et percussit procellam, & stetit in auram.* Gr. Καὶ ἐπέταξε τῇ καταιγίδι, καὶ ἔστη εἰς αὔραν· καὶ ἐσίγησαν, &c. Theodot. Καὶ ἔστησε τὴν καταιγίδα αὐτοῦ εἰς αὔραν, &c. Hieron. ep. ad Sun. & Fret. to. 2. 659. a. ad hæc : *Et statuit procellam ejus in auram*, ait : *In Græco invenisse vos dicitis*, καὶ ἐπιτιμῶν τῇ καταιγίδι αὐτῆς, καὶ ἔστη· *superfluum est.*

℣. 30. Psalt. Corb. *Et lætati sunt quòd siluerunt.* Rom. *& eduxit eos in portum voluntatis eorum ;* deinde ut sup. *& de necessitatibus*, &c. Moz. *& deduxit eos in port. volunt. suæ ;* absque seqq. Apud August. in hunc Ps. *Et jocundati*

Ex Mſ. Sangerm.	VERSIO ANTIQUA.	HEBR.	VULGATA HOD.	
	voluntatis eorum, & de neceſſitatibus eorum liberavit eos.	*quem voluerunt.*	luntatis eorum.	
	31. Confiteantur Domino miſericordias ejus: & mirabilia ejus filiis hominum.	*Confiteantur Domino miſericordiam ejus, & mirabilia ejus in filios hominum.*	31. Confiteantur Domino miſericordiæ ejus: & mirabilia ejus filiis hominum.	
* Mſ. vitiosè cœleſtia.	32. Et exaltent eum in * eccleſia populi: & in cathedra ſeniorum laudent eum.	*Et exaltent eum in eccleſia populi, & in cathedra ſeniorum laudent eum.*	32. Et exaltent eum in eccleſia plebis: & in cathedra ſeniorum laudent eum.	
	33. Quia poſuit flumina in deſertum, & exitus aquarum in ſitim:	*Ponet flumina in deſertum, & fontes aquarum in ſitim:*	33. Poſuit flumina in deſertum, & exitus aquarum in ſitim:	
	34. Terram fructiferam in ſalinas, à malitia inhabitantium in ea.	*Terram fructiferam in ſalſuginem, pro malitia habitatorum ejus.*	34. Terram fructiferam in ſalſuginem, à malitia inhabitantium in ea.	
	35. Poſuit deſertum in ſtagnum aquarum.	*Ponet deſertum in paludes aquarum, & terram inviam in fontes aquarum.*	35. Poſuit deſertum in ſtagna aquarum: & terram ſine aqua in exitus aquarum.	
	36. Et collocavit illic eſurientes: & conſtituerunt civitates habitationis.	*Et collocavit ibi eſurientes, & fundabunt urbem ad habitandum.*	36. Et collocavit illic eſurientes: & conſtituerunt civitatem habitationis.	
	37. Et ſeruerunt agros, & plantaverunt vineas: & fecerunt fructum nativitatis.	*Et ſerent agros, & plantabunt vineas; & facient fruges germina.*	37. Et ſeminaverunt agros, & plantaverunt vineas: & fecerunt fructum nativitatis.	
	38. Et benedixit eos, & multiplicati ſunt nimis: & jumenta eorum non ſunt minorata.	*Et benedicet eis, & multiplicabuntur nimis; & pecora eorum non imminuentur.*	38. Et benedixit eis, & multiplicati ſunt nimis: & jumenta eorum non minoravit.	
	39. Et pauci facti ſunt: & vexati ſunt à tribulatione malorum, & in dolore.	*Imminuta ſunt autem & afflicta, propter anguſtiam mali & doloris.*	39. Et pauci facti ſunt: & vexati ſunt à tribulatione malorum, & dolore.	
	40. Effuſa eſt contemptio ſuper principes: & ſeduxit eos in via, & non in invio.	*Et effundet deſpectionem ſuper principes, & errare eos faciet in ſolitudine devia.*	40. Effuſa eſt contemptio ſuper principes: & errare fecit eos in invio, & non in via.	
	41. Et adjuvavit pauperem ab inopia: & poſuit ſicut oves patrias.	*Et ſublevabit pauperem de inopia, & ponet quaſi gregem familias.*	41. Et adjuvit pauperem de inopia: & poſuit ſicut oves familias.	
	42. Videbunt recti, & lætabuntur: & omnis iniquitas opturavit os ſuum.	*Videbunt recti, & lætabuntur; & omnis iniquitas contrahet os ſuum.*	42. Videbunt recti, & lætabuntur: & omnis iniquitas oppilabit os ſuum.	Job 22. 19.

NOTÆ AD VERSIONEM ANTIQUAM.

ſunt quoniam ſiluerunt, &c. ut in Vulg. nec plura. Apud Caſſiod. *Et lætati ſunt qui*, &c. ſubnexis his, *& de neceſſitatibus eorum*, &c. Hieron. ep. ad Sun. & Fret. to. 2. 659. a. leg. *& deduxit eos in portum volunt. eorum*; tum addit, *pro quo inveniſſe vos dicitis*, in portum voluntatis ſuæ. In Gr. Καὶ εὐφράνθησαν ὅτι ἡσύχασαν· καὶ ὡδήγησεν αὐτοὺς ἐπὶ λιμένα θελήματος αὐτῶν· Mſ. Alex. cum Compl. αὐτοῦ· reliqua deſunt.

℣. 31. Ita Pſalt. Moz. & Corb. Auguſt. verò & Proſp. leg. *miſerationes ejus*. Caſſiod. ut in Vulg. In Gr. τὰ ἐλέη αὐτοῦ.

℣. 32. Auguſt. cum Pſalt. Corb. *Et exaltent eum in eccleſia populi*, &c. ut ſup. S. Proſp. *in eccleſiis populi*. Caſſiod. cum Pſalt. Rom. ut in Vulg. Græc. Ὑψωσάτωσαν αὐτὸν ἐν ἐκκλησίᾳ λαοῦ· καὶ, &c.

℣. 33. Ita Caſſiod. cum Pſalt. Rom. Sic etiam apud Ambroſ. l. 3. Hexa. to. 1. 40. b. necnon Auguſt. in hunc Pſ. dempto primo *quia*. Deeſt pariter in Gr. ut & apud S. Paulinum, ep. 44. p. 268. c. qui etiam leg. *in deſertum*. Pſalt. Corb. *Quia poſuit flumina in deſerto*, &c. ut in Vulg.

℣. 34. Ita legit Aug. in hunc Pſ. Proſp. verò *in ſalinis*. Caſſiod. cum Pſalt. Corb. *in ſalſilaginem*. Gr. εἰς ἅλμην. Fœlix, *in ſterilitatem*. Salſugo enim ſterilitatem parit: unde Abimelech Gedeonis filius, capta urbe Sichem, in ea ſal ſparſit. *Judic.* 9.

℣. 35. S. Paulinus epiſt. 44. p. 268. c. *Poſuit aridam in exitus aquarum*. Auguſt. Vulgatæ ſuccinit, cum Caſſiod. Pſalt. Rom. & Gr. In Mozarab. *Poſuit deſert. in ſtagna..... & terra ſine aqua in exit.* &c. In Corb. *Poſuit deſertum ſtagna aquarum*, &c. ut in Vulg.

℣. 36. Ita Caſſiod. cum Pſalt. Rom. præter ſingul. *civitatem*. Carnut. hab. *civitates*. Corb. *Et habitare fecit illic eſurientes: & conſtituerunt civitates perhabitationis*. Aug. in eund. Pſ. cum Proſp. *Et habitare fecit illic eſurientes: & conſtituit civitatem habitationis*. Gr. Καὶ κατῴκισεν..... καὶ ſυνεſτήσαντο πόλεις (Aq. & Sym. πόλιν) κατοικεσίας.

℣. 37. Caſſiod. Vulgatæ conſonat cum Pſalt. Rom. Item Auguſt. cum Proſp. ſi excipias ult. *fructum frumenti*: Brev. Moz. hab. *fructum germinis*. Gr. καρπὸν γεννήματος.

℣. 38. Sic eſt in Pſalt. Mozar. Corb. & Rom. necnon apud Caſſiod. Auguſt. verò & Proſp. legunt: *Et benedixit eos..... & jum. eorum non ſunt deminuta*; Proſp. *diminuta*. In Gr. Καὶ εὐλόγησεν αὐτοὺς, καὶ ἐπληθύνθησαν σφόδρα· καὶ τὰ..... οὐκ ἐσμίκρυνε.

℣. 39. In Pſalt. Moz. ſic: *Pauci facti ſunt: & afflicti ſunt*, &c. ut in Vulg. In Rom. & ap. Proſp. *Pauci facti ſunt: & vexati ſunt à tribul. malorum, & dolorum*. In Mediolan. *& dolore improperiorum*. In Corb. ſimpliciter, *à tribulatione malorum*. In Gr. ἀπὸ θλίψεως κακῶν, καὶ ὀδύνης. Apud Aug. ut in Vulg. Nec diſſimiliter leg. Caſſiod. niſi quòd tollit *Et*, ante vocem *pauci*.

℣. 40. Auguſt. legit cum Proſp. *Effuſus eſt contemptus ſuper principes: & ſeduxit eos in invio, & non in via*. Caſſiod. verò, *Et effuſa eſt contentio ſuper principes eorum: & ſeduxerunt eos vana eorum; & ſeduxit eos in invio, & non in via*. Similiter habet Pſalt. Mediolan. *& ſeduxit eos*. Corb. *Et effuſa eſt contemptio ſuper principes: & ſeduxerunt eos vana ipſorum; & ſederunt in invio, & non in via*. Rom. *Effuſa eſt contentio ſuper principes eorum: & ſeduxerunt eos in invio, & non in via*. Mozarab. *Effuſa eſt contentio ſuper principes: & eduxit eos in invio, & non in via*. Gr. Ἐξεχύθη ἐξουδένωσις ἐπ' ἄρχοντας αὐτῶν· καὶ ἐπλάνησεν αὐτοὺς ἐν ἀβάτῳ, καὶ οὐχ ὁδῷ.

℣. 41. Aug. cum Proſp. *Et adjuvit pauperem à* (Proſp. *de*) *mendicitate: & poſuit ſicut oves familias*. Caſſiod. à Vulg. nil differt; nec etiam Pſalt. Rom. niſi quòd habet *Et adjuvabit*; Rom. Martian. cum Moz. *Et adjuvavit*, ut ſup. Præterea Moz. hab. *ab inopia*, additque *eos*, ad verbum *poſuit*. Corb. *Et adjuvavit pauperem de mendicitate: & poſuit*, &c. ut in Vulg. Gr. Καὶ ἐβοήθησε πένητι ἐκ πτωχείας· καὶ ἔθετο ὡς πρόβατα πατριάς.

℣. 42. Similiter in Pſalt. Corb. Item in Rom. Fabri, præter verbum *oppilavit*; Rom. Martian. hab. cum

VULGATA HOD.	HEBR.	VERSIO ANTIQUA.
43. Quis sapiens & custodiet hæc? & intelliget misericordias Domini?	*Quis sapiens, & custodiet hæc: & intelliget misericordias Domini?*	43. Quis sapiens & intelligit hæc? & tunc intelligent misericordias Domini?

Ex Ms. Sangerm.

NOTÆ AD VERSIONEM ANTIQUAM.

Cassiod. *oppilabit*. Mozarab. *obduravit*. Gr. ἐμφράξει. Ap. August. & Prosp. ita: *Videbunt recti, & jocundabuntur: & omnis..... oppilabit*, &c.

℣. 43. Sic in Psalt. Corb. ad verbum. August. verò in hunc Ps. ita legit: *Quis sapiens & custodiet hæc? & intelliget miserationes Domini?* S. Prosper, *& intelligens miserationes Domini?* Cassiod. cum Vulg. concordat & Gr. Ita quoque habet Psalt. Rom. præter hoc med. *& tunc intelliget*. In Mozar. *Quis sapiens custodiet hæc? & intelliget*, &c. In Mediolan. & Carnut. *Quis sapiens & intelliget hæc*, &c. In autographo Sangerm. omissa est ult. vox *Domini*, sed oscitanter ut reor, unde illam supplevimus ex aliis.

VULGATA HOD.	HEBR.	VERSIO ANTIQUA.
1. Canticum Psalmi ipsi David. (*Sup.* 56. 8.) CVII.	*Canticum Psalmi David.* *CVIII.*	1. Canticum David. CVII.
2. PAratum cor meum Deus, paratum cor meum: cantabo, & psallam in gloria mea.	*PAratum cor meum Deus: cantabo, & psallam: sed & gloria mea.*	2. PAratum cor meum, paratum cor meum: cantabo, & psallam tibi gloriâ meâ.
3. Exsurge gloria mea, exsurge psalterium, & cithara: exsurgam diluculo.	*Consurge psalterium, & cithara: consurgam manè.*	3. Exsurge psalterium, & cithara: exsurgam diluculo.
4. Confitebor tibi in populis Domine: & psallam tibi in nationibus.	*Confitebor tibi in populis Domine, & cantabo te in nationibus.*	4. Confitebor tibi in populis Domine: & psallam tibi in gentibus.
5. Quia magna est super cœlos misericordia tua: & usque ad nubes veritas tua.	*Quoniam magna super cœlos misericordia tua, & usque ad æthera veritas tua.*	5. Quia magna super cœlos misericordia tua: & usque ad nubes veritas tua.
6. Exaltare super cœlos Deus, & super omnem terram gloria tua: 7. ut liberentur dilecti tui.	*Exaltare super cœlos Deus: & super omnem terram gloria tua. Ut liberentur dilecti tui,*	6. Exaltare super cœlos Deus, & super omnem terram gloria tua: 7. ut eliberentur dilecti tui.
Salvum fac dexterâ tuâ, & exaudi me: 8. Deus locutus est in sancto suo:	*Salva dexterâ tuâ, & exaudi me. Deus locutus est in sanctuario suo:*	Salvum me fac de dextera tua, & exaudi me: 8. Deus locutus est in templo sancto suo:
Exsultabo, & dividam Sichimam, & convallem tabernaculorum dimetiar.	*Gaudebo, dividam Sichem, & vallem Soccoth dimetiar.*	Exaltabor, & dividam Sicimam; & convallem tabernaculorum metibor.
9. Meus est Galaad, & meus est Manasses: & Ephraim susceptio capitis mei.	*Meus est Galaad, meus est Manasse; & Ephraim hæreditas capitis mei.*	9. Meus est Galaad, & meus est Manasse: & Ephrem fortitudo capitis mei.

Ex Ms. Sangerm.

NOTÆ AD VERSIONEM ANTIQUAM.

℣. 1. Titulus cum Psalmo toto omittitur à S. Prospero. Cassiod. hunc præfert tit. *Canticum, Psalmus David.* Eundem quoque hab. Psalt. Rom. cum Moz. Apud August. *Canticum Psalmi ipsi David*, ut in Vulg. & Gr. Psalmus autem apud ipsum pene integer deest: rationem hujus prætermissionis reddit, col. 1214. c. d. dicens: *Psalmum cvii. exponendum non putavi, quoniam jam exposui eum in Psalmo lvi. & in Psalmo lix. ex quorum postremis partibus iste constat. Nam postrema pars lvi. prima est hujus usque ad eum ℣. ubi dicitur:* & super omnem terram gloria tua. *Hinc autem usque in finem, postrema pars est lix. sicut postrema pars cxxxiv. eadem est quæ cxiii. ab eo ℣. ubi dicitur:* simulacra gentium argent. & aurum: *sicut xiii. & lii. mutatis aliquibus mediis, eadem habent omnia à principiis usque in fines. Quæcunque igitur in hoc Psalmo cvii. aliquantulùm aliter posita sunt quàm in illis duobus, ex quorum partibus constat, non habent intellectum difficilem.*

℣. 2. Psalt. Rom. cum Cassiod. *Paratum cor meum Deus, paratum cor meum: cantabo, & psalmum dicam Domino.* August. verò cum Vulg. & Gr. *cantabo, & psallam in gloria mea.* Psalt. Corb. *& psallam gloriâ meâ.* In Mozarab. integer versus abest.

℣. 3. Sic est in Psalt. Moz. Carnut. & Corb. omisso pariter 1. Vulg. versiculo, *Exsurge gloria mea.* Omittitur etiam in Vulgatæ Mss. duobus Colbert. & Carn. nec in Psalt. Gallic. legitur, nec in Gr. neque apud August. Imo August. ait hoc discrimen intercedere Psalmum LVI. inter & Ps. CVII. quòd ille ferat: *Cantabo, & psallam: Exsurge gloria mea;* in isto autem dic. *Cantabo, & psallam in gloria mea.* Refertur tamen 1. ille versic. à Cassiod. & exstat in edd. Ald. & Compl. Hujus differentiæ rationem optimè reddit Hieron. in ep. ad Sun. & Fret. to. 2. col. 659. a. ita scribens: *Quod dicitis,* Exsurge gloria mea, *in Latino non esse, rectè in Psalmo non habet; quia nec apud Hebræos, nec apud ullum Interpretum reperitur; sed habetur in lvi. Psalmo, de quo mihi videtur à quodam in istum locum esse translatum.*

℣. 4. Psalt. Corb. *Et confitebor..... Domine: psallam tibi in nationibus.* Rom. cum Cassiod. *& psalmum dicam tibi inter gentes;* Cassiod. delet *&*. Mozarab. hab. *psallam tibi inter gentes.* Gr. Ψαλῶ σοι ἐν ἔθνεσιν, absque præced. *&*.

℣. 5. Sic in Psalt. Corb. ad verbum, & in Gr. Cassiod. verò cum Psalt. Rom. habet: *Quoniam magnificata est usque ad cœlos misericordia tua: & usque ad*, &c. Contrà Aug. comparando hunc ℣. Psal. CVII. cum ℣. 11. Psal. LVI. ait in illo haberi, *Quoniam magna est super cœlos miseric. tua;* in isto autem, *Quoniam magnificata est usque ad cœlos miseric. tua, vel,* inquit, *sicut alii interpretati sunt*, elevata est.

℣. 6. Vox *Deus* abest in autographo Sang. negligentiâ procul dubio scribæ: illam addidimus ex Psalt. Rom. Cassiod. & Gr. In Psalt. Corb. *& super omnem terram gloriam tuam.*

℣. 7. Psalt. Rom. *ut liberentur electi tui. Salvum me fac dexterâ tuâ*, &c. Cassiod. ut in Vulg. cui Gr. favet. In Psalt. Corb. & Moz. *Salvum me fac dext.*

℣. 8. Sic in Psalt. Corb. excepto uno *Sycima.* In Rom. & ap. Cassiod. ita: *Deus locutus est in sancto suo: Lætabor, & dividam Sichimam, & conval. tabernac. metibor.* At August. facta comparatione hujus versiculi cum versiculo 9. Psalmi LIX. ait in isto scriptum, *Lætabor, & dividam Sicimam;* in illo verò, *Exaltabor, & dividam Sicimam.* Et sanè in Psalt. Carnut. legitur ibid. *Exaltabor;* in Mozar. tamen, *Lætabor.* In Gr. Ὑψωθήσομαι; & in fine, διαμετρήσω.

℣. 9. Sic in Psalt. Rom. & ap. Cassiod. præter nomen *Manasses.* In Corb. *Manasse;* deinde, *& Ephrain fortitudo cap.* &c. In Mozarab. *Ephraim fortitudo capitis*, &c. Item in Carnut. *fortitudo.* At August. ait in Psalmo tantùm LIX. ℣. 9. legi, *& Ephram fortitudo capitis mei;* in hoc verò CVII. *& Ephram susceptio capitis mei.* In Gr. Ἐφραὶμ ἀντίληψις τῆς κεφαλῆς μου.

VERSIO ANTIQUA.	HEBR.	VULGATA HOD.
Ex Ms. Sangerm. Juda rex meus : 10. Moab aula spei meæ.	*Juda dux meus : Moab lebes pelvis mea.*	Juda rex meus : 10. Moab lebes spei meæ.
Et in Idumæam immittam calciamentum meum : mihi alienigenæ subditi sunt.	*Super Idumæam projiciam calciamentum meum : cum Philisthim fœderabor.*	In Idumæam extendam calceamentum meum : mihi alienigenæ amici facti sunt.
11. Quis ducet me in civitatem circumstantiæ? quis educet me usque in Idumæam?	*Quis deducet me in civitatem munitam? quis deducet me usque in Idumæam?*	11. Quis deducet me in civitatem munitam? quis deducet me usque in Idumæam?
12. Nonne tu es Deus, qui repulisti nos, & non exies Deus in virtutibus nostris?	*Nonne tu Deus qui projeceras nos, & non exieras Deus in exercitibus nostris?*	12. Nonne tu Deus, qui repulisti nos, & non exibis Deus in virtutibus nostris?
13. Da nobis auxilium de tribulatione : & vana salus hominis.	*Da nobis auxilium in tribulatione : vana est enim salus ab homine.*	13. Da nobis auxilium de tribulatione : quia vana salus hominis.
14. In Deo faciemus virtutem : & ipse ad * nihilum dabit inimicos nostros. (* *Ms.* nihilo.)	*In Deo erimus fortes, & ipse conculcabit hostes nostros.*	14. In Deo faciemus virtutem : & ipse ad nihilum deducet inimicos nostros.

NOTÆ AD VERSIONEM ANTIQUAM.

℣. 10. Psalt. Rom. cum Cassiod. *Moab olla spei meæ. In Idumæam extendam..... mihi allophyli subditi sunt.* Sic etiam in Mozar. hoc excepto, *in Idumæa.* In Corb. *Moab aula spei meæ. In Idumæa extendam..... mihi alienig. subditi sunt.* Item in Mediol. & Carnut. *subditi sunt.* Hieron. autem ep. ad Sun. & Fret. col. 659. b. hab. *mihi alienigenæ amici facti sunt;* sed addit : *In Græco invenisse vos dicitis* ὑπετάγησαν, *hoc est,* subditi sunt : *sed hoc in LXX. scriptum est; in præsenti autem ita apud omnes invenimus Translatores,* ἐμοὶ ἀλλόφυλοι ἐφιλίασαν, *id est,* amici facti sunt. Nunc in ed. Rom. & aliis constanter, ἀλλόφυλοι ὑπετάγησαν; in uno tantùm Ms. lib. ad ὑπετάγησαν adjunctum est ἐφιλίασαν, teste Lamberto Boz.

℣. 11. Psalt. Mozar. *Quis deducet me in civitatem circumstantiæ? aut quis deducet me,* &c. Corb. pariter & Carnut. *in civit. circumstantiæ.* Rom. verò & Cassiod. *in civitatem munitam? aut quis deducet,* &c. Græc. Τίς ἀπάξει με εἰς πόλιν περιοχῆς; ἢ τίς ὁδηγήσει, &c. Symm. εἰς πόλιν περιπεφραγμένην, *circumseptam, circummunitam.*

℣. 12. Cassiod. delet *es,* legitque *egredieris,* loco *exies.* Ita quoque in Psalt. Rom. Corb. Moz. & Gr.

℣. 13. Sic hab. Cassiod. cum Psalt. Rom. Mediol. Corb. Carnut. & Gr. Mozar. verò ita : *Da nobis auxil. in tribulatione : & vana,* &c.

℣. 14. Psalt. Rom. & Moz. cum Cassiod. in hunc Ps. *& ipse ad nihilum deducet tribulantes nos.* August. autem testatur in hoc Psalmo legi *inimicos nostros;* in Psalmo verò LIX. ℣. 14. *tribulantes nos.* Et sanè in Gr. nunc legitur in Ps. CVII. τοὺς ἐχθροὺς ἡμῶν; in Ms. tamen Alex. θλίβοντας ἡμᾶς.

VERSIO ANTIQUA.	HEBR.	VULGATA HOD.
Ex Ms. Sangerm. 1. In finem, Psalmus ipsi David. CVIII.	*Victori David Canticum.* CIX.	1. In finem, Psalmus David. CVIII.
2. DEus laudem meam ne tacueris : quia os peccatoris & dolosi super me apertum est.	*DEus laudabilis mihi, ne taceas : quia os impii, & os dolosi contra me apertum est.*	2. DEus laudem meam ne tacueris : quia os peccatoris, & os dolosi super me apertum est.
3. Locuti sunt adversùm me linguâ dolosâ, & verbis odii circumdederunt me : & expugnaverunt me gratis.	*Locuti sunt de me linguâ mendacii, & verbis odii circumdederunt me : & expugnaverunt me frustra.*	3. Locuti sunt adversùm me linguâ dolosâ, & sermonibus odii circumdederunt me : & expugnaverunt me gratis.
4. Pro eo ut me diligerent, detrahebant mihi : ego autem orabam.	*Pro eo quòd eos diligebam, adversabantur mihi : ego autem orabam.*	4. Pro eo ut me diligerent, detrahebant mihi : ego autem orabam.
5. Et posuerunt adversùm me mala pro bonis : & odium pro dilectione mea.	*Et posuerunt contra me malum pro bono, & odium pro dilectione mea.*	5. Et posuerunt adversùm me mala pro bonis : & odium pro dilectione mea.
6. Constitue super eum peccatorem : & diabolus stet à dextris ejus.	*Constitue super eum impium, & satan stet à dextris ejus.*	6. Constitue super eum peccatorem : & diabolus stet à dextris ejus.
7. Cùm judicatur, exeat condemnatus : & oratio ejus fiat in peccato.	*Cùm fuerit judicatus, exeat condemnatus : & oratio ejus sit in peccatum.*	7. Cùm judicatur, exeat condemnatus : & oratio ejus fiat in peccatum.
8. Fiant dies ejus pauci : &	*Fiant dies ejus pauci : episcopa-*	8. Fiant dies ejus pauci : &

NOTÆ AD VERSIONEM ANTIQUAM.

℣. 1. Cassiod. cum Psalt. Rom. delet *ipsi.* In Gr. τῷ Δαυΐδ. Aug. titulum silet.

℣. 2. Vulgatæ accinit Ambros. in Ps. 43. & 118. to. 1. 915. b. 1036. f. & l. de obitu Valent. to. 2. 1183. d. Itidem August. Prosp. & Cassiod. cum Gr. Psalt. verò Rom. & Moz. tollunt *os,* ante vocem *dolosi,* ut sup.

℣. 3. Ambros. l. de ob. Valent. to. 2. 1183. d. *Locuti sunt super me linguâ dolosâ, & sermonibus odii circumdederunt me,* &c. at in Ps. 43. to. 1. 915. c. leg. *Locuti sunt adversùm me,* &c. & in Ps. 118. col. 1008. e. *circumierunt me, & expugn.* &c. August. Prosp. & Cassiod. nil discrepant à Vulg. neque etiam Psalt. Rom. Mozarab. aut Græc. In Corb. sic : *Locuti sunt adversùm me linguam dolosam, & sermonibus odii circuierunt me,* &c.

℣. 4. Concinit Ambros. in Ps. 118. to. 1. 1008. e. 1130. c. & l. de ob. Val. col. 1183. d. Item Aug. Prosp. & Cassiod. in hunc Ps. cum Psalt. Rom. Moz. & Gr.

℣. 5. Abest 1. *Et* à Psalt. Rom. & Moz. nec admittitur à Cassiod. Habet autem Ambros. in Ps. 43. p. 915. b. necnon August. & Prosp. in hunc Ps. cum Gr.

℣. 6. Similiter hab. Ambros. l. 4. de interpel. Dav. c. 10. col. 671. c. & in Ps. 43. col. 915. b. Item August. Prosp. & Cassiod. unà cum vet. Psalt. & Gr.

℣. 7. Ambros. l. 1. de Cain, c. 9. col. 200. e. ultimò leg. *fiat in peccatum :* item in Psalm. 118. col. 1249. a. Succinunt Aug. Prosp. Cassiod. & Nicetius p. 6. b. cum vet. Psalt. & Gr.

℣. 8. Ordo versiculorum istorum, necnon verba paucula sic immutantur in Psalt. Rom. *Fiat habitatio ejus deserta : & non sit qui inhabitet in ea. Fiant dies ejus pauci : & episcopatum ejus accipiat alter;* Mozar. *accipiat alius.* At neque in hoc ult. Psalt. neque apud August. Prosp. aut

VULGATA HOD.	HEBR.	VERSIO ANTIQUA.
epiſcopatum ejus accipiat alter.	*tum ejus accipiat alter.*	epiſcopatum illius accipiat alius. Ex Mſ. Sangerm.
		Fiat tabernaculum ejus deſertum: & non ſit qui habitet in eum.
9. Fiant filii ejus orphani: & uxor ejus vidua.	*Sint filii ejus pupilli, & uxor ejus vidua.*	9. Fiant filii ejus orphani: & uxor ejus vidua.
10. Nutantes transferantur filii ejus, & mendicent: & ejiciantur de habitationibus ſuis.	*Inſtabiles vagentur liberi ejus, & mendicent: & quærant in parietinis ſuis.*	10. Commoti amoveantur filii ejus, & mendicent: ejiciantur de habitationibus ſuis.
11. Scrutetur fœnerator omnem ſubſtantiam ejus: & diripiant alieni labores ejus.	*Scrutetur exactor univerſa quæ habet, & diripiant alieni laborem ejus.*	11. Scrutetur fœnerator ſubſtantiam ejus: diripiant alieni omnes labores ejus.
12. Non ſit illi adjutor: nec ſit qui miſereatur pupillis ejus.	*Non ſit qui ejus miſereatur, nec qui clemens ſit in pupillos ejus.*	12. Non ſit illi adjutor: nec ſit qui miſereatur pupillis ejus.
13. Fiant nati ejus in interitum: in generatione una deleatur nomen ejus.	*Fiat noviſſimum ejus interitus: in generatione altera deleatur nomen ejus.*	13. Fiant filii ejus in interitum: in una generatione deleatur nomen ejus.
14. In memoriam redeat iniquitas patrum ejus in conſpectu Domini: & peccatum matris ejus non deleatur.	*Redeat in memoriam iniquitas patrum ejus apud Dominum, & iniquitas matris ejus non deleatur.*	14. In memoriam redeat iniquitatis patrum ejus in conſpectu Domini: & peccatum matris ejus non deleatur.
15. Fiant contra Dominum ſemper, & diſpereat de terra memoria eorum: 16. pro eo quòd non eſt recordatus facere miſericordiam.	*Sint contra Dominum ſemper, & intereat de terra memoria eorum: eò quòd non eſt recordatus facere miſericordiam;*	15. Fiant contra Dominum ſemper, & diſperiat de terra memoria eorum: 16. pro eo quòd non ſunt recordati facere miſericordiam.
17. Et perſecutus eſt hominem inopem, & mendicum, & compunctum corde mortificare.	*Et perſecutus eſt virum inopem & pauperem, & compunctum corde ut interficeret.*	17. Et perſecuti ſunt hominem pauperem, & mendicum, & compunctum corde morti traderent.
18. Et dilexit maledictionem; & veniet ei: & noluit benedictionem, & elongabitur ab eo.	*Et dilexit maledictionem, quæ veniet ei: & noluit benedictionem, quæ elongabitur ab eo.*	18. Et dilexit maledictionem, & veniet ei: & noluit benedictionem, & prolongavit ab eo.
Et induit maledictionem ſicut veſtimentum, & intravit ſicut aqua in interiora ejus, & ſicut oleum in oſſibus ejus.	*Et indutus eſt maledictione quaſi veſtimento ſuo; & ingredietur quaſi aqua in viſcera ejus, & quaſi oleum in oſſa ejus.*	Et induit ſe maledictionem ſicut veſtimentum, & intravit velut aqua in interiora ejus, & ſicut oleum in oſſibus ejus.
19. Fiat ei ſicut veſtimentum, quo operitur; & ſicut zona, qua ſemper præcingitur.	*Sit ei quaſi pallium quo circumdatur, & quaſi cingulum quo ſemper accingitur.*	19. Fiat ei ſicut veſtimentum, quod operietur; & ſicut zona, qua ſemper præcingitur.
20. Hoc opus eorum, qui de-	*Hæc eſt retributio eorum qui ad-*	20. Hoc opus eorum, qui

NOTÆ AD VERSIONEM ANTIQUAM.

Caſſiod. neque in ullo Græcorum reperitur: *Fiat habit.....* & *non ſit*, &c. additamentum hoc petitum videtur è Pſ. LXVIII. ℣. 26. vel potiùs ex Act. 1. 20. legitur tamen in triplici Pſalt. Sorbon. teſte Martianæo.

℣. 9. Sic in Pſalt. Rom. ut apud Auguſt. Proſp. Caſſiod. & in Græco. Ap. Hieron. in Iſai. 65. to. 3. 495. a. *Fiant filii ejus pupilli.* Ita etiam apud Aug. l. 1. de ſerm. Dom. in mon. to. 3. 196. d.

℣. 10. Ita ferunt Pſalt. Rom. & Corb. cum Caſſiod. Mozarab. verò: *Commoti moveantur*, &c. Aug. ut in Vulg. dempto tamen &, ante *ejiciantur*. Apud Ambroſ. in Pſ. 61. to. 1. 962. b. 965. d. *Commoti amoveantur filii ejus*, & *mendicent: ejiciantur de habitaculis ſuis.* Apud Hieron. in Iſai. 65. to. 3. 495. a. *Commoveantur*, & *transferantur filii ejus*, & *mendic. ejiciantur de domibus ſuis.* In Gr. Σαλευόμενοι μεταναστήτωσαν οἱ υἱοὶ αὐτοῦ, καὶ ἐπαιτησάτωσαν· ἐκβληθήτωσαν ἐκ τῶν οἰκοπέδων αὐτῶν.

℣. 11. Auguſt. Vulgatæ favet cum Proſp. & Gr. Item Caſſiodorus cum Pſalt. Rom. & Corb. addita voce *omnes*, poſt *alieni*. Addit pariter Mozarab. *omnes*; tollit verò &, ante *diripiant*. Ambroſ. l. de Tob. c. 4. col. 595. a. delet *omnem*, ante *ſubſtantiam*; ſicut Phœbad. Agin. l. cont. Arian. p. 301. d.

℣. 12. Ita Auguſt. Proſp. & Caſſiod. cum Pſalt. Rom. Gr. Μὴ ὑπαρξάτω αὐτῷ ἀντιλήπτωρ, &c.

℣. 13. Sic in Pſalt. Corb. Ita quoque Proſp. hab. cum Rom. & Moz. præter hoc, *nati ejus*; præterea Moz. add. *in interitu*. Apud Auguſt. & Caſſiod. ut in Vulg. & Gr.

℣. 14. Ap. Auguſt. Proſp. & Caſſiod. conſtanter legitur *iniquitas*, non *iniquitatis*; cæt. ut ſupra. In Gr. Ἀναμνησθείη ἡ ἀνομία..... ἔναντι Κυρίου, &c.

℣. 15. Pſalt. Rom. Fabri, *ut diſpereant*; Rom. Martian. & *diſpereat*. Mozarab. & *diſperdat de terra memoriam eorum*. Proſp. & Caſſiod. ut in Vulg. Auguſt. in eund. Pſ. *Fiant contra Dominum ſemper*, *diſpereant*, &c. deinde obſervat alios Interpretes ſic tranſtuliſſe: *Fiant in conſpectu Domini ſemper*; alios verò, *Fiant coram Domino ſemper*: ita etiam Pſalt. Corb. habet. Gr. ἐναντίον Κυρίου.

℣. 16. Vulgatæ reſpondent Auguſt. Proſp. & Caſſiod. cum vet. Pſalt. & Gr.

℣. 17. Pſalt. Rom. & Moz. cum Caſſiod. *Et perſecutus eſt hominem pauperem*, & *mendicum*, & *compunctum corde morti tradidit.* Ita etiam Corb. habet, excepto hoc ult. *morti tradiderunt*. Mediol. *morti tradidit*. Ambroſ. in Pſ. 40. col. 869. b. *Et perſecutus eſt hom. inopem*, & *mendicum*. Proſp. *hominem pauperem*, & *mendicum*. Auguſt. ut in Vulg. & Gr.

℣. 18. Eadem leguntur in Pſalt. Rom. & ap. Caſſiod. hoc excepto, & *prolongabitur ab eo*; ut & inf. *ſicut aqua*; Mſs. tamen 3. Caſſiod. ferunt *elongabitur*. Pſalt. Corb. & *prolongabit ab eo*; dein, *Et induit ſe*, &c. Mozar. *prolongabitur ab eo*, detracto præced. &, ante *noluit*, ſicut *ſe*, poſt *induit*; poſt paulò verò hab. *ſicut veſtimento*. Ambr. l. 4. de interpel. Dav. c. 4. col. 666. a. *Et induit ſe maledictionem.* Hieron. in Eccleſ. to. 2. col. 766. b. *Induatur maledictione ſicut veſtimentum*: & in Ezech. 44. to. 3. 103. c. *Indutus eſt maledictione ſicut veſtimento.* Auguſt. & Proſp. conſentiunt cum Vulg. & Græco. Auct. verò l. de promiſſ. p. 2. c. 33. col. 149. b. c. leg. *noluit benedictionem*, & *longè fiet ab eo.*

℣. 19. Ita Pſalt. Corb. habet. Moz. *Fiat illi ſicut veſtim. quod operitur.* Rom. cum S. Proſp. *quo operietur*, &c. ut ſup. Auguſt. & Caſſiod. ut in Vulg. Mſ. tamen 1. Caſſiod. cum edit. habet *operietur*. Hieron. verò: *Fiat ei ſicut veſtim. quo circumdatur*; & *ſicut zona*, *qua ſemper accingitur.* Gr..... ὃ περιβάλλεται· καὶ..... ἣν διαπαντὸς περιζώννυται.

℣. 20. Ita legunt Auguſt. Proſp. & Caſſiod. cum vet.

Versio antiqua.	Hebr.	Vulgata hod.
Ex Ms. Sangerm. detrahunt mihi apud Dominum : & qui loquuntur mala adversùs animam meam.	*versantur mihi à Domino, & qui loquuntur malum contra animam meam.*	trahunt mihi apud Dominum : & qui loquuntur mala adversùs animam meam.
21. Et tu Domine, fac mecum misericordiam tuam propter nomen tuum : quia suavis misericordia tua.	*Tu autem Domine Deus fac mecum propter nomen tuum : quoniam bona est misericordia tua,*	21. Et tu Domine, Domine, fac mecum propter nomen tuum : quia suavis est misericordia tua.
Libera me, 22. quia egenus & pauper ego sum : & cor meum turbatum est intra me.	*Libera me : quoniam egenus & pauper sum, & cor meum vulneratum est intrinsecus.*	Libera me, 22. quia egenus & pauper ego sum : & cor meum conturbatum est intra me.
23. Sicut umbra cùm declinat, ablatus sum : excussus sum sicut locustæ.	*Quasi umbra cùm inclinatur, abductus sum : excussus quasi locusta.*	23. Sicut umbra cùm declinat, ablatus sum : & excussus sum sicut locustæ.
24. Genua mea infirmata sunt à jejunio : & caro mea immutata est propter misericordiam tuam.	*Genua mea vacillaverunt à jejunio, & caro mea mutata est absque oleo.*	24. Genua mea infirmata sunt à jejunio : & caro mea immutata est propter oleum.
25. Et ego factus sum opprobrium illis : viderunt me, & moverunt capita sua.	*Et ego factus sum opprobrium eis : videntes me moverunt caput suum.*	25. Et ego factus sum opprobrium illis : viderunt me, & moverunt capita sua.
26. Adjuva me Domine Deus meus : salvum me fac propter misericordiam tuam.	*Adjuva me Domine Deus meus : salva me secundùm misericordiam tuam.*	26. Adjuva me Domine Deus meus : salvum me fac secundùm misericordiam tuam.
27. Et sciant quia manus tua hæc : tu Domine fecisti eam.	*Et sciant quoniam manus tua hæc : tu Domine fecisti eam.*	27. Et sciant quia manus tua hæc : & tu Domine fecisti eam.
28. Maledicent illi, & tu benedices : qui insurgunt in me, confundentur : servus autem tuus lætabitur.	*Maledicent illi, & tu benedices : restiterunt, & confundentur : servus autem tuus lætabitur.*	28. Maledicent illi, & tu benedices : qui insurgunt in me, confundantur : servus autem tuus lætabitur.
29. Induantur qui detrahunt mihi, reverentiam : & cooperiant se sicut diploidem confusionem suam.	*Induantur adversarii mei confusione, & operiantur quasi pallio confusione sua.*	29. Induantur qui detrahunt mihi, pudore : & operiantur sicut diploide confusione sua.
30. Confitebor Domino nimis in ore meo : & in medio multorum laudabo eum.	*Confitebor Domino vehementer in ore meo, & in medio populorum laudabo eum.*	30. Confitebor Domino nimis in ore meo : & in medio multorum laudabo eum.
31. Qui adstitit à dextris pauperis, ut salvam faciat à persequentibus animam meam.	*Quoniam stabit à dextris pauperis, ut salvet à judicibus animam ejus.*	31. Quia astitit à dextris pauperis, ut salvam faceret à persequentibus animam meam.

Notæ ad Versionem antiquam.

Psalt. & Gr.

℣. 21. Psalt. Rom. & Corb. cum Cassiodoro : *Et tu Domine, Domine, fac mecum misericordiam propter nomen tuum : quia suavis est*, &c. Mozarab. *Et tu Domine Deus, fac mecum propter*, &c. Mediolan. & Carnut. *fac mecum misericordiam propter*, &c. August. in eund. Ps. *Et tu Domine, Domine, fac mecum* ; mox ita : *quidam subaudiendam putaverunt* misericordiam ; *quidam verò & addiderunt : sed emendatiores codices sic habent :* Et tu Domine, Domine, fac mecum propter nom. tuum : quia suavis est, &c. Similiter in Gr. nisi excipiatur vox χρηστὸν, loco *suavis est*. Ms. Alex. addit ἔλεος, post hoc, *fac mecum*.

℣. 22. Itidem in Psalt. Corb. Moz. verò hab. *quia egens & pauper sum ego : & cor meum conturbatum est in me*. Rom. cum Cassiod. *quoniam egenus &..... conturbatum est in me*. Apud August. ut in Vulg. & Græco.

℣. 23. In Psalt. Moz. deest *cùm*, post *umbra* ; extremò verò habetur *locusta* ; cæt. ut supra. In Rom. pariter *locusta* ; sicut ap. Cassiod. cæt. ut in Vulg. August. leg. *locusta* ; tollit autem &, ante *excussus sum* : sic etiam in Gr. In Psalt. Corb. *Sicut umbraculum declinat, ablatus sum : excussus sum ut locusta* ; prima manu, *locusta*.

℣. 24. August. Vulgatæ congruit ad verbum. Ita etiam Cassiod. cum Prosp. nisi quòd hab. *præ jejunio*. Similiter in Psalt. Moz. & Rom. Item Carnut. hab. in fine, *propter misericordiam*. Corb. *propter misericordiam tuam*, ut supra. Gr. ἀπὸ νηστείας..... δι' ἔλαιον fortasse quidam legerunt, δι' ἔλεον.

℣. 25. Consentit Ambros. in Ps. 38. & 118. col. 847. f. 1037. a. & epist. 46. to. 2. 985. b. neque contradicunt August. Prosp. & Cassiod. in hunc Ps. nec vet. Psalt. In Gr. deest tantùm &, ante *moverunt* : deest pariter in Psalt. Corb.

℣. 26. Ita legit Cassiod. in hunc Ps. cum Psalt. Corb. Sic etiam est in Psalt. Rom. addito uno &, post vocem *meus*. In Mozarab. *Salva me secundùm miseric.* Apud August. ut in Vulg. In Gr. καὶ σῶσόν με κατὰ τὸ ἔλεός σου.

℣. 27. Psalt. Moz. habet : *Et sciant quia manus tua hæc est : & tu Domine fecisti ea*. Sic etiam in Rom. præter hoc primum, *Ut sciant*. In Corb. *Et sciant omnes quia manus tua hæc est : tu Domine fecisti eam*. Rom. Martian. hab. pariter *eam*. August. cum Gr. *Et sciant quoniam*, &c. ut in Vulg. Cassiod. *Ut sciant*.

℣. 28. Sic est in Psalt. Carnut. & Corb. In Rom. *confundantur*, &c. ut in Vulg. Sic etiam in Gr. & apud August. & Cassiod. Apud Ambros. in Ps. 118. col. 1037. b. & l. de ob. Val. to. 2. 1184. b. *Maledicent ipsi, & tu benedices* : at in Ps. 38. col. 847. f. & inf. 1130. c. *Maledicent illi*.

℣. 29. Similiter in Psalt. Corb. excepto hoc medio, *reverentiâ : & operiant se*. In Rom. pariter, & ap. Cassiod. *reverentiâ* ; cæt. ut in Vulg. In Moz. *Induantur confusione, qui detrahunt mihi*, &c. ut in Vulg. Ap. August. in eund. Ps. ita : *Induantur qui detrahunt mihi, puderem : & operiantur sicut diploidem confusionem suam* : subinde, *Quidam etiam*, inquit, *sic interpretati sunt :* & operiantur sicut pallium duplex confusionem suam. In Gr. Ἐνδυσάσθωσαν οἱ ἐνδιαβάλλοντές με, ἐντροπὴν καὶ περιβαλέσθωσαν ὡς διπλοΐδα αἰσχύνην αὐτῶν.

℣. 30. Accinunt August. Prosp. & Cassiod. in hunc Ps. cum Psalt. Rom. & Gr. In Mozarab. deest &, ante hoc, *in medio*. In Corb. verò sic : *Confitebor tibi Domine in ore meo : in medio mult.* &c. ut sup. Observat August. ibid. *Nimis, dici* solere *in consuetudine sermonis Latini, quod plus est*, inquit, *quàm debet : cui contrarium est* parum, *quod minus est quàm debet. Sed* nimis, *Græcè* ἄγαν *dicitur : iste autem versus non habet* ἄγαν, *sed habet* σφόδρα ; *quod quidam nostri sic interpretati sunt, ut pro eo ponerent aliquando* nimis, *aliquando* valde.

℣. 31. Vulgatæ respondent August. Prosp. & Cassiod. cum vet. Psalt. & Gr.

Vulgata hod.	Hebr.	Versio antiqua.
1. Pſalmus David. CIX.	*David Canticum. CX.*	1. Pſalmus ipſi David. CIX. *Ex Mſ. Sangerm.*
Matth. 22. 44. Dixit Dominus Domino meo: Sede à dextris meis:	*Dixit Dominus Domino meo: Sede à dextris meis:*	* Dicit Dominus Domino meo: Sede à dextris meis:
1. Cor. 15. 25. Hebr. 1. 13. & 10. 13. Donec ponam inimicos tuos, ſcabellum pedum tuorum.	*Donec ponam inimicos tuos ſcabellum pedum tuorum.*	Donec ponam inimicos tuos, ſcabellum pedum tuorum.
2. Virgam virtutis tuæ emittet Dominus ex Sion: dominare in medio inimicorum tuorum.	*Virgam fortitudinis tuæ emittet Dominus ex Sion: dominare in medio inimicorum tuorum.*	2. Virgâ virtutis tuæ emittit Dominus ex Sion: & dominaberis in medio inimicorum tuorum.
3. Tecum principium in die virtutis tuæ in ſplendoribus ſanctorum: ex utero ante luciferum genui te.	*Populi tui ſpontanei erunt in die fortitudinis tuæ in montibus ſanctis: quaſi de vulva orietur tibi ros adoleſcentia tua.*	3. Tecum principium in die virtutis tuæ in ſplendoribus ſanctorum: ex utero ante luciferum genui te.
4. Juravit Dominus, & non pœnitebit eum: Tu es ſacerdos in æternum ſecundùm ordinem Melchiſedech. Joan. 12. 34. Hebr. 5. 6. & 7. 17.	*Juravit Dominus, & non pœnitebit eum: Tu es ſacerdos in æternum ſecundùm ordinem Melchiſedec.*	4. Juravit Dominus, nec pœnitebit eum: Tu es ſacerdos in æternum ſecundùm ordinem Melchiſedec.
5. Dominus à dextris tuis, confregit in die iræ ſuæ reges.	*Dominus ad dexteram tuam percuſſit in die furoris ſui reges.*	5. Dominus à dextris tuis, conquaſſavit in die iræ ſuæ reges.
6. Judicabit in nationibus, implebit ruinas: conquaſſabit capita in terra multorum.	*Judicabit in gentibus, implevit valles: percutiet caput in terra multa.*	6. Judicavit inter gentes, implebit ruinas: conquaſſavit capita multa in terram copioſam.
7. De torrente in via bibet: propterea exaltabit caput.	*De torrente in via bibet: propterea exaltabit caput.*	7. De torrenti in via bibit: propterea * exaltavit caput. * *Mſ. vitiosè exaluit.*

NOTÆ AD VERSIONEM ANTIQUAM.

℣. 1. Sic eſt in Pſalt. Moz. ut & in Gr. & ap. Auguſt. In Rom. Fabri, *David Pſalmus:* & in Gr. Alex. Τῷ Δαυὶδ ψαλμός. Apud Caſſiod. *Pſalmus David.* In Pſalt. Corb. *Canticum, Pſalmus ipſi David.*

* Iren. l. 2. c. 28. p. 158. a. & l. 3. c. 6. & 10. p. 184. c. 188. a. *Dixit Dominus Domino meo: Sede à dextris meis: quoadusque ponam inimicos tuos, ſuppedaneum pedum tuorum.* Ita quoque Cypr. l. 2. Teſtim. p. 295. b. cum Jul. Firm. l. de errore prof. relig. c. 25. cum Gr. Similiter hab. Lactant. l. 4. Inſtit. c. 12. p. 576. ult. excepto *pedum ſuorum.* Tertul. l. cont. Prax. p. 845. b. 848. b. 849. b. *Dixit Dom..... Sede ad dexteram meam: donec ponam..... ſcabellum,* &c. ita rurſum l. 4. & 5. cont. Marc. p. 734. b. 791. a. 799. a. Cum Tertulliano concinit Novatianus l. de Trin. p. 1036. a. at infra, p. 1043. b. leg. *à dextris meis.* Utramque lectionem pariter admittit Ambroſius, nempe *ad dexteram meam, & à dextris meis;* primam ſcilicet l. de apolog. Dav. to. 1. 715. a. & to. 2. 490. b. d. e. 638. a. alteram verò l. 1. de Abrah. c. 8. col. 304. f. & inf. 715. e. 1284. b. & to. 2. 258. f. 1015. a. 1087. a. cæt. ut in Vulg. Auctor l. de fide orthod. apud eund. Ambroſ. col. 356. e. leg. *Sede ad dexteram meam.* Similiter Hieron. in Ezech. 1. to. 3. 709. a. necnon Fauſtin. presb. cont. Arian. p. 645. a. & Vigil. Tapſ. l. 1. p. 205. a. & Maximus Taurin. in homil. p. 28. g. ſupra verò, *à dextris meis.* Vulgatæ quoque ſuffragantur Hilarius in Pſ. 2. & 118. col. 40. a. 312. e. Auguſt. Proſp. & Caſſiod. in hunc Pſ. cum vet. Pſalt. at Auguſt. l. 1. de ſerm. Dom. in monte, to. 3. 177. d. legit: *Sede ad dexteram meam: donec ponam omnes inimicos tuos ſub pedibus tuis:* itidem in epiſt. ad Rom. c. 1. col. 928. a. detracta voce *omnes.* Rufinus l. 1. p. 2. a. leg. pariter *ſub pedibus tuis.* Tertul. l. 5. cont. Marc. p. 791. a. dicit: *Oportet regnare eum, donec ponat inimicos ejus ſub pedes ejus.*

℣. 2. Sic eſt in Pſalt. Mozar. excepta voce *tuæ*, quæ deeſt. In Mediolan. etiam, Corb. & Carnut. *& dominaberis.* In Rom. ſimpliciter, *dominaberis.* Tertul. l. 5. adv. Marc. p. 791. a. legit: *Virgam virtutis tuæ emittet Dom. ex Sion: & dominaberis in medio,* &c. Sic etiam Ambroſ. l. de bened. Patr. c. 4. col. 518. d. cum Caſſiod. in hunc Pſ. Cypr. verò l. 2. Teſtim. p. 295. b. *Virgam virtutis tuæ mittet Deus à Sion: & dominaberis in med.* &c. Julius Firm. l. de erro. prof. relig. c. 25. *dominaberis,* abſque præced. *&.* Hieron. ad Sun. & Fret. col. 659. b. ita ſcribit: *Dicitis vos in Græcis codicibus non legiſſe* virtutis tuæ, *quod manifeſtè, & in Hebræo, & in LXX. habetur:* exinde ad hoc, *dominare,* ait: *Dicitis in Græco legi,* & dominare, *ſed hoc nec apud LXX. & ſuperfluum eſt.* Attamen Auguſt. & in hunc Pſ. & l. 17. de civit. Dei, to. 7. 480. b. leg. *& dominare.* In ed. Rom. Ῥάβδον δυνάμεως ἐξαποστελεῖ σοι Κύριος ἐκ Σιών· κατακυρίευε, &c. Alex. Ald. & Compl. καὶ κατακυρίευε. V. edit. κατακυρίευσον, VI. edit. κατακυριεύσεις.

℣. 3. Ita legunt Proſp. & Caſſiod. cum vet. Pſalt. Ita quoque S. Leo, ſerm. 4. p. 55. a. Auguſt. verò hab. *in ſplendore ſanctorum.* Gr. ἐν ταῖς λαμπρότησι τῶν ἁγίων σου. Tertul. l. 5. cont. Marc. p. 791. a. ult. tantùm citat, *ante lucif. ex utero generavi te;* & l. cont. Prax. p. 846. b. *genui te.* Similiter Lactant. l. 4. Inſtit. c. 13. p. 577. necnon Cypr. epiſt. 63. p. 105. a. & l. 1. Teſtim. p. 280. b. Hilar. l. 6. de Trinit. col. 889. b. & Ambroſ. l. 2. de interpel. Dav. c. 6. to. 1. 646. f. & inf. p. 715. a. item to. 2. 462. a. 537. a. Julius Firm. verò l. de errore prof. relig. c. 25. *Tecum princ. in die virt. tuæ in claritate ſanctorum: & ex utero ante lucif. genui te.* Item Phœbad. Agin. cont. Arian. p. 303. c. *Tecum principium in die virtutis tuæ.*

℣. 4. Ita Jul. Firm. l. de erro. prof. relig. c. 25. *nec pœnitebit eum.* Ita etiam Ambr. in Pſ. 118. col. 1145. c. ſed aliis in locis cum Vulgata concinit in omnibus, nempe to. 1. col. 203. e. 288. a. 424. c. 517. e. 715. b. 1003. d. 1273. c. 1318. e. 1357. c. & to. 2. 202. d. 980. c. Vulgatæ pariter ſuffragatur Tertul. l. de præſcript. c. 53. p. 343. b. & l. adv. Judæos, c. 14. p. 148. b. Item Lact. l. 4. Inſtit. c. 13. p. 577. Cypr. ep. 63. p. 105. a. & l. 1. Teſtim. p. 280. b. Hilar. in Pſ. 118. & 149. col. 369. a. 593. a. Accedunt Auguſt. Proſp. & Caſſiod. in hunc Pſ. Item S. Leo, ſerm. 4. p. 55. a. & Fauſtin. presb. cont. Arian. p. 648. c. cum vet. Pſalt. & Gr. In Pſalt. Corb. *Jurabit Dom.* &c. Ap. Tertul. l. 5. adv. Marc. p. 791. b. *Tu es ſacerdos in ævum.*

℣. 5. Ita leg. Auguſt. in hunc Pſ. cum Proſpero. Pſalt. verò Rom. cum Moz. *confringet in die iræ ſuæ reges.* Caſſiod. *confregit*, ut in Vulg. Gr. συνέθλασε.

℣. 6. Ambroſ. in Pſ. 48. col. 953. b. *Judicabit inter gentes, replebit ruinas.* Auguſt. in hunc Pſ. *Judicabit in gentibus, replebit ruinas: conquaſſabit capita ſuper terram multa.* Proſp. in eund. Pſ. *Judicabit in gentibus, replevit ruinas: conquaſſavit capita in terra multa.* Caſſiod. cum Pſalt. Rom. *Judicabit in nationibus, implebit ruinas: conquaſſabit capita multa in terra copioſa.* Pſalt. Carn. *conquaſſavit capita multa in terra copioſa.* Corb. *conquaſſabit capita in terra copioſa.* Gr. Κρινεῖ ἐν τοῖς ἔθνεσι, πληρώσει πτώματα· συνθλάσει κεφαλὰς ἐπὶ γῆς πολλῶν.

℣. 7. Vulgatæ reſpondent Hilar. in Pſ. 59. col. 139. e. & Ambroſ. epiſt. 66. col. 1055. d. Item Auguſt. Proſp. & Caſſiod. in hunc Pſ. cum Pſalt. Rom. Moz. verò hab. *in via bibit: propterea exaltavit caput,* ut ſupra. Similiter Auguſt. bis loco cit. In Pſalt. etiam Corb. *exaltavit;* & in Mſſ. 3. Caſſiod. *bibit.* In Gr. πίεται..... ὑψώσει, &c.

In Ms. Sangerm.

VERSIO ANTIQUA.	HEBR.	VULGATA HOD.
* Alleluia. CX.	*Alleluia. CXI.*	Alleluia. CX.
1. CONfitebor tibi Domine in toto corde meo : in concilio justorum, & congregatione.	*COnfitebor Domino in toto corde : in consilio justorum & congregatione.*	1. COnfitebor tibi Domine in toto corde meo : in consilio justorum, & congregatione.
2. Magna opera Domini : exquisita in omnes voluntates ejus.	*Magna opera Domini : exquirenda cunctis volentibus eum.*	2. Magna opera Domini : exquisita in omnes voluntates ejus.
3. Confessio & magnificentia opera ejus : & justitia ejus manet in sæculum sæculi.	*Gloria & decor opus ejus, & justitia ejus perseverans semper.*	3. Confessio & magnificentia opus ejus : & justitia ejus manet in sæculum sæculi.
4. Memoriam fecit mirabilium suorum, misericors & miserator Dominus : 5. escam dedit timentibus se.	*Memoriam fecit mirabilium suorum clemens & misericors Dominus : escam dedit timentibus se.*	4. Memoriam fecit mirabilium suorum, misericors & miserator Dominus : 5. escam dedit timentibus se.
Memor erit in sæculum testamenti sui : 6. virtutem operum suorum adnuntiavit populo suo :	*Memor erit in sempiternum pacti sui : fortitudinem operum suorum annuntiabit populo suo,*	Memor erit in sæculum testamenti sui : 6. virtutem operum suorum annuntiabit populo suo :
7. Ut det illis hæreditatem gentium : opera manûm ejus, veritas & judicium.	*Ut det eis hereditatem gentium : opus manuum ejus, veritas & judicium.*	7. Ut det illis hæreditatem gentium : opera manuum ejus, veritas & judicium.
8. Fidelia omnia mandata ejus : confirmata in sæculum sæculi, facta in veritate & æquitate.	*Fidelia omnia præcepta ejus, firmata in sempiternum jugiter : facta in veritate & æquitate.*	8. Fidelia omnia mandata ejus : confirmata in sæculum sæculi, facta in veritate & æquitate.
9. Redemptionem misit populo suo : mandavit in æternum testamentum suum.	*Redemptionem misit populo suo : mandavit in æternum pactum suum.*	9. Redemptionem misit populo suo : mandavit in æternum testamentum suum.
Sanctum & terribile nomen ejus : 10. initium sapientiæ timor Domini.	*Sanctum & terribile nomen ejus : principium sapientiæ timor Domini.*	Sanctum, & terribile nomen ejus : 10. initium sapientiæ timor Domini. Prov. 1. 7. & 9. 10.
Intellectus bonus omnibus facientibus ea : laudatio ejus manet in sæculum sæculi.	*Doctrina bona cunctis facientibus ea : laus ejus perseverat jugiter.*	Intellectus bonus omnibus facientibus eum : laudatio ejus manet in sæculum sæculi. Eccli. 1. 16.

NOTÆ AD VERSIONEM ANTIQUAM.

* Sic in Psalt. Rom. est, necnon ap. Aug. Prosp. & Cassiod. ac in Gr. In Brev. verò Moz. sic : *Alleluia, in finem Psalmus David.* Hilarius in Ps. 118. col. 243. b. ait *Duos tantùm Psalmos accepisse se per litteras Hebræas conscriptos, id est, centesimum decimum, atque undecimum; ita ut à prima usque ad vigesimam secundam litteram secundùm Hebræos versuum numerus conveniret, versusque singuli à singulorum elementorum initiis inchoarentur.* Idem notat Ambros. in Ps. 118. to. 1. p. 973. b. *Centesimus & undecimus Psalmus per has litteras hebr. in Hebræo, & in principiis versiculorum digestus est. Centesimus decimus mihi ita scriptus videtur. Denique vicenos & binos versus habent, & singulis versibus singula explicantur sententia : unde & per metra adseruntur esse descripti.* Hieron. autem epist. ad Paulam to. 2. 709. c. *Scire debes*, inquit, *quatuor Psalmos secundùm ordinem Hebræorum incipere elementorum, cx. & cxi. & cxviii. & cxliv. Verùm debes scire in prioribus Psalmis singulis litteris singulos versiculos, qui trimetro iambico constant, esse subnexos; inferiores verò tetrametro iambico constare.*

℣. 1. Itidem in Psalt. Rom. Fabri. Rom. verò Martian. cum Cassiod. & Gaud. Brix. ser. 10. p. 965. a. hab. *in consilio.* August. *in consilio rectorum.* Prosp. *in concilio rectorum.* Græc. ἐν βουλῇ εὐθείων. Hieron. epist. ad Sun. & Fret. to. 2. 659. b. leg. *in toto corde*, absque *meo*; additque voculam illam, quæ in Gr. exstat, hic esse superfluam.

℣℣. 2. 3. 4. Vulgatæ consentiunt Aug. Prosp. & Cassiod. in hunc Ps. cum Psalt. Rom. & Gr.

℣. 5. August. in hunc Ps. *escam daret timentibus se. Memor erit in sæculum*, &c. S. Prosp. cum Psalt. Mozar. & Corb. *Memor erit in æternum.* Cassiod. cum Rom. & Gr. Vulgatæ congruit. Gaud. Brix. serm. 10. p. 961. b. *Misericors & mis. Dom. semetipsum dedit escam timentibus.*

℣. 6. August. in hunc Ps. leg. *fortitudinem operum suorum adnuntiabit*, &c. Cassiod. cum Psalt. Rom. Martian. *virtutem..... annuntiavit*, &c. Rom. Fabri, *annuntiabit.* Gr. ἰσχὺν ἔργων αὐτοῦ ἀνήγγειλε, &c.

℣℣. 7. 8. Ita ferunt vet. Psalt. cum Cassiod. & Gr. August. autem extremò leg. *confirmata sunt in sæculum sæculi, facta in veritate & justitia.* Prosp. *in veritate & judicio.*

℣. 9. Ita legunt August. Prosp. & Cassiod. cum Psalt. Rom. & Gr. in Moz. solo additur *Dominus*, ad verbum *misit.*

℣. 10. Sic in Psalt. Corb. Carnut. & Rom. Martian. Rom. verò Fabri hab. *facientibus eum.* Cassiod. *facientibus eam;* Mss. 3. *eum.* Ambros. l. 1. de Jacob, c. 3. to. 1. 447. b. similiter hab. *initium sap. timor Domini :* item in Ps. 118. col. 1237. f. & l. 1. offic. to. 2. 31. e. at in Ps. 40. col. 886. c. & in Ps. 118. col. 1209. a. subdit : *Intellectus bonus est omnibus, qui eum faciunt.* August. in hunc Ps. *Bonus est intellectus facientibus : laus ejus manet in sæculum sæculi.* Apud Prosp. ut in Vulg. In Gr. Σύνεσις δὲ ἀγαθὴ πᾶσι τοῖς ποιοῦσιν αὐτήν· ἡ αἴνεσις αὐτοῦ, &c.

VULGATA HOD.	HEBR.	VERSIO ANTIQUA.
Alleluia, Reverſionis Aggæi, & Zachariæ. CXI.	*Alleluia. CXII.*	* Alleluia, Converſionis Aggæi, & Zacchariæ. CXI. *Ex Mſ. Sangerm.*
1. BEatus vir, qui timet Dominum: in mandatis ejus volet nimis.	*BEatus vir, qui timet Dominum: in mandatis ejus volet nimis.*	1. BEatus vir, qui timet Dominum: in mandatis ejus cupiet nimis.
2. Potens in terra erit ſemen ejus: generatio rectorum benedicetur.	*Potens in terra erit ſemen ejus: generatio juſtorum benedicetur.*	2. Potens in terra erit ſemen ejus: generatio rectorum benedicetur.
3. Gloria, & divitiæ in domo ejus: & juſtitia ejus manet in ſæculum ſæculi.	*Subſtantia & divitiæ in domo ejus, & juſtitia ejus perſeverans ſemper.*	3. Gloria, & divitiæ in domo ejus: & juſtitia ejus manet in ſæculum ſæculi.
4. Exortum eſt in tenebris lumen rectis: miſericors, & miſerator, & juſtus.	*Ortum eſt in tenebris lumen juſtis: clemens, & miſericors, & juſtus.*	4. Exortum eſt in tenebris lumen rectis corde: miſericors, & miſerator, & juſtus Dominus.
5. Jucundus homo qui miſeretur & commodat, diſponet ſermones ſuos in judicio: 6. quia in æternum non commovebitur.	*Bonus vir clemens & fænerans: diſpenſabit verba ſua in judicio, quia in æternum non commovebitur.*	5. Jucundus homo qui miſeretur & commodat, diſponit ſermones ſuos in judicio: 6. quia in ſæculum non commovebitur.
7. In memoria æterna erit juſtus: ab auditione mala non timebit.	*In memoria ſempiterna erit juſtus: ab auditu malo non timebit.*	7. In memoria æterna erit juſtus: ab auditu malo non commovebitur.
Paratum cor ejus ſperare in Domino, 8. confirmatum eſt cor ejus: non commovebitur donec deſpiciat inimicos ſuos.	*Paratum cor ejus confidens in Domino: firmum cor ejus non timebit, donec aſpiciat in hoſtibus ſuis.*	Paratum eſt cor ejus ſperare in Domino, 8. confirmatum eſt cor ejus: non commovebitur donec videat inimicos ſuos.
9. Diſperſit, dedit pauperibus: juſtitia ejus manet in ſæculum ſæculi, cornu ejus exaltabitur in gloria.	*Diſperſit, dedit pauperibus; juſtitia ejus permanet in æternum: cornu ejus exaltabitur in gloria.*	9. Diſparſit, dedit pauperibus: juſtitia ejus manet in ſæculum ſæculi, cornu ejus exaltabitur in gloria.
10. Peccator videbit, & iraſcetur, dentibus ſuis fremet & tabeſcet: deſiderium peccatorum peribit.	*Impius videbit, & iraſcetur; dentibus ſuis frendet, & tabeſcet: deſiderium impiorum peribit.*	10. Peccator videbit, & iraſcetur, dentibus ſuis fremebit, & tabeſcet: deſiderium peccatorum peribit.

NOTÆ AD VERSIONEM ANTIQUAM.

* Sic in Pſalt. Corb. & ap. Caſſiod. In Mozarab. deeſt vox *Converſionis*. Apud Auguſt. *Converſio Aggæi, & Zachariæ*. Ap. Proſp. *Reverſio Aggæi, & Zachariæ*. In Pſalt. Rom. *Halleluia, Reverſionis Aggæi, & Zachariæ*. In Gr. ſimpliciter, Ἀλληλούϊα. Hic autem Pſalmus cum antecedenti, *per litteras Hebræas conſcriptus erat*, ex Hilar. & Ambroſ. in Pſ. 118. Vide ſup. Not. * ad Pſ. 110.

℣. 1. Sic Ambroſ. in Pſ. 118. to. 1. 1240. d. & l. 2. offic. to. 2. 72. a. Sic etiam Caſſiod. cum Pſalt. Corb. & Moz. Rom. verò leg. *cupit nimis*. Ita etiam Mſs. 3. Caſſiod. Aug. cum Vulg. *volet nimis*. Gr. θελήσει σφόδρα.

℣℣. 2. 3. Ita legunt Auguſt. Proſp. & Caſſiod. cum vet. Pſalt. & Gr. Apud Ambr. l. 2. offic. p. 72. b. deeſt hoc, *in domo ejus*; reliqua ut ſup.

℣. 4. Ita legunt Proſp. & Caſſiod. cum Pſalt. Rom. Corb. & Moz. Mediol. quoque & Carnut. hab. *rectis corde*. Itidem apud Aug. in eund. Pſal. ac præterea in fine, *& juſtus Dominus Deus*; nempe juxta Gr. Alex. in quo Δίκαιος Κύριος ὁ Θεός. In ed. autem Rom. ſimpliciter Δίκαιος, abſque ullo additamento hic & ſupra.

℣. 5. Sic eſt in Pſalt. Corb. ad verbum. Sic etiam in Rom. Martian. & ap. Caſſiod. præter unum *diſponet*. In Rom. Fabri, *Jocundus homo*. In Moz. *Benignus vir*. Ap. Ambroſ. l. de Tob. c. 18. col. 611. e. *Beatus vir*, &c. ut in Vulg. at l. 2. offic. to. 2. 80. f. *Jucundus vir qui miſ. & fænerat*, &c. & paulò ſup. 72. b. *Beatus vir qui miſ. & commodat*. Apud Auguſt. *Suavis vir*, &c. ut ſup. Ap. Proſp. *Suavis homo*. Apud Chromat. Aquil. in Matth. p. 985. c. *Jucundus vir*, &c. In Gr. Χρηστὸς ἀνὴρ ὁ οἰκτείρων καὶ κιχρῶν, οἰκονομήσει, &c.

℣. 6. Sic Ambroſ. l. 2. offic. to. 2. 72. b. cum Pſalt. Corb. & Caſſiodoro. Auguſt. verò, *quoniam in æternum non commovebitur*. Gr. ὅτι εἰς τὸν αἰῶνα, &c.

℣. 7. Ambroſ. l. 2. offic. col. 72. b. hæc ſola refert: *In memoria æterna erit juſtus*. Sic etiam Auguſt. in hunc Pſ. ſed addit: *& ab auditu malo non timebit. Paratum eſt cor ejus*, &c. Itidem apud Caſſiod. & in Pſalt. Rom. dempto uno *&*, ante *ab auditu*. In Moz. *obauditu malo non timebit. Paratum eſt*, &c. In Corb. & apud Proſp. *ab auditu malo*, &c. ut in Vulg. In Gr. Εἰς μνημόσυνον αἰώνιον ἔσται δίκαιος· ἀπὸ ἀκοῆς..... οὐ φοβηθήσεται. Ἑτοίμη ἡ καρδία..... ἐπὶ Κύριον.

℣. 8. Ita ferunt Pſalt. Rom. Corb. Mediol. Carnut. & Moz. cum Caſſiod. Auguſt. verò & Proſp. ita: *donec videat ſuper inimicos ſuos*. Gr. ἐστήρικται ἡ..... οὐ φοβηθῇ ἕως οὗ ἐπίδῃ ἐπὶ τοὺς ἐχθροὺς αὐτοῦ.

℣. 9. Cypr. l. 3. Teſtim. p. 303. a. ita legit: *Diſtribuit, dedit pauperibus: juſtitia ejus manebit in ſæculum ſæculi*. Hilarius in Pſ. 118. col. 324. b. *Diſperſit, dedit paup. juſtitia ejus manet in æternum*. Itidem Ambroſ. l. de Nabut. c. 7. to. 1. 574. f. & in Pſ. 118. col. 1064. b. Item infra, col. 1311. e. f. 1369. d. 1371. b. 1482. f. & to. 2. col. 32. a. 72. b. 1130. c. 1205. b. at in Pſ. 37. col. 825. e. legit, *in ſæculum ſæculi*, cum Proſp. Caſſiod. & Chromat. Aquil. in Matth. p. 985. c. Sic etiam in Pſalt. Rom. & Moz. niſi quòd in hoc poſtremo eſt, *Diſperſit, & dedit paup*. In Corb. *Diſparſit*, ut ſup. Apud Aug. in hunc Pſ. *Sparſit, dedit paup. juſtitia ejus manet in ſæculum ſæculi, cornu*, &c. In Gr. Ἐσκόρπισεν, ἔδωκε..... εἰς τὸν αἰῶνα τοῦ αἰῶνος, &c.

℣. 10. Auguſt. cum Brev. Moz. *frendet, & tabeſcet*, &c. S. Proſp. *frendet, & non reviveſcet*. Caſſiod. cum Pſalt. Rom. ut in Vulg. In Corb. *fremebit*, ut ſup. In Gr. τοὺς ὀδόντας αὐτοῦ βρύξει, καὶ τακήσεται· ἐπιθυμία ἁμαρτωλοῦ ἀπολεῖται. Mſ. Alex. ἁμαρτωλῶν.

Ex Mſ. Sangerm.

VERSIO ANTIQUA.	HEBR.	VULGATA HOD.
* Alleluia. CXII.	*Alleluia. CXIII.*	Alleluia. CXII.
1. LAudate pueri Dominum : laudate nomen Domini.	*LAudate ſervi Dominum : laudate nomen Domini.*	1. LAudate pueri Dominum ; laudate nomen Domini.
2. Sit nomen Domini benedictum, ex hoc nunc, & uſque in ſæculum.	*Sit nomen Domini benedictum, amodo & uſque in æternum.*	2. Sit nomen Domini benedictum, ex hoc nunc, & uſque in ſæculum.
3. A ſolis ortu uſque ad occaſum, laudate nomen Domini.	*Ab ortu ſolis uſque ad occaſum ejus, laudabile nomen Domini.*	3. A ſolis ortu uſque ad occaſum, laudabile nomen Domini.
4. Excelſus ſuper omnes gentes Dominus : ſupra cœlos gloria ejus.	*Excelſus ſuper omnes gentes Dominus : ſuper cœlos gloria ejus.*	4. Excelſus ſuper omnes gentes Dominus, & ſuper cœlos gloria ejus. Malac. 1. 11.
5. Quis ſicut Dominus Deus noſter, qui in altis habitat, 6. & humilia reſpicit in cœlo & in terra?	*Quis ut Dominus Deus noſter, qui in excelſis habitans, humilia reſpicit in cœlo & in terra?*	5. Quis ſicut Dominus Deus noſter, qui in altis habitat, 6. & humilia reſpicit in cœlo & in terra?
7. Suſcitans à terra inopem, & de ſtercore erigens pauperem :	*Suſcitans de terra inopem, & de ſtercore elevat pauperem :*	7. Suſcitans à terra inopem, & de ſtercore erigens pauperem :
8. Ut collocet eum cum principibus, cum principibus populi ſui.	*Ut eum ſedere faciat cum principibus, cum principibus populi ſui.*	8. Ut collocet eum cum principibus, cum principibus populi ſui.
9. Qui habitare facit ſterilem in domo, matrem filiorum lætantem.	*Qui collocat ſterilem in domo, matrem filiorum lætantem. Alleluia.*	9. Qui habitare facit ſterilem in domo, matrem filiorum lætantem.

NOTÆ AD VERSIONEM ANTIQUAM.

* Sic in Pſalt. Rom. & Gr.

℣. 1. Conſentit Ambroſ. l. 1. de Abr. c. 5. to. 1. 297. a. & in Luc. 17. col. 1485. d. cum Aug. Proſp. & Caſſiod. in hunc Pſ. necnon vet. Pſalt. & Gr.

℣. 2. Ita legit Proſp. cum Caſſiod. & Pſalt. Rom. Auguſt. verò ſic, *ex hoc, & uſque in ſæculum.* Brev. Moz. *amodo, & uſque in æternum.* Gr. ἀπὸ τῦ νῦν, ἢ ἕως τῦ αἰῶνος.

℣. 3. Ita Auguſt. & Caſſiod. cum Pſalt. Rom. Mediol. Corb. & Carnut. quibus favet Optat. l. 2. cont. Donat. p. 27. a. dicens, *Laudandum nomen Domini, ab ortu ſolis uſque ad occaſum.* Ap. S. Pacian. epiſt. 3. p. 315. a. *Ab ortu ſolis..... laudabile nomen Domini.* In Gr. αἰνεῖτε τὸ ὄνομα, &c.

℣. 4. Sic eſt in Pſalt. Corb. & Moz. In Rom. verò ut in Vulg. ſicut ap. Proſp. & Caſſiod. Auguſtinus ait : *non ſolùm* excelſus..... *verùm etiam* ſuper cœlos, &c. Græc. textui Sangerm. congruit.

℣℣. 5. 6. Sic habet Ambroſ. ep. 22. to. 2. col. 876. b. & l. 1. de virgin. col. 157. c. Sic etiam Auguſt. Proſp. & Caſſiod. cum vet. Pſalt. & Gr. Tertul. verò l. 4. cont. Marc. p. 707. b. ita : *Quis ſicut Deus noſter, qui habitat in excelſis, & humilia proſpectat in cœlo & in terra?* Auct. l. de promiſſ. p. 3. col. 187. c. *Quis eſt qualis Dominus Deus noſter, qui in altis habitat, & humilia reſpicit?*

℣. 7. Ita Caſſiod. cum Pſalt. Rom. & Gr. Sic etiam Ambroſ. epiſt. 22. to. 2. 876. b. at in Luc. 10. to. 1. 1428. e. legit : *Qui ſuſcitat à terra inopem, & de ſtercore erigit pauperem :* itidem l. 4. de interpel. Dav. c. 2. col. 663. d. & in Luc. 13. col. 1451. b. & to. 2. 415. b. 1210. a. Tertul. verò l. 4. adv. Marc. p. 707. b. ita : *Qui ſuſcitat mendicum de terra, & de ſtercore exaltat pauperem.* Auguſt. & Proſp. in hunc Pſ. cum Auct. l. de promiſſ. p. 3. col. 187. c. *Qui erigit à terra* (Proſp. *de terra*) *inopem, & de ſtercore exaltat pauperem.* Brev. Moz. *Qui ſuſcitat à terra inopem, & ab ſtercore exaltat pauperem.*

℣. 8. Accinunt Auguſt. Proſp. & Caſſiod. cum vet. Pſalt. In Gr. Τῦ καθίσαι αὐτὸν, &c. ut ſupra. Apud Tertul. l. 4. cont. Marc. p. 707. b. *Uti ſedere eum faciat cum principibus populi.*

℣. 9. Ita Caſſiod. cum Proſp. & vet. Pſalt. Apud Auguſt. deeſt *qui*. In Gr. Ὁ κατοικίζων στεῖραν..... μητέρα ἐπὶ τέκνοις εὐφραινομένην.

Ex Mſ. Sangerm.

VERSIO ANTIQUA.	HEBR.	VULGATA HOD.
* Alleluia. CXIII.	*CXIV.*	Alleluia. CXIII.
1. IN exitu Iſraël de Ægypto, domûs Jacob de populo barbaro :	*CUm egrederetur Iſraël de Ægypto, domus Jacob de populo barbaro :*	1. IN exitu Iſraël de Ægypto, domûs Jacob de populo barbaro : Exod. 13. 3.
2. Facta eſt Judæa ſanctificatio ejus, Iſraël poteſtas ejus ; Iſraël regnavit in ea.	*Factus eſt Judas in ſanctificationem ejus, Iſraël poteſtas illius.*	2. Facta eſt Judæa ſanctificatio ejus, Iſraël poteſtas ejus.
3. Mare vidit, & fugit : Jordanes converſus eſt retrorsùm.	*Mare vidit, & fugit : Jordanis converſus eſt retrorsùm.*	3. Mare vidit, & fugit : Jordanis converſus eſt retrorsùm.
4. Montes exſultaverunt ut arietes, & colles ſicut agni ovium.	*Montes ſubſilierunt quaſi arietes : colles quaſi filii gregis.*	4. Montes exſultaverunt ut arietes, & colles ſicut agni ovium.

NOTÆ AD VERSIONEM ANTIQUAM.

* Sic in Pſalt. Rom. & Gr. necnon apud Aug. Proſp. & Caſſiod.

℣. 1. Ita legunt Aug. Proſp. & Caſſiod. in hunc Pſ. cum Gaud. Brix. ſerm. 2. p. 946. e. necnon vet. Pſalt. & Gr.

℣. 2. Eadem leguntur in Pſalt. Rom. & Corb. Ita quoque apud Caſſiod. in hunc Pſ. præter fut. *regnabit*. Apud Auguſt. ut in Vulg. omiſſo nempe ult. verſic. *Iſraël regnavit in ea ;* qui pariter deeſt in Brev. Moz. & Gr. Ap. Ambroſ. in Luc. 4. to. 1. 1354. f. *Facta eſt Judæa ſanctificatio ejus*, ut ſup.

℣. 3. Sic eſt in Pſalt. Corb. Item apud Ambroſ. l. 5. Hexa. to. 1. 33. d. & l. de fide reſur. to. 2. 1154. a. ſi excipias nomen *Jordanis*. Concinunt Aug. Proſp. & Caſſiod. in hunc Pſ. In Brev. Moz. *retro*, non *retrorsùm*. In Gr. ὁ Ἰορδάνης..... εἰς τὰ ὀπίσω.

℣. 4. Ita Caſſiod. habet cum Pſalt. Rom. & Moz. excepto uno *velut*, pro *ſicut*. Hilar. in Pſ. 124. col. 404. d. *Montes exſultaverunt ut arietes*, & in Pſ. 146. col. 579. f. *ſicut arietes*. Tichon. reg. 7. p. 64. d. *Montes exſulta-*

	VULGATA HOD.	HEBR.	VERSIO ANTIQUA.	
	5. Quid est tibi mare quòd fugisti : & tu Jordanis, quia conversus es retrorsùm?	*Quid tibi est mare quòd fugisti : Jordanis conversus es retrorsùm?*	5. Quid est mare quòd fugisti? & tu Jordanes, quare conversus es retrorsùm?	Ex Ms. Sangerm.
	6. Montes exsultastis sicut arietes, & colles sicut agni ovium.	*Montes subsaltastis quasi arietes : colles quasi filii gregis?*	6. Montes quare exsultati sunt ut arietes, & colles velut agni ovium?	
	7. A facie Domini mota est terra, à facie Dei Jacob.	*A facie Domini contremiscit terra, à facie Dei Jacob.*	7. A facie Domini commota est terra, à facie Dei Jacob.	
	8. Qui convertit petram in stagna aquarum, & rupem in fontes aquarum.	*Qui convertit petram in paludes aquarum : silicem in fontes aquarum.*	8. Qui convertit solidam petram in stagna aquarum, & rupem in fontes aquarum.	
		CXV.	* *Vide Notas.*	
	1. NON NOBIS DOMINE, NON NOBIS : sed nomini tuo da gloriam.	*NOn nobis Domine, non nobis : sed nomini tuo da gloriam.*	1. NON NOBIS DOMINE, NON NOBIS : sed nomini tuo da gloriam.	
	2. Super misericordia tua, & veritate tua : nequando dicant gentes : Ubi est Deus eorum?	*Propter misericordiam tuam, & veritatem tuam : ne dicant gentes : Ubi est Deus eorum?*	2. Super misericordia tua, & veritate tua : nequando dicant gentes : Ubi est Deus eorum?	
	3. Deus autem noster in cœlo : omnia quæcunque voluit, fecit.	*Deus autem noster in cælo : universa quæ voluit, fecit.*	3. Deus autem noster in cœlo sursum : in cœlis & in terram, omnia quæcunque voluit, fecit. DIAPSALMA.	
Inf. 134. 15.	4. Simulachra gentium argentum & aurum, opera manuum hominum.	*Idola gentium, argentum & aurum : opus manuum hominum.*	4. Simulacra gentium argentum & aurum, opera manûm hominum.	
Sap. 15. 15.	5. Os habent, & non loquentur : oculos habent, & non videbunt.	*Os habent, & non loquentur : oculos habent, & non videbunt.*	5. Os habent, & non loquentur ; oculos habent, & non videbunt.	
	6. Aures habent, & non au-	*Aures habent, & non audient :*	6. Aures habent, & non au-	

NOTÆ AD VERSIONEM ANTIQUAM.

bunt velut arietes, & colles velut agni ovium. August. & Prosp. *Montes gestierunt velut arietes, & colles velut agni ovium.* Gr. Τὰ ὄρη ἐσκίρτησαν ὡσεὶ κριοὶ, καὶ οἱ βουνοὶ ὡς ἀρνία, &c.

℣. 5. Sic est in Psalt. Corb. Item in Rom. nisi excipias *Jordanis*. Sic etiam in Moz. præter ult. *retro*. Apud Cassiod. *Quid est tibi mare..... & tu Jordanis, quare conversus es retrorsùm?* Apud Ambros. in Luc. 1. col. 1278. f. *Jordanis conversus est retrorsùm*. In Gr. Τί σοι ἐστι θάλασσα ὅτι ἔφυγες· καὶ σὺ Ἰορδάνη, ὅτι ἐστράφης εἰς τὰ ὀπίσω;

℣. 6. Psalt. Rom. Corb. & Moz. cum Cassiod. *Montes, quare exsultastis ut arietes, & colles velut, &c.* Aug. verò & Prosp. *Montes, quia gestiistis* (Prosp. *gestitis*) *velut arietes, & colles velut agni ovium?* Gr. Τὰ ὄρη, ὅτι ἐσκιρτήσατε ὡσεὶ κριοὶ, &c.

℣. 7. Accinit August. in hunc Ps. cum Prosp. & Cassiod. Sic etiam in Psalt. Corb. & Rom. Martian. at in Rom. Fabri, *mota est*; sicut ap. Gaud. Brix. serm. 10. p. 959. h. In Gr. ἐσαλεύθη.

℣. 8. Ita leg. Arnob. de Deo trino, p. 213. f. cum Psalt. Carnut. Rom. verò, *Qui convertit solidam petram in stagnum aquæ, &c.* S. Paulin. epist. 32. p. 210. b. *Convertit petram in stagnum aquæ*: at epist. 15. p. 87. c. *Qui convertit rupem in aquas.* August. & Prosp. ut in Vulg. Similiter apud Cassiod. præter vocem *rupes*. Apud Gaud. Brix. serm. 10. p. 959. h. *Qui convertit solidam petram in stagna aquæ, & rupem, &c.* In Gr. Τοῦ στρέψαντος τὴν πέτραν εἰς λίμνας ὑδάτων, καὶ τὴν ἀκρότομον εἰς πηγὰς, &c.

* Apud Hebræos hic Psalmus CXIII. in duos scinditur, quorum prior terminatur in ℣. 8. sequens verò incipit ab his, *Non nobis Dom.* Apud Græcos & Lat. ut in Vulg. idem Ps. conjunctim descriptus est. De hoc etiam Augustinus ita loquitur in comment. col. 1259. e. *Quanquam fortasse omnium Psalmorum sit una contexio diligenter intuentibus, ita ut nullus sequatur, qui non superiori possit adjungi; tamen istum ita consideremus, tanquam uterque unus sit, iste scilicet,* (Non nobis Domine, &c.) *ac superior.*

℣. 1. Ita legit Aug. ubi sup. Sic etiam Prosp. & Cassiod. cum Ambrosiast. p. 155. a. necnon vet. Psalt. & Gr.

℣. 2. Ita legit August. in hunc Ps. cum Prosp. Cassiodorus verò cum Psalt. Rom. & Moz. ita : *Super misericordiam tuam, & veritatem tuam : nequando dicant, &c.* Corb. *Propter misericordiam tuam, & veritatem tuam : ne unquam dicant, &c.* Gr. Ἐπὶ τῷ ἐλέει σου, καὶ τῇ ἀληθείᾳ σου, &c. Al. ex Chrysost. Διὰ τὸ ἔλεός σου.

℣. 3. Itidem ap. August. in hunc Ps. excepto uno, *in terra*. Rom. Fabri ita interpungit cum Moz. *Deus autem noster in cælo : sursum in cælo, & in terra, omnia quæcunque voluit, fecit.* Sic etiam in Mediolan. Carnut. Corb. & ap. Cassiod. nisi quòd ibi puncta figantur post *sursum*, ut in Rom. Martian. Apud Iren. l. 3. c. 8. p. 183. b. *Deus autem noster in cælis sursum : & in terra, omnia quæcunque voluit, fecit.* Acta mart. S. Pontii, Miscell. Baluz. to. 2. p. 125. 126. *Dominus Deus noster in cælo sursum est : in cælo & in terra, omnia quæcunque, &c.* Breviar. fidei cont. Arianos, Sirm. to. 1. p. 386. b. *Deus autem in cælo sursum : & in terra, omnia quæcunq. &c.* Item ap. Prosp. *Deus autem noster in cælo sursum : & super terram, omnia quæcunque, &c.* Hieron. verò epist. ad Sun. & Fret. to. 2. 659. b. ait : *In Græco legisse vos dicitis :* in cœlo & in terra, *sed & hoc superfluum est.* Ambros. l. 2. Hexa. col. 24. f. ult. tantùm refert, *omnia quæcunque voluit, fecit* : & l. 4. de fide, to. 2. 540. b. *omnia quæ voluit, fecit.* In Gr. Ὁ δὲ Θεὸς ἡμῶν ἐν τῷ οὐρανῷ καὶ ἐν τῇ γῇ, πάντα ὅσα, &c. At ibi non subjicitur *Diapsalma*, nec etiam in Rom. Fabri, nec apud August. In Rom. tamen Martian. exstat, & in Corb. ut sup.

℣. 4. Succinunt Aug. Prosp. & Cassiod. cum vet. Psalt. & Gr. Sic etiam ap. Gaud. Brix. serm. 9. p. 957. h. & in actis mart. S. Petri Bals. Ruin. p. 502. & S. Pontii, Miscell. to. 2. p. 125. Apud Tertul. l. de corona mil. c. 10. p. 291. c. *Idola nationum arg. & aurum* : & l. cont. Gnost. p. 825. c. *Dei nationum arg. & aurum*; sed in utroque loco abest seq. versiculus. Apud Cypr. l. de exhort. mart. p. 263. c. *Idola gentium arg. & aurum, opera man. hom.* Bene quidem *Idola*, cùm Hieron. epist. ad Marcell. to. 2. 711. c. dicat Septuaginta ita transtulisse : *In eo loco*, inquit, *ubi legimus*, Idola gent. arg. &c. *in Hebræo habetur* Asabeem. In Gr. Τὰ εἴδωλα τῶν ἐθνῶν, &c.

℣. 5. Ita legunt August. Prosp. & Cassiod. cum Psalt. Rom. quibus accedit Gaud. Brix. serm. 9. p. 957. h. Sic etiam in actis mart. S. Pontii, Miscell. to. 2. p. 125. & S. Felicis Tubys. ibid. p. 78. sed his poster. turbato ordine. Apud Cypr. de exhort. mart. p. 263. c. ita : *Os habent, & non loquuntur : oculos habent, & non vident* : rursus *& non vident*, l. de laud. martyr. p. 344. c. Sic etiam in Brev. Moz. Ap. Tertul. verò de coron. mil. c. 10. p. 291. c. & cont. Gnost. p. 825. c. *nec vident.* In actis mart. S. Petri Bals. Ruin. p. 502. sic : *Os, oculos, nares, manus, pedes habent : sed de his neque loquuntur, neque vident, neque odorantur, neque audiunt, neque palpant, neque ambulant.* In Gr. Στόμα ἔχουσι, καὶ οὐ λαλήσουσι..... καὶ οὐκ ὄψονται.

℣. 6. Tertul. l. cont. Gnost. p. 825. c. *Aures habent, non audiunt : nares habent, nec odorantur : os, nec loquuntur* : item l. de coron. mil. c. 10. p. 291. c. *nares habent, nec odorantur.* Cypr. l. de exhort. mart. p. 263. c. & de laud. mart. p. 344. c. *Aures habent, & non audiunt.* Acta

Versio antiqua.	Hebr.	Vulgata hod.
Ex Mſ. Sangerm. dient : nares habent, & non odorabunt.	*naſum habent, & non odorabunt.*	dient : nares habent, & non odorabunt.
7. Manus habent, & non palpabunt : pedes habent, & non ambulabunt : non clamabunt in gutture ſuo.	*Manus habent, & non palpabunt : pedes habent, & non ambulabunt : non ſonabunt in gutture ſuo.*	7. Manus habent, & non palpabunt : pedes habent, & non ambulabunt : non clamabunt in gutture ſuo.
8. Similes illis fiant omnes qui faciunt ea : & omnes qui confidunt in eis.	*Similes illis fiant qui faciunt ea, & omnes qui confidunt in eis.*	8. Similes illis fiant qui faciunt ea : & omnes qui confidunt in eis.
9. Domus Iſraël ſperavit in Domino : adjutor eorum & protector eorum eſt.	*Iſraël confidit in Domino : auxiliator & protector eorum eſt.*	9. Domus Iſraël ſperavit in Domino : adjutor eorum & protector eorum eſt.
10. Domus Aaron ſperavit in Domino : adjutor eorum & protector eorum eſt.	*Domus Aaron confidit in Domino : auxiliator & protector eorum eſt.*	10. Domus Aaron ſperavit in Domino : adjutor eorum & protector eorum eſt.
11. Qui timent Dominum, ſperaverunt in Domino : adjutor eorum & protector eorum eſt.	*Timentes Dominum confidunt in Domino : auxiliator & protector eorum eſt.*	11. Qui timent Dominum, ſperaverunt in Domino : adjutor eorum & protector eorum eſt.
12. Dominus memor fuit noſtri : & benedixit nos.	*Dominus recordatus noſtri, benedicet :*	12. Dominus memor fuit noſtri : & benedixit nobis.
Benedixit domum Aaron : benedixit domum Iſraël.	*Benedicet domui Iſraël : benedicet domui Aaron.*	Benedixit domui Iſraël : benedixit domui Aaron.
13. Benedixit omnes timentes Dominum, puſillos cum magnis.	*Benedicet timentibus Dominum, parvis & magnis.*	13. Benedixit omnibus qui timent Dominum, puſillis cum majoribus.
14. Adjiciat Dominus ſuper vos ; ſuper vos, & ſuper filios veſtros.	*Addat Dominus ſuper vos ; ſuper vos, & ſuper filios veſtros.*	14. Adjiciat Dominus ſuper vos ; ſuper vos, & ſuper filios veſtros.
15. Benedicti vos Domino, qui fecit cœlum & terram.	*Benedicti vos à Domino, qui fecit cœlum & terram.*	15. Benedicti vos à Domino, qui fecit cœlum & terram.
16. Cœlum cœli Domino : terram autem dedit filiis hominum.	*Cœlum cœlorum Domino : terram autem dedit filiis hominum.*	16. Cœlum cœli Domino : terram autem dedit filiis hominum.
17. Non mortui laudabunt te Domine : neque omnes, qui deſcendunt in infernum.	*Non mortui laudabunt Dominum, nec omnes qui deſcendunt in ſilentium :*	17. Non mortui laudabunt te Domine : neque omnes, qui deſcendunt in infernum. *Baruch. 2. 17.*
18. Sed nos qui vivimus, benedicamus Dominum, ex hoc nunc & uſque in ſæculum.	*Sed nos benedicimus Domino, amodo & uſque in æternum. Alleluia.*	18. Sed nos qui vivimus, benedicimus Domino, ex hoc nunc & uſque in ſæculum.

Notæ ad Versionem antiquam.

mart. S. Felicis Tubyſac. Miſcell. to. 2. p. 78. *Aures habent, & non audient : os habent, & non loquentur :* at in actis S. Pontii ibid. p. 125. omnia ut in Vulg. Sic etiam ap. Aug. Proſp. & Caſſiod. in hunc Pſ. necnon ap. Gaud. Brix. ſerm. 9. p. 957. h. & in vet. Pſalt. & Gr.

℣. 7. Similiter in Pſalt. Moz. hoc ult. excepto, *de gutture ſuo.* Apud Tertul. l. de coron. mil. c. 10. p. 291. c. *Manus, nec contrectabunt :* & l. adv. Gnoſt. p. 825. c. *Manus, nec contrectant : pedes, nec ingrediuntur.* Ap. Auguſt. & Proſp. in hunc Pſ. *Manus hab. & non contrectabunt : pedes hab. & non ambulabunt : non clamabunt in faucibus ſuis.* In actis mart. S. Pontii, Miſcell. to. 2. p. 125. *Manus habent, & non tractabunt : pedes hab..... in gutture ſuo : neque enim eſt ſpiritus in ore ipſorum.* Similiter addit Caſſiod. cum Pſalt. Mediol. & Rom. *neque enim eſt ſpiritus,* &c. quæ abſunt à Gr. Allata huc procul dubio ſunt ex Pſ. 134. ℣. 17. Apud Gaud. Brix. ſerm. 9. p. 957. h. omnia ut in Vulg. & Gr.

℣. 8. Ita legit Aug. in hunc Pſ. Proſp. verò ſic : *Similes ſint illis omnes qui,* &c. Tertul. cont. Gnoſt. p. 825. c. *Similes erunt illis qui faciunt, & qui fidunt in illis ;* at l. de idol. c. 4. p. 248. c. *Et tales fiant qui faciunt ea.* Ambroſ. in Luc. 15. to. 1. 1463. b. *Similes fiant illis qui faciunt ea.* Gaud. Brix. ſerm. 9. p. 957. h. *Similes illis fient qui faciunt ea,* &c. Apud Philaſtr. Brix. de hæreſ. p. 723. a. *Similes illis fiant qui adorant ea.* Caſſiod. ut in Vulg. cui etiam favent acta S. Petri Balſ. Ruin. p. 502. & acta S. Pontii, Miſcell. to. 2. p. 125. & S. Felicis Tubyſac. ibid. p. 78. Sic etiam in vet. Pſalt. & Gr.

℣℣. 9. 10. Ita Caſſiod. habet cum Pſalt. Rom. Moz. verò delet vocem *eorum,* poſt utramque *adjutor.* Corb. delet tantùm primam. Auguſt. bis legit *in Dominum,* non *in Domino.* S. Proſp. *Domus Iſraël ſperat in Domino.* Gr. Οἶκος Ἰσραὴλ ἤλπισεν ἐπὶ Κύριον· βοηθὸς ἐ..... Οἶκος Ἀαρὼν ἤλπισεν ἐπὶ Κύριον· βοηθὸς ἐ, &c.

℣. 11. Pſalt. Rom. & Moz. cum Caſſiod. *Qui timent Dominum, ſperent in Domino,* &c. ut ſup. Moz. tamen delet 1. *eorum.* In Corb. *ſperant in Domino : adjutor eorum,* &c. Apud Auguſt. *Utrique enim timent Dominum, & ſperaverunt in Dominum : adjutor eorum,* &c. In Gr. Οἱ φοβούμενοι τὸν Κύριον, ἤλπισαν ἐπὶ Κύριον· βοηθὸς ἐ, &c.

℣. 12. Ita Aug. & Caſſiod. cum Pſalt. Rom. niſi quòd ponunt *Iſraël,* loco *Aaron ;* & *Aaron,* loco *Iſraël.* Ita quoque in Mozarab. præter hoc, *benedixit nobis.* In Corb. *& benedixit nos. Benedixit domum Iſraël ; benedixit domum Aaron.* In Gr. Κύριος μνησθεὶς ἡμῶν, εὐλόγησεν ἡμᾶς. Εὐλόγησε τὸν οἶκον Ἰσραήλ· εὐλόγησε τὸν οἶκον Ἀαρών.

℣. 13. Sic ap. Auguſt. eſt in hunc Pſ. ſic etiam apud Proſp. & Caſſiod. excepta voce ult. *majoribus.* Itidem in Pſalt. Corb. Rom. verò hab. *Benedixit omnes timentes ſe Dominus, puſillos cum majoribus.* Mozar. *Benedixit omnes timentes Dominum, puſillis cum majoribus.* Gr. Εὐλόγησε τοὺς φοβουμένους τὸν Κύριον, τοὺς μικροὺς μετὰ τῶν μεγάλων.

℣. 14. Pſalt. Mozar. hab. *adjiciet,* detracto uno *ſuper vos :* tollunt pariter Corb. & Carnut. cum Rom. Apud Auguſt. in hunc Pſ. ex Mſs. & in Pſ. 117. ita : *Adjiciat Dominus ſuper nos ; ſuper nos, & ſuper filios noſtros.* Apud Caſſiod. ut in Vulg. cui favet Gr. in Mſ. tamen Alex. ſemel ἐφ' ἡμᾶς.

℣. 15. Itidem in Pſalt. Corb. Carnut. & apud Auguſt. In Rom. verò, & ap. Caſſiod. ut in Vulg. Ita quoque in Gr. & ap. Proſp.

℣℣. 16. 17. Conſentiunt Auguſt. Proſp. & Caſſiod. in hunc Pſ. unà cum vet. Pſalt. & Gr. Ambroſ. etiam in Pſ. 118. to. 1. 1077. f. verſum 16. refert ; Hilarius in Pſ. 62. col. 154. b. alterum 17. ut ſupra.

℣. 18. Hilar. in Pſ. 62. col. 154. b. legit, *benedicimus Dominum,* &c. ut ſupra. Sic etiam Auguſt. Proſp. & Caſſiod. cum Pſalt. Rom. & Corb. Similiter in Moz. præter hoc, *in æternum,* loco *in ſæculum.* Apud Ambroſ. in Pſ. 118. col. 1018. c. *Sed nos qui vivimus, benedicimus te Domine.* In Gr. Ἀλλ' ἡμεῖς οἱ ζῶντες, εὐλογήσομεν (Mſ. Alex. εὐλογήσωμεν) τὸν Κύριον..... ἕως τοῦ αἰῶνος.

VULGATA HOD.	HEBR.	VERSIO ANTIQUA.
Alleluia. CXIV.	*CXVI.*	* Alleluia. CXIV.
1. DIlexi, quoniam exaudiet Dominus vocem orationis meæ.	*DIlexi, quoniam exaudiet Dominus vocem deprecationis meæ.*	1. DIlexi, quoniam exaudiet Dominus vocem orationis meæ.
2. Quia inclinavit aurem ſuam mihi: & in diebus meis invocabo.	*Quoniam inclinavit aurem ſuam mihi, & in diebus meis invocabo.*	2. Quia inclinavit aurem ſuam mihi: & in diebus meis invocabo.
3. Circumdederunt me dolores mortis: & pericula inferni invenerunt me.	*Circumdederunt me funes mortis, & munitiones inferni invenerunt me.*	3. Circumdederunt me dolores mortis: pericula inferni invenerunt me.
Tribulationem & dolorem inveni: 4. & nomen Domini invocavi.	*Anguſtiam & dolorem reperi, & nomen Domini invocabo.*	Tribulationem & dolorem inveni: 4. & nomen Domini invocavi.
O Domine libera animam meam: 5. miſericors Dominus, & juſtus, & Deus noſter miſeretur.	*Obſecro Domine, ſalva animam meam: clemens Dominus, & juſtus, & Deus noſter miſericors.*	O Domine libera animam meam: 5. miſericors Dominus, & juſtus, & Deus noſter miſeretur.
6. Cuſtodiens parvulos Dominus: humiliatus ſum, & liberavit me.	*Cuſtodit parvulos Dominus: attenuatus ſum, & ſalvavit me.*	6. Cuſtodiens parvulos: humiliatus ſum, & liberavit me.
7. Convertere anima mea in requiem tuam: quia Dominus benefecit tibi.	*Revertere anima mea in requiem tuam: quia Dominus reddet tibi:*	7. Convertere anima mea in requiem tuam: quia Dominus benefecit mihi.
8. Quia eripuit animam meam de morte, oculos meos à lacrymis, pedes meos à lapſu.	*Quia eruet animam meam de morte, oculos meos à lacrymis, pedes meos ab offenſa.*	8. Quia eruit animam meam de morte, oculos meos à lacrymis, pedes meos à lapſu.
9. Placebo Domino in regione vivorum.	*Deambulabo coram Domino in terris viventium.*	9. Complacebo ante Dominum in regione vivorum.

Ex Mſ. Sangerm.

NOTÆ AD VERSIONEM ANTIQUAM.

* Ita in Pſalt. Rom. & Gr.

℣. 1. Sic Ambroſ. de ob. Theodoſ. to. 2. col. 1203. a. ſeqq. cum Proſpero. Caſſiod. verò hab. cum Pſalt. Rom. *Dilexi, quoniam exaudivit Dominus vocem orat.* &c. Mozarab. *Dilexi, quia exaudiet Deus*, &c. Auguſt. *vocem deprecationis meæ.* Gr. Ἠγάπησα, ὅτι εἰσακούσεται Κύριος..... τῆς δεήσεώς μου.

℣℣. 2. 3. 4. Ita ferunt Pſalt. Corb. & Moz. cum Græco. Ita etiam Rom. cum Caſſiod. niſi quòd add. *eum*, ad *invocabo.* In Mediol. exſtat *invocabo* ℣. 4. loco *invocavi.* Secus ap. Auguſt. qui legit bis *invocavi*, cum Proſp. Auguſt. etiam tollit *&*, ante *pericula*, ut ſupra; & ſub finem hab. O *Domine erue anim.* &c. Brev. Mozarab. *Obſecro Domine, libera*, &c. & verò Mſ. quidam Chryſoſt. ita leg. Ἀξιῶ Κύριε, ἐξελοῦ, &c. Omittit etiam conjunct. *&* ante *pericula* Ambroſ. l. de ob. Theodoſ. to. 2. 1204. d. 1207. c. reliqua verò ut ſupra; ſicut etiam col. 1204. f. & in Pſal. 118. to. 1. 1208. a. Sunnia & Fret. legebant, *& in diebus meis invocabo te:* unde Hieron. ep. ad ipſos, to. 2. 659. b. ait: *Dicitis quòd in Græco non ſit* te, *& bene; è veſtris quoque codicibus eradendum eſt.*

℣℣. 5. 6. Ambroſ. de ob. Theod. to. 2. 1204. f. & in Luc. 10. to. 1. 1428. b. & in Pſ. 118. col. 1097. d. 1115. e. 1147. d. f. ita legit: *miſericors, & juſtus Dominus, & Deus noſter miſeretur. Cuſtodiens parvulos Dominus: humiliatus ſum, & ſalvum me fecit.* Sic etiam Auguſt. cum Pſalt. Moz. at in Rom. *miſerebitur*, non *miſeretur*: cæt. ut in Vulg. Ita quoque ap. Proſp. & Caſſiod. Mſs. tamen 3. Caſſiod. hab. *miſeretur.* Gr. ἐλεεῖ..... καὶ ἔσωσέ με.

℣. 7. Ita legit Hilar. in Pſ. 65. & 118. col. 181. b. 367. a. at in Pſ. 146. col. 577. d. hab. *tibi*, in fine. Item Ambroſ. l. de bono mort. c. 12. to. 1. 412. f. & l. de ob. Theod. to. 2. 1205. e. 1206. e. leg. *tibi*: ſed l. de bono mort. c. 9. col. 405. e. legit *mihi.* Similiter Aug. in hunc Pſ. utramque lectionem admittit; nempe col. 1267. b. leg. *benefecit mihi*, & col. 1266. f. *tibi.* Sic etiam *tibi* ap. Caſſiod. & in Pſalt. Rom. ſed Mſ. 1. Caſſiod. cum editt. & Pſalt. Corb. hab. *mihi.* Gr. εὐηργέτησέ σε, Alex. με. Pſalt. Moz. initio hab. *revertere*; Corb. *converte*; Gr. ἐπίστρεψον.

℣. 8. Hilar. in Pſ. 65. col. 181. b. *Eripuit anim. meam de morte, oculos meos de lacrymis, pedes meos de lapſu:* item in Pſ. 118. col. 366. f. & in Pſ. 146. col. 577. d. exceptis his, *Quia eripuit*, & infra, *à*, pro *de.* Ambroſ. l. de bono mort. c. 12. p. 412. f. *Quoniam eripuit*, &c. ut in Vulg. ſupra verò, c. 9. col. 405. e. *Quia liberavit pedes meos à lapſu.* Auguſt. in hunc Pſ. cum Proſp. *Quoniam exemit anim. meam à morte*; Proſp. *de morte.* Caſſiod. cum Pſalt. Rom. ut in Vulg. Gr. Ὅτι ἐξείλετο..... ἐκ θανάτου..... καὶ τοὺς πόδας μου ἀπὸ ὀλισθήματος. Similiter in Moz. *& pedes meos.*

℣. 9. In autographo Sangerm. habetur ſimpliciter *ante*, cui ſubjunximus *Dominum*; vox enim iſta aperto errore illic deeſſe videbatur. Hilar. in Pſ. 65. col. 181. c. legit: *Placebo Domino in regione viventium:* ſic etiam in Pſ. 51. col. 77. b. & in Pſ. 118. col. 257. c. infra autem, col. 303. c. *Et complacebo Deo in regione vivorum:* ita rurſum *vivorum*, cùm in Pſ. 118. col. 367. a. tum in Pſ. 146. col. 577. d. Vulgatæ pariter accedit Ambroſ. l. de bon. mort. c. 9. & 12. col. 405. f. 412. f. & in Pſ. 38. & 118. col. 858. f. 998. f. cum Caſſiod. & Proſp. Apud Aug. *Placebo in conſpectu Domini in regione vivorum.* Ita quoque in Græco legiſſe ſe dicebant Sunnia & Fretela; at Hieron. epiſt. ad ipſos, to. 2. 659. b. ait *hoc eſſe ſuperfluum.* In ed. Rom. Εὐαρεστήσω ἐνώπιον Κυρίου ἐν χώρᾳ ζώντων· al. ἔμπροσθεν Κυρίου, teſte Chryſoſtomo.

VULGATA HOD.	HEBR.	VERSIO ANTIQUA.
Alleluia. CXV.		* Alleluia. CXV.
2. Cor. 4. 13. 10. CRedidi, propter quod locutus ſum: ego autem humiliatus ſum nimis.	*Credidi, propter quod locutus ſum: ego afflictus ſum nimis.*	10. CRedidi, propter quod locutus ſum: ego autem humiliatus ſum nimis.
11. Ego dixi in exceſſu meo:	*Ego dixi in ſtupore meo: Omnis*	11. Dixi in exceſſu men-

Ex Mſ. Sangerm.

NOTÆ AD VERSIONEM ANTIQUAM.

* Similiter *Halleluia* apud Aug. Proſp. & Caſſiod. & in Gr. Hic autem Pſ. pars eſt altera præced. Id etiam notat Theodoretus, teſte Nobilio: *Hebræus*, inquit, *& cæteri Interpretes, & ipſe etiam Syrus hunc Pſalmum præcedenti conjungunt; eadem enim inhæret ſententia.*

℣. 10. Concinit Ambroſ. in Pſ. 36. col. 808. b. & inf. to. 1. 843. f. 1097. b. 1303. d. & to. 2. 960. a. Item Auguſt. Proſp. & Caſſiod. cum Gr. Brev. Moz. hab. *propter quod & locutus ſum.*

℣. 11. Sic habet Caſſiod. præter hoc, *Ego dixi.* Ita quo-

VERSIO ANTIQUA.	HEBR.	VULGATA HOD.
Ex Ms. Sangerm. tis meæ : Omnis homo mendax.	*homo mendacium.*	Omnis homo mendax. *Rom. 3. 4.*
12. Quid retribuam Domino, pro omnibus quæ retribuet mihi?	*Quid reddam Domino, pro omnibus quæ retribuit mihi?*	12. Quid retribuam Domino, pro omnibus quæ retribuit mihi?
13. Calicem salutaris accipiam : & nomen Domini invocabo.	*Calicem salutaris accipiam, & nomen Domini invocabo.*	13. Calicem salutaris accipiam : & nomen Domini invocabo.
14... *Vide Notas.* 15. Pretiosa in conspectu Domini mors sanctorum ejus.	*Vota mea Domino reddam coram omni populo ejus : gloriosa in conspectu Domini mors sanctorum ejus.*	14. Vota mea Domino reddam coram omni populo ejus : 15. pretiosa in conspectu Domini mors sanctorum ejus.
16. O Domine ego servus tuus : ego servus tuus, & filius ancillæ tuæ.	*Obsecro Domine, quia ego servus tuus : ego servus tuus, filius ancillæ tuæ.*	16. O Domine quia ego servus tuus : ego servus tuus, & filius ancillæ tuæ.
Disrupisti vincula mea : 17. tibi sacrificabo hostiam laudis.	*Dissolvisti vincula mea : tibi immolabo hostiam laudis, & in nomine Domini invocabo.*	Dirupisti vincula mea : 17. tibi sacrificabo hostiam laudis, & nomen Domini invocabo.
18. Vota mea Domino reddam in atriis domûs Domini : 19. in conspectu omnis populi ejus, in medio tui Jerusalem.	*Vota mea Domino reddam in conspectu omnis populi ejus : in atriis domûs Domini, in medio tui Jerusalem. Alleluia.*	18. Vota mea Domino reddam in conspectu omnis populi ejus : 19. in atriis domûs Domini, in medio tui Jerusalem.

NOTÆ AD VERSIONEM ANTIQUAM.

que est in Psalt. Mediolan. Corb. Carnut. & Rom. Apud Ambros. l. 2. de Abr. c. 9. to. 1. 339. c. *Ego dixi in excessu meo : Omnis*, &c. at in Ps. 118. col. 1056. b. *Ego dixi in pavore meo : Omnis*, &c. vide etiam col. 1232. d. Hieron. l. 2. cont. Pelag. to. 4. 517. f. *Ego dixi in excessu mentis meæ*, &c. August. cum Prosp. *Ego autem dixi in ecstasi mea*, &c. at infra Aug. *Ego dixi in pavore meo.* In Gr. Ἐγὼ δὲ εἶπα ἐν τῇ ἐκστάσει μου, &c. Aquila, Ἐγὼ εἶπα ἐν τῷ θαμβεῖσθαι, &c.

℣℣. 12. 13. Ita legit Lucif. Calar. l. de mor. pro Dei fil. p. 242. g. si excipias verbum *retribuet*. Ita quoque Ambros. in Ps. 118. to. 1. 1019. d. & l. de Joseph, c. 11. col. 505. b. & inf. 822. d. 1369. f. Ita etiam August. Prosp. & Cassiod. cum Psalt. Rom. & Gr. In Moz. *Quid retribuam Dom. pro omnib. quæ præstitit mihi?* Apud S. Paulin. ep. 11. p. 49. b. *Quid retribuemus Domino nostro, præter omnia quæ retribuit nobis?*

℣. 14. Abest pariter ℣. iste à Psalt. Rom. Mediol. Carn. Corb. & Moz. Omittitur etiam ap. Cypr. ep. 77. p. 160. a. necnon ap. August. & Cassiod. in hunc Ps. exstat verò in Gr. ut in Vulg.

℣. 15. Ita Lucif. Cal. l. de mor. pro Dei fil. p. 242. a. g. necnon Hilar. in Ps. 62. col. 153. e. & Ambros. l. de bon. mort. c. 3. to. 1. 392. d. & to. 2. 1145. e. Item August. Prosp. & Cassiod. in hunc Ps. cum vet. Psalt. Concinit etiam Cypr. ep. ad Fortun. p. 272. c. nisi quòd hab. *pretiosa est :* addit pariter *est*, epist. 8. & 81. pag. 16. c. & 164. a. sed ibi legit, *mors justorum ejus :* sic etiam ep. 77. p. 160. a. sed absque præced. *est*. Apud Tertul. l. 2. adv. Marc. p. 651. c. sic : *Honorabilis mors in conspectu Domini sanctorum ejus :* at inf. l. 4. p. 732. b. *Honorabilis mors justorum :* & l. cont. Gnost. p. 828. b. ait : *Honorata est apud illum mors religiosorum ipsius.* In Gr. Τίμιος ἐναντίον Κυρίου ὁ θάνατος τῶν ὁσίων αὐτοῦ.

℣. 16. Sic Ambros. l. 5. de fide, to. 2. 570. f. & in Ps. 118. col. 1060. a. Sic etiam August. & Prosp. in hunc Ps. cum Psalt. Rom. Corb. Moz. & Gr. Hieronymus in Isai. 14. to. 3. 160. e. *Tu dissolvisti vincula mea.*

℣. 17. Deest pariter seq. versic. *& nomen Domini invocabo*, tum in Psalt. Rom. Mediolan. Carnut. Corb. & Moz. tum ap. August. Prosp. & Cassiod. in hunc Ps. Apud Auct. l. de promiss. p. 2. c. 22. col. 147. d. *tibi sacrificabo sacrificium laudis.* Textui favent Hilar. in Ps. 68. col. 229. c. Ambros. l. de bon. mort. c. 3. col. 392. c. e. & S. Pacian. serm. de bapt. p. 319. c. apud quos omnes prior tantùm legitur versiculus. At in Gr. iste subnectitur : καὶ ἐν ὀνόματι Κυρίου ἐπικαλέσομαι.

℣℣. 18. 19. Ita ferunt, eodemque ordine ac serie, Hilar. in Ps. 60. col. 145. b. August. & Cassiod. in hunc Ps. cum Psalt. Corb. & Rom. Sic etiam in Moz. præter hoc, *coram omni populo ejus.* At in Gr. idem ordo servatur, qui sup. in Vulg. nec dissimulabo additam à me fuisse vocem *Domini*, quæ deerat in autographo nostro Ms. quamque addunt cæteri omnes.

VERSIO ANTIQUA.	HEBR.	VULGATA HOD.
Ex Ms. Sangerm. *Alleluia. CXVI.	*CXVII.*	Alleluia. CXVI.
1. Laudate Dominum omnes gentes : & conlaudate eum omnes populi :	*Laudate Dominum omnes gentes : collaudate eum universi populi :*	1. Laudate Dominum omnes gentes : laudate eum omnes populi : *Rom. 15. 11.*
2. Quoniam confirmata est super nos misericordia ejus : & veritas Domini manet in æternum.	*Quia confortata est super nos misericordia ejus, & veritas Domini in æternum. Alleluia.*	2. Quoniam confirmata est super nos misericordia ejus : & veritas Domini manet in æternum. *Joan. 12. 34.*

NOTÆ AD VERSIONEM ANTIQUAM.

* Itidem Græcè, & apud Cassiod. deest apud August.

℣. 1. Sic est in Missali Rom. ad Tract. sabb. IV. Temp. Sept. rursusque in Psalt. Rom. Mediolan. Carnut. & Moz. ut & apud Cassiod. In Corb. deest tantùm conjunct. *&*. Augustinus Vulgatæ accinit cum Prosp. & Gr.

℣. 2. Concinunt August. Prosp. & Cassiod. In Gr. Ὅτι ἐκραταιώθη τὸ ἔλεος αὐτοῦ ἐφ' ἡμᾶς καὶ, &c. In Brev. etiam Moz. *Quoniam confirm. est misericordia ejus super nos : veritas*, &c.

VULGATA HOD.

Alleluia. CXVII.

1. Confitemini Domino quoniam bonus : quoniam in sæculum misericordia ejus.

2. Dicat nunc Iſraël quoniam bonus : quoniam in sæculum misericordia ejus.

3. Dicat nunc domus Aaron : quoniam in sæculum misericordia ejus.

4. Dicant nunc qui timent Dominum : quoniam in sæculum misericordia ejus.

5. De tribulatione invocavi Dominum : & exaudivit me in latitudine Dominus.

6. Dominus mihi adjutor : non timebo quid faciat mihi homo.

Hebr. 13. 6. 7. Dominus mihi adjutor : & ego deſpiciam inimicos meos.

8. Bonum eſt confidere in Domino, quàm confidere in homine :

9. Bonum eſt ſperare in Domino, quàm ſperare in principibus.

10. Omnes gentes circuierunt me : & in nomine Domini quia ultus ſum in eos.

11. Circumdantes circumdederunt me : & in nomine Domini quia ultus ſum in eos.

12. Circumdederunt me ſicut apes, & exarſerunt ſicut ignis in

HEBR.

CXVIII.

Confitemini Domino quoniam bonus : quoniam in æternum miſericordia ejus.

Dicat nunc Iſraël, quoniam in æternum miſericordia ejus.

Dicat nunc domus Aaron, quoniam in æternum miſericordia ejus.

Dicant nunc qui timent Dominum, quoniam in æternum miſericordia ejus.

Cùm tribularer invocavi Dominum : & exaudivit me in latitudine Dominus.

Dominus meus, non timebo quid faciat mihi homo.

Dominus mihi auxiliator, & ego deſpiciam odientes me.

Melius eſt ſperare in Domino, quàm ſperare in homine :

Melius eſt ſperare in Domino, quàm ſperare in principibus.

Omnes gentes circumdederunt me : in nomine Domini quia ultus ſum in eas.

Circumdederunt me, & obſederunt me : ſed in nomine Domini quia ultus ſum in eas.

Circumdederunt me quaſi apes, exſtincta ſunt quaſi ignis ſpinarum :

VERSIO ANTIQUA.

* Alleluia. CXVII. Ex Mſ. Sangerm.

1. Confitemini Domino quoniam bonus : quoniam in ſæculum miſericordia ejus.

2. Dicat nunc Iſraël quoniam bonus : quoniam in ſæculum miſericordia ejus.

3. Dicat nunc domus Aaron quoniam bonus : quoniam in ſæculum miſericordia ejus.

4. Dicant nunc omnes qui timent Dominum, quoniam bonum : quoniam in ſæculum miſericordia ejus.

5. In tribulatione invocavi Dominum : & exaudivit me in dilatione.

6. Dominus mihi adjutor eſt : non timebo quid faciat mihi homo.

7. Dominus mihi adjutor : & ego videbo inimicos meos.

8. Bonum eſt ſperare in Domino, quàm ſperare in homine :

9. Bonum eſt ſperare in Domino, quàm ſperare in principibus.

10. Omnes gentes circuierunt me : & in nomine Domini ultus ſum eos.

11. Circumdantes circumdederunt me : & in nomine Domini vindicavi in eos.

12. Circumdederunt me ſicut apes, & exarſerunt ſicut

NOTÆ AD VERSIONEM ANTIQUAM.

* Similiter ap. Auguſt. Proſp. & Caſſiod. & in Gr.

℣. 1. Ita legunt Proſp. & Caſſiod. cum vet. Pſalt. & Gr. Apud Auguſt. *Confit. Domino quoniam bonus eſt*, &c. Apud Ambroſ. l. de fide, to. 2. 475. c. *quoniam bonus.*

℣. 2. Auguſt. cum Gr. *Dicat autem domus Iſrael quoniam bonus*, &c. S. Proſp. cum Pſalt. Corb. Mediol. Carnut. & Moz. *Dicat nunc domus Iſrael*, &c. Caſſiod. cum Rom. *Dicat nunc Iſrael*, &c.

℣. 3. Sic habet Caſſiod. cum Pſalt. Mozar. Mediol. & Rom. Auguſt. in eund. Pſ. cum Gr. *Dicat autem domus Aaron quoniam bonus : quoniam*, &c.

℣. 4. Pſalt. Corb. & Rom. cum Caſſiod. *Dicant nunc omnes qui timent Dom. quoniam bonus : quoniam in ſæculum*, &c. Auguſt. etiam habet *omnes*, ſed omittit τὸ *quoniam bonus*. Itidem in Pſalt. Moz. at in Mediol. eſt *quoniam bonus*. In Gr. Εἰπάτωσαν δὴ πάντες..... ὅτι ἀγαθός· ὅτι, &c.

℣. 5. Sic eſt in Brev. Moz. excepta voce *latitudine*, pro *dilatione*. Sic etiam apud Aug. Proſp. & Caſſiod. in hunc Pſ. quibus accedit Ambroſ. in Pſ. 118. to. 1. 1042. a. 1055. a. 1129. e. 1208. a. at in Pſ. 43. col. 925. c. legit cum Pſalt. Corb. *in latitudinem*. Rom. verò, *In tribulatione invocavi..... in latitudine Dominus*. Gr. Ἐκ θλίψεως ἐπεκαλεσάμην τὸν Κύριον· καὶ ἐπήκουσέ μου εἰς πλατυσμόν.

℣. 6. Ita legunt Proſp. & Caſſiod. in hunc Pſ. cum Sulpicio Sev. vit. S. Mart. p. 350. f. & Pſalt. Rom. Similiter habet Moz. *mihi adjutor eſt* : extremò verò *mihi faciet homo*. Ambroſ. l. 5. de fide, to. 2. 559. a. & l. de Incarnat. p. 719. d. cum Vulgata concinit, ſicut Auguſt. in hunc Pſ. Cypr. autem ep. ad Fortunat. p. 267. b. & l. 3. Teſtim. p. 306. c. legit : *Non metuam quid faciat mihi homo : Dominus mihi auxiliator eſt*. Gr. Κύριος ἐμοὶ βοηθός· καὶ οὐ φοβηθήσομαι τί ποιήσει μοι ἄνθρωπος.

℣. 7. Sic habet Caſſiod. in hunc Pſ. cum Pſalt. Carnut. & Corb. Auguſt. verò, & Proſp. cum Pſalt. Moz. *Dom. mihi adjutor eſt : & ego deſpiciam*, &c. In Rom. *adjutor eſt : & ego videbo inimicos meos*. In Mediolan. *videbo ſuper inimicos meos*. In Gr. Κύριος ἐμοὶ βοηθός· κἀγὼ ἐπόψομαι τοὺς ἐχθρούς μου.

℣℣. 8. 9. Pſalt. Mozarab. ita : *Melius eſt ſperare in Domino, quàm ſperare in homine : Melius eſt confidere in Domino, quàm confidere in principibus*. Ambroſ. l. 5. de fide, to. 2. 559. a. b. *Bonum eſt ſperare in Domino, quàm ſperare in homine* : & poſt pauca : *Denique ſtatim ſubjecit de pluribus : Bonum eſt confidere in Domino, quàm confidere in principibus* : & l. 2. de fide, to. 2. 475. e. *Bonum eſt confidere Domino*. Tertul. verò l. 2. & 4. adv. Marc. p. 651. c. ſic ordinem invertit cum Vulg. *Bonum eſt fidere in Dominum, quàm fidere in hominem : Et bonum eſt ſperare in Dominum, quam ſperare in principes* ; inf. l. 5. p. 797. a. *quam ſperare in magiſtratus*. Item ap. Cypr. l. 3. Teſtim. p. 307. a. *Bonum eſt confidere in Domino, quàm fidere in homine : Bonum eſt ſperare in Dominum, quàm ſperare in principibus*. Apud Auguſt. *Bonum eſt confidere in Domino, quàm confidere in homine : Bonum eſt ſperare in Dominum, quàm ſperare in principes*. S. Proſp. & Caſſiod. Vulgatæ accinunt. Gr. Ἀγαθὸν πεποιθέναι ἐπὶ Κύριον, ἢ πεποιθέναι ἐπ' ἄνθρωπον· Ἀγαθὸν ἐλπίζειν ἐπὶ Κύριον, ἢ ἐλπίζειν ἐπ' ἄρχουσι· Mſ. Alex. ἐπ' ἄρχοντας.

℣. 10. Ita legunt Auguſt. Proſp. & Caſſiod. cum Pſalt. Rom. & Moz. excepto uno *circumdederunt*. In Mediol. etiam deeſt *quia*, ſicut *in*, ante & poſt *ultus ſum*. Hieron. verò epiſt. ad Sun. & Fret. col. 659. c. ait : *Dicitis quia in Græcis codicibus non inveniri ; ſed in Latinis ſub aſteriſco legendum eſt*. In ed. Rom. & al. καὶ τῷ ὀνόματι Κυρίου ἠμυνάμην αὐτούς. Moz. hic & inf. 11. & 12. ita ſcribit, *vultus ſum illos*, ſed aperto mendo, pro *ultus ſum*. In Corb. ſic : *Omnes gentes circumierunt me : ego autem in nomine Domini ultus ſum eos*.

℣. 11. Pſalt. Mediolan. cum Rom. Corb. ac Moz. *& in nomine Domini ultus ſum eos*, vel *illos*. Sic etiam apud Aug. Proſp. & Caſſiod. in hunc Pſ. Apud Ambroſ. verò in Pſ. 43. & 48. to. 1. 908. c. 948. e. *& in nomine Domini ultus ſum in eos*. Græcè, ut ſup. ℣. 10.

℣. 12. Itidem in Pſalt. Corb. Sic etiam in Rom. præter ult. *& in nomine Domini vindicabor in eis*. In Mozar. *vultus ſum illos* ; initio verò ſic, *Circumd. me ſicut apes favum*. Similiter hab. Aug. & Caſſiod. *apes favum* ; ex-

Versio antiqua.	Hebr.	Vulgata hod.
Ex Mſ. Sangerm. ignis in ſpinis : & in nomine Domini ultus ſum eos.	*in nomine Domini quia ultus ſum in eas.*	ſpinis : & in nomine Domini quia ultus ſum in eos.
13. Impulſus verſatus ſum ut caderem : & Dominus ſuſcepit me.	*Impulſus pellebar ut caderem, & Dominus ſuſtentavit me.*	13. Impulſus everſus ſum ut caderem : & Dominus ſuſcepit me.
14. Fortitudo mea, & laudatio mea Dominus : & factus eſt mihi in ſalutem.	*Fortitudo mea, & laus mea Dominus : & factus eſt mihi in ſalutem.*	14. Fortitudo mea, & laus mea Dominus : & factus eſt mihi in ſalutem. *Exod. 15. 2.*
15. Vox lætitiæ & ſalutis, in tabernaculis juſtorum.	*Vox laudis & ſalutis in tabernaculis juſtorum.*	15. Vox exſultationis & ſalutis, in tabernaculis juſtorum.
16. Dextera Domini fecit virtutem : dextera Domini exaltavit me, dextera Domini fecit virtutem.	*Dextera Domini fecit fortitudinem, dextera Domini excelſa : dextera Domini fecit fortitudinem.*	16. Dextera Domini fecit virtutem : dextera Domini exaltavit me, dextera Domini fecit virtutem.
17. Non moriar, ſed vivam : & narrabo opera Domini.	*Non moriar, ſed vivam, & narrabo opera Domini.*	17. Non moriar, ſed vivam : & narrabo opera Domini.
18. Caſtigans caſtigavit me Dominus : & morti non tradidit me.	*Corripiens arguit me Dominus, & morti non tradidit me.*	18. Caſtigans caſtigavit me Dominus : & morti non tradidit me.
19. Aperite mihi portas juſtitiæ, & ingreſſus confitear Domino : 20. hæc porta Domini, juſti intrabunt in eam.	*Aperite mihi portas juſtitiæ, ingreſſus in eas confitebor Domino : hæc porta Domini, juſti intrabunt in eam.*	19. Aperite mihi portas juſtitiæ, ingreſſus in eas confitebor Domino : 20. hæc porta Domini, juſti intrabunt in eam.
21. Confitebor tibi Domine quoniam exaudiſti me : & factus es mihi in ſalutem.	*Confitebor tibi quoniam exaudiſti me, & factus es mihi in ſalutem.*	21. Confitebor tibi quoniam exaudiſti me : & factus es mihi in ſalutem.
22. Lapidem, quem reprobaverunt ædificantes, hic factus eſt in caput anguli.	*Lapidem quem reprobaverunt ædificantes, factus eſt in caput anguli.*	22. Lapidem, quem reprobaverunt ædificantes, hic factus eſt in caput anguli. *Iſa. 28. 16. Matth. 21. 42.*
23. A Domino factus eſt : hic eſt mirabilis in oculis noſtris.	*A Domino factum eſt iſtud, & hoc eſt mirabile in oculis noſtris.*	23. A Domino factum eſt iſtud : & eſt mirabile in oculis noſtris. *Luc. 20. 17. Act. 4. 11.*
24. Hæc dies, quam fecit Dominus : exſultemus, & lætemur in ea.	*Hæc eſt dies, quam fecit Dominus : exſultemus, & lætemur in ea.*	24. Hæc eſt dies, quam fecit Dominus : exſultemus, & lætemur in ea. *Rom. 9. 33. 1. Pet. 2. 7.*

Notæ ad Versionem antiquam.

tremò verò, & *in nom. Domini ultus ſum eos.* Ap. Caſſiod. *vindicavi in eos.* Apud Ambroſ. l. de exhort. virgin. to. 2. 297. e. media leguntur ut ſup. *exarſerunt ſicut ignis in ſpinis.* In Gr. Ἐκύκλωσάν με ὡσεὶ μέλισσαι κηρίον..... καὶ τῷ ὀνόματι Κυρίου ἠμυνάμην αὐτούς.

℣. 13. Ita ferunt Pſalt. Rom. Corb. Mediolan. & Carnut. cum Caſſiod. Auguſt. verò cum Moz. ita : *Tanquam cumulus arenæ impulſus ſum ut caderem*, &c. Apud Ambroſ. in Pſalm. 36. to. 1. 800. c. *Impulſus ſubverſus ſum ut caderem : & Dom.* &c. Apud Proſp. ut in Vulg. In Gr. Ὠσθεὶς ἀνετράπην τοῦ πεσεῖν· καὶ, &c.

℣℣. 14. 15. Ita legunt Auguſt. & Caſſiod. cum Pſalt. Rom. & Moz. Item in Corb. *Fortitudo mea, & laudatio mea Dominus.* Apud Ambroſ. in Pſ. 32. to. 1. 832. f. ut in Vulg. *Fortitudo mea, & laus mea Dominus* : at in Pſ. 43. col. 897. b. *Fortitudo, & laudatio mea Dominus* : & l. 3. de fide, to. 2. 503. b. *factus es mihi in ſalutem.* In Gr. Ἰσχύς μου, καὶ ὕμνησίς μου..... Φωνὴ ἀγαλλιάσεως καὶ σωτηρίας, &c.

℣. 16. Sic apud Auguſt. & Proſp. in hunc Pſ. Pſalt. Moz. hab. in fine, *fortitudinem.* In Rom. verò & Corb. ult. verſiculus, *dextera Domini fecit virtutem*, penitus tollitur : nec etiam refertur ab Ambroſ. l. 6. Hexa. to. 1. 140. d. nec in Pſalm. 43. & 118. col. 891. f. 1252. e. ſed primi tantùm duo verſiculi. Tertius etiam deletur à Caſſiod. nec reperitur in Gr. Apud Hilar. in Pſ. 59. col. 238. b. unus tantùm exſtat : *dextera Domini fecit virtutem.*

℣. 17. Sic habent Proſp. & Caſſiod. cum vet. Pſalt. Auguſt. verò, & *enarrabo*, &c. Græc. καὶ διηγήσομαι; Mſ. autem Alex. ἐκδιηγήσομαι.

℣. 18. Accinit Ambroſius in Pſ. 118. col. 1081. e. & l. 1. de pœnit. to. 2. 406. a. necnon Proſp. & Caſſiod. in hunc Pſ. cum Gaud. Brix. præf. ad Benev. p. 943. h. Cypr. verò l. 3. Teſtim. p. 320. b. & Auguſt. in hunc Pſ. legunt : *Emendans emendavit me Dominus : & morti non tradidit me.* Gr. Παιδεύων ἐπαίδευσέ με, &c. ut ſup.

℣. 19. Sic Ambroſ. de apol. Dav. to. 1. 703. a. & in Pſ. 118. col. 1118. d. & in Luc. 9. col. 1407. d. & l. 4. de fide, to. 2. 524. f. niſi quòd habet, & *ingreſſus in eas confitebor*, cum Pſalt. Rom. & Corb. Itidem Caſſiod. cum Proſp. Aug. verò in eund. Pſ. *ingreſſus in eis confitebor*, &c. Brev. Moz. *ingreſſus in ea.* Græc. εἰσελθὼν ἐν αὐταῖς ἐξομολογήσομαι, &c.

℣. 20. Hilar. in Pſ. 128. col. 422. e. *hæc eſt porta Domini, juſti intrabunt per eam.* Similiter Ambr. in Luc. 9. col. 1407. d. necnon Ambroſiaſt. p. 238. d. Auct. op. imp. in Matth. hom. 19. p. 91. a. Hieron. in Matth. 7. to. 4. 24. a. S. Proſp. & Caſſiod. in hunc Pſ. dempto verbo *eſt.* In Pſalt. Rom. & Mozar. *introibunt per eam.* Apud Auguſt. *hæ portæ Domini, juſti intrabunt in eas.* In Gr. αὕτη ἡ πύλη..... δίκαιοι εἰσελεύσονται ἐν αὐτῇ.

℣. 21. Sic eſt in Pſalt. Rom. & Corb. ut & ap. Ambroſ. in Pſ. 36. col. 793. e. necnon Auguſt. & Caſſiod. in hunc Pſ. Sic etiam in Brev. Moz. præter unum *factus eſt.* S. Proſp. cum Vulgata concinit, & Græco.

℣. 22. Similiter hab. Ambroſ. l. de Tob. c. 21. col. 618. f. 619. a. & l. 2. de interpel. Dav. c. 4. col. 644. c. & to. 2. col. 869. c. Item Hieronym. epiſt. ad Damaſ. to. 4. 147. d. necnon Auguſt. Proſp. & Caſſiod. in hunc Pſ. cum Gr. Apud Tertul. l. 4. cont. Marc. p. 729. b. *Lapis, quem reprobaverunt ædif. iſte factus eſt in caput anguli* : & l. 5. p. 800. a. *in ſummo anguli.* Item ap. Cypr. l. de orat. Dom. p. 215. b. & l. 2. Teſtim. p. 291. c. *Lapis, quem reprob..... hic factus eſt in caput anguli.* Similiter habent Jul. Firm. l. de errore prof. relig. c. 21. & Auct. l. de Judaica incredul. ad Vigil. p. 569.

℣. 23. Sic eſt in Pſalt. Corb. & Carn. at in Rom. *A Domino factum eſt : & eſt mirabile in oculis noſtris.* Cypr. l. de orat. Dom. p. 215. b. & l. 2. Teſtim. p. 291. c. ita legit : *A Domino factus eſt iſte : & eſt admirabilis in oculis noſtris.* Julius Firm. l. de errore prof. relig. c. 21. *An non factus eſt iſte : & eſt mirabilis in oculis noſtris?* Auct. l. de Judaica incredul. ad Vigil. p. 569. *A Domino factum eſt iſtud : & eſt admirabile in oculis noſtris.* Hieron. ep. ad Damaſ. to. 4. 147. d. *A Domino factum eſt : hic eſt mirabilis in oculis noſtris.* Auguſt. in hunc Pſ. *A Domino factus eſt ei : & eſt mirabilis in oculis noſtris.* S. Proſper : *A Domino factus eſt : & eſt mirabilis in*, &c. Caſſiod. *A Domino factus eſt hic : & eſt mirabilis in*, &c. Mſs. 3. ibid. *factum eſt hoc mirabile.* Gr. Παρὰ Κυρίου ἐγένετο αὕτη· καὶ ἔστι θαυμαστὴ ἐν, &c. Aquila, ἐγένετο τοῦτο.

℣. 24. Ita fert Pſalt. Rom. In Moz. ſic : *Hæc eſt dies, quem*, &c. Cypr. l. 2. Teſtim. p. 291. c. *Iſte dies, quem fecit Dominus : exſultemus, & jucundemur in eo* : & l. de orat.

VULGATA HOD.	HEBR.	VERSIO ANTIQUA.
25. O Domine ſalvum me fac, ô Domine bene proſperare : 26. benedictus qui venit in nomine Domini.	*Obſecro Domine, ſalva obſecro : obſecro Domine, proſperare obſecro : benedictus qui venit in nomine Domini.*	25. O Domine ſalvum me fac, ô Domine bene proſpera : 26. benedictus qui venit in nomine Domini.
Benediximus vobis de domo Domini : 27. Deus Dominus, & illuxit nobis.	*Benediximus vobis de domo Domini : Deus Dominus, & apparuit nobis.*	Benediximus vos de domo Domini : 27. Dominus Deus inluxit nobis.
Conſtituite diem ſolemnem in condenſis, uſque ad cornu altaris.	*Frequentate ſolennitatem in frondoſis, uſque ad cornua altaris.*	Conſtituite diem ſolemnem in confrequentantibus, uſque ad cornua altaris.
28. Deus meus es tu, & confitebor tibi : Deus meus es tu, & exaltabo te.	*Deus meus es tu, & confitebor tibi : Deus meus es tu, & exaltabo te.*	28. Deus meus es tu, & confitebor tibi : Deus meus es tu, & exaltabo te.
Confitebor tibi quoniam exaudiſti me : & factus es mihi in ſalutem.	*Confitebor Domino quoniam bonus : quoniam in æternum miſericordia ejus.*	Confitebor tibi quoniam exaudiſti me : & factus es mihi in ſalutem.
29. Confitemini Domino quoniam bonus : quoniam in ſæculum miſericordia ejus.		29. Confitemini Domino quoniam bonus : quoniam in ſæculum miſericordia ejus.

Ex Mſ. Sangerm.

NOTÆ AD VERSIONEM ANTIQUAM.

Dom. p. 215. b. *Iſte eſt dies, quem fecit Dominus : ambulemus, & jucundemur in eo.* Similiter hab. Auct. l. de Judaica incredul. ad Vigil. p. 569. f. Ambroſ. verò l. 1. de interpel. Job, c. 5. to. 1. 631. a. *Hic eſt dies, quem fecit Dom. exſultemus, & lætemur in eo :* ſic etiam infra, col. 850. a. 887. e. 1122. c. 1428. f. & to. 2. col. 883. d. 977. c. hoc tamen ult. loco deeſt *eſt*. Auguſt. in hunc Pſ. cum Proſp. *Hic eſt dies, quem fecit Dom. exſultemus, & jocundemur in eo :* ita rurſum Auguſt. ſer. 225. to. 5. 975. d. Hieron. epiſt. ad Damaſ. to. 4. 147. d. cum Gaud. Brix. ſerm. 3. p. 948. c. *Hæc eſt dies,* &c. ut in Vulg. Caſſiod. *Hæc dies, quam,* &c. Gr. Αὕτη ἡ ἡμέρα, ἣν..... ἀγαλλιασώμεθα, καὶ εὐφρανθῶμεν ἐν αὐτῇ.

℣. 25. Ita legit S. Proſp. in hunc Pſ. cum Pſalt. Corb. Auguſtinus autem, *bene proſpera iter verò.* In Pſalt. Mediolan. *bene proſpera nunc.* In Rom. & ap. Caſſiod. *bene proſperare.* Apud Cypr. l. 2. Teſtim. p. 291. c. ita : *O Domine ſalva igitur, ô Domine dirige igitur.* In Gr. Ὦ Κύριε σῶσον δή, ὦ Κύριε εὐόδωσον δή. Hieron. ep. ad Damaſ. to. 4. 146. f. 147. a. ait : *In cxvii. Pſalmo, ubi nos legimus :* O Domine ſalvum me fac, ô Domine bene proſperare : *in Hebræo legitur :* Anna Adonai oſianna, anna Adonai aslianna : *quod Aquila, Symm. & Theod. & V. Ed. ne quid in Latinum mutare videamur, ita exprimunt :* Ὦ δὴ Κύριε σῶσον δή, ὦ δὴ Κύριε εὐόδωσον δή. *Sola VI. Ed. cum Interp. LXX. ita congruit, ut ubi cæteri poſuerunt* ὦ δή, *illi ſcripſerunt* ὦ. *Et quia* oſianna, *quod nos corruptè propter ignorantiam dicimus* oſanna, ſalvifica, *ſive* ſalvum fac, *exprimatur, omnium interpretatione ſignatum eſt :* & infra, col. 148. c. *Ubi nos,* inquit, *legimus in Latino :* O Domine ſalvum me fac, ô Domine bene complace : *juxta Hebr. ſenſum legere poſſumus :* Obſecro Domine, ſalvum fac ; obſecro Domine, proſperare obſecro.

℣. 26. Ita legunt Auguſt. Proſp. & Caſſiod. cum Pſalt. Corb. Moz. & Gr. In Rom. & ap. Hieron. ep. ad Damaſ. ut in Vulg. Apud Cypr. l. 2. Teſtim. p. 291. c. ſic : *benedictus eſt, qui venit in nom. Domini.* Apud Ambroſ. in Pſ. 43. to. 1. 895. f. *benedictus qui venit in nomine Domini :* deinde, *Deus Dominus, & illux.* &c. omiſſis intermediis.

℣. 27. Auguſt. in hunc Pſ. ſic habet. *Deus Dominus, & illuxit nobis. Conſtituite diem feſtum in confrequentationibus, uſque ad cornua altaris.* S. Proſper : *Conſtituite diem in frequentationibus, uſque ad cornu altaris.* Caſſiod. *Conſtituite diem ſolemnem in confrequentationibus, uſque ad cornu altaris.* Sic etiam in Pſalt. Rom. Carnut. Corb. & Moz. In Mediolan. *Conſtituite ſolemnitatem in confrequentationibus,* &c. In Gr. Συστήσασθε ἑορτὴν ἐν τοῖς πυκάζουσιν, ἕως τῶν κεράτων τοῦ, &c.

℣. 28. Sic eſt in Pſalt. Corb. Item in Rom. niſi quòd hab. *Confitebor tibi Domine.* Sic etiam legit Auguſt. in hunc Pſ. Item Caſſiod. præter hoc, *factus eſt.* Ap. Proſperum ut in Vulg. nec aliter in Gr. Apud Fauſtin. presb. l. cont. Arian. p. 648. g. *adjutor & protector factus eſt mihi in ſalutem.*

℣. 29. Concordant Aug. Proſp. & Caſſiod. unà cum vet. Pſalt. & Græco.

VULGATA HOD.	HEBR.	VERSIO ANTIQUA.
Alleluia. CXVIII.	*CXIX.*	* Alleluia. CXVIII.
ALEPH.	*ALEPH.*	ALEPH.
1. BEati immaculati in via : qui ambulant in lege Domini.	*BEati immaculati in via : qui ambulant in lege Domini.*	1. BEati immaculati in via : qui ambulant in lege Domini.

Ex Mſ. Sangerm.

NOTÆ AD VERSIONEM ANTIQUAM.

* Ambroſ. in hunc Pſ. to. 1. 973. a. *Titulus Pſalmi,* inquit, *Alleluia eſt.* In Pſalt. Rom. *Halleluia* de more. Hilarius etiam prologo in eund. Pſ. hæc ait, col. 243. b. *Occurrit in præſenti Pſalmo etiam ex nobis difficultas, quòd cùm duos tantùm Pſalmos acceperimus per litteras Hebræas conſcriptos, id eſt, centeſimum decimum, atque undecimum, ita ut à prima uſque ad vigeſimam ſecundam litteram ſecundùm Hebræas verſuum numerus conveniret, verſuſque ſinguli à ſingulorum elementorum initiis inchoarentur ; in hoc nunc Pſalmo* (CXVIII.) *octenos verſus elementa ſingula obtinerent :* & ſup. col. 241. e. *Secundùm Hebræorum litteras in ſingulis octonis verſibus ſingulæ litteræ præferuntur. Eſt autem omnis numerus verſuum in centum ſeptuaginta ſex verſibus. Nam cùm ex viginti duabus litteris omnis Hebræus ſermo conveniat, & octonos verſus littera ſingula explicent, numerus iſte verſuum octonis partibus multiplicatus expletur.* Similiter Ambroſ. prologo in eund. Pſ. col. 972. a. *Litteris ſingulis octonos verſiculos adſcripſit :* & poſt plura : *Prima littera* Aleph *dicitur, cujus interpretatio* Doctrina *eſt.* Iridem Hieron. epiſt. ad Paulam, to. 2. 709. c. *In cxviii. Pſalmo ſingulas litteras octoni verſus ſequuntur :* de litteris tamen iſtis non meminit Auguſt. in comment. nec notantur ibid. a Proſpero. Apud Caſſiod. verò præfiguntur ſingulis octonis, ut ſupra. Imo in Pſalt. Rom. Martian. non tantùm ſingulis octonis, ſed & ſingulis verſibus præponitur littera Hebræa : quod ita intelligi debet, ut octo prioribus verſibus, octies præponatur *Aleph ;* ſequentibus octo verſibus, octies *Beth ;* & ſic deinceps de aliis. In Rom. verò Fabri loco *Aleph*, octies præfigitur *Doctrina ;* pro *Beth*, octies *Domus ;* pro *Gimel*, octies *Plenitudo ;* & ita de cæteris : tales autem interpretationes ſumuntur ex epiſt. Hieron. ad Paulam. Martianæus noſter, Not. in hunc Pſ. to. 1. nov. edit. Hieron. col. 917. hæc obſervat : « In Canonis exemplaribus Pſalmus iſte diviſus eſt ut cæteri per cola & commata ; ita ut ſexdecim verſus ſub unaquaque littera alphabeti Hebraïci poſiti reperiantur. Hanc quoque diviſionem ſecutus eſt Auguſt. in ſuo Speculo, quia jam uſu recepta erat ante Hieron. in editione Latina Pſalmorum Vulgata ac communi : » at in Hebræis volum. & apud Hieronymum octo tantùm verſus habentur ſub unaquaque littera.

℣. 1. Ita legit Lucif. Cal. l. 1. pro S. Athan. p. 194. e. ſicut Hilarius, Ambroſ. Auguſt. Proſper, & Caſſiod. in hunc Pſ. Ita rurſum Ambroſ. l. 2. offic. to. 2. 73. a. cum vet. Pſalt. & Gr. Solus Cyprianus epiſt. ad Fortunat.

Versio antiqua.	Hebr.	Vulgata hod.
Ex Mſ. Sangerm. 2. Beati, qui ſcrutantur teſtimonia ejus: in toto corde exquirent eum.	*Beati, qui cuſtodiunt teſtimonia ejus: in toto corde requirunt eum.*	2. Beati, qui ſcrutantur teſtimonia ejus: in toto corde exquirunt eum.
3. Non enim qui operantur iniquitatem, in viis ejus ambulaverunt.	*Non enim qui operantur iniquitatem, in viis ejus ambulaverunt.*	3. Non enim qui operantur iniquitatem, in viis ejus ambulaverunt.
4. Tu mandaſti mandata tua cuſtodiri nimis.	*Tu mandaſti præcepta tua cuſtodiri nimis.*	4. Tu mandaſti mandata tua cuſtodiri nimis.
5. Utinam dirigantur viæ meæ, ad cuſtodiendas juſtificationes tuas.	*Utinam dirigantur viæ meæ, ad cuſtodienda præcepta tua.*	5. Utinam dirigantur viæ meæ, ad cuſtodiendas juſtificationes tuas.
6. Tunc non confundar, cùm reſpicio in omnia mandata tua.	*Tunc non confundar, cùm reſpexero ad omnia mandata tua.*	6. Tunc non confundar, cùm perſpexero in omnibus mandatis tuis.
7. Confitebor tibi Domine in directione cordis mei, in eo quòd didici judicia juſtitiæ tuæ.	*Confitebor tibi in directione cordis, cùm didicero judicia juſtitiæ tuæ.*	7. Confitebor tibi in directione cordis, in eo quòd didici judicia juſtitiæ tuæ.
8. Juſtificationes tuas cuſtodiam: non me derelinquas uſquequaque.	*Præcepta tua cuſtodiam: ne derelinquas me nimis.*	8. Juſtificationes tuas cuſtodiam: non me derelinquas uſquequaque.
	Beth.	Beth.
9. In quo corriget juvenior viam ſuam? in cuſtodiendo ſermones tuos.	*In quo corrigit juvenis ſemitam ſuam? cùm cuſtodierit verba tua.*	9. In quo corrigit adoleſcentior viam ſuam? in cuſtodiendo ſermones tuos.
10. In toto corde meo exquiſivi te: non repellas me à mandatis tuis.	*In toto corde meo exquiſivi te: ne errare me facias à mandatis tuis.*	10. In toto corde meo exquiſivi te: ne repellas me à mandatis tuis.
11. In corde meo abſcondi eloquia tua: ut non peccem tibi.	*In corde meo abſcondi eloquium tuum, ut non peccem tibi.*	11. In corde meo abſcondi eloquia tua: ut non peccem tibi.
Beth.		
12. Benedictus es Domine: doce me juſtificationes tuas.	*Benedictus tu Domine: doce me præcepta tua.*	12. Benedictus es Domine: doce me juſtificationes tuas.
13. In labiis pronunciavi omnia judicia oris tui.	*In labiis meis narravi omnes juſtitias oris tui.*	13. In labiis meis, pronunciavi omnia judicia oris tui.
14. In via teſtimoniorum tuorum delectatus ſum, ſicut in omnibus divitiis tuis.	*In via teſtimoniorum tuorum lætatus ſum, quaſi in omnibus divitiis.*	14. In via teſtimoniorum tuorum delectatus ſum, ſicut in omnibus divitiis.

Notæ ad Versionem antiquam.

p. 272. c. legit: *Beati, qui immaculati ſunt in via: & qui ambulant in lege Domini.* Itidem l. 3. Teſtim. p. 311. a.

℣. 2. Sic Hilar. Ambroſ. Auguſt. Proſp. & Caſſiod. in hunc Pſ. excepto verbo *exquirunt*. Lucif. Cal. ubi ſup. *Beati, qui perſcrutantur teſtim. ejus*, &c. ut in Vulg. Cypr. ep. ad Fortun. p. 272. c. & l. 3. Teſtim. p. 311. a. *Beati, qui perſcrutantur martyria ejus*, &c. ut in Vulg. Brev. Moz. *Beati, qui perſcrutantur teſtim. ejus: in toto corde meo exquirunt eum.* In Gr. Μακάριοι οἱ ἐξερευνῶντες τὰ μαρτύρια αὐτοῦ· ἐν ὅλῃ καρδίᾳ ἐκζητήσουσιν αὐτόν. Hilarius in enarrat. col. 246. d. 247. d. *Beati ſcrutantes*, &c.

℣. 3. Concinunt Lucif. Cal. l. 1. pro S. Athan. p. 194. e. Hilar. Ambroſ. Auguſt. Proſp. & Caſſiod. in hunc Pſ. una cum Gr. In Pſalt. Corb. eſt *ambulabunt*, ſed ſolo.

℣. 4. Conſentiunt Hilar. Ambroſ. Proſp. & Caſſiod. in hunc Pſ. Sic etiam Chromat. Aquil. in Matth. p. 983. c. Auguſt. verò in eund. Pſ. *Tu præcepiſti mandata tua cuſtod. nimis.* Hilar. in explicat. p. 248. e. *cuſtodiri valde.* Gr. Σὺ ἐνετείλω..... τοῦ φυλάξασθαι σφόδρα. Unde Aug. in comment. col. 1285. e. dicit: *Hic eſt σφόδρα, quod eſt* valde; *ſed aliquando, ut diximus*, nimis, *pro eo quod eſt* valde, *& dictum invenimus & dicimus. Unde nonnulli etiam Latini codices non habent:* Tu præcepiſti mandata tua cuſtod. nimis, *ſed* valde.

℣. 5. Sic eſt in Græco. Ita etiam apud Hilar. Ambroſ. Aug. Proſp. & Caſſiod. in hunc Pſ.

℣. 6. Ita fert Pſalt. Corb. Ita etiam Rom. cum Moz. ſi excipias adv. *dum*, pro *cùm*. Pſalm. autem è Mſ. Vatic. ap. Hilar. ſic habet: *Tunc non confundantur, cùm perſpexero in omnia mandata tua.* Hilarius ipſe in comment. col. 245. e. 249. d. *Non confundar, cùm reſpicio in omnia mandata tua.* Ambroſ. in eund. Pſ. *Tunc non confundar, cùm perſpiciam in omnia*, &c. Aug. *Tunc non confundar, cùm inſpicio in omnia*, &c. S. Proſp. *cùm perſpicio*, &c. Caſſiod. *dum reſpicio in omnia*, &c. Τότε οὐ μὴ αἰσχυνθῶ, ἐν τῷ με ἐπιβλέπειν ἐπὶ πάσας τὰς, &c.

℣. 7. Hilar. in hunc Pſ. p. 245. e. legit: *Confitebor tibi Domine in directione cordis, in eo quòd didici judicia tua:* at infra 249. e. 250. a. *judicia juſtitiæ tuæ*, abſque ſup. *Domine*. In Pſ. etiam è Mſ. Vatic. apud ipſum deeſt *Domine*; ſubinde ſic: *in eo quòd didici juſtitiam tuam.* Ap. Ambroſ. in eund. Pſ. *Confitebor tibi Domine in directione cordis, in eo cùm didicero judicia juſtitiæ tuæ.* Apud Aug. & Proſp. *Confiteb. tibi Domine in direct. cordis, in eo quod didicerim judicia juſt. tuæ.* Apud Caſſiod. ut in Vulg. præter inſertum nomen *Domine*: ſic etiam in Pſalt. Rom. & Corb. In Gr. deeſt *Domine*, præterquam in Mſ. Alex. cæt. ut in Vulg.

℣. 8. Accinunt Ambroſ. Proſp. & Caſſiod. in hunc Pſ. Hilarius verò leg. *non me derelinquas uſquequaque nimis;* & poſt pauló, *uſquequaque & valde.* Auguſt. in eund. Pſ. *ne derelinquas me uſque valde;* tum addit: *vel ſicut nonnulli codices habent*, uſque nimis, *pro eo quod eſt* valde; *nam hoc verbum Græcum eſt & hic, id eſt,* σφόδρα. In Brev. Moz. *ut non me derelinquas uſquequaque.* Gr. μή με ἐγκαταλίπῃς ἕως σφόδρα.

℣. 9. Hic præfigitur Hebr. littera *Beth* ap. Hilar. Ambroſ. & Caſſiod. In Pſalt. verò Rom. Fab. pro *Beth*, habetur *Domus*: ſed Ambroſ. loco cit. col. 981. b. ait *Beth litteram in Latino converſam*, Confuſionem *declarari*; mox ibid. *In quo corrigit juvenior viam ſuam? in cuſtodiendo verba tua:* & l. 1. offic. to. 2. 4. b. *niſi in cuſtodiendo verba Domini?* Hilar. in eund. Pſ. *In quo corrigit adoleſcens viam ſuam? in cuſtodiendo ſerm. tuos.* Pſ. è Mſ. Vatic. apud ipſum cum Moz. *In quo corrigit junior.* Corb. & Rom. cum Caſſiod. *In quo corrigit juvenior*, &c. ut ſup. Apud Auguſt. in eund. Pſ. *In quo corrigit junior..... in cuſtod. verba tua.* In Gr. Ἐν τίνι κατορθώσει νεώτερος..... τοὺς λόγους σου.

℣℣. 10. 11. Sic in Pſalt. Corb. ad verbum. Vulgatæ congruunt Ambroſ. Auguſt. Proſp. & Caſſiod. in hunc Pſ. cum Gr. Item Hilar. in eund. Pſ. niſi quòd hab. *ne non peccarem tibi.* Gr. ὅπως ἂν μὴ ἁμάρτω σοι.

℣℣. 12. 13. 14. Sic Hilar. in hunc Pſ. addita voce *meis*, ad *labiis*. Itidem Ambroſ. & Caſſiod. in eund. Pſ. rurſum Ambroſ. in Pſ. 36. col. 782. c. *In via teſtim. tuorum delectatus ſum, quaſi in omnibus divit.* at in Pſ. 118. col. 1024. e. legit *delectabar*. Apud Auguſt. hæc variant: *In*

VULGATA HOD.	HEBR.	VERSIO ANTIQUA.
15. In mandatis tuis exercebor : & considerabo vias tuas.	*In præceptis tuis meditabor, & contemplabor semitas tuas.*	15. In mandatis tuis exercitabor : & considerabo vias tuas.
16. In justificationibus tuis meditabor : non obliviscar sermones tuos.	*In justitiis tuis delectabor : non obliviscar verba tua.*	16. In tuis justificationibus meditabor : non obliviscar sermones tuos.
GIMEL.	GIMEL.	
17. Retribue servo tuo, vivifica me : & custodiam sermones tuos.	*Tribue servo tuo : vivam, & custodiam verba tua.*	17. Retribue servo tuo, vivam : & custodiam sermones tuos.
18. Revela oculos meos : & considerabo mirabilia de lege tua.	*Revela oculos meos, & videbo mirabilia de lege tua.*	18. Revela oculos meos : & considerabo mirabilia de lege tua.
19. Incola ego sum in terra : non abscondas à me mandata tua.	*Advena ego sum in terra : ne abscondas à me mandata tua.*	19. Incola ego sum in terram : ne abscondas à me mandata tua.
20. Concupivit anima mea desiderare justificationes tuas, in omni tempore.	*Desideravit anima mea desiderare judicia tua in omni tempore.*	20. Concupivit anima mea desiderare justificationes tuas, in omni tempore.
21. Increpasti superbos : maledicti qui declinant à mandatis tuis.	*Increpasti superbos : maledicti qui recedunt à mandatis tuis.*	21. Increpasti superbos : maledicti omnes, qui declinant à mandatis tuis.
22. Aufer à me opprobrium, & contemptum : quia testimonia tua exquisivi.	*Aufer à me opprobrium, & contemptum : quoniam testimonia tua custodivi.*	22. Aufer à me opprobrium, & contemptionem : quia testimonia tua exquisivi.
23. Etenim sederunt principes, & adversùm me loquebantur : servus autem tuus exercebatur in justificationibus tuis.	*Etenim sederunt principes, adversùm me loquebantur : servus autem tuus meditabatur præcepta tua.*	23. Etenim sederunt principes, & adversùs me detrahebant : servus autem tuus exercebatur in tuis justificationibus.
24. Nam & testimonia tua meditatio mea est : & consilium meum justificationes tuæ.	*Sed & testimonia tua voluntas mea, quasi viri amicissimi mei.*	24. Etenim testimonia meditatio mea est : & consolatio mea justificationes tuæ sunt.

Ex Ms. Sangerm.

NOTÆ AD VERSIONEM ANTIQUAM.

lab. meis, *enunciavi omnia judicia..... In via testim. tuorum jocundatus sum, quasi in omnibus divitiis.* Item apud Prosp. *enunciavi.* Apud Hilar. in explanat. *annuntiavi.* Ps. Vatic. apud ipsum, *pronunciabo.* Gr. ἐξήγγειλα; extremòque, ἐτέρφθην ὡς ἐπὶ παντὶ πλούτῳ.

ỶỶ. 15. 16. Hilar. in hunc Ps. ita legit : *In mandatis tuis exercebor..... In justific. tuis meditabor : non obliviscar sermonum tuorum.* Ps. verò Vatic. ap. ipsum, *In mand. tuis me exercebo,* omisso ult. versic. *non obliviscar,* &c. Ambr. in eund. Ps. sic : *In mand. tuis exercebor...... Et in tuis justitiis meditabor : non obliviscar verborum tuorum.* August. *In mandatis tuis garriam : & consid..... In justificat. tuis meditabor : non obliviscar verborum tuorum :* tum addit : *Quod Græcus habet ἀδολεσχήσω, Latini Interpretes quidam* garriam, *quidam* exercebor *interpretati sunt.* Cassiod. cum Prosp. Vulgatæ congruit. Item Psalt. Rom. Fabri; Rom. verò Martian. hab. *In mand. tuis me exercebo.* Mozar. *exercebor;* extremòque, *ut non obliviscar serm. tuos.* Gr. οὐκ ἐπιλήσομαι τῶν λόγων σου.

Ỷ. 17. In aliis vet. Psalt. hic præponitur littera *Gimel,* quæ, Ambrosio teste, *Latinè* Retributio *dicitur.* In Psalt. Rom. Fab. *Plenitudo.* Apud Hilar. & Cassiod. *Gimel,* ut supra; addit Hilar. *Retribue servo tuo, vivam : & observabo sermones tuos;* at infra, 259. a. *vivam : & custodiam sermones tuos.* Ps. è Ms. Vatic. ap. ipsum, cum Cassiod. *& vivam : & custodiam sermones tuos.* Ambros. in eund. Ps. *Retribue servo tuo, ut vivam : & custodiam verba tua :* & to. 2. 639. e. alludens dicit : *vivifica servum tuum.* August. *Retribue servo tuo, vivam : & custodibo verba tua.* Item *vivam,* in Psalt. Rom. Corb. Carnut. & Moz. In Mediol. *ut vivam.* In Gr. ζήσομαι· καὶ φυλάξω, &c. Ald. & Compl. ζῆσόν με· καὶ, &c.

Ỷ. 18. Sic Hilar. in hunc Ps. at in Ps. 120. col. 378. e. legit : *& cognoscam mirabilia ex lege tua.* Ambros. in hunc Ps. *Adaperi oculos meos : & considerabo mirab. de lege tua.* August. textui favet, sicut Prosp. & Cassiod. in hunc Ps. cum Philastr. Brix. l. de hæres. p. 725. c. In Gr. Ἀποκάλυψον τοὺς..... καὶ κατανοήσω, &c.

Ỷ. 19. Hilar. in hunc Ps. *Accola ego sum in terra : ne abscondas,* &c. Ambros. in eund. Ps. *Advena ego sum in terra : ne abscondas,* &c. item l. 2. de Abr. c. 4. col. 319. c. *Advena.* August. *Incola ego sum..... non* (inf. *ne*) *abscondas,* &c. *sive,* inquit, *ut nonnulli codices habent,* Inquilinus ego sum in terra; *quod enim est in Græco πάροικος, aliqui nostri* inquilinus, *aliqui* incola, *nonnunquam etiam* advena, *interpretati sunt.* Cassiod. *Incola ego sum apud te in terra : non abscondas,* &c. Apud Prosp. ut in Vulg.

Ỷ. 20. Ita legunt August. Prosp. & Cassiod. in hunc Ps. cum Psalt. Rom. Corb. verò hab. *desiderare justitias tuas.* Hilarius in eund. Ps. sic. *Concupivit anima mea ut desiderem judicia tua in omni tempore :* at infra in explic. col. 260. e. *Concupivit... desiderare justificationes tuas;* sed addit : *Multis videbitur rectiùs dictum fuisse :* Desiderat anima mea judicia tua in omni, *&c.* istamque lectionem in consequentibus tuetur. Ps. autem è Ms. Vat. ap. ipsum alteram admittit : *Concupivit anima mea cupere justificationes tuas,* &c. Ambrosius in hunc Ps. cum Psalt. Mediolan. *Concupivit an. mea desiderare judicia tua,* &c. & inf. col. 1004. c. *Concupivi desiderare judicia tua,* &c. deinde : *Non dixit,* Concupivi judicia, *sed* Concupivi desiderare. Hieron. in Ezech. 18. to. 3. 820. a. *Desideravit anima mea desiderare judicia tua,* &c. at in Isai. 26. col. 218. f. *Concupivit an. mea desiderare judicia tua,* &c. In Gr. Ἐπεπόθησεν ἡ..... τοῦ ἐπιθυμῆσαι τὰ κρίματά σου, &c.

ỶỶ. 21. 22. Psalt. Corb. *Corripuisti superbos,* &c. Hilar. verò, Ambros. August. Prosp. & Cassiod. in hunc Ps. Vulgatæ accinunt. In Gr. ἐπετίμησας. August. ibid. observat *testimonia Græcè martyria* nuncupari, *quo verbo jam utimur,* inquit, *pro Latino;* subinde : *Quoniam hoc ergo familiarius audivit & dulcius, sic accipiamus hæc verba, tanquam dictum sit,* quoniam martyria tua exquisivi.

Ỷ. 23. Sic est in Psalt. Moz. & ap. Hilar. in hunc Ps. Apud Ambros. verò constanter : *& adversùm,* vel *adversùs me detrectabant,* &c. Apud August. Prosp. & Cassiod. ut in Vulg. In Psalt. Corb. *& adversùm me detrahebant..... exercebatur in tuis justitiis.* In Gr. καὶ κατ' ἐμοῦ κατελάλουν, &c.

Ỷ. 24. Psalt. Rom. Corb. & Moz. sic habent cum Cassiod. *Nam & testimonia tua medit. mea est : & consolatio mea justificationes tuæ sunt.* Itidem in Ps. Vatic. ap. Hilar. Hilarius autem in enarrat. ait : *Testimoniorum meditatio unde oriatur ostendit, adjecit enim :* & consilia mea justificationes tuæ. Ambros. in eund. Ps. *Etenim testimonia tua meditatio mea est : & consilia mea justificatio tua.* S. Prosp. *& consilium meum justificationes tuæ sunt.* Psalt. Carnut. *& consolatio mea,* ut sup. Gr. καὶ αἱ συμβουλίαι μου τὰ δικαιώματά σου. Ms. Alex. ἡ συμβουλία.

Ex Mſ. Sangerm.

VERSIO ANTIQUA.	HEBR.	VULGATA HOD.
DELECH.	*DALETH.*	DALETH.
25. Adhæſit pavimento anima mea : vivifica me ſecundùm verbum tuum.	*Adhæſit pulveri anima mea : vivifica me juxta verbum tuum.*	25. Adhæſit pavimento anima mea : vivifica me ſecundùm verbum tuum.
26. Vias tuas pronunciavi, & exaudiſti me : doce me juſtificationes tuas.	*Vias meas expoſui, & exaudiſti me : doce me juſtitiam tuam.*	26. Vias meas enunciavi, & exaudiſti me : doce me juſtificationes tuas.
27. Et viam juſtificationum tuarum erudi me : & ſatiabor in mirabilibus tuis.	*Viam præceptorum tuorum fac me intelligere, & loquar in mirabilibus tuis.*	27. Viam juſtificationum tuarum inſtrue me : & exercebor in mirabilibus tuis.
28. Ingemuit anima mea à vexatione : confirma me in verbis tuis.	*Diſtillavit anima mea præ ſtultitia : ſerva me juxta eloquium tuum.*	28. Dormitavit anima mea præ tædio : confirma me in verbis tuis.
29. Viam iniquitatis amove à me : & in lege tua miſerere mihi.	*Viam mendacii aufer à me, & legem tuam dona mihi.*	29. Viam iniquitatis amove à me : & de lege tua miſerere mei.
30. Viam veritatis elegi : judicia tua non ſum oblitus.	*Viam fidei elegi : judicia tua proponebam.*	30. Viam veritatis elegi : judicia tua non ſum oblitus.
31. Adhæſi teſtimoniis tuis Domine : Domine, ne me confundas.	*Adhæſi teſtimoniis tuis : Domine ne confundas me.*	31. Adhæſi teſtimoniis tuis Domine : noli me confundere.
32. Viam mandatorum tuorum cucurri, cùm dilataſti cor meum.	*Viam mandatorum tuorum curram : quoniam dilataſti cor meum.*	32. Viam mandatorum tuorum cucurri, cùm dilataſti cor meum.
HETH.	*HE.*	HE.
33. Legem ſtatue mihi Domine viæ juſtificationum tuarum : & exquiram eam ſemper.	*Oſtende mihi Domine viam præceptorum tuorum, & cuſtodiam eam per veſtigium.*	33. Legem pone mihi Domine viam juſtificationum tuarum : & exquiram eam ſemper.
34. Da mihi intellectum, &	*Doce me, & obſervabo legem*	34. Da mihi intellectum, & ſcru-

NOTÆ AD VERSIONEM ANTIQUAM.

℣. 25. Apud Hilar. & Caſſiod. hîc etiam præponitur *Daleth.* In Pſalt. Rom. *Tabularum.* Ambr. verò ait : *Daleth ſignificat Latinè* Timorem, *vel ut alibi invenimus*, Nativitatem. Verſus autem ſeq. idem qui ſup. cùm ap. ipſos, tum in Gr. In uno Mozarab. *& vivifica me*, &c.

℣. 26. Pſalt. Mozar. hab. *Vias meas pronunciavi*, &c. cui favet Hilar. in eund. Pſ. cum Ambroſio. Vulgatæ reſpondent Proſp. & Caſſiod. cum Pſ. Vatic. apud Hilar. Auguſt. quoque in hunc Pſ. legit, *Vias meas enunciavi*, &c. ſed addit : *Nonnulli quidem codices habent* vias tuas; *ſed plures, & maximè Græci*, vias meas. Pſalt. Corb. *vias tuas.* Ed. Rom. Τὰς ὁδούς μου ἐξήγγειλα, &c. Mſ. Alex. ὁδούς σου.

℣. 27. Hilar. in hunc Pſ. legit cum Pſalt. Mediolan. *Viam juſtificationum tuarum fac ut intelligam : & exercebor in mirab. tuis.* Ambroſ. cum Rom. Carnut. Corb. & Moz. *Viam juſtific. tuarum inſinua mihi : & exercebor in mirab.* &c. ſubinde Ambroſ. ait : *Græcus* ἀδολεσχήσω *poſuit, quod dicit Latinus* allucinabor : at l. de inſtit. virg. to. 2. 272. b. conſtanter leg. *exercebor.* Apud Auguſt. & Proſp. ſimiliter : *Viam juſtificationum tuarum inſinua mihi. & exercebor*, &c. tum Aug. *vel ſicut nonnulli codices habent*, inſtrue me, *quod expreſſius de Græco dicitur*, fac me intelligere. Edit. Rom. Συνέτισόν με· καὶ ἀδολεσχήσω, &c. Caſſiod. Vulgatæ conſonat.

℣. 28. Auguſt. Proſp. & Caſſiod. in hunc Pſ. cum Vulgata concinunt. Hilar. quoque in eund. Pſ. hab. *Dormitavit anima mea præ tædio*, &c. ſed ait, col. 267. a. *De verſu* (iſto) *comperi multos varia ſenſiſſe, eò quòd non eadem proprietate à cæteris Tranſlatoribus ex Hebræo demutatus eſſet, ut ab his LXX. Interpret. conſcriptus eſt : nonnulli enim pro eo quod ab illis dictum eſt*, ἐνύσταξεν ἡ ψυχή μου, *poſuerunt* ἔσταξεν ἡ ψυχή μου· *quidam autem ex illis, non* ἐνύσταξεν, *ſed* κατέσταξεν *tranſtulit; & aliud* ἐνύσταξεν, *aliud* ἔσταξεν, *aliud* κατέσταξεν, *ſignificare intelligitur. Sed nobis neque tutum eſt tranſlationem LXX. Interpretum tranſgredi : & ſanè ratio & ſenſus dictorum ita admonet, ut rectè ac probabiliter verſum tranſlatum intelligamus. Eſt enim cum illis, & nobiſcum ita :* Dormitavit anima, &c. Ambroſ. verò in eund. Pſ. ſic legit : *Stillavit anima mea præ tædio*, &c. ſed addit : *Aliqui codices habent* dormitavit, *quia* ἐνύσταξεν, & ἔσταξεν, *duabus litteris diſſonant. Potuit Interpres, vel antiquarius ſcriptor hìc falli;* νυστάζειν, *dormire eſt;* στάζειν, *ſtillare :* & poſt pauca : *Qui facilioribus laborum utuntur compendiis*, dormitavit *acceperunt : ſed Origenes, qui multorum interpretationes diligenti diſcuſſit indagine*, ſtillavit *ſecutus eſt.* Vid. Ambroſ. l. 2. Hexa. col. 23. d. & l. de inſtit. virg. col. 272. b. c.

℣. 29. Hilar. in hunc Pſ. cum Ambr. & Auguſt. habet : *Viam iniquitatis amove à me : & lege tua miſerere mei :* at inf. Hilar. *Viam injuſtitiæ amove à me.* Pſ. Vatic. ap. ipſum, *& in lege tua*, ut ſup. S. Proſp. & Caſſiod. Vulgatæ accinunt. Gr. Ὁδὸν ἀδικίας..... καὶ τῷ νόμῳ σου, &c.

℣. 30. Sic Ambroſ. Auguſt. Proſp. & Caſſiod. in hunc Pſ. Hilarius autem in eund. legit : *Viam veritatis dilexi : & judicia tua non ſum obl.* Pſ. Vatic. apud ipſum : *Viam verit. elegi : juſtitiam tuam non ſum oblitus.* Græc. Ὁδὸν ἀληθείας ᾑρετισάμην· καὶ τὰ κρίματά, &c. In Mſ. Alex. ac ed. Compl. deeſt καί.

℣. 31. Ambroſ. in hunc Pſ. *Adhæſi teſtim. tuis Domine : ne confundas me.* Hilar. verò, Auguſt. Proſp. & Caſſiod. Vulgatæ reſpondent. Gr. σου Κύριε· μή με καταισχύνῃς.

℣. 32. Hilar. col. 269. a. *In via præceptorum tuorum cucurri, cùm dilataſti*, &c. at inf. 281. f. *Viam præceptorum tuorum cucurri*, &c. & col. 269. b. 271. c. *Viam mandatorum tuorum cucurri.* Itidem Ambroſ. in eund. Pſ. cum Caſſiod. ſed add. *cùm dilatares cor meum.* Pſalt. Rom. *dum dilatares cor meum.* Hieron. in Iſai. 58. to. 3. 426. e. *quando dilataſti.* Auguſt. & Proſp. Vulgatæ conſentiunt. Gr. Ὁδὸν ἐντολῶν σου ἔδραμον, ὅταν ἐπλάτυνας, &c.

℣. 33. Apud Hilar. & Caſſiod. *He.* In Pſalt. Rom. Fab. *Iſta.* Ambroſ. ait : *Sequitur quinta littera* He, *quæ Latinè ſignificat* Eſt, *vel ut alibi invenimus*, Vivo; ſubinde idem Ambr. 1018. c. legit : *Legem mihi conſtitue Domine viam juſtificationum tuarum : & quæram illam ſemper :* & poſt plura, col. 1024. c. *Legem mihi conſtitue Dom. viam juſtitiarum tuarum : & quæram*, &c. at infra : *Bene ait*, ſtatue. Apud Hilarium ut ſup. in textu : *Legem ſtatue mihi Domine viæ juſtificationum tuarum : & exquiram*, &c. ſubinde ait, col. 270. d. e. *Rationem conſequi verſus hujus ex Latina interpretatione difficile eſt : per conditionem enim ſermonis noſtri communis, non ita abſolutè potuit virtus verbi & Hebraici & Græci explicari : Græci namque ex Hebræo tranſtulerunt* νομοθέτησόν με Κύριε τὴν ὁδὸν τῶν δικαιωμάτων σου, &c. *Quod Græcè eſt* νομοθέτησον, *ad ejuſdem ſenſus intelligentiam Latinitas explicare non potuit :* & poſt pauca : *non viæ tantùm ait, ſed* juſtificationum viæ *poſtulat legem :* attamen inf. col. 275. c. habet ipſe : *Legem mihi ſtatue Dom. viam*, &c. ſed ſemel, & eò loci tantùm; in aliis conſtanter *via :* nempe col. 271. a. ait : *Legem itaque hanc viæ ſtatuit;* & poſt paulò, *Non enim viæ legem, ſed viæ juſtificationum poſcit :* & infra : *Hanc igitur juſtificationum viæ legem Propheta deſiderat*, &c. Auguſt. autem Proſp. & Caſſiod. Vulgatæ conſentiunt, & Græco. In Corb. & Pſ. Vatic. apud Hilar. *Legem ſtatue mihi Domine viam*, &c.

℣. 34. Hilarius in hunc Pſ. *Da mihi intellectum, & ſcrutabor legem tuam : & ſervabo eam in toto*, &c. Ambr. in eund. Pſ. *Da mihi intellect. & perſcrutabor..... & cuſtodiam illam*, &c. Pſalt. Moz. *& præſcrutabor.* Apud Aug.

VULGATA HOD.	HEBR.	VERSIO ANTIQUA.
tabor legem tuam : & cuſtodiam illam in toto corde meo.	*tuam : & cuſtodiam eam in toto corde.*	ſcrutabo legem tuam : & cuſtodiam illam in toto corde meo.
35. Deduc me in ſemitam mandatorum tuorum : quia ipſam volui.	*Deduc me in ſemita mandatorum tuorum : quia ipſam volui.*	35. Deduc me in legem mandatorum tuorum : quia volui eam.
36. Inclina cor meum in teſtimonia tua, & non in avaritiam.	*Inclina cor meum ad teſtimonia tua, & non ad avaritiam.*	36. Inclina cor meum in teſtimonia tua, & non ad utilitatem.
37. Averte oculos meos ne videant vanitatem : in via tua vivifica me.	*Averte oculos meos ne videant vanitatem : in via tua vivifica me.*	37. Averte oculos meos ne videant vanitatem : & in via tua vivifica me.
38. Statue ſervo tuo eloquium tuum, in timore tuo.	*Suſcita ſervo tuo eloquium tuum, in timorem tuum.*	38. Statue ſervo tuo eloquium tuum, in timore tuo.
39. Amputa opprobrium meum, quod ſuſpicatus ſum : quia judicia tua jucunda.	*Averte opprobrium meum, quod reveritus ſum : quia judicia tua bona.*	39. Amputa opprobrium meum, quod ſuſpicatus ſum : judicia tua jucunda.
40. Ecce concupivi mandata tua : in æquitate tua vivifica me.	*Ecce deſideravi præcepta tua : in juſtitia tua vivifica me.*	40. Ecce concupivi mandata tua : in æquitate tua ſanctifica me.
VAV.	*VAV.*	
41. Et veniat ſuper me miſericordia tua Domine : ſalutare tuum ſecundùm eloquium tuum.	*Et veniant mihi miſericordiæ tuæ Domine, & ſalus tua juxta eloquium tuum.*	41. Et veniat ſuper me miſericordia tua Domine : ſalutare tuum, & eloquium tuum Domine.
		VAV.
42. Et reſpondebo exprobrantibus mihi verbum : quia ſperavi in ſermonibus tuis.	*Et reſpondebo exprobrantibus mihi ſermonem : quia ſperavi in ſermone tuo.*	42. Et reſpondebo exprobrantibus mihi verbum : quia ſperavi in verbis tuis.
43. Et ne auferas de ore meo	*Et ne auferas de ore meo verbum*	43. Et ne auferas de ore

Ex Mſ. Sangerm.

NOTÆ AD VERSIONEM ANTIQUAM.

Proſp. & Caſſiod. ut in Vulg. In Gr. Συνέτισόν με, καὶ ἐξερευνήσω τὸν..... καὶ φυλάξω, &c.

℣. 35. Ita Pſalt. habet Corb. Carnut. verò, *Deduc me in lege mandatorum*, &c. Hilar. in eund. Pſ. *Deduc me in ſemita mandator.* &c. ut in Vulg. tum addit : *Et in hoc nunc verſu ſermonis virtus non propriè per conditionem translationis expreſſa eſt : nam id quod noſtri ita dixere*, Deduc me in ſemita, *Græcitas ſic locuta eſt*, Ὁδήγησόν με ἐν τῇ τρίβῳ· *& id quod cum illis* τρίβος *dicitur, trita & frequentata diſcurſibus ſemita intelligitur. Nobiſcum autem ſemita dici poteſt, & eſſe ſemita, & eſſe non trita.* Apud Ambroſ. ita : *Deduc me in ſemitam mand. tuorum : quoniam volui eam.* Apud Auguſt. & Proſp. in eund. Pſ. *Deduc me in ſemita..... quia ipſam volui*; Proſp. *ipſa volui.* Gr. ὅτι αὐτὴν ἠθέλησα. Caſſiod. Vulgatæ congruit. Hilar. ubi ſup. col. 274. f. ait : *Non hic ſecundùm ſermonem Græcitatis, cùm dicitur*, quia ipſam volui, *ad* ſemitam mandatorum *referri poteſt ; quia in Græco, ubi feminino genere* ſemita *ſcripta eſt, id quod vellet, maſculino genere pronunciat, dicens :* Ὁδήγησόν με ἐν τῇ τρίβῳ τῶν ἐντολῶν σου· ὅτι αὐτὸν ἠθέλησα. *Lex enim à nobis feminino genere nuncupatur, quæ Græcè* νόμος *dicta eſt, quod ab his genere maſculino enunciatur. Et cùm illic feminino genere* ſemita *nuncupetur, id quod voluit, ad id refertur, quod per maſculinum genus Græcitatis proprietate memoratum eſt.* In ed. autem Rom. nunc legitur, ὅτι αὐτὴν ἠθέλησα, non αὐτόν. Idem quoque pronomen ad *ſemitam* referunt Aquila Symm. & Theod. cum V. & VI. Edit.

℣. 36. Hilar. cum Pſalt. Carnut. *Inclina cor meum in teſtim. tua, & non in utilitatem.* Corb. *& non in utilitate.* Hilar. poſt paulò addit : *In eo autem quod ita ſe habet :* Inclina cor meum in juſtificationes tuas, & non in utilitatem ; *quidam tranſtulerunt :* Inclina cor meum in teſtimonia tua (Mſs. 2. *in juſtificationes tuas*,) & non in avaritiam. Exinde : *Id quod in Hebræis codicibus continetur, ambigua in definitione utrique intelligentiæ opportunum eſt. Sed nos, ſicut oportet, ſequimur LXX. Interpretum religioſam & antiquam auctoritatem ; ex judicio tamen cæterorum Tranſlatorum, proprietatem intelligentiæ cujuſque deſiderio coaptantes. Cùm enim hi dixerint* in utilitatem, *illi dixerint* in avaritiam ; *per id ipſum, quomodo utilitas hic nunc ſit, ſubjecta noſcetur..... Ergo cùm in Dei teſtimonia inclinari cor ſuum, & non in utilitatem, Propheta orat ; inclinatum in Dei teſtimonia cor ab his ſine dubio refert, quæ humano judicio exiſtimantur utilia.* Ambroſ. in eund. Pſ. leg. cum Vulg. *Inclina cor meum in teſtim. tua, & non in avaritiam :* ſed notat alios habere *utilitatem :* item l. 2. offic. to. 2. 77. a. leg. ipſe : *Declina cor meum in teſtim. tua, & non in avaritiam ;* ſubditque : *Aliqui habent : Declina cor meum in teſtim. tua, & non ad utilitatem :* priorem lectionem rurſum admittit l. de fug. ſæc. c. 1. to. 1. 417. c. Similiter Aug. præter verbum *Inclina ;* ſubinde ait : *A plus habendo appellata eſt* πλεονεξία, *quam Latini Interpretes in hoc loco nonnulli interpretati ſunt* emolumentum, *quidam verò* utilitatem ; *ſed meliùs qui* avaritiam ; ut etiam legunt Proſp. & Caſſiod. In Brev. Moz. *Inclina cor meum Deus in*, &c. ut in Vulg.

℣. 37. Ita legit Hilar. in hunc Pſ. cum Pſalt. Mozar. ſed Ambroſ. Auguſt. Proſp. & Caſſiod. tollunt med. *&*, cum Pſalt. Rom. Hilar. in eund. Pſ. col. 277. a. ita legit, *& in via tua vivam ;* cui lectioni congruunt & quæ antecedunt, & quæ ſequuntur : *Declinandi* enim, inquit, *à vanitate ſunt oculi, ut nobis in via Dei vita ſit :* & poſt paulò : *In via enim Dei, referentes oculos à vanitate, vivemus ;* at in Gr. ζῆσόν με. Vide ſis Ambroſ. l. de fug. ſæc. c. 1. col. 418. d.

℣. 38. Similiter hab. Hilar. Ambroſ. Proſp. & Caſſiod. in hunc Pſ. Auguſt. verò in eund. *Statue ſervo tuo..... in timorem tuum.* Ita quoque in Gr. εἰς τὸν φόβον σου.

℣. 39. Pſalt. Rom. Corb. & Moz. *Amputa opprobrium... judicia enim tua jocunda.* Hilar. in hunc Pſ. *Circumcide opprobrium..... quia judicia tua jucunda.* Ambroſ. ibid. *Aufer à me opprobr...... judicia enim tua dulcia.* Auguſt. & Proſp. *Amputa opprob..... quia judicia tua ſuavia.* Caſſiod. ut in Vulg. Gr. Περίελε..... ὅτι τὰ κρίματά σου χρηστά.

℣. 40. Pſalt. Moz. *Ecce concupivi mandata tua : in tua juſtitia juſtifica me.* Hilar. in hunc Pſ. *Ecce concupivi præcepta tua : in æquitate tua vivifica me.* Ambroſ. & Aug. in eund. Pſ. *Ecce concupivi mandata tua : in tua juſtitia vivifica me.* Gr. Ἰδοὺ ἐπεθύμησα τὰς ἐντολάς σου· ἐν τῇ δικαιοσύνῃ σου ζῆσόν με.

℣. 41. Hic præfigitur littera Hebræa *Vav* ap. Hilar. & Caſſiod. Similiter ap. Ambroſ. *cujus interpretatio*, inquit, *Ille eſt, & non alius :* vel *cujus interpretatio*, Et ille. In Mſs. quibuſd. ſic : *cujus interpretatio eſt*, Eſt & ille : *alius Interpres ait :* Non eſt alius. In Pſalt. Rom. ſimpliciter *Et.* Exinde Hilar. ſic legit : *Et veniat ſuper me miſeric..... ſalutare tuum ſecundùm verbum tuum.* Brev. Moz. *ſalutare tuum, & eloquium tuum.* Ambroſ. Auguſt. Proſp. & Caſſiod. Vulgatæ favent. In Gr. τὸ σωτήριόν σου κατὰ τὸν λόγον σου. Alex. κατὰ λόγιόν σου.

℣. 42. Sic Hilar. & Auguſt. in hunc Pſ. Ambroſ. autem Proſp. & Caſſiod. Vulgatæ congruunt. Pſ. Vatic. apud Hilar. habet : *Et reſpondebo improperantibus mihi*, &c. ut in Vulg. Gr. Καὶ ἀποκριθήσομαι τοῖς ὀνειδίζουσί μοι, &c.

℣. 43. Hilar. leg. *Et ne auferas de ore meo verbum veritatis uſquequaque nimis : quia in judiciis tuis ſperavi.* Pſ. è Mſ. Vat. ap. ipſum delet *nimis*, extremòque hab. *ſpero.* Moz. *ſperavi*, abſque *nimis.* Itidem Caſſiod. cum Pſalt. Corb.

VERSIO ANTIQUA.	HEBR.	VULGATA HOD.
Ex Ms. Sangerm. meo verbum veritatis usque in finem: quia in judiciis tuis sperabo.	*veritatis usque nimis: quoniam judicia tua exspectavi.*	verbum veritatis usquequaque: quia in judiciis tuis supersperavi.
44. Et custodiam legem tuam semper, in sæculum sæculi.	*Et custodiam legem tuam jugiter: in sempiternum, & ultra.*	44. Et custodiam legem tuam semper, in sæculum & in sæculum sæculi.
45. Et ambulabo in latitudine: quia mandata tua exquisivi.	*Et ambulabo in spatioso: quia præcepta tua quæsivi.*	45. Et ambulabam in latitudine: quia mandata tua exquisivi.
46. Et loquebar in testimoniis tuis in conspectu regum: & non confundebar.	*Et loquar in testimoniis tuis coram regibus, & non confundar.*	46. Et loquebar in testimoniis tuis in conspectu regum: & non confundebar.
47. Et meditabor in mandatis tuis, quæ dilexisti valde.	*Et delectabor in mandatis tuis, quæ dilexi.*	47. Et meditabar in mandatis tuis, quæ dilexi.
48. Elevavi manus meas ad mandata tua, quæ dilexisti nimis: & exercueram in justificationibus tuis.	*Et levabo manus meas ad mandata tua, quæ dilexi: & loquar in præceptis tuis.*	48. Et levavi manus meas ad mandata tua, quæ dilexi: & exercebar in justificationibus tuis.
	ZAIN.	ZAIN.
49. Memorare verbum tuum servo tuo, in quo spem dedisti mihi.	*Memento sermonis servo tuo, quem me sperare fecisti.*	49. Memor esto verbi tui servo tuo, in quo mihi spem dedisti.
50. Hæc me consolata sunt in humilitate mea: quoniam eloquium tuum vivificavit me.	*Hæc est consolatio mea in afflictione mea: quia eloquium tuum vivificavit me.*	50. Hæc me consolata est in humilitate mea: quia eloquium tuum vivificavit me.
51. Superbi iniquè agebant valde: à lege autem tua non declinavi.	*Superbi deridebant me nimis: à lege tua non declinavi.*	51. Superbi iniquè agebant usquequaque: à lege autem tua non declinavi.
52. Memor fui judiciorum tuorum à sæculo Domine: & consolatus sum.	*Recordatus sum judiciorum tuorum à sæculo Domine, & consolatus sum.*	52. Memor fui judiciorum tuorum à sæculo Domine: & consolatus sum.
53. Defectio animi tenuit	*Horror obtinuit me ab impiis,*	53. Defectio tenuit me, pro pec-

NOTÆ AD VERSIONEM ANTIQUAM.

& Rom. sed Ambrosius Vulgatæ congruit. August. cum Prosp. leg. *Et ne auferas de ore meo verb. verit. usque valde: quia in judiciis tuis speravi.* August. addit: *vel sicut de Græco quidam diligentiùs expresserunt*, supersperavi, quam lectionem retinet Prosp. supra. In edit. Rom. sic: Καὶ μὴ περιέλῃς..... ἕως σφόδρα· ὅτι..... ἐπήλπισα.

℣. 44. Ambros. cum Psalt. Rom. & Moz. *Et custodiam legem tuam semper, in æternum & in sæculum sæculi.* Corb. *Et custodiam legem tuam per omnia, in æternum & in sæculum sæculi.* Ps. e Ms. Vatic. apud Hilar. textui favet. Hilarius verò ipse cum Cassiod. & Prosp. concordat cum Vulgata. Similiter August. in eund. Ps. tum subdit: *Melius quippe ita interpretatum est*, in sæculum & in sæculum sæculi, *quam, sicut quidam codices habent*, in æternum & in sæculum sæculi; *quia non potuerunt dicere*, & in æternum æterni. Gr. εἰς τὸν αἰῶνα καὶ εἰς τὸν αἰῶνα τοῦ αἰῶνος.

℣. 45. Hilarius in hunc Ps. *Et ingrediebar in dilatatione: quia mandata tua exquisivi.* Ps. Vatic. ap. ipsum, *Et ambulabam in dilatatione*, &c. Ambros. in eund. Ps. *Et ingrediebar in latitudine: quia testimonia tua exquisivi.* Brev. Moz. *quia præcepta tua*, &c. Aug. Prosp. & Cassiod. ut in Vulg. Addit Aug. *Nonnulli autem codices non habent* mandata, *sed* testimonia: *sed* mandata *in pluribus invenimus, & maximè Græcis; cui linguæ tanquam præcedenti, unde ad nos ista translata sunt, magis credendum esse quis ambigat?* In Gr. nunc: Καὶ ἐπορευόμην ἐν πλατυσμῷ· ὅτι τὰς ἐντολάς σου ἐξεζήτησα.

℣. 46. Sic Ambros. legit in hunc Ps. & epist. 40. to. 2. 946. f. Item August. Prosp. & Cassiod. in eund. Ps. cum Fulg. l. 1. ad Trasim. p. 70. & Facundo Herm. l. 12. Sirm. to. 2. p. 817. b. At Hilar. in eund. Ps. cum Psalt. Rom. *Et loquebar de testimoniis tuis*, &c. inf. tamen col. 282. f. ait: *Loqui nos in testimoniis Dei convenit.* In Gr. ἐν τοῖς μαρτυρίοις.

℣. 47. Hilar. in hunc Ps. legit: *Et meditabar in mandatis tuis, quæ dilexi vehementer.* Sic etiam Cassiod. cum Psalt. Mediol. Corb. & Moz. Ambr. verò in eund. Ps. cum Rom. *quæ dilexi nimis.* S. Prosp. cum Missali Rom. ad Offert. fer. 4. iv. Temp. post Pent. *quæ dilexi valde.* August. simpliciter, *quæ dilexi*; sed addit: *sive, quod nonnulli codices habent in utroque versu*, dilexi valde, *aut* nimis, *aut* vehementer, *sicut interpretari placuit, quod Græci dicunt*, σφόδρα. Hieron. quoque epist. ad Sun. & Fret. to. 2. 657. c. ait: *In Græco*, vehementer *additum legisse vos dicitis, sed hoc superfluum est.*

℣. 48. Hilar. in hunc Ps. *Et erexi manus meas ad mandata tua, quæ dilexi valde: & exercebar*, &c. Ambros. ibid. *Et levavi manus meas ad præcepta tua, quæ dilexi nimis: & exerc.* &c. Similiter hab. Psalt. Moz. *præcepta tua*; sicut Carnut. & Corb. cum Cassiod. *quæ dilexi nimis*; Rom. *quæ dilexi vehementer*; Prosp. *quæ dilexi valde*; Aug. simpliciter, *quæ dilexi. Exercebar* autem, inquit, *plures Interpretes dicere maluerunt, quàm* lætabar, *aut* garriebam, *quod aliqui interpretati sunt, ex eo quod Græcus habet* ἠδολέσχουν. Brev. Moz. *exercebor.* Præterea Hieron. ep. ad Sun. & Fret. col. 659. c. dicit voculam *tua*, additam ad *mandata*, quamque in Gr. legisse se dicebant, superfluam omnino esse. In ed. Rom. pariter σου, deinde, ἃς ἠγάπησα· καὶ ἠδολέσχουν, &c. at in Ms. Alex. ἠγάπησα σφόδρα.

℣. 49. Hilar. Ambros. & Cassiod. hic præfigunt litteram Hebr. *Zain*, quam Ambros. Latinè significare dicit, *Duc te*, & alibi, *Huc.* In Psalt. Rom. *Hec.* Hilarius seq. versic. refert ut sup. in textu, in explic. verò, col. 284. b. ait: *Ut verbi sui in se servo suo memor sit, deprecatur.* Ambros. in eund. Ps. ita legit: *Memento Domine verbi tui*, &c. ut in Vulg. August. & Cassiod. cum Psalt. Rom. & Mozar. *Memento verbi tui*, &c. In Gr. Μνήσθητι τῶν λόγων σου τῷ δούλῳ σου, ᾧ ἐπήλπισάς με. Ms. Alex. τὸν λόγον σου, ᾧ, &c. Hilarii Ms. 1. Martian. hab. *Memorare verborum tuorum*, sed refragantur alii cum editt.

℣. 50. Vulgatæ succinunt Hilar. August. Prosp. & Cassiod. in hunc Ps. cum Gr. Apud Ambros. in eund. Ps. sic: *Hæc me consolata est..... quoniam verbum tuum vivificavit me*: at inf. leg. *quon. eloquium tuum.* Psalt. Moz. *quia eloquium tuum, vivifica me.* Ps. è Ms. Vatic. apud Hilar. *vivificabit me.*

℣. 51. Hilar. cum Vulg. *Superbi iniquè agebant usquequaque*, &c. at in explic. subdit, *valde enim iniquè agebant.* Ambros. in eund. Ps. *Superbi iniquè agebant nimis*, &c. ut supra. August. cum Prosp. *Superbi iniquè agebant usque valde*, &c. Cassiod. cum Psalt. Moz. *usquequaque.* Al. *Superbi iniquè gerebant usquequaque.* Gr. ἕως σφόδρα.

℣. 52. Hilar. in hunc Ps. *Memoratus sum judiciorum tuorum à sæculo: & exhortatus sum.* August. verò, Prosp. & Cassiod. cum textu concinunt, & Gr. Ambrosius in eund. Ps. leg. *Memor fui judiciorum tuorum, quæ à sæculo sunt: & me consolatus sum.* August. ubi sup. monet alios codices habere, *& exhortatus sum..... utrumque enim*, inquit, *potuit interpretari de verbo Græco, quod est* παρεκλήθην.

℣. 53. Sic est in Psalt. Corb. Ita etiam in Rom. exceptâ præp. *pro*, loco *præ.* Similiter in Ps. Vatic. ap. Hilar. Hilarius verò ipse hab. *Defectio animi tenuit me, à peccatoribus dereling.* &c. Cassiod. *Defectio animi tenuit me, pro*, &c. sed Mss. 2. hab. *præ.* Ambros. autem in eund.

VULGATA HOD.	HEBR.	VERSIO ANTIQUA.
catoribus derelinquentibus legem tuam.	*qui dereliquerunt legem tuam.*	me, præ peccatoribus derelinquentibus legem tuam.
54. Cantabiles mihi erant juſtificationes tuæ, in loco peregrinationis meæ.	*Carmina erant mihi præcepta tua, in domo peregrinationis meæ.*	54. Cantabiles mihi erant juſtificationes tuæ, in loco incolatus mei.
		ETH.
55. Memor fui nocte nominis tui Domine: & cuſtodivi legem tuam.	*Recordatus ſum in nocte nominis tui Domine, & cuſtodivi legem tuam.*	55. Memor fui in nocte nominis tui: & cuſtodivi legem tuam.
56. Hæc facta eſt mihi: quia juſtificationes tuas exquiſivi.	*Hoc factum eſt mihi: quia præcepta tua cuſtodivi.*	56. Hæc mihi facta eſt: quia juſtificationes tuas exquiſivit anima mea.
HETH.	HETH.	
57. Portio mea Domine, dixi, cuſtodire legem tuam.	*Pars mea Domine, dixi ut cuſtodiam verbum tuum.*	57. Dixi, obſervavi verbum tuum: dixi Domine, cuſtodiri legem tuam.
58. Deprecatus ſum faciem tuam in toto corde meo: miſerere mei ſecundùm eloquium tuum.	*Deprecatus ſum vultum tuum in toto corde: miſerere mei ſecundùm eloquium tuum.*	58. Deprecatus ſum vultum tuum in toto corde meo: miſerere mei ſecundùm eloquium tuum.
59. Cogitavi vias meas: & converti pedes meos in teſtimonia tua.	*Recogitavi vias meas, & converti pedes meos ad teſtimonia tua.*	59. Quoniam cogitavi vias tuas: & averti pedes meos in teſtimonia tua.
60. Paratus ſum, & non ſum turbatus: ut cuſtodiam mandata tua.	*Feſtinavi, & non neglexi cuſtodire mandata tua.*	60. Præparatus ſum, & non ſum conturbatus: ut cuſtodiam mandata tua.
61. Funes peccatorum circumplexi ſunt me: & legem tuam non ſum oblitus.	*Funes impiorum implicaverunt me: legem tuam non ſum oblitus.*	61. Funes peccatorum circumplexi ſunt mihi: & legem tuam non ſum oblitus.
62. Media nocte ſurgebam ad	*Medio noctis ſurgam ad confi-*	62. Media nocte ſurgebam

Ex Mſ. Sangerm.

NOTÆ AD VERSIONEM ANTIQUAM.

Pſ. ſic: *Puſillanimitas detinuit me, à peccatoribus derelinq.* &c. Auguſt. cum Proſp. *Tædium detinuit me, à peccatoribus relinquentibus*, &c. Proſp. *derelinquentibus*: ita quoque Auguſt. epiſt. 93. to. 2. 242. f. at l. de unit. Eccl. to. 9. 364. hab. *relinquentibus*; utrobique conſtanter, *Tædium detinuit me à*, &c. In Pſalt. Mediolan. & Mozar. *Tædium tenuit me pro*, &c. In Gr. Ἀθυμία κατέσχε με, ἀπὸ ἁμαρτωλῶν τῶν ἐγκαταλιμπανόντων, &c.

℣. 54. Concinit Hilar. unà cum Pſalt. Rom. Vatic. Corb. & Moz. Itidem Auguſt. & Proſp. cum Caſſiod. ſed Auguſt. ſubdit alios codices habere, *in loco peregrinationis meæ*: ita quoque legit Ambroſ. cum Vulg. In Gr. ἐν τόπῳ παροικίας μου.

℣. 55. Similiter Ambr. in hunc Pſ. col. 1072. d. *Memor fui in nocte*; ſed addit *Domine*, ad vocem *tui*. Ita etiam Auguſt. Proſp. & Caſſiod. cum Pſalt. Corb. Moz. & Gr. Hilarius verò cum Ambroſ. in eund. Pſ. col. 1053. d. *Memor fui nocte*, &c. Pſ. è Mſ. Vatic. ap. Hilar. hab. *Memor fui in morte nominis*, &c. ſed aperto mendo, ut reor. Nicetius epiſc. c. 3. Spicil. to. 3. p. 3. c. *Memoratus ſum in nocte nominis tui Dom.* &c. Vide infra ad ℣. 57. quæ notantur pro littera Hebr. *Heth*.

℣. 56. Vulgatæ conſentiunt Ambroſ. Proſp. & Caſſiod. in hunc Pſ. cum Gr. Item Hilarius cum Pſalt. Rom. niſi quòd hab. ut ſup. *Hæc mihi facta eſt*. Auguſt. in eund. Pſ. ſic: *Hæc facta eſt mihi: quoniam juſtitias ſuas exquiſivi*; ſed addit: *Melius alii interpretati ſunt* juſtificationes; *quia revera, non* δικαιοσύνας, *id eſt*, juſtitias, *ſed* δικαιώματα *Græcus habet, quæ ſunt* juſtificationes.

℣. 57. Litteram Hebræam *Heth* hìc præfigunt Hilar. Ambroſ. & Caſſiod. cum Vulg. Ap. Ambroſ. *interpretatione Latina dicitur* Pavor. In Pſalt. Rom. *Vita.* In omnibus autem codicibus ſupradicta litterâ non ſemper appoſita fuit eò loci. Audiendi ſunt hac de re Hilarius, & Ambroſius: Hilar. quippe col. 286. f. ſeqq. ait: *Plures Pſalmorum codices legentes, & nos ita opinabamur, verſum qui octavæ litteræ primus eſt, id eſt hunc*, Portio mea Dom. &c. *in ſuperioribus ſeptimæ litteræ octo verſibus contineri, quia ita in Latinis codicibus, atque etiam in nonnullis Græcis ſcriptum continebatur; & ſanè abſolutior ita ſenſus videbatur. Sed ſecundùm Hebræos emendatum apud Græcos Pſalmorum librum legentes, invenimus hunc verſum, non ſeptimæ litteræ noviſſimum eſſe, ſed octavæ primum.* Similiter Ambroſ. col. 1056. d. *Codices*, inquit, *plerique hunc verſiculum*, Portio mea, &c. *qui primus eſt litteræ octavæ, ultimo loco litteræ habent ſeptimæ: ſed ſecundùm Hebræos emendatus apud Græcos Pſalmorum liber hunc verſum docuit nos octavæ litteræ copulandum. Deinde ordo ipſe, & numerus verſuum ita convenit, ut ab eo incipiat octava littera*: tum verſum ita refert: *Portio mea Dominus*: ſupra verò, *Portio mea Domine, dixi, cuſtodire legem tuam*: at l. de exhort. virgin. to. 2. 288. b. & epiſt. 27. & 63. col. 899. c. 1044. f. *Portio mea Dominus.* Item Hilar. ex Mſs. *Portio mea Dominus, dixi, ut cuſtodiam legem tuam*; editt. *dixi*, *cuſtodire.* Auguſt. cum Pſalt. Carnut. *Pars mea Dominus, dixi, cuſtodire*, &c. ſed addit nonnullos habere, *Portio*, vel *Pars mea Domine.* In Pſalt. Corb. *Pars mea Domine.* S. Proſp. & Caſſiod. Vulgatæ favent cum Pſalt. Moz. In Gr. Μερίς μου εἶ Κύριε, εἶπα, τοῦ φυλάξασθαι τὸν, &c.

℣. 58. Hilar. & Caſſiod. Vulgatæ reſpondent. Brev. Moz. habet: *Deprecatus ſum faciem tuam de toto corde meo*, &c. Dein Corb. *miſerere mihi.* Ambr. in eund. Pſ. *Deprecabor vultum tuum Domine in toto corde meo: miſ. mei ſec. eloquium tuum*; at infra, 1064. a. 1066. b. *ſecundùm verbum tuum.* Auguſt. cum Proſp. *Precatus ſum faciem tuam in toto*, &c. ut in Vulg. Gr. Ἐδεήθην τοῦ προσώπου σου ἐν ὅλῃ..... κατὰ τὸ λόγιόν σου.

℣. 59. Hilar. cum Pſalt. Moz. & Caſſiod. *Quia cogitavi vias meas: & converti pedes*, &c. Pſ. Vatic. apud Hilar. *& averte pedes meos.* Corb. *Quoniam cogitavi vias meas: & avertiſti pedes meos*, &c. Ambroſ. Aug. & Proſp. in hunc Pſ. *Cogitavi vias meas: & averti pedes meos in*, &c. Obſervat etiam Auguſt. ibid. *plures codices non habere*, Quia cogitavi, *ſicut in quibuſdam legitur, ſed tantummodo* Cogitavi. *Quod autem hìc poſitum eſt*, inquit, & averti pedes meos, *nonnulli habent*, Quia cogitavi, & avertiſti pedes meos. Pſalt. Rom. Fabri: *Quia cogitavi vias tuas: & converti*, &c. Rom. verò Martian. *Quia cogitavi vias meas*; Mediolan. & Carnut. *vias tuas.* Hieron. ad Sun. & Fret. to. 2. col. 659. c. ita ſcribit: *In Græco* vias tuas *legiſſe vos dicitis, ſed..... rectiùs* vias meas *legitur*: item ibid. *In Gr. legiſſe vos dicitis*, & avertiſti, *ſed & hoc ſuperfluum eſt.* In ed. Rom. Διελογισάμην τὰς ὁδούς σου· καὶ ἐπέστρεψα τοὺς, &c. Ita quoque habet Ambroſiana editio Mediolan. eccleſiæ; ſic Æthiop. & Arab. ſic etiam Apollon.

℣. 60. Vulgatæ ſuffragantur Hilar. Ambr. Aug. Proſp. & Caſſiod. cum Gr. Auguſt. notat ibid. *aliquos interpretatos fuiſſe*, ad cuſtodiendum mandata tua; *aliquos*, ut cuſtodirem; *aliquos*, cuſtodire, *quod Græcus poſuit*, τοῦ φυλάξασθαι. In Pſalt. Moz. *cuſtodire.* In Corb. *ut cuſtodirem.*

℣. 61. Ita legit Hilar. in hunc Pſ. præter unum *me*, pro *mihi*. Sic etiam Ambroſ. & Caſſiod. in eund. Pſ. S. Paulin. verò ep. 23. p. 135. a. *circumplexi ſunt mihi.* Auguſt. cum Proſp. *circumplexi ſunt me: & legis tuæ non ſum oblitus.* Gr. περιεπλάκησάν μοι· καὶ τοῦ νόμου σου οὐκ ἐπελαθόμην.

℣. 62. Itidem Hilar. in hunc Pſ. Ambroſ. verò, Aug. & Caſſiod. in eund. *ſuper judicia juſtitiæ tuæ.* Ita quoque

VERSIO ANTIQUA.	HEBR.	VULGATA HOD.
Ex Mſ. Sangerm. ad confitendum tibi, ſuper judicia juſtificationis tuæ.	*tendum tibi, ſuper judicia juſtitiæ tuæ.*	confitendum tibi, ſuper judicia juſtificationis tuæ.
63. Particeps ſum ego omnium timentium te, & cuſtodientium mandata tua.	*Particeps ego ſum omnium timentium te, & cuſtodientium præcepta tua.*	63. Particeps ego ſum omnium timentium te, & cuſtodientium mandata tua.
64. Miſericordiâ tuâ Domine plena eſt terra :	*Miſericordiâ tuâ Domine completa eſt terra : præcepta tua doce me.*	64. Miſericordiâ tuâ Domine plena eſt terra : juſtificationes tuas doce me.
THETH.	TETH.	TETH.
juſtificationes tuas doce me.		
65. Et veritatem feciſti cum ſervo tuo Domine, ſecundùm verbum tuum.	*Benefeciſti cum ſervo tuo Domine, ſecundùm verbum tuum.*	65. Bonitatem feciſti cum ſervo tuo Domine, ſecundùm verbum tuum.
66. Bonitatem, & diſciplinam, & ſcientiam doce me : quia mandatis tuis credidi.	*Bonum ſermonem, & ſcientiam doce me : quia mandatis tuis credidi.*	66. Bonitatem, & diſciplinam, & ſcientiam doce me : quia mandatis tuis credidi.
67. Priuſquam humiliarer ego deliqui : propterea eloquium tuum ego cuſtodivi.	*Antequam audirem ego ignoravi : nunc autem eloquium tuum cuſtodivi.*	67. Priuſquam humiliarer ego deliqui : propterea eloquium tuum cuſtodivi.
68. Bonus es tu Domine : in bonitate tua doce me juſtificationes tuas.	*Bonus es tu, & beneficus : doce me præcepta tua.*	68. Bonus es tu : & in bonitate tua doce me juſtificationes tuas.
69. Multiplicata eſt ſuper me iniquitas ſuperborum : ego autem in toto corde ſcrutabor mandata tua.	*Applicabant mihi mendacium ſuperbi : ego autem in toto corde ſervabam præcepta tua.*	69. Multiplicata eſt ſuper me iniquitas ſuperborum : ego autem in toto corde meo ſcrutabor mandata tua.
70. Coagulatum eſt ſicut lacte cor meum : ego verò legem tuam meditatus ſum.	*Incraſſatum eſt velut adeps cor meum, & ego in lege tua delectabar.*	70. Coagulatum eſt ſicut lac cor eorum : ego verò legem tuam meditatus ſum.
71. Bonum mihi quòd humiliaſti me : ut diſcerem juſtificationes tuas.	*Bonum mihi quia afflictus ſum, ut diſcerem præcepta tua.*	71. Bonum mihi quia humiliaſti me : ut diſcam juſtificationes tuas.
IOTH.		
72. Bonum mihi lex oris	*Melior eſt mihi lex oris tui, ſu-*	72. Bonum mihi lex oris tui,

NOTÆ AD VERSIONEM ANTIQUAM.

legit Nicetius epiſc. c. 3. Spicil. to. 3. p. 3. c. cum Pſalt. Rom. & Moz. In Gr. τῆς δικαιοσύνης σου.

℣. 63. Concinit Hilar. in hunc Pſ. Item Ambroſ. Aug. Proſp. & Caſſiod. unà cum Gr. niſi quòd habent, *ego ſum*. Pſalt. Corb. *ſum ego*, ut ſup.

℣. 64. Malè hic interponitur littera Hebr. *Theth* in Mſ. Sangerm. vide Not. ſeq. Hilarius ſimiliter legit : *Miſericordiâ tuâ Domine plena eſt*, &c. Accinunt Proſp. & Caſſiod. Pſ. verò è Mſ. Vatic. ap. Hilar. habet : *Miſericordiâ Domini plena eſt terra*, &c. cui favet Gr. Alex. Ambr. autem cum Gr. ed. Rom. *Miſericordia tua Domine plena eſt terra*, &c. Auguſt. *Miſericordiâ tuâ Domine..... & juſtific. tuas doce me.*

℣. 65. Hic reponitur littera Hebr. *Theth* apud Hilar. Ambroſ. & Caſſiod. *Ejus interpretatio eſt*, Excluſio, ſi Ambroſ. fides; *Bonum*, ſecundum Pſalt. Rom. Addit Hilarius cum Proſp. & Caſſiod. *Bonitatem feciſti cum ſervo tuo*, &c. Ambroſ. verò col. 1080. e. cum Brev. Moz. leg. *Jucunditatem feciſti*, &c. Moz. *Jocunditatem*. Auguſt. in eund. Pſ. *Suavitatem feciſti..... ſecundùm verbum tuum, vel potius*, inquit, *ſecundùm eloquium tuum :* tum addit : *ſed quod ait Græcus*, χρηστότητα, *aliquando* ſuavitatem, *aliquando* bonitatem, *noſtri Interpretes tranſtulerunt*. Idem obſervat Ambr. ubi ſup. 1082. a. & ipſe *bonitatem* legit, col. 1081. e. 1084. f. Pſalt. Corb. poſt vocem *Domine*, ſubdit, *vivifica me ſecundùm*, &c.

℣. 66. Conſentiunt Hilar. & Caſſiod. in hunc Pſ. unà cum Gr. Ambroſ. verò in eund. legit : *Jucunditatem, & diſciplin..... quia in mandatis tuis credidi*. Aug. cum Proſp. *Suavitatem, & eruditionem, & ſcientiam..... quoniam mandatis* (Proſp. *in mandatis*) *tuis credidi*. Tum Auguſt. ibid. *Addidit autem &* eruditionem, *vel ſicut codices plures habent*, diſciplinam : *ſed* diſciplinam, *quam Græci appellant* παιδείαν, *ibi Scripturæ noſtræ ponere conſueverunt, ubi intelligenda eſt per moleſtias* eruditio, *ſecundùm illud :* quem enim diligit Dñus corripit, &c. *Hæc apud Eccleſiaſticas litteras dici aſſolet* diſciplina, *interpretata de Græco, ubi legitur* παιδεία.

℣. 67. Sic in Pſalt. Rom. & Corb. quibus accinit S. Proſp. ad verbum. Ita quoque Hilar. habet in eund. Pſ. cum Caſſiod. ſed uterque tollit *ego*, ante *cuſtodivi*. Ambroſ. legit : *Priuſquam humiliarer ego deliqui : propter hoc verbum tuum ego cuſtodivi*. Tum addit, col. 1082. f. *Alia editio habet*, Priuſquam humiliarer ego neſcivi; *unde putant aliqui quòd hominis anima hoc dicat*, Priuſquam humiliarer, *ut in hoc lutum corporis introirem, tua quæ non legeram mandata* neſcivi : *ſed quia LXX. Virorum ſententias magis ſequitur Eccleſia, & hic ſenſus eſt planior, & nihil offenſionis admittit; ideo accipiamus* humiliarer *ita dictum, eo quòd peccato videatur humiliatus*. Hieron. l. 1. in ep. ad Eph. to. 4. 325. d. *Antequam humiliarer ego peccavi*. Auguſt. *Priuſquam humil. ego deliqui : propterea verbum tuum, vel*, inquit, *ſicut alii expreſſius habent*, propterea eloquium tuum cuſtodivi. Gr. Πρὸ τοῦ με ταπεινωθῆναι ἐγὼ ἐπλημμέλησα· διὰ τοῦτο τὸ λόγιόν σου ἐφύλαξα.

℣. 68. Pſalt. Rom. Corb. & Moz. cum Caſſiod. *Bonus es tu Domine : & in bonitate tua*, &c. ut ſup. Itidem Pſ. è Mſ. Vatic. apud Hilarium : imo Hilarius ipſe, niſi quòd tollit voculam *tu*. Ambroſ. verò cùm in hunc Pſ. col. 1079. c. tum epiſt. 29. col. 906. f. ita legit : *Suavis es Domine : & in jucunditate tua doce me juſtific.* &c. at infra in eund. Pſalm. col. 1083. e. *Bonus es Domine : & in bonitate tua doce me juſtitias tuas*. Auguſt. cum Proſp. *Suavis es Domine : & in tua ſuavitate doce me juſtific*, &c. mox Auguſt. *vel ſicut plures habent :* Suavis es tu Domine; *aliqui etiam*, Suavis es tu, *vel* Bonus es tu. S. Proſp. leg. *Suavis es tu Domine*. Gr. Χρηστὸς εἶ σὺ Κύριε· καὶ ἐν τῇ χρηστότητί σου δίδαξόν με τὰ δικαιώματά σου.

℣. 69. Conſentiunt Hilar. Ambr. Aug. Proſp. & Caſſiod. &c. niſi quòd legunt cum Vulg. & Gr. *in toto corde meo :* at Hieron. ep. ad Sun. & Fret. to. 2. col. 659. c. de hoc ita ſcribit : *In Græco*, in toto corde meo, *legiſſe vos dicitis ; ſed* meo *ſuperfluum eſt :* abeſt etiam *meo* à Pſalt. Carnut.

℣. 70. Sic Hilar. in hunc Pſ. cum Pſ. ibid. præfixo : at ipſe in Pſ. 67. col. 200. a. legit : *Coagulavit ſicut lac*, &c. Ambroſ. in eund. Pſ. *Coagulatum eſt ſicut lac..... ego autem leg. tuam meditabar*. Auguſt. *Coagulatum eſt ut lac cor*, &c. ut in textu. S. Proſp. & Caſſiod. Vulgatæ favent. In Gr. Ἐτυρώθη ὡς γάλα ἡ, &c.

℣. 71. Ita legit Hilarius cum Caſſiod. necnon Pſalt. Rom. & Corb. In Moz. verò ſic : *Bonum mihi eſt quòd humiliaſti me Domine : ut diſcam*, &c. Apud Ambroſium col. 1083. a. 1085. d. *Bonum mihi quòd humiliaſti me : ut diſcam*, &c. ſed infra, col. 1148. c. legit : *Bonum mihi eſt quòd humiliatus ſum :* ſimiliter epiſt. 2. & 73. to. 2. col. 760. e. 1079. c. Philaſtr. Brix. de hæreſ. p. 718. h. *Bonum mihi eſt Domine quòd humiliaſti me : ut diſcam*, &c. Apud Auguſt. & Proſp. ut in Vulg. In Gr. Ἀγαθόν μοι ὅτι....., ὅπως ἂν μάθω, &c.

℣. 72. Hilar. Ambroſ. & Caſſiod. huic verſui poſtponunt litteram Hebr. *Iod :* at illi tres habent verſum ut

VULGATA HOD.	HEBR.	VERSIO ANTIQUA.
super millia auri & argenti.	*per millia auri & argenti.*	tui, super millia auri & argenti. *Ex Ms. Sangerm.*
IOD.	*IOD.*	
73. Manus tuæ fecerunt me, & plasmaverunt me : da mihi intellectum, & discam mandata tua.	*Manus tuæ fecerunt me, & firmaverunt me : doce me, & discam mandata tua.*	73. Manus tuæ fecerunt me, & præparaverunt me : da mihi intellectum, & discam mandata tua.
74. Qui timent te videbunt me, & lætabuntur : quia in verba tua supersperavi.	*Qui timent te videbunt me, & lætabuntur : quia sermonem tuum exspectavi.*	74. Qui te timent videbunt me, & lætabuntur : quia in verba tua spero.
75. Cognovi Domine quia æquitas judicia tua : & in veritate tua humiliasti me.	*Scio Domine quia justum judicium tuum, & verè afflixisti me.*	75. Ego cognovi Domine quia æquitas judicia tua : & in veritate humiliasti me.
76. Fiat misericordia tua ut consoletur me, secundùm eloquium tuum servo tuo.	*Sit obsecro misericordia tua in consolatione mea, sicut locutus es servo tuo.*	76. Fiat misericordia tua ut exhortetur me, secundùm eloquium tuum servo tuo.
77. Veniant mihi miserationes tuæ, & vivam : quia lex tua meditatio mea est.	*Veniant mihi misericordia tua, & vivam : quia lex tua delectatio mea.*	77. Veniant mihi miserationes tuæ, & vivam : quia lex tua meditatio mea est.
78. Confundantur superbi, quia injustè iniquitatem fecerunt in me : ego autem exercebor in mandatis tuis.	*Confundantur superbi, quoniam iniquè contriverunt me : ego autem loquar in præceptis tuis.*	78. Confundantur superbi, quia injustè iniquitatem fecerunt in me : ego autem permanebo in mandatis tuis.
79. Convertantur mihi timentes te, & qui noverunt testimonia tua.	*Revertantur ad me qui timent te, & qui sciunt testimonium tuum.*	79. Convertantur mihi qui timent te, & qui noverunt testimonia tua.
80. Fiat cor meum immaculatum in justificationibus tuis, ut non confundar.	*Fiat cor meum perfectum in præceptis tuis, ut non confundar.*	80. Fiat cor meum immaculatum in justificationibus tuis, ut non confundar.
CAPH.	*CHAPH.*	CAPH.
81. Defecit in salutare tuum ani-	*Defecit in salutare tuum anima*	81. Defecit in salutari tuo

NOTÆ AD VERSIONEM ANTIQUAM.

supra ; quibus accedit Prosp. in hunc Ps. August. solus leg. *Bona mihi lex oris tui*, &c. è Gr. Ἀγαθός μοι ὁ νόμος, &c. sed in Ms. Alex. Ἀγαθόν μοι. Hic autem versus, ut & alii seqq. usque ad ℣. 121. absunt à Brev. Mozarab.

℣. 73. Sic Hilarius in hunc Ps. nisi quòd hab. *ut discam mand. tua* : observat etiam ibid. *in aliquibus codicibus ita scriptum deprehendisse se* : Manus tuæ fecerunt me, & finxerunt me, &c. Ambros. l. 2. de interpel. David, c. 5. to. 1. 645. b. & epist. 43. to. 2. 972. d. leg. *plasmaverunt me* : at in Ps. 118. col. 1089. b. c. *Manus tuæ fecerunt me, & paraverunt me : da mihi intellectum ut discam*, &c. inf. *& discam* : item col. 1090. e. addit : *In aliquibus tamen codicibus invenimus* ..... & plasmaverunt me. August. & Prosp. in hunc Ps. *Manus tuæ fecerunt me, & finxerunt me : da mihi intell. ut discam*, &c. post paulò verò ait August. *Quidam Interpretes noluerunt dicere*, finxerunt me, *sed* plasmaverunt me ; *magis diligentes minùs Latinè declinare de Græco, quàm dicere*, finxerunt : sic etiam ipse infra legit, *plasmaverunt me..... ut discam*, &c. cum Prosp. Cassiod. & Psalt. Rom. Ad hoc verò, *da mihi intellectum*, idem August. col. 1324. g. ait : *Quod interpretati sunt nostri*, da mihi intellectum, *breviùs dixit Græcus*, Συνέτισόν με, *quia uno verbo complexus est... quod Latinè uno verbo dici non potest*. Philastr. Brix. de hæres. p. 713. b. legit : *Manus tuæ Domine fecerunt, & plasmaverunt me*. Psalt. Corb. *fecerunt me, & paraverunt me... & discam*, &c.

℣. 74. Psalt. Rom. *Qui timent te..... lætab. quia in verbo tuo speravi*. Ps. è Ms. Vat. ap. Hilar. *quia in verba tua spero*, ut supra. Hilar. ipse : *in verba tua speravi*. Ambros. Vulgatæ succinit ad verbum. August. verò leg. cum Prosp. *Qui timent te videbunt me, & jocundabuntur : quoniam in verba tua speravi* : sed August. monet alios codices habere, *lætabuntur..... speravi ; vel*, inquit, *sicut alii diligentiùs expresserunt, supersperavi*. Cassiod. *quia in verbo tuo supersperavi*. Psalt. Corb. *Qui te timent, videbunt me... quoniam in verbis tuis speravi*. Gr. ὅτι εἰς τοὺς λόγους σου ἐπήλπισα.

℣. 75. Hilar. in hunc Ps. *Cognovi Domine quia æquitas judicia tua : & vere humiliasti me*. Ambros. in eund. Ps. *Agnovi Domine quoniam justa judicia tua : & in veritate tua humiliasti me*. August. *Cognovi Domine quia justitia judicia tua : & veritate humiliasti me*. S. Prosp. in eund. Ps. *Cognovi Domine quoniam justa judicia tua : & in veritate tua humilias me*. Hieron. in Ezech. 18. to. 3. p. 820. b. *Cognovi quia justitia judicia tua*. Item Ambros. ubi sup. col. 1097. a. ait : *Qui ergo justus est examine justitiæ suæ, credit quia Dei justa judicia sunt ; vel secundùm Græcum, quia Dei judicia sunt ipsa justitia*. In Psalt. Corb. *Cognovi Domine quia æquitas & veritas judicia tua : & in veritate humiliasti me*. Græc. Ἔγνων Κύριε ὅτι δικαιοσύνη τὰ κρίματά σου· καὶ ἀληθείᾳ ἐταπείνωσάς με. Cassiod. Vulgatæ congruit.

℣. 76. Ita legit Hilar. cum Ps. Vat. ibidem præfixo. Rom. verò Psalt. cum Cassiod. *Fiat nunc misericordia tua ut consoletur me*, &c. Carnut. & Corb. *Fiat nunc..... ut exhortetur me*. Mediolan. *Fiat verò..... ut exhortetur me*, &c. Ambros. in hunc Ps. *Fiat nunc miseric. tua ut exhortetur me, secundùm verbum tuum servo tuo* : tum addit : *Aliqui habent in hoc loco*, consoletur me ; *sed etiam in Apostolo legimus exhortationem pro consolatione dictam, & consolationem pro exhortatione* : & infra, col. 1099. e. *Plerique habent*, consoletur. August. in eund. Ps. *Fiat mis. tua, & consoletur me*, &c. ut in textu. S. Prosp. ibid. *Fiat autem mis. tua ut consoletur me, secundùm eloquium tuum*, &c. Hilar. in commentar. col. 302. f. *secundùm verbum tuum*. Gr. Γενηθήτω δὴ..... τοῦ παρακαλέσαι με, κατὰ τὸ λόγιόν σου, &c. Vid. Cotel. Not. to. 2. col. 3. a. c.

℣. 77. Accinunt Hilar. Ambros. August. Prosp. & Cassiod. in hunc Ps. August. inf. habet semel, *Veniant super me* ; aliis in locis, *Veniant mihi*, ut in Gr. In Psalt. Corb. deest *mihi*.

℣. 78. Cum Vulgata concinit Hilar. nisi quòd hab. *super me*, pro *in me*. Ab ipsa autem Vulg. nil differunt August. Prosp. & Cassiod. neque etiam Gr. In Psalt. Mediol. pro *permanebo*, legitur *meditabor*. Apud Ambros. in eund. Ps. sic : *Confund. superbi, quoniam injustè iniquit. gesserunt in me : ego autem exercebor in præceptis tuis*. In Psalt. Corb. *exercebo*.

℣. 79. Ita legit Hilar. cum Ps. Vatic. ibid. Ambros. verò in eund. Ps. sic : *Convertantur ad me qui timent te, & qui sciunt testimonia tua* : mox addit : *Alius habet, maximè juxta Græcum*, Convertantur mihi. August. cum Prosp. *Convertantur ad me qui timent te, & qui cognoscunt testim. tua*. Observat etiam August. ibid. *in nonnullis codicibus & Græcis & Latinis* inventum à se *Convertantur mihi, quod*, inquit, *tantumdem valere existimo, quantum si dicatur* ad me. Cassiod. cum Psalt. Rom. *Convertantur ad me qui timent te, & qui nover*. &c. Similiter in Corb. dempto uno *ad me*. In Gr. Ἐπιστρεψάτωσάν με οἱ φοβούμενοί σε, καὶ οἱ γινώσκοντες, &c.

℣. 80. Accinunt magno consensu Hilar. Ambros. August. Prosp. & Cassiod. cum vet. Psalt. & Gr.

℣. 81. Sic est in Psalt. Rom. Ap. Hilar. verò ita : *Defecit in salutare tuum..... & in verbum tuum spero*. Similiter ap. Ambros. August. & Cassiod. in eund. Ps. præter unum *speravi*. Item *speravi* in Psalt. Corb. Subdit August.

Versio antiqua.	Hebr.	Vulgata hod.
Ex Mſ. Sangerm. anima mea : & in verbo tuo ſperavi.	*mea : in verbum tuum exſpectavi.*	ma mea : & in verbum tuum ſuperſperavi.
82. Defecerunt oculi mei in eloquium tuum, dicentes : Quando exhortaberis nos?	*Conſumpti ſunt oculi mei in verbum tuum, dicentes : Quando conſolaberis me?*	82. Defecerunt oculi mei in eloquium tuum, dicentes : Quando conſolaberis me?
83. Quia factus ſum ſicut uter in pruina : juſtificationes tuas non ſum oblitus.	*Et cùm eſſem quaſi uter in pruina, præcepta tua non ſum oblitus.*	83. Quia factus ſum ſicut uter in pruina : juſtificationes tuas non ſum oblitus.
84. Qui ſunt dies ſervi tui : quando facies de perſequentibus me judicium?	*Quot ſunt dies ſervi tui : quando facies in perſequentibus me judicium?*	84. Quot ſunt dies ſervi tui : quando facies de perſequentibus me judicium?
85. Narraverunt mihi iniqui exercitationes : ſed non ita ut lex tua Domine.	*Foderunt mihi ſuperbi foveas, quæ non erant juxta legem tuam.*	85. Narraverunt mihi iniqui fabulationes : ſed non ut lex tua.
86. Omnia præcepta tua veritas : iniqui perſecuti ſunt me, adjuva me.	*Omnia mandata tua vera : falsò perſecuti ſunt me, auxiliare mihi.*	86. Omnia mandata tua veritas : iniquè perſecuti ſunt me, adjuva me.
87. Paulò minùs conſummaverunt me in terram : ego autem non dereliqui mandata tua Domine.	*Paulò minùs conſumpſerunt me in terra : ego autem non dimiſi præcepta tua.*	87. Paulò minùs conſummaverunt me in terra : ego autem non dereliqui mandata tua.
88. Secundùm miſericordiam tuam vivifica me : ut cuſtodiam teſtimonia oris tui.	*Secundùm miſericordiam tuam vivifica me, & cuſtodiam teſtimonia oris tui.*	88. Secundùm miſericordiam tuam vivifica me : & cuſtodiam teſtimonia oris tui.
Labd.	Lamed.	Lamed.
89. In æternum Domine, permanet verbum tuum in cœlo.	*In æternum Domine, verbum tuum permanet in cœlo.*	89. In æternum Domine, verbum tuum permanet in cœlo.
90. In ſæculum & ſæculum veritas tua : fundaſti terram, & permanet.	*In generatione & generatione fides tua : fundaſti terram, & ſtat.*	90. In generationem & generationem veritas tua : fundaſti terram, & permanet.
91. Ordinatio tua perſeverat dies : quoniam omnia ſerviunt tibi.	*Judicio tuo ſtant uſque hodie : quia omnia ſerviunt tibi.*	91. Ordinatione tua perſeverat dies : quoniam omnia ſerviunt tibi.

Notæ ad Versionem antiquam.

ſup. *Etiam hìc Græcus illud verbum habet, quod quidam noſtri Interpretes*, ſuperſperavi, *transferre maluerunt*. S. Proſp. legit *ſemper ſperavi*, ſed infra, *ſuperſperavi* ; cætera ut in Vulg. Ambr. l. 1. de Cain. c. 2. to. 1. 185. d. habet : *Defecit anima mea in verbum tuum* : at l. de lapſu virg. to. 2. 319. b. *Defecit in ſalutari tuo anima mea* : & l. de fug. ſæc. c. 8. col. 436. e. *Defecit in ſalutare tuum*, ut in Vulg. In Gr. Ἐξέλιπεν εἰς τὸ σωτήριόν σου..... εἰς τοὺς λόγους σου ἐπήλπισα. Mſ. Alex. εἰς τὸν λόγον σου. Littera autem Hebræa *Caph*, quæ ponitur ſup. *Latina interpretatione ſignificat*, Curvati ſunt, Ambroſio teſte : *Manus* autem juxta Pſalt. Rom.

℣. 82. Sic Hilarius cum Pſalt. Carnut. & Corb. præter hoc, *exhortaberis me*. In Vatic. apud Hilar. *conſolaberis me*. Itidem ap. Aug. Proſp. & Caſſiod. Apud Ambroſ. in eund. Pſ. ſic : *Defecerunt oculi mei in verbum tuum, dicentes : Quando conſolaberis me?* In Gr. εἰς τὸ λόγιόν σου... Πότε παρακαλέσεις με ;

℣℣. 83. 84. Ita legunt Hilar. Proſp. & Caſſiod. præter unum *quot*, pro *qui*. Itidem ap. Auguſt. in eund. Pſ. ni excipias iſta, *Quoniam factus ſum tanquam uter*. Ambroſ. ibid. *Quoniam factus ſum tanquam uter in gelicidio... quot ſunt.... quando facies mihi de perſeq. me judicium?* Item in Pſalt. Corb. *quando facies mihi*, &c. In Gr. ὡς ἀσκὸς ἐν πάχνῃ..... πόσαι εἰσίν..... πότε ποιήσεις μοι ἐκ τῶν καταδιωκόντων με, &c.

℣. 85. Sic eſt in Pſalt. Corb. Ita quoque ap. Hilar. & in Pſ. Vatic. ibidem præfixo, dempto ult. *Domine* ; in Vatic. etiam deeſt *ita*. Ambroſ. in eund. Pſ. legit : *Narraverunt mihi injuſti exercitationes : ſed non ſicut lex tua Domine* : ſimiliter l. 2. Hexa. col. 23. d. Auguſt. verò cum Proſp. *Narraverunt mihi iniqui delectationes : ſed non ſicut lex tua Domine* : ita rurſum Auguſt. tract. 10. in 1. Joh. to. 3. col. 896. b. præter vocem *injuſti*, quam pariter habet to. 8. col. 240. c. addit Auguſt. in Pſ. col. 1330. c. *Eas ſic transferre voluerunt Interpretes noſtri, quas Græci ἀδολεσχίας vocant, quod uſque adeo uno verbo nequaquam dici Latinè poteſt, ut aliqui* delectationes, *aliqui* fabulationes, *eas dicerent*. Item Ambroſ. ubi ſup. col. 1110. b. *Quaſi fabula cujuſdam aniles narratas ſibi dicit ἀδολεσχίας, hoc eſt, ſuperfluas loquacitates*. In Pſalt. Carnut. *exercitationes*. In Rom. & apud Caſſiod. *fabulationes* ; mox in Rom. *ſed non ita ut lex tua Domine*. in Gr. ἀλλ' οὐχ ὡς ὁ νόμος σου Κύριε.

℣. 86. Vulgatæ favet Hilar. in hunc Pſ. Ambroſ. verò legit : *Omnia præcepta tua veritas : injuſtè perſec.* &c. ſimiliter l. 2. Hexa. col. 23. d. *Omnia præcepta tua veritas*. Auguſt. cum Proſp. *Omnia mandata tua..... injuſtè perſec.* &c. item Auguſt. *injuſtè* epiſt. 185. to. 2. 646. g. Caſſiod. autem cum Pſalt. Rom. Corb. Mediol. Carnut. & Vat. ap. Hilar. *iniqui perſecuti ſunt me*, &c. Gr. ἀδίκως κατεδίωξάν με.

℣℣. 87. 88. Vulgatæ accinunt ad verbum Hilar. Ambroſ. Auguſt. Proſp. & Caſſiod. cum vet. Pſalt. & Gr. In Pſalt. Corb. *non dereliqui præcepta tua*.

℣. 89. Apud Hilar. Proſp. & Caſſiod. *Lamed*. In Pſalt. Rom. Fabri, *Diſciplina*. Apud Ambroſ. *Lamed, cujus interpretatio*, Cor, *vel ut alia interpretatio habet*, Servo : deinde Ambroſ. legit ut ſup. in textu, eodemque ordine ; ſicut l. 1. de fide, to. 2. 456. d. at ſupra col. 1115. f. notat *aliquos codices habere*, in ſæculum ; *quia Græcus*, inquit, εἰς τὸν αἰῶνα *poſuit, quod diversè interpretati ſunt Translatores ; alii* in æternum, *alii* in ſæculum. Hilar. in eund. Pſ. legit : *In ſæculum Domine, permanet verbum tuum in cælo* : item obſervat *Latinos quoſdam Interpretes ambigua id ſignificatione, & minùs propria* tranſtuliſſe : *nam quod Græcitas habet*, inquit, Εἰς τὸν αἰῶνα Κύριε, *id nobiſcum eſt*, In æternum Domine, *translatum*. Similiter ap. Auguſt. Proſp. & Caſſiod. *In æternum Domine*.

℣. 90. Hilar. ubi ſup. *In generatione & generatione veritas tua : fundaſti terram, & permanebit*. Pſ. Vatic. ibid. præfixus, *In generatione & generationem..... permanet*. Ambroſ. Auguſt. & Caſſiod. cum Vulg. *In generationem & generationem..... permanet*. S. Proſp. *In generatione & generatione..... permanet*. Pſalt. Rom. *Et in ſæculum ſæculi veritas tua...... permanet*. Corb. *In ſæculum & in ſæculum verit.* &c. Gr. Εἰς γενεὰν καὶ γενεὰν..... διαμένει.

℣. 91. Ambroſ. in hunc Pſ. ita legit : *Diſpoſitione tua permanet dies : quoniam univerſa ſerviunt tibi* : itidem l. 4. Hexa. to. 1. 64. d. & l. 4. & 5. de fide, to. 2. 546. c. 569. c. 587. d. excepto verbo *permanebit* : vide etiam epiſt. 46. col. 987. a. & l. de Spir. S. col. 605. c. Hieron. in Matth. 24. to. 4. 116. a. *Ordinatione tua permanet dies*. Similiter Auguſt. in hunc Pſ. Hilar. verò, Proſp. & Caſſiod. Vulgatæ reſpondent. In Pſalt. Rom. ſic : *Ordinatione tua perſeverant dies*, &c. In Corb. *Diſpoſitione tua perſeverat dies : quoniam univerſa ſerv. tibi*. In Gr. Τῇ διατάξει σου διαμένει ἡμέρα· ὅτι τὰ σύμπαντα δοῦλα σά.

VULGATA HOD.	HEBR.	VERSIO ANTIQUA.
92. Niſi quòd lex tua meditatio mea eſt : tunc fortè periiſſem in humilitate mea.	*Niſi quòd lex tua delectatio mea, fortè periſſem in preſſura mea.*	92. Niſi quòd lex tua meditatio mea eſt : tunc periſſem forſitam in humiliatione mea.
93. In æternum non obliviſcar juſtificationes tuas : quia in ipſis vivificaſti me.	*In ſempiternum non obliviſcar præceptorum tuorum : quia per ipſa vivificaſti me.*	93. In æternum non obliviſcar juſtificationes tuas : quia in ipſis vivificaſti me Domine.
94. Tuus ſum ego, ſalvum me fac : quoniam juſtificationes tuas exquiſivi.	*Tuus ego ſum, ſalva me : quoniam præcepta tua quæſivi.*	94. Tuus ſum ego Domine, ſalvum me fac : quoniam juſtificationes tuas exquiſivi.
95. Me exſpectaverunt peccatores ut perderent me : teſtimonia tua intellexi.	*Me exſpectaverunt impii ut perderent me : teſtimonium tuum conſiderabo.*	95. Me exſpectaverunt peccatores ut perderent me : teſtimonia tua non intellexerunt.
96. Omnis conſummationis vidi finem : latum mandatum tuum nimis.	*Omnis conſummationis vidi finem : latum mandatum tuum nimis.*	96. Omni conſummationi vidi finem : latum mandatum tuum nimis.
MEM.	*MEM.*	
97. Quomodo dilexi legem tuam Domine ? tota die meditatio mea eſt.	*Quàm dilexi legem tuam! tota die hæc meditatio mea.*	97. Quomodo dilexi legem tuam Domine ? MEN. tota die meditatio mea eſt præceptum tuum.
98. Super inimicos meos prudentem me feciſti mandato tuo : quia in æternum mihi eſt.	*Super inimicos meos inſtruxiſti me mandato tuo : quia in ſempiternum hoc eſt mihi.*	98. Super inimicos meos prudentem me feciſti mandato tuo : quia in æternum mihi eſt.
99. Super omnes docentes me intellexi : quia teſtimonia tua meditatio mea eſt.	*Super omnes qui docebant me eruditus ſum : quia teſtimonia tua meditatio mea.*	99. Super omnes docentes me intellexi : quoniam teſtimonia tua meditatus ſum.
100. Super ſenes intellexi : quia mandata tua quæſivi.	*Super ſenes intellexi : quia præcepta tua ſervavi.*	100. Super ſeniores intellexi : quia mandata tua exquiſivi.
101. Ab omni via mala prohibui pedes meos : ut cuſtodiam verba tua.	*Ab omni ſemita mala prohibui pedes meos, ut cuſtodirem verba tua.*	101. Ab omni via mala prohibuiſti pedes meos : ut cuſtodiam verbum tuum.

Ex Mſ. Sangerm.

NOTÆ AD VERSIONEM ANTIQUAM.

℣. 92. Sic Hilar. in hunc Pſ. pauló verò poſt leg. *in humilitate mea.* Pſ. è Mſ. Vatic. ap. ipſum : *Niſi quod lex tua medit. mihi eſt : tunc periiſſem in exprobratione mea.* Apud Ambroſ. in eund. Pſ. col. 1115. c. *Niſi quia lex tua medit. mea eſt : tunc forſitan periiſſem in humilitate mea :* & inf. col. 1122. f. *alioquin periiſſem in humilit.* &c. & ſup. col. 1083. a. *Niſi lex tua medit. mea eſſet : tunc forſitan periiſſem*, &c. Auguſt. cum Pſalt. Rom. *Niſi quod lex tua..... tunc forſitan periiſſem in humilitate mea.* S. Proſp. *Niſi quia lex tua medit. mea eſt : forſitan periiſſem*, &c. Apud Caſſiod. ut in Vulg. In Gr. Εἰ μὴ ὅτι..... τότε ἂν ἀπωλόμην ἐν τῇ ταπεινώσει μου.

℣. 93. Sic in Pſalt. Corb. eſt ad verbum. Hilar. verò legit cum Gr. *In ſæculum non obliviſcar juſtificationum tuarum : quia in ipſis vivificaſti me.* Ambroſ. *In æternum non obliviſcar juſtificationum tuarum : quoniam in ipſis vivif. me.* Ita quoque hab. Auguſt. cum Proſp. Caſſiodorus Vulgatæ congruit.

℣. 94. Ita rurſum in Pſalt. Corb. Apud Hilar. in hunc Pſ. ſic : *Tuus ſum ego, ſalva me : quia juſtific.* &c. ut ſup. Pſ. è Mſ. Vatic. ap. ipſum, *ſalva me Domine : quoniam*, &c. Ita quoque Ambroſ. in eund. Pſ. Auguſt. verò & Caſſiod. concordant cum Vulg. S. Proſp. habet, *ſalvum me fac Domine.* In Gr. ſimpliciter ἐγώ, σῶσόν με· ὅτι, &c.

℣. 95. Vulgatæ conſentiunt Ambroſ. Proſp. & Caſſiod. cum Pſalt. Rom. & Gr. Hilarius hab. *teſtimonia tua Domine intellexi.* Auguſt. *teſtimon. autem tua intellexi :* ſubinde ait : *ſed familiarius hic Eccleſia auribus Græcum verbum ſonat*, martyria tua intellexi.

℣. 96. Itidem in Pſalt. Rom. Corb. & Carnut. ut & in Pſ. è Mſ. Vat. ap. Hilar. Hilarius quoque in comment. juxta plures Mſs. hab. *Omnis conſummationis* ; at in fine legit, *latum mandat. tuum vehementer.* Auguſt. cum Proſp. *Omnis conſummationis..... latum mandat. tuum valde :* item *valde*, tract. 10. in 1. Joh. to. 3. 899. a. è Gr. σφόδρα. Ambroſ. in eund. Pſ. ſic : *Omnis conſummationis vidi finem : amplificum mandatum tuum valde :* ait etiam col. 1130. d. *Non poſſumus in omnibus vim Græci ſermonis exprimere : major in Græco plerùmque vis & pompa ſermonis eſt : τέλος dicitur Græcè, quod nos Latinè, & finem dicimus*, & conſummationem. Eadem ferme ap. Hilarium col. 314. f. *Frequenter admonuimus*, inquit, *non poſſe ſatisfactionem intelligentiæ ex Latinitatis translatione præſtari : alia enim vis dicti hujus eſt ex Græco enunciati : ita enim eſt :* Πάσης συντελείας εἶδον πέρας· *id quod cum Græcis πέρας nuncupatur, ultra finem eſt rerum ſtatutarum..... quod autem nobiſcum ſcribitur* in finem, *fine eo, quo ſignificatur, exiſtimabitur id unde agitur contineri.*

℣. 97. In fronte ponitur littera Hebr. *Mem* ap. Hilar. Ambroſ. Proſp. & Caſſiod. in hunc Pſ. Ambroſ. ibid. ait *Mem* ſignificare in uno Interprete, *Viſcera* ; in alio, *Ex ipſis.* Hoc ult. habetur in Pſalt. Rom. Ambroſ. ſubdit : *Quomodo dilexi mandatum tuum Domine ? tota die medit. mea eſt :* at infra ait, non poſſe dicere Marcioniſtam : *Quomodo dilexi legem tuam ?* Hilar. in eund. Pſ. cum Pſ. Vatic. ibid. *Quomodo dilexi legem..... tota die meditatio eſt mihi.* Auguſt. Proſp. & Caſſiod. Vulgatæ ſuffragantur. In Gr. ὅλην τὴν ἡμέραν μελέτη μου ἐστίν. Auguſt. quoque ait Græcum melius habere *totam diem.*

℣. 98. Ita Caſſiod. hab. verbum è verbo. Item Hilar. præter hoc, *quoniam in ſæculum mihi eſt.* Ambroſ. in eund. Pſ. *Super inimicos meos intelligere me feciſti mandata tua : quia tu es :* ita ſcilicet ex potioribus Mſs. alii enim ferunt, *edocuiſti me mandatum tuum : quia in æternum mihi eſt :* nonnulli cum vet. ed. ad marg. *prudentem me feciſti*, &c. ut in Vulg. Auguſt. cum Pſalt. Mediolan. *Super inim. meos ſapere feciſti me mandatum tuum : quoniam in æternum mihi eſt.* S. Proſp. *ſapere feciſti me mandato tuo : quoniam in æternum*, &c. Auguſt. ait eodem loco, *meliùs intellexiſſe, qui interpretati ſunt* in æternum, *quam qui* in ſæculum ; *tanquam finito iſto ſæculo, nullum jam legis poſſet eſſe mandatum.* In Gr. Ὑπὲρ τοὺς ἐχθρούς μου ἐσόφισάς με τὴν ἐντολήν σου· ὅτι εἰς τὸν αἰῶνα ἐμή ἐστι. Mſ. Alex. & Compl. μοί ἐστι.

℣. 99. Hilar. Ambroſ. Auguſt. Proſp. & Caſſiod. in hunc Pſ. concinunt cum Vulg. & Græco. Al. *teſtimonia tua meditatio eſt mihi.*

℣. 100. Ita legunt Hilar. Auguſt. & Caſſiod. ubi ſup. necnon Auct. op. imp. in Matth. homil. 3. p. 23. a. cum Pſalt. Rom. Mediol. Corb. & Carnut. Sic etiam Ambroſ. in eund. Pſ. niſi quòd hab. *præcepta tua.* S. Proſp. *Super ſenes..... quia mandata tua exquiſivi.* Græc. Ὑπὲρ πρεσβύτερους συνῆκα· ὅτι τὰς ἐντολάς σου ἐξεζήτησα.

℣. 101. Ita fert Pſ. è Mſ. Vatic. ap. Hilar. at Hilarius ipſe in comment. legit *prohibui* ; quam etiam lectionem confirmat infra, dicens : *Reſiſtendum eſt & obnitendum, ut noſmetipſos ab omni via mala primùm arceamus*,

VERSIO ANTIQUA.	HEBR.	VULGATA HOD.
Ex Mſ. Sangerm. 102. A judiciis tuis non declinavi : quia legem tuam poſuiſti mihi.	*A judiciis tuis non receſſi : quia tu illuminaſti me.*	102. A judiciis tuis non declinavi : quia tu legem poſuiſti mihi.
103. Quàm dulcia faucibus meis eloquia tua, ſupra mel & favum ori meo !	*Quàm dulce gutturi meo eloquium tuum, ſuper mel ori meo !*	103. Quàm dulcia faucibus meis eloquia tua, ſuper mel ori meo !
104. A mandatis tuis intellexi : propterea odivi omnem viam iniquitatis ; quoniam tu legem conſtituiſti mihi.	*Præcepta tua conſiderabam : propterea odivi omnem ſemitam mendacii.*	104. A mandatis tuis intellexi : propterea odivi omnem viam iniquitatis.
NUN.	NUN.	NUN.
105. Lucerna pedibus meis verbum tuum, & lumen ſemitis meis.	*Lucerna pedi meo verbum tuum, & lux ſemitæ meæ.*	105. Lucerna pedibus meis verbum tuum, & lumen ſemitis meis.
106. Juravi, & ſtatui cuſtodire judicia juſtitiæ tuæ.	*Juravi, & perſeverabo, ut cuſtodiam judicia juſtitiæ tuæ.*	106. Juravi, & ſtatui cuſtodire judicia juſtitiæ tuæ.
107. Humiliaſti me uſquequaque : Domine vivifica me ſecundùm cor tuum.	*Afflictus ſum uſque nimis : Domine vivifica me juxta verbum tuum.*	107. Humiliatus ſum uſquequaque Domine : vivifica me ſecundùm verbum tuum.
108. Voluntaria oris mei Domine proba : & judicia tua doce me.	*Voluntaria oris mei complaceant tibi Domine, & ſecundùm judicia tua doce me.*	108. Voluntaria oris mei beneplacita fac Domine : & judicia tua doce me.
109. Anima mea in manibus tuis ſemper : & legem tuam non ſum oblitus.	*Anima mea in manu mea ſemper, & legis tuæ non ſum oblitus.*	109. Anima mea in manibus meis ſemper : & legem tuam non ſum oblitus.
110. Poſuerunt peccatores laqueum mihi : & à mandato tuo Domine non erravi.	*Poſuerunt impii laqueum mihi, & à præceptis tuis non aberravi.*	110. Poſuerunt peccatores laqueum mihi : & de mandatis tuis non erravi.

NOTÆ AD VERSIONEM ANTIQUAM.

Ambroſ. & Auguſt. in eund. Pſ. pariter leg. *Ab omni via maligna prohibui..... ut cuſtodiam verba tua* ; Ambroſ. *verbum tuum*. Sic etiam in Pſalt. Rom. Corb. & ap. Caſſiod. cum verbo *prohibui*. In Mediolan. *prohibe*. Apud Proſp. ut in Vulg. In Gr. Ἐκ πάσης ὁδῦ πονηρᾶς ἐκώλυσα τὺς πόδας μυ· ὅπως ἂν φυλάξω τὺς, &c.

℣. 102. Vulgatæ ſuffragantur Hilar. Ambroſ. Auguſt. Proſp. & Caſſiod. in hunc Pſ. In Gr. ὅτι σὺ ἐνομοθέτησάς με.

℣. 103. Sic eſt in Pſalt. Rom. Mediol. Corb. & Carnut. ni excipiatur vocula *ſuper*, pro *ſupra*. Itidem in Pſ. è Mſ. Vatic. ap. Hilar. necnon ap. Proſp. Fulg. l. 1. de dupl. præd. p. 10. & Caſſiod. in hunc Pſ. At Hilar. ipſe in comment. delet hoc, *& favum* ; & Reg. cod. ibid. cum Albino hab. *in ore meo* ; quæ lectio confirmatur ab Hilar. col. 319. e. his verbis : *Mel in ore, non etiam in faucibus, dulce eſt* : & poſt paulò : *Eloquia in faucibus & in ore, melle dulciora ſunt.* Ambroſ. in eund. Pſ. non ſemel : *Quàm dulcia faucibus meis verba tua, ſuper mel & favum ori meo !* Itidem in Luc. 9. col. 1414. f. & ep. 29. to. 2. 907. a. ſed in Pſ. 118. col. 1187. b. hab. *eloquia tua* ; ut & S. Paulin. ep. 1. cum Proſp. qui etiam addunt *& favum*, ut ſup. Auguſt. *Quàm dulcia fauc. meis verba tua*, (*vel quod de Græco eſt expreſſius*, eloquia tua,) *ſuper mel & favum ori meo !* ait quoque inf. *Nonnulli ſane codices non habent* favum, *ſed plures habent*. Hieron. in Ezech. 3. col. 713. c. & ep. ad Algaſ. quæſt. 1. to. 4. 188. b. *Quàm dulcia gutturi meo eloq. tua, ſuper mel ori meo !* Itidem Damaſ. ad Hieron. epiſt. 17. to. 1. col. 579. Auct. verò l. de promiſſ. p. 2. c. 21. col. 145. c. *Quàm dulcia faucibus verba tua, ſuper mella & favos ori meo !* Auct. op. imp. in Matth. p. 173. b. *ſuper mel & favum ori meo*. Gr. Ὡς γλυκέα τῷ λάρυγγί μυ τὰ λόγιά συ, ὑπὲρ μέλι τῷ σόματί μυ.

℣. 104. Pſalt. Rom. *A mandatis tuis intellexi : propterea odio habui omnem viam iniquitatis ; quoniam tu legem poſuiſti mihi*. Hilar. verò, Auguſt. Proſp. & Caſſiod. non addunt ult. verſiculum, *quoniam tu legem poſuiſti mihi*. Abeſt pariter à Gr. præterquam a Mſ. Alex. in quo ſubnectitur : ὅτι σὺ ἐνομοθέτησάς με. Hilar. legit cum Caſſiod. *propterea odivi*, &c. Ambroſ. *propter hoc odio habui*, &c. Auguſt. & Proſp. *propterea odio habui*, &c. Gr. διὰ τῦτο ἐμίσησα, &c.

℣. 105. Pſalt. Sangerm. vitioſè ſcribit *lucernam* pro *lucerna*. Litteræ autem præced. *Nun*, *interpretatio eſt* Unicus, *vel in alio Interprete*, *Paſcua eorum*, teſte Ambroſio. In Pſalt. Rom. *Sempiternum* ; mox ibid. ſicut in Corb. *Lucerna pedibus meis verbum tuum Domine*, *& lumen*, &c. Sic etiam ap. Hilar. Proſp. & Caſſiod. in hunc Pſ. Item ap. Ambroſ. in eund. ut & in Pſ. 37. col. 833. c. & in Luc. 9. & 11. col. 1414. f. 1433. f. ſed hoc ult. loco hab. *& lux ſemitis meis*, ſicut in Pſ. 118. col. 1144. f. aliis in locis hic verſiculus deeſt : vide etiam l. 2. de interpel. Dav. c. 4. col. 643. a. Ap. Auguſt. ut in Vulg. In Gr. Λύχνος τοῖς ποσί μυ ὁ νόμος συ, καὶ φῶς ταῖς τρίβοις μυ. Ita etiam legunt Pſalt. Æthiop. Apoll. Metaphr. ac Hieron. in Agg. 1. nempe *lex tua*, loco *verbum tuum*. Chromat. Aquil. in Matth. p. 981. a. *Mandatum tuum lucerna pedibus meis*, *& lux*, &c. Auct. l. de ſing. cleric. p. 527. *Lucerna eſt pedibus meis verbum tuum*, *& lux*, &c.

℣. 106. Accinunt Hilar. Ambroſ. Aug. Proſp. & Caſſiod. cum vet. Pſalt. & Gr.

℣. 107. Ambroſ. in hunc Pſ. legit : *Humiliatus ſum uſquequaque* : at infra col. 1146. e. *Humiliatus ſum nimis*, omiſſis aliis. Auguſt. & Proſp. cum Gr. *Humiliatus ſum uſque valde* ; poſt paulò Auguſtinus ſic : *Domine vivifica me ſecundùm*, &c. Hilar. verò & Caſſiod. Vulgatæ conſentiunt ad verbum.

℣. 108. Ambroſ. legit : *Voluntaria oris mei comproba Domine : & judicia*, &c. Pſalt. Corb. & Carnut. *comproba nunc* ; Mediolan. *bene proſpera nunc* ; Hilar. *fac beneplacita Domine*. Hieron. in ep. ad Philem. to. 4. 453. a. *complaceant tibi Domine*. S. Proſp. *fac beneplacita Domine : & in judicia tua*, &c. Aug. & Caſſiod. nil differunt à Vulgata. In Gr. Τὰ ἑκύσια τῦ σόματός μυ εὐδόκησον δὴ Κύριε· καὶ τὰ, &c.

℣. 109. Ita ferunt Pſalt. Rom. Mediol. Carnut. Corb. necnon Pſ. è Mſ. Vatic. ap. Hilar. Ita quoque Hilar. ipſe in comment. ut & Proſp. & Caſſiod. in eund. Pſ. Sic etiam Ambroſ. cùm in Pſ. 29. col. 908. a. tum in Pſ. 118. col. 1151. a. obſervat tamen hìc aliquos habere, *Anima mea in manibus meis ſemper : ſed quia*, inquit, *plerique habent*, Anima mea in manibus tuis, *&c. hoc latius explanandum arbitror* : & ita legit ipſe l. de bon. mort. c. 10. col. 407. d. Auguſt. etiam in eund. Pſ. ait : *Nonnulli codices habent*, in manibus meis, *ſed plures*, in tuis ; *& hoc quidem planum eſt* ; Juſtorum *enim* animæ in manu Dei ſunt..... Anima *verò* mea in manibus meis, *quomodo intelligatur*, *ignoro*, *&c. In Græco* pariter *legiſſe* ſe dicebant Sun. & Fret. *Anima mea in manibus tuis* ; ſicut etiamnum legitur ἐν ταῖς χερσί συ ; at Hieron. epiſt. ad ipſos, to. 2. col. 659. c. 662. a. legit *in manibus meis*, & contendit ita eſſe ſcriptum *apud Hebræos*, *& apud LXX. & omnes alios Interpretes*, non verò *in manibus tuis* ; tum addit : *& omnes apud Græcos Eccleſiaſtici Interpretes iſtum locum ſic ediſſerunt*, *& eſt breviter hic ſenſus : Quotidie periclitor*, *& quaſi in manibus meis ſanguinem meum porto*, *& tamen legem tuam non obliviſcor* ; ſupra : *& legem tuam non ſum oblitus*. Auguſt. è Gr. *& legis tuæ non ſum oblitus*.

℣. 110. Autograph. Sangerm. ſcribit *à mandata tua*, ſed vitioſè ; correximus *à mandato tuo*, licet Hilar. & Ambroſ. habeant *de mandatis tuis* : Auguſt. Proſp. & Caſſiod. cum Pſalt. Corb. *à mandatis tuis* ; Pſ. è Mſ. Vat.

VULGATA HOD.	HEBR.	VERSIO ANTIQUA.
111. Hæreditate acquiſivi teſtimonia tua in æternum : quia exſultatio cordis mei ſunt.	*Hæreditas mea teſtimonia tua in ſempiternum : quia gaudium cordis mei ſunt.*	111. Conſecutus ſum omnia teſtimonia tua in æternum : quia exſultatio cordis mei es tu.
112. Inclinavi cor meum ad faciendas juſtificationes tuas in æternum, propter retributionem.	*Inclinavi cor meum ut facerem juſtitias tuas, propter æternam retributionem.*	112. Declinavi cor meum ad faciendas juſtificationes tuas in æternum, propter retributionem.
SAMECH.	*SAMECH.*	SANCH.
113. Iniquos odio habui : & legem tuam dilexi.	*Tumultuoſos odivi, & legem tuam dilexi.*	113. Iniquos odio habui : & legem tuam dilexi.
114. Adjutor, & ſuſceptor meus es tu : & in verbum tuum ſuperſperavi.	*Protectio mea, & ſcutum meum tu es : verbum tuum exſpectavi.*	114. Adjutor, & ſuſceptor meus es tu : & in verbum tuum ſperavi.
115. Declinate à me maligni : & ſcrutabor mandata Dei mei.	*Recedite à me maligni, & cuſtodiam mandata Dei mei.*	115. Declinate à me maligni : & ſcrutabor mandata Dei mei.
116. Suſcipe me ſecundùm eloquium tuum, & vivam : & non confundas me ab exſpectatione mea.	*Confirma me ſecundùm verbum tuum, & vivam : & noli me confundere ab exſpectatione mea.*	116. Suſcipe me ſecundùm eloquium tuum, & vivam : & ne confundas me ab ſpe mea.
117. Adjuva me, & ſalvus ero : & meditabor in juſtificationibus tuis ſemper.	*Auxiliare mihi, & ſalvus ero : & delectabor in præceptis tuis jugiter.*	117. Adjuva me, & ſalvus ero : & meditabor in tuis juſtificationibus ſemper.
118. Spreviſti omnes diſcedentes à judiciis tuis : quia injuſta cogitatio eorum.	*Abjeciſti omnes qui averſantur præcepta tua : quia mendax cogitatio eorum.*	118. Spreviſti omnes diſcedentes à juſtificationibus tuis : quia injuſta cogitatio eorum.
119. Prævaricantes reputavi omnes peccatores terræ : ideo dilexi teſtimonia tua.	*Quaſi ſcoriam computaſti omnes impios terræ : propterea dilexi teſtimonia tua.*	119. Prævaricatores æſtimavi omnes peccatores terræ : propterea dilexi omnia teſtimonia tua ſemper.

Ex Mſ. Sangerm.

NOTÆ AD VERSIONEM ANTIQUAM.

ap. Hilar. *de mandatis meis*; ſed ſolus, & malè. Pſalt. Rom. *Poſuerunt peccat. laqueos mihi : & a mandatis tuis*, &c. ſed abſque *Domine*, quod etiam in aliis ſup. non exſtat. In Gr. παγίδα μοι, καὶ ἐκ τῶν ἐντολῶν σου, &c. ut in Vulg.

℣. 111. Hilarius in hunc Pſ. *Hæreditavi teſtimonia tua in ſæculum : quia*, &c. ut in Vulg. Similiter ap. Ambroſ. in eund. Pſ. præter hoc, *in æternum : quoniam*, poſt paulò verò hab. *Hæreditate quæſivi*, &c. & epiſt. 27. to. 2. 899. e. *Hæres factus ſum teſtimoniorum tuorum.* S. Proſp. *Hæreditatem adquiſivi teſtim. tua in æt.* &c. Ap. Aug. & Caſſiod. ut in Vulg. Addit tamen Auguſt. *Nonnulli uno verbo volentes dicere, quod uno verbo in Græco poſitum eſt*, hæreditavi *interpretati ſunt; quod, etſi Latinum eſſe poſſet, magis ſignificaret eum qui dedit hæreditatem, quàm eum qui accepit; ut ſic eſſet* hæreditavi, *quomodo* ditavi. *Melius ergo duobus verbis inſinuatur integer ſenſus, ſive dicatur* hæreditate poſſedi, *ſive dicatur* hæreditate adquiſivi; *non* hæreditatem, *ſed* hæreditate. In Gr. Ἐκληρονόμησα τὰ μαρτύριά σου εἰς τὸν αἰῶνα, &c.

℣. 112. Sic Hilar. in hunc Pſ. cum Pſ. ibid. præfixo, & Pſalt. Corb. Auguſt. verò, Proſp. & Caſſiod. Vulgatæ conſentiunt cum Pſalt. Rom. Ambroſius in eund. Pſ. ſic : *Inclinavi cor meum ad faciendas juſtitias tuas in æternum*, &c. Gr. Ἔκλινα τὴν καρδίαν μου τοῦ ποιῆσαι τὰ δικαιώματά σου, &c.

℣. 113. *Sanch* corruptè, pro *Samech*, quod ult. legitur ap. Hilar. Ambroſ. & alios. *Interpretationem habet* Audi, auctore Ambroſio : *eſt & alia ejus interpretatio*, inquit, *quæ dicitur* Firmamentum : in Pſalt. Rom. *Adjutorium.* Quæ verò ſequuntur in textu, eodem modo leguntur ap. Hilar. Ambr. Aug. Proſp. & Caſſiod. in hunc Pſ. Item ap. Lucif. Cal. l. de non conven. cum hæret. p. 223. c. & in Pſalt. Rom. Obſervat Hilarius *non Inimicos ſuos* dixiſſe Prophetam, *ſed Iniquos, id eſt, tranſgreſſores legis.* Et verò, inquit, *propriore iſtud verbo Græcitas nuncupat dicens*, παρανόμους, *id eſt, extra legem agentes.* Similiter Ambroſ. *Græcus meliùs eos & propriè nuncupavit dicens*, παρανόμους...... παράνομος exlex *vocatur.* Idem Ambroſ. col. 1163. f. & 1164. a. hab. *legem autem tuam dilexi*; è Gr. τὸν δὲ νόμον σου ἠγάπησα· ſup. *& legem tuam*, &c.

℣. 114. Pſalt. Rom. *Adjutor, & ſuſc. meus es tu : & in verbo tuo ſuperſperavi.* Pſ. è Mſ. Vat. ap. Hilar. *Adjutor, & ſuſc. meus : & in verbum tuum ſperavi.* Hilarius ipſe in comment. cum Pſalterio Corb. *Adjutor, & ſuſc. meus es tu : & in verbum tuum ſpero.* Similiter Ambroſ. in eund. Pſ. ſed addit : *Græcus tamen* ἐπήλπισα *habet, quod eſt* ſuperſperavi, *quod de eo dicitur qui ſemper addit ad ſperandum, & cùm ſperaverit aliquid, iterum ſperat* : at ibid. *Pulchrè autem ait, In verbum tuum ſperavi*; & infra, col. 1166. c. leg. *ſpero*, ut ſupra. Auguſt. cum Proſp. *Adjutor meus, & ſuſceptor meus es tu : in verbum tuum ſuperſperavi*; Proſp. *& in verbum*, &c. Caſſiod. *Adjutor meus, & ſuſceptor meus es tu : & in.... ſperavi.* Gr. Βοηθός μου, καὶ ἀντιλήπτωρ μου εἶ σύ· εἰς τοὺς λόγους σου ἐπήλπισα.

℣℣. 115. 116. 117. Eadem exſtant in Pſalt. Rom. excepta voce *exſpectatione*, pro *ſpe.* Hilar. Auguſt. Proſp. & Caſſiod. cum Vulgata concinunt ad verbum. Similiter ap. Ambroſ. præter ſeqq. *Diſcedite à me maligni..... & meditabor juſtificationes tuas ſemper.* In Gr. id unum differt à Vulgata, ζῆσόν με, *vivifica me*, pro *& vivam.*

℣. 118. Sic habet Caſſiod. ad verbum. Sic etiam in Pſalt. Rom. addito uno *eſt* in fine. Pſ. è Mſ. Vat. ap. Hilar. hab. *Spreviſti omnes diſcedentes à juſtitiis tuis : quia injuſta cognitio eorum.* Hilarius verò in comment. *Spreviſti omnes diſced. à juſtificationibus tuis : quia iniqua cogitatio eorum.* Ambroſ. in eund. Pſ. *Spreviſti omnes qui diſcedunt à juſtificationibus tuis : quia iniqua cogitatio eorum* : poſt paulò verò ita reſumit : *Rectè autem ait* : Ad nihilum deduxiſti prævaricatores : *non* peccatores *dixit*, *ſed* prævaricatores : & poſt pauca : *Etiam illud pulchrè* : Omnes ad nihilum deduxiſti prævaricatores : *ſive ille dives ſit, nihil illi divitiæ ſuæ proſunt; ſive honoratus, nihil dignitas; ſive potens, nihil potentia. Sed aliud eſt prævaricatorem eſſe diſcedentem à juſtificationibus Dei, aliud prævaricatorem eſſe terræ..... ideoque ſubjecta ne te turbent, vide : nam ſubjecit his : Prævaricatores æſtimavi*, &c. Auguſt. in eund. Pſ. hab. *Spreviſti omnes, vel*, inquit, *quod de Græco diligentiùs videtur expreſſum*, Ad nihilum deduxiſti omnes diſced. à juſtific. tuis, &c. Hanc etiam ult. lectionem uſurpat S. Proſp. in Pſ. Gr. Ἐξουδένωσας πάντας τοὺς ἀποστατοῦντας ἀπὸ τῶν δικαιωμάτων σου· ὅτι ἄδικον τὸ ἐνθύμημα αὐτῶν.

℣. 119. Ita legit Ambroſ. in hunc Pſ. cum Pſalt. Corb. præter vocem *omnia*, quam delent : *ſemper* etiam in fine habent Pſalt. Mediol. Carnut. & Vatic. ap. Hilar. Hilarius verò in comment. ſic legit : *Prævaricantes deputavi omnes peccatores terræ : ideo dilexi juſtitias tuas.* Auguſt. in eund. Pſ. *Prævaricantes deputavi, vel putavi, vel exiſtimavi, omnes peccat. terræ : Multis enim modis*, inquit, *noſtri interpretati ſunt unum verbum Græcum, quod eſt* ἐλογισάμην· inf. 1344. a. leg. *æſtimavi*; ſicut l. de civit. Dei, to. 7. col. 440. item epiſt. 157. to. 2. col. 549. a. *Prævaricatores æſtimavi omnes*, &c. in comment. ſup. addit : *propterea dilexi teſtimonia tua ſemper*; & poſt paulò ad vocem *Prævaricatores*, ſubdit : *vel potiùs Prævaricantes; Græcus enim* παραβαίνοντας *ait, non* παραβάτας : & poſt multa col. 1344. g. *Quidam codices habent* ſemper, *quidam non*

Ex Ms. Sangerm.

VERSIO ANTIQUA.	HEBR.	VULGATA HOD.
120. Infige timore tuo carnes meas :	*Horripilavit à timore tuo caro mea, & judicia tua timui.*	120. Confige timore tuo carnes meas : à judiciis enim tuis timui.
AIN.	AIN.	AIN.
à judiciis enim tuis timui.		
121. Feci judicium & justitiam : quoniam iniqua cogitatio eorum, non tradas me persequentibus me.	*Feci judicium & justitiam : ne derelinquas me his qui calumniantur me.*	121. Feci judicium & justitiam : non tradas me calumniantibus me.
122. Elige servum tuum in bonum : ut non calumnientur me superbi.	*Sponde pro servo tuo in bonum : ne calumnientur me superbi.*	122. Suscipe servum tuum in bonum : non calumnientur me superbi.
123. Oculi mei defecerunt in salutare tuum : & in eloquium justitiæ tuæ.	*Oculi mei defecerunt in salutare tuum, & in eloquium justitiæ tuæ.*	123. Oculi mei defecerunt in salutare tuum : & in eloquium justitiæ tuæ.
124. Fac cum servo tuo secundùm misericordiam tuam : & justificationes tuas doce me.	*Fac cum servo tuo juxta misericordiam tuam, & præcepta tua doce me.*	124. Fac cum servo tuo secundùm misericordiam tuam : & justificationes tuas doce me.
125. Servus tuus sum ego : da mihi intellectum, & sciam testimonia tua.	*Servus tuus sum ego : instrue me, & cognoscam testimonia tua.*	125. Servus tuus sum ego : da mihi intellectum, ut sciam testimonia tua.
126. Et tempus faciendi Domino : dissipaverunt iniqui legem tuam.	*Tempus est ut facias Domine : prævaricati sunt legem tuam.*	126. Tempus faciendi Domine : dissipaverunt legem tuam.
127. Ideo quia dilexi mandata tua, super aurum & argentum.	*Propterea dilexi mandata tua, super aurum & topazium.*	127. Ideo dilexi mandata tua, super aurum & topazion.
128. Propterea quia mandata tua custodivi : omnem viam iniquitatis odivi.	*Propterea in universa præcepta tua direxi : omnem semitam mendacii odio habui.*	128. Propterea ad omnia mandata tua dirigebar : omnem viam iniquam odio habui.
	PHE.	PHE.
129. Mirabilia testimonia	*Mirabilia testimonia tua : idcir-*	129. Mirabilia testimonia tua :

NOTÆ AD VERSIONEM ANTIQUAM.

habent : deest etiam hodie in Gr. Ap. Hieron. in Isai. 15. to. 3. p. 169. a. *Prævaricatores reputavi*, &c. Ap. Prosp. *Prævaricatores existimavi*, &c. Ap. Cassiod. ut in Vulg.

℣. 120. Littera Hebr. *Ain*, malè hic interposita videtur in Psalt. Sang. posteriori versiculo postponitur ap. Hilar. Ambros. Prosp. & Cassiod. *Interpretatio ejus est* Oculus, *sive* Fons, juxta Ambros. *Fons*, juxta Psalt. Rom. Ambr. subdit in comment. *Confige clavis à timore tuo carnes meas : à judiciis enim tuis timui* : sic etiam l. de Spir. S. to. 2. 623. a. Hilarius verò simpliciter. *Confige timore tuo*, &c. ut sup. sed addit : *Minoris istud dicti virtute Latinitatis translatio elocuta est : quod enim nobiscum est* confige, *illic* καθήλωσον ; *id significat, ut clavis se configat.* Ita quoque reddit August. cum Prosp. *Confige clavis à timore tuo carnes meas*, &c. mox Augustinus : *Sic enim expressiùs interpretati sunt quidam nostri, quod Græcè uno verbo dici potuit, id est*, καθήλωσον. *Hoc alii* confige *dicere voluerunt, nec addiderunt* clavis ; *atque ita, dum volunt uno verbo Græco unum Latinum interpretando reddere, sententiam minùs explicaverunt : quoniam in eo quod est* confige, *non sonant* clavi ; καθήλωσον *autem sine* clavis *intelligi non potest, nec nisi duobus verbis Latinè dici potest, sicut dictum est*, confige clavis. Eodem modo iterum legit ipse, epist. 55. to. 2. 138. a. & in Galat. to. 3. 974. b. Sic etiam Leo M. ser. 67. p. 147. a. & Vigil. Tapf. l. 3. de Trin. p. 231. a. Cypr. autem l. 2. Testim. p. 294. a. *Confige clavis de metu tuo carnes meas*. Cassiod. ut in Vulg. Mss. tamen 2. hab. ibid. *Infige*.

℣. 121. Psalt. Corb. *Feci judic. & justit. ne tradas me nocentibus me.* Mozarab. *Feci judicium & justitiam Domine : ne tradas me persequentibus me.* Itidem Rom. & Vatic. ap. Hilar. cum Cassiod. detracta voce *Domine*. Carnut. & Mediolan. hab. *nocentibus me.* Ita etiam legunt Hilar. Ambros. August. & Prosp. in hunc Ps. prætermisso constanter medio versic. *quoniam iniqua*, &c. August. ibid. hæc notat : *Quidam codices habent* persequentibus me : *quod enim Græcè dictum est*, inquit, τοῖς ἀντιδικοῦσι, *quidam interpretati sunt* nocentibus, *quidam* persequentibus, *quidam* calumniantibus. *Miror autem omnium, quos in promptu habere potui codicum, nusquam me legisse* adversantibus ; *cùm sine controversia quod Græcè* ἀντίδικος, *hoc Latinè* adversarius *appelletur.* In Gr. hod. τοῖς ἀδικοῦσί με.

℣. 122. Sic est *Elige*, in Psalt. Rom. Mediol. Corb. & Carnut. Item in Rom. & Mediol. *ut non calumnientur mihi superbi.* In Mozarab. *Excipe servum tuum in bono : ut non calumnientur mihi sup.* In Ps. Vatic. ap. Hilar. *Excipe servum tuum in bono : non calumnientur me sup.* Similiter hab. Hilar. in comment. præter unum *in bonum.* August. in eund. Ps. *Excipe servum tuum in bonum : non calumn. mihi sup.* tum addit : *Qui interpretati sunt*, non calumnientur me, *Græcam locutionem secuti sunt, Latinæ linguæ minùs usitatam.* S. Prosp. *Suscipe servum tuum in bonum : ut non calumn. mihi superbi.* Cassiod. *non calumn. me*, &c. Gr. Ἔκδεξαι τὸν...... εἰς ἀγαθόν· μὴ συκοφαντησάτωσάν με, &c.

℣. 123. Concinunt Hilar. Ambr. Aug. Prosp. & Cassiod. una cum vet. Psalt. & Gr. Mozarab. habet *in salutari tuo.*

℣. 124. Sic Hilarius, August. Prosp. & Cassiod. cum Gr. In Mozarab. *Fac cum servo tuo Domine secundùm multam misericordiam tuam : & secundùm justificationes tuas doce me.* Apud Ambros. *Fac cum servo tuo secundùm misericordiam tuam : & justitias tuas doce me.* Ms. Alex. addit Κύριε, post hoc, *servo tuo.*

℣. 125. Ita Aug. cum Psalt. Corb. Hilarius, & Cassiod. cum Rom. *ut sciam testim.* &c. Ps. è Ms. Vatic. ap. Hilar. *& sciam mandata tua.* Ambros. *& scibo testimonia tua.* S. Prosp. *ut discam testim. tua.* Gr. καὶ γνώσομαι τὰ μαρτύριά σου.

℣. 126. Hilarius in hunc Ps. *Tempus faciendi Domino : dissipaverunt legem tuam.* In Psalt. Rom. legitur *Domine*, non *Domino* ; sed additur *dissipaver. iniqui*, ut sup. Sic etiam ap. Cassiod. in eund. Ps. In Moz. & Corb. ita : *Tempus est faciendi Domine : dissip. iniqui leg. tuam.* Apud Ambros. in eund. Ps. *Tempus faciendi Domino : dissip. legem tuam iniqui* : itidem *Domino*, epist. 22. & 51. to. 2. 883. c. 1000. d. Sed ap. August. exstat, *Tempus faciendi Domino : id enim*, inquit, *plures codices habent, non ut quidam*, Domine : subinde legit, *dissipaverunt legem tuam.* Apud Prosp. *Tempus faciendi Domine : dissip. superbi legem tuam.* In Gr. Καιρὸς τοῦ ποιῆσαι τῷ Κυρίῳ· διεσκέδασαν τὸν νόμον σου.

℣. 127. Psalt. Moz. *Ideo dilexi testimonia tua.* Rom. Vulgatæ congruit ad verbum ; sicut etiam Hilar. August. Prosp. & Cassiod. in hunc Ps. cum Gr. nec dissimiliter hab. Ambros. præter istud primum, *Propter hoc dilexi.* Gr. Διὰ τοῦτο ἠγάπησα, &c.

℣. 128. Hilarius ubi sup. *Propter hoc ad omnia mandata tua dirigebar*, &c. ut in Vulg. Ambros. & August. ibid. *Propterea ad omnia mand. tua corrigebar : omnem viam injustam odio habui* ; Aug. *iniquam.* S. Prosp. cum Psalt. Moz. *Propterea ad..... dirigebar : omnem viam iniquitatis odio habui.* Ita etiam in Missali Rom. ad Commun. Missæ S. Mar. Magd. 22. Jul. Ap. Cassiod. ut in Vulgata. In Gr. Διὰ τοῦτο πρὸς πάσας..... κατωρθούμην· πᾶσαν ὁδὸν ἄδικον ἐμίσησα.

℣. 129. Hic præfigitur littera Hebr. *Phe* ap. Hilar. Ambros. Prosp. & Cassiod. ut in Vulg. *Latinè significat* Erravi, *sive* Os aperui, ex Ambros. In Psalt. Rom. *Oris* ; deinde sic : *Mirabilia testim. tua Domine : ideo scrutata est anima mea* : ita etiam in Mozarab. In Ps. verò è Ms.

VULGATA HOD.	HEBR.	VERSIO ANTIQUA.
ideo ſcrutata eſt ea anima mea.	*eo cuſtodivit ea anima mea.*	tua : ideo ſcrutata eſt anima mea. *Ex Mſ. Sangerm.*
130. Declaratio ſermonum tuorum illuminat : & intellectum dat parvulis.	*Oſtium ſermonum tuorum lucidum, docens parvulos.*	130. Declaratio ſermonum tuorum inluminat me : & intellectum dat parvulis.
131. Os meum aperui, & attraxi ſpiritum : quia mandata tua deſiderabam.	*Os meum aperui, & reſpiravi : quia mandata tua deſiderabam.*	131. Os meum aperui, & attraxi ſpiritum : quia mandata tua requirebam.
132. Aſpice in me, & miſerere mei, ſecundùm judicium diligentium nomen tuum.	*Reſpice ad me, & miſerere mei, juxta judicium diligentium nomen tuum.*	132. Aſpice in me, & miſerere mei, ſecundùm judicium diligentium nomen tuum.
133. Greſſus meos dirige ſecundùm eloquium tuum : & non dominetur mei omnis injuſtitia.	*Greſſus meos firma in ſermone tuo, & non des poteſtatem in me univerſæ iniquitati.*	133. Greſſus meos dirige ſecundùm eloquium tuum : & non dominetur mei omnis injuſtitia.
134. Redime me à calumniis hominum : ut cuſtodiam mandata tua.	*Redime me à calumnia hominis, & cuſtodiam præcepta tua.*	134. Redime me à calumniis hominum : ut cuſtodiam mandata tua.
135. Faciem tuam illumina ſuper ſervum tuum : & doce me juſtificationes tuas.	*Vultum tuum oſtende ſervo tuo, & doce me præcepta tua.*	135. Faciem tuam inlumina ſuper ſervum tuum : & doce me juſtitias tuas.
136. Exitus aquarum deduxerunt oculi mei : quia non cuſtodierunt legem tuam.	*Rivi aquarum fluebant de oculis meis : quia non cuſtodierunt legem tuam.*	136. Exitus aquarum tranſierunt oculi mei : quia non cuſtodierunt legem tuam.
SADE.	SADE.	
137. Juſtus es Domine : & rectum judicium tuum.	*Juſtus es Domine, & rectum judicium tuum.*	137. Juſtus es Domine : & juſtum judicium tuum.
138. Mandaſti juſtitiam teſtimonia tua : & veritatem tuam nimis.	*Præcepiſti juſtitiam teſtimonii tui, & veritatem nimis.*	138. Mandaſti juſtitiam teſtimonia tua, & veritatem tuam.
139. Tabeſcere me fecit zelus	*Conſumpſit me zelus meus : quia*	139. Exquiſivit me zelus do-

NOTÆ AD VERSIONEM ANTIQUAM.

Vat. ap. Hilar. *Mirabilia teſtim. tua Domine : ideo dilexit te anima mea.* Hilar. ipſe in commentar. *Mirabilia teſtim. tua Domine : ideo perſcrutata eſt ea anima mea.* In Pſalt. Corb. pariter additur *Domine.* Ap. Ambroſ. verò in eund. Pſ. ſic : *Mirab. teſtim. tua . propterea ſcrutata eſt ea*, &c. Ap. Auguſt. & Proſp. *propter hoc ſcrutata eſt ea*, &c. abſque præced. *Domine.* Ap. Caſſiod. ut in Vulg. & Gr.

℣. 130. Sic in Pſalt. Rom. eſt, ut & in Vatic. ap. Hilar. necnon apud Caſſiod. at Hilarius in comment. delet *me.* Ambroſ. verò legit : *Manifeſtatio ſermonum tuorum illuminat me : & intellectum dat*, &c. Auguſt. & Proſp. in eund. Pſ. *Manifeſtatio verborum tuorum illuminat : & intelligere facit parvulos.* Brev. Moz. *Declaratio ſermonum tuorum illuminet me : & intellectum det parvulis.* Gr. Ἡ δήλωσις τῶν λόγων σου φωτιεῖ· καὶ συνετιεῖ νηπίους.

℣. 131. Hilar. legit cum Pſ. ibidem præfixo, & Moz. *Os meum aperui, & adtraxi ſpir. quia mand. tua concupiſcebam.* Ambroſ. *Os meum aperui, & duxi ſpiritum : quoniam præcepta tua concupiſcebam* : itidem l. de Iſaac, c. 3. col. 359. d. *& duxi ſpiritum* : at epiſt. 41. to. 2. 960. b. hab. *& adtraxi ſpiritum.* S. Proſp. *& abſtraxi ſpiritum.* Ap. Auguſt. ut in Vulg. In Pſalt. Corb. *Os meum aperuit, & adtraxi ſpiritum : quoniam mand. tua concupiſcebam.* Gr. ἤνοιξα, καὶ εἵλκυσα πνεῦμα· ὅτι τὰς ἐντολάς σου ἐπεπόθουν.

℣. 132. Sic Hilar. & Caſſiod. in hunc Pſ. Ambroſ. verò Auguſt. & Proſp. cum Pſalt. Moz. legunt, *Reſpice in me*, &c. Ita quoque Hilar. non ſemel in explanat. hujus Pſalmi. Ambroſ. col. 1184. d. add. *miſerere mihi.* In Gr. Ἐπίβλεψον ἐπ' ἐμὲ, καὶ ἐλέησόν με, &c. ut ſup.

℣. 133. Ita legunt Proſp. & Caſſiod. in hunc Pſ. In Mozar. *ut non dominetur mihi*, &c. Ap. Hilar. *Greſſus meos dirige ſecund. eloq. tuum : ac ne dominetur mei omnis injuſtitia.* Ap. Ambroſ. col. 1187. e. *Greſſus meos dirige ſecundùm verbum tuum : & non dominetur mihi omnis iniquitas* ; ſup. 1184. d. *mei omnis iniquitas.* Auguſt. in eund. Pſ. *Greſſus meos dirige ſec. eloquium tuum : & non dominetur mei omnis iniquitas* : at epiſt. 157. to. 2. 544. g. 549. f. legit : *Itinera mea dirige ſecundùm verbum tuum : & ne dominetur mihi omnis iniquitas* : itidem l. 2. de peccat. mer. to. 10. 44. a. & l. de nat. & Grat. col. 132. f. In Gr. Τὰ διαβήματά μου κατεύθυνον κατὰ τὸ λόγιόν σου· καὶ μὴ κατακυριευσάτω μου πᾶσα ἀνομία.

℣. 134. Pſalt. Mozarab. *Erue me à calumniis hom. ut cuſtodiam præcepta tua.* Sic etiam ap. Hilarium, excepto primo *Redime me.* Apud Ambroſ. verò, *Libera me à calumnia hominum : ut cuſtodiam mandata tua.* Apud Auguſt. Proſp. & Caſſiod. *Redime me à calumniis..... & cuſtodiam mand. tua.* In Pſalt. Corb. *Erue me à cal..... & cuſtodiam mand.* &c. In Gr. Λύτρωσαί με ἀπὸ συκοφαντίας..... καὶ φυλάξω τὰς ἐντολάς σου.

℣. 135. Hilarius, Auguſt. Proſp. & Caſſiod. Vulgatæ conſentiunt & Gr. Apud Ambroſ. verò col. 1191. c. legitur : *Vultum tuum illumina ſuper ſervum tuum : & doce me juſtitias tuas* : at ſup. 1184. d. *Faciem tuam illumina* : ita etiam l. de apol. Dav. col. 699. c. Pſalt. Corb. *Vultum tuum illumina.*

℣. 136. Ita legunt Hilar. & Caſſiod. cum Pſalt. Mediol. & Rom. Carnut. verò, & Corb. ſic : *Per exitus aquarum tranſierunt oculi mei*, &c. Mozarab. *Rivos lacrymarum deduxerunt oculi mei : quia non cuſtodierunt*, &c. Hilar. paulò inf. leg. *non ſervaverunt legem tuam.* Ambroſ. in eund. Pſ. col. 1192. e. *Decurſus aquarum deſcenderunt oculi mei ; quia non cuſtodivi legem tuam* : item col. 1193. e. & in Pſ. 1. col. 756. c. *Decurſus aquarum deſcenderunt* : at l. de apolog. Dav. col. 684. c. & l. 2. de pœnit. to. 2. 436. c. *Per exitus aquarum deſcenderunt oculi mei* : & in Pſ. 118. col. 1184. d. *Exitus aquarum deduxerunt oculi mei* ; ſed inf. col. 1193 f. 1194. a. *Sunt tamen codices*, inquit, *qui habeant* : Διεξόδους ὑδάτων κατεβίβασαν οἱ ὀφθαλμοί μου· *hoc eſt*, Ductus aquarum direxerunt oculi mei : *ſed ego in Græco codice meo* κατέβησαν *legi*, *hoc eſt*, deſcenderunt ; *in quo poteſt fieri ut in utramlibet partem, duarum adjectione aut diminutione litterarum, ſcriptor erraverit.* In Græco etiam Sunnia & Fretela legebant, *quia non cuſtodivi legem tuam* ; verùm Hieron. epiſt. ad ipſos, to. 2. 662. a. aſſerit *hoc ſuperfluum eſſe*, *quia*, inſit, *in Hebræo legitur* cuſtodierunt. Apud Auguſt. & Proſp. *Exitus aquarum deſcenderunt oculi mei : quia non cuſtodierunt*, &c. addit Auguſt. *In quibuſdam codicibus & hoc legitur : Quia non cuſtodivi legem tuam* : poſt paulò : *Sunt codices qui non habent* deſcenderunt, *ſed* tranſierunt. In ed. Rom. Διεξόδους ὑδάτων κατέβησαν..... ἐπεὶ οὐκ ἐφύλαξα τὸν, &c. Mſ. Alex. διέβησαν, Ald. & Compl. κατέδυσαν.

℣. 137. Apud Hilar. Ambroſ. Auguſt. &c. de more præmittitur littera Hebr. *Sade. Latina interpretatione dicitur Conſolatio*, ſi Ambroſio fides ; *Juſtitia*, ſi Pſalterio Rom. dein ap. utrumque : *Juſtus es Domine : & rectum jud.* &c. Similiter ap. Hilar. Auguſt. Proſp. & Caſſiod. In Gr. pluraliter, καὶ εὐθεῖς αἱ κρίσεις σου.

℣. 138. Sic Ambroſ. Proſp. & Caſſiod. in hunc Pſ. addita voce *nimis*, in fine ; ap. Hilar. & Auguſt. *valde.* In Gr. καὶ ἀλήθειαν σφόδρα. In Brev. Moz. ita : *Mandaſti judicium, & teſtimonia tua : & verit. tuam nimis.*

℣. 139. Pſalt. Moz. *Cremavit me zelus domus tuæ : quia obliti ſunt verba tua*, &c. Rom. Corb. & Carnut. cum Caſ-

Ex Mſ. Sangerm.

VERSIO ANTIQUA.	HEBR.	VULGATA HOD.
mus tuæ : quia obliti ſunt verba tua inimici mei.	*obliti ſunt verborum tuorum hoſtes mei.*	meus : quia obliti ſunt verba tua inimici mei.
140. Ignitum eloquium tuum vehementer : & ſervus tuus dilexit illud.	*Probatus ſermo tuus nimis, & ſervus tuus dilexit illum.*	140. Ignitum eloquium tuum vehementer : & ſervus tuus dilexit illud.
141. Adoleſcentior ſum ego, & contemptus : juſtificationes tuas non ſum oblitus.	*Parvulus ego ſum, & contemptibilis : ſed præcepta tua non ſum oblitus.*	141. Adoleſcentulus ſum ego, & contemptus : juſtificationes tuas non ſum oblitus.
142. Juſtitia tua, juſtitia in æternum : & lex tua veritas.	*Juſtitia tua, juſtitia ſempiterna : & lex tua veritas.*	142. Juſtitia tua, juſtitia in æternum : & lex tua veritas.
143. Tribulatio & anguſtiæ invenerunt me : mandata autem tua meditatio mea eſt.	*Tribulatio & anguſtia invenerunt me : mandata tua voluntas mea.*	143. Tribulatio & anguſtia invenerunt me : mandata tua meditatio mea eſt.
144. Æquitas teſtimonia tua in æternum : intellectum da mihi, & vivifica me.	*Juſta teſtimonia tua ſemper : doce me, & vivam.*	144. Æquitas teſtimonia tua in æternum : intellectum da mihi, & vivam.
	COPH.	COPH.
145. Clamavi in toto corde meo, exaudi me Domine : juſtificationes tuas requiram.	*Clamavi in toto corde, exaudi me Domine : præcepta tua cuſtodiam.*	145. Clamavi in toto corde meo, exaudi me Domine : juſtificationes tuas requiram.
146. Clamavi ad te, ſalva me : ut cuſtodiam teſtimonia tua.	*Invocavi te, ſalvum me fac : & cuſtodiam teſtimonia tua.*	146. Clamavi ad te, ſalvum me fac : ut cuſtodiam mandata tua.
147. Præveni in maturitate, & clamavi : in verba tua ſperavi.	*Surgebam adhuc in tenebris, & clamabam, verbum tuum exſpectans.*	147. Præveni in maturitate, & clamavi : quia in verba tua ſuperſperavi.

NOTÆ AD VERSIONEM ANTIQUAM.

ſiod. *Tabeſcere me fecit zelus domus tuæ*, &c. Mediolan. *Tabefecit me zelus tuus*, &c. Vatic. ap. Hilar. cum Proſp. *Tabefecit me zelus domus tuæ : quia*, &c. Hilar. verò in comment. *Tabeſcere me fecit zelus tuus : quia obliti ſunt verborum tuorum*, &c. Ambroſ. in eund. Pſ. *Exquiſivit me zelus domus tuæ : quoniam obliti ſunt verborum tuorum.* Auguſt. ibid. *Tabefecit me zelus meus, vel ſicut alii codices habent*, zelus tuus : *habent nonnulli etiam* domus tuæ ; *& non* tabefecit me, *ſed* comedit me. Et poſt pauca : *quia obliti ſunt verborum tuorum inim. mei.* Similiter Auct. l. de promiſ. p. 3. col. 176. e. In Gr. Ἐξέτηξέ με ὁ ζῆλός σου· ὅτι ἐπελάθοντο τῶν λόγων σου οἱ, &c. Mſ. Alex. ὁ ζῆλος τοῦ οἴκου σου· fortaſſe quidam legebant ἐξεζήτησέ με, pro ἐξέτηξέ με ; Aquila, ἐξώλεσέ με ; Symm. ἀπεσιώπησέ με.

℣. 140. Ita Caſſiod. legit ad verbum. Hilar. verò cum Brev. Moz. *Ignitum eloquium tuum valde*, &c. Sic etiam Auguſt. cum Proſp. mox Hilar. *Non explicat proprietatem verbi hujus Latina tranſlatio : quod enim nobiſcum* ignitum, *id Græcè* πεπυρωμένον *ſcribitur* : πεπυρωμένον *autem id ſignificat quod tanquam conflatum igne purgatum ſit.* Ambroſ. leg. *Ignitum eloquium tuum nimis*, &c. Vigil. Tapſ. cont. Varim. p. 746. h. *Ignitum verbum tuum nimis*, &c. Gr. σφόδρα.

℣. 141. Sic habet Hilar. in hunc Pſ. in explicat. tamen *Junior*, non *Adoleſcentior*. Pſ. ibidem præfixus cum Pſalt. Corb. & Rom. necnon Caſſiod. *Adoleſcentior*, &c. ut ſup. Itidem in Mozar. ſed inf. leg. *quia juſtificationes*, &c. Ambroſ. *Juvenis ſum ego, & deſpectus : juſtific.* &c. ita etiam habet col. 1201. d. 1202. d. 1203. f. 1204. a. b. f. ſed col. 1201. e. ſic : *Junior ego ſum, & deſpectus.* Auguſt. cum Proſp. *Junior ego ſum, & contemptus : juſtific.* &c. Gr. Νεώτερος ἐγώ εἰμι, καὶ ἐξουδενωμένος· τὰ, &c.

℣. 142. Ita legunt Ambroſ. Aug. Proſp. & Caſſiod. in hunc Pſ. cum Gr. Hilar. verò in comment. *Juſtitia tua in æternum : & lex tua veritas.* Brev. Moz. *Juſtitia tua juſta in æternum*, &c.

℣. 143. Hilar. & Caſſiod. cum Pſalt. Rom. Corb. & Moz. *Tribulatio & anguſtia invenerunt me : mandata autem tua medit.* &c. Ambroſ. & Auguſt. cum Pſalt. Mediolan. *Tribulatio & neceſſitas inven. me : mandata tua medit.* &c. S. Proſp. *Tribul. & neceſſitas..... mandata autem tua*, &c. Gr. Θλίψεις καὶ ἀνάγκαι..... ἐντολαί σου μελέτη μου.

℣. 144. Sic eſt in Pſalt. Mediolan. ad verbum. In Moz. verò & Corb. *Æquitas, & teſtimonia tua in æternum : intellectum eorum da mihi Domine, & vivifica me* (Corb. *da mihi eorum Dom.*) Ap. Hilar. in hunc Pſ. *Æquitas teſtim. tua in æternum : intellectum da mihi eorum, & vivificer.* Ap. Ambroſ. *Juſta teſtimonia tua in æternum : intellectum da mihi eorum, & vivifica me.* Apud Auguſt. & Proſp. *Juſtitia teſtimonia tua in æternum*, &c. ut in Vulg. In Gr. Δικαιοσύνη τὰ..... Συνέτισόν με, καὶ ζήσομαι· Mſ. Alex. ζῆσόν με.

℣. 145. Litteram Hebr. *Koph*, præfigunt de more Hilar. Ambroſ. Proſp. &c. *Ejus interpretatio eſt* Concluſio, teſte Ambr. *& ſicut alibi invenimus*, inquit, *Aſpice.* In Pſalt. Rom. *Vocatio.* Subdit Ambroſ. *Exclamavi in toto corde meo ; exaudi me Dom. juſtitias tuas exquiram.* Hilar. & Caſſiod. ut ſup. in textu. Itidem Auguſt. & Proſp. niſi quòd leg. in fine *exquiram.* Græc. Ἐκέκραξα ἐν ὅλῃ..... ἐκζητήσω.

℣. 146. Pſalt. Rom. *Clamavi ad te, & ſalvum me fac : ut*, &c. ut in Vulg. Pſ. è Mſ. Vat. ap. Hilar. cum Caſſiod. *Clamavi ad te, ſalvum me fac : & cuſtodiam mand. tua.* Hilar. in comment. ſimpliciter hab. *& cuſtodiam mandata tua ;* paulò verò ſup. ait : *Sed qui clamavit ut audiretur, & inquireret juſtificationes Dei ; nunc clamat ut ſalvus fiat, & cuſtodiat teſtimonia Dei.* Ambroſ. in eund. Pſ. ſic : *Clamavi ad te, ſalva me : & cuſtodiam mandata tua :* item *ſalva me*, epiſt. 32. to. 1. 918. e. Auguſt. *Clamavi, ſalvum me fac : vel ſicut nonnulli codices habent, & Græci & Latini : Clamavi te, ſalvum me fac : & cuſtodiam teſtimonia tua :* exinde, *Quid eſt* Clamavi te, *niſi, clamando invocavi te?* S. Proſp. cum Pſalt. Corb. *Clamavi ad te, ſalvum me fac : & cuſtodiam teſtimonia tua.* Gr. Ἐκέκραξά σοι (Mſ. Alex. σε,) σῶσόν με· καὶ φυλάξω τὰ μαρτύριά σου.

℣. 147. Sic habet Pſ. è Mſ. Vatic. ap. Hilar. Rom. verò cum Caſſiod. *Præveni in maturit. & clam. & in verbo tuo ſperavi.* Corb. *Præveni in maturitate, exclamavi : in verba tua ſperavi.* Hilar. in comment. *Præveni in maturit. & clamavi : & in verba tua ſemper ſperavi.* Ambroſ. ibid. *Anticipavi in maturitate, & exclamavi : in verba tua ſperavi :* tum addit : *Græcus* ἐν ἀωρίᾳ *dixit, quod eſt, ante horam, ante tempus :* & inf. *Ait : Præveni* ἐν ἀωρίᾳ. Auguſt. in eund. Pſ. cum Proſp. *Præveni intempeſta nocte, & clamavi : in verbis tuis ſperavi :* mox Auguſt. *Plures codices non habent* intempeſta nocte, *ſed* immaturitate ; *vix autem unus inventus eſt, qui haberet geminatam præpoſitionem, id eſt*, in immaturitate..... *Quod ergo Græcè dictum eſt* ἐν ἀωρίᾳ, *non uno verbo, ſed duobus, id eſt, præpoſitione, & nomine : hoc Interpretes noſtri quidam dixerunt* intempeſta nocte ; *plures* immaturitate, *non duobus verbis, ſed uno, cujus vocabuli nominativus eſt* immaturitas ; *nonnulli verò in duobus verbis, ſicut Græcus poſuit*, in immaturitate ; ἀωρία *quippe* immaturitas *eſt*, ἐν ἀωρίᾳ in immaturitate ; *tanquam ſi vellet etiam ille, qui dixit* intempeſta nocte, *præpoſitione dicere geminata*, in intempeſta..... *Græcus* in nocte intempeſta *dixit, quod idem valet, ſi dicatur* in immaturitate, *id eſt, in tempore nocturno immaturo.* In ed. Rom. Προέφθασα ἐν ἀωρίᾳ, καὶ ἐκέκραξα· εἰς τοὺς λόγους σου ἐπήλπισα· unde Ambr. ubi ſup. col. 1214. f. ait : *Græcus* ἐπήλπισα *dixit, quod eſt, ad ſperandum ſemper creſcere, & ſpem ſpei adjungere.*

VULGATA HOD.	HEBR.	VERSIO ANTIQUA.
148. Prævenerunt oculi mei ad te diluculo : ut meditarer eloquia tua.	*Præveniebant oculi mei vigilias, ut meditarer in sermonibus tuis.*	148. Prævenerunt oculi mei ad te diluculo : ut meditarer eloquia tua.
149. Vocem meam audi secundùm misericordiam tuam Domine : & secundùm judicium tuum vivifica me.	*Vocem meam exaudi juxta misericordiam tuam : Domine secundùm judicium tuum vivifica me.*	149. Voce mea exaudi me Domine, secundùm misericordiam tuam Domine : & secundùm judicium tuum vivifica me.
150. Appropinquaverunt persequentes me iniquitati : à lege autem tua longè facti sunt.	*Appropinquaverunt persecutores mei sceleris, & à lege tua procul facti sunt.*	150. Adpropiaverunt persequentes me iniquè : à lege autem tua longè facti sunt.
151. Prope es tu Domine : & omnes viæ tuæ veritas.	*Prope es tu Domine, & omnia mandata tua veritas.*	151. Prope es tu Domine : & omnia mandata tua veritas.
152. Initio cognovi de testimoniis tuis : quia in æternum fundasti ea.	*A principio novi de testimoniis tuis, quòd in æternum fundaveris ea.*	152. Ab initio cognovi à testimoniis tuis : quia in æternum fundasti eam.
RES.	RES.	
153. Vide humilitatem meam, & eripe me : quia legem tuam non sum oblitus.	*Vide afflictionem meam, & eripe me : quia legis tuæ non sum oblitus.*	153. Vide humilitatem meam, & eripe me : quia legem tuam non sum oblitus.
154. Judica judicium meum, & redime me : propter eloquium tuum vivifica me.	*Judica causam meam, & redime me : in sermone tuo vivifica me.*	154. Judica judicium meum, & redime me : propter eloquium tuum vivifica me.
155. Longè à peccatoribus salus : quia justificationes tuas non exquisierunt.	*Longè ab impiis salus : quia præcepta tua non quæsierunt.*	155. Longè est à peccatoribus salus : quoniam justificationes tuas non exquisierunt.
156. Misericordiæ tuæ multæ Domine : secundùm judicium tuum vivifica me.	*Misericordiæ tuæ multæ Domine : juxta judicia tua vivifica me.*	156. Miserationes tuæ multæ Domine : secundùm judicia tua Domine vivifica me.
157. Multi qui persequuntur me, & tribulant me : à testimoniis tuis non declinavi.	*Multi qui persequuntur me, & affligunt me : à testimoniis tuis non declinavi.*	157. Multi qui persequuntur me, & qui tribulant me : à testimoniis tuis non declinavi.
158. Vidi prævaricantes, & tabescebam : quia eloquia tua non custodierunt.	*Vidi prævaricatores tuos, & mœrebam : quia verbum tuum non custodierunt.*	158. Vidi non servantes pactum, & tabescebam : quia eloquia tua non custodierunt.

Ex Ms. Sangerm.

NOTÆ AD VERSIONEM ANTIQUAM.

℣. 148. Ita Cassiod. cum Psalt. Rom. Hilar. verò cum Ps. ibid. præfixo : *Et prævenerunt oculi mei diluculo : ut meditarer eloquia tua.* Ambros. *Prævenerunt oculi mei manè, meditari verba tua.* August. cum Prosp. *Prævenerunt oculi mei ad matutinum : ut meditarer eloquia tua.* Gr. Προέφθασαν..... πρὸς ὄρθρον, τοῦ μελετᾶν τὰ λόγιά σου.

℣. 149. August. Prosp. & Cassiod. legunt cum Psalt. Rom. *Vocem meam exaudi Domine secundùm misericordiam tuam : & secundùm judic.* &c. Ps. è Ms. Vat. ap. Hilar. *Vocem meam exaudi Domine secundùm multam misericordiam tuam : secundùm judic.* &c. Hilar. verò in comment. cum Psalt. Corb. *Vocem meam exaudi secundùm misericor. tuam Domine : secundùm judic.* &c. Ita quoque Ambros. addito uno *&*, post *Domine*. In Gr. Τῆς φωνῆς μου ἄκουσον Κύριε κατὰ τὸ ἔλεός σου· κατὰ τὸ κρίμα σου ζῆσόν με. Aquila ζώωσόν με.

℣. 150. Ita legit Hilar. cum Ps. ibid. præfixo, præter vocem *iniquitati*, pro *iniquè*. In Psalt. Carnut. *iniquè*. In Rom. *iniqui*. In Corb. *Adpropiaverunt perseq. me inique : à lege autem tua elongaverunt.* Similiter hab. Ambros. in hunc Ps. præter verbum 1. *Appropinquaverunt* : subinde tamen ait : *Græcus sic posuit : Appropinquaverunt persequentes me iniquitate.* Ita etiam legit August. cum Prosp. in eund. Ps. Augustinus subdit, *vel sicut nonnulli codices habent, iniquè* : mox uterque, *à lege autem tua longè facti sunt.* Cassiod. ibid. *Appropinquaverunt persequentes me injustè*, &c. ut sup. Ms. 1. cum editt. *Adpropiaverunt.* Gr. Προσήγγισαν οἱ καταδιώκοντές με ἀνομίᾳ· ἀπὸ δὲ τοῦ νόμου σου ἐμακρύνθησαν.

℣. 151. Sic est in Psalt. Rom. Corb. & ap. Cassiod. Ita quoque hab. Hilarius cum Ps. Vatic. dempto uno *tu*. Ambros. ibid. *Prope es tu Domine : & omnia præcepta tua veritas.* Apud August. & Prosp. ut in Vulg. In Gr. Ἐγγὺς εἶ Κύριε· καὶ πᾶσαι αἱ ὁδοί σου ἀλήθεια. Ms. Alex. Ἐγγὺς εἶ σὺ Κύριε· καὶ πᾶσαι αἱ ἐντολαί σου, &c. Item in Compl. σὺ Κύριε.

℣. 152. Ambros. Vulgatæ favet ad verbum. Ps. è Ms. Vat. ap. Hilar. *Ab initiis cognovi*, &c. ut in Vulg. Hilar. ipse in comment. *In initiis cognovi de testim. tuis : quia... fundasti ea* : inf. col. 357. c. *In principio cognovi*, &c. August. cum Prosp. & Cassiod. *Ab initio cognovi de testim. tuis*, &c. Sic etiam in Psalt. Corb. August. addit : *Quod Græcus ait*, κατ' ἀρχὰς, *aliqui nostri* ab initio, *aliqui* initio, *aliqui* in initiis *interpretati sunt : sed qui pluraliter hoc dicere maluerunt, Græcam locutionem secuti sunt : Latinæ autem linguæ illud potiùs usitatum est, ut* ab initio, *vel* initio *dicatur, quod* καταρχὰς *Græcè, quasi pluraliter, sed adverbialiter dicitur.*

℣℣. 153. 154. 155. Totidem referunt Hilar. August. & Cassiod. in hunc Ps. cum Psalt. Corb. Prosper verò delet *est* ℣. 155. post *longè*, cum Gr. Apud Ambros. in eund. Ps. sic : *Vide humilit. meam, & erue me : quoniam... Judica jud. meum, & libera me : propter verbum tuum vivifica me. Longe est à pecc. salus : quoniam justitias tuas non exquisierunt.* Omnes autem præfixam exhibent litteram Hebr. *Res* ; quæ *Latina interpretatione* Caput *dicitur, vel* Primatus, teste Ambrosio. In Psalt. Rom. *Capitis.*

℣. 156. Sic in Psalt. Corb. dempto altero *Domine*. Hilar. verò ita legit : *Miserationes tuæ multæ sunt Domine valde : secundùm jud. tuum vivif. me.* Ps. ibidem præfixus : *Miserationes tuæ multæ nimis Domine : secundùm judicia tua vivifica me.* Ita etiam legit Ambros. cum Psalt. Rom. præter singul. *judicium tuum.* August. Prosp. & Cassiod. ibid. *Miserationes tuæ multæ Domine : secundùm judicium tuum*, &c. Gr. Οἱ οἰκτιρμοί σου πολλοὶ Κύριε· κατὰ τὸ κρίμα σου ζῆσόν με· Aquila, κατὰ κρίσεις σου.

℣. 157. Ambros. & August. legunt cum Prosp. *Multi persequentes me, & tribulantes me : à testimoniis tuis*, &c. ut sup. Sic etiam in Psalt. Rom. & Gr. Hilarius in eund. Ps. ita : *Multi qui persequuntur me : de testimoniis tuis non declinavi* : tum addit : *Cùm multi persequantur, ne declinat quidem.* Ps. ibidem præfixus : *Multi qui persequuntur & tribulant me : à judiciis tuis non declinavi.* Cassiod. ut in Vulg.

℣. 158. Sic apud Hilar. Prosp. & Cassiod. verbum è verbo ; necnon in Psalt. Mediol. Carnut. & Rom. quibus accinit Ambros. in eund. Ps. nisi quòd hab. *quoniam verba tua.* August. ibid. *Vidi insensatos, & tabescebam : vel*, inquit, *sicut alii codices habent :* Vidi non servantes pactum *& hoc plures habent.* Hanc etiam lectionem admittit Psalt. Corb. sed in fine leg. *non custodiebant.* Ambr. ubi sup. ait : *Imprudentes non custodierunt præcepta Domini : aliqui enim codices habent* ἀσυνετοῦντας, *hoc est, insipientes, non intelligentes* : nunc etiam Græcè : Εἶδον ἀσυνετοῦντας, καὶ ἐξετηκόμην· ὅτι τὰ λόγιά σου οὐκ ἐφυλάξαντο.

VERSIO ANTIQUA.	HEBR.	VULGATA HOD.
Ex Mſ. Sangerm. 159. Vide quia mandata tua dilexi Domine : in tua miſericordia vivifica me.	*Vide quoniam præcepta tua dilexi : Domine juxta miſericordiam tuam vivifica me.*	159. Vide quoniam mandata tua dilexi Domine : in miſericordia tua vivifica me.
160. Principium verborum tuorum, veritas : & in æternum omnia judicia juſtitiæ tuæ.	*Caput verborum tuorum, veritas : & in ſempiternum omne judicium juſtitiæ tuæ.*	160. Principium verborum tuorum, veritas : in æternum omnia judicia juſtitiæ tuæ.
	SIN.	SIN.
161. Principes perſecuti ſunt me gratis : & à verbis tuis formidavit cor meum.	*Principes perſecuti ſunt me ſine cauſa : verba autem tua timuit cor meum.*	161. Principes perſecuti ſunt me gratis : & à verbis tuis formidavit cor meum.
162. Lætabor ego ſuper eloquia tua : ſicut qui invenit ſpolia multa.	*Gaudens ego ſum in eloquio tuo, ſicut qui invenit ſpolia multa.*	162. Lætabor ego ſuper eloquia tua : ſicut qui invenit ſpolia multa.
163. Iniquitatem odivi, & abominatus ſum : legem autem tuam dilexi.	*Mendacium odio habui, & deteſtatus ſum : legem tuam dilexi.*	163. Iniquitatem odio habui, & abominatus ſum : legem autem tuam dilexi.
164. Septies in die laudem dixi tibi, ſuper judicia juſtitiæ tuæ.	*Septies in die laudavi te, ſuper judiciis juſtitiæ tuæ.*	164. Septies in die laudem dixi tibi, ſuper judicia juſtitiæ tuæ.
165. Pax multa diligentibus nomen tuum : & non eſt in illis ſcandalum.	*Pax multa diligentibus legem tuam, & non eſt illis ſcandalum.*	165. Pax multa diligentibus legem tuam : & non eſt illis ſcandalum.
166. Exſpectabam ſalutarem tuum Domine : & mandata tua feci.	*Exſpectavi ſalutare tuum Domine, & mandata tua feci.*	166. Exſpectabam ſalutare tuum Domine : & mandata tua dilexi.
167. Cuſtodivit anima mea teſtimonia tua : & dilexi ea nimis.	*Cuſtodivit anima mea teſtimonia tua, & dilexit ea nimis.*	167. Cuſtodivit anima mea teſtimonia tua : & dilexit ea vehementer.
168. Cuſtodivi mandata tua, & teſtimonia tua : quia omnes viæ meæ in conſpectu tuo Domine.	*Cuſtodivi præcepta tua, & teſtimonia tua : quia omnes viæ meæ in conſpectu tuo.*	168. Servavi mandata tua, & teſtimonia tua : quia omnes viæ meæ in conſpectu tuo.
	THAV.	TAV.
169. Adpropiet oratio mea in conſpectu tuo Domine : ſecundùm eloquium tuum da mihi intellectum.	*Ingrediatur laus mea coram te Domine : ſecundùm verbum tuum doce me.*	169. Appropinquet deprecatio mea in conſpectu tuo Domine : juxta eloquium tuum da mihi intellectum.
170. Intret poſtulatio mea in conſpectu tuo Domine : ſecundùm eloquium tuum eripe me.	*Veniat deprecatio mea ante vultum tuum : ſecundùm eloquium tuum libera me.*	170. Intret poſtulatio mea in conſpectu tuo : ſecundùm eloquium tuum eripe me.

NOTÆ AD VERSIONEM ANTIQUAM.

℣℣. 159. 160. Itidem Auguſt. cum Pſalt. Corb. & Gr. Ita etiam Hilar. Proſp. & Caſſiod. in eund. Pſ. detracto uno *&*, poſt vocem *veritas*. Apud Ambroſ. ſic : *Vide quia præcepta tua dilexi Domine*, &c. ut in Vulg.

℣. 161. Hic præmittitur littera Hebr. *Sin* apud Patres Latinos : *Latinè dicitur* Super vulnus, auctore Ambroſ. In Pſalt. Rom. *Dentium* : mox ibid. *Principes perſecuti ſunt me*, &c. ut ſup. nec diſſimiliter legunt Hilar. Auguſt. Proſp. & Caſſiod. Apud Ambroſ. ſic : *& à verbis tuis trepidavit cor meum* : in Miſſali Rom. *formidavit* ; in Gr. ἐδειλίασεν, &c.

℣. 162. Itidem Hilar. & Caſſiod. in hunc Pſ. Ambroſ. verò legit : *Exſulto ego in verbis tuis : ſicut qui invenit*, &c. Auguſt. ibid. *Exſultabo ego ſuper eloquia tua*, &c. S. Proſp. *Exſultavi ego*, &c. Græc. Ἀγαλλιάσομαι ἐγὼ ἐπὶ τὰ λόγιά σου, &c.

℣. 163. Hilar. & Caſſiod. Vulgatæ reſpondent. Pſ. è Mſ. Vatic. ap. Hilar. ultimò hab. *ego dilexi*. Ambroſ. cum Auguſt. & Proſp. *Injuſtitiam odio habui*, &c. ut in Vulg. Gr. Ἀδικίαν ἐμίσησα, &c.

℣. 164. Concinunt Hilar. Ambroſ. Proſp. & Caſſiod. in hunc Pſ. item Ambroſ. l. 3. de Virgin. to. 2. 178. f. cum Nicetio Ep. Spicil. to. 3. p. 9. c. In Pſalt. Corb. *Septies in diem laudem dixi tibi*, &c. Apud Auguſt. *Septies in die laudavi te*, &c. In Gr. Ἑπτάκις τῆς ἡμέρας ᾔνεσά σε, &c. Alex. σοι.

℣. 165. Sic habent Hilar. & Ambroſ. cum Pſalt. Corb. Auguſt. vero, Proſp. & Caſſiod. cum Vulg. *diligentibus legem tuam* : Gr. τὸν νόμον σου ; Mſ. tamen Alex. τὸ ὄνομά σου. Apud Chromat. Aquil. in Matth. p. 979. d. ſic : *Pax multa eſt diligentibus te : & non eſt*, &c.

℣. 166. Concinit Hilarius ad verbum, niſi quòd ſcribit *ſalutare*. Itidem in Pſ. è Mſ. Vatic. ap. ipſum. Ambroſ. in eund. Pſ. *Exſpectabam ſalutare..... & præcepta tua feci*. Auguſt. verò, Proſp. & Caſſiod. Vulgatæ ſuffragantur, & Græco.

℣. 167. Pſalt. Rom. *& dilexi ea vehementer*. Itidem *dilexi*, in Pſalt. Carnut. Apud Ambroſ. *& dilexit ea nimis*. Ap. Auguſt. & Proſp. *& dilexi ea valde*. Ita etiam in Pſalt. Corb. Addit Aug. *Vel ſicut nonnulli codices habent*, dilexit, *ut ſubaudiatur anima mea*. Hilar. & Caſſiod. Vulgatæ favent. In Gr. καὶ ἠγάπησεν αὐτὰ σφόδρα.

℣. 168. Ita legit Auguſt. cum Proſp. & Pſalt. Corb. Itidem ap. Hilar. ſed abſque *Domine*. Pſ. è Mſ. Vat. ap. ipſum delet præterea, *& teſtimonia tua*. Rom. habet cum Caſſiod. *Servavi mand. tua, & teſtim. tua..... in conſp. tuo Domine*. Ambroſ. in eund. Pſ. *Servavi præcepta tua, & teſtim. tua : quoniam omnes viæ meæ ante te Domine*. Gr. Ἐφύλαξα τὰς ἐντολάς σου, καὶ τὰ..... ἐναντίον σου Κύριε. In Mſ. Alex. deeſt Κύριε.

℣. 169. Præponitur de more littera Hebr. *Tau* apud Patres Latinos. *Latina interpretatione ſignificat* Erravit, ſi Ambroſio fides : *alii Interpretes habent* Conſummavit, eo ipſo teſte. Pſalt. Rom. Fabri, *Signa*. In eodem Pſalt. ℣. ſequitur ut ſup. in textu. Ita quoque legitur ap. Caſſiod. in hunc Pſ. cui accinit Hilar. ibid. niſi quòd reperit vocem *Domine*, poſt *eloq. tuum*. Ap. Ambroſ. in eund. Pſ. ſic : *Appropinquet oratio mea in conſp. tuo Domine : ſecundùm verbum tuum mihi tribue intellectum*. Ap. Auguſt. & Proſp. ibid. *Appropinquet oratio mea in conſp. tuo Domine : ſecundùm eloq. tuum da mihi intell.* Sic etiam in Pſalt. Corb. addito *Domine*, poſt *tuum*. In Gr. Ἐγγισάτω ἡ δέησίς μου..... συνέτισόν με.

℣. 170. Sic in Pſalt. Rom. eſt & Corb. Sic etiam ap. Hilar. Auguſt. Proſp. & Caſſiod. in hunc Pſ. Ambroſ. verò legit : *Intret poſtulatio mea coram te : ſecundùm verbum tuum libera me* ; tum addit : *Græcus habet*, Εἰσελθέτω ἀξίωμά μου, *hoc eſt*, Intret dignitas mea ; *licet potuerit & ſcriptor errare, & fecerit* ἀξίωσις, *hoc eſt, deprecatio*. Ed. Rom. Εἰσέλθοι τὸ ἀξίωμά μου ἐνώπιόν σου Κύριε· κατὰ τὸ λόγ

VULGATA HOD.	HEBR.	VERSIO ANTIQUA.
171. Eructabunt labia mea hymnum, cùm docueris me juſtificationes tuas.	*Fundant labia mea hymnum: docebis enim me præcepta tua.*	171. Ructuabunt labia mea hymnum, cùm docueris me juſtificationes tuas. *Ex Mſ. Sangerm.*
172. Pronunciabit lingua mea eloquium tuum: quia omnia mandata tua æquitas.	*Loquetur lingua mea ſermonem tuum: quia omnia mandata tua juſta.*	172. Pronunciavit lingua mea eloquia tua: quia omnia mandata tua æquitas.
173. Fiat manus tua ut ſalvet me: quoniam mandata tua elegi.	*Sit manus tua auxiliatrix mea: quia præcepta tua elegi.*	173. Fiat manus tua ut ſalvum facias me: quoniam mandata tua elegi.
174. Concupivi ſalutare tuum Domine: & lex tua meditatio mea eſt.	*Deſideravi ſalutare tuum Domine, & lex tua voluntas mea.*	174. Concupivi ſalutarem tuum Domine: & lex tua meditatio mea eſt.
175. Vivet anima mea, & laudabit te: & judicia tua adjuvabunt me.	*Vivet anima mea, & laudabit te: & judicia tua auxiliabuntur mihi.*	175. Vivet anima mea, & laudabit te: & judicia tua adjuvabunt me.
176. Erravi, ſicut ovis quæ periit: quære ſervum tuum, quia mandata tua non ſum oblitus.	*Erravi quaſi ovis perdita: quære ſervum tuum, quia mandatorum tuorum non ſum oblitus.*	176. Erravi, ſicut ovis quæ perit: vivifica ſervum tuum, quia mandata tua non ſum oblitus.

NOTÆ AD VERSIONEM ANTIQUAM.

γιόν σε ῥῦσαί με.

℣. 171. Hilar. in hunc Pſ. *Eructuaverunt labia mea*, &c. ut ſup. S. Paulinus epiſt. 19. p. 106. b. *Ructabunt*, &c. Græc. Ἐξερεύξαιντο, &c. Ambroſ. cum Proſp. ut in Vulg.

℣. 172. Sic eſt in Pſalt. Rom. Fabri, ut & in Vatic. ap. Hilar. Ita etiam Hilarius ipſe legit cum Rom. Martianæi, præter hoc, *pronunciabit*. Corb. *Pronunciabit ling. mea eloquia tua: quoniam omnia mand. tua veritas*. In Carnut. pariter *veritas*. Ambroſ. verò ſic habet: *Loquetur lingua mea verbum tuum: quoniam omnia mandata tua juſtitia eſt*. Auguſt. *Pronunciabit lingua mea eloquia tua: quia omnia mandata tua judicia*. S. Proſp. *Pronunciavit lingua mea eloquia tua: quia omnia mandata tua juſtitia*. Caſſiod. *Pronunciavit*, &c. ut in Vulg. Gr. Φθέγξαιτο ἡ..... τὰ λόγιά σου ὅτι πᾶσαι αἱ ἐντολαί σου δικαιοσύνη. Mſ. Alex. Φθέγξεται..... τὸ λόγιόν σου. Ita etiam Sunnia & Fretela legebant, teſte Hieron. in epiſt. ad ipſos, to. 2. 662. a. *In Græco*, inquit, φθέγξεται *vos legiſſe dixiſtis; quod verbum, ſive dicas* pronunciabit, *ſive* effabitur, *ſive* loquetur, *idipſum ſignificat: denique & nos in Hebræo ita vertimus:* Loquetur lingua mea ſermonem tuum.

℣. 173. Ita legit Caſſiod. in hunc Pſ. Hilar. verò ibid. cum Auguſt. & Proſp. *Fiat manus tua ut ſalvum me faciat: quoniam*, &c. Sic etiam in Pſalt. Rom. & Vatic. In Corb. *Fiat manus tua ut ſalvum faciat me: quoniam præcepta tua dilexi*. Ambroſ. in eund. Pſ. *Fiat manus tua ſalvum facere me: quoniam*, &c. Græc. Γενέσθω ἡ χείρ σου τοῦ σῶσαί με· ὅτι τὰς ἐντολάς σου ᾑρετισάμην.

℣℣. 174. 175. Concordant Hilar. Ambr. Aug. Proſp. & Caſſiod. unà cum vet. Pſalt. & Gr. niſi quòd hab. omnes *ſalutare*; & *laudabit*, non *laudavit*, ut in autographo Sangerm. Pſ. è Mſ. Vatic. ap. Hilar. *Vivit anima mea*, &c. Gr. ζήσεται.

℣. 176. Sic ap. Hilar. & in Pſ. ibidem præfixo, excepto verbo *periit*. Apud Ambroſ. *perierat*; cæt. ut in textu. Ambroſ. addit: *Græcus habet*, quære ſervum tuum, *hoc eſt*, ζήτησον; *& potuit falli ſcriptor, ut ſcriberet* ζῆσον, *quod eſt* vivifica. Auguſt. *Erravi, ſicut ovis perdita: quære ſervum tuum*, &c. deinde ut Ambroſ. ſup. *Nonnulli codices non habent* quære, *ſed* vivifica: *una quippe ſyllaba intereſt, qua inter ſe in Græco diſtant* ζῆσον, *&* ζήτησον; *unde & ipſi codices Græci variant*. Apud Hieron. in Iſai. 53. to. 3. 384. e. ſimiliter, *Erravi, ſicut ovis perdita*. Sic etiam Ambroſ. ipſe leg. l. de lapſ. virgin. to. 2. 319. a. Fulgent. verò l. 1. ad Traſim. p. 76. & Caſſiod. cum Pſalt. Rom. *Erravi, ſicut ovis quæ perierat: require ſervum tuum*; Rom. addit *Domine*, deinde *quia*, &c. ut ſup. Corb. pariter hab. *require*. S. Proſp. ut in Vulg. Gr. Ἐπλανήθην, ὡς πρόβατον ἀπολωλός· ζήτησον τὸν, &c.

VULGATA HOD.	HEBR.	VERSIO ANTIQUA.
1. Canticum graduum. CXIX.	*Canticum graduum. CXX.*	1. Canticum aſcenſûm. CXIX. *Ex Mſ. Sangerm.*
AD Dominum cùm tribularer clamavi: & exaudivit me.	*AD Dominum in tribulatione mea clamavi, & exaudivit me.*	* AD te Domine, cùm tribularer, clamavi: & exaudivit me.
2. Domine libera animam meam à labiis iniquis, & à lingua doloſa.	*Domine libera animam meam à labio mendacii, à lingua doloſa.*	2. Domine libera animam meam à labiis iniquis, & à lingua doloſa.
3. Quid detur tibi, aut quid apponatur tibi ad linguam doloſam?	*Quid detur tibi, aut quid apponatur tibi ad linguam doloſam?*	3. Quid detur tibi, & quid adponatur tibi ad linguam doloſam?
4. Sagittæ potentis acutæ, cum carbonibus deſolatoriis.	*Sagitta potentis acuta, cum carbonibus juniperorum.*	4. Sagittæ potentes acutæ, cum carbonibus deſolatoriæ.

NOTÆ AD VERSIONEM ANTIQUAM.

℣. 1. Hilar. Auguſt. Proſp. & Caſſiod. legunt, *Canticum graduum*, cum Vulg. Aug. addit: *Græcè ſcriptum eſt* ἀναβαθμῶν. *Gradus autem, vel deſcendentium ſunt, vel aſcendentium: ſed gradus, quomodo in his Pſalmis poſiti ſunt, aſcendentes ſignificant*. Item Hilarius in comment. col. 369. e. ait: *Gradus quindecim fuiſſe ſcimus in templo; Pſalmos quoque graduum quindecim legimus*.

* Hilarius, Auguſt. & Proſp. legunt: *Ad te Domine, cùm tribularer, & exaudiſti me*. Caſſiod. in eund. Pſ. Vulgatæ congruit.

℣. 2. Ita legit Hieron. ep. ad Damaſ. to. 3. 522. a. ſicut Proſp. & Caſſiod. in hunc Pſal. Hilar. verò delet &, poſt *iniquis*; & ſanè Hieron. ep. ad Sun. & Fret. col. 662. b. monet iſtam conjunct. eſſe *ſuperfluam*. Auguſt. in eund. Pſ. ſic habet: *Domine erue animam meam à labiis injuſtis, & à lingua doloſa*. Pſalt. Corb. *& ad linguam doloſam*. Gr. verò, Κύριε ῥῦσαι..... καὶ ἀπὸ γλώσσης, &c.

℣. 3. Sic habet Hilar. in hunc Pſ. Proſp. verò & Caſſiod. ut in Vulg. Auguſt. ibid. ita: *Quid dabitur tibi, aut quid apponetur tibi ad linguam doloſam?* at in Rom. 12. to. 3. col. 920. d. legit: *Quid detur tibi, aut quid apponatur tibi ad linguam ſubdolam?* Pſalt. Rom. & Corb. *Quid detur tibi, aut quid..... à lingua doloſa?* Græc. Τί δοθείη σοι, καὶ τί..... πρὸς γλῶσσαν δολίαν;

℣. 4. Ita legit Hilar. *potentes*, ſed in fine hab. *deſolatoriis: ſola enim*, inquit, *Domini potentes ſunt & acuta ſagitta*: & poſt paulò, *carbones* nominat *deſolationis*. Similiter in Pſalt. Corb. *Sagittæ potentes.... cum carbon. deſolatoriis*. Pſ. verò è Mſ. Vat. ap. Hilar. Vulgatæ conſonat, cùm Rom. & Moz. Itidem Caſſiod. & Gaud. Brix. ſer. 2. p. 944. f. cum Proſp.

Ex Ms. Sangerm.

VERSIO ANTIQUA.	HEBR.	VULGATA HOD.
5. Heu me, quòd incolatus meus prolongatus est: habitavi cum habitantibus Cedar: 6. multùm incola fuit anima mea.	*Heu mihi, quia peregrinatio mea prolongata est: habitavi cum tabernaculis Cedar: multùm peregrina est anima mea*	5. Heu mihi, quia incolatus meus prolongatus est: habitavi cum habitantibus Cedar: 6. multùm incola fuit anima mea.
7. Cum his qui oderunt pacem, eram pacificus: cùm loquebar illis, impugnabant me.	*Cum odientibus pacem: ego pacifica loquebar, & illi bellantia.*	7. Cum his qui oderunt pacem, eram pacificus: cùm loquebar illis, impugnabant me gratis.

NOTÆ AD VERSIONEM ANTIQUAM.

Ms. tamen 1. Cassiod. cum editt. hab. *potentes*. Apud Aug. in eund. Ps. *Sagittæ potentis acutæ, cum carbonibus desolatoriis, vel vastatoribus:* deinde: *Sive* desolatoriis *dicas, sive* vastatoribus *dicas, (nam in diversis codicibus diversè scriptum est,) idem significat:* ipse etiam in Rom. 12. to. 3. 920. d. legit *vastatoribus*. In Gr. Τὰ βέλη τῦ δυνατῦ ἠκονημένα, σὺν τοῖς ἄνθραξι τοῖς ἐρημικοῖς.

℣. 5. Sic est in Psalt. Moz. & apud Cassiod. Ita quoque apud Prosperum, sicut in Psalt. Romano, & Vaticano apud Hilarium, excepto uno *quia*, pro *quod*. In Corb. *Heu mihi, quòd*. Hilar. in comment. legit ut sup. *Heu me, quòd incolatus meus prolongatus est: & habitavi cum habitantibus Cedar:* at inf. id memorat, *cum habitationibus Cedar*. Itidem Ambros. *Heu me, quòd*, &c. l. de parad. to. 1. 164. e. & l. 2. de Abr. c. 4. col. 319. c. & in Ps. 118. col. 1251. a. at l. 2. de interpel. Dav. c. 3. col. 641. f. *Heu me, quia:* item in Ps. 38. col. 849. d. 851. a. ubi addit, *& habitavi*, &c. rursum *Heu me, quia* in Ps. 43. col. 888. f. S. Paulin. epist. 29. p. 71. a. *Heu me, quod incolatus*, &c. item ep. 13. p. 71. a. additque, *quòd habitaret cum tabernaculis Cedar*. Tichon. vero reg. 2. p. 51. g. sic habet: *Heu me, quia peregrinatio mea longinqua facta est: habitavi cum tabernaculis Cedar*. Hieron. epist. ad Dardan. to. 2. 608. a. *Heu me, quia peregrinatio mea prolongata est: habitavi cum habitantibus Cedar:* & epist. ad Paulam, to. 4. p. 2. col. 56. b. *Hei mihi, quia peregr. mea prolongata est à me: habitavi*, &c. & l. 2. cont. Jovin. to. 4. p. 2. col. 227. a. *Hei mihi, quia peregrinatio mea prolongata est: habitavi cum habitationibus Cedar:* at l. 1. in epist. ad Ephes. to. 4. 325. d. legit: *Heu mihi, quia incolatus meus prolongatus est*, &c. & ita vertisse Latinum Interpretem dicit ipse in epist. ad Sun. & Fret. to. 2. 627. b. August. in eund. Ps. non semel: *Heu me, quòd incolatus meus longinquus factus est: inhabitavi cum tabernaculis Cedar:* at inf. bis, loco *incolatus*, &c. hab. *peregrinatio mea longinqua facta est*. Auct. l. de promiss. p. 1. c. 12. col. 100. e. *Heu me, quia peregrinatio mea elongata est*. Gr. Οἴμοι, ὅτι ἡ παροικία μυ ἐμακρύνθη· κατεσκήνωσα μετὰ τῶν σκηνωμάτων Κηδάρ.

℣. 6. Ita legunt Hilar. & Cassiod. cum Psalt. Rom. & Vatic. ap. Hilar. In Moz. verò: *multùm peregrinata est anima mea*. Huic ult. assentiunt Tichon. reg. 2. p. 51. g. & August. in hunc Ps. cum Prospero. Item Hieron. in Ezech. 48. to. 3. 1064. d. & in Jerem. 2. col. 534. f. sic etiam l. 1. in epist. ad Ephes. to. 4. 325. d. & epist. 22. ad Paulam to. 4. p. 2. col. 56. b. at epist. ad Dardan. to. 2. 608. a. leg. *multùm accola fuit anima mea*. Ambr. in Luc. 2. to. 1. 1297. b. *multùm incola facta est anima mea*. In Gr. πολλὰ παρῴκησεν ἡ ψυχή μυ.

℣. 7. Hilar. sic habet: *Cum odientibus pacem, eram pacificus: cùm loquebar illis, impugnabant me gratis*. Similiter Ambros. in Ps. 118. to. 1. 1240. c. & in Luc. 22. col. 1518. b. at sup. in eund. Ps. 118. col. 1084. d. leg. *Cum odio habentibus pacem*, &c. Ambrosiast. col. 97. f. *Cum iis qui oderunt pacem*, &c. Tichon. verò reg. 2. p. 51. g. *Cum odientibus pacem, eram pacific. cùm loquerer illis, debellabant me gratis*. Itidem August. in hunc Ps. exceptis his, *Cum his qui oderunt pacem:* ita rursum ep. 88. to. 2. 213. c. præter duo, *oderant*, & *loquebar:* item epist. 105. col. 296. f. cum verbo *oderunt*. S. Pacian. ep. 3. p. 313. f. Vulgatæ accinit cum Cassiod. & Chromat. Aquil. in Matth. p. 979. c. Ita quoque S. Prosp. nisi quòd hab. *Cum his qui oderant;* & ita in Psalt. Moz. Corb. & Vat. ap. Hilar. In Rom. sic: *Cum iis qui oderunt pacem.... dum loquebar illis*, &c. ut in Vulg. In Gr. Μετὰ τῶν μισύντων τὴν.... ὅταν ἐλάλυν αὐτοῖς, ἐπολέμυν με δωρεάν.

Ex Ms. Sangerm.

VERSIO ANTIQUA.	HEBR.	VULGATA HOD.
Canticum graduum. CXX.	*Canticum graduum. CXXI.*	Canticum graduum. CXX.
1. LEvavi oculos meos ad montes, unde veniat auxilium mihi.	*LEvavi oculos meos in montes, unde veniet auxilium mihi.*	1. LEvavi oculos meos in montes, unde veniet auxilium mihi. (2. Par. 20. 17.)
2. Auxilium meum à Domino, qui fecit cœlum & terram.	*Auxilium meum à Domino, factore cæli & terræ.*	2. Auxilium meum à Domino, qui fecit cœlum & terram.
3. Non det in commotionem pedem tuum: neque dormiet qui custodit te.	*Non det in commotionem pedem tuum, nec dormitet qui custodit te.*	3. Non det in commotionem pedem tuum: neque dormitet qui custodit te.
4. Ecce non dormitavit neque obdormiet, qui custodit Israël.	*Ecce non dormitabit neque dormiet, qui custodit Israël.*	4. Ecce non dormitabit neque dormiet, qui custodit Israël.
5. Dominus custodit te,	*Dominus custodit te: Dominus*	5. Dominus custodit te, Domi-

NOTÆ AD VERSIONEM ANTIQUAM.

℣. 1. Hilar. in hunc Ps. cum Vulgata concinit: Ps. autem ibid. præfixus hab. *unde veniet adjutorium mihi:* Hilarius etiam ipse ita leg. in Ps. 51. col. 79. c. Ambros. in Ps. 118. to. 1. col. 1209. e. *Levavi oculos meos ad montes: quæsivi unde mihi veniret auxilium*. S. Paulin. epist. 40. p. 245. a. alludens, dicit: *Levavimus* (oculos) *ad montes..... unde nobis auxilium venit à Domino*. Item August. *Quid adhuc dormiunt? Levent oculos suos in montes, unde veniat auxilium illis*. S. Prosp. & Cassiod. cum Psalt. Rom. & Moz. *Levavi..... ad montes*, &c. ut in Vulg. Sic etiam Vict. Tun. l. de pœnit. ap. Ambr. col. 603. d. In Gr. εἰς τὰ ὄρη, ὅθεν ἥξει ἡ βοήθειά μυ.

℣. 2. Similiter hab. Hilar. in hunc Ps. & in Ps. 51. col. 79. c. Item S. Prosp. & Cassiod. ibid. unà cum Gr. Non legitur hic ℣. 2. ap. August.

℣. 3. Hilar. ubi sup. *Ne det in commotionem pedem tuum: neque dormitet*, &c. Ps. ibid. præf. *Non det in commotione*, &c. August. verò ita: *Ne des ad movendum pedem meum: neque dormitet*, &c. S. Prosp. & Cassiod. Vulgatæ respondent. In Psalt. Rom. sic: *Non det in commotionem pedem tuum: neque obdormiat qui custodit te*. In Moz. *neque obdormiet qui*, &c. In Gr. Μὴ δῴης εἰς σάλον τὸν..... μηδὲ νυστάξῃ ὁ φυλάσσων σε. Compl. Μὴ δῴη.

℣. 4. Sic est in Brev. Moz. Hilar. verò in hunc Ps. Vulgatæ accinit; sed in Ps. 118. col. 267. e. leg. *Ecce non dormiet neque dormitabit, qui*, &c. S. Prosp. & Cassiod. cum Psalt. Rom. & Corb. *Ecce non dormitabit neque obdormiet*, &c. cui lectioni favet S. Xyst. ep. 5. Conc. to. 1. 1256. b. Similiter Aug. in eund. Ps. paulò verò post legit: *Ecce non dormiet neque dormitabit*, &c. at priorem lectionem resumit inf. In Gr. Ἰδὲ ὐ νυστάξει ὐδὲ ὑπνώσει, &c.

℣. 5. Psalt. Rom. cum Corb. & Moz. *super manum dexteræ tuæ*. Sic etiam Ambros. habet in Luc. 1. to. 1. 1275. e. necnon S. Prosp. & Cassiod. cum Psalt. Mediol. & Carnut. Hilar. verò cum Ps. ibid. præfixo: *Dominus custodiet te, Dominus prot. tua, supra* (Ps. *super*) *manum dexteræ tuæ.*

Vulgata hod.

tus protectio tua, ſuper manum dexteram tuam.

6. Per diem ſol non uret te: neque luna per noctem.

7. Dominus cuſtodit te ab omni malo: cuſtodiat animam tuam Dominus.

8. Dominus cuſtodiat introitum tuum, & exitum tuum; ex hoc nunc, & uſque in ſæculum.

Hebr.

protectio tua ſuper manum dexteram tuam.

Per diem ſol non percutiet te, neque luna per noctem.

Dominus cuſtodiet te ab omni malo: cuſtodiat animam tuam.

Dominus cuſtodiat exitum tuum, & introitum tuum; amodo, & uſque in æternum.

Versio antiqua.

Dominus protectio tua, ſuper cornum dexteræ tuæ. — Ex Mſ. Sangerm.

6. Per diem ſol non uret te: neque luna per noctem.

7. Dominus cuſtodiet te ab omni malo: cuſtodiat animam tuam Dominus.

8. Cuſtodiat Dominus introitum tuum, & exitum tuum; ex hoc nunc, & uſque in ſæculum.

Notæ ad Versionem antiquam.

Auguſt. in eund. Pſ. *Dominus cuſtodiet te, Dominus tegumentum tuum, ſuper manum dexteræ tuæ*; & inf. *protegat te Dominus ſuper manum dexteræ tuæ*: Mſs. quidam *proteget*, nonnulli *protegit*. In Gr. Κύριος φυλάξει σε, Κύριος σκέπη σου, ἐπὶ χεῖρα δεξιάν σου. Ed. Compl. hab. Κύριος φυλάξοι, & Mſ. Alex. δεξιᾶς σου.

℣. 6. Vulgatæ accedit Hilar. in hunc Pſ. & in Pſ. 147. col. 584. a. Item Auguſt. Proſp. & Caſſiod. In Gr. Ἡμέρας ὁ ἥλιος..... οὐδὲ ἡ..... τὴν νύκτα.

℣. 7. Ita Auguſt. leg. cum Brev. Moz. Proſper verò & Caſſiod. cum Rom. Vulgatæ aſſentiunt. Hilar. ſic: *Dominus cuſtodiet te ab omni malo: cuſtodiet*, &c. ut ſup. Pſ. ibidem præfixus: *Dominus cuſtodiet te ab omni malo; ita ſuper manum dexteræ cuſtodiat animam tuam Dominus*. Gr. Κύριος φυλάξαι σε ἀπὸ παντὸς κακοῦ· φυλάξει, &c. Mſ. Alex. Κύριος φυλάξει, Compl. bis, φυλάξοι.

℣. 8. Concinunt Auguſt. Proſp. & Caſſiod. unà cum vet. Pſalt. In Græco: Κύριος φυλάξει τὴν εἴσοδόν σου, καὶ τὴν, &c. Compl. φυλάξοι. Ap. Hilar. *Dominus cuſtodiet exitum tuum, & introitum tuum; ex hoc, & uſque in ſæculum.* Hic autem verborum ordo nititur Mſs. auctoritate, quem etiam poſtulat ſubnexa Hilarii interpretatio: *Cùm prius ſit*, inquit, *nos exire de corpore, quàm in regnum æternum introduci.* Pſ. tamen è Mſ. Vatic. ap. ipſum hab. *introitum, & exitum; ex hoc nunc, & uſque in ſæc.* Moz. *& uſque in æternum.*

Vulgata hod.

1. Canticum graduum. CXXI.

Lætatus ſum in his, quæ dicta ſunt mihi: In domum Domini ibimus.

2. Stantes erant pedes noſtri, in atriis tuis Jeruſalem.

3. Jeruſalem, quæ ædificatur ut civitas: cujus participatio ejus in idipſum.

4. Illuc enim aſcenderunt tribus, tribus Domini: teſtimonium Iſraël ad confitendum nomini Domini.

5. Quia illic ſederunt ſedes in judicio, ſedes ſuper domum David.

6. Rogate quæ ad pacem ſunt Jeruſalem: & abundantia diligentibus te.

7. Fiat pax in virtute tua: & abundantia in turribus tuis.

8. Propter fratres meos, & proximos meos, loquebar pacem de te:

9. Propter domum Domini Dei

Hebr.

**Canticum graduum David.* CXXII.

Lætatus ſum, eò quòd dixerint mihi: In domum Domini ibimus.

Stantes erant pedes noſtri, in portis tuis Jeruſalem.

Jeruſalem, quæ ædificatur ut civitas: cujus participatio ejus ſimul.

Quia ibi aſcenderunt tribus, tribus Domini: teſtimonium Iſraël, ad confitendum nomini Domini.

Quia ibi ſederunt ſedes in judicio, ſedes domui David.

Rogate pacem Jeruſalem: ſit bene his qui diligunt te.

Sit pax in muris tuis: abundantia in domibus tuis.

Propter fratres meos, & amicos meos, loquar pacem tibi.

Propter domum Domini Dei noſ-

Versio antiqua.

1. Canticum graduum David. CXXI. — Ex Mſ. Sangerm.

* Lætatus ſum in his, quæ dicta ſunt mihi: In domum Domini ibimus.

2. Stantes erant pedes noſtri, in atriis Jeruſalem.

3. Jeruſalem, quæ ædificatur ut civitas: cujus participatio ejus in idipſum.

4. Illuc enim aſcenderunt tribus, tribus Domini: teſtimonium Iſraël ad confitendum nomini tuo, Domine.

5. Quia illic ſederunt ſedes in judicio, ſedes ſuper domum David.

6. Rogate quæ ad pacem ſunt Jeruſalem: & abundantia diligentibus te.

7. Fiat pax in virtute tua: & abundantia in turribus tuis.

8. Propter fratres meos, & proximos meos, loquebar autem pacem de te:

9. Propter domum Do-

Notæ ad Versionem antiquam.

℣. 1. Sic habet Pſ. præfixus ap. Hilar. Auguſt. verò & Caſſiod. delent *David*, cum Pſalt. Rom. In Corb. *Canticum graduum ipſum David.* In Gr. de more, Ὠδὴ τῶν ἀναβαθμῶν.

* Concordant Hilar. Proſp. & Caſſiod. &c. Auguſt. verò legit: *Jocundatus ſum in his, qui dixerunt mihi: In domum Domini ibimus.* Gr. Εὐφράνθην ἐπὶ τοῖς εἰρηκόσι μοι, &c.

℣. 2. Ita legunt Hilar. & Auguſt. in hunc Pſ. cum Pſalt. Corb. & Carnut. Ambroſ. verò in Pſ. 1. & 36. to. 1. 749. a. 809. b. hab. *in atriis tuis*, &c. item l. de Virginit. to. 2. 228. a. cum Proſp. & Caſſiod. & Gr.

℣. 3. Hilar. cum Pſ. præfixo, *cujus participatio eſt in idipſum.* Auguſt. Proſp. & Caſſiod. ut in Vulg. In Gr. ἧς ἡ μετοχὴ αὐτῆς ἐπὶ τὸ αὐτό.

℣. 4. Sic habent Auguſt. & Caſſiod. cum Pſalt. Rom. & Carnut. Ita quoque in Moz. eſt, detracta voce ult. *Domine.* Corb. *Illic enim aſcend..... ad confit. nomini tuo, Domine.* Hilar. in eund. Pſ. *Illuc aſcenderunt tribus, tribus Domini: teſtimonium illi Iſraël ad confitendum nomini Domini.* S. Proſp. *ad confitendum nomen Domini.* Gr. Ἐκεῖ γὰρ ἀνέβησαν, &c. ut in Vulg.

℣. 5. Hilar. cum Pſalt. Corb. *Quia illic ſederunt ſedes in judicium*, &c. Auguſt. *Quoniam ibi ſederunt ſedes in judicium*, &c. Ita quoque in Græco. Apud Proſp. & Caſſiod. ut ſup. in textu.

℣. 6. Ita legunt Hilar. Proſp. & Caſſiod. &c. Auguſt. verò ſic: *Interrogate quæ ad pacem ſunt Jeruſalem: & abundantia his, qui diligunt te.* Hilar. etiam ubi ſup. ait: *Rogate, non orandi, ſed interrogandi, ſecundùm proprietatem Græcitatis eſt ſermo.* Gr. Ἐρωτήσατε δὴ τὰ εἰς εἰρήνην τὴν Ἱερουσαλήμ, &c.

℣. 7. Sic Ambroſ. l. 1. de Virg. to. 2. 158. e. item l. 3. de fide, col. 505. b. & in Pſ. 118. to. 1. 1257. a. Sic etiam Aug. Proſp. & Caſſiod. &c. Ap. Hilar. verò ita: *Fiat pax..... & abundantia in turribus gravibus tuis*: de his vide Hieron. in Pſ. 44. ad Principiam. In Gr. Γενέσθω δὴ εἰρήνη..... καὶ εὐθηνία ἐν ταῖς πυργοβάρεσί σου. Edit. Compl. tollit δή.

℣. 8. Sic habet Pſ. è Mſ. Vatic. apud Hilar. Hilarius verò in comment. delet *autem*; tollunt pariter Proſp. & Caſſiod. ibid. Apud Auguſt. ſic: *Propter fratres meos, & propinquos meos, loquebar autem pacem de te.* In Gr. Ἕνεκα τῶν ἀδελφῶν μου, καὶ τῶν πλησίον μου, ἐλάλουν δὴ εἰρήνην, &c.

℣. 9. Iidem Hilarius, Auguſt. & Caſſiod. in hunc Pſ. Pſalt. verò Rom. hab. *Et propter domum Domini Dei mei*, &c.

VERSIO ANTIQUA.

Ex Ms. Sangerm. mini Dei mei, quæsivi bona tibi.

HEBR.

tri, quæram bona tibi.

VULGATA HOD.

nostri, quæsivi bona tibi.

NOTÆ AD VERSIONEM ANTIQUAM.

Mss. 2. Cassiod. *Domini Dei nostri*; Brev. Moz. *Domini Dei tui*. Gr. Κυρίυ τῦ Θεῦ ἡμῶν, ἐξεζήτησα, &c.

VERSIO ANTIQUA.

Ex Ms. Sangerm. Canticum graduum. CXXII.

1. AD te levavi oculos meos, qui habitas in cœlo.

2. Ecce sicut oculi servorum, in manibus dominorum suorum,

Sicut oculi ancillæ in manibus dominæ suæ: ita oculi nostri ad Dominum Deum nostrum, donec misereatur nobis.

3. Miserere nobis Domine, miserere nobis: quia multùm repleti sumus despectione:

4. In plurimum abundavit anima nostra: opprobrium abundantibus, maledictum eis qui abundant, & contemptio superbis.

HEBR.

Canticum graduum. CXXIII.

AD te levavi oculos meos, qui habitas in cœlis.

Ecce sicut oculi servorum ad manum dominorum suorum:

Sicut oculi ancillæ ad manum dominæ suæ: sic oculi nostri ad Dominum Deum nostrum, donec misereatur nostri.

Miserere nostri Domine, miserere nostri: quia multùm repleti sumus despectione.

Multùm repleta est anima nostra opprobrio abundantium, & despectione superborum.

VULGATA HOD.

Canticum graduum. CXXII.

1. AD te levavi oculos meos, qui habitas in cœlis.

2. Ecce sicut oculi servorum, in manibus dominorum suorum,

Sicut oculi ancillæ in manibus dominæ suæ: ita oculi nostri ad Dominum Deum nostrum, donec misereatur nostri.

3. Miserere nostri Domine, miserere nostri: quia multùm repleti sumus despectione:

4. Quia multùm repleta est anima nostra: opprobrium abundantibus, & despectio superbis.

NOTÆ AD VERSIONEM ANTIQUAM.

℣. 1. Concinunt Hilar. August. & Cassiod. ad verbum. Iidem Hieron. in Isai. 51. col. 374. e. 379. b. cum Psalt. Rom. Mss. tamen 3. Cassiod. hab. *in cœlis*, cum Prospero. Augustinus semel, *Ad te, Domine, levavi*, &c. at inf. delet *Domine*. In Gr. Πρὸς σὲ ἦρα..... τὸν κατοικῦντα ἐν τῷ ὀυρανῷ.

℣. 2. Eadem leguntur in Missali Rom. ad Introit. fer. 2. post Dom. 1. Quadr. sicut in Psalt. Corb. Item in Rom. & Moz. nisi quòd in utroque ponitur &, ante 2. *sicut*, in Moz. tamen deest *suæ*, post *dominæ*. Ambr. Romano consentit ad verbum, videlicet l. de apol. Dav. to. 1. 700. c. d. & in Ps. 118. col. 1045. a. Iidem Hilar. Prosp. & Cassiod. in hunc Ps. sed Hilar. bis leg. *in manus*, pro *in manibus*; paulòque post hab. *sic oculi nostri*: Ps. verò ibid. præfixus, bis *in manibus*, sed absque &, post *suorum*; necnon *suæ*, post *dominæ*. August. in eund. Ps. *Ecce sicut oculi..... in manus dominor..... & sicut oculi..... in manus dom. suæ: sic oculi nostri ad..... quoadusque misereatur nostri.* Victor Tun. l. de pœnit. apud Ambr. col. 603. d. *Sicut oculi servorum in manibus..... & sicut oculi ancillæ ad manus dom. suæ: sic & oculi nostri ad Dom..... usque dum misereatur nobis.* In Græco: Ἰδὺ ὡς ὀφθαλμοὶ..... εἰς χεῖρας τῶν..... ἀυτῶν· ὡς ὀφθαλμοὶ..... εἰς χεῖρας τῆς κυρίας ἀυτῆς, ὕτως..... ἕως ὖ οἰκτειρήσαι ἡμᾶς.

℣. 3. Hilar. cum Psalt. Vatic. Rom. Corb. & Moz. *Miserere nobis Domine, miserere nobis: quia multùm repl. sumus adspernatione*; Vatic. Corb. & Rom. *contemptione*; Mozar. *contemptu*. Cassiod. Romano congruit ad verbum; August. & Prosp. Vulgatæ. In Missali Rom. ad Introit. fer. 2. Dom. 1. Quadr. & ad Tract. Dom. 3. *Miserere nobis..... mis. nobis*, ut supra. In Gr. Ἐλέησον ἡμᾶς..... ἐλέησον ἡμᾶς· ὅτι ἐπὶ πολὺ ἐπλήσθημεν ἐξυδενώσεως.

℣. 4. Psalt. Rom. cum Prosp. & Cassiod. *Et multùm repleta est anima nostra*, &c. ut in Vulg. Mozarab. *Multùmque repleta est anima nostra: opprobrium abundantium, & despectio superbis.* In Corb. deest &, ante *despectio*. Hilar. in hunc Ps. leg. *& adspernatio superbis*; cætera ut in Vulg. August. in eund. Ps. *In plurimum repleta est anima nostra: opprobrium eis qui abundant, & despectio superbis.* Gr. Ἐπὶ πλεῖον ἐπλήσθη..... τὸ ὄνειδος τοῖς ἐυθηνῦσι, καὶ ἡ ἐξυδένωσις τοῖς, &c. Nuspiam verò legitur versic. medius, *maledictum eis qui abundant*: scholium satis olet, quod primò fortasse in margine scriptum est, ac deinde imperitiâ scriptoris transiit in textum.

VERSIO ANTIQUA.

Ex Ms. Sangerm. 1. Canticum graduum. CXXIII.

* NIsi quòd Dominus erat in nobis, dicat nunc Israël: 2. nisi quòd Dominus erat in nobis,

Cùm insurgerent homines in nos, 3. fortè vivos deglutissent nos:

HEBR.

Canticum graduum David. CXXIV.

NIsi Dominus fuisset in nobis, dicat nunc Israël: nisi Dominus fuisset in nobis,

Cùm exsurgerent super nos homines: forsitan vivos absorbuissent nos,

VULGATA HOD.

1. Canticum graduum. CXXIII.

NIsi quia Dominus erat in nobis, dicat nunc Israël: 2. nisi quia Dominus erat in nobis,

Cùm exsurgerent homines in nos, 3. fortè vivos deglutissent nos:

NOTÆ AD VERSIONEM ANTIQUAM.

℣. 1. Iidem ap. Aug. Cassiod. &c. Ps. verò è Ms. Vatic. ap. Hilar. hab. *Canticum graduum David.* Græc. de more, Ὠδὴ τῶν ἀναβαθμῶν.

* Sic Hilar. & Prosp. cum Psalt. Rom. Martian. August. verò & Cassiod. cum Rom. Fabri, *Nisi quia*, &c. Gr. Εἰ μὴ ὅτι, &c.

℣. 2. Psalt. Rom. *Nisi quia Dom. erat in nobis, dum insurgerent homines in nos.* Corb. *Nisi quòd Dom..... cùm insurgerent homines in nobis.* Mozarab. *cùm exsurgerent homines super nos.* Hilar. in eund. Ps. *Nisi quòd..... cùm surgerent hom. in nos.* August. *Nisi quia Dom..... cùm insurgerent hom. super nos.* S. Prosp. *Nisi quòd Dom..... cùm insurgerent hom. in nos.* Cassiod. *Nisi quia Dom..... cùm insurgerent hom. in nos.* Gr. Εἰ μὴ ὅτι..... ἐν τῷ ἐπαναστῆναι..... ἐφ' ἡμᾶς.

℣. 3. Psalt. Mozar. *forsitan vivos deglutissent nos: dum irasceretur furor eorum adversùs nos.* Rom. & Corb. *forsitan vivos deglut..... dum* (Corb. *cùm*) *irasceretur animus eorum adversùs nos.* Ps. è Ms. Vatic. apud Hilar. *fortè vivos deglutissent nos: cùm irasceretur animus eorum in nos.* Hilar. ipse in comment. *fortè vivos deglut. nos: in eo cùm irasceretur animus eorum adversùs nos.* August. *forsitan vivos absor-*

VULGATA HOD.	HEBR.	VERSIO ANTIQUA.
Cùm iraſceretur furor eorum in nos, 4. forſitan aqua abſorbuiſſet nos.	*Cùm iraſceretur furor eorum ſuper nos: forſitan aqua circumdediſſent nos:*	Cùm iraſceretur furor eorum adversùs nos, 4. forſitan aqua abſorbuiſſet nos. Ex Mſ. Sangerm.
5. Torrentem pertranſivit anima noſtra: forſitan pertranſiſſet anima noſtra aquam intolerabilem.	*Torrens tranſiſſet ſuper animam noſtram: forſitan tranſiſſent ſuper animam noſtram aquæ ſuperbiæ.*	5. Torrentem pertranſiit anima noſtra: forſitan pertranſiſſet anima noſtra aquam immenſam.
6. Benedictus Dominus, qui non dedit nos in captionem dentibus eorum.	*Benedictus Dominus, qui non dedit nos in prædam dentibus eorum.*	6. Benedictus Dominus, qui non dedit nos in venatione dentibus eorum.
7. Anima noſtra ſicut paſſer erepta eſt de laqueo venantium: Laqueus contritus eſt, & nos liberati ſumus.	*Anima noſtra quaſi avis erepta eſt de laqueo venantium: Laqueus contritus eſt, & nos liberati ſumus.*	7. Anima noſtra ſicut paſſer erepta eſt de laqueo venatorum: Muſcipula comminuta eſt, & nos ſalvati ſumus.
8. Adjutorium noſtrum in nomine Domini, qui fecit cœlum & terram.	*Auxilium noſtrum in nomine Domini, qui fecit cœlum & terram.*	8. Adjutorium noſtrum in nomine Domini, qui fecit cœlum & terram.

NOTÆ AD VERSIONEM ANTIQUAM.

buiſſent nos: cùm (inſ. *dum*) *iraſceretur furor ipſorum* (al. *eorum*) *ſuper nos*. S. Proſp. *forſitan vivos deglutiſſent nos: cùm iraſceretur furor eorum in nos*. Caſſiod. *forſitan vivos deglutiſſent nos: cùm iraſceretur animus eorum adversùm nos*. Iidem *animus eorum*, in Pſalt. Mediol. & Carnut. In Gr. ἄρα ζῶντας ἂν κατέπιον ἡμᾶς· ἐν τῷ ὀργισθῆναι τὸν θυμὸν αὐτῶν ἐφ' ἡμᾶς.

℣. 4. Sic Hilar. in hunc Pſ. cum Pſ. ibidem præfixo. Auguſt. ibid. *forſitan aqua demerſiſſet nos*. S. Proſp. *forſitan vivos abſorbuiſſent nos*. Caſſiod. cum Pſalt. Rom. *forſitan velut aqua abſorbuiſſent nos*. Ita etiam in Moz. præter verbum ſing. *obſorbuiſſet*. In Mediolan. *ut aquam abſorbuiſſent nos*. In Gr. ἄρα τὸ ὕδωρ ἂν κατεπόντισεν ἡμᾶς.

℣. 5. Ita legit Hilar. in hunc Pſ. & in Pſ. 68. col. 216. c. cum Pſalt. Mediolan. Ambroſ. verò l. de Iſaac, c. 8. col. 377. d. & in Pſ. 1. & 118. col. 756. d. 1243. e. hab. *aquam intolerabilem*, cum Caſſiod. Sic etiam Hilar. ubi ſup. in commentar. *Hæc intolerabilis aqua*, inquit, *animam non tranſiit, in qua Deus habitat; intolerabilis autem eſt Deo vacuis*. Aug. ibid. leg. *fortaſſe* (al. *forſitan*) *pertranſiit.... aquam ſine ſubſtantia*. S. Proſp. *forſitan pertranſivit..... aquam intolerabilem, vel ſine ſubſtantia*. S. Eucher. quæſt. in Pſ. p. 846. h. & 847. a. *forſitan pertranſiſſet..... aquam immenſam*, ut ſup. Gr. ἄρα διῆλθεν... τὸ ὕδωρ τὸ ἀνυπόστατον. Subdit Aug. loco cit. *Quomodo potuerunt Latini, expreſſerunt quod Græci dicunt* ἄρα; *ſic enim Græca habent exemplaria*, ἄρα: *quia dubitantis verbum eſt, expreſſum eſt quidem dubitationis verbo, quod eſt* fortaſſe; *ſed non omnino hoc eſt*: ſubinde: *Quod Punici dicunt* iar, *hoc Græci* ἄρα, *hoc Latini poſſunt, vel ſolent dicere*, putas, *cùm ita loquuntur*: Putas evaſi hoc *ſi ergo dicatur*, Forſitan evaſi, *videtis quia non hoc ſonat; ſed quod dixi* putas, *uſitatè dicitur, Latine non ita dicitur..... In Scriptura autem non potuit hoc poni quod Latinum non eſſet; & deficiente Latinitate, poſitum eſt pro eo quod non hoc ſonaret. Sic tamen intelligite dici*: Putas pertranſiit anima noſtra, *&c. quia magnitudo periculi vix facit credibile. Verbum autem* ἀνυπόστατον, teſte Hieron. in commentar. *apud Græcos ambiguum eſt, & poteſt ſonare quod* non ſubſiſtat, *& quod* intolerabile ſit, *id eſt, quod nemo ferre queat*.

℣. 6. Hilar. in hunc Pſ. cum Ambroſ. in Pſ. 118. col. 1185. a. *Benedictus Dominus, qui non dedit nos in capturam dentibus eorum*. Pſalt. quoque Mediolan. hab. *in capturam*; Mozarab. *in captione*. Auguſt. in hunc Pſ. cum Fulg. ſer. 6. p. 567. *in venationem*. S. Proſp. *in venationem, vel in captionem*. Caſſiod. ut in Vulg. Gr. εἰς θήραν.

℣. 7. Hilar. cum Pſ. præfixo ſimiliter hab. *de laqueo venatorum*; cæt. ut in Vulg. mox Hilar. *Non utique venantium, ſed eorum, quibus in venatione tenſi ſunt laquei*: vocem etiam *venatorum* conſtanter adhibet in Pſ. 118. col. 328. a. ſed Ambroſ. in eund. Pſ. col. 1154. e. legit *venantium*, &c. ut in Vulg. itidem in Luc. 4. & 12. col. 1337. d. 1437. b. & l. de Virgin. to. 2. 241. e. Vulgatæ ſuffragantur Proſp. & Caſſiod. cum Gr. Auguſt. autem leg. *Anima noſtra ſicut paſſer eruta eſt de muſcipula venantium: muſcipula contrita eſt, & nos eruti ſumus*.

℣. 8. Concordant Innocent. 1. epiſt. 29. Conc. to. 1. 897. c. & Ambr. in Luc. 4. col. 1337. d. Item Hilar. Aug. Proſp. & Caſſiod. in hunc Pſ. unà cum Gr. ex quibus omnibus ſubnexuimus ſup. vocem *Domini*, quæ omiſſa erat librarii incuriâ.

VULGATA HOD.	HEBR.	VERSIO ANTIQUA.
1. Canticum graduum. CXXIV.	*Canticum graduum. CXXV.*	1. Canticum graduum. CXXIV. Ex Mſ. Sangerm.
QUi confidunt in Domino, ſicut mons Sion: non commovebitur in æternum, qui habitat 2. in Jeruſalem.	*QUi confidunt in Domino: quaſi mons Sion immobilis, in æternum habitabilis.*	QUi confidunt in Domino, ſicut mons Sion: non commovebitur in æternum, qui habitat 2. in Jeruſalem.
Montes in circuitu ejus: & Dominus in circuitu populi ſui, ex hoc nunc & uſque in ſæculum.	*Jeruſalem montes in circuitu ejus: & Dominus in circuitu populi ſui, amodo & uſque in æternum.*	Montes in circuitu ejus: & Dominus in circuitu populi ſui, ex hoc nunc & uſque in ſæculum.
3. Quia non relinquet Dominus virgam peccatorum ſuper ſortem juſtorum: ut non extendant juſti ad iniquitatem manus ſuas.	*Quia non requieſcet virga impietatis ſuper ſortem juſtorum: ut non mittant juſti in iniquitatem manus ſuas.*	3. Quia non dimiſit virgam peccatorum ſuper ſortem juſtorum: ut non extendant juſti in iniquitatem manus ſuas.

NOTÆ AD VERSIONEM ANTIQUAM.

℣℣. 1. 2. Sic Hilar. & Caſſiod. ad verbum. Horum etiam multa hab. Ambroſ. in Pſ. 47. & 118. to. 1. 938. b. 943. c. 1035. b. & in Luc. 17. col. 1479. f. Auguſt. verò leg. *Qui confidunt in Domino, ſicut mons Sion: non commovebuntur* (inſ. *movebuntur*) *in æternum, qui inhabitant Jeruſalem. Montes in circuitu ejus: & Dominus in circuitu plebis ſuæ, ex hoc nunc*, &c. inſ. deeſt *nunc*. Similiter apud Proſp. *in circ. plebis ſuæ*; cæt. verò ut in Vulg. In Breviar. Moz. pariter, *non commovebuntur..... qui habitant in*, &c. In Gr. Οἱ πεποιθότες ἐπὶ Κύριον, ὡς ὄρος Σιών· οὐ σαλευθήσεται εἰς τὸν αἰῶνα ὁ κατοικῶν Ἱερουσαλήμ, &c. ut ſup.

℣. 3. Hilar. legit, *Quia non relinquet virgam pecc.* &c. ut in Vulg. Pſ. ibid. præfixus, *Quia non derelinquet virgam peccat..... ut non extend. juſti in iniquitatem*, &c. Corb. *Quoniam non relinquet virgam..... ut extendant juſti in iniquitatem*, &c. Auguſt. & Caſſiod. cum Rom. *Quia non derelinquet Dominus..... ad iniquitatem*, &c. Aug. inſ. *non relinquet*, cum Mſs. 2. Caſſiod. Ap. Proſp. *Quia non derelinquitur virga pecc.* &c. ſed poſt pauca, *Quia non derelinquet Dominus*, &c. ut in Vulg. Autogr. S. Germ. ſcribit *non dimiſet*, vitioſè; poſuimus *non dimiſit*, mutando *e* in *i*: fortaſſe meliùs legeretur *non dimittet*. Auct. op. imp. in Matth. hom. 44. p. 193. a. *Quia non dimittit virgam..... ad iniquitatem*, &c. Gr. Ὅτι οὐκ ἀφήσει Κύριος..... ἐν ἀνομίαις χεῖ

VERSIO ANTIQUA.	HEBR.	VULGATA HOD.
Ex Mſ. Sangerm. 4. Benefac Domine bonis, & rectis corde.	*Benefac Domine bonis, & rectis corde.*	4. Benefac Domine bonis, & rectis corde.
5. Declinantes autem ad ſuffocationes, adducet Dominus cum operantibus iniquitatem: pax ſuper Iſraël.	*Qui autem declinant ad pravitates ſuas, deducet eos Dominus cum his qui operantur iniquitatem: pax ſuper Iſrael.*	5. Declinantes autem in obligationes, adducet Dominus cum operantibus iniquitatem: pax ſuper Iſraël.

NOTÆ AD VERSIONEM ANTIQUAM.

ρας αὐτῶν. Mſ. Alex. delet voc. *Κύριος*, habetque *ἐν ἀνομίᾳ*; al. *εἰς ἀνομίαν* ex Chryſoſt.

℣. 4. Accinunt Hilar. Auguſt. Proſp. & Caſſiod. cum Græco.

℣. 5. Auct. op. imp. in Matth. hom. 45. p. 193. a. *Declinantes autem ad ſuffocationem, adducet*, &c. ut ſup. Auguſt. in hunc Pſ. *Declinantes autem in ſtrangulationem, adducet Dominus cum operantibus injuſtitiam*, &c. Hilarius verò ibid. *Declinantes autem ad obligationes*, &c. ut in Vulg. S. Proſp. *Declinantes autem in obligationem, adducet*, &c. Caſſiod. cum Pſalt. Rom. *Declinantes autem ad obligationem, adducet*, &c. Carnut. Corb. & Moz. *Declinantes autem in pravitatibus*; Gallic. *ad obligationes*. Sunt qui ſcribendum putant *ad obliquationes*, id eſt, *tortuoſitates*. In Gr. *εἰς τὰς ϛραγγαλιὰς, ἀπάξει*, &c. Symmach. *σκολιότητας, obliquitates*.

VERSIO ANTIQUA.	HEBR.	VULGATA HOD.
Ex Mſ. Sangerm. 1. Canticum graduum. CXXV.	*Canticum graduum. CXXVI.*	1. Canticum graduum. CXXV.
CUm averteret Dominus captivitatem Sion: facti ſumus ſicut conſolati.	*CUm converteret Dominus captivitatem Sion, facti ſumus quaſi ſomniantes.*	IN convertendo Dominus captivitatem Sion: facti ſumus ſicut conſolati:
2. Tunc repletum eſt gaudio os noſtrum: & lingua noſtra exſultatione.	*Tunc implebitur riſu os noſtrum, & lingua noſtra laude.*	2. Tunc repletum eſt gaudio os noſtrum: & lingua noſtra exſultatione.
Tunc dicent inter gentes: Magnificavit Dominus facere cum illis.	*Tunc dicent in gentibus: Magnificavit Dominus facere cum iſtis.*	Tunc dicent inter gentes: Magnificavit Dominus facere cum eis.
3. Magnificavit Dominus facere nobiſcum: facti ſumus lætantes.	*Magnificavit Dominus facere nobiſcum: facti ſumus ſicut lætantes.*	3. Magnificavit Dominus facere nobiſcum: facti ſumus lætantes.
4. Converte Domine captivitatem noſtram, ſicut torrens in auſtro.	*Converte Domine captivitatem noſtram, ſicut rivos in auſtro.*	4. Converte Domine captivitatem noſtram, ſicut torrens in auſtro.
5. Qui ſeminant in lacrymis, in gaudio metent.	*Qui ſeminant in lacrymis, in exſultatione metent.*	5. Qui ſeminant in lacrymis, in exſultatione metent.
6. Euntes ibant & flebant, mittentes ſemina ſua.	*Qui ambulans ibat & flebat, portans ad ſeminandum ſementem:*	6. Euntes ibant & flebant, mittentes ſemina ſua.
Venientes autem venient in exſultationem, portantes manipulos ſuos.	*Veniens veniet in exſultatione, portans manipulos ſuos.*	Venientes autem venient cum exſultatione, portantes manipulos ſuos.

NOTÆ AD VERSIONEM ANTIQUAM.

℣. 1. Hilar. in hunc Pſ. *Dum avertit Dominus..... facti ſumus tanquam conſolati.* Mſ. Miciac. ibid. *In avertendo Dominum.* Ambr. in Pſ. 37. col. 837. f. *Dum converteret Dominus..... ſicut conſolati.* S. Paulin. epiſt. 27. p. 174. b. *quaſi conſolati.* Hieron. in Iſai. 30. to. 3. 258. a. *Cùm converteret Dom.* &c. ut in Vulg. Tichon. reg. 6. p. 63. c. cum Pſalt. Mozar. *Cùm converteris Dominus..... velut conſolati*; inf. *cùm averteris.* Auguſt. *Cùm converteret Dominus..... ſicut conſolati*, vel *quaſi conſolati*, aut *velut conſolati.* S. Proſp. *Cùm averteret Dominus....., ſicut conſ.* Caſſiod. *In convertendo*, &c. Gr. *Ἐν τῷ ἐπιϛρέψαι*, &c.

℣. 2. Ita legit Hilar. cum Pſalt. Moz. & Rom. Ita quoque Lucif. Calar. l. de mor. pro Dei fil. p. 249. d. necnon Tichon. reg. 6. p. 63. c. cum Auguſt. Proſp. & Caſſiod. nec diſſimiliter in Gr. Vide etiam Ambr. in Pſ. 118. col. 1237. b. Pſ. è Mſ. Vatic. apud Hilar. non hab. *magnif. Dom. facere cum eis.*

℣. 3. Concordant Hilar. Proſp. & Caſſiod. in hunc Pſ. Itidem Tichon. reg. 6. p. 63. c. Pſ. verò è Mſ. Vatic. ap. Hilar. ſimpliciter hab. *ſumus lætantes*, abſque præced. *facti.* Aug. in eund. Pſ. *facti ſumus jocundati.* Gr. *ἐγενήθημεν εὐφραινόμενοι.*

℣. 4. Accinunt Auguſt. Proſp. & Caſſiod. Apud Hilar. deeſt hoc, *ſicut torrens in auſtro*: non verò in Pſ. ibidem præfixo. In Rom. & Moz. *Convertere Domine*, &c. ut ſup. In Gr. *Ἐπίϛρεψον*, &c.

℣. 5. Concinunt Lucif. Cal. l. de mor. pro Dei fil. p. 249. d. & Cypr. epiſt. ad Fortun. p. 272. c. Item Aug. Proſp. & Caſſiod. cum Pſalt. Rom. Corb. & Moz. Accedunt pariter Hieron. in Oſe. 6. to 3. 1278. b. S. Paulin. ep. 40. p. 246. a. Cœleſtin. I. epiſt. 14. Conc. to. 1. 1139. c. Auct. l. de promiſſ. p. 1. c. 29. col. 111. e. & S. Valerianus, hom. 8. Sirm. to. 1. p. 649. e. 676. e. 684. e. Tertul. verò l. 4. adv. Marc. p. 709. c. leg. *Qui ſeminant in lacr. in lætitia metent*: at ſup. 708. a. *in exſultatione*; ſicut Cyprian. l. 3. Teſtim. p. 309. c. Apud Vict. Tun. l. de pœnit. p. 603. d. *Qui ſerunt in lacrymis, in gaudio metent.* Apud Hilarium in hunc Pſ. *Qui ſeminat in lacrymis, in gaudio metet*: ſed in Pſ. ibid. præfixo, *Qui ſeminant*, &c. In Gr. *Οἱ σπείροντες..... ἐν ἀγαλλιάσει θεριοῦσι.*

℣. 6. Ita legit Hilar. in hunc Pſ. hoc excepto, *in exſultatione.* Ita quoque Proſp. & Caſſiod. cum Sedulio, l. 1. p. 476. h. Lucif. verò Cal. l. de mor. pro Dei fil. 249. d. Vulgatæ congruit ad verbum. Cypr. epiſt. ad Fortun. p. 272. c. ita: *Ambulantes ambulabant & flebant, mittentes ſemina ſua. Venientes autem venient in exſultatione, portantes gremia ſua*; & l. 3. Teſtim. p. 309. c. *Ambulantes ambulabant & plorabant..... in exſultatione, tollentes gremia ſua.* Ambroſ. l. de Joſeph, c. 2. to. 1. 485. c. *Venientes autem venient cum exſultatione, tollentes manipulos ſuos*: at in Luc. 17. col. 1484. b. leg. *in exſultatione, tollentes*, &c. itidem l. 3. de fide, to. 2. 510. f. & ep. 70. col. 1065. f. Hieron. in Matth. 9. to. 4. 34. c. *Euntes ibant & flebant, portantes ſemina ſua.* Apud Auguſt. non leguntur ſeqq. *Venientes autem venient cum exſult.* cæt. verò ut in textu. In Gr. *Πορευόμενοι ἐπορεύοντο καὶ ἔκλαιον, βάλλοντες τὰ σπέρματα αὐτῶν. Ἐρχόμενοι δὲ ἥξουσιν ἐν ἀγαλλιάσει, αἴροντες τὰ δράγματα αὐτῶν.*

VULGATA HOD.	HEBR.	VERSIO ANTIQUA.
1. Canticum graduum Salomonis. CXXVI.	*Canticum graduum Salomonis.* CXXVII.	1. Canticum graduum Salomonis. CXXVI.
NIſi Dominus ædificaverit domum, in vanum laboraverunt qui ædificant eam.	*NIſi Dominus ædificaverit domum, in vanum laboraverunt qui ædificant eam.*	* NIſi Dominus ædificaverit domum, in vanum laboraverunt qui ædificant eam.
Niſi Dominus cuſtodierit civitatem, fruſtra vigilat qui cuſtodit eam.	*Niſi Dominus cuſtodierit civitatem, fruſtra vigilat qui cuſtodit eam.*	Niſi Dominus cuſtodierit civitatem, in vanum laboravit qui cuſtodit.
2. Vanum eſt vobis ante lucem ſurgere: ſurgite poſtquam ſederitis, qui manducatis panem doloris.	*Fruſtra vobis eſt de manè ſurgere: poſtquam ſederitis, qui manducatis panem dolorum.*	2. In vanum eſt vobis ante lucem ſurgere: ſurgite poſtquam ſederitis, qui manducatis panem * doloris.
Cùm dederit dilectis ſuis ſomnum: 3. ecce hæreditas Domini, filii; merces, fructus ventris.	*Sic dabit diligentibus ſe ſomnum: ecce hæreditas Domini, filii; merces, fructus ventris.*	Cùm dederit dilectis ſuis ut ſomnium: 3. ecce hæreditas Domini, fili; mercis, fructus ventris.
4. Sicut ſagittæ in manu potentis: ita filii excuſſorum.	*Sicut ſagittæ in manu potentis, ita filii juventutis.*	4. Sicut ſagittæ in manu potentis: ita filii excuſſorum.
5. Beatus vir qui implevit deſiderium ſuum ex ipſis: non confundetur cùm loquetur inimicis ſuis in porta.	*Beatus vir qui implevit pharetram ſuam ex ipſis: non confundentur cùm loquentur inimicis ſuis in porta.*	5. Beatus homo qui implevit deſiderium ſuum ex ipſis: non confundentur cùm loquentur inimicis ſuis in porta.

Ex Mſ. Sangerman.

** Mſ. vitiosè doloſ.*

NOTÆ AD VERSIONEM ANTIQUAM.

℣. 1. Sic eſt in Pſalt. Corb. In Rom. Fabri, *Canticum graduum Salomoni.* In Rom. Martian. *Cant. grad. Salomonis.* Sic etiam legunt Hilar. Aug. & Caſſiod. Proſper verò, *Canticum aſcenſionis Salomonis.* Gr. ſimpliciter, Ὠδὴ τῶν ἀναβαθμῶν, ſolito more.

* Lactant. l. 4. Inſtit. c. 13. p. 577. ita legit: *Si Dominus non ædificaverit domum, in vanum laboraverunt qui illam ædificaverunt. Si Dominus non cuſtodierit civitatem, in vanum vigilavit qui eam cuſtodivit.* Mſ. Cambr. hab. *ſine cauſa vigilabat qui eam cuſtodiebat:* Mſ. al. *ſine cauſa vigilant qui cuſtodiunt eam.* Hilar. in hunc Pſ. *Niſi Dominus ædificaverit ſibi domum, in vanum laboraverunt qui ædificant eam. Niſi Dom. cuſtodierit civit. in vanum vigilaverunt qui cuſtodiunt eam.* Pſ. ibid. præfixus delet *ſibi*, hab.que, *in vanum vigilavit qui cuſtodiet eam.* Hilar. verò in progreſſu explanationis, col. 415. e. *Niſi Dom. ædific. ſibi domum, incaſſum laboraverunt ædificantes eam:* & in Pſ. 146. col. 576. a. *Niſi Dom. ædificaverit domum, in vanum laborant qui ædificant eam. Niſi Dom. cuſtod. civit. in vanum vigilabit qui cuſtodit eam.* Ambroſ. de parad. to. 1. 154. d. *Niſi Dominus ædific. domum, in vanum laboraverunt..... Niſi Dom. cuſtod. civit. in vanum vigilant qui cuſtodiunt eam;* & in Luc. 2. col. 1309. b. *in vanum vigilaverunt qui cuſtodiunt eam:* lib. verò de apolog. Dav. col. 714. b. & epiſt. 30. to. 2. 912. f. *Niſi Dom. ædificaverit ſibi domum*, &c. Hieron. in Jer. 18. to. 3. 616. b. legit: *Niſi Dom. ædific. domum,..... Niſi Dom. cuſtod. civit. in vanum vigilabit qui cuſtodit eam:* at in Iſai. 14. col. 163. a. *in vanum vigilabunt qui cuſtodiunt eam;* & in Iſai. 26. col. 222. a. *fruſtra vigilavit qui cuſtodit eam;* & in cap. 29. col. 248. f. *in vanum vigilavit qui cuſtodit eam;* & l. 4. cont. Pelag. to 4. 533. f. *in vanum vigilat.* Hormiſdas epiſt. 44. Conc. to. 4. col. 1496. e. *Niſi Dom. cuſtod. civit. in vanum vigilant qui cuſtodiunt eam.* Auguſt. in hunc. Pſ. cum Proſp. *Niſi Dom. ædif. domum, in vanum laboraverunt ædificantes eam. Niſi Dom. cuſtod. civit. in vanum laboravit qui cuſtodit eam:* ita rurſum Auguſt. ep. 86. to. 2. 676. a. *in vanum laboraverunt ædificantes eam:* at l. 17. de civit. Dei, to 7. 476. b. *in vanum laborabunt*, &c. S. Proſper delet *eam* in fine, cum Gr. Caſſiod. *Niſi Dom. ædif..... in vanum laboraverunt ædificantes eam. Niſi Dom. cuſtod. civit. in vanum vigilabunt qui cuſtodiunt eam.* Fulg. ep. 3. p. 175. & epiſt. 4. p. 178. *in vanum vigilant*, &c. Pſalt. Rom. cum Moz. *Niſi Dom..... in vanum laborant qui ædificant eam. Niſi Dom..... in vanum vigilant qui cuſtodiunt eam.* Corb. *Niſi Dom..... in vanum laboraverunt ædificantes ea. Niſi Dom..... in vanum vigilavit qui cuſtodit ea.* Græc. .... εἰς μάτην ἐκοπίασαν οἱ οἰκοδομοῦντες. Ἐὰν μὴ..... εἰς μάτην ἠγρύπνησεν ὁ φυλάσσων.

℣. 2. Hilar. legit: *In vanum eſt vobis diluculo ſurgere*, &c. ut in Vulg. Auguſt. *In vanum eſt vobis ante lucem ſurgere: ſurgite poſteaquam ſederitis, qui manduc. pan. doloris. Cùm dederit dilectis ejus ſomnum.* Proſp. & Caſſiod. cum Pſ. Varic. ap. Hilar. *In vanum eſt vobis ante*, &c. ut in Vulg. Similiter hab. Prædeſtin. l. 3. apud Sirm. to 1. 548. d. cum Pſalt. Rom. Corb. & Moz. Corb. tamen leg. *ſomnium.* Apud Ambroſ. in Pſ. 36. col. 809. c. hæc pauca: *ſurgite poſtquam ſederitis, qui mand. panem doloris;* Proſp. *poſteaquam.* Gr. Εἰς μάτην ὑμῖν ἐςι τὸ ὀρθρίζειν· ἐγείρεσθε μετὰ τὸ καθῆσθαι, οἱ ἐσθίοντες ἄρτον ὀδύνης. Ὅταν δῷ τοῖς ἀγαπητοῖς αὐτοῦ ὕπνον. Hieron. epiſt. ad Marcellam, to. 2. 711. c. de *pane doloris* ita differit: *Apud Hebræum recurrens, inveni pro* pane doloris *ſcriptum*, leem aaſabim, *quod Aquila interpretatus eſt* ἄρτον τῶν διαπονημάτων, *id eſt*, panem elaborationum; *Symm.* ἄρτον κακοπαθούμενον, *quod exponitur*, panem ærumnoſum; *Quinta editio, & Theodotion, qui in cæteris cum LXX. Tranſlatoribus facit*, panem idolorum; *Sexta*, πλάνης, *id eſt*, erroris.

℣. 3. Vulgatæ ſuffragantur Hilarius, Auguſt. Proſp. & Caſſiod. in hunc Pſ. ſicut Ambroſ. l. de Noe, c. 10. to. 1. 240. f. & inf. 522. c. 1021. f. 1289. f. In Pſalt. Rom. ſic: *hæc eſt hæreditas Domini, filii; merces, fructus ventris:* Corb. addit *ejus.* In Græco, ἰδοὺ ἡ κληρονομία, &c. ut in Vulgata.

℣. 4. Concordant Hilar. & Gaud. Brix. p. 944. b. unà cum Gr. Pſalt. Corb. hab. *in manu potentes, ita*, &c. Aug. & Proſp. *ſic filii excuſſorum:* Caſſiod. cum Pſalt. Rom. *ita & filii*, &c. Hieron. ep. ad Marcell. to. 2. p. 712. c. *ſicut filii excuſſorum.*

℣. 5. Ita legunt Hilar. & Caſſiod. cum Pſalt. Corb. & Rom. ſi hoc excipias, *beatus vir.* Ambroſ. l. 3. de interpel. Job, c. 4. col. 657. d. *Beatus homo qui replevit deſid. ſuum ex his: non confundetur cùm loquetur*, &c. ut ſup. Auguſt. ſimiliter: *Beatus homo qui impl. deſid. ſuum ex eis: non confundetur*, &c. Proſp. verò: *Beatus qui implebit deſid. ſuum ex ipſis: non confunditur dum loquitur inim. ſuis*, &c. Item ap. Hieron. ep. ad Sun. *implebit.* Ap. S. Paulin. ep. 44. p. 266. b. *nec confunderis cùm loquèris inimicis tuis in porta.* In Pſalt. Carnut. *non confundentur cùm loquuntur*, ut ſupra. In Gr. Μακάριος ὃς πληρώσει..... οὐ καταισχυνθήσονται ὅταν λαλῶσι τοῖς..... ἐν πύλαις. Mſ. verò Alex. hab. Μακάριος ἄνθρωπος..... οὐ καταισχυνθῶσιν..... ἐν πύλῃ. Hieron. ep. ad Sunn. & Fret. to. 2. 662. b. ait: *In Græco dicitis virum non haberi, quod manifeſtè in Hebræo, & in LXX. continetur:* item ep. ad Marcellam, to. 2. 712. f. *Exceptis LXX. qui aliter tranſtulerunt, & in Hebræo, & in cunctis editionibus ita reperi:* Beatus vir qui replevit pharetram ſuam ex ipſis.

Ex Ms. Sangerm.

VERSIO ANTIQUA.	HEBR.	VULGATA HOD.
1. Canticum graduum. CXXVII.	*Canticum graduum. CXXVIII.*	1. Canticum graduum. CXXVII.
BEati omnes, qui timent Dominum, qui ambulant in viis ejus.	*BEatus omnis, qui timet Dominum, qui ambulat in viis ejus.*	BEati omnes, qui timent Dominum, qui ambulant in viis ejus.
2. Labores fructuum tuorum manducabis: beatus es, & bene tibi erit.	*Laborem manuum tuarum cùm comederis, beatus tu, & bene tibi erit.*	2. Labores manuum tuarum quia manducabis: beatus es, & bene tibi erit.
3. Uxor tua sicut vitis abundans, in lateribus domus tuæ.	*Uxor tua sicut vitis fructifera, in penetralibus domus tuæ:*	3. Uxor tua sicut vitis abundans, in lateribus domus tuæ.
Filii tui sicut novellum olivarum, in circuitu mensæ tuæ.	*Filii tui sicut germina olivarum, in circuitu mensæ tuæ.*	Filii tui sicut novellæ olivarum, in circuitu mensæ tuæ.
4. Ecce sicut benedicitur omnis homo, qui timet Dominum.	*Ecce sic benedicetur viro, qui timet Dominum.*	4. Ecce sic benedicetur homo, qui timet Dominum.
5. Benedicat te Dominus ex Sion: & videas quæ sunt bona Jerusalem omnibus diebus vitæ tuæ.	*Benedicat tibi Dominus ex Sion, & videas bona Jerusalem omnibus diebus vitæ tuæ.*	5. Benedicat tibi Dominus ex Sion: & videas bona Jerusalem omnibus diebus vitæ tuæ.
6. Et videas filios filiorum tuorum: pax super Israël.	*Et videas filios filiorum tuorum: pacem super Israël.*	6. Et videas filios filiorum tuorum, pacem super Israël.

NOTÆ AD VERSIONEM ANTIQUAM.

℣. 1. Ita Lucif. Cal. l. de mor. pro Dei fil. p. 249. d. Item Hilar. August. Prosp. & Cassiod. cum Gr. In Brev. Moz. *& qui ambulant in viis ejus.* Vide sis Ambros. in Ps. 118. to. 1. 1056. c.

℣. 2. Accinunt magno consensu Hilar. August. Prosp. & Cassiod. cum Psalt. Rom. Mediol. Carnut. Corb. & Mozar. S. Paulin. etiam epist. 13. p. 80. c. hab. *labores fructuum;* sed erratum est sine dubio, quod prodiit ex ambigua voce Græca *χαρπῶν*; *χαρποὶ* enim dicuntur, & *fructus*, & *palmæ*, seu *manus*, teste ipso Hieronymo; de his nempe ita disserit epist. ad Marcell. to. 2. 713. f. 714. a. *Heliodorus magis quàm noster Hilarius erravit, qui de eo loco, in quo scriptum est:* Labores fructuum tuorum manducabis: *varia opinatus, asserens magis stare sententiam, si scribatur* fructus laborum *aliquem manducare, & non* labores fructuum, *unde spiritualem intelligentiam debere perquiri: & ex hac occasione longam ingrediens disputationem, tanta operositate quod volebat intelligi usus est persuadendi, quantâ semper falsitas indiget, ut vera videatur; cùm in hoc loco non LXX. Interpretes, sed Latini de Græco, verbi ambiguitate decepti,* χαρπὸς fructus, *magis quàm* manus, *interpretati sunt, cùm* χαρποὶ manus *quoque dicantur, quod in Hebræo ponitur* chaphach, *& Symmachus, Quintaque editio transtulerunt* manuum tuarum, *ut ambiguitatem prioris sermonis effugerent.* Lucif. Calar. l. de mor. pro Dei fil. p. 249. d. legit *Labores fructuum tuorum quia manducabis*, &c. ut sup.

℣. 3. Concinit Hilar. in hunc Ps. nisi quòd hab. *sicut novella.* Itidem Ambros. partim l. 3. Hexa. col. 53. f. partim in Ps. 39. col. 860. d. & in Luc. 17. col. 1480. f. Prosper verò cum Cassiod. & Psalt. Rom. Vulgatæ congruit. In Mozar. *sicut novellatio.* Apud August. in eund. Ps. *Uxor tua sicut vinea fertilis, in lateribus domus tuæ. Filii tui sicut novellatio olivarum, in circ.* &c. rursum *sicut vinea fertilis*, quæst. 131. in Exod. to. 3. 461. d. Adimantus autem apud August. to. 8. 145. b. ita leg. *Mulier tua sicut vinea frondescens, & filii tui ut novella olivarum.* S. Pacian. epist. 3. p. 310. b. *Uxor tua sicut vitis fecunda, in lateribus*, &c. ut in Vulg. In Gr. Ἡ γυνή σου ὡς ἄμπελος εὐθηνοῦσα..... ὡς νεόφυτα ἐλαιῶν, &c.

℣. 4. Hilar. legit: *Ecce sic benedicetur omnis homo*, &c. Ita quoque August. Prosp. & Cassiod. cum Psalt. Corb. & Rom. Gr. Ἰδοὺ οὕτως εὐλογηθήσεται ἄνθρωπος, &c. Adim. ap. August. to. 8. 145. b. sic: *Et scies quia hoc modo benedicetur homo, qui timet Dom.*

℣. 5. Sic hab. Hilar. cum Ps. ibid. præfixo. In progressu tamen explanat. simpliciter, *& videas bona Jerus.* Ambros. epist. 29. to 2. 905. f. cum Brev. Moz. *Benedicat te..... & videas quæ bona sunt Jerusalem.* Item in Mediol. & Carnut. *quæ bona sunt Jerusalem.* August. in eund. Ps. *Benedicat te Dominus..... & videas bona quæ sunt Jerusalem omnes dies vitæ tuæ.* Prosp. & Cassiod. ibid. *Benedicat te Dom..... & videas quæ bona sunt in Jerusalem omnibus diebus*, &c. Sic etiam in Psalt. Rom. & Corb. In Gr. Εὐλογήσαι σε Κύριος..... καὶ ἴδοις τὰ ἀγαθὰ Ἰερουσαλὴμ πάσας τὰς ἡμέρας, &c.

℣. 6. Accinunt August. Prosp. & Cassiod. cum Psalt. Rom. Mediol. Carnut. Corb. Moz. & Vatic. apud Hilar. Hilarius verò in comment. sic habet: *Et videas filios filiorum tuorum, & videas pacem super Israel.* Græcum textui consonat.

Ex Ms. Sangerm.

VERSIO ANTIQUA.	HEBR.	VULGATA HOD.
1. Canticum graduum. CXXVIII.	*Canticum graduum. CXXIX.*	1. Canticum graduum. CXXVIII.
SÆpe expugnaverunt me à juventute mea, dicat nunc Israël.	*SÆpe expugnaverunt me ab adolescentia mea, dicat nunc Israël:*	SÆpe expugnaverunt me à juventute mea, dicat nunc Israël.
2. Sæpe expugnaverunt me à juventute mea: etenim non poterant mihi.	*Sæpe expugnaverunt me ab adolescentia mea: sed non potuerunt mihi.*	2. Sæpe expugnaverunt me à juventute mea: etenim non potuerunt mihi.
3. Supra dorsum meum fabricaverunt peccatores: prolongaverunt iniquitatem suam.	*Supra cervicem meam arabant arantes: prolongaverunt sulcum suum.*	3. Supra dorsum meum fabricaverunt peccatores: prolongaverunt iniquitatem suam.

NOTÆ AD VERSIONEM ANTIQUAM.

℣℣. 1. 2. Vulgatæ respondent S. Prosp. & Cassiod. in hunc Ps. Item August. nisi quòd hab. *dicat vero Israel.* Hilar. ibid. *Sæpe impugnaverunt me à juventute mea..... Sæpe impugnaverunt me à..... etenim non poterant mihi.* Psalt. Corb. *Sæpe expugn. me ab adolescentia mea..... Sæpe..... à juventute*, &c. Gr. Πλεονάκις ἐπολέμησάν με..... Πλεονάκις ἐπολέμησάν με..... καὶ γὰρ οὐκ ἠδυνήθησάν μοι.

℣. 3. Ita legit Cassiod. ad verbum. Ambros. l. de bened. Patr. c. 4. col. 518. e. cum Prosp. *Super dorsum meum fabricaverunt*, &c. Hilar. in hunc Ps. *Supra dorsum meum fabricabant*, &c. ut sup. August. ibid. *Supra dorsum meum fabricaverunt..... longè fecerunt injustitiam suam.* S. Paulin. epist. 32. p. 205. c. *Super dorsum meum fabricati sunt peccatores.* Psalt. Rom. addit, *prolongaverunt iniquitates suas.*

VULGATA HOD.	HEBR.	VERSIO ANTIQUA.
4. Dominus juſtus concidit cervices peccatorum : 5. confundantur & convertantur retrorsùm omnes, qui oderunt Sion.	*Dominus juſtus concidet laqueos impiorum : confundantur & revertantur retrorsùm omnes, qui oderunt Sion.*	4. Dominus juſtus concidet cervices peccatorum : 5. confundantur & convertantur retrorsùm omnes, qui oderunt Sion.
6. Fiant ſicut fœnum tectorum : quod priuſquam evellatur, exaruit :	*Fiant ſicut fœnum tectorum, quod ſtatim ut viruerit, areſcit :*	6. Fiant ſicut fœnum ædificiorum : quod priuſquam evellatur, areſcit :
7. De quo non implevit manum ſuam qui metit, & ſinum ſuum qui manipulos colligit.	*De quo non implebit manum ſuam meſſor, & ſinum ſuum manipulos faciens :*	7. De quo non implevit manum ſuam qui metit, & ſinum ſuum qui manipulos colligit.
8. Et non dixerunt qui præteribant : Benedictio Domini ſuper vos : benediximus vobis in nomine Domini.	*De quo non dixerunt tranſeuntes : Benedictio Domini ſuper vos : benediximus vobis in nomine Domini.*	8. Et non dixerunt qui præteribant : Benedictio Domini ſuper vos : benedicamus nos in nomine Domini.

Ex Mſ. Sangerm.

NOTÆ AD VERSIONEM ANTIQUAM.

Gr. Ἐπὶ τὸν νῶτόν μου ἐτέκταινον οἱ..... ἐμάκρυναν τὴν ἀνομίαν αὐτῶν.

℣. 4. Sic Hilar. Auguſt. Proſp. & Caſſiod. cum Pſalt. Rom. Mediol. Carnut. Corb. & Moz. Pſ. è Mſ. Vatic. ap. Hilar. *concidet cervices eorum.* Græc. συνέκοψεν, &c. ut in Vulg.

℣. 5. Hilar. cum Proſp. *Confund. & revertantur retrorsùm omnes*, &c. Auguſt. cum Pſalt. Moz. *Confund. & avertantur retrorsùm omnes*, &c. Caſſiod. cum Rom. *Confund. & revereantur omnes*, &c. Pſ. è Mſ. Vat. ap. Hilar. *& revereantur retrorsùm omnes*, &c. Gr. Αἰσχυνθήτωσαν καὶ ἀποστραφήτωσαν εἰς τὰ ὀπίσω πάντες οἱ μισοῦντες Σιών· al. ex Chryſoſt. καὶ ἐντραπήτωσαν.

℣. 6. Sic in Pſalt. Rom. eſt, & Moz. Item in Mediol. & Carnut. *ſicut fœnum ædificiorum.* Similiter habent Hilar. in hunc Pſ. & Hier. in Amos 2. to. 3. 1387. b. cum Pſalt. Corb. ſed Hilar. leg. *aruit*, Hieron. *exaruit*; Pſalt. Corb. & Vatic. *areſcet.* Aug. & Proſp. *ſicut fœnum tectorum..... aruit*, Proſp. *areſcit.* Gr. ὡσεὶ χόρτος δωμάτων· ὃς..... ἐξηράνθη.

℣. 7. Ita Caſſiod. leg. ad verbum. Similiter ap. Proſp. excepto uno *implebit.* In Pſalt. Moz. & Corb. *implevit..... qui metet.* In Rom. *implebit..... qui metet, nec ſinum ſuum qui manip. colliget.* Item in Carnut. & ap. Hilar. *implebit..... metet..... colliget.* Apud Auguſt. deeſt 1. *de quo*; dein verò ſic : *Non replevit manum ſuam meſſor, & ſinum ſuum qui manipulos colligit.* Apud Hilar. quoque, *de quo neque manum ſuam meſſor implebit.* In Gr. Οὗ οὐκ ἐπλήρωσε..... ὁ θερίζων, καὶ τὸν..... ὁ τὰ δράγματα συλλέγων.

℣. 8. Suffragatur Hilar. cum Pſalt. Moz. niſi quòd hab. *benedicamus vos.* Corb. *benedicimus vos.* Rom. *benediximus vos.* Ambroſ. in Pſ. 93. & 118. col. 911. c. 1159. b. & l. de fug. ſæc. c. 8. 436. c. *Et non dixerunt tranſeuntes in viam : Benedictio..... benediximus vobis in*, &c. at in Pſ. 61. col. 362. a. *benedicimus vos de domo Domini*; quod ult. membrum ſumptum videtur ex Pſ. 117. ℣. 26. Apud Aug. *Et non dixerunt tranſeuntes in viam..... benediximus vos in nom.* &c. Apud Proſp. & Caſſiod. ut in Vulg. In Græco : Καὶ οὐκ εἶπαν οἱ παράγοντες· Εὐλογία..... εὐλογήκαμεν ὑμᾶς ἐν, &c. Symmach. εὐλογοῦμεν.

VULGATA HOD.	HEBR.	VERSIO ANTIQUA.
1. Canticum graduum. CXXIX.	*Canticum graduum. CXXX.*	1. Canticum graduum. CXXIX.
De profundis clamavi ad te Domine : 2. Domine exaudi vocem meam.	*De profundis clamavi ad te Domine : Domine exaudi vocem meam.*	De profundis clamavi ad te Domine : 2. Domine exaudi vocem meam.
Fiant aures tuæ intendentes, in vocem deprecationis meæ.	*Fiant aures tuæ intendentes, ad vocem deprecationis meæ.*	Fiant aures tuæ intendentes, in vocem orationis meæ.
3. Si iniquitates obſervaveris Domine : Domine quis ſuſtinebit ?	*Si iniquitates obſervabis Domine, Domine quis ſuſtinebit ?*	3. Si iniquitas adſiſtit, quis ſuſtinebit ?
4. Quia apud te propitiatio eſt : & propter legem tuam ſuſtinui te Domine.	*Quia tecum eſt propitiatio, cùm terribilis ſis, ſuſtinui Dominum.*	4. Quia apud te propitiatio eſt : propter legem tuam ſuſtinui te.
Suſtinuit anima mea in verbo ejus : 5. ſperavit anima mea in Domino.	*Suſtinuit anima mea, & verbum ejus exſpectavi : anima mea ad Dominum,*	Suſtinuit anima mea in verbum ipſius : 5. ſperavit anima mea in Domino.
6. A cuſtodia matutina uſque ad noctem, ſperet Iſraël in Domino.	*A vigilia matutina uſque ad vigiliam matutinam. Exſpectet Iſraël Dominum :*	6. A cuſtodia matutina uſque ad noctem, ſperet Iſraël in Domino.

Ex Mſ. Sangerm.

NOTÆ AD VERSIONEM ANTIQUAM.

℣℣. 1. 2. Ita legit Hilar. in hunc Pſ. Caſſiod. verò cum Pſalt. Rom. *Domine exaudi orationem meam : Fiant aures tuæ intend. in orationem ſervi tui.* Carnut. etiam & Moz. hab. *in orationem ſervi tui.* Corb. *in oratione ſervi tui.* Auguſt. & Proſp. ut in Vulg. cui Gr. favet.

℣. 3. Vulgatæ acciniunt Auguſt. & Caſſiod. cum Pſalt. Rom. Hilarius ita legit : *Si iniquitates obſervabis Domine, Domine quis ſuſtin.* Pſ. verò ibid. præfixus : *Si iniquitates obſerves Domine, quis ſuſtinebit te ?* Corb. *Si iniquitates obſervaveris Domine, quis ſuſtinebit ?* Hieron. in Iſai. 13. to. 3. 150. c. *Si iniquitates attendas Domine, quis ſuſtinebit ?* & epiſt. ad Damaſ. to. 4. 157. a. *Si iniquitatem attendas Domine, quis ſuſtinebit ?* S. Proſp. *Si iniquitatem obſervabis Dom. Domine quis ſuſtinebit ?* Gr. Ἐὰν ἀνομίας παρατηρήσῃς Κύριε, Κύριε τίς ὑποστήσεται ;

℣. 4. Ita legunt Hilar. & Auguſt. uſque ad verbum *ſuſtinuit*, addito uno *Domine.* Proſp. & Caſſiod. ut in Vulg. Pſalt. Mediol. hab. *nomen tuum*, loco *legem tuam*; ita quoque eſt in Pſalt. cùm Æthiop. tum Arab. Et verò Hieron. ad Sun. & Fret. to. 2. 662. b. ita ſcribit : *Dicitis vos in Græco inveniſſe* propter nomen tuum ; *& nos confitemur plura exemplaria ſic reperiri : ſed quia veritati ſtudemus, quid in Hebræo ſit ſimpliciter debemus dicere : pro nomine ſive lege apud eos legitur* thira, *quod Aquila interpretatus eſt* φόβον..... *Symmach. & Theod.* νόμον, *putantes* thora, *propter litterarum* iod, *&* vau, *ſimilitudinem & formam.* In Edit. Rom. ἕνεκεν τοῦ ὀνόματός σου, &c. extremò, Ὑπέμεινεν ἡ ψυχή μου εἰς τὸν λόγον σου. Similiter hab. Hilar. *Suſtinuit anima mea in verbum tuum.* Ita quoque Auguſt. Proſp. & Caſſiod. cum Pſalt. Carnut. Corb. & Moz.

℣. 5. Hilar. & Auguſt. *Speravit anima mea in Dominum.* Proſp. verò & Caſſiod. *in Domino*; Gr. ἐπὶ τὸν Κύριον. Auguſt. & Proſp. huic verſiculo adjungere videntur, *à vigilia matutina uſque ad noctem*, cum Græco Alex. Vide ℣. ſeq.

℣. 6. Ita leg. Caſſiod. ad verbum. Hilar. *A cuſtodia matut. uſque in noctem*, &c. ut ſup. Auguſt. verſum anteced. ita conjungit cum præſ. *Speravit anima mea in Dominum, à vigilia matutina uſque ad noctem* : mox ita : *A vigilia matu-*

VERSIO ANTIQUA.	HEBR.	VULGATA HOD.
Ex Mſ. Sangerm. 7. Quia apud Dominum miſericordia : & copioſa apud eum redemptio.	*Quia apud Dominum miſericordia, & multa apud eum redemptio.*	7. Quia apud Dominum miſericordia : & copioſa apud eum redemptio.
8. Et ipſe redimit Iſraël, ex omnibus iniquitatibus eorum.	*Et ipſe redimet Iſraël, ex omnibus iniquitatibus ejus.*	8. Et ipſe redimet Iſraël, ex omnibus iniquitatibus ejus.

NOTÆ AD VERSIONEM ANTIQUAM.

tina uſque ad noctem, ſperavit in Dominum : & poſt paulò · *A vigilia matut. uſque ad noctem, ſperavit anima mea in Dominum* : item poſt plura, 1459. g. *A vigilia matutina ſperet Iſrael in Dominum : à vigilia matutina uſque ad noctem ſperavit anima mea in Dominum* : & infra : *Speravit Iſrael in Dominum, à vigilia matutina uſque ad noctem.* Melius apud Proſp. ibid. *Speravit anima mea in Domino, à vigilia matutina uſque ad noctem : à vigilia matut. ſperet Iſrael in Domino.* Ita etiam geminat Brev. Moz..... *à vigilia matutina uſque ad noctem : à cuſtodia matutina ſperet Iſrael in Domino.* In Pſalt. Rom. ſimpliciter : *A vigilia matutina uſque ad noctem, ſperet Iſrael in Domino.* Item in Mediol. *à vigilia.* In Græco pariter : Ἀπὸ φυλακῆς πρωΐας μέχρι νυκτὸς, ἐλπισάτω Ἰσραὴλ ἐπὶ τὸν Κύριον. Sed in Mſ. Alex...... πρωΐας καὶ μέχρι νυκτός· ἀπὸ φυλακῆς πρωΐας ἐλπισάτω, &c.

℣. 7. Sic habent Hilar. & Caſſiod. in hunc Pſ. In Pſalt. Rom. & Corb. *Quia apud Dom. miſericordia eſt : & cop.* &c. Apud Auguſt. *Quoniam apud Dominum miſericordia : & multa apud illum redemptio.* Apud Proſp. *Quoniam apud Dom. miſericordia eſt : & multa apud eum redemptio eſt.* In Gr. Ὅτι παρὰ τῷ Κυρίῳ τὸ ἔλεος· καὶ πολλὴ παρ' αὐτῷ λύτρωσις. In Mſ. Alex. ἔλαιός ἐστι, καὶ πολλή. Non prætermittam in autogr. Sangerm. ſcriptum *apud Domino*, fortè pro *à Domino* ; correximus tamen *apud Dominum*, ex omnibus aliis.

℣. 8. Similiter apud Hilar. præter unum *redimet.* Ap. Auguſt. & Proſp. *Et ipſe redimet Iſr. ab omnibus iniquitatibus ejus.* Ap. Caſſiod. ut in Vulg. cui etiam Gr. favet.

VERSIO ANTIQUA.	HEBR.	VULGATA HOD.
Ex Mſ. Sangerm. 1. Canticum graduum ipſi David. CXXX.	*Canticum graduum David. CXXXI.*	1. Canticum graduum David. CXXX.
* DOmine non eſt exaltatum cor meum : neque elati ſunt oculi mei.	*DOmine non eſt exaltatum cor meum, neque elati ſunt oculi mei :*	DOmine non eſt exaltatum cor meum : neque elati ſunt oculi mei.
Neque ambulavi in magnis, neque mirabilibus ſuper me.	*Et non ambulavi in magnis, & in mirabilibus ſuper me.*	Neque ambulavi in magnis, neque in mirabilibus ſuper me.
2. Si non humiliter ſentiebam : ſed exaltavi animam meam :	*Si non propoſui, & ſilere feci animam meam :*	2. Si non humiliter ſentiebam : ſed exaltavi animam meam :
Sicut ablactatum ſuper matrem ſuam, ita retribues animam meam.	*Sicut ablactatus ſuper matrem ſuam, ita ablactetur ſuper me anima mea.*	Sicut ablactatus eſt ſuper matre ſua, ita retributio in anima mea.
3. Speret Iſraël in Domino, ex hoc nunc & uſque in ſæculum.	*Exſpecta Iſraël Dominum, amodo & uſque in æternum.*	3. Speret Iſraël in Domino, ex hoc nunc & uſque in ſæculum.

NOTÆ AD VERSIONEM ANTIQUAM.

℣. 1. Hunc titulum non memorant Hilar. Auguſt. & Proſp. Ap. Caſſiod. verò ſimpliciter, *Canticum graduum*, è Gr. Ὠδὴ τῶν ἀναβαθμῶν.

* Hilar. & Caſſiod. Vulgatæ reſpondent & Græco. Iidem S. Paulin. ep. 12. p. 64. a. necnon Ambroſ. in Luc. 10. to. 1. 1426. d. at ſupra l. 3. n. 37. col. 1327. f. legit, *neque in altum elati ſunt* ; & l. 5. de fide to. 2. 592. f. *neque in vanum elati ſunt* : & in Pſ. 35. col. 776. b. *Si non ambulavi in magnis.* Auguſt. in hunc Pſ. *Domine non eſt exaltatum cor meum : neque in altum elati ſunt oculi mei. Neque ingreſſus ſum in magnis, neque in mirabilibus ſuper me.* Hilar. quoque ubi ſup. 443. b. ait : *Alia iſtud proprietate Græcitas elocuta eſt, dicens :* οὐδὲ ἐμετεωρίσθησαν οἱ ὀφθαλμοί μου, *id eſt, non ex alio in aliud elati ſunt* ; al. ex Chryſoſt. ὑψώθησαν. S. Proſp. ibid. *neque elati ſunt oc. mei. Neque ingreſſus ſum in magnis, neque in mirabilibus* ; non addit *ſuper me.* Pſalt. Corb. *Neque ambulavi in malignis, neque in mirabil.* &c.

℣. 2. Pſalt. Moz. *Si non humiliter ſapiebam : ſed exaltavi anim. meam : ſicut ablactatus ſuper matrem ſuam, ita retributio in animam meam.* Rom. *Si non humiliter ſentiebam : ſed..... ſicut ablactatus ſuper matre ſua, ita retribues in animam meam.* Similiter in reg. S. Bened. c. 7. excepto uno *ablactatus eſt.* In Pſalt. Carnut. & Corb. *ſicut ablactatum ſuper matrem ſuam, ita retribues*, Corb. addit *anima mea.* Hilarius cum S. Paulino, epiſt. 12. p. 64. a. *Si non humiliter ſent. ſed..... ſicut ablactatum ſuper matrem ſuam, ſic retribues in animam meam.* Auguſt. verò : *Si non humiliter ſentiebam : ſed..... quemadmodum qui ablatus eſt à lacte ſuper matrem ſuam, ſic retributio in animam meam.* Auct. op. imp. in Matth. hom. 38. p. 161. *ſic exaltavi animam meam, ſicut ablactatus ſuper matrem ſuam.* S. Proſp. *ſicut ablactatum eſt ſuper matrem ſuam, ſic retributio in animam meam.* Caſſiod. *ſicut ablactatus ſuper matrem ſuam, ita retribues in animam meam.* Apud Ambroſ. in Pſ. 38. col. 846. f. priora tantùm : *Si non humiliter ſent. ſed exaltavi animam meam.* In Gr. Εἰ μὴ ἐταπεινοφρόνουν· ἀλλά..... ὡς τὸ ἀπογεγαλακτισμένον ἐπὶ τὴν μητέρα αὐτοῦ, ὡς ἀνταπόδοσις ἐπὶ τὴν ψυχήν μου.

℣. 3. Accinunt Proſp. & Caſſiod. in hunc Pſ. Item Hilar. cum Pſ. ibid. præf. niſi quòd add. *in ſæculum ſæculi.* Auguſt. cum Gr. *Speret Iſraël in Dominum, ex hoc nunc & uſque in ſæculum :* mox ita : *Quod ſcriptum eſt Græcè,* ἀπὸ τοῦ νῦν καὶ ἕως τοῦ αἰῶνος, *hoc expoſitum eſt*, ex hoc nunc & uſque in ſæculum ; *ſed non ſemper* ſæculi *nomen hoc ſæculum ſignificat, ſed aliquando æternitatem.*

VERSIO ANTIQUA.	HEBR.	VULGATA HOD.
Ex Mſ. Sangerm. 1. Canticum graduum. CXXXI.	*Canticum graduum. CXXXII.*	1. Canticum graduum. CXXXI.
MEmento Domine David, & omnis modeſtiæ ejus :	*MEmento Domine David, & omnis afflictionis ejus :*	MEmento Domine David, & omnis manſuetudinis ejus :
2. Sicut juravit Domino,	*Qui juravit Domino, votum*	2. Sicut juravit Domino, votum

NOTÆ AD VERSIONEM ANTIQUAM.

℣. 1. Vulgatæ accinunt Hilar. Auguſt. Proſp. & Caſſiod. cum vet. Pſalt. Ita quoque legit Chromat. Aquil. in Matth. p. 978. f. Gr. καὶ πάσης τῆς πραΰτητος αὐτοῦ. VI. edit. ταπεινώσεως.

℣. 2. Autogr. Sangerm. extremò hab. *Deus Jacob*, ſed manifeſto mendo, quod ſuſtulimus. Rom. Fabri : *Qui jura-*

	VULGATA HOD.	HEBR.	VERSIO ANTIQUA.	
	vovit Deo Jacob :	*vovit Deo Jacob :*	vovit Deo Jacob :	*Ex Ms. Sangerm.*
2. Reg. 7. 2.	3. Si introiero in tabernaculum domus meæ, si ascendero in lectum strati mei :	*Si intravero in tabernaculum domus meæ, si sedero super lectum straminis mei :*	3. Si intrabo in tabernaculo domus meæ, si ascendero in lectum stratûs mei :	
	4. Si dedero somnum oculis meis, & palpebris meis dormitationem,	*Si dedero somnum oculis meis, & palpebris meis dormitationem :*	4. Si dedero somnium oculis meis, aut palpebris meis dormitionem,	
	5. Et requiem temporibus meis : donec inveniam locum Domino, tabernaculum Deo Jacob.	*Donec inveniam locum Domino, tabernacula Deo Jacob.*	5. Aut requiem temporibus meis : donec inveniam locum Domino, tabernaculum Deo Jacob.	
	6. Ecce audivimus eam in Ephrata : invenimus eam in campis silvæ.	*Ecce audivimus illum in Ephrata : invenimus illum in regione saltûs.*	6. Ecce audivimus eam in Ephrata : invenimus eam in campis silvæ.	
	7. Introibimus in tabernaculum ejus : adorabimus in loco, ubi steterunt pedes ejus.	*Intremus in tabernacula ejus : adoremus scabellum pedum ejus.*	7. Intravimus in tabernaculum ejus : adoravimus in loco, ubi steterunt pedes ejus.	
2. Par. 6. 41.	8. Surge Domine in requiem tuam, tu & arca sanctificationis tuæ.	*Surge Domine in requiem tuam, tu & arca fortitudinis tuæ.*	8. Surge Domine in requiem tuam, tu & arca sanctificationis tuæ.	
	9. Sacerdotes tui induantur justitiam : & sancti tui exsultent.	*Sacerdotes tui induantur justitiâ, & sancti tui laudent.*	9. Sacerdotes tui induantur justitiam : & sancti tui exsultent.	
	10. Propter David servum tuum, non avertas faciem Christi tui.	*Propter David servum tuum, ne avertas faciem Christi tui.*	10. Propter David servum tuum, non avertas faciem Christi tui.	
2. Reg. 7. 12. Luc. 1. 55. Act. 2. 30.	11. Juravit Dominus David veritatem, & non frustrabitur eam : de fructu ventris tui ponam super sedem tuam.	*Juravit Dominus David veritatem, non avertetur ab ea : De fructu ventris tui ponam super sedem suam.*	11. Juravit Dominus David veritatem, & non frustrabitur eum : de fructu ventris tui ponam supra sedem tuam.	

NOTÆ AD VERSIONEM ANTIQUAM.

vit Domino, votum vovit Deo Jacob. Rom. Martianæi, *sicut juravit*, &c. Ita quoque Hilar. habet cum August. Prosp. & Cassiod. & Gr. nec dissimiliter Hieron. in epist. ad Sun. & Fret. to. 2. 662. b. Addit etiam : *Pro eo quod nos interpretati sumus* votum vovit, *in Græco ηὔξατο legisse vos dicitis, & putatis interpretari debuisse* oravit; *sed hoc malè : εὐχὴ enim pro locorum qualitate, &* orationem, *&* votum *significat.*

℣. 3. Sic est in Ps. præfixo apud Hilar. si unum excipias *in tabernaculum*. In Moz. pariter & Corb. *stratûs mei*, ut & apud Cassiod. & Prosp. In Rom. *strati*. Apud Hilar. quoque : *Si intrabo in tabernaculum..... si ascendero in lectum strati mei*. Apud August. *Si introiero in..... si ascendero super lectum stratûs mei.* In Gr. Εἰ εἰσελεύσομαι εἰς σκήνωμα..... εἰ ἀναβήσομαι ἐπὶ κλίνης στρωμνῆς μου.

℣. 4. Vulgatæ favent Hilar. & August. in hunc Ps. cum Psalt. Rom. Rursus Hilar. in Ps. 118. col. 267. e. Item Nicetius episc. c. 3. Spicil. to. 3. p. 4. a. & Ambros. in Ps. 36. col. 808. e. at in Ps. 118. col. 1013. f. hab. *aut palpebris meis*, &c. cum Prosp. Cassiod. & Psalt. Corb. In Brev. Mozar. *Si dedero somnum*, ut supra. In Gr. Εἰ δώσω ὕπνον..... καὶ τοῖς, &c.

℣. 5. Sic in Psalt. Rom. est, & Corb. sicut ap. Cassiod. & Nicetium ep. c. 3. Spicil. to. 3. p. 4. a. Ap. Prosp. verò ut in Vulg. Apud Hilar. *Et requiem temporibus meis : donec cùm inveniam*, &c. sed infra, *donec inveniam*; sicut in Ps. 14. n. 3. col. 61. e. Apud Ambros. in Ps. 36. col. 808. e. post vocem *dormitationem*, proximè addit : *donec inveniam locum*, &c. Et verò à Ps. apud Hilar. præfixo abest medius versic. *Et requiem temporibus meis :* apud August. verò est : *Et requiem temporibus meis : quoadusque inveniam locum*, &c. inf. col. 1475. e. *donec inveniam.* In Gr. Καὶ ἀνάπαυσιν τοῖς κροτάφοις μου ἕως οὗ εὕρω, &c.

℣. 6. Consentiunt Hilar. Prosp. & Cassiod. in hunc Ps. sicut Ambros. in Luc. 2. & 3. col. 1304. d. 1328. e. unà cum Gr. Apud August. tract. 1. in 1. Joh. to. 3. p. 2. col. 831. f. *invenimus eam in campis saltuum :* sic etiam in hunc Ps. col. 1476. b. d. sed notat quosdam codices habere *in campis silvæ*. Brev. Moz. *Ecce audivimus illum in Eufrata : invenimus eum in campis silvæ.* Psalt. Corb. *Ecce audivimus ea..... invenimus ea*, &c.

℣. 7. Ita fert Psalt. Corb. cum Rom. Fabri, excepto verbo *introivimus*. Mozarab. *Introivimus in tabernaculo ejus : adoravimus in loco*, &c. Ps. præfixus ap. Hilar. *Intravimus in tabernacula ejus : adorabimus in loco*, &c. Hilar. in comment. *Introibimus in tabernacula ejus : adorabimus*, &c. & col. 452. f. *Superiùs*, inquit, *super uno tantùm tabernaculo juratum est ; nunc autem multa tabernacula introibunt.* Aug. cum Prosp. *Intrabimus in tabernacula ejus : adorabimus*, &c. Mss. plures Aug. *Intravim... adoravimus.* S. Paulin. ep. 31. p. 196. b. *adoravimus ubi steterunt*, &c. sed Ms. Vien. inserit *in loco*. Cassiod. *Introivimus in tabernacula ejus : adoravimus in loco*, &c. Gr. verò : Εἰσελευσόμεθα εἰς τὰ σκηνώματα αὐτοῦ· προσκυνήσωμεν εἰς τὸν τόπον, οὗ, &c.

℣℣. 8. 9. Ita Lucif. Cal. l. 1. pro S. Athan. p. 195. g. Sic etiam in Psalt. Corb. Moz. & Rom. Martianæi, excepto verbo 1. *Exsurge*; præterea in Rom. Fabri, *induant justitiam*; in Corb. *induantur justitiâ*. Hilar. Aug. & Prosp. legunt : *Exsurge Domine in req..... Sacerdotes tui induantur justitiam* (Prosp. *justitiâ :*) *& sancti tui lætentur*. S. Paulin. epist. 20. p. 111. b. *Sacerdotes tui induant salutarem : & sancti tui exsultent.* Auct. l. de promiss. p. 2. col. 126. d. *Exsurge Domine in req. tuam, tu & arca sanctitatis tuæ.* Cassiod. *Exsurge Domine..... Sacerdotes tui induantur justitiâ*, &c. ut in textu ; Mss. 2. *justitiam*. Concil. Tolet. x. Concil. Hisp. to. 2. p. 581. c. *Sacerdotes tui Domine induantur justitia : & sancti tui lætentur.* Gr. Ἀνάστηθι Κύριε..... Οἱ ἱερεῖς σου ἐνδύσονται δικαιοσύνην· καὶ οἱ ὅσιοί σου ἀγαλλιάσονται· al. ex Chrysost. ἀμφιεσθήτωσαν, al. ἐνδυσάσθωσαν.

℣. 10. Concinit vet. Irenæi Interpres, l. 3. c. 9. p. 184. a. sicut Prosp. & Cassiod. in hunc Ps. Hilar. verò legit, *ne avertas*, cum August. In Gr. μὴ ἀποστρέψῃς.

℣. 11. Sic est in Psalt. Mediol. Carnut. & Rom. Fabri, ni excipias voculam *super*. In Moz. *Juravit Dom. David in veritate, & non frustravit eum*, &c. ut sup. Iren. l. 3. c. 9. p. 184. b. *Juravit Dominus Dav. veritatem, & non spernet eum*, &c. ut sup. omnes tamen editt. hab. *dispernet* ; Ms. 1. & Voss. *frustrabitur*. Cypr. l. 2. Testim. p. 289. b. *Juravit Deus ipsi David veritatem, & non reprobavit eam : de fructu ventris tui ponam super thronum meum.* Tertul. l. 3. contrà Marc. p. 678. b. *ex fructu ventris tui collocabo super thronum tuum.* Hilar. in hunc Ps. *Juravit Dominus David veritatem, & non frustrabitur eum : de fructu ventris tui ponam super sedem meam :* hanc ultim. lect. *meam*, tuetur inf. col. 456. f. cùm dicat : *Quomodo intelligitur*, ponam super sedem meam, *&* sedebunt super sedem tuam ? *Meam* quoque hab. Psalt. Rom. Martianæi. Ambros. in Luc. 3. to. 1. 1316. d. 1328. e. leg. cum August. & Prosp. *Juravit Dominus David verit. & non pœnitebit eum : ex fructu ventris tui ponam super sedem tuam.* Similiter Ambros. *ex fructu*, &c. l. de apol. Dav. col. 716. f. at in Ps. 1. col. 740. d. *de fructu*, &c. sicut Ambrosiast. col. 105. d. & Prosp. in hunc Ps. Item Hieron. ep. ad Princip. to. 2. 687. b. *de fructu ventris tui ponam super thronum tuum :* & in Naum 2. to. 3. 1569. b. *de fructu lumbi tui ponam super thronum tuum :* sic etiam l. 3. in epist. ad Ephes. to. 4. 403. f. Leo M. ser. 23. p. 75. f. textui favet cum Cassiod. In Gr. Ὤμοσε Κύριος τῷ Δαυὶδ ἀλήθειαν, καὶ οὐ μὴ ἀθετήσει αὐτήν (Alex. αὐτόν·) καὶ

Versio antiqua.	Hebr.	Vulgata hod.
Ex Ms. Sangerm. 12. Si custodierint filii tui testamentum meum, & testimonia mea, quæ docebo eos: Et filii eorum usque in sæculum, sedebunt super sedem tuam.	*Si custodierint filii tui pactum meum, & testificationem meam, quam docuero eos: Et filii eorum usque in eternum, sedebunt super thronum tuum.*	12. Si custodierint filii tui testamentum meum, & testimonia mea hæc, quæ docebo eos: Et filii eorum usque in sæculum, sedebunt super sedem tuam.
13. Quoniam elegit Dominus Sion: prælegit eam in habitationem suam.	*Quoniam elegit Dominus Sion: desideravit eam in habitaculum suum.*	13. Quoniam elegit Dominus Sion: elegit eam in habitationem sibi.
14. Hæc requies mea in sæculum sæculi: hic habitabo quoniam prælegi eam.	*Hæc est requies mea in sempiternum: hic habitabo, quia desideravi eam.*	14. Hæc requies mea in sæculum sæculi: hic habitabo quoniam elegi eam.
15. Viduam ejus benedicens benedicam: pauperes ejus saturabo panibus.	*Venationem ejus benedicens benedicam: pauperes ejus saturabo pane.*	15. Viduam ejus benedicens benedicam: pauperes ejus saturabo panibus.
16. Sacerdotes ejus induam salutarem: & sancti ejus exsultatione exsultabunt.	*Sacerdotes ejus induam salutari, & sancti ejus laude laudabunt.*	16. Sacerdotes ejus induam salutari: & sancti ejus exsultatione exsultabunt.
17. Illic producam cornu David, paravi lucernam Christo meo.	*Ibi oriri faciam cornu David: paravi lucernam Christo meo.*	17. Illuc producam cornu David, paravi lucernam Christo meo. Malac. 3. 1. Luc. 1. 69.
18. Inimicos ejus induam confusionem: super ipsum autem floriet sanctificatio mea.	*Inimicos ejus induam confusione: super ipsum autem florebit diadema ejus.*	18. Inimicos ejus induam confusione: super ipsum autem efflorebit sanctificatio mea.

Notæ ad Versionem antiquam.

ἐκ καρποῦ τῆς κοιλίας σου θήσομαι ἐπὶ τοῦ θρόνου σου· Ms. Alex. τὸν θρόνον.

℣. 12. Hic versus cum tribus seqq. abest à Psalt. Mozar. In Rom. sic: *Si custodierint filii tui testam..... & testimonia mea hæc, quæ..... & filii eorum usque in sæculum sæculi, sedebunt super sedem meam.* Hilar. verò cum Vulgata concinit & Græco. Ita etiam Cassiod. cum Prosp. nisi quòd Prosp. hab. *usque in æternum*; Cassiod. *usque in sæculum sæculi*. August. cum Græco Alex. *& filii eorum sedebunt usque in æternum super sedem tuam.* Psalt. Corb. *super sedem meam.*

℣. 13. Psalt. Rom. & Corb. scribunt *prælegit eam*, sicut Hilar. in hunc Psalm. & in Ps. 121. col. 385. b. Ita quoque Lucif. Cal. l. 1. pro S. Athan. p. 195. h. necnon August. Prosp. & Cassiod. cum Psalt. Mediolan. & Carnut. cæt. ut in Vulg. In Gr. ᾑρετίσατο αὐτὴν εἰς..... ἑαυτῷ.

℣. 14. Ita Lucif. Cal. ubi sup. cui accinunt Prosp. & Cassiod. cum Psalt. Rom. Mediol. Corb. Carnut. & Vatic. ap. Hilar. Sic etiam Hilar. in Ps. 121. col. 385. b. nisi quod Mss. 2. hab. ibid. *in sæcula sæculorum*; ut & ipse in Ps. 126. col. 416. f. sed cum verbo *elegi*: at in Ps. 131. col. 455. a. utrumque exstat, *in sæcula sæculorum*, & *prælegi eam*: inf. autem col. 457. a. 459. b. *in sæculum sæculi*. Similiter apud August. *in sæcula sæculorum..... quoniam prælegi*, &c. In Græco, εἰς αἰῶνα αἰῶνος..... ὅτι ᾑρετισάμην, &c.

℣. 15. Concinunt Hilar. August. Prosp. & Cassiod. in hunc Ps. August. tamen addit *&*, post *benedicam*. Ambros. etiam l. de vid. to. 2. 189. d. legit: *Viduam ejus benedicens benedicam*. At Hilar. ubi sup. col. 457. d. ait: *Quidam Translatorum interpretatus esse ita repertus est*: Captionem ejus benedicens benedicam....., *sed nobis sequenda est prima illa, & sub Judæorum temporibus ante Domini adventum ad Ecclesiæ doctrinam consignata Translationis auctoritas*, Viduam ejus benedicens benedicam. Similiter Hieron. quæst. Heb. to. 2. col. 543. a. *Ubi nostri legunt*, inquit, Viduam ejus benedicens benedicam, *licet in plerisque codicibus pro vidua, hoc est, pro χήραν, nonnulli legant θήραν, in Hebræo hab.* seda, *id est*, cibaria..... *Porro* θήραν venationem *magis potest sonare, quàm* fruges; *tametsi moris sit Ægyptiorum* θήραν *etiam* far *vocare, quod nunc corrupto* atheran *nuncupant*. Item Auct. comment. in Ps. apud Hieron. to. 2. 467. f. dicit: *Pro* vidua, *id est*, χήραν, *& Hebræa volumina, & ipsi LXX.* θήραν *habent; sed propter novitatem verbi, & unius litteræ demutationem, paulatim obtinuit ut pro* θήραν, *legeretur* χήραν, *maximè quia in sequenti versiculo* pauperes *sequebantur*: θήραν, *Symm. & Aquila*, cibaria *interpretati sunt*. Ed. Rom. hab. τὴν θήραν; Ms. Alex. χήραν.

℣. 16. Sic in Psalt. Corb. ad verbum. Vulgatæ favent Hilar. August. Prosp. & Cassiod. in hunc Ps. Psalt. Rom. hab. *induam salutare*. Gr. ἐνδύσω σωτηρίαν.

℣. 17. Similiter habent Hilarius & Prosp. cum Psalt. Rom. & Carnut. *Illic producam*, &c. Cassiod. *Illuc producam*, &c. Psalt. Corb. & Moz. *Illic producam cornua David*, &c. August. in eund. Ps. *Ibi suscitabo cornu David*, &c. ut sup. Græc. Ἐκεῖ ἐξανατελῶ κέρας τῷ Δαυὶδ, &c. Item ap. Ambros. in Ps. 118. col. 1150. b. *paravi lucernam*, &c. ut sup.

℣. 18. Hilar. habet cum Psalt. Corb. *induam confusione*, & *floriet* ut supra. Ps. verò è Ms. Vatic. apud ipsum, *induam confusionem..... floreat*, &c. Mozarab. *floret*; Rom. *confusione..... florebit*. Ita etiam leg. Cassiod. cum Prosp. August. quoque in eund. Ps. hab. *florebit*; idque non semel; sed omittit priorem versic. *Inimicos ejus induam confusionem*. Non prætermittendum quod ait l. 2. de doctr. Christ. to. 3. p. 1. col. 27. a. *Illud etiam quod jam auferre non possumus de ore cantantium populorum*, super ipsum autem floriet sanctificatio mea, *nihil profectò sententiæ detrahit: auditor tamen peritior mallet hoc corrigi, ut non floriet, sed* florebit *diceretur; nec quidquam impedit correctionem, nisi consuetudo cantantium*. In Gr. Τοὺς..... ἐνδύσω αἰσχύνην..... ἐξανθήσει τὸ, &c.

Versio antiqua.	Hebr.	Vulgata hod.
Ex Ms. Sangerm. 1. Canticum graduum ipsi David. CXXXII.	*Canticum graduum David. CXXXIII.*	1. Canticum graduum David. CXXXII.
* Ecce quàm bonum, & quàm jucundum, habitare fratres in unum:	*Ecce quàm bonum, & quàm decorum, habitare fratres in unum.*	Ecce quàm bonum, & quàm jucundum, habitare fratres in unum:

Notæ ad Versionem antiquam.

℣. 1. Cassiod. cum Psalt. Rom. Moz. & Vatic. apud Hilar. simpliciter hab. *Canticum graduum*: Hilar. verò, August. & Prosp. nullum referunt titulum. In Gr. de more, Ὠδὴ τῶν ἀναβαθμῶν.

* Ita legunt Cypr. l. 3. Testim. p. 326. a. Optat. l. 2. cont. Donat. p. 36. b. & Cœlestin. l. epist. 25. Conc. to. 2. col. 1209. Item Hilar. & Cassiod. in hunc Ps. August. verò & Prosp. ibid. cum Psalt. Rom. & Moz. *& quàm jocundum*. Tertul. adv. Psych. p. 987. c. *Quàm bonum, & quàm jucundum*, &c. ut sup. & l. 2. adv. Marc. p. 651. c. *Vide quàm bonum, & quàm jucundum*, &c. Firmil. ap. Cypr. epist. 75. p. 142. c. *Ecce quàm bonum & voluptabile est, ut habitent fratres in unum*. Gr. Ἰδοὺ δὴ τί καλὸν, ἢ τί τερπνὸν, ἀλλ' ἢ τὸ κατοικεῖν, &c.

VULGATA HOD.	HEBR.	VERSIO ANTIQUA.
2. Sicut unguentum in capite, quod descendit in barbam, barbam Aaron;	*Sicut unguentum optimum in capite, quod descendit in barbam, barbam Aaron;*	2. Sicut unguentum in capite, quod descendit in barbam, in barbam Aaron;
Quod descendit in oram vestimenti ejus: 3. sicut ros Hermon, qui descendit in montem Sion.	*Quod descendit super oram vestimentorum ejus: sicut ros Hermon, qui descendit super montana Sion:*	Quod descendit in oram vestimenti ejus: 3. sicut ros Hermon, qui descendit in monte Sion.
Quoniam illic mandavit Dominus benedictionem, & vitam usque in sæculum.	*Quoniam ibi mandavit Dominus benedictionem, vitam usque in æternum.*	Quoniam illic mandavit Dominus benedictionem, & vitam usque in sæculum.

Ex Ms. Sangerm.

NOTÆ AD VERSIONEM ANTIQUAM.

℣. 2. Similiter habent Hilar. in hunc Ps. & Ambros. l. de Myst. to. 2. 332. d. detractâ unâ præpos. *in*, ante 2. *barbam*. Ita quoque August. & Cassiod. in eund. Ps. Imo Ambros. l. de El. & jejun. c. 10. to. 1. 546. d. tollit 2. *barbam*, sicut Optat. l. 2. cont. Donat. p. 42. b. cum Ps. præfixo ap. Hilar. Ms. autem Turon. ejusd. Hilar. hab. *sicut unguentum de capite*. Auct. l. de promiss. p. 2. c. 6. col. 130. c. *in barba, in barba Aaron*. Prosp. Augustino suffragatur, nisi quòd scribit, *in ora vestimenti ejus*. Psalt. Corb. *in barbam, in barbam Aaron; quod desc. in ora*, &c. Gr. Ὡς μύρον ἐπὶ κεφαλῆς, τὸ καταβαῖνον ἐπὶ πώγωνα, τὸν πώγωνα τὸν Ἀαρών· τὸ καταβαῖνον ἐπὶ τὴν ᾤαν τοῦ, &c.

℣. 3. Psalt. Rom. cum Cassiod. Vulgatæ consonat. Item Moz. nisi quòd hab. *super montem Sion. Quia*, &c. Hilar. & Prosp. *sicut ros Hermon, qui descendit in montem Sion. Quoniam illic mand..... & vitam usque in sæcula;* Prosp. *usque in æternum*. Apud August. *sicut ros Hermon, qui descendit super montes Sion. Quoniam ibi mandavit Dominus benedictionem*, inf. *benedictionem suam;* subinde, *vitam in sæculum*. In Gr. ὡς δρόσος Ἀερμὼν, ἡ καταβαίνουσα ἐπὶ τὰ ὄρη Σιών. Ὅτι ἐκεῖ ἐνετείλατο Κύριος τὴν εὐλογίαν, ζωὴν ἕως τοῦ αἰῶνος. Ms. Alex. εὐλογίαν αὐτοῦ, καὶ ζωὴν, &c.

VULGATA HOD.	HEBR.	VERSIO ANTIQUA.
1. Canticum graduum. CXXXIII.	*Canticum graduum. CXXXIV.*	1. Canticum graduum. CXXXIII.
Ecce nunc benedicite Dominum, omnes servi Domini:	*Ecce benedicite Domino, omnes servi Domini:*	Ecce nunc benedicite Dominum omnes servi:
Qui statis in domo Domini, in atriis domus Dei nostri.	*Qui statis in domo Domini in noctibus.*	Qui statis in domo Domini, in atriis domus Dei nostri.
2. In noctibus extollite manus vestras in sancta, & benedicite Dominum.	*Levate manus vestras ad sanctum, & benedicite Dominum.*	2. In noctibus extollite manus vestras in sancta, & benedicite Dominum.
3. Benedicat te Dominus ex Sion, qui fecit cœlum & terram.	*Benedicat tibi Dominus ex Sion, factor cœli & terræ.*	3. Benedicat te Dominus ex Sion, qui fecit cœlum & terram.

Ex Ms. Sangerm.

NOTÆ AD VERSIONEM ANTIQUAM.

℣℣. 1. 2. 3. Accinunt magno consensu Hilar. August. Prosp. & Cassiod. cum vet. Psalt. & Gr. addito uno *Domini* ad *servi*, cujus loco Hilar. cum Psalmo ibid. præfixo, ponit *ejus*. Ambros. in Ps. 118. col. 1159. b. & l. de virg. to. 2. 235. c. & epist. 63. col. 1032. f. priores versiculos refert ut supra. Itidem Hieron. epist. ad Damas. to. 4. col. 154. c. sicut Nicetius episc. Spicil. to. 3. p. 3. c. secundum ℣. Ad hæc autem primi versiculi verba, *in atriis domus Domini*, Hilar. col. 466. b. c. ait: *Reperi quosdam ambiguos circa hoc*, in atriis domus Domini, *fuisse; dicentes idcirco hoc à Translatoribus primis adjectum esse, quia sub iisdem versibus sequenti Psalmo continetur; opinantibus ipsis scriptorum vitio in libris Hebr. fuisse prætermissum. Sed novi Interpretes quæ volunt, tractent; nobis verò obsequendum est & auctoritati Translationum & vetustati.*

VULGATA HOD.	HEBR.	VERSIO ANTIQUA.
1. Alleluia. CXXXIV.	*Alleluia. CXXXV.*	1. Alleluia. CXXXIV.
Laudate nomen Domini, laudate servi Dominum.	*Laudate nomen Domini: laudate servi Dominum.*	Laudate nomen Domini, laudate servi Dominum.
2. Qui statis in domo Domini, in atriis domus Dei nostri.	*Qui statis in domo Domini, in atriis domus Dei nostri.*	2. Qui statis in domo Domini, in atriis domus Dei nostri.
3. Laudate Dominum, quia bonus Dominus: psallite nomini ejus, quoniam suave.	*Laudate Dominum, quoniam bonus Dominus: cantate nomini ejus, quoniam decens.*	3. Laudate Dominum, quia benignus: psallite nomini ejus, quoniam suavis est.
4. Quoniam Jacob elegit sibi Dominus, Israël in possessionem sibi.	*Quia Jacob elegit sibi Dominus, Israël in peculium suum.*	4. Quoniam Jacob elegit sibi, Israël in possessionem sibi.
5. Quia ego cognovi quòd ma-	*Quia ego scio quòd magnus Do-*	5. Quia ego cognovi quo-

Ex Ms. Sangerm.

NOTÆ AD VERSIONEM ANTIQUAM.

℣℣. 1. 2. Non differunt Hilar. August. Prosp. Cassiod. &c. neque Gr. Vide sis Ambros. epist. 77. to. 2. 1090. a.

℣. 3. Psalt. Rom. cum Cassiod. *Laudate Dominum, quoniam benignus est Dominus: psallite nomini ejus, quoniam suavis est*. Mozarab. *Laudate Dom. quia benignus Dominus: psallite nom. ejus quoniam suave est*. Corb. *Laudate Dom. quoniam suavis Dom. psallite..... quon. jucundum*. Similiter hab. Carnut. *Laudate Dom. quoniam suavis Dominus*. Addit Mediolan. *psallite nom. ejus, quoniam bonus*. Hilar. cum Ps. ibid. præfixo, *quia benignus est Dominus..... quoniam suave est*. Aug. cum Prosp. *quoniam bonus Dom..: quon. suavis est:* Aug. inf. *quoniam bonus est... quon. suavis est;* al. *quon. bonus est Dominus:* & col. 1497. e. *psallite Domino quon. suavis est*. In Gr..... ὅτι ἀγαθὸς Κύριος..... ὅτι καλόν.

℣. 4. Similiter Hilar. August. Prosp. & Cassiod. cum Gr. addita voce *Dominus*, ad 1. *sibi;* quæ vox a librario non nisi oscitantiâ fortè prætermissa est. Gaud. Brix. ser. 18. p. 972. b. legit: *Quoniam elegit sibi Dom. Jacob, & Israel in possess. sibi.*

℣. 5. Hilar. cum Ps. præfixo: *Quia ego novi quàm ma-*

VERSIO ANTIQUA.	HEBR.	VULGATA HOD.
* Ps Ms. Sangerm. niam magnus, & Dominus noster præ omnibus diis.	*minus, & Dominus noster pra omnibus diis.*	gnus est Dominus, & Deus noster præ omnibus diis.
6. Omnia quæ voluit, Dominus fecit in cœlo, & in terra, in mare, & in abyssis.	*Omnia qua voluit, Dominus fecit in cœlo, & in terra: in mari, & in cunctis abyssis.*	6. Omnia quæcunque voluit, Dominus fecit in cœlo, in terra, in mari, & in omnibus abyssis.
7. Educens nubes ab extremo terræ: fulgura in pluviam fecit.	*Levans nubes de summitatibus terra: fulgura in pluviam fecit:*	7. Educens nubes ab extremo terræ: fulgura in pluviam fecit. Jerem. 10. 13.
Qui producit ventos de thesauris suis: 8. qui percussit primogenita Ægypti ab homine usque ad pecus.	*Educens ventos de thesauris suis: qui percussit primitiva Ægypti ab homine usque ad pecus.*	Qui producit ventos de thesauris suis: 8. qui percussit primogenita Ægypti ab homine usque ad pecus. Exod. 12. 29.
9. Misit signa & prodigia in medio tui Ægypte: in Pharaonem, & in omnes servos ejus.	*Misit signa & portenta in medio tui Ægypte: in Pharao, & in cunctos servos ejus.*	9. Et misit signa & prodigia in medio tui Ægypte: in Pharaonem, & in omnes servos ejus.
10. Qui percussit gentes multas: & occidit reges mirabiles:	*Qui percussit gentes multas, & occidit reges fortes:*	10. Qui percussit gentes multas: & occidit reges fortes: Jos. 12. 1. 7.
11. Seon regem Amorrhæorum, & Og regem Basan; omnia regna Chanaan.	*Seon regem Amorræorum, & Og regem Basan, & omnia regna Chanaan.*	11. Schon regem Amorrhæorum, & Og regem Basan, & omnia regna Chanaan. Num. 21. 24. 35.
12. Et dedit terram eorum hæreditatem, hæreditatem Israël populo suo.	*Et dedit terram eorum hæreditatem: hæreditatem Israël populo suo.*	12. Et dedit terram eorum hæreditatem, hæreditatem Israël populo suo.
13. Domine nomen tuum in æternum: Domine memoriale tuum in sæcula sæculorum.	*Domine nomen tuum in æternum: Domine memoriale tuum in generatione & generatione.*	13. Domine nomen tuum in æternum: Domine memoriale tuum in generationem & generationem.
14. Quia judicavit Dominus populum suum: & in servis suis deprecabitur.	*Quia judicabit Dominus populum suum, & in servos suos erit placabilis.*	14. Quia judicabit Dominus populum suum: & in servis suis deprecabitur.
15. Simulachra gentium argentum & aurum, opera manuum hominum.	*Idola gentium, argentum & aurum: opera manuum hominum.*	15. Simulachra gentium argentum & aurum, opera manuum hominum. Sup. 113. 4.
16. Os habent, & non loquentur: oculos habent, & non videbunt.	*Os habent, & non loquentur: oculos habent, & non videbunt.*	16. Os habent, & non loquentur: oculos habent, & non videbunt. Sap. 15. 15.
17. Aures habent, & non audient: nares habent, & non odorabunt.	*Aures habent, & non audient: sed nec est spiritus in ore eorum.*	17. Aures habent, & non audient: neque enim est spiritus in ore ipsorum.

NOTÆ AD VERSIONEM ANTIQUAM.

gnus est Dominus, & Deus noster præ omnibus diis; inf. *ego cognovi*. August. & Prosp. *Quoniam ego cognovi quòd* (Prosper *quia*) *magnus est Dominus, & Deus noster super omnes deos:* August. inf. *rex magnus, inquit, super omnes deos.* Ap. Cassiod. ut in Vulg. In Gr.... ὅτι μέγας..... καὶ ὁ Κύριος ἡμῶν παρὰ πάντας τοὺς θεούς.

℣. 6. Sic Hilar. in hunc Ps. nisi quòd delet *Dominus*, & scribit *in mari*; inf. *in mari, & abysso*. Cassiod. ibid. & Vigil. Tapſ. cont. Varimad. p. 730. b. cum Psalt. Rom. *Omnia quæcunque voluit, Dom..... & in terra, in mari, & in abyssis*. Item in Corb. *& in abyssis*. August. & Prosp. cum Moz. Vulgatæ consentiunt, addita conjunct. *&* post *terra*. S. Paulin. epist. 36. p. 224. c. ait: *Qui facit omnia in cœlo, & in terra, & in mari, & in abyssis:* & ep. 25. p. 167. b. *Et in terris, & in mari, & in abyssis, omnia quæ vult, facit*. Maxim. Taurin. in homil. *Omnia Dominus quæcunque voluit, fecit in cœlo, & in terra*. Gr. Πάντα ὅσα ἠθέλησεν ὁ Κύριος..... καὶ ἐν τῇ γῇ, ἐν ταῖς θαλάσσαις, καὶ ἐν πάσαις ταῖς ἀβύσσοις. Hilar. sup. *Plurali genere maria græcitas elocuta est.*

℣℣. 7. 8. Eadem legunt Hilar. & Cassiod. in hunc Ps. In Rom. *Et educens nubes*, &c. ut supra. Aug. & Prosp. ibid. *Suscitans nubes ab extremo terræ... Qui educit ventos de thesauris suis*, &c. Prosp. *Qui producit ventos*; Psalt. Moz. *Educens ventos*; cæt. ut in textu. Corb. *Qui educit ventes*. Gr. Ἀνάγων νεφέλας..... Ὁ ἐξάγων ἀνέμους ἐκ θησαυρῶν αὐτοῦ, &c. V. & VI. ed. αὐτῶν.

℣. 9. Sic in Psalt. Rom. est, & ap. Cassiod. In Ps. præf. apud Hilar. *Emisit signa*, &c. Hilarius ipse, *Et misit*, cum reliquis ut supra. August. & Prosp. cum Psalt. Corb. *Immisit signa*; subinde August. *in Pharaone, & in omnibus servis ejus*. Græc. Ἐξαπέστειλε σημεῖα..... ἐν Φαραῷ, καὶ ἐν πᾶσι τοῖς δούλοις αὐτοῦ.

℣. 10. Vulgatæ consentiunt Hilar. Aug. Prosp. & Cassiod. cum vet. Psalteriis. Græc. quoque hab. βασιλεῖς κραταιούς.

℣. 11. Hilar. & Cassiod. legunt, *& omnia regna Chanaan occidit*, cum Psalt. Rom. & Corb. August. verò & Prosp. tollunt *occidit*, cum Græco; cæt. ut in Vulg.

℣. 12. Ita ferunt Hilar. Prosp. & Cassiod. cum Græco. Ps. autem Vatic. apud Hilar. & Mozar. delent 1. *hæreditatem*. Aug. leg. *Et dedit terram eorum hæredit. hæreditatem Israel servo suo*. Sic etiam in Psalt. Mediolan. Carnut. & Corb.

℣. 13. Hilar. cum Ps. præf. *Domine nomen tuum in sæculum: & memor. tuum in generatione & generationem*. August. *Domine nom. tuum in sæculum: Domine memor. tuum in generationem & generationem*. Prosper: *Dominus nomen tuum in æternum: Domine..... in generatione & generationem*. Cassiod. cum Psalt. Rom. Corb. & Moz. *Domine nomen tuum in ætern. Domine memor. tuum in sæculum sæculi*. Gr. Κύριε τὸ ὄνομά σου εἰς τὸν αἰῶνα· καὶ τὸ..... εἰς γενεὰν καὶ γενεάν.

℣. 14. Hilar. cum Ps. ibid. præfixo: *Quia judicabit Dominus populum suum: & in servis suis consolabitur*. Ita etiam Cassiod. cum Psalt. Corb. Mediol. Carnut. Rom. & Moz. August. verò cum Prosp. *Quoniam judicavit Dominus plebem suam: & in servis suis advocabitur*; Prosp. *deprecabitur*. Gr. Ὅτι κρινεῖ..... καὶ ἐπὶ τοῖς δούλοις αὐτοῦ παρακληθήσεται.

℣℣. 15. 16. Sic Hilar. Prosp. & Cassiod. in hunc Ps. Cypr. verò l. 3. Testim. p. 321. b. cum Jul. Firm. l. de erro. prof. relig. c. 29. *Idola gentium argentum & aurum, opus manuum hominum. Os habent, & non loquuntur: oculos habent, & non vident:* sic iterum Cypr. l. de exhort. mart. p. 263. præter plur. *opera*. Apud August. in hunc Ps. *Idola gentium argent. & aurum*; deinde ex Mss. codd. *oculos habent, & non vident*. In Gr. Τὰ εἴδωλα τῶν, &c. ut in textu.

℣. 17. Totidem versiculi exstant in Psalt. Rom. una tantùm voce excepta, *spiritus*, sub finem, loco *Dominus*. Itidem in Corb. Mediol. & Carnut. sicut apud Hilarium, Prosp. & Cassiod. in hunc Ps. Prosper tamen initio

VULGATA HOD.	HEBR.	VERSIO ANTIQUA.
		Manus habent, & non palpabunt : pedes habent, & non ambulabunt. *Ex Mſ. Sangerm.*
		Non clamabunt in gutture ſuo : neque enim eſt Dominus in ore eorum.
18. Similes illis fiant qui faciunt ea : & omnes, qui confidunt in eis.	*Similes illis fiant qui faciunt ea, & omnis qui confidit in eis.*	18. Similes illis fiant omnes, qui faciunt ea : & omnes, qui ſperant in eis.
19. Domus Iſraël benedicite Domino : domus Aaron benedicite Domino.	*Domus Iſraël benedicite Domino : domus Aaron benedicite Domino.*	19. Domus Iſraël benedicite Dominum : domus Aaron benedicite Dominum.
20. Domus Levi benedicite Domino : qui timetis Dominum, benedicite Domino.	*Domus Levi benedicite Domino : timentes Dominum benedicite Domino.*	20. Domus Levi benedicite Dominum : qui timetis Dominum, benedicite Dominum.
21. Benedictus Dominus ex Sion, qui habitat in Jeruſalem.	*Benedictus Dominus ex Sion, qui habitat in Jeruſalem. Alleluia.*	21. Benedictus Dominus ex Sion, qui habitat in Jeruſalem.

NOTÆ AD VERSIONEM ANTIQUAM.

legit, *non audiunt*, pro *non audient* ; & Hilar. ſub finem tollit *enim*, ante vocem *ſpiritus*. Pſ. ibid. præfixus duos poſteriores verſiculos ſic invertit : *Neque enim eſt ſpiritus in ore eorum : non clamabunt in gutture ſuo*. Apud Auguſt. ita ex Mſs. codd. *Aures habent, & non audiunt : nares habent, & non odorant. Os habent, & non loquuntur : manus habent, & non operantur : pedes habent, & non ambulant* ; cætera prætermittuntur. Apud Cypr. l. 3. Teſtim. p. 321. b. & l. de exhort. mart. p. 263. hæc tantùm leguntur : *Aures habent, & non audiunt : neque enim eſt ſpiritus in ore eorum*, vel *ipſorum*. Similiter apud Jul. Firm. de erro. prof. relig. c. 29. cum ult. voce *ipſorum* ; quæ vox etiam habetur in Pſalt. Corb. & apud Caſſiod. In Græco pariter hæc pauca : Ὦτα ἔχουσι, καὶ οὐκ ἐνωτισθήσονται· οὐδὲ γάρ ἐστι πνεῦμα ἐν, &c. at in Mſ. Alex. omnia exſtant quæ ſup. in Pſalt. Rom. & aliis.

℣. 18. Cypr. l. 3. Teſtim. p. 321. b. *Similes fiant illis qui faciunt ea : & omnes, qui confidunt in illis*. Itidem Proſper & Caſſiod. cum Pſalt. Rom. nec diſſimiliter Hilar. niſi quòd Mſs. duo Reg. & Turon. ferunt ibid. *qui ſperant in eis*. Julius Firmicus, l. de erro. profan. relig. cap. 29. *Similes ſunt illis qui faciunt ea*. Auguſtinus : *Similes illis ſint omnes, qui faciunt ea : & omnes, qui confidunt in illis*. Gr. Ὅμοιοι αὐτοῖς γένοιντο οἱ ποιοῦντες..... οἱ πεποιθότες ἐπ' αὐτοῖς· Mſ. Alex. πάντες οἱ ποιοῦντες. Theod. καὶ πάντες οἱ ἐλπίζοντες ἐπ' αὐτά. V. edit. πᾶς ὃς ἐλπίζει. VI. ὁ ἐλπίζων.

℣. 19. Accinunt Hilar. Auguſt. Proſp. & Caſſiod. cum Pſalt. Rom. Corb. & Græco.

℣. 20. Ita legunt Auguſt. Proſp. & Caſſiod. cum Pſalt. Corb. Rom. & Gr. Sic etiam Hilar. cum Pſ. præfixo, niſi quòd habet *eum* extremò, loco *Dominum* : abſunt tota à Brev. Moz.

℣. 21. Similiter Auguſt. Proſp. & Caſſiod. cum Pſalt. Rom. & Moz. Hilar. legit : *Benedictus Deus ex Sion, qui habitat Jeruſ.* Sed hæc abſunt à Pſ. ibid. præfixo. In Gr. Εὐλογητὸς Κύριος ἐν Σιὼν, ὁ κατοικῶν Ἱερουσ. Mſ. Alex. hab. ἐκ Σιών.

VULGATA HOD.	HEBR.	VERSIO ANTIQUA.
1. Alleluia. CXXXV.	*CXXXVI.*	1. Alleluia, Pſalmus ipſi David. CXXXV. *Ex Mſ. Sangerm.*
CONfitemini Domino quoniam bonus : quoniam in æternum miſericordia ejus.	*COnfitemini Domino, quoniam bonus : quoniam in æternum miſericordia ejus.*	* COnfitemini Domino quoniam bonum : quoniam in ſæculum miſericordia ejus.
2. Confitemini Deo deorum : quoniam in æternum miſericordia ejus.	*Confitemini Deo deorum : quoniam in æternum miſericordia ejus.*	2. Confitemini Deo deorum : quoniam in ſæculum miſericordia ejus.
3. Confitemini Domino dominorum : quoniam in æternum miſericordia ejus.	*Confitemini Domino dominorum : quoniam in æternum miſericordia ejus.*	3. Confitemini Domino dominorum : quoniam in ſæculum miſericordia ejus.
4. Qui facit mirabilia magna ſolus : quoniam in æternum miſericordia ejus.	*Qui fecit mirabilia magna ſolus : quoniam in æternum miſericordia ejus.*	4. Qui facit mirabilia ſolus : quoniam in ſæculum miſericordia ejus.

NOTÆ AD VERSIONEM ANTIQUAM.

℣. 1. Hilarius & Caſſiod. ſimpliciter habent *Alleluia*, cum Pſalt. Corb. Rom. & Græco. Apud Auguſt. & Proſp. nil omnino legitur.

* In Pſalt. Rom. *quoniam bonus* : deinde, *quoniam in ſæculum miſ. ejus* ; & ita deinceps ad ſingulos verſus, ſicut in Corb. Moz. & apud Caſſiod. In Mediolan. quoque & Carnut. hîc habetur *in ſæculum* ; ſed inf. in Mediolan. loco totius clauſulæ, ad ſingulos verſus repetitur ſimpliciter, *quoniam bonus*. Apud Hilar. ibid. *Confitemini Domino quoniam bonus : quoniam in ſæcula miſericordia ejus* ; inf. *in ſæculum*. Sic etiam apud Aug. & Proſp. In Gr. ὅτι ἀγαθός, deinde, ὅτι εἰς τὸν αἰῶνα, &c. & ſic deinceps. Subdit Auguſt. eodem loco : *Memini autem me in Pſalmo cv. qui ſimiliter incipit ; quoniam codex quem tenebar, non habet* in æternum, *ſed* in ſæculum miſeric. ejus ; *quæſiſſe quid potiùs intelligere deberemus : in Græco enim ſermone ſcriptum eſt* εἰς τὸν αἰῶνα, *quod eſt* in ſæculum, *&* in æternum *interpretari poteſt..... In iſto autem Pſalmo etiam idem ipſe codex non habet* in ſæculum, *quod plerique habent : ſed* in æternum miſericordia ejus..... *Quod autem habet* quoniam bonus, *Græcus habet* ἀγαθός ; *non ſicut in Pſ. cv. quod ibi eſt* quoniam bonus, *Græcus habet* χρηστός. *Ideo nonnulli illud interpretati ſunt* quoniam ſuavis eſt : ἀγαθὸς *autem, non utcunque bonus, ſed excellentiſſimè bonus eſt.*

℣. 2. Hilar. *Confit. Deo deorum : quon. in ſæcula miſeric. ejus* ; inf. *in ſæculum* : & ita Caſſiod. cum Pſalt. Rom. Auguſt. verò cum Proſp. *quoniam in æternum*, &c.

℣. 3. Sic in Pſalt. Rom. eſt & apud Caſſiod. deeſt in Vatic. non verò apud Hilar. qui habet de more, *quoniam in ſæcula*, &c. Auguſt. cum Proſp. *Confit. Dom..... quoniam in æternum*, &c.

℣. 4. Hilar. cum Auguſt. *Qui fecit mirabilia magna ſolus* ; nec addit Hilar. *quoniam*, &c. contrà Pſ. Vatic. ap. ipſum delet *magna*, ſubditque ut in conſeq. *quoniam in ſæcula*, &c. Caſſiod. *Qui fecit mirabilia magna ſolus : quoniam in ſæculum*, &c. Pſalt. Corb. *Qui fecit mirabilia ſolus : quoniam in ſæculum*, &c. Proſper Vulgatæ accinit cum Pſalt. Rom. niſi quòd Rom. hab. *quoniam in ſæculum*, &c. Gr. Τῷ ποιήσαντι θαυμάσια μεγάλα μόνῳ· ὅτι εἰς τὸν αἰῶνα, &c. Aug. ubi ſup. 1510. d. ait : *Sicut in omnium verſuum noviſſimis partibus poſitum eſt*, quoniam in æternum, *ſic in omnium capitibus, quamvis non ſit poſitum, ſubaudiendum eſt* confitemini ; *quod in Græco evidentiùs apparet : appareret autem & in Latino, ſi eandem locutionem transferre potuiſſent Interpretes noſtri, quod quidem in iſto verſu poſſent, ſi dicerent :* Facienti mirabilia : *quod enim nos habemus :* Qui fecit

Versio antiqua.

Ex Ms. Sangerm. 5. Qui fecit cœlos in intellectu : quoniam in sæculum misericordia ejus.

6. Qui firmavit terram super aquas : quoniam in sæculum misericordia ejus.

7. Qui fecit luminaria magna solus : quoniam in sæculum misericordia ejus.

8. Solem in potestatem diei : quoniam in sæculum misericordia ejus.

9. Lunam & stellas in potestatem noctis : quoniam in sæculum misericordia ejus.

10. Qui percussit Ægyptum cum primitivis eorum : quoniam in sæculum misericordia ejus.

11. Et eduxit Israël de medio eorum : quoniam in sæculum misericordia ejus.

12. In manu forti, & brachio excelso : quoniam in sæculum misericordia ejus.

13. Qui divisit mare rubrum in divisione : quoniam in sæculum misericordia ejus.

14. Et transduxit Israël per medium ejus : quoniam in sæculum misericordia ejus.

15. Et excussit Pharaonem, & exercitum ejus in mari rubro : quoniam in sæculum misericordia ejus.

16. Qui transduxit populum suum in deserto : quoniam in sæculum misericordia ejus.

Qui eduxit aquam de petra rupis : quoniam in sæculum misericordia ejus.

Hebr.

Qui fecit cælos in sapientia : quoniam in æternum misericordia ejus.

Qui firmavit terram super aquas : quoniam in æternum misericordia ejus.

Qui fecit luminaria magna : quoniam in æternum misericordia ejus.

Solem in potestatem diei : quoniam in æternum misericordia ejus.

Lunam & stellas in potestatem noctis : quoniam in æternum misericordia ejus.

Qui percussit Ægyptum cum primitivis suis : quoniam in æternum misericordia ejus.

Et eduxit Israël de medio eorum : quoniam in æternum misericordia ejus.

In manu valida, & in brachio extento : quoniam in æternum misericordia ejus.

Qui divisit mare rubrum in divisiones : quoniam in æternum misericordia ejus.

Et eduxit Israël è medio ejus : quoniam in æternum misericordia ejus.

Et convolvit Pharao, & exercitum ejus in mari rubro : quoniam in æternum misericordia ejus.

Qui perduxit populum suum per desertum : quoniam in æternum misericordia ejus.

Vulgata hod.

5. Qui fecit cœlos in intellectu : quoniam in æternum misericordia ejus. Gen. 1. 1.

6. Qui firmavit terram super aquas : quoniam in æternum misericordia ejus.

7. Qui fecit luminaria magna : quoniam in æternum misericordia ejus.

8. Solem in potestatem diei : quoniam in æternum misericordia ejus.

9. Lunam & stellas in potestatem noctis : quoniam in æternum misericordia ejus.

10. Qui percussit Ægyptum cum primogenitis eorum : quoniam in æternum misericordia ejus. Exod. 12. 29.

11. Qui eduxit Israël de medio eorum : quoniam in æternum misericordia ejus. Exod. 13. 17.

12. In manu potenti, & brachio excelso : quoniam in æternum misericordia ejus.

13. Qui divisit mare rubrum in divisiones : quoniam in æternum misericordia ejus.

14. Et eduxit Israël per medium ejus : quoniam in æternum misericordia ejus.

15. Et excussit Pharaonem, & virtutem ejus in mari rubro : quoniam in æternum misericordia ejus. Exod. 14. 28.

16. Qui traduxit populum suum per desertum : quoniam in æternum misericordia ejus.

Notæ ad Versionem antiquam.

mirabilia, *Græcus habet* : Facienti mirabilia, *ubi necessariò* confitemini *subauditur. Atque utinam vel pronomen adderent, ut dicerent*, Ei qui facit, *vel* ei qui fecit, *vel* ei qui firmavit ; *quia etiam sic faciliè intelligeretur* confitemini *esse subaudiendum. Nunc verò ita obscurum factum est, ut qui codicem Græcum, sive nescierit inspicere, sive neglexerit, possit putare*, Qui fecit cœlos, Qui firmavit terram, &c. quoniam in æternum, &c. *ideo dictum, quasi propterea ista fecerit, quoniam in æternum misericordia ejus..... cur autem confiteamur, in omnium versuum finibus ponit, quoniam in æternum*, &c. Hic autem versiculus non semper reperitur ab Hilario, Auguft. & Prosp. in commentariis.

℣℣. 5. 6. 7. Sic habent Hilar. August. Prosp. & Cassiod. cum Psalt. Rom. & Corb. hoc ultimum tamen habet *cœlos in intellectum*. Rursus Hilar. in Ps. 2. col. 43. *Qui firmavit terram super aquas*. August. verò l. 2. de Gen. ad lit. to. 3. 132. c. *Qui fecit cœlos in intelligentia.....fundavit terram super aquam*. Item *fundavit* in Brev. Moz. Apud Philastr. Brix. de hæres. p. 712. f. h. *Qui fundasti terram super aquam*. Subditur etiam *solus* in Psalt. Mediolan. Carnut. & Moz. At Hieron. epist. ad Sun. & Fret. to. 2. 662. c. ait : *Dicitis quia in Græco inveneritis* magna solus ; *sed hoc de superiori versiculo est, ubi legimus* : Qui fecit mirabilia magna solus. *Ibi ergo legendum est, & hic quasi superfluum non scribendum*. In edit. Rom. Τῷ ποιήσαντι τὰς ἡμέρας ἐν συνέσει... Τῷ στερεώσαντι..... ἐπὶ τῶν ὑδάτων..... Τῷ ποιήσαντι φῶτα μεγάλα μόνῳ.

℣℣. 8. 9. Hi & tres versus subseqq. prætermittuntur ab Hilar. in comment. adsunt tamen omnes in Ps. ibid. præfixo, præter nonum. Ambros. l. 4. Hexa. to. 1. 65. 2. 73. f. similiter hab. *Solem in potestatem diei..... Lunam & stellas*, &c. Item August. Prosp. & Cassiod. cum Græco. Psalt. verò Rom. & Moz. *Solem in potestate diei..... Lunam & stellas in potestate noctis*.

℣. 10. Ita Lucif. Calar. l. 1. pro S. Athan. p. 195. h. ut & Cassiod. cum Psalt. Rom. & Corb. subnexo hîc & inf. *quoniam in sæculum*, &c. August. verò & Prosp. leg. *cum primogenitis eorum*. Brev. Mozar. *cum primitibus suis*. Gr. Σὺν τοῖς πρωτοτόκοις.

℣. 11. Sic iterum Lucif. ubi sup. p. 195. h. cum Psalt. Corb. & Vatic. ap. Hilar. Rom. verò hab. *Et eduxit Israel de medio ejus*, &c. Mozar. *Et eduxit Israel de medio Ægypti*. August. & Prosp. *Qui eduxit Israël de medio eorum*. Cassiod. *per medium eorum*. Græc. Καὶ ἐξαγαγόντι τὸν..... ἐκ μέσου αὐτῶν, &c.

℣. 12. Sic in Psalt. Rom. Vatic. Corb. & Moz. Item apud Lucif. Calar. l. 1. pro S. Athan. p. 195. h. & Cassiod. in hunc Ps. Apud August. verò & Prosp. *In manu potenti*, &c. In Græco, Ἐν χειρὶ κραταιᾷ.

℣. 13. Itidem in Psalt. Corb. Lucif. verò ubi sup. leg. *Qui divisit mare rubrum in divisionem*. Hilar. cum Vulg. *in divisiones*. Similiter August. Prosp. & Cassiod. cum Gr.

℣. 14. Sic in Psalt. Corb. & Vatic. apud Hilar. nec dissimiliter apud Lucif. l. 1. pro S. Athan. p. 195. h. August. verò, Prosp. & Cassiod. Vulgatæ congruunt. In Græco, Καὶ διαγαγόντι, &c. Apud Hilar. omittitur hic versiculus cum novem subsequentibus.

℣. 15. Ita ferunt Psalt. Corb. & Moz. ad verbum. Ita etiam Lucif. l. 1. pro S. Athan. p. 195. h. cum Rom. si excipias τὸ *in mare rubrum*. Carnut. quoque habet *exercitum* ; Mediol. verò, *omnem potentiam*. August. ut in Vulgata. Itidem S. Prosp. nisi quòd hab. *in mare rubrum*. Cassiod. *Qui excussit Pharaonem, & exercitum ejus in mare rubrum*. Apud Ambros. in Ps. 126. col. 422. a. *Pharao in mari rubro excussus est*. In Gr. Καὶ ἐκτινάξαντι Φαραὼ, καὶ τὴν δύναμιν αὐτοῦ εἰς θάλασσαν ἐρυθράν.

℣. 16. Totidem versiculi exstant in Psalt. Corb. & iisdem verbis. Item in Rom. & Vatic. apud Hilar. nisi quòd Rom. habet *per desertum* ; Vatic. *in desertum..... perduxit aquam..... quon. in sæcula*. In Carnut. quoque subnectitur :

VULGATA HOD.

17. Qui percuſſit reges magnos : quoniam in æternum miſericordia ejus.

Num. 21. 24. 18. Et occidit reges fortes : quoniam in æternum miſericordia ejus.

19. Sehon regem Amorrhæorum : quoniam in æternum miſericordia ejus.

Num. 21. 33. 20. Et Og regem Baſan : quoniam in æternum miſericordia ejus.

Joſ. 13. 7. 21. Et dedit terram eorum hæreditatem : quoniam in æternum miſericordia ejus.

22. Hæreditatem Iſraël ſervo ſuo : quoniam in æternum miſericordia ejus.

23. Quia in humilitate noſtra memor fuit noſtri : quoniam in æternum miſericordia ejus.

24. Et redemit nos ab inimicis noſtris : quoniam in æternum miſericordia ejus.

25. Qui dat eſcam omni carni : quoniam in æternum miſericordia ejus.

26. Confitemini Deo cœli : quoniam in æternum miſericordia ejus.

Confitemini Domino dominorum : quoniam in æternum miſericordia ejus.

HEBR.

Qui percuſſit reges magnos : quoniam in æternum miſericordia ejus.

Et occidit reges potentes : quoniam in æternum miſericordia ejus.

Seon regem Amorræorum : quoniam in æternum miſericordia ejus.

Et Og regem Baſan : quoniam in æternum miſericordia ejus.

Et dedit terram eorum hæreditatem : quoniam in æternum miſericordia ejus.

Hæreditatem Iſraël ſervo ſuo : quoniam in æternum miſericordia ejus.

Quia in humilitate noſtra memor fuit noſtri : quoniam in æternum miſericordia ejus.

Et eripuit nos de tribulationibus noſtris : quoniam in æternum miſericordia ejus.

Qui dat panem omni carni : quoniam in æternum miſericordia ejus.

Confitemini Deo cœli : quoniam in æternum miſericordia ejus.

VERSIO ANTIQUA.

Ex Mſ. Sangerm.

17. Qui percuſſit reges magnos : quoniam in ſæculum miſericordia ejus.

18. Et occidit reges mirabiles : quoniam in ſæculum miſericordia ejus.

19. Seon regem Amorrhæorum : quoniam in ſæculum miſericordia ejus.

20. Et Og regem Baſan : quoniam in ſæculum miſericordia ejus.

21. Et dedit terram eorum in hæreditatem : quoniam in ſæculum miſericordia ejus.

22. Hæreditatem Iſraël ſervo ſuo : quoniam in ſæculum miſericordia ejus.

23. Quia in humilitate noſtra memor fuit noſtri : quoniam in ſæculum miſericordia ejus.

24. Et redemit nos de manu inimicorum noſtrorum : quoniam in ſæculum miſericordia ejus.

25. Qui dat eſcam omni carni : quoniam in ſæculum miſericordia ejus.

26. Confitemini Deo cœli : quoniam in ſæculum miſericordia ejus.

Confitemini Domino dominorum : quoniam in ſæculum miſericordia ejus.

NOTÆ AD VERSIONEM ANTIQUAM.

Qui eduxit aquam, &c. ut ſup. Apud Aug. verò & Proſp. ſimpliciter : *Qui traduxit populum ſuum in deſerto : quon.* &c. nec plura in Gr.

℣℣. 17. 18. 19. 20. Sic in Pſalt. Rom. ſunt & Carnut. & Corb. ad verbum. A Pſ. verò Vatic. ap. Hilar. abeſt verſic. *Et occidit reges mirabiles*. Apud Auguſt. & Caſſiod. omnes ut in Vulg. & Gr. nec diſſimiliter apud Proſp. præter iſtud, *& Og coacervantem Baſan*. Auguſt. etiam ad *regem Baſan*, addit coacervantem, *quod*, inquit, *interpretatur* Og, & regem confuſionis, *quod interpretatur* Baſan.

℣℣. 21. 22. Ita legunt Auguſt. & Caſſiod. detractâ præpoſ. *in*, ante *hæreditatem*. Ita quoque S. Proſp. excepto *populo*, pro *ſervo*; in Gr. δούλῳ. Pſ. è Mſ. Vatic. apud Hilar. omittit verſiculum 22.

℣℣. 23. 24. Itidem in Pſalter. Corb. Ita ferunt etiam Hilar. & Caſſiod. cum Pſalt. Rom. addita voce *Dominus*, ad hanc, *noſtri*. Sic etiam in Mozarab. præter hoc, *in humilitatem noſtram*. Auguſt. verò & Proſp. Vulgatæ accinunt; nec aliter Græcè, niſi quòd ſubditur ὁ Κύριος ubi ſup.

℣℣. 25. 26. Sic apud Auguſt. & Caſſiod. ad verbum. In Pſalt. Moz. loco *dominorum*, legitur *quoniam bonus*. In Rom. utrumque eſt : *Confitemini Domino dominorum, quoniam bonus : quoniam*, &c. In Pſ. Vatic. ap. Hilar. hic ultimus verſic. deeſt : nec ab Hilario ipſo admittitur in comment. licet duo verſiculi præced. ibid. habeantur. Non legitur etiam in Gr. Apud Proſp. verò ſic : *Qui dat eſcam..... Confit. Domino cælorum..... Confit. Domino dominorum*; inf. *Domino deorum*, &c.

VULGATA HOD.

Pſalmus David, Jeremiæ. CXXXVI.

1. Super flumina Babylonis, illic ſedimus & flevimus : cùm recordaremur Sion :

2. In ſalicibus in medio ejus, ſuſpendimus organa noſtra.

3. Quia illic interrogaverunt nos,

HEBR.

CXXXVII.

Super flumina Babylonis, ibi ſedimus & flevimus : cùm recordaremur Sion.

Super ſalices in medio ejus, ſuſpendimus citharas noſtras.

Quoniam ibi interrogaverunt

VERSIO ANTIQUA.

Ex Mſ. Sangerm.

* Pſalmus David. CXXXVI.

1. Super flumina Babylonis, illic ſedimus & flevimus : cùm recordaremur Sion :

2. In ſalicibus in medio ejus, ſuſpendimus organa noſtra.

3. Quia illic interrogaverunt

NOTÆ AD VERSIONEM ANTIQUAM.

* Sic in Pſalt. Rom. & apud Caſſiod. In Pſ. verò præf. ap. Hilar. nullus habetur titulus : nullum etiam refert Hilar. in comment. neque Auguſt. neque Proſp. Hilarius tamen col. 490. c. ait quibuſdam placuiſſe hunc Pſ. *tanquam Jeremiæ titulo inſcribi, quia ab ipſo ſit, antequam accidit, denunciata captivitas.* Sed apud Hebræos, inquit, *ſecundùm cognitionem quam ab his adepti ſumus, Pſalmus hic ſine inſcriptionis iſtius titulo eſt.* In Pſalt. Corb. ſic : *Pſalmus ipſi David, Jeremiæ.* In Gr. Τῷ Δαυὶδ, Ἱερεμίου.

℣. 1. Concinit Hilarius ad verbum. Pſ. verò ibid. præfixus habet cum Proſp. *tui Sion*. Ambroſ. l. 2. de pœnit. to. 2. 438. b. cum Pſalt. Corb. *Super flumina Babyl. illic ſedimus & flev. dum recordaremur Sion*; inf. col. 1190. a. *ibi ſedimus & flevimus*. Item Auguſt. *ibi ſedimus & flevimus : cùm recordaremur Sion.* Proſp. *illic ſedimus..... cùm recordaremur tui Sion.* Caſſiod. cum Pſalt. Rom. & Mozar. *dum record. tui Sion.* Gr. ἐκεῖ ἐκαθίσαμεν καὶ ἐκλαύσαμεν, ἐν τῷ μνησθῆναι ἡμᾶς τῆς Σιών.

℣. 2. Accinunt Hilar. Auguſt. Proſp. & Caſſiod. unà cum Gr. Item Ambroſ. l. 3. Hexa. to. 1. 54. d. & in Luc. 2. col. 1304. b. & l. 2. de pœnit. to. 2. 438. d.

℣. 3. Cum Vulgata concinunt Hilar. & Caſſiod. ad ver-

VERSIO ANTIQUA.	HEBR.	VULGATA HOD.
Ex Mſ. Sangerm. nos, qui captivos duxerunt nos, verba cantionum:	*nos, qui captivos duxerunt nos, verba carminis:*	qui captivos duxerunt nos, verba cantionum:
Et qui abduxerant nos: Hymnum cantate nobis de canticis Sion.	*Et qui affligebant nos læti: Canite nobis de canticis Sion.*	Et qui abduxerunt nos: Hymnum cantate nobis de canticis Sion.
4. Quomodo cantabimus canticum Domini in terra aliena?	*Quomodo cantabimus canticum Domini in terra aliena?*	4. Quomodo cantabimus canticum Domini in terra aliena?
5. Si oblitus fuero Jeruſalem, obliviſcatur me dextera mea.	*Si oblitus fuero tui Jeruſalem, in oblivione ſit dextera mea.*	5. Si oblitus fuero tui Jeruſalem, oblivioni detur dextera mea.
6. Adhæreat lingua mea gutturi meo, ſi non meminero tui:	*Adhæreat lingua mea gutturi meo, ſi non recordatus fuero tui:*	6. Adhæreat lingua mea faucibus meis, ſi non meminero tui:
Si non præpoſuero Jeruſalem, in principio lætitiæ meæ.	*Si non propoſuero Jeruſalem, in principio lætitiæ meæ.*	Si non propoſuero Jeruſalem, in principio lætitiæ meæ.
7. Memento Domine filiorum Ædon, diem Jeruſalem:	*Memento Domine filiorum Edom in die Jeruſalem,*	7. Memor eſto Domine filiorum Edom, in die Jeruſalem:
Qui dicunt: Exinanite, exinanite quoadusque fundamentum in ea.	*Dicentium: Evacuate, evacuate uſque ad fundamentum ejus.*	Qui dicunt: Exinanite, exinanite uſque ad fundamentum in ea.
8. Filia Babylonis miſera: beatus, qui retribuet tibi retributionem tuam, quam retribuiſti nobis.	*Filia Babylonis vaſtata: beatus, qui retribuet tibi viciſſitudinem tuam, quam retribuiſti nobis.*	8. Filia Babylonis miſera: beatus, qui retribuet tibi retributionem tuam, quam retribuiſti nobis.
9. Beatus, qui tenebit, & allidet parvulos tuos ad petram.	*Beatus, qui tenebit, & allidet parvulos tuos ad petram.*	9. Beatus, qui tenebit, & allidet parvulos tuos ad petram.

NOTÆ AD VERSIONEM ANTIQUAM.

bum. Iidem in Brev. Moz. præter hoc, *adduxerunt nos.* In Pſ. præfixo apud Hilar. deeſt *nos*, poſt *interrogaverunt.* Apud Auguſt. ſic: *Quoniam ibi interrogaverunt nos, qui captivos duxerunt nos, verba canticorum: & qui abduxerunt nos, hymnum;* tum addit: *Sabaudis, interrogaverunt nos;* ſtatimque: *Verba canticorum, & hymnum interrogaverunt nos, qui captivos duxerunt nos:* & poſt plura: *Cantate nobis verba canticorum: cantate nobis hymnum: cantate nobis de canticis Sion:* poſt paulò: *Cantate nobis verba canticorum: dicite nobis hymnum; cant.* &c. Proſp. verò ut ſup. *Quia illic interrogaverunt nos, qui captivos duxerunt nos, verba canticorum: & qui adduxerunt nos: Hymnum cantate nobis,* &c. ut ſup. Auctor l. contra Judæos apud Cyprian. p. 499. *Cantate nobis cantica de canticis Sion.* Gr. autem ſic interpungit cum Auguſt. Ὅτι ἐκεῖ ἐπηρώτησαν ἡμᾶς, οἱ αἰχμαλωτεύσαντες ἡμᾶς, λόγους ᾠδῶν· καὶ οἱ ἀπαγαγόντες ἡμᾶς, ὕμνον· dein, Ἄσατε ἡμῖν ἐκ τῶν ᾠδῶν Σιών.

℣. 4. Similiter Hilar. Auguſt. Proſp. & Caſſiod. in hunc Pſ. Item Ambroſ. in Pſ. 36. & 118. col. 796. a. 1251. d. 1253. f. & l. 2. de pœnit. to. 2. 438. e. nec aliter in Græco.

℣. 5. Sic eſt in Pſalt. Rom. Mediol. Carnut. Corb. & Moz. addito uno *tui*, poſt *fuero.* Sic etiam apud Hilar. Auguſt. Proſp. & Caſſiod. niſi quòd Auguſt. & Proſp. legunt, *oblitus tui fuero.* Ambroſ. l. de ob. Val. to. 2. 1194. c. *Si oblitus fuero te ſancta Jeruſalem, obliviſcatur me dextera mea.* Græc. Ἐὰν ἐπιλάθωμαί σου Ἱερουσαλὴμ, ἐπιλησθείη ἡ δεξιά μου. Subdit Hilar. loco cit. *Id quod ait*, obliviſcatur me dextera mea, *obſcurum eſt per conditionem Latinitatis: nam ſecundùm Græcitatis proprietatem, quæ ita dictum eſt*, ἐπιλησθείη ἡ δεξιά μου, *non ut ipſa obliviſcatur, ſed ut oblivio ejus fiat, oſtenditur.*

℣. 6. Ita legit Hilar. cum Pſalt. Corb. hoc tamen Pſalt. hab. *Adhæreat linguam meam;* ſed malè. Ambr. de ob. Val. to. 2. 1194. c. ita legit: *Adhæreat ling..... faucibus meis, ſi non memin. tui: ſi non meminero Jeruſalem, in principio meæ lætitiæ.* Auguſt. in hunc Pſ. *Adhæreat ling. mea faucibus meis, niſi tui meminero: ſi non præpoſuero Jeruſalem, in principio jucunditatis meæ.* Proſp. ibid. *Adhæreat..... faucibus meis, ſi non meminero tui; & non præpoſuero Jeruſ. in principio lætitiæ meæ.* Item Caſſiod. cum Pſalt. Moz. & Carnut. *ſi non præpoſuero Jeruſ.* Græc. Κολληθείη ἡ γλῶσσά μου τῷ λάρυγγί μου, ἐὰν μή σου μνησθῶ· ἐὰν μὴ προαναθῶμαι τὴν Ἱερουσαλὴμ, [illegible] ἀρχῇ τῆς εὐφροσύνης μου.

℣. 7. Iidem Hilar. in hunc Pſ. niſi quòd ſcribit *Edom*, ſubditque *in diem;* Pſ. ibid. præf. *in die;* cæt. ut ſup. Rom. pariter cum Caſſiod. *Memento..... in die;* at in fine, *quouſque ad fundamentum in ea.* Mozarab. *Memorare Domine..... in diebus Jeruſalem: qui dixerunt: Exinanite..... uſque ad fundamentum in ea.* Corb. *Memento Domine..... in diem Jeruſalem: dicentium: Exinanite, exinan. quoadusque fundam. in eam.* Carnut. *quoadusque fundam. in ea.* Ambroſ. l. 2. de pœnit. to. 2. 439. b. *Exinanite, exin. uſque ad fundamentum in ea.* Auguſt. in hunc Pſ. *Memento Domine filiorum Edom, in diem Jeruſ. dicentium: Evacuate, evacuate uſquedum fundamentum in ea.* Proſp. ibid. *Memento Dom..... in die Jeruſ. qui dixerunt: Exinanite, exin. uſque ad fundamentum in ea.* Gr. Μνήσθητι Κύριε τῶν υἱῶν Ἐδὼμ, τὴν ἡμέραν Ἱερουσαλήμ· τῶν λεγόντων· Ἐκκενοῦτε, ἐκκενοῦτε ἕως τῶν θεμελίων αὐτῆς. Mſ. Alex. ἕως ὁ θεμέλιος ἐν αὐτῇ.

℣℣. 8. 9. Eadem refert Hilar. in hunc Pſ. nec diſſimiliter hab. Pſ. ibid. præfixus, niſi quòd delet *tuam*, poſt *retributionem.* Delet pariter Brev. Moz. ſed addit, *quantùm retribuiſti nobis;* ultimòque, *parvulos ſuos ad petram.* Pſalt. Rom. hab. *quam tu retribuiſti nobis;* cæt. ut in Vulg. Ambr. l. 2. de pœnit. to. 2. 439. b. 440. a. *Filia Babyl. miſera: beatus, qui tenebit, & allidet parvulos tuos ad petram.* Paulin. de vita Ambroſ. p. xi. d. *& allidet parvulos ejus ad petram.* Tichon. verò reg. 4. p. 60. a. *Felix eſt, qui obtinebit, & collidet parvulos ſuos ad petram.* Auguſt. *Filia Bab. infelix: beatus, qui retribuet tibi retributionem tuam, quam retrib. nobis. Beatus, qui tenebit, & elidet infantes tuos ad petram.* Proſp. & Caſſiod. textui Sang. conſentiunt unà cum Gr. Proſp. tamen leg. *retribuit tibi*, ut & Mſ. 1. Caſſiod. cum edd. Eucherius, quæſt. in Pſ. p. 847. c. *Beatus, qui reſtituet tibi quod tu reſtituiſti nobis.* Chromat. Aquil. in Matth. p. 983. c. *Beatus, qui tenebit, & allidet parvulos ſuos ad petram.*

VULGATA HOD. 1. Ipſi David. CXXXVII.	HEBR. David. CXXXVIII.	VERSIO ANTIQUA. 1. Pſalmus David. CXXXVII.
CONfitebor tibi Domine in toto corde meo : quoniam audiſti verba oris mei.	*COnfitebor tibi Domine in toto corde meo :*	* COnfitebor tibi Domine in toto corde meo :
In conſpectu angelorum pſallam tibi : 2. adorabo ad templum ſanctum tuum, & confitebor nomini tuo,	*In conſpectu deorum cantabo tibi : adorabo in templo ſancto tuo, & confitebor nomini tuo,*	In conſpectu angelorum pſallam tibi : 2. adorabo ad templum ſanctum tuum, & conftabor nomini tuo,
Super miſericordia tua, & veritate tua : quoniam magnificaſti ſuper omne, nomen ſanctum tuum.	*Super miſericordia tua, & veritate tua : quia magnificaſti ſuper omne nomen eloquium tuum.*	Super miſericordia tua, & ſuper pietate tua : quoniam magnificaſti ſuper omnia, nomen tuum ſanctum.
3. In quacumque die invocavero te, exaudi me : multiplicabis in anima mea virtutem,	*In die invocabo, & exaudies me : dilatabis animā meā fortitudinem.*	3. In quacunque die invocavero te, exaudi me : multiplicaſti me in anima mea in virtute tua.
4. Confiteantur tibi Domine omnes reges terræ : quia audierunt omnia verba oris tui :	*Confiteantur tibi Domine omnes reges terræ : quoniam audierunt eloquia oris tui.*	4. Confiteantur tibi Domine omnes reges terræ : quia audierunt omnia verba oris tui :
5. Et cantent in viis Domini : quoniam magna eſt gloria Domini.	*Et cantent in viis Domini : quoniam magna gloria Domini :*	5. Et cantent in canticis : quoniam magna eſt gloria nominis tui.
6. Quoniam excelſus Dominus, & humilia reſpicit : & alta à longè cognoſcit.	*Quoniam excelſus Dominus, & humilia reſpicit : & excelſa de longè cognoſcit.*	6. Quoniam excelſus Dominus, & humilia reſpicit : & alta de longè cognoſcit.
7. Si ambulavero in medio tribulationis, vivificabis me : & ſuper iram inimicorum meorum extendiſti manum tuam, & ſalvum me fecit dextera tua.	*Si ambulavero in medio tribulationis, vivificabis me : ſuper furorem inimicorum meorum mittes manum tuam, & ſalvabit me dextera tua.*	7. Si ambulavero in medio tribulationis, vivificabis me : & ſuper iram inimicorum meorum extendiſti manus tuas, & ſalvum me fecit dextera tua.
8. Dominus retribuet pro me :	*Dominus operabitur pro me : Do-*	8. Domine retribues prop-

Ex Mſ. Sangerm.

NOTÆ AD VERSIONEM ANTIQUAM.

℣. 1. Auguſt. *Totus titulus eſt : Ipſi David.* Similiter apud Caſſiod. In Gr. verò ita : Ψαλμὸς τῷ Δαυὶδ, Ἀγγαίου, καὶ Ζαχαρίου.

* Hilar. legit cum Pſalt. Corb. *Confitebor tibi Dom. in toto corde meo : quoniam audiſti verba oris mei. Et in conſpectu ang. pſallam tibi.* Moz. *quoniam exaudiſti verba oris mei.* Rom. *quon. exaudiſti omnia verba oris mei. Et in conſpectu*, &c. Auguſt. *Confitebor..... quoniam audiſti verba oris mei. Et coram angelis pſallam tibi.* Proſp. *quoniam audiſti omnia verba oris mei. In conſpectu*, &c. Caſſiod. *quoniam exaudiſti verba oris mei. Et in conſpectu*, &c. Gr. ordinem verſiculorum ſic invertit : Ἐξομολογήσομαί σοι Κύριε ἐν ὅλῃ καρδίᾳ μου· καὶ ἐναντίον ἀγγέλων ψαλῶ σοι· ὅτι ἤκουσας πάντα τὰ ῥήματα τοῦ στόματός μου. Obſervat Hieron. in comment. hunc verſiculum, *quoniam audiſti*, &c. abeſſe ab Hebræo ; abeſt etiam à Mſ. Græco Alex. ſicut à textu Theodoreti, licet ipſe in explanat. videatur eum indicare, teſte Nobilio.

℣. 2. Hilar. in comment. ita legit cum Pſ. ibid. præfixo, necnon Pſalt. Corb. & Moz. *adorabo ad templum..... & confitebor nomini tuo, ſuper miſericordiam tuam, & veritatem tuam : quon. magnif. ſuper omnia*, (Vatic. & Mozar. *ſuper omnes*,) *nomen ſ. tuum* (Corb. *tuum ſanctum.*) Similiter hab. Caſſiod. cum Pſalt. Rom. niſi quòd Rom. τῷ *nomini tuo* addit *Domine*, legitque cum Caſſiod. *ſuper nos*, non *ſup. omnia*, vel *omnes* ; in Mediol. tamen & Carnut. *ſuper omnia.* Apud Auguſt. in eund. Pſ. *adorabo..... & confit. nom. tuo, in miſericordia tua, &..... quon. magnif. ſuper omne*, &c. Apud Proſp. *ſuper miſericordia tua, &..... quon..... magnif. ſuper nos*, &c. inf. in explanat. *ſuper omnes* ; de quo ult. Hieron. epiſt. ad Sun. & Fret. to. 2. col. 662. c. ita ſcribit. *In Græco reperiſſe vos dicitis*, ſuper omnes ; *ſed in LXX. legitur*, ὅτι ἐμεγάλυνας ἐπὶ πᾶν τὸ ὄνομα τὸ ἅγιόν σου, *ſicut & nos in Latinum vertimus. Cæterùm apud Hebræos ita eſſe cognoſcite :* quia magnificaſti ſuper omne nomen verbum tuum. *Juxta editionem autem Latinam hic ſenſus eſt :* quoniam magnificaſti ſuper omne nomen, *hoc eſt, quod in cælo & in terra dici poteſt ſanctum*, filium tuum.

℣. 3. Sic eſt in Pſalt. Carnut. poſito uno *velociter*, ante *exaudi me* ; Mediol. hab. *citò exaudi me.* Corb. *velociter exaudi me : multiplicaſti me in animam meam virtute tua.* Mozar. *velociter exaudi me : multiplicabis animam meam in virtute tua.* Rom. cum Pſ. Vatic. apud Hilar. *multiplicabis in anima mea virtutem tuam.* Hilar. ipſe in comment. cum Hieron. in Iſai. 52. to. 3. 379. e. *multiplicabis me in anima mea in virtute tua :* ſubdit Hieron. *Pro* multiplicabis me, *in Græco dicitur* πολυωρήσεις με, *quod eſt, multa cura & ſollicitudine dignum habebis.* Auguſt. in hunc Pſ. *citò exaudi me : multiplicabis me in anima mea virtute.* Proſp. ibid. *In quocumque die..... velociter exaudi me : multiplicabis me in anima mea in virtute multa.* Caſſiod. in eundem Pſ. *multiplicabis in animam meam virtutem multam.* Gr. ταχὺ ἐπάκουσόν μου· πολυωρήσεις με ἐν ψυχῇ μου δυνάμει σου· Mſ. Alex. ἐν δυνάμει, abſque σου.

℣. 4. Similiter habent Hilar. Auguſt. Proſp. & Caſſiod. cum Gr. In Pſ. è Mſ. Vat. apud Hilar. deeſt *omnia.* In Mozar. *qui audierunt omnia*, &c.

℣. 5. Pſalt. Corb. Carnut. & Rom. *Et cantent in canticis Domino : quoniam magna eſt gloria Domini.* Caſſiod. *Et cantent in canticis Domini : quoniam*, &c. Proſp. verò cum Pſalt. Moz. & Gr. *Et cantent in viis Dom. quon. magna gloria Domini.* Apud Hilar. quoque & Auguſt. *Et cantent in viis*, &c. ut in Vulg. Commutatio autem τοῦ *canticis*, cum *viis*, orta eſt à ſimilitudine vocum Græcarum ᾠδὴ, & ὁδός ; quidam videlicet legêre ὁδοῖς, *viis*, ſicut hab. etiamnum edit. Rom. alii ᾠδαῖς, *canticis*, ut in editt. Ald. & Compl.

℣. 6. Addidimus vocem *Domenus*, quæ deerat in Mſ. etenim locus vacuus ibid. relictus eſt. Addit etiam Hilar. in hunc Pſ. ut & alia quæ ſupra. Similiter Caſſiod. cum Proſp. niſi quòd Caſſiod. hab. *à longè cognoſcit*, Proſp. *à longè agnoſcit.* Brev. Moz. *de longè agnoſcit.* Pſalt. Rom. *Quoniam excelſus Dominus humilia reſpicit : & alta à longè agnoſcit.* Corb. *& excelſa à longè cognoſcit.* Auguſt. in hunc Pſ. *Quoniam excelſus Dominus, & humilia reſpicit : excelſa autem à longè cognoſcit.* Gr. Ὅτι ὑψηλὸς Κύριος, καὶ τὰ..... καὶ τὰ ὑψηλὰ ἀπομακρόθεν γινώσκει.

℣. 7. Sic in Pſalt. Corb. dempto 1. &. Hilar. quoque, Auguſt. & Proſp. delent &, ante *ſuper iram*, ſed legunt *manum tuam* : Mſs. tamen Hilar. duo, Reg. & Turon. omiſſâ voce *meorum*, ſubjiciunt *manus tuas.* Caſſiod. ut in Vulg. Gr. tollit &, ſubditque inf. ἐξέτεινας χεῖράς σου, καὶ, &c. Pſ. è Mſ. Vatic. ap. Hilar. hab. *inimicorum tuorum* ; Gr. verò μου.

℣. 8. Pſalt. Rom. cum Moz. *Domine retribue pro me* ;

VERSIO ANTIQUA.	HEBR.	VULGATA HOD.
Ex Mſ. Sangerm. ter me : Domine miſericordia tua in fæcula : opera manuum tuarum non omittas.	*mine miſericordia tua in æternum : opera manuum tuarum ne dimittas.*	Domine miſericordia tua in ſæculum : opera manuum tuarum ne deſpicias.

NOTÆ AD VERSIONEM ANTIQUAM.

Domine miſ. tua in æternum ; Rom. *in ſæculum*, &c. ut in Vulg. Corb. *Dominus retribuet propter me : Domine miſ. tua in ſæcula : opera... ne deſpicias.* Ambroſ. in Pſ. 118. to. 1. 1089. b. cum Pſ. præf. ap. Hilar. *Domine retribues pro me : Domine... in ſæculum ; op. man. tuarum non omittas.* Similiter hab. Hilar. ipſe in comment. præter hoc 1. *Dominus retribuet :* ruſuſque *non omittas*, l. 12. de Trin. col. 118. d. Auguſt. & Caſſiod. *Domine retribues pro me : Dom. miſ. tua in æternum : opera... ne deſpicias.* Sic etiam ap. Proſp. excepto uno *retribue*. In Gr. Κύριε ἀνταποδώσεις..., εἰς τὸν αἰῶνα· τὰ ἔργα..... μὴ παρίδῃς. Mſ. Alex. cum edd. Ald. & Compl. Κύριος ἀνταποδώσει.

VERSIO ANTIQUA.	HEBR.	VULGATA HOD.
Ex Mſ. Sangerm. 1. In finem, Pſalmus David. CXXXVIII.	*Victori David Canticum. CXXXIX.*	1. In finem, Pſalmus David. CXXXVIII.
* DOmine probaſti me, & cognoviſti me : 2. tu cognoviſti paſſionem meam, & reſurrectionem meam.	*DOmine inveſtigaſti me, & cognoviſti : tu cognoviſti ſeſſionem meam, & reſurrectionem meam.*	DOmine probaſti me, & cognoviſti me : 2. tu cognoviſti ſeſſionem meam, & reſurrectionem meam.
3. Intellexiſti omnes cogitationes meas de longè : ſemitam meam, & directionem meam inveſtigaſti.	*Intellexiſti malum meum de longè : ſemitam meam, & accubationem meam eventilaſti.*	3. Intellexiſti cogitationes meas de longè : ſemitam meam, & funiculum meum inveſtigaſti.
4. Et omnes vias meas prævidiſti : quoniam non eſt dolus in lingua mea.	*Et omnes vias meas intellexiſti : quia non eſt eloquium in lingua mea.*	4. Et omnes vias meas prævidiſti : quia non eſt ſermo in lingua mea.
5. Ecce Domine tu cognoviſti omnia, noviſſima & antiqua : tu firmaſti me, & poſuiſti ſuper me manum tuam.	*Ecce Domine noſti omnia : retrorſùm & ante formaſti me, & poſuiſti ſuper me manum tuam.*	5. Ecce Domine tu cognoviſti omnia, noviſſima & antiqua : tu formaſti me, & poſuiſti ſuper me manum tuam.
6. Mirabilis facta eſt ſcientia tua ex me : confirmata eſt, & non potero ad eam.	*Mirabilior eſt ſcientia à me : excelſior eſt, non potero ad eam.*	6. Mirabilis facta eſt ſcientia tua ex me : confortata eſt, & non potero ad eam.
* Mſ. ibi. 7. Quò * ibo à ſpiritu tuo ? & quò à facie tua fugiam ?	*Quò ibo à ſpiritu tuo ? & quò à facie tua fugiam ?*	7. Quò ibo à ſpiritu tuo ? & quò à facie tua fugiam ?
8. Si aſcendero in cœlum, tu illic es : ſi deſcendero in infernum, ades.	*Si aſcendero in cœlum, ibi es tu : ſi jacuero in inferno, ades.*	8. Si aſcendero in cœlum, tu illic es : ſi deſcendero in infernum, ades. Amos 9. 2.

NOTÆ AD VERSIONEM ANTIQUAM.

℣. 1. Ita Caſſiod. in hunc Pſ. Pſalt. Rom. ſic invertit : *In finem, David Pſalmus.* Ambr. l. de fuga ſæc. c. 5. col. 429. e. ait : *Titulus Pſalmi, In finem eſt.* Gr. Εἰς τὸ τέλος, Ψαλμὸς τῷ Δαυίδ.

* ℣. 2. Lectio inſignis, *tu cognoviſti paſſionem meam*, ſed unius Manuſcr. Sangerm. alia quippe vetera Pſalteria ſcribunt *ſeſſionem*, &c. de Vulg. quibus accinunt PP. Latini, Hilar. Auguſt. Proſp. & Caſſiod. in hunc Pſ. necnon Ambroſ. cùm l. de fuga ſæc. c. 5. col. 429. e. tum in Pſ. 39. col. 868. a. ſolus Hilar. tollit *tu*, ante *cognoviſti*. Græcè conſtanter : σὺ ἔγνως τὴν καθέδραν μου, &c. ut ſup. Hanc autem vocem, καθέδραν, ſeu *ſeſſionem*, de *paſſione* Chriſti ſcribi potuiſſe interpretatur Auguſt. ubi ſup. cùm ſubdat : *Quid hic ſeſſio ? quid hic* reſurrectio ? *Qui ſedet humiliat ſe. Sedit ergo Dominus in paſſione, ſurrexit in reſurrectione :* & infra : *Si ex perſona capitis noſtri accipis, ſic intellige* tu cognoviſti ſeſſionem meam, & reſurrect. meam ; *paſſionem meam, & reſurrectionem meam.* Hanc etiam interpretationem admittunt S. Proſp. & Caſſiod. in comment.

℣. 3. Sic Hilar. ad verbum. Pſ. verò præfixus apud ipſum : *Intellexiſti cogit. meas de longè : ſemitas meas, & directiones meas inveſtigaſti.* Pſalt. Moz. *Intellexiſti cogit. meas de longè : ſemitam meam, & limitem meum tu inveſtigaſti.* Carnut. Corb. & Rom. cum Caſſiod. *Intellexiſti cogitat. meas à longè : ſemitam meam, & directionem meam inveſt.* Mediolan. *& funem meum inveſtigaſti.* Auguſt. cum Proſp. *Intellexiſti cogitationes meas de longinquo* (Proſp. *de longè :*) *ſemitam meam, & limitem meum inveſtigaſti.* Vict. Tun. apud Ambroſ. col. 592. d. *Cogit. meas à longè vidiſti.* Gr. Σὺ συνῆκας τοὺς διαλογισμούς μου ἀπὸ..... τρίβον μου, καὶ τὴν σχοῖνόν μου ἐξιχνίασας, Mſ. Alex. σὺ ἐξιχνίασας. Non omittendum quod Hilarius loco cit. ait, col. 509. c. *Quod nobiſcum ſemita eſt, alia virtute atque intelligentiâ cum Græcis eſt : τρίβον enim nuncupant, id eſt, frequenti ingreſſu diſcurſuque contritam..... Quod autem noſtri* directionem *tranſtulerunt, id illi ex Hebræo* σχοῖνον *interpretati ſunt :* σχοῖνον *autem, quarumdam gentium conſuetudine, certum & conſtitutum modum itineris ſignificat ; ut quod nos millia, id illi* σχοῖνον *nuncupent.*

℣. 4. Sic in Pſalt. Rom. eſt, necnon in Mediol. Carnut. Corb. & Moz. Sic etiam apud Hilar. Aug. Proſp. & Caſſiod. in hunc Pſ. In Gr. ὅτι οὐκ ἔστι λόγος ἄδικος ἐν, &c. Hieron. verò epiſt. ad Sun. & Fret. to. 2. 663. a. cum Vulg. *quia non eſt ſermo in lingua mea :* tum addit : *Pro quo in Græco legiſſe vos dicitis :* quia non eſt dolus in lingua mea, *quod ſolum VI. Editio interpretata eſt. Cæterùm & apud LXX. & apud omnes Interpretes, & ipſum Hebraicum, vel* λαλιὰν, *vel* λόγον, *id eſt*, eloquium, & verbum, *ſcriptum habet.*

℣. 5. Hilar. & Caſſiod. leg. cum Pſalt. Moz. & Rom. *Ecce tu Domine cognoviſti..... tu formaſti me*, &c. Auguſt. cum Proſp. *Ecce Domine tu cognoviſti..... tu finxiſti me, & poſuiſti*, &c. Item Ambroſ. in Pſ. 118. col. 1092. d. *tu finxiſti me, & poſuiſti*, &c. Pſalt. Corb. *Ecce Domine cognoviſti..... tu formaſti me, & impoſuiſti ſuper me*, &c. Gr. Ἰδοὺ Κύριε σὺ ἔγνως..... σὺ ἔπλασάς με, &c.

℣. 6. Hilar. in hunc Pſ. nil differt à Vulg. Ambroſ. verò l. 6. Hexa. col. 132. f. legit : *Mirabilis facta eſt cognitio tua ex me.* Auguſt. cum Proſp. *Mirificata eſt ſcientia tua ex me : invaluit, non potero ad illam.* Caſſiod. cum Pſalterio Rom. *nec potero ad eam.* Corb. *Mirificata eſt ſcientia tua à me*, &c. ut in Vulg. Gr. Ἐθαυμαστώθη ἡ γνῶσίς σου..... ἐκραταιώθη, οὐ μὴ δύνωμαι πρὸς αὐτήν.

℣℣. 7. 8. Hilar. in hunc Pſ. ita legit cum Pſalt. Corb. *Quò ibo ab ſpiritu tuo ? & quò à facie tua fugiam ? Si..... ſi deſcendero ad infernum, ades :* & inf. col. 513. c. 514. d. *Quò abibo*, vel *quò ibo ab ſpiritu tuo ? aut à facie tua quò fugiam ?... ſi deſcendero in infernum*, &c. & l. 1. de Trin. 769. d. ex Mſs. *Quò ibo..... aut à facie tua quò fug..... ſi deſcendero in infernum, & ibi ades :* & l. 4. col. 831. b. *Quò abibo ab ſpiritu tuo ? & à facie tua quò fug..... ſi deſcendero ad infernum, ades.* Ambroſ. in Pſ. 118. to. 1. 1219. d. *Quò ibo à ſpiritu tuo ? & quò à facie tua fug. Si..... tu ibi es : ſi deſcend. in infernum, ades :* & in Luc. 2. col. 1313. c. *Si aſcend..... tu ibi es : ſi deſcend. ad infernum, ades :* at in Luc. 17. col. 1479. c. *Si aſcend..... ibi eſt : ſi deſcend. in infern. adeſt :* & l. 3. de fide, to. 2. 517. a. *Si aſcend..... tu illic es : ſi deſcend. ad infern. ades :* & l. 1. de Spir. S. to. 2. 612. a. 617. d. *Quò ibo à..... aut quò à facie*, &c. Victor Tun. ap. Ambroſ. col. 592. c. *Quò ibo à..... & à facie tua quò fug. Si aſcendero in..... tu ibi es : ſi deſcend. in inferos, tu*

VULGATA HOD.	HEBR.	VERSIO ANTIQUA.
9. Si ſumpſero pennas meas diluculo, & habitavero in extremis maris:	*Si ſumpſero pennas diluculo, habitavero in noviſſimo maris:*	9. Si ſumpſero pennas meas ante lucem in directum, & habitavero in poſtremis maris: Ex Mſ. Sangerm.
10. Etenim illuc manus tua deducet me: & tenebit me dextera tua.	*Etiam ibi manus tua deducet me, & tenebit me dextera tua.*	10. Etenim illic manus tua deducet me: & tenebit me dextera tua.
11. Et dixi: Forſitan tenebræ conculcabunt me: & nox illuminatio mea in deliciis meis.	*Si dixero: Fortè tenebræ operient me: nox quoque lux erit circa me:*	11. Et dixi: Forſitan tenebræ conculcabunt me.
12. Quia tenebræ non obſcurabuntur à te, & nox ſicut dies illuminabitur: ſicut tenebræ ejus, ita & lumen ejus.	*Nec tenebræ habent tenebras apud te, & nox quaſi dies lucet: ſimiles ſunt tenebræ & lux.*	12. Quia tenebræ non obſcurabuntur à te, & nox inluminatio mea in deliciis meis; & nox ſicut dies inluminabitur: ſicut tenebræ ejus, ita & lumen ejus.
13. Quia tu poſſediſti renes meos: ſuſcepiſti me de utero matris meæ.	*Quia tu poſſediſti renes meos, orſuſque es me in utero matris meæ.*	13. Quia tu poſſediſti renes meos Domine: ſuſcepiſti me de utero matris meæ.
14. Confitebor tibi quia terribiliter magnificatus es: mirabilia ope-	*Confitebor tibi, quoniam terribiliter magnificaſti me: mirabilia*	14. Confitebor tibi quoniam terribiliter mirificatus ſum:

NOTÆ AD VERSIONEM ANTIQUAM.

ibi venies. Auct. l. ad Virg. devot. ap. eund. col. 367. c. *Quò ibo à..... & à facie tua quò fug. Si.... tu illic es: ſi deſcend. ad inf. ades.* Novatianus de Trin. p. 1034. a. *Si aſcendero in..... tu ibi es: ſi deſcend. ad inferos, ades.* Victor Vit. l. 3. de perſec. Afric. p. 34. c. Vulgatæ congruit. Hieron. ſimiliter epiſt. ad Marcell. to. 4. col. 166. f. niſi quòd hab. *ad infernum.* Itidem Auguſt. cum Proſp. in hunc Pſ. Proſper tamen hab. *aut quò à facie*, &c. & Auguſt. epiſt. 187. ad Dardan. to. 2. 682. c. *Quò abibo à.... & à facie tua quò fug..... tu ibi es: ſi deſcend. ad infernum, ades:* item in Job, to. 3. 646. d. *tu ibi es;* ſicut l. 1. de ſerm. Dom. in mon. to. 3. 178. f. Vide etiam in Pſ. 143. col. 1597. e. ubi legit *quo ibo.* Philaſtr. Brix. de hæreſ. p. 715. c. *Quò fugiam à ſpiritu tuo? & à facie tua quò vadam?* Similiter hab. Gaud. Brix. ſerm. 14. p. 965. h. ſubditque: *Si aſcend. in cælum, tu illic es: ſi deſcend. in infern. ades.* Vigil. Tapſ. cont. Varimad. p. 744. h. *Quò ibo à..... & à facie tua quò fug. Si..... tu ibi es: & ſi deſcend. in infern. ades:* & inf. p. 748. h. *tu illic es: ſi deſcend. in abyſſum, ades:* & l. 5. de Trin. *Quò ibo à..... aut quò à facie tua fug. Si aſcend...... tu illic es: & ſi deſcend. in inf. tu ades illic.* Fulg. l. 2. ad Monim. p. 33. & Caſſiod. non differunt à Vulg. niſi quòd hab. *& à facie tua quò fugiam?* Brev. Moz. *ibi es: & ſi deſcendero in inf.* &c. Sic etiam apud Fulg. l. de Trin. c. 6. p. 334. & l. 2. ad Traſim. p. 105. at fragm. 8. cont. Fab. *ibi tu es: ſi deſcend.* &c. Gr. Πῦ πορευθῶ ἀπὸ τῦ..... ϗ ἀπὸ τῦ..... πῦ φύγω, Ἐὰν..... σὺ ἐκεῖ εἶ· ἐὰν καταβῶ εἰς τὸν ᾅδην, πάρει.

℣. 9. Novatianus de Trin. p. 1034. a. b. *Et ſi aſſumpſero alas meas, & abiero trans mare.* Hilar. tum in hunc Pſ. cum Pſ. ibid. præfixo, tum l. 1. & 4. de Trin. col. 769. d. 831. b. *Si ſumpſero pennas meas ante lucem, & habitavero in poſtremis maris.* Ambroſ. in Pſ. 118. to. 1. 1219. d. *Si ſumpſero pennas meas ante lucem, & habitem in noviſſimo maris:* rurſum *ante lucem*, l. de fuga ſæc. c. 5. col. 429. d. & in Luc. 24. col. 1538. c. ubi addit: *& habitem in extremo maris.* Victor Tun. ap. ipſum, col. 592. c. *Si recepero pennas meas directas, ut inhabitem in noviſſimo maris.* Auctor l. ad Virg. devot. apud eund. col. 367. c. *Si ſumpſero pennas meas ante lucem, & habitavero in extremo maris.* Victor Vit. l. 3. de perſec. Afric. p. 44. c. *Si ſumpſero pennas meas in directum, & habitavero in extremis maris.* Auguſt. in hunc Pſ. *Si recipiam pennas meas in directum, & habitabo in extrema maris;* inf. *in noviſſima maris:* item in Job, to. 3. 667. f. *Si recipiam pennas meas in directum;* ſicut l. 1. de ſerm. Dom. in mon. to. 3. 178. f. ubi addit, *& habitabo in noviſſima maris:* at in Pſ. 103. col. 1139. f. *Si accepero pennas meas ſicut columba, & volabo in extrema maris:* & in Pſ. 143. col. 1597. e. *Si aſſumpſero pennas meas ut columba, & volabo in extrema maris.* S. Proſper, & Caſſiod. *Si ſumpſero pennas meas in directum, & habitavero in poſtremis maris.* Vigil. Tapſ. l. 5. de Trin. *Si aſſumpſero pennas meas ante lucem*, &c. ut in Vulgata. Itidem Fulg. l. 2. ad Monim. præter hoc, *& habitavero in noviſſimo maris:* at l. de Trin. c. 6. p. 334. *Si ſumpſero pennas meas in directum, & habit. in noviſſimo maris:* & l. 2. ad Traſim. c. 15. p. 105. *Si aſſumpſero pennas meas in directione,* (*ſive ſicut alia translatio habet*, ante lucem,) *& habitavero in noviſſimo maris.* Pſalt. Rom. *Si ſumpſero pennas meas ante lucem, & habitavero in poſtremo maris.* Carnut. quoque hab. *ante lucem*, cum Corb. & Moz. Mediolan. *à matutino.* Ed. Rom. Ἐὰν ἀναλάβω τὰς πτέρυγάς μυ κατ' ὀρθὸν, ϗ κατασκηνώσω εἰς τὰ ἔσχατα τῆς, &c. Mſ. verò Alex. cum edd. Ald. & Compl. κατ' ὄρθρον.

℣. 10. Ita fert Hilar. in hunc Pſ. ut & l. 1. & 4. de Trin. col. 769. d. 831. b. Ita etiam Vigil. Tapſ. contra Varim. p. 744. h. & Auct. l. ad Virg. devot. apud Ambroſ. col. 367. c. Item Caſſiod. cum Pſalt. Moz. & Rom. Vatic. autem ap. Hilar. addit *Domine* in fine. Novatian. de Trin. ap. Tertul. p. 1034. b. ita legit: *Ibi manus tua apprehendet me: & dextera tua detinebit me.* Ambroſ. in Pſ. 118. col. 1219. d. *Etenim ibi manus tua deducet me*, &c. ut in Vulg. & in Luc. 24. col. 1538. c. *Etenim illice manus tua deducet me.* Victor Tun. apud Ambroſ. col. 592. c. *Etenim illuc manus tua Domine deducet me: & continebit me dextera tua.* Concinit Victor Vit. l. 3. de perſ. Afric. p. 44. c. ſicut Fulg. l. de Trin. c. 6. p. 334. dempto uno *Domine:* Fulg. tamen l. 2. ad Monim. c. 6. p. 33. hab. *tenebit*, pro *continebit;* l. verò 2. ad Traſim. c. 15. p. 105. leg. *contenebit.* Hieron. epiſt. ad Marcell. to 4. 166. f. *Etenim ibi manus tua deducet me: & continebit me dextera tua.* Auguſt. in hunc Pſ. cum Proſp. *Etenim illuc manus tua deducet me: & adducet me dextera tua:* at Auguſt. in Pſ. 103. & 143. col. 1139. f. 1597. f. *& perducet me dextera tua:* & l. 1. de ſerm. Dom. in mon. to. 3. 178. f. *& continebit me dextera tua.* Gaud. Brix. ſerm. 14. p. 966. a. *Etenim illic manus tua tenebit me: & deducet me dextera tua.* Vigil. Tapſ. l. 5. de Trin. *Etenim inde manus tua deducet me*, &c. ut in Vulg. Gr. Καὶ γὰρ ἐκεῖ ἡ χείρ συ ὁδηγήσει με· ϗ καθέξει με ἡ δεξιά συ.

℣℣. 11. 12. Ordo verſiculorum perturbatus videtur in autogr. noſtro. Hilar. verò ita legit: *Et dixi: Forſitan tenebræ conculcabunt me: & nox illuminatio in deliciis meis. Quia tenebræ non obſcurabuntur à te, & nox ſicut dies illuminabitur*, &c. ut in Vulg. at inf. *illuminabitur à te.* Ambroſ. ſimiliter l. 1. de interpell. Job, c. 5. col. 631. a. *& nox ſicut dies illuminabitur.* Hieron. epiſt. ad Cypr. to. 2. 700. a. *tenebræ non abſcondentur à te:* & in Iſai. 29. col. 248. d. *ſicut tenebræ ejus, ita & lux ejus.* Auguſt. in hunc Pſ. *Et dixi: Fortaſſe tenebræ conculcabunt me: & nox illuminatio in deliciis meis. Quon. tenebræ non obtenebrabuntur à te, & nox tanquam dies illuminabitur: ſicut tenebræ ejus, ſic & lumen ejus.* Proſp. quoque hab. *Et dixi: Fortaſſe tenebræ..... & nox illuminatio in deliciis meis;* cæt. verò ut in Vulg. Caſſiod. in eund. Pſ. ab ipſa nil diſcrepat: præfat. tamen in Pſ. 2. legit: *Quoniam tenebræ non tenebrabuntur abs te Domine.* In Pſalt. Moz. vitiosè, *& vox illuminatio mea.* Exinde in Corb. *& nox ſicut dies in lumina ejus: ſicut teneb. ejus, ita & lux ei.* Græcè: Καὶ εἶπα· Ἄρα σκότος καταπατήσει με ϗ νὺξ φωτισμὸς ἐν τῇ τρυφῇ μυ. Ὅτι σκότος ὐ σκοτισθήσεται ἀπό συ, ϗ νὺξ, &c. ut ſup.

℣. 13. Sic habent Auguſt. Proſp. & Caſſiod. cum Gr. Hilarius cum Pſalt. Rom. *Quia tu Domine poſſediſti*, &c. ut in Vulg. Ambroſ. epiſt. 82. col. 1103. a. & l. de exhort. virg. to. 2. 288. b. *Poſſediſti renes meos:* & l. 2. de interpel. Dav. c. 5. to. 1. 645. e. ac in Pſ. 40. col. 881. c. necnon epiſt. 81. to. 2. col. 1100. a. *ſuſcepiſti me ex utero matris meæ.* Auguſt. etiam & Proſp. hab. ſup. *ex utero.*

℣. 14. Hilarius in hunc Pſ. ſimiliter legit: *Confitebor tibi quia terribiliter mirificatus ſum: mira opera tua, & anima mea novit valde.* Pſ. verò ibid. præfixus hab. *mirabilia opera, & novit nimis.* At Auguſt. in eund. Pſ. *Confitebor tibi*

Versio antiqua.	Hebr.	Vulgata hod.
In Mſ. Sangerm. mira opera tua, & anima mea novit nimis.	*opera tua, & anima mea novit nimis.*	ra tua, & anima mea cognoſcit nimis.
15. Non occultum oſſum meum ad ea, quæ feciſti in occulto: & ſubſtantia mea in inferioribus terræ.	*Non ſunt operta oſſa mea à te, quibus factus ſum in abſcondito: imaginatus ſum in noviſſimis terræ.*	15. Non eſt occultatum os meum à te, quod feciſti in occulto: & ſubſtantia mea in inferioribus terræ.
16. Imperfectum tuum viderunt oculi mei, & in libro tuo omnes ſcribentur: dies firmabuntur, & nemo in eis.	*Informem adhuc me viderunt oculi tui, & in libro tuo omnes ſcribentur: dies formati ſunt, & non eſt una in eis.*	16. Imperfectum meum viderunt oculi tui, & in libro tuo omnes ſcribentur: dies formabuntur, & nemo in eis.
17. Mihi autem nimis honorificati ſunt amici tui, Domine: nimis confirmati ſunt principatus eorum.	*Mihi autem quàm honorabiles facti ſunt amici tui, Deus: quàm fortes pauperes eorum!*	17. Mihi autem nimis honorificati ſunt amici tui, Deus: nimis confortatus eſt principatus eorum.
18. Dinumerabo eos, & ſuper arenam multiplicabuntur: & ſurrexi, & adhuc tecum ſum.	*Dinumerabo eos, & arenâ plures erunt: evigilavi, & adhuc ſum tecum.*	18. Dinumerabo eos, & ſuper arenam multiplicabuntur: exſurrexi, & adhuc ſum tecum.
19. Si occidas Deus peccatores: virum ſanguinum declina à te:	*Si occideris Deus impium, viri ſanguinum declinate à me.*	19. Si occideris Deus peccatores: viri ſanguinum declinate à me:

Notæ ad Versionem antiquam.

Domine quoniam terrib. mirificatus es: mirabilia op. tua, & anima mea cognoſcit valde. Concinit Proſp. ibid. niſi quod delet vocem *Domine*, & leg. *cognoſcet*. Caſſiod. cum Pſalt. Rom. & Moz. *Confitebor tibi Domine quoniam terrib. mirificatus es: mira* (Moz. *mira ſunt*) *opera tua, & anima mea novit nimis*. Item in Mediol. & Corb. *mirificatus es*, & in Corb. *novit nimis*. Ap. Maxim. Taurin. in hom. p. 5. d. *mirabilia opera tua Domine, & anima mea novit valde*. Græcè: Ἐξομολογήσομαί σοι ὅτι φοβερῶς ἐθαυμαστώθης· θαυμάσια..... γινώσκει σφόδρα.

℣. 15. Vulgatæ ſuccinit Hilar. ad verbum. Pſ. verò ibidem præfixus tollit *quod*, ante *feciſti*. Pſalt. Corb. hab. *Non eſt abſconſum os meum à te, quæ feciſti in occulto*, &c. ut ſup. Ambroſ. l. 3. de fide, to. 2. 516. e. *Non eſt occultatum os meum, quod feciſti in abſcondito: & ſubſtantia*, &c. ut ſup. at l. de apol. Dav. col. 697. c. & in Pſ. 37. col. 826. f. *Non eſt abſconditum os meum, quod feciſti in abſcondito*. Similiter hab. Auguſt. tum in hunc Pſ. cum Proſp. tum l. 3. de doctr. Chriſt. to. 3. 46. f. ſubnexo uno *à te*, poſt *abſconditum*. Auguſt. etiam l. cit. de doctr. Chr. ait: *Non elucet legenti utrùm, correptâ litterâ*, os *pronunciet, an productâ. Si enim corripiat, ab eo quod ſunt* oſſa; *ſi autem producat, ab eo quod ſunt* ora, *intelligitur numerus ſingularis: ſed talia linguæ præcedentis inſpectione dijudicantur; nam in Græco non* ϛόμα, *ſed* ὀϛέον *poſitum eſt..... Mallem quippe cum barbariſmo dici*, Non eſt abſcond. à te oſſum meum, *quàm ut ideo eſſet minùs apertum, quia magis Latinum eſt*: & infra l. 4. col. 73. f. *Si enim*, inquit, *non piguit dicere Interpretes noſtros*, Non congregabo conventicula eorum de ſanguinibus; *quoniam ſenſerunt ad rem pertinere, ut eo loco pluraliter enunciaretur hoc nomen, quod in Latina lingua tantummodo ſingulariter dicitur; cur pietatis doctorem pigeat imperitis loquentem*, oſſum *potiùs, quàm* os *dicere, ne iſta ſyllaba, non ab eo quod ſunt* oſſa, *ſed ab eo quod ſunt* ora, *intelligatur*. Idem obſervat in hunc Pſ. to. 4. col. 1545. c. *Os ſuum dicit: quod vulgò dicitur* oſſum, *Latinè* os *dicitur: hoc in Græco invenitur; nam poſſemus hic putare* os *eſſe, ab eo quod ſunt* ora; *non* os *correptè, ab eo quod ſunt oſſa*: & poſt paulò: *Habeo in abſcondito quoddam* oſſum: *ſic enim potiùs loquamur: melius eſt reprehendant nos Grammatici, quàm non intelligant populi*. Item Hilarius in eund. Pſ. col. 519. e. *Oſſi ejus quæ occulta erant, non occultata ſunt*. Caſſiod. Vulgatæ accinit cum Phœbad. Agin. l. cont. Arian. p. 301. d. & Victorino Afro, l. 2. cont. Arium, p. 272. g. In Gr. Οὐκ ἐκρύβη τὸ ὀϛοῦν μου ἀπὸ σου, ὃ ἐποίησας ἐν κρυφῇ, &c.

℣. 16. Apud Hilar. in hunc Pſ. legitur: *Imperfectum meum viderunt oculi tui*: ſed erratum eſt, ut reor, vel editoris, vel librarii; nam infra habetur: *Imperfectum tuum viderunt oculi mei*; & in explanatione Hilar. hanc lectionem apertè confirmat, dicens: *Quod Latini translatores imperfectum interpretati ſunt, id in Græcis libris* ἀκατέργαϛον *ſcribitur; nec querimur de translatoribus, vereor enim ne non aliter ſignificari ab his potuerit. Id autem quod Græcè eſt* ἀκατέργαϛον, *ſignificat id quod ſine operatione maneat, ut ſit idipſum, cùm factum tamen non ſit*: imperfectum *autem nobiſcum id demonſtrat, quod cœptum, nec conſummatum ſit. Sed ſi interiùs verbi hujus virtutem pertractemus, poteſt non ſanè à Græcitatis proprietate eſſe diverſum. Deo autem ſoli proprium poteſt eſſe ut ſit, & infectus ſit; quia quod eſt, non eſt neceſſitatis ut fiat; quod autem fit, non eſt antequam fiat: ſed qui æternus eſt, manet, neque factus eſt. Hoc ergo* imperfectum, *& , ut ad intelligentiæ profectum dicere audeamus, inoperatum Dei, oculi ejus viderunt*: unde rectè ſubdit: *Imperfectum enim tuum viderunt oculi mei*. Ita etiam refert Pſ. è Mſ. Vatic. apud ipſum: ſubinde Hilar. cum eodem Pſ. addit: *& in libro tuo omnes ſcribentur: die replebuntur, & nemo in his*: & inf. Hilar. *Oculi ejus hoc quod imperfectum Dei eſt viderunt*. Cypr. verò l. de lapſ. p. 190. b. legit: *Quod eſt imperfectum meum viderunt oculi tui, & in libro tuo omnes ſcribentur*. Item Ambroſ. l. 3. de fide, c. 14. to. 2. col. 517. *Inoperatum meum viderunt oculi tui*: meliùs fortaſſe ſcripſiſſet: *Inoperatum tuum viderunt oculi mei*; cùm proximè addat: *eò quòd non operis factura ſit Filius, ſed Verbum genitum poteſtatis æternæ*: ἀκατέργαϛον *enim dixit, hoc eſt*, inoperatum, *atque increatum Verbum*: attamen *inoperatum meum*, non *tuum*, conſtanter habet l. de inſtit. virg. to. 2. 271. a. cum Pſalt. Mediolan. Hieron. l. 2. in ep. ad Galat. to. 4. 277. c. *Incompoſitum meum viderunt oculi tui*. Pſalt. Corb. *Imperfectum meum viderunt oculi mei*. Victor Tun. apud Ambroſ. col. 592. d. cum Vulg. *Imperfectum meum viderunt oculi tui*. Ita etiam Auguſt. Proſp. & Caſſiod. cum Pſalt. Rom. ſubinde Auguſt. & Proſp. addunt: *& in libro tuo omnes ſcribentur: per diem errabunt, & nemo in eis*: tum Proſp. *ſive, ut in quibuſdam codicibus invenitur, die formabuntur, & nemo in eis*. Idem obſervat Hilar. ubi ſup. col. 521. e. *In quibuſdam codicibus ita legimus*: die formabuntur; *nec multùm differt*, repleri, *&* formari. Caſſiod. cum Pſalt. Rom. & Mozar. *dies firmabuntur, & nemo in eis*. Mediol. Corb. & Carnut. *per diem formab*. Græc. Vat. Ἀκατέργαϛόν μου εἶδον οἱ ὀφθαλμοί σου, καὶ ἐπὶ τὸ βιβλίον σου πάντες γραφήσονται· ἡμέρας πλασθήσονται, &c. Compl. ἡμέραι. Mſ. verò Alex. hab. Τὸ ἀκατέργαϛόν σου εἴδοσαν οἱ ὀφθαλμοί μου. Quidam etiam legiſſe videntur πλανηθήσονται, quaſi ſit à πλάζομαι, quod eſt *erro*, non autem à πλάττομαι, quod *formor*, & *fingor*.

℣. 17. Hilar. & Caſſiod. legunt: *Mihi autem nimis honorificati ſunt amici tui, Deus: nimis confortati ſunt principatus eorum*: ſubdit Hilar. *Græci, id quod noſtri* nimis *tranſtulerunt*, λίαν *interpretati ſunt; in quo magis* valde, *quàm* nimis *continetur*. Et verò Pſalt. Moz. hab. *valde confortatus eſt principatus eorum*. Corb. *valde confirmati ſunt principatus eorum*. Carnut. *nimis confirmati ſunt principatus*. Auguſt. & Proſp. in eund. Pſ. *Mihi autem valde honorificati ſunt amici tui, Deus: valde confortati ſunt principatus eorum*. Auct. l. de ſing. cleric. ap. Cypr. p. 532. c. *Mihi autem vehementer honorificati ſunt amici tui, Deus*. Pſalt. Mediol. *nimis honorandi ſunt amici*, &c. Gr. Ἐμοὶ δὲ λίαν ἐτιμήθησαν οἱ..... λίαν ἐκραταιώθησαν αἱ ἀρχαὶ αὐτῶν.

℣. 18. Pſalt. Rom. *Dinumerabo eos, &..... multiplicabuntur: reſurrexi, & adhuc tecum ſum*. Corb. *& ſuper arena multiplicabuntur: exſurrexi, & adhuc tecum ſum*. Mozar. *& ſurrexi, adhuc ſum tecum*. Pſ. præfixus ap. Hilar. *exſurrexi, & adhuc tecum ſum*. Sic etiam Ambroſ. leg. in Pſ. 39. & 45. col. 863. b. 931. d. Hilar. in comment. *ſurrexi, & adhuc tecum ſum*; cæt. ut in Vulg. Auguſt. verò ab ipſa non differt, neque Proſp. neque Caſſiod. neque Græcum.

℣. 19. Autogr. Sangerm. ſcribit, *declinante à te*, aperto mendo, quod ſuſtulimus, ponendo *declina à te*. Apud Hilar. tamen: *Si occidas Deus peccatorem: viri ſanguinum declinate à me*. Item ap. Caſſiod. & in Pſalt. Corb. ac Rom.

VULGATA HOD.	HEBR.	VERSIO ANTIQUA.	
20. Quia dicitis in cogitatione: Accipient in vanitate civitates tuas.	*Qui contradicent tibi ſceleratè: elati ſunt fruſtra adverſarii tui.*	20. Quia dicis in cogitatione: * Accipient in vanitate civitates ſuas.	*Ex Mſ. Sangerm.* * *Mſ. vitiosè* Accipiens.
21. Nonne qui oderunt te Domine, oderam: & ſuper inimicos tuos tabeſcebam?	*Nonne odientes te Domine, odivi: & contra adverſarios tuos diſtabui?*	21. Nonne qui oderant te, oderam illos: & ſuper inimicos tuos diſtabeſcebam?	
22. Perfecto odio oderam illos: & inimici facti ſunt mihi.	*Perfecto odio oderam illos: inimici facti ſunt mihi.*	22. Perfectum odium oderam illos: inimici facti ſunt mihi.	
23. Proba me Deus, & ſcito cor meum: interroga me, & cognoſce ſemitas meas.	*Scrutare me Deus, & cognoſce cor meum: proba me, & ſcito cogitationes meas.*	23. Proba me Deus, & ſcito cor meum: interroga me, & ſcito ſemitas meas.	
24. Et vide, ſi via iniquitatis in me eſt: & deduc me in via æterna.	*Et vide ſi via doli in me eſt, & deduc me in via æterna.*	24. Et vide, ſi via iniquitatis in me eſt: & deduc me in via æterna.	

NOTÆ AD VERSIONEM ANTIQUAM.

Si occidas; reliqua ut in Vulg. Apud Proſp. *Si occideris Domine peccatores: viri ſanguin.* &c. In Gr. Ἐὰν ἀποκτείνῃς ἁμαρτωλοὺς ὁ Θεός· ἄνδρες αἱμάτων ἐκκλίνατε ἀπ' ἐμοῦ. Al. ex Chryſoſt. habet παρανόμους, loco ἁμαρτωλούς.

℣. 20. Pſalt. Rom. *Quia dicitis in cogitationibus veſtris: Accipiant in vanitate civitates ſuas.* Mozar. *Qui dicitis in cogitationibus veſtris: Accipient in vanitate civit. ſuas.* Carnut. *Dices in cogitatione.* Mediolan. *Contentioſi eſtis in cogitationibus..... civit. ſuas.* Pſ. è Mſ. Vatic. ap. Hilar. *Quia contentiones in cogitatione, accipient in vanitate civitates tuas.* Hilar. verò in comment. col. 524. b. *Quoniam dices in cogitatione: Accipient in vanitatem civitates ſuas:* at inf. col. 525. a. *Quia contentiones in cogitatione, accipient in vanum civit. ſuas.* Hujus varietatis rationem affert ibid. col. 524. b. c. dicens: *Latina translatio, dum veritatem dicti ignorat, magnam intulit obſcuritatem, non diſcernens ambigui ſermonis proprietatem: quod enim nobiſcum ſcribitur*, quoniam dices in cogitatione, *cum Græcis hoc modo eſt*, ὅτι ἐρεῖς εἰς διαλογισμόν· *& illud* ἐρεῖς, *pronunciatione non deſtinguitur, ut aut* dicis *intelligatur, aut* contentio; *utrumque enim ſub iiſdem verbis ſignificatur hoc dicto. Sed hi qui Hebraïci ſermonis ſcientiam conſecuti ſunt, non* dicis, *ſed* contentiones, *in eo quod* ἐρεῖς *translatum eſt, prodiderunt. Et ſanè id ita eſſe ratio & intelligentia monſtrabit.* Auguſt. ita legit: *Quoniam dices in cogitatione: Accipient in vanitate civitates ſuas.* Proſp. *Quòd dicitis in cogitatione: Accipient... civ. ſuas.* Caſſiod. *Quia dicitis in cogitationibus: Accipient... civ. ſuas.* Pſalt. Corb. *Quia dicent in cogitatione: Accipient in vanitates civitates ſuas.* Gr. Vatic. Ὅτι ἐρεῖς εἰς διαλογισμόν· Λήψονται εἰς ματαιότητα τὰς πόλεις σου. Obſervat tamen Nobilius in Notis, cum Lamberto Boz in edit. ſua LXX. vocem ἐρεις in cod. Vatic. ſine accentu ſcriptam fuiſſe, & poſtea mutatam in ἔρις, *contentio;* quæ lectio reperitur etiam in commentariis Gr. in quibus eſt: γράφεται Ὅτι ἔρις εἰς διαλογισμούς. Apollin. hab. ἐρίσεις. Edd. Ald. & Compl. Ὅτι ἐρισταί ἐστε, *Quia litigioſi eſtis.* Aquila, Ὅτι ἀντιλέξουσί σοι εἰς ἀπόνοιαν, *Quia contradicent tibi in prava cogitatione.* Theodot. Ὅτι ἐρίζουσί σοι εἰς διαλογισμόν, *Quoniam concertabunt tecum in cogitatione.* Symm. Οἵ τινες ἀντιλαλοῦσί σοι διαλογισμῷ, *Qui quidem locuti ſunt contra te cogitatione.* V. Editio, Ὅτι παρεπίκρανάν σε ἐν κακοβουλίᾳ, *Quoniam exacerbaverunt te in malo conſilio.*

℣. 21. Hilar. cùm in hunc Pſ. tum in Pſ. 118. col. 349. c. legit: *Nonne odientes te Domine, odivi: & ſuper inimicos tuos tabeſcebam?* Itidem Hieron. in Eccleſ. to. 2. col. 764. c. Ambroſ. quoque in Pſ. 118. col. 1132. a. & 1200. a. *& ſuper inimicos tuos tabeſcebam.* Auguſt. verò: *Nonne eos qui oderant te Domine, odio habui: & ſuper inimicis tuis tabeſcebam?* Proſp. *Nonne qui oderunt te Domine, odio habui*, &c. ut in Vulg. Caſſiod. *Nonne odientes te odio habui*, &c. Pſalt. Moz. *Nonne qui oderunt Domine, oderam illos*, &c. Rom. cum Vatic. ap. Hilar. *Nonne qui oderunt te Deus, oderam illos*, &c. Itidem in Corb. præter unum *oderant.* In Gr. Οὐχὶ τοὺς μισοῦντάς σε Κύριε, ἐμίσησα· καὶ ἐπὶ τοὺς ἐχθρούς σου ἐξετηκόμην; Mſ. Alex. ἐπὶ τοῖς ἐχθροῖς σου, &c.

℣. 22. Itidem in Pſalt. Corb. cui accinunt Hilar. Auguſt. & Proſp. cum Pſalt. Rom. & Moz. niſi quòd ſcribunt *perfecto odio.* Ambroſ. verò in Pſ. 118. col. 1132. a. 1200. a. *Et juſto odio oderam illos:* & col. 1198. d. *in hoſtes facti ſunt mihi.* Caſſiod. ut in Vulg. Gr. Τέλειον μῖσος ἐμίσουν αὐτούς· εἰς ἐχθροὺς ἐγένοντό μοι.

℣. 23. Concinit Hilar. ad verbum, unà cum Pſ. ibid. præfixo. Brev. Moz. habet: *Proba me Domine, & ſcito cor meum: interroga me, & cognoſce ſemitam meam.* Pſalt. Mediolan. *afflige me, & ſcito vias meas.* Auguſt. ibid. cum Vigil. Tapſ. l. cont. Varimad. p. 749. d. *Proba me Deus* (Vigil. *Domine*,) *& ſcito cor meum: ſcrutare me, & cognoſce ſemitas meas.* Proſp. *Proba me Domine*, &c. ut in Vulg. Caſſiod. *Proba me Deus*, &c. Gr. Δοκίμασόν με ὁ Θεός (Alex. Κύριε,) καὶ γνῶθι...... ἔτασόν με, καὶ γνῶθι τὰς τρίβους μου.

℣. 24. Ita legit S. Proſp. in hunc Pſ. Hilar. verò & Caſſiod. cum Pſalt. Rom. *& deduc me in viam æternam.* Ambroſ. l. 3. de fide, to. 2. 506. e. *Et vide, ſi eſt via iniquitatis in me:* at in Pſ. 1. to. 1. 748. b. *ſi via iniquit. in me eſt.* Auguſt. *Et vide, ſi via iniquitatis ſit in me: & deduc me in via æterna.* Græc.... εἰ ὁδὸς ἀνομίας ἐν ἐμοί· καὶ... ἐν ὁδῷ αἰωνίᾳ.

VULGATA HOD.	HEBR.	VERSIO ANTIQUA.	
1. In finem, Pſalmus David. CXXXIX.	*Victori Canticum David.* CXL.	1. In finem, Pſalmus David. CXXXIX.	*Ex Mſ. Sangerm.*
2. ERipe me Domine ab homine malo: à viro iniquo eripe me.	*ERue me Domine ab homine malo: à viris iniquis ſerva me.*	2. ERipe me Domine ex homine malo: à viro iniquo libera me.	
3. Qui cogitaverunt iniquitates in corde: tota die conſtituebant prælia.	*Qui cogitaverunt malitias in corde: tota die verſati ſunt in præliis.*	3. Qui cogitaverunt malitias in corde: tota die conſtituebant prælia.	
Sup. 5. 11. Rom. 3. 13. — 4. Acuerunt linguas ſuas ſicut	*Exacuerunt linguam ſuam quaſi*	4. Acuerunt linguas ſicut	

NOTÆ AD VERSIONEM ANTIQUAM.

℣. 1. Itidem ap. Caſſiod. Auguſt. verò & Proſp. cum Brev. Moz. habent *ipſi David.* Gr..... τῷ Δαυὶδ ψαλμός· ſeu cum Mſ. Alex. ac edd. Ald. & Compl. Ψαλμὸς τῷ Δαυίδ.

℣. 2. Sic eſt in Pſalt. Rom. Moz. Corb. & Vatic. ap. Hilar. præter præpoſ. *ab*, pro *ex.* Itidem in Miſſali Rom. ad Tract. fer. 6. Paraſceves; quo cum faciunt Hilarius Proſp. & Caſſiod. in hunc Pſ. Hilarius tamen infra ſcribit *ex homine.* Apud Auguſt. ſic: *Exime me Domine ab homine maligno: à viro injuſto erue me.* In Gr. Ἐξελοῦ με Κύριε ἐξ ἀνθρώπου πονηροῦ· ἀπὸ ἀνδρὸς ἀδίκου ῥῦσαί με.

℣℣. 3. 4. Ita legunt Hilar. & Caſſiod. cum Pſalt. Rom. & Moz. Sic etiam in Pſ. præf. ap. Hilar. præter *malitiam in corde;* Miſſale verò Rom. ad Tract. fer. 6. Paraſc. hab. *malitias;* & inf. *ſicut ſerpentis.* Pſalt. Mediol. & Carnut. *ſicut ſerpentes.* Auguſt. in eund. Pſ. ita: *Qui cogitaverunt injuſtitias in corde: tota die conſtituebant bella. Acuerunt linguas ſuas ſicut ſerpentes*, &c. ut ſup. Proſp. ibid. cum Pſalt. Corb. *Qui cogit. injuſtitias in corde: tota die conſtituerunt bella* (Corb. *prælia.*) *Acuerunt linguam ſuam* (Corb.

Ex Ms. Sangerm.

VERSIO ANTIQUA.	HEBR.	VULGATA HOD.
serpentes : venenum aspidum sub labiis eorum. DIAPSALMA.	*serpens : venenum aspidis sub labiis eorum.* SEMPER.	serpentis : venenum aspidum sub labiis eorum.
5. Libera me Domine, & custodi de manu peccatoris : ab hominibus iniquis eripe me.	*Custodi me Domine de manu impii : à viro iniquitatum serva me.*	5. Custodi me Domine de manu peccatoris : & ab hominibus iniquis eripe me.
Qui cogitaverunt supplantare gressus meos : 6. absconderunt superbi laqueum mihi :	*Qui cogitaverunt supplantare gressus meos : absconderunt superbi laqueum mihi :*	Qui cogitaverunt supplantare gressus meos : 6. absconderunt superbi laqueum mihi :
Et funes extenderunt laquea pedibus meis : semitæ proxima scandala posuerunt mihi. DIAPSALMA.	*Et funibus extenderunt rete : juxta semitam offendiculum posuerunt mihi.* SEMPER.	Et funes extenderunt in laqueum : juxta iter scandalum posuerunt mihi.
7. Dixi Domino : Deus meus es tu : exaudi Domine vocem orationis meæ.	*Dixi Domino : Deus meus es tu : audi Domine vocem deprecationis meæ.*	7. Dixi Domino : Deus meus es tu : exaudi Domine vocem deprecationis meæ.
8. Domine virtus salutis meæ : obumbrasti super caput meum in die belli.	*Domine Deus fortitudo salutis meæ, protexisti caput meum in die belli.*	8. Domine, Domine virtus salutis meæ : obumbrasti super caput meum in die belli :
9. Non tradas Domine desiderium meum peccatori : cogitaverunt, non tradas me, ne unquam exaltentur. DIAPSALMA.	*Ne des Domine desideria impii : scelera ejus ne effundantur, & eleventur.* SEMPER.	9. Ne tradas me Domine à desiderio meo peccatori : cogitaverunt contra me, ne derelinquas me, ne fortè exaltentur.
10. Caput circuitus eorum : labor labiorum ipsorum operiet eos.	*Amaritudo convivarum meorum, labor labiorum eorum operiet eos.*	10. Caput circuitus eorum : labor labiorum ipsorum operiet eos.
11. Cadent super eos carbones, ignis & dejiciet eos : in miseriis non subsistent.	*Cadent super eos carbones : in ignem dejicies eos : in foveas, ut non consurgant.*	11. Cadent super eos carbones, in ignem dejicies eos : in miseriis non subsistent.
12. Vir linguosus non diri-	*Vir linguosus non dirigetur in*	12. Vir linguosus non dirigetur

NOTÆ AD VERSIONEM ANTIQUAM.

linguas suas) sicut serpentes, &c. Gr. Οἵτινες ἐλογίσαντο ἀδικίας..... ὅλην τὴν ἡμέραν παρετάσσοντο πολέμους. Ἠκόνησαν γλῶσσαν αὐτῶν ὡσεὶ ὄφεως· ἰὸς ἀσπίδων ὑπὸ τὰ χείλη αὐτῶν. *Diapsalma* quoque subjicitur in Psalt. Rom. Corb. Vatic. & Gr. memoratur etiam ab Hilario; non verò ab August. Prosp. & Cassiod. sup.

℣. 5. Vulgatæ succinit Hilar. ad verbum. Sic etiam hab. Ps. ibid. præfixus, dempto tantùm &, post vocem *peccatoris*. In Brev. etiam Moz. hoc deletur & ; sed loco *eripe me*, habetur *libera me* ; cæt. ut in Vulg. Idem *libera me* est in Missali Rom. ad Tract. fer. 6. Parasc. sed cum præced. &. Sic etiam in Psalt. Rom. & ap. Cassiod. Apud August. verò & Prosp. ita : *Conserva me Domine de manu peccatoris : ab* (Prosp. & *ab*) *hominibus injustis erue me*, &c. ut sup. In Psalt. Corb. *Custodi me Dom. de manu peccat. ab homine iniquo libera me*, &c. In Gr. Φύλαξόν με Κύριε ἐκ χειρὸς ἁμαρτωλοῦ· ἀπὸ ἀνθρώπων ἀδίκων ἐξελοῦ με, &c.

℣. 6. Psalt. Corb. *Absconderunt sup..... & funes extenderunt in laqueo pedibus meis*, &c. ut in Vulgata. Rom. cum Cassiod. *Absconderunt superbi laqueos mihi : & funes extenderunt in laqueum pedibus meis*, &c. Mediolan. & Carnut. similiter addunt *pedibus meis*, cum Missali Rom. ad Tract. fer. 6. Parasc. At Hieron. ep. ad Sun. & Fretel. to. 2. 663. a. ait hoc esse *superfluum*. Brev. Moz. *Absconderunt superbi laqueos mihi : & funes tetenderunt muscipulam pedibus meis : juxta iter scandala posuerunt mihi*. Ps. è Ms. Vatic. ap. Hilar. *Abscond. sup. laqueum mihi : & funes extenderunt muscipula pedibus meis . continuata semitis scandala posuerunt mihi*. Itidem Hilar. in comment. præter hoc, *in muscipulam* : & inf. ait : *continuantes semita scandala posuerunt ei* ; (Ms. Miciac. *continuantis* :) & post paulò : *hac ei ubique continuantium semitæ*. August. verò leg. cum Prosp. in hunc Ps. *Absconderunt superbi muscipulam mihi : & restes extenderunt muscipulas* (Prosp. *in laqueum*) *pedibus meis : juxta semitas scandalum posuerunt mihi* ; inf. August. *scandala*. Hieron. l. 4. in Jerem. col. 614. c. & in Ezech. 21. col. 846. d. & in Amos 3. col. 1390. d. *juxta semitam scandalum posuerunt mihi*. Auct. op. imp. in Matt. hom. 13. p. 72. c. *juxta semitam scandala posuerunt mihi*. Gr. Ἔκρυψαν..... παγίδα μοι· καὶ χοινία διέτειναν παγίδας τοῖς ποσί μου· ἐχόμενα τρίβου σκάνδαλον ἔθεντό μοι. Ald. & Compl. non παγίδας hab. sed παγίδα : item Διάψαλμα præponunt his vocibus, καὶ χοινία, &c. In Gr. verò Vat. postponitur ut sup. sicut in Psalt. Rom. Corb. & ap. Hilar. ubi sup. deest autem in Gr. Alex. nec hujus meminit Aug. in comment. neque Prosp. &c.

℣. 7. Sic est in Psalt. & Missali Rom. ad Tract. fer. 6. Parasc. Ita quoque in Corb. & Vatic. ap. Hilar. Item in Moz. sed absque *Domine*. Hilar. verò in comment. ita legit : *Dixi Domino : Deus meus es tu : inaurire Domine vocem orationis meæ* : sed inf. *exaudienda*, inquit, *orationis precatio consequitur*. August. & Prosp. hab. *Dixi Domino..... percipe auribus Domine vocem deprecationis meæ*. Gr. ἐνώτισαι Κύριε τὴν φωνὴν τῆς δεήσεώς μου.

℣. 8. Itidem Hilar. in hunc Ps. cum Prosp. *Domine virtus*, &c. Ps. verò ibid. præf. hoc ult. delet, *in die belli*. Psalt. Moz. *Domine Deus salutis meæ : obumbrasti super*, &c. ut in textu. Rom. & Corb. *Domine, Domine virtus salutis meæ : obumbrasti caput*, &c. Missale Rom. ad Tract. fer. 6. Parasc. *Domine, Domine virtus..... obumbra caput*, &c. August. & Cassiod. cum Gr. ut in Vulg.

℣. 9. Hilar. in comment. *Ne tradas Domine à desiderio meo peccatori : cogitaverunt adversùm me, non tradas me Domine, ne unquam exaltentur* : at inf. *non derelinquas me, nequando exaltentur*. Ps. ibid. præf. *Non tradas me à desiderio meo peccatori : cogitaverunt, non tradas me Domine, ne unquam exaltentur*. August. & Prosp. Vulgatæ suffrag. cum Psalt. Corb. & Moz. nisi quod hab. *adversùm me*. Cassiod. cum Psalt. & Missali Rom. ad Tract. fer. 6. Parasc. *Ne tradas me à desiderio meo pecc. cogitav. adversùm me, ne derelinquas me, ne unquam exaltentur*. Cassiod. initio addit *Domine* ; & ejusd. Mss. 3. legunt *contra me*. In Gr. κατ' ἐμοῦ ; cæt. ut in Vulg. In Psalt. Carnut. *Non tradas Domine desiderio meo peccatori*. *Diapsalma* pariter subditur in Rom. Corb. & Vatic. ap. Hilar. ut & in Gr. Apud August. verò, Prosp. &c. deest.

℣. 10. Autogr. Sangerm. præfert *laborum*, non *labiorum* ; sed lapsu calami ; Hilar. enim & Cassiod. cum Psalt. & Missali Rom. scribunt *labiorum*, &c. ut sup. Item August. & Prosp. *labor labiorum ipsorum teget eos*. Gr. pariter : κόπος τῶν χειλέων αὐτῶν καλύψει αὐτούς.

℣. 11. Sic habet Ps. præfixus ap. Hilar. Hilarius verò in comment. legit, *carbones ignis, & dejicies eos* : & inf. *super terram dejicies eos*. Item August. *Decident supra eos carbones ignis in terra, & dejicies eos*, inf. & *dejicient eos : in miseriis non subsistent*. Prosp. ibid. *Cadent super eos carbones ignis, in terra dejicies eos : in mis.* &c. Cassiod. *Cadent super eos carbones ignis, in ignem ejicies eos : in miseriis*, &c. Psalt. Rom. & Corb. *Cadent..... carbones ignis, in igne dejicies eos : in miseriis*, &c. Mozar. & *igne dejicies eos*. Gr. Πεσοῦνται ἐπ' αὐτοὺς ἄνθρακες πυρὸς ἐπὶ τῆς γῆς, καὶ καταβαλεῖς αὐτούς· ἐν ταλαιπωρίαις οὐ μὴ ὑποστῶσιν. Ms. Alex. Ald. & Compl. ἄνθρακες, ἐν πυρὶ καταβαλεῖς αὐτούς. Æthiop. ἄνθρακες πυρὸς, καὶ καταβαλεῖς αὐτοὺς ἐπὶ τῆς γῆς.

℣. 12. Ita Cassiod. cum Psalt. Corb. & Ps. præf.

VULGATA HOD.	HEBR.	VERSIO ANTIQUA.
in terra : virum injustum mala capient in interitu.	*terra : virum iniquum mala capient in interitum.*	getur super terram : virum injustum mala capient in interitum. Ex Ms. Sangerm.
13. Cognovi quia faciet Dominus judicium inopis, & vindictam pauperum.	*Scio quòd Dominus faciet causam inopis, judicia pauperum.*	13. Cognovi quia faciet Dominus judicium in ipsos, & vindictam pauperum.
14. Veruntamen justi confitebuntur nomini tuo : & habitabunt recti cum vultu tuo.	*Attamen justi confitebuntur nomini tuo : habitabunt recti cum vultu tuo.*	14. Et tamen justi confitebuntur nomini tuo : & habitabunt recti cum facie tua.

NOTÆ AD VERSIONEM ANTIQUAM.

ap. Hilar. Ita quoque Hilarius leg. in comm. cum Psalt. Rom. hoc excepto ult. *in interitu*. Contrà Moz. hab. *in terra..... in interitum.* August. cum Prosp. *Vir ling. non dirig. super terram . virum injustum mala venabuntur in interitum.* Mss. 3. Cassiod. *in interitu.* Item S. Bened. reg. c. 7. *Vir linguosus non dirigetur super terram.* Gr. ἐπὶ τῆς γῆς· ἄνδρα ἄδικον κακὰ θηρεύσει εἰς καταφθοράν. Ms. Alex. διαφθοράν.

℣. 13. Hilar. in comment. non discrepat à Vulg. Ps. verò præfixus ap. ipsum hab. *Cognovi quoniam fecit Dominus*, &c. ut in Vulg. August. in eund. Ps. *Cognovi quia faciet Dominus judicium egentis, & causam pauperum.* Prosp. ibid. *Cognovi quia faciet Dominus judicium inopis, & in causam pauperum ostendit iniquos.* Cassiod. cum Psalt. Rom. *Cognovi quoniam faciet Dom. jud. inopum, & vindictam pauperum.* Gr. Ἔγνων ὅτι ποιήσει Κύριος τὴν κρίσιν τοῦ πτωχοῦ (Ald. & Compl: τῶν πτωχῶν,) καὶ τὴν δίκην τῶν πενήτων.

℣. 14. Sic habet Hilar. cum Ps. ibid. præfixo, præter unum *attamen*, pro *& tamen*. In Psalt. Corb. pariter *attamen ;* reliq. verò ut in Vulg. August. eidem Vulgatæ congruit, nisi quòd scribit *inhabitabunt*, absque præced. *&*. Itidem S. Prosper ; sup. tamen hab. *habitabunt ;* infra, *inhabitab.* Cassiod. non differt à Vulgata, nec etiam Psalt. Rom. nec Missale ad Tract. fer. 6. Parasc. A Gr. abest tantùm *&*, ante *habitabunt ;* sed in Ms. Alex. ac edd. Ald. & Compl. est, καὶ κατοικήσουσι. Unde Hieron. epist. ad Sun. & Fret. to. 2. 663. a. ait : *In Græco reperisse vos dicitis*, & habitabunt, *sed hic & conjunctio superflua est.* Chromat. Aquil. in Matth. p. 979. b. ita legit : *Attamen justi confitebuntur tibi : & habitabunt recti cum facie tua.*

VULGATA HOD.	HEBR.	VERSIO ANTIQUA.
1. Psalmus David. CXL.	*Canticum David. CXLI.*	1. Psalmus David. CXL. Ex Ms. Sangerm.
DOmine clamavi ad te, exaudi me : intende voci meæ, cùm clamavero ad te.	*DOmine clamavi ad te, festina mihi : exaudi vocem meam clamantis ad te.*	DOmine ad te clamavi, exaudi me : intende voci orationis meæ, cùm clamo ad te.
2. Dirigatur oratio mea sicut incensum in conspectu tuo : elevatio manuum mearum sacrificium vespertinum.	*Dirigatur oratio mea sicut incensum in conspectu tuo : elevatio manuum mearum sacrificium vespertinum.*	2. Dirigatur oratio mea sicut incensum in conspectu tuo : elevatio manuum mearum sacrificium vespertinum.
3. Pone Domine custodiam ori meo : & ostium circumstantiæ labiis meis.	*Pone Domine custodiam ori meo : serva paupertatem labiorum meorum.*	3. Pone Domine custodiam ori meo : & ostium circumstantiæ labiis meis.
4. Non declines cor meum in verba malitiæ, ad excusandas excusationes in peccatis.	*Ne declines cor meum in verbum malum, volvere cogitationes impias*	4. Non declines cor meum in verba mala, ad excusandas excusationes in peccatis.
Cum hominibus operantibus iniquitatem, & non communicabo cum electis eorum.	*Cum viris operantibus iniquitatem, neque comedere in deliciis eorum.*	Cum hominibus operantibus iniquitatem, & non combinabo cum electis eorum.
5. Corripiet me justus in misericordia, & increpabit me : oleum	*Corripiat me justus in misericordia, & arguet me : oleum amari-*	5. Corripiet me justus, & misericordiæ increpabit me :

NOTÆ AD VERSIONEM ANTIQUAM.

℣. 1. Hilar. in hunc Ps. *Domine clamavi ad te, exaudi me : intende voci orationis meæ, dum clamabo ad te.* Similiter hab. Ps. ibid. præf. præter hoc, *cùm clamavero.* Ita etiam leg. Cassiod. cum Psalt. Corb. Rom. & Gr. nisi quòd Rom. & Corb. habent *dum clamavero ;* Mozar. *intende voci orationis meæ, dum oro ad te.* Ambros. l. 3. de Spir. S. to. 2. 687. d. *Domine Deus meus clamabo ad te, exaudi me ;* Mss. nonnulli, *clamabo ad te, & exaudisti me.* August. cum Prosp. *Domine clamavi ad te, exaudi me : intende voci deprecationis meæ, dum clamavero ad te.*

℣. 2. Ita legit Ambros. in Ps. 118. to. 1. 1248. f. 1258. e. & ep. 64. col. 1050. d. Item August. Prosp. & Cassiod. in hunc Ps. cum Gr. nisi quòd August. hab. *tanquam incensum.* Hilar. in Ps. 65. col. 182. d. *Fiat oratio mea tanquam incensum in consp. tuo ;* & in Ps. 64. & 133. col. 169. b. 466. e. *elevatio manuum mearum*, &c. ut sup. at in Ps. 140. col. 535. d. *Domine, dirigatur oratio mea sicut..... allevatio manuum*, &c. Itidem Cypr. ep. 63. p. 109. b. & l. 2. Testim. p. 294. a. *allevatio manuum mearum*, &c. In Gr. ἔπαρσις, &c.

℣. 3. Accinunt Hilar. Prosp. & Cassiod. in hunc Ps. Item Chromat. Aquil. in Matth. p. 982. a. Philastr. Brix. de hæres. p. 709. g. & S. Valerian. hom. 5. apud Sirmond. to. 1. p. 633. b. quibus favet Zozim. ep. 2. Conc. to. 1. col. 948. c. Ambros. verò l. 1. de Cain, c. 9. to. 1. 200. c. & in Ps. 118. col. 1068. c. sic : *Pone Domine custod..... & ostium circuitûs lab. meis :* itidem l. 2. de Sacram. to. 2. 383. a. & epist. 23. col. 887. e. Hieron. in Isai. 26. & 37. to. 3. 225. f. 287. e. *& ostium munitum lab. meis.* August. in hunc Ps. & l. de contin. to. 6. 297. c. *& ostium continentiæ circum labia mea.* Auct. l. de XLII. mans. ap. Ambr. col. 17. e. *& ostium circumstantiæ circum labia mea.* Gr. καὶ θύραν περιοχῆς περὶ τὰ χείλη μου.

℣. 4. Sic est in Psalt. Corb. & in Ps. è Ms. Vat. ap. Hilar. Sic etiam in Brev. Moz. excepto uno *conbinabor.* Hilar. in comment. leg. *verba malitiæ..... & non conbinabo*, &c. at inf. ait *conbinari cum electis iniquorum* non velle Prophetam. In Psalt. Rom. sic : *Ut non declines cor meum in verbum malum, ad excusandas..... & non communicabo cum*, &c. Ap. August. l. de contin. to. 6. 297. c. *Ne declines cor meum in verba maligna :* & in Ps. *Ut non declines cor meum in verba maligna, ad excusandas..... & non conbinabo cum*, &c. Cassiod. ibid. *Non declines cor meum in verba malitiæ..... & non conbinabor cum*, &c. Hieron. in Isai. 37. to. 3. 287. e. *Ne declines cor meum in verba malitiæ.* S. Valerian. hom. 5. ap. Sirmond. to. 1. p. 633. b. *Ut non declines cor meum in verba mala :* hom. verò 17. p. 686. c. *Ut non declinet cor meum in verba mala.* S. Prosp. Vulgatæ accinit ad verbum. Gr. Μὴ ἐκκλίνῃς τὴν καρδίαν μου εἰς λόγους πονηρίας..... καὶ οὐ μὴ συνδυάσω μετὰ τῶν ἐκλεκτῶν αὐτῶν. Ms. Alex. οὐ μὴ συνδυάσω. Lat. al. *commicabor ;* al. *comminabor.*

℣. 5. Hilar. in hunc Ps. non differt à Vulg. neque etiam Ps. præf. ap. ipsum, nec S. Prosp. si tollatur *&*, ante *oratio*. In Psalt. Rom. sicut ap. Cassiod. *Quoniam adhuc est*

VERSIO ANTIQUA.	HEBR.	VULGATA HOD.
Ex Ms. Sangerm. misericordia peccatoris non impinguet caput meum.	*tudinis non impinguet caput meum:*	autem peccatoris non impinguet caput meum.
Quoniam adhuc & oratio mea in beneplacitis eorum : 6. absorpti sunt continuati petræ judices eorum.	*Quia adhuc oratio mea pro malitiis eorum : sublati sunt juxta petram judices eorum,*	Quoniam adhuc & oratio mea in beneplacitis eorum : 6. absorpti sunt juncti petræ judices eorum.
Audiant verba mea quoniam potuerunt : 7. sicut crassitudo terræ eruptum est super terram.	*Et audient verba mea, quoniam decora sunt. Sicut agricola cùm scindit terram,*	Audient verba mea quoniam potuerunt : 7. sicut crassitudo terræ erupta est super terram.
Dissipata sunt ossa nostra secus infernum : 8. quia ad te Domine oculi mei : in te speravi, ne auferas animam meam.	*Sic dissipata sunt ossa nostra in ore inferni. Quia ad te Domine Deus oculi mei : in te speravi, ne evacues animam meam.*	Dissipata sunt ossa nostra secus infernum : 8. quia ad te Domine, Domine oculi mei : in te speravi, non auferas animam meam.
9. Custodi me à laqueo, quod statuerunt mihi : & ab scandalis operantium iniquitatem.	*Custodi me de manibus laquei, quem posuerunt mihi : de offendiculis operantium iniquitatem.*	9. Custodi me à laqueo, quem statuerunt mihi : & à scandalis operantium iniquitatem.
10. Cadent in retibus ejus peccatores : singulariter ego sum donec transeam.	*Incident in rete ejus impii : simul autem ego transibo.*	10. Cadent in retiaculo ejus peccatores : singulariter sum ego donec transeam.

NOTÆ AD VERSIONEM ANTIQUAM.

oratio ; cæt. ut in Vulgata. Rom. sup. scribit *increpavit*, ut & autogr. Sangerm. sed veterum Mss. more, pro *increpabit*. Cypr. ep. 70. p. 125. leg. *oleum peccatoris non ungat caput meum*. Hilar. verò in Ps. 54. col. 110. f. constanter *non impinguet*, ut supra. August. ep. 108. to. 2. 308. a. ita : *Emendabit me justus in misericordia, & arguet me : oleum autem peccatoris non impinguabit caput meum* ; sup. 307. f. *non impinguet*. Similiter hab. epist. 28. & 33. col. 48. c. 62. f. rursusque in hunc Ps. col. 1570. b. d. ubi *non impinguabit* ; & inf. 1572. c. e. ubi *non impinguet* : itidem l. 2. cont. ep. Parmen. to. 9. col. 37. b. 40. a. 58. c. vide etiam ep. 140. col. 451. a. Apud S. Paulin. pariter, ep. 23. & 41. p. 143. a. 254. f. *oleum pecc. non impinguet cap. meum*. Concinunt Ambrosiast. col. 125. f. & Optat. l. 4. cont. Donat. p. 74. c. Optat. tamen inf. p. 75. a. legit *non ungat*, subnexis his : *Preces sunt, non jussiones..... nam si jussio esset, diceret : Oleum pecc. non unget cap. meum* : item post paulò : *Hoc est quod lectum est : Oleum pecc. non ungat cap. meum*. In Gr. Παιδεύσει..... ἐν ἐλέει, καὶ ἐλέγξει με· ἔλαιον δὲ..... μὴ λιπανάτω τὴν..... Ὅτι ἔτι καὶ ἡ προσευχή μου, &c.

℣. 6. Sic Hilar. legit cum Ps. ibid. præf. necnon Psalt. Corb. & Rom. excepto uno *audient*, pro *audiant* ; Ps. tamen ap. Hilar. hab. *audientur*. Psalt. Mediol. & Carnut. pariter : *Absorpti sunt continuati petræ*. Mozar. *Absorpti sunt juxta petram judices eorum. Audierunt verba mea quoniam prævaluerunt*. Similiter legunt August. & Prosp. in hunc Ps. si excipias verbum *audient*. Cassiod. ibid. *Absorpti sunt juxta petram judices eorum. Audient..... quoniam potuerunt*. Item *juxta petram* hab. Hieron. in Isai. 43. to. 3. 327. c. Græc. Κατεπόθησαν ἐχόμενα πέτρας οἱ κριταὶ αὐτῶν. Ἀκούσονται... ὅτι ἡδύνθησαν, *dulcuerunt* ; nonnulli libb. ferunt ἠδυνήθησαν, *potuerunt* ; editionesque Ald. & Compl. οἱ κραταιοί, loco κριταί.

℣. 7. Sic in Psalt. Corb. & Carnut. *eruptum est* ; in Mediolan. & Rom. *eructuat* ; in Mozar. *disrupta est* ; cæt. ut in Vulg. Hilarius hab. in comm. *Tanquam crassitudo terra eruptum est*, &c. ut sup. August. *Sicut crassitudo terra disrupta est..... Dissipata sunt juxta infernum ossa nostra* ; Mss. plerumque *dispersa sunt*. Item S. Prosp. *Sicut crassitudo terra disrupta est..... Dispersa sunt ossa nostra secus infernum*. Cassiod. *Sicut crassitudo terræ eructuata est super terram*, &c. ut in textu. Gr. Ὡσεὶ πάχος γῆς διεῤῥάγη... Διεσκορπίσθη τὰ ὀστᾶ ἡμῶν παρὰ τὸν ᾅδην. Ms. Alex. cum edd. Ald. & Compl. hab. τὰ ὀστᾶ αὐτῶν ; unde Hieron. ep. ad Sun. & Fret. to. 2. 663. a. ait : *In Græco legisse vos dicitis ossa eorum, sed & hoc superfluum est*.

℣. 8. Sic hab. Aug. & Prosp. ad verbum. Sic etiam Cassiod. cum Psalt. Rom. & Gr. sed geminata voce *Domine*, ut in Vulg. In Brev. Moz. sic : *quia ad te Domine Deus oculi mei*, &c. ut in Vulgata. Itidem Hilar. in eund. Ps. sublata voce *Deus*. In Corb. *quoniam à te Domine, Domine..... ne auferas*, &c.

℣. 9. Ita legit Hilarius cum Ps. ibid. præf. nisi quòd hic Ps. tollit *ab*, ante *scandalis*. Cassiod. cum Psalt. Moz. Corb. & Rom. hab. *Custodi me à laqueo, quem statuerunt mihi : & à scandalis operantibus iniquitatem*. August. verò : *Custodi me à muscipula, quam statuerunt mihi : & ab scandalis eorum qui operantur iniquitatem*. Prosp. quoque hab. *à muscipula* ; sed inf. leg. *operantium iniquitatem*. Gr. ἀπὸ παγίδος, &c. ut in textu.

℣. 10. Hilarius nil differt à Vulgata ; nec etiam Prosp. in eund. Ps. August. verò ita legit cum Psalt. Moz. *Cadent in retia ejus peccatores : singularis ego sum donec transeam*. Hieron. in Jer. 15. to. 3. 603. c. *solitarius sum ego donec pertranseam*. Cassiod. cum Psalt. Rom. *Cadent in retiaculum ejus pecc.* &c. ut in Vulg. Gr. Πεσοῦνται ἐν ἀμφιβλήστρῳ αὐτοῦ..... κατὰ μόνας εἰμὶ ἐγὼ ἕως οὗ ἂν παρέλθω.

VERSIO ANTIQUA.	HEBR.	VULGATA HOD.
Ex Ms. Sangerm. 1. Intellectûs David, Cùm esset in spelunca, oratio, Psalmus. CXLI.	*Eruditio David, Cùm esset in spelunca, oratio. CXLII.*	1. Intellectus David, Cùm esset in spelunca, oratio. (1. *Reg.* 24.) CXLI.
2. VOce mea ad Dominum clamavi : voce mea ad Dominum deprecatus sum :	*VOce mea ad Dominum clamavi : voce mea ad Dominum deprecatus sum.*	2. VOce mea ad Dominum clamavi : voce mea ad Dominum deprecatus sum : (Sup. 76. 2.)
3. Effundo in conspectu ejus orationem meam : tribulationem meam ante ipsum pronuncio,	*Effundam in conspectu ejus eloquium meum : tribulationem meam coram illo annuntiabo,*	3. Effundo in conspectu ejus orationem meam, & tribulationem meam ante ipsum pronuncio,

NOTÆ AD VERSIONEM ANTIQUAM.

℣. 1. In Brev. Moz. deest *oratio*, *Psalmus*, cæt. verò ut supra. Apud Hilar. in comment. simpliciter, *Intellectûs oratio* ; sed infra ait : *David in spelunca loquitur..... David fugit*. August. ibid. *Titulus Psalmi hujus ita se habet : Intellectûs ipsi David, cùm esset in spelunca, oratio*. Ita quoque in Gr.

℣. 2. Sic Hilar. August. & Prosp. in hunc Ps. unà cum Gr. Cassiod. cum Psalt. Rom. *ad Deum deprecatus sum*.

℣. 3. Sic est in Psalt. Rom. Corb. & ap. Ambros. in Ps. 118. col. 1104. f. Itidem Hilar. in Ps. 141. nisi quòd ponit & ante *tribulationem*. Ambros. verò l. de interpel. Dav. c. 2. col. 641. c. leg. *effundam*, cum Psalt. Mediolan. & Moz. In Carnut. *Effundo..... annuntiabo*. Ps. verò

VULGATA HOD.	HEBR.	VERSIO ANTIQUA.
4. In deficiendo ex me ſpiritum meum, & tu cognoviſti ſemitas meas.	*Cùm anxius fuerit in me ſpiritus meus : tu enim noſti ſemitam meam.*	4. In deficiendo ex me ſpiritum meum, & tu cognoviſti ſemitas meas.
In via hac, qua ambulabam, abſconderunt laqueum mihi.	*In via hac, qua ambulabo, abſconderunt laqueum mihi.*	In via, qua ambulabam, abſconderunt laqueum mihi.
5. Conſiderabam ad dexteram, & videbam : & non erat qui cognoſceret me.	*Reſpice ad dexteram, & vide quia non ſit qui cognoſcat me.*	5. Conſiderabam ad dextram : & videbam quia non erat qui cognoſceret me.
Periit fuga à me, & non eſt qui requirat animam meam.	*Periit fuga à me, & non eſt qui quærat animam meam.*	Periit fuga à me.
6. Clamavi ad te Domine, dixi : Tu es ſpes mea, portio mea in terra viventium.	*Clamavi ad te Domine, dixi : Tu es ſpes mea, pars mea in terra viventium.*	6. Clamavi ad te Domine, & dixi : Tu es ſpes mea, portio mea in terra viventium : & non eſt qui requirat animam meam.
7. Intende ad deprecationem meam : quia humiliatus ſum nimis.	*Auſculta deprecationem meam : quoniam infirmatus ſum nimis.*	7. Intende orationem meam : quia humiliatus ſum.
Libera me à perſequentibus me : quia confortati ſunt ſuper me.	*Libera me à perſecutoribus meis : quoniam confortati ſunt ſuper me.*	Libera me à perſequentibus me : quia confortati ſunt ſuper me.
8. Educ de cuſtodia animam meam ad confitendum nomini tuo : me exſpectant juſti, donec retribuas mihi.	*Educ de carcere animam meam, ut confiteatur nomini tuo : in me coronabuntur juſti ; cùm retribueris mihi.*	8. Educ de carcere animam meam ad confitendum nomini tuo, Domine : me exſpectant juſti, donec retribuas mihi.

Ex Mſ. Sangerm.

NOTÆ AD VERSIONEM ANTIQUAM.

præf. ap. Hilar. ſic habet : *Effundo in conſp. ejus tribulationem meam : ante ipſum pronuncio.* Auguſt. in eund. Pſ. *Effundam ante eum precem meam : tribulationem meam in conſpectu ejus annuntiabo.* Proſp. ibid. *Effundo in conſp. ejus precem meam : tribulationem meam ante ipſum pronuncio.* Caſſiod. *Effundam*, &c. ut in Vulg. Gr. Ἐκχεῶ ἐναντίον αὐτοῦ τὴν δέησίν μου· τὴν θλῖψίν μου ἐνώπιον αὐτοῦ ἀπαγγελῶ.

℣. 4. Ita legit Hilar. in hunc Pſ. niſi quòd tollit &, poſt *meum*, additque *hac*, poſt *via*. Pſalt. Corb. Carnut. & Moz. habent : *In deficiendo in me ſpiritum meum*, &c. ut in Vulg. Similiter in Rom. præter plurale *laqueos*. In Mediolan. *In deficiendo in me ſpiritum..... abſconderunt ſuperbi laqueos mihi.* Item *laqueos* habet Caſſiod. cum cæt. ut in Vulg. Ambroſ. quoque l. de bono mort. c. 6. to. 1. 400. c. ſcribit *laqueos ;* ſed in Pſ. 1. & 118. col. 747. d. 1039. c. *laqueum*, ut ſupra. Apud Auguſt. ita : *Dum deficit à me ſpiritus meus, & tu cognoviſti ſemit. meas. In via hac, qua ingrediebar, abſconderunt mihi muſcipulam ;* inf. *muſcip. mihi.* Apud Proſp. verò : *In deficiendo in me ſpiritus meus, & tu cognoviſti..... In via hac, qua ambul. abſc. laqueos mihi.* In Gr. Ἐν τῷ ἐκλείπειν ἐξ ἐμοῦ τὸ πνεῦμά μου, καὶ Σὺ..... Ἐν ὁδῷ ταύτῃ..... παγίδα μοι.

℣. 5. Valde ſuſpicor mendum irrepſiſſe in autogr. Sangerm. in quo verſiculus ult. *& non eſt qui requirat*, &c. transfertur in ℣. ſeq. cùm tamen eò loci tum in Gr. tum in Lat. aliis reperiatur, ſicut in Vulg. Hilarius quippe legit : *Conſiderabam ad dexteram : & videbam quia non eſt qui cognoſcat me*, &c. ut in Vulgata. Auguſt. in eund. Pſ. cum Breviario Mozarab. *Conſiderabam in dexteram*, &c. ut in Vulgata : poſt paulò tamen Auguſtinus legit, *& non eſt qui exquirat*, &c. at inf. *qui requirat.* Item Ambr. l. de lapſ. virg. to. 2. 318. a. *Periit fuga à me, & non eſt qui requirat*, &c. vide etiam l. de fuga ſæc. c. 5. col. 429. c. Pſalt. Rom. habet : *Conſiderabam à dextris, & videb. & non erat qui agnoſceret me. Periit*, &c. ut in Vulg. Proſp. *nec erat qui cognoſceret me..... & non eſt qui requirat*, &c. Caſſiod. ut in Vulg. ad verbum. Græcè : Κατενόουν εἰς τὰ δεξιὰ· καὶ ἐπέβλεπον ὅτι οὐκ ἦν ὁ ἐπιγινώσκων με..... καὶ οὐκ ἔστιν ὁ ἐκζητῶν τὴν, &c.

℣. 6. Hilar. in hunc Pſ. nil omnino differt à Vulg. nec etiam Auguſt. Proſp. aut Caſſiod. In Brev. Moz. ſic : *& dixi : Tu ſpes mea es, portio mea*, &c. In Gr. Πρὸς σὲ Κύριε ἐκέκραξα, καὶ εἶπα· Σὺ εἶ ἡ, &c. ſed in Mſ. Alex. ac edd. Ald. & Compl. Ἐκέκραξα πρὸς σὲ Κύριε, &c.

℣. 7. Pſalt. Corb. Rom. & Vatic. ap. Hilar. cum Caſſiod. *Intende in orationem meam : quia humiliatus ſum nimis*, &c. ut in textu. Brev. Moz. *Intende ad orationem meam*, &c. Hilar. in comment. *Intende orationem meam : quia humiliatus ſum nimis*, &c. Aug. ibid. *Intende ad orationem meam : quia humiliatus ſum nimis. Erue me à perſequentibus me : quoniam corroborati ſunt ſuper me.* Proſp. *Intende ad deprecationem meam : quia humiliatus ſum nimis. Erue me à perſ. me : quomodo corroborati ſunt ſuper me.* Gr. Πρόσχες πρὸς (Mſ. Alex. εἰς) τὴν δέησίν μου· ὅτι ἐταπεινώθην σφόδρα· Ῥῦσαί με ἐκ τῶν..... ὅτι ἐκραταιώθησαν ὑπὲρ ἐμέ.

℣. 8. Eadem prorſus refert Hilar. cum Pſalt. Rom. & Corb. Item Proſp. & Caſſiod. cum Brev. Moz. deleto uno *Domine*. Pſ. è Mſ. Vatic. ap. Hilar. hab. *me exſpectaverunt ;* cæt. ut in textu. Auguſt. verò in eund. Pſ. *Educ de carcere animam meam, ut confiteatur nomini tuo : me ſuſtinebunt juſti, quoadusque retribuas mihi.* Ap. Hieron. quoque in Iſai. 38. to. 3. 294. c. *Educ de carcere.* Græcè : Ἐξάγαγε ἐκ φυλακῆς..... τοῦ ἐξομολογήσασθαι τῷ ὀνόματί σου, Κύριε· ἐμὲ ὑπομενοῦσι..... ἕως οὗ, &c.

Versio antiqua.

Ex Ms. Sangerm. 1. Psalmus David. CXLII.

* Domine exaudi orationem meam : auribus percipe obsecrationem meam in veritate tua : exaudi me in tua justitia.

2. Et non intres in judicio cum servo tuo : quia non justificatur in conspectu tuo omnis vivens.

3. Quia persecutus est inimicus animam meam : humiliavi in terra vitam meam.

Collocavit me in obscuris sicut mortuos sæculi : 4. & anxiatus est super me spiritus meus, in me turbatum est cor meum.

5. Memor fui dierum antiquorum, meditatus sum in omnibus operibus tuis : in factis manuum tuarum meditabor.

6. Expandi manus meas ad te : anima mea sicut terra sine aqua tibi : Diapsalma.

7. Velociter exaudi me Domine : defecit spiritus meus.

Non avertas faciem tuam à me : & similis ero descendentibus in lacum.

Hebr.

Canticum David. CXLIII.

Domine exaudi orationem meam : ausculta deprecationem meam in veritate tua : exaudi me in justitia tua.

Et non venias ad judicandum cum servo tuo : quia non justificabitur in conspectu tuo omnis vivens.

Persecutus est enim inimicus animam meam : confregit in terra vitam meam.

Posuit me in tenebris quasi mortuos antiquos : & anxiatus fuit in me spiritus meus, in medio mei sollicitum fuit cor meum.

Recordabar dierum antiquorum, meditabar omnia opera tua : facta manuum tuarum loquebar.

Expandi manus meas ad te : anima mea quasi terra sitiens ad te. Semper.

Citò exaudi me Domine : defecit spiritus meus.

Ne abscondas faciem tuam à me, & comparabor descendentibus in lacum.

Vulgata hod.

Psalmus David,

1. Quando persequebatur eum Absalom filius ejus. (2. *Reg.* 17.) CXLII.

Domine exaudi orationem meam : auribus percipe obsecrationem meam in veritate tua : exaudi me in tua justitia.

2. Et non intres in judicium cum servo tuo : quia non justificabitur in conspectu tuo omnis vivens.

3. Quia persecutus est inimicus animam meam : humiliavit in terra vitam meam.

Collocavit me in obscuris sicut mortuos sæculi : 4. & anxiatus est super me spiritus meus, in me turbatum est cor meum.

5. Memor fui dierum antiquorum, meditatus sum in omnibus operibus tuis : in factis manuum tuarum meditabar.

6. Expandi manus meas ad te : anima mea sicut terra sine aqua tibi :

7. Velociter exaudi me Domine : defecit spiritus meus.

Non avertas faciem tuam à me : & similis ero descendentibus in lacum.

Notæ ad Versionem antiquam.

℣. 1. Sic est in Psalt. Moz. Rom. verò & Corb. subdunt cum Cassiod. *Quando eum filius suus persequebatur.* Apud August. ita : *Titulus Psalmi est : Ipsi David, Quando eum filius suus persequebatur.* Accinit S. Prosp. dicens : *Titulus Psalmi passionem indicat Christi ; ipse est enim verus David, qui & in se, & in suis persecutionem, & falsorum fratrum, & falsorum sustinet filiorum.* Ps. è Ms. Vatic. ap. Hilar. habet : *Ipsius David, Quando persequebatur eum Abessalon.* Gr. Ψαλμὸς τῷ Δαυὶδ, Ὅτε αὐτὸν ὁ υἱὸς κατεδίωκε. Ald. & Compl. Ὁπότε κατεδίωκεν αὐτὸν Ἀβεσσαλὼμ ὁ υἱὸς αὐτοῦ. Hilarius quoque in comment. ait : *Psalmi superscriptio nulla esse secundùm Hebræos videtur ; id enim ab his, qui utrâque linguâ eruditi sunt, traditur : Translatoresque cæteri nihil omnino de rebus gestis, id est, Abessalon in David patris sui insectatione, scripserunt. Sed hi LXX. Seniores, quibus Legis ac Prophetarum scientia ultra præscriptum & ambiguitatem litteræ fuit, addendum hoc Psalmo judicaverunt..... Apposita ergo nunc Psalmo superscriptio est, quæ non exstat in libro ; ut ubi exstat, id est, sicut in Psalmo tertio, in quo à facie ejus, qui nunc persequi scribitur, fugerit, ad scientiam prophetica intelligentia vocaremur. Prophetat ergo nunc David passionibus suis Dominicas passiones ; non de Abessalon conquerens, sed de his qui Abessalom ad impietatis crimen ignirent.*

* Hilar. in comment. loco *Domine*, scribit *Deus*. Prosp. & Cassiod. *deprecationem*, loco *obsecrationem*. August. *percipe auribus precem meam*, &c. ut sup. Gr. Κύριε εἰσάκουσον τῆς προσευχῆς μου· ἐνώτισαι τὴν δέησίν μου, &c.

℣. 2. Psalt. Rom. cum Moz. *Et ne intres in judicio cum servo tuo : quia non justificabitur*, &c. Corb. *Et non intres in judicio*, &c. Ps. è Ms. Vat. ap. Hilar. *Et non intres in judicia cum*, &c. Hilar. verò Vulgatæ accinit ad verbum cum Prosp. & Cassiod. in hunc Ps. Apud August. ibid. *Et ne intres in judicium..... quoniam non justificabitur coram te omnis vivens* : inf. *in conspectu tuo.* Similiter Ambros. in Ps. 36. col. 811. c. rursusque in Ps. 38. & 118. col. 850. f. 1179. c. 1180. a. nisi quòd leg. *omnis homo vivens* : vide etiam to. 1. 1230. a. & to. 2. 493. a. Ap. Hieron. ep. ad Damas. to. 4. 159. d. ut in Vulg. Ita quoque ap. S. Paulin. ep. 29. p. 181. b. & Gelas. l. Conc. to. 4. 1241. e. si id excipias, *Ne intres.* Ap. Tichon. reg. 3. p. 53. h. *Non introeas in judicium*, &c. ut in Vulg. In Gr. Καὶ μὴ εἰσέλθῃς εἰς κρίσιν..... ὅτι οὐ δικαιωθήσεται ἐνώπιόν σου πᾶς ζῶν.

℣. 3. Vulgatæ consentiunt Hilar. & Cassiod. in hunc Ps. Rom. hab. *Collocavit me in obscuro*, &c. Corb. *Collocavit me in tenebricosis.* August. *Collocaverunt me in tenebrosis sicut mortuos sæculi* ; inf. *velut mortuos.* Prosp. *Collocaverunt me in obscuris sicut*, &c. at omnes constanter *humiliavit in terra*, non *humiliavi*, quod fortè lapsus est. Græcè : ἐταπείνωσεν εἰς τὴν γῆν τὴν ζωήν μου. Ἐκάθισέ με ἐν σκοτεινοῖς, &c.

℣. 4. Sic Hilar. in hunc Ps. unus tamen Ms. Miciac. hab. ibid. *anxiatus est in me.* Ita quoque Cassiod. cum Brev. Mozar. Item S. Prosper ; sed inf. legit *in me conturbatum est*, cum Psalt. Corb. August. verò sic : *& tædium passus est in me spiritus meus, in me turbatum est cor meum.* Gr. καὶ ἠκηδίασεν ἐπ' ἐμὲ τὸ πνεῦμά μου, ἐν ἐμοὶ ἐταράχθη, &c.

℣. 5. Sic habet Hilar. ad verbum. Ps. verò è Ms. Vat. ap. ipsum, *meditabar*, ut in Vulg. & Gr. præterea Ps. Vatic. præponit &, verbo *meditatus sum*, cum eodem Gr. in edd. tamen Ald. & Compl. deest καί. Apud Cassiod. sic : *& meditatus sum..... & in factis man. tuarum meditabar.* Apud August. verò : *Memoratus sum dierum antiquorum, meditatus sum in omnib. op. tuis : in facturis manuum tuarum meditatus sum.* Itidem ap. Prosp. nisi quòd post vocem *antiquorum*, subnectuntur ista, *& annos æternos in mente habui* : deinde, *& meditatus sum*, &c. at hæc verba, *& annos æternos*, &c. huc translata videntur à Prosp. è Ps. 76. ℣. 6. quæ alibi non reperies.

℣. 6. Concinit Cassiod. in hunc Ps. nec differt Hilar. ibid. nisi quòd delet ult. *tibi*, cum Psalt. Corb. In Brev. Moz. *sine aqua ad te.* Apud August. & Prosp. *Extendi* (Prosp. *Et extendi*) *manus meas ad te : anima mea velut terra sine aqua tibi.* Græcè : Διεπέτασα πρός σε τὰς, &c. ut in Vulg. *Diapsalma* quoque subjicitur in Psalt. Rom. Corb. & apud Hilar. non verò apud Aug. Prosp. & alios : exstat quoque in ed. Rom. LXX. at deest in Ms. Alex. ac edd. Ald. & Compl. de more.

℣. 7. Aug. loco *velociter*, legit *citò* ; ut & inf. *ne avertas.* Hilar. delet vocem *tuam*, post *faciem.* Ambros. in Ps. 36. col. 811. d. sic : *Citò exaudi me Domine : quia defecit spir. meus.* Prosp. & Cassiod. cum Psalt. Corb. & Moz. textui nostro accinunt, nisi quòd hab. *ne avertas* ; Gr. μὴ ἀποστρέψῃς.

VULGATA HOD.

8. Auditam fac mihi manè miſericordiam tuam : quia in te ſperavi.

Notam fac mihi viam, in qua ambulem : quia ad te levavi animam meam.

9. Eripe me de inimicis meis Domine, ad te confugi : 10. doce me facere voluntatem tuam, quia Deus meus es tu.

Spiritus tuus bonus deducet me in terram rectam : 11. propter nomen tuum Domine vivificabis me, in æquitate tua.

Educes de tribulatione animam meam : 12. & in miſericordia tua diſperdes inimicos meos.

Et perdes omnes, qui tribulant animam meam : quoniam ego ſervus tuus ſum.

HEBR.

Fac me audire manè miſericordiam tuam : quoniam in te confido.

Notam fac mihi viam, in qua ambulem : quoniam ad te levavi animam meam.

Libera me de inimicis meis Domine, ad te protectus ſum : doce me ut faciam voluntatem tuam, quia tu Deus meus.

Spiritus tuus bonus deducet me in terram rectam : propter nomen tuum Domine vivificabis me.

In juſtitia tua educes de anguſtia animam meam, & in miſericordia tua diſſipabis inimicos meos.

Et perdes omnes tribulantes animam meam : ego enim ſum ſervus tuus.

VERSIO ANTIQUA.

Ex Mſ. Sangerm.

8. Auditam mihi fac manè miſericordiam tuam : quia in te ſperavi Domine.

Notam mihi fac viam, in quam ambulem : quia ad te levavi animam meam.

9. Eripe me de inimicis meis Domine, ad te confugi : 10. doce me facere voluntatem tuam, quia tu Deus meus es.

Spiritus tuus bonus deducet me in terra recta : 11. propter nomen tuum Domine vivificabis me, in æquitate tua.

Educes de tribulatione animam meam : 12. & in miſericordia tua diſperdes inimicos meos.

Et perdes omnes, qui tribulant animam meam : quoniam ſervus tuus ego ſum.

NOTÆ AD VERSIONEM ANTIQUAM.

℣. 8. Sic in Pſalt. Rom. eſt & Corb. hoc excepto, *in qua ambulem ;* Rom. addit, *quia ad te Domine levavi*, &c. Brev. Moz. ſic : *Auditam fac mihi manè miſ. tuam : in te ſperavi. Demonſtra mihi viam, in quam ambulem : quia ad te Domine levavi*, &c. Pſ. è Mſ. Vatic. ap. Hilar. leg. *in te ſperavi Domine*, &c. ut in Vulg. Hilar. verò eidem Vulg. ſuffragatur ad verbum. Caſſiod. præponit tantum *Domine*, verbo *levavi*. Auguſt. ita ſcribit cum Proſp. *Auditam fac mihi manè..... quoniam in te ſperavi. Notam fac mihi Domine viam, in qua ingrediar : quoniam ad te levavi*, &c. nec abſimile Græcum eſt, niſi excipias verbum πορεύσομαι, loco *ingrediar*.

℣. 9. Ita legunt Hilarius & Caſſiod. in hunc Pſ. Auguſt. verò & Proſp. cum Gr. *Exime me de inimicis meis Domine, quia ad te confugi.* In Pſalt. Moz. & Corb. ſimiliter, *quoniam ad te confugi.*

℣. 10. Hilarius concordat cum Vulgata. Pſ. verò è Mſ. Vat. ap. ipſum hab. ut ſup. *quia tu Deus meus es.* Pſalt. Rom. cum Moz. *quia tu es Deus meus ;* deinde : *Spiritus tuus bonus deducet me in viam rectam :* Moz. autem initio hab. *doce me ut faciam volunt. tuam.* Similiter Auguſt. in hunc Pſ. cum Fulg. l. 2. de verit. præd. p. 462. *doce me ut faciam..... quoniam tu es Deus meus ;* at in fine Auguſt. hab. *in terram rectam ;* Fulgent. *in viam rectam.* Itidem Ambroſ. in Luc. 18. to. 1. 1487. f. rurſuſque l. 1. & 3. de Spir. S. to. 2. 615. c. 685. e. cum S. Paulino ep. 28. p. 175. c. & Caſſiod. in hunc Pſ. Proſp. ibid. *Doce me facere voluntatem tuam, quia tu es Deus meus. Spiritus..... deducat me in terram rectam.* Pſalterium Corb. *quia tu es Deus meus..... deducet me in terra recta.* Gr. Δίδαξόν με τοῦ ποιεῖν..... ὅτι Θεός μου εἶ σύ. Τὸ πνεῦμά σου..... ὁδηγήσει με ἐν τῇ εὐθείᾳ· al. ἐν γῇ εὐθείᾳ.

℣. 11. Sic Hilar. & Caſſiod. in hunc Pſ. Pſalt. verò Rom. & Moz. hab. *Et educes.* Corb. cum Auguſt. & Proſp. *Propter nomen..... vivificabis me, in tua juſtitia. Educes de tribul.* &c. Græc. ita jungit : ἐν τῇ δικαιοσύνῃ σου ἐξάξεις, &c.

℣. 12. Similiter habet Pſalt. Rom. cum Proſp. Corb. verò ita : *Et miſericordia tua diſperdet inimicos meos. Et perdes omnes*, &c. ut in textu. Hilar. in eund. Pſ. ſic : *Et in miſericordia tua diſperdes inimicos meos. Et perdes omnes inimicos, qui perſequuntur animam meam : quoniam ſervus tuus ſum ego.* Auguſt. ibid. *Et in tua miſericordia ad interitum deduces inimicos meos. Et perdes omnes tribulantes animam meam : quoniam ſervus tuus ſum ego.* Caſſiod. ut in Vulg. Gr. Καὶ ἐν τῷ ἐλέει σου ἐξολοθρεύσεις..... Καὶ ἀπολεῖς πάντας τοὺς θλίβοντας τὴν..... ὅτι δοῦλός σου εἰμὶ ἐγώ· Mſ. Alex. cum edd. Ald. & Compl. ἐγὼ δοῦλός σου εἰμί.

VULGATA HOD.

Pſalmus David,
1. Adversùs Goliath. CXLIII.

Benedictus Dominus Deus meus, qui docet manus meas ad prælium, & digitos meos ad bellum.

2. Miſericordia mea, & refugium meum : ſuſceptor meus, & liberator meus :

HEBR.

David. CXLIV.

Benedictus Dominus fortis meus, qui docet manus meas ad prælium, digitos meos ad bellum.

Miſericordia mea, & fortitudo mea : auxiliator meus, & ſalvator meus :

VERSIO ANTIQUA.

Ex Mſ. Sangerm.

Pſalmus David,
1. Ad Golian. CXLIII.

* Benedictus Dominus Deus meus, qui docet manus meas ad bellum, & digitos meos in prælium.

2. Miſericordia mea, & refugium meum : ſuſceptor meus, & liberator meus es tu :

NOTÆ AD VERSIONEM ANTIQUAM.

℣. 1. A Pſalt. Rom. abeſt *Pſalmus.* In Moz. ſic : *David adversùs Goliat Philiſtæum, quem interfecit.* In Corb. *Ipſi David ad Goliath.* Apud Auguſt. *Ipſi David ad Goliam.* Apud Caſſiod. *David ad Goliam.* In Gr. Vatic. Τῷ Δαυὶδ πρὸς τὸν Γολιάδ. In edd. Ald. & Compl. Ψαλμὸς τῷ, &c. Apud Hilar. hæc leguntur : *Et huic quoque Pſalmo addendam hanc LXX. ſuperſcriptionem putaverunt*, Pſalmus David in Goliam, *cùm neque in Hebraïcis libris reperiatur, neque Translatores alii quidquam aliud quam ſimplicem titulum præſcripſerint, id eſt*, David..... *Nihil hic Pſalmus proprium habet, quod ad gratulationem perempti Goliæ poſſit referri..... Sed cùm nec in Hebræis libris ita ſit, neque Translatores cæteri horum aliquid addiderint, intelligimus LXX. hos Seniores ſenſum nobis ſpiritalis ſcientiæ reliquiſſe. Affert autem plerumque nobis difficultatem intelligentiæ ratio Latinitatis, quæ nominibus pronomina non eſt ſolita præponere, ut in David nomine accidit : ceſſante enim pronomine, incertum eſt utrùm in illum, aut per illum Pſalmus extiterit : cùm enim ſcribitur*, Pſalmus David, *utrùm ab illo dictus ſit, aut propter illum, ambiguum facit nominis ſola præſcriptio. Græcitas verò, cùm per David Pſalmum ſcriptum eſſe ſignificat, ita titulum inſcribit :* Ψαλμὸς τοῦ Δαβίδ· *at verò, cùm de David vult Pſalmum, qui ſit ſcriptus, intelligi, ita ſuperſcribit :* Τῷ Δαβίδ· *diſcernens per utriuſque pronominis propriam ſignificationem, utrùm David ſcripti Pſalmi auctor, an cauſa ſit ; ut ſuperſcriptio Pſalmi iſtius continet*, Τῷ Δαβίδ· *ita enim habet, id eſt, quòd propter eum, vel illi potiùs, quàm ab eo ſcriptus ſit.*

* Similiter Hilar... *qui docet manus meas in bellum* (inf. *ad bellum*) *& dig. meos in prælium.* Brev. Moz. *ad bellum..... ad prælium.* Pſalt. Corb. cum Auguſt. & Proſp. *in prælium, digitos meos ad bellum :* Auguſt. inf. 1603. b. *& digitos.* Caſſiod. ut in Vulg. Gr. εἰς παράταξιν, τοὺς δακτύλους μου εἰς πόλεμον.

℣. 2. Eadem præfert Hilar. ad verbum. Caſſiod. cum Pſalt. Rom. extremò leg. *ſubjiciens populos ſub me ;* cæt. ut in Vulg. Mozarab. *qui ſubdidit populum ſub me.* Corb. *qui ſubjecit pop. meum*, &c. Pſ. è Mſ. Vatic. ap. Hilar. *qui ſubjiciet populum meum ſub me.* Apud Auguſt. in eundem

VERSIO ANTIQUA.	HEBR.	VULGATA HOD.
Ex Ms. Sangerm. Protector meus, & in ipso speravi: subjiciens populum meum sub me.	*Scutum meum, & in ipso speravi: qui subjecit populos mihi.*	Protector meus, & in ipso speravi: qui subdit populum meum sub me.
3. Domine quid est homo, quòd innotuisti ei? aut filius hominis, quòd deputas eum?	*Domine quid est homo, quia cognoscis eum: filius hominis, quia computas eum?*	3. Domine quid est homo, quia innotuisti ei? aut filius hominis, quia reputas eum?
4. Homo vanitati similis factus: dies ejus sicut umbra prætereunt.	*Homo vanitati assimilatus est: dies ejus quasi umbra pertransiens.*	4. Homo vanitati similis factus est: dies ejus sicut umbra prætereunt. Job 8. 9. & 14. 2.
5. Domine inclina cœlos, & descende: tange montes, & fumigabuntur.	*Domine inclina cœlos tuos, & descende: tange montes, & fumigabunt.*	5. Domine inclina cœlos tuos, & descende: tange montes, & fumigabunt.
6. Corusca coruscationes, & dissipabis eos: emitte sagittas tuas, & conturbabis eos.	*Mica fulmine, & dissipa eos: mitte sagittam tuam, & interfice illos.*	6. Fulgura coruscationem, & dissipabis eos: emitte sagittas tuas, & conturbabis eos.
7. Emitte manum tuam de alto, eripe, & libera me de aquis multis; de manu filiorum alienorum.	*Extende manum tuam de excelso: libera me, & erue me de aquis multis: de manu filiorum alienorum:*	7. Emitte manum tuam de alto, eripe me, & libera me de aquis multis; de manu filiorum alienorum.
8. Quorum os locutum est vanitatem: & dextera eorum, dextera iniquitatis.	*Quorum os locutum est vanitatem, & dextera eorum, dextera mendacii.*	8. Quorum os locutum est vanitatem: & dextera eorum, dextera iniquitatis.
9. Deus cantionem novam cantabo tibi: in psalterio decachordo psallam tibi.	*Deus canticum novum cantabo tibi: in psalterio decachordo psallam tibi.*	9. Deus canticum novum cantabo tibi: in psalterio decachordo psallam tibi.
10. Qui das salutem regibus: qui liberas David servum tuum de gladio maligno: 11. erue me.	*Qui dat salutem regibus: qui eruit David servum suum de gladio pessimo.*	10. Qui das salutem regibus: qui redemisti David servum tuum de gladio maligno: 11. eripe me.
Eripe me de manu filii alieni, quorum os locutum est vanitatem: & dextera illorum, dextera iniquitatis:	*Libera me, & erue me de manu filiorum alienorum, quorum os locutum est vanitatem: & dextera eorum, dextera mendacii.*	Et erue me de manu filiorum alienorum, quorum os locutum est vanitatem: & dextera eorum, dextera iniquitatis:
* Ms. novellæ. 12. Quorum filii, * novella plantationis stabilita à juventute sua.	*Ut sint filii nostri, quasi plantatio crescens in adolescentia sua:*	12. Quorum filii, sicut novellæ plantationes in juventute sua.

NOTÆ AD VERSIONEM ANTIQUAM.

Ps. *Susceptor meus, & ereptor meus: protector meus..... qui subdit pop.* &c. Mss. nonnulli ibid. *subdidit*; plures, *subdis*. Gr. ὁ ὑποτάσσων. Ap. Prosp. ut in Vulg.

℣. 3. Sic Hilar. hab. cum Ps. ibid. præf. exceptâ conjunct. *quia*, pro *quod*, ante *innotuisti*. Ambros. in Luc. 3. to. 1. 1328. a. *Quid est homo quòd innotes ei? aut fil. hominis, quia computas eum?* August. cum Prosp. *quoniam innotuisti ei? aut fil. hom. quoniam æstimas eum?* Cassiod. cum Psalt. Rom. & Corb. *quòd innotuisti ei..... quoniam reputas eum?* Mozar. *quoniam extimas eum?* Mediol. *visitas eum?* Gr. ὅτι ἐγνώσθης αὐτῷ; ἢ..... ὅτι λογίζῃ αὐτόν;

℣. 4. Vulgatæ suffragantur Hilar. in hunc Ps. & Ambros. l. 2. de fide resurr. to. 2. 1141. f. item epist. 34. col. 929. a. & l. de Isaac, c. 2. to. 1. 358. a. & in Ps. 36. col. 792. f. Accinunt Prosp. & Cassiod. in hunc Ps. necnon August. ibid. col. 1605. f. sed infra 1606. d. legit, *dies illius tanquam umbra transeunt*; Psalt. Moz. *transierunt*; Corb. *transeunt*. Idem August. serm. 32. to. 5. 159. g. 162. c. sic habet: *Homo vanitati assimilatus est: dies ejus velut umbra prætereunt*. Itidem Hieron. l. 2. contra Pelag. to. 4. 511. f. excepto verbo *pertranseunt*. Gr. παράγουσι.

℣. 5. Sic in Psalt. Corb. est. Vulgatæ favent Hilar. August. Prosp. & Cassiod. unà cum vet. Psalt. In Gr..... ἅψαι τῶν ὀρέων, καὶ καπνισθήσονται. Hilar. infra, *fumabunt*.

℣. 6. Autogr. Sangerm. præfert tantùm *coruscationes*, absque verbo *corusca*; sed aperto mendo: præmisimus autem *corusca* ex Psalt. Moz. & aliis. In Rom. *Corusca coruscationes tuas*, &c. ut in textu. Ita quoque Cassiod. legit; sicut Hilar. detractâ voculâ *tuas*. Ps. autem è Ms. Vatic. apud ipsum, *Corusca coruscantes*. Corb. *Corusca coruscationes, & dispargis eos: emitte*, &c. August. & Prosp. *Corusca coruscationem, & disperges eos: emitte sagitt.* &c. Prosper hab. *coruscationes*, ut & August. infra. Gr. Ἄστραψον ἀστραπὴν, καὶ σκορπιεῖς αὐτούς, &c. Ms. Alex. ἀστραπάς σου.

℣. 7. Hilar. col. 556. b. 558. c. ita: *Emittes manum tuam de alto, eripe me de aquis multis, & de manu iniqua filiorum alienorum*. Ps. verò ibid. præfixus Vulgatæ favet, additâ conjunct. *&*, post vocem *multis*. Sic etiam in Psalt. Rom. & Moz. Hilar. quoque col. 552. f. sup. legit: *eripe me, & libera me..... & de manu filiorum alienorum*. Aug. non semel: *Emitte manum tuam ex alto, & exime me, & erue me de aquis multis; de manu filiorum alienorum*. Prosper & Cassiod. Vulgatæ suffragantur ad verbum. In Gr. Ἐξαπόστειλον..... ἐξ ὕψους, ἐξελοῦ με, καὶ ῥῦσαί με ἐξ ὑδάτων πολλῶν, ἐκ χειρὸς υἱῶν ἀλλοτρίων.

℣. 8. Ita legunt Hilar. August. Prosp. & Cassiod. cum Psalt. Rom. &c. In Carn. & Corb. *dextera eorum, dextera mendacii*. In Gr. δεξιὰ ἀδικίας.

℣. 9. Itidem Hilar. in hunc Ps. col. 560. b. at sup. 559. a. hab. *canticum novum*, absque seq. *ti*. Ps. verò ibidem præfixus cum Psalt. Rom. Corb. & Moz. *in psalterio decem chordarum*. Ita etiam August. Prosp. & Cassiod. in hunc Ps. Ambros. *in decachordo psalterio*. Gr. ἐν ψαλτηρίῳ δεκαχόρδῳ.

℣. 10. Sic in Psalt. Rom. Mediol. Carnut. Corb. & Moz. necnon apud Hilar. & Cassiod. in hunc Ps. Apud August. ita: *Qui dat salutem regibus: qui redimit David servum suum de*, &c. S. Prosp. ibid. *Qui das..... qui redimis David servum tuum de*, &c. Ps. verò è Ms. Vatic. ap. Hilar. cum August. *Qui dat..... qui liberat servum suum de*, &c. Gr. Τῷ διδόντι τὴν..... τῷ λυτρουμένῳ Δαυὶδ τὸν δοῦλον αὐτοῦ ἐκ, &c.

℣. 11. Ita legit Hilar. in comment. detractis his mediis, *Eripe me de manu filii alieni*. Ps. verò ibid. præfixus habet: *eripe me. Et eripe me de manu filii alieni, quorum os locutum est*, &c. ut supra. Corb. *eripe me. Et libera me de manu filior. alienorum, quorum*, &c. Mozar. *eripe me. Et libera me de aquis multis, & de manu filiorum alienorum, quorum*, &c. Ita etiam in Rom. & apud Cassiod. in hunc Ps. Apud August. verò cùm in eund. Ps. tum l. cont. Adim. to. 8. 141. d. & epist. 55. to. 2. 538. e. ita: *erue me. Et exime me de manu filiorum alienorum, quorum os*, &c. Ap. Prosp. *eripe me. Et eripe me de manu filiorum alien.* &c. In Græco: ῥῦσαί με. Καὶ ἐξελοῦ με ἐκ χειρὸς υἱῶν ἀλλοτρίων, ὧν, &c.

℣. 12. Psalt. Corb. & Carnut. *Quorum filii, sicut novella plantationis stabilita in* (Carn. *à*) *juventute sua*, &c. Rom. verò, *Quorum filii, sicut novella plantationes, stabiliti à juventute sua*, &c. Mediol. & Moz. cum Cassiod. *sicut novellæ plantationes stabilitæ à juventute sua*. Ps. è Ms. Vatic. ap. Hilar. *sicut novella plantationes stabilitæ in juventute sua*. Fi-

VULGATA HOD.	HEBR.	VERSIO ANTIQUA.
Filiæ eorum compoſitæ : circumornatæ ut ſimilitudo templi.	*Filiæ noſtræ quaſi anguli, ornati ad ſimilitudinem templi :*	Filiæ eorum compoſitæ : circumornatæ ut ſimilitudo templi. *Ex Mſ. Sangerm.*
13. Promptuaria eorum plena, eructantia ex hoc in illud.	*Promptuaria noſtra plena, & ſupereffundentia ex hoc in illud :*	13. Et promontoria earum plena, eructuantia ex hoc in illud.
Oves eorum fetoſæ, abundantes in egreſſibus ſuis : 14. boves eorum craſſæ.	*Pecora noſtra in millibus, & innumerabilia in compitis noſtris : tauri noſtri pingues.*	Oves eorum fetoſæ, abundantes in itineribus ſuis : 14. boves eorum pingues.
Non eſt ruina maceriæ, neque tranſitus, neque clamor in plateis eorum.	*Non eſt interruptio, & non eſt egreſſus : & non eſt ululatus in plateis noſtris.*	Non eſt ruina maceriæ, neque tranſitus, neque clamor in plateis eorum.
15. Beatum dixerunt populum, cui hæc ſunt : beatus populus, cujus Dominus Deus ejus.	*Beatus populus, cujus talia ſunt : beatus populus, cujus Dominus Deus ſuus.*	15. Beatum dixerunt populum, cui hæc ſunt : beatus populus, cujus Dominus Deus ejus.

NOTÆ AD VERSIONEM ANTIQUAM.

lia eorum decorata, & *circumornata ut*, &c. Hilarius autem in comment. *Quorum filii, ſicut novella plantatio ſtabilita in juventute ſua. Filiæ eorum compoſitæ : circumornatæ quemodo ſimilitudo templi.* Similiter Ambroſ. l. de exhort. virg. to. 2. 299. a. *Filiæ eorum compoſitæ : circumorn. quemodo ſimilit. templi.* Auguſt. in Pſ. *Quorum filii ipſorum, velut novella conſtabilita in* (inf. *à*) *juventute ſua. Filiæ eorum compoſitæ*, & *ornatæ ſicut ſimilit. templi.* Sic iterum ep. 155. to. 2. 538. e. & l. cont. Adim. to. 8. 141. d. niſi quòd 1. loco tollit vocem *ipſorum*. Item Proſp. in Pſ. *Quorum filii, ſicut novella conſtabilita à juv. ſua. Filiæ..... & ornatæ ſicut*, &c. Gr. Ὧν οἱ υἱοὶ (Mſ. Alex. cum edd. Ald. & Compl. add. αὐτῶν,) ὡς νεόφυτα ἱδρυμένα ἐν τῇ νεότητι αὐτῶν. Αἱ θυγατέρες αὐτῶν κεκαλλωπισμέναι· περικεκοσμημέναι ὡς, &c.

℣. 13. Hilar. leg. *Et promptuaria eorum*, &c. ut in Vulgata. Ita quoque Caſſiod. cum Pſalt. Moz. dempto 1. *Et*. Pſ. è Mſ. Vatic. apud Hilar. hab. inf. *abundantes in itineribus eorum*. Rom. Mediol. Corb. & Carnut. *in itineribus ſuis*, ut ſup. Auguſt. verò in hunc Pſ. ita : *Cellaria eorum plena, eructuantia ex hoc in hoc. Oves eorum fecundæ, multiplicantes in egreſſibus ſuis :* itidem ep. 155. to. 2. 538. e. & l. cont. Adim. to. 8. 141. d. præter ult. *in exitibus ſuis :* item ſerm. 32. to. 5. 168. a. *multiplicantes in exitibus ſuis*. Proſp. in hunc Pſ. *Cellaria eorum plena, eructantia ex hoc in hoc. Oves eorum fetoſæ, abund. in egreſſibus ſuis*. Gr. Τὰ ταμιεῖα αὐτῶν πλήρη, ἐξερευγόμενα ἐκ τούτου εἰς τοῦτο. Τὰ πρόβατα αὐτῶν πολυτόκα, πληθύνοντα ἐν ταῖς ἐξόδοις αὐτῶν.

℣. 14. Hilar. Vulgatæ reſpondet ad verbum, cum Breviar. Moz. Itidem Proſp. & Caſſiod. cum Pſalt. Rom. & Corb. ſi hoc excipias, *boves eorum craſſi*. Similiter ap. Auguſt. cùm in hunc Pſ. tum l. contra Adim. to. 8. 141. d. *craſſi*, deinde, *Non eſt ruina ſepis, nec exitus, neque clamor*, &c. at epiſt. 155. to. 2. 538. e. ſcribit *craſſa*. In Gr. παχεῖς· tum, Οὐκ ἔστι κατάπτωμα φραγμοῦ, οὐδὲ διέξοδος, οὐδὲ κραυγὴ ἐν ταῖς ἐπαύλεσιν αὐτῶν· in edd. Ald. & Compl. ἐν ταῖς πλατείαις, ſicut ap. Symm.

℣. 15. Sic Hilar. in hunc Pſ. unà cum Gr. In Pſalt. Mozar. *cujus Dominus Deus eorum*. In Rom. & ap. Caſſiod. *cujus eſt Dom. Deus ejus*. Apud Auguſt. & Proſp. in hunc Pſ. *cujus Dom. Deus ipſius :* itidem Auguſt. epiſt. 155. to. 2. 538. e. & l. contra Adim. to. 8. 141. d.

VULGATA HOD.	HEBR.	VERSIO ANTIQUA.
1. Laudatio ipſi David. CXLIV.	*Laudatio David. CXLV.*	1. Laudatio David, Pſalmus. CXLIV. *Ex Mſ. Sangerm.*
EXaltabo te Deus meus rex : & benedicam nomini tuo in ſæculum, & in ſæculum ſæculi.	*EXaltabo te Deus meus rex, & benedicam nomini tuo in æternum & ultra.*	* EXaltabo te Domine rex meus : & benedicam nomen tuum in ſæculum, & in ſæculum ſæculi.
2. Per ſingulos dies benedicam tibi : & laudabo nomen tuum in ſæculum, & in ſæculum ſæculi.	*In omni die benedicam tibi, & laudabo nomen tuum in ſempiternum jugiter.*	2. Per ſingulos dies benedicam te : & laudabo nomen tuum in ſæcula, & in ſæculum ſæculi.
3. Magnus Dominus & laudabilis nimis : & magnitudinis ejus non eſt finis.	*Magnus Dominus, & laudabilis nimis : & magnificentiæ ejus non eſt inveſtigatio.*	3. Magnus Dominus & laudabilis nimis : & magnitudinis ejus non erit finis.
4. Generatio & generatio laudabit opera tua : & potentiam tuam pronunciabunt.	*Generatio ad generationem laudabit opera tua, & fortitudines tuas annuntiabunt.*	4. Sæculum & ſæculum laudabunt opera tua : & potentiam tuam pronunciabunt.

NOTÆ AD VERSIONEM ANTIQUAM.

℣. 1. In Pſalt. Corb. & Moz. ſimpliciter, *Laudatio David*. Sic etiam apud Proſp. in hunc Pſ. Apud Auguſt. ibid. *Laus ipſi David*. Apud Caſſiod. ut in Vulg. Græcè, Αἴνεσις τῷ Δαυΐδ· Mſs. Alex. τοῦ Δαυΐδ. Hilarius ait : *Titulus ipſe ſolam contineri in Pſalmo prædicationem Dei edocet : adjecto autem, ſecundùm Græcitatis conſuetudinem, nunc quoque ut in cæteris aliis, pronomine, oſtendit illum David iſto laudante laudari.*

* Hilar. legit cum Pſ. ibid. præf. *Exaltabo te Deus meus*, & *rex meus :* & *bened. nomen tuum in ſæc.* &c. ut ſup. Sic etiam ap. Auguſt. in hunc Pſ. ſed abſque conjunct. &, ante *rex meus*. Apud Proſp. & Caſſiod. *Deus meus rex :* & *benedicam nomen tuum in ſæc.* &c. Itidem in Pſalt. Corb. detracto uno &, ante *benedicam*. In Moz. verò ita : *Exaltabo te Domine Deus meus*, & *rex meus :* & *bened. nomen tuum in æternum*, & *in ſæculum ſæculi*. In Rom. *Exaltabo te Deus rex meus :* & *benedicam nomen tuum in æternum*, & *in ſæc.* &c. In Gr. Ὑψώσω σε ὁ Θεός μου ὁ βασιλεύς μου· καὶ εὐλογήσω τὸ ὄνομά σου εἰς τὸν αἰῶνα, καὶ εἰς τὸν αἰῶνα τοῦ, &c.

℣. 2. Sic Hilar. & Caſſiod. in hunc Pſ. niſi quòd hab. *ſæculum*, loco *ſæcula*. Sic etiam Auguſt. ibid. adjecto uno *Domine*, poſt *benedicam te*. In Pſalt. Corb. Rom. Moz. & apud Proſp. *benedicam te :* & *laudabo nom. tuum in æternum*, & *in ſæc. ſæculi*. In Gr. Καθ' ἑκάστην ἡμέραν εὐλογήσω σε· καὶ αἰνέσω τὸ ὄνομά σου εἰς τὸν αἰῶνα, καὶ εἰς τὸν αἰῶνα τοῦ αἰῶνος.

℣. 3. Vulgatæ reſpondent Hilar. & Caſſiod. in hunc Pſ. ſicut Ambroſ. in Luc. 2. to. 1. 1285. b. 1302. e. Auguſt. verò & Proſp. leg. & *laudabilis valde :* & *magnitudinis ejus*, &c. Hilar. in Pſ. 134. col. 471. b. *cujus magnificentiæ non eſt finis*. Gr..... καὶ αἰνετὸς σφόδρα· καὶ τῆς μεγαλωσύνης αὐτοῦ οὐκ ἔστι πέρας.

℣. 4. Pſalt. Rom. cum Caſſiod. *Generatio* & *generatio laudabunt opera tua*, &c. ut ſup. Corb. *Progenies* & *generatio laudavit opera tua :* & *virtutem tuam pronunciabunt*. Mozar. *Natio* & *progenies conlaudabunt opera tua :* & *potentiam tuam pronunciabunt*. Auguſt. & Proſp. cum Gr. *Generatio* & *generatio laudabit opera tua :* & *virtutem tuam annuntia-*

Versio antiqua.	Hebr.	Vulgata hod.
Mſ. Sangerm. 5. Magnificentiam majeſtatis tuæ, & honorem tuum loquentur : & ſanctitatem tuam dicent, & mirabilia tua enarrabunt.	*Decorem gloriæ magnitudinis tuæ, & verba mirabilium tuorum loquar.*	5. Magnificentiam gloriæ ſanctitatis tuæ loquentur : & mirabilia tua narrabunt.
6. Et virtutem metuendorum tuorum dicent : & magnitudinem tuam dicent.	*Et fortitudinem horribilium tuorum loquentur, & magnitudines tuas narrabunt.*	6. Et virtutem terribilium tuorum dicent : & magnitudinem tuam narrabunt.
7. Memoriam abundantiæ ſuavitatis tuæ eructuabunt : juſtitiam tuam exſultabunt.	*Memoriam multæ bonitatis tuæ loquentur, & juſtitias tuas laudabunt.*	7. Memoriam abundantiæ ſuavitatis tuæ eructabunt : & juſtitiâ tuâ exſultabunt.
8. Miſerator, & miſericors : patiens, & multæ miſericordiæ ; & Dominus in omnibus operibus ſuis.	*Clemens, & miſericors Dominus : patiens, & multæ miſerationis.*	8. Miſerator & miſericors Dominus : patiens, & multùm miſericors.
9. Suavis Dominus univerſis : & miſerationes ejus ſuper omnia opera ejus.	*Bonus Dominus omnibus, & miſericordia ejus in univerſa opera ejus.*	9. Suavis Dominus univerſis : & miſerationes ejus ſuper omnia opera ejus.
10. Confiteantur tibi omnia opera tua : & ſancti tui benedicant te.	*Confiteantur tibi Domine omnia opera tua, & ſancti tui benedicant tibi.*	10. Confiteantur tibi Domine omnia opera tua : & ſancti tui benedicant tibi.
11. Gloriam regni tui dicent : & potentiam tuam loquentur :	*Gloriam regni tui dicent, & fortitudines tuas loquentur :*	11. Gloriam regni tui dicent : & potentiam tuam loquentur :
12. Ut notam faciant filiis hominum potentiam tuam : & gloriam magnificentiæ regni tui.	*Ut oſtendant filiis hominum fortitudines ejus, & gloriam decoris regni ejus.*	12. Ut notam faciant filiis hominum potentiam tuam : & gloriam magnificentiæ regni tui.
13. Regnum tuum regnum omnium ſæculorum : & dominatio tua in omni generatione & progenie. Fidelis Dominus in verbis ſuis : & ſanctus in omnibus operibus ſuis.	*Regnum tuum, regnum omnium ſæculorum ; & poteſtas tua in omni generatione, & generationem.*	13. Regnum tuum regnum omnium ſæculorum : & dominatio tua in omni generatione & generationem. Fidelis Dominus in omnibus verbis ſuis : & ſanctus in omnibus operibus ſuis.
14. Sublevat Dominus omnes, qui ruunt : & confirmat omnes eliſos.	*Suſtentat Dominus omnes corruentes, & erigit omnes jacentes.*	14. Allevat Dominus omnes, qui corruunt : & erigit omnes eliſos.
15. Oculi omnium in te ſperant : & tu das eſcam illorum in tempore opportuno.	*Oculi omnium in te ſperant, & tu das eis eſcam ſuam in tempore ſuo.*	15. Oculi omnium in te ſperant Domine : & tu das eſcam illorum in tempore opportuno.

Notæ ad Versionem antiquam.

bunt. Hilarius Vulgatæ congruit.

℣. 5. In autogr. Sangerm. eſt *Magnificentia* ; ſed aperto errore, quem correximus. Pſ. è Mſ. Vatic. apud Hilar. habet, *Et magnificentiam* ; deinde cum Hilar. ipſo, *majeſtatis tuæ, & ſanctitatem tuam loquentur : & mirab. tua narrabunt.* Ita quoque legit Caſſiod. cum Pſalt. Carnut. Rom. & Corb. Aug. verò cum Gr. *Et magnificentiam gloriæ ſanctitatis tuæ*, &c. ut in Vulg. S. Proſp. *Magnificentiam gloriæ ſanctitatis tuæ..... enarrabunt.*

℣. 6. Ita legit Auguſt. in hunc Pſ. niſi quòd pro ult. *dicent*, hab. *enarrabunt eam*. S. Proſp. ſimpliciter *enarrabunt* ; cæt. ut in Vulg. Pſalt. Moz. *loquentur*. Hilar. & Caſſiod. Vulgatæ accinunt cum Pſalt. Rom. & Gr. à Rom. tamen abeſt &, ante *virtutem*. In Corb. *Et virtutem dicent terribilium tuorum.*

℣. 7. Ita legunt Proſp. & Caſſiod. cum Pſ. è Mſ. Vatic. apud Hilar. niſi quòd ponunt &, ante *memoriam*. Sed Hilar. in comment. non differt à Vulg. neque etiam Auguſt. neque Græc. Breviar. Moz. extremò hab. *& in tua juſtitia exaltabuntur.*

℣. 8. Hilar. in hunc Pſ. *Miſerator, & miſericors Dominus eſt : patiens, & multæ miſericordiæ* ; nec addit plura. Pſ. ibidem præf. loco *eſt*, ponit &. Corb. neutrum ; cæt. ut ap. Hilar. Apud Aug. & Proſp. *Miſericors, & miſerator Dominus : longanimis, & multùm miſericors.* Apud Caſſiod. *Miſericors, & miſerator Dom. patiens*, &c. Sic etiam in Pſalterio Rom. In Gr. Οἰκτίρμων, καὶ ἐλεήμων ὁ Κύριος· μακρόθυμος, &c. nuſquam autem ſubditur : *& Dominus in omnibus operibus ſuis.*

℣. 9. Concinunt Hilar. Proſp. & Caſſiod. in hunc loc. In Pſalt. Rom. *Suavis eſt Dominus*, &c. In Corb. *Suavis Dom. univerſ. & miſericordia ejus ſuper*, &c. Apud Auguſt. *Suavis Dominus omnibus : & miſerationes ejus in omnia opera ejus.* In Gr. Χρηστὸς Κύριος τοῖς ὑπομένουσι· καὶ οἱ, &c. In Ald. & Compl. τοῖς σύμπασι.

℣. 10. Hilar. in hunc Pſ. *Confiteantur tibi Domine omnia opera tua : & ſancti tui confiteantur tibi.* Pſ. è Mſ. Vatic. ibid. *& ſancti tui benedicant te, confiteantur tibi.* Rom. *& ſancti tui benedicent tibi.* Auguſt. & Proſp. cum Corb. & Moz. & Gr. *& ſancti tui benedicant te*, ut ſup. Itidem Fulg. fragm. 34. cont. Fab. p. 644. Caſſiod. ut in Vulg.

℣℣. 11. 12. Eadem ferunt Hilar. Proſp. & Caſſiod. in hunc Pſ. Eadem etiam Auguſt. ibid. præter *gloriam magnitudinis decoris regni tui*. Fulg. ubi ſup. *Gloriam regni tui dic. & pot. t. pronunciabunt : ut notam*, &c. ut in Vulgata. Gr..... τὴν δόξαν τῆς μεγαλοπρεπείας τῆς βασιλείας σου.

℣. 13. Sic habent Hilar. & Proſp. cum Pſalt. Corb. Hilarius tamen, col. 568. f. tollit 2. *regnum* ; at ſup. col. 563. reponit *Regnum tuum regnum*, &c. Similiter in Pſalt. Romano, & Moz. addito uno *Domine*, poſt *tuum*. Textui pariter favet Auguſt. unà cum Gr. niſi quòd utrobique eſt, *generatione & generatione*. Apud Caſſiod. *Regnum tuum Domine, regnum..... in omni generatione & progenie. Fidelis Dom. in omnibus verbis ſuis*, &c. In edd. quoque Ald. & Compl. ἐν πᾶσι τοῖς λόγοις αὐτοῦ.

℣. 14. Pſalt. Corb. *Allevat Dominus omnes, qui ruunt : & erigit*, &c. Moz. *Suſtentat Dominus omnes, qui ruunt : & corrigit omnes eliſos.* Pſ. è Mſ. Vatic. apud Hilar. *Suffulciet Dominus omnes, qui corruunt : & corrigit omnes eliſos.* Hilar. ipſe in comment. *Suffulcit Dominus omnes, qui ruunt : & erigit omnes eliſos* ; Mſs. verò *corrigit* : & ſanè Hilar. paulò inf. 570. a. ait : *Cur cadentes ſuffulciat, & alliſos corrigat, conſequenter docet* : at ſup. 569. e. dicit : *eriguntur alliſi.* Ambroſ. in Pſ. 36. to. 1. 800. b. *Suffulcit Dom. omnes, qui ruunt : & corrigit omnes eliſos.* Auguſt. verò in Pſ. ita : *Confirmat Dom. omnes decidentes : & erigit omnes eliſos.* Proſper ibid. *Confirmat Dom. omnes, qui decidunt : & erigit*, &c. Leo M. ſer. 35. p. 97. e. & Caſſiod. ut in Vulg. Gr. Ὑποστηρίζει Κύριος πάντας τοὺς καταπίπτοντας· καὶ ἀνορθοῖ πάντας τοὺς κατερραγμένους.

℣. 15. Sic in Pſalt. Corb. ad verbum. Hilarius autem Vulgatæ congruit, & addit *Domine*. A Pſ. verò ibid. præ-

VULGATA HOD.

16. Aperis tu manum tuam : & imples omne animal benedictione.

17. Juſtus Dominus in omnibus viis ſuis : & ſanctus in omnibus operibus ſuis.

18. Prope eſt Dominus omnibus invocantibus eum : omnibus invocantibus eum in veritate.

19. Voluntatem timentium ſe faciet, & deprecationem eorum exaudiet : & ſalvos faciet eos.

20. Cuſtodit Dominus omnes diligentes ſe : & omnes peccatores diſperdet.

21. Laudationem Domini loquetur os meum : & benedicat omnis caro nomini ſancto ejus in ſæculum, & in ſæculum ſæculi.

HEBR.

Aperis manus tuas, & imples omne animal refectione.

Juſtus Dominus in omnibus viis ſuis, & ſanctus in omnibus operibus ſuis.

Juxta eſt Dominus omnibus qui invocant eum : omnibus qui invocant illum in veritate.

Placitum timentium ſe faciet, & clamorem eorum exaudiet ; & ſalvabit eos.

Cuſtodit Dominus omnes diligentes ſe, & univerſos impios conteret.

Laudem Domini loquetur os meum : & benedicet omnis caro nomini ſancto ejus in æternum, & jugiter.

VERSIO ANTIQUA.

16. Aperis tu manum tuam : & imples omne animal benedictionem. *Ex Mſ. Sangerm.*

17. Juſtus Dominus in omnibus viis ſuis : & ſanctus in omnibus operibus ſuis.

18. Prope eſt Dominus omnibus invocantibus eum in veritate.

19. Voluntatem timentium ſe faciet, orationem eorum exaudiet : ſalvos faciet eos.

20. Cuſtodit Dominus diligentes ipſum : & omnes peccatores diſperdet.

21. Laudationem Domini loquetur os meum : & benedicat omnis caro nomen ſanctum ejus in ſæculum, & ſæculum ſæculi.

NOTÆ AD VERSIONEM ANTIQUAM.

fixo abeſt *Domine*, ut & ſeq. *tu*. In Rom. ſicut apud Caſſiod. *Oculi omnium in te ſperant Domine : & tu das eſcam illis in*, &c. In Moz. *Oculi hominum in te ſperant : & tu das eſcam illis*, &c. Apud Ambroſ. l. de Spir. S. to. 2. 651. f. *Oculi omnium in te ſperant.* Itidem ap. Auguſt. & Proſp. in hunc Pſ. ſtatimque : *& tu das eſcam illis in opportunitate* ; Proſp. *in tempore opportuno.* In Gr. Οἱ ὀφθαλμοὶ πάντων εἰς σὲ ἐλπίζουσι· καὶ σὺ..... αὐτῶν ἐν εὐκαιρίᾳ.

℣. 16. Hilarius cum Proſp. *Aperis tu..... & imples omnem animam benedictione.* Pſ. ibid. præfixus, *omnem animam beneplacito.* Pſalt. Corb. & Moz. *omnem animam benedictionem.* Ambr. l. de Spir. S. col. 651. f. *Aperis man. tuam : & imples omnem animam bona voluntate.* Auguſt. verò & Caſſiod. ut in Vulg. Gr. Ἀνοίγεις σὺ τὰς χεῖράς σου· καὶ ἐμπιπλᾷς πᾶν ζῷον εὐδοκίας. Ald. & Compl. ſcribunt ſingulariter τὴν χεῖρα.

℣. 17. Ita legunt Hilar. Auguſt. Proſp. & Caſſiod. unà cum Gr. In Pſalt. Rom. deeſt *omnibus*, ante *viis*.

℣. 18. Ita legit Caſſiod. ad verbum. Eadem etiam, nec plura exſtant in Pſalt. Rom. Carnut. Corb. & Moz. Græc. verò Vulgatæ conſonat. Hilar. quoque in comment. legit : *Prope eſt Dominus invocantibus eum* : paulòque poſt, *omnibus invocantibus eum in veritate* : rurſus in Pſ. 148. col. 590. a. *Prope eſt Dom. omnibus invocantibus eum.* Auguſt. & Proſp. *Prope eſt Dom. omnibus invoc. eum : omnibus qui invocant eum in veritate.*

℣. 19. Sic habet Hilar. cum Pſalt. Corb. addito duplici *&*, poſt *faciet*, & poſt *exaudiet* ; Mſſ. tamen Hilar. ferunt *exaudivit* ; Pſ. que ibid. præf. *facit*, non *faciet*. Pſalt. Rom. & Moz. cum Caſſiod. *& orationes eorum exaudiet* ; cæt. ut in Vulg. Auguſt. & Proſp. *& preces eorum exaudiet*, &c. Gr. καὶ τῆς δεήσεως αὐτῶν εἰσακούσεται· καὶ σώσει αὐτούς.

℣. 20. Vulgatæ accinunt & Græco Auguſt. Proſper & Caſſiod. in hunc Pſ. Pſalt. verò Corb. hab. *Cuſtodiet Dominus omnes qui diligunt eum*, &c. Pſ. è Mſ. Vatic. apud Hilar. *Cuſtodiet Dominus omnes diligentes ipſum : &*, &c. Hilar. ipſe in comment. *Cuſtodit Deus diligentes ipſum*, &c. ut in textu.

℣. 21. Ita legit Hilar. cum Pſ. ibid. præfixo, repetitâ præp. *in*, ante ult. *ſæculum*. Pſalt. Rom. & Moz. cum Proſp. *Laudem Domini loquetur os meum : & benedicat omnis caro nomen ſanctum ejus in æternum, & in ſæculum ſæculi.* Similiter in Corb. ut & apud Auguſt. & Caſſiod. ſi excipias unum *in ſæculum*, loco *in æternum*. Leo M. ſer. 1. p. 49. d. *Laudem Domini loquatur os meum.* Græc. Αἴνεσιν Κυρίου λαλήσει..... καὶ εὐλογείτω..... τὸ ὄνομα τὸ ἅγιον αὐτοῦ εἰς τὸν αἰῶνα, καὶ εἰς τὸν, &c.

VULGATA HOD.

1. Alleluia, Aggæi, & Zachariæ. CXLV.

Sup. 144. 2. 2. LAuda anima mea Dominum, laudabo Dominum in vita mea : pſallam Deo meo quandiu fuero.

Nolite confidere in principibus : 3. in filiis hominum, in quibus non eſt ſalus.

4. Exibit ſpiritus ejus, & revertetur in terram ſuam : in illa die peribunt omnes cogitationes eorum.

HEBR.

Alleluia. CXLVI.

LAuda anima mea Dominum : laudabo Dominum in vita mea, cantabo Deo meo quandiu ſum.

Nolite confidere in principibus : in filio hominis, cui non eſt ſalus.

Egredietur ſpiritus ejus, & revertetur in humum ſuam : in die illa peribunt cogitationes ejus.

VERSIO ANTIQUA.

1. Alleluia, Pſalmus David. CXLV. *Ex Mſ. Sangerm.*

2. LAuda anima mea Dominum, laudabo Dominum in vita mea : pſallam Domino meo quandiu ero.

Nolite confidere in principibus : 3. neque in filiis hominum, quibus non eſt ſalus.

4. Exibit ſpiritus eorum : in illa die peribunt omnes cogitationes eorum.

NOTÆ AD VERSIONEM ANTIQUAM.

℣. 1. Pſalt. Rom. ſimpliciter hab. *Alleluia*, cum Caſſiod. Pſ. verò è Mſ. Vatic. apud Hilar. ſic : *Pſalmus David, Alleluia, Aggæi, & Zachariæ.* Hilar. quoque in comment. dicit : *Etiam huic Pſalmo addere aliquid Tranſlatoribus viſum eſt : nam cùm Hebræis ſola* Alleluia *ſit prælata confeſſio, illis placuit Aggæum, & Zachariam in titulo anteferre.* Auguſt. & Proſp. nullum præferunt titulum. Theodoretus ait : *In quibuſdam exemplaribus additum eſt* Ἀγγαίου, καὶ Ζαχαρίου ; *id verò neque apud Hebr. neque apud alios Interpretes inveni, neque apud LXX. in Hexaplo : id etiam de ſeqq. titulis intelligendum.* Gr. hod. Vulgatæ conſonat.

℣. 2. Sic in Pſalt. Rom. eſt & Moz. uno excepto *Deo*, pro *Domino*. Ita quoque Hilar. & Caſſiod. legunt in hunc Pſ. Auguſt. verò in eund. *pſallam Deo meo quandiu ſum. Nolite confidere in principes* : nec diſſimiliter in Pſalt. Corb. & apud Proſp. excepto ult. *in principibus*. Græcè : ψαλῶ τῷ Θεῷ μου ἕως ὑπάρχω. Μὴ πεποίθατε ἐπ' ἄρχοντας.

℣. 3. S. Proſp. & Caſſiod. legunt cum Pſalt. Moz. & Pſ. præfixo apud Hilar. *neque in filiis hom. in quibus non eſt ſalus.* Hilar. verò in comment. Vulgatæ accinit ad verbum. Lucif. Calar. l. 1. pro S. Athan. p. 196. b. *Nolite confidere in principibus : & in filiis hom. in quibus*, &c. Ap. Auguſt. bis, *& in filios hominum, quibus*, &c. inf. *à quibus*, ſed ſemel. In Pſalt. Corb. *nec in filiis hom. quibus*, &c. In Gr. καὶ ἐφ' υἱοὺς ἀνθρώπων, οἷς οὐκ, &c.

℣. 4. Hilar. in comment. *Exibit ſpiritus eorum, & revertentur in terram ſuam : in illa die*, &c. ut in textu. Brev. Moz. *Exiet ſpiritus eorum, revertetur in terram ſuam*, &c. Pſalt. verò Corb. *Exiet ſpiritus ejus, & revertetur in terra ſua : in illa die*, &c. Lucif. Cal. l. 1. pro S. Athan. p. 196. b. cum Vulg. concinit ad verbum. Ita quoque Proſp. & Caſſiod. in hunc Pſ. niſi quòd Caſſiod. leg. *Exiet*, Auguſt.

VERSIO ANTIQUA.	HEBR.	VULGATA HOD.
Ex Ms. Sangerm. 5. Beatus, cujus Deus Jacob adjutor ejus, & spes ejus in Domino Deo ipsius: 6. qui fecit cœlum & terram, mare, & omnia quæ in eis.	*Beatus, cujus Deus Jacob auxiliator ejus, spes ejus in Domino Deo suo: qui fecit cælos & terram, mare, & omnia quæ in eis sunt,*	5. Beatus, cujus Deus Jacob adjutor ejus, spes ejus in Domino Deo ipsius: 6. qui fecit cœlum & terram, mare, & omnia quæ in eis sunt. Act. 14. 14. Apoc. 14. 7.
7. Qui custodit veritatem in sæculum, facit judicium injuriam patientibus: dat escam esurientibus.	*Et custodit veritatem in sempiternum: qui facit judicium calumniam sustinentibus, & dat panem esurientibus.*	7. Qui custodit veritatem in sæculum, facit judicium injuriam patientibus: dat escam esurientibus.
Dominus erigit allisos: 8. Dominus solvet compeditos.	*Dominus solvit vinctos: Dominus illuminat cæcos.*	Dominus solvit compeditos: 8. Dominus illuminat cæcos.
Dominus inluminat cæcos, Dominus diligit justos.	*Dominus erigit allisos: Dominus diligit justos.*	Dominus erigit elisos, Dominus diligit justos.
9. Dominus custodit advenas, pupillum & viduam suscipiet: & viam peccatorum exterminabit.	*Dominus custodit advenas, pupillum & viduam suscipiet: & vias impiorum conteret.*	9. Dominus custodit advenas, pupillum & viduam suscipiet: & vias peccatorum disperdet.
10. Regnabit Dominus in sæcula, Deus tuus Sion in sæculum & sæculum.	*Regnabit Dominus in æternum, Deus tuus Sion in generationem & generationem. Alleluia.*	10. Regnabit Dominus in sæcula, Deus tuus Sion in generationem & generationem.

NOTÆ AD VERSIONEM ANTIQUAM.

ibid. *Exiet spiritus ejus, & revertetur..... in illa die perib. omnes cogitationes ejus.* In Gr. Ἐξελεύσεται τὸ πνεῦμα αὐτοῦ, καὶ ἐπιστρέψει εἰς τὴν..... ἀπολοῦνται πάντες οἱ διαλογισμοὶ αὐτῶν· Ald. & Compl. αὐτοῦ.

℣. 5. Ita legit Lucif. Cal. l. 1. pro S. Athan. p. 196. b. cum Ps. è Ms. Vatic. apud Hilar. Sic etiam Hilar. ipse in comment. sed absque medio &, quod pariter omittunt S. Prosp. & Cassiod. ibid. Apud Aug. quater: *Beatus, cujus Deus Jacob adjutor est ejus, spes illius* (vel *ipsius*) *in Dominum Deum ipsius*; semel *spes ipsius in Domino Deo ipsius*. In Gr. ἡ ἐλπὶς αὐτοῦ ἐπὶ Κύριον τὸν Θεὸν αὐτοῦ.

℣. 6. Concinit Lucif. Cal. l. 1. pro S. Athan. p. 196. b. unà cum Gr. Hilar. verò, August. Prosp. & Cassiod. addunt in fine, *sunt*. Apud Iren. l. 1. c. 9. p. 48. a. *Qui fecit cælum & terram, & maria, & omnia quæ in eis sunt.*

℣℣. 7. 8. Totidem verba in Psalt. Rom. & eodem ordine, nisi excipias unum *solvit*, pro *solvet*. In Moz. *Qui custodit veritatem in æternum, qui facit judicium..... & dat escam esurientibus. Dominus solvet compeditos: Dom. erigit elisos. Dom. illuminat cæcos, Dom. diligit justos.* In Corb. *faciens judicium*, non *facit*; subinde post *esurientibus*, ita: *Dominus erigit adlisos: Dom. solvit compeditos. Dom. inluminat cæcos, Dom. diligit justos.* Ps. præfixus apud Hilar. *facit judicium injuriâ patientibus: dat escam esur. Dominus solvit comped. Dom. sapientificat cæcos. Dom. erigit allisos, Dom. diligit justos.* Lucif. Cal. l. 1. pro S. Athan. p. 196. b. priora tantùm refert: *Qui custodit verit. in sæculum, facit judic. injuriam patientibus.* Hilar. in comment. *Qui custodit verit. in sæculum, facit judicium his, qui patiuntur injuriam: dat escam esur. Dominus solvit comped. Dom. sapientificat cæcos. Dom. erigit elisos* (inf. *allisos*,) *Dom. diligit justos.* Ambr. in Luc. 7. to. 1. col. 1379. c. 1462. c. *Dominus dat escam esur. Dom. erigit allisos: Dom. solvit comped. Dom. illuminat cæcos, Dom. diligit justos.* Aug. in hunc Ps. *Qui custodit verit. in æternum, facientem judicium injuriam accipientibus, dantem escam esurientibus. Dominus solvit comped. Dom. erigit elisos. Dom. sapientes facit cæcos, Dominus diligit justos*: supra 1633. g. legit, *qui judicium faciet.* S. Pacian. ser. de pœnit. p. 319. c. *Dominus erigit elisos: Dom. solvit comped. Dom. illumin. cæcos.* Prosp. in hunc Ps. *Dominus sapientes facit cæcos: Dom. erigit elisos, Dom. diligit justos*; cæt. ut in Vulgata. Cassiodorus ab ipsa non differt, nisi quòd post *justos*, subdit: *Dominus erigit elisos.* Hieron. verò in Isai. 14. to. 3. 399. c. legit cum August. & Prosp. *Dominus sapientes facit cæcos*; sed addit: *sive ut in Latinis codicibus legitur: Dominus illuminat cæcos, Dom. diligit advenas.* Græc. Τὸν φυλάσσοντα ἀλήθειαν..... ποιοῦντα κρίμα τοῖς ἀδικουμένοις· διδόντα τροφὴν τοῖς..... Κύριος λύει πεπεδημένους· Κύριος σοφοῖ τυφλούς. Κύριος ἀνορθοῖ κατεῤῥαγμένους, Κύριος ἀγαπᾷ δικαίους. Ms. Alex. Κύριος ἀνορθοῖ κατεῤῥαγ. Κύριος σοφοῖ τυφλούς· al. φωτίζει, teste Chrysost.

℣. 9. Hilarius legit: *Dominus custodit proselytum, pupillum & vid..... & viam peccatorum exterminabit*: & infra: *Advenæ*, inquit, *seu proselyti, custodiuntur..... & via peccatorum disperditur.* Ambros. in Luc. 7. to. 1. 1379. c. *Dominus custodit advenas, orphanum & vid..... & viam pecc. exterminabit*: sed l. de vid. to. 2. 189. d. leg. *pupillum & viduam suscipiet.* August. *Dom. custodit proselytos, orphanum* (inf. *pupillum*) *& viduam suscipiet: & viam pecc. exterminabit.* Prosper ut in Vulg. præter hoc, *& viam pecc. exterminabit.* Cassiod. cum Psalt. Rom. *Dom. custodit advenam, pup..... & viam pecc. exterminabit.* Ps. è Ms. Vatic. ap. Hilar. *advenas, pup... & vias peccat. exterminavit.* Breviar. Moz. *orphanum & vid. susc. & viam pecc. exterminabit*: similiter in Corb. *& viam pecc. exterminabit.* In Gr..... τοὺς προσηλύτους, ὀρφανὸν καὶ χήραν ἀναλήψεται· καὶ ὁδὸν..... ἀφανιεῖ. Autogr. Sang. scribit *exterminavit*, ut & inf. *regnavit*, sed antiquor. Mss. more, qui *v* in *b*, & *b* in *v*, sæpissimè convertunt.

℣. 10. Psalt. Rom. cum Cassiod. *Regnabit Dominus in æternum, Deus tuus Sion in sæculum sæculi.* Similiter habet Psalt. Corb. *in sæculum sæculi.* Mozar. *Regnabit Dom. in æternum..... in generatione & generatione.* Sic etiam apud Hilar. & August. exceptis his, *in generationem & generationem.* Ps. è Ms. Vatic. apud Hilar. *Regnabit Dom. in sæculum..... in generatione & generationem.* Apud Prosp. *Regnabit Dom. in æternum..... in generatione & generatione, in sæculum sæculi.* In Gr. Βασιλεύσει Κύριος εἰς τὸν αἰῶνα, ὁ Θεός σου Σιὼν εἰς γενεὰν καὶ γενεάν.

VERSIO ANTIQUA.	HEBR.	VULGATA HOD.
Ex Ms. Sangerm. 1. Alleluia, Aggæi, & Zachariæ. CXLVI.	*CXLVII.*	1. Alleluia. CXLVI.
* LAudate Dominum, quoniam bonum est psalmis:	*LAudate Dominum, quoniam bonum est canticum Dei nostri:*	LAudate Dominum, quoniam bonus est psalmus: Deo nostro

NOTÆ AD VERSIONEM ANTIQUAM.

℣. 1. Hic Ps. ita inscribitur in Psalt. Corb. Carnut. Mozar. & Gr. Sic etiam habet Ps. præf. apud Hilar. Cassiod. verò cum Vulg. simpliciter *Alleluia.* Apud Aug. & Prosp. nullus memoratur titulus. Apud Hilar. autem hæc leguntur, col. 576. e. *Post primam Jerusalem subversionem, traductoque in Babyloniam populo captivo, ædificatam rursum eandem civitatem fuisse, & historia Regnorum & libri Esdræ loquuntur. Sed hodie eandem nullam esse, rerum fides edocet. Hoc idcirco prædiximus, ut, quia Translatoribus visum est huic & anteriori Psalmo, in Aggæum, & Zachariam, titulum præscribere, existimemus in illius temporis homines prophetiæ hujus præscientiam convenire.* Editt. Ald. & Compl. delent Ἀγγαίου, καὶ Ζαχαρίου.

* Iidem in Psalt. Corb. dempto uno *est*, ante *psalmis*. Rom. verò cum Hilar. & Cassiod. leg. *Laudate Dom. quon. bonus est psalmus: Deo nostro jucunda sit laudatio*: item Hilar. post paulò: *Quia bonus psalmus est, Deo nostro fiat jucunda laudatio.* Prosp. ibid. *jocunda laudatio.* August. *Laudate*

VULGATA HOD.

ſit jucunda, decoraque laudatio.

2. Ædificans Jeruſalem Dominus : diſperſiones Iſraëlis congregabit.

3. Qui ſanat contritos corde : & alligat contritiones eorum.

4. Qui numerat multitudinem ſtellarum : & omnibus eis nomina vocat.

5. Magnus Dominus noſter, & magna virtus ejus : & ſapientiæ ejus non eſt numerus.

6. Suſcipiens manſuetos Dominus : humilians autem peccatores uſque ad terram.

7. Præcinite Domino in confeſſione : pſallite Deo noſtro in cithara.

8. Qui operit cœlum nubibus : & parat terræ pluviam.

Qui producit in montibus fœnum, & herbam ſervituti hominum.

9. Qui dat jumentis eſcam ipſorum, & pullis corvorum invocantibus eum.

10. Non in fortitudine equi voluntatem habebit : nec in tibiis viri beneplacitum erit ei.

11. Beneplacitum eſt Domino

HEBR.

quoniam decorum eſt, pulchra laudatio.

Ædificabit Jeruſalem Dominus : ejectos Iſraël congregabit.

Qui ſanat contritos corde, & alligat plagas eorum.

Qui numerat multitudinem ſtellarum, & omnes nomine ſuo vocat.

Magnus Dominus noſter, & multus fortitudine : & prudentiæ ejus non eſt numerus.

Suſcipiens manſuetos Dominus : humilians impios uſque ad terram.

Canite Domino in confeſſione : canite Deo noſtro in cithara.

Qui operit cælos nubibus, & præbet terræ pluviam :

Et oriri facit in montibus germen.

Qui dat jumentis panem ſuum, filiis corvi clamantibus.

Non eſt in fortitudine equi voluntas ejus : neque in tibiis viri placetur ei.

Placetur Domino in his qui ti-

VERSIO ANTIQUA.

Domino noſtro ſit jucunda laudatio. Ex Mſ. Sangerm.

2. Ædificans Jeruſalem Dominus : & diſparſiones Iſraël congregans.

3. Qui ſanat contritos corde : & alligat contritiones eorum.

4. Qui numerat multitudines ſtellarum : & omnibus eis nomina vocans.

5. Magnus Dominus, & magna virtus ejus : & ſapientiæ ejus non eſt numerus.

6. Suſcipiens manſuetos : humiliat autem peccatores uſque ad terram.

7. Incipite Domino in confeſſionem : pſallite Deo noſtro in cithara.

8. Qui operit cœlum nubibus : & parat terræ pluviam.

Qui producit in montibus fœnum :

9. Dat jumentis eſcam ipſorum, & pullis corvorum invocantibus eum.

10. Non in viribus equi voluntatem habebit : nec in tabernaculis viri beneplacitum eſt ei.

11. Beneplacitum eſt ſuper

NOTÆ AD VERSIONEM ANTIQUAM.

Dom. quon. bonus pſalmus : Deo noſtro jocunda ſit laus : uno in loco ſubditur *eſt*, poſt *bonus* ; ſed in al. conſtanter deeſt. In Pſalt. Moz. *Deo noſtro jocunda ſit laudatio :* abeſt autem tam ab ipſo, quàm à Mediol. Carnut. & aliis, *decoraque :* id verò tum Ambroſ. in Pſ. 1. col. 740. e. tum Nicetius, Spicil. to. 3. p. 9. addunt cum cæt. quæ habentur in Vulg. In Gr. Αἰνεῖτε τὸν Κύριον, ὅτι ἀγαθὸν ψαλμός· τῷ Θεῷ ἡμῶν ἡδυνθείη αἴνεσις. In ed. Compl. ἀγαθὸς, non ἀγαθόν.

℣. 2. Ita legunt Hilar. Proſp. & Caſſiod. cum Pſalt. Carnut. & Rom. Sic etiam Ambroſ. in Pſ. 43. to. 1. 903. b. uno excepto *Iſraëlis*. Auguſt. *& diſperſiones Iſraël colligens.* Vigil. Tapſ. cont. Varimad. p. 749. b. *& diſperſos Iſraël congregans.* Pſalt. Mozar. *& diſpoſitionem Iſraël congregans.* Corb. *Ædificans Jeruſ. & diſperſiones Iſraël congregans.* Gr. καὶ τὰς διασπορὰς τοῦ Ἰσραὴλ ἐπισυνάξει. Ald. & Compl. deſunt καί.

℣. 3. Accinunt Hilar. Auguſt. & Proſp. cum vet. Pſalt. Apud Caſſiod. *qui alligat.* In Græco, Ὁ ἰώμενος..... καὶ δεσμεύων, &c.

℣. 4. Sic apud Auguſt. & in Pſalt. Corb. præter ſing. *multitudinem.* Hilar. ibid. legit : *Numerans multitudinem ſtell. & omnibus his nomina vocans.* Ambroſ. verò l. 5. de fide, to. 2. 587. a. Vulgatæ conſentit cum Proſp. & Philaſtr. Brix. l. de hæreſ. p. 714. a. Apud Hieron. in Iſai. 40. to. 3. 308. c. ſic : *Qui numeras multitudinem ſtell. & omnes eas ex nomine vocat.* Ap. Caſſiod. *& omnes nomine ſuo vocat.* In Gr. Ὁ ἀριθμῶν πλήθη..... καὶ πᾶσιν αὐτοῖς ὀνόματα καλῶν.

℣. 5. Itidem in Pſalt. Corb. Ambroſ. quoque l. 2. de interpel. Dav. c. 4. col. 644. a. delet vocem *noſter.* Vulgatæ verò ſuffragantur Hilar. Proſp. & Caſſiod. cum vet. al. Pſalt. Apud Auguſt. ſic : *Magnus Dom. noſter..... & intelligentiæ ejus non eſt numerus.* Græcè : Μέγας ὁ Κύριος ἡμῶν..... καὶ τῆς συνέσεως, &c.

℣. 6. Sic in Pſalt. Rom. eſt, addita voce *Dominus*, ad *manſuetos.* Hilar. Auguſt. Proſp. & Caſſiod. Vulgatæ accinunt & Gr. Pſalt. Corb. hab. *humilians autem peccatorem.*

℣. 7. Similiter in Pſalt. Corb. Hilar. verò hab. *Inchoate Domino in confeſſione*, &c. Auguſt. & Caſſiod. cum Pſalt. Mediol. & Carnut. *Incipite Domino in confeſſione*, &c. ita rurſum Auguſt. tract. 4. in 1. Joh. to. 3. 851. d. Proſp. autem ut in Vulg. Brev. Moz. *Canite Dom. in confeſſione*, &c. Gr. Ἐξάρξατε τῷ Κυρίῳ ἐν ἐξομολογήσει, &c. Al. ex Chryſoſt. Καταλέξατε τῷ, &c.

℣. 8. Sic apud Hilar. in hunc Pſ. nec plura : Pſ. verò ibid. præf. ſubdit, *& herbam ſervituti hominum :* imo Hilar. ipſe inf. leg. *Qui producit... fœnum : dat jum. eſcam ipſorum : & herbam ſervituti hom. & pullis*, &c. Hunc etiam verſiculorum ordinem confirmat inf. col. 58. a. dicens : *In pluribus autem codicibus inſertum hunc verſum deprehendimus*, & herbam ſervituti hominum ; *ut ea quæ ſuperius dicta ſunt, de homine dicta eſſe per nuncupationem ipſius hominis intelligerentur ; ſed nos non egemus hoc ſenſu : nam licet non impediat adjectus, non tamen eum, tanquam non aliis ad hujus intelligentiæ confirmationem uti poſſimus, amplectimur. Hic enim ordo dictorum eſt : Qui operit..... & parat..... Qui producit..... dat jumentis..... & herbam ſervituti hom.* &c. Apud Auguſt. ibid. *Qui cooperit cælum nubibus : qui parat terræ pluviam. Qui exoriri facit in montibus fœnum, & herbam ſervituti hominum.* Apud Proſp. *Qui operit cælum nubibus : deſcendit in terram ſitientem pluvia gratiarum. Qui producit in..... & herbam ſervit.* &c. Caſſiod. ut in Vulg. In Gr. Τῷ περιβάλλοντι τὸν οὐρανὸν..... τῷ ἑτοιμάζοντι..... τῷ ἐξανατέλλοντι..... καὶ χλόην τῇ δουλείᾳ τῶν, &c. Hic ult. verſic. non habetur in Mſ. Alex. ſed in al. edd. reperitur.

℣. 9. Concinunt Hilar. & Proſp. in hunc Pſ. Auguſt. verò legit : *Et dat* (inf. *Qui dat*) *pecoribus eſcam ipſorum, & pullis corvorum qui invocant eum.* Caſſiod. ut in Vulg. Item apud Ambroſ. epiſt. 63. col. 1041. d. *pullis corvorum invocantibus eum.* Græcè : Καὶ διδόντι τοῖς κτήνεσι, &c. ut ſup. In edd. Ald. & Compl. deeſt καί.

℣. 10. Ita legunt Hilar. & Caſſiod. cum Pſalt. Corb. & Rom. necnon Pſ. è Mſ. Vatic. apud Hilar. hic tamen Pſ. ſcribit *habuit*, non *habebit* ; Corb.que extremò, *erit ei.* Mozar. *Non in viribus equi voluptatem habebit*, &c. ut in textu. Auguſt. in eundem Pſ. *Non in potentatu equi voluntatem habebit : nec in tabernaculis viri bene ſentiet.* Proſp. ibidem : *Non in fortitudine equi volunt. habebit ; nec in tabernaculis viri beneplacitum eſt ei.* Hieron. epiſt. ad Sun. & Fret. to. 2. 663. b. *Pro* ei, inquit, Domino *legiſſe vos dicitis, quod non habetur.* Apud S. Paulin. epiſt. 49. p. 290. a. ſic : *Non in viribus equi, neque in tabernaculis viri ; ſed in humilibus & timentibus eum beneplacitum eſt.* Ruric. etiam l. 2. epiſt. 14. p. 568. h. dicit : *Non in manufactis habitat Deus ; nec in tabernaculis viri beneplacitum ei.* Græcè : Οὐκ ἐν τῇ δυναστείᾳ τοῦ ἵππου θελήσει· οὐδὲ ἐν ταῖς κνήμαις τοῦ ἀνδρὸς εὐδοκεῖ.

℣. 11. Pſalt. Rom. cum Moz. *Beneplacitum eſt Domino ſuper timentes eum : & in eos, qui ſperant in miſericordia ejus.* Pſ. è Mſ. Vatic. apud Hilar. cum Proſp. *& in eos, qui ſperant in miſericordiam ejus.* Hilar. verò in comment. *& in omnes, qui ſperant ſuper miſericordia ejus.* Auguſt. ibid. *Be-*

Versio antiqua.	Hebr.	Vulgata hod.
* Ex Mſ. Sangerm. timentibus eum : & in eos, qui ſperant in miſericordia ejus.	*ment eum, & exſpectant miſericordiam ejus.*	ſuper timentes eum : & in eis, qui ſperant ſuper miſericordia ejus.

Notæ ad Versionem antiquam.

ne ſentiet Dominus in timentibus eum ; & in his, qui ſperant in miſericordia ejus. Ruric. ubi ſup. *Sed beneplacitum eſt ei ſuper timentes ſe : & in eo, qui ſperat in miſericordia.* Caſſiod. ut in Vulg. Gr. Εὐδοκεῖ Κύριος ἐν τοῖς φοβουμένοις αὐτὸν· καὶ ἐν πᾶσι τοῖς ἐλπίζουσιν ἐπὶ τὸ ἔλεος αὐτοῦ.

Versio antiqua.	Hebr.	Vulgata hod.
Ex Mſ. Sangerm. * Alleluia. CXLVII.		Alleluia. CXLVII.
12. LAuda Jeruſalem Dominum : lauda Deum tuum Sion.	*Lauda Jeruſalem Dominum : cane Deum tuum Sion.*	12. LAuda Jeruſalem Dominum ; lauda Deum tuum Sion.
13. Quoniam confortavit ſerras portarum tuarum : benedixit filios tuos in te.	*Quia confortavit vectes portarum tuarum : benedixit filiis tuis in medio tui.*	13. Quoniam confortavit ſeras portarum tuarum : benedixit filiis tuis in te.
14. Qui poſuit fines tuos in pacem ; & adipes frumenti ſatians te.	*Qui poſuit terminum tuum pacem : adipe frumenti ſaturavit te.*	14. Qui poſuit fines tuos pacem ; & adipe frumenti ſatiat te.
15. Qui emittit eloquium terræ : velociter currit ſermo ejus.	*Qui emittit eloquium ſuum terræ : velociter currit verbum ejus.*	15. Qui emittit eloquium ſuum terræ : velociter currit ſermo ejus.
16. Qui dat nivem ſicut lanam : nebulam ſicut cinerem ſpargit.	*Qui dat nivem quaſi lanam : pruinam quaſi cinerem ſpargit.*	16. Qui dat nivem ſicut lanam ; nebulam ſicut cinerem ſpargit.
17. Mittit cryſtallum ſuum ſicut fruſta panis : ante faciem frigoris ejus quis ſubſiſtet ?	*Projicit glaciem ſuam quaſi buccellas : ante faciem frigoris ejus quis ſtabit ?*	17. Mittit cryſtallum ſuam ſicut buccellas : ante faciem frigoris ejus quis ſuſtinebit ?
18. Emittit verbum ſuum, & liquefaciet ea : flavit ſpiritus ejus, & fluent aquæ.	*Mittet verbum ſuum, & ſolvet illa : ſpirabit ſpiritu ſuo, & fluent aquæ.*	18. Emittet verbum ſuum, & liquefaciet ea : flabit ſpiritus ejus, & fluent aquæ.
19. Pronuncians verbum ſuum Jacob : juſtitias, & judicia ſua Iſraël.	*Qui annuntiat verbum ſuum Jacob : præcepta ſua, & judicia ſua Iſraël.*	19. Qui annuntiat verbum ſuum Jacob : juſtitias, & judicia ſua Iſraël.
20. Non fecit taliter omnibus nationibus : & judicia ſua non manifeſtavit eis.	*Non fecit ſimiliter omni genti, & judicia ejus non cognoſcent. Alleluia.*	20. Non fecit taliter omni nationi : & judicia ſua non manifeſtavit eis. Alleluia.

Notæ ad Versionem antiquam.

* Pſalt. Carnut. cum Pſ. è Mſ. Vatic. apud Hilar. ſubdit, *Aggæi & Zachariæ.* Sic etiam in Gr. Hilarius pariter in comment. dicit : *Et huic Pſalmo, ut ei qui ante ſuperiorem fuit*, Aggæi & Zachariæ, *cùm in Hebraïcis non exſtet, nomen adſcribitur.* Item apud Auguſt. *Aggæi, & Zachariæ Pſalmus dicitur.* Hic autem Hebræi diſtinctionem Pſalmi non faciunt, ſed præcedentis poſteriorem partem eſſe volunt.

℣. 12. Accinunt Hilar. Proſp. & Caſſiod. in hunc Pſ. cum Ambroſ. in Pſ. 118. to. 1. 1118. d. Brev. Moz. hab. *Lauda Jeruſ..... collauda Deum tuum Sion.* Auguſt. verò : *Collauda Jeruſ..... lauda Deum tuum Sion.* Gr. Ἐπαίνει Ἱερουσαλὴμ..... αἴνει τὸν Θεόν, &c.

℣. 13. Sic Hilarius, Proſp. & Caſſiod. cum Pſalteriis Rom. Corb. & Moz. Optat. verò l. 3. cont. Donat. p. 50. c. Vulgatæ congruit ad verbum. Ambroſ. quoque in Pſ. 118. to. 1. 1118. d. & l. de inſtit. virg. to. 2. 263. c. legit : *Quoniam confortavit ſeras portarum tuarum :* vide etiam l. 2. de interpel. Dav. c. 7. col. 649. b. Auguſt. verò in Pſ. *Quoniam confirmavit vectes portarum tuarum : benedixit filios tuos in te :* at inf. col. 1656. g. ait : *Pleriſque codices habent : Confirmavit ſeras portarum tuarum.* Gr. Ὅτι ἐνίσχυσε τοὺς μοχλοὺς..... εὐλόγησε τοὺς υἱούς σου ἐν σοί.

℣. 14. Pſalt. Rom. cum Corb. & Moz. *Qui poſuit fines tuos pacem : & adipe frumenti ſatians te.* Ita etiam legunt Auguſt. & Caſſiod. in hunc Pſ. Hilar. verò & Proſp. ut in Vulg. ſed Hilar. Mſſ. ſic ferunt : *Qui poſuit filios tuos in pacem : & adipe frumenti ſatiam te.* Gr. Ὁ τιθεὶς τὰ ὅριά σου εἰρήνην· καὶ στέαρ πυροῦ ἐμπιπλῶν σε.

℣. 15. Ita legunt Hilar. & Caſſiod. ſi addatur *ſuum*, ad *eloquium.* Auguſt. verò ita : *Qui emittit verbum ſuum terræ : uſque in velocitatem curret verbum ejus.* Proſp. ibidem : *Qui emittit verbum ſuum terræ : velociter currit ſermo ejus.* In Breviar. Moz. *encurrit.* In Gr. Ὁ ἀποστέλλων τὸ λόγιον αὐτοῦ τῇ γῇ· ἕως τάχους δραμεῖται ὁ λόγος αὐτοῦ.

℣. 16. Conſentiunt Hilar. Proſp. & Caſſiod. in hunc Pſ. Item Aug. niſi quòd ſcribit bis *velut*, pro *ſicut.* Pſalt. Rom. *nebulam velut cinerem aſpergit.* Mozar. *velut cinerem aſpergit.* Gr. Τοῦ διδόντος χιόνα ὡσεὶ ἔριον· ὁμίχλην ὡσεὶ σποδὸν πάσσοντος.

℣. 17. Sic in Pſalt. Rom. Martian. necnon Mediol. & Carnut. ad verbum. Ita quoque in Moz. & Corb. ſi excipias duo, *qui emittit ;* & in fine, *ſubſiſtit.* Itidem in Pſ. præf. ap. Hilar. dempto primo *qui.* In Corb. *ſubſiſtet.* Hilar. in comm. cum Vulg. concinit : ſi tamen Mſſ. conſulantur, non hab. *buccellas*, ſed *fruſta panis*, ut ſup. hanc etiam ipſe lectionem firmat inf. dicens *cryſtallum ultra conſuetudinem grandinis duratum eſſe, & in fruſta ſolidatum.* Apud Auguſt. & Proſp. *Qui mittit cryſtallum ſuum velut* (Proſp. *ſicut*) *fruſta panis : in* (Proſp. *ante*) *faciem frigoris ejus quis ſubſiſtet ?* Caſſiod. *ſubſiſtit ;* cæt. ut in textu. Eucher. q. in Pſ. p. 847. d. *ſubſiſtet.* S. Paulin. ep. 9. p. 44. *ſuſtinebit.* In Gr. Βάλλοντος κρύσταλλον αὐτοῦ ὡσεὶ ψωμούς· κατὰ πρόσωπον ψύχους αὐτοῦ τίς ὑποστήσεται ;

℣. 18. Sic in Pſalt. Corb. præter fut. *flabit.* Rom. & Mozar. hab. *Mittit verbum ſuum... flat ſpiritus ejus, & fluent*, &c. Rom. *flavit.* Pſ. è Mſ. Vatic. ap. Hilar. *Emittet..... flavit.* Hilar. autem in comment. & Proſp. Vulgatæ congruunt. Caſſiod. ibid. *Mittit..... & flavit*, &c. Auguſt. ita : *Emittet verbum ſuum, & tabefaciet ea : ſpirabit ſpiritus ejus, & fluent aquæ.* Gr. Ἀποστελεῖ τὸν... καὶ τήξει αὐτά· πνεύσει τὸ πνεῦμα, &c.

℣. 19. Accinit Caſſiod. cum Pſalt. Rom. Corb. & Moz. Sic etiam in Pſ. Vatic. apud Hilar. ſi legas *juſtitiam*, non *juſtitias.* At Hilar. in comment. à Vulg. non differt. Apud Auguſt. & Proſp. *Annuntians verbum ſuum Jacob : juſtitias*, &c. In Gr. Ἀπαγγέλλων τὸν λόγον..... δικαιώματα καὶ, &c.

℣. 20. Vulgatæ reſpondent Hilar. Proſp. & Caſſiod. in hunc Pſ. Auguſt. verò legit : *Non fecit ſic univerſæ genti : judicia ſua non manifeſtavit eis :* & l. de ſpir. & litt. to. 10. 91. f. *Non fecit ſic ulli genti.* In Pſalt. Corb. & Vatic. apud Hilar. *non manifeſtabit eis.* In Gr. Οὐκ ἐποίησεν οὕτως παντὶ ἔθνει· καὶ τὰ..... οὐκ ἐδήλωσεν αὐτοῖς.

VULGATA HOD.

1. Alleluia. CXLVIII.

Laudate Dominum de cœlis : laudate eum in excelsis.

2. Laudate eum omnes angeli ejus : laudate eum omnes virtutes ejus.

3. Laudate eum sol & luna : laudate eum omnes stellæ, & lumen.

Dan. 3. 59. 60. 4. Laudate eum cœli cœlorum : & aquæ omnes, quæ super cœlos sunt, 5. laudent nomen Domini.

Quia ipse dixit, & facta sunt : ipse mandavit, & creata sunt.

6. Statuit ea in æternum, & in sæculum sæculi : præceptum posuit, & non præteribit.

7. Laudate Dominum de terra, dracones, & omnes abyssi.

8. Ignis, grando, nix, glacies, spiritus procellarum : quæ faciunt verbum ejus.

9. Montes, & omnes colles : ligna fructifera, & omnes cedri.

10. Bestiæ, & universa pecora : serpentes, & volucres pennatæ.

11. Reges terræ, & omnes populi : principes, & omnes judices terræ.

12. Juvenes, & virgines : senes cum junioribus laudent nomen Domini : 13. quia exaltatum est nomen ejus solius.

HEBR.

Alleluia. CXLVIII.

Laudate Dominum de cœlis : laudate eum in excelsis.

Laudate eum omnes angeli ejus : laudate eum omnes exercitus ejus.

Laudate eum sol & luna : laudate eum omnes stellæ luminis.

Laudate eum cœli cœlorum, & aqua quæ super cœlos sunt : laudent nomen Domini :

Quoniam ipse mandavit, & creata sunt.

Statuit ea in sæculum, & in æternum : præceptum dedit, & non præteribit.

Laudate Dominum de terra : dracones, & omnes abyssi.

Ignis, & grando, nix, & glacies, ventus, turbo : quæ facitis sermonem ejus.

Montes, & omnes colles : lignum fructiferum, & universæ cedri.

Bestiæ, & universa jumenta : reptilia, & aves volantes.

Reges terræ, & omnes populi : principes, & universi judices terræ.

Juvenes, & virgines ; senes cum pueris laudent nomen Domini : quoniam sublime nomen ejus solius.

VERSIO ANTIQUA.

1. Alleluia. CXLVIII. Ex Ms. Sangerm.

* Laudate Dominum de cœlis : laudate eum in excelsis.

2. Laudate eum omnes angeli ejus : laudate eum omnes virtutes ejus. Ex Psalt. Rom.

3. Laudate eum sol & luna : laudate eum omnes stellæ, & lumen.

4. Laudate eum cœli cœlorum : & aquæ, quæ super cœlos sunt, 5. laudent nomen Domini.

Quia ipse dixit, & facta sunt : ipse mandavit, & creata sunt.

6. Statuit ea in æternum, & in sæculum sæculi : præceptum posuit, & non præteribit.

7. Laudate Dominum de terra, dracones, & omnes abyssi.

8. Ignis, grando, nix, glacies, spiritus procellarum : quæ faciunt verbum ejus.

9. Montes, & omnes colles : ligna fructifera, & omnes cedri.

10. Bestiæ, & universa pecora : serpentes, & volucres pennatæ.

11. Reges terræ, & omnes populi : principes, & omnes judices terræ.

12. Juvenes, & virgines : senes cum junioribus laudent nomen Domini : 13. quia exaltatum est nomen ejus solius. Ex Ms. Sangerm.

NOTÆ AD VERSIONEM ANTIQUAM.

℣. 1. Itidem apud Cassiod. In Psalt. Rom. & Corb. geminatur *Alleluia*. Hilar. & Prosp. nullum indicant titulum. August. verò ait : *Psalmus est* Aggæi, & Zachariæ ; *sic habet titulum.* In Græco pariter : Ἀλληλούϊα, Ἀγγαίου, καὶ Ζαχαρίου.

* Accinunt magno consensu Hilar. August. Prosp. & Cassiod. in hunc Ps. cum Gr. His pariter accedit Ambrof. l. de Jos. c. 2. to. 1. 485. e. & in Luc. 2. 1298. e.

℣. 2. Mutilus est eò loci Psalmus in Ms. Sangerm. Paginam videlicet claudunt duo versiculi suprascripti ; alterius verò paginæ initium ducitur ab his, *laudent nomen Domini*, quæ ultima verba sunt versûs 12. inferioris. Ne tamen imperfectus & mancus remaneret hic sacer contextus, deficientes versiculos supplendos duximus è Psalt. Romano, quod sæpe & sæpiùs concordare visum est cum Psalt. nostro Sangerm. Ad præs. igitur ℣. 2. quod attinet, similiter habetur apud Hilar. Ambr. Aug. Prosp. & Cassiod.

℣. 3. Itidem Hilar. Ambrof. & alii qui supra.

℣. 4. Sic est in Psalt. Corb. Carnut. & Ps. præf. apud Hilar. Sic etiam apud August. Prosp. Cassiod. & Philastr. Brix. l. de hæres. p. 712. e. Hilarius verò ita legit cum in hunc Ps. tum in Ps. 123. col. 399. e. *& aqua, quæ super cælos est.* Ambrof. l. 2. Hex. col. 26. f. & l. 3. de Spir. S. to. 2. 697. b. *& aquæ, quæ super cælos sunt*, ut sup. Græc. καὶ τὸ ὕδωρ, τὸ ὑπεράνω τῶν οὐρανῶν.

℣. 5. Hilar. in Ps. 123. col. 399. e. *laudet Dominum* : at in Ps. 148. col. 586. e. *laudet nomen Domini* ; deinde sic : *Quia ipse mandavit, & creata sunt : ipse dixit, & facta sunt.* August. verò Prosp. & Cassiod. in eund. Ps. textui Rom. suffragantur unà cum Gr. imo & Hilar. ipse in explan. col. 587. d. nisi quòd hab. *præcepit*, pro *mandavit* ; sed inf. ut & l. 4. de Trin. col. 837. b. *ipse dixit..... ipse mandavit*, &c. Itidem Irenæus, l. 2. c. 34. p. 168. c. at inf. l. 4. c. 41. p. 288. b. *Quoniam ipse dixit..... ipse præcepit, & creata sunt.* Novatian. l. de Trin. p. 1032. b. *Dixit, & facta sunt omnia : præcepit, & processerunt universa.* Ambrof. autem ut in textu Rom. tum l. 1. & 2. Hex. col. 5. a. 19. f. 26. f. tum in Ps. 36. & 118. col. 777. b. 1089. a. item l. de Myster. to. 2. 339. c. sicut inf. col. 369. a. 459. b. 465. a. 512. b. 1151. d.

℣. 6. Ita legit S. Prosper cum Cassiod. ibid. Hilarius verò & August. *Et statuit ea in sæculum, & in sæculum sæculi : præceptum pos.* &c. August. tamen delet *Et*, in principio, sicut Hilar. inf. cum Gr. Ambr. l. 2. Hex. col. 26. f. *Statuit ea in sæculum sæculi : præceptum*, &c. Gr. εἰς τὸν αἰῶνα, καὶ εἰς τὸν αἰῶνα, &c.

℣. 7. Concinunt Hilar. Aug. Prosp. & Cassiod. unà cum Gr. Vide etiam Ambrof. l. 2. Hex. col. 31. c.

℣. 8. Ita Cassiod. in hunc Ps. at Hilar. legit : *Ignis, grando, nix, crystallum, spiritus procellæ : quæ faciunt verba ejus* ; inf. *verbum ejus* : Ps. ibid. præf. *spiritus procellarum : qui faciunt verbum ejus.* S. Prosp. *spiritus procellæ : qui faciunt*, &c. August. in eund. Ps. *spiritus tempestatis : quæ faciunt*, &c. item l. 7. Confess. to. 1. 140. f. & l. 3. de Gen. ad lit. to. 3. 148. e. & l. 1. de serm. Dom. in monte, col. 166. d. Brev. Moz. *spiritus tempestatis : qui faciunt*, &c. Vigil. Taps. cont. Varimad. p. 742. e. *spiritus procellæ : quæ faciunt*, &c. Græc. πνεῦμα καταιγίδος· τὰ ποιοῦντα τὸν λόγον αὐτοῦ.

℣. 9. Sic Hilar. August. Prosp. & Cassiod. cum Gr. rursum Aug. l. 7. Conf. to. 1. 140. f.

℣. 10. Ita legit Hilar. cum Cassiodoro. Prosp. verò cum Ps. Vatic. apud Hilar. *Bestiæ, & omnia pecora*, &c. ut sup. Aug. cùm in hunc Ps. tum l. 7. Confess. to. 1. 140. f. ita : *Bestiæ, & omnia pecora : reptilia, & volatilia pennata.* Ita etiam in Gr.

℣. 11. Accinunt Hilar. August. Prosp. & Cassiod. cum vet. Psalt. & Gr.

℣. 12. Hilarius leg. cum Aug. Prosp. & Cassiod. *Juvenes, & virgines : seniores cum junioribus*, &c. Sic iterum August. l. 7. Confess. to. 1. 140. f. cum Psalt. Corb. & Mozar. In Gr. πρεσβύται μετὰ νεωτέρων.

℣. 13. Similiter habent Hilar. Aug. Prosp. & Cassiod. cum Gr.

VERSIO ANTIQUA.	HEBR.	VULGATA HOD.
Ex Mſ. Sangerm. 14. Confeſſio ejus ſuper terram & cœlum : exaltavit cornu populi ſui.	*Gloria ejus in cælo & in terra, & exaltavit cornu populi ſui.*	14. Confeſſio ejus ſuper cœlum & terram : & exaltavit cornu populi ſui.
Hymnus omnibus ſanctis ejus : filiis Iſraël, populo adpropianti ſibi.	*Laus omnibus ſanctis ejus : filiis Iſrael, populo appropinquanti ſibi. Alleluia.*	Hymnus omnibus ſanctis ejus : filiis Iſraël, populo appropinquanti ſibi. Alleluia.

NOTÆ AD VERSIONEM ANTIQUAM.

℣. 14. Hilar. Proſp. & Caſſiod. Vulgatæ accinunt. Auguſt. verò legit : *Confeſſio ejus in terra & cælo : & exaltabit cornu*, &c. ut in Vulg. Ambroſ. l. 1. de Abr. c. 8. col. 307. d. & in Pſ. 43. col. 895. c. *exaltavit*, &c. Pſ. è Mſ. Vatic. ap. Hilar. *exſultavit cornu*, &c. Moz. *& exaltavit*. Subinde in Corb. *hymnum omnibus ſanctis*, &c. In Gr. Ἡ ἐξομολόγησις αὐτοῦ ἐπὶ γῆς καὶ οὐρανοῦ· καὶ ὑψώσει κέρας, &c. ut in textu.

VERSIO ANTIQUA.	HEBR.	VULGATA HOD.
Ex Mſ. Sangerm. 1. Alleluia, Pſalmus David. CXLIX.	*Alleluia. CXLIX.*	1. Alleluia. CXLIX.
* CAntate Domino canticum novum : laudatio ejus in eccleſia ſanctorum.	*CAntate Domino canticum novum : laus ejus in congregatione ſanctorum.*	CAntate Domino canticum novum : laus ejus in eccleſia ſanctorum.
2. Lætetur Iſraël in eo, qui fecit ipſum : & filii Sion exſultent ſuper regem ſuum.	*Lætetur Iſraël in factore ſuo : filii Sion exſultent in rege ſuo.*	2. Lætetur Iſraël in eo, qui fecit eum : & filii Sion exſultent in rege ſuo.
3. Laudent nomen ejus in choro : in tympano & pſalterio pſallant ei.	*Laudent nomen ejus in choro : in tympano & cithara canant ei.*	3. Laudent nomen ejus in choro : in tympano & pſalterio pſallant ei :
4. Quia beneplacitum eſt Domino in populo ſuo : exaltavit manſuetos in ſalute.	*Quia complacet ſibi Dominus in populo ſuo : exaltabit manſuetos in Jeſu.*	4. Quia beneplacitum eſt Domino in populo ſuo : & exaltabit manſuetos in ſalutem.
5. Et exſultabunt ſancti in gloria :	*Exſultabunt ſancti in gloria : laudabunt in cubilibus ſuis.*	5. Exſultabunt ſancti in gloria : lætabuntur in cubilibus ſuis.
6. Exaltationes Dei in gutture eorum :	*Exſultationes Dei in gutture eorum, & gladii ancipites in manibus eorum :*	6. Exaltationes Dei in gutture eorum : & gladii ancipites in manibus eorum :
7. Ad faciendam vindictam in nationibus, increpationes in populis.	*Ad faciendam vindictam in gentibus, increpationes in populis.*	7. Ad faciendam vindictam in nationibus, increpationes in populis.
8. Ad alligandos reges eorum in compedibus : & nobiles eorum in vinculis ferreis.	*Ut alligent reges eorum catenis, & inclytos eorum compedibus ferreis :*	8. Ad alligandos reges eorum in compedibus : & nobiles eorum in manicis ferreis.
9. Ut faciat in eis judicium conſcriptum : gloria hæc eſt omnibus ſanctis ejus.	*Ut faciant in eis judicium conſcriptum : decor eſt omnium ſanctorum ejus. Alleluia.*	9. Ut faciant in eis judicium conſcriptum : gloria hæc eſt omnibus ſanctis ejus. Alleluia.

NOTÆ AD VERSIONEM ANTIQUAM.

℣. 1. In Pſalt. Rom. ſimpliciter, *Alleluia, alleluia*. Ap. Caſſiod. ſemel tantùm ; nec plus in Gr.

* Ita legunt Hilar. Proſp. & Caſſiod. cum Pſalt. Rom. & Corb. Auguſt. verò Vulgatæ favet. In Gr. ἡ αἴνεσις αὐτοῦ, &c.

℣. 2. Ita legit S. Proſp. cum Pſalt. Corb. Item Hilar. & Caſſiod. ibid. niſi quòd hab. *eum*, loco *ipſum*. Pſalt. Rom. hab. *ipſum* ; at in fine, *ſuper rege ſuo*. Moz. pariter *ipſum* ; extremò verò, *ſuper gregem ſuum* ; ſed vitiosè, ni fallor, nam in Gr. conſtanter, ἐπὶ τῷ βασιλεῖ αὐτῶν.

℣. 3. Ita Hilar. Aug. Proſp. & Caſſiod. cum vet. Pſalt. & Gr. Ab uno Corb. abeſt τὸ *in choro*.

℣. 4. Hilar. in comment. *Quia beneplac..... in pop. ſuo : exaltabit manſ. in ſalutem.* Pſ. ibid. præf. *exaltavit* ; at Hilar. in Pſ. 143. col. 559. f. conſtanter *exaltabit*. Pſalter. Moz. *& exſultabit manſuetos in ſalute*. Rom. *& exſultabunt manſueti in ſalutem* ; Carnut. *in ſalute*. Auguſt. ibid. *Quoniam benefecit Dominus in populo ſuo : & exaltabit manſuetos in ſalute* ; Mſs. *exaltavit*. Proſp. & Caſſiod. ut in Vulg. Gr. Ὅτι εὐδοκεῖ Κύριος..... καὶ ὑψώσει πραεῖς ἐν σωτηρίᾳ.

℣. 5. Hilar. Vulgatæ accinit cùm in hunc Pſ. tum in Pſ. 143. col. 559. f. Item Auguſt. Proſp. & Caſſiod. cum vet. Pſalt. In Gr. Καυχήσονται..... καὶ ἀγαλλιάσονται, &c.

℣. 6. Hilarius in hunc Pſ. ita legit : *Exſultationes Dei in gutture eorum : & gladii bis acuti in manibus ipſorum* : ſic etiam in Pſ. 143. col. 559. f. Auguſt. verò ibid. *Exſultationes Dei in faucibus eorum : & framea bis acuta in manibus eorum.* S. Proſp. *Exaltationes Dei in faucibus eorum : & gladii ancipites*, &c. Similiter apud Caſſiod. & in Pſalt. Rom. præter vocem 1. *Exſultationes*. In Mozar. *Exſultationes Dei in faucibus eorum : & gladius bis acutus in*, &c. Pſ. è Mſ. Vatic. apud Hilar. hab. *Exſultationes Dei in faucibus eorum : & gladius ancipitis in*, &c. Gr. Αἱ ὑψώσεις τοῦ Θεοῦ ἐν λάρυγγι αὐτῶν· καὶ ῥομφαῖαι δίστομοι ἐν, &c. al. ex Chryſoſt. initio hab. Αἱ ὑμνολογίαι τοῦ Θεοῦ, &c.

℣℣. 7. 8. Ita ferunt Pſalt. Rom. Corb. & Moz. ad verbum, cum Caſſiodoro. Apud Hilar. verò ſic in commentar. *Ad faciendam vind. in nationibus, objurgationes in populis. Ad allig.* &c. ut in Vulg. Pſ. ibid. præfixus hab. *increpationes in populis. Ad alligandos reges in manicis & compedibus : & nobiles eorum in vinculis ferreis.* Auguſt. in eund. Pſ. *Ad faciendam vindictam in gentibus, objurgationes in populis. Ut alligent reges eorum in comped. & nob. eorum in vinculis ferreis.* Similiter ap. Proſp. præter unum *ad alligandos*, loco *ut alligent*. In Gr. Τοῦ ποιῆσαι ἐκδίκησιν ἐν τοῖς ἔθνεσιν, ἐλεγμοὺς ἐν τοῖς λαοῖς. Τοῦ δῆσαι τοὺς..... ἐν πέδαις· καὶ τοὺς ἐνδόξους αὐτῶν ἐν χειροπέδαις σιδηραῖς.

℣. 9. Pſalt. Rom. *Ut faciant*, &c. ut ſup. Mozar. *Ut facient*, &c. Hilar. cùm in hunc Pſ. tum in Pſ. 143. col. 560. *Ut faciant in his*, &c. Auguſt. Proſp. & Caſſiod. ut in Vulg. Gr. Τοῦ ποιῆσαι ἐν αὐτοῖς, &c.

VULGATA HOD.	HEBR.	VERSIO ANTIQUA.
1. Alleluia. CL.	*Alleluia. CL.*	1. Alleluia. CL.
LAudate Dominum in sanctis ejus: laudate eum in firmamento virtutis ejus.	*LAudate Dominum in sancto ejus: laudate eum in fortitudine potentiae ejus.*	LAudate Dominum sanctis ejus: laudate eum in firmamento virtutis ejus.
2. Laudate eum in virtutibus ejus: laudate eum secundùm multitudinem magnitudinis ejus.	*Laudate eum in fortitudinibus ejus: laudate eum juxta multitudinem magnificentiae suae.*	2. Laudate eum in potentatibus ejus: laudate eum secundùm multitudinem magnitudinis ejus.
3. Laudate eum in sono tubae: laudate eum in psalterio, & cithara.	*Laudate eum in clangore buccinae: laudate eum in psalterio, & cithara.*	3. Laudate eum sono tubae: laudate eum in psalterio, & cithara.
4. Laudate eum in tympano, & choro: laudate eum in chordis, & organo.	*Laudate eum in tympano, & choro: laudate eum in chordis, & organo.*	4. Laudate eum in tympano, & choro: laudate eum in chordis, & organo.
5. Laudate eum in cymbalis benesonantibus: laudate eum in cymbalis jubilationis: 6. omnis spiritus laudet Dominum. Alleluia.	*Laudate eum in cymbalis sonantibus: laudate eum in cymbalis tinnientibus: omne quod spirat, laudet Dominum. Alleluia.*	5. Laudate eum in cymbalis benesonantibus: 6. omnis spiritus laudet.

Ex Ms. Sangerm.

NOTÆ AD VERSIONEM ANTIQUAM.

℣. 1. Psalt. Rom. cum Gr. *Laudate Deum in sanctis*, &c. August. Prosp. & Cassiod. ut in Vulg. Vide etiam Ambros. l. 2. Hex. col. 31. a.

℣. 2. Ita legunt Prosp. & Cassiod. cum Psalt. Mediol. Corb. Carnut. & Rom. August. ibid. *in virtutibus ejus, vel ut alii interpretati sunt*, inquit, *in potentatibus ejus*. Græc. ἐν ταῖς δυναστείαις αὐτοῦ.

℣℣. 3. 4. August. & Cassiod. nil differunt à Vulg. cui etiam Gr. consonat. Apud Prosp. ita: *Laudent eum in sono tubae: laudent eum in psalt..... Laudent eum in tymp..... laudate eum in chordis, & org.* Apud Ambros. l. de fide Res. col. 1162. b. *Laudate eum in sono tubae.*

℣℣. 5. 6. Psalt. Carn. Corb. & Rom. cum Cassiod. *Laudate eum in cymb. bene son. laudate eum in cymbalis bene tinnientibus*, &c. ut in Vulg. Hilar. quoque in comm. ait: *Laudamus in cymbalis bene sonantibus: in cymbalis exsultationis laus ista perficitur; quae laus omnis in sanctis est.* Prosp. ibid. *Laudent eum in cymbalis bene sonantibus: laudate eum*, &c. ut in Vulg. August. verò ab ipsa nil omnino differt. Ult. etiam versic. 6. legitur ap. Ambros. in Ps. 40. col. 883. a. & Nicetum ep. Spicil. to. 3. p. 9. c. In Gr. Αἰνεῖτε αὐτὸν ἐν κυμβάλοις εὐήχοις· αἰνεῖτε αὐτὸν ἐν κυμβάλοις ἀλαλαγμοῦ· πᾶσα πνοὴ αἰνεσάτω τὸν Κύριον.

VERSIO ANTIQUA.

* CLI.

** Hic Psalmus sibi propriè scriptus est David, extra numerum CL. cùm pugnavit cùm Golia. Ex Ms. Sangerm.

1. PUsillus eram inter fratres meos, & adolescentior in domo patris mei, pascebam oves patris mei.
2. Manus meae fecerunt organum: digiti mei paraverunt psalterium.
3. Et quis adnuntiavit Domino meo? ipse Dominus, ipse omnium exaudit.
4. Ipse misit angelum suum, & tulit me de ovibus patris mei: & unxit me misericordiam unctionis suae.

NOTÆ AD VERSIONEM ANTIQUAM.

* Hic Psalmus non solum reperitur in Psalterio nostro Sangerm. sed etiam in aliis tribus vet. Mss. videlicet uno itidem S. Germ. n. 8. annor. circiter 700. altero Colbert. n. 727. annor. 900. tertio denique Biblioth. Sorbonicae. Latinè etiam habetur ad calcem Psalterii Brunonis episc. Herbipol. Scriptoris XI. saec. cum interpretatione Johannis Cochlaei. De hoc Ps. pariter meminit Euthymius Zigabenus, praefat. in Psal. qui quidem auctor adhuc florebat initio XII. saeculi. Graecè quoque & Latinè legitur ap. Sixtum Senensem, l. 1. Biblioth. Sanctae, p. 36. Editus pariter est Graecè, cum versione Lat. & Notis Flaminii Nobilii, to. 2. Vet. Testamenti secundùm LXX. de exemplari Rom. fideliter expressi; studio & cura Joh. Morini Orat. Jesu Presb. fol. Paris. 1628. Demum vulgatus est Graecè & Latinè à Johanne Alberto Fabricio, to. XIV. Bibliothecae Gr. p. 161. anno 1728. « Alia, inquit, antiqua versio Latina hujus Psalmi pridem edita fuit à R. Elia Ehingero ex Ms. » Bibl. Augustanae, Augustae Vindel. 1626. atque inde in Dia- » rio eruditorum Theologico, anno 1712. Illam hoc loco da- » bo & ipse, additis quibusd. observationibus. » Verùm non tantùm Graecè & Lat. editus est hic Psalm. sed & Syriacè, Arabicè, ac Æthiopicè, adjunctis è regione totidem versionibus Latinis. Hujus tamen Psalmi ne verbum quidem exstat in Hexaplis recens editis à Montfalconio nostro: non invenitur etiam in veterib. Psalteriis Lat. à nobis saepe & saepiùs laudatis supra: imo nec è Patrum antiquiorum, saltem Latinorum, scriptis quidquam nobis eruere licuit, quod eundem Psalmum vel indicaret, vel tantillum redoleret. Hunc tamen Ps. agnovisse nonnullos, cùm Graecos, tum Latinos, doctissimus Fabricius asseverat: Latina, inquit, versione antiqua hujus Psalmi « usus pridem fuit ante Auc- » torem conflictûs Arnobii & Serapionis, Vigilium Tapsen- » sem, Gaudentius Brixiensis, ser. XI. » & infra, Not. b. ad ℣. 1. « Haec verba, inquit, respiciunt, praeter Mariam Cas- « sobolensem ad Ignatium, Athanasius, epist. ad Marcelli- « num, Chrysostomus, homil. XVII. ad populum Antioch. & « Gaudentius Brix. homil. XI. »

** Graec. Οὗτος ὁ ψαλμὸς ἰδιόγραφος εἰς Δαυΐδ, καὶ ἔξωθεν τοῦ ἀριθμοῦ, ὅτε ἐμονομάχησε τῷ Γολιάδ. Edit. Ald.... τῷ Δαβίδ ἐστι, καὶ ἔξωθεν τοῦ ἀριθμοῦ τῶν ἑκατὸν πεντήκοντα, ὅτε ἐμονομάχησε πρὸς τὸν Γολιάθ. Ms. August. Latinè: *Hic Psalmus proprie scriptus David, extra numerum, quando monomachiam init cum Goliath.*

℣. 1. Sic in Ms. Colb. ut etiam in Graeco. In Augustano Lat. *Minimus eram inter fratres meos, & adolescens in domo*, &c. ut sup. Vide Not. Fabric. in hunc ℣. laudatam supra.

℣. 2. Græc. addit καὶ, post *organum*; scribitque ἥρμοσαν, loco *paraverunt*. Hunc ℣. citat Euthymius praefat. in Ps. & legit *concinnaverunt*; Bruno Herbipol. *aptaverunt*. Sic etiam in Ms. S. Germ. n. 8. Item in Colb. & Sorbon. *& digiti mei aptaverunt*. In August. *& digiti mei composuerunt*.

℣. 3. Bruno episc. Herbipol. pro ult. *exaudit*, leg. *exauditor*, cum Ms. Sangerm. n. 8. In Colb. & Sorb. *ipse omnium exaudivit*. Graecè: Καὶ τίς ἀναγγελεῖ τῷ Κυρίῳ μου; αὐτὸς Κύριος, αὐτὸς εἰσακούει. Itidem in Ms. August. Gr. Latinè verò sic: *Quis iste est qui docuit? herus meus ipse Dominus, & exauditor cujusvis clamantis ad eum.*

℣. 4. Bruno episc. Herbipol. cum tribus Mss. Sangerm. n. 8. Colb. & Sorbon. extremò legit, *unxit me in misericordia unctionis suae*: Gr. ἔχρισέ με ἐν τῷ ἐλαίῳ τῆς χρίσεως αὐτοῦ· Ms. verò Alex. ἐν τῷ ἐλέει τῆς χρίσεως αὐτοῦ. Ms. August. sic habet Latinè: *Ipsemet misit angelum suum, & extraxit me ex ovibus patris mei: & unxit me unguento unctionis suae.* Fabricius addit inf. apud Vigilium legi, *unctione misericordiae suae*; quasi, inquit, in Graeco esset, ἐν τῷ χρίσει τοῦ ἐλέους αὐτοῦ.

VERSIO ANTIQUA.

Ex Mſ. Sangerm. 5. Fratres mei boni, & magni : & non
fuit beneplacitum in illis.
6. Exivi obviam alienigenæ : & devotavit
me in ſimulacris ſuis.

7. Ego autem, evaginato ab eo ipſius gladio, amputavi caput ejus : & abſtuli opprobrium ex filiis Iſraël.

NOTÆ AD VERSIONEM ANTIQUAM.

℣. 5. Mſs. Sangerm. n. 8. & Colb. extremò ferunt, *& non fuit beneplacitum in eis Domino :* Gr. ϗ οὐκ εὐδόκησεν ἐν αὐτοῖς Κύριος. Mſ. verò Auguſt. ſic Latinè habet : *Fratres mei pulchri ſunt, & magni : & tamen non eſt oblectatus eis Dominus.*

℣. 6. Totidem verba refert Euthym. præfat. in Pſalm. præter hoc, *maledixit mihi*, pro *devotavit me.* Ita etiam legit Bruno epiſc. Herbipol. cum Mſ. S. Germ. n. 8. In Colb. & Sorbon. *maledixit me.* In Græco, ἐπικατηράσατό με, i. e. *exſecratus eſt me*, *devovit me.* Mſ. verò Auguſt. ſic habet Latinè : *Egreſſus ſum in occurſum extranei natione : & maledixit mihi per ſimulachra ſua :* Græc. ἐν τοῖς εἰδώλοις αὐτῶ, ut ſupra.

℣. 7. Sic in Mſ. S. Germ. n. 8. In Colb. *Ego autem, evaginato gladio ipſius ab eo, amputavi*, &c. ut ſupra. Euthym. verò legit : *Ego autem, exerto ab eo ipſius gladio, decollavi eum*, &c. Bruno epiſc. Herbipol. *amputavi caput ejus*, &c. ut ſupra. Græcè ita : Ἐγὼ δὲ σπασάμενος τὴν παρ' αὐτῶ μάχαιραν, ἀπεκεφάλισα αὐτὸν ϗ ἦρα, &c. ut in Lat. Itidem Græcè in Mſ. Auguſt. nec plura : Latinè verò præmittuntur iſta in eodem Mſ. *Et jaculatus ſum in eum tres lapides in frontem ipſius, in virtute Domini ; & proſtravi eum :* tum ſequuntur : *Et ego evaginavi gladium ejus, quem ſua manu tenebat, & amputavi caput ejus : & abſtuli opprobrium à filiis Iſraël ;* quæ ſola Græco laterali reſpondent. Fabricius de additamento prævio ita differit inf. Not. g. « Qui hoc loco in adjuncta verſione (antecedit) verſiculus, in Græco, & verſione altera Latina veteri, malè deſideratur, cùm & ſenſus eum videatur poſtulare, & exſtet etiam in Codice Latino Bibl. Guelpherbytanæ, & in verſione Arabica, an. 1619. vulgata ; & in Syriaca, cujus editionem Maronitis debemus ; necnon in Æthiopica, quam Jobus Ludolfus publicavit : & lectum ab Elia Cretenſi ad Nazianzeni Oration. 4. & à Petro Comeſtore, notat laudatus Hillcherus, p. 57. » Ita Fabricius, nec malè ; moleſtum tamen nonnihil & durum videbitur hunc verſiculum Græcè in Mſ. nullo inveniri : præterea, ſi liceat hîc ſuſpicari aliquid mali, addam, verſionem Latinam hujus Pſalmi in Mſ. Auguſtano, non ſapere omnino antiquitatem : præterquamquod enim ſæpe non conveniat cum aliis veteribus Mſs. à nobis laudatis, Græcum etiam textum paulò ſolutiùs & ornatiùs reddit ; v. g. hoc tituli, ὅτε ἐμονομάχησε, quod Mſs. noſtri vertunt, *cùm pugnavit*, Auguſtan. ſolus ita reddit, *quando monomachiam iniit :* item ℣. 3. Græca iſta : Καὶ τίς ἀναγγελεῖ τῷ Κυρίῳ μου ; αὐτὸς Κύριος, αὐτὸς εἰσακούει· quæ Mſs. noſtri codd. pene ad verbum interpretantur, Mſ. Auguſtan. multò liberius exprimit : *Quis iſte eſt qui docuit ? herus meus ipſe Dominus, & exauditor cujuſvis clamantis ad eum :* & ita de nonnullis aliis.

ROMAN. CORRECTIONUM AD EDIT. VULGATAM DELECTUS,

Auctore FRANCISCO LUCA Brugenſi.

LIBER PSALMORUM.

PSAL. I. ℣. 5. Ideo non reſurgent impii in judicio. *Servandum eſt futurum* reſurgent, *non ſubſtituendum præſens* reſurgunt.

Sequitur : Neque peccatores in concilio juſtorum. Concilio *hîc acceptum pro cœtu, per c potiùs eſt ſcribendum quàm per ſ.*

PSAL. II. ℣. 6. Prædicans præceptum ejus. *Non eſt mutandum pronomen* ejus, *cum nomine* Domini.

PSAL. IV. ℣. 5. Quæ dicitis in cordibus veſtris, in cubilibus veſtris compungimini. *Non interponas conjunctionem* &.

PSAL. VII. ℣. 13. Niſi converſi fueritis, gladium ſuum vibrabit. *Non mutes futurum* vibrabit, *cum præterito* vibravit.

℣. 15. Ecce parturiit injuſtitiam. *Hic non mutes præteritum* parturiit, *in præſens* parturit.

PSAL. IX. ℣. 22. Deſpicis in opportunitatibus. *Nec hîc præſens* deſpicis, *in futurum* deſpicies.

℣. 10. In laqueo ſuo humiliabit eum. *Hoc loco ſervandum eſt futurum, non ſubſtituendum præteritum* humiliavit.

℣. 12. Exſurge Domine Deus, exaltetur manus tua. *Non interponas conjunctionem* &.

PSAL. X. ℣. 1. Tranſmigra in montem ſicut paſſer. *Alii legunt plurali numero* montes.

PSAL. XII. ℣. 5. Ne unquam obdormiam in morte. *Alii pro ſexto legunt quartum caſum* mortem.

PSAL. XIV. ℣. 5. Et munera ſuper innocentem non accepit. *Plurale* innocentes *quod alii ſcribunt, expoſitio eſt ſingularis* innocentem.

PSAL. XV. ℣. 3. Sanctis qui ſunt in terra ejus, mirificavit omnes voluntates meas in eis. *In primis non eſt hîc omittendum pronomen* ejus : *deinde non eſt ſubſtituendum futurum* mirificabit *pro præterito : ad hæc præteritò ſervanda eſt tertia perſona* mirificavit, *non ſupponenda prima* mirificavi : *inſuper pronomen primæ perſonæ* meas, *non eſt variandum in* ſuas *tertiæ : denique non eſt commutandum* in eis *cum* inter illos. *Hæc enim ſunt varia codicum errata.*

PSAL. XVI. ℣. 3. Et non eſt inventa in me iniquitas. *Non omittas medium illud* in me.

℣. 14. Saturati ſunt filiis. *Non mutes* filiis *caſu ſexto, in* filii *caſu primo ; multòque minùs pro* filiis *ſubſtituas* porcina, *qua de re lege, ſi placet, Notationes noſtras.*

PSAL. XVII. ℣. 18. Eripuit me de inimicis meis fortiſſimis. *Quidam libri ſcribunt futurum* eripiet ; *ſed retinendum videtur præteritum, ut ab Interprete datum, qui futurum præteriti loco acceperit.*

℣. 20. Salvum me fecit, quoniam voluit me. *Idem judico de futuro* faciet, *quod quidam hîc ſubſtituunt pro præterito* fecit.

℣. 33. Deus qui præcinxit me virtute. *Non eſt mutandus caſus ſextus in quartum* virtutem, *ſive hoc verſu, ſive infra verſu* 40. Et præcinxiſti me virtute ad bellum.

PSAL. XVIII. ℣. 14. Si mei non fuerint dominati. *Maſculino genere ſcribendum eſt* dominati : *nam* dominata *neutro genere eſt alterius editionis.*

PSAL. XXI. ℣. 1. In finem, pro ſuſceptione matutina. *Pro* ſuſceptione *alii legunt* aſſumptione.

℣. 2. Deus Deus meus reſpice in me. *Complures libri omittunt præpoſitionem* in.

℣. 17. Concilium malignantium obſedit me. *Non magis hîc ſcribas* conſilium *per* ſ, *quàm ſupra* I. ℣. 5.

PSAL. XXIV. ℣. 12. Legem ſtatuit ei in via quam elegit. *Præterito* ſtatuit *Interpres expoſuit futurum* ſtatuet.

PSAL. XXVI. ℣. 4. Ut videam voluptatem Domini. *Cavendum eſt ne recidatur in vetus mendum eorum, qui hactenus ſcripſerunt* voluntatem, *quod eſt beneplacitum, mutatâ unâ litterâ, pro* voluptatem, *quod eſt, delectationem, ſive jucunditatem, quo modo Romani Patres correxerunt.*

PSAL. XXVII. ℣. 1. Pſalmus ipſi David. *Præferendum eſt pronomen* ipſi *pronomini* huic.

℣. 3. Ne ſimul trahas me cum peccatoribus. *Egregiè Correctores Romani, ſublato veteri errato ſcribentium* tradas, *quartâ alphabeti litterâ mediâ, quod eſt* παραδῷς, *reſtituerunt* trahas, *mediâ aſpirationis notâ, quod eſt* ἑλκύσῃς.

℣. 7. In ipſo ſperavit cor meum, & adjutus ſum. *Non præponas his verbis* & *conjunctionem.*

PSAL. XXX. ℣. 12. Super omnes inimicos meos factus ſum opprobrium, & vicinis meis valde. *Non hîc omittas* & *conjunctionem, præpoſitam nomini* vicinis.

PSAL. XXXII. ℣. 1. Pſalmus David. *Non addas* in finem, *quod quidam libri.*

PSAL. XXXIV. ℣. 1. Ipſi David. *Non addas* Pſalmus, *quod alii.*

Ibidem. Expugna impugnantes me. *Non mutes* impugnantes *cum* expugnantes.

℣. 8. Et in laqueum cadat in ipſum. *Cave legas* in idipſum, *pro* in ipſum.

℣. 11. Surgentes teſtes iniqui, quæ ignorabam interrogabant me. *Non eſt mutanda prima perſona ſingularis in ter-*

tiam pluralem ignorabant.

℣. 14. Quaſi proximum, & quaſi fratrem noſtrum ſic complacebam. *Non omittas conjunctionem* & *ante poſterius* quaſi.

℣. 25. Nec dicant: Devoravimus eum. *Cave ne præteritum* devoravimus, *pro inolito ſcribentium vitio, cum futuro* devorabimus *commutes.*

℣. 26. Induantur confuſione & reverentia qui magna loquuntur ſuper me. *Et hic cavendum eſt, ne τὸ* magna, *quod eſt grandia, iterum corrumpatur, additâ unâ ſyllabâ,* maligna, *quod eſt perverſa.*

Psal. XXXVI. ℣. 6. Et judicium tuum tanquam meridiem. *Præferendus eſt quartus caſus ſexto* meridie.

℣. 14. Ut dejiciant pauperem & inopem. *Romanæ correctionis eſt* dejiciant, *compoſitum à* jacio, *pro eo quod vulgò minùs rectè legitur* decipiant, *quod eſt fallant, compoſito ex* capio.

℣. 21. Mutuabitur peccator, & non ſolvet: juſtus autem miſeretur, & tribuet. *Non mutes futura in præſentia,* mutuatur, ſolvit, tribuit: *nullo verò modo, pro ſimplici* tribuet, *ſcribas compoſitum* retribuet, *aut* retribuit.

℣. 23. Apud Dominum greſſus hominis dirigentur. *Servandum eſt plurale* dirigentur, *præ ſingulari* dirigetur.

Psal. XXXVII. ℣. 1. In rememorationem de ſabbato. *Ut eſt præferendus quartus caſus ſexto* rememoratione; *ita non eſt commutanda præpoſitio* de *cum nomine* die, *vel ablativus* ſabbato *cum genitivo.*

℣. 11. Cor meum conturbatum eſt. *Non addas* in me.

Psal. XXXVIII. ℣. 1. Ipſi Idithun. *Alii pro pronomine* ipſi, *legunt præpoſitionem* pro.

Psal. XXXIX. ℣. 6. Multiplicati ſunt ſuper numerum. *Nonnulli libri genere feminino, habent* multiplicatæ; *nonnulli neutro* multiplicata: *ſed maſculinum* multiplicati, *noſtræ editionis eſſe videtur.*

℣. 9. Et legem tuam in medio cordis mei. *Hæc Vulgatæ noſtræ editionis eſt lectio: altera, quæ pro* cordis, *quidam ſcribunt* ventris, *alterius eſt translationis.*

℣. 13. Multiplicatæ ſunt ſuper capillos capitis mei. *Non mutes femininum* multiplicatæ, *in maſculinum* multiplicati.

Psal. XL. ℣. 2. Beatus qui intelligit ſuper egenum & pauperem. *Non appenas adjectivo* beatus *ſubſtantivum* vir, *hoc quidem loco.*

℣. 7. Et ſi ingrediebatur ut videret, vana loquebatur, cor ejus congregavit iniquitatem ſibi: egrediebatur foras, & loquebatur in idipſum. *Numeri ſingulares nequaquam mutandi hic ſunt in plurales,* ingrediebantur, viderent, eorum, congregaverunt, egrediebantur, loquebantur; *quod quidam faciunt. Pro nomine* vana, *nonnulli ſcribunt adverbium* vanè; *tametſi utrumque eòdem redeat. Alii ita diſtinguunt, ut* cor ejus *jungatur verbo præcedenti* loquebatur. *Alii denique, præteritum* congregavit, *mutant in futurum* congregabit. *Sed prima tum lectio tum diſtinctio, meritò probata eſt Romanis Patribus.*

Psal. XLI. ℣. 2. Sitivit anima mea ad Deum fortem vivum. *Conſtanter retinenda eſt vox* fortem, *quæ eſt robuſtum, pro ea quæ in plerìſque hactenus vitiosè inoleverat libris* fontem, *quarto caſu à nominativo* fons: *in quam eò facilior lapſus fuit, quòd & præcedat* ſitiendi *verbum, & ſubſequatur epitheton* vivi.

℣. 6. Salutare vultus mei, & Deus meus. *Non temerè omittenda eſt* & *conjunctio.*

Psal. XLIII. ℣. 1. In finem, filiis Core. *Non præponas præpoſitionem* pro, *nomini* filiis.

℣. 6. Et in nomine tuo ſpernemus inſurgentes in nobis. *Pro* in nobis, *quidam libri ſcribunt* in nos; *alii* nobis, *omiſſa præpoſitione.*

Psal. XLIV. ℣. 1. Canticum pro dilecto. *Cave legas* delicto, *quod eſt peccato, pro* dilecto, *quod eſt amato.*

℣. 5. Intende, proſperè procede, & regna. *Cave ne ita diſtinguas, ut adverbium* proſperè *jungatur verbo præcedenti* intende, *cùm cohærere debeat verbo ſubſequenti* procede.

℣. 13. Et filiæ Tyri in muneribus. *Non omittas primum* &; *nec mutes plurale* filiæ, *cum ſingulari* filia.

℣. 14. Omnis gloria ejus filiæ regis ab intus. *Ut non eſt omittendum pronomen* ejus, *ita non ſcribendum* filia *nominativo caſu, nec* regum *numero plurali.*

℣. 18. Memores erunt nominis tui. *Non eſt addendum, quod quidam libri ſubdunt,* Domine.

Psal. XLVI. ℣. 5. Speciem Jacob, quam dilexit. *Femininum* quam, *non eſt mutandum in maſculinum* quem.

Psal. XLVII. ℣. 1. Filiis Core ſecunda ſabbati. *Non eſt omittendum illud* ſecunda ſabbati.

℣. 3. Fundatur exſultatione univerſæ terræ mons Sion. *Pro nominativo ſingulari* mons, *non eſt ſcribendus aut genitivus* montis, *aut pluralis numerus* montes.

Psal. XLVIII. ℣. 8. Non dabit Deo placationem ſuam. *His verbis non eſt præponendum* &.

℣. 9. Et laborabit in æternum. *Non mutes futurum* laborabit, *in præteritum* laboravit, *multòque minùs in* liberavit.

℣. 10. Et vivet adhuc in finem. *Non omittas adverbium* adhuc.

℣. 13. Et homo, cùm in honore eſſet, non intellexit. *Non eſt hic omittenda conjunctio* &, *ut nec infra* ℣. 21. *eſt addenda:* Homo, cùm in honore eſſet, non intellexit.

Psal. XLIX. ℣. 4. Advocabit cœlum deſurſum. *Retinendum eſt futurum* advocabit, *non ſubſtituendum præteritum* advocavit.

℣. 15. Eruam te, & honorificabis me. *Non præponas verbo* eruam *alterum* &.

Psal. L. ℣. 1. Quando intravit ad Bethſabee. *Cave ſcribas* Berſabee, *litterâ* r, *quod eſt nomen loci Geneſ.* 21. ℣. 31. *pro* Bethſabee *litterâ* th, *quod feminæ nomen eſt, uxoris Uriæ.*

℣. 9. Aſperges me hyſſopo, & mundabor. *Non interponas* Domine.

℣. 19. Cor contritum & humiliatum Deus non deſpicies. *Non eſt commutanda ſecunda perſona cum tertia* deſpiciet.

℣. 20. Benignè fac Domine in bona voluntate tua Sion. *Non eſt omittendum* Domine.

Psal. LI. ℣. 1. Et nunciavit Sauli: Venit David in domum Achimelech. *Fruſtra addunt quidam:* Et annuntiavit Sauli, & dixit: *erroneè autem* Achimelech, *quod eſt, frater meus rex, mutant alii cum* Abimelech, *quod eſt, pater meus rex: quâ de re latè Notationes noſtræ.*

Psal. LII. ℣. 1. Pro Maeleth intelligentiæ David. *Cave ne pro* Maeleth, *ſcribas, transpoſitis primis litteris* Ameleth, *aut quod pejus eſt,* Amalech. *Denique non mutes genitivum* intelligentiæ *cum nominativo* intelligentia, *aut* intellectus.

Psal. LIII. ℣. 7. Et in veritate tua diſperde illos. *Quidam* virtute, *quod eſt fortitudine, legunt pro* veritate, *quæ opponitur falſitati; malè: nec minùs malè alii* diſperge, *quod eſt diſſipa, pro* diſperde, *quod eſt perde.*

Psal. LIV. ℣. 10. Præcipita Domine, divide linguas eorum. *Non interjicias conjunctionem* &.

Psal. LV. ℣. 1. In tituli inſcriptionem. *Non mutes quartum caſum in ſextum* inſcriptione. *Simile infra* 56. ℣. 1. 57. ℣. 1. 58. ℣. 1. 59. ℣. 1.

℣. 4. Ab altitudine diei timebo. *Cave interponas* non *negationem ante* timebo.

℣. 12. In me ſunt Deus vota tua, quæ reddam, laudationes tibi. *Ut non eſt omittendum pronomen* tua, *ita non eſt facilè mutandus nominativus pluralis* laudationes, *in genitivum ſingularem* laudationis.

Psal. LVI. ℣. 8. Cantabo & pſalmum dicam. *Non ſubjicias ſive* Domino, *ſive* tibi, *quod quidam libri, multòque minùs* in gloria mea, *quod eſt Pſalmi* 107. ℣. 2.

Psal. LVII. ℣. 2. Si verè utique juſtitiam loquimini, recta judicate filii hominum. *Retinendum eſt nomen* recta, *non ſupponendum adverbium* rectè.

℣. 10. Sicut viventes, ſic in ira abſorbet eos. *Pro* ſic *alii repetunt* ſicut.

Psal. LVIII. ℣. 12. Deus oſtendet mihi ſuper inimicos meos. *Futurum* oſtendet *mutandum non eſt in præſens vel præteritum* oſtendit.

℣. 17. Ego autem cantabo fortitudinem tuam, & exultabo manè miſericordiam tuam. *Legendum eſt* exultabo *vocali quinta, non* exaltabo *vocali prima: quòd ſi ſcriberetur* exſultabo *additâ litterâ* ſ, *ceſſaret erroris anſa.*

Psal. LXI. ℣. 9. Deus adjutor noſter in æternum. *Non omittas poſtremum* in æternum.

℣. 13. Quia tu reddes unicuique juxta opera ſua. *Cave legas* tua *ſecundæ perſonæ pronomen, pro* ſua *tertiæ.*

Psal. LXII. ℣. 7. Si memor fui tui ſuper ſtratum meum. *Pro* ſic *adverbio ſimilitudinis, Romani Patres correxerunt* ſi, *quæ eſt conditionalis conjunctio.*

Ibidem. In matutinis meditabor in te. *Non ſubſtituas præteritum imperfectum* meditabar, *pro futuro* meditabor.

Psal. LXIII. ℣. 7. Defecerunt ſcrutantes ſcrutinio. *Non eſt opus ſextum caſum numeri ſingularis* ſcrutinio, *vertere in quartum pluralis* ſcrutinia.

℣. 8. Accedet homo ad cor altum. *Non judicarunt Romani Correctores præpoſitionem* ad *commutandam cum conjunctione* &, *quod alii multi judicant.*

Psal. LXIV. ℣. 1. Canticum Jeremiæ & Ezechielis. *Ut non oportet addere* Aggæi, Zachariæ, *aut* Ezechiæ; *ita non oportet omittere* Jeremiæ & Ezechielis, *qui duo prophetæ, incipientis transmigrationis tempore vixerunt.*

Ibidem. Populo tranſmigrationis, cùm inciperent exire. *Non præponas ablativo* populo *præpoſitionem* de; *nec ſcribas, mutatis caſibus,* de populi tranſmigratione: *multòque minùs vel ſubſtituas vel addas* de verbo peregrinationis, *quæ altera translatio eſt. Ad hæc* exire *melius eſt quàm* proficiſci. *Denique non eſt pars iſta tituli,* Jeremiæ & Ezechielis populo tranſmigrationis, cùm inciperent exire, *facilè omittenda, quamvis Hebraïcè non exſtet.*

℣. 11. Rivos ejus inebria. *Noli mutare verbum* inebria

in participium inebrians.

PSAL. LXV. ℣. 17. Ad ipsum ore meo clamavi, & exaltavi sub lingua mea. *Hic contra quàm superiùs Psal. 58. ℣. 17. legendum est* exaltavi *vocali prima, verbum scilicet deductum à nomine* altus, *non* exultavi *vocali quinta, verbum deductum à* salio.

PSAL. LXVI. ℣. 5. Quoniam judicas populos in æquitate, & gentes in terra dirigis. *Quidam legunt futuro tempore* diriges; *sed verisimile est, Interpretem duplici præsenti usum vertisse* judicas, dirigis.

PSAL. LXVII. ℣. 5. Turbabuntur à facie ejus. *Nequaquam omittenda sunt hæc verba.*

℣. 23. Convertam in profundum maris. *Quidam pro quarto casu legunt sextum* profundo, *vel* profundis.

PSAL. LXIX. ℣. 1. In rememorationem, quòd salvum fecerit eum Dominus. *Retinendus est casus quartus* rememorationem, *nec facilè mutandum pronomen tertiæ personæ* eum, *cum primæ* me, *quanquam hoc Græcè legatur.*

PSAL. LXX. ℣. 16. Introibo in potentias Domini. *Alii scribunt numero singulari* potentiam.

℣. 20. Quantas ostendisti mihi tribulationes multas & malas. *Non scribas neutrum* quanta, *pro feminino* quantas.

PSAL. LXXI. ℣. 15. Et adorabunt de ipso semper. *Quidam libri, pro composito* adorabunt, *scribunt simplex* orabunt: *compositum enim est loco simplicis, quemadmodum* de *est loco* pro.

℣. 16. Et erit firmamentum in terra in summis montium. *Non est scribendum* frumentum, *quod est* triticum, *pro* firmamentum: *quanquam* frumentum *fortasse firmamenti nomine sit intelligendum.*

Sequitur: Superextolletur super Libanum fructus ejus. *Cave legas* fluctus, *pro* fructus, *id est* l *pro* r, *liquidam primam pro quarta.*

PSAL. LXXIII. ℣. 19. Ne tradas bestiis animas confitentes tibi. *Non mutes accusativum* confitentes *in genitivum* confitentium.

PSAL. LXXIV. ℣. 1. In finem, ne corrumpas. *Quidam libri pro* corrumpas, *habent* disperdas, *quod idem unum est.*

PSAL. LXXV. ℣. 4. Ibi confregit potentias arcuum, scutum, gladium, & bellum. *Retinendus est genitivus pluralis* arcuum, *non surrogandus accusativus singularis* arcum.

℣. 12. Omnes qui in circuitu ejus affertis munera. *Legendum est* affertis *prima vocali, potiùs quàm quartâ* offertis.

PSAL. LXXVI. ℣. 11. Et dixi: Nunc cœpi. *Non mutes primam personam* cœpi *in tertiam* cœpit.

PSAL. LXXVII. ℣. 16. Et eduxit aquam de petra, & deduxit tanquam flumina aquas. *Non est posteriori loco ut priori legendum* eduxit.

℣. 38. Et abundavit ut averteret iram suam. *Pro* abundavit, *alii verterunt* multiplicavit, *quod proinde non est nostræ Editionis.*

℣. 45. Misit in eos cœnomyiam, & comedit eos. *Scribendum est, etiam D. Hieronymo doctore,* cœnomyiam, *quod interpreteris muscam communem, non* cynomyiam, *quod muscam caninam; id est, consonanti primæ danda est diphtongus* œ, *non* y *Græcum, quod* ypsilon *dicitur.*

℣. 50. Non pepercit à morte animabus eorum. *Non præponas* & *conjunctionem.*

℣. 53. Et deduxit eos in spe, & non timuerunt. *Non scribas pro* deduxit, *ablatâ* d *litterâ*, eduxit.

℣. 69. Et ædificavit sicut unicornium sanctificium suum in terra. *Quidam libri genitivum pluralem* unicornium, *mutant cum genitivo singulari* unicornis.

PSAL. LXXX. ℣. 1. Psalmus ipsi Asaph. *Non addas quod sequitur in quibusdam libris,* quinta sabbati.

PSAL. LXXXVIII. ℣℣. 2. & 5. In generationem & generationem. *Servandus est duplex accusativus, non mutandus prior in ablativum.*

℣. 27. Ipse invocabit me: Pater meus es tu. *Non mutes futurum* invocabit *in præteritum* invocavit, *quod libri multi.*

℣. 34. Neque nocebo in veritate mea. *Non scribas* decipiam *pro* nocebo.

℣. 40. Evertisti testamentum servi tui. *Vulgare hactenus vitium notariorum fuit, ut prima vocali scriberent* avertisti, *quod fit, in aliam partem transtulisti, pro* evertisti, *secunda vocali, quod est, subvertisti, abolevisti.*

℣. 43. Exaltasti dexteram deprimentium eum. *Non legas* inimicorum ejus, *pro* deprimentium eum.

℣. 45. Destruxisti eum ab emundatione, & sedem ejus in terram collisisti. *Quidam pro* ab emundatione *legunt* à mundatione, *id est, simplex pro composito: porro omnino accusativus* terram *præferendus est ablativo* terra, *quem multi habent.*

PSAL. LXXXIX. ℣. 1. Domine refugium factus es nobis à generatione in generationem. *Non est scribendum duplici ablativo, hoc modo,* in generatione & generatione, *quod Interpres clariùs vertit cum duplici præpositione.* à generatione in generationem.

℣. 14. Et delectati sumus omnibus diebus nostris. *Non addas* in *præpositionem.*

PSAL. XC. ℣. 15. Clamabit ad me, & ego exaudiam eum. *Futurum* clamabit *præferendum est præterito* clamavit.

PSAL. XCI. ℣. 4. In decachordo, psalterio. *Crediderim, comma medium, positum à Correctoribus loco conjunctionis* &, *quæ Hebraïcè inseritur.*

℣. 12. Et in insurgentibus in me malignantibus audiet auris mea. *Non omittas alteram præpositionem* in, *præpositam participio* insurgentibus.

℣. 13. Sicut cedrus Libani multiplicabitur. *Non est præponenda conjunctio* &.

PSAL. XCII. ℣. 5. Domum tuam decet sanctitudo Domine in longitudinem dierum. *Non mutes quartum casum in sextum* longitudine.

PSAL. XCIII. ℣. 15. Quoadusque justitia convertatur in judicium. *Non legas, transposita in præpositione:* Quoadusque in justitiam convertatur judicium.

Sequitur: Et qui juxta illam, omnes qui recto sunt corde. *Non mutes singulare* illam *cum plurali* illa.

℣. 20. Qui fingis laborem in præcepto. *Interpres noster, ex Græco atque Hebræo ambiguo, transtulit personam, non tertiam* fingit, *sed secundam* fingis: *pro qua depravatè alicubi legitur, omissâ mediâ litterâ* n, figis. *Porro an* laborem, *an verò* dolorem, *transtulerit Interpres, non satis liquet, cùm & Hebræa & Græca similiter ambigua sint, & Latina exemplaria admodum varient. Cæterùm* laborem, *quod vulgatius est, retinuerunt Romani Correctores.*

PSAL. XCIV. ℣. 9. Probaverunt me, & viderunt opera mea. *Non omittas pronomen* me, *additum verbo* probaverunt.

PSAL. XCVI. ℣. 1. Huic David, quando terra ejus restituta est. *Non subjicias, vel pronomen* ei, *vel nomen* Psalmus.

℣. 4. Illuxerunt fulgura ejus orbi terræ. *Primæ dictionis initialis littera, sit vocalis tertia, non prima.*

PSAL. XCVII. ℣. 1. Salvavit sibi dextera ejus. *Non est mutandum præteritum* salvavit *in futurum* salvabit.

PSAL. XCVIII. ℣. 1. Qui sedet super cherubim, moveatur terra. *Cave ne pro tertia persona* sedet, *scribas secundam* sedes, *ut multi hactenus vitiosè.*

PSAL. CI. ℣. 10. Et potum meum cum fletu miscebam. *Alii libri* poculum *habent, eodem sensu.*

℣. 11. A facie iræ & indignationis tuæ. *Non omittas mediam conjunctionem* &.

℣. 13. Et memoriale tuum in generationem & generationem. *Non mutes priorem accusativum* generationem *in ablativum, ut multi. Idem infra ℣. 25. & Psal. 105. ℣. 31. atque alibi.*

℣. 14. Tu exsurgens misereberis Sion. *Non addas* Domine.

PSAL. CII. ℣. 22. In omni loco dominationis ejus. *Non mutes genitivum singularem* dominationis, *in nominativum pluralem* dominationes.

PSAL. CIII. ℣. 12. Rigans montes de superioribus suis. *Corruptè quidam legunt secunda personæ pronomen* tuis, *pro tertia* suis.

℣. 15. Ut educas panem de terra. *Non est secunda persona vertenda in tertiam* educat.

℣. 25. Hoc mare magnum & spatiosum manibus. *Non est omittenda vox* manibus, *multòque minùs mutanda cum* navibus.

PSAL. CIV. ℣. 30. Edidit terra eorum ranas in penetralibus regum ipsorum. *Unam vocem* edidit, *quæ est* produxit, *non distrahas in duas* & dedit, *multòque minùs legas* terram *quarto casu.*

℣. 31. Dixit, & venit cœnomyia. *Romani Patres, ex D. Hieronymo, correxerunt* cœnomyia, *pro eo quod plerique libri habent* cynomyia, *quemadmodum & supra Psal. 77. ℣. 45.*

PSAL. CV. ℣. 12. Et crediderunt verbis ejus. *Non addas* in *præpositionem.*

℣. 15. Et dedit eis petitionem ipsorum. *Non omittas conjunctionem* &.

℣. 38. Et infecta est terra in sanguinibus. *Romani Patres prætulerunt* infecta, *quod est polluta, voci* interfecta, *quam alii legunt cum D. Augustino.*

PSAL. CVI. ℣. 2. Et de regionibus congregavit eos. *Non omittenda est* & *conjunctio.*

℣℣. 8. 15. 21. 31. Confiteantur Domino misericordiæ ejus. *Non facilè mutandus est numeri pluralis nominativus* misericordiæ, *in nominativum vel ablativum singularem* misericordia.

Ibidem. Et mirabilia ejus filiis hominum. *Cave ne pro dativo* filiis, *scribas nominativum* filii.

℣. 40. Effusa est contemptio super principes. *Insignis correctio, qua* contemptio, *quod est despectio sive contemptus, restitutum est, pro eo quod vulgò legitur* contentio, *quod est litigatio. Erroris occasio fuit ex similitudine litterarum* m *&* n, *id est, secunda liquida & tertiæ : nam* coutemtio *à doctis scribitur absque* p.

Psal. CVII. ℣℣. 2. 3. Cantabo & psallam in gloria mea. Exsurge gloria mea, exsurge psalterium & cithara. *Correctores addiderunt* exsurge gloria mea, *prout Græcè legitur ; licet Hebraicè* gloria mea *&* exsurge *non nisi semel scribantur, quemadmodum & in plerisque Latinis libris.*

Psal. CVIII. ℣. 19. Fiat ei sicut vestimentum quo operitur, & sicut zona qua semper præcingitur. *Non sunt mutanda præsentia in futura,* operietur, præcingetur.

℣. 27. Et sciant quia manus tua hæc, & tu Domine fecisti eam. *Quidam, pro feminino* eam, *legunt neutrum* ea, *expositionis forsitan causâ.*

℣. 31. Quia adstitit à dextris pauperis. *Non mutes conjunctionem* quia *cum relativo* qui.

Psal. CIX. ℣. 7. De torrente in via bibet, propterea exaltabit caput. *Non mutes futura in præterita,* bibit, exaltavit.

Psal. CX. ℣. 1. Alleluia. *Non addas* Reversio, *vel* Reversionis Aggæi & Zachariæ, *ut initio proximi Psalmi.*

℣. 9. Redemptionem misit populo suo. *Non addas* Dominus *ex Officio Ecclesiastico.*

Psal. CXVII. ℣. 3. Dicat nunc domus Aaron, quoniam in sæculum misericordia ejus. *Non interponas* quoniam bonus, *quod est duorum versuum præcedentium, non hujus, & subsequentis.*

℣. 4. Dicant nunc qui timent Dominum, quoniam in sæculum misericordia ejus. *Non addas* omnes *ante relativum* qui, *nec* quoniam bonus *ante* quoniam in sæculum.

℣℣. 10. 11. 12. Et in nomine Domini quia ultus sum in eos. *Non est omittenda conjunctio* quia, *nec subsequens præpositio* in.

℣. 23. A Domino factum est istud, & est mirabile in oculis nostris. *Alii mutant conjunctionem & cum pronomine* hoc.

℣. 25. Benedictus qui venit in nomine Domini. *Non scribas* venturus es *pro* venit, *id est, personam secundam pro tertia.*

Psal. CXVIII. ℣. 28. Dormitavit anima mea præ tædio. *Noster Interpres vertit* dormitavit, *non* stillavit, *ut alii.*

℣. 35. Deduc me in semitam mandatorum tuorum. *Non mutes quartum casum in sextum* semita.

℣. 41. Et veniat super me misericordia tua Domine. *Non mutes præsens imperativi* veniat *cum futuro indicativi* veniet.

℣. 46. Et loquebar in testimoniis tuis in conspectu regum. *Non scribas* de *loco prioris* in.

℣. 48. Et levavi manus meas ad mandata tua quæ dilexi, & exercebar in justificationibus tuis. *Correctores prætulerunt præteritum imperfectum* exercebar, *futuro* exercebor.

℣. 53. Pro peccatoribus derelinquentibus legem tuam. *Non mutes* pro, *quod est propter, cum* præ *vel* à.

℣. 59. Cogitavi vias meas, & converti pedes meos in testimonia tua. *Videtur* converti *esse nostræ Editionis, potiùs quàm* averti : *sed error est, quòd quidam pro prima persona, legant secundam* convertisti *vel* avertisti.

℣. 73. Da mihi intellectum, & discam mandata tua. *Non mutes conjunctionem copulativam & in causativam* ut.

℣. 81. Defecit in salutare tuum anima mea. *Nec hic mutes præteritum* defecit *in præsens* deficit.

℣. 86. Omnia mandata tua veritas : iniquè persecuti sunt me, adjuva me. *Retinendum est adverbium* iniquè, *non surrogandum nomen* iniqui.

℣. 90. In generationem & generationem veritas tua. *Non est mutandus prior accusativus in ablativum* generatione.

℣. 95. Testimonia tua intellexi. *Corruptè in quibusdam libris scribitur* dilexi, *quod est amavi, pro* intellexi.

Psal. CXX. ℣. 5. Dominus custodit te, Dominus protectio tua. *Non mutes verbum præsens* custodit, *in futurum* custodiet.

℣. 8. Dominus custodiat introitum tuum, & exitum tuum. *Præsens imperativi* custodiat *servandum hic est, nec supponendum futurum indicativi* custodiet.

Psal. CXXIV. ℣. 5. Declinantes autem in obligationes. *Ut non est mutandus numerus pluralis in singularem* obligationem ; *ita pro* obligationes *non est scribendum* obliquationes, *positum pro obliquitates, quod quidam conjiciunt.*

Psal. CXXVIII. ℣. 4. Dominus justus concidit cervices peccatorum. *Correctores scripserunt præteritum* concidit, *pro futuro* concidet.

℣. 7. De quo non implevit manum suam qui metit. *Idem observarunt hoc loco, dum* implevit *surrogarunt pro* implebit.

Psal. CXXX. ℣. 2. Sicut ablactatus est super matre sua, ita retributio in anima mea. *Quidam libri pro masculino* ablactatus, *scribunt neutrum* ablactatum ; *pro quo vitiosè nonnulli supponunt* ablatus *seu* ablatum. *Complures libri omittunt verbum substantivum* est. *Denique alii legunt quarto casu* matrem suam, animam meam, *pro sexto,* matre sua, anima mea.

Psal. CXXXI. ℣. 9. Sacerdotes tui induantur justitiam. *Quartus casus præferendus est sexto* justitiâ.

℣. 11. Juravit Dominus David veritatem, & non frustrabitur eam. *Servandum est pronomen femininum* eam, *quod refert* veritatem, *non substituendum masculinum* eum, *quod referat* David.

℣. 16. Sacerdotes ejus induam salutari : & sancti ejus exsultatione exsultabunt. *Pronomen tertiæ personæ* ejus, *quod est in posteriori hujus versiculi membro, multi mutant cum pronomine secundæ personæ* tui ; *sed malè.*

Psal. CXXXIV. ℣. 9. Et misit signa & prodigia in medio tui Ægypte. *Alii libri, pro duabus voculis* & misit, *unicam habent* emisit.

Psal. CXXXVI. ℣. 1. Psalmus David, Jeremiæ. *Loco dativi* Jeremiæ, *non scribas* propter Jeremiam ; *multòque minùs interponas & conjunctionem inter* David *&* Jeremiæ.

Ibidem. Super flumina Babylonis illic sedimus & flevimus, cùm recordaremur Sion. *Non addas pronomen* tui *ante* Sion.

℣. 9. Beatus, qui tenebit, & allidet parvulos tuos ad petram. *Cave ne relabaris in vetus mendum eorum, qui nomini* parvulos *addiderunt pronomen tertiæ personæ* suos, *pro secundæ* tuos.

Psal. CXXXVII. ℣. 1. In conspectu angelorum psallam tibi. *Non præponas conjunctionem* &.

Psal. CXXXVIII. ℣. 14. Mirabilia opera tua, & anima mea cognoscit nimis. *Non mutes verbum præsens* cognoscit *in futurum* cognoscet.

℣. 16. Dies formabuntur. *Quidam libri, pro* dies, *clariùs legunt sexto casu* die : *sed vitiosè scribunt, qui habent* dii, *ut & illi qui dicunt* firmabuntur, *quod est stabilientur, pro* formabuntur, *quod est fingentur.*

℣. 20. Quia dicitis in cogitatione : Accipient in vanitate civitates tuas. *Egregiè correctus est locus, reposito pronomine secundæ personæ* tuas, *pro eo quod irrepserat tertiæ* suas.

Psal. CXXXIX. ℣. 4. Acuerunt linguas suas sicut serpentis. *Genitivus singularis* serpentis, *meritò prælatus est nominativo plurali* serpentes.

Psal. CXLII. ℣. 12. Et in misericordia tua disperdes inimicos meos. *Non addas* omnes.

Psal. CXLIII. ℣. 2. Qui subdit populum meum sub me. *Præferenda est tertia persona* subdit, *secundæ* subdis.

℣. 10. Qui das salutem regibus, qui redemisti David servum tuum. *Hic contra præferenda videntur secunda personæ tertiis,* dat, redemit, suum.

Psal. CXLIV. ℣. 7. Memoriam abundantiæ suavitatis tuæ eructabunt, & justitiâ tuâ exsultabunt. *Legendum est* justitia tua *sexto casu, subaudita præpositione* in, *potiùs quàm* justitiam tuam *quarto casu. Certè mendum est quòd quidam habent* judicia tua ; *ut & illud, quòd pro* exultabunt, *nonnulli scribant* exaltabunt *prima vocali ; nonnulli* eructabunt, *repetito verbo proximè antecedenti.*

Psal. CXLV. ℣. 8. Dominus erigit elisos, Dominus diligit justos. *Cave pro* diligit, *quod est amat, legas* dirigit, *quod est gubernat.*

℣. 10. Regnabit Dominus in sæcula, Deus tuus Sion in generationem & generationem. *Non mutes priorem accusativum* generationem, *in ablativum* generatione, *ut multi.*

Psal. CXLVI. ℣. 4. Qui numerat multitudinem stellarum, & omnibus eis nomina vocat. *Non est mutandum verbum* vocat *in participium* vocans.

Psal. CXLVIII. ℣. 14. Et exaltavit cornu populi sui. *Alii legunt futurum* exaltabit, *sed meritò præfertur præteritum.*

Psal. CXLIX. ℣. 2. Lætetur Israël in eo qui fecit eum, & filii Sion exsultent in rege suo. *Rectè Romani Patres femininum* filiæ, *quod vulgò legitur, emendarunt reposito masculino* filii.

℣. 4. Et exaltabit mansuetos in salutem. *Et hic rectè præteritum* exaltavit, *correxerunt substituto futuro* exaltabit.

℣. 6. Exaltationes Dei in gutture eorum. *Hic denique insigniter restituerunt vocem* exaltationes, *deductam ab* altus, *pro ea quæ vitiosè legi consueverat* exultationes, *deducta à* salto : *illa, cujus tertia littera est vocalis prima, significat laudes ; hæc, cujus tertia littera est vocalis quinta, significat exultantias, animi præ lætitia saltus.*

℣. 9. Ut faciant in eis judicium conscriptum. *Quidam commutant numerum pluralem* faciant, *cum singulari* faciat ; *minùs rectè.*

Variæ Lectiones VULGATÆ, rursum ab eodem FRANCISCO LUCA observatæ.

LIBER PSALMORUM.

PSAL. II. ℣. 12. Nequando irascatur Dominus, & pereatis de via justa. Cùm exarserit in brevi ira ejus, beati, &c. *Alii sic distinguunt:* Nequando irascatur Dominus, & pereatis de via justa, cum exarserit in brevi ira ejus. Beati, &c.

PSAL. IV. ℣. 6. Quis ostendit nobis bona? *Alii legunt futurum* ostendet, *Græco & Hebræo consentaneè.*

PSAL. V. ℣. 9. Dirige in conspectu tuo viam meam. *Alia lectio est*, Dirige in conspectu meo viam tuam, *transmutatis pronominibus. Disceptatio est, utra præferenda; de quo nostræ Notationes.*

℣. 13. Ut scuto bonæ voluntatis tuæ coronasti nos. *Complura vetera Mß. omittunt* tuæ *pronomen secundæ personæ, Hebræo & Græco consentaneè.*

PSAL. IX. ℣. 7. Et civitates eorum destruxisti. *Multi Latini libri omittunt pronomen* eorum, *suffragantibus Græcis & Hebraïcis: subaudiunt enim genitivum* inimici, *ex membro præcedente.*

℣. 14. Orphano tu eris adjutor. *Loco futuri* eris, *in aliis libris est præteritum* eras, *consonantibus Hebræo & Græco.*

PSAL. X. ℣. 8. Justus Dominus, & justitias dilexit. *Multa Latina exemplaria omittunt conjunctionem* &, *consentaneè Hebræo.*

PSAL. XI. ℣. 4. Universa labia dolosa, & linguam magniloquam. *Multi Latini libri transfodiunt conjunctionem* &, *Hebræo conformiter.*

PSAL. XVI. ℣. 13. Frameam tuam. *Alii probati libri legunt* frameâ tuâ, *sexto casu.*

PSAL. XVII. ℣. 49. Et ab insurgentibus in me, exaltabis me. *Conjunctio videtur meritò posse omitti.*

PSAL. XXI. ℣. 20. Tu autem Domine ne elongaveris auxilium tuum a me. *Multi libri transfodiunt illud* à me; *tantummodo scribunt* tuum, *quod tamen Hebræo mutant in* meum.

℣. 31. Et annuntiabunt cœli justitiam ejus. *Vox* cœli *meritò superfluere judicari possit, ut huc addita ex alio Psalmo: lege Notationes.*

PSAL. XXIV. ℣. 4. Et semitas tuas edoce me. *Antiqui fere legunt simplex* doce.

PSAL. XXVI. ℣. 8. Exquisivit te facies mea. *Sunt Mß. quæ omittunt pronomen* te, *Hieronymo ad Sunniam suffragante.*

PSAL. XXVIII. ℣. 9. Et revelabit condensa. *Sunt antiqui libri, qui pro futuro* revelabit, *quod Græco conforme est, legant præteritum* revelavit, *Hebræo consentaneum.*

PSAL. XXX. ℣. 6. In manus tuas commendo spiritum meum. *In aliis libris est futurum* commendabo, *suffragante Hebræo, & Græco.*

℣. 21. Proteges eos in tabernaculo tuo. *Pronomen* tuo *transfigitur à plerisque, Latinè, Græcè, Hebraïcè.*

℣. 24. Quoniam veritatem requiret Dominus. *Plurale* veritates *in aliis legitur, adstipulantibus textibus Græco & Hebræo.*

PSAL. XXXII. ℣. 18. Et in eis qui sperant super misericordia ejus. *Optimi libri tollunt tres illas voculas* & in eis, *Græco consentaneè & Hebræo.*

PSAL. XXXVII. ℣. 16. Tu exaudies me Domine Deus meus. *Boni libri Latini auferunt pronomen* me, *sicut Hebræi & Græci.*

℣. 23. Domine Deus salutis meæ. *Idem hic judicium de nomine* Deus.

PSAL. XLIII. ℣. 2. In diebus eorum, & in diebus antiquis. *Multi libri meritò omittunt* & *conjunctionem mediam.*

PSAL. XLIV. ℣. 6. In corda inimicorum regis. *Alii libri legunt casum sextum numeri singularis* in corde, *conformiter Græco: lege Notationes.*

℣. 12. Quoniam ipse est Dominus Deus tuus. *Videtur meritò ab aliis omitti nomen* Deus; *si expendantur* Notationes *in hunc locum.*

℣. 13. Omnes divites plebis. *Boni libri auferunt* omnes, *Hebræo & Græco consentaneè.*

℣. 18. Memores erunt nominis tui. *Alii libri scribunt singulare* memor ero, *Hebræo & Græco consentientibus: legantur Notationes nostræ. Numerus pluralis putatur acceptus ex Officio Ecclesiastico de Apostolis.*

PSAL. XLVI. ℣. 9. Regnabit Deus super gentes. *In antiquis Mß. pro futuro* regnabit, *legitur præteritum* regnavit, *sicut Hebraïcè & Græcè.*

℣. 10. Quoniam dii fortes terræ. *Quoniam multi conjiciunt, pro nominativo plurali* dii, *scribendum* Dei, *quod est, vel nominativus pluralis, vel (qui est Græcè) genitivus singularis, non caret similitudine veri: qua de re legi possunt nostræ Notationes.*

PSAL. XLVII. ℣. 6. Quoniam ecce reges terræ congregati sunt. *Optimi quique libri Latini & Græci, conformiter Hebraïcis, omittunt illud* terræ: *quod & Hieronymus à se sublatum fatetur.*

PSAL. XLVIII. ℣. 3. Simul in unum dives & pauper. *Multa vetera Mß. omittunt* simul, *quia idem unum est cum eo quod sequitur* in unum, *seu* in idipsum.

PSAL. LI. ℣. 6. Verba præcipitationis, lingua dolosa. *In aliis libris est, ut Græcè, quarto casu* linguam dolosam.

PSAL. LIII. ℣. 7. Averte mala inimicis meis. *Quod in aliis libris est futurum tertiæ personæ* avertet, *præferendum videatur, si expendantur* Notationes.

PSAL. LIV. ℣. 4. Quoniam declinaverunt in me iniquitates. *Alii legunt numero singulari* iniquitatem.

℣. 17. Ego autem ad Deum clamavi, & Dominus salvabit me. *In aliis est præteritum* salvavit.

PSAL. LVII. ℣. 7. Molas leonum confringet Dominus. *In aliis libris est præteritum* confregit, *ut Græcè.*

PSAL. LIX. ℣. 13. Quia vana salus hominis. *Loco* quia, *alii legunt* &, *Hebræo & Græco conformiter: illud hujus expositio est.*

PSAL. LXI. ℣. 10. Ut decipiant ipsi de vanitate in idipsum. *Pronomen* ipsi *non esse jungendum cum verbo* decipiant, *Græca & Hebræa ostendunt.*

℣. 13. Quia potestas Dei est. *Antiqui Latini libri omittunt* est, *non minùs quàm Græci & Hebræi.*

PSAL. LXII. ℣. 12. Laudabuntur omnes qui jurant in eo. *Antiqui libri, etiam Epanorthota, legunt numero singulari*, Laudabitur omnis qui jurat in eo, *consentaneè Hebræo & Græco.*

PSAL. LXIII. ℣. 8. Accedet homo ad cor altum. *Multi libri, pro* ad *præpositione, habent conjunctionem* &, *quemadmodum Græca & Hebræa: qua de re nostræ Notationes.*

PSAL. LXIV. ℣. 9. Exitus matutini & vespere delectabis. Vesperæ *scribitur à quibusdam ut nomen genitivi casus, non minùs quàm* matutini; *non absque causa.*

PSAL. LXXI. ℣. 11. Et adorabunt eum omnes reges terræ. *Quidam libri omittunt* terræ; *consentaneè Hebræo & (quod Sixti Papæ jussu editum est) Græco. Hieronymo quoque superfluum est.*

PSAL. LXXV. ℣. 9. Terra tremuit & quievit. *In aliis libris est* timuit, *pro* tremuit.

PSAL. LXXXVI. ℣. 4. Memor ero Rahab & Babylonis scientium me. *In aliis libris est dativus* scientibus, *conformiter Græco.*

℣. 6. Dominus narrabit in scripturis populorum. *In antiquis libris exstat* scripturâ, *numero singulari, Hebræo & Græco similiter.*

℣. 7. Sicut lætantium omnium habitatio est in te. *A bonis libris omittitur verbum substantivum* est, *consentaneè Græco.*

PSAL. LXXXVIII. ℣. 7. Similis erit Deo in filiis Dei. *Meliores libri è nostris, pro* Deo *scribunt* Domino, *Hebræo & Græco consentaneè.*

PSAL. LXXXIX. ℣. 2. Aut formaretur terra & orbis. *Complures libri legunt conjunctivam* &, *loco disjunctivæ* aut, *cum Hebraïcis & Græcis.*

℣. 9. Anni nostri sicut aranea meditabuntur. *Pro futuro* meditabuntur, *legunt præteritum imperfectum* meditabantur, *Græci non solùm libri, sed & multi Latini.*

PSAL. XC. ℣. 11. Quoniam angelis suis mandavit de te. *Futurum* mandabit *præferendum videtur præterito.*

PSAL. CI. ℣. 7. Similis factus sum pellicano. *Videtur scribendum* pelicano, *unicâ* l, *prout quidam Latini cum Græcis scribunt.*

℣. 16. Et timebunt gentes nomen tuum Domine. *Pro* nomen tuum Domine, *alii libri legunt* nomen Domini, *Græco & Hebræo consentaneè.*

℣. 19. Scribantur hæc in generatione altera. *Quidam obscuriùs scribunt numerum singularem* scribatur, hæc *pro* hoc *accepto, more Hebræo: quidam clariùs legunt accusativos* generationem alteram.

℣. 22. Ut annuntient in Sion nomen Domini, & laudem ejus in Jerusalem. *Antiqui libri Epanorthota, aliique legunt numero singulari* annuntiet, *& pronomen reciprocum* suam *loco* ejus.

PSAL. CII. ℣. 22. Benedicite Domino omnia opera ejus, in omni loco dominationis ejus: benedic anima mea Domino. *Sic videtur distinguendus hic versiculus, ita ut terminet Psalmum David, per idem illud breve, sed maximæ emphaseos epiphonema*, Benedic anima mea Domino, *à quo cœperat : quod & facit Psalmus sequenti* 103.

Psal. CIII. ℣. 12. De medio petrarum dabunt voces. *Notat Epanorthotes :* Hebræus, & antiqui, & Græcus, & Hieronymus, habent vocem in singulari : *quod & nos ita esse comperimus.*

℣. 15. Et vinum lætificet cor hominis. *In aliis bonis libris est indicativi præsens* lætificat.

℣. 35. Deficiant peccatores à terra. *Alii libri scribunt futurum* deficient.

Psal. CIV. ℣. 18. Ferrum pertransiit animam ejus. *Pro quarto casu, in optimis libris est primus* anima, *qua de re lege Notationes.*

Psal. CXIII. ℣. 15. Benedicti vos à Domino. *Propositio* à, *à plerisque omittitur.*

Psal. CXVII. ℣. 20. Justi intrabunt in eam. *Loco accusativi non scribas ablativum* eâ.

℣. 25. O Domine salvum me fac. *Multi docti judicant pronomen* me *superfluere ; lege Notationes.*

Ibidem. O Domine bene prosperare. *Multi libri omittunt adverbium* bene.

Psal. CXVIII. ℣. 9. In quo corrigit adolescentior viam suam? *Alii libri scribunt futurum* corriget, *pro præsenti* corrigit.

℣. 29. Et de lege tua miserere mei. *Ab aliis omittitur præpositio* de.

℣. 75. Et in veritate tua humiliasti me. *Antiqui Epanorthotæ, aliique, præter conjunctionem* &, *omittunt etiam pronomen* tua, *cum similitudine veri.*

℣. 118. Sprevisti omnes discedentes à judiciis tuis. *In aliis libris, pro* judiciis, *melius esse videtur* justitiis : *lege Notationes.*

℣. 126. Tempus faciendi Domine. Hebræus, & antiqui, & Græcus, *ait Epanorthotes*, Domino ; non habent Domine, *vocandi casu.*

℣. 147. Præveni in maturitate, & clamavi. *Quidam libri habent* immaturitate, *quidam* in immaturitate : *legantur Notationes.*

Ibidem. Quia in verba tua supersperavi. *Multi libri omittunt* quia, *Hebræo & Græco consentanee.*

Psal. CXXIV. ℣. 5. Adducet Dominus cum operantibus iniquitatem. *Quidam scribunt* abducet, *ex Græco* ἀπάξει.

Psal. CXXV. ℣. 6. Mittentes semina sua. *Alii pro* mittentes *dicunt* portantes, *quanquam sensu parum diverso.*

Psal. CXXVI. ℣. 2. Vanum est vobis ante lucem surgere : surgite postquam sederitis. *Multi antiqui libri, pro imperativo* surgite, *repetunt infinitivum* surgere : *qua de re Notationes nostræ in Biblia.*

℣. 5. Non confundetur cùm loquetur inimicis suis in porta. *Epanorthotes annotat :* Item G. Hebræus, & Hieronymus, & antiqui, & Græcus, Non confundentur cùm loquentur. Non est ibi in singulari.

Psal. CXXXI. ℣. 7. Introibimus in tabernaculum ejus. *Alii libri scribunt plurale* tabernacula, *Græco & Hebræo consentanee.*

℣. 17. Illic producam cornu David. *Videtur præferendum adverbium quo significatur motus in loco*, illic.

Psal. CXXXVIII. ℣. 11. Et nox illuminatio mea in deliciis meis. *Antiqua exemplaria Mss. omittunt pronomen* mea, *conformiter Græco & Hebræo.*

℣. 17. Nimis confortatus est principatus eorum. *Antiqui Epanorthotæ, aliique libri scribunt numero plurali*, confortati sunt, *consentanee Græco & Hebræo.*

Psal. CXLV. ℣. 3. In filiis hominum, in quibus non est salus. *Posterius in præteritur ab aliis libris Latinis, non minùs quàm à Græcis & Hebræis.*

℣. 9. Et vias peccatorum disperdet. *Lectio singularis numeri* viam, *non parvæ est auctoritatis.*

IN LIBRUM PROVERBIORUM
ADMONITIO PRÆVIA.

PROVERBIORUM *liber, qui nunc prodit in lucem secundùm Versionem antiquam, mutilus est non minima sui parte, & imperfectus; quemadmodum & alii nonnulli, quos supra ex Mss. Codicibus depromere non licuit, sed ex laciniosis Testimoniis, in antiquorum Patrum operibus sparsis, resarsimus confecimusque. Utinam verò horum Testimoniorum loco, si non pura puta Italica Versio, saltem ea ipsa prestò nobis esset, quam Hieronymus secundùm LXX. Interpretes Latinè edidit cum asteriscis & obelis. Illam ipsam manifestè indicat S. Doctor in præfat. non multis ab hinc annis edita à Martianæo nostro, to. 1. oper. Hieron. ubi sic ait :* Tres libros Salomonis, id est, Proverbia, Ecclesiasten, Canticum Canticorum, veteri LXX. Interpretum auctoritati reddidi, vel antepositis lineis superflua quæque designans, vel stellis titulo prænotatis, ea quæ minùs habebantur interserens; quò pleniùs cognoscatur, quid in libris nostris minùs sit, quid redundet : necnon etiam illa, quæ imperiti Translatores malè in linguam nostram de Græco sermone verterant, oblitterans & antiquans, curiosissima veritate correxi; & ubi præpostero ordine atque perverso sententiarum fuerat lumen ereptum, suis locis restituens, feci intelligi quod latebat. *Idem memorat Hieronymus, lib. contra Rufinum, dicens :* Salomonis etiam libros, quos olim juxta LXX. additis obelis & asteriscis in Latinum verteram, ex Hebraïco transferens, *&c. At verò intercidêre volumina illa, de Græco summo labore translata, vel potiùs emendata ab Hieronymo; neque horum ullum hactenus doctis recuperare licuit, præter Jobi librum, & Psalmos Davidis, vulgatos à Martianæo nostro tomo prædicto nov. edit. S. Hieronymi. Proverbiorum tamen partes plurimæ de antiqua Versione Latina etiamnum supersunt, cùm in Vulgata hodierna, tum in antiquis ejusdem Vulgatæ Mss. partim ad marginem additæ, partim intra textum insertæ. Hujuscemodi additamentorum rationem reddit Librarius in appendice ad præfationem supradictam; vel potiùs ille qui, si Martianæo fides, in Hebraïcam S. Doctoris Translationem illa ipsa induxit ex editione LXX.* Ideo, *inquit,* & de Græco, & de Hebræo præfatiuncula utraque in hoc libro præmissa est, quia nonnulla de Græco, ob illuminationem sensûs, & legentis ædificationem, vel inserta Hebraïcæ Translationi, vel extrinsecus juncta sunt.

Porro istiusmodi sententiæ, à LXX. derivatæ, absunt à primigeniis Mss. codicibus Hieronymianæ Translationis ex Hebræo; nec etiam editæ sunt à Martianæo nostro in libro Proverbiorum to. 1. nov. edit. S. Hieron. cùm ipsæ neque exstiterint unquam in Hebraïco fonte, neque superadditæ fuerint ab Hieronymo in Latina ipsius de Hebræo translatione. Ne tamen incuriâ Editoris prætermissas fuisse id genus sententias autumaret incautus lector, virgulas è regione locorum quorumque apponendas curavit religiosus Editor, quorum signorum ipse ita rationem reddit, not. a. ad ℣. 2. cap. 5. Proverb. ubi scilicet observat versiculum istum, Ne attendas fallaciæ mulieris, *prudenter omissum fuisse à Librario in Ms. codice.* « *Indicat, inquit, marginalis iste obelus additamentum quoddam, è LXX. Inter-*
» *pretibus translatum in Vulgatam Latinam editionem, ubi nunc legimus :* Ne attendas fal-
» laciæ mulieris : *quæ verba absunt ab Hebræo, in exemplaribus Canonis Hebraïcæ veritatis,*
» *& in omnibus antiquis Mss. codicibus : neque hujus additamenti meminit Speculum S.*
» *Augustini, ad Hieronymianam ex Hebræo Translationem concinnatum. At in id genus*
» *additamentorum, quæ obelis indicantur, curiosiùs attendentes, veram eorum deprehendi-*
» *mus originem in antiquo anonymo Scriptore, qui sequentem adtexuit admonitionem ad fi-*
» *nem præfationis in libros Salomonis editæ ab Hieronymo, cùm hæc volumina primùm re-*
» *censuit ad Græcos codices LXX. Translatorum, obelis & asteriscis opus omne distinguens :*
» Nonnulla, *inquit Anonymus,* de Græco ob illuminationem sensûs, & legentis ædificatio-
» nem, vel inserta Hebraïcæ Translationi, vel extrinsecus juncta sunt. Et idcirco qui legis,
» semper peregrini memento. *Hæc quidem ille quisquis fuerit, sive scholiastes Canonis He-*
» *braïcæ veritatis, sive alius ejusdem ætatis Scriptor. Quæcunque igitur lectorem admo-*
» *nuit, posita reperiuntur in Canone Memmiano, ante octingentos annos descripto : nam am-*
» *bæ Hieronymi præfatiunculæ, hoc est, & prima, quam præmiserat ad suam Versionem ex*
» *LXX. & posterior edita cum Translatione Hebraïca, initio librorum Salomonis in eo co-*
» *dice leguntur cum admonitione ejusdem Anonymi, adtextâ ad calcem prioris præfationis.*
» *Deinde nonnullam partem additarum sententiarum, in corpore positam retinet; cætera è*
» *regione ad marginem repræsentat, ita ut diceres Memmianum codicem eum esse in quo pri-*

mùm Auctor hanc è Græco admistionem inseruit in Translationem Hebraïcam. Non sic «
Canon Carcassonensis, cujus Exscriptor omnia additamenta, uno vel duobus exceptis, trans- «
tulit in sacrum contextum. Cæteri Mss. codices omittunt isthæc adscititia, vel extrinse- «
cus reponunt ad margines, ut etiam videri potest in Mss. codd. duobus Sangermanensibus «
n. 14. & 15. Unde idem accidisse in libro Proverbiorum manifestum est, quod in libris Re- «
gum supra monuimus. Scilicet tria distingui possunt genera librorum Mss. Latinorum : «
Primum, illorum, qui propriam ac genuinam lectionem Hieronymi sine additamentis repræ- «
sentant. Secundum genus, eorum, in quibus equidem purus fluit Bibliorum contextus; sed «
integra retinent ad margines suas aliena & insititia verba, cum signis quibusdam intra «
textum, ut hæc, tanquam omissa sint à Librariis, & ad sacrum contextum pertineant, si- «
gnificent. Tertium denique genus est, recentiorum præsertim Mss. codicum, in quorum con- «
textum varia illa Scripturarum additamenta, errore & imperitiâ Librariorum, inducta «
conspiciuntur, ut nullo deinceps adhibito discrimine, quænam Hieronymo, aut quæ cæteris «
Latinis Interpretibus propria fuerint, in illis minimè possit agnosci. » *Idem quoque observat*
sup. proleg. 2. dicens : « *Nonnullas etiam deprehendimus sententias ac versus integros è* «
veteri Editione in libros præcipuè Regum, inque Proverbia Salomonis derivatas. » *Hacte-*
nus Martianæus. Porro illa omnia additamenta summâ curâ excerpsimus, tum ex Vulgata hodierna, tum maximè ex antiquioribus ejusdem Mss. codicibus, eaque suis quæque locis inseruimus.

SUMMA CAPITA LIBRI PROVERBIORUM,

è Vulgatis Bibliis deprompta, deficientibus aliis quæ Versioni antiquæ respondeant.

CAP. I. *Parabolarum utilitas : auditus sapientiæ commendatur : filius admonetur ne peccatorum sequatur blanditias : sapientia ad sui amplexum invitat, & contemptoribus minatur exitium.*

CAP. II. *Sapientiæ acquisitio quanta bona conferat, & quanta mala avertat ; cum qua Dei dona veniunt, & sine qua ubique erratur.*

CAP. III. *Sapientia vitam prolongat : misericordia & veritas non deserenda : fiducia in Deum : timor Dei : honorandus Deus : correctio Dei cum lætitia ferenda : sapientiæ laus : sapientiam sequentibus omnia prospera : amico statim dandum, nec ei malefaciendum : non contendendum : iniqui non imitandi : impiorum perditio, & piorum benedictio.*

CAP. IV. *Sapiens suo exemplo hortatur quærere sapientiam, cujus explicat utilitates : via impiorum declinanda, & justorum amplectenda : de custodia cordis, oris, & gressuum.*

CAP. V. *Vitare jubet meretricem : & ne labores & anni perdantur : propria uxor diligatur, & fugiatur aliena.*

CAP. VI. *Sponsori ut fidem datam liberet laborandum : pigrum formicæ exemplo excitat ad laborem : apostatam describit : sex quæ Dominus odit : exhortatur ad legis custodiam, utque mulieris pulchritudinem non concupiscas, sed consortium vites adulteræ.*

CAP. VII. *Hortatur adolescentem ad sapientiæ amplexum, & mandatorum custodiam ; utque scortorum blanditias, quas latè describit, evitet.*

CAP. VIII. *Sapientia ad sui amplexum invitat, se quoque multis modis commendat, quòdque sit Deo coæterna, cum ipso cuncta componens : quam quærentes, beati ; spernentes verò, miseri tandem evadent.*

CAP. IX. *Sapientia domo sibi ædificatâ omnes ad se allicit, vitam prorogat, & à muliere stulta ac vaga liberat : porro eruditionem & correptionem non suscipiet impius ac derisor, sed justus & sapiens.*

CAP. X. *Alternat sermonem de filio sapiente & stulto, justo & impio, operante & otioso, simplici & pravo : de charitate & odio : de bono linguæ, ejusque malo.*

CAP. XI. *Æquitatis & justitiæ cæterarumque virtutum commoda, & vitiorum ac vanarum divitiarum incommoda.*

CAP. XII. *Vicissim loquitur de diligente disciplinam & eam odiente ; de impio & justo, operante & otioso, stulto & sapiente ; & de bonis ac malis linguæ.*

CAP. XIII. *De filio sapiente : de oris custodia, & inconsiderato ad loquendum : de paupere divite, & divite paupere, lucernâ impiorum, substantiâ festinatâ & dilatione spei : omnia cum consilio agenda, & cum sapientibus gradiendum : de parcente virgæ, & insaturabili ventre impii.*

CAP. XIV. *Sapientiæ & stultitiæ variæ conditiones : prudentiâ quivis status debitè regulatur, quâ quis ad misericordiam movetur, & affectiones moderatur : vitia autem perdunt homines.*

CAP. XV. *Responsio mollis : lingua sapientis, & immoderata : fortitudo domus justi : victimæ impiorum ingratæ : omnia Deo nota : cor gaudens : dies pauperis mali : secura mens : vocari ad olera : vir iracundus & rixosus : laus patientis : iter pigrorum : domus superborum : fide & misericordia purgantur peccata : de abjiciente disciplinam : laus timoris Domini & humilitatis.*

CAP. XVI. *Homo animam præparat, Deus spirituum ponderator, linguam viasque hominum dirigit, omnia propter seipsum operans, cui abominatio est omnis arrogans : misericordiâ redimuntur peccata : pondus & statera Dei judicia : indignatio & clementia regis : laus sapientiæ, prudentiæ, eruditi, ac dulcis in verbo, & patientis : vituperatur insipiens & perversus : sortes à Domino temperantur.*

CAP. XVII. *Buccella sicca cum gaudio : servus sapiens : Dominus corda probat : despiciens paupe-*

rem : gaudens de alterius ruina : corona ſenum : celans delictum : fatuus in ſtultitia confidens : ſtulto inutiles divitiæ : altam faciens domum ſuam : omni tempore diligit amicus : animus gaudens, & ſpiritus triſtis : ſtultus tacens.

CAP. XVIII. *De receſſu ab amico, de incorrigibili : non deviandum à veritate : os ſtulti : juſtus ſe accuſans : frater juvans fratrem : fructus oris : mulier bona & mala : locutio divitis & pauperis : vir amicabilis.*

CAP. XIX. *Pauper ambulans in ſimplicitate : divitiæ addunt amicos : verba ſectans : falſus teſtis : non decent ſtultum deliciæ : doctrina per patientiam probatur : ira & hilaritas regis : mulier litigioſa : uxor prudens datur à Deo : pigritia : præcepti cuſtodia : miſericordia in pauperem : eruditio filii : acceptio conſilii : vir mendax : timor Domini : pigritia : peſtilens : inobediens parentibus : teſtis iniquus : deriſores.*

CAP. XX. *Luxurioſa res vinum : de peccante in regem, & relinquendis contentionibus : piger propter frigus non laborans : rex in ſolio : nemo poteſt dicere mundum ſe habere cor : pondus & pondus : ſomnus non diligendus. Malum eſt, dicit emptor : panis mendacii : revelans myſteria : non reddendum malum pro malo : devorare ſanctos : feſtinata hæreditas : miſericordia, veritas, & clementia roborant thronum regis.*

CAP. XXI. *Cor regis in manu Domini, cui miſericordia & judicium magis placent quàm victimæ : iniquè theſaurizans : melius eſt ſedere in angulo domatis quàm, &c. obturans aurem pauperi, &c. diligens epulas : pro juſto dabitur impius : qui cuſtodit os ſuum : deſideria occidunt pigrum : non eſt ſapientia contra Dominum : equus paratur ad bellum, &c.*

CAP. XXII. *Laus boni nominis : callidus videns malum : adoleſcens juxta viam ſuam : ſeminans iniquitatem : deriſorem ejice : diligens cordis munditiam : dicit piger, Leo, &c. os alienæ : ſtultitia in corde pueri : calumnians pauperem : audienda eſt ſapientia : vitandi ſponſores : termini antiqui ſervandi : velox in opere ſuo, &c.*

CAP. XXIII. *Quomodo ſit edendum cum principe : non appetendæ divitiæ, nec cibi invidorum : non opprimendi pupilli : caſtigandus puer : quærenda ſapientia : fugiendi peccatores & gulæ dediti : honorandi parentes : fugienda meretrix & ebrietas.*

CAP. XXIV. *Æmulatio malorum : ſapientia & eruditio : cogitatio ſtulti : eruendi oppreſſi : doctrinâ ut melle utendum : non inſidiandum juſto : caſus inimici : detractores : juſtè judicandum : nullus verbis lactandus, nec malum malo reddendum : ager pigri : dormitanti pigro venit egeſtas.*

CAP. XXV. *Gloria Dei & regum : cor regis : rubigo quæ & impietas eſt : ne te exaltes : ne detrahas : ſecreta tua ſerva : mala aurea, & inauris aurea : frigus in meſſe : nubes ſine pluvia : lingua mollis : mel inventum : ſagitta acuta : dens putridus : acetum : tinea : benefac inimico : angulus domatis : aqua frigida : fons turbatus : multum mellis comeſtum : urbs abſque muro.*

CAP. XXVI. *Gloria in ſtulto : avis volans : flagellum equo : reſpondere ſtulto : nuncius ſtultus : parabola ſtulti : honor inſipientis : imponens ſtulto ſilentium : canis ad vomitum : ſapiens proprio judicio : commiſceri rixæ : nocens amico : ſuſurro : iracundus : labia tumentia : inimicus : operiens odium : fodiens foveam : lingua fallax.*

CAP. XXVII. *Non gloriandum in craſtinum : ne teipſum laudaveris : ira ſtulti quàm ſit gravis : manifeſta correctio : vulnera diligentis : anima ſaturata : vicinus juxta : ſpondens pro extraneo : litigioſa mulier : infernus inſatiabilis : probatur homo ore laudantis : ſtultus contuſus : vultum pecoris agnoſce : lac caprarum in cibum.*

CAP. XXVIII. *De fuga impii & ſecuritate juſti : propter peccata terræ multi principes ejus : pauper pauperem calumnians : pauper ſupplex, & dives pravus : nolens audire legem : exſultatio juſtorum : abſcondens ſcelera ſua : beatus ſemper pavidus : princeps impius ut leo : dux indigens prudentiâ : terram ſuam operans : à patre ſubtrahens.*

CAP. XXIX. *Non audiens corripientem : multiplicatio juſtorum : amor ſapientiæ : rex juſtus : blandus amicus : peſtilentes : contendere cum ſtulto : viri ſanguinum : totum proferens ſpiritum : verba mendacii : pauper & creditor : rex juſtus : correctio : multiplicatio impiorum : erudi filium : prophetia : velox ad loquendum : delicatè ſervum nutriens : iracundus : ſuperbus : cum fure participans : timens hominem : juſti abominantur impium, & è diverſo.*

CAP. XXX. *Homo Deo vicinus judicat ſe inſipientem, & opera Dei incomprehenſibilia : ſermo Dei ignitus, cui nihil addendum : deprecatur vanitatem, verba mendacii, mendicitatem & divitias : non accuſandus ſervus apud dominum ſuum : aliquot generationes exſecrabiles : duæ ſanguiſugæ : tria inſaturabilia : oculus patrem ſubſannans : tria difficilia : per tria movetur terra : quatuor minima terræ : tria bene gradientia, vehementer emungens.*

CAP. XXXI. *Exhortatur ne mulieribus dederis ſubſtantiam tuam, nec regibus vinum, ſed mærentibus : aperi os tuum muto : vindica inopem : laus & raritas mulieris fortis : pulchritudo fallax gratia.*

LIBER PROVERBIORUM.

CAPUT PRIMUM.

VULGATA NOVA.

1.  PARABOLÆ Salomonis, filii David, regis Israël.
2. Ad sciendam sapientiam, & disciplinam:
3. ad intelligenda verba prudentiæ, & suscipiendam eruditionem doctrinæ, justitiam, & judicium, & æquitatem:
4. ut detur parvulis astutia, adolescenti scientia, & intellectus.
5. Audiens sapiens, sapientior erit: & intelligens, gubernacula possidebit.
6. Animadvertet parabolam, & interpretationem, verba sapientum, & ænigmata eorum.
Ps. 110. 10. Eccli. 1. 16. 7. Timor Domini, principium sapientiæ. Sapientiam, atque doctrinam stulti despiciunt.
8. Audi, fili mi, disciplinam patris tui, & ne dimittas legem matris tuæ:
9. ut addatur gratia capiti tuo, & torques

VERSIO ANTIQUA.

1..... *Vide Not.*

2.  SCIRE sapientiam, & disciplinam, *Hieron. in Ezech. 18. p. 824. a.*
3. & intelligere verba prudentiæ: suscipere versutias sermonum, & nosse justitiam veram, & corrigere judicium:
4. & det innocentibus versutiam; puero autem juniori sensum, & intelligentiam. *Idem in Zach. 8. p. 1745. e.*
5. Hæc audiens sapiens, sapientior erit: & prudens, gubernationem possidebit. *Idem in Isa. 29. p. 249. f.*
6. Et intelliget parabolam, & tenebrosum sermonem, dicta sapientium, & ænigmata.
7. Timor Domini, initium sensûs: sapientiam autem, & disciplinam impii spernunt. *Lucif. Cal. l. 1. pro S. Athan. p. 192. e.*
8. Audi, fili, disciplinam patris tui, & ne abjeceris instituta matris tuæ:
9. coronam enim gratiarum accipies tuo ver- *Facund. Herm. l. 2. pro def. 3. capit. p. 455. d.*

NOTÆ AD VERSIONEM ANTIQUAM.

℣. 1. Græc. Παροιμίαι Σαλωμῶντος, υἱοῦ Δαυὶδ, ὃς ἐβασίλευσεν ἐν Ἰσραήλ. *Proverbia Salomonis, filii David, qui regnavit in Israël.* Hieron. præf. in lib. Salom. *Masloth*, inquit, *quas Hebræi Parabolas, Vulgata editio Proverbia vocat.* Sic etiam vocant Cypr. & alii passim. Hilarius verò in Ps. 127. col. 423. e. ait: *Per Salomonem in Proœmiis dictum est*, vel *Parœmiis.* Ita etiam Cypr. l. 3. Testim. scribit: *Salomon in Parœmiis.* Item Tertul. l. de pudic. num. 18. *In Proverbiis Salomon, quæ Parœmias dicimus.* Cypr. & Lactant. scribunt aliquando *Solomonis*, non *Salomonis.*

℣. 2. Hæc præmittit Hieronym. loco cit. *In Proverbiorum exordio post multa præcepta, correctio infertur judicii, Scire, inquit, sap. & disciplinam*, &c. In Gr. Γνῶναι σοφίαν, καὶ παιδείαν. Cælestinus PP. epist. 25. to. 1. p. 1216. a. *Quid est aliud*, inquit, *intellectus & judicium, nisi scire sapientiam, & disciplinam; & intelligere verba prudentiæ?*

℣. 3. Græc. νοῆσαί τε λόγους φρονήσεως, δέξασθαί τε στροφὰς λόγων, νοῆσαί τε...... καὶ κρίμα κατευθύνειν· *judicium dirigere.*

℣. 4. Græc. ἵνα δῷ ἀκάκοις πανουργίαν· παιδὶ δὲ νέῳ αἴσθησίν τε, καὶ ἔννοιαν. Apud Symm. pro ἀκάκοις, exstat νηπίοις, *parvulis.*

℣. 5. Græcum initio hab. Τῶν δὲ γὰρ, *Hæc enim*; Ms. Alex. Τῶν τε; item loco *& prudens*, ὁ δὲ νοήμων, *intelligent autem*; cæt. ad verbum. Idem Hieronymus in Dan. 2. to. 3. 1079. a. *Audiet*, inquit, *sapiens, & apponet sapientiam.*

℣. 6. Ad verbum è Græco, additâ particulâ τὲ, ad ῥήσεις, *dicta.*

℣. 7. Ita Lucifer uno tenore: at in Græco, post hæc, Ἀρχὴ σοφίας, φόβος Κυρίου, interponuntur ista: σύνεσις δὲ ἀγαθὴ πᾶσι τοῖς ποιοῦσιν αὐτήν· εὐσέβεια δὲ εἰς Θεὸν, ἀρχὴ αἰσθήσεως· *intelligentia autem bona omnibus facientibus eam: pietas autem in Deum, principium sensûs:* deinde ut supra, σοφίαν δὲ, &c. sed ultimò exstat ἐξουθενήσουσι, *spernent.* Ap. Ambrof. l. 1. Hex. p. 6. f. *Initium sapientiæ est timor Domini:* & in Ps. 118. col. 1208. c. *pietas autem in Deo, initium intellectûs:* & in Ps. 43. p. 885. e. *Dilige sapientiam, & disciplinam.*

℣. 8. Fulg. epist. 12. p. 224. c. sic: *Audi, fili, leges patris tui, & ne repellas instituta matris tuæ.* In Ms. Alex. ac edd. Ald. & Compl. Ἄκουε, υἱὲ, νόμους, &c. at in edit. Rom. παιδείαν, ut sup. in textu. Apud August. l. de Grat. & lib. arb. to. 10. 719. f. *noli repellere consilia matris tuæ.* In Gr. μὴ ἀπώσῃ θεσμοὺς μητρός σου, ut sup. Apud Ferrand. Diac. epist. ad Anatol. p. 257. *Audi, fili, legem patris tui, & ne spernas consilium matris tuæ.*

℣. 9. Ita Græcè ad verbum. Gregor. M. l. 31. in Job, c. 24. p. 1017. b. *Coronam gratiarum accipies capiti tuo, &*

VERSIO ANTIQUA.

Facund. ubi sup. tici, & torquem aureum circa tuum collum.

Lucif. Cal. l. 1. pro S. Athan. p. 192. c. 10. Fili, non te seducant viri impii, neque acquiescas.

11. Si te rogaverint, dicentes: Veni, communica nobiscum sanguinem, abscondamus autem in terra virum justum injustè:

Aug. l. 17. de civ. Dei, c. 20. p. 484. a. 12. absorbeamus verò eum tanquam infernus viventem, & auferamus ejus memoriam de terra.

13. Possessionem ejus pretiosam apprehendamus.....

Lucif. Cal. l. 1. pro S. Athan. p. 192. c. 15. Nec abieris vias cum illis, ne declinaveris pedem tuum ad semitas eorum.

16..... *Vide Not.*

17. Non enim iniquè tenduntur retia avibus.

18. Ipsi enim, qui homicidii participes sunt, thesaurizant sibimetipsis mala.

19. Hæ sunt viæ omnium consummantium iniqua: sua enim impietate suam animam auferunt.

Vigil. Tapf. l. 12. de Trin. p. 323. a. 20. Sapientia in exitu canitur, in plateis verò fiducialiter agit:

21. In portis autem potentior adsistit, in muris quoque civitatis confidenter ait:

22. Quanto tempore simplices obtinent justitiam, non erubescent: imprudentes autem, contumeliæ cùm sint cupidi, impii effecti, odio habuerunt sensum,

23. & obnoxii facti sunt increpationibus. Ecce proferam vobis meæ spirationis professionem, docebo vos meum sermonem.

24. Nam quoniam vocabam, nec obediebatis: & extendebam verba, nec attendebatis:

VULGATA NOVA.

collo tuo.

10. Fili mi, si te lactaverint peccatores, ne acquiescas eis.

11. Si dixerint: Veni nobiscum, insidiemur sanguini, abscondamus tendiculas contra insontem frustra:

12. deglutiamus eum sicut infernus viventem, & integrum quasi descendentem in lacum.

13. Omnem pretiosam substantiam reperiemus, implebimus domos nostras spoliis.

14. Sortem mitte nobiscum, marsupium unum sit omnium nostrûm.

15. Fili mi, ne ambules cum eis, prohibe pedem tuum à semitis eorum.

16. Pedes enim illorum ad malum currunt, & festinant ut effundant sanguinem. *Isa. 59. 7.*

17. Frustra autem jacitur rete ante oculos pennatorum.

18. Ipsi quoque contra sanguinem suum insidiantur, & moliuntur fraudes contra animas suas.

19. Sic semitæ omnis avari, animas possidentium rapiunt.

20. Sapientia foris prædicat, in plateis dat vocem suam:

21. In capite turbarum clamitat, in foribus portarum urbis profert verba sua, dicens:

22. Usquequo parvuli diligitis infantiam, & stulti ea, quæ sibi sunt noxia, cupient, & imprudentes odibunt scientiam?

23. Convertimini ad correptionem meam: en proferam vobis spiritum meum, & ostendam vobis verba mea.

24. Quia vocavi, & renuistis: extendi manum meam, & non fuit qui aspiceret. *Isa. 65. 12. & 66. 4. Jerem. 7. 13.*

NOTÆ AD VERSIONEM ANTIQUAM.

torquem auream collo tuo.

℣. 10. Sic est in Gr. nisi quòd pro ultimo isto, *neque acquiescas*, habetur, μηδὲ βουληθῇς, ad verbum, *neque velis.*

℣. 11. Similiter in Gr. præter hoc primum, Ἐὰν παρακαλέσωσί σε, *Si advocaverint te;* jungitur etiam ibi *nobiscum*, cum verbo *veni*, non cum seq. *communica;* subinde sic, εἰς γῆν, *in terram*, &c. At Aug. l. 17. de civit. Dei, c. 20. to. 7. 484. a. legit: *abscondamus in terra virum justum injustè*, ut sup.

℣. 12. Ad verbum è Gr. Apud Lucif. Calar. l. 1. pro S. Athan. p. 192. c. sic: *deglutiamus autem illum velut inferi vivum.*

℣. 13. Sic est in Græco.

℣. 15. In Gr. Μὴ πορευθῇς, absque hoc præc. de Vulg. *fili mi*, deinde, ἐν ὁδῷ μετ' αὐτῶν, ἔκκλινον δὲ τὸν πόδα σου ἐκ τῶν τρίβων αὐτῶν· i. e. *Ne ambules in via cum eis, declina autem pedem tuum à semitis eorum.* In Mss. Alex. ac editt. Ald. & Compl. Μὴ πορευθῇς ὁδῷ.

℣. 16. Hic versus non legitur apud Lucif. nec etiam exstat in Gr. editionis Rom. secus in Ms. Alex. ac editt. Ald. & Compl. ubi sic: Οἱ γὰρ πόδες αὐτῶν εἰς κακίαν τρέχουσι, καὶ ταχινοί εἰσι (Alex. del. εἰσι) τοῦ ἐκχέαι αἷμα. Origenes in epist. ad Rom. c. 3. ait: *Veloces pedes eorum ad effundendum sanguinem; vel in Isaia invenies, vel in Proverbiis.*

℣. 17. Hilar. in Ps. 123. col. 400. e. *Non enim injustè in terra prætenduntur retia avibus.* Item Hieronymus in Amos 3. to. 3. 1390. c. *Non injustè tenduntur retia avibus.* S. Paulin. epist. 40. p. 249. b. *Non sine causa tenduntur avibus retia.* Græc. Οὐ γὰρ ἀδίκως ἐκτείνεται (Ald. & Compl. ἐκτείνονται) δίκτυα πτερωτοῖς.

℣. 18. Ita Græc. habet; sed addit: Ἡ δὲ καταστροφὴ ἀνδρῶν παρανόμων κακή· *Eversio autem virorum iniquorum mala:* quæ prætermittuntur à Lucifero; absunt pariter ab edit. Compl. si Nobilio fides.

℣. 19. A Græco abest pronom. *sua;* cæt. quadrant ad verbum: meliùs vertisset Lucif. *suam ipsorum animam*, è Græco, τὴν ἑαυτῶν ψυχήν.

℣. 20. Sic Iren. l. 5. c. 20. p. 317. c. nî excipias unum *autem*, pro *verò*. In Gr. Σοφία ἐν ἐξόδοις ὑμνεῖται, ἐν δὲ πλατείαις παῤῥησίαν ἄγει. Bene Hilar. in Ps. 118. col. 269. c. *Sapientia in exitibus canitur, in plateis cum libertate agit:* tum addit: *Verbi utriusque hujus Latinitas nostra, vel obscuritatem nobis affert, vel alterius intelligentiæ opinionem præbet. Nam quod nos* in exitibus *dicimus, Græcitas ex Hebræo* ἐν ἐξόδοις *transtulit; &* exodus *propriè est, ubi ex multis angustiis viis in unam patentem viam coitur: quod verò nos* plateas *nuncupamus, eodem nomine Græcitas nuncupavit; sed plateas latitudines esse Græcus sermo designat.*

℣. 21. Græcum in principio habet: Ἐπ' ἄκρων δὲ τειχέων κηρύσσεται, *Et super summos muros clamitat*, deinde, ἐπὶ δὲ πύλαις δυναστῶν παρεδρεύει, *& in portis dynastarum assidet:* unde suspicor aliquod mendum in textu Vig. Tapf. nempe τὸ *potentior*, loco *potentiorum:* sequitur in Gr. ἐπὶ δὲ πύλαις πόλεως θαῤῥοῦσα λέγει, *& in portis*, &c. ut supra. Apud Iren. l. 5. c. 20. p. 317. c. *In summis muris prædicatur, in portis autem civitatis constanter loquitur;* nec plura: & verò ab edit. Compl. absunt ista: ἐπὶ δὲ πύλαις δυναστῶν παρεδρεύει, teste Nobilio.

℣. 22. Similiter in Græco. Apud Lucif. Cal. l. 1. pro S. Athan. p. 192. d. ita: *Quanto tempore innocentes tenuerint justitiam, non erubescent: insipientes autem, dum contumeliæ cupidi sunt, impii facti, oderunt intellectum.* Hieron. l. 3. cont. Rufin. to. 4. p. 2. col. 472. *insipientes, dum injuriis cupidi sunt, impii facti, oderunt sensum.*

℣. 23. Lucif. Cal. l. 1. pro S. Athan. p. 192. d. *& subjecti facti sunt opprobriis.* Græc. καὶ ὑπεύθυνοι ἐγένοντο ἐλέγχοις· mox ita: Ἰδοὺ προήσομαι ὑμῖν ἐμῆς πνοῆς ῥῆσιν, διδάξω δὲ ὑμᾶς τὸν ἐμὸν λόγον· quæ non malè textum reddunt.

℣. 24. Græcum, Ἐπειδὴ ἐκάλουν, καὶ οὐχ ὑπηκούσατε· καὶ ἐξέτεινον λόγους, καὶ οὐ προσείχετε. In Ms. Alex. ὑπηκούετε..... προσείχετε. Hilarius in Ps. 63. col. 159. a. *Cùm vocarem, non exaudistis: & cùm extenderem verba, non intendistis.* Auct. l. de sing. cleric. apud Cypr. p. 520. f. *Quoniam quidem vocabam, & non obaudiebatis: & extendebam verba mea, & non intendebatis.* August. in Ps. 51. to. 4. 483. a. *Increpabam, & non exaudiebatis: loquebar, & meis sermonibus non intendebatis:* quæ postrema pertinere videntur ad ℣. seq. cùm subdat August. *Et ego vestræ perditioni*, &c. Auct. op. imp. in Matth. homil. 45. p. 186. a. *& extendebam sermones meos, & non audiebatis.* Prædestin. l. 3. ap. Sirm. to. 1. p. 521. c. *Quoniam vocavi, & contempsistis;* dein, *ego quoque*, &c. ut inf. ℣. 26. omissis intermediis.

VULGATA NOVA.	VERSIO ANTIQUA.	
25. Despexistis omne consilium meum, & increpationes meas neglexistis.	25. sed irrita faciebatis mea consilia, meis autem increpationibus non intendebatis:	*Lucif. Cal. l. 1. pro S. Athan. p. 192. d.*
26. Ego quoque in interitu vestro ridebo, & subsannabo, cùm vobis id, quod timebatis, advenerit.	26. Itaque & ego vestra perditione ridebo; gratulabor autem adversùs vos, cùm venerit vobis subitò tumultus,	
27. Cùm irruerit repentina calamitas, & interitus quasi tempestas ingruerit: quando venerit super vos tribulatio, & angustia:	27. eversio autem similis procellæ; cùm advenerit autem vobis interitus:	
28. Tunc invocabunt me, & non exaudiam: manè consurgent, & non invenient me:	28. Erit enim cùm me invocabitis, ego autem non exaudiam: quærent me mali, & non invenient:	
29. eò quòd exosam habuerint disciplinam, & timorem Domini non susceperint,	29. oderunt enim sapientiam, verbum autem Domini non assumpserunt,	
30. nec acquieverint consilio meo, & detraxerint universæ correptioni meæ.	30. neque voluerunt meis consiliis intendere, spreverunt enim meas increpationes.	
31. Comedent igitur fructus viæ suæ, suisque consiliis saturabuntur.	31. Ideoque edent viæ suæ fructus, & sua impietate saturabunt animas.	
32. Aversio parvulorum interficiet eos, & prosperitas stultorum perdet illos.	32. Nam quia decipiebant parvulos, interficientur.....	
33. Qui autem me audierit, absque terrore requiescet, & abundantiâ perfruetur, timore malorum sublato.	33. Qui autem me audit, inhabitabit in spe, & requiescet sine timore ab omni malignitate.	*Aug. in Ps. 67. to. 4. p. 675. c.*

NOTÆ AD VERSIONEM ANTIQUAM.

℣. 25. Eadem refert Auctor l. de sing. cleric. ap. Cypr. p. 521. a. Sic etiam in Gr. est, præter ult. *non intendebatis*, pro quo ἠπειθήσατε, *rebelles fuistis*; at in Ms. Alex. οὐ προσείχετε; mel. in editt. Ald. & Compl. οὐ προσείχετε. Hilar. in Psal. 63. col. 159. a. sic habet: *Sed inanea fecistis consilia mea, & consiliis meis non intendistis*; Gr. ἐλέγχοις. Schol. initio hab. ἀκύρους ἐποιήσατε, non ἐποιεῖτε, ut in edit. Rom. Cassiod. in Ps. 58. p. 196. b. sententiarum ordinem sic invertit: *Meis autem increpationibus non intendebatis, sed irrita faciebatis consilia mea.*

℣. 26. Hilar. in Ps. 63. col. 159. a. *Et ego perditionem vestram irridebo.* August. in Ps. 51. col. 483. a. *Et ego vestræ perditioni superridebo*: ita rursum in Job, to. 3. col. 650. e. & ep. 140. to. 2. 459. e. & tract. 24. in Joh. to. 3. 533. f. Similiter Auct. l. de sing. cleric. apud Cypr. p. 521. a. *Itaque & ego vestræ perditioni superridebo; gratulabor ergo adversùm vos, cùm advenerit vobis interitus, & cùm advenerit vobis subitò tumultus.* Prædestin. l. 3. apud Sirm. to. 1. p. 521. c. *Ego quoque in vestra perditione ridebo, & gratulabor, dum venerit super vos repentina calamitas.* Auct. op. imp. in Matth. p. 186. d. *Ideo & ego in vestra perditione ridebo.* Item Cassiod. in Ps. 58. p. 196. b. *Ideoque & ego in vestra perditione ridebo; gratulabor, quando supervenerit vobis interitus.* Græc. Τοιγαροῦν κἀγὼ τῇ ὑμετέρᾳ ἀπωλείᾳ ἐπιγελάσομαι· καταχαροῦμαι δὲ, ἡνίκα ἔρχηται ὑμῖν ὄλεθρος, καὶ ὡς ἂν ἀφίκηται ὑμῖν ἄφνω θόρυβος.

℣. 27. Auct. l. de sing. cler. ap. Cypr. p. 521. a. *eversio autem simul & procella; & cùm advenerit vobis pressura & expugnatio.* Gr. ἡ δὲ καταστροφὴ ὁμοίως καταιγίδι παρῇ· καὶ ὅταν ἔρχηται ὑμῖν θλῖψις καὶ πολιορκία, ἢ ὅταν ἔρχηται ὑμῖν ὄλεθρος. i. e. *eversio autem similis procellæ affuerit; & quando venerit vobis tribulatio & obsessio, vel cùm venerit vobis interitus.* Hoc ult. membrum abest ab editt. Ald. & Compl.

℣. 28. Ita Græcè, addito uno *vos*, ad verbum *exaudiam.* Hilar. in Ps. 63. col. 159. a. *Erit ergo cùm invocabitis me, & ego non exaudiam.* Ambrof. l. de Nab. c. 12. col. 579. e. addit: *quærent me mali, & non invenient*: similiter l. 1. de interpel. Job, c. 9. col. 638. a. & in Ps. 118. col. 973. d. 1164. f. 1207. a. Cypr. l. 1. Testim. p. 277. b. *quærunt me mali, & non invenient.* August. in Ps. 118. to. 4. 1279. f. *quærunt me mali, & non invenient.* Auct. l. de sing. cleric. p. 521. a. *Erit enim cùm me invocaveritis, ego autem non exaudiam vos: quærent me mali, & non invenient.*

℣. 29. Sic habet Auct. l. de sing. cleric. p. 521. a. unà cum Gr. Cypr. l. 1. Testim. p. 277. b. *odio enim habuerunt sapientiam, sermonem autem Domini non receperunt*; Gr. οὐ προείλαντο, ad verbum, *non præoptaverunt.* Apud Aug. in Ps. 118. to. 4. 1279. f. *oderunt enim sapientiam*; nec plura.

℣. 30. Similiter ap. Auct. l. de sing. cleric. p. 521. a. præter vocem ult. *correptiones.* In Gr. οὐδὲ ἤθελον..... ἐμυκτήριζον δὲ ἐμοὺς ἐλέγχους· *neque volebant... sed subsannabant meas*, &c. Theodot. οὐκ ἐξεδέξαντο..... παρώξυναν δὲ, &c.

℣. 31. Sic iterum legit Auctor l. de sing. cleric. p. 521. a. præter unum *satiabuntur*, loco *saturabunt animas.* Gr. καὶ τῆς ἑαυτῶν ἀσεβείας πλησθήσονται, *& sua ipsorum impietate saturabuntur*; cæt. ut supra.

℣. 32. Ita Lucifer. Græcè: Ἀνθ' ὧν γὰρ ἠδίκουν νηπίους, φονευθήσονται, &c. *Pro eo enim quòd injuriam inferebant parvulis*, &c.

℣. 33. Idem Aug. l. 3. cont. epist. Parmen. to. 9. 75. a. *Qui autem me audit, habitabit in spe, & silebit sine timore ab omni malignitate.* Græc. Ὁ δὲ ἐμοῦ ἀκούων, κατασκηνώσει ἐπ' ἐλπίδι, καὶ ἡσυχάσει ἀφόβως ἀπὸ παντὸς κακοῦ. Hieron. in Isai. 66. to. 3. 497. e. *Qui audit Deum, habitabit confidens, & quiescet absque timore & omni malo.* Schol. ἀναπαύσεται ἐν εἰρήνῃ πεποιθώς.

CAPUT II.

VULGATA NOVA.

1. Fili mi, si susceperis sermones meos, & mandata mea absconderis penes te,

2. ut audiat sapientiam auris tua: inclina cor tuum ad cognoscendam prudentiam.

VULGATA NOVA.	VERSIO ANTIQUA.	
3. Si enim sapientiam invocaveris, & inclinaveris cor tuum prudentiæ:	3. Si enim sapientiam invoces, & intellectui des vocem tuam;	*Hilar. in Ps. 127. col. 423. e.*
4. si quæsieris eam quasi pecuniam, & sicut thesauros effoderis illam:	4. & exquiras eam tanquam argentum, & tanquam thesauros investiges eam:	
5. tunc intelliges timorem Domini, & scien-	5. tunc intelliges timorem Domini, & scien-	*Hieron. in Isai. 50. to. 3. 363. e.*

NOTÆ AD VERSIONEM ANTIQUAM.

℣. 3. Ad verbum è Græco, nisi quòd hab. ἐπικαλέσῃ, καὶ..... δῷς. Ambrof. in Ps. 118. col. 1030. f. *Cùm sapientiam invocaveris, & prudentiæ dederis vocem tuam.* Hieron. in Isai. 50. to. 3. 363. e. *Si invocaveris sapientiam, & intelligentiæ dederis vocem tuam.* Græc. τῇ συνέσει.

℣. 4. Græc. καὶ ἐὰν ζητήσῃς..... ἐξερευνήσῃς, &c. Rectè Ambrof. in Ps. 118. col. 1030. f. *& si quæsierit illam ut pecuniam, & ut thesauros scrutatus fuerit eam.* Hieron. in Isai. 50. to. 3. 363. e. *& si quæsieris eam quasi pecuniam, & quasi thesauros investigaveris eam.*

℣. 5. Ita in Græco. Ambrosius in Ps. 118. & Hilar. in Ps. 127. similiter habent: *tunc intelliges timorem Domini.*

VERSIO ANTIQUA.

Hieron. ubi sup. tiam Dei reperies :
Auct. l. de voc. Gent. l. 1. c. 24. p. 15. c. 6. quoniam Dominus dat sapientiam : & à facie ejus scientia, & intellectus.
a Aug. l. 1. cont. adverf. Leg. to. 8. p. 565. e. 7. [a] Deus thesaurizat diligentibus se salutem.....

VULGATA NOVA.

tiam Dei invenies :
6. quia Dominus dat sapientiam : & ex ore
ejus prudentia, & scientia.
7. Custodiet rectorum salutem, & proteget
gradientes simpliciter,

VULGATA NOVA.

8. servans semitas justitiæ, & vias sanctorum custodiens.
9. Tunc intelliges justitiam, & judicium, & æquitatem, & omnem semitam bonam.
10. Si intraverit sapientia cor tuum, & scientia
animæ tuæ placuerit :

VERSIO ANTIQUA.

Aug. in Ps. 36. p. 285. e. 11..... cogitatio sancta servabit te :

Ambr. in Ps. 36. to. 1. 799. b. 13. O qui dereliquistis semitas rectas, abeundo
in vias tenebrarum :
14. & qui lætamini in malis, & gaudetis in
eversione mala :
15. quorum semitæ pravæ, & flexuosi cursus
eorum :
16. Cur odisse cœpistis viam rectam, & justum
a Fulg. l. 3. ad Monim. p. 49. a. consilium deseruistis ? [a] fili, non te comprehendat
cogitatio mala :
17. quæ derelinquit doctrinam adolescentiæ,
18. & testamenti divini oblita est. Posuit enim
apud mortem domum suam, & apud inferos
cum terrigenis axes suos.

Aug. l. de nat. & Grat. c. 69. to. 10. 20. Si ambularent semitas bonas, invenissent
utique semitas justitiæ leves.
Chromat. Aquil. in Matth. p. 978. f. 21. Quoniam recti habitabunt in terra, & sancti
habitabunt in ea.

VULGATA NOVA.

11. consilium custodiet te, & prudentia servabit te,
12. ut eruaris à via mala, & ab homine, qui
perversa loquitur :
13. qui relinquunt iter rectum, & ambulant
per vias tenebrosas :
14. qui lætantur cùm malefecerint, & exsul-
tant in rebus pessimis :
15. quorum viæ perversæ sunt, & infames
gressus eorum.
16. Ut eruaris à muliere aliena, & ab extranea, quæ mollit sermones suos,
17. & relinquit ducem pubertatis suæ,
18. & pacti Dei sui oblita est : inclinata est
enim ad mortem domus ejus, & ad inferos semitæ ipsius :
19. omnes, qui ingrediuntur ad eam, non
revertentur, nec apprehendent semitas vitæ.
20. Ut ambules in via bona : & calles justorum custodias.
21. Qui enim recti sunt, habitabunt in terra,
& simplices permanebunt in ea.
22. Impii verò de terra perdentur : & qui ini- *Job 18.*
què agunt, auferentur ex ea. *17.*

NOTÆ AD VERSIONEM ANTIQUAM.

℣. 6. Itidem August. l. 3. de doctr. Chr. to. 3. 64. e. & Auct. epist. ad Demetriad. apud S. Leon. p. 44. f. quibus favet Græc. Rursus August. l. de Gr. & lib. arb. to. 10. 739. c. legit : *à facie ejus scientia, & intellectus procedit*. Item Fulg. l. de verit. præd. p. 464. 465. præmissis his, *quia Dominus dat sapientiam*, ut sup. sic etiam l. 1. de dupl. præd. ad Monim. c. 3. p. 4.

℣. 7. In Gr. Καὶ θησαυρίζει τοῖς κατορθοῦσι σωτηρίαν, &c. *Et thesaurizat rectè agentibus salutem*, &c.

℣. 11. Ita Græcè ad verbum.

℣. 13. Græc. Ὦ οἱ ἐγκαταλείποντες..... τοῦ πορεύεσθαι ἐν ὁδοῖς σκότους. Ambrof. epist. 28. col. 904. a. *O qui dereliquerunt semitas rectas* : & in Ps. 118. col. 981. f. *O qui reliquerunt sem. rectas*. Cassiod. in Ps. 11. p. 46. a. *dereliquerunt vias rectas, ut ambularent in vias pravas*.

℣. 14. Græc. οἱ εὐφραινόμενοι..... καὶ χαίροντες ἐπὶ, &c.

℣. 15. Itidem Græcè.

℣. 16. Alludit fortè Ambr. dicendo : *Cur odisse cœpistis*, &c. nam in Gr. sic : τοῦ μακράν σε ποιῆσαι ἀπὸ ὁδοῦ εὐθείας, καὶ ἀλλότριον τῆς δικαίας γνώμης, &c. *ad longè te faciendum à via recta, & alienum à justa sententia* : quæ autem sequuntur ex Fulg. Græco respondent : υἱὲ, μή σε καταλάβῃ κακὴ βουλή.

℣. 17. Græc. ἡ ἀπολιποῦσα διδασκαλίαν νεότητος.

℣. 18. Ad verbum è Græco.

℣. 20. Cassian. coll. 24. c. 24. *Nam si ambularent semitas rectas*, &c. ut in textu. Ita quoque in Græco. Anon. apud S. Paulin. epist. ad Celenc. to. 2. p. 11. c. hæc habet : *Invenietur semita justitiæ levis*.

℣. 21. Græc. Ὅτι εὐθεῖς κατασκηνώσουσι γῆν, καὶ ὅσιοι ὑπολειφθήσονται ἐν αὐτῇ. Cælestius apud Mar. Merc. Garn. p. 386. *Qui sunt boni, erunt habitatores terræ*.

CAPUT III.

VULGATA NOVA.

1. FIlli mi, ne obliviscaris legis meæ, & præcepta
mea cor tuum custodiat :
2. longitudinem enim dierum, & annos vitæ, &
pacem apponent tibi.
3. Misericordia & veritas te non deserant, circumda eas gutturi tuo, & describe in tabulis cordis
tui :

VERSIO ANTIQUA.

Ambr. in Luc. 1. p. 1272. f. 4..... provide bona semper coram Deo, & coram hominibus.
Hieron. l. 3. cont. Pelag. to. 4. 538. c. 5. Esto confidens in Dominum in toto corde
tuo, in tua autem sapientia ne exalteris.
6. In omnibus viis tuis cognosce eum, ut rectas faciat vias tuas.

VULGATA NOVA.

4. & invenies gratiam, & disciplinam bonam, coram Deo & hominibus.
5. Habe fiduciam in Domino ex toto corde
tuo, & ne innitaris prudentiæ tuæ.
6. In omnibus viis tuis cogita illum, & ipse
diriget gressus tuos.

NOTÆ AD VERSIONEM ANTIQUAM.

℣. 4. Græc..... καὶ προνοοῦ καλὰ ἐνώπιον Κυρίου καὶ ἀνθρώπων, &c. ut sup.

℣. 5. Græc. Ἴσθι πεποιθὼς ἐν ὅλῃ τῇ καρδίᾳ ἐπὶ Θεῷ.

℣. 6. Πάσαις ὁδοῖς σου γνώριζε αὐτὴν, &c. ut in Lat.

VULGATA NOVA.

Rom. 7. Ne sis sapiens apud temetipsum : time
12. 16. Deum, & recede à malo :
8. sanitas quippe erit umbilico tuo, & irri-
gatio ossium tuorum.
Tob. 4. 9. Honora Dominum de tua substantia, &
7. de primitiis omnium frugum tuarum da ei :
Luc. 14. 10. & implebuntur horrea tua saturitate, &
13. vino torcularia tua redundabunt.
Hebr. 11. Disciplinam Domini, fili mi, ne abjicias :
12. 5. nec deficias cùm ab eo corriperis :
Apoc. 3. 12. quem enim diligit Dominus, corripit : &
19. quasi pater in filio complacet sibi.
13. Beatus homo, qui invenit sapientiam, &
qui affluit prudentiâ :
14. melior est acquisitio ejus negotiatione argenti, & auri primi & purissimi fructus ejus :
15. pretiosior est cunctis opibus : & omnia,
quæ desiderantur, huic non valent comparari.

16. Longitudo dierum in dextera ejus, & in
sinistra illius divitiæ, & gloria.

17. Viæ ejus viæ pulchræ, & omnes semitæ
illius pacificæ.
18. Lignum vitæ est his, qui apprehenderint
eam : & qui tenuerit eam, beatus.

19. Dominus sapientiâ fundavit terram, stabilivit cœlos prudentiâ.

VERSIO ANTIQUA.

7. Noli esse sapiens apud te ipsum : [a] time Do- *Aug. l. de Grat.*
minum, & declina ab omni malo : *& lib. arb. to. 10.*
8. & erit pax corpori tuo, & diligentia ossi- *p. 719. f.* [a] *Fulg. l. 1. de re-*
bus tuis. *miss. pecc. c. 26. p.*
9. [b] Honora Dominum de tuis justis laboribus, *380. c.*
& da ei de fructibus justitiæ tuæ : [b] *Hieron. in Ezech.*
10. ut impleantur cellaria tua frumento, & *45. to. 3. 1040. f.*
vino torcularia tua redundent.
11. Fili, ne deficias in disciplina Domini : ne- *Aug. in Ps. 37.*
que fatigeris cùm ab illo increparis : *col. 305. e.*
12. quem enim diligit Dominus, corripit : flagellat autem omnem filium quem recipit.
13. Beatus vir, qui invenit sapientiam ; & im- *Idem cont. Adim.*
mortalis, qui videt prudentiam : *to. 8. 142. c.*
14. melius est enim illam mercari, quàm auri
& argenti thesauros :
15. pretiosior est autem lapidibus optimis : non
resistit illi ullum malum : bene nota est omnibus
appropinquantibus ei, & eis qui considerant eam
diligenter : omne autem pretiosum non est illi
dignum.
16. Longitudo dierum & anni vitæ in dexte- *Aug. in Ps. 120.*
ra ejus, in sinistra autem ejus divitiæ, & glo- *to. 4. 1379. a. &*
ria..... legem & misericordiam in lingua portat. *de Grat. & lib. arb.*
17. [a] Viæ ejus viæ bonæ, & omnes semitæ *p. 10. 737. f.* [a] *Ambr. in Ps.*
ejus in pace. *118. p. 1023. f.*
18. Lignum vitæ est omnibus, qui complec- *Hilar. in Ps. 1.*
tuntur eam : & qui incumbunt in eam, sicut in *n. 9. p. 21. a.*
Domino.
19. Deus sapientiâ fundavit terram, paravit *Iren. l. 4. c. 20.*
autem cœlum prudentiâ. *p. 253. c.*

NOTÆ AD VERSIONEM ANTIQUAM.

℣. 7. In Græco, Μὴ ἴσθι φρόνιμος..... φοβοῦ δὲ τὸν Θεὸν, &c. ut sup. Aq. Symm. & Theod. legunt σοφὸς, non φρόνιμος.

℣. 8. Græc. τότε ἴασις ἔσαι τῷ σώματί σου, καὶ ἐπιμέλεια τοῖς ὀσέοις σου· *tunc sanitas erit corpori tuo, & cura ossibus tuis.*

℣. 9. Aptè ad Græc. nisi quòd hab. καὶ ἀπάρχου αὐτῷ ἀπὸ σῶν καρπῶν δικαιοσύνης. Mf. Floriac. n. 10. *Honora Dominum de tuis justis laborib. & delibo illi de justitiæ tuæ fructibus.* Cassian. similiter, coll. 21. c. 22. p. 796. c. *Honora Deum de tuis justis laboribus, & delibe ei de fructibus justitiæ tuæ.* Item Avit. Vien. epist. 6. apud Sirm. to. 2. p. 40. d. *Honora Dominum de tuis justis laboribus :* & ita rursum Hieron. in Isai. 58. & Amos 5. to. 3. 430. a. 1419. d.

℣. 10. Ita in Græco, addita voce πλησμονῆς, *saturitate*, post *cellaria tua*. Mf. Alex. cum edd. Ald. & Compl. hab. πλησμονῆς σίτου edit. Rom. πλησμονῆς σίτου. Mf. Floriac. *ut impleantur horrea tua abundantiâ tritici, vino autem & oleo torcularia tua redundent.* Item Ambros. in Ps. 45. col. 927. b. *vino torcularia tua redundent.*

℣. 11. Sic iterum August. l. de pat. to. 6. 538. e. cum Fulg. epist. 7. p. 195. at August. l. de Grat. & lib. arb. to. 10. 719. f. legit : *Noli deficere à disciplina Domini.* S. Valerianus, hom. 1. ap. Sirm. to. 1. p. 613. b. *Fili, ne deficias à disciplina Domini : neque fatigeris cùm ab eo increparis.* Cypr. cùm l. de hab. virg. p. 173. b. tum l. 3. Testim. p. 324. a. *Fili, ne neglexeris disciplinam Dei* (al. *Domini* :) *nec defeceris ab eo correptus.* Similiter Ambros. in Ps. 43. col. 886. b. necnon Vigil. Tapf. l. cont. Varim. p. 750. e. nisi quòd hic hab. *neque deficias ab eo corr.* Hieron. verò in Ezech. 20. to. 3. 835. b. sic : *Fili, ne contristeris ad disciplinam Domini : neque deficias quando ab eo argueris.* S. Paulus, Hebr. 12. 5. ex Vulg. *Fili mi, noli negligere disciplinam Domini : neque fatigeris dum ab eo argueris :* & in antiq. Vers. *Fili, ne negligas discipl. Domini : neque fatigeris cùm ab eo argueris.* Græc. Υἱὲ, μὴ ὀλιγώρει (Symm. ἀποβῆς) παιδείας Κυρίου· μηδὲ ἐκλύου (Theodot. ἐγκακήσῃς) ὑπ' αὐτοῦ ἐλεγχόμενος.

℣. 12. Ita rursum August. epist. 3. to. 2. 322. e. & l. 1. de serm. Dom. in mon. to. 3. 193. e. & l. de pat. to. 6. 538. e. Sic etiam Cassian. coll. 6. c. 6. p. 417. c. cum Fulg. epist. 7. p. 195. & ser. 3. p. 557. quibus suffragatur Hieron. in Ezech. 20. to. 3. 835. b. at epist. 18. ad Eustoch. to. 4. p. 2. col. 48. b. leg. *castigat*, non *flagellat*. Concinit Ruricius, epist. 22. p. 571. f. ut & S. Paulus, Hebr. 12. 6. ex Vulg. at in antiqua Vers. ita : *quem enim diligit Deus, verberat : castigat autem omnem filium quem recipit.* Cypr. l. de hab. virg. p. 173. b. & l. 3. Testim. p. 324. a. cum Ambros. in Ps. 43. p. 886. b. *quem enim diligit Deus, corripit.* S. Valerian. hom. 1. Sirmond. to. 1. p. 613. b. *quem enim diligit Dom. increpat : flagellat autem omnem*, &c. ut sup. Item S. Paulin. epist. 29. p. 184. e. hab. *flagellat*, &c. Anonym. epist. ad Marcell. apud eund. to. 2. p. 4. *Dominus quem diligit, corripit & flagellat : castigat autem omnem fil. quem recipit.* S. Pacian. paræn. ad pœnit. p. 315. d. *Ego quos diligo, redarguo & castigo.* Græc. ὃν γὰρ ἀγαπᾷ Κύριος, ἐλέγχει (Mf. Alex. παιδεύει) μαστιγοῖ δὲ πάντα υἱὸν ὃν παραδέχεται.

℣. 13. In Gr. Μακάριος ἄνθρωπος, *Beatus homo ;* & in fine, καὶ θνητὸς, ὃς εἶδε φρόνησιν· *& mortalis, qui vidit prudentiam.*

℣. 14. Ita Græcè, verbum è verbo.

℣. 15. Græc. hab. πολυτελῶν, pro *optimis ;* ad litt. *operosis, exquisitis ;* deinde οὐκ ἀντιτάξεται, *non resistet ;* at in Mf. Alex. ἀντιτάσσεται ; reliqua concordant, nisi quòd desunt ista, *& eis qui considerant eam diligenter.*

℣. 16. Ita Cassiod. in Ps. 120. p. 432. b. 486. c. usque ad *legem*. Sic etiam in Græco, nisi id excipiatur, *Longitudo dierum*, pro quo Μῆκος γὰρ βίου, *Longitudo enim ætatis*. Apud Ambros. in Ps. 118. col. 1023. f. *Longitudo enim vitæ in dextera ejus, in sinistra autem ejus divitiæ, & gloria.* Apud August. in Ps. 143. col. 1610. c. *In dextera ejus anni vitæ, & in sinistra ejus divitiæ, & honor :* & l. 4. cont. ep. 2. Pelag. to. 10. 475. a. rursum addit ut sup. *legem & misericordiam in lingua portat ;* quæ pariter exstant in Græco, præpositis tamen his : ἐκ τοῦ σόματος αὐτῆς ἐκπορεύεται δικαιοσύνη, *de ore ejus procedit justitia ;* deinde, νόμον δὲ, &c.

℣. 17. Sic est in Græco.

℣. 18. Ambros. in Ps. 1. col. 755. b. *Lignum vitæ est omnibus percipientibus eum (Christum).* August. l. 20. de civit. Dei, c. 27. to. 7. 611. b. *Lignum vitæ est omnibus amplectentibus eam :* & in Ps. 32. to. 4. p. 203. f. *possidentibus eam.* Hieron. in Isai. 65. to. 3. 494. b. *Lignum vitæ est omnibus, qui accedunt ad eam, & qui inituntur super illam quasi super Dominum, firmitas :* at in Zach. 14. col. 1802. e. sic : *Lignum vitæ est omnibus, qui appropinquant ei, & qui reclinantur super eum, quasi super domum firmitatis.* In Græco : Ξύλον ζωῆς ἐσὶ πᾶσι τοῖς ἀντεχομένοις αὐτῆς, καὶ τοῖς ἐπερειδομένοις ἐπ' αὐτὴν ὡς ἐπὶ Κύριον, ἀσφαλής.

℣. 19. Græcum habet οὐρανοὺς, *cælos ;* cætera similia. Sic etiam legit Hieron. in Isai. 40. to. 3. 305. d. at in Isai. 11. col. 99. f. ita : *Deus in sapientia sua fundavit terram, & paravit cælos in prudentia :* & in Isai. 48. col. 348. e. *Deus sapientiâ suâ fundavit terram, & dextera illius mensa est, sive firmavit cælos, vel cælum, ut LXX. transtule-*

VERSIO ANTIQUA.

Iren. ubi sup. 20. Sensu ejus abyssi eruperunt, nubes autem manaverunt ros.

Ambr. in Ps. 118. p. 1014. c. 21. Fili, ne defluas,....

Ambr. in Ps. 36. p. 809. f. 24. si enim sedeas, sine timore sedebis: si dormias, suaviter requiesces:

25. & non timebis pavorem qui superveniet tibi, neque impetus impiorum supervenientes tibi.

Aug. de Grat. & lib. arb. p. 719. f. 27. Noli abstinere benefacere egenti: [a] dum habes occasionem, benefac.

[a] *Ambrosiast. p. 95. f.* 28. [b] Ne dixeris: Abi, & revertere: cras ego dabo: cùm possis continuò benefacere: non enim scis quid contingat sequenti die.

[b] *Cypr. l. 3. Test. p. 302. c.* 29. Noli fabricare in amicum tuum mala, in incolam, & confidentem.

Lucif. Cal. l. 1. pro S. Athan. p. 192. e. 30. Noli inimicitias exercere adversùs hominem sine causa, ne quid tibi operetur malum.

VULGATA NOVA.

20. Sapientiâ illius eruperunt abyssi, & nubes rore concrescunt.

21. Fili mi, ne effluant hæc ab oculis tuis: Custodi legem atque consilium:

22. & erit vita animæ tuæ, & gratia faucibus tuis:

23. tunc ambulabis fiducialiter in via tua, & pes tuus non impinget:

24. si dormieris, non timebis: quiesces, & suavis erit somnus tuus:

25. ne paveas repentino terrore, & irruentes tibi potentias impiorum.

26. Dominus enim erit in latere tuo, & custodiet pedem tuum ne capiaris.

27. Noli prohibere benefacere eum qui potest: si vales, & ipse benefac.

28. Ne dicas amico tuo: Vade, & revertere: cras dabo tibi: cùm statim possis dare.

29. Ne moliaris amico tuo malum, cùm ille in te habeat fiduciam.

30. Ne contendas adversùs hominem frustra, cùm ipse tibi nihil mali fecerit.

VULGATA NOVA.

Ps. 36. 1. 31. Ne æmuleris hominem injustum, nec imiteris vias ejus:

32. quia abominatio Domini est omnis illusor, & cum simplicibus sermocinatio ejus.

33. Egestas à Domino in domo impii, habitacula autem justorum benedicentur.

VERSIO ANTIQUA.

Ambrosiast. p. 255. e. 34. Superbis Deus resistit, humilibus autem dat gratiam.

Hieron. l. 3. cont. Rufin. to. 4. 472. d. 35..... impii exaltant contumeliam.

VULGATA NOVA.

34. Ipse deludet illusores, & mansuetis dabit gratiam.

35. Gloriam sapientes possidebunt: stultorum exaltatio, ignominia.

NOTÆ AD VERSIONEM ANTIQUAM.

runt. Ambros. l. 5. de fide, to. 2. p. 556. c. *Deus in sapientia fundavit terram, paravit autem cælos in intellectu;* Græc. quoque Alex. cum Ald. & Compl. hab. ἐν φρονήσει. Eadem rursum leg. Ambros. in Ps. 118. col. 1120. a. detractâ præpos. *in*, ante *sapientia*. Arnob. de Trin. to. 8. p. 211. f. *Ego sapientiâ fundavi terram, paravi cælos prudentiâ*. Vigil. Taps. l. 1. de Trin. *Deus sapientiâ suâ fundavit terram, paravit autem cælos prudentiâ.*

℣. 20. Sic est in Gr. hoc excepto primo, ἐν αἰσθήσει, absque seq. *ejus*, quod tamen subnectunt edd. Ald. & Compl. Item extremò pluraliter δρόσους, *rores*, at in Schol. δρόσῳ. Vigil. Taps. l. 2. cont. Arium, Sab. &c. hab. *Sensu ejus abyssi dissiluerunt.*

℣. 21. Græcum, μὴ παραῤῥυῇς.

℣. 24. Hieron. in Ezech. 44. to. 3. 1025. f. & in Zach. 4. 1725. a. *si sederis, absque timore sederis: si dormieris, suaviter dormies;* in Zach. *si autem dormieris, dulciter dormies.* Græcum, ἐὰν γὰρ (Alex. delet γὰρ) κάθῃ, ἄφοβος ἔσῃ· ἐὰν δὲ καθεύδῃς, ἡδέως ὑπνώσεις.

℣. 25. Hieron. in Ezech. & in Zach. ubi sup. *Et non timebis pavorem* (in Zach. *terrorem*) *supervenientem tibi, neque impetus impiorum supervenientes* (in Zach. *ingruentes.*) Sic etiam in Gr. deleto pronom. *tibi*.

℣. 27. Græc. Μὴ ἀπόσχῃ τοῦ ποιεῖν ἐνδεῆ, ἡνίκα ἂν ἔχῃ ἡ χείρ σου βοηθεῖν. *Ne abstineas benefacere egeno, quandocunque habuerit manus tua auxiliari:* at in Ms. Alex. εὖ ποίει, *benefac*, ut sup. loco ult. βοηθεῖν.

℣. 28. Ita S. Valerianus hab. hom. 9. Sirm. to. 1. p. 652. a. ad hoc usque, *non enim scis:* excipiendum tamen adverb. *statim*, pro *continuò*, quod idem sonat. Apud Ambros. in Luc. 7. p. 1390. d. *Ne dixeris pauperi: Cras dabo:* item l. de Nab. c. 12. col. 580. c. In Gr. Μὴ εἴπῃς· Ἐπανελθὼν ἐπάνηκε, αὔριον δώσω· δυνατοῦ σου ὄντος εὖ ποιεῖν· οὐ γὰρ οἶδας τί τέξεται ἡ ἐπιοῦσα· *non enim scis quid pariet sequens dies.*

℣. 29. Ita Græcè, hoc subnexo in fine, ἐπὶ σοί, *super te*. Item apud August. l. de Grat. & lib. arbit. to. 10. 719. f. *Noli fabricare in amicum tuum mala.* Nobilius malè reddit *in tuum inimicum;* nam in Græco constanter, ἐπὶ σὸν φίλον. Apud Hieron. l. 3. cont. Rufin. to. 4. p. 2. col. 472. *Ne fabricaveris in amicum tuum mala.*

℣. 30. Similiter in Græco. Hieron. l. 3. cont. Rufin. 472. *Ne inimiceris adversùm hominem sine causa.* Græc. Μὴ φιλεχθρήσῃς, &c.

℣. 34. Similiter Ambros. in Ps. 118. col. 1046. d. *Dominus superbis resistit.* S. Petrus, epist. 1. c. 5. 5. & Jacobus, 4. 6. *Deus superbis resistit.* In Gr. Κύριος ὑπερηφάνοις ἀντιτάσσεται, &c. ut sup.

℣. 35. Græc. οἱ δὲ ἀσεβεῖς ὕψωσαν ἀτιμίαν.

CAPUT IV.

VERSIO ANTIQUA.

Hieron. in Zach. 8. p. 1745. e. 1. Audite pueri disciplinam patris, & attendite ut cognoscatis intelligentiam.

VULGATA NOVA.

1. Audite filii disciplinam patris, & attendite ut sciatis prudentiam.

VULGATA NOVA.

2. Donum bonum tribuam vobis, legem meam ne derelinquatis.

3. Nam & ego filius fui patris mei, tenellus, & unigenitus coràm matre mea:

4. & docebat me, atque dicebat: Suscipiat verba mea cor tuum, custodi præcepta mea, & vives.

NOTÆ AD VERSIONEM ANTIQUAM.

℣. 1. Græc. extremò hab. γνῶναι ἔννοιαν, Aquil. σύνεσιν, Symm. φρόνησιν.

VULGATA NOVA.	VERSIO ANTIQUA.	
5. Poſſide ſapientiam, poſſide prudentiam: ne obliviſcaris, neque declines à verbis oris mei.	5. Poſſide ſapientiam, poſſide intelligentiam: ne obliviſcaris, & ne declinaveris à verbis oris mei.	Hieron. ep. 34. ad Nepotian. to. 4. 258. a.
6. Ne dimittas eam, & cuſtodiet te: dilige eam, & conſervabit te.	6. Neque derelinquas illam, & apprehendet te: ama illam, & ſervabit te.	
7. Principium ſapientiæ, poſſide ſapientiam, & in omni poſſeſſione tua, acquire prudentiam:	7. Principium ſapientiæ, poſſide ſapientiam, & in omni poſſeſſione tua poſſide intelligentiam:	
8. arripe illam, & exaltabit te: glorificaberis ab ea, cùm eam fueris amplexatus:	8. circumda illam, & exaltabit te: honora illam, & amplexabitur te:	
9. dabit capiti tuo augmenta gratiarum, & corona inclyta proteget te.	9. ut det capiti tuo coronam gratiarum, coronâ quoque deliciarum protegat te.	

VULGATA NOVA.

10. Audi fili mi, & ſuſcipe verba mea, ut multiplicentur tibi anni vitæ.
11. Viam ſapientiæ monſtrabo tibi, ducam te per ſemitas æquitatis:
12. quas cùm ingreſſus fueris, non arctabuntur greſſus tui, & currens non habebis offendiculum.
13. Tene diſciplinam, ne dimittas eam: cuſtodi illam, quia ipſa eſt vita tua.

VULGATA NOVA.	VERSIO ANTIQUA.	
14. Ne delecteris in ſemitis impiorum, nec tibi placeat malorum via.	14. Vias impiorum noli ſequi, neque æmuleris viam iniquorum.	Lucif. Cal. l. de non conven. cum haeret. p. 223. a.
15. Fuge ab ea, nec tranſeas per illam: declina, & deſere eam:	15. In quocunque loco exercitum conſtituerint, ne ſupervenias illuc: declina autem ab ea, & devita:	
16. non enim dormiunt niſi malefecerint: & rapitur ſomnus ab eis niſi ſupplantaverint:	16. non enim dormient, niſi malefecerint: ablatus eſt enim ſomnus ab eis, & non dormiunt:	
17. comedunt panem impietatis, & vinum iniquitatis bibunt.	17. hi enim cibantur cibis impietatis, vino autem iniquo inebriantur.	
18. Juſtorum autem ſemita, quaſi lux ſplendens, procedit & creſcit uſque ad perfectam diem.	18. Nam viæ juſtorum ſimiliter ut lux fulgebunt: procedunt, & illuminant, donec corrigat dies.	
19. Via impiorum tenebroſa: neſciunt ubi corruant.	19. Viæ autem impiorum tenebroſæ: neſciunt quomodo offendunt.	

VULGATA NOVA.

20. Fili mi, auſculta ſermones meos, & ad eloquia mea inclina aurem tuam:
21. ne recedant ab oculis tuis, cuſtodi ea in medio cordis tui:
22. vita enim ſunt invenientibus ea, & univerſæ carni ſanitas.

VULGATA NOVA.	VERSIO ANTIQUA.	
23. Omni cuſtodia ſerva cor tuum, quia ex ipſo vita procedit.	23. Omni cuſtodia ſerva cor tuum, ex hoc enim exitus vitæ.	Fulg. l. 2. de verit. praed. c. 16. p. 471.
24. Remove à te os pravum, & detrahentia labia ſint procul à te.	24. Aufer igitur tibi pravum os, & injuſta labia longè à te propelle.	Ambr. l. 1. de Cain, c. 5. p. 191. a.
25. Oculi tui recta videant, & palpebræ tuæ præcedant greſſus tuos.	25. Oculi tui recta videant.....	
26. Dirige ſemitam pedibus tuis, & omnes viæ tuæ ſtabilientur.	26. Rectos curſus fac pedibus tuis, & vias tuas dirige.	Aug. ep. 215. to. 2. 795. b. seq.

NOTÆ AD VERSIONEM ANTIQUAM.

℣. 5. In Græco editionis Rom. hæc verba ſunt: *Φύλαξαι ἐντολὰς, μὴ ἐπιλάθῃ· μηδὲ παρίδῃς ῥῆσιν ἐμοῦ στόματος·* *Cuſtodi mandata, non obliviſcaris: neque deſpexeris eloquium oris mei.* At in Mſ. Alex. *Κτῆσαι σοφίαν, κτῆσαι σύνεσιν· μὴ ἐπιλάθῃ, μηδὲ ἐκκλίνῃς ἀπὸ ῥημάτων στόματός μου·* quæ ipſiſſima ſunt ex Hieron. ſup.

℣. 6. Græc. *Μηδὲ ἐγκαταλίπῃς αὐτὴν, καὶ ἀνθέξεταί σου,* &c. ut ſup.

℣. 7. Hic verſus deeſt in Græco editionis Rom. at legitur ad verbum in edd. Ald. & Compl.

℣. 8. Concinit Gr. niſi quòd extremò hab. *ἵνα σε περιλάβῃ·* & verò idem Hieron. in Ezech. 44. to. 3. 1032. b. legit: *circumda illam.....: honora eam, ut te amplexetur:* at in Ezech. 18. col. 821. a. *ama illam, & amplexabitur te: dilige illam, & cuſtodiet te:* & in Eccleſ. to. 2. 767. a. *amplexare illam, & circumdabit te.* Ambroſ. in Pſ. 118. col. 1188. f. *honora eam, & amplectetur te.*

℣. 9. Aptè ad Gr. Apud Ambroſ. in Luc. 4. col. 1345. d. *coronâ deliciarum obumbrabit te.* Gr. *στεφάνῳ δὲ τρυφῆς ὑπερασπίσῃ σου.*

℣. 14. Græc. *Ὁδοὺς ἀσεβῶν μὴ ἐπέλθῃς, μηδὲ ζηλώσῃς ὁδοὺς παρανόμων.*

℣. 15. *Ἐν ᾧ ἂν τόπῳ στρατοπεδεύσωσι..... ἔκκλινον δὲ ἀπ' αὐτῶν, καὶ παράλλαξον.* Aq. Symm. Th. *πάρελθε.* *In quocunque loco caſtrametati fuerint... declina autem ab eis, & abſcede.*

℣. 16. Ita Græcè, dempto tantùm *enim*, poſt *ablatus eſt:* habetur quidem *αὐτῶν*, *eorum*, pro *ab eis*; at in Mſ. Alex. *ἀπ' αὐτῶν.* Nicetius epiſc. Spicil. to. 3. p. 6. c. ita legit: *quia ablatus eſt ſomnus ab oculis eorum: non enim dormiunt, niſi malefecerint.*

℣. 17. Hieron. in Iſai. 58. to. 3. 427. b. *hi enim aluntur cibis impietatis, & vino iniquitatis inebriantur.* Gr. *οἵδε γὰρ σιτοῦνται σῖτα,* &c. ut ſup. in textu.

℣. 18. Græcum ipſo initio hab. *Αἱ δὲ ὁδοὶ*, *Via autem*; ſubinde *λάμπουσι*, *fulgent*, non *fulgebunt*; extremò, *ἕως κατορθώσῃ ἡ ἡμέρα*, *donec dirigat ſe dies*; cæt. ut ſup. Chromat. Aquil. in Matth. p. 981. c. legit pariter: *Via juſtorum ſimiliter ut lux fulgebunt.*

℣. 19. Itidem Græcè.

℣. 23. Sic Ambroſ. l. 1. Offic. col. 4. e. necnon Ruricius, epiſt. 12. p. 568. c. & Caſſian. coll. 13. c. 10. p. 605. *Omni cuſtodia ſerva cor tuum.* S. Paulin. verò epiſt. 40. p. 251. c. *Omni vigilia ſerva cor tuum.* Severus Presb. Miſcell. Baluz. to. 1. p. 346. *Omni cuſtodia cuſtodi cor tuum.* Gr. *Πάσῃ φυλακῇ τήρει,* &c.

℣. 24. Similiter in Græco, ſublata voce *igitur*. Hieron. l. 3. cont. Rufin. to. 4. p. 2. col. 472. b. *Circumcide à te os pravum, & iniqua labia longè repelle abs te.* Itidem Chromat. Aquil. in Matth. p. 982. c. excepto verbo *expelle*, pro *repelle*.

℣. 25. Ita rurſum Ambroſ. l. de bono mort. c. 6. col. 400. f. 406. a. unà cum Gr.

℣. 26. Ita è Græco, ad verbum.

VERSIO ANTIQUA.

Aug. ubi sup.

27. Ne declines in dexteram, neque in sinistram: averte autem pedem tuum à via mala: vias enim, quæ à dextris sunt, novit Dominus: perversæ verò sunt quæ à sinistris sunt. Ipse autem rectos faciet cursus tuos, itinera autem tua in pace producet.

VULGATA NOVA.

27. Ne declines ad dexteram, neque ad sinistram: averte pedem tuum à malo: vias enim, quæ à dextris sunt, novit Dominus: perversæ verò sunt quæ à sinistris sunt. Ipse autem rectos faciet cursus tuos, itinera autem tua in pace producet.

NOTÆ AD VERSIONEM ANTIQUAM.

℣. 27. Mirè concordant tota ista cum Græco, nisi excipiatur vox *Dominus*, pro qua, ὁ Θεὸς, *Deus*. Eadem repetit August. q. 48. in Deut. to. 3. 574. b. paucis mutatis: *Non declines in dextra, aut in sinistra: vias enim, quæ à dextris sunt, novit Dominus: perversæ autem sunt quæ à sinistris. Ipse enim rectos faciet cursus tuos, & omnia itinera tua in pace producet.* Auct. l. de sing. cleric. apud Cypr. p. 526. *Non declinabis in dexteram, neque in sinistram.* Hieron. in Eccles. to. 2. 771. a. *Ne declines in dexteram, neque in sinistram:* & sup. col. 770. c. *dextras vias novit Dominus: quæ autem perversa sunt, à sinistris sunt.* Chromat. Aquil. in Matth. p. 986. a. *partes dexteriores novit Dominus: perversæ autem sunt quæ sunt à sinistris.* Fulg. verò l. 1. ad Monim. p. 23. ut sup. *vias enim, quæ à dextris sunt, novit Dominus: perversæ verò sunt quæ à sinistris sunt.* Item Petrus Chrysol. ser. 82. & 87. p. 910. c. 914. c. *vias, quæ à dextris sunt, novit Dominus.* Observat autem Martian. noster, to. 1. nov. ed. Hieron. hanc sententiam in Hebræo non legi; & verò illâ ipsâ caret Ms. Corb. n. 1. ut & al. sequentibus.

CAPUT V.

VERSIO ANTIQUA.

Lucif. Cal. l. de non conven. cum hæret. p. 223. b.

2..... Noli te intendere fallaci mulieri:

3. mel enim distillat à labiis mulieris meretricis, quæ ad tempus impinguat fauces tuas:
4. novissimè autem amarius felle invenies, & acutius magis quàm gladius ex utraque parte acutus.
5. Insipientes autem pedes deducunt utentes eâ cum morte ad inferos.

VULGATA NOVA.

1. Fili mi, attende ad sapientiam meam, & prudentiæ meæ inclina aurem tuam,
2. ut custodias cogitationes, & disciplinam labia tua conservent. Ne attendas fallaciæ mulieris:
3. favus enim distillans labia meretricis, & nitidius oleo guttur ejus:
4. novissima autem illius amara quasi absynthium, & acuta quasi gladius biceps.
5. Pedes ejus descendunt in mortem, & ad inferos gressus illius penetrant.

VULGATA NOVA.

6. Per semitam vitæ non ambulant, vagi sunt gressus ejus, & investigabiles.
7. Nunc ergo fili mi audi me, & ne recedas à verbis oris mei.
8. Longè fac ab ea viam tuam, & ne appropinques foribus domus ejus.
9. Ne des alienis honorem tuum, & annos tuos crudeli:
10. ne fortè impleantur extranei viribus tuis, & labores tui sint in domo aliena,
11. & gemas in novissimis, quando consumpseris carnes tuas & corpus tuum, & dicas:
12. Cur detestatus sum disciplinam, & increpationibus non acquievit cor meum,
13. nec audivi vocem docentium me, & magistris non inclinavi aurem meam?
14. Penè fui in omni malo, in medio ecclesiæ & synagogæ.

VERSIO ANTIQUA.

Ambr. l. 1. de Jac. c. 7. p. 454. c.

15. Bibe aquam de tuis vasis, & de puteorum tuorum fontibus:
16. Superfluant tibi aquæ de tuo fonte, in tuas autem plateas discurrant.

VULGATA NOVA.

15. Bibe aquam de cisterna tua, & fluenta putei tui:
16. Deriventur fontes tui foras, & in plateis aquas tuas divide.

NOTÆ AD VERSIONEM ANTIQUAM.

℣. 2. Sic habet Ambros. l. 1. de Cain, c. 5. col. 191. a. & l. 2. de Abr. c. 11. col. 349. d. necnon August. l. de Grat. & l. arb. to. 10. 719. f. detracto uno *te*. Hæc autem sententia non legitur in textu Hebraïco, ut notat Martianæus noster ibid. to. 1. divin. Bibl. translataque est, ut & aliæ plurimæ è Vers. LXX. in Vulgatam nostram: quinimo, in ejusdem Vulgatæ Mss. antiquioribus eadem sententia non reperitur; v. g. in nostro Sangerm. n. 15. annorum circiter 900. nec etiam legitur in S. Augustini Speculo. Apud Hieron. verò in Isai. 23. to. 3. 206. e. ita: *Ne attendas pessimam mulierem.* Apud Ambros. l. de bono mort. c. 6. to. 1. 400. f. *Noli intendere in verba meretricis.* In Ms. S. Germ. Vulg. n. 4. *Ne attenderis fallaciæ mulieris.* In Græco, Μὴ πρόσεχε φαύλῃ γυναικί. *Ne intendas fallaci mulieri.*

℣. 3. Sic Hieron. in Isai. 23. to. 3. 206. e. nisi quòd scribit *de labiis*; paulòque post, *quæ ad breve impinguat fauces tuas:* at in Ezech. 6. col. 734. d. *quæ ad tempus impinguat vescentium fauces:* & epist. ad Fabiol. to. 2. 590. b. *quæ ad tempus pinguefacit fauces tuas.* Ambros. l. 1. de Cain, c. 5. col. 191. a. *mella enim distillabunt à labiis mulieris fornicariæ, quæ ad tempus impinguat fauces tuas.* Gaud. Brix. de Machab. p. 967. b. *mel distillat à labiis mulieris meretricis, quæ ad tempus impinguat fauces suas.* Rurie. epist. 12. to. 8. 568. c. *Lingua meretricis mel stillat;* statimque, *in novissimis autem,* &c. Græc. textui favet.

℣. 4. Ambr. l. 1. de Cain c. 5. col. 191. a. *postea verò amariorem felle invenies.* Hieron. epist. ad Fabiol. to. 2. 590. b. ut sup. *novissimè verò amarius felle invenies:* & in Isai. 23. to. 3. 206. e. *& postea amarius felle reperies:* & in Ezech. 6. col. 734. d. *& postea amarius felle reperitur.* Gaud. Brix. de Machab. p. 967. b. *novissimum autem amarius felle invenies, & acutius gladio utraque parte acuto.* Græcum: ὕστερον μέντοι πικρότερον χολῆς εὑρήσεις, καὶ ἠκονημένον μᾶλλον μαχαίρας διστόμου.

℣. 5. In Gr. Τῆς γὰρ ἀφροσύνης οἱ πόδες, *Imprudentiæ enim pedes,* &c. ut sup. extremò tamen hoc additur: τὰ δὲ ἴχνη αὐτῆς οὐκ ἐρείδεται, *& vestigia ejus non firmantur.*

℣. 15. Sic iterum Ambros. l. 3. Hex. to. 1. 52. a. ut & inf. 150. a. 363. d. 364. e. 597. c. 927. b. & lib. 3. Off. to. 2. 107. b. & col. 633. a. 934. f. Similiter August. l. de unit. Eccl. to. 9. 381. f. & in Ps. 31. p. 181. e. Ita quoque Hieron. in Ezech. 32. to. 3. 932. b. at in Amos 4. col. 1398. c. legit: *Bibe aquas de vasis tuis, & de puteorum fontibus aquas tuas:* & in Dan. 2. col. 1079. b. *Bibe aquam de vasis tuis, & de puteorum tuorum fonte.* Item Cassian. coll. 13. c. 13. p. 646. *Bibe aquas de tuis vasis, & de puteorum tuorum fonte.* Ita etiam in Gr. Junilius Afr. l. 1. de part. div. leg. c. 5. p. 341. c. *Bibe aquam de tuis vasis, & de cisterna tua, & de tuis puteis.* Textui verò accinit Auct. op. imp. in Matth. p. 17. a.

℣. 16. Rursum Ambr. l. de Isaac, to. 1. 364. e. *Et superfluant tibi aquæ de tuo fonte:* & in Luc. 13. col. 1460. c.

VULGATA NOVA.

17. Habeto eas ſolus, nec ſint alieni participes tui.

18. Sit vena tua benedicta, & lætare cum muliere adoleſcentiæ tuæ:

19. cerva chariſſima, & gratiſſimus hinnulus: ubera ejus inebrient te in omni tempore, in amore ejus delectare jugiter.

20. Quare ſeduceris fili mi ab aliena, & foveris in ſinu alterius?

Job 14. 16. 31. 4. & 34. 21. 21. Reſpicit Dominus vias hominis, & omnes greſſus ejus conſiderat.

22. Iniquitates ſuæ capiunt impium, & funibus peccatorum ſuorum conſtringitur.

23. Ipſe morietur, quia non habuit diſciplinam, & in multitudine ſtultitiæ ſuæ decipietur.

VERSIO ANTIQUA.

17. Sint tibi ſoli conſtitutæ, & nemo alienus particeps ſit tibi. Ambr. ubi ſup.

18. Fons aquæ tuæ ſit tibi proprius, & jucundare cum uxore, quæ eſt tibi à juventute: Ambr. l. 3. offic. p. 107. c.

19. cervus amicitiæ, & pullus gratiarum confabulentur tecum.....

20. Ne multus fueris ad alienam, neque contineris amplexibus non tuam. Ambr. l. 2. de Abr. c. 11. p. 349. e.

22. Iniquitates ſuæ capient impium, funiculis autem peccatorum ſuorum unuſquiſque conſtringitur. Fulg. l. de rem. pecc. c. 26. p. 389. c.

23. Hic moritur cum indiſciplinatis, de multitudine autem vitæ ſuæ projectus eſt, & perit pro inſipientia.

NOTÆ AD VERSIONEM ANTIQUAM.

in plateis tuis diffundantur aquæ tuæ: ſimiliter l. de virginit. to. 2. 235. d. niſi quòd tollit *&*, ante *ſuperfluant*; reponitque poſt *fonte*: item l. 2. & 3. de Spir. S. col. 633. a. 690. f. legit: *inque plateis tuis ſuperfluant aquæ tuæ.* Auguſt. in Pſ. 103. col. 1135. f. *& in plateis tuis diſcurrant aquæ tuæ:* ſimiliter l. de unit. Eccl. to. 9. 381. f. niſi quòd iiſdem præponit ſeqq. *& non ſuperfluant tibi aquæ foras:* imo & his omnibus iſta: *Et fons aquæ tuæ ſit tibi proprius, & nemo alienus communicet tibi;* quæ pertinent ad ℣. ſeq. Caſſian. autem coll. 13. c. 13. p. 646. c. textui ſuffragatur: enimverò poſt hæc, *& de puteor. tuorum fonte*, ſubdit: *Supereffluant tibi aquæ de tuo fonte, in tuas autem plateas pertranſeant aquæ tuæ.* Sic etiam in Gr. hoc excepto, μὴ ὑπερεκχείσθω; at in Mſ. Alex. ac edd. Ald. & Compl. negatio tollitur, legiturque ſolùm ὑπερεκχείσθω, *ſupereffundantur.* Ita quoque Origenes, homil. 12. in Num. legiſſe ſe teſtatur in quibuſdam exemplaribus; in aliis verò, *& non ſupereffundantur.*

℣. 17. Ambroſ. l. 3. offic. col. 107. c. rurſus legit: *nemo alienus particeps ſit tibi.* Aug. in Pſ. 103. to. 4. 1135. f. *nemo alienus communicet tibi:* & tract. 7. in Joh. 1. to. 3. 874. c. *Fons aquæ tuæ ſit tibi proprius, & nemo alienus communicet tibi:* ſic iterum l. 2. cont. Creſcon. to. 9. 418. c. & l. de unit. Eccl. col. 381. f. Græc. Ἔϛω σοι μόνῳ ὑπάρχοντα, καὶ μηδεὶς ἀλλότριος μεταχέτω σοι.

℣. 18. Iterum Ambroſ. l. 1. de Jac. c. 7. p. 454. e. anteced. his, *particeps ſit tibi*, hæc ſubdit: *Fons aquæ tuæ ſit tibi proprius:* ſimiliter l. de Iſaac, c. 4. p. 364. c. ſubnexis his, *& jucundare cum uxore.* Sic etiam in Græco, hoc inſuper adjuncto, τῆς ἐκ νεότητός σου, *quæ à juventute tua*, ut ſup. in textu. Vide Aug. ſup. ℣℣. 16. 17.

℣. 19. Ita rurſum Ambr. l. 1. de Jacob, c. 7. col. 454. e. & l. 2. de interpel. Dav. c. 1. col. 637. f. ult. excepto, *confabuletur tibi.* Hieron. in Iſai. 35. to. 3. 279. f. *cervus amicitiæ, & pullus gratiarum tuarum loquantur tibi.* Aug. de div. quæſt. q. 71. to. 6. col. 61. d. *cervus amicitiæ, & pullus gratiarum tuarum colloquantur tecum.* Eucher. quæſt. in Prov. p. 847. e. *cervus amicitiæ, & pullus gratiarum fabulentur tecum.* Græc. ἔλαφος φιλίας, καὶ πῶλος σῶν χαρίτων ὁμιλείτω σοι, &c. In ed. Compl. σῶν, loco σῶν.

℣. 20. Prior ſententia rurſus legitur apud Ambroſ. l. de bono mort. c. 6. col. 400. f. & ita in Gr. eſt; altera verò ſic: μηδὲ συνέχου ἀγκάλαις τῆς μὴ ἰδίας· *neque continearis ulnis non propriæ.*

℣. 22. Græc. Παρανομίαι ἄνδρα ἀγρεύουσι, σειραῖς δὲ τῶν ἑαυτοῦ ἁμαρτιῶν ἕκαστος σφίγγεται· Aquila, καὶ ἐν Χοινίοις, &c. Iren. l. 3. c. 9. p. 185. a. *reſtibus autem peccatorum ſuorum unuſquiſque conſtringitur.* Hilar. in Pſ. 2. n. 9. col. 31. d. *faſcиis peccatorum ſuorum conſtrictus eſt peccator:* & in Pſ. 118. col. 292. a. *faſciis peccatorum ſuorum unuſq. conſtringitur.* Ambroſ. l. 1. de pœnit. to. 2. 409. e. *vinculis pecc. ſuor.* &c. ut ſup. ita rurſum in Pſ. 118. n. 42. col. 1071. b. cui ſuffragatur Auct. l. de promiſſ. ap. Proſp. c. 17. p. 140. d. Hieron. in Ezech. 27. col. 889. e. & in Oſe. 5. col. 1272. d. *funibus peccator. ſuorum unuſquiſque conſtringitur.* Auguſt. in Pſ. 34. & 57. to. 4. 234. f. 544. a. *crinicułis peccatorum*, &c. ut ſup. at l. cont. Adim. to. 8. 118. b. *funiculis peccat. ſuorum*, &c. Similiter Caſſian. coll. 23. c. 9. p. 840. & coll. 24. c. 24. p. 879. b. cui favet Gildas Sap. caſtig. in eccleſ. ord. to. 8. p. 720. h.

℣. 23. Sic eſt in Græco, hoc ultimo excepto, καὶ ἀπόλλυται δι' ἀφροσύνην, *& perit propter imprudentiam.*

CAPUT VI.

VULGATA NOVA.

1. Fili mi, ſi ſpoponderis pro amico tuo, defixiſti apud extraneum manum tuam,

2. illaqueatus es verbis oris tui, & captus propriis ſermonibus.

3. Fac ergo quod dico fili mi, & temetipſum libera: quia incidiſti in manum proximi tui. Diſcurre, feſtina, ſuſcita amicum tuum:

4. ne dederis ſomnum oculis tuis, nec dormitent palpebræ tuæ.

5. Eruere quaſi damula de manu, & quaſi avis de manu aucupis.

6. Vade ad formicam ò piger, & conſidera vias ejus, & diſce ſapientiam:

VERSIO ANTIQUA.

2. laqueus fortis eſt viro propria labia..... Chromat. Aquil. in Matth. p. 987. d.

3. Fac fili quæ ego mando tibi, & ſalvus eris: veniſti enim in manus malorum propter amicum tuum. Eſto infatigabilis, attende autem amicum tuum, quem ſpondiſti: Mſ. Floriac. n. 10.

4. ne dederis ſomnum oculis tuis, neque dormites palpebris tuis.

5. Citò vadas ſicut damula ex retibus, ſicut avis ex laqueo.

6. Confer te ad formicam ò piger, & æmulare vias ejus, & eſto illâ ſapientior: Ambr. l. 6. Hex. p. 118. f.

NOTÆ AD VERSIONEM ANTIQUAM.

℣. 2. Græc. παγὶς γὰρ ἰσχυρὰ ἀνδρὶ τὰ, &c. ut ſup.

℣. 3. Similia Græc. habet, præter ſeqq. σώζου, *ſalvare*, pro *ſalvus eris*; exinde μὴ ἐκλυόμενος, *non remiſſus*, loco *infatigabilis*; ſtatimque παρόξυνε δὲ καὶ, *ſtimula autem &*, pro *attende autem.* Ambroſ. l. de Tob. c. 23. col. 620. d. *ſtimula civem tuum, quem ſpopondiſti.* Item Schol. hab. τὸν πολίτην, non verò τὸν φίλον, ut in edit. Rom.

℣. 4. Græc. μὴ δῷς ὕπνον σοῖς ὄμμασι, μηδὲ ἐπινυστάξῃς, &c. ut ſup.

℣. 5. Græc. Ἵνα σώζῃ ὥσπερ δορκὰς ἐκ βρόχων, καὶ ὥσπερ ὄρνεον ἐκ παγίδος.

℣. 6. Similiter in Græco, niſi quòd pro *confer te*, habetur ἴθι, *vade*; ſubditurque ἰδὼν, *videns*, poſt *æmulare.* Nicetius Epiſc. de vigil. ſervor. Dei, c. 2. Spicil. to. 3. p. 2. b. legit: *Vade ad formicam ò piger, & æmulare vias ejus.* Auguſt. l. cont. Adim. to. 8. 145. d. his alludere videtur, dicens: *Imitare formicam, & intuere diligentiam ejus:* & in Pſ. 48. to. 4. 432. f. *Imitare formicam, reconde æſtate, ne eſu-*

VERSIO ANTIQUA.	VULGATA NOVA.
Ambr. ubi sup. 7. illa enim nullam culturam possidet, neque eum qui se cogat habens, neque sub domino agens,	7. quæ cùm non habeat ducem, nec præceptorem, nec principem,
8. quemadmodum præparat escam, quæ de tuis laboribus sibi messem recondit.	8. parat in æstate cibum sibi, & congregat in messe quod comedat.
Ambr. l. 5. Hex. p. 107. e. f. * Vade ad apem, & vide quomodo operaria est, operationem quoque quàm venerabilem mercatur; cujus laborem reges, & mediocres ad salutem sumunt: appetibilis enim est omnibus, & *Idem in Ps. 118. p. 1149. b.* clara: cùm sit robore infirma, sapientiæ prædicatione substantiæ suæ producit ætatem.	
Nicetius Trevir. Specil. to. 3. p. 2. b. 9. O piger quousque dormis? quando autem de somno surgis?	9. Usquequo piger dormies? quando consurges è somno tuo?
10. Modicùm quidem dormis, modicùm sedes, modicùm autem dormitas, pusillùm autem manibus amplecteris pectus:	10. Paululùm dormies, paululùm dormitabis, paululùm conseres manus, ut dormias: *Inf. 24. 33.*
11. deinde superveniet tibi tanquam viator, *a Ex LXX. transl. in Vulg.* paupertas; inopia autem sicut bonus cursor. a Si verò impiger fueris, veniet ut fons messis tua, & egestas longè fugiet à te.	11. & veniet tibi quasi viator, egestas, & pauperies quasi vir armatus. Si verò impiger fueris, veniet ut fons messis tua, & egestas longè fugiet à te.

VULGATA NOVA.

12. Homo apostata, vir inutilis, graditur ore perverso,

13. annuit oculis, terit pede, digito loquitur,

14. pravo corde machinatur malum, & omni tempore jurgia seminat:

15. huic extemplo veniet perditio sua, & subitò conteretur, nec habebit ultra medicinam.

16. Sex sunt, quæ odit Dominus, & septimum detestatur anima ejus:

VERSIO ANTIQUA.	VULGATA NOVA.
Lucif. Cal. l. 1. pro S. Athan. p. 192. e. 17. Oculus contumeliosus, lingua iniqua, manus effundentes sanguinem justi,	17. Oculos sublimes, linguam mendacem, manus effundentes innoxium sanguinem,
18. & cor fabricans cogitationes malas, & pedes festinantes ad malefaciendum.	18. cor machinans cogitationes pessimas, pedes veloces ad currendum in malum,
	19. proferentem mendacia testem fallacem, & eum qui seminat inter fratres discordias.
Facund. Herm. l. 2. Sirm. to. 2. p. 455. d. 20. Fili custodi legem patris tui, & ne repuleris instituta matris tuæ.	20. Conserva fili mi præcepta patris tui, & ne dimittas legem matris tuæ.
21. Alliga autem illa circa tuam animam semper, & circumda collo tuo.	21. Liga ea in corde tuo jugiter, & circumda gutturi tuo.

VULGATA NOVA.

22. Cùm ambulaveris, gradiantur tecum: cùm dormieris, custodiant te, & evigilans loquere cum eis:

23. quia mandatum lucerna est, & lex lux, & via vitæ increpatio disciplinæ:

24. ut custodiant te à muliere mala, & à blanda lingua extraneæ.

NOTÆ AD VERSIONEM ANTIQUAM.

rias in hieme.

℣℣. 7. 8. Hunc contextum interpretari videtur Ambrosius, seu παραφράζειν, non verbum è verbo reddere; ita enim in Græco est: ἐκείνῳ γὰρ γεωργίου μὴ ὑπάρχοντος, μηδὲ τὸν ἀναγκάζοντα ἔχων, μηδὲ ὑπὸ δεσπότην ὤν· deinde: ἑτοιμάζεται θέρους τὴν τροφὴν, πολλήν τε ἐν τῷ ἀμήτῳ ποιεῖται τὴν παράθεσιν· *nam cùm ei non sit agellus, neque habeat qui cogat, neque sub domino sit; parat æstate alimentum, & multam in messe facit acervationem.* Eò pariter recurrunt quæ ait August. l. contra Adim. to. 8. 145. d. *ab æstatis tempore usque ad hiemem colligit sibi alimonias.*

* Ambros. l. 5. Hex. posteriora verba sic refert: *cùm sit infirma robore apis, valida est vigore sapientiæ, & amore virtutis.* In Gr. καίπερ οὖσα τῇ ῥώμῃ ἀσθενὴς, τὴν σοφίαν τιμήσασα προήχθη· *etiam cùm sit robore infirma, sapientiam honorans evecta est;* cæt. Græca à textu Lat. non valde discrepant. Editores nostri BB. ad hunc Ambros. loc. notant in Mss. codd. 4. legi *cara*, in aliis autem ac editt. *clara*; totum verò locum in Ms. Cæn. sic haberi: *Vade ad apem, & ejus imitare operationem; operationem namque quàm venerabilem mercatur apes, cujus, &c.* edit. Rom. ejusd. Ambr. fert *venerabilem facit*; aliæ verò cùm omnibus Mss. *mercatur*; in Veneto etiam cod. & Schol. ἐμπορεύεται; in Vatic. ὡς σεμνὴν ποιεῖται. Hieron. in Ezech. 3. to. 3. 713. d. ait: *Et in Proverbiis de ape dicitur, quanquam hoc Hebræa non habeant exemplaria: Vade ad apem, & disce quomodo operatrix sit, & opus suum castum faciat; cujus laboribus reges, & imperiti pro sanitate abutuntur.*

℣. 9. Eadem leguntur in margine Ms. S. Germ. n. 4. sed post ℣. 32. capitis 24. nempe: *Usquequo piger dormis? usquequo de somno consurgis?* In Græco: Ἕως τίνος ὀκνηρὲ κατάκεισαι; πότε δὲ ἐξ ὕπνου ἐγερθήσῃ; *Usquequo piger jaces? quando autem è somno excitaberis?* Apud Aquil. Symmach. & Theod. κοιμηθήσῃ..... ἀναστήσῃ.

℣. 10. Sic est in Græco, repetito δὲ, *autem*, post 2. *modicùm*: extremò etiam στήθη, *pectora*, non *pectus*.

℣. 11. Græcè habetur κακὸς, *malus*, ante *viator*; subinde pro *inopia autem*, ἡ δ᾽ ἔνδεια; ultimòque, ὥσπερ κακὸς δρομεὺς ἀπαυτομολήσει, *sicut malus cursor aufugiet*, pro *longè fugiet à te*; cæt. ad verbum ut sup. Posteriorem sententiam, *Si verò impiger fueris*, &c. mutuati sumus à Vulg. in quam transiit ex edit. LXX. abest enim à textu Hebraïco, nec etiam legitur in Mss. codd. S. Germ. n. 14. & 15. Canon autem Carcasson. illam tantùm exhibet in ora inferiori, teste Martianæo.

℣. 17. In Gr. Ὀφθαλμὸς ὑβριστοῦ, γλῶσσα ἄδικος, χεῖρες ἐκχέουσαι αἷμα δικαίου· Ms. Alex. cum Ald. & Compl. hab. δικαίου: Aquila etiam & Symm. loco ὑβριστοῦ, scribunt ὑψηλὸς, *sublimis*. Non prætermittendum quoque in utraque editione Lucif. tum Colon. tum Lugdun. ita legi: *lingua, in qua manus sunt effund. sang.* sed aperto mendo, pro *iniqua, manus effundentes sang.* Illiteratus nempe editor, qui malè legerat *in qua*, loco *iniqua*, de suo fortè addidit *sunt*, post *manus*, ut planiorem sensum redderet: errata similia nimiùm sæpe occurrunt in Bibliotheca vet. Patrum. Hieron. etiam in Naum 2. to. 3. 1569. c. eandem sententiam ita refert: *Oculi contumeliosi, lingua iniqua:* & l. 3. cont. Rufin. to. 4. p. 2. col. 472. *Oculos contumeliosi, linguam iniqui, manus effundentes sanguinem justi.*

℣. 18. Ita in Græco. Eadem pariter habet Hieron. l. 3. contra Rufin. col. 472.

℣℣. 20. 21. Aptè ad Græcum, scribendo *leges*, num. plurali. Vide sup. c. 1. ℣. 8.

VULGATA NOVA.

25. Non concupiſcat pulchritudinem ejus cor tuum, nec capiaris nutibus illius:

26. pretium enim ſcorti vix eſt unius panis: mulier autem viri pretioſam animam capit.

27. Nunquid poteſt homo abſcondere ignem in ſinu ſuo, ut veſtimenta illius non ardeant?

28. aut ambulare ſuper prunas, ut non comburantur plantæ ejus?

29. ſic qui ingreditur ad mulierem proximi ſui, non erit mundus cùm tetigerit eam.

VERSIO ANTIQUA.

25. Non te vincat concupiſcentia formæ, neque capiaris oculis, neque abripiaris palpebris.: *Ambr. l. de apol. Dav. p. 711. a.*

26. pretium meretricis tantum eſt unius panis: mulier autem pretioſas animas capit. *Auct. l. de ſing. cleric. ap. Cypr. p. 518. f.*

27. [a] Ligabit quis ignem in ſinu, veſtimenta autem non comburet? *[a] Ambr. l. de apol. Dav. p. 711. a.*

28. vel ambulabit quis ſuper carbones ignis, pedes autem non comburet?

29. ſic qui introierit ad uxorem proximi ſui, non erit immunis, neque omnis qui tangit eam. *Auct. l. de ſing. cleric. p. 517. c.*

VULGATA NOVA.

30. Non grandis eſt culpa, cùm quis furatus fuerit: furatur enim ut eſurientem impleat animam:

31. deprehenſus quoque reddet ſeptuplum, & omnem ſubſtantiam domus ſuæ tradet.

VULGATA NOVA.

32. Qui autem adulter eſt, propter cordis inopiam perdet animam ſuam:

33. turpitudinem & ignominiam congregat ſibi, & opprobrium illius non delebitur:

34. quia zelus & furor viri non parcet in die vindictæ,

35. nec acquieſcet cujuſquam precibus, nec ſuſcipiet pro redemptione dona plurima.

VERSIO ANTIQUA.

32. Mœchus autem per indigentiam ſenſuum perditionem animæ ſuæ acquirit: *Tertul. l. de pudic. p. 1011. a.*

33. dolores & dehoneſtationes ſuſtinet, ignominia autem ejus non abolebitur in ævum:

34. plena enim zeli indignatio viri non parcet in die judicii.

NOTÆ AD VERSIONEM ANTIQUAM.

℣. 25. Eadem citat Ambr. l. 1. de Cain, c. 5. col. 191. b. *Non te vincat formæ concupiſcentia;* paulòque poſt, *neque capiaris oculis, circumfuſa enim retia ſunt,* &c. & l. 2. de Abr. c. 11. col. 349. d. *neque capiaris oculis, neque abripiaris palpebris,* ut ſupra: huc etiam redeunt quæ dicit l. 1. de pœnit. to. 2. 408. f. *Nolo intendas in formam mulieris fornicariæ:* & inf. 409. d. *Non te vincat forma concupiſcentiæ, neque capiaris oculis tuis:* item l. de bono mort. c. 6. to. 1. 400. f. *Noli intendere in oculos juvenculæ:* & infra c. 9. col. 406. c. *ne capiaris oculis tuis:* & l. de apol. Dav. col. 710. f. *Non intendas in mulieris ſpeciem, & non concupiſcas mulierem.* Hieron. in Ezech. 27. to. 3. 883. f. *Non te decipiat pulchritudinis deſiderium, ne capiaris oculis tuis.* Chromat. Aq. in Matth. p. 983. d. *Non te vincat formæ deſiderium, neque capiaris oculis tuis, neque rapiaris palpebris tuis.* Græc. textui favet, niſi quòd hab. σοῖς ὀφθαλμοῖς, *tuis oculis;* & in fine, ἀπὸ τῶν αὐτῆς βλεφάρων, *ab ejus palpebris.*

℣. 26. Ambroſ. de apol. Dav. col. 711. a. & l. de bono mort. c. 9. col. 406. c. *mulier enim virorum pretioſas animas capit:* & l. 1. de Cain, c. 4. to. 1. 189. c. *Illa igitur..... nutantibus oculis, & ludentibus jaculans palpebris retia, quibus pretioſas juvenum animas capit; oculus enim meretricis, laqueus peccatoris:* vide etiam l. 1. de pœnit. c. 14. to. 2. 409. c. d. Hieron. l. 1. cont. Jovin. to. 4. p. 2. col. 149. d. *virorum pretioſas animas rapit.* Auguſt. l. 2. de civ. Dei, c. 5. to. 7. 35. d. *mulier autem virorum pretioſas animas captat.* Ita quoque in Gr. eſt, ſicut & ſententia quæ huic propiùs antecedit, niſi quòd poſt *pretium*, additur γὰρ, *enim;* & pro *tantum eſt*, habetur ὅσῃ καὶ, *quantum &:* in edit. noviſſ. Baluz. *quantum eſt;* in al. 3. vet. *tantum eſt*, ut ſup.

℣. 27. Ad verbum è Græco: idem verò Ambr. l. 1. de pœnit. to. 2. 410. b. legit: *Quis alligat ignem in ſinu, veſtimenta comburit.* Hieron. ep. ad Euſtoch. to. 4. p. 2. col. 33. b. *Alligabit quis in ſinu ignem, & veſtimenta ejus non comburentur?* & l. 1. cont. Jovin. to. 4. p. 2. col. 149. d. *Alligabit quis in ſinu ignem, & non comburetur?* Auct. l. de ſing. cleric. apud Cypr. p. 517. c. *Quis alligabit in ſinu ſuo ignem, veſtimenta autem ſua non comburet?*

℣. 28. Sic eſt in Gr. Ita etiam rurſum legit Ambroſ. l. 1. de pœnit. to. 2. 410. b. demptâ conjunct. *vel.* Hieron. ep. ad Euſtoch. to. 4. p. 33. b. *aut ambulabit ſuper carbones ignis, & pedes illius non ardebunt?* & l. 1. cont. Jovin. to. 4. p. 2. col. 149. d. *aut ambulabit ſuper carbones ignis, & non ardebit?* Auct. verò l. de ſing. cleric. ap. Cypr. p. 517. c. ut ſup. *aut quis ambulabit ſuper carbones ignis, pedes verò non comburet?*

℣. 29. Similiter in Græco, præter hoc, πρὸς γυναῖκα ὕπανδρον, *ad mulierem nuptam.* Symm. ut ſup. πρὸς γυναῖκα τοῦ πλησίον. Aq. & Theod. ἑταίρου, *ſodalis.*

℣. 32. Græcè, δι' ἔνδειαν φρενῶν, *propter inopiam cordis*, ad litt. *inediam præcordiorum*, loco *per indigentiam ſenſuum;* cæt. ad verbum.

℣. 33. Vix meliùs è Græco.

℣. 34. Ita Græcè, addito uno *ejus*, ad vocem *viri.*

CAPUT VII.

VULGATA NOVA.

1. Filli mi, cuſtodi ſermones meos, & præcepta mea reconde tibi. Fili

2. ſerva mandata mea, & vives: & legem meam quaſi pupillam oculi tui:

3. liga eam in digitis tuis, ſcribe illam in tabulis cordis tui.

4. Dic ſapientiæ, ſoror mea es: & prudentiam voca amicam tuam,

5. ut cuſtodiat te à muliere extranea, & ab aliena, quæ verba ſua dulcia facit.

VERSIO ANTIQUA.

1..... Fili. *Lucif. Cal. l. 1. pro S. Athan. p. 192. e.*

2. honora Dominum, & valebis: præter eum ne timeas alterum.....

3..... deſcribe hæc in latitudine cordis tui. *Hilar. in Pſ. 118. p. 344. f.*

4..... prudentiam autem notam adſume tibi, *Ambr. l. de virginit. to. 2. 225. c.*

5. ut cuſtodiat te à muliere aliena, & mala.....

NOTÆ AD VERSIONEM ANTIQUAM.

℣℣. 1. 2. Eadem antecedunt in Mſ. S. Theod. ad Remos, necnon in aliis tribus Sangerm. n. 4. 14. & 15. In primo quidem & ult. ad margin. cod. ſed eadem manu; in aliis duobus, intra textum: abſunt verò iſta à textu Hebraïco, & Vulg. præter vocem *Fili.* In Mſs. ſuprad. ita ſequitur: *præter eum verò ne timueris alium;* ſic etiam in Gr. Mſs. duo habent *alienum.* Apud Hieron. l. 3. in epiſt. ad Epheſ. to. 4. 397. a. *Fili honora Dominum, & confortaberis: præter illum autem ne timeas alium.*

℣. 3. Ambroſ. in Pſ. 43. col. 926. b. *in latitudine cordis tui deſcribe eam.* Gr. ἐπίγραψον δὲ ἐπὶ τὸ πλάτος τῆς καρδίας σου.

℣. 4. Idem Ambroſ. de apol. Dav. col. 711. c. legit: *prudentiam diſcipulam adquire tibi.* Gr. τὴν δὲ φρόνησιν γνώριμον περιποίησαι σεαυτῷ.

℣. 5. Sic eſt in Gr. Idem Ambroſ. l. de apol. Dav. c. 3. col. 711. c. *ut te cuſtodiat ab uxore aliena, & fornicaria;* tum addit: *ne te laqueis labiorum ſuorum teneat obligatum;*

VERSIO ANTIQUA.

Ambr. ubi sup. 6. Per fenestram enim de domo sua in plateas prospicit.

7..... 13. *Vide Not.*

VULGATA NOVA.

6. De fenestra enim domus meæ per cancellos prospexi,

7. & video parvulos, considero vecordem juvenem,

VULGATA NOVA.

8. qui transit per plateam juxta angulum, & prope viam domus illius, graditur

9. in obscuro, advesperascente die, in noctis tenebris, & caligine.

10. Et ecce occurrit illi mulier ornatu meretricio, præparata ad capiendas animas: garrula & vaga,

11. quietis impatiens, nec valens in domo consistere pedibus suis,

12. nunc foris, nunc in plateis, nunc juxta angulos insidians.

13. Apprehensúmque deosculatur juvenem, & procaci vultu blanditur, dicens:

VERSIO ANTIQUA.

Ambr. l. 1. de Cain & Ab. c. 4. p. 189. d. 14. Sacrificium pacis est mihi, hodie reddo vota mea:

15. hac ex causa progressa sum obviam tibi, desiderans faciem tuam, inveni te.

16. Institis texui lectum meum, & tapetis ab Ægypto stravi:

17. aspersi lectum meum croco, domum autem meam cinnamomo.

18. Veni, fruamur amicitiâ usque in diluculum; veni, & colluctemur cupidine:

Ibid. e. & 190. a. 19. non enim adest vir meus in domo, abiit autem viam longissimam,

20. involucro pecuniæ accepto in manu....

21. Seducens eum multo blandimento sermonum, & laqueis labiorum suorum alligans, domum adusque adtraxit.

22. At ille secutus eam, circumvenitur.....

Ibid. f. & 191. a. 23. velut cervus sagittatus in jecore hæret saucius.....

24. Nunc igitur fili, audi me, intende verbis oris mei.

25. Non declinet in vias ejus cor tuum:

26. multos enim vulnerando dejecit, & sunt innumerabiles quos trucidavit.

27. Viæ inferorum domus ejus, deducentes in secessum mortis.

VULGATA NOVA.

14. Victimas pro salute vovi, hodie reddidi vota mea:

15. idcirco egressa sum in occursum tuum, desiderans te videre, & reperi.

16. Intexui funibus lectulum meum, stravi tapetibus pictis ex Ægypto:

17. aspersi cubile meum myrrhâ, & aloe, & cinnamomo.

18. Veni, inebriemur uberibus, & fruamur cupitis amplexibus, donec illucescat dies:

19. non est enim vir in domo sua, abiit viâ longissimâ:

20. sacculum pecuniæ secum tulit: in die plenæ lunæ reversurus est in domum suam.

21. Irretivit eum multis sermonibus, & blanditiis labiorum protraxit illum.

22. Statim eam sequitur quasi bos ductus ad victimam, & quasi agnus lasciviens, & ignorans quòd ad vincula stultus trahatur,

23. donec transfigat sagitta jecur ejus: velut si avis festinet ad laqueum, & nescit quòd de periculo animæ illius agitur.

24. Nunc ergo fili mi, audi me, & attende verbis oris mei.

25. Ne abstrahatur in viis illius mens tua: neque decipiaris semitis ejus:

26. multos enim vulneratos dejecit, & fortissimi quique interfecti sunt ab ea.

27. Viæ inferi domus ejus, penetrantes in interiora mortis.

NOTÆ AD VERSIONEM ANTIQUAM.

quæ subseqq. Græcis respondent, ἐάν σε λόγοις, τοῖς πρὸς χάριν, ἐμβάλληται, *si te sermonibus, qui ad gratiam, adorta fuerit.*

℣. 6. Græcè similiter: ἀπὸ γὰρ θυρίδος ἐκ τοῦ οἴκου αὐτῆς εἰς τὰς πλατείας παρακύπτουσα. Eò etiam spectat quod Ambros. addit loco sup. cit. de apol. Dav. col. 711. c. *à fenestra caveas hujus ingressus; à fenestra enim domus suæ intrat.*

℣℣. 7..... 13. Hæc pariter respiciens Ambros. l. 1. de Cain, c. 4. col. 189. c. dicit: *Quemcunque viderit dubio sensu prætereuntem in angulo transitûs domus suæ, sermonibus adoritur gratiosis, faciens juvenum volare corda, domi inquieta, in plateis vaga, osculis prodiga, pudore vilis, amictu dives, genas picta..... talibus verborum machinis mutum mentis aggreditur humanæ:* item de apolog. Dav. c. 3. col. 711. c. *Cave ergo*, inquit, *hujuscemodi mulierem, quæ pedibus non quiescit, foris errat, insidiatur per angulos, oculis ligat, verbis illicit*, &c. vide etiam l. 1. de pœnit. c. 14. to. 2. 409. c. d. His autem omnibus satis respondent Græca: Ὃν ἂν ἴδῃ τῶν ἀφρόνων τέκνων νεανίαν, ἐνδεῆ φρενῶν, παραπορευόμενον παρὰ γωνίαν ἐν διόδοις οἴκων αὐτῆς, καὶ λαλοῦντα..... ἣ ποιεῖ νέων ἐξίπτασθαι καρδίας· ἀνεπτερωμένη δέ ἐστι, καὶ ἄσωτος, ἐν οἴκῳ δὲ οὐχ ἡσυχάζουσιν οἱ πόδες αὐτῆς· χρόνον γάρ τινα ἔξω ῥέμβεται, χρόνον δὲ ἐν πλατείαις παρὰ πᾶσαν γωνίαν ἐνεδρεύει. Εἶτα ἐπιλαβομένη, ἐφίλησεν αὐτὸν, ἀναιδεῖ δὲ προσώπῳ προσεῖπεν αὐτῷ. i. e. *Quemcunque viderit insipientium filiorum adolescentem, inopem cordis, prætereuntem juxta angulum in transitibus domorum suarum, & loquentem..... quæ facit juvenum volare corda: vaga autem est, & luxuriosa, & in domo non quiescunt pedes ejus: interdum enim foras circumvertitur; interdum verò in plateis apud omnem angulum insidiatur. Deinde apprehendens, osculata est eum, & impudenti facie alloquitur eum.*

℣. 14. Concinit Græcum, nisi quòd hab. εἰρηνικὴ, *pacificum*, loco *pacis*.

℣. 15. Ita Græcè. Plures quidem Mss. Ambros. habent in fine, *invenire*, cum editt. at Mss. 2. Vatic. & Laud. ferunt *inveni te*, è Gr. εὕρηκά σε.

℣. 16. Eadem memorat idem Ambrosius, l. de apolog. Dav. col. 711. c. *Institis*, inquit, *lectum intexit suum, & tapetis ab Ægypto stratis.* Gr. textui consonat.

℣. 17. Sic est in Græco.

℣. 18. Concordat Gr. additâ conjunct. &, post 1. *veni*. Duo tamen Mss. Ambr. Vat. & Laud. habent *collatemur*, non *colluctemur*; Gr. ἐγκυλισθῶμεν ἔρωτι.

℣. 19. Græc. habet μακρὰν, *longam*, non *longissimam*; cæt. ad verbum. Eadem pariter citat Ambr. de apol. Dav. c. 3. col. 711. c.

℣. 20. In Græco, ἔνδεσμον ἀργυρίου λαβὼν ἐν χειρὶ αὐτοῦ, &c.

℣. 21. Græc. Ἀπεπλάνησε δὲ αὐτὸν πολλῇ ὁμιλίᾳ, βρόχοις τε, τοῖς ἀπὸ χειλέων, ἐξώκειλεν αὐτόν. i. e. *Seduxit autem eum multa collocutione, & laqueis, qui ex labiis, attraxit eum.* Vide rursum Ambros. l. de pœnit. c. 14. col. 409. c.

℣. 22. Non verbum è verbo id referre videtur Ambros. ita nimirum in Gr. est: Ὁ δὲ ἐπηκολούθησεν αὐτῇ, κεπφωθείς· *Ipse autem obsequutus est ei, infatuatus.*

℣. 23. Græcum, ἢ ὡς ἔλαφος τοξεύματι πεπληγὼς εἰς τὸ ἧπαρ.

℣. 24. Ita Græcè, posito uno &, ante verbum *intende*.

℣℣. 25. 26. Concordant ista cum Græco.

℣. 27. In Græco, Ὁδοὶ ᾅδου..... εἰς τὰ ταμιεῖα τοῦ θανάτου.

CAPUT VIII.

Vulgata nova.

1. NUnquid non sapientia clamitat, & prudentia dat vocem suam?
2. In summis excelsisque verticibus supra viam, in mediis semitis stans,
3. juxta portas civitatis in ipsis foribus loquitur, dicens:

Vulgata nova.

4. O viri, ad vos clamito, & vox mea ad filios hominum.
5. Intelligite parvuli astutiam, & insipientes animadvertite.
6. Audite, quoniam de rebus magnis locutura sum: & aperientur labia mea, ut recta prædicent.
7. Veritatem meditabitur guttur meum, & labia mea detestabuntur impium.

Versio antiqua.

4. Vos, ô homines, obsecro, & emitto vocem meam filiis hominum. *Hilar. l. 12. de Trin. p. 1135. b.*
5. Intelligite simplices astutiam, indocti autem cor apponite.

7. Quoniam veritatem meditabuntur fauces meæ, abominata verò ante me labia mendacia. *Fulg. ep. 12. p. 218. b.*

Vulgata nova.

8. Justi sunt omnes sermones mei, non est in eis pravum quid, neque perversum:
9. recti sunt intelligentibus, & æqui invenientibus scientiam.

Vulgata nova.

10. Accipite disciplinam meam, & non pecuniam: doctrinam magis, quàm aurum eligite.
11. Melior est enim sapientia cunctis pretiosissimis: & omne desiderabile ei non potest comparari.
12. Ego sapientia habito in consilio, & eruditis intersum cogitationibus.
13. Timor Domini odit malum: arrogantiam, & superbiam, & viam pravam, & os bilingue detestor.
14. Meum est consilium, & æquitas, mea est prudentia, mea est fortitudo.
15. Per me reges regnant, & legum conditores justa decernunt:
16. Per me principes imperant, & potentes decernunt justitiam.

Versio antiqua.

10. Tu autem accipe potiùs disciplinam, quàm pecuniam; & scientiam, super aurum probatum. *Ambr. l. 1. de Cain, c. 5. to. 1. 191. c.*
11. Melior est enim lapidibus pretiosis.....

13. Timor Domini odit malitiam..... *Cassian. collat. 11. c. 6. p. 559.*

14. Meum consilium, & mea tutela; ego prudentia, mea autem virtus. *Auct. l. de voc. Gent. c. 24. p. 15. d.*
15. [a] Per me reges regnant, & potentes scribunt justitiam: *a Hilar. l. 12. de Trin. p. 1135. b.*
16. Per me principes magnificantur, & tyranni per me tenent terram.

Vulgata nova.

17. Ego diligentes me diligo: & qui manè vigilant ad me, invenient me.
18. Mecum sunt divitiæ, & gloria, opes superbæ, & justitia.
19. Melior est enim fructus meus auro, & lapide pretioso, & genimina mea argento electo.

Vulgata nova.

20. In viis justitiæ ambulo, in medio semitarum judicii,
21. ut ditem diligentes me, & thesauros eorum repleam.

22. Dominus possedit me in initio viarum suarum, antequam quidquam faceret à principio.

Versio antiqua.

20. In viis æquitatis ambulo, & inter medias semitas justitiæ conversor, *Hilar. ubi sup. c.*
21. ut dividam diligentibus me substantiam, & thesauros eorum impleam bonis. Si enunciavero vobis quæ quotidie fiunt, memorabor ea quæ à sæculo sunt enumerare. *Ibid. b.*
22. Dominus condidit me in initio viarum suarum in opera sua: *Cypr. l. 2. Testim. p. 284. b.*

Notæ ad Versionem antiquam.

℣℣. 4.5.....7. Similiter in Græco.

℣. 10. Græc. Λάβετε παιδείαν, καὶ μὴ ἀργύριον· καὶ γνῶσιν ὑπὲρ χρυσίον δεδοκιμασμένον.

℣℣. 11..... 13. Sic est in Græco.

℣. 14. Græcè non habetur *mea*, ante *tutela*; sed reponitur ante *prudentia*, loco *ego*; cæt. ad verbum ut sup. Ferrand. Diac. ad Regin. p. 158. similiter leg. *Meum est consilium, & mea tutela.*

℣. 15. Ad verbum è Græco. Sic etiam legit Iren. l. 3. c. 23. p. 321. c. excepto uno *tenent*, pro *scribunt*; at in Gr. γράφουσι. Auct. op. imp. in Matth. hom. 5. p. 48. d. *Per me reges regnant, & per me tyranni scribunt justitiam.* Vide versum seq.

℣. 16. Optimè è Græco, nisi excipias vocem *principes*, pro qua μεγιστᾶνες, *magnates*; ap. Aquil. & Symm. ἄρχοντες. Iren. l. 3. c. 23. p. 321. c. legit: *Per me principes exaltabuntur, & tyranni per me regnant terram.* August. verò de nat. bo. to. 8. 509. d. *Per me reges regnant, & tyranni per me tenent terram.* Succinit Auct. l. 1. de voc. gent. c. 24. p. 15. d. nisi quòd scribit *obtinent terram.*

℣. 20. Ita in Græco, nisi excipias voces duas, δικαιοσύνης, loco *æquitatis*, & δικαιώματος, loco *justitiæ*: in Schol. δικαιώματος, loco primæ vocis; & in Ms. Alex. δικαιοσύνης, loco secundæ. Fulg. ep. 14. p. 266. ita legit: *In itineribus justitiæ incedo, & inter medias semitas æquitatis conversor.*

℣. 21. Vix meliùs è Græco. Fulg. ep. 14. p 266. similiter hab. *ut dividam*, &c. usque ad vocem *bonis* inclus. & respons. cont. Arian. p. 54. addit: *Si nunciavero vobis quæ quotidie fiunt, commemorabo quæ à sæculo sunt enunciare*: itidem l. cont. serm. Fastid. c. 8. p. 348. sed absque ult. *enunciare.* Ambros. l. 3. de fide, to. 2. 508. d. ait: *Dicturus, Dominus creavit me, præmisit*: Commemorabo quæ à sæculo sunt.

℣. 22. Ita Lactant. l. 4. Institut. c. 5. p. 573. Irenæus verò l. 4. c. 20. p. 253. d. *Dominus creavit me principium viarum suarum in opera sua*; quibus Græcum favet. Tertul. contra Hermog. p. 416. a. *Dominus condidit me initium viarum suarum in opera sua*: similiter cont. Prax. p. 846. a. b. 848. b. item ibid. *Dominus creavit me initium viarum in opera sua.* Hilarius l. 1. 4. & 12. de Trin. col. 784. f. 785. a. 832. e. 1130. a. b. c. 1136. a. *Dominus creavit me in initium viarum suarum in opera sua.* Ambr. l. 2. de interp.

VERSIO ANTIQUA.

Cypr. ubi sup. 23. ante sæculum fundavit me: in principio, antequam terram faceret,

24. & antequam abyssos constitueret, prius-quam procederent fontes aquarum,

25. antequam montes collocarentur; ante omnes colles genuit me Dominus.

26. Fecit regiones, & inhabitabilia, & fines inhabitabiles sub cœlo.

27. Cùm pararet cœlum, aderam illi; & cùm secerneret suam sedem:

28. cùm super ventos validas faceret desuper nubes, & cùm confirmatos ponebat fontes sub cœlo:

VULGATA NOVA.

23. Ab æterno ordinata sum, & ex antiquis antequam terra fieret.

24. Nondum erant abyssi, & ego jam concepta eram: necdum fontes aquarum eruperant:

25. necdum montes gravi mole constiterant: ante colles ego parturiebar:

26. adhuc terram non fecerat, & flumina, & cardines orbis terræ.

27. Quando præparabat cœlos, aderam: quando certa lege, & gyro vallabat abyssos:

28. quando æthera firmabat sursum, & librabat fontes aquarum:

NOTÆ AD VERSIONEM ANTIQUAM.

Dav. c. 7. & l. 3. col. 647. e. 655. d. & in Ps. 43. col. 887. f. *Dominus creavit me principium viarum suarum in opera sua*: vide etiam in Ps. 118. col. 1025. d. necnon l. 1. & 3. de fide, to. 2. 463. c. 505. e. 643. f. Hieron. in Isai. 26. to. 3. 221. c. *Deus possedit me initium viarum suarum*; tum addit: *licet quædam exemplaria malè pro possessione, habeant creaturam*: veruntamen in Mich. 4. col. 1527. a. legit: *Dominus creavit me in principio viarum suarum in opera sua*; subdit autem, *sive ut in Hebræo scribitur, Dominus possedit me*: item l. 1. in ep. ad Ephes. to. 4. 342. e. f. *Licet*, inquit, *in Hebraïs codicibus non habeatur, Dominus creavit me initium viarum suarum*; *sed*; *Dominus possedit me*: infra tamen l. 2. col. 372. b. hab. *Dominus creavit me initium viarum suarum*; & epist. ad Cypr. to. 2. p. 697. a. *Dominus creavit me initio viarum suarum in opera sua*: rursumque ait: *Nullum debet verbum creationis movere, cùm in Hebræo non sit creatio, sed possessio*. August. l. 1. de doctr. Chr. to. 3. 17. a. *Dominus creavit me in principio viarum suarum*. Fulgent. contra Arian. p. 54. a. *Dominus creavit me initium viarum suarum in opera sua*: & l. contra serm. Fastid. c. 8. p. 348. *Dominus creavit me initio viarum suarum in opere suo*. Faustin. Presb. cont. Arian. to. 5. p. 637. g. 649. c. *Dominus creavit me initio viarum suarum in opera sua*. Itidem Arnob. jun. de Trin. to. 8. p. 210. b. 211. f. detracta ult. voce *sua*; at inf. 211. g. addit *in opera sua*: hab. etiam ibid. *initium*, pro *initio*. Facund. Hermian. l. 11. Sirm. to. 2. p. 757. d. *Dominus creavit me principium viarum suarum in opera ejus*. Ap. Marten. Anecdot. to. 5. p. 6. e. 7. a. *Dominus condidit me in initio viarum suarum in principio in opera sua*. Item ap. Phœbad. Agin. cont. Arian. p. 303. e. *Dom. condidit me*.

℣. 23. Ad verbum è Græco. Concinunt Lact. l. 4. Institut. c. 6. p. 573. & Hieron. ep. ad Cypr. to. 2. 697. a. nisi quòd scribunt *ante sæcula*. Iren. l. 4. c. 20. p. 253. d. *ante sæcula* (al. *sæculum*) *fundavit me: in initio, antequam terram faceret*. Tertul. cont. Hermog. p. 416. b. *ante sæcula fundavit me: priusquam faceret terram*: item l. contra Prax. p. 846. a. cum Hilar. l. 12. de Trin. col. 1130. d. *priusquam terram faceret*. Ambros. l. 3. de fide, to. 2. 508. a. d. *in principio, antequam terram faceret*. Arnob. jun. de Trin. p. 210. b. *ante sæcula creavit me*: at inf. 211. g. *ante sæculum fundavit me: priusquam terram faceret*. Fulg. l. cont. Arian. p. 54. a. & l. cont. ser. Fastid. c. 8. p. 348. & l. de fide ad Petr. p. 24. *ante sæcula fundavit me*: & l. contra Arian. p. 55. b. necnon fragm. 24. contra Fab. addit, *priusquam terram faceret*. Phœbad. Agin. l. cont. Arianos, p. 303. e. *& ante sæculum fundavit me*. Vigil. Taps. l. 1. contra Arium, Sabell. &c. p. 131. b. *ante sæcula fundavit me*. Anecdot. to. 5. Marten. p. 6. e. *antequam terram faceret*.

℣. 24. Concordat textus Lat. cum Gr. Iren. quoque l. 4. c. 20. p. 253. d. legit: *priusquam abyssos constitueret, & priusquam procederent fontes aquarum*. Itidem Fulg. l. contra Arian. p. 55. b. & fragm. 24. cont. Fab. p. 608. Tertul. verò cont. Hermog. p. 416. b. 420. a. *prior autem abysso genita sum*. Sic etiam Phœbad. Agin. l. cont. Arian. p. 303. e. Lact. verò l. 4. Instit. c. 6. p. 573. *& antequam abyssos constitueret, priusquam prodirent fontes aquarum*. Ambros. l. 3. de fide, to. 2. 508. a. *antequam abyssos faceret, & antequam produceret fontes aquarum*. Hieron. epist. ad Cypr. to. 2. 697. a. *antequam terram faceret & abyssos, priusquam procederent fontes aquarum*. Arnob. jun. de Trin. to. 8. p. 211. g. *priusquam poneret abyssos, priusquam produceret fontes aquarum*. In Græco, καὶ πρὸ τοῦ τὰς ἀβύσσους ποιῆσαι, &c. ut in textu.

℣. 25. Iren. l. 4. c. 20. p. 253. d. *antequam montes confirmarentur; ante omnes autem colles genuit me*. Tertul. contra Hermog. p. 416. b. *priusquam montes collocarentur; ante omnes autem colles generavit me*: similiter l. contra Prax. p. 846. a. b. & 848. b. Lactant. l. 4. Institut. c. 6. p. 573. simpliciter hab. *ante omnes colles genuit me Dominus*, omissis illis quæ antecedunt. Hilarius verò l. 12. de Trin. col. 1130. d. ita legit: *priusquam montes stabiliret; ante omnes colles genuit me*. Itidem Arnob. jun. de Trin. p. 211. g. at inf. 230. b. *ante omnes colles generavit me*. Ambros. l. 3. de fide, col. 508. a. *ante omnes colles genuit me*. Hieron. ep. ad Cyprian. to. 2. 697. a. *priusquam montes firmarentur; ante omnes colles generavit me*: & in Isai. 26. to. 3. 221. c. *ante omnes autem colles generavit me*. Fulg. contra Arian. p. 55. b. *priusquam montes stabilirentur; ante omnes autem colles genuit me*: & sup. 54. a. necnon l. de fide ad Petr. p. 524. *& ante omnes colles genuit me*: sed frag. 24. cont. Fab. p. 608. *ante omnes autem colles*, ut sup. Concinunt Faustin. Presb. cont. Arian. p. 645. d. 649. c. d. Vigil. Taps. l. 1. cont. Arium, Sabel. &c. p. 131. b. & Anon. ap. Marten. Anecdot. to. 5. p. 6. e. In Gr. πρὸ τοῦ ὄρη ἑδρασθῆναι, πρὸ δὲ πάντων βουνῶν γεννᾷ με· vox autem Κύριος jungitur cum ℣. seq.

℣. 26. Lact. l. 4. Institut. c. 6. p. 573. *Fecit regiones, & terras inhabitabiles sub cælo*. Hilar. l. 12. de Trin. col. 1131. b. *Deus fecit regiones, & inhabitabilia, & cacumina, quæ habitantur sub cælo*. Græc. Κύριος ἐποίησε χώρας, καὶ ἀοικήτους, καὶ ἄκρα οἰκούμενα τῆς ὑπ' οὐρανόν.

℣. 27. Concinit Lact. l. 4. Institut. c. 6. p. 573. Iren. verò l. 4. c. 20. p. 253. d. ita legit: *Cùm pararet cælum, eram cum illo*; deinde pergit ad *fontes*, omissis intermediis. Tertul. l. contra Prax. p. 846. a. *Cùm pararet cælum, aderam illi simul*: & inf. 852. c. *Cùm pararet cælos, ego aderam illi simul*: at l. cont. Hermog. p. 415. c. *Cùm pararet cælum, aderam illi*, ut sup. sequentia autem verba constanter silet, quamvis alia proximè subjungat. Hilar. l. 12. de Trin. p. 1131. b. *Cùm pararet cælum, eram cum illo; & cùm segregabat suam sedem*: Ms. tamen 1. Martin. textui favet: at in Ps. 91. col. 239. d. legit Hilar. *Cùm pararet cælum, aderam illic*. Ambros. l. 1. Hex. col. 6. e. *Cùm pararet cælum, cum illo eram*: & in Ps. 118. col. 1089. d. *Cùm pararet cælos*, &c. & inf. 1230. f. *Cùm faceret cælos, cum illo eram*: & l. 5. de fide, to. 2. 556. b. *Quando parabat cælum, cum ipso aderam*: & l. de fide Resurr. col. 1157. b. *Cùm pararet cælum, cum ipso eram*. Phœbad. Agin. contra Arian. p. 304. f. *Cùm pararet cælum, ego aderam illi*. Fulg. l. 2. ad Trasim. c. 4. p. 91. c. *Cùm pararet cælum, aderam illi; & cùm segregabat sedem suam super ventos*. Arnob. jun. de Trinit. p. 211. g. *Cùm parabat cælum, simul cum illo eram; & cùm segregabat sedem suam*. Vigil. Taps. l. 1. contra Arium, Sabell. &c. p. 131. b. *Cùm pararet cælos, aderam illi*: similiter l. contra Varim. p. 730. h. nisi quòd legit *cælum*: tum subdit: *& cùm segregaret suam sedem*. Anonym. ap. Marten. Anecd. to. 5. p. 6. e. *Cùm patraret cælos, aderam cum illo; & cùm secerneret sedem suam*. In Gr. Ἡνίκα ἡτοίμαζε τὸν οὐρανὸν, συμπαρήμην αὐτῷ· καὶ ὅτε ἀφώριζε τὸν ἑαυτοῦ θρόνον ἐπ' ἀνέμων.

℣. 28. Iren. l. 4. c. 20. p. 253. d. verbis his ℣. praeced. *eram cum illo*, proximè subjungit ista: *& cùm firmos faceret fontes abyssi*, omissis intermediis. Tertul. verò l. contra Hermog. p. 415. c. ita legit: *& cùm fortia faciebat super ventos quæ sursum nubila, & cùm firmos ponebat fontes ejus quæ sub cælo est*: eadem repetit l. contra Prax. p. 846. a. nisi quòd ponit *totos*, pro *firmos*, deletque *est* in fine: at l. contra Hermog. p. 402. a. rursus habet: *& cùm firmos ponebat fontes quæ sub cælo est*. Lactant. l. 4. Institut. c. 6. p. 573. *cùm super ventos faceret validas nubes, & cùm confirmatos poneret montes sub cælo*. Hilar. l. 12. de Trin. col. 1131. b. *quando super ventos validas faciebat in summo nubes, & cùm certos ponebat fontes sub cælo*; Mss. ibid. *montes sub cælo*: at sup. l. 4. col. 840. a. *fontes*. Ambros. l. de Spir. S. to. 2. 682. d. *cùm faceret fontes aquarum*. Fulg. l. 2. ad Trasim. c. 4. p. 91. c. *quando fortes faciebat sursum nubes, & cùm stabiles ponebat fontes sub cælo*. Arnob. jun. de Trin. p. 211. h. & Vigil. Taps. l. con-

VULGATA NOVA.

29. quando circumdabat mari terminum suum, & legem ponebat aquis, ne transirent fines suos: quando appendebat fundamenta terræ.

30. Cum eo eram cuncta componens: & delectabar per singulos dies, ludens coram eo omni tempore;

31. ludens in orbe terrarum: & deliciæ meæ, esse cum filiis hominum.

VERSIO ANTIQUA.

29. quando fortia faciebat fundamenta terræ. *Cypr. l. 2. Testim. p. 284. b.*

30. Eram penes illum disponens: ego eram cui adgaudebat; quotidie autem jucundabar ante faciem ejus in omni tempore,

31. cùm lætaretur orbe perfecto, [a] & jocundabatur in filiis hominum. *[a] Iren. l. 4. c. 20. p. 253. d.*

VULGATA NOVA.

32. Nunc ergo filii audite me: Beati, qui custodiunt vias meas.

33. Audite disciplinam, & estote sapientes, & nolite abjicere eam.

VULGATA NOVA.

34. Beatus homo qui audit me, & qui vigilat ad fores meas quotidie, & observat ad postes ostii mei.

35. Qui me invenerit, inveniet vitam, & hauriet salutem à Domino:

36. qui autem in me peccaverit, lædet animam suam. Omnes, qui me oderunt, diligunt mortem.

VERSIO ANTIQUA.

34. Beatus vir qui audierit me, & homo qui vias meas custodierit, advigilans meis ostiis quotidie, custodiens postes mei introitûs. *Ambr. l. de apol. Dav. p. 724. f.*

35. Exitus mei, exitus sunt vitæ: [a] præparatur voluntas à Domino. *[a] Aug. ep. 217. to. 2. 800. g. 807. b.*

36. Qui autem in me peccant, impiè faciunt in animas suas: & qui me oderunt, diligunt mortem. *Fulg. l. 2. ad Monim. p. 28.*

NOTÆ AD VERSIONEM ANTIQUAM.

tra Varim. p. 730. d. *quando super ventos fortes faciebat in summo nubes, & cùm certos ponebat fontes sub cælo.* Græc. ϗ ὡς ἰσχυρὰ ἐποίει τὰ ἄνω νέφη, ϗ ὡς ἀσφαλεῖς ἐτίθει πηγὰς τῆς ὑπ' οὐρανόν.

℣. 29. Accinunt magno consensu Iren. l. 4. c. 20. p. 253. d. Lact. l. 4. Institut. c. 6. p. 573. Hilar. l. 4. & 12. de Trin. col. 840. b. 1131. b. Ambros. l. 1. Hex. col. 6. f. Fulg. l. 2. ad Trasim. c. 4. p. 91. c. Arnob. jun. de Trin. p. 211. g. Vigil. Taps. l. contra Varimad. p. 730. d. & l. 2. cont. Ari. & Sabell. & Anonym. ap. Marten. Anecdot. to. 5. p. 6. e. quibus omnibus suffragatur Græc. nisi quòd initio ipso ponit ϗ, quod etiam nonnulli præmittunt PP. Latini. Verùm Tertul. hunc versiculum constanter omittit, licet antecedentia cum subsequentibus duobus in locis referat; ut supra videre est, & infra: lib. tamen de Bapt. c. 3. p. 388. b. habet: *& ut terram aridam suspenderet.*

℣. 30. Ad verbum è Græco. Ita quoque legit Lact. l. 4. Institut. c. 6. p. 573. detracto tamen hoc ult. *in omni tempore.* Iren. l. 4. c. 20. p. 253. d. sic habet: *Eram apud eum aptans: ego eram cui adgaudebat; quotidie autem lætabar ante faciem ejus in omni tempore.* Tertul. verò l. contra Hermog. p. 402. a. *Ego eram modulans cum ipso:* & inf. 415. c. *Ego eram compingens cum ipso: ego eram ad quam gaudebat; quotidie autem oblectabar in persona ejus:* ita rursum l. contra Prax. p. 846. a. b. exceptis his, *cum illo compingens... in persona ipsius.* Hilarius in Ps. 135. col. 487. e. *Ego eram apud eum disponens:* sic etiam in Ps. 91. col. 239. d. sed addit, *mihi adgaudebat:* & in Ps. 148. col. 587. d. *Ego eram apud illum componens: mihi adgaudebat:* & l. 4. de Trinit. col. 840. b. *Eram apud illum componens: ego eram ad quam gaudebat; quotidie autem lætabar in conspectu ejus in omni tempore.* Ambros. l. 1. Hexa. p. 6. f. *Eram penes illum cuncta componens;* Mss. 6. *penes illum disponens:* & in Ps. 118. col. 1230. f. addit: *ego eram cui adplaudebat:* similiter l. 1. offic. to. 2. 60. b. at l. de fide Resurr. col. 1157. b. legit: *Et eram cum eo componens: ego eram cui adgaudebat;* Mss. plures, *cui adplaudebat.* Phœbad. Agin. l. cont. Arian. p. 304. f. *Ego eram cum illo; & mihi adgaudebat.* Fulgent. l. 3. ad Monim. c. 6. *Eram apud illum componens:* & l. 2. ad Trasim. c. 4. p. 91. c. *Eram apud eum disponens.* Arnob. jun. de Trinit. p. 211. g. *Cum ipso eram cuncta componens; ad quam gaudebat* (f. *adgaudebat*) *in faciem meam:* vide etiam inf. p. 230. b. Vigil. Taps. l. contra Ari. & Sabel. *Ego eram penes illum:* & l. cont. Varimad. p. 730. d. *Ego eram cum illo cuncta componens: & ego eram cui adgaudebat.* Anonym. ap. Marten. Anecdot. to. 5. p. 7. a. *Eram simul cum illo disponens: ego eram cui adgaudebat; quotidie autem lætabar in faciem ejus.*

℣. 31. Concordat Græcum: nec dissentit Iren. loco cit. qui etiam habet cum Cypr. *cùm lætaretur orbe perfecto.* Accinunt Lact. l. 4. Instit. c. 6. p. 573. Ambros. l. 1. offic. to. 2. 60. b. Arnob. jun. de Trin. p. 211. g. & Vigil. Taps. l. cont. Varimad. p. 730. d. Tertul. verò l. contra Hermogen. p. 415. c. legit: *quando oblectabatur, cùm perfecisset orbem, & inoblectabatur in filiis hominum.* Hilar. in Ps. 91. & 148. col. 239. d. 587. d. *cùm lætaretur orbe perfecto*, ut sup. itidem l. 4. de Trin. p. 840. b. subditque, *& lætaretur in filiis hominum:* item inf. *quando lætabatur orbe perfecto, & lætabatur in filiis hominum:* & in Ps. 55. col. 116. c. alludens dicit: *super filios hominum adgaudebat pater.* Anonymus ap. Marten. Anecdot. to. 5. p. 7. a. *cùm lætaretur orbi perfecto.*

℣. 34. Consonat Græc. nisi quòd hab. εἰσακούσεταί μου, & φυλάξει; ultimóque, τηρῶν σταθμοὺς ἐμῶν εἰσόδων, *servans limina meorum introituum;* Theodot. φλιὰς θυρῶν μου.

℣. 35. Græc. addit γὰρ, *enim*, ad 1. *exitus*, præponitque ϗ verbo *præparatur.* Fulgent. etiam de Incarn. ad Petr. p. 305. & l. 1. de verit. præd. cum Auct. l. de voc. gent. l. 1. c. 24. & l. 2. c. 10. p. 15. e. 23. f. hanc sententiam memorat, *præparatur voluntas à Domino.* Citatur pariter à Zozimo PP. cujus testimonium refert Cælestinus epist. 21. to. 1. col. 1191. c. citatur quoque ab Augustino non semel, epist. 107. & alibi passim. Item in Conc. 2. Arauf. cap. 4. Conc. to. 4. col. 1667. c. Item à Bonif. II. epist. 2. ibid. col. 1689. c.

℣. 36. Ita rursum legit Fulg. l. de Incarn. p. 425. nec aliter exstat Græcè.

CAPUT IX.

VULGATA NOVA.

1. SApientia ædificavit sibi domum, excidit columnas septem.

2. Immolavit victimas suas, miscuit vinum,

VERSIO ANTIQUA.

1. SApientia ædificavit sibi domum, & subdidit columnas septem. *Cypr. l. 2. Testim. p. 285. a. & ep. 63. p. 105. c.*

2. Mactavit suas hostias, miscuit in cratera vi-

NOTÆ AD VERSIONEM ANTIQUAM.

℣. 1. Sic habet Cæsar. Arelat. hom. 8. p. 826. b. Sic etiam Ambros. in Ps. 118. to. 1. 974. b. & l. 1. de fide, to. 2. 463. e. unà cum Gr. at l. de Spir. S. col. 645. d. *Sapientia fecit sibi domum:* & l. 1. de Cain, c. 5. col. 193. d. *& fulsit columm. septem.* Hilar. in Ps. 138. col. 511. d. *Sapientia ipsa sibi ædificavit domum.* August. l. 17. de civit. Dei, c. 4. & 20. to. 7. 461. a. 484. b. *Sapientia ædif. sibi dom. & suffulsit col. septem.* Auct. l. de promiss. ap. Prosp. p. 126. c. 187. c. *Sapientia fabricavit sibi domum, & subdidit col. septem.* Græc. ὑπήρεισε στύλους ἑπτά. Gaud. Brix. serm. 13. p. 963. h. cum Auct. quæst. N. Test. apud August. to. 3. 63. a. *Sapientia ædificavit sibi domum.* Itidem Auct. op. imp. in Matth. hom. 50. p. 213. c. sed addit: *& suffulsit columnis septem:* sup. verò hom. 30. p. 127. d. *& subdidit columnas septem;* sicut Fulgent. l. contra serm. Fastid. c. 8. p. 348.

℣. 2. Concordat Græcum. Tertul. cont. Gnost. p. 828. a. leg. *Sophia jugulavit filios suos.* Ambros. in Ps. 118. to.

VERSIO ANTIQUA.

Cypr. ubi sup. num suum, & paravit suam mensam.
3. Et misit servos suos convocans cum excelsa
prædicatione ad craterem, dicens:
4. Qui est insipiens, declinet ad me. Et egen-
tibus sensu dixit:
5. Venite, edite de meis panibus, & bibite
vinum quod miscui vobis.
6. Derelinquite stultitiam, & quærite prudentiam, & corrigite scientiam in intellectu.

Hieron. in Amos 7. to. 3. 1436. d. 8. Noli arguere malos, ne oderint te. [a] Corripe
sapientem, & amabit te: corripe stultum, & ad-
[a] Aug. ep. 200. p. 781. c. jiciet ut oderit te.
Ex Ms. Floriac. n. 10. 9. Da sapienti occasionem, & sapientior erit.
Notum fac justo, & adjiciet percipere.
Hieron. in Isai. 19. p. 185. c. 10. Principium sapientiæ, timor Domini.....
[b] Ambrosiast. p. 156. b. [b] scire legem, sensûs est optimi.

Ambr. in Ps. 35. p. 768. e. 12. Fili, si sapiens eris, tibi sapiens eris, &
proximis: si autem malus evaseris, solus hau-
ries mala.
Cypr. l. 3. Testim. p. 330. c. * Qui fidens est in falsis, hic pascit ventos:
idem autem ipse sequitur aves volantes: deserit
enim vias vineæ suæ, à semitis verò agelli sui erravit: ingreditur autem per avia loca atque arida, & terram destinatam in sitim; contrahit autem manibus infructuosa.
Hieron. l. 1. cont. Jovin. to. 4. 170. a. 13. Mulier insipiens & audax inops panis effi-

VULGATA NOVA.

& proposuit mensam suam.
3. Misit ancillas suas ut vocarent ad arcem,
& ad mœnia civitatis:
4. Si quis est parvulus, veniat ad me. Et insipientibus locuta est:
5. Venite, comedite panem meum, & bibite vinum quod miscui vobis.
6. Relinquite infantiam, & vivite, & ambu-
late per vias prudentiæ.
7. Qui erudit derisorem, ipse injuriam sibi
facit: & qui arguit impium, sibi maculam generat.
8. Noli arguere derisorem, ne oderit te. Argue sapientem, & diliget te.
9. Da sapienti occasionem, & addetur ei sapientia. Doce justum, & festinabit accipere.
10. Principium sapientiæ, timor Domini: *Ps. 110. 10.*
& scientia sanctorum, prudentia.
11. Per me enim multiplicabuntur dies tui, *Sup. 1. 7.*
& addentur tibi anni vitæ.
12. Si sapiens fueris, tibimetipsi eris: si au- *Eccli. 1. 16.*
tem illusor, solus portabis malum.
13. Mulier stulta & clamosa, plenaque ille-

NOTÆ AD VERSIONEM ANTIQUAM.

1. 974. b. *Interfecit suas bostias:* & l. 1. de fide, to. 2. 463. e. *Et interfecit suas bostias, miscuit in cratera*, &c. ut in textu: & epist. 65. col. 1053. f. *miscuit in cratere vinum suum.* Similiter August. l. 17. de civit. Dei, c. 20. p. 484. b. *Immolavit suas victimas, miscuit in cratere*, &c. ut sup. Auct. l. de promiss. ap. Prosp. p. 3. pag. 187. c. *Mactavit suas* (Ms. 1. Rem. *suis*) *bostias, miscuit in cratere*, &c. ut sup. Itidem Cæsar. Arelat. hom. 8. p. 826.

℣. 3. Ita Græcè, nisi quòd omittitur *&*, ante *misit*. Ambros. l. 1. de fide, to. 2. 463. e. legit: *Et misit suos servos convocans cum altissima prædicatione, dicens.* August. l. 17. de civit. Dei, c. 20. col. 484. b. *Misit servos suos convocans cum excellenti prædicatione ad craterem, dicens.* Auct. l. de promiss. ap. Prosp. p. 187. d. *Misit servos suos convocans, & dicens.*

℣. 4. Itidem Græcè. Sic etiam apud Ambros. l. de fuga sæc. c. 8. col. 438. b. uno excepto *divertat ad me;* at l. 1. de fide, to. 2. 463. e. legit *declinet ad me:* Mss. nonnulli initio ferunt, *Quis est insipiens?* August. l. 17. de civit. Dei, c. 20. col. 484. b. *Quis est insipiens? divertat ad me. Et inopibus sensu dixit.* Gaud. Brix. ser. 19. p. 975. f. *Quisquis est insipiens, devertat ad me.* Vide inf. ad ℣. 16.

℣. 5. Accinunt Gaud. Brix. ser. 19. p. 975. f. & Auct. l. de promiss. apud Prosp. p. 113. c. 187. c. unà cum Gr. Ita quoque legit Ambros. epist. 32. col. 918. f. 919. a. necnon l. de parad. to. 1. 150. d. addito uno *&*, post *venite;* sicut l. de fuga sæc. c. 8. col. 438. b. lib. verò 1. de Cain, c. 5. col. 192. f. hab. *Venite, & edite panes meos*, &c. item inf. to. 1. 498. f. 1398. c. & to. 2. 1192. a. at l. de virginit. col. 227. e. *Venite, manducate panes meos, & bibite vinum meum.* Hieron. in Eccles. to. 2. 766. b. *Venite, comedite panes meos, & bibite vinum meum.* Aug. l. 17. de civit. Dei, c. 20. to. 7. 484. b. *Venite, manducate de meis panibus, & bibite vinum quod miscui vobis.* Jul. Firmic. de errore prof. relig. *Venite, & manducate de meis panibus, & bibite vinum quod miscui.* Cæsar. Arelat. hom. 8. *Venite, & edite de meis panibus*, &c. ut sup.

℣. 6. Ambros. in Ps. 118. to. 1. 1212. b. *Relinquite insipientiam, & quærite sapientiam.* August. verò l. 17. de civit. Dei, col. 484. c. *Derelinquite insipientiam, ut vivatis; & quærite prudentiam, ut habeatis vitam.* Græc. Ἀπολείπετε ἀφροσύνην, ἵνα εἰς τὸν αἰῶνα βασιλεύσητε· καὶ ζητήσατε φρόνησιν, καὶ κατορθώσατε ἐν γνώσει σύνεσιν. Mss. Alex. cum edd. Ald. & Compl. ἵνα βιώσητε· καὶ κατορθώσατε, &c.

℣. 8. Græc. Μὴ ἔλεγχε κακούς, ἵνα μὴ μισήσωσί σε. Ἔλεγχε σοφὸν, καὶ ἀγαπήσει σε· nec addit plura. Cyprian. quoque l. 3. Testim. p. 327. c. hæc tantùm refert: *Qui corripit impium, odietur ab eo. Corripe sapientem, & diliget te.* Hieron. in Eccles. to. 2. 750. a. *Argue sapientem, & diliget te.* Cassiod. in Ps. 37. p. 128. b. *Argue sapientem, & amabit te.* Ita quoque S. Pacianus legit paræn. ad pœnit. 315. d. sed addit: *atque stultum, & odio te habebit:* addit pariter Ms. Alex. ἄσοφον, καὶ μισήσει σε. Similiter Auct. op. imp. in Matth. hom. 45. p. 189. c. *Argue sapientem, & amabit te; insipientem verò, & odiet te.* Item Ms. Floriac. n. 10. *Argue sap. & amavit te; insipientem, & adjiciet odisse te.*

℣. 9. Itidem Græcè, ni excipias ult. τοῦ δέχεσθαι, *ad recipiendum*, loco *percipere*. Similiter habet August. epist. 93. col. 238. a. usque ad verbum *erit* inclus.

℣. 10. Sententia prima ex Hieron. concordat cum Gr. posterior ex Ambrosiast. ita legitur ibid. τὸ γὰρ γνῶναι νόμον, διανοίας ἐστὶν ἀγαθῆς. Priorem sententiam rursum citat Hieron. in Isai. 50. col. 363. c. sicut Auct. l. 2. de vocat. gent. c. 27. p. 31. a.

℣. 12. Eadem iterum refert Ambros. l. 3. offic. to. 2. 111. b. præter unum *fueris*, pro 1. *eris*. Ita quoque Aug. epist. 264. to. 2. 895. c. & ser. 35. to. 5. 173. g. 174. b. 175. c. addita tamen voce *tuis*, ad hanc, *proximis*. Fastidios. Arian. ap. Fulgent. p. 211. *Fili, si bonus fueris, tibi, & proximis tuis: si autem malus evaseris, solus hauries mala.* Græcè interpunctio dissimilis, ita nempe. Υἱὲ, ἐὰν σοφὸς γένῃ σεαυτῷ, σοφὸς ἔσῃ καὶ τοῖς πλησίον (Ald. addit σου) reliqua ut sup.

* Græcè duo tantùm dissimilia, nempe διώξεται... ἀπέλιπε, *sequetur..... deseruit*, pro *sequitur..... deserit*. Eadem quoque citantur in Concil. Carthag. 3. to. 1. Labb. 787. e. paucis mutatis: *Qui fidens est in falsis, hic pascit ventos: idem autem ipse sequitur aves volantes: derelinquit* (al. *deseruit*) *autem vias vineæ suæ, & à semitis agri sui erravit: ingreditur autem per avia loca atque arida, & terram distinet à messe; colligit autem manibus sterilitatem.* Græc. συνάγει δὲ χερσὶν ἀκαρπίαν. Hieron. l. 3. cont. Rufin. to. 4. p. 2. col. 472. eadem sic memorat: *Qui nititur mendacio, pascit ventos, & sequitur aves volantes: dereliquit enim vias vineæ suæ, & axes culturæ suæ fecit errare: perambulat aridum ac desertum, & colligit manibus suis sterilitatem.* Cassian. coll. 15. c. 7. p. 662. *Qui enim innititur mendaciis, hic pascet ventos: idem autem ipse sequitur aves volantes.* Hæc etiam verba leguntur inf. in Vulg. c. 10. ℣. 4. invectaque eò sunt ex edit. LXX. ut probant Mss. duo Sangerm. n. 4. & 15. qui eadem exhibent in margine, his tantùm mutatis, *nititur*, & *pascet;* absunt autem à textu Hebraico. Apud August. l. 3. cont. Crescon. c. 9. *Qui fidit in falsis, hic pascit ventos.*

℣. 13. In Gr. ψωμοῦ, loco *panis;* apud Nobil. *buccellæ;*

VULGATA NOVA.

cebris, & nihil omnino sciens,
14. sedit in foribus domus suæ super sellam in excelso urbis loco,
15. ut vocaret transeuntes per viam, & pergentes itinere suo:
16. Qui est parvulus, declinet ad me. Et vecordi locuta est:
17. Aquæ furtivæ dulciores sunt, & panis absconditus suavior.
18. Et ignoravit quòd ibi sint gigantes, & in profundis inferni convivæ ejus.

VERSIO ANTIQUA.

citur: quæ non novit pudorem, *Ambr. l. 1. de*
14. sedet in foribus domûs in sella palam in *Cain, c. 5. to. 1.*
plateis, *191. a.*
15. advocans prætereuntes......
16. Qui est insipientior, divertat ad me. Et *Ibid. c. 4. col.*
indigentibus sapientiâ præcipio, dicens: *190. c. d.*
17. Panibus absconditis suaviter utimini, &
aquam furtim dulciorem bibite.
18. Et nescit insipiens quoniam terrigenæ apud *Hieron. in Ose.*
eam pereunt, & in profundum inferni incur- *& l. 1. cont. Jovin.*
runt. [a] Exili, noli demorari in loco ejus, neque *to. 4. 170. a.*
intendas oculo tuo in eam. [b] Ab aqua aliena abs- *[a] Cassian. coll. 20. c. 9. p. 776.*
tine te, & de fonte extraneo ne biberis; ut lon- *[b] Cypr. l. 3. Testim.*
gum vivas tempus, adjiciantur etiam tibi anni *p. 330. c.*
vitæ.

NOTÆ AD VERSIONEM ANTIQUAM.

cæt. ad verbum, ut sup.

℣℣. 14. 15. Græcè, *ἐκάθισεν ἐπὶ θύραις τοῦ ἑαυτῆς οἴκου ἐπὶ δίφρου*, &c. ut sup.

℣. 16. Græc. Ὅς ἐστιν ὑμῶν ἀφρονέστατος, ἐκκλινάτω, &c. ut in Lat. supra. August. l. 2. de Gen. col. 682. e. *Qui stultus est, divertat ad me. Et inopes sensu exhortatur, dicens.* Vide sup. ad ℣. 4.

℣. 17. Hieron. in Osee, teste Nobilio: *Panes occultos libenter attingite, & aquæ furtivam dulcedinem.* August. l. 2. de Gen. col. 682. e. *Panes occultos edite libenter, & aquam dulcem furtivam bibite:* ita rursum l. 3. conf. to. 1. col. 92. d. & in Rom. 7. to. 3. 909. c. tract. verò 97. in Joh. col. 737. e. 738. c. ut sup. *Panes occultos libenter adtingite, & aquæ furtivæ dulcedinem.* Græc. Ἄρτων κρυφίων ἡδέως ἅψασθε, καὶ ὕδατος κλοπῆς γλυκεροῦ. Edd. Ald. & Compl. subdunt *πίεσθε*.

℣. 18. Horum omnium vix dissimile quoddam habetur in Græco. Verba etiam ista: *Ab aqua aliena abstine te, & à fonte alieno ne biberis*, citantur a Firmiliano, ep. 75. ad Cyprian. p. 150. a. Rursumque à Cypriano ipso epist. 70. p. 125. exceptis his, *& à fonte aqua aliena ne biberis.* Item apud Ambros. in Ps. 118. to. 1. 1102. e. *Ab aliena aqua abstine te.* Sic etiam apud August. epist. 108. to. 2. 305. b. & tract. 6. in 1. Joh. to. 3. 869. e. & l. de unit. Eccles. to. 9. 381. b. subnexis his, *& de fonte alieno ne biberis.* Referuntur pariter in conc. Carthag. 3. Labb. to. 1. col. 787. e. cum his quæ sequuntur, *ut longum vivas tempus*, &c. At horum omnium loco, sententiam prorsus disparem exhibent Mss. quinque antiqui Vulgatæ, quorum tres bibliothecæ nostræ Sangerm. n. 4. 14. & 15. unus Regiæ, nisi me fallit memoria; quintus denique Monast. nostri S. Theoderici ad Remos: en verba, ultimis nempe his Vulg. *& in prof. inferni conviva ejus*, superaddita: *Qui applicabitur illi, descendet ad inferos; nam qui discesserit ab ea, salvabitur.* al. *Qui applicatur illi..... nam qui abscesserit*, &c. Hæc autem sententia neque in Hebr. fonte, neque ap. LXX. neque in Vulgata hod. reperitur, saltem eò loci; citatur tamen in veteribus quibusdam concordantiis Bibliorum: è supradictis autem Mss. unus illam præfert intra textum, nempe Sangerm. n. 14. alter verò n. 15. optimæ notæ, in ora inferiori; tertius denique n. 4. ad marginem lateralem: omnes eadem manu.

PARABOLÆ SALOMONIS.

CAPUT X.

VULGATA NOVA.

1. Filius sapiens lætificat patrem: filius verò stultus mœstitia est matris suæ.
Inf. 11. 4. 2. Nil proderunt thesauri impietatis: justitia verò liberabit à morte.
3. Non affliget Dominus fame animam justi, & insidias impiorum subvertet.
4. Egestatem operata est manus remissa: manus autem fortium divitias parat.
Qui nititur mendaciis, hic pascit ventos: idem autem ipse sequitur aves volantes.

VERSIO ANTIQUA.

2. Non proderunt thesauri iniquis: justitia au- *S. Paulin. ep. 25.*
tem eripit à morte. *p. 167. a.*
3. Non occidet fame Dominus animam jus- *Cypr. de op. &*
tam..... *eleem. p. 240. c.*
4.....
Filius eruditus sapiens erit: imprudente autem *Aug. l. 16. de*
ministro utetur. *civ. Dei, c. 2. p. 415. a.*

VULGATA NOVA.

5. Qui congregat in messe, filius sapiens est: qui autem stertit æstate, filius confusionis.
6. Benedictio Domini super caput justi: os autem impiorum operit iniquitas.

VULGATA NOVA.

7. Memoria justi cum laudibus: & nomen impiorum putrescet.
8. Sapiens corde præcepta suscipit: stultus cæditur labiis.
9. Qui ambulat simpliciter, ambulat confidenter: qui autem depravat vias suas, manifestus erit.

VERSIO ANTIQUA.

7. Memoria justi cum laudibus..... *Ferrand. Diac. ad Pelag. p. 253.*
9. Qui ambulat simpliciter, ambulat fiden- *Cypr. l. 3. ad*
ter..... *Quirin. p. 319. b.*

NOTÆ AD VERSIONEM ANTIQUAM.

℣. 2. Sic est in Græco, præter unum *ῥύσεται*, *liberabit*, pro *eripit*. Apud Ambros. l. de Nab. c. 6. col. 572. d. *Nihil prosunt thesauri injustis: justitia autem liberat à morte.*

℣. 3. Sic iterum Cypr. de orat. Dom. p. 210. c. In Gr. Οὐ λιμοκτονήσει Κύριος, &c. Hieron. in Isai. 65. teste Nobilio: *Non interficiet fame Dominus.*

℣. 4. Ad verbum è Græco. Quæ verò in Vulgata subjungitur sententia, *Qui nititur mendaciis*, &c. habetur supra post ℣. 12. cap. 9. Versionis antiquæ.

℣. 7. Itidem Græce, excepto uno plur. *δικαίων*, *justorum*; at in ed. Compl. *δικαίου*, ut sup.

℣. 9. In aliquo cod. Cypr. *fidens* est, teste Nobilio, quamvis, inquit, in aliis sit *fidenter*; in Gr. *πεποιθώς*; cætera ut sup.

VERSIO ANTIQUA.

Aug. ser. 82. to. 5. 443. a. 10. Annuens oculis cum dolo, congerit hominibus mœstitiam : qui autem arguit palam, pacem facit.

Anastas. II. ep. 1. Conc. to. 4. 1279. e. 12. Odium suscitat contentio : omnes autem qui non contendunt protegit amicitia.

13. *Vide Not.*

Hieron. l. 3. cont. Rufin. to. 4. 472. 14..... os procacis appropiat contritioni.

Ambr. ep. 63. p. 1044. e. 15. Possessio divitum, civitas firmissima.....

VULGATA NOVA.

10. Qui annuit oculo, dabit dolorem : & stultus labiis verberabitur. *Eccli. 27. 25.*

11. Vena vitæ, os justi : & os impiorum operit iniquitatem.

12. Odium suscitat rixas : & universa delicta operit charitas. *1. Cor. 13. 4.*

13. In labiis sapientis invenitur sapientia : & virga in dorso ejus qui indiget corde. *1. Pet. 4. 8.*

14. Sapientes abscondunt scientiam : os autem stulti confusioni proximum est.

15. Substantia divitis, urbs fortitudinis ejus : pavor pauperum, egestas eorum.

VULGATA NOVA.

16. Opus justi ad vitam : fructus autem impii ad peccatum.

17. Via vitæ, custodienti disciplinam : qui autem increpationes relinquit, errat.

VERSIO ANTIQUA.

Hieron. l. 3. cont. Rufin. to. 4. 472. 18..... & qui profert maledicta, stultissimus est.

Cypr. l. 3. Testim. p. 327. c. 19. Ex multiloquentia non effugies peccatum : parcens autem labiis, sensatus eris.

Anon. ap. Ambr. p. 4. d. 20. Argentum igne examinatum, lingua justi.....

Ennod. pro Synod. Sirmond. to. 1. p. 1624. d. 21..... imperitis enim obviat mors.

Ambrosiast. p. 246. a. 259. e. 23. Stultus per risum agit mala.....

VULGATA NOVA.

18. Abscondunt odium labia mendacia : qui profert contumeliam, insipiens est.

19. In multiloquio non deerit peccatum : qui autem moderatur labia sua prudentissimus est.

20. Argentum electum, lingua justi : cor autem impiorum pro nihilo.

21. Labia justi erudiunt plurimos : qui autem indocti sunt, in cordis egestate morientur.

22. Benedictio Domini divites facit, nec sociabitur eis afflictio.

23. Quasi per risum stultus operatur scelus : sapientia autem est viro prudentia.

VULGATA NOVA.

24. Quod timet impius, veniet super eum : desiderium suum justis dabitur.

25. Quasi tempestas transiens non erit impius : justus autem quasi fundamentum sempiternum.

VERSIO ANTIQUA.

Aug. in Ps. 48. to. 4. 441. d. 26. Sicut uva acerba dentibus vexatio est, & fumus oculis ; sic iniquitas utentibus eâ.

Aust. quæst. Vet. Test. ap. Aug. to. 3. 52. e. 27..... anni impiorum minuentur.

VULGATA NOVA.

26. Sicut acetum dentibus, & fumus oculis, sic piger his qui miserunt eum.

27. Timor Domini apponet dies : & anni impiorum breviabuntur.

VULGATA NOVA.

28. Exspectatio justorum lætitia : spes autem impiorum peribit.

29. Fortitudo simplicis via Domini : & pavor his, qui operantur malum.

30. Justus in æternum non commovebitur : impii autem non habitabunt super terram.

VERSIO ANTIQUA.

Hilar. in Ps. 51. p. 72. e. 31. Lingua intelligentis meditabitur sapientiam.....

VULGATA NOVA.

31. Os justi parturiet sapientiam : lingua pravorum peribit.

32. Labia justi considerant placita : & os impiorum perversa.

NOTÆ AD VERSIONEM ANTIQUAM.

℣. 10. Concinit Græc. nisi quòd in principio hab. Ὁ ἐννεύων, *Qui annuit* ; paulòque post num. plurali, λύπας, *mœstitias*. Mss. autem duo S. Germ. n. 4. & 14. posteriorem sententiam ita præferunt in margine : *at qui palam arguit, pacificat*. Eadem quoque legitur in Ms. S. Theoder. sed intra textum. Abest verò à textu Hebraïco.

℣. 12. Græc. Μῖσος ἐγείρει νεῖκος· πάντας δὲ τοὺς μὴ φιλονεικοῦντας καλύπτει φιλία. Neutrum autem utrumque μῖσος, & νεῖκος, pro nominativo casu, vel pro accusativo promiscuè accipi potest. Nobilius vertit : *Odium suscitat contentionem*.

℣. 13. Græc. ῥάβδῳ τύπτει ἄνδρα ἀκάρδιον· i. e. *virgâ percutit virum excordem*. Eò spectat quod ait Auct. op. imp. in Matth. p. 135. c. *Cor durum baculo percute*.

℣. 14. Aptè ad Græc.

℣. 15. Sic est in Græco, excepta voce ult. ὀχυρά. Apud Phœbad. Agin. contra Arian. p. 301. d. *Substantia divitis, civitas munita*.

℣. 18. Græcè pluraliter : οἱ δὲ ἐκφέροντες λοιδορίας, ἀφρονέστατοί εἰσι.

℣. 19. August. disputans cont. Crescon. l. 1. to. 9. col. 390. b. ait : *Adhibens testimonium de Scripturis Sanctis ubi dictum putas : Ex multa eloquentia non effugies peccatum, cùm dictum non sit, ex multa eloquentia, sed, ex multiloquio*. Hilar. quoque in Ps. 139. col. 532. c. legit : *De multiloquio non effugies peccatum*. Ambros. l. 1. de Cain, c. 9. col. 200. d. *In multiloquio non effugies peccatum* : & l. de Noe, c. 10. n. 26. col. 240. d. 268. b. *Ex multiloquio*, seu *de multiloquio*, &c. similiter in Ps. 36. col. 791. a. Concinunt S. Paulin. epist. 42. p. 258. a. & Zozimus PP. epist. 2. to. 1. p. 948. b. S. Benedicti regula, c. 7. p. 28. *In multiloquio non effugies peccatum*. In Gr. Ἐκ πολυλογίας, &c. ut in textu.

℣. 20. Ita in Græco.

℣. 21. In Gr. οἱ δὲ ἄφρονες ἐν ἐνδείᾳ τελευτῶσιν· *insipientes autem in egestate morientur*.

℣. 23. Græc. Ἐν γέλωτι ἄφρων πράσσει κακά: *In risu insipiens facit mala*.

℣. 26. Ita Græcè, nisi quòd habetur simpliciter βλαβερὸν, *noxia*, loco *vexatio est*. Apud Ambros. in Ps. 35. col. 769. f. 770. a. *Sicut uva acerba dentibus, & fumus oculis, ita iniquitas omnibus utentibus ea*. Apud Hieron. in Ezech. 18. to. 3. 817. d. *Sicut uva acerba dentibus noxia est, & fumus oculis ; sic iniquitas his qui utuntur ea* : & in Joel 2. col. 1360. a. *Sicut fumus noxius est oculis, & immatura uva dentibus ; sic iniquitas utentibus ea*.

℣. 27. Græc. ὀλιγωθήσεται, seu cum edit. Ald. ὀλιγωθήσονται.

℣. 31. Ms. Miciac. ibid. *Lingua sapientis*, &c. Quo ex

NOTÆ AD VERSIONEM ANTIQUAM.

loco prodeat hoc testimonium, an ex Proverb. cap. 10. an ex Ps. 36. ℣. 30. non liquet: Græcè ita legitur eò loci: Στόμα δικαίου ἀποστάζει σοφίαν, *Os justi destillat sapientiam*: in Ps. verò 36. *Os justi meditabitur sapientiam*. Hoc ult. magis quadrat, nam Hilar. continuò addit: *Et rursum: Lingua mea calamus scribæ*.

CAPUT XI.

VULGATA NOVA.

1. Statera dolosa, abominatio est apud Dominum: & pondus æquum, voluntas ejus.

2. Ubi fuerit superbia, ibi erit & contumelia: ubi autem est humilitas, ibi & sapientia.

3. Simplicitas justorum diriget eos: & supplantatio perversorum vastabit illos.

VERSIO ANTIQUA.

1. Statera doli, abominatio est coram Domino: pondus autem æquum, acceptum est ei. *Lucif. Cal. l. 1. pro S. Athan. p. 192. e.*

3. Defunctus justus relinquet pœnitentiam: promptus autem fit & insultabilis impiorum interitus. *Ex Ms. S. Germ. n. 15.*

VULGATA NOVA.

Sap. 10. a. 4. Non proderunt divitiæ in die ultionis: justitia autem liberabit à morte.

5. Justitia simplicis diriget viam ejus: & in impietate sua corruet impius.

6. Justitia rectorum liberabit eos: & in insidiis suis capientur iniqui.

7. Mortuo homine impio, nulla erit ultra spes: & exspectatio sollicitorum peribit.

8. Justus de angustia liberatus est: & tradetur impius pro eo.

9. Simulator ore decipit amicum suum: justi autem liberabuntur scientiâ.

10. In bonis justorum exsultabit civitas: & in perditione impiorum erit laudatio.

11. Benedictione justorum exaltabitur civitas: & ore impiorum subvertetur.

12. Qui despicit amicum suum, indigens corde est: vir autem prudens tacebit.

13. Qui ambulat fraudulenter, revelat arcana: qui autem fidelis est animi, celat amici commissum.

VULGATA NOVA.

14. Ubi non est gubernator, populus corruet: salus autem, ubi multa consilia.

15. Affligetur malo, qui fidem facit pro extraneo: qui autem cavet laqueos, securus erit.

16. Mulier gratiosa inveniet gloriam: & robusti habebunt divitias.

17. Benefacit animæ suæ vir misericors: qui autem crudelis est, etiam propinquos abjicit.

VERSIO ANTIQUA.

14. Quibus non est gubernatio, cadent quasi folia: [a] ubi plurima sunt consilia, maxima est salus. *Hieron. in Ezech. 27. to. 3. 882. b.* *[a] Pro fund. Agaun. Mon. Conc. to. 4. p. 1559. c.*

15. [b] Malignus nocet, cùm se miscuerit justo; odit autem sonum tutelæ. *[b] Cassian. coll. 1. c. 20. p. 320.*

16. [c] Mulier grata suscitat viro gloriam..... *[c] S. Paulin. ep. 13. p. 70. a.*

17. [d] Animæ suæ benefacit vir misericors..... *[d] S. Leo, ser. 11. p. 63. c.*

VULGATA NOVA.

18. Impius facit opus instabile: seminanti autem justitiam merces fidelis.

19. Clementia præparat vitam, & sectatio malorum mortem.

VULGATA NOVA.

20. Abominabile Domino cor pravum: & voluntas ejus in iis, qui simpliciter ambulant.

21. Manus in manu non erit innocens malus: semen autem justorum salvabitur.

22. Circulus aureus in naribus suis, mulier pulchra & fatua.

VERSIO ANTIQUA.

20. Diligit Dominus munda corda: accepti autem sunt ei omnes immaculati. *Anon. ap. S. Paulin. ep. ad Celant. to. 2. p. 21. a.*

21. [a] Manus inferens injustè non erit impunitus..... *[a] Hieron. adv. Rufin.*

22. Sicut inauris in naribus porcæ, sic mulieri malè moratæ pulchritudo. *Idem in Ezech. 27. 28. p. 883. e. 896. f.*

NOTÆ AD VERSIONEM ANTIQUAM.

℣. 1. Græc. habet num. plurali ζυγοὶ δόλιοι, *stateræ dolosæ*; reliqua ut in Lat. sup. dempto utroque *est*. In Ms. Floriac. n. 10. ita: *Mensura iniqua, abominatio est*, &c. ut in textu. Apud Ambr. l. 3. offic. to. 2. 124. a. *Statera adultera, abominatio est Domino: pondus autem æquum, acceptabile est illi*: & lib. de vid. col. 207. d. *Statera fallax, abominatio est apud Deum*: & epist. 2. col. 757. f. *Statera fallax, improbabilis apud Deum.*

℣. 3. Hæc addita reperi in margine inferiori Ms. Sangerm. n. 15. absunt autem à Vulgata. In Græco sic: Ἀποθανὼν δίκαιος ἔλιπε μετάμελον· πρόχειρος δὲ γίνεται καὶ ἐπίχαρτος ἀσεβῶν ἀπώλεια. *Moriens justus reliquit pœnitentiam: facilis autem fit & jucundus impiorum interitus.*

℣. 14. Cassian. coll. 2. c. 4. *Quibus non est gubernatio, cadunt ut folia.* Gr. Οἷς μὴ ὑπάρχει κυβέρνησις, πίπτουσιν ὥσπερ φύλλα· σωτηρία δὲ ὑπάρχει ἐν πολλῇ βουλῇ.

℣. 15. Eòdem redeunt quæ in Græco, nisi quòd loco *tutelæ*, habetur ἀσφαλείας, *securitatis*.

℣. 16. Græcè constanter, γυνὴ εὐχάριστος, &c. sed Hieron. in Ephes. 5. to. 4. p. 1. col. 381. b. legendum esse putat, γυνὴ εὐχάριτος· in Ms. Cluniac. εὐχάριτος, quasi à χαροπὸς, *lætus, vultu serenus*: en S. Doctoris verba: *In Proverbiis puto ita scriptum*: Γυνὴ εὐχάριτος ἐγείρει ἀνδρὶ δόξαν, Mulier grata suscitat viro gloriam, *pro eo quod est* gratiosa: *videremur vim facere Scripturæ, & gratias agentem mulierem*, *pro* gratiosa *audacter accipere, nisi & cæteræ editiones nostræ opinioni congruerent. Aquila enim, & Theodotio, & Symmachus ita posuerunt*, γυνὴ χάριτος, *id est*, mulier gratiosa; *& non* εὐχάριστος, *quod ad actionem pertinet gratiarum.*

℣. 17. Similiter in Græco, nisi hoc excipias, ἀγαθὸν ποιεῖ, *bonum facit*, pro *benefacit*.

℣. 20. Eadem refert Cælestius ap. Marium Merc. Garn. p. 386. præter vocem *sancta*, pro *munda*. In Gr. Βδέλυγμα Κυρίῳ διεστραμμέναι ὁδοί· προσδεκτοὶ δὲ αὐτῷ πάντες ἄμωμοι ἐν ταῖς ὁδοῖς αὐτῶν. *Abominatio Domino perversa via: accepti autem ei omnes immaculati in viis suis.*

℣. 21. Gr. Χειρὶ χεῖρας ἐμβαλὼν ἀδίκως οὐκ ἀτιμώρητος ἔσται. *Manu manus injiciens injustè non impunitus erit.*

℣. 22. Concordant ista cum Græco Vat. at in editt. Ald. & Compl. est, Ὥσπερ ἐνώτιον χρυσοῦν· unde Hieron. in Ezech. 16. p. 790. c. legit, *Sicut inauris aurea*, cum reliquis ut supra: & in Ose. 2. col. 1249. a. *Sicut inauris aurea in naribus suis, ita mulieri pessima pulchritudo.* Apud Cassian. collat. 14. c. 16. p. 648. b. *Sicut inauris aurea in naribus suis, ita mulieris malè moratæ species.* Ap. Auct. op. imp. in Matth. hom. 45. p. 190. b. *Sicut inaures aureæ in naribus porci, ita mulieris malè morigeratæ species.*

VULGATA NOVA.

23. Desiderium justorum omne bonum est: præstolatio impiorum furor.

24. Alii dividunt propria, & ditiores fiunt: alii rapiunt non sua, & semper in egestate sunt.

VERSIO ANTIQUA.

Hieron. l. 3. cont. Rufin. p. 472. 25. Anima benedicta, omnis simplex: vir animosus inhonestus est.

Ambr. l. 3. offic. p. 119. a. b. 26. Qui continet frumentum, relinquet illud nationibus: captans annonam, maledictus in plebe est; benedictio autem ejus qui participat.

VULGATA NOVA.

25. Anima, quæ benedicit, impinguabitur: & qui inebriat, ipse quoque inebriabitur.

26. Qui abscondit frumenta, maledicetur in populis: benedictio autem super caput vendentium.

VULGATA NOVA.

27. Bene consurgit diluculo qui quærit bona: qui autem investigator malorum est, opprimetur ab eis.

28. Qui confidit in divitiis suis, corruet: justi autem quasi virens folium germinabunt.

VERSIO ANTIQUA.

Ambr. l. 2. de Jac. c. 3. p. 462. f. 29..... servit enim imprudens prudenti.

Fulg. l. 1. de rem. pecc. c. 13. 31. Si justus vix salvabitur, peccator & impius ubi parebunt?

VULGATA NOVA.

29. Qui conturbat domum suam, possidebit ventos: & qui stultus est, serviet sapienti.

30. Fructus justi lignum vitæ: & qui suscipit animas, sapiens est.

31. Si justus in terra recipit, quantò magis impius & peccator? 1. Pet. 4. 18.

NOTÆ AD VERSIONEM ANTIQUAM.

℣. 25. Ita in Græco est, præter unum ἀνὴρ δὲ, *vir autem*. Apud Ambros. l. de Isaac, c. 2. col. 357. c. prior tantùm sententia exstat: *Anima benedicta, omnis simplex.* Apud Cassian. l. 8. c. 1. p. 187. c. posterior: *vir iracundus inhonestus est.* Vide Cotel. not. in l. 2. Constitut. Apost. p. 165. d.

℣. 26. Ambr. sup. col. 117. d. legit: *captans pretia frumenti, maledictus in plebe est:* & l. de Nab. c. 8. to. 1. 576. b. *captans pretia frumenti, maledictus erit.* Cypr. verò l. 2. Testim. *captans annonam, maledictus in plebe est; benedictio autem in ejus capite est, qui communicat:* Mss. etiam nonnulli Ambros. cum omnibus editt. ferunt, *benedictio autem ejus in capite;* edit. Erasm. cum seq. *in capite ejus qui participat;* sed antiquissimi codd. cum paraphr. Chald. tollunt hoc, *in capite.* In Gr. hod. simpliciter: Ὁ συνέχων σῖτον, ὑπολείποιτο αὐτὸν τοῖς ἔθνεσιν· εὐλογία δὲ εἰς κεφαλὴν τοῦ μεταδιδόντος. In nonnullis tamen libris, teste Nobilio, post hoc, ὑπολείποιτο, subditur ὁ τιμιουλκῶν σῖτον, δημοκατάρατος. Ambros. quoque sup. 119. a. relata priori sententia, *Qui continet*, &c. paucis interjectis verbis, ait: *Et addidit: Captans annonam*, &c.

℣. 29. In Gr. δουλεύσει, *serviet*, &c.

℣. 31. Græc. Εἰ ὁ μὲν δίκαιος μόλις σώζεται, ὁ ἀσεβὴς καὶ ἁμαρτωλὸς ποῦ φανεῖται; Auct. l. de sing. cleric. apud Cypr. p. 528. b. *Si justus vix salvus fit, injustus ubi parebit?*

CAPUT XII.

VERSIO ANTIQUA.

Mſ. Floriac. n. 10. 1. QUi diligit disciplinam, diligit sensum: nam qui odit arguentem se, stultus est.

VULGATA NOVA.

1. QUi diligit disciplinam, diligit scientiam: qui autem odit increpationes, insipiens est.

VULGATA NOVA.

2. Qui bonus est, hauriet gratiam à Domino: qui autem confidit in cogitationibus suis, impiè agit.

3. Non roborabitur homo ex impietate: & radix justorum non commovebitur.

VERSIO ANTIQUA.

S. Paulin. ep. 44. p. 266. c. 4. Mulier bona, corona est viro suo.....

Ambr. in Ps. 118. p. 1146. d. 5. Cogitationes justorum semitæ.....

VULGATA NOVA.

4. Mulier diligens, corona est viro suo: & putredo in ossibus ejus, quæ confusione res dignas gerit.

5. Cogitationes justorum judicia: & consilia impiorum fraudulenta.

VULGATA NOVA.

6. Verba impiorum insidiantur sanguini: os justorum liberabit eos.

7. Verte impios, & non erunt: domus autem justorum permanebit.

8. Doctrinâ suâ noscetur vir: qui autem vanus & excors est, patebit contemptui.

VERSIO ANTIQUA.

Cassian. coll. 24. c. 13. p. 869. c. 9. Melior est vir in ignobilitate serviens sibi, quàm qui dignitatem sibi acquirit, & indiget pane.

Idem coll. 11. c. 10. p. 564. c. 10. Justus miseretur animas pecorum suorum: viscera autem impiorum sine misericordia.

11.....

Ex Mſ. Sangerm. n. 15. Qui suavis est in vini demorationibus, in

VULGATA NOVA.

9. Melior est pauper & sufficiens sibi, quàm gloriosus & indigens pane. Eccli. 10. 30.

10. Novit justus jumentorum suorum animas: viscera autem impiorum crudelia.

11. Qui operatur terram suam, satiabitur panibus: qui autem sectatur otium, stultissimus est. Eccli. 20. 30.

Qui suavis est in vini demorationibus, in suis

NOTÆ AD VERSIONEM ANTIQUAM.

℣. 1. Sic est in Græco, præter ultima, ὁ δὲ μισῶν ἐλέγχους, ἄφρων· *qui autem odit increpationes, insipiens.*

℣. 4. Idem Paulin. epist. 13. p. 70. a. *erit in perpetuum corona viro suo.* Gr. Γυνὴ ἀνδρεία, στέφανος τῷ ἀνδρὶ αὐτῆς.

℣. 5. In Græco non *semita*, sed κρίματα, *judicia.*

℣. 9. Concinit Gr. nisi quòd extremò hab. ἢ τιμὴν ἑαυτῷ περιτιθεὶς, καὶ προσδεόμενος ἄρτου· ad litt. *quàm honorem sibimet circumponens, & egens pane.*

℣. 10. Ita Græcè ad verbum.

℣. 11. Eadem exhibent extra textum alii duo Mss. S. Germ. n. 4. & 14. exceptis his duobus, *moderationibus*,

VULGATA NOVA.

monitionibus relinquit contumeliam.

12. Desiderium impii munimentum est pessimorum: radix autem justorum proficiet.

13. Propter peccata labiorum ruina proximat malo: effugiet autem justus de angustia.

14. De fructu oris sui unusquisque replebitur bonis, & juxta opera manuum suarum retribuetur ei.

15. Via stulti recta in oculis ejus: qui autem sapiens est, audit consilia.

16. Fatuus statim indicat iram suam: qui autem dissimulat injuriam, callidus est.

VERSIO ANTIQUA.

suis monitionibus relinquet contumeliam.

13. Per delicta labiorum incidit in laqueum peccator..... *Hieron. l. 3. cont. Rufin. p. 472.*

15. Viæ insipientium rectæ coram ipsis: exaudit autem consilia sapiens. *Lucif. Cal. l. 1. pro S. Athan. 192. f.*

16. Imprudens eadem die enunciat iram suam; abscondit autem inhonorationem suam astutus. *Cypr. l. 3. Testim. p. 306.*

VULGATA NOVA.

17. Qui quod novit loquitur, index justitiæ est: qui autem mentitur, testis est fraudulentus.

18. Est qui promittit, & quasi gladio pungitur conscientiæ: lingua autem sapientium sanitas est.

19. Labium veritatis firmum erit in perpetuum: qui autem testis est repentinus, concinnat linguam mendacii.

20. Dolus in corde cogitantium mala: qui autem pacis ineunt consilia, sequitur eos gaudium.

VULGATA NOVA.

21. Non contristabit justum quidquid ei acciderit: impii autem replebuntur malo.

22. Abominatio est Domino labia mendacia: qui autem fideliter agunt, placent ei.

VERSIO ANTIQUA.

21. Justo nihil placet iniquum.... *Aug. l. 2. cont. ep. Parmen. to. 9. col. 53. d.*

22. [a] Abominatio est Domino labia mendacia.... *[a] Cypr. l. 3. Testim. p. 327. c.*

VULGATA NOVA.

23. Homo versutus celat scientiam: & cor insipientium provocat stultitiam.

24. Manus fortium dominabitur: quæ autem remissa est, tributis serviet.

25. Mœror in corde viri humiliabit illum, & sermone bono lætificabitur.

26. Qui negligit damnum propter amicum, justus est: iter autem impiorum decipiet eos.

VULGATA NOVA.

27. Non inveniet fraudulentus lucrum: & substantia hominis erit auri pretium.

28. In semita justitiæ, vita: iter autem devium ducit ad mortem.

VERSIO ANTIQUA.

27..... possessio pretiosa vir mundus. *Ambr. in Ps. 61. p. 963. b.*

NOTÆ AD VERSIONEM ANTIQUAM.

pro *demorat.* & *relinquit.* In Gr. Ὃς ἐστιν ἡδὺς ἐν εἶναι ἀπαιτεῖσθαι, ἐν τοῖς ἑαυτοῦ ὀχυρώμασι καταλείψει ἀτιμίαν· quæ absunt à textu Hebraïco.

℣. 13. Gr. Varic. initio hab. Δι' ἁμαρτίαν, *Propter peccatum;* Mf. verò Alex. Δι' ἁμαρτίας; item inf. num. plur. εἰς παγίδας, *in laqueos.*

℣. 15. Ad verbum è Gr. Apud Hieron. l. 3. cont. Rufin. col. 472. *Itinera stultorum recta in conspectu suo.*

℣. 16. Græcum ultimò hab. ἀνὴρ πανοῦργος, *vir astutus;* cæt. ut in Lat. sup. à Mf. tamen Alex. abest ἀνήρ. Ap. Hieron. l. 3. contra Rufin. p. 472. *Stultus eadem die ostendit iram suam.*

℣. 21. Gr. Οὐκ ἀρέσει τῷ δικαίῳ οὐδὲν ἄδικον.

℣. 22. Eodem modo legit Hieron. l. 3. cont. Rufin. to. 4. 472. A Græco abest medium *est.*

℣. 27. Itidem Græcè.

CAPUT XIII.

VULGATA NOVA.

1. Filius sapiens, doctrina patris: qui autem illusor est, non audit cùm arguitur.

2. De fructu oris sui homo satiabitur bonis: anima autem prævaricatorum iniqua.

VULGATA NOVA.

3. Qui custodit os suum, custodit animam suam: qui autem inconsideratus est ad loquendum, sentiet mala.

VERSIO ANTIQUA.

3. Qui custodit os suum, servat animam suam: & qui temerarius est labiis, terrebit se ipsum. *Hieron. l. 3. cont. Rufin. to. 4. p. 2. col. 472.*

VULGATA NOVA.

4. Vult & non vult piger: anima autem operantium impinguabitur.

5. Verbum mendax justus detestabitur: impius autem confundit, & confundetur.

6. Justitia custodit innocentis viam: impietas autem peccatorem supplantat.

VULGATA NOVA.

7. Est quasi dives, cùm nihil habeat: & est quasi pauper, cùm in multis divitiis sit.

8. Redemptio animæ viri, divitiæ suæ: qui autem pauper est, increpationem non sustinet.

VERSIO ANTIQUA.

7. Sunt qui se divites ferunt, nihil habentes; & sunt qui se humiliant in multis divitiis. *Cassian. coll. 24. c. 13. p. 869. f.*

8. Redemptio animæ viri, propriæ divitiæ: pauper autem non sustinet comminationem. *Hieron. epist. ad Eustoch. to. 4. p. 2. col. 43. c. & in Amos 2. t. 3. 1383.*

NOTÆ AD VERSIONEM ANTIQUAM.

℣. 3. Vix meliùs è Græco.

℣. 7. Similiter in Græco. Item apud August. serm. 36. to. 5. 175. d. *Sunt qui se divites affectant, nihil habentes; & sunt qui se humiliant, cùm sint divites.*

℣. 8. Priorem sententiam rursum citat Hieron. in Ecclef. to. 2. 767. c. & in Isai. 10. 58. & 60. to. 3. 90. c. 429. f. 450. a. & l. 3. cont. Pelag. to. 4. 542. f. Ita quoque refert Cassian. coll. 3. c. 9. p. 361. Item in Capitular. Baluz. to. 2. p. 586. *Redemptio animæ viri, propriæ divitiæ ejus.* In Gr. Λύτρον ἀνδρὸς ψυχῆς, ὁ ἴδιος πλοῦτος· πτωχὸς δὲ οὐχ ὑφίσταται ἀπειλήν. Aq. Symm. & Theod. ἐπιτίμησιν. Apud Ambrof. l. de Elia, c. 20. col. 559. c. *Redemptio viri,*

VERSIO ANTIQUA.

Ambr. in Psal. 118. p. 1215. a. 9. Lux semper est justis.....

Ex LXX. Animæ dolosæ errant in peccatis: justi autem misericordes sunt, & miserantur.

Lucif. Cal. l. 1. pro S. Athan. p. 192. f. 10. Malus cum contumelia agit mala.....

VULGATA NOVA.

9. Lux justorum lætificat: lucerna autem impiorum exstinguetur.

10. Inter superbos semper jurgia sunt: qui autem agunt omnia cum consilio, reguntur sapientiâ.

VULGATA NOVA.

11. Substantia festinata minuetur: quæ autem paulatim colligitur manu, multiplicabitur.

12. Spes, quæ differtur, affligit animam: lignum vitæ desiderium veniens.

VERSIO ANTIQUA.

13.....

Ex Mss. S. Germ. n. 4. 14. 15. Filio doloso nihil erit boni: servo autem sapienti prosperi erunt actus, & dirigentur viæ ejus.

Lucif. l. 1. pro S. Athan. p. 192. f. 14. Lex sapienti fons est vitæ: stultus autem laqueo morietur.

Ambr. in Ps. 118. p. 1180. b. 15. Intellectus autem bonus dat gratiam.....

Hieron. l. 3. cont. Ruf. p. 472. 16..... & insipiens expandit malitiam suam.

Lucif. l. 1. pro S. Athan. p. 193. f. 17. Rex audax incidet in mala.....

Auct. quæst. V. Test. ap. Aug. to. 3. 53. a. 18. Paupertatem, & ignobilitatem aufert disciplina.....

VULGATA NOVA.

13. Qui detrahit alicui rei, ipse se in futurum obligat: qui autem timet præceptum, in pace versabitur.

Animæ dolosæ errant in peccatis: justi autem misericordes sunt, & miserantur.

14. Lex sapientis fons vitæ, ut declinet à ruina mortis.

15. Doctrina bona dabit gratiam: in itinere contemptorum vorago.

16. Astutus omnia agit cum consilio: qui autem fatuus est, aperit stultitiam.

17. Nuncius impii cadet in malum: legatus autem fidelis, sanitas.

18. Egestas, & ignominia ei, qui deserit disciplinam: qui autem acquiescit arguenti, glorificabitur.

VULGATA NOVA.

19. Desiderium si compleatur, delectat animam: detestantur stulti eos, qui fugiunt mala.

20. Qui cum sapientibus graditur, sapiens erit: amicus stultorum similis efficietur.

21. Peccatores persequitur malum: & justis retribuentur bona.

VERSIO ANTIQUA.

Aug. ep. 185. p. 658. c. 22..... thesaurizantur autem justis divitiæ impiorum.

Hieron. in Zach. 8. to. 3. 1745. d. 24. Qui parcit baculo suo, odit filium suum: qui autem diligenter corripit, diligit.

Idem in Amos 8. to. 3. 1444. e. 25. Justus comedens, saturat animam suam: animæ autem impiorum esurient.

VULGATA NOVA.

22. Bonus relinquit hæredes filios, & nepotes: & custoditur justo substantia peccatoris.

23. Multi cibi in novalibus patrum: & aliis congregantur absque judicio.

24. Qui parcit virgæ, odit filium suum: qui autem diligit illum, instanter erudit. *Inf. 23. 13.*

25. Justus comedit, & replet animam suam: venter autem impiorum insaturabilis.

NOTÆ AD VERSIONEM ANTIQUAM.

divitiæ ejus: & in Ps. 37. col. 825. e. *Divitiæ viri, redemptio animæ ejus*: at in Ps. 36. col. 788. f. & epist. 63. to. 2. 1044. d. *Redemptio animæ viri, divitiæ ejus*. Similiter hab. August. ser. 36. to. 5. 178. c. sed addit: *pauper autem non suffert minas*. Schol. ὁ φέρει ἀπειλήν.

℣. 9. Consonat Græc. ad verbum. Posteriores verò sententiæ 2. allatæ sup. nempe, *Animæ dolosæ*, &c. *Justi autem*, &c. illæ ipsæ leguntur inf. in Vulg. ad ℣. 13. quò advectæ sunt ex Edit. LXX. imo etiamnum in ipsis LXX. non ad ℣. 13. sed ad præsentem ℣. 9. pertinent; quò etiam illas referre non dubitamus. Harum autem sententiarum ne verbum quidem exstat in textu Hebraïco.

℣. 10. Similiter habet Hieron. l. 3. contra Rufin. col. 472. unà cum Græco.

℣. 13. Mss. tres supradicti verba subnexa exhibent in ora inferiori. Ms. verò S. Theod. ad Remos eadem refert intra textum, his tantùm mutatis, *filio dolosi*, ultimòque *dirigetur via ejus*. Hæc autem omnia non leguntur hîc in Vulgata; sed eorum loco posita sunt ista: *Animæ dolosæ errant*, &c. quæ retulimus supra ad ℣. 9. Ista autem, *Filio doloso*, &c. leguntur infra in ead. Vulg. cap. 14. ℣. 15. At eorumdem quidquam in fonte Hebraïco frustra quæsiveris. In Græco habentur ut supra, exceptis his ult. num. sing. κατευθυνθήσεται ἡ ὁδὸς αὐτῦ, ut in Vulg.

℣. 14. Ita Gr. habet, præter genitiv. σοφῦ, *sapientis*, absque seq. *est*: voci autem *laqueo*, id præponitur, ὑπὸ, *sub*.

℣. 15. Græcè deest *autem*.

℣℣. 16. 17. 18. Totidem pene verba in Græco.

℣. 22. Ad verbum è Græco.

℣. 24. A Græco abest pronomen *suo*: verbum autem *diligit*, ponitur post hoc, *qui autem*; cæt. quadrant. Cyprian. l. 3. Testim. p. 327. c. legit: *Qui parcit baculo, odit filium*. Ambros. verò epist. 37. to. 2. 940. b. *Qui parcit baculo suo, odit filium suum*, ut sup. & in Ps. 118. col. 1195. b. *Qui parcit baculo, odit filium suum: castigat autem Dominus quem diligit*: rursus in Luc. 10. col. 1425. a. *Qui parcit baculo, odit filium suum*. Similiter August. epist. 185. ad Bonif. to. 2. 652. b. cum Auct. op. imp. in Matth. hom. 51. p. 216. b. In Ms. Floriac. n. 10. ita: *Qui parcit baculo, odit filium suum: nam qui diligit, diligenter erudit; non lætatur in filio non erudito*.

℣. 25. Concordant omnia cum Græco, præter ult. *esurient*, pro quo ἐνδεεῖς, *egena*.

CAPUT XIV.

VERSIO ANTIQUA.

Ambr. ap. S. Paulin. ep. 1. to. 2. p. 3. 1. MUlieres sapientes ædificaverunt sibi domos.....

VULGATA NOVA.

1. SApiens mulier ædificat domum suam: insipiens exstructam quoque manibus destruet.

NOTÆ AD VERSIONEM ANTIQUAM.

℣. 1. Græcum delet *sibi*.

VULGATA NOVA.

2. Ambulans recto itinere, & timens Deum,
despicitur ab eo, qui infami graditur via. Job 12. 4.
3. In ore stulti virga superbiæ: labia autem
sapientium custodiunt eos.
4. Ubi non sunt boves, præsepe vacuum est:
ubi autem plurimæ segetes, ibi manifesta est fortitudo bovis.
5. Testis fidelis non mentitur: profert autem
mendacium dolosus testis.
6. Quærit derisor sapientiam, & non invenit: doctrina prudentium facilis.
7. Vade contra virum stultum, & nescit labia
prudentiæ.

VERSIO ANTIQUA.

3. Ex ore stultorum baculum contumeliæ..... Ambr. l. 3. offic. p. 113. e.
4. Ubi boves non sunt, præsepia munda sunt:
ubi plena sunt præsepia, manifesta est fortitudo
bovis. S. Paulin. ep. 20. p. 112. a. & ep. 32. p. 214. b. Hieron. in Abd. 3. p. 1640. b.
6. Quæres sapientiam apud malos, & non invenies..... Cassian. coll. 7. c. 18. p. 445.
7..... arma intellectus, labia sapientis. Ambr. ep. 1. p. 758. a.

VULGATA NOVA.

8. Sapientia callidi est intelligere viam suam: &
imprudentia stultorum errans.
9. Stultus illudet peccatum, & inter justos morabitur gratia.
10. Cor quod novit amaritudinem animæ suæ, in
gaudio ejus non miscebitur extraneus.

VULGATA NOVA.

11. Domus impiorum delebitur: tabernacula
verò justorum germinabunt.
12. Est via, quæ videtur homini justa: novissima autem ejus deducunt ad mortem.
13. Risus dolore miscebitur, & extrema
gaudii luctus occupat.
14. Viis suis replebitur stultus, & super eum
erit vir bonus.
15. Innocens credit omni verbo: astutus considerat gressus suos.
Filio doloso nihil erit boni: servo autem sapienti prosperi erunt actus, & dirigetur via ejus.
16. Sapiens timet, & declinat à malo: stultus transilit, & confidit.
17. Impatiens operabitur stultitiam: & vir
versutus odiosus est.

VERSIO ANTIQUA.

11. Domus justorum permanent: & tabernacula eorum, qui rectè agunt, stabunt. Hieron. in Zach. 14. to. 3. 1802. a.
12. Est via, quæ videtur recta esse apud homines: & novissima ejus veniunt in profundum
inferni. Idem l. 1. adv. Pelag. to. 4. p. 2. col. 509. c.
14. Suis itineribus saturabitur temerarius..... Hieron. l. 3. cont. Rufin. p. 472.
15. Innocens credit omni verbo..... Ambr. l. 3. offic. p. 125. a.
16. Sapiens timendo declinabit à malo: insipiens autem miscetur confidens iniquo. Lucif. Cal. l. 1. pro S. Athan. 192. f.
17. Vir iracundus agit sine consilio..... Cassian. l. 8. c. 1. p. 187.

VULGATA NOVA.

18. Possidebunt parvuli stultitiam, & exspectabunt astuti scientiam:
19. Jacebunt mali ante bonos: & impii ante portas justorum.
20. Etiam proximo suo pauper odiosus erit: amici verò divitum multi.
21. Qui despicit proximum suum, peccat: qui
autem miseretur pauperis, beatus erit.
Qui credit in Domino, misericordiam diligit.
22. Errant qui operantur malum: misericordia &
veritas præparant bona.

VULGATA NOVA.

23. In omni opere erit abundantia: ubi autem verba sunt plurima, ibi frequenter egestas.
24. Corona sapientium, divitiæ eorum: fatuitas stultorum, imprudentia.
25. Liberat animas testis fidelis: & profert
mendacia versipellis.

VERSIO ANTIQUA.

23. In omni sollicito inest amplius: nam qui suavis, & sine dolore est, in egestate erit. Cassian. coll. 9. c. 6. p. 434. b.
25. Liberat de malis animam martyr fidelis..... Cypr. l. 3. Test. p. 309. b.

NOTÆ AD VERSIONEM ANTIQUAM.

℣. 3. Hieron. contra Rufin. *In ore stulti baculus contumelia.* Græcè verò ut sup. in textu, excepto plurali βακτηρίαι, *baculi*; Theodot. ῥάβδον.

℣. 4. Prima sententia ex S. Paulino, similiter habetur Græcè, detracto ult. *sunt*: posterior verò ex Hieron. paulùm differt; ita nempe sequitur in Gr. οὗ δὲ πολλὰ γεννήματα, φανερὰ βοὸς ἰσχύς: i. e. *ubi autem multa genimina, manifesta bovis virtus.* Multò plura huc referre videtur Hieron. loco sup. cit. ita enim scribit: *Pecora & boves, de quibus & Salomon loquitur in Proverbiis: Adhibe curam his qua in campo sunt regionibus: & attende herbas, & congrega fœnum, ut habeas oves ad vescendum. Boves quoque non erunt in præsepibus, quia ubi plena sunt præsepia, manifesta est fortitudo bovis.* A quo verò Interprete hæc tota mutuatus fuerit Hieron. me fugit.

℣. 6. Ita legit Hieron. l. 3. adv. Rufin. col. 472. unà cum Græco.

℣. 7. Idem Ambros. epist. 37. col. 940. f. leg. *labia sapientiæ*, non *sapientis*: Græcum, χείλη σοφά, *labia sapientia.*

℣. 11. Græcum initio sic habet: Οἰκίαι ἀσεβῶν ἀφανισθήσονται, *Domus impiorum delebuntur*, non verò, *Domus just. permanent*: sequentia quadrant.

℣. 12. Similiter habet Auct. l. de sing. cleric. ap. Cypr. p. 529. a. *Est via, quæ videtur apud homines recta esse: novissima autem ejus veniunt in prof. inferorum.* Ita quoque in Gr. Eadem repetuntur inf. c. 16. ℣. 25. quem vide.

℣. 14. In Gr. Τῶν ἑαυτοῦ ὁδῶν πλησθήσεται θρασυκάρδιος, &c.

℣. 15. Ita rursum Ambrosf. l. 3. de fide, to. 2. 519. e. In Gr. ἄκακος, pro *innocens*: non adduntur autem ibi verba sequentia, *Filio doloso*, &c. quæ leguntur in Vulg. sed sup. c. 13. ℣. 13.

℣. 16. In Gr. ἐξέκλινε, *declinavit*; ultimòque, ἑαυτῷ πεποιθὼς μίγνυται ἀνόμῳ, *sibi fidens miscetur iniquo.* Hieron. l. 3. cont. Rufin. col. 472. ita legit: *Sapiens timendo declinat malum: stultus confidens miscetur ei.* Auct. l. de sing. cleric. apud Cypr. p. 521. b. *Sapiens timendo declinabit ab omni malo: insipiens autem confidens sui miscetur impio.*

℣. 17. Hanc sententiam nonnihil hæsitans huc retuli. Græcè enim ita sequitur: Ὀξύθυμος πράσσει μετὰ ἀβουλίας, *Impatiens agit cum temeritate*: vide inf. ad versum 18. cap. 15.

℣. 23. Posterior sententia rursus habetur apud Cassian. coll. 24. c. 26. p. 882. utrique autem Græcum favet.

℣. 25. Ad verbum è Græco, præter unum *liberat*, pro

VERSIO ANTIQUA.

Vigil. Tapf. l. cont. Varim. p. 746. f. 26. In timore Dei spiritus fortitudinis; & in viis ejus pax, & vita æterna.

Aug. l. 1. cont. ep. Parm. to. 9. 25. a. 28. In lata gente gloria regis: in diminutione autem populi contritio principis.

Hieron. l. 3. cont. Rufin. to. 4. 472. 29. Longanimus vir, multus in prudentia est: pusillanimus, valde imprudens est.

Ambr. ep. 63. p. 1033. d. 30. Mansuetus homo, cordis medicus est: [a] tinea ossium, cor intelligens.

a Hieron. in Isai. 40. p. 363. b. b Lucif. Cal. l. 2. pro S. Ath. 192. f. 31. [b] Qui contumeliam facit pauperi, irritat eum qui fecit illum.....

Cassian. coll. 14. c. 16. p. 648. c. 33. In corde enim bono requiescet sapientia.....

VULGATA NOVA.

26. In timore Domini fiducia fortitudinis, & filiis ejus erit spes.

27. Timor Domini fons vitæ, ut declinent à ruina mortis.

28. In multitudine populi, dignitas regis: & in paucitate plebis ignominia principis.

29. Qui patiens est, multâ gubernatur prudentiâ: qui autem impatiens est, exaltat stultitiam suam.

30. Vita carnium, sanitas cordis: putredo ossium, invidia.

31. Qui calumniatur egentem, exprobrat factori ejus: honorat autem eum, qui miseretur pauperis. *Inf. 17. 5.*

32. In malitia sua expelletur impius: sperat autem justus in morte sua.

33. In corde prudentis requiescit sapientia, & indoctos quosque erudiet.

VULGATA NOVA.

34. Justitia elevat gentem: miseros autem facit populos peccatum.

35. Acceptus est regi minister intelligens: iracundiam ejus inutilis sustinebit.

NOTÆ AD VERSIONEM ANTIQUAM.

℣. 26. Græc. Ἐν φόβῳ Κυρίου ἐλπὶς ἰσχύος· τοῖς δὲ τέκνοις αὐτοῦ καταλείπει ἔρεισμα· i. e. *In timore Domini spes fortitudinis: filiis autem suis relinquet firmamentum*; edit. Ald. addit εἰρήνης, *pacis*.

℣. 28. Sic iterum legit Aug. l. 2. col. 52. præter hoc v. *In latitudine gentis*, pro *In lata gente*. Tichon. reg. 7. p. 65. c. posteriora tantum citat: *in diminutione populi, comminutio principis*. Gr. Ἐν πολλῷ ἔθνει δόξα βασιλέως· ἐν δὲ ἐκλείψει λαοῦ συντριβὴ δυνάστου.

℣. 29. Prior sententia rursus legitur apud Hieron. in ep. ad Galat. to. 4. 304. d. Cuncta Græco quadrant, detracto quo *positum*, *liberabit*. tamen duplici *est*.

℣. 30. Aptè ad Gr. præter ult. *intelligens*, pro quo αἰσθητικὴ, quod Nobil. vertit *sensitiva*. Primam sententiam iterum refert Ambros. in Ps. 1. p. 740. c.

℣. 31. S. Paulin. epist. 34. p. 217. a. *Qui spernit pauperem, exacerbat eum qui fecit illum*. Hieron. l. 3. contra Rufin. col. 472. *Qui calumniatur pauperem, lacessit factorem ejus*. Græc. Ὁ συκοφαντῶν πένητα, παροξύνει τὸν, &c. ut supra.

℣. 33. Gr. Ἐν καρδίᾳ ἀγαθῇ ἀνδρὸς σοφία. In editionibus Ald. & Compl. ἀναπαύσεται σοφία.

CAPUT XV.

VERSIO ANTIQUA.

Cassian. l. 8. c. 1. p. 187. 1. IRa perdit etiam prudentes.....

Hieron. l. 3. cont. Rufin. t. 4. p. 472. 2. Lingua sapientium bona novit, & os stultorum pronuntiat malum.

Cypr. l. 3. Testim. p. 320. a. 3. In omni loco speculantur oculi Dei bonos & malos.

5.....

Ex Ms. S. Germ. n. 15. In abundanti justitiæ virtus maxima est: cogitationes impiorum eradicabuntur.

Ambr. in Ps. 36. p. 810. a. 7. Labia sapientium alligata sunt sensu.

VULGATA NOVA.

1. REsponSio mollis frangit iram: sermo durus suscitat furorem. *Inf. 25. 15.*

2. Lingua sapientium ornat scientiam: os fatuorum ebullit stultitiam.

3. In omni loco oculi Domini contemplantur bonos & malos.

4. Lingua placabilis, lignum vitæ: quæ autem immoderata est, conteret spiritum.

5. Stultus irridet disciplinam patris sui: qui autem custodit increpationes, astutior fiet.

In abundanti justitia virtus maxima est: cogitationes autem impiorum eradicabuntur.

6. Domus justi plurima fortitudo: & in fructibus impii conturbatio.

7. Labia sapientium disseminabunt scientiam: cor stultorum dissimile erit.

VULGATA NOVA.

Inf. 21. 27. Eccli. 34. 21. 8. Victimæ impiorum abominabiles Domino: vota justorum placabilia.

9. Abominatio est Domino via impii: qui sequitur justitiam, diligitur ab eo.

VERSIO ANTIQUA.

Cypr. ep. 62. p. 303. c. 10. Non diligit indisciplinatus castigantem se: qui autem oderunt correptiones, consumentur turpiter.

VULGATA NOVA.

10. Doctrina mala deserenti viam vitæ: qui increpationes odit, morietur.

NOTÆ AD VERSIONEM ANTIQUAM.

℣. 1. Itidem Gregor. M. l. 5. moral. c. 45. p. 175. c. cum Gr. Ambros. in Ps. 36. col. 785. c. 786. a. & l. de Sacram. 383. f. necnon Hieron. l. 2. cont. Pelag. to. 4. 513. f. *Ira perdit etiam sapientes*.

℣. 2. Concinit Gr. nisi quòd extremò hab. ἀναγγελεῖ κακά, *annuntiat mala*.

℣. 3. Ita rursum Cypr. l. de orat. Dom. p. 205. a. cum Fulg. resp. contra Arian. p. 64. & l. 2. ad Trasim. c. 7. p. 97. nec dissimile Græcum est.

℣. 5. Hoc additament. exhibet Ms. S. Germ. 15. in ora inferiori: exstat etiam in Germ. n. 4. & 14. sed intra textum: abest verò à textu Hebraico; nec transiit in Vulgatam, nisi ex Edit. LXX. ubi sic: Ἐν πλεοναζούσῃ δικαιοσύνῃ ἰσχὺς πολλή· οἱ δὲ ἀσεβεῖς ὁλόῤῥιζοι ἐκ γῆς ἀπολοῦνται· *In abundanti justitia fortitudo multa: impii autem radicitus de terra peribunt*.

℣. 7. Idem Ambros. in Ps. 38. col. 844. b. *Labia sapientis alligata sunt intellectu*: at epist. 2. col. 756. a. ait: *Labia tua alligata sint sensu*. Gr. textui favet.

℣. 10. Prior sententia pertinere videtur ad vers. 12.

VULGATA NOVA.	VERSIO ANTIQUA.	
11. Infernus, & perditio coram Domino : quantò magis corda filiorum hominum?		
12. Non amat pestilens eum, qui se corripit: nec ad sapientes graditur.	12. Non diligit indisciplinatus arguentes se ; cum sapientibus autem non loquitur.	Ms. Floriac. n. 10.

VULGATA NOVA.

Inf. 16. 24. & 17. 22. 13. Cor gaudens exhilarat faciem : in mœrore animi dejicitur spiritus.
14. Cor sapientis quærit doctrinam : & os stultorum pascitur imperitiâ.
15. Omnes dies pauperis, mali : secura mens quasi juge convivium.

VULGATA NOVA.	VERSIO ANTIQUA.	
16. Melius est parum cum timore Domini, quàm thesauri magni & insatiabiles.	16. Melius est exiguum cum Dei timore, quàm thesauri magni sine timore.	Ambr. ep. 2. p. 757. a.
17. Melius est vocari ad olera cum charitate, quàm ad vitulum saginatum cum odio.	17. Melior est hospitalitas cum oleribus ad amicitiam & gratiam, quàm si vitulos occidas ad præsepia cum inimicitiis.	Idem l. 1. de Abr. c. 5. p. 295. c. & l. 2. offic. p. 96. b.
18. Vir iracundus provocat rixas : qui patiens est, mitigat suscitatas.	18. Homo animosus parat lites : & vir iracundus exaggerat peccata.	Firmil. ep. ad Cypr. ap. ipsum, p. 150. b.
19. Iter pigrorum quasi sepes spinarum : via justorum absque offendiculo.	19. Viæ enim nihil operantium stratæ sunt spinis : fortium verò tritæ sunt.	Cassian. coll. 24. c. 24. p. 879. f. 880. a.

VULGATA NOVA.

20. Filius sapiens lætificat patrem : & stultus homo despicit matrem suam.
21. Stultitia gaudium stulto : & vir prudens dirigit gressus suos.
22. Dissipantur cogitationes ubi non est consilium : ubi verò sunt plures consiliarii, confirmantur.
23. Lætatur homo in sententia oris sui : & sermo opportunus est optimus.
24. Semita vitæ super eruditum, ut declinet de inferno novissimo.
25. Domum superborum demolietur Dominus : & firmos faciet terminos viduæ.
26. Abominatio Domini cogitationes malæ : & purus sermo pulcherrimus firmabitur ab eo.

VULGATA NOVA.	VERSIO ANTIQUA.	
27. Conturbat domum suam qui sectatur avaritiam : qui autem odit munera, vivet.	27.....	
(Inf. 16. 6.) Per misericordiam & fidem purgantur peccata : per timorem autem Domini declinat omnis à malo.	Per misericordias & fidem purgantur peccata : timor autem Domini declinat omnes à malo.	Ex Ms. S. Germ. n. 15.
28. Mens justi meditatur obedientiam : os impiorum redundat malis.	28..... Acceptæ apud Dominum viæ justorum : & per ipsos etiam inimici amici fiunt.	
29. Longè est Dominus ab impiis : & orationes justorum exaudiet.	29. Longè est Dominus ab impiis.....	Hieron. l. 1. in ep. ad Ephes. to. 4, col. 344. b.
30. Lux oculorum lætificat animam : fama bona impinguat ossa.	30. [a] Cor viri cogitet justa, ut à Domino dirigantur gressus ejus..... [b] impinguant ossa sermones boni.	[a] Cypr. de zelo & liv. p. 261. b. [b] S. Paulin. ep. 1. p. 1.
31. Auris, quæ audit increpationes vitæ, in medio sapientium commorabitur.		
32. Qui abjicit disciplinam, despicit animam suam : qui autem acquiescit increpationibus, possessor est cordis.	32. Qui repellit disciplinam, odit semetipsum : nam qui servat objurgationem, acquiret.	Ms. Floriac. n. 19.

NOTÆ AD VERSIONEM ANTIQUAM.

inf. ita enim in Græco est : Παιδεία ἀκάκων γνωρίζεται ὑπὸ τῶν παριόντων· οἱ δὲ μισοῦντες ἐλέγχους, τελευτῶσιν αἰσχρῶς. i. e. *Disciplina innocentis cognoscitur à prætereuntibus : qui autem oderunt correptiones, morientur turpiter.*

℣. 12. Itidem Græcè, exceptis his fut. duobus, Οὐκ ἀγαπήσει..... οὐχ ὁμιλήσει.

℣. 16. Consonat Græc. nisi id excipiatur, μικρὰ μερίς, *parva pars*, loco *exiguum* ; ut & Κυρίου, loco *Dei*. Cæsar. Arelat. hom. 29. *Melior est exigua portio cum timore Domini, quàm thesauri magni sine timore ejus.*

℣. 17. Ita in Gr. præter ult. *quàm si vitulos*, &c. pro quibus simpliciter : ἢ παράθεσις μόσχων μετὰ ἔχθρας, *quàm appositio vitulorum cum inimicitia.* Theodot. ὑπὲρ βοῦν σιτευτόν, *super bovem saginatum*, &c. Vide etiam Ambros. l. de Tob. c. 5. col. 597. c.

℣. 18. Cassian. l. 8. c. 1. p. 187. c. *Vir animosus parit rixas : vir autem iracundus effodit peccata.* Ciaconius tamen censet Cassianum ex duobus Proverbiorum locis unum hoc Testimonium conflasse, & priorem partem ex capite 15. posteriorem verò ex cap. 29. ℣. 22. sumpsisse : videndus ipse in suis notis. Ita Gazæus in hunc locum. Idem quoque dicendum de Firmiliano. In Gr. multò plura : Ἀνὴρ θυμώδης παρασκευάζει μάχας· μακρόθυμος δὲ καὶ τὴν μέλλουσαν καταπραΰνει. Μακρόθυμος ἀνὴρ κατασβέσει κρίσεις· ὁ δὲ ἀσεβὴς ἐγείρει μᾶλλον. *Vir animosus parat rixas : longanimis autem & futuram mitigat. Longanimis vir exstinguet judicia : impius autem suscitat magis.* Similiter apud Hieron. l. 3. contra Rufin. p. 472. *Vir animosus parat rixas.*

℣. 19. Similiter in Gr. est. Apud Paulin. verò epist. 28. p. 175. a. *Via pigrorum spinis strata.*

℣. 27. Hæc sententia duplex legitur in Ms. præd. intra textum, non in marg. de more ; in altero verò S. Germ. n. 14. exhibetur in ora inferiori, non tamen eò loci, sed infra post ℣. 5. capitis 16. his tantùm mutatis : *Per misericordiam..... per timorem autem Domini declinat omnis à malo :* nec malè ; nam in Gr. sic : Ἐλεημοσύναις καὶ πίστεσιν ἀποκαθαίρονται ἁμαρτίαι· τῷ δὲ φόβῳ Κυρίου ἐκκλίνει πᾶς ἀπὸ κακοῦ. Item apud Cypr. l. 3. Testim. p. 302. c. *Eleemosynis & fide peccata purgantur.* Apud Cæsar. Arelat. hom. 40. *Eleemosynâ & fide peccata purgantur.* Nihil horum autem habetur in textu Hebraico.

℣. 28. Ita fert Ms. prædictus intra textum : in altero etiam Sangerm. n. 4. eadem leguntur, sed numero singulari : *Accepta apud Dom. via*, &c. Græc. priori favet ad verbum, addito uno ἀνθρώπων, ad vocem *justorum.*

℣. 29. Græcum : Μακρὰν ἀπέχει ὁ Θεὸς ἀπὸ ἀσεβῶν.

℣. 30. Græcè similiter : Καρδία ἀνδρὸς λογιζέσθω δίκαια, ἵνα ὑπὸ τοῦ Θεοῦ διορθωθῇ τὰ διαβήματα αὐτοῦ· & infra : φήμη δὲ ἀγαθὴ πιαίνει ὀστᾶ. Item apud Hieron. in Isai. 58. to. 3. 433. e. & Cassiod. in Ps. 101. p. 338. a. *fama bona impinguat ossa*, ut sup. in Vulg.

℣. 32. Græc. Ὃς ἀπωθεῖται παιδείαν, μισεῖ ἑαυτόν· ὁ δὲ τηρῶν ἐλέγχους, ἀγαπᾷ ψυχὴν αὐτοῦ. S. Valerian. hom. 1. apud Sirm. to. 1. p. 616. c. *Qui spernit disciplinam, odit animam suam.* Ennod. pro Synodo ibid. to. 1. p. 1624. d. sic habet : *Odit se qui negligit studia ;* quod etiam Sirmondus huic loco respondere putat. Vide eis ibid. not. c.

VERSIO ANTIQUA.

Cassian. coll. 14. c. 16. p. 648. c. 33. Timor Domini, disciplina & sapientia est.....

VULGATA NOVA.

33. Timor Domini, disciplina sapientiæ: & gloriam præcedit humilitas.

NOTÆ AD VERSIONEM ANTIQUAM.

℣. 33. Ita Græcè, detracto verbo *est*.

CAPUT XVI.

VULGATA NOVA.

Inf. ℣. 9. 1. HOminis est animam præparare: & Domini gubernare linguam.

2. Omnes viæ hominis patent oculis ejus: spirituum ponderator est Dominus. Inf. 20. 24. & 21. 2.

VERSIO ANTIQUA.

Hieron. l. 3. cont. Pelag. t. 4. 538. c. 3. Devolve super Dominum opera tua, & firmabuntur cogitationes tuæ.

Cassian. coll. 11. c. 5. p. 559. 4. Omnia operatus est Dominus propter semetipsum.....

Hieron. l. 3. cont. Rufin. t. 4. p. 472. 5. Immundus est apud Deum omnis qui exaltat cor suum: manus manui inferens injustè, non erit impunitus.

Lucif. Cal. l. 1. pro S. Ath. p. 192. g. Initium viæ bonæ, facere justa: accepta autem sunt apud Dominum magis, quàm immolare hostias. Cassian. coll. 14. c. 16. p. 648. c. Qui timet Deum, inveniet scientiam cum justitia.....

VULGATA NOVA.

3. Revela Domino opera tua, & dirigentur cogitationes tuæ.

4. Universa propter semetipsum operatus est Dominus; impium quoque ad diem malum.

5. Abominatio Domini est omnis arrogans: etiam si manus ad manum fuerit, non est innocens.

Initium viæ bonæ, facere justitiam: accepta est autem apud Deum magis, quàm immolare hostias.

VULGATA NOVA.

Sup. 15. 27. 6. Misericordiâ & veritate redimitur iniquitas: & in timore Domini declinatur à malo.

7. Cùm placuerint Domino viæ hominis, inimicos quoque ejus convertet ad pacem.

VERSIO ANTIQUA.

Hieron. l. 1. in ep. ad Tit. t. 4. p. 417. a. 8. Melior est modica acceptio cum justitia, quàm multa genimina cum iniquitate.

VULGATA NOVA.

8. Melius est parum cum justitia, quàm multi fructus cum iniquitate.

VULGATA NOVA.

Sup. ℣. 1. 9. Cor hominis disponit viam suam: sed Domini est dirigere gressus ejus.

10. Divinatio in labiis regis, in judicio non errabit os ejus.

11. Pondus & statera judicia Domini sunt: & opera ejus omnes lapides sacculi.

12. Abominabiles regi qui agunt impiè: quoniam justitiâ firmatur solium.

13. Voluntas regum labia justa: qui recta loquitur, diligetur.

14. Indignatio regis, nuncii mortis: & vir sapiens placabit eam.

15. In hilaritate vultus regis, vita: & clementia ejus quasi imber serotinus.

16. Posside sapientiam, quia auro melior est: & acquire prudentiam, quia pretiosior est argento.

VERSIO ANTIQUA.

Ex Ms. S. Germ. n. 15. 17..... Qui excipit disciplinam, in bonis erit: qui autem custodit increpationes, sapiens fiet. Qui custodit vias suas, custodit animam suam: diligens autem vitam, parcet ori suo.

Cassian. coll. 6. c. 17. p. 427. f. 18. Ante contritionem præcedit ruina: & ante ruinam mala cogitatio.

VULGATA NOVA.

17. Semita justorum declinat mala: custos animæ suæ servat viam suam.

18. Contritionem præcedit superbia: & ante ruinam exaltatur spiritus.

VULGATA NOVA.

19. Melius est humiliari cum mitibus, quàm dividere spolia cum superbis.

20. Eruditus in verbo reperiet bona: & qui sperat in Domino, beatus est.

21. Qui sapiens est corde, appellabitur prudens: & qui dulcis eloquio, majora percipiet.

VERSIO ANTIQUA.

Aug. tract. in 1. Joh. to. 3. 869. f. 22. Fons vitæ, consilium possidentibus eum.....

VULGATA NOVA.

22. Fons vitæ, eruditio possidentis: doctrina

NOTÆ AD VERSIONEM ANTIQUAM.

℣℣. 3. 4. Nihil horum reperitur in Ed. Rom. LXX. nec in aliis editt. Græcis: attamen Nobilius Not. in hunc locum, monet in uno codice sub asterisco aliqua superaddi hoc loco, quorum ultima hæc sunt: κύλισον ἐπὶ Κύριον τὰ ἔργα σου, καὶ ἐδρασθήσονται οἱ λογισμοί σου· πάντα τὰ ἔργα εἰργάσατο Κύριος δι' ἑαυτὸν, &c. quæ ipsissima sunt quæ citantur supra ex Hieron. & Cassiano.

℣. 5. Mirè concordant hæc omnia cum Græco, nisi quòd sub finem, loco *Qui timet Deum*, habetur, Ὁ ζητῶν τὸν Κύριον, *Qui quærit Dominum*. Sententia verò intermedia, *Initium viæ bonæ*, &c. usque *ad hostias* incl. addita pariter exhibetur in Mss. S. Germ. n. 14. & 15. in posteriori quidem eò loci in marg. in altero verò, post versum 27. capitis 15. in ora inferiori, absque verbo *sunt*, quod etiam abest à Gr. Sententia autem ista cum seq. non legitur in textu Hebraico. Apud Cassian. l. 12. c. 21. p. 261. ut sup. *Immundus est apud eum omnis qui exaltat cor suum*. Sic etiam apud Gregorium Magnum, l. 34. in Job, c. 23. p. 1140. d.

℣. 8. Eadem rursus habet Hieron. in Eccles. to. 2. 739. a. excepta voce *parva*, pro *modica*. At in Græco tota ista frustra quæsieris, saltem eò loci.

℣. 17. Hæc omnia addita reperiuntur in ora inferiori prædicti Ms. Ita quoque leguntur in Græco, verbum pro verbo. In Ms. etiam Floriac. hæc habentur: *Qui accipit disciplinam, in bonis erit: nam qui custodit increpationem, sapiens fiet*. Item Hieron. l. 3. adversùs Rufin. col. 473. legit: *qui diligit vitam, parcit ori suo*. Græcum addit αὐτοῦ, *suam*, ad *vitam*: absunt autem pene omnia à Vulgata & Hebraico textu.

℣. 18. Eodem modo legit Hieron. l. 3. contra Rufin. col. 473. exceptâ tamen voce *contumelia*, pro *ruina*; Græcè ὕβρις; cæt. ut in Lat. sup.

℣. 22. Græcum: Πηγὴ ζωῆς, ἔννοια τοῖς κεκτημένοις· Fons

VULGATA NOVA.

stultorum, fatuitas.

23. Cor sapientis erudiet os ejus : & labiis ejus addet gratiam.

Sup. 15. 13. 24. Favus mellis, composita verba : dulcedo animæ, sanitas ossium.

Inf. 17. 24. 25. Est via quæ videtur homini recta : & novissima ejus ducunt ad mortem.

26. Anima laborantis laborat sibi, quia compulit eum os suum :

27. Vir impius fodit malum, & in labiis ejus ignis ardescit.

VERSIO ANTIQUA.

23. Sapiens intelligit quæ profert de ore suo : & in labiis suis portabit scientiam. *Hieron. præf. in Isai. to. 3. p. 4.*

24. Favi mellis, sermones boni..... *Ambr. in Ps. 118. p. 1138. a.*

25. Sunt viæ quæ videntur viro rectæ esse : ultima autem earum adspiciunt in profundum inferni. *Ibid. p. 1067. e.*

26. Vir in doloribus laborat sibi, & vim facit perditioni suæ : *Cassian. coll. 7. c. 6. p. 434.*

27. Perversus in ore suo portat perditionem, & in labiis suis ignem condit. *Cypr. ep. 55. p. 89. b.*

VULGATA NOVA.

28. Homo perversus suscitat lites : & verbosus separat principes.

29. Vir iniquus lactat amicum suum : & ducit eum per viam non bonam.

VULGATA NOVA.

30. Qui attonitis oculis cogitat prava, mordens labia sua perficit malum.

31. Corona dignitatis senectus, quæ in viis justitiæ reperietur.

32. Melior est patiens viro forti : & qui dominatur animo suo, expugnatore urbium.

33. Sortes mittuntur in sinum, sed à Domino temperantur.

VERSIO ANTIQUA.

30. Qui obfirmat oculos suos, cogitat perversa, & provocat labiis suis omnia mala..... *Hieron. l. 3. cont. Rufin. t. 4. p. 473.*

32. Melior est vir patiens forti : qui enim iracundiam continet, melior est quàm qui urbem capit. *Cypr. l. 3. Testim. p. 306. b.*

NOTÆ AD VERSIONEM ANTIQUAM.

vita, cogitatio possidentibus.

℣. 23. Græcum : Καρδία σοφοῦ νοήσει τὰ ἀπὸ τοῦ ἰδίου στόματος· ἐπὶ δὲ χείλεσι φορέσει ἐπιγνωμοσύνην. *Cor sapientis cogitabit quæ ab ore proprio : in labiis autem portabit doctrinam.*

℣. 24. Sic iterum Ambros. l. de bon. mort. c. 5. col. 398. f. & epist. 64. col. 1049. d. Item S. Paulin. ep. 11. p. 49. a. necnon Auct. l. de promiss. apud Prosp. p. 2. c. 21. col. 145. c. unà cum Gr.

℣. 25. Ita in Græco. Hieron. in Isai. 26. to. 3. 220. c. *Sunt viæ viri, quæ videntur rectæ : novissima autem earum respiciunt in profundum inferni* : & l. 2. adversùs Pelag. c. 1. to. 4. 511. f. *Sunt viæ quæ videntur viro justæ*, &c. ut sup. S. Paulin. epist. 34. p. 221. b. *Sunt viæ quæ videntur hominibus planæ : novissima autem earum tendunt in infernum.* Cassian. coll. 1. c. 20. p. 320. c. *Sunt viæ quæ videntur rectæ esse viro : novissima autem earum venient in profund. inferni* : similiter coll. 20. c. 9. p. 776. c. nisi quòd habet, *quæ videntur hominibus rectæ* ; paulòque post, *veniunt in profund.* &c. S. Bened. regula, c. 7. *Sunt viæ quæ videntur hominibus rectæ, quarum finis usque ad profundum inferni demergit.* Capitul. Baluz. to. 2. p. 115. a. *Sunt viæ quæ videntur hominibus bonæ, & ducunt ad interitum.* Vide supra c. 14. ℣. 12.

℣. 26. Sic iterum Cassian. coll. 12. c. 5. p. 475. b. c. sicut Hieron. l. 2. contra Pelag. to. 4. 513. a. nisi quòd habet *dolore*, pro *doloribus* : at l. 2. contra Jovin. col. 210. a. legit : *Vir in laboribus laborat sibi, & vim facit in interitum suum.* Græc. Ἀνὴρ ἐν πόνοις πονεῖ ἑαυτῷ, καὶ ἐκβιάζεται τὴν ἀπώλειαν ἑαυτοῦ.

℣. 27. Ita Græcè ; nisi quòd post *perditionem*, hoc interpositum habetur, ἀνὴρ ἄφρων ὀρύσσει ἑαυτῷ κακά, *vir imprudens fodit sibi mala* ; deinde quæ supra, ἐπὶ δὲ τῶν ἑαυτοῦ χειλέων θησαυρίζει πῦρ. Ms. Alex. ὀρύσσει πῦρ.

℣. 30. Similiter in Gr. præter unum ὁρίζει, loco *provocat* ; Nobil. *statuit*, vel *perficit* ; ad litt. *definit, constituit* : legisse videtur Hieron. ὀρίνει, id est, *concitat, commovet*.

℣. 32. Ad verbum è Gr. præter conjunctionem *enim*, pro qua δὲ, *autem*. Ambros. l. 2. de Abr. c. 8. col. 325. b. legit : *Melior est sapiens* (erratum fortè, pro *patiens*) *forti : qui autem iracundiam continet*, &c. ut sup. & l. 1. offic. col. 27. b. *melior est qui iracundiam continet, quàm qui urbem capit.* August. l. de mor. Eccles. to. 1. 703. d. *Melior vir patiens fortissimo* : & in Ps. 7. to. 4. 31. a. *melior est qui vincit iram, quàm qui capit civitatem* : ita rursum hab. in Ps. 111. col. 1249. e. & serm. 315. to. 5. 1267. f. & l. 19. contra Faust. to. 8. 330. a. & l. 1. contra epist. Parmen. to. 9. col. 16. a. Cassianus verò coll. 12. c. 6. p. 577. c. *Melior patiens viro forti : & qui continet iram, capiente urbem.*

CAPUT XVII.

VULGATA NOVA.

1. MElior est buccella sicca cum gaudio, quàm domus plena victimis cum jurgio.

Eccli. 10. 28. 2. Servus sapiens dominabitur filiis stultis, & inter fratres hæreditatem dividet.

3. Sicut igne probatur argentum, & aurum camino : ita corda probat Dominus.

4. Malus obedit linguæ iniquæ, & fallax obtemperat labiis mendacibus.

Sup. 14. 31. 5. Qui despicit pauperem, exprobrat factori ejus : & qui ruinâ lætatur alterius, non erit impunitus.

6. Corona senum filii filiorum : & gloria fi-

VERSIO ANTIQUA.

1. MElior est panis in suavitate cum pace..... *Ambr. l. 2. offic. p. 96. b.*

2. Est servus intelligens qui regat dominos stultos..... *Idem ep. 37. p. 933. e.*

3. Sicut probatur in camino argentum & aurum : sic electa corda apud Dominum. *Auct. l. de xlii. mans. ap. Ambr. p. 15. d.*

4. [a] Malus obaudit linguæ iniquorum : justus autem non intendit labiis mendacibus. *[a] Cypr. ep. 55. & 69. p. 89. b. & 123.*

6..... Ejus qui fidelis est, totus mundus divitiarum ... *Hieron. in Ezech. 45. to. 3. 1039. f.*

NOTÆ AD VERSIONEM ANTIQUAM.

℣. 1. Græcum : Κρεῖσσον ψωμὸς μεθ' ἡδονῆς ἐν εἰρήνῃ. Nobil. *Melior buccella cum voluptate in pace.*

℣. 2. Idem Ambros. l. 2. de Jac. to. 1. 463. b. *Famulus prudens regit dominos stultos.* Gr. Οἰκέτης νοήμων κρατήσει δεσποτῶν ἀφρόνων.

℣. 3. Ita Græcè, verbum è verbo. Apud Cassian. coll. 7. c. 25. p. 452. c. *Sicut probatur argentum & aurum in camino : ita eligit corda Dominus.*

℣. 4. Ad verbum è Græco.

℣. 6. Optimè è Græco. Similiter habet Ambros. l. 2. de Abr. c. 26. col. 328. d. *Ejus qui fidelis sit, totus mundus divitiarum* : at epist. 38. col. 942. a. *Fideli totus mun-*

VERSIO ANTIQUA.

Hieron. ubi sup. rum : illius autem qui infidelis est, neque obolus.

VULGATA NOVA.

liorum patres eorum.

VULGATA NOVA.

7. Non decent stultum verba composita ; nec principem labium mentiens.
8. Gemma gratissima, exspectatio præstolantis : quòcunque se vertit, prudenter intelligit.
9. Qui celat delictum, quærit amicitias : qui altero sermone repetit, separat fœderatos.
10. Plus proficit correptio apud prudentem, quàm centum plagæ apud stultum.
11. Semper jurgia quærit malus : angelus autem crudelis mittetur contra eum.
12. Expedit magis ursæ occurrere raptis fetibus, quàm fatuo confidenti in stultitia sua.
13. Qui reddit mala pro bonis, non recedet ma- *Rom. 12. 17.*
lum de domo ejus. *1. Thess. 5. 15. 1. Pet. 3. 9.*
14. Qui dimittit aquam, caput est jurgiorum : & antequam patiatur contumeliam, judicium deserit.

VERSIO ANTIQUA.

Ambr. l. 1. offic. p. 34. c. 15. Qui justum judicat injustum, injustum verò justum, exsecrabilis apud Deum.
Cassian. coll. 14. c. 16. p. 648. c. 16. Ut quid fuerint divitiæ insipienti? possidere enim sapientiam excors non poterit.
Ex Ms. Sangerm. n. 15. Qui altam facit domum suam, quærit ruinam : & qui devitat discere, incidet in mala.

Ambr. l. de Tob. p. 621. a. 18..... Spondens sponde amico tuo, quemadmodum qui obligat se sponsorem amicorum suorum.

VULGATA NOVA.

15. Qui justificat impium, & qui condem- *Isa. 5. 23.*
nat justum, abominabilis est uterque apud Deum.
16. Quid prodest stulto habere divitias, cùm sapientiam emere non possit?
Qui altam facit domum suam, quærit ruinam : & qui evitat discere, incidet in mala.
17. Omni tempore diligit qui amicus est : & frater in angustiis comprobatur.
18. Stultus homo plaudet manibus, cùm spoponderit pro amico suo.

VULGATA NOVA.

19. Qui meditatur discordias, diligit rixas : & qui exaltat ostium, quærit ruinam.
20. Qui perversi cordis est, non inveniet bonum : & qui vertit linguam, incidet in malum.
21. Natus est stultus in ignominiam suam : sed nec pater in fatuo lætabitur.
Sup. 15. 13. & 16. 24. 22. Animus gaudens ætatem floridam facit : spiritus tristis exsiccat ossa.
23. Munera de sinu impius accipit, ut pervertat semitas judicii.
24. In facie prudentis lucet sapientia : oculi stul- *Eccles. 2. 14. & 8. 1.*
torum in finibus terræ.
25. Ira patris, filius stultus : & dolor matris quæ genuit eum.
26. Non est bonum, damnum inferre justo : nec percutere principem, qui recta judicat.
27. Qui moderatur sermones suos, doctus & pru- *Jac. 1. 19.*
dens est : & pretiosi spiritûs vir eruditus.

VERSIO ANTIQUA.

Hilar. in Psal. 118. p. 272. b. 28. Inintelligendo sapientiam interroganti sapientia deputatur.....

VULGATA NOVA.

28. Stultus quoque si tacuerit, sapiens reputabitur : & si compresserit labia sua, intelligens,

NOTÆ AD VERSIONEM ANTIQUAM.

dus possessio est. August. in Ps. 48. to. 4. 426. c. *Fideli homini mundus totus divitiarum est :* sic etiam l. cont. Adim. to. 8. 141. b. Hieron. ep. ad Paulin. *Credenti totus mundus divitiarum est.* Cassian. coll. 24. c. 26. p. 882. *Fidelis viri totus mundus divitiarum.* Auct. l. de promiss. apud Prosp. p. 2. col. 124. b. *Fideli homini totus mundus divitiarum est : infideli autem nec obolus.*

℣. 15. Ita Græcè, nisi id excipiatur ult. ἀκάθαρτος καὶ βδελυκτὸς παρὰ Θεῷ, *immundus & abominabilis apud Deum.* Lucif. Cal. l. 1. pro S. Athan. p. 192. g. legit : *Qui justum vocat injustum, injustum autem ut justum, abominabilis est apud Deum.* Hieron. in Isai. 5. to. 3. 54. f. *Qui judicat justum injustum, & injustum justum, abominabilis est uterque apud Deum :* similiter in ep. ad Philem. to. 4. 448. c. præter unum *dicit*, pro *judicat*. Parmen. apud August. l. 2. contra ipsum, to. 9. 27. b. *Qui judicat justum injustum, injustum verò justum, exsecrabilis est apud Deum.* Cælestinus PP. epist. 14. to. 1. p. 1142. c. *Abominationi est Deo quisquis vel justum pro injusto, vel pro justo ducit injustum.*

℣. 16. Conveniunt hæc tota cum Gr. nisi id excipias, *& qui devitat discere*, pro quo ὁ δὲ σκολιάζων τοῦ μαθεῖν Nobil. sic vertit, *qui autem tortuosè accedit ad discendum.* Ambros. l. 1. offic. col. 34. c. priora sic memorat : *Ut quid abundant justitiæ imprudenti?* Mss. nonnulli, *pecuniæ imprudenti?* sed in potioribus antiquitate & numero, *justitiæ.* Sententia posterior, quam ex Ms. Sangerm. 15. eruimus, in altero itidem Germ. n. 14. similiter exstat ; apud utrumq. in ora inferiori de more. In Vulgatam autem hod. transiit è Versione LXX. cùm à fonte Hebraïco prorsus absit ; sicut & aliæ plurimæ id genus. In Cod. 14. legitur *incidit*, sicut in alio n. 4. intra textum ; in Græco, ἐμπεσεῖται, ut supra.

℣. 18. Hic Ambros. citat Proverbia Salomonis. In Gr. sic : Ἀνὴρ ἄφρων ἐπικροτεῖ καὶ ἐπιχαίρει ἑαυτῷ, ὡς καὶ ὁ ἐγγυώμενος ἐγγύῃ τῶν ἑαυτοῦ φίλων. *Vir imprudens plaudit & congaudet sibi, cùm etiam spondens spoponderit suos ipsius amicos.*

℣. 28. Mss. plures Hilarii ferunt *intelligendo*, sed mendosè ; meliùs Miciac. *inintelligendo*, *quo sensu*, inquit Hilar. *id ostendi videtur, quòd qui non intelligat, & sapienter interroget, sapere credatur.* Cassian. coll. 4. c. 9. p. 377. *Insipienti interroganti sapientia reputabitur :* quibus Gr. favet, nisi quòd addit σοφίαν verbo *interroganti :* at in Ms. Alex. ac edit. Compl. deest.

CAPUT XVIII.

VERSIO ANTIQUA.

Cassian. coll. 14. c. 17. p. 649. 2. Non opus est sapientiâ, ubi deest sensus : magis enim ducitur insipientiâ.

VULGATA NOVA.

1. Occasiones quærit qui vult recedere ab amico : omni tempore erit exprobrabilis.
2. Non recipit stultus verba prudentiæ : nisi ea dixeris quæ versantur in corde ejus.

NOTÆ AD VERSIONEM ANTIQUAM.

℣. 2. Græcum : Οὐ χρείαν ἔχει σοφίας ἐνδεὴς φρενῶν, &c. ut in Lat. i. e. *Non opus habet sapientiâ is qui indiget corde,*

VULGATA NOVA.	VERSIO ANTIQUA.	
3. Impius, cùm in profundum venerit peccatorum, contemnit: sed sequitur eum ignominia & opprobrium.	3. Cùm venerit impius in profundum malorum, contemnit.....	*Auct. op. imp. in Matth. hom.* 41. *p.* 171. *d.*
Inf. 20. 5. 4. Aqua profunda verba ex ore viri: & torrens redundans fons sapientiæ.	4. Aqua alta verbum in corde viri.....	*Ambr. in Ps.* 45. *p.* 927. *e.*
5. Accipere personam impii non est bonum, ut declines à veritate judicii.	5. Mirari personam impii non est bonum, neque sanctum declinare justum in judicio.	*Lucif. Cal. l.* 1. *pro S. Ath.* 192. *g.*
6. Labia stulti miscent se rixis: & os ejus jurgia provocat.	6. Labia stulti ducunt eum in mala: & os audax mortem invocat.	*Hieron. l.* 3. *cont. Rufin. p.* 473.
7. Os stulti contritio ejus: & labia ipsius, ruina animæ ejus.		
8. Verba bilinguis, quasi simplicia: & ipsa perveniunt usque ad interiora ventris.	8. Verba adulatorum, mollia: novissima autem eorum perveniunt in intima ventris.	*Cassiod. in Ps.* 40. *p.* 477. *b.*
Pigrum dejicit timor: animæ autem effeminatorum esurient.	Pigrum dejicit timor: animæ autem effeminatorum esurient.	*Ex Ms. Sangerm. n.* 15.

VULGATA NOVA.

9. Qui mollis & dissolutus est in opere suo, frater est sua opera dissipantis.

10. Turris fortissima, nomen Domini: ad ipsum currit justus, & exaltabitur.

11. Substantia divitis urbs roboris ejus, & quasi murus validus circumdans eum.

VULGATA NOVA.	VERSIO ANTIQUA.	
Sap. 11. 2. 12. Antequam conteratur, exaltatur cor hominis: & antequam glorificetur, humiliatur.	12. Ante contritionem elevatur cor viri: & ante gloriam humiliatur.	*Hieron. in Isai.* 13. *to.* 3. 152. *a.*

VULGATA NOVA.

Eccli. 10. 15. *Eccli.* 11. 8. 13. Qui priùs respondet quàm audiat, stultum se esse demonstrat, & confusione dignum.

14. Spiritus viri sustentat imbecillitatem suam: spiritum verò ad irascendum facilem quis poterit sustinere?

15. Cor prudens possidebit scientiam: & auris sapientium quærit doctrinam.

16. Donum hominis dilatat viam ejus, & ante principes spatium ei facit.

VULGATA NOVA.	VERSIO ANTIQUA.	
17. Justus, prior est accusator sui: venit amicus ejus, & investigabit eum.	17. Justus in principio sermonis sui ipse sibi accusator est.....	*Hilar. in Ps.* 135. *p.* 411. *c.*
18. Contradictiones comprimit sors, & inter potentes quoque dijudicat.	18. Contradictiones sedat sortitio, & inter potentes definit.	*Aug. ep.* 228. *to.* 2. 835. *a.*
19. Frater, qui adjuvatur à fratre, quasi civitas firma: & judicia quasi vectes urbium.	19. Frater fratrem adjuvans, exaltabitur sicut civitas magna.....	*S. Paulin. ep.* 12. *p.* 67. *b.*
20. De fructu oris viri replebitur venter ejus: & genimina labiorum ipsius saturabunt eum.	20. Ex fructu oris sui vir implevit ventrem suum: fructibus autem labiorum suorum satiabitur.	*Ambr. in Luc.* 20. *p.* 1510. *e.*
21. Mors, & vita in manu linguæ: qui diligunt eam, comedent fructus ejus.	21. Mors, & vita in manibus linguæ.....	*Lucif. Cal. l.* 1. *pro S. Athan. p.* 191. *b.*
22. Qui invenit mulierem bonam, invenit bonum: & hauriet jucunditatem à Domino.	22.....	
Qui expellit mulierem bonam, expellit bonum: qui autem tenet adulteram, stultus est & impius.	Qui expellit mulierem bonam, expellit bonum: qui autem continet adulteram, stultus est & impius.	*Ex Ms. Sangerm. n.* 15.

NOTÆ AD VERSIONEM ANTIQUAM.

℣. 3. Itidem Græcè. Hieron. in Ezech. 18. to. 3. 817. f. *Impius, cùm in profundum malorum venerit, contemnit:* & sup. in cap. 16. col. 797. d. *Peccator, cùm venerit in profundum iniquitatis, contemnit.* August. in Job, to. 3. 668. c. loquens de *profundo malorum*, subdit: *quò cùm venerit peccator, contemnet:* & in Ps. 113. to. 4. 1264. f. *Peccator, dum venerit in profundum malorum, contemnet.* Fulg. epist. 7. p. 190. *Peccator, cùm in profundum malorum venerit, contemnit.*

℣. 4. Similiter in Gr. Vide infra, c. 20. ℣. 5.

℣. 5. Concordat Græc. ad verbum.

℣. 6. Similiter in Græco, additâ voculâ *αὐτοῦ*, ad *os*.

℣. 8. Prior sententia ex Cassiodoro prolata, non legitur in Gr. Posterior exstat in Vulg. hod. sed è LXX. in ipsam transiisse manifestum est, cùm absit à textu Hebraico. In Græco hodie legitur ad verbum, præter 1. *ὀκνηρὸς*, *pigros*, num. plurali. Porro hæc sententia addita reperitur in margine Mss. S. Germ. n. 4. & 15. & in alio Germ. n. 14. sed intra textum.

℣. 12. Ita Græcè ad verbum. Idem Hieron. in Ezech. 20. to. 3. 840. d. legit: *Ante contritionem exaltabitur cor viri: & ante altitudinem humiliatur.* August. l. 14. de civitate Dei, c. 13. to. 7. 365. g. *Ante ruinam exaltatur cor: & ante gloriam humiliatur.* Ita quoque habet Auct. op. imp. in Matth. hom. 5. col. 49. a. addita voce *hominis*, ad *cor*.

℣. 17. Idem Hilarius in Ps. 135. col. 483. e. *Justus ipse sibi accusator est in primo sermone suo:* & in Ps. 118. col. 266. c. *Justus in exordio sermonis sui ipse sibi accusator est.* Ambros. l. 2. de Cain, c. 7. to. 1. 217. c. *Justus in exordio sermonis accusator est sui:* similiter in Ps. 118. col. 1012. e. 1050. e. 1083. c. & l. 2. de pœnit. to. 2. 428. c. & epist. 51. col. 1000. f. at l. de apol. Dav. to. 1. 691. e. legit *in primordio sermonis:* ita quoque in Luc. 15. col. 1465. d. sed infra in c. 22. col. 1522. f. & in Ps. 35. & 37. col. 769. d. 820. a. habet *in principio sermonis*, &c. cui lectioni favet Hieronymus in Ezech. 16. to. 3. 807. d. & l. 2. contra Pelag. to. 4. 512. c. ut & Paulin. vit. Ambr. apud Ambr. to. 2. xi. a. Auctor etiam quæst. Vet. Test. apud August. to. 3. 51. g. legit: *Justus accusator est sui in primordio sermonis.* Græcum: *Δίκαιος ἑαυτοῦ κατήγορος ἐν πρωτολογίᾳ.*

℣. 18. Cassiod. in Ps. 21. p. 76. a. *Contradictiones cohibet sors, & inter potentes definit.* In Gr. non *sors*, vel *sortitio*, sed *σιγηρὸς*, Nobil. *taciturnus*; in edit. verò Ald. *κλῆρος*.

℣. 19. Cypr. epist. 52. p. 71. b. *Frater fratrem adjuvans exaltabitur.* Ita rursum S. Paulin. epist. 1. p. 6. b. & S. Pacian. epist. 3. p. 313. g. Petrus verò Chrysol. serm. 170. p. 974. e. *Frater, qui adjuvatur à fratre, quasi civitas munita.* Græcum: Ἀδελφὸς ὑπὸ ἀδελφοῦ βοηθούμενος, ὡς πόλις ὀχυρὰ καὶ ὑψηλή, &c. Hormisdas PP. epist. 67. Conc. to. 4. 1525. a. *Frater enim à fratre adjuvatus spiritualiter, murus est inexpugnabilis, & civitas munita.*

℣. 20. Sic est in Græco, exceptis his prioribus, Ἀπὸ καρπῶν στόματος ἀνὴρ πίμπλησι, *De fructibus oris vir implet:* sed in Ms. Alex. Ἀπὸ καρποῦ, ut supra; repetitur etiam ἀπὸ, ante 2. *fructibus*.

℣. 21. Græcum habet ἐν χειρί. Item Hieron. ep. ad Damas. to. 3. 524. e. *In manu linguæ mors, & vita.*

℣. 22. Hæc leguntur in ora inferiori Ms. cod. supra ci-

VULGATA NOVA.

23. Cum obsecrationibus loquetur pauper : & dives effabitur rigidè.

24. Vir amabilis ad societatem, magis amicus erit, quàm frater.

NOTÆ AD VERSIONEM ANTIQUAM.

tati. Ita quoque in altero Sangerm. n. 14. sed intra textum, exceptisque his tribus, *bona... tenet... & insipiens*, loco *bonum... continet... & impius*. In Græco, τὰ ἀγαθὰ... κατέχων... ὁ ἀσεβὴς cætera ut in Lat. sup. Invecta sunt autem hæc tota in Vulgatam ex Edit. LXX. cùm de his nihil prorsus exstet in textu Hebraico.

CAPUT XIX.

VULGATA NOVA.

1. MElior est pauper, qui ambulat in simplicitate sua, quàm dives torquens labia sua, & insipiens.

2. Ubi non est scientia animæ, non est bonum : & qui festinus est pedibus, offendet. *Inf. 21. 16.*

VERSIO ANTIQUA.

Aug. ep. 194. to. 2. 724. c. 3. Insipientia viri violat vias ejus : Deum autem causatur in corde suo.

Lucif. Cal. l. 1. pro S. Athan. p. 192. b. 5. Testis falsus non impunitus erit : & qui accusat iniquè, non effugiet.

VULGATA NOVA.

3. Stultitia hominis supplantat gressus ejus : & contra Deum fervet animo suo.

4. Divitiæ addunt amicos plurimos : à paupere autem & hi, quos habuit, separantur.

5. Testis falsus non erit impunitus : & qui mendacia loquitur, non effugiet. *Dan. 13. 61.*

VULGATA NOVA.

6. Multi colunt personam potentis, & amici sunt dona tribuentis.

7. Fratres hominis pauperis oderunt eum : insuper & amici procul recesserunt ab eo.

Qui tantùm verba sectatur, nihil habebit : 8. qui autem possessor est mentis, diligit animam suam, & custos prudentiæ inveniet bona.

VERSIO ANTIQUA.

Firmil. ep. ad Cypr. p. 150. a. 9. Falsus testis non erit impunitus.....

Cassian. coll. 14. c. 17. p. 649. 10. Non expediunt stulto deliciæ.....

Ambr. de ob. Theod. p. 1201. c. 12. Iniqui regis minitatio similis rugitui leonis : sicut autem ros in herba, sic & hilaritas ejus.

Ambr. in Luc. 16. p. 1470. c. 14. Domum, & substantiam patres partiuntur filiis : à Deo autem præparabitur viro uxor.

VULGATA NOVA.

9. Falsus testis non erit impunitus : & qui loquitur mendacia, peribit.

10. Non decent stultum deliciæ, nec servum dominari principibus.

11. Doctrina viri per patientiam noscitur : & gloria ejus est iniqua prætergredi.

12. Sicut fremitus leonis, ita & regis ira : & sicut ros super herbam, ita & hilaritas ejus.

13. Dolor patris, filius stultus : & tecta jugiter perstillantia, litigiosa mulier.

14. Domus, & divitiæ dantur à parentibus : à Domino autem propriè uxor prudens.

VULGATA NOVA.

15. Pigredo immittit soporem, & anima dissoluta esuriet.

16. Qui custodit mandatum, custodit animam suam : qui autem negligit viam suam, mortificabitur.

VERSIO ANTIQUA.

Ambr. l. de Tob. c. 16. p. 610. a. 17. Fœnerat Domino qui miseretur pauperi : secundùm datum autem ejus retribuet ei.

VULGATA NOVA.

17. Fœneratur Domino qui miseretur pauperis : & vicissitudinem suam reddet ei.

18. Erudi filium tuum, ne desperes : ad interfectionem autem ejus ne ponas animam tuam.

NOTÆ AD VERSIONEM ANTIQUAM.

℣. 3. Eadem constanter legit August. l. de Gratia & libero arbitrio, to. 10. 719. c. 742. d. Ita etiam Cassianus, coll. 12. c. 8. p. 581. b. excepto verbo *corrumpit*, pro *violat*. In Græco: Ἀφροσύνη ἀνδρὸς λυμαίνεται τὰς ὁδοὺς αὐτοῦ· τὸν δὲ Θεὸν αἰτιᾶται τῇ καρδίᾳ αὐτοῦ.

℣℣. 5. & 9. Itidem Græcè.

℣. 10. Ita rursum Græcè, nisi hoc excipias, οὐ συμφέρει, *non conferunt*, loco *non expediunt*; Symmach. οὐ πρέπει, *non decens*.

℣. 12. Vix meliùs è Græco, dempta 1. voce *iniqui*. Apud Lucif. Cal. l. 1. pro S. Athan. p. 193. a. *Regis minæ similes sunt gemitibus leonis* : & infra ait : *Dei domestici ridemus rugitus tuos leoni similes*. In Græco, βρυγμῷ; in Scholio, σεισμῷ.

℣. 14. Ita ferunt Mss. plures Ambrosii cum omnibus edd. alii tamen bene multi, nec infimæ notæ habent : *Domum, & substantiam patris partiuntur filii*. Græcum priori lectioni favet : loco verò seqq. *à Deo autem præparabitur*, &c. sic habet : παρὰ δὲ Κυρίου ἁρμόζεται γυνὴ ἀνδρί, i. e. *à Domino autem aptatur mulier viro*. Ambros. loco cit. subdit : *Bene dixit Græcum*, ἁρμόζεται; *harmonia enim conveniens, & apta rerum omnium dicitur commissis connexio* : at in Græco hod. constanter ἁρμόζεται : nec etiam præ se aliud ferunt veteres Ambrosii editt. veruntamen cùm eædem editiones, necnon Mss. omnes hîc & inf. col. 1472. c. habeant *præparabitur*, facilè crediderim Ambrosium legisse ἁρμόσεται, pro ἁρμοσθήσεται; futurum quippe medium passiva significatione facilè accipi potuit à Lat. antiquis, Græcæ linguæ non ita peritis. Ut ut est, non tantùm prædictis duobus locis, sed etiam l. 1. de Abr. c. 9. col. 309. d. Ambrosius legit : *à Deo præparabitur viro uxor*. Concinit Innoc. I. epist. 2. to. 1. col. 751. b. at epist. 17. col. 832. a. legit : *à Deo præparatur viro uxor*. Phæbad. Agin. l. contra Arianos, p. 301. d. priora tantùm refert : *Domum, & substantiam dividunt patres filiis*.

℣. 17. Ita Græcè ad verbum, excepto uno Θεῷ, pro *Domino*. Similiter apud Iren. l. 4. c. 18. p. 251. c. *Qui miseretur pauperi, fœnerat Deo*. Cypr. l. 3. Testim. p. 302. c. *Qui pauperi miseretur, Deo fœnerat*. Ita quoque S. Valerianus, hom. 4. & 9. apud Sirm. to. 1. 631. a. 651. c. Ambros. epist. 21. to. 2. 873. a. & l. de excess. Sat. col. 1130. b. *Qui largitur pauperi, Deo fœnerat*. S. Paulin. epist. 34. p. 217. b. *Qui miseretur pauperi, Deum fœnerat*. August. in Ps. 36. to. 4. p. 286. b. *Fœnerat Dominum qui miseretur*

VULGATA NOVA.

19. Qui impatiens eſt, ſuſtinebit damnum: & cum rapuerit, aliud apponet.

20. Audi conſilium, & ſuſcipe diſciplinam, ut ſis ſapiens in noviſſimis tuis.

21. Multæ cogitationes in corde viri: voluntas autem Domini permanebit.

22. Homo indigens miſericors eſt: & melior eſt pauper, quàm vir mendax.

23. Timor Domini ad vitam: & in plenitudine commorabitur, abſque viſitatione peſſima.

Inf. 26. 15. 24. Abſcondit piger manum ſuam ſub aſcella, nec ad os ſuum applicat eam.

Inf. 21. 11. 25. Peſtilente flagellato ſtultus ſapientior erit: ſi autem corripueris ſapientem, intelliget diſciplinam.

VERSIO ANTIQUA.

19. Malignus vir multa detrimenta patietur..... *Hieron. l. 3. cont. Rufin. p. 473.*

21. Multæ cogitationes in corde viri: conſilium autem Domini manet in æternum. *Aug. l. 15. de Trin. to. 8. 993. g.*

22..... melior pauper juſtus, quàm dives mendax. *Ambr. in Luc. 6. p. 1368. c.*

23. Timor Domini ad vitam: nam qui ſine timore eſt, habitat in locis, quæ non viſitat Æternus. *Ex Mſ. Sangerm. n. 15.*

25. Peſtifero caſtigato inſipiens aſtutior fiet: ſi autem arguas virum prudentem, intellexit ſenſum.

VULGATA NOVA.

26. Qui affligit patrem, & fugat matrem, ignominioſus eſt & infelix.

27. Non ceſſes fili audire doctrinam, nec ignores ſermones ſcientiæ.

28. Teſtis iniquus deridet judicium: & os impiorum devorat iniquitatem.

29. Parata ſunt deriſoribus judicia: & mallei percutientes ſtultorum corporibus.

NOTÆ AD VERSIONEM ANTIQUAM.

pauperis. Chromat. Aquil. in Matth. p. 988. g. *Qui dat pauperi, Deo fœnerat.* Gaudentius Brix. ſer. 13. p. 965. e. *Qui miſeretur pauperibus, Deo fœneratur.* Cæſar. Arelat. hom. 40. *Qui miſeretur pauperi, Deo fœnerat, & nunquam indigebit.*

℣. 19. Græcum, Κακόφρων ἀνὴρ πολλὰ ζημιωθήσεται. *Malè cogitans vir*, &c.

℣. 21. Ita rurſum Auguſt. l. de catechiſ. rud. to. 6. 278. a. unà cum Græco. Auctor l. de voc. Gent. l. 1. c. 24. p. 15. e. *Multæ cogit. in corde viri. conſilium autem Domini obtinet* Gr. εἰς τὸν αἰῶνα μένει.

℣. 22. Itidem Græce. Apud Hieron. l. 3. contra Rufin. col. 473. *melior eſt pauper juſtus, quam mendax dives.*

℣. 23. Sic habet Mſ. Sangerm. in ora inferiori extra textum. In Græco ſic. Φόβος Κυρίου εἰς ζωὴν ἀνδρί· ὁ δὲ ἄφοβος αὐλισθήσεται ἐν τόποις, οὗ οὐκ ἐπισκοπεῖται γνῶσις. i. e. *Timor Domini ad vitam viro: qui autem ſine timore, morabitur in locis, ubi non conſideratur ſcientia.*

℣. 25. Græcum: Λοιμοῦ μαστιγουμένου ἄφρων πανουργότερος γίνεται (Mſ. Alex. cum editt. Ald. & Compl. ἔσαι) ἐὰν δὲ ἐλέγχῃς ἄνδρα φρόνιμον, νοήσει αἴσθησιν. Hieron. in Ezech. 6. & 31. col. 731. f. 923. e. *Peſtilente flagellato ſtultus aſtutior fiet*: & inf. in c. 47. col. 1059. a. *ſtultus ſapientior erit.* Leo M. epiſt. 101. n. 3. *Caſtigato peſtilente ſapiens aſtutior erit*: at in Græco conſtanter ἄφρων, *ſtultus*, cujus loco vet. Interpres Lat. legiſſe videtur σώφρων, niſi fortè citetur a Leone ℣. 11. capitis 21. ubi non ἄφρων, ſed ἄκακος legitur; quam vocem idem Interpres verbo *ſapiens* expreſſerit.

CAPUT XX.

VULGATA NOVA.

1. Luxurioſa res, vinum, & tumultuoſa ebrietas: quicumque his delectatur, non erit ſapiens.

2. Sicut rugitus leonis, ita & terror regis: qui provocat eum, peccat in animam ſuam.

3. Honor eſt homini, qui ſeparat ſe à contentionibus: omnes autem ſtulti miſcentur contumeliis.

4. Propter frigus piger arare noluit: mendicabit ergo æſtate, & non dabitur illi.

Sup. 18. 4. 5. Sicut aqua profunda, ſic conſilium in corde viri: ſed homo ſapiens exhauriet illud.

6. Multi homines miſericordes vocantur: virum autem fidelem quis inveniet?

7. Juſtus, qui ambulat in ſimplicitate ſua, beatos poſt ſe filios derelinquet.

8. Rex, qui ſedet in ſolio judicii, diſſipat omne malum intuitu ſuo.

VERSIO ANTIQUA.

1. Prodigum eſt vinum, & contumelioſa ebrietas..... *Ambr. l. 2. offic. p. 96. c.*

2. Non diſtat ira regis ab ira leonis: ſed qui ſtimulat illum & admiſcetur, peccat in animam ſuam. *Idem apol. 2. Dav. c. 3. p. 710. c.*

3. Gloria eſt viro, qui avertit ſe à maledictis: qui autem ſtultus eſt, talibus ſe obligat. *Hieron. l. 3. cont. Rufin. p. 473.*

5. Aqua alta, conſilium in corde viri..... *Ambr. in Pſ. 118. p. 1102. e.*

6. Grande, homo; pretioſum, vir miſericors: virum verò fidelem opus eſt invenire. *Hilar. in Pſ. 118. col. 298. b.*

7. Qui converſatur ſine vituperatione in juſtitia, beatos poſt ſe filios relinquet. *Cypr. de op. & eleem. p. 243. c.*

8. Cùm rex juſtus ſederit in throno..... *Aug. l. 3. cont. Creſcon. to. 9. p. 481. c.*

NOTÆ AD VERSIONEM ANTIQUAM.

℣. 1. In Græco Ἀκόλαστον οἶνος, i. e. *intemperans*, ſeu *luxurioſa res, vinum.*

℣. 2. Græcum: Οὐ διαφέρει ἀπειλὴ βασιλέως θυμοῦ λέοντος· ὁ δὲ παροξύνων αὐτὸν (edd. Ald. & Compl. add. καὶ ἐπιμιγνύμενος,) ἁμαρτάνει εἰς τὴν ἑαυτοῦ ψυχήν. Lucif. Calar. l. 1. pro S. Athan. p. 193. a. & Auguſt. ep. 140. to. 2. 437. f. *Nihil inter eſt inter minas regis & iram leonis.* Ambr. ep. 63. to. 2. 1039. b. *Ira regis, ira leonis.*

℣. 3. Græcum: Δόξα ἀνδρὶ, ἀποστρέφεσθαι λοιδορίας· πᾶς δὲ ἄφρων τοιούτοις συμπλέκεται. *Gloria viro, averſari contumeliam: omnis autem imprudens talibus complicatur.*

℣. 5. Ita rurſum Ambroſ. in Pſ. 45. col. 927. e. item l. 3. offic. col. 107. b. & l. de virginit. col. 243. d. Gr. Ὕδωρ βαθὺ, βουλὴ, &c. Bene Auct. de xlii manſ. apud Ambr. col. 16. c. *Aqua profunda, conſilium in corde viri.* Vide ſupra cap. 18. ℣. 4.

℣. 6. Itidem Græcè. Concinit pariter Ambr. in Pſ. 118. col. 1088. e. 1089. c. niſi quòd addit *opus*, ad *pretioſum*; ſed hoc abeſt à Græco. At l. de ob. Theod. to. 2. p. 1201. d. ita legit: *Magnum & honorabile eſt homo miſericors: invenire autem virum fidelem difficile eſt.*

℣. 7. Sic iterum legit Cypr. l. 3. Teſtim. p. 302. c. hoc tamen omiſſo, *poſt ſe*; extremò etiam hab. *relinquit.* Græcum pariter delet τὸ *poſt ſe*, ſed addit αὐτοῦ, ad *filios*, ſcribitque καταλείψει; cæt. ut in Lat. ſup.

℣. 8. Ita Græce, ſubnexis his: οὐκ ἐναντιοῦται ἐν ὀφθαλ-

VERSIO ANTIQUA.

Aug. ubi ſup. 9. Quis gloriabitur caſtum ſe habere cor? aut quis gloriabitur mundum ſe eſſe à peccato?

Ex Mſ. Floriac. n. 10. 10. Pondus magnum & minimum, & menſuræ duplices: immunda ante Dominum utraque, & qui facit ea.

11. In ſtudiis ſuis impedietur juvenis: qui cum ſancto eſt, directa eſt via ejus.

12. Auris audit, & oculus videt, opera Domini utraque.

Cypr. l. 3. Teſt. p. 328. *a Hieron. in Iſai. 55. p. 406. a.* 13. Noli diligere detrahere, ne extollaris: a aperi oculos tuos, & implere panibus.

VULGATA NOVA.

9. Quis poteſt dicere: Mundum eſt cor meum, purus ſum à peccato? *3. Reg. 8. 46.*

10. Pondus & pondus, menſura & menſura: utrumque abominabile eſt apud Deum. *2. Par. 6. 36. Eccl. 7. 21.*

11. Ex ſtudiis ſuis intelligitur puer, ſi munda & recta ſint opera ejus. *1. Joan. 1. 8.*

12. Aurem audientem, & oculum videntem, Dominus fecit utrumque. *Sup. 11. 1.*

13. Noli diligere ſomnum, ne te egeſtas opprimat: aperi oculos tuos, & ſaturare panibus. *Inf. ℣. 23.*

VULGATA NOVA.

14. Malum eſt, malum eſt, dicit omnis emptor: & cùm receſſerit, tunc gloriabitur.

15. Eſt aurum, & multitudo gemmarum: & vas pretioſum labia ſcientiæ.

16. Tolle veſtimentum ejus, qui fidejuſſor exſtitit alieni, & pro extraneis aufer pignus ab eo. *Inf. 27. 13.*

VERSIO ANTIQUA.

Caſſian. coll. 17. c. 19. p. 706. a. 17. Suavis eſt homini panis mendacii: & poſtea replebitur os ejus calculo.

VULGATA NOVA.

17. Suavis eſt homini panis mendacii: & poſtea implebitur os ejus calculo.

VULGATA NOVA.

18. Cogitationes conſiliis roborantur: & gubernaculis tractanda ſunt bella.

19. Ei, qui revelat myſteria, & ambulat fraudulenter, & dilatat labia ſua, ne commiſcearis.

20. Qui maledicit patri ſuo, & matri, exſtinguetur lucerna ejus in mediis tenebris. *Exod. 21. 17. Lev. 20. 9. Matth. 15. 4.*

21. Hæreditas, ad quam feſtinatur in principio, in noviſſimo benedictione carebit.

VERSIO ANTIQUA.

Cypr. ep. ad Demetr. p. 222. a. 22. Ne dixeris: Ulciſcar me de inimico meo: ſed exſpecta Dominum, ut tibi auxilio ſit.

Caſſian. coll. 21. c. 22. p. 797. c. 23. Abominatio eſt Domino pondus duplex: & ſtatera doloſa non eſt bona in conſpectu ejus.

Aug. de prædeſt. SS. c. 10. 818. c. 24. A Domino diriguntur greſſus viri: mortalis autem quomodo intelligit vias ſuas?

VULGATA NOVA.

22. Ne dicas: Reddam malum: exſpecta Dominum, & liberabit te. *Rom. 12. 17. 1. Theſſ. 5. 15. 1. Pet. 3. 9.*

23. Abominatio eſt apud Dominum pondus & pondus: ſtatera doloſa non eſt bona. *Sup. ℣. 10.*

24. A Domino diriguntur greſſus viri: quis autem hominum intelligere poteſt viam ſuam? *Sup. 16. 2.*

NOTÆ AD VERSIONEM ANTIQUAM.

μοῖς αὐτοῦ πᾶν πονηρόν. i. e. *non adverſatur in oculis ejus omne malum.*

℣. 9. Ita conſtanter Auguſt. in Pſ. 99. to. 4. 1073. b. & l. de virginit. to. 6. 365. e. & l. de corr. & Gra. to. 10. 773. b. at l. 2. contra ep. Parmen. to. 9. 47. d. *Quis enim caſtum glorietur ſe habere cor? aut quis glorietur*, &c. Græcum delet duplex *ſe*; & loco alterius *gloriabitur*, habet παῤῥησιάσεται, *audacter dicet*; extrèmò, ἀπὸ ἁμαρτιῶν, *à peccatis*; cæt. ut in textu. Cyprian. l. de op. & eleem. p. 238. a. ſimiliter habet cum Fulgent. epiſt. 3. p. 17. *Quis gloriabitur caſtum ſe habere cor? aut quis gloriab. mundum ſe eſſe à peccatis?* Item Ambroſ. de apol. Dav. col. 681. b. 698. e. *Quis gloriabitur caſtum ſe habere cor?* Ita quoque Hieron. in Ezech. 18. to. 3. 817. f. & l. 1. & 2. contra Pelag. to. 4. 509. f. 513. c. at his duob. poſtremis locis addit: *aut* (al. *&*) *quis confidet mundum ſe eſſe à peccato?* & l. 3. in epiſt. ad Epheſ. to. 4. 406. a. *aut quis ſtabit, dicens mundum ſe eſſe à peccatis?* demum in Iſai. 38. to. 3. 293. d. ſic habet: *Quis gloriabitur purum habere ſe cor?* l. verò 2. contra Jovin. to. 4. p. 2. col. 194. b. *Quis enim gloriabitur caſtum ſe habere cor? aut quis confidet mundum ſe eſſe à peccatis?* Leo M. ſerm. 36. 42. 43. & 49. p. 98. b. 107. a. 108. b. 118. b. *Quis gloriabitur caſtum ſe habere cor, aut mundum ſe eſſe à peccato?* Item Cæleſtius ap. Mar. Merc. Garnerii, p. 386. *Quis gloriabitur caſtum ſe habere cor?* Auctor quæſt. ex utroque Teſt. app. Auguſt. to. 3. 95. f. *Nemo gloriabitur mundum ſe habere cor*: & inf. col. 114. e. *Quis gloriabitur mundum ſe habere cor, aut immunem eſſe à peccatis?* Caſſian. coll. 23. c. 17. p. 849. c. *Quis gloriabitur caſtum habere cor? aut quis fiduciam habebit ſe mundum eſſe à peccato?* Auctor op. imp. in Matth. hom. 38. p. 160. c. *Quis enim gloriabitur caſtum ſe habere cor, mundum à peccato?*

℣. 10. Ambroſ. l. de vid. to. 2. 207. d. *Pondus majus & minimum, & menſura duplices: immunda in conſpectu Domini utraque*: & l. 3. offic. col. 124. a. *Pondus magnum & exiguum, & menſura duplices immunda ſunt coram Domino.* Caſſian. coll. 21. c. 22. p. 797. b. *Pondus magnum & puſillum, & menſura duplices: immunda ſunt apud Dominum utraque: & qui facit ea*, &c. ut inf. Græcum: Στάθμιον μέγα καὶ μικρὸν, καὶ μέτρα διοσά· ἀκάθαρτα ἐναντίον Κυρίου καὶ ἀμφότερα, καὶ ὁ ποιῶν αὐτά· a multis codd. abeſt καὶ, ante ἀμφότερα, ſi Nobilio fides. In uno autem veteri codice, teſte eodem, ita ſequitur: καίγε οἱ ποιοῦντες αὐτὰ, ἐν αὐτοῖς συμποδισθήσονται, deinde, καίγε ἐν τοῖς ἐπιτηδεύμασιν αὐτοῦ, &c. i. e. *etiam qui faciunt ea, in ipſis impedientur: & quidem in ſuis adinventionibus*, &c. ut inf. Hieron. in Ezech. 45. to. 3. col. 1039. f. legit: *Statera grandis & minor, abominabile eſt utrumque in conſpectu Dei.*

℣. 11. Caſſian. coll. 21. c. 22. p. 797. b. poſt hoc, *& qui facit ea*, ſubdit, *in adinventionibus ſuis compedietur.* Græcè: Ἐν τοῖς ἐπιτηδεύμασιν αὐτοῦ συμποδισθήσεται νεανίσκος μετὰ ὁσίου, καὶ εὐθεῖα ἡ ὁδὸς αὐτοῦ. In vet. codice citato ſup. à Nobilio ad verbum συμποδισθήσεται, adnectitur ἀνὴρ, *vir*, tum ſequitur νεανίσκος μετὰ, &c. Mſ. Sang. n. 15. hæc addit in margine inferiori: *& ſi cum ſancto fuerit, directa eſt via ejus*; quæ abſunt à Vulgata hod. ſicut ab Hebraïco textu.

℣. 12. Similiter in Græco, niſi quòd ultimò habetur, Κυρίου ἔργα καὶ ἀμφότερα.

℣. 13. Tota iſta concordant cum Græco. At Hieron. l. 3. contra Rufin. col. 473. habet: *Noli amare detrahere, ne eradiceris*: & in Iſai. 3. to. 3. 32. c. *aperi oculos tuos, & replere panibus*; & in Iſai. 65. col. 488. d. *ſaturare panibus.* Paulinus vit. Ambroſ. to. 2. col. XIV. c. *Noli diligere detrahere, ne eradicemini.* Anon. apud S. Paulin. epiſt. ad Celanc. to. 2. p. 14. a. *Noli diligere detrahere, ne eradiceris.* Itidem in Mſ. Floriac. n. 10. ſubnexis his: *adaperi oculos tuos, & juſta videbis.*

℣. 17. Similiter habet Hieron. l. 3. adversùs Rufin. to. 4. 473. ubi plures adhibet ſententias ex edit. LXX. decerptas. Itidem l. 1. contra Pelag. to. 4. 509. f. præter unum *dulcis*, loco *ſuavis*. Attamen hæc ſententia non reperitur in Græco edit. Rom. nec in aliis edd. præterquam in Compl. ubi refertur cum aliis pluribus ante verſum 23. teſtibus Nobilio & Lamberto Bozio. Præterea Nobilius notat eandem ſententiam legi in pervetuſto codice Græco, cum aliis verſibus 14. 15. 16. 18. 19. qui omnes abſunt ab edit. Rom. In Hebræo etiam legitur ut in Vulg.

℣. 22. Græcum, loco *Ulciſcar me de inimico meo*, ſimpliciter habet, Τίσομαι τὸν ἐχθρόν, *Ulciſcar inimicum*; cæt. ut in Lat. ſupra. Cypr. eadem repetit l. 3. Teſtim. p. 328. a. uno excepto *ſuſtine*, pro *exſpecta*; Gr. ὑπομένων.

℣. 23. Ad verbum è Græco, detracto duplici *eſt*. Ambroſ. in Pſ. 61. col. 966. d. legit: *Exſecrabile Domino duplex pondus: & ſtatera fallax, non bona*: & in Pſ. 48. col. 947. c. *ſtatera fallax, non bonum.*

℣. 24. Ita Græcè ad verbum, excepto uno ἀνδρὶ, *viro*, loco *viri*; Mſs. tamen Auguſt. omnes habent *corriguntur*, non *diriguntur*; quibus ſuffragatur Auctor l. de voc. Gent. l. 1. c. 24. p. 15. d. cætera quoque habet ut ſupra: Græcè conſtanter εὐθύνεται. Item apud Hieron. l. 1. cont. Pelag. to. 4. 509. f. *A Domino greſſus hominis diriguntur: mortalis*

VULGATA NOVA.

25. Ruina est homini devorare sanctos, & post vota retractare.

26. Dissipat impios rex sapiens, & incurvat super eos fornicem.

27. Lucerna Domini spiraculum hominis, quæ investigat omnia secreta ventris.

28. Misericordia & veritas custodiunt regem, & roboratur clementiâ thronus ejus.

29. Exsultatio juvenum, fortitudo eorum: & dignitas senum, canities.

30. Livor vulneris absterget mala: & plagæ in secretioribus ventris.

VERSIO ANTIQUA.

25. Laqueus est viri citò quid de suis sanctificare: cùm enim votum fecerit, surrepit pœnitentia. *Hieron. in Ezech. 44. p. 1031. a.*

26. Ventilator enim est impiorum rex sapiens, & immittit illis rotam malorum. *Aug. in Ps. 11. p. 66. d.*

27. Lux Domini inspiratio est hominum..... *Vigil. Taps. l. 12. de Trin. p. 324. a.*

28. Misericordia, & veritas tutela est regi; & circumeunt justi sedem ejus. *Lucif. l. 1. pro S. Ath. p. 193. a.*

29..... gloria senum, canities..... *Hieron. in Isai. 3. p. 33. a.*

NOTÆ AD VERSIONEM ANTIQUAM.

autem quomodo scire potest vias suas?

℣. 25. Græcè, παγὶς ἀνδρὶ, *laqueus viro*; paulòque post, μετὰ γὰρ τὸ εὔξασθαι, μετανοεῖν γίνεται· quæ idem valent.

℣. 26. A Græco abest τὸ *enim est*, ut & vox ult. *malorum*; legitur etiam ἐπιβαλεῖ, *immittet*; cætera ut in Lat. supra.

℣. 27. Sic est in Græco.

℣. 28. Ita in Græco, præter hoc, περικυκλώσουσιν ἐν δικαιοσύνῃ, *circuibunt in justitia*, pro *circumeunt justi*.

℣. 29. Gr. δόξα δὲ πρεσβυτέρων, πολιαί· Aq. Symm. & Theod. legunt πολιά.

CAPUT XXI.

VULGATA NOVA.

1. Sicut divisiones aquarum, ita cor regis in manu Domini: quòcunque voluerit, inclinabit illud.

2. Omnis via viri recta sibi videtur: appendit autem corda Dominus. *Sup. 16. 2. & 20. 24.*

3. Facere misericordiam & judicium, magis placet Domino, quàm victimæ.

VERSIO ANTIQUA.

1. Sicut impetus aquæ, sic cor regis in manu Dei: quòcunque voluerit, declinabit illud. *Aug. de Grat. & l. arb. t. 10. 742. a.*

2. Omnis vir videtur sibimetipsi justus: dirigit autem corda Dominus. *Idem de prædest. SS. p. 818. d.*

3. Facere justitiam & veracem esse, placet Deo magis, quàm hostiarum sanguis. *Lucif. Cal. l. 1. pro S. Athan. p. 193. b.*

VULGATA NOVA.

4. Exaltatio oculorum est dilatatio cordis: lucerna impiorum peccatum.

5. Cogitationes robusti semper in abundantia: omnis autem piger semper in egestate est.

VULGATA NOVA.

6. Qui congregat thesauros linguâ mendacii, vanus & excors est, & impingetur ad laqueos mortis.

VERSIO ANTIQUA.

6. Qui operatur thesauros linguâ mendacii, vana sectatur, & veniet in laqueos mortis. *Hieron. l. 3. cont. Rufin. to. 4. 473.*

VULGATA NOVA.

7. Rapinæ impiorum detrahent eos, quia noluerunt facere judicium.

8. Perversa via viri, aliena est: qui autem mundus est, rectum opus ejus.

VULGATA NOVA.

9. Melius est sedere in angulo domatis, quàm cum muliere litigiosa, & in domo communi. *Inf. ℣. 19.*

10. Anima impii desiderat malum, non miserebitur proximo suo. *Inf. 25. 24.*

11. Mulctato pestilente sapientior erit parvulus: & si sectetur sapientem, sumet scientiam. *Sup. 19. 25.*

12. Excogitat justus de domo impii, ut detrahat impios à malo.

13. Qui obturat aurem suam ad clamorem pauperis, & ipse clamabit, & non exaudietur.

VERSIO ANTIQUA.

9. Melius est habitare sub divo, quàm in calce litis cum iniquitate, & in domo nova. *Hieron. in Sophon. 1. to. 3. 1654. b.*

11. Castigato pestilente sapiens astutior erit..... *Leo M. ep. 101. n. 3.*

13. Qui obturat aures suas ne audiat imbecillum, & ipse invocabit Deum, & non erit qui exaudiat eum. *Cypr. de op. & eleem. p. 238. b. & l. 3. Testim. p. 302. c.*

NOTÆ AD VERSIONEM ANTIQUAM.

℣. 1. Ita Græcè præter ult. ὃ ἐὰν θέλων νεύσῃ, ἐκεῖ ἔκλινεν αὐτήν, *quòcunque voluerit innuere, illuc inclinavit illud*. Hieron. in Dan. 5. to. 3. 1093. d. *cor regis in manu Dei: quòcunque voluerit, illud declinabit*. Item apud Iren. l. 5. c. 23. p. 321. b. *regis enim cor in manu Dei*. Apud Tertul. de orat. c. 5. p. 181. a. *in cujus manu cor omnium regum est*. Apud Cypr. l. 3. Testim. p. 325. c. & epist. 18. p. 835. d. *cor regis in manu Dei*. Concinit Cælestin. PP. epist. 22. to. 1. pag. 1198. b. Apud Ambr. apol. 2. Dav. c. 3. col. 710. d. *cor regis in manu Domini*.

℣. 2. Sic Auct. l. de voc. Gent. l. 1. c. 24. p. 15. e. unà cum Græco. Hieron. l. 1. cont. Pelag. to. 4. 509. f. *Omnis vir videtur sibi justus: sed corrigit corda omnium Deus*: similiter habet l. 2. col. 511. f. præter seqq. *Deus autem corda hominum dirigit*. Fulgent. l. 1. de veritate præd. p. 451. *dirigit autem corda Dominus*, ut sup.

℣. 3. Ita in Gr. exceptis his, Ποιεῖν δίκαια..... ἀρεστὰ παρὰ Θεῷ μᾶλλον, &c. *Facere justa..... placita apud Deum magis*, &c.

℣. 6. A Græco hod. abest τὸ & *veniet*; sed Ms. Alex. addit cum ed. Compl. ἢ ἔρχεται; cætera quadrant.

℣. 9. Græcè, ἐπὶ γωνίας ὑπαίθρου, *super angulum sub divo*, ultimóque κοινῷ, *communi*, pro *novâ*; cæt. ut in Lat. Hieron. legisse videtur καινῷ, non κοινῷ.

℣. 11. Gr. Ζημιουμένου ἀκολάστου πανουργότερος γίνεται ὁ ἄκακος· *Mulctato intemperante astutior fit simplex*. Cassiod. in Ps. 57. p. 193. c. *Stulto pereunte sapiens astutior fit*. Capitul. Baluz. to. 2. p. 105. b. *Pestilente flagellato sapientior erit parvulus*. Symm. σοφισθήσεται ὁ νήπιος.

℣. 13. Similiter apud Leon. M. serm. 9. p. 59. a. hoc excepto, *vocabit Dominum*. Græc. habet ἐπικαλέσεται, sed non addit *Deum*, vel *Dominum*, nec *eum* in fine; ad *aures* verò adnectit αὐτοῦ, quod omittunt Cypr. 1. loco,

VERSIO ANTIQUA.

Lucif. Cal. l. 1. pro S. Athan. p. 193. c.

15..... sanctus autem immundus est apud malos.

VULGATA NOVA.

14. Munus absconditum exstinguit iras, & donum in sinu indignationem maximam.

15. Gaudium justo est facere judicium, & pavor operantibus iniquitatem.

VULGATA NOVA.

16. Vir, qui erraverit à via doctrinæ, in cœtu gigantum commorabitur.

17. Qui diligit epulas, in egestate erit: qui amat vinum, & pinguia, non ditabitur.

18. Pro justo datur impius: & pro rectis iniquus.

VERSIO ANTIQUA.

Hieron. l. 1. cont. Jovin. t. 4. 170. c.

19. Melius est habitare in terra deserta, quàm cum uxore litigiosa & iracunda.

Aug. in Ps. 36. p. 285. d.

20. Thesaurus desiderabilis requiescit in ore sapientis: vir autem stultus glutit illum.

Hieron. in Ezech. 33. to. 3. 940. c.

22. Civitates firmas ascendit justus, & destruxit munitiones earum, in quibus confidebant impii.

Lucif. Cal. l. 1. pro S. Athan. p. 193. c.

24. Temerarius & superbus pestilentia vocabitur.....

VULGATA NOVA.

19. Melius est habitare in terra deserta, quàm cum muliere rixosa & iracunda. *Sup. v. 9.*

20. Thesaurus desiderabilis, & oleum in habitaculo justi: & imprudens homo dissipabit illud. *Inf. 25. 24. Eccli. 25. 23.*

21. Qui sequitur justitiam & misericordiam, inveniet vitam, justitiam, & gloriam.

22. Civitatem fortium ascendit sapiens, & destruxit robur fiduciæ ejus.

23. Qui custodit os suum, & linguam suam, custodit ab angustiis animam suam.

24. Superbus & arrogans vocatur indoctus, qui in ira operatur superbiam.

VULGATA NOVA.

25. Desideria occidunt pigrum: noluerunt enim quidquam manus ejus operari: 26. tota die concupiscit & desiderat: qui autem justus est, tribuet, & non cessabit.

VERSIO ANTIQUA.

Parmen. ap. Aug. l. 2. cont. epistam. to. 9. 32. b.

27. Sacrificia impiorum execratio est Domino, etenim iniquè offerunt illa.

VULGATA NOVA.

27. Hostiæ impiorum abominabiles, quia offeruntur ex scelere. *Sup. 15. 8. Eccli. 34. 21.*

VULGATA NOVA.

28. Testis mendax peribit: vir obediens loquetur victoriam.

29. Vir impius procaciter obfirmat vultum suum: qui autem rectus est, corrigit viam suam.

VERSIO ANTIQUA.

Cassian. coll. 7. c. 28. p. 445.

30. Non est sapientia, non est fortitudo, non est consilium apud impios.

Idem coll. 3. c. 15. p. 365. c.

31. Equus paratur in diem belli: à Domino autem est adjutorium.

VULGATA NOVA.

30. Non est sapientia, non est prudentia, non est consilium contra Dominum.

31. Equus paratur ad diem belli: Dominus autem salutem tribuit.

NOTÆ AD VERSIONEM ANTIQUAM.

& Leo M. reliqua ad verbum quadrant. Cassianus rectè coll. 11. c. 10. *Qui obturat aures suas ne audiat infirmum, & ipse invocabit, & non erit qui exaudiat eum.*

℣. 15. Itidem Græcè.

℣. 19. Gr. vocibus duabus *litigiosâ*, & *iracundâ*, tertiam addit ac interponit ϗ γλωσσώδους, & *linguosâ*; cætera quadrant.

℣. 20. Eadem rursus habet August. ser. 149. to. 5. 705. d. & l. 1. cont. adversar. leg. to. 8. 565. e. Ita quoque in Gr. præter hæc ult. num. plurali, ἄφρονες δὲ ἄνδρες καταπίονται αὐτόν.

℣. 22. Idem Hieron. in Amos 5. col. 1412. f. *Civitates robustas ingressus est sapiens, & destruxit munitionem, in qua confideb. impii*: & in Isai. 23. to. 3. p. 205. c. *Civitates firmas ascendit sapiens, & destruxit munitiones earum.* Gr. Πόλεις ὀχυρὰς ἐπέβη σοφὸς, ϗ καθεῖλε τὸ ὀχύρωμα, ἐφ' ᾧ ἐπεποίθεισαν οἱ ἀσεβεῖς.

℣. 24. Gr. Θρασὺς, ϗ αὐθάδης, ϗ ἀλαζὼν, λοιμὸς καλεῖται. *Audax, & arrogans, & ostentator, pestilens vocatur.*

℣. 27. Ad verbum è Græco.

℣. 30. Sic est in Gr. præter ult. num. singulari, τὸν ἀσεβῆ, *impium*.

℣. 31. Aptè ad Græcum. Ennod. pro Synod. ap. Sirm. to. 1. p. 1629. b. *Equus paratur in die belli: apud Dominum est autem omne præsidium.*

CAPUT XXII.

VERSIO ANTIQUA.

Ambr. de exhort. virg. p. 298. e.
a Idem ep. 2. p. 757. c.
b Aust. quæst. Vet. Test. ap. Aug. to. 3. p. 52. e.

1. POtius est nomen bonum, quàm divitiæ multæ: [a] & super omnes argenti acervos, bona est gratia.

2. [b] Dives & pauper obviaverunt sibi: fecit autem ambos Dominus.

VULGATA NOVA.

1. MElius est nomen bonum, quàm divitiæ multæ: super argentum & aurum, gratia bona. *Eccl. 7. 2.*

2. Dives & pauper obviaverunt sibi: utriusque operator est Dominus. *Inf. 29. 13.*

VULGATA NOVA.

3. Callidus vidit malum, & abscondit se: innocens pertransiit, & afflictus est damno.

4. Finis modestiæ timor Domini, divitiæ & gloria & vita.

NOTÆ AD VERSIONEM ANTIQUAM.

℣. 1. Idem Ambros. ep. 55. col. 1005. c. legit: *Potius est nomen bonum, super multas divitiarum copias*: at epist. 2. col. 757. c. sic: *Præclarior est bona existimatio, quàm pecunia.* Gr. Αἱρετώτερον ὄνομα καλὸν, ἢ πλοῦτος πολύς· ὑπὲρ δὲ ἀργύριον ϗ χρυσίον, χάρις ἀγαθή. *Eligibilius nomen bonum, quàm divitiæ multæ: super argentum verò & aurum, gratia bona.*

℣. 2. Ad verbum è Græco.

VULGATA NOVA.	VERSIO ANTIQUA.	
5. Arma & gladii in via perversi : custos autem animæ suæ longè recedit ab eis.	5. Tribuli & laquei in viis pravis : qui autem timet Dominum, abstinebit se ab eis.	*Cassian. coll. 24. c. 24. p. 879. c.*
6. Proverbium est : Adolescens juxta viam suam, etiam cùm senuerit, non recedet ab ea.		
7. Dives pauperibus imperat : & qui accipit mutuum, servus est fœnerantis.	7. Divitum pauperes præpositi erunt : & proprii servi dominis fœnerabunt.	*Ambr. l. de Nab. c. 14. p. 582. f.*
8. Qui seminat iniquitatem, metet mala, & virga iræ suæ consummabitur.		
Eccli. 31. 28. 9. Qui pronus est ad misericordiam, benedicetur : de panibus enim suis dedit pauperi.	9. Qui miseretur pauperis, ipse pascetur.....	*Ambr. l. de Tob. c. 16. p. 610. e.*
Victoriam & honorem acquiret qui dat munera : animam autem aufert accipientium.	Victoriam & honorem acquiret qui dat munera : animam autem aufert accipientium.	
10. Ejice derisorem, & exibit cum eo jurgium, cessabuntque causæ & contumeliæ.	10. Ejice de concilio pestilentem, & exiet cum illo contentio.....	*Lucif. de non conv. cum hær. p. 223. c.*
11. Qui diligit cordis munditiam, propter gratiam labiorum suorum habebit amicum regem.	11. Diligit Dominus munda corda : accepti autem sunt ei omnes immaculati.	*Hieron. ep. ad Celantiam.*
12. Oculi Domini custodiunt scientiam : & supplantantur verba iniqui.		
13. Dicit piger : Leo est foris, in medio platearum occidendus sum.	13..... Leo est in viis, in plateis autem homicidæ.	*S. Paulin. ep. 8. p. 43. c.*

VULGATA NOVA.

14. Fovea profunda os alienæ : cui iratus est Dominus, incidet in eam.

15. Stultitia colligata est in corde pueri, & virga disciplinæ fugabit eam.

16. Qui calumniatur pauperem, ut augeat divitias suas, dabit ipse ditiori, & egebit.

17. Inclina aurem tuam, & audi verba sapientium : appone autem cor ad doctrinam meam : 18. quæ pulchra erit tibi, cùm servaveris eam in ventre tuo, & redundabit in labiis tuis :

19. Ut sit in Domino fiducia tua, unde & ostendi eam tibi hodie.

VULGATA NOVA.	VERSIO ANTIQUA.	
20. Ecce descripsi eam tibi tripliciter, in cogitationibus & scientia : 21. ut ostenderem tibi firmitatem, & eloquia veritatis respondere ex his illis, qui miserunt te.	20. Tu autem describe ea tripliciter, in consilio & scientia : 21. ut respondeas verbum veritatis his, qui proponunt tibi.	*Hieron. ad Hedibiam, to. 4. 186. b.*

VULGATA NOVA.

22. Non facias violentiam pauperi, quia pauper est : neque conteras egenum in porta : 23. quia judicabit Dominus causam ejus, & configet eos, qui confixerunt animam ejus.

24. Noli esse amicus homini iracundo, neque ambules cum viro furioso : 25. ne fortè discas semitas ejus, & sumas scandalum animæ tuæ.

VULGATA NOVA.	VERSIO ANTIQUA.	
26. Noli esse cum his, qui defigunt manus suas, & qui vades se offerunt pro debitis : 27. si enim non habes unde restituas, quid causæ est ut tollat operimentum de cubili tuo?	26. Noli te dare in sponsionem, erubescens personam : 27. si enim non habueris unde solvas, auferent stramentum de sub lateribus tuis.	*Ambr. l. de Tob. c. 23. p. 621. b.*
28. Ne transgrediaris terminos antiquos,	28. Non transferas terminos sempiternos,	*Hieron. in Sophon. 2. to. 3. 1664. d.*

NOTÆ AD VERSIONEM ANTIQUAM.

✠. 5. Similiter in Gr. præter hoc, ὁ δὲ φυλάσσων τὴν ἑαυτοῦ ψυχήν, *qui autem custodit animam suam*, loco *qui autem timet Dominum.*

✠. 7. Idem Ambros. l. 2. de Jac. col. 463. b. *& periti servi dominis fœnerabunt.* Gr. Πλούσιοι πτωχῶν ἄρξουσι καὶ οἰκέται ἰδίοις δεσπόταις δανειοῦσι.

✠. 9. Aptè conveniunt hæc tota cum Gr. nisi quòd pro *acquiret*, legitur περιποιεῖται, & in fine, τὴν μέντοι ψυχὴν ἀφαιρεῖται τῶν κεκτημένων, *& animam quidem aufert possidentium.* Porro hæc sententia, *Victoriam & honorem*, &c. non in Hebræo reperitur ; sed in Vulgatam transiit è Gr. LXX. ut & plures aliæ. Ms. Sangerm. n. 4. illam exhibet intra textum, eadem manu ; in altero verò Sangerm. n. 15. neque intra textum, neque ad marg. invenitur, tametsi plurimæ id genus sententiæ in ora inferiori ibidem subjiciantur.

✠. 10. Similiter in Græco. Item apud Hieron. in Ose. 7. to. 3. 1281. c. *Ejice pestilentem de concilio, & egredietur cum eo contentio.* Cælestin. PP. epist. 25. to. 1. col. 1215. a. *Ejice de concilio contentiosum, & exiet cum illo discordia.* Maximus Taurin. in homil. p. 45. h. *Ejice de concilio pestilentem, & exibit cum eo omnis contentio.* Gr. hab. constanter λοιμὸν, quasi *pestilentiam* ; extremòque νεῖκος, *jurgium* ; Symm. & Theod. μάχη, *rixa.*

✠. 11. Ita in Gr. est, præter hoc, ὁσίας καρδίας, *sancta corda* ; sed Aq. & Theod. legunt καθαράς, Symm. ἁγνάς, *casta, pura.*

✠. 13. Itidem Græcè, dempto verbo *est.*

✠✠. 20. 21. Idem Hieron. in Ezech. 16. to. 3. col. 800. c. legit : *Tu autem scribe ea tripliciter* ; tum proximè : *ut respondeas sermones veritatis, qui proponuntur tibi* : & in Ezech. 42. col. 1008. c. *Describe ea tripliciter, consilio & scientia : ut respondeas sermonibus veritatis his, qui proponuntur tibi.* Græcè verò interponuntur multa quæ Hieron. non admittit supra, nec etiam Origenes, si Nobilio fides ; en verba : Καὶ σὺ δὲ ἀπόγραψαι αὐτὰ σεαυτῷ τρισσῶς, εἰς βουλὴν καὶ γνῶσιν, ἐπὶ τὸ πλάτος τῆς καρδίας σου. Διδάσκω οὖν σε ἀληθῆ λόγον, καὶ γνῶσιν ἀγαθὴν ὑπακούειν· τοῦ ἀποκρίνεσθαί σε λόγους ἀληθείας τοῖς προβαλλομένοις σοι· i. e. *Et tu verò describe ea tibi tripliciter, in consilio & scientia*, super latitudinem cordis tui. Doceo igitur te verum sermonem, & scientiam præstantem obaudire : *ut respondeas sermones veritatis his, qui proponunt tibi.* Nonnulla ex his legisse videtur Cassianus, coll. 14. c. 8. p. 634. b. cùm dicat : *Tu autem describe tibi ea tripliciter, super latitudinem cordis tui.* Item Rufin. l. de bened. Patr. p. 6. b. *Describe tibi hæc dupliciter & tripliciter, in corde tuo.* Ambros. autem l. de Noe, c. 15. col. 249. d. hæc habet pauca : *Scribe tibi tripliciter* : & in Ps. 118. col. 1177. f. *Et tu scribe hæc tibi tripliciter, in consilio & in cognitione* : item ait : *Triplicem præmisit scriptionem ; & duo subdidit, consilium & cognitionem.* Vide sis Nobil. in hunc loc.

✠✠. 26. 27. Vix meliùs è Græco.

✠. 28. Similiter in Græco. Siricius PP. epist. 6. to. 1. 660. a. legit : *Non transferes* (editt. *non transibis*)

VERSIO ANTIQUA.

Hieron. ubi sup. quos posuerunt patres tui.

VULGATA NOVA.

quos posuerunt patres tui.

19. Vidisti virum velocem in opere suo? coram regibus stabit, nec erit antè ignobiles.

NOTÆ AD VERSIONEM ANTIQUAM.

terminos, quos constituerunt patres tui. Auct. l. de promiss. p. 2. c. 16. p. 140. a. *Non transgredieris terminos æternos, quos posuerunt patres tui.*

CAPUT XXIII.

VERSIO ANTIQUA.

Ambr. l. 1. offic. to. 2. 42. f. 43. a. 1. SI sederis cœnare ad mensam potentis, sapienter intellige ea quæ apponuntur tibi:
2. & emitte manum tuam, sciens quòd oportet
te talia præparare: 3. si autem insatiabilis es,
noli concupiscere escas ejus: hæc enim obtinent
vitam fallacem.
Hilar. in Ps. 138. p. 515. b. 4. Ne extendas te, cum sis pauper, diviti:
sensu autem tuo abstine.

Aug. l. 5. locut. to. 3. 369. d. 6. Non cœnabis cum viro invido.....

Cypr. ep. ad Demetr. p. 216. b. & l. 3. Testim. p. 319. a. 9. In aures imprudentis noli quidquam dicere:
ne quando audierit, irrideat sensatos sermones
tuos.

VULGATA NOVA.

1. QUando sederis ut comedas cum principe, diligenter attende quæ apposita sunt ante faciem tuam: 2. & statue cultrum in gutture tuo, si tamen habes in potestate animam tuam, 3. ne desideres de cibis ejus, in quo est panis mendacii.

4. Noli laborare ut diteris: sed prudentiæ tuæ pone modum.

5. Ne erigas oculos tuos ad opes, quas non potes habere: quia facient sibi pennas quasi aquilæ, & volabunt in cœlum.

6. Ne comedas cum homine invido, & ne desideres cibos ejus: 7. quoniam in similitudinem arioli & conjectoris, æstimat quod ignorat.

Comede & bibe, dicet tibi: & mens ejus non est tecum.

8. Cibos, quos comederas, evomes: & perdes pulchros sermones tuos.

9. In auribus insipientium ne loquaris: quia despicient doctrinam eloquii tui.

VULGATA NOVA.

10. Ne attingas parvulorum terminos: & agrum pupillorum ne introeas:

11. Propinquus enim illorum fortis est: & ipse judicabit contra te causam illorum.

VERSIO ANTIQUA.

Ambr. in Ps. 43. p. 885. e. 12. Da in disciplinam cor tuum: aures autem
tuas præpara sermonibus intellectûs.
Ex Ms. Floriac. n. 10. 13. Noli cessare parvulum emendare: quia si
percusseris eum virgâ, non morietur.
14. Tu quidem percuties eum virgâ: animam
autem ejus liberabis à morte.

VULGATA NOVA.

12. Ingrediatur ad doctrinam cor tuum, & aures tuæ ad verba scientiæ.

13. Noli subtrahere à puero disciplinam: si enim percusseris eum virgâ, non morietur. Sup. 13. 24. Inf. 29. 15.

14. Tu virgâ percuties eum: & animam ejus de inferno liberabis. Eccli. 30. 1.

VULGATA NOVA.

15. Fili mi, si sapiens fuerit animus tuus, gaudebit tecum cor meum: 16. & exsultabunt renes mei, cùm locuta fuerint rectum labia tua.

Inf. 24. 1. 17. Non æmuletur cor tuum peccatores: sed in timore Domini esto tota die: 18. quia habebis spem in novissimo, & præstolatio tua non auferetur.

19. Audi fili mi, & esto sapiens: & dirige in via animum tuum.

NOTÆ AD VERSIONEM ANTIQUAM.

℣. 1. Ita legunt August. tract. 47. in Johan. to. 3. 607. c. & Cassian. coll. 2. c. 1. p. 328. b. detractâ voculâ *ea*, post *intellige*: ita rursum inf. Aug. col. 709. b. nisi quòd loco *sapienter*, legit *considerans*: item serm. 304. to. 5. 1234. f. *Si sederis cœnare ad mensam potentis, cognoscens intellige quæ apponuntur tibi*: at ser. 329. col. 1286. e. ita: *Ad mensam magnam sedisti, diligenter considera quæ apponuntur tibi.* Gregor. M. in 1. Reg. 3. & 4. col. 81. a. 224. c. *Si sederis ad mensam potentis, sapienter attende quæ apponuntur tibi.* Græcum textui Ambros. favet, nisi quòd hab. νοητῶς, pro *sapienter*.

℣. 2. August. tract. 47. in Joh. col. 607. c. *& mitte*; inf. col. 709. b. *& sic mitte manum tuam, sciens quia talia te oportet præparare*: at serm. 304. to. 5. 1234. f. *& sic extende manum tuam, sciens quoniam similia te oportet præparare*: & serm. 329. col. 1286. e. *quoniam talia te oportet præparare.* Cassian. coll. 2. c. 1. *& immitte manum tuam, sciens quia talia oportet te præparare.* Gregor. M. ubi sup. simpliciter hab. *quia similia oportet te præparare*, omissis his quæ antecedunt. Gr. ϗ ἐπίβαλλε τὴν... εἰδὼς ὅτι τοιαῦτά σε δεῖ παρασκευάσαι.

℣. 3. Nonnulli Mss. Ambros. cum omnib. edit. ultimò leg. *vitam falsam*; at multò plures, *fallacem*; Græc. ψευδῆς; cæt. ut in Lat. sup.

℣. 4. Ad verbum è Græco.

℣. 6. Græcè, Μὴ συνδείπνει, &c. *Ne cœnes*, &c. Subdit August. ibid. *In Proverbiis, quod Latini codices habent*: Non cœnabis cum viro invido, *Græcus hab.* ἀνδρὶ βασκάνῳ.

℣. 9. Ita legit ad verbum Lucif. Cal. l. de mor. pro Dei fil. p. 242. vel 244. a. Ambros. verò in Ps. 118. col. 1138. e. ita: *In aurem insipientis nihil dicas, nequando irrideat prudentes sermones tuos.* Hieron. l. 3. adv. Rufin. to. 4. 473. *In aure stulti noli quidquam dicere, ne fortè irrideant sapientes sermones tuos.* Cassian. coll. 14. c. 17. p. 649. *In aures imprudentis noli quidquam dicere, ne fortè irrideat sapientes sermones tuos.* Sic etiam in Græco, præter vocem *sapientes*, pro qua συνετοὺς, mel. *prudentes*.

℣. 12. Vix meliùs è Græco. In Ms. Floriac. n. 10. ita: *Da in disciplina cor tuum, & aures tuas para verbis prudentiæ*; Gr. αἰσθήσεως.

℣. 13. Cypr. l. 3. Testim. p. 327. c. *Ne destiteris parvulum emendando.* Græc. Μὴ ἀπόσχῃ νήπιον παιδεύειν, &c. ut in textu. Ms. Alex. habet παιδεύων, non παιδεύειν.

℣. 14. Ita legit Ambros. ad verbum l. 1. de pœnit. col. 406. c. Sic etiam August. epist. 185. to. 2. 652. b. præter unum *percutis*: item epist. 173. col. 613. e. leg. *percutis*, at in fine, *liberas*. S. Bened. regula, c. 2. sic: *Percute filium tuum virgâ, & liberabis animam ejus à morte.* Gr. Σὺ μὲν γὰρ πατάξεις αὐτὸν ῥάβδῳ· τὴν δὲ ψυχὴν αὐτοῦ ἐκ θανάτου ῥύσῃ.

VULGATA NOVA.

20. Noli esse in conviviis potatorum, nec in comessationibus eorum, qui carnes ad vescendum conferunt: 21. quia vacantes potibus, & dantes symbola consumentur, & vestietur pannis dormitatio.

VERSIO ANTIQUA.

21. omnis ebriosus pannis vestietur.... S. Valerian. hom. 19. Serm. to. 1. p. 692. c.

VULGATA NOVA.

22. Audi patrem tuum, qui genuit te: & ne contemnas cùm senuerit mater tua.
23. Veritatem eme, & noli vendere sapientiam, & doctrinam, & intelligentiam.
24. Exsultat gaudio pater justi: qui sapientem genuit, lætabitur in eo.

VULGATA NOVA.

25. Gaudeat pater tuus, & mater tua, & exsultet quæ genuit te.

VERSIO ANTIQUA.

25. Jucundetur pater, & mater in te..... Ambr. l. de exhort. virg. p. 281. d.

VULGATA NOVA.

26. Præbe fili mi cor tuum mihi: & oculi tui vias meas custodiant.
27. Fovea enim profunda est meretrix: & puteus angustus, aliena.
28. Insidiatur in via quasi latro, & quos incautos viderit, interficiet.

VULGATA NOVA.

29. Cui væ? cujus patri væ? cui rixæ? cui foveæ? cui sine causa vulnera? cui suffusio oculorum?

VERSIO ANTIQUA.

29. Cui væ? cui judicia? cui tumultus?..... Ambr. l. de Elia, c. 15. p. 552. a.

VULGATA NOVA.

30. Nonne his, qui commorantur in vino, & student calicibus epotandis?
31. Ne intuearis vinum quando flavescit, cùm splenduerit in vitro color ejus: ingreditur blandè,
32. sed in novissimo mordebit ut coluber, & sicut regulus venena diffundet.

VULGATA NOVA.

33. Oculi tui videbunt extraneas, & cor tuum loquetur perversa.
34. Et eris sicut dormiens in medio mari, & quasi sopitus gubernator, amisso clavo: 35. & dices: Verberaverunt me, sed non dolui: traxerunt me, & ego non sensi: quando evigilabo, & rursus vina reperiam?

VERSIO ANTIQUA.

33. Oculi tui cùm viderint alienam, os tuum tunc loquetur prava. Cassian. coll. 20. c. 9. p. 776.
34. Et jacebis tanquam in corde maris, & sicut gubernator in magna tempestate: 35. dices autem: Ferierunt me, sed non dolui: & delu-
serunt me, ego autem nescivi.....

NOTÆ AD VERSIONEM ANTIQUAM.

℣. 21. Id memoriter citatum videtur à S. Valeriano; nam in Gr. sic: πᾶς γὰρ μέθυσος, καὶ πορνοκόπος πτωχεύσει· καὶ ἐνδύσεται διεῤῥηγμένα καὶ ῥακώδη πᾶς ὑπνώδης· *omnis enim ebrius, & scortator mendicabit; & induetur disruptis & laceris omnis somnolentus.*

℣. 25. Iidem Græcè.

℣. 29. In Gr. ponitur *tumultus*, ante *judicia*.

℣. 33. Apte ad Græcum. Similiter Ambros. l. 5. Hexa. col. 87. e. *Oculi tui cùm viderint alienam, os tuum loquitur perversa.*

℣. 34. Ita de Gr. nisi excipias vocem *magnâ*, pro qua πολλῷ, *multâ*. Iisdem alludere videtur Ambros. in Ps. 118. col. 1070. b. dicens: *sed gubernator ille melior est qui in tempestate navim gubernat.*

℣. 35. Gr. Τύπτουσί με, καὶ, *Feriunt me, &*; reliqua ut in Lat. sup. In edd. Ald. & Compl. ἔτυπτον, *feriebant*; sed Cassian. coll. 23. c. 7. & 24. c. 11. p. 837. 867. constanter leg. *ferierunt me, sed non dolui*, &c. ut supra.

CAPUT XXIV.

VULGATA NOVA.

Sap. 23. 17. 1. NE æmuleris viros malos, nec desideres esse cum eis: 2. quia rapinas meditatur mens eorum, & fraudes labia eorum loquuntur.
3. Sapientiâ ædificabitur domus, & prudentiâ roborabitur.
4. In doctrina replebuntur cellaria, universa substantia pretiosa & pulcherrima.

VERSIO ANTIQUA.

1. NE imitatus fueris malos viros, neque de- Lucif. Cal. de non
sideres esse cum illis: 2. falsa enim medi- conven. cum haret.
tatur cor eorum, & dolores labia eorum loquun- p. 223. c.
tur.
3. Cum sapientia ædificatur domus, & cum Cassian. coll. 2. c.
intellectu iterum erigitur. 4. p. 331. b.
4. Cum sensu implentur cellaria, omnibus divitiis pretiosis & bonis.

VULGATA NOVA.

5. Vir sapiens, fortis est: & vir doctus, robustus & validus.
6. Quia cum dispositione initur bellum: & erit salus ubi multa consilia sunt.

VULGATA NOVA.

7. Excelsa stulto sapientia, in porta non aperiet os suum.
8. Qui cogitat mala facere, stultus vocabitur.
9. Cogitatio stulti peccatum est: & abomina-

VERSIO ANTIQUA.

7..... Sapientes non declinant de ore Domini, Ambr. l. 1. offic.
sed tractant in confessionibus suis. p. 31. f. 32. a.
8. Indisciplinatis obviat mors: Ex Ms. Floriac.
9. Moritur insipiens in peccatis..... n. 10.

NOTÆ AD VERSIONEM ANTIQUAM.

℣. 1. Græc. Υἱὲ, μὴ ζηλώσῃς, *Fili, ne æmulaveris*, &c. ut supra.

℣℣. 2. 3. 4. Similiter in Græco.

℣. 7. Vix meliùs è Gr. excepta voce ult. *confessionibus*, pro qua συνεδρίοις, *consessibus*; fortè Ambros. scripserat *consessionibus*.

℣℣. 8. 9. Iidem Græcè, posito δὲ, *autem*, post *moritur*.

VERSIO ANTIQUA.

Lucif. Cal. l. 1. pro S. Athan. 193. c.

11. Libera eos, qui ducuntur ad mortem : & redimere eos qui interficiuntur, ne cesses.
12. Si autem dixeris : Nescio hunc : scito quoniam Dominus corda omnium novit ; & qui figuravit spiritum omnibus illis, scit omnia, qui reddit unicuique secundùm opera ejus.

VULGATA NOVA.

tio hominum detractor.
10. Si desperaveris lassus in die angustiæ : imminuetur fortitudo tua.
11. Erue eos, qui ducuntur ad mortem : & qui trahuntur ad interitum liberare ne cesses. *Ps. 81. 4.*
12. Si dixeris : Vires non suppetunt : qui inspector est cordis, ipse intelligit, & servatorem animæ tuæ nihil fallit, reddetque homini juxta opera sua.

VULGATA NOVA.

Inf. 25. ℣. 16. & 17.

13. Comede, fili mi, mel, quia bonum est, & favum dulcissimum gutturi tuo.
14. Sic & doctrina sapientiæ animæ tuæ : quam cùm inveneris, habebis in novissimis spem, & spes tua non peribit.

VERSIO ANTIQUA.

Lucif. Cal. l. de non conven. cum hæret. p. 223. c.

15. Noli applicare impium ad pascua justi, neque seducaris saturitate ventris.
16. Septies enim cadit justus, & resurget : impii autem infirmabuntur in malis.

Cassian. coll. 5. c. 15. p. 402. b.

17. Si ceciderit inimicus tuus, noli gratulari ; in supplantatione autem ejus noli extolli : 18. ne videat Dominus, & non placeat ei, & avertat iram suam ab eo.

VULGATA NOVA.

15. Ne insidieris, & quæras impietatem in domo justi, neque vastes requiem ejus.
16. Septies enim cadet justus, & resurget : impii autem corruent in malum.
17. Cùm ceciderit inimicus tuus, ne gaudeas, & in ruina ejus ne exsultet cor tuum : 18. ne fortè videat Dominus, & displiceat ei, & auferat ab eo iram suam.

VULGATA NOVA.

19. Ne contendas cum pessimis, nec æmuleris impios : 20. quoniam non habent futurorum spem mali, & lucerna impiorum exstinguetur.

VERSIO ANTIQUA.

Hieron. in Ezech. 16. to. 3. 790. d.

21..... cum detractoribus ne commiscearis : 22. quoniam repente veniet interitus eorum : & ruinam utriusque quis novit?

Lucif. Cal. l. 1. pro S. Athan. 193. d.

23..... Erubescere personam in judicio non est bonum.
24. Et qui dicit impium justum esse, maledictus erit in populis, & odibilis gentibus.
25. Nam qui arguunt, meliora sperabunt : in ipsos autem veniet benedictio optima.

VULGATA NOVA.

21. Time Dominum, fili mi, & regem : & cum detractoribus non commiscearis : 22. quoniam repente consurget perditio eorum : & ruinam utriusque quis novit ?
23. Hæc quoque sapientibus : Cognoscere personam in judicio non est bonum. *Lev. 19. 15.*
24. Qui dicunt impio : Justus es : maledicent eis populi, & detestabuntur eos tribus. *Deut. 1. 17. & 16. 19.*
25. Qui arguunt eum, laudabuntur : & super ipsos veniet benedictio. *Eccli. 42. 1.*

VULGATA NOVA.

26. Labia deosculabitur, qui recta verba respondet.
27. Præpara foris opus tuum, & diligenter exerce agrum tuum : ut postea ædifices domum tuam.
28. Ne sis testis frustra contra proximum tuum : nec lactes quemquam labiis tuis.
29. Ne dicas : Quomodo fecit mihi, sic faciam ei : reddam unicuique secundùm opus suum. *Sup. 20. 22.*

NOTÆ AD VERSIONEM ANTIQUAM.

℣. 11. Ambros. l. 1. de Jac. c. 3. col. 447. f. & l. 1. offic. col. 47. f. *Eripe eum, qui ducitur ad mortem :* ita quoque in Ps. 118. ser. 8. n. 41. col. 1071. b. Cassian. verò coll. 2. c. 13. p. 342. b. *Eruere eos, qui ducuntur ad mortem ; & redimere eos qui interficiuntur, ne parcas :* similiter hab. coll. 17. c. 19. p. 706. f. præter primum *erue.* Auct. l. de promiss. p. 2. ap. Prosp. p. 167. b. *Libera eos, qui ducuntur ad mortem : & redime eos qui occiduntur.* Gr. Ῥῦσαι ἀγομένους..... καὶ ἐκπρίω κτεινομένους, μὴ φείσῃ· Ms. Alex. hab. ἐκπρίω ; al. ἐκπρεσῶν.

℣. 12. Concordant tota ista cum Græco, nisi quòd deletâ voculâ *illis*, ita sequitur, αὐτὸς οἶδε πάντα, &c. fortasse mendum est typographicum in edit. Lucif. legendumque *ille*, non *illis* : errata similia frequenter occurrunt in edit. PP. Lugd. August. l. de quæst. to. 6. 20. g. rectè : *scito quoniam Dominus corda hominum novit ; & qui finxit spiritum omnibus, ipse scit omnia.*

℣. 15. Ita legit Cassianus, coll. 14. c. 17. p. 649. f. ad verbum. Cypr. verò l. 3. Testim. p. 326. c. *Ne adduxeris impium in habitaculum justorum.* Hieron. in Mich. 3. to. 3. 1520. a. *Ne inducas impium in tabernaculum justorum.* Gr. Μὴ προσαγάγῃς ἀσεβῆ νομῇ δικαίων, &c. ut in textu.

℣. 16. August. in Ps. 55. to. 4. 523. f. *Justus enim septies cadet, & resurget : impii verò infirmabuntur in malis :* rursum l. 11. de civit. Dei, c. 31. to. 7. 297. a. *Septies cadet justus, & resurget.* Sic etiam leg. Hieron. l. 2. cont. Pelag. to. 4. 512. c. Fulg. verò l. de Incarn. p. 427. & Cassian. coll. 20. c. 11. & coll. 22. c. 13. p. 777. c. 824. f. *Septies justus cadit, & resurgit.* Græc. Ἑπτάκις γὰρ πεσεῖται δίκαιος· reliqua ut in Latino textu.

℣. 17. Græcè adnectitur αὐτῷ, *ei*, ad verbum *gratulari*, pro quo ἐπιχαρῇς ; cæt. ut in Lat. sup. In act. verò mart. S. Pionii p. 141. ita : *Inimico cadente, non exsultes, nec aliena infelicitate te jactes.* Apud Cæsar. Arelat. hom. 11. *Cùm ceciderit inimicus tuus, ne gaudeas.*

℣. 18. Gr. ὅτι ὄψεται Κύριος, καὶ οὐκ ἀρέσει αὐτῷ, καὶ ἀποστρέψει τὸν θυμὸν αὐτοῦ ἀπ' αὐτοῦ· *quoniam videbit Dominus, & non placebit ei, & convertet indignationem suam ab eo.* Cæsar. Arelat. hom. 11. *ne fortè videat Deus, & displiceat illi, & avertat iram suam ab eo.*

℣. 21. In Græco vix quidquam reperitur quod huic versiculo respondeat ; quare facilè crediderim hoc in loco Hieronymum non citasse secund. versionem LXX. ubi sic : Φοβοῦ τὸν Θεόν, υἱέ, καὶ βασιλέα· deinde, καὶ μηθ' ἑτέρῳ αὐτῶν ἀπειθήσῃς· i. e. *Time Deum, fili, & regem : & neutri eorum sis inobediens ;* Schol. ἐπιμίγνυσο, *commiscearis.*

℣. 22. Hæc magis quadrant Vulgatæ, quàm Græco : ita nempe sequitur Græcè : ἐξαίφνης γὰρ τίσονται τοὺς ἀσεβεῖς· τὰς δὲ τιμωρίας ἀμφοτέρων τίς γνώσεται ; *subitò enim ulciscentur impios : supplicia autem utrorumque quis cognoscet ?* ed. Ald. τίς οἶδεν ; *quis novit ?* ut sup. Vide Nobil. Not. *x.*

℣. 23. Itidem Græcè.

℣. 24. Græcè, ipso initio deest *& ;* exinde sic, Δίκαιος εἶ, *Justus es*, loco *justum esse ;* extremò præponitur εἰς, *in*, voci *gentibus*, deletur verò sup. ante *populis ;* cæt. quadrant.

℣. 25. In Græco sic : Οἱ δὲ ἐλέγχοντες, βελτίους φανοῦνται· Nobil. *Qui autem arguunt, meliores parebunt ;* reliqua ut sup. deleta tamen ultima voce *optima.*

VULGATA NOVA.

30. Per agrum hominis pigri transivi, & per vineam viri stulti: 31. & ecce totum repleverant urticæ, & operuerant superficiem ejus spinæ, & maceria lapidum destructa erat.

32. Quod cùm vidissem, posui in corde meo, & exemplo didici disciplinam.

33. Parum, inquam, dormies, modicum dormitabis, pauxillum manus conseres, ut quiescas: 34. & veniet tibi quasi cursor egestas, & mendicitas quasi vir armatus.

VERSIO ANTIQUA.

30. Tanquam agricultura, homo imprudens: & tanquam vinea, homo egens sensu: 31. si reliqueris eum, desertus erit..... *Ambr. ep. 37. p. 940. c.*

32. Novissimè ego egi pœnitentiam, & respexi ut eligerem disciplinam. *Hieron. in Ezech. 43. p. 1015. d.*

33. Usquequo piger dormis? usquequo de somno consurgis?..... *Ex Ms. S. Theod. ad Remos, n. 2.*

NOTÆ AD VERSIONEM ANTIQUAM.

℣. 30. Idem Ambr. l. 1. offic. col. 42. e. *Sicut agricultura est homo insipiens*, &c. ut sup. at l. 2. de Abr. col. 323. f. constanter legit: *Tanquam agricultura, homo imprudens*. Gr. Ὥσπερ γεώργιον, ἀνὴρ ἄφρων, &c. ut sup.

℣. 31. Idem Ambr. l. 1. offic. col. 42. e. *si reliqueris eum, desolabitur*. Gr. ἐὰν ἀφῇς αὐτὸν, χερσωθήσεται.

℣. 32. Ita Græcè ad verbum, detractâ tamen mediâ conjunct. &.

℣. 33. Ita Ms. S. Theod. habet ibid. intra textum: in Græco verò sic: Ὀλίγον νυστάζω, ὀλίγον δὲ καθεύδω· ὀλίγον δὲ ἐναγκαλίζομαι χερσὶ στήθη. i. e. *Paululùm dormito, paululùm autem somnum capio: paululùm verò amplexor manibus pectora*; Schol. νυστάζεις..... καθυπνοῖς, *dormitas... somnum capis*. Aq. Symm. & Theod. loco στήθη, hab. τοῦ κοιμηθῆναι, *ad dormiendum*.

CAPUT XXV.

VULGATA NOVA.

1. HÆ quoque parabolæ Salomonis, quas transtulerunt viri Ezechiæ regis Juda.

2. Gloria Dei est celare verbum, & gloria regum investigare sermonem.

3. Cœlum sursum, & terra deorsum, & cor regum inscrutabile.

4. Aufer rubiginem de argento, & egredietur vas purissimum.

5. Aufer impietatem de vultu regis, & firmabitur justitiâ thronus ejus.

VULGATA NOVA.

6. Ne gloriosus appareas coram rege, & in loco magnorum ne steteris.

7. Melius est enim ut dicatur tibi: Ascende huc; quàm ut humilieris coram principe.

8. Quæ viderunt oculi tui, ne proferas in jurgio citò: ne postea emendare non possis, cùm dehonestaveris amicum tuum.

9. Causam tuam tracta cum amico tuo, & secretum extraneo ne reveles: 10. ne fortè insultet tibi cùm audierit, & exprobrare non cesset.

Gratia & amicitia liberant: quas tibi serva, ne exprobrabilis fias.

VERSIO ANTIQUA.

6. Noli superbire coram rege..... *Lucif. l. 1. pro S. Athan. p. 193. e.*

8. Quæ viderint oculi tui, loquere..... *Zozim. ep. 3. to. 1. p. 953.*

10.....

Gratia & amicitia liberant: quas tibi serva, ne exprobrabilis fias..... *Ex Ms. Sangerm. n. 14.*

VULGATA NOVA.

11. Mala aurea in lectis argenteis, qui loquitur verbum in tempore suo.

12. Inauris aurea, & margaritum fulgens, qui arguit sapientem, & aurem obedientem.

13. Sicut frigus nivis in die messis, ita legatus fidelis ei, qui misit eum, animam ipsius requiescere facit. *Inf. 26. 6.*

VULGATA NOVA.

14. Nubes, & ventus, & pluviæ non sequentes, vir gloriosus, & promissa non complens.

15. Patientiâ lenietur princeps, & lingua mollis confringet duritiam. *Sup. 15. 1.*

16. Mel invenisti, comede quod sufficit tibi, ne fortè satiatus evomas illud.

17. Subtrahe pedem tuum de domo proximi tui, nequando satiatus oderit te.

18. Jaculum, & gladius, & sagitta acuta, homo qui loquitur contra proximum suum falsum testimonium.

VERSIO ANTIQUA.

14. Sicut venti, & nubes, & pluviæ manifestissimæ sunt; ita qui gloriatur in dato falso. *Cassian. coll. 15. c. 7. p. 662. c.*

16. Mel invenisti, comede quantum satis est: si enim plus comederis, evomes illud. *Hieron. in Ezech. 27. to. 3. p. 886. f.*

17. Rarò inferes pedem ad amicum tuum, ne saturatus tui oderit te. *Ambrosiast. col. 288. c.*

18. Clava, & gladius, & sagitta ferrata; sic homo est, testimonium dans falsum adversùs amicum suum. *Ambr. l. 3. offic. to. 2. p. 138. f.*

NOTÆ AD VERSIONEM ANTIQUAM.

℣. 6. Gr. Μὴ ἀλαζονεύου ἐνώπιον βασιλέως· Nobil. *Ne gloriosè te ostentes coram rege.*

℣. 8. Græc. Ἃ εἶδον..... λέγε.

℣. 10. Gr. Χάρις, καὶ φιλία ἐλευθεροῖ, &c. ut sup. subnectitur tamen istud: ἀλλὰ φύλαξον τὰς ὁδούς σου εὐσυναλλάκτως, *sed custodi vias tuas compositè*. Hæc autem omnia absunt à textu Hebr. transieruntque è Vers. LXX. in Vulgatam hod. sicut aliæ plures id genus.

℣. 14. Sic est in Græco, detracto verbo *sunt*, post *manifestissima*, pro quo ult. ἐπιφανέστατα, *clarissima*; Ms. Alex. ac edd. Ald. & Compl. ἐπιφανέσταται, ut sup.

℣. 16. Græcè, Μέλι εὑρὼν, φάγε τὸ ἱκανὸν, μή ποτε πλησθεὶς ἐξεμέσῃς. *Mel inveniens, comede quod sufficit, ne fortè repletus evomas.*

℣. 17. Græc. Σπάνιον εἴσαγε σὸν πόδα..... μή ποτε, &c. ut sup. *Rarum introduc pedem tuum ad..... ne fortè*, &c. ut sup.

℣. 18. Hieron. l. 3. cont. Rufin. to. 4. 473. *Clava, & gladius, & sagitta, perniciosa sunt: sic & vir, qui contra amicum suum falsum dicit testimonium*: ita etiam in Græco, nisi quòd loco *perniciosa sunt*, exstat ἀκιδωτόν, vel ut in Ms. Alex. ac ed. Ald. ἀκιδωτόν, al. ἀκονη-

VERSIO ANTIQUA.

20.....

Hieron. in Isai. 66. to. 3. 514. b. Sicut tinea vestimento, & vermis ligno : sic mœror excruciat cor viri.

S. Cæsar. Arelat. hom. 11. c. 21. Si esurierit inimicus tuus, ciba illum : si sitit, potum da illi : 22. hoc enim faciens, carbones ignis congeres super caput ejus.....

Hieron. l. 1. cont. Jovin. to. 4. 170. c. 24. Melius est habitare in angulo tecti, quàm cum uxore maledica in domo communi.

S. Paulin. ep. 11. p. 49. a. 25. Ut aqua frigida sitientibus, ita nuncius bonus à terra longinqua.

VULGATA NOVA.

19. Dens putridus, & pes lassus, qui sperat super infideli in die angustiæ, 20. & amittit pallium in die frigoris.

Acetum in nitro, qui cantat carmina cordi pessimo.

Sicut tinea vestimento, & vermis ligno : ita tristitia viri nocet cordi.

21. Si esurierit inimicus tuus, ciba illum : si sitierit, da ei aquam bibere : 22. prunas enim congregabis super caput ejus, & Dominus reddet tibi. Rom. 12. 20.

23. Ventus aquilo dissipat pluvias, & facies tristis linguam detrahentem.

24. Melius est sedere in angulo domatis, quàm cum muliere litigiosa, & in domo communi. Sup. 21. 9.

25. Aqua frigida animæ sitienti, & nuncius bonus de terra longinqua.

VULGATA NOVA.

26. Fons turbatus pede, & vena corrupta, justus cadens coram impio.

27. Sicut qui mel multum comedit, non est ei bonum : sic qui scrutator est majestatis, opprimetur à gloria. Eccli. 3. 22.

VERSIO ANTIQUA.

Cassian. coll. 2. c. 4. p. 331. 28. Sicut civitas muris diruta & non circumdata, sic est vir, qui non cum consilio aliquid agit.

VULGATA NOVA.

28. Sicut urbs patens & absque murorum ambitu, ita vir, qui non potest in loquendo cohibere spiritum suum.

NOTÆ AD VERSIONEM ANTIQUAM.

μίτω ; ap. Nobil. *sagitta acuta*, quasi *cuspidata*, seu *in cuspidem desinens*.

℣. 20. Hieron. ibid. monet hanc sententiam invenisse se obelo subjectam. *In Proverbiis*, inquit, *Tinea ossium, cor intelligens* : dein, & *iterum sub obelo* : *Sicut tinea vestimento*, &c. quæ sup. at l. 1. adv. Jovin. to. 4. p. 2. col. 170. b. legit ; *Sicut in ligno vermis, ita perdit virum suum uxor malefica*. August. l. 21. de civit. Dei, c. 9. to. 7. 630. c. *Sicut tinea vestimentum, & vermis lignum : sic mœror excruciat cor viri*. Cassiod. in Ps. 54. p. 185. b. *Quemadmodum vermis ligno, & tinea vestimento : ita tristitia viri nocet cordi*. Ms. S. Germ. n. 14. eandem sententiam præfert intra textum ut in Vulg. Abest autem à textu Hebraïco, invectaque est in Vulg. hod. è Vers. LXX. ubi sic : Ὥσπερ σὴς ἐν ἱματίῳ, καὶ σκώληξ ξύλῳ· οὕτως λύπη ἀνδρὸς βλάπτει καρδίαν. Ms. Alex. delet ἐν, ante ἱματίῳ.

℣℣. 21. 22. Concinit Græc. ad verbum. Eadem quoque refert Auct. op. imp. in Matth. p. 64. c.

℣. 24. Græcum quadrat, nisi quòd hab. δώματος, loco *tecti*, ad litt. *domûs*.

℣. 25. Græc. Ὥσπερ ὕδωρ ψυχρὸν ψυχῇ διψώσῃ προσηνὲς, οὕτως ἀγγελία, &c. *Sicut aqua frigida animæ sitienti blanda, sic*, &c.

℣. 28. Vix meliùs è Græco.

CAPUT XXVI.

VERSIO ANTIQUA.

Hieron. l. 3. cont. Rufin. to. 4. 473. 2. Sicut aves avolant & passeres : ita maledictum vanum non superveniet ulli.

Ambr. in Ps. 118. p. 1195. b. 3. Flagellum equo, & stimulus asino imperat : virga autem nationi imprudenti.

Hieron. l. 3. cont. Rufin. to. 4. 473. 4. Noli respondere imprudenti ad imprudentiam ejus, ne similis illi fias :

5. Sed responde stulto ad stultitiam ejus, ne sibi sapiens esse videatur.

VULGATA NOVA.

1. Quomodo nix in æstate, & pluviæ in messe : sic indecens est stulto gloria.

2. Sicut avis ad alia transvolans, & passer quò libet vadens : sic maledictum frustra prolatum in quempiam superveniet.

3. Flagellum equo, & camus asino, & virga in dorso imprudentium. Sup. 19. 13.

4. Ne respondeas stulto juxta stultitiam suam, ne efficiaris ei similis.

5. Responde stulto juxta stultitiam suam, ne sibi sapiens esse videatur.

VULGATA NOVA.

Sup. 25. 13. 6. Claudus pedibus, & iniquitatem bibens, qui mittit verba per nuncium stultum.

7. Quomodo pulchras frustra habet claudus tibias : sic indecens est in ore stultorum parabola.

8. Sicut qui mittit lapidem in acervum Mercurii : ita qui tribuit insipienti honorem.

NOTÆ AD VERSIONEM ANTIQUAM.

℣. 2. Ad verbum è Græco : Hieron. tamen extremò hab. in editt. *illi*, non *ulli* ; sed mendum est, ut reor ; nam in Gr. constanter, οὐδενί. Leo PP. epist. 1. c. 11. p. 179. ait : *Maledictum frustra prolatum revertitur in auctorem suum*.

℣. 3. Lucif. Cal. l. 1. pro S. Athan. p. 193. e. *Flagellum equo, & stimulum asino ; virgam autem genti insipienti*. Græcè, Ὥσπερ μάστιξ ἵππῳ, καὶ κέντρον ὄνῳ· οὕτως ῥάβδος ἔθνει παρανόμῳ· *genti iniquæ* ; Theodot. σώματι ἀνόητω, *corpori dementis*.

℣. 4. Accinunt magno consensu Lucif. Cal. l. de non parc. in De. del. p. 241. vel 243. h. Cypr. ad Demetr. p. 216. b. & Ambros. l. 1. offic. col. 10. f. Ennod. etiam pro Synod. ap. Sirmond. to. 1. p. 1629. b. legit : *Ne respondeas imprudenti ad imprudentiam ejus*. Suffragatur Cælestin. PP. ep. 14. to. 1. p. 1138. c. cum Græco. Auct. l. de sing. cleric. ap. Cypr. p. 529. d. habet : *Noli respondere insipienti ad ipsius insipientiam, ne similis fias illi*.

℣. 5. Concinit Græc. Auct. etiam l. de sing. cleric. p. 529. d. legit : *Sed responde insipienti contra ipsius insipientiam, ut non videatur sibi sapiens esse*.

VULGATA NOVA.

9. Quomodo si spina nascatur in manu temulenti : sic parabola in ore stultorum.

10. Judicium determinat causas : & qui imponit stulto silentium, iras mitigat.

2. Pet. 2. 22. 11. Sicut canis, qui revertitur ad vomitum suum, sic imprudens, qui iterat stultitiam suam.

12. Vidisti hominem sapientem sibi videri? magis illo spem habebit insipiens.

13. Dicit piger : Leo est in via, & leæna in itineribus : 14. sicut ostium vertitur in cardine suo, ita piger in lectulo suo.

VERSIO ANTIQUA.

9. Spinæ nascuntur in manu ebriosi : servitus autem in manu imprudentis. Ambr. ep. 37. p. 939. f.

11. Sicut canis, qui convertitur ad vomitum suum, & odibilis efficitur ; ita stultus, suâ malitiâ conversus ad suum peccatum..... Lucif. Cal. l. 1. pro S. Athan. p. 193. e.

13..... Leo est in viis, in plateis autem homicidæ. S. Paulin. ep. 8. p. 43. c.

VULGATA NOVA.

Sup. 19. 24. 15. Abscondit piger manum sub ascella sua, & laborat si ad os suum eam converterit.

16. Sapientior sibi piger videtur septem viris loquentibus sententias.

17. Sicut qui apprehendit auribus canem, sic qui transit impatiens, & commiscetur rixæ alterius.

VULGATA NOVA.

18. Sicut noxius est qui mittit sagittas, & lanceas in mortem : 19. ita vir, qui fraudulenter nocet amico suo : & cùm fuerit deprehensus, dicit : Ludens feci.

20. Cùm defecerint ligna, exstinguetur ignis : & susurrone subtracto, jurgia conquiescent.

Sup. 15. 18. 21. Sicut carbones ad prunas, & ligna ad ignem, sic homo iracundus suscitat rixas.

22. Verba susurronis quasi simplicia, & ipsa perveniunt ad intima ventris.

23. Quomodo si argento sordido ornare velis vas fictile, sic labia tumentia cum pessimo corde sociata.

24. Labiis suis intelligitur inimicus, cùm in corde tractaverit dolos.

25. Quando submiserit vocem suam, ne credideris ei : quoniam septem nequitiæ sunt in corde illius.

26. Qui operit odium fraudulenter, revelabitur malitia ejus in concilio.

27. Qui fodit foveam, incidet in eam : & qui volvit lapidem, revertetur ad eum.

28. Lingua fallax non amat veritatem : & os lubricum operatur ruinas.

VERSIO ANTIQUA.

19. qui insidiatur amicis suis, cùm visus fuerit, dicit : Ludens feci. Hieron. l. 3. cont. Rufin. to. 4. 473.

20. In multis lignis viget ignis..... Idem in Isai. 66. to. 3. 504. f.

21. Craticula carbonibus, & ligna igni, & vir maledicus ad tumultum rixæ. Idem l. 3. cont. Rufin. to. 4. 473.

22. Verba callidorum mollia : hæc autem feriunt in penetralia ventris. Cassian. coll. 16. c. 18. p. 682. f.

23. Pecunia quæ datur cum dolo, quasi testa reputabitur..... Hieron. in Isai. 54. to. 3. 401. b.

25. Si te rogaverit inimicus tuus voce magna, ne consenseris ei : septem enim nequitiæ sunt in anima ejus. Cassian. coll. 5. c. 25. p. 409.

27. Qui fodit foveam proximo suo, ipse incidet in eam..... Cypr. l. 3. Testim. p. 328. a.

NOTÆ AD VERSIONEM ANTIQUAM.

℣. 9. Ita in Græco, excepto plur. ult. *τῶν ἀφρόνων*, *imprudentum*. Vide rursum Ambr. l. de Elia, c. 9. col. 543. f. & in Ps. 35. col. 768. d. Hoc autem posteriori loco ad hunc ℣. *Dixit injustus ut delinquat sibi*, subdit : *Sicut spinæ nascuntur in manu ebriosi, ut Scriptura adserit, ita & injusti sermone nascuntur, quæ compungant loquentem* : quæ ult. verba ipsius Ambrosii additamentum esse videntur, non Scripturæ ; saltem eò loci nil tale reperies in Proverb. Hieron. in Malach. 1. to. 4. 1807. c. pariter habet : *Spinæ nascuntur in manu ebriosi*.

℣. 11. Ad verbum è Gr. nisi hoc excipias, *qui convertitur*, pro quo *ὅταν ἐπέλθῃ*, *quando redierit*. Cæsar. Arel. hom. 10. legit : *Sicut odibilis fit canis, quando revertitur ad vomitum suum ; ita peccator, quando revertitur ad peccatum suum*. Eadem reperit hom. 16. nisi quòd habet : *Sicut canis odibilis est..... sic peccator*. Auct. l. de promiss. apud Prosp. p. 133. d. *Canis reversus ad vomitum*.

℣. 13. Itidem Græcè, detracto verbo *est*.

℣. 19. Græc. *οὕτως πάντες οἱ ἐνεδρεύοντες τοὺς ἑαυτῶν φίλους· ὅταν δὲ ἐλεγχθῶσι, λέγουσιν· Ὅτι παίζων ἔπραξα· sic omnes insidiantes amicis suis : quando autem visi fuerint, dicunt : Quia ludens feci*.

℣. 20. Gr. hab. *θάλλει*, pro *viget* ; Nobilius, *germinat* : fortè Hieron. legit *vires* : utrumque idem valet, sive *viget*, sive *viret*.

℣. 21. Ita Græcè ad verbum, nisi quòd hab. *ἀνὴρ δέ*, *vir autem*, pro *& vir*.

℣. 22. Similiter in Gr. nisi excipias ult. *σπλάγχνων*, *viscerum*, loco *ventris* ; at in Schol. *κοιλίας*. Anon. ap. S. Paulin. ep. ad Celanc. to. 2. p. 14. c. legit : *Verba adulatorum mollia : feriunt autem interiora ventris* : vox Gr. *κερκώπων* utrumque significare potest, sive *adulatorum*, sive *callidorum* ; Nobil. vertit *assentatorum*, quasi *caudatorum*, & *caudâ blandientium*, à *κέρκος*, *cauda*.

℣. 23. Græc. *Ἀργύριον διδόμενον μετὰ δόλου, ὥσπερ ὄστρακον ἡγητέον*.

℣. 25. Vix meliùs è Græco, detractis 2. voculis, *tuus*, & *ei*. Hieron. l. 3. adv. Rufin. to. 4. 473. *Si te rogaverit inimicus tuus parcens voce magna, ne consentias ei : septem enim*, &c. ut supra. Græcè, *πεισθῇς*, pro *consentias*, Nobil. *credideris*.

℣. 27. Ita quoque Cassian. hab. coll. 16. c. 18. p. 683. a. A Græco absunt *suo*, & *ipse* ; cæt. verò ut sup. Ap. August. epist. 93. to. 2. 239. b. *Qui parat proximo suo foveam, ipse justiùs cadet in eam*.

CAPUT XXVII.

VERSIO ANTIQUA.

Hieron. in Ezech. 16. to. 3. 793. d. 1. NE glorieris in crastinum : nescis enim quid ventura pariat dies.

Ambr. ep. 77. p. 1092. d. 2. Laudet te proximus tuus, & non os tuum.....

Hieron. l. 3. cont. Rufin. to. 4. 473. 3. Gravis est lapis, & vix portabilis arena : sed ira stulti gravior utroque.

4. Crudelis est indignatio, & acuta ira ; & zelus impatiens est.

Ambr. in Ps. 118. p. 1169. e. 6. Utiliora vulnera amici, quàm voluntaria oscula inimici.

Cassian. coll. 14. c. 13. p. 646. b. 7. Anima quæ in satietate est, favis illudit : animæ autem egenti etiam amara dulcia videntur.

VULGATA NOVA.

1. NE glorieris in crastinum, ignorans quid superventura pariat dies.

2. Laudet te alienus, & non os tuum : extraneus, & non labia tua.

3. Grave est saxum, & onerosa arena : sed ira stulti utroque gravior. *Eccli. 22. 18.*

4. Ira non habet misericordiam, nec erumpens furor : & impetum concitati ferre quis poterit ?

5. Melior est manifesta correptio, quàm amor absconditus.

6. Meliora sunt vulnera diligentis, quàm fraudulenta oscula odientis.

7. Anima saturata calcabit favum : & anima esuriens etiam amarum pro dulci sumet. *Job 6. 7.*

VULGATA NOVA.

8. Sicut avis transmigrans de nido suo, sic vir qui derelinquit locum suum.

9. Unguento & variis odoribus delectatur cor : & bonis amici consiliis anima dulcoratur.

VERSIO ANTIQUA.

10.....

Ambr. l. 1. offic. p. 46. c. Melior vicinus in proximo, quàm frater longè habitans.

Ambr. l. de Tob. c. 20. p. 617. 11. Sapiens esto fili, ut lætetur cor tuum : [a] averte dedecoris sermonem.

[a] Idem l. 3. de interpel. Job, c. 2. p. 655. b. 12. [b] Astutus videns malum puniri, vehementer erudietur : [c] imprudentes autem supervenientes damnum pendent.

[b] Auct. l. de sing. cleric. p. 521. c.

[c] Ambr. l. de Tob. c. 20. col. 617. b. 13. [d] Aufer vestimentum tuum : præterit enim injuriosus.....

[d] Ambr. l. de interpel. Job, c. 2. p. 655. a. 14. [e] Qui benedicit amico manè grandi voce, à maledicente nihil differt.

[e] Hieron. in Isai. 3. p. 39. b. 15. [f] Stillicidia ejiciunt hominem in die hiemali de domo sua : similiter & mulier maledica de propria domo. 16. [g] Aquilo durus ventus.....

[f] Idem l. 1. cont. Jovin. to. 4. 170. c.

[g] Idem in Jer. 1. p. 531. b.

Ambr. l. de parad. p. 175. b. 18. Quis plantat ficum, & de fructu ejus non

VULGATA NOVA.

10. Amicum tuum, & amicum patris tui ne dimiseris : & domum fratris tui ne ingrediaris in die afflictionis tuæ.

Melior est vicinus juxta, quàm frater procul.

11. Stude sapientiæ fili mi, & lætifica cor meum, ut possis exprobranti respondere sermonem.

12. Astutus videns malum, absconditus est : parvuli transeuntes sustinuerunt dispendia.

13. Tolle vestimentum ejus, qui spopondit pro extraneo : & pro alienis, aufer ei pignus. *Sup. 20. 16.*

14. Qui benedicit proximo suo voce grandi, de nocte consurgens maledicenti similis erit.

15. Tecta perstillantia in die frigoris, & litigiosa mulier comparantur : 16. qui retinet eam, *Sup. 19. 13.* quasi qui ventum teneat, & oleum dexteræ suæ vocabit.

17. Ferrum ferro exacuitur, & homo exacuit faciem amici sui.

18. Qui servat ficum, comedet fructus ejus :

NOTÆ AD VERSIONEM ANTIQUAM.

℣. 1. Ita rursum hab. Hieron. l. 2. cont. Pelag. to. 4. 513. f. excepto uno *adveniens*, loco *ventura* ; at in Ezech. 7. col. 737. e. sic : *neque enim scitis quid ventura pariat dies*. In Gr. Μὴ καυχῶ τὰ εἰς αὔριον· ὐ γὰρ γινώσκεις τί τέξεται ἡ ἐπιῦσα. Aquila, Sym. & Theod. loco ἐπιῦσα, legunt ἡμέρα.

℣. 2. August. tract. 36. in Joh. to. 3. 544. g. legit : *Non te laudet os tuum, sed laudet te os proximi tui*. Ambrosiast. col. 198. a. *Non te laudent labia tua, sed proximi tui*. Gr. Ἐγκωμιαζέτω σε ὁ πέλας, ϗ μὴ τὸ σὸν στόμα, &c.

℣. 3. Ita in Græco, verbum pro verbo.

℣. 4. Similiter in Gr. præter ult. ἀλλ' ὐδὲν ὑφίσαται ζῆλος, *sed nihil sustinet zelus* ; quæ idem sonant.

℣. 6. Idem Ambros. in Ps. 39. col. 863. f. *Utilia sunt vuln. amici, quàm voluntaria*, &c. ut sup. ita quoque in Ps. 118. to. 1. 1023. a. & in Luc. 22. col. 1518. b. & l. de exhort. virginit. to. 2. 221. d. 235. e. Lib. verò 2. offic. col. 82. d. *Utilia enim vuln. amici, quàm aliorum oscula* : & l. 3. offic. col. 139. b. *Tolerabilia sunt amici vuln. quàm adulantium oscula* ; Mss. nonnulli, *Probabiliora sunt*, &c. at l. de exhort. virgin. c. 9. col. 294. a. *Meliora vuln. amici, quàm voluntaria*, &c. Itidem Hieron. in Eccles. to. 2. 750. a. necnon August. l. 2. cont. ep. Parmen. to. 9. col. 40. b. & Cassiod. in Ps. 40. p. 477. b. addito uno *sunt*, ad *meliora*. S. Paulin. ep. 24. p. 161. *Meliora amici vuln. quàm voluntar. inimici oscula* : at epist. 18. p. 104. c. *Suaviora sunt vuln. amici, quàm oscula inimici*. Similiter hab. Gelas. I. ep. 8. Conc. to. 4. 1183. c. præter 1. *meliora*, loco *suaviora*. Gr. Ἀξιοπιςότερά ἐςι..... ἢ ἑκύσια φιλήματα, &c.

℣. 7. Posterior sententia iterum legitur apud Cassian. coll. 12. c. 5. p. 575. utraque concordat cum Gr. Ennod. verò ep. 3. l. 6. ap. Sirm. to. 1. p. 1496. d. sic habet : *Anima quæ in saturitate est, favis includit* ; sed manifesto errore, pro *illudit* ; Græcè enim constanter ἐμπαίζει.

℣. 10. Græcè, Κρείσσων φίλος ἐγγὺς, &c. ut supra ; al. verò Interp. teste Nobil. Γείτων ἐγγὺς, &c.

℣. 11. Similiter in Gr. exceptis his poster. ϗ ἀπόστρεψον ἀπὸ σῦ ἐπονειδίςυς λόγυς· & *averte à te exprobrabiles sermones*.

℣. 12. Græcè pauló dissimiliùs : Πανῦργος, κακῶν ἐπερχομένων, ἀπεκρύβη· ἄφρονες δὲ ἐπελθόντες ζημίαν τίσουσι. i. e. *Astutus, malis supervenientibus, abscondit se : imprudentes autem supervenientes damnum patientur.*

℣. 13. Ita Græcè, his duobus exceptis, ἀυτῦ, *ejus*, pro *tuum* ; proximèque, παρῆλθε, *præterivit* ; fortè loco ἀυτῦ, primò scriptum erat σαυτῦ, per crasin, pro σεαυτῦ, ex σὺ, *tu*, & ἀυτὸς, *ipse*.

℣. 14. Gr. initio hab. Ὅς ἂν εὐλογῇ, *Qui benedixerit*, extremòque, ὐδὲν διαφέρειν δόξει, *nihil differre videbitur* ; cæt. ut in Lat. sup.

℣. 15. Ita Græcè ad verbum. Priorem sententiam eodem modo referunt Ambros. in Ps. 118. col. 1014. b. & Cassian. coll. 6. c. 17. p. 428. a.

℣. 16. Sic est in Græco.

℣. 18. Græcè, Ὅς φυτεύει συκῆν, φάγεται τὺς καρπὺς

Vulgata nova.

& qui custos est domini sui, glorificabitur.

19. Quomodo in aquis resplendent vultus prospicientium, sic corda hominum manifesta sunt prudentibus.

20. Infernus & perditio nunquam implentur: Eccli. 14. 9. similiter & oculi hominum insatiabiles.

Sup. 17. 3. 21. Quomodo probatur in conflatorio argentum, & in fornace aurum: sic probatur homo ore laudantis.

Cor iniqui inquirit mala, cor autem rectum inquirit scientiam.

22. Si contuderis stultum in pila quasi ptisanas feriente desuper pilo, non auferetur ab eo stultitia ejus.

Versio antiqua.

manducat?.....

20. Infernus & interitus non satiantur: similiter oculi hominum insatiabiles sunt. Aust. l. de sing. cleric. p. 533. b.

Abominatio est Domino defigens oculum..... Aug. ep. 211. t. 2. 785. a.

21. [a] Probatio argenti & auri, ignis: vir autem probatur per os laudantium eum. [a] Idem in Ps. 69. p. 714. e.

Cor iniqui exquiret mala, cor autem rectum exquiret scientiam. Ex Ms. Sangerm. n. 14.

22. Si flagellaveris stultum in medio concilio contumeliam faciendo, non auferes stultitiam ejus. Ex Ms. Floriac. n. 10.

Vulgata nova.

23. Diligenter agnosce vultum pecoris tui, tuosque greges considera:

24. Non enim habebis jugiter potestatem: sed corona tribuetur in generationem & generationem.

Vulgata nova.

25. Aperta sunt prata, & apparuerunt herbæ virentes, & collecta sunt fena de montibus.

1. Tim. 6. 8. 26. Agni ad vestimentum tuum: & hœdi, ad agri pretium.

27. Sufficiat tibi lac caprarum in cibos tuos, & in necessaria domus tuæ, & ad victum ancillis tuis.

Versio antiqua.

25. Adhibe curam his quæ in campo sunt regionibus, & attonde herbam, & congrega fenum, Hieron. in Abac. 3. to. 3. 1640. c.

26. ut habeas oves ad vescendum. [a] Excole diligenter quasi bonus agricola campum tuum, ut pascantur agni tui, & sata tua floreant. [a] Ambr. in Psal. 118. p. 1041. a.

Notæ ad Versionem antiquam.

αὐτῦ. *Qui plantat ficum, comedet fructus ejus.*

℣. 20. Sic iterum August. l. de reg. ad servos Dei, to. 1. 791. c. *Abominatio est Domino*, &c. In Græco, στηρίζων ὀφθαλμὸν, *obfirmans oculum*; cætera quadrant.

℣. 21. Græc. initio hab. Δοκίμιον ἀργυρίῳ καὶ χρυσῷ, πύρωσις· ad litt. *Probatio argento & auro, ignitio*; sequentia quadrant pene ad verbum. Posterior sententia ex Ms. Saugerm. abest ab Hebræo, invectaque est in Vulgatam ex Versione LXX. ubi ἐκζητεῖ..... ζητεῖ, *exquirit..... quæret*, non *exquiret..... exquiret*.

℣. 22. Græcè similiter: Ἐὰν μαστιγοῖς ἄφρονα ἐν μέσῳ συνεδρίου ἀτιμάζων, οὐ μὴ περιέλῃς τὴν ἀφροσύνην αὐτῦ.

℣. 25. Ita Græc. habet, præter seqq. χλωρῶν, *viridibus*, pro *regionibus*; legit proculdubio Hieron. χωρῶν; mox ita, καὶ κερεῖς πόαν, *& tondebis herbam*; subinde addit θερινὸν, *æstivum*, ad *fenum*; extremòque ℣. 26. εἰς ἱματισμὸν, *in vestimentum*, loco *ad vescendum*.

℣. 26. Παραφράζειν hic videtur Ambros. non verba ipsa strictim referre; Græcè enim simpliciter: Τίμα πεδίον, ἵνα ὦσί σοι ἄρνες. *Cole campum, ut sint tibi agni.*

CAPUT XXVIII.

Vulgata nova.

1. Fugit impius, nemine persequente: justus autem quasi leo confidens, absque terrore erit.

2. Propter peccata terræ multi principes ejus: & propter hominis sapientiam, & horum scientiam quæ dicuntur, vita ducis longior erit.

3. Vir pauper calumnians pauperes, similis est imbri vehementi, in quo paratur fames.

4. Qui derelinquunt legem, laudant impium: qui custodiunt, succenduntur contra eum.

Versio antiqua.

1. Fugit impius, nemine persequente se..... Ambros. de laps. virg. p. 316. b.

3. Impius calumniatur pauperes. [a] Sicut pluvia vehemens & inutilis, Hieron. l. 3. cont. Rufin. p. 473.

4. sic qui derelinquunt sapientiam, & impietatem laudant..... [a] Idem in Eccles. to. 2. 779. b.

Vulgata nova.

5. Viri mali non cogitant judicium: qui autem inquirunt Dominum, animadvertunt omnia.

Sup. 19. 1. 6. Melior est pauper ambulans in simplicitate sua, quàm dives in pravis itineribus.

7. Qui custodit legem, filius sapiens est: qui autem comessatores pascit, confundit patrem suum.

8. Qui coacervat divitias usuris & fœnore, liberali in pauperes congregat eas.

9. Qui declinat aures suas ne audiat legem, oratio ejus erit exsecrabilis.

10. Qui decipit justos in via mala, in interitu suo corruet: & simplices possidebunt bona ejus.

11. Sapiens sibi videtur vir dives: pauper autem prudens scrutabitur eum.

12. In exsultatione justorum multa gloria est: regnantibus impiis ruinæ hominum.

13. Qui abscondit scelera sua, non dirigetur: qui autem confessus fuerit, & reliquerit ea, misericordiam consequetur.

Vulgata nova.

14. Beatus homo, qui semper est pavidus:

Versio antiqua.

14. Beatus homo est, qui veretur omnia per Cypr. l. 3. Testim. p. 311. c.

Notæ ad Versionem antiquam.

℣. 1. A Græco abest *se*.

℣℣. 3. 4. Græcè, non simpliciter *Impius*, sed Ἀνδρεῖος ἐν ἀσεβείαις, *fortis in impietatibus*; ultimòque, οὕτως οἱ ἐγκαταλείποντες τὸν νόμον, ἐγκωμιάζουσιν ἀσέβειαν, *sic qui derelinquentes legem, laudant impietatem*; cæt. ut in Lat. sup.

℣. 14. Similiter in Græco, detracto uno *est*.

Versio antiqua.

metum.....

Vulgata nova.

qui verò mentis est duræ, corruet in malum.

Vulgata nova.

15. Leo rugiens, & ursus esuriens, princeps impius super populum pauperem.

16. Dux indigens prudentiâ, multos opprimet per calumniam: qui autem odit avaritiam, longi fient dies ejus.

17. Hominem, qui calumniatur animæ sanguinem, si usque ad lacum fugerit, nemo sustinet.

18. Qui ambulat simpliciter, salvus erit: qui perversis graditur viis, concidet semel.

Versio antiqua.

Cassian. coll. 7. c. 6. p. 434. 19. Qui colit terram suam, satiabitur panibus: qui autem sectatur otium, replebitur egestate.

Vulgata nova.

19. Qui operatur terram suam, satiabitur panibus: qui autem sectatur otium, replebitur egestate. *Sup. 12. 11. Eccli. 20. 30.*

Vulgata nova.

Sup. 13. 11. & 20. 21. & inf. ℣. 22. 20. Vir fidelis multùm laudabitur: qui autem festinat ditari, non erit innocens.

21. Qui cognoscit in judicio faciem, non benefacit: iste & pro buccella panis deserit veritatem.

22. Vir, qui festinat ditari, & aliis invidet, ignorat quòd egestas superveniet ei.

Versio antiqua.

Hieron. in Amos 7. to. 3. 1436. d. 23. Qui arguit hominis vias, gratiam habebit, magis quàm is, qui loquitur quæ delectent.

Vulgata nova.

23. Qui corripit hominem, gratiam postea inveniet apud eum, magis quàm ille, qui per linguæ blandimenta decipit.

Vulgata nova.

24. Qui subtrahit aliquid à patre suo, & à matre, & dicit hoc non esse peccatum, particeps homicidæ est.

25. Qui se jactat, & dilatat, jurgia concitat: qui verò sperat in Domino, sanabitur.

Versio antiqua.

Hieron. l. 3. cont. Rufin. p. 473. 26. Qui confidit in cordis audacia, stultissimus est.....

Cypr. l. 3. Testim. p. 302. c. 27. Qui dat pauperibus, numquam indigebit: qui autem avertit oculum suum, in multa penuria erit.

Ambr. in Ps. 47. p. 940. a. 28. In locis impiorum ingemiscent justi.....

Vulgata nova.

26. Qui confidit in corde suo, stultus est: qui autem graditur sapienter, ipse salvabitur.

27. Qui dat pauperi, non indigebit: qui despicit deprecantem, sustinebit penuriam.

28. Cùm surrexerint impii, abscondentur homines: cùm illi perierint, multiplicabuntur justi.

Notæ ad Versionem antiquam.

℣. 19. Vix meliùs è Græco.

℣. 23. Similiter in Græco, legendo *gratias*, num. plurali; Græcè enim ita: χάριτας ἕξει, μᾶλλον τοῦ γλωσσοχαριτοῦντος. Nobil. *gratias reportabit, magis eo, qui linguâ gratificatur.*

℣. 26. Græcum: Ὃς πέποιθε θρασείᾳ καρδίᾳ, ὁ τοιοῦτος ἄφρων.

℣. 27. Sic iterum in Græco. Eadem legit Cypr. l. de op. & eleem. p. 240. a. præter seqq. *nunquam egebit*, ultimòque, *in magna penuria erit.* Cæsar. Arelat. hom. 40. *qui autem avertit oculum suum à paupere, in penuria vivet.* Ambrosiast. col. 95. e. *Qui tribuit pauperibus, non indigebit.* S. Valerian. hom. 9. ap. Sirm. to. 1. p. 651. c. *Qui dat pauperibus, nunquam egebit: qui verò avertit faciem suam, in maxima penuria erit.*

℣. 28. Itidem Græcè, excepto uno στένουσι, *gemunt*; Symm. Aq. & Theod. leg. κρυβήσονται, *abscondentur*, ut in Vulg.

CAPUT XXIX.

Vulgata nova.

1. VIro, qui corripientem dura cervice contemnit, repentinus ei superveniet interitus: & eum sanitas non sequetur.

2. In multiplicatione justorum lætabitur vulgus: cùm impii sumpserint principatum, gemet populus.

3. Vir, qui amat sapientiam, lætificat patrem suum: qui autem nutrit scorta, perdit substantiam. *Luc. 15. 13.*

4. Rex justus erigit terram, vir avarus destruet eam.

Versio antiqua.

Cassian. coll. 16. c. 18. p. 683. a. 5. Qui præparat ante faciem amici sui rete, circumdat illud pedibus suis.

Vulgata nova.

5. Homo, qui blandis fictisque sermonibus loquitur amico suo, rete expandit gressibus ejus.

Vulgata nova.

6. Peccantem virum iniquum involvet laqueus: & justus laudabit atque gaudebit.

7. Novit justus causam pauperum: impius ignorat scientiam.

8. Homines pestilentes dissipant civitatem: sapientes verò avertunt furorem.

9. Vir sapiens, si cum stulto contenderit, sive irascatur, sive rideat, non inveniet requiem.

10. Viri sanguinum oderunt simplicem: justi autem quærunt animam ejus.

Versio antiqua.

Cassian. coll. 16. c. 27. p. 687. f. 11. Totam iram suam profert stultus: sapiens autem dispensat per partes.

Vulgata nova.

11. Totum spiritum suum profert stultus: sapiens differt, & reservat in posterum.

Notæ ad Versionem antiquam.

℣. 5. Sic etiam in Græco est. Auct. comment. in Proverb. ap. Hieron. dicit: *Clausulam prioris versiculi antiqua Editio manifestè posuit: Retia circumdat pedibus suis.*

℣. 11. Ita in Gr. præter hoc singul. κατὰ μέρος, per

VULGATA NOVA.

11. Princeps, qui libenter audit verba mendacii, omnes ministros habet impios.

Sup. 22. 2. 13. Pauper & creditor obviaverunt sibi: utriusque illuminator est Dominus.

14. Rex qui judicat in veritate pauperes, thronus ejus in æternum firmabitur.

15. Virga atque correptio tribuit sapientiam: puer autem, qui dimittitur voluntati suæ, confundit matrem suam.

16. In multiplicatione impiorum multiplicabuntur scelera: & justi ruinas eorum videbunt.

17. Erudi filium tuum, & refrigerabit te, & dabit delicias animæ tuæ.

18. Cùm prophetia defecerit, dissipabitur populus: qui verò custodit legem, beatus est.

19. Servus verbis non potest erudiri: quia quod dicis intelligit, & respondere contemnit.

20. Vidisti hominem velocem ad loquendum? stultitia magis speranda est, quàm illius correptio.

21. Qui delicatè à pueritia nutrit servum suum, postea sentiet eum contumacem.

22. Vir iracundus provocat rixas: & qui ad indignandum facilis est, erit ad peccandum proclivior.

VERSIO ANTIQUA.

13. Fœneratoris & debitoris sibi occurrentium, prospectum amborum facit Dominus. *Ambr. de Tob. c. 7. p. 598. d.*

14. Regis in veritate judicantis de pauperibus, sedes ejus in testimonium resurget. *Lucif. l. 1. pro S. Athan. p. 193. b.*

15. Plagæ & correptiones dant sapientiam..... *Auct. l. de xlii. mans. ap. Ambr. p. 14. f.*

17. Erudi filium tuum, & exhilarabit te, & dabit decorem animæ tuæ. *Ex Ms. Floriac. n. 10.*

19. Verbis non emendabitur servus durus: si enim & intellexerit, non obediet. *Aug. ep. 93. 185. & 194. to. 2. 238. b. 652. a. 722. f.*

20. [a] Si videris virum velocem in verbis, scito quia spem habet insipiens magis, quàm ille. *[a] Cassian. coll. 14. c. 9. p. 637. a.*

21. Qui in deliciis conversatur à pueritia, servus erit: in novissimo dolebit in se. *Vigil. Tapf. l. 12. de Trin. p. 326. b.*

22. Vir animosus parit rixas: vir autem iracundus effodit peccata. *Cassian. l. 8. de ira, c. 1. p. 187.*

VULGATA NOVA.

Job 22. 29. 23. Superbum sequitur humilitas: & humilem spiritu suscipiet gloria.

24. Qui cum fure participat, odit animam suam: adjurantem audit, & non indicat.

25. Qui timet hominem, citò corruet: qui sperat in Domino, sublevabitur.

26. Multi requirunt faciem principis: & judicium à Domino egreditur singulorum.

VULGATA NOVA.

27. Abominantur justi virum impium: & abominantur impii eos, qui in recta sunt via.

Verbum custodiens filius, extra perditionem erit.

VERSIO ANTIQUA.

27. Abominatio est justus viro iniquo..... *Lucif. l. 1. pro S. Athan. p. 194. a.*

* Verbum suscipiens filius, à perditione longè aberit: excipiens autem excepit illud sibi, & nihil falsi ex ejus ore procedit. *Aug. l. cont. mendac. to. 6. 468. e.*

NOTÆ AD VERSIONEM ANTIQUAM.

partem. Item ap. Hieron. l. 3. cont. Rufin. col. 473. *Totam iram suam profert insipiens: sapiens dispensat in partes.* Auct. etiam comment. in Proverb. apud Hieron. ait: *Hunc locum antiqua Translatio sic habet: Totam iram suam profert impius: sapiens autem dispensat per partes.*

℣. 13. Concinit Græc. ad verbum. Nobil. meliùs reddit: *Fœneratore & debitore invicem concurrentibus*, &c.

℣. 14. Gr. hab. πτωχὸς, *pauperes*, loco *de pauperibus*; ultimóque καταστήσεται, *constituetur*, pro *resurget*; cæt. similia: mel. verteretur sup. *Rege in veritate judicante*, quàm *Regis..... judicantis*.

℣. 15. Ad verbum è Græco.

℣. 17. Græc. Παίδευε υἱόν σε, καὶ ἀναπαύσει σε, καὶ δώσει κόσμον τῇ, &c.

℣. 19. Ita rursum August. l. de Gra. & l. arb. to. 10. 721. b. nisi quòd ultimò scribit *obaudiet*. Græcè, ἀλλ' οὐχ ὑπακούσεται; cæt. ad verbum. Fulgent. l. 1. de verit. præd. p. 455. *Verbis non emendab. servus durus: sed & si intellexerit, non obediet.* Cassian. coll. 14. c. 17. p. 649. f. *Servus durus non emendabitur verbis: si enim intellexerit, non obediet.*

℣. 20. Itidem Græcè.

℣. 21. Similiter in Græco, subjuncto δὲ, *autem*, voci *novissimo*.

℣. 22. Ita legit Gregor. M. l. 5. moral. c. 45. p. 175. d. præter unum & *vir*, pro *vir autem*; Græc. ἀνὴρ δὲ. Firmil. ep. ad Cypr. p. 150. b. *Homo animosus parat lites: & vir iracundus exaggerat peccata.* Ambros. verò ep. 63. col. 1036. d. ut sup. *vir iracundus effodit peccatum.* Sic etiam in Græco Vat. Ms. tamen Alex. extremò hab. ἁμαρτίας, num. plurali: initio verò ita in Vat. Ἀνὴρ θυμώδης ἐγείρει νεῖκος, *Vir indignabundus suscitat contentionem.* Ciaconius existimat Cassianum ex duobus Proverb. locis hunc unum conflasse; prioremque ejus partem ex cap. 15. 18. posteriorem verò ex præs. ℣. 22. sumpsisse: consulendæ ipsius Notæ.

℣. 27. Itidem Græcè, detracto verbo *est*, subjunctoque ἀνὴρ *vir*, voci *justus*.

* Sic iterum legit August. ibid. col. 441. a. his tantùm mutatis: *Verbum custodiens filius..... excipit illud sibi..... de ore ipsius procedit.* Hæc autem non leguntur apud LXX. eo loci; sed post ℣. 22. capitis 24. cum seqq. al. pluribus: desunt in ed. Compl. Romana verò sic habet: Λόγον φυλασσόμενος υἱὸς, ἀπωλείας ἐκτὸς ἔσται· δεχόμενος δὲ ἐδέξατο αὐτόν· μηδὲν ψεῦδος ἀπὸ γλώσσης βασιλεῖ λεγέσθω, καὶ οὐδὲν ψεῦδος ἀπὸ γλώσσης αὐτοῦ οὐ μὴ ἐξέλθῃ. i. e. *Verbum custodiens filius, extra perditionem erit; excipiens autem excepit illud: nihil falsi de ore regi dicatur, & nihil falsi ex lingua ipsius exeat.* Hæc tota absunt à textu Hebraico; quæ verò subnectuntur in Vulgata, in ipsam irrepsere ex Vers. LXX.

CAPUT XXX.

VULGATA NOVA.

1. Verba Congregantis filii Vomentis. Visio, quam locutus est vir, cum quo est Deus, & qui Deo secum morante confortatus, ait:

VULGATA NOVA.

2. Stultissimus sum virorum, & sapientia ho-

VERSIO ANTIQUA.

2. Insipientissimus enim omnium hominum *Hieron. l. 2. cont. Pelag. t. 4. 514. a.*

NOTÆ AD VERSIONEM ANTIQUAM.

℣. 2. Similiter in Græco, præter plur. ἀνθρώπων, ante *prudentia*.

Versio antiqua.

fum, & non eft hominis prudentia in me.

Aug. de 6. quaft. to. 2. 284. a. 3. Deus docuit me fapientiam, & fcientiam fanctorum cognovi.

4. Quis afcendit in cœlum & defcendit? quis collegit ventos in finum? quis convertit aquam in veftimento? quis tenuit fines terræ? quod nomen eft ei, aut quod nomen eft filii ejus?

Vulgata nova.

minum non eft mecum.

3. Non didici fapientiam, & non novi fcientiam fanctorum.

4. Quis afcendit in cœlum atque defcendit? quis continuit fpiritum in manibus fuis? quis colligavit aquas quafi in veftimento? quis fufcitavit omnes terminos terræ? quod nomen eft ejus, & quod nomen filii ejus, fi nofti?

Vulgata nova.

Pf. 11. 7. Deut. 4. 2. & 12. 32. 5. Omnis fermo Dei ignitus, clypeus eft fperantibus in fe: 6. ne addas quidquam verbis illius, & arguaris, inveniarifque mendax.

Versio antiqua.

Auct. op. imp. in Matth. hom. 11. p. 63. c. 7. Duo poftulo à te; ne auferas gratiam tuam à me, priufquam moriar.

[a] Aug. ep. 130. t. 2. 387. b. 8. [a] Et vanum verbum non exeat de ore meo.

Divitias, & paupertatem ne dederis mihi: conftitue autem mihi quæ neceffaria funt fufficienter: 9. ut ne fatiatus mendax efficiar, & dicam: Quis me videt? aut pauper factus furer, & perjurem nomen Dei mei.

Vulgata nova.

7. Duo rogavi te, ne deneges mihi antequam moriar.

8. Vanitatem, & verba mendacia longè fac à me.

Mendicitatem, & divitias ne dederis mihi: tribue tantùm victui meo neceffaria: 9. ne fortè fatiatus illiciar ad negandum, & dicam: Quis eft Dominus? aut egeftate compulfus furer, & perjurem nomen Dei mei.

Vulgata nova.

10. Ne accufes fervum ad dominum fuum, ne fortè maledicat tibi, & corruas.

11. Generatio, quæ patri fuo maledicit, & quæ matri fuæ non benedicit.

Versio antiqua.

Hieron. l. 1. cont. Pelag. t. 4. p. 509. f. 12. Filius malus juftum fe facit, & non lavat exitum fuum.

13. Filius malus excelfos habet oculos, & palpebris fuis elevatur.

Idem l. 3. cont. Rufin. to. 4. 473. 14. Filius malus gladios dentes habet, & cultros molas, ut confumat infirmos de terra, & pauperes ex hominibus.

Idem l. 1. cont. Jovin. to. 4. 170. c. 15. Sanguifugæ tres filiæ erant dilectione dilectæ:

Sed iftæ non faturaverunt eam, & quartæ non fufficit dicere: Satis eft.

16. Infernus, & amor mulieris, & terra, quæ non fatiatur aquâ, & ignis non dicit: Satis eft.

Idem in Ifai. 22. to. 3. 195. b. 17. Oculum, qui irridet patrem, & defpicit fenectutem matris, effodiant eum corvi de convallibus, & comedant illum pulli aquilarum.

Ambr. in Pf. 118. to. 1. 987. c. 18. Tria funt impoffibilia mihi intelligere, & quartum quod non agnofco:

Vulgata nova.

12. Generatio, quæ fibi munda videtur, & tamen non eft lota à fordibus fuis.

13. Generatio, cujus excelfi funt oculi, & palpebræ ejus in alta furrectæ.

14. Generatio, quæ pro dentibus gladios habet, & commandit molaribus fuis, ut comedat inopes de terra, & pauperes ex hominibus.

15. Sanguifugæ duæ funt filiæ, dicentes: Affer, affer.

Tria funt infaturabilia, & quartum, quod nunquam dicit: Sufficit.

16. Infernus, & os vulvæ, & terra, quæ non fatiatur aquâ: ignis verò nunquam dicit: Sufficit.

17. Oculum, qui fubfannat patrem, & qui defpicit partum matris fuæ, effodiant eum corvi de torrentibus, & comedant eum filii aquilæ.

18. Tria funt difficilia mihi, & quartum penitus ignoro:

Notæ ad Versionem antiquam.

℣. 3. Ita Græcè ad verbum.

℣. 4. Hæc tota è Gr. pene ad verbum: extremò tamen pro *filii ejus*, legitur τοῖς τέκνοις αὐτῦ, num. plurali; at Sym. Theod. & Aq. ferunt τῷ υἱῷ αὐτῦ.

℣. 7. Itidem Græcè, fi tollas *tuam*, poft *gratiam*.

℣. 8. Græc. Μάταιον λόγον καὶ ψευδῆ μακρὰν μυ ποίησον· i. e. *Vanum verbum & mendax longè fac à me*: deinde Πλῦτον δὲ, &c. ut in Lat. fup. nifi hoc excipias ult. καὶ τὰ αὐτάρκη, *& fufficientia*, loco *fufficienter*. Ambrof. l. 6. Hex. col. 134. e. priorem fententiæ partem, *divitias*, &c. refert ut fup. Item Hieron. in Ecclef. to. 2. 723. b. & in Ifai. 55. to. 3. 402. d. fed hoc pofteriori loco addit: *conftitue autem mihi quæ funt victui meo neceffaria, & fufficientia*: & in Ezech. 16. p. 806. f. *tribue mihi neceffaria, & quæ fufficiant*. Ambrof. verò in Pf. 118. col. 1069. d. legit: *Divitias autem, & paupertatem ne des mihi: fed ordina mihi quæ opus funt, & quæ abundent*.

℣. 9. Ad verbum è Græco, detracta voce ult. *mei*. Similiter hab. Ambrof. in Pf. 118. to. 1. 1069. d. *ne repletus mendax fiam, & dicam: Quis me videt? aut pauper rapiam, & perjurem nomen Dei*: ita quoque l. 6. Hexa. col. 134. f. præter feqq. *aut factus pauper furtum faciam, & jurem nomine Domini*; fed Mf. Carn. hab. *& jurem nomen Domini*; al. Cæn. *& perjurem nomen Domini*; vet. edit. & Mff. bene multi, *& jurem in nomine Domini*; omnium antiquiffimi non agnofcunt præpofitionem. Ap. Hieron. in Ecclef. to. 2. 723. b. *ne fatiatus mendax fiam, & dicam: Quis me confpiciet?* & in Ifai. 55. to. 3. 402. d. *ne faturatus mendax efficiar, & dicam: Quis me videt? aut egens furer, & perjurem nomen Domini*: & in Ezech. 16. col. 806. f. *ne faturatus mendax fiam, & dicam: Quis me videbit? aut pauper effectus furer, & pejerem nomen Dei mei*.

℣. 12. Auguft. epift. 93. & 108. to. 2. 246. d. 247. c. 310. e. *Filius malus ipfe fe juftum dicit; exitum autem fuum non abluit*: fimiliter l. 2. cont. Crefcon. to. 9. 431. g. nec aliter in Græco eft, præter κρίνει, *judicat*, pro *dicit*.

℣. 13. Ita rurfum Græcè, nifi quòd habetur, τοῖς δὲ βλεφάροις, *palpebris autem*.

℣. 14. Græc. Vat. poft *confumat*, proximè addit, καὶ κατεσθίειν τὺς ταπεινὺς ἀπὸ, &c. *& comedat humiles de*, &c. fed Mf. Alex. tollit καὶ κατεσθίειν, cum edit. Compl. quæ infuper loco ταπεινὺς, ponit ἀσθενεῖς, ut in Lat. fup. exinde in Vat. & al. adnectitur αὐτῶν *eorum*, ad *pauperes*; cæt. ut fup.

℣. 15. Ita ex Græco, præter τὸ, *fed iftæ*, pro quo, καὶ αἱ τρεῖς αὗται, *& tres iftæ*, vel *ipfæ*; item poft paulò, ὐκ ἠρκέσθη, *non fufficit*. Hæc autem & feqq. ap. LXX. leguntur ad calc. capitis 24.

℣. 16. Eadem refert Auct. l. de fing. cleric. ap. Cypr. p. 538. c. excepto ult. *Sufficit*, pro *Satis eft*. Gr..... καὶ γῆ ὐκ ἐμπιπλαμένη ὕδατος, καὶ ὕδωρ καὶ πῦρ ὐ μὴ εἴπωσιν· Ἀρκεῖ.

℣. 17. Mirè concinunt hæc tota cum Græco. S. Paulin. epift. 23. p. 140. a. hab. fimpliciter: *Oculum, qui irriferit patrem & matrem, effodiant eum corvi de convallibus*.

℣. 18. Ita rurfum Ambrof. in Pf. 38. col. 843. c. d. & l. 2. de fide, col. 558. e. & de ob. Valent. col. 1178. a. pofter. tamen loco duplici non *agnofco* fcribit, fed *co-*

VULGATA NOVA.

19. Viam aquilæ in cœlo, viam colubri super petram, viam navis in medio mari, & viam viri in adolescentia.

20. Talis est & via mulieris adulteræ, quæ comedit, & tergens os suum dicit: Non sum operata malum.

21. Per tria movetur terra, & quartum non potest sustinere:

22. Per servum cùm regnaverit: per stultum cùm saturatus fuerit cibo: 23. per odiosam mulierem cùm in matrimonio fuerit assumpta: & per ancillam cùm fuerit hæres dominæ suæ.

VERSIO ANTIQUA.

19. Vestigia aquilæ volantis, viam serpentis in petra, & semitas navis navigantis, & vias viri in juventute. — *Ambr. ubi sup.*

20. Talis via mulieris adulteræ, quæ postquam egit, abluta, nihil egisse se dicit iniquum. — *Ambr. in Ps. 38. p. 843.*

21. Per tria movetur terra, quartum autem non potest ferre: — *Hieron. l. 1. cont. Jovin. to. 4. 170. f.*

22. Si servus regnet: & stultus si saturetur panibus: 23. & odiosa uxor si habeat bonum virum: & ancilla si ejiciat dominam suam.

VULGATA NOVA.

24. Quatuor sunt minima terræ, & ipsa sunt sapientiora sapientibus:

25. Formicæ, populus infirmus, qui præparat in messe cibum sibi: 26. lepusculus, plebs invalida, qui collocat in petra cubile suum: 27. regem locusta non habet, & egreditur universa per turmas suas: 28. stellio manibus nititur, & moratur in ædibus regis.

VULGATA NOVA.

29. Tria sunt, quæ bene gradiuntur, & quartum, quod incedit feliciter:

30. Leo fortissimus bestiarum, ad nullius pavebit occursum: 31. gallus succinctus lumbos: & aries: nec est rex, qui resistat ei.

VERSIO ANTIQUA.

29. Tria sunt, quæ securiter ambulant..... — *Auct. op. imp. in Matt. p. 226. a.*

30. Catulus leonis fortior jumentis..... 31. [a] gallus inter gallinas: & hircus præcedens capras..... — *Aug. l. 12. cont. Faust. to. 8. 247. a.* — [a] *Auct. op. imp. in Matth. p. 226. a.*

VULGATA NOVA.

32. Est qui stultus apparuit postquam elevatus est in sublime: si enim intellexisset, ori suo imposuisset manum.

33. Qui autem fortiter premit ubera ad eliciendum lac, exprimit butyrum: & qui vehementer emungit, elicit sanguinem: & qui provocat iras, producit discordias.

NOTÆ AD VERSIONEM ANTIQUAM.

gnosco; Gr. ϗ τὸ τέταρτον οὐκ ἐπιγινώσκω· cæt. ut supra.

℣. 19. Eadem iterum refert Ambrof. l. de ob. Val. col. 1178. a. præter unum *& vias*, loco *viam*: sic etiam l. 2. de fide col. 558. e. cum hoc insuper, *super petram*, Gr. ἐπὶ πέτρας· at in Ps. 38. col. 843. d. sic: *Vestigium aquilæ volantis, & viam serpentis in petra, & semitas navis in pelago navigantis*, &c. ut sup. Aquila, Symm. & Theod. hab. ἐν ὁδῷ ἐφήβου.

℣. 20. Similiter in Græco. Maxim. Taurin. in homil. p. 46. g. ita legit: *Ejusmodi est iniqua via mulieris meretricis, quæ cùm se abluerit, nihil se dicit fecisse pravum;* Gr. ἄτοπον, i. e. *insolens, inconveniens;* Nobil. *absurdum.*

℣. 21. Itidem Græcè.

℣. 22. Gr. Ἐὰν οἰκέτης βασιλεύσῃ, ϗ ἄφρων πλησθῇ σιτίων· *Si famulus regnaverit, & imprudens saturatus fuerit cibis.*

℣. 23. Græc. versiculos duos sic invertit: ϗ οἰκέτις ἐὰν ἐκβάλῃ τὴν ἑαυτῆς κυρίαν· ϗ μισητὴ γυνὴ ἐὰν τύχῃ ἀνδρὸς ἀγαθοῦ· *& famula si ejecerit suam ipsius dominam: & odibilis mulier si sortita fuerit virum bonum.*

℣. 29. Τρία δέ ἐστιν, ἃ εὐόδως πορεύεται, ϗ τὸ τέταρτον, ὃ καλῶς διαβαίνει. *Tria autem sunt, quæ prospere vadunt, & quartum, quod bene incedit.*

℣. 30. Similiter in Gr. subnexis his, ὃς οὐκ ἀποστρέφεται, οὐδὲ καταπτήσσει κτῆνος, *qui non avertitur, neque horret bestiam.*

℣. 31. Græc. ϗ ἀλέκτωρ ἐμπεριπατῶν θηλείαις εὔψυχος· ϗ τράγος ἡγούμενος αἰπολίου· *& gallus conscendens feminas alacer: & hircus ducens gregem:* deinde: ϗ βασιλεὺς δημηγορῶν ἐν ἔθνει, *& rex qui concionatur in gente.*

CAPUT XXXI.

VULGATA NOVA.

1. Verba Lamuelis regis. Visio, qua erudivit eum mater sua.

2. Quid dilecte mi, quid dilecte uteri mei, quid dilecte votorum meorum?

3. Ne dederis mulieribus substantiam tuam, & divitias tuas ad delendos reges.

4. Noli regibus, ô Lamuel, noli regibus dare vinum: quia nullum secretum est ubi regnat ebrietas: 5. & ne fortè bibant, & obliviscantur judiciorum, & mutent causam filiorum pauperis.

6. Date siceram mœrentibus, & vinum his qui amaro sunt animo: 7. bibant, & obliviscantur egestatis suæ, & doloris sui non recor-

VERSIO ANTIQUA.

1..... regis admonitio, quem erudivit mater sua. — *Ambr. de exhort. virg. p. 281. d.*

2..... primogenite tibi dico fili: [a] quid filius mei ventris, quid natus mearum orationum? — *Aug. quæst. 23. in Deut. t. 3. p. 565. c.*

3. Ne dederis mulieri tuam honestatem..... — [a] *Ambr. de exhort. virg. p. 281.*

[b] Cum consilio omnia fac: cum consilio vinum bibe. — [b] *Cassian. coll. 2. c. 4. p. 331.*

4. Potentes qui iracundi sunt, vinum non bibant: 5. ne cùm biberint, obliviscantur sapientiæ, [c] & recta judicare non possint. — *Hieron. in Isai. 5. to. 3. 55. a.* — [c] *Idem in Ose. 7. p. 1281.*

6. Date ebrietatem his, qui in tristitia sunt; & vinum bibere his, qui in doloribus sunt: 7. ut obliviscantur paupertatis, & dolorum suorum — *Cassian. coll. 14. c. 17. p. 650. a.*

NOTÆ AD VERSIONEM ANTIQUAM.

℣. 1. Similiter habetur in Græco. Hæc autem & seqq. usque ad ℣. 10. leguntur ap. LXX. ad calc. cap. 24.

℣. 2. Ita rursum in Græco. Nobil. reddit: *quid fili..... quid fili;* & Gr. τί τέκνον..... τί τέκνον.

℣. 3. Græcum initio habet: Μὴ δῷς γυναιξὶ σὸν πλοῦτον, *Ne dederis mulieribus tuas divitias:* postrema ut in Lat. sup. leguntur pariter apud Hieron. in Eccles. to. 2. 766. a.

℣. 4. A Græco abest *qui*, additur verò δὲ, *autem*, post *vinum*. Auct. l. de XLII. mans. ap. Ambrof. col. 9. e. habet: *Principes qui iracundi sunt, vinum non bibant.* Hieron. in Ose. 7. col. 1281. *Principes vinum non bibant.*

℣. 5. Prior sententiæ pars similiter habetur apud Auct. l. de XLII. mans. col. 9. e. Apud Hieron. vero in Ose. simpliciter, *ne obliviscantur sapientiæ*, &c. Græcè, tota ut in Lat. sup. hoc tamen superaddito in fine, τοὺς ἀσθενεῖς, *imbecillos.*

℣℣. 6. 7. Vix meliùs è Græco, duabus tamen detrac-

VERSIO ANTIQUA.

non meminerint ampliùs.

Lucif. Cal. l. 1. pro S. Ath. 193. c. 8. Aperi os tuum verbo Dei, & judica omnibus integrè: 9. aperi os tuum, & judica justa.....

Aug. serm. 37. to. 5. 181. e. 182. e. 10. Mulierem fortem quis inveniet? pretiosior est lapidibus pretiosis, quæ ejus modi est.

Ibid. 183. e. f. 11. Confidit super eam cor viri ejus: quæ talis est, spoliis non indigebit.

12. Operatur enim viro suo bona, & non mala, in omni tempore.

Ibid. 184. a. d. e. 13. Inveniens lanam & linum, fecit utile manibus suis.

14. Facta est quasi navis, qua negotiator à longè congerit sibi divitias.

15. Exsurgit de noctibus, & dedit escas domui, & opera ancillis.

Ibid. 185. b. d. e. 16. Prospiciens agrum, mercata est: de fructibus manuum suarum plantavit possessionem.

Ibid. 186. a. c. d. 17. Succincta fortiter lumbos suos, firmavit brachia sua.

18. Gustavit quia bonum est operari: non exstinguetur lucerna ejus tota nocte.

19. Manus suas extendit ad utilia: brachia quoque sua firmavit in fusum.

Ibid. 187. b. d. f. 20. Manus autem suas aperuit pauperi, fructum autem porrexit inopi.

21. Non est sollicitus de his quæ in domo sunt vir ejus, cùm alicubi demoratur: omnes enim apud eam vestiti sunt.

Ibid. 188. b. e. g. 22. Duplicia pallia fecit viro suo: de bysso & purpurâ vestimenta sibi fecit.

Ibid. 189. a. c. d. 23. Erit conspicuus in portis vir ejus, cùm sederit in concilio cum senioribus terræ.

Ibid. 190. b. d. e. f. 24. Sindones fecit, & vendidit, cinctoria autem Chananæis.

25. Fortitudine & decore induta est, & læta est in diebus novissimis.

Ibid. 191. b. d. f. 26. Os suum aperuit attentè, & ordinem * posuit linguæ suæ.

** al. disposuit.*

VULGATA NOVA.

dentur ampliùs.

8. Aperi os tuum muto, & causis omnium filiorum qui pertranseunt: 9. aperi os tuum, decerne quod justum est, & judica inopem & pauperem.

10. Mulierem fortem quis inveniet? procul, & de ultimis finibus pretium ejus.

11. Confidit in ea cor viri sui, & spoliis non indigebit.

12. Reddet ei bonum, & non malum, omnibus diebus vitæ suæ.

13. Quæsivit lanam & linum, & operata est consilio manuum suarum.

14. Facta est quasi navis institoris, de longè portans panem suum.

15. Et de nocte surrexit, deditque prædam domesticis suis, & cibaria ancillis suis.

16. Consideravit agrum, & emit eum: de fructu manuum suarum plantavit vineam.

17. Accinxit fortitudine lumbos suos, & roboravit brachium suum.

18. Gustavit & vidit quia bona est negotiatio ejus: non exstinguetur in nocte lucerna ejus.

19. Manum suam misit ad fortia, & digiti ejus apprehenderunt fusum.

20. Manum suam aperuit inopi, & palmas suas extendit ad pauperem.

21. Non timebit domui suæ à frigoribus nivis: omnes enim domestici ejus vestiti sunt duplicibus.

22. Stragulatam vestem fecit sibi: byssus & purpura indumentum ejus.

23. Nobilis in portis vir ejus, quando sederit cum senatoribus terræ.

24. Sindonem fecit, & vendidit, & cingulum tradidit Chananæo.

25. Fortitudo & decor indumentum ejus, & ridebit in die novissimo.

26. Os suum aperuit sapientiæ, & lex clementiæ in lingua ejus.

NOTÆ AD VERSIONEM ANTIQUAM.

cis vocibus, nempe duplici *sunt*, & *suorum*.

℣. 8. Itidem Græcè, nisi excipias voculam unam πάντας, *omnes*, pro *omnibus*.

℣. 9. Ita rursum Græcè, præter ult. Δικαίως, *justè*, pro *justa*.

℣. 10. Hilar. in Ps. 127. col. 427. d. *Uxorem virilem quis inveniet? pretiosior est autem lapidibus multi pretii, istius modi.* Ita quoque in Gr. verbum pro verbo. Ambros. in Luc. 16. col. 1472. e. *Mulierem fortem quis inveniet?* Hæc autem cum seqq. aliis leguntur hodie ap. LXX. ad calc. cap. 29.

℣. 11. Græc. hab. καλῶν σκύλων, *pulchris spoliis*; cæt. ut in Lat. sup. S. Paulin. ep. 44. p. 266. b. *Fidit in ea cor mariti ejus.*

℣. 12. Gr. Vat. simpliciter hab. Ἐνεργεῖ γὰρ τῷ ἀνδρὶ εἰς ἀγαθὰ, πάντα τὸν βίον· Ms. verò Alex. cum ed. Compl. ἀγαθὸν, καὶ οὐ κακὸν, πάντα τὸν βίον. S. Paulin. epist. 44. p. 266. b. *Operatur enim viro suo bona totâ vitâ suâ, & non mala.*

℣. 13. Gr. initio hab. Μηρυομένη ἔρια, *Filans lanas*; reliqua ut in Lat. supra. Aq. Sym. & Theod. legunt ἐζήτησεν; al. Interp. εἰργασμένη. Vide Cotel. Not. in l. 1. constit. Apost. p. 132. b.

℣. 14. Gr. Vat. Ἐγένετο ὡσεὶ ναῦς ἐμπορευομένη μακρόθεν· Συνάγει δὲ αὕτη τὸν βίον. *Facta est tanquam navis mercaturam exercens de longè; congregat autem hæc vitam*: Ms. verò Alex. hab. Συνάγει δ' ἑαυτῆς τὸν πλοῦτον, ed. Compl. αὐτῆς τὸν πλοῦτον. S. Paulin. epist. 44. p. 266. a. *Facta est tanquam navis quæ mercatur à longinquo.* Auct. op. imp. in Matth. hom. 23. p. 104. e. *Facta est tanquam navis mercatura longinqua.*

℣. 15. Ita in Græco, præter 1. Καὶ ἀνίσταται, *Et surrexit.*

℣. 16. Ad verbum è Græco, addito uno *autem*, post *fructibus*.

℣. 17. Gr. scribit singulariter, τὴν ὀσφῦν αὐτῆς, *lumbum suum*; ultimòque addit εἰς ἔργον, *ad opus*. S. Paulin. epist. 44. p. 266. a. *Firmavit manus suas in opera*; & inf. *accincta fortiter lumbos suos.*

℣. 18. Gr. initio ipso ponit καὶ, quod tamen abest ab edd. Ald. & Compl. subinde sic, καὶ οὐκ ἀποσβέννυται, *& non exstinguitur*; cæt. quadrant.

℣. 19. Græc. Vat. Τοὺς πήχεις αὐτῆς ἐκτείνει ἐπὶ τὰ συμφέροντα, τὰς δὲ χεῖρας αὐτῆς ἐρείδει εἰς ἄτρακτον· i. e. *Cubitos suos extendit ad utilia, & manus suas firmat ad fusum.* Ms. verò Alex. primo loco hab. τὰς χεῖρας; paulòque post, τοὺς δὲ πήχεις. Schol. quoque pro ἐρείδει, hab. ἐκράτησε. S. Paulin. epist. 44. p. 266. a. *Brachia sua extendit ad utilia*: & epist. 13. p. 70. a. *Extendit brachia sua ad opera utilia.*

℣. 20. Ita in Græco ad verbum: Nobil. non *fructum* reddit, sed *palmam*, Gr. καρπόν: καρπὸς quoque est *pars manus*, ubi pulsum explorant, teste Schrevelio.

℣. 21. Græc. textui favet nisi quòd hab. οἱ παρ' αὐτῆς, loco *apud eam*. Cassian. coll. 14. c. 8. p. 634. legit: *omnes enim qui apud eam sunt, vestiti sunt dupliciter*; at Græcè deest *dupliciter*.

℣. 22. Consonat Græc. dempto ult. *fecit*. Ambros. l. de Joseph, c. 13. col. 508. c. legit: *Binas vestes fecit viro suo.* S. Paulin. epist. 44. p. 266. b. *Et duplicia pallia fecit viro suo*: at epist. 13. p. 70. a. *Operata est viro suo bona.*

℣. 23. Gr. Περίβλεπτος δὲ γίνεται ὁ ἀνὴρ αὐτῆς ἐν πύλαις, ἡνίκα ἂν καθίσῃ ἐν συνεδρίῳ μετὰ τῶν γερόντων κατοίκων τῆς γῆς· Ms. Alex. πρεσβυτέρων τῆς γῆς.

℣. 24. Gr. Vat. adnectit *cinctoria*, ad *vendidit*, detracto seq. *autem*; Ms. verò Alex. cum ed. Compl. textui Lat. favet.

℣. 25. Gr. Ἰσχὺν καὶ εὐπρέπειαν ἐνεδύσατο, &c. ut sup.

℣. 26. In Gr. hæc sententia paulò superiùs habetur, nempe in fine ℣. 24. adverbio autem *attentè*, superadditur ibid. καὶ ἐννόμως, *& legitimè*. S. Paulin. epist. 13. p. 70. a. *Os suum aperuit prudenter.* Vid. ℣. seq.

VULGATA NOVA.	VERSIO ANTIQUA.	
27. Consideravit semitas domus suæ, & panem otiosa non comêdit.	27. Severæ conversationes domorum ejus, cibos autem pigros non comêdit.	*Aug. ubi sup.*
28. Surrexerunt filii ejus, & beatissimam prædicaverunt; vir ejus, & laudavit eam.	28. Surrexerunt filii ejus, & ditati sunt; & vir ejus laudavit eam.	
29. Multæ filiæ congregaverunt divitias: tu supergressa es universas.	29. Multæ filiæ fecerunt potentiam: tu autem superasti, & superposuisti omnes.	*Ibid. 192. a.*
30. Fallax gratia, & vana est pulchritudo: mulier timens Dominum ipsa laudabitur.	30. Falsæ gratiæ, & vana species mulieris: mulier enim sapiens benedicitur; timorem autem Domini ipsa collaudat.	*Ibid. 193. c. d. e.*
31. Date ei de fructu manuum suarum: & laudent eam in portis opera ejus.	31. Date illi de fructibus manuum suarum: & laudetur in portis vir ejus.	

NOTÆ AD VERSIONEM ANTIQUAM.

℣. 27. Gr. Στεγναὶ διατριβαὶ οἴκων αὐτῆς· Nobil. *Constrictæ mansiones domorum ejus*, i. e. inquit, *diligenter obsepta, & custodita*. August. verò l. de fide & op. to. 6. 191. f. ut sup. *Severæ sunt conversationes domûs ejus*: addit S. Paulin. epist. 44. p. 266. a. *escas pigritiæ non edens*. Gr. σῖτα δὲ ὀκνηρὰ οὐκ ἔφαγε· Schol. ἄρτον ὀκνηρίας, *panem socordiæ*; sequitur in Gr. Τὸ στόμα δὲ ἀνοίγει σοφῶς καὶ νομοθέσμως· *Os autem aperit sapienter & congruenter legibus*. Vide sup. ℣. 26.

℣. 28. Græcè, Ἡ δὲ ἐλεημοσύνη αὐτῆς ἀνέστησε τὰ τέκνα αὐτῆς, καὶ ἐπλούτησαν, &c. i. e. *Eleemosyna autem ejus suscitavit filios ejus, & ditati sunt*, &c. ut supra. S. Paulin. epist. 44. p. 267. b. his alludens, dicit: *Misericordia suscitabit filios eorum, & locupletabuntur in bonis Domini*. In edit. Compl. Ἡ δὲ ἐλεημοσύνη αὐτῆς ἐν τῇ γλώσσῃ αὐτῆς, *Eleemosyna autem ejus in lingua ejus*. Apud August. in Ps. 26. to. 4. 128. a. *Legem autem & misericordiam in lingua portat*.

℣. 29. Gr. Vat. Πολλαὶ θυγατέρες ἐκτήσαντο πλοῦτον, πολλαὶ ἐποίησαν δύναμιν· σὺ δὲ ὑπέρκεισαι, ὑπερῇρας πάσας· MS. Alex. cum ed. Compl. καὶ ὑπερῇρας. In Ald. hoc omittitur, ἐκτήσαντο πλοῦτον, πολλαί; sequitur verò, ἐποίησαν δυνατά, sicut in MS. Alex. August. loco cit. scribit *potentias*, sed semel.

℣. 30. Græcè, loco *species*, habetur κάλλος, mel. *pulchritudo, decor*: exinde συνετὴ, *intelligens*, loco *sapiens*; extremòque, αὕτη αἰνείτω; cæt. quadrant. Apud Ambros. bene: *mulier enim prudens benedicitur; timorem autem Domini ista laudet*: MS. tamen Reg. n. 2263. hab. σοφὴ, non συνετή. In MS. S. Theoder. ad Remos ita legitur: *Fallax imago, & vana est pulchritudo: mulier timens Dom. ipsa salvabitur; timorem autem Domini ipsa collaudat*. Vide Coteler. in l. 2. Constit. Apost. c. 8. p. 133. b. 142. b.

℣. 31. Ita in Græco, præter hoc, χειλέων αὐτῆς, *labiorum ejus*, loco *manuum suarum*; sed apud Aq. Symm. & Theod. χειρῶν, non χειλέων. Apud S. Paulin. ep. 44. p. 267. a. sic: *Dabitur illi fructus à manibus suis: & laudabitur in portis filia Sion*.

ROMAN. CORRECTIONUM AD EDIT. VULGATAM DELECTUS,

Auctore FRANCISCO LUCA Brugensi.

LIBER PROVERBIORUM.

CAP. III. ℣. 9. Et de primitiis omnium frugum tuarum da ei. *Non mutes pronomen* ei *cum nomine* pauperibus.

℣. 13. Beatus homo qui invenit sapientiam, & qui affluit prudentiâ. *Non facilè mutandum est* affluit *in* effluit, *vocalis prima in secundam; nec* prudentiâ *sextus casus, in quartum* prudentiam.

℣. 14. Melior est acquisitio ejus negotiatione argenti, & auri primi & purissimi, fructus ejus. *Malè plerique* auri *ponunt ante* argenti; *& epitheta* primi & purissimi *jungunt cum* fructus, *quæ ad* auri *pertinent. Legantur Notationes nostræ in varias Bibliorum lectiones.*

℣. 18. Et qui tenuerit eam, beatus. *Non mutes singularia in pluralia*, Et qui tenuerint eam, beati.

℣. 25. Ne paveas repentino terrore, & irruentes tibi potentias impiorum. *Non scribas* timore *pro* terrore, *nec mutes ablativos in accusativos* repentinum terrorem, *vel* repentinos terrores. *Similiter in posteriori sententiæ membro, retine* irruentes, *nec corrigas* irrumpentes, *multòque minùs* intuentes: *denique pro* potentias *non substituas* ruinas, *quod est alterius versionis.*

℣. 28. Ne dicas amico tuo: Vade, & revertere, cras dabo tibi. *Melius est* ne *in initio sententiæ, quàm* nec: *& omissio conjunctionis* & *ante* cras, *cum gratia conjuncta est.*

℣. 35. Gloriam sapientes possidebunt: stultorum exaltatio, ignominia. *Legendum est hic* exaltatio *vocali prima, non* exultatio *vocali quinta, quemadmodum Psalm.* 149. ℣. 6. *sæpius enim varietatem parit affinitas vocularum istarum duarum.*

CAP. IV. ℣. 11. Viam sapientiæ monstrabo tibi, ducam te per semitas æquitatis. *Non mutes futura cum præteritis*, monstravi, duxi.

℣. 13. Tene disciplinam, ne dimittas eam: custodi illam, quia ipsa est vita tua. *Erroneè plerique hactenus, in posteriori hujus proverbii membro, scripserunt* via, *quod est, semita, pro* vita, *posito pro vitæ causâ.*

℣. 16. Et rapitur somnus ab eis, nisi supplantaverint. *Non est præponenda negatio verbo* rapitur, *prout legunt codices alii, quidam* & non rapitur, *quidam* nec rapitur: *multòque minùs* rapitur, *cujus littera initialis est* r *ultima liquidarum, mutandum est in* capitur, *cujus littera initialis est* c *tertia alphabeti.*

℣. 27. Vias enim quæ à dextris sunt, novit Dominus: perversæ verò sunt, quæ à sinistris sunt. Ipse autem rectos faciet cursus tuos, itinera autem tua in pace producet. *Non sunt hæc omittenda, tametsi Hebraïcè non exstent.*

CAP. V. ℣. 22. Iniquitates suæ capiunt impium, & funibus peccatorum suorum constringitur. *Non mutes verba præsentia in futura*, capient, constringetur.

CAP. VI. ℣. 5. Et quasi avis de manu aucupis. *Quòd quidam libri pro* manu *scribunt* insidiis, *aut* laqueo, *expositio est.*

℣. 11. Si verò impiger fueris, veniet ut fons messis tua, & egestas longè fugiet à te. *Latini libri manuscripti sententiam hanc minimè omittunt, tametsi Hebraïcè non legatur.*

℣. 31. Et omnem substantiam domus suæ tradet. *Non subjicias, quod quidam*, & liberabit se, *quippe superfluum.*

CAP. VII. ℣. 2. Fili serva mandata mea, & vives. *Inter nomen* fili, *& verbum* serva, *multi libri interjiciunt hæc*: Honora Dominum, & valebis: præter eum verò ne timueris alienum: *quæ ut superflua à Correctoribus sunt prætermissa.*

℣. 8. Qui transit per plateam juxta angulum. *Non mutes numerum singularem* plateam *in pluralem* plateas.

℣. 10. Præparata ad capiendas animas. *Non commutes simplex* capiendas, *cum composito* decipiendas.

℣. 14. Victimas pro salute vovi. *Neque hic scribas compositum* devovi *loco simplicis* vovi.

℣. 27. Penetrantes in interiora mortis. *Non omittas præpositionem* in, *nec substituas* inferiora *per* f *digamma, pro* interiora *per* t *mutam.*

CAP. VIII. ℣. 11. Melior est enim sapientia cunctis pretiosissimis. *Superfluit quod quidam addunt* opibus.

℣. 20. In viis justitiæ ambulo. *Non scribas futurum* ambulabo, *loco præsentis* ambulo.

℣. 25. Ante colles ego parturiebar. *Non addas* omnes.

CAP. IX. ℣. 15. Qui est parvulus, decliner ad me. *Alii pro relativo* qui *legunt interrogativum* quis.

℣. 18. Et in profundis inferni convivæ ejus. *Quod sequitur in multis libris*, Qui enim applicabitur illi, descendet ad inferos: nam qui abscesserit ab ea, salvabitur, *meritò à Correctoribus est sublatum.*

CAP. X. ℣. 4. Qui nititur mendaciis, hic pascit ventos: idem autem ipse sequitur aves volantes. *Non est scri-*

bendum spargit, quod est dispergit, sed pascit; nec id est, sed idem autem ipse, si versiculus non est omittendus.

℣. 8. Sapiens corde præcepta suscipit. Non mutes præsens suscipit in futurum suscipiet.

℣. 10. Et stultus labiis verberabitur. Quod sequitur in quibusdam exemplaribus, qui palam arguit, pacificat, superfluum est, quippe ex Græca Latinæ editioni assutum.

℣. 26. Sic piger his qui miserunt eum. Non addas in via.

Cap. XI. ℣. 10. In bonis justorum exultabit civitas. Pro neutro exultabit deducto à salto, malè quidam scribunt passivum exaltabitur, deductum ab altus.

℣. 13. Qui autem fidelis est animi, celat amici commissum. Latinorum librorum quidam legunt animi, quidam amici, quidam jungunt utrumque: quod postremum Romani Patres consultò secuti sunt.

Cap. XII. ℣. 2. Qui bonus est, hauriet gratiam à Domino. Verbo hauriet non addas pronomen sibi.

℣. 8. Doctrinâ suâ noscetur vir. Futurum noscetur præferendum est præsenti noscitur.

℣. 11. Qui suavis est in vini demorationibus, in suis munitionibus relinquit contumeliam. Hanc sententiam Correctores judicarunt esse ita emendandam, ut nos annotaveramus in Notationibus nostris; in vini pro vivit in; demorationibus pro moderationibus; munitionibus pro monitionibus.

℣. 12. Desiderium impii munimentum est pessimorum. Cave legas monimentum vel monumentum à monendo deductum, pro munimentum à muniendo, quo modo Romani doctè correxerunt.

℣. 13. Effugiet autem justus de angustia. Non commutes futurum effugiet cum præsenti effugit.

℣. 17. Qui quod novit loquitur, index justitiæ est. Cave ne recidas in inoletum vitium, eorum qui scripserunt judex pro index, vocalem inquam u, pro consonante n.

Cap. XIV. ℣. 16. Stultus transilit & confidit. Non mutes transilit, compositum ex salio, cum transit, transivit, aut transibit, compositis ex eo.

℣. 17. Et vir versutus, odiosus est. Vitiosè quidam legunt verbosus pro versutus.

℣. 20. Etiam proximo suo pauper odiosus erit. Non est mutandum futurum erit in præsens est.

℣. 23. In omni opere erit abundantia. Non addas adjectivum bono ad substantivum opere.

℣. 27. Timor Domini fons vitæ, ut declinent à ruina mortis. Pro singulari declinet, quod est in plerisque libris, Correctores scripserunt plurale declinent, s. homines.

℣. 33. Et indoctos quosque erudiet. Nomen quosque non est mutandum in conjunctionem quoque.

Cap. XV. ℣. 10. Doctrina mala deserenti viam vitæ. Dativus singularis deserenti, non est mutandus in genitivum pluralem deserentium.

℣. 17. Melius est vocari ad olera cum charitate. Neque hic facilè mutandus est infinitivus passivus vocari in activum vocare.

℣. 19. Iter pigrorum quasi sepes spinarum. Non est scribendum impiorum, quod est, iniquorum, loco pigrorum, quod est, desidiosorum.

℣. 28. Mens justi meditatur obedientiam. Retinendum est præsens meditatur, non substituendum futurum meditabitur: ut & vox obedientiam servanda est, minimèque mutanda cum sapientiam, aut justitiam.

Cap. XVI. ℣. 2. Omnes viæ hominis patent oculis ejus. Non scribas plurale hominum pro singulari hominis.

℣. 11. Et opera ejus omnes lapides sacculi. Egregiè hic restitutus est locus, reposita voce sacculi, qua est diminutivum à saccus, loco sæculi.

℣. 13. Qui recta loquitur, diligetur. Et hæc egregia emendatio est, qua diligetur scribit, quod est, amabitur, pro dirigetur, quod est, gubernabitur.

℣. 21. Et qui dulcis eloquio, majora percipiet. Alii pro percipiet legunt reperiet, minùs rectè.

℣. 24. Dulcedo animæ, sanitas ossium. Non præponas & conjunctionem voci dulcedo, nec verbum est voci sanitas.

℣. 27. Vir impius fodit malum. Pro impius non scribas insipiens.

℣. 30. Mordens labia sua perficit malum. Præsens perficit non est mutandum in futurum perficiet.

Cap. XVII. ℣. 12. Quàm fatuo confidenti in stultitia sua. Non addas pronomen sibi participio confidenti.

℣. 16. Et qui evitat discere, incidet in mala. Pro verbo discere, cave substituas, aut nomen ducem, aut verbum discedere.

℣. 19. Et qui exaltat ostium, quærit ruinam. Spurium est, quod multi libri, pro una voce ostium, quæ januam significat, legunt duas os suum.

Cap. XVIII. ℣. 5. Accipere personam impii non est bonum. Non subdas in judicio, post vocem impii.

℣. 10. Ad ipsum currit justus. Correctores prætulerunt masculinum ipsum feminino ipsam.

℣. 21. Mors & vita in manu linguæ. Non scribas plurale manibus pro singulari.

℣. 22. Qui autem tenet adulteram, stultus est & impius. Legendum est potiùs impius, quod est iniquus, quàm insipiens, quod idem est cum eo quod præcedit, stultus.

℣. 23. Cum obsecrationibus loquetur pauper. Præferendum est futurum loquetur præsenti loquitur.

℣. 24. Vir amabilis ad societatem. Non augeas vocem amabilis una syllaba, ita ut sit amicabilis.

Cap. XIX. ℣. 19. Qui impatiens est, sustinebit damnum. Non est addenda conjunctio enim.

℣. 21. Voluntas autem Domini permanebit. Nec hic addendum est in æternum.

℣. 22. Et melior est pauper quàm vir mendax. Denique neque hic addenda est vox justus post vocem pauper.

℣. 23. Absque visitatione pessima. Præferendus est casus sextus generis feminini pessima, secundo casui generis sive masculini sive neutri pessimi.

℣. 26. Qui affligit patrem & fugat matrem, ignominiosus est & infelix. Rectè Romani Patres, fugit tertiæ conjugationis, quod à plerisque legitur, correxerunt, dato fugat primæ conjugationis, quod est, in fugam vertit.

Cap. XX. ℣. 15. Et vas pretiosum labia scientiæ. Quidam pro & vas scribunt vas autem.

℣. 22. Ne dicas: Reddam malum. Non subjicias quod quidam, pro malo, sed subaudias.

℣. 25. Ruina est homini devorare sanctos. Nequaquam legendum est, aut devocare, aut denotare, aut devotare, vel devovere, sed devorare, quod est, deglutire seu absorbere, quod in Notationibus nostris ostendimus. Postremò masculinum sanctos dedit Interpres noster, non neutrum sancta.

Sequitur: Et post vota retractare. Alii pro composito retractare legunt simplex tractare.

Cap. XXI. ℣. 18. Pro justo datur impius. Quidam libri, pro præsenti datur, habent futurum dabitur.

℣. 22. Et destruxit robur fiduciæ ejus. Non facilè scribas detraxitque, pro destruxitque, vel & destruxit.

℣. 27. Hostiæ impiorum abominabiles, quia offeruntur ex scelere. Non mutes conjunctionem quia in relativum quæ.

Cap. XXII. ℣. 1. Super argentum & aurum gratia bona. Non addas conjunctionem causalem enim.

℣. 3. Callidus vidit malum & abscondit se. Servandum est præteritum vidit, non commutandum cum præsenti videt.

℣. 5. Arma & gladii in via perversi. Non scribas superbi pro perversi.

℣. 17. Inclina aurem tuam. Superfluum est quod quidam præponunt, fili mi.

Cap. XXIII. ℣. 16. Cùm locuta fuerint rectum labia tua. Singulare rectum non est mutandum cum plurali recta.

℣. 29. Cui suffusio oculorum? Germanam hanc esse lectionem, ut legatur suffusio, nomen derivatum à verbo suffundo, non suffossio à suffodio, aut confusio à confundo, multòque minùs confessio, à confiteor, jam olim docuimus.

℣. 33. Oculi tui videbunt extraneas. Præferendum est femininum genus extraneas, neutro extranea: nam masculinum extraneos, spurium est prorsus.

Cap. XXIV. ℣. 10. Si desperaveris lassus in die angustiæ, imminuetur fortitudo tua. Insignis correctio, qua restitutum est lassus, quod est, fatigatus, pro lapsus à labi, cadere.

℣. 16. Septies enim cadet justus & resurget. Non addas in die.

℣. 27. Ut postea ædifices domum tuam. Non mutes ut causativum cum & copulativo.

℣℣. 32. 33. Et exemplo didici disciplinam. Parum, inquam, dormies. Quod interponunt alii: Usquequo piger dormies, usquequo de somno consurges? redundat.

℣. 34. Et veniet tibi quasi cursor egestas. Non temerè addendum est pronomen tua.

Cap. XXV. ℣. 20. Acetum in nitro, qui cantat carmina cordi pessimo. Nec hic temerè interjicienda est conjunctio &, ut minimè mutandus dativus cordi in ablativum.

Sequitur: Sicut tinea vestimento, & vermis ligno: ita tristitia viri nocet cordi. Versiculum hunc non facilè esse omittendum, tametsi à multis omittatur, docent nostræ Notationes.

Cap. XXVI. ℣. 2. Sicut avis ad alia transvolans. Non præponas conjunctionem nam: nec mutes vocem alia trissyllabam, cum dissyllaba alta, quæ excelsa significat: nam ad alia, idem est quod quòlibet, quod mox sequitur: & passer quòlibet volans.

℣. 15. Abscondit piger manum sub ascella sua, & laborat si ad os suum eam converterit. Retinendus est numerus singularis manum, eam.

℣. 20. Et susurrone subtracto, jurgia conquiescent. Præferendum est futurum præsenti conquiescunt.

℣. 26. Revelabitur malitia ejus in concilio. Vox concilio, accepta pro cœtu, per c potiùs scribitur quàm per s.

CAP. XXVII. ℣. 4. Et impetum concitati ferre quis poterit? Superfluit, quod quidam codices addunt, substantivum spiritus, participio concitati.

℣. 11. Ut possis exprobranti respondere sermonem. Alii libri, pro secunda persona possis, scribunt primam possim: hac Hebræo consonat, illa Græco.

℣. 15. Tecta perstillantia. Cave perstillantia, id est, perfluentia, mutes in pestilentia, id est, pestem adferentia.

℣. 16. Et oleum dexteræ suæ vocabit. Pro futuro indicativi vocabit, quidam libri scribunt conjunctivum vocet aut evocet: sed nullo modo ferendum est, quod est in nonnullis, evacuet, id est, exhauriat.

℣. 24. Sed corona tribuetur in generationem & generationem. Non addas pronomen tibi verbo tribuetur, nec mutes priorem accusativum in ablativum generatione.

℣. 26. Agni ad vestimentum tuum, & hœdi ad agri pretium. Ut priori membro non est addendum verbum sunt, ita posteriori non est auferenda præpositio ad.

CAP. XXVIII. ℣. 8. Qui coacervat divitias usuris & fœnore, liberali in pauperes congregat eas. Cave ne, transposito commate, conjungas vocem liberali, cum eo quod præcedit substantivo fœnore.

℣. 10. Et simplices possidebunt bona ejus. Non temerè omittendum est pronomen ejus.

℣. 26. Qui autem graditur sapienter, ipse salvabitur. Malè alii, pro salvabitur, quod est, fiet salvus, scribunt laudabitur, laudibus celebrabitur.

CAP. XXIX. ℣. 5. Rete expandit gressibus ejus. Præferendum est ejus, ei quod alii libri habent reciproco suis.

℣. 15. Virga atque correptio tribuit sapientiam. Præfertur vox correptio derivata à corripio, voci correctio à corrigo.

℣. 20. Stultitia magis speranda est, quàm illius correptio. Idem hoc loco observatur.

CAP. XXX. ℣. 3. Non didici sapientiam, & non novi scientiam sanctorum. Quidam libri posterius membrum legunt absque negatione, sicut Hebræa & Græca: Correctores maluerunt negationem ex aliis libris repetere.

℣. 19. Viam colubri super petram. Servanda est vox petram, quæ rupem: non substituenda terram, quæ humum significat.

Ibidem. Et viam viri in adolescentia. Non facilè pro adolescentia, quod juventutem, scribas adolescentula, quod juvenculam declarat.

℣. 31. Nec est rex qui resistat ei. Cave omittas aliquod trium primorum verborum nec est rex: aut rex, quod est, ὁ βασιλεὺς, corrigas res, id est πρᾶγμα: aut denique pronomen singulare ei scribas pluraliter eis: hæc enim sunt codicum quorumdam vitia. Lege, si placet, nostras in varias Bibliorum lectiones Notationes.

℣. 32. Est qui stultus apparuit, postquam elevatus est in sublime. Egregiè emendatus est locus, restituto verbo substantivo est, pro ea quæ in plerisque est libris conjunctione copulativa &. Porro sive legas apparuit, sive apparuerit, sive elevatus, sive elatus, nihil refert.

CAP. XXXI. ℣. 9. Et judica inopem & pauperem. Non mutes judica in vindica, quanquam hoc illius expositio sit.

Variæ Lectiones VULGATÆ, rursum ab eodem FRANCISCO LUCA observatæ.

LIBER PROVERBIORUM.

CAP. V. ℣. 3. Ne intenderis fallaciæ mulieris. Vetus Epanorthotes: Nec Hebræus, nec antiqui habent, ait: id quod & nos ita invenimus.

CAP. X. ℣. 4. Qui nititur mendaciis, hic pascit ventos: idem autem ipse sequitur aves volantes. Plurimi libri antiqui, etiam Epanorthotæ, omittunt hunc versum, cum Hebræo, Chaldæo, & Græco.

CAP. XII. ℣. 11. Qui suavis est in vini demorationibus, in suis munitionibus relinquit contumeliam. Hanc sententiam meliores nostri Mß. Latini libri confodiunt, suffragante Hebræo, quanquam Græcè addatur: legantur nostræ Notationes.

CAP. XIII. ℣. 13. Animæ dolosæ errant in peccatis: justi autem misericordes sunt, & miserantur. Plerique omnes Latini codices Mß. omittunt hunc versiculum, consentaneè Hebræo; nisi quòd quidam collocent post versum hujus capitis nonum, cum quibusdam Græcis.

℣. 23. Et aliis congregantur absque judicio. Non pauci libri scribunt nominativum alii, loco dativi aliis.

CAP. XIV. ℣. 7. Vade contra virum stultum, & nescit labia prudentiæ. Quædam Mß. pro indicativo nescit, legunt imperativum nescito, consentaneè Hebræo.

℣. 15. Filio doloso nihil erit boni: Servo autem sapienti prosperi erunt actus, & dirigetur via ejus. Hunc versiculum plerique omnes Latini libri omittunt, quemadmodum Hebræa, & Græca, & Chaldæa. Sed quia quidam Latini libri, cum quibusdam Græcis, eum legunt proximè post 13. superiorem capitis versum: idcirco (arbitror) Romani Patres noluerunt omittere, quanquam nec illic eum Latini antiqui libri agnoscant, quod notat Epanorthotes noster.

℣. 21. Qui credit in Domino, misericordiam diligit. Quædam Latina Mß. prætereunt hanc pericopen, sicut Hebræa: sed Patres prætereundam non judicarunt (ni fallor) præsertim cùm apud Græcos simile quid sequatur post versum proximum: Non sciunt misericordiam & fidem fabricatores malorum: misericordiæ autem & fides apud fabricatores bonorum.

CAP. XV. ℣. 5. In abundanti justitia virtus maxima est: cogitationes autem impiorum eradicabuntur. Vetus Epanorthotes annotat in hæc verba: Quod interponitur sic: In abundanti justitia virtus maxima est: cogitationes autem impiorum eradicabuntur: nec Hebræi, nec antiqui habent: habetur tamen in Græco, puto de LXX. Interpretibus.

℣. 10. Doctrina mala deserenti viam vitæ. Vox vitæ abest à multis libris, conformiter Hebrais & Græcis: unde vetus Epanorthotes annotat: Deserenti viam, non est subjungendum quod dicitur, vitæ.

℣. 27. Per misericordiam & fidem purgantur peccata: per timorem autem Domini declinat omnis à malo. Hic versiculus, à Græcis quidem libris hic legitur, sed ab optimis quibusque, Latinis, Hebræis, & Chaldæis, demum infra 16. ℣. 6. quod etiam Epanorthotes annotat.

CAP. XVI. ℣. 5. Initium viæ bonæ, facere justitiam: accepta est autem apud Deum magis, quàm immolare hostias. Plurima Latina Mß. etiam antiqua Epanorthotæ, omittunt hanc sententiam, consentaneè Hebræo, quanquam Græcè legatur.

CAP. XVII. ℣. 16. Qui altam facit domum suam, quærit ruinam. Hanc sententiam, ut complures Latini libri hîc omittunt, consentaneè Hebræo; ita legunt mox infra ℣. 19.

Sequitur: Et qui evitat discere, incidet in mala. Et hæc posterior superioris sententiæ pars, à pluribus Latinis libris jugulatur conformiter Hebræo & Chaldæo: cæterùm tota sententia ex Græcis antigraphis sumpta est, quod habent nostræ Notationes.

CAP. XVIII. ℣. 8. Pigrum dejicit timor: animæ autem effeminatorum esurient. Hæc & plures hujusmodi sententiæ, quia Græcè leguntur, relictæ sunt à Romanis Correctoribus; quanquam ex copia veterum codicum Latinorum, satis constet Interpretem non dedisse, quas in Hebræo non invenit. Simile judicium est de ea quæ mox sequitur ℣. 22. Qui expellit mulierem bonam, expellit bonum: qui autem tenet adulteram, stultus est & impius: cujus posterior pars citatur à D. Hieronymo, enarrante cap. 19. Matthæi; ex Græcâ editione, haud dubium.

CAP. XXI. ℣. 4. Exaltatio oculorum est dilatatio cordis. Multi antiqui libri Latini, loco verbi substantivi, legunt conjunctionem copulativam &, Hebræo consentaneè.

℣. 12. Ut detrahat impios à malo. Quidam antiqui codices legunt in malum.

CAP. XXII. ℣. 9. Victoriam & honorem acquiret qui dat munera: animam autem aufert accipientium. Similis est hæc sententia superioribus: de qua sic annotat vetus Epanorthotes: Quod de LXX. ante Ejice sic ponitur: Victoriam & honorem acquiret qui dat munera, animam autem aufert accipientium: nec Hebræus habet, nec antiqui.

CAP. XXV. ℣. 10. Gratia & amicitia liberant, quas tibi serva, ne exprobrabilis fias. Etiam hæc sententia ex Græco adjecta est: nec enim Interpres eam dedit, si consulas Latinos libros: sicut nec sequentem mox infra ℣. 20. Sicut tinea vestimento, & vermis ligno: ita tristitia viri nocet cordi: quanquam hanc non facilè omittendam doceant nostræ Notationes.

CAP. XXVII. ℣. 21. Cor iniqui inquirit mala: cor autem rectum inquirit scientiam. Nec Hebræus, nec antiqui habent, inquit Epanorthotes, sed LXX.

CAP. XXIX. ℣. 27. Verbum custodiens filius, extra perditionem erit. Nec in antiquis plerisque Latinis, nec in Hebræis aut Græcis libris legitur: invenitur tamen in quibusdam Græcis sub finem capitis 24.

IN LIBRUM ECCLESIASTÆ

ADMONITIO PRÆVIA.

ANTIQUA versio Latina libri Ecclesiastæ, quam hic subjicimus, excerpta à nobis est ex Commentario S. Hieronymi in eundem librum, qualis à Martianæo nostro editus est tomo 2. nov. edit. operum S. Doctoris. Quo ex càpite, seu fonte proximè manarit illa Interpretatio Latina; an ex Hebraïco, an ex LXX. Interpretibus; an ipsissima illa fuerit Versio vetus Italica, quam vestigamus; an alia recèns & consultò ab Hieronymo ipso adornata; de hoc ambigitur, nec omnino constat inter eruditos. Posteriorem opinionem sequitur D. noster Martianæus : pro veteri Italica stare videntur Flaminius Nobilius, & Richardus Simonius : Ille nimirum in Notis ad Eccles. cap. 1. hæc habet : Sic S. Hieronymus in tralatione, quam ipse Vulgatam nominat, nos Vulgatam antiquam dicemus : *tum addit :* Ab ipso nos, illum imitari, raró discederemus, nisi esset admista cum aliis Interpretationibus : *ex quibus possunt probabiliter confici tria : 1°. Hanc esse Nobilii opinionem, Versionem illam ab Hieronymo usurpatam in Commentario, antiquam esse Versionem, ex LXX. Interpretatione derivatam, quam ipse Hieronymus Vulgatam appellat. 2°. Vulgatam illam versionem disparem esse, & planè distinctam ab illa nova, quam Nobilius ipse instruxit, & edidit. 3°. Nobilium ejusdem antiquæ Versionis usurpandæ consilium abjecisse, ideo quòd alias Interpretationes, videlicet Symmachi, Theodotionis, & Aquilæ, ipsi intermistas animadverterit.*

Ad Simonium quod attinet, ipse sententiam suam aperit lib. 2. Histor. crit. Vet. Test. cap. 13. cùm dicit : Il est aisé de reconnoître que la Vulgate Latine, de la maniere que nous l'avons présentement, n'est pas entiérement de S. Jérôme ; bien que, parlant en général, il en soit l'auteur. Comme il y a d'autres livres dans la même Vulgate, qui sont absolument de lui, & dont personne ne peut douter, j'ai crû qu'il seroit à propos d'examiner encore cette Version dans quelques endroits, qui sont assurément de S. Jérôme. J'ai donc choisi le livre de l'Ecclésiaste, dont nous avons les deux versions Vulgates, rangées sur deux différentes colomnes dans les ouvrages de ce Pere : & ainsi il n'y a pas lieu de douter, qu'une de ces colomnes, qui représente la Vulgate d'aujourd'hui, ne soit la nouvelle traduction de S. Jérôme, qu'il a jointe avec l'ancienne Vulgate, qui avoit été faite sur le Grec des LXX, & où il y a aussi quelque mélange de la version de Théodotion. *In his duo potissimùm occurrunt excutienda & examinanda : primum, an Ecclesiastæ contextus, bifariam nunc partitus in quibusdam Hieronymi editionibus, pro duplici nimirum hujus contextûs Versione Latina, ita primitus ab Hieronymo distributus fuerit ; & ab ipso, sub duplici columna, cuique operis capiti præfixus. Alterum, utrùm Interpretatio Latina è regione Vulgatæ novæ in prædictis editionibus posita, sit vera germanaque illa Versio antiqua, è Græco primùm expressa, seu Versio vetus Italica ; an non magis interpretatio nova, consultò & datâ operâ, ab Hieronymo ipso elaborata.*

Quod ad primum spectat : indubitatum nunc est, & omnibus exploratum, totum Ecclesiastæ contextum non primitus ita ab Hieronymo fuisse dispositum, ut singula ipsius capita totidem commentarii partibus fuerint præfixa. Errandi occasionem præbuisse videntur Simonio novi editores operum S. Hieronymi, Erasmus, & Marianus Victorius : hic scilicet in editione sua anni 1624. volumine secundo complexus est varios S. Doctoris commentarios in Vetus Testamentum, inter quos exstat in Ecclesiasten opus ; ut autem in hac editione nova lectorum commodo plùs consuleret, quod etiam præstitum fuerat in editione Erasmiana anni 1534. ejusdem libri contextum secernendum duxit à commentationibus ; imo diversas ejusdem contextûs translationes, cùm ex Hebræo, tum è Græco LXX. petitas, distinctis columnis & characteribus edidit ; deinde S. Patris verba, & animadversiones, minutioribus typis excusas, ita commodè adnexuit, ut in una eademque pagina textui utrique præfixo subjectus commentarius aptè responderet, & alter alterum non superaret. Tali ordini ac dispositioni non parum utilitatis est atque commoditatis : utinam cuncta ex primigenio Hieronymi commentario deprompsisset, nihil de suo adjecisset Marianus ! Quòd Textum Sacrum à commentariis & explicationibus distinxerit, quòd eundem sparsum ac disseminatum in unum collegerit, hac in re nihil peccavit Marianus, quinimo commodè fecit, & omnibus gratum ; sed in hoc peccasse videtur 1°. quòd Vulgatâ hodiernâ lateri Antiqua adjunctâ, utramque simul ita ab Hieronymo dispositam fuisse, vel putaverit, vel alios saltem induxerit ad credendum ; nullo tamen fretus Mss. codicum testimonio, nullâve, nequidem jejunâ, admonitione præmissâ. 2°. Quòd Vulgata nova hunc *præfixerit titulum*, Versio LXX. *Alteri verò Versioni commentario admistæ istum*, Versio Hebr. *quasi verò Vulgatam novam è Græco deductam fuisse crediderit, alteram commentario propriam, ex Hebraico. Primum quidem scopulum offendit Richardus Simonius, ut supra diximus, sed non impunè; de hoc enim, nec immeritò, reprehensus est à Martianæo nostro in Notis prolixioribus ad hunc librum, to. 2. op. S. Hieron. col.* 790. « *Falsa est, inquit, & imperita prorsus opinio, quâ deceptus Simonius affirmare voluit, S. Hieronymum antiquæ Vulgatæ copulasse novam Vulgatam Latinam, uti conspiciuntur distincta columnis in edito Ecclesiastæ commentario. Hoc sanè persuasissimum erit omnibus, qui ex antiquis monumentis, aut è veteribus Hieronymi editionibus judicium habebunt de ejusdem commentario in Ecclesiasten. Nam in cunctis illis libris unicus legitur S. Scripturæ contextus; & quidem in manu exaratis exemplaribus, eodem prorsus tenore descriptus, quo nunc à nobis editus habetur. Nec ante Marianum Victorium * quisquam Ecclesiastæ duplicem versionem Latinam columnis distinctam conjunctim typis evulgare sibi permiserat. Denique cùm Hieronymus Ecclesiasten exposuit suo commentario, præter istud nullum aliud volumen Scripturæ in Latinum verterat ex Hebræo: siquidem commentarium suum absolvit quinquennio ferme postquam Româ redierat Jerosolymam, id est, anno æræ Christianæ* 389. *vel circiter; libros autem quatuor Regum de Hebræo Latinè convertit ante cætera volumina Instrumenti Veteris, anno* 392. *vel* 391. *è quibus notis chronologicis satis liquet versionem Vulgatam hodiernam Ecclesiastæ non potuisse copulari cum alia translatione in commentario Hieronymi, quandoquidem commentarius tribus annis præcedit novam Vulgatam editionem librorum Salomonis.* »

* Non advertit Martianæus eandem dispositionem exhiberi in edit. Erasm. anni 1534.

Jam verò quo ex fonte prodierit illa Versio adhibita in eodem commentario, & quam Simonius cum Flaminio Nobilio antiquam vocat, an ipsissima illa fuerit Vulgata vetus, seu, ut vocant, Italica; de hoc non ita facile est decidere: difficultas maximè petitur ex Hieronymi verbis, præfat. in Ecclesiast. quibus paucis negotium confectum Martianæus putat. Ita verò Hieronymus, scribens ad Paulam & Eustochium, præfatur: Nunc in Bethleem positus, vobis reddo quod debeo, hoc breviter admonens quòd nullius auctoritatem secutus sum, sed de Hebræo transferens, magis me LXX. Interpretum consuetudini coaptavi, in his duntaxat quæ non multùm ab Hebraïcis discrepabant. *Tum addit:* Interdum Aquilæ quoque, & Symmachi, & Theodotionis recordatus sum, ut nec novitate nimia lectoris studium deterrerem; nec rursum contra conscientiam meam, fonte veritatis omisso, opinionum rivulos consectarer. *Ad hæc Martianæus:* « *Quî ergo fieri potest, ut Latina translatio libri Ecclesiastæ posita in prima columna editi commentarii S. Hieronymi, sit antiqua Vulgata è Græcis expressa voluminibus, cùm Hieronymus testetur in præfatione hujus operis se, nullius Interpretis auctoritatem secutum, transtulisse de Hebræo in Latinum?* » *Accedit etiam quòd Hieronymus passim in hoc commentario Hebræi cujusdam, sui olim præceptoris, auctoritatem proferat, cujus & testimonium citat, & laudat animadversiones: v. g. col.* 722. Dicebat, *inquit*, mihi Hebræus, quo Scripturas Sanctas intuente perlegi, quòd, *&c. item col.* 733. Mihi verò ab Hebræo, qui me in Scripturis erudivit, ita expositum est, *&c. iterum infra p.* 740. Hebræus meus, cujus sæpe facio mentionem, cùm Ecclesiasten mecum legeret, testatus est, *&c. Quorsus ista, inquies, nisi ex Hebræo fonte fluxerit Versio, quâ de agitur?*

Ut verò super re satis ambigua dicam quod sentio; observabo primùm, ex Hebraïco fonte uno duci non potuisse Versionem illam, cùm Hieronymus in præfatione sua apertè dicat, de Hebræo transferentem se, magis se LXX. Interpretum consuetudini coaptasse. 2°. *Non etiam ex LXX. Translatione sola prodiisse illam Versionem; siquidem Hieronymus addit, sese magis accommodasse LXX. Interpretibus*, in his duntaxat quæ non multùm ab Hebraïcis discrepabant. 3°. *Non pariter ex Aquila, vel Symmacho, vel Theodotione, illam ipsam emanare potuisse, cùm ibidem Hieronymus admoneat se* nullius auctoritatem *esse secutum; Aquilaque, & Symmachi, & Theodotionis* interdum *solummodo recordatum esse*, Ut, *inquit*, nec novitate nimia lectoris studium deterrerem, nec rursum contra conscientiam meam, fonte veritatis omisso, opinionum rivulos consectarer.

Nec addere juvat ex pluribus forsitan supradictis Interpretationibus illam nostram conflari potuisse Versionem. Sanè contrarium liquet ex variis commentarii locis, in quibus Hieronymus Symmachum & alios memorat: horum enim Interpretum lectiones tantummodo citat, adjunctis similibus, vel de Hebræo fonte, vel de LXX. Interpretibus. Exempli gratiâ, cap. 1. *col.* 717. *ait:* In Hebræo, pro *vanitate vanitatum*, *abal abalim* scriptum est, quod, exceptis LXX. Interpretibus, omnes similiter transtulerunt, *ἀτμὸς ἀτμίδων*, sive *ἀτμῶν*, quod nos possumus *vaporem fumi*, & *auram tenuem* appellare; *LXX. autem ferunt*, *ματαιότης ματαιοτήτων*, vanitas vanitatum; *quam lectionem servat Hieron. in textu. Item infra col.* 720. *ad* ℣. 10. *ejusdem capitis:* Estne verbum de quo dicatur: Vide hoc novum est, *&c. addit:* Apertiùs hoc Symmachus transtulit: Putasne est qui possit dicere : Vide hoc novum est, *&c. Item post pauca, col* 721. *ad hoc*, præsumptio spiritus, *observat verbum Hebraïcum* routh, *Aquilam & Theodotionem*, νομήν; *Symmachum*, βόσκησιν *transtulisse;* Septuaginta autem Interpretes, *inquit*, non Hebræum sermonem expressere, sed Syrum, dicentes προαίρεσιν. Sive ergo νομή, sive βόσκησις, à *pastione* vocabulum est ; προαίρεσις autem meliùs *voluntatem*, quàm *præsumptionem* sonat : *attamen in textu Lat. ab ipso relato, non habetur* voluntas, *sed* præsumptio ; *quæ vox procul dubio legebatur in antiqua Versione Vulgata. Similiter ad* ℣. 2. *capitis* 2. *Hieronymus textum profert hoc modo :* Risui dixi amentiam ; & jocunditati : Quid hoc facis? *tum addit :* Ubi nos *amentiam* legimus, *(non dixit*, posuimus,*)* in Hebræo habet *molal*, quod Aquila πλάνησιν, id est, *errorem ;* Symmachus θόρυβον, hoc est, *tumultum*, interpretati sunt : Septuaginta verò, & Theodotio, sicut in pluribus locis, ita & in hoc quoque concordant, & transtulerunt περιφοράν, quam nos verbum de verbo exprimentes, *circumlationem* possumus dicere. *Unum addam, quod non parum ad rem nostram facit : nempe ad cap.* 8. ℣. 7. *Hieronymus textum Latinè ita refert :* Quia nescit quod futurum est : sicut enim erit quis annuntiabit ei ? *at infra in commentario sic habet :* Illud quoque quod.... scriptum est : Quia nescit quod factum sit : & quid futurum sit post eum, quis annuntiabit ei? *tum addit :* De verbo ad verbum nunc ex sermone Hebræo transtulimus, ut esse sensum alterum noverimus : quòd scilicet nec ea quæ præterierint scire possumus ; nec ea quæ futura sint, ita ut sunt futura, cognoscere. *Ad hunc Hieronymi locum, ita Martianaus :* « *Nulla est, inquit, in* LXX. *Interpretibus mentio rerum præteritarum : sed* » *neque in Hebræo hodierno, ubi legimus*, ki enennu jodea ma schejihje, *hoc est*, quia non » ipse sciens quid quod futurum est. *Cogit nos itaque Hieronymi præsens observatio, ut dica-* » *mus ipsum legisse in præterito quod nunc in futuro legitur, id est, legisse* schehaja, quod » fuit, *sive* quod factum est, *pro hodierno Hebræo*, schejihje, quod erit, *sive* quod futu- » rum est..... *Ex his porro liquet Hieronymum in contextu sacro coaptasse se consuetudini* » LXX. *Interpretum ; in commentario autem de verbo ad verbum ex Hebræo sermone trans-* » *tulisse quod legebat in suis exemplaribus, aut in Hexaplis Origenis. Neque verò aliter* » *legebat quàm Vulgatam nostram postea nobis edidit è purissimis Hebræi sermonis fonti-* » *bus.* » *Ex his autem & aliis similibus id nos saltem colligi posse credimus, Versionem Latinam libri Ecclesiastæ in commentario Hieronymi adhibitam, non ex variis Symmachi & aliorum Interpretationibus ab ipso conflatam fuisse & effectam. Unde igitur prodiit, inquies ; quo ex fonte manavit ? Hebræo, an Græco? Urges? Ingenuè dicam : ex utroque simul, seclusis aliis ; imo hoc addam : Ex Hebræo fonte pauca, ex* LXX. *pene omnia derivata esse videntur. Si autem mihi obtrudatur quod ait Hieronymus præfat. cit.* De Hebræo transferens ; *statim reponam verba quæ subdit :* Magis me LXX. Interpretum consuetudini coaptavi. *Nec respondere juvat hoc etiam superaddi :* in his duntaxat, quæ non multùm ab Hebraicis discrepabant. *Contentione enim facta fontis Hebraïci cum Versione* LXX. *vix pauca in utroque textu illo deprehendimus quæ differant : dissimilitudines autem illæ plerumque non sunt nisi vocum, rarò sententiarum ac versuum integrorum. Itaque cùm Hieronymus in præfatione admoneat sese magis coaptasse* LXX. *Interpretibus, nec aliorum Interpretum auctoritatem fuisse secutum, inde sequitur Interpretationem illam leviter tantùm à Græco discrepare. Porro cum Vulgata Latina vetus, seu Versio Italica ex eodem Græco proximè fluxerit, illaque præ cæteris id genus, teste Augustino, magis Græcum reddat, nil obstat quominus concludatur Textum illum usurpatum ab Hieronymo in commentario, paucis differre à Versione Italica ; eamque, si non puram & germanam, ob nonnulla è fonte Hebræo ipsi intermista, saltem magna sui parte subsistere in hoc commentario. Nec plurimùm officere debet opinioni nostræ, quod ait Hieronymus supra in præfat. se de Hebræo transtulisse : eâ enim clementiâ possunt accipi illa verba, quâ accepta sunt supra, ubi actum est de correctione ab ipso adhibita, seu de emendatione librorum secundùm versionem* LXX. *cum asteriscis & obelis, quos tamen alicubi pariter transtulisse se dicit. Hoc igitur dato & concesso, quid impedimento erit quominus sentiamus Hieronymum, Vulgatâ antiquâ ad fontem primigenium exactâ, sese tamen Græco* LXX. *puro scilicet & Hexaplari, magis coaptasse ; uno verbo in hoc opere perficiendo vix aliud egisse, quàm quod ipse præstitisse se ait in edendis libris Salomonis secundùm versionem* LXX. *de his enim ita disserit præfat. edita à Martianæo nostro, to.* 1. *op. S. Hieron. col.* 1419. Tres libros Salomonis, *inquit*, id est, Proverbia, Ecclesiasten, Canticum Canticorum, veteri LXX. Interpretum auctoritati reddidi. *Et post pauca :* Illa etiam, quæ imperiti Translatores malè in linguam nostram de Græco sermone verterant, oblitterans & antiquans, curiosissima veritate correxi. *At verò quos libros ibi simpliciter correxisse se dicit, alio in loco, eosdem Latinè se transtulisse ait, videlicet lib. contra Rufin. ubi sic :* Salomonis etiam libros, quos olim juxta LXX. additis obelis & asteriscis, in Latinum verteram, ex Hebraïco transferens.... hæc in præfatiunculæ meæ fine subjeci. Si cui LXX. Interpretum magis editio placet, habet eam à nobis olim emendatam; neque enim sic nova cudimus ut vetera destruamus.

Ex quibus conjunctis argumentum ita duci potest & confici : Si Hieronymus, cùm agebat de emendatione sola librorum Salomonis secundùm LXX. Interpretes, illam modò correctionem, modò translationem vocat; de Versione Latina libri Ecclesiastæ adhibita ab ipso & emendata in commentario, idem sentire & affirmare quid vetat? unum quippe ex alio inferri potest, cùm par sit utrobique ratio. Non negaverim tamen, hoc in opere, si interdum contingat ut LXX. vel Interpres Latinus à fonte Hebraïco longiùs abscesserint, quod tamen minùs sæpe evenit; non dubitaverim, inquam, quin Hieronymus tunc voci Græcæ, aut sententiæ, Hebraïcam lectionem præferat. Nec tamen nos Hebraïcas illas dictiones omnes admisimus in textu; quinimo ipsas, quantùm licuit, de medio sustulimus; videlicet quotiescunque Hieronymus ibidem Græcas Hebraïcis supposuit. Verbi gratia ubi Hieronymus (cap. 1. ℣. 11.) *ita primùm textum refert :* Non est memoria primis: & quidem novissimis, quæ futura sunt, non erit eis memoria apud eos, qui futuri sunt in novissimo; *infra subdit:* Juxta autem LXX. Interpretes, qui dixerunt: Non est memoria primis: & quidem novissimis, qui futuri sunt, non erit eis memoria cum his, qui futuri sunt in novissimo. *Hanc ultimam lectionem è LXX. nos in textu substituimus pro altera. Porro vel ex hoc versiculo apparet, quàm levia fuerint, & pauca quæ immutavit Hieronymus in hac Versione Latina. Idem etiam liquet ex versu* 1. *ejusdem capitis, quem Hieronymus sic profert ex Hebræo :* Verba Ecclesiastæ, filii David, regis Jerusalem. *Apud LXX. sic :* Ῥήματα Ἐκκλησιαστοῦ, υἱοῦ Δαυὶδ, βασιλέως Ἰσραὴλ ἐν Ἱερουσαλήμ· *quæ non differunt inter se nisi una voce* Israël, *addita scilicet in Græco, prætermissa verò in Hebræo. Nos autem, qui Vulgatam veterem Latinam è Græco proximè derivatam aucupamur, adjunximus vocem* Israël, *quæ procul dubio legebatur in antiqua Versione Latina, cùm Hieronymus ibidem subjiciat :* Superfluum quippe est, hîc *Israël*, quod malè in Græcis, & Latinis codicibus invenitur. *Item post paulò ad hæc versûs* 5. Oritur sol, & occidit sol, & ad locum suum ducit; *addit :* Pro eo autem quod, Vulgatam editionem sequentes, posuimus, *ad locum suum ducit;* in Hebræo hab. *soeph*, quod Aquila interpretatur εἰσπνεῖ, id est, *aspirat*, Symmachus verò & Theodotion, *recurrit. Huc pariter redeunt quæ notavimus supra de versu* 7. *capitis* 8. *quæque sententiæ quam tenemus, accommoda valde sunt & apta. Sed ut antiquæ illius Interpretationis Latinæ magis magisque constet auctoritas, comparanda est ipsa cum variis Ecclesiastæ locis à veteribus Patribus usurpatis. Exempli gratiâ, Augustinus l.* 12. *de Civit. Dei, versiculum* 9. *capitis* 1. *hoc modo legit :* Quid est quod fuit? ipsum quod erit. Et quid est quod factum est? ipsum quod fiet : *quæ ipsissima sunt antiquæ nostræ Translationis verba. Similiter habet Ambros. l. de Tob. c.* 13. Omne quod fuit, ipsum est quod erit. *Videndus etiam Ambrosius infra ad* ℣. 6. *ejusdem cap. sicut & Victorinus Africanus, quorum testimonia leviter tantùm discrepant à Versione nostra Latina: item Ambrosius ad* ℣℣. 2. & 3. *capitis* 4. *pene ad verbum concordat. At hæc & horum similia suis locis diligenter inserta sunt in Notis, quas vide. Interim hæc pauca sufficiant.*

SUMMA CAPITA LIBRI ECCLESIASTÆ,

è Vulgatis Bibliis deprompta, deficientibus aliis quæ Verſioni antiquæ reſpondeant.

CAP. I. *Omnia vana, & nihil ſub ſole novum: cunctarum quoque rerum difficilem eſſe inquiſitionem, eamque vanam, & ſpiritus afflictionem.*

CAP. II. *In affluentia deliciarum, divitiarum, ædificiorum, & in horum labore eſt vanitas & afflictio ſpiritus: dicit etiam quanta ſit vanitatis congregare futuro hæredi, qui qualis futurus ſit ignoratur.*

CAP. III. *Quòd omnia ſuo proveniant tempore & tranſeant, quòdque in nullis hîc fluxis ſit mentis quies; unus quoque ſit hominis ac jumentorum interitus.*

CAP. IV. *Vanitatem hujus vitæ arguit ſapiens ex innocentum oppreſſione, & quòd induſtria humana ſit invidiæ obnoxia: item quòd ſtultus ſecurè in otio agit, alio qui hæredem non habet theſaurizante: explicat commoda ſocietatis, regum regnorumque vanitatem; & obedientiam præfert ſtultorum victimis.*

CAP. V. *Nil temerè de Deo & ejus providentia loquendum: vota reddenda: non mirandum de egenorum oppreſſione, cùm iniqui judicem habeant: item quàm ſit miſera conditio avari nunquam impleti, & divitis coacervantis divitias, in proprium nonnunquam malum.*

CAP. VI. *Miſera eſt avari vanitas, qui ne in neceſſariis quidem audet partis uti.*

CAP. VII. *Vanum eſt altiora ſe quærere; & inter multa quæ quibus magis ſint eligenda, ſic & ſapientia utilior eſt cum divitiis: dies malus præcavendus: ne plus quàm oportet ſapiens aut juſtus ſis: quàm ſit mulieris conſortium amarum & periculoſum: quòdque homo ſit à Deo creatus rectus.*

CAP. VIII. *In vultu lucet ſapientia: à Dei mandatis non recedendum: homo novit tantùm præſentia, neque mortem poteſt evadere: impii ob Dei indulgentiam liberiùs peccant: vaniſſimum videtur quòd juſtis & impiis ſimilia hîc eveniunt: & operum Dei ratio non eſt inveſtiganda.*

CAP. IX. *Nemo ſcit an Dei odio vel amore ſit dignus: quòd eadem cunctis hîc eveniunt: & cùm poſt hanc brevem & incertam vitam non reſtet tempus operandi, monet nunc operibus inſtanter incumbendum: & licet ſapientia præſtet fortitudini, in paupere tamen non æſtimatur.*

CAP. X. *Sapientis à ſtulto differentia: tentationibus potentis ſpiritus reſiſtendum: de ſtulto ac ſervo elevatis, & divite ac principe humiliatis: occultus detractor ſerpenti comparatur: de rege puero, & principibus manè comedentibus: neque regi, neque diviti detrahendum.*

CAP. XI. *Monet noſtra aliis impertiri, & ſemper bene eſſe operandum: quòd hominis judicium poſt obitum ſit immutabile: futuri quoque judicii memoriam retinendam, in quo de omnibus judicandi ſumus: iram & malitiam à corde auferendam.*

CAP. XII. *Deum præ oculis habeto in juventute; priuſquam ſuccedat moleſta ſenectus, tandemque noviſſima mors: cùmque omnia ſint vanitas, Dei præcepta obſerva; nam de omnibus eſt reddenda ratio.*

*ECCLESIASTES.

CAPUT PRIMUM.

VULGATA NOVA.

1. VERBA Ecclesiastæ, filii
David, regis Jerusalem.
2. Vanitas vanitatum,
dixit Ecclesiastes: vanitas
vanitatum, & omnia vanitas.
3. Quid habet ampliùs
homo de universo labore suo, quo laborat sub
sole?
4. Generatio præterit, & generatio advenit:
terra autem in æternum stat.
5. Oritur sol, & occidit, & ad locum suum

VERSIO ANTIQUA.

1. VERBA Ecclesiastes, filii David, regis Israël in Jerusalem. *Ex Comment. S. Hieron. in Eccle-*
2. Vanitas vanitatum, di- *siast. to. 2. nov. ed.*
xit Ecclesiastes: vanitas vani- *p. 715. 716.*
tatum, omnia vanitas.
3. Quid superest homini in 717.
omni labore suo, quo laborat sub sole?
4. Generatio vadit, & generatio venit: & terra in sæculo stat.
5. Oritur sol, & occidit sol, & ad locum suum

NOTÆ AD VERSIONEM ANTIQUAM.

* Ambros. l. de Tob. c. 13. col. 605. d. *Bonus*, inquit, *ad omnia magister Ecclesiastes, liber est Salomonis.* Hieron. in Eccles. to. 2. p. 721. a. *Aiunt Hebræi hunc librum Salomonis esse pœnitentiam agentis, quòd in sapientia divitiisque confisus, per mulieres offenderit Deum.* Philastr. Brix. l. de hæres. p. 720. f. observat quosdam esse hæreticos, *qui de Veteri Testamento multa reprobant, id est, Salomonis Ecclesiastem, paucis quidem conscriptum sententiis, omnem tamen thesaurum cælestis scientiæ quærentibus continentem.*

℣. 1. Editt. legunt *Ecclesiastæ*, è Gr. Ἐκκλησιαςοῦ, sed Mss. omnes *Ecclesiastes*; cæt. concordant cum Gr. ad verbum. Hieron. tamen in comment. excludit vocem *Israël*, quæ superflua est, inquit, & *malè in Græcis & Latinis codicibus invenitur*: nos autem illam reposuimus, quorum est antiquam Versionem Latinam è Græco derivatam exhibere. Abest autem *Israël* à textu Hebraïco.

℣. 2. Sic est ad verbum cùm in Græco, tum in Hebraïco textu. Hieron. ibid. observat *In Hebræo pro* vanitate vanitatum, abal abalim *scriptum esse, quod, exceptis LXX. Interpretibus, omnes similiter transtulerunt* ἀτμὸς ἀτμίδων, *sive* ἀτμῶν, *quod nos*, inquit, *possumus* vaporem fumi, & auram tenuem, *quæ citò resolvitur, appellare.* Ambros. in Ps. 39. p. 859. f. & l. 1. in Luc. p. 1262. b. similiter habet: *Vanitas vanitatum, & omnia vanitas*: & l. de fug. sæc. c. 1. col. 418. d. *Omnia vanitas, inquit Ecclesiastes, quæ in hoc sæculo sunt.* August. de mor. Eccl. to. 1. 702. a. & l. 20. de civit. Dei, c. 3. to. 7. 575. c. *Vanitas vanitantium, dixit Ecclesiastes: vanitas vanitantium, & omnia vanitas*: item constanter, *Vanitas vanitantium*, tum l. de quant. anim. to. 1. 437. a. & de vera Relig. col. 761. d. tum in Rom. 8. to. 3. 913. c. & in Ps. 4. to. 4. 13. b. at l. 1. oper. imp. to. 10. 886. d. & l. 6. cont. Julian. col. 706. f. scribit, *Vanitas vanitatum*: & verò l. 1. retract. to. 1. col. 9. f. ait: *Quod posui* (l. de mor. Eccl.) *de libro Salomonis*, Vanitas vanitantium, &c. *in multis quidem codicibus legi; sed hoc Græcus non habet: habet autem*, Vanitas vanitatum, *quod postea vidi: & inveni eos Latinos esse veriores, qui habent* vanitatum, *non* vanitantium. Auct. tamen quæst. Vet. Test. part. 2. ap. August. to. 3. 143. c. legit: *Vanitas vanitantium.* S. Valerian. hom. 6. Sirm. to. 1. p. 639. d. *Vanitas vanitatum, omnis homo dives.* Philastr. Brix. l. de hæres. p. 720. f. testatur quosdam hæreticos legere: *Omnia vanitas vanitatis sub cælo sunt.*

℣. 3. Ad verbum è Græco, nisi hoc excipias, *Quid superest*, pro quo Τίς περίσσεια· Ambros. in Ps. 118. col. 1120. c. *Quæ abundantia homini in omni labore suo, quo*, &c. ut sup. Similiter August. l. 20. de civit. Dei, c. 3. to. 7. 575. c. at. l. de mor. Eccl. to. 1. 702. a. legit: *Quæ abundantia homini in omni labore suo, quem ipse laborat sub sole?* & l. de vera Relig. to. 1. 761. d. *Quæ abundantia homini in omni labore ejus, quo ipse lab. sub sole?* & in Rom. 8. to. 3. 913. c. *Quæ abundantia homini in omni labore suo, quo ipse lab.* &c. ita rursum in Ps. 4. to. 4. 13. b. & l. 6. cont. Jul. to. 10. 706 f. at l. 1. oper. imp. col. 886. d. *Quæ abundantia hominis in omni labore suo, quem ipse laborat sub sole?* In textu Hebraïco: *Quid utilitatis homini in omni labore suo, quo laborabit sub sole?*

℣. 4. Ita Græcè, nisi quòd extremò hab. εἰς τὸν αἰῶνα ἕστηκε. Ambros. in Ps. 118. col. 1120. c. *Generatio vadit, & generatio venit: & terra stat in sæculum*: similiter l. 1. Hex. col. 12. a. *stat in sæculum.* Item ap. Tichon. *Generatio vadit, & generatio venit.* Hebr. *Generatio vadens, & generatio veniens: & terra in sæculum stans.*

℣. 5. Hieron. ibid. *Pro eo autem quod, Vulgatam editionem sequentes, posuimus*, ad locum suum ducit, *in He-*

VERSIO ANTIQUA.

Ex Comment. S. ducit : & oritur ipse ibi,
Hieron. in Eccles. p. 6. vadit ad austrum, & gyrat ad aquilonem :
718. gyrans gyrando vadit spiritus, & in circulos suos
revertitur spiritus.
719. 7. Omnes torrentes vadunt in mare, & mare
non impletur : ad locum, de quo torrentes exeunt,
illic ipsi revertuntur ut abeant.
8. Omnes sermones graves : non poterit vir
loqui. Non satiabitur oculus videndo, & non
implebitur auris auditu.
9. Quid est quod fuit? ipsum quod erit : & quid
est quod factum est? ipsum quod fiet.

10. Et non est omne recens sub sole quod loquatur, & dicat : Ecce hoc novum est : jam fuit in sæculis, quæ fuerunt ante nos.

720. 11. Non est memoria primis : & quidem novissimis, qui futuri sunt, non erit eis memoria
cum his, qui futuri sunt in novissimo.

721. 12. Ego Ecclesiastes fui rex super Israël in Jerusalem,
13. & dedi cor meum ad inquirendum & considerandum in sapientia de omnibus, quæ fiunt sub sole. Hanc distentionem malam dedit Deus filiis hominum, ut distendantur in ea.
14. Vidi universa opera, quæ facta sunt sub so-

VULGATA NOVA.

revertitur : ibique renascens,
6. gyrat per meridiem, & flectitur ad aquilonem : lustrans universa in circuitu pergit spiritus, & in circulos suos revertitur.
7. Omnia flumina intrant in mare, & mare non redundat : ad locum, unde exeunt flumina, revertuntur ut iterum fluant.
8. Cunctæ res difficiles : non potest eas homo explicare sermone. Non saturatur oculus visu, nec auris auditu impletur.
9. Quid est quod fuit? ipsum quod futurum est : quid est quod factum est? ipsum quod faciendum est.
10. Nihil sub sole novum, nec valet quisquam dicere : Ecce hoc recens est : jam enim præcessit in sæculis, quæ fuerunt ante nos.
11. Non est priorum memoria : sed nec eorum quidem, quæ postea futura sunt, erit recordatio apud eos, qui futuri sunt in novissimo.
12. Ego Ecclesiastes fui rex Israël in Jerusalem,
13. & proposui in animo meo quærere & investigare sapienter de omnibus, quæ fiunt sub sole. Hanc occupationem pessimam dedit Deus filiis hominum, ut occuparentur in ea.
14. Vidi cuncta, quæ fiunt sub sole, & ec-

NOTÆ AD VERSIONEM ANTIQUAM.

brao habet, soeph, *quod Aquila interpretatur*, εἰσπνεῖ, *id est, aspirat.* In Gr. hod. Καὶ ἀνατέλλει ὁ ἥλιος, καὶ δύνει ὁ ἥλιος, καὶ εἰς τὸν τόπον αὐτοῦ ἕλκει· αὐτὸς ἀνατέλλων ἐκεῖ. Ambros. in Ps. 118. col. 1120. e. 1121. a. *Et oritur sol, & occidit, & in locum suum trahit · ipse oriens, illuc vadit*, &c. August. l. 1. de Gen. ad lit. to. 3. 123. f. *Et oritur sol, & occidit sol, & in locum suum ducitur : ipse oriens*; Ms. Colb. cum tribus aliis optim. not. hab. *ducit*, ut sup. non *ducitur*. Victorin. Afric. l. de princip. diei, p. 293. f. *Oritur sol, & occidit, & ad locum suum revertitur : ipse oriens.* Hebr. *Et orietur sol, & ingredietur sol, & ad locum suum anhelus oriens ipse ibi.*

℣. 6. Ad verbum è Gr. præter unum, *gyrans gyrando*, pro quo κυκλοῖ κυκλῶν, *gyrat gyrans* : at Hieron. in Ezech. 1. to. 3. 707. a. constanter legit : *gyrans gyrando vadit spiritus, & in circulos suos revertitur.* Hebr. *vadens ad austrum, & circuiens ad aquilonem : circuiens, circuiens, vadens spiritus, & super circuitus suos revertitur spiritus.* Ambros. in Ps. 118. col. 1120. e. *vadit ad austrum, & gyrat ad aquilonem : gyrando gyrat spiritus, & in gyros ejus convertitur spiritus.* Victorin. Afric. l. de principio diei, p. 293. f. *vadit ad austrum, & gyrans circumit usque ad aquilonem : gyrans gyrando peragrat spiritus, & in circuitum suum convertitur spiritus.*

℣. 7. Similiter in Gr. præter hoc medium, οὗ οἱ χείμαρροι πορεύονται, *quò torrentes eunt*, pro *de quo torrentes exeunt*; sed ap. Symm. in Schol. ἀφ' οὗ οἱ ποταμοὶ πορεύονται. Hebr. *Omnia flumina euntia ad mare, & mare non ipsum plenum : ad locum, quò flumina euntia, illuc ipsa revertentia ad eundum*; Gr. τοῦ πορευθῆναι. Hieron. in Ezech. 1. to. 3. 707. a. necnon Ambros. l. de Tob. c. 13. col. 605. d. *Omnes torrentes vadunt in mare, & mare non adimpletur* : rursum Ambros. l. 3. Hex. col. 37. b. *Omnes torrentes eunt in mare, & mare non adimpletur.* Gr. οὐκ ἔστιν ἐμπιμπλαμένη, *non est impletum*; Symm. οὐ πλημμυρεῖ, ut in Vulg.

℣. 8. Aptè ad Græcum : pro *graves* tamen, sic, ἔγκοποι, i. e. *laboriosi*; exinde, Καὶ οὐ πλησθήσεται ὀφθαλμός· ultimòque, ἀπὸ ἀκροάσεως, *ex auditu*; Hebr. *ab audiendo.* Ambros. l. de bono mort. c. 7. col. 402. a. *Non satiabitur oculus visu, nec auris auditu* : at l. de Tob. c. 13. col. 605. d. *Non satiabitur oculus videndo, & non satiabitur auris auditu.* Similiter Auct. l. de sing. cleric. ap. Cypr. p. 533. *Non satiatur oculus videndo.* Gr. τοῦ ὁρᾷν.

℣. 9. Eodem modo legit August. l. 12. de civit. Dei, c. 13. to. 7. 311. f. Apud Ambros. l. de Tob. c. 13. p. 605. e. *Omne quod fuit, ipsum est quod erit.* Ap. Victorin. Afr. l. de princip. diei, p. 293. d. omnia ut in Vulgata; cui etiam Gr. congruit.

℣. 10. Duplici modo hic textum refert Hieronymus : primò quidem ut sup. *Et non est..... sub sole quod loquatur, & dicat : Ecce*, &c. infra autem ita...... *estne verbum, de quo dicatur : Vide hoc novum est*, &c. tum addit : *Apertiùs hoc Symmachus transtulit* : putasne est qui possit dicere : Vide, &c. LXX. Καὶ οὐκ ἔστι πᾶν πρόσφατον ὑπὸ τὸν ἥλιον· ὃς λαλήσει, καὶ ἐρεῖ· Ἴδε, τοῦτο, &c. i. e. *Et non est omne recens sub sole : quis loquetur ac dicet : Vide, hoc*, &c. ut supra. Hebr. *Et non omne novum sub sole : est verbum quod dicat : Vide, hoc novum : ipsum jam fuit in sæculis, quod fuit ante nos.* Apud August. l. 12. de civit. Dei, c. 13. to. 7. 311. f. *Et non est omne recens sub sole : quis loquatur, & dicat : Ecce hoc novum est? jam fuit in sæculis, quæ fuerunt ante nos.* Apud Oros. cont. Pelag. p. 455. a. *Nihil sub sole novum*, &c. ut in Vulg.

℣. 11. Hieron. hunc primò textum refert : *Non est memoria primis : & quidem novissimis, quæ futura sunt, non erit eis memoria apud eos, qui futuri sunt in novissimo* : quæ tali interpretatione explicat : *Quomodo præterita apud nos abscondit oblivio; sic ea, quæ vel nunc fiunt, vel quæ futura sunt, hi qui nasci habent, scire non poterunt.* At infra ait : *Juxta autem Septuaginta Interpretes, qui dixerunt : Non est memoria primis : & quidem novissimis, qui futuri sunt, non erit eis memoria cum his, qui futuri sunt in novissimo* : quæ non differunt à textu superiori, nisi his pauculis, *qui futuri sunt..... cum his*, loco *quæ futura sunt... apud eos* : priorem lectionem (LXX.) retinuimus *qui futuri sunt*, &c. Græc. tamen hod. alterutro modo peræquè reddi potest : ita enim se habet : Οὐκ ἔστι μνήμη τοῖς πρώτοις· καί γε τοῖς ἐσχάτοις γενομένοις (ed. Ald. γινομένοις,) οὐκ ἔσται αὐτῶν (Ald. & Compl. αὐτοῖς) μνήμη μετὰ τῶν γενομένων εἰς τὴν ἐσχάτην. Hebr. *Non est memoria priorum : ac etiam posteriorum, qui vel quæ erunt, non erit eis memoria cum his, qui erunt in posterum.*

℣. 12. Ita in Græco.

℣. 13. Ita Græcè ad verbum, excepto uno ὅτι, *quia*, loco *hanc*, ante *distentionem*. Hieron. quidem ita 1°. textum refert ex Hebr. *Hanc occupationem..... ut occuparentur*; sed notat proximè *verbum* anjan, Aquilam, LXX. & Theodotionem, περισπασμὸν *similiter transtulisse, quod in distentionem*, inquit, *Latinus Interpres expressit..... Symmachus verò*, ἀσχολίαν, *id est*, occupationem *transtulit*; tum addit : *Quia igitur sapiùs in hoc volumine nominatur; sive* occupationem, *sive* distentionem, *sive quid aliud diximus, ad superiorem sensum cuncta referantur.* Porro nos qui Vulgatam antiq. inquirimus & persequimur, retinendam duximus hanc vocem, *distentionem*, Hieronymi fide & auctoritate; imo & infra cum Nobilio hoc substituimus, *ut distendantur*, cùm in Gr. eadem utrobique habeatur dictio, nempe περισπασμὸν, & τοῦ περισπᾶσθαι. In Hebr, sic : *& dedi cor meum ad quærendum, & ad investigandum in sapientia super omne, quod factum est sub cœlo. Hanc negotiationem malam dedit Deus filiis Adam, ad affligendum se in ea.*

℣. 14. Itidem Græcè; nec aliter Hebraïcè, si excipiatur vox ista, *præsumptio.* Hieronymus notat vocem Hebr.

VULGATA NOVA.

ce universa vanitas, & afflictio spiritus.

15. Perversi difficilè corriguntur, & stultorum infinitus est numerus.

16. Locutus sum in corde meo, dicens: Ecce magnus effectus sum, & præcessi omnes sapientiâ, qui fuerunt ante me in Jerusalem: & mens mea contemplata est multa sapienter, & didici.

17. Dedique cor meum ut scirem prudentiam atque doctrinam, errorésque & stultitiam: & agnovi quòd in his quoque esset labor, & afflictio spiritus:

18. eò quòd in multa sapientia, multa sit indignatio: & qui addit scientiam, addit & laborem.

VERSIO ANTIQUA.

le, & ecce omnia vanitas, & præsumptio spiritus. Ex Comment. S. Hieron. in Ecclef. p. 722.

15. Perversus non poterit adornari, & imminutio non poterit numerari.

16. Locutus sum ego cum corde meo, dicens: Ecce ego magnificatus sum, & adjeci sapientiam super omnes, qui fuerunt ante me in Jerusalem: & cor meum vidit multam sapientiam, & scientiam.

17. Et dedi cor meum ut nossem sapientiam & scientiam, errores & stultitiam: cognovi quia & hoc est præsumptio spiritus:

18. Quia in multitudine sapientiæ, multitudo furoris: & qui apponit scientiam, apponit dolorem. 723.

NOTÆ AD VERSIONEM ANTIQUAM.

roath, Aquilam & Theodot. *νομὴν*, Symmach. *βόσκησιν* transtulisse. *Septuaginta autem Interpretes*, inquit, *non Hebræum sermonem expressere, sed Syrum, dicentes προαίρεσιν: sive ergo νομὴ, sive βόσκησις, à pastione vocabulum est; προαίρεσις autem, meliùs* voluntatem, *quàm* præsumptionem *sonat.* Cypr. l. 3. Testim. p. 307. b. legit pariter: *Vidi universa opera, quæ facta sunt sub sole, & ecce omnia vanitas.* Item Aug. l. 1. de serm. Dom. in mon. to. 3. 166. c. *omnia vanitas, & præsumptio spiritus.*

℣. 15. Editt. omnes Hieron. ferunt *perversum*, non *perversus*; at Martianæus noster adv. Simonium probat legendum esse *perversus*, nec malè; hanc enim explicationem proximè addit Hieronymus ibid. *Qui perversus est, nisi ante corrigatur, non poterit adornari:* & post paulò: *Perversus non dicitur, nisi qui depravatus à recto est.* Attamen Græcè constanter, *διεστραμμένον*; reliqua verò ut in Lat. sup. Parmen. apud Aug. l. 2. cont. ejus epist. to. 9. col. 49. c. legit: *Perversum non potes adornare.*

℣. 16. Eadem sunt in Græco, præter hoc, *ἐν καρδίᾳ μου*, loco *cum corde meo*; sed Aquila & Symm. legunt *μετὰ τῆς διανοίας μου*: non dissimulabo tamen voci *Jerusalem* subjungi ista, *καὶ ἔδωκα καρδίαν μου τοῦ γνῶναι σοφίαν, καὶ γνῶσιν*; tum sequi, *καὶ καρδία μου εἶδε πολλὰ, σοφίαν καὶ γνῶσιν*, à quibus exorditur versus sequens; sed mera est inversio sententiarum Hebræi contextûs. Attamen in Ms. Alex. legitur ordine quo sup. *καὶ καρδία μου εἶδε πολλὰ, σοφίαν καὶ γνῶσιν*: deinde, *καὶ ἔδωκα καρδίαν μου τοῦ γνῶναι*, &c. Ab ed. Compl. abest posterior sententia, *καὶ ἔδωκα*, &c. In Hebræo sic: *Locutus sum ego cum corde meo, dicendo: Ego ecce magnificare feci, & addidi sapientiam super omnem, qui fuit ad facies meas super Jerusalem: & cor meum vidit multum sapientiæ & scientiæ.*

℣. 17. Græc. præter ea quæ notata sunt ℣. præced. hic hab. *παραβολὰς καὶ ἐπιστήμην, parabolas & scientiam*, loco *errores & stultitiam*, statimque *ἔγνων ἐγὼ*, &c. ut in Lat. sup. Aquila legit *πλάνας, errores*, cum Hieronymo; Theodot. *παραφορὰς, prolapsiones*; extremò ita in Schol. *ὅτι πρὸς τοῦτό ἐστι νομὴ ἀνέμου*: quam lectionem etiam refert Hieron. ibid dicens: *quia & hoc est pastio venti, sive præsumptio spiritus*: posteriorem hanc prætulimus, quæ etiam LXX. lectio est, ut notatur sup. ℣. 14. In Hebr. sic: *Et dedi cor meum ad sciendum sapientiam & scientiam, insanias & stultitiam: agnovi quòd etiam hoc ipsum confractio spiritus*: unde liquet Hieronymum de Hebraïco expressisse has voces, *errores & stultitiam*, quas è textu nostro decerpere, alias duas è LXX. substituendo, nobis religio fuit; maximè cum Hieron. in explanat. nullam ibi varietatem arguat.

℣. 18. Itidem Græcè, excepta voce una *γνώσεως, cognitionis*, loco *furoris*. Hieron. verò l. 2. cont. Pelag. to. 4. 514. a. ita legit: *In multitudine sap. multitudo scientiæ: & qui addit scientiam, addit dolorem.* Hebr. *Quia in multitud. sapientiæ, multa ira: & qui addet scientiam, addet dolorem*: unde patet vocem *furoris*, adhibitam sup. ab Hieron. in comment. sumptam ab eo fuisse è textu Hebr. cùm tamen ab ipso nullius ibid. mentio fiat varietatis: alteram de Gr. videlicet *cognitionis*, vel *scientiæ*, haud substituendam duximus, ne quid auctoritate propria textui Hieronymiano admiscere videremur. Hilar. in Ps. 126. col. 419. b. legit ut sup. *qui apponit scientiam, apponit dolorem.* Similiter August. in Ps. 38. to. 4. 323. d. & l. de spir. & litt. to. 10. col. 100. b. necnon Gregor. M. l. 18. in Job, to. 1. 587. a. & l. 1. in Ezech. homil. 10. p. 1279. c.

CAPUT II.

VULGATA NOVA.

1. Dixi ego in corde meo: Vadam, & affluam deliciis, & fruar bonis. Et vidi quòd hoc quoque esset vanitas.

2. Risum reputavi errorem: & gaudio dixi: Quid frustra deciperis?

3. Cogitavi in corde meo abstrahere à vino carnem meam, ut animum meum transferrem ad sapientiam, devitaremque stultitiam, donec viderem quid esset utile filiis hominum: quo facto opus est sub sole numero dierum vitæ suæ.

VERSIO ANTIQUA.

1. Dixi ego in corde meo: Veni nunc, tentabo te in lætitia, & videbo in bono. Et ecce etiam hoc vanitas. Ex Comment. S. Hieron. in Ecclef. p. 723.

2. Risui dixi amentiam: & jocunditati: Quid hoc facis?

3. Consideravi in corde meo ut traherem in vino carnem meam, & cor meum deduxit me in sapientiam; & ut obtinerem in stultitiam, donec viderem quid esset bonum filiis hominum, quod facerent sub sole numero dierum vitæ suæ. 724.

NOTÆ AD VERSIONEM ANTIQUAM.

℣. 1. Ad verbum è Gr. præter unum *videbo*, pro quo *ἴδε, vide*. Cum Græco pariter concordat Hebr.

℣. 2. Subdit Hieronymus: *Ubi nos* amentiam *legimus, in Hebræo habet* molal, *quod Aq. πλάνησιν, id est*, errorem; *Symm. θόρυβον, hoc est*, tumultum, *interpretati sunt. Septuaginta verò, & Theodotio, sicut in pluribus locis, ita & in hoc quoque concordant, & transtulerunt περιφορὰν, quam nos verbum de verbo exprimentes*, circumlationem *possumus dicere*: cæt. congruunt utrique textui, & Hebr. & Græco.

℣. 3. Gr. Καὶ κατεσκεψάμην εἰ ἡ καρδία μου ἑλκύσει ὡς οἶνον τὴν σάρκα μου, καὶ καρδία μου ὡδήγησεν (Ald. & Compl. add. με) ἐν σοφίᾳ, καὶ τοῦ κρατῆσαι ἐπ' εὐφροσύνην, ἕως οὗ ἴδω ποῖον τὸ ἀγαθὸν τοῖς υἱοῖς τῶν ἀνθρώπων, ὃ ποιήσουσιν ὑπὸ τὸν ἥλιον, ἀριθμὸν ἡμερῶν ζωῆς αὐτῶν. *Et consideravi si cor meum trahet tanquam vinum carnem meam, & cor meum deduxit (me) in sapientia; & ut obtinerem lætitiam, donec viderem quid sit bonum filiis hominum, quod facient sub sole numero dierum vitæ suæ*: hoc autem, *ut obtinerem lætitiam*, ita Nobil. explicat, id est, *regerem imperio, & dominarer in exsultantem lætitiam.* Hieronymus legisse videtur ἀφροσύνην; sed *in quibusdam codicibus* scriptum dicit, *obtinere lætitiam.* Hebr. hod. habet: *Investigavi in corde meo ad trahendum in vinum carnem meam; & cor meum ducens in sapientia, & ad apprehendendum in stultitiam, donec viderem ubi hoc bonum filiorum Adam, quod faciant sub cælis numero dierum vitæ eorum.* Porro vel utriusque textus comparatione facta, facile est judicare, quid de antiqua Versione reservaverit Hieronymus, quidve immutaverit.

VERSIO ANTIQUA.

Ex Comment. S. Hieron. in Eccles. p. 724. 725.

4. Magnificavi opera mea, ædificavi mihi domos, plantavi mihi vineas,

5. feci mihi hortos, & pomaria, plantavi in illis lignum omne fructiferum,

6. feci mihi piscinas aquarum, ad irrigandum ex eis saltum germinantem lignum,

7. mercatus sum servos & ancillas, & vernaculi fuerunt mihi, & quidem possessio armenti & ovium multa fuit mihi, super omnes qui fuerunt ante me in Jerusalem :

726. 8. congregavi mihi argentum, & aurum, & substantias regum, & provinciarum : feci mihi cantores, & cantatrices, & delicias filiorum hominum, ministros vini & ministras :

727. 9. & magnificatus sum, & adjeci super omnes, qui fuerunt ante me in Jerusalem : & quidem sapientia mea stetit mihi.

10. Et omne, quod postulaverunt oculi mei, non tuli ab eis : nec prohibui cor meum ab omni lætitia, quia cor meum lætatum est in omni labore meo : & hæc fuit portio mea ex omni labore meo.

11. Et respexi ego ad omnia opera mea, quæ fecerant manus meæ, & in labore, quo laboraveram faciens : & ecce omnia vanitas & voluntas spiritus, & non est abundantia sub sole.

12. Et respexi ego ut viderem sapientiam, & errores, & stultitiam (quia quis est hominum, qui possit ire post regem atque Factorem suum ?)

728. 13. & vidi ego quia est abundantia sapientiæ super stultitiam, sicut abundantia lucis super tenebras.

14. Sapientis oculi in capite ejus, & stultus in tenebris ambulat : & cognovi ego quia eventus unus eveniet omnibus eis.

15. Et dixi ego in corde meo : Sicut eventus stulti, ita & mihi eveniet ; & ut quid sapiens factus sum ego ? Tunc abundanter locutus sum in corde meo, quoniam insipiens ex abundantia loquitur ; quoniam hoc quoque vanitas.

VULGATA NOVA.

4. Magnificavi opera mea, ædificavi mihi domos, & plantavi vineas,

5. feci hortos, & pomaria, & consevi ea cunctis generis arboribus,

6. & exstruxi mihi piscinas aquarum, ut irrigarem silvam lignorum germinantium,

7. possedi servos & ancillas, multamque familiam habui, armenta quoque, & magnos ovium greges, ultra omnes qui fuerunt ante me in Jerusalem :

8. coacervavi mihi argentum, & aurum, & substantias regum, ac provinciarum : feci mihi cantores, & cantatrices, & delicias filiorum hominum, scyphos & urceos in ministerio ad vina fundenda :

9. & supergressus sum opibus omnes, qui ante me fuerunt in Jerusalem : sapientia quoque perseveravit mecum.

10. Et omnia, quæ desideraverunt oculi mei, non negavi eis : nec prohibui cor meum quin omni voluptate frueretur, & oblectaret se in his, quæ præparaveram : & hanc ratus sum partem meam, si uterer labore meo.

11. Cùmque me convertissem ad universa opera, quæ fecerant manus meæ, & ad labores, in quibus frustra sudaveram, vidi in omnibus vanitatem & afflictionem animi, & nihil permanere sub sole.

12. Transivi ad contemplandam sapientiam, erroresque & stultitiam (quid est, inquam, homo, ut sequi possit regem Factorem suum ?)

13. & vidi quòd tantùm præcederet sapientia stultitiam, quantùm differt lux à tenebris.

14. Sapientis oculi in capite ejus : stultus in tenebris ambulat : & didici quòd unus utriusque esset interitus. *Inf. 8. 1. Prov. 17. 24.*

15. Et dixi in corde meo : Si unus & stulti & meus occasus erit, quid mihi prodest quòd majorem sapientiæ dedi operam ? Locutusque cum mente mea, animadverti quòd hoc quoque esset vanitas.

NOTÆ AD VERSIONEM ANTIQUAM.

℣. 4. Sic Hebraïcè ad verbum ; nec aliter Græcè, præter hoc singul. ποίημά μυ, *opus meum*, loco *opera mea.*

℣. 5. Ita sursum in Græco, præter unum καρπῦ, *fructûs*, loco *fructiferum* ; sed in antiqua Versione scriptum fuisse *fructiferum*, notat ibidem Hieron. dicens : *Plantantur arbores, non omnes fructiferæ, ut in Latinis codicibus habemus, sed omnis fructus, hoc est, diversarum frugum.* In Hebr. *lignum omnis fructus.*

℣. 6. Sic Ambros. legit, l. de Isaac, c. 4. col. 364. d. nisi quòd vocem ult. *lignum* prætermittit : in Gr. ξύλα, *ligna* ; cæt. ut in Lat. sup. Textui Gr. consonat Hebraïcum.

℣. 7. Eadem prorsus leguntur cùm in Hebraïco textu, tum in Græco.

℣. 8. Vix meliùs è Græco, nisi quòd anteponitur ibid. καί γε, *etiam*, vocibus *argentum*, & *aurum* ; extremóque legitur οἰνοχόον num. sing. ϗ οἰνοχόας ; at in Ms. Alex. οἰνοχόυς. In Hebr. *captivam & captivas* ; cæt. ut in Græco : Hieron. in explanat. appellat *vini fusores*, & *vini fusitrices* ; sed hoc, inquit, *Latinus sermo non recipit.*

℣. 9. Concinunt Hebr. & Græcum.

℣. 10. Eadem leguntur Græcè : pro *tuli* tamen habetur ἀφεῖλον, *abstuli* ; paulòque post additur μυ ad vocem *lætitia* ; & pro *hac*, legitur τῦτο. A Græco etiam vix differt Hebr.

℣. 11. Similiter in Græco. Non crediderim tamen in antiqua Versione Lat. exstitisse hanc vocem, *voluntas* ; imo potiùs istam, *præsumptio* ; quæ ult. adhibita est ab Hieron. sup. c. 1. ℣℣. 14. 17. Quia verò ibidem monet S. Doctor vocem Græcam προαίρεσιν, *meliùs voluntatem*, *quàm præsumptionem* sonare ; idcirco hic posuit, *voluntatem*, non *præsumptionem* : in Hebr. de more, *pastio spiritus* ; & pro *abundantia*, habetur *reliquum* ; cætera textui Latino favent.

℣. 12. Græc. habet παραφορὰν, *errorem*, non *errores* ; subinde sic : ὅτι τίς ἄνθρωπος, ὃς ἐπελεύσεται ὀπίσω τῆς βυλῆς ; τὰ ὅσα ἐποίησεν αὐτήν· i. e. *quia quis est homo, qui ingredietur post consilium ? ea, quæ fecerunt ipsum.* Hebr. *nam quid homo, qui venturus est post regem ? quod jam fecerunt ipsum.* Hieron. ibid. *Multùm à LXX. interpretatione in hoc loco diversus est sensus : dicit autem se post delicias voluptatesque damnatas revertisse ad sapientiam perquirendam, in qua plus erroris stultitiæque repererit, quàm veræ certæque prudentiæ : non enim posse hominem tam liquidò & purè scire sapientiam Creatoris & regis sui, quàm scit ille qui conditor est.* Videsis Nobil. in hunc locum.

℣. 13. Ad verbum è Græco, nec etiam longè distat Hebr.

℣. 14. Ita Græcè, adnexâ voculâ αὐτῦ ad hanc, *oculi*, ut & καί γε, *etiam*, ad *cognovi*. Hebr. Græco respondet ad verbum. Ambros. l. 6. Hex. col. 135. d. similiter hab. *Oculi sapientis in capite ejus* : item inf. l. de Noe, c. 7. col. 234. f. & in Ps. 118. col. 1161. d. 1430. c. & l. de Myst. & de fide Ref. col. 332. e. 1176. a. at in Ps. 118. col. 1221. f. legit : *Sensus sapientis in capite ejus.*

℣. 15. Hieron. 1°. hunc textum adhibet : *Et dixi ego in corde meo : Sicut eventus stulti, ita & mihi eveniet ; & ut quid sapiens factus sum ? & locutus sum in corde meo, quoniam hoc quoque vanitas* ; quæ respondent Hebræo : verùm post paulò ait : *Apertiùs in hoc loco sensum Hebraïcum Septuaginta Interpretes transtulerunt, licet verborum ordinem non sint sequuti* ; videlicet : *& ut quid sapiens*, &c. quæ posuimus supra. Et sanè huic textui apprimè quadrant verba Græca, nisi quòd posteriorum 2. sententiarum sic invertitur ordo in ed. Rom. ὅτι καί γε τῦτο ματαιότης, διότι ὁ ἄφρων ἐκ περισσεύματος λαλεῖ. Ita etiam leguntur apud Gregor. M. teste Nobilio : at in Ms. Alex. necnon edd. Ald. & Compl. referuntur ordine quo supra. Editio etiam Rom. cum Ald. & Compl. tollit *tunc*, ante *abundanter* ; sed Ms. Alex. addit τότε περισσόν.

VULGATA NOVA.

16. Non enim erit memoria sapientis similiter ut stulti in perpetuum, & futura tempora oblivione cuncta pariter operient: moritur doctus similiter ut indoctus.

17. Et idcirco tæduit me vitæ meæ, videntem mala universa esse sub sole, & cuncta vanitatem & afflictionem spiritus.

18. Rursus detestatus sum omnem industriam meam, qua sub sole studiosissimè laboravi, habiturus hæredem post me,

19. quem ignoro, utrùm sapiens an stultus futurus sit, & dominabitur in laboribus meis, quibus desudavi & sollicitus fui: & est quidquam tam vanum?

20. Unde cessavi, renuntiavitque cor meum ultra laborare sub sole.

21. Nam cùm alius laboret in sapientia, & doctrina, & sollicitudine, homini otioso quæsita dimittit: & hoc ergo vanitas, & magnum malum.

22. Quid enim proderit homini de universo labore suo, & afflictione spiritus, qua sub sole cruciatus est?

23. Cuncti dies ejus doloribus & ærumnis pleni sunt, nec per noctem mente requiescit: & hoc nonne vanitas est?

24. Nonne melius est comedere & bibere, & ostendere animæ suæ bona de laboribus suis? & hoc de manu Dei est.

25. Quis ita devorabit, & deliciis affluet ut ego?

26. Homini bono in conspectu suo dedit Deus sapientiam, & scientiam, & lætitiam: peccatori autem dedit afflictionem, & curam superfluam, ut addat, & congreget, & tradat ei qui placuit Deo: sed & hoc vanitas est, & cassa sollicitudo mentis.

VERSIO ANTIQUA.

16. Quia non est memoria sapientis cum stulto in æternum, eò quòd ecce diebus qui supervenient universa oblivio cooperiet: & quomodo morietur sapiens cum stulto? Ex Comment. S. Hieron. in Eccles. p. 728.

17. Et odivi vitam, quia malum super me opus quod factum est sub sole, quia omnia vanitas & præsumptio spiritus.

18. Et odivi ego omnem laborem meum, quem ego laboro sub sole, quia dimitto illum homini qui futurus est post me:

19. & quis scit utrùm sapiens sit, an stultus? 729.
& dominabitur in omni labore meo, quo laboravi, & in quo sapiens factus sum sub sole: sed & hoc vanitas.

20. Et conversus sum ego ut renuntiarem cordi meo in omni labore meo, quo laboravi sub sole.

21. Quia est homo, cui labor ejus est in sapientia, & scientia, & virtute; & homini qui non laboravit, illi dabit partem suam: & quidem hoc vanitas, & nequitia multa.

22. Quid enim fit homini in omni labore suo, & in voluntate cordis sui, quia ipse laborat sub sole?

23. Quia omnes dies ejus dolorum, & iracundiæ, curarumque; & quidem in nocte non dormit cor ejus: sed & hoc vanitas.

24. Non est bonum homini, nisi quod comedat & bibat, & ostendat animæ suæ bonum in labore suo: & quidem hoc vidi ego, quia de manu Dei est.

25. Quis enim comedet, & quis parcet sine illo?

26. Quia homini bono coram se dedit sapientiam, & scientiam, & lætitiam; & peccanti dedit sollicitudinem, ut augeat, & congreget quæ dantur bono ante faciem Dei: sed & hoc vanitas, & præsumptio spiritus.

NOTÆ AD VERSIONEM ANTIQUAM.

℣. 16. Sic est in Græco præter hæc intermedia, καθότι ἤδη αἱ ἡμέραι αἱ ἐρχόμεναι τὰ πάντα ἐπελήσθη· *eo quòd jam dies supervenientes universa oblivio operuit*; sed in Ms. Alex. ac ed. Compl. legitur ut sup. ταῖς ἡμέραις ταῖς ἐρχομέναις, Alex. ἐπερχομέναις.

℣. 17. Itidem Græcè: apud Hieron. tamen extremò legitur *pastio venti*, non *præsumptio spiritus*; at supra monuit (c. 1. ℣. 14.) LXX. transtulisse προαίρεσιν; & ipse, c. 1. ℣. 17. scribit, *pastio venti*, *sive præsumptio spiritus*: item l. 2. cont. Pelag. to. 4. 514. b. legit: *Et odio habui vitam, quoniam malum est opus quod operor super terram; omnia enim vanitas & præsumptio spiritus*. Ambros. l. de bono mort. c. 7. col. 402. b. hæc hab. paucula: *Totam vitam odio habui, dixit Ecclesiastes*.

℣. 18. Ita in Græco, nisi hoc excipias, τῷ γινομένῳ, *qui fit*, pro *qui futurus est*; at in Ms. Alex. ac ed. Compl. γενησομένῳ.

℣. 19. Ita Græcè: loco tamen verbi *dominabitur*, habetur, εἰ ἐξουσιάζεται, *an potestatem habeat*; in ed. Compl. ἐξουσιάσεται; ap. Aquil. κυριεύσει.

℣. 20. Ita è Græco Vat. nisi excipias ista, *ut renuntiarem cordi meo*, pro quibus, τοῦ ἀποτάξασθαι τὴν καρδίαν μου· Ms. autem Alex. cum edd. Ald. & Compl. hab. τῇ καρδίᾳ μου. Hebr. *ut facerem desperare cor meum super omnem laborem, quo, &c.*

℣. 21. Pauca variant Græcè: videlicet initio, pro *cui*, exstat ὅτι, *quia*, repetiturque præpositio ἐν, ante voces *scientiâ*, & *virtute*; mox ita, καὶ ἄνθρωπος, ᾧ οὐκ ἐμόχθησεν ἐν αὐτῷ, δώσει αὐτῷ· *& homo, cui non laboravit in eo, dabit ei*; extremò μεγάλη, *magna*, pro *multa*, quod idem sonat. Hebr. pro *virtute*, hab. *rectitudine*.

℣. 22. Ad verbum è Græco, præter hoc 1. *Quid enim fit homini*, pro quo, Ὅτι γίνεται ἐν τῷ ἀνθρώπῳ, *Quoniam fit in homine*; in ed. Compl. deest ἐν. In Hebr. sic: *Quia quid est homini in universo labore suo, & contritione cordis sui, quo ipse*, &c. Græc. pro *contritione* hab. προαιρέσει, quam vocem Hieron. c. 1. ℣. 17. & c. 2. ℣. 26. vertit *præsumptionem*; supra tamen 1. 14. *melius* voluntatem sonare dicit, *quàm* præsumptionem; προαίρεσις ad litt. *propositum*.

℣. 23. Sic in Græco est, hoc excepto, *curarumque*, pro quo περισπασμὸς αὐτοῦ, *distentio ejus*. In Hebr. *Quia omnes dies ejus dolores, & ira negotium ejus*, &c. ut sup.

℣. 24. Ita rursum in Græco, exceptis his, ὃ φάγεται, καὶ ὃ πίεται, καὶ ὃ δείξει, detractâ voculâ præced. *nisi*: at in edd. Ald. & Compl. εἰ μὴ ὃ φάγεται..... καὶ δείξει, ut supra. In Hebraïco: *Non bonum in homine, quod comedat, & bibat, & ostendat*, &c.

℣. 25. Græc. Ὅτι τίς φάγεται, καὶ τίς πίεται πάρεξ αὐτοῦ; Aquila pro πίεται, hab. φείσεται. Hebr. *Quis sentiet extra præ me?*

℣. 26. Cum his concordat Græc. nisi quòd hab. περισπασμὸν, loco *sollicitudinem*; ad verbum, *distentionem*, *distractionem*, *occupationem*. Hieron. etiam in explanat. dicit *propterea datam ei esse sollicitudinem*, *sive distentionem*, *quia peccator fuerit*. Item Græcè inf. τοῦ δοῦναι, *ad dandum*, loco *quæ dantur*.

CAPUT III.

VERSIO ANTIQUA.

Ex Comment. S. Hieron. in Ecclef. p. 730. 1. OMnibus tempus eſt, & tempus omni rei
ſub cœlo.
2. Tempus pariendi, & tempus moriendi.
Tempus plantandi, & tempus evellendi quod
plantatum eſt.
731. 3. Tempus occidendi, & tempus ſanandi.
Tempus deſtruendi, & tempus ædificandi.
4. Tempus flendi, & tempus ridendi.
Tempus plangendi, & tempus ſaltandi.
732. 5. Tempus mittendi lapides, & tempus colligendi.
Tempus amplexandi, & tempus longè fieri ab
amplexu.
6. Tempus acquirendi, & tempus perdendi.
Tempus cuſtodiendi, & tempus projiciendi.
7. Tempus ſcindendi, & tempus conſuendi.
Tempus tacendi, & tempus loquendi.
733. 8. Tempus amandi, & tempus odiendi.
Tempus belli, & tempus pacis.
9. Quæ abundantia eſt facienti in quibus ipſe laborat?
10. Vidi occupationem, quam dedit Deus filiis
hominum, ut occupentur in ea.
11. Univerſa fecit bona in tempore ſuo; & quidem ſæculum dedit in corda eorum, ut non inveniat homo opus, quod fecit Deus ab initio uſque
in finem.
12. Cognovi quia non eſt bonum niſi lætari,
& facere bonum in vita ſua.
734. 13. Et quidem omnis homo, qui comedit &
bibit, & oſtendit bonum in omni labore ſuo,
ex dono Dei eſt.
14. Cognovi quia omnia, quæ fecit Deus, ipſa
erunt in æternum: ſuper illa non poteſt addi, &
ab illis non poteſt auferri; & Deus fecit, ut timeant à facie ejus.
15. Quid eſt quod fuit? ipſum quod eſt: & quæ

VULGATA NOVA.

1. OMnia tempus habent, & ſuis ſpatiis
tranſeunt univerſa ſub cœlo.
2. Tempus naſcendi, & tempus moriendi.
Tempus plantandi, & tempus evellendi quod
plantatum eſt.
3. Tempus occidendi, & tempus ſanandi.
Tempus deſtruendi, & tempus ædificandi.
4. Tempus flendi, & tempus ridendi.
Tempus plangendi, & tempus ſaltandi.
5. Tempus ſpargendi lapides, & tempus colligendi.
Tempus amplexandi, & tempus longè fieri
ab amplexibus.
6. Tempus acquirendi, & tempus perdendi.
Tempus cuſtodiendi, & tempus abjiciendi.
7. Tempus ſcindendi, & tempus conſuendi.
Tempus tacendi, & tempus loquendi.
8. Tempus dilectionis, & tempus odii.
Tempus belli, & tempus pacis.
9. Quid habet amplius homo de labore ſuo?
10. Vidi afflictionem, quam dedit Deus filiis
hominum, ut diſtendantur in ea.
11. Cuncta fecit bona in tempore ſuo, &
mundum tradidit diſputationi eorum, ut non
inveniat homo opus, quod operatus eſt Deus ab
initio uſque ad finem.
12. Et cognovi quòd non eſſet melius niſi
lætari, & facere bene in vita ſua.
13. Omnis enim homo, qui comedit & bibit,
& videt bonum de labore ſuo, hoc donum Dei
eſt.
14. Didici quòd omnia opera, quæ fecit
Deus, perſeverent in perpetuum: non poſſumus
eis quidquam addere, nec auferre, quæ fecit
Deus ut timeatur.
15. Quod factum eſt, ipſum permanet: quæ

NOTÆ AD VERSIONEM ANTIQUAM.

℣. 1. Ita rurſum legit Hieron. l. 1. cont. Jovin. to. 4. 171. a. unà cum Græco. Ambroſ. in Pſ. 118. to. 1. 1213. c. *Tempus omnibus, & tempus omni rei ſub cœlo eſt.* S. Paulin. ep. 40. p. 245. a. *Ut ſit omnibus rebus tempus.* Hebr. *Omnibus tempus determinatum, & tempus omni voluntati ſub cœlis.*

℣. 2. Eadem pene refert Hieron. l. 1. cont. Jovin. to. 4. 171. a. Ambroſ. quoque l. de Tob. c. 13. col. 605. c. legit: *Tempus pariendi, & tempus moriendi. Tempus plantandi, & tempus evellendi plantatum.* Ita etiam in Græco.

℣℣. 3. 4. Concordant Hebr. & Græcum. Item apud Ambroſ. l. de Tob. c. 13. col. 605. c. *Tempus occidendi, & tempus ſanandi.* Similiter hab. S. Paulin. epiſt. 40. p. 245. a. proximè verò addit: *Tempus ridendi, & tempus plorandi. Tempus ædificandi, & tempus deſtruendi.*

℣. 5. Hieron. ita primò textum refert: *Tempus ſpargendi lapides, & tempus colligendi lapides:* ſed infra ait Septuaginta Interpretes dixiſſe, *Tempus mittendi*, &c. quam lectionem retinuimus ſup. Ita etiam legit Auct. l. de promiſſ. ap. Proſp. c. 25. p. 108. d. ſed addit *lapides* in fine. Similiter in Gr. Καιρὸς τοῦ βαλεῖν λίθους, καὶ καιρὸς τοῦ συναγαγεῖν λίθους. In Hebr. *Tempus projiciendi lapides, & tempus acervandi lapides.* Auct. l. promiſſ. poſteriorem ſententiam ſic refert: *Tempus amplectendi, & tempus continendi ab amplexu.* At Hieron. l. 1. cont. Jovin. to. 4. 171. a. conſtanter legit ut ſup. in textu. Sic etiam in Hebr. & in Gr. Hieron. tamen epiſt. 18. ad Euſtoch. to. 4. p. 2. col. 35. c. ordinem ſententiarum ſic mutat: *Tempus amplexandi, & tempus abſtinendi à complexibus. Tempus mittendi lapides, & tempus colligendi.* Auct. op. imp. in Matth. hom. 49. p. 208. b. *Tempus congregandi lapides, tempus diſpergendi.*

℣. 6. Græcè, pro *acquirendi*, τοῦ ζητῆσαι, *quærendi*; reliqua quadrant. Apud Ambroſ. l. de Tob. c. 13. p. 605. c. *Tempus acquirendi, & tempus reddendi. Tempus cuſtodiendi, & tempus expellendi.*

℣. 7. Itidem Græcè. Similiter ap. Ambr. in Pſ. 118. col. 1180. c. *Eſt tempus tacendi, & tempus loquendi.*

℣. 8. Sic iterum legit Hieron. l. 1. cont. Jovin. to. 4. 171. a. unà cum Hebr. & Græco. Item ap. Ambr. in Pſ. 118. col. 1162. f. 1163. e. *Tempus amandi, & tempus odio habendi. Et tempus belli, & tempus pacis.*

℣. 9. Ita rurſum in Gr. niſi hoc excipiatur, τοῦ ποιοῦντος, *facientis*. In Hebr. *Quæ præſtantia facientis, in quo ipſe laborans?*

℣. 10. Gr. Εἶδον σὺν πάντα τὸν περισπασμὸν..... τοῦ περισπᾶσθαι. Nobil. *Vidi omnem diſtentionem..... ut diſtendantur*, &c. Mſ. Alex. delet vocem πάντα, cum ed. Compl. In Hebr. ſic: *Vidi negotium quod dedit..... ad affligendum ſe in ea.* Auct. op. imp. in Matth. hom. 29. p. 123. a. *Quoniam Deus diſtentionem magnam dedit hominibus, ut diſtendantur in ea.*

℣. 11. Hæc tota concordant cum Gr. ſubnexis his pauculis, videlicet relativo *quæ*, poſt *univerſa*, ut & *omne*, poſt *quidem*, necnon *&*, poſt *initio*; præterea pro *in corda*, Gr. hab. ἐν καρδίᾳ, *in corde*. In Hebr. verò ſic: *Omne fecit pulchrum in tempore ſuo; etiam ſæculum dedit in corde eorum: propter quod non inveniret homo opus, quod fecit Deus à capite, & uſque ad finem.* Vox autem Gr. καλὸς, & *pulchrum*, & *bonum* ſonat.

℣. 12. Ad verbum è Gr. adnexo iſto *in eis*, ad *bonum*.

℣. 13. In Gr. ἴδῃ, *viderit*, loco *oſtendit*; extremòque, δόμα Θεοῦ ἐστι, *donum Dei eſt*; cæt. ſimilia. His quoque reſpondent quæ habet Auct. l. de voc. Gent. c. 24. p. 15. e. *Non eſt bonum homini, niſi quòd manducavit & bibit, & oſtendit animæ ſuæ bonum in labore ſuo: & quidem hæc vidi ego, quia à manu Dei eſt.*

℣. 14. Concordat Græc. niſi quòd pro *ſuper illa*, & *ab illis*, hab. ἐπ' αὐτῷ, & ἀπ' αὐτοῦ; ſed in Mſ. Alex. ac edd. Ald. & Compl. ἐπ' αὐτῶν, & ἀπ' αὐτῶν.

℣. 15. Græc. in principio habet: Τὸ γενόμενον, ἤδη ἐστὶ καὶ ὅσα, &c. i. e. *Quod fuit, jam eſt: & quæcunque*,

VULGATA NOVA.

futura sunt, jam fuerunt: & Deus instaurat quod abiit.

16. Vidi sub sole in loco judicii impietatem, & in loco justitiæ iniquitatem.

17. Et dixi in corde meo: Justum & impium judicabit Deus, & tempus omnis rei tunc erit.

18. Dixi in corde meo de filiis hominum, ut probaret eos Deus, & ostenderet similes esse bestiis.

19. Idcirco unus interitus est hominis & jumentorum, & æqua utriusque conditio: sicut moritur homo, sic & illa moriuntur: similiter spirant omnia, & nihil habet homo jumento amplius: cuncta subjacent vanitati,

20. & omnia pergunt ad unum locum: de terra facta sunt, & in terram pariter revertuntur.

21. Quis novit si spiritus filiorum Adam ascendat sursum, & si spiritus jumentorum descendat deorsum?

22. Et deprehendi nihil esse melius quàm lætari hominem in opere suo, & hanc esse partem illius. Quis enim eum adducet, ut post se futura cognoscat?

VERSIO ANTIQUA.

futura sunt, jam fuerunt: & Deus quæret eum qui persecutionem patitur. Ex Comment. S. Hieron. in Eccles. p. 735.

16. Et adhuc vidi sub sole locum judicii; ibi impietas: & locum justitiæ; ibi iniquitas.

17. Dixi ego in corde meo: Justum & impium judicabit Deus, quia tempus omni voluntati super omne factum ibi.

18. Dixi ego in corde meo de loquela filiorum hominis, quia separat illos Deus, & ut ostenderet, quia ipsi jumenta sunt sibi.

19. Quia eventus filiorum hominum, & eventus pecoris, eventus unus eis: sicut mors hujus, ita & mors illius; & spiritus unus omnibus, & amplius homini à pecore nihil est: quia omnia vanitas;

20. omnia vadunt ad locum unum: omnia facta sunt de humo, & omnia revertentur ad humum.

21. Quis scit spiritus filiorum hominis si ascendat ipse sursum, & spiritus pecoris si descendat ipse deorsum in terram?

22. Et vidi quia non est bonum, nisi quòd lætetur homo in opere suo; quia hæc est pars ejus. 737.
Quis enim adducet eum, ut videat id quod futurum est post ipsum?

NOTÆ AD VERSIONEM ANTIQUAM.

&c. ut in Lat. sup. Hieron subdit: *Qui persecutionem patitur: Græcè melius dicitur*, τὸν διωκόμενον, *id est, quod præteriit, quod expulsum est, quod esse cessavit.* Lucif. Cal. l. 1. pro S. Athan. p. 196. b. constanter leg. *qui persecutionem patitur.*

℣. 16. Aptè ad Græcum, præter ult. *ibi impietas*, &c. quorum loco sic habetur: ἐκεῖ ὁ ἀσεβής· καὶ τόπον τοῦ δικαίου ἐκεῖ ὁ εὐσεβής· unde Lucif. Cal. l. 1. pro S. Athan. p. 196. b. legit: *Vidi sub sole locum judicii; illic impius: & locum justi; illic pius.* Et Hieron. ipse, explicato sup. textu, addit: *Sive aliter: Arbitratus sum aliquid justitiæ in præsenti sæculo geri; & vel pium pro suo nunc merito recipere, vel impium pro suo scelere puniri.* Hebr. verò priori textui favet.

℣. 17. Gr. ipso initio hab. Καὶ, ut & post vocem *voluntati*, pro qua πράγματι, *rei*; cæt. similia. Item ap. Tertul. l. de vel. virg. c. 1. p. 309. b. & l. 5. adv. Marc. p. 786. b. & de Monog. p. 952. b. *tempus omni rei.* Apud Ambros. ep. 23. col. 882. c. *omni rei tempus.* Ap. S. Paulin. epist. 35. p. 223. a. *omni rei tempus est:* & epist. 40. p. 242. c. *tempus omni rei.* Hebr. textui Lat. respondet.

℣. 18. Ad verbum è Græco, præter unum *separat*, pro quo διακρινεῖ, *discernet*, vel *dijudicabit*: deest autem *sibi*, in fine. In Hebr. *Dixi ego in corde meo, super verbum filiorum Adam, ad purgandos eos Deus, & ad videndum quòd ipsi animal ipsi sibi.*

℣. 19. Nonnulla variant Græcè, videlicet ipso initio, Καί γε αὐτοῖς συνάντημα υἱῶν τοῦ ἀνθρώπου, extremòque, καὶ τί ἐπερίσσευσεν ὁ ἄνθρωπος παρὰ τὸ κτῆνος; οὐδὲν, ὅτι, &c. i. e. *Et quidem eis eventus filiorum hominis..... & quid abundavit homo à pecore? nihil, quia*, &c.

℣. 20. Gr. Vat. delet verbum *vadunt*; Ms. verò Alex. hab. πορεύεται; item loco *de humo*, & *ad humum*, ita constanter, ἀπὸ τοῦ χοός..... εἰς τὸν χοῦν· *à pulvere..... in pulverem.* Symm. ἀπὸ τῆς γῆς.

℣. 21. Eadem leguntur apud August. l. 12. de Gen. ad litt. to. 3. 302. c. præter hoc. 1. *Et quis scit*: at l. 13. de civit. Dei, c. 24. to. 7. 346. f. habet: *Quis scit si spiritus hominis ascendat sursum in cælum, & spiritus pecoris descendat deorsum in terram?* sed epist. 238. to. 2. 858. b. *Quis scit spiritus filior. hominis si ascendat ipse sursum, & spiritus pecoris descendat ipse deorsum in terram?* Hieron. in explanat. legit, *Quis cognoscit;* paulòque post, *spiritus jumenti.* Gr. Καὶ τίς οἶδε..... καὶ τὸ πνεῦμα τοῦ κτήνους. Ms. Alex. Τίς οἶδεν, &c. ut sup.

℣. 22. In Græco hæc variant: ἐν ποιήμασιν αὐτοῦ, *in operibus suis;* dein, ὅτι αὐτὸ μερὶς αὐτοῦ, *quia hoc pars ejus;* statimque, Ὅτι τίς ἄξει αὐτὸν τοῦ ἰδεῖν ἐν ᾧ ἐὰν γένηται, &c. Symm. Τί γὰρ αὐτὸν ἄξει θεάσασθαι τὰ ἐσόμενα μετὰ ταῦτα; Hieron. quoque ait sup. *Pro eo quod nos posuimus*: ut videat id quod futurum est post ipsum, *apertiùs interpretatus est Symmachus, dicens*: ut videat ea quæ futura sunt post hæc.

CAPUT IV.

VULGATA NOVA.

1. VErti me ad alia, & vidi calumnias, quæ sub sole geruntur, & lacrymas innocentium, & neminem consolatorem: nec posse resistere eorum violentiæ, cunctorum auxilio destitutos.

2. Et laudavi magis mortuos, quàm viventes:

3. & feliciorem utroque judicavi, qui nec-

VERSIO ANTIQUA.

1. ET conversus ego, & vidi universas calumnias, quæ fiunt sub sole; & ecce lacrymæ eorum qui calumniam sustinent, & non est qui consoletur eos; & in manibus calumniantium eos fortitudo, & non est eis consolator. Ex Comment. S. Hieron. in Eccles. p. 737.

2. Et laudavi ego mortuos qui jam mortui sunt, super viventes, quicunque ipsi vivunt usque nunc:

3. & melior super hos duos, qui nondum natus

NOTÆ AD VERSIONEM ANTIQUAM.

℣. 1. Vix meliùs è Græco, nisi quòd habetur ibid. δάκρυον, *lacryma*, non *lacrymæ;* paulòque post, ἀπὸ χειρὸς, *de manu*, pro *in manibus.* Symm. legit δάκρυα.

℣. 2. Ita in Græco, addita voce *omnes*, post *ego.* Ms. Alex. loco σύμπαντας τοὺς, habet σὺν τοὺς. Hieron. l. 3. in epist. ad Eph. to. 4. 395. e. legit: *Laudavi ego omnes mortuos qui olim mortui sunt, super viventes qui vivunt usque in præsens.* Hilar. in Ps. 119. col. 375. a. *Et laudavi omnes qui mortui sunt, super omnes qui vivunt usque nunc.* Ambros. in Ps. 118. col. 1195. c. *Et laudavi ego mortuos, magis quàm viventes:* & l. de bono mort. c. 2. col. 390. d. *Laudat Ecclesiastes defunctos, magis quàm viventes:* & l. 2. de fide Resur. col. 1142. b. *Et laudavi ego omnes defunctos qui jam mortui sunt, magis quam viventes, quicunque vivunt usque adhuc.* Sedul. Scot. in ep. ad Rom. p. 504. h. *Et laudavi omnes defunctos qui mortui sunt, magis quàm vivos qui adhuc vivunt.*

℣. 3. Rursum Hieron. l. 3. in ep. ad Eph. to. 4. 395. e. *& melior est super hos duos, qui necdum natus est, & non vidit omne opus malum, quod*, &c. Græcè, ἀγαθὸς, *bonus*, non *melior;* & pro *natus est*, ἐγένετο (Symm. ἐγεννήθη;) mox ita, ὃς οὐκ εἶδε σὺν πᾶν τὸ ποίημα, &c. Ms.

Versio antiqua.

Ex Comment. S. Hieron. in Ecclef. p. 738. est; qui nondum vidit opus malum, quod factum
est sub sole.

4. Et vidi ego universum laborem, & simul omnem virtutem operis, quia æmulatio viro à sodali ejus: & quidem hoc vanitas, & præsumptio spiritus.

5. Stultus complexus est manus suas, & comêdit carnes suas.

739. 6. Melior est plenus pugillus cum requie, quàm
plenitudo manuum laboris, & præsumptionis spiritus.

7. Et conversus sum ego, & vidi vanitatem sub sole:

8. est unus, & non est secundus, & quidem filius, & frater non est ei, & non est finis omni labori ejus, & quidem oculus ejus non satiatur divitiis: & cui ego laboro, & fraudo animam meam à bonitate? sed & hoc vanitas, & distentio pessima est.

9. Meliores duo, quàm unus; quibus est merces bona in labore suo:

10. quia si ceciderit, unus eriget participem suum: & væ uni cùm ceciderit, & non est secundus qui erigat eum.

11. Et quidem si dormiant duo, etiam calor erit illis: & unus quomodo calefiet?

12. Et si invaluerit super eum unus, duo stabunt adversùs eum: & funiculus triplex non citò rumpitur.

740. 13. Melior est puer pauper & sapiens, quàm rex
senex & stultus, qui nescit providere in posterum.

14. Quoniam de domo vinctorum egreditur in regem: quia etiam in regno ejus natus est pauper.

15. Vidi universos viventes, qui ambulant sub sole cum adolescente secundo, qui consurget pro illo.

Vulgata nova.

dum natus est, nec vidit mala quæ sub sole fiunt.

4. Rursum contemplatus sum omnes labores hominum, & industrias animadverti patere invidiæ proximi: & in hoc ergo vanitas, & cura superflua est.

5. Stultus complicat manus suas, & comedit carnes suas, dicens:

6. Melior est pugillus cum requie, quàm plena utraque manus cum labore, & afflictione animi.

7. Considerans reperi & aliam vanitatem sub sole:

8. unus est, & secundum non habet, non filium, non fratrem, & tamen laborare non cessat, nec satiantur oculi ejus divitiis: nec recogitat, dicens: Cui laboro, & fraudo animam meam bonis? in hoc quoque vanitas est, & afflictio pessima.

9. Melius est ergo duos esse simul, quàm unum: habent enim emolumentum societatis suæ:

10. si unus ceciderit, ab altero fulcietur: væ soli: quia cùm ceciderit, non habet sublevantem se.

11. Et si dormierint duo, fovebuntur mutuò: unus quomodo calefiet?

12. Et si quispiam prævaluerit contra unum, duo resistunt ei: funiculus triplex difficilè rumpitur.

13. Melior est puer pauper & sapiens, rege sene & stulto, qui nescit prævidere in posterum.

14. Quòd de carcere catenisque interdum quis egrediatur ad regnum: & alius natus in regno, inopiâ consumatur.

15. Vidi cunctos viventes, qui ambulant sub sole cum adolescente secundo, qui consurget pro eo.

Notæ ad Versionem antiquam.

Alex. delet πᾶν, cum ed. Compl. Ambrof. in Pf. 118. col. 1195. c. legit: *& optimus supra hos, qui nondum natus est; qui non vidit hoc opus mali*: & l. de bono mort. c. 2. col. 390. d. *& optimus supra hos duos, qui nondum natus est; qui non vidit hoc malum*: similiter l. 2. de fide Refur. col. 1142. b. exceptis his, *& qui non vidit hoc opus malum, quod factum est sub sole.* Sedul. Scot. in ep. ad Rom. p. 504. h. *Sed melior super utrosque, qui nondum natus est.*

℣. 4. Ita de Græco ad verbum, si id excipiatur unum, *æmulatio viro*, pro quo, αὐτὸ ζῆλος ἀνδρός, *ipsum æmulatio viri*, in ed. Ald. τὸ, non αὐτό. Hebr. hab. *omnem rectitudinem*, seu *congruentiam operis, quod ipsa invidia viri..... & pastio spiritus.* Ambrof. l. 2. de fide Refur. col. 1142. b. *Et vidi ego universum laborem, & omnem virtutem operis hujus, quia æmulatio viro ab altero ejus* (Gr. ἑταίρου αὐτοῦ:) *& quidem hoc vanitas, & præsumptio spiritus.*

℣. 5. Sic iterum Græcè. Apud Ambrof. epist. 37. & 58. col. 938. c. 1014. e. *Stultus complexus est manus suas, & voravit*, seu *devoravit viscera sua.*

℣. 6. LXX. Ἀγαθὸν (ed. Ald. add. ἐστι) πλήρωμα δρακὸς ἀναπαύσεως, ὑπὲρ πληρώματα δύο δρακῶν μόχθου, καὶ προαιρέσεως πνεύματος· i. e. *Bona plenitudo pugilli requietis, super plenitudines duorum pugillorum laboris, & præsumptionis spiritus.* Symm. verò hab. μετὰ ἀναπαύσεως, ὑπὲρ πληρώματα ἀμφοτέρων χειρῶν, &c. Hebr. *Bona plenitudo volæ, requie, quàm plenitudo pugillorum, labore, & pastione spiritus.*

℣. 7. Ita Græcè ad verbum.

℣. 8. Mirè concinunt hæc tota cum Græco: extremò tamen habetur πονηρός, *mala*, non *pessima.* Ap. Ambrof. etiam l. de instit. virg. col. 264. d. *est unus, & non est secundus*; & inf. 265. d. *non est finis labori ejus.* Item ap. Chromat. Aquil. in Matth. p. 983. b. *est unus, & non est secundus, & quidem nec filius, nec frater est ei, & non est finis omni labori suo.*

℣. 9. Græc. initio hab. Ἀγαθοὶ οἱ δύο ὑπὲρ τὸν ἕνα, *Boni duo super unum*; subditque αὐτοῖς, *eis*, verbo *est*; cæt. ut sup. Consonat Hebr. nisi quòd habet *quia*, pro *quibus.* Ambrof. ep. 81. to. 2. 1099. b. ita legit: *Optimi duo, quàm unus*: & sup. 1098. b. *Optimi duo super unum; quibus est merces bona in labore ipsorum.* Chromat. Aquil. in Matth. p. 983. b. *Optimi sunt duo, quàm unus; quibus est merces bona labor ipsorum.* S. Pacian. epist. 3. p. 314. h. *Meliores duo, quàm unus.*

℣. 10. Sic est in Græco, præter hoc plur. ἐὰν πέσωσι, *si ceciderint*; subinde præponitur αὐτῷ, *ipsi*, voculæ *uni*; pauloque post pro *est*, habetur ᾖ, *fuerit*; at in Schol. ἐστι. Apud Ambrof. epist. 81. col. 1098. b. sic: *quoniam si ceciderit, unus eriget socium suum*: & infra: *quoniam qui ceciderit, erigit socium suum*: statimque, *væ illi uni cùm ceciderit, & non est secundus qui eum erigat*: at l. de instit. virg. col. 266. a. *quia si ceciderit unus, alter eriget socium suum*: in edit. quoque Ald. ὅτι ἐὰν πέσῃ ὁ εἷς, ὁ ἕτερος ἐγείρει, &c. addit Ambr. *væ illi uni cùm ceciderit, & non est secundus ut eum erigat.* Chromat. Aquil. in Matth. p. 983. b. *Quia si ceciderit unus, alter eriget socium suum: væ illi uni cùm ceciderit, quia non habet qui erigat illum.* Petr. verò Chryfol. ferm. 170. to. 7. p. 974. ut sup. in textu: *væ uni cùm ceciderit, & non est secundus qui erigat eum.*

℣. 11. Ambrof. ep. 81. col. 1098. e. *Quia & si dormierint duo, est calor illis*: & l. de institut. virg. col. 266. a. *Et quidem si dormiant duo, est calor illis: & unus quomodo calefiet?* Gr. Καί γε ἐὰν κοιμηθῶσι δύο, καὶ θέρμη αὐτοῖς, &c. ut sup.

℣. 12. Græcum delet τὸ *super eum*; & in fine habet ἀπορραγήσεται; cætera quadrant. Ambr. epist. 81. p. 1099. b. legit, *& spartum triplex non corrumpetur.* S. Pacian. ep. 3. p. 314. h. *& spartum triplex non rumpitur.* Philastr. Brix. de hæref. p. 724. h. *funiculus triplex non disrumpetur.*

℣. 13. Græc. Ἀγαθὸς παῖς πένης καὶ σοφὸς, ὑπὲρ βασιλέα πρεσβύτερον καὶ ἄφρονα, ὃς οὐκ ἔγνω τοῦ προσέχειν ἔτι. Ita quoque in Hebr. præter hoc ult. *qui non novit moneri adhuc.*

℣. 14. Ita in Græco, præter hoc, ἐξελεύσεται τοῦ βασιλεῦσαι, *egredietur ut regnet.* Hebr. *egressus est ad regnandum*; cæt. similia.

℣. 15. Ad verbum è Græco, nisi excipias istud, Con-

VULGATA NOVA.

16. Infinitus numerus est populi omnium, qui fuerunt ante eum : & qui postea futuri sunt, non lætabuntur in eo : sed & hoc vanitas & afflictio spiritus.

17. Custodi pedem tuum ingrediens domum
1. Reg. 15. 22. Dei, & appropinqua ut audias. Multò enim melior est obedientia, quàm stultorum victimæ,
Osi. 6. 6. qui nesciunt quid faciunt mali.

VERSIO ANTIQUA.

16. Non est finis omni populo, universis qui fuerunt ante illos : & quidem novissimi non lætabuntur in eo : sed & hoc vanitas, & præsumptio spiritus. *Ex Comment. S. Hieron. in Eccles. p.* 740.

17. Custodi pedem tuum cùm vadis in domum 742.
Dei, & appropinqua ut audias : donum enim insipientium sacrificium, quia nesciunt quòd faciunt malum.

NOTÆ AD VERSIONEM ANTIQUAM.

surget, pro quo συςήσεται, *stabit* ; sed in Ms. Alex. ac editione Compl. ἀναςήσεται. Apud Ambros. l. de instit. virgin. col. 266. d. *Vidi universos qui vivunt, qui ambulant sub sole cum juvene secundo ; quis resurget pro eo?*

℣. 16. Sic est in Gr. præter voculam ὅτι, *quia*, pro *sed*. Apud Ambr. l. de institut. virg. col. 266. e. *Non est finis omnis populo ejus.*

℣. 17. Hæc non longè à Græco distant, nisi quòd ibi circa medium habetur, ϗ ἐγγὺς τῦ ἀκούειν· ὑπὲρ δόμα τῶν ἀφρόνων θυσία σου· i. e. *& propinquus adaudiendum : super donum insip. sacrificium tuum.* Græco respondet Hebr. à quo tamen abest pronom. *tuum.* Observat Martianæus noster hoc etiam, *& appropinqua ut audias*, deesse in Hebr. nec legi in Speculo S. August. additum verò fuisse in Vulg. ex edit. LXX. Nobilius tamen ad hanc vocem, *propinquus*, subdit in Not. « Sic Hebr. Aquila, ϗ ἔγγιζε ὥςε ἀκούειν. »

CAPUT V.

VULGATA NOVA.

1. NE temere quid loquaris, neque cor tuum sit velox ad proferendum sermonem coram Deo. Deus enim in cœlo, & tu super terram : idcirco sint pauci sermones tui.

2. Multas curas sequuntur somnia, & in multis sermonibus invenietur stultitia.

3. Si quid vovisti Deo, ne moreris reddere : displicet enim ei infidelis & stulta promissio : sed quodcunque voveris, redde :

4. multòque melius est non vovere, quàm post votum promissa non reddere.

5. Ne dederis os tuum ut peccare facias carnem tuam : neque dicas coram angelo : Non est providentia : ne fortè iratus Deus contra sermones tuos, dissipet cuncta opera manuum tuarum.

6. Ubi multa sunt somnia, plurimæ sunt vanitates, & sermones innumeri : tu verò Deum time.

7. Si videris calumnias egenorum, & violenta judicia, & subverti justitiam in provincia, non mireris super hoc negotio : quia excelso excelsior est alius, & super hos quoque eminentiores sunt alii,

8. & insuper universæ terræ rex imperat servienti.

9. Avarus non implebitur pecuniâ : & qui amat divitias, fructum non capiet ex eis : & hoc ergo vanitas.

VERSIO ANTIQUA.

1. NOli festinare in ore tuo, & cor tuum non festinet ad perferendum verbum in conspectu Dei : quia Deus in cœlo, & tu super terram : propter hoc sint verba tua pauca. *Ex Comment. S. Hieron. in Eccles. p.* 742.

2. Quia veniet somnium in multitudine sollicitudinis, & vox insipientis in multiplicatione sermonum.

3. Cùm votum feceris Deo, ne moreris reddere 743.
illud : quia non est voluntas in insipientibus : quæcunque voveris, redde.

4. Melius est non vovere, quàm vovere, & non reddere.

5. Non des os tuum ut peccare facias carnem tuam : & ne dixeris in conspectu angeli : Quia ignorantia est : ne irascatur Deus super vocem tuam, & disperdat opera manuum tuarum.

6. Quia in multitudine somniorum, & vanita- 744.
tes, & verba plurima : sed Deum time.

7. Si calumniam pauperis, & rapinam judicii, & injustitias videris in regione, ne mireris super negotio : quia excelsus super excelsum custodit, & excelsior est super illos,

8. & ampliùs terræ in omnibus est rex in agro culto.

9. Qui diligit argentum, non implebitur argen- 745.
to : & qui diligit divitias, non fruetur eis : sed & hoc vanitas.

NOTÆ AD VERSIONEM ANTIQUAM.

℣. 1. Ita Græcè : loco tamen *ad perferendum*, exstat ibid. τῦ ἐξενέγκαι, *ad proferendum*, adnexo ἄνω, *sursum*, ad hoc, *in cœlo* ; in Ms. Alex. deest ἄνω.

℣. 2. Ita rursum Græcè, præter unum παραγίνεται, *advenit*, pro *veniet*.

℣. 3. Cypr. l. 3. Testim. p. 315. b. legit : *Prout voveris votum Deo, ne moram feceris reddere illud.* Ita quoque in Gr. Ambros. l. 1. de Cain, c. 7. col. 195. f. *Si voveris votum, non facias moram reddere illud.* Cassian. coll. 9. c. 12. p. 507. *Si voveris votum Deo, ne moram feceris reddere illud* ; tum addit : *In Græco simpliciter scribitur :* Ἐὰν εὔξῃς εὐχὴν Κυρίῳ. In ed. Rom. Καθὼς εὔξῃ εὐχὴν τῷ Θεῷ, &c. extremò, σὺ ὖν ὅσα ἐὰν εὔξῃ, &c. *tu ergo quæcunque voveris*, &c. Fulg. epist. 1. p. 147. *Statim ut voveris votum Domino, non tardabis reddere illud ; tu itaque quæ voveris, redde.* Hebr. textui consonat.

℣. 4. Græcum : Ἀγαθὸν τὸ μὴ εὔξασθαί σε, ἢ τὸ εὔξασθαί σε, ϗ μὴ ἀποδῦναι. Symm. initio habet βέλτιον. Ambros. l. 1. de Cain, c. 7. col. 195. f. *Melius est enim non vovere votum, quàm vovere, & non reddere :* & in Luc. 20. col. 1503. a. *Melius est non vovere te, quàm vovere, & non reddere.* Auctor l. ad virg. devot. apud eund. Ambros. col. 366. f. *Melius fuerat te non vovisse, & facere, quàm vovere, & non facere.* Fulg. epist. 1. p. 147. *Bonum est non vovere, quàm vovisse, & non solvere.*

℣. 5. Eadem leguntur in Hebr. nec dissimile quidquam Græcè, præter unum τῦ Θεῦ, *Dei*, loco *angeli*.

℣. 6. Sic in Hebraico est. In Gr. hæc tantùm dissimilia, ϗ ματαιοτήτων, ϗ λόγων πολλῶν· ὅτι σὺ τὸν Θεὸν φοβῦ· *& vanitatum, & verborum multorum : quare tu Deum time.* Ed. Ald. loco ὅτι, habet σὺν τὸν Θεόν.

℣. 7. Græcum non habet *injustitias*, sed δικαιοσύνης, *justitiæ* ; subinde pro *custodit*, ita, φυλάξαι, *ad custodiendum* (Ms. Alex. φυλάσσει,) deinde, ϗ ὑψηλοὶ ἐπ' αὐτοῖς, *& excelsi super illos.* Symm. verò, ϗ ὑψηλότεροι ἐπάνω αὐτῶν. Græco LXX. respondet Hebr. nisi quòd pro *negotio*, habet *voluntate*.

℣. 8. Græcum : ϗ περίσσεια γῆς ἐπὶ παντί ἐςι, βασιλεὺς τῦ ἀγρῦ εἰργασμένυ· *& præstantia terræ in omni est, rex agri culti.* Hebr. *rex agro fit servus*, seu *propter utilitatem agrorum est.*

℣. 9. Sic est in Græco, præter hæc media, ϗ τίς ἠγάπησεν ἐν πλήθει αὐτῶν γέννημα ; *& quis dilexit in multitudine eorum fructum?* loco *& qui diligit divitias, non fruetur eis.* Hebr. *& qui diligens in multitudine, non fructus.* Ambros. l. 1. de Cain, c. 5. col. 194. a. & l. de Nab. c. 6. col. 572.

VERSIO ANTIQUA.

Ex Comment. S. Hieron. in Eccles. p. 745.

10. In multitudine enim bonorum, multi sunt qui comedunt ea. Et quæ est fortitudo habenti illa, nisi ut videat oculis suis?

11. Dulcis somnus operanti, sive paululum, sive plus comederit: & saturitas divitis non sinit eum dormire.

12. Est languor pessimus, quem vidi sub sole: divitias custodiri à domino in malum ejus.

13. Et perierunt divitiæ illæ in distentione pessima: & genuit filium, & non est in manibus ejus quidquam.

14. Sicut exivit de utero matris suæ nudus, revertetur ut venit; & nihil tollet laboris sui, ut vadat in manibus ejus.

15. Sed & hoc languor pessimus; quia sicut venit, sic & vadit. Quid ergo habebit ampliùs quia laboravit in ventum?

16. Et omnibus diebus suis in tenebris comedet, & in indignatione plurima, & in infirmitate, & in iracundia.

746. 17. Ecce quod vidi ego bonum, quod est optimum; comedere, & bibere, & cernere jocunditatem in omni labore suo, quo laboravit sub sole, numero dierum vitæ suæ, quos dedit ei Deus: hæc quippe est pars ejus.

18. Sed & omnis homo, cui dedit Deus divitias, & substantiam, concessitque ei ut vesceretur ex eis, & tolleret partem suam, & lætaretur de labore suo: hoc Dei donum est.

19. Non enim multùm recordabitur dierum vitæ suæ, quia Deus occupat in lætitia cor ejus.

VULGATA NOVA.

10. Ubi multæ sunt opes, multi & qui comedunt eas. Et quid prodest possessori, nisi quòd cernit divitias oculis suis?

11. Dulcis est somnus operanti, sive parum, sive multum comedat: saturitas autem divitis non sinit eum dormire.

12. Est & alia infirmitas pessima, quam vidi sub sole: divitiæ conservatæ in malum domini sui. Job 20. 20.

13. Pereunt enim in afflictione pessima: generavit filium, qui in summa egestate erit.

14. Sicut egressus est nudus de utero matris suæ, sic revertetur, & nihil auferet secum de labore suo. Job 1. 21. 1. Tim. 6. 7.

15. Miserabilis prorsus infirmitas: quomodo venit, sic revertetur. Quid ergo prodest ei quòd laboravit in ventum?

16. Cunctis diebus vitæ suæ comedit in tenebris & in curis multis, & in ærumna atque tristitia.

17. Hoc itaque visum est mihi bonum, ut comedat quis, & bibat, & fruatur lætitiâ ex labore suo, quo laboravit ipse sub sole, numero dierum vitæ suæ, quos dedit ei Deus: & hæc est pars illius.

18. Et omni homini, cui dedit Deus divitias, atque substantiam, potestatemque ei tribuit ut comedat ex eis, & fruatur parte sua, & lætetur de labore suo: hoc est donum Dei.

19. Non enim satis recordabitur dierum vitæ suæ, eò quòd Deus occupet deliciis cor ejus.

NOTÆ AD VERSIONEM ANTIQUAM.

f. *Qui diligit argentum, non satiabitur argento.* Gaud. Brix. in serm. p. 965. b. *Qui amat pecuniam, non satiabitur pecuniis:* & verò Hieron. loco cit. subdit: *Ubicunque argentum ponimus, secundùm Græci sermonis ambiguitatem, potest & pecunia transferri: ἀργύριον quippe utrumque significat:* idem etiam in Isai. 1. 10. 3. 18. f. legit: *Qui diligit pecuniam, non implebitur pecuniâ.*

℣. 10. Non valde dissonant Græca: Ἐν πλήθει ἀγαθωσύνης, ἐπληθύνθησαν ἔσθοντες αὐτήν. Καὶ τί (ed. Compl. τίς) ἀνδρεία τῷ παρ' αὐτῆς; ὅτι ἀρχὴ τοῦ ὁρᾷν ὀφθαλμοῖς αὐτοῦ. i. e. *In multitudine bonitatis, multiplicati sunt comedentes eam. Et quid fortitudo ei, qui ab ea? quia principium videre oculis suis.* Hebr. *In multiplicando bonum, multiplicati sunt comedentes illud. Et quid rectum dominis suis? quinimo videre oculis ejus.*

℣. 11. Græc. habet τοῦ δούλου, *servi*, pro *operanti*; extremòque, καὶ τῷ ἐμπλησθέντι τοῦ πλουτῆσαι, οὐκ ἔστιν ἀφίων αὐτὸν τοῦ ὑπνῶσαι· i. e. *& ei qui saturatus est ditescendo, non est dimittens eum dormire.* Symmach. ἡ δὲ πλησμονὴ τοῦ πλουτοῦ οὐκ ἐᾷ καθεύδειν· quæ textui respondent: ipsi quoque favet Hebr. Apud Ambros. in Ps. 1. col. 750. c. *& si quis satiatus fuerit divitiis, non est qui sinat eum dormire.*

℣. 12. A Græco abest vox ista, *pessimus*; addit verò Symmach. κακή. Subinde pro *custodiri à domino*, &c. legunt LXX. φυλασσόμενον τῷ παρ' αὐτοῦ, εἰς κακίαν αὐτῷ, *custoditas ei qui ab eis, in malum ei*; Aquila legit, εἰς πονηρὸν αὐτῷ· Ms. Alex. cum edd. Ald. & Compl. εἰς κακίαν αὐτοῦ. In Hebr. sic: *Est mala infirmitas, vidi sub sole: opulentia custodita dominis suis in malum suum.* Apud Ambros. l. 1. de Cain, c. 5. col. 194. a. *Est languor malus, quem vidi sub sole: divitias custodiri in malum possidentis eas:* similiter l. de Nab. c. 5. col. 571. f. & in Ps. 1. col. 750. b. item l. 3. de interpel. Job, c. 4. col. 657. c. alludens dicit: *Videt Ecclesiastes divitias custodiri in malum possidenti eas.*

℣. 13. Græcum initio habet ἀπολεῖται, *peribunt*; & pro *pessimâ*, πονηρῷ, *malâ*; & pro *manibus*, χειρὶ, *manu*; cætera ad verbum. Ambros. l. 3. de interpel. Job, c. 4. col. 657. c. *Pereunt* (divitiæ) *in summa destructione ac sollicitudine*; sed alludendo dicit.

℣. 14. Ita Græcè, paucis mutatis; nempe ibid. adnectitur τοῦ πορευθῆναι, *ut eat*, ad verbum *revertetur*; tum sequitur ὡς ἥκει, ut sup. dein, καὶ οὐδὲν οὐ λήψεται ἐν μόχθῳ αὐτοῦ, ἵνα πορευθῇ ἐν χειρὶ αὐτοῦ· i. e. *& nihil accipiet in labore suo, ut eat in manu sua.* Hebr. *quod ducat in manu sua.*

℣. 15. Eòdem redeunt Græca: *Καί γε τοῦτο πονηρὰ ἀῤῥωστία· ὥσπερ γὰρ παρεγένετο, οὕτως καὶ ἀπελεύσεται. Καὶ τίς ἡ περισσεία αὐτοῦ ἣ μοχθεῖ εἰς ἄνεμον; Sed & hoc languor malus; sicut enim advenit, ita & abibit. Et quæ abundantia ejus quâ laborat in ventum?* Symmach. Τί οὖν περισσὸν αὐτῷ μοχθοῦντι; Ambros. l. de Nabut. c. 6. col. 572. f. *Et quidem hoc pessimus languor; sicut enim fuit, ita & abiit. Et abundantia ejus laborat in ventum.*

℣. 16. Ambros. in Ps. 1. col. 750. c. *Et quidem omnes dies ejus in tenebris, & luctu, & iracundiâ multâ, & languore, & irâ:* sic etiam l. de Nabut. c. 6. col. 572. f. nec aliter in Græco est. Hebr. textui favet.

℣. 17. Vix meliùs è Gr. initio tamen deest *quod*, ante *vidi*; sed habetur in ed. Compl. subinde καλὸν, loco *optimum*; paulòque post, ἀγαθωσύνην, *bonitatem*, loco *jocunditatem*; extremò ita, ὅτι αὐτὸ μερὶς αὐτοῦ, *quia hoc pars ejus.*

℣. 18. Itidem Græcè, subnexo uno αὐτῷ, post *dedit*; extremò etiam ἐν μόχθῳ, *in labore*, pro *de labore.*

℣. 19. Græcum adnectit αὐτὸν, *eum*, ad verbum *occupat*; ultimòque hab. καρδίας αὐτοῦ, *cordis ejus*, non *cor* & cæt. quadrant.

CAPUT VI.

VERSIO ANTIQUA.

Ex Comment. S. Hieron. in Eccles. p. 746.

1. Est malum, quod vidi sub sole, & frequens apud homines:

VULGATA NOVA.

1. Est & aliud malum, quod vidi sub sole; & quidem frequens apud homines:

NOTÆ AD VERSIONEM ANTIQUAM.

℣. 1. Ita Græcè, nisi excipiatur ult. καὶ πολλή ἐστιν ὑπὸ τὸν ἄνθρωπον, *& multum est sub homine*; Hebr. *super hominem.*

Vulgata nova.

2. Vir, cui dedit Deus divitias, & ſubſtantiam, & honorem, & nihil deeſt animæ ſuæ ex omnibus, quæ deſiderat: nec tribuit ei poteſtatem Deus ut comedat ex eo, ſed homo extraneus vorabit illud: hoc vanitas, & miſeria magna eſt.

3. Si genuerit quiſpiam centum liberos, & vixerit multos annos, & plures dies ætatis habuerit, & anima illius non utatur bonis ſubſtantiæ ſuæ, ſepulturâque careat: de hoc ego pronuncio quòd melior illo ſit abortivus.

4. Fruſtra enim venit, & pergit ad tenebras, & oblivione delebitur nomen ejus.

5. Non vidit ſolem, neque cognovit diſtantiam boni & mali:

6. etiam ſi duobus millibus annis vixerit, & non fuerit perfruitus bonis: nonne ad unum locum properant omnia?

7. Omnis labor hominis in ore ejus: ſed anima ejus non implebitur.

8. Quid habet amplius ſapiens à ſtulto? & quid pauper, niſi ut pergat illuc, ubi eſt vita?

9. Melius eſt videre quod cupias, quàm deſiderare quod neſcias: ſed & hoc vanitas eſt, & præſumptio ſpiritus.

1. Reg. 10. Qui futurus eſt, jam vocatum eſt nomen
13. 14. ejus: & ſcitur quòd homo ſit, & non poſſit con-
& 3. Reg. tra fortiorem ſe in judicio contendere.
13. 2.

11. Verba ſunt plurima, multamque in diſputando habentia vanitatem.

Versio antiqua.

2. Vir, cui dedit Deus divitias, & ſubſtantiam, Ex Comment. S.
& gloriam, & nihil deeſt animæ ejus ex omnibus, Hieron. in Eccleſ. p.
quæ deſideravit: & non dedit ei Deus poteſtatem 746. 747.
ut manducaret ex eo, ſed vir alienus comedit illud: hæc vanitas eſt, languor peſſimus.

3. Si genuerit vir centum, & annis multis vixerit, & plures fuerint dies annorum ejus, & anima ejus non repleatur bonis, nec ſepulcrum fuerit illi: dixi melius ab eo eſſe abortivum.

4. In vanitate quippe venit, & in tenebris vadit, & in tenebris nomen ejus abſcondetur.

5. Et quidem ſolem non vidit, nec cognovit requies huic magis quàm illi:

6. & ſi vixerit mille annos duplices, & bonitatem non vidit: nonne ad locum unum omnia properant?

7. Omnis labor hominis in ore ipſius: & quidem anima non implebitur.

8. Quid enim eſt amplius ſapienti à ſtulto? quid 748.
pauperi, niſi ſcire ut vadat contra vitam?

9. Melior eſt aſpectus oculorum ſuper ambulantem in anima: ſed & hoc vanitas, & præſumptio ſpiritus.

10. Quid eſt quod futurum eſt? jam vocatum eſt nomen ejus, & cognitum quia homo eſt, & non poterit judicari cum fortiore ſe.

11. Quia ſunt verba multa multiplicantia vanitatem.

Notæ ad Versionem antiquam.

℣. 2. Ita in Græco, niſi quòd pro 1. *dedit*, exſtat, δώσει αὐτῷ, *dabit ei*; & inf. ἐπιθυμήσει, καὶ οὐκ ἐξουσιάσει, *deſiderabit, & non dabit*, &c. paulòque poſt, ὅτι ἀνὴρ, *quia vir*; extremo, τοῦτο ματαιότης, καὶ..... πονηρά ἐστι· *hoc vanitas, & languor malus eſt.*

℣. 3. Græcè, loco *plures*, habetur πλῆθος ὅτι, *multitudo quæcunque*; ſubinde, ἀπὸ τῆς ἀγαθωσύνης, *ex bonitate*, pro *bonis*; ultimóque, ἀγαθὸν ὑπὲρ αὐτὸν τὸ ἔκτρωμα, *bonum ſuper eum abortivum*; cæt. ſimilia. Hieron. l. 3. in epiſt. ad Epheſ. to. 4. 395. f. rurſum legit: *Si genuerit vir centum, & annos plures vixerit, & multi fuerint dies annorum ejus, & anima illius repleatur bonis, & ſepultura non ſit ei: dixi: Melius eſt ſuper eum abortivum.* Similiter apud Ambroſ. in Luc. 23. to. 1. 1534. f. *& ſepultura non eſt illi*: item l. 3. de interpel. Job, c. 4. col. 658. c. alludens dicit: *De homine, qui in hoc ſæculum venit, & vanitatem mundi hujus, & tenebras pertulit longævitate diuturna, Eccleſiaſtes pronunciavit: Quia melior illo abortivus.*

℣. 4. Græcum initio habet: Ὅτι ἐν ματαιότητι ἦλθε, &c. ut in Lat. ſup. & Hieron. l. 3. in epiſt. ad Epheſ. 395. f. *Quia in vanitate venit, & in tenebris nomen ejus operietur.*

℣. 5. Extremò ita Græcè: καὶ οὐκ ἔγνω ἀναπαύσεις τούτῳ ὑπὲρ τοῦτον· Nobil. *& non cognovit requietes huic ſuper hunc*; priora ſimilia. Hebr. textui magis accedit.

℣. 6. Aptè ad Græcum, exceptis his, *& ſi vixerit..... duplices*, pro quibus ita: καὶ ἔζησε χιλίων ἐτῶν καθόδους, *& v..it mille annorum reditus*; at in Mſ. Alex. ac ed. Compl. καὶ εἰ ἔζησεν, ut ſupra. Hebr. *& ſi vixerit mille annos duabus vicibus, & bonum non*, &c.

℣. 7. Itidem Græcè, niſi hoc excipias, εἰς στόμα, pro *in ore*; Hebr. *ob os.*

℣. 8. Græc. Ὅτι περίσσεια τῷ σοφῷ ὑπὲρ τὸν ἄφρονα, διότι ὁ πένης οἶδε πορευθῆναι κατέναντι τῆς ζωῆς. i. e. *Quoniam abundantia ſapienti ſuper inſipientem, eò quòd pauper novit ire ad faciem vitæ.* Hebr. *Quia quid præſtantius ſapienti quàm ſtulto? quid afflicto ſcienti pergere ante vitam?*

℣. 9. Græc. initio habet ἀγαθὸν, de more, loco *melior*, abſque ſeq. *eſt*; deeſt etiam *in*, ante *anima*; reliqua concordant. Symm. in principio legit: Βέλτιον προβλέπειν, &c.

℣. 10. Eadem ſunt in Græco, præter ſeqq. Εἴ τι ἐγένετο, *Si quid fuit*, loco *Quid eſt quod futurum eſt?* (Mſ. Alex. habet ὅ τι;) ſubinde pro *quia*, exſtat ὅ, *quod*; in editione Compl. τί; extremò conſtanter, ὑπὲρ αὐτὸν, *ſuper ſe*, non ſimpliciter *ſe*.

℣. 11. Itidem Græcè.

CAPUT VII.

Vulgata nova.

1. Quid neceſſe eſt homini majora ſe quærere, cùm ignoret quid conducat ſibi in vita ſua, numero dierum peregrinationis ſuæ, & tempore, quod velut umbra præterit? Aut quis ei poterit indicare quid poſt eum futurum ſub ſole ſit?

Prov. 2. Melius eſt nomen bonum, quàm unguenta
22. 1. pretioſa; & dies mortis die nativitatis.

3. Melius eſt ire ad domum luctûs, quàm ad domum convivii: in illa enim finis cunctorum admonetur hominum, & vivens cogitat quid futurum ſit.

Versio antiqua.

1. Quid eſt ampliùs homini? quis enim cog- Ex Comment. S.
novit quid ſit bonum homini in vita, nu- Hieron. in Eccleſ. p.
mero dierum vitæ vanitatis ejus? & faciet eos 748.
quaſi umbram: quia quis annuntiabit homini quid ſit poſt eum ſub ſole?

2. Bonum eſt nomen, ſuper oleum bonum; & 749.
dies mortis ſuper diem nativitatis ejus.

3. Melius eſt ire ad domum luctûs, quàm ad domum convivii; in quo finis eſt omnis hominis, & qui vivit, dabit ad cor ſuum.

Notæ ad Versionem antiquam.

℣. 1. Græcum delet τὸ *quid ſit*, ponitque ἀριθμὸν, *numerum*, pro *numero*; item loco *faciet eos quaſi umbram*, habet ἐποίησεν αὐτὰ ἐν σκιᾷ, *fecit ea in umbra*; Vet. autem lib. unus, teſte Nobilio, ἐποίησεν αὐτὰς ὡς σκιάν· cætera quadrant.

℣. 2. Ad verbum è Græco, detracto ult. *ejus*; imo additur in Mſ. Alex. ac ed. Compl. Auctor l. de dupl. martyr. apud Cypr. p. 587. legit: *Melius eſt nomen bonum, ſuper unguenta pretioſa.*

℣. 3. Ita Græcè, paucis exceptis; nempe initio habe-

Versio antiqua.

Ex Comment. S. Hieron. in Eccles. p. 749. 4. Melior est ira quàm risus : quia in mœrore
vultûs emendabitur cor.
5. Cor sapientium in domo luctûs, & cor insipientium in domo lætitiæ.
6. Melius est audire correptionem sapientis, super virum audientem carmen stultorum :
7. quia sicut vox spinarum sub olla, sic risus
stulti : sed & hoc vanitas.
750. 8. Calumnia conturbat sapientem, & perdet
cor fortitudinis ejus.
9. Melius est novissimum sermonis, quàm principium ejus. Melior est patiens super excelsum
spiritu.
10. Ne festines in spiritu tuo ut irascaris : quia
ira in sinu stultorum requiescit.
751. 11. Ne dixeris : Quid factum est, quia dies priores erant meliores quàm isti ? non enim sapienter
interrogasti de hoc.
12. Bona est sapientia cum hæreditate, & amplius videntibus solem.
13. Quia quomodo umbra sapientiæ, sic umbra
argenti ; & quod plus est, scientia sapientiæ vivificabit habentem se.
752. 14. Vide opera Dei : quoniam quis poterit adornare quem Deus perverterit ?
15. In die bonitatis esto in bono, & in die
malo vide : & quidem istud congruum huic fecit
Deus ad loquendum, ut non inveniat homo post
eum quidquam.
753. 16. Omnia vidi in diebus vanitatis meæ : Est
justus periens in justitia sua, & est impius longævus in malitia sua.
17. Noli esse justus multùm : & ne quæras am-

Vulgata nova.

4. Melior est ira risu : quia per tristitiam vultûs, corrigitur animus delinquentis.

5. Cor sapientium ubi tristitia est, & cor stultorum ubi lætitia.

6. Melius est à sapiente corripi, quàm stultorum adulatione decipi :

7. quia sicut sonitus spinarum ardentium sub olla, sic risus stulti : sed & hoc vanitas.

8. Calumnia conturbat sapientem, & perdet robur cordis illius.

9. Melior est finis orationis, quàm principium. Melior est patiens arrogante.

10. Ne sis velox ad irascendum : quia ira in sinu stulti requiescit.

11. Ne dicas : Quid putas causæ est quòd priora tempora meliora fuere quàm nunc sunt? stulta enim est hujuscemodi interrogatio.

12. Utilior est sapientia cum divitiis, & magis prodest videntibus solem.

13. Sicut enim protegit sapientia, sic protegit pecunia : hoc autem plus habet eruditio & sapientia, quòd vitam tribuunt possessori suo.

14. Considera opera Dei, quòd nemo possit corrigere quem ille despexerit.

15. In die bona fruere bonis, & malam diem præcave : sicut enim hanc, sic & illam fecit Deus, ut non inveniat homo contra eum justas querimonias.

16. Hæc quoque vidi in diebus vanitatis meæ : Justus perit in justitia sua, & impius multo vivit tempore in malitia sua.

17. Noli esse justus multùm : neque plus sa-

Notæ ad Versionem antiquam.

tur ἀγαθὸν, *bonum*, loco *melius* ; repetiturque *ire*, post conjunct. *quàm* ; exinde ita, καθότι τοῦτο τέλος, &c. *eò quòd hoc est finis*, &c. extremò additur ἀγαθὸν, verbo *dabit*. In Hebr. deest τὸ *bonum* ; cætera ut in Gr. Ambros. epist. 63. col. 1047. f. & l. de fug. sæc. c. 1. col. 418. c. legit. *Melius est enim ire in domum luctûs, quàm in domum gaudii*. August. l. 17. de civit. Dei, c. 20. to. 7. 484. f. *Melius est ire in domum luctûs, quàm ire in domum potûs* ; Gr. πότου.

℣. 4. Græcum : Ἀγαθὸν θυμὸς ὑπὲρ γέλωτα· ὅτι ἐν κακίᾳ προσώπου ἀγαθυνθήσεται καρδία. *Bonum est ira super risum : quia in malo vultûs fiet bonum cor*. Hebr. *quia in tristitia vultûs jucundum cor erit*.

℣. 5. Itidem Græcè. Apud Ambros. l. de Tob. c. 1. col. 592. b. *Cor sapientum in domo luctûs, cor autem stultorum in domo epulantium* : at in Ps. 1. col. 748. e. & l. 2. de pœnit. col. 427. e. legit *epularum*. Similiter August. l. 17. de civ. Dei, c. 20. col. 484. f. *Cor sapientium in domo luctûs, & cor insip. in domo epularum*.

℣. 6. Græcè constanter ἀγαθὸν, loco *melius* ; reliqua concordant ad verbum. Ambros. in Ps. 1. col. 748. e. leg. *Melius est audire increpationem sapientis, magis quàm virum audientem canticum stultorum*.

℣. 7. Ambros. l. de exhort. virginit. col. 297. e. *Sicut vox spinarum sub olla, ita risus stultorum* ; quæ Græco textui respondent ad verbum. Hebr. verò textui Lat. consonat : unde concludi posset Hieronymum addidisse voculam *quia* de Hebræo, & potuisse *stulti*, num. sing. juxta idem Hebr. sed in Ms. Alex. pariter habetur initio, ὅτι, *quia*.

℣. 8. Græcum habet περιφέρει, *circumfert*, pro *conturbat* ; dein καὶ ἀπόλλυσι, *& perdit* : unde Hieron. ibid. *Pro eo verò quod LXX. & Aquila, & Theod. interpretati sunt*, perdit cor εὐτονίας αὐτοῦ, *id est*, fortitudinis, *sive* vigoris ejus, *Symmachus ait*, & perdit cor matthana, *id est*, donum ; *tam verbum Hebr. quàm interpretationem ejus copulans, & faciens illum sensum, qui alibi scriptus est* : Excæcant munera etiam sapientium oculos.

℣. 9. In Græco similiter : Ἀγαθὴ ἐσχάτη λόγων ὑπὲρ ἀρχὴν αὐτοῦ. Ἀγαθὸν μακρόθυμος ὑπὲρ ὑψηλὸν πνεύματι. Ap. Symmach. Βέλτιον τέλος λόγου, τῆς ἀρχῆς αὐτοῦ, &c. Apud Hieron. l. 1. contra Jovin. to. 4. 171. a. *Meliora sunt novissima sermonis, quàm initium ejus*.

℣. 10. Ita rursum in Græco, excepto ult. ἀναπαύσεται, *requiescet* : ita quoque in Hebr. Apud Ambros. verò l. de exhort. virginit. col. 298. a. *Noli festinare in spiritu tuo irasci : quia ira in sinu stultorum requiescet*.

℣. 11. Eadem rursus habet Hieron. l. 1. contra Jovin. to. 4. 171. a. præter unum *quia non*, pro *non enim*. Græcè, loco *meliores quàm isti*, legitur ἀγαθαὶ ὑπὲρ ταύτας, deinde sic, ὅτι οὐκ ἐν σοφίᾳ ; cæt. ut in Lat. sup. Hieron. quoque l. 1. in ep. ad Gal. to. 4. 226. e. leg. *Ne dixeris : Quia dies mei priores erant boni super istos* : & in Amos 6. to. 3. 1425. d. *Ne dixeris : Dies priores meliores erant mihi quàm isti : quoniam non in sapientia interrogas super hoc*. Symmach. vertit, οὐ γὰρ φρονίμως, *non enim prudenter*.

℣. 12. Sic in Græco est. Item apud Ambros. ep. 45. col. 983. a. *Bona est sapientia cum hæreditate*.

℣. 13. In Græco : Ὅτι ἐν σκιᾷ αὐτῆς ἡ σοφία, ὡς σκιὰ ἀργυρίου· καὶ περισσεία γνώσεως τῆς σοφίας ζωοποιήσει τὸν παρ' αὐτῆς· i. e. *Quia in umbra ejus sapientia, sicut umbra argenti ; & abundantia scientiæ sapientiæ vivificabit eum, qui ab ea*. Symmach. Σκέπει σοφία, ὡς σκέπει τὸ ἀργύριον. Schol. ἡ σοφία διασώσει τοὺς ἔχοντας αὐτήν. Hieron. quoque in explanat. ait : *Symmachus more suo etiam in hoc loco manifestiùs interpretatus est, dicens* : Quomodo protegit sapientia, similiter protegit pecunia : & pauló sup. *& ampliùs, scientia sapientiæ vivificabit habentem se*. Hebr. *Quia in umbra sapientiæ, in umbra argenti ; & præstantia scientiæ sapientiæ vivificabit patronos suos*, seu *habentes eam*.

℣. 14. Edit. nov. Hieron. ultimò fert *percusserit*, sed malè ; Græcè constanter, διαστρέψῃ αὐτόν, *perverterit eum* : & Hieron. ipse inf. 753. a. ait : *quis poterit adornare quod perverterit Deus ?* In Hebr. pariter, *quis poterit dirigere quem depravaverit ipse ?*

℣. 15. Nonnulla variant Græcè ; nempe pro *esto*, habetur ζῆθι, *vive* ; sed apud Symmachum ἔσο ; subinde iterum ponitur ἴδε, *vide*, ante τὸ *in die*, minimè sublato eo post vocem *malo*, pro qua ult. κακίας, *mali* ; deinde sic : καί γε σὺν τούτῳ συμφώνως τοῦτο ἐποίησεν ὁ Θεὸς περὶ λαλιᾶς, *& quidem huic congruenter istud fecit Deus de loquela* : sed in al. cod. vet. teste Nobilio, καί γε τοῦτο τούτῳ σύμφωνον· in Ms. Alex. τοῦτο σύμφωνον τούτῳ· in edd. Ald. & Compl. σὺν τούτῳ σύμφωνον τούτῳ. In Hebr. *etiam hoc contra hoc fecit Deus super verbum, quod non inveniret*, &c.

℣. 16. Sic est in Hebr. textu. Græcum habet δικαίῳ, *justo*, pro *justitia* ; Symmachus verò, τῇ δικαιοσύνῃ ; rursum LXX. μένων, *manens*, pro *longævus* ; Aquila, μακρύνων ; cætera quadrant. Idem Hieron. l. 1. & 2. contra Pelag. to. 4. 509. f. 512. a. legit : *Est enim justus qui perit in justitia sua*. Ambrosiast. col. 98. b. *Noli justus esse multùm : est enim qui perit in sua justitia* : at inf. 244. a. *quia est qui perit in suo justo*.

℣. 17. Idem Hieron. infra : *noli quærere ampliùs, ne*

VULGATA NOVA.

plùs quàm necesse est, ne obstupescas.
18. Ne impiè agas multùm : & noli esse stultus, ne moriaris in tempore non tuo.
19. Bonum est te sustentare justum, sed &
ab illo ne subtrahas manum tuam : quia qui timet Deum, nihil negligit.
20. Sapientia confortavit sapientem super decem principes civitatis.
3. Reg. 21. Non est enim homo justus in terra, qui
8. 46. faciat bonum, & non peccet.
2. Par. 22. Sed & cunctis sermonibus, qui dicun-
6. 36. tur, ne accommodes cor tuum ; ne fortè audias
Prov. servum tuum maledicentem tibi :
20. 9.
1. Joan. 23. scit enim conscientia tua, quia & tu cre-
1. 8. brò maledixisti aliis.
24. Cuncta tentavi in sapientia : Dixi : Sapiens efficiar : & ipsa longiùs recessit à me
25. multò magis quàm erat : & alta profunditas, quis inveniet eam ?
26. Lustravi universa animo meo, ut scirem,
& considerarem, & quærerem sapientiam, &
rationem : & ut cognoscerem impietatem stulti,
& errorem imprudentium :
27. & inveni amariorem morte mulierem,
quæ laqueus venatorum est, & sagena cor ejus,
vincula sunt manus illius : qui placet Deo, effugiet illam : qui autem peccator est, capietur ab
illa.
28. Ecce hoc inveni, dixit Ecclesiastes, unum
& alterum, ut invenirem rationem,

VERSIO ANTIQUA.

pliùs, ne obstupescas. *Ex Comment. S.*
18. Ne impiè agas multùm : & noli esse stultus, *Hieron. in Eccles. p.*
ne moriaris in tempore non tuo. *754.*
19. Bonum est retinere te istud, & quidem ab
hoc ne dimittas manum tuam : quoniam qui timet Deum, egredietur ad omnia.
20. Sapientia confortabit sapientem super decem potestatem habentes, qui sunt in civitate :
21. quia non est homo justus in terra, qui faciat
bonum, & non peccet.
22. Et quidem in omnes sermones, quos lo- 755.
quentur, ne dederis cor tuum : quia non audies servum tuum maledicentem tibi :
23. etenim frequenter scit cor tuum, quia &
tu maledixisti aliis.
24. Omnia hæc tentavi in sapientia ; & dixi :
Sapiens efficiar : & ipsa longiùs facta est à me
25. magis quàm erat : & alta profunditas, quis
inveniet eam ?
26. Circuivi ego, & cor meum, ut scirem, & 756.
considerarem, & quærerem sapientiam, & rationem : & ut cognoscerem impietatem stulti, &
imprudentium errorem :
27. & invenio ego amariorem morte mulierem, quæ est laqueus, & sagenæ cor ejus, vincula
manus ejus : bonus coram Deo, eruetur ab ea ; &
peccator capietur in illa.
28. Ecce hoc inveni, dixit Ecclesiastes, unam
ad unam, ut invenirem numerum,

NOTÆ AD VERSIONEM ANTIQUAM.

conturberis, *sive*, *ne obstupescas* : at l. 1. contra Pelag. to. 4. 510. a. ita legit : *Ne sis justus multùm : nec quasi per sapientiam quæras superflua, ne fortè obstupescas*. Cypr. l. 3. Testim. p. 319. c. *Noli esse multùm justus : & noli argumentari plusquam oportet*. Facund. Herm. l. 8. Sirmond. to. 2. p. 661. b. *Noli effici justus multùm : & noli argumentari abundanter, ne fortè obstupescas*. Græc. Μὴ γίνε δίκαιος πολὺ· μηδὲ σοφίζυ περισσὰ, μή ποτε ἐκπλαγῇς. Ambros. l. 1. de pœnit. col. 389. c. *Noli justus esse nimiùm* : & l. de ob. Theod. col. 1205. a. *Noli esse nimiùm justus* ; & epist. 7. col. 778. e. *Noli esse multùm sapiens*. Hebr. *Ne sis justus multùm : & ne sis sapiens abundanter ; ut quid desolaberis ?*

℣. 18. Sic habet Facund. Hermian. ubi sup. p. 661. b. excepta voce *durus*, loco *stultus* ; & sanè in Gr. σκληρός ; cæt. ut in Lat. supra. Hebr. *Ne sis improbus multùm : & ne sis stultus ; ut quid morieris in non tempore tuo ?* Quidam Mss. Hieron. similiter habent sup. *ut quid morieris ?* sed alii cum editt. vet. *ne moriaris*, ut in Græco. Hieron. etiam in comment. legit, *ne moriaris* ; quod ita explicat : *Noli peccatis adjicere peccata, ne provoces Deum etiam hic tibi inferre supplicium*.

℣. 19. Pro *retinere te istud*, Græcum habet, τὸ ἀντέχεσθαί σε ἐν τούτῳ, *inhærere te in hoc* ; subinde, μὴ μιάνῃς, *ne contamines*, loco *ne dimittas* ; extremò, ὅτι φοβυμένοις τὸν Θεὸν ἐξελεύσεται τὰ πάντα, *quia timentibus Deum egredientur omnia*. At in Ms. Alex. ὁ φοβύμενος ; apud Symmach. ὁ γὰρ φοβύμενος τὸν Θεὸν, διεξελεύσεται τὰ πάντα. In Hebr. sic : *Bonum quòd apprehendas in hoc, & etiam ab hoc ne quiescere facias manum tuam : quia timens Deum, egredietur omnia hæc*. Facund. Hermian. l. 8. Sirm. to. 2. p. 661. c. legit : *Bonum est parcere te in hoc, equidem ab hoc noli contaminare manum tuam : quia is qui timet Deum, evadit omnia*.

℣. 20. Eadem sunt in Græco, præter unum βοηθήσει, *adjuvabit*, pro *confortabit* ; sed ap. Aquil. ἐνισχύσει ; in Hebr. *roborabit*. Hieron. tamen in comment. lectioni LXX. favet, dicens. *Decem, qui potestatem habent, & in urbe consistunt, angeli sunt, qui..... auxiliantur humano generi : sed si quis consideret omnia auxilia, majus est auxilium sapientiæ*.

℣. 21. Eadem rursus legit Hieron. l. 1. in Gal. 3. to. 4. col. 257. f. Græc. Ὅτι ἄνθρωπος ὐκ ἔϛι δίκαιος ἐν τῇ γῇ, ὃς ποιήσει ἀγαθὸν, καὶ ὐχ ἁμαρτήσεται· quæ Latino respondent sup.

℣. 22. Græcum adnectit vocem ἀσεβεῖς, *impii*, ad verbum *loquentur* ; habetque μὴ θῇς, *ne posueris*, loco *ne dederis* ; subinde, ὅπως μὴ ἀκύσῃς, *ut non audias* ; cætera ut in Lat. supra. Hebr. *Etiam omnibus verbis, quæ loquentur, ne des cor tuum : ut non audias*, &c.

℣. 23. Hæc Hebræo respondent. At in Græco sic : ὅτι πλειϛάκις πονηρεύσεταί σε, καὶ καθόδυς πολλὰς κακώσει καρδίαν, ὅτι ὡς καίγε σὺ κατηράσω ἑτέρυς· *quia frequenter malignabitur in te, & multis modis malè afficiet cor tuum, nempe quia & tu maledixisti aliis*.

℣. 24. Ad verbum è Græco, detracto uno &, ante *dixi*. Apud Ambros. in Ps. 43. col. 906. d. *Dixi : Sapientiam requiram : & ipsa longè facta est à me*.

℣. 25. Ita in Græco, præter hoc 1. μακρὰν ὑπὲρ ὃ ἦν, *longè super id quod eram*, loco *magis quàm erat*. Ap. Ambros. in Ps. 43. col. 906. d. *longè magis quàm erat ; & in profundo, altitudinem quis inveniet ejus ?* Hebræum textui favet.

℣. 26. Similia in Græco, præter seqq. ult. ἀσεβῦς ἀφροσύνην, καὶ ὀχληρίαν, καὶ περιφοράν, *impii stultitiam, & turbulentiam, & circumlationem*, loco *impietatem stulti*, &c. Hebr. habet *impietatem stultitiæ, & fatuitatem insaniarum*. Nota *rationem* sup. sumi pro *computatione*. LXX. enim hab. ψῆφον ; Aquila, λογισμόν ; Hebr. *supputationem*. Ambros. l. de bono mort. c. 7. p. 402. b. ita legit : *Circuivit cor meum, ut scirem impii lætitiam, & considerarem, & quærerem sapientiam, & numerum : & ut scirem per impetum lætitiam, & molestiam, & jactationem* : ed. Ald. hab. σκληρίαν, non ὀχληρίαν. Aug. l. 2. de lib. arb. col. 595. e. *Circuivi ego, & cor meum, ut scirem, & considerarem, & quærerem sapientiam, & numerum* ; quæ textum Hieronymianum pene ad verbum referunt. Hieron. quoque in comment. ait LXX. posuisse : *Circuivi ego, & cor meum, ut cognoscerem*, &c.

℣. 27. Similia Gr. habet Vat. nisi quòd initio post *ego*, addit αὐτὴν, *eam*, statimque, καὶ ἐρῶ, & *dicam* ; at in Ms. Alex. deest καὶ ἐρῶ, sicut in edd. Ald. & Compl. Subinde in Vatic. δεσμὸς εἰς χεῖρας αὐτῆς· item apud Hieron. epist. ad Fabiol. de XLII. mans. to. 2. 598. b. *vinculum in manibus ejus* : sed apud Symmach. non εἰς χεῖρας, sed αἱ χεῖρες. Apud Ambros. l. de bono mort. c. 7. col. 402. b. sic : *Et inveni ego eam amariorem, quàm mortem*. Græc. πικρότερον ὑπὲρ θάνατον σὺν τὴν γυναῖκα, &c. De præp. autem σὺν ante γυναῖκα, vide Coteler. not. in l. 2. Constitut. Apost. p. 133. e. Huc redeunt quæ citat Hilar. in Ps. 123. col. 401. a. 527. c. *Oculus meretricis, laqueus peccatoris*. Itidem Hieron. in Ezech. 29. col. 901. d.

℣. 28. Suffragatur Græcum, nisi quòd extremò habet, μία τῇ μιᾷ, τῦ εὑρεῖν λογισμόν, *una ad unam, ut invenirem rationem* : in edit. Compl. μιᾷ τῇ μιᾷ. Observat Hieron. sup. *Esebon, quod omnes, voce consona*, λογισμὸς *transtulerunt, secundùm Hebræi sermonis ambiguitatem*, & numerum, & summam, & rationem, & cogitationem *posse dici* : & infra : *Pro eo autem quod*, inquit, *sermonem Hebræum interpretantes, diximus* unam ad unam, ut inveniatur numerus, *sive* summa, *sive* ratio, *aut* cogitatio, *apertiùs interpretatus est Symmachus* : unum ad unum invenire rationem : *quod*

VERSIO ANTIQUA.

Ex Comment. S. 29. quem adhuc quæsivit anima mea, & non
Hieron. in Eccles. p. inveni. Hominem unum de mille inveni, & mu-
756. lierem in omnibus his non inveni.
30. Solummodo hoc inveni, quia fecit Deus
757. 758. hominem rectum, & ipsi quæsierunt cogitationes
multas. Quis novit sapientes? & quis novit solutionem verbi?

VULGATA NOVA.

29. quam adhuc quærit anima mea, & non
inveni. Virum de mille unum reperi, mulierem
ex omnibus non inveni.
30. Solummodo hoc inveni, quòd fecerit
Deus hominem rectum, & ipse se infinitis miscuerit quæstionibus. Quis talis ut sapiens est? &
quis cognovit solutionem verbi?

NOTÆ AD VERSIONEM ANTIQUAM.

enim nos solemus absolutè & neutraliter appellare..... Hebræi feminino genere pronunciant, sicut in Psalmo: Unam petii à Domino, hanc requiram; *pro eo quod est* unum.

℣. 29. Itidem Græcè, posito uno &, ante *hominem.* Hieron. quoque in Mich. 7. to. 3. 1549. e. legit: *Et hominem unum de mille inveni*, &c. ut sup. similiter l. 1. contra Jovin. to. 4. 171. b. Auctor verò op. imp. in Matth. hom. 32. p. 135. d. *In mille virum bonum invenies; in omnibus autem his mulierem non invenies.*

℣. 30. Græc. Πλὴν ἴδε τοῦτο εὗρον, ὃ ἐποίησεν ὁ Θεὸς σὺν τὸν, &c. ut in Lat. Symmachus initio habet, μόνον ἴδε. Hieron. infra non posuit quidem τὸ *Quis novit sapientes?* sed, *Quis ita ut sapiens*, ut in Hebr. verùm post paulò ait: *LXX. pro eo quod nos posuimus*, Quis ita ut sapiens? *transtulerunt*, *Quis novit sapientes?* quam lectionem prætulimus, pro more nostro. Idem Hieron. l. 1. contra Jovin. to. 4. 171. b. ita legit: *Veruntamen reperi, quòd fecit Deus hominem rectum, & ipsi quæsierunt cogitationes malas.* August. verò ser. 284. to. 5. 1142. e. *Fecit Deus hominem rectum, & ipsi exquisierunt cogit. multas.*

CAPUT VIII.

VERSIO ANTIQUA.

Ex Comment. S. 1. SApientia hominis illuminabit vultum ejus,
Hieron. in Eccles. p. & impudens vultu suo odietur.
757. 758. 2. Os regis custodi, & de juramento, & de verbo Dei
3. ne festines à facie ejus ambulare, & ne stes
in verbo malo: quoniam omne, quod voluerit,
faciet:
4. sicut dixerit rex, potestatem habens: & quis
dicet ei: Quid facis?
759. 5. Qui custodit mandatum, non cognoscet verbum malum. Et tempus, & judicium cognoscit
cor sapientis.
6. Quia omni negotio est tempus, & judicium:
quia scientia hominis multa super eum:
7. quia nescit quod futurum est; sicut enim erit,
quis annuntiabit ei?

VULGATA NOVA.

1. SApientia hominis lucet in vultu ejus, & Sup. 2.
potentissimus faciem illius commutabit. 14.
2. Ego os regis observo, & præcepta juramenti Dei.
3. Ne festines recedere à facie ejus, neque
permaneas in opere malo: quia omne, quod voluerit, faciet:
4. & sermo illius potestate plenus est: nec
dicere ei quisquam potest: Quare ita facis?
5. Qui custodit præceptum, non experietur
quidquam mali. Tempus & responsionem cor
sapientis intelligit.
6. Omni negotio tempus est, & opportunitas,
& multa hominis afflictio:
7. quia ignorat præterita, & futura nullo
scire potest nuncio.

NOTÆ AD VERSIONEM ANTIQUAM.

℣. 1. Ita Græcè: posteriorem autem versiculum ita refert Hieron. ex Hebr. *& fortis faciem suam commutabit:* sed inf. dicit, horum loco LXX. posuisse: *& impudens vultu suo odietur; vel improbus facie sua odietur;* quam lectionem & *impudens*, &c. præferendam duximus: nunc etiam in Gr. καὶ ἀναιδὴς προσώπῳ, &c. Priorem sententiam rursum citat Hieron. in Isai. 56. to. 3. 412. f. *Sapientia hominis illuminat faciem ejus.*

℣. 2. Hunc versic. primodum ita refert Hieron. ibid. *Ego os regis custodio, & loquelam juramenti Dei:* sed post paulò ait *LXX. imperativo modo* dixisse: *Os regis custodi;* & infra: *LXX.* inquit, *aliter transtulerunt, dicentes: Et de juramento, & de verbo Dei ne festines*, &c. Non tamen ita ferunt veteres editt. ibid. sed hoc modo. *& de verbo juramenti Dei ne festines;* quæ Græco hodierno respondent ad verbum. Verùm hanc ult. antea editorum lectionem improbat ac respuit Martianæus noster: ita enim disserit Notat. in hunc loc. « Hoc item loco præter versiculum Græ-
» cum superfluè adjectum, mutant etiam (editt.) contex-
» tum Sacrum LXX. Interpretum, legentes: *de verbo jura-*
» *menti Dei ne festines*, &c. cùm manifestissimè comprobetur
» ex comment. Hieron. aliter quàm apud LXX. conscriptum
» fuisse in divinis Voluminibus, scilicet, *de juramento Dei*,
» sive *de verbo juramenti Dei*, non *de juramento, & de verbo*
» *Dei*, quemadmodum legebatur in LXX. Translatorum ed.
» Quisquis igitur hic animum attenderit, veram esse lectio-
» nem omnium Mss. codicum nobiscum agnoscet. » Non ideo tamen primùm in mente fuit istam adhibere lectionem, & *de juramento, & de verbo Dei;* imo verò Lat. aliam admittere, *de verbo juramenti Dei*, maximè cùm hodie in ed. LXX. constanter ita legatur: Στόμα βασιλέως φύλαξον, καὶ περὶ λόγου ὅρκου Θεοῦ μὴ σπουδάσῃς. At pondere victi sumus & auctoritate Mss. omnium codicum, à quibus discedere, sicut Martianæo, ita nobis religio fuit. Ut ut est de hac vocum mutatione, illa lectio quam præferimus, cum Mss. omnibus codd. congruit, ut etiam improbabile non sit, vel ita in Ms. suo Græco legisse Hieronymum, vel etiam hoc modo scriptum fuisse in antiqua Versione Latina, cujus verba retulerit S. Doctor. In Hebr. sic: *Ego os regis observo, & super verbum juramenti Dei.* Vide sis plura apud Nobilium.

℣. 3. Ita legitur Græcè, nisi quòd pro *ambulare*, habetur πορεύσῃ, *ambulabis*, positâ virgulâ post *festines*, detractâ verò conjunct. &, post *ambulare*, seu *abire*, quemadmodum legit Hieronymus supra. In Hebr. sic: *ne sis festinus, à faciebus ejus abibis; ne stes*, &c. ut supra. Ap. Ambros. in Ps. 1. col. 748. f. hæc pauca: *noli stare in sermone malo.*

℣. 4. Ita rursum Græcè, sublato uno *dixerit.* In Ms. tamen Alex. est: καθὼς βασιλεὺς ἐξουσιάζων, λαλεῖ καὶ τίς, &c. In Hebr. sic: *in quo verbum regis imperium: & quis dicet ei: Quid facies?* In Ms. etiam Alex. Τί ποιήσεις, al. ποιεῖς.

℣. 5. Ad verbum è Græco, præter hoc, *& judicium*, pro quo simpliciter, κρίσεως, *judicii.* In Hebr. *& judicium cognoscet*, &c.

℣. 6. Sic iterum in Græco. Hieron. versiculum poster. ita refert primò: *afflictio quippe hominis multa super eum:* sed paulò post monet apud LXX. legi *scientiam*, non *afflictionem*, seu *malitiam. Pro eo autem quod*, inquit, *LXX. Interpretes dixerunt;* quia scientia hominis multa super eum: *in Hebræo* malitiam *habet, non* scientiam: *sed quia* res, & daleth *litteræ Hebraïcæ, excepto parvo apice, similes sunt; pro* raath, *legerunt* dath, *id est, pro* malitia, *scientiam.* In Hebr. præterea est *voluntatis*, pro *negotio.*

℣. 7. Græcè, pro *nescit*, οὐκ ἔστι γινώσκων, *non est qui cognoscat;* & inf. ὅτι καθὼς, *quia sicut*, pro *sicut enim;* cæt. similia: apud Symmachum, τίς γὰρ τὰ, &c. Exinde Hieron. ait: *Illud quoque quod in fine horum versuum scriptum est:* quia nescit quod factum sit; & quid futurum sit post eum, quis annuntiabit ei? *de verbo ad verbum nunc ex sermone Hebræo transtulimus, ut esse sensum alterum noverimus, quòd scilicet nec ea quæ præterierint scire possumus, nec ea quæ futura sint, ita ut sunt futura, cognoscere.* Ex his porro liquet, inquit noster Martianæus, Hieronymum in contextu Sacro coaptasse se consuetudini LXX. Interpretum; in commentario autem de verbo ad verbum ex Hebræo sermone transtulisse. Vide sis plura ibid. Not. c. Idem

Vulgata nova.

8. Non est in hominis potestate prohibere spiritum, nec habet potestatem in die mortis, nec finitur quiescere ingruente bello, neque salvabit impietas impium.

9. Omnia hæc consideravi, & dedi cor meum in cunctis operibus, quæ fiunt sub sole. Interdum dominatur homo homini in malum suum.

10. Vidi impios sepultos: qui etiam cùm adhuc viverent, in loco sancto erant, & laudabantur in civitate quasi justorum operum: sed & hoc vanitas est.

11. Etenim quia non profertur citò contra malos sententia, absque timore ullo filii hominum perpetrant mala.

12. Attamen peccator ex eo quòd centies facit malum, & per patientiam sustentatur, ego cognovi quòd erit bonum timentibus Deum, qui verentur faciem ejus.

13. Non sit bonum impio, nec prolongentur dies ejus, sed quasi umbra transeant qui non timent faciem Domini.

14. Est & alia vanitas, quæ fit super terram: sunt justi, quibus mala proveniunt, quasi opera egerint impiorum: & sunt impii, qui ita securi sunt, quasi justorum facta habeant: sed & hoc vanissimum judico.

15. Laudavi igitur lætitiam, quòd non esset homini bonum sub sole, nisi quòd comederet, & biberet, atque gauderet: & hoc solum secum auferret de labore suo, in diebus vitæ suæ, quos dedit ei Deus sub sole.

16. Et apposui cor meum ut scirem sapientiam, & intelligerem distentionem quæ versatur in terra: est homo, qui diebus & noctibus somnum non capit oculis.

17. Et intellexi, quòd omnium operum Dei nullam possit homo invenire rationem eorum, quæ fiunt sub sole: & quantò plus laboraverit ad quærendum, tantò minùs inveniat: etiam si dixerit sapiens se nosse, non poterit reperire.

Versio antiqua.

8. Non est homo potestatem habens in spiritum, ut prohibeat spiritum: & non est potens in die mortis, & non est emissio in bello, & non salvabit impietas habentem se. — *Ex Comment. S. Hieron. in Ecclef. p.* 759.

9. Omnia hæc vidi, & dedi cor meum in omne opus, quod factum est sub sole. Et dominatus est homo homini ut affligeret eum. 760.

10. Et tunc vidi impios sepultos: & venerunt, & de loco sancto egressi sunt, & laudati sunt in civitate, quia sic fecerunt: sed & hoc vanitas.

11. Quia enim non est contradictio facientibus malum citò, ideo repletum est cor filiorum hominis in eis, ut faciant malum.

12. Quia peccator facit malum ex tunc, & elongat ei, & ego recognosco quia erit bonum timentibus Deum, ut timeant à facie ejus. 761.

13. Et bonum non erit impio, & non prolongabit dies in umbra, quia non est timens à facie Dei.

14. Est vanitas, quæ fit super terram: quia sunt justi, ad quos perveniunt quasi facta impiorum: & sunt impii, ad quos perveniunt quasi facta justorum: dixi: Quia & hoc vanitas est. 762.

15. Et laudavi ego lætitiam, quia non est bonum homini sub sole, nisi comedere, & bibere, & lætari: & ipsum egredietur cum eo de labore suo, diebus vitæ suæ, quos dedit ei Deus sub sole.

16. Quapropter dedi cor meum ut cognoscerem sapientiam, & viderem occupationem quæ facta est super terram: quia & in die & in nocte somnum in oculis suis non est videns.

17. Et vidi omnia opera Dei, quia non poterit homo invenire opus, quod factum est sub sole: in quo laboravit homo ut quæreret, & non inveniet; siquidem, & si dixerit sapiens se cognoscere, non poterit invenire.

Notæ ad Versionem antiquam.

Hieron. l. 2. cont. Pelag. to. 4. 514. a. legit: *Nemo scit quid futurum sit; quia sicuti est, quis annuntiabit ei?*

℣. 8. Similiter in Græco Vatic. si excipiatur vox ἐξουσία, *potestas* circa med. loco *potens*; sed in Mf. Alex. ac editt. Ald. & Compl. est ἐξουσιάζων; item post paulò in Vatic. & al. ἐν ἡμέρᾳ πολέμου, *in die belli*, pro *in bello*; ultimòque, τὸν παρ' αὐτῆς, *eum qui ab ea*, loco *habentem se*; sed ap. Symm. ἔχοντα αὐτήν.

℣. 9. Græcum in principio habet, Καὶ σύμπαν τοῦτο εἶδον, *Et omne hoc vidi*; & sub finem, τὰ ὅσα ἐξουσιάσατο ὁ ἄνθρωπος ἐν ἀνθρώπῳ, *quæ pro potestate fecit homo in hominem*, loco *& dominatus est homo homini*; cæt. ut in Lat. supra. Ap. Aquil. καιρὸς ὡς ἐκυρίευσεν ὁ ἄνθρωπος, &c. In Hebr. *Omne hoc vidi, & dare cor meum ad omne factum, quod fit sub sole, tempore quo dominatus est homo in hominem in malum sibi.*

℣. 10. Græcum loco *sepultos*, habet, εἰς τάφους εἰσαχθέντας, *in sepulcra introductos*; dein, καὶ ἐκ τοῦ ἁγίου καὶ ἐπορεύθησαν, *& de sancto. & iverunt*, loco *& venerunt, & de loco sancto egressi sunt*; cæt. ut supra. Aquila, καὶ ἦλθον ἐκ τόπου ἁγίου. Hebr. *Et tunc vidi impios sepultos: & venerunt, & à loco sancto ambulabunt, & oblivioni tradentur in civitate, quæ sic fecerant: etiam hoc vanitas.*

℣. 11. Græcum: Ὅτι οὐκ ἔστι γινομένη ἀντίῤῥησις ἀπὸ τῶν ποιούντων τὸ, &c. *Quia non est facta contradictio à facientibus*, &c. ut supra. Hebr. *Quia non fit sententia facti mali citò, ideo plenum est cor*, &c.

℣. 12. Græcum: Ὃς ἥμαρτεν, ἐποίησε τὸ πονηρὸν ἀπὸ τότε, καὶ ἀπὸ μακρότητος αὐτῶν· ὅτι καὶ γινώσκω ἐγὼ ὅτι ἐστιν ἀγαθὸν, &c. *Qui peccavit, fecit malum ex tunc, & ex longitudine eorum: quare & cognosco ego quia est bonum*, &c. ut sup. Mf. Alex. ὅτι ἔσται ἀγαθόν. Textum paulum dissimilem adhibuerat Hieronymus supra, videlicet: *Quia peccator facit malum centies, & elongat ei, ex hoc cognosco ego quòd erit bonum timentibus Deum, qui timebunt à facie ejus*: sed observat infra verbum Hebr. *maath*, LXX. transtulisse *ex tunc*, se verò posuisse *centies*: & post pauca: *Hæc*, inquit, *juxta sensus Hebraïci veritatem: LXX. verò Interpretes... quasi ab alio sensu incipientes, dixerunt: Et ego recognosco*, &c. quæ admisimus supra.

℣. 13. Hæc promit Hieron. ex edit. LXX. Sic etiam hodie legimus Græcè.

℣. 14. Rursum Hieron. l. 2. contra Pelag. to. 4. 514. b. *Sunt justi, ad quos pervenit quasi opus impiorum: & sunt impii, ad quos pervenit quasi opus justorum.* Item August. l. 20. de civit. Dei, c. 3. to. 7. 575. e. *Est vanitas, quæ facta est super terram: quia sunt justi, super quos venit sicut factum impiorum: & sunt impii, super quos venit sicut factum justorum: dixi: Quoniam hoc quoque vanitas.* Ita pariter in Græco, his exceptis, ὅτι φθάνει ἐπ' αὐτοὺς.... ὅτι φθάνει πρὸς αὐτούς, *quia venit super eos..... quia venit ad eos*, loco utriusque *super quos venit*: al. utrobique πρὸς αὐτούς, si Nobilio fides.

℣. 15. Ad verbum è Græco, præter hoc, *egredietur cum eo de*, pro quo συμπρόσεσται αὐτῷ ἐν, *simul aderit ei in*; in ed. Ald. legitur συμπορεύσεται; in Hebr. *comitabitur eum in*, &c. Apud August. l. 17. de civit. Dei, c. 20. to. 7. 484. d. *non est bonum homini, nisi quòd manducabit, & bibet.*

℣. 16. Vix meliùs è Græco, excepta voce 1. *quapropter*, pro qua ἐν οἷς, *in quibus*; apud Symmach. διὸ: Hebr. *quemadmodum.*

℣. 17. Eadem sunt in Græco, nisi quòd pro *in quo laboravit*, exstat, ὅσα ἂν μοχθήσῃ, *quæcunque laborabit*; & infra, καί γε ὅσα ἂν, *etiam quæcunque*, pro *siquidem & si*. Idem Hieron. l. 1. cont. Pelag. to. 4. 510. a. ita legit: *quæcunque enim laboraverit homo ut requirat, non inveniet: si dixerit sapiens se intelligere, reperire non poterit*: & l. 2. col. 514. c. *quantumcunque laboraverit homo ut inquirat, non reperiet: & si dixerit sapiens nosse se, invenire non poterit.* Item Auct. l. de voc. gent. c. 24. p. 15. e. *quantumcunque laboraverit homo ut quærat, non inveniet: & quodcunque dixerit sapiens ut sciat, non poterit invenire.* Similiter habet Auct. epist. ad Demetr. p. 44. f. præter penult. *non potest*, loco *non poterit.*

CAPUT IX.

Versio antiqua.

Ex Comment. S. Hieron. in Eccles. p. 762. 1. OMne hoc dedi in corde meo, ut considerarem universa: Quia justi & sapientes, &
opera eorum in manu Domini: & quidem charitatem, & quidem odium non est cognoscens homo: omnia in facie eorum.
763. 2. In omnibus eventus unus justo & impio, bono & malo, mundo & polluto, sacrificanti & non sacrificanti: sic bonus, ut peccator; sic jurans, sicut juramentum timens.

3. Hoc est pessimum in omni, quod factum est sub sole, quia eventus unus omnibus: sed & cor filiorum hominum repletum est malitiâ, & errores in corde eorum in vita sua, & post hæc ad mortuos:

4. quia quis est qui communicet in omnes viventes? Est confidentia, quoniam canis vivens melior est à leone mortuo:

5. quia viventes sciunt quòd moriantur, & mortui nesciunt quidquam, & non est eis ampliùs merces: in oblivione enim venit memoria eorum.

6. Sed & dilectio eorum, & odium eorum, & zelus eorum jam periit, & pars non est eis adhuc in sæculo, in omni quod fit sub sole.
764. 7. Vade & comede in lætitia panem tuum, &
bibe in corde bono vinum tuum: quoniam jam placuerunt Deo opera tua.
8. In omni tempore sint vestimenta tua candida, & oleum de capite tuo non deficiat.
766. 9. Vide vitam cum muliere, quam dilexisti,
omnibus diebus vitæ vanitatis tuæ, qui dati sunt tibi sub sole: quia hæc est pars tua in vita, & in labore, quo tu laboras sub sole.

767. 10. Omnia quæ invenit manus tua ut facias, in

Vulgata nova.

1. OMnia hæc tractavi in corde meo, ut curiosè intelligerem: Sunt justi atque sapientes, & opera eorum in manu Dei: & tamen nescit homo, utrùm amore an odio dignus sit:

2. sed omnia in futurum servantur incerta, eò quòd universa æquè eveniant justo & impio, bono & malo, mundo & immundo, immolanti victimas, & sacrificia contemnenti: sicut bonus, sic & peccator: ut perjurus, ita & ille qui verum dejerat.

3. Hoc est pessimum inter omnia, quæ sub sole fiunt, quia eadem cunctis eveniunt: unde & corda filiorum hominum implentur malitiâ, & contemptu in vita sua, & post hæc ad inferos deducentur.

4. Nemo est qui semper vivat, & qui hujus rei habeat fiduciam: melior est canis vivus leone mortuo.

5. Viventes enim sciunt se esse morituros, mortui verò nihil noverunt ampliùs, nec habent ultra mercedem: quia oblivioni tradita est memoria eorum.

6. Amor quoque, & odium, & invidiæ simul perierunt, nec habent partem in hoc sæculo, & in opere quod sub sole geritur.

7. Vade ergo & comede in lætitia panem tuum, & bibe cum gaudio vinum tuum: quia Deo placent opera tua.

8. Omni tempore sint vestimenta tua candida, & oleum de capite tuo non deficiat.

9. Perfruere vitâ cum uxore, quam diligis, cunctis diebus vitæ instabilitatis tuæ, qui dati sunt tibi sub sole omni tempore vanitatis tuæ: hæc est enim pars in vita, & in labore tuo, quo laboras sub sole.

10. Quodcunque facere potest manus tua,

Notæ ad Versionem antiquam.

℣. 1. Græcum initio habet: Ὅτι σύμπαν τοῦτο ἔδωκα εἰς καρδίαν μου, καὶ καρδία μου σύμπαν εἶδε τοῦτο· Ὡς οἱ δίκαιοι καὶ οἱ σοφοὶ, καὶ αἱ ἐργασίαι αὐτῶν ἐν χειρὶ τοῦ Θεοῦ, &c. i. e. *Quia* (Nobil. *Quare*) *omne hoc dedi in corde meo, & cor meum omne vidit hoc: Quomodo justi & sapientes, & operationes eorum in manu Dei;* reliq. ut in Lat. supra. Hebr. textui priori respondet. Auct. verò l. de voc. gent. l. 1. c. 24. p. 15. f. ita Græcum reddit ad verbum: *Quia universum hoc dedit* (l. *dedi*) *in cor meum, & cor meum universum hoc vidit. Quia & justi, & sapientes, & operationes eorum in manu Dei.* Item Auctor epist. ad Demetriad. p. 44. f. *Quia universum hoc vidit cor meum: Quia & justi, & sapientes, & operationes eorum in manu Dei.*

℣. 2. Græcè, hoc præmittitur: Ματαιότης ἐν τοῖς πᾶσι· *Vanitas in omnibus:* tum sequitur: Συνάντημα ἓν τῷ δικαίῳ, &c. ut in Lat. sup. subnexâ tamen duplici conjunct. καὶ, & post *malo*, & post *polluto*, seu *immundo*, nam Græcè ἀκαθάρτῳ.

℣. 3. Itidem Græcè, præter pauca & levia; videlicet, πονηρὸν, *malum*, loco *pessimum*, ut & πονηροῦ, *malo*, pro *malitia;* item ἀνθρώπου, *hominis*, loco *hominum;* & περιφέρεια, *circumlatio*, loco *errores;* sed ap. Aquilam πλάνη; in Hebr. *insania*. Idem Hieron. l. 2. contra Pelag. to. 4. 514. c. legit: *omnium enim unus occursus est; cordaque filiorum hominum repleta sunt malitiâ, & incerto statu, qua Græcè περιφέρεια dicitur.*

℣. 4. In Græco ἐλπὶς, *spes*, pro *confidentia;* extremòque, αὐτὸς ἀγαθὸς ὑπὲρ τὸν λέοντα τὸν νεκρὸν, *ipse bonus super leonem mortuum;* cætera quadrant. Idem Hieron. in comment. legit: *melior est enim canis vivens, super leone mortuo.* Græco favet Hebr. nisi quòd habet, *quisquis eligitur*, loco *quis est qui communicet*. Auctor quæst. Veter. Test. apud August. to. 3. 54. c. *Spes est in tenebris:* deinde, *melior est canis vivus leone mortuo.*

℣. 5. Ita Græcè, nisi excipias futura duo, γνώσονται ὅτι ἀποθανοῦνται, *sciens quia morientur;* item inf. οὐκ εἰσὶ γινώσκοντες, *non sunt cognoscentes*, pro *nesciunt*, quod idem sonat.

℣. 6. Eadem leguntur in Græco, excepto quadruplici καί γε, *etiam*, loco &; item inf. εἰς τὸν αἰῶνα, *in sæculum*, pro *in sæculo;* & πεποιημένῳ, pro *quod fit*. Hieronymus in comment. *& pars non erit eis adhuc in sæculo, in omni quod factum est sub sole.*

℣. 7. Similiter in Græco, dempto uno &, post *vade*, pro quo δεῦρο: Hieron. etiam tollit illud & inf. in comment. & post plura, col. 766. b. ait: *In LXX. Interpretibus dicitur: Veni, comede in lætitia panem tuum:* item sup. leg. *quia complacuerunt Deo*. Græc. ὅτι ἤδη εὐδόκησεν ὁ Θεὸς τὰ, &c. Ms. Alex. delet ἤδη. Apud Ambros. l. de exhort. virg. col. 297. e. sic: *Veni, manduca in lætitia panem tuum: quoniam jam placuerunt Deo vota tua:* at l. de instit. virg. col. 273. e. *quoniam placuerunt Deo facta tua;* Græcum, ποιήματα.

℣. 8. Ita è Græco, præter ult. *de capite tuo*, &c. pro quibus ἐπὶ κεφαλῆς σου μὴ ὑστερησάτω, *super caput tuum non desit*. Hieron. in comment. *de capite tuo non desit;* Symmac. οὐ μὴ διαλειπέτω. Apud Ambr. l. de exhort. virg. col. 294. d. *In omni tempore sint vestimenta tua candida, & oleum in capite tuo.* Vide etiam Hieron. l. 1. cont. Jovin. to. 4. 171. e.

℣. 9. Gr. initio ipso hab. Καὶ ἴδε, *Et vide;* subinde, ὅτι αὐτὸ μερίς σου ἐν τῇ ζωῇ σου, καὶ ἐν τῷ μόχθῳ σου, *quia hoc pars tua in vita tua, & in labore tuo;* cætera quadrant ad verbum. Idem Hieronymus in Malach. 2. to. 3. 1822. f. legit: *Et vive vitam cum muliere*, &c. at mendosè, ni fallor, pro *Et vide;* nam in Græco constanter, Καὶ ἴδε ζωὴν ap. Symmach. tamen, ἀπόλαυσον ζωῆς, *fruere vitâ*. In Hebr. *Vide vitas cum uxore, quam dilexisti omnibus dieb. vitarum vanitatis tuæ, quos dedit tibi sub sole, omnibus diebus vanitatis tuæ; quia hoc pars tua in vitis, & in labore tuo*, &c.

℣. 10. Vix meliùs è Græco, nisi quòd pro *invenit*, habetur ibid. εὕρῃ, *invenerit;* & pro *in virtute tua*, ὡς ἡ δύ-

VULGATA NOVA.

instanter operare: quia nec opus, nec ratio, nec sapientia, nec scientia erunt apud inferos, quò tu properas.

11. Verti me ad aliud, & vidi sub sole, nec velocium esse cursum, nec fortium bellum, nec sapientium panem, nec doctorum divitias, nec artificum gratiam; sed tempus, casumque in omnibus.

12. Nescit homo finem suum: sed sicut pisces capiuntur hamo, & sicut aves laqueo comprehenduntur, sic capiuntur homines in tempore malo, cùm eis extemplo supervenerit.

13. Hanc quoque sub sole vidi sapientiam, & probavi maximam:

14. Civitas parva, & pauci in ea viri: venit contra eam rex magnus, & vallavit eam, exstruxitque munitiones per gyrum, & perfecta est obsidio.

15. Inventusque est in ea vir pauper & sapiens, & liberavit urbem per sapientiam suam, & nullus deinceps recordatus est hominis illius pauperis.

16. Et dicebam ego, meliorem esse sapientiam fortitudine: quomodo ergo sapientia pauperis contempta est, & verba ejus non sunt audita?

17. Verba sapientium audiuntur in silentio, plus quàm clamor principis inter stultos.

Sup. 7. 20. 18. Melior est sapientia, quàm arma bellica: & qui in uno peccaverit, multa bona perdet.

VERSIO ANTIQUA.

virtute tua fac: quia non est opus, & cogitatio, & scientia, & sapientia in inferno, quò tu vadis illuc. Ex Comment. S. Hieron. in Eccles. p. 767.

11. Converti me, & vidi sub sole, quoniam non est velocium cursus, nec fortium prælium, nec sapientium panis, nec prudentium divitiæ, nec scientium gratia; quoniam tempus, & eventus occurret omnibus illis.

12. Et quidem nescit homo tempus suum: quasi pisces qui retinentur in captione pessima, sicut volucres quæ colligantur laqueo, similiter corruent filii hominum in tempore malo, cùm ceciderit super ipsos extemplo. 768.

13. Sed & hanc vidi sapientiam sub sole, & magna est apud me:

14. Civitas parva, & viri in ea pauci: & venit ad eam rex magnus, & circumdedit eam, & ædificavit adversùs eam machinam magnam.

15. Et invenit in ea virum pauperem & sapientem, & salvavit hic civitatem in sapientia sua, & homo non recordatus est hominis pauperis illius.

16. Et dixi ego: Melior est sapientia super fortitudinem, & sapientia pauperis quæ despecta est, & verba ejus quæ non sunt audita. 769.

17. Verba sapientium in quiete audiuntur, plus quàm clamor potestatem habentis in stultis.

18. Melior est sapientia super vasa belli: & peccans unus perdet bonitatem multam.

NOTÆ AD VERSIONEM ANTIQUAM.

ναμίς σε, prout virtus tua. Textui favet Hebr.

℣. 11. Hæc tota conveniunt cum Græco, nisi quòd legitur ibid. τοῖς κύφοις..... καὶ γε ὐ τοῖς δυνατοῖς..... καὶ γε ὐ τῷ σοφῷ, & seqq. in dandi casu; Mſ. Alex. cum Compl. ὐ τοῖς σοφοῖς. Et verò Hieron. in comment. legit: *non est sapientibus panis, non est scientibus gratia.* Tichon. reg. 7. p. 65. b. *non levibus cursus, non fortibus prælium, neque sapienti panis.* Textui respondet Hebr.

℣. 12. Græcè ita: Ὅτι καί γε ἐ ὐκ ἔγνω (Mſ. Alex. & Compl. delent ὅτι, cum 2. καὶ) τὸν καιρὸν αὐτοῦ· ὡς οἱ ἰχθύες οἱ θηρευόμενοι ἐν ἀμφιβλήστρῳ κακῷ, καὶ ὡς ὄρνεα τὰ θηρευόμενα ἐν παγίδι, ὡς αὐτὰ, παγιδεύονται οἱ υἱοὶ τοῦ ἀνθρώπου εἰς καιρὸν πονηρὸν, &c. ut in Lat. Hieronymus scripserat sup. 764. c. *Sicut pisces qui tenentur in captione pessima, & sicut volucres quæ capiuntur in laqueo, similiter capiuntur filii hominum in tempore pessimo, cum ceciderit super eos subito:* item inf. in comment. p. 768. b. ait: *Quomodo pisces & volucres cito capiuntur à tali sagena, & ab istius modi laqueo.* Præterea observat ibid. *per totum librum ubicunque dicitur* filii hominum, *in Hebræo hab.* filii hominis, *hoc est, filii Adam.*

℣. 13. Sic est in Gr. præter unum τοῦτο, *hoc*, loco *hanc*.

℣. 14. Similia prorsus in Gr. præter seqq. χάρακας μεγάλους, *aggeres magnos*, loco *machinam magnam*: Symmach. hab. ἀποτείχισμα, quod fortasse, ait Nobil. apud Hieron. est *machina*, quæ nimirum apta sit ad mœnia diruenda. Nota pro *venit..... circumdedit..... ædificavit*, Græcè scribi ἔλθῃ..... κυκλώσῃ..... οἰκοδομήσῃ.

℣. 15. Ad verbum è Græco, nisi excipiantur ista, *invenit, salvavit*, pro quibus constanter, εὕρῃ.... διασώσῃ, in Mſ. Alex. διασώσει, deest etiam sup. & ante *sapientem*, sed habetur in Mſ. Alex. In Hebr. sic: *Et inventus est in ea vir pauper sapiens, & eruit ipse urbem in sapientia*, &c. ut supra.

℣. 16. Græcè, ἀγαθὴ, *bona*, loco *melior est*; subinde simpliciter, ἐξουδενωμένη, *pro nihilo habita*, loco *quæ despecta est*; extremòque, οὐκ εἰσακουόμενοι, *non exaudita*.

℣. 17. Ultima tantum verba *plus quam clamor*, &c. sic variant Græcè, ὑπὲρ κραυγὴν ἐξουσιαζόντων ἐν ἀφροσύναις, *super clamorem potestatem habentium in stultitiis.* Hebr. textui favet.

℣. 18. Græcè constanter ἀγαθὴ, *bona*, loco *melior est*; reliqua ut in Lat. sup.

CAPUT X.

VULGATA NOVA.

1. MUscæ morientes perdunt suavitatem unguenti. Pretiosior est sapientia & gloria, parva & ad tempus stultitia.

2. Cor sapientis in dextera ejus, & cor stulti in sinistra illius.

3. Sed & in via stultus ambulans, cùm ipse insipiens sit, omnes stultos æstimat.

VERSIO ANTIQUA.

1. MUscæ morientes polluunt oleum compositionis. Pretiosa est super sapientiam & gloriam stultitia parva. Ex Comment. S. Hieron. in Eccles. p. 770.

2. Cor sapientis in dextera ejus, & cor stulti in sinistra illius.

3. Sed & in via cùm stultus ambulat, cor ejus minuitur, & dicit: Omnis insipiens est.

NOTÆ AD VERSIONEM ANTIQUAM.

℣. 1. Diversa Græcum exhibet, nempe: Μυῖαι θανατοῦσαι σαπριοῦσι σκευασίαν ἐλαίου ἡδύσματος. Τίμιον ὀλίγον σοφίας ὑπὲρ δόξαν ἀφροσύνης μεγάλην. i. e. *Muscæ morientes putrefaciunt compositionem olei suavitatis. Pretiosum paululum sapientiæ super gloriam insipientiæ magnam.* Hebr. *Muscæ mortis fœtere faciet, vaporare faciet unguentum pigmentarii. Pretiosum à sapientia à gloria, stultitiæ parum:* quæ magis ad textum accedunt. Hieron. l. 2. contra Pelag. to. 4. 514. c. legit: *Muscæ moritura, sive ut in Hebraico habetur, morte*, demoliuntur atque corrumpunt suavitatem olei.* Aug. tract. 1. in Joh. to. 3. 295. d. & l. 2. contra ep. Parmen. to. 9. col. 37. b. 40. b. *Muscæ morituræ exterminant oleum suavitatis.* Itidem Fulg. l. de Incarn. p. 430. Optat. l. 7. contra Donat. p. 106. a. *Muscæ morituræ exterminant olei suavitatem.* Gelaſ. epist. 7. Conc. to. 4. 1180. d. *Muscæ morituræ exterminant oleum suavitatis.*

℣. 2. Itidem Græcè, nisi hæc duo excipias, εἰς δεξιὸν, & εἰς ἀριστερὸν, *in dextro*, & *in sinistro*.

℣. 3. In Gr. ὑστερήσει, *deficiet*, pro *minuitur*, proximeque, ἃ λογιεῖται, πάντα ἀφροσύνη ἐστίν, *& quæ cogitabit*,

VERSIO ANTIQUA.

Ex Comment. S. Hieron. in Eccles. p. 771. 4. Si spiritus habentis potestatem ascenderit super te, locum tuum ne dimiseris: quia sanitas re-
quiescere facit peccata magna.
5. Est malum quod vidi sub sole, quasi non
spontaneum egrediens à facie potentis:
772. 6. dari stultum in sublimitatibus magnis, & divites in humili sedentes.
7. Vidi servos in equis, & principes ambulantes quasi servos super terram.
8. Qui fodit foveam, in ipsam incidet: & qui
dissipat sepem, mordebit eum serpens.
773. 9. Qui subtrahit lapides, dolebit in eis: & qui
scindit ligna, periclitabitur in eis.
10. Si retusum fuerit ferrum, & faciem ejus
turbaverit; & fortitudine confortabitur, & reliquum fortitudinis sapientia est.
774. 11. Si momorderit serpens in silentio, non est
amplius habenti linguam.
12. Verba oris sapientis gratia: & labia insipientis præcipitabunt eum:
13. Initium verborum ejus insipientia, & novissimum oris ejus error pessimus.
14. Et stultus multiplicat verba. Ignorat homo,
quid sit quod factum est: & quod futurum est post
eum, quis annuntiabit ei?
15. Labor stultorum affliget eos, qui nesciunt
ire in civitatem.
775. 16. Væ tibi terra, cujus rex adolescens, & principes tui manè comedunt.
17. Beata terra, cujus rex tuus filius ingenuo-
rum, & principes tui in tempore comedunt, in
fortitudine, & non in confusione.
776. 18. In pigritiis humiliabitur contignatio, & in

VULGATA NOVA.

4. Si spiritus potestatem habentis ascenderit
super te, locum tuum ne dimiseris: quia cura-
tio faciet cessare peccata maxima.
5. Est malum quod vidi sub sole, quasi per
errorem egrediens à facie principis:
6. positum stultum in dignitate sublimi, &
divites sedere deorsum.
7. Vidi servos in equis, & principes ambulantes super terram quasi servos.
8. Qui fodit foveam, incidet in eam: & qui Prov. 26. 27.
dissipat sepem, mordebit eum coluber.
9. Qui transfert lapides, affligetur in eis: & Eccli. 27. 29.
qui scindit ligna, vulnerabitur ab eis.
10. Si retusum fuerit ferrum, & hoc non ut
priùs, sed hebetatum fuerit, multo labore exa-
cuetur, & post industriam sequetur sapientia.
11. Si mordeat serpens in silentio, nihil eo
minus habet qui occultè detrahit.
12. Verba oris sapientis gratia: & labia insipientis præcipitabunt eum:
13. Initium verborum ejus stultitia, & novissimum oris illius error pessimus.
14. Stultus verba multiplicat. Ignorat homo,
quid ante se fuerit: & quid post se futurum sit,
quis ei poterit indicare?
15. Labor stultorum affliget eos, qui nesciunt in urbem pergere.
16. Væ tibi terra, cujus rex puer est, & cujus principes manè comedunt.
17. Beata terra, cujus rex nobilis est, &
cujus principes vescuntur in tempore suo, ad
reficiendum, & non ad luxuriam.
18. In pigritiis humiliabitur contignatio, &

NOTÆ AD VERSIONEM ANTIQUAM.

omnia insipientia sunt; cæt. ut in Lat. sup. Idem Hieron. in comment. legit: *Sed & in via..... cor ejus indiget, & dicit: Omnis insipientia est; sive insipiens*: tum versione Symmachi prolata, addit: *Septuaginta verò alium fecère sensum, quo dicerent omnia, quæ insipiens cogitat, esse vanissima*. Hebr. *& dicit: Omnibus stultus ipse.*

℣. 4. Tota concordant cum Gr. præter unum præs. *requiescere facit*, pro fut. καταπαύσει, *requiesc. faciet*. Apud Ambr. l. 2. de interpel. Dav. c. 7. col. 648. f. *Et si spiritus potestatem habentis in te ascendat, locum tuum non derelinquas*: & epist. 81. col. 1099. f. *locum tuum noli relinquere*. Apud Hieron. in Ezech. 38. to. 3. 967. e. *Si spiritus potestatem habentis ascendere voluerit super te, locum tuum ne derelinquas*: & l. 2. in ep. ad Eph. to. 4. 374. b. *Si spiritus pot. hab. ascenderit super te, locum tuum ne dederis ei*: at in Isai. 58. col. 435. e. textui priori consonat; sicut epist. 18. ad Eustoch. to. 4. p. 2. col. 39. d. & inf. in comment. suo, col. 772. c. Philastr. Brix. l. de hæres. p. 720. b. legit: *Si ascenderit spiritus inimici dominantis in te, ne des ei locum, ut in te habitet.*

℣. 5. Loco *non spontaneum*, Hieron. posuerat in textu, *ignorantia*; at infra ait: *Pro eo quod nos posuimus*: quasi ignorantia egrediens à facie potentis, *Aquila, Theodotio, & Septuaginta interpretati sunt*: quasi non spontaneum, *id est*, ὡς ἀκούσιον, à facie principis. Symmach. ἐν ἀγνοίᾳ ἐξελθὸν ἐξ ἔμπροσθεν τοῦ ἐξουσιάζοντος. In ed. Rom. ὡς ἀκούσιον ἐξῆλθεν ἀπὸ προσώπου ἐξουσιάζοντος. In Hebr. *sicut error egrediens à facie dominantis.*

℣. 6. Ita Græcè, præter hoc primum, ἐδόθη ὁ ἄφρων, *datus est stultus*; & in fine, καθήσονται, *sedebunt*; ap. Symm. verò καθημένους; unde Hieronymus ait subjici à Symmacho: *positum stultum in sublimitate magna, divites autem sedere humiles*. In Hebr. *data est stultitia in excellentiis multis, & divites in humilitate sedebunt.*

℣. 7. Ad verbum è Græco.

℣. 8. Ita rursum Græcè. Apud Ambros. l. de institut. virg. col. 264. a. & epist. 46. col. 984. c. *destruentem sepem mordebit serpens.*

℣. 9. Concordat Græcum. Item apud Cypr. l. 3. Testim. p. 325. c. *scindens ligna, periclitabitur in eis*, statimque, *si exciderit ferrum*; nec plura de seqq.

℣. 10. Hieron. primò habet: *Si retusum fuerit ferrum, & faciem ejus turbaverit*; exinde ait: *Hoc enim est quod LXX. Interpretes transtulerunt*, & fortitudine confortabitur: paulò verò post eundem textum ita refert: *Si retusum fuerit ferrum, & hoc non ut priùs, sed conturbatum fuerit; virtutibus corroborabitur, & reliquum fortitudinis sapientia est*: & infra notat *in Hebræo significantiùs* dici, *& fortitudinibus corroborabitur*. Græcè nunc ita legimus: Ἐὰν ἐκπέσῃ τὸ σιδήριον, καὶ αὐτὸς πρόσωπον ἐτάραξε· καὶ δυνάμεις δυναμώσει, καὶ περισσεία τῷ ἀνδρὶ οὐ σοφία. i. e. *Si exciderit ferrum, & ipse faciem turbavit; & fortitudines confortabit, & abundantia viro non sapientia*. In Ms. Alex. non τῷ ἀνδρί, sed τοῦ ἀνδρεῖν, al. ἀνδρείου σοφία. In ed. Ald. τοῦ ἀνδρὸς σοφία. In Hebr. *Si hebetatum fuerit ferrum, & ipse non facies terserit; & vires roborabit, & præstantia rectificandi, sapientia.*

℣. 11. Græcè, pro *silentio*, habetur οὐ ψιθυρισμῷ, *non susurro*; deinde sic: καὶ οὐκ ἔστι περισσεία τῷ ἐπᾴδοντι, *& non est amplius incantanti*; in Hebr. *habenti linguam*; & sup. hoc etiam, *in non susurro.*

℣. 12. Ad verbum è Græco, nisi excipiatur unum *præcipitabunt*, pro quo καταποντιοῦσι, Nobil. *deglutient*; Hieron. in comment. *in profundo gurgite pereunt.*

℣. 13. Sic iterum Græcè, præter hoc initio, λόγων στόματος αὐτοῦ, *verborum oris ejus*; & in fine, περιφέρεια πονηρά, *circumlatio mala*; in Hebr. *insania mala.*

℣. 14. Gr..... Οὐκ ἔγνω ἄνθρωπος τί τὸ γενόμενον· καὶ τί τὸ ἐσόμενον ὅτι ὀπίσω αὐτοῦ, τίς, &c. ad litt. *Non novit homo, quid quod factum est: & quid quod futurum est, quod post eum, quis*, &c. ut sup. Nonnulla dissimilia in Hebr.

℣. 15. Itidem Græcè, præter hoc, ὃς οὐκ ἔγνω, *qui non novit*, pro *nesciunt*; ap. Symmach. οὐ γὰρ ἐπίσταται, *nescit enim*. In Hebr. *eum, qui non novit*, &c.

℣. 16. Ita legit August. l. 17. de civit. Dei, c. 20. to. 7. 484. f. nec aliter Græcè, nisi quòd pro *terra*, habetur πόλις, *civitas*; statimque, ἧς ὁ βασιλεύς σου νεώτερος, *cujus rex tuus junior*. Hieron. in Isai. 3. & 5. to. 3. col. 36. b. 50. f. *Væ tibi civitas, cujus rex juvenis, & principes*, &c. Apud Symm. habetur γῆ, non πόλις. Ita etiam in Hebr.

℣. 17. Totidem verba refert Aug. l. 17. de civit. Dei, c. 20. p. 484. f. addito uno *tu*, ad 1. *Beata*. Gr. addit pariter σου, &c. quæ sup. loco tamen *in tempore*, habet, πρὸς καιρὸν, *ad tempus*; & pro ult. *in confusione*, sic, αἰσχυνθήσονται, *confundentur*. In edit. Ald. deest vocula οὐ. In Hebr. ita: *Beatitudines tuæ terra, quòd rex tuus filius heroum, & principes tui in tempore comedent, in fortitudine, & non in potatione.*

℣. 18. Ita è Græco, excepta voce una *infirmitate*, pro

VULGATA NOVA.

in infirmitate manuum perstillabit domus.

19. In risum faciunt panem, & vinum ut epulentur viventes: & pecuniæ obediunt omnia.

20. In cogitatione tua regi ne detrahas, & in secreto cubiculi tui ne maledixeris diviti: quia & aves cœli portabunt vocem tuam, & qui habet pennas, annuntiabit sententiam.

VERSIO ANTIQUA.

infirmitate manuum stillabit domus. Ex Comment. S. Hieron. in Eccles. p.
19. In risu faciunt panem, & vinum ut epulentur viventes: & argento obediunt omnia. 776.

20. In mente tua regi ne maledixeris, & in secreto cubilis tui ne maledixeris diviti: quia avis cœli auferet vocem, & habens pennas annuntiabit verbum. 777.

NOTÆ AD VERSIONEM ANTIQUAM.

qua ἀργίᾳ, *segnitie*; Hebr. *dejectione*.

℣. 19. Græc. habet, εἰς γέλωτα, *ad risum*, additque καὶ ἔλαιον, *& oleum*, post *vinum*; deinde, τοῦ εὐφρανθῆναι ζῶντας· καὶ τοῦ ἀργυρίου ταπεινώσει ἐπακούσεται τὰ πάντα· Nobil. *ad lætificandum viventes: & argento humiliatione obedient omnia*. Editio Ald. hab. τῷ ἀργυρίῳ, absque seq. ταπεινώσει; deest etiam in Compl. & in Mf. Alex. In Hebr. sic: *Ad risum facientes panem, & vinum lætificabit vivos: & argentum respondebit omnibus.*

℣. 20. Ambrof. l. de institut. virg. to. 2. col. 251. b. legit: *Et quidem in conscientia tua regi ne maledixeris, & in penetralibus cubiculorum ne maledictis devoveris divitem.* Gr. Καί γε ἐν συνειδήσει σου βασιλέα μὴ καταράσῃ, καὶ ἐν ταμιείοις κοιτώνων σου μὴ καταράσῃ πλούσιον· reliqua ut sup. addito uno σου, *tuam*, ad *vocem*. Hebr. *Etiam in scientia tua regem ne vilipendas, & in penetralibus cubilis tui ne vilipendas divitem: quia avis cælorum ire faciet vocem, & præditus alis annuntiabit verbum.*

CAPUT XI.

VULGATA NOVA.

1. Mitte panem tuum super transeuntes aquas: quia post tempora multa invenies illum.

2. Da partem septem, necnon & octo: quia ignoras quid futurum sit mali super terram.

3. Si repletæ fuerint nubes, imbrem super terram effundent. Si ceciderit lignum ad austrum, aut ad aquilonem, in quocunque loco ceciderit, ibi erit.

4. Qui observat ventum, non seminat: & qui considerat nubes, nunquam metet.

5. Quomodo ignoras quæ sit via spiritus, & qua ratione compingantur ossa in ventre prægnantis; sic nescis opera Dei, qui fabricator est omnium.

6. Manè semina semen tuum, & vespere ne cesset manus tua: quia nescis quid magis oriatur, hoc aut illud; & si utrumque simul, melius erit.

7. Dulce lumen, & delectabile est oculis videre solem.

8. Si annis multis vixerit homo, & in his omnibus lætatus fuerit, meminisse debet tenebrosi temporis, & dierum multorum: qui cùm venerint, vanitatis arguentur præterita.

9. Lætare ergo juvenis in adolescentia tua, & in bono sit cor tuum in diebus juventutis tuæ, & ambula in viis cordis tui, & in intuitu ocu-

VERSIO ANTIQUA.

1. Mitte panem tuum super faciem aquæ: quia in multitudine dierum invenies illum. Ex Comment. S. Hieron. in Eccles. p. 777.

2. Da partem septem, & quidem octo: quia 778.
non scis quid futurum sit malum super terram.

3. Si repletæ fuerint nubes, imbrem super terram effundent: & si ceciderit lignum ad austrum, aut ad aquilonem, in locum ubi ceciderit lignum, ibi erit.

4. Qui observat ventum, non seminabit: & 779.
qui aspicit nubes, non metet.

5. Quomodo non cognoscis tu quæ sit via spiritus, & sicut ossa in utero prægnantis; sic nescis opera Dei, qui facit omnia.

6. In matutino semina semen tuum, & ad vesperum ne dimittas manum tuam: quoniam nescis quid placeat, hoc an illud; & si utrumque, quasi unum bonum est.

7. Et dulce lumen, & bonum oculis videre solem.

8. Quia si annis multis vixerit homo, in omnibus his lætetur, & meminerit dies tenebrarum, quia plurimæ erunt: omne quod venturum, est vanitas.

9. Lætare adolescens in juventute tua, & in bo- 780.
no sit cor tuum in diebus juventutis tuæ, & ambula in viis cordis tui, & in intuitu oculorum tuo-

NOTÆ AD VERSIONEM ANTIQUAM.

℣. 1. Itidem Græcè. Rursum Hieron. in Isai. 55. to. 3. 406. b. legit: *Mitte panem tuum super aquam: quia in multitudine dierum tuorum invenies eum.* Ambrof. verò l. 2. de interpel. Dav. c. 2. col. 641. a. *Mitte panem tuum ante faciem aquæ*, ut sup. in textu.

℣. 2. Idem Hieron. epist. ad Cypr. to. 2. 701. b. legit: *Da partem septem, & da partem octo.* Ambrof. verò epist. 44. col. 977. e. *Da partem illis septem, & illis quidem octo*; nec malè, cùm in Græco sit, τοῖς ἑπτὰ, καί γε τοῖς ὀκτώ· cæt. ut sup. Sic iterum Ambrof. epist. 26. col. 895. e. dempto uno *quidem*; at l. 2. de Jac. c. 11. col. 478. c. servat *quidem*, sed hab. initio, *Date partem illis septem*, &c.

℣. 3. Ambrof. epist. 2. col. 755. f. *Si impletæ fuerint nubes, pluviam in terram effundent.* Gr. hab. ὑετοῦ, *imbre*, non *imbrem*, vel *pluviam*; jungitque cum præced. *nubes*; subinde loco *effundent*, scribit ἐκχέουσι, *effundunt*; (Aquila ἐκκενώσουσιν;) item loco *aut*, exstat καὶ ἐὰν, *& si*; & pro *in locum*, simpliciter τόπῳ, *loco*; cæt. quadrant. Textui favet Hebr.

℣. 4. Aptè ad Græc. præter fut. *seminabit*, pro quo σπείρει, *seminat*; at in edd. Ald. & Compl. σπερεῖ.

℣. 5. Græc. Ἐν οἷς οὐκ ἔστι γινώσκων τίς ἡ ὁδὸς τοῦ πνεύματος, ὡς ὀστᾶ ἐν γαστρὶ κυοφορούσης· οὕτως οὐ γνώσῃ τὰ ποιήματα τοῦ Θεοῦ, ὅσα ποιήσει τὰ σύμπαντα. *In quibus* (vel *Quemadmodum*) *non est cognoscens quæ sit via spiritûs, sicut ossa in utero prægnantis; sic non cognosces opera Dei, quæcunque faciet omnia.*

℣. 6. Eadem sunt in Græco, præter levia nonnulla; scilicet, μὴ ἀφέτω ἡ χείρ σου, *ne remittat manus tua*, loco *ne dimittas man. tuam*; subinde, στοιχήσει, ἢ τοῦτο, *rectè procedet, aut hoc*, loco *placeat, hoc*; extremòque, καὶ ἐὰν τὰ δύο ἐπιτοαυτὸ, ἀγαθά, *& si duo in idipsum, bona.* In Mf. Alex. ἀγαθόν.

℣. 7. Ita in Græco, verbum pro verbo.

℣. 8. Sic iterum Græcè, nisi quòd initio legitur, Ὅτι καὶ ἐὰν, *Quia & si*; paulòque post in fut. εὐφρανθήσεται, καὶ μνησθήσεται, *lætabitur, & recordabitur*; ac in fine, ἐρχόμενον, *veniens*, loco *venturum*. Apud Aquil. μεμνήσθω τῶν ἡμερῶν, ut in textu Lat. & in Hebr.

℣. 9. Eadem rursum in Græco Vat. præter pauca; nempe pro *in bono sit*, exstat ἀγαθυνάτω σε, *bonum faciat te*; ap. Symmach. verò, ἐν ἀγαθῷ ἔστω, ut sup. exinde in Vatic. huic, *cordis tui*, subjicitur ἄμωμος, *immaculatus*; tum sequitur, καὶ μὴ ἐν ὁράσει, *& non in intuitu*; sed à Mf. Alex. ac ed. Compl. abest μή; extremò pariter Mf. Alex. hab. εἰς κρίσιν, *in judicium*, non ἐν κρίσει, quod est in Vatic. Eadem repetit Hieron. in comment. col. 781. c. his tantùm mutatis: *Lætare juvenis in adolescentia tua..... & in aspectu oculorum tuorum: & scito super omnibus his, quia*

VERSIO ANTIQUA.

Ex Comment. S. Hieron. in Eccles. p. 780. rum : & ſcito hoc, quia ſuper omnibus his adducet te Deus in judicium.

10. Et repelle iram à corde tuo, & aufer malitiam à carne tua : quia adoleſcentia, & ſtultitia vanitas eſt.

VULGATA NOVA.

lorum tuorum : & ſcito quòd pro omnibus his adducet te Deus in judicium.

10. Aufer iram à corde tuo, & amove malitiam à carne tua. Adoleſcentia enim & voluptas vana ſunt.

NOTÆ AD VERSIONEM ANTIQUAM.

adducet, &c. infra, *& ſcito quoniam ſuper*, &c. In Hebr. ſic : *& bonum ſit tibi cor tuum in diebus electionum tuarum, & ambula..... & in aſpectu oculorum..... & ſcito quòd propter omnia adducet te*, &c. Apud Ambroſ. l. de exhortat. virg. col. 296. b. c. *Lætare adoleſcens in juventute tua, & oblectet te cor tuum in diebus adoleſcentiæ tuæ, & ambula in viis cordis tui ſine macula, & in aſpectu oculorum tuorum, & non in audacia oculorum tuorum : & ſcito quòd ſuper hæc omnia adducet te Deus in judicium.*

℣. 10. Ita Græcè ad verbum. In Hebr. non *ſtultitia*, ſed *pubertas* ; in Gr. ἄνοια. Apud Ambroſ. l. de exhort. virg. col. 296. c. *Et repelle iram à corde tuo, & amove nequitiam à carne tua.*

CAPUT XII.

VERSIO ANTIQUA.

Ex Comment. S. Hieron. in Eccleſ. p. 780. 1. ET memento Creatoris tui in diebus juventutis tuæ, antequam veniant dies malitiæ, & appropinquent anni, in quibus dices : Non eſt mihi in illis voluntas :

782. 783. 2. antequam obtenebreſcat ſol, & lumen, & luna, & ſtellæ, & revertantur nubes poſt pluviam :

3. in die, quo moti fuerint cuſtodes domus, & perierint viri fortitudinis, & ceſſabunt molentes, quoniam imminutæ ſunt, & contenebreſcent quæ vident in foraminibus :

4. & claudent oſtia in platea, in humilitate vocis molentis : & conſurget ad vocem volucris, & obmuteſcent omnes filiæ carminis.

784. 5. Sed & ab excelſis timebunt, & formidabunt in via, & florebit amygdalum, & impinguabitur locuſta, & diſſipabitur capparis : quoniam ibit homo in domum æternitatis ſuæ, & circumibunt in platea plangentes.

785. 6. Antequam rumpatur funiculus argenti, & recurrat vitta aurea, & conteratur hydria ſuper fontem, & confringatur rota ſuper lacum,

7. & revertatur pulvis in terram ſuam ſicut erat,

VULGATA NOVA.

1. MEmento Creatoris tui in diebus juventutis tuæ, antequam veniat tempus afflictionis, & appropinquent anni, de quibus dicas : Non mihi placent :

2. antequam tenebreſcat ſol, & lumen, & luna, & ſtellæ, & revertantur nubes poſt pluviam :

3. quando commovebuntur cuſtodes domus, & nutabunt viri fortiſſimi, & otioſæ erunt molentes in minuto numero, & tenebreſcent videntes per foramina :

4. & claudent oſtia in platea, in humilitate vocis molentis, & conſurgent ad vocem volucris, & obſurdeſcent omnes filiæ carminis.

5. Excelſa quoque timebunt, & formidabunt in via, florebit amygdalus, impinguabitur locuſta, & diſſipabitur capparis : quoniam ibit homo in domum æternitatis ſuæ, & circuibunt in platea plangentes.

6. Antequam rumpatur funiculus argenteus, & recurrat vitta aurea, & conteratur hydria ſuper fontem, & confringatur rota ſuper ciſternam,

7. & revertatur pulvis in terram ſuam unde

NOTÆ AD VERSIONEM ANTIQUAM.

℣. 1. Concinit Græc. niſi quòd hab. ἕως ὅτου μὴ, *uſquequo non*, pro *antequam* ; ap. Symm. πρὶν ἐλθεῖν, &c. Idem Hieron. epiſt. ad Cypr. to. 2. 700. f. legit : *Venient dies malitiæ, & in quibus dicemus : Non eſt nobis voluntas.*

℣. 2. Græcè conſtanter, ἕως οὗ μὴ, *uſquequo non*, pro *antequam* ; paulòque poſt, ἐπιςρέψωσι, *revertentur*, pro *revertantur* ; cæt. ſimilia. Apud Hieron. epiſt. ad Cypr. to. 2. 700. f. ſic : *quando obſcurabitur ſol, & luna, & ſtellæ, & convertentur nubes poſt pluviam.*

℣. 3. Tota conveniunt cum Gr. exceptis his duobus, *perierint*, & *ceſſabunt* ; pro quibus, διαςραφῶσι, *perverſi fuerint*, & ἤργησαν, *ceſſaverunt* ; ap. Symmach. διαφθαρῶσιν..... ϗ ἀργήσωσιν. Hieron. in epiſt. ad Cypr. p. 700. f. ita legit : *in die, qua movebuntur cuſtodes domûs, & ſubvertentur viri virtutis, ceſſabuntque molentes, quia paucæ factæ ſunt, & obſcurabuntur quæ vident in foraminibus.*

℣. 4. Eadem leguntur Græcè, ſi excipiantur verba duo, ἀσθενείᾳ, & ταπεινωθήσονται, pro *humilitate*, & *obmuteſcent* : Hebr. hab. *in humilitate*, & *incurvabuntur*. Hieron. tamen in comment. ad verbum *obmuteſcere*, hæc addit : *ſive ut meliùs habet in Hebr. ſurdeſcere filias carminis* : at epiſt. ad Cypr. to. 2. 701. a. legit : *& claudentur januæ in foro, in infirmitate vocis molentis : & exſurget ad vocem avis, & humiliabuntur omnes filiæ cantici.* In eodem etiam comment. promiſcuè habetur *volucris*, ſive *paſſeris*.

℣. 5. Hieron. epiſt. ad Cypr. col. 701. a. ſic habet : *Et quidem ab alto aſpicient, & pavores in via, & florebit amygdalum, & incraſſabitur locuſta, & ſcindetur capparis : quoniam abibit homo in domum æternitatis ſuæ, & gyrabunt in foro qui plangunt.* Ita quoque in Græco Vat. niſi quòd initio legitur : Καί εἰς τὸ ὕψος ὄψονται, *Et in ſublime aſpicient* ; at in Mſ. Alex. ac edd. Ald. & Compl. Καί γε ἀπὸ ὕψους ὄψονται. « Sunt autem valde ſimilia, inquit Nobil. in Hebræo verba, quorum alterum ſignificat *timere*, alterum *videre* : in Hebræo quidem eſt *timebunt* ; & videri poteſt S. Hieron. ex LXX. agnoſcere ; ex Symm. autem *videbunt* : » ſequitur in Gr. Vat. ϗ θάμβοι ἐν τῇ ὁδῷ ; ap. Aquil. verò, ϗ τρόμῳ τρομήσουσιν ἐν, &c. *& tremore trement in*, &c. Item infra in Vatic. pro *ibit*..... *& circumibunt*, ἐπορεύθη..... ϗ ἐκύκλωσαν, *ivit*..... *& circumierunt* ; cæt. ſimilia. Ad hoc autem, *impinguabitur locuſta*, Hieron. ait in eodem comment. *Sciendum, ubi in noſtris codicibus legitur* locuſta, *in Hebræo ſcriptum eſſe* aagab, *quod verbum apud eos ambiguum eſt ; poteſt enim &* talus, *&* locuſta *transferri* : & poſt paulò : *In eo verò, ubi nos habemus* capparim, *in Hebræo habet* abiona, *quod & ipſum ambiguum eſt, interpretaturque* amor, deſiderium, concupiſcentia, *vel* capparis..... *Sciendum quoque, quòd ubi nunc LXX. interpoſuerunt* amygdalum, *ipſum verbum ſit* ſoced, *quod in Jeremiæ principio eſt ; ſed ibi in* nucem *verſum eſt, hîc in* amygdalum.

℣. 6. Gr. initio hab. Ἕως ὅτου μὴ ἀνατραπῇ, ad litt. *Uſquequo non evertatur*, vel *ſubvertatur* ; fortaſſe etiam τὸ ἀνατραπῇ id ſonat *interrumpatur* ; nam ap. Xenoph. ἀνατρέπειν ὁδὸν, eſt *interrumpere iter*. Ap. Symm. verò ita : Καὶ πρὶν κοπῆναι ἀπὸ σχοινίου, &c. *Et antequam ſuccidatur à funiculo*, &c. Exinde in Gr. Vatic. ϗ συνθλιβῇ τὸ..... τοῦ χρυσίου, *& conteratur vitta auri* ; extremò, ϗ συντροχάσῃ, *& convolvatur*, pro *confringatur* ; cæt. quadrant. Subdit Hieron. in comment. *Rota, per quam de lacu & puteis levantur aquæ, ſi confracta fuerit, vel ut LXX. Interpretes voluerunt, in ſuo funiculo convoluta, aquæ uſus intercipitur* : item epiſt. ad Cypr. col. 701. b. legit : *Quoadusque non pulſetur funiculus argenti, & conteratur ornamentum auri, & confringatur hydria ad fontem, & impediatur rota in lacu.* In Hebr. *Donec elongetur funis argenteus, & confringatur lenticula aurea...... & confringatur rota ad ciſternam.*

℣. 7. Ad verbum è Græco, detractâ voculâ *ſuam*. Idem Hieron. in comment. legit : *revertetur pulvis in*

Vulgata nova.

erat, & ſpiritus redeat ad Deum, qui dedit illum.

8. Vanitas vanitatum, dixit Eccleſiaſtes, & omnia vanitas.

9. Cùmque eſſet ſapientiſſimus Eccleſiaſtes, docuit populum, & enarravit quæ fecerat: & inveſtigans compoſuit parabolas multas.

10. Quæſivit verba utilia, & conſcripſit ſermones rectiſſimos, ac veritate plenos.

11. Verba ſapientium ſicut ſtimuli, & quaſi clavi in altum defixi, quæ per magiſtrorum conſilium data ſunt à paſtore uno.

12. His amplius fili mi ne requiras. Faciendi plures libros nullus eſt finis: frequenſque meditatio, carnis afflictio eſt.

13. Finem loquendi pariter omnes audiamus. Deum time, & mandata ejus obſerva: hoc eſt enim omnis homo:

14. & cuncta quæ fiunt, adducet Deus in judicium pro omni errato, ſive bonum, ſive malum illud ſit.

Versio antiqua.

& ſpiritus redeat ad Deum, qui dedit illum. Ex Comment. S. Hieron. in Eccleſ. p.
8. Vanitas vanitatum, dixit Eccleſiaſtes, uni- 785.
verſa vanitas.
9. Et ampliùs quia factus eſt Eccleſiaſtes ſapiens, adhuc docuit ſcientiam populum, & audire eos fecit, & ſcrutans compoſuit proverbia.
10. Multùm quæſivit Eccleſiaſtes, ut inveniret verba voluntatis, & ſcriberet rectè verba veritatis.
11. Verba ſapientum ut ſtimuli, & quaſi clavi 786.
in altum defixi, habentibus cœtus data ſunt à paſtore uno.
12. Et amplius ab his fili mi cave. Faciendi multos libros non eſt finis: & meditatio plurima, labor eſt carnis.
13. Finis ſermonis verbi univerſi auditu perfa- 788.
cilis eſt. Deum time, & mandata ejus cuſtodi: hoc eſt enim omnis homo:
14. quia omne factum Deus adducet in judicium de omni contemptu, ſive bonum, ſive malum ſit.

Notæ ad Versionem antiquam.

terram ſuam, unde ſumptus eſt, & ſpiritus revertetur ad Dominum, qui dedit illum. Auguſt. epiſt. 166. ad Hieron. to. 2. col. 593. e. *tunc convertetur in terram pulvis ſicut fuit, & ſpiritus revertetur ad Dominum, qui dedit illum:* item epiſt. 190. col. 705. b. *& revertetur pulvis in terram ſicut erat, & ſpiritus revertetur ad Deum, qui dedit eum:* ſimiliter quæſt. 24. in Joſ. to. 3. 591. g. at epiſt. 143. legit: *& convertatur pulvis in terram ſicut fuit, & ſpiritus revertatur ad Deum,* &c. Similiter hab. Hieron. epiſt. ad Cypr. to. 2. 701. b. præter unum, *ad Dominum.* In Hebr. *& revertetur,* &c.

℣. 8. Ita rurſum habet Hieron. epiſt. ad Cypr. to. 2. 701. b. nec aliter in Græco.

℣. 9. Poſteriora verba ſic variant Græcè: ὅτι ἐδίδαξε γνῶσιν σὺν τὸν ἄνθρωπον, καὶ οὖς ἐξιχνιάσεται κόσμιον παραβολῶν, *quia docuit ſcientiam hominem, & auris ſcrutabitur ornatum parabolarum.* Edit. verò Compl. hab. τὸν λαόν, loco *hominem;* & Aquila ſubdit, ἠνωτίσατο, καὶ ἠρεύνησε. Hebr. *adhuc docuit ſcientiam populum, & auſcultare fecit, & inveſtigavit, direxit parabolas multùm.*

℣. 10. Ad verbum è Græco, præter τὸ *ſcriberet rectè,* pro quo γεγραμμένον εὐθύτητος, *ſcriptum rectitudinis;* ap. Aquil. συνέγραψεν ὀρθῶς, *conſcripſit rectè.* Textui Gr. favet Hebr.

℣. 11. Similiter in Græco, niſi quòd pro *habentibus cœtus,* legitur, οἱ παρὰ τῶν συνθεμάτων ἐδόθησαν· in Hebr. *auctores collectionum dati ſunt.* Apud Hieron. in Iſai. 29. to. 3. 249. e. benè: *Sermones ſapientium tanquam ſtimuli, & quaſi clavi in altum confixi* (Gr. πεφυτευμένοι,) *qui à conciliis dati ſunt à paſtore uno:* eandem lectionem confirmat ſup. in comment. dicens: *Verba ſapientium ut ſtimuli, quæ..... & firma ſunt, & à concilio ſanctorum data, atque ab uno paſtore conceſſa, & ſolida radice fundata ſunt.* Apud Ambroſ. pariter epiſt. 2. 755. f. *Sermones ſapientium tanquam ſtimuli.*

℣. 12. Eadem leguntur Græcè: non autem ita ſimile Hebr. eſt.

℣. 13. A Græco abeſt τὸ *verbi univerſi;* loco verò ſeq. *auditu perfacilis eſt,* exſtat τὸ πᾶν ἄκουε, *omne audi;* reliqua ut in Lat. In Hebr. ſic: *Finis verbi omnis auditus eſt · Deum time,* &c. Similiter apud Auguſt. l. 20. de civit. Dei, c. 3. to. 7. 575. g. *Deum time, & mandata ejus cuſtodi: quia hoc eſt omnis homo:* item Græcè, ὅτι τοῦτο πᾶς, &c. in Schol. verò, τοῦτο γὰρ ὅλος, &c.

℣. 14. Ita è Græco, niſi hoc excipias, *de omni contemptu,* pro quo ἐν παντὶ παρεωραμένῳ· additur etiam ibid. καὶ poſt *bonum;* tolliturque ult. *ſit.* Hieron. ex Hebr. primum ſcripſerat, *de omni abſcondito;* at in explanat. monet LXX. interpretatos eſſe, *de omni contemptu, vel certè,* inquit, *de omni ignorato.* Symm. περὶ παντὸς παρεωραμένου, ἐάν τε..... ἐάν τε, &c. Apud Ambroſ. l. 3. de fide, col. 500. f. hæc ſola leguntur: *quoniam omne opus ſuum Deus adducet in judicium.* Ap. Auguſt. verò l. 20. de civit. Dei, c. 3. to. 7. 576. a. *quia omne hoc opus Deus adducet in judicium in omni deſpecto, ſive bonum, ſive malum.*

ROMAN. CORRECTIONUM AD EDIT. VULGATAM DELECTUS,

Auctore Francisco Luca Brugenſi.

ECCLESIASTES.

Cap. I. ℣. 18. Qui addit ſcientiam, addit & laborem. *Alii legunt* dolorem *pro* laborem: *ſed quamvis doloris ſignificatio magis Hebræo & Græco conveniat, conjicit tamen Epanorthotes ex antiquis libris ſuis, Interpretem de induſtria poſuiſſe* laborem, *qui dolor quidam eſt.*

Cap. II. ℣. 1. Dixi ego in corde meo. *Non mutes pronomen* ego *in conjunctionem* ergo.

Cap. VII. ℣. 22. Ne fortè audias ſervum tuum maledicentem tibi. *Non omittas pronomen poſſeſſivum* tuum.

Cap. VIII. ℣. 14. Sunt juſti, quibus mala proveniunt. *Pro* mala, *multi boni libri ſcribunt* multa, *quod eſt plurima.*

℣. 16. Et intelligerem diſtentionem. *Cave ne ſcribas* diſſentionem, *quod eſt diſcordiam, à diſſentio, pro* diſtentionem, *quod eſt occupationem, à diſtendo.*

Cap. X. ℣. 1. Pretioſior eſt ſapientia & gloria, parva & ad tempus ſtultitia. *Hic locus, quia obſcurus, multis modis fuit adulteratus, quod docent noſtra Notationes. Quidam addiderunt* auro *poſt* pretioſior eſt; *quidam vocem* gloria *poſtpoſuerunt voci* parva; *quidam ſubſtantivo* gloria *adjunxerunt adjectivum* parva, *quod eſt ſubſtantivi* ſtultitia; *quidam omiſerunt & medium inter* parva & ad tempus (*quod tamen non vitiat ſenſum, cùm non ſit niſi exegeticum poſitum loco* id eſt) *denique quidam ſcripſerunt ſecundum caſum* ſtultitiæ *pro primo* ſtultitia.

℣. 19. In riſum faciunt panem, & vinum ut epulentur viventes. *Vulgò legitur* bibentes, *quod eſt potantes: correctio eſt* viventes, *quod eſt vivi, ſive mortales.*

Cap. XI. ℣. 2. Da partem ſeptem, necnon & octo. *Non eſt mutandum ſingulare* partem *in plurale* partes.

℣. 8. Vanitatis arguentur præterita. *Ita potiùs ſcribendum eſt, quàm* vanitas arguuntur.

Cap. XII. ℣. 2. Antequam tenebreſcat ſol, & lumen, & luna, & ſtellæ. *Alii ſcribunt plurale* tenebreſcant; *ſed ſingulare genuinum eſt.*

℣. 14. Pro omni errato. *Quidam antiqui libri legunt* erratu: *ſed ſpurium eſt, quod nonnulli, tranſpoſitis primis litteris, ſcribunt* reatu. *Porro* abſcondito, *quod habent alii, altera interpretatio eſt.*

IN CANTICUM CANTICORUM
ADMONITIO PRÆVIA.

Versionem antiquam hujus libri pene totam excepimus ex variis S. Ambrosii operibus; paucos tantùm versiculos ex Hieronymo, Augustino, aut aliis; ut satis indicant loca diversa infra ad marginem citata. Id solentes nostro more facimus, quotiescunque non suppetunt nobis Mss. codices, qui Versionis hujus antiquæ partem aliquam contineant. Unum tamen invenimus codicem in Bibliotheca Monasterii S. Theoderici ad Remos, num. 24. annorum circiter 600. qui Versionem perpetuam Cantici Canticorum de Græco LXX. expressam exhibet. Quominus autem hanc Interpretationem ad textum nostrum complendum adhiberemus, id maximè prohibuit quod deprehendimus, nimirum hunc Ms. cod. vix aliud referre præter Versionem Latinam ex variis Ambrosii Tractatibus decerptam. Enim verò ita se habet Ms. ille codex : primò commentarium continet in Canticum Canticorum, sub hoc titulo : Incipiunt Cantica Canticorum, excerpta de libris Beati Ambrosii : *tum sequitur* Prologus de apologia David; *& sic de cæteris aliis : quæ apertè significant commentarium sequens nihil aliud esse præter catenam locorum diversorum, in quibus Ambrosius quiddam de hoc sacro Cantico attingit & tractat, non quidem ob id solùm, vel eo nomine, & datâ operâ, cùm id genus opus inter varios S. Ambrosii Tractatus nuspiam reperiatur; sed obiter, & ex occasione tantùm; quemadmodum sæpe contingit Auctori, ut in unam rem animum præcipuè intendat, alia autem nonnulla datâ occasione edisserat & exponat. Hunc autem commentarium excipit textus Latinus duplex Cantici Canticorum, columna duplici distinctus : unus quippe Vulgatæ hodiernæ, absque ulla inscriptione præfixa; alter verò Versionis antiquæ, sub hoc titulo, LXX. Hanc autem posteriorem Interpretationem Latinam vix aliud esse præter textum continuum è variis hujus Cantici versiculis in commentario prævio recitatis, dein simul junctis & connexis confectum, duo potissimùm commonstrant : primò, quòd Versio illa plerùmque satis conveniat cum illis versiculis ejusdem Cantici, qui exponuntur in commentario : secundò, quòd si contingat (ut etiam aliquoties evenit) ut Ambrosius aliquos hujus Cantici versus aut verba quædam non referat, tunc Scriptor anonymus, vel versus penitus omittat, vel verba nonnulla subnectat, vel etiam, idque sæpiùs, à Vulgata nostra repetat, quò sacer Contextus expleatur, hisque in locis mutilus non remaneat. Id ipsum sanè agnoscetur facilè, si consulantur Notæ nostræ ad loca illa varia, quæ à nobis vel vacua relicta sunt infra in textu, vel ex Hieronymo, Augustino, & aliis completa sunt, deficiente nimirum Ambrosio; v. g. cap. II. ℣℣. 13. 16. 17. item cap. III. 7. 8. 10. cap. IV. 1. 3. 5. 6. 14. cap. V. 8. 9. 17. cap. VI. 4. 5. 11. & cap. VII. 3. 5. 8. 9. Quia tamen Ms. ille cod. S. Theoderici pluribus in locis nonnihil differt à textu Ambrosiano, qualis saltem è novissima ejus operum Editione à nobis excerptus est; ne, inquam, idem Ms. penitus abjici videretur, utque ipsi sua constaret auctoritas, variantes ejus lectiones, solito more, Notis inferioribus interserendas duximus.*

*CANTICUM CANTICORUM SALOMONIS.

CAPUT PRIMUM.

Hoc Canticum totum est mysticum, plenissimum incomprehensibilis amoris Christi erga sponsam suam, ac vicissim sponsæ erga Christum sponsum.

VULGATA NOVA.

1. OSCULETUR me osculo
oris sui : quia meliora sunt
ubera tua vino,
2. fragrantia unguentis
optimis. Oleum effusum
nomen tuum : ideo ado-
lescentulæ dilexerunt te.

3. Trahe me : post te curremus in odorem
unguentorum tuorum. Introduxit me rex in cellaria sua : exsultabimus & lætabimur in te, me-

VERSIO ANTIQUA.

1. OSCULETUR me ab osculis *Ambros. l. 2. de*
oris sui : quoniam bona ubera *fide, to. 2. 476. b.*
tua super vinum,
2. & odor unguentorum tuo- *Idem in Ps. 118.*
rum super omnia aromata. *to. 1. 974. c.*
Unguentum exinanitum est *Idem l. de instit.*
nomen tuum : ideo adolescen- *virg. to. 2. 267. e.*
tulæ dilexerunt te.
3. Attrahe nos : post te in odorem unguento- *Idem in Ps. 118.*
rum tuorum nos curremus. Introduxit me rex in *p. 979. d. 991. f.*
cubiculum suum : exsultemus & lætemur in te, *975. c.*

NOTÆ AD VERSIONEM ANTIQUAM.

* In Gr. Vat. pro titulo simpliciter Ἆσμα ; at in Mſ. Alex. Ἄσματα ᾀσμάτων· præterea utrobique ita liber incipit : Ἆσμα ᾀσμάτων, ὅ ἐστι Σαλωμών, in Mſ. Alex. τῷ Σαλωμών, in Compl. τῷ Σολομῶντι· i. e. *Canticum canticorum, quod est Salomon*, vel *Salomoni*. Ambroſ. etiam præf. in Pſ. 1. n. 6. col. 739. e. ait : *Salomon ipse, David filius, licet innumera cantica cecinisse dicatur ; unum tamen, quod Ecclesia receperit*, Canticorum canticum *dereliquit*.

℣. 1. Itidem in Mſ. S. Theoderici n. 24. nisi excipias *quoniam*, pro *quia*. Ita quoque in Gr. Ambroſ. verò in Pſ. 118. to. 1. 974. c. e. 975. a. legit : *Osculetur me ab osculo,.... quon. optima ubera tua sup. vinum :* & l. 2. de virgin. to. 2. 173. b. *Osculetur me ab osculo..... quia ubera tua super vinum :* item l. 2. de pœnit. col. 431. c. *ab osculo ;* at l. 5. de Sacram. to. 2. 374. c. 375. a. ſcribit *ab osculis..... quia meliora ubera tua sup.* &c. & l. de Iſaac, c. 3. to. 1. 359. e. *quia bona ubera tua super*, &c. rurſum ibid. 359. a. b. c. *Osculetur me ab osculis ;* ſicut tract. in Luc. 22. col. 1518. b. & epiſt. 41. to. 2. 960. a. Huic ult. lectioni ſuccinit S. Paulin. epiſt. 13. & 23. pp. 78. a. 146. a. Hieron. verò in Iſai. 63. to. 3. 468. e. leg. *Osculetur me osculis oris sui :* & in Eccleſ. to. 2. 715. b. *Osculetur me ab osculo oris sui :* & epiſt. ad Damaſ. to. 4. 154. f. *Osculetur me osculo*, &c. cui lectioni favet Caſſiod. in Pſ. 4. & 44. pp. 21. c. 152. c. ſed Mſs. quidam 1. loco ferunt *ab osculo*.

℣. 2. Horum multa rurſus habet Ambr. l. de Iſaac, c. 3. col. 359. e. & l. de Elia, c. 10. col. 546. c. & in Pſ. 40. col. 872. e. & in Pſ. 118. col. 974. c. e. 975. a. c. & in Luc. 7. col. 1392. a. item l. 2. de virg. to. 2. 173. b. 174. a. & l. 2. de virginit. col. 223. d. & l. de Myſt. col. 332. d. & l. 4. de Sacram. col. 374. c. 375. b. 620. d. Eadem quoque leguntur in Mſ. S. Theod. detracto uno *est*, poſt *exinanitum ;* poſitoque inf. *propterea*, pro *ideo*. Similiter ap. Hilar. in Pſ. 132. col. 463. a. *Unguentum exinanitum nomen tuum ;* ſicut ap. S. Paulin. epiſt. 40. & 41. pp. 250. b. 253. a. Apud Vigil. Tapſ. verò l. 12. de Trin. *Unguentum effusum nomen tuum : propterea*, &c. Gr. Μύρον ἐκκενωθὲν ὄνομά σου· διὰ τοῦτο, &c. ut in Lat.

℣. 3. Mſ. S. Theod. *Attrahe nos : post te curremus in odorem unguent. tuorum ;* deinde, *Introduxit me*, &c. quæ ſupra, hoc ſuperaddito in fine, *æquitas dilexit te ;* de quo ult. nullibi Ambr. meminit. Græc. Εἵλκυσάν σε· ὀπίσω σου εἰς ὀσμὴν μύρων σου δραμοῦμεν. Εἰσήνεγκέ με..... εἰς τὸ ταμεῖον αὐτοῦ· ἀγαλλιασώμεθα καὶ..... ἀγαπήσωμεν, &c. extre-

VERSIO ANTIQUA.

Ambr. ubi sup. diligamus ubera tua super vinum.....

Idem de apol. Dav. 722. c. d. 4. Fusca sum, & decora, filia Jerusalem, ut tabernacula Cedar, ut pelles Salomonis.

5. Nolite aspicere me quia offuscata sum, quia
Idem in Ps. 118. 984. f. 985. b. c. f. non est intuitus me sol: filii matris meæ pugnaverunt adversùs me, posuerunt me custodem in vineis: vineam meam non custodivi.

6. Annuntia mihi, quem dilexit anima mea, ubi pascis, ubi manes in meridie, ne fortè fiam circumamicta super greges sodalium tuorum.

Idem l. de Isaac, c. 4. 361. f. 362. b. 7. Nisi cognoscas te, decora inter mulieres, exi tu in calcaneis gregum, & pasce hœdos tuos in tabernaculis pastorum.

Idem in Ps. 118. 993. a. 8. Equæ meæ in curribus Pharaonis assimilavi te proxima mea.

994. f. 9. Quàm speciosæ factæ sunt genæ tuæ! sicut turturis; cervix tua sicut redimicula.

10. Similitudines auri faciemus tibi, ex distinctionibus argenti.

995. c. d. 11. Quoadusque rex est in declinatione sua, nardus mea dedit odorem suum.

12. Colligatio guttæ consobrinus meus; botryo

VULGATA NOVA.

mores uberum tuorum super vinum: recti diligunt te.

4. Nigra sum, sed formosa, filiæ Jerusalem, sicut tabernacula Cedar, sicut pelles Salomonis.

5. Nolite me considerare quòd fusca sim, quia decoloravit me sol: filii matris meæ pugnaverunt contra me, posuerunt me custodem in vineis: vineam meam non custodivi.

6. Indica mihi, quem diligit anima mea, ubi pascas, ubi cubes in meridie, ne vagari incipiam post greges sodalium tuorum.

7. Si ignoras te, ô pulcherrima inter mulieres, egredere, & abi post vestigia gregum, & pasce hœdos tuos juxta tabernacula pastorum.

8. Equitatui meo in curribus Pharaonis assimilavi te amica mea.

9. Pulchræ sunt genæ tuæ sicut turturis: collum tuum sicut monilia.

10. Murenulas aureas faciemus tibi, vermiculatas argento.

11. Dum esset rex in accubitu suo, nardus mea dedit odorem suum.

12. Fasciculus myrrhæ dilectus meus mihi,

NOTÆ AD VERSIONEM ANTIQUAM.

mòque, εὐθύτης ἠγάπησέ σε. Aquila initio leg. Ἕλκυσόν με· Symm. Ἕλκε με, *Trahe me*, non Εἵλκυσάν με, *Traxerunt me*. Ambr. tamen l. 2. de virg. col. 174. a. hab. *dilexerunt*, & *attraxerunt te*: deinde sic: *retro odorem unguent. tuorum curramus. Induxit me rex in tabernaculum suum*: item l. de Myst. to. 2. col. 332. d. *propterea adolescent. dilexerunt te, & attraxerunt te*; dein verò, *Attrahe nos: post te in odorem vestimentorum tuorum currimus*: & l. de Isaac, c. 3. col. 359. f. *Attrahe nos, ut post odorem unguentorum tuorum curramus*: & in Ps. 43. col. 899. b. *Attrahe nos: post odorem unguent. tuorum curremus*: similiter l. 5. de Sacram. to. 2. col. 375. b. & infra addit: *Induxit me rex in cubiculum suum*; statimque: *Græcus* in promptuarium suum, & in cellarium suum *habet*: at ipse l. de Isaac, c. 4. to. 1. 360. f. 361. b. & l. de instit. virg. to. 2. 251. a. legit: *Introduxit me rex in cubiculum suum*; dein l. de Isa. *exsultemus & lætemur in te, & diligamus ubera tua super vinum*; nec plura. Hieron. pariter epist. de Seraph. to. 3. 519. c. necnon Cassiod. in Ps. 44. p. 153. c. *Introduxit me rex in cubiculum suum*. Ap. August. in Ps. 44. to. 4. 393. e. hæc pauca: *post odorem unguent. tuorum curremus*: rursumque ser. 273. to. 5. 1107. a. & l. de op. mon. to. 6. 498. f.

℣. 4. Iidem in Ms. S. Theod. exceptis his levibus, *sicut tab..... sicut pellis*, s. pro *pelles*, vet. more. Græcè: Μέλαινά εἰμι ἐγὼ, καὶ (Ms. Alex. & Compl. εἰμι καὶ) καλὴ, θυγατέρες Ἱερουσ. ὡς... ὡς δέῤῥεις Σαλωμών. Hilar. in Ps. 119. col. 376. c. *Nigra sum, & formosa, filia Jerus. sicut tabernaculum Cedar*. Ambros. verò in Ps. 118. col. 984. c. constanter: *Fusca sum, & decora, filia Jerus.* at. de apol. Dav. col. 696. d. *Nigra sum, & decora, filia Jerus.* item to. 1. col. 1176. e. 1204. f. & to. 2. 286. d. 334. a. 655. e. Apud Tichon. reg. 2. p. 51. f. *Fusca sum, & decora*; deinde, *ut tabernacula Cedar, & pelles Salom.* Ap. August. l. 3. de doctr. Christ. to. 3. 59. a. *Fusca sum, & speciosa, ut tabernacula Cedar, ut pelles Salom.* Ap. Hieron. in Ezech. 27. to. 3. 890. c. & ep. ad Damas. to. 4. 155. a. *Nigra sum, sed formosa*: & in Sophon. 1. col. 1643. e. *Nigra sum, sed speciosa, filia Jerus.* iidem ep. 18. ad Eustoch. to. 4. p. 2. col. 27. e. præter vocem *filia*. Apud Cassiod. autem in Ps. 44. p. 151. a. ut sup. *Fusca sum, & decora*. Similiter hab. Auct. l. de promiss. p. 2. c. 9. p. 133. b. subditque, *filia Jerus.* Eucher. quæst. in Cant. p. 847. g. *Fusca sum, & speciosa, filia Jerus.*

℣. 5. Totidem verba in Ms. S. Theod. Ambr. verò in Ps. 118. col. 1122. a. sic legit: *Nolite aspicere me quoniam fusca sum, quia non respexit me sol*: at sup. 984. d. constanter, *quoniam offuscata sum*: & l. de Isaac, c. 4. col. 361. c. *quòd offuscata sum*; dein, *quoniam non est intuitus me sol*, &c. Hieron. in Ezech. 27. to. 3. col. 890. c. *quia despexit me sol*; item in Isai. 27. col. 228. b. *filii matris meæ pugnav. adversùs me*. Auct. op. imp. in Matth. hom. 33. p. 157. b. *Ne aspexeritis me quoniam ego sum denigrata, quoniam despexit me sol*: & sup. hom. 1. p. 36. b. *filii mei dimicarunt in me*. Auct. l. cont. Jud. ap. Cypr. p. 499. *posuerunt me velut custodiam pomarii*: at inf. 501. *posuerunt me custodem in vinea*. Græc. Μὴ βλέψητέ με ὅτι ἐγὼ εἰμι μεμελανωμένη, ὅτι παρέβλεψέ με ὁ ἥλιος· υἱοὶ..... ἐμαχέσαντο ἐν ἐμοὶ, ἔθεντό με φυλάκισσαν ἐν ἀμπελῶσιν, &c. ut sup.

℣. 6. Media tantùm sic variant in Ms. S. Theoder. *ubi pascas, ubi cubes in meridie, ne fiam sicut operta post greges*. Græcè: ποῦ ποιμαίνεις, ποῦ κοιτάζεις ἐν μεσημβρίᾳ, μήποτε γένωμαι ὡς περιβαλλομένη ἐπ' ἀγέλαις, &c. ut sup. Ambros. l. 4. Hex. col. 72. e. eadem reperit quæ supra, excepto uno *in meridiano*: similiter l. de exhort. virg. col. 292. e. f. 293. a. 295. d. Vide etiam l. de Isaac, c. 4. col. 361. d. & de apolog. Dav. 722. c. Tichon. quoque reg. 7. p. 64. e. legit: *ubi pascis, ubi manes in meridiano*. Hieron. ep. 18. ad Eustoch. to. 4. p. 2. col. 39. a. *Annuntia mihi, quem dilexit anima mea, ubi pascis, ubi cubas in meridie, nequando efficiar sicut operta super greges sodalium tuorum*. Sic etiam legit August. l. de unit. Eccl. to. 9. 365. f. g. 366. a. præter hoc, *ne fortè fiam*, pro *nequando efficiar*: similiter habet epist. 93. to. 2. 241. b. f. 242. f. & serm. 138. to. 5. 674. d. seqq.

℣. 7. Idem Ambros. l. 1. Hex. col. 127. b. legit: *Nisi scias te, formosa in mulieribus*: & l. de exhort. virg. to. 2. 295. d. *Nisi scias te, ô decora in mulieribus*: sed in Ps. 118. to. 1. 986. a. *Nisi noscas te decoram inter mulieres*: vel *Nisi scias te decoram inter mul.* subinde, & *pasce hœdos tuos in tab.* &c. item col. 1089. d. *Nisi cognoveris te formosam in mulieribus*. In Ms. S. Theoder. similiter: *Nisi cognoscas te decoram inter mulieres*, deinde, *exi, & abi in calcaneis*, &c. ut supra. Apud Hieron. ep. 18. ad Eustoch. to. 4. p. 2. col. 39. a. *Si non cognoveris te ipsam, ô pulchra inter mulieres, egredere tu in vestigiis gregum, & pasce hœdos tuos in tabernaculis pastorum*. Apud August. l. de unit. Eccl. to. 9. 366. c. *Nisi cognoveris temetipsam, ô decora inter mulieres*: & epist. 93. to. 2. 243. a. *Nisi cognoveris temetipsam, ô pulchra inter mulieres, exi tu in vestigiis gregum, & pasce hœdos tuos in tabernaculis pastorum*: sic iterum serm. 285. to. 5. 1147. d. 1148. b. & in Ps. 66. to. 4. 658. g. nec aliter in Græco.

℣. 8. Iidem in Ms. S. Theoder. nisi quòd hab. *Pharao*, non *Pharaonis*; ita quoque in Gr. Vide etiam Ambros. l. de Isaac, c. 4. col. 362. c.

℣. 9. Ms. S. Theoder. *Quàm speciosæ factæ genæ tuæ!... cervix tua sicut redimicula*. Hieron. in Isai. 52. to. 3. 376. d. *Quàm pulchræ sunt genæ tuæ! sicut turturis; collum tuum sicut monilia*. Gr. Τί ὡραιώθησαν..... τράχηλός σου ὡς ὁρμίσκοι.

℣. 10. Ita legunt Hieron. l. 1. cont. Jovin. to. 4. 171. f. & August. l. 1. de Trin. to. 8. 759. e. unà cum Græco, nisi quòd habent *cum distinctionibus*, è Gr. μετὰ στιγμάτων. Ms. S. Theoder. *ex distinctionibus*, ut & alia quæ supra.

℣. 11. Similiter in Ms. S. Theoder. excepto uno *erit* pro *est*. Ap. Hieron. l. 1. cont. Jovin. col. 171. f. *Quoadusque rex in accubitu suo est*. Ap. August. l. 1. de Trin. to. 8. 759. e. *Quoadusque rex in recubitu suo est*. Gr.... ἐν ἀνακλίσει αὐτοῦ, νάρδος, &c. ut in Lat.

℣. 12. Idem Ambr. sup. 979. f. simpliciter legit;

Vulgata nova.

inter ubera mea commorabitur.

13. Botrus cypri dilectus meus mihi, in vineis
Engaddi.
14. Ecce tu pulchra es amica mea, ecce tu
pulchra es, oculi tui columbarum.
15. Ecce tu pulcher es dilecte mi, & decorus. Lectulus noster floridus:
16. tigna domorum nostrarum cedrina, la-
quearia nostra cypressina.

Versio antiqua.

cypri frater meus mihi, inter media ubera mea re- *Ambros. ubi sup.*
quiescit.
13. Nardus cypri consobrinus meus, in vineis
Engaddi.
14. Ecce es bona proxima mea, ecce es bona... *996. b.*
15. Ecce es formosus consobrinus meus, &
quidem pulcher. Adclinatio nostra opaca;
16. trabes domorum nostrarum cedri, lacuna- *1014. e. 1015. b. c.*
ria nostra cupressi.

Notæ ad Versionem antiquam.

Colligatio gutta frater meus mihi, inter media ubera requiescet. Mſ. S. Theoder. *Colligatio gutta consobrinus meus mihi, in medio uberum meorum commorabitur.* Hieron. quoque l. 1. cont. Jovin. to. 4. 172. f. hab. *in medio uberum meorum commorabitur.* Græc. Ἀπόδεσμος τῆς στακτῆς ἀδελφιδός μου ἐμοί, ἀναμέσον τῶν μαστῶν μου αὐλισθήσεται: ab ed. Ald. abest ἐμοί.

℣. 13. Mſ. S. Theoder. *Botrio Cypri dilectus meus mihi, in vineis Engaddi.* Auct. l. de XLII. manſ. ap. Ambr. col. 11. e. *Botrus Cypri fraternus meus mihi, in, &c.* ut ſup. Auct. l. de promiſſ. ap. Proſp. p. 2. c. 9. p. 133. b. *Botrus Cypri fratruelis meus.* Gr. Βότρυς τῆς κύπρου ἀδελφιδός μου ἐμοί, ἐν, &c. ut in Lat.

℣. 14. Ambroſ. poſt paulò haber: *Et ipſa bona es, & decora:* & inf. 1020. f. *Ecce proxima mea bona.* In Mſ. S. Theod. omnia ut in textu priori, hoc adjuncto in fine, *oculi tui columba.* Item Græcè: Ἰδοὺ εἶ καλή..... ἰδοὺ εἶ καλή, ὀφθαλμοί σου περιστεραί.

℣. 15. Concinit Græcum, niſi quòd loco *adclinatio*, hab. πρὸς κλίνῃ, quod Nobilius vertit *ad cubile;* Ambroſ. legiſſe videtur conjunctim, προσκλίνη; & verò in ed. Ald. ſimpliciter κλίνη; at in Compl. πρὸς κλίνην. Idem Ambroſ. inf. 1020. f. habet: *Ecce bonus fraternus meus, ecce es bonus:* & l. de Iſaac, c. 4. col. 365. b. *Ecce es ſponſus conſobrinus meus, equidem pulcher. Acclinatio noſtra opaca:* Mſſ. nonnulli ferunt ibid. cum vet. edit. *Ecce ſponſus eſt conſobrinus meus; & ideo pulchra acclinatio:* at octo probatiores priori lect. favent. In Mſ. S. Theoder. *Ecce, inquit, formoſus conſobrinus, &c.* ut in textu. In Gr. Ἰδοὺ εἶ καλὸς ἀδελφιδός μου, καί γε ὡραῖος, &c.

℣. 16. Sic iterum Ambroſ. legit l. de Iſaac, c. 4. col. 365. b. cum Mſ. S. Theoder. at l. 3. Hexa. col. 54. a. ita: *trabes domorum noſtrorum cedrinæ, lacunaria noſtra cupreſſina.* Græc. priori lectioni favet.

CAPUT II.

Vulgata nova.

1. Ego flos campi, & lilium convallium.
2. Sicut lilium inter ſpinas, ſic amica
mea inter filias.
3. Sicut malus inter ligna ſilvarum, ſic dilectus
meus inter filios. Sub umbra illius, quem deſidera-
veram, ſedi: & fructus ejus dulcis gutturi meo.
4. Introduxit me in cellam vinariam, ordina-
vit in me charitatem.
5. Fulcite me floribus, ſtipate me malis: quia
amore langueo.
6. Læva ejus ſub capite meo, & dextera illius
amplexabitur me.

Versio antiqua.

1. Ego flos campi, & lilium convallium. *Ambroſ. in Pſ.*
2. [a] Sicut lilium in medio ſpinarum, ita *118. 1020. c.*
proxima mea in medio filiarum. *[a] Aug. in Pſ. 99.*
3. [b] Tanquam malus in lignis nemoris, ita frater- *to. 4. 1075. d. e.*
nus meus in medio filiorum. In umbra ejus con- *[b] Ambroſ. l. 1. de*
cupivi, & ſedi: & fructus ejus dulcis in faucibus *virg. to. 2. 157. f.*
meis.
4. Introducite me in domum vini, conſtituite *Idem in Pſ. 118.*
in me dilectionem. *c. 1. 1021. f. 1022.*
5. Confirmate me in unguentis, ſtipate me in *a. c.*
malis: quia vulnerata dilectionis ego ſum.
6. Læva ejus ſub capite meo, & dextera ejus amplexabitur me.

Notæ ad Versionem antiquam.

℣. 1. Eadem profert Ambroſ. l. de Iſaac, c. 4. col. 365. d. cum Mſ. S. Theoder. item de apolog. Dav. col. 723. b. & in Luc. 12. col. 1441. a. & l. 1. de virg. to. 2. 157. a. rurſum inf. 226. c. 269. c. 641. d. Concinit Hieron. epiſt. ad Princip. to. 2. 682. b. Ita quoque in Græco, deletâ conjunct. &.

℣. 2. Ita Auguſt. conſtanter, & in Pſ. 47. col. 420. f. & l. de unit. Eccl. to. 9. 362. b. cui ſuffragatur Hieron. epiſt. ad Princip. to. 2. 682. b. & in Oſe. 14. to. 3. 1334. a. Ita quoque in Græco. Similiter ap. Ambroſ. in Pſ. 118. col. 1020. c. *Sicut lilium in medio ſpinarum:* item l. 1. de virg. to. 2. 157. a. & l. de virginit. col. 226. d. & l. de inſtit. virg. col. 269. c. legit aliquando *tanquam*, pro *ſicut.* In Mſ. S. Theoder. *Sicut lilium in medio ſpin. ecce proxima mea bona.*

℣. 3. Concordant hæc tota cum Græco, niſi excipias ult. *faucibus*, pro quo λάρυγγι, *gutturi*, quod idem ſonat. Eadem repetit Ambroſ. in Pſ. 118. col. 1020. f. 1021. a. c. e. & 1022. d. f. paucis mutatis, ita ſcilicet: *Tanquam malum in lignis ſilvæ, ita conſobrinus meus in medio filiorum:* at in Luc. 13. col. 1453. f. 1454. a. *Sicut arbor mali inter ligna ſilvæ, ita frater meus inter medium filiorum:* ſimiliter l. de virginit. to. 2. 226. e. præter unum *fraternus;* ſubdit etiam: *In umbra ejus concupivi, &c.* ut ſup. item l. de Iſaac, c. 4. col. 365. c. & in Luc. 13. & 15. col. 1455. b. 1463. a. & l. 3. Hexa. col. 61. c. Apud Hieron. in Joel. 1. to. 3. 1345. a. *Sicut malum in medio lignorum, ita fratruelis meus in medio filiorum:* & in Oſe. 14. col. 1334. c. *Sub umbra ejus requievi, & ſedi: & fructus ejus dulcis eſt in ore meo.* In Mſ. verò S. Theoder. antecedunt iſta: *Ecce bonus frater meus, ecce es bonus:* deinde: *tanquam malus in lignis ſilva, ita conſobrinus meus in medio filiorum. In umbra ejus concupivi, &c.* ut in textu Ambr.

℣. 4. Idem Ambr. l. de virginit. to. 2. 226. f. *Inducite me in domum vini, & ordinate in me charitatem:* item in Luc. 6. to. 1. 1369. c. & 1373. a. cum Gelaſ. l. ep. 9. c. 9. Conc. to. 4. 1190. d. *ordinate in me charitatem:* at l. de Iſaac, c. 4. col. 365. c. Ambr. legit: *Introduc me in domum vini, conſtitue in me charit.* Mſ. S. Theoder. *Introduc me in cellam vini, conſtitue in me dilectionem.* Hieron. in Zach. 9. to. 3. 1764. a. *Introducite me in cellulam vini;* ſtatimque, *confortate me in unguentis*, ut inf. ℣. 5. at in Zach. 14. col. 1798. b. *Inducite me in cellam vini, ponite ſuper me charitatem.* Auguſt. in Pſ. 7. to. 4. 36. f. *Inducite me in domum vini:* & in Speculo, to. 3. 715. c. *ordinate in me charitatem.* Græcè pariter: Εἰσαγάγετέ με εἰς οἶκον τοῦ οἴνου, τάξατε ἐπ' ἐμὲ ἀγάπην.

℣. 5. Itidem in Mſ. S. Theoder. ſicut in Græco. Mſ. tamen S. Theod. hab. *vulnerata*, non *vulnerata;* Græc. verò conſtanter, τετρωμένη ἀγάπης ἐγώ. Ambroſ. quoque inf. 1023. a. legit, *vulnerata charitatis ego ſum:* item l. de virginit. to. 2. 221. e. 235. c. & l. de exhort. virg. col. 293. f. cui accinit S. Paulin. epiſt. 23. p. 146. c. Similiter ap. Hilar. in Pſ. 119. col. 374. b. *vulnerata dilectionis ego ſum.* Apud Hieron. in Zach. 9. to. 3. 1764. a. *Confortate me in unguentis.* Ap. Auguſt. in Pſ. 7. to. 4. 36. f. *Conſtituite me inter unguenta, conſtipate me inter mella* (f. *mala:*) *quoniam vulnerata charitate ego ſum.* Item apud Gregor. M. l. 6. & 34. in Job, to. 1. col. 200. d. 1124. d. *vulnerata charitate ego ſum.*

℣. 6. Hieron. ep. ad Fabiol. to. 2. 598. b. unà cum Gr. *Siniſtra ejus ſub capite meo, & dextera ejus complectetur me.* Concinit Auguſt. tract. 99. in Joh. to. 3. p. 2.

Versio Antiqua.

Ambros. ubi sup. 7. Adjuravi vos filiæ Jerusalem in virtutibus
& fortitudinibus agri, si suscitaveritis, & resuscitaveritis dilectionem, usquequo voluerit.
Idem in Luc. 3. to. 1. 1323. e. f. 8. Vox fratris mei, ecce hic venit saliens super
montes, & transiliens super colles :
9. similis frater meus capreæ, vel hinnulo cervorum in montibus Bethel : ecce hic retro post parietem nostrum prospiciens per fenestras, prospiciens per retia.
10. Respondit frater meus, & dixit mihi : Surge, veni proxima mea, speciosa mea, columba
mea.
11. Quoniam ecce hiems transivit, pluvia abiit,
discessit sibi.
Idem l. de Isaac, c. 4. 366. e. 12. Flores visi sunt in terra, tempus secandi advenit : vox turturis audita est in terra nostra :
a Hieron. l. 1. cont. Jovin. t. 4. 172. b. 13. ficus protulit grossos suos..... [a] Surge, veni
proxima mea, sponsa mea, & veni :
Ambros. in Ps. 118. to. 1. 1042. e. 14. tu columba mea in tegumento petræ, juxta
præmunitionem, ostende mihi faciem tuam, &
insinua vocem tuam : quia vox tua suavis est, &
facies tua pulchra.
Ibid. 1114. a. 15. Prendite nobis vulpes pusillas, exterminantes vineas, ut vineæ nostræ floreant.

Vulgata nova.

7. Adjuro vos filiæ Jerusalem, per capreas
cervosque camporum, ne suscitetis, neque evigilare faciatis dilectam, quoadusque ipsa velit.
8. Vox dilecti mei, ecce iste venit saliens in
montibus, transiliens colles :
9. similis est dilectus meus capreæ, hinnuloque
cervorum : en ipse stat post parietem nostrum,
respiciens per fenestras, prospiciens per cancellos.
10. En dilectus meus loquitur mihi : Surge,
propera amica mea, columba mea, formosa
mea, & veni.
11. Jam enim hiems transiit, imber abiit,
& recessit.
12. Flores apparuerunt in terra nostra, tempus putationis advenit : vox turturis audita est
in terra nostra :
13. ficus protulit grossos suos : vineæ florentes dederunt odorem suum. Surge, amica mea,
speciosa mea, & veni :
14. columba mea in foraminibus petræ, in
caverna maceriæ, ostende mihi faciem tuam,
sonet vox tua in auribus meis : vox enim tua
dulcis, & facies tua decora.
15. Capite nobis vulpes parvulas, quæ demoliuntur vineas : nam vinea nostra floruit.

Notæ ad Versionem Antiquam.

col. 745. c. & in Ps. 120. to. 4. 1378. f. 1609. f. Ambros. etiam loco cit. col. 1023. d. & 1151. d. legit *complectetur me*, cum Ms. S. Theodez. At Hieron. in Zach. 4. col. 1726. f. *amplexatur me* : & epist. ad Eustoch. to. 4. p. 2. col. 35. f. *amplexabitur me* ; Gr. περιλήψεταί με.

℣. 7. Ita Græcè verbum pro verbo. Idem Ambros. l. de exhort. virg. to. 2. 293. f. *si suscitaveritis, & excitaveritis charitatem* : & in Ps. 40. col. 880. e. *si suscitaveritis, & resuscitaveritis charitatem* : & in Ps. 118. col. 1024. a. *aut resuscitaveritis charitatem* : vide etiam l. 2. de Jacob, c. 1. col. 460. a. In Ms. S. Theoder. *& resuscitaveritis charitatem, quousque voluerit* ; cæt. ut supra. Gr. καὶ ἐξεγείρητε τὴν..., ἕως οὗ, &c.

℣. 8. Idem Ambros. in Ps. 118. col. 1034. b. *Vox consobrini mei, ecce hic advenit saliens super montes, transiliens super colles* : item l. 2. de interpel. Dav. c. 1. col. 639. a. *ecce hic advenit saliens super montes, transiliens*, &c. at l. de Isaac, c. 4. col. 365. e. *& transiliens*, &c. similiter l. de Cain, c. 5. col. 191. b. Apud Hieron. in Isai. 2. to. 3. p. 22. b. *Vox fratruelis mei, ecce hic venit saliens super montes, transiliens colles.* Ita quoque in Græco, nisi quòd habetur ἐπὶ, *super*, ante *colles*. In Ms. S. Theoder. *Vox consobrini mei, ecce iste venit sal. sup. montes, transil. sup. colles.*

℣. 9. Rursus Ambros. l. 1. de interpel. Job, c. 1. col. 639. a. *similis est consobrinus meus capreolæ, aut hinnulo cervorum super montes Bethel : ecce hic post parietem nostrum prospiciens per fenestras, eminens per retia* : item l. 1. de Cain, c. 5. col. 191. b. ac in Ps. 118. col. 1034. b. *eminens super retia.* Hieron. in Isai. 2. to. 3. 22. b. *similis est fratruelis meus capreæ, vel hinnulo cervorum in montibus Bethel* : sic etiam in Habac. 3. col. 1640. e. at in Isai. 35. col. 279. f. legit : *similis est fratruelis meus capreæ, vel.... super montes aromatum* : deinde in Ezech. 12. col. 767. c. *ecce iste post parietem nostrum prospiciens per fenestras, apparens per retia.* In Ms. verò S. Theoder. *similis est dilectus meus capreolo, aut hinnulo.... super montes Bethel : en ipse stat post parietem domus nostræ respiciens, prospiciens per fenestras, eminens per retia.* Græc. ὅμοιός ἐστιν ἀδελφιδός μου τῇ..... ἐπὶ τὰ ὄρη Βαιθήλ· ἰδοὺ οὗτος ὀπίσω τοῦ τοίχου ἡμῶν παρακύπτων διὰ..... ἐκκύπτων διὰ τῶν, &c.

℣. 10. Idem Ambros. l. 1. de interpel. Job, c. 1. col. 639. a. legit : *Respondit consobrinus meus, & dixit mihi : Exsurge, veni proxima mea, formosa mea, columba mea* : item l. de Isaac, c. 4. col. 366. c. d. *Exsurge, veni proxima mea* : & l. de apolog. Dav. col. 722. f. addit : *formosa mea, columba mea, perfecta mea* : l. verò de instit. virg. to. 2. 250. a. delet τὸ *perfecta mea* ; quod etiam abest à Græco : rursum in Ps. 118. col. 1034. b. sic hab. *Respondet consobrinus meus, & dicit mihi : Surge, veni proxima mea, formosa mea, columba mea.* Ita quoque in Græco est. Apud Hieron. l. 1. cont. Jovin. to. 4. 171. f. *Surge, veni proxima mea ; sponsa mea, columba mea* : & epist. 18. ad Eustoch. to. 4. p. 2. col. 49. a. *speciosa mea, columba mea* : & epist. ad Damas. to. 3. 525. b. *Surge, veni proxima mea, speciosa mea, columba mea.* In Ms. S. Theoder. ita : *En dilectus meus loquitur mihi : Exsurge, veni proxima mea, perfecta mea, formosa mea, columba mea.*

℣. 11. Ita Græcè ad verbum. Idem Ambros. l. 4. Hexa. c. 4. col. 72. f. *Hiems abiit* ; & l. de Isaac, c. 4. col. 366. e. *Jam præteriit hiems* : & l. 1. de interpel. Job, c. 1. col. 639. a. *Quia ecce hiems præteriit, imber abiit, discessit sibi* ; similiter de apol. Dav. col. 722. f. & in Ps. 118. col. 1034. b. 1039. e. Apud Hieron. l. 1. cont. Jovin. to. 4. 171. f. *Quoniam ecce hiems transiit, pluvia abiit sibi* : ita quoque epist. 18. ad Eustoch. to. 4. p. 2. col. 49. a. & epist. ad Damas. to. 3. 525. b. Hilar. in Ps. 95. *Quoniam hiems pertransiit, pluvia abiit.* In Ms. S. Theoder. *Ecce hiems præteriit, imber discessit sibi.*

℣. 12. Itidem in Ms. S. Theoder. Ambros. verò l. de interpel. Job, c. 1. col. 639. a. legit : *messis incisionis advenit*, &c. & l. 4. Hexa. col. 73. a. *tempus messis advenit* ; mel. l. de exhort. virg. to. 2. 279. e. *tempus incisionis*, è Gr. καιρὸς τῆς τομῆς. Hieron. l. 1. cont. Jovin. to. 4. 172. a. bene : *Flores visi sunt in terra, tempus sectionis advenit.* Sed Ambr. in Ps. 118. col. 1040. e. & in Luc. 3. & 20. col. 1511. c. 1323. e. f. constanter hab. *tempus secandi* ; cæt. Græco congruunt.

℣. 13. Ms. S. Theoder. *ficus prot. grossos suos : vineæ florentes odorem dederunt. Surge, propera amica mea, sponsa mea, & veni.* Græc. ἡ συκῆ..... αἱ ἄμπελοι κυπρίζουσαι, ἔδωκαν ὀσμήν. Ἀνάστα, ἐλθὲ ἡ πλησίον μου, καλή μου, περιστερά μου, καὶ ἐλθέ· i. e. *ficus..... vites florent, dederunt odorem. Surge, veni proxima mea, formosa mea, columba mea*, &c. Idem Ambr. in Luc. 6. col. 1374. f. leg. *ficus dederunt grossos suos* : & in Luc. 13. col. 1449. d. *ficus producit grossos suos* : & in Luc. 18. col. 1493. f. *arbor fici produxit grossos suos.* Hilarius quoque in Matth. col. 715. e. ait : *Grossa enim, & communis usus, & Prophetica auctoritas nuncupavit* ; Gr. ὀλύνθους.

℣. 14. Sic iterum Ambros. l. de Isaac, c. 4. col. 367. a. usque ad vocem *quia* ; item paulò sup. *surge secura in tegumento petræ* : & inf. 1251. c. *insinua mihi vocem tuam*, &c. sic etiam epist. 31. col. 915. e. Hieron. l. 1. cont. Jovin. to. 4. 172. b. ita legit : *tu columba mea in velamento petræ, juxta promurale, & ostende mihi faciem tuam, & auditam fac mihi vocem tuam : quoniam vox tua suavis, & facies tua speciosa.* Arnob. de Deo trino, to. 8. 213. g. *veni ad me proxima mea, sponsa mea, formosa mea, & in velamento petræ continuata muro.* In Ms. S. Theoder. omnia ut in textu, exceptis his paucis, *& insinua mihi..... quia vox tua suavis, & facies tua decora.* Gr. σὺ περιστερά μου ἐν σκέπῃ τῆς πέτρας, ἐχόμενα τοῦ προτειχίσματος, δεῖξόν μοι..... καὶ ἀκούτισόν με τὴν..... ὅτι..... ἡδεῖα, καὶ ἡ ὄψις σου ὡραία.

℣. 15. Ita rursum Ambros. in Luc. 9. to. 1. 1418. f.

VULGATA NOVA.

16. Dilectus meus mihi, & ego illi, qui pascitur inter lilia,
17. donec aspiret dies, & inclinentur umbræ. Revertere : similis esto, dilecte mi, capreæ, hinnuloque cervorum super montes Bether.

VERSIO ANTIQUA.

16. Frater meus mihi, & ego ei, qui pascit in *Ambr. l. de Isaac, c. 8. p. 379. b.*
liliis,
17. usque dum aspiret dies, & amoveantur umbræ.....

NOTÆ AD VERSIONEM ANTIQUAM.

& l. 2. de Spir. S. to. 2. nisi quòd initio leg. *capite*, non *prendite*. Ita quoque in Ms. S. Theoder. sicut in Græco; Ms. tamen extremò hab. *ut vinea nostra floreat* num. sing. Gr. verò, καὶ αἱ ἄμπελοι ἡμῶν κυπρίζουσαι, *& vineæ nostræ florentes*; at in Ms. Alex. ac edd. Ald. & Compl. κυπρίζουσι, ut supra. Rufin. l. 2. de bened. Patr. p. 13. a. *Prendite mihi vulpes pusillas, exterminantes vineas meas.* August. in Ps. 80. to. 4. 864. c. *Capite nobis vulpes pusillas, exterminantes vineas, latentes in cavernis tortuosis.* Cassiod. in Ps. 62. p. 207. b. *Capite nobis vulpes, exterminantes vineam.* Auct. l. de promiss. ap. Prosp. p. 2. c. 21. col. 146. a. *Capite nobis vulpes pusillas, exterminantes vineas.* Philastr. Brix. de hæres. p. 707. h. *Prendite nobis vulpes minimas, exterminantes vineam Domini.*

℣. 16. Hieron. l. 1. cont. Jovin. to. 4. 172. b. *Fratruelis meus mihi, & ego illi, qui pascit inter lilia.* Sic etiam in Græco, excepto ult. ἐν τοῖς κρίνοις, quod idem valet. Ms. S. Theoder. Vulgatæ consonat, nisi quòd hab. *pascit*, non *pascitur*.

℣. 17. Ita Græcè. Apud August. l. cont. Jud. to. 8. 33. f. *adspiravit dies, removeantur umbræ;* Gr. καὶ κινηθῶσιν αἱ, &c. In Ms. S. Theoder. ℣. totus ut in Vulg. excepto ult. *Bethel*, pro *Bether*.

CAPUT III.

VULGATA NOVA.

1. IN lectulo meo per noctes quæsivi quem
diligit anima mea : quæsivi illum, & non
inveni.
2. Surgam, & circuibo civitatem : per vicos
& plateas quæram quem diligit anima mea :
quæsivi illum, & non inveni.
3. Invenerunt me vigiles, qui custodiunt civitatem : Num quem diligit anima mea, vidistis?
4. Paululùm cùm pertransissem eos, inveni
quem diligit anima mea : tenui eum; nec dimittam, donec introducam illum in domum matris
meæ, & in cubiculum genitricis meæ.
5. Adjuro vos filiæ Jerusalem, per capreas
cervosque camporum, ne suscitetis, neque evigilare faciatis dilectam, donec ipsa velit.
6. Quæ est ista, quæ ascendit per desertum,
sicut virgula fumi ex aromatibus myrrhæ, &
thuris, & universi pulveris pigmentarii?

VERSIO ANTIQUA.

1. IN cubili meo in noctibus quæsivi quem dile- *Ambrof. l. de virgint. to. 2. 224. f.*
xit anima mea : quæsivi eum, & non inveni *225. a.*
eum; vocavi eum, & non obaudivit me.
2. Exsurgam, ibo, & circuibo civitatem :
in foro, & in plateis, & quæram quem dilexit
anima mea : quæsivi eum, & non inveni eum.
3..... Nunquid quem dilexit anima mea, vi- *Idem in Ps. 118. p. 1055. d.*
distis?
4. Quàm modicum fuit cùm transivi ab ipsis, *Idem l. de virgin. to. 2. 232. b. d.*
donec inveni quem dilexit anima mea : tenui eum;
& non relinquam eum, donec introducam eum
in domum matris meæ, & in cubiculum ejus quæ
me concepit.
5. Adjuravi vos filiæ Jerusalem in virtutibus & *Idem l. 2. de interpel. Dav. c. 1. p. 638. f.*
fortitudinibus agri, ne suscitaveritis, & excitaveri-
tis charitatem, usquequo voluerit.
6. Quæ est hæc, quæ ascendit à deserto sicut vi- *Idem ep. 64. to. 2. 1050. c.*
tis propago, fumo incensa, odorificata myrrhâ,
& thure, ab omnibus pulveribus unguenti?

NOTÆ AD VERSIONEM ANTIQUAM.

℣. 1. Eadem sunt in Græco. Nonnulla etiam de his refert idem Ambr. l. de Isaac, c. 5. col. 367. d. 368. d. & in Ps. 118. col. 1054. d. 1215. d. 1255. b. item de apol. Dav. 723. d. habet : *In cubili, in noctibus.... quæsivi eum, & non inveni : vocavi eum, & non exaudivit me.* Similiter Hieron. ep. 18. ad Eustoch. to. 4. p. 2. col. 34. f. *In noctibus quæsivi quem dilexit anima mea.* Rufin. in Symb. p. 185. c. *In cubili meo quæsivi eum, & non inveni.* Cassian. coll. 13. c. 12. p. 610. *In cubili meo in noctibus quæsivi quem dilexit anima mea : quæsivi eum, & non inveni; vocavi eum, & non respondit mihi.* In Ms. S. Theoder. simpliciter : *In cubiculo meo in noctibus quæsivi quem dilexit anima mea : quæsivi illum, & non inveni.*

℣. 2. Græcè pro *ibo*, exstat δή, *nunc*; mox ita, καὶ κυκλώσω ἐν τῇ πόλει, ἐν ταῖς ἀγοραῖς, &c. ut in Lat. Ambrosius l. de Isaac, c. 5. col. 367. d. rectè : *Exsurgam itaque, & quæram in civitate, in foro, in plateis :* at l. de apol. Dav. col. 723. d. *Exsurgam itaque, & introibo in domum, in forum, & plateas, & quæram, &c.* ut sup. Hieron. ep. 18. ad Eustoch. to. 4. p. 2. col. 38. f. *Surgam, & circumibo civitatem : & in foro, & in plateis quæram quem dilexit anima mea :* & in Zachar. 8. to. 3. 1745. b. *Consurgam, & circuibo civitatem; in foro, & in plateis ejus, donec inveniam eum, quem dilexit anima mea.* In Ms. S. Theoder. *Exsurgam, & introibo civitatem : quæram in foro, in plateis, quem diligit anima mea : quæsivi, & non inveni.*

℣. 3. Sic Hieron. ep. 18. ad Eustoch. to. 4. p. 2. col. 38. f. In Ms. verò S. Theoder. ita : *Inveni custodes, qui custodiunt civitatem : Num quem diligit, &c.* ut sup. Græc. Εὕροσάν με οἱ τηροῦντες, οἱ κυκλοῦντες ἐν τῇ πόλει· Μὴ ὃν ἠγάπησεν, &c.

℣. 4. Vix meliùs è Græco, præter fut. duo, *relinquam, & introducam*, pro quibus præterita ἀφῆκα, & εἰσήγαγον; Ms. tamen Alex. habet ἀφήσω. Eadem rursum legit Ambros. diversis in locis : nempe l. de Isaac, c. 5. col. 368. b. c. *Quàm modicum cùm transivi ab eis, inveni eum : tenui eum, & non dimisi eum :* & lib. 1. de virginit. to. 2. 157. f. *Inveni quem dilexit anima mea : tenui eum, & non relinquam :* similiter in Ps. 118. to. 1. 985. b. & in Luc. 16. col. 1473. a. lib. verò de Isaac, 368. f. *& non dimittam;* sicut in Ps. 36. & 47. col. 814. b. 943. f. at in Ps. 118. col. 1055. d. *tenui eum, & non dimisi eum :* & inf. 1187. b. *& introduxi eum in domum matris meæ, & in secretum ejus quæ me concepit :* demum epist. 31. to. 2. 917. b. *adsumam te, & inducam te in domum matris meæ, & in secretum ejus quæ me concepit.* Ap. Hieron. epist. ad Rufin. to. 2. 617. c. ita : *Et quidem non spernam te : assumens introducam te in domum matris meæ, & in cubiculum ejus quæ concepit me :* & epist. 18. ad Eustoch. to. 4. p. 2. col. 38. e. *Inveni eum quem quærebat anima mea : tenebo eum, & non dimittam.* Rufin. in Symb. p. 185. c. *tenebo eum, & non dimittam eum, quem dilexit anima mea.* Ms. S. Theoder. Vulgatæ congruit, nisi quòd hab. circa med. *inveni*, pro *tenui;* & in fine, *in secretum ejus quæ concepit me.*

℣. 5. Ms. S. Theoder. *Adjuro vos filiæ Jerus. in virtutibus & fortitud. agri, si suscitav. & resuscitaveritis charitatem, quoadusque ipsa velit.* Græc. Ὥρκισα ὑμᾶς..... ἐν ταῖς δυνάμεσι καὶ ἐν ταῖς ἰσχύσεσι τοῦ ἀγροῦ, ἐὰν, &c. ut in Lat. Ambr. etiam in Ps. 36. col. 809. a. legit : *si suscitav. & resuscitav. charitatem.*

℣. 6. Quidam Mss. Ambrosiani ferunt, *fumo incensi odorificata.* Ambr. etiam l. de Isaac, c. 5. col. 369. a. repetit ista : *Quæ hæc est, quæ ascendit à deserto;* nec dissimiliter Græcè : at proximè sequentia sic variant : ὡς στελέχη καπνοῦ τεθυμιαμένη σμύρναν, καὶ λίβανον, ἀπὸ πάντων κονιορτῶν μυρεψοῦ; i. e. *tanquam truncus fumi incensus myrrham, & thus, ex omnibus pulveribus unguentarii?* In Ms. S. Theoder. ita : *Quæ est hæc, quæ asc. à deserto sicut*

Versio antiqua.

[a] Hieron. epist. ad Princip. to. 2. 686. a.

7. Ecce lectulus Salomonis: sexaginta potentes in circuitu ejus de potentibus Israël:

8. omnes tenentes gladios, docti ad bellum: vir, & gladius super femur ejus.....

Ambros. l. 3. de virgin. c. 5. to. 2. 179. e.

9. Fecit sibi lectum Salomon ex lignis Libani:

Idem l. de instit. virg. 270. e.

10. columnæ ejus erant argenteæ, adclinatorium ejus aureum, dorsum ejus gemmatum stratum: fecit sibi charitatem à filiabus Israël:

11. Egredimini & videte regem Salomonem in corona, qua coronavit eum mater ejus in die sponsalium ejus, & in die jucunditatis cordis ejus.

Vulgata nova.

7. En lectulum Salomonis sexaginta fortes ambiunt ex fortissimis Israël:

8. omnes tenentes gladios, & ad bella doctissimi: uniuscujusque ensis super femur suum propter timores nocturnos.

9. Ferculum fecit sibi rex Salomon de lignis Libani:

10. columnas ejus fecit argenteas, reclinatorium aureum, ascensum purpureum: media charitate constravit propter filias Jerusalem:

11. Egredimini & videte filiæ Sion regem Salomonem in diademate, quo coronavit illum mater sua in die desponsationis illius, & in die lætitiæ cordis ejus.

Notæ ad Versionem antiquam.

vitis propago in superiora se subrigens, velut fumus natus ex igni, atque alta petens ex aromatibus myrrha, & thuris, & universi generis pigmentarii.

℣. 7. Hæc iterum legit Hieron. l. 1. cont. Jovin. to. 4. 172. c. nec aliter in Græco, nisi excipiatur vox ἡ κλίνη, *lectus*, pro *lectulus*; imo apud Hieron. hoc ult. loco, *lectus*. Apud Ambros. l. 1. de virgin. to. 2. 158. f. *sexaginta potentes in circuitu propaginis ejus*. In Ms. S. Theoder. pariter: *En sexag. potentes in circuitu propag. ejus*; omissis his quæ antecedunt.

℣. 8. Idem Hieron. l. 1. cont. Jovin. 172. c. *omnes tenentes frameam, & docti bello: uniuscujusque viri gladius in femore ipsius*. Ambros. l. 1. de virgin. to. 2. 158. f. hos pariter memorat, *strictis armatos ensibus, & eruditos præliaribus disciplinis*. Græcum textui 1. congruit, nisi quòd singulariter hab. ῥομφαίαν, *gladium*; subinde, ἀνὴρ, ῥομφαία αὐτοῦ, &c. *vir, gladius ejus*, &c. ultimòque, ἀπὸ θάμβους ἐν νυξί, *à pavore in noctibus*. Apud Cassiod. in Ps. 44. p. 151. b. *gladius ejus in femore ipsius*. In Ms. S. Theoder. ita; partim videlicet ex Ambr. partim ex Vulg. *strictis armati ensibus, & eruditi præliaribus disciplinis: unusquisque ensis sup. femur suum propter tim.* &c.

℣. 9. Ms. S. Theoder. *Vectum sibi fecit rex Salomon*, &c. ut sup. Græc. Φορεῖον ἐποίησεν ἑαυτῷ ὁ βασιλεὺς Σαλωμὼν ἀπὸ, &c.

℣. 10. Totidem verba præfert Ms. S. Theoder. exceptis his ult. *media charitate constravit propter filias Jerusalem*. Alludere tamen videtur Ambros. sup. nam in Græco sic legimus: στύλους αὐτοῦ ἐποίησεν ἀργύριον [Compl. ἀργυρίῳ,] καὶ ἀνάκλιτον αὐτοῦ χρύσεον, ἐπίβασις αὐτοῦ πορφυρᾶ, ἐντὸς αὐτοῦ λιθόστρωτον, ἀγάπην ἀπὸ θυγατέρων Ἱερουσαλήμ· i. e. *columnas ejus fecit argentum, & acclinatorium ejus aureum, ascensus ejus purpura, intimum ejus lapidibus constratum, charitatem à filiabus Jerusalem*. Ultima autem verba, *fecit sibi charitatem*, &c. non eò loci subdit Ambros. sed in fine versûs seq. hoc modo: *Quia fecit sibi, inquit, charitatem*, &c. quæ significant ea ab ipso revocata esse ex præcedentibus; at nos ipsa suo loco reposuimus.

℣. 11. Eadem constanter legit Ambros. l. de Isaac, c. 5. col. 369. e. & in Ps. 118. col. 1160. f. Nec dissimilia Græc. habet, præter ista priora: Θυγατέρες Σιὼν ἐξέλθατε, καὶ ἴδετε ἐν τῷ βασιλεῖ, &c. In Ms. etiam S. Theod. sic legitur: *Egredimini & videte filiæ Sion regem Salom. in corona, qua*, &c. ut sup. Apud Rufin. in Symb. p. 182. a. *Exite & videte filiæ Jerusalem coronam, qua coronavit eum mater sua.*

CAPUT IV.

Versio antiqua.

Ambros. l. de myst. to. 2. 334. c.
[a] Idem l. de instit. virg. 250. b.
[b] Idem l. 2. de Spir. S. 637. a.

1. Ecce formosa es proxima mea, ecce es formosa. [a] Oculi tui columbæ, extra taciturnitatem tuam. [b] Capillatura tua ut greges caprarum.....

Idem in Ps. 118. to. 1. 1177. a.

2. Dentes tui sicut grex tonsarum, quæ ascenderunt à lavacro, quæ omnes gemellos creant, & infecunda non est in eis.

Ibid. 1201. a.
[a] Cassiod. in Ps. 44. 151. a.
[b] Ambros. l. 3. Hexa. 55. e.
[c] Chrom. Aquil. in Matth. 986. a.
[d] Ambros. in Ps. 118. 1010. e.

3. Sicut resticula coccinea, labia tua: [a] & loquela tua, speciosa. [b] Ut cortex mali punici, genæ tuæ, [c] præter taciturnitatem tuam.

4. [d] Sicut turris David cervix tua, quæ ædificata est in Thalpioth: mille ostia pendent in ea, omnia jacula potentium.

Vulgata nova.

1. Quàm pulchra es amica mea, quàm pulchra es! Oculi tui columbarum, absque eo quod intrinsecus latet. Capilli tui sicut greges caprarum, quæ ascenderunt de monte Galaad.

2. Dentes tui sicut greges tonsarum, quæ ascenderunt de lavacro, omnes gemellis fetibus, & sterilis non est inter eas.

3. Sicut vitta coccinea, labia tua: & eloquium tuum, dulce. Sicut fragmen mali punici, ita genæ tuæ, absque eo quod intrinsecus latet.

4. Sicut turris David collum tuum, quæ ædificata est cum propugnaculis: mille clypei pendent ex ea, omnis armatura fortium.

Notæ ad Versionem antiquam.

℣. 1. Hæc tota respondent Græco. Ambr. ibid. legit, *Oculi tui sicut columbæ*; sicut in Ps. 118. col. 1176. c. sed hic addit, *extra taciturnitatem tuam*, ut sup. ita rursum l. de ob. Valent. col. 1176. a. Ap. S. Paulin. ep. 23. p. 138. c. similiter: *Capillatura ejus ut greges caprarum*: Gr. subdit, αἳ ἀπεκαλύφθησαν ἀπὸ τοῦ Γαλαάδ. Ms. S. Theoder. *Quàm pulchra es amica mea, quàm pulchra es! Oculi tui sicut columba, extra taciturnitatem. Capillamentum tuum ut grex tonsarum, quæ revelata sunt à monte Galaad.*

℣. 2. Eadem leguntur Græcè, præter unum ἀγέλαι, *greges*, num. plur. Apud August. in Ps. 3. to. 4. 9. g. *Dentes tui sicut grex detonsarum, ascendens de lavacro, quæ omnes geminos pariunt, & sterilis non est in eis*: itidem in Ps. 77. col. 838. c. excepto verbo *creant*, pro *pariunt*. Succinit Cassiod. in Ps. 77. p. 271. c. Ms. S. Theod. nil differt à textu Ambros. nisi his levibus, *de lavacro, quæ.... geminos creans.*

℣. 3. Concordant hæc tota cum Græco, præter plurale *genæ tuæ*, pro singulari μῆλόν σου, *gena tua*; ap. Symm. αἱ παρειαί σου. Chromat. Aquil. hab. sup. *speciosa sunt genæ tuæ, præter taciturnitatem tuam*: verùm nonnisi postrema verba *præter tacit. tuam*, admisimus, demtis scilicet prioribus, *speciosa sunt genæ tuæ*, quæ ap. Ambros. exstant ut posuimus sup. quæque magis Græco congruunt. In Ms. S. Theoder. ut in Vulg. exceptis his, *Ut resticula*, pro *Sicut vitta*; & in fine, *extra taciturnitatem*, loco *absque eo quod*, &c.

℣. 4. Vix meliùs è Græco, ubi θυρεοί, loco *ostia*; θυρεὸς autem, *scutum* est, à similitudine *januæ*, cujus forma oblonga est, ut & olim scuta erant. In Ms. S. Theoder. *Sicut turris David collum tuum, quæ ædificata est in Talpio*, &c. ut in textu. Apud Hieron. in Zach. 14. col. 1798. a. *Sicut turris David cervix tua, quæ ædificata est in Thalpioth: mille scuta pendent super illam, omnia jacula potentium.*

VULGATA NOVA.

5. Duo ubera tua, ſicut duo hinnuli capreæ gemelli, qui paſcuntur in liliis.

6. Donec aſpiret dies, & inclinentur umbræ, vadam ad montem myrrhæ, & ad collem thuris.

7. Tota pulchra es amica mea, & macula non eſt in te.

8. Veni de Libano ſponſa mea, veni de Libano, veni: coronaberis de capite Amana, de vertice Sanir & Hermon, de cubilibus leonum, de montibus pardorum.

9. Vulneraſti cor meum ſoror mea ſponſa, vulneraſti cor meum in uno oculorum tuorum, & in uno crine colli tui.

10. Quàm pulchræ ſunt mammæ tuæ ſoror mea ſponſa! pulchriora ſunt ubera tua vino, & odor unguentorum tuorum ſuper omnia aromata.

11. Favus diſtillans labia tua ſponſa, mel & lac ſub lingua tua: & odor veſtimentorum tuorum ſicut odor thuris.

12. Hortus concluſus ſoror mea ſponſa, hortus concluſus, fons ſignatus.

13. Emiſſiones tuæ paradiſus malorum punicorum cum pomorum fructibus. Cypri cum nardo:

14. nardus & crocus, fiſtula & cinnamomum

VERSIO ANTIQUA.

5..... *Vide Not.*

6..... ibo ad montem myrrhæ..... *Hieron. l. 1. cont. Jovin. to. 4. 172. c.*

7. Tota es formoſa proxima mea, & reprehenſio non eſt in te. *Ambroſ. l. de virgin. to. 2. 156. a. b.*

8. Sponſa, veni huc à Libano, veni huc à Libano: tranſibis & pertranſibis à principio fidei, à capite Sanir & Hermon, à latibulis leonum, à montibus pardorum.

9. Cor noſtrum cepiſti ſoror mea ſponſa, cor noſtrum cepiſti uno ab oculis tuis, [a] in uno ornamento colli tui. *Idem in Pſ. 118. p. 1176. b.* [a] *Hieron. l. 1. cont. Jovin. to. 4. 172. e.*

10. [b] Quàm decora facta ſunt ubera tua ſoror mea ſponſa, quàm decora facta ſunt à vino! & odor veſtimentorum tuorum ſuper omnia aromata. [b] *Ambroſ. l. de myſter. t. 2. 340. b.*

11. Favum diſtillant labia tua, ô ſponſa; mel & lac ſub lingua tua: & odor veſtimentorum tuorum ſicut odor Libani.

12. Hortus concluſus ſoror mea ſponſa, hortus concluſus, fons ſignatus. *Idem l. de Iſaac, t. 1. c. 5. p. 370. d.*

13. Emiſſiones tuæ paradiſus malorum granatorum cum fructu pomorum cypri:

14..... myrrha & aloe cum omnibus unguentis *Hieron. epiſt. ad Princip. to. 2. 688. c.*

NOTÆ AD VERSIONEM ANTIQUAM.

℣. 5. Mſ. S. Theoder. concordat ad verbum cum Vulg. nec aliter in Græco eſt.

℣. 6. Mſ. S. Theod. *Donec aſpiret dies, & inclinentur umbræ, ibo mihi ad montem myrrhæ, & ad colles thuris.* Gr. Ἕως ὗ διαπνεύσῃ ἡμέρα, ϗ κινηθῶσιν αἱ σκιαὶ, πορεύσομαι ἐμαυτῷ πρὸς τὸ..... ϗ πρὸς τὸν βυνὸν τῦ Λιβάνυ. Aquila non κινηθῶσι legit, sed κλιθῶσι, ut in Lat. ſup.

℣. 7. Sic iterum Ambroſ. l. de Myſt. to. 2. 335. a. & l. de fide reſur. col. 1166. d. cum Mſ. S. Theoder. at l. de apol. Dav. to. 1. 722. c. legit: *Tota es formoſa amica mea, proxima mea; & reprehenſio non eſt in te.* Hieron. in Ezech. 27. to. 3. 880. b. *Tota pulchra es proxima mea, & macula non eſt in te.* Ita quoque in Græco eſt; ſed Hieron. l. 1. cont. Jovin. to. 4. 172. c. legit: *Tota ſpecioſa es amica mea, & non eſt macula in te.* Tichon. reg. 2. p. 51. f. *Tota ſpecioſa es proxima mea, & reprehenſio nulla eſt in te.* Collat. Carthag. p. 485. c. *Tota ſpecioſa es ſoror mea, & reprehenſio non eſt in te.*

℣. 8. Idem Ambroſ. l. de Iſaac, c. 5. col. 370. b. cum Mſ. S. Theoder. *Ades huc à Libano ſponſa, ades huc à Libano: tranſibis & pertranſibis à principio fidei, à capite Sanir & Hermonum* (Mſ. S. Theoder. *Hermon*,) *à ſpeluncis leonum, à montibus pardorum*: ſimiliter l. de Noe, c. 15. col. 249. b. niſi quòd poſt vocem *fidei*, proximè addit, *à cubilibus leonum*, omiſſis intermediis: rurſum iſta, *Ades huc à Libano ſponſa, ades huc à Lib. tranſibis*, &c. habet cùm l. de Iſaac, c. 6. col. 372. c. & in Pſ. 36. & 118. col. 812. f. 1159. e. tum l. de inſtit. virg. to. 2. 273. a. & l. de exhort. virg. 285. a. & l. de Myſt. 335. a. & de apol. Dav. 722. e. & l. 3. de fide, 510. f. 511. a. & l. de fide reſur. 1166. d. at in Luc. 7. to. 1. 1386. d. & l. 2. de virgin. to. 2. 173. b. legit ut ſupra, *Veni huc à Libano ſponſa, veni huc..... tranſibis*, &c. & l. de virginit. col. 230. b. *Veni à Libano ſponſa, veni à Lib. tranſibis*, &c. Tertullianus l. 4. cont. Marc. p. 705. a. *Veni ſponſa de Libano.* Firmil. ep. 75. ad Cypr. p. 147. d. *Veni ſponſa de Libano: advenies & pertranſibis à principio fidei.* Hieron. l. 1. cont. Jovin. to. 4. 172. e. *Veni à Libano ſponſa, veni à Libano: venies & pertranſibis ab initio fidei, à capite Sanir & Hermon, à cubilibus leonum, à montibus leopardorum.* Ita etiam in Græco eſt. Apud Auguſt. in Pſ. 33. to. 4. p. 214. c. & Fulg. l. 1. de verit. præd. p. 451. *venies & pertranſies ab initio fidei.* Apud Optat. l. 3. cont. Donat. p. 52. a. *Veni ſponſa mea, inventa de Libano.* Apud Gaud. Brix. ſer. 8. p. 955. b. *Veni à Libano ſponſa, veni à Libano*; deinde, *à cubili leonum, à montibus leopardorum.*

℣. 9. Ita Græcè ad verbum, niſi hoc ult. excipias, τραχήλων σου, *cervicum tuarum*, loco *colli tui*, quod idem valet. Ambroſ. in Pſ. 118. col. 1105. b. hab. *corde nos cepiſti*; itemque bis epiſt. 29. col. 909. b. cum ſeqq. Gr. ἐκαρδίωσας ἡμᾶς. In Mſ. S. Theoder. omnia ut in Vulg. Sic etiam ap. Hieron. l. 1. cont. Jovin. to. 4. 172. f. excepto uno *ornamento*, pro *crine*; Gr. ἐνθέματι.

℣. 10. Eadem ſunt in Græco, repetitis his, *ubera tua*, poſt alterum *facta ſunt.* Apud Hieron. l. 1. cont. Jovin. to. 4. 172. f. *Quàm ſpecioſa ſunt ubera tua à vino!* Gr. Τί ἐκαλλιώθησαν. Apud Gaud. Brix. ſerm. 9. p. 957. h. *odor unguentorum tuorum ſuper omnia aromata*; ſed in Gr. ὀσμὴ ἱματίων σου; & apud Ambroſ. l. de virgin. to. 2. 156. c. conſtanter, *odor veſtimentorum tuorum*, &c. In Mſ. S. Theoder. omnia ut in Vulg. præter vocem *mea*, additam ad *ſponſa.*

℣. 11. Ad verbum è Gr. dempta una interjectione ὦ; Mſſ. tamen Ambr. iique plures & potiores, cum vet. editt. hab. initio, *favus diſtillans*; at reliqui unà cum Gr. *favum diſtillant*; ſic etiam Ambroſius legit in Pſ. 118. to. 1. 1138. d. & 1251. c. Apud Hieron. epiſt. ad Fabiol. to. 2. 597. f. *Mel diſtillant labia tua ſoror mea ſponſa.* In Mſ. S. Theoder. *Favus diſtillans lab. tua ſponſa*, &c. ut in textu.

℣. 12. Ita in Græco, cui rurſum favet Ambroſ. l. de Iſaac, c. 1. col. 357. a. & l. de bono mort. c. 5. col. 398. b. & l. 1. de virgin. to. 2. 157. d. & l. de virginit. 233. a. at in Luc. 4. & 12. to. 1. col. 1338. b. 1440. f. habet: *Hortus clauſus ſoror mea..... hortus clauſus*, &c. itidem l. de exhort. virgin. to. 2. 285. b. & epiſt. 63. col. 1031. c. epiſt. verò 45. ad Sabin. col. 981. f. 982. a. ſic: *Paradiſus clauſus ſoror mea ſponſa, paradiſus clauſus, fons ſignatus*; tum addit: *Paradiſus Græcè, Latinè* hortus *dicitur: denique Suſanna in* paradiſo *erat, & ſic legitur Latinè; & Adam in* paradiſo *erat, & ſic legimus. Ergo non te moveat quòd alii codices Latini* hortum *habent, alii* paradiſum. In Gr. κῆπος. Cypr. epiſt. 74. & 76. p. 142. a. 152. d. *Hortus concluſus ſoror mea ſponſa, fons ſignatus, puteus aquæ vivæ.* Auguſt. l. 2. cont. Creſcon. to. 9. 418. d. *Hortus concluſus, fons ſignatus, puteus aquæ vivæ.* Hieron. l. 1. cont. Jovin. to. 4. 173. c. & epiſt. 18. ad Euſtoch. to. 4. p. 2. col. 38. f. textui ſuffragatur, ſicut Caſſiod. in Pſ. p. 2. a. Auctor verò op. imp. in Matth. hom. 20. p. 93. c. *Hortus concluſus, fons ſignatus ſoror mea, paradiſus cum fructu pomorum.* In Mſ. S. Theoder. deeſt pariter *ſponſa*; cæt. ut in textu Ambr.

℣. 13. Rurſus Ambroſ. in Luc. 4. col. 1338. b. *Emiſſiones tuæ paradiſus*; & ita in Græco; ſtatimque, ῥοῶν μετὰ καρπῦ ἀκροδρύων. Κύπροι μετὰ νάρδων i. e. *malorum punicorum cum fructu nucum. Cypri cum nardis.* In Mſ. S. Theoder. deeſt vox *paradiſus*; cæt. ut in Lat. Ambroſiano. Apud Cypr. epiſt. 74. p. 142. a. *paradiſus cum fructu pomorum.* Ap. Hieron. l. 1. cont. Jovin. to. 4. 173. c. *Emiſſiones tuæ paradiſus malogranatorum cum fructu pomorum*: & in Eccleſ. to. 2. 760. a. *Emiſſiones tuæ paradiſus cum fructu pomorum.* Ap. Caſſiod. præf. in Pſ. p. 2. a. *paradiſus plenus omnium pomorum.*

℣. 14. Græc. pene cum Vulg. νάρδος ϗ κρόκος, κάλαμος ϗ κιννάμωμον μετὰ πάντων ξύλων τῦ Λιβάνυ, σμύρνα, ἀλωὴθ μετὰ πάντων πρώτων μύρων. Mſ. S. Theoder. eidem Vulgatæ reſpondet ad verbum.

VERSIO ANTIQUA.

primis.

Ambr. l. de Isaac, c. 4. p. 364. e.
15. Fons hortorum: puteus aquæ vivæ, & impetu descendens à Libano.

Idem de virginit. to. 2. 227. b.
16. Exsurge aquilo, & veni auster, adspira hortum meum, & profluant aromata mea.

VULGATA NOVA.

cum universis lignis Libani, myrrha & aloe cum omnibus primis unguentis.

15. Fons hortorum: puteus aquarum viventium, quæ fluunt impetu de Libano.

16. Surge aquilo, & veni auster, persla
hortum meum, & fluant aromata illius.

NOTÆ AD VERSIONEM ANTIQUAM.

℣. 15. Sic iterum legit Ambros. in Ps. 118. col. 1192. f. præter vocem unam *impetus*, pro *impetu*. Græcè, Πηγὴ κήπων, καὶ φρέαρ ὕδατος ζῶντος, καὶ ῥοιζοῦντος ἀπὸ τοῦ Λιβάνου· in Ms. Alex. ac ed. Compl. πηγὴ κήπου, ut sup. Ms. S. Theoder. nil omnino differt à Vulg.

℣. 16. Ita in Græco, posito uno *&*, ante *adspira* Idem Ambros. in Ps. 1. col. 758. e. f. legit: *Exsurge borea, & veni auster:* & in Ps. 35. col. 774. b. *Surge aquilo, & veni auster:* & in Ps. 47. col. 938. b. *Exsurge aquilo, ut veniat auster:* & in Ps. 118. col. 1121. d. *Exsurge aquilo, & veni auster:* item l. 1. de virgin. to. 2. 158. a. statimque, *adspira hortum meum, & fluant aromata mea:* at l. de Myst. col. 340. c. *persla hortum meum, & defluant unguenta mea:* similiter l. de bono mort. c. 5. col. 398. b. & l. de fide resur. to. 2. 1166. e. Apud Tichon. reg. 7. p. 64. f. *Exsurge aquilo, & veni auster, persla hortum tuum, & defluent unguenta mea.* Sic etiam ap. Hieron. in Habac. 3. to. 3. 1621. b. necnon August. epist. 140. to. 2. 442. c. nisi quòd Hieron. hab. *hortum meum, & fluant aromata mea;* Aug. *hort. meum, & fluent aromata.* Ms. S. Theoder. *Surge aquilo, & veni auster, spira hort. meum, & fluant arom. mea.*

CAPUT V.

VERSIO ANTIQUA.

Ambros. l. de virgin. to. 2. 227. b.
Idem l. de bono mort. c. 5. to. 1. 398. d. e.
1. DEscendat fraternus meus in hortum suum,
& manducet fructus pomiferarum suarum. Ingressus sum in hortum meum soror mea
sponsa, vindemiavi myrrham meam cum unguentis meis: manducavi panem meum cum melle
meo, bibi vinum meum cum lacte meo: edite
proximi mei, & bibite, & inebriamini fratres
mei.

a Idem in Ps. 118. to. 1. 1250. b. 1118. b.
2. Ego dormio, & cor meum vigilat: [a] vox fratris mei pulsat ad januam: Aperi mihi soror mea
sponsa, columba mea, perfecta mea: quia caput
meum repletum est rore, & crines mei guttis noctis.

Idem l. 1. de Jacob, c. 5. p. 451. e.
3. Exui tunicam meam, quomodo induam eam?
lavi pedes meos, quomodo inquinabo eos?

Idem in Ps. 118. p. 1118. e.
4. Frater meus misit manum suam de prospectu, & venter meus conturbatus est super eum.

VULGATA NOVA.

1. VEniat dilectus meus in hortum suum,
& comedat fructum pomorum suorum.
Veni in hortum meum soror mea sponsa, mes-
sui myrrham meam cum aromatibus meis: comê-
di favum cum melle meo, bibi vinum meum cum
lacte meo: comedite amici, & bibite, & inebriamini charissimi.

2. Ego dormio, & cor meum vigilat: vox
dilecti mei pulsantis: Aperi mihi soror mea,
amica mea, columba mea, immaculata mea:
quia caput meum plenum est rore, & cincinni
mei guttis noctium.

3. Exspoliavi me tunica mea, quomodo
induar illa? lavi pedes meos, quomodo inquinabo illos?

4. Dilectus meus misit manum suam per fo-
ramen, & venter meus intremuit ad tactum ejus.

NOTÆ AD VERSIONEM ANTIQUAM.

℣. 1. Gr. initio hab. καρπὸν ἀκροδρύων αὐτοῦ, *fructum nucum ejus*, loco *fructus pomiferar.* &c. subinde ἀρωμάτων, pro *unguentis;* extremoque delet duplex *mei;* cæt. ad verbum quadrant. Ambros. ubi sup. 398. b. iterum legit: *Descendat frater meus in hortum suum:* item l. de Myst. to. 2. 340. d. subditque, *& edat fructum pomiferarum suarum:* similiter l. de fide resur. 1166. c. at l. 1. de virgin. col. 157. f. *Descendit fraternus meus in hortum suum, ut manducet fructum pomorum suorum:* & l. 1. de Cain, c. 5. to. 1. 193. a. addit: *Introivi in hortum meum soror mea sponsa, vindemiavi myrrham cum aromatibus meis: manducavi*, &c. ut sup. itidem in Ps. 118. col. 1138. a. ab his: *manducavi panem*, &c. Vide etiam in Luc. 17. col. 1481. a. & l. de virginit. to. 2. 237. c. & l. de bono mort. c. 5. 399. b. & l. de Myst. to. 2. 341. a. supra verò 340. d. e. habet: *Ingressus sum in hortum meum.... vindemiavi myrr. meam cum unguentis meis: manducavi cibum meum cum melle meo, bibi potum meum cum lacte meo:* & l. 1. de Cain, c. 5. col. 192. f. *manducate proximi mei, & bibite, & inebriamini patres mei:* demum l. 5. de Sacram. to. 2. 376. b. c. hæc habet: *Descendat frater meus in hortum suum, & capiat fructum pomiferarum suarum. Descendi in hortum, vindemiavi myrrham cum unguentis meis: manducavi panem meum..... edite fratres mei, & inebriamini.* Sic etiam in Ms. S. Theoder. insertis his, *Descendi in hort. meum soror mea sponsa....... cum unguentis: manducavi....... edite proximi mei, & bibite, & inebr.* Firmilian. epist. 75. ad Cypr. p. 147. d. *Ingressus sum in hortum meum soror mea sponsa.* Rufin. in Symbol. p. 183. c. *Intravi in hortum meum, soror mea, sponsa mea, & vindemiavi myrrham meam.* Hieron. l. 1. cont. Jovin. to. 4. 173. a. *bibi vinum meum cum lacte meo: manducate proximi mei, & bibite, & inebriamini fratres:* & in Ose. 14. to. 3. 1334. c. *comedite amici mei, & bibite, & inebriamini fratres.*

℣. 2. Rursus Ambr. in Ps. 118. col. 977. c. legit: *Aperi mihi soror mea, proxima mea:* & l. de virginit. to. 2. 230. d. *Aperi mihi soror mea, surge proxima mea, columba mea, perfecta mea. quia caput meum repletum est rore;* sed vox *surge* sumpta videtur ex c. 2. ℣. 10. Textui rursum favet Ambr. l. 4. Hex. to. 1. 76. a. & l. de Isaac, c. 6. col. 371. c. & in Ps. 36. col. 809. a. b. & in Ps. 118. col. 1118. a. 1154. a. & in Luc. 4. col. 1353. a. & l. de virginit. to. 2. 230. d. & l. 4. de fide, col. 524. f. & epist. 16. col. 823. c. Similiter ap. Cypr. de orat. Dom. p. 214. a. *Ego dormio, & cor meum vigilat:* cui suffragatur Nicetius ep. Spicil. to. 3. p. 6. b. Apud Hieron. epist. 18. ad Eustoch. to. 4. p. 2. col. 39. c. *vox fratruelis mei pulsantis: Aperi mihi soror mea, proxima mea, perfecta mea.* Apud August. tract. 57. in Johan. to. 3. p. 2. col. 658. c. *Ego dormio, & cor meum vigilat: vox fratruelis mei pulsat ad januam: Aperi mihi soror mea, proxima mea, columba mea, perfecta mea: quia caput meum repletum est rore, & crines mei noctis guttis.* Sic etiam in Græco. Auct. op. imp. in Matth. hom. 13. p. 75. e. *ecce dilectus meus pulsat ostium: Aperi mihi soror mea, proxima mea:* Cod. 1. *ecce frater meus*, edict. in marg. *fratruus.* S. Paulin. epist. 23. p. 143. b. *columba mea, perfecta mea: quoniam caput meum repletum est rore.* Ms. S. Theod. Vulgatæ respondet, his tantùm mutatis, *Aperi mihi soror mea, surge proxima mea, columba mea, perfecta mea: quia.... repletum est.*

℣. 3. Sic iterum legit Ambros. l. de Isaac, c. 6. col. 371. b. & de apol. Dav. col. 724. a. & in Ps. 118. col. 1174. b. 1247. c. Ita quoque in Ms. S. Theoder. & Græco: sed in Luc. 17. col. 1481. b. Ambros. habet: *Nocte exui me tunicam meam, quomodo induar eam?* item l. de virginit. to. 2. 227. c. d. *Nocte exui me tunicam meam*, &c. ut in textu: & l. 1. de Spir. S. col. 602. e. *Nocte exui tunicam*, &c. Hieron. ep. 18. ad Eustoch. to. 4. p. 2. col. 39. c. *Despoliavi me tunicâ meâ, quomodo induam illam? lavi*, &c. ut sup. vide etiam ep. ad Damas. to. 3. 521. a. August. tract. 57. in Joh. to. 3. 658. c. *Exui me tunicâ meâ, quomodo induam eam? lavi*, &c. ut supra.

℣. 4. Iisdem in Ms. S. Theoder. Græcè, Ἀδελφιδός

VULGATA NOVA.

5. Surrexi, ut aperirem dilecto meo: manus meæ stillaverunt myrrham, & digiti mei pleni myrrhâ probatissimâ.

6. Pessulum ostii mei aperui dilecto meo: at ille declinaverat, atque transierat. Anima mea liquefacta est, ut locutus est: quæsivi, & non inveni illum: vocavi, & non respondit mihi.

7. Invenerunt me custodes qui circumeunt civitatem: percusserunt me, & vulneraverunt me: tulerunt pallium meum mihi custodes murorum.

8. Adjuro vos filiæ Jerusalem, si inveneritis dilectum meum, ut nuncietis ei quia amore langueo.

9. Qualis est dilectus tuus ex dilecto, ô pulcherrima mulierum? qualis est dilectus tuus ex dilecto, quia sic adjurasti nos?

10. Dilectus meus candidus & rubicundus, electus ex millibus.

11. Caput ejus aurum optimum: Comæ ejus sicut elatæ palmarum, nigræ quasi corvus.

12. Oculi ejus sicut columbæ super rivulos aquarum, quæ lacte sunt lotæ, & resident juxta fluenta plenissima.

13. Genæ illius sicut areolæ aromatum consitæ à pigmentariis. Labia ejus lilia distillantia myrrham primam.

14. Manus illius tornatiles aureæ, plenæ hya-

VERSIO ANTIQUA.

5. Exsurrexi ego aperire fratri meo: manus *Ambr. l. de Isaac,*
meæ distillaverunt myrrham, digiti mei myrrhâ *c. 6. p. 372. f.*
pleni sunt super manus clausuræ.

6. Aperui fratri meo, frater meus transivit: & *Idem l. de virgin.*
exivit anima mea in verbo ejus: quæsivi eum, & *to. 2. 229. d. 234.*
non inveni illum: vocavi eum, & non obaudivit *a. 231. d.*
me.

7. Invenerunt me custodes qui circumeunt ci- *Ibid. 225. d.*
vitatem: percusserunt, & vulneraverunt me: &
tulerunt pallium meum custodes murorum.

8..... quia vulnerata charitate ego sum. *Idem in Ps. 118.*
p. 1169. e.

9..... *Vide Not.*

10. Frater meus candidus & rubeus, electus ex *Idem l. de bened.*
decem millibus. *Patr. c. 11. 529. d.*

11. Caput ejus aurum Cephas: Crines ejus abie- *Idem in Ps. 118.*
tes, nigræ sicut corax. *p. 1161. c.*

12. Oculi ejus sicut columbæ super abundan- *1176. d.*
tiam aquarum, lotæ in lacte, sedentes super ple-
nitudinem.

13. Genæ ejus sicut phialæ aromatis gignentes *Idem de ob. Val.*
unguentaria. Labia ejus lilia distillantia myrrham *to. 2. 1175. d.*
plenam.

14. Manus ejus tornatæ aureæ, plenæ Tharsis. *1190. a. b.*

NOTÆ AD VERSIONEM ANTIQUAM.

μεν ἀνίστων χεῖρα, &c. ut in Lat. sup. Idem Ambros. l. de virginit. to. 2. 228. c. legit: *Fraternus meus misit manum suam per prospectum, & venter meus turbatus est ad illum*: at l. de Isaac, c. 6. col. 372. f. ut sup. *& venter meus conturbatus est super eum.*

℣. 5. Concinit Græc. nisi quòd pro *myrrhâ pleni sunt*, hab. σμύρναν πλήρη, *myrrham plenam*: edit. verò Compl. σμύρνης πλήρεις, ut sup. Rursum Ambr. l. de virginit. to. 2. 228. c. e. legit: *Surrexi aperire fratri meo: manus autem meæ stillaverunt myrrham, & digiti mei pleni in manibus clausuræ*; Gr. τοῦ κλείθρου, *pessuli*. Hieron. ep. ad Princip. to. 2. 688. c. *manus meæ distillaverunt myrrham, digiti mei myrrhâ pleni*. Ita quoque in Ms. S. Theoder. detractis his quæ sequuntur, *sunt super manus clausuræ*: antecedentia verò ut in textu Lat.

℣. 6. Græc. addit ἐγὼ, ad verbum *aperui*, delètque *&*, ante *exivit*; & pro *fratri*, & *frater*, semper ἀδελφιδῷ, ἀδελφιδός; cætera quadrant. Iterum Ambros. in Ps. 118. col. 1035. e. *frater meus transivit: anima mea exivit in verbo ejus*: vide etiam l. de exhort. virg. to. 2. 293. c. Ap. Hieron. epist. 18. ad Eustoch. to. 4. p. 2. col. 39. c. sic: *Aperui ego fratrueli meo, fratruelis meus pertransivit* ; & sup. 38. f. *quæsivi eum, & non inveni: vocavi eum, & non respondit mihi*. In Ms. S. Theoder. tota ut in textu sup. his tamen mutatis, nempe circa med. *pertransivit*, pro *transivit*; paulòque post, *& non inveni eum: invenerunt me custodes murorum: vocavi, & non respondet mihi*: deinde, *Invenerunt me vigiles*, &c. de ℣. seq.

℣. 7. Eadem sunt in Græco, præter hoc, ἐν τῇ πόλει, *in civitate*, loco *civitatem*; item post *percusserunt*, additur με, deleturque *&*, ante *tulerunt*; subinde post *meum*, additur ἀπ' ἐμοῦ. Ambrosius quoque l. de Isaac, c. 6. col. 373. e. legit: *percusserunt me, & vulneraverunt me: tulerunt pallium à me custodes murorum*: item de apol. Dav. col. 723. e. *me percusserunt, & tulerunt pallium à me*; & in Ps. 118. col. 1055. c. *tulerunt mihi pallium*. Apud Hieron. epist. 18. ad Eustoch. to. 4. p. 2. col. 39. a. *Invenerunt me custodes qui circumeunt civitatem: percusserunt me, & vulneraverunt me: tulerunt theristrum meum mihi*; Gr. τὸ θέριστρόν μου ἀπ' ἐμοῦ. Ms. S. Theoder. *Invenerunt me vigiles qui... percuss. me, & vulnerav. me*; dein *Adjuro vos*, &c. prætermissis intermediis.

℣. 8. Hæc antecedunt Græcè: Ὥρκισα ὑμᾶς θυγατέρες Ἱερουσαλὴμ ἐν ταῖς δυνάμεσι καὶ ἐν ταῖς ἰσχύσεσι τοῦ ἀγροῦ· ἐὰν εὕρητε τὸν ἀδελφιδόν μου, τί ἀπαγγείλητε αὐτῷ; deinde, ὅτι τετρωμένη ἀγάπης ἐγώ εἰμι· i. e. *Adjuravi vos filiæ Jerus. in virtutibus & viribus agri; si inveneritis fraternum meum, quid annuntiabitis ei? quoniam vulnerata charitatis ego sum*. S. Paulin. etiam epist. 23. p. 146. legit, *quia vulnerata charitatis*, &c. sicut Ambr. sup. ad c. 2. ℣. 5. at de apol. Dav. col. 723. e. hab. *quia vulnerata charitate*, &c. In Ms. S. Theoder. omnia ut in Vulg.

℣. 9. Ms. S. Theoder. simpliciter habet: *Qualis est dilectus tuus, ô pulcherrima mulierum, quia sic adjurasti nos?* Græc. Τί ἀδελφιδός σου ἀπὸ ἀδελφιδοῦ, ἡ καλὴ ἐν γυναιξί; τί ἀδελφιδός σου ἀπὸ ἀδελφιδοῦ, ὅτι οὕτως ὥρκισας ἡμᾶς; i. e. *Quid fraternus tuus à fraterno, pulchra in mulieribus? quid fraternus tuus à fraterno, quia sic adjurasti nos?*

℣. 10. Similiter in Græco: mel. idem Ambros. in Ps. 118. col. 1020. e. *Fraternus meus cand. & rubeus*: itidem l. 1. de virgin. col. 157. f. at l. de ob. Val. to. 2. 1189. d. 1190. a. *Juvenis meus candidus*, &c. ut in textu. Auct. l. de Trin. ap. Ambros. col. 338. f. *Fratruelis meus candidus & rubicundus*. Ita quoque Hieron. l. 1. cont. Jovin. to. 4. 173. d. sed in Isai. 54. to. 3. 398. c. addit, *electus de millibus*. Ms. S. Theoder. pariter hab. *ex millibus*; cæt. ut in textu; Gr. ἀπὸ μυριάδων.

℣. 11. Ms. S. Theoder. *Caput ejus aurum: crines ejus ut abietes, nigra sicut corax*. S. Paulin. epist. 23. p. 138. b. 139. b. *Caput ejus ut aurum Cephas: crines ejus abietes, nigra*, &c. ut supra. Ambr. iterum l. de Spir. S. to. 2. 637. b. *crines ejus abietes nigra*. Hieron. in Ezech. 7. to. 3. 341. a. *cincinni tui nigri sicut corvus*. Vide etiam Ambr. l. de ob. Valent. to. 2. 1190. a. ubi constanter legit *Cephas*, cum S. Paulino; Gr. Κεφάζ; dein, βόστρυχοι αὐτοῦ ἐλάται, &c. ut in Lat. sup.

℣. 12. Ita rursum legit Ambr. l. de ob. Valent. to. 2. col. 1190. a. usque ad vocem *lotæ*. In subsequentibus verò comm. in Ps. 118. suspicor mendum elapsum in noviss. edit. nempe *sedentis*, pro *sedentes*. In Ms. tamen S. Theoder. legitur pariter *sedentis*, &c. quæ sup. sed vet. Mss. more, qui sæpe commutant *i* cum *e*, & *e* cum *i*. Et sanè Græcè legitur constanter: Ὀφθαλμοὶ αὐτοῦ ὡς περιστεραὶ ἐπὶ πληρώματα ὑδάτων, λελουμέναι ἐν γάλακτι, καθήμεναι ἐπὶ πληρώματα. Ambros. quoque sup. in Ps. 118. col. 1161. d. ad hæc, *Oculi quoque ejus sicut columba*, addit: *In aquarum abundantia lotas has columbas in lacte memoravit*; unde liquet Ambrosium inf. legisse *columbæ* nominandi casu, non generandi, perindeque scribere debuisse *sedentes*, è Gr. καθήμεναι, non *sedentis*; quod mendum sup. correximus.

℣. 13. Vix meliùs è Græco, nisi quòd pro *genæ*, hab. σιαγόνες, *maxillæ*; & pro *gignentes*, φύουσαι; Nobil. *germinantes*. Ambros. de ob. Val. 1190. b. rursus legit: *Genæ ejus sicut phialæ aromatis*: post paulò verò: *Labia ejus sicut lilia distillantia myrrha plena*: sed in Ps. 118. col. 1201. c. constanter, *distillantia myrrham plenam*; & l. de instit. virg. to. 2. 269. e. *stillantia myrrham primam*. Ms. S. Theoder. *Genæ illius sicut areolæ odor aromatum, consitæ à pigmentariis. Labia illius distillantia myrrham primam.*

℣. 14. Itidem Græcè. Hieron. in Ezech. 1. to. 3. 709. b. legit: *Venter ejus quasi tabula eburnea super lapidem sapphirum*; at in Gr. simpliciter, πυξίον ἐλεφάντινον, *pyxis*

VERSIO ANTIQUA.

Ambros. ubi sup. Venter ejus pyxis eburnea super lapidem sapphirum.

Idem l. 3. de fide, n. 2. 511. a. 15. Crura ejus columnæ marmoreæ, fundatæ super bases aureas.....

16. Fauces ejus dulcedines, & totus desiderium.....

17..... *Vide Not.*

VULGATA NOVA.

cinthis. Venter ejus eburneus, distinctus sapphiris.

15. Crura illius columnæ marmoreæ, quæ fundatæ sunt super bases aureas. Species ejus ut libani, electus ut cedri.

16. Guttur illius suavissimum, & totus desiderabilis: talis est dilectus meus, & ipse est amicus meus, filiæ Jerusalem.

17. Quò abiit dilectus tuus, ô pulcherrima mulierum? quò declinavit dilectus tuus? & quæremus eum tecum.

NOTÆ AD VERSIONEM ANTIQUAM.

eburnea, ut apud Ambros. verba autem ult. *super lapidem sapphirum*, quæ deerant ap. Ambros. substituimus ex Hieronymo supra. Ms. S. Theoder. Vulgatæ congruit ad verbum.

℣. 15. Sic iterum Ambros. in Ps. 118. to. 1. 1030. c. cum Ms. S. Theoder. & Græco. Ms. addit: *Species ejus ut libani*, &c. ut in Vulg. Græcè pariter, præter vocem λίβανος, *libanus*.

℣. 16. Mss. nonnulli Ambros. ferunt ibid. *Fauces ejus dulcedinis*, *& totius desiderii*: sed Ambros. l. de Isaac, c. 7. to. 1. 376. e. & in Ps. 118. col. 1201. d. & de ob. Val. to. 2. 1190. c. constanter hab. *dulcedines*, *& totus desiderium*: in Ps. tamen 118. col. 1187. b. leg. *Fauces ejus dulcedinis*, *& totus desiderium.* Hieronymus l. 1. cont. Jovin. to. 4. 173. d. *Guttur ejus dulcedines*, *& totus concupiscentia*: ita quoque in Græco. In Ms. verò S. Theod. ita: *Guttur illius suavissimum*, *& totus desiderium*; deinde, *talis est dilectus meus*, *& amicus meus*, *filiæ Jerus.* Gr. οὗτος ἀδελφιδός μου, καὶ οὗτος πλησίον μου, θυγατέρες Ἱερουσαλήμ.

℣. 17. Ms. S. Theoder. nil omnino differt à Vulg. Græcè ita: Ποῦ ἀπῆλθεν ὁ ἀδελφιδός σου, ἡ καλὴ ἐν γυναιξί; ποῦ ἀπέβλεψεν ὁ ἀδελφιδός σου; καὶ, &c. ut in Lat. i. e. *Quò abiit fraternus tuus*, *pulchra in mulieribus? quò respexit fraternus tuus? &*, &c.

CAPUT VI.

VERSIO ANTIQUA.

Ambr. l. de instit. virg. to. 2. 269. f. 1. FRater meus descendit in hortum suum in phialas aromatis, pascere in hortis, & colligere lilia.

2. Ego fratri meo, & frater meus mihi, qui pascit inter lilia.

Idem l. 1. de virgin. p. 158. b. 3. Formosa es proxima mea ut bona opinio, pulchra ut Jerusalem; [a] sicut admiratio ordinata.

[a] Idem de Isaac, c. 7. p. 374. c.

[b] Idem in Ps. 118. p. 1161. c. 1177. b. 4. Averte oculos tuos à me... [b] Capillamentum tuum ut grex tonsarum, quæ revelatæ sunt à monte Galaad.

Idem de myst. t. 2. 334. d. 5. Dentes tui ut grex tonsarum, quæ ascenderunt de lavacro, quæ omnes geminos creant, & infecunda non est in eis: ut resticula coccinea labia tua.....

Idem de ob. Val. p. 1175. f. 6. Ut corium malorum granatorum, genæ tuæ.....

Hieron. epist. ad Princip. to. 2. 692. b. & l. 1. cont. Jovin. to. 4. p. 2. col. 166. a. 7. Sexaginta sunt reginæ, & octoginta concubinæ, & adolescentulæ quarum non est numerus.

[a] Idem ep. ad Eustoch. to. 4. p. 2. col. 38. e. & epist. ad Princip. p. 692. b. 8. [a] Una est columba mea, perfecta mea, una est matri suæ, electa genitrici suæ. Viderunt eam

VULGATA NOVA.

1. DIlectus meus descendit ad hortum suum ad areolam aromatum, ut pascatur in hortis, & lilia colligat.

2. Ego dilecto meo, & dilectus meus mihi, qui pascitur inter lilia.

3. Pulchra es amica mea, suavis, & decora sicut Jerusalem: terribilis ut castrorum acies ordinata.

4. Averte oculos tuos à me, quia ipsi me avolare fecerunt. Capilli tui sicut grex caprarum, quæ apparuerunt de Galaad.

5. Dentes tui sicut grex ovium, quæ ascenderunt de lavacro, omnes gemellis fetibus, & sterilis non est in eis.

6. Sicut cortex mali punici, sic genæ tuæ absque occultis tuis.

7. Sexaginta sunt reginæ, & octoginta concubinæ, & adolescentularum non est numerus.

8. Una est columba mea, perfecta mea, una est matris suæ, electa genitrici suæ. Vide-

NOTÆ AD VERSIONEM ANTIQUAM.

℣. 1. Ad verbum è Græco, nisi excipiatur *frater*, pro quo hic & alibi constanter, ἀδελφιδός. Hieron. in Zach. 14. to. 3. 1804. e. *Fratruelis meus descendit in hortum meum ad phialas aromatum*, *pascere in hortis*, *& colligere lilia.* In Ms. Alex. similiter, εἰς κῆπόν μου, *in hortum meum*; in aliis, αὐτοῦ, ut sup. in textu. In Ms. S. Theoder. omnia ut in Vulg. præter singul. *aromatis*, loco *aromatum*.

℣. 2. Sic iterum Ambros. l. de Isaac, c. 8. col. 379. b. unà cum Græco. Ms. S. Theoder. Vulgatæ consonat.

℣. 3. Hic versus totus pene sumitur ex l. 1. de virg. tria tantùm verba ult. *sicut admiratio ordinata*, ex l. de Isaac, c. 7. hoc tamen posteriori loco, antecedunt ista: *Jam non solùm soror dicitur*, *sed etiam beneplacita nominatur*.... *& speciosa sicut Jerus.* In Ms. S. Theoder. pariter: *Beneplacita es soror mea*, *speciosa sicut Jerus. admiratio sicut ordinata.* Græcè. Καλὴ εἶ ἡ πλησίον μου, ὡς εὐδοκία (Symm. εὐδοκητὴ,) ὡραία ὡς Ἱερουσαλὴμ, θάμβος ὡς τεταγμέναι.

℣. 4. In Ms. S. Theoder. omnia ut in Vulg. excepto uno *quia me elevas*, loco *quia ipsi me avolare fecerunt.* In Græco: Ἀπόστρεψον ὀφθαλμούς σου ἀπεναντίον μου, ὅτι αὐτοὶ ἀνεπτέρωσάν με. Τρίχωμά σου ὡς ἀγέλαι τῶν αἰγῶν, αἳ ἀνεφάνησαν ἀπὸ τοῦ Γαλαάδ. i. e. *Averte oculos tuos e regione mei*, *quia ipsi avolare fecerunt me. Capillamentum tuum sicut greges caprarum*, *quæ apparuerunt è Galaad.*

℣. 5. Eadem sunt in Græco, præter unum plur. ἀγέλαι, *greges*, pro *grex*. Gr. extremò addit, καὶ ἡ λαλιά σου ὡραία, *& eloquium tuum decorum.* Vide rursum Ambros. in Ps. 118. to. 1. p. 1161. e. & epist. 30. to. 2. p. 912. a. Apud August. similia, cùm epist. 149. to. 2. 505. c. tum l. 2. de doctr. Chr. to. 3. 21. e. nisi quòd leg. *sicut grex detonsarum ascendens de lavacro*.... *& sterilis non est in illis*; nec plura. Item apud Cassiod. in Ps. 77. p. 271. c. *Dentes tui sicut grex tonsarum ascendens de lavacro*, *quæ omnes geminos creant*, *& sterilis non est in eis*; nec sequuntur alia. In Ms. S. Theoder. omnia ut in Vulg.

℣. 6. Græc. Ὡς λέπυρον τῆς ῥοᾶς, μῆλόν σου, ἐκτὸς τῆς σιωπήσεώς σου. i. e. *Sicut cortex mali punici*, *gena tua*, *extra taciturnitatem tuam.* Ms. S. Theoder. *Sicut cortex*.... *sic gena tua absque oculis*; l. *occultis*.

℣. 7. Ad verbum è Græco. Ita quoque legit August. l. de div. quæst. q. 55. to. 6. col. 25. Ms. S. Theoder. ut in Vulg.

℣. 8. Eadem refert Cypr. cùm epist. 76. p. 152. b. tum l. de unit. Eccl. p. 195. a. usque ad verbum *viderunt.* Ita quoque S. Pacian. epist. 1. p. 306. d. nisi quòd hab. *electa est.* Hieron. ep. ad Princip. col. 692. b. *Una est co-*

VULGATA NOVA.

runt eam filiæ, & beatissimam prædicaverunt;
reginæ & concubinæ, & laudaverunt eam.
9. Quæ est ista, quæ progreditur quasi au-
rora consurgens, pulchra ut luna, electa ut sol,
terribilis ut castrorum acies ordinata?
10. Descendi in hortum nucum, ut viderem
poma convallium, & inspicerem si floruisset vinea, & germinassent mala punica.
11. Nescivi: anima mea conturbavit me
propter quadrigas Aminadab.
12. Revertere, revertere Sulamitis: revertere, revertere, ut intueamur te.

VERSIO ANTIQUA.

filiæ, & beatificant eam; reginæ & concubinæ, & laudant eam. *Hieron. ubi sup.*
9. Quænam est hæc prospiciens tanquam dilu-
culum, speciosa sicut luna, electa sicut sol, miraculum sicut ornatus? *Ambros. de bened. Patr. c. 10. p. 526. b.*
10. In hortum nucis descendi videre in nativita-
te torrentis..... *Idem de Isaac, c. 8. p. 377. d.*
11..... posuit me currus Aminadab. *Ibid. 378. a. c.*
12. Convertere, convertere Sunamitis: con-
vertere, & videbimus te. *Idem ep. 30. p. 914. b. & de ob. Val. t. 2. 1191. b.*

NOTÆ AD VERSIONEM ANTIQUAM.

lumba mea, perfecta mea, proxima mea. Rufin. in Symb. p. 189. c. *Una est columba mea, una est perfecta genitrici suæ.* August. tract. 6. in Joh. to. 3. p. 2. col. 337. b. *Una est columba mea, una est matri suæ.* Optat. l. 4. cont. Donat. p. 74. b. *Una est dilecta mea, una est sponsa mea, una est columba mea.* Cassiod. in Ps. 4. p. 21. c. *Una est columba mea, una est sponsa mea.* Siricius PP. epist. 10. to. 1. 692. c. *Una est columba mea, una est perfecta mea, una est genitrici suæ.* Auct. op. imp. in Matth. hom. 48. p. 201. d. *Una est columba mea, perfecta mea.* Græc. verò nil differt à textu Ambr. nisi quòd hab. circa med. ἐκλεκτὴ ἐστι τῇ τεκούσῃ αὐτῆς, *electa est ei quæ peperit ipsam*; & sub finem, μακαριοῦσι..... καὶ αἰνέσουσι, *beatificabunt.... & laudabunt*, non *beatificant.... & laudant.* Ms. S. Theoder. ut in Vulg. deleto uno &, ante *laudaverunt.*

℣. 9. Eadem repetit Ambros. l. 4. Hex. col. 77. f. usque ad vocem *miraculum*: ita rursum l. de Isaac, c. 7. & 8. col. 377. a. 380. b. & de ob. Val. to. 2. 1190. e. Sic etiam Hieron. ep. 18. ad Eustoch. to. 4. p. 2. col. 49. b. at in Isai. 66. to. 3. 512. f. legit: *Quæ est hæc, quæ processit quasi diluculum, pulchra ut luna, & electa ut sol, admirabilis?* Græcè: Τίς αὕτη ἡ ἐκκύπτουσα ὡσεὶ ὄρθρος, καλὴ ὡς σελήνη, ἐκλεκτὴ ὡς ὁ ἥλιος, θάμβος ὡς τεταγμέναι; in ed. Ald. τεταγμένη; *pavor ut ordinata*, vel *ordinata.* Ms. S. Theoder. *Quænam hæc est prospiciens tanq. diluculum, speciosa sicut luna*, &c. ut in Vulg.

℣. 10. Ad verbum è Græco, hoc excepto, *in nativitate*, pro quo ἐν γεννήμασι; at in Ms. Alex. ἐν γεννήματι; in edd. Ald. & Compl. ἐν γεννήμασι. Gr. extremò addit, ἰδεῖν εἰ ἤνθησεν ἡ ἄμπελος, ἐξήνθησαν αἱ ῥοαί· i. e. *videre si floruit vitis, effloruerunt mala punica.* In Ms. S. Theoder. omnia ut in Vulg. præter singul. *convallis*, loco plur. *convallium.* Hieron. in Zach. 12. col. 1786. b. legit: *Descendi ut viderem in genimine torrentis, si floruisset vinea, si floruissent mala punica.*

℣. 11. Græcè præmittuntur ista: Ἐκεῖ δώσω τοὺς μαστούς μου σοί· οὐκ ἔγνω ἡ ψυχή μου· deinde, ἔθετό με, &c. ut in Lat. i. e. *Ibi dabo ubera mea tibi: non novit anima mea: posuit me*, &c. Ms. S. Theoder. cum Vulg. *Nescivi: anima mea turbavit me*; dein verò cum Ambr. *posuit me currus Aminadab*: idem Ambr. in Ps. 118. to. 1. col. 993. c. leg. *posui te currus Aminadab*: & l. 2. de Abr. c. 8. col. 336. b. *posuisti me currus*, &c. at l. de Nabut. c. 15. col. 584. b. necnon altero de virginit. to. 2. 236. c. ut sup. *posuit me*, &c.

℣. 12. Iidem Græcè, geminato verbo *convertere*, post *Sunamitis*, positoque ult. ἐν σοί, *in te*, non simpliciter *te.* In Ms. S. Theoder. breviùs: *Convertere Sunamitis: convertere, ut intueamur te.* Item Ambrof. l. de Isaac, c. 8. col. 378. d. leg. *Convertere Sunamitis, convertere*; at de ob. Val. to. 2. 1191. b. scribit *Solamitis*; Ms. Alex. cum edd. Ald. & Compl. Σουλαμῖτις.

CAPUT VII.

VULGATA NOVA.

1. Quid videbis in Sulamite, nisi choros
castrorum? Quàm pulchri sunt gressus
tui in calceamentis, filia principis! Juncturæ
femorum tuorum, sicut monilia, quæ fabricata
sunt manu artificis.
2. Umbilicus tuus crater tornatilis, nunquam
indigens poculis. Venter tuus sicut acervus tritici, vallatus liliis.
3. Duo ubera tua, sicut duo hinnuli gemelli
capreæ.
4. Collum tuum sicut turris eburnea. Oculi
tui sicut piscinæ in Hesebon, quæ sunt in porta
filiæ multitudinis. Nasus tuus sicut turris Libani,
quæ respicit contra Damascum.

VERSIO ANTIQUA.

1. Quid videbitis in Solamitide, quæ venit sicut
chori castrorum? * Speciosi facti sunt gressus tui in calceamentis, filia Aminadab. Moduli
femorum tuorum, similes torquibus, operi ma-
nuum artificis. *Ambr. de ob. Val. to. 2. 1191. c. e.* * *Idem l. de instit. virg. t. 2. 268. c. f.*
2. Umbilicus tuus crater tornatilis, non defi-
ciens misto. Venter tuus sicut acervus tritici, muniti inter lilia.
3..... *Vide Not.*
4. Cervix tua sicut turris eburnea. Oculi tui sicut stagna in Esebon, in portis filiæ multorum.
Nares tuæ sicut turris Libani, prospiciens faciem
Damasci. *Idem de ob. Val. to. 2. 1192. a.* *Idem in Ps. 118. to. 1. p. 1028. f. 1171. f.*

NOTÆ AD VERSIONEM ANTIQUAM.

℣. 1. Nonnulla variant Græcè, sed levia; nempe, ἐν Σουναμίτιδι, pro *in Solamitide*; paulòque post, ἐν ὑποδήμασί σου, θύγατερ Ναδάβ, *in calceamentis tuis, filia Nadab*; subinde deest *tuorum*, post *femorum*; extremò, ἔργον τεχνίτου, *opus artificis*, pro *operi manuum*, &c. sed in Ms. Alex. ut in Lat. sup. Ἀμιναδάβ. Ῥυθμοὶ μηρῶν σου..... ἔργῳ χειρῶν τεχνίτου· in edd. etiam Ald. & Compl. μηρῶν σου..... ἔργῳ χειρῶν τεχνίτου· in Compl. ἔργον: & verò idem Ambrof. in Ps. 118. col. 1188. c. leg. *similes torquibus opere artificis*; & inf. 1189. d. *opere manuum artificis*; cæt. ut in textu. Ap. Hieron. l. 1. cont. Jovin. to. 4. 173. d. *Speciosi facti sunt gressus tui in calceamentis filia Aminadab.* Ms. S. Theoder. ita primùm hab. cum Vulg. *Quid videbis in Sulamite, nisi choros castrorum?* exinde cum Ambrof. *Speciosi facti sunt*, &c. ut in textu, excepto uno *opere*, pro *operi*.

℣. 2. Eadem rursus habet Ambr. in Ps. 118. to. 1. 1189. f. & epist. 64. to. 2. 1051. a. necnon de ob. Valent. 1192. a. hoc tamen ult. loco Mss. quidam ponunt *musto*, non *misto*; sicut inf. *minuti*, loco *muniti*: imo Mss. omnes aliis 2. locis cit. nempe in Ps. 118. & ep. 64. legunt *minuti inter lilia*, cum vet. editt. Sed lapsus calami est, ni fallor, ortus videlicet ex similitudine vocum *muniti*, & *minuti*; nam in Græco constanter, θημωνία σίτου πεφραγμένη, *acervus frumenti vallatus.* In Ms. S. Theoder. *Umbilicus tuus tanquam crater tornatilis, misto non deficiens. Venter tuus.... vallatus liliis.* In Gr. Ὀμφαλός σου κρατὴρ τορευτὸς, μὴ ὑστερούμενος κρᾶμα (Ms. Alex. κράματος.) Κοιλία σου θημωνία..... ἐν κρίνοις. Similiter ap. Ambrof. sup. epist. 64. ac de ob. Valent. deest *sicut*, ante *acervus*; sed in Ps. 118. habetur *tanquam*, ante *crater*. Apud Optat. quoque l. 2. cont. Donat. p. 33. a. *Umbilicus tuus ut crater tornatilis.*

℣. 3. Ms. S. Theoder. cum Vulg. & Gr. *Duo ubera tua, sicut duo hinnuli capreæ gemelli.*

℣. 4. Ita rursum Græcè, præter unum singul. μυκτήρ σου, *naris tua*, loco plur. *nares tuæ.* In Ms. S. Theoder. ita: *Collum tuum sicut..... Oculi tui stagnà in Esebon, in*

Versio antiqua.

Ambrof. ubi fup. 1190. b.
5..... & ornatus capitis tui, ficut purpura.....

6. Quàm pulchra & fuavis facta es charitas, in
deliciis tuis!

Idem de Myft. to. 2. 335. b.
7. Statura tua fimilis facta eft palmæ, & ubera
tua botris.

Idem l. 3. Hexa. to. 1. 54. b. 61. d.
8. Dixi: Afcendam in palmam, tenebo altitudines ejus..... [a] & odor naris tuæ ficut mala.

[a] Idem de Spir. S. to. 2. 647. a.
[b] Idem l. 2. de fide, p. 476. b.
9. [b] Et faux tua tanquam vinum optimum.....

Idem l. de Ifaac, c. 8. to. 1. 379. b.
10. Ego fratri meo, & fuper me converfio ejus.
11. [c] Veni frater meus, exeamus in agrum, re-
quiefcamus in caftellis.

[c] Idem de apol. Dav. p. 724. c.
12. Diluculo furgamus in vineas, videamus fi
floruit vitis..... [d] floruerunt mala granata: ibi dabo
ubera mea tibi.

[d] Idem l. 3. Hexa. p. 55. e. & in Pf. 118. p. 1216. a. 1255. d.
13. Dederunt mandragoræ odorem, & in fori-
bus noftris omnis fetus arborum: nova & vetera,
frater meus, fervavi tibi.

Vulgata nova.

5. Caput tuum ut Carmelus: & comæ capitis tui, ficut purpura regis vincta canalibus.
6. Quàm pulchra es, & quàm decora cha-
riffima, in deliciis!
7. Statura tua affimilata eft palmæ, & ubera
tua botris.
8. Dixi: Afcendam in palmam, & apprehendam fructus ejus: & erunt ubera tua ficut botri vineæ: & odor oris tui ficut malorum.
9. Guttur tuum ficut vinum optimum, dignum dilecto meo ad potandum, labiifque &
dentibus illius ad ruminandum.
10. Ego dilecto meo, & ad me converfio ejus.
11. Veni dilecte mi, egrediamur in agrum,
commoremur in villis.
12. Manè furgamus ad vineas, videamus fi
floruit vinea, fi flores fructus parturiunt, fi floruerunt mala punica: ibi dabo tibi ubera mea.
13. Mandragoræ dederunt odorem. In portis noftris omnia poma: nova & vetera, dilecte mi, fervavi tibi.

Notæ ad Versionem antiquam.

portis filia multorum. Nares tua ficut turris Lib. qua refpicit contra Damafcum.

℣. 5. Mf. S. Theoder. *Caput tuum ut Carmelus: & coma tua ficut purpura regis juncta canalibus.* Gr. Κεφαλή σου ἐπὶ σὲ, ὡς Κάρμηλος· καὶ πλόκιον κεφαλῆς σου, ὡς πορφύρα· βασιλεὺς δεδεμένος ἐν παραδρομαῖς. i. e. *Caput tuum fuper te, ficut Carmelus: & plexus capitis tui, ficut purpura; rex ligatus in tranfcurfibus.*

℣. 6. Sic iterum Ambrof. de ob. Val. to. 2. 1192. c. cum Mf. S. Theoder. at l. de Myft. col. 335. b. & l. de Ifaac, c. 8. to. 1. 378. e. Ambr. leg. *Quid pulchra & fuavis*, &c. ut fupra. In Gr. Τί ὡραιώθης, καὶ τί ἡδύνθης ἀγάπη ἐν, &c. Similiter ap. Aug. l. 17. de civit. Dei, c. 20. col. 485. b. *charitas in deliciis tuis.*

℣. 7. Idem Ambrof. l. 3. Hex. col. 61. b. & l. de Ifaac, c. 8. col. 378. e. conftanter legit: *Statura tua fimilis facta eft palma.* Sic etiam in Mf. S. Theoder. cum feqq. fup. Gr. Τοῦτο μέγεθός σου ὡμοιώθης τῷ φοίνικι, &c. *Hac magnitudo tua: fimilis facta es palma*, &c. ut fup. Ap. Aquil. αὕτη ἀνάστασίς σου, &c. ap. Symm. αὕτη ἡλικία σου, deinde in Mf. Alex. ὡμοιώθη.

℣. 8. Mf. S. Theoder. *Dixi: Afcendam in palmam, & manducabo fructus ejus: & erunt ub. tua ficut botri vinea: & odores tui ficut malorum.* Græc. Εἶπα· Ἀναβήσομαι ἐπὶ τῷ φοίνικι, κρατήσω τῶν ὕψεων αὐτοῦ· καὶ ἔσονται δὴ μαστοί σου ὡς βότρυες τῆς ἀμπέλου· καὶ ὀσμὴ ῥινός σου ὡς μῆλα. Vide etiam Ambr. l. de Ifaac, c. 8. col. 378. e.

℣. 9. Mf. S. Theoder. *Guttur tuum ficut vinum optimum dilecto meo ad potandum, labiifque & dentibus ruminandum.* Græc. Καὶ ὁ λάρυγξ σου ὡς οἶνος ὁ ἀγαθὸς, πορευόμενος τῷ ἀδελφιδῷ μου εἰς εὐθύτητα, ἱκανούμενος χείλεσί μου καὶ ὀδοῦσι. i. e. *Et guttur tuum ficut vinum bonum, vadens fraterno meo in rectitudinem, fufficiens labiis meis & dentibus.* Idem Ambrof. l. 3. Hex. col. 61. d. legit: *Et fauces tua ficut vinum optimum.*

℣. 10. Sic iterum Ambrof. de ob. Val. to. 2. 1192. c. una cum Mf. S. Theoder. & Græco.

℣. 11. Eadem refert Ambrof. l. de Ifaac, c. 8. to. 1. 379. d. & in Pf. 118. col. 1215. e. 1255. d. & in Luc. 17. col. 1481. a. & l. de virginit. to. 2. 221. f. & de obitu Val. col. 1192. d. f. nec diverfa in Græco, præter unum, ἀδελφιδέ μου; fed Ambrof. l. 1 de virgin. to. 2. 157. f. leg. *fraterne mi*, al. *frater mi.* Sic etiam in Mf. S. Theoder. ut & alia quæ leguntur fupra.

℣. 12. Mf. S. Theoder. *Diluculo furgamus in vineis, videamus fi floruit vitis*, deinde, *fi flores*, &c. ut in Vulg. Gr. Ὀρθρίσωμεν εἰς ἀμπελῶνας, ἴδωμεν εἰ ἤνθησεν ἡ ἄμπελος, ἤνθησεν ὁ κυπρισμός, ἤνθησαν αἱ ῥοαί· ἐκεῖ δώσω τοὺς μαστούς μου σοί. Vide etiam Ambr. in Pf. 118. to. 1. 1215. e. & l. de virginit. to. 2. 221. f. necnon de ob. Valent. col. 1192. d. ubi iterum legit quæ fup. in textu. Hieron. in Ifai. 35. to. 3. 280. d. *flores vifi funt in terra.*

℣. 13. Nonnulla de his rurfus citat Ambrof. de apol. Dav. to. 1. 724. c. & epift. 39. to. 2. 945. e. necnon de obitu Val. col. 1192. f. nifi quòd hic hab. *omnes fetus arborum.* Græc. πάντα ἀκρόδρυα; deinde, νέα πρὸς παλαιὰ, ἀδελφιδέ μου, ἐτήρησά σοι· i. e. *omnes nuces novas ad veteres, fraterne mi, fervavi tibi;* cæt. ut in Lat. fup. Hieron. in Ifai. 35. to. 3. 280. d. *Mandragora dederunt odorem fuum:* & fup. col. 2. f. ac in Matth. 13. to. 4. 60. d. *nova & vetera, fratruelis meus, fervavi tibi;* Mfs. 2. ibid. *nova cum veteribus.* Mf. S. Theoder. *Ibi dederunt mangragora odorem;* ftatimque, *nova & vetera, frater meus, fervavi tibi*, prætermiffis mediis, *& in foribus*, &c.

CAPUT VIII.

Versio antiqua.

Ambr. de ob. Val. to. 2. 1192. f.
1. Quis dabit te, frater, fratrem mihi lactentem
ubera matris meæ? inveniens te foris, of-
culabor te, & quidem non fpernent me.
2. Adfumam te, & inducam te in domum matris meæ, & in fecretum ejus quæ concepit me:
potum dabo tibi à vino operofi unguenti, à fluxu
malorum granatorum meorum.

Vulgata nova.

1. Quis mihi det te fratrem meum fugen-
tem ubera matris meæ, ut inveniam te foris, & deofculer te, & jam me nemo defpiciat?
2. Apprehendam te, & ducam in domum matris meæ: ibi me docebis, & dabo tibi poculum
ex vino condito, & muftum malorum granatorum meorum.

Notæ ad Versionem antiquam.

℣. 1. Mf. S. Theoder. initio hab. *Quis dabit te fratrem lactentem ubera;* reliqua ut in textu. Græc. Τίς δώῃ σε, ἀδελφιδέ μου, θηλάζοντα, &c. ut in Lat. Aquila, Τίς δώσει σε ὡς ἀδελφὸν ἐμοί, &c. in ed. Compl. pariter ἀδελφόν. Idem Ambrof. l. de Ifaac, c. 8. col. 379. f. *Quis dabit te, frater, lactantem*, &c. ut fup. at l. de inftit. virg. to. 2. 250. f. *Quis dabit te fratrem mihi lactentem*, &c. quæ fup. & l. de Myft. col. 335. b. *Quis dabit te, frater, mihi lactentem*, &c. & de apol. Dav. to. 1. 724. d. *Quis dabit te, frater meus, lactantem*, &c. & in Pf. 118. col. 1216. c. *Quis dabit te fratrem lactentem*, &c. quæ fupra.

℣. 2. Mf. S. Theoder. primò legit cum Ambr. *Affumam te, & inducam in dom. matris mea, & in fecretum ejus qua me concepit:* deinde, *ibi me docebis, & dabo tibi poculum*, &c. ut in Vulg. Græc. Παραλήψομαί σε, εἰσάξω σε εἰς οἶκον μητρός μου, καὶ εἰς ταμεῖον τῆς συλλαβούσης με· ποτιῶ σε ἀπὸ οἴνου τοῦ μυρεψικοῦ, ἀπὸ νάματος ῥοῶν μου. Multa iterum refert Ambrof. ex his quæ fup. cùm l. de Ifaac, c. 8. col. 379. f. & in Pf. 118. col. 1246. c. cum de

Vulgata nova.

3. Læva ejus sub capite meo, & dextera
illius amplexabitur me.
4. Adjuro vos filiæ Jerusalem, ne suscitetis,
neque evigilare faciatis dilectam, donec ipsa velit.
5. Quæ est ista, quæ ascendit de deserto,
deliciis affluens, innixa super dilectum suum? Sub
arbore malo suscitavi te: ibi corrupta est mater tua, ibi violata est genitrix tua.
6. Pone me ut signaculum super cor tuum,
ut signaculum super brachium tuum: quia fortis
est ut mors dilectio, dura sicut infernus æmulatio: lampades ejus, lampades ignis atque flam-
marum.
7. Aquæ multæ non potuerunt exstinguere
charitatem, nec flumina obruent illam: si dederit homo omnem substantiam domus suæ pro
dilectione, quasi nihil despiciet eam.
8. Soror nostra parva, & ubera non habet:
quid faciemus sorori nostræ in die quando al-
loquenda est?
9. Si murus est, ædificemus super eum propugnacula argentea: si ostium est, compingamus
illud tabulis cedrinis.
10. Ego murus: & ubera mea sicut turris, ex
quo facta sum coram eo quasi pacem reperiens.
11. Vinea fuit pacifico in ea, quæ habet populos: tradidit eam custodibus, vir affert pro
fructu ejus mille argenteos.
12. Vinea mea coram me est. Mille tui pa-

Versio antiqua.

3. Læva ejus sub caput meum, & dextera ejus *Ambr. ubi sup.*
complectetur me. *1193. a.*
4. Adjuravi vos filiæ Jerusalem, ne suscitetis *Idem in Ps. 118.*
& resuscitetis dilectionem, usquequo voluerit. *to. 1. 1216. d.*
5. Quæ est hæc, quæ ascendit dealbata, innitens
super fratrem suum? [a] Sub arbore mali elevavi te: *[a] Idem l. de Isaac,*
illic parturivit te mater tua, illic parturivit te quæ *c. 8. p. 380. e.*
peperit te.
6. Pone me ut signaculum in cor tuum, ut si- *Idem in Ps. 118.*
gillum in brachium tuum: quia valida est ut mors *1169. c. f. 1199.*
charitas, durus sicut inferi zelus: alæ ejus, alæ ignis *a. 1216. f. 1225.*
& flammæ. *d. 1255. e.*
7. Aqua multa excludere non poterit charita-
tem, & flumina non inundabunt eam: [a] si dederit *[a] Ibid. p. 1244. d.*
vir omnes facultates suas in charitate, contemptu
contemptus erit.
8. Soror nostra parva, & ubera non habet: *Ibid. p. 1256. a. b.*
quid faciemus sorori nostræ in die qua loquetur in
ea?
9. Si murus est, ædificemus super eum receptacula: & si janua est, sculpamus super eam tabulas
cedrinas.
10. Ego murus, & ubera mea turres: ego eram *Ibid. 1246. c.*
in oculis ejus tanquam inveniens pacem. *1257. a. 1258. c.*
11. Vinea facta est Salomoni in Beelamon: de-
dit vineam suam iis qui servant.....
12. Vitis mea in conspectu meo. Mille Salomo-

Notæ ad Versionem antiquam.

ob. Valent. col. 1176. c. Similiter habet in Ps. 118. col. 1216. c. nisi quòd post τὸ *concepit me*, subdit cum Vulg. *ibi docebis me*: item l. de Myst. to. 2. 335. c. *docebis me*: lib. verò de instit. virg. col. 251. a. *Adsumam te, & ducam te*, &c. & de apol. Dav. col. 724. e. *Adsumam te, & adducam te*, &c. Hieron. in Zachar. 12. to. 3. 1786. c. *potabis me de vino unguentario, de vino malorum granatorum meorum*: & in Zachar. 9. col. 1764. e. *de rivis malogranatorum tuorum*.

℣. 3. Ad verbum è Græco. Ms. S. Theoder. nil differt à Vulg.

℣. 4. Ms. S. Theoder. *Adjuravi vos filia Jerus. quòd suscitetis & resuscitetis dilectionem, quousque voluerit*. August. verò Specul. to. 3. 715. a. *Adjuro vos filiæ Jerus. in virtutibus & viribus agri, si levaveritis charitatem, quoadusque velit*. Græc. Ὥρκισα ὑμᾶς θυγατέρες Ἱερυσ. ἐν ταῖς ἰσχύσεσι τῦ ἀγρῦ, ἐὰν ἐγείρητε, καὶ ἐὰν ἐξεγείρητε τὴν ἀγάπην, ἕως ἂν θελήσῃ.

℣. 5. Concinit Græc. ad verbum, nisi quòd hab. Ὑπὸ μῆλον ἐξήγειρά σε, *Sub malo exsuscitavi te*, loco *Sub arbore mali elevavi te*; quæ idem sonant. Ms. S. Theoder. *levavi te*; initio verò ipso, *Quæ est quæ ascendit*, absque medio *hæc*; cæt. ut ap. Ambr. supra. Idem Ambr. l. de Isaac, c. 8. col. 380. a. legit: *Quæ est hæc, quæ ascendit candida*, &c. sic etiam in Ps. 118. col. 1152. e. & de ob. Val. to. 2. 1194. a. & l. 2. de interpel. Dav. c. 4. col. 643. f. constanter, *dealbata*; sicut in Ps. 118. col. 1176. e. & de apol. Dav. col. 696. c. & de Myst. to. 2. 334. b. lib. verò 4. de Sacram. col. 366. a. habet: *Quæ est hæc, quæ ascendit à deserto dealbata?* Auct. l. de Trin. ap. Ambr. col. 338. f. *Quæ est ista, quæ ascendit dealbata, innitens supra fratruelem suum?* Ita quoque legit Hieron. in Isai. 29. to. 3. 249. e. & in Ezech. 27. col. 886. a. Vide etiam in Soph. 2. col. 1667. b. & in Zach. 3. col. 1721. f. & epist. ad Eustoch. to. 4. p. 2. col. 27. f. August. de Gra. & l. arb. to. 10. 725. c. *Quæ est ista, quæ ascendit dealbata, incumbens super fratruelem suum*: item *dealbata*, tract. 65. in Joh. to. 3. 674. c. & in Ps. 44. col. 395. f. cui suffragatur Cassiod. in Ps. 4. & 44. p. 21. c. 153. c.

℣. 6. Totidem verba in Ms. S. Theoder. exceptâ unâ conjunct. &, quæ deest ante vocem ult. *flammæ*; Gr. hab. φλόγες αὐτῆς, *flammæ ejus*, absque præced. &: item sup. tollit *est*, post *valida*; legitque inf. ᾅδης, *infernus*, loco *inferi*; cæt. ad verbum ut supra. Eorumdem multa iterum refert Ambros. l. de Isaac, c. 8. col. 380. f. 381. c. & l. de Myst. to. 2. 335. d. at l. 6. de Sacram. to. 2. 381. c. legit: *Pone me ut signaculum in corde tuo, sicut signaculum in brachiis tuis*: & l. 1. de virgin. col. 157. f. 158. c. *Pone me ut sigillum in cor tuum, & velut signaculum super brachium tuum*: vide etiam l. de instit. virg. col. 274. c. & epist. 30. col. 914. c. Apud Hieron. ep. 18. ad Eustoch. to. 4. p. 2. col. 49. d. *Pone me sicut umbraculum in corde tuo, sicut signaculum in brachio tuo*. Apud August. in Ps. 47. to. 4. 422. g. *valida est sicut mors dilectio*. Apud S. Paulin. epist. 40. p. 243. b. *fortis ut mors charitas*.

℣. 7. Ms. S. Theoder. initio hab. cum Ambros. *Aqua multa excludere non poterit charitatem, & flum. non undabunt eam*: sequentia verò ut in Vulg. Græcè: Ὕδωρ πολὺ ὐ δυνήσεται σβέσαι τὴν ἀγάπην, καὶ ποταμοὶ ὐ συγκλύσυσιν αὐτήν· ἐὰν δῷ ἀνὴρ πάντα τὸν βίον αὐτῦ (Aquil. σύμπασαν ὕπαρξιν τῦ οἴκυ αὐτῦ) ἐν τῇ ἀγάπῃ, ἐξυδενώσει ἐξυδενώσυσιν αὐτόν. Idem Ambros. l. 1. de Jac. c. 7. col. 453. f. legit: *Aqua multa excludere non poterit charitatem, & flumina non concludent eam*; item in Ps. 118. p. 1243. d. constanter *excludere*; paulò verò post, *non inundabunt eam*. Hieron. ep. 18. ad Eustoch. to. 4. p. 2. col. 49. d. *Aqua multa non poterunt exstinguere charitatem, & flumina non operient eam*.

℣. 8. Ita Græcè, nisi quòd pro *qua loquetur*, exstat ᾗ ἐὰν λαληθῇ, i. e. *qua sermo fiet*. Ms. S. Theoder. initio hab. *Soror nobis parva*; reliqua ad verbum ut supra.

℣. 9. Itidem in Ms. S. Theoder. Græc. loco *super eum receptacula*, hab. ἐπ' αὐτὴν ἐπάλξεις ἀργυρᾶς, *super eam propugnacula argentea*; extremòque, σανίδα κέδρινην, *tabulam cedrinam*; cæt. ut in Lat. sup. Idem Ambros. l. 2. de virgin. to. 2. 174. b. *Si murus est, ædificemus super eum turres argenteas*.

℣. 10. Sic iterum Ambros. l. 6. Hex. to. 1. 132. f. & l. de bon. mort. c. 5. col. 397. d. e. nisi quòd hoc postremo loco hab. *ut turres*, absque præced. &; sed de apol. Dav. col. 702. f. *& ubera mea turris*. Græcè, καὶ μασοί μυ ὡς πύργοι· deinde, ἐγὼ ἤμην ἐν ὀφθαλμοῖς αὐτῶν, &c. in Ms. verò Alex. ac edd. Ald. & Compl. ἐν ὀφθαλμ. αὐτῦ, ut in Latino. Ms. S. Theoder. initio hab. *Ego civitas munita*, quod abest à Gr. exinde, *ego murus, & ubera mea turres*, &c. ut in textu, nisi excipias unum *quasi*, pro *tanquam*.

℣. 11. Ms. S. Theoder. similiter habet: *Vinea facta est Salom. in Belammon: dedit vineam suam his qui servant*; deinde cum Vulg. *vir affert pro fructu ejus mille argenteos*. Græcè, ἀνὴρ οἴσει ἐν καρπῷ αὐτῦ χιλίυς ἀργυρίυ, *vir feret in fructu ejus mille argenti*; priora ut in textu Latino. De vocabulo autem Beelamon Ambros. hæc addit: *Plantata autem est in multitudine nationum; hoc enim esse intelligendum Beelamon, Symmachus, Aquila, aliæque Translationes Græco sermone docuerunt*.

℣. 12. Itidem in Ms. S. Theoder. Græc. ipso initio hab. Ἀμπελών μυ ἐμός, *Vinea mihi mea*; & in fine, καρ-

Versio antiqua.

Ambros. ubi sup. ni, & ducenti servantibus fructum.
13. Qui sedes in hortis, amici intendentes sunt voci tuæ : vocem tuam insinua mihi.
14. Fuge frater meus, & similis esto tu capreolæ, aut hinnulo cervorum super montes aromatum.

Vulgata nova.

cifici, & ducenti his, qui custodiunt fructus ejus.
13. Quæ habitas in hortis, amici auscultant: fac me audire vocem tuam.
14. Fuge dilecte mi, & assimilare capreæ, hinnuloque cervorum super montes aromatum.

Notæ ad Versionem antiquam.

τὸν αὐτοῦ ; cæt. ut in Lat. sup. Rursum Ambros. l. 1. de virgin. to. 1. 158. e. legit : *Vinea mea est in conspectu meo. Mille Salomoni, & ducenti, qui servant fructum ejus.*

℣. 13. Ms. S. Theoder. simpliciter habet : *Quæ sedes in hortis, vocem tuam insinua mihi.* Gr. verò : Ὁ καθήμενος ἐν κήποις, ἑταῖροι προσέχοντες τῇ φωνῇ σου· ἀκούτισόν με· quæ respondent textui Lat. sup. vide etiam Ambr. l. de bon. mort. c. 5. col. 397. f.

℣. 14. Similiter in Ms. S. Theoder. duobus exceptis, *capreolo*, loco *capreolæ* ; & *monte*, pro *montes*. Græcè : Φύγε ἀδελφιδέ μου, καὶ ὁμοιώθητι τῇ δορκάδι, ἢ τῷ νεβρῷ τῶν..... ἐπὶ ὄρη τῶν, &c. Ambros. l. de virginit. to. 2. col. 226. a. ita legit : *Fuge fraternus meus, & similis effcere cervo, aut hinnulo cervi in montibus aromatum.*

ROMAN. CORRECTIONUM AD EDIT. VULGATAM DELECTUS,

Auctore Francisco Luca Brugensi.

CANTICUM CANTICORUM.

G*ermanus libri titulus est* Canticum *numero singulari, non plurali* Cantica.

Cap. I. ℣. 1. Osculetur me osculo oris sui. *Non scribas* ab osculis *pro* osculo.

℣. 3. In odorem unguentorum tuorum. *Non sunt omittenda hæc verba, licet Hebraïcè non extent.*

℣. 5. Posuerunt me custodem in vineis. *Non est auferenda præpositio* in.

℣. 7. Et abi post vestigia gregum. *Non subjicias pronomen* tuorum.

Cap. II. ℣. 4. Introduxit me in cellam vinariam. *Non addas* rex.

℣. 10. En dilectus meus loquitur mihi. *Alii, pro adverbio demonstrandi* en, *scribunt conjunctionem copulativam* &.

Sequitur : Surge, propera, amica mea, columba mea. *Non facilè omittas* columba mea, *tametsi absit ab Hebræo.*

℣. 13. Surge, amica mea, speciosa mea, & veni. *Non est hoc loco addendum verbum* propera, *multòque minùs* prospera, *verbo* surge. *Rursus* speciosa, *quod est pulchra, non est corrigendum* sponsa. *Postremò non est* columba mea, *è proximo versu transferendum in hunc, ante* & veni.

℣. 17. Similis esto, dilecte mi, capreæ hinnuloque cervorum, super montes Bether. *Quia obscurum est nomen* Bether, *quod significat concavitatem seu divisionem ; notissimum autem econtra est nomen* Bethel, *quod domum Dei significat ; hinc factum est, ut notarii plerique, pro* Bether *(quæ est Romanorum Patrum docta correctio) scripserint* Bethel, *id est,* l *pro* r, *primam liquidarum pro ultima.*

Cap. V. ℣. 6. Anima mea liquefacta est ut locutus est. *Non addas* dilectus.

Cap. VI. ℣. 10. Descendi in hortum nucum. *Cave supponas pronomen* meum *pro nomine* nucum, *quod quidam.*

Sequitur : Ut viderem poma convallium. *Alii libri scribunt numero singulari* convallis.

℣. 12. Revertere, revertere Sulamitis. *Idem accidit hoc loco, quod supra 2. ℣. 17.* Sulamitis, *quod est nomen femininum, deductum à masculino* Salomon, *quia alibi non legitur, corruptum fuit, supposito nomine* Sunamitis, *celeberrimo in tertio & quarto libris Regum, ut pote una sola littera differente. Legenda itaque hic est littera* l, *id est, prima liquidarum, prout habet Romana correctio, non* n *tertia.*

Cap. VII. ℣. 1. Quid videbis in Sulamite. *Eadem est hujus loci ratio, quæ præcedentis.*

Ibidem. Juncturæ femorum tuorum. *Alii scribunt* feminum.

℣. 5. Sicut purpura regis vincta canalibus. *Pro* vincta, *quod est participium à vincio, non scribas* juncta *à jungo, multòque minùs* tincta *à tingo.*

℣. 8. Et odor oris tui sicut malorum. *Non repetas vocem* odor *ante* malorum.

Cap. VIII. ℣. 2. Et ducam in domum matris meæ. *Non subjicias, ut multi,* & in cubiculum genitricis meæ, *quod est capitis 3. ℣. 4.*

℣. 5. Quæ est ista, quæ ascendit de deserto. *Cave mutes* de *cum* in.

℣. 7. Aquæ multæ non potuerunt exstinguere charitatem. *Alii, pro præterito* potuerunt, *scribunt futurum* poterunt.

℣. 12. Mille tui pacifici. *Non est opus genitivum* pacifici, *commutare cum vocativo* pacifice, *præsertim cùm non suppetant exemplaria.*

IN LIBROS SAPIENTIÆ ET ECCLESIASTICI

ADMONITIO PRÆVIA.

NULLAM aliam utriusque Libri Sapientiæ, & Ecclesiastici Latinam Versionem edimus, præter illam, quæ prostat, hodieque legitur in S. Bibliis Vulgatæ Editionis: hæc enim non differt ab antiqua Versione Latina, seu, ut aiunt, Italica; imo una eademque est cum ipsa, si nonnullæ excipiantur varietates, quæ tamen duplicem non arguunt Interpretationem. « Qui namque in (Vulgata) libri continentur, (ut à majoribus nostris quasi per manus traditum nobis est) partim ex S. Hieronymi Translatione, vel emendatione, suscepti sunt; partim retenti ex antiquissima quadam Editione Latina, quam S. Hieron. Communem & Vulgatam, S. Aug. Italam, S. Greg. Veterem Translationem appellat. » Præf. Vulg. Edit. Idem agnoscit eruditus Auctor dissertationum historic. in S. Script. dissert. X. p. 83. « Certum est, inquit, Vulgatam novam non ita pertinere ad D. Hieronymum, ut nihil omnino, quod ipsius Hieronymi non sit, in ea habeatur. Primò enim liber Psalmorum non est ex Versione Hieronymi, sed ex Versione LXX. & ut multi volunt, ex correctione Luciani. Secundò, neque etiam Hieronymo tribui possunt libri Machabæorum, Sapientiæ, Ecclesiastici, & Baruch, cùm libros istos Hieronymus nusquam verterit: cæteros verò, paucis exceptis, quæ tum ex Veteri Vulgata, tum ex Theodotionis versione admista sunt, totos esse Hieronymi dubitari nequit. » Idem sentit Martianæus noster, cùm ait Prolegom. 2. to. 1. op. S. Hieron. « Adverte diligenter Canonem Hebraïcæ veritatis, uno Psalterio excepto, totum reperiri in Vulgata Latina, cum duobus insuper Tobiæ & Judith voluminibus, de Chaldaïco in Latinum ab ipso Hieronymo conversis..... Præterea habes in libro Psalmorum posteriorem emendationem Hieronymi, quam ipse edidit cum signis asteriscorum & obelorum..... Reliqui omnes libri Instrumenti Veteris retenti sunt ex illa Antiqua Vulgata, quæ Communis, vel Italica dicta perhibetur. Hi sunt liber Baruch, Sapientia, Ecclesiasticus, ac libri Machabæorum primus & secundus. » De duobus etiam Sapientiæ & Ecclesiastici libris ita disserit Hieronymus ipse, præf. in libr. Salomonis: Fertur & πανάρετος Jesu filii Sirach liber, & alius ψευδεπίγραφος, qui Sapientia Salomonis inscribitur; quorum priorem Hebraïcum reperi, non Ecclesiasticum, ut apud Latinos, sed Parabolas prænotatum; cui juncti erant Ecclesiastes, & Canticum Canticorum..... Secundus apud Hebræos nusquam est; quia & ipse stylus Græcam eloquentiam redolet, & nonnulli Scriptorum veterum hunc esse Judæi Philonis affirmant. Et post pauca addit: Si cui sanè LXX. Interpretum magis Editio placet, habet eam à nobis olim emendatam; neque enim sic nova cudimus, ut vetera destruamus. Cave tamen ex posterioribus his ducas, & existimes duos libros Sapientiæ & Ecclesiastici, unà cum germanis Salomonis libris, emendatos fuisse ab Hieronymo, vel exactos ad Græcum contextum: enim verò contrarium ipse affirmat in præf. altera, quam præposuit libris Salomonis secundùm Versionem LXX. ubi sic loquitur: Tres libros Salomonis, id est, Proverbia, Ecclesiasten, Canticum Canticorum, veteri LXX. Interpretum auctoritati reddidi, vel antepositis lineis superflua quæque designans, vel stellis titulo prænotatis ea, quæ minùs habebantur, interserens. Subinde, paucis interjectis, addit: Porro in eo libro, qui à plerisque Sapientia Salomonis inscribitur, & in Ecclesiastico, quem esse Jesu filii Sirach nullus ignorat, calamo temperavi: tantummodo canonicas Scripturas emendare desiderans, & studium meum certis magis, quàm dubiis, commendare. Unde manifestè colligitur neque Sapientiæ, neque Ecclesiastici libros translatos fuisse olim, vel etiam emendatos ab Hieronymo; proindeque utriusque libri hujus Versionem Latinam, qualiter nunc habetur in Vulgata nostra, disparem haud esse, vel distinctam ab illa, quæ usu communi recepta erat in Ecclesia ante Hieronymum.

Et sanè, si Versionis hodiernæ contentio fiat & comparatio cum Mss. Codicibus antiquis, vel cum testimoniis à SS. Patribus passim citatis, vix pauca proferri poterunt quæ discrepare videantur.

Ac primò quidem de Mss. Codicibus res satis constat: utrumque enim hunc librum exegimus ad quatuor Mss. optimæ notæ, Corbeienses duos, unum Sangermanensem, & alium S. Theoderici ad Remos; nec alias plerumque in ipsis varietates deprehendimus præter illas, quæ passim occurrunt in antiquis hujuscemodi libris. Neque tamen diversas illas lec-

tiones negligendas esse duximus; quinimo singulas ac prope omnes accuratè indicavimus, subjecimusque in Notis. At plures alios id genus Mss. Codices indagare, vel excutere supervacaneum esse judicavimus, ac inutile.

Non ita verò de Patrum veterum libris existimavimus, quorum vel unum prætermittere nobis religio fuit. Itaque locorum ab ipsis citatorum comparatione adhibita cum duobus Vulgatæ nostræ libris, miram inter ipsos consensionem sæpe deprehendimus; nec alias plerumque dissimilitudines animadvertimus, præter communes, leves, & parvi momenti.

Eosdem etiam libros contulimus cum Augustini Speculo, quod opus, tum in ipsis, tum in aliis Scripturæ libris Vulgatam nostram pene ad verbum refert. Non dissimulabimus tamen multò pauciores ac leviores varietates in hoc Augustini opere à nobis fuisse repertas, quàm in aliis Latinis, cùm veterum Patrum scriptis, tum ipsiusmet Augustini. Unde satis sum adductus ut crederem (quod etiam facilè contingere potuit) aliquam hisce libris, & aliis id genus adhibitam fuisse correctionem, statim atque, vel saltem non multis post annis, quàm Vulgata nova adornata fuerat ab Hieronymo; unde necessariò acciderit ut variæ lectiones plures remanserint cùm in Mss. Codicibus hujus antiquæ Versionis, tum in veterum Patrum scriptis, quibus nimirum caruerit Vulgata nostra. Hanc autem emendationem Augustino posteriorem esse non potuisse, ipsiusmet Speculum *manifestè ostendit : at* Speculo *ipso non multò fuisse antiquiorem, alii Augustini libri,* Speculo *anteriores, satis indicant. In his enim plures exstant varietates, quæ in* Speculo *non inveniuntur; unde id affirmari posse crediderim, librorum* Sapientiæ *&* Ecclesiastici, *necnon aliorum id genus, testimonia usurpata ab Augustino in aliis ejus operibus, angustè magis & pressè Versionem Italicam exprimere, quàm illa quæ proferuntur ab ipso in* Speculi *libro : id etiam vel ex eo uno concludi posse crediderim, quòd* Speculi *testimonia his in locis non tam arctè Græcum reddant, quàm cætera passim adhibita ab Augustino in aliis tractatibus.*

Et verò totos hosce libros, Sapientiæ *&* Ecclesiastici, *pro more nostro, cum Græco hodierno comparavimus, hujusque Græci contextûs, & Versionis Latinæ nostræ non parvam agnovimus cognationem consensumque : si verò interdum discrepare inter se videantur, ista dissimilitudines & varietates nasci quoque potuerunt ex ipso textu Græco, qui diversus in pluribus esse potuit, pro variis ejusdem Mss. Codicibus, necnon pro duplici ipsiusmet Editione, una* Κοινῇ, *seu Communi, altera purgata & emendata, non quidem ab Origene, qui hujusmodi libros non invenit in Canone Hebr. sed ab alio quopiam ipsius exemplo, quod non omni verisimilitudine caret. Major tamen libri* Sapientiæ *vicinitas cum Græco hodierno nobis visa est, quàm* Ecclesiastici. *Hujus discrepantiæ causam indicare videtur Auctor ipse Prologi in hunc lib. cùm dicit :* Hortor itaque venire vos cum benevolentia, & attentiori studio lectionem facere, & veniam habere in illis, in quibus videmur, sequentes imaginem Sapientiæ, deficere in verborum compositione. Nam deficiunt verba Hebraïca, quando fuerint translata ad alteram linguam. *Ex quibus, ut ex aliis quæ adduntur infra, manifestè colligitur textum* Ecclesiastici *primigenium non Græcum fuisse, sed Hebraïcum : id etiam testatur Hieron. præf. suprad. in libros Salomonis, ubi ait* Ecclesiastici *librum reperisse se* Hebraicum; *alterum verò,* qui Sapientia Salomonis inscribitur, apud Hebræos nusquam *esse,* quia & ipse stylus Græcam eloquentiam redolet. *Porro si Ecclesiastici liber primitus Hebraïcus fuit, non Græcus, quid obstat quominus Latina illa, quam habemus, ejusdem libri Versio proximè manaverit ex fonte* Hebraïco, *non verò ex translatione Græca, quæ nunc exstat; quemadmodum* Sapientiæ *libri interpretatio Latina à fonte Græco derivata est, quod nemini dubium est. Cùm autem Hebraicus textus à Græco sæpe multùm differat, non valde mirum si Versionum duarum Latinarum, ex diverso fonte ortarum, una magis conveniat cum Græco, altera plus differat. Verùm hac in re tantummodo conjecturâ ducor; & quamvis id quod suspicor de libro Ecclesiastici, non omnino temerè credi posse putem; hoc tamen non ausim tam valde affirmare, ut omnis de eo tollatur dubitatio; maximè cùm hujus libri Translatio Græca primæ antiquitatis sit, nec etiam ipsius Versio Latina parum sit consentanea cum textu Græco etiam hodierno.*

CAPITULA VETERA
LIBRI SAPIENTIÆ.

Ex Mſ. cod. Corb. num. 1.

I. *De diligenda juſtitia.* cap. 1. ℣. 1.

II. *Sapientia in malivolam animam non introibit.* c. 1. ℣. 4.

III. *Cuſtodiendum à murmuratione, & detractione.* c. 1. ℣. 11.

IV. *De cogitationibus impiorum.* c. 2. ℣. 1.

V. *De conſilio Judæorum adverſùs Chriſtum.* c. 2. ℣. 12.

VI. *De ſanctis martyribus.* c. 3. ℣. 1.

VII. *Quòd impii ſecundùm quæ geſſerunt recipient.* c. 3. ℣. 10.

VIII. *De felicitate virginum : filii adulterorum in conſummatione.....* c. 3. ℣℣. 13. 16.

IX.....

X. *De Juſtorum adverſùs perſecutores ſuos futura conſtantia.* c. 5. ℣. 1.

XI. *Item de Martyribus quòd in perpetuum vivent.* c. 5. ℣. 16.

XII. *De Judicibus terræ.* c. 6. ℣. 1.

XIII. *Concupiſcendos ſermones ſapientiæ.* c. 6. ℣. 12.

XIV. *Per incorruptionem proximari ad Dominum.* c. 6. ℣. 20.

XV. *De proprio nativitatis ortu Salomonis.* c. 7. ℣. 1.

XVI. *Salomonem accepiſſe ſpiritum ſapientiæ.* c. 7. ℣. 7.

XVII. *Sapientiam ubique attingere.* c. 7. ℣. 24.

XVIII. *Sapientia attingit à fine uſque ad finem fortiter, & diſponit omnia ſuaviter.* c. 8. ℣. 1.

XIX. *Quòd continens eſſe nemo poſſit, niſi Deus det.* c. 8. ℣. 21.

XX. *Salomon orat accipere ſapientiam.* c. 9. ℣. 1.

XXI. *Per ſapientiam ſanatos omnes, qui placuerunt Deo.* c. 9. ℣. 18.

XXII. *Per ſapientiam eductum populum Iſraël de Ægypto.* c. 10. ℣. 15.

XXIII. *De ſanctis martyribus.* c. 11. ℣. 14.

XXIV. *Quòd delinquenti populo ultrices beſtiæ immiſſæ ſunt.* c. 11. ℣. 16.

XXV. *Quòd ante Deum ſint omnia tanquam gutta roris antelucani.* c. 11. ℣. 23.

XXVI. *Quòd Spiritus Sanctus ſuavis ſit in omnibus.* c. 12. ℣. 1.

XXVII. *Patientiam Dei dare locum pœnitentiæ peccatoribus.* c. 12. ℣. 10.

XXVIII. *Bonitatem Dei cogitandam, & ſperandam miſericordiam ejus.* c. 12. ℣. 22.

XXIX. *De idolatriis.* c. 13. ℣. 1.

XXX. *De quærentibus Deum in operibus ejus.* c. 13. ℣. 7.

XXXI. *Deridendum idolatriæ errorem.* c. 13. ℣. 10.

XXXII. *Quòd in miſericordia Deus diſponit omnia.* c. 15. ℣. 1.

XXXIII. *De adinventionibus idolorum, & de cultoribus eorum.* c. 14. ℣. 1.

XXXIV. *Idolatriæ causâ nefanda omnia introducta.* c. 14. ℣℣. 12. 27.

XXXV. *Quòd miſericordia Dei ſanaverit juſtos.* c. 15. ℣. 2.

XXXVI. *Quòd mortis & vitæ ſolus Dominus habeat poteſtatem.* c. 16. ℣. 13.

XXXVII. *Subſannat inventores idolatriæ.* c. 15. ℣. 4.

XXXVIII. *Dediſſe Dominum eſcam delectamenti populo timenti ſe.* c. 16. ℣. 20.

XXXIX. *Quòd creatura Deo factori ſuo deſerviat.* c. 16. ℣. 24.

XL. *Quòd ſermo Domini paſcat credentes in ſe.* c. 16. ℣. 26.

XLI. *Magna eſſe Dei judicia, & inenarrabilia.* c. 17. ℣. 1.

XLII. *Præſumptio ſæva turbat conſcientiam.* c. 17. ℣. 10.

XLIII. *Quòd ſanctis inter tenebras Ægypti lux non defuit.* c. 18. ℣. 1.

XLIV. *De nocte qua percuſſit Deus primogenita Ægypti.* c. 18. ℣. 5.

XLV. *Quòd Moyſes non virtute corporis, ſed fide, & operatione eduxit populum de Ægypto.* c. 18. ℣. 22.

XLVI. *Qualiter educti ſunt de Ægypto filii Iſraël.* c. 19. ℣. 1.

XLVII. *Qualiter, tranſacto mare, populus deſideraverit carnes, & acceperit coturnices.* c. 19. ℣. 11.

XLVIII. *Quòd magnificaverit Dominus populum ſuum, quem eduxit de terra Ægypti.* c. 19. ℣. 20.

LIBER *SAPIENTIÆ.

CAPUT PRIMUM.

VERSIO ANTIQUA, QUÆ ET VULGATA NOSTRA.

3. Reg. 3. 9. Isai. 56. 1. 1. DILIGITE justitiam, qui
judicatis terram. Sentite
de Domino in bonitate,
& in simplicitate cordis
quærite illum:
2. Par. 15. 2. 2. quoniam invenitur ab
his, qui non tentant il-
lum: apparet autem eis, qui fidem habent in
illum:
3. perversæ enim cogitationes separant à
Deo: probata autem virtus corripit insipientes:
4. quoniam in malevolam animam non
introibit sapientia, nec habitabit in corpore
subdito peccatis.
5. Spiritus enim sanctus disciplinæ effugiet fictum, & auferet se à cogitationibus,
quæ sunt sine intellectu, & corripietur à superveniente iniquitate.
6. Benignus est enim spiritus sapientiæ, & Galat. 5. 22.

NOTÆ.

* Ms. Corb. n. 2. *Incipit Sapientia Salomonis.* Gr. Σοφία Σαλωμών. Et verò à SS. Patribus vocitatur hic liber, *Sapientia Salomonis*, maximè à Cypriano l. 2. Testim. p. 290. Ap. Tertul. l. cont. Valent. p. 441. b. *Sophia Salomonis.* Ap. Lactant. l. 4. Instit. *Salomon in libro Sapientiæ.*

℣. 1. *Sentite,.... & in simplicitate cordis*, &c. Hieron. in Isai. 55. & 56. to. 3. 404. c. 413. d. legit: *Sapite de Dom.* &c. ut sup. Gr. Φρονήσατε περὶ τοῦ, &c. Tertul. l. de præscr. c. 7. p. 331. c. huc alludens, ait Salomonem tradidisse, *Dominum in simplicitate cordis esse quærendum:* ita quoque l. cont. Valent. p. 441. b. cui succinit Cypr. l. 3. Testim. p. 319. b. Gildas verò. Sap. castig. in Eccles. ord. p. 714. h. habet: *Servite Domino in bonitate, & in simplicitate cordis quærite eum.* Fulg. l. de Incarn. p. 411. *Sentite de Domino in bonit.* &c. ut sup. Auct. l. de promiss. ap. Prosp. p. 184. d. Vulgatæ favet.

℣. 2. Hieron. in Isai. 55. col. 404. c. *Quia invenitur..... & apparet his, qui non sunt ei increduli.* Gaud. Brix. ser. 17. p. 969. b..... *apparet verò his, qui fidem habent in ipsum.* Græc. ἐμφανίζεται δὲ τοῖς μὴ ἀπιστοῦσιν αὐτῷ.

℣. 3. Sic habet Fulg. l. cont. ser. Fastid. c. 4. p. 343. & l. 2. ad Trasim. p. 100. Ita quoque Auct. l. de XLII. mans. ap. Ambr. col. 15. f. ab his: *Probata autem*, &c. Gildas Sap. castig. in Eccl. ord. p. 715. a. legit: *perversæ enim cognitiones separant à Deo.* Gr. σκολιοὶ γὰρ λογισμοὶ, &c. Ms. Floriac. addit: *probata autem virtus arguit insipientes.* Gr. ἐλέγχει τοὺς, &c.

℣. 4. Hieron. in Dan. 12. col. 1133. d. legit: *in perversam enim animam non introibit sapientia; non potest se infundere corpori, quod peccatis subditum est.* Sed Ambros. in Ps. 118. to. 1. 1164. f. habet: *in malevolam animam non intrat sap.* similiter l. 3. de Spir. S. to. 2. 679. e. 692. b. Item S. Paulin. ep. 43. p. 260. a. *quia in malevolam animam non introibit sap.* sicut Auct. op. imp. in Matth. p. 103. e. Arnob. Jun. verò l. de Trin. to. 8. p. 212. c. ita: *quia in sordidam animam non intrat sapientia, nec habitare potest in corpore subdito peccatis.* Fulg. cont. Fastid. p. 343. *quoniam in malevolam animam non introibit sapientia, nec inhabitabit in corde subdito peccatis:* itidem l. 2. ad Trasim. c. 11. p. 100. excepto uno *corpore*, pro *corde*. Gr. ὅτι εἰς κακότεχνον ψυχὴν οὐκ εἰσελεύσεται, &c. ut in Vulg. nisi quòd in fine hab. num. sing. ἁμαρτίας, *peccato*, non plur. *peccatis*.

℣. 5. Eadem refert August. l. 2. cont. ep. Parmen. to. 9. col. 37. b. & l. cont. Adim. to. 8. 118. b. & in Ps. 103. to. 4. 1164. a. & epist. 185. to. 2. 663. c. & in Speculo: at l. de morib. Eccl. to. 1. 698. e. loco *fictum*, hab. *dolum*, è Gr. δόλον. Vulgatæ accinit Fulg. cont. Fastid. p. 343. & l. 2. ad Trasim. c. 11. cum Vigilio Tapf. l. cont. Varimad. p. 746. c. 750. f. necnon Arnobio de Trin. to. 8. 231. a. Cassiano, coll. 14. c. 11. & Gilda Sap. castig. in Eccl. ord. p. 715. a. Cassiod. etiam in Ps. 118. p. 400. a. legit *fictum*, sed addit, *& subtrahet se à cogitationibus*, &c. Græc. καὶ ἀπαναστήσεται ἀπὸ, &c. ultimóque, καὶ ἐλεγχθήσεται ἐπελθούσης ἀδικίας, *& corripietur superveniente iniquitate*, absque præpos. *à*. Ms. Floriac. *& arguetur à superveniente iniquitate.* Auct. op. imp. in Matth. p. 163. c. legit: *Fili, serva te à cogitationibus, quæ sunt sine intellectu.*

℣. 6. August. de mendac. to. 6. 438. b. *Humanus est enim spir. sapientiæ;* Gr. Φιλάνθρωπον γὰρ πνεῦμα σοφία, *Benignus est enim spiritus sapientia;* Ms. verò Alex. hab. σοφίας, ut sup. subdit Aug. *& non liberabit maledicum à labiis suis*, &c. ut in Vulg. at in Speculo leg. *maledictum*, non *maledicum;* ita quoque ferunt Mss. tres Sangerm. Corb. & S. Theoder. cum aliis plerisque libb. teste Luca Brug. sed malè, nam in Gr. est, βλάσφημον. Ful-

VERSIO ANTIQUA, QUÆ ET VULGATA NOSTRA.

Jer. 17. non liberabit maledicum à labiis suis : quo-
10. niam renum illius testis est Deus, & cordis illius scrutator est verus, & linguæ ejus auditor.
Isai. 6. 7. Quoniam spiritus Domini replevit or-
3. bem terrarum : & hoc, quod continet omnia, scientiam habet vocis.
8. Propter hoc qui loquitur iniqua, non
potest latere, nec præteriet illum corripiens
judicium.
9. In cogitationibus enim impii interrogatio erit : sermonum autem illius auditio ad
Deum veniet, ad correptionem iniquitatum
illius.
10. Quoniam auris zeli audit omnia, &
tumultus murmurationum non abscondetur.
11. Custodite ergo vos à murmuratione,
quæ nihil prodest, & à detractione parcite
linguæ, quoniam sermo obscurus in vacuum
non ibit : os autem, quod mentitur, occidit
animam.
12. Nolite zelare mortem in errore vitæ
vestræ, neque acquiratis perditionem in operibus manuum vestrarum.
13. Quoniam Deus mortem non fecit, nec Ezech. 18. 32.
lætatur in perditione vivorum. & 33. 11.
14. Creavit enim, ut essent omnia : & sanabiles fecit nationes orbis terrarum : & non
est in illis medicamentum exterminii, nec inferorum regnum in terra.
15. Justitia enim perpetua est, & immortalis.
16. Impii autem manibus & verbis accersierunt illam : & æstimantes illam amicam,
defluxerunt, & sponsiones posuerunt ad illam :
quoniam digni sunt qui sint ex parte illius.

NOTÆ.

gent. l. cont. Fastid. p. 342. legit : *Humanus est enim spiritus sapientiæ, & non lib. maledictum à lab. suis :* dein, *quoniam renum illius testis est Deus, & cordis ejus inspector verus, & lingua illius auditor.* Item Gr. ὅτι τῶν νεφρῶν αὐτῦ μάρτυς ὁ Θεὸς, ϗ τῆς καρδίας αὐτῦ ἐπίσκοπος ἀληθὴς, ϗ τῆς γλώσσης ἀκυςής. Mſ. verò Alex. γλώσσης αὐτῦ ἀκυςής. Tertul. l. de anima, p. 482. b. similiter ait : *Scrutatorem & dispectorem cordis Deum legimus.*

℣. 7. Concinit August. l. de mendac. to. 6. 438. b. Hilar. autem in Ps. 118. p. 355. e. legit : *Spiritus Dei replevit orbem terrarum :* & ita in Ps. 135. col. 487. b. Sed Ambros. in Ps. 118. p. 1219. c. & l. 1. de Spir. S. to. 2. p. 618. d. cum Fulg. l. cont. Fastid. p. 342. & ep. 14. p. 231. *Spiritus Domini*, &c. ut in Græco & Vulg.

℣. 8. Sic habet August. l. de mendac. to. 6. 438. b. præter unum *sed nec*, ante *præteriet*. Ita quoque leg. Aug. in Speculo; sicut Fulg. ep. 14. p. 231. qui etiam addit *suum* post *judicium*. Græcè, ὐδ εἰς μὴ λάθῃ, ὐδὲ μὴν, &c. *nemo latebit, neque*, &c.

℣. 9. Similiter habet August. in Job, to. 3. 625. c. cum Auct. op. imp. in Matth. p. 170. a. 176. a. necnon Fulg. ep. 14 p. 231. *In cogitationibus impii interrogatio erit.* Ita rursum Aug. l. 20. de civitate Dei, c. 27. to. 7. 611. f. & l. de mendac. to. 6. 438. c. at hoc ult. loco subdit : *sermonum autem illius auditio à Domino veniet, ad correptionem*, &c. & in Speculo, *ad Dominum veniet, ad corrept.* Mſ. Sangerm. & S. Theoder. *ad Dominum veniet, & ad correptionem ;* Corb. *ad Deum veniet, & ad corrept.* Gr. πρὸς Κύριον ἥξει, εἰς ἔλεγχον, &c.

℣. 10. Mſ. Corb. 1. *non absconditur*, è Gr. ὐκ ἀποκρύπτεται. August. l. de mendac. 438. c. Vulgatæ congruit.

℣. 11. August. cùm in Speculo, tum l. de mendac. 438. c. legit : *responsum obscurum in vacuum non ibit ;* cæt. ut in Vulg. Ita quoque in Mſs. Corb. 2. & Floriac. in Gr. φθέγμα λαθραῖον. Apud Hieron. ep. ad Heliodor. to. 4. p. 2. col. 9. d. postrema tantùm leguntur : *os autem, quod mentitur, occidit animam.* Similiter ap. Chromat. Aquil. in Matth. p. 984. d. cui favet S. Valerian. hom. 5. Sirm. to. 1. p. 638. a. Apud S. Leonem, ser. 38. p. 101. d. *os quod mentitur, animam mentientis interficit.* Similiter in Mſ. S. Theoder. *os quod*, absque med. *autem.* Gr. στόμα δὲ καταψευδόμενον ἀναιρεῖ ψυχήν.

℣. 12. Concinit Lucif. Cal. l. 1. pro S. Athan. p. 194. e. nisi quod legit *zelari*, & *in errorem.* Similiter in Mſ. S. Theoder. *Nolite zelari.* Græc. textui consonat demptâ unâ voculâ *in*, ante *operibus ;* sed in Mſ. Alex. est, ac ed. Compl. ἐν ἔργοις. Vid. Auct. quæst. V. T. q. 34. ap. Aug. to. 3. p. 52. g.

℣. 13. Ita Lucif. Cal. l. 1. pro S. Athan. p. 194. e. unà cum Græco. Ita quoque Ambros. in Ps. 1. col. 760. d. & in Luc. 22. col. 1517. a. Item Victor Tun. ap. Ambr. col. 591. a. cum August. in Ps. 51. to. 4. 475. g. & l. de vera relig. 755. c. Ita etiam Optat. l. 2. cont. Donat. p. 44. c. necnon Auct. l. de promiss. ap. Prosp. p. 2. c. 3. p. 130. d. Apud Cypr. epist. 52. p. 72. c. *Deus mortem non fecit, nec delectatur in perditione vivorum.* Ambros. quoque in Luc. 15. col. 1462. c. leg. *non delectatur Deus perditione vivor.* In Gr. ὐδὲ τέρπεται ἐπὶ, &c. Philastr. Brix. de hæres. p. 710. a. *Quoniam Deus malum non fecit, neque delectatur in perdit. vivorum.*

℣. 14. Hieron. in Zachar. 12. to. 3. 1784. a. *Creavit, ut essent omnia, & salutares generationes mundi : & non erit eis venenum mortiferum.* Ita quoque in Græco, ϗ σωτήριοι αἱ γενέσεις τῦ κόσμυ. Mſs. Corb. & S. Theoder. ferunt, *& sanabiles voluit esse nationes.* August. verò in Ps. 51. p. 475. g. Vulgatæ suffragatur cum Fulg. ep. 17. p. 311.

℣. 15. A Græco abest vox *perpetua*, cum seq. *& ;* præterea in multis Vulgatæ codd. subnexa leguntur ista : *injustitia autem mortis est acquisitio ;* quæ in Mſ. Sangerm. scribuntur in ora inferiori. In Mſ. S. Theoder. intra textum ita : *Justitia enim immortalitatis, injustitia autem mortis est acquisitio.* Hæc autem tota absunt à Græco.

℣. 16. Ita August. in Ps. 51. col. 476. a. ad hoc usque, *& sponsiones.* In Gr. Ἀσεβεῖς δὲ..... προσεκαλέσαντο αὐτόν· φίλον ἡγησάμενοι αὐτὸν, ἐτάκησαν, tum sequitur, ϗ συνθήκην ἔθεντο πρὸς αὐτόν· ὅτι ἄξιοί εἰσι τῆς ἐκείνυ μερίδος εἶναι. Mſs. S. Theod. & Corb. hab. *qui sunt ex parte illius.*

CAPUT II.

VERSIO ANTIQUA, QUÆ ET VULGATA NOSTRA.

1. DIxerunt enim cogitantes apud se non
Job. 7. rectè : Exiguum, & cum tædio est tem-
1. & 14. pus vitæ nostræ, & non est refrigerium in fine
1. hominis, & non est qui agnitus sit reversus ab
inferis :
2. quia ex nihilo nati sumus, & post hoc
erimus tanquam non fuerimus : quoniam fumus flatus est in naribus nostris : & sermo
scintilla ad commovendum cor nostrum :
3. qua exstincta, cinis erit corpus nostrum,
& spiritus diffundetur tanquam mollis aer,
& transibit vita nostra tanquam vestigium nubis, & sicut nebula dissolvetur, quæ fugata
est à radiis solis, & à calore illius aggravata :

NOTÆ.

℣. 1. Fulg. l. 3. ad Monim. p. 48. *Dixerunt apud se cogitantes non rectè.* Mſ. Corb. 2. *Dixerunt enim apud se cogitantes*, &c. Gr. Εἶπον γὰρ ἑαυτοῖς (Mſ. Alex. cum edd. Ald. & Compl. ἐν ἑαυτοῖς) λογισάμενοι ὐκ ὀρθῶς· Ὀλίγος ἐςὶ, ϗ λυπηρὸς ὁ βίος ἡμῶν, ϗ ὐκ ἔςιν ἴασις ἐν..... ϗ ὐκ ἐγνώσθη ὁ ἀναλύσας ἐξ ᾅδυ· *Exigua est, & tristis vita nostra, & non est sanatio in..... & non est agnitus qui sit reversus ab inferis.*

℣. 2. Mſs. S. Theoder. & duo Corb. ferunt : *quia ex nihilo.... & post hac erimus tanquam si non fuerimus : quon. fumus afflatus est........ & sermo scintilla*, &c. Græcè, pro *ex nihilo*, exstat αὐτοσχεδίως, ad litt. *ex tempore, non præmeditatè ;* reliqua Vulgatæ favent.

℣. 3. In Mſ. Corb. 2. deest vox *nostrum*, post *cor-*

VERSIO ANTIQUA, QUÆ ET VULGATA NOSTRA.

4. & nomen nostrum oblivionem accipiet
per tempus, & nemo memoriam habebit operum nostrorum.
1. Par. 29. 15. 5. Umbræ enim transitus est tempus nostrum, & non est reversio finis nostri: quoniam consignata est, & nemo revertitur.
Isai. 22. 13. & 56. 12. 6. Venite ergo, & fruamur bonis quæ sunt,
1. Cor. 15. 32. & utamur creatura tanquam in juventute ce-
leriter.
7. Vino pretioso & unguentis nos implea-
mus: & non prætereat nos flos temporis.
8. Coronemus nos rosis, antequam mar-
cescant: nullum pratum sit, quod non pertranseat luxuria nostra.
9. Nemo nostrûm exsors sit luxuriæ nostræ: ubique relinquamus signa lætitiæ: quoniam hæc est pars nostra, & hæc est sors.
10. Opprimamus pauperem justum, & non
parcamus viduæ, nec veterani revereamur canos multi temporis.
11. Sit autem fortitudo nostra lex justitiæ;
quod enim infirmum est, inutile invenitur.
12. Circumveniamus ergo justum, quoniam inutilis est nobis, & contrarius est operibus nostris, & improperat nobis peccata legis, & diffamat in nos peccata disciplinæ nostræ.
13. Promittit se scientiam Dei habere, & Matt.
filium Dei se nominat. 27. 43.
14. Factus est nobis in traductionem cogi- Joan. 7.
tationum nostrarum. 7.
15. Gravis est nobis etiam ad videndum,
quoniam dissimilis est aliis vita illius, & immutatæ sunt viæ ejus.
16. Tanquam nugaces æstimati sumus ab
illo, & abstinet se à viis nostris tanquam ab
immunditiis, & præfert novissima justorum,
& gloriatur patrem se habere Deum.
17. Videamus ergo si sermones illius veri
sint, & tentemus quæ ventura sunt illi, & scie-
mus quæ erunt novissima illius.
18. Si enim est verus filius Dei, suscipiet Ps. 21.
illum, & liberabit eum de manibus contrario- 9.
rum.
19. Contumelia & tormento interrogemus eum, ut sciamus reverentiam ejus, &
probemus patientiam illius.
20. Morte turpissima condemnemus eum: Jer. 11. 19.

NOTÆ.

pus; abest etiam à Græco. Apud Ambros. l. 1. de Cain, c. 4. col. 190. d. *transiet vita nostra tanquam vestigia nubis, & tanquam nebula dissipabitur*. Ita quoque in Græco.

℣. 4. Græcè sententia ista præponitur antecedenti, *& transibit vita nostra*, &c.

℣. 5. Eodem modo legit S. Paulin. epist. 13. p. 82. a. nisi quòd hab. *quoniam consignatus est, & nemo revertetur*; item *revertetur*, in Mss. Sang. S. Theod. & Corb. In Gr. ὅτι κατεσφράγισθη, καὶ οὐδεὶς ἀναστρέφει· verbum autem κατεσφράγισθη, respondere potest tam voci *reversio*, quàm voci *finis*, ut liquet ex Paulino.

℣. 6. Eadem leguntur ap. Ambros. l. 1. de Cain, c. 4. col. 190. d. & l. de Tob. c. 5. col. 596. c. Ita quoque in Græco, demptâ præp. *in*, ante vocem *juventute*, quæ tamen præp. adest in ed. Compl.

℣. 7. Sic Ambr. l. 1. de Cain, c. 4. & l. de Tob. c. 5. & in Ps. 118. col. 1060. c. Gr. loco *temporis*, hab. ἀέρος, *aeris*.

℣. 8. Ita legit Ambr. l. 1. de Cain, c. 4. & l. de Tob. c. 5. Sed à Græco abest sententia posterior, *nullum pratum sit, quod non*, &c.

℣. 9. Ambros. nec l. 1. de Cain, c. 4. col. 190. d. nec l. de Tob. c. 5. col. 596. c. nec in Ps. 118. col. 1060. f. hanc memorat sententiam: *Nemo nostrûm exsors sit luxuriæ nostræ*; sed præced. tantùm: *nullum pratum sit, quod non pertrans. luxur. nostra*; cui proximè subjungit istam: *ubique relinquamus signa lætitiæ: quoniam hæc est pars, & hæc est sors nostra*; vel *quoniam hæc pars nostra, & hæc sors*. Contrà Græc. omissâ illâ, *nullum pratum sit*, &c. subdit: Μηδεὶς ἡμῶν ἄμοιρος ἔστω τῆς ἡμετέρας ἀγερωχίας, &c. ut in Vulg. In Mss. Sang. S. Theod. & Corb. legitur: *Nemo vestrûm sit*, &c. vox autem Gr. ἀγερωχία, ad verbum *superbia*.

℣℣. 10. 11. Itidem Græcè. In Mss. verò Corb. & S. Theod. ℣. 11. *lex injustitiæ*.

℣. 12. Cypr. l. 2. Testim. p. 290. c. legit: *Circumveniamus justum, quoniam insuavis est nobis, & contrarius est operibus nostris, & exprobrat nobis peccata legis*: exinde, *Promittit scientiam Dei*, &c. omissis his quæ intersunt supra; imo Lactant. l. 4. Institut. c. 16. p. 579. brevius: *Circumveniamus justum, quoniam insuavis est nobis, & exprobrat nobis peccata legis*. August. verò l. 17. de civit. Dei, c. 20. to. 7. 483. d. *Circumveniamus justum, quoniam insuavis est nobis, & contrarius est operib. nostris, & improperat nobis peccata legis, & infamat in nos peccata disciplinæ nostræ*. Sic etiam in Græco: at Aug. in Rom. 1. to. 3. 904. a. legit: *Circumveniamus pauperem justum, quoniam inutilis est nobis*. Ambr. in Ps. 61. col. 963. a. *Tollamus justum, tollamus misericordem, quia gravis est nobis etiam ad videndum*: quæ ultima pertinent ad ℣. 15. Tertul. l. 3. adv. Marc. p. 679. b. habet: *Venite, auferamus justum, quia inutilis est nobis*. Ambros. l. de Joseph, c. 3. col. 487. a. & in Ps. 35. col. 766. f. *Tollamus justum, quia inutilis est nobis*. Hieron. in Isai. 3. to. 3. 31. e. *Alligemus justum, quoniam inutilis est nobis*. Auct. l. de promiss. ap. Prosp. p. 1. c. 26. p. 109. c. *Venite, occidamus justum, quoniam insuavis est nobis*.

℣. 13. Accinunt magno consensu Cypr. l. 2. Testim. p. 290. c. Lactant. l. 4. Instit. c. 16. p. 579. August. l. 17. de civit. Dei, c. 20. col. 483. d. & Auct. l. de promiss. apud Prosp. p. 1. c. 26. p. 109. c. Gr. hab. καὶ παῖδα Κυρίου, *& filium Domini*, &c.

℣. 14. Concinunt Lactant. l. 4. Institut. c. 16. & Aug. l. 17. de civit. Dei, c. 20. Item Cypr. l. 2. Testim. p. 290. c. nisi quòd hab. *in traductione*; Gr. verò εἰς ἔλεγχον.

℣. 15. Sic habet Lactant. l. 4. Institut. c. 16. præter unum *ad vivendum*, loco *ad videndum*; quod tamen ult. exstat in Ms. Cambr. In Gr. Βαρύς ἐστιν ἡμῖν καὶ βλεπόμενος. Vulgatæ pariter favent Cypr. l. 2. Testim. & August. l. 17. de civitate Dei, c. 20. nisi quòd Cypr. extremò hab. *& mutatæ sunt viæ illius*; August. *& immutatæ viæ ejus*. Gr. καὶ ἐξηλλαγμέναι αἱ τρίβοι αὐτοῦ.

℣. 16. Eadem refert Cypr. l. 2. Testim. p. 290. c. excepto verbo *continet*, pro *abstinet*; Gr. ἀπέχεται. Cypriano suffragantur Lactant. l. 4. Institut. c. 16. p. 579. & August. l. 17. de civit. De. c. 20. nisi quòd Lactant. tollit *&*, ante *continet*; ut & August. ante verbum *præfert*: pro ultimo isto Græcè hab. μακαρίζει, *beatificat*, absque præced. *&*: item initio ipso, εἰς κίβδηλον, loco *tanquam nugaces*; κίβδηλος autem, *cui scoria immista est*, metaph. *non sincerus, fucatus*.

℣. 17. Sic habent Cypr. l. 2. Testim. & Lactant. l. 4. Institut. c. 16. ad hæc usque, *ventura sunt illi* incl. sed his verbis uterque annectit ista, *Contumeliâ & tormento*, &c. de ℣. 19. prætermissis aliis, quæ interponuntur sup. At Augustinus l. 17. de civit. Dei, c. 20. Vulgatæ succinit ad verbum. Auct. etiam l. de promiss. p. 1. c. 26. p. 109. c. hæc sola legit: *Videamus si sermones illius veri sunt, & tentemus an succedant quæ ventura sunt illi*: imo in Ms. Remig. deest hoc, *an succedant*. In Gr. pariter: Ἴδωμεν εἰ οἱ λόγοι αὐτοῦ ἀληθεῖς, καὶ πειράσωμεν τὰ ἐν ἐκβάσει αὐτοῦ· nec plura.

℣. 18. Ita de Græco, præter has voces, *verus* & *de manibus*, pro quibus ὁ δίκαιος, & ἐκ χειρός. Auct. l. cont. Jud. ap. Cypr. p. 499. *Si enim verè filius Dei est, suscipiet illum*, &c. ut in Vulg. August. bene l. 17. de civit. Dei, c. 20. col. 483. d. *Si enim justus est filius Dei, suscipiet eum, & liberabit eum de manu contrarior*. Similiter in Mss. Sangerm. S. Theoder. & Corb. *de manu*. Totus autem hic ℣. prætermittitur à Cypriano & Lactantio. Vide Aug. inf. ℣. 21.

℣. 19. Ita legunt Cypr. l. 2. Testim. Auct. l. contra Judæos ap. eund. p. 499. & August. l. 17. de civit. Dei, c. 20. unà cum Græco. August. tamen ultimò hab. *ipsius*, cum Ms. Sangerm. in Corb. verò idem *ipsius* ponitur post *reverentiam*. Apud Lactant. l. 4. Instit. c. 16. p. 579. ita: *Contumeliis & tormentis interrogemus eum*, &c. ut in Vulg.

℣. 20. Apud Cypr. & Lactant. similiter exstat, *Morte turpissima condemnemus eum*; sed omissis illis quæ proximè sequuntur, continuò subjicitur: *Hæc cogitaverunt*, &c. At August. l. 17. de civit. Dei, Vulgatæ congruit & Græco: ita quoque in Ps. 48. to. 4. 431. g. demptâ vo-

VERSIO ANTIQUA, QUÆ ET VULGATA NOSTRA.

erit enim ei respectus ex sermonibus illius.
21. Hæc cogitaverunt, & erraverunt : excæcavit enim illos malitia eorum.
22. Et nescierunt sacramenta Dei, neque
mercedem speraverunt justitiæ, nec judicaverunt honorem animarum sanctarum.
Gen. 1. 23. Quoniam Deus creavit hominem inex-

terminabilem, & ad imaginem similitudinis 27. 2. 7. 5. 1.
suæ fecit illum. Eccli. 17. 1.
24. Invidiâ autem diaboli mors introivit in Gen. 3. 1.
orbem terrarum :
25. imitantur autem illum qui sunt ex parte
illius.

NOTÆ.

culâ *ei* : item epist. 140. to. 2. 429. c. & l. 12. contra Faust. to. 8. 249. b. exceptis his, *in sermonibus ipsius*, vel *illius* : præterea his tribus locis August. ista subdit : *Si enim verè, aut verus filius Dei est, suscipiet illum, & liberabit illum de manibus contrariorum* ; quæ leguntur sup. ℣. 18.

℣. 21. Similiter habet August. epist. 140. to. 2. 429. c. & l. cont. Adim. to. 8. 113. c. 118. b. necnon l. 12. cont. Faust. col. 249. b. lib. tamen 17. de civit. Dei, c. 20. ultimò scribit *malitia ipsorum*, non *eorum*. Sic etiam Cypr. l. 2. Testim. p. 290. c. Auct. verò l. de sing. cleric. ap. eund. p. 532. cum Auct. l. cont. Jud. ibid. p. 499. c. *excæcavit eos malitia eorum* ; Lact. l. 4. Instit. c. 16. *excæcavit enim illos stultitia ipsorum* ; Gr. ἡ κακία αὐτῶν ; cæt. ut sup.

℣. 22. Apud Lactant. l. 4. Instit. c. 16. priora tantùm leguntur, *Et nescierunt sacramenta Dei*. Itidem ap. Cypr. l. 2. Testim. ut & ap. Auct. l. de sing. cleric. p. 532. & l. cont. Jud. p. 499. Sequentia refert Lucif. Cal. l. 1. pro S. Athan. p. 194. f. eaque Vulgatæ simillima, & Græco.

℣. 23. Eadem prorsus habet Lucif. Cal. l. 1. pro S. Athan. nec absimilia Græco.

℣. 24. Ita rursus habet Lucif. Cal. l. 1. pro S. Athan. p. 194. f. exceptâ voculâ *ergo*, pro *autem*. Item Fulgent. l. 1. ad Monim. p. 6. servatâ conjunct. *autem*. Apud August. l. 1. de pecc. mer. to. 10. 6. g. *Invidiâ autem diaboli mors intravit in orbem terrarum*. Cypr. l. de op. & eleem. p. 256. c. Vulgatæ congruit ad verbum ; sicut Ambros. l. de parad. p. 169. d. at l. 2. de fide resur. to. 2. 1146. c. legit : *Sed malitiâ hominum mors introivit in orbem terrarum*. Auct. l. de promiss. ap. Prosp. p. 2. c. 25. p. 151. d. *Invidiâ enim diaboli mors introiit in orbem*, &c.

℣. 25. Sic habet Lucif. ubi sup. cum Fulg. l. 1. ad Monim. p. 6. August. verò l. 1. de pecc. mer. to. 10. p. 6. g. *imitantur autem eum qui sunt ex parte ipsius*. Gr. πειράζουσι δὲ αὐτὸν οἱ τῆς ἐκείνου μερίδος ὄντες. Hoc autem, πειράζουσι δὲ αὐτὸν, posset etiam verti, *experiuntur autem illam*, i. e. *mortem*, teste Nobilio.

CAPUT III.

VERSIO ANTIQUA, QUÆ ET VULGATA NOSTRA.

Deut. 33. 3. 1. JUstorum autem animæ in manu Dei sunt,
& non tanget illos tormentum mortis.
Inf. 5. 4. 2. Visi sunt oculis insipientium mori : &
æstimata est afflictio exitus illorum ;
3. & quod à nobis est iter, exterminium :
illi autem sunt in pace.
4. Et si coram hominibus tormenta passi
sunt, spes illorum immortalitate plena est.
5. In paucis vexati, in multis bene dispo-
nentur : quoniam Deus tentavit eos, & invenit illos dignos se.
6. Tanquam aurum in fornace probavit
illos, & quasi holocausti hostiam accepit il-

los, & in tempore erit respectus illorum.
7. Fulgebunt justi, & tanquam scintillæ in Matt. 13. 43.
arundineto discurrent.
8. Judicabunt nationes, & dominabuntur 1. Cor. 6. 2.
populis, & regnabit Dominus illorum in perpetuum.
9. Qui confidunt in illo, intelligent veritatem : & fideles in dilectione acquiescent illi :
quoniam donum & pax est electis ejus.
10. Impii autem secundùm quæ cogitaverunt, correptionem habebunt : qui neglexerunt justum, & à Domino recesserunt.
11. Sapientiam enim, & disciplinam qui

NOTÆ.

℣. 1. A Græco absunt voculæ duæ, *sunt*, & *mortis*. In Ms. Floriac. & apud Lucif. Cal. l. 1. pro S. Athan. p. 194. g. sic : *Justorum autem animæ in manu Dei sunt, & non tanget illos tormentum malitiæ*. Apud Philastr. Brix. l. de hæres. p. 704. d. *Justorum animæ in manu Domini sunt, & non tangit eos mors*.

℣. 2. In Ms. Floriac. sic : *Visi sunt oculis.... & æstimata est exitus malitia illorum*. In Mss. S. Theoder. & Corb. duobus : *& æstimata est afflictio exitus illorum*, ut in Vulg. sed additur : *& ab itinere justo abierunt in exterminium* ; statimque, *& quod à nobis est iter*, &c. In Breviar. Moz. p. 322. *& æstimata est malitia exitus illorum, & ab itinere justo abierunt in exterminium*, ut sup. Itidem apud Lucif. Cal. l. 1. pro S. Athan. p. 194. g. deletâ conjunct. *&*, post vocem *illorum*. Vulgatæ consonat Græcum, ubi κάκωσις, loco *afflictio* ; apud August. quæst. 143. in Exod. to. 3. 464. c. legitur *malitia*, notaturque *malitiam hic pœnam intelligi debere*.

℣. 3. Itidem in Mss. duobus Corb. & in Græco. At in Ms. S. Theoder. loco *exterminium*, habetur *exterminii* ; sicut etiam in Breviar. Moz. Apud Lucif. Cal. ubi sup. legitur solùm, *illi autem sunt in pace*, detractis antecedentibus.

℣. 4. Concordant Lucif. Cal. l. 1. pro S. Athan. ac l. de mor. pro Dei fil. p. 242. g. & Cypr. epist. 81. p. 164. a. & ep. ad Fortunat. p. 272. & l. de laud mart. p. 348. b. & l. 3. Testim. 309. b. nec dissimilia ulla in Græco, præter hoc 1. Καὶ γὰρ ἐν ὄψει ἀνθρώπων ἐὰν, &c. unde Lucif. Cal. legit, *Etenim si*, &c.

℣. 5. Lucif. Cal. l. 1. pro S. Athan. p. 194. g. necnon l. de mor. pro Dei fil. p. 244. g. legit : *Et in paucis vexati*, &c. ut in Vulg. Ita quoque Cypr. locis 4. sup. cit. In Ms. etiam Sangerm. est : *Et in paucis*, &c. sicut in Gr. Καὶ ὀλίγα παιδευθέντες, μεγάλα εὐεργετηθήσονται, &c.

℣. 6. Concinit Lucif. Cal. l. 1. pro S. Athan. & l. de mor. pro Dei fil. nisi quòd hoc ult. loco hab. *& quasi holocausti hostia*. Cypr. verò epist. ad Fortun. p. 272. b. & l. 3. Testim. p. 309. b. *& quasi holocausta hostiæ* ; cæt. ut in Vulg. at l. de laud. mart. p. 348. b. & epist. 81. p. 164. a. *& quasi holocausti hostiam*, &c. ut in Vulg. Similiter August. q. 49. in Judic. to. 3. 611. f. sed in Ps. 69. to. 4. 714. e. ejus Mss. plures ferunt, *sicut holocaustum hostiam* ; quidam *holocausta hostiam* ; al. *sicut holocausti hostiam*. Græc. ὡς ὁλοκάρπωμα θυσίας, &c. In Ms. Sangerm. *quasi holocausta* : in Floriac. *& quasi holocausta hostia*, &c.

℣. 7. Lucif. Cal. l. 1. pro S. Athan. p. 194. g. habet : *Fulgebunt, tanquam scintilla in arundineto discurrent*. Cypr. ep. ad Fortun. p. 272. b. *Fulgebunt, & tanquam scintillæ in arundineto discurrent* : & l. de laud. mart. p. 346. b. *Fulgebunt justi, tanq. scintillæ in arundineto discurrentes* : at epist. 81. p. 164. a. Vulgatæ congruit. Græcè ita : Καὶ ἐν καιρῷ ἐπισκοπῆς αὐτῶν ἀναλάμψουσι, καὶ ὡς σπινθῆρες, &c. *Et in tempore respectûs ipsorum fulgebunt, & sicut scintillæ*, &c. In Ms. etiam Sangerm. deest vox *justi*. In Floriac. sic : *Fulgebunt, & tanquam scintilla in arundineto discurrunt*.

℣. 8. Sic Lucif. Cal. l. 1. pro S. Athan. & l. de mor. pro Dei filio. Sic etiam Cypr. epist. ad Fortun. p. 272. b. & epist. 81. p. 164. a. & l. 3. Testim. p. 309. b. & l. de laud. mart. p. 346. b. nec refragatur Græcum.

℣. 9. August. in Speculo legit : *Qui confidunt in illum, intelligent verit.* &c. Ms. Corb. *intelligunt*. Gr. ut in Vulg. præter ult. ὅτι χάρις καὶ ἔλεος τοῖς ἐκλεκτοῖς αὐτοῦ· *quia gratia & misericordia electis ejus*.

℣. 10. August. in Speculo : *qui neglexerunt justitiam*. Græc. οἱ ἀμελήσαντες τοῦ δικαίου.

℣. 11. Similiter habet Fulg. l. 2. de remiss. pecc. p. 306. Item apud Cypr. epist. 62. p. 102. b. & l. de hab.

VERSIO ANTIQUA, QUÆ ET VULGATA NOSTRA.

abjicit, infelix est : & vacua est spes illorum,
& labores sine fructu, & inutilia opera eorum.
12. Mulieres eorum insensatæ sunt, & ne-
quissimi filii eorum.
13. Maledicta creatura eorum, quoniam
felix est sterilis : & incoinquinata, quæ nes-
civit thorum in delicto, habebit fructum in
respectione animarum sanctarum :
Isai. 56. 4. 14. & spado, qui non operatus est per manus suas iniquitatem, nec cogitavit adversùs
Deum nequissima : dabitur enim illi fidei donum electum, & sors in templo Dei accep-
tissima.
15. Bonorum enim laborum gloriosus est
fructus, & quæ non concidat radix sapientiæ.
16. Filii autem adulterorum in inconsum-
matione erunt, & ab iniquo thoro semen ex-
terminabitur.
17. Et si quidem longæ vitæ erunt, in nihilum computabuntur, & sine honore erit
novissima senectus illorum.
18. Et si celeriùs defuncti fuerint, non habebunt spem, nec in die agnitionis allocutionem.
19. Nationis enim iniquæ diræ sunt consummationes.

NOTÆ.

Virg. p. 173. b. *disciplinam qui abjicit, infelix est*; Gr. ταλαίπωρος. Mss. Corb. & S. Theoder. hab. *& inhabitabilia opera illorum sunt*; Sangerm. *& inutilia opera illorum sunt*; Gr. ϰ̀ ἄχρηστα τὰ ἔργα αὐτῶν.

℣. 12. In Gr. ϰ̀ πονηρὰ τὰ τέκνα αὐτῶν.

℣. 13. Sic etiam in Græco est, demtâ conjunct. *&*, post vocem *sterilis*, cum voce ult. *sanctarum*. Deest pariter ap. August. in Speculo vox ult. *sanctarum*, sicut in Ms. Sangerm. Præterea in eod. Ms. exstat, sicut in altero S. Theoder. *felix sterilis..... quæ non scivit thorum* : item in Corb. *non scivit*. Apud Hieron. in Ose. c. 9. to. 3. 1298. f. *beata sterilis immaculata, quæ non cognovit cubile in peccato* : & in Isai. 56. col. 410. a. *beata sterilis immaculata, quæ non cognovit stratum in delicto : habebit fructum in visitatione animarum*. Gr. ἐν ἐπισκοπῇ ψυχῶν.

℣. 14. Hieron. in Isai. 56. to. 3. 410. a. ita legit : *& eunuchus, qui non est operatus manu iniquitatem, neque cogitavit contra Dominum mala : dabitur enim fidei ejus electa gratia, & pars in templo Domini delectabilis*. Ita quoque in Gr. præter hoc, αὐτῷ τῆς πίστεως, *illi fidei*, loco *fidei ejus*. August. in Speculo, priora tantùm refert ad hoc usque, *dabitur enim*; & Vulgatæ congruit.

℣. 15. Similiter in Græco est.

℣. 16. Ambr. in Ps. 48. col. 954. d. legit : *Filii adulterorum in consummatione erunt* : & ita in Ms. Corb. 1. sed malè; nam in Græco constanter : Τέκνα δὲ μοιχῶν ἀτέλεστα ἔσται, &c. ut in Vulg. unde Optat. l. 4. cont. Donat. p. 75. c. ait *in Salomone* scriptum, *filios adulterorum inconsummatos, & spuria vitulamina altas radices dare non posse*. In Ms. S. Theoder. *Filii autem adulteror. in consummationem erunt*.

℣. 17. Itidem apud Fulg. epist. 2. p. 152. Græcè : Ἐάν τε γὰρ μακρόβιοι γένωνται..... ϰ̀ ἄτιμον ἐπ' ἐσχάτων τὸ, &c.

℣. 18. Fulg. ep. 2. p. 152. *Et si celeriùs defuncti fuerint, non habebunt spem, nec in die magnitudinis allocutionem*. Gr. Ἐάν τε ὀξέως τελευτήσωσιν..... οὐδὲ ἐν ἡμέρᾳ διαγνώσεως παραμύθιον, *nec in die agnitionis solatium*.

℣. 19. In Ms. Corb. 2. *Nationis enim iniquæ duræ sunt consummationis* (l. *consummationes*.) In Gr. Γενεᾶς γὰρ ἀδίκου χαλεπὰ τὰ τέλη.

CAPUT IV.

VERSIO ANTIQUA, QUÆ ET VULGATA NOSTRA.

1. O Quàm pulchra est casta generatio cum
claritate : immortalis est enim memoria illius : quoniam & apud Deum nota est, &
apud homines.
2. Cùm præsens est, imitantur illam : &
desiderant eam cùm se eduxerit, & in perpetuum coronata triumphat incoinquinatorum
certaminum præmium vincens.
3. Multigena autem impiorum multitudo
non erit utilis, & spuria vitulamina non dabunt radices altas, nec stabile firmamentum
collocabunt.
Jer. 17. 6. Matt. 7. 27. 4. Et si in ramis in tempore germinaverint, infirmiter posita, à vento commove-
buntur, & à nimietate ventorum eradicabuntur.
5. Confringentur enim rami inconsumma-
ti, & fructus illorum inutiles, & acerbi ad
manducandum, & ad nihilum apti.
6. Ex iniquis enim somnis filii qui nascuntur, testes sunt nequitiæ adversùs parentes in
interrogatione sua.
7. Justus autem si morte præoccupatus fuerit, in refrigerio erit.
8. Senectus enim venerabilis est non diuturna, neque annorum numero computata :

NOTÆ.

℣. 1. Adam Abbas Perseniæ, Miscell. to. 1. p. 429. legit : *O quàm pulchra est casta generatio cum caritate*. Gr. Κρεῖσσον ἀτεκνία μετὰ ἀρετῆς· unde Ambros. l. 1. de virg. to. 2. p. 155. d. *Melior est sterilitas cum virtute* : tum Græcè, ἀθανασία γάρ ἐστιν ἐν μνήμῃ αὐτῆς, &c. Ms. Corb. 1. *immortalitas est enim memoria illius* : mel. *in memoria*, sicut hab. Ms. S. Theoder. necnon Auct. l. de sing. cleric. ap. Cypr. p. 537. Fulgent. verò l. 3. ad Monim. p. 46. *immortalis enim est memoria illius : quoniam*, &c. ut in Vulg.

℣. 2. Auct. l. de sing. cleric. ap. Cypr. habet, *cùm se abduxerit*, non *eduxerit*; ultimòque, *certaminum prælium vincens*. Gr. pariter, ϰ̀ ποθοῦσιν ἀπελθοῦσαν..... ἄθλων ἀγῶνα νικήσασα.

℣. 3. Multi Vulgatæ libri, loco *spuria vitulamina*, ferunt *adulterina plantationes*, teste Luca Brug. Ita quoque hab. Ms. Corb. 1. in marg. Græc. ita : ϰ̀ ἐκ νόθων μοσχευμάτων οὐ δώσει ῥίζαν εἰς βάθος· unde Optat. l. 4. cont. Donat. p. 75. c. dicit, *spuria vitulamina altas radices dare non posse* : minùs bene ex August. *vitulamina*; mel. *propagines*, seu *plantationes* : de hoc enim ita disserit l. 2. de Doct. Chr. to 3. p. 1. col. 26. b. *Quoniam* μόσχος *Græcè* vitulus *dicitur*, μοσχεύματα *quidam non intellexerunt esse* plantationes, *&* vitulamina *interpretati sunt; qui error tam multos codices præoccupavit, ut vix inveniatur aliter scriptum : & tamen sententia manifestissima est, quia clarescit consequentibus verbis : namque* adulterinæ plantationes non dabunt radices altas, *convenientiùs dicitur, quàm* vitulamina, *quæ pedibus in terra gradiuntur, & non hærent radicibus*.

℣. 4. In Gr. Κἂν γὰρ ἐν κλάδοις πρὸς καιρὸν ἀναθάλῃ, &c. *Etsi enim in ramis ad tempus germinaverint*, &c. subinde pro *nimietate*, βίας, *vi*, quod idem sonat.

℣. 5. Græc. habet num. singul. ὁ καρπὸς αὐτῶν ἄχρηστος, ἄωρος, &c. *fructus eorum inutilis, acerbus*; & sic in conseqq.

℣. 6. Ms. S. Theoder. *Ex iniquis enim omnes filii*, &c. facilè autem potuit pro *somnis*, scribi *omnes*. Græcè constanter, Ἐκ γὰρ ἀνόμων ὕπνων τέκνα, &c.

℣. 7. Ambros. de ob. Valent. to. 2. 1188. b. legit : *Justus quacunque morte præventus fuerit, anima ejus in requie erit*. S. Paulin. epist. 13. p. 70. b. *Justus si morte præventus fuerit, in refrigerio erit*. Gr. Δίκαιος δὲ ἐὰν φθάσῃ τελευτῆσαι, ἐν ἀναπαύσει ἔσται.

℣. 8. Ambros. l. 1. de Cain, c. 3. col. 188. b. alludens dicit : *Senectus enim venerabilis est non annis incana, sed moribus* : at l. 2. de Abr. c. 9. col. 341. f. & in Luc. 17. col. 1485. d. Vulgatæ congruit; sicut etiam S. Paulin. epist. 13. p. 70. b. nisi quòd habet, *cani sunt enim sensus hominibus*, quò redit istud Ambrosii in Ps. 118. col. 987. e. *canities autem est intellectus hominibus*. In Gr. πολιὰ δέ ἐστι φρόνησις ἀνθρώποις. Apud Hieron. in Isai. 3. col. 33. e. *canities hominum prudentia*

VERSIO ANTIQUA, QUÆ ET VULGATA NOSTRA.

cani autem sunt sensus hominis,
9. & ætas senectutis vita immaculata.
Hebr. 10. Placens Deo factus est dilectus, & vi-
11. 5. vens inter peccatores translatus est:
11. raptus est ne malitia mutaret intellectum ejus, aut ne fictio deciperet animam illius.
12. Fascinatio enim nugacitatis obscurat
bona, & inconstantia concupiscentiæ trans-
vertit sensum sine malitia.
13. Consummatus in brevi explevit tempora multa:
14. placita enim erat Deo anima illius:
propter hoc properavit educere illum de medio iniquitatum. Populi autem videntes, &
non intelligentes, nec ponentes in præcordiis
talia:
15. quoniam gratia Dei, & misericordia
est in sanctos ejus, & respectus in electos illius.
16. Condemnat autem justus mortuus vivos impios, & juventus celeriùs consumma-
ta, longam vitam injusti.
17. Videbunt enim finem sapientis, & non
intelligent quid cogitaverit de illo Deus, &
quare munierit illum Dominus.
18. Videbunt & contemnent eum: illos autem Dominus irridebit:
19. & erunt post hæc decidentes sine honore, & in contumelia inter mortuos in perpetuum: quoniam disrumpet illos inflatos sine voce, & commovebit illos à fundamentis,
& usque ad supremum desolabuntur: & erunt
gementes, & memoria illorum peribit.
20. Venient in cogitatione peccatorum suorum timidi, & traducent illos ex adverso iniquitates ipsorum.

NOTÆ.

est: & in Jerem. 1. to. 3. 529. c. *cani hominis sunt sapientia ejus*: similiter in Ose. 7. col. 1282. d. uno dempto *sunt*. Verum in Zachar. 8. p. 1745. c. ita legit: *Senectus honorabilis non multi temporis, nec numero annorum æstimabilis*; quæ Græco respondent, nisi quòd extremò habetur μεμέτρηλαι. Fulgent. ep. 2. p. 153. *Quia senectus honorabilis est non diuturna, neq. numero annorum comput. cani sunt autem sensus hominis*; Ms. S. Theod. *hominum*. Maxim. Taurin. in hom. p. 27. c. Vulgatæ suffragatur.

℣. 9. Concordat Ambros. l. 2. de Abr. c. 9. col. 341. f. & l. 2. de Jacob, c. 8. col. 470. d. & in Ps. 118. col. 1042. a. & epist. 77. to. 2. 1091. d. Ita quoque S. Paulin. epist. 10. p. 70. b. c. & Fulgent. ep. 2. p. 153. nec dissimilia in Græco.

℣. 10. In Ms. Corb. 2. tollitur *est*, post verbum *factus*. Græcè: Εὐάρεστος τῷ Θεῷ γενόμενος, ἠγαπήθη, &c. *Placens Deo factus, dilectus est*. Apud Fulg. epist. 2. p. 153. sic: *Quia placita Deo facta, dilecta est*.

℣. 11. Ita in Græco, nisi quòd ibi non repetitur vocula *ne*: deest pariter in Ms. Corb. item in altero Corb. legitur: *aut fictio malitiæ decipiat*, &c. In Ms. S. Theod. *aut fictio malitia deciperet*, &c. Apud Ambros. apol. 2. Dav. col. 714. e. *raptus est ne malitia mut. intellectum ejus*; l. verò de ob. Valent. to. 2. 1180. c. *cor ejus*: itidem epist. 38. col. 942. e. & l. 1. de excessu Sat. col. 1122. a. Gr. σύνεσιν. Cypr. l. de mortal. p. 235. c. & l. 3. Testim. p. 320. c. legit *intellectum ejus*; subditque, *placita enim erat*, &c. de ℣. 14. omissis illis versiculis qui intersunt. Ita quoque apud Hieron. ep. 22. ad Paulam, to. 4. p. 2. col. 56. a. Apud Fulg. verò ep. 2. p. 153. *raptus est ne malitia mutaret illius intellectum*, &c. ut in Vulg.

℣. 12. Hieron. l. 1. in epist. ad Gal. to. 4. 248. f. *Fascinatio malignitatis obscurat bona*. Gr. Βασκανία γὰρ φαυλότητος ἀμαυροῖ τὰ καλὰ, καὶ ῥεμβασμὸς ἐπιθυμίας, &c. Fulg. ep. 2. p. 153. *Fascinatio autem nugacitatis obscurat bona, & instantia concup.* &c. ut in Vulg.

℣. 13. Fulg. ep. 2. p. 153. *Consummatus autem in brevi replevit tempora longa*. Gr. Τελειωθεὶς ἐν ὀλίγῳ ἐπλήρωσε χρόνους μακρούς.

℣. 14. Cypr. l. de mortal. p. 235. c. legit: *placita enim erat Deo anima ejus: propter hoc properavit educere eum de media iniquitate*. Ita quoque Hieron. ep. 22. ad Paulam, to. 4. p. 2. col. 56. a. cum Fulg. ep. 2. p. 153. S. Paulinus, epist. 13. p. 70. b. *placita enim..... & idcirco properavit eam de medio iniquitatis educere*. Græc. ἀρεστὴ γὰρ ἦν Κυρίῳ ἡ..... διὰ τοῦτο ἔσπευσεν ἐκ μέσου πονηρίας. Οἱ δὲ λαοὶ, &c. Ms. S. Theoder. extremò hab. *in præcordiis suis talia*; Gr. ἐπὶ διανοίᾳ τὸ τοιοῦτο.

℣. 15. Græc. ὅτι χάρις, καὶ ἔλεος ἐν τοῖς ἐκλεκτοῖς αὐτοῦ, καὶ ἐπισκοπὴ ἐν τοῖς ὁσίοις αὐτοῦ. Ms. S. Theoder. *in sanctos illius, & respectus super electos illius*.

℣. 16. Eadem refert Lucif. Cal. l. 1. pro S. Athan. p. 194. g. præter hoc ult. *longævitatem injusti*; Gr. πολυετὲς γῆρας ἀδίκου.

℣. 17. Lucif. Cal. ubi sup. *Videbunt etenim finem sapientis, & non intelligent quid cognoverit de illo, & quare munierit Dominus*. In Gr..... τί ἐβουλεύσατο περὶ αὐτοῦ, καὶ εἰς τί ἠσφαλίσατο αὐτὸν ὁ Κύριος.

℣. 18. Ita Lucif. Cal. l. 1. pro S. Athan. p. 194. g. nisi quòd delet *eum*, post *contemnent*; delet pariter & Græc. In Ms. Corb. 2. & altero S. Theod. *Videbunt enim, & contemnent eum: illos*, &c. Cælestin. PP. epist. 25. to. 1. col. 1216. d. extremò leg. *irritavit in illo Dominus*.

℣. 19. Lucif. Cal. ubi sup. *& erunt post hæc decidentes sine honore, & in contumelia mortis in perpetuo: quoniam disrumpet illos sine voce inflatos, & commovebit illos à fundamentis, & usque ad supremum deserentur: & erunt in dolore, & memoria illorum periet*. Gr. καὶ ἔσονται μετὰ τοῦτο εἰς πτῶμα ἄτιμον, καὶ εἰς ὕβριν ἐν νεκροῖς δι' αἰῶνος reliqua ut sup. ap. Lucif. Mss. etiam S. Theod. Germ. & Corb. scribunt *periet*; præterea Ms. S. Theod. *disrumpet illos flatus sine voce*. Cælestin. PP. epist. 25. to. 1. 1216. d. *& erunt post hæc decidentes sine honore, in contumelia inter mortuos in æternum*.

℣. 20. Lucif. Cal. sup. *Venient in cognitionem peccatorum suorum timidi, & traducent illos ex adverso iniquitates eorum*. Gr. Ἐλεύσονται ἐν συλλογισμῷ, &c.

CAPUT V.

VERSIO ANTIQUA, QUÆ ET VULGATA NOSTRA.

1. TUnc stabunt justi in magna constan-
tia adversùs eos qui se angustiaverunt,
& qui abstulerunt labores eorum.
2. Videntes turbabuntur timore horribili,
& mirabuntur in subitatione insperatæ salutis,
3. dicentes intra se, pœnitentiam agentes,
& præ angustia spiritûs gementes: Hi sunt
quos habuimus aliquando in derisum, & in

NOTÆ.

℣. 1. Accinunt magno consensu Lucif. Cal. l. 1. pro S. Athan. p. 194. g. Cypr. epist. ad Demetr. p. 224. b. & ad Fortun. p. 272. b. & l. 3. Testim. p. 309. c. necnon August. in Ps. 29. to. 4. 138. b. In Gr. Τότε στήσεται ἐν παῤῥησίᾳ πολλῇ ὁ δίκαιος κατὰ πρόσωπον τῶν θλιψάντων αὐτὸν, καὶ τῶν ἀθετούντων τοὺς πόνους αὐτοῦ.

℣. 2 Ita legunt Lucif. Cal. & Cypr. ubi supra. Græc. sub finem: καὶ ἐκστήσονται ἐπὶ τῷ παραδόξῳ τῆς σωτηρίας.

℣. 3. Ms. S. Theoder. initio habet: *gementes præ angustia spiritûs*; deinde, *dicent inter se, pœnitentiam agentes, & præ angustia spiritûs gementes: Hi sunt quos..... & in similitudine improperii*. Itidem in Ms. Corb. 2. præter hoc, *& dicent*, ultimòque, *in similitudinem improp*. Apud Lucif. Cal. l. 1. pro S. Athan. p. 194. g. *dicent inter se, pœnitentiam agentes, & per angustiam spiritûs gementes: Hi sunt quos habuimus aliquando in risum, & in similitudi-*

VERSIO ANTIQUA, QUÆ ET VULGATA NOSTRA.

ſimilitudinem improperii.
Sup. 3. 2. 4. Nos inſenſati vitam illorum æſtimaba-
mus inſaniam, & finem illorum ſine honore :
5. ecce quomodo computati ſunt inter filios Dei, & inter ſanctos ſors illorum eſt.
6. Ergo erravimus à via veritatis, & juſtitiæ lumen non luxit nobis, & Sol intelligentiæ non eſt ortus nobis.
7. Laſſati ſumus in via iniquitatis & perditionis, & ambulavimus vias difficiles, viam
autem Domini ignoravimus.
8. Quid nobis profuit ſuperbia? aut divitiarum jactantia quid contulit nobis?
1. Par. 29. 15. 9. Tranſierunt omnia illa tanquam umbra,
Sap. 2. 5. & tanquam nuncius percurrens,
Prov. 30. 19. 10. & tanquam navis, quæ pertranſit fluc-
tuantem aquam: cujus, cùm præterierit, non
eſt veſtigium invenire, neque ſemitam cari-
næ illius in fluctibus:
11. aut tanquam avis, quæ tranſvolat in
aere, cujus nullum invenitur argumentum
itineris, ſed tantùm ſonitus alarum verbe-
rans levem ventum, & ſcindens per vim itineris aerem: commotis alis tranſvolavit, & poſt
hoc nullum ſignum invenitur itineris illius:
12. aut tanquam ſagitta emiſſa in locum
deſtinatum, diviſus aer continuò in ſe reclu-
ſus eſt, ut ignoretur tranſitus illius:
13. ſic & nos nati continuò deſivimus eſſe:
& virtutis quidem nullum ſignum valuimus oſtendere: in malignitate autem noſtra con-
ſumpti ſumus.
14. Talia dixerunt in inferno hi, qui peccaverunt:
15. quoniam ſpes impii tanquam lanugo Pſal. 1.
eſt, quæ à vento tollitur: & tanquam ſpu- 4.
ma gracilis, quæ à procella diſpergitur: & Prov.
tanquam fumus, qui à vento diffuſus eſt: & 10. 28.
tanquam memoria hoſpitis unius diei præter- & 11. 7.
euntis.
16. Juſti autem in perpetuum vivent, &
apud Dominum eſt merces eorum, & cogitatio illorum apud Altiſſimum.
17. Ideo accipient regnum decoris, & diadema ſpeciei de manu Domini: quoniam
dexterâ ſuâ teget eos, & brachio ſancto ſuo
defendet illos.
18. Accipiet armaturam zelus illius, & ar- Pſ. 17.
mabit creaturam ad ultionem inimicorum. 40.
19. Induet pro thorace juſtitiam, & acci- Epheſ. 6. 13.

NOTÆ.

nem improp. Cypr. ep. ad Fortun. p. 272. b. & ad Demetr. p. 224. b. *dicentes inter ſe, pœnitentiam habentes, & præ anguſtia ſpiritûs gementes* : & l. 3. Teſtim. p. 309. c. *dicentes inter ſe, pœnitentiam habentes, & per anguſtiam ſpiritûs gementes*, &c. ut in Vulg. Auguſt. in Pſ. 29. col. 138. b. *illi autem dicent inter ſe, pœnitentes, & præ anguſtia ſpiritûs gementes* : at ſer. 58. to. 5. 340. c. leg. *pœnitentiam agentes* ; & in Pſ. 6. & 74. col. 28. b. 783. f. *Hi ſunt quos aliq. habuimus in riſum* ; Auct. l. de promiſſ. ap. Proſp. p. 203. a. *in deriſum*. Gr. ἐροῦσιν ἑαυτοῖς μετανοοῦντες, καὶ διὰ στενοχωρίαν..... Οὗτος ἦν ὃν ἔσχομέν ποτε εἰς γέλωτα, &c. Mſ. Alex. cum ed. Compl. καὶ ἐροῦσιν ἐν ἑαυτοῖς.

℣. 4. Gr. conſtanter habet αὐτοῦ num. ſingul. loco duplicis *illorum*. At Lucif. Cal. l. 1. pro S. Athan. cum Vulgata concinit, ſicut Auguſt. in Pſ. 6. to. 4. 28. b. & Auct. l. de promiſſ. ap. Proſp. p. 203. a. Ita quoque Cypr. hab. ep. ad Fortun. p. 272. b. & l. 3. Teſtim. p. 309. c. epiſt. verò ad Demetr. p. 224. b. leg. *viam illorum* ; Gr. βίον αὐτοῦ.

℣. 5. A Mſ. S. Theoder. abeſt *ecce*, ſicut à Græco: item Græcè conſtanter legitur num. ſingul. κατελογίσθη, ſicut inf. ὁ κλῆρος αὐτοῦ. Apud Cypr. epiſt. ad Fortun. p. 272. b. *quomodo ergo computati ſunt*, &c. ut in Vulg. ſimiliter ep. ad Demetr. p. 224. b. & l. 3. Teſtim. dempta conjunct. *ergo*. Ita quoque hab. Auguſt. in Pſ. 6. to. 4. 28. b. cum Auct. l. de promiſſ. ap. Proſp. p. 204. a. Apud Lucif. Cal. l. 1. pro S. Athan. p. 194. g. *ecce quomodo computati ſunt*, &c. ut ſup.

℣. 6. Ita legit Lucif. Cal. l. 1. pro S. Athan. omiſſa tamen voce *intelligentiæ*, quæ etiam abeſt a Græco. Ita quoque ap. Cypr. cùm epiſt. ad Fortun. p. 272. b. & ad Demetr. p. 224. b. tum l. 3. Teſtim. p. 309. d. Sic etiam apud Auguſt. in Pſ. 6. col. 28. b. & ſer. 58. & 292. to. 5. 340. c. 1170. g. & apud Auct. op. imp. in Matth. hom. 28. p. 121. a. Apud Tichon. reg. 7. p. 64. e. hæc pauca: *juſtitiæ lumen non luxit nobis*.

℣. 7. Lucif. Cal. l. 1. pro S. Athan. p. 195. a. *Laſſati ſumus iniquitatis in via & perditionis, & ambulavimus eremias difficiles, viam autem Domini ignoravimus.* Cypr. ep. ad Demetr. & Fortunat. p. 224. b. & 272. b. *Laſſati ſumus in iniquitatis via & perdit. & ambulavimus ſolitudines difficiles, viam autem*, &c. itidem l. 3. Teſtim. p. 390. c. Auct. op. imp. in Matth. hom. 28. p. 121. a. *Laſſati ſumus in iniquitatis via & perdit. ambulavimus ſolitudines deſertas, difficiles autem vias Domini ignoravimus.* Auguſt. in Pſ. 6. col. 28. b. *Repleti ſumus iniquitatis viâ & perditionis, & ambulavimus ſolitudines difficiles, viam autem*, &c. In Gr. Ἀνομίας ἐνεπλήσθημεν τρίβοις καὶ ἀπωλείας, καὶ διωδεύσαμεν ἐρήμους ἀβάτους, &c.

℣. 8. Lucif. Cal. l. 1. pro S. Athan. *Quid nobis profuit ſuperbia? aut quid divitiæ cum exſultatione contulerunt nobis?* Cypr. l. de hab. virg. p. 176. b. *Quid nobis profuit ſuperbia? aut quid divitiarum jactatio contulit nobis?* ita quoque epiſt. ad Demetr. & Fortunat. p. 224. b. 272. b. & l. 3. Teſtim. p. 309. c. Auct. op. imp. in Matth. p. 121. a. *Quid nobis profuit ſuperbia noſtra? aut quid divitiarum jactatio contulit nobis?* Auguſt. in Pſ. 6. to. 4. 28. b. Vulgatæ ſuccinit; ſicut in Pſ. 29. col. 138. b. niſi quòd hab. *&*, loco *aut* : ſimiliter in Pſ. 74. col. 783. f. & ſerm. 58. to. 5. 340. c. In Gr... καὶ τί πλοῦτος μετὰ ἀλαζονείας συμβέβληται ἡμῖν; in Mſ. Alex. ἢ τί.

℣. 9. Sic habet Lucif. Cal. l. 1. pro S. Athan. p. 195. a. cum Græco. Apud Cypr. de hab. virg. p. 176. b. priora tantum exſtant: *Tranſierunt omnia illa tanq. umbra* : ita rurſum epiſt. ad Demetr. & Fortunat. p. 224. b. & 272. b. necnon l. 3. Teſtim. p. 309. c. Sic etiam apud Auguſt. in Pſ. 29. to. 4. 138. b. & ſerm. 58. to. 5. 304. c. & apud Auct. op. imp. in Matth. p. 121. a.

℣. 10. Græcè deeſt *&*, ipſo initio; reliqua quadrant.

℣. 11. In Mſ. S. Theoder. ſic: *aut avis, quæ tranſvolat in aere, cujus nullum invenitur argumentum itineris illius, ſed tantùm alarum eſt ſonitus*, &c. ut in Vulg. A Græco abeſt vocula *cujus*, poſt *aere*, ſicut à Mſs. Corb. duobus: in his etiam voci 1. *itineris*, adjungitur τὸ *illius*, ut ſup. non autem in Græco, ubi ita proximè ſequitur, πληγῇ δὲ, *percuſſione autem*, loco *ſed tantùm ſonitus* : item inf. loco *per vim itineris aerem*, ſimpliciter, βίᾳ ῥοίζου, *vi ſtridoris* ; ultimòque, οὐχ εὑρέθη σημεῖον ἐπιβάσεως ἐν αὐτῷ, *non eſt inventum ſignum itineris in eo*, loco *nullum ſignum invenitur*, &c.

℣. 12. Mſ. Sangerm. initio habet: *tanquam ſagitta emiſſa* ; Corb. verò in fine, *& ignoratur tranſitus illius*. Græc. ἢ ὡς βέλους βληθέντος..... ὡς ἀγνοῆσαι τὴν διόδον αὐτοῦ.

℣. 13. A Græco abeſt vox *continuò*.

℣. 14. Hic verſiculus deeſt in Græco.

℣. 15. Concinit Gildas Sap. l. de excid. Britann. p. 715. a. In Græco ſic: ὅτι ἐλπὶς ἀσεβοῦς ὡς φερόμενος χοῦς ὑπὸ ἀνέμου, *quia ſpes impii tanquam ſublatus pulvis à vento*, &c. At in Mſ. Alex. ac edd. Ald. & Compl. legitur χνοῦς, quod etiam ſignificare poteſt *lanugo*, ut in Vulg. In Mſ. Corb. pro *diſpergitur*, exſtat *diſrumpitur* ; Gr. διωχθεῖσα.

℣. 16. Eadem refert Lucif. Cal. l. 1. pro S. Athan. p. 195. a. cum Gilda Sap. l. de excid. Britann. p. 715. b. Græc... καὶ ἐν Κυρίῳ ὁ μισθὸς αὐτῶν, καὶ ἡ φροντὶς αὐτῶν, &c. *& in Domino merces eorum, & cura*, vel *ſollicitudo eorum*, &c.

℣. 17. Lucif. Cal. ubi ſup. legit: *Ideo accipient regnum decoris, & diadema de manu Domini: quoniam dexterâ ſuâ proteget illos, & in brachio ſuo defendet illos.* Lucifero Græc. favet, niſi quòd addit τοῦ κάλλους, ad vocem *diadema* ; tollitque *ſua* poſt *dextera*, cum voculis *in* & *ſuo*, ante & poſt *brachio* ; in ed. Compl. exſtat δεξιᾷ αὐτοῦ, ſubinde in Mſ. S. Theoder. eſt, *& brachio ſuo*. Gildas Sap. l. de excid. Britann. p. 715. b. Vulgatæ accinit, ſi excipias verbum *proteget*, loco *teget* ; Gr. σκεπάσει.

℣. 18. In Gr. Λήψεται πανοπλίαν τὸν ζῆλον αὐτοῦ, &c. *Accipiet armaturam zelum ſuum*, &c.

℣. 19. Gr. Ἐνδύσεται θώρακα δικαιοσύνην, καὶ περιθήσεται

VERSIO ANTIQUA, QUÆ ET VULGATA NOSTRA.

piet pro galea judicium certum :
20. sumet scutum inexpugnabile æquitatem :
21. acuet autem duram iram in lanceam,
& pugnabit cum illo orbis terrarum contra insensatos.
22. Ibunt directè emissiones fulgurum, &
tanquam à bene curvato arcu nubium exterminabuntur, & ad certum locum insilient.
23. Et à petrosa ira plenæ mittentur grandines, excandescet in illos aqua maris, & flumina concurrent duriter.
24. Contra illos stabit spiritus virtutis, &
tanquam turbo venti dividet illos : & ad eremum perducet omnem terram iniquitas illorum, & malignitas evertet sedes potentium.

NOTÆ.

κόρυθα κρίσιν ἀνυπόκριτον.

℣. 20. Similiter in Græco, nisi excipias ult. ὁσιότητα, *sanctitatem*, quod unum & idem.

℣. 21. Ms. Corb. legit *diram iram* (non *duram*) *in lanceam*; Gr. ἀπότομον ὀργὴν εἰς ῥομφαίαν.

℣. 22. A Græco abest sub fin. *exterminabuntur* & ; loco verò *directè*, exstat εὔστοχοι : in Ms. etiam Sangerm. *directa* ; subinde in Ms. S. Theoder. *fulgorum*, non *fulgurum* ; Gr. ἀστραπῶν.

℣. 23. Græc. Καὶ ἐκ πετροβόλου θυμοῦ πλήρεις ῥιφήσονται χάλαζαι, &c.

℣. 24. Vigil. Tapf. l. cont. Varim. *Spiritus Domini contra illos stabit, & tanq. turbo venti dividet illos*. Ms. S. Theoder. *& tanq. turbido venti dividet illos : & ad erem. perduc. omn. terram inequitatis illorum*, &c. Similiter hab. Ms. Corb. 2. *terram iniquitatis illorum* ; Gr. verò, τὴν γῆν ἀνομία, absque seq. *illorum*.

CAPUT VI.

VERSIO ANTIQUA, QUÆ ET VULGATA NOSTRA.

Eccles. 9. 18. 1. MElior est sapientia quàm vires : & vir
prudens quàm fortis.
2. Audite ergo reges, & intelligite, discite
judices finium terræ.
3. Præbete aures vos, qui continetis multitudines, & placetis vobis in turbis nationum :
Rom. 13. 1. 4. quoniam data est à Domino potestas vo-
bis, & virtus ab Altissimo, qui interrogabit
opera vestra, & cogitationes scrutabitur :
5. quoniam cùm essetis ministri regni illius, non rectè judicastis nec custodistis legem
justitiæ, neque secundùm voluntatem Dei ambulastis.
6. Horrendè & citò apparebit vobis : quoniam judicium durissimum his, qui præsunt,
fiet.
7. Exiguo enim conceditur misericordia :
potentes autem potenter tormenta patientur.
Deut. 10. 17. 8. Non enim subtrahet personam cujusquam Deus, nec verebitur magnitudinem cujusquam : quoniam pusillum & magnum ipse 2. Par. 19. 7. Eccli. 35. 15. Act. 10. 34. Rom. 2. 11. Gal. 2. 6. Ephes. 6. 9. Coloss. 3. 25. 1. Pet. 1. 17.
fecit, & æqualiter cura est illi de omnibus.
9. Fortioribus autem fortior instat cruciatio.
10. Ad vos ergo reges sunt hi sermones mei,
ut discatis sapientiam, & non excidatis.
11. Qui enim custodierint justa justè, justificabuntur : & qui didicerint ista, invenient
quid respondeant.
12. Concupiscite ergo sermones meos, diligite illos, & habebitis disciplinam.
13. Clara est, & quæ nunquam marcescit
sapientia, & facilè videtur ab his qui diligunt
eam, & invenitur ab his qui quærunt illam.
14. Præoccupat qui se concupiscunt, ut illis se prior ostendat.
15. Qui de luce vigilaverit ad illam, non
laborabit : assidentem enim illam foribus suis

NOTÆ.

℣. 1. Hic versiculus abest à Græco. In Mss. S. Germ. & S. Theoder. est *vir prudens magis quàm fortis*.

℣. 2. Ita legit Lucif. Cal. l. 1. pro S. Athan. p. 195. b. cum Tichonio reg. 7. p. 64. b. & Græco. August. in Speculo addit *justitiam*, in fine.

℣. 3. Sic habet Lucif. Cal. præter vocem *multitudinum*, num. sing. In Gr. Ἐνωτίσασθε οἱ κρατοῦντες πλήθους, &c. Tichonius reg. 7. p. 64. b. Vulgatæ congruit, omissâ voculâ *vos* ; quam retinet Aug. in Speculo.

℣. 4. Eadem prorsus habet Lucif. Cal. l. 1. pro S. Athan. p. 195. b. Similiter Tichon. reg. 7. p. 64. b. & August. in Speculo. Ita quoque in Græco, præter τὰς βουλὰς, *consilia*, loco *cogitationes*. Apud Vigil. Tapf. p. 749. d. *a spiritu Domini data est potestas vobis*, &c. ut supra.

℣. 5. Ita legit Lucif. Cal. l. 1. pro S. Athan. dempta una voce *justitiæ*, quæ etiam abest à Græco : tollitur pariter à Tichon. reg. 7. p. 64. b. sed habetur in Speculo ap. August. qui etiam paulò sup. leg. *regni ipsius*, non *illius*. Vigil. Tapf. p. 749. d. *& cùm essetis ministri regni illius, non rectè judicastis*. Græc. loco *voluntatem*, habet τὴν βουλὴν, *consilium*.

℣. 6. Ita legit August. in Speculo. Ita quoque Lucif. Cal. l. 1. pro S. Athan. p. 195. b. nisi quòd hab. *in his qui præsunt*. Similiter apud Cypr. l. 3. Testim. p. 328. b. Ms. etiam Corb. leg. *in his qui præsunt*, &c. Gr. ἐν τοῖς ὑπερέχουσι γίνεται.

℣. 7. Accinunt magno consensu Lucif. Cal. l. 1. pro S. Athan. p. 195. b. Cypr. l. 3. Testim. p. 328. b. & August. in Speculo : at Aug. q. 31. in Levit. to. 3. p. 504. d. legit : *Exiguo concedetur misericordia : potentes autem potentiora tormenta patientur*. Hieron. in Isai. 28. to. 3. 242. f. *potentes potenter tormenta patientur* : similiter in Ezech. 16. col. 808. a. & præf. l. 3. in ep. ad Ephes. to. 4. 378. a. addito uno *enim*, vel *quippe*, ad *potentes*. In Gr. Ὁ γὰρ ἐλάχιστος συγγνωστός ἐστιν ἐλέους· δυνατοὶ δὲ δυνατῶς ἐτασθήσονται.

℣. 8. Lucif. Cal. l. 1. pro S. Athan. habet : *Non subtransiet personam cujusque Dominus, nec reverebitur magnitudinem cujusquam : quoniam & pupillum & magnum ipse fecit, & æqualiter cura est illi de omnibus*. S. Paulin. epist. 23. p. 144. c. *quoniam ipse fecit pauperem & divitem, & æqualiter illi cura est pro omnibus*. Auct. l. de promiss. ap. Prosp. p. 187. c. *pusillum & magnum ipse fecit, & æqualiter cura est illi pro omnibus*. August. in Speculo : *Non enim subtrahet personam cujusquam Dominus, nec reverebitur*, &c. ut in Vulg. Ita quoque in Ms. S. Germ. *Dominus, nec reverebitur*. In Gr. Οὐ γὰρ ὑποστελεῖται πρόσωπον ὁ πάντων Δεσπότης, οὐδὲ ἐντραπήσεται μέγεθος· ὅτι μικρὸν καὶ μέγαν..... προνοεῖ περὶ πάντων.

℣. 9. Ita Lucif. Cal. l. 1. pro S. Athan. Ap. August. verò in Speculo *cruciatus*, non *cruciatio*. Gr. Τοῖς δὲ κραταιοῖς ἰσχυρὰ ἐφίσταται ἔρευνα.

℣. 10. Sic apud Lucif. Cal. l. 1. pro S. Athan. præter hoc, *ô mali tyranni*, loco *reges*. Apud August. in Speculo : *Ad vos autem, mali reges*, &c. In Gr. Πρὸς ὑμᾶς οὖν ὦ τύραννοι, &c.

℣. 11. August. in Speculo legit : *Qui enim custodierint justitiam justè*, &c. Similiter in Mss. S. Theoder. & duobus Corb. qui præterea addunt : *& qui dedicerint justa*. Auct. l. de sing. Cleric. ap. Cypr. p. 528. b. *Qui enim custodierint justè justa, justificabuntur*. Gr. Οἱ γὰρ φυλάξαντες ὁσίως τὰ ὅσια..... καὶ οἱ διδαχθέντες αὐτὰ, &c.

℣. 12. Sic Ambros. in Ps. 1. col. 752. b. & August. in Speculo : Gr. tollit *illos*, post *diligite*, pro quo ποθήσατε.

℣. 13. Concordant Ambros. in Ps. 1. col. 752. b. & August. cùm in Speculo, tum l. de morib. Eccl. to. 1. 699. c. si excipias verbum *marcescat* ; in Mss. Corb. & S. Theod. *marcescet* ; in Sangerm. *marcescat*... *& invenietur*. In Gr. Λαμπρὰ, καὶ ἀμάραντός ἐστιν ἡ σοφία, &c. ut in Vulg.

℣. 14. August. in Speculo legit cum Ms. S. Theoder. *ut illis se priorem ostendat* : Gr. προγνωσθῆναι.

℣. 15. Ita Aug. in Speculo : at l. de morib. Eccl. to.

VERSIO ANTIQUA, QUÆ ET VULGATA NOSTRA.

inveniet.

16. Cogitare ergo de illa, ſenſus eſt conſummatus : & qui vigilaverit propter illam, citò ſecurus erit.

17. Quoniam dignos ſe ipſa circuit quærens, & in viis oſtendit ſe illis hilariter, & in omni providentia occurrit illis.

18. Initium enim illius, veriſſima eſt diſciplinæ concupiſcentia.

19. Cura ergo diſciplinæ, dilectio eſt : & dilectio, cuſtodia legum illius eſt : cuſtoditio autem legum, conſummatio incorruptionis eſt :

20. incorruptio autem facit eſſe proximum Deo.

21. Concupiſcentia itaque ſapientiæ deducit ad regnum perpetuum.

22. Si ergo delectamini ſedibus & ſceptris, ô reges populi, diligite ſapientiam, ut in perpetuum regnetis :

23. diligite lumen ſapientiæ omnes qui præeſtis populis :

24. quid eſt autem ſapientia, & quemadmodum facta ſit referam : & non abſcondam à vobis ſacramenta Dei, ſed ab initio nativitatis inveſtigabo, & ponam in lucem ſcientiam illius, & non præteribo veritatem :

25. neque cum invidia tabeſcente iter habebo : quoniam talis homo non erit particeps ſapientiæ.

26. Multitudo autem ſapientium ſanitas eſt orbis terrarum : & rex ſapiens ſtabilimentum populi eſt.

27. Ergo accipite diſciplinam per ſermones meos, & proderit vobis.

NOTÆ.

1. 699. c. tollit τὸ *de luce.* In Gr. Ὁ ὀρθρίσας, extremòque, *πάρεδρον γὰρ εὑρήσει τῶν πυλῶν αὐτοῦ.* Mſ. S. Theod. *aſſidentem enim illam in foribus ſuis inveniet.*

℣. 16. Auguſt. in Speculo legit : *Cogitare enim de illa..... & qui vigilaverit pro illa, citò erit ſecurus :* ſic etiam l. de mor. Eccl. to. 1. 699. d. excepto uno *propter illam*, loco *pro illa ;* Græc. δι' αὐτήν ; item initio, τὸ γὰρ ἐνθυμηθῆναι περὶ αὐτῆς, &c.

℣. 17. Ita legit Auguſt. l. de mor. Eccl. to. 1. 699. c. deletâ præp. *in*, ante *omni :* at in Speculo illam retinet, habetque ſup. *circuminit quærens, & in viis oſtendet ;* ultimòque, *occurrit illis :* lib. verò 2. de libero arb. to. 1. 603. e. *in viis oſtendet ſe..... & omni provid. occurret illis.* S. Paulin. epiſt. 18. p. 101. a. *Qui totum orbem circuit quærens dignos ſe... & in viis directionis oſtendit ſe hilariter, & omni providentia occurrit :* Mſ. Corb. *& in viis ſuis.* Similiter in Mſ. S. Theod. paulò verò poſt, *& in omni prudentia occurrit illis ;* Sangerm. *occurret illis.* Gr. Vulgatæ congruit.

℣. 18. Sic ap. Auguſt. in Speculo : at l. de morib. Eccl. to. 1. 699. c. *Initium enim illius veriſſimum, diſciplinæ concupiſcentia.* Gr. textui favet.

℣. 19. Auguſt. in Speculo, & l. de morib. Eccl. to. 1. p. 699. d..... *& dilectio, cuſtoditio legum illius eſt : cuſtoditio autem legum, confirmatio incorruptionis eſt.* Similiter apud Lucif. Cal. l. 1. pro S. Athan. p. 195. c. *cuſtoditio legum, confirmatio incorruptionis eſt.* In Græco : ἀγάπη δὲ, τήρησις νόμων αὐτῆς· προσοχὴ δὲ νόμων, βεβαίωσις ἀφθαρσίας.

℣. 20. Sic habet Auguſt. in Speculo : at l. de morib. Eccl. to. 1. 699. d. delet *eſſe.* Apud Iren. l. 4. c. 8. p. 285. a. ſic : *incorruptela verò proximum facit eſſe Deo.* Ita quoque in Græco.

℣. 21. Concinit Auguſt. in Speculo : at l. de mor. Eccl. p. 699. d. omittit vocem ult. *perpetuum*, quæ abeſt etiam à Græco. in Mſ. S. Theod. *deducet*, Gr. ἀνάγει.

℣. 22. Auguſt. in Speculo legit : *Si ergo delectamini ſedibus & ſtemmatibus, reges populi*, &c. ut ſup. Mſ. S. Germ. *ſedibus perpetuis & ſtemmatibus*, &c. Mſ. S. Theod. *ſedibus perpetuis & ſcepteris, reges*, &c. Gr. Εἰ οὖν ἥδεσθε ἐπὶ θρόνοις καὶ σκήπτροις, τύραννοι λαῶν, τιμήσατε σοφίαν, &c.

℣. 23. Hic verſiculus deeſt in Græco.

℣. 24. Eadem ſunt in Græco, detracta voce *Dei.* In Mſ. Corb. eſt : *quid ſit autem ſapientia*, &c. Apud Phæbad. Agin. l. contra Arian. p. 302. c. *quid ſit ſapientia*, &c. ut ſupra.

℣. 25. Ita rurſum in Græco.

℣. 26. Prior ſententia eodem modo legitur apud Julium Hilar. p. 373. b. poſteriorem citat Auct. l. de promiſſ. c. 35. p. 2. col. 165. c. utraque in Græco eſt ut ſup.

℣. 27. Gr. Ὥστε παιδεύθητε τοῖς ῥήμασί μου, &c.

CAPUT VII.

VERSIO ANTIQUA, QUÆ ET VULGATA NOSTRA.

1. SUm quidem & ego mortalis homo, ſimilis omnibus, & ex genere terreni illius, qui prior factus eſt, & in ventre matris figuratus ſum caro,

Job. 10. 10. 2. decem menſium tempore coagulatus ſum in ſanguine, ex ſemine hominis, & delectamento ſomni conveniente.

3. Et ego natus accepi communem aerem, & in ſimiliter factam decidi terram, & primam vocem ſimilem omnibus emiſi plorans.

4. In involumentis nutritus ſum, & curis magnis.

5. Nemo enim ex regibus aliud habuit nativitatis initium.

6. Unus ergo introitus eſt omnibus ad vitam, & ſimilis exitus. Job. 1. 21.

7. Propter hoc optavi, & datus eſt mihi ſenſus : & invocavi, & venit in me ſpiritus ſa- 1. Tim. 6. 7.

NOTÆ.

℣. 1. Sic habet Ambroſ. in Pſ. 118. to. 1. 1060. d. exceptò uno *terreno*, loco *terreni.* Mſs. S. Germ. & Corb. *& ex genere terreno illius, qui prius finctus eſt ;* Mſ. S. Theod. *fictus eſt. ;* Gr. καὶ γηγενοῦς ἀπόγονος πρωτοπλάστου· deinde ap. Tichon. reg. 5. p. 60. h. *in utero matris figuratus ſum caro.*

℣. 2. Eadem refert Ambroſ. in Pſ. 118. p. 1060. d. Mſ. verò Corb. extremò hab. *& delectamento ſomnii convenientis ;* alii, *ſomni convenientis ;* quidam, *ſomnii conveniente ;* S. Theoder. *ſoni convenienti ;* Gr. ὕπνῳ συνελθόντος.

℣. 3. Ambroſ. in Pſ. 118. col. 1060. d. ita legit : *Et ego natus hauſi communem aerem, & ſimiliter in terram decidi, & primam vocem ſimilem omnibus emiſi plorans.* Sic etiam in Græco eſt, niſi quòd loco *& ſimiliter*, exſtat καὶ ἐπὶ τὴν ὁμοιοπαθῆ, abſque ſeq. *& ;* & pro *emiſi*, ἴσα, *æqui ;* at in ed. Compl. ἧκα. Auctor l. de promiſſ. ap. Proſp. p. 1. col. 94. a. Vulgatæ congruit, detracto uno *&* poſt *terram.*

℣. 4. Sic Ambroſ. in Pſ. 118. ad verbum legit, cum Auct. l. de promiſſ. ap. Proſp. p. 94. a. à Græco abeſt vox *magnis.*

℣. 5. Concinit Auct. l. de promiſſ. ap. Proſp. p. 94. a. Ita quoque legit Ambroſ. in Pſ. 118. col. 1060. d. ſi excipias unum *diverſum*, pro *aliud.* Græcè, Οὐδεὶς γὰρ βασιλεὺς ἑτέραν, &c. in Mſ. Alex. βασιλέων, non βασιλεύς.

℣. 6. Ambroſ. ubi ſup. legit : *Unus ergo omnibus eſt introitus nativitatis ad vitam, & ſimilis exitus.* Auct. l. de promiſſ. ap. Proſp. p. 1. c. 4. p. 94. a. *Unus eſt enim omnibus introitus ad vitam, & ſimilis exitus.* Gr. Μία δὲ πάντων εἴσοδος εἰς τὸν βίον, ἔξοδός τε ἴση.

℣. 7. Ita legunt Ambroſ. in Pſ. 43. col. 926. b. & Auguſt. cont. Adim. to. 8. 142. d. nec differt Græcum. Obſervandum tamen hunc verſum ap. Ambroſ. legi tantùm in editis omnibus, non verò in Mſs.

pientiæ :

8. & præposui illam regnis & sedibus, & divitias nihil esse duxi in comparatione illius :

Job. 28. 9. nec comparavi illi lapidem pretiosum :
15. quoniam omne aurum in comparatione il-
Prov. lius, arena est exigua, & tanquam lutum
8. 11. æstimabitur argentum in conspectu illius.

10. Super salutem & speciem dilexi illam, & proposui pro luce habere illam : quoniam inexstinguibile est lumen illius.

3. Reg. 11. Venerunt autem mihi omnia bona pa-
3. 13. riter cum illa, & innumerabilis honestas per
Matth. manus illius,
6. 33.

12. & lætatus sum in omnibus : quoniam antecedebat me ista sapientia, & ignorabam quoniam horum omnium mater est.

13. Quam sine fictione didici, & sine invidia communico, & honestatem illius non abscondo.

14. Infinitus enim thesaurus est hominibus : quo qui usi sunt, participes facti sunt amicitiæ Dei, propter disciplinæ dona commendati.

15. Mihi autem dedit Deus dicere ex sententia, & præsumere digna horum quæ mihi dantur : quoniam ipse sapientiæ dux est, & sapientium emendator :

16. in manu enim illius, & nos, & sermones nostri, & omnis sapientia, & operum scientia & disciplina.

17. Ipse enim dedit mihi horum, quæ sunt, scientiam veram : ut sciam dispositionem orbis terrarum, & virtutes elementorum,

18. initium, & consummationem, & medietatem temporum, vicissitudinum permutationes, & commutationes temporum,

19. anni cursus, & stellarum dispositiones,

20. naturas animalium, & iras bestiarum, vim ventorum, & cogitationes hominum, differentias virgultorum, & virtutes radicum,

21. & quæcunque sunt absconsa & improvisa, didici : omnium enim artifex docuit me sapientia :

22. est enim in illa spiritus intelligentiæ, sanctus, unicus, multiplex, subtilis, disertus, mobilis, incoinquinatus, certus, suavis, amans bonum, acutus, quem nihil vetat, benefaciens,

23. humanus, benignus, stabilis, certus, securus, omnem habens virtutem, omnia prospiciens, & qui capiat omnes spiritus : intelligibilis, mundus, subtilis.

24. Omnibus enim mobilibus mobilior est sapientia : attingit autem ubique propter suam

NOTÆ.

℣. 8. August. cont. Adim. sup. & *præposui illam regnis* (Mss. *regimoniis*) & *sedibus*, & *honestatem nihil esse duxi ad comparationem ipsius* : Ms. Corb. *nihil esse dixi*. Græcum Vulgatæ consonat.

℣. 9. Eadem refert August. cont. Adim. to. 8. 142. d. præter hoc ult. *ad illam*, loco *in conspectu illius* : Gr. ἐναντίον αὐτῆς ; præterea idem Græc. habet λίθον ἀτίμητον, loco *lapidem pretiosum* ; ed. verò Compl. λίθον τίμιον ; hoc autem ἀτίμητον, quod in aliis est, aut mendosum est, aut significat lapidem, qui pretiosus vulgò dicitur, verè esse vilem præ illa : ita Nobilius.

℣. 10. Græc. extremò hab. ὅτι ἀκοίμητον τὸ ἐκ ταύτης φέγγος.

℣. 11. In Gr. πλοῦτος, *divitiæ*, loco *honestas*.

℣. 12. A Græco abest *me* ; loco verò seq. *ista*, est αὐτῶν, dempta voce *omnium*, sub finem. Contra Ms. Corb. 1. hab. *quoniam omnium mater est*.

℣. 13. In Mss. Corb. 1. & S. Theod. adjicitur τὸ *bonis illius*, verbo *communico* : ita quoque in Corb. 2. ad marg. al. manu ; sed hoc additamento caret Gr. initio quoque ipso ita legitur ibid. Ἀδόλως τε ἔμαθον, &c. *Et sine fictione didici*, &c. item inf. constanter, τὸν πλοῦτον, *divitias*, loco *honestatem*, absque præced. &.

℣. 14. Ms. Corb. 1. initio hab. *Infinitus autem*, &c. Græc. verò ut sup. Ἀνεκλιπὴς γὰρ, &c.

℣. 15. In Mss. Sangerm. & Corb. *Mihi autem det Deus*, &c. è Gr. Ἐμοὶ δὲ δῴη ὁ Θεὸς, &c. sed in editt. Ald. & Compl. δέδωκεν, ut in Vulg. Auctor l. de voc. gent. c. 24. p. 15. f. similiter addit : *quoniam ipse & sapientiæ dux est, & sapientium emendator*. Ita quoque in Gr. In Ms. Corb. est : *quoniam ipse Deus*, &c.

℣. 16. Ita legit Auct. l. de voc. gent. c. 24. p. 15. f. In Mss. 2. Corb. & S. Theod. ultimò exstat, & *operum scientia disciplina*. In Gr. simpliciter, καὶ ἐργατειῶν ἐπιστήμη.

℣. 17. Ambros. in Ps. 118. col. 1082. d. *Ipse enim mihi dedit eorum, quæ sunt, cognitionem veram* : & l. 2. de Abrah. c. 7. col. 329. a. *Ipse mihi dedit eorum, quæ sunt, scientiam veram : ut sciam dispositionem orbis terrarum, & virtutem elementorum* : quibus respondet Græcum.

℣. 18. Ambr. l. 2. de Abrah. c. 7. col. 329. a. legit : *Initium, & consummationem, & medietatem omnium rerum, & divisiones temporum*. Mss. Corb. 1. & S. Theod. *Initium, & consummat. & medietatem temporum, vicissitudinum permutationes, & mutationem omnium morum, mutationes & divisiones temporum*. Græc. Vulgatæ congruit.

℣. 19. Ambros. l. 2. de Abr. c. 7. & *anni cursus, & stellarum dispositiones*. Græc. ἐνιαυτῶν κύκλους, &c. Ms. Alex. ἐνιαυτοῦ.

℣. 20. Eadem refert Ambros. l. 2. de Abr. c. 7. præter vocem *herbarum*, loco *virgultorum* ; in Ms. 2. Corb. & S. Theod. *arborum* ; in Gr. φυτῶν ; cæt. quadrant.

℣. 21. Ambros. l. 2. de Abr. c. 7. col. 329. b. habet : & *quæcunque sunt abscondita & improvisa* : dein l. de Incarn. to. 2. 730. a. *quia omnium artifex docuit me sapientia*. Hieron. l. 2. in ep. ad Eph. to. 4. p. 1. col. 349. f. *Deus docuit me sapientiam, & intellectum sanctorum cognovi*. Faustin. presb. cont. Arian. p. 645. h. *omnium enim artifex docuit me sapientia* ; Ms. S. Germ. *docuit me sapientiam*. Gr. ὅσα τέ ἐστι κρυπτὰ καὶ ἐμφανῆ, ἔγνων· ἡ γὰρ...... ἐδίδαξέ με σοφία.

℣. 22. Ambros. l. de Incarn. c. 10. col. 730. a. legit : *est enim in ea spiritus intelligentia, sanctus, unicus, multiplex, subtilis, bene mobilis, disertus, immaculatus, manifestus, inviolabilis, bonum amans, acutus, providens, possibilis* ; Mss. nonnulli, *acutus, impassibilis* : horum multa rursus habet Ambros. l. 3. de Spir. S. c. 6. & 18. col. 672. b. 693. e. & epist. 64. col. 1051. b. Fulgent. verò fragm. 28. cont. Fab. p. 615. 616. ita : *spiritus intelligentia, sanctus, unicus ; multiplex, subtilis, mobilis, disertus, sine inquinamento, manifestus, sanus, amans bonum, acutus, qui nihil vetatur, & qui benefaciat*. Mss. S. Germ. Corb. & S. Theod. *qui nihil vetat benefacere*. Cerealis adv. Maximin. c. 14. p. 673. g. *spiritus unicus, multiplex, subtilis, immobilis, incoinquinatus, certus, securus, amans bonum*. Vigil. Taps. cont. Varimad. p. 746. a. *est enim in sapientia spiritus intelligentia, sanctus, unicus..... omnia potens*. Græc. ἔστι γὰρ ἐν αὐτῇ πνεῦμα νοερὸν, ἅγιον, μονογενὲς, πολυμερὲς, λεπτὸν, εὐκίνητον, τρανὸν, ἀμόλυντον, σαφὲς, ἀπήμαντον, φιλάγαθον, ὀξὺ, ἀκώλυτον, εὐεργετικόν.

℣. 23. Apud Ambros. l. de Incarn. c. 10. col. 730. a. ita sequitur : *munificus, benignus, stabilis, integer, sine sollicitudine, qui omnia potest, omnia spectans, & per omnia penetrans spirituum intelligibilium* ; Mss. nonnulli ibid. *spiritus invisibilium* : idem Ambros. l. 3. de Spir. S. c. 22. col. 700. b. leg. *omnipotens, & speculator omnium* ; & sup. c. 6. col. 672. b. *omnia prospiciens*. Apud Cerealem cont. Maximin. c. 14. p. 673. c. *omnia potens, omnia præsciens, & qui capiat omnes spiritus intelligibiles, mundus, subtilis*. Apud Fulg. fragm. 28. cont. Fab. p. 616. *humanus, stabilis, certus, securus, omnem habens virtutem, omnia prospiciens, & qui capiat per omnes spiritus intelligibiles, mundos, subtiles* ; Ms. S. Theod. *qui capit*. Græcè ita : φιλάνθρωπον, βέβαιον, ἀσφαλὲς, ἀμέριμνον, παντοδύναμον, πανεπίσκοπον, καὶ διὰ πάντων χωροῦν πνευμάτων νοερῶν, καθαρῶν, λεπτοτάτων.

℣. 24. August. l. de nat. boni, to. 8. 508. f. *attingit autem omnia propter suam munditiam* ; in Ms. S. Germ. *attinget*. Fulgent. resp. cont. Arian. p. 60. 61. *Omnium mobilitantium mobilior est sapientia : attingit autem ubique propter suam munditiam* : ita quoque l. 1. ad Trasim. c. 5. p. 73. excepta voce *mobilitatum*, loco *mobilitantium*. In Gr. Πάσης γὰρ κινήσεως κινητικώτερον σοφία· διήκει δὲ, καὶ χωρεῖ διὰ πάντων διὰ τὴν καθαρότητα.

VERSIO ANTIQUA, QUÆ ET VULGATA NOSTRA.

munditiam.
25. Vapor est enim virtutis Dei, & emanatio quædam est claritatis omnipotentis Dei
sincera : & ideo nihil inquinatum in eam incurrit :
Hebr. 1. 3. 26. candor est enim lucis æternæ, & speculum sine macula Dei majestatis, & imago bonitatis illius.
27. Et cùm sit una, omnia potest : & in se permanens omnia innovat, & per nationes in
animas sanctas se transfert, amicos Dei & prophetas constituit.
28. Neminem enim diligit Deus, nisi eum, qui cum sapientia inhabitat.
29. Est enim hæc speciosior sole, & super omnem dispositionem stellarum, luci comparata invenitur prior.
30. Illi enim succedit nox, sapientiam autem non vincit malitia.

NOTÆ.

℣. 25. Similiter ap. Ambrof. l. de Noe, c. 31. col. 275. b. *Vapor est enim virtutis Dei.* Apud August. l. de nat. boni, to. 8. 508. f. *nihil inquinatum in eam incurrit.* Fulg. resp. cont. Arian. p. 61. ita legit : *Vapor est autem virtutis Dei, & manatio quadam claritatis omnipotentis Dei sincera : & ideo nihil inquinamenti in illam incurrit :* itidem l. 1. ad Trasim. p. 73. exceptis his paucis, *Vapor est enim..... & emanatio :* at l. de Incarn. Dei, p. 430. extremò habet : *& ideo nihil inquinatum in illam incurrit.* Fragm. verò 8. cont. Fab. p. 588. *& nihil inquinamenti*, ut supra. Gr. Ἀτμὶς γάρ ἐςι τῆς τῦ Θεῦ δυνάμεως, ϗ ἀπόῤῥοια τῆς τῦ παντοκράτορος δόξης εἰλικρινής· διὰ τῦτο, &c. ut in Vulg.

℣. 26. Eadem legit Ambrof. in Luc. 18. col. 1488. d. at l. 1. & 2. de fide, col. 453. c. 476. b. *splendor est enim lucis æternæ*, &c. Fulg. resp. cont. Arian. p. 61. *candor est enim lucis æternæ*, &c. ut in Vulg. lib. verò 1. & 2. ad Trasim. c. 5. p. 73. 98. & l. de Incarn. p. 430. *splendor est enim lucis æt.* &c. ut sup. Græcè : ἀπαύγασμα γάρ ἐςι φωτὸς ἀϊδίυ subinde loco *majestatis*, ἐνεργείας, *operationis.* Auct. l. de fide orthod. ap. Ambrof. p. 352. c. Vulgatæ succinit. Sic etiam Phæbad. Agin. cont. Arian. p. 302. h. nisi quòd initio hab. *splendor*, non *candor.*

℣. 27. Ambrof. l. 4. de fide, to. 2. 547. b. *Cùm sit una, omnipotens, & permanens in se, omnia innovat.* Auct. verò l. de fide orthod. ap. eund. col. 349. d. *Cùm sit una, omnia potest*, &c. ut in Vulg. Itidem Fulg. l. 1. ad Trasim. p. 73. & l. 3. ad Monim. p. 46. Apud S. Paulin. epist. 38. p. 235. c. *per electas animas semet immittens :* epist. verò 18. p. 101. a. *& per nationes in animas sanctas se transfert*, ut in Vulg. In Gr. ϗ κατὰ γενεὰς εἰς ψυχὰς ὁσίας μεταβαίνουσα, &c.

℣℣. 28. 29. Similiter in Græco.

℣. 30. Ambrof. pariter, l. 4. de fide, col. 547. b. *sapientiam autem non vincit malitia :* cui favet Græcum. Vigil. Tapf. l. cont. Varim. p. 748. h. *sapientiam autem non vincet malitia.* Mſ. S. Theoder. *sapientia autem vincit malitiam.*

CAPUT VIII.

VERSIO ANTIQUA, QUÆ ET VULGATA NOSTRA.

1. ATtingit ergo à fine usque ad finem fortiter, & disponit omnia suaviter.
2. Hanc amavi, & exquisivi à juventute mea, & quæsivi sponsam mihi eam assumere, & amator factus sum formæ illius.
3. Generositatem illius glorificat, contubernium habens Dei : sed & omnium Dominus dilexit illam :
4. doctrix enim est disciplinæ Dei, & electrix operum illius.
5. Et si divitiæ appetuntur in vita, quid sapientiâ locupletius, quæ operatur omnia ?
6. Si autem sensus operatur : quis horum, quæ sunt, magis quàm illa est artifex ?
7. Et si justitiam quis diligit : labores hujus magnas habent virtutes : sobrietatem enim, & prudentiam docet, & justitiam, & virtutem, quibus utilius nihil est in vita hominibus.
8. Et si multitudinem scientiæ desiderat quis,

NOTÆ.

℣. 1. August. l. de mor. Eccl. to. 1. 697. f. *Attingit autem à fine usque in finem fortiter, & disponit omnia suaviter :* similiter in Job, to. 3. 669. a. & l. 2. de lib. arb. to. 1. 599. b. cui succinit Vigil. Tapf. cont. Varim. p. 748. f. h. cum Fulg. l. 2. ad Trasim. c. 11. p. 100. & l. de Incarn. p. 409. detracto uno *autem.* In Mſ. Corb. 1. *Attingit enim*, &c.

℣. 2. Hieron. in Ezech. 44. to. 3. 1032. b. *Hanc dilexi, & quæsivi ab adolescentia mea, & quæsivi sponsam ducere mihi, & amator fui decoris ejus.* Sic etiam in Græco. Apud Hilar. in Pſ. 127. col. 427. c. d. *Quæsivi sapientiam sponsam adducere mihi ipsi :* & inf. *& amator factus sum pulchritudinis ejus.* Ambrof. l. de vid. to. 2. 202. f. *proposui ergo hanc adducere mihi in conjugium.* Prædestin. l. 3. p. 599. b. *Amator factus sum formæ ejus, & hanc quæsivi adsumere mihi : & currebam post eam, eò magis illa elongabat à me.*

℣. 3. Hilar. in Pſ. 127. col. 427. c. *Honestatem glorificat, convictum Dei habens : & omnium Dominus dilexit eam.* Similiter in Græco est. August. quoque de mor. Eccl. to. 1. 697. f. 698. a. legit : *Generositatem magnificat, contubernium habens Dei : & omnium Dominus dilexit illam.* Mſs. etiam Corb. 1. & S. Theod. non addunt *illius*, ad *generositatem.*

℣. 4. Ita legit August. l. de mor. Eccl. to. 1. 697. f. In Græco sic : μύςις γάρ ἐςι τῆς τῦ Θεῦ ἐπιςήμης, ϗ αἱρετὶς τῶν ἔργων αὐτῦ.

℣. 5. August. l. de morib. Eccl. to. 1. 698. a. legit : *Quòd si honesta est possessio, quæ concupiscitur in vita ; quid sapientiâ est honestius, quæ omnia operatur ?* Vigil. Tapf. l. cont. Varimad. p. 735. h. *quid sapientiâ locupletius, quæ omnia operatur ?* Græc. Εἰ δὲ πλῦτός ἐςιν ἐπιθυμητὸν κτῆμα ἐν βίῳ, τί σοφίας πλουσιώτερον, &c.

℣. 6. Vigil. Tapf. l. cont. Varimad. p. 735. h. *Et si sensus operatur, quis horum videtur esse artifex ?* Græc. textui favet.

℣. 7. Eadem prorsus habet August. in Speculo, si excipias unum *& sapientiam*, loco *& prudentiam.* Similiter in Mſ. Corb. 2. *& sapientiam docet.* Aug. verò l. de mor. Eccl. to. 1. 698. a. legit : *sobrietatem enim sapientia docet, & justitiam, & virtutem, quibus utilius nihil est in vita hominis :* de hoc autem prolato à se testimonio ita differit l. 1. retract. to. 1. col. 9. d. *Testimonium posui de libro Sapientiæ secundùm codicem nostrum, in quo scriptum erat :* Sobrietatem enim sapientia docet, & justitiam, & virtutem : *& secundùm hæc verba disserui res quidem veras, sed ex occasione mendositatis inventas..... cùm codices ejusdem Interpretationis veriores habeant :* Sobrietatem enim, & sapientiam docet, & justitiam, & virtutem : *his enim nominibus Latinus Interpres quatuor illas virtutes, quæ maximè in ore philosophorum esse adsolent, nominavit..... has autem quatuor virtutes in eodem libro Sapientiæ suis nominibus appellatas, sicut à Græcis vocantur, longè postea reperimus in codicibus Græcis.* Apud Vigil. Tapf. l. cont. Varimad. p. 735. h. sic : *Sed si justitiam quis diligit : labores ejus magnas habent virtutes : sobrietatem enim, & prudentiam docet & justitiam, & virtutem dat credentibus sibi, quibus nihil utilius est in vita hominibus.* In Mſs. Corb. & S. Theod. *Et si justitiam quis diligit : dilectio hujus magnas habet virtutes : sobrietatem autem, & prud.* &c. Sangerm. & S. Theod. *sobrietatem enim, & sapientiam docet.* Græc. Καὶ εἰ δικαιοσύνην ἀγαπᾷ τις· οἱ πόνοι ταύτης εἰσὶν ἀρεταί· σωφροσύνην γὰρ, ϗ φρόνησιν ἐκδιδάσκει, &c. ut in Vulg.

℣. 8. Hilarius in Pſ. 127. col. 427. c. *Et si multam quis cognitionem desiderat, novit & quæ à principio sunt, & quæ futura sunt conspicit.* Vigil. Tapf. l. cont. Varimad. p. 736. a. sic : *Sed similitudinem scientiæ quis desiderat ? notam facies, scit præterita, & futuri præsaga est ;*

VERSIO ANTIQUA, QUÆ ET VULGATA NOSTRA.

ſcit præterita, & de futuris æſtimat : ſcit verſutias ſermonum, & diſſolutiones argumentorum : ſigna & monſtra ſcit antequam fiant,
& eventus temporum & ſæculorum.
9. Propoſui ergo hanc adducere mihi ad
convivendum : ſciens quoniam mecum com-
municabit de bonis, & erit allocutio cogitationis & tædii mei.
10. Habebo propter hanc claritatem ad turbas, & honorem apud ſeniores juvenis :
11. & acutus inveniar in judicio, & in conſpectu potentium admirabilis ero, & facies
principum mirabuntur me :
12. tacentem me ſuſtinebunt, & loquentem me reſpicient, & ſermocinante me plura, manus ori ſuo imponent.
13. Præterea habebo per hanc, immortalitatem : & memoriam æternam his, qui poſt
me futuri ſunt, relinquam.
14. Diſponam populos : & nationes mihi
erunt ſubditæ.
15. Timebunt me audientes reges horrendi :
in multitudine videbor bonus, & in bello fortis.
16. Intrans in domum meam, conquieſ-
cam cum illa : non enim habet amaritudinem
converſatio illius, nec tædium convictus illius, ſed lætitiam & gaudium.
17. Hæc cogitans apud me, & commemorans in corde meo : quoniam immortalitas eſt
in cognatione ſapientiæ,
18. & in amicitia illius delectatio bona, &
in operibus manuum illius honeſtas ſine defectione, & in certamine loquelæ illius ſapientia,
& præclaritas in communicatione ſermonum
ipſius : circuibam quærens, ut mihi illam aſſu-
merem.
19. Puer autem eram ingenioſus, & ſorti-
tus ſum animam bonam.
20. Et cùm eſſem magis bonus, veni ad
corpus incoinquinatum.
21. Et ut ſcivi quoniam aliter non poſſem
eſſe continens, niſi Deus det, & hoc ipſum
erat ſapientiæ, ſcire cujus eſſet hoc donum :
adii Dominum, & deprecatus ſum illum, &
dixi ex totis præcordiis meis :

NOTÆ.

ſcit verſutias ſermonum, & ſolutiones argumentorum : ſigna & prodigia ſcit antequam fiant, & finem temporum & ſæculorum non ignorat. Mſ. Corb. 2. *Et ſimilitudinem ſcientiæ deſiderat qui ? ſcit præterita... & diſpoſitiones argumentorum ;* item in Corb. & S. Theod. *diſpoſitiones argumentorum.* In Græco : Εἰ δὲ καὶ πολυπειρίαν ποθεῖ τις, οἶδε τὰ ἀρχαῖα, καὶ τὰ μέλλοντα εἰκάζειν· ἐπίσταται στροφὰς λόγων, καὶ λύσεις αἰνιγμάτων· σημεῖα καὶ τέρατα προγινώσκει, καὶ ἐκβάσεις καιρῶν καὶ χρόνων.

℣. 9. Hilarius in Pſ. 127. col. 427. e. legit : *Judicavi igitur hanc adducere ad convivendum mecum.* Græcè ſimpliciter, πρὸς συμβίωσιν, deinde ſic : εἰδὼς ὅτι ἔσται μοι σύμβουλος ἀγαθῶν, καὶ παραίνεσις φροντίδων καὶ λύπης· i. e. *ſciens quia erit mihi conſultrix bonorum, & allocutio curarum & tædii.*

℣. 10. Mſ. Corb. 2. extremò hab. *apud ſeniores & juvenes :* ita nempe correctum videtur alia manu, ſed malè ; nam in Gr. eſt παρὰ πρεσβυτέροις ὁ νέος. In Corb. verò altero ult. vox *juvenis* jungitur cum verſu ſeq.

℣. 11. A Græco abſunt ult. iſta : *& facies principum mirabuntur me :* in Mſs. S. Germ. & Corb. 1. legitur *admirabuntur me.*

℣. 12. Mſs. 2. Corb. & S. Theod. ferunt *ſermocinantem me.* Græc. verò Vulgatæ favet.

℣. 13. Ambroſ. l. 3. de fide, to. 2. 500. d. ſic habet : *Per hanc habebo immortalitatem.* A Græco pariter abeſt adverb. 1. *præterea ;* reliqua ut in Lat. ſup. in Mſ. Corb. legitur *propterea.*

℣. 14. Mſs. 2. Corb. ultimò ferunt *mihi erunt ſubjecta.* Gr. ὑποταγήσεται μοι.

℣℣. 15. 16. Vix meliùs è Græco.

℣. 17. Mſ. S. Germ. prima manu habet : *quoniam immortalitas eſt in cogitatione ſapientiæ :* aliâ verò, ſed recentiori, *quoniam immortalis eſt :* item Mſ. S. Theod. *quoniam immortalis eſt in cogitatione ſapientiæ :* Corb. *quoniam immortalitas eſt in cognitione,* &c. Apud Fulg. l. 3. ad Monim. c. 6. p. 49. *Hæc cogitans..... quoniam immortalitas eſt in cogitatione ſapientiæ.* Apud Vigil. Tapſ. l. cont. Varimad. p. 732. b. *immortalitas in cogitatione ſapientiæ.* Græcè..... ὅτι ἐστὶν ἀθανασία ἐν συγγενείᾳ σοφίας.

℣. 18. Vigil. Tapſ. l. cont. Varimad. p. 732. b. legit : *& amicitiæ illius delectatio bona :* & infra : *in operibus manuum ſapientiæ honeſtas ſine defectione, & in certamine ſermonum ejus immortalitas & vita æterna, in communicatione verborum ejus claritas perpetua.* Græcè : καὶ ἐν φιλίᾳ αὐτῆς τέρψις ἀγαθή, καὶ ἐν πόνοις χειρῶν αὐτῆς πλοῦτος ἀνεκλιπής, καὶ ἐν συγγυμνασίᾳ ὁμιλίας αὐτῆς φρόνησις, καὶ εὔκλεια, &c. ut in Lat. ſup.

℣. 19. Ita legunt Ambroſ. epiſt. 31. col. 917. b. & Auguſt. l. 10. de Gen. ad lit. to. 3. 268. c. cum Græco.

℣. 20. Ita Auguſt. l. 10. de Gen. ad lit. col. 268. c. omiſsâ 1. conjunct. &. Gr. Μᾶλλον δὲ ἀγαθὸς ὤν, &c.

℣. 21. Tichon. reg. 3. p. 53. g. *Cùm ſcivi quia aliter non poſſum eſſe continens, niſi Deus dederit, & hoc ipſum erat ſapientia, ſcire cujus hoc donum eſſet : adii Dominum, & deprecatus ſum.* Auguſt. epiſt. 157. to. 2. 545. c. *Et cùm ſcirem quia nemo poteſt eſſe continens, niſi Deus det, & hoc ipſum erat ſapientiæ, ſcire cujus eſſet hoc donum : adii Dominum, & deprecatus ſum illum :* ſimiliter ep. 144. & 188. col. 469. a. 696. f. item l. 9. confeſ. to. 1. 184. e. & l. de ſ. virginit. to. 6. 362. g. & l. de bono viduit. col. 380. g. & l. de ſpir. & lit. to. 10. 97. c. Vigil. Tapſ. l. cont. Varimad. p. 750. g. *quia nemo eſſe poteſt continens, niſi Deus det, & hoc ipſum ſapientiæ erat ſcire, niſi cujus eſſet hoc donum.* Boniſac. II. epiſt. 2. Conc. to. 4. 1689. c. *Scio quia non poſſum eſſe continens, niſi Deus dederit, & hoc ipſum erat ſapientia, ſcire cujus eſſet hoc donum.* Auct. l. 1. de voc. gent. c. 24. p. 15. a. *Ut ſcivi quia aliter non poſſum eſſe continens, niſi Deus det,* &c. ut in Vulg. Sic etiam in Mſ. S. Theod. & aliis 2. Corb. eſt, *non poſſum.* Apud Arnob. jun. l. de Trin. p. 233. f. *Cùm ſcirem quia nemo poteſt continens eſſe, niſi Deus det, & hoc erat ſapientis, ſcire cujus eſſet hoc donum : & acceſſi ad Dominum, & deprecatus ſum eum.* Eò pariter alludit Tertul. de vel. virgin. c. 13. p. 314. a. dicens : *à Deo confertur continentiæ virtus.* In Græco : Γνοὺς δὲ ὅτι οὐκ ἄλλως ἔσομαι ἐγκρατής, ἐὰν μὴ ὁ Θεὸς δῷ, καὶ τοῦτο δ' ἦν φρονήσεως τὸ εἰδέναι τίνος ἡ χάρις, &c.

CAPUT IX.

VERSIO ANTIQUA, QUÆ ET VULGATA NOSTRA.

1. Reg. 3. 9. 1. DEus patrum meorum, & Domine miſericordiæ, qui feciſti omnia verbo
tuo,
2. & ſapientiâ tuâ conſtituiſti hominem,
ut dominaretur creaturæ, quæ à te facta eſt,
3. ut diſponat orbem terrarum in æquitate

NOTÆ.

℣. 1. Lucif. Cal. l. 1. pro. S. Athan. p. 195. c. *Deus parentum, & Domine miſericordiarum, qui feciſti omnia verbo tuo.* Fulg. l. 2. de verit. præd. p. 466. *Deus parentum noſtrorum, & Domine miſericordiæ tuæ, qui feciſti omnia verbo tuo.* Græc. Θεὲ πατέρων, καὶ Κύριε τοῦ ἐλέους σου, ὁ ποιήσας τὰ πάντα ἐν λόγῳ σου. In ed. Compl. deeſt σοῦ, poſt ἐλέους.

℣. 2. Lucif. Cal. loco cit. *& ſapientiâ conſtituiſti hominem, ut dominetur creaturæ, quæ à te facta eſt.* Itidem apud Fulg. l. 2. de verit. præd. p. 466. præter hoc, *& ſapientiâ tuâ.* Ita quoque in Mſ. Sangerm. In Gr. καὶ τῇ σοφίᾳ σου κατασκευάσας ἄνθρωπον, ἵνα δεσπόζῃ τῶν ὑπὸ σοῦ γενομένων κτισμάτων.

℣. 3. Eadem refert Lucif. Cal. l. 1. pro S. Athan.

VERSIO ANTIQUA, QUÆ ET VULGATA NOSTRA.

& justitia, & in directione cordis judicium judicet:

4. da mihi sedium tuarum assistricem sapientiam, & noli me reprobare à pueris tuis:

Psal. 115. 16. 5. quoniam servus tuus sum ego, & filius ancillæ tuæ, homo infirmus, & exigui temporis, & minor ad intellectum judicii & legum.

6. Nam & si quis erit consummatus inter filios hominum, si ab illo abfuerit sapientia tua, in nihilum computabitur.

1. Par. 28. 4. 5. 7. Tu elegisti me regem populo tuo, & ju-
2. Par. 1. 9. dicem filiorum tuorum, & filiarum:

8. & dixisti me ædificare templum in monte sancto tuo, & in civitate habitationis tuæ altare, similitudinem tabernaculi sancti tui, quod præparasti ab initio:

Prov. 8. 22. 27. 9. & tecum sapientia tua, quæ novit opera
Joan. 1. 1. tua, quæ & affuit tunc cùm orbem terrarum faceres, & sciebat quid esset placitum oculis tuis, & quid directum in præceptis tuis.

10. Mitte illam de cœlis sanctis tuis, & à sede magnitudinis tuæ, ut mecum sit & mecum laboret, ut sciam quid acceptum sit apud te:

11. scit enim illa omnia, & intelligit, & deducet me in operibus meis sobriè, & custodiet me in sua potentia.

12. Et erunt accepta opera mea, & disponam populum tuum justè, & ero dignus sedium patris mei.

13. Quis enim hominum poterit scire con- Isai. 40.
silium Dei? aut quis poterit cogitare quid velit 13.
Deus? Rom.

14. Cogitationes enim mortalium timidæ, 11. 14.
& incertæ providentiæ nostræ. 1. Cor. 2. 16.

15. Corpus enim, quod corrumpitur, aggravat animam, & terrena inhabitatio deprimit sensum multa cogitantem.

16. Et difficilè æstimamus quæ in terra sunt: & quæ in prospectu sunt, invenimus cum labore. Quæ autem in cœlis sunt quis investigabit?

17. Sensum autem tuum quis sciet, nisi tu dederis sapientiam, & miseris spiritum sanctum tuum de altissimis:

18. & sic correctæ sint semitæ eorum, qui sunt in terris, & quæ tibi placent didicerint homines?

19. Nam per sapientiam sanati sunt quicunque placuerunt tibi Domine à principio.

NOTÆ.

præter vocem *animi*, loco *cordis*; Gr. ψυχῆς. Fulg. l. 2. de verit. præd. p. 466. *& disponat orbem terræ in æquitate & justitia, & directione animi judicium judicet.*

℣. 4. Fulg. l. de verit. præd. p. 466. leg. pariter: *da mihi sedium tuarum assistricem sapientiam.* Ita quoque in Gr.

℣. 5. Ita Græcè ad verbum. Ennod. pro synodo ap. Sirmond. to. 1. p. 1624. d. ait: *homo infirmus, & exigui temporis, ad intellectum non perveniet.* A Mſ. Corb. 2. abest *&*.

℣. 6. In Mſs. 2. Corb. & S. Theod. deest 1. conjunct. *nam.* Græcum Vulgatæ favet.

℣. 7. Gr. Σύ με προείλω βασιλέα λαῦ σου, &c. ut sup.

℣. 8. Græc. initio hab. εἶπας οἰκοδομῆσαι ναὸν, &c. Mſs. quoque Sangerm. & Corb. *dixisti ædificare templum*; subinde iidem Mſs. cum altero S. Theod. loco *altare*, hab. *aram*; Gr. θυσιαστήριον.

℣. 9. August. l. de morib. Eccl. to. 1. 698. c. *& tecum sapientia, quæ novit opera tua, quæ adfuit tunc cùm orbem terrarum faceres, & sciebat quid placiturum esset oculis tuis.* Gr... καὶ ἐπισταμένη τί ἀρεστὸν ἐν ὀφθαλμοῖς σου, &c. Græcè pariter deest *tua*, sup. post *sapientia*, sicut in Mſ. S. Theod.

℣. 10. Fulg. l. 2. de verit. præd. p. 466. *Mitte illam de cælis sanctis tuis, & de sede magnitud. tuæ, ut mecum sit & mecum laboret, ut sciam quid acceptum sit coram te.* Gr. Ἐξαπόστειλον αὐτὴν ἐξ ἁγίων οὐρανῶν, καὶ ἀπὸ θρόνου δόξης σου πέμψον αὐτὴν, ἵνα συμπαροῦσά μοι κοπιάσῃ, καὶ γνῶ τί εὐάρεστόν ἐστι παρὰ σοί. Mſ. S. Theod. pariter, *& mitte illam à sede magnitud.* &c.

℣. 11. Eadem refert Fulg. l. 2. de verit. præd. p. 466. nec aliter Græcè, nisi excipias vocem ult. δόξῃ, pro *potentia*. In Mſ. S. Theod. *& deducet me in operib. bonis sobriè.*

℣. 12. Græcè διακρινῶ, pro *disponam*.

℣. 13. August. l. 12. de civit. Dei, c. 15. to. 7. 313. b. & Fulgent. l. 2. de verit. præd. p. 466. *Quis hominum potest* (Fulg. *poterit*) *scire consilium Dei? aut quis poterit cogitare quid velit Dominus?* Auct. l. de sing. cleric. ap. Cypr. p. 527. Vulgatæ succinit ad verbum. Græc. Τίς γὰρ ἄνθρωπος γνώσεται βουλὴν Θεοῦ; ἢ τίς ἐνθυμηθήσεται τί θέλει ὁ Κύριος; edd. Ald. & Compl. Θεός.

℣. 14. August. l. 12. de civit. Dei, c. 15. habet: *Cogitationes enim mortalium timidæ, & incertæ adinventiones nostræ*: at l. 3. de Trin. to. 8. 805. a. Vulgatæ congruit. Ita quoque Auct. l. de sing. cleric. p. 527. cum Fulg. l. 2. de verit. præd. p. 466. 467. In Gr... καὶ ἐπισφαλεῖς αἱ ἐπίνοιαι ἡμῶν.

℣. 15. Ita legit August. l. 3. de Trin. to. 8. 805. a. & l. 2. de Gen. to. 1. 677. b. cum Fulg. l. 1. ad Monim. c. 15. p. 13. & l. 2. de verit. præd. p. 467. Itidem Leo M. ser. 95. p. 182. f. & Auct. ep. ad Demetriad. p. 48. a. At August. l. 12. de civit. Dei, c. 15. col. 313. b. habet: *Corruptibile enim corpus*, &c. ut sup. similiter l. 14. col. 351. c. e. & l. 19. c. 4. col. 546. e. necnon l. 6. op. imp. to. 10. 1358. b. Hieron. verò l. 2. in ep. ad Ephes. to. 4. 359. f. *Corruptibile enim corpus aggravat animam, & terrenum hoc tabernaculum sensum opprimit multa curantem.* Auct. l. de sing. cleric. ap. Cypr. p. 526. b. *deprimit terrena cogitatio sensum multa cogitantem*: at inf. 527. Vulgatæ suffragatur ad verbum. Græc. Φθαρτὸν γὰρ σῶμα βαρύνει ψυχὴν, καὶ βρίθει τὸ γεῶδες σκῆνος νοῦν πολυφρόντιδα.

℣. 16. August. l. 6. op. imperf. to. 10. 1358. b. legit: *Et difficulter æstimamus*, &c. ut in Vulg. at l. 3. de Trin. to. 8. 805. a. *Et difficilè æstimamus quæ in terra sunt: & quæ in perspectu sunt*, &c. ut supra. Apud Hieron. in Zach. 12. col. 1784. b. hæc pauca: *Quæ in cælo sunt quis investigabit?* Apud Fulg. l. 2. de verit. præd. p. 467. tota ut in Vulg. præter unum *in cælo*, pro *in cælis*; sed fragm. 8. cont. Fab. p. 588. *in cælis*, ut sup. Græcè: Καὶ μόλις εἰκάζομεν τὰ ἐπὶ γῆς· καὶ τὰ ἐν χερσὶν εὑρίσκομεν μετὰ πόνου. Τὰ δὲ ἐν οὐρανοῖς τίς ἐξιχνίασε; Mſ. S. Theod. hab. *inveniemus cum labore*, &c.

℣. 17. Ita legit August. l. 3. de Trin. to. 8. 805. a. excepto uno *scivit*, pro *sciet*: at l. de morib. Eccl. to. 1. 698. d. e. hab. *Sensum tuum ergo quis scit*, &c. ut sup. nisi quòd tollit *tuum*, post *sanctum*. In Mſs. S. Germ. & Corb. *quis scivit*. Hieron. in Zach. 12. to. 3. 1784. b. post ult. verbum ℣. præced. *investigabit*, proximè addit: *nisi quòd tu dedisti sapientiam, & spiritum sanctum tuum misisti de excelsis.* Fulg. verò l. 2. de verit. præd. p. 467. *Sensum enim tuum quis sciet, nisi tu dederis sapientiam, & miseris spiritum tuum de altissimis?* & fragm. 8. cont. Fab. p. 588. *Sensum autem tuum quis scivit, nisi dederis sap. & mis. spir. tuum de altissimis?* & l. cont. Fastid. c. 18. p. 355. *Sensum autem tuum quis sciet, nisi tu dederis sap. & mis. spir. sanctum tuum de altissimis?* Græc. Βουλὴν δέ σου τίς ἔγνω, εἰ μὴ σὺ ἔδωκας σοφίαν, καὶ ἔπεμψας, &c. ut in Vulg.

℣. 18. Hieron. in Zach. 12. to. 3. 1784. b. *& sic correcta sunt semitæ eorum, qui versantur in terra, & quæ tibi placent eruditi sunt homines.* Nec diversa leguntur Græcè. In Mſ. Corb. sic: *Et si correpta sunt*, &c. in Germ. *Et si correcta sunt*, &c. Subinde ap. August. l. de mor. Eccl. to. 1. 698. d. *& quæ tibi placent didicerunt homines.* Apud Fulg. l. 2. de verit. præd. p. 467. *Et sic correctæ sunt semitæ eorum, qui in terris sunt, & quæ tibi placent didicerunt homines*: similiter in Mſ. S. Germ. *didicerunt homines*.

℣. 19. August. l. de mor. Eccl. to. 1. 698. d. *Et per sapientiam sanati sunt*; nec addit plura. Itidem Fulg. l. 2. de verit. præd. p. 467. In Gr. etiam, καὶ τῇ σοφίᾳ ἐσώθησαν, omissis his, quæ sequuntur in Vulg.

CAPUT X.

VERSIO ANTIQUA, QUÆ ET VULGATA NOSTRA.

Gen. 1. 1. HÆc illum, qui primus formatus est à
27. Deo pater orbis terrarum, cùm solus
esset creatus, custodivit,
Gen. 2. 2. & eduxit illum à delicto suo, & dedit illi
7. virtutem continendi omnia.
Gen. 4. 3. Ab hac ut recessit injustus in ira sua, per
8. iram homicidii fraterni deperiit.
Gen. 7. 4. Propter quem, cùm aqua deleret terram,
21. sanavit iterum sapientia, per contemptibile
lignum justum gubernans.
Gen. 11. 5. Hæc & in consensu nequitiæ cùm se na-
2. tiones contulissent, scivit justum, & conser-
vavit sine querela Deo, & in filii misericordia
fortem custodivit.
Gen. 19. 6. Hæc justum à pereuntibus impiis libera-
17. 22. vit fugientem, descendente igne in pentapo-
lim :
7. quibus in testimonium nequitiæ fumigabunda constat deserta terra, & incerto tempore fructus habentes arbores, & incredibilis animæ memoria stans figmentum salis.
8. Sapientiam enim prætereuntes, non tantùm in hoc lapsi sunt ut ignorarent bona, sed
& insipientiæ suæ reliquerunt hominibus memoriam, ut in his, quæ peccaverunt, nec latere potuissent.
9. Sapientia autem hos, qui se observant,
à doloribus liberavit.
Gen. 28. 10. Hæc profugum iræ fratris justum dedu-
5. 10. xit per vias rectas, & ostendit illi regnum Dei,
& dedit illi scientiam sanctorum : honestavit
illum in laboribus, & complevit labores illius.
11. In fraude circumvenientium illum affuit illi, & honestum fecit illum.
12. Custodivit illum ab inimicis, & à se-
ductoribus tutavit illum, & certamen forte
dedit illi ut vinceret, & sciret quoniam omnium potentior est sapientia.
13. Hæc venditum justum non dereliquit, Gen. 37. 28.
sed à peccatoribus liberavit eum : descendit-
que cum illo in foveam,
14. & in vinculis non dereliquit illum, Gen. 41. 40.
donec afferret illi sceptrum regni, & poten- Act. 7. 10.
tiam adversùs eos, qui eum deprimebant : &
mendaces ostendit, qui maculaverunt illum,
& dedit illi claritatem æternam.
15. Hæc populum justum, & semen sine Exod. 1. 11.
querela liberavit à nationibus, quæ illum deprimebant.
16. Intravit in animam servi Dei, & stetit
contra reges horrendos in portentis & signis.
17. Et reddidit justis mercedem laborum
suorum, & deduxit illos in via mirabili : &
fuit illis in velamento diei, & in luce stellarum
per noctem :
18. transtulit illos per mare rubrum, & Exod. 14. 22.
transvexit illos per aquam nimiam. Psal. 77. 13.
19. Inimicos autem illorum demersit in mare, & ab altitudine inferorum eduxit illos.
Ideo justi tulerunt spolia impiorum, Exod. 12. 35.
20. & decantaverunt Domine nomen sanc- Exod. 15. 1.
tum tuum, & victricem manum tuam laudaverunt pariter :
21. quoniam sapientia aperuit os mutorum, & linguas infantium fecit disertas.

NOTÆ.

℣. 1. August. epist. 164. to. 2. 575. d. *Hæc illum, qui primus factus est, patrem orbis terrarum, cùm solus esset creatus, custodivit.* Mſ. S. Germ. n. 15. *qui primus finctus est pater orbis*, &c. Corb. 1. *qui primus fictus est, patrem orbis*, &c. Mſ. S. Theod. *qui fictus est, patrem orbis*, &c. Corb. 2. *finctus est, patrem orbis.* Gr. Αὕτη πρωτόπλαστον πατέρα κόσμου μόνον κτισθέντα διεφύλαξε.

℣. 2. Ita legit August. ep. 164. col. 575. d. unà cum Græco. In Mſ. S. Theod. τῷ *delicto suo*, id subnectitur, *& eduxit illum de limo terræ*; quod etiam legitur in multis Bibliis, teste Nobilio; in Gr. nequaquam, nec ap. August. supra.

℣. 3. In Mſs. Corb. 1. & S. Theoder. exstat : *Ab hac cùm recessit..... homicidii fraternitas deperiit* : in altero Corb. similiter *fraternitas*, sed secunda manu tantùm, nam primâ scriptum erat, *fraternitatis*, ut etiamnum exstat in Mſ. S. Germ. n. 15. & aliis plerisque libb. teste Luca Brugensi. In Gr. ἀδελφοκτόνοις συναπώλετο θυμοῖς, *fratricidis furoribus simul periit.*

℣. 4. In Mſ. S. Theod. legitur : *terram iterum salvavit sapientia* : item in Corb. 2. *salvavit*, sed secundâ manu; primâ verò, *sanavit.* In Gr. Δι' ὃν κατακλυζομένην γῆν πάλιν διέσωσε σοφία, &c. *Propter quem inundatam terram rursus salvavit sapientia*; tum codex al. addit : *& contemptibile lignum justus gubernans* : Gr. verò ut in Lat. supra.

℣. 5. Mſs. 2. Corb. ferunt : *scivit justum, & servavit sine querela Deo, & in filiis misericordia*, &c. Mſ. S. Theod. *& in filiis misericordiam*, &c. Gr. εὗρε (Mſ. Alex. cum Compl. ἔγνω) τὸν δίκαιον, καὶ ἐτήρησεν αὐτὸν ἄμεμπτον Θεῷ, καὶ ἐπὶ τέκνῳ (Mſ. Alex. τέκνοις) σπλάγχνοις ἰσχυρὸν ἐφύλαξε.

℣. 6. A Græco abest præpositio *à*, ante *pereuntibus* : subinde Mſ. Sangerm. hab. *descendentem ignem in pentapoli* : hoc ult. *in pentapoli*, pariter est in Mſs. Corb. 2. & S. Theod. In Gr. φυγόντα πῦρ καταβάσιον πενταπόλεως.

℣. 7. Mſs. S. Germ. S. Theod. & Corb. initio ferunt, *cujus in testimonium*; paulòque post Germ. *habens arbores*, non *habentes*. Græcè : οἷς ἔτι μαρτύριον..... καὶ ἀτελέσιν ὥραις καρποφοροῦντα φυτὰ, &c. *& imperfectis germinibus fructificantes arbores*, &c.

℣. 8. Græc. pro *lapsi sunt*, hab. ἐβλάβησαν, *læsi sunt*; cæt. quadrant.

℣. 9. Græc. Σοφία δὲ τοὺς θεραπεύσαντας αὐτὴν ἐκ πόνων ἐῤῥύσατο.

℣. 10. Mſs. Sangerm. & S. Theod. cum Corb. duobus initio legunt : *Hæc autem profugum*, &c. Gr. Αὕτη φυγάδα, &c. ut in Vulg.

℣. 11. A Mſs. Sangerm. Corb. & Gr. abest τὸ *illi*, post *affuit*. In Mſ. S. Theoder. sic : *circumvenientium illi, adfuit*, &c.

℣. 12. Græc. tollit *illum*, post verbum *tutavit.*

℣. 13. Græcè pro *à peccatoribus*, legitur ἐξ ἁμαρτίας, *à peccato*; tollitur verò *que*, post *descendit*; deest pariter *que* in Mſ. Sangerm.

℣. 14. Mſ. Sangerm. *qui deprimebant..... qui maculaverunt ipsum*; item *ipsum*, in Corb. uno.

℣. 15. In Mſs. S. Germ. S. Theod. & Corb. omnia ut in Vulg. præter ult. *comprimebant.* Itidem apud Fulg. l. 3. ad Monim. p. 46. Gr. ἐξ ἔθνους θλιβόντων.

℣. 16. Apud Fulg. l. 3. ad Monim. p. 46. omnia ut in Vulg. excepto uno *Domini*, loco *Dei* : ita quoque in Mſs. Sangerm. & Corb. 2. & Græco.

℣. 17. Græc. ultimò hab. εἰς σκέπην ἡμέρας, καὶ εἰς φλόγα ἄστρων τὴν νύκτα· *in velamentum diei, & in lucem stellarum per noctem*; Mſs. Sangerm. S. Theod. & Corb. duo, *nocte.*

℣. 18. In Mſs. Sangerm. & Corb. secundo, *transtulit illos mare rubrum*; ita quoque in Græco. Corb. addit, *& transduxit illos*, &c. Gr. καὶ διήγαγεν, &c.

℣. 19. Græcè, loco *demersit in mare*, &c. κατέκλυσε, καὶ ἐκ βάθους ἀβύσσου ἀνέβρασεν αὐτούς, &c. *demersit, & de profundo abyssi ejecit eos*, &c.

℣℣. 20. 21. Similia leguntur Græcè.

CAPUT XI.

Versio antiqua, quæ et Vulgata nostra.

Exod. 16. 1. 1. Direxit opera eorum in manibus prophetæ sancti.

2. Iter fecerunt per deserta, quæ non habitabantur: & in locis desertis fixerunt casas.

Exod. 17. 12. 3. Steterunt contra hostes, & de inimicis se vindicaverunt.

Num. 20. 11. 4. Sitierunt, & invocaverunt te, & data est illis aqua de petra altissima, & requies sitis de lapide duro.

5. Per quæ enim pœnas passi sunt inimici illorum, à defectione potus sui, & in eis, cùm abundarent filii Israël, lætati sunt;

6. per hæc, cùm illis deessent, bene cum illis actum est.

7. Nam pro fonte quidem sempiterni fluminis, humanum sanguinem dedisti injustis.

8. Qui cùm minuerentur in traductione infantium occisorum, dedisti illis abundantem aquam insperatè,

9. ostendens per sitim, quæ tunc fuit, quemadmodum tuos exaltares, & adversarios illorum necares.

10. Cùm enim tentati sunt, & quidem cum misericordia disciplinam accipientes, scierunt quemadmodum cum ira judicati impii tormenta paterentur.

11. Hos quidem tanquam pater monens probasti: illos autem tanquam durus rex interrogans condemnasti.

12. Absentes enim & præsentes similiter torquebantur.

13. Duplex enim illos acceperat tædium, & gemitus cum memoria præteritorum.

14. Cùm enim audirent per sua tormenta bene secum agi, commemorati sunt Dominum, admirantes in finem exitus.

15. Quem enim in expositione prava projectum deriserunt, in finem eventus mirati sunt, non similiter justis sitientes.

16. Pro cogitationibus autem insensatis iniquitatis illorum, quòd quidam errantes colebant mutos serpentes, & bestias supervacuas, immisisti illis multitudinem mutorum animalium in vindictam: Inf. 12. 24.

17. ut scirent, quia per quæ peccat quis, per hæc & torquetur.

18. Non enim impossibilis erat omnipotens manus tua, quæ creavit orbem terrarum ex materia invisa, immittere illis multitudinem ursorum, aut audaces leones, Levit. 26. 22.

19. aut novi generis irâ plenas ignotas bestias, aut vaporem ignium spirantes, aut fumi odorem proferentes, aut horrendas ab oculis scintillas emittentes: Inf. 16. 1. Jer. 8. 17.

20. quarum non solùm læsura poterat illos exterminare, sed & aspectus per timorem occidere.

21. Sed & sine his uno spiritu poterant occidi persecutionem passi ab ipsis factis suis, & dispersi per spiritum virtutis tuæ: sed omnia in mensura, & numero, & pondere disposuisti.

22. Multùm enim valere, tibi soli supererat semper: & virtuti brachii tui quis resistet?

Notæ.

℣. 1. Gr. singulariter hab. *ἐν χειρί*, *in manu*.

℣. 2. Ms. Sangerm. *Iter fecerunt per deserta, quæ non inhabitantur: & in locis secretis fixerunt casas.* Similiter in secundo Corb. nisi quòd hab. 2. manu, *castra*; prima verò, *casas*. Alter Corb. *quæ non inhabitabantur: & in locis secretis fix. casas.* Ms. S. Theod. *& in locis secretis fixerunt castra.* Gr. *Διώδευσαν ἔρημον ἀοίκητον· καὶ ἐν ἀβάτοις ἔπηξαν σκηνάς.*

℣. 3. Itidem Græcè.

℣. 4. In Mss. Sangerm. & Corb. 2. postponitur *aqua* huic voci, *altissima*. In Gr. *ἐκ πέτρας ἀκροτόμου ὕδωρ*, Nobil. *aqua de petra durissima*.

℣. 5. A Græco absunt tota ista: *à defectione potus sui, & in eis, cùm abundarent filii Israël, lætati sunt.* In Ms. Corb. secundo deest tantùm *&*, ante *in eis*; in altero Corb. est, *potus sui, in eo*, &c. in Sangerm. *potus sui, in ea*, &c.

℣. 6. In Mss. S. Germ. & Corb. secundo: *per hæc, cùm illis deesset*, &c. ut sup. In Gr. *διὰ τούτων, αὐτοὶ ἀπορῦντες, εὐηργετήθησαν.*

℣. 7. Græc. *Ἀντὶ μὲν πηγῆς ἀενάου ποταμοῦ, αἵματι λυθρώδει ταραχθέντος*, Ms. Alex. *ταραχθέντος*· i. e. *Pro fonte quidem sempiterni fluminis, sanguine immundo turbati.*

℣. 8. Gr. subdit: *εἰς ἔλεγχον νηπιοκτόνου διατάγματος*, &c. *in redargutionem præcepti de occidendis parvulis*, &c. ut sup. Ms. Sangerm. initio hab. *Quin comminuerentur in traduct.* &c. Corb. 2. extremò, *insperatæ salutis*; Gr. verò simpliciter, *ἀνελπίστως*, ut in Vulg.

℣. 9. Græc. *δείξας διὰ τοῦ τότε δίψους πῶς τοὺς ὑπεναντίους ἐκόλασας*· i. e. *ostendens per sitim, quæ tunc fuit, quomodo adversarios punivisses.*

℣. 10. Græcum: *Ὅτε γὰρ ἐπειράσθησαν, καίπερ ἐν ἐλέει παιδευόμενοι, ἔγνωσαν πῶς ἐν ὀργῇ κρινόμενοι ἀσεβεῖς ἐβασανίζοντο.*

℣. 11. Similiter in Gr. præter hoc ult. *καταδικάζων ἐξήτασας*, *condemnans interrogasti.*

℣℣. 12. 13. Græc. *Καὶ ἀπόντες δὲ καὶ παρόντες*, &c. ut in Vulg.

℣. 14. Græc. pro *commemorati sunt Dom.* hab. *ᾔσθοντο τοῦ Κυρίου*, *senserunt Dominum*; tollit verò seqq. *admirantes in finem exitus*; quæ etiam absunt à Ms. Sangerm. n. 15.

℣. 15. Græcè, loco *prava*, exstat *πάλαι*, *olim*; & loco *deriserunt*, *ἀπειπόντες χλευάζοντες*, *repudiaverunt deridentes*; deinde, *ἐπὶ τέλει τῶν ἐκβάσεων ἐθαύμασαν, οὐχ ὅμοια δικαίοις διψήσαντες*· *in fine eventuum mirati sunt, non similia justis sitientes.* In Ms. Corb. 2. *deriserunt, isti sitientes in finem eventûs mirati sunt, non similiter justis faciens*: item in Sangerm. S. Theod. & Corb. primo, *non similiter justis faciens.*

℣. 16. Mss. duo Corb. cum Sangerm. & S. Theod. scribunt *iniquitates*, non *iniquitatis*; Gr. *ἀδικίας*.

℣. 17. Itidem Græcè, detracto uno *&*, ante *torquetur*.

℣. 18. August. l. 1. de Gen. ad lit. to. 3. 126. b. legit: *qui fecisti mundum ex materia informi*: itidem l. 1. de Gen. to. 1. 649. d. sed monet aliquos habere codices, *de materia invisa*: ita quoque legit Auct. quæst. ex utroq. Test. ap. Aug. to. 3. 104. a. Similiter Vigil. Tapſ. l. cont. Varimad. p. 730. b. *Non enim impossibilis erat manus tua, quæ creavit orbem terrarum ex materia invisa.* Græc. *Οὐ γὰρ ἠπόρει ἡ παντοδύναμός σου χείρ, καὶ κτίσασα τὸν κόσμον ἐξ ἀμόρφου ὕλης*, &c. ut sup.

℣. 19. Mss. Sangerm. & Corb. 2. hab. *plenas & ignotas*; addit Corb. *aut vaporem igneum*; Corb. 1. & S. Theod. *plenas aut ignotas bestias, aut vaporem igneum*, &c. In Gr. *θυμοῦ πλήρεις θῆρας ἀγνώστους, ἤτοι πυρπνόον φυσῶντας ἆσθμα*, deinde, *ἢ βρόμους λικμωμένους καπνοῦ, ἢ δεινοὺς ἀπ' ὀμμάτων σπινθῆρας ἀστράπτοντας.*

℣. 20. Gr. Vulgatæ respondet.

℣. 21. Græcè loco seqq. *poterant occidi persecut. passi ab ipsis factis suis*, habetur, *πεσεῖν ἐδύναντο ὑπὸ τῆς δίκης διωχθέντες*, *cadere poterant ab ipso judicio persecutionem passi*; subinde deest *in*, ante *mensura*, sicut in Ms. Sangerm. August. verò tract. 1. in Joh. to. 3. 295. a. & l. 12. de civit. Dei, c. 18. to. 7. 317. e. constanter legit: *omnia in mensura, & numero, & pondere disposuisti*: & l. cont. adverſ. leg. to. 8. 553. b. *omnia in mensura..... constituisti*; Gr. *διέταξας*.

℣. 22. August. l. 19. contra Fauſt. to. 8. 330. c. ita legit: *Multùm enim valere, tibi soli superat semper: & virtutis brachii tui quis contra stabit?* nonnulli codd. ibid. scribunt *supererat*, non *superat*; Sangerm. verò, n. 15. *superat*; Græc. *πάρεστι*. Ms. S. Theod. addit: *& imperio virtutis brachii tui*, &c. Gr. *καὶ κράτει βραχίονός σου*, &c.

VERSIO ANTIQUA, QUÆ ET VULGATA NOSTRA.

23. Quoniam tanquam momentum stateræ, sic est ante te orbis terrarum, & tanquam
gutta roris antelucani, quæ descendit in terram.
24. Sed misereris omnium, quia omnia potes, & dissimulas peccata hominum propter
pœnitentiam.
25. Diligis enim omnia quæ sunt, & nihil
odisti eorum quæ fecisti : nec enim odiens aliquid constituisti, aut fecisti.
26. Quomodo autem posset aliquid permanere, nisi tu voluisses? aut quod à te vocatum non esset, conservaretur?
27. Parcis autem omnibus : quoniam tua
sunt Domine, qui amas animas.

NOTÆ.

℣. 23. Ita August. l. 19. cont. Faust. col. 330. c. Græcè ponitur ὅλος, *totus*, ante *orbis terrarum*; & pro *antelucani*, habetur ὀρθρινῆ, *antelucana*.

℣. 24. Concinit August. l. 19. cont. Faust. col. 330. c. sicut Auct. quæst. V. & N. Test. ap. Aug. to. 3. 95. c. Item Victor Tun. l. de pœnit. ap. Ambr. col. 603. c. nisi quòd hab. *negligis*, loco *dissimulas* : Gr. παρορᾷς; ultimò, εἰς μετάνοιαν, loco *propter pœnitentiam*.

℣. 25. Hieron. l. 1. in ep. ad Ephes. to. 4. 327. f. *Diligis omnia, & nihil abjicis eorum quæ fecisti : neque enim odio quod habens condidisti*. August. l. 19. cont. Faust. col. 330. c. *diligis enim omnia quæ sunt, & nihil odisti eorum quæ fecisti : nec enim odio habens aliquid constituisses*. Gr... καὶ οὐδὲν βδελύσσῃ ὧν ἐποίησας· οὐδὲ γὰρ ἂν μισῶν τι κατεσκεύασας· nec addit, *aut fecisti*; quod etiam ult. abest à Mss. Sangerm. & Corb. duobus.

℣. 26. Eadem refert August. l. 19. cont. Faust. to. 8. 330. d. præter hoc 1. *Quomodo ergo*, loco *autem*. Gr. Πῶς δὲ ἔμεινεν ἄν τι, &c.

℣. 27. Ita legit August. l. 19. cont. Faust. lib. verò cont. Adim. col. 118. g. sic : *quoniam tua sunt omnia, qui animas amas*. Græc. ὅτι σά ἐστι Δέσποτα φιλόψυχε.

CAPUT XII.

VERSIO ANTIQUA, QUÆ ET VULGATA NOSTRA.

1. O Quàm bonus & suavis est Domine
spiritus tuus in omnibus!
2. Ideoque eos, qui exerrant, partibus corripis : & de quibus peccant, admones & alloqueris : ut relicta malitia, credant in te Domine.
Deut. 3. Illos enim antiquos inhabitatores terræ
9. 3. 12. sanctæ tuæ, quos exhorruisti,
29. 18. 4. quoniam odibilia opera tibi faciebant
22. per medicamina, & sacrificia injusta,
5. & filiorum suorum necatores sine misericordia, & comestores viscerum hominum,
& devoratores sanguinis à medio sacramento
tuo,
6. & auctores parentes animarum inauxi-
liatarum, perdere voluisti per manus parentum nostrorum,
7. ut dignam perciperent peregrinationem
puerorum Dei, quæ tibi omnium charior est
terra.
8. Sed & his tanquam hominibus pepercis-
ti, & misisti antecessores exercitus tui ves-
pas, ut illos paulatim exterminarent.
9. Non quia impotens eras in bello subjicere impios justis, aut bestiis sævis, aut verbo duro simul exterminare :
10. sed partibus judicans dabas locum pœ- Exod. 23. 30.
nitentiæ, non ignorans, quoniam nequam Deut. 7. 22.
est natio eorum, & naturalis malitia ipsorum,
& quoniam non poterat mutari cogitatio illorum in perpetuum.

NOTÆ.

℣. 1. August. l. 19. cont. Faust. to. 8. 330. d. legit : *Bonus enim spiritus tuus est in omnibus*. Sic etiam Victorin. Afr. l. de princip. diei, p. 292. h. cum Ms. Sangerm. In Corb. primo deest tantùm *Domine*. In Gr. Τὸ γὰρ ἄφθαρτόν σου πνεῦμά ἐστιν ἐν πᾶσι. *Incorruptus enim tuus spiritus est in omnibus*.

℣. 2. Apud Lucif. Cal. l. de reg. apost. p. 219. f. ita legitur : *Propterea quòd hos, qui ensecrarint patribus, corripis : & eos, qui peccant, admonens alloqueris : ut derelictâ malitiâ, credant in te Domine* : at mendosus hic videtur Luciferi codex; vel potiùs vitiosa operum ejus editio Lugdun. ubi legitur : *ensecrarint patribus*, pro *exerrant partibus*; Græcè enim exstat : Διὸ τοὺς παραπίπτοντας κατ' ὀλίγον ἐλέγχεις· *Ideo hos, qui exerrant, partibus corripis*, id est, *per partes, & paulatim*. Ap. August. l. 19. cont. Faust. to. 8. 330. d. *Propter quod eos, qui exerrant, partibus corripis : & de quibus peccant, admonens alloqueris*, &c. ut in Vulg. Ita quoque in Ms. Sangerm. In Corbeiensi 2. *Propter quod hos, qui exerrant*, &c. ut in Vulg. In Ms. S. Theod. *admonens alloqueris*, ut sup. apud Aug. Græcè, καὶ ἐν οἷς ἁμαρτάνουσιν ὑπομιμνήσκων νουθετεῖς, &c. Victorin. Afric. l. de princip. diei, p. 292. h. cum Vulgata concinit ad verbum.

℣. 3. Ms. S. Germ. ita fert cum Gr. *Et illos enim antiquos inhabitatores sanctæ tuæ terræ odiens*. Similiter in Corb. 2. nisi quòd ult. verbo *odiens*, id subnectitur, *exhorruisti* : sed alia manu. Apud Lucif. Cal. l. de reg. apost. p. 219. f. simpliciter : *Illos enim antiquos inhabitatores terræ tuæ odiens*.

℣. 4. Lucif. Cal. l. de reg. apost. p. 219. f. *quoniam odibilia tibi opera faciebant per medicamina, & sacramenta injusta*. Similiter in Mss. SS. Germ. & Theod. *quoniam odibilia tibi opera*. In Gr. ἐπὶ τῷ ἔχθιστα πράσσειν ἔργα φαρμακειῶν, καὶ τελετὰς ἀνοσίους.

℣. 5. Apud Lucif. Cal. l. de reg. apost. p. 219. f. hæc pauca exstant : *& filiorum necatores sine misericordia voluisti perdere*, &c. de ℣. 6. omissis illis quæ intersunt in Vulg. In Ms. Corb. 1. deest tantùm & in principio : in Corb. altero sic, *& per filiorum suorum*, &c. ut in Vulg. vox tamen *suorum* addita videtur ibid. recentiori manu; tollitur verò & ante vocem *devoratores*. In Ms. Sangerm. legitur : *& filiorum necatores sine miseric. & comestores viscerum hominum, devorationem & sanguinis à*, &c. In Græco : τέκνων τε φονέας ἀνελεήμονας, καὶ σπλαγχνοφάγον ἀνθρωπίνων σαρκῶν θοῖναν, καὶ αἵματος, ἐκ μέσου μυσταθείας σου, *& filiorum necatores sine misericordia, & comestorum viscerum humanarum carnium epulum, & sanguinis, de medio sacramento tuo*. In ed. Compl. σπλαγχνοφάγους καὶ ἀνθρωπίνων σαρκῶν, καὶ θοίναν καὶ αἵματος· in Ms. Alex. loco μυσταθείας σου, est μύστας θείασον, pro μύστας θιάσου· in ed. Ald. μυστάς τε θείας· in Compl. μύστας θείας. Notandum hæc verba, *à medio sacramento tuo*, in multis codd. Latinis transferri post ista, *perdere voluisti*, quæ leguntur ℣. seq. sed malè, ut notat Lucas Brug.

℣. 6. Itidem Græcè, nisi excipias vocem αὐθέντας, pro *auctores* : αὐθέντης autem, seu αὐτόχειρ, *qui sua manu se peremit*, vel *manus sibi aut aliis affert*.

℣. 7. Lucif. Cal. l. de reg. apost. p. 219. f. *ut dignam percipiant peregrinationem filiorum Dei, quæ tibi omnium carior est terra*. Gr. ἵνα ἀξίαν ἀποικίαν δέξωνται Θεοῦ παίδων, ἡ παρὰ σοὶ πασῶν τιμιωτάτη γῆ.

℣. 8. Similiter habet Lucif. Cal. l. de reg. apost. p. 219. f. nisi quòd delet *tui*, post *exercitus*; & loco *paulatim*, ponit *in partes*; Gr. κατὰ βραχύ; cæt. ut in Vulg.

℣. 9. Lucif. Cal. ubi sup. *Non quia impotens eras impugnare, impios justis subjicere, aut bestiis sævissimis, aut verbo duro simul perdere*. Græc. Οὐκ ἀδυνατῶν ἐν παρατάξει ἀσεβεῖς δικαίοις ὑποχειρίους δοῦναι, ἢ θηρίοις δεινοῖς, ἢ λόγῳ ἀποτόμῳ ὑφ' ἓν ἐκτρῖψαι.

℣. 10. Eadem refert Lucif. Cal. l. de reg. apost. p. 219. f. Item August. cùm l. 2. de nupt. & concup. to. 1. 311. b. tum l. 3. op. imperf. to. 10. 1056. c. ab his, *non ignorans*, &c. Ms. Corb. 1. extremò hab. *non poterat mutari cogitatio cordis illorum in perpetuum*. Gr. οὐ μὴ ἀλλαγῇ ὁ λογισμὸς αὐτῶν εἰς τὸν αἰῶνα.

VERSIO ANTIQUA, QUÆ ET VULGATA NOSTRA.

11. Semen enim erat maledictum ab initio: nec timens aliquem, veniam dabas peccatis illorum.

12. Quis enim dicet tibi: Quid fecisti? aut quis stabit contra judicium tuum? aut quis in conspectu tuo veniet vindex iniquorum hominum? aut quis tibi imputabit, si perierint nationes, quas tu fecisti?

13. Non enim est alius Deus quàm tu, cui
1. Pet. 5. 7. cura est de omnibus, ut ostendas quoniam non injustè judicas judicium.

14. Neque rex neque tyrannus in conspectu tuo inquirent de his quos perdidisti.

15. Cùm ergo sis justus, justè omnia disponis: ipsum quoque, qui non debet puniri, condemnare, exterum æstimas à tua virtute.

16. Virtus enim tua justitiæ initium est: & ob hoc quòd omnium Dominus es, omnibus te parcere facis.

17. Virtutem enim ostendis tu, qui non crederis esse in virtute consummatus, & horum, qui te nesciunt, audaciam traducis.

18. Tu autem dominator virtutis, cum tranquillitate judicas, & cum magna reverentia disponis nos: subest enim tibi, cùm volueris, posse.

19. Docuisti autem populum tuum per talia opera, quoniam oportet justum esse & humanum, & bonæ spei fecisti filios tuos: quoniam judicans das locum in peccatis pœnitentiæ.

20. Si enim inimicos servorum tuorum, & debitos morti, cum tanta cruciasti attentione, dans tempus & locum, per quæ possent mutari à malitia;

21. cum quanta diligentia judicasti filios tuos, quorum parentibus juramenta & conventiones dedisti bonarum promissionum?

22. Cùm ergo das nobis disciplinam, inimicos nostros multipliciter flagellas, ut bonitatem tuam cogitemus judicantes: & cùm de nobis judicatur, speremus misericordiam tuam.

23. Unde & illis, qui in vita sua insensatè & injustè vixerunt, per hæc, quæ coluerunt, dedisti summa tormenta.

24. Etenim in erroris via diutiùs erraverunt, deos æstimantes hæc, quæ in animali- Sup. 11. 16.
bus sunt supervacua, infantium insensatorum Rom. 1.
more viventes. 23.

25. Propter hoc tanquam pueris insensatis judicium in derisum dedisti.

26. Qui autem ludibriis & increpationibus non sunt correcti, dignum Dei judicium experti sunt.

27. In quibus enim patientes indignabantur, per hæc quos putabant deos, in ipsis cùm exterminarentur videntes, illum, quem olim negabant se nosse, verum Deum agnoverunt: propter quod & finis condemnationis eorum venit super illos.

NOTÆ.

℣. 11. Lucif. Cal. de reg. apost. *Semen erat maledictum ab initio: nec timens, aliquam veniam dabas peccatis eorum.* August. l. 3. op. imperf. to. 10. 1056. c. *Semen enim illorum maledictum ab initio.* l. verò 2. de nupt. & concup. to. 1. 311. b. cum Vulg. *Semenen im erat maled. ab initio.* Concinit Auct. l. de promiss. ap. Prosp. p. 94. a. nec aliter in Græco est: item sequitur: *ἀλλὰ εὐλαβούμενός τινα, ἐφ' οἷς ἡμάρτανον ἄδειαν ἐδίδως.*

℣. 12. Sic habet Lucif. Cal. l. de reg. apost. ad hoc usque, *aut quis in conspectu tuo.* Mſ. S. Germ. cum Corb. secundo habet: *aut quis in conspectum tuum*, &c. Hæc autem sententia quæ intermedia est in Vulg. extremò legitur Græcè hoc modo: *ἢ τίς εἰς κατάστασίν σοι ἐλεύσεται ἔκδικος κατὰ ἀδίκων ἀνθρώπων; aut quis ad standum contra te veniet vindex pro iniquis hominibus?* initio verò post *dicet*, deest vox *tibi*.

℣. 13. Gr. Οὔτε γὰρ Θεός ἐστι πλὴν σοῦ ᾧ μέλει περὶ πάντων, ἵνα δείξῃς ὅτι οὐκ ἀδίκως ἔκρινας. Mſ. S. Germ. *Nec enim est alius Deus quàm te, cujus cura est de omnibus, ut ostendas quoniam non injustè judicasti.* Similiter in Corb. secundo; sed ultimò additur *judicium*.

℣. 14. In Gr. *Οὔτε βασιλεὺς, ἢ τύραννος ἀντοφθαλμῆσαι δυνήσεταί σοι περὶ ὧν ἀπώλεσας.*

℣. 15. Mſſ. SS. Germ. & Theod. non legunt *condemnare*, sed *condemnas*. Similiter Corb. duo; adduntque *&* *exterum*, &c. in Corb. tamen secundo conjunct. *&* alia manu scripta videtur. Apud Aug. l. quæst. c. 53. to. 6. 23. g. *ipsum quoque, qui puniri non debeat, condemnare, exterum æstimas à tua virtute:* & ita emendatum est è Mſſ. codd. & edit. Eraſ. nam in Rat. & Lov. erat: *qui puniri debeat, condemnas, & exterum existimas.* Apud Gregor. M. l. 3. moral. c. 11. pariter, *condemnas, & exterum æstimas.* Græcè, *αὐτὸν, τὸν μὴ ὀφείλοντα κολασθῆναι, καταδικάσαι, ἀλλότριον ἡγούμενος τῆς σῆς δυνάμεως.*

℣. 16. Ita August. l. quæst. to. 6. 23. g. Victor Tun. autem l. de pœnit. p. 603. c. legit: *& cùm sis omnium Dominus, omnibus te parcere facis.* Gr. *καὶ τὸ πάντων σε δεσπόζειν, πάντων φείδεσθαί σε ποιεῖ.* Mſ. Alex. *σε ποιεῖ.*

℣. 17. Sic apud August. l. quæst. to. 6. 23. g. præter ult. ista, *sed in iis, qui sciunt, audaciam traducis.* In Mſſ. Sangerm. Corb. duob. & S. Theod. *& hos, qui sciunt, audaciam traducis.* In Gr. *καὶ ἐν τοῖς εἰδόσι, τὸ θράσος ἐξελέγχεις.* Mſ. Alex. *οὐκ εἰδόσι.*

℣. 18. August. ubi sup. *Tu autem Dominus virtutum, cum tranquillitate judicas, & cum magna reverentia disponis nos:* & in Rom. 2. to. 3. 904. c. ac in Pſ. 2. to. 4. col. 5. a. *Tu autem Domine virtutis, cum tranquillitate judicas:* at in Pſ. 6. col. 24. b. *Tu autem Domine virtutum*, &c. In Mſ. S. Theod. *Dominator Domine virtutum*, &c. Gr. *Σὺ δὲ δεσπόζων ἰσχύος, ἐν ἐπιεικείᾳ κρίνεις, καὶ μετὰ πολλῆς φειδοῦς*, &c. Victor Tun. l. de pœnit. p. 603. c. cum Fulg. l. 1. ad Monim. c. 12. p. 11. & l. 2. ad Trasim. c. 12. habet: *subest enim tibi, cùm voles, posse.* Mſ. Corb. 2. *cùm velit, posse.* Gr. *ὅταν θέλῃς, τὸ δύνασθαι.*

℣. 19. Lucif. Cal. l. 1. pro S. Athan. p. 195. d. legit: *Docuisti populum tuum per talia opera, quoniam oportet justum esse, & humana & bonæ spei fecisti filios tuos.* Mſſ. S. Germ. & Corb. duo addunt, *quoniam das locum in peccatis pœnitentiæ.* Gr. *ὅτι δίδως ἐπὶ ἁμαρτήμασι μετάνοιαν.* item sup. loco *& humanum*, simpliciter, *φιλάνθρωπον.*

℣. 20. Mſ. Sangerm. post hanc vocem, *attentione*, subdit, *& liberasti;* sic etiam in Mſſ. S. Theod. & Corb. duobus. Græcè, loco *& liberasti*, est *καὶ δεήσεως*, quod ult. Nobil. vertit, *& parsimonia;* tum sequitur *δοὺς χρόνους καὶ τόπον*, &c.

℣. 21. Ad verbum è Græco.

℣. 22. Gr. extremò non addit vocem *tuam*, ad *misericordiam:* tollit quoque Mſ. Sangerm. cum Corb. primo, & S. Theoder. in Corb. altero subnectitur, sed manu recentiori.

℣. 23. Græcè loco ultimor. *per hæc, quæ coluerunt*, &c. exstat, *διὰ τῶν ἰδίων ἐβασάνισας βδελυγμάτων, per proprias abominationes torsisti.*

℣. 24. Græc. subdit *τῶν ἐχθρῶν, inimicorum*, voci *animalibus;* ultimòque pro *viventes*, hab. *ψευσθέντες, decepti.*

℣. 25. Ita Aug. in Pſ. 9. 46. f.

℣. 26. Mſ. S. Germ. cum Corb. altero: *Qui autem ludibriis increpationis non correpti sunt*, &c. Mſ. S. Theod. *ludibriis, increpationibus*, &c. Gr. *Οἱ δὲ παιγνίοις ἐπιτιμήσεως μὴ νουθετηθέντες*, dein *ἀξίαν Θεοῦ κρίσιν πειράσουσι.* Apud August. in Pſ. 9. 46. f. *Illi autem hoc judicio non correcti, dignum Dei judicium experti sunt;* tum addit: *Qui ergo non corriguntur isto occulto Dei judicio, dignissimè illo manifesto puniuntur.*

℣. 27. In Mſſ. S. Germ. & Corb. altero sic: *In his enim quæ patiebantur, molestè ferebant, in quibus patientes indignabantur..... propter quod & finis condemnationis illis venit.* Ita quoque in Mſ. S. Theod. præter hoc ult. *illorum venit.* In Corb. 1. priora tantùm exstant ut sup. Apud Vigil. Tapſ. l. cont. Varim. p. 734. c. ita: *Verebuntur eos quos putant deos, à quibus exterminabantur, videntes illum quem olim negabant, Deum verum agnoverunt.* Græc. Vulgatæ favet.

CAPUT XIII.

VERSIO ANTIQUA, QUÆ ET VULGATA NOSTRA.

Rom. 1. 18. 1. Vani autem sunt omnes homines, in
quibus non subest scientia Dei: & de
his quæ videntur bona, non potuerunt intelligere eum qui est, neque operibus attendentes agnoverunt quis esset artifex:
Deut. 4. 19. 17. 3. 2. sed aut ignem, aut spiritum, aut citatum
aerem, aut gyrum stellarum, aut nimiam
aquam, aut solem & lunam, rectores orbis
terrarum deos putaverunt.
3. Quorum si specie delectati, deos putaverunt: sciant quantò his dominator eorum
speciosior est: speciei enim generator hæc
omnia constituit.
4. Aut si virtutem, & opera eorum mirati
sunt, intelligant ab illis, quoniam qui hæc
fecit, fortior est illis:
5. à magnitudine enim speciei & creaturæ, cognoscibiliter poterit creator horum videri:
6. sed tamen adhuc in his minor est querela. Et hi enim fortasse errant, Deum quærentes, & volentes invenire.
Rom. 1. 21. 7. Etenim cùm in operibus illius conver-
sentur, inquirunt: & persuasum habent quoniam bona sunt quæ videntur.
8. Iterum autem nec his debet ignosci.
9. Si enim tantùm potuerunt scire, ut possent æstimare sæculum: quomodo hujus Dominum non faciliùs invenerunt?
10. Infelices autem sunt, & inter mortuos
spes illorum est, qui appellaverunt deos opera manuum hominum, aurum & argentum,
artis inventionem, & similitudines animalium, aut lapidem inutilem opus manus antiquæ.
11. Aut si quis artifex faber de silva lignum Isai. 44. 12. Jer. 10. 3.
rectum secuerit, & hujus doctè eradat om-
nem corticem, & arte sua usus, diligenter
fabricet vas utile in conversationem vitæ,
12. reliquiis autem ejus operis, ad præparationem escæ abutatur:
13. & reliquum horum, quod ad nullos
usus facit, lignum curvum, & vorticibus plenum, sculpat diligenter per vacuitatem suam,
& per scientiam suæ artis figuret illud, & as-
similet illud imagini hominis,
14. aut alicui ex animalibus illud comparet, perliniens rubrica, & rubicundum faciens
fuco colorem illius, & omnem maculam,
quæ in illo est, perliniens:
15. & faciat ei dignam habitationem, &
in pariete ponens illud, & confirmans ferro,
16. ne fortè cadat, prospiciens illi, sciens
quoniam non potest adjuvare se: imago enim
est, & opus est illi adjutorium.
17. Et de substantia sua, & de filiis suis,
& de nuptiis votum faciens inquirit. Non
erubescit loqui cum illo, qui sine anima est:
18. & pro sanitate quidem infirmum deprecatur, & pro vita rogat mortuum, & in

NOTÆ.

℣. 1. Ms. Sangerm. *Vani sunt autem omnes homines, quibus non subest scientia Dei*, &c. Corb. sec. *quibus non est scientia Dei*. Græc. Μάταιοι μὲν γὰρ πάντες ἄνθρωποι φύσει, οἷς παρῆν Θεοῦ ἀγνωσία, &c. *Vani enim omnes homines naturâ, quibus aderat Dei ignoratio*, &c. Apud August. l. 15. de Trin. to. 8. 967. f. hæc leguntur: *de eis quæ videntur bona, non potuerunt scire eum qui est, neque operibus attendentes agnoverunt artificem*. Ita quoque in Græco. Apud Cypr. l. 3. Testim. p. 321. b. *neque opera attendentes cognoverunt quis esset artifex*: similiter l. de exhort. ad mart. p. 263. c. excepto uno *agnoverunt*.

℣. 2. Eadem refert Cypr. l. 3. Testim. p. 321. b. ad verbum; at l. de exhort. ad mart. p. 263. c. legit, *aut lunam*, omittitque *rectores orbis terrarum*. Similiter hab. *aut lunam* Ms. Corb. 1. Apud August. l. 15. de Trin. to. 8. 967. g. *sed aut ignem, aut spiritum, aut citatum aerem, aut gyrum stellarum, aut violentiam aquarum, aut luminaria cæli, rectores orbis terrarum deos putaverunt*. Ita quoque in Græco, præter unum βίαιον ὕδωρ, *violentam* vel *nimiam aquam*, loco *violentiam aquarum*.

℣. 3. Cypr. cùm exhort. ad mart. p. 264. a. tum l. 3. Testim. p. 321. b. legit: *Quorum si propter speciem hæc æstimaverunt, sciant quantò his Dominus sit speciosior*; nec addit plura. August. verò l. 15. de Trin. to. 8. 967. g. *Quorum quidem si specie delectati, hæc deos putaverunt: sciant quantò dominator eorum melior est: speciei enim generator ea creavit*. Similiter in Mss. Sangerm. Corb. sec. & S. Theod. *quantò dominator*, absque medio *his*. Græcum etiam Augustino favet.

℣. 4. Eadem leguntur apud Cypr. & exhort. ad mart. p. 264. a. & l. 3. Testim. p. 321. b. præter hæc posteriora, *intelligant ab ipsis, quoniam qui hæc constituit fortia, fortior est illis*. Ita etiam ferunt Mss. S. Germ. S. Theod. & Corb. duo, omissâ tantùm voce *fortia*. Apud August. l. 15. de Trin. to. 8. 967. g. *Aut si virtutem, & operationem eorum mirati sunt, intelligant ab his, quantò qui hæc constituit, fortior est*. Græc. Εἰ δὲ δύναμιν, καὶ ἐνέργειαν ἐκπλαγέντες, &c. ut ap. Aug.

℣. 5. Eodem modo legit August. l. 15. de Trin. to. 8. 968. a. nisi quòd hab. *poterat*, non *poterit*. Græcè ita: ἐκ γὰρ μεγέθους καλλονῆς κτισμάτων, ἀναλόγως ὁ γενεσιουργὸς αὐτῶν θεωρεῖται. In ed. Ald. ponitur καὶ, post καλλονῆς; in Compl. καὶ καλλονῆς, καὶ κτισμάτων. Apud Hilar. l. 1. de Trin. p. 770. a. sic: *de magnitudine enim operum, & pulchritudine creaturarum, consequenter generationum conditor conspicitur*. Apud Gregor. M. l. 26. moral. c. 8. *per magnitudinem enim creaturæ & speciem, potest intelligibiliter creator videri*.

℣. 6. Græc. ἀλλ' ὅμως ἐπὶ τούτοις ἐστὶ μέμψις ὀλίγη, &c.

℣. 7. Græcè, loco *persuasum habent*, sic, πείθονται τῇ ὄψει, *persuadentur aspectu*.

℣. 8. Græc. Πάλιν δὲ οὐδ' αὐτοὶ συγγνωστοί.

℣. 9. Ita legit Aug. l. 2. de doctr. Chr. to. 3. 32. f. at ep. 55. to. 2. 130. d. habet: *Cùm tantùm valerent, ut possent æstimare sæculum, Dominum ejus non faciliùs invenerunt*. Græc. Εἰ γὰρ τοσοῦτον ἴσχυσαν εἰδέναι, ἵνα δύνωνται στοχάσασθαι τὸν αἰῶνα· τὸν τούτων Δεσπότην πῶς τάχιον οὐχ εὗρον;

℣. 10. Similia in Græco.

℣. 11. Græc. Εἰ δὲ καί τις ὑλοτόμος τέκτων εὐκίνητον (ed. Ald. ἐκκίνηται) φυτὸν ἐκπρίσας, περιέξυσεν εὐμαθῶς πάντα τὸν φλοιὸν αὐτοῦ, καὶ τεχνησάμενος εὐπρεπῶς κατεσκεύασε χρήσιμον σκεῦος εἰς ὑπηρεσίαν ζωῆς· Nobil. *Aut si quis lignarius faber lignum bene mobile secuerit, & hujus doctè eradat corticem omnem, & arte usus, decorè fabricet vas utile ad ministerium vitæ*; Mss. S. Germ. S. Theod. & Corb. secundus, *in conversatione vitæ*.

℣. 12. Mss. SS. Germ. & Theod. cum duplici Corb. *reliquias autem*, &c. Gr. τὰ δὲ ἀποβλήματα, Ms. Alex. ὑπολείμματα; extremò pro *abutatur*, constanter, ἀναλώσας ἐνεπλήσθη, *insumens satiatus sit*.

℣. 13. Mss. S. Germ. S. Theod. & Corb. duo hab. *& verticibus plenum*; Gr. καὶ ὄζοις συμπεφυκός· tum sequitur, λαβὼν ἔγλυψεν ἐν ἐπιμελείᾳ ἀργίας αὐτοῦ, *sumens sculpsit diligenter per otium suum*, &c.

℣. 14. Græc. ἢ ζώῳ τινὶ εὐτελεῖ ὡμοίωσεν αὐτὸ, &c. *aut alicui vili animali illud comparet*, &c. ut in Vulg.

℣. 15. Gr. καὶ ποιήσας αὐτῷ αὐτοῦ ἄξιον οἴκημα, ἐν τοίχῳ ἔθηκεν αὐτὸ, ἀσφαλισάμενος σιδήρῳ· i. e. *& faciens ei dignam habitationem, in pariete posuit illud, confirmans ferro*.

℣. 16. Gr. ἵνα μὲν οὖν μὴ καταπέσῃ, προενόησεν αὐτοῦ, &c. *ne fortè cadat, prospexit illi*, &c. ut sup.

℣. 17. Ms. Sangerm. *Et de subst. sua, & filiis suis, & nuptiis*, &c. ut supra. Græc. Περὶ δὲ κτημάτων, καὶ γάμων αὐτοῦ, καὶ τέκνων προσευχόμενος, οὐκ αἰσχύνεται τῷ ἀψύχῳ προσλαλῶν.

℣. 18. Græc. καὶ περὶ μὲν ὑγιείας τὸ ἀσθενὲς ἐπικαλεῖται, περὶ δὲ ζωῆς τὸν νεκρὸν ἀξιοῖ, περὶ δὲ ἐπικουρίας τὸν ἀπειρότατον ἱκετεύει.

VERSIO ANTIQUA, QUÆ ET VULGATA NOSTRA.

adjutorium inutilem invocat:
19. & pro itinere petit ab eo, qui ambulare non potest: & de acquirendo, & de operando, & de omnium rerum eventu petit ab
eo, qui in omnibus est inutilis.

NOTÆ.

℣. 19. Græc. περὶ δὲ ὁδοιπορίας τὸ μηδὲ βάσει χρῆσθαι δυνάμενον· περὶ δὲ πορισμοῦ, καὶ ἐργασίας, καὶ χειρῶν ἐπιτυχίας τὸ ἀδρανέστατον ταῖς χερσὶν εὐδράνειαν αἰτεῖται· Nobilius sic vertit: *& pro itinere eum qui ambulare non potest: & de acquirendo, & de operando, & manuum successu petit ab eo, qui est impotentissimus manibus, potentiam.*

CAPUT XIV.

VERSIO ANTIQUA, QUÆ ET VULGATA NOSTRA.

1. ITerum alius navigare cogitans, & per
feros fluctus iter facere incipiens, ligno
portante se, fragilius lignum invocat.
2. Illud enim cupiditas acquirendi excogi-
tavit, & artifex sapientiâ fabricavit suâ.
3. Tua autem, Pater, providentia guber-
Exod. 14. 22. nat: quoniam dedisti & in mari viam, & inter fluctus semitam firmissimam,
4. ostendens quoniam potens es ex omnibus salvare, etiam si sine arte aliquis adeat
mare.
5. Sed ut non essent vacua sapientiæ tuæ
opera: propter hoc etiam & exiguo ligno credunt homines animas suas, & transeuntes mare per ratem liberati sunt:
Gen. 6. 4. 7. 7. 6. sed & ab initio cùm perirent superbi gigantes, spes orbis terrarum ad ratem confu-
giens, remisit sæculo semen nativitatis, quæ
manu tua erat gubernata.
7. Benedictum est enim lignum, per quod
fit justitia.
Psalm. 113. 4. 8. Per manus autem quod fit idolum, ma-
Baruc. 6. 3. ledictum est & ipsum, & qui fecit illud: quia
ille quidem operatus est: illud autem cùm esset fragile, deus cognominatus est.
9. Similiter autem odio sunt Deo, impius
& impietas ejus.
10. Etenim quod factum est, cum illo, qui
fecit, tormenta patietur.
11. Propter hoc & in idolis nationum non
erit respectus: quoniam creaturæ Dei in
odium factæ sunt, & in tentationem animabus hominum, & in muscipulam pedibus insipientium.
12. Initium enim fornicationis est exquisitio idolorum: & adinventio illorum corruptio vitæ est:
13. neque enim erant ab initio, neque erunt
in perpetuum.
14. Supervacuitas enim hominum hæc advenit in orbem terrarum: & ideo brevis illorum finis est inventus.
15. Acerbo enim luctu dolens pater, citò
sibi rapti filii fecit imaginem: & illum, qui
tunc quasi homo mortuus fuerat, nunc tanquam deum colere cœpit, & constituit inter
servos suos sacra & sacrificia.
16. Deinde interveniente tempore, conva-
lescente iniqua consuetudine, hic error tanquam lex custoditus est, & tyrannorum imperio colebantur figmenta.
17. Et hos quos in palàm homines honorare non poterant, propter hoc quòd longè
essent, è longinquo figura eorum allata, evidentem imaginem regis, quem honorare volebant, fecerunt: ut illum, qui aberat, tanquam præsentem colerent sua sollicitudine.

NOTÆ.

℣. 1. Mss. Corb. sec. & S. Theod. leg. *feroces fluctus*; Gr. ἄγρια κύματα; item Græcè, pro *ligno*, exstat πλεῖν, *navigio*; in Ms. verò Alex. ξύλῳ, ut sup.

℣. 2. Græc. delet ult. *suâ*.

℣. 3. Auct. l. de promiss. p. 3. ap. Prosp. p. 176. b. similiter habet: *dedisti in mari viam, & inter fluctus semitam firmissimam.* Gr. καὶ ἐν κύμασι τρίβον ἀσφαλῆ.

℣. 4. Auct. l. de promiss. p. 3. apud Prosp. col. 176. b. legit: *ostendens quoniam potes etiam sine rate transeuntes mare servare.* Mss. Sangerm. & S. Theod. *ostendens quoniam potes ex omnibus sanare, etiam si sine rate aliquis adeat.* Similiter hab. Corb. 2. nisi quod addit *mare*, in fine. Gr. δεικνὺς ὅτι δύνασαι ἐκ παντὸς (Ms. Alex. ἐκ πάντων) σώζειν, ἵνα κἂν ἄνευ τέχνης τις ἐπιβῇ. In Ms. Corb. 1. pariter *sine rate*, sed malè, ut notat Lucas Brug. nam Græcè constanter, ἄνευ τέχνης.

℣. 5. Græc. initio habet: Θέλεις δὲ μὴ ἀργὰ εἶναι, &c. *Vis autem non otiosa esse*, loco *Sed ut non essent vacua*; subinde tollit *etiam*, ut & inf. *suas*, post *animas*. In Mss. Sangerm. & Corb. 2. pariter est *etiam exiguo*, absque medio &.

℣. 6. Ms. Corb. 1. *ab initio enim cùm*, &c. Ms. S. Theod. *sunt ab initio.* Sangerm. *sed ab initio cùm*, &c. Auct. l. de promiss. p. 2. ap. Prosp. col. 134. a. *ab initio cùm*, &c. Græc. καὶ ἀρχῆς γὰρ, &c.

℣. 7. Ita Græcè. Ambros. verò in Ps. 118. col. 1064. c. legit: *Benedictum lignum, quod fit per justitiam:* ita nempe Mss. omnes ibid. cum vet. editt.

℣. 8. Ambros. in Ps. 118. col. 1064. c. subdit: *Maledictum autem lignum, quod fit per manus hominum.* Græc. textui favet.

℣℣. 9. 10. Ἐν ἴσῳ γὰρ μισητὰ Θεῷ, καὶ ὁ ἀσεβῶν, καὶ, &c. ut in Lat.

℣. 11. Græc. Διὰ τοῦτο καὶ ἐν εἰδώλοις ἐθνῶν ἐπισκοπὴ ἔσται· ὅτι ἐν κτίσματι Θεοῦ εἰς βδέλυγμα ἐγενήθησαν, καὶ εἰς σκάνδαλα ψυχαῖς ἀνθρώπων, καὶ εἰς παγίδα, &c. *Propter hoc & in idolis gentium erit respectus: quoniam in creatura Dei in abominationem facta sunt, & in scandala animabus hominum*, &c. Ms. Sangerm. cum Corb. 2. hab. *animus hominum*; Corb. 1. *anima hominum*; Ms. S. Theod. *animis hominum, & in muscipulis*, &c.

℣. 12. In Ms. Corb. 2. *fornicationis exquisitio*, absque medio *est*, quod etiam abest à Gr.

℣. 13. Ms. Sangerm. delet *enim*; malè, nam in Gr. est οὔτε γὰρ ἦν, &c.

℣. 14. Gr. Κενοδοξίᾳ γὰρ ἀνθρώπων εἰσῆλθεν εἰς κόσμον· καὶ διὰ τοῦτο σύντομον αὐτῶν τέλος ἐπενοήθη. *Supervacuè enim ambitione hominum intraverunt in mundum: & ideo brevis eorum finis est deliberatus.* Mss. Corb. 1. & S. Theod. pro *advenit in orbem*, hab. *hoc adinvenit in orbe:* ita etiam correctum est in Corb. 2. sed al. manu; Sangerm. hab. *venit in orbem.*

℣. 15. Ms. Sangerm. *citò sibi rapti filii faciens imaginem, illum qui tunc homo mortuus fuerat*, &c. Similiter hab. Corb. 2. & S. Theod. *imaginem, illum qui tunc homo*, &c. Gr... τοῦ ταχέως ἀφαιρεθέντος τέκνου, εἰκόνα ποιήσας τὸν τότε νεκρὸν ἄνθρωπον, νῦν ὡς θεὸν ἐτίμησε, καὶ παρέδωκε τοῖς ὑποχειρίοις μυστήρια καὶ τελετάς.

℣. 16. Græc. Εἶτα ἐν χρόνῳ, κρατυνθὲν τὸ ἀσεβὲς ἔθος, ὡς νόμος ἐφυλάχθη, καὶ τυράννων ἐπιταγαῖς ἐθρησκεύετο τὰ γλυπτά. *Deinde interveniente tempore, invalescens impia consuetudo, tanquam lex custodita est*, &c. item in Mss. Sangerm. & Corb. 2. *custodita est.*

℣. 17. Gr. initio ipso delet & *hos*; subinde pro *figura eorum allata*, hab. ὄψιν ἀνατυπωσάμενοι, *faciem figurantes*; extremò, κολακεύσωσι, *adularentur*, pro *colerent.* Mss. S. Germ. & Corb. 1. loco *evidentem*, ferunt *evidenter*; Gr. verò ἐμφανῆ.

VERSIO ANTIQUA, QUÆ ET VULGATA NOSTRA.

18. Provexit autem ad horum culturam &
hos qui ignorabant, artificis eximia diligentia.
19. Ille enim volens placere illi, qui ſe aſſumpſit, elaboravit arte ſua, ut ſimilitudinem
in melius figuraret.
20. Multitudo autem hominum abducta per
ſpeciem operis, eum, qui ante tempus tanquam homo honoratus fuerat, nunc deum
æſtimaverunt.
21. Et hæc fuit vitæ humanæ deceptio:
quoniam aut affectui, aut regibus deſervien-
tes homines, incommunicabile nomen lapidibus & lignis impoſuerunt.
22. Et non ſuffecerat erraſſe eos circa Dei
ſcientiam, ſed & in magno viventes inſcien-
tiæ bello, tot & tam magna mala pacem appellant.
Deuter. 23. Aut enim filios ſuos ſacrificantes, aut
18. 10. obſcura ſacrificia facientes, aut inſaniæ plenas
Jer. 7. 6. vigilias habentes,
24. neque vitam, neque nuptias mundas
jam cuſtodiunt, ſed alius alium per invidiam
occidit, aut adulterans contriſtat:
25. & omnia commiſta ſunt, ſanguis, ho-
micidium, furtum & fictio, corruptio & in-
fidelitas, turbatio & perjurium, tumultus bonorum,
26. Dei immemoratio, animarum inqui-
natio, nativitatis immutatio, nuptiarum inconſtantia, inordinatio mœchiæ & impudicitiæ.
27. Infandorum enim idolorum cultura,
omnis mali cauſa eſt, & initium & finis.
28. Aut enim dum lætantur, inſaniunt:
aut certè vaticinantur falſa, aut vivunt injuſtè, aut pejerant citò.
29. Dum enim confidunt in idolis, quæ
ſine anima ſunt, malè jurantes noceri ſe non
ſperant.
30. Utraque ergo illis evenient dignè, quoniam malè ſenſerunt de Deo, attendentes idolis, & juraverunt injuſtè, in dolo contemnen-
tes juſtitiam.
31. Non enim juratorum virtus, ſed peccantium pœna perambulat ſemper injuſtorum
prævaricationem.

NOTÆ.

℣. 18. Græc. Εἰς ἐπίτασιν δὲ θρησκείας καὶ τοὺς ἀγνοοῦντας ἡ τοῦ τεχνίτου προετρέψατο φιλοτιμία.

℣. 19. Mſ. S. Theod. *Ille enim volens placere illi, qui ſe aſſumpſit, & laboravit*, &c. Græc. Ὁ μὲν γὰρ τάχα τῷ κρατοῦντι βουλόμενος ἀρέσαι, ἐξεβιάσατο τῇ τέχνῃ τὴν ὁμοιότητα ἐπὶ τὸ κάλλιον.

℣. 20. Græc. initio hab. ἐφελκόμενον, pro *abducta*; Mſſ. SS. Germ. Theod. & Corb. duo, *adducta*: item Corb. 2. & S. Theod. extremò, *ut Deum exiſtimaverunt*; Corb. 1. & Sangerm. ſimpliciter, *Deum exiſtimaverunt*. Gr. σέβασμα ἐλογίσαντο, *numen æſtimaverunt*.

℣. 21. Pro *regibus*, Græcè τυραννίδι.

℣. 22. Gr. Εἶτ' οὐκ ἤρκεσε τὸ πλανᾶσθαι περὶ τὴν τοῦ, &c.

℣. 23. Gr. Ἢ γὰρ τεκνοφόνους τελετὰς, ἢ κρύφια μυστήρια, ἢ ἐμμανεῖς ἐξ ἄλλων θεσμῶν κώμους ἄγοντες..... *ex aliis ritibus comeſſationes agentes*.

℣. 24. Græc. οὔτε βίους, οὔτε γάμους καθαροὺς ἔτι φυλάσσουσιν, ἕτερος δ' ἕτερον ἢ λοχῶν ἀναιρεῖ, ἢ νοθεύων ὀδυνᾷ.

℣. 25. Græc. πάντας δ' ἐπιμὶξ ἔχει, αἷμα καὶ φόνος, κλοπὴ καὶ δόλος, φθορὰ, ἀπιστία, ταραχὴ, ἐπιορκία, θόρυβος ἀγαθῶν.

℣. 26. Mſſ. Sangerm. & Corb. 2. *Domini immemoratio..... nuptiarum inconſtantia, mœchia, & impudicitia*: Corb. *mœchia*. Gr. Χαρίτος ἀμνησία..... γάμων ἀταξία, μοιχεία καὶ ἀσέλγεια.

℣. 27. Ἡ γὰρ τῶν ἀνωνύμων εἰδώλων θρησκεία, παντὸς ἀρχὴ κακοῦ, καὶ αἰτία καὶ πέρας ἐστί.

℣. 28. A Græco abeſt adverb. *certè*, ſicut à Mſſ. Sangerm. & Corb. 2.

℣. 29. Mſ. S. Germ. ultimò hab. *re noceri ſe non ſperant*: Græc. ἀδικηθῆναι οὐ προσδέχονται.

℣. 30. Mſ. Sangerm. ſub fin. habet *idolo*, non *in dolo*; Græc. ἐν δόλῳ: initio ita: Ἀμφότερα δὲ αὐτοὺς μετελεύσεται τὰ δίκαια, ὅτι, &c. *Utraque autem illos inſequentur jura, quoniam*, &c. ut ſup.

℣. 31. Mſſ. SS. Germ. Theod. & Corb. 2. *Non enim jurantium eſt virtus, ſed*, &c. ut ſup. Gr. Οὐ γὰρ ἡ τῶν ὀμνυμένων δύναμις, ἀλλ' ἡ τῶν ἁμαρτανόντων δίκη ἐπεξέρχεται, &c. *Non enim eorum per quos juratur virtus, ſed peccantium judicium inſurgit ſemper ſuper*, &c.

CAPUT XV.

VERSIO ANTIQUA, QUÆ ET VULGATA NOSTRA.

1. TU autem Deus noſter, ſuavis & verus
es, patiens, & in miſericordia diſponens omnia.
2. Etenim ſi peccaverimus, tui ſumus,
ſcientes magnitudinem tuam: & ſi non peccaverimus, ſcimus quoniam apud te ſumus
computati.
3. Noſſe enim te, conſummata juſtitia eſt:
& ſcire juſtitiam, & virtutem tuam, radix
eſt immortalitatis.
4. Non enim in errorem induxit nos hominum malæ artis excogitatio, nec umbra
picturæ labor ſine fructu, effigies ſculpta per
varios colores,
5. cujus aſpectus inſenſato dat concupiſcentiam, & diligit mortuæ imaginis effigiem ſine
anima.
6. Malorum amatores, digni ſunt qui ſpem
habeant in talibus, & qui faciunt illos, & qui
diligunt, & qui colunt.
7. Sed & figulus mollem terram premens, Rom. 9. 21.
laborioſè fingit ad uſus noſtros unumquodque
vas, & de eodem luto fingit quæ munda ſunt
in uſum vaſa, & ſimiliter quæ his ſunt con-
traria: horum autem vaſorum quis ſit uſus,
judex eſt figulus.

NOTÆ.

℣. 1. Mſ. S. Germ. & *cum miſericordia diſponens omnia*. Gr. καὶ ἐν ἐλέει διοικῶν τὰ πάντα.

℣. 2. Auguſt. l. de fide & op. to. 6. 187. e. *Et ſi peccaverimus, tui ſumus, ſcientes potentiam tuam: non peccabimus autem ſcientes, quoniam tui ſumus deputati.* Ita quoque in Græco, niſi quòd ipſo initio exſtat, Καὶ γὰρ ἐὰν, *Etenim ſi*, ut in Vulg.

℣. 3. Græc. delet *juſtitiam*. Mſ. S. Theod. loco *virtutem*, hab. *veritatem*; Gr. verò, τὸ κράτος.

℣. 4. Gr. pro *umbra pictura*, hab. σκιαγράφων, *adumbrantium*; ed. Compl. σκιὰ γραφῶν.

℣. 5. Græcè, ὧν ὄψις ἄφροσιν εἰς ὄνειδος ἔρχεται, &c. *quorum aſpectus inſenſatis in opprobrium venit*, &c. Mſ. Alex. cum ed. Compl. hab. εἰς ὄρεξιν ἔρχεται, *in libidinem* &c. Mſ. S. Theod. addit: & *diligit mortuam imaginem*, & *effigiem ſine anima*. Gr. ποθεῖ τε νεκρᾶς εἰκόνος εἶδος ἄπνουν.

℣. 6. Mſſ. S. Germ. Corb. 2. & S. Theod. *digni qui ſpem in talibus habent*; Gr. ἄξιοι τε τοιούτων ἐλπίδων, nec addit *illos*, poſt verbum *faciunt*.

℣. 7. Nonnulla variant Græcè, en verba: Καὶ γὰρ κεραμεὺς ἁπαλὴν γῆν θλίβων, ἐπίμοχθον πλάσσει πρὸς ὑπηρεσίαν ἡμῶν ἕκαστον, ἀλλ' ἐκ τοῦ αὐτοῦ πηλοῦ ἀνεπλάσατο τά τε τῶν καθαρῶν ἔργων δοῦλα σκεύη, τά τε ἐναντία πάνθ' ὁμοίως· τούτων δὲ ἑκατέρου τίς ἑκάστου ἐστὶν ἡ χρῆσις, κριτὴς ὁ πηλουργός.

Versio antiqua, quæ et Vulgata nostra.

8. Et cum labore vano deum fingit de eodem luto : ille qui paulò ante de terra factus fuerat, & post pusillum reducit se unde acceptus est, repetitus animæ debitum quam habebat.

9. Sed cura est illi, non quia laboraturus est, nec quoniam brevis illi vita est, sed concertatur aurificibus & argentariis : sed & ærarios imitatur, & gloriam præfert, quoniam res supervacuas fingit.

10. Cinis est enim cor ejus, & terra supervacua spes illius, & luto vilior vita ejus :

11. quoniam ignoravit qui se finxit, & qui inspiravit illi animam quæ operatur, & qui insufflavit ei spiritum vitalem.

12. Sed & æstimaverunt lusum esse vitam nostram, & conversationem vitæ compositam ad lucrum, & oportere undecunque etiam ex malo acquirere.

13. Hic enim scit se super omnes delinquere, qui ex terræ materia fragilia vasa, & sculptilia fingit.

14. Omnes enim insipientes, & infelices supra modum animæ superbi, sunt inimici populi tui, & imperantes illi :

15. quoniam omnia idola nationum deos
æstimaverunt, quibus neque oculorum usus Psalm.
est ad videndum, neque nares ad percipien- 113. 5.
dum spiritum, neque aures ad audiendum, & 134.
neque digiti manuum ad tractandum, sed & 16.
pedes eorum pigri ad ambulandum :

16. homo enim fecit illos : & qui spiritum mutuatus est, is finxit illos. Nemo enim sibi similem homo poterit deum fingere.

17. Cùm enim sit mortalis, mortuum fingit manibus iniquis. Melior enim est ipse his quos colit, quia ipse quidem vixit, cùm esset mortalis, illi autem nunquam.

18. Sed & animalia miserrima colunt : insensata enim comparata his, illis sunt deteriora.

19. Sed nec aspectu aliquis ex his animalibus bona potest conspicere. Effugerunt autem Dei laudem, & benedictionem ejus.

Notæ.

℣. 8. Mss. Sangerm. & Corb. 2. ferunt *vanum deum*, non *vano deum*; subinde tollunt *se*, post verbum *reducit*. Ms. S. Theod. similiter hab. *vanum deum*; post paulò verò, *pusillum seducit se..... repetitus anima quem habebat*. Gr. Καὶ κακόμοχθος θεὸν μάταιον ἐκ τοῦ αὐτοῦ πλάσσει πηλοῦ· ὃς..... μετ᾽ ὀλίγον πορεύεται ἐξ ἧς ἐλήφθη, τὸ τῆς ψυχῆς ἀπαιτηθεὶς χρέος.

℣. 9. Græc. extremò hab. καὶ δόξαν ἡγεῖται, ὅτι κίβδηλα πλάσσει· *& gloriam putat, quia res adulterinas fingit*.

℣. 10. In Mss. S. Germ. & Corb. 2. initio deest *enim*; deest quoque in Græco; paulò verò post, loco *supervacua*, ponitur εὐτελεστέρα; εὐτελὴς autem, *facilis quantùm ad sumptum*.

℣. 11. A Græco abest vocula *ei*, post verbum *insufflavit*; abest etiam a Mss. S. Germ. & Corb. 1.

℣. 12. Ms. S. Germ. initio hab. *sed æstimaverunt*; sic etiam in Græco : subinde loco *conversationem vitæ compositam ad lucrum*, &c. ita : τὸν βίον πανηγυρισμὸν ἐπικερδῆ, δεῖν γάρ φησιν, &c. *vitæ modum nundinas compositas ad lucrum, oportere enim dicunt undecunque*, &c. ut sup.

℣. 13. Græc. Οὗτος γὰρ παρὰ πάντας οἶδεν ὅτι ἁμαρτάνει, ὕλης γεώδους εὔθραυστα σκεύη, καὶ γλυπτὰ δημιουργῶν.

℣. 14. Græc. Πάντες δ᾽ ἀφρονέστατοι, καὶ τάλανες ὑπὲρ ψυχὴν νηπίου, οἱ ἐχθροὶ τοῦ λαοῦ σου, καταδυναστεύσαντες αὐτόν. *Omnes enim insipientissimi, & infelices super animam infantis, inimici populi tui, tyrannidem exercentes in eum*.

℣. 15. Eadem prorsus hab. Cypr. cùm l. exhort. ad Mart. p. 263. c. tum l. 3. Testim. p. 321. b. præter τὸ *in manibus*, loco *manuum*; Gr. χειρῶν. Jul. Firmic. etiam l. de errore prof. relig. c. 29. p. 176. c. scribit *manuum*, ac præterea *visus est*, loco *usus est*; cæt. ut in Vulg. In Mss. quoque Sangerm. & Corb. duobus legitur *visus est*; at in Gr. χρῆσις εἰς ὅρασιν, &c.

℣. 16. Concordat Cypr. l. 3. Testim. p. 321. b. & l. exhort. ad Mart. p. 263. c. Similiter ap. Julium Firm. l. de errore profan. relig. c. 29. p. 176. c. præter ult. *Nemo autem sibi hominum poterit deum formare*. Græcè ut in Vulg. excepto verbo ἰσχύει, *potest*, loco *poterit*. In Ms. S. Theod. deest *is*, ante *finxit*.

℣. 17. Eadem refert Cypr. l. exhort. ad Mart. p. 263. c. & l. 3. Testim. p. 321. b. sed in fine non repetit, *cùm esset mortalis*, quod etiam abest à Græco. Cypriano succinit Jul. Firmic. l. de errore prof. rel. p. 176. c. uterque legit, *melior est autem*, non *enim*; Gr. verò, κρείττων γάρ ἐστι. Ambrosiast. p. 33. c. initio habet : *Mortalis fingit mortuum manibus iniquis*; Gr. Θνητὸς δὲ ὤν, νεκρὸν ἐργάζεται, &c.

℣. 18. Ms. Sangerm. cum Corb. 1. & S. Theod... *insensate enim comparata his, aliis sunt deteriora*. In Corb. 2. *insensata enim..... aliis sunt deteriora*. Gr..... ἀνοίᾳ γὰρ συγκρινόμενα τῶν ἄλλων ἐστὶ χείρονα.

℣. 19. Gr. Οὐδ᾽ ὅσον ἐπιποθῆσαι, ὡς ἐν ζώων ὄψει καλὰ τυγχάνει. Ἐκπέφευγε δὲ καὶ τὸν τοῦ, &c. *Neque quatenus desiderentur, tanquam in animalium aspectu bona sunt. Effugerunt autem & Dei*, &c. Mss. S. Germ. S. Theod. & Corb. 2. *Effugit autem Dei laudem*, &c.

CAPUT XVI.

Versio antiqua, quæ et Vulgata nostra.

1. PRopter hæc, & per his similia passi sunt dignè tormenta, & per multitudinem bestiarum exterminati sunt.

2. Pro quibus tormentis bene disposuisti
populum tuum, quibus dedisti concupiscen-
Num. 11. 31. tiam delectamenti sui, novum saporem, escam parans eis ortygometram :

3. ut illi quidem concupiscentes escam propter ea, quæ illis ostensa & missa sunt, etiam à necessaria concupiscentia averterentur. Hi autem in brevi inopes facti, novam gustaverunt escam.

4. Oportebat enim illis sine excusatione quidem supervenire interitum exercentibus tyrannidem : his autem tantùm ostendere quemadmodum inimici eorum exterminabantur.

5. Etenim cùm illis supervenit sæva bestia- Num.
rum ira, morsibus perversorum colubrorum 21. 6.
exterminabantur.

6. Sed non in perpetuum ira tua perman-

Notæ.

℣. 1. Mss. S. Germ. S. Theod. & Corb. uterque : *Propter hoc per hac*, vel *per his similia passi sunt*; deinde Corb. 2. & S. Theod. *digna tormenta*, &c. Gr. Διὰ τοῦτο δι᾽ ὁμοίων ἐκολάσθησαν ἀξίως, &c. ut supra.

℣. 2. *quibus dedisti concupiscentiam delectamenti sui* : horum loco Græc. habet εἰς ἐπιθυμίαν ὀρέξεως, *in concupiscentiam appetitûs*; ultimòque, τροφὴν ἡτοίμασας ὀρτυγομήτραν.

℣. 3. Horum loco, *propter ea, quæ illis ostensa & missa sunt*, legitur Græcè, διὰ τὴν εἰδέχθειαν τῶν ἐπαπεσταλμένων, *propter odiosam deformitatem eorum quæ immissa sunt*; extremò ita, καὶ ξένης μετάσχωσι γεύσεως, *etiam novam gustarent escam*.

℣. 4. Gr. Ἔδει γὰρ ἐκείνοις μὲν ἀπαραίτητον ἔνδειαν ἐπελθεῖν τυραννοῦσι· τούτοις δὲ μόνον δειχθῆναι, &c. *Oportebat enim illis quidem inevitabilem supervenire inopiam exercentibus tyrannidem : his autem tantùm ostendi*, &c. ut sup.

℣. 5. Ms. Corb. 2. cum Sangerm. *morsibus perversarum colubrarum extermin*. Gr. δήγμασί τε σκολιῶν διεφθείροντο ὄφεων.

℣. 6. In Mss. Sangerm. & Corb. 2. initio deest *sed*.

VERSIO ANTIQUA, QUÆ ET VULGATA NOSTRA.

fit, sed ad correptionem in brevi turbati sunt,
signum habentes salutis ad commemorationem mandati legis tuæ.
7. Qui enim conversus est, non per hoc,
quod videbat, sanabatur, sed per te omnium
salvatorem:
8. in hoc autem ostendisti inimicis nostris,
quia tu es, qui liberas ab omni malo.
Exod. 9. Illos enim locustarum & muscarum oc-
8. 24. & ciderunt morsus, & non est inventa sanitas
10. 4. animæ illorum: quia digni erant ab hujuscemo-
Apoc. 9. di exterminari.
7. 10. Filios autem tuos, nec draconum ve-
nenatorum vicerunt dentes: misericordia enim
tua adveniens sanabat illos.
11. In memoria enim sermonum tuorum
examinabantur, & velociter salvabantur, ne
in altam incidentes oblivionem, non possent
tuo uti adjutorio.
12. Etenim neque herba, neque malagma
sanavit eos, sed tuus, Domine, sermo, qui
sanat omnia.
Deut. 13. Tu es enim, Domine, qui vitæ & mor-
32. 39. tis habes potestatem, & deducis ad portas mor-
1. Reg. tis, & reducis:
2. 6. 14. homo autem occîdit quidem per ma-
Tob. 13. litiam, & cùm exierit spiritus, non reverte-
2. tur, nec revocabit animam quæ recepta est:
15. sed tuam manum effugere impossi-
bile est.
Exod. 16. Negantes enim te nosse impii, per for-
9. 23. titudinem brachii tui flagellati sunt: novis
aquis, & grandinibus, & pluviis persecutionem passi, & per ignem consumpti.
17. Quod enim mirabile erat, in aqua, quæ
omnia exstinguit, plus ignis valebat: vindex
est enim orbis justorum.
18. Quodam enim tempore, mansuetabatur
ignis, ne comburerentur quæ ad impios missa
erant animalia: sed ut ipsi videntes scirent,
quoniam Dei judicio patiuntur persecutionem.
19. Et quodam tempore in aqua supra virtutem ignis, exardescebat undique, ut iniquæ
terræ nationem exterminaret.
20. Pro quibus angelorum esca nutrivisti Exod. 16. 14.
populum tuum, & paratum panem de cœlo Num. 11. 7.
præstitisti illis sine labore, omne delectamen- Psalm. 77. 25.
tum in se habentem, & omnis saporis suavi- Joan. 6. 31.
tatem.
21. Substantia enim tua dulcedinem tuam,
quam in filios habes, ostendebat: & deserviens
uniuscujusque voluntati, ad quod quisque volebat, convertebatur.
22. Nix autem & glacies sustinebant vim Exod. 9. 24.
ignis, & non tabescebant: ut scirent quoniam
fructus inimicorum exterminabat ignis ardens
in grandine & pluvia coruscans.
23. Hic autem iterum ut nutrirentur justi,
etiam suæ virtutis oblitus est.
24. Creatura enim tibi Factori deserviens,
exardescit in tormentum adversùs injustos: &
lenior fit ad benefaciendum pro his, qui in
te confidunt.
25. Propter hoc & tunc in omnia transfigurata, omnium nutrici gratiæ tuæ deserviebat,
ad voluntatem eorum, qui à te desiderabant:
26. ut scirent filii tui, quos dilexisti Domine, quoniam non nativitatis fructus pascunt
homines, sed sermo tuus hos, qui in te cre- Deut. 8. 3.
diderint, conservat. Matth. 4. 4.
27. Quod enim ab igne non poterat exterminari, statim ab exiguo radio solis calefac-
tum tabescebat:
28. ut notum omnibus esset, quoniam
oportet prævenire solem ad benedictionem
tuam, & ad ortum lucis te adorare.

NOTÆ.

Græcè ita: Οὐ μέχρι τέλυς ἔμεινεν ἡ ὀργή σε, &c. ut in Lat.

℣. 7. Græc. Ὁ γὰρ ἐπιστραφεὶς, οὐ διὰ τὸ θεωρύμενον ἐσώζετο, &c. ut in Vulg.

℣. 8. Ms. S. Germ. cum Corb. 2. *Et in hoc autem ostendisti*, &c. Similiter in Gr. Καὶ ἐν τύτῳ δὲ ἔπεισας τὺς, &c.

℣. 9. Græc. Οὓς μὲν γὰρ ἀκρίδων, &c. ut in Lat. sup.

℣. 10. Gr. extremo hab. ἀντιπαρῆλθε, καὶ ἰάσατο αὐτύς· *ex adverso advenit, & sanavit illos.*

℣. 11. Gr. initio hab. Εἰς γὰρ ὑπόμνησιν, *In memoriam enim*, &c. subinde in Mss. S. Germ. & Corb. 1. *& salvabantur*, absque medio *velociter*; in Corb. 2. *& sanabantur*; at in Gr. καὶ ὀξέως διεσώζοντο, ut in Vulg.

℣. 12. Itidem Græcè.

℣. 13. Mss. S. Germ. S. Theod. & Corb. 2. initio ferunt: *Tu enim vitæ & mortis habes potestatem.* Sic etiam in Græco. In Corb. 1. *Tu enim, Domine, vitæ*, &c. subinde Græcè legitur ᾅδυ, *inferni*, non *mortis*.

℣. 14. Mss. S. Germ. & S. Theod. cum Corb. duobus addunt *animam suam*, ad *malitiam*. Græcè simpliciter, τῇ κακίᾳ αὐτῦ, *malitiâ suâ*: mox ita: ἐξελθὸν δὲ πνεῦμα, ὐκ ἀναστρέφει, ὐδὲ ἀναλύει, &c. Ms. S. Germ. *& cùm exibit spiritus, non revertetur, nec revocabit*, &c. in edit. etiam Compl. est ὐκ ἀναστρέψει, ὐδὲ ἀναλύσει.

℣. 15. Similiter habetur in Græco.

℣. 16. Gr. ξένοις ὑετοῖς, *novis pluviis*, pro *novis aquis*; subinde verbo *passi*, vel ut in Mss. Corb. 1. & S. Theod. *passi sunt*, Græcè subnectitur τὸ, ἀπαραιτήτοις, *inevitabilibus*; dein καὶ πυρὶ καταναλισκόμενοι· Mss. S. Germ. & Corb. 1. *& per ignem consummati*; Corb. 2. & S. Theod. *consummati sunt.*

℣. 17. Gr. in principio hab. Τὸ γὰρ παραδοξότατον, &c. ut supra.

℣. 18. Ποτὲ μὲν γὰρ ἡμερῦτο φλὸξ, ἵνα μὴ καταφλέξῃ τὰ, &c.

℣. 19. Mss. S. Germ. & Corb. 1. *super virtutem ignis, ardebat undique*, &c. Similiter hab. Corb. 2. detracto adverb. *undique*; ita etiam in Græco; deinde sic: ἵνα ἀδίκυ γῆς γεννήματα διαφθείρῃ, *ut iniqua terræ germina exterminaret.* Ms. Corb. 2. *ut iniquam terræ nationem extermin.*

℣. 20. Eadem refert Cerealis episc. cont. Maximin. c. 20. excepto uno *cibasti*, pro *nutrivisti*. Græc. loco ultimorum, *& omnis saporis suavitatem*, habet: καὶ πρὸς πᾶσαν ἁρμόνιον γεῦσιν, *& accommodatum ad omnem gustum.* Fulg. resp. contra Arian. p. 58. *& omnem suavitatis saporem*; cæt. ut in Vulg.

℣. 21. Vulg. *quam in filios habes*; Græc. delet voces duas *quam*, & *habes*. Victor Vit. l. 3. de pers. Afr. p. 24. c. legit. *Substantiam enim & dulcedinem tuam, quam in filios habes, ostendebas.* Similiter habet Fulgent. resp. cont. Arian. p. 58. præter hoc, *Substantiam enim tuam*. Phæbad. Agin. l. cont. Arian. p. 301. d. *Substantiam tuam, & dulcedinem tuam.* Cerealis episc. cont. Maximin. c. 20. *Substantiam enim tuam & dulcedinem, quas in filio habeas, ostendebas.* Ms. Corb. 1. *Substantiam enim tuam, & dulcedinem tuam..... ostendebas..... ad quos quisque*, &c. Corb. 2. *ad quod quis*, &c.

℣. 22. Græc. Χιὼν δὲ καὶ κρύσταλλος ὑπέμεινε πῦρ, καὶ, &c. ut sup.

℣. 23. Mss. S. Germ. & S. Theod. cum Corb. 2. *Hoc autem iterum*, &c. Gr. Τῦτο πάλιν δὲ, per relat. ad πῦρ, quod neutri generis est. In Ms. Corb. 1. *ignis etiam suæ virtutis oblitus est.*

℣. 24. Mss. Sangerm. & Corb. 2. habent *excandescit*, loco *exardescit*, Gr. ἐπιτείνεται; subinde Ms. S. Theod. *& levior fit*, non *lenior*.

℣. 25. Mss. S. Germ. & S. Theod. cum Corb. duobus..... *gratiæ tuæ deserviebant, ad voluntatem horum, qui à te desiderati sunt.* Græc. σῇ δωρεᾷ ὑπηρέτει, πρὸς τὴν τῶν δεομένων θέλησιν.

℣. 26. Loco *nativitatis fructus*, Græc. hab. γενέσεις τῶν καρπῶν, *nativitates fructuum.*

℣. 27. Græc. Τὸ γὰρ ὑπὸ πυρὸς μὴ φθειρόμενον, ἁπλῶς ὑπὸ βραχείας ἀκτῖνος ἡλίυ, &c.

℣. 28. Ms. Sangerm. extremò hab. *& ad orientem lucis te adorare*; Corb. 1. *& ad orientem lucis adorare*; alter Corb. *& ad orientem lucis te ibi adorare.* Gr. καὶ πρὸς ἀνατολὴν φωτὸς ἐντυγχάνειν σοι.

VERSIO ANTIQUA, QUÆ ET VULGATA NOSTRA.

29. Ingrati enim spes tanquam hybernalis glacies tabescet, & disperiet tanquam aqua supervacua.

NOTÆ.

℣. 29. In Mss. S. Germ. S. Theod. & Corb. 2. legitur *fides*, loco *spes*; at in Gr. ἐλπίς.

CAPUT XVII.

VERSIO ANTIQUA, QUÆ ET VULGATA NOSTRA.

1. MAgna sunt enim judicia tua Domine,
& inenarrabilia verba tua: propter
hoc indisciplinatæ animæ erraverunt.
Exod. 10. 23. 2. Dum enim persuasum habent iniqui posse dominari nationi sanctæ: vinculis tenebrarum & longæ noctis compediti, inclusi sub tectis, fugitivi perpetuæ providentiæ jacuerunt.
3. Et dum putant se latere in obscuris peccatis, tenebroso oblivionis velamento dispersi sunt, paventes horrendè, & cum admiratione nimia perturbati.
4. Neque enim quæ continebat illos spelunca, sine timore custodiebat: quoniam sonitus descendens perturbabat illos, & personæ tristes illis apparentes pavorem illis præstabant.
5. Et ignis quidem nulla vis poterat illis lumen præbere, nec siderum limpidæ flammæ illuminare poterant illam noctem horrendam.
6. Apparebat autem illis subitaneus ignis, timore plenus: & timore perculsi illius, quæ non videbatur, faciei, æstimabant deteriora esse quæ videbantur:
Exod. 7. 22. & 8. 7. 7. & magicæ artis appositi erant derisus, & sapientiæ gloriæ correptio cum contumelia.
8. Illi enim qui promittebant timores & perturbationes expellere se ab anima languente, hi cum derisu pleni timore languebant.
9. Nam etsi nihil illos ex monstris perturbabat: transitu animalium & serpentium sibilatione commoti, tremebundi peribant: & aerem, quem nulla ratione quis effugere posset, negantes se videre.
10. Cùm sit enim timida nequitia, dat testimonium condemnationis: semper enim præsumit sæva, perturbata conscientia.
11. Nihil enim est timor nisi proditio cogitationis auxiliorum.
12. Et dum ab intus minor est exspectatio, majorem computat inscientiam ejus causæ, de qua tormentum præstat.
13. Illi autem qui impotentem verè noctem, & ab infimis, & ab altissimis inferis supervenientem, eumdem somnum dormientes,
14. aliquando monstrorum exagitabantur timore, aliquando animæ deficiebant traductione: subitaneus enim illis & insperatus timor supervenerat.
15. Deinde si quisquam ex illis decidisset, custodiebatur in carcere sine ferro reclusus.
16. Si enim rusticus quis erat, aut pastor, aut agri laborum operarius præoccupatus esset, ineffugibilem sustinebat necessitatem.
17. Unâ enim catenâ tenebrarum omnes erant colligati. Sive spiritus sibilans, aut inter spissos arborum ramos avium sonus sua-

NOTÆ.

℣. 1. Sic est in Græco, præter voces *Domine*, & *verba tua*, quæ desunt. Et verò apud Hilar. in Ps. 118. col. 254. b. hæc tantùm leguntur: *Magna enim sunt judicia tua, inenarrabilia.* Itidem in Ms. Sangerm. Lucif. Cal. l. 1. pro S. Athan. p. 195. f. pariter addit: *propter hoc indisciplinatæ animæ erraverunt.*

℣. 2. Lucif. Cal. ubi sup. *Dum enim persuasum habent iniqui posse se dominari nationi sanctorum: vincti tenebrarum catenis, & longa nocte compediti, inclusi sub tectis, fugitivi.* Græc. Ὑπειληφότες γὰρ καταδυναστεύειν ἔθνος ἅγιον ἄνομοι, δέσμιοι σκότους, καὶ μακρᾶς πεδῆται νυκτὸς, κατακλεισθέντες ὀρόφοις, φυγάδες τῆς αἰωνίου προνοίας ἔκειντο. Ms. S. Theod. ultimò hab. *placuerunt*, non *jacuerunt*; sed vitiosè, ni fallor.

℣. 3. Græc. initio hab. Λανθάνειν γὰρ νομίζοντες, & sub fin. ἰνδάλμασι, *spectris*, loco *cum admiratione nimia.*

℣. 4. *quoniam sonitus descendens*, &c. Græc. ἦχοι δὲ καταράσσοντες αὐτοὺς περιεκόμπουν, καὶ φάσματα ἀμειδήτοις κατηφῆ προσώποις ἐνεφανίζετο. *sed sonitus cum impetu descendentes ipsis obstrepebant, & visiones tristes mœstis vultibus apparebant.*

℣. 5. Gr. delet *illis*, ante *lumen*; & in fine habet τὴν στυγνὴν ἐκείνην νύκτα. Ms. S. Germ. 1. *tristem illam noctem horrendam.*

℣. 6. Ms. S. Germ. cum Corb. 2. extremò hab. *quæ non videbantur*, sed malè; Græcè, τὰ βλεπόμενα.

℣. 7. Ms. Corb. 1. hab. *appositi erant derisui, & sapientiæ gloria*, &c. Græc. μαγικῆς δὲ ἐμπαίγματα κατέκειτο τέχνης, καὶ τῆς ἐπὶ φρονήσει ἀλαζονείας ἔλεγχος ἐφύβριστο, al. ἐφύβριστος· i. e. *magicæ autem artis illusiones jacebant, & jactantiæ de sapientia erat correptio cum contumelia.* Ms. Sangerm. *& sapientiæ gloriæ correptio contumelia.*

℣. 8. Mss. S. Germ. & Corb. duo, legunt *turbationes*, è Gr. ταραχάς; subinde Gr. tollit *se*; extremòque hab. οὗτοι καταγέλαστον εὐλάβειαν ἐνόσουν i. e. *hi ridiculo timore languebant.*

℣. 9. Vulg. *ex monstris perturbabat*; Græc. ταραχῶδες ἐφόβει, *turbulentum terrefaciebat*; in nonnullis al. libb. est τερατῶδες. Mss. SS. Theod. & Germ. n. 4. addunt in fine, nempe post verbum *videre*, seqq. *frequenter enim præoccupant, pessimâ redarguente conscientiâ.*

℣. 10. Non *condemnationis* hab. Ms. Corb. 1. sed *condemnationi*; Sangerm. n. 15. *condemnata*; Gr. καταδικαζομένη; subinde loco *enim*, Gr. hab. δὲ, *autem*; & paulò sup. voci *timida*, præponit τὸ, ἰδίως, *propriè*. Notavimus sup. in Mss. SS. Germ. & Theod. anteponi ista: *frequenter enim præoccupant, pessima redarguente conscientia*; verùm hæc in Ms. Corb. 2. postponuntur his ult. *conturbata conscientia*; at in Græco verba ista utrobique desunt. In Ms. S. Theod. sic legitur: *Cùm sit enim timida nequitia, data est in omnium condemnationem: semper enim*, &c.

℣. 11. Sic est in Græco, præter ista, τῶν ἀπὸ λογισμοῦ βοηθημάτων, *auxiliorum quæ à cogitatione*, loco *cogitationis auxiliorum*. In Mss. SS. Germ. & Theod. necnon Corb. duobus ita: *Nihil enim est timor nisi præsumptionis adjutorium, proditio cogitationis auxiliorum.*

℣. 12. Mss. Sangerm. S. Theod. & Corb. duo: *Et dum ab intro..... majorem putat scientiam ejus causæ*, &c. Corb. 1. *computat*. Ms. S. Theod. in fine habet, *de qua augmentum præstat*. Græc. Ἔνδοθεν δὲ οὖσα ἥττων..... πλείονα λογίζεται τὴν ἄγνοιαν τῆς παρεχούσης τὴν βάσανον αἰτίας· *Et dum ab intra minor..... majorem computat inscientiam præbentis tormentum causæ.*

℣. 13. Vulg. *& ab infimis, & ab altissimis inferis.* Gr. καὶ ἐξ ἀδυνάτου ᾅδου μυχῶν, *& ex impotentis inferni speluncis.*

℣. 14. Græc. τὰ μὲν τέρασιν ἠλαύνοντο φαντασμάτων, τὰ δὲ τῆς ψυχῆς παρελύοντο προδοσίᾳ, &c. ut sup.

℣. 15. Mss. Sangerm. & Corb. 2. *Deinde si quicunque ex illis decidisset*, &c. Græc. Εἶθ' οὕτως ὃς δήποτ' οὖν ἦν ἐκεῖ καταπίπτων, ἐφρουρεῖτο εἰς τὴν ἀσίδηρον εἱρκτὴν κατακλεισθείς.

℣. 16. Ms. S. Theod... *aut pastor, aut agricola horum operarius*, &c. Græc. Εἴτε γὰρ γεωργὸς ἦν τις, ἢ ποιμὴν, ἢ τῶν κατ' ἐρημίαν ἐργάτης μόχθων, προληφθεὶς τὴν δυσάλυκτον, &c. Ms. Corb. 1. scribit *ineffugabilem.*

℣. 17. A Mss. S. Germ. & S. Theod. abest vox *arbo-*

VERSIO ANTIQUA, QUÆ ET VULGATA NOSTRA.

vis, aut vis aquæ decurrentis nimiùm,

18. aut ſonus validus præcipitatarum petrarum, aut ludentium animalium curſus inviſus, aut mugientium valida beſtiarum vox, aut reſonans de altiſſimis montibus Echo; deficientes faciebant illos præ timore.

19. Omnis enim orbis terrarum limpido illuminabatur lumine, & non impeditis operibus continebatur.

20. Solis autem illis ſuperpoſita erat gravis nox, imago tenebrarum, quæ ſuperventura illis erat. Ipſi ergo ſibi erant graviores tenebris.

NOTÆ.

rum, ſicut à Corb. 1. & Græco; extremò Græcè, ῥυθμὸς ὕδατος πορευομένε βίᾳ, *rythmus aquæ decurrentis vi*, loco *vis aquæ decurrentis nimiùm*.

℣. 18. Græc. ἢ ἦχος ἀπηνὴς καταῤῥιπτομένων πετρῶν, ἢ σκιρτώντων ζώων δρόμος ἀθεώρητος, ἢ ὠρυομένων ἀπηνεστάτων θηρίων φωνὴ, ἢ ἀνταναχλωμένη ἐκ κοιλοτάτων ὀρέων Ἠχὼ παρέλυσεν αὐτὺς ἐκφοβῦντα.

℣. 19. Mſs. Sangerm. & Corb. 2. hab. *luminabatur lumine*; dein Corb. 1. & *non impeditus*, &c. Græc. verò, κατελάμπετο φωτὶ, καὶ ἀνεμποδίστοις συνείχετο ἔργοις.

℣. 20. Græc..... εἰκὼν τῦ μέλλοντος αὐτὺς διαδέχεσθαι σκότυς. Ἑαυτοῖς δὲ ἦσαν βαρύτεροι σκότυς: i. e. *imago tenebrarum, quæ superventura illis erant. Ipſi autem*, &c.

CAPUT XVIII.

VERSIO ANTIQUA, QUÆ ET VULGATA NOSTRA.

Exod. 1. SAnctis autem tuis maxima erat lux, &
10.23. horum quidem vocem audiebant, ſed
figuram non videbant. Et quia non & ipſi eadem
paſſi erant, magnificabant te:
2. & qui ante læſi erant, quia non lædebantur,
gratias agebant: & ut eſſet differentia,
donum petebant.
Exod. 3. Propter quod ignis ardentem colum-
14.24. nam ducem habuerunt ignotæ viæ, & ſolem
Pſalm. ſine læſura boni hoſpitii præſtitiſti.
77. 14. 4. Digni quidem illi carere luce, & pati
& 104. carcerem tenebrarum, qui incluſos cuſtodie-
39. bant filios tuos, per quos incipiebat incorruptum
legis lumen ſæculo dari.
Exod. 5. Cùm cogitarent juſtorum occidere in-
1. 16. & fantes: & uno expoſito filio, & liberato, in
2. 3. traductionem illorum, multitudinem filiorum
Exod. abſtuliſti, & pariter illos perdidiſti in aqua
14.27. valida.
6. Illa enim nox ante cognita eſt à patribus noſtris, ut verè ſcientes quibus juramentis crediderunt, animæquiores eſſent.
7. Suſcepta eſt autem à populo tuo ſanitas quidem juſtorum, injuſtorum autem exterminatio.

8. Sicut enim læſiſti adverſarios: ſic & nos provocans magnificaſti.

9. Abſconsè enim ſacrificabant juſti pueri bonorum, & juſtitiæ legem in concordia diſpoſuerunt: ſimiliter & bona & mala recepturos juſtos, patrum jam decantantes laudes.

10. Reſonabat autem inconveniens inimicorum vox, & flebilis audiebatur planctus ploratorum infantium.

11. Simili autem pœna ſervus cum domi- Exod. 12. 30.
no afflictus eſt, & popularis homo regi ſimilia paſſus.

12. Similiter ergo omnes, uno nomine mortis, mortuos habebant innumerabiles. Nec enim ad ſepeliendum vivi ſufficiebant: quoniam uno momento, quæ erat præclarior natio illorum, exterminata eſt.

13. De omnibus enim non credentes propter veneficia, tunc verò primùm cùm fuit exterminium primogenitorum, ſpoponderunt populum Dei eſſe.

14. Cùm enim quietum ſilentium contineret omnia, & nox in ſuo curſu medium iter

NOTÆ.

℣. 1. Græcè, loco & *horum quidem*, &c. ita: ὧν φωνὴν μὲν ἀκέοντες, μορφὴν δὲ ἐχ ὁρῶντες, *quorum quidem vocem audientes, figuram autem non videntes*. In Mſs. S. Germ. & S. Theod. & *horum quidem vocem inimici audiebant*. Itidem in Corb. 2. ſed vox *inimici*, addita videtur ſecunda manu: ſubinde in Sangerm. Corb. 2. & S. Theod. præponitur *per*, voci *eadem*, tolliturque pronom. ult. *te*; In Mſ. S. Theod. legitur, *per eandem*. In Gr. ſic: ὅτι μὲν ἐν κἀκεῖνοι ἐπεπόνθεισαν, ἐμακάριζον· ὅτι δὲ, &c. *quoniam quidem & illi paſſi erant, magnificabant: & quia*, &c.

℣. 2. Gr. ὅτι δὲ ἐ βλάπτυσι προηδικημένοι, εὐχαριστῦσι, &c. & *quia non nocent ante læſi, gratias agunt*, &c. Mſ. S. Theod. addit, & *ut eſſet differentia, te Deum petebant*; Gr. καὶ τῦ διενεχθῆναι, χάριν ἐδέοντο.

℣. 3. Mſ. S. Germ. cum Corb. 2. *Propter quod igni ardentem columnam*, &c. Corb. 1. & S. Theod. *Propter quod igni ardente columnam*, &c. Gr. Ἀνθ' ὧν πυριφλεγῆ σύλον, dein, ὁδηγὸν μὲν ἀγνώςυ, &c. abſque med. verbo *habuerunt*.

℣. 4. Lucif. Cal. l. 1. pro S. Athan. p. 195. f. legit: *Digni quidem illi carere lumine, & pati carcerem tenebrarum, qui incluſos cuſtodiunt filios tuos, per quos incipiebat incorruptum legis lumen vitæ omnibus dari*. Græc. Vulgatæ favet, niſi quòd hab. inf. ἤμελλε..... δίδοσθαι, pro *incipiebat..... dari*, ad litt. *dandum erat*.

℣. 5. Mſ. S. Theod. hab. *in traductione illorum*; Gr. εἰς ἔλεγχον τὸ αὐτῶν· Mſ. Sangerm. ſub finem, *in aquam validam*; Gr. ἐν ὕδατι σφοδρῷ.

℣. 6. Mſ. Corb. 1. initio delet *enim*, unà cum Gr. ſubinde Sangerm. hab. *à parentibus noſtris*. Gr. πατράσιν ἡμῶν; mox ita, ἵνα ἀσφαλῶς εἰδότες, &c. *ut ſecurè ſcientes*, &c.

℣. 7. Græc. hab. ἐχθρῶν, *inimicorum*, loco *injuſtorum*.

℣. 8. Græcè, loco *Sicut enim... ſic & nos*, &c. ita, Ὡ γὰρ..... τέτῳ ἡμᾶς, &c. *Quo enim..... hoc nos*, &c. ſed in Mſ. Alex. & Compl. ὡς γὰρ: poſt paulò in Mſs. S. Theod. S. Germ. & Corb. duob. *ſic nos*.

℣. 9. Græc. Κρυφῆ γὰρ ἐθυσίαζον ὅσιοι παῖδες ἀγαθῶν, καὶ τὸν τῆς θειότητος νόμον ἐν ὁμονοίᾳ διέθεντο· τῶν αὐτῶν ὁμοίως καὶ ἀγαθῶν καὶ κινδύνων μεταλήψεσθαι τὺς ἁγίυς, πατέρων ἤδη προαναμέλποντων αἴνυς. i. e. *Abſconsè enim ſacrificabant juſti pueri bonorum, & divinitatis legem in concordia diſponebant: tandem ſimiliter & bona & pericula recepturos ſanctos, patribus jam præcinentibus laudes*. Mſs. Sangerm. & Corb. duo, ferunt, *percepturos juſtos, patri jam* (Corb. 1. *patrias*) *decantantes laudes*; Mſ. S. Theoder. *patri omnium decantantes laudes*; editio etiam Compl. hab. προαναμέλποντες αἴνυς. Sup. verò idem Mſ. S. Theod. *juſti pueri bonorum operum, & juſtitiæ legem*, &c. ſed vox iſta, *operum*, non legitur in aliis.

℣. 10. Græcè ſimpliciter, καὶ οἰκτρὰ διεφέρετο, & *flebilis diſpergebatur*, loco & *flebilis audiebatur planctus*; in Mſ. etiam Alex. ac ed. Compl. ſubjicitur φωνὴ, *vox*.

℣. 11. Græc. Ὁμοία δὲ δίκη δῦλος ἅμα δεσπότῃ κολασθεὶς, καὶ δημότης βασιλεῖ τὰ αὐτὰ πάσχων.

℣. 12. Græc. Ὁμοθυμαδὸν δὲ πάντες ἐν ἑνὶ ὀνόματι θανάτυ..... ἐπεὶ πρὸς μίαν ῥοπὴν ἡ ἐντιμοτέρα γένεσις αὐτῶν διεφθάρη.

℣. 13. Mſs. Corb. 1. & S. Theoder. *tunc cùm primum fuit extermin.* &c. ut ſup. Corb. alter, & Sangerm. *tunc cùm fuit exterminium, ſpoponderunt populum Dei ſe eſſe*. Gr. verò, ἐπὶ τῷ τῶν πρωτοτόκων ὀλέθρῳ, ὡμολόγησαν Θεῦ υἱὸν λαὸν εἶναι· *tunc cùm fuit extermin. primogenitorum, confeſſi ſunt Dei filium populum eſſe*.

℣. 14. Græc. Latino reſpondet.

VERSIO ANTIQUA, QUÆ ET VULGATA NOSTRA.

haberet,

15. omnipotens sermo tuus de cœlo à regalibus sedibus, durus debellator in mediam exterminii terram prosilivit,

16. gladius acutus insimulatum imperium tuum portans, & stans replevit omnia morte, & usque ad cœlum attingebat stans in terra.

17. Tunc continuò visus somniorum malorum turbaverunt illos; & timores supervenerunt insperati.

18. Et alius alibi projectus semivivus, propter quam moriebatur, causam demonstrabat mortis.

19. Visiones enim, quæ illos turbaverunt, hæc præmonebant, ne inscii, quare mala patiebantur, perirent.

20. Tetigit autem tunc & justos tentatio mortis, & commotio in eremo facta est multitudinis: sed non diu permansit ira tua.

Num. 16. 46. 21. Properans enim homo sine querela deprecari pro populis, proferens servitutis suæ scutum, orationem & per incensum deprecationem allegans, restitit iræ, & finem imposuit necessitati, ostendens quoniam tuus est famulus.

22. Vicit autem turbas, non in virtute corporis, nec armaturæ potentia, sed verbo illum, qui se vexabat, subjecit, juramenta parentum, & testamentum commemorans.

23. Cùm enim jam acervatim cecidissent super alterutrum mortui, interstitit, & amputavit impetum, & divisit illam quæ ad vivos ducebat viam.

24. In veste enim podèris, quam habebat, Exod. 28. 6.
totus erat orbis terrarum: & parentum magnalia in quatuor ordinibus lapidum erant sculpta, & magnificentia tua in diademate capitis illius sculpta erat.

25. His autem cessit qui exterminabat, & hæc extimuit: erat enim sola tentatio iræ sufficiens.

NOTÆ.

℣. 15. Faustin. presb. cont. Arian. p. 645. h. *omnipotens sermo tuus exsiliens de regalibus sedibus*, &c. Vigil. Tapſ. cont. Varimad. p. 746. a. *omnip. sermo tuus exsiliens de regalib. sedibus venit.* Cerealis adv. Maximin. c. 5. p. 672. c. *omnip. sermo tuus Domine, exsiliens à regal. sedibus tuis, in mediam exterminii terram prosilivit.* Mſ. Corb. 1. pariter addit *Domine*. In Mſ. S. Theoder. *omnip. sermo tuus exsiliens de cœlo*, &c. Gr. Vulgatæ respondet.

℣. 16. Græc. extremò habet: καὶ οὐρανοῦ μὲν ἥπτετο, βεβήκει δ' ἐπὶ γῆς, *& cœlum quidem tangebat, descenderat autem in terram*; Mſ. S. Germ. cum Corb. 2. *stans in terram.*

℣. 17. Græc. Τότε παραχρῆμα φαντασίαι μὲν ὀνείρων δεινῶς ἐξετάραξαν αὐτοὺς, &c. *Tunc continuò visus quidem somniorum graviter turbaverunt illos*, &c. ut supra; in Mſ. Alex. ac ed. Compl. δεινῶν, non δεινῶς.

℣. 18. Mſs. S. Germ. & Corb. duo, delent ult. vocem *mortis*; deest pariter in Græco.

℣. 19. Græcè, τοῦτο προεμήνυσαν, *hoc præmonebant*; cæt. ut supra.

℣. 20. Mſ. S. Theoder. *Tetigit autem timor & justos tentatio*, &c. Gr. Ἥψατο δὲ καὶ δικαίων πεῖρα, &c. ed. Compl. Ἥψατο δὲ ποτε καὶ, &c. In Mſ. Sangerm. deest ult. vox *tua*, nempe post *ira*; in Gr. pariter ἡ ὀργὴ, absque seq. σου.

℣. 21. Mſs. S. Germ. & Corb. 2. & S. Theod. *Properant enim homo sine querela propugnavit, proferens servitutis suæ scutum, orationem & per incensum deprecat. allegans*, &c. Gr. Σπεύσας γὰρ ἀνὴρ ἄμεμπτος προεμάχησε, τὸ τῆς ἰδίας λειτουργίας ὅπλον, προσευχὴν καὶ θυμιάματος ἐξιλασμὸν κομίσας, ἀντέστη τῷ θυμῷ, καὶ πέρας ἐπέθηκε τῇ συμφορᾷ, &c. ut sup.

℣. 22. Mſ. S. Germ. *Vicit autem turbas, non virtute corporis, nec armaturâ potentia, sed verbo vexatorem subjecit, juramenta parentum commemorans.* Similiter in Corb. 2. & S. Theod. *nec armaturâ potentia, sed verbo vexatorem subjecit*; item in Corb. 1. *sed verbo vexatorem subjecit.* In Græco: Ἐνίκησε δὲ τὸν ὄχλον, οὐκ ἰσχύϊ τοῦ σώματος, οὐχ ὅπλων ἐνεργείᾳ, ἀλλὰ λόγῳ τὸν κολάζοντα ὑπέταξεν, ὅρκους πατέρων, καὶ διαθήκας ὑπομνήσας.

℣. 23. Græc. Σωρηδὸν γὰρ ἤδη πεπτωκότων ἐπ' ἀλλήλων νεκρῶν, μεταξὺ στὰς, ἀνέκοψε τὴν ὀργὴν, καὶ διέσχισε τὴν πρὸς τοὺς ζῶντας ὁδόν.

℣. 24. Post vocem *podèris*, Græcè non subjicitur *quam habebat*; ultimò etiam non additur ibid. *sculpta erat*; at in Mſs. Sangerm. S. Theod. & Corb. duob. est *erat scripta.*

℣. 25. Mſs. S. Germ. & S. Theod. *Hæc autem bis cessit, qui*, &c. Corb. 2. *His cessit qui.... erat autem sola*, &c. Græc. Τούτοις εἶξεν ὁ ὀλοθρεύων, ταῦτα δὲ ἐφοβήθησαν· ἦν γὰρ μόνη ἡ, &c. in Mſ. Alex. & Compl. ἐφοβήθη.

CAPUT XIX.

VERSIO ANTIQUA, QUÆ ET VULGATA NOSTRA.

1. Impiis autem usque in novissimum sine misericordia ira supervenit. Præsciebat enim & futura illorum:

2. quoniam cùm ipsi permisissent ut se educerent, & cum magna sollicitudine præmisissent illos, consequebantur illos pœnitentia acti.

Exod. 14. 5. 3. Adhuc enim inter manus habentes luctum, & deplorantes ad monumenta mortuorum, aliam sibi assumpserunt cogitationem inscientiæ: & quos rogantes projecerant, hos tanquam fugitivos persequebantur:

4. ducebat enim illos ad hunc finem digna necessitas: & horum, quæ acciderant, commemorationem amittebant, ut quæ deerant tormentis, repleret punitio:

5. & populus quidem tuus mirabiliter transiret, illi autem novam mortem invenirent.

6. Omnis enim creatura ad suum genus ab initio refigurabatur, deserviens tuis præceptis, ut pueri tui custodirentur illæsi.

7. Nam nubes castra eorum obumbrabat, & ex aqua, quæ ante erat, terra arida apparuit, & in mari rubro via sine impedimento,

NOTÆ.

℣. 1. Similiter in Græco est.

℣. 2. Mſs. S. Germ. S. Theod. & Corb. ambo: *quoniam ipsi cùm reversi essent ut se ducerent*, &c. uterque Corb. & S. Theod. extremò leg. *consequebantur illos pœnitentia actus.* Gr. ὅτι αὐτοὶ ἐπιτρέψαντες τοῦ ἀπιέναι, καὶ μετὰ σπουδῆς προπέμψαντες αὐτοὺς, διώξουσι μεταμεληθέντες.

℣. 3. Mſs. S. Germ. & Corb. 2. hab. *luctus*, non *luctum*; & inf. *projecerunt*, loco *projecerant*; in Corb. 1. etiam *projecerunt.* In Gr. ἐξέβαλον, uti sup. τὰ πένθη.

℣. 4. Mſ. S. Theoder..... *commemorationem mittebant, ut*, &c. Sangerm. *memorationem amittebant, ut eam, quæ deerat tormentis, replerent punitionem.* Corb. 2. *ut quæ deerant torm. replerent punitione.* Gr..... ἀμνηστίαν ἐνέβαλεν, ἵνα τὴν λείπουσαν ταῖς βασάνοις, προσαναπληρώσωσι κόλασιν.

℣. 5. Græc. καὶ ὁ μὲν λαός σου παράδοξον ὁδοιπορίαν περάσῃ, &c.

℣. 6. Vulg. *ad suum genus ab initio*; Græc. ἐν ἰδίῳ γένει πάλιν ἄνωθεν, *in suo genere rursus desuper*, &c.

℣. 7. Græc. Ἡ τὴν παρεμβολὴν σκιάζουσα νεφέλη, ἐκ δὲ προϋφεστῶτος ὕδατος, ξηρᾶς ἀνάδυσις γῆς ἐθεωρήθη, ἐξ ἐρυθρᾶς, &c. *Nubes castra obumbrabat, & ex aqua, quæ ante erat, terræ aridæ emersio apparuit, ex rubro mari*, &c. ut supra. Mſ. S. Germ. hab. *adumbrabat..... & ex mari rubro*, &c. item Mſ. S. Theod. *& ex mari rubro.*

& campus germinans de profundo nimio :

8. per quem omnis natio transivit, quæ tegebatur tua manu, videntes tua mirabilia & monstra.

9. Tanquam enim equi depaverunt escam, & tanquam agni exsultaverunt, magnificantes te Domine, qui liberasti illos.

10. Memores enim erant adhuc eorum, quæ in incolatu illorum facta fuerant, quemadmodum pro natione animalium eduxit terra muscas, & pro piscibus eructavit fluvius multitudinem ranarum.

Exod. 16. 13. Num. 11. 31. Sup. 16. 2. 11. Novissimè autem viderunt novam creaturam avium, cùm adducti concupiscentia postulaverunt escas epulationis.

12. In allocutione enim desiderii, ascendit illis de mari ortygometra : & vexationes peccatoribus supervenerunt, non sine illis, quæ ante facta erant, argumentis per vim fulminum : justè enim patiebantur secundùm suas nequitias.

13. Etenim detestabiliorem inhospitalitatem instituerunt : alii quidem ignotos non recipiebant advenas, alii autem bonos hospites in servitutem redigebant.

14. Et non solùm hæc, sed & alius quidam respectus illorum erat : quoniam inviti recipiebant extraneos.

15. Qui autem cum lætitia receperunt hos, qui eisdem usi erant justitiis, sævissimis afflixerunt doloribus.

16. Percussi sunt autem cæcitate : sicut illi Gen. 19. 11.
in foribus justi, cùm subitaneis cooperti essent tenebris, unusquisque transitum ostii sui quærebat.

17. In se enim elementa dum convertuntur, sicut in organo qualitatis sonus immutatur, & omnia suum sonum custodiunt : unde æstimari ex ipso visu certò potest.

18. Agrestia enim in aquatica convertebantur : & quæcunque erant natantia, in terram transibant.

19. Ignis in aqua valebat supra suam virtutem, & aqua exstinguentis naturæ obliviscebatur.

20. Flammæ econtrario, corruptibilium animalium non vexaverunt carnes coambulantium, nec dissolvebant illam, quæ facilè dissolvebatur sicut glacies, bonam escam. In omnibus enim magnificasti populum tuum Domine, & honorasti, & non despexisti, in omni tempore, & in omni loco assistens eis.

NOTÆ.

℣. 8. Græc. ultimò hab. θεωρήσαντες θαυμαστὰ τέρατα. Mss. S. Theod. & Corb. ambo, *videntes mirabilia & monstra.*

℣. 9. Ms. S. Germ. delet *escam*, cum Corb. 1. & altero S. Theod. retinet Corb. 2. sed in fine hab. *qui liberabas illos.* Græc. Ὡς γὰρ ἵπποι ἐνεμήθησαν, ultimóque τὸν ῥυόμενον αὐτούς.

℣. 10. Græca Latinis satis respondent.

℣. 11. Mss. S. Germ. & Corb. 1. *cùm abducti concupiscentiâ* ; Gr. ὅτι ἐπιθυμίᾳ προαχθέντες.

℣. 12. Vulg. *In allocutione enim..... quæ ante facta erant, argumentis*, &c. Græc. Εἰς γὰρ παραμυθίαν... τῶν γεγονότων (Ms. Alex. cum ed. Compl. προγεγονότων) τεκμηρίων, dein Ms. S. Theod. *per vim fluminum* non *fulminum* ; Gr. verò, τῇ βίᾳ τῶν κεραυνῶν.

℣. 13. Ms. S. Germ. hab. *non respiciebant advenas* ; Gr. verò, οὐκ ἐδέχοντο παρόντας, ut supra : extremò Sangerm. cum Corb. duobus, & S. Theod. *in servitutem accipiebant* ; Gr. ἐδούλουντο.

℣. 14. Ms. S. Germ. *Et non solùm hoc, sed & alius quis respectus illorum : quoniam*, &c. Itidem in Corb. 1. addito uno *erat*, ad *respectus*. In Corb. 2. & S. Theod. *Et non solùm hoc, sed & alius quidem respectus erit illorum.* Græc. Καὶ οὐ μόνον, ἀλλ' ἥτις ἐπισκοπὴ ἔσται αὐτῶν, &c.

℣. 15. Græc. Οἱ δὲ μεθ' ἑορτασμάτων εἰσδεξάμενοι τοὺς ἤδη τῶν αὐτῶν μετεσχηκότας δικαίων, δεινοῖς, &c. *Is verò cùm recepissent cum solemni lætitia eos, qui jam earumdem legum facti erant participes*, &c. Ms. S. Germ. *qui eisdem usi erant justitiis*, &c.

℣. 16. Similiter in Græco, præter plur. τῶν θυρῶν, *ostiorum*, loco *ostii* ; item sup. deest *essent*, post *cooperti.*

℣. 17. Græc. Δι' ἑαυτῶν γὰρ τὰ στοιχεῖα μεθαρμοζόμενα, ὥσπερ ἐν ψαλτηρίῳ φθόγγοι τοῦ ῥυθμοῦ τὸ ὄνομα διαλλάσσουσι, πάντοτε μένοντα ἤχῳ· ὅπερ ἐστὶν εἰκάσαι ἐκ τῆς τῶν γεγονότων ὄψεως ἀκριβῶς. *In se enim elementa convertebantur, sicut in Psalterio soni modulationis nomen mutant, semper custodientia sonum : quod æstimari potest ex ipso rerum factarum visu certo.* Ms. S. Germ. cum Corb. 2. *unde est æstimare & ex ipso certo visu* ; S. Theod. *unde æstimari & ipso certo visu potest.*

℣. 18. Vulg. *agrestia*, Græc. χερσαῖα, Nobil. *terrestria.*

℣. 19. Græc. Πῦρ ἴσχυεν ἐν ὕδατι τῆς ἰδίας δυνάμεως, καὶ ὕδωρ τῆς σβεστικῆς δυνάμεως ἐπελανθάνετο.

℣. 20. Gr. Φλόγες ἀνάπαλιν, εὐφθάρτων ζώων οὐκ ἐμάραναν σάρκας ἐμπεριπατούντων, οὐδὲ τηκτὸν εὔτηκτον κρυσταλλοειδὲς γένος ἀμβροσίας τροφῆς. Κατὰ πάντα γὰρ Κύριε ἐμεγάλυνας τὸν λαόν σου, καὶ ἐδόξασας, καὶ οὐχ ὑπερεῖδες ἐν παντὶ καιρῷ, καὶ τόπῳ παριστάμενος.

ROMAN. CORRECTIONUM AD EDIT. VULGATAM DELECTUS,

Auctore FRANCISCO LUCA Brugensi.

LIBER SAPIENTIÆ.

CAP. I. ℣. 6. Et non liberabit maledicum à labiis suis. *Malè hactenus, pro* maledicum, *quod significat proclivem ad maledicendum, scriptum fuit in plerisque libris, addita una littera,* maledictum, *quod est, exsecratum.*

℣. 15. Justitia enim perpetua est & immortalis. *Superfluit quod sequitur in plerisque libris :* Injustitia autem mortis est acquisitio.

℣. 16. Impii autem manibus & verbis accersierunt illam. *Nothum est, quod quidam libri habent,* pedibus, *pro* verbis, *quod est, sermonibus.*

Ibidem. Quoniam digni sunt qui sint ex parte illius. *Cave ne vel addas vocem* morte (morte digni sunt) *vel mutes conjunctivum* sint *cum indicativo* sunt.

CAP. II. ℣. 2. Quoniam fumus flatus est in naribus nostris. *Nequaquam interjicienda est conjunctio* &, *inter nomen* fumus, *& nomen* flatus, *seu, quod aliàs legitur, & idem unum est,* afflatus.

Ibidem. Et sermo scintilla ad commovendum cor nostrum. *Probus est casus primus* scintilla ; *reprobus secundus, qui est in aliis libris,* scintillæ.

℣. 3. Qua exstincta cinis erit corpus nostrum. *Miserè depravatus erat hic locus, cùm legeretur* quia exstinctus *aut* exstinctum, *pro ablativis absolutè positis,* qua exstincta, *s. scintilla.*

℣. 9. Nemo nostrûm exsors sit luxuriæ nostræ. *Non mutes pronomen primæ personæ* nostrûm, *in secunda* vestrûm.

Ibidem. Quoniam hæc est pars nostra, & hæc est sors. *Non repetas pronomen* nostra *ad nomen* sors.

℣. 10. Et non parcamus viduæ, nec veterani revereamur canos multi temporis. *Quidam pro secundo casu legunt tertium* veterano, *& repetunt negationem* nec, *ante* revereamur ; *sed malè.*

℣. 11. Sit autem fortitudo nostra lex justitiæ. *Temeritas scribarum miris modis hic grassata ; pro* justitiæ, *id est,* τῆς δικαιοσύνης, *ferè scripsit contrarium,* injustitiæ, *iniquitatis.*

CAP. III. ℣. 1. Et non tanget illos tormentum mortis. *Non scribas* malitiæ *pro* mortis.

℣. 2. Et æſtimata eſt afflictio exitus illorum. *Sequitur* 3. Et quod à nobis eſt iter, exterminium. *ſ. æſtimatum eſt · id eſt : Illorum ex humanis diſceſſus, habitus eſt pro extermnio ſeu exitio. Hoc alii libri miris modis corrumpunt, dum non ſolùm pro nominativo* exterminium, *legunt genitivum* exterminii, *verùm etiam duas ejuſdem hujus loci corruptiones copulantes, ſcribunt :* Et ab itinere juſto abierunt in exterminium, & quod à nobis eſt iter exterminii.

℣. 15. Et quæ non concidat radix ſapientiæ. *Præferendus eſt conjunctivus* concidat *indicativo* concidit.

℣. 16. Filii autem adulterorum in inconſummatione erunt. *Uni voci* inconſummatione, *compoſitæ ex præpoſitione* in, *& nomine* conſummatione, *præponenda eſt præpoſitio* in, *ita ut ſit* in inconſummatione : *pro quo quidam codices, eodem ſenſu, legunt participium* inconſummati. *Nam vitanda eſt lectio, quæ contenta unico* in, *effert voces duas* in conſummatione.

℣. 19. Nationis enim iniquæ, diræ ſunt conſummationes. *Ut genitivus* nationis *non eſt mutandus in nominativum* nationes, *ita nec nominativus* conſummationes *in genitivum* conſummationis.

Cap. IV. ℣. 3. Et ſpuria vitulamina non dabunt radices altas. *Pro* ſpuria vitulamina, *quòd alii libri legunt* adulterinæ plantationes, *altera interpretatio eſt, eaque clarior, teſte D. Auguſtino lib. 2. de doctr. Chriſt. cap. 12.*

℣. 6. Ex iniquis enim ſomnis, filii qui naſcuntur, teſtes ſunt nequitiæ adverſus parentes. *Ut plurima hujus libri loca Romani Patres feliciſſimè reſtituerunt, quod videre licet ; ita inter cætera hunc, ubi pro* omnes *nota univerſitatis, qui error pleroſque omnes codices invaſit, repoſuerunt, quod rectum eſt, & Græco conſentaneum,* ſomnis, *id eſt,* ὕπνοις, *poſitum pro concubitu : quemadmodum infra 7. ℣. 2. idem Sapiens, ex delectamento ſomni conceptum ſe dicit.*

℣. 12. Et inconſtantia concupiſcentiæ tranſvertit ſenſum ſine malitia. *Non facilè mutes vocem* inconſtantia, *quæ ſignificat inſtabilitatem, in* inſtantia, *quæ, demptâ unâ ſyllabâ, ſollicitationem declarat.*

℣. 15. Quoniam gratia Dei & miſericordia eſt in ſanctos ejus. *Alii libri ſubaudiunt omiſſum verbum ſubſtantivum* eſt.

℣. 18. Videbunt & contemnent eum. *Non eſt hîc repetenda conjunctio* enim.

Cap. V. ℣. 9. Et tanquam nuncius percurrens. *Legendum eſt* percurrens, *quod eſt tranſcurrens, non* præcurrens, *quod eſt, ante currens.*

℣. 11. Aut tanquam avis. *Non omittas adverbium* tanquam.

Ibidem. Argumentum itineris. *Non ſubjicias pronomen* illius, *quod alii codices.*

℣. 17. Et brachio ſancto ſuo defendet illos. *Non præponas præpoſitionem* in *nomini* brachio ; *ut nec conjunctionem & ei quod ſequitur :* Accipiet armaturam zelus illius.

℣. 21. Acuet autem duram iram in lanceam. *Etiam noſtra antiqua manuſcripta legunt* duram, *quod eſt rigidam, pro eo quod alii libri* diram, *quod eſt crudelem, id eſt, ſcribunt* u *vocalem quintam pro* i *tertia.*

℣. 22. Et tanquam à bene curvato arcu. *Duæ dictiuncula ſunt,* à *præpoſitio, & adverbium* bene, *non unum nomen* habenæ.

℣. 23. Et à petroſa ira plenæ mittentur grandines. *Scribenda eſt diphthongo ſyllaba ultima, ita ut ſit nomen* plenæ, *non adverbium* plenè.

℣. 24. Et ad eremum perducet omnem terram iniquitas illorum. *Nominativus* iniquitas, *non eſt commutandus cum genitivo* iniquitatis.

Cap. VI. ℣. 6. Quoniam judicium duriſſimum his qui præſunt, fiet. *Non eſt præponenda præpoſitio* in *pronomini* his.

℣. 8. Non enim ſubtrahet perſonam cujuſquam Deus. *Pro* Deus, *multi boni codices legunt* Dominus : *porro qui* eſt omnium dominator, *quod ſubjiciunt non pauci libri, optimi quique omittunt. Legantur Notationes noſtræ.*

℣. 11. Qui enim cuſtodierint juſta juſtè, juſtificabuntur. *Quadruplex fuit hoc loco multorum codicum error : unus, quòd pro adjectivo neutro* juſta, *ſcriberent ſubſtantivum femininum* juſtitiam (*quanquam hic minutius :*) *Alter, quòd nomini* juſta *ſive* juſtitiam, *ſuperfluè adjungerent pronomen* ejus : *Tertius, quòd præpoſito commate ſeu inciſo, adverbium* juſtè *jungerent verbo ſequenti, non, ut oportet, præcedenti : Poſtremus, quòd* juſtificabuntur, *verbum compoſitum ex* juſtus *&* facio, *commutarent cum verbo ſimplici* judicabuntur.

Sequitur : Et qui didicerint iſta, invenient quid reſpondeant. *Cave ne pronomen* iſta *corrigas ſuppoſito nomine* juſta.

℣. 17. Et in viis oſtendit ſe illis hilariter, & in omni providentia occurrit illis. *Nomini* viis *non eſt addendum pronomen* ſuis ; *nec præſentia* oſtendit, occurrit, *mutanda ſunt in futura,* oſtendet, occurret.

℣. 22. Si ergo delectamini ſedibus. *Ut nomini* ſedibus *non eſt præponenda præpoſitio* in, *ita non eſt poſtponendum nomen* perpetuis.

Cap. VII. ℣. 1. Et ex genere terreni illius qui prior factus eſt. *Servandus eſt genitivus* terreni, *non ſubſtituendus ablativus* terreno.

℣. 16. Et operum ſcientia & diſciplina. *Malè multi libri, ſublato poſteriori* &, *ſcribunt caſum ſecundum* ſcientiæ, *pro primo.*

℣. 17. Ut ſciam diſpoſitionem orbis terrarum. *Non mutes ſingulare in plurale* diſpoſitiones.

℣. 18. Viciſſitudinum permutationes, & commutationes temporum. *Legendum eſt potiùs* commutationes temporum, *quod eſt varietates, quàm* conſummationes, *quod eſt fines. Porro quod ſubjiciunt plerique libri,* morum mutationes & diviſiones temporum, *ſpurium eſſe, & ex altera verſione noſtra adjectum, multis aliis præterea mendis admiſſis, docuimus in* Notationibus.

℣. 22. Quem nihil vetat, benefaciens. *Alii libri ita ſcribunt, ut unica hic proprietas ſancti ſpiritus declaretur, mutatis, quarto caſu relativi* quem *in primum* qui, *& participio* benefaciens *in infinitivum* benefacere : Qui nihil vetat benefacere. *Sed Romana correctio, quæ duas proprietates dat intelligendas, unam,* quem nihil vetat, *quod eſt, expeditus, qui prohiberi non poteſt ; alteram,* benefaciens, *quod eſt, beneficus, ſincera eſt loci ſcriptura.*

℣. 23. Intelligibilis, mundus, ſubtilis. *Patres meritò prætulerunt nominativos accuſativis* intelligibiles, mundos, ſubtiles.

Cap. VIII. ℣. 2. Hanc amavi & exquiſivi à juventute mea. *Non addas pronomen* eam *verbo* exquiſivi.

℣. 12. Tacentem me ſuſtinebunt. *Non mutes accuſativum* tacentem *in ablativum.*

℣. 17. Quoniam immortalitas eſt in cognatione ſapientiæ. *Triplex mendum ex his verbis à Romanis Correctoribus eſt ſublatum. Unum, quòd adjectivum* immortalis, *quod eſt in pleriſque libris, commutaverint cum ſubſtantivo* immortalitas · *Alterum, quod pro* cogitatione, *quod eſt meditatione, ſcripſerint* cognatione, *id eſt, affinitate : Tertium, quòd rejecto nominativo* ſapientia, *receperint genitivum* ſapientiæ.

℣. 21. Et hoc ipſum erat ſapientiæ ſcire. *Secundus caſus* ſapientiæ, *non eſt mutandus in primum* ſapientia, *multoque minùs addendum eſt adjectivum* ſumma.

Cap. IX. ℣. 6. Nam & ſi quis erit conſummatus. *Non eſt omittenda conjunctio* nam.

℣. 18. Et ſic correctæ ſint ſemitæ eorum. *Retinendum eſt adverbium ſimilitudinis* ſic, *non mutandum in conjunctionem conditionalem* ſi.

Cap. X. ℣. 1. Hæc illum qui primus formatus eſt à Deo pater orbis terrarum. *Pro* formatus, *quidam codices habent* factus, *quidam* fictus : *ſed adulterinum eſt prorſus quod in nonnullis eſt,* fornicatus. *Rurſus nominativum* pater, *quidam libri vertunt in ablativum* patre, *quaſi ad Deum referatur, ſed malè.*

℣. 2. Et eduxit illum à delicto ſuo. *Quod ſubjiciunt multi libri* & eduxit illum de limo terræ, *ſpurium eſt, & omnino jugulandum. Lege Notationes noſtras.*

℣. 3. Ab hac ut receſſit injuſtus in ira ſua. Ab *non* ad ; hac *femininum, non* hoc ; ut *vel* cùm, *non negatio* non ; receſſit, *quod eſt defecit, non* præceſſit, *quod eſt anteceſſit, legendum eſt : ſunt enim hæ librorum quorumdam corruptelæ.*

Sequitur : Per iram homicidii fraterni deperiit. *Inſignis correctio, quæ* fraterni *genitivus adjectivi nominis, reſtitutus eſt pro ſubſtantivi, ſive nominativo* fraternitas, *ſive genitivo* fraternitatis, *qui pleroſque omnes codices invaſerant.*

℣. 4. Propter quem cùm aqua deleret terram. *Non mutes maſculinum* quem *in neutrum* quod : *nec pro nominativo* aqua *ſcribas accuſativum, quemodo quidam :* Cùm aquam deleret de terra.

Ibidem. Per contemptibile lignum juſtum gubernans. *Quidam codex, omiſſa præpoſitione, & mutato quarto caſu in primum, ſcribit :* Et contemptibile lignum juſtus gubernans ; *ſed pravè.*

℣. 5. Hæc & in conſenſu nequitiæ, cùm ſe nationes contuliſſent. *Servanda ſunt voces,* nequitiæ, *quod eſt malitiæ ; &* contuliſſent, *quod eſt congregaſſent ; non ſurroganda,* ſuperbiæ, *quod eſt arrogantiæ, &* extuliſſent, *ſeu elevaſſent.*

Ibidem. Et in filii miſericordia fortem cuſtodivit. *Duplex ſcripturæ vitium, utrumque inolitum, hinc abſtulerunt Correctores : Ablativum pluralem* filiis, *ſuppoſitum in locum genitivi ſingularis* filii, *& accuſativum* miſericordiam, *ſurrogatum pro ablativo* miſericordiâ.

℣. 6. Hæc juſtum à pereuntibus impiis liberavit. *Cave ſcribas nomen* parentibus, *pro participio* pereuntibus ; *aut* filiis *pro* impiis.

℣. 7. Fumigabunda constat deserta terra. *Non omittas vocem* deserta.

Sequitur : Et incerto tempore fructus habentes arbores. *Vox una est* incerto, *non distrahenda in duas* in certo.

Ibidem. Et incredibilis animæ memoria stans figmentum falsi. *Non est scribendum* incredibiles, *primo casu numeri pluralis*, *sed* incredibilis, *secundo numeri singularis ; nec est omittenda vox* animæ : *denique numerus singularis* figmentum, *non est vertendus in pluralem* figmenta, *sunt enim hæc codicum quorumdam vitia.*

℣. 10. Hæc profugum iræ fratris. *Non addas conjunctionem* autem.

℣. 17. Et fuit illis in velamento diei. *Pro secundo casu* diei, *non legas sextum* die, *sed intelligas.*

℣. 18. Transtulit illos per mare rubrum. *Non præponas* & *conjunctionem.*

CAP. XI. ℣. 2. Et in locis desertis fixerunt casas. *Cave ne legas*, *aut* fecerunt *præteritum à facio*, *pro* fixerunt *à figo*, *aut* castra, *quod est exercitum*, *pro* casas, *tabernacula.*

℣. 5. Et in eis cùm abundarent. *Correctores è suis libris addiderunt tres istas voculas* & in eis.

℣. 15. Non similiter justis sitientes. *Cave ne relabaris in vetera vitia eorum qui scripserunt*, *aut* injustis, *quod est impiis*, *pro* justis, *piis ; aut* faciens *participium numeri singularis*, *à* facio, *pro* sitientes *participio numeri pluralis à* sitio, *quod est*, *sitim patior.*

℣. 16. Pro cogitationibus autem insensatis iniquitatis illorum, quòd quidam errantes, &c. *Rectè ab his verbis Correctores inchoarunt periodum ac sententiam novam*, & *substituerunt genitivum singularem* iniquitatis, *pro nominativo plurali* iniquitates, *qui plerosque libros injustè occupaverat.*

℣. 16. Mutos serpentes. *Cave legas* multos, *pro* mutos, *quod est*, *irrationales.*

℣. 19. Aut novi generis irâ plenas ignotas bestias. *Plerique libri præponunt conjunctionem* aut *vel* & *nomini* ignotas, *sed absque conjunctione sunt etiam Græca.*

CAP. XII. ℣. 2. Ideoque eos qui exerrant, partibus corripis. *Meritò ita distinxerunt Romani Patres*, *ut* partibus *jungatur verbo subsequenti*, *non præcedenti. Nam* & *notha scriptura est*, *quæ ut clariùs jungat præcedenti*, *vel transponit præpositionem*, *hoc modo :* errant ex partibus, *vel addit pronomen* suis, *aut* tuis.

℣. 5. Et devoratores sanguinis à medio sacramento tuo. *Verba ista*, à medio sacramento tuo, *hoc loco retinenda sunt*, *non transferenda in versum sextum proximè sequentem post* perdere voluisti, *quod faciunt multi.*

℣. 20. Cum tanta cruciasti attentione. *Quod sequitur in plerisque omnibus libris* & liberasti, *Correctores superfluum judicarunt.*

℣. 26. Qui autem ludibriis & increpationibus non sunt correcti. *Non mutes* correcti *à corrigo*, *cum* correpti *à corripio.*

℣. 27. In quibus enim patientes indignabantur. *His verbis præponunt plerique libri alia idem significantia.* In his enim quæ patiebantur, molestè ferebant : *quæ quidem*, *ut alterius versionem*, *Romani Correctores consultò sustulerunt.*

Ibidem. Propter quod & finis condemnationis eorum venit super illos. *Non est mutandum præteritum* venit *cum futuro* veniet.

CAP. XIII. ℣. 11. Vas utile in conversationem vitæ. *Cave errorem plerorumque codicum*, *pro* utile, *quod est aptum*, *idoneum*, *scribentium contrarium*, inutile, *ineptum.*

℣. 12. Reliquiis autem ejus operis. *Non mutes sextum casum* reliquiis *cum quarto* reliquias.

℣. 13. Et reliquum horum quod ad nullos usus facit. *Verbum indicativum* facit, *nullo modo vertendum est in subjunctivum* faciat, *addito verbo substantivo* est, *quod utique superfluit :* quod ad nullos est usus faciat.

Sequitur : Lignum curvum & vorticibus plenum. *Sive* vorticibus *vocali quarta*, *sive secunda* verticibus *legas*, *significatur lignum verticosum sive nodosum.*

℣. 14. Et omnem maculam quæ in illo est perliniens. *Non subjicias* terra, *quod quidam libri.*

℣. 17. Cum illo qui sine anima est. *Non commutes genus masculinum cum neutro*, *nec hac parte*, *nec sequentibus omnibus usque ad finem capitis.*

CAP. XIV. ℣. 3. Tua autem, pater, providentia gubernat. *Spurium est quod addunt libri quidam ab initio* cuncta : *adeoque obest sensui*, *neque enim hoc subaudire oportet. Porro* gubernat *persona tertia*, *non est cum* gubernas *mutanda*, *personâ secundâ.*

℣. 4. Ostendens quoniam potens es ex omnibus salvare. *Retinendum est* salvare, *quod est servare ; non supponendum* sanare.

Sequitur : Etiam si sine arte aliquis adeat mare. *Legendum est* arte, *qua humana significatur industria ; non*, *transpositis primis duabus litteris*, rate, *quod est*, *navi.*

℣. 11. Propter hoc & in idolis nationum non erit respectus. *Non est omittenda præpositio* in.

℣. 14. Supervacuitas enim hominum advênit in orbem terrarum. *Quidam libri verbo* advênit *præponunt pronomen* hæc ; *sed malè prorsus illi qui corrigunt* adinvenit, *quod est reperit*, *pro trisyllabo* advênit, *quod transitivè acceptum*, *tanquam sit quintæ conjugationis Hebræorum*, *positum est pro adduxit*, *advexit.*

℣. 30. Utraque ergo illis evenient dignè. *Non scribas* quoque *pro* ergo.

℣. 31. Non enim juratorum virtus. *Egregia loci emendatio*, *qua* & *omissum est verbum substantivum* est, & *pro* jurantium *participio activo*, *positum est* juratorum, *participium passivum*, *quod est*, *eorum per quos juratur.*

Ibidem. Perambulat semper injustorum prævaricatiónem. *Cave ne adverbium* semper *mutes in præpositionem* super, *vel unum vocabulum* injustorum *distrahas in duo.*

CAP. XV. ℣. 6. Malorum amatores, digni sunt qui spem habeant in talibus. *Cavendum hic est triplex vitium ; unum*, *ne post* digni sunt, *addatur* morte ; *alterum*, *ne scribatur* habent *modo indicativo*, *pro* habeant *conjunctivo ; tertium*, *ne* talibus, *quod est*, *hujusmodi*, *transpositis litteris*, *mutetur in* tabulis, *imaginibus.*

℣. 8. Et post pusillum reducit se unde acceptus est. *Præferendum est* reducit se, *quod est*, *revertitur*, *iis quæ in aliis libris leguntur*, se ducit, & ducit se.

℣. 12. Sed & æstimaverunt lusum esse vitam nostram. *Alii libri scribunt* ludum, *id est*, d *pro* s, *quod ferè æquivalet : sed* lutum, *id est cœnum*, *quod est in nonnullis*, *spurium omnino est.*

℣. 14. Supra modum animæ superbi. *Non addas nomini* animæ *pronomen* suæ.

Ibidem. Et imperantes illi. *Legendum est* imperantes, *quod est*, *dominantes*, *non* improperantes, *quod est*, *exprobrantes.*

℣. 15. Quibus neque oculorum usus est ad videndum. *Cavendum hic est ne recidatur in vetus vitium eorum*, *qui scripserunt*, *addita vocali tertia*, visus *à video*, *pro* usus *ab utor.*

℣. 18. Sed & animalia miserrima colunt. *Malè quidam hic legunt* alia *pro* animalia, *bruta nimirum ;* & miserrimi *genere masculino*, *pro neutro* miserrima.

℣. 19. Sed nec aspectu aliquis. *Non est mutandum masculinum* aliquis *cum neutro*, *sive* aliquod, *sive* aliquid.

CAP. XVI. ℣. 1. Propter hæc & per his similia passi sunt dignè tormenta. *Quidam omittunt præpositionem* per, *malè.*

℣. 11. In memoria enim sermonum tuorum examinabantur, & velociter salvabantur. *Duæ dictiones* in memoria, *non sunt contrahendæ in unam* immemoria : *nec pro* sermonum, *quod est*, *verborum*, *substituendum est* servorum, *sive famulorum : ad hæc* examinabantur *non est mutandum cum* exterminabantur, *quod est*, *delebantur : insuper nec adverbium* velociter *est omittendum : postremò neque pro* salvabantur *legendum est* sanabantur, *sed intelligendum.*

℣. 14. Homo autem occidit quidem per malitiam. *Quod subdunt plerique libri* animam suam, *Correctores non inconsultò judicarunt superfluere.*

℣. 16. Et per ignem consumpti. *Pro* consumpti, *quod est*, *deleti*, *non scribas* consummati, *finiti.*

℣. 19. Exardescebat undique. *Quidam alii libri legunt* exardebat, *quidam* ardebat.

Sequitur : ut iniquæ terræ nationem exterminaret. *Legendum est* iniquæ *secundo casu*, *non* iniquam *quarto ;* & exterminaret *tertia persona*, *non secunda* exterminares.

℣. 21. Substantia enim tua dulcedinem tuam, quam in filios habes, ostendebat. *Multi codices nominativos* substantia tua, *mutatos in accusativos* substantiam tuam, *media conjunctione* &, *jungunt cum accusativis* dulcedinem tuam ; & *tertiam personam* ostendebat *vertunt in secundam* ostendebas ; *sed malè omnia.*

℣. 23. Hic autem iterum ut nutrirentur justi, etiam suæ virtutis oblitus est. *Legendum est pronomen*, *non neutrum* hoc, *sed masculinum* hic ; & *subaudiendum nomen* ignis, *non addendum.*

℣. 25. Propter hoc & tunc in omnia transfigurata, omnium nutrici gratiæ tuæ deserviebat. *Ut non est omittenda in præpositio præposita nomini* omnia ; *ita non est vertendus numerus singularis* deserviebat, *in pluralem* deserviebant.

Sequitur : Ad voluntatem eorum qui à te desiderabant. *Servandum est* à te, *casu sexto*, *non surrogandum* ad te, *casu quarto : denique activum* desiderabant, *quod est*, *rogabant*, *poscebant*, *non est depravandum*, *reposito passivo* desiderati sunt, *quod est in plerisque libris.*

℣. 28. Et ad ortum lucis te adorare. *Meritò Correctores*, *pro* orientem, *quod est in plerisque omnibus codicibus*, *emendarunt* ortum ; *nec aut omittendum judicarunt prono-*

men te, aut addendum adverbium ibi, aut denique activum adorare mutandum in passivum adorari: quæ sunt quorumdam codicum vitia.

℣. 29. Ingrati enim spes tanquam hybernalis glacies tabescet. Alii libri, pro spes, quæ est ἐλπὶς, habent fides, ἡ πίστις; malè, & Græco dissentaneè.

Cap. XVII. ℣. 2. Fugitivi perpetuæ providentiæ jacuerunt. Cave legas placuerunt aut latuerunt, pro jacuerunt.

℣. 7. Et sapientiæ gloriæ correptio cum contumelia. Genitivus gloriæ non est commutandus cum nominativo gloria.

℣. 10. Cùm sit enim timida nequitia, dat testimonium condemnationis. Pro genitivo condemnationis, quidam codices habent dativum condemnationi; quidam participium condemnata: sed quod in nonnullis legitur data est in omnium condemnationem, adulterinum est. Huic porro sententiæ præponunt multi libri aliam his verbis: Frequenter enim præoccupant pessima, redarguente conscientia. Verùm, non multi, sed omnes, postponunt eandem, aliis licet verbis: Semper enim præsumit sæva, perturbata conscientia. Quare Romani Patres, priorem illam quæ præponitur, Frequenter enim, &c. meritò à textu sustulerunt ut superfluam.

℣. 11. Nihil enim est timor, nisi proditio cogitationis auxiliorum. Plerique libri, inter nisi & proditio, interjiciunt hæc duo verba, præsumtionis adjutorium: verùm illa redundare, confodiendaque esse, censuerunt Romani Patres non inconsultò.

℣. 12. Et dum ab intus minor est exspectatio. Non subjicias pronomen ejus.

Sequitur: Majorem computat inscientiam. Correctores emendarunt inscientiam, quod est, ignorantiam, quomodo est Græcè, pro eo quod legunt, alii scientiam, alii sententiam, alii conscientiam, alis potentiam, alii audaciam, alii denique pœnam. Porro sive legatur computat compositum, sive simplex putat, res eadem una est.

Sequitur: Ejus causæ de qua tormentum præstat. Genitivus causæ non est commutandus cum ablativo.

℣. 13. Illi autem qui impotentem verè noctem. Multa reperiuntur notariorum circa hæc verba corruptela, sed præcipua duæ; una, qua vox una impotentem, distrahitur in duas in potentem; vel in potenti; altera, qua adverbium verè convertitur in verbum venêre.

Sequitur: Et ab infimis & ab altissimis inferis supervenientem. Nequaquam omittenda est vox inferis, cui dantur epitheta duo, infimis & altissimis, eadem significantia, profundissimis inquam.

Sequitur: Eundem somnum dormientes. Quædam manuscripta, pro participio dormientes, scribunt verbum dormiebant: sed non opus erat hac mutatione, cùm participio subaudire liceat verbum substantivum erant.

Cap. XVIII. ℣. 1. Et horum quidem vocem audiebant. Non addas inimici.

Ibidem. Et quia non & ipsi eadem passi erant. Non præponas præpositionem per voci eadem.

℣. 2. Quia non lædebantur, gratias agebant. Non subjicias pronomen, vel tibi, vel cuique.

Sequitur: Et ut esset differentia, donum petebant. Retinendum est donum, quod est munus, non substituendum te Deum aut Dominum.

℣. 9. Et justitiæ legem in concordia disposuerunt. Non mutandus ablativus in accusativum concordiam.

Ibidem. Patrum jam decantantes laudes. Pro genitivo plurali patrum, substituunt quidam dativum singularem patri, & pro adverbio jam nomen omnium; sed malè. Quidam unicam vocem scribunt patrias: sed prima scriptura, patrum jam, ut Græco consentanea, ita germana Interpretis est.

℣. 11. Simili autem pœna servus cum domino afflictus est. Non mutes ablativum simili in nominativum similis.

℣. 13. De omnibus verò non credentes propter veneficia. Sic legendum est, veneficia, quod significat incantationes, à veneno deductum; non beneficia, quod dona sive munera denotat: denique nec addendum est pronomen sua.

Sequitur: Tunc verò primùm cùm fuit exterminium primogenitorum. Non est invertendus ordo, ita ut cùm ponatur ante primùm, quod postponendum est.

Sequitur: Spoponderunt populum Dei esse. Meritò omiserunt Correctores pronomen se, quod plerique præponunt verbo esse.

℣. 15. Omnipotens sermo tuus de cœlo. Superfluit exsiliens, quod quidam interjiciunt, ante de cœlo.

℣. 17. Et timores supervenerunt insperati. Nominativus insperati, non est mutandus in dativum insperatis.

℣. 22. Non in virtute corporis, nec armaturæ potentiâ. Genitivus armaturæ & ablativus potentiâ retinendi sunt; non convertendi, ita ut ablativus armaturâ, genitivus potentiæ fit, prout plerique omnes libri habent.

℣. 24. Et magnificentia tua in diademate capitis illius sculpta erat. Pro scripta, à scribo, quod est in plerisque exemplaribus, Correctores repetiverunt verbum sculpta, à sculpo.

Cap. XIX. ℣. 2. Quoniam cùm ipsi permisissent. Quidam libri, pro permisissent, scribunt reversi essent: plures utrumque scribunt, reversi essent & permisissent. Cæterùm scribendum esse permisissent, & quidem solum, docuimus in Notationibus nostris.

Sequitur: Ut se educerent. Servanda sunt duæ dictiones se educerent, posita pro exirent, non contrahendæ in unam seducerent.

Sequitur: Et cum magna sollicitudine præmisissent illos. Nequaquam est hoc omittendum.

Sequitur: Consequebantur illos pœnitentiâ acti. Legendum est plurale consequebantur, non singulare consequebatur; ablativus pœnitentiâ, non genitivus pœnitentiæ; denique participium plurale acti, non nomen actus, sive pluraliter sive singulariter accipiatur; hæc enim sunt plerumque codicum vitia.

℣. 8. Quæ tegebatur tua manu. Cave legas regebatur, quod est gubernabatur, pro tegebatur, quod est protegebatur.

℣. 12. Per vim fulminum. Cavendum est vetus mendum fluminum, quod est fluviorum, pro germana scriptura fulminum, quod est fulgurum.

℣. 14. Sed & alius quidam respectus illorum erat. Correctores scripserunt nomen quidam, pro eo quod vulgò legitur adverbio quidem.

Variæ Lectiones Vulgatæ, rursum ab eodem Francisco Luca observatæ.

LIBER SAPIENTIÆ.

Cap. V. ℣. 19. Accipiet pro galea judicium certum. Alii libri scribunt rectum, transpositis litteris, & solet rectitudo judicio attribui.

Cap. VIII. ℣. 11. Et facies principum mirabuntur me. Hoc quidam codex omittit, Græco consentaneè: est enim idem unum cum eo quod præcedit: Et in conspectu potentium admirabilis ero.

Cap. XII. ℣. 17. Et horum qui te nesciunt, audaciam traducis. Quidam legunt affirmativum qui sciunt, loco negativi qui te nesciunt, conformiter Græco: vide Notationes.

℣. 19. Quoniam judicans das locum in peccatis pœnitentiæ. Nonnulli libri omittunt judicans, cum textu Græco.

℣. 26. Qui autem ludibriis & increpationibus non sunt correcti. Sunt exemplaria quæ scribant genitivum increpationis, loco ablativi increpationibus; suffragante Græco, Qui autem ludibriis increpationis.

Cap. XIV. ℣. 11. Propter hoc & in idolis nationum non erit respectus. Adverbium non, omittitur à Regio textu, & alio quodam, conspirantibus libris Græcis.

℣. 20. Abducta per speciem operis. Multi libri, loco abducta, habent adducta, quod est Græcè ἠρπασμένον, attracta.

℣. 26. Dei immemoratio. Nostra conjectura fuit in Notationibus, pro Dei, seu Domini, ut alii legunt, scribendum esse doni, ex Græco χάριτ, sicut infra 18. ℣. 2.

℣. 26. Inordinatio mœchiæ & impudicitiæ. Quædam antigrapha hoc solum legunt, mœchia & impudicitia; omittunt id quod præcedit, inordinatio, quippe quod idem unum sit cum eo quod antecedit, inconstantia, Græcè ἀταξία.

Cap. XV. ℣. 19. Bona potest conspicere. Pro conspicere, Græcè est ἐπιποθῆσαι, quod potiùs est concupiscere, quomodo legit liber quidam.

Cap. XVI. ℣. 1. Propter hæc & per his similia passi sunt dignè tormenta. Quidam libri pro plurali hæc, scribunt singulare hoc, & omittunt conjunctionem & subsequentem, conformiter Græco.

Cap. XVIII. ℣. 22. Illum qui se vexabat. Nonnulli codices legunt vexatorem, unus omittit se: Græcè est τὸν κολάζοντα, vexantem; sicut infra ℣. 25. ὁ ὀλεθρεύων, qui exterminabat.

Cap. XIX. ℣. 9. Tanquam enim equi depaverunt escam. Quidam boni libri auferunt escam, Græco consentaneè.

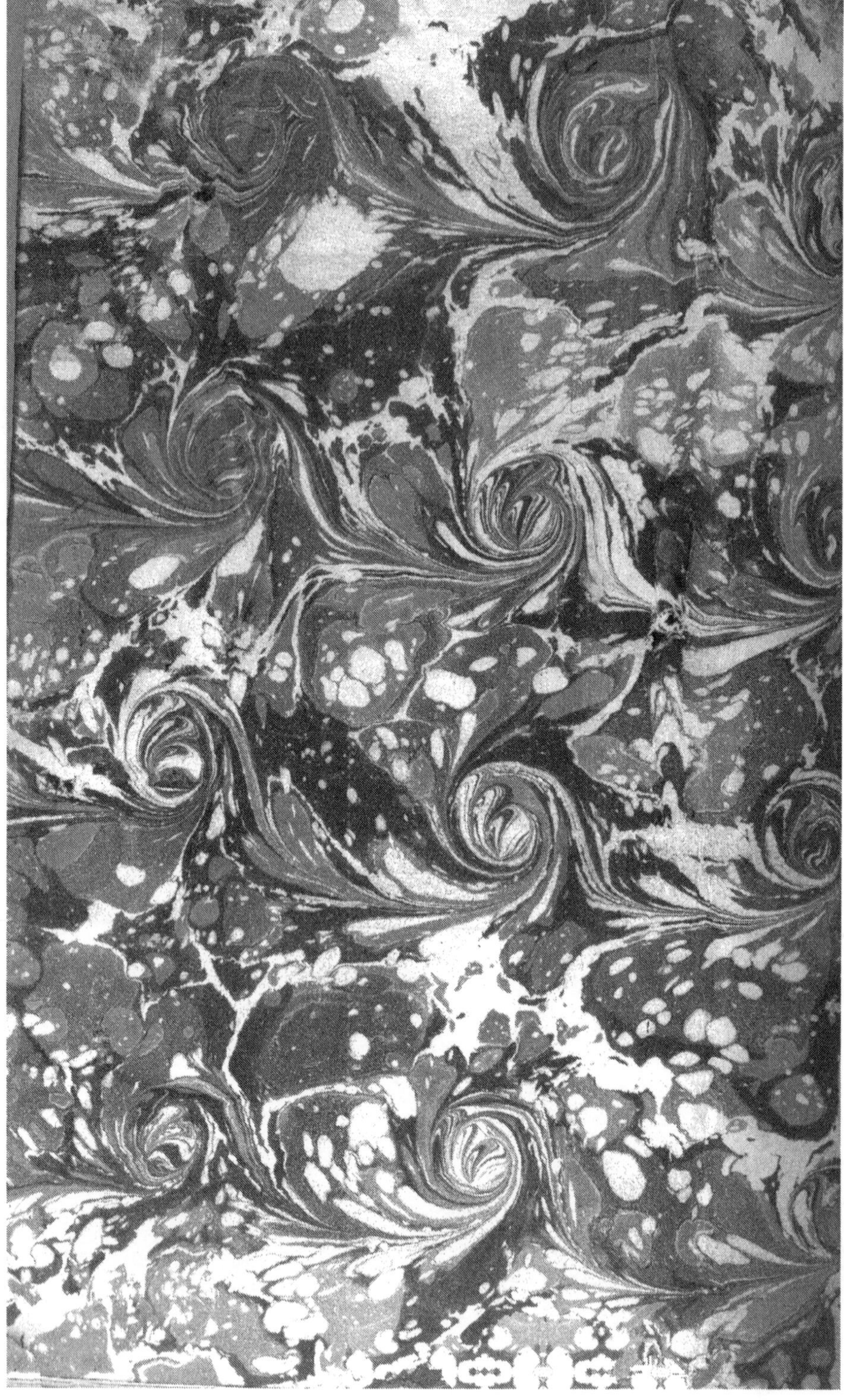

Milton Keynes UK
Ingram Content Group UK Ltd.
UKHW022004140923
428719UK00005B/97